CURSO DE DIREITO AMBIENTAL

O GEN | Grupo Editorial Nacional – maior plataforma editorial brasileira no segmento científico, técnico e profissional – publica conteúdos nas áreas de concursos, ciências jurídicas, humanas, exatas, da saúde e sociais aplicadas, além de prover serviços direcionados à educação continuada.

As editoras que integram o GEN, das mais respeitadas no mercado editorial, construíram catálogos inigualáveis, com obras decisivas para a formação acadêmica e o aperfeiçoamento de várias gerações de profissionais e estudantes, tendo se tornado sinônimo de qualidade e seriedade.

A missão do GEN e dos núcleos de conteúdo que o compõem é prover a melhor informação científica e distribuí-la de maneira flexível e conveniente, a preços justos, gerando benefícios e servindo a autores, docentes, livreiros, funcionários, colaboradores e acionistas.

Nosso comportamento ético incondicional e nossa responsabilidade social e ambiental são reforçados pela natureza educacional de nossa atividade e dão sustentabilidade ao crescimento contínuo e à rentabilidade do grupo.

INGO WOLFGANG SARLET
TIAGO FENSTERSEIFER

CURSO DE DIREITO AMBIENTAL

5ª edição revista, atualizada e ampliada

- Os autores deste livro e a editora empenharam seus melhores esforços para assegurar que as informações e os procedimentos apresentados no texto estejam em acordo com os padrões aceitos à época da publicação, e todos os dados foram atualizados pelo autor até a data de fechamento do livro. Entretanto, tendo em conta a evolução das ciências, as atualizações legislativas, as mudanças regulamentares governamentais e o constante fluxo de novas informações sobre os temas que constam do livro, recomendamos enfaticamente que os leitores consultem sempre outras fontes fidedignas, de modo a se certificarem de que as informações contidas no texto estão corretas e de que não houve alterações nas recomendações ou na legislação regulamentadora.

- Fechamento desta edição: *24.12.2024*

- Os autores e a editora se empenharam para citar adequadamente e dar o devido crédito a todos os detentores de direitos autorais de qualquer material utilizado neste livro, dispondo-se a possíveis acertos posteriores caso, inadvertida e involuntariamente, a identificação de algum deles tenha sido omitida.

- **Atendimento ao cliente:** (11) 5080-0751 | faleconosco@grupogen.com.br

- Direitos exclusivos para a língua portuguesa
  Copyright © 2025 by
  Editora Forense Ltda.
  Uma editora integrante do GEN | Grupo Editorial Nacional
  Travessa do Ouvidor, 11 – Térreo e 6º andar
  Rio de Janeiro – RJ – 20040-040
  www.grupogen.com.br

- Reservados todos os direitos. É proibida a duplicação ou reprodução deste volume, no todo ou em parte, em quaisquer formas ou por quaisquer meios (eletrônico, mecânico, gravação, fotocópia, distribuição pela Internet ou outros), sem permissão, por escrito, da Editora Forense Ltda.

- Capa: Aurélio Corrêa

- **CIP-BRASIL. CATALOGAÇÃO NA PUBLICAÇÃO**
  SINDICATO NACIONAL DOS EDITORES DE LIVROS, RJ

S253c
5. ed.

Sarlet, Ingo Wolfgang, 1963
Curso de direito ambiental / Ingo Wolfgang Sarlet, Tiago Fensterseifer. - 5. ed., rev., atual. e ampl. - Rio de Janeiro : Forense, 2025.
1.312 p. ; 24 cm.

Inclui bibliografia
ISBN 978-85-3099-546-1

1. Direito ambiental - Brasil. I. Fensterseifer, Tiago. II. Título.

24-94987   CDU: 349.6(81)

Meri Gleice Rodrigues de Souza - Bibliotecária - CRB-7/6439

"É interessante contemplar um bosque enredado, repleto de plantas de muitos tipos, com pássaros cantando nos arbustos, com vários insetos voando e com minhocas rastejando pela terra úmida, e refletir que essas formas elaboradas, tão diferentes umas das outras e dependentes umas das outras de uma maneira tão complexa, foram todas produzidas por leis atuando ao nosso redor" (**Charles Darwin**).[1]

"Cada uma de suas obras tem uma essência própria; cada um de seus fenômenos uma caracterização especial: e, ainda assim, sua diversidade está em unidade. (...) suas leis são imutáveis. (...) O espetáculo da Natureza é sempre novo, pois ela está sempre renovando os espectadores. A vida é sua mais requintada invenção; e a morte é seu artifício de especialista para ter vida em abundância. (...) Obedecemos às suas leis mesmo quando nos rebelamos contra ela; trabalhamos com ela mesmo quando desejamos trabalhar contra ela. (...) Ela é todas as coisas. Ela se recompensa e se castiga; em sua própria alegria e em sua própria miséria. Ela é rude e terna, adorável e odiosa, impotente e onipotente. Ela é um presente eterno. O passado e o futuro são desconhecidos para ela. O presente é a sua eternidade. Ela é benéfica. Eu a louvo e todas as suas obras. Ela é silenciosa e sábia. (...) Ela é completa, mas nunca terminada" (**Johann Wolfgang von Goethe**).[2]

"Se a Constituição (Bill of Rights) não contém a garantia de que o cidadão deve ser protegido contra venenos letais distribuídos tanto por indivíduos privados quanto por representantes oficiais do governo, isso ocorre certamente porque nossos antepassados, apesar da sua considerável sabedoria e previdência, não podiam imaginar tal problema à época da sua elaboração" (**Rachel Carson**).[3]

"Se quisermos sair da atual crise ecológica que a humanidade trouxe sobre si mesma, e se não sairmos, não teremos futuro, vamos necessitar de uma moral mais ampla, mais completa, de uma ética ecológica. Temos de aprender a ver o todo. Temos de nos livrar deste velho preconceito ocidental, da ideia de que o homem é o centro do Universo, de que toda a criação está aqui para nos servir, de que temos direito de usá-la e abusá-la sem sentido algum

---

[1] DARWIN, Charles. *A origem das espécies*. [s.l.]: [s.n.], 1859.
[2] GOETHE, Johann Wolfgang von. "Die Natur – Aphorisms". *Nature*, 1869 (tradução livre dos autores). A primeira edição da prestigiada revista científica *Nature*, publicada no dia 04 de novembro de 1869 – portanto, uma década após a publicação de *A origem das espécies*, de Charles Darwin –, contou, nas suas primeiras páginas, com a tradução do poema "Die Natur" (*Aphorisms on Nature*), de Goethe, feita do alemão para o inglês por ninguém menos que o biólogo inglês Thomas H. Huxley. Disponível em: https://www.nature.com/articles/001009a0. Por fim, apenas registramos a controvérsia referida pelo próprio Huxley no texto que segue a tradução do poema a respeito da autoria do poema.
[3] CARSON, Rachel. *Silent spring*. Fortieth Anniversary Edition. Boston/New York: Mariner Book, 2002, p. 12-13.

de responsabilidade. Temos de nos libertar da ideia de que os outros seres só têm sentido em função da sua utilidade imediata para o homem. Como queria Schweitzer, nossa ética terá que incluir toda a criação" (**José Lutzenberger**, passagem do discurso de fundação da Associação Gaúcha de Proteção ao Ambiente Natural – AGAPAN no ano de 1971).[4]

"Deixou de ser absurdo indagar se a condição da Natureza extra-humana, a biosfera no todo e em suas partes, hoje subjugadas ao nosso poder, exatamente por isso não se tornaram um bem a nós confiados, capaz de nos impor algo como uma exigência moral – não somente por nossa própria causa, mas também em causa própria e por seu próprio direito" (**Hans Jonas**).[5]

"As leis humanas devem ser reformuladas para que as atividades humanas continuem em harmonia com as leis imutáveis e universais da Natureza" (**Relatório Nosso Futuro Comum, 1987**).[6]

"Se descesse um enviado dos céus e me garantisse que minha morte iria fortalecer nossa luta, até valeria a pena. Mas a experiência nos ensina o contrário. Então eu quero viver. Ato público e enterro numeroso não salvarão a Amazônia. Quero viver!" (**Chico Mendes**).[7]

"Quando analisamos a inserção da questão ambiental na Constituição e o que dela derivou, em termos de legislação infraconstitucional, é admirável constatar a consistência e a competência com que um núcleo criativo foi capaz de traduzir necessidades estratégicas do País no momento da Constituinte, num trabalho à altura do incomparável patrimônio natural que nos torna únicos no mundo. É como se o Brasil estivesse gestando algo novo, sem que a maioria das pessoas entendesse de imediato a força e as implicações dessa inovação. Mas, com base nas informações, experiências vivenciais e no conhecimento científico e tecnológico disponível à época, muitos avaliaram, corretamente, que aquele era o caminho para enfrentar as dificuldades do futuro. Hoje, vendo retrospectivamente, é importante reconhecer que nossa Constituição continua sendo uma matriz moderna e capaz de respaldar decisões cada vez mais prementes diante das responsabilidades que, solidariamente com os outros países, precisamos assumir em relação à grave crise ambiental que desafia nossas sociedades, expressa no aquecimento global acelerado. O art. 225 da Constituição e demais dispositivos correlatos estabeleceram um patamar técnico e ético para o País avançar no âmbito do nosso arcabouço jurídico e das convenções e tratados que, desde a década de 1980, tentam realinhar o mundo com o equilíbrio ambiental imprescindível à própria sobrevivência do planeta" (**Marina Silva**).[8]

---

[4] LUTZENBERGER, José. Por uma ética ecológica. *In*: BONES, Elmar; HASSE, Geraldo. *Pioneiros da ecologia: breve história do movimento ambientalista no Rio Grande do Sul*. Porto Alegre: Já Editores, 2002. p. 190.

[5] JONAS, Hans. *O princípio responsabilidade*: ensaio de uma ética para a civilização tecnológica. Rio de Janeiro: Contraponto Editora PUC/Rio, 2006. p. 41 (1ª edição alemã data de 1979).

[6] COMISSÃO MUNDIAL SOBRE MEIO AMBIENTE E DESENVOLVIMENTO. *Relatório Nosso Futuro Comum*. 2. ed. São Paulo: Editora da Fundação Getulio Vargas, 1991. p. 369.

[7] A passagem citada foi extraída da última entrevista dada por Chico Mendes, em 9 de dezembro de 1988, pouco antes do seu assassinato, ao jornalista Edilson Martins (MARTINS, Edilson. *Chico Mendes*: um povo da floresta. Rio de Janeiro: Garamond, 1998. p. 28).

[8] SILVA, Marina. Meio ambiente na Constituição de 88: lições da história. *In*: SENADO FEDERAL. *Constituição de 1988*: o Brasil 20 anos depois. Os Cidadãos na Carta Cidadã. Volume V. Meio Ambiente. Brasília: Senado Federal, 2008, p. 14-15.

"Menos uma entidade viva única do que um enorme conjunto de ecossistemas interativos, a Terra, como fisiologia reguladora gaiana (Gaian), transcende todos os organismos individuais. Os seres humanos não são o centro da vida, tampouco qualquer outra espécie isolada. Os seres humanos não são nem mesmo essenciais para a vida. Somos uma parte recente e em rápido crescimento de um todo enorme e ancestral. (...) Gaia é a série de ecossistemas em interação que compõem um único e enorme ecossistema na superfície da Terra" (**Lynn Margulis**).[9]

"Nós podemos ter esperança de que estamos situados em um ponto de viragem na história da humanidade, e mesmo do ser; nós podemos ter esperança de que a autonomia moral (que também é um produto da subjetividade moderna) irá nos permitir parar a tempo o Golem da tecnologia moderna. Nós podemos ter esperança de que um esforço coletivo de todas as pessoas de boa vontade será capaz de preparar um mundo em que a liberdade do indivíduo não será apenas conciliada com os direitos da comunidade, mas também com a Natureza, que não mais será pensada e percebida como mera res extensa; que, para dizê-lo de forma abreviada, a evolução dos diferentes conceitos humanos de Natureza se transforma e, em um nível superior, retorna ao primeiro e com o mesmo forma uma síntese" (**Vittorio Hösle**).[10]

"Se a reivindicação de direitos (legais) para o meio ambiente ou para os animais (Rechten für die Umwelt oder die Tiere) parece estranha, isso ocorre não porque contrarie a ordem constitucional atual, mas precisamente porque a reivindicação não se enquadra na imagem tradicional, essencialmente religiosa, segundo a qual o homem, como coroa da criação, faz do mundo (isto é, da Natureza e dos animais) seu súdito. Tais imagens tradicionais, por sua vez, são mutáveis, mesmo que estejam fortemente ancoradas em visões sociais e tenham encontrado sua expressão legal dessa forma. Antigamente, era impensável atribuir às mulheres, escravos ou 'indígenas' direitos próprios. A Natureza tinha construído uma 'diferença insuperável' (unüberwindlichen Unterschied) contra eles – assim a convicção prevalecente naquela época" (**Michael Kloepfer**).[11]

"La incorporación de la Naturaleza al derecho constitucional en carácter de sujeto de derechos abre un nuevo capítulo en la historia del derecho (...)" (**Eugenio Raúl Zaffaroni**).[12]

"Na democracia constitucional, o cidadão deve se engajar nos processos decisórios para além do porte de título de eleitor. Esse engajamento cívico oferece alternativas procedimentais para suprir as assimetrias e deficiências do modelo democrático representativo e partidário. 4 A igualdade política agrega o qualificativo paritário à concepção da democracia, em sua faceta cultural e institucional. Tem-se aqui a dimensão procedimental das instituições governamentais decisórias, na qual se exigem novos arranjos participativos, sob pena do desenho institucional isolar (com intenção ou não) a capacidade ativa da participação popular. 5 Ao conferir à coletividade o direito-dever de tutelar e preservar o meio ambiente ecologicamente equilibrado (art. 225), a Constituição Federal está a exigir a participação popular na admi-

---

[9] MARGULIS, Lynn. *Symbiotic planet*: a new look at evolution. Nova Iorque: Basic Books, 1998.
[10] HÖSLE, Vittorio. *Philosophie der ökologischen Krise*: Moskauer Vorträge. München: C.H.Beck, 1991. p. 68 (tradução livre dos autores).
[11] KLOEPFER, Michael. Art. 20a. *In*: KAHL, Wolfgang; WALDHOFF, Christian; WALTER, Christian. *Bonner Kommentar zum Grundgesetz*. Heidelberg: C. F. Muller, 2005. p. 60-61 (tradução livre dos autores).
[12] ZAFFARONI, Eugenio Raúl. *La Pachamama y el humano*. Buenos Aires: Ediciones Colihue, 2012. p. 144.

nistração desse bem de uso comum e de interesse de toda a sociedade. E assim o faz tomando em conta duas razões normativas: a dimensão objetiva do direito fundamental ao meio ambiente e o projeto constitucional de democracia participativa na governança ambiental" **(Ministra Rosa Weber)**.[13]

"A nossa casa está em chamas!" **(Greta Thunberg)**.[14]

"A floresta está viva. Só vai morrer se os brancos insistirem em destruí-la. Se conseguirem, os rios vão desaparecer debaixo da terra, o chão vai se desfazer, as árvores vão murchar e as pedras vão rachar no calor. A terra ressecada ficará vazia e silenciosa. Os espíritos xapiri, que descem das montanhas para brincar na floresta em seus espelhos, fugirão para muito longe. Seus pais, os xamãs, não poderão mais chamá-los e fazê-los dançar para nos proteger. Não serão capazes de espantar as fumaças de epidemia que nos devoram. Não conseguirão mais conter os seres maléficos, que transformarão a floresta num caos. Então morreremos, um atrás do outro, tanto os brancos quanto nós. Todos os xamãs vão acabar morrendo. Quando não houver mais nenhum deles vivo para sustentar o céu, ele vai desabar" **(Davi Kopenawa)**.[15]

"Os povos indígenas estão na linha de frente da emergência climática, por isso devemos estar no centro das decisões que acontecem aqui. Nós temos ideias para adiar o fim do mundo" **(Txai Suruí)**.[16]

---

[13] STF, ADPF 623/DF (Caso CONAMA), Tribunal Pleno, Rel. Min. Rosa Weber, j. 22.05.2023.

[14] "Our house is on fire!". Passagem emblemática do discurso proferido pela ativista climática Greta Thunberg, liderança do movimento *Friday for Future*, na COP 24 da Convenção-Quadro sobre Mudança do Clima da ONU, em Katowice, na Polônia, ocorrida no mês de dezembro de 2018. Disponível em: https://www.youtube.com/watch?v=EpvuS0EbywI.

[15] KOPENAWA, Davi; ALBERT, Bruce. *A queda do céu*: palavras de um xamã yanomami. São Paulo: Companhia das Letras, 2015, p. 6.

[16] Passagem do discurso da jovem ativista e liderança indígena brasileira Txai Suruí na COP 26, realizada em Glasgow, na Escócia, no ano de 2021.

Para minha família amada, Gabrielle, Dariana, Halina e Maria Júlia, que possam viver agora e por muitos anos num ambiente saudável e equilibrado, bem como num Planeta onde todos, em todos os lugares, incluídas as futuras gerações, tenham a possibilidade efetiva de uma existência em comunhão e harmonia, integrados na teia da vida humana e não humana.

I.W.S.

Para as mulheres que habitam o meu Universo, o meu Planeta (Terra), a minha casa e o meu coração: Cacá, Lulu e Bela (e Nina!).

T.F.

SOBRE OS AUTORES

Ingo Wolfgang Sarlet

Doutor em Direito pela Universidade de Munique. Estudos em nível de pós-doutorado nas Universidades de Munique (bolsista DAAD), Georgetown e Instituto Max-Planck de Direito Social Estrangeiro e Internacional (Munique), como bolsista do Instituto, no qual também atua como representante brasileiro e correspondente científico desde o ano 2000. Coordenador do programa de pós-graduação em Direito da PUC/RS (Mestrado e Doutorado). Professor Titular da Escola de Direito e nos programas de pós-graduação em Direito e em Ciências Criminais da PUC/RS. Professor de Direito Constitucional da Escola Superior da Magistratura do Rio Grande do Sul (AJURIS). Prêmio FAPERGS pesquisador destaque na área de humanidades (2011). Portador da Medalha do Mérito Judiciário do TST no grau de Comendador. Membro catedrático da Academia Brasileira de Direito Constitucional (ABDCONST). Foi pesquisador visitante na Harvard Law School, EUA; pesquisador e professor visitante como bolsista Erasmus Mundus na Faculdade de Direito da Universidade Católica Portuguesa, Lisboa; pesquisador visitante como *fellow* do Stellenbosh Institute for Advanced Studies, África do Sul, assim como no Instituto Max-Planck de Direito Privado Estrangeiro e Internacional, Hamburgo, Alemanha, e no Instituto Max-Planck de Direito Social e Política Social, Munique, Alemanha – antigo Instituto de Direito Social Estrangeiro e Internacional (várias vezes). Foi professor do Mestrado e Doutorado em Direitos Humanos da Universidade Pablo de Olavide, Sevilha, e do Mestrado em Direito Constitucional Europeu da Faculdade de Direito da Universidade de Granada. Foi professor visitante na Faculdade de Direito da Universidade de Hamburgo. Tem proferido centenas de palestras e conferências e participado em eventos no Brasil e no exterior, designadamente África do Sul, Alemanha, Argentina, Áustria, Bélgica, Chile, Espanha, EUA, Inglaterra, Itália, Peru, Portugal e Suíça. Publicou centenas de livros, coletâneas, capítulos, artigos em periódicos no Brasil e no exterior (África do Sul, Alemanha, Argentina, Bélgica, Chile, Equador, Espanha, Inglaterra, México, Peru, Portugal). Entre as obras de sua autoria, destacam-se: *A Eficácia dos Direitos Fundamentais* (14. ed., Livraria do Advogado, 2024), *Dignidade da Pessoa Humana e Direitos Fundamentais na Constituição Federal de 1988* (11. ed., Livraria do Advogado, 2024), *Curso de Direito Constitucional*, em parceria com Luiz Guilherme Marinoni (13. ed., Saraiva, 2024), *Constituição e Direito Penal* (2. ed., RT, 2023), é Coordenador, juntamente com J.J. Gomes Canotilho, Gilmar Ferreira Mendes e Lênio L. Streck da obra *Comentários à Constituição de 1988* (3. ed., Saraiva, 2023), *Maquiavel o Príncipe e o Estado Moderno* (Livraria do Advogado, 2017), Coordenador, em parceria com Laura Mendes, Danilo Doneda e Otavio Luíz Rodrigues Jr. da obra *Tratado da Proteção de Dados Pessoais* (Editora GEN/Forense, 2020). É Desembargador Aposentado do TJRS. Foi Juiz substituto e efetivo do TRE/RS e integrou lista tríplice do STF para Ministro Substituto do TSE. Atualmente atua como advogado e consultor jurídico.

professor_ingosarlet

Tiago Fensterseifer

Doutor e Mestre em Direito Público pela PUC/RS (ex-bolsista do CNPq), com pesquisa de doutorado-sanduíche junto ao Instituto Max-Planck de Direito Social e Política Social (MPISOC) de Munique, Alemanha (ex-bolsista da CAPES). Estudos em nível de pós-doutorado no MPISOC (2018-2019). Pós-doutorado em Direito Ambiental em andamento junto à Universidade Federal de Santa Catarina – UFSC (2023-2025). Professor Visitante do Programa de Mestrado e Doutorado em Direito da Universidade de Fortaleza – UNIFOR (2021-2022). Membro pesquisador dos Grupos de Estudos e Pesquisa do CNPq: Direitos Fundamentais da PUC/RS, Direito Ambiental e Ecologia Política na Sociedade de Risco – GPDA da UFSC e Relações Econômicas, Políticas, Jurídicas e Ambientais na América Latina – REPJAAL da UNIFOR. Diretor e associado do Instituto O Direito por um Planeta Verde (IDPV) e associado da Associação dos Professores de Direito Ambiental do Brasil (APRODAB). Autor de diversos artigos científicos publicados no Brasil e no exterior e das seguintes obras: *Direito Constitucional Ecológico: Constituição, Direitos Fundamentais e Proteção da Natureza* (7. ed., Revista dos Tribunais, 2021), em coautoria com Ingo W. Sarlet; *Curso de Direito Climático* (Revista dos Tribunais/Thomson Reuters, 2023) em coautoria com Ingo W. Sarlet e Gabriel Wedy; *Direitos Fundamentais e Proteção do Ambiente: a Dimensão Ecológica da Dignidade Humana no Estado Socioambiental de Direito* (Livraria do Advogado, 2008); *Defensoria Pública, Direitos Fundamentais e Ação Civil Pública* (Saraiva, 2015); *Defensoria Pública na Constituição Federal* (GEN/Forense, 2017); *Direito Ambiental: Introdução, Fundamentos e Teoria Geral* (Saraiva, 2014), em coautoria com Ingo W. Sarlet, obra finalista do Prêmio Jabuti na Categoria Direito, em 2015; *Princípios do Direito Ambiental* (3. ed., Saraiva, 2025, no prelo); em coautoria com Ingo W. Sarlet; *Constituição e Legislação Ambiental Comentadas* (Saraiva, 2015), em coautoria com Ingo W. Sarlet e Paulo Affonso Leme Machado; *A Dignidade da Vida e os Direitos Fundamentais para além dos Humanos: uma Discussão Necessária* (Fórum, 2008), organizador, juntamente com Carlos A. Molinaro, Fernanda L. F. de Medeiros e Ingo W. Sarlet. Coordenador da Coleção "Novas Fronteiras do Direito Ambiental" da Editora Saraiva, juntamente com Ingo W. Sarlet e Gabriel Wedy. Professor de diversos cursos de especialização e de instituições jurídicas (Universidade de Lisboa, PUC/Peru, PUC/RS, USP/Ribeirão Preto, PUC/Rio, PUC/SP, Escola do MPSC, Escola Nacional do MPT, EMERON/TJRO, EDEPE/DPSP, Escola Superior do MPF, Escola da Magistratura Nacional, Escola da Magistratura Paulista, Escola Superior da Advocacia, entre outras) e coordenador das especializações em Direito Constitucional, Direitos Difusos e Coletivos e Direito Ambiental (esta última em parceria com o Instituto O Direito por um Planeta Verde) do Curso CEI. Também tem atuação destacada como jurista em diversas audiências públicas judiciais (ex.: ADPF 708/DF – Caso Fundo Clima – e ADI 5.553/DF, perante o STF) e extrajudiciais sobre Direito Ambiental e Direito Climático. Defensor Público do Estado de São Paulo (desde 2007).

tiago_fensterseifer
https://t.me/direito_ambiental
https://t.me/direitos_difusos

ABREVIATURAS

AbfG	–	*Abfallgesetz* (Lei de Resíduos)
ABL	–	Academia Brasileira de Letras
ABRAMPA	–	Associação Brasileira dos Membros do Ministério Público de Meio Ambiente
AC	–	Apelação Cível
ACP	–	Ação Civil Pública
ADI	–	Ação Direta de Inconstitucionalidade
ADPF	–	Arguição de Descumprimento de Preceito Fundamental
AG	–	Agravo Regimental
AGAPAN	–	Associação Gaúcha de Proteção ao Ambiente Natural
AgRg	–	Agravo Regimental
AI	–	Agravo de Instrumento
AöR	–	*Archiv des öffentliches Recht* (Mohr Siebeck)
AP	–	Ação Popular
APP	–	Área de Preservação Permanente
AR	–	*Assessment Report*: Relatório de Avaliação (*Assessment Report*) da Saúde da Atmosfera do IPCC
BAT	–	*Best Available Technology* (Melhor Tecnologia Disponível)
BNDES	–	Banco Nacional de Desenvolvimento Econômico e Social
BVerfGE	–	*Bundesverfassungsgerichtsentscheidungen* (Coletânea Oficial das Decisões do Tribunal Constitucional Federal da Alemanha)
BVerwGE	–	*Bundesverwaltungsgericht* (Tribunal Federal Administrativo da Alemanha)
CADH	–	Convenção Americana sobre Direitos Humanos – Pacto de São José da Costa Rica (1969) – Decreto Executivo 678, de 6 de novembro e 1992.
CAOMA	–	Centro de Apoio Operacional do Meio Ambiente do Ministério Público
CAPES	–	Coordenação de Aperfeiçoamento de Pessoal de Nível Superior
CAR	–	Cadastro Ambiental Rural
CC	–	Conflito de Competência
CCB	–	Código Civil Brasileiro (Lei 10.406/2002)
CDC	–	Código de Defesa do Consumidor (Lei 8.078/1990)
CEMADEN	–	Centro Nacional de Monitoramento e Alertas de Desastres Naturais
CEPAL	–	Comissão Econômica para a América Latina e o Caribe da Organização das Nações Unidas
CF/88	–	Constituição da República Federativa do Brasil de 1988
ChemG	–	*Chemikaliengesetz* (Lei de Substâncias Químicas)
CI	–	*Conservation International* (Conservação Internacional)
CIDH	–	Comissão Interamericana de Direitos Humanos
CMMAD	–	Comissão Mundial sobre Meio Ambiente e Desenvolvimento da ONU
CNEA	–	Cadastro Nacional de Entidades Ambientalistas
CNJ	–	Conselho Nacional de Justiça

CNMP – Conselho Nacional do Ministério Público
CNPq – Conselho Nacional de Pesquisas
CONAMA – Conselho Nacional do Meio Ambiente
COP – *Conference of the Parties* (Conferência das Partes da Convenção-Quadro)
Corte IDH – Corte Interamericana de Direitos Humanos
CPC/1973 – Código de Processo Civil (Lei 5.869/1973)
CPC/2015 – Código de Processo Civil de 2015 (Lei 13.105/2015)
CPI – Comissão Parlamentar de Inquérito
CRA – Cota de Reserva Ambiental
DESCA – Direitos Econômicos, Sociais, Culturais e Ambientais
DETER – Sistema de Detecção de Desmatamento em Tempo Real
DP – Defensoria Pública
EIA (ou EPIA) – Estudo (Prévio) de Impacto Ambiental
EUA – Estados Unidos da América
FBCN – Fundação Brasileira para a Conservação da Natureza
FDDD – Fundo de Defesa Direitos Difusos (Decreto 1.306/94)
FNMC – Fundo Clima ou Fundo Nacional sobre Mudança do Clima (Lei nº 12.114/2009)
FSC – *Forest Stewardship Council*
FUNAI – Fundação Nacional do Índio
GenTG – *Gentechnikgesetz* (Lei de Engenharia Genética)
HC – *Habeas Corpus*
IBAMA – Instituto Brasileiro do Meio Ambiente e dos Recursos Naturais Renováveis
IC – Inquérito Civil
ICMBio – Instituto "Chico Mendes" de Conservação da Biodiversidade
IEA-USP – Instituto de Estudos Avançados da Universidade de São Paulo
IMAZON – Instituto do Homem e Meio Ambiente da Amazônia
INPE – Instituto Nacional de Pesquisas Espaciais
IPBES – Plataforma Intergovernamental Científico-Política sobre Biodiversidade e Serviços Ecossistêmicos da ONU
IPCC – Painel Intergovernamental sobre Mudanças Climáticas da ONU
IPAM – Instituto de Pesquisa Ambiental da Amazônia
IPTU – Imposto sobre a propriedade predial e territorial urbana
ITR – Imposto sobre a propriedade territorial rural
IUCN – União Internacional para a Conservação da Natureza
j. – julgado em
JZ – *Juristen Zeitung* (Mohr Siebeck)
KlimR – *Klima und Recht Zeitschrift* (C.H. Beck)
LACP – Lei da Ação Civil Pública (Lei 7.437/1985)
LAI – Lei de Acesso à Informação (Lei 12.527/2011)
LAP – Lei da Ação Popular (Lei 4.717/1965)
LF – Lei Fundamental da Alemanha (1949)
MAPE – Movimento Arte e Pensamento Ecológico
MC – Medida Cautelar
MERCOSUL – Mercado Comum do Sul
Min. – Ministro
MJ – Ministério da Justiça

MMA	–	Ministério do Meio Ambiente
MP	–	Ministério Público
MPF	–	Ministério Público Federal
MPU	–	Ministério Público da União
MS	–	Mandado de Segurança
NEPA	–	*National Environmental Policy Act* (1970)
OAB	–	Ordem dos Advogados do Brasil
OC	–	Opinião Consultiva
OEA	–	Organização dos Estados Americano
OGM(s)	–	Organismos Geneticamente Modificados
OMS	–	Organização Mundial da Saúde
ONG	–	Organização Não Governamental
ONGA	–	Organização Não Governamental de Ambiente
ONU	–	Organização das Nações Unidas
OTAN	–	Organização do Tratado do Atlântico Norte
p.	–	página
PF	–	Polícia Federal
PGR	–	Procurador-Geral da República
PIDESC	–	Pacto Internacional sobre os Direitos Econômicos, Sociais e Culturais (1966)
PIDCP	–	Pacto Internacional sobre os Direitos Civis e Políticos (1966)
PMFS	–	Plano de Manejo Florestal Sustentável
PNEA	–	Política Nacional de Educação Ambiental (Lei 9.795/1999)
PNMA	–	Política Nacional do Meio Ambiente (Lei 6.938/1981)
PNMC	–	Política Nacional sobre Mudança do Clima (Lei 12.187/2009)
PNRH	–	Política Nacional de Recursos Hídricos (Lei 9.433/1997)
PNRS	–	Política Nacional de Resíduos Sólidos (Lei 12.305/2010)
PNSB	–	Política Nacional de Saneamento Básico (Lei 11.445/2007)
PNSBa	–	Política Nacional de Segurança de Barragens (Lei 12.334/2010, alterada pela Lei 14.066/2020)
PNUD	–	Programa das Nações Unidas para o Desenvolvimento
PNUMA	–	Programa das Nações Unidas para o Meio Ambiente
POPs	–	Poluentes Orgânicos Persistentes
ppm	–	parte por milhão
PROCONVE	–	Programa de Controle da Poluição do Ar por Veículos Automotores
PRODES	–	Programa de Monitoramento da Floresta Amazônica Brasileira por Satélite
RDA	–	Revista de Direito Ambiental (Editora Revista dos Tribunais)
RE	–	Recurso Extraordinário
Rel.	–	Relator
RENCTAS	–	Rede Nacional de Combate ao Tráfico de Animais Silvestres
REsp	–	Recurso Especial
RG	–	Repercussão Geral
RIMA	–	Relatório de Impacto Ambiental
RL	–	Reserva Legal
RMS	–	Recurso Ordinário em Mandado de Segurança
SER	–	Recurso em Sentido Estrito
SIG	–	Sistemas de Informação Geográfica
SINPDEC	–	Sistema Nacional de Proteção e Defesa Civil

SINIMA	–	Sistema Nacional de Informação sobre Meio Ambiente
SISNAMA	–	Sistema Nacional do Meio Ambiente
SNUC	–	Sistema Nacional de Unidades de Conservação da Natureza (Lei 9.985/2000)
S.	–	Seção
ss.	–	seguintes
SUS	–	Sistema Único de Saúde
STF	–	Supremo Tribunal Federal
STJ	–	Superior Tribunal de Justiça
T.	–	Turma
TAC	–	Termo de Ajustamento de Conduta
TJ	–	Tribunal de Justiça
TPI	–	Tribunal Penal Internacional (Estatuto de Roma)
TRF	–	Tribunal Regional Federal
TST	–	Tribunal Superior do Trabalho
UCs	–	Unidades de Conservação da Natureza
UFRGS	–	Universidade Federal do Rio Grande do Sul
UGB	–	*Umweltgesetzbuch* (Projeto do Código Ambiental Alemão)
UIG	–	*Umweltinformationsgesetz* (Lei de Informação Ambiental)
UNESCO	–	Organização das Nações Unidas para Cultura, Ciência e Educação
UNICAMP	–	Universidade Estadual de Campinas (Estado de São Paulo)
V.	–	Ver
v.	–	ver
VVDStRL	–	*Veröffentlichungen der Vereinigung der Deutschen Staatsrechtslehrer* (Zeitschrift)
WCEL	–	*Worl Comision on Environmental Law* (da IUCN)
ZUR	–	*Zeitschrift für Umweltrecht* (NOMOS)

SUMÁRIO

INTRODUÇÃO – O DIREITO AMBIENTAL NO LIMIAR DE UM NOVO PARADIGMA JURÍDICO ECOCÊNTRICO NO ANTROPOCENO 1

PARTE I
TEORIA GERAL DO DIREITO AMBIENTAL

CAPÍTULO 1 – A CRISE ECOLÓGICA E OS LIMITES PLANETÁRIOS NO ANTROPOCENO.. 25

1. Considerações iniciais: o ser humano (*Homo Sapiens*) como vetor da crise e do estado de emergência ecológica no Antropoceno.. 25
2. A poluição, a degradação e o esgotamento dos recursos naturais 31
3. A questão nuclear 39
4. O desmatamento das florestas tropicais (em especial, da Floresta Amazônica) e a sexta extinção em massa da biodiversidade: o colapso do(s) ecossistema(s) planetário(s)... 41
5. Crescimento populacional e consumo (insustentável) de recursos naturais: "Não há Planeta B"!.. 48
6. Poluição atmosférica, aquecimento global e mudanças climáticas.. 52
7. A nova época geológica do Antropoceno, a ciência da terra (*Earth Science*) e os limites planetários (*Planetary Boundaries*).. 56

CAPÍTULO 2 – A LEGITIMAÇÃO SOCIAL DOS VALORES ECOLÓGICOS: O SURGIMENTO E EVOLUÇÃO DA CONSCIÊNCIA ECOLÓGICA E DOS MOVIMENTOS SOCIAIS EM PROL DA PROTEÇÃO DA NATUREZA 59

1. O movimento ambientalista e a legitimação social dos valores ecológicos 59
    1.1 Breve história do movimento ecológico: o despertar da consciência ecológica na década de 1960.. 59
        1.1.1 O movimento "conservacionista" anterior à década de 1960.. 61
        1.1.2 O surgimento do movimento ambientalista a partir da década de 1960 63
        1.1.3 O movimento pelos direitos (e bem-estar) dos animais (não humanos).... 67
    1.2 O "despertar" da consciência ecológica e o surgimento do movimento ecológico brasileiro na década de 1970 68
        1.2.1 Surgimento e consolidação do movimento ecológico brasileiro a partir do início da década de 1970.. 69
        1.2.2 O movimento ecológico "multissetorial" e sua dimensão socioambiental 76

2. A "sociedade de risco" (*Ulrich Beck*) 79
   2.1 Considerações gerais sobre a Teoria da Sociedade de Risco (Mundial ou Global)..... 79
   2.2 O efeito "antidemocrático" na distribuição dos riscos ecológicos: a concentração da riqueza "acima" e dos riscos "abaixo".. 81
3. A questão da justiça (socio)ambiental: a conjugação da luta por direitos sociais com a proteção ecológica... 82
   3.1 O movimento por justiça ambiental (e o combate ao racismo ambiental) nos EUA 83
   3.2 Os deslocados, refugiados e migrantes ambientais (e climáticos) 84
   3.3 Os indivíduos e grupos sociais "necessitados" ou "vulneráveis" em termos ecológicos (ou climáticos) 87
4. A sociedade civil mundial e a cidadania ambiental planetária (ou cosmopolita).......... 89
5. O movimento estudantil global "Fridays for Future" e a questão da justiça climática intra e intergeracional.. 91
6. A proteção jurídica dos "ativistas ou defensores da Natureza" como premissa ao exercício efetivo dos direitos ambientais de participação (Acordo de Escazú de 2018)..... 93

CAPÍTULO 3 – ÉTICA ECOLÓGICA 97

1. Considerações iniciais: a ampliação do círculo moral e a expansão do reconhecimento de direitos para além do espectro humano 97
2. A raiz filosófica da crise ecológica: crítica ao pensamento moderno de matriz cartesiano-mecanicista 104
3. A ética "conservacionista" de Henry D. Thoreau, John Muir e Aldo Leopold: de volta à Natureza Selvagem (*Wilderness*)! 107
4. A "Ecologia Profunda" (*Deep Ecology*) de Arne Naess 109
5. O "Princípio da Responsabilidade" de Hans Jonas 110
6. A "Libertação Animal" de Peter Singer.. 112
7. O "Contrato Natural" de Michel Serres 115
8. A "Filosofia da Crise Ecológica" de Vittorio Hösle: por uma nova síntese ser humano-Natureza 116
9. O "Mito da Caverna" de Platão e o papel do cientista de dar voz (político-jurídica) à Natureza e trazer luz para as leis dos homens amparado nas leis da Natureza: *de facto, de jure*! (Bruno Latour) 117
10. Da ética ecológica ao direito ecológico: rumo a um novo paradigma jurídico ecocêntrico em prol da "libertação da Natureza"?... 119

CAPÍTULO 4 – O DESENVOLVIMENTO HISTÓRICO-EVOLUTIVO DO DIREITO AMBIENTAL.. 129

1. Introdução: da consciência e legitimação social dos valores ecológicos ao Direito Ambiental... 129
2. A proteção jurídica dos recursos naturais antes da década de 1970 e o seu viés preponderantemente econômico e exploratório 130
3. O surgimento do Direito Ambiental no cenário jurídico internacional: da Declaração de Estocolmo sobre o Meio Ambiente Humano (1972) ao Acordo de Paris (2015)... 132

3.1		Direitos humanos, meio ambiente e clima...	135
	3.1.1	Relatoria Especial sobre "Direitos Humanos e Meio Ambiente" do Alto Comissariado para Direitos Humanos da ONU	143
	3.1.2	Relatoria Especial sobre Direitos Humanos e Mudanças Climáticas do Conselho de Direitos Humanos da ONU	144
	3.1.3	Direitos humanos, meio ambiente (e clima) e empresas: dos deveres de devida diligência à eficácia (horizontal) dos direitos humanos nas relações jurídicas entre particulares..	145
	3.1.4	O reconhecimento da proteção ambiental como norma de "jus cogens" pela Corte IDH no Caso Habitantes de La Oroya *vs.* Peru (2023)...............	149
3.2		Direito Internacional Climático: a Carta do Clima da ONU	149
	3.2.1	Convenção-Quadro sobre Mudança do Clima (1992)	152
	3.2.2	Protocolo de Quioto (1997)...	154
	3.2.3	Acordo de Paris (2015)...	155
		3.2.3.1 O Acordo de Paris como espécie de Constituição Global Ambiental e Climática e precursor de uma nova abordagem de direitos humanos para o tratamento da matéria ambiental e climática	158

4. A Agenda 2030 para o Desenvolvimento Sustentável da ONU e os seus 17 Objetivos de Desenvolvimento Sustentável (ODS)... 161

    4.1 Objetivos de Desenvolvimento Sustentável (ODS) da Agenda 2030 da ONU, limites planetários e "economia Donut" (Kate Raworth)... 163

5. Breve história do Direito Ambiental brasileiro: do início do século XX aos dias atuais... 164

5.1		As fases legislativas na perspectiva do surgimento e evolução do Direito Ambiental brasileiro...	164
5.2		A fase legislativa fragmentário-instrumental da proteção ambiental................	167
	5.2.1	Considerações iniciais: a proteção jurídica fragmentada (e com viés preponderantemente econômico) dos recursos naturais no período anterior à Lei da Política Nacional do Meio Ambiente (Lei 6.938/81)................	167
	5.2.2	Os "códigos" e a legislação protetiva dos recursos naturais (e, em especial, dos animais) da década de 1930	168
	5.2.3	A Constituição de 1946 e o dever do Estado de proteger "os monumentos naturais, as paisagens e os locais dotados de particular beleza"................	168
	5.2.4	A legislação editada na década de 1960 sob a égide do regime militar........	169
		5.2.4.1 As Constituições de 1967 e de 1969 (Emenda n. 1, de 17 de outubro de 1969)	170
5.3		A fase legislativa sistemático-valorativa da proteção ambiental........................	171
	5.3.1	A Lei da Política Nacional do Meio Ambiente (Lei 6.938/81) como o marco normativo inaugural do Direito Ambiental brasileiro moderno	171
	5.3.2	A legislação ambiental do período compreendido entre a Lei 6.938/81 e a CF/1988...	172
		5.3.2.1 A Lei da Ação Civil Pública (Lei 7.347/85) e a criação do microssistema processual coletivo brasileiro	172
5.4		A fase da "constitucionalização" da proteção ambiental (e do Direito Ambiental)	174

5.4.1 A consagração "constitucional" da proteção ecológica na Constituição Federal de 1988 (art. 225) como objetivo e dever do Estado e direito-dever fundamental do indivíduo e da coletividade 174
5.5 Fase legislativa "Ecocêntrica" ou dos "Direitos dos Animais e dos Direitos da Natureza" (ou do "Direito Ecológico") 175

CAPÍTULO 5 – OBJETO DO DIREITO AMBIENTAL E CONCEITO JURÍDICO DE MEIO AMBIENTE 183

Introdução 183
1. Conceito jurídico de meio ambiente 184
   1.1 As concepções "restritiva" e "ampla" do bem jurídico ambiental 184
   1.2 A opção do legislador (constitucional e infraconstitucional) brasileiro 186
   1.3 As dimensões (natural e humana) do bem jurídico ambiental ou ecológico 188
       1.3.1 Meio ambiente natural 188
           1.3.1.1 O clima como elemento do meio ambiente natural 190
       1.3.2 Meio ambiente humano (ou social) 192
           1.3.2.1 Meio ambiente urbano (ou construído) 192
           1.3.2.2 Meio ambiente cultural (patrimônio histórico, cultural, turístico, arqueológico e paisagístico) 194
           1.3.2.3 Meio ambiente do trabalho 195
2. A natureza (preponderantemente) difusa do bem jurídico ambiental (e sua vinculação ao *interesse público primário*) 197
   2.1 A natureza (prevalentemente) "difusa" do bem jurídico ambiental 197
   2.2 O conflito entre interesses públicos e privados na relação jurídica ambiental e as compreensões de "microbem" e "macrobem" ambiental 202
3. A autonomia do Direito Ambiental: o reconhecimento de uma nova disciplina jurídica 204
   3.1 A natureza (pública) do Direito Ambiental 204
   3.2 A autonomia do Direito Ambiental: o reconhecimento de uma nova disciplina jurídica 205
   3.3 A natureza transdisciplinar do Direito Ambiental 209
   3.4 A relação do Direito Ambiental com as diversas disciplinas jurídicas 211
       3.4.1 Direito Ambiental e Direito Internacional 211
       3.4.2 Direito Ambiental e Direito Constitucional 212
       3.4.3 Direito Ambiental e Direito Administrativo 213
       3.4.4 Direito Ambiental e Direito Civil 214
       3.4.5 Direito Ambiental e Direito Urbanístico 216
       3.4.6 Direito Ambiental e Direito Processual (e, especialmente, Direito Processual Coletivo) 218
       3.4.7 Direito Ambiental e Direito do Consumidor 219
       3.4.8 Direito Ambiental e Direito Penal 221
       3.4.9 Direito Ambiental e Direito do Trabalho 222
       3.4.10 Direito Ambiental e Direito Tributário 223
       3.4.11 Direito Ambiental e Direito Indígena (ou Direito dos Povos Indígenas) 225

CAPÍTULO 6 – FONTES DO DIREITO AMBIENTAL 231

1. Considerações iniciais 231
2. Sistema normativo multinível e pluralidade de fontes do direito ambiental: rumo a um direito ambiental "sem fronteiras"! 233
3. Fontes normativas (ou formais) do Direito Ambiental 242
   3.1 Direito Internacional 242
      3.1.1 A incorporação, com *status* constitucional (ou, ao menos, supralegal), dos tratados internacionais em matéria ambiental (art. 5º, §§ 2º e 3º, da CF/1988) 243
      3.1.2 O controle de "convencionalidade" da legislação infraconstitucional nacional em matéria ambiental (como dever *ex officio* de Juízes e Tribunais) 249
   3.2 Direito Nacional 253
      3.2.1 Constituição 253
      3.2.2 Legislação infraconstitucional 254
      3.2.3 Fontes formais "secundárias" 254
         3.2.3.1 As resoluções do Conselho Nacional do Meio Ambiente (CONAMA) 254
   3.3 Princípios gerais 256
4. Fontes materiais do Direito Ambiental 257
   4.1 Doutrina 257
   4.2 Jurisprudência (nacional, comparada e internacional) 259
   4.3 Costume como fonte do Direito Ambiental? 261
5. Fontes complementares do Direito Ambiental 262
   5.1 Direito Comparado 262
   5.2 Conhecimento científico 263
   5.3 Organizações não governamentais (ONGs) voltadas à proteção ambiental 268

CAPÍTULO 7 – PRINCÍPIOS DO DIREITO AMBIENTAL 271

1. Introdução: a força normativa dos princípios e a interpretação sistemática do Direito Ambiental 271
2. Princípio da dignidade da pessoa humana e sua dimensão ecológica 284
   2.1 Dimensão climática do princípio da dignidade da pessoa humana? 289
   2.2 Dimensão transgeracional ou intertemporal do princípio da dignidade da pessoa humana? 290
3. Princípio da dignidade do animal não humano e da Natureza 291
   3.1 A dignidade do animal não humano e da Natureza na jurisprudência do STJ: a atribuição de direitos para além da esfera humana (REsp 1.797.175/SP) 297
   3.2 A dignidade do animal não humano na jurisprudência do STF: a vedação da crueldade contra os animais não humanos e a tutela constitucional do bem-estar, da dignidade e de direitos (?) para além do espectro humano 298
   3.3 A dignidade e os direitos da Natureza na jurisprudência do STF 301
4. Princípio da integridade ecológica 302
5. Princípio da solidariedade (intrageracional, intergeracional e interespécies) 306

6. Princípio da responsabilidade em face das presentes e futuras gerações 310
7. Princípio do poluidor-pagador e do usuário-pagador 315
    7.1 Princípio do protetor-recebedor (ou provedor-recebedor) e pagamento por serviços ambientais 323
8. Princípio do desenvolvimento sustentável 324
    8.1 Princípio do consumo sustentável 333
    8.2 Princípio da adoção prioritária de soluções baseadas na Natureza 338
    8.3 No princípio da prioridade de soluções baseadas na Natureza 339
9. Princípio da função ambiental ou ecológica da propriedade (e da posse) 341
    9.1 Função climática da propriedade e da posse 349
10. Princípio da participação pública 349
    10.1 Os três pilares do princípio da participação pública em matéria ambiental à luz da Declaração do Rio (1992), da Convenção de Aarhus (1998) e do Acordo de Escazú (2018) 352
        10.1.1 A participação pública na tomada de decisões em matéria ambiental 354
        10.1.2 O acesso à informação ambiental 358
        10.1.3 Acesso à justiça em matéria ambiental 366
11. Princípio da prevenção 371
12. Princípio da precaução 375
13. Princípio da cooperação (nacional e internacional) 382
14. Princípio da não discriminação e do acesso equitativo aos recursos naturais (e princípio da justiça ambiental e climática) 386

CAPÍTULO 8 – A PROTEÇÃO CONSTITUCIONAL DO MEIO AMBIENTE (E O REGIME JURÍDICO DO DIREITO-DEVER FUNDAMENTAL AO MEIO AMBIENTE) ... 391

1. Introdução – Do "esverdeamento" do Direito Constitucional ao constitucionalismo ecológico 391
2. Estado (Democrático, Social e) Ecológico de Direito: a proteção ambiental como tarefa ou objetivo do Estado Constitucional Contemporâneo 395
    2.1 Constitucionalismo climático e Estado de Direito Climático? 397
        2.1.1 O clima (ou sistema climático) como bem jurídico de status constitucional 399
3. A "constitucionalização" da proteção ecológica no ordenamento jurídico brasileiro 402
    3.1 A proteção ambiental nas Constituições anteriores 402
    3.2 A "constitucionalização" da proteção ecológica no ordenamento jurídico brasileiro e a consagração do direito-dever fundamental ao meio ambiente na Constituição Federal de 1988 404
    3.3 A incorporação, com *status* constitucional (ou, ao menos, supralegal), dos tratados internacionais ambientais (art. 5º, §§ 2º e 3º, da CF/1988) e o controle de "convencionalidade" da legislação infraconstitucional nacional ambiental 407
4. Direitos fundamentais e proteção ecológica 407
    4.1 A evolução histórico-constitucional das dimensões de direitos fundamentais e a consagração da proteção ecológica como direito fundamental de terceira dimensão 407
        4.1.1 Direito fundamental ao clima limpo, estável e seguro (ou à integridade do sistema climático) 420

4.2		A dupla perspectiva subjetiva e objetiva dos direitos fundamentais e o direito fundamental ao meio ambiente	425
	4.2.1	Breves considerações sobre a distinção entre a perspectiva subjetiva e a perspectiva objetiva dos direitos fundamentais	425
	4.2.2	A perspectiva subjetiva do direito fundamental ao meio ambiente (para além do objetivo e da tarefa estatal de proteção ecológica) no sistema constitucional brasileiro (art. 225 da CF/1988)	429
4.3		O complexo de projeções normativas da perspectiva objetiva do direito fundamental ao meio ambiente	434
	4.3.1	Deveres de proteção ecológica do Estado	434
		4.3.1.1 A vinculação dos poderes públicos (Estado-Legislador, Estado-Administrador/Executivo e Estado-Juiz) à proteção ecológica e à função de "guardião" do direito fundamental ao meio ambiente conferido ao Estado de Direito contemporâneo	434
		4.3.1.2 O rol (apenas) exemplificativo dos deveres de proteção ambiental do Estado no § 1º do art. 225 da CF/1988	446
		4.3.1.3 Deveres estatais de proteção climática	447
		4.3.1.4 Dever do Estado de tomar decisões fundamentadas em *standards*, normas e critérios científicos e técnicos e nos princípios da precaução e da prevenção (ADI 6.428/DF e ADI 6148/DF)	449
		4.3.1.5 Deveres do Estado de prevenir e responder a desastres ambientais (e climáticos) à luz do "Direito dos Desastres ou das Catástrofes"	452
		4.3.1.6 Deveres do Estado de proteção de espécies ameaçadas de extinção (art. 225, § 1º, VII, da CF/1988)	457
		4.3.1.7 Deveres estatais de transparência (passiva, ativa e reativa) em matéria ambiental (à luz do IAC 13 do STJ)	458
	4.3.2	Deveres fundamentais (dos particulares) e proteção ecológica	459
		4.3.2.1 Breves notas sobre o regime jurídico-constitucional dos deveres fundamentais: dos deveres liberais e sociais aos deveres ecológicos (e climáticos)	459
		4.3.2.2 Deveres fundamentais (dos particulares) de proteção ecológica: a estrutura normativa do "direito-dever" inerente à norma constitucional-ecológica	466
	4.3.3	As perspectivas procedimental e organizacional do direito fundamental ao meio ambiente	468
		4.3.3.1 A perspectiva procedimental do direito fundamental ao meio ambiente (e seu caráter democrático-participativo)	470
		4.3.3.2 Direitos ambientais de participação (ou procedimentais)	473
4.4		Titularidade do direito fundamental ao meio ambiente (e o reconhecimento do *status* jurídico subjetivo e direitos dos animais e da Natureza)	476
	4.4.1	O indivíduo, o grupo social e toda a coletividade como titulares do direito fundamental ao meio ambiente	476
	4.4.2	As futuras gerações como titulares do direito fundamental ao meio ambiente?	480
	4.4.3	Direitos (fundamentais) dos animais, de outros seres vivos e da Natureza em si?	484

4.5 A eficácia e efetividade do direito (e dos deveres) fundamental ao meio ambiente ... 494
    4.5.1 A regra da aplicabilidade imediata (direta) e o dever de atribuir a máxima eficácia e efetividade ao direito fundamental ao meio ambiente (art. 5º, § 1º, da CF/1988) 494
    4.5.2 Distinção entre proteção do meio ambiente como um direito fundamental em sentido amplo e a sua respectiva dimensão defensiva e prestacional.... 495
    4.5.3 O direito-garantia ao mínimo existencial ecológico (e ao mínimo existencial climático)... 500
        4.5.3.1 Mínimo existencial climático?... 508
        4.5.3.2 Mínimo existencial ecológico, controle judicial de políticas públicas ambientais e separação dos Poderes 510
        4.5.3.3 O mínimo existencial ecológico na jurisprudência brasileira..... 515
    4.5.4 O direito fundamental ao meio ambiente como cláusula pétrea do sistema constitucional brasileiro (art. 60, § 4º, IV, da CF/1988) 519
    4.5.5 A eficácia do direito fundamental ao meio ambiente nas relações entre particulares... 521
4.6 Princípio da proporcionalidade e proibição de proteção insuficiente ou deficiente em matéria ambiental 532
4.7 Princípio da proibição de retrocesso ecológico e climático (e princípio da progressividade).. 535
    4.7.1 Princípio da proibição de retrocesso, dever estatal de progressividade e vedação da extinção ou redução de áreas especialmente protegidas (unidades de conservação, área de preservação permanente, reserva legal e territórios indígenas).. 547
    4.7.2 Dimensão institucional do princípio da proibição de retrocesso, vedação da redução da participação popular em órgãos colegiados ambientais e vinculação do Poder Executivo (ADPF 651/DF e ADPF 623/DF) 549
    4.7.3 Princípios da proibição de retrocesso e da progressividade em matéria climática e o Acordo de Paris (2015) 551
4.8 Estado de coisas inconstitucional ecológico (e climático) 553

CAPÍTULO 9 – COMPETÊNCIA CONSTITUCIONAL (LEGISLATIVA E EXECUTIVA) EM MATÉRIA AMBIENTAL... 561

Introdução: O "federalismo cooperativo ecológico" consagrado pelo ordenamento jurídico brasileiro 561

1. Competência legislativa em matéria ambiental.. 569
    1.1 A competência legislativa privativa da União em matéria ambiental (art. 22 da CF/1988).. 571
    1.2 A competência legislativa concorrente entre União, Estados e Distrito Federal em matéria ambiental (art. 24, VI, VII e VIII, da CF/1988) 573
        1.2.1 A competência para legislar sobre florestas, caça, pesca, fauna, conservação da Natureza, defesa do solo e dos recursos naturais, proteção do meio ambiente e controle da poluição (art. 24, VI)... 579
        1.2.2 A competência para legislar sobre proteção ao patrimônio histórico, cultural, artístico, turístico e paisagístico (art. 24, VII).................................. 580

1.2.3 A competência para legislar sobre responsabilidade por dano ao meio ambiente, ao consumidor, a bens e direitos de valor artístico, estético, histórico, turístico e paisagístico (art. 24, VIII) 581

1.2.3.1 O reconhecimento dos animais e da Natureza como novos sujeitos de direitos e a atribuição de direitos em seu favor são matérias reservadas à competência legislativa privativa da União prevista no art. 22, I, da CF/1988? 582

1.3 O reconhecimento da competência legislativa concorrente do Município em matéria ambiental com base na interpretação sistemática dos arts. 18, 24, VI, VII e VIII, e 30, I e II, da CF/1988 584

1.4 O papel do Poder Judiciário na resolução de conflitos entre normas ambientais provenientes de diferentes entes federativos e o critério da prevalência da norma mais protetiva ao meio ambiente (e o princípio *in dubio pro natura*) 588

2. Competência executiva (ou material) em matéria ambiental 593

2.1 A competência executiva (ou material) comum entre os entes federativos (União, Estados, Distrito Federal e Municípios) prevista no art. 23, III, VI e VII, da CF/1988 596

2.1.1 A competência executiva para proteger os documentos, as obras e outros bens de valor histórico, artístico e cultural, os monumentos, as paisagens naturais notáveis e os sítios arqueológicos (art. 23, III) 596

2.1.2 A competência executiva para proteger o meio ambiente e combater a poluição em qualquer de suas formas (art. 23, VI) 597

2.1.3 A competência executiva para preservar as florestas, a fauna e a flora (art. 23, VII) 598

2.1.4 O rol apenas exemplificativo de competências executivas em matéria ambiental e o caráter abrangente dos incisos III, VI e VII do art. 23 da CF/1988 598

2.2 A Lei Complementar 140/2011 (competência administrativa em matéria ambiental) e o "dever de cooperação" dos entes federativos no exercício da competência executiva em matéria ambiental 599

3. O princípio da subsidiariedade como premissa do modelo de "federalismo cooperativo ecológico" e sua aplicação no campo das competências legislativa e executiva em matéria ambiental 608

4. Análise da jurisprudência sobre as competências legislativa e executiva em matéria ambiental 610

4.1 Jurisprudência sobre competência legislativa em matéria ambiental 610

4.1.1 Energia nuclear 610

4.1.2 Agrotóxicos 613

4.1.3 Licenciamento ambiental 616

4.1.3.1 Inconstitucionalidade de legislação estadual que regulamenta licença única no processo de licenciamento ambiental em detrimento do modelo trifásico estabelecido na legislação federal 617

4.1.3.2 Inconstitucionalidade de licenciamento ambiental simplificado para atividade de mineração e uso de mercúrio 617

4.1.4 Caça 618

4.1.5 Organismos geneticamente modificados (OGMs) 619

4.1.6 Amianto 620

		4.1.7	Pesca de arrasto..	626
		4.1.8	Queima da cana-de-açúcar...	628
		4.1.9	Sacolas plásticas e sacolas biodegradáveis...................................	630
		4.1.10	Fogos de artifício ruidosos	631
		4.1.11	Competência legislativa concorrente do Município em matéria ambiental ..	632
		4.1.12	Conflito entre competência legislativa privativa da União (direito marítimo) e competência legislativa concorrente do Estado (proteção do meio ambiente e controle da poluição)	633
		4.1.13	Proteção aos animais	634
	4.2	Jurisprudência sobre competência executiva em matéria ambiental................		634
		4.2.1	Poder de polícia ambiental comum a todos os entes federativos...............	634

CAPÍTULO 10 – POLÍTICA NACIONAL DO MEIO AMBIENTE (LEI 6.938/81) 637

1. Considerações gerais.. 637
   1.1 Princípios da PNMA... 641
   1.2 Objetivos da PNMA.. 641
2. Conceitos jurídicos na Lei 6.938/81 (art. 3º).. 642
   2.1 Conceitos jurídicos de meio ambiente, recursos naturais, poluição e degradação da qualidade ambiental.. 642
   2.2 Conceito jurídico de poluidor (e o princípio do poluidor-pagador)............... 645
3. Sistema Nacional do Meio Ambiente (SISNAMA) 647
   3.1 Órgão Superior: o Conselho de Governo.. 649
   3.2 Órgão consultivo e deliberativo: o Conselho Nacional do Meio Ambiente (CONAMA)... 649
       3.2.1 Histórico do CONAMA... 649
       3.2.2 Atribuições do CONAMA 649
       3.2.3 Poder normativo do CONAMA... 650
           3.2.3.1 Limites ao poder normativo do CONAMA.................... 651
       3.2.4 Composição do CONAMA 651
           3.2.4.1 Presidência do CONAMA.. 655
       3.2.5 Participação e controle social no âmbito do CONAMA 655
   3.3 Órgão central: o Ministério do Meio Ambiente (e da Mudança do Clima)..... 656
       3.3.1 Ministério dos Povos Indígenas... 658
   3.4 Órgãos executores: o Instituto Brasileiro do Meio Ambiente e dos Recursos Naturais Renováveis (IBAMA) e o Instituto Chico Mendes de Conservação da Biodiversidade – Instituto Chico Mendes (ICMBio)... 659
       3.4.1 Histórico da criação do IBAMA 659
       3.4.2 Papel e atribuições do IBAMA no âmbito do SISNAMA.............. 660
       3.4.3 IBAMA e poder de polícia ambiental... 660
       3.4.4 IBAMA e licenciamento ambiental 662
       3.4.5 A criação do Instituto Chico Mendes de Conservação da Biodiversidade (ICMBio).. 662
       3.4.6 Diferença de atribuições entre IBAMA e Instituto Chico Mendes 663
       3.4.7 Legitimidade do IBAMA e do ICMBio para propor ação civil pública....... 664
   3.5 Órgãos seccionais: os órgãos ou entidades ambientais estaduais..................... 664

3.6	Órgãos locais: os órgãos ou entidades ambientais municipais	664
4.	Instrumentos da Política Nacional do Meio Ambiente	664
4.1	Estabelecimento de padrões de qualidade ambiental	666
4.2	Zoneamento ambiental (ou zoneamento ecológico-econômico)	666
4.3	Avaliação de impactos ambientais	667
4.4	Licenciamento e revisão de atividades efetiva ou potencialmente poluidoras	667
4.5	Incentivos à produção e instalação de equipamentos e a criação ou absorção de tecnologia, voltados para a melhoria da qualidade ambiental	668
4.6	A criação de espaços territoriais especialmente protegidos pelo Poder Público federal, estadual e municipal, tais como áreas de proteção ambiental, de relevante interesse ecológico e reservas extrativistas	669
4.7	Sistema Nacional de Informações sobre o Meio Ambiente (SINIMA)	669
4.8	Cadastro Técnico Federal de Atividades e Instrumento de Defesa Ambiental	670
4.9	Penalidades disciplinares ou compensatórias ao não cumprimento das medidas necessárias à preservação ou correção da degradação ambiental	670
4.10	Instituição do Relatório de Qualidade do Meio Ambiente, a ser divulgado anualmente pelo Instituto Brasileiro do Meio Ambiente e Recursos Naturais Renováveis (IBAMA)	670
4.11	Garantia da prestação de informações relativas ao Meio Ambiente, obrigando-se o Poder Público a produzi-las, quando inexistentes	670
4.12	Cadastro Técnico Federal de Atividades Potencialmente Poluidoras e/ou Utilizadoras dos Recursos Ambientais	671
4.12.1	Taxa de Controle e Fiscalização Ambiental (TCFA)	671
4.13	Instrumentos econômicos, como concessão florestal, servidão ambiental, seguro ambiental e outros	673
4.13.1	Instrumentos econômicos	673
4.13.1.1	Tributação ambiental e função extrafiscal dos impostos	673
4.13.1.2	Pagamento por serviços ambientais	675
4.13.2	Concessão florestal	675
4.13.3	Servidão ambiental	675
4.13.4	Seguro ambiental	678
4.13.5	Financiamento público	679
4.13.6	Licitações e Contratações Públicas Sustentáveis	680
5.	Responsabilidade administrativa do poluidor na Lei 6.938/81	681
6.	Responsabilidade civil objetiva do poluidor pelo dano ambiental consagrado pela Lei 6.938/81	682
7.	O Ministério Público na Lei 6.938/81	682
8.	Democracia participativa ecológica na Lei 6.938/81	683
9.	Deveres fundamentais e vinculação dos particulares às diretrizes normativas da Lei 6.938/81	684

CAPÍTULO 11 – RESPONSABILIDADE ADMINISTRATIVA, PODER DE POLÍCIA E INFRAÇÕES ADMINISTRATIVAS AMBIENTAIS 685

1.	Introdução	685
2.	Responsabilidade administrativa ambiental na Lei 9.605/98 e no Decreto 6.514/2008	689

2.1	Conceito de infração administrativa ambiental...	689
2.2	Natureza da responsabilidade administrativa ambiental..	692
2.3	Autoridade competente para lavrar auto de infração e instaurar processo administrativo ambiental...	695
2.4	Processo administrativo para apuração de infrações ambientais.............................	698
2.5	Modalidades de penalidades administrativas ambientais...	699
2.6	Hipótese de suspensão e conversão da punibilidade administrativa no Código Florestal de 2012...	706
2.7	Prescrição da pretensão punitiva nas infrações administrativas ambientais...........	708
	2.7.1 Embargo administrativo de obra, atividade ou área e imprescritibilidade até a cessação da atividade lesiva ao meio ambiente..................................	710
2.8	Instruções normativas dos órgãos ambientais federais para a execução do Decreto 6.514/2008..	712
2.9	O dever dos órgãos ambientais integrantes do SISNAMA de assegurar a publicidade das sanções administrativas aplicadas aos infratores ambientais....................	712

CAPÍTULO 12 – LICENCIAMENTO AMBIENTAL E ESTUDO PRÉVIO DE IMPACTO AMBIENTAL... 715

1. Considerações gerais: LC 140/2011, competência administrativa comum dos entes federativos e licenciamento ambiental.. 715
2. Conceito e regime jurídico do licenciamento ambiental na legislação ambiental brasileira... 718
3. Distribuição da competência administrativa para o licenciamento ambiental entre os entes federativos na LC 140/2011 719
   - 3.1 Área de Proteção Ambiental (APA) e licenciamento ambiental............................. 721
   - 3.2 Nível federativo único do licenciamento ambiental.. 722
   - 3.3 Prazos do licenciamento ambiental.. 722
     - 3.3.1 Lei da Liberdade Econômica (Lei 13.874/2019) e licenciamento ambiental (tácito?)... 724
   - 3.4 Atuação supletiva no âmbito do licenciamento ambiental..................................... 730
   - 3.5 Atuação subsidiária no âmbito do licenciamento ambiental.................................. 730
   - 3.6 Prevalência da competência do órgão licenciador para o exercício do poder de polícia ambiental... 731
4. Atividades sujeitas ao licenciamento ambiental (Resolução 237/97 do CONAMA)..... 732
5. Fases e etapas do licenciamento ambiental (licença prévia, licença de instalação e licença de operação).. 737
6. Revisibilidade do licenciamento ambiental e ausência de "direito adquirido a poluir"....... 739
7. Estudo (Prévio) e Relatório de Impacto Ambiental – EIA-RIMA (Resolução 001/86 do CONAMA).. 740
   - 7.1 Considerações iniciais e regime jurídico.. 740
     - 7.1.1 Estudo (prévio) de impacto de vizinhança.. 741
     - 7.1.2 O estudo prévio e o relatório de impacto ambiental como requisito para a obtenção da Licença Prévia (LP).. 741
     - 7.1.3 O estudo prévio (e o relatório) de impacto climático................................... 743
   - 7.2 Conceito de impacto ambiental.. 744

7.3	Atividades sujeitas ao estudo prévio de impacto ambiental	744
7.4	Diretrizes gerais e conteúdo técnico mínimo do estudo prévio de impacto ambiental	745
7.5	Relatório de Impacto Ambiental (RIMA)	747
7.5.1	Acesso público ao RIMA e realização de audiência pública	747

8. EIA, conteúdo conclusivo, decisão do órgão licenciador e discricionariedade administrativa 748
9. EIA-RIMA e ônus financeiro do empreendedor 748
10. Publicidade, transparência e acesso à informação no âmbito do licenciamento ambiental 749
    10.1 Audiência pública e licenciamento ambiental 749

CAPÍTULO 13 – DANO ECOLÓGICO E RESPONSABILIDADE CIVIL AMBIENTAL 753

1. Introdução: da "constitucionalização" à "ecologização" do direito privado 753
   1.1 Direito dos Desastres, litígio estrutural e responsabilidade civil ambiental 761
2. Conceitos gerais 763
   2.1 Conceito de poluição 763
   2.2 Conceito de poluidor 763
   2.3 Responsabilidade pós-consumo 765
3. Princípios regentes da responsabilidade civil ambiental 767
   3.1 Considerações gerais 767
   3.2 Princípio do poluidor-pagador 767
   3.3 Princípios da prevenção e da precaução 768
   3.4 Princípio da reparação integral 768
   3.5 Princípio da (priorização da) reparação ou restauração *in natura* 771
       3.5.1 Compensação ambiental e obrigação de reparação *in natura* de Unidades de Conservação afetadas por empreendimento 772
4. Elementos da responsabilidade civil ambiental 774
   4.1 Conduta 774
       4.1.1 A natureza objetiva da responsabilidade civil ambiental 774
       4.1.2 Conduta omissiva (ou deficiente) 777
              4.1.2.1 Omissão ou atuação insuficiente do Estado e sua responsabilidade civil pelo dano ambiental (responsabilidade solidária e execução subsidiária) 778
       4.1.3 A "Teoria do Risco Integral" e as excludentes da ilicitude 785
       4.1.4 Responsabilidade solidária 788
              4.1.4.1 A "execução subsidiária" do Estado na hipótese da sua responsabilização solidária pelo dano ambiental 789
       4.1.5 Não aplicação da "teoria do fato consumado" em matéria ambiental (Súmula 613 do STJ) 791
   4.2 Nexo causal 792
       4.2.1 O caso do Navio Vicuña no Porto de Paranaguá 796
       4.2.2 Relativização do nexo causal e dano ambiental presumido (ou dano ambiental *in re ipsa*) 797
       4.2.3 Relativização do nexo causal, ciência da atribuição e litigância climática 800

4.3 Dano ambiental.. 803
    4.3.1 As (múltiplas) dimensões do dano ambiental.. 803
        4.3.1.1 Dano animal?.. 807
    4.3.2 Dano ambiental coletivo (ou dano ambiental em sentido estrito).............. 810
    4.3.3 Dano ambiental individual (reflexo ou por ricochete) 811
    4.3.4 Dano moral (ou extrapatrimonial) ambiental coletivo............................ 812
        4.3.4.1 Dano moral ambiental individual?... 819
    4.3.5 A reparação (integral) do dano ambiental... 820
        4.3.5.1 Restauração natural (*in natura*)... 820
        4.3.5.2 Compensação ecológica 820
        4.3.5.3 Indenização (pagamento de quantia certa).............................. 821
        4.3.5.4 Desconsideração da personalidade jurídica 823
    4.3.6 Prescrição do dever de reparação do dano ambiental 828
        4.3.6.1 Imprescritibilidade do dever de reparar o dano ambiental difuso ou transindividual (patrimonial ou extrapatrimonial) 828
        4.3.6.2 Prescrição do dever de reparação do dano ambiental individual (privado, reflexo ou por ricochete)....................................... 832
        4.3.6.3 Ação civil pública por dano ambiental e interrupção do prazo prescricional de ação individual decorrente do mesmo fato (REsp 1.641.167/RS).. 835
4.4 Improbidade administrativa ambiental 836

CAPÍTULO 14 – PROCESSO CIVIL AMBIENTAL: INSTRUMENTOS EXTRAJUDICIAIS E JUDICIAIS DE PROTEÇÃO ECOLÓGICA 839

1. "A quem pertence o ar que respiro?": contornos histórico-evolutivos do processo civil brasileiro à luz dos direitos ecológicos (e climáticos) e do microssistema processual civil coletivo.. 839
    1.1 O Código de Defesa do Consumidor (Lei 8.078/90), o Direito Processual Coletivo e a conformação progressiva de um "microssistema legislativo de direitos coletivos" (material e processual) 844
2. Acesso à Justiça, proteção ecológica e sistema de Justiça... 847
    2.1 Acesso à justiça, proteção ecológica e sujeitos "hipervulneráveis" 855
    2.2 Processo civil, acesso à justiça e direitos dos animais: o reconhecimento da capacidade processual de ser parte em juízo dos animais (não humanos)................ 857
    2.3 O reconhecimento da capacidade processual de ser parte em juízo da Natureza e dos entes naturais (rios, florestas, lagoas etc.)?.. 862
3. Tutela processual, deveres de proteção ecológica do Estado-Juiz e governança judicial ecológica (e climática) 865
    3.1 Processo estrutural ambiental (e climático)... 872
4. Ação civil pública ambiental... 875
    4.1 A prioridade da resolução extrajudicial dos conflitos ecológicos coletivos........... 875
        4.1.1 Litigância estratégica coletiva (extrajudicial e judicial) em matéria ambiental (e climática) 877
        4.1.2 Educação em direitos ecológicos (e climáticos)....................................... 878
    4.2 Inquérito civil.. 880

	4.2.1	Arquivamento do inquérito civil	882
4.3	Poder de requisição		883
	4.3.1	Requisição de informação ambiental, ação civil pública e a Lei de Acesso à Informação (Lei 12.527/2011)	884
	4.3.2	Requisição de informação ambiental, deveres de informação ambiental dos particulares (pessoas físicas e jurídicas) e eficácia (direta) do direito-dever fundamental ao meio ambiente nas relações privadas (ou eficácia horizontal)	884
4.4	Audiência pública extrajudicial		887
4.5	Recomendação		887
4.6	Termo de Ajustamento de Conduta (TAC)		888
	4.6.1	Averbação do TAC ambiental no registro imobiliário	889
	4.6.2	Possibilidade de execução individual de termo de ajustamento de conduta (TAC) celebrado extrajudicialmente	890
4.7	Ação civil pública ambiental		891
	4.7.1	Legitimidade ativa	891
		4.7.1.1 Ministério Público	892
		4.7.1.2 Defensoria Pública	894
		4.7.1.3 União, Estados, Distrito Federal e Municípios	907
		4.7.1.4 Autarquia, empresa pública, fundação ou sociedade de economia mista	907
		4.7.1.5 Associações civis	909
	4.7.2	Litisconsórcio	916
		4.7.2.1 Litisconsórcio ativo (facultativo)	916
		4.7.2.2 Litisconsórcio passivo (facultativo)	916
	4.7.3	Objeto (pedido e causa de pedir)	917
		4.7.3.1 A possibilidade de cumulação de obrigações de fazer, não fazer e pagar quantia em dinheiro	920
		4.7.3.2 Tutela processual provisória na ação civil pública ambiental	921
		4.7.3.3 Controle judicial, ação civil pública e discricionariedade administrativa em matéria ambiental	923
		4.7.3.4 Ação civil pública e controle de constitucionalidade	923
	4.7.4	Competência (e a prevalência do critério do local do dano)	924
	4.7.5	Inversão do ônus da prova nas ações civis públicas ambientais (Súmula 618 do STJ)	928
	4.7.6	Ação civil pública e audiências públicas judiciais em matéria ambiental e climática	934
	4.7.7	O *amicus curiae* ("amigo da Corte") nas ações civis públicas ambientais e a ampliação do instituto trazida pelo Código de Processo Civil de 2015 (Lei 13.105/2015)	936
		4.7.7.1 *Amicus curiae posterus, animalis* e *naturalis* ou *oecologicus*	939
	4.7.8	Coisa julgada nas ações civis públicas ambientais	940
		4.7.8.1 Coisa julgada ambiental *in utilibus*	942
	4.7.9	Gratuidade das despesas processuais na ação civil pública ambiental	942
	4.7.10	Perícia na ação civil pública ambiental	944
	4.7.11	Litigância de má-fé	946

4.7.12 Fundo de Defesa dos Direitos Difusos (Decreto 1.306/94 e Lei 9.008/95) 946
4.7.13 Recursos 949
4.7.14 Execução 949
    4.7.14.1 Execução da ação civil pública ambiental e medidas coercitivas atípicas 950
    4.7.14.2 Ação civil pública ambiental e o instituto da reparação fluida (*Fluid Recovery*) 954

4.8 Ação popular ambiental 956
    4.8.1 A ação popular como expressão do marco democrático-participativo no nosso sistema processual 956
    4.8.2 Objeto da ação popular (e a inclusão da proteção ambiental) 956
    4.8.3 Legitimidade 959
        4.8.3.1 Legitimidade ativa (do cidadão eleitor) 959
    4.8.4 Competência 961
    4.8.5 Medidas cautelares, antecipatórias e de urgência 963
    4.8.6 A atuação do Ministério Público na ação popular ambiental 963
    4.8.7 Custas processuais e ônus de sucumbência 964
    4.8.8 Rito processual 964
    4.8.9 *Amicus curiae* 965
    4.8.10 Eficácia da sentença na ação popular ambiental 965
    4.8.11 Coisa julgada e eficácia *erga omnes* 966
    4.8.12 Recursos 966
    4.8.13 Cumprimento de sentença e execução 966
    4.8.14 Prescrição e decadência 967

PARTE II
LEGISLAÇÃO AMBIENTAL ESPECIAL

CAPÍTULO 15 – SISTEMA NACIONAL DE UNIDADES DE CONSERVAÇÃO 971

1. Considerações gerais: a importância das áreas especialmente protegidas para a proteção da biodiversidade 971
    1.1 Convenção-Quadro sobre Diversidade Biológica (1992), o valor intrínseco da biodiversidade e a importância das "áreas protegidas" 972
        1.1.1 Biodiversidade e direitos humanos (e direitos fundamentais) 974
    1.2 Panorama histórico-evolutivo da legislação ambiental brasileira sobre áreas especialmente protegidas 975
    1.3 O dever estatal de ampliação progressiva das áreas ambientais especialmente protegidas 976
2. Conceito de unidade de conservação e demais conceitos gerais trazidos pela Lei 9.985/2000 980
3. Objetivos, princípios e diretrizes do Sistema Nacional de Unidades de Conservação (SNUC) 982
    3.1 Objetivos do SNUC e serviços ecológicos 983
    3.2 Diretrizes do SNUC 983
    3.3 Unidades de conservação e proteção da biodiversidade 985

4.	Estrutura do SNUC		985
5.	Categorias de unidades de conservação		986
	5.1	Unidades de conservação de unidades de proteção integral	987
		5.1.1 Estação Ecológica	988
		5.1.2 Reserva Biológica	988
		5.1.3 Parque Nacional	989
		5.1.4 Monumento Natural	989
		5.1.5 Refúgio de Vida Silvestre	989
	5.2	Unidades de conservação de uso sustentável	990
		5.2.1 Área de Proteção Ambiental (APA)	990
		5.2.2 Área de relevante interesse ecológico	992
		5.2.3 Floresta nacional	992
		5.2.4 Reserva extrativista	993
		5.2.5 Reserva de Fauna	995
		5.2.6 Reserva de Desenvolvimento Sustentável	995
		5.2.7 Reserva Particular do Patrimônio Natural	996
	5.3	Reserva da biosfera	997
6.	Criação, implantação e gestão das unidades de conservação		998
	6.1	Criação de unidades de conservação	998
		6.1.1 Exigência prévia de estudos técnicos e consulta pública	999
		6.1.2 Transformação de unidade de conservação do grupo de Uso Sustentável em unidades do grupo de Proteção Integral	1000
		6.1.3 Ampliação dos limites de unidade de conservação	1000
		6.1.4 Desafetação e redução dos limites de unidade de conservação	1000
		6.1.5 Mosaico de unidades de conservação	1002
	6.2	Plano de manejo, zona de amortecimento e corredores ecológicos	1002
		6.2.1 Plano de manejo	1002
		6.2.1.1 Proibições e permissões	1003
		6.2.1.2 Conselho Consultivo	1004
		6.2.1.3 Pesquisa científica	1005
		6.2.1.4 Exploração comercial, doações e demais recursos	1005
		6.2.2 Zona de amortecimento e corredores ecológicos	1006
	6.3	Desconstituição e redução de unidades de conservação	1006
		6.3.1 Princípios da, proibição de retrocesso e da inalterabilidade administrativa das unidades de conservação	1006
	6.4	Compensação ambiental	1009
	6.5	Responsabilidade (administrativa, civil e penal) do poluidor e unidades de conservação	1011
	6.6	Populações tradicionais	1012
	6.7	Indenização e regularização fundiária de unidades de conservação	1012
	6.8	Ilhas oceânicas	1012
	6.9	Cadastro Nacional de Unidades de Conservação	1012
		6.9.1 Relatório de avaliação global da situação das unidades de conservação federais do País	1013

  6.9.2 Lista das espécies da flora e da fauna ameaçadas de extinção no território brasileiro 1013
 6.10 Disposições gerais da Lei do SNUC 1014

CAPÍTULO 16 – CÓDIGO FLORESTAL (LEI 12.651/2012) 1017

1. Considerações gerais 1017
2. Precedentes legislativos e demais diplomas relevantes na matéria 1024
 2.1 O Código Florestal de 1934 e as primeiras limitações "conservacionistas" ao direito de propriedade (em prol do interesse comum) 1024
 2.2 O Código Florestal de 1965: o principal marco normativo do "conservacionismo" jurídico-ambiental brasileiro 1026
 2.3 A Lei da Mata Atlântica (Lei 11.428/2006) 1027
 2.4 A Lei sobre Gestão de Florestas Públicas (Lei 11.284/2006) 1029
3. Conceitos gerais 1030
4. Áreas de preservação permanente (APP) 1034
 4.1 Conceito e função ecológica das APP 1034
 4.2 Natureza jurídica e regime de proteção 1036
 4.3 Delimitação das áreas de preservação permanente 1037
  4.3.1 Funções protetoras das áreas de preservação permanente 1041
 4.4 Criação de APP por ato do poder público (art. 6º) 1042
 4.5 Intervenção ou supressão de vegetação em APP (art. 8º) 1043
  4.5.1 Supressão de vegetação para uso alternativo 1045
 4.6 Áreas consolidadas em APP 1046
  4.6.1 A prevalência da Lei da Mata Atlântica (Lei 11.428/2006) em face dos arts. 61-A e 61-B da Lei 12.651/2012 (ADI 6.446/DF) 1050
  4.6.2 Conflito entre o regime jurídico das áreas consolidadas no Código Florestal de 2012 e a Súmula 613 do STJ? 1052
 4.7 APP em área urbana 1053
 4.8 Áreas de uso restrito 1053
 4.9 Apicuns e salgados 1053
5. Reserva legal (RL) 1056
 5.1 Conceito e função ecológica 1056
 5.2 Natureza jurídica e regime de proteção 1056
 5.3 Delimitação da área de reserva legal 1061
 5.4 Compensação de reserva legal em APP (art. 15) 1064
 5.5 Hipóteses excepcionais de não exigência de RL (art. 12, §§ 6º, 7º e 8º) 1065
 5.6 Áreas consolidadas em áreas de reserva legal 1066
 5.7 Áreas verdes urbanas 1068
6. Cadastramento Ambiental Rural (CAR) 1068
7. Exploração dos recursos florestais 1070
 7.1 Dever dos entes públicos de adoção de produtos e serviços florestais certificados 1072
 7.2 Controle da origem dos produtos florestais 1073
8. Proibição do uso de fogo e do controle dos incêndios florestais 1076

	8.1 A Lei da Política Nacional de Manejo Integrado do Fogo (Lei 14.944/2024)	1080
9.	Programa de apoio e incentivo à preservação e recuperação do meio ambiente	1084
	9.1 Considerações gerais: o reconhecimento dos serviços ambientais prestados pela Natureza (Lei 14.119/2021) à luz de um novo paradigma econômico ecológico	1084
	9.2 Cota de Reserva Ambiental (CRA)	1090
10.	Controle do desmatamento	1092
11.	Agricultura familiar	1095
12.	Disposições gerais do Código Florestal	1097

CAPÍTULO 17 – DIREITO CLIMÁTICO E LEI DA POLÍTICA NACIONAL SOBRE MUDANÇA DO CLIMA (LEI 12.187/2009) 1105

1.	Introdução	1105
	1.1 O clima (ou sistema climático) como bem jurídico autônomo?	1109
	1.2 O Direito Climático como nova disciplina jurídica autônoma?	1111
	1.3 Mudanças climáticas, justiça intergeracional e litigância climática	1112
2.	Lei da Política Nacional sobre Mudança do Clima (Lei 12.187/2009)	1119
	2.1 Considerações gerais	1119
	2.2 Conceitos da Lei 12.187/2009 (art. 2º)	1121
	2.3 Princípios da PNMC (art. 3º, *caput*)	1121
	2.4 Deveres do Estado e medidas de execução da PNMC (art. 3º, I, II, III, IV e V)	1122
	2.5 Objetivos da PNMC (art. 4º)	1123
	2.6 Diretrizes da PNMC (art. 5º)	1124
	2.7 Instrumentos da PNMC (art. 6º)	1126
	2.7.1 Os Planos de Ação para a Prevenção e Controle do Desmatamento na Amazônia (PPCDAm), no Cerrado, na Mata Atlântica, na Caatinga, no Pampa e no Pantanal (Decreto 11.367/2023)	1127
	2.7.2 Fundo Clima ou Fundo Nacional sobre Mudança do Clima (FNMC)	1128
	2.8 Instrumentos institucionais da PNMC (art. 7º)	1128
3.	Lei do Mercado de Carbono ou Sistema Brasileiro de Comércio de Emissões de Gases de Efeito Estufa – SBCE (Lei 15.042/2024)	1130
	3.1 Considerações gerais	1130
	3.2 Conceitos	1131
	3.3 Sistema Brasileiro de Comércio de Emissões de Gases de Efeito Estufa (SBCE)	1134
	3.3.1 Princípio do SBCE	1135
	3.3.2 Características da SBCE	1136
	3.3.3 Estrutura, governança e competências no âmbito do SBCE	1136
	3.3.4 Ativos integrantes do SBCE	1139
	3.4 Agentes regulados e obrigações	1139
	3.5 Oferta voluntária de créditos de carbono	1140
	3.5.1 Titularidade dos créditos	1140
	3.5.2 Certificados de Redução ou Remoção Verificada de Emissões e Créditos de Carbono em Áreas Tradicionalmente Ocupadas por Povos Indígenas e Povos e Comunidades Tradicionais	1141

4. Lei de Adaptação Climática (Lei 14.904/2024) 1143
5. Lei dos Crimes e Infrações Administrativas Ambientais (Lei 9.605/98) e a tipificação de crimes e infrações administrativas relacionadas à poluição atmosférica e climática.... 1145
6. A Lei da Política Nacional de Proteção e Defesa Civil (Lei 12.608/2012) e dos deslocados, refugiados e necessitados em termos climáticos.. 1147
7. Responsabilidade civil e mudanças climáticas... 1152
8. Principais resoluções do Conama sobre poluição atmosférica 1154

CAPÍTULO 18 – LEI DA POLÍTICA NACIONAL DE EDUCAÇÃO AMBIENTAL (LEI 9.795/99) 1157

1. Introdução: a Lei da Política Nacional de Educação Ambiental (Lei 9.795/99) e o papel do Estado e da sociedade na promoção da consciência ecológica e de uma democracia participativa ambiental.. 1157
    1.1 Ética ecológica e educação ambiental 1158
2. Lei da Política Nacional de Educação Ambiental 1159
    2.1 Conceito de educação ambiental.. 1159
        2.1.1 Educação climática 1159
    2.2 Política pública de inserção da disciplina de educação ambiental no sistema educacional 1160
        2.2.1 A transversalidade da educação ambiental (e do Direito Ambiental) 1160
    2.3 A caracterização de um direito à educação ambiental 1161
        2.3.1 Educação em direitos ecológicos (e climáticos)... 1161
    2.4 Os deveres correlatos ao direito à educação ambiental e os atores (em especial, o Estado) responsáveis pela implementação da política nacional de educação ambiental 1162
    2.5 Princípios básicos da educação ambiental 1163
    2.6 Objetivos fundamentais da educação ambiental 1164
    2.7 Política Nacional de Educação Ambiental 1164
        2.7.1 A educação ambiental no ensino formal 1165
        2.7.2 A educação ambiental não formal 1166
    2.7.3 Execução da Política Nacional de Educação Ambiental 1167

CAPÍTULO 19 – LEI DE ACESSO À INFORMAÇÃO AMBIENTAL (LEI 10.650/2003).... 1169

1. Introdução... 1170
    1.1 A Lei de Acesso à Informação (Lei 12.527/2011)... 1170
2. Lei de Acesso à Informação Ambiental (Lei 10.650/2003) 1171
    2.1 Direito fundamental de acesso à informação ambiental... 1171
    2.2 Deveres estatais de informação ambiental 1172
        2.2.1 Deveres estatais de transparência (passiva, ativa e reativa) em matéria ambiental à luz da decisão do STJ no Incidente de Assunção de Competência n. 13 1174
        2.2.2 Deveres estatais de informação ambiental e Sistemas de Informação Geográfica (SIG) 1176

2.3		Dispensa de comprovação de comprovação de qualquer interesse específico para pleitear o acesso à informação ambiental..	1177
2.4		Sigilo profissional e acesso à informação ambiental	1177
2.5		Vista do processo administrativo ambiental e prazo para o órgão público prestar a informação ambiental	1178
2.6		Dever de informação ambiental de particulares	1178
2.7		Dever de publicidade dos atos e procedimentos administrativos ambientais	1178
	2.7.1	"Transparência ativa" e o dever estatal de tornar pública a identificação dos maiores poluidores ambientais (a "lista suja dos poluidores")	1179
	2.7.2	Transparência ativa e dever estatal de disponibilização da informação ambiental nos seus sítios oficiais na rede mundial de computadores (internet)..	1181
2.8		Recurso contra o indeferimento de pedido de informações ambientais.................	1182
	2.8.1	Controle judicial do indeferimento administrativo de acesso à informação ambiental...	1182
2.9		Dever dos órgãos públicos ambientais de elaborar relatórios informativos a respeito do "estado do ambiente"	1182
2.10		Gratuidade do serviço público de acesso à informação ambiental......................	1182

3. Acordo Regional de Escazú para América Latina e Caribe sobre Acesso à Informação, Participação Pública e Acesso à Justiça em Assuntos Ambientais (2018) 1183
4. Opinião Consultiva 23/2017 da Corte Interamericana de Direitos Humanos 1186
5. Principais resoluções do CONAMA sobre participação pública, educação ambiental e acesso à informação ambiental 1189

CAPÍTULO 20 – POLÍTICA NACIONAL DE RECURSOS HÍDRICOS (LEI 9.433/97) 1191

1.	Considerações gerais..		1191
	1.1	Precedentes legislativos...	1193
		1.1.1 O Código das Águas de 1934 e os primeiros "indícios" de uma preocupação com a poluição hídrica (em prol da saúde pública)................................	1193
		1.1.2 O Decreto 50.877/61 e a primeira definição legal de poluição	1194
	1.2	A Lei 7.661/88 sobre o Plano Nacional de Gerenciamento Costeiro	1195
	1.3	A Lei da Política Nacional de Saneamento Básico (Lei 11.445/2007)	1196
2.	Política nacional de recursos hídricos (PNRH)...		1197
	2.1	Fundamentos da PNRH...	1197
		2.1.1 A natureza pública (bem público) e o interesse público primário inerente à proteção jurídica dos recursos hídricos...	1197
		2.1.2 Uso sustentável dos recursos hídricos e os princípios do poluidor-pagador e do usuário-pagador	1199
		2.1.3 O reconhecimento de um direito humano (e fundamental) à água (e à integridade dos sistemas hídricos)	1199
		2.1.4 Participação pública na gestão dos recursos hídricos	1202
	2.2	Objetivos da PNRH...	1203
	2.3	Diretrizes gerais de ação para a implementação da PNRH	1204
	2.4	Instrumentos da PNRH	1204
		2.4.1 Planos de Recursos Hídricos...	1205

2.4.2 Do enquadramento dos corpos de água em classes, segundo os usos preponderantes da água 1206
2.4.3 Outorga de direitos de uso de recursos hídricos 1206
2.4.4 Cobrança do uso de recursos hídricos 1210
2.4.5 Compensação a municípios 1211
2.4.6 Sistema de Informações sobre Recursos Hídricos 1211
2.5 Ação do poder público no âmbito da PNRH 1212
2.6 Sistema Nacional de Gerenciamento de Recursos Hídricos 1213
2.6.1 Conselho Nacional de Recursos Hídricos 1214
2.6.2 Agência Nacional de Águas (ANA) 1216
2.6.3 Comitês de Bacia Hidrográfica 1217
2.6.4 Agências de Água 1218
2.6.5 Secretaria Executiva do Conselho Nacional de Recursos Hídricos 1219
2.6.6 Organizações Civis de Recursos Hídricos 1220
2.7 Infrações e penalidades 1220
2.8 Disposições gerais 1221
3. Principais resoluções do CONAMA sobre recursos hídricos 1222

ANEXO I – TABELA CRONOLÓGICA DA LEGISLAÇÃO AMBIENTAL INTERNACIONAL E COMPARADA E DOS PRINCIPAIS FATOS HISTÓRICOS RELACIONADOS À MATÉRIA 1225

ANEXO II – TABELA CRONOLÓGICA DA LEGISLAÇÃO AMBIENTAL BRASILEIRA E DOS PRINCIPAIS FATOS HISTÓRICOS NACIONAIS RELACIONADOS À MATÉRIA 1235

ANEXO III – ENUNCIADOS DA I JORNADA JURÍDICA DE PREVENÇÃO E GERENCIAMENTO DE CRISES AMBIENTAIS 1243

SÚMULAS DO STJ EM MATÉRIA AMBIENTAL 1245
Teses de recursos especiais repetitivos e incidentes de assunção de competência – IAC (STJ) 1246
Teses de repercussão geral (STF) 1248

REFERÊNCIAS BIBLIOGRÁFICAS 1249
Revistas nacionais especializadas 1249
Revistas estrangeiras especializadas 1249
Base de dados para pesquisa sobre litigância climática no Brasil e no mundo 1250

REFERÊNCIAS GERAIS 1251

INTRODUÇÃO

O DIREITO AMBIENTAL NO LIMIAR DE UM NOVO PARADIGMA JURÍDICO ECOCÊNTRICO NO ANTROPOCENO

"Somente uma grande mudança no pensamento moral, com maior responsabilidade para com o resto da vida, pode fazer frente ao maior desafio do século. As terras selvagens são nosso lugar de nascimento. Nossas civilizações foram construídas a partir delas. Nossa alimentação e a maioria de nossas moradias e veículos foram derivados delas. Nossos deuses viveram no meio delas. A Natureza nas terras selvagens é direito de nascimento de todos na Terra. As milhões de espécies que permitimos sobreviver lá, mas que continuam em perigo, são nossos parentes filogenéticos (*Phylogenetic Kin*). Sua história de longo prazo é a nossa história de longo prazo. Apesar de todos os nossos artifícios e fantasias, sempre fomos e continuaremos a ser uma espécie biológica ligada a esse mundo biológico particular. Milhões de anos de evolução estão indelevelmente codificados em nossos genes. A história sem as terras selvagens não é história alguma."
(Edward O. Wilson)[1]

"De facto, de jure!"
(Bruno Latour)[2]

"Os direitos humanos e os direitos da Natureza, que articulam uma 'igualdade biocêntrica', sendo analiticamente diferenciáveis, se complementam e transformam em uma espécie de direitos da vida e direitos à vida. É por isso que os direitos da Natureza, imbricados cada vez mais com os direitos humanos, instam a construir democraticamente sociedades sustentáveis a partir de cidadanias plurais pensadas também desde o ponto de vista da ecologia."
(Alberto Acosta)[3]

"Esta Corte considera importante resaltar que el derecho al medio ambiente sano como derecho autónomo, a diferencia de otros derechos, protege los componentes del medio ambiente, tales como bosques, ríos, mares y otros, como intereses jurídicos en sí mismos, aún en ausencia de certeza o evidencia sobre el riesgo a las personas individuales. Se trata de proteger la naturaleza y el medio ambiente no solamente por su conexidad con una utilidad para el ser humano o por los efectos que su degradación podría causar en otros derechos de las personas, como la salud, la vida o la integridad personal, sino por su im-

---

[1] WILSON, Edward O. *Half-Earth*: our Planet's Fight for Life. New York: Liveright, 2016.
[2] LATOUR, Bruno. *Facing Gaia*: eight lectures on the new climate regime. Cambridge: Polity, 2017. p. 23.
[3] ACOSTA, Alberto. *O bem viver*: uma oportunidade para imaginar outros mundos. São Paulo: Autonomia Literária/Elefante, 2016. p. 148-149.

portancia para los demás organismos vivos con quienes se comparte el planeta, también merecedores de protección en sí mismos. En este sentido, la Corte advierte una tendencia a reconocer personería jurídica y, por ende, derechos a la naturaleza no solo en sentencias judiciales sino incluso en ordenamientos constitucionales."
(Corte Interamericana de Direitos Humanos)[4]

"No âmbito do Direito Internacional dos Direitos Humanos tem-se caminhado para reconhecer a interdependência entre o direito humano ao meio ambiente saudável e uma multiplicidade de outros direitos humanos, bem como para afirmá-lo como um *direito autônomo titulado pela própria Natureza* (e não apenas pelos seres humanos). Há, nesse sentido, duas importantes decisões da Corte Interamericana de Direitos Humanos (Corte IDH). Na Opinião Consultiva n. 23/2017, estabeleceu que o direito a um meio ambiente saudável é 'um interesse universal' e 'um direito fundamental para a existência da humanidade.'"
(Ministro Luís Roberto Barroso)[5]

"A Natureza tem a dignidade que supera a questão primária do que é avaliável e revertido em dinheiros. (...) A dignidade ambiental conjuga-se com a solidariedade humana que lança como base formadora do sistema de humanidade planetária, de interesses de bem-estar e de bem em igualdade de condições de saúde, de formação humanística e de preservação das condições de vida para os que vierem no futuro. A Floresta não pode ser cuidada apenas como estoque de carbono. Ela é uma expressão da humanidade, que se compadece com os valores da dignidade e da ética ambientais."
(Ministra Cármen Lúcia)[6]

"La Naturaleza aparece ahora como un sujeto vulnerable, necesitado de protección."
(Ministro Ricardo Lorenzetti)[7]

"Como se pode haurir da experiência internacional, também o Poder Judiciário deve responder à *emergência climática*. É uma questão crucial, diante da qual todas as outras perdem importância, porque sem mitigar os danos ambientais produto do aquecimento global provocado pela emissão de combustíveis fósseis, não há possibilidade de vida humana no planeta".
(Ministro Luiz Edson Fachin)[8]

---

[4] CORTE INTERAMERICANA DE DIREITOS HUMANOS. *Opinião Consultiva n. 23/2017 sobre Meio Ambiente e Direitos Humanos*, p. 28-29. Disponível em: http://www.corteidh.or.cr/docs/opiniones/seriea_23_esp.pdf.

[5] Passagem da decisão monocrática do Ministro Luís Roberto Barroso proferida em 28.06.2020 no Caso Fundo Clima, ao convocar a audiência pública realizada nos dias 21 e 22.09.2020 perante o Supremo Tribunal Federal (STF, ADPF 708, Tribunal Pleno, Rel. Min. Barroso, j. 01.07.2022).

[6] Passagem do voto-relator da Ministra Cármen Lúcia na ADPF 760 (Caso PPCDAm): STF, ADPF 760/DF, Tribunal Pleno, Rel. Min. Cármen Lúcia, Redator p/ acórdão Min. André Mendonça, j. 14.03.2024.

[7] LORENZETTI, Ricardo. *El nuevo inimigo*: el colapso ambiental. 3. ed. Buenos Aires: Sudamericana, 2022. p. 22.

[8] Passagem do voto-vogal do Ministro Luiz Edson Fachin no julgamento da ADPF 708/DF (Caso Fundo Clima) pelo Tribunal Pleno do STF.

As pegadas humanas no Planeta Terra! "De caçadores-coletores a uma força geofísica global."[9] A passagem citada descreve com precisão a magnitude da intervenção do ser humano no Planeta Terra, culminando com o término da *Época Geológica do Holoceno* (ou *Holocênico*) e o início da **nova Época Geológica do Antropoceno**.[10] O nome "Antropoceno", como se pode presumir, é atribuído em razão do comportamento de uma única espécie (o *Homo sapiens*), notadamente como decorrência da sua **intervenção no Sistema do Planeta Terra** (*Earth System*). Não se trata, portanto, de uma homenagem "positiva", como reconhecimento da sua virtude e harmonia na sua relação com as demais formas de vida e o sistema planetário como um todo (*Gaia*), mas justamente o contrário disso. Não por outra razão, Edward O. Wilson prefere atribuir a nomenclatura *Eremoceno* ou *Era da Solidão* (*Age of Loneliness*) para definir a atual Época Geológica, conceituando-a, basicamente, como a "era das pessoas, nossas plantas e animais domesticados, bem como das nossas plantações agrícolas em todo o mundo, até onde os olhos podem ver".[11] A Era da Solidão representa, em outras palavras, a progressiva "solidão" da espécie humana decorrente da **dizimação da vida selvagem e da biodiversidade** no Planeta Terra provocada pelo *Homo sapiens* rumo à **sexta extinção em massa de espécies**[12] em pleno curso na atualidade.

O início do *Antropoceno* é identificado por alguns autores a partir do período que se seguiu após o fim da Segunda Guerra Mundial (1939-1945) até os dias atuais, denominado como "**A Grande Aceleração**" (*The Great Acceleration*).[13] Desde que surgiu na história natural do Planeta Terra, há aproximadamente 200.000 anos,[14] o *Homo sapiens* passou a maior parte desse tempo quase desapercebido pela superfície planetária, pelo menos se considerado seu impacto numa escala global. Em mais de 90% desse período, ele transitou pelo globo terrestre como "caçadores e coletores", cujo impacto resumia-se ao âmbito local onde se estabelecia. Somente 10.000 anos atrás, período que coincide aproximadamente com o início do Holoceno, a **agricultura** passou a ser desenvolvida em diferentes partes do mundo.[15] No entanto, as "pegadas" humanas mais significativas somente começaram a ser emplacadas a partir da **Revolução Industrial**, ou seja,

---

[9] A passagem citada reproduz literalmente um dos subtítulos de artigo firmado por alguns dos mais renomados cientistas que estudam o denominado **Sistema do Planeta Terra** (*Earth System*), entre eles o químico atmosférico e Prêmio Nobel Paul Crutzen, a quem se atribuem os primeiros estudos que trataram do Antropoceno: STEFFEN, Will *et al*. The Anthropocene: from Global Change to Planetary Stewardship. *Ambio* (*Royal Swedish Academy of Sciences*), v. 40, n. 7, p. 741, nov. 2011. A discussão pioneira acerca do conceito de Antropoceno encontra-se em: CRUTZEN, P. J.; STOERMER, E. F. The "Anthropocene". *Global Change Newsletter*, 41, 2000, 17.

[10] CRUTZEN, Paul J. Geology of Mankind: the Anthropocene. *Nature*, v. 415, p. 23, jan. 2002. A discussão em torno do conceito de Antropoceno, para além da ciência geológica e das ciências naturais, tem ganhado cada vez mais relevância para as ciências humanas, como a filosofia e a ética, a antropologia, a sociologia, o Direito, entre outras áreas. A coletânea de comunicações apresentadas no Colóquio Internacional "Os Mil Nomes de Gaia: do Antropoceno à Idade da Terra", realizado entre os dias 15 e 19 de setembro de 2014, na Casa Rui Barbosa, na Cidade do Rio de Janeiro, com a participação entre outros, de Bruno Latour, Donna Haraway, Vinciane Despret, Débora Danowski e Eduardo Viveiros de Castro, ora reunidos e vertidos em livro, ilustram bem a importância crucial desse debate para o campo das ciências humanas: DANOWSKI, Déborah; CASTRO, Eduardo Viveiros de; SALDANHA, Rafael (Orgs.). *Os mil nomes de Gaia*: do Antropoceno à Idade da Terra. (Vol. I). Rio de Janeiro: Editora Machado, 2022.

[11] WILSON, Edward O. *Half-Earth*: our Planet's Fight for Life. New York: Liveright, 2016. p. 20.

[12] KOLBERT, Elizabeth: *The Sixth Extinction*: an Unnatural History. New York: Henry Holt, 2014.

[13] STEFFEN, Will *et al*. The Anthropocene: conceptual and historical perspectives. *Philosophical Transactions: Mathematical, Physical and Engineering Sciences (Royal Society)*, v. 369 (The Anthropocene: a new epoch of geological time?), n. 1938, p. 849-853, mar. 2011.

[14] WILSON, Edward O. *Half-Earth*..., p. 54.

[15] STEFFEN, Will *et al*. The Anthropocene: from Global Change to Planetary Stewardship..., p. 741.

no início do século XIX, com o uso progressivo de combustíveis fósseis, consumo de recursos naturais e aumento populacional exponencial.

Os cientistas utilizam hoje – desde o artigo emblemático de **Johan Rockström** e outros cientistas publicado na revista *Nature* no ano de 2009[16] – o conceito de "**limites ou fronteiras planetárias**" (*Planetary Boundaries*) para identificar os **nove principais processos biofísicos do Sistema do Planeta Terra**, com destaque para aqueles que já têm a sua **capacidade de autorregulação e resiliência** (ou suporte) comprometida ou em vias de sê-lo. As nove categorias identificadas são as seguintes: 1) Mudanças climáticas; 2) Acidificação dos oceanos; 3) Diminuição ou depleção da camada de ozônio estratosférica; 4) Carga atmosférica de aerossóis; 5) Interferência nos ciclos globais de fósforo e nitrogênio; 6) Taxa ou índice de perda de biodiversidade; 7) Uso global de água doce; 8) Mudança no Sistema do Solo (*Land-System Change*); 9) Poluição química.[17]

Em (pelo menos) quatro casos – **mudanças climáticas**, interferência nos ciclos globais de fósforo e nitrogênio, mudança no sistema do solo (por exemplo, desmatamento florestal) e taxa ou índice de **perda de biodiversidade** –, os cientistas são assertivos em assinalar que os "limites" e a margem de segurança já foram ultrapassados em escala global.[18] No ano de 2023, um novo artigo foi publicado na revista *Science Advances*,[19] com parte dos mesmos cientistas dos estudos anteriores (ex.: J. Rockström e Will Steffen), o qual identificou o agravamento desse cenário, com o comprometimento de **seis dos nove limites planetários**, com o uso global de água doce e a poluição química entrando na lista. De acordo com o artigo, a atividade humana afeta o regime climático e os ecossistemas da Terra mais do que nunca, o que coloca em risco a estabilidade de todo o planeta. Pela primeira vez, todos os nove limites planetários foram avaliados, com a identificação de que seis dos limites já foram transgredidos. Do aquecimento global à biosfera e ao desmatamento, dos poluentes e plásticos aos ciclos de nitrogênio e água doce. Seis dos nove limites planetários estão sendo ultrapassados e, ao mesmo tempo, a pressão em todos os processos de limites está aumentando.

É imperativo, portanto, o recuo da intervenção humana em tais subsistemas planetários, os quais estão inter-relacionados e ditam a sustentabilidade e a **capacidade de resiliência** em escala planetária. Os limites planetários (com impactos locais, regionais e globais) são apontados não por políticos, agentes estatais ou ambientalistas, mas por cientistas, os melhores e das melhores instituições científicas do mundo, incluindo vários Prêmios Nobel entre eles. Como colocado expressamente no Preâmbulo do **Acordo de Paris (2015)**, a comunidade internacional reconhece "a necessidade de uma *resposta eficaz e progressiva* à ameaça urgente da mudança do clima com base no **melhor conhecimento científico disponível**".[20]

---

[16] ROCKSTRÖM, Johan *et al*. Planetary Boundaries: Exploring the Safe Operating Space for Humanity. *Ecology and Society*, v. 14, n. 2, p. 1-32, Dec. 2009. Disponível em: https://www.ecologyandsociety.org/vol14/iss2/art32/. O artigo foi publicado também, na forma de uma breve introdução, na revista *Nature*: ROCKSTRÖM, Johan *et al*. Planetary Boundaries: Exploring the Safe Operating Space for Humanity. *Nature*, v. 461, p. 472-475, Sept. 2009. Disponível em: https://www.nature.com/articles/461472a. Para mais informações, destaca-se a página eletrônica do Centro de Resiliência (*Stockholm Resilience Centre*) da Universidade de Estocolmo, dirigido por Johan Rockström: https://www.stockholmresilience.org/. Após o artigo de 2009, o tema foi revisitado pelo mesmo grupo de cientistas em artigo publicado na revista *Science* no ano de 2015: STEFFEN W, *et al*. Planetary boundaries: guiding human development on a changing planet. *Science*. 2015 Feb 13; Vol. 347(6223), p. 1259855.

[17] STEFFEN, Will *et al*. The Anthropocene: from Global Change to Planetary Stewardship..., p. 741.

[18] ROCKSTRÖM, Johan; GAFFNEY, Owen. *Breaking Boundaries*: The Science of Our Planet. New York: DK (Penguin Random House), 2021, p. 97 (Figura B4).

[19] RICHARDSON, K. *et al*. Earth beyond six of nine planetary boundaries. *Science Advances*, v. 9, n. 37, eadh2458, 2023. Disponível em: https://www.science.org/doi/10.1126/sciadv.adh2458.

[20] Disponível em: https://www.undp.org/content/dam/brazil/docs/ODS/undp-br-ods-ParisAgreement.pdf.

O 6º Relatório (AR6) do Painel Intergovernamental sobre Mudanças Climáticas (IPCC) da ONU, divulgado entre 2021 e 2022, reforçou esse cenário preocupante, inclusive em relação ao aumento expressivo dos chamados **"extremos climáticos ou meteorológicos"** (ou "episódios climáticos extremos") – por exemplo, ondas de calor, fortes precipitações, secas e ciclones tropicais –, os quais estão ocorrendo cada vez com **maior frequência e intensidade** em todas as regiões do mundo.[21] Os desastres sociais e ambientais provocados por **episódios climáticos extremos** foram verificados de forma trágica no Brasil no ano de 2023, por meio, por exemplo, de ciclones, chuvas e enchentes verificadas no Sul e Sudeste do Brasil e a seca histórica e queimadas na região amazônica (em especial, no Estado do Amazonas).[22] O **ano de 2023** foi, conforme dados da Organização Meteorológica Mundial (*World Meteorological Organization – WMO*),[23] o **mais quente de todos os tempos** de que se tem registro histórico, a contar da Revolução Industrial iniciada na metade do século XVIII (de 1750 para cá).

No ano de 2024, o cenário repetiu-se com o **maior desastre climático da história** do **Estado do Rio Grande do Sul** (e talvez do Brasil) decorrente das chuvas e enchentes que atingiram mais de 90% dos Municípios gaúchos e resultaram num contingente de mais de 600.000 deslocados climáticos, bem como superaram todos os recordes históricos de cheias (por exemplo, do Rio Taquari e do Lago Guaíba). Nem um mês depois das enchentes, o **Pantanal Mato-grossense** repetia o cenário trágico já verificado em 2020, com incêndios devastadores, impactando sobremaneira a biodiversidade da região, bem como, no mês de agosto de 2024, as nuvens tóxicas dos **incêndios na Amazônia** alcançaram o Sudeste e o Sul do Brasil (ex. Porto Alegre e Florianópolis). O interior de São Paulo ardeu em chamas nos piores incêndios já registrados nas últimas décadas. O Ministro Flávio Dino do STF referiu-se, na ADPF 743/DF, à situação como "epidemia de incêndios", tamanha a sua gravidade e disseminação pelo território nacional.[24] Os extremos climáticos verificados no Brasil em 2024 concretizaram, de forma trágica, a previsão dos cientistas do IPCC referida anteriormente.

---

[21] Disponível em: https://www.ipcc.ch/report/ar6/wg1/.

[22] Há décadas, a ciência – por exemplo, os cientistas e estudos do Instituto de Pesquisa Ambiental da Amazônia (IPAM) – identificou a maior vulnerabilidade da Floresta Amazônica ao fogo como decorrência direta do desmatamento e das clareiras abertas pelos madeireiros, permitindo que mais luz do sol penetre no dossel e, assim, secando o solo e deixando tudo mais inflamável. Conforme apontam Claudio Angelo e Tasso Azevedo, "degradar uma floresta a ponto de torná-la inflamável, raciocinou a equipe do IPAM, equivale a assinar um contrato de desmatamento futuro". ANGELO, Claudio; AZEVEDO, Tasso. *O silêncio da motosserra*: quando o Brasil decidiu salvar a Amazônia. São Paulo: Companhia das Letras, 2024. p. 193. É o que testemunhamos acontecer de forma sem precedentes no ano de 2024.

[23] Disponível em: https://wmo.int/media/news/wmo-confirms-2023-smashes-global-temperature-record. Além da WMO, os dados também foram confirmados, entre outras prestigiadas instituições científicas e governamentais, pelo Serviço de Mudanças Climáticas Copernicus do Centro Europeu de Previsões Meteorológicas de Médio Prazo (https://climate.copernicus.eu/copernicus-2023-hottest-year-record), pela NASA (https://www.nasa.gov/news-release/nasa-analysis-confirms-2023-as-warmest-year-on-record/) e pela NOAA (https://www.noaa.gov/news/2023-was-worlds-warmest-year-on-record-by-far).

[24] Como medida de enfrentamento aos incêndios florestais, o Governo Federal editou o Decreto 12.189, de 20 de setembro de 2024, alterando o Decreto 6.514/2008, que dispõe sobre as infrações e sanções administrativas ao meio ambiente e estabelece o processo administrativo federal para a sua apuração. Além de aumentar o valor de multas e penalidades administrativas de infrações associadas à prática de incêndios florestais (art. 58), o diploma passou a prever novos tipos administrativos relacionados à matéria: "Art. 58-A. Provocar incêndio em floresta ou qualquer forma de vegetação nativa: Multa de R$ 10.000,00 (dez mil reais) por hectare ou fração. Art. 58-B. Provocar incêndio em floresta cultivada: Multa de R$ 5.000,00 (cinco mil reais) por hectare ou fração. Art. 58-C. Deixar de implementar, o responsável pelo imóvel rural, as ações de prevenção e de combate aos incêndios florestais em sua propriedade de acordo com as normas estabelecidas pelo Comitê Nacional de Manejo Integrado do Fogo e pelos órgãos competentes do Sisnama: Multa de R$ 5.000,00 (cinco mil reais) a R$ 10.000.000,00 (dez milhões de reais)".

O "**Relatório de Avaliação Global sobre Biodiversidade e Serviços Ecossistêmicos**" (2019), elaborado pela Plataforma Intergovernamental sobre Biodiversidade e Serviços Ecossistêmicos (**IPBES**) da ONU, instituição com papel equivalente ao desempenhado na área das mudanças climáticas pelo IPCC, representou outro alerta científico global extremamente importante. Entre os diversos aspectos alarmantes destacados no documento, que representa a avaliação mais abrangente já feita mundialmente na matéria, destaca-se o **perigoso declínio "sem precedentes" da Natureza na história da humanidade,** com a "**aceleração**" **das taxas de extinção de espécies**, a tal ponto em que **1.000.000 de espécies** encontram-se atualmente **ameaçadas de extinção** no Planeta.[25] Tal situação também representa graves impactos sobre as pessoas em todo o mundo. O relatório destaca que a resposta global atual tem sido insuficiente, impondo-se a necessidade de "mudanças transformadoras" para restaurar e proteger a Natureza, notadamente superando a oposição de interesses instalados em prol do bem ou interesse público ou comum global.[26]

Não se trata, portanto, de "ideologia" (de esquerda ou de direita), mas de **fatos comprovados cientificamente**. Em outras palavras, é a "**verdade**" que está em jogo, por mais "inconveniente" que ela possa ser para os interesses de alguns (por exemplo, as grandes corporações mineradoras, químicas e petrolíferas multinacionais e os governos que lhes dão sustentação política).[27] Para além da denominada **Lei do Carbono** (*Carbon Law*) – que nos guiaria progressivamente para alcançar a redução de emissões de gases do efeito estufa até atingir a **meta zero de emissões ou de neutralidade climática no ano de 2050, conforme estabelecido no Acordo de Paris (2015)**[28] –, Johan Rockström e Owen Gaffney defendem uma espécie de "**Lei ou Regra de Perda Zero de Natureza**" (*The Zero Loss of Nature Law*): "o estado dos ecossistemas, tanto em terra quanto no oceano, é tão terrível que precisamos adotar uma meta zero para a Natureza. Precisamos de zero perda da Natureza a partir de agora – 2021 – em diante. Todas as perdas futuras de florestas, ecossistemas e espécies devem ser restauradas e regeneradas. Precisamos salvar os remanescentes de sumidouros de carbono, *habitats* ecológicos e sistemas geradores de chuva na Terra".[29] Um dos exemplos mais recentes e trágicos documentados cientificamente diz respeito ao fato de ter a **Floresta Amazônica** se tornado hoje mais **fonte de emissões (***Carbon Source***)** do que **sumidouro ou estoque de CO_2**, como consequência do desmatamento e do aquecimento global,

---

[25] A legislação ambiental brasileira ainda carece de um marco normativo mais rígido, especializado e sistematizado voltado à proteção das espécies ameaçadas de extinção, como se verifica, por exemplo, no caso dos Estados Unidos, desde a década de 1970, com a Lei das Espécies Ameaçadas (*Endandered Species Act*) de 1973. A nosso ver, uma "**Lei de Proteção das Espécies Ameaçadas de Extinção**", de modo a regulamentar o dever estatal previsto expressamente no inciso VII do § 1º do art. 225 da CF/1988 – ou seja, "proteger a fauna e a flora, vedadas, na forma da lei, as práticas que (...) *provoquem a extinção de espécies* (...)" – representaria um avanço importante para a legislação ambiental brasileira, notadamente por meio de políticas ambientais específicas voltadas à matéria, inclusive repercutindo em temas sensíveis como o tráfico de animais silvestres, perda de *habitats*, entre outros.

[26] Disponível em: https://www.ipbes.net.

[27] A expressão "uma verdade inconveniente" (*An Inconvenient Truth*) ganhou projeção global por Al Gore, com o seu livro e documentário de mesmo título (este último vencedor do Oscar no ano de 2007) e que, com a sua luta climática, renderam-lhe, no mesmo ano, o Prêmio Nobel da Paz, com os cientistas integrantes do Painel Intergovernamental sobre Mudanças Climáticas (IPCC) da ONU (GORE, Al. *An inconvenient truth*: the planetary emergency of global warming and what we can do about it. New York: Rodale Books, 2006).

[28] "Artigo 4º 1. A fim de atingir a meta de longo prazo de temperatura definida no Artigo 2º, as Partes visam a que as emissões globais de gases de efeito estufa atinjam o ponto máximo o quanto antes, reconhecendo que as Partes países em desenvolvimento levarão mais tempo para alcançá-lo, e a partir de então realizar reduções rápidas das emissões de gases de efeito estufa, de acordo com o melhor conhecimento científico disponível, de modo a **alcançar um equilíbrio entre as emissões antrópicas por fontes e remoções por sumidouros de gases de efeito estufa na segunda metade deste século,** com base na equidade, e no contexto do desenvolvimento sustentável e dos esforços de erradicação da pobreza."

[29] ROCKSTRÖM, Johan; GAFFNEY, Owen. *Breaking Boundaries*..., p. 137.

conforme apontado em artigo científico publicado na Revista *Nature* em 2021 capitaneado pela cientista brasileira Luciana Gatti.[30]

Durante a **COP 15** da **Convenção-Quadro sobre Biodiversidade**, realizada em Montreal no ano de 2022, foi celebrado acordo histórico entre os seus mais de 190 países membros para deter a destruição da biodiversidade e da Natureza. Chamado de **Acordo Kunming-Montreal (2022)**, o seu objetivo principal é assegurar a **proteção de 30% do planeta até 2030**, entre áreas continentais e marinhas, a fim de salvaguardar a biodiversidade e as espécies (em especial, as já ameaçadas de extinção) da poluição, da degradação ecológica e da crise climática.[31] A decisão em questão estabelece um **imperativo de progressividade**, a fim de que os Estados-Membros adotem medidas para ampliar as suas áreas ambientalmente protegidas, inclusive com a ressalva do status de supralegalidade conferido a tais tratados internacionais ambientais e climáticos pelo nosso ordenamento jurídico nacional, conforme decisão do **Supremo Tribunal Federal (STF)** na ADPF 708/DF (Caso Fundo Clima).[32]

É diante de tal "estado de emergência ambiental planetário" que publicamos o nosso *Curso de Direito Ambiental*, representando o ápice de uma jornada de mais de 20 anos de parceria acadêmica entre os autores e profícua pesquisa e produção científica conjunta no campo do Direito Ambiental e, mais recentemente, também do novo ramo disciplinar do Direito Climático.[33] É, ao mesmo tempo, extremamente desafiador o fato de publicarmos o nosso livro em um momento de profunda evolução e transformação nas premissas teóricas do **Direito Ambiental clássico** edificado a partir do início da década de 1970 e assentado num marco teórico preponderantemente antropocêntrico. A própria expressão "*meio* ambiente", amplamente utilizada pela legislação ambiental, revela uma tinta antropocêntrica e, portanto, uma compreensão dicotômica e não integradora ou holística da relação entre o ser humano e comunidade natural (biótica e abiótica), sendo, a nosso ver, mais adequado ao atual desenvolvimento científico a utilização da expressão "Natureza".

Hoje, diante do fortalecimento nos âmbitos teórico, legislativo e jurisprudencial dos "**direitos da Natureza**" (para além dos **direitos dos animais não humanos**!), fala-se da ascensão de um novo **paradigma jurídico ecocêntrico**. Não por outra razão alguns autores têm inclusive criticado a expressão "Direito Ambiental", sugerindo a sua alteração para **Direito Ecológico**, nomenclatura que estaria mais de acordo com o atual regime jurídico de proteção ecológica de matriz teórica ecocêntrica. Por ora, muito embora já tenhamos estabelecido tal "virada ecológica" a partir da 6ª edição do nosso livro *Direito constitucional ecológico*,[34] publicada no ano de 2019, ao alterar a expressão "ambiental" por "ecológico" no título do livro, preferimos desde a 1ª edição do *Curso* utilizar a expressão "Direito Ambiental", inclusive como forma de estabelecer uma transição teórica mais gradual rumo ao novo paradigma ecocêntrico e evitar uma possível confusão conceitual.

---

[30] GATTI, L. V., BASSO, L. S., MILLER, J. B. *et al*. Amazonia as a carbon source linked to deforestation and climate change. *Nature*, v. 595, p. 388-393, 2021. Disponível em: https://www.nature.com/articles/s41586-021-03629-6.

[31] Em junho de 2024, o Conselho da União Europeia aprovou a **Lei de Restauração da Natureza**, impondo aos Estados-membros a restauração de ao menos 20% dos ecossistemas terrestres e marinhos degradados da UE até 2030. O **Pacto Ecológico Europeu**, adotado em 2020, incluiu um conjunto de iniciativas políticas e jurídicas para fazer com que a UE atinja a neutralidade climática até 2050, em alinhamento com o Acordo de Paris.

[32] STF, ADPF 708/DF, Tribunal Pleno, Rel. Min. Barroso, j. 01.07.2022.

[33] Na doutrina, sobre a nova disciplina do Direito Climático, v. SARLET, Ingo W.; WEDY, Gabriel; FENSTERSEIFER, Tiago. *Curso de direito climático*. São Paulo: Revista dos Tribunais, 2023.

[34] SARLET, Ingo Wolfgang; FENSTERSEIFER, Tiago. *Direito constitucional ecológico*: Constituição, direitos fundamentais e proteção da Natureza. 7. ed. São Paulo: RT, 2021.

O **"novo" Direito Ambiental** (ou Direito Ecológico), dada a natureza multidisciplinar das suas fontes, deve pautar-se por tal realidade planetária, o que, a nosso ver, impõe inclusive a discussão em torno de uma nova fase do seu desenvolvimento à luz do *paradigma ecocêntrico* emergente, como destacado anteriormente. Igualmente, não há como negar certo "fracasso" do Direito Ambiental clássico, tanto em âmbito internacional quanto doméstico, após aproximadamente cinco décadas de existência e edificado com base em um paradigma predominantemente antropocêntrico, em conter os rumos civilizacionais predatórios na relação com a Natureza. Isso, por sua vez, nos levou a laborar profundamente, especialmente no âmbito da **Teoria Geral do Direito Ambiental**, nas novas bases teóricas, normativas e jurisprudenciais que alicerçaram e renovaram paradigmaticamente a disciplina, especialmente na última década. Além de um diálogo com as fontes científicas, principalmente na esfera das **ciências naturais**, o Direito Ambiental deve manter permanente diálogo com diversas áreas do saber, por exemplo, a história, a sociologia, a antropologia, a arqueologia etc., a fim de, ao olhar para o passado da humanidade, pensar o seu futuro em harmonia com a Natureza. Isso, por certo, torna também fundamental uma compreensão filosófica da crise ecológica e o estabelecimento de uma **nova ética ecológica** capaz de modular o comportamento do ser humano em favor da vida (humana e não humana) no Planeta Terra.

Como já nos havia alertado Vittorio Hösle no início da década de 1990, no sentido de estarmos situados num ponto de viragem na história da humanidade (*Wendepunkt der Geschichte des Menschen*),[35] nunca antes na esfera jurídica a discussão em torno de uma *virada copernicana de matriz "ecocêntrica"* se fez tão presente (e urgente), sobretudo após o reconhecimento de que estamos vivendo em uma nova época geológica (*Antropoceno*) derivado do nosso impacto na *integridade ecológica* do Planeta Terra. Como reconhecido por cientistas e mesmo alguns governos, estamos vivendo uma situação de "**emergência climática ou ecológica**".[36] Não é mais possível sustentar, como fez a Declaração de Estocolmo sobre Meio Ambiente Humano (1972) no seu Preâmbulo (item 5), documento que simboliza a gênese do Direito Ambiental no plano internacional que: "de todas as coisas do mundo, as pessoas são as mais preciosas".[37] Essa pretensa "centralidade", acompanhada de uma ideia de superioridade, que o ser humano se (auto)atribui não encontra consonância com as "**leis da Natureza**" (a "lei" das leis!) e a **história natural do Planeta Terra**. Pelo contrário, impõe-se a necessidade de um novo paradigma filosófico, jurídico, econômico etc., acerca da compreensão do **nosso lugar na Natureza** e da nossa relação com a "comunidade viva ou da vida no Planeta Terra" (*Earth's Community of Life*), como dito por Paul W. Taylor,[38] tomando como premissa de que a integramos apenas como mais um ser biológico na cadeia da vida planetária.

É preciso urgentemente calibrar moral e juridicamente a nossa relação com a Natureza. A raiz antropocêntrica que se perpetuou ao longo de quase meio século de desenvolvimento do Direito Ambiental desde o início da década de 1970, como referido anteriormente, não se mostra mais compatível com os desafios que enfrenta a humanidade hoje e, mais do que isso, diante de todo o arcabouço científico que – por força da obra, entre outros, de Darwin e Humboldt a partir de meados do século XIX – se desenvolveu progressivamente no âmbito das ciências naturais para

---

[35] HÖSLE, Vittorio. *Philosophie der ökologischen Krise*: Moskauer Vorträge. München: C.H.Beck, 1991. p. 68.

[36] O Parlamento Europeu declarou, no dia 28 de novembro de 2019, a "emergência climática" na União Europeia (eu), tornando a Europa o primeiro continente a decretar a medida. O ato é, em grande parte, simbólico, e se destina a aumentar a pressão sobre os agentes públicos por medidas concretas contra as mudanças climáticas. Disponível em: https://www.dw.com/pt-br/parlamento-europeu-declara-emerg%C3%AAncia-clim%C3%A1tica/a-51450872.

[37] Na versão original em inglês: "Of all things in the world, people are the most precious".

[38] TAYLOR, Paul W. *Respect for Nature*: a Theory of Environmental Ethics. Princeton: Princeton University Press, 2011 (1ª edição em 1986). p. 45.

caracterizar a relação vital entre ser humano e Natureza. A hoje designada "**ciência planetária ou ciência da Terra (*Earth Science*)**", como se verifica no exemplo da "ciência climática", é o ponto culminante desse **novo paradigma científico ecossistêmico**.[39] Há, nesse sentido, inclusive quem sustente, como é o caso de Louis J. Kotzé, a ascendência do que se poderia denominar de uma espécie de **Direito do Sistema Terrestre ou do Planeta Terra** (*Earth System Law*), tomando por premissa os desenvolvimentos das últimas décadas no campo das ciências naturais em escala planetária ou global e diante dos desafios existenciais e ecológicos no Antropoceno.[40] O ser humano é um ser biológico num mundo natural. Fato, e não ideologia. Somam-se a isso tudo os valores morais e éticos de matriz ecológica que emergiram com força desde a década de 1960 de tal combinação de fatores.

A título de exemplo, diversas entidades e organizações científicas e sanitárias internacionais – como é o caso da Organização Mundial da Saúde (OMS)[41] e da Organização Mundial da Saúde Animal (OIE)[42] – têm defendido o conceito de *One Health* – traduzindo para o português, **saúde única ou integral**. Na sua essência, tal conceito busca a proteção da saúde de forma integral do ponto de vista ecológico, contemplando três dimensões básicas: **humana, animal e ecológica ou ecossistêmica**. A **pandemia da covid-19** exemplifica de forma trágica a importância de tal **compreensão ecológica do conceito de saúde**, para além de um olhar reducionista da saúde humana, na medida em que a sua origem está associada a uma **zoonose** transmitida por animais silvestres e que, como destacado pelo PNUMA em relatório divulgado em 2020,[43] pode ser relacionada à destruição do *habitat* natural de tais espécies, entre outras práticas que acarretam destruição e desequilíbrio ecológico. Igualmente, destaca-se a correlação entre perda da biodiversidade e pandemias, conforme apontado pelo *Relatório sobre Biodiversidade e Pandemias* (2020) do Painel Intergovernamental da ONU sobre Biodiversidade e Serviços Ecossistêmicos (IPBES).[44] A maior fragilidade da vida animal e da Natureza de um modo geral levada a efeito pela degradação ambiental implica de forma indissociável também maior fragilidade e vulnerabilidade existencial para o ser humano, o que reforça a relevância do **princípio da integridade ecológica**.

O Direito Ambiental, na sua versão antropocêntrica, não foi capaz de frear o *Golem*[45] ou *Prometeu* (desacorrentado ou liberto)[46] tecnológico, personificado no *Homo faber*, que avança descontrolado sobre Natureza – como a lama tóxica lançada no Rio Doce no desastre de Mariana (MG), em 2015, e, mais recentemente e pela mesma empresa multinacional de mineração envol-

---

[39] Como dito por Hans Joachim Schellnhuber a respeito da revolução científica por trás da nova "ciência da Terra ou planetária", "os instrumentos de ampliação ótica, uma vez, trouxeram a revolução copernicana que colocou a Terra em seu contexto astrofísico correto. Técnicas sofisticadas de compressão de informações, incluindo modelagem de simulação, estão agora iniciando uma segunda revolução 'Copernicana'. Esta última procura entender o 'sistema Terra' como um todo e desenvolver, nesta base cognitiva, conceitos para a gestão ambiental global". SCHELLNHUBER, H. 'Earth system' analysis and the second Copernican revolution. *Nature* 402, C19–C23 (1999). Na literatura brasileira, v. VEIGA, José Eli da. *O Antropoceno e a Ciência do Sistema Terra*. São Paulo: Editara 34, 2019.

[40] KOTZÉ, Louis J. Earth system law for the Anthropocene: rethinking environmental law alongside the Earth system metaphor. *Transnational Legal Theory*, v. 11, Issue 1-2 (Transnational Environmental Law in the Anthropocene), p. 75-104, 2020.

[41] Disponível em: https://www.who.int/news-room/q-a-detail/one-health.

[42] Disponível em: https://www.oie.int/en/for-the-media/onehealth/.

[43] UNITED NATIONS ENVIRONMENT PROGRAMME. *Preventing the next pandemic*: zoonotic diseases and how to break the chain of transmission. Nairobi, UNEP, 2020. Íntegra do relatório disponível em: https://www.unenvironment.org/pt-br/resources/report/preventing-future-zoonotic-disease-outbreaks--protecting-environment-animals-and.

[44] Disponível em: https://ipbes.net/pandemics.

[45] HÖSLE, Vittorio. *Philosophie der ökologischen Krise...*, p. 68.

[46] JONAS, Hans. *Das Prinzip Verantwortung*: Versuch einer Ethik für die technologische Zivilisation. Frankfurt am Main: Suhrkamp, 2003 (1ª edição em 1979). p. 7.

vida, no Rio Paraopeba, em razão do desastre de Brumadinho (MG), em 2019[47] –, destruindo sistematicamente ecossistemas e extinguindo espécies biológicas e, no apogeu de tal percurso (anti)civilizatório, levando-nos, como dito antes, rumo à **sexta extinção em massa de espécies**[48] e ao colapso[49] da vida (humana e não humana) no Planeta Terra. O Direito Ambiental, por sua vez, não pode se resumir a um mero **Direito dos Desastres**,[50] ou seja, apenas como um instrumento acionado posteriormente à ocorrência de tragédias ecológicas para remediar os danos causados. Para além da reparação dos danos já perpetuados, o Direito Ambiental deve também atuar de modo preventivo e prognóstico, ajustando condutas de agentes públicos e privados[51] em vista do presente e do futuro e, assim, salvaguardando os interesses e os direitos também das futuras gerações.

Os desastres de Mariana, Brumadinho e Maceió[52] – e o mesmo se pode dizer em relação ao desmatamento da Floresta Amazônica (ADPF 760/DF) e aos incêndios florestais associados ao desmatamento e à seca extrema (ADPF 743/DF) –, em razão da sua magnitude e por demandarem soluções de natureza estrutural e prognóstica, ensejam uma aproximação entre o Direito Ambiental e o tema dos **litígios estruturais** e do **processo estrutural**, desenvolvido recentemente de forma pioneira pela doutrina processual brasileira.[53] Igual cenário de litígio estrutural verificou-se nas enchentes de maio de 2024 no Rio Grande do Sul, como referido anteriormente. A nosso ver, é possível o reconhecimento de uma nova frente relevantíssima no que diz com os assim chamados processos estruturais, designadamente, os **processos estruturais ecológicos e climáticos**, que envolvem a efetivação do direito (humano e fundamental) a um meio ambiente (e ao clima) equilibrado em todas as suas dimensões, inclusive a climática. A própria prática judicial já tem dado conta de ilustrar tal cenário em inúmeros exemplos. No âmbito do **STF**, destacam-se os seguintes casos, entre outros: **Fundo Clima** (ADPF 708/DF),

---

[47] Em 2019, destaca-se também o derramamento de óleo no litoral do Nordeste, o qual foi considerado o maior desastre ecológico do gênero já verificado no Brasil.

[48] WILSON, Edward O. *Half-Earth*…, p. 53-63.

[49] DIAMOND, Jared. *Collapse*: how societies choose to fail or succeed. New York: Penguin Books, 2005. Na literatura brasileira a respeito do tema, v. MARQUES, Luiz. *Capitalismo e colapso ambiental*. 3. ed. Campinas: Editora da Unicamp, 2018.

[50] Não se está a negar a relevância – aliás, cada vez maior – do Direito dos Desastres, inclusive como uma (sub) disciplina ou área do Direito Ambiental no caso dos desastres naturais, mas apenas utilizamos o exemplo para ressaltar a importância precípua da função e papel do Direito Ambiental de evitar a ocorrência dos danos ecológicos, haja vista a sua irreversibilidade em muitos casos, tomando por premissa, entre outros, os princípios da prevenção e da precaução. Na doutrina, sobre o Direito dos Desastres, v. KLOEPFER, Michael. *Handbuch des Katastrophenrechts*. Baden-Baden: Nomos, 2015. (Schriften zum Katastrophenrecht, v. 9). No final de 2023, a **Lei da Política Nacional de Proteção e Defesa Civil (Lei 12.608/2012)** foi reformada pela **Lei 14.750/2023**, a fim de atualizá-la diante do novo cenário de desastres ambientais e climáticos registrados na última década no Brasil.

[51] A União Europeia, por meio da nova **Diretiva sobre Dever de Diligência das Empresas em Matéria de Sustentabilidade (2024)**, estabeleceu um novo regime jurídico de responsabilidades para grandes empresas em relação a direitos humanos, meio ambiente e mudanças climáticas.

[52] O desastre de Maceió (AL) refere-se ao colapso das minas de sal gema da Empresa Braskem no referido município alagoano. Após o afundamento de determinadas regiões no Município ocorrido em 2018, com tremor de terra e rachaduras em imóveis, obrigando o deslocamento de milhares de pessoas do local, novo afundamento do solo e ampliação da área afetada foi verificado no final de 2023.

[53] ARENHARDT, Sério C.; JOBIM, Marco F. (Org.). *Processos estruturais*. 3. ed. Salvador: JusPodivm, 2021. Para uma abordagem geral sobre o tema, inclusive lançando as premissas de uma "Teoria Geral do Processo Estrutural", v. JOBIM, Marco F. Reflexões sobre a necessidade de uma teoria geral do processo estrutural aplicada ao processo civil brasileiro. *In*: ARENHARDT, Sério C.; JOBIM, Marco F. (Org.). *Processos estruturais*. 3. ed. Salvador: JusPodivm, 2021, p. 815-834; e DIDIER JR., Fredie; ZANETI JR., Hermes; OLIVEIRA, Rafael A. de. Elementos para uma teoria geral dos processos estruturais. *In*: ARENHARDT, Sério C.; JOBIM, Marco F. (Org.). *Processos estruturais*. 3. ed. Salvador: JusPodivm, 2021, p. 423-461.

Fundo Amazônia (ADO 59/DF), **Incêndios e Queimadas no Pantanal e na Amazônia** (ADPF 743/DF) e **Plano de Ação para Prevenção e Controle do Desmatamento na Amazônia Legal – PPCDAm** (ADPF 760/DF).

Outro exemplo emblemático é o **Caso Lagoa da Conceição**, na Cidade de Florianópolis (SC), o qual diz respeito à ação civil pública ajuizada por entidades da sociedade civil perante a Justiça Federal de Santa Catarina, objetivando o tratamento do litígio como "processo estrutural ambiental (puro)", já que não envolve pedidos indenizatórios, mas tão somente a correção e adequação de condutas presentes e futuras em termos de gestão e políticas públicas de descontaminação e prevenção de danos ao ecossistema da Lagoa da Conceição etc.[54] A própria natureza dos litígios e danos ecológicos, comumente relacionados à omissão ou atuação insuficiente ou deficitária do Estado no âmbito das políticas públicas ambientais, demanda soluções estruturais e de médio e longo alcance do ponto de vista temporal, que transcendem o espectro limitado das demandas individuais. A despoluição de um rio, a limitação de emissões de gases do efeito estufa ou o combate ao desmatamento sistêmico da Floresta Amazônica ilustram bem esse cenário, demandando soluções estruturais complexas que envolvem diversos atores (públicos e privados) e demandam tempo para serem implementadas. Tal aproximação temática também se relaciona em alguma medida com a discussão em torno do denominado **estado de coisas inconstitucional ambiental (e climático)**, como suscitado na **ADPF 708 (Caso Fundo Clima)** e reconhecido expressamente no voto-relator da Ministra Cármen Lúcia no início do julgamento da **ADPF 760/DF (Caso PPCDAm)**,[55] notadamente em relação às políticas públicas de combate ao desmatamento na Amazônia Legal.

Não obstante a pandemia da covid-19 que assolou a humanidade desde o início de 2020, a Natureza tem sido impactada de forma gravíssima no Brasil nesse período. A título de exemplo, o **Bioma do Pantanal** registrou no ano de 2020 os piores incêndios dos últimos 14 anos (o maior número de focos de incêndio da série histórica), alcançando aproximadamente 25% de todo o seu território, segundo dados do Instituto Nacional de Pesquisas Espaciais (INPE). Igualmente, o desmatamento no **Bioma da Amazônia** registrou em 2020 o maior aumento desde 2008, segundo dados do INPE (Sistema PRODES), com crescimento de 9,5% (passou de 11 mil km^2) entre agosto de 2019 e julho de 2020 (quando comparado com a temporada anterior).[56] Os casos dos Biomas do Pantanal e da Amazônia brasileira apenas repetem a tragédia consolidada no **Bioma da Mata Atlântica**, considerada um dos *hot spots* globais da biodiversidade e que tem hoje tão somente 12% da sua cobertura vegetal original preservada. Na Amazônia brasileira, o desflorestamento se aproxima de 20% em relação à sua cobertura original – já muito próximo,

---

[54] A iniciativa do Caso da Lagoa da Conceição partiu do Grupo de Estudos em Direito Ambiental da Universidade Federal de Santa Catarina (UFSC), coordenado pelo Professor José Rubens Morato Leite. Para mais informações, inclusive com a reprodução das peças processuais e pareceres de especialistas que instruíram a ação judicial, v. LEITE, José Rubens Morato; MELO, Melissa Ely; BAHIA, Carolina Medeiros (Org.). *Direito ecológico na prática*: ação estrutural da Lagoa da Conceição. Blumenau/SC: AmoLer Editora, 2023.

[55] STF, ADPF 760/DF, Tribunal Pleno, Rel. Min. Cármen Lúcia, Red. Acórd. Min. André Mendonça, j. 14.03.2024.

[56] Disponível em: http://www.inpe.br/noticias/noticia.php?Cod_Noticia=5615. Nos anos posteriores, relativamente aos períodos de 2020-2021 e de 2021-2022, o desmatamento da Amazônia alcançou, respectivamente, 13.038 km^2 e 11.568 km^2. Disponível em: http://terrabrasilis.dpi.inpe.br/app/dashboard/deforestation/biomes/legal_amazon/rates. No início de 2023, a fim de interromper o ciclo de aumento do desmatamento na Amazônia verificado nos últimos anos, o novo Governo Federal eleito em 2022 reativou o PPCDAm, por meio do Decreto 11.367, de 1º de janeiro de 2023, o qual instituiu a Comissão Interministerial Permanente de Prevenção e Controle do Desmatamento, restabelecendo o PPCDAm e criando os Planos de Ação para a Prevenção e Controle do Desmatamento no Cerrado, na Mata Atlântica, na Caatinga, no Pampa e no Pantanal.

portanto, do denominado "***Tipping Point de* Savanização**"[57] –, tomando, assim, um rumo similar à tragédia ecológica verificada na Mata Atlântica. Como referido pelo Ministro Luís Roberto Barroso, ao comentar a situação dramática que se verifica hoje na Amazônia a respeito da "**gramática do desmatamento**": "o desmatamento costuma seguir uma dinâmica constante: extração ilegal de matéria, queimada, ocupação por fazendeiros e produtores (gado e soja) e tentativa de legalização da área pública grilada".[58]

A situação narrada revela, como referido anteriormente, a caracterização de um verdadeiro "**estado de coisas inconstitucional ecológico e climático**",[59] como decorrência do atual quadro de emergência ecológica e incapacidade e deficiência de resposta por parte dos governos e instituições em todas as esferas (local, nacional e global). A discussão em torno de um suposto "estado de coisas inconstitucional em matéria ambiental", como apontado antes, tomou assento no STF no âmbito da **ADPF 708/DF**[60] O argumento foi suscitado na inicial e endossado na decisão do Ministro-Relator Luís Roberto Barroso que convocou audiência pública – realizada nos dias 21 e 22.09.2020 – para ouvir autoridades, especialistas e entidades da sociedade civil, a fim de estabelecer um relato oficial sobre as políticas públicas ambientais e a situação verificada especialmente em relação ao desmatamento na região amazônica, de modo a apurar a caracterização ou não da referida situação de inconstitucionalidade generalizada. Como fundamentos lançados na inicial pelos autores da ação para a sua configuração, destacam-se: ações e omissões persistentes, comprometedoras da tutela do meio ambiente e da operação do Fundo Clima, imputáveis a autoridades diversas e ensejadoras de violações massivas a direitos fundamentais.

O caso suscitado é ilustrativo da gravidade da crise – na verdade, um estado de emergência – ecológica e climática que se tem vivenciado no Brasil e no mundo na atualidade. Nos casos da ADPF 708/DF e da ADO 59/DF, os seus julgamentos e decisões proferidas pelo STF no ano de 2022 representam um marco histórico e emblemático no sentido de uma "**virada climática**" na **jurisprudência do STF**, ao reconhecer, por exemplo, a natureza e a **hierarquia normativa supralegal** dos tratados internacionais ambientais e, em particular, dos tratados climáticos (por exemplo, Convenção-Quadro sobre Mudança do Clima e Acordo de Paris), bem como os **deveres estatais de proteção climática** estabelecidos pelo regime constitucional (e convencional) consagrado no art. 225 da CF/1988.[61] Para além do avanço jurisprudencial verificado no STF em matéria climática, é chegado o momento de igualmente suscitarmos a discussão, como desenvolvido com profundidade no *Capítulo 8*, acerca tanto do reconhecimento de uma **dimensão climática** inerente ao regime jurídico de proteção da **vida** e da **dignidade da pessoa humana** quanto de um **novo direito fundamental ao clima** (limpo, estável e seguro)[62] Mais

---

[57] LOVEJOY, Thomas E.; NOBRE Carlos. Amazon Tipping Point. *Science Advances*, v. 4, 2018. Disponível em: https://advances.sciencemag.org/content/4/2/eaat2340.

[58] BARROSO, Luís Roberto. *Sem data vênia*: um olhar sobre o Brasil e o mundo. Rio de Janeiro: História Real, 2020. p. 233.

[59] CAÚLA, Bleine Queiroz; RODRIGUES Francisco Lisboa. O estado de coisas inconstitucional ambiental. *Revista de Direito Público Contemporânea*, ano 2, v. 1, n. 2, p. 137-151, jul.-dez. 2018.

[60] STF, ADPF 708/DF, Tribunal Pleno, Rel. Min. Barroso, j. 01.07.2022.

[61] No início de 2023, o (antes apenas) Ministério do Meio Ambiente passou a ser designado como "**Ministério do Meio Ambiente e *da Mudança do Clima***", por meio da Medida Provisória 1.154/2023 (art. 17, XVIII). A alteração em questão reforça a centralidade da questão climática na política ambiental e estrutura institucional no âmbito federal. A nova normativa referida igualmente criou o (até então inédito) **Ministério dos Povos Indígenas** (art. 17, XXIV) na estrutura do Governo Federal, regulamentado pelo Decreto 11.355/2023, o qual passou a contar com o **Departamento de Justiça Climática** no âmbito da Secretaria de Gestão Ambiental e Territorial Indígena (art. 2º, b, item 2).

[62] Tramitam no Congresso Nacional duas propostas de emenda constitucional (**PEC 233/2019 e PEC 37/2021**) que têm por escopo integrar a agenda climática expressamente no texto da CF/1988. No caso da PEC 37/2021, a sua redação atual prevê a seguinte incorporação de conteúdo ao texto constitucional: "**Art. 5º** Todos são

recentemente, no julgamento da **ADPF 760/DF**, o Ministro Luiz Fux reconheceu expressamente tal entendimento, ao consignar no seu voto que: "(...) é forçoso concluir pela existência de um **estado de coisas ainda inconstitucional na proteção e preservação da Floresta Amazônica**, em trânsito para a constitucionalidade, acoplando-se a essa declaração medidas remediais que permitam superar esse cenário e efetivar os **direitos e os deveres fundamentais** ambientais, ecológicos e **climáticos**."[63]

Não há mais tempo a perder. Chegou o momento de reconhecer a nossa absoluta dependência existencial da **integridade ecológica** e compatibilizar as **"leis dos homens"** com as **"leis da Natureza"** ("a lei" das leis e regente da vida humana e não humana no Planeta Terra e no Universo).[64] Caso contrário, não haverá mais futuro – ou, pelo menos, não um futuro com uma qualidade mínima de vida para a absoluta maioria dos seres humanos – para o *Homo sapiens* na história natural (de 4,5 bilhões de anos) do Planeta Terra. As respostas jurídicas devem ser da mesma "magnitude tectônica" da intervenção do ser humano no Planeta Terra no Antropoceno, alavancando o *status jurídico* **da Natureza** como forma de **(re)equilibrar a relação de forças entre Sociedade e Natureza**, com o propósito de assegurar a *integridade ecológica* indispensável ao florescimento da vida (humana e não humana) em *Gaia*. Meras reformas "antropocêntricas" na seara do Direito não surtirão por si sós os efeitos necessários neste momento e processo crucial de afirmação existencial da humanidade.

Para além das experiências constitucionais do Equador (2008) e da Bolívia (2009), o reconhecimento de **direitos da Natureza**[65] e dos elementos naturais (animais, plantas, rios, florestas, paisagens etc.), atribuindo-lhes **valor intrínseco** (ou seja, **dignidade**) e, portanto, dissociado de qualquer valor instrumental ou utilitário que possa representar ao ser humano, tem encontrado cada vez maior consenso em sede de direito comparado e internacional. Desde a gênese de tal discussão, representada paradigmaticamente pelo artigo "*Should trees have standing? Toward legal rights for natural objects*" ("As árvores têm legitimidade para litigar? Rumo ao reconhecimento de direitos para os elementos naturais"), de **Christopher D. Stone**,[66] publicado em 1972, o tema tem encontrado cada vez maior adesão doutrinária,[67] legislativa e jurisprudencial, especialmente na última década.[68]

---

iguais perante a lei, sem distinção de qualquer natureza, garantindo-se aos brasileiros e aos estrangeiros residentes no País a inviolabilidade do **direito** à vida, à liberdade, à igualdade, à segurança, à propriedade, **ao meio ambiente ecologicamente equilibrado** e à **segurança climática**, nos termos seguintes (...)"; "**Art. 170** (...) X – Manutenção da **segurança climática**, com garantia de ações de mitigação e adaptação às mudanças climáticas."; e "Art. 225 (...) §1º(...) VIII – **adotar ações de mitigação às mudanças climáticas, e adaptação** aos seus efeitos adversos."

63 STF, ADPF 760/DF, Tribunal Pleno, Rel. Min. Cármen Lúcia, Redator p/ acórdão Min. André Mendonça, j. 14.03.2024.

64 No mesmo sentido, v. CAPRA, Fritof; MATTEI, Ugo. *A revolução ecojurídica*: o direito sistêmico em sintonia com a natureza e a comunidade. São Paulo: Cultrix, 2018. p. 10-11.

65 Para um debate contemporâneo sobre os "direitos da Natureza", inclusive em vista de um diálogo entre as experiências latino-americana e europeia (e de direito comparado em geral), v. GUTMANN, Andreas. *Hybride Rechtssubjektivität*: Die Rechte der Natur oder Pacha Mama in der ecuadorianischen Verfassung von 2008. Baden-Baden: Nomos, 2021.

66 O artigo, publicado originalmente em 1972 na *Southern California Law Review*, foi republicado como livro em 1974, tendo sido reeditado e substancialmente ampliado posteriormente: STONE, Chistopher D. *Should trees have standing?* Law, morality, and the environment. 3. ed. New York: Oxford University Press, 2010.

67 A título de exemplo, v. BOYD, David R. *The rights of Nature*: a legal revolution that could save the world. Toronto: ECW Press, 2017.

68 Na doutrina brasileira, v. BENJAMIN, Antonio Herman. A natureza no direito brasileiro: coisa, sujeito ou nada disso. *Nomos (Revista do Programa de Pós-Graduação em Direito da UFC)*, v. 31, n. 1, p. 79-96, jan.--jun. 2011.

O ressurgimento da discussão a respeito dos direitos da Natureza, especialmente pela ótica constitucional, pode ser identificado, como dito antes, na **Constituição do Equador (2008)**, ou seja, a primeira no mundo a admitir expressamente no seu texto os direitos da Natureza (ou *Pachamama*). Dez anos depois, em 2018, a Corte Suprema colombiana reconheceu, em caso de **litigância climática** contra o desmatamento florestal, a **Amazônia** colombiana como "**entidade sujeito de direitos**",[69] repetindo entendimento jurisprudencial anterior da Corte Constitucional do País que havia atribuído, em decisão de 2016, o mesmo *status jurídico* ao **Rio Atrato**.[70] A Corte Interamericana de Direitos Humanos (Corte IDH), alinhada com tal cenário que desponta no cenário jurídico atual, reconheceu expressamente na **Opinião Consultiva 23/2017 sobre "Meio Ambiente e Direitos Humanos"** a **proteção jurídica autônoma**, ou seja, "em si mesma" da Natureza, destacando "uma tendência a reconhecer a **personalidade jurídica** e, por fim, os *direitos da Natureza*, não só em decisões judiciais, mas também nos ordenamentos constitucionais".[71]

No Brasil, a discussão em torno de um novo **paradigma jurídico ecocêntrico**[72] se fez presente na fundamentação dos votos e manifestações dos Ministros Rosa Weber e Ricardo Lewandowski **STF** no julgamento da ADI 4.983/CE sobre a prática da "vaquejada". Para a Ministra Rosa Weber, "o atual estágio evolutivo da humanidade impõe o reconhecimento de que há **dignidade para além da pessoa humana**, de modo que se faz presente a tarefa de acolhimento e introjeção da **dimensão ecológica ao Estado de Direito**". Ao citar passagem da obra de Arne Naess, que trata sobre o reconhecimento do valor intrínseco de todas as formas de vida no Planeta Terra, independentemente dos propósitos humanos, a Ministra assinalou que:

> "a Constituição, no seu artigo 225, § 1º, VII, acompanha o nível de esclarecimento alcançado pela humanidade no sentido de **superação da limitação antropocêntrica** que coloca o homem no centro de tudo e todo o resto como instrumento a seu serviço, em prol do reconhecimento de que os **animais possuem uma dignidade própria** que deve ser respeitada. O bem protegido pelo inciso VII do § 1º do artigo 225 da Constituição, enfatizo, possui **matriz biocêntrica**, dado que a Constituição **confere valor intrínseco** às **formas de vida não humanas** e o modo escolhido pela Carta da República para a preservação da fauna e do bem-estar do animal foi a proibição expressa de conduta cruel, atentatória à integridade dos animais".

O Ministro Lewandowski adotou entendimento similar no seu voto ao afirmar o que segue: "gostaria de dizer que eu faço uma **interpretação biocêntrica do art. 225 da Constituição Federal**, em contraposição a uma perspectiva **antropocêntrica**, que considera os animais como 'coisas', desprovidos de emoções, sentimentos ou quaisquer direitos. Reporto-me, para fazer essa interpretação, à **Carta da Terra**, subscrita pelo Brasil, que é uma espécie de **código de ética planetário**, semelhante à Declaração Universal dos Direitos Humanos, só que voltado à

---

[69] Íntegra da decisão proferida pela Corte Suprema colombiana, no julgamento da STC4360-2018 (Radicacion 1100-22.03-000-2018-00319-01), proferida em 05.11.2018, disponível em: http://www.cortesuprema.gov.co/corte/index.php/2018/04/05/corte-suprema-ordena-proteccion-inmediata-de-la-amazonia-colombiana/.

[70] Íntegra da decisão proferida pela Corte Constitucional colombiana, no julgamento da T-622/2016, proferida em 10.11.2016, disponível em: http://www.corteconstitucional.gov.co/relatoria/2016/t-622-16.htm.

[71] CORTE INTERAMERICANA DE DIREITOS HUMANOS. *Opinião Consultiva n. 23/2017 sobre "Meio Ambiente e Direitos Humanos"*, p. 28-29.

[72] A nossa Corte Constitucional – por meio dos votos dos Ministros Rosa Weber e Lewandowski na decisão referida – utilizou a expressão "biocêntrico" para se referir ao novo paradigma jurídico ecológico, filiando-se, assim, à concepção da ética ecológica que atribui valor intrínseco a todos os seres vivos, mas não a toda a Natureza. A concepção da ética ecológica mais ampla ou holística é o *ecocentrismo*, corrente à qual nos filiamos e que tem por premissa central atribuir valor intrínseco não apenas aos seres vivos, mas a toda a Natureza (inclusive os elementos abióticos), tanto coletiva quanto individualmente considerada.

sustentabilidade, à paz e à justiça socioeconômica, foi idealizada pela Comissão Mundial sobre Meio Ambiente e Desenvolvimento das Nações Unidas. Dentre os princípios que a Carta abriga, figura, logo em primeiro lugar, o seguinte: '*Reconhecer que **todos os seres vivos são interligados e cada forma de vida tem valor, independentemente do uso humano***. Isso quer dizer que é preciso, sobretudo quando a própria sobrevivência do Planeta está em xeque, respeitar todos como seres vivos em sua completa alteridade e complementaridade. Hoje, nesses dias turbulentos que experimentamos, o critério para se lidar com o meio ambiente deve ser '**in dubio pro natura**', homenageando-se os princípios da precaução e do cuidado".[73]

O **paradigma não antropocêntrico**, conforme destaca o Ministro Herman Benjamin, "ao contrário do que imaginam alguns, mantém a validade e a plenitude dos objetivos antropocêntricos do Direito Ambiental: a tutela da saúde humana, das paisagens com apelo turístico, e do valor econômico de uso direto dos recursos da natureza. Mas vai além disso, aceitando que **a Natureza é dotada de valor inerente**, que independe de qualquer apreciação utilitarista de caráter homocêntrico".[74] De um *status* jurídico de mero **objeto**, a Natureza é alçada ao ***status* de sujeito**.[75] A nosso ver, está em curso um **processo de inconstitucionalização do marco jurídico antropocêntrico clássico** (e da interpretação que o tome por parâmetro), mediante a **alteração nas relações fáticas** e no **conhecimento científico** subjacentes à norma jurídica. O avanço científico no campo das ciências naturais – por exemplo, por meio da nova Ciência da Terra (*Earth Science*) e da Ciência Climática – e também no campo ético ensejam tal alteração no substrato fático subjacente à compreensão e interpretação da norma jurídica.[76]

Diante desse cenário jurídico emergente, cada vez mais autores começam a questionar a própria raiz antropocêntrica da expressão *Direito Ambiental*, propondo a sua substituição por **Direito Ecológico**,[77] esta última mais de acordo com o novo *paradigma jurídico ecocêntrico* em ascensão. A respeito do tema, destaca-se o **Manifesto de Oslo pelo Direito e Governança Ecológica (2016)**, adotado pela Comissão Mundial de Direito Ambiental da União Internacional pela Conservação da Natureza (**IUCN**). Segundo o documento, "o enfoque ecológico do Direito é baseado no *ecocentrismo*, no holismo e na **justiça intrageracional, intergeracional e interespécies**. A partir dessa perspectiva ou visão de mundo, o Direito reconhecerá as interdependências ecológicas e não mais favorecerá os seres humanos sobre a Natureza (...). A **integridade ecológica** torna-se uma pré-condição para as aspirações humanas e um princípio fundamental do Direito. Em outras palavras, o Direito Ecológico inverte o princípio da dominação humana sobre a Natureza, que a atual interação do Direito Ambiental tende a reforçar, em um princípio

---

[73] STF, ADI 4.983/CE, Tribunal Pleno, Rel. Min. Marco Aurelio, j. 06.10.2016. O Superior Tribunal de Justiça, em decisão pioneira e inédita sobre o tema, reconheceu e atribuiu dignidade e direitos aos animais não humanos e à Natureza: REsp 1.797.175/SP, 2ª Turma, Rel. Min. Og Fernandes, j. 21.03.2019.

[74] BENJAMIN, Antonio Herman. A Natureza no direito brasileiro: coisa, sujeito ou nada disso. *Revista do Programa de Pós-Graduação em Direito da UFC*, 1, p. 85, 2011.

[75] Idem, p. 93.

[76] O entendimento em questão foi adotado de forma emblemática pelo STF no julgamento do **Caso do Amianto (ADI 3.937/SP)**. Segundo o **Ministro Dias Toffoli**, a legislação federal que autorizava o uso do amianto, diante da **alteração dos fatos e conhecimento científico sobre o tema**, passou por um "**processo de inconstitucionalização**" e, no momento atual, não mais se compatibiliza com a Constituição Federal de 1988. Segundo assentou no seu voto, "hoje, o que se observa é um **consenso em torno da natureza altamente cancerígena do mineral** e da inviabilidade de seu uso de forma efetivamente segura, sendo esse o entendimento oficial dos **órgãos nacionais e internacionais** que detêm autoridade no tema da saúde em geral e da saúde do trabalhador" (STF, ADI 3.937/SP, Tribunal Pleno, Rel. Min. Marco Aurélio, Rel. p/ Acórdão Min. Dias Toffoli, j. 24.08.2017).

[77] LEITE, José Rubens Morato (coord.). *A ecologização do direito ambiental vigente*: rupturas necessárias. Rio de Janeiro: Lumen Juris, 2018.

de responsabilidade humana pela Natureza. Essa lógica reversa é possivelmente o principal desafio do Antropoceno".[78]

A "visão de mundo" referida coincide, em grande medida, com o que Taylor denomina de **"visão biocêntrica da Natureza"** (*the Biocentric Outlook on Nature*), tornando-nos "conscientes de que, tal como todos os outros seres vivos no nosso Planeta, a nossa própria existência depende da solidez e **integridade do sistema biológico da Natureza**".[79] Tal mudança de perspectiva na esfera jurídica depende, para sua efetividade,[80] também de inúmeros outros fatores, em especial no plano de uma decisão política forte e transnacional nesse sentido, com o fortalecimento das organizações e instâncias institucionais globais, como é o caso da Organização das Nações Unidas (ONU), inclusive por meio da "elevação do *status*" dos organismos internacionais ambientais e eventual criação de uma **Organização Mundial do Meio Ambiente**, tal como preconizado pelo ex-economista-chefe do Banco Mundial **Sir Nicholas Stern**: "Vamos precisar de novas instituições. De fato, eu diria que se John Maynard Keynes e Harry Dexter White estivessem conduzindo uma Conferência de Bretton Woods agora, em vez de em 1944, eles teriam tido três instituições diferentes em vez do Banco Mundial, FMI e OMC. Certamente precisamos de instituições para as finanças e para o comércio, mas agora precisamos de uma para o meio ambiente, uma Organização Mundial do Meio Ambiente".[81]

Precisamos, como nunca, de uma **comunidade político-jurídica internacional** forte e corporificada institucionalmente para, por meio de uma **governança planetária** (*Earth Governance*),[82] atuar em defesa dos **bens comuns globais** (*Global Commons*)[83], como, por exemplo, a atmosfera terrestre e os mares e oceanos, e enfrentar a atual crise ecológica e climática, dada a sua dimensão transfronteiriça e magnitude planetária. A título de exemplo, é debatida hoje a possibilidade de tipificação de um **crime de biocídio ou ecocídio**[84] – um **genocídio ecológico** – no âmbito do Estatuto de Roma, com o genocídio, os crimes contra a humanidade, os crimes de guerra e os crimes de agressão, de modo a possibilitar a responsabilização perante o **Tribunal Penal Internacional** de pessoas pela prática de ações criminosas de impacto global em âmbito

---

[78] Disponível em: https://www.elga.world/wp-content/uploads/2018/02/Oslo-Manifesto-final.pdf.
[79] TAYLOR, Paul W. *Respect for Nature*..., p. 44.
[80] A respeito da falta de efetividade da legislação ambiental brasileira e estratégias para o seu enfrentamento, v. BENJAMIN, Antonio Herman. O Estado teatral e a implementação do direito ambiental. In: BENJAMIN, Antonio Herman (Org.). Direito, água e vida. In: CONGRESSO INTERNACIONAL DE DIREITO AMBIENTAL. Anais... São Paulo: Imprensa Oficial do Estado de São Paulo, 2003, v. 1. p. 335-366. Disponível em: https://bdjur.stj.jus.br/jspui/bitstream/2011/30604/Estado_Teatral_Implementa%C3%A7%C3%A3o.pdf.
[81] STERN, Nicholas. Managing Climate Change. Climate, Growth and Equitable Development. *Leçons inaugurales du Collège de France*. Paris: Collège de France, 2010. n. 212, par. 52.
[82] BOSSELMANN, Klaus. *Earth Governance*: Trusteeship of the Global Commons. Massachusetts: Edward Elgar Publishing, 2015.
[83] A **governança dos bens comuns** (*Commons*) foi desenvolvida com destaque por **Elinor Ostrom**, primeira mulher a ganhar o Prêmio Nobel de Economia, no ano de 2009, notadamente pelo seu trabalho desenvolvido nessa temática: OSTROM, Elinor. *Governing the commons*: the evolution of institutions for collective action. Cambridge: Cambridge University Press, 2021 (1.ed., 1990). Os estudos de Ostrom contrastam com a proposição da "tragédia dos comuns", formulada em artigo clássico de Garrett J. Hardin publicado na revista Science, no ano de 1968: HARDIN, Garrett J. The Tragedy of the Commons. *Science*, 13 Dez. 1968, Vol. 162, Issue 3859, p. 1243-1248.
[84] HIGGINS, Polly. *Eradicating ecocide*. 2. ed. London: Shepheard-Walwyn Publishers, 2012. O conceito de "crime de ecocídio", segundo Higgins, inclusive de forma correlata às denominadas "guerras por recursos naturais" (*resource wars*), seria: "a destruição extensiva, dano ou perda de ecossistema(s) de um determinado território, seja pela ação humana ou por outras causas, de tal forma que o gozo pacífico pelos habitantes desse território tenha sido severamente diminuído" (Idem, p. 62-63).

ecológico,[85] da mesma forma como hoje são responsabilizadas, por exemplo, pela prática de crimes contra a humanidade. Outra ideia seria a criação de um **Tribunal Ambiental Internacional**, também com o propósito de estabelecer uma **governança judicial ecológica planetária**.[86]

Os conceitos modernos de **soberania** e **Estado-Nação** nunca foram tão desafiados a uma releitura quanto hoje. Não obstante o movimento político retrógrado verificado em alguns Estados-Nação – com líderes políticos que negam o aquecimento global, constroem muros para se proteger do resto do mundo etc. –, vivemos um desafio e momento civilizatório sem precedentes, cabendo à comunidade internacional, em foros políticos regionais e globais, atuar conjunta e cooperativamente para impor medidas e soluções concretas ao maior desafio existencial enfrentado pela humanidade até hoje. Como referido por Klaus Bosselmann, é imperativa a mudança paradigmática de uma **governança centrada no Estado** (*State-centered governance*) para uma **governança planetária ou governança centrada no Planeta Terra** (*Earth-centerer governançe*),[87] o que reforça a importância do fortalecimento dos foros internacionais de governança e tomada de decisão política.

Tal conjunção de esforços para encarar o atual **estado de emergência ecológica e climática**,[88] por meio da atuação cooperativa de agentes estatais, dos atores econômicos – de acordo com uma **Economia Verde ou Ecológica**[89] – e da sociedade civil organizada e em geral, todavia, não retira a importância representada por respostas proativas do Direito, que pode fornecer relevantes instrumentos para tal desiderato, inclusive no sentido da conformação de um **sistema normativo ecológico multinível integrado** (subnacional, nacional, regional e internacional).[90] O **Acordo de Paris (2015)**, nesse sentido, tem operado como um dos diplomas internacionais centralizadores desse sistema normativo multinível em matéria ambiental e climática, cumprindo, em certo sentido, a função de uma "**Constituição Global Ambiental e Climática**", notadamente por reunir a (quase) totalidade das Nações que integram a comunidade política internacional e estabelecer patamares normativos comuns a todas elas em torno do objetivo comum de obter a **neutralidade climática até o ano de 2050**. Ademais, o Acordo de Paris inovou substancialmente na **abordagem de direitos humanos** para as agendas ambiental e climática. No caso do Brasil, a relevância do Acordo de Paris é sobremaneira reforçada pelo reconhecimento do seu *status*

---

[85] A título de exemplo, o Ex-Presidente Jair Bolsonaro foi denunciado, em novembro de 2019, perante a Procuradoria do Tribunal Penal Internacional por "incitar o genocídio e promover ataques sistemáticos contra os povos indígenas". A denúncia também dá destaque ao estímulo e omissão do Governo Federal brasileiro que resultaram e resultam na destruição (ex. incêndios) da Amazônia, simultaneamente aos ataques aos povos indígenas e tradicionais. Disponível em: https://www.dw.com/en/brazilian-lawyers-implore-icc-to--launch-genocide-investigation-against-bolsonaro/a-51459855. A íntegra da denúncia pode ser acessada em: https://www.conjur.com.br/dl/instituto-bolsonaro-seja-investigado.pdf.

[86] No tocante à importância de um "constitucionalismo ambiental global", inclusive no âmbito do Sistema ONU, ver, em especial, os artigos introdutórios da obra: DALY, Erin; KOTZE, Louis; MAY, James; SOYAPI, Caiphas. *New frontiers in environmental constitutionalism*. Nairobi (Kenya): UN Environment Programme, 2017, especialmente p. 14-34.

[87] BOSSELMANN, Klaus. *Earth Governance...*, p. 2.

[88] O **Projeto de Lei 3.961/2020**, em trâmite no Congresso Nacional, propõe o reconhecimento de um "**estado de emergência climática**" no Brasil, prevendo a meta de **neutralização das emissões de gases de efeito estufa no Brasil até 2050** e a criação de políticas para a transição sustentável.

[89] A respeito do tema, inclusive contextualizando a discussão econômica em vista dos limites planetários e os Objetivos de Desenvolvimento Sustentável (ODS) da Agenda 2030 da ONU, v. RAWORTH, Kate. *Economia donut*: uma alternativa ao crescimento a qualquer custo. Rio de Janeiro: Zahar, 2019. No âmbito legislativo brasileiro, com o propósito de estabelecer políticas públicas ambientais alinhadas com o novo paradigma de uma econômica ecológica, destaca-se a nova **Lei 14.119/2021**, que instituiu a **Política Nacional de Pagamento por Serviços Ambientais**.

[90] FRANZIUS, Claudio. Auf dem Weg zum transnationalen Klimaschutzrecht? ZUR (*Zeitschrift für Umweltrecht*), Heft 12, p. 641-642, 2018.

normativo supralegal levado a efeito pelo STF (ADPF 708/DF), equiparando-o aos tratados internacionais de direitos humanos.

Outro importante desenvolvimento que impacta e renova o Direito Ambiental clássico, dado o necessário **diálogo multinível entre sistemas jurídicos** e reconhecimento da **pluralidade de fontes normativas** (e igualmente o **"diálogo de Cortes de Justiça"），** diz respeito ao papel desempenhado pelas Cortes Internacionais de Justiça e de Direitos Humanos, em particular, da Corte IDH na conformação desse sistema normativo multinível. A **Opinião Consultiva 23/2017 da Corte IDH,** como referido anteriormente, representa o ápice até aqui do denominado "greening"[91] ou, numa perspectiva ainda mais avançada, a "ecologização" do Sistema Interamericano de Direitos Humanos.[92] A Corte IDH, no referido documento, reconheceu expressamente "la existencia de una relación innegable entre la protección del medio ambiente y la realización de otros derechos humanos, en tanto la degradación ambiental y los efectos adversos del cambio climático afectan el goce efectivo de los derechos humanos",[93] "que varios derechos de rango fundamental requieren, como una precondición necesaria para su ejercicio, una **calidad medioambiental mínima,** y se ven afectados en forma profunda por la degradación de los recursos naturales",[94] de modo que se tem como consequência disso "la interdependencia e indivisibilidad entre los derechos humanos y la protección del medio ambiente".[95] Mais recentemente, destaca-se também a decisão emblemática proferida pela Corte IDH no **Caso Habitantes de La Oroya vs. Peru (2023),**[96] ao reconhecer a proteção ambiental como norma de "jus cogens", bem como a (não menos emblemática) audiência pública da Corte IDH realizada no Brasil, entre os dias 20 e 29 de maio de 2024, para subsidiar a futura **Opinião Consultiva n. 32 sobre "Emergência Climática e Direitos Humanos".**

Outro fato de enorme relevância para o marco jurídico ecológico diz respeito à celebração do **Acordo Regional de Escazú** para América Latina e Caribe sobre Acesso à Informação, Participação Pública na Tomada de Decisão e Acesso à Justiça em Matéria Ambiental (2018), de *natureza vinculante* para os Estado-Membros, cujo esboço foi elaborado no âmbito da Comissão Econômica para América Latina e Caribe (CEPAL) da ONU.[97] A consagração dos **direitos ambientais de participação** e a **proteção dos defensores de direitos humanos ambientais** levada

---

[91] Na doutrina, v. TEIXEIRA, Gustavo de Faria. *O "greening" no sistema interamericano de direitos humanos.* Curitiba: Juruá, 2011.

[92] No ano de 2020, a Corte IDH transpôs o entendimento jurisprudencial consolidado no âmbito da OC 23/2017 para um caso contencioso. No julgamento do Caso **Comunidades Indígenas Membros da Associação Lhaka Honhat (*Tierra Nuestra*) vs. Argentina,** a Corte IDH declarou que a Argentina violava um **direito autônomo a um meio ambiente saudável,** bem como os direitos à propriedade da comunidade indígena, à identidade cultural, à alimentação adequada e ao acesso à água. Pela primeira vez em um caso contencioso, a Corte IDH analisou os direitos acima autonomamente, com base no **artigo 26 da Convenção Americana de Direitos Humanos,** ordenando medidas específicas de reparação e de sua restituição, incluindo ações de acesso à alimentação adequada e à água, para recuperação de recursos florestais e da cultura indígena.

[93] CORTE INTERAMERICANA DE DIREITOS HUMANOS. *Opinião Consultiva n. 23/2017...*, p. 21-22. No início de 2023, o Chile e a Colômbia apresentaram à Secretaria da Corte IDH um pedido de opinião consultiva sobre "Emergência Climática e Direitos Humanos". Disponível em: https://www.corteidh.or.cr/solicitud_opiniones_consultivas.cfm.

[94] CORTE INTERAMERICANA DE DIREITOS HUMANOS. *Opinião Consultiva n. 23/2017...*, p. 22.

[95] Idem, p. 25.

[96] CORTE INTERAMERICANA DE DIRETOS HUMANOS. *Caso Habitantes da La Oroya vs. Peru,* sentença de 27.11.2023.

[97] O Acordo de Escazú foi aberto para assinatura dos Estados-Membros em 27.09.2018, contando, em 2024, com 24 assinaturas (inclusive do Brasil) e 16 ratificações. As ratificações da Argentina e do México, formalizadas no mês de janeiro de 2021, possibilitou a sua entrada em vigor em 22.04.2021. A COP 1 do Acordo de Escazú foi realizada em Santiago do Chile, sede da CEPAL, no ano de 2022, sendo seguida das COP 2 (2023, Buenos Aires) e COP 3 (2024, Santiago). Disponível em: https://www.cepal.org/pt-br/acordodeescazu

a efeito pelo Acordo de Escazú representa a consagração de uma **democracia participativa** e **cidadania ecológica**, a fim de assegurar maior **controle social** sobre práticas públicas e privadas predatórias da Natureza.

Os documentos internacionais citados, além de conectarem de forma definitiva a relação entre direitos humanos e proteção ecológica, reconhecendo, em última instância, o **direito humano a viver em um ambiente sadio**, tal como consagrado há mais de três décadas no art. 11 (11.1 e 11.2) do Protocolo de San Salvador Adicional à Convenção Americana de Direitos Humanos em Matéria de Direitos Econômicos, Sociais e Culturais (1988), tratam dos "direitos ambientais de participação", também denominados "direitos ambientais procedimentais ou de participação", os quais se configuram como peça fundamental para **a efetivação da legislação ambiental**, tanto no plano doméstico, constitucional e infraconstitucional quanto internacional (regional e global). No mesmo sentido, também em sede internacional, a Assembleia Geral da ONU, em 14 de maio de 2018, adotou a Resolução A/RES/72/277 com o propósito de estabelecer um grupo de trabalho *ad hoc* para desenvolver o esboço de um **"Pacto Global para o Meio Ambiente"** (*Global Pact for the Environment*).[98]

Ao adotar tal medida, com o reconhecimento do direito ao meio ambiente como uma nova dimensão ou geração de direitos humanos (**direitos de solidariedade ou fraternidade**), a ONU opera no sentido de complementar a *Carta Internacional dos Direitos Humanos* no Sistema Global, integrada, essencialmente, pela Carta da ONU (1945), Declaração Universal dos Direitos Humanos (1948) e pelos Pactos Internacionais de Nova Iorque de 1966, respectivamente, o Pacto Internacional dos Direitos Civis e Políticos e o Pacto Internacional dos Direitos Econômicos Sociais e Culturais. Em outras palavras, o documento internacional em gestação poderia (ou até mesmo deveria) ser denominado como **Pacto Internacional dos Direitos Ambientais ou Ecológicos**. A Resolução A/HRC/48/L.23/Rev.1 do **Conselho de Direitos Humanos da ONU**, adotada em 5 outubro de 2021, no sentido de reconhecer o direito ao meio ambiente seguro, limpo, saudável e sustentável como um direito humano.[99] Na mesma ocasião, o Conselho estabeleceu, por meio da Resolução A/HRC/48/L.27, a criação de um Relatoria Especial sobre Direitos Humanos e Mudanças Climáticas. Mais recentemente, no ano de 2022, a **Assembleia Geral da ONU**, por meio da Resolução A/76/L.75, reconheceu o "direito humano ao meio ambiente limpo, saudável e sustentável."

Para finalizar, vamos nos valer de passagem de Richard Powers em seu romance *The Overstory*: "esse é o problema com as pessoas, seu problema de raiz. A vida corre ao lado delas, invisível. Bem ali, logo a seguir. Criando o solo. Ciclismo de água. Negociação de nutrientes. Fazendo o tempo. Construindo atmosfera. Alimentar e curar e abrigar mais tipos de criaturas do que as pessoas sabem contar".[100] A humanidade precisa urgentemente resolver o seu problema de "raiz". Não há mais tempo a perder. Sob pena de, assim como os dinossauros, perdermo-nos para sempre na história natural do Planeta Terra. É preciso assumir a nossa condição biológica

---

[98] Disponível em: https://www.iucn.org/commissions/world-commission-environmental-law/wcel-resources/global-pact-environment.

[99] O texto da Resolução A/HRC/48/L.23/Rev.1 estabeleceu a seguinte previsão: "1. Reconhece o direito a um meio ambiente seguro, limpo, saudável e sustentável como um direito humano importante para o disfrute dos direitos humanos (…)".

[100] POWERS, Richard. *The Overstory*. New York: W. W. Norton Company, 2018. p. 4. "That's the trouble with people, their root problem. Life runs alongside them, unseen. Right there, right next. Creating the soil. Cycling water. Trading in nutrients. Making weather. Building atmosphere. Feeding and curing and sheltering more kinds of creatures than people know how to count."

(de "macaco nu"[101], de "terceiro chimpanzé"[102] etc.), totalmente dependente das bases naturais da vida e da integridade da Natureza. Desconstruir o artifício filosófico cartesiano que pretendeu separar aquilo que ontologicamente não pode ser separado.[103] Chegou a hora de submetermo-nos às leis da Natureza, e não mais a Natureza às leis dos homens. Para além da **libertação dos animais não humanos**, como proposto por Peter Singer em sua obra clássica *Animal liberation* (1975), chegou o momento da "**libertação da Natureza**". Impõe-se sobre a civilização humana, como nunca, a **"força normativa" das leis da Natureza**, decorrentes da "pura e bruta existência de fatos incontestáveis" ("the pure, brute existence of incotestable facts"),[104] ou, como dito por Bruno Latour: *de facto, de jure!*[105] Rumo a um **iluminismo verde ou ecológico** (*Green Enlightment*), como defendido por Joachim Radkau, por meio do **"reencantamento" da Natureza** e, por outro lado, do desencantamento do mito moderno de progresso.[106]

O nosso *Curso de Direito Ambiental*, que apresentamos ao público leitor na sua 5ª edição, busca justamente pautar o "estado da arte" da matéria em face do atual **estado de emergência ecológica e climática** de magnitude global, abalando de forma definitiva a tradição moderna cartesiana sobre o nosso lugar *na* (e, portanto, não *fora da*) Natureza. Isso, por sua vez, torna necessária a celebração de um **novo *pacto político-jurídico***, por meio de um "**véu da ignorância ecológico**", servindo-nos aqui da metáfora utilizada por John Rawls em sua obra clássica *Uma teoria da justiça*,[107] que possibilite representar, incluir e levar a sério não apenas os interesses e direitos (?) das futuras gerações humanas (e igualmente dos conflitos intrageracionais), mas também dos animais não humanos e da Natureza (e os elementos naturais) à luz de um novo **paradigma jurídico ecocêntrico** impulsionado pelos desafios existenciais humanos postos pelo *Antropoceno* no nosso horizonte civilizatório presente e futuro.[108] Um novo paradigma igualmente capaz de valorizar e aprender com o **conhecimento e filosofia indígena ancestral**, tão bem simbolizado recentemente com a posse, no ano de 2024, do líder indígena, ambientalista, escritor, poeta e filósofo **Ailton Krenak** na Cadeira 5 da **Academia Brasileira de Letras** (ABL), como o primeiro indígena a ocupar uma cadeira na ABL.

A edição ora apresentada ao público é mais um passo na construção de um **novo marco teórico para o Direito Ambiental** (rumo ao Direito Ecológico e ao Direito Climático!) e, para tanto, queremos muito, como sempre fizemos nas nossas demais obras, estabelecer um diálogo sincero, crítico e construtivo com as amigas e amigos leitores, comunidade científica, estudantes, profissionais e sociedade em geral para juntos empreendermos tal aventura e jornada em prol da defesa planetária. Ao fim e ao cabo, esse é o *Leitmotiv* ou a razão fundamental para investirmos

---

[101] MORRIS, Desmond. *The naked ape*. New York: Dell Publishing, 1969.

[102] DIAMOND, Jared. *The Third Chimpanzee*: the evolution and future of the human animal. New York: Harper Collins Publishers, 1992. especialmente p. 311 e ss.

[103] OST, François. *A natureza à margem da lei*: a ecologia à prova do direito. Lisboa: Instituto Piaget, 1995. p. 49 e ss.

[104] LATOUR, Bruno. *Facing Gaia*..., p. 23.

[105] Idem, ibidem.

[106] RADKAU, Joachim. *The age of ecology*: a global history. Cambridge: Polity, 2014, p. 425-431.

[107] RAWLS, John. *A Theory of Justice* (Revised Edition). Cambridge: Harvard University Press, 1999. p. 118-123. Para uma abordagem não antropocêntrica da Teoria da Justiça de Rawls, v. TRIBE, Lawrence H. Ways Not To Think About Plastic Trees: New Foundations for Environmental Law. *Yale Law Journal*, v. 83, n. 7, p. 1.315-1.348, June 1974.

[108] A respeito da discussão envolvendo um novo "contrato social" de natureza ecológica, com o propósito de incluir os interesses (e direitos?) dos atores ou agentes não humanos (*nichtmenschliche Akteure*), v. KERSTEN, Jens. *Das Antropozän-Konzept*: Kontrakt-Komposition-Konflikt. Baden-Baden: Nomos, 2014. p. 88-92. Mais recentemente, destaca-se a nova obra de Kersten em que propõe uma nova redação ecológica (à luz de um paradigma constitucional ecocêntrico e dos direitos da Natureza) para os dispositivos da Lei Fundamental alemã: KERSTEN, Jens. *Das ökologische Grundgesetz*. Munique: C.H.Beck, 2022.

nossa energia e seguirmos trabalhando no desenvolvimento do Direito Ambiental brasileiro, ou seja, para que ele possa servir de instrumento efetivo para a defesa da vida na sua concepção mais ampla possível e salvaguarda da integridade do Planeta Terra! A harmonia entre o ser humano e a Natureza é, em última instância, a harmonia do *Homo sapiens* com a sua própria natureza (biológica e planetária).

Por fim, registramos um agradecimento muito especial à competentíssima equipe editorial da GEN/Forense, notadamente na pessoa do nosso **Editor Henderson Fürst**, amigo querido e parceiro de tantos projetos e aventuras editoriais há mais de uma década. Também registramos um agradecimento especial aos estimados e competentíssimos Sue Ellen dos Santos Gelli, Patricia Fernandes de Carvalho e Bruno Martins Costa, cujo trabalho editorial primoroso foi fundamental para que esta 5ª edição se tornasse realidade. No mais, esperamos atender às expectativas da comunidade jurídica, também disponibilizando nosso contato (tiagofens@gmail.com; e Instagram: @tiago_fensterseifer e @professor_ingosarlet) para as críticas e sugestões sempre muito bem-vindas e fundamentais para seguirmos avançando na pesquisa e na construção (permanente e em aberto) do livro e da narrativa jurídico-ecológica nele concebida.

Campinas/Porto Alegre/Florianópolis/Fortaleza/Munique/Londres, verão de 2025.

Ingo W. Sarlet
Tiago Fensterseifer

Parte I

Teoria Geral do Direito Ambiental

Capítulo 1
A CRISE ECOLÓGICA E OS LIMITES PLANETÁRIOS NO ANTROPOCENO

1. CONSIDERAÇÕES INICIAIS: O SER HUMANO *(HOMO SAPIENS)* COMO VETOR DA CRISE E DO ESTADO DE EMERGÊNCIA ECOLÓGICA NO ANTROPOCENO

> "Nenhuma bruxaria ou ação inimiga silenciou o renascimento da vida nova neste mundo acometido. As pessoas fizeram isso elas próprias" (**Rachel Carson**).[1]

> "O *Homo faber* de hoje tem uma fé inquebrantável e absoluta no futuro. Amanhã deslocará montanhas, desviará rios, fará colheitas no deserto, irá a Lua e a outras partes. Um terrível conceito utilitário apoderou-se de nós. Só nos interessamos por aquilo que serve, por aquilo que tem um rendimento, e, de preferência, imediato. Tal confiança em nossa tecnologia leva-nos a destruir voluntariamente tudo que permanece selvagem, e a converter todos os homens ao culto da máquina" (**Jean Dorst**).[2]

> "Somos uma quimera evolutiva, vivendo com base na inteligência dirigida pelas exigências do instinto animal. Por esse motivo, estamos descuidadamente destruindo a biosfera e, com isso, nossas próprias perspectivas de existência permanente" (**Edward O. Wilson**).[3]

"De caçadores-coletores a uma força geofísica global."[4] A passagem citada descreve com precisão a magnitude da intervenção do ser humano no Planeta Terra, culminando com o término da *Época Geológica do* **Holoceno** (ou *Holocênico*) e o início da **nova Época Geológica do Antropoceno**.[5] O nome "Antropoceno", como se pode presumir, é atribuído em razão do

---

[1] CARSON, Rachel. *Silent spring*. Fortieth Anniversary Edition (1962). Boston/New York: Mariner Book, 2002. p. 3.
[2] DORST, Jean. *Antes que a Natureza morra*: por uma ecologia política. São Paulo: Edgard Blücher, 1973. p. 82.
[3] WILSON, Edward O. *A conquista social da Terra*. São Paulo: Companhia das Letras, 2013. p. 23.
[4] A passagem citada reproduz literalmente um dos subtítulos de artigo firmado por alguns dos mais renomados cientistas que estudam o denominado Sistema Global Planetário (*Earth System*), entre eles o químico atmosférico e Prêmio Nobel Paul Crutzen, a quem se atribuem os primeiros estudos que trataram do conceito de Antropoceno: STEFFEN, Will *et al*. The Anthropocene: from Global Change to Planetary Stewardship. *Ambio* (*Royal Swedish Academy of Sciences*), v. 40, n. 7, p. 74, nov. 2011.
[5] CRUTZEN, Paul J. Geology of Mankind: the Anthropocene. *Nature*, v. 415, p. 23, jan. 2002. Em 2024, após 15 anos de discussão e decisão eivada de muita polêmica e divisão entre seus membros do Grupo de Trabalho do Antropoceno, a proposta de reconhecimento da nova época geológica do Antropoceno foi rejeitada pela maioria dos membros da Subcomissão de Estratigrafia Quaternária, que integra a União Internacional de Ciências Geológicas. Disponível em: https://www.nature.com/articles/d41586-024-00868-1. A decisão, no entanto, em nada interfere na importância do conceito de Antropoceno para o campo das ciências humanas

comportamento de uma única espécie (o "ser humano"), notadamente como decorrência da sua **intervenção no Sistema do Planeta Terra** (*Earth System*). Não se trata, portanto, de uma homenagem "positiva", como reconhecimento da sua virtude e harmonia na sua relação com as demais formas de vida e o sistema planetário como um todo (*Gaia*), mas justamente o contrário disso. Não por outra razão, Edward O. Wilson prefere atribuir a nomenclatura *Eremoceno* ou *Era da Solidão* (*Age of Loneliness*) para definir a atual época geológica, conceituando-o, basicamente, como a "era das pessoas, nossas plantas e animais domesticados, bem como das nossas plantações agrícolas em todo o mundo, até onde os olhos podem ver".[6] A Era da Solidão representa, em outras palavras, a progressiva "solidão" da espécie humana decorrente da **dizimação da vida selvagem e da biodiversidade** no Planeta Terra provocada pelo *Homo sapiens* rumo à **sexta extinção em massa de espécies**[7] em pleno curso na atualidade.

O início do *Antropoceno* é identificado por alguns autores em meados do Século XX (1950), ou seja, o período que se seguiu após o fim da Segunda Guerra Mundial (1939-1945) até os dias atuais, denominado como "**A Grande Aceleração**" (*The Great Acceleration*).[8] O geólogo e paleobiólogo Jan Zalasiewics, coordenador do Grupo de Trabalho do Antropoceno, estabelecido em 2009 e encarregado de formalizar o reconhecimento da nova época geológica perante a Comissão Internacional de Estratigrafia (ICS), defende que as substâncias radioativas expelidas pelos testes nucleares realizados em diversos lugares do mundo em meados do século XX seriam os marcadores geológicos mais aptos a cumprir os requisitos para demarcar o início da nova época geológica do Antropoceno.[9]

Desde que surgiu na história natural do Planeta Terra, há aproximados 200.000 anos,[10] o *Homo sapiens* passou a maior parte desse tempo quase desapercebido pela superfície planetária, pelo menos se considerado seu impacto numa escala global. Em mais de 90% desse período, ele transitou pelo globo terrestre como "caçadores e coletores", cujo impacto resumia-se ao âmbito local onde se estabelecia. Somente **10.000 anos atrás**, período que coincide aproximadamente com o **início do Holoceno**, a **agricultura** passou a ser desenvolvida em diferentes partes do mundo.[11] No entanto, as "pegadas" humanas mais significativas somente começaram a ser emplacadas a partir da **Revolução Industrial**, ou seja, no início do século XIX, com o uso progressivo de combustíveis fósseis, consumo de recursos naturais e aumento populacional exponencial.

> **HOMO SAPIENS E DESENVOLVIMENTO TECNOLÓGICO**[12]
> **200.000 anos atrás** – Surgimento do *Homo sapiens* no Planeta Terra (no continente africano)
> **125.000 anos atrás** – Uso controlado do fogo pelo *Homo sapiens*

(entre elas, as ciências jurídicas), notadamente por evidenciar que a crise ecológica e climática vivenciada na atualidade é resultado direto e inquestionável da intervenção do ser humano na Natureza em escala planetária.

[6] WILSON, Edward O. *Half-Earth*: our Planet's Fight for Life. New York: Liveright, 2016. p. 20.
[7] KOLBERT, Elizabeth. *The Sixth Extinction*: an Unnatural History. New York: Henry Holt, 2014.
[8] STEFFEN, Will *et al*. The Anthropocene: conceptual and historical perspectives. *Philosophical Transactions: Mathematical, Physical and Engineering Sciences (Royal Society)*, v. 369 (The Anthropocene: a new epoch of geological time?), n. 1938, p. 849-853, mar. 2011.
[9] ZALASIEWICZ, Jan *et al*. When did the Anthropocene begin? A mid-twentieth century boundary level is stratigraphically optimal. *Quaternary International*, Vol. 383, 2015, p. 196-203.
[10] WILSON, Edward O. *Half-Earth*..., p. 54.
[11] STEFFEN, Will *et al*. The Anthropocene: from Global Change to Planetary Stewardship..., p. 741.
[12] Para um panorama sobre o desenvolvimento civilizatório global, no contexto do desenvolvimento tecnológico e da intervenção do ser humano na Natureza, v. SACHS, Jeffrey D. *The Ages of Globalization*: Geography, Technology, and Institutions. New York: Columbia University Press, 2020.

70.000 anos atrás – Grande dispersão do *Homo sapiens* e migração do continente africano, espalhando-se para todos os demais continentes

12.000 anos atrás – Início da ocupação humana (*Homo sapiens*) na Amazônia[13]

10.000 anos atrás – Agricultura (início do Holoceno)

1750 – Início da Revolução Industrial e invenção da máquina a vapor por James Watt (1776), impulsionando progressivamente o uso e queima de carvão[14]

1850 – Perfuração do primeiro poço nos Estados Unidos (1859) e início da indústria petrolífera[15]

Década de 1940 – Descoberta da energia nuclear e construção da primeira bomba atômica (1945)

Década de 1950 (Pós-Segunda Guerra Mundial) – Início do período denominado de "A Grande Aceleração" e que posteriormente ensejou o reconhecimento do Antropoceno

Década de 1960
- Início da Revolução Verde com o uso progressivo de agentes químicos (ex.: fertilizantes artificiais) nas práticas agrícolas
- Corrida Espacial (durante a Guerra Fria), com o envio do primeiro satélite (*Sputnik*) pela (então) União Soviética, em 1957, a criação da NASA (*National Aeronautics and Space Administration*) nos EUA, em 1958,[16] e, finalmente, a chegada do ser humano à Lua, em 1969, com a Missão Apolo 11 dos EUA[17]

A **crise ecológica** (*ökologischen Krise*[18]) que vivenciamos hoje é resultado das "pegadas" deixadas pelo ser humano[19] em sua passagem pela Terra.[20] Não há margem para dúvidas a respeito de "quem" é o responsável pelo esgotamento e degradação dos recursos naturais e, consequentemente, pelo comprometimento da qualidade, da segurança e do equilíbrio ecológicos em escala

---

[13] V. NEVES, Eduardo Góes. *Sob os tempos do equinócio*: oito mil anos de história na Amazônia Central. São Paulo: UBU Editora/Editora da USP, 2022.

[14] Elizabeth Kolbert descreve a transição enérgica ocorrida na segunda metade do século XVIII em razão da revolução industrial – e que levou à queima progressiva de combustíveis fósseis (até os dias atuais) –, apontando que "uma em cada três moléculas de CO_2 presentes no ar hoje foi colocada lá pelo ser humano". KOLBERT, Elizabeth. *Sob um céu branco*: a Natureza no futuro. Rio de Janeiro: Intrínseca, 2021, p. 151.

[15] Em 1859, no Estado da Pensilvânia, o norte-americano Edwin Laurentine Drake perfurou o primeiro poço nos Estados Unidos à procura de petróleo, data que passou a simbolizar o nascimento da indústria petrolífera moderna.

[16] A respeito da importância da NASA para o desenvolvimento da(s) *Ciência(s) da Terra* e, em particular, da *Ciência Climática*, v. CONWAY, Erik M. *Atmospheric Science at NASA*: a History. Baltimore: Johns Hopkins University Press, 2008.

[17] A história da ciência e do desenvolvimento tecnológico, com especial ênfase nos séculos XX e XXI e as suas implicações políticas, sociais e ecológicas (e climáticas), é desenvolvida por ROQUE, Tatiana. *O dia em que voltamos de marte*: uma história da ciência e do poder com pistas para um novo presente. São Paulo: Planeta/Crítica, 2021 (sobre a corrida espacial, v., especialmente, p. 186-218).

[18] HÖSLE, Vittorio. *Philosophie der ökologischen Krise*. München: C. H. Beck, 1991.

[19] No âmbito jurídico, sobre a origem "antropológica" da crise ecológica, v. KLOEPFER, Michael. *Umweltschutzrecht*. München: Verlag C. H. Beck, 2008. p. 1-2.

[20] A expressão "pegada ecológica" (*Ecological Footprint*) tem sido utilizada por entidades ambientalistas, como é o caso da *World Wide Fund for Nature* (WWF), para "calcular", em termos estimativos, a partir das nossas práticas de consumo – utilização de recursos naturais, resíduos gerados, entre outros aspectos –, a degradação ecológica por nós produzida individualmente, inclusive no tocante à emissão de gases geradores do efeito estufa. A "pegada ecológica" permite visualizar até que ponto a nossa forma de viver está de acordo ou não com a capacidade do Planeta de oferecer e renovar seus recursos naturais, bem como absorver os resíduos que geramos.

planetária. Por mais que alguns Estados-Nação (e seus cidadãos) tenham uma maior parcela de responsabilidade por tal "estado planetário", especialmente em razão do seu padrão de desenvolvimento e, consequentemente, do grande consumo de recursos naturais e altos níveis de degradação ambiental,[21] todos nós, em maior ou menor escala, temos alguma parcela de responsabilidade. Não há outro responsável que não o ser humano para a atual crise e colapso planetário – por exemplo, no tema das mudanças climáticas e da perda de biodiversidade – no **Antropoceno**. É, aliás, a força de magnitude global da **intervenção do ser humano na Natureza** a razão para a nomenclatura atribuída à nova época geológica sucessora do (estável e equilibrado) **Holoceno**.

Os problemas ambientais destacados neste capítulo são apenas ilustrativos de um conjunto muito maior de danos ecológicos, muitos ainda desconhecidos ou ainda não devidamente compreendidos, perpetrados por intermédio das atividades humanas, tanto por agentes privados quanto públicos. O efeito de tais práticas é cumulativo e, em alguns casos, até mesmo irreversível, como ocorre no caso da **extinção de espécies naturais da fauna e da flora**, além de possuir, em especial a poluição química, natureza difusa e transfronteiriça, alcançando todos os cantos do Planeta.[22] De modo paradoxal, é justamente o principal responsável (o ser humano) pelos danos o único capaz de conter e, quem sabe, até mesmo reverter tal situação. No entanto, antes de tudo, é preciso **despertar a consciência** das pessoas para a gravidade da crise ecológica, como revelado de forma simbólica pelo reconhecimento de um "**estado de emergência climática**", como decretado pelo Parlamento Europeu em 2019[23] – a fim de buscarmos, de alguma forma, frear o ímpeto destrutivo que parece acompanhar o nosso **processo civilizatório** de modo preponderante desde a **modernidade**, e que se agravou sobremaneira no último século – em especial, no período posterior à 2ª Guerra Mundial, denominado de "A Grande Aceleração", como referido anteriormente –, inclusive a ponto de colocar em risco a própria **sobrevivência da espécie humana**.

A ideia de **limites** para o uso dos recursos naturais em termos planetários não é algo novo. Essa discussão já havia sido colocada de forma emblemática pelo *Relatório do Clube de Roma sobre os Limites do Crescimento* no início da década de 1970,[24] ou seja, há quase meio século. Mas, ainda assim, a **verdade científica** então revelada de que os padrões de consumo das sociedades contemporâneas e a utilização feita dos recursos naturais, em maior ou menor escala, a depender da situação de desenvolvimento de cada País, não podiam nem podem ser

---

[21] Para uma reflexão sobre o ciclo "insustentável" das nossas práticas de consumo e produção de lixo (extração, produção, distribuição, consumo e descarte), v. LEONARD, Annie. *A história das coisas*: da Natureza ao lixo, o que acontece com tudo que consumimos. Rio de Janeiro: Zahar, 2011. O livro em questão possui um vídeo-documentário que o antecedeu, e que está disponível, inclusive com legenda em português, em: http://www.storyofstuff.org/.

[22] De acordo com o *Relatório Nosso Futuro Comum* (ou *Relatório Bruntland*), elaborado pela Comissão Mundial sobre Meio Ambiente e Desenvolvimento (CMMAD) do Programa das Nações Unidas para o Meio Ambiente (PNUMA), no ano de 1987: "é cada vez mais evidente que as origens e causas da poluição são muito mais difusas, complexas e inter-relacionadas – e seus efeitos muito mais disseminados, cumulativos e crônicos – do que se julgara até então. Os problemas de poluição, antes localizados, agora se apresentam em escala regional ou mesmo global. Está se tornando mais comum a contaminação dos solos, de lençóis freáticos e de pessoas por agrotóxicos, e a poluição por produtos químicos se estende a todos os pontos do planeta". COMISSÃO MUNDIAL SOBRE MEIO AMBIENTE E DESENVOLVIMENTO. *Relatório Nosso Futuro Comum*. 2. ed. São Paulo: Editora da Fundação Getulio Vargas, 1991. p. 235.

[23] Em 2019, o Parlamento Europeu reconheceu a "emergência climática", tornando a Europa o primeiro continente a decretar a medida. O ato é, em grande parte, simbólico, e se destina a aumentar a pressão sobre os agentes públicos por medidas concretas contra as mudanças climáticas. Disponível em: https://www.dw.com/pt-br/parlamento-europeu-declara-emerg%C3%AAncia-clim%C3%A1tica/a-51450872.

[24] MEADOWS, Donell H.; MEADOWS, Dennis L.; RANDERS, Jorgen; BEHRENS III, William W. *Limites do crescimento*: um relatório para o Projeto do Clube de Roma sobre o Dilema da Humanidade. 2. ed. SãozPaulo: Perspectiva, 1978 (1ª edição em língua inglesa em 1970).

suportados de forma a manter o equilíbrio ecológico planetário e, ainda, demandariam mais do que um Planeta Terra para serem satisfeitos, sendo apontada, inclusive, por alguns cientistas a necessidade de pelo menos três "planetas Terra" para dar conta de tal padrão elevado de consumo. Pouca coisa mudou desde então e o impulso consumista e utilitarista em relação aos recursos planetários continua a não encontrar limites para saciar e alimentar o progresso civilizatório. O *slogan* reproduzido nos cartazes empunhados pelos estudantes do **movimento global *Fridays for Future*** ilustra bem a questão: "**Não há Planeta B**" ("There is no Planet B")!

O ser humano não conseguiu até hoje impor a si mesmo uma autocontenção minimamente satisfatória nos seus impulsos consumistas e, consequentemente, poluidores e predadores da Natureza, a ponto de defrontar-se num futuro próximo com o seu maior desafio civilizatório desde que o *Homo sapiens* deu os seus primeiros passos no Planeta Terra, após evoluir da sua versão primitiva ancestral do *Homo erectus*, há pouco mais de 100.000 anos.[25] No entanto, como não soubemos fazer o nosso dever de casa – sim, o Planeta Terra é a nossa "casa", assim como de uma infinidade de outras espécies biológicas –, ao que tudo indica, os limites nos serão impostos pela própria Natureza, como, aliás, ilustra bem o título de um dos últimos livros de Bruno Latour, podendo ser traduzido como "Encarando Gaia" (*Facing Gaia*). O Planeta Terra, como dito pelo autor, está reagindo às nossas ações predatórias.[26] As mudanças climáticas são a prova da reação de Gaia.

Mais recentemente, como uma "resposta" da Natureza ao desequilíbrio provocado pelo ser humano no sistema ecológico, podemos mencionar a **pandemia de covid-19,** que impactou a civilização humana em todos os cantos do planeta no início do ano de 2020 e até o momento em que a presente edição é publicada ainda está em curso (muito embora a sua atenuação), já tendo provocado, até o início de 2024, mais de 7,0 milhões de mortes no mundo todo, com mais de 774 milhões de pessoas infectadas. No Brasil, no final de setembro de 2024, chegou-se à marca trágica de mais de 713.000 mortes.[27] Na sua origem, a pandemia está associada à transmissão de patógenos de animais silvestres ao ser humano, o que decorre, entre outras causas, da **destruição de *habitats*** provocada pela intervenção humana na Natureza. Não por outra razão, está em discussão já há alguns anos – portanto, antes da covid-19 – o desenvolvimento do conceito de **saúde única** (*one health*)[28] por **entidades científicas e sanitárias**. A compreensão de uma saúde única contempla a saúde em **três dimensões: humana, animal e ecossistema**. A respeito da questão, destacam-se os "Princípios de Berlim sobre Saúde Única de 2019" (*The Berlin Principles on One Health*).[29] Afinal de contas, como pontua Lorenzzeti ao tratar do conceito de saúde única, "una adecuada respuesta para la salud humana implica mejorar la salud del planeta".[30]

A mensagem contida no **Preâmbulo da Declaração de Estocolmo sobre o Meio Ambiente Humano (1972)** contempla tal entendimento, depositando no mesmo "ser humano" que o destrói a esperança de salvar o Planeta e também a si próprio e sua espécie (*Homo sapiens*):

---

[25] REICHHOLF, Josef H. *Evolution*: eine kurze Geschichte von Mensch und Natur. Munique: Carl Hanser Verlag, 2016. p. 47; e DIAMOND, Jared. *Guns, germs and steel*: a short history of everybody for the last 13.000 years. London: Vintage/Rendom House, 2017, p. 35-40.

[26] LATOUR, Bruno. *Facing Gaia*: eight lectures on the new climate regime. Trad. Catherine Porter. Cambridge: Polity, 2017. p. 3.

[27] Disponível em: https://covid.saude.gov.br/.

[28] Disponível em: https://www.who.int/news-room/q-a-detail/one-health.

[29] Disponível em: https://www.sciencedirect.com/science/article/pii/S0048969720364494 e https://www.wcs.org/one-planet-one-health-one-future.

[30] LORENZZETTI, Ricardo. *El nuevo inimigo*: el colapso ambiental. 3. ed. Buenos Aires: Sudamericana, 2022, p. 63.

"[...] o homem deve fazer constante avaliação de sua experiência e continuar descobrindo, inventando, criando e progredindo. Hoje em dia, a capacidade do homem de transformar o que o cerca, utilizada com discernimento, pode levar a todos os povos os benefícios do desenvolvimento e oferecer-lhes a oportunidade de enobrecer sua existência. **Aplicado errônea e imprudentemente, o mesmo poder pode causar danos incalculáveis ao ser humano e a seu meio ambiente**. Em nosso redor vemos multiplicarem-se as provas do dano causado pelo homem em muitas regiões da terra, **níveis perigosos de poluição da água, do ar, da terra e dos seres vivos**; grandes transtornos de equilíbrio ecológico da biosfera; destruição e esgotamento de recursos insubstituíveis e graves deficiências, nocivas para a saúde física, mental e social do homem, no meio ambiente por ele criado, especialmente naquele em que vive e trabalha."

A humanidade tem utilizado o seu (crescente) **poder tecnológico** de forma cada vez mais imprudente, o que só faz aumentar o nosso poder de **intervenção na Natureza**, desequilibrando cada vez mais a **relação de forças** que travamos com o **Sistema Planetário**, a ponto, como referido anteriormente, de uma nova época geológica – o **Antropoceno** – ter sido inaugurada como decorrência desse cenário. Passado quase meio século da mensagem posta pela Declaração de Estocolmo, grande marco inicial do Direito Ambiental no plano internacional,[31] o seu conteúdo se faz mais atual do que nunca. Por mais paradoxal que seja, só os mesmos responsáveis (nós, humanos) pela situação existencial "limite" a que chegamos (ou melhor, nos colocamos) é que detêm nas mãos a esperança e a possibilidade de reparar os seus equívocos e salvar do **colapso ecológico** e da extinção a si próprios, bem como as inúmeras outras formas de vida que habitam o Planeta Terra, retomando o rumo da história (natural e humana) em favor da vida e da **integridade ecológica**. Por fim, registra-se a reflexão de Carl Sagan consagrada no seu célebre **Calendário Cósmico**,[32] ao resumir a história natural de 14 bilhões de anos do **Universo** (a contar do *Big Bang*) ao período de 1 ano (365 dias), especialmente no sentido de identificar o quão recente nós – o *Homo sapiens* – chegamos nessa jornada planetária da vida, na medida em que os primeiros seres humanos surgiram tão somente por volta das 22h30 do dia 31 de dezembro, praticamente na última hora do último dia do ano.

CALENDÁRIO CÓSMICO (CARL SAGAN)

A HISTÓRIA DE 14 BILHÕES DE ANOS DO UNIVERSO RESUMIDA AO PERÍODO DE 1 ANO (365 DIAS)

- 01 de janeiro – Big Bang
- 01 de maio – Origem da Via Láctea
- 09 de setembro – Origem do Sistema Solar
- 14 de setembro – Formação do Planeta Terra
- 25 de setembro – Origem da vida no Planeta Terra
- 15 de novembro – Eucariontes (primeiras células com núcleo)
- 01 de dezembro – Atmosfera de oxigênio começa a se desenvolver no Planeta Terra

---

[31] SOARES, Guido Fernando Silva. *Direito internacional do meio ambiente*. 2. ed. São Paulo: Atlas, 2003. p. 55.
[32] SAGAN, Carl. *The Dragons of Eden*: Speculations on the Evolution of Human Intelligence. New York: Ballantine Book (Random House), 1978 (1ª edição de 1977), p. 11-17. O "Calendário Cósmico" de Carl Sagan tornou-se popular na Década de 1980, em razão da série televisiva de sucesso "Cosmos" apresentada por ele na rede pública de televisão norte-americana. A série leva o mesmo nome do seu célebre livro lançado na mesma época: SAGAN, Carl. *Cosmos*. São Paulo: Companhia das Letras, 2017 (1ª edição de 1980).

- 17 de dezembro – Seres multicelulares e invertebrados
- 18 de dezembro – Plâncton oceânico
- 19 de dezembro – Peixes e vertebrados
- 20 de dezembro – Plantas começam a colonização em terra (nos continentes)
- 21 de dezembro – Insetos e animais começam a colonização em terra (continente)
- 22 de dezembro – Anfíbios e insetos alados
- 23 de dezembro – Árvores e répteis
- 24 de dezembro – Dinossauros surgem e dominam a Terra por 160 milhões de anos
- 26 de dezembro – Mamíferos
- 27 de dezembro – Aves e flores
- 28 de dezembro – Extinção em massa do Cretáceo-Terciário, incluindo os dinossauros
- 29 de dezembro – Cetáceos e primatas
- 30 de dezembro – Evolução do cérebro dos primeiros primatas, hominídeos, mamíferos gigantes
- 31 de dezembro, hora 22h30 – Seres humanos (*Homo sapiens*)
- 31 de dezembro, hora 23h46 – Domesticação do fogo
- 31 de dezembro, hora 23h56 – Mais recente período glacial
- 31 de dezembro, hora 23h59min20s – Invenção da Agricultura
- 31 de dezembro, hora 23h59min59s – Desenvolvimento disseminado da ciência e da tecnologia, emergência de uma cultura global; aquisição de meios de autodestruição da espécie humana; primeiros passos na exploração planetária com naves espaciais; a busca de inteligência extraterrestre

    O Calendário Cósmico de Sagan aguça o nosso olhar e compreensão sobre a "**Grande História**" da qual fazemos parte. A atribuição da nomenclatura "**Pré-História**" para toda a história do Universo e do Planeta Terra que veio antes do *Homo sapiens* e da civilização humana reforça a compreensão limitada, dicotômica e enviesada que nos acompanha com força desde a modernidade sobre a nossa própria origem e natureza (biológica e planetária), influenciado, assim, a nossa relação (predatória) com a Natureza. Para além da "**métrica ou régua antropocêntrica**" que utilizamos para medir tudo o que não é humano, a compreensão da "Grande História" do Universo – a *Big Picture* dos ingleses e norte-americanos ou o *Weltbild* (Quadro do Mundo) dos alemães – redimensiona o nosso lugar no Planeta Terra e, mais do que isso, revela a nossa dependência existencial em relação a ele. A Grande História é também a nossa história, em que pese a nossa espécie tenha passado a fazer parte dela só mais recentemente. Como refere Marcelo Gleiser, precisamos de uma nova narrativa sobre quem somos, conectada tanto com a história da vida no Planeta Terra quanto com a história do Universo. Afinal de contas, conforme aponta: "a história da vida na Terra conecta todas as criaturas que existiram e existem, incluindo a nossa espécie, a uma bactéria que viveu há cerca de 3 bilhões de anos: um micróbio, a verdadeira Eva".[33]

2. A POLUIÇÃO, A DEGRADAÇÃO E O ESGOTAMENTO DOS RECURSOS NATURAIS

    "Era uma vez uma cidade, onde enfermidades misteriosas abateram as galinhas; o gado e as ovelhas ficaram doentes e morreram. Por todos os lados, havia uma sombra de morte. Os

---

[33] GLEISER, Marcelo. *O despertar do universo consciente*: um manifesto para o futuro da humanidade. São Paulo: Record, 2024. p. 16-17.

fazendeiros falavam de muitas enfermidades entre seus familiares. Na cidade, os médicos tornavam-se cada vez mais intrigados em função de novos tipos de doenças aparecendo entre os pacientes. (...) *Era uma primavera sem vozes, uma primavera silenciosa!*" (**Rachel Carson**).[34]

"Deve-se pôr fim à descarga de substâncias tóxicas ou de outros materiais que liberam calor, em quantidades ou concentrações tais que o meio ambiente não possa neutralizá--los, para que não se causem danos graves e irreparáveis aos ecossistemas. Deve-se apoiar a justa luta dos povos de todos os países contra a poluição" (**Princípio 6 da Declaração de Estocolmo de 1972**).

A poluição dos recursos naturais exemplifica uma das mais expressivas "pegadas" em termos ecológicos deixadas pelo ser humano na sua passagem pelo Planeta Terra, como inclusive destacado nos estudos científicos sobre os **limites planetários** e a caracterização da nova época geológica do **Antropoceno**. O agravamento da poluição ambiental acabou propiciando o próprio surgimento do movimento ambientalista em algumas partes do mundo entre as décadas de 1960 e 1970, notadamente nos Estados Unidos e na Europa Ocidental,[35] com destaque para a Alemanha[36] e a França.[37] Foi justamente para combater determinadas práticas poluidoras levadas a efeito pela atividade privada – por exemplo, em razão da **progressiva industrialização da economia**, notadamente nos países desenvolvidos, e edificação de um modelo de **sociedade de risco**, como destacado por Ulrich Beck –, e, em algumas circunstâncias, pelo próprio Estado, que grupos da sociedade passaram a levantar a sua voz e questionar publicamente tais atividades que oneravam a qualidade de vida das pessoas, como reflexo da externalização para o conjunto da sociedade dos "**custos sociais e ecológicos**" da atividade produtiva.

O exemplo mais emblemático para ilustrar esse contexto histórico e que se confunde com o próprio surgimento do movimento ambientalista nos Estados Unidos – mas com repercussão em vários outros países mundo afora – diz respeito à publicação, no ano de 1962, do livro *Primavera silenciosa* (*Silent Spring*), escrito pela bióloga marinha norte-americana **Rachel Carson** (1907-1964). O seu livro projetou para o espaço público o debate a respeito da poluição dos recursos naturais, inclusive no tocante à **responsabilidade da ciência**, aos **limites do progresso tecnológico** e à relação entre ser humano e a Natureza. Mais especificamente, Carson descreveu como o uso de determinadas substâncias químicas (no caso, dos hidrocarbonetos clorados e fósforos orgânicos utilizados na composição de agrotóxicos, como o **DDT**) alterava os processos celulares de plantas e animais, atingindo negativamente o meio ambiente natural e, consequentemente, o ser humano. A obra de Carson despertou a consciência pública e lançou luz

---

[34] CARSON, Rachel. *Silent spring...*, p. 2.

[35] DALTON, Russel J. *The Green Rainbow*: Environmental Groups in Western Europe. New Haven/London: Yale University Press, 1994. p. 35 e ss. Na doutrina brasileira, v. TAVOLARO, Sergio Barreira de Faria. *Movimento ambientalista e modernidade*: sociabilidade, risco e moral. São Paulo: Annablume/Fapesp, 2001. p. 95 e ss.

[36] Na Alemanha, merece destaque a série de conferências de especialistas organizada por Hans-Joachim Netzer, com sua edição original datada de 1963, ou seja, um ano após a obra de Rachel Carson, enfatizando temas como a poluição do ar e dos recursos hídricos, a poluição sonora, a contaminação do solo, a destruição das florestas, a explosão demográfica, a contaminação por radiações, entre outras questões centrais da crise ecológica (de ontem e de hoje). NETZER, Hans-Joachim (org.). *Crimes contra a Natureza*. São Paulo: Melhoramentos, 1967.

[37] Na França, registra-se a obra do renomado ornitologista Jean Dorst (1924-2001), Professor do Museu Nacional de História Natural de Paris e Vice-Presidente da Comissão de Preservação da IUCN (União Internacional para a Conservação da Natureza). A primeira edição da sua obra *Avant que Nature Meure: por une Écologie Politique* (em português, *Antes que a Natureza morra: por uma ecologia política*) foi publicada no ano de 1964. A primeira tradução para o português da obra de Dorst ocorreu no ano de 1973 e exerceu significativa influência no movimento ambientalista brasileiro emergente à época.

sobre a agenda ecológica, notadamente no sentido de fortalecer o papel da ciência e do cientista no debate político correlato, bem como de evidenciar a responsabilidade do Estado de proteger os cidadãos em tais situações.

Muito embora o alerta formulado por Carson na década de 1960 e a adoção das primeiras medidas legislativas a respeito (tanto no âmbito interno dos Estados quanto no plano internacional), a partir da década de 1970, não foram poucas as tragédias ecológicas relacionadas à poluição química que testemunhamos ao longo das décadas subsequentes até os dias atuais. Ao tempo da **Guerra do Vietnã**, tornou-se conhecido o **"agente laranja"**, arma química empregada pelos Estados Unidos para desfolhar as densas florestas do Vietnã do Sul, e que até hoje traz sequelas à saúde da população local, tanto para as gerações que foram contaminadas diretamente pela ação norte-americana na década de 1970 quanto para as gerações de vietnamitas que as sucederam até os dias de hoje, revelando um ciclo mortal cumulativo ainda inacabado.[38]

Não à toa, portanto, Carson afirmava que a denominação correta para os **pesticidas ou agrotóxicos** deveria ser a de **"biocidas"**, ampliando o seu âmbito de eliminação para a vida como um todo.[39] Nesse aspecto, é importante referir que parte do avanço científico e tecnológico desenvolvido para aplicação bélica durante e após a Segunda Guerra Mundial, como ocorreu com as **armas químicas**, acabou tendo a sua utilização revertida para outras áreas, como a agricultura, a exemplo do que se viu com relação aos agrotóxicos.[40] O incremento do uso de novas tecnologias e a maior mecanização e industrialização das práticas agrícolas, verificado de modo especial a partir das décadas de 1960 e 1970, foram denominados de *Revolução Verde*.[41] As implicações ambientais do uso abusivo de agentes químicos na agricultura ainda hoje representam tema central do debate ambiental.

Além do uso intencional (por agentes privados e públicos) de substâncias químicas e do agravamento generalizado da poluição industrial, de modo geral, é importante destacar os inúmeros acidentes industriais ocorridos ao longo do tempo, ocasionando **desastres ecológicos** de grandes proporções ao redor do mundo. Entre os casos mais conhecidos e graves, podemos destacar a tragédia de **Bophal**, na Índia, no ano de 1984, onde mais de 3 mil pessoas morreram de forma imediata (e estima-se que, pelo menos, outras 10 mil morreram posteriormente em razão da exposição aos agentes químicos) e mais de 200 mil pessoas ficaram feridas, quando 40 toneladas de gases tóxicos vazaram na fábrica de pesticidas da empresa norte-americana Union Carbide (posteriormente adquirida pela Dow Chemicals). O acidente de Bophal é considerado o pior desastre industrial ocorrido até hoje. O exemplo de Bophal e o da poluição industrial em Cubatão nas décadas de 1970 e 1980 são destacados por Ulrich Beck na concepção da sua teoria sobre a **"sociedade de risco"** contemporânea.[42] Alguns anos antes, em 1976, registrou-se, em **Seveso**, na Itália, um vazamento acidental de **dioxina** – espécie de **poluente orgânico persistente**,[43] agente químico mutagênico e altamente tóxico, quando tanques de armazenagem na indústria química ICMESA romperam.

---

[38] A respeito do agente laranja, v. MOKHIBER, Russel. *Crimes corporativos*: o poder das grandes empresas e o abuso da confiança pública. São Paulo: Scritta, 1995. p. 75-83.

[39] CARSON, Rachel. *Silent spring...*, p. 8.

[40] Nesse sentido, v. PINHEIRO, Sebastião; SALDANHA, Jacques. *O amor à arma e a química ao próximo*. Porto Alegre: Colmeia & Travessão, 1991. (Coleção Existência/Cooperativa Colmeia.)

[41] Para uma compreensão crítica da Revolução Verde, v. PORTO-GONÇALVES, Carlos Walter. *A globalização da Natureza e a natureza da globalização*. Rio de Janeiro: Civilização Brasileira, 2006. p. 225 e ss.; e, em especial sobre a origem bélica da tecnologia empregada na agricultura, v. LUTZENBERGER, José. *Manual de ecologia*: do jardim ao poder. Porto Alegre: L&PM, 2006. v. 1, p. 51 e ss.

[42] BECK, Ulrich. *La sociedad del riesgo*: hacia una nueva modernidad. Barcelona: Paidós, 1998. p. 50.

[43] No tocante à dioxina e aos demais **poluentes orgânicos persistentes** (POPs), v., na doutrina brasileira, a obra referencial sobre o tema de ALBUQUERQUE, Letícia. *Poluentes orgânicos persistentes*: uma análise da Convenção de Estocolmo. Curitiba: Juruá, 2006.

No ano de 1986, verificou-se, na Cidade da **Basileia**, na Suíça, o incêndio no depósito de uma fábrica de produtos químicos, levando fumaça tóxica até a França e a Alemanha, além de lançar agentes químicos tóxicos no Rio Reno, causando a mortandade de peixes e afetando o abastecimento de água em vários países europeus.[44] O episódio em questão motivou anos depois, como resposta à poluição ambiental ocasionada, que a Convenção sobre o Controle de Movimentos Transfronteiriços de Resíduos Perigosos e seu Depósito (1989), também conhecida como **Convenção da Basileia**, fosse firmada na referida cidade suíça.[45]

Na linha dos estudos realizados por Carson na década de 1960 sobre a poluição ambiental proveniente de **agentes químicos**, um novo livro foi publicado – *O futuro roubado*[46] –, em 1996, de autoria de dois cientistas, Theo Colborn e John Peterson Myers, e de uma jornalista, Dianne Dumanoski. No prefácio do livro, que também conta com prefácio especial à edição brasileira do ambientalista e Ex-Ministro do Meio Ambiente José Lutzenberger (1926-2002), Albert Gore Jr., Ex-Vice-Presidente dos Estados Unidos e Prêmio Nobel da Paz em 2007 pela sua luta ambiental[47], destaca que, com base nos estudos preliminares realizados com animais e seres humanos referidos na obra, o uso de agentes químicos foi relacionado a inúmeros problemas, inclusive contagens baixas de espermatozoides no sêmen, infertilidade, deformações genitais, cânceres desencadeados por hormônios, como o câncer de mama e de próstata; desordens neurológicas em crianças, como hiperatividade e déficit de atenção; e problemas de desenvolvimento e reprodução em animais silvestres.

Para além do ponto onde havia chegado Carson na década de 1960, os autores de *O futuro roubado* ampliaram o estudo a respeito das consequências lesivas causadas aos seres humanos e ao meio ambiente natural pela contaminação provocada pelas substâncias químicas utilizadas pelo ser humano em praticamente todas as suas atividades habituais. A conclusão mais alarmante a que chegaram diz respeito às baixas taxas de fertilidade e mesmo a casos de infertilidade que afetam os seres humanos e os demais animais, como decorrência de sua exposição a substâncias químicas, o que acabaria por comprometer, em médio prazo, a própria sobrevivência da espécie humana.

No Brasil, relativamente à **poluição ambiental**, merece registro o caso da cidade paulista de **Cubatão**, localizada na Baixada Santista, que, nas décadas de 1970 e 1980 (embora tal cenário tenha mudado nos dias atuais), chegou a representar verdadeiro símbolo negativo mundial em termos de **poluição industrial**.[48] Em certa ocasião, Cubatão chegou a ser considerada pela

---

[44] A questão dos riscos industriais, envolvendo substâncias químicas, rejeitos perigosos e acidentes industriais, é tratada com destaque no Relatório Brundtland, inclusive com a indicação de exemplos de diversos desastres industriais. COMISSÃO MUNDIAL SOBRE MEIO AMBIENTE E DESENVOLVIMENTO, *Relatório Nosso Futuro Comum*..., p. 249 e ss.

[45] Sobre a Convenção da Basileia, v. LISBOA, Marijane. *Ética e cidadania planetárias na era tecnológica*: o caso da Proibição da Basileia. Rio de Janeiro: Civilização Brasileira, 2009.

[46] COLBORN, Theo; DUMANOSKI, Dianne; MYERS, John Petersen. *O futuro roubado*. Porto Alegre: L&PM, 2002.

[47] Além da sua articulação política em torno da temática ecológica, Al Gore publicou obras relevantes sobre a questão. Entre os seus livros, destacam-se: *Earth in the Balance*: Ecology and the Human Spirit (New York: Houghton Mifflin Company, 1992), *An Inconvenient Truth*: The Planetary Emergency of Global Warming and What We Can Do About It (Emmaus, Pennsylvania: Rodale Press, 2006) e *The future*: Six Drivers of Global Change (New York: Random House, 2013).

[48] A tragédia ambiental de Cubatão é relatada em perspectiva histórica por Warren Dean, notadamente por também envolver a destruição do bioma da Mata Atlântica. DEAN, Warren. *A ferro e fogo*: a história e a devastação da Mata Atlântica brasileira. São Paulo: Companhia das Letras, 1996, especialmente p. 338-350. Mais recentemente, a partir da perspectiva histórica e atual desse cenário, v. COSTA, Márcio Valério Alves da. *Cubatão*: da ECO-92 aos Objetivos do Desenvolvimento Sustentável da Agenda 2030 sob a perspectiva de seus trabalhadores. Curitiba: Juruá, 2023.

ONU a cidade mais poluída do mundo,[49] recebendo a sua região, tamanho o índice de poluição provocada pela atividade industrial na região à época, o nome de "Vale da Morte". A repercussão mundial do caso de Cubatão pode ser verificada a partir da citação feita sobre a questão pelo sociólogo alemão Ulrich Beck, utilizando o exemplo (com o de Bophal) para a caracterização da "sociedade de risco" contemporânea, conforme referido em passagem anterior.[50] O caso de Cubatão ganhou destaque, por exemplo, na revista alemã *Der Spiegel*, primeiramente, na edição n. 15 do ano de 1981,[51] e, novamente, na edição n. 50 do ano de 1984, neste último caso juntamente com a tragédia de Bophal ocorrida naquele ano e que foi a matéria de capa do semanário.[52]

O caso de Cubatão mobilizou a comunidade local (e também nacional) em prol da luta ambiental no Estado de São Paulo,[53] contribuindo para transpor os valores ecológicos também para os planos político e jurídico.[54] Como expressão da luta do movimento ambientalista paulista contra a poluição verificada em Cubatão, merece destaque o testemunho prestado por **Fábio Feldman**, destacado ambientalista e político brasileiro, inclusive tendo papel fundamental na Assembleia Constituinte no tocante à inserção do Capítulo do Meio Ambiente na CF/1988 (art. 225), e que atuou como advogado das vítimas de Cubatão, na audiência pública realizada, nos dias 28 e 29 de outubro de 1985, pela Comissão Mundial sobre Meio Ambiente e Desenvolvimento. As palavras de Feldman resultaram consignadas na redação final do **Relatório Nosso Futuro Comum** (1987). De acordo com Feldman, "nosso movimento ecológico não é contra a indústria, mas devemos pensar na função social das indústrias e ver que poluição e progresso não são a mesma coisa. **Poluição não é sinônimo de progresso**; chegou a hora de novos conceitos de desenvolvimento. A poluição não devia ser sinônimo de progresso, pois sabemos que a poluição é controlável, e quando você não controla a poluição, você está transferindo essa poluição para a comunidade global".[55]

No contexto brasileiro, de modo bastante semelhante à luta travada por Carson no cenário norte-americano na década de 1960, verificou-se a articulação de grupos da sociedade contra a poluição química provocada pelo uso de agrotóxicos. A esse respeito merece destaque especial a luta contra o uso de **agrotóxicos** promovida pelo movimento ambientalista gaúcho, sob a liderança do agrônomo **José Lutzenberger**, que, à época, se encontrava na presidência da **Associação**

---

[49] No atual estado de emergência climática, a situação repete-se em razão de episódios climáticos extremos. A título de exemplo, a cidade de São Paulo, no dia 09 de setembro de 2024, foi considerada pela agência IQAir a metrópole mais poluída do mundo. O "feito" decorreu da péssima qualidade de ar que se respira na capital paulista (emissão de CO_2 pelo acúmulo de carros, ônibus e caminhões que transitam pela cidade), agravado pela fumaça das queimadas criminosas ocorridas no interior do Estado e na Amazônia e Pantanal.

[50] BECK, Ulrich. *La sociedad del riesgo...*, p. 49-50.

[51] Disponível em: https://www.spiegel.de/spiegel/print/d-14325643.html.

[52] Disponível em: https://www.spiegel.de/spiegel/print/d-13511401.html.

[53] A Lei Estadual 997, de 31 de maio de 1976, do Estado de São Paulo procurou estabelecer parâmetros normativos para combater a poluição industrial, em grande medida motivada pelo exemplo trágico de Cubatão. Na doutrina, v. BENJAMIN, Antonio Herman V. Introdução ao direito ambiental brasileiro. *Revista de Direito Ambiental*, São Paulo: RT, n. 14, p. 74, abr.-jun. 1999.

[54] De modo similar ao ocorrido em Cubatão, destaca-se o caso envolvendo a indústria de pesticidas da Shell instalada no Município de Paulínia, no Estado de São Paulo. A fábrica, comprada posteriormente pela Basf, produziu inseticidas e pesticidas até 2002, quando foi desativada em vista da constatação de contaminação do solo e do lençol freático. Análises demonstraram a presença de metais pesados e substâncias organocloradas (cancerígenas) na região, inclusive na água de poços artesianos que os moradores usavam para consumo. Disponível em: http://www1.folha.uol.com.br/cotidiano/1259148-shell-e-basf-vao-pagar-indenizacao-de--r-200-mi-a-ex-funcionarios-contaminados.shtml.

[55] COMISSÃO MUNDIAL SOBRE MEIO AMBIENTE E DESENVOLVIMENTO. *Relatório Nosso Futuro Comum...*, p. 65-66.

Gaúcha de Proteção ao Ambiente Natural (AGAPAN).[56] Sobre o tema, Eduardo Viola destaca a existência de forte corrente ecologista dentro da Sociedade Brasileira de Engenheiros Agrônomos (o próprio Lutzenberger era engenheiro agrônomo), o que também impulsionou a mobilização social voltada à elaboração de legislações estaduais para regular o uso de agrotóxicos em tal período.[57]

Tais mobilizações sociais em prol da defesa ecológica, impulsionadas pelos exemplos emblemáticos da luta contra a poluição industrial e a poluição gerada pelo uso de agrotóxicos, alcançaram o espectro político-jurídico e tiveram como resultado, entre outras medidas legislativas, a edição da **Lei da Política Nacional do Meio Ambiente** (Lei 6.938/81),[58] a consagração constitucional da proteção ecológica (**art. 225 da CF/1988**) e, especificamente sobre o tema da poluição química, a promulgação da **Lei de Agrotóxicos** (Lei 7.802/89), a qual foi revogada recentemente pela **Nova Lei de Agrotóxicos (Lei 14.785/2023)**.[59] O tema dos agrotóxicos, aliás, continua tão atual quanto antes, especialmente no Brasil, com uma liberação recorde de novos agrotóxicos impulsionada pelo Governo Federal entre os anos de 2019 e 2022 – 2.182 tipos de agrotóxicos[60] –, muitos dos quais proibidos nos países europeus e nos EUA.[61] Infelizmente, não é incomum, aliás, o Brasil importar agrotóxicos proibidos nos seus países de origem.[62] O STF realizou, em 06.11.2024, audiência pública no âmbito da ADI 5.553/DF, a qual discute a constitucionalidade de subsídios fiscais aos agrotóxicos.

A **poluição dos recursos hídricos** é outro tema fundamental no contexto das práticas poluidoras e da crise ecológica contemporânea.[63] No caso dos rios e águas subterrâneas – por exemplo, o **Aquífero Guarani** –, a sua degradação caminha com a destruição das florestas e demais recursos naturais, uma vez que o desequilíbrio de um implica o do outro, comprometendo os ecossistemas no seu conjunto e o habitat das espécies da fauna e da flora. A degradação do solo provocada pelo desmatamento da vegetação próxima dos rios (por exemplo, das matas ciliares) resulta na destruição das suas margens e o seu assoreamento, afetando a vida de toda a fauna e a flora que o habitam. Entretanto, também é certo que a poluição dos rios está, muitas vezes, atrelada às práticas industriais (além daquelas de feição agropastoril), especialmente pelo uso insustentável e esgotamento dos recursos hídricos, seguido ainda do despejo de dejetos industriais sem o adequado tratamento e uso de agrotóxicos, causando, inclusive, a poluição química deles e comprometendo a integridade ecológica de todo o ecossistema aquático.

---

[56] LUTZENBERGER, José A. *Fim do futuro?* Manifesto Ecológico Brasileiro. Porto Alegre: Movimento/UFRGS, 1980.

[57] VIOLA, Eduardo J. O movimento ecológico no Brasil (1974-1986): do ambientalismo à ecopolítica, p. 13. Disponível em: http://www.anpocs.org.br/portal/publicacoes/rbcs_00_03/rbcs03_01.htm.

[58] O tema da poluição industrial, pelo prisma da proteção jurídica do meio ambiente, foi inaugurado, no cenário jurídico brasileiro, pelo Decreto-lei 1.413, de 14 de agosto de 1975. Antes da Lei 6.938/81, tem-se também a edição da Lei 6.803, de 2 de julho de 1980, que dispôs, em termos gerais, sobre as diretrizes básicas para o zoneamento industrial nas áreas críticas de poluição, com o propósito de compatibilizar as atividades industriais com a proteção ambiental (art. 1º).

[59] A **Lei 14.785/2023** passou a regulamentar a pesquisa, a experimentação, a produção, a embalagem, a rotulagem, o transporte, o armazenamento, a comercialização, a utilização, a importação, a exportação, o destino final dos resíduos e das embalagens, o registro, a classificação, o controle, a inspeção e a fiscalização de agrotóxicos, de produtos de controle ambiental, de seus produtos técnicos e afins, revogando as Leis 7.802/89 e 9.974/2000, bem como partes de anexos das Leis 6.938/81 e 9.782/99.

[60] Disponível em: https://g1.globo.com/economia/agronegocios/noticia/2023/02/04/bolsonaro-liberou-2182--agrotoxicos-em-4-anos-recorde-para-um-governo-desde-2003.ghtml.

[61] Disponível em: https://www.bbc.com/portuguese/brasil-44621328.

[62] Para um panorama geral e atual sobre o tema, v. BOMBARDI, Larissa Mies. *Agrotóxicos e colonialismo químico*. São Paulo: Elefante, 2023.

[63] Em defesa de um contrato mundial para a proteção dos (e acesso equânime aos) recursos hídricos, v. PETRELLA, Ricardo. *O manifesto da água*: argumentos para um contrato mundial. Petrópolis: Vozes, 2002.

No Brasil, o exemplo mais emblemático de poluição dos recursos hídricos, tido por alguns especialistas como o maior desastre ambiental brasileiro de todos os tempos, ocorreu no ano de 2015.[64] Trata-se do rompimento da barragem de rejeitos de mineração da empresa **Samarco** (de propriedade da brasileira Vale do Rio Doce e da anglo-australiana BHP Billiton) no Município de **Mariana**, no Estado de Minas Gerais, em novembro daquele ano. Um *tsunami* de lama tóxica, acompanhado televisivamente pelo País inteiro, percorreu por vários dias o leito do **Rio Doce** até desaguar na sua foz e avançar no mar, atingindo também o litoral do Estado do Espírito Santo. Além de destruir por completo o **vilarejo secular de Bento Rodrigues**, o desastre causou o desabastecimento de água de diversas cidades ao longo do caminho, deixou ao menos 8 mortos e 11 desaparecidos e provocou um dano ambiental inestimável. No ano de 2019, um novo desastre decorrente do rompimento de barragem de rejeitos de mineração, envolvendo a mesma empresa (Vale do Rio Doce), ocorrido no Município de **Brumadinho**, também no Estado de Minas Gerais, além de provocar um dano ecológico inestimável, ceifou a vida de mais de duas centenas de pessoas, em sua grande maioria de trabalhadores da mineradora.[65]

Para além dos desastres ambientais, como referidos no parágrafo anterior, fruto da omissão criminosa de agentes e corporações privadas, muitas vezes acompanhada da omissão das autoridades públicas, o despejo sem tratamento de rejeitos industriais (e também do esgoto doméstico) e o **uso abusivo de agrotóxicos** ocasionam a **contaminação química** dos rios e lençóis freáticos, uma vez que as chuvas tratam de conduzir os poluentes químicos existentes no solo das áreas agrícolas para os diversos recursos hídricos (rios, águas subterrâneas, mares etc.), onde os mesmos chegam a ser transportados por milhares de quilômetros de distância.[66] De modo complementar, assinala Anthony Giddens que "a poluição da água pode ser compreendida amplamente em referência à contaminação do suprimento de água com elementos como substâncias químicas e minerais tóxicos, pesticidas ou esgoto bruto. Ela representa a maior ameaça às pessoas no mundo em desenvolvimento".[67] Não por outra razão, a **Assembleia Geral da ONU**, em 26 de julho de 2010, declarou o reconhecimento do "**direito à água potável e ao saneamento** como um **direito humano** essencial para o pleno desfrute da vida e de todos os direitos humanos".

A degradação e **poluição dos oceanos**, além do próprio esgotamento de recursos naturais marinhos, é outro tema crucial sob o ponto de vista da crise ecológica global. A título de exemplo, o *Relatório Anual do Programa das Nações Unidas para o Meio Ambiente de 1998*[68] identificou a contaminação de ursos polares, baleias e comunidades humanas que habitam a região do Ártico, os quais, apesar de nunca terem tido contato direto e estarem a milhares de quilômetros de distância das fontes originais de contaminação, carregam em seus tecidos altos níveis de dioxinas e organoclorados (tipos de **poluentes orgânicos persistentes – POPs**), em razão de esses poluentes serem transportados pela atmosfera e pelas correntes oceânicas para todos os cantos do Planeta Terra. De modo complementar, na linha do exemplo suscitado, cumpre referir a poluição ambiental marítima provocada pelo vazamento de substâncias poluidoras de navios. Entre os casos mais notórios, destaca-se o episódio do navio petroleiro **Exxon Valdez**, o qual, no ano de 1989, lançou ao mar, depois de o navio encalhar na costa do Estado norte-americano do **Alasca**, aproximadamente 257.000 barris do petróleo que transportava. O dano ecológico causado foi

---

[64] Para um registro jornalístico sobre o desastre de Mariana, ver: http://www1.folha.uol.com.br/especial/2015/tragedia-no-rio-doce/.
[65] A dimensão da tragédia humana e ambiental provocada pelo rompimento da barragem de Brumadinho é relatada no livro *Arrastados* da jornalista Daniela Arbex: ARBEX, Daniela. *Arrastados*: os bastidores do rompimento da barragem de Brumadinho, o maior desastre humanitário do Brasil. Rio de Janeiro: Intrínseca, 2022.
[66] COMISSÃO MUNDIAL SOBRE MEIO AMBIENTE E DESENVOLVIMENTO. *Relatório Nosso Futuro Comum...*, p. 235.
[67] GIDDENS, Anthony. *Sociologia*. 6. ed. Porto Alegre: Penso, 2012. p. 128.
[68] *Relatório Anual do Programa das Nações Unidas para o Meio Ambiente de 1998*, p. 21.

inestimável, ocasionando a morte de milhares de animais marinhos nos meses seguintes, além de comprometer a integridade do ecossistema marinho.

Outro episódio semelhante foi o do navio petroleiro **Prestige**, que, em 2002, afundou na costa galega, produzindo uma imensa maré negra, com o derramamento de milhares de toneladas de óleo de combustível pesado, que afetou uma ampla zona compreendida entre o norte de Portugal e as Landas, na França. Na costa brasileira, não foram poucos os desastres ambientais provocados pelo vazamento de substâncias poluentes, na maioria das vezes envolvendo o derramamento de petróleo. Entre os desastres ambientais verificados na nossa costa, destacam-se o derramamento de óleo provocado por **navio da Petrobras** na **Baía de Guanabara**, no Estado do Rio de Janeiro, em 1998, o vazamento de ácido sulfúrico do **navio Bahamas** (a empresa Bunge Fertilizantes era a importadora da carga), em **Rio Grande**, no Estado do Rio Grande do Sul, em 1998, e o vazamento de milhares de litros de petróleo em poço de extração marítimo, sob a responsabilidade da companhia **Chevron**, na **Bacia de Campos**, no Estado do Rio de Janeiro, em 2011. No ano de 2019, um **derramamento de óleo de grandes proporções** provocado por um navio grego estendeu-se por grande parte do litoral de diversos Estados brasileiros (Alagoas, Bahia, Ceará, Maranhão, Paraíba, Pernambuco, Piauí, Rio Grande do Norte e Sergipe – e também no Espírito Santo e no Rio de Janeiro), especialmente da **região Nordeste do Brasil** e alcançando a foz do Rio São Francisco.[69]

As zonas ou áreas costeiras, igualmente como os oceanos, têm sofrido cada vez maior impacto ambiental, como a poluição e destruição de ecossistemas, por exemplo, as regiões de **mangues** – que ainda hoje sofrem com a desinformação das pessoas acerca da sua relevância crucial para o equilíbrio do ecossistema em que estão inseridos. A destruição da vegetação costeira é ocasionada, em grande medida, pelo processo caótico e sem qualquer planejamento sustentável de urbanização que se verifica em tais regiões. A grande (e crescente) concentração populacional registrada em tais localidades faz com que parte significativa de todo o lixo e a poluição gerada pelas cidades litorâneas seja lançada ao mar, ocasionando a **poluição** não apenas das **praias** e da **zona costeira**, mas também dos oceanos e de toda a **vida marinha** de modo geral, já que a poluição gerada na zona costeira acaba sendo projetada para os mares e oceanos (a título de exemplo, é comum o caso de tartarugas marinhas morrerem em razão de confundirem águas-vivas com sacolas plásticas lançadas ao mar).

O caso da **Baía de Minamata**, no Japão, parece-nos um exemplo histórico ilustrativo sobre a questão. O fato se deu em razão de a indústria local lançar dejetos contendo **mercúrio** na região da referida baía, desde a década de 1930, o que resultou na contaminação de centenas de pessoas por mercúrio.[70] Em 1956, foi registrado o primeiro caso de contaminação humana (uma criança com danos cerebrais). Desde então, centenas de casos foram identificados, e a moléstia ficou conhecida como Mal de Minamata. A contaminação ocorria em razão de toda a cadeia alimentar e o ecossistema estarem poluídos pelo mercúrio despejado pela indústria local. A contaminação humana, por exemplo, dava-se em razão do consumo de **peixe contaminado**. O envenenamento em questão estava relacionado à **fábrica de fertilizantes químicos** da Corporação Chisso. No total, mais de 900 pessoas morreram em decorrência da **contaminação pelo mercúrio**, além de um prejuízo inestimável no tocante à vida marinha e ao ecossistema local. Décadas depois, em outubro de 2013, na cidade japonesa de Kunamoto, foi sediada a Conferência da ONU para a assinatura da **Convenção de Minamata sobre Mercúrio (2013)**. O tratado internacional foi resultado de várias rodadas de negociações, que envolveram 140 países no âmbito do PNUMA.[71]

---

[69] Disponível em: https://g1.globo.com/rn/rio-grande-do-norte/noticia/2021/12/02/pf-conclui-investigacao--e-diz-que-navio-grego-foi-responsavel-por-derramamento-de-oleo-que-atingiu-litoral-brasileiro.ghtml.

[70] A respeito do tema, recomenda-se o filme *O Fotógrafo de Minamata* (2021), dirigido por Andrew Levitas.

[71] Após a ratificação pelo Congresso Nacional, o tratado foi promulgado por meio do Decreto Executivo 9.470/2018, impondo metas que o Brasil deve cumprir até 2020. O STF, por unanimidade, declarou na

No contexto da degradação dos oceanos e das zonas costeiras, merecem destaque também as práticas pesqueiras abusivas realizadas pela indústria de alguns países, o que tem levado à redução drástica das populações de algumas espécies de peixe, inclusive a ponto de ameaçá-las de extinção.[72] Hoje, a "saúde" dos mares e oceanos também se encontra sensivelmente em risco pelo aquecimento global, o que tem contribuído para o aumento da sua temperatura média e acidez, com sérias implicações negativas para os arrecifes de coral e a vida marinha em geral.[73] Diante desses fatos, só nos resta reiterar o conteúdo do **Princípio 7 da Declaração de Estocolmo (1972)**, no sentido de que "os Estados deverão tomar todas as medidas possíveis para impedir a poluição dos mares por substâncias que possam pôr em perigo a saúde do homem, os recursos vivos e a vida marinha, menosprezar as possibilidades de derramamento ou impedir outras utilizações legítimas do mar".

A poluição dos oceanos e zonas costeiras por **plásticos** também alcançou níveis alarmantes nas últimas décadas, comprometendo a integridade de diversos ecossistemas marinhos e causando, ademais, a mortandade massiva de espécies da fauna por ingestão de plásticos, por exemplo, baleias, tartarugas marinhas etc. Ressalta-se, nesse mesmo contexto, a realização da **Conferência sobre os Oceanos da ONU**, entre os dias 5 e 9 de junho de 2017, em Nova Iorque,[74] visando a implementação do **Objetivo de Desenvolvimento Sustentável n. 14 da Agenda 2030**: "conservar e utilizar de forma sustentável os oceanos, os mares e os recursos marinhos para o desenvolvimento sustentável". Mais recentemente, discute-se, no âmbito da ONU, a elaboração de um **Tratado Internacional contra a Poluição por Plásticos**, com a sua finalização estimada para o final do ano de 2024.[75]

As formas de poluição e degradação dos recursos naturais são inúmeras, conforme enunciamos nas linhas antecedentes, não havendo como destacar todas aqui. Nosso intuito foi apenas realçar aquelas que julgamos mais relevantes e simbólicas, sendo todas elas resultado da intervenção humana predatória na Natureza.[76]

3. A QUESTÃO NUCLEAR

"É preciso livrar o homem e seu meio ambiente dos efeitos das armas nucleares e de todos os demais meios de destruição em massa. Os Estados devem se esforçar para chegar logo a um acordo – nos órgãos internacionais pertinentes – sobre a eliminação e a destruição completa de tais armas" (**Princípio 26 da Declaração de Estocolmo de 1972**).

"Quando falamos de passado e futuro, imiscuímos nessas palavras a nossa concepção de tempo, mas Tchernóbil é antes de tudo uma catástrofe do tempo. Os radionuclídeos espalhados sobre a nossa terra viverão cinquenta, cem, 200 mil anos. Ou mais. Do ponto de vista da vida humana, são eternos. Então, o que somos capazes de entender? Está dentro

---

ADI 6.672/RR a inconstitucionalidade de legislação do Estado de Roraima (Lei Estadual 1.453/2021) que instituiu o licenciamento para a atividade de lavra garimpeira, permitindo o uso de mercúrio na atividade (STF, ADI 6.672/RR, Tribunal Pleno, Rel. Min. Alexandre de Moraes, j. 15.09.2021).

[72] Para maiores informações e dados estatísticos sobre a exploração descontrolada e insustentável dos recursos pesqueiros, v. PROGRAMA DAS NAÇÕES UNIDAS PARA O MEIO AMBIENTE. *5º Panorama Ambiental Global* (GEO 5), p. 69 e ss.

[73] PROGRAMA DAS NAÇÕES UNIDAS PARA O MEIO AMBIENTE, *5º Panorama Ambiental Global...*, p. 33 e ss. As ameaças ao equilíbrio dos oceanos também foram tratadas em COMISSÃO MUNDIAL SOBRE MEIO AMBIENTE E DESENVOLVIMENTO, *Relatório Nosso Futuro Comum...*, p. 293 e ss.

[74] O documento final da Conferência da ONU sobre os Oceanos pode ser acessado em: https://nacoesunidas.org/wp-content/uploads/2019/05/conferencia-oceanos-2017.pdf.

[75] Disponível em: https://www.unep.org/inc-plastic-pollution.

[76] A poluição atmosférica será tratada de forma separada no tópico sobre o aquecimento global.

da nossa capacidade alcançar e reconhecer um sentido nesse horror que ainda desconhecemos?" (**Svetlana Aleksiévitch**).[77]

A questão nuclear também ocupa lugar de destaque no cenário da crise ecológica contemporânea. Aliás, como referido anteriormente, os testes nucleares levados a efeito em meados do século XX, por conta das **partículas radioativas** liberadas em diversos cantos do planeta Terra, são utilizados como **marcadores estratigráficos** da nova época geológica do **Antropoceno**[78], ou seja, uma assinatura ou marca indelével deixada pelo ser humano na história natural (em particular, geológica) planetária. Assim como a poluição química, a questão nuclear marcou profundamente a história do movimento ecológico, aliando-se à luta pacifista e antiarmamentista articulada desde a década de 1960. Para além da tragédia das bombas nucleares lançadas pelos EUA sobre **Hiroshima e Nagasaki**, no Japão, ao final da Segunda Guerra Mundial, no ano de 1945,[79] e mesmo o receio de uma **guerra nuclear** nos tempos da **Guerra Fria**, a crítica que marcou a resistência ecológica ao uso de energia nuclear, mesmo quando com propósitos pacíficos de produção de energia, diz respeito ao risco inerente à tal prática e à catástrofe ambiental de abrangência global que pode ser ocasionada por meio de desastres nucleares. Temos, como exemplo, o caso emblemático do desastre na **Usina de Chernobyl**, na Ucrânia, no ano de 1986, onde uma nuvem radioativa se espalhou sobre a Ucrânia e cobriu posteriormente boa parte da Europa Ocidental, chegando até mesmo ao Mediterrâneo.[80]

Alguns anos antes, mais precisamente em 1979, já havia ocorrido o acidente na central nuclear de **Three Mile Island**, no Condado de Dauphin, no Estado da Pensilvânia, nos Estados Unidos, quando se verificou o derretimento parcial de uma das suas unidades nucleares e a liberação de gases radioativos. Mais recentemente, merece registro o caso de **Fukushima**, onde a usina nuclear situada em tal cidade, após tsunami que destruiu parte da costa japonesa e causou mais de 13 mil mortes no ano de 2011, teve seus reatores danificados e lançou enorme quantidade de substâncias radioativas na atmosfera. Na ocasião, a Agência Internacional de Energia Atômica (AIEA) chegou a elevar o nível do desastre nuclear ao seu grau máximo, ou seja, nota 7, equiparando o episódio de Fukushima ao ocorrido na usina ucraniana de Chernobyl.

No Brasil, a construção de duas usinas nucleares – **Angra I e Angra II** – na década de 1970, bem como o projeto (em curso) de construção de uma terceira (Angra III), no Município de Angra dos Reis, no Estado do Rio de Janeiro, sofreu forte resistência dos grupos ambientalistas,[81] como um dos temas centrais de articulação do movimento à época. Outro episódio marcante, no tocante à questão nuclear no Brasil, foi o acidente com o **Césio-137**, ocorrido no ano 1987, na Cidade de Goiânia, no Estado de Goiás, verificando-se, na ocasião, a contaminação de centenas de pessoas por radioatividade, quando um aparelho utilizado em radioterapias das instalações de um hospital abandonado foi encontrado por catadores de lixo de um ferro velho do local.

---

[77] Passagem da obra *Vozes de Tchernóbil* da jornalista e escritora ucraniana Svetlana Aleksiévitch (vencedora do Prêmio Nobel de Literatura de 2015). ALEKSIÉVITCH, Svetlana. *Vozes de Tchernóbil*: crônica do futuro (a história oral do desastre nuclear). São Paulo: Companhia das Letras, 2016. p. 39. O livro *Vozes de Tchernóbil* foi adaptado para o cinema por meio da série *Chernobil* (2019) da HBO, dirigido por Johan Renck.

[78] ZALASIEWICZ, Jan *et al*. When did the Anthropocene begin? A mid-twentieth century boundary level is stratigraphically optimal. *Quaternary International*, Vol. 383, 2015, p. 196-203.

[79] Estima-se, segundo dados oficiais, que as duas bombas atômicas lançadas sobre Hiroshima e Nagasaki tenham provocado mais de 220 mil mortes instantâneas de civis e outras tantas posteriores como consequência da exposição à radiação.

[80] COMISSÃO MUNDIAL SOBRE MEIO AMBIENTE E DESENVOLVIMENTO. *Relatório Nosso Futuro Comum...*, p. 202.

[81] VIOLA, Eduardo J. O movimento ecológico no Brasil..., p. 11.

O acidente, considerado o maior do mundo ocorrido fora de usinas nucleares, foi classificado como nível 5 na Escala Internacional de Acidentes Nucleares.[82]

O caso de Goiânia e mesmo dos acidentes em usinas nucleares destacados anteriormente – o mais emblemático de todos certamente é o da Usina de Chernobyl – revelam que não é apenas a atividade nuclear bélica ou armamentista (por exemplo, no caso de bombas nucleares) que implica riscos de danos à saúde dos seres humanos e ao meio ambiente como um todo. Os exemplos referidos evidenciam que há fortes razões para que determinadas sociedades busquem a autoproteção e imprimam fortes restrições ao uso de energia nuclear, independentemente da sua natureza e propósito. Esse entendimento encontrou guarida, ao menos parcial, na CF/1988, a qual assegurou no seu art. 21, XXIII, "a", que "**toda atividade nuclear em território nacional somente será admitida para fins pacíficos**".[83]

Em situações mais extremas, por força da oposição do movimento ambientalista à energia nuclear, alguns Estados brasileiros chegaram a prever em suas Constituições fortes restrições a atividades nucleares (Rio Grande do Sul[84] e Santa Catarina) e, em alguns casos, até mesmo a proibição de instalação de usinas nucleares em seus respectivos territórios (Alagoas, Bahia e Sergipe). Após o acidente nuclear de Fukushima, no Japão, a **Alemanha** firmou entendimento no sentido de implantar uma opção política e de desenvolvimento sem energia nuclear, com previsão, em médio prazo (ou seja, até 2022), de **desativação de todas as suas centrais nucleares**.[85] A energia nuclear representa hoje, na Alemanha, aproximadamente 20% da sua matriz energética.

A nosso ver (e oxalá outros países sigam o mesmo caminho), a Alemanha deu um passo significativo rumo a um sistema energético livre dos riscos catastróficos inerentes às atividades nucleares, não obstante os desafios impostos ultimamente ao processo de transição energética alemão e europeu decorrentes da **crise energética** vivenciada em razão da **Guerra da Ucrânia**, iniciada por meio da invasão russa no território ucraniano no início de 2022. Aliás, o "pesadelo atômico", ou seja, o **risco de uma "guerra atômica" global** voltou com força atualmente diante das ameaças proferidas pelo Presidente da Rússia, Vladimir Putin, contra os países ocidentais integrantes da Organização do Tratado do Atlântico Norte – OTAN (em particular, os EUA) por conta do apoio (político, econômico e militar) à Ucrânia. Estamos, em certa medida, revivendo os tempos da Guerra Fria. O risco nuclear é este: um apertar de botão e o mundo tal como conhecemos acaba!

4. O DESMATAMENTO DAS FLORESTAS TROPICAIS (EM ESPECIAL, DA FLORESTA AMAZÔNICA) E A SEXTA EXTINÇÃO EM MASSA DA BIODIVERSIDADE: O COLAPSO DO(S) ECOSSISTEMA(S) PLANETÁRIO(S)

> "Há um significado mais profundo e uma importância a longo prazo da extinção. Quando estas e outras espécies desaparecem nas nossas mãos, jogamos fora parte da história da

---

[82] O filme documentário *Césio 137 – O Pesadelo de Goiânia* (1990), escrito e dirigido por Roberto Pires, tem roteiro foi baseado em depoimentos das próprias vítimas do acidente.

[83] Antes mesmo da CF/1988, a **Lei 6.453/77**, em razão da construção das Usinas Nucleares de Angra I e Angra II na década de 1970, dispôs, de forma bastante inovadora, sobre a responsabilidade civil de natureza *objetiva* – ou seja, independentemente da exigência do elemento volitivo culpa na conduta do agente poluidor – por danos nucleares, bem como a responsabilidade criminal por atos relacionados com atividades nucleares.

[84] LUTZENBERGER, José. *Pesadelo atômico*. Porto Alegre: Ched Editorial, 1980. Com forte crítica ao Acordo Nuclear Brasil-Alemanha, que teria levado à construção das Usinas Nucleares de Angra I e Angra II, a obra relata a luta do movimento ambientalista contra a energia nuclear como forma de produção energética e padrão civilizatório, o que, inclusive, levou à consagração de emenda à Constituição gaúcha restringindo a construção de usinas nucleares no Estado.

[85] Maiores informações disponíveis em: http://www.bbc.co.uk/news/world-europe-13592208.

Terra. Apagamos ramificações e eventualmente ramos inteiros da árvore genealógica da vida. Como cada espécie é única, fechamos o livro sobre o conhecimento científico que é importante em um grau desconhecido, mas que agora está perdido para sempre" (**Edward O. Wilson**).[86]

A **proteção das florestas**, notadamente das florestas tropicais, é outra questão ecológica crucial, pela qual o Brasil tem grande responsabilidade perante o resto do mundo, como é o caso da **Floresta Amazônica** ou *Hileia*, como a denominou o naturalista alemão Alexander von Humboldt (1769-1859), em visita à região amazônica no ano de 1800. A Floresta Amazônica[87] é um tema de preocupação mundial e recorrente nos debates políticos internacionais em matéria ambiental e climática, especialmente a partir da década de 1980, como bem ilustra a luta dos povos da floresta personificada em **Chico Mendes**, brutalmente assassinado no ano de 1988, fato que ganhou grande repercussão internacional. Nos últimos anos, verificou-se aumento alarmante do desmatamento e das queimadas na região amazônica (e também no Pantanal Mato-grossense). É importante lembrar que, no início da Década de 1970, restavam ainda 99% da cobertura original da Floresta Amazônica. No entanto, nos últimos 50 anos, perdemos aproximadamente 20% dessa área, como resultado, em grande medida, do avanço desenfreado das fronteiras agrícola e pecuária sobre a floresta, além de práticas ilegais relacionadas ao garimpo e às madeireiras.[88]

TAXAS ANUAIS DE DESMATAMENTO DA AMAZÔNIA SISTEMA PRODES DO INPE (KM²)[89]

Ano/Estados	AC	AM	AP	MA	MT	PA	RO	RR	TO	AMZÔN. LEGAL
1988	620	1.510	60	2.450	5.140	6.990	2.340	290	1.650	**21.050**
2012	305	523	27	269	757	1.741	773	124	52	**4.571**
2018	444	1.045	24	253	1.490	2.744	1.316	195	25	**7.536**
2019	682	1.434	32	237	1.702	4.172	1.257	590	23	**10.129**
2020	706	1.512	24	336	1.779	4.899	1.273	297	25	**10.851**
2021	889	2.306	17	350	2.213	5.238	1.673	315	37	**13.038**

---

[86] WILSON, Edward O. *Half-Earth*..., p. 44.

[87] Sobre a Floresta Amazônica, v. a obra referencial do geógrafo brasileiro AB'SABER, Aziz Nacib. *Amazônia*: do discurso à práxis. 2. ed. São Paulo: Edusp, 2004.

[88] Um panorama geral dos projetos de desenvolvimento econômico implementados – sobretudo pelo Governo Federal – para a região amazônica nos últimos 50 anos é retratado, a partir do olhar de vários atores que dele participaram, por SALLES, João Moreira. *Arrabalde*: em busca da Amazônia. São Paulo: Companhia das Letras, 2022.

[89] O **Instituto Nacional de Pesquisas Espaciais** (INPE), por meio do **Sistema PRODES**, faz o monitoramento anual (via satélite e por sistema de informação geográfica) do desmatamento nos nove Estados que integram a Amazônia Legal, de modo a demonstrar a retomada do aumento nos últimos anos (2019, 2020, 2021 e 2022), com sensível redução (de 22%) a partir de 2023. Disponível em: http://www.obt.inpe.br/OBT/assuntos/programas/amazonia/prodes. "A taxa oficial de desmatamento na Amazônia foi de 6.288 km² para o período de agosto de 2023 a julho de 2024, segundo dados oficiais do Sistema PRODES. O resultado representa redução de 30,63% em relação ao período anterior, de agosto de 2022 a julho de 2023, sendo a maior queda percentual em 15 anos. Já no Cerrado, a taxa oficial de desmatamento para o período é de 8.174 km², a menor desde 2019. Houve queda de 25,7% em relação ao período de agosto de 2023 a julho de 2024, a primeira redução em cinco anos no bioma."

Ano/Estados	AC	AM	AP	MA	MT	PA	RO	RR	TO	AMZÔN. LEGAL
2022	840	2.594	14	271	1.927	4.162	1.480	279	27	**11.568**
2023	597	1.553	12	285	2.086	3.272	873	297	26	**9.001**
2024	448	1143	0	287	1264	2362	325	436	23	**6288**

Esse cenário tem nos aproximado cada vez mais do denominado "**ponto de não retorno ou de inflexão**" (*Tipping Point*) – **entre 20 e 25% da sua cobertura florestal original**, sendo que atualmente já se desmatou aproximadamente 20% –, o que coloca em risco o início de um processo de "savanização" irreversível da Floresta Amazônica, como alegado no campo científico pelo climatologista brasileiro **Carlos Nobre** e pelo biólogo norte-americano **Thomas Lovejoy**.[90] Igualmente, destacam-se estudos científicos recentes publicados na Revista *Nature* em 2021 e capitaneados pela cientista brasileira Luciana Gatti que apontaram ter a Floresta Amazônica se tornado hoje **mais fonte de emissões (*Carbon Source*) do que sumidouro de CO_2**, como consequência do aumento do desmatamento e do aquecimento global.[91] Ou seja, como resultado da intervenção humana, a Floresta Amazônica mais emite gases do efeito estufa do que os absorve ou estoca (em particular, no caso do CO_2). À luz de tais evidências científicas, é imperiosa a adoção de uma **política de desmatamento zero** para a região amazônica.

Um último estudo sobre o tema publicado, no início de 2024, na Revista *Nature* apontou que: "A possibilidade de que o sistema florestal amazônico possa em breve atingir um ponto de inflexão *(Tipping Point)*, induzindo a um colapso em larga escala, tem gerado preocupação global. Durante 65 milhões de anos, as florestas amazônicas permaneceram relativamente resistentes à variabilidade climática. Agora, a região está cada vez mais exposta a um estresse sem precedentes causado pelo aquecimento das temperaturas, secas extremas, desmatamento e incêndios, mesmo em partes centrais e remotas do sistema. (...) Combinando informações espaciais sobre vários distúrbios, estimamos que, até 2050, de 10% a 47% das florestas amazônicas estarão expostas a distúrbios combinados que podem desencadear transições inesperadas do ecossistema e potencialmente exacerbar a mudança climática regional".[92] A gravidade da situação e preocupação mundial com a proteção da Amazônia levou à realização do Sínodo da Amazônia (2019) no Vaticano, convocado pelo **Papa Francisco** logo após a celebração do **Acordo de Paris** (2015) e da **Encíclica *Laudato si: sobre o cuidado da casa comum*** (2015).[93] O interesse da comunidade internacional na proteção da Floresta Amazônica é absolutamente legítimo, uma vez que a sua

---

[90] LOVEJOY, Thomas E.; NOBRE Carlos. Amazon Tipping Point. *Science Advances*, 4, eaat2340, 2018. Disponível em: https://advances.sciencemag.org/content/4/2/eaat2340. V. também NOBRE, Carlos et al. Land-use and climate change risks in the Amazon and the need of a novel sustainable development paradigm. *Proceedings of the National Academy of Sciences* (PNAS), 113 (39), p. 10.759-10.768, Sept. 2016.

[91] GATTI, L. V., BASSO, L. S., MILLER, J. B. et al. Amazonia as a carbon source linked to deforestation and climate change. *Nature*, v. 595, p. 388-393, 2021. Disponível em: https://www.nature.com/articles/s41586-021-03629-6.

[92] FLORES, B. M.; MONTOYA, E., SAKSCHEWSKI, B. et al. Critical transitions in the Amazon forest system. *Nature*, v. 626, p. 555-564, 2024.

[93] A título de exemplo, o Presidente Jair Bolsonaro foi denunciado, em novembro de 2019, perante a Procuradoria do Tribunal Penal Internacional por "incitar o genocídio e promover ataques sistemáticos contra os povos indígenas". A denúncia também dá destaque ao estímulo e omissão do atual Governo Federal brasileiro que resultaram e resultam na destruição (ex.: incêndios) da Amazônia, simultaneamente aos ataques aos povos indígenas e tradicionais. Disponível em: https://www.dw.com/en/brazilian-lawyers-implore-icc-to--launch-genocide-investigation-against-bolsonaro/a-51459855.

extensão não se restringe ao **território brasileiro** – que abrange aproximadamente **60% do total de sua área** –, mas também abarca outros países sul-americanos (Peru, Colômbia, Venezuela, Equador, Bolívia, Guiana, Suriname e Guiana Francesa). A relevância da Floresta Amazônica para o equilíbrio dos ecossistemas brasileiros e planetário é inquestionável, por exemplo, a regulação do ciclo e regime de chuvas em diversas regiões do Brasil e do planeta. Para se ter uma ideia da importância ecológica da Amazônia, cumpre recordar que pelos seus rios corre quase **um quinto da água doce líquida do mundo**.

Os denominados "**rios voadores**" da Floresta Amazônica, conforme estudo pioneiro do engenheiro-agrônomo e climatologista brasileiro **Eneas Salati**[94], representam a capacidade da floresta de reciclar e exportar chuva para outras regiões, sendo importante para a geração de precipitação chuvosa nas regiões Centro-Oeste, Sudeste e Sul do Brasil, e até na Argentina. De acordo com o climatologista José Marengo, coordenador de Pesquisa e Desenvolvimento do Centro Nacional de Monitoramento e Alertas de Desastres Naturais (CEMADEN) e que trabalhou com Salati em pesquisas sobre o tema, "rios voadores" é expressão metafórica para o vasto volume de umidade atmosférica que sai da floresta, encontra a cordilheira dos Andes e acaba migrando em direção ao centro-sul do continente sul-americano.[95] O desmatamento e perda da cobertura vegetal da Floresta Amazônica impacta diretamente no papel desempenhado por ela na regulação e equilíbrio do regime de chuvas e climático em geral.

Além disso, em razão da grande quantidade de espécies existentes na região amazônica[96], o Brasil lidera o *ranking* de biodiversidade estabelecido pela *Conservation International* (CI),[97] de acordo com a prestigiada publicação elaborada pela entidade sobre o tema: *Megadiversity: Earth's Biologically Wealthiest Nations*.[98] Não há como dissociar a proteção da fauna e da flora – e, em casos mais extremos, de espécies ameaçadas de extinção – da proteção das áreas florestais, ou seja, dos ecossistemas que mantêm o equilíbrio ecológico e permitem a proteção das espécies naturais.[99] Aliás, o Princípio 4 da Declaração de Estocolmo de 1972 já tratava expressamente sobre a questão: "O **homem tem a responsabilidade** especial de preservar e administrar judiciosamente o **patrimônio da flora e da fauna silvestres e seu hábitat**, que se encontram atualmente, em grave perigo, devido a uma combinação de fatores adversos. Consequentemente, ao planificar o desenvolvimento econômico, deve-se atribuir importância à conservação da Natureza, incluídas a flora e a fauna silvestres".

De acordo com Adalberto Veríssimo, pesquisador do Instituto do Homem e Meio Ambiente da Amazônia (IMAZON), "a Amazônia abriga imensos recursos naturais: contém o maior e mais diverso estuário do mundo, é rica em recursos pesqueiros, seu solo é coberto por uma exuberante floresta, rica em biodiversidade e dotada de uma expressiva **biomassa florestal**, com um grande estoque de madeiras de valor comercial e de espécies de valor não madeireiro. A

---

[94] SALATI, Eneas *et al*. Recycling of water in the Amazon Basin: An isotopic study. *Water Resources Research*, Vol. 15, Tema 5, Out. 1979, p. 1250-1258; SALATI, E. & VOSE, P. B. Amazon Basin: A system in equilibrium. *Science*. v. 225, n. 4658, 13 jul. 1984, p. 129-138.

[95] Disponível: https://revistapesquisa.fapesp.br/eneas-salati-o-pai-dos-rios-voadores-da-amazonia/.

[96] São conhecidas 1.300 espécies de aves, 427 de mamíferos (incluídas 97 de macacos), 378 de répteis, 3.000 de peixes, 400 de anfíbios, mais de 100 animais invertebrados e 40.000 espécies vegetais. COSTA, Zé Pedro de Oliveira. *Uma história das florestas brasileiras*. Belo Horizonte: Autêntica, 2022, p. 29.

[97] Disponível em: http://www.conservation.org/Pages/default.aspx. Há, inclusive, página eletrônica da entidade em português: http://www.conservation.org.br/.

[98] LEITE, Marcelo. *A Floresta Amazônica*. São Paulo: Publifolha, 2001. p. 71. O tema das florestas tropicais como "centros de diversidade", com especial destaque para a região amazônica, é desenvolvido em artigo de autoria do renomado biólogo norte-americano Edward O. Wilson, professor da Universidade de Harvard. WILSON, Edward. O. A situação atual da diversidade biológica. In: WILSON, Edward O. (org.). *Biodiversidade*. Rio de Janeiro: Nova Fronteira, 1997. p. 10 e ss.

[99] Para um panorama geral sobre a biodiversidade brasileira, v. LEWINSOHN, Thomas M.; PRADO, Paulo Inácio. *Biodiversidade brasileira*: síntese do estado atual do conhecimento. 3. ed. São Paulo: Contexto, 2014.

vasta rede hidrográfica abriga um potencial hidrelétrico estimado em mais de setenta gigawatts (45% do potencial nacional). Além disso, a região possui uma das mais ricas e diversas jazidas minerais do planeta, com destaque para o ferro, a bauxita, o níquel, o cobre, o manganês e o ouro. Finalmente, a Amazônia brasileira abriga uma população de cerca de 24 milhões de habitantes. Em termos de diversidade étnica, essa Amazônia é superlativa, guardando mais de **180 nações indígenas** (mais de **300 mil indígenas**) e uma rica variedade de populações tradicionais – composta, principalmente, de descendentes da miscigenação entre indígenas e europeus".[100]

A respeito dos habitantes originários da **Floresta Amazônica**, ou seja, os **povos indígenas**, é importante registrar a sua presença há aproximadamente **12.000 anos** na região. Os estudos antropológicos e arqueológicos desenvolvidos nas últimas décadas – como é o caso do estudo pioneiro de Michael J. Heckenberger sobre o tema[101] – têm revelado ser a Floresta Amazônica, tal como a conhecemos (desde a chegada dos europeus ao continente americano), uma obra não apenas natural, mas igualmente humana e cultural, como resultado da **intervenção harmônica dos povos indígenas** na floresta e na Natureza em geral, por exemplo, ao cultivar o solo e selecionar espécies de plantas ao longo de milênios (desde o início da presença humana na região). Em resumo, a Floresta Amazônica é um legado (e patrimônio) não apenas ecológico, mas igualmente cultural, histórico, paisagístico etc., que herdamos dos nossos povos ancestrais, como referido por Eduardo Góes Neves[102]. Um **legado (natural e cultural)** de valor (inclusive econômico) inestimável e em relação ao qual somos responsáveis (ética e juridicamente) e devemos exercer o papel de guardiões (Estado e sociedade).

A Floresta Amazônica, por sua vez, é responsável por inúmeros **serviços ambientais** (e, em particular, **serviços climáticos**),[103] com forte repercussão de ordem social e econômica, cumprindo destacar, a título de exemplo e diante da questão fundamental do aquecimento global, conforme preceitua Marcelo Leite, que a mata estoca quantidade significativa de carbono em sua biomassa (madeira, raízes, folhas, micro-organismos do solo), que, de outro modo – por exemplo, queimada ou substituída por vegetação menos densa –, terminaria sendo emitida de volta para a atmosfera, na forma de dióxido de carbono e outros gases do efeito estufa.[104] O **Projeto Amazônia 4.0**, capitaneado, entre outros, pelo renomado cientista brasileiro Carlos Nobre[105], objetiva desenvolver um modelo econômico baseado nos serviços ambientais e na **bioeconomia florestal**, em contraponto aos projetos e políticas públicas para o desenvolvimento econômico da região implementados desde a década de 1970 e que fracassaram, conduzindo a um cenário atual de degradação ecológica e miséria social.

Conforme destacado biólogo norte-americano Thomas E. Lovejoy (que trabalhou por décadas em pesquisas na Amazônia), em obra publicada recentemente em coautoria com economista John W. Reid, com Prefácio da Ministra Marina Silva, a Floresta Amazônica integra o seleto grupo das cinco **"megaflorestas" planetárias** (três tropicais e duas boreais),[106] o qual,

---

[100] VERÍSSIMO, Adalberto. Amazônia brasileira: desenvolvimento e conservação. In: TRIGUEIRO, André. *Mundo sustentável 2*: novos rumos para um planeta em crise. São Paulo: Globo, 2012. p. 203-204.

[101] HECKENBERGER, Michael J. *et al*. Amazonia 1492: Pristine Forest or Cultural Parkland? *Science*, vol. 301, edição 5640, set. 2003, p. 1710-1714.

[102] NEVES, Eduardo Góes. *Arqueologia da Amazônia*. Rio de Janeiro: Zahar, 2006.

[103] Os serviços ambientais (e climáticos) foram regulamentados por meio da Lei da Política Nacional sobre Pagamento por Serviços Ambientais (Lei 14.119/2021).

[104] LEITE, Marcelo. *A Floresta Amazônica...*, p. 71.

[105] O projeto é uma parceria entre o Instituto de Estudos Avançados da Universidade de São Paulo (IEA-USP) e o Instituto do Homem e Meio Ambiente da Amazônia (IMAZON). Disponível em: http://www.iea.usp.br/pesquisa/grupos-pesquisa/amazonia-em-transformacao-historia-e-perspectivas/projeto/amazonia-4.0.

[106] LOVEJOY, Thomas E.; REID, John W. *Megaflorestas*: preservar o que temos para salvar o planeta. Osasco: Editora Voo, 2023.

entre outras funções sensíveis, detém um papel absolutamente fundamental na salvaguarda do equilíbrio e integridade ecológica do Planeta Terra, notadamente para o enfrentamento do aquecimento global e das mudanças climáticas, bem como da sexta extinção em massa da biodiversidade global.

5 Megaflorestas[107] (Lovejoy e Reid)	
1) Amazônia	é a maior das três megaflorestas tropicais, com aproximadamente o dobro do tamanho da Floresta do Congo, localizada na América do Sul e compartilhada por oito países: Brasil, Peru, Colômbia, Equador, Venezuela, Guiana e Suriname, além do território da Guiana Francesa.
2) Congo	é a segunda maior megafloresta tropical, ocupando o centro equatorial da África e incluindo (maior parte dela) partes da República Democrática do Congo, de menor parte da da República do Congo, de Camarões, do Gabão, da República Centro-Africana e da Guiné Equatorial.
3) Nova Guiné	é a menor das três megaflorestas tropicais. A ilha situa-se ao norte da Austrália, sendo a metade ocidental governada pela Indonésia, enquanto a sua parte leste compõe a nação independente da Papua-Nova Guiné.
4) Floresta Boreal Norte-Americana	Começa na costa do Mar de Bering, no Alasca, atravessa-o e se estende a sudeste pelo Canadá, até chegar às margens do Oceano Atlântico.
5) Taiga	É outra floresta boreal e a maior de todas as megaflorestas. Situa-se quase toda na Rússia, estendendo-se desde o Oceano Pacífico por toda a Ásia e o extremo norte da Europa, numa faixa entre o Círculo Polar Ártico e a Ásia Central.

A destruição das florestas implica diretamente risco de extinção de espécies da fauna e da flora. Conforme consignado no *Relatório Nosso Futuro Comum* (1987), "as espécies do Planeta estão em risco. Há consenso científico cada vez mais generalizado no sentido de que certas espécies desaparecem do planeta a um ritmo sem precedentes (...). Mas ainda está em tempo de se deter este processo".[108] Não por outra razão, fala-se hoje que estamos vivenciando a **sexta grande extinção em massa de espécies naturais** no plano global (a quinta e anterior teria levado os dinossauros à extinção).[109] A título de exemplo, em novembro de 2019, morreu o último rinoceronte-de-sumatra (*Dicerorhinus sumatrensis*) na Malásia, restando ainda somente cerca de 80 dessa espécie na Indonésia.[110]

O Brasil, por certo, está na lista dos países com maior biodiversidade no mundo, de sorte que, como destacado por Roberto B. Cavalcanti no Prefácio à obra de Lewinsohn e Prado, sobre si recai a "responsabilidade de conservar muitas espécies, ecossistemas naturais e processos

---

[107] LOVEJOY, Thomas E.; REID, John W. *Megaflorestas*: preservar o que temos para salvar o planeta..., p. 2-3.

[108] COMISSÃO MUNDIAL SOBRE MEIO AMBIENTE E DESENVOLVIMENTO. *Relatório Nosso Futuro Comum...*, p. 14-15.

[109] KOLBERT, Elizabeth. *A sexta extinção*: uma história não natural. Rio de Janeiro: Intrínseca, 2015; CEBALLOS, Gerardo et al. Accelerated modern human–induced species losses: entering the sixth mass extinction. *Science Advances*, v. 1, n. 5, jun. 2015. Disponível em: http://advances.sciencemag.org/content/1/5/e1400253.full; e PICQ, Pascal. *A diversidade em perigo*: de Darwin a Lévi-Strauss. Rio de Janeiro: Valentina, 2016. especialmente p. 95 e ss.

[110] Disponível em: https://www.nationalgeographicbrasil.com/animais/2019/11/morre-o-ultimo-rinoceronte-de-sumatra-na-malasia.

biológicos que tornam o planeta habitável. Ao mesmo tempo, a população humana vem exercendo pressão cada vez maior sobre os recursos naturais, a ponto em que a Mata Atlântica e o Cerrado constam na lista dos 25 biomas de alta biodiversidade mais ameaçados do mundo".[111] A título de exemplo, entre as espécies da fauna brasileira ameaçadas de extinção, incluídas na Lista Vermelha elaborada pelo Instituto Brasileiro do Meio Ambiente e dos Recursos Naturais Renováveis (IBAMA), destacam-se: a arara azul (*Anodorhynchus hyacinthinus*), a ariranha (*Pteronura brasiliensis*), o peixe-boi-marinho (*Trichechus manatus*), a onça-parda (*Puma concolor*) e a jaguatirica (*Leopardus pardalis*).[112]

A riqueza da biodiversidade brasileira encontra-se ameaçada, para além da degradação e poluição ambiental, também por práticas relacionadas à biopirataria,[113] inclusive no tocante ao tráfico de animais e plantas silvestres. De acordo com o *1º Relatório Nacional sobre o Tráfico de Animais Silvestres*, elaborado pela Rede Nacional de Combate ao Tráfico de Animais Silvestres (RENCTAS), no ano de 2001, o **tráfico de vida silvestre**, no qual se incluem a flora, a fauna e seus produtos e subprodutos, é considerado a terceira maior atividade ilegal do mundo, apenas atrás do tráfico de armas e do tráfico de drogas.[114]

A proteção das florestas é tema crucial para o equilíbrio e integridade ecológica de modo geral, mas notadamente com relação à proteção da biodiversidade e dos povos das florestas. Estamos sistematicamente extinguindo espécies que nem mesmo chegamos a conhecer e catalogar cientificamente.[115] Isso, por certo, não diz respeito apenas à Floresta Amazônica, onde ainda se tem parte substancial da floresta preservada, não obstante o desmatamento vertiginoso das últimas décadas. Certamente, o exemplo mais "trágico" de devastação de florestas e de áreas ecológicas no Brasil é o caso da **Mata Atlântica**, tão bem e dramaticamente relatado na obra do historiador norte-americano Warren Dean.[116] Resta hoje **apenas 12,4%** da sua cobertura original,[117] tendo os outros 93% sido destruídos a partir da chegada dos portugueses ao Brasil, como resultado

---

[111] LEWINSOHN, Thomas M.; PRADO, Paulo Inácio. *Biodiversidade brasileira...*, p. 5.

[112] A lista completa está disponível em: http://www.mma.gov.br/sitio/index.php?ido=conteudo.monta&idEstrutura=179&idConteudo=8122&idMenu=8631. No âmbito mundial, merece registro a Lista Vermelha de Espécies Ameaçadas (*The IUCN Red List of Threatened Species*) elaborada pela *International Union for Conservation of Nature*, diponível em: http://www.iucnredlist.org/.

[113] A questão da biopirataria e sua repercussão mundial foi tratada pela ativista e física indiana Vandana Shiva (SHIVA, Vandana. *Biopirataria*: a pilhagem da natureza e do conhecimento. Petrópolis: Vozes, 2001).

[114] REDE NACIONAL DE COMBATE AO TRÁFICO DE ANIMAIS SILVESTRES (RENCTAS). *1º Relatório Nacional sobre o Tráfico de Animais Silvestres*, 2001, p. 31. Disponível em: http://www.renctas.org.br/files/REL_RENCTAS_pt_final.pdf. Em vista da gravidade da questão no contexto nacional, foi instaurada Comissão Parlamentar de Inquérito (CPI), sob relatoria do então Deputado Federal Sarney Filho, para investigar o tráfico de animais e plantas silvestres no País. O Relatório Final, divulgado no ano de 2003, está disponível em: http://www.renctas.org.br/pt/trafico/rel_cpi.asp. O Projeto de Lei 135/21, em trâmite no Congresso Nacional, amplia as penas para o **crime de tráfico de animais silvestres**, previsto no art. 29, § 1º, III, da Lei dos Crimes e Infrações Administrativas Ambientais (Lei 9.605/98), que passaria a ser punido com reclusão de dois a cinco anos, além de multa. Hoje, a pena é de detenção de no máximo um ano, e multa.

[115] A limitação do nosso conhecimento científico acerca do mundo natural pode ser ilustrada por meio das recentes descobertas sobre a vida das árvores – por exemplo, que elas se comunicam, mantêm relacionamentos, formam família, cuidam dos doentes e dos filhos, têm memória, defendem-se de agressores e competem com outras espécies. Sobre o tema, v. WOHLLEBEN, Peter. *A vida secreta das árvores*. Rio de Janeiro: Sextante, 2017.

[116] DEAN, Warren. *A ferro e fogo*: a história e a devastação da Mata Atlântica brasileira. São Paulo: Companhia das Letras, 1996.

[117] Conforme assinala Nurit Bensusan, a devastação da Mata Atlântica e o comprometimento das suas funções originais implicam, entre outras consequências negativas, a ocorrência de desabamentos, enchentes, inundações e poluição crescente. BENSUSAN, Nurit. *Meio ambiente*: e eu com isso? São Paulo: Peirópolis, 2009. p. 35.

das práticas ("pegadas") humanas postas em curso desde então. O fato de a Mata Atlântica estar situada próxima à costa brasileira foi a razão de ter sido a primeira área florestal a ser vitimada pelas práticas predatórias atreladas à **urbanização** e às **atividades industriais** que se seguiram ao longo dos últimos séculos até os dias atuais. Em virtude da sua importância ecológica, ainda que muito pouco da sua cobertura vegetal original ainda esteja mantida, editou-se, por conta da mobilização de entidades ambientalistas (como é o caso da **Fundação S.O.S. Mata Atlântica**) e de agências estatais de proteção ambiental, diploma legal específico voltado à sua proteção (**Lei da Mata Atlântica – Lei 11.428/2006**).

A preocupação ambiental – no Brasil e no mundo – volta-se de forma cada vez mais intensa – até para que a trágica história da Mata Atlântica não se repita – para as áreas ainda preservadas da Floresta Amazônica e do **Pantanal Mato-Grossense**, onde as práticas predatórias espalham-se pelos seus territórios, especialmente por conta do avanço descontrolado das "fronteiras" agrícola e pecuária sobre a área florestal, acompanhado de incessantes queimadas e desmatamentos. Somam-se a tal cenário de degradação, especialmente no território amazônico, as práticas mineradoras e o garimpo ilegal,[118] tendo em vista se tratar de atividade extremamente predatória das áreas exploradas, inclusive com a contaminação química por metais pesados do meio ambiente e inclusive dos povos indígenas e tradicionais, como verificado com relação ao mercúrio no caso dos Yanomamis.[119]

Na perspectiva jurídica, conforme ainda será tratado ao longo da obra, a Floresta Amazônica brasileira e o Pantanal Mato-Grossense, com a Mata Atlântica, a Serra do Mar e a Zona Costeira, são tratados constitucionalmente como **patrimônio nacional**, devendo a sua utilização assegurar a preservação do meio ambiente e dos recursos naturais (§ 4º do art. 225), o que, infelizmente, não tem sido suficiente para barrar a sua destruição.[120] Por fim, se mantivermos o atual cenário crescente de destruição florestal e perda da biodiversidade, notadamente acentuado no Brasil nos últimos anos, deixaremos para as futuras gerações tão somente um "museu de história natural", num mundo natural já sem vida ou biodiversidade.

5. CRESCIMENTO POPULACIONAL E CONSUMO (INSUSTENTÁVEL) DE RECURSOS NATURAIS: "NÃO HÁ PLANETA B"!

"Se as atuais tendências de crescimento da população mundial – industrialização, poluição, produção de alimentos e diminuição de recursos naturais – continuarem imutáveis,

---

[118] Em 2019, estudo divulgado pela Escola Nacional de Saúde Pública Sergio Arouca (ENSP/FIOCRUZ) constatou a presença de mercúrio em 56% das mulheres e crianças na população indígena Yanomami da região de Maturacá, no Amazonas. As 272 amostras de cabelo analisadas superaram o limite de 2 microgramas de mercúrio por grama de cabelo tolerado pela Organização Mundial da Saúde (OMS). Disponível em: http://www.ensp.fiocruz.br/portal-ensp/informe/site/materia/detalhe/46769.

[119] A CF/1988 evidenciou a degradação ecológica inerente à exploração dos recursos minerais, atribuindo ao Estado o dever de atuar como agente normativo e regulador de tal atividade econômica, inclusive no sentido de fiscalizar as práticas em questão (art. 174, *caput*). Especificamente no tocante à atividade garimpeira, resultou consignado no § 3º do dispositivo citado que o "Estado favorecerá a organização da atividade garimpeira em cooperativas, *levando em conta a proteção do meio ambiente* e a promoção econômico-social dos garimpeiros". Com relação à prática do garimpo, vale registrar o exemplo da Serra Pelada, localizada no Estado do Pará, a qual se tornou muito popular durante a década de 1980, tendo sida reconhecida como o maior garimpo a céu aberto do mundo. A história de Serra Pelada é retratada no filme *Serra Pelada* (2013), dirigido por Heitor Dhalia.

[120] O dispositivo constitucional citado peca, a nosso sentir, por não ter incluído também o Cerrado no rol do patrimônio nacional, em vista da diversidade biológica que o seu ecossistema abriga, bem como em razão do ritmo acelerado de sua destruição verificada nas últimas décadas. A PEC 504/2010, em trâmite no Congresso Nacional, objetiva corrigir tal omissão e alterar o § 4º do art. 225 da CF/1988 para incluir o Cerrado e a Caatinga entre os biomas considerados patrimônio nacional.

os limites de crescimento neste Planeta serão alcançados algum dia dentro dos próximos cem anos" (*Os limites do crescimento*, **Relatório do Clube de Roma de 1972**).[121]

"Nas regiões onde exista o risco de que a taxa de crescimento demográfico ou as concentrações excessivas de população prejudiquem o meio ambiente ou o desenvolvimento, ou onde a baixa densidade de população possa impedir o melhoramento do meio ambiente humano e limitar o desenvolvimento, deveriam ser aplicadas políticas demográficas que respeitassem os direitos humanos fundamentais e contassem com a aprovação dos governos interessados" (**Princípio 16 da Declaração de Estocolmo de 1972**).

"Não há Planeta B!" A frase estampada nos cartazes dos estudantes do movimento estudantil global *Fridays for Future*, que tem na estudante sueca Greta Thunberg a sua expoente máxima, representa bem os **"limites planetários"** associados ao crescimento populacional e o correlato aumento no uso e esgotamento dos recursos naturais planetários. Esse cenário nos leva a reconhecer a caracterização de uma **"sociedade de hiperconsumo"**.[122] Consumir recursos naturais representa, para além da supressão das necessidades humanas mais essenciais, também um ato ético, político e jurídico. Não por outra razão, como referido por Peter Singer e Jim Mason, nós "votamos no supermercado", na medida em que nossas escolhas de consumo refletem ações éticas e políticas.[123]

A questão do crescimento populacional tem sido presente no debate ecológico desde a sua concepção moderna, inaugurada, no âmbito internacional, pela Conferência de Estocolmo sobre o Meio Ambiente Humano, no ano de 1972. É do mesmo ano o famoso **Relatório do Clube de Roma** intitulado *Os limites do crescimento*. O estudo em questão, divulgado no ano 1972, foi elaborado por uma equipe de pesquisadores do Instituto de Tecnologia de Massachusetts (MIT), chefiada pela renomada pesquisadora e biofísica **Donella Meadows (1941-2001)**.[124] O relatório, por sua vez, tratava de problemas cruciais para o futuro da humanidade, tais como energia, poluição, saneamento, saúde, meio ambiente, tecnologia e crescimento populacional.

De acordo com as conclusões do Relatório do Clube de Roma, o Planeta Terra não suportaria o crescimento populacional devido à pressão gerada sobre os recursos naturais e energéticos e ao aumento da poluição. Em outras palavras, em vista da credibilidade científica do estudo em questão, o relatório despertou a atenção mundial para um novo problema trazido pelo processo civilizatório, ou seja, a degradação ambiental. A relação entre o crescimento populacional e o esgotamento dos recursos naturais apontado pelo Relatório do Clube de Roma, bem como o aumento da poluição ambiental, foi crucial para alertar para a crise ecológica que estava por vir. Não há, portanto, Planetas B, C. D etc. para dar vazão à pressão sobre os recursos naturais derivada do crescimento populacional e aumento dos padrões de consumo. Há somente o "Planeta A", ou seja, o nosso Planeta Terra. E precisamos, urgentemente, dar conta de **respeitar os limites planetários** e readequar o uso que fazemos dos recursos naturais à **capacidade de equilíbrio, resiliência e sustentabilidade** em escala planetária. Não por outra razão, destaca-se o fortalecimento de uma **"ciência planetária"**, como exemplifica bem a **"ciência climática"**, a

---

[121] MEADOWS, Donell H.; MEADOWS, Dennis L.; RANDERS, Jorgen; BEHRENS III, William W. *Limites do crescimento...* (1. ed. brasileira de 1973).

[122] Na doutrina, tratando da concepção de "sociedade de hiperconsumo", v. DINNEBIER, Flávia França. *Sociedade de hiperconsumo*: redução de embalagens no foco do direito ambiental brasileiro. São Paulo: Instituto O Direito por um Planeta Verde, 2015.

[123] SINGER, Peter; MASON, Jim. *The way we eat*: why our food choices matter. New York: Rodale, 2006. p. 5.

[124] Para mais informações, inclusive no tocante a outros estudos elaborados por Donella Meadows – *Beyond the Limits* (1992) e *The Limits to Growth: the 30 Year Update* (2004), ver conteúdo disponível na página eletrônica do Instituto Donnela Meaddows: http://www.donellameadows.org/.

fim de possibilitar uma compreensão abrangente e holística (em escala global) das limitações planetárias e medidas necessárias para a salvaguarda da integridade ecológica do Planeta Terra.

Como alertado por Lovelock, somos bilhões de "indivíduos famintos e vorazes, todos aspirando a um estilo de vida de Primeiro Mundo, nosso modo de vida urbano avança sobre o domínio da Terra viva. Consumimos tanto que ela já não consegue sustentar o mundo familiar e confortável a que nos habituamos".[125] Em meados do mês de **novembro de 2022**, segundo dados da ONU, a **população mundial** alcançou a marca expressiva de **8 bilhões** de *Homo sapiens* circulando pela superfície planetária. No Brasil, em julho de 2020, a população chegou a **211,8 milhões** de habitantes, crescendo 0,77% em relação a 2019, conforme dados do IBGE.

O aumento populacional impacta de forma direta o equilíbrio e a integridade ecológica, uma vez que a demanda de recursos naturais acompanha tal crescimento, sobrecarregando a intervenção humana na Natureza, além de trazer junto poluição e degradação ambiental. A respeito disso, a **Declaração do Rio sobre Meio Ambiente e Desenvolvimento (1992)**, no seu Princípio 8, consignou que, "para alcançar o desenvolvimento sustentável e uma qualidade de vida mais elevada para todos, os Estados devem reduzir e **eliminar os padrões insustentáveis de produção e consumo**, e promover políticas demográficas adequadas". Do ponto de vista ecológico (e planetário), não existe "jogar lixo fora". Não existe "fora". Toda a produção de lixo derivada das nossas práticas de consumo deve ser pensada de acordo com os limites planetários e seus impactos ecológicos. A poluição dos mares e oceanos por plásticos é um exemplo ao mesmo tempo simbólico e trágico dessa realidade.

De acordo com o *Relatório Nosso Futuro Comum* (1987), "o problema não está apenas no número de pessoas, mas na relação entre esse número e os recursos disponíveis. Assim, o 'problema populacional' tem de ser solucionado por meio de esforços para eliminar a pobreza generalizada, a fim de garantir um acesso mais justo aos recursos e, por meio da educação, a fim de aprimorar o potencial humano para administrar esses recursos".[126] A partir de tal perspectiva, conforme dados do **5º Panorama Ambiental Global** (*Global Environmental Outlook – GEO 5*), produzido pelo Programa das Nações Unidas para o Meio Ambiente (PNUMA) e divulgado no final de 2011, de modo preparatório para a Conferência das Nações Unidas sobre Desenvolvimento Sustentável (Rio + 20), ocorrida em junho de 2012 na Cidade do Rio de Janeiro, a população mundial cresceu no período verificado entre a Rio 92 e a Rio+20, ou seja, ao longo desses 20 anos, aproximadamente 26%, agregando ao contingente humano mais de 1.450.000.000 (um bilhão e quatrocentos e cinquenta milhões) de pessoas.[127]

Segundo dados da revisão de 2019 do *World Population Prospects*, realizado pelo Departamento de Relações Econômicas e Sociais (*Department of Economic and Social Affairs*) da ONU, "a população mundial continua a crescer, embora a um ritmo mais lento do que em qualquer outro momento desde 1950, devido aos níveis reduzidos de fertilidade. De uma estimativa de 7,7 bilhões de pessoas em todo o mundo em 2019, a projeção de variação média indica que a população global poderia crescer para cerca de 8,5 bilhões em 2030, 9,7 bilhões em 2050 e 10,9 bilhões em 2100".[128] No ano de 2022, atingimos a marca histórica de 8 bilhões de pessoas. Dito

---

[125] LOVELOCK, James. *A vingança de Gaia*. Rio de Janeiro: Intrínseca, 2006. p. 20.
[126] COMISSÃO MUNDIAL SOBRE MEIO AMBIENTE E DESENVOLVIMENTO. *Relatório Nosso Futuro Comum...*, p. 12-13.
[127] PROGRAMA DAS NAÇÕES UNIDAS PARA O MEIO AMBIENTE. *5º Panorama Ambiental Global*. Disponível em: https://www.unenvironment.org/resources/global-environment-outlook-5. O *Panorama Ambiental Global* (*Global Environment Outlook*) é divulgado desde o ano de 1997, ocasião em que se publicou a sua primeira edição. O *6º GEO* foi editado no ano de 2019: https://www.unenvironment.org/resources/global-environment-outlook-6.
[128] Os dados constam da revisão de 2019 do *World Population Prospects (2019)*, realizado pelo Departamento de Relações Econômicas e Sociais da ONU. DEPARTMENT OF ECONOMIC AND SOCIAL AFFAIRS.

de outro modo, verifica-se que os dados referidos revelam um grande crescimento populacional nas últimas duas décadas, com seríssimas consequências negativas sob o ponto de vista ecológico e climático, notadamente em razão do aumento do consumo de recursos naturais e emissões de gases do efeito estufa inerentes ao crescimento da população mundial.

EVOLUÇÃO HISTÓRICA DA POPULAÇÃO MUNDIAL (EM BILHÕES)[129]	
1800	1,0
1900	1,6
1950	2,5
2022	8,0
2030	8,5
2050	9,7
2100	10,9

A crescente concentração e migração de pessoas para as áreas urbanas, de modo que, em 2011, mais da metade da população mundial, ou seja, mais de 3 bilhões e quinhentos milhões de pessoas, já sediava as suas vidas em cidades, representando um aumento de 45% em relação à situação verificada no ano de 1992.[130] A título de exemplo, podemos citar a **Cidade de São Paulo**, que, de acordo com dados do GEO 5, é a terceira cidade mais populosa do mundo, com pouco mais de **20 milhões de habitantes**, estando atrás apenas de **Tóquio**, no Japão, com mais de 36 milhões de habitantes, e **Déli**, na Índia, com mais de 22 milhões. Tal concentração de pessoas residindo de forma concentrada numa mesma cidade ou na mesma região metropolitana, na grande maioria das vezes desprovida do devido planejamento, potencializa a ocorrência de danos ecológicos. Para ilustrar os problemas ambientais recorrentes nos grandes centros urbanos, como ocorre em São Paulo de forma bastante grave, podemos destacar a poluição atmosférica e a geração de resíduos sólidos, comprometendo de forma significativa o bem-estar e a qualidade de vida individual e coletiva nas cidades.

Outro aspecto particularmente relevante no cenário urbano-ambiental é a vinculação entre os problemas ambientais e os problemas sociais, revelando de forma bastante clara a faceta *socioambiental* que permeia os problemas ecológicos nas cidades. A questão do saneamento básico (ou saneamento ambiental, como preferem alguns) é um exemplo contundente nesse sentido. Para além de um problema social, atrelado de forma direta à saúde pública, a falta de **saneamento básico** em determinada localidade é fonte geradora de profunda degradação e poluição dos recursos naturais. Não há como dissociar os elementos sociais e ecológicos na questão do

---

World Population Prospects 2019, p. 1. Disponível em: https://population.un.org/wpp/Publications/Files/WPP2019_Highlights.pdf.

[129] Disponível em: https://www.worldometers.info/world-population/ e https://population.un.org/wpp/.

[130] PROGRAMA DAS NAÇÕES UNIDAS PARA O MEIO AMBIENTE. *5º Panorama Ambiental Global* (p. 77 e ss.). Disponível em: https://www.unenvironment.org/resources/global-environment-outlook-5.

saneamento básico. O 5º Panorama Ambiental Global – GEO 5, no tópico que trata das águas, destaca a pouca evolução verificada desde a Eco-92 em relação ao saneamento básico, de modo que estamos ainda distantes da meta de 75% estipulada nos Objetivos de Desenvolvimento do Milênio (*Millennium Development Goals*), estabelecidos no âmbito da ONU.

A ONU lançou em 2015, mesmo ano do Acordo de Paris, a **Agenda 2030**, com a consagração dos **17 Objetivos do Desenvolvimento Sustentável (ODS)**, ou seja, uma agenda de sustentabilidade adotada pelos países-membros da ONU para ser cumprida até 2030. O ODS 6, por sua vez, é justamente "assegurar a disponibilidade e gestão sustentável da água e saneamento para todos". De 54% de acesso ao serviço de saneamento básico existente em 1992 passou-se, trinta anos após, apenas ao percentual de 61% em 2012.[131] Pelo prisma de assegurar aos indivíduos condições de completo **bem-estar (individual, social e ecológico)**, inclusive sob a ótica do próprio **direito ao desenvolvimento**, não há como dissociar o acesso ao saneamento básico da proteção ecológica. E, a nosso ver, tanto o Estatuto da Cidade (Lei 10.257/2001) quanto a Lei da Política Nacional do Saneamento Básico (Lei 11.445/2007) trataram de assimilar tal perspectiva socioambiental, integrando a proteção da Natureza ao contexto urbano, inclusive sob a perspectiva do reconhecimento de um **direito à cidade sustentável**.[132]

6. POLUIÇÃO ATMOSFÉRICA, AQUECIMENTO GLOBAL E MUDANÇAS CLIMÁTICAS

> "Ainda somos muito gananciosos, míopes e divididos em tribos em conflito para tomar decisões sábias e de longo prazo. Na maior parte do tempo nos comportamos como uma tropa de macacos brigando por uma árvore frutífera. Como consequência, estamos mudando a atmosfera e o clima para longe das melhores condições para nossos corpos e mentes, tornando as coisas muito mais difíceis para nossos descendentes" (**Edward O. Wilson**).[133]

> "Agora, temos claras evidências da crise, fornecidas pelas informações cada vez mais detalhadas sobre como a Terra vem respondendo a forças perturbadoras durante toda a sua história (...) e pela observação de fenômenos que começam a ocorrer em todo o globo em resposta às mudanças climáticas em curso. A surpreendente conclusão é que a exploração continuada de todos os combustíveis fósseis da Terra ameaça não só as outras milhões de espécies do planeta, mas também a sobrevivência da própria humanidade – e o cronograma é mais apertado do que pensávamos" (**James Hansen**).[134]

> "Existe um consenso científico muito consistente de que estamos perante um preocupante aquecimento climático. Nas últimas décadas, esse aquecimento foi acompanhado por uma elevação constante do nível do mar, sendo difícil não o relacionar ainda com o aumento de acontecimentos meteorológicos extremos." (Encíclica *Lautado Si* do **Papa Francisco**, 2015)[135]

> "A questão climática é a questão de nosso tempo. É a pergunta interrogante que nos lança o destino e as respostas que nós pudermos formular decidirão qual futuro terá a huma-

---

[131] PROGRAMA DAS NAÇÕES UNIDAS PARA O MEIO AMBIENTE. *5º Panorama Ambiental Global...*, p. 116.
[132] Art. 2º, I, da Lei 10.257/2001.
[133] WILSON, Edward O. *Half-Earth...*, p. 49.
[134] HANSEN, James. *Tempestades dos nossos netos*: mudanças climáticas e as chances de salvar a humanidade. São Paulo: SENAC, 2013, p. 17.
[135] PAPA FRANCISCO. *Carta Encíclica Laudato Si*. 24 maio 2015. Disponível em: http://w2.vatican.va/content/francesco/pt/encyclicals/documents/papa-francesco_20150524_enciclica-laudato-si.html.

nidade – ou se haverá algum futuro. Não há outra pauta, não há outro problema, não há outra questão. A emergência climática é a antessala de todas as outras." (**Ministro Luiz Edson Fachin**)[136]

O aquecimento global (*Global Warming*) e as mudanças climáticas (*Climate Change*) dele recorrentes representam hoje o maior desafio já enfrentado pela humanidade para perpetuar a sua existência no Planeta Terra. Muito embora já pautado pelo menos desde a década de 1980,[137] o tema alcançou proporções emergenciais na atualidade, sendo hoje o tema ecológico com maior ressonância na agenda política, tanto no plano nacional[138] quanto internacional, diante dos cada vez mais altos índices de poluição atmosférica que se verificam em praticamente todos os cantos do mundo, notadamente nos grandes centros e concentrações urbanas. Mais recentemente, a partir do ano 2018, registra-se o crescente movimento estudantil global denominado *Fridays for Future*, simbolizado pela estudante sueca **Greta Thunberg**, reivindicando a adoção de medidas pró-clima dos Governos, inclusive tendo por premissa a ideia de **justiça climática** e do **princípio de justiça intrageracional**.

Além dos efeitos negativos decorrentes das mudanças climáticas, a poluição atmosférica em si já representa uma das formas de poluição ambiental mais prejudiciais à saúde humana, tanto em termos individuais quanto coletivos. A poluição atmosférica revela uma questão extremamente vital relacionada ao estado de qualidade do meio ambiente (local, regional, nacional e global), impactando diretamente os direitos à vida, à integridade física e psíquica, à saúde, entre outros. Esse é, infelizmente, o atual cenário verificado nos grandes centros humanos mundo afora. Segundo estudo da **Organização Mundial da Saúde (OMS)**, a poluição do ar ocasiona sete milhões de óbitos humanos em escala global, bem como mais de 90% das crianças respiram ar tóxico, tendo sido realizada, em outubro de 2018, a primeira Conferência Global sobre Poluição do Ar e Saúde, promovida pela instituição em Genebra, na Suíça. O Diretor-Geral da OMS, na ocasião, classificou a poluição do ar como o "novo tabaco".[139] Para resumir a gravidade de tal estado do regime atmosférico, não há mais margem para aumentar os níveis de poluição. É imperativa e urgente a adoção pelos Estados, tanto no âmbito doméstico quanto global, de medidas de redução de tal cenário de poluição atmosférica, incrementando necessariamente o rigor normativo dos *standards* hoje vigentes tanto na normativa nacional quanto internacional.

Em sua obra *A vingança de Gaia*, James Lovelock destaca a "situação-limite" a que chegamos, ou que talvez até mesmo já tenhamos ultrapassado, em termos de mudança climática, desencadeada especialmente pela emissão de gases geradores do efeito estufa (*greenhouse effect*), como o dióxido de carbono (CO_2) e o metano, que são liberados na atmosfera especialmente pela queima de combustíveis fósseis e pela destruição de florestas tropicais.[140] O fenômeno das mudanças climáticas foi identificado como resultado da intervenção humana na Natureza pela comunidade científica no âmbito do **Painel Intergovernamental sobre Mudança do Clima (IPCC) da ONU**.

---

[136] Passagem do voto-vogal do Ministro Luiz Edson Fachin no julgamento do Caso Fundo Clima pelo STF: ADPF 708/DF, Tribunal Pleno, Rel. Min. Barroso, j. 01.07.2022.

[137] O *Relatório Nosso Futuro Comum* (1987), a respeito do tema, assinalou que: "a poluição atmosférica – antes considerada apenas um problema urbano-industrial localizado relativo à saúde das pessoas – agora é vista como uma questão muito mais complexa, que engloba construções, ecossistemas e talvez até mesmo a saúde pública em vastas regiões" (p. 198).

[138] No cenário jurídico brasileiro, além de diversas legislações estaduais e municipais que versam sobre a questão, foi editada a Lei da Política Nacional sobre Mudança do Clima (Lei 12.187/2009), representando justamente a relevância e atualidade do tema das mudanças climáticas.

[139] Disponível em: https://nacoesunidas.org/oms-9-em-cada-10-criancas-estao-expostas-a-poluicao-do-ar--no-mundo/.

[140] LOVELOCK, *A vingança de Gaia*..., p. 24.

No início de 2007, foi divulgado o 4º Relatório de Avaliação da Saúde da Atmosfera (AR4) do IPCC, apontando que o aquecimento global é sim causado por atividades humanas, bem como que as temperaturas poderão subir de 1,8 a 4º C até o final deste século.[141] O *6º Relatório de Avaliação da Saúde da Atmosfera (AR6)* do IPCC, divulgado nos anos de 2022 e 2023, corrobora o cenário científico apontado nas suas versões anteriores, inclusive no sentido do agravamento progressivo da situação e o prognóstico de episódios climáticos extremos cada vez mais intensos e frequentes, como bem ilustra o desastre climático ocasionado pelas enchentes no mês de maio de 2024 no Estado do Rio Grande do Sul.

O CO_2 NA HISTÓRIA NATURAL DO PLANETA TERRA

A atmosfera respirável da Terra é, como refere Peter Brannen, "o legado não das florestas e dos aglomerados de plâncton vivos hoje, mas do CO_2 capturado pela vida ao longo de toda a história do nosso planeta e enviado à crosta terrestre como combustíveis fósseis". E complementa o autor: "Toda a vida é conjurada a partir do CO_2. Esse é o truque de mágica original, a partir do qual tudo o mais no mundo dos seres vivos se segue. Na superfície da Terra, com apenas luz solar e água, ele é transformado em matéria viva por meio da fotossíntese, deixando o oxigênio em seu rastro. Em seguida, esse carbono vegetal flui pelos corpos animais e ecossistemas e volta para os oceanos e o ar como CO_2 novamente. Mas parte desse carbono escapa da agitação do mundo da superfície e passa para a Terra – como calcário ou como lodo rico em carbono, adormecido nas profundezas da crosta do planeta por centenas de milhões de anos."[142]

Os combustíveis fósseis são o resultado de um processo planetário de milhões de anos e que foi responsável pela retirada de CO_2 da atmosfera terrestre (e, paralelamente, pela liberação de oxigênio), tornando o Planeta Terra uma "casa habitável" para o *Homo sapiens*, como testemunhamos nos últimos 12.000 anos durante o Holoceno. No entanto, a queima de combustíveis fósseis desencadeada a partir da Revolução Industrial e intensificada a partir da segunda metade do século XX – período denominado "A Grande Aceleração" – é, como se pode perceber, a reversão por meio da intervenção humana desse processo natural de milhões de anos que tornou o Planeta Terra habitável (e respirável) para a nossa espécie. É um paradoxo. Ou seja, estamos agindo contrariamente ao processo natural que permitiu o nosso surgimento e florescimento como espécie natural, tornando novamente a "nossa casa" inabitável para nós e submetendo a nossa espécie ao risco de extinção no futuro. Estamos, literalmente, colocando "fogo" na nossa própria casa, como resultado da emissão de gases do efeito estufa e do aquecimento global, como nos alertou Greta Thunberg em seu discurso histórico durante a COP 24 (2018), em Katowice, na Polônia.

No *Relatório Especial sobre o Oceano e a Criosfera em um Clima em Mudança* (2019), o IPCC destacou a urgência de priorizar ações oportunas, ambiciosas e coordenadas para enfrentar mudanças sem precedentes e duradouras no **oceano** e na **criosfera**. Ainda segundo o documento, "o oceano e a criosfera – as partes congeladas do planeta – desempenham um papel crítico para a vida na Terra. Um total de 670 milhões de pessoas nas regiões de alta montanha e 680 milhões de pessoas nas zonas costeiras de baixa altitude dependem diretamente desses sistemas. Quatro milhões de pessoas vivem permanentemente na região do Ártico e os pequenos Estados insulares em desenvolvimento acolhem 65 milhões de pessoas. O aquecimento global já atingiu 1 ºC acima do nível pré-industrial, devido às emissões de gases com efeito de estufa do passado e do presente. Há provas irrefutáveis de que esta situação está a ter consequências profundas para os

---

[141] Para maiores informações sobre o IPCC: http://www.ipcc.ch/.
[142] BRANNEN, Peter. The deep history of carbon dioxide. *In*: THUNBERG, Greta (Edit.). *The climate book*. London: Penguin/Randon House, 2022. p. 6.

ecossistemas e as pessoas. O oceano é mais quente, mais ácido e menos produtivo. O degelo dos glaciares e dos lençóis de gelo está a provocar a subida do nível do mar e os fenômenos extremos costeiros estão a tornar-se mais graves".[143]

A **Convenção-Quadro sobre Mudança do Clima (1992) da ONU**, celebrada por ocasião da Conferência do Rio sobre "Meio Ambiente e Desenvolvimento" de 1992 (Eco-92), deu o passo inicial nos esforços da comunidade internacional na matéria, seguida do **Protocolo de Quioto (1997)** e, posteriormente, do **Acordo de Paris (2015)**. Em Paris, durante a COP 21, em 12 de dezembro de 2015, as Partes chegaram a um acordo histórico para combater as alterações climáticas e acelerar e intensificar as ações e os investimentos necessários para um futuro sustentável com a redução das emissões de carbono.[144] O Acordo de Paris, pela primeira vez, traz todos Estados-Membros para empreenderem esforços ambiciosos no combate às mudanças climáticas e adaptarem-se aos seus efeitos, inclusive com maior apoio para ajudar os países em desenvolvimento a fazê-lo. O objetivo central do Acordo de Paris é manter o aumento da temperatura global neste século bem **abaixo dos 2 graus Celsius acima dos níveis pré-industriais** (ou seja, antes do ano 1900) e prosseguir os esforços para limitar ainda mais o aumento da temperatura a **1,5 grau Celsius**.

Os cientistas advertem há mais de uma década que concentrações de mais de 450 ppm correm o risco de desencadear eventos climáticos extremos e aumentos de temperatura tão altos quanto 2ºC, além dos quais os efeitos do aquecimento global provavelmente se tornarão catastróficos e irreversíveis.

NÍVEIS DE CO_2 NA ATMOSFERA	
Nível pré-industrial (< 1750)	280 ppm
Outubro de 2010	386,98 ppm
Outubro de 2020	411,51 ppm
Outubro de 2021	413,93 ppm
Junho de 2023	423.68 ppm
Outubro de 2024	422.38 ppm
Nível seguro	350 ppm

Obs.: Leitura atmosférica de CO_2 do Laboratório de Mauna Loa, Hawaii (ppm – parte por milhão). Fonte: NOAA (National Oceanic and Atmospheric Administration)-ESRL (Earth System Research Laboratories).[145]

---

[143] PAINEL INTERGOVERNAMENTAL SOBRE MUDANÇA DO CLIMA DA ONU. *Relatório Especial sobre o Oceano e a Criosfera em um Clima em Mudança* (2019). Disponível em: https://www.ipcc.ch/site/assets/uploads/sites/3/2019/09/SROCC_PressRelease_EN.pdf.

[144] O Decreto 10.431/2020 instituiu a Comissão Executiva Nacional do Plano Setorial para Consolidação de uma Economia de Baixa Emissão de Carbono na Agricultura.

[145] O quadro mostra o dióxido de carbono médio mensal medido pelo Observatório Mauna Loa, no Hawaii. Os dados de dióxido de carbono do Observatório Mauna Loa constituem o registro mais antigo de medições

O Instituto Copernicus da União Europeia, que monitora o clima global, já antecipou, com base em dados de janeiro a outubro, que o ano de **2024** será o **mais quente** desde o início dos registros históricos (1940). O aquecimento global inclui, entre os seus efeitos, a maior intensidade e frequência de **episódios climáticos extremos**, a alteração nos ciclos e regimes de chuvas (por exemplo, enchentes e secas), como ocorre na hipótese de chuvas intensas em um curto espaço de tempo, um desregramento climático cada vez maior e imprevisível, caracterizado, entre outros aspectos, pela constante quebra de recordes de temperaturas altas em todo o mundo, pelo desaparecimento paulatino das camadas de gelo, acompanhado ainda de um aumento do nível dos oceanos e do nível médio de temperatura do globo terrestre, entre outros eventos. Nesse cenário de episódios climáticos extremos, destaca-se que, em 2004, as populações da região sul do Estado de Santa Catarina e da região nordeste do Estado do Rio Grande do Sul testemunharam o **primeiro furacão** – denominado **Catarina** – registrado historicamente no **Atlântico Sul**.

Os cientistas que participaram de encontro promovido pelo **Instituto Nacional de Pesquisas Espaciais (INPE)** para debater o fenômeno natural em questão chegaram ao consenso no sentido de que ele se tratava de um furacão na sua fase final – Categoria 2, de acordo com a escala Saffir-Simpson –, com rajadas de ventos de até 180 hm/h.[146] De modo a reforçar tal cenário climático preocupante, o *Relatório de Desenvolvimento Humano 2007/2008 do Programa das Nações Unidas para o Desenvolvimento (PNUMA)* descreve que a atividade mais intensa das tempestades tropicais é uma das certezas resultantes das alterações climáticas, de modo que o aquecimento dos oceanos vai impulsionar eventos climáticos cada vez mais intensos.[147] A tais efeitos climáticos soma-se também a perda da biodiversidade global, como decorre, por exemplo, da acidificação dos oceanos.[148] O aquecimento global, por sua vez, trata-se do grande desafio ambiental posto nos dias atuais, inclusive a ponto de se falar cada vez mais de um "**estado de emergência climática**", demandando a urgente adoção de medidas por agentes públicos e privados no sentido da adoção de fontes energéticas limpas, a fim de estabelecer todo um rearranjo na economia global rumo à sua "**descarbonização**".[149] Em outras palavras, impõe-se a substituição do uso de combustíveis fósseis por fontes limpas de energia (eólica, solar, biomassa, hidrogênio verde etc.).

7. A NOVA ÉPOCA GEOLÓGICA DO ANTROPOCENO, A CIÊNCIA DA TERRA *(EARTH SCIENCE)* E OS LIMITES PLANETÁRIOS *(PLANETARY BOUNDARIES)*

Nas últimas décadas, consolidou-se uma nova "**Ciência do Planeta Terra**" (*Earth Science*), como ilustra a discussão em tornos dos "**limites planetários**" (*Planetary Boundaries*) e do reconhecimento da nova época geológica do Antropoceno.[150] Isso tem renovado substancialmente a

---

diretas de CO_2 na atmosfera. Eles foram iniciados por C. David Keeling da Scripps Institution of Oceanography em março de 1958, em uma instalação da National Oceanic and Atmospheric Administration. A NOAA iniciou suas próprias medições de CO_2 em maio de 1974, e elas têm sido feitas em paralelo com as da Scripps, desde então. As médias semanais dos níveis de CO_2 na atmosfera podem ser consultadas em: https://www.esrl.noaa.gov/gmd/ccgg/trends/index.html.

[146] O "ineditismo climático" do Furacão Catarina e o preocupante cenário ambiental e climático por trás de tal episódio é abordado por LYNAS, Mark. *Seis graus: o aquecimento global e o que você pode fazer para evitar uma catástrofe*. Rio de Janeiro: Zahar, 2008. p. 55-57.

[147] PROGRAMA DAS NAÇÕES UNIDAS PARA O DESENVOLVIMENTO (PNUD). *Relatório de Desenvolvimento Humano 2007/2008*, p. 101.

[148] A perda da biodiversidade acarretada pelo aquecimento global é tratada por WILSON, Edward O. *A criação: como salvar a vida na Terra*. São Paulo: Companhia das Letras, 2008. p. 134.

[149] GIDDENS, Anthony. *A política da mudança climática*. Rio de Janeiro: Zahar, 2010. p. 13.

[150] ROCKSTRÖM, Johan *et al*. Planetary Boundaries: Exploring the Safe Operating Space for Humanity. *Ecology and Society*, v. 14, n. 2, p. 1-32, Dec. 2009.

compreensão dos fenômenos naturais em escala planetária, impactando todas as demais áreas do conhecimento, da filosofia ao Direito. Alguns cientistas têm utilizado hoje a expressão **"limites planetários"** para identificar os **principais processos biofísicos** do Sistema do Planeta Terra, nos quais a sua capacidade de autorregulação e resiliência já se encontra comprometida ou em vias de ser. São nove categorias identificadas:[151]

OS 9 LIMITES PLANETÁRIOS *(Planetary Boundaries)*	1) Mudanças climáticas; 2) Acidificação dos oceanos; 3) Diminuição ou depleção da camada de ozônio estratosférico; 4) Carga atmosférica de aerossóis; 5) Interferência nos ciclos globais de fósforo e nitrogênio; 6) Taxa ou índice de perda de biodiversidade; 7) Uso global de água doce; 8) Mudança no Sistema do Solo (*Land-System Change*); e 9) Poluição química.

No ano de 2023, um novo artigo foi publicado na revista *Science Advances*,[152] com parte dos mesmos cientistas dos estudos anteriores (ex.: J. Rockström e Will Steffen), o qual identificou o agravamento desse cenário, com o comprometimento de **seis dos nove limites planetários**, com o uso global de água doce e a poluição química entrando na lista. Nas versões anteriores do estudo, as mudanças climáticas, a interferência nos ciclos globais de fósforo e nitrogênio, a mudança no sistema do solo (por exemplo, desmatamento florestal) e a taxa ou índice de perda de biodiversidade já tinham ultrapassado a margem de segurança em escala global. De acordo com o artigo, a atividade humana afeta o regime climático e os ecossistemas da Terra mais do que nunca, o que coloca em risco a estabilidade de todo o planeta. Pela primeira vez, todos os nove limites planetários foram avaliados, com a identificação de que seis dos limites já foram transgredidos. Do aquecimento global à biosfera e ao desmatamento, dos poluentes e plásticos aos ciclos de nitrogênio e água doce. Seis dos nove limites planetários estão sendo ultrapassados e, ao mesmo tempo, a pressão em todos os processos de limites está aumentando.

Impõe-se, portanto, necessariamente, o recuo da intervenção humana em tais subsistemas planetários, os quais estão inter-relacionados e ditam a sustentabilidade e capacidade de resiliência em escala planetária. Tais "limites" planetários (com impactos locais, regionais e globais) são apontados não por políticos, agentes estatais ou ambientalistas, mas por cientistas, os melhores e das melhores instituições científicas do mundo, incluindo Prêmios Nobel. A título de exemplo, como já pontuado anteriormente, o **Relatório de Avaliação Global sobre Biodiversidade e Serviços Ecossistêmicos** (2019), elaborado pelo **IPBES,** entre diversos achados ressaltou um perigoso declínio "sem precedentes" da Natureza na história da humanidade, com a "aceleração" das taxas de extinção de espécies, com **1.000.000 de espécies da biodiversidade ameaçadas de extinção** na atualidade. O relatório também salienta que a resposta global atual tem sido insuficiente, impondo-se a necessidade de "mudanças transformadoras" para restaurar e proteger a Natureza, notadamente superando a oposição de interesses instalados em prol do bem ou interesse público ou comum global.[153] Não se trata, portanto, de "ideologia" (de esquerda ou de

---

[151] ROCKSTROM, Johan *et al.* Planetary Boundaries: Exploring the Safe Operating Space for Humanity. *Nature*, v. 461, p. 472-475, set. 2009. Disponível em: https://www.nature.com/articles/461472a.

[152] RICHARDSON, K. *et al.* Earth beyond six of nine planetary boundaries. *Science Advances*, v. 9, n. 37, eadh2458, 2023. Disponível em: https://www.science.org/doi/10.1126/sciadv.adh2458.

[153] Disponível em: https://www.ipbes.net.

direita), mas de fatos comprovados cientificamente. Em outras palavras, é a "verdade" que está em jogo, por mais "inconveniente" que ela possa ser para os interesses de alguns (por exemplo, as grandes corporações mineradoras, químicas, do agronegócio e petrolíferas multinacionais e os governos que lhes dão sustentação política).[154]

Todos os exemplos trazidos ao longo deste tópico refletem, na verdade, uma crise de ordem ética, pois é justamente o comportamento do ser humano – por meio das suas práticas nas mais diversas áreas – o fator responsável pela **crise ecológica e climática** relatada nas linhas precedentes, o que, por sua vez, acaba por se voltar contra ele próprio e comprometer os seus direitos fundamentais e, no limite, a sua dignidade e vida. A necessária mudança de valores sociais a que nos referimos, com o propósito de reverter tal situação, teve o seu marco inicial na década de 1960, quando as primeiras "vozes" passaram a se levantar contra a crescente poluição e degradação dos recursos naturais e a defender uma ética propriamente ecológica para enfrentar a crise civilizacional que se colocava em marcha desde então (e até hoje).

---

[154] A expressão "uma verdade inconveniente" (*An Inconvenient Truth*) ganhou projeção global por Al Gore, com o seu livro e documentário de mesmo título (este último vencedor do Oscar no ano de 2007) e que, com a sua luta climática, renderam-lhe, no mesmo ano, também o Prêmio Nobel da Paz, com os cientistas integrantes do IPCC da ONU. GORE, Al. *An inconvenient truth*: the planetary emergency of global warming and what we can do about it. New York: Rodale Books, 2006.

Capítulo 2
A LEGITIMAÇÃO SOCIAL DOS VALORES ECOLÓGICOS: O SURGIMENTO E EVOLUÇÃO DA CONSCIÊNCIA ECOLÓGICA E DOS MOVIMENTOS SOCIAIS EM PROL DA PROTEÇÃO DA NATUREZA

1. O MOVIMENTO AMBIENTALISTA E A LEGITIMAÇÃO SOCIAL DOS VALORES ECOLÓGICOS

1.1 Breve história do movimento ecológico: o despertar da consciência ecológica na década de 1960

"A legislação e as autoridades ambientais muitas vezes não alcançam nada se não houver um poderoso impulso externo por trás delas" (**Gertrude Lübbe-Wolfe**, Juíza do Tribunal Constitucional Federal alemão).[1]

O "impulso externo" a que se refere Gertrude Lübbe-Wolfe é a sociedade e, em particular, o movimento ambientalista. A **crise ecológica**, tomando por base os diversos exemplos de degradação ambiental listados no capítulo anterior, motivou a mobilização de diversos setores e grupos sociais na defesa da Natureza, o que levou ao surgimento de novos valores e práticas no âmbito comunitário. Como referido por Joachim Radkau, a partir da Década de 1970, "o movimento ambientalista se tornou um fenômeno histórico, na verdade, o símbolo de toda uma era (**A Era da Ecologia**)"[2], com alcance global, inclusive a ponto de impulsionar um **novo iluminismo verde ou ecológico** (*new Green Enlightenment*).[3] A poderosa aliança entre a **sociedade** – a articulação social da promoção dos valores ecológicos e da proteção da Natureza – e a **ciência** – como, por exemplo, e mais recentemente, o novo paradigma da **Ciência da Terra** e da **Ciência Climática** – revela a faceta iluminista inerente ao movimento ambientalista, o que apenas se fortaleceu ao longo das décadas a contar do seu surgimento da década de 1960 até hoje. Não por outra razão, uma das primeiras e mais importantes vozes de todos os tempos do movimento ambientalista era uma bióloga marinha: **Rachel Carson**. É pelas lentes da ciência que o movimento ambientalista aguça a sua visão para compreender as urgências do nosso tempo (e do Planeta Terra) e travar a luta em defesa da Natureza.

A concepção de uma sociedade civil organizada é resultado, em grande medida, das mobilizações sociais verificadas de modo emblemático a partir da **década de 1960**. As revoltas

---

[1] A passagem citada é relatada pelo historiador alemão Joachim Radkau no Prefácio da sua obra *The Age of Ecology*, publicada originalmente em alemão no ano de 2011 (*Die Ära der Ökologie*). RADKAU, Joachim, *The age of ecology*: a global history. Cambridge: Polity, 2014. p. ix.

[2] RADKAU, Joachim. *The age of ecology*..., p. 1.

[3] RADKAU, Joachim. *The age of ecology*..., p. viii e 425-431.

estudantis de **Maio de 1968**, em especial na França, refletem de forma simbólica esse contexto histórico. Diversas **lutas sociais (direitos civis, pacifistas, feministas** etc.) também ensejaram a articulação organizada da sociedade a partir de tal período. O movimento ambientalista que emergiu em tal momento histórico é um dos exemplos mais expressivos do novo rearranjo social e político que estava em curso.[4] Em estudo sobre o movimento ambientalista, Sergio B. Tavolaro assinala que a sociedade civil passa a se caracterizar como uma terceira arena de poder, a fim de fazer frente ao Estado e ao Mercado, reforçando o seu papel na integração social.[5] O movimento ambientalista, nesse contexto, objetiva "corrigir" as distorções ou externalidades – leia-se crise ecológica, climática etc. – que o Mercado e o Estado não foram capazes de evitar e solucionar por si próprios.

O novo espaço político que passou a ser reivindicado e ocupado pela sociedade civil organizada encontra respaldo na própria reformulação do modelo democrático vigente até então (ao menos, em parte) no mundo ocidental, com o objetivo de estabelecer mecanismos mais diretos de participação política. As diversas entidades ambientalistas criadas desde a década de 1960 proporcionaram a "oxigenação" do espaço político, com o propósito de que os valores ecológicos por elas defendidos fossem levados em consideração nas decisões políticas e práticas econômicas. As novas formas de **ação direta** que sempre caracterizaram as entidades ambientalistas (inclusive com o recurso a **práticas de desobediência civil**), por meio de protestos e campanhas específicas (**contra testes nucleares, caça às baleias, lixo tóxico, agrotóxicos, poluição dos mares**, entre outros temas), com forte utilização do espaço midiático e mobilização da opinião pública, estabeleceram um novo parâmetro de articulação da sociedade civil e impactaram o espaço político, o que, mais tarde, também se refletiu na consagração jurídica dos valores e direitos ecológicos.

Neste tópico do livro, buscaremos delinear algumas linhas gerais acerca da evolução histórica do movimento ecológico, desde a sua feição inicial sob a forma do **movimento conservacionista**, passando pelo **movimento ecológico (ou ambientalista)** até chegar ao **movimento pelos direitos (e bem-estar) dos animais** e, mais recentemente ainda, pelos **direitos da Natureza**. Não iremos aprofundar a análise das múltiplas faces e diferenças entre os inúmeros grupos sociais voltados à proteção ambiental, mas apenas desenvolveremos um olhar panorâmico sobre as principais diferenças existentes entre eles, como se verifica, por exemplo, entre aqueles que propõem medidas mais radicais de mudança dos padrões sociais, como é o caso dos grupos inspirados na Ecologia Profunda (*Deep Ecology*) de Arne Naess, e outros de cunho apenas "reformista", defendendo a incorporação gradual e relativizada dos valores e práticas ecológicas nos diferentes espectros sociais (político, econômico, jurídico etc.).

O nosso propósito, ao tratar da legitimação social dos valores ecológicos em momento subsequente ao tópico em que elencamos diversas situações concretas de degradação ambiental e os seus reflexos negativos para a sociedade de um modo geral, é demonstrar que há uma sequência lógica de tais fatos, ou seja, a partir da constatação da poluição e da degradação dos recursos naturais é que se deu a sua contestação social e os valores ecológicos emergiram e se legitimaram nas relações sociais. Mais tarde, quando adentrarmos o exame do desenvolvimento do Direito Ambiental, veremos que a legitimação social em questão precede e se coloca como premissa à consagração – ocorrida de forma subsequente – da proteção jurídica do meio ambiente e, consequentemente, à "juridicização" dos valores ecológicos, o que se verifica com o surgimento do Direito Ambiental em alguns países já no início da década de 1970, como é o caso dos EUA e da Alemanha.

---

[4] ALIER, Joan Martinez. *Da economia ecológica ao ecologismo popular*. Blumenau: Editora da FURB, 1998. p. 348-349.

[5] TAVOLARO, Sergio Barreira de Faria. *Movimento ambientalista e modernidade*: sociabilidade, risco e moral. São Paulo: Annablume/Fapesp, 2001. p. 88.

A abordagem referida coaduna-se com a ideia desenvolvida nos últimos tempos em torno da caracterização de uma espécie de *tipping point* ou **ponto de inflexão de natureza social** (*social tipping point*),[6] em paralelo com os denominados *tipping points* **naturais ou ecológicos**. A diferença está no fato de que, ao contrário dos últimos, representados, por exemplo, pelos nove limites planetários desenvolvidos anteriormente (aquecimento global, perda da biodiversidade etc.), o alcance do *tipping point* social em temas ecológicos e climáticos representa o **avanço social positivo** de tais questões, revelando a maturidade do debate público em torno deles, na medida em que tais reivindicações sociais passam a ocupar o *mainstream* das agendas política, econômica, jurídica etc. Rockström e Gaffney abordam o tema com base no exemplo do **movimento estudantil** *Fridays for Future* – e do denominado "**efeito Greta (Thunberg)**" –, visto que, segundo referem, "sua ação é talvez o primeiro sinal real de que a governança planetária se tornou realmente predominante (*mainstream*)".[7] Já, por outro lado, o alcance e a superação dos *tipping points* ecológicos e planetários representa negativamente um cenário de perigos e riscos ecológicos, na medida em que desencadeiam processos incontroláveis que podem levar ao colapso planetário. É possível falar também da caracterização de "*tipping points* **jurídicos**", o que, em matéria ambiental, reforça a abordagem tanto do princípio da proibição de retrocesso quanto do princípio e dever de progressividade, notadamente no sentido do fortalecimento do regime jurídico de proteção da Natureza.

1.1.1 O movimento "conservacionista" anterior à década de 1960

> "Cada manhã era um alegre convite para viver minha vida com a mesma simplicidade e, diria eu, inocência da própria Natureza" (**Henry D. Thoreau**).[8]

A criação de áreas naturais protegidas traduz a ideia de "conservação" dos recursos naturais, caracterizando os primeiros indícios do aparecimento de valores relacionados à proteção da Natureza nas sociedades modernas. A título de exemplo, podemos citar o caso dos **parques nacionais** criados nos Estados Unidos da América (EUA) ainda no século XIX,[9] como o *Hot Springs National Park* (**1832**), no Estado de Arkansas, o *Yosemite National Park* (**1864**), localizado nas montanhas da Serra Nevada, no Estado da Califórnia, o *Yellowstone National Park* (**1872**), localizado nos Estados de Wyoming, Montana e Idaho, e o *Andirondack Public Park* (1885), situado no Estado de Nova Iorque. No Brasil, com certo traço conservacionista, tem-se, no ano de **1808**, ainda no período imperial, a criação do **Jardim Botânico do Rio de Janeiro** (apontado por alguns como a primeira unidade de conservação em território nacional). Quase um século depois, já sob a influência do movimento conservacionista, foi criada a primeira reserva florestal brasileira, o que se deu no Estado do Acre (à época era apenas Território), no ano de 1911, por meio do Decreto 8.843, de 26 de junho daquele ano. Já o **primeiro parque nacional brasileiro** foi criado no ano de **1937**, em **Itatiaia**, no Estado do Rio de Janeiro, por meio do Decreto-lei 1.713, de 14 de junho de 1937. Dois anos mais tarde, em 1939, também foram criados o **Parque Nacional do Iguaçu** e o **Parque Nacional da Serra Geral**.[10]

---

[6] ROCKSTRÖM, Johan; GAFFNEY, Owen. *Breaking boundaries...*, p. 206-211.
[7] ROCKSTRÖM, Johan; GAFFNEY, Owen. *Breaking boundaries...*, p. 207.
[8] THOREAU, Henry D. *Walden*. Porto Alegre: L&PM, 2011. p. 94.
[9] No contexto europeu, Russel Dalton registra a mobilização de grupo social conservacionista (Associação para a Preservação de Monumentos Naturais) em Amsterdã, na Holanda, que teria levado à criação, no ano de 1905, do santuário da vida selvagem no Mar de Naarder (*Naarder Sea*). DALTON, *The Green Rainbow...*, p. 25.
[10] MAGALHÃES, Juraci Perez. *A evolução do direito ambiental no Brasil*. São Paulo: Editora Oliveira Mendes, 1998. p. 29, 41 e 44.

A motivação para a proteção de grandes áreas ambientais ainda no século XIX esteve atrelada a várias razões e interesses (proveito econômico, saúde pública, proteção de recursos hídricos etc.), mas entre os quais também despontava o reconhecimento da importância dos valores estéticos, espirituais e culturais atrelados à Natureza selvagem,[11] demandando a sua proteção. A respeito do "**conservacionismo" norte-americano**, Antônio Carlos S. Diegues refere que o conceito de parque nacional como área natural selvagem é originário dos Estados Unidos. De acordo com o autor, "a noção de *Wilderness* (vida natural/selvagem), subjacente à criação dos parques, no final do séc. XIX, era de grandes áreas não habitadas, sobretudo após o extermínio dos índios e a expansão da fronteira para o oeste. Nesse período já se consolidara o capitalismo americano, a urbanização era acelerada e propunha-se reservar grandes áreas naturais, subtraindo-as à expansão agrícola e colocando-as à disposição das populações urbanas para fins de recreação".[12]

O **movimento conservacionista**, na sua essência, propõe uma espécie de retorno à Natureza, como bem retratado na vida e na obra de **Henry D. Thoreau** (1817-1862). Há uma ideia poético-romântica que mobiliza a valorização estética da Natureza na sua forma original, a qual deve ser preservada em razão disso.[13] Entre os autores que despontaram nesse período, com o propósito de afirmar tais valores, destaca-se **John Muir** (1838-1914), como um dos mais expressivos representantes do movimento "conservacionista" da época e fundador do **Sierra Club**, uma das mais importantes entidades ambientalistas dos Estados Unidos até os dias de hoje. Como pontua Diegues, "Muir lutava para proteger grandes espaços de terra contra a sociedade tecnocrática-industrial, primeiro pela instituição de florestas nacionais e depois dos parques".[14] Da mesma forma como defendido nos escritos de Thoreau, Muir propunha o reconhecimento da divindade da **Natureza selvagem (*Wilderness*)**, como valor por si só e independentemente do seu benefício para o ser humano, bem como que a Natureza representava fonte de tenacidade (*Toughness*) e de **valores éticos**.[15] Tudo isso, por certo, contrapunha-se como crítica aos rumos civilizatórios que agravavam os problemas ecológicos, por meio da crescente urbanização (e da cultura urbana) já verificada à época, notadamente nos cenários europeu e norte-americano.

De modo similar a Thoreau e Muir, mas, no nosso sentir, mediante fundamentos éticos ainda mais sofisticados e já mais próximos do estágio que o movimento ecológico passaria a vivenciar algumas décadas depois, merece destaque a vida e a obra de **Aldo Leopold**, um dos fundadores da **The Wilderness Society**, no ano de 1935, a qual ainda hoje, tal como o Sierra Club fundado por Muir em 1892, configura-se como uma das mais importantes entidades ecológicas em atuação nos Estados Unidos. A sofisticação das ideias de Leopold pode ser verificada na concepção de sua Ética da Terra (*Land Ethic*), formulada em capítulo da sua obra *A Sand County Almanac*, publicada no ano de 1949, inclusive a ponto de reconhecer o valor intrínseco dos elementos naturais,[16] conforme desenvolveremos com maiores detalhes no *Capítulo 3* sobre a ética ecológica.

---

[11] SALZMAN, James; THOMPSON Jr., Barton H. *Environmental Law and Policy*. 3. ed. New York: Thomson Reuters/Foundation Press, 2010. p. 6.

[12] DIEGUES, Antônio Carlos S. "Populações tradicionais em unidades de conservação: o mito moderno da Natureza intocada". In: VIEIRA, Paulo Freire; MAIMON, Dália (Org.). *As ciências sociais e a questão ambiental*: rumo à interdisciplinaridade. Rio de Janeiro: APED/UFPa, 1993. p. 225.

[13] VIEIRA, Liszt; BREDARIOL, Celso. *Cidadania e política ambiental*. Rio de Janeiro/São Paulo: Record, 1998. p. 70.

[14] DIEGUES, *Populações tradicionais em unidades de conservação...*, p. 227.

[15] SALZMAN; THOMPSON, *Environmental Law and Policy...*, p. 6. Para informações complementares sobre o legado de John Muir para o movimento conservacionista norte-americano, v. FOX, Stephen. *John Muir and His Legacy*: The American Conservation Movement. Boston: Little, Brown, 1981.

[16] LEOPOLD, Aldo. *A Sand County Almanac*: with Essays on Conservation from Round River. New York: Ballantine Books, 1970. p. 237 e ss.

O movimento conservacionista, como um estágio "primitivo" do movimento ecológico contemporâneo, traduzia valores de respeito à Natureza, além de enaltecer a vida em harmonia com ela, inclusive no sentido de valorizar uma vida simples e distanciada dos novos rumos civilizatórios e da cultura urbana. Muito embora tenha sido o embrião do movimento ecológico moderno, verificado a partir da década de 1960, o movimento "conservacionista", articulado em promover a proteção de áreas naturais, não contemplava uma dimensão ecológica mais ampla, tal como defendido pelo movimento ambientalista moderno. A intervenção humana predatória – em termos de poluição, degradação e esgotamento dos recursos naturais – ainda não se fazia tão intensa à época, bem como os valores e práticas ecológicas ainda não haviam se cristalizado nas relações sociais, o que só ocorrerá efetivamente a partir da década de 1960.

1.1.2 O surgimento do movimento ambientalista a partir da década de 1960

> "El tiempo de una política para la biosfera, de una política afirmadora de la vida, está ya aquí. Si aprendemos a cambiarnos a nosotros mismos, podremos comenzar la difícil tarea de compartir nuestras ideas y nuestra forma de hacer las cosas con otros, de modo que juntos podamos llevar a cabo la acción necesaria para detener la destrucción de nosotros mismos y curar a la Madre Tierra" (**Petra Kelly**, ecologista e fundadora do Partido Verde na Alemanha).[17]

O **movimento ambientalista ou ecológico** é, por assim dizer, um estágio mais avançado do *movimento conservacionista*, no sentido de que os valores ecológicos se tornaram mais profundos e intensos no seio comunitário. Além disso, a luta ambientalista ganhou contornos muito mais complexos do que antes, demandando uma compreensão mais ampla para a questão ecológica. O agravamento substancial da crise ecológica a partir da década de 1960 estabeleceu um novo desafio para a humanidade, inclusive a ponto de colocar em risco a própria sobrevivência da espécie humana. A isso também se soma o fortalecimento e a disseminação nas relações sociais de uma perspectiva ética capaz de reconhecer o valor da Natureza e dos elementos naturais independentemente do proveito econômico para o ser humano. Muito embora já fosse possível identificar, do ponto de vista ético, o **novo *status* valorativo atribuído à Natureza** por alguns expoentes do movimento conservacionista, como é o caso de Aldo Leopold e sua "Ética da Terra",[18] a consolidação dos valores ecológicos no âmbito comunitário e a disseminação de grupos sociais articulados em torno da sua defesa, tanto no cenário norte-americano quanto no europeu-ocidental, emerge significativamente apenas a partir da década de 1960. É por isso que – ousamos sugerir – o movimento ecológico (ou ambientalista) moderno, tal como o conhecemos, muito embora alguma divergência teórica a respeito da questão,[19] tem o seu marco inicial somente naquela época.

O movimento ambientalista, em termos gerais, surge em decorrência das novas situações de risco postas pela sociedade moderna, inclusive no tocante à perpetuação da espécie humana, situação que não se verificava com tal intensidade antes da década de 1960. Conforme assinala Sergio B. Tavolaro, a respeito do surgimento do movimento ambientalista moderno,

> "há, aqui, uma luta frente ao temor de que a poluição, o uso exagerado da mecanização agrícola e de **agrotóxicos**, a **destruição das florestas**, **da biodiversidade**, possam trazer

---

[17] KELLY, Petra K. *Por un futuro alternativo*: el testimonio de una de las principales pensadoras-activistas de nuestra época. Barcelona: Paidós, 1997. p. 153.
[18] LEOPOLD, *A Sand County Almanac...*, p. 239.
[19] DALTON, *The Green Rainbow...*, p. 26.

enormes constrangimentos às bases físico-orgânicas da vida humana. Essas situações de alto risco são próprias de um momento em que a avançada sociedade moderna atingiu um nível tal de desenvolvimento das forças produtivas, proporcionado pelo avanço do **conhecimento técnico-científico**, que se sentem as ameaças de sua continuada dinâmica. No limite, há a preocupação de que essa dinâmica ponha em risco a própria perpetuação da espécie humana no globo terrestre, já que se caminha para a exaustão dos recursos naturais e da capacidade regenerativa dos ecossistemas".[20]

Retomando o que referimos anteriormente, quando tratamos de fornecer alguns exemplos de situações concretas de degradação ambiental que estão na base da crise ecológica, reitera-se novamente, mas agora no contexto da sua importância para o surgimento do movimento ambientalista, a obra *Primavera silenciosa*[21] de **Rachel Carson**, publicada originalmente no ano de **1962**. O contexto histórico em que Carson escreveu sua obra coincide com o momento do surgimento do movimento ambientalista em algumas partes do mundo, notadamente nos Estados Unidos e na Alemanha.[22] As ideias transmitidas por sua obra e a forma combativa como as defendeu lançaram a semente do que se tornaria uma verdadeira revolução social e cultural, alcançando, mais tarde, também os universos político e jurídico. O seu livro projetou para o espaço público o debate a respeito da responsabilidade da ciência, dos limites do progresso tecnológico e da relação entre ser humano e Natureza. Embora o livro de Carson situe-se no espectro da questão da poluição por substâncias tóxicas – diga-se de passagem, ainda hoje central na crise ambiental –, a sua reflexão extrapola tal perspectiva e alcança a questão ecológica de modo amplo.

Em parte, como resposta à contestação social sobre a poluição ambiental propugnada pela obra de Carson, mas também pelo surgimento de inúmeros grupos ecológicos na sociedade norte-americana, o governo norte-americano, na década que seguiu a publicação do livro, editou alguns dos diplomas legislativos ambientais mais significativos, e que se confundem com o próprio surgimento do **Direito Ambiental norte-americano** (e mesmo mundial, em perspectiva comparada), conforme trataremos à frente. É o caso, entre outras legislações, da **Lei da Política Nacional do Meio Ambiente (*National Environmental Policy Act*)** de 1970, da Lei do Ar Limpo (*Clean Air Act*), de 1970, da Lei da Agência de Proteção Ambiental (EPA – *Environmental Protection Agency*) de 1970, além da Lei da Água Limpa (*Clean Water Act*) de 1972 e da Lei de Espécies Ameaçadas (*Endangered Species Act*) de 1973.

A legislação ambiental norte-americana em questão foi, de certa forma, pioneira e significativa para o surgimento de legislação equivalente em diversos outros países,[23] bem como influenciou até mesmo o cenário internacional, já que antecedeu a própria **Conferência e Declaração de Estocolmo sobre Meio Ambiente Humano (1972)**. O exemplo em questão ilustra a importância da mobilização social dos indivíduos e grupos defensores da Natureza, pois foi justamente a sua ação que resultou, de forma concreta, na mudança de um paradigma, influindo inclusive na esfera política a ponto de resultar na produção de nova legislação "amiga" dos valores ecológicos e destinada a lhes assegurar a devida proteção.

---

[20] TAVOLARO, *Movimento ambientalista e modernidade...*, p. 42.
[21] CARSON, Rachel. *Silent spring*. Fortieth Anniversary Edition (1962). Boston/New York: Mariner Book, 2002. Na doutrina brasileira, a respeito da importância da obra e do pensamento de Carson para o fortalecimento do movimento ambientalista nas décadas de 1960 e 1970, v. SAMPAIO, Rômulo Silveira da Rocha. *Direito ambiental*: doutrina e casos práticos. Rio de Janeiro: Elsevier/FGV, 2011. p. 71-73.
[22] V., por exemplo, NETZER, Hans-Joachim (Org.). *Crimes contra a Natureza*. São Paulo: Edições Melhoramentos, 1967.
[23] Sobre o tema, v. RAMOS, Erasmo Marcos. *Direito ambiental comparado (Brasil-Alemanha-EUA)*: uma análise exemplificada dos instrumentos ambientais brasileiros à luz do direito comparado. Maringá: Midiograf II, 2009. p. 101.

No **início da década de 1970**, num momento em que o movimento ambientalista já se encontrava arraigado nos Estados Unidos e na Europa, ganharam notoriedade as ações e campanhas ecológicas promovidas pela entidade ambientalista Greenpeace. A título de exemplo, vale destacar que a primeira campanha do Greenpeace, entre os anos de 1970 e 1971, deu-se em face dos testes nucleares realizados pelo governo norte-americano na Ilha de Amchitka, no Estado do Alasca. Poucos anos depois, o Greenpeace também protestou contra testes nucleares realizados pelo governo francês no Atol de Mururoa, no Oceano Pacífico.[24] Aos poucos, inúmeras entidades ambientalistas, antes com atuação local, passaram a ganhar expressão mundial e a atuar com campanhas e ações voltadas ao cenário internacional.

A criação de uma agenda internacional para a questão ambiental impulsionada pela Conferência de Estocolmo de 1972, inclusive com a **criação do Programa das Nações Unidas para o Meio Ambiente (PNUMA)**, forneceu um espaço político fundamental para a expansão internacional de tais entidades. O estabelecimento de fóruns internacionais permanentes de debate ambiental fez que as entidades ambientalistas passassem a atuar em tal cenário, participando das discussões que levaram à edição de dezenas de documentos internacionais (declarações, convenções e tratados) em matéria ambiental. Entre as entidades mais destacadas no cenário internacional, podemos citar, a título de exemplo: a **IUCN** (*International Union for Conservation of Nature*), o **WWF** (*World Wide Fund for Nature*), a **Amigos da Terra** (*Friends of the Earth*), o **Greenpeace** e a **Conservação Internacional** (*Conservation International*).

Para uma melhor compreensão do tema, iremos relatar um pouco do histórico de tais entidades, seguindo a ordem cronológica da fundação delas. A União Internacional para a Conservação da Natureza e dos Recursos Naturais (*International Union for Conservation of Nature* – IUCN) é uma organização internacional, filiada à UNESCO, dedicada à conservação dos recursos naturais.[25] Fundada em 1948, ainda em período que a causa ecológica não estava consolidada sob o seu formato moderno, a IUCN tem sua sede localizada em Gland, na Suíça. A IUCN reúne 84 nações, 112 agências de governo, 735 ONGs e milhares de especialistas e cientistas de 181 países, estando entre as principais organizações ambientais do mundo. No âmbito da IUCN, destaca-se a rede de renomados juristas, de diversos países, que dão suporte e assessoria às atividades da entidade, participando da elaboração dos principais documentos internacionais em matéria ambiental.

A WWF (*World Wide Fund for Nature*) ou, em português, Fundo Mundial para a Natureza é outra organização não governamental de projeção internacional, atuando nas áreas da conservação, investigação e recuperação ambiental. Foi fundada em 1961, na Suíça, por um grupo de cientistas preocupados com a devastação da Natureza. O nome da entidade foi alterado no ano de 1986 – até então era *World Wildlife Fund* – em decorrência da expansão e orientação da sua atuação para a preservação do ambiente como um todo (que reflete a interdependência de todos os seres vivos), em vez de se concentrar na proteção de espécies de forma isolada. A sigla WWF foi mantida para evitar confusões e mensagens misturadas através de fronteiras e idiomas. Ambas as entidades – IUCN e WWF – congregam a atuação de renomados cientistas e centros de pesquisa, das mais diversas áreas de interesse ambiental, o que dá grande credibilidade para as suas práticas (campanhas, articulação política etc.).[26]

---

[24] GABEIRA, Fernando. *Greenpeace*: verde guerrilha da paz. São Paulo: Editora Clube do Livro, 1988. p. 64-65.

[25] No Brasil, conforme veremos à frente, a IUCN sempre exerceu forte influência e manteve laços institucionais com algumas entidades conservacionistas e ambientalistas, como, por exemplo, a Fundação Brasileira para a Conservação da Natureza (FBCN). URBAN, Teresa. *Missão (quase) impossível*: aventuras e desventuras do movimento ambientalista no Brasil. São Paulo: Peirópolis, 2001. p. 33.

[26] Com perfil semelhante à IUCN e à WWF, registra-se a Conservação Internacional (*Conservation International* – CI). Fundada em 1987, a Conservação Internacional é uma organização não governamental sediada em Washington D.C., que visa à proteção de *hotspots* de biodiversidade, áreas selvagens e regiões marinhas de alta biodiversidade ao redor do globo.

Com perfil de atuação distinto, baseado em **ações diretas de protesto** (fundadas em princípios de movimentos populares de base ou, na expressão consagrada em inglês, *Grassroots Movements*) e campanhas ostensivas em determinadas áreas temáticas, registra-se a Amigos da Terra Internacional (*Friends of the Earth International*), entidade ambientalista que congrega uma rede de organizações ambientais presente em mais de 74 países, incluindo o Brasil. A *Amigos da Terra Internacional* foi fundada nos Estados Unidos, em 1969, em razão de dissidência e separação dos seus fundadores que antes integravam o Sierra Club, o que se deu em parte como consequência da relutância desta última em combater a construção de plantas nucleares em território norte-americano. Já em 1971, a entidade tornou-se uma rede internacional, com representação em países como EUA, Suécia, Reino Unido e França. A sua atuação é bastante diversificada, pautando praticamente todas as questões ambientais mais relevantes.

De modo similar à proposta de atuação da Amigos da Terra, merece destaque o *Greenpeace*.[27] Fundada em 1971, no Canadá, a entidade tem, atualmente, cerca de três milhões de colaboradores em todo o mundo. Entre os primeiros ativistas que ajudaram a fundar a organização na década de 1970, havia pessoas com estilo de vida *hippie* e membros de comunidades *Quakers* norte-americanas, que migraram para o Canadá por não concordarem com a Guerra do Vietnã. Um dos mais destacados fundadores da organização, Robert Hunter, falecido em maio de 2005, foi membro do grupo por praticamente toda sua vida. O Greenpeace vivenciou a dissidência de um dos seus fundadores, Paul Watson, que deixou a entidade em 1977, fundando, no mesmo ano, a *Sea Shepherd Conservation Society*, dedicada à proteção dos oceanos.

Atualmente, o Greenpeace possui sua sede em Amsterdã, nos Países Baixos, e conta com escritórios espalhados em mais de 40 países, inclusive no Brasil, onde a entidade já participou de inúmeros protestos públicos (até mesmo a ponto de colocar uma faixa gigante de protesto na estátua do Cristo Redentor na Cidade do Rio de Janeiro). A atuação temática da entidade, com campanhas alinhadas internacionalmente, gira em torno da proteção de áreas de florestas (no Brasil, por exemplo, há forte atuação em prol da proteção da Amazônia), clima, energia nuclear, oceanos, engenharia genética, substâncias tóxicas, transgênicos e energia renovável. A organização busca sensibilizar a opinião pública através de atos, publicidades e outros meios. Sua atuação é baseada nos pilares filosófico-morais da **desobediência civil** e tem, como princípio básico, a **ação direta**.

Aos poucos, a defesa ecológica, sobretudo a partir da década de 1980, vai ganhando contornos políticos cada vez mais significativos. Por esse prisma, outro momento histórico relevante para o movimento ambientalista diz respeito à criação do Partido Verde na Alemanha e, posteriormente, em vários outros países (inclusive no Brasil, no ano de 1986[28]). O **Partido Verde alemão (*Die Grünen*)**, criado no ano de 1980,[29] em Karlsruhe, no Estado de Baden-Württemberg, buscou catalisar

---

[27] Na literatura nacional, sobre a história e o perfil de atuação do Greenpeace, v. GABEIRA, Fernando. *Greenpeace*: verde guerrilha da paz. São Paulo: Editora Clube do Livro, 1988.

[28] A criação do **Partido Verde (PV) brasileiro**, sob a influência direta de políticos fluminenses ligados à causa ecológica, como Fernando Gabeira, Liszt Vieira, Alfredo Sirkis e Carlos Minc, ocorreu somente no ano de 1986, já no cenário político armado pela Assembleia Nacional Constituinte (VIOLA, *O movimento ecológico no Brasil...*, p. 14). A respeito das ideias que inspiraram o Partido Verde brasileiro à época da sua criação, inclusive com textos dos seus fundadores e o denominado *Manifesto do Partido Verde*, v. GABEIRA, Fernando et al. *Partido Verde*: propostas de ecologia política. Rio de Janeiro: Editora Anima, 1986. Ainda em relação à história do PV, inclusive no sentido de identificar o seu distanciamento, a partir do início dos anos 2000, do programa ecológico que inspirou a sua fundação, v. SIRKIS, Alfredo. *Descarbonário*. Rio de Janeiro: UBOOK Editora, 2020. p. 71-77.

[29] Após a reunificação da Alemanha, com a Queda do Muro de Berlim, no ano de 1989, o Partido Verde alemão (*Die Grünnen*) estabeleceu uma coalização, no ano de 1993, com o Partido *Bündnis 90* (Aliança 90), fundado durante a Revolução de 1989-1990 na Alemanha Oriental. A coalização dos dois partidos resultou no Partido *Bündnis 90/Die Grünen* (em português: Aliança 90/Os Verdes).

diversos grupos sociais surgidos na década de 1970 em torno das questões ecológica e pacifista, com destaque para a luta contra a energia nuclear. A sua origem é associada às contestações civis verificadas no ano de 1968, em especial na Europa, tendo à sua frente, entre outros líderes, Daniel Cohn-Bendit, uma das lideranças mais destacadas do Movimento de Maio de 1968. De um modo geral, a criação do Partido Verde objetivou conferir articulação política e representação parlamentar à luta ambiental, fazendo o movimento ecológico migrar para o campo da *ecopolítica*.

O Partido Verde, em termos ideológicos, funda-se no que se denominou de seus **quatro pilares: justiça social, proteção ecológica, democracia de base** e **não violência**. Como refere **Petra Kelly** (1947-1992), que foi uma das principais lideranças e fundadora do Partido Verde na Alemanha, o ideário político verde tomou – pelo menos na sua primeira fase e a partir do olhar de seus fundadores – a forma de um "partido antipartido",[30] em vista de práticas de desobediência civil (própria de movimentos populares), ou seja, de uma estratégia política de ações diretas não violentas fora do Parlamento, a partir de uma base ética de controle sobre as nossas práticas de consumo. Segundo Kelly, "nuestra fundamental prioridad fue tratar de transformar la mentalidad consumista y nuestro sistema de crecimiento económico industrial en una economía ecológicamente sostenible con la conservación reemplazando al consumo como fuerza directora, una base ética de control, una conciencia de los límites que capacitase a las personas para actuar sin dañarse a sí mismas o al entorno. Ecología, justicia social, no violencia, feminismo, antimilitarismo y estructuras no centralizadas fueron y son los principales pilares de nuestro programa".[31]

A Alemanha – e a força do seu Partido Verde simboliza isto – representa um dos exemplos mais destacados no campo da política ecológica, inclusive a ponto de muitos a identificarem como uma das Nações mais "verdes ou ecológicas" do mundo. Segundo o historiador alemão Frank Uekötter, os fatores determinantes para o êxito do modelo ecológico alemão e também para sua liderança internacional no tema (e, conforme o próprio autor, não que eles estejam hoje tão presentes, fortes e articulados quanto na década de 1980 e na primeira metade da década de 1990) são, para além de uma forte identidade nacional cultural (inclusive no âmbito das práticas de consumo) sobre a questão: 1) administração pública forte (de direita e de esquerda) comprometida com o tema e legislação estrita; 2) comunidade sólida de cientistas (e engenheiros) e instituições acadêmicas voltados à concepção de tecnologia limpa/ecológica, acompanhada e potencializada pelo "green business"; 3) poderosa rede de organizações não governamentais ecológicas em todos os níveis (local, regional, comunitário e internacional).[32]

1.1.3 O movimento pelos direitos (e bem-estar) dos animais (não humanos)

A proteção dos animais, muito embora sempre tenha sido um elemento importante do movimento ecológico de um modo geral (por exemplo, a proteção de espécies da fauna ameaçadas da extinção), tem ganhado cada vez mais expressão social diante do crescente *movimento pelos direitos (e bem-estar) dos animais*, com a caracterização de entidades ambientalistas voltadas exclusivamente a essa atuação. Entre os casos mais destacados, pode-se citar a PETA (*People for the Ethical Treatment of Animals*), entidade que se destaca como a maior organização civil voltada à promoção dos direitos dos animais, com atuação ao redor do mundo e mais de 3 milhões de membros e colaboradores. A sua atuação tem como foco central o combate ao uso de animais em quatro áreas específicas: fazendas industriais, comércio de vestuário, laboratórios e pesquisa científica e indústria de entretenimento. Em termos gerais, a entidade promove, entre outras atividades: campanhas de educação, investigações sobre práticas cruéis contra animais,

---

[30] KELLY, *Por un futuro alternativo...*, p. 147.
[31] KELLY, *Por un futuro alternativo...*, p. 144.
[32] UEKÖTTER, Frank. *The Greenest Nation? A New History of German Environmentalism*. Cambridge: MIT Press, 2014. p. 18-24.

pesquisas na área, resgate de animais, proposições legislativas, envolvimento de pessoas famosas, campanhas e atos de protesto. A título de exemplo, não poucas vezes já foi noticiado na mídia que ativistas da PETA invadiram locais onde se realizavam desfiles de moda, em especial para protestar contra o uso de peles de animais etc. A **desobediência civil**, sob a forma de ações diretas de protesto, assim como marcou o movimento ambientalista de um modo geral, também é uma característica do movimento pelos direitos dos animais.

Do ponto de vista da literatura e da teoria de base que fundamenta e inspira o movimento pelos direitos dos animais, é possível referir a obra ***Libertação animal***[33] do filósofo australiano **Peter Singer**, publicado no ano de 1975, como livro fundamental para o movimento em prol dos direitos dos animais. Igual se pode afirmar em relação às ideias que permeiam a concepção teórica e prática da *Deep Ecology* (Ecologia Profunda), formulada pelo filósofo norueguês Arne Naess,[34] no sentido de reconhecer um valor intrínseco à Natureza (e, portanto, também aos animais em geral). Não iremos desenvolver aqui o tema da ética animal tratada pela obra de Peter Singer, nem os fundamentos da *Deep Ecology*, uma vez que ambas serão objeto de análise específica no capítulo subsequente sobre a **ética ecológica**. O nosso propósito, por ora, é apenas destacar, de modo particular, o movimento pelos direitos dos animais, já que se trata de corrente do movimento ecológico que ganha cada vez mais adesão e, consequentemente, legitimação social. Tal como se verifica no tocante ao movimento ecológico, há fundamentos teóricos (ético, espiritual, político, biológico etc.) extremamente sofisticados para justificar a proteção dos animais, com a adesão de renomados cientistas, acadêmicos e intelectuais.

1.2 O "despertar" da consciência ecológica e o surgimento do movimento ecológico brasileiro na década de 1970

> "Este é um documento de luta. Sua finalidade é esclarecer, sacudir, chocar. É fazer pensar, promover discussão. A linguagem é deliberada. Os minúsculos grupos que hoje lutam pela conscientização ecológica e contra a total desestruturação ambiental e social não mais podem ater-se à linguagem tímida. Esta, no passado, não impediu que chegássemos aos extremos que hoje confrontamos. As forças da destruição não têm esta inibição. Sua agressão não conhece limites nem freios. Sempre nos acusaram e continuarão nos acusando de radicais, de líricos, quando não de apocalípticos. Apenas somos realistas. A realidade é grave" (**José Lutzenberger**, *Manifesto Ecológico Brasileiro* de 1976).[35]
>
> "Se descesse um enviado dos céus e me garantisse que minha morte iria fortalecer nossa luta, até valeria a pena. Mas a experiência nos ensina o contrário. Então eu quero viver. Ato público e enterro numeroso não salvarão a Amazônia. Quero viver" (**Chico Mendes**).[36]

---

[33] SINGER, Peter. *Libertação animal*. Porto: Via Optima, 2000.

[34] NAESS, Arne. *Ecology, community and lifestyle*: outline of an ecosophy. Cambridge: Cambridge University Press, 1989.

[35] O trecho em epígrafe foi extraído do *Manifesto Ecológico Brasileiro*, escrito por Lutzenberger entre os anos de 1975 e 1976, ou seja, cinco anos após a fundação da AGAPAN, primeira entidade ecológica brasileira. LUTZENBERGER, José A. *Fim do futuro?* Manifesto ecológico brasileiro. 4. ed. Porto Alegre: Editora Movimento/Universidade Federal do Rio Grande do Sul, 1980. p. 10. Há inúmeros textos de Lutzenberger (fragmentos dos seus inúmeros livros) disponíveis na página eletrônica da Fundação Gaia: http://www.fgaia.org.br/texts/index.html. A respeito da vida e da luta ecológica de Lutzenberger, merece destaque o documentário *Lutzenberger - Forever Gaia* (2007), dirigido e produzido por Frank Coe e Otto Guerra. Disponível em: http://www.youtube.com/watch?v=5dJsHPD5h9I.

[36] A passagem citada foi extraída da última entrevista dada por Chico Mendes, em 9 de dezembro de 1988, pouco antes do seu assassinato, ao jornalista Edilson Martins. MARTINS, Edilson. *Chico Mendes*: um povo da floresta. Rio de Janeiro: Garamond, 1998. p. 28.

"Em 1987, quando os trabalhos da Constituinte se encaminhavam para o seu final, os empates intensificaram-se, sendo o principal instrumento de atuação do movimento dos seringueiros, sob a liderança de Chico Mendes. Em dezembro de 1988, dois meses após a promulgação da Constituição, Chico Mendes foi assassinado. Deixou como herança um estilo novo de liderança, que busca a diversidade e não a unicidade ideológica; uma compreensão da Amazônia que iluminou a criação de alternativas econômicas baseadas na existência, e não na supressão da floresta; uma cultura de diálogo, desde o nível local até o global; e a coragem de ir em frente com seus propósitos, mesmo diante de riscos tão extremos quanto a perda da própria vida" (**Marina Silva**).[37]

1.2.1 Surgimento e consolidação do movimento ecológico brasileiro a partir do início da década de 1970

O surgimento do movimento ambientalista no Brasil deu-se a partir da década de 1970. Por mais que os "valores ecológicos" já circulassem antes disso em solo brasileiro, por influência do que estava em curso na Europa e nos Estados Unidos desde a década de 1960, a efetiva "invasão" no plano nacional de tal revolução social, com o surgimento das primeiras entidades e associações com objetivos propriamente ecológicos, só ocorreu a partir da década de 1970. Antes, o "espírito" que moveu a criação de entidades protetoras da Natureza estava atrelado mais ao "conservacionismo", ou seja, a criação de áreas de proteção ambiental e a proteção de animais, não se verificando em tais entidades ainda os valores ecológicos na sua concepção moderna e "globalizante". Esse é o caso da **Fundação Brasileira para a Conservação da Natureza (FBCN)**, criada em 1958, na Cidade do Rio de Janeiro (e vinculada à União Internacional para a Conservação da Natureza – IUCN).[38] A FBCN, tendo como seus fundadores cientistas, políticos e jornalistas, exerceu papel fundamental também para "preparar o campo" para o surgimento do movimento ambientalista no Brasil algum tempo depois. De acordo com Teresa Urban, "muitas entidades que surgiram no início da década de 70 no Brasil tiveram o apoio da FBCN, que esteve presente, sobretudo por meio da grande produção técnico-científica de seus membros, nos principais debates nacionais sobre os problemas ligados à conservação da Natureza".[39] Tornou-se conhecido à época o *Boletim Informativo* editado pela FBCN, divulgando artigos que versavam sobre os mais diferentes aspectos da questão conservacionista.

A causa conservacionista propagada pela FBCN agregou, posteriormente, importantes aliados da Marinha brasileira, notadamente os almirantes José Luiz Belart e Ibsen de Gusmão Câmara, que participaram ativamente em importantes lutas ecológicas (como, por exemplo, na questão da Hidrelétrica de Itaipu e na campanha contra a caça às baleias[40]). Mas, talvez, a mais destacada liderança ambientalista que esteve à frente da FBCN, já no período em que floresceu o movimento ambientalista brasileiro na década de 1970, foi **Paulo Nogueira-Neto**. O notável

---

[37] SILVA, Marina. Meio ambiente na Constituição de 88: lições da história. *In*: SENADO FEDERAL. *Constituição de 1988*: o Brasil 20 anos depois. Os Cidadãos na Carta Cidadã. Volume V. Meio Ambiente. Brasília: Senado Federal, 2008, p. 4. Disponível em: https://www12.senado.leg.br/publicacoes/estudos-legislativos/tipos-de-estudos/outras-publicacoes/volume-v-constituicao-de-1988-o-brasil-20-anos-depois.-os-cidadaos--na-carta-cidada/meio-ambiente-meio-ambiente-na-constituicao-de-88-licoes-da-historia/view.

[38] BONES, Elmar; HASSE, Geraldo. *Pioneiros da ecologia*: breve história do movimento ambientalista no Rio Grande do Sul. Porto Alegre: Já Editores, 2002. p. 16.

[39] URBAN, *Missão (quase) impossível...*, p. 33.

[40] A campanha contra a caça às baleias representou uma questão do movimento ambientalista de âmbito internacional, especialmente em meados da década de 1980, tendo os grupos ambientalistas brasileiros, como foi o caso da FBCN, se mobilizado em torno do tema. Como resultado dessa articulação e mobilização social, editou-se, no cenário nacional, a Lei 7.643/87, proibindo a pesca de cetáceos em águas brasileiras.

ambientalista, que contava tanto com formação jurídica quanto em ciências naturais, também esteve à frente da **Secretaria Especial de Meio Ambiente do Governo Federal (SEMA)**, criada em 1973 (um ano após a Conferência de Estocolmo sobre o Meio Ambiente Humano das Nações Unidas), no período abrangido entre 1974 e 1986, tendo contribuído diretamente na elaboração da legislação ambiental brasileira editada ao longo da década de 1970 até a Constituição Federal de 1988, e de modo especial no tocante à Lei da Política Nacional do Meio Ambiente (Lei 6.938/81).

Nogueira-Neto também foi membro da Comissão Bruntland entre 1983 e 1987, tendo contribuído para a elaboração do *Relatório Nosso Futuro Comum* (1987), preparatório para a Conferência sobre Meio Ambiente e Desenvolvimento da ONU (Eco-92), realizada no Rio de Janeiro em 1992. A respeito do surgimento do movimento ambientalista brasileiro, assinala Nogueira-Neto: "durante muito tempo, éramos vistos como uma espécie de caçadores de borboletas – pessoas simpáticas com um objetivo curioso –, mas não éramos levados muito a sério. Mais tarde, verificamos que o meio ambiente era maior do que fauna e flora, compreendia também o controle da poluição, qualidade da água e do ar, e tinha um sentido muito mais amplo".[41]

Na sequência, após o período "conservacionista" dos grupos envolvidos com a proteção da flora e da fauna (em especial, a FBCN), considerando a transição apontada por Nogueira-Neto, teriam surgido, no início da década de 1970, as primeiras entidades brasileiras com viés propriamente ecológico. Alguns autores apontam para a **Associação Gaúcha de Proteção ao Ambiente Natural (AGAPAN)**,[42] criada no ano de 1971 e que teve como seu fundador e primeiro presidente **José Lutzenberger**, como a primeira associação ecologista a surgir no Brasil – e até mesmo na América Latina.[43] No discurso de fundação da AGAPAN, elaborado por Lutzenberger, sob o título "Por uma ética ecológica", já é possível identificar a dimensão "revolucionária" do que estava pautado, inclusive na identificação de uma "crise ecológica". A nova bandeira de uma ética ecológica, bem como a proposta de uma mudança radical nas práticas sociais trazia um conteúdo programático que se diferenciava substancialmente do movimento conservacionista vigente até então no Brasil, fincando suas bases e objetivos em novas premissas e alinhando-se ao movimento ambientalista moderno já consolidado nos Estados Unidos e na Europa.

As ideias lançadas por Lutzenberger foram reunidas no ***Manifesto ecológico brasileiro***, publicado originalmente no ano de 1976.[44] De acordo com Héctor Leis e Eduardo Viola, a respeito das referências norte-americana e europeia no surgimento das associações ambientalistas brasileiras, "a influência dá-se fundamentalmente na adoção de um sistema de valores e na formulação de um programa: questionamento da civilização urbano-industrial pelos seus impactos devastadores sobre a Natureza, promoção da ecologia como ciência, combate à poluição causada por indústrias e veículos e à destruição das belezas paisagísticas causada por empreendimentos humanos, luta contra o uso exagerado da mecanização agrária e contra uso indiscriminado de agrotóxicos, preservação da flora e da fauna silvestres".[45]

---

[41] URBAN, *Missão (quase) impossível...*, p. 42. A "biografia" de Paulo Nogueira-Neto foi publicada sob a forma de passagens do seu diário pessoal, representando importante registro da história do movimento ambientalista brasileiro e da gênese da política ambiental e do Direito Ambiental brasileiro por meio da sua atuação à frente da SEMA e da sua participação na elaboração da Lei 6.938/81 (Lei da Política Nacional do Meio Ambiente), entre outros diplomas legislativos ambientais. NOGUEIRA-NETO, Paulo. *Uma trajetória ambientalista*: diário de Paulo Nogueira-Neto. São Paulo: Empresa das Artes, 2010.

[42] Para maiores informações sobre a história da AGAPAN, contada por um dos seus fundadores e principais lideranças, v. CARNEIRO, Augusto C. *A história do ambientalismo*: o socialismo, a direita e o ecologismo. Porto Alegre: Sagra Luzzatto, 2003. especialmente p. 15 e ss.

[43] VIOLA, *O movimento ecológico no Brasil...*, p. 9.

[44] LUTZENBERGER, José A. *Fim do futuro? Manifesto ecológico brasileiro*. 4. ed. Porto Alegre: Editora Movimento/Universidade Federal do Rio Grande do Sul, 1980.

[45] VIOLA, Eduardo J.; LEIS, Hector R. A evolução das políticas ambientais no Brasil, 1971-1991: do bissetorialismo preservacionista para o multissetorialismo orientado para o desenvolvimento sustentável. In: HOGAN,

Poucos anos após a criação da AGAPAN, registrou-se, em setembro do ano de 1973, outro marco simbólico do surgimento do movimento ambientalista brasileiro. Em ato de protesto individual, com uma máscara de gases cobrindo o rosto e cartazes contra a poluição, o artista plástico espanhol **Emilio Miguel Abellá** percorreu as ruas do centro de São Paulo por quinze dias. O episódio foi noticiado nos meios de comunicação (o jornal *O Estado de São Paulo* fez reportagem sobre o protesto). O que, aparentemente, parecia um ato isolado e individual de protesto contra a poluição acabou se tornando num dos mais expressivos movimentos de protesto do ambientalismo brasileiro, o **Movimento Arte e Pensamento Ecológico (MAPE)**, tendo o próprio Abellá como a sua principal liderança. Conforme refere Teresa Urban, "na época, era difícil imaginar que a ação de Miguel Abellá desse origem a um dos mais importantes movimentos de protesto da década de 70, o Movimento Arte e Pensamento Ecológico (MAPE), que envolveu dezenas de artistas numa campanha alegre e divertida a favor da Natureza".[46] Entre as ações realizadas pelo MAPE, tornarem-se conhecidas as chamadas "Cruzadas Ecológicas", que percorreram diversas cidades brasileiras, com a divulgação de obras de diversos artistas plásticos que encampavam as ideias do movimento, bem como a realização de palestras com diversos especialistas sobre a temática ecológica. Além das manifestações e ações de divulgação das suas ideias, o MAPE também editou a *Revista Pensamento Ecológico*, entre 1978 e 1988, com a publicação de textos de importantes de militantes, jornalistas e intelectuais, nacionais e estrangeiros, envolvidos com a questão ecológica.[47]

O movimento ambientalista brasileiro, por sua vez, surge em meio ao regime de **ditadura militar** instaurado no Brasil em 1964, que perdurou até 1985, com a eleição indireta do Presidente Tancredo Neves. A postura antiecológica do governo brasileiro externada pelo nosso representante[48] na Conferência de Estocolmo sobre Meio Ambiente Humano, no ano de 1972, é ilustrativa do cenário político nada favorável aos valores e práticas defendidos pelos grupos ecológicos que surgiam no Brasil na década de 1970. Se do ponto de vista dos propósitos político-econômicos de natureza "**desenvolvimentista**" dominantes à época, os grupos ecológicos já representavam um movimento de contestação, mais significativa ainda é a contrariedade existente entre as práticas políticas e ações diretas (inclusive de desobediência civil) que sempre caracterizaram o movimento ecológico desde os seus primórdios e os ditames militares (repressivos e de manutenção da ordem) vigentes no Brasil à época. Não há dúvida de que o cenário político de repressão militar verificado no Brasil em tal período histórico tenha retardado e dificultado o caminho para o fortalecimento do movimento ambientalista brasileiro de um modo geral. Segundo Eduardo Viola, o regime militar teria inibido o surgimento e o fortalecimento do movimento ambientalista no Brasil.[49]

Diversos temas ocuparam a agenda do movimento ambientalista brasileiro ao longo da década de 1970. Entre eles, podemos destacar a luta contra a **energia nuclear**, que ganhou expressão em razão da **construção das usinas nucleares de Angra I e Angra II**, e que se

---

Daniel Joseph; VIEIRA, Paulo Freire (Org.). *Dilemas socioambientais e desenvolvimento sustentável*. 2. ed. Campinas: Editora da Unicamp, 1995. p. 82.

[46] URBAN, *Missão (quase) impossível...*, p. 47.

[47] URBAN, *Missão (quase) impossível...*, p. 52. As 25 edições da revista encontram-se disponíveis em: http://hps.infolink.com.br/peco/.

[48] A postura "desenvolvimentista" do governo brasileiro mostrou-se contrária às medidas de proteção ambiental postas na Conferência de Estocolmo, inclusive a ponto de o representante brasileiro em tal evento haver pronunciado frase que se tornou negativamente conhecida, convidando a indústria de outros países a vir poluir no Brasil: "Venham (as indústrias) para o Brasil. Nós ainda não temos poluição". RIBEIRO, Wagner Costa. *A ordem ambiental internacional*. 2. ed. São Paulo: Editora Contexto, 2010. p. 80. Para maiores detalhes, v. também NASCIMENTO E SILVA, Geraldo Eulálio do. *Direito ambiental internacional*. 2. ed. Rio de Janeiro: THEX Editora, 2002. p. 29 e ss.

[49] VIOLA, *O movimento ecológico no Brasil...*, p. 9.

deu a partir do início da década de 1970. Diversas entidades ambientalistas, em diferentes Estados, procuraram compelir as autoridades públicas a adotarem medidas para restringir e, em algumas situações, até mesmo proibir atividades nucleares em seus territórios. Em alguns casos, como já referido no primeiro capítulo, as próprias Constituições estaduais foram emendadas para prever tais medidas restritivas e proibitivas. O livro *Pesadelo atômico*, escrito por Lutzenberger e publicado no ano de 1980, é um registro dessa luta do movimento ecológico brasileiro contra a energia nuclear.

Outra questão relevante, conforme já tivemos oportunidade de tratar no tópico sobre as diversas manifestações da poluição e da degradação ambiental, diz respeito à **poluição industrial**, com destaque para o caso da **Cidade de Cubatão**, no Estado de São Paulo. Não há dúvida no sentido de que o caso emblemático de Cubatão tenha motivado a articulação do movimento ambientalista, não apenas paulista, mas nacional em prol do combate à poluição e à contaminação ambiental provocada pela atividade industrial.[50] Isso teria levado, inclusive, à edição das primeiras legislações voltadas ao controle da poluição gerada pela atividade industrial, conforme veremos à frente, quando tratarmos da trajetória histórica do Direito Ambiental brasileiro. Ainda, nesse mesmo período, foi a articulação do movimento ambientalista contra o uso de **agrotóxicos**, com forte influência da obra de Rachel Carson, conforme apontado anteriormente, o que conduziu à aprovação de legislações estaduais restritivas a respeito do tema no início da década de 1980.[51]

O caso da **construção da Hidrelétrica de Itaipu** também marcou de forma bastante expressiva a luta do movimento ambientalista brasileiro ao longo da sua primeira década de existência. A **destruição das Sete Quedas do Rio Paraná**, cobertas pelas águas do seu reservatório, ocorreu em 1982. A questão de Itaipu mobilizou o movimento ambientalista brasileiro por todos os cantos do país. Se por um lado o episódio representou uma grande derrota para o movimento ambientalista, já que o embate travado não conseguiu impedir a construção da usina hidrelétrica, ao mesmo tempo, convém frisar, possibilitou a articulação e o fortalecimento do movimento ambientalista, mobilizado por meio de uma campanha de expressão nacional, congregando diversas entidades ecológicas, de diferentes rincões do País, em prol de uma causa ecológica comum.

De modo simbólico, os diversos grupos ambientalistas envolvidos com a defesa das Sete Quedas, já cientes de que o fechamento das comportas da hidrelétrica e o preenchimento do reservatório ocorreria em setembro de 1982, realizaram, em julho daquele ano, o denominado *Quarup*[52] Adeus Sete Quedas, que reuniu, durante três dias, cerca de 3.000 ambientalistas num grande acampamento, apresentando uma nova forma (pacífica) de atuação política.[53] O evento teve ampla projeção nacional, com grande divulgação na mídia e mobilização social no país inteiro. A respeito da destruição das Sete Quedas, destaca-se trecho do poema elaborado por Carlos Drummond de Andrade, colaborador do movimento ambientalista brasileiro desde a década de 1970:

---

[50] Também no tocante à poluição, sobretudo da poluição hídrica, merece registro, já na década de 1990, a campanha em prol da **despoluição do Rio Tietê**, no Estado de São Paulo, promovida pelo Núcleo Pró-Tietê e a SOS Mata Atlântica, a qual perdurou entre os anos de 1991 e 1994. URBAN, *Missão (quase) impossível...*, p. 139.

[51] A articulação dos movimentos ambientalistas gaúcho e paranaense em torno da temática dos agrotóxicos conduziu à aprovação, respectivamente, da Lei Estadual 7.747/82, no Estado do Rio Grande do Sul, e da Lei Estadual 7.827/83, no Estado do Paraná, sendo, no entanto, ambas as legislações declaradas inconstitucionais pelo STF alguns anos depois.

[52] O *Quarup* é um ritual de homenagem aos mortos celebrado pelos povos indígenas da região do Rio Xingu, no Estado do Pará. Em sua origem, o *Quarup* teria sido um ritual que objetivava trazer os mortos de novo à vida.

[53] URBAN, *Missão (quase) impossível...*, p. 98.

"(...) Sete Quedas por nós passaram,
E não soubemos, ah, não soubemos amá-las,
E todas sete foram mortas,
E todas sete somem no ar,
Sete fantasmas, sete crimes
Dos vivos golpeando a vida
Que nunca mais renascerá".
(Carlos Drummond de Andrade)[54]

De modo similar às manifestações sociais contrárias à construção da Hidrelétrica de Itaipu, destacam-se dois episódios mais recentes que também ensejaram empreendimentos governamentais com enorme impacto ecológico e que tiveram forte resistência do movimento ambientalista. O primeiro diz respeito à obra de **transposição do Rio São Francisco**, cujo início se deu no ano 2007 e que ainda permanece inacabada – em algumas regiões, inclusive abandonada – e sem previsão de finalização. O segundo se refere à construção da **Usina Hidrelétrica de Belo Monte** na bacia do Rio Xingu, próximo ao município de Altamira, no Estado do Pará. O início das obras ocorreu em 2010, tendo a sua primeira turbina entrado em operação em 2016. O caso de Belo Monte envolveu inúmeras disputas judiciais, inclusive no âmbito do Sistema Interamericano de Direitos Humanos, com a aplicação, em 2011, de medidas cautelares por parte da Comissão Interamericana de Direitos Humanos (CIDH) em face do Estado brasileiro, a fim de resguardar direitos dos povos indígenas violados pelo referido empreendimento.[55]

A partir do final da década de 1970 e início da década de 1980, o tema da defesa da Amazônia começa a ocupar o debate público, inclusive com projeção internacional. Talvez o exemplo mais marcante de luta em defesa da **Floresta Amazônica** seja a história do seringueiro **Chico Mendes** (1944-1988), sem dúvida um dos maiores ambientalistas brasileiros de todos os tempos.[56] No Estado do Acre, onde, a partir da década de 1970, iniciou-se um processo acelerado de desmatamento da floresta para dar lugar a grandes pastagens de gado, Chico Mendes, junto ao movimento local dos seringueiros, desenvolveu práticas pacíficas de resistência para defender a floresta.

Como exemplo simbólico de luta do povo da floresta, destaca-se o chamado "**empate**", inclusive como típico exemplo de ação direta promovida pelo movimento popular dos seringueiros, consistente em **prática de desobediência civil**. Conforme descrito pelo próprio Chico Mendes, "no *empate* a comunidade se organiza em mutirão, sob a liderança do sindicato, e se dirige à área que será desmatada pelos pecuaristas. A gente se coloca diante dos peões e jagunços com as nossas famílias – mulheres, crianças e velhos – e pedimos para eles não desmatarem e se retirarem do local".[57] A sua luta contra a devastação das florestas chamou a atenção do mundo, notadamente com a sua morte violenta, ocorrida em 22 de dezembro de 1988, que se deu após inúmeras ameaças de morte recebidas e ignoradas pelas autoridades brasileiras.

---

54 ANDRADE, Carlos Drummond de. Adeus a Sete Quedas. *Jornal do Brasil*, Rio de Janeiro, 9 set. 1982. A versão completa do poema de Drummond é reproduzida por KLABIN, Israel. *A urgência do presente*: biografia da crise ambiental. Rio de Janeiro: Elsevier, 2011. p. 116-119.
55 CIDH MC 382/10 – Comunidades Indígenas da Bacia do Rio Xingu, Pará, Brasil. Disponível em: http://oea.org/es/cidh/decisiones/cautelares.asp.
56 Para maiores informações sobre a vida, a luta (socio)ambiental e a morte de Chico Mendes, v. MARTINS, Edilson. *Chico Mendes*: um povo da floresta. Rio de Janeiro: Garamond, 1998; e VENTURA, Zuenir. *Chico Mendes*: crime e castigo. São Paulo: Companhia das Letras, 2003.
57 MARTINS, Edilson. *Chico Mendes*: um povo da floresta. Rio de Janeiro: Garamond, 1998. p. 24.

A luta de Chico Mendes pela preservação da Amazônia o tornou mundialmente reconhecido, tendo sido, inclusive, premiado pela ONU em certa oportunidade. O movimento seringueiro por ele liderado objetivava a consolidação de práticas sustentáveis de uso dos recursos naturais amazônicos, como, por exemplo, a criação de **reservas extrativistas**, de modo a combater o avanço das fronteiras agrícolas e pecuárias sobre a área florestal, o que, consequentemente, conduzia ao desmatamento da floresta e destruição dos recursos naturais. O movimento extrativista do Acre, como destaca Marina Silva, atual Ministra do Meio Ambiente e das Mudanças Climáticas e ex-integrante do movimento extrativista junto com Chico Mendes, "defendeu, pela primeira vez na Amazônia, a existência da floresta como parte de um modo de vida e de uma visão de mundo no qual a organização da sociedade, a economia e a defesa da preservação ambiental são indissociáveis".[58]

De modo similar ao ocorrido com Chico Mendes, registra-se o assassinado, no ano de 2005, da missionária norte-americana (naturalizada brasileira) **Dorothy Stang** (1931-2005). A morte da Irmã Dorothy, como era conhecida, foi resultado da sua luta – reconhecida nacional e internacionalmente – junto aos movimentos sociais no Município de Anapu, no Estado do Pará, por meio de projetos de desenvolvimento sustentável. A Irmã Dorothy participava da Comissão Pastoral da Terra (CPT) e da Conferência Nacional dos Bispos do Brasil (CNBB) desde a sua fundação, defendendo a luta dos trabalhadores do campo, sobretudo na região da Transamazônica, no Estado do Pará. Mais recentemente, em 5 de junho de 2022, destacam-se os assassinatos brutais do indigenista brasileiro **Bruno Pereira** e do jornalista britânico **Dom Phillips** durante viagem de barco pela Terra Indígena do Vale do Javari (segunda maior do Brasil), no extremo-oeste do Estado do Amazonas.

A questão amazônica, por certo, não ficou restrita ao movimento dos seringueiros e demais povos da floresta, tendo tido adesão em nível nacional de diferentes entidades ambientalistas. Isso sem falar de entidades ambientalistas internacionais que também passaram a voltar sua atuação à proteção da Amazônia, algumas delas atuando com forte presença em território brasileiro (como é o caso, por exemplo, do Greenpeace). A questão da Amazônia também teve importância fundamental para chamar para o debate público a proteção de outros biomas nacionais, uma vez que a degradação ambiental também passou a se verificar de modo crescente neles, como, por exemplo, no **Pantanal Mato-grossense**, além, é claro, nas áreas remanescentes da **Mata Atlântica**.[59]

Há os mais diferentes perfis entre as entidades ambientalistas brasileiras. Desde entidades de cunho mais científico a entidades atreladas aos movimentos populares de base, o movimento ecológico brasileiro é multifacetado. Da mesma forma, há entidades vinculadas a correntes mais radicais do movimento ambientalista, como é o caso da *Deep Ecology*, assim como há outras de perfil apenas reformista. Há, inclusive, conforme trataremos no tópico subsequente, forte traço socioambiental em alguns grupos ambientalistas brasileiros, no sentido de agregarem no seu programa a integração entre a proteção ambiental e a luta em prol dos direitos sociais.

Entre as **entidades ambientalistas brasileiras** com maior projeção nacional, entre associações e institutos de pesquisa voltados à proteção ambiental, podemos destacar as seguintes, inclusive com o ano de sua fundação entre parênteses para termos um panorama histórico da sua evolução: a Fundação Brasileira para a Conservação da Natureza (1958), a Associação Gaúcha de Proteção ao Ambiente Natural – AGAPAN (1971), o Movimento Arte e Pensamento Ecológico – MAPE (1973), a Associação Mineira de Defesa do Ambiente – AMDA (1978), o Grupo

---
[58] SILVA, Marina. *Meio ambiente na Constituição de 88...*, p. 4.
[59] Especificamente sobre a proteção da Mata Atlântica, destaca-se a criação, no ano de 1986, da Fundação SOS Mata Atlântica, a qual congregou um grupo de pessoas entre cientistas, empresários, jornalistas e defensores da questão ambiental com o objetivo de proteger as últimas áreas remanescentes de Mata Atlântica no país. Disponível em: http://www.sosma.org.br/.

Ambientalista da Bahia – GAMBA (1982), a União dos Defensores da Terra (1983), a Fundação SOS Mata Atlântica (1986), o Instituto do Homem e Meio Ambiente da Amazônia – IMAZON (1990), a Fundação Vitória Amazônica (1990), o Instituto Socioambiental – ISA (1994), a Rede Nacional de Combate ao Tráfico de Animais Silvestres – RENCTAS (1999),[60] o Instituto Brasileiro de Proteção Ambiental – PROAM (2003), entre outras. Entidades ambientalistas de cunho internacional também fincaram as suas bases no cenário brasileiro pelo menos desde a década de 1980, como é o caso do Greenpeace, da Amigos da Terra, da WWF, da Sea Shepard, entre outras.[61]

De modo complementar, registram-se o surgimento de **entidades ambientalistas de cunho jurídico**, ou seja, congregando diversos acadêmicos e profissionais da área jurídica, como é o caso da Sociedade Brasileira de Direito Ambiental – SOBRADIMA (1980),[62] do **Instituto Socioambiental** (este congregando também acadêmicos e profissionais de outras áreas), do **Instituto O Direito por um Planeta Verde** (1996), da Associação Brasileira dos Membros do Ministério Público de Meio Ambiente – **ABRAMPA** (1997), da Associação dos Professores de Direito Ambiental do Brasil – **APRODAB** (2003), bem como, voltado especificamente à defesa dos direitos dos animais, o **Instituto Abolicionista Animal** (2006). Mais recentemente, destacam-se algumas entidades relacionadas à **proteção dos povos indígenas** e **comunidades quilombolas**[63] que têm se notabilizado igualmente por uma atuação cada vez mais atuante no plano jurídico e perante o Sistema de Justiça, com forte correlação com a proteção ecológica e climática. A título de exemplo, verificam-se a Articulação dos Povos Indígenas do Brasil – APIB (2005) e a Coordenação Nacional de Articulação das Comunidades Negras Rurais Quilombolas – CONAQ (1995).

Com o tempo, especialmente a partir da segunda metade da década de 1980, o movimento ambientalista brasileiro, como se deu também em outras partes do mundo (em especial, na Europa) algum tempo antes, sofreu um forte processo de **politização e institucionalização**. A defesa do meio ambiente havia migrado para o centro do debate político brasileiro. A edição de inúmeras legislações ambientais (por exemplo, a Lei 6.938/81 – Lei da Política Nacional do Meio Ambiente) e o reconhecimento de novos campos institucionais para a luta ambiental, inclusive no âmbito do próprio Poder Judiciário, em vista do reconhecimento da legitimidade das associações ambientalistas para a propositura de ação civil pública para a defesa ecológica (art. 5º, V, da Lei 7.347/85) e também da legitimidade do cidadão para a propositura da ação popular (art. 5º, LXXIII, da CF/1988), fizeram que novos horizontes se abrissem para a luta ecológica.

Da mesma forma, o Estado brasileiro, nos diversos planos federativos (federal, estadual e municipal), passou a incorporar a proteção ambiental no seu espectro de atuação político-ins-

---

[60] A RENCTAS recebeu, no ano de 2003, o prestigiado prêmio UNEP-Sasakawa, do PNUMA, considerada uma das mais importantes distinções internacionais de reconhecimento pela atuação em matéria ambiental. Fundada em 1999, é uma instituição sem fins lucrativos, que tem por objetivo aglutinar o setor público, o setor privado e a sociedade civil organizada no sentido de elaborar ações e estratégias contra o comércio ilegal da fauna brasileira. Disponível em: http://www.renctas.org.br/pt/trafico/rel_renctas.asp.

[61] A Resolução n. 006/89 do CONAMA (hoje revogada) instituiu o Cadastro Nacional de Entidades Ambientalistas (CNEA), com o objetivo de manter em banco de dados o registro das organizações não governamentais atuantes no país cuja finalidade principal seja a defesa do meio ambiente. Atualmente, a Resolução n. 502/2021 do CONAMA disciplina o cadastramento e recadastramento das entidades ambientalistas no CNEA.

[62] A SOBRADIMA foi fundada, entre outros, pelo Professor Paulo Affonso Leme Machado.

[63] A respeito da **filosofia e modo de vida quilombola**, notadamente a partir de uma relação harmônica com a Natureza, v. SANTOS, Antonio Bispo dos. *A terra dá, a terra quer*. São Paulo: UBU Editora, 2023. Articulado com o movimento e pensamento quilombola, a partir de uma abordagem interseccional que reúne a questão ecológica com o pensamento decolonial e antirracista, destaca-se o movimento da **ecologia decolonial**, como abordado por Malcom Ferdinand: FERDINAND, Malcom. *Uma ecologia decolonial*: pensar a partir do mundo caribenho. São Paulo: UBU Editora, 2022.

titucional, inclusive criando os primeiros órgãos **públicos especializados** na matéria ambiental (por exemplo, secretarias estaduais e municipais do meio ambiente). O fim da ditadura militar e a transição para a democracia, inclusive em vista da edição de uma nova Constituição, impulsionaram o movimento ambientalista para atuar no novo campo político que se abria. De acordo com Teresa Urban, referindo-se a tal período, "a questão ambiental ganhou espaço institucional. A nova trincheira era o Parlamento, para onde se voltavam todas as esperanças de garantias constitucionais a um 'meio ambiente sadio e ecologicamente equilibrado'".[64] A consagração da proteção do meio ambiente em **capítulo próprio da CF/1988 (art. 225)**, inclusive como um **novo direito fundamental** de toda a coletividade, foi resultado do empenho e da articulação do movimento ambientalista brasileiro, que conseguiu influenciar os rumos da **Assembleia Constituinte**.

1.2.2 O movimento ecológico "multissetorial" e sua dimensão socioambiental

O movimento ecológico brasileiro, numa das suas faces, consolidou a aproximação entre a proteção ambiental e a luta social em algumas áreas (saúde pública, moradia, saneamento básico, direitos dos trabalhadores etc.). A matriz socioambiental que permeia alguns setores do movimento ecológico brasileiro o diferencia, em alguns aspectos, do movimento ambientalista verificado em outras partes do mundo. A respeito dessa particularidade do movimento ambientalista brasileiro, Sérgio Tavolaro assinala que: "no Brasil, movimentos ambientalistas se definem como defensores de reservas florestais, da qualidade do ar dos centros urbanos, ao mesmo tempo em que reivindicam saneamento básico para bairros inteiros de grandes cidades. Aqui o entrelaçamento entre questões ligadas à distribuição de riquezas e questões ligadas à gramática das formas de vida fica evidente".[65] Isso tudo está relacionado ao caráter "multissetorial" que Eduardo Viola e Hector Leis creditam ao movimento ambientalista brasileiro. Em outras palavras, supera-se o modelo do "bissetorialismo", caracterizado essencialmente pela atuação de associações ambientalistas e das agências estatais voltadas à proteção ambiental, mediante a presença de diversos outros atores que passam também a atuar no cenário político-ambiental.

O **movimento socioambientalista** (ou **movimento ecológico "multissetorial"**), conforme afirmam os autores referidos, caracteriza-se por agregar um grande número de organizações não governamentais, movimentos sociais e sindicatos, que têm incorporado a questão ambiental como uma dimensão importante de sua atuação, incluindo no seu conjunto: 1) movimento dos seringueiros; 2) movimentos indígenas; 3) movimento dos trabalhadores rurais sem-terra; 4) movimento dos atingidos por barragens; 5) setores dos movimentos dos moradores e comunidades de bairro; 6) movimentos pela saúde ocupacional, composto por ativistas sindicais e médicos sanitaristas; 7) setores do movimento estudantil; 8) movimentos de defesa do consumidor; 9) movimentos pacifistas; 10) grupos para o desenvolvimento do potencial humano (homeopatia, ioga, escolas alternativas etc.); 11) setores do movimento feminista; 12) movimentos e sindicatos dos trabalhadores urbanos. Enfim, um setor cada vez mais importante das organizações não governamentais de desenvolvimento social e apoio aos movimentos sociais.[66]

Ao articular a vinculação entre **direitos sociais** e **proteção ecológica**, Lúcia da Costa Ferreira aponta para a importância do diálogo entre o movimento ambientalista e os movimentos por

---

[64] URBAN, Missão (quase) impossível..., p. 102.
[65] TAVOLARO, Movimento ambientalista e modernidade..., p. 91-92.
[66] VIOLA, Eduardo J.; LEIS, Hector R. A evolução das políticas ambientais no Brasil, 1971-1991: do bissetorialismo preservacionista para o multissetorialismo orientado para o desenvolvimento sustentável. In: HOGAN, Daniel Joseph; VIEIRA, Paulo Freire (Org.). Dilemas socioambientais e desenvolvimento sustentável. 2. ed. Campinas: Editora da Unicamp, 1995. p. 88-89.

direitos sociais, já que, como acentua, a compatibilização da qualidade ambiental ao bem-estar social seria o próximo baluarte a ser conquistado na construção da cidadania.[67] A autora destaca que os desafios das condutas políticas voltadas à qualidade ambiental residem "na dinâmica mais ampla de uma sociedade cuja expressão pública de novos direitos convive com a negação cotidiana do universo da cidadania, através da institucionalização de práticas excludentes, violentas e arbitrárias".[68] Em outras palavras, a socióloga sustenta que qualquer institucionalização das demandas ecológicas deve passar necessariamente pelo enfrentamento dos direitos sociais, como premissas para uma condição cidadã, conciliando tais mundos e afirmando a própria dimensão integrativa de tais direitos na conformação de uma tutela integral da dignidade humana no horizonte político-jurídico de um **socioambientalismo.**

Alguns autores utilizam também a expressão *ecologia humana* para designar a aproximação entre a proteção ecológica e a tutela do ser humano, sobretudo em vista de assegurar condições de vida e bem-estar (direitos sociais) em um quadrante de qualidade, equilíbrio e segurança ambiental. Em caráter ilustrativo, nos últimos dias de sua vida, o ambientalista Miguel Abellá, uma das principais lideranças do movimento ambientalista brasileiro, conforme destacamos anteriormente, distanciou-se das premissas do Movimento Arte e Pensamento Ecológico criado por ele na década de 1970 e envolveu-se na concepção da Liga pela Ecologia Humana. De acordo com Abellá, "sem **ecologia humana**, nem a ecologia biológica se salvará".[69] O **paradigma jurídico socioambiental**, conforme veremos ao longo do livro, está impregnado no nosso ordenamento jurídico, tanto no plano constitucional quanto no infraconstitucional. E, em última instância, objetiva conciliar a proteção da Natureza com a proteção do ser humano, inclusive reconhecendo a dimensão ecológica que é inerente à conformação da dignidade do ser humano e vinculando a qualidade ambiental ao seu bem-estar existencial.

LEGITIMAÇÃO SOCIAL DOS VALORES ECOLÓGICOS E PRINCIPAIS FATOS RELACIONADOS AO TEMA NO BRASIL

1948 – Criação da Fundação Brasileira para a Conservação da Natureza (FBCN), no Rio de Janeiro (vinculada à IUCN)

1971 – Fundação da Associação Gaúcha de Proteção Ambiente Natural (AGAPAN), como a primeira associação ecológica fundada no Brasil

1972
- Início da construção da Usina Nuclear de Angra 1, cujo início de operação comercial ocorreu somente em 1985
- Início da construção da Rodovia Transamazônica (BR-230), durante a ditadura militar (Governo de Emílio Médici), com extensão de 4.260 km

1973 – Criação do Movimento Arte e Pensamento Ecológico (MAPE), liderado pelo artista plástico espanhol Emilio Miguel Abellá, no Estado de São Paulo

1976 – Publicação do Manifesto Ecológico Brasileiro (escrito por José Lutzenberger)

Início da década de 1980 – A Cidade de Cubatão (SP) foi considerada uma das cidades mais poluídas do mundo e representou um símbolo da poluição industrial no Brasil

1982 – Destruição das Sete Quedas do Rio Paraná, cobertas pelas águas do reservatório da Hidrelétrica de Itaipu

---

[67] FERREIRA, Lúcia da Costa. Os ambientalismos, os direitos sociais e o universo da cidadania. In: FERREIRA, Leila da Costa; VIOLA, Eduardo (Org.). *Incertezas de sustentabilidade na globalização*. Campinas: Editora da Unicamp, 1996. p. 254-255.

[68] FERREIRA, *Os ambientalismos, os direitos sociais...*, p. 250.

[69] URBAN, *Missão (quase) impossível...*, p. 55.

1985 – I Encontro Nacional dos Seringueiros, realizado na UNB, em Brasília
1986 – Criação do Partido Verde no Brasil
1987 – Acidente com o Césio-137, na Cidade de Goiânia, no Estado de Goiás, com a contaminação de centenas de pessoas por radioatividade
1988 – Assassinato do líder seringueiro e ambientalista Chico Mendes
1995 – Fundação da Coordenação Nacional de Articulação das Comunidades Negras Rurais Quilombolas (CONAQ)
2005
- Assassinato da missionária norte-americana Dorothy Stang
- Fundação da Articulação dos Povos Indígenas do Brasil (APIB)

2007 – Início da transposição do Rio São Francisco (ainda inacabada e sem previsão de finalização)
2010 – Início da construção da Usina Hidrelétrica de Belo Monte na bacia do Rio Xingu, próximo ao município de Altamira (PA), tendo a sua primeira turbina entrado em operação em 2016
2013 – Fundação do Partido Rede Sustentabilidade, por Marina Silva, entre outras lideranças ambientalistas
2015 – Desastre de Mariana/MG
2018
- Protestos de Greta Thunberg e do movimento estudantil *Fridays for Future* por justiça climática
- Desastre nas minas de sal gema da Braskem em Maceió (AL), com o afundamento de bairros e deslocamento de milhares de pessoas, tendo a área afetada sido ampliada no final de 2023

2019
- Desastre de Brumadinho/MG
- Derramamento de óleo no litoral do Nordeste
- Assassinato do líder indígena e "guardião da floresta" Paulo Paulino Guajajara

2020
- Pandemia do coronavírus – covid-19
- Bioma do Pantanal registrou os piores incêndios dos últimos 14 anos (o maior número de focos de incêndio da série histórica), alcançando aproximadamente 25% de todo o seu território, segundo dados do INPE
- Desmatamento na Amazônia registrou o maior aumento desde 2008, segundo dados do INPE (Sistema PRODES), com crescimento de 9,5% (passou de 11 mil km2) entre agosto de 2019 e julho de 2020, quando comparado com a temporada anterior, o que continuou nos anos de 2021 (13.038 km^2) e 2022 (11.568 km^2).

2022
- Assassinato (em 5 de junho) do indigenista brasileiro Bruno Pereira e do jornalista britânico Dom Phillips na Terra Indígena do Vale do Javari, no Estado do Amazonas.

2024
- Desastre climático no Estado do Rio Grande do Sul, com enchentes que atingiram mais de 90% dos municípios gaúchos e provocaram o deslocamento de mais de 600.000 pessoas
- Seca extrema em diversas regiões do Brasil, com rios atingindo seu menor nível histórico (ex.: Rio Madeira) e incêndios florestais descontrolados por grande parte do território nacional e poluição extrema do ar associada às queimadas de Norte a Sul

2. A "SOCIEDADE DE RISCO" (ULRICH BECK)

"O futuro – mesmo que sustentável – será marcado por um risco cada vez maior. Os riscos ligados a novas tecnologias estão aumentando. O mesmo ocorre com o número, as dimensões, a frequência e o impacto de catástrofes naturais ou provocadas pelo homem. Os riscos de dano irreversível a sistemas naturais, seja em nível regional (por acidificação, desertificação ou desflorestamento, por exemplo), seja em nível global (pela diminuição da camada de ozônio ou pelas mudanças climáticas) estão se tornando significativos." (**Relatório Nosso Futuro Comum, 1987**[70])

2.1 Considerações gerais sobre a Teoria da Sociedade de Risco (Mundial ou Global)

O sociólogo alemão **Ulrich Beck**, professor da Universidade de Munique, com sua obra *Sociedade de risco: a caminho de uma nova modernidade* (*Risikogesellschaft: auf dem Weg in eine andere Moderne*),[71] publicada originalmente no ano de 1986, identificou o modelo de sociedade característico das últimas décadas – em especial no período histórico posterior à Segunda Guerra Mundial, também denominado de "A Grande Aceleração", como destacado em passagem anterior –, especialmente no tocante aos riscos tecnológicos inerentes às práticas levadas a efeito tanto por atores privados quanto públicos. Soma-se a tudo isso uma profunda e sistemática "desorganização" ou mesmo incapacidade institucional – na perspectiva da atuação político-estatal[72] – de gerenciar o risco e assegurar a devida segurança e proteção aos indivíduos e à comunidade política como um todo.

Segundo Beck, "la contraposición de Naturaleza y sociedad es una construcción del siglo XIX que servía al doble fin de **dominar e ignorar la Naturaleza**. La Naturaleza está sometida y agotada a finales del siglo XX, y de este modo ha pasado de ser un fenómeno dado a ser un fenómeno producido".[73] Portanto, a degradação ambiental e, consequentemente, a **escalada de riscos ambientais** resultam de um fenômeno produzido pela **intervenção humana na Natureza**, tudo isso aliado ao crescente potencial tecnológico de que se serve o ser humano para inverter a relação de forças entre sociedade e Natureza. Conforme assinala Anthony Giddens, ao analisar a obra de Beck, a era industrial estaria chegando "ao fim, à medida que os efeitos colaterais da industrialização se acumulam, forçando as sociedades em uma nova fase que terá como seu aspecto central o controle e a gestão do risco".[74] Mais recentemente e por força da magnitude geológica e global do impacto da nossa intervenção no Planeta Terra – o que, cabe frisar, levou ao reconhecimento da nova época geológica do **Antropoceno**, Beck tem defendido a concepção de uma "**sociedade de risco global ou mundial**" (*Weltrisikogesellschaft*).[75]

De acordo com a análise proposta por Beck, evidencia-se a **incapacidade das instituições (públicas e privadas)**, na sua configuração atual, de enfrentarem e darem a devida resposta diante dos riscos ambientais gerados pela sociedade contemporânea, de modo especial pelo fato de que a esfera pública do atual Estado de Direito tem sido, comumente, incapaz de se articular

---

[70] COMISSÃO MUNDIAL SOBRE MEIO AMBIENTE E DESENVOLVIMENTO. *Relatório Nosso Futuro Comum...*, p. 362.
[71] BECK, Ulrich. *La sociedad del riesgo...*
[72] Na doutrina, v. MARQUES, Antonio Silveira. *Der Rechtstaat der Risikovorsorge*. Berlin: Duncker & Humblot, 2018. (Schriften zum Öffentlichen Recht, v. 1.381).
[73] BECK, Ulrich. *La sociedad del riesgo...*, p. 13.
[74] GIDDENS, Anthony. *Sociologia...*, p. 153.
[75] BECK, Ulrich. *Weltrisokogesellschaft*: auf der Suche nach der verloren Sicherheit. Frankfurt am Main: Suhrkamp, 2008.

adequadamente contra o aumento de riscos e incertezas com que é confrontada, ao mesmo tempo que o projeto do Estado Providência (ou Estado de Bem-Estar Social), sobretudo na Europa, teria esgotado as suas energias utópicas.[76] Em outras palavras, o Estado e os atores privados de modo geral não têm estabelecido a **administração adequada dos riscos**, mas apenas estimulado a sua socialização, o que se evidencia a cada novo desastre ambiental. A abordagem em questão está relacionada à concepção de **irresponsabilidade organizada** formulada por Beck, a qual pode ser compreendida como a **omissão ou deficiência de natureza estrutural** nas políticas públicas ambientais.

A título ilustrativo do modelo de sociedade de risco beckiano, no contexto brasileiro, registram-se os recentes desastres de **Mariana (2015), Maceió (2018 e 2023)** e **Brumadinho (2019)**, demonstrando de forma cabal a incapacidade tanto de agentes públicos (por exemplo, em relação à devida fiscalização e controle de atividades que implicam grande risco ecológico e social) quanto dos agentes privados de gerenciarem de maneira eficiente os próprios riscos inerentes à sua atividade produtiva, não adotando as medidas de prevenção de riscos de forma minimamente suficiente e eficaz. Nesse contexto, de acordo com o *Relatório Nosso Futuro Comum* (1987), "a criação de tecnologias mais adequadas ao meio ambiente está diretamente ligada a questões de **administração de riscos**. Sistemas como reatores nucleares, redes de distribuição de eletricidade e outros serviços, sistemas de comunicação e transporte de massa tornam-se vulneráveis caso se desgastem além de determinada medida. (...) Portanto, são necessárias novas técnicas e tecnologias – e também novos **mecanismos legais e institucionais** – para **planejar com segurança, prevenir acidentes, traçar planos de contingência**, diminuir os danos e dar o auxílio necessário".[77]

Tomando por base a mensagem contida na passagem citada do *Relatório Nosso Futuro Comum*, o Direito[78] também realiza tarefa importante no sentido da "internalização" e administração dos riscos ecológicos por parte do Estado, na medida em que a regulação de tais riscos deve ser contemplada pelo ente estatal, inclusive a ponto de prevenir a ocorrência de desastres naturais, como pode ser exemplificado hoje inclusive por meio do reconhecimento de um "**estado de emergência climática**". O Estado, assumindo a condição de um **Estado Democrático, Social e Ecológico de Direito**, a fim de promover a tutela da dignidade humana em face dos novos riscos ambientais e da insegurança gerados pela **sociedade tecnológica contemporânea**, deve ser capaz de conjugar os valores basilares que emergem das relações sociais.

Por meio das suas instituições democráticas, cabe a esse Estado criar, gerir e estimular práticas públicas e privadas que contemplem a dimensão do risco ambiental e, ao mesmo tempo, estabelecer **mecanismos de controle**, inclusive do ponto de vista dos **princípios da prevenção e da precaução**, de modo a garantir aos cidadãos a segurança necessária à manutenção e à proteção da vida com qualidade ambiental, vislumbrando, inclusive, as consequências futuras resultantes da adoção de determinadas tecnologias. É precisamente nesse contexto que assume importância a *Teoria da Sociedade de Risco* formulada por Beck, que, a despeito de uma evolução significativa desde a sua primeira formulação e tendo em conta novos fatores de risco surgidos desde então, mas também o estabelecimento já de um conjunto de reações – inclusive na esfera jurídica, como dá conta, por exemplo, a responsabilidade administrativa, civil e penal pelos riscos atribuída ao poluidor ecológico – de diversa natureza, segue mantendo a sua atualidade e relevância para compreendermos a "engrenagem" e as limitações da sociedade (pós)moderna.

---

[76] GOLDBLAT, David. *Teoria social e ambiente*. Lisboa: Instituto Piaget, 1996. p. 237.

[77] COMISSÃO MUNDIAL SOBRE MEIO AMBIENTE E DESENVOLVIMENTO. *Relatório Nosso Futuro Comum...*, p. 65-66.

[78] O pensamento de Ulrich Beck, aplicado ao Direito Ambiental, é objeto de estudo na obra referencial de AYALA, Patryck de Araújo; LEITE, José Rubens Morato. *Direito ambiental na sociedade de risco*. Rio de Janeiro: Forense Universitária, 2002.

2.2 O efeito "antidemocrático" na distribuição dos riscos ecológicos: a concentração da riqueza "acima" e dos riscos "abaixo"

> "La historia del reparto de los riesgos muestra que éstos siguen, al igual que las riquezas, el esquema de clases, pero al revés: las riquezas se acumulan arriba, los riesgos abajo." (**Ulrich Beck**)[79]

Na sua *Teoria da Sociedade de Risco*, Beck identifica aspectos de natureza socioambiental que permeiam os riscos ecológicos, o que induz ao reconhecimento, em algumas situações, de um caráter "antidemocrático" ou mesmo "discriminatório" nas relações sociais que caracterizam a sociedade de risco. Nesse sentido, o sociólogo alemão refere que determinados **grupos sociais**, em razão do seu baixo poder aquisitivo, encontram-se mais **vulneráveis** a certos aspectos da degradação ambiental, em que pese também existir, de certa forma, uma dimensão "democrática" da degradação ou poluição ambiental, que atinge a todos de forma igual (por exemplo, a poluição atmosférica etc.). De acordo com Beck, "la historia del reparto de los riesgos muestra que éstos siguen, al igual que las riquezas, el esquema de clases, pero al revés: las riquezas se acumulan arriba, los riesgos abajo".[80] Em outras palavras, pode-se dizer que a crise ecológica agrega novos fatores de **desigualdade** e **discriminação** no âmbito das relações sociais.

As classes sociais privilegiadas, como destaca Beck, conseguem, em certa medida, evitar ou ao menos minimizar significativamente a sua exposição a determinados riscos ambientais, já que, por exemplo, são as zonas residenciais mais baratas – acessíveis às populações mais carentes – que se encontram perto dos centros de produção industrial, as quais são afetadas permanentemente por diversas substâncias nocivas presentes no ar, na água e no solo.[81] O **movimento por justiça ambiental** verificado na década de 1980 nos EUA exemplifica bem esse cenário de injustiça – e mesmo racismo – inerente à distribuição dos riscos ecológicos. Para Beck, "las posibilidades y las capacidades de enfrentarse a las situaciones de riesgo, de evitarlas, de compensarlas, parecen estar repartidas de manera desigual para capas de ingresos y de educación diversas: quien dispone del almohadón financiero necesario a largo plazo puede intentar evitar los riesgos mediante la elección del lugar de residencia y la configuración de la vivienda (o mediante una segunda vivienda, las vacaciones). Lo mismo vale para la alimentación, la educación y el correspondiente comportamiento en relación a la comida y a la información".[82] De modo geral, aqueles indivíduos e grupos sociais que já se encontram em posição social de maior vulnerabilidade, sobretudo pelo prisma socioeconômico, é que arcarão com o ônus maior em vista dos **riscos ambientais**.

Para identificar tais situações, basta voltar o olhar para a realidade dos grandes centros urbanos brasileiros, onde as populações mais pobres vivem nas áreas mais degradadas (consequentemente, menos disputadas pela especulação imobiliária), geralmente próximas a lixões,[83] com recursos hídricos contaminados, em áreas industriais com alto índice de poluição,[84] bem como em áreas de proteção e risco ambiental (por exemplo, áreas de preservação permanente e unidades de conservação). Diante de tais situações, os grupos sociais mais pobres têm – num certo sentido – os seus direitos violados duplamente, ou seja, tanto sob a perspectiva dos seus **direitos sociais** quanto no tocante ao seu direito a viver em um meio ambiente sadio, seguro e equilibrado.

---

[79] BECK, Ulrich. *La sociedad del riesgo...*, p. 40-41.
[80] BECK, Ulrich. *La sociedad del riesgo...*, p. 40-41.
[81] BECK, Ulrich. *La sociedad del riesgo...*, p. 41.
[82] BECK, Ulrich. *La sociedad del riesgo...*, p. 41.
[83] O premiado documentário *Ilha das Flores* (1989), do cineasta gaúcho Jorge Furtado, registrou de forma contundente a realidade degradante das comunidades humanas que se alimentam dos lixos na proximidade da capital gaúcha. Disponível em: www.youtube.com/watch?v=Hh6ra-18mY8.
[84] Não por acaso, Beck utiliza o exemplo da poluição industrial verificada na Cidade de Cubatão para caracterizar a "sociedade de risco" contemporânea. BECK, Ulrich. *La sociedad del riesgo...*, p. 49-50.

3. A QUESTÃO DA JUSTIÇA (SOCIO)AMBIENTAL: A CONJUGAÇÃO DA LUTA POR DIREITOS SOCIAIS COM A PROTEÇÃO ECOLÓGICA

"*Infelizmente, o Brasil mostra-se pródigo em **distribuição discriminatória de riscos ambientais**. Como se não bastasse a miséria material de bolsões urbanos e rurais da população, fenômeno que ainda nos atormenta e envergonha como nação, após a Segunda Guerra Mundial e na esteira do processo de industrialização que ganhou fôlego a partir de então, agregamos e impingimos a essa multidão de excluídos sociais (= injustiça social) a nódoa de párias ambientais (= **injustiça ambiental**). Substituímos, ou sobrepusemos, à segregação racial e social – herança da discriminação das senzalas, da pobreza da enxada e das favelas – **a segregação pela poluição**, isto é, decorrente da geografia da contaminação industrial e mineral, do esgoto a céu aberto e da paisagem desidratada dos seus atributos de beleza*" (**Ministro Antonio Herman Benjamin**).[85]

O *Relatório de Desenvolvimento Humano (2007/2008)* do Programa das Nações Unidas para o Desenvolvimento (PNUD), intitulado *Combatendo a mudança climática: solidariedade humana num mundo dividido*, revela um quadro preocupante e injusto no horizonte humano, com um mundo cada vez mais dividido entre nações ricas altamente poluidoras e países pobres. Segundo o estudo em questão, não obstante os países pobres contribuírem de forma pouco significativa para o aquecimento global, são eles que mais sofrerão os resultados imediatos das mudanças climáticas.[86] O mesmo raciocínio, trazido para o âmbito interno dos Estados nacionais, permite concluir que tal quadro de desigualdade e injustiça – de cunho social e ambiental – também se registra entre pessoas pobres e ricas que integram determinada comunidade estatal. No caso do Brasil, que registra um dos maiores índices de concentração de renda do mundo, de modo a reproduzir um quadro de profunda desigualdade e miséria social, o fato de algumas pessoas disporem de alto padrão de consumo – e, portanto, serem grandes poluidoras –, ao passo que outras tantas muito pouco ou nada consomem, também deve ser considerado para aferir sobre quem deve recair o ônus social e ambiental dos danos ocasionados pela degradação ambiental em geral.

A sujeição de indivíduos e grupos sociais aos efeitos negativos da degradação ambiental agrava ainda mais a vulnerabilidade das suas condições existenciais, submetendo-as a um quadro de ainda maior indignidade. As pessoas mais vulneráveis aos efeitos negativos da degradação ambiental são aquelas mais pobres, as quais possuem uma condição de vida precária em termos de bem-estar, desprovidas do acesso aos seus direitos sociais básicos (moradia adequada e segura, saúde básica, saneamento básico e água potável, educação, alimentação adequada etc.). Ignorar a feição socioambiental que se incorpora hoje aos problemas ecológicos potencializa ainda mais a exclusão e a marginalização social

---

[85] STJ, REsp 1.310.471/SP, Rel. Min. Herman Benjamin, j. 18.06.2013. A passagem citada foi extraída de decisão do Ministro Herman Benjamin que tratou de caso emblemático de injustiça ambiental, envolvendo a emissão de chumbo (Pb) na atmosfera e exposição e contaminação, por esse metal pesado, do meio ambiente e da população de baixa renda residente nas imediações da Ajax, uma das maiores empresas brasileiras de fabricação e reciclagem de baterias automotivas, com mais de mil empregados, localizada na cidade de Bauru, interior do Estado de São Paulo. O auto de infração e a sentença registram a contaminação de trezentas e três crianças, que apresentariam grau de plumbemia acima dos limites estabelecidos pela Organização Mundial de Saúde (OMS). *O Estado de São Paulo* também noticia a contaminação de trabalhadores, de produtos hortifrutigranjeiros cultivados no entorno do setor de metalurgia da Ajax, de córrego, e de animais.

[86] O *Relatório de Desenvolvimento Humano (2007/2008)* do PNUD refere que "vivendo em habitações improvisadas situadas em encostas vulneráveis a inundações e deslizamentos de terra, os habitantes das zonas degradadas estão altamente expostos e vulneráveis aos impactos das alterações climáticas" (p. 102). E, mais adiante, destaca ainda, já com o olhar voltado à atuação estatal, que "as políticas públicas podem melhorar a resiliência em muitas zonas, desde o controlo de inundações à proteção infraestrutural contra os deslizamentos de terra e à provisão de direitos formais de habitação aos habitantes de áreas urbanas degradadas" (p. 102). Disponível em: http://www.pnud.org.br/rdh/.

(tão alarmantes no contexto brasileiro), já que o desfrute de uma vida saudável e ecologicamente equilibrada se constitui de premissa ao exercício dos demais direitos fundamentais, sejam eles de matriz liberal sejam eles de natureza social. É com tal cenário socioambiental preocupante, já apontado por Ulrich Beck no tocante à distribuição desigual dos riscos ambientais, conforme abordamos no tópico antecedente, que buscamos alinhavar algumas questões que permeiam tal discussão, a qual se coloca como um desafio para a concepção de *justiça ambiental*.

3.1 O movimento por justiça ambiental (e o combate ao racismo ambiental) nos EUA

> "A tendência dos humanos de separar aqueles que não pertencem ao nosso clã e julgá-los como inimigos, como vulneráveis e deficientes que necessitam ser controlados, tem uma longa história que não se limita ao mundo animal nem ao homem pré-histórico. A raça tem sido um parâmetro de diferenciação constante, assim como a riqueza, a classe do gênero, todos relacionados ao poder e à necessidade de controle". (**Toni Morrison**)[87]

A origem da discussão envolvendo a questão da **justiça ambiental** pode ser encontrada nos EUA. Todavia, é preciso chamar a atenção para o fato de que lá o tema, em boa parte, foi vinculado à luta em prol da afirmação dos direitos civis e ao enfrentamento da discriminação racial, o que inclusive ensejou a denominação de **racismo ambiental**. Desde o final da década de 1970, a partir de alguns episódios que ensejaram a mobilização social, alguns grupos de ativistas em favor dos direitos civis, inclusive recorrendo às instâncias judiciais, passaram a se articular para contestar a recorrente criação de aterros para a deposição de resíduos perigosos em áreas urbanas com predomínio de negros e pessoas de baixa renda.

A repercussão política de tal mobilização social fez que a Agência de Proteção Ambiental norte-americana (*Environmental Protection Agency* – EPA) elaborasse, no ano de 1983, estudo específico sobre o tema intitulado *Siting of Hazardous Waste Landfills and their Correlation with Racial and Economic Status of Surrounding Communities* (Implantação de Aterros de Resíduos Perigosos e sua Correlação com o *Status* Racial e Econômico das Comunidades Vizinhas). O estudo, por sua vez, revelou que três dos quatro aterros de resíduos perigosos localizados na denominada Região 4 estabelecida pela EPA (integrada pelos oito Estados do sul dos EUA) estavam em áreas ocupadas predominantemente pela população negra, o que se agravava ainda mais pelo fato de a população negra representar apenas 20% da população de tais Estados.[88]

A partir de tal contexto, a articulação social em torno do **movimento de justiça ambiental** cresceu e se organizou significativamente. Em 1990, foi publicado, nos EUA, o livro *Dumping in Dixie: Race, Class, and Environmental Quality*, de autoria de **Robert D. Bullard**,[89] uma das primeiras e mais importantes obras referenciais sobre o tema da justiça ambiental. Um ano depois, em 1991, realizou-se a *First National People of Color Environmental Leadership Summit*, o que demonstra o fortalecimento do movimento e a repercussão nacional do tema. Na ocasião, adotou-se a *Declaração sobre os Princípios da Justiça Ambiental*, os quais serviram como guia para as entidades e redes de organizações não governamentais voltadas à causa.

Em resposta à crescente discussão pública e aos estudos científicos desenvolvidos, o Presidente Bill Clinton, em 1994, editou a *Executive Order 12898 – Federal Actions to Address Environmental Justice in Minority Populations and Low-Income Populations*, o que inseriu a

---

[87] MORRISON, Toni. *A origem dos outros*. São Paulo: Companhia das Letras, 2019. p. 23-24.
[88] BULLARD, Robert D. Environmental Justice in the Twenty-first Century. In: BULLARD, Robert D. (Edit.). *The Quest for Environmental Justice*: Human Rights and the Politics of Pollution. San Francisco: Sierra Club Books, 2005. p. 20.
[89] BULLARD, Robert D. *Dumping in Dixie*: Race, Class, and Environmental Quality. Boulder, CO: Westview, 1990.

questão da justiça ambiental nas leis e nos regulamentos federais norte-americanos.[90] A título de exemplo, a Agência de Proteção Ambiental norte-americana possui departamento específico para tratar do tema da justiça ambiental.[91] Em termos gerais, o movimento de justiça ambiental objetiva integrar: a) **proteção ecológica**; b) **justiça social**; e c) **combate à discriminação racial**. De acordo com Bullard, o movimento busca agregar os objetivos de outros movimentos sociais (por exemplo, a luta por direitos civis) com o propósito de impedir práticas (públicas e privadas) nocivas no tocante ao direito à moradia, ao uso da terra, aos serviços de planejamento industrial, à saúde e ao saneamento básico.[92] De acordo com Anthony Giddens, "os grupos de justiça ambiental concentram-se em campanhas contra a implantação de locais para lixo tóxico e incineradores em áreas urbanas com populações da classe trabalhadora e de minorias étnicas. Relacionar a qualidade ambiental com as desigualdades entre as classes sociais mostra que o ambientalismo não é apenas uma preocupação da classe média, mas pode estar relacionado com interesses da classe trabalhadora, e leva em conta as desigualdades sociais e 'posições de risco' no mundo real".[93] O movimento de justiça ambiental, em certa medida, encontra correspondência no cenário brasileiro, em especial a partir da abordagem socioambiental dos problemas ecológicos. O "multissetorialismo" do movimento ecológico brasileiro tratado por Eduardo Viola e Hector Leis, conforme desenvolvido em tópico precedente, revela essa face do movimento ambientalista brasileiro, concretizando o movimento por justiça ambiental no Brasil.[94]

Mais recentemente, como versão renovada do movimento de justiça ambiental e do enfrentamento do racismo ambiental, destaca-se, no contexto brasileiro, o movimento quilombola articulado pela Coordenação Nacional de Articulação das Comunidades Negras Rurais Quilombolas (CONAQ), o qual, inspirado no pensamento como o de Antonio Bispo, propõe uma **filosofia e modo de vida quilombola** a partir de uma relação harmônica com a Natureza.[95] No mesmo sentido, alinhado com o movimento e pensamento quilombola, a partir de uma abordagem interseccional que reúne a questão ecológica com o pensamento decolonial e antirracista, destaca-se o movimento da **ecologia decolonial**, como abordado por Malcom Ferdinand.[96]

3.2 Os deslocados, refugiados e migrantes ambientais (e climáticos)

Outro tema importante relacionado ao cenário socioambiental, em especial pelo prisma das mudanças climáticas, diz respeito ao surgimento dos denominados ***deslocados, refugiados e migrantes ambientais***.[97] De acordo com a Agência para os Refugiados da ONU (UNHCR), a designação mais acurada – em vez de "refugiados climáticos" (*climate refugee*) - seria "pessoas

---

[90] BULLARD, *Environmental Justice*..., p. 21.
[91] Disponível em: http://www.epa.gov/environmentaljustice/.
[92] BULLARD, *Environmental Justice*..., p. 25.
[93] GIDDENS, *Sociologia*..., p. 151.
[94] No Brasil, o tema da justiça ambiental foi desenvolvido sobretudo no campo da sociologia e da ciência política, mantendo-se ainda em grande medida à margem do Direito Ambiental. Na bibliografia nacional, v. ACSELRAD, Henri; MELLO, Cecília Campello do A.; BEZERRA, Gustavo das Neves. *O que é justiça ambiental*. Rio de Janeiro: Garamond, 2009. Na literatura jurídica estrangeira, v. KLOEPFER, Michael. *Umweltgerechtigkeit*: "Environmental Justice" in der deutschen Rechtsordnung. Berlim: Duncker & Humblot GmbH, 2006. (Schriften zum Umweltrecht, v. 150).
[95] SANTOS, Antonio Bispo dos. *A terra dá, a terra quer*. São Paulo: UBU Editora, 2023.
[96] FERDINAND, Malcom. *Uma ecologia decolonial*: pensar a partir do mundo caribenho. São Paulo: UBU Editora, 2022.
[97] No ano de 2008, foi publicado o Esboço para uma Convenção sobre o *Status* Internacional dos Deslocados Ambientais (*Draft Convention on the International Status of Environmentally-Displaced Persons*), elaborado pelo CRIDEAU (*Interdisciplinary Center of Research on Environmental, Planning and Urban Law*) da Universidade de Limoges, na *Revue Européenne de Droit de l'Environnement* (*Francophone European Environmental Law Review*), n. 4, p. 381 e ss., 2008. Disponível em: http://www.cidce.org.

deslocadas no contexto de desastres e mudanças climáticas" (*persons displaced in the context of disasters and climate change*).[98] Os **desastres ecológicos** e os **episódios climáticos extremos** – por exemplo, fortes chuvas e temporais, furacões, enchentes, secas etc. –, em decorrência da sua intensidade e dos danos pessoais e materiais gerados, alteram o cotidiano de vida de inúmeras pessoas e grupos sociais, ocasionando, muitas vezes, o seu deslocamento para outras regiões, de modo a serem forçados a abandonarem as suas casas e locais de moradia para evitarem tais desastres ecológicos e resguardarem as suas vidas.[99]

Os países mais pobres, por sua vez, são os mais afetados, em especial nas áreas rurais, fenômeno que tem como principal causa a degradação da terra e a desertificação, decorrentes do mau uso da terra somado às mudanças climáticas e amplificado pelo crescimento populacional. É inquestionável que a figura dos refugiados ou migrantes ambientais guarda relação direta com a questão climática e, por consequência, o cenário socioambiental que lhe está subjacente, uma vez que o deslocamento de tais pessoas dos seus locais originários será motivado, na maioria das vezes, pela busca de condições de vida que atendam a um padrão de bem-estar mínimo, tanto em termos sociais quanto ambientais, impactando, de forma desproporcional, individuais e grupos sociais vulneráveis.

No Brasil, tramita o PL 1594/2024, o qual institui a Política Nacional dos Deslocados Ambientais e Climáticos (PNDAC), estabelecendo seus direitos e fornecendo diretrizes para que o Poder Público promova sua proteção. De acordo com a previsão do art. 2º I, do PL, entende-se por:

> "**Deslocados ambientais ou climáticos**: são migrantes forçados, nacional ou internacionalmente, temporária ou permanentemente, em situação de vulnerabilidade, deslocados de sua morada habitual por motivos de estresse ambiental ou por consequência de eventos decorrentes das mudanças climáticas, de início rápido ou de início lento, causados por motivos naturais, antropogênicos ou pela combinação de ambos".

A **Lei da Política Nacional de Proteção e Defesa Civil (Lei 12.608/2012)** estabelece um marco normativo para a questão dos desastres naturais, tão recorrentes atualmente no contexto brasileiro em razão de episódios climáticos extremos (desabamentos de terra, enchentes, secas etc.). Sob tal enfoque, conforme dispõe o art. 2º do diploma em análise, "é dever da União, dos Estados, do Distrito Federal e dos Municípios adotar as medidas necessárias à redução dos riscos de desastre", as quais, conforme prevê o § 1º do mesmo dispositivo, "poderão ser adotadas com a colaboração de entidades públicas ou privadas e da sociedade em geral". O diploma, por sua vez, opera a partir da **racionalidade da prevenção e da precaução**, dispondo, no § 2º do mesmo dispositivo, que a "incerteza quanto ao risco de desastre não constituirá óbice para a adoção das medidas preventivas e mitigadoras da situação de risco". Trata-se, sem dúvida, de questão fundamental pela ótica do Direito Ambiental, mesclando a adoção do princípio da precaução com a abordagem socioambiental da matéria.[100]

A legislação invocada, de outra parte, veio a reforçar o regime jurídico de proteção dos *deslocados ambientais e climáticos*, demonstrando a atualidade da matéria, bem como que se trata de tema relevante também no âmbito nacional (além de internacional). A Lei 12.608/2012, por sua vez, foi objeto de substancial reforma no seu texto original implementada pela **Lei 14.750/2023**, passando a prever importantes conceitos que auxiliam na compreensão da categoria jurídica dos deslocados ambientais e climáticos, conforme segue:

---

[98] Disponível em: https://www.unhcr.org/climate-change-and-disasters.html.
[99] O tema dos refugiados ambientais foi desenvolvido, na perspectiva do Direito Internacional dos Direito Humanos, por: WESTRA, Laura. *Environmental Justice and the Rights of Ecological Refugees*. London: Earthscan, 2009.
[100] O **PL 380/2023**, já aprovado no Senado Federal e tramitando, atualmente, na Câmara dos Deputados, objetiva alterar o Estatuto da Cidade (Lei 10.257/2001), para "criar diretrizes que fomentem a construção de **cidades resilientes às mudanças climáticas**".

LEI 12.608/2012, DESASTRES E DESLOCADOS AMBIENTAIS E CLIMÁTICOS

Art. 1º (...) Parágrafo único. Para os fins desta Lei, considera-se: (...)

III – **DESABRIGADO**: pessoa que foi obrigada a abandonar sua habitação de forma temporária ou definitiva em razão de evacuações preventivas, de destruição ou de avaria grave decorrentes de acidente ou desastre e que **necessita de abrigo** provido pelo SINPDEC ou pelo empreendedor cuja atividade deu causa ao acidente ou desastre; (Incluído pela Lei 14.750/2023)

IV – **DESALOJADO**: pessoa que foi obrigada a abandonar sua habitação de forma temporária ou definitiva em razão de evacuações preventivas, de destruição ou de avaria grave decorrentes de acidente ou desastre e que **não necessariamente carece de abrigo** provido pelo SINPDEC ou pelo empreendedor cuja atividade deu causa ao acidente ou desastre; (Incluído pela Lei 14.750/2023)

V – **DESASTRE**: resultado de evento adverso, de **origem natural ou induzido pela ação humana**, sobre ecossistemas e **populações vulneráveis** que causa significativos danos humanos, materiais ou ambientais e prejuízos econômicos e sociais; (Incluído pela Lei 14.750/2023) (...)

XI – **RECUPERAÇÃO**: conjunto de ações de caráter definitivo tomadas **após a ocorrência de acidente ou desastre**, destinado a restaurar os ecossistemas, a restabelecer o cenário destruído e as **condições de vida da comunidade afetada**, a impulsionar o desenvolvimento socioeconômico local, a recuperar as áreas degradadas e a evitar a reprodução das **condições de vulnerabilidade**, incluídas a reconstrução de unidades habitacionais e da infraestrutura pública e a recuperação dos serviços e das atividades econômicas, entre outras ações definidas pelos órgãos do SINPDEC; (Incluído pela Lei 14.750/2023)

XII – **RESPOSTA A DESASTRES**: ações imediatas com o objetivo de **socorrer a população atingida** e restabelecer as condições de **segurança** das áreas atingidas, incluídas ações de busca e **salvamento de vítimas**, de primeiros-socorros, **atendimento pré-hospitalar, hospitalar**, médico e cirúrgico de urgência, sem prejuízo da atenção aos problemas crônicos e agudos da população, de provisão de **alimentos** e meios para sua preparação, de **abrigamento**, de suprimento de **vestuário e produtos de limpeza e higiene pessoal**, de suprimento e distribuição de **energia elétrica e água potável**, de **esgotamento sanitário**, limpeza urbana, drenagem das águas pluviais, transporte coletivo, trafegabilidade e comunicações, de remoção de escombros e desobstrução das calhas dos rios, de manejo dos mortos e outras estabelecidas pelos órgãos do SINPDEC; (Incluído pela Lei 14.750/2023)

XV – **VULNERABILIDADE**: fragilidade física, social, econômica ou ambiental de população ou ecossistema ante evento adverso de origem natural ou induzido pela ação humana. (Incluído pela Lei 14.750/2023)

LEI DE MIGRAÇÃO (LEI 13.445/2017) E VISTO HUMANITÁRIO AMBIENTAL (E CLIMÁTICO)

Art. 14. O visto temporário poderá ser concedido ao imigrante que venha ao Brasil com o intuito de estabelecer residência por tempo determinado e que se enquadre em pelo menos uma das seguintes hipóteses: (...)

§ 3º O **visto temporário** para **acolhida humanitária** poderá ser concedido ao apátrida ou ao nacional de qualquer país em situação de grave ou iminente instabilidade institucional, de conflito armado, de calamidade de grande proporção, de **desastre ambiental** ou de grave violação de direitos humanos ou de direito internacional humanitário, ou em outras hipóteses, na forma de regulamento.

3.3 Os indivíduos e grupos sociais "necessitados" ou "vulneráveis" em termos ecológicos (ou climáticos)

> "La tragedia ambiental es también humana para grupos de vulnerabilidad especial. Los más humildes, los enfermos, los adultos mayores, los niños tienen una capacidad limitada para adaptarse a cambios tan abruptos y profundos, y por lo tanto reciben impactos de modo muy directo y sin escapatoria" (**Ministro Ricardo Lorenzetti**).[101]

> "La Corte ha tenido en cuenta que diversos derechos pueden verse afectados a partir de problemáticas ambientales, y que ello 'puede darse con **mayor intensidad en determinados grupos en situación de vulnerabilidad**', entre los que se encuentran los pueblos indígenas y 'las comunidades que dependen, económicamente o para su supervivencia, fundamentalmente de los recursos ambientales, [como] las áreas forestales o los dominios fluviales'. Por lo dicho 'con base en la normativa internacional de derechos humanos, los Estados están jurídicamente obligados a hacer frente a esas vulnerabilidades, de conformidad con el **principio de igualdad y no discriminación**.'" (Caso *Nuestra Tierra vs. Argentina*, **Corte Interamericana de Direitos Humanos**[102])

A abordagem socioambiental delineada nos tópicos antecedentes, ou seja, a integração de questões de natureza social (por exemplo, saúde, saneamento básico, moradia) com a proteção ambiental, coloca uma nova perspectiva para a proteção jurídica do ambiente, notadamente tendo em conta o objetivo de assegurar condições ambientais adequadas, em termos de salubridade e segurança, aos indivíduos e mesmo grupos sociais em situação de vulnerabilidade. À vista de tal contexto, nos parece adequado operar, seguindo conceito consagrado tanto doutrinária quanto normativamente, na categorização de **pessoas necessitadas ou vulneráveis em termos ecológicos ou socioambientais (e climáticos)**.[103]

A utilização da expressão "pessoas necessitadas em termos ecológicos" (ou socioambientais) tem por objetivo guardar sintonia com o nosso texto constitucional (art. 134, *caput*), bem como com o art. 1º da LC 80/94 (Lei Orgânica Nacional da Defensoria Pública), com redação trazida pela LC 132/2009, ressalvando-se que a condição de *necessitado*, inclusive na perspectiva da assistência jurídica integral e gratuita prestada pela Defensoria Pública, não se restringe apenas à perspectiva econômica – consagrada historicamente no art. 2º, parágrafo único, da Lei 1.060/50 (revogada pelo CPC/2015) –, mas abarca também outras hipóteses em que indivíduos ou mesmo grupos sociais encontram-se em situação de vulnerabilidade existencial no tocante aos seus direitos fundamentais (liberais, sociais e ecológicos) e dignidade.

De modo complementar, destaca-se passagem extraída de voto do Ministro Herman Benjamin na contaminação por chumbo no **Caso Ajax**, na Cidade de Bauru (SP), citado anteriormente,

> "O episódio de plumbemia de Bauru recebeu ampla cobertura e divulgação nos meios de comunicação local e nacional, tanto pelo tipo de contaminante, como por envolver crianças. Aqui, como é a realidade comum no mundo todo em **casos de graves incidentes de poluição por resíduos tóxicos ou perigosos**, em sua **grande maioria as vítimas**

---

[101] LORENZETTI, Ricardo. *El nuevo inimigo*: el colapso ambiental. 3. ed. Buenos Aires: Sudamericana, 2022. p. 45.

[102] CORTE INTERAMERICANA DE DIREITOS HUMANOS. *Sentença do Caso Comunidades Indígenas Miembros de la Asociación Lhaka Honhat (Nuestra Tierra) vs. Argentina*, julgado em 06.02.2020, par. 209.

[103] FENSTERSEIFER, Tiago. A legitimidade da Defensoria Pública para a propositura da ação civil pública ambiental e a caracterização de pessoas necessitadas em termos (socio)ambientais: uma questão de acesso à justiça (socio)ambiental. *Revista de Processo*, São Paulo, v. 193, p. 53-100, mar. 2011.

são **pessoas humildes**, incapazes, pela baixa instrução, de conhecer e antecipar riscos associados a metais pesados e a agentes carcinogênicos, mutagênicos, teratogênicos e ecotóxicos. Ademais, prisioneiras da indigência social que as aflige, não se encontram em condições de evitar ou mitigar a exposição à contaminação letal, mudando a localização de suas precárias residências".[104]

De acordo com as Regras de Brasília sobre Acesso à Justiça das Pessoas em Condições de Vulnerabilidade, aprovadas no âmbito da XIV Conferência Judicial Ibero-Americana (Brasília, 2008), consideram-se **pessoas em condição de vulnerabilidade** aquelas "que, por razão da sua idade, gênero, estado físico ou mental, ou por circunstâncias sociais, econômicas, étnicas e/ou culturais, encontram especiais dificuldades em exercitar com plenitude perante o sistema de justiça os direitos reconhecidos pelo ordenamento jurídico". Ainda, do mesmo documento, consta que poderão constituir causas de vulnerabilidade, entre outras – e aí fica o registro de que não se trata de rol taxativo, mas apenas exemplificativo –, as seguintes: a idade, a incapacidade, a pertença a comunidades indígenas ou a minorias, a vitimização, a migração e o deslocamento interno, a pobreza, o gênero e a privação de liberdade.[105]

O conceito de *pessoas em condição de vulnerabilidade* não difere substancialmente do conceito de *pessoas necessitadas*, especialmente se tomarmos o seu sentido mais amplo, de acordo com o entendimento por nós sustentado, não se restringindo, portanto, apenas à perspectiva econômica. Ao fim e ao cabo, tanto a necessidade em sentido estrito – com viés puramente econômico – quanto a necessidade em sentido amplo – em termos de vulnerabilidade – conduzem à legitimidade da atuação da Defensoria Pública na tutela e na promoção dos direitos das pessoas que se enquadrarem em tais situações. A ausência de condições ambientais favoráveis – com qualidade, higidez e segurança –, coloca o indivíduo e mesmo determinados grupos sociais na condição de pessoa necessitada ou vulnerável, uma vez que certamente tais pessoas encontrar-se-ão em especial dificuldade de exercitar com plenitude perante o Sistema de Justiça os direitos reconhecidos pelo ordenamento jurídico.

A compreensão suscitada está de acordo com o entendimento de Ada Pellegrini Grinover, ao defender que "existem os que são *necessitados no plano econômico*, mas também existem os *necessitados do ponto de vista organizacional*. Ou seja, todos aqueles que são socialmente vulneráveis: os consumidores, os usuários de serviços públicos, os usuários de planos de saúde, os que queiram implementar ou contestar políticas públicas, como as atinentes à saúde, à moradia, ao saneamento básico, ao meio ambiente etc.".[106] Portanto, tanto a necessidade em sentido estrito – com viés puramente econômico – quanto a necessidade em sentido amplo – em termos de vulnerabilidade de determinados grupos sociais – conduzem à legitimidade da atuação da Defensoria Pública na tutela e na promoção dos direitos das pessoas que se enquadrarem em tais situações.

A ausência de condições ambientais (e climáticas) favoráveis – com qualidade, higidez e segurança –, também coloca o indivíduo (e mesmo grupos sociais inteiros) na condição de necessitado ou vulnerável, merecendo proteção especial da sociedade e do Estado, uma vez que certamente tais pessoas encontrar-se-ão em especial dificuldade de exercitar com plenitude os direitos reconhecidos pelo ordenamento jurídico e se inserirem no pacto político-jurídico estabelecido pela nossa Lei Fundamental de 1988.

---

[104] STJ, REsp 1.310.471/SP, 2ª. T., Rel. Min. Herman Benjamin, j. 18.06.2013.
[105] CÚPULA JUDICIAL IBERO-AMERICANA. *Regras de Brasília sobre Acesso à Justiça das Pessoas em Condições de Vulnerabilidade* (2008).
[106] GRINOVER, Ada Pellegrini. "Parecer a respeito da constitucionalidade da Lei 11.448/07, que conferiu legitimidade ampla à Defensoria Pública para a ação civil pública". In: SOUSA, José Augusto Garcia de (Coord.). *Uma nova Defensoria Pública pede passagem*: reflexões sobre a Lei Complementar 132/09. Rio de Janeiro: Lumen Juris, 2011. p. 483.

4. A SOCIEDADE CIVIL MUNDIAL E A CIDADANIA AMBIENTAL PLANETÁRIA (OU COSMOPOLITA)

"Algo dramático tem que acontecer se quisermos continuar o projeto civilizatório. Muitos dizem que a questão mais premente neste momento é preservar e restaurar a democracia, mas isso por si só não é suficiente: precisamos desenvolver um **senso de comunalidade** (*sense of commonality*) **entre as nações**, um senso de 'nós estamos juntos nisso'. Pessoas de diversos países e culturas precisam aprender a falar uma só voz, ou seja, a voz dos cidadãos globais. A perspectiva da **cidadania global** (*global citizenship*) é o passo mais significativo em direção à **governança da Terra ou planetária** (*earth governance*). Seu surgimento significa que os Estados-nação estão obrigados a eventualmente se converterem de membros concorrentes para **membros cooperantes de uma comunidade global** (*global community*). Tal conversão não será iniciada pelos Estados, pois eles tendem a se preocupar puramente com seus próprios territórios e circunscrições." (**Klaus Bosselmann**)[107]

O movimento ambientalista não se atém às fronteiras nacionais, até porque a degradação e a poluição ambiental não respeitam os limites territoriais dos Estados-Nação. De acordo com o sociólogo alemão Ulrich Beck, "los riesgos y las destrucciones industriales tampoco respetan las fronteras de los Estados. (...) La supra nacionalidad del tráfico de sustancias nocivas impide que una nación actúe por sí sola".[108] A **dimensão global e o caráter transfronteiriço da poluição ambiental**, conforme descritos por Beck na passagem anterior, conduziram e seguem conduzindo (e exigindo) a um novo rearranjo não só para os Estados nacionais, mas também para a atuação das entidades ambientalistas, inclusive a ponto de criar a organização da **sociedade civil mundial**. Conforme já anunciamos em passagem anterior, o fato de a questão ecológica passar a ser pautada na agenda política internacional a partir da Conferência de Estocolmo, no ano de 1972, inclusive com a criação do Programa das Nações Unidas para o Meio Ambiente (PNUMA) no mesmo ano, impulsionou a articulação dos grupos ecológicos para atuarem nos fóruns internacionais relativos ao debate ecológico. Isso tudo fez que algumas das entidades que atuavam na seara ecológica passassem a alcançar projeção mundial e atuar nesse novo flanco de disputa política que se consolidava no âmbito internacional. A presença de várias entidades ambientalistas de origem estrangeira no Brasil (Greenpeace, Amigos da Terra, WWF etc.) revela essa articulação internacional cada vez maior das entidades ecológicas.

A **cidadania ambiental cosmopolita**,[109] como projeção da articulação e atuação das entidades ambientalistas no cenário internacional, inclusive daquelas de perfil popular, ou seja, de movimentos populares de base, justifica-se, como já apontado em linhas anteriores, em razão da dimensão global da crise ambiental. A sociedade civil coloca-se hoje como a **consciência política** da nação e do mundo, controlando e pressionando as práticas tanto de agentes públicos quanto de privados em matéria ambiental.[110] Na medida em que se verifica a inaptidão e a

---

[107] BOSSELMANN, Klaus. *Earth Governance*: Trusteeship of the Global Commons. Massachusetts: Edward Elgar Publishing, 2015. p. ix.
[108] BECK, *La sociedad del riesgo...*, p. 46.
[109] Sobre o conceito de *cidadania ambiental cosmopolita*, v. FENSTERSEIFER, Tiago. Cidadania ambiental cosmopolita: um conceito em construção. In: BENJAMIN, Antônio Herman (Org.). *Anais do 8º Congresso Internacional de Direito Ambiental*. São Paulo: Instituto O Direito por um Planeta Verde/Imprensa Oficial, 2004. p. 733-753.
[110] "Certamente, não se deduz do anterior que o potencial democrático das sociedades contemporâneas foi esgotado e que o projeto e as forças da globalização dominante reinam com absoluta hegemonia. Nesse sentido, basta lembrar o surgimento de várias tendências de claro perfil contra-hegemônico, tanto no Norte quanto no Sul, que abrangem desde os sinais de recomposição da sociedade civil (movimentos

incapacidade dos Estados nacionais para lidarem com diversas temáticas sociais relevantes, a sociedade civil, geralmente em sua forma organizada, passa a ocupar espaços políticos cada vez mais importantes no cenário político nacional e internacional. Verifica-se hoje a articulação de diversos movimentos sociais e organizações não governamentais (ONGs) em **forma de rede e coalizão**, ou mesmo criando **fóruns internacionais de debate** – como, por exemplo, revelam as diversas edições do Fórum Social Mundial[111] –, o que possibilita uma atuação conjunta de diversos atores sociais locais, regionais e internacionais na defesa de uma causa comum, vivenciando o local e o universal simultaneamente.

Talvez o exemplo mais expressivo da organização da sociedade civil mundial a que nos referimos, pelo prisma da temática ecológica, seja o *Fórum Global* realizado paralelamente à **Conferência da ONU sobre Desenvolvimento Sustentável (Eco-92)**, ocorrido na Cidade do Rio de Janeiro, em junho de 1992. Em contraposição ao encontro político-governamental das autoridades dos países que participavam da Conferência, realizou-se evento paralelo, com a participação de mais de 2.500 entidades representativas da sociedade civil, originárias de mais de 150 países. Durante o Fórum Global, foram produzidos incontáveis eventos e quase 400 reuniões oficiais, que atraíram um público aproximado de 500.000 pessoas. Ao avaliar o Fórum Global como um avanço extraordinário no plano da consciência mundial a respeito da crise ecológica, Héctor R. Leis assinala que

> "o 'espírito da Rio-92', encarnado nas atividades do Fórum Global, traz à luz, simbólica e organizacionalmente, uma sociedade civil planetária que antes praticamente não existia. Da perspectiva aqui apresentada, o ponto mais alto dos acontecimentos de junho de 1992 foi a emergência e a legitimação do papel da **sociedade civil planetária** frente à crise socioambiental global, em um mundo governado pelos atores e as regras do mercado e da política. O 'espírito da Rio-92' permitiu gerar o germe de **consensos transnacionais** para problemas transnacionais, concretizados sob a forma de 36 tratados ou 'compromissos de ação da sociedade civil planetária', que projetam sua legitimidade em direção aos Estados para a criação de pactos, regras e instituições com verdadeira capacidade de **governabilidade global e local**. Nunca antes na história havia sido possível começar a construir consensos transnacionais de tal amplitude, sobre a base de uma prática eminentemente comunicacional".[112]

No contexto dessa **teia social mundial**, o ponto de conexão entre os diferentes atores sociais (locais, regionais e globais) é a informação. Por meio do denominado **ciberativismo** nas redes de informação, possibilitado principalmente pela *internet* **e pelas mídias sociais**, as ONGs e movimentos sociais trocam informações e articulam, de forma conjunta, com grande eficiência, as suas ações políticas. A democratização e o acesso à informação configuram-se como as principais "armas" à disposição da sociedade civil organizada para cobrar ações e responsabilidades de Estados e atores privados. A velocidade com que a informação circula possibilita a articulação política quase que imediata dos grupos sociais mobilizados na ação política pró-ambiente, caracterizando uma **sociedade civil global** e uma cidadania ativa para além das fronteiras nacionais.

---

sociais de base local e transnacional que buscam uma visão de mundo alternativa, combinando equidade social, sustentabilidade da biosfera e democracia participativa substantiva; crescimento de comunidades de autoajuda sobre bases locais), até as ostensivas manifestações de oposição política e social". GÓMEZ, José Maria. *Política e democracia em tempos de globalização*. Petrópolis/RJ: Vozes; Buenos Aires: CLACSO; Rio de Janeiro: LPP – Laboratório de Políticas Públicas, 2000. p. 43-44.

[111] CATTANI, Antonio David (Org.). *Fórum Social Mundial*: a construção de um mundo melhor. Porto Alegre/Petrópolis: Editora da Universidade/UFRGS/Vozes/Unitrabalho/Corag/Veraz Comunicação, 2001.

[112] LEIS, Héctor Ricardo. *A modernidade insustentável*: as críticas do ambientalismo à sociedade contemporânea. Florianópolis/Petrópolis: UFSC/Vozes, 1999. p. 57-58.

De acordo com José Maria Gómez, já há início de materialização de uma ***cidadania ativa global*** na emergência e na expansão de redes de atividades transnacionais, que abrangem uma diversidade de movimentos sociais transnacionais, associações ou grupos de cidadãos, organizações internacionais não governamentais, como, por exemplo, Anistia Internacional, Greenpeace, *Médecins sans Frontéres*, movimentos de mulheres, ambientalistas, de defesa dos direitos humanos, entre outros. Refere o autor que o **"ativismo transnacional"**, ao construir espaços institucionais rudimentares de ação e lealdade desenvolvidos "em" e "através" dos Estados, produz novas orientações com relação à identidade e à comunidade política que estão na base de uma *sociedade civil global*.[113]

A cidadania ambiental cosmopolita, enquanto condição política supraterritorial, reconhece a **dimensão planetária da crise ecológica**, afirmando o princípio democrático para além das fronteiras nacionais, inclusive pelo prisma de uma democracia participativa. As características biofísicas da degradação ambiental (como ocorre, por exemplo, no caso do aquecimento global, da poluição atmosférica e oceânica etc.) evidenciam a limitação dos Estados nacionais e da atuação apenas localizada da sociedade civil organizada para lidarem com os problemas ambientais. É preciso, para além da ação local do cidadão ambiental, também de **articulação no plano internacional**, especialmente diante dos fóruns políticos de debate ambiental existente no plano internacional – por exemplo, PNUMA, conferências e tratados internacionais etc. –, de modo a alcançar representatividade internacional.

De acordo com Roberto A. Ramos de Aguiar, o exercício da cidadania hoje apresenta uma **dimensão planetária**, na medida em que a produção projeta os seus efeitos destrutivos por todo o planeta, não mais se circunscrevendo aos parâmetros geopolíticos do internacionalismo, mas avançando para a questão da própria sobrevivência do planeta e da espécie humana, o que leva à necessidade de o ser humano conceituar-se de modo diferente.[114] De acordo com Anthony Giddens, "a cidadania ecológica introduz uma nova demanda para que as pessoas levem em conta a 'pegada ecológica' (*Ecological Footprint*) humana – o impacto da atividade humana sobre o meio ambiente natural e os processos naturais".[115]

5. O MOVIMENTO ESTUDANTIL GLOBAL "FRIDAYS FOR FUTURE" E A QUESTÃO DA JUSTIÇA CLIMÁTICA INTRA E INTERGERACIONAL

"A nossa casa está em chamas!"

(Greta Thunberg)[116]

A discussão em torno da **"justiça entre gerações"** tem sido colocada no contexto político contemporâneo de forma emblemática, por meio de amplos e progressivos protestos de jovens (crianças e adolescentes) mundo afora (inclusive no Brasil) sobre a questão climática, como bem simbolizam a estudante sueca **Greta Thunberg**, com seus protestos na frente do parlamento sueco, e o movimento estudantil *Fridays for Future* (em português, "Sextas-feiras pelo Futuro"), que surgiu na Europa no segundo semestre do ano de 2018, impulsionado por Greta na Suécia, e se espalhou pelo mundo. A título de exemplo, destaca-se também o grupo de jovens que pro-

---

[113] GÓMEZ, *Política e democracia em tempos de globalização...*, p. 72.
[114] AGUIAR, Roberto Armando Ramos de. *Direito do meio ambiente e participação popular.* Brasília: Edições Ibama, 1998. p. 46. No mesmo sentido, v. AZEVEDO, Plauto Faraco de. *Ecocivilização*: o ambiente e o direito no limiar da vida. São Paulo: RT, 2005. p. 90.
[115] GIDDENS, *Sociologia...*, p. 152.
[116] "Our house is on fire!". Passagem emblemática do discurso proferido por Greta Thunberg na COP 24 da Convenção-Quadro sobre Mudança do Clima da ONU, em Katowice, na Polônia, ocorrida no mês de dezembro de 2018. Disponível em: https://www.youtube.com/watch?v=EpvuS0EbywI.

moveu ação judicial sobre a questão climática contra o governo dos Estados Unidos da América, inclusive, neste último caso, com decisão favorável da Suprema Corte norte-americana sobre a sua legitimidade para tal pleito.[117]

Há correntes do **movimento ambientalista climático** que têm se notabilizado, especialmente no contexto europeu, por ações diretas e práticas de **desobediência civil climática**, por exemplo, bloqueando ruas e estradas, jogando tintas em obras de arte etc., de modo a chamar a atenção do público e da mídia, bem como pressionar lideranças políticas a adotarem medidas efetivas de combate ao aquecimento global e às mudanças climáticas. Em muitos casos, os seus membros acabam presos por autoridades policiais durante os protestos, ainda que pacíficos. É o caso do *Extinction Rebellion (XR)*,[118] movimento surgido no Reino Unido em 2018, mesmo ano do *Fridays for Future*, tendo alcançado hoje amplitude global.

Outro exemplo do movimento ambientalista focado na justiça climática diz respeito à entidade **350.org**, fundada por **Bill McKibben**, com o objetivo de lutar pelo fim do uso de combustíveis fósseis e fazer a transição para as energias renováveis, construindo um movimento global de base. O nome da entidade faz menção ao nível de **350 ppm de CO_2 na atmosfera**, como parâmetro ideal e almejado para alcançar a segurança e estabilidade climática – no início do ano de 2024, já ultrapassamos os 423 ppm. É o **direito ao futuro** que está em jogo, podendo-se até mesmo falar de uma certa sub-representação político-democrática dos interesses das gerações mais jovens no Estado Constitucional contemporâneo, assim como das futuras gerações que ainda estão por nascer, protegidas, por exemplo, pelo *caput* do art. 225 da CF/1988. A questão da justiça climática e do direito à liberdade a ser exercida no futuro foram tratados de forma emblemática na recente decisão do Tribunal Constitucional Federal Alemão no *Caso Neubauer e Outros vs. Alemanha*, julgado em 2021, conforme desenvolvido no *Capítulo 17*.

A questão central colocada pelos movimentos estudantis e de jovens (inclusive crianças) em defesa do clima diz respeito ao seu direito de viver, sobretudo no futuro, em um Planeta Terra íntegro e saudável, com um sistema climático seguro, adequado à salvaguarda das suas vidas, dignidade e direitos fundamentais. É, como referido anteriormente, uma questão de **solidariedade e justiça intra e intergeracional**, na medida em que as omissões e o descaso das lideranças políticas e econômicas de hoje recairão sobre os interesses e direitos das gerações mais jovens no futuro. Destaca-se, nesse sentido, o PL 2225/2024, em tramitação na Câmara dos Deputados, que trata justamente sobre princípios e diretrizes para a formulação e a implementação de políticas públicas para a efetivação do **direito de crianças e adolescentes à Natureza com absoluta prioridade**.[119]

Comentário Geral nº 26 (2023) sobre os Direitos da Criança e o Meio Ambiente, com Foco Especial nas Mudanças Climáticas do Comitê de Direitos da Criança da ONU

Nesse comentário geral, o Comitê Direitos da Criança da ONU enfatiza a necessidade urgente de abordar os efeitos adversos da degradação ambiental, com foco especial na mudança climática, sobre o gozo dos direitos das crianças, bem como esclarece as obrigações dos

---

[117] Disponível em: https://www.washingtonpost.com/politics/courts_law/supreme-court-refuses-to-block-kids-climate-lawsuit-against-us-governme nt/2018/11/02/34bd7ee6-d7af-11e8-83a2-d1c3da28d6b6_story.html?noredirect=on&utm_term=.7512b404d040.

[118] Disponível em: https://extinctionrebellion.uk/about/.

[119] "Capítulo II – Do acesso à Natureza Art. 5º Todas as crianças e adolescentes têm o direito de acessar, permanecer e usufruir de áreas naturais saudáveis e ecologicamente equilibradas, incluindo áreas verdes e azuis urbanas próximas do seu convívio familiar, escolar e comunitário".

Estados de abordar os danos ambientais e a mudança climática. O Comitê também explica como os direitos das crianças previstos na Convenção sobre os Direitos da Criança se aplicam à proteção ambiental, reconhecendo, ademais, que as crianças têm direito a um meio ambiente limpo, saudável e sustentável. De acordo com passagem do documento:

> **"Abordagem baseada nos direitos da criança para a proteção ambiental**
>
> (...)
>
> 7. Em uma **abordagem baseada nos direitos da criança**, o processo de realização dos direitos da criança é tão importante quanto o resultado. Como detentoras de direitos, as crianças têm direito à proteção contra violações de seus direitos decorrentes de danos ambientais e a serem reconhecidas e totalmente respeitadas como agentes ambientais. Ao adotar essa abordagem, é dada atenção especial às múltiplas **barreiras enfrentadas pelas crianças em situações de vulnerabilidade** para usufruir e reivindicar seus direitos.
>
> 8. Um **meio ambiente limpo, saudável e sustentável é um direito humano em si** e necessário para o pleno gozo de uma ampla gama de direitos das crianças. Por outro lado, a degradação ambiental, incluindo as consequências da crise climática, afeta negativamente o gozo desses direitos, especialmente para **crianças em situações de vulnerabilidade** ou **crianças que vivem em regiões altamente expostas às mudanças climáticas**. O exercício, por parte das crianças, de seus direitos à liberdade de expressão, reunião pacífica e associação, à informação e educação, a participar e ser ouvida e a recursos eficazes pode resultar em políticas ambientais mais compatíveis com os direitos e, portanto, mais ambiciosas e eficazes. Dessa forma, os direitos das crianças e a proteção ambiental formam um círculo virtuoso."

6. A PROTEÇÃO JURÍDICA DOS "ATIVISTAS OU DEFENSORES DA NATUREZA" COMO PREMISSA AO EXERCÍCIO EFETIVO DOS DIREITOS AMBIENTAIS DE PARTICIPAÇÃO (ACORDO DE ESCAZÚ DE 2018)

> "Artigo 9. Defensores dos direitos humanos em questões ambientais. 1. Cada Parte garantirá um ambiente seguro e propício no qual as pessoas, os grupos e as organizações que promovem e defendem os direitos humanos em questões ambientais possam atuar sem ameaças, restrições e insegurança." (**Acordo de Escazú de 2018**)

O Brasil registra um dos maiores índices de assassinatos de lideranças ecológicas. Entre os exemplos mais emblemáticos, e que são páginas tristes da história do movimento ambientalista brasileiro, estão os brutais assassinatos de **Chico Mendes** (1988), da **Irmã Dorothy Stang** (2005) do líder indígena (e "guardião da floresta") **Paulo Paulino Guajajara** (2019) e, mais recentemente, do indigenista brasileiro **Bruno Pereira** e do jornalista britânico **Dom Phillips** (2022). Todos os casos, aliás, relacionados à proteção da Floresta Amazônica e dos povos da floresta (indígenas, povos tradicionais etc.). Segundo dados do relatório divulgado em 2018 pela entidade *Global Witness*, sob o título *A que preço?*, quase quatro defensores do meio ambiente, em média, são mortos por semana no mundo, com muitos outros sendo perseguidos, intimidados e forçados a sair de suas terras. Além disso, cumpre assinalar que, dos 57 defensores ambientais mortos em 2017 no Brasil, parte expressiva deles pertencia a comunidades indígenas.[120]

---

[120] Disponível em: https://www.globalwitness.org/en/campaigns/environmental-activists/a-que-preço/.

No ano de 2018, a **ONU** lançou uma **Política de Proteção de Defensores do Meio Ambiente** (*UN Environment's Defensders Policy*). A medida adotada objetiva promover maior proteção para indivíduos e grupos que estão defendendo seus direitos ambientais, identificando soluções para mitigar o abuso dos direitos ambientais que afeta um número crescente de pessoas em muitas partes do mundo. Em linhas gerais, o **PNUMA**, encarregado de levar a efeito tal política, procura apoiar a defesa dos direitos ambientais e opor-se à crescente onda de violência contra os defensores do meio ambiente, bem como à impunidade prevalecente com que esses atos estão sendo cometidos.[121]

Há profunda relação entre o efetivo exercício dos direitos ecológicos e, mais especificamente, dos direitos ambientais de participação ou procedimentais, com a proteção que deve ser assegurada pelo Estado – e mesmo no âmbito do Sistema de Justiça – em favor dos indivíduos e grupos sociais envolvidos na defesa ecológica. Tal medida deve ser vista como dever estatal, inclusive como forma de garantir adequada e efetiva participação pública em assuntos ambientais. Não por outra razão, o **Acordo de Escazú** (2018) tratou de tal temática em artigo específico sobre o tema no seu art. 9, conforme segue.

ACORDO DE ESCAZÚ (2018)

Artigo 9. *Defensores dos direitos humanos em questões ambientais.*

1. Cada Parte garantirá um **ambiente seguro e propício no qual as pessoas, os grupos e as organizações** que promovem e defendem os direitos humanos em questões ambientais possam atuar **sem ameaças, restrições e insegurança**.

2. Cada Parte tomará as medidas adequadas e efetivas para reconhecer, proteger e promover todos os **direitos dos defensores dos direitos humanos em questões ambientais**, inclusive o direito à **vida, integridade pessoal, liberdade de opinião e expressão**, o **direito de reunião e associação pacíficas** e o **direito a circular livremente**, bem como sua capacidade de exercer os direitos de acesso, levando em conta as obrigações internacionais da Parte no âmbito dos direitos humanos, seus princípios constitucionais e os elementos básicos de seu sistema jurídico.

3. Cada Parte tomará medidas apropriadas, efetivas e oportunas para **prevenir, investigar e punir ataques, ameaças ou intimidações** que os defensores dos direitos humanos em questões ambientais possam sofrer no exercício dos direitos contemplados no presente Acordo.

A ausência de um contexto seguro para a defesa da Natureza por indivíduos, grupos sociais e entidades ecológicas e o exercício dos direitos ambientais de participação implica a sua negação, fragilizando um dos pilares mais importantes para a efetivação da legislação ambiental, ou seja, a **participação da sociedade** no controle de práticas públicas e privadas predatórias da Natureza, conforme assinalado expressamente no *caput* **do art. 225 da CF/1988**.

---

[121] Disponível em: https://www.unenvironment.org/explore-topics/environmental-rights-and-governance/what-we-do/advancing-environmental-rights/un. Para informações em português sobre a iniciativa global da ONU para a proteção dos ativistas ambientais, v.: https://nacoesunidas.org/onu-lanca-rio-iniciativa--global-para-proteger-ativistas-ambientais/.

CONVENÇÃO DE AARHUS (1998) E PROTEÇÃO DOS DEFENSORES AMBIENTAIS

De modo similar à previsão da proteção dos defensores ambientais no Acordo de Escazú, também no âmbito da Convenção de Arrhus houve avanço na mesma direção. Em 2022, a Reunião das Partes da Convenção de Aarhus designou seu primeiro **Relator Especial sobre Defensores Ambientais** (Michel Forst), cujo papel é tomar medidas para proteger qualquer pessoa que esteja sofrendo ou sob ameaça iminente de penalização, perseguição ou assédio por tentar exercer seus direitos sob a Convenção. A Relatoria Especial sobre Defensores Ambientais foi estabelecida em uma estrutura juridicamente vinculante no âmbito do sistema ONU, contribuindo para o avanço da democracia ambiental e ajudando a defender o direito humano a um meio ambiente limpo, saudável e sustentável, assim reconhecido recentemente tanto pelo Conselho de Direitos Humanos (2021) quanto pela Assembleia Geral da ONU (2022).

Capítulo 3
ÉTICA ECOLÓGICA

1. **CONSIDERAÇÕES INICIAIS: A AMPLIAÇÃO DO CÍRCULO MORAL E A EXPANSÃO DO RECONHECIMENTO DE DIREITOS PARA ALÉM DO ESPECTRO HUMANO**

"Se quisermos sair da atual crise ecológica que a humanidade trouxe sobre si mesma, e se não sairmos, não teremos futuro, vamos necessitar de uma moral mais ampla, mais completa, de uma ética ecológica. Temos de aprender a ver o todo. Temos de nos livrar deste velho preconceito ocidental, da ideia de que o homem é o centro do Universo, de que toda a criação está aqui para nos servir, de que temos direito de usá-la e abusá-la sem sentido algum de responsabilidade. Temos de nos libertar da ideia de que os outros seres só têm sentido em função da sua utilidade imediata para o homem. Como queria Schweitzer, nossa ética terá que incluir toda a criação" (**José Lutzenberger**, discurso de fundação da AGAPAN em 1971).[1]

"Na minha opinião, a mudança necessária aqui poderia começar melhor com o reconhecimento explícito da dignidade do meio ambiente natural (*die eigene Würde der natürlichen Mitwelt*), especialmente dos animais superiores, da terra, dos oceanos, assim como da vida e da Natureza no seu conjunto, também na Constituição e nas leis individuais" (**Klaus Michael Meyer-Abich**).[2]

"LAUDATO SI', mi' Signore – Louvado sejas, meu Senhor", cantava São Francisco de Assis. Neste gracioso cântico, recordava-nos que a nossa casa comum se pode comparar ora a uma irmã, com quem partilhamos a existência, ora a uma boa mãe, que nos acolhe nos seus braços: "Louvado sejas, meu Senhor, pela nossa irmã, a mãe terra, que nos sustenta e governa e produz variados frutos com flores coloridas e verduras". 2. Esta irmã clama contra o mal que lhe provocamos por causa do uso irresponsável e do abuso dos bens que Deus nela colocou. Crescemos a pensar que éramos seus proprietários e dominadores, autorizados a saqueá-la. A violência, que está no coração humano ferido pelo pecado,

---

[1] LUTZENBERGER, José. Por uma ética ecológica. *In*: BONES, Elmar; HASSE, Geraldo. *Pioneiros da ecologia: breve história do movimento ambientalista no Rio Grande do Sul*. Porto Alegre: Já Editores, 2002. p. 190. Na passagem citada e escrita por ocasião da fundação da Associação Gaúcha da Proteção ao Ambiente Natural (AGAPAN), Lutzenberger faz menção a Albert Schweitzer, médico e escritor alemão, prêmio Nobel da Paz no ano de 1952. De acordo com Schweitzer e sua ética de respeito à vida, em escritos seus da década de 1930, "ainda veremos o dia em que a opinião pública não mais há de tolerar nenhum divertimento popular que se realize à custa de maus-tratos de animais". SCHWEITZER, Albert. *Minha vida e minhas ideias*. São Paulo: Melhoramentos, 1959. p. 242.

[2] MEYER-ABICH, Klaus Michael. *Aufstand für die Natur*: von der Umwelt zur Mitwelt. München: Carl Hanser, 1990. p. 137.

vislumbra-se nos sintomas de doença que notamos no solo, na água, no ar e nos seres vivos. Por isso, entre os pobres mais abandonados e maltratados, conta-se a nossa terra oprimida e devastada, que "geme e sofre as dores do parto" (Rm 8, 22). Esquecemo-nos de que nós mesmos somos terra (cf. Gn 2, 7). O nosso corpo é constituído pelos elementos do planeta; o seu ar permite-nos respirar, e a sua água vivifica-nos e restaura-nos. Nada deste mundo nos é indiferente" (**Encíclica *Laudato Si* do Papa Francisco de 2015**).

"Os eventos climáticos insólitos dos dias de hoje, apesar de sua natureza radicalmente não humana, resultam de ações humanas cumulativas. (...) Eles são a misteriosa obra de nossas próprias mãos voltando para nos assombrar sob formas e aspectos impensáveis". (**Amitav Ghosh**)[3]

"Fomos, durante muito tempo, embalados com a história de que somos a humanidade e nos alienamos desse organismo de que somos parte, a Terra, passando a pensar que ele é uma coisa e nós, outra: a Terra e a humanidade. Eu não percebo que exista algo que não seja Natureza. Tudo é Natureza. O cosmos é Natureza. Tudo em que eu consigo pensar é Natureza" (**Ailton Krenak**).[4]

No início da década de 1960, Rachel Carson nos alertou que vivíamos, no mundo contemporâneo, sob o paradigma do império da ciência e da tecnologia.[5] Quase nada mudou pouco mais de meio século depois. E, se mudou, foi para nos tornarmos ainda mais reféns da tecnologia na nossa vida cotidiana, bem como nos expor a riscos existenciais cada vez maiores. As ambições tecnológicas do *Homo sapiens* não encontram parâmetro nos limites planetários. Hoje, após nos tornarmos uma força geológica que levou ao reconhecimento de uma nova época geológica denominada de **Antropoceno**, dada a magnitude da nossa intervenção na **integridade do sistema planetário**, cada vez mais a ciência caminha na direção da **geoengenharia** e outras tecnologias de consequências inimagináveis.[6] É completamente irracional pensar que a solução para a crise ecológica contemporânea é (ainda) mais intervenção na Natureza. Precisamos, isto sim, é reduzir a nossa "pegada ecológica", tirando o pé do acelerador da locomotiva que tem nos levado rumo ao precipício civilizatório. É a "**sociedade do risco**" de Ulrich Beck (e que nos coloca "em risco"), conforme tratamos anteriormente em tópico específico, operando cada vez com maior "**armamento**" **tecnológico** numa guerra em que a humanidade e a Natureza estão perdendo juntas.

Esse debate, por certo, estabelece importante diálogo entre a Ética Ecológica e a Teoria do Direito, as quais estão na base reflexiva de conformação do Direito Ambiental contemporâneo.[7] No âmbito jurídico, por exemplo, um dos estudos mais notáveis e precursores de tal discussão é a obra clássica do jurista alemão **Klaus Bosselmann** *Im Namen der Natur: der Weg zum ökologischen Rechtsstaat*, publicada no ano de 1992, mesmo ano, aliás, da Conferência da ONU sobre Meio Ambiente e Desenvolvimento, realizada na Cidade do Rio de Janeiro. Na parte final da obra, o autor alemão elabora um "Manifesto da Nova Ordem", a qual teria por ideia fundamental

---

[3] GHOSH, Amitav. *O grande desatino*: mudanças climáticas e o impensável. Tradução de Renato Prelorentzou. São Paulo: Quina Editora, 2022. p. 41.

[4] KRENAK, Ailton. *A vida não é útil*. São Paulo: Companhia das Letras, 2020. p. 83.

[5] CARSON, Rachel. *Silent Spring*..., p. 13.

[6] V. KOLBERT, Elizabeth. *Sob um céu branco*: a Natureza no futuro. Tradução de Maria de Fátima Oliva do Couto. Rio de Janeiro: Intrínseca, 2021.

[7] Na doutrina alemã, propondo justamente um diálogo entre filósofos e juristas acerca da ética ecológica e da teoria jurídica, v. NIDA-RÜMELIN, Julian; PFORDTEN, Dietmar v. d. (org.). *Ökologische Ethik und Rechtstheorie*. Baden-Baden: Nomos, 1995.

(*Leitidee*) a ética ecológica, impactando o sistema jurídico tanto nacional quanto internacional.[8] A obra de Bosselmann – e de vários outros autores na mesma linha – abriu o pensamento jurídico para a ética ecológica, impactando de forma definitiva a concepção que temos hoje do Direito Ambiental (ou mesmo do Direito Ecológico, num estágio ainda mais avançado). A influência de tal sistema de pensamento edificado no âmbito da ética ecológica impulsionou a discussão, por exemplo, acerca dos **direitos dos animais** e dos **direitos da Natureza** (florestas, rios, paisagens etc.), bem como a ruptura com o marco jurídico antropocêntrico – em prol de outra **matriz jurídica biocêntrica ou ecocêntrica**. O propósito deste capítulo, por sua vez, é justamente familiarizar o leitor com o tema e resgatar um pouco da história do pensamento filosófico que está nas diferentes correntes, formulações e autores da ética ecológica.

A epígrafe de Lutzenberger citada na abertura deste tópico coloca bem o que está em jogo na relação entre **ser humano, desenvolvimento científico e tecnológico** e **Natureza**, além, é claro, de apontar para a centralidade absoluta e exclusiva que o ser humano ocupa na ordem dos valores morais, notadamente a partir da matriz filosófica que edificou o pensamento moderno. A "**situação-limite**" a que chegamos, no tocante à **crise ecológica**, está associada de forma direta à postura filosófica – incorporada nas nossas práticas cotidianas tanto na esfera privada[9] quanto pública – de dominação do ser humano em face do mundo natural, consolidada pela **ciência moderna de inspiração cartesiana**. Na perspectiva da "vocação tecnológica" do ser humano, como ilustra a obra de **Hans Jonas**,[10] o geógrafo brasileiro Milton Santos, com base no pensamento filosófico kantiano, que dizia ser a História um progresso sem fim das técnicas, destaca que o desenvolvimento da história anda abraçado com o desenvolvimento das técnicas, e a cada evolução técnica, uma nova etapa histórica se torna possível.[11] No entanto, o **progresso científico** por si só, ou seja, a criação ou mesmo aprimoramento técnico-científico não nos transporta automaticamente para um **novo estágio de evolução moral** e **bem-estar existencial** (individual, social e ecológico). A visão de mundo e da história (humana) autocentrada é incompatível com a nossa condição biológica e ecológica.

O nosso caminho civilizatório percorrido até aqui deu-se de ombros para a Natureza e as soluções que ela nos provê (gratuitamente) por meio dos **serviços ambientais** (ex.: regulação climática, sequestro de carbono, a purificação do ar, a moderação de eventos climáticos extremos, a manutenção do equilíbrio do ciclo hidrológico, a minimização de enchentes e secas e o controle dos processos críticos de erosão e de deslizamento de encostas etc.).[12] Não por outra razão, discute-se, cada vez mais, inclusive como princípio e dever jurídico,[13] a **priorização de soluções baseadas na Natureza**, o que coaduna, por exemplo, com uma ética do cuidado e da prevenção e precaução de danos ao meio ambiente, inclusive em vista do futuro, como sói acontecer (há séculos e de forma desastrosa) com a nossa intervenção tecnológica na Natureza. A "**tecnologia**" **da Natureza** foi, em grande parte, menosprezada pelo ser humano, o que se deve, em grande medida, à soberba da nossa espécie ao crer na sua inteligência (supostamente) superior.

---

[8] BOSSELMANN, Klaus. *In Namen der Natur*: der Weg zum ökologischen Rechtsstaat. Munique: Scherz, 1992. p. 407-412.

[9] Alguns exemplos de práticas privadas antiéticas e predatórias dos direitos humanos e da Natureza, notadamente por corporações privadas, são abordados por: BAKAN, Joel. *A corporação*: a busca patológica por lucro e poder. São Paulo: Novo Conceito, 2008.

[10] JONAS, Hans. *Das Prinzip Verantwortung: Versuch einer Ethik für die technologische Zivilisation*. Frankfurt am Main: Insel-Verlag, 1979.

[11] SANTOS, Milton. *Por uma outra globalização*: do pensamento único à consciência universal. 6. ed. Rio de Janeiro: Record, 2001. p. 24.

[12] V. art. 41, I, do Código Florestal (Lei 12.651/2012) e art. 2º da Lei da Política Nacional de Pagamento por Serviços Ambientais (Lei 14.119/2021).

[13] V. art. 2º, III e VIII, da Lei da Lei 14.904/2024, que estabelece as diretrizes para a elaboração de planos de adaptação às mudanças climáticas.

O **Iluminismo**, por meio da afirmação política (e jurídica) do protagonismo da **razão humana** (e do ser humano) e do **desenvolvimento científico** em diversos campos do saber, representou um marco único no processo civilizatório. A ética ecológica, ao criticar o **pensamento cartesiano** e a dualidade entre ser humano e Natureza pregada por ele, não pretende, por óbvio, o retorno ao obscurantismo medieval. Mas o contrário disso, ou seja, objetiva aprofundar ainda mais o processo iniciado pelo pensamento iluminista. O Iluminismo é um **processo inacabado**, tanto no campo científico quanto no plano ético.

O progresso científico – como ilustram os últimos desenvolvimentos no campo da **Ciência da Terra** (*Earth Science*) e da Ciência Climática – tem-nos possibilitado compreender de forma cada vez mais clara a inter-relação dos fenômenos ambientais em escala planetária, bem como os riscos existenciais decorrentes da intervenção de magnitude geológica do ser humano no Planeta Terra – que nos trouxe ao **Antropoceno**, como já referido anteriormente. Soma-se a isso, ainda, a nossa total dependência existencial da integridade ecológica, como nos demonstrou de forma dramática a **pandemia de covid-19**. Tomando por base tal entendimento, Mayer-Abich defende a necessidade de um "**segundo Iluminismo**", a fim de aprofundar e completar o processo civilizatório iniciado pelo primeiro, integrando de forma definitiva o ser humano no mundo natural.

> "A percepção de que todas as pessoas nascem iguais por natureza e que esta igualdade também deve ser preservada na coexistência do Estado tornou-se a base do Estado constitucional moderno e já era irrefreável naquela época. Com relação ao **papel do ser humano na Natureza**, ainda não houve um **Iluminismo** (*Aufklärung*) correspondente. Defendo que o primeiro Iluminismo (*ersten Aufklärung*) sobre a igualdade natural dos seres humanos (seu nascimento igual) seja seguido pelo **Iluminismo adicional sobre nosso parentesco natural** (*natürliche Verwandtschaft*) com o resto do mundo (*Welt*). Ambos os Iluminismos têm consequências políticas de longo alcance, mas diferentes".[14]

O *Prometeu* ou *Golem* da ciência moderna colocou em curso, com o aprimoramento progressivo da técnica, um ciclo de intervenção humana na Natureza sem precedentes. Como consequência de tal feito civilizatório, a Natureza foi conquistada pelo ser humano em praticamente em todos os cantos do Planeta. Do Velho Mundo ao Novo Mundo. Do Ocidente ao Oriente. Do Norte ao Sul. O Planeta Terra foi dominado por uma espécie animal como nunca antes. A aparente força física dos dinossauros, com suas garras e dentes afiados, como no caso do Tiranossauro Rex (*Tyrannosaurus rex*), é incomparável à **força da "mão humana" potencializada pela técnica**. O poder que hoje o ser humano (*Homo faber*) detém de **transformação da Natureza** não encontra limites.

Da destruição das florestas para extração de madeira e práticas agrícolas e agropastoris à poluição generalizada dos elementos da Natureza, chegando ao extremo da contaminação nuclear e risco da nossa própria sobrevivência como espécie, como posto na questão climática. O ser humano não poupou técnicas para debilitar a Natureza, extinguindo incontáveis espécies no caminho do seu "progresso" civilizatório. Uma rápida visita a qualquer museu de história natural nos permite conhecer algumas espécies extintas pelas mãos dos seres humanos, como mamutes (*Mammuthus*), mastodontes (*Mammutidae*), preguiça gigante (*Megatherium*), tigre de sabre (*Smilodon populator*) etc. Isso sem falar nos inúmeros "**hominídeos**" também extintos pela mão do ser humano. Outras tantas espécies nem mesmo tiveram tempo para serem conhecidas e catalogadas antes de extintas.

---

[14] MEYER-ABICH, Klaus Michael. *Aufstand für die Natur*: von der Umwelt zur Mitwelt. München: Carl Hanser Verlag, 1990. p. 39.

Essa é a questão central colocada pela **ética ecológica**. Precisamos de um novo parâmetro ético para as práticas humanas levadas a efeito pelo novel instrumental tecnológico desenvolvido, notadamente em vista da crise ecológica desencadeada pelo ser humano e seu crescente (e quase absoluto) poder de intervenção na (e destruição da) Natureza. Uma ética capaz de romper com o paradigma antropocêntrico clássico, muito embora também a própria sobrevivência do ser humano esteja ameaçada pela crise ecológica e, portanto, a "salvação" da humanidade está em jogo.[15] E romper no sentido de "**ampliar fronteiras morais**", ou seja, incluir a Natureza na mesma comunidade moral integrada pelo ser humano, de modo a atribuir valor intrínseco aos elementos naturais (fauna, flora etc.).

Da ética do indivíduo (do "eu"), devemos migrar para a **ética do Universo**![16] Como dito por Edward O. Wilson, as milhões de espécies que habitam o Planeta Terra são nossos **parentes filogenéticos** (*Phylogenetic Kin*), ou seja, "sua história de longo prazo é a nossa história de longo prazo. Apesar de todos os nossos artifícios e fantasias, sempre fomos e continuaremos a ser uma espécie biológica ligada a esse mundo biológico particular. Milhões de anos de evolução estão indelevelmente codificados em nossos genes".[17] Negar essa realidade é negar o que somos, criando artifícios (ou embustes) desconectados da nossa **real condição existencial**. Ou seja, uma **espécie biológica** – *Homo sapiens* –, tal como catalogada por **Carl Linnaeus** no ano de 1758, ao publicar o seu famoso **sistema de classificação de espécies** – utilizado até hoje pela ciência biológica.

> **LUCA E A ORIGEM COMUM DA VIDA NO PLANETA TERRA**
>
> LUCA é a sigla em inglês para denominar o **último ancestral comum universal** (*Last Universal Common Ancestor*), ou seja, como nos ensina o físico Marcelo Gleiser, "a criatura de onde todas as demais formas de vida que já existiram e existem na Terra se originaram – das esponjas primitivas às samambaias, do *Tyrannosauros rex* e dos fungos à nossa espécie".[18] Trata-se de **organismos eucariotas** que surgiram há aproximadamente 1,9 bilhão de anos atrás e, como refere Gleiser, "evoluíram a ponto de restaurar o ciclo global de carbono, tornando a Terra uma plataforma viável para a incrível biodiversidade que se seguiu. (...) Portanto, a nossa 'eva coletiva' é uma bactéria que viveu em torno de 2 bilhões de anos atrás. A história da vida na Terra nos ensina que todas as formas de vida são conectadas, dividindo a mesma semente num passado distante".[19]

Como um episódio histórico extremamente relevante no tema da ética planetária, destaca-se a **Encíclica "*Laudato si*: sobre o cuidado da casa comum" (2015)** do **Papa Francisco**, estabelecendo um importante diálogo entre a **religião** e a ética ecológica. Aliás, a escolha pelo Cardeal Jorge Mario Bergoglio do nome "Francisco" – pela primeira vez na história, em

---

[15] "O senso comum e a ciência são expressões da mesma necessidade básica, a necessidade de compreender o mundo, a fim de viver melhor e sobreviver. Para aqueles que teriam a tendência de achar que o senso comum é inferior à ciência, eu só gostaria de lembrar que, por dezenas de milhares de anos, os homens sobreviveram sem coisa alguma que se assemelhasse à nossa ciência. Depois de cerca de quatro séculos, desde que surgiu com seus fundadores, curiosamente a ciência está apresentando sérias ameaças à nossa sobrevivência." ALVES, Rubem. *Filosofia da ciência*: introdução ao jogo e suas regras. 3. ed. São Paulo: Loyola, 2001. p. 21.

[16] A ampliação do círculo moral de consideração da ética, partindo do "eu" (*Ich*) e projetando-se até o Universo (*Universum*), é abordada por BOSSELMANN, Klaus. *In Namen der Natur*..., p. 275.

[17] WILSON, Edward O. *Half-Earth*: our Planet's Fight for Life. New York: Liveright, 2016.

[18] GLEISER, Marcelo. *O despertar do universo consciente*..., p. 192-193.

[19] GLEISER, Marcelo. *O despertar do universo consciente*..., p. 193.

homenagem a **São Francisco de Assis** – para o seu nome como o 266º Papa em 2013 revela a importância da temática ecológica para a Igreja Católica, como, de resto, está consagrado na Encíclica *Laudato Si*, inclusive no sentido de reconhecer que o "**sagrado**" está também na Natureza. Em 2019, realizou-se, acerca do tema, o **Sínodo da Amazônia**, no Vaticano, justamente com o objetivo de discutir a questão envolvendo a proteção da Floresta Amazônica e dos povos indígenas e tradicionais.

A ética ecológica possui várias dimensões,[20] entre as quais podemos destacar a ética **intrageracional**, no sentido de estabelecer uma relação de respeito e consideração pelos diversos povos e gerações que hoje habitam o Planeta e sofrem as consequências da crise ecológica, muitos dos quais, cabe frisar, suportando injustamente o ônus e as externalidades ecológicas negativas decorrentes dos altos padrões industriais e de consumo dos países desenvolvidos. Isso sem falar na injustiça e na exigência de uma **ética climática** na relação entre as gerações mais novas (crianças e adolescentes) que já habitam o Planeta Terra em face das gerações mais velhas e que atualmente estão no poder e exercem a liderança política, tomando as decisões que serão suportadas pelos hoje jovens daqui a algumas décadas, como decorrência, por exemplo, das mudanças climáticas.

Outra dimensão da ética ecológica é a **ética intergeracional** (ou intertemporal), de modo a pautar as nossas ações presentes em respeito e solidariedade para com as gerações humanas futuras. Ou, como referido por Dieter Birnbacher, uma "**ética do futuro**" (*Zukunftsethik*).[21] Ainda, na caracterização das dimensões da ética ecológica, merece destaque a ética interespécies, que tem como foco as ações humanas em face das demais espécies (animais e não animais). Tais concepções estão conectadas, sob o ponto de vista filosófico, até mesmo com a ideia de **justiça ecológica ou ambiental**, enfatizando o respeito e os **deveres (morais e jurídicos)** que o ser humano deve observar quando da sua interação com a Natureza e as formas de vida não humanas. É, por assim dizer, verdadeira expressão de **alteridade**, ou seja, do reconhecimento do valor intrínseco e subjetividade de um "**outro não humano**", digno de consideração e respeito por seu próprio valor moral (e jurídico[22]).

DIMENSÕES DA ÉTICA ECOLÓGICA

- **Intrageracional** (entre a mesma geração ou gerações viventes)
- **Intergeracional** (entre diferentes gerações)
- **Interespécies** (entre diferentes espécies biológicas ou naturais)

O reconhecimento do *status* **moral** para além do espectro humano também se situa na perspectiva histórica de ampliação progressiva do círculo moral – que, no passado, era limitado a apenas "alguns" seres humanos – e ampliação da atribuição de direitos, como ilustra bem o quadro que segue extraído da obra *The Rights of Nature* (1989) do historiador norte-americano **Roderick Frazier Nash**.

---

[20] A respeito das *dimensões da ética ecológica*, v. SALADIN, Peter. *Die Würde der Kreatur*, Schriftenreihe Umwelt Nr. 260 (1994).
[21] BIRNBACHER, Dieter. *Verantwortung für zukünftige Generation*. Stuttgart: Reclam, 1988. p. 9-16.
[22] Na doutrina brasileira, sobre os direitos da Natureza, v. OLIVEIRA, Vanessa Hasson de. *Direitos da Natureza*. Rio de Janeiro: Lumen Juris, 2016.

QUADRO HISTÓRICO DE AMPLIAÇÃO DO CÍRCULO MORAL E EXPANSÃO DOS DIREITOS NO CONTEXTO NORTE-AMERICANO (RODERICK F. NASH)[23]

Direitos Naturais (*Natural Rights*)	– Os *direitos naturais* (jusnaturalismo) evoluíram ao longo dos tempos, com sua progressiva positivação no plano legislativo e expansão dos direitos até alcançar hoje também os denominados *direitos da Natureza* (e dos animais não humanos).
Direitos dos Burgueses/Barões (*English Barons*)	– Magna Carta (1215).
Direitos dos "Colonos/Colonizadores" Norte-americanos (*American Colonists*)	– Declaração de Independência – *Declaration of Independence* (1776).
Direitos dos Escravos (*Slaves*)	– Proclamação de Emancipação – *Emancipation Proclamation* (1863).
Direitos das Mulheres (*Women*)	– Décima Nona Emenda – *Nineteenth Amendment* (1920).
Direitos dos Nativos Norte-americanos (*Native Americans*)	– Lei da Cidadania Indígena – *Indian Citizenship Act* (1924).
Direitos dos Trabalhadores (*Laborers*)	– Lei de Padrões Justos de Trabalho – *Fair Labor Standards Act* (1938).
Direitos Raciais (*Blacks*)	– Lei dos Direitos Civis – *Civil Rights Act* (1957).
Direitos da Natureza (*Nature*)	– Lei de Espécies Ameaçadas de Extinção – *Endangered Species Act* (1973).

Com base nessa abordagem, buscaremos analisar alguns dos principais autores que enfrentaram, a partir de diferentes enfoques filosóficos, a questão da ética ecológica, iniciando, como não poderia deixar de ser, com a **crítica ao pensamento cartesiano**, em especial naquilo em que ele rejeita qualquer "dignificação" ou "subjetivização" da vida não humana, abrindo caminho para a dominação "sem freios morais" da Natureza.

---

[23] NASH, Roderick Frazier. *The rights of nature*: a history of environmental ethics. Madison: University of Wisconsin Press, 1989. p. 7.

> **CORRENTES DA ÉTICA ECOLÓGICA**[24]
>
> - **Patocentrismo** – do grego *páthein*, padecer – designa a concepção ética de que "todos os **seres sencientes** merecem consideração por si mesmos".
> - **Biocentrismo** – do grego *bíos*, vida – caracteriza-se por defender que "todos os **seres vivos** merecem consideração por si mesmos".
> - **Ecocentrismo** – também denominado por alguns de "ética holística" ou "fisiocentrismo", do grego *physis*, ou seja, Natureza –, tem por premissa que "**toda a Natureza** (versão holística) ou **tudo na Natureza** (versão individualista) merece consideração por si mesmo".

2. A RAIZ FILOSÓFICA DA CRISE ECOLÓGICA: CRÍTICA AO PENSAMENTO MODERNO DE MATRIZ CARTESIANO-MECANICISTA

"(...) conhecendo a força e as ações do fogo, da água, do ar, dos astros, dos céus e de todos os outros corpos que nos cercam, tão distintamente como conhecemos os diversos misteres de nossos artífices, poderíamos empregá-los da mesma maneira em todos os usos para os quais são próprios, *e assim nos tornar como senhores e possuidores da Natureza*" (**René Descartes**).[25]

"(...) a minha própria visão, que enfatiza a continuidade evolutiva em detrimento dos dualismos tradicionais. Dualismos entre corpo e mente, humano e animal, ou razão e emoção podem parecer útil, mas eles distraem seriamente do quadro maior (*larger picture*)" (**Frans de Waal**).[26]

Os avanços científicos e tecnológicos operados pela ciência moderna, especialmente a partir da "revolução científica" dos séculos XVI e XVII – bastaria citar aqui a influência de nomes como os de **Nicolau Copérnico** (1473-1543), **Francis Bacon** (1561-1626), **Galileu Galilei** (1564-1642), **René Descartes** (1596-1650), **Isaac Newton** (1643-1727), **Gottfried Wilhelm Leibniz** (1646-1716), entre outros –, a despeito dos notáveis progressos que propiciaram, paralelamente serviram de instrumento de intervenção sem precedentes (em razão do novo arsenal tecnológico desenvolvido) no meio natural e, consequentemente, de degradação e esgotamento dos recursos naturais, na medida em que a Natureza passou a ser tratada – do ponto de vista filosófico e em contraposição ao pensamento clássico que tinha por premissa filosófica uma "**cosmovisão**"[27] – como uma simples "máquina", destituída de qualquer valor intrínseco.[28] O marco filosófico central de tal compreensão está na obra do filósofo francês René Descartes. De acordo com Luc Ferry, "o humanismo cartesiano é, sem dúvida alguma, a doutrina que mais longe chegou na desvalorização da Natureza em geral e na do animal em particular".[29]

---

[24] KREBS, Angellika. Naturethik im Überblick. In: KREBS, Angelika (org.). *Naturethik*: Grundtexte der gegenwärtigen tier-und ökologischen Diskussion. Frankfurt am Main: Suhrkamp, 1997. p. 345.

[25] DESCARTES, René. *Discurso do método; Meditações; Objeções e respostas; As paixões da alma; Cartas*. 3. ed. São Paulo: Abril Cultural, 1983. p. 63.

[26] WAAL, Frans de. *Are we smart enough to know how smart animals are?* Nova Iorque: W.W.Norton & Company, 2016, p. 6.

[27] O pensamento filosófico aristotélico com relação aos animais é tratado por FEIJÓ, Anamaria. *Utilização de animais na investigação e docência*: uma reflexão ética necessária. Porto Alegre: EDIPUCRS, 2005. p. 24-49.

[28] Sobre a concepção cartesiana de "animal-máquina", v. DESCARTES, René. *Discurso do método*..., p. 60 e ss.

[29] FERRY, Luc. *A nova ordem ecológica*: a árvore, o animal, o homem. São Paulo: Ensaio, 1994. p. 29.

A perspectiva humanista liberal-individualista que caracterizou o pensamento moderno – e a obra de Descartes é o melhor exemplo disso – coloca o indivíduo como o centro e ponto de partida da sua edificação teórico-filosófica, ou seja, é a **concepção antropocêntrico-humanista**, sem dúvida fundamental para a evolução do pensamento filosófico à época, inclusive na perspectiva da afirmação de direitos individuais, que conduz à dicotomia no trato com a Natureza, e mesmo no que diz com a própria **"desnaturalização" do ser humano**. A Natureza era tida como algo estranho ao ser humano e, portanto, não integrava o **círculo moral** de matriz humanista do pensamento cartesiano.

A contribuição de Descartes modelou, em grande medida, o pensamento moderno, influenciando até hoje o nosso método de abordagem científica (inclusive o Direito é marcado por tal condicionamento). A ideia de **"animal-máquina"** formulada por Descartes, em sua obra *Discurso do Método* (Quinta Parte), expressa de forma bastante contundente a dicotomia estabelecida entre a esfera humana e a esfera natural.[30] O filósofo francês defendia o entendimento de que os animais poderiam ser equiparados a **máquinas móveis ou autômatos**, já que, diferentemente do homem – que seria composto de **alma (*res cogitans*) e corpo (*res extensa*)** e, portanto, nunca poderia ser identificado com uma simples máquina –, **apenas possuíam corpo**.[31]

Ao afirmar que os animais não possuem nenhuma **razão**,[32] ou seja, não eram reconhecidos como "**seres racionais**" – portanto, tampouco possuidores de valor intrínseco, Descartes abriu caminho para a **separação entre ser humano e Natureza** que até hoje marca a abordagem científica em quase todas as áreas do conhecimento, bem como para o processo de instrumentalização, apropriação e **dominação da Natureza** e dos recursos naturais, o que, em grande medida, tem nos conduzido ao atual estágio preocupante de degradação ambiental e mesmo de risco existencial, impactando a integridade do sistema ecológico em escala global. Como dito por **François Ost**, "a ciência moderna é tecnicista e já não especulativa. O seu objetivo não é conhecer o mundo, mas **fabricar um outro mundo**, mais avançado. Assim se inicia, conquistadora e triunfante, a era do **artifício**".[33] O pensamento cartesiano – alimentado pela **soberba da razão** do *res cogitans* (coisa pensante) – também rompeu de forma definitiva com a cosmovisão e o "encantamento" da Natureza. A Natureza, de certa forma, não passaria de um "cálculo matemático" para a filosofia cartesiana, impondo artificialmente as "leis dos homens" às "leis da Natureza".

É também atribuída a Descartes a abordagem científica **mecanicista**, ou seja, de separação das partes com relação ao todo para a sua devida compreensão e estudo. Tal método científico, sem dúvida importante para o conhecimento de determinados fenômenos, conduziu, em alguns aspectos, a uma incapacidade de compreensão dos fenômenos naturais na sua complexidade ou

---

[30] DESCARTES, René. *Discurso do método...*, p. 60.
[31] DESCARTES, René. *Discurso do método...*, p. 55. Tal concepção cartesiana, ao introduzir a distinção entre *res extensa* e *res cogitans*, conforme assinala Anamaria Feijó, "negou a condição de ser consciente aos organismos vivos e inaugurou uma concepção não aristotélica do organismo". FEIJÓ, Anamaria. *Utilização de animais...*, p. 39.
[32] DESCARTES, René. *Discurso do método...*, p. 60-61. Ao se opor à concepção de "animal-máquina" formulada por Descartes, Jean-Jacques Rousseau (1712-1778). Rousseau argumenta, no prefácio do seu *Discurso sobre a Origem e os Fundamentos da Desigualdade entre os Homens* (1754), que os seres humanos são animais, embora ninguém "exima-se de intelecto e liberdade". Entretanto, como os animais são seres sensíveis, os animais deveriam também "participar do direito natural e que o homem esteja obrigado para com eles a certos deveres", bem como ter reconhecido "um direito de não ser maltratado inutilmente pelo outro". ROUSSEAU, Jean-Jacques. Discurso sobre a origem e os fundamentos da desigualdade entre os homens. *Rousseau*. São Paulo: Nova Cultural, 1999, p. 47. (Coleção Pensadores, v. 2).
[33] OST, François. *A natureza à margem da lei*: a ecologia à prova do direito. Lisboa: Instituto Piaget, 1995. p. 49. Em outra passagem, refere o autor: "o cadáver autopsiado poderia muito bem ser a representação mais exata do naturalismo cartesiano, como se a Natureza devesse primeiro morrer para poder revelar os seus segredos e assim ter alguma utilidade" (p. 48).

globalidade.³⁴ Isso, por certo, é fundamental para a assimilação da crise ecológica e seu enfrentamento. É absolutamente pertinente a esse propósito a **unificação ou unidade do conhecimento científico** proposta por Edward O. Wilson em sua obra *Consilience: the Unity of Knowledge* (1999), no sentido de aproximar o máximo possível as diferentes áreas do saber científico, por exemplo, as **ciências naturais** e as **ciências humanas**.³⁵

A "**crítica ao especialista**" feita por Lutzenberger exemplifica bem a questão ora em análise. Segundo o autor, a crise ecológica e a dificuldade do seu devido entendimento (e mesmo solução dos problemas dela decorrentes) é resultado da "atitude do especialista que isola seu problema e se concentra completamente em um só aspecto de uma questão. Essa atitude tem sido a base do progresso da ciência e da técnica, mas ela produz efeitos catastróficos quando aplicada ao meio ambiente. A biosfera é um complexo sistema de equilíbrios dentro de equilíbrio, que por sua vez faz parte de equilíbrios ainda maiores. Para compreender o nosso meio ambiente, temos que encarar o todo, temos que ver a dinâmica dos sistemas naturais, temos que aprender a ver o homem como parte deste grande complexo".³⁶ Após tais considerações, Lutzenberger cita alguns exemplos da "atitude de especialista" posta em prática: "o especialista que introduziu o chumbo na gasolina entendia muito de motores e explosão, mas sua responsabilidade terminava no cano de escape. O técnico em saúde pública que, de avião, aplica um poderoso inseticida sobre todo um banhado, só está vendo aquele mosquito que ele quer liquidar, mas é totalmente cego quanto aos milhares de outras espécies, muitas das quais diretamente úteis ao homem".³⁷

Somos herdeiros dessa visão de mundo em praticamente todas as áreas do conhecimento humano. O pensamento filosófico, em particular, passou distante da questão ecológica até muito recentemente. O mundo filosófico alienou-se do conhecimento sedimentado no campo das **ciências naturais** ao longo dos últimos séculos, mantendo um paradigma ético de matriz antropocêntrica, não obstante a nossa natureza ontológica de uma espécie biológica resultante de um processo de evolução na história natural do Planeta Terra, como nos alertou o naturalista britânico **Charles Darwin**, com a publicação da sua obra *A origem das espécies*, datada de **1859**. Na primeira metade do século XIX, época do naturalista alemão **Alexander von Humboldt**, emerge uma **nova compreensão científica da Natureza**, inclusive de uma Ciência da Natureza, como um *todo interligado*.³⁸ Uma *rede ou teia da vida*. Isso refuta a compreensão puramente mecanicista inspirada em autores iluministas como Descartes, Bacon, Leibniz...

A crescente especialização das áreas do conhecimento operada pela ciência moderna, ocupando-se do mais alto grau de detalhamento na abordagem dos objetos estudados, também se colocou contrariamente a uma compreensão integrada e una da Natureza, ou seja, como um todo interligado por seus múltiplos elementos, formatando **um complexo ser vivo global**. Sobre o tema, Humboldt teria antecipado em quase 150 anos a *Teoria ou Hipótese Gaia* de **James Lovelock**.³⁹ O olhar científico para esmiuçar ao limite a compreensão do objeto, nos seus mínimos detalhes, acabava por comprometer a visão do mesmo cientista acerca do todo e o entendimento até mesmo funcional dos elementos da Natureza no equilíbrio desta. Isso sem falar na **responsabilidade ética do cientista**.

---

³⁴ A crítica em questão é desenvolvida por SANTOS, Boaventura de Sousa. *A crítica da razão indolente*: contra o desperdício da experiência. 3. ed. São Paulo: Cortez, 2001. p. 63, e MORIN, Edgar. *Introdução ao pensamento complexo*. Porto Alegre: Sulina, 2006.
³⁵ WILSON, Edward O. *Consilience*: the unity of knowledge. Vintage Books/Random House, 1999.
³⁶ LUTZENBERGER, Por uma ética ecológica..., p. 189.
³⁷ LUTZENBERGER, Por uma ética ecológica..., p. 189.
³⁸ WULF, Andrea. *A invenção da Natureza*: a vida e as descobertas de Alexander von Humboldt. 2. ed. São Paulo: Planeta, 2016. p. 28.
³⁹ LOVELOCK, James. *Gaia*: a new look at life on earth. London: Oxford University Press, 2016.

Além da limitação da sua abordagem científica para a adequada compreensão dos fenômenos naturais que estão na base da crise ecológica, a contribuição mais "prejudicial à Natureza" do pensamento cartesiano para a abordagem da ética ecológica está na dicotomia rígida estabelecida entre ser humano e Natureza e a "**objetificação**" dos elementos naturais, não reconhecendo qualquer valor intrínseco inerente a eles. Além, é claro, das consequências práticas de tal compreensão filosófica (em termos econômicos, políticos, jurídicos etc.), abrindo caminho para a instrumentalização inconsequente e irresponsável dos recursos naturais levada a efeito pelo ser humano nos últimos séculos (e ainda em pleno curso), o que nos conduziu, em grande medida, à atual crise ecológica no Antropoceno.[40] Conforme assinala Boaventura, em sua crítica à ciência moderna, "é total a separação entre a Natureza e o ser humano. A Natureza é tão só extensão e movimento; é passiva, eterna e reversível, mecanismos cujos elementos se podem desmontar e depois relacionar sob a forma de leis; não tem qualquer outra qualidade ou dignidade que nos impeça de desvendar os seus mistérios, desvendamento que não é contemplativo, mas antes ativo, já que visa conhecer a Natureza para dominá-la e controlá-la. Como diz Bacon, a ciência fará da pessoa humana "o senhor e o possuidor da Natureza".[41]

3. A ÉTICA "CONSERVACIONISTA" DE HENRY D. THOREAU, JOHN MUIR E ALDO LEOPOLD: DE VOLTA À NATUREZA SELVAGEM (*WILDERNESS*)!

"A 'ética da terra' simplesmente amplia as fronteiras da comunidade para incluir solos, águas, plantas e animais, ou coletivamente: a terra" (**Aldo Leopold**[42]).

De volta à Natureza selvagem (*Wilderness*)! Na primavera de 1845, mais precisamente em 4 de julho daquele ano, o escritor norte-americano **Henry David Thoreau** (1817-1862), aos 28 anos de idade, construiu uma cabana nas margens do Lago Walden, nas proximidades da cidade de Concord, no Estado norte-americano de Massachusetts, com o propósito de levar uma **vida simples cercada pela Natureza**, em resgate a valores que ele julgava deteriorados na cultura urbana da época. Como resultado das reflexões que Thoreau formulou durante os dois anos solitários em que que residiu na cabana à beira do Lago Walden, ele escreveu o livro *Walden: our Life in the Woods*[43], publicado no ano de 1854. Na obra, Thoreau intercala relatos da sua vida e afazeres diários à beira do Lago Walden com reflexões sobre as virtudes da **autossuficiência** e da **liberdade individual**, bem como sobre a sociedade, a política, o governo e outros temas. Para Thoreau, "a riqueza de um homem é proporcional ao número de coisas que pode deixar em paz".[44] Tal desprendimento (e "**desapego material**") em relação aos valores civilizatórios que se impunham à época, notadamente no contexto da vida em sociedade (cada vez mais urbana e distante da Natureza), fez com que a obra (e vida) de Thoreau servisse de inspiração para o **movimento conservacionista** (e, mais tarde, também para o movimento ecológico). Como

---

[40] O entendimento referido é compartilhado por Plauto Faraco de Azevedo: "a situação atual do ambiente demonstra a insuficiência da ética vigente, antropocêntrica, individualista, incapaz de perceber a íntima ligação entre todos os organismos vivos, em interconexão entre eles e com o meio inorgânico, cujos recursos são exauríveis, razão por que sua utilização tem que ser prudente e orientada por uma ética da solidariedade, em que sobressaia a responsabilidade transgeracional. Só assim poder-se-á preservar e assegurar a vida à presente geração e àquelas que venham a sucedê-la". AZEVEDO, *Ecocivilização*..., p. 90.

[41] SOUSA SANTOS, Boaventura de. *A crítica da razão indolente*..., p. 62.

[42] A passagem foi extraída da obra, publicada ano de 1949, de LEOPOLD, Aldo. *A Sand County Almanac: with essays on conservation from Round River*. New York: Ballantine Books, 1970. p. 239.

[43] THOREAU, Henry D. *Walden*. Porto Alegre: L&PM, 2011.

[44] THOREAU, Henry D. *Walden*..., p. 88.

afirma Thoreau em passagem da sua obra: "cada manhã era um alegre convite para viver minha vida com a mesma simplicidade e, diria eu, inocência da própria Natureza".⁴⁵

Na sequência e seguindo a mesma abordagem, mas já no período em que o "oeste" norte-americano havia sido substancialmente ocupado, pode-se destacar a obra de **John Muir** (1838-1914), *The Mountains of California*, datada do ano de 1894. Muir foi também um dos fundadores da **Sierra Club**, até hoje uma das entidades ambientalistas mais importantes dos EUA. Sobre o tema, a título ilustrativo e para demonstrar como as ideias "conservacionistas" de tais autores passavam a ingressar no universo político norte-americano, cumpre destacar que o Presidente Theodore Roosevelt, que havia realizado uma excursão (*camping trip*) ao oeste norte-americano com John Muir no ano de 1903, acabou por incorporar em sua administração e agenda política a questão da conservação dos recursos naturais, contando com forte apelo popular.⁴⁶ Como reflexo de tal cenário, destaca-se a criação, no ano de 1872, do **Parque Nacional de Yellowstone**, localizado nos Estados norte-americanos de Wyoming, Montana e Idaho, o qual é reconhecido como o mais antigo parque nacional no mundo e um marco na história das áreas protegidas.

Posteriormente, o New Deal proposto pelo Presidente Franklin Roosevelt, na década de 1930, estabeleceu uma série de medidas voltadas à conservação dos recursos naturais. Como exemplo, pode-se destacar o Serviço de Conservação do Solo, criado no âmbito da administração federal no ano de 1935 e com o propósito de aplicar práticas científicas para reduzir a erosão do solo utilizado para a agricultura.⁴⁷ Da mesma forma como defendido nos escritos de Thoreau, Muir propunha o reconhecimento da **divindade da natureza selvagem** (*Wilderness*), como valor por si só e independentemente do seu benefício para o ser humano, bem como que a Natureza representava fonte de valores éticos.⁴⁸ Tudo isso, por certo, contrapunha-se como **crítica aos rumos civilizatórios** e ao crescente industrialismo que agravavam os problemas ecológicos, com o aumento da concentração urbana já verificada à época, notadamente nos cenários europeu e norte-americano.

Na mesma trilha ético-filosófica "conservacionista", já algum tempo depois de Thoreau e Muir, merece destaque a obra do escritor, cientista e ecologista norte-americano **Aldo Leopold** (1887-1948). No livro *Sand County Almanac: with Essays on Conservation from Round River*,⁴⁹ publicado pela primeira vez no ano de 1949, Leopold discorre em capítulo específico sobre o que denomina de "Ética da Terra" (**Land Ethic**),⁵⁰ propondo uma ética ecológica capaz de ampliar as fronteiras morais e abarcar a Natureza e seus elementos numa mesma "comunidade" integrada pelo ser humano. Para Leopold, a Ética da Terra modifica o papel do *Homo sapiens* da posição de conquistador da comunidade da terra para a de membro e cidadão dela, o que implica respeito pelos seus novos companheiros de comunidade, assim como pela comunidade em si (ou seja, a Natureza).⁵¹

Leopold ressente-se da ausência de valores de caráter ecológico para justificar a proteção dos recursos naturais e caracterizar responsabilidades e obrigações, uma vez que, à sua época (primeira metade do século XX), as razões para a preservação da Natureza afunilavam-se no

---

⁴⁵ THOREAU, Henry D. *Walden...*, p. 94. No cinema, um filme que expressa, em linguagem artística, os valores e sentimentos que estão presentes na obra de Thoreau, é o longa-metragem *Na vida selvagem – Into the Wild* (2008), dirigido por Sean Penn.
⁴⁶ Origins of the EPA. *The Guardian*, Primavera de 1992. Disponível em: http://www.epa.gov/aboutepa/history/publications/print/origins.html.
⁴⁷ Origins of the EPA. *The Guardian*, Primavera de 1992. Disponível em: http://www.epa.gov/aboutepa/history/publications/print/origins.html.
⁴⁸ SALZMAN; THOMPSON JR. *Environmental law and policy...*, p. 6.
⁴⁹ LEOPOLD, Aldo. *A Sand County Almanac...*
⁵⁰ LEOPOLD, Aldo. *A Sand County Almanac...*, p. 237-264.
⁵¹ LEOPOLD, Aldo. *A Sand County Almanac...*, p. 240.

interesse econômico dos proprietários (em geral, os fazendeiros) das áreas com recursos naturais. A "Ética da Terra", segundo Leopold, reflete na existência de uma **consciência ecológica**, o que envolve a responsabilidade individual pela saúde da terra (*Land*). A saúde da terra, nesse sentido, seria a capacidade de se regenerar, ao passo que a conservação seria o nosso esforço para compreender e preservar essa capacidade.[52]

As ideias "conservacionistas" de Henry D. Thoreau, John Muir e Aldo Leopold consolidaram na comunidade política norte-americana a base ética necessária para o surgimento do movimento ecológico norte-americano, bem como para que, mais à frente, o Direito norte-americano estabelecesse, de forma pioneira, um marco jurídico regulatório da proteção ambiental no início da década de 1970. A título ilustrativo, destacam-se alguns exemplos paradigmáticos da legislação ambiental norte-americana editada no referido período: a Lei da Política Nacional do Meio Ambiente (*National Environmental Policy Act – NEPA*), de 1970, a Lei do Ar Limpo (*Clean Air Act*), de 1970, e a Lei da Água Limpa (*Clean Water Act*), de 1972.

4. A "ECOLOGIA PROFUNDA" *(DEEP ECOLOGY)* DE ARNE NAESS

> "O florescimento da vida humana e não humana na Terra tem *valor intrínseco*. O valor das formas de vida não humanas independe da sua utilidade para os estreitos propósitos humanos" (**Arne Naess**).[53]

A "**Ecologia Profunda**" (*Deep Ecology*) foi um termo criado em 1973[54] por **Arne Naess** (1912-2009), alpinista, professor de filosofia e ecologista norueguês. Ele pretendeu estabelecer uma abordagem para a questão ecológica que fosse além do entendimento da ecologia como ciência em sentido estrito, mas que abrisse caminho para um questionamento de ordem **filosófica** e mesmo **espiritual**.[55] Na mesma trilha ética proposta algumas décadas antes por Aldo Leopold com sua "Ética da Terra" (*Land Ethic*), Naess propunha uma nova abordagem ética para a questão ecológica, com o intuito de integrar a Natureza (ou os elementos naturais individualmente) na mesma "comunidade moral" constituída pelo ser humano. Tal compreensão edificava-se a partir de um **paradigma filosófico biocêntrico**, conforme se pode identificar a partir da citação de abertura deste tópico, em que Naess propõe o reconhecimento de um "**valor intrínseco**" para além da esfera humana, ou seja, para todas as formas de vida que habitam o Planeta Terra, bem como que o valor das formas de vida não humanas independe da sua utilidade para os propósitos humanos. A Ecologia Profunda rompe de maneira contundente com o antropocentrismo clássico e a visão instrumental da Natureza.

Para compreender de forma mais precisa o novo paradigma ético proposto por Naess, é importante explorar a diferença conceitual (e, principalmente, de fundamentos) feita por ele entre o Movimento da Ecologia Superficial (*Shallow Ecology Movement*) e o Movimento da **Ecologia Profunda** (*Deep Ecology Movement*). De acordo com Naess, o Movimento da **Ecologia Superficial** (*Shallow Ecology Movement*) luta contra a poluição e o esgotamento dos recursos naturais, de modo que o seu objetivo principal é a saúde e prosperidade (*Affluence*) das pessoas nos países desenvolvidos.[56] Há, portanto, um fundamento estritamente antropocêntrico por

---

[52] LEOPOLD, Aldo. *A Sand County Almanac*..., p. 258.
[53] NAESS, Arne. *Ecology, community and lifestyle*: outline of an ecosophy. Cambridge: Cambridge University Press, 1989. p. 28.
[54] NAESS, Arne. The shallow and the deep, long-range ecology movement. *Inquiry*, n. 16, p. 95-100, 1973.
[55] Sobre o tema, v. UNGER, Nancy Mangabeira. *O encantamento do humano*: ecologia e espiritualidade. 2. ed. São Paulo: Loyola, 2000. p. 71 e ss.
[56] NAESS, Arne. *Ecology, community and lifestyle*..., p. 28.

trás de tal concepção ética. Por outro lado, o Movimento da Ecologia Profunda (*Deep Ecology Movement*) finca as suas raízes éticas a partir de um paradigma biocêntrico. Não por outra razão, diversas correntes do movimento ambientalista ligado aos direitos dos animais e também aos direitos da Natureza servem-se dos fundamentos da *Deep Ecology* para sustentar suas posições.

A **"plataforma" do Movimento da Ecologia Profunda** estabelece oito formulações ou premissas, conforme descritos por Naess.

> "**1)** O florescimento (*Flourishing*) da vida humana e não humana na Terra tem **valor intrínseco**. O valor das formas de vida não humanas independe da sua utilidade para os estreitos (*Narrow*) propósitos humanos;
>
> **2)** A riqueza e a diversidade das formas de vida são **valores em si** e contribuem para o florescimento das vidas humana e não humana na Terra;
>
> **3)** Os **seres humanos não têm direito** a reduzir essa riqueza e diversidade, a não ser para satisfazer necessidades vitais;
>
> **4)** A **atual interferência humana no mundo não humano é excessiva**, e a situação está piorando rapidamente;
>
> **5)** O florescimento da vida humana e das culturas é compatível com a substancial **redução da população humana**. O florescimento da vida não humana exige tal redução;
>
> **6)** A mudança significativa das condições de vida para melhor requer mudanças nas diretrizes políticas (*Policies*). Isso afeta as estruturas básicas da economia, da tecnologia e da ideologia;
>
> **7)** A mudança ideológica consiste principalmente em apreciar **qualidade de vida** (residindo em situações de valor intrínseco), em vez de aderir a um **alto padrão de vida**. Haverá uma profunda conscientização com relação à **diferença entre grande (*Big*) e ótimo (*Great*)**;
>
> **8)** Aqueles que subscrevem os pontos anteriores têm uma **obrigação direta ou indireta a participar** da tentativa de implementar as mudanças necessárias."[57]

A "plataforma" do Movimento da Ecologia Profunda estabelece uma ética formulada em vista de uma "ação" na perspectiva de uma transformação social de ordem comportamental. Mesclam-se princípios de cunho mais filosófico com **"imperativos ou comandos" de ação**, conforme se pode extrair do último ponto listado, no sentido de aqueles que compartilham dos "princípios e premissas" que fundamentam o Movimento da Ecologia Profunda têm o **dever de participação** em tal processo de transformação social paradigmático. Sem dúvida, as ideias de Naess inspiraram – e ainda inspiram – inúmeros grupos ambientalistas, em especial aqueles que propunham mudanças mais radicais – e, portanto, não apenas reformas no sistema vigente –, bem como a ruptura total com a tradição antropocêntrica clássica.

5. O "PRINCÍPIO DA RESPONSABILIDADE" DE HANS JONAS

> "Solamente con la supremacía del pensamiento y con el poder de la civilización *técnica* posibilitada por *él*, una forma de vida, 'el hombre', se ha colocado en situación de poner en peligro a todas las demás formas de vida y, con ellas, a sí mismo. No pudo 'la naturaleza' incurrir en mayor riesgo que el de hacer surgir al hombre" (**Hans Jonas**).[58]

---

[57] NAESS, Arne. *Ecology, community and lifestyle...*, p. 29 (tradução livre dos autores).

[58] JONAS, Hans. *El principio de responsabilidad*: ensayo de una ética para la civilización tecnológica. Barcelona: Herder, 1995. p. 229. Na versão original em alemão: *Das Prinzip Verantwortung: Versuch einer Ethik für die technologische Zivilisation*. Frankfurt am Main: Insel-Verlag, 1979. Há tradução da obra de Jonas para o português: JONAS, Hans. *O princípio responsabilidade*: ensaio de uma ética para a civilização tecnológica. Rio de Janeiro: Contraponto Editora PUC/Rio, 2006.

O filósofo alemão Hans Jonas (1903-1993), em contraste com a filosofia cartesiana, colocou "em xeque" a **civilização tecnológica** com a sua obra clássica *O princípio da responsabilidade: ensaio sobre uma ética para a civilização tecnológica* (*Das Prinzip Verantwortung: Versuch einer Ethik für die technologische Zivilisation*), publicada originalmente em 1979, propondo uma **abordagem ética da ciência**, em vista principalmente dos riscos existenciais trazidos pelas novas tecnologias desenvolvidas pela racionalidade humana, que expressam, numa dimensão sem precedentes, o **triunfo do *Homo faber* sobre a Natureza** e a vocação tecnológica da humanidade.[59] Para ele, a operacionalização do arsenal científico e tecnológico deve ser pautada pela **responsabilidade do cientista** e submetida a parâmetros éticos, a fim de preservar-se a condição existencial humana, bem como a qualidade de vida. A crítica de Jonas é pertinente, já que, na maioria das vezes, a ciência – ou melhor, o uso que se faz dela – está a serviço de interesses puramente econômicos, o que, como ele mesmo refere, coloca o ser humano como, dentre todas as espécies que já habitaram o Planeta Terra, a mais destrutiva e ameaçadora. O uso de tecnologias, muitas vezes, expõe a existência humana a tal ponto que o **ser humano é colocado como meio ou objeto** para a consecução de determinadas práticas, negando a sua autonomia e condição de *fim em si mesmo* ou de sujeito autônomo na construção da sua história de vida, consagrada pelo pensamento kantiano na caracterização da dignidade da pessoa humana.[60]

De acordo com Jonas, impõe-se a construção de uma nova concepção ética a partir de uma adequada compreensão da **ação humana** considerando o atual estágio tecnológico e suas consequências, notadamente em virtude do futuro e do **interesse e direitos das futuras gerações**. Em razão de a ética estar diretamente relacionada à ação humana, com a alteração da natureza desta última, a compreensão ética também deve ser reformulada para o efeito de dar conta da complexidade da ação humana.[61] O atual estágio do conhecimento humano alterou significativamente a **relação de forças** existente entre **ser humano e Natureza**. Se alguns séculos atrás o poder de intervenção do ser humano no meio natural era limitado, prevalecendo essa relação de forças em favor da Natureza, hoje a balança se inverteu de forma definitiva. A relação de causa e efeito vinculada à ação humana, do ponto de vista da degradação ecológica, tem uma natureza cumulativa e projetada para o futuro.

A mesma reflexão é posta por Boaventura de Souza Santos, ao assinalar que "a ciência e a tecnologia aumentaram a nossa capacidade de ação de uma forma sem precedentes, e, com isso, fizeram expandir a **dimensão espaçotemporal dos nossos atos**. Enquanto anteriormente os atos sociais partilhavam a mesma dimensão espaçotemporal das suas consequências, hoje em dia a intervenção tecnológica pode prolongar as consequências, no tempo e no espaço, muito para além da dimensão do próprio ato através de nexos de causalidade cada vez mais complexos e opacos".[62] O cenário contemporâneo, diante da crise ecológica, reforça a necessidade de **uma nova ética para o agir humano**, na esteira do pensamento de Jonas, contemplando a responsabilidade do ser humano para além da dimensão temporal presente e revelando o elo existencial e a interdependência entre as gerações humanas presentes e futuras. Afinal de contas, até que o **homem tecnológico** crie mundos artificiais em outros planetas, o que hoje somente é possível

---

[59] JONAS, Hans. *El principio de responsabilidad...*, p. 36. Na doutrina brasileira, a respeito do pensamento de Jonas, v. LISBOA, Marijane. *Ética e cidadania planetárias na era tecnológica...*, p. 38-44.
[60] Para Antunes Rocha, a "tecnologia evoluiu, tornou-se mais eficaz, mas busca ser o seu próprio fim. A produção – ou o seu produto – não se volta ao homem; antes, tenta fazer com que o homem se volte a ela. Se um dia o homem buscou humanizar a máquina, parece certo que o que mais se vê agora é a tentativa da máquina de coisificar o homem". ROCHA, Cármen Lúcia Antunes. Vida digna: direito, ética e ciência. In: ROCHA, Cármen Lúcia Antunes (coord.). *O direito à vida digna*. Belo Horizonte: Fórum, 2004. p. 25.
[61] JONAS, Hans. *El principio de responsabilidad...*, p. 23.
[62] SOUSA SANTOS, Boaventura de. *A crítica da razão indolente...*, p. 58.

nos filmes de ficção científica, a vida humana só vai se concretizar e se desenvolver de forma plena, se houver um contexto de condições ambientais favorável e **integridade ecológica**.

O pensamento filosófico de Jonas, por sua vez, está assentado em uma concepção ética de matriz biocêntrica. Em razão das mudanças ocorridas no tocante à ação humana, notadamente por força do impacto ocasionado pela civilização tecnológica, Jonas questiona a validade da concepção antropocêntrica de toda a ética moderna. Nesse sentido, para o filósofo alemão, é com razão que se discute, por uma perspectiva moral, a possibilidade de se atribuir direitos próprios da Natureza, reconhecendo-se a existência de um "fim em si mesmo" para além da esfera humana.[63] A reflexão proposta por Jonas constitui um prenúncio e abertura filosófica a novos caminhos que deverão ser percorridos no horizonte evolutivo do pensamento humano, já que, como pontua, "só uma ética fundada na amplitude do ser, e não apenas na singularidade ou na peculiaridade do ser humano, é que pode ser de importância no universo das coisas".[64] Em virtude de tais considerações, Jonas destaca a ampliação do próprio dever humano, que, para além da sua própria dimensão, também deve abarcar uma dimensão extra-humana, a fim de abranger o respeito pelas e o interesse das "coisas extra-humanas".[65] À luz de uma **biologia filosófica**, em sua obra *O princípio da vida*, Jonas busca reformular a compreensão ética moderna da relação entre ser humano e Natureza, em vista de afirmar que há algo de transcendente e espiritual já na própria base da vida (e não apenas na etapa evolutiva em que se encontra o ser humano), havendo, portanto, um valor intrínseco a ser reconhecido à própria existência orgânica como tal.[66]

6. A "LIBERTAÇÃO ANIMAL" DE PETER SINGER

> "A dor e o sofrimento são maus em si mesmos, devendo ser evitados ou minimizados, independentemente da raça, do sexo ou da espécie do ser que sobre. (...) O que devemos fazer é transportar os animais não humanos para a esfera da preocupação moral e deixar de tratar suas vidas como banais, utilizando-as para quais fins que tenhamos em mente" (**Peter Singer**).[67]

O reconhecimento de um **valor intrínseco** à **vida animal** (não humana), bem como a **atribuição de direitos** aos animais não humanos têm sido objeto de acirrada discussão no âmbito filosófico, mais especificamente no campo da ética. Da ética animal, o debate evoluído alcançou também espectro jurídico por meio da corrente e **nova disciplina do Direito Animal**. A **ética animal** questiona, entre outros pontos polêmicos, a **condição ou *status* moral** dos animais, a questão dos direitos e interesses dos animais, bem como os **deveres (morais e jurídicos)** dos seres humanos para com eles. Por esse prisma, diversos autores – de filósofos a juristas – têm discutido a natureza do comportamento humano e da ação humana para com os animais, o que, por si só, iniciou um movimento praticamente mundial de defesa do **bem-estar dos animais**

---

[63] JONAS, Hans. *El principio de responsabilidad...*, p. 35.
[64] JONAS, Hans. *O princípio da vida*. Petrópolis: Vozes, 2004. p. 272.
[65] "Y si el nuevo modo de acción humana significase que es preciso considerar más cosas que únicamente el interés de 'el hombre', que nuestro deber se extiende más lejos y que ha dejado de ser válida la limitación antropocéntrica de toda ética anterior? Al menos ya no es un sinsentido preguntar si el estado de la naturaleza extrahumana – la biosfera en su conjunto y en sus parte, que se encuentra ahora sometida a nuestro poder – se ha convertido precisamente por ello en un bien encomendado a nuestra tutela y puede plantearnos algo así como una exigencia moral, no solo en razón de nosotros, sino también en razón de ella y por su derecho propio". JONAS, Hans. *El principio de responsabilidad...*, p. 35.
[66] JONAS, Hans. *O princípio da vida...*, p. 15.
[67] SINGER, Peter. *Libertação animal*. Porto: Via Optima, 2000. p. 16-18.

e também em prol do reconhecimento de **direitos dos animais**, inclusive com a consagração normativa – ao menos parcial – de tais reivindicações em diversos ordenamentos jurídicos.[68]

O marco teórico mais emblemático e difundido mundialmente da ética animal é a obra *Libertação animal* (*Animal Liberation*), datada de 1975, do filósofo utilitarista australiano **Peter Singer**, radicado nos Estados Unidos e professor no Centro para os Valores Humanos da Universidade de Princeton.[69] A reflexão formulada por Singer no campo da ética tem o seu foco voltado especificamente para a "condição moral dos animais não humanos", afirmando que o princípio ético sobre o qual assenta a igualdade humana nos obriga a ter **igual consideração** para com os animais não humanos, de tal modo que "a defesa da igualdade não depende da inteligência, da capacidade moral, da força física ou características semelhantes" e que "a **igualdade** é uma ideia moral, e não a afirmação de um fato".[70]

Nesse ponto, Singer denuncia a "tirania dos animais humanos" sobre os animais não humanos, defendendo que estes deveriam ser tratados como "**seres sencientes**" e independentes que são, e não como um meio para os fins humanos. Singer designa como "seres sencientes" aqueles que detêm **capacidade de sofrer e/ou experimentar alegria**, determinando a fronteira que coloca o limite da preocupação moral dos seres humanos relativamente aos interesses dos outros seres.[71] O **movimento de libertação animal** capitaneado em termos teóricos por sua obra propõe-se a acabar com os preconceitos e discriminações baseados em características arbitrárias como a espécie animal (assim como ocorrido, especialmente no passado, com relação à raça e ao gênero humanos). A discriminação arbitrária referida expressaria o que Singer denomina de *especismo*, que configuraria "um preconceito ou atitude de favorecimento dos interesses dos membros de uma espécie em detrimento dos interesses dos membros de outras espécies",[72] já que, assim como se verificou – e ainda se verifica – no **racismo** e no **sexismo**, o que está em jogo agora não são os interesses dos membros da mesma raça ou do mesmo sexo, mas os interesses dos membros da mesma espécie animal (a espécie humana).

Inspirado nas formulações de **Jeremy Bentham** (1748-1832),[73] a partir de uma **abordagem filosófica utilitarista**, Singer afirma que está na "capacidade de sofrimento a característica vital que concede a um ser o direito a uma consideração igual", e não na faculdade da razão ou

---

[68] Tal ponto é analisado com maior profundidade no capítulo sobre os princípios do direito ambiental, precisamente no tópico sobre o *princípio da dignidade do animal da Natureza e do não humano*.

[69] A primeira edição da obra de Peter Singer é datada de 1975, tendo sido reformulada em 1990. SINGER, Peter. *Libertação animal*... Do autor, v. também SINGER, Peter. *Ética prática*. São Paulo: Martins Fontes, 2002. Na doutrina brasileira, a respeito do pensamento de Singer, v. o estudo referencial de LOURENÇO, Daniel Braga. *Direitos dos animais*: fundamentação e novas perspectivas. Porto Alegre: Fabris, 2008. p. 359-389.

[70] SINGER, Peter. *Libertação animal*..., p. 4.

[71] SINGER, Peter. *Libertação animal*..., p. 8.

[72] SINGER, Peter. *Libertação animal*..., p. 6.

[73] A respeito do tema, merece registro passagem clássica da obra de **Jeremy Bentham**: "Pode vir o dia em que o resto da criação animal adquira aqueles direitos que nunca lhes deveriam ter sido tirados, se não fosse por tirania. Os franceses já descobriram que a cor preta da pele não constitui motivo algum pelo qual um ser humano possa ser entregue, sem recuperação, ao capricho do verdugo (ver o *Código Negro* de Luís XIV). Pode chegar o dia em que se reconhecerá que o número de pernas, a pele peluda, ou a extremidade dos *os sacrum* constituem razões igualmente insuficientes para abandonar um ser sensível à mesma sorte. Que outro fator poderia demarcar a linha divisória que distingue os homens dos outros animais? Seria a faculdade de raciocinar, ou talvez a de falar? Todavia, um cavalo ou um cão adulto é incomparavelmente mais racional e mais social e educado que um bebê de um dia, ou de uma semana, ou mesmo de um mês. Entretanto, suponhamos que o caso fosse outro: mesmo nesta hipótese, que se demonstraria com isso? O problema não consiste em saber se os animais podem *raciocinar*; tampouco interessa se *falam* ou não; o verdadeiro problema é este: podem eles *sofrer*?". BENTHAM, Jeremy. *Uma introdução aos princípios da moral e da legislação*. São Paulo: Nova Cultural, 1989. p. 63 (nota 20). (Coleção Os Pensadores.)

na faculdade da linguagem ou do discurso.⁷⁴ Se um ser (humano ou não humano) sofre, não haveria justificativa moral para recusar ter em conta esse sofrimento, e da mesma forma não haveria qualquer justificativa moral para considerar a dor (ou prazer) que os animais sentem como menos importante do que a mesma dor (ou prazer) sentida pelo ser humano.⁷⁵ Como refere Singer, "a dor e o sofrimento são maus em si mesmos, devendo ser evitados ou minimizados, independentemente da raça, do sexo ou da espécie do ser que sofre", cabendo ao ser humano, diante de tal constatação, "transportar os animais não humanos para a esfera da preocupação moral e deixar de tratar as suas vidas como banais, utilizando-as para quaisquer fins que tenhamos em mente".⁷⁶ Diante de tal fundamentação filosófica, o marco referencial para a atribuição de dignidade ou de valor intrínseco a determinada forma de vida está na sua capacidade de sentir dor (*seres sensitivos ou sencientes*), o que se dá em razão do desenvolvimento (em maior ou menor grau) do seu sistema nervoso central, característico dos animais vertebrados.

Destaca-se a análise formulada por Daniel Braga Lourenço sobre ética ambiental e, em particular, a contraposição entre os paradigmas antropocêntrico e ecocêntrico perante o paradigma biocêntrico, este último, segundo o autor, como o mais apto, à luz do atual marco teórico hoje existente, a impactar e renovar o universo jurídico, notadamente pelo prisma da ética animal e dos direitos dos animais, lastreada pelo **critério da senciência**, tal como defendido por Singer:

> "(...) embora o critério da senciência possa merecer ressalvas em alguns aspectos, ele oferece uma base segura para fundar uma **teoria moral não antropocêntrica**. A premissa de que os animais possuem uma **existência subjetiva** e são **sujeitos morais**, ou seja, de que são alvos de obrigações morais diretas e que possuem **direitos fundamentais** em princípio invioláveis, consubstancia uma visão robusta do valor intrínseco para além da humanidade e traduz implicações de ordem prática que exigem alterações comportamentais significativas (com imposição de **obrigações negativas e positivas**) que, em última análise, beneficiarão não só os animais, mas também toda a Natureza. Talvez o reconhecimento dessa dimensão e o remodelamento da relação homem-animal represente, a longo prazo, a abertura de um caminho moral, de uma 'força constrangedora', que poderá se projetar para além da própria animalidade".⁷⁷

As reflexões formuladas por Singer, entre outros pensadores identificados com o que se tem designado de uma ética animal, fazem-nos repensar a **justificativa moral para a ação humana** em diversas áreas que dizem respeito ao tratamento dos animais não humanos, o que passa pela reformulação, em maior ou menor escala, dos nossos hábitos alimentares, pelo aperfeiçoamento dos métodos agrícolas e pecuários utilizados, assim como pela revisão das práticas experimentais no campo científico. Da mesma forma, uma ética e uma responsabilidade jurídica para com a vida não humana revelam-se especialmente impactantes no que diz respeito à nossa atitude com relação à vida selvagem e à caça, o uso de peles, a utilização de animais como diversão em circos, rodeios e jardins zoológicos, entre outras formas de se considerar a vida (com destaque aqui para a vida animal) não humana como simples meio ou mero objeto à disposição da vontade

---

⁷⁴ SINGER, Peter. *Libertação animal...*, p. 7. Para exemplificar a formulação exposta, é oportuna a seguinte passagem: "Uma pedra não tem interesses porque não é capaz de sofrimento. Nada que lhe façamos fará a mais pequena diferença em termos do seu bem-estar. A capacidade de sofrimento e alegria é, no entanto, não apenas necessária, mas também suficiente para que possamos afirmar que um ser tem interesses – a um nível mínimo absoluto, o interesse de não sofrer. Um rato, por exemplo, tem interesse em não ser pontapeado ao longo da rua, pois sofrerá se isso lhe for feito" (Idem, ibidem).
⁷⁵ SINGER, Peter. *Libertação animal...*, p. 14.
⁷⁶ SINGER, Peter. *Libertação animal...*, p. 16-18.
⁷⁷ LOURENÇO, Daniel Braga. *Qual o valor da natureza?* Uma introdução à ética ambiental. São Paulo: Elefante, 2019. p. 413.

humana, e não como um **fim em si mesmo**. A consagração de um *status moral* dos animais sensitivos não humanos, que passam, nesse sentido, a integrar uma comunidade moral partilhada com os seres humanos, constitui certamente um possível fundamento para o reconhecimento da **dignidade do animal não humano**.

7. O "CONTRATO NATURAL" DE MICHEL SERRES

> "O retorno à Natureza! O que implica acrescentar ao contrato exclusivamente social a celebração de um contrato natural" (**Michel Serres**).[78]

O reconhecimento de um valor intrínseco (ou mesmo de uma dignidade) para além do espectro humano, conforme pregado por alguns autores, entre filósofos e juristas, aponta também para uma releitura do clássico **contrato social** em direção a uma espécie de *contrato ecológico*, com o objetivo de contemplar um espaço para os entes naturais – pelo menos na perspectiva de uma tutela jurídico-objetiva dos seus interesses – no âmbito da comunidade estatal, reequilibrando a relação de forças entre a humanidade e a Natureza. Tomando por premissa tal ideário, o filósofo francês Michel Serres, com sua obra *O contrato natural* (*Le Contrat Naturel*), de 1990, aponta para a necessidade de apostar, no contexto político-jurídico contemporâneo, na concepção de um *contrato natural*, em que o ser humano abandone a sua condição de dominador e "parasita" diante do mundo natural e assuma, em face deste, uma postura caracterizada pela **reciprocidade** na relação entre ser humano e meio ambiente, ou seja, aquilo que a Natureza dá ao homem é o que este deve dar a ela, tornando-a, de certo modo, sujeito de direito.[79]

Para o autor, da mesma forma como a Declaração dos Direitos do Homem buscou pôr fim ao parasitismo entre seres humanos, é chegado o momento histórico de, por meio de um contrato natural, se acabar, ou, pelo menos, minimizar, o **impacto maléfico do parasitismo do homem com relação à Natureza**.[80] A partir de tal compreensão, deve-se caminhar no sentido de ampliar o espectro de **reconhecimento de sujeitos de direito** com o propósito de, contemplando novos parceiros de aventura natural, acrescentar ao contrato social a celebração de um *contrato natural* ou *ecológico* de **reciprocidade e interação entre os pactuantes**. Tal consciência leva o ser humano a reconhecer uma relação de solidariedade com a Natureza, fundada em deveres (morais e jurídicos) atribuídos ao ser humano e respeito mútuo, inclusive como pressuposto para a permanência existencial das espécies (humana e não humana). Os valores fundamentais da nossa comunidade estatal (dignidade, liberdade, igualdade e solidariedade) devem, por tal prisma, ser ampliados para além do espectro humano, no intuito de alcançarmos um patamar moral e cultural mais evoluído, o que, à luz das formulações levantadas, se revela também por meio do reconhecimento e consequente proteção e promoção da dignidade dos animais não humanos e da Natureza de modo geral. A obra de Serres, tomando por premissa a metáfora do "contrato entre a humanidade e a Natureza", reforça a importância de conciliarmos as **"leis da Natureza"** com as **"leis humanas"** (em particular, o **Direito**).

---

[78] SERRES, Michel. *O contrato natural*. Lisboa: Instituto Piaget, 1990. p. 65. Mais recentemente, acerca da concepção de um "contrato entre a humanidade e a Natureza", influenciado pelo pensamento de Serres, foi resgatado pelo pensamento do filosofo francês Bruno Latour. Ao analisar o pensamento de Serres sobre o contrato natural" e a importância de conciliar as "leis da Natureza" com as "leis humanas" (em particular, o Direito), v. LATOUR, Bruno. *Facing Gaia*: eight lectures on the new climate regime. Cambridge: Polity, 2017. Especialmente, p. 41-74.

[79] SERRES, Michel. *O contrato natural*..., p. 66.

[80] SERRES, Michel. *O contrato natural*..., p. 61-64.

8. A "FILOSOFIA DA CRISE ECOLÓGICA" DE VITTORIO HÖSLE: POR UMA NOVA SÍNTESE SER HUMANO-NATUREZA

O filósofo alemão Vittorio Hösle, atualmente radicado nos EUA e professor na Universidade de Notre Dame, publicou, no ano de 1991, a obra *Filosofia da crise ecológica* (*Philosophie der ökologischen Krise*).[81] Com influência declarada e dedicada ao filósofo Hans Jonas,[82] a obra estabelece importante análise filosófica sobre a crise ambiental contemporânea, inclusive contextualizando e tratando do tema à luz das perspectivas política, econômica e jurídica. Em passagem da obra, Hösle chega até mesmo a tratar da necessidade de conformação de um **Estado Ecológico de Direito**,[83] considerando a incapacidade dos modelos antecedentes (respectivamente, Estado Liberal e Estado Social) de lidarem com os desafios ambientais contemporâneos.

No plano filosófico, a crise ecológica, segundo o autor, imprime uma releitura da relação do ser humano com a Natureza, sobretudo em face do marco filosófico moderno inspirado no pensamento cartesiano. O filósofo alemão, em alguns aspectos, retoma a discussão que já tivemos oportunidade de analisar na crítica que fizemos à **dicotomia cartesiana entre ser humano e Natureza**. Tudo isso, por certo, contextualizado no emprego da racionalidade e da técnica moderna para dominar e, em grande medida, destruir a Natureza. A obra de Hösle propõe uma ruptura (ou releitura) filosófica com o paradigma filosófico moderno, com o propósito de conceber uma "**filosofia ecológica ou filosofia da Natureza**" apta a enfrentar a atual crise ecológica.

A **era tecnológica moderna**, por essa razão, representa para Hösle a **causa mais profunda da crise ecológica**.[84] De forma semelhante ao pensamento de Jonas, por meio da sua formulação sobre o princípio da responsabilidade, Hösle também reconhece a incapacidade de os cientistas modernos conceberem as consequências éticas e futuras quanto ao emprego das novas tecnologias por eles desenvolvidas. É a **dominação da técnica** (como expressão da racionalidade humana) em face da Natureza, numa relação cartesiana de "objetificação" dos recursos e da vida natural (não humana). Há, na concepção filosófica moderna, uma completa ausência de compreensão e consciência a respeito das consequências futuras (e para as futuras gerações) dos danos ecológicos causados e dos riscos criados por meio do desenvolvimento tecnológico.

De acordo com Marcos Lutz Müller, discorrendo a respeito do pensamento de Hösle, ao reconhecer que não dispomos hoje de uma "filosofia da Natureza" que pudesse fazer justiça ao alcance e aos limites da moderna ciência da Natureza, "só podemos, por enquanto, apontar aos dois pressupostos fundamentais da ciência e da técnica modernas, aos quais uma filosofia da Natureza adequada ao paradigma ecológico deveria renunciar: 1) a tese fundamental da moderna teoria do conhecimento de que a Natureza é, em última instância, uma construção humana; 2) e a oposição rígida entre sujeito e objeto, que remonta à dualidade cartesiana da *res cogitans* e da *res extensa*, e que conduziu àquela tese".[85]

Para Hösle, a crise ecológica inevitavelmente conduzirá à redefinição política dos conflitos (novas guerras etc.) e da história política do século XXI.[86] Ao reconstruir o conceito de Natureza no âmbito filosófico, impõe-se uma nova compreensão para a relação entre ser humano e Natureza, rompendo com a dicotomia herdada pela filosofia moderna de inspiração cartesiana e, em

---

[81] HÖSLE, Vittorio. *Philosophie der ökologischen Krise...* Para uma introdução à obra de Hösle, v. MÜLLER, Marcos Lutz. Vittorio Hösle: uma filosofia da crise ecológica. *Cadernos de História e Filosofia da Ciência* [Revista do Centro de Lógica, Epistemologia e História da Ciência da Unicamp], Campinas, série 3, v. 6, n. 2, p. 9-62, jul.-dez. 1996.
[82] HÖSLE, Vittorio. *Philosophie der ökologischen Krise...*, p. 5.
[83] HÖSLE, Vittorio. *Philosophie der ökologischen Krise...*, p. 126-127.
[84] HÖSLE, Vittorio. *Philosophie der ökologischen Krise...*, p. 34-36.
[85] MÜLLER, Marcos Lutz. Vittorio Hösle..., p. 26.
[86] HÖSLE, Vittorio. *Philosophie der ökologischen Krise...*, p. 44.

alguma medida, inserindo a Natureza na "comunidade moral" compartilhada pela humanidade. Hösle destaca a "**revalorização metafísica da Natureza**",[87] o que implica o reconhecimento de **deveres morais** (e também **jurídicos**) do ser humano para com a Natureza. Por fim, entendemos pertinente reproduzir, na íntegra, a seguinte reflexão de Hösle, sintetizando os pontos centrais da sua análise filosófica sobre a crise ecológica: "Nós podemos ter esperança de que estamos situados em um ponto de viragem na história da humanidade, e mesmo do ser; nós podemos ter esperança de que a autonomia moral (que também é um produto da subjetividade moderna) irá nos permitir parar a tempo o *Golem* da tecnologia moderna. Nós podemos ter esperança que um esforço coletivo de todas as pessoas de boa vontade será capaz de preparar um mundo em que a liberdade do indivíduo não será apenas conciliada com os direitos da comunidade, mas também com a Natureza, que não mais será pensada e percebida como mera *res extensa*; que, para dizê-lo de forma abreviada, a evolução dos diferentes conceitos humanos de Natureza se transforma e, em um nível superior, retorna ao primeiro e com o mesmo forma uma síntese".[88] A **síntese (ou simbiose**[89] **entre) ser humano-Natureza** assenta-se como uma premissa fundamental da nova ética ecológica.

9. O "MITO DA CAVERNA" DE PLATÃO E O PAPEL DO CIENTISTA DE DAR VOZ (POLÍTICO-JURÍDICA) À NATUREZA E TRAZER LUZ PARA AS LEIS DOS HOMENS AMPARADO NAS LEIS DA NATUREZA: *DE FACTO, DE JURE*! (BRUNO LATOUR)

Por força da atual crise ecológica, o papel do cientista e da ciência no debate público nunca foi tão relevante nos rumos civilizatórios quanto hoje, dadas as implicações que envolvem a nossa própria sobrevivência como espécie. O cientista a que me refiro aqui é aquele "desbravador" das **leis da Natureza** em todas as suas dimensões, e não o "cientista" das chamadas "ciências humanas" ou "humanidades". Aproveitando a definição de ciência (*Natural Science*) elaborada de forma concisa por Edward O. Wilson, na linha da clássica distinção anglo-saxã entre *Science* e *Humanities*, ela é entendida como "a entidade organizada e sistemática que reúne conhecimentos sobre o mundo e condensa os conhecimentos em leis e princípios comprováveis".[90] Para ilustrar, inclusive o caráter universal da ciência (ou das ciências ditas "duras"), Wilson destaca, por exemplo, que a matemática pode, em alguma medida, ser considerada a "linguagem natural da ciência", bem como que "as leis da física são de fato tão exatas e precisas a ponto de transcender diferenças culturais".[91]

Em outras palavras, o(s) Sistema(s) Jurídico(s) e as "**leis humanas**", por maior que seja o empenho de estabelecer, por exemplo, uma ordem jurídica internacional, como na seara dos direitos humanos, com a pretensão de um marco jurídico mínimo (*minimum core obligation*[92]) de proteção da pessoa universalizável, são, em regra, variáveis e diferentes ao redor do globo terrestre, a depender da história, cultura etc. de cada Estado-Nação e suas sociedades. As leis da

---

[87] HÖSLE, Vittorio. *Philosophie der ökologischen Krise...*, p. 72.
[88] HÖSLE, Vittorio. *Philosophie der ökologischen Krise...*, p. 68.
[89] Na biologia, v. MARGULIS, Lynn. *Symbiotic planet*: a new look at evolution. Nova Iorque: Basic Books, 1998.
[90] WILSON, Edward O. *Consilience*: the unity of knowledge. Vintage Books/Random House, 1999. No original: "the organized, systematic enterprise that gathers knowledge about the world and condenses the knowledge into testable laws and principles".
[91] WILSON, Edward O. *Consilience...*, p. 53.
[92] V. PIOVESAN, Flávia. Social rights: a theoretical perspective on South America. In: BINDER, Christina; EBERHARD Harald; LACHMAYER Konrad; RIBAROV, Gregor; THALLINGER, Gerhard (org.). *Corporate Social Responsibility and Social Rights* (Proceedings of the 5th Vienna Workshop on International Constitutional Law). Baden-Baden: Nomos, 2010. p. 150.

Natureza não. Elas são universais, independentemente do lugar do Planeta Terra em que se esteja. E valem para todos. A maçã, ao amadurecer e se desprender da macieira, inevitavelmente cairá no chão, estejamos no Brasil ou na China, como exemplo em alusão à "metáfora" da descoberta das leis da gravidade pelo físico britânico Isaac Newton (1642-1727). Já os Sistemas Jurídicos do Brasil e da China...

Esse "descompasso" entre as leis da Natureza e as leis dos homens nunca foi tão desafiado quanto hoje, sendo urgente um realinhamento pela ótica da proteção da Natureza (e da nossa própria existência), ajustando as leis humanas às **leis da Natureza** para que o **sistema de Gaia**[93] possa reencontrar novamente um ponto de equilíbrio capaz de salvaguardar com segurança e de forma sustentável as bases naturais que regem e tornam possível a vida (humana e não humana) no Planeta Terra. A prova mais simbólica da gravidade da intervenção do ser humano na Natureza está no recente reconhecimento pela comunidade científica de que entramos em uma nova época geológica do Planeta Terra denominada de "Antropoceno", como tratado anteriormente, com as nossas ações afetando, como nunca antes, o seu equilíbrio em escala global. O aquecimento global, a poluição dos oceanos e a extinção em massa da biodiversidade, entre inúmeros outros exemplos das nossas "pegadas", dão conta de ilustrar bem esse cenário. O "**mundo social**" precisa se reencontrar com o "**mundo natural**". E é justamente aqui que o cientista joga como uma peça-chave no tabuleiro planetário para a transformação de tal cenário de vulnerabilidade existencial em que se encontra (por sua culpa exclusiva) o *Homo sapiens*.

O filósofo francês Bruno Latour utiliza a **Alegoria ou Mito da Caverna de Platão**, descrito na sua obra clássica *A república*,[94] para tratar justamente do papel do cientista, como ponte de contato entre o mundo social e o mundo natural, ou seja, como uma espécie de "tradutor" das leis da Natureza para a sociedade. Como dito por Latour, "o filósofo e, mais tarde, o cientista têm que se libertar da tirania da dimensão social, da vida pública, da política, dos sentimentos subjetivos, da agitação popular – em suma, da caverna escura – se quiserem aceder à verdade". Seguindo, afirma ele: "o cientista, uma vez equipado com leis não feitas por mãos humanas que ele acaba de contemplar porque conseguiu libertar-se da prisão do mundo social, pode voltar à caverna para lhe dar ordem com incontestáveis descobertas que silenciarão a tagarelice sem fim da multidão ignorante".[95]

Os "achados incontestáveis" dos cientistas referem-se justamente às leis objetivas e irrefutáveis da Natureza descobertas por eles ao deixarem a "caverna". As leis da Natureza, por essa ótica, representam uma espécie de **"lei natural" imperativa (e com força normativa)** imposta pelas coisas não humanas e a realidade do mundo natural que, na maioria das vezes, não é devidamente compreendida pela sociedade, não sendo, portanto, representada na esfera política, não obstante diga respeito a questões existenciais elementares e determinantes para a vida humana e o futuro da sociedade como um todo. Como dito por Latour, ***de facto, de jure!***[96]

Ao transpor para a atualidade o Mito ou Alegoria da Caverna, Latour destaca que ela permite uma "Constituição" que "organiza a vida pública em duas casas. A primeira é a obscura sala retratada por Platão, onde pessoas ignorantes se encontram acorrentadas, incapazes de se olharem diretamente, comunicando-se apenas através de ficções projetadas em uma espécie de tela de cinema". Já a segunda casa "está localizada fora, em um mundo feito não de humanos, mas de não humanos, indiferentes às nossas querelas, nossas ignorâncias e os limites de nossas representações e ficções. O gênio do modelo deriva do papel desempenhado por um número

---

[93] LOVELOCK, James. *A vingança de Gaia*...
[94] LATOUR, Bruno. *Politics of nature*: how to bring the sciences into democracy. Cambridge: Harvard University Press, 2004. p. 10.
[95] LATOUR, Bruno. *Politics of nature*..., p. 10-11.
[96] LATOUR, Bruno. *Facing Gaia*..., p. 23.

muito pequeno de pessoas, as únicas capazes de ir e vir entre as duas assembleias e converter a autoridade de uma em autoridade da outra. Apesar do fascínio exercido pelas Ideias (mesmo sobre aqueles que afirmam denunciar o idealismo da solução platônica), não se trata em absoluto de opor o mundo sombra ao mundo real, mas de **redistribuir poderes** inventando tanto uma certa definição de Ciência como uma certa definição de política".[97]

Ainda segundo o autor, "a primeira casa reúne a totalidade dos seres humanos falantes, que se encontram sem nenhum poder, exceto o de serem ignorantes em comum ou de concordarem por convenção em criar ficções desprovidas de qualquer realidade externa. A segunda casa é constituída exclusivamente de objetos reais que têm a propriedade de definir o que existe, mas que carecem do dom da fala. Por um lado, temos a tagarelice das ficções; por outro, o silêncio da realidade. A sutileza desta organização repousa inteiramente no poder dado aos que podem se movimentar entre as casas. O pequeno número de **especialistas** escolhidos a dedo, por sua vez, presumivelmente tem a capacidade de falar (já que são humanos), a capacidade de dizer a verdade (pois fogem do mundo social, graças à ascese do conhecimento) e, finalmente, a capacidade de trazer ordem à reunião de humanos, mantendo seus membros em silêncio (já que os especialistas podem voltar à casa inferior para reformar os escravos que estão acorrentados na sala). Em suma, estes poucos eleitos, como eles mesmos veem isto, são dotados da **mais fabulosa capacidade política jamais inventada**: eles podem **fazer falar o mundo mudo**, dizer a verdade sem serem desafiados, pôr fim aos intermináveis argumentos através de uma forma incontestável de autoridade que derivaria das próprias coisas. (...)".[98]

A "redistribuição de poderes" referida por Latour pode ser compreendida por meio de um **novo pacto político de natureza ecológica** capaz de assegurar a devida **representação dos interesses (e direitos?) dos entes naturais**, na linha do que propôs Michel Serres. Em outras palavras, um novo rearranjo político-jurídico capaz de, como dito pelo filósofo francês, "fazer falar o mundo mudo".

10. DA ÉTICA ECOLÓGICA AO DIREITO ECOLÓGICO: RUMO A UM NOVO PARADIGMA JURÍDICO ECOCÊNTRICO EM PROL DA "LIBERTAÇÃO DA NATUREZA"?

> "Toda forma de vida é única e merece ser respeitada, qualquer que seja sua utilidade para o homem, e para reconhecer o *valor intrínseco* de outros seres vivos, o homem deve ser guiado por um código de ação moral". (**Carta Mundial da Natureza de 1982**)[99]
> "Conscientes do *valor intrínseco* da diversidade biológica (...)" (**Preâmbulo da Convenção sobre Diversidade Biológica de 1992**).

Após destacarmos alguns aspectos da ética ecológica, gostaríamos de esclarecer ao leitor o nosso posicionamento, já que, a partir do próximo tópico, vamos adentrar propriamente no "mundo jurídico". E os fundamentos éticos são determinantes para a compreensão que temos do Direito. No âmbito do **Direito Ambiental** (ou **Direito Ecológico**, como tem sustentado por parte da doutrina mais recentemente[100]) –, há crescente disputa no campo teórico entre diferentes

---

[97] LATOUR, *Politics of nature...*, p. 13-14.
[98] LATOUR, *Politics of nature...*, p. 14.
[99] Adotada pela Assembleia Geral ONU, em 28 de outubro de 1982.
[100] LEITE, José Rubens Morato (coord.). *A ecologização do direito ambiental vigente*: rupturas necessárias. 2. ed. Rio de Janeiro: Lumen Juris, 2020; e CHACON, Mario Peña. *Derecho ambiental del siglo XXI*. San José (Costa Rica): Editorial Isolma, 2019.

paradigmas.[101] De um lado, aqueles que defendem uma matriz teórica preponderantemente antropocêntrica. De outro, os adeptos das correntes da ética ecológica: *patocentrismo*, *biocentrismo* e *ecocentrismo*. Por isso, cumpre fazermos os devidos esclarecimentos e evidenciar nossa posição pessoal, inclusive justificando as razões para uma mudança de posição a partir da 6ª edição do nosso livro *Direito Constitucional Ecológico*,[102] publicada no ano de 2019, a qual também se aplica no âmbito da **Teoria Geral do Direito Ambiental** (ou Direito Ecológico). A abordagem teórica adotada por nós anteriormente do livro era marcada por uma concepção antropocêntrica, tal qual o é essencialmente o Direito (enquanto construção humana).[103]

Nunca defendemos, cabe pontuar, um antropocentrismo clássico de matriz filosófica cartesiana, numa rígida relação de sujeito (ser humano) e objeto (Natureza), com nítido caráter instrumental e dicotômico no trato com a Natureza, mas sim um ***antropocentrismo jurídico ecológico*** – ou mesmo "relativo" ou "alargado" como sustentam alguns autores (José de S. Cunhal Sendim,[104] Vasco Pereira da Silva[105] e J. R. Morato Leite e Patryck de A. Ayala)[106] –, com o propósito de reconhecer o *valor intrínseco* inerente não apenas ao ser humano, como também a outras formas de vida não humanas (e a Natureza em si). O "reconhecimento" de um valor intrínseco em outras formas de vida não humanas conduz, por si só, à atribuição de "dignidade" para além da esfera humana, além, é claro, de permitir a identificação de uma ***dimensão ecológica*** da própria **dignidade da pessoa humana**, conforme será tratada mais à frente. Nessa ótica, a proteção de valores e bens jurídicos ecológicos imporá restrições aos próprios direitos e ao comportamento do ser humano, inclusive a ponto de caracterizar também deveres morais e jurídicos (o próprio direito ao meio ambiente possui um regime jurídico constitucional de **direito-dever fundamental**). E isso não apenas para proteger outros seres humanos (das presentes e futuras gerações), mas de modo a afirmar valores e proteger bens jurídicos que transcendem a órbita humana.

Não obstante os significativos avanços dos marcos teóricos que buscaram relativizar a concepção filosófica e jurídica clássica, de matriz cartesiana, conforme destacado anteriormente, eles não deram conta de, ao longo de aproximadamente cinco décadas de desenvolvimento do Direito Ambiental, a contar do início da década de 1970, frear o ímpeto predatório do ser humano na sua relação com a Natureza. E, mais do que isso, estabelecer um marco jurídico regulatório capaz de equilibrar os eixos que caracterizam o conceito de ***desenvolvimento sustentável*** **(ecológico, social e econômico)** e, em última instância, assegurar a **integridade ecológica**, tanto nas esferas locais, regionais e nacionais quanto em escala planetária. Como defendem Fritjof Capra e Ugo Mattei, é necessário construir "uma mudança de paradigma inspirada pelo reconhecimento dos princípios básicos da ecologia e pelo novo pensamento sistêmico da ciência contemporânea".[107] A balança da justiça não pode mais pender em favor do ser humano e seus interesses, sob pena de, ao não se ajustar às **"leis da Natureza"** e assegurar o equilíbrio ecológico planetário, comprometer a sua própria existência futura.

---

[101] Na doutrina, sobre os diferentes paradigmas, v. KLOEPFER, Michael. Art. 20a. In: KAHL, Wolfgang; WALDHOFF, Christian; WALTER, Christian. *Bonner Kommentar zum Grundgesetz*. Heidelberg: C. F. Muller, 2005. Art. 20a, p. 43-44.

[102] SARLET, Ingo Wolfgang; FENSTERSEIFER, Tiago. *Direito constitucional ecológico...*

[103] Com o mesmo entendimento, inclusive aplicado à temática penal ambiental e fundamentado na doutrina alemã, v. COSTA, Helena Regina Lobo da. *Proteção penal ambiental*. São Paulo: Saraiva, 2010. p. 24-25.

[104] SENDIM, José de Sousa Cunhal. *Responsabilidade civil por danos ecológicos: da reparação do dano através de restauração natural*. Coimbra: Coimbra Editora, 1998. p. 98 e ss.

[105] PEREIRA DA SILVA, Vasco. *Verde cor de direito: lições de direito do ambiente*. Coimbra: Almedina, 2002. p. 29-30.

[106] LEITE, José Rubens Morato; AYALA, Patryck de Araújo. *Dano ambiental: do individual ao coletivo extrapatrimonial (teoria e prática)*. 3. ed. São Paulo: RT, 2010. p. 77.

[107] CAPRA, Fritjof; MATTEI, Ugo. *A revolução ecojurídica: o direito sistêmico em sintonia com a natureza e a comunidade*. São Paulo: Cultrix, 2018. p. 38.

O Direito precisa atuar não apenas como mecanismo capaz de integrar os novos valores morais e éticos de natureza ecológica ascendentes no âmbito social, mas também com prognose e vislumbrando assegurar a proteção da vida, da dignidade e dos direitos fundamentais no plano temporal futuro. Isso implica "realocar" o lugar da Natureza no Direito.[108] Essa virada jurídica, a nosso ver, envolve necessariamente a reconfiguração completa da nossa relação com o Planeta Terra em todos os planos e, em particular, o reconhecimento de um **novo status jurídico** não apenas em favor dos animais não humanos, mas da Natureza como um todo e dos seus elementos (rios, florestas, paisagens etc.).

Isso envolve uma profunda ruptura (ou "revolução"[109]) com a tradição jurídica moderna, simbolizada, no plano constitucional, pela defesa de uma *Constituição Ecológica* e de um *Direito Ecológico* alicerçados num **novo paradigma jurídico ecocêntrico**, apto a reconhecer o **valor intrínseco** inerente à Natureza no seu conjunto (elementos bióticos e abióticos). Por mais que esse não seja o paradigma vigente no plano normativo da grande maioria dos sistemas constitucionais (com exceção, talvez, da Constituição do Equador de 2008), como ocorre no Brasil, entendemos que é para esse novo horizonte constitucional que devemos mirar e caminhar, como afirmado inclusive por Ministros da nossa Corte Constitucional,[110] laborando para que ele se torne uma nova realidade gradativamente e se concretize a tempo de salvarmos o Planeta Terra (e a nós mesmos) do colapso ecológico que se avizinha.

Os primeiros passos nessa direção já começaram a ser dados no sentido da "queda do muro antropocêntrico" construído pelo pensamento moderno para alijar os animais não humanos e a Natureza do "mundo dos direitos", inclusive no marco constitucional brasileiro. O **conceito de meio ambiente** consagrado pela Lei da Política Nacional do Meio Ambiente (**Lei 6.938/81**) contempla uma abordagem finalística, funcional e ecossistêmica no tratamento jurídico da matéria, ao delimitá-lo, no inciso I do art. 3º, como: "o conjunto de condições, leis, influências e interações de ordem física, química e biológica, que **permite, abriga e rege a vida em todas as suas formas**". A salvaguarda da vida em todas as suas formas – e, portanto, não apenas a vida humana –, ou seja, da biodiversidade e da integridade ecológica da Natureza, revela um claro sinal de ruptura com o paradigma antropocêntrico clássico.

A atribuição ao Estado, por intermédio da norma constitucional (art. 225, *caput* e § 1.º, da CF/1988), de *deveres de proteção* – o que caracteriza uma proteção jurídica de natureza objetiva dos bens em questão – e também aos particulares (sob a forma de *deveres fundamentais de proteção ecológica*) no sentido de "preservar e restaurar os *processos ecológicos essenciais* e prover o manejo ecológico das espécies e ecossistemas" (art. 225, § 1.º, I), bem como de "*proteger a fauna e a flora*, vedadas, na forma da lei, as práticas que coloquem em risco sua *função ecológica*, provoquem a *extinção de espécies* ou *submetam os animais a crueldade*" (inc. VII do mesmo dispositivo), parecem-nos exemplos expressivos de uma **tutela jurídica autônoma dos bens jurídicos ecológicos** em questão (por exemplo, Natureza em si, bem-estar animal, fauna e

---

[108] A respeito do "lugar" da Natureza no sistema jurídico, v. a reflexão proposta por BENJAMIN, Antonio H. A natureza no direito brasileiro: coisa, sujeito ou nada disso. *Nomos (Revista do Programa de Pós-Graduação em Direito da UFC)*, v. 31, n. 1, p. 79-96, jan.-jun. 2011. Disponível em: http://www.periodicos.ufc.br/nomos/article/view/398/380.

[109] CAPRA, Fritjof; MATTEI, Ugo. *A revolução ecojurídica...*, p. 9 e ss.

[110] V., nesse sentido, os votos dos Ministros Rosa Weber e Lewandowski no julgamento da ADI 4.983/CE: STF, ADI 4.983/CE, Tribunal Pleno, Rel. Min. Marco Aurelio, j. 06.10.2016. Em outra decisão pioneira e inédita sobre o tema o STJ reconheceu a ascensão de um novo paradigma jurídico em superação ao antropocentrismo, atribuindo dignidade e direitos aos animais não humanos e à Natureza: STJ, REsp 1.797.175/SP, 2ª T., Rel. Min. Og Fernandes, j. 21.03.2019.

flora), bem como direitos (fundamentais?[111]) dos animais à vida, à liberdade de locomoção, à integridade física, ao bem-estar, entre outros.

No direito estrangeiro, destaca-se a jurisprudência paradigmática da **Corte Constitucional da Colômbia**, tanto no campo dos Direitos da Natureza quanto do Direito Animal, notadamente por meio da atribuição de **valor intrínseco** e reconhecimento do status jurídico de "**seres sencientes**" dos animais. A título de exemplo, a Corte estabeleceu a proibição da **caça esportiva** (2019)[112] e, posteriormente, a proibição da **pesca esportiva** (2022)[113]. No último caso, a Corte consignou na fundamentação da decisão:

> "El elemento común a las dos posturas es que los tratos crueles y el sufrimiento a los animales repugnan a la racionalidad humana, por lo tanto, se impone evitar el daño y el sufrimiento gratuito o innecesario de los animales, además, para el derecho, es evidente que es del interés de la sociedad evitar el sufrimiento animal. (...) eso es importante insertar elementos éticos adecuados en el trato a los animales no sólo por su **valor intrínseco como seres vivos**, sino porque puede esperarse que esos aspectos contribuyan a modificar favorablemente el sistema ético global que orienta nuestra relación con el medio ambiente.
>
> Considero que los sistemas jurídicos actúan de manera análoga en relación con el medio ambiente, cada norma es relevante para la comprensión de la totalidad de las normas relacionadas con los **deberes y obligaciones hacia los animales** como parte de un esquema que se fundamenta en lo ambiental. En el caso particular de Colombia, el ordenamiento jurídico debe leerse a la luz de los preceptos protectores del ambiente, que se han denominado '**constitución ecológica**'. De acuerdo con ello, la introducción de cláusulas que se refieren a los animales como **seres sintientes** que merecen ser tratados de tal forma que se evite su sufrimiento genera cierto **estatus jurídico** que se traduce en una **esfera de protección** para ellos."

O panorama jurídico em questão revela uma tomada de rumo jurídico-constitucional bastante evidente no sentido contrário ao antropocentrismo clássico. A mesma reflexão pode surgir a partir da criminalização de condutas humanas degradadoras do meio ambiente, o que foi levado a efeito no plano infraconstitucional por meio da Lei dos Crimes e Infrações

---

[111] STUCKI, Saskia. *Grundrechte für Tiere*: eine Kritik des geltenden Tierschutzrechts und rechtstheoretische Grundlegung von Tierrechten im Rahmen einer Neupositionierung des Tieres als Rechtssubjekt. Baden-Baden: Nomos, 2016. Mais recentemente, v. STUCKI, Saskia. *One Rights*: Human and Animal Rights in the Anthropocene. Cham/Heidelberg: Springer/Max Planck Geselschaft, 2023. Disponível em: https://link.springer.com/book/10.1007/978-3-031-19201-2.

[112] Na ocasião, a Corte, ao determinar a proibição da caça esportiva em todo o território nacional da Colômbia, decidiu que: "El sacrificio de la vida de un ser vivo por el hombre es una forma extrema de maltrato en cuanto elimina su existencia misma y es un acto de aniquilamiento. Cuando es injustificada, la muerte de un animal es un acto de crueldad pues supone entender que el animal es exclusivamente un recurso disponible para el ser humano. La caza deportiva, en fin, es un acto dañino en cuanto está dirigida a la captura de animales silvestres, ya sea dándoles muerte, mutilándolos o atrapándolos vivos. (...) Se concluye entonces que la caza deportiva no encuentra fundamento en ninguna de las excepciones reconocidas jurisprudencialmente a la prohibición del maltrato animal. La caza deportiva no es expresión de la libertad religiosa, no tiene como objetivo la alimentación, ni la experimentación médica o científica; tampoco el control de las especies; ni se trata de una manifestación cultural arraigada. Por consiguiente, la Corte no encuentra necesario aplicar los criterios de razonabilidad o proporcionalidad, pues ni siquiera existe una de las excepciones que darían lugar al análisis sobre lo que debe primar, por ejemplo, la protección de una práctica cultural o religiosa, o la prohibición del maltrato animal". Disponível em: https://www.corteconstitucional.gov.co/relatoria/2019/C-045-19.htm.

[113] Disponível em: https://www.corteconstitucional.gov.co/Relatoria/2022/C-148-22.htm.

Administrativas Ambientais (Lei 9.605/98),[114] regulamentando dispositivo da CF/1988 (art. 225, § 3º). A **"criminalização" dos maus-tratos contra os animais**, trazida pela Lei 9.605/98, pode, em certa medida, conduzir ao entendimento de que tal norma está fundamentada numa concepção jurídica "ecocêntrica", ao dispor, no seu art. 32, que configura crime "*praticar ato de abuso, maus-tratos, ferir ou mutilar animais silvestres, domésticos ou domesticados, nativos ou exóticos*" (caput), bem como que incorre na mesma pena "quem realiza *experiência dolorosa ou cruel em animal vivo*, ainda que para fins didáticos ou científicos, quando existirem recursos alternativos" (§ 1º) e que "a pena é aumentada de 1/6 (um sexto) a 1/3 (um terço), se ocorre *morte do animal*" (§ 2º). Tal regime foi reforçado por meio do **aumento da pena do crime de maus-tratos** praticados contra **cães e gatos**, com a inclusão do **§ 1º-A no art. 32** pela **Lei 14.064/2020**.[115]

A criminalização de condutas lesivas ao meio ambiente, por certo, não é suficiente por si só para romper com a concepção antropocêntrica do Direito em prol de uma visão ecocêntrica – como defendida, por exemplo, pela "Ecologia Profunda" (*Deep Ecology*) de Arne Naess[116] e pela ética da responsabilidade de Hans Jonas, esta última tratada no tópico anterior –, mas já simboliza, em alguma medida, o movimento progressivo de pequenas rupturas na tradição jurídica antropocêntrica. Não há hoje edificação jurídica – teórica, normativa e jurisprudencial – para romper de forma definitiva com a tradição antropocêntrica, mas, por outro lado, já se pode afirmar de forma categórica, na nossa ótica, a superação do **"antropocentrismo clássico"**.[117]

O atual regime jurídico (nacional, estrangeiro[118] e internacional) de que dispomos já consagra a conciliação dos valores humanos e ecológicos, de modo a proporcionar a sua integração e, ao mesmo tempo, reconhecer a interdependência que lhes é inerente, distanciando-se gradualmente do antropocentrismo cartesiano. A devida proteção ecológica passa, de acordo com o atual estágio de desenvolvimento do marco constitucional contemporâneo, pela consolidação e efetivação integradora dos direitos fundamentais liberais, sociais e ecológicos, bem como pela afirmação da autonomia do bem jurídico ecológico, sem o que a proteção do meio ambiente será mera ficção e tinta no papel. Há, conforme pontua Klaus Bosselmann, a possibilidade de "coexistência" entre os paradigmas "antropocêntrico" e "ecocêntrico" dentro do sistema protetivo estabelecido pelo Direito Ambiental.[119]

---

[114] A respeito da criminalização de condutas lesivas ao ambiente e mesmo do reconhecimento da Natureza como sujeito passivo da criminalidade, v. SOUZA, Paulo Vinícius Sporleder de. O meio ambiente (natural) como sujeito passivo dos crimes ambientais. *Revista Brasileira de Ciências Criminais*, São Paulo, n. 50, p. 57-90, set.-out. 2004.

[115] "§ 1º-A Quando se tratar de cão ou gato, a pena para as condutas descritas no *caput* deste artigo será de reclusão, de 2 (dois) a 5 (cinco) anos, multa e proibição da guarda. (Incluído pela Lei 14.064/2020)."

[116] NAESS, Arne. *Ecology, community and lifestyle*...

[117] V., nesse sentido, voto do Min. Barroso no julgamento da ADI 4.983/CE: STF, ADI 4.983/CE, Tribunal Pleno, Rel. Min. Marco Aurelio, j. 06.10.2016.

[118] Aqui cabe fazer uma ressalva à Constituição do Equador de 2008, a qual estabeleceu de forma inédita um capítulo específico sobre os "Direitos da Natureza (ou 'Pacha Mama')", nos seus arts. 71 a 74, de modo a avançar num horizonte normativo sem precedentes no constitucionalismo contemporâneo, e já numa perspectiva mais próxima do que se poderia denominar de um "paradigma jurídico ecocêntrico". Conforme resultou consignado na norma constitucional equatoriana, "la naturaleza o Pacha Mama, donde se reproduce y realiza la vida, tiene derecho a que se respete integralmente su existencia y el mantenimiento y regeneración de sus ciclos vitales, estructura, funciones y procesos evolutivos (art. 71)", bem como que "la naturaleza tiene derecho a la restauración (art. 72)".

[119] BOSSELMANN, Klaus. *The principle of sustainability*: transforming law and governance. Hampshire: Ashgate, 2008. p. 92-94. Para versão em língua portuguesa, v. BOSSELMANN, Klaus. *O princípio da sustentabilidade*: transformando direito e governança. São Paulo: RT, 2015.

Como dito anteriormente, por mais que no discurso ambientalista – jurídico e não jurídico – seja sempre entoada com entusiasmo a defesa de um **novo paradigma ecocêntrico** – em oposição ao antropocentrismo –, tal entendimento não reflete (ainda) as construções jurídicas e respectivos mecanismos normativos dos quais dispomos hoje para promover a *tutela e promoção* do meio ambiente. Na absoluta maioria das vezes, serão os mesmos fundamentos teóricos, normativos e jurisprudenciais disponíveis para proporcionar a proteção da vida e da dignidade do ser humano que servirão para favorecer a proteção ecológica. Não por outra razão, a nossa abordagem teórica é construída a partir dos pilares do **Direito Constitucional** e da **Teoria dos Direitos Fundamentais** (e também da **Teoria dos Direitos Humanos**, se tomarmos a perspectiva do Direito Internacional). Para nós, a proteção do ser humano é a proteção da Natureza, e vice-versa. Aí reside uma marca "ecocêntrica" na nossa abordagem teórica, porquanto advogamos uma visão integrada entre ser humano e Natureza. Entendemos vital tal "religação", identificando o ser humano como mais um elemento na cadeia da vida no Planeta Terra. Com Lutzenberger, entendemos que "não estamos fora, por cima e contra a Natureza, estamos bem dentro. Somos um pedaço dela".[120]

O princípio da **integridade ecológica**, como *Grundnorm*[121] do Direito Ecológico e do paradigma jurídico ecocêntrico, também se coloca como fundamento para o reconhecimento dos **Direitos da Natureza**. Para além da clássica **Teoria da Vontade**, amparada na racionalidade humana, a doutrina tem hoje fundamentado uma **Teoria Jurídica ou Legal dos Direitos dos Animais** com base na **Teoria do Interesse**.[122] Por essa ótica, reconhece-se, por exemplo, o "interesse" (e, num segundo passo, os "direitos") dos animais não humanos de não sofrerem maus-tratos ou serem submetidos a práticas cruéis. Também é possível alinhar nesse mesmo sentido a ideia de dever de respeito à **integridade animal**, como expressão da proteção dos seus interesses e direitos (entre eles, os seus direitos à vida e à integridade física e psíquica).

A mesma discussão, a nosso ver, também pode ser amplificada para o campo de uma **Teoria Jurídica ou Legal dos Direitos da Natureza**. O conceito de integridade ecológica traduz para o universo jurídico um parâmetro científico aferível na esfera das ciências naturais. Há, por assim dizer, o "interesse" da Natureza em manter e ampliar a sua integridade ecológica, com o florescimento da vida (animal, vegetal etc.) e da biodiversidade. Ações e omissões humanas contrárias ao equilíbrio ecológico (poluição, desmatamento etc.), comprometendo as funções e os processos ecológicos essenciais, afetam negativamente e violam o referido interesse (ou direito?) juridicamente protegido. A **ética ecológica**, no mesmo sentido, ao reconhecer o **valor intrínseco** e o *status* moral inerente à Natureza (e aos animais), também se coloca como importante fundamento para o reconhecimento de uma Teoria Jurídica ou Legal dos Direitos da Natureza.

O *paradigma jurídico ecocêntrico* objetiva ampliar o quadro de bem-estar humano para além dos espectros liberal e social, inserindo necessariamente a variável ecológica, somado à atribuição de valor intrínseco e direitos não apenas aos animais, mas também à Natureza. A dicotomia cartesiana entre ser humano e Natureza representa uma incoerência do ponto de vista ontológico, dada a natureza biológica inerente à condição existencial humana. A defesa dos direitos da Natureza é, em última instância, a defesa da vida, da dignidade e dos direitos fundamentais do ser humano, já que eles têm como premissa a *integridade ecológica* para o seu

---

[120] LUTZENBERGER, José. Por uma ética ecológica..., p. 190.
[121] BRIDGEWATER, Peter; KIM, Rakhyun E.; BOSSELMANN, Klaus. Ecological integrity: a relevant concept for international environmental law in the Anthropocene? *Yearbook of International Environmental Law*, v. 25, n. 1, p. 75-76, 2015.
[122] STUCKI, Saskia. Towards a Theory of Legal Animal Rights: Simple and Fundamental Rights. *Oxford Journal of Legal Studies*, v. 0, n. 0, p. 1-28, 2020.

exercício e florescimento da vida humana no Planeta Terra. Tal "**virada ecológica**" na concepção da **Teoria Geral do Direito Ambiental** (ou **Direito Ecológico**) e também do próprio princípio da dignidade da pessoa humana (a partir de sua *dimensão ecológica* e mesmo da atribuição da dignidade para além da fronteira humana)[123] implica a imposição de restrições ao exercício dos demais direitos fundamentais (liberais e sociais),[124] mas sempre buscando assegurar a integralidade, a indivisibilidade e a interdependência que caracterizam o regime jurídico *jusfundamental* e a defesa de tais valores numa perspectiva futura.

A ética ecológica, como já referido por Hösle, busca estabelecer uma **"síntese" entre ser humano e Natureza**, capaz de proporcionar uma conciliação existencial para romper com a dicotomia cartesiana. É o reencontro do **elo existencial perdido** pelo ser humano na sua caminhada civilizatória. Trata-se de uma abordagem conciliatória e integradora dos valores humanos e ecológicos, como duas facetas de uma mesma identidade jurídica dignificadora da vida e da existência no Planeta Terra. Ainda que tal marco não esteja plenamente consolidado na opção político-jurídica delineada na nossa Lei Fundamental de 1988 (art. 225), esse parece ser o caminho que devemos seguir no futuro, como inclusive referido em decisões recentes da nossa Corte Constitucional, como mencionado anteriormente, considerando a nossa responsabilidade – enquanto geração humana presente – pelos interesses e direitos (?) das futuras gerações (humanas e não humanas).

A atual **crise ecológica emergencial** de magnitude global abala de forma definitiva a tradição moderna cartesiana sobre o nosso lugar *na* (e, portanto, não *fora da*) Natureza. Isso, por sua vez, torna necessária a celebração de um **novo *pacto político-jurídico***, por meio de um "**véu da ignorância ecológico**", servindo-nos aqui da metáfora utilizada por John Rawls em sua obra clássica *Uma Teoria da Justiça*,[125] que possibilite representar, incluir e levar a sério não apenas os interesses e direitos (?) das futuras gerações humanas (e mesmo dos **conflitos intrageracionais**), mas também dos animais não humanos e da Natureza (e os elementos naturais) à luz de um **paradigma jurídico ecocêntrico** impulsionado pelos desafios existenciais humanos postos pelo *Antropoceno* no nosso horizonte civilizatório presente e futuro.[126] Chegou a hora de nos submetermos às leis da Natureza, e não mais a Natureza às leis dos homens. Para além da **libertação dos animais não humanos**, como proposto por Peter Singer em sua obra clássica *Animal liberation* (1975), chegou o momento da "**libertação da Natureza**".

---

[123] De modo a inserir a discussão sobre os direitos dos animais na perspectiva da Teoria da Justiça, v. NUSSBAUM, Martha C. *Frontiers of justice*. Cambridge: Harvard University Press, 2007. especialmente p. 325-407.

[124] O § 3.º do art. 225 da CF/1988 expressa de forma bastante contundente as "novas" responsabilidades jurídicas de feição ecológica (nas esferas civil, penal e administrativa) do ser humano (e também das pessoas jurídicas) em face do ambiente, limitando, por certo, outros direitos – fundamentais e não fundamentais – com o propósito de assegurar a proteção ambiental. Dispõe a norma em questão que "as condutas e atividades consideradas lesivas ao meio ambiente sujeitarão os infratores, pessoas físicas ou jurídicas, a sanções penais e administrativas, independentemente da obrigação de reparar os danos causados".

[125] RAWLS, John. *A Theory of Justice* (Revised Edition). Cambridge: Harvard University Press, 1999. p. 118-123. Para uma abordagem não antropocêntrica da Teoria da Justiça de Rawls, v. TRIBE, Lawrence H. Ways Not To Think About Plastic Trees: New Foundations for Environmental Law. *Yale Law Journal*, v. 83, n. 7, p. 1.315-1.348, Junho, 1974.

[126] A discussão sobre um novo "contrato social" de natureza ecológica, com o propósito de incluir os interesses (e direitos?) dos atores ou agentes não humanos (*nichtmenschliche Akteure*), é desenvolvida por KERSTEN, Jens. *Das Antropozän-Konzept*: Kontrakt-Komposition-Konflikt. Baden-Baden: Nomos, 2014. p. 88-92.

DIREITO AMBIENTAL	DIREITO ECOLÓGICO
Paradigma Antropocêntrico	Paradigma Biocêntrico/Ecocêntrico
Holoceno	Antropoceno
Ciência Moderna (Cartesiana/Mecanicista) Dualismo Natureza v. Ser Humano/Cultura/Sociedade Animal-Máquina, Natureza-Máquina Fabricação do Mundo (F. Ost)	Ciência da Terra (Limites Planetários, Ciência do Clima, Tipping Points, Realismo Ecológico) Novo ou Segundo Iluminismo (Meyer-Abich, Joachim Radkau)
Ética Humana/Ambiental (Immanuel Kant) Humanismo Moderno	Ética Animal (Peter Singer) e Ética Ecológica (Hans Jonas/Meyer-Abich/Paul Taylor) Cosmologia e Ancestralidade Indígena
Visão Instrumental e Utilitarista dos Animais e da Natureza	Senciência animal, parentalidade filogenética (E. O. Wilson)
Dimensão Ecológica da Dignidade Humana	Dignidade (e Valor Intrínseco) dos Animais e da Natureza
Meio Ambiente	Natureza/Cosmos
Princípio *pro homini*	Princípios (*in dubio*) *pro animalis* e *pro natura (et clima)*
Desenvolvimento Sustentável	Integridade Ecológica
Direitos (e Deveres) Fundamentais/Humanos	Direitos dos (e Deveres para com os) Animais/Natureza
Teoria da Vontade	Teoria do Interesse/Benefício
Proteção Indireta dos Animais e da Natureza	Proteção autônoma dos Animais e da Natureza
Solidariedade/Responsabilidade Intrageracional e Intergeracional	Solidariedade/Responsabilidade Interespécies
Saúde Humana	Saúde Única (*One Health*) – Humana, Animal e Ecológica
Sub-representação dos Interesses e Direitos das Futuras Gerações, dos Animais e da Natureza	Representação Adequada dos Interesses e Direitos das Futuras Gerações, dos Animais e da Natureza

DIREITO AMBIENTAL	DIREITO ECOLÓGICO
Juiz e Tribunais de (Reparação de) Danos	Juiz e Tribunais de Riscos (Guardião de Interesses das Futuras Gerações, dos Animais e da Natureza)
Processo Coletivo	Processo Estrutural (Abordagem Prognóstica e de Risco)
Ações Coletivas Ambientais	Acesso à Justiça, Status Processual e Capacidade Processual de Ser Parte dos Animais e da Natureza
Economia Liberal Ortodoxa	Economia *Donut* (Teto Ecológico e Piso Social) ODS da Agenda 2030
Sistema Normativo Nacional Hermético	Sistema Normativo Plural e Multinível/ Litigância Internacional e Transnacional/ Diálogo de Fontes e Diálogo de Cortes

Capítulo 4
O DESENVOLVIMENTO HISTÓRICO-EVOLUTIVO DO DIREITO AMBIENTAL

1. INTRODUÇÃO: DA CONSCIÊNCIA E LEGITIMAÇÃO SOCIAL DOS VALORES ECOLÓGICOS AO DIREITO AMBIENTAL

Para o geógrafo brasileiro Milton Santos, estudioso de temas afetos à democracia e à cidadania, o problema crucial é como passar de uma situação crítica a uma visão crítica, e, em seguida, alcançar uma tomada de consciência.[1] O **Direito Ambiental ou Ecológico** – nomenclatura esta que entendemos mais correta para o seu atual estágio de desenvolvimento, como exposto anteriormente –, nesse sentido, é resultado justamente de uma história social, cultural e política que lhe é anterior e que lhe foi também determinante. A sua razão de ser reside justamente em tal **legitimação político-comunitária** antecedente, ou seja, há relação direta de causalidade entre a ocorrência da poluição e degradação ecológica, a mobilização social em prol da proteção da Natureza e a regulação normativa da matéria pelo Direito.[2]

O **despertar da consciência ecológica** mediante práticas sociais consolidou os valores ecológicos no espaço político, alcançando, posteriormente, também o universo jurídico. Esse percurso histórico-evolutivo, somado a inúmeros outros fatores, formatou a proteção jurídica do meio ambiente e conduziu, num momento posterior, à consagração do Direito Ambiental ou Ecológico propriamente dito. Isso tudo reflete no fato de que a política utiliza o Direito para atingir os seus fins e propósitos (por exemplo, a proteção ecológica). O **Direito** é tão somente um instrumento legitimado a partir dos valores e objetivos de determinada comunidade política. Não é um fim em si mesmo desvinculado das raízes sociais e filosóficas que lhe dão sustentação e conferem legitimidade. Por isso, parece-nos relevante destacar a diferença do ponto de vista histórico entre o surgimento da consciência (e dos valores) ecológica no plano comunitário e o aparecimento e consolidação posterior do Direito Ambiental ou Ecológico.[3]

O reconhecimento dos valores ecológicos na esfera comunitária e o desenvolvimento de uma ética ecológica, em curso desde as **décadas de 1960 e 1970** nos EUA e na Europa Ocidental, impulsionou, pouco tempo depois, a consagração de legislações nacionais com propósitos nitidamente ecológicos em tais países. O exemplo paradigmático de tal cenário é a legislação ambiental norte-americana do início da década de 1970: a Lei da Política Nacional do Meio Ambiente (*National Environmental Policy Act – NEPA*), de 1970, a Lei do Ar Limpo (*Clean Air*

---

[1] SANTOS, Milton. *Por uma outra globalização...*, p. 116.
[2] Defendendo idêntico entendimento, v. SAMPAIO, *Direito ambiental...*, p. 39-40.
[3] De acordo com Erasmo M. Ramos, a doutrina brasileira – ao contrário do que faz a doutrina alemã – não estabelece de forma clara a diferença entre a história do Direito Ambiental e a história da consciência ambiental (RAMOS, Erasmo Marcos. *Direito ambiental comparado Brasil-Alemanha-EUA*: uma análise exemplificada dos instrumentos ambientais brasileiros à luz do direito comparado. Maringá: Midiograf II, 2009. p. 83).

Act), de 1970, e a Lei da Água Limpa (*Clean Water Act*), de 1972.⁴ Paralelamente, tem-se também a experiência de alguns países europeus, como a Alemanha, com a edição do Programa de Meio Ambiente do Governo Federal (*Umweltprogramm der Bundesregierung*), de 1971, da Lei de Resíduos (*Abfallgesetz* – AbfG), de 1972, e da Lei Federal de Controle de Emissões (*Bundes--Immissionsschutzgesetz – BimSchG*), de 1974.

Igual cenário se verifica na perspectiva internacional com a **Conferência e a Declaração de Estocolmo sobre "Meio Ambiente Humano" (1972)**, organizada no âmbito da Organização das Nações Unidas (ONU). A **"migração" dos valores ecológicos para o campo jurídico** é fundamental para o devido enfrentamento da atual crise ecológica de magnitude global. Ajustada a tal perspectiva, ou seja, de que é imperiosa a intervenção jurídica para a superação dos problemas ambientais enfrentados pela sociedade contemporânea, já que a crise ecológica implica violação a direitos humanos, a Declaração de Estocolmo (1972) estabeleceu, no seu Princípio 22, que "os Estados devem cooperar para continuar desenvolvendo o direito internacional no que se refere à responsabilidade e à indenização às vítimas da poluição e de outros danos ambientais que as atividades realizadas dentro da jurisdição ou sob o controle de tais Estados causem a zonas fora de sua jurisdição".

Conforme escreveu Diogo de Figueiredo Moreira Neto, em obra pioneira do Direito Ambiental brasileiro, publicada no ano de 1975, "se para conviverem entre si e com a Natureza os homens necessitam de técnicas sociais normativas, o Direito deve acorrer com seu arsenal técnico e científico, estruturando-as sistematicamente, informando-as por princípios apropriados, especializando-se um Direito Ecológico".⁵ Estava lançada a semente para a edificação do Direito Ambiental brasileiro. É certo que, ao tempo em que Moreira Neto escreveu a primeira edição da sua obra, o arsenal legislativo existente em matéria ambiental ainda era incipiente, cenário esse que veio a transformar-se completamente, especialmente após o **início da década de 1980**.

O começo de tal "virada copernicana ecológica" do Direito brasileiro deu-se com a edição da **Lei da Política Nacional do Meio Ambiente (Lei 6.938/81)**, consolidando-se com a consagração constitucional dos direitos e valores ecológicos na CF/1988 (art. 225) – como dever de proteção e objetivo do Estado e direito fundamental do indivíduo e da coletividade –, quando, então, a proteção ecológica sedimentou-se no "coração" do nosso ordenamento jurídico (inclusive como cláusula pétrea da CF/1988). O percurso evolutivo da legislação em matéria ambiental, até a sua culminação com o surgimento e consolidação do Direito Ambiental moderno, será analisado a partir de agora, inclusive tomando-se como referência as experiências legislativas em matéria ambiental existentes no âmbito internacional e comparado, já que o "diálogo das fontes normativas"⁶ é particularmente rico e esclarecedor no estudo do Direito Ambiental.

2. A PROTEÇÃO JURÍDICA DOS RECURSOS NATURAIS ANTES DA DÉCADA DE 1970 E O SEU VIÉS PREPONDERANTEMENTE ECONÔMICO E EXPLORATÓRIO

Antes da década de 1970, conforme pontua Erasmo M. Ramos, "a proteção ambiental era justificada mais pelo prisma dos interesses econômicos do que sob o ângulo dos interesses ambientais propriamente ditos".⁷ Isso vale especialmente para a compreensão da evolução da legis-

---

⁴ A influência da legislação ambiental norte-americana no direito internacional e comparado, e, em especial, no cenário jurídico brasileiro é destacada por RAMOS, Erasmo Marcos. *Direito ambiental comparado...*, p. 100-102.

⁵ MOREIRA NETO, Diogo de Figueiredo. *Introdução ao direito ecológico...*, p. 22-23.

⁶ MARQUES, Claudia Lima (coord.). *Diálogo das fontes*: do conflito à coordenação de normas do direito brasileiro. São Paulo: RT, 2012.

⁷ RAMOS, Erasmo Marcos. *Direito ambiental comparado...*, p. 82.

lação ambiental nos cenários norte-americano e europeu – em especial, no caso da Alemanha –, já que foram tais sistemas político-jurídicos que primeiro reconheceram e impulsionaram a proteção jurídica dos valores e direitos de matriz ecológica. Há, sem dúvida, tanto na experiência jurídica brasileira quanto comparada e internacional inúmeros diplomas legislativos que se ocuparam de assegurar a proteção jurídica dos recursos naturais antes da década de 1970. No entanto, o escopo dessa tutela jurídica pautou-se quase que exclusivamente por **interesses puramente econômicos** ou, em alguns casos, também em razão da tutela da **saúde pública**. Ao tratar das origens do Direito Ambiental, Michel Prieur refere que, antes da sua concepção atual, a proteção jurídica dos recursos naturais inspirava-se exclusivamente em vista de questões relacionadas à higiene, à agricultura e à indústria.[8]

Essa compreensão é fundamental para identificar que, a partir da década de 1970, outros interesses (morais, culturais, sociais, ecológicos etc.) passam também a justificar a proteção jurídica dos recursos naturais, inclusive no sentido do reconhecimento de um novo **bem jurídico autônomo** e do próprio **valor intrínseco** da Natureza e da vida não humana. Segundo entendimento predominante na doutrina jurídica alemã, o Direito Ambiental é um direito novo que nasceu no século XX, não possuindo história antes da década de 1970.[9] Como referido, verificava-se antes de tal período a proteção jurídica dos recursos naturais mediante diversas formas e propósitos, contudo não se tinha por fundamento ainda um conteúdo propriamente ecológico, mas sim econômico ou mesmo outros interesses estritamente humanos. De tal sorte, essas normas não são compatíveis com a noção moderna de Direito Ambiental, que só teve o seu marco inaugural no início da década de 1970, tanto na perspectiva do direito nacional quanto internacional. O surgimento de um **bem jurídico ecológico autônomo**, com contornos conceituais e normativos próprios, somente ocorreu a partir da década de 1970.

No caso da legislação ambiental brasileira, conforme o leitor poderá verificar em diversas passagens do livro, a "superação" de um tratamento legislativo em matéria ambiental atrelada aos interesses econômicos (ou mesmo no tocante à saúde pública) tardou um pouco mais a se verificar, de modo que apenas com a edição da **Lei 6.938/81** é que tal viés "instrumental" da Natureza resultou efetivamente superado, emergindo, a partir de então, um Direito Ambiental brasileiro propriamente. Tomando por base uma análise panorâmica da legislação ambiental brasileira ao longo do século XX, é possível identificar a passagem de uma fase para a outra, considerando as três fases ou períodos legislativos distintos que identificamos: 1) *Fase legislativa fragmentária-instrumental da proteção ambiental*; 2) *Fase legislativa sistemático-valorativa da proteção ambiental*; e 2) *Fase legislativa da "constitucionalização" da proteção ambiental.*

Mais recentemente, é possível suscitar o surgimento de uma **nova (quarta) fase do Direito Ambiental**, por meio da transição para um **"Direito Ecológico"** no **Antropoceno**,[10] impulsionada pelo reconhecimento dos **direitos da Natureza e dos animais não humanos**. A respeito do tema, registra-se passagem extraída da **Opinião Consultiva 23/2017** da **Corte IDH**.

> "Esta Corte considera importante resaltar que el derecho al medio ambiente sano como derecho autónomo, a diferencia de otros derechos, protege los componentes del medio ambiente, tales como bosques, ríos, mares y otros, como intereses jurídicos en sí mismos, aún en ausencia de certeza o evidencia sobre el riesgo a las personas individuales. Se trata de proteger la naturaleza y el medio ambiente no solamente por su conexidad con una utilidad

---

[8] PRIEUR, Michel. *Droit de l'environnement*. 6. ed. Paris: Dalloz, 2011. p. 14.
[9] KLOEPFER, Michael. *Umweltrecht*. 3. ed. München: C. H. Beck, 2004, p. 68 e ss. No mesmo sentido, por influência do entendimento vigente na doutrina alemã, v. RAMOS, Erasmo Marcos. *Direito ambiental comparado...*, p. 84.
[10] LEITE, José Rubens Morato; AYALA, Patryck de Araújo (coord.). *A ecologização do direito ambiental vigente...*, p. 101 e ss.

para el ser humano o por los efectos que su degradación podría causar en otros derechos de las personas, como la salud, la vida o la integridad personal, sino por su importancia para los demás organismos vivos con quienes se comparte el planeta, también merecedores de protección en sí mismos. En este sentido, **la Corte advierte una tendencia a reconocer personería jurídica y, por ende, derechos a la Naturaleza** no solo en sentencias judiciales sino incluso en ordenamientos constitucionales".[11]

3. O SURGIMENTO DO DIREITO AMBIENTAL NO CENÁRIO JURÍDICO INTERNACIONAL: DA DECLARAÇÃO DE ESTOCOLMO SOBRE O MEIO AMBIENTE HUMANO (1972) AO ACORDO DE PARIS (2015)

"Os povos podem, enquanto Estados, considerar-se como homens singulares que no seu estado de natureza (isto é, na independência de leis externas) se prejudicam uns aos outros já pela sua simples coexistência e cada um, em vista da sua segurança, pode e deve exigir do outro que entre com ele numa constituição semelhante à constituição civil, na qual se possa garantir a cada um o seu direito" (**Immanuel Kant**[12]).

"O Tribunal reconhece que o meio ambiente está sob ameaça diária e que o uso de armas nucleares pode constituir uma catástrofe para o meio ambiente. A Corte também reconhece que o meio ambiente não é uma abstração, mas representa o espaço de vida, a qualidade de vida e a própria saúde dos seres humanos, incluindo as gerações por nascer. A existência da obrigação geral dos Estados de garantir que as atividades dentro de sua jurisdição e controle respeitem o meio ambiente de outros Estados ou de áreas fora do controle nacional faz agora parte do *corpus* do direito internacional relativo ao meio ambiente." (**Corte Internacional de Justiça**).[13]

A **Declaração de Estocolmo sobre o Meio Ambiente Humano (1972)**, celebrada durante a Conferência de Estocolmo da ONU, demarca, do ponto de vista histórico, o surgimento do **Direito Internacional Ambiental**.[14] Não obstante a importância singular das legislações ambientais de alguns países (por exemplo, dos EUA e da Alemanha), que, inclusive, antecederam em alguns anos o que seria o grande marco normativo da proteção ecológica no cenário jurídico internacional, ou seja, a Declaração de Estocolmo, o despertar da comunidade internacional para a proteção ecológica, impulsionou de modo inédito o desenvolvimento de um marco normativo internacional ambiental, inclusive impactando o direito doméstico de diversos países.

O **Princípio 1** da Declaração de Estocolmo é primoroso ao reconhecer um **direito humano ao desfrute de condições de vida em um meio ambiente de qualidade**[15], servindo de parâmetro conceitual e normativo para a consagração, já a partir de meados da Década de 1970, de deveres estatais de proteção ecológica e do direito fundamental ao meio ambiente em diversas Constituições mundo afora (ex.: Constituição Grega de 1975, Constituição Portuguesa de 1976, Constituição Espanhola de 1978, Constituição Brasileira de 1988, entre outras).

---

[11] CORTE INTERAMERICANA DE DIREITOS HUMANOS. *Opinião Consultiva n. 23/2017...*, par. 62.

[12] KANT, Immanuel. *A paz perpétua e outros opúsculos*. Lisboa: Edições 70, 2008. p. 143.

[13] CORTE INTERNACIONAL DE JUSTIÇA. *Opinião Consultiva sobre a Legalidade da Ameaça ou Uso de Armas Nucleares (1996)*, p. 241-242, par. 29. Disponível em: https://www.icj-cij.org/public/files/case-related/95/095-19960708-ADV-01-00-EN.pdf.

[14] Para uma breve introdução histórica do Direito Internacional Ambiental, v. BODANSKY, Daniel. *The art and craft of international environmental law*. Cambridge: Harvard University Press, 2010. p. 18-36.

[15] Na doutrina, sustentando a consagração de um direito humano ao meio ambiente no Princípio 1 da Declaração de Estocolmo (1972), v. o artigo pioneiro sobre o tema de SOHN, Louis B. The Stockholm Declaration on the Human Environment. *The Harvard International Law Journal*, v. 14, n. 3, p. 423-515, 1973.

> **DECLARAÇÃO DE ESTOCOLOMO (1972)**
>
> **PRINCÍPIO 1**
>
> O homem tem o direito fundamental à liberdade, à igualdade e ao desfrute de condições de vida adequadas, em um meio ambiente de qualidade tal que lhe permita levar uma vida digna, gozar de bem-estar e é portador solene da obrigação de proteger e melhorar o meio ambiente, para as gerações presentes e futuras.

Antes mesmo da Conferência de Estocolmo, a Organização das Nações Unidas (ONU) já havia declarado **1970** como o **"Ano de Proteção da Natureza"**. De acordo com Guido F. Silva Soares, a Declaração de Estocolmo "pode ser considerada um documento com a mesma relevância para o Direito Internacional e para a Diplomacia dos Estados que teve a Declaração Universal dos Direitos do Homem (...). Na verdade, ambas as Declarações têm exercido o papel de verdadeiros guias e parâmetros na definição dos princípios mínimos que devem figurar tanto nas legislações domésticas dos Estados quanto na adoção dos grandes textos do Direito Internacional da atualidade".[16] Um novo capítulo das relações internacionais e dos acordos multilaterais passou a ser escrito a partir de Estocolmo, com a inserção definitiva da proteção ecológica na agenda política e jurídica internacional, inclusive, com a criação, ainda em 1972, do Programa das Nações Unidas para o Meio Ambiente (PNUMA).

O paralelo estabelecido pelo autor com a **Declaração Universal dos Direitos Humanos (1948)** permite identificar a relevância da Declaração de Estocolmo, inclusive no sentido de consagrar um **direito humano ao meio ambiente** no seu art. 1º., como referido anteriormente[17]. A relação entre a proteção ecológica e os direitos humanos é tratada por Antônio A. Cançado Trindade, ao afirmar que: "embora tenham os domínios da proteção do ser humano e da proteção ambiental sido tratados até o presente separadamente, é necessário buscar maior aproximação entre eles, porquanto correspondem aos principais desafios de nosso tempo, a afetarem em última análise os rumos e destinos do gênero humano".[18] Na ocasião da Conferência de Estocolmo, é importante destacar, estabeleceu-se também a **criação do Programa das Nações Unidas para o Meio Ambiente**, o que ensejou a abertura de uma **agenda política internacional** própria para a discussão e enfrentamento da crise ecológica.

A influência do ordenamento jurídico internacional em matéria ambiental é sentida de forma significativa no âmbito de todas as legislações nacionais, a ponto inclusive de vários países (e o Brasil se inclui entre eles[19]) terem incorporado, no âmbito das suas legislações domésticas, o conteúdo (conceitos, objetivos, princípios, instrumentos etc.) dos diplomas internacionais (declarações, tratados e convenções) em matéria ambiental, tanto no plano constitucional quanto infraconstitucional.

Segundo a doutrina de Daniel Bodansky, é possível identificar **três fases no desenvolvimento do Direito Ambiental Internacional:**[20]

---

[16] SOARES, Guido F. Silva. *Direito internacional do meio ambiente...*, p. 55.
[17] Na doutrina estrangeira, v. HISKES, Richard P. *The human right to a green future*: environmental rights and intergenerational justice. Cambridge: Cambridge University Press, 2009.
[18] CANÇADO TRINDADE, Antônio Augusto. *Direitos humanos e meio ambiente*: paralelo dos sistemas de proteção internacional. Porto Alegre: Fabris, 1993. p. 23.
[19] No caso brasileiro, diretamente influenciado pela Conferência de Estocolmo de 1972, o Governo determinou, no ano de 1973, a criação, junto ao Ministério do Interior, da Secretaria Especial do Meio Ambiente (SEMA), conforme veremos, com maiores detalhes, adiante. Para mais informações, v. NOGUEIRA-NETO, Paulo. *Uma trajetória ambientalista*: diário de Paulo Nogueira-Neto. São Paulo: Empresa das Artes, 2010. p. 43 e ss.
[20] BODANSKY, Daniel. *The art and craft of international...*, p. 21.

1) Fase Conservacionista – Centrada na proteção da vida selvagem, é identificada entre o final do século XIX até a primeira metade do século XX.

2) Fase da Prevenção da Poluição – Abrangendo a chamada revolução ambiental ou ecológica da década de 1960 e início da década de 1970, marcada pela Conferência de Estocolmo de 1972 e o estabelecimento da Programa das Nações Unidas de Meio Ambiente (também em 1972) e a negociação de numerosos tratados multilaterais, particularmente no campo da poluição marinha.

3) Fase do Desenvolvimento Sustentável – Iniciada na metade da década de 1980 com o trabalho da Comissão Brundtland (e relatório *Nosso Futuro Comum*, publicado em 1987), continuando com a Conferência do Rio de 1992, a Conferência de Joanesburgo de 2002 e a Conferência do Rio de 2012 (Rio+20), todas versando em torno do eixo temático do desenvolvimento sustentável, seguindo até os dias atuais.

O surgimento e o fortalecimento do Direito Ambiental sempre foram impulsionados, do ponto de vista histórico, a partir do cenário político, econômico e jurídico internacional que se consolidou na segunda metade do século XX. Como refere Lazarus, "a globalização da economia e o crescimento concomitante do comércio internacional também contribuíram para a internacionalização do Direito Ambiental".[21] A título de exemplo, entre inúmeros outros eventos, podemos citar a realização das grandes Conferências da ONU em matéria ambiental – Estocolmo (1972), Rio-92 (1992), Johanesburgo (2002) e a Rio+20 (2012), bem como os **diplomas (declarações e tratados) internacionais** firmados em tais oportunidades. Igualmente, as denominadas COPs (Conferências das Partes), realizadas periodicamente pelos Estados-Membros, por exemplo, das Convenções-Quadros sobre Mudança Climática e a Biodiversidade, representam importante fórum internacional de desenvolvimento e aprimoramento do Direito Internacional Ambiental. A consagração da proteção ecológica no âmbito do Direito Internacional, inclusive na esfera do Direito Internacional dos Direitos Humanos, criou todo um aparato normativo extremamente sofisticado e abrangente.

De modo exemplificativo, podemos citar: a Declaração de Estocolmo das Nações Unidas sobre o Meio Ambiente Humano (1972), a Carta Mundial da Natureza (1982), adotada pela Assembleia Geral da ONU, a Convenção de Viena para a Proteção da Camada de Ozônio (1985), o Protocolo de Montreal sobre Substâncias que Destroem a Camada de Ozônio (1987), o Protocolo de San Salvador Adicional à Convenção Americana sobre Direitos Humanos em Matéria de Direitos Econômicos, Sociais e Culturais (1988), a Declaração do Rio de Janeiro sobre Meio Ambiente e Desenvolvimento (1992), a Convenção-Quadro das Nações Unidas sobre Mudança do Clima (1992), a Convenção-Quadro sobre Diversidade Biológica (1992), a Declaração e Programa de Ação de Viena, promulgada na 2ª Conferência Mundial sobre Direitos Humanos (1993), o Protocolo de Quioto (1997), a Convenção de Aarhus sobre Acesso à Informação, Participação Pública na Tomada de Decisões e Acesso à Justiça em Matéria Ambiental (1998), o Protocolo de Cartagena sobre Biossegurança (2000), a Convenção de Estocolmo sobre Poluentes Orgânicos Persistentes (2001) e o Acordo de Paris (2015).

No Direito Comunitário europeu, a **Carta de Direitos Fundamentais da União Europeia** consagrou a proteção ecológica no seu corpo normativo, estabelecendo um **nível elevado de proteção** do meio ambiente e a melhoria da sua qualidade, de acordo com o princípio do desenvolvimento sustentável (art. 37). Até por força do reconhecimento de um sistema normativo multinível e da pluralidade de fontes que caracteriza o Direito Ambiental, cada vez mais necessário, é importante sinalizar para essa "sintonia fina" existente entre os planos normativos

---

[21] LAZARUS, Richard J. *The making of environmental law*. 2. ed. Chicago: University of Chicago Press, 2023. p. 167.

internacional, comunitário e constitucional[22] no tocante à tutela ecológica, todos eles a afirmar a essencialidade da qualidade do meio ambiente para o desfrute de uma vida digna, segura e saudável, inclusive na perspectiva das futuras gerações.

O fortalecimento da proteção ambiental e climática no âmbito internacional, inclusive em vista do reconhecimento de um **sistema normativo multinível** na matéria, como referido anteriormente, reforça a **responsabilidade e deveres jurídicos (convencionais) das Nações** na proteção dos recursos naturais integrantes do seu território, impondo, nesse sentido, a releitura (e **relativização**) do conceito clássico de **soberania**. Ou seja, uma nova concepção de soberania com responsabilidade e solidariedade em escala planetária, tanto em termos transfronteiriços quanto intergeracional. A respeito do tema, registra-se passagem do voto-relator da Ministra Cármen Lúcia no julgamento pelo STF da ADPF 760 (Caso PPCDAm):

> "Os compromissos constitucionalmente definidos no Brasil, incluídos aqueles adotados nas relações internacionais, patenteiam que a dignidade ambiental e a garantia do direito fundamental ao meio ambiente ecologicamente equilibrado não são questões governamentais, senão compromissos de Estado. Seja quem for o dirigente ou agente estatal ao qual compete o desempenho das políticas públicas referentes ao meio ambiente e à saúde de todos, viventes presentes e futuros do Planeta, os **deveres fundamentais postos nas normas constitucionais e nos tratados internacionais**, aos quais tenha dado adesão o Brasil, configuram **obrigação fundamental insuperável e indeclinável do Estado**. Seu descumprimento, assim, por um ou outro Poder estatal, por qualquer agente, órgão ou entidade pública ou particular desatende o direito, descumpre a Constituição e impede a realização da Justiça em matéria ambiental para a presente e futuras gerações."[23]

As temáticas ecológica e climática têm revolucionado o Direito Internacional dos Direitos Humanos, com desenvolvimentos recentes extremamente inovadores e importantes, tanto no espectro doutrinário e legislativo quanto jurisprudencial, conforme será abordado no tópico subsequente. A título de exemplo, a Assembleia Geral da ONU, em 2018, adotou a **Resolução A/RES/72/277** com o propósito de estabelecer um grupo de trabalho *ad hoc* para desenvolver o esboço de um **Pacto Global para o Meio Ambiente** (*Global Pact for the Environment*). Ao adotar tal medida, com o reconhecimento do direito ao meio ambiente como uma nova dimensão ou geração de direitos humanos (direitos de solidariedade ou fraternidade), a ONU opera no sentido de complementar a **Carta Internacional dos Direitos Humanos** no Sistema Global, integrada, essencialmente, pela Declaração Universal dos Direitos Humanos (1948) e pelos Pactos Internacionais de Nova Iorque de 1966, respectivamente, o Pacto Internacional dos Direitos Civis e Políticos e o Pacto Internacional dos Direitos Econômicos Sociais e Culturais. O novo documento internacional em gestação poderia (ou até mesmo deveria) ser denominado como *Pacto Internacional dos Direitos Ambientais ou Ecológicos*.

3.1 Direitos humanos, meio ambiente e clima

O **Direito Internacional Ambiental** e o **Direito Internacional dos Direitos Humanos** encontram-se cada vez mais alinhados, conformando um bloco normativo multinível e interdependente, o que não poderia se tornar mais evidente a partir do reconhecimento, pelo Supremo Tribunal Federal, no julgamento da ADPF 708/DF, dos tratados internacionais em matéria

---

[22] CANÇADO TRINDADE, Antônio Augusto. *Tratado de direito internacional dos direitos humanos*. 2. ed. Porto Alegre: SAFE, 2003. v. I, p. 41.

[23] Voto-relator da Ministra Cármen Lúcia na ADPF 760 (Caso PPCDAm), ainda pendente de julgamento final pelo Plenário do STF.

ambiental (e climática) como "espécie" do "gênero" tratados internacionais de direitos humanos. Além de estabelecer o status e hierarquia normativa supralegal dos tratados internacionais ambientais e climáticos, conforme será tratado em detalhes à frente, o STF, ao fazer tal equiparação, reconhece de modo categórico o *status* **de direito humano** (e, pela ótica constitucional, de **direito fundamental**) inerente ao direito ao meio ambiente.

A Corte Internacional de Justiça, na Opinião Consultiva sobre a Legalidade da Ameaça ou Uso de Armas Nucleares (1996), reconheceu, em documento histórico, que a proteção do meio ambiente integra o *corpus* do direito internacional, por meio da obrigação geral dos Estados de garantir que as atividades dentro de sua jurisdição e controle respeitem o meio ambiente de outros Estados ou de áreas fora do controle nacional. Igualmente, a Corte reconheceu que "o meio ambiente não é uma abstração, mas representa o espaço de vida, a qualidade de vida e a própria saúde dos seres humanos, incluindo as gerações por nascer".[24] Assim como o meio ambiente não se trata de uma "abstração", também o clima ou sistema climático é algo concreto e está diretamente relacionado à salvaguarda dos interesses e direitos mais básicos do ser humano (gerações presentes e futuras), como a vida, a saúde, a integridade física e psíquica, entre outros.

O desenvolvimento de uma abordagem de direitos humanos para a proteção ecológica é resultado de décadas de conquistas tanto no Sistema Global da ONU quanto nos Sistemas Regionais (Africano, Interamericano, Europeu etc.) de Proteção dos Direitos Humanos. No **Sistema Europeu de Direitos Humanos**, que, é importante ressaltar, não dispõe de consagração normativa expressa de um direito humano ao meio ambiente, destaca-se, como um marco histórico importante no desenvolvimento da matéria, a decisão adotada em 1994 pela **Corte Europeia de Diretos Humanos** no *Caso Lopez Ostra* **vs.** *Espanha*, em que se admitiu, por meio da denominada **doutrina do instrumento vivo** (*living instrument doctrine*), uma interpretação ampliativa do art. 8º da Convenção Europeia de Direitos Humanos (1950) em caso envolvendo poluição ambiental.

Diferentemente do Sistema Europeu, tanto o Sistema Africano quanto o Sistema Interamericano dispõem de previsão normativa expressa no sentido de reconhecer obrigações estatais de proteção ecológica e o direito humano ao meio ambiente. No Sistema Africano, o **art. 24** da **Carta Africana dos Direitos Humanos e dos Povos (1981)** estabelece importante regulamentação nesse sentido.

> **CARTA AFRICANA DOS DIREITOS HUMANOS E DOS POVOS (1981)**
> **ARTIGO 24**
> Todos os povos têm direito a um meio ambiente geral satisfatório, propício ao seu desenvolvimento.

A respeito do tema, destaca-se o *Caso Ogoniland*, em que a **Comissão Africana de Direitos Humanos e dos Povos**, no ano de 2001, em resposta à comunicação sobre a violação a direitos humanos do Povo Ogoni, na Nigéria, estabeleceu que o art. 24 impõe ao Estado a obrigação de tomar medidas "para prevenir a poluição e a degradação ecológica, promover a conservação e assegurar o desenvolvimento e o uso ecologicamente sustentável dos recursos naturais".[25] De acordo com Birnie, Boyle e Redgwell, "Ogoniland é uma decisão notável que vai além de

---

[24] CORTE INTERNACIONAL DE JUSTIÇA. Opinião Consultiva sobre a Legalidade da Ameaça ou Uso de Armas Nucleares (1996), p. 241-242, par. 29.
[25] COOMANS, Fons. The Ogoni Case Before The African Commission on Human and Peoples' Rights. *International and Comparative Law Quarterly*, 52(3), 2003, p. 749-760.

qualquer caso anterior de direitos humanos nas obrigações ambientais substantivas que impõe aos Estados."[26]

No **Sistema Regional Interamericano de Direitos Humanos**, merece destaque a consagração expressa do direito humano ao meio ambiente sadio o **art. 11** do **Protocolo de San Salvador** Adicional à Convenção Americana de Direitos Humanos em Matéria de Direitos Econômicos, Sociais e Culturais (1988)[27].

PROTOCOLO DE SAN SALVADOR (1988)
ARTIGO 11
DIREITO AO MEIO AMBIENTE SADIO
1. Toda pessoa tem direito a viver em meio ambiente sadio e a dispor dos serviços públicos básicos.
2. Os Estados-Partes promoverão a proteção, preservação e melhoramento do meio ambiente.

Além da consagração expressa tanto do direito humano ao meio ambiente quanto de deveres de proteção estatal no **art. 11** do Estado no Protocolo de San Salvador, merece destaque a recente jurisprudência da Corte Interamericana de Direitos Humanos (**Corte IDH**) na matéria. A proteção ecológica foi ganhando assento na jurisprudência da Corte IDH de modo gradual, inicialmente por meio do fenômeno denominado **"greening" ou esverdeamento** da sua jurisprudência, ou seja, decisões que abordaram a temática de forma indireta, normalmente atrelado a casos envolvendo a proteção de direitos dos povos indígenas e tradicionais.[28] A Corte IDH ainda não reconhecia propriamente a sua natureza de direito humano autônomo e menos ainda a possibilidade da sua judicialização direta perante a jurisdição contenciosa, vigorando, portanto, uma interpretação restritiva tanto do art. 11 do Protocolo de San Salvador quanto do art. 26 da Convenção Americana de Direitos Humanos (CADH).

Em 2017, a Corte IDH estabeleceu uma verdadeira **virada jurisprudencial ecológica** por meio da **Opinião Consultiva n. 23/2017 sobre "Meio Ambiente e Direitos Humanos"**, com base em consulta formulada pela Colômbia um ano antes.[29] Ao reconhecer o **status de direito**

---

[26] BIRNIE, Patricia; BOYLE, Alan; REDGWELL, Catherine. *International law and the environment*. 4.ed. Londres: Oxford University Press, 2021, p. 288.

[27] O Protocolo de San Salvador foi promulgado pelo Decreto 3.321, de 30 de dezembro de 1999.

[28] Antes da OC 23/2017, o fenômeno do "greening" ou esverdeamento da jurisprudência da Corte IDH é identificado em diversos precedentes envolvendo a proteção de direitos dos povos indígenas e tradicionais: *Caso Comunidad Indígena Yakye Axa* vs. *Paraguay* (2005), *Caso Comunidad Indígena Sawhoyamaxa* vs. *Paraguay* (2006), *Caso del Pueblo Saramaka* vs. *Surinam* (2007), *Caso de las comunidades afrodescendientes desplazadas de la Cuenca del Río Cacarica (Operación Génesis)* vs. *Colombia* (2013) e *Caso Pueblos Kaliña y Lokono* vs. *Surinam* (2015). Na doutrina, v. TEIXEIRA, Gustavo de Faria. *O "greening" no sistema interamericano de direitos humanos*. Curitiba: Juruá, 2011.

[29] No início de 2023, Chile e Colômbia formularam conjuntamente requerimento à Corte IDH para a elaboração de uma nova opinião consultiva com o objetivo de "esclarecer o alcance das obrigações dos Estados para responder à emergência climática no âmbito do direito internacional dos direitos humanos". De acordo com a solicitação, uma opinião consultiva sobre essas questões "orientará tanto os países solicitantes quanto os demais países da região no que diz respeito ao desenvolvimento de políticas e programas a nível local, nacional e internacional". Também no início de 2023, numa iniciativa liderada pela República de Vanuatu, 105 Estados-Membros formularam pedido de opinião consultiva junto à Corte Internacional de Justiça (CIJ) a respeito das obrigações dos Estados em relação às mudanças climáticas, o qual foi aprovado por consenso pela Assembleia Geral da ONU (em 29.03.2023).

humano autônomo do direito ao meio ambiente sadio e admitir a sua **judicialização direta perante sua jurisdição** (ao reinterpretar o **art. 26 da CADH**), a Corte IDH reconheceu:

> "la existencia de una relación innegable entre **la protección del medio ambiente y la realización de otros derechos humanos**, en tanto la degradación ambiental y los **efectos adversos del cambio climático** afectan el goce efectivo de los derechos humanos", (...) "que varios derechos de rango fundamental requieren, como una precondición necesaria para su ejercicio, una **calidad medioambiental mínima**, y se ven afectados en forma profunda por la degradación de los recursos naturales", de modo que se tem como consequência disso o reconhecimento da "**interdependencia e indivisibilidad** entre los derechos humanos y la protección del medio ambiente".[30]

Na passagem citada da OC 23/2017, é possível identificar a correlação entre direitos humanos e mudanças climáticas. Posteriormente, agora no âmbito da sua jurisdição contenciosa (e não consultiva), a Corte IDH adotou o mesmo paradigma jurisprudencial ecológico estabelecido na OC 23/2017 na decisão proferida no *Caso Comunidades Indígenas Miembros de la Asociación Lhaka Honhat (Nuestra Tierra)* vs. *Argentina (2020)*. Na decisão, a Corte IDH igualmente reconheceu o *status* de direitos humanos autônomos do **direito à alimentação adequada** e do **direito à água potável** e, como consequência, tornando-os passíveis de reivindicação direta perante a sua jurisdição nas hipóteses de violação.

Mais recentemente, destaca-se a decisão da Corte IDH no *Caso Habitantes de La Oroya* vs. *Peru*, julgado em novembro de 2023 e cuja decisão foi publicada no mês de março de 2024, tratando-se do seu primeiro julgamento contencioso sobre **poluição química**. Para dimensionar a magnitude da poluição industrial verificada no caso, La Oroya foi listada entre as localidades mais poluídas do mundo por órgãos internacionais. A poluição industrial levada a efeito pelo Complexo Metalúrgico de La Oroya, no Peru, perpetuou-se por mais de um século, ensejando, segundo a Corte IDH, violação flagrante ao direito a um meio ambiente saudável e a caracterização de uma "**zona de sacrifício**", caracterizada pela **violação sistêmica e massiva dos direitos humanos** dos seus residentes. Inúmeras gerações dos habitantes de La Oroya foram envenenadas por chumbo, arsênico e outras substâncias químicas altamente tóxicas, resultando em doenças (físicas e mentais) e mortes.

As características do caso nos remetem ao cenário de **poluição industrial** verificada na Cidade de Cubatão, no litoral do Estado de São Paulo, conforme desenvolvemos anteriormente, a qual entre as décadas de 1970 e 1980, chegou a ser reconhecida como a cidade mais poluída do mundo, recebendo a denominação de "Vale da Morte", ou seja, uma "zona de sacrifício", tal como La Oroya. Um cenário de poluição e violação a direitos humanos e fundamentais permeada pela atividade levada a efeito pela **atividade privada**, igualmente impactando de modo desproporcional **indivíduos e grupos sociais vulneráveis**. Outras "zonas de sacrifício", com impactos devastadores sobre populações vulneráveis, são identificadas também em situações de **desastres ambientais**, como verificado nos casos não menos graves de Mariana (2015), Ma-

---

[30] CORTE INTERAMERICANA DE DIREITOS HUMANOS. Opinião Consultiva n. 23/2017 sobre "Meio Ambiente e Direitos Humanos", par. 47 e 49. Disponível em: http://www.corteidh.or.cr/docs/opiniones/seriea_23_esp.pdf. "El derecho humano a un medio ambiente sano se ha entendido como un derecho con connotaciones tanto individuales como colectivas. En su dimensión colectiva, el derecho a un medio ambiente sano constituye un interés universal, que se debe tanto a las generaciones presentes y futuras. Ahora bien, el derecho al medio ambiente sano también tiene una dimensión individual, en la medida en que su vulneración puede tener repercusiones directas o indirectas sobre las personas debido a su conexidad con otros derechos, tales como el derecho a la salud, la integridad personal o la vida, entre otros. La degradación del medio ambiente puede causar daños irreparables en los seres humanos, por lo cual un medio ambiente sano es un derecho fundamental para la existencia de la humanidad" (par. 59).

ceió (2018 e novamente no final de 2023) e Brumadinho (2019). Todas os casos citados tiveram como causa atividades econômicas empreendidas por empresas privadas, inclusive envolvendo grandes grupos multinacionais.

O *Caso Habitantes de La Oroya*, por sua vez, avançou progressivamente no novo paradigma ecológico edificado na jurisprudência da Corte IDH desde a Opinião Consultiva n. 23/2017, ao operar à luz de uma **interpretação sistemática e evolutiva** do blocos normativos internacional/convencional de direitos humanos e da sua jurisprudência, reconhecer a proteção ambiental como **norma de *jus cogens***, de modo similar ao verificado nas proibições de genocídio, de escravidão, de *apartheid*, de desaparecimento forçado e de crimes de lesa humanidade, bem como abordar os **"deveres de devida diligência" das empresas públicas e privadas** em matéria de **direitos humanos, meio ambiente e clima**, entre outras inovações.

Ainda no contexto interamericano e relacionando diretamente direitos humanos e mudanças climáticas, a Assembleia Geral da OEA aprovou a Resolução "**Direitos Humanos e Mudança Climática nas Américas**", em sessão plenária, realizada em 3 de junho de 2008 (AG/RES. 2429 (XXXVIIIO/08), destacando: "que el cambio climático es una preocupación común de toda la humanidad, y que los efectos del mismo repercuten en el desarrollo sostenible y podrían tener consecuencias en el pleno goce de los derechos humanos".[31]

No **Sistema Global** de Direitos Humanos da ONU, o **Conselho de Direitos Humanos**, por meio da Resolução 7/23 (2008) – intitulada "Direitos Humanos e Mudança Climática" –, reconheceu que as mudanças climáticas "representam uma ameaça imediata e de longo alcance para as pessoas e comunidades em todo o mundo têm um impacto no pleno gozo dos direitos humanos". Mais recentemente, de modo a avançar na temática, a **Resolução A/HRC/48/L.23/Rev.1** do Conselho de Direitos Humanos da ONU, adotada em 5 outubro de 2021, reconheceu o direito ao meio ambiente seguro, limpo, saudável e sustentável como um **direito humano**. O texto da Resolução A/HRC/48/L.23/Rev.1 estabeleceu a seguinte previsão: "1. Reconhece o direito a um meio ambiente seguro, limpo, saudável e sustentável como um direito humano importante para o desfrute dos direitos humanos (…)". Na mesma ocasião, por meio da Resolução A/HRC/48/L.27, o Conselho de Direitos Humanos estabeleceu a criação de um **Relatoria Especial sobre Direitos Humanos e Mudanças Climáticas**.

A **Assembleia Geral da ONU**, no mesmo sentido, por meio da recente **Resolução A/76/L.75 (2022)**, ao reconhecer de modo histórico o **direito humano ao meio ambiente limpo, saudável e sustentável** ("*the human right to a clean, healthy and sustainable environment*"), consignou justamente a ameaça que a crise ecológica – e climática, em particular – representa para o gozo futuro dos direitos humanos pelas gerações vindouras ao assinalar que: "Reconhecendo ainda que a degradação ambiental, as **mudanças climáticas**, a perda da biodiversidade, a desertificação e o desenvolvimento insustentável constituem algumas das mais **urgentes e sérias ameaças à possibilidade de as gerações** presentes e **futuras** usufruírem efetivamente de todos os **direitos humanos**".

O desenvolvimento verificado nos últimos anos na matéria, à luz dos exemplos citados, fortalece sobremaneira o reconhecimento de um direito humano ao meio ambiente – e, como veremos na sequência, quiçá também um **direito humano ao clima** –, colocando em questão o surgimento de uma **nova fase** do Direito Internacional Ambiental, caracterizada justamente pela **abordagem dos direitos humanos**.

4) Fase do Direito Humano ao Meio Ambiente – Iniciada com a consagração do direito humano ao meio ambiente no art. 21 da Carta Africana dos Direitos Humanos e dos Povos (1981) e no art. 11 do Protocolo de San Salvador Adicional à Convenção Americana de Di-

---

[31] Disponível em: https://www.acnur.org/fileadmin/Documentos/BDL/2009/6977.pdf.

reitos Humanos em Matéria de Direitos Econômicos, Sociais e Culturais (1988), verifica-se amplo desenvolvimento dessa fase nos últimos anos, inclusive no sentido da sua **autonomia** e **interdependência** em relação aos demais direitos humanos, como, por exemplo:

- Abordagem de Direitos Humanos no Acordo de Paris (2015), com previsão expressa no seu Preâmbulo, correlacionando o tema com o aquecimento global e as mudanças climáticas;
- Opinião Consultiva n. 23/2017 sobre Meio Ambiente e Direitos Humanos da Corte IDH e decisões em casos contenciosos, como no *Caso Tierra Nuestra vs. Argentina* (2020) e *Caso Habitantes de La Oroya vs. Peru* (2023);
- Criação, em 2012, da Relatoria Especial para Direitos Humanos e Meio Ambiente do Alto Comissariado de Direitos Humanos e os seus respectivos informes;
- Resolução A/HRC/48/L.23/Rev.1 do Conselho de Direitos Humanos da ONU (2021), reconhecer o direito ao meio ambiente seguro, limpo, saudável e sustentável como um direito humano autônomo e criar Relatoria Especial sobre "Direitos Humanos e Mudanças Climáticas";
- Resolução A/76/L.75 (2022) da Assembleia Geral da ONU, reconhecendo o direito ao meio ambiente seguro, limpo, saudável e sustentável como um direito humano autônomo.

Após o **Acordo de Paris (2015)**, também se faz cada vez mais perceptível a incorporação de uma **dimensão climática** ao **Direito Internacional dos Direitos Humanos**, ao sinalizar expressamente no Preâmbulo do diploma climático, a vinculação entre **mudanças climáticas** e **direitos humanos**, dois temas que despontam como **interesse comum da humanidade** e que transcendem as fronteiras e os interesses nacionais: "Reconhecendo que as mudanças climáticas são uma preocupação comum da humanidade, as Partes devem, ao tomar medidas para enfrentar as mudanças climáticas, respeitar, promover e considerar suas respectivas obrigações em relação aos **direitos humanos**, direito à saúde, direitos dos povos indígenas, comunidades locais, migrantes, crianças, pessoas com deficiência e **pessoas em situação de vulnerabilidade** e o direito ao desenvolvimento, bem como a igualdade de gênero, o empoderamento das mulheres e a equidade intergeracional". Mais recentemente, o Tribunal Internacional sobre o Direito do Mar (ITLOS), por meio da sua Opinião Consultiva sobre "Mudanças Climáticas e Direito Internacional" (2024), reconheceu expressamente que "as mudanças climáticas representam uma ameaça existencial e levantam questões de direitos humanos".

5) Fase do Direito Internacional Climático e do Direito Humano ao Clima: trata-se de fase recente e ainda em construção que, para além de um direito humano ao meio ambiente, objetiva, à luz do fortalecimento do regime internacional de proteção climática (Convenção-Quadro sobre Mudança Climática, Acordo de Paris etc.), o reconhecimento de um "direito humano ao clima". A respeito dos desenvolvimentos no cenário internacional, destacam-se, entre outros, os seguintes documentos e eventos:

- Informe sobre Ar limpo – A/HRC/40/55 (2019) e Informe sobre Clima Seguro – A/74/161 (2019), ambos elaborados pelo Relator Especial sobre Meio Ambiente e Direitos Humanos do Alto Comissariado de Direitos Humanos da ONU, David Boyd, nos quais se suscita o reconhecimento de um direito humano ao clima limpo;
- Conselho de Direitos Humanos da ONU, em 2021, por meio da Resolução A/HRC/48/L.27, estabeleceu a criação de uma Relatoria Especial sobre "Direitos Humanos e Mudanças Climáticas", a qual divulgou seu primeiro informe em 2022, sobre Promoção e Proteção dos Direitos Humanos no Contexto da Mitigação da Mudança Climática, Perdas e Danos e Participação (A/77/226);
- Decisão proferida pelo Comitê de Direitos Humanos da ONU no *Caso Daniel Billy et al. vs. Austrália* ("Caso das Ilhas do Estreito de Torres"), em 2022;

- Comentário Geral nº 26 (2023) sobre os Direitos da Criança e o Meio Ambiente com Foco Especial nas Mudanças Climáticas do Comitê de Direitos das Crianças da ONU;
- Opinião Consultiva sobre "Mudanças Climáticas e Direito Internacional", de 2024, do Tribunal Internacional sobre o Direito do Mar (ITLOS), a qual resultou de iniciativa liderada pela República de Vanuatu, juntamente com 105 Estados-Membros a respeito das obrigações dos Estados em relação às mudanças climáticas, tendo sido aprovada por consenso pela Assembleia Geral da ONU (em 29.03.2023);
- Decisão da CEDH no *Caso Verein KlimaSeniorinnen Schweiz and Others v. Switzerland* (2024), ao considerar violação do direito ao respeito pela vida privada e familiar da Convenção Europeia de Direitos Humanos, em razão do não cumprimento, por parte da Suíça, dos seus deveres ("obrigações positivas") em relação ao enfrentamento das mudanças climáticas;
- Audiência pública da Corte IDH para subsidiar a futura Opinião Consultiva n. 32 sobre "Emergência Climática e Direitos Humanos", objeto de solicitação formulada pela Colômbia e Chile no início do ano de 2023. A audiência pública ocorreu durante o 167º Período Ordinário de Sessões que ocorreu no Brasil, entre os dias 20 e 29 de maio de 2024.

O **Comitê de Direitos Humanos da ONU**, em decisão recente proferida no **Caso Daniel Billy *et al.* v. Austrália** ("Caso das Ilhas do Estreito de Torres"), emitida em 23 de setembro de 2022, concluiu que, ao não implementar **medidas adequadas de mitigação e adaptação** para evitar impactos negativos da mudança climática sobre os autores e as ilhas onde eles vivem, a Austrália violou direitos humanos de vários cidadãos australianos residentes nas Ilhas do Estreito de Torres, notadamente em relação aos seus direitos à vida privada e familiar e ao domicílio, além de direitos dos indivíduos pertencentes a grupos minoritários.

A respeito da violação ao **direito à vida** previsto no art. 6º do Pacto Internacional dos Direitos Civis e Políticos – PIDCP (1966) decorrente dos efeitos adversos das mudanças climáticas, inclusive em vista das futuras gerações, assinalou o Comitê de Direito Humanos na decisão:

> "Os Estados-Partes podem estar violando o artigo 6 do Pacto, mesmo que tais ameaças e situações não resultem na perda de vidas humanas. O Comitê considera que tais ameaças podem incluir **impactos adversos da mudança climática** e lembra que a degradação ambiental, a mudança climática e o desenvolvimento insustentável constituem algumas das mais **urgentes e sérias ameaças à capacidade das gerações presentes e futuras de desfrutar do direito à vida**. O Comitê lembra que os Estados-Partes devem tomar todas as medidas apropriadas para enfrentar as condições gerais da sociedade que podem dar origem a ameaças diretas ao direito à vida ou impedir que os indivíduos desfrutem seu **direito à vida com dignidade**." [32]

O Comitê de Direitos Humanos, muito embora não tenha reconhecido a violação do direito à vida (art. 6ª do PIDCP) no caso concreto, ao considerar que as informações fornecidas pelo Estado Australiano indicam que ele está tomando medidas adaptativas para reduzir as vulnerabilidades existentes e aumentar a resistência aos danos relacionados à mudança climática nas ilhas, reconheceu, por outro lado, a violação aos direitos humanos dos autores previstos nos **arts. 17 (direito à vida privada e familiar e ao domicílio) e 27 (direito dos indivíduos**

---

[32] Disponível em: https://tbinternet.ohchr.org/Treaties/CCPR/Shared%20Documents/AUS/CCPR_C_135_D_3624_2019_34335_E.docx. Sobre a decisão do Comitê de Direitos Humanos, v. VOIGT, Christina. UNHRC is turning up the heat: human rights violations due to inadequate adaptation action to climate change. Blog of the European Journal of International Law, Set. 26, 2022. Disponível em: https://www.ejiltalk.org/unhrc-is-turning-up-the-heat-human-rights-violations-due-to-inadequate-adaptation-action-to-climate-change/?utm_source=mailpoet&utm_medium=email&utm_campaign=ejil-talk-newsletter-post-title_2.

pertencentes a grupos minoritários) do PIDCP. No tocante à violação ao art. 17 do PIDCP, assinalou o Comitê que:

> "O Comitê considera que quando a **mudança climática** impacta – incluindo a degradação ambiental em terras tradicionais [indígenas] em comunidades onde a subsistência é altamente dependente dos recursos naturais disponíveis e onde meios alternativos de subsistência e ajuda humanitária não estão disponíveis – **tem repercussões diretas no direito ao domicílio**, e as consequências adversas desses impactos são graves devido à sua intensidade ou duração e aos **danos físicos ou mentais** que causam, então a degradação do meio ambiente pode **afetar negativamente o bem-estar dos indivíduos e constituir violações previsíveis e graves da vida privada e familiar e do lar**. O Comitê conclui que as informações disponibilizadas indicam que, ao não cumprir sua obrigação positiva de implementar **medidas de adaptação adequadas** para proteger o lar, a vida privada e a família dos autores, o Estado-Parte violou os direitos dos autores nos termos do artigo 17 do Pacto."

Outro exemplo verificado no Sistema Global da ONU é a **petição** firmada e apresentada por dezesseis crianças e adolescentes de doze países diferentes, incluindo Greta Thunberg, junto ao **Comitê dos Direitos da Criança**, no ano de 2019, alegando a suposta falta de ação dos governos do **Brasil, Argentina, França, Alemanha e Turquia** com relação ao enfrentamento da crise climática.[33] A ação sustentou que os cinco países citados estão se omitindo ou deliberadamente agindo de modo contrário ao que se comprometeram a fazer no Acordo de Paris (2015), violando, assim dispositivos da Convenção sobre os Direitos das Crianças relacionados, por exemplo, ao direito à vida, à saúde e à cultura. A petição foi apresentada com base no Terceiro Protocolo Facultativo da Convenção sobre os Direitos da Criança, como um mecanismo voluntário que permite que crianças ou adultos em nome delas acionem diretamente o Comitê na hipótese em que os Estados responsáveis pela violação de direitos tenham ratificado o referido o Protocolo Facultativo (como é o caso do Brasil). O Comitê, em 2021, considerou a comunicação inadmissível por não ter esgotado os recursos internos em cumprimento ao art. 7, e, do Protocolo Facultativo,[34] mas não deixa de ser um caso importante de **litigância climática** no campo dos **direitos humanos**, com importante interface com os **direitos das crianças (gerações jovens)** e os **princípios da solidariedade e da equidade intra e intergeracional**.

O Comitê de Direitos das Crianças da ONU, no **Comentário Geral nº 26 (2023) sobre os Direitos da Criança e o Meio Ambiente com Foco Especial nas Mudanças Climáticas**, reconheceu expressamente que:

> **Comentário Geral nº 26 (2023) sobre os Direitos da Criança e o Meio Ambiente com Foco Especial nas Mudanças Climáticas do Comitê de Direitos das Crianças da ONU**
>
> **Direito a um meio ambiente limpo, saudável e sustentável**
>
> 63. As **crianças** têm o **direito a um meio ambiente limpo, saudável e sustentável**. Esse direito está implícito na Convenção e diretamente ligado, em particular, aos direitos à vida, à sobrevivência e ao desenvolvimento, nos termos do artigo 6, ao mais alto padrão de saúde possível, inclusive levando em consideração os perigos e riscos da poluição ambiental, nos termos do artigo 24, a um padrão de vida adequado, nos termos do artigo

---

[33] Disponível em: https://www.unicef.org/brazil/comunicados-de-imprensa/16-criancas-e-adolescentes--incluindo-greta-thunberg-registram-uma-queixa.

[34] Disponível em: https://tbinternet.ohchr.org/_layouts/15/treatybodyexternal/Download.aspx?symbolno=CRC%2fC%2f88%2fD%2f105%2f2019&Lang=en.

27, e à educação, nos termos do artigo 28, inclusive o desenvolvimento do respeito pelo meio ambiente natural, nos termos do artigo 29.

64. Os elementos substantivos desse direito são profundamente importantes para as crianças, uma vez que **incluem ar limpo, clima seguro e estável**, ecossistemas saudáveis e biodiversidade, água segura e suficiente, alimentos saudáveis e sustentáveis e meio ambiente não tóxico.

A *Corte Europeia de Direitos Humanos* (CEDH) proferiu *importante* decisão no **Caso Verein KlimaSeniorinnen Schweiz e outros v. Suíça (2024)**, envolvendo, pela primeira vez, a temática das mudanças climáticas. O caso diz respeito à reclamação de quatro mulheres *idosas* e uma associação suíça, *cujos membros* são todas mulheres idosas preocupadas com as consequências do aquecimento global em suas condições de vida e saúde. Elas consideram que as autoridades suíças não estão tomando medidas suficientes, apesar de suas obrigações nos termos da Convenção, para mitigar os efeitos da mudança climática. A Corte considerou que o artigo 8º da Convenção *Europeia de Direitos Humanos* abrange o direito à proteção efetiva por parte das autoridades estatais contra os graves efeitos adversos das mudanças climáticas sobre a vida, a saúde, o bem-estar e a qualidade de vida.

No entanto, a CEDH considerou que as quatro requerentes individuais não preenchiam os critérios de *status* de vítima nos termos do artigo 34 da Convenção e declarou suas reclamações inadmissíveis. No tocante à associação requerente, por outro lado, a CEDH reconheceu a sua legitimidade e direito (*locus standi*) de apresentar uma reclamação relativa às ameaças decorrentes das mudanças climáticas no Estado requerido em nome dos indivíduos que poderiam alegar estar sujeitos a ameaças específicas ou **efeitos adversos das mudanças climáticas em sua vida, saúde, bem-estar e qualidade de vida**, conforme protegido pela Convenção.

A Corte constatou que a Confederação Suíça não cumpriu seus deveres ("**obrigações positivas**") de acordo com a Convenção sobre mudanças climáticas e, assim, houve uma **violação do Artigo 8 (direito à vida privada e familiar) da Convenção**, haja vista a verificação de omissões críticas no processo de implementação da estrutura regulatória nacional, incluindo a falha das autoridades suíças em quantificar, por meio de um orçamento de carbono ou de outra forma, as **limitações nacionais de emissões de gases de efeito estufa**. A Suíça também não havia cumprido suas metas anteriores de redução de emissões de GEE. Embora reconhecendo que as autoridades nacionais gozam de ampla discricionariedade em relação à implementação da legislação e das medidas, a CEDH considerou, com base no material apresentado, que as autoridades suíças não agiram a tempo e de forma adequada para conceber, desenvolver e implementar legislação e medidas adequadas ao enfrentamento das mudanças climáticas.

Além disso, a Corte considerou que o artigo 6 § 1 (acesso ao tribunal) da Convenção se aplicava à reclamação da associação requerente com relação à implementação efetiva das medidas de mitigação sob a legislação nacional existente. A Corte considerou que os tribunais suíços não apresentaram razões convincentes para considerar desnecessário examinar os méritos das reclamações da associação requerente, bem como não levaram em consideração as **evidências científicas convincentes relativas à mudança climática** e não levaram as reclamações a sério.

3.1.1 Relatoria Especial sobre "Direitos Humanos e Meio Ambiente" do Alto Comissariado para Direitos Humanos da ONU

O Comitê de Direitos Humanos da ONU, em março de 2012, estabeleceu um mandato específico sobre "Direitos Humanos e Meio Ambiente", no âmbito do Alto Comissariado para Direitos Humanos, com o propósito, entre outras tarefas, de estudar as obrigações em matéria de direitos humanos relacionadas com o gozo de um meio ambiente seguro, limpo, saudável e sustentável, bem como promover as melhores práticas relacionadas com a utilização dos direitos humanos na elaboração das políticas ambientais.

O primeiro relator designado foi John Knox, nomeado em agosto de 2012, para atuar como Especialista Independente (2012-2015) e como Relator Especial para os Direitos Humanos e Meio Ambiente (2015-2018). Em março de 2018, o Conselho de Direitos Humanos prorrogou o mandato (Resolução 37/8) e nomeou, em agosto de 2018, como Relator Especial David. R. Boyd.[35] Ao longo desse período, foram publicados diversos informes especiais e temáticos, conforme arrolados no quadro que segue, inclusive dois que abordaram expressamente o tema direitos humanos e mudanças climáticas (A/HRC/40/55 e A/74/161, ambos de 2019 e elaborados por David Boyd), inclusive no sentido de defender o reconhecimento de um **direito humano ao clima**. O último informe de Boyd, que encerrou o seu mandato em abril de 2024, tratou do tema "Empresas, limites planetários e o direito a um meio ambiente limpo e saudável e sustentável" (A/HRC/55/43). No seu lugar, assumiu Astrid Puentes Riaño.

INFORMES ESPECIAIS E TEMÁTICOS DA RELATORIA ESPECIAL SOBRE "DIREITOS HUMANOS E MEIO AMBIENTE" DO ALTO COMISSARIADO PARA DIREITOS HUMANOS DA ONU

- Princípios Básicos sobre Direitos Humanos e Meio Ambiente (*Framework Principles on Human Rights and the Environment*) (2018) (UM Doc. A/HRC/37/59), Jonh H. Know, 16 princípios que estabelecem as obrigações básicas dos Estados à luz da normativa internacional de direitos humanos no que diz respeito ao gozo de um ambiente seguro e saudável;
- Reconhecimento do direito a um meio ambiente saudável – A/73/188 (2018) – John Knox
- Direitos das crianças e meio ambiente – A/HRC/37/58 (2018) – John Knox
- Boas práticas sobre o direito a um meio ambiente seguro, limpo, saudável e sustentável – A/HRC/43/53 (2019) – David Boyd
- Ar limpo – A/HRC/40/55 (2019) – David Boyd
- Clima seguro – A/74/161 (2019) – David Boyd
- Ecossistemas saudáveis e biodiversidade – A/75/161 (2020) – David Boyd
- Água segura e suficiente – A/HRC/46/28 (2021) – David Boyd
- Alimentos saudáveis e sustentáveis A/76/179 (2021) – David Boyd
- Meio ambiente não tóxico A/HRC/49/53 (2022) – David Boyd
- Empresas, limites planetários e o direito a um meio ambiente limpo e saudável e sustentável – A/HRC/55/43 (2024) – David Boyd

3.1.2 Relatoria Especial sobre Direitos Humanos e Mudanças Climáticas do Conselho de Direitos Humanos da ONU

O **Conselho de Direitos Humanos da ONU**, como referido anteriormente, na mesma ocasião em que adotou a Resolução A/HRC/48/L.23/Ver.1 (2021), no sentido de reconhecer o direito ao meio ambiente seguro, limpo, saudável e sustentável como um direito humano, estabeleceu a criação de uma **Relatoria Especial sobre Direitos Humanos e Mudanças Climáticas** por meio da Resolução A/HRC/48/L.27. O Relator Especial nomeado foi Ian Fry e o seu primeiro

---

[35] Disponível em: https://www.ohchr.org/en/Issues/environment/SRenvironment/Pages/SRenvironmentIndex.aspx. A íntegra dos relatórios está disponível em: https://www.ohchr.org/EN/Issues/Environment/SREnvironment/Pages/Annualreports.aspx.

Informe Especial sobre Promoção e Proteção dos Direitos Humanos no Contexto da Mitigação da Mudança Climática, Perdas e Danos e Participação (A/77/226) foi publicado em julho de 2022, destacando-se o seu resumo:

> "Estamos diante de uma crise global em nome da mudança climática. Em todo o mundo, os direitos das pessoas estão sendo afetados negativamente ou violados como consequência da mudança climática. O Relator Especial sobre a promoção e proteção dos direitos humanos no contexto da mudança climática destaca a referência aos direitos humanos incluída no preâmbulo do Acordo de Paris e considera as implicações das ações de mitigação para os direitos humanos. É dada uma atenção especial à extensa e **desastrosa falta de ação para enfrentar perdas e danos como resultado dos impactos das mudanças climáticas e seus impactos relacionados aos direitos humanos**. O Relator Especial também destaca a grave desconexão entre aqueles que continuam a apoiar a economia de combustíveis fósseis e aqueles que são mais afetados pelos impactos da mudança climática. Também é destacado o fato de que **aqueles mais afetados pela mudança climática têm a menor participação e representação nos processos políticos e de tomada de decisões**. O Relator Especial fornece várias recomendações sobre a **eliminação do uso de combustíveis fósseis**, abordando a lacuna de financiamento sobre perdas e danos, melhorando a participação e protegendo os direitos dos **defensores dos direitos humanos indígenas e ambientais**. Já estamos confrontados com uma **emergência de mudança climática** que vem com **graves violações aos direitos humanos**. Não podemos mais adiar. **O tempo para enfrentar ativamente esta emergência é agora**."

3.1.3 Direitos humanos, meio ambiente (e clima) e empresas: dos deveres de devida diligência à eficácia (horizontal) dos direitos humanos nas relações jurídicas entre particulares

No *Caso Habitantes de La Oroya* vs. *Peru (2023)*, a Corte IDH reconheceu que os deveres de proteção do Estado para com a proteção dos direitos humanos incidem na regulamentação da atividade de mineração empreendida por empresas públicas e privadas, por meio da imposição de "**deveres de devida diligência**" e correlata reparação de danos causados às vítimas de tal atividade ("*las obligaciones de los Estados para el respeto y garantía de los derechos humanos frente acciones u omisiones de empresas públicas y privadas*"). O tema, por sua vez, está relacionado com a eficácia (horizontal) dos direitos humanos nas relações jurídicas entre particulares ou privadas. De acordo com a decisão da Corte IDH,

> "*como parte de su deber de protección contra las violaciones de derechos humanos relacionadas con actividades empresariales, los Estados deben tomar medidas apropiadas para garantizar, por las vías judiciales, administrativas, legislativas o de otro tipo que correspondan, que cuando se produzcan ese tipo de abusos en su territorio y/o jurisdicción los afectados puedan acceder a mecanismos de reparación eficaces*".

Na linha dos **Princípios Orientadores sobre Empresas e Direitos Humanos da ONU (2011)**, conhecidos como **Princípios Ruggie** e aprovado pelo Conselho de Direitos Humanos, o reconhecimento, pela Corte IDH, dos **deveres de devida diligência das empresas públicas e privadas em matéria de direitos humanos, meio ambiente e clima** conecta-se com a denominada **eficácia dos direitos humanos nas relações privadas**, o que ganha ainda mais relevância e força no Brasil após a decisão emblemática proferida pelo STF na ADPF 708/DF (**Caso Fundo Clima**),[36] ao reconhecer o *status* supralegal dos tratados internacionais em matéria ambiental

---

[36] STF, ADPF 708, Tribunal Pleno, Rel. Min. Barroso, j. 01.07.2022.

e climática (ex.: Convenção-Quadro sobre Mudança do Clima, Acordo de Paris etc.) ratificados e internalizados no nosso sistema jurídico nacional. Ou seja, do ponto de vista da hierarquia normativa, os tratados internacionais ambientais e climáticos são reconhecidos pelo STF como espécie do gênero tratados internacionais de direitos humanos e, portanto, situam-se acima da legislação civil ordinária, como, por exemplo, o Código Civil.

O Comitê sobre os Direitos da Criança, no seu **Comentário Geral nº 26 sobre os Direitos da Criança e o Meio Ambiente com Foco Especial nas Mudanças Climáticas (2023)** abordou o tema, reconhecendo os deveres de diligência das empresas em matéria de direitos humanos, meio ambiente e clima, ao assinalar no par. 78 do documento que "as empresas têm a responsabilidade de respeitar os direitos das crianças em relação ao meio ambiente", bem como que "os Estados têm a obrigação de proteger contra o abuso dos direitos da criança por terceiros, inclusive empresas". De modo complementar, destaca-se a passagem que segue:

"79. A atividade empresarial é uma fonte de danos ambientais significativos, contribuindo para as violações dos direitos da criança. Esses danos resultam, por exemplo, da produção, uso, liberação e descarte de substâncias perigosas e tóxicas, da extração e queima de combustíveis fósseis, da poluição industrial do ar e da água e de práticas insustentáveis de agricultura e pesca. As empresas contribuem de forma significativa para as emissões de gases de efeito estufa, que afetam negativamente os direitos das crianças, e para **violações de curto e longo prazo de seus direitos relacionados às consequências das mudanças climáticas**. Os impactos das atividades e operações comerciais podem prejudicar a capacidade das crianças e de suas famílias de se adaptarem aos impactos da mudança climática, por exemplo, quando a terra foi degradada, exacerbando assim o **estresse climático**. Os Estados devem fortalecer a realização dos direitos das crianças compartilhando e tornando acessíveis as tecnologias existentes e **exercendo influência sobre as operações comerciais e as cadeias de valor para prevenir, mitigar e adaptar-se às mudanças climáticas**.

80. Os Estados têm a **obrigação de fornecer uma estrutura para garantir que as empresas respeitem os direitos das crianças** por meio de legislação, regulamentação, aplicação e políticas eficazes e sensíveis às crianças, além de medidas de correção, monitoramento, coordenação, colaboração e conscientização. Os Estados devem exigir que as empresas adotem **procedimentos de devida diligência** em relação aos direitos da criança para identificar, prevenir, mitigar e contabilizar seu impacto sobre o meio ambiente e os direitos da criança. Essa devida diligência é um processo baseado em riscos que envolve a concentração de esforços onde os riscos de danos ambientais são graves e têm probabilidade de se materializar, prestando atenção especial à exposição ao risco de determinados grupos de crianças, como crianças trabalhadoras. Medidas imediatas devem ser tomadas caso as crianças sejam identificadas como vítimas, a fim de evitar mais danos à sua saúde e ao seu desenvolvimento e para reparar de forma adequada e eficaz os danos causados de maneira oportuna e efetiva."

O **Informe sobre Empresas, Limites Planetários e o Direito a um Meio Ambiente Limpo e Saudável e Sustentável – A/HRC/55/43 (2024)**, do Relator Especial para Direitos Humanos e Meio Ambiente do Alto Comissariado de Direitos Humanos, David Boyd, igualmente enfatizou a responsabilidade das empresas para com o respeito ao direito humano ao meio ambiente saudável (par. 15 e 16):

"Embora os Princípios Orientadores sobre Empresas e Direitos Humanos não façam nenhuma referência específica ao clima ou ao meio ambiente, os princípios da estrutura sobre direitos humanos e meio ambiente esclarecem que a responsabilidade das empresas de respeitar os direitos humanos inclui a responsabilidade de evitar causar ou contribuir para impactos adversos sobre os direitos humanos por meio de danos ambientais, de lidar com esses impactos quando eles ocorrerem e de procurar prevenir ou mitigar impactos adversos sobre os direitos humanos que estejam diretamente ligados às suas operações, produtos ou serviços por meio de suas relações comerciais. As empresas devem cumprir todas as leis ambientais aplicáveis, emitir compromissos políticos claros para cumprir sua responsabilidade de respeitar os direitos humanos por meio da proteção ambiental, **implementar processos de devida diligência em direitos humanos** (inclusive avaliações de impacto sobre os direitos humanos) para identificar, prevenir, mitigar e prestar contas de como lidam com seus impactos ambientais sobre os direitos humanos e permitir a remediação de quaisquer impactos ambientais adversos sobre os direitos humanos que causem ou para os quais contribuam.

16. Todas as empresas, independentemente do tamanho ou do setor, têm a responsabilidade de respeitar todos os direitos humanos reconhecidos internacionalmente, inclusive o direito a um meio ambiente limpo, saudável e sustentável, em todas as suas **cadeias de valor**. Essa responsabilidade existe além da conformidade com as leis e regulamentações nacionais que protegem os direitos humanos e o meio ambiente. A responsabilidade de respeitar os direitos humanos **se aplica não apenas às empresas cujas atividades podem prejudicar diretamente o clima e o meio ambiente**, mas também a **toda a gama de empresas que apoiam essas empresas, incluindo instituições financeiras, escritórios de advocacia, empresas de relações públicas, empresas de contabilidade e empresas de consultoria, de relações públicas, escritórios de contabilidade e consultorias. (...).**"

A **Corte Africana de Direitos Humanos e dos Povos** proferiu, em 2023, sua primeira sentença por danos causados inclusive ao meio ambiente, devido ao despejo de resíduos tóxicos, envolvendo a questão da responsabilidade corporativa pela violação dos direitos humanos. Na sua decisão no *Caso Ligue Ivoirienne des Droits de l'Homme (LIDHO) And Others* vs. *Republic of Côte d'Ivoire* (Caso LIDHO), a Corte Africana abordou pela primeira vez sobre a responsabilidade de agentes não estatais, em especial empresas, pela violação de direitos humanos. Ela sustentou que "embora a responsabilidade [...] de respeitar as obrigações do direito internacional recaia primordialmente sobre os Estados, também é verdade que essa **responsabilidade recai sobre as empresas, notadamente as multinacionais**".[37]

A **Diretiva de *Due Diligence* em Sustentabilidade Corporativa ("CS3D") da União Europeia**, aprovada pelo Conselho Europeu em 2024, avança na mesma direção, ao estabelecer obrigações das empresas em relação aos impactos adversos atuais e potenciais aos direitos humanos e ao meio ambiente em suas operações diretas e no âmbito de sua **cadeia global de atividades**, alcançando, de modo indireto, empresas brasileiras ou com operação no País que integrem de algum modo essa cadeia.

A eficácia dos tratados internacionais ambientais e climáticos – em particular, do **Acordo de Paris (2015)** – foi reconhecida de forma exemplar pela Corte Distrital de Haia no *Caso Milieudefensie* vs. *Royal Dutch Shell* (2021), em que foi ordenada à empresa privada a redução de pelo menos 45% das suas emissões de gases do efeito estufa até o ano de 2030 (em relação aos níveis de 2019), a fim de empreender esforços para limitar o aumento da temperatura global a no máximo 1,5 a 2ºC.[38] O caso em questão é pioneiro em obrigar judicialmente empresa privada

---

[37] Disponível em: https://www.african-court.org/cpmt/details-case/0412016.

[38] A eficácia horizontal dos direitos humanos no direito privado (holandês) reconhecida pela Corte Distrital de Haia no *Caso Milieudefensie* vs. *Royal Dutch Shell* por meio da aplicação do Acordo de Paris e imposição judicial de redução de emissões à empresa privada, é referida por: BURGERS, Laura. An apology leading to dystopia: or, why fuelling climate change is tortious. *Transnational Environmental Law*. 2022, ano 11, n. 2, p. 419-431.

a reduzir as suas emissões de gases do efeito estufa, fixando uma meta específica (*target*) para tanto. É um típico caso de **litigância climática corporativa**, o que ganha cada vez mais força em vista da reconhecida eficácia dos tratados internacionais de direitos humanos – entre eles, os tratados ambientais e climáticos – nas relações privadas e, em particular, nas relações empresariais, inclusive por meio da imposição de deveres de devida diligência às empresas privadas em matéria de direitos humanos, meio ambiente e clima, notadamente na hipótese de **empresas multinacionais**, conforme consagrado de forma emblemática na referida decisão da Corte IDH no *Caso Habitantes de La Oroya* vs. *Peru*.

> **JURISPRUDÊNCIA TJSP. Deveres de vida diligência (*due diligence*) das empresas privadas em matéria de direitos humanos, meio ambiente e clima:** "DIREITO SOCIOAMBIENTAL E DIREITO DO CONSUMIDOR. AÇÃO DE OBRIGAÇÃO DE FAZER C/C INDENIZAÇÃO POR DANOS MORAIS. Sentença de improcedência. Recurso da autora não provido. Não há ilegalidade na conduta de fabricante de aparelho celular em dispensar a inclusão do carregador na venda dos celulares. Carregadores de celular que já existem em abundância, em razão de compras pretéritas dos consumidores. Impacto socioambiental considerável na redução da produção de carregadores, cuja matéria-prima inclui metais como zinco e cobre, extraídos em atividades que geram grande impacto socioambiental. Redução nas emissões de gases de efeito estufa. Proteção ao meio ambiente e legislação consumerista. **Agenda 2030** da Organização das Nações Unidas (ONU). **Objetivos de Desenvolvimento Sustentável (ODS)** e metas universais. Propósitos ambiciosos e transformadores, com grande foco nas pessoas mais vulneráveis, e cujo compromisso internacional exige a atuação de todos os países, inclusive do Brasil. Objetivo 9 (Indústria, inovação e infraestrutura): construir infraestruturas resilientes, promover a industrialização inclusiva e sustentável e fomentar a inovação. Objetivo 12 (Consumo e produção responsáveis): assegurar padrões de produção e de consumo sustentáveis. Direito a um meio ambiente ecologicamente equilibrado e dever de defesa e proteção a todos dirigidos, previsto na Constituição da República (art. 225), no Protocolo de San Salvador (art. 11) e na Convenção Americana de Direitos Humanos (art. 26). Noção de deveres fundamentais, consagrada na Declaração Universal dos Direitos Humanos (art. 29.1) e na Convenção Americana de Direitos Humanos (art. 32.1). **Opinião Consultiva nº 23 e *Caso Habitantes de la Oroya* vs *Peru* (2023)**, analisados pela **Corte Interamericana de Direitos Humanos**, que constituem marcos para julgamento de casos envolvendo proteção ao meio ambiente e o respeito a direitos humanos, especialmente das **pessoas em situação de pobreza e em situação de vulnerabilidade**, no âmbito do sistema interamericano de proteção a direitos humanos. O desenvolvimento sustentável tem três dimensões: a econômica, social e a ambiental. Indivisibilidade e interdependência dos direitos civis e políticos, e os econômicos, sociais, culturais e ambientais. Princípios da precaução e da prevenção. **Impacto socioambiental da extração de minérios** (como, por exemplo, o zinco e o cobre, matéria-prima dos carregadores de celular) ao meio ambiente e, especialmente, aos grupos em situação de vulnerabilidade. **Princípio da equidade geracional ou solidariedade intergeracional. Impacto para as crianças e futuras gerações.** Acordo de Paris (COP21) e necessidade de redução da emissão de carbono e de gases de efeito estufa, considerado o aumento da temperatura global do planeta. As **empresas têm uma responsabilidade independente de respeitar os direitos humanos**, realizando, sempre, a **devida diligência em direitos humanos**, conforme **os "Princípios Ruggie"**, norma de *soft law*, aprovada pelo Conselho de Direitos Humanos da Organização das Nações Unidas, além de incentivar a adoção de **boas práticas de governança corporativa, com enfoque nos *stakeholders***. Lei dos Resíduos Sólidos (Lei nº 12.305/2012). Disposição final ambientalmente adequada dos rejeitos, estímulo à adoção de padrões sustentáveis de produção e consumo de bens e serviços e o desenvolvimento e aprimoramento de tecnologias limpas como forma de minimizar impactos ambientais. Princípios do desenvolvimento sustentável, ecoeficiência, responsabilidade compartilhada pelo ciclo de vida dos produtos e direito da sociedade

à informação e ao controle social (art. 6º). O **setor empresarial**, o Poder Público e os consumidores **são responsáveis pela efetividade das ações voltadas para assegurar a observância da Política Nacional de Resíduos Sólidos**. Ausência de venda casada. Celular adquirido que poderá ser carregado mediante a utilização de outros carregadores, já adquiridos previamente pelo consumidor ou que estão, em abundância, disponíveis no mercado de consumo. Ausência de violação ao **dever de informação** (art. 6º, III, e art. 30, ambos do CDC). Danos morais não configurados. Sentença mantida. Honorários majorados. Recurso não provido" (TJSP, AC 1010194-24.2023.8.26.0297, 27ª Câmara de Direito Privado, Rel. Des. Alfredo Attié, j. 11.06.2024).

3.1.4 O reconhecimento da proteção ambiental como norma de "jus cogens" pela Corte IDH no Caso Habitantes de La Oroya vs. Peru (2023)

Outra inovação importantíssima e pioneira trazida pela Corte IDH na sua decisão no *Caso Habitantes de La Oroya* vs. *Peru* diz respeito ao reconhecimento da proteção ambiental como **norma de *jus cogens***. Ao adotar tal entendimento, a Corte IDH eleva o *status* jurídico da proteção ambiental, reconhecendo-a como norma imperativa de direito internacional e princípio universal inderrogável imposto aos Estados, de modo similar ao verificado nas proibições de genocídio, de escravidão, de *apartheid*, de desaparecimento forçado e de crimes de lesa humanidade.

"Los Estados han reconocido el derecho al medio ambiente sano, el cual conlleva una obligación de protección que atañe a la Comunidad Internacional en su conjunto. Es difícil imaginar obligaciones internacionales con una mayor trascendencia que aquéllas que protegen al medio ambiente contra conductas ilícitas o arbitrarias que causen daños graves, extensos, duraderos e irreversibles al medio ambiente en un escenario de **crisis climática** que atenta contra la supervivencia de las especies. En vista de lo anterior, la protección internacional del medio ambiente requiere del **reconocimiento progresivo** de la prohibición de conductas de este tipo como una **norma imperativa** (jus cogens) que gane el reconocimiento de la Comunidad Internacional en su conjunto como norma que no admita derogación. Esta Corte ha señalado la importancia de las expresiones jurídicas de la Comunidad Internacional cuyo superior **valor universal** resulta indispensables para garantizar valores esenciales o fundamentales. En este sentido, garantizar el interés de las generaciones tanto presentes como futuras y la conservación del medio ambiente contra su degradación radical resulta fundamental para la **supervivencia de la humanidad**."

3.2 Direito Internacional Climático: a Carta do Clima da ONU

Ao fazer um paralelo com a **Carta dos Direitos Humanos da ONU** – integrada pela Declaração Universal dos Direitos Humanos (1948) e os Pactos Internacionais de Nova Iorque de 1966 (Pacto dos Direitos Civis e Políticos e Pacto dos Direitos Econômicos, Sociais e Culturais) – pode-se suscitar a concepção de uma espécie de **Carta do Clima da ONU**, a qual seria formada por três diplomas internacionais básicos: Convenção-Quadro sobre Mudança do Clima (1992), Protocolo de Quioto (1997) e Acordo de Paris (2015).

CARTA DO CLIMA DA ONU
Convenção-Quadro sobre Mudança do Clima (1992)
Protocolo de Quioto (1997)

Acordo de Paris (2015)

Antes da "era climática", a proteção da atmosfera terrestre também foi objeto de regulamentação, especificamente em relação à proteção da camada de ozônio. A Convenção de Viena para a Proteção da Camada de Ozônio (1985) e o Protocolo de Montreal sobre Substâncias que Destroem a Camada de Ozônio (1987)[39] representam um dos casos exitosos – talvez o mais de todos – de reversão de um cenário de degradação ecológica por meio do estabelecimento de um marco normativo internacional protetivo, resultando na eliminação progressiva do uso das substâncias (ex.: CFCs[40]) responsáveis pela destruição da camada de ozônio. A Convenção de Viena e o Protocolo de Montreal são precedentes importantes na matéria climática anteriores à Convenção-Quadro sobre Mudança do Clima (1992), muito embora tenham por objeto a proteção da camada de ozônio e, portanto, menos abrangente que o diploma climático de 1992 e seus desenvolvimentos posteriores (ex.: Protocolo de Quioto e Acordo de Paris).

No final da Década de 1980, antes da celebração da Convenção-Quadro sobre Mudanças do Clima (1992), o **Relatório Nosso Futuro Comum ou Relatório Brundtland (1987)**, elaborado pela Comissão Mundial sobre Meio Ambiente e Desenvolvimento (CMMAD) do PNUMA, já havia destacado a urgência de se adotar (à época) um acordo internacional em matéria climática:

> "A questão-chave é: quanta certeza os governos devem exigir antes de concordar em tomar medidas? **Se eles esperarem até que seja demonstrada uma mudança climática significativa, pode ser tarde demais para que qualquer contramedida seja eficaz contra a inércia até então existente neste sistema global gigantesco**. O longo tempo envolvido na negociação de um acordo internacional sobre questões complexas envolvendo todas as nações levou alguns especialistas a concluir que já é tarde. Dadas as complexidades e incertezas que cercam a questão, **é urgente que o processo comece agora**. É necessária uma estratégia de quatro vias, combinando: melhor monitoramento e avaliação dos fenômenos em evolução; aumento da pesquisa para melhorar o conhecimento sobre os mecanismos e os efeitos dos fenômenos; desenvolvimento de políticas acordadas internacionalmente para a redução dos gases causadores; e adoção de estratégias necessárias para **minimizar os danos e lidar com as mudanças climáticas, e a elevação do nível do mar**".[41]

No ano de 1988, um ano após o alerta feito no Relatório Brundtland, outro passo importante foi a criação do **Painel Intergovernamental sobre Mudanças Climáticas (IPCC)** da ONU, com a publicação do seu 1º Relatório de Avaliação da Saúde da Atmosfera (AR1) no ano de 1990, ou seja, na antessala da Conferência da ONU do Rio de Janeiro sobre Meio Ambiente e Desenvolvimento de 1992, de modo a amparar cientificamente os debates políticos que conduziram à celebração da Convenção-Quadro sobre a Mudança do Clima.

No início de 2007, foi divulgado o 4º Relatório (AR4) feito pelo quadro de cientistas do IPCC, em que resultou atestado que o aquecimento global é sim causado por **atividades humanas**, bem como que as temperaturas poderiam subir de 1,8 a 4 ºC até o final do século XXI.[42]

---

[39] A Convenção de Viena e o Protocolo de Montreal foram promulgados pelo Decreto 99.280, de 6 de junho de 1990.

[40] Os clorofluorcarbonetos (CFCs) são haletos orgânicos formados por cloro, flúor e carbono, e considerados os maiores responsáveis pela destruição da camada de ozônio.

[41] COMISSÃO MUNDIAL SOBRE MEIO AMBIENTE E DESENVOLVIMENTO. *Relatório Nosso Futuro Comum...*, p. 177. É célebre, nesse sentido, o testemunho prestado, um ano após (1988), pelo cientista James Hansen perante o Comitê de Energia e Recursos Naturais do Senado dos Estados Unidos, atestando a relação de causa e efeito entre o efeito estufa e o aquecimento global.

[42] Disponível em: http://www.ipcc.ch/.

Dada a sua relevância, o trabalho dos cientistas do IPCC foi inclusive agraciado com o Prêmio Nobel da Paz no ano de 2007.

O 5º Relatório (AR5) do IPCC foi divulgado no ano de 2014 e o 6º Relatório (AR6) nos anos de 2021 (Grupo de Trabalho 1 – A Base das Ciências Físicas) e 2022 (respectivamente, Grupo de Trabalho 2 – Impactos, Adaptação e Vulnerabilidade e Grupo de Trabalho 3 – Mitigação das Mudanças Climáticas). Um dos pontos mais preocupantes apontado pelo IPCC no AR6 é a constatação de um cenário de **episódios climáticos extremos** cada mais com **maior frequência e intensidade**.

RELATÓRIOS DO IPCC

1990	AR1
1995	AR2
2000	Relatório Especial sobre "Questões Metodológicas e Tecnológicas na Transferência de Tecnologia"
	Relatório Especial sobre "Uso da Terra, Mudança de Uso da Terra e Florestas"
2001	AR3
2005	Relatório Especial sobre "Captura e Armazenamento de Dióxido de Carbono"
	Relatório Especial sobre "Salvaguardar a Camada de Ozônio e o Sistema Climático Global"
2007	AR4
2014	AR5
2011	Relatório Especial sobre "Fontes Renováveis de Energia e Mitigação da Mudança Climática"
2012	Relatório Especial sobre "Gerenciamento dos Riscos de Eventos Extremos e Desastres para Avançar na Adaptação à Mudança Climática"
2018	Relatório Especial sobre "Aquecimento global de 1,5°C"
2019	Relatório Especial sobre "O Oceano e a Criosfera em um Clima de Mudança"
	Relatório Especial sobre "Mudança Climática e Terra (*Land*)"
2021	AR 6 (Grupo 1)
2022	AR 6 (Grupos 2 e 3)

O trabalho do IPCC contribui, com a sua criação em 1988 e publicação do seu primeiro relatório (AR 1) em 1990, para consolidar o conhecimento científico em torno da **Ciência da Terra e da Ciência Climática**, notadamente no sentido no estabelecimento do **consenso científico** acerca da ação antrópica por trás do aquecimento global e das mudanças climáticas. O trabalho do IPCC, somado aos esforços tomados no âmbito da ONU, por exemplo, do PNUMA, contribuiu para a celebração da Convenção-Quadro sobre Mudança Climática no ano de 1992 e, assim, o surgimento do regime jurídico internacional de proteção climática. Uma das premissas norteadoras do sistema internacional de proteção climática é justamente a de pautar as decisões (políticas, jurídicos, econômicas etc.) lastreadas no **melhor conhecimento científico disponível**, tal como consagrado expressamente no Acordo de Paris (art. 4º, 1), para o que o trabalho do IPCC é fundamental.

3.2.1 Convenção-Quadro sobre Mudança do Clima (1992)

A **Convenção-Quadro sobre Mudança do Clima (1992)**[43] foi firmada por ocasião da Conferência ou Cúpula do Rio de Janeiro sobre Meio Ambiente e Desenvolvimento da ONU (ou Eco-92), realizada entre os dias 03 e 14 de junho de 1992, na Cidade do Rio de Janeiro. Como estabelecido logo na abertura do seu Preâmbulo, o diploma climático tratou de reconhecer que "a **mudança de clima da Terra** e seus efeitos negativos são uma **preocupação comum da humanidade**". O devido enfrentamento da crise climática, por sua vez, como expressa a celebração do tratado internacional climático, requer necessariamente a conjunção de esforços e cooperação entre as Nações em escala global.

Ainda no seu Preâmbulo, destacou-se:

> "(...) que **atividades humanas** estão aumentando substancialmente as **concentrações atmosféricas de gases de efeito estufa**, com que esse aumento de concentrações está intensificando o efeito estufa natural e com que disso resulte, em média, aquecimento adicional da superfície e da atmosfera da Terra e com que isso possa **afetar negativamente** os **ecossistemas naturais** e a **humanidade**".

A passagem da Convenção-Quadro em destaque já anunciava a ação humana e natureza antrópica por trás do aquecimento global, amparando-se no trabalho de cientistas que desde a década de 1980 já atestavam a ocorrência do fenômeno.

O objetivo central da Convenção-Quadro encontra-se expresso no seu artigo 2º:

> "o objetivo final desta Convenção e de quaisquer instrumentos jurídicos com ela relacionados que adote a Conferência das Partes é o de alcançar, em conformidade com as disposições pertinentes desta Convenção, a **estabilização das concentrações de gases de efeito estufa na atmosfera** num nível que **impeça uma interferência antrópica perigosa no sistema climático**. Esse nível deverá ser alcançado num prazo suficiente que permita aos ecossistemas adaptarem-se naturalmente à mudança do clima, que assegure que a produção de alimentos não seja ameaçada e que permita ao **desenvolvimento econômico prosseguir de maneira sustentável**."

É a salvaguarda da **integridade do sistema climático planetário** a razão última do diploma. Igualmente, são estabelecidos **princípios reitores** no art. 3º da Convenção-Quadro, entre os quais destacam-se: desenvolvimento sustentável, justiça climática, responsabilidades comuns, mas diferenciadas, precaução e cooperação.

ARTIGO 3º
PRINCÍPIOS

---

[43] A Convenção-Quadro sobre Mudança do Clima foi promulgada por meio do Decreto 2.652, de 1º de julho de 1998.

Em suas ações para alcançar o objetivo desta Convenção e implementar suas disposições, as Partes devem orientar-se *inter alia*, pelo seguinte:

1. As Partes devem proteger o sistema climático em benefício das gerações presentes e futuras da humanidade com base na equidade e em conformidade com suas **responsabilidades comuns mas diferenciadas** e respectivas capacidades. Em decorrência, as Partes países desenvolvidos devem tomar a iniciativa no combate à mudança do clima e a seus efeitos negativos.

2. Devem ser levadas em plena consideração as necessidades específicas e circunstâncias especiais das Partes **países em desenvolvimento**, em especial aqueles particularmente **mais vulneráveis aos efeitos negativos da mudança do clima**, e das Partes, em especial Partes países em desenvolvimento, que tenham que assumir encargos desproporcionais e anormais sob esta Convenção.

3. As Partes devem adotar **medidas de precaução** para prever, evitar ou minimizar as causas da mudança do clima e mitigar seus efeitos negativos. Quando surgirem ameaças de danos sérios ou irreversíveis, a **falta de plena certeza científica não deve ser usada como razão para postergar essas medidas**, levando em conta que as políticas e medidas adotadas para enfrentar a mudança do clima devem ser eficazes em função dos custos, de modo a assegurar benefícios mundiais ao menor custo possível. Para esse fim, essas políticas e medidas devem levar em conta os diferentes contextos socioeconômicos, ser abrangentes, cobrir todas as fontes, sumidouros e reservatórios significativos de gases de efeito estufa e adaptações, e abranger todos os setores econômicos. As Partes interessadas podem realizar esforços, em cooperação, para enfrentar a mudança do clima.

4. As Partes têm o **direito ao desenvolvimento sustentável** e devem promovê-lo. As políticas e medidas para proteger o sistema climático contra **mudanças induzidas pelo homem** devem ser adequadas às condições específicas de cada Parte e devem ser integradas aos programas nacionais de desenvolvimento, levando em conta que o desenvolvimento econômico é essencial à adoção de medidas para enfrentar a mudança do clima.

5. As Partes devem **cooperar** para promover um sistema econômico internacional favorável e aberto conducente ao crescimento e ao desenvolvimento econômico sustentáveis de todas as Partes, em especial das Partes países em desenvolvimento, possibilitando-lhes, assim, melhor enfrentar os problemas da mudança do clima. As medidas adotadas para combater a mudança do clima, inclusive as unilaterais, não devem constituir meio de discriminação arbitrária ou injustificável ou restrição velada ao comércio internacional.

A Convenção-Quadro, por sua vez, muito embora tenha estabelecido **obrigações gerais** aos Estados-Parte no seu art. 4º, adotou estratégia **não mandatória e consensual**, ou seja, não determinou reduções impositivas aos Estados-Parte nas suas emissões de gases de efeito estufa, ao contrário do que foi acordado posteriormente no âmbito do Protocolo de Quioto, conforme desenvolvido na sequência.

ARTIGO 4º

OBRIGAÇÕES

1. Todas as Partes, levando em conta suas **responsabilidades comuns, mas diferenciadas** e suas prioridades de desenvolvimento, objetivos e circunstâncias específicos, nacionais e regionais, devem:

a) Elaborar, atualizar periodicamente, publicar e pôr à disposição da Conferência das Partes, em conformidade com o art. 12, **inventários nacionais de emissões antrópicas** por **fontes e das remoções por sumidouros** de **todos os gases de efeito estufa** não controlados pelo Protocolo de Montreal, empregando metodologias comparáveis a serem adotadas pela Conferência das Partes;

b) Formular, implementar, publicar e atualizar regularmente programas nacionais e, conforme o caso, regionais, que incluam **medidas para mitigar a mudança do clima**, **enfrentando as emissões antrópicas por fontes e remoções por sumidouros** de todos os gases de efeito estufa não controlados pelo Protocolo de Montreal, bem como medidas para permitir **adaptação adequada à mudança do clima**;

c) **Promover e cooperar** para o desenvolvimento, aplicação e difusão, inclusive **transferência de tecnologias,** práticas e processos que controlem, reduzam ou previnam as emissões antrópicas de gases de efeito estufa não controlados pelo Protocolo de Montreal em todos os setores pertinentes, inclusive nos setores de energia, transportes, indústria, agricultura, silvicultura e administração de resíduos;

d) Promover a **gestão sustentável**, bem como promover e cooperar na **conservação e fortalecimento**, conforme o caso, de **sumidouros e reservatórios** de todos os gases de efeito estufa não controlados pelo Protocolo de Montreal, incluindo a biomassa, as florestas e os oceanos como também outros ecossistemas terrestres, costeiros e marinhos;

e) Cooperar nos preparativos para a **adaptação aos impactos** da mudança do clima; desenvolver e elaborar planos adequados e integrados para a gestão de zonas costeiras, recursos hídricos e agricultura, e para a proteção e recuperação de regiões, particularmente na África, afetadas pela **seca e desertificação**, bem como por **inundações**;

f) Levar em conta, na medida do possível, os fatores relacionados com a **mudança do clima** em suas **políticas e medidas sociais, econômicas e ambientais** pertinentes, bem como empregar métodos adequados, tais como avaliações de impactos, formulados e definidos nacionalmente, com vistas a **minimizar os efeitos negativos** na economia, na saúde pública e na qualidade do meio ambiente, provocados por projetos ou medidas aplicadas pelas Partes para mitigarem a mudança do clima ou a ela se adaptarem;

g) Promover e cooperar em **pesquisas científicas**, tecnológicas, técnicas, socioeconômicas e outras, em observações sistemáticas e no desenvolvimento de **bancos de dados relativos ao sistema climático**, cuja finalidade seja esclarecer e reduzir ou eliminar as incertezas ainda existentes em relação às causas, efeitos, magnitude e evolução no tempo da mudança do clima e as consequências econômicas e sociais de diversas estratégias de resposta;

h) Promover e cooperar no intercâmbio pleno, aberto e imediato de **informações científicas, tecnológicas, técnicas, socioeconômicas e jurídicas** relativas ao sistema climático e à mudança do clima, bem como às consequências econômicas e sociais de diversas estratégias de resposta;

i) Promover e cooperar na **educação, treinamento e conscientização pública em relação à mudança do clima**, e **estimular a mais ampla participação** nesse processo, inclusive a **participação de organizações não governamentais**; e

j) Transmitir à Conferência da Partes informações relativas à implementação, em conformidade com o art. 12.

3.2.2 Protocolo de Quioto (1997)

O **Protocolo de Kyoto (1997)**, diferentemente da estratégia não mandatória e consensual da Convenção-Quadro sobre Mudança do Clima (1992), estabeleceu, de modo **impositivo**, reduções nas emissões de gases de efeito estufa apenas para **algumas nações desenvolvidas**, adotando como parâmetro os níveis de 1990. Os países em desenvolvimento – inclusive grandes emissores de GEE, como é o caso da China, Índia e Brasil – foram dispensados pelo Protocolo de Quioto de qualquer obrigação para restringir suas emissões.

O Protocolo foi aberto para assinaturas em 1997 e ratificado em 1999, tendo entrado em vigor apenas em 2005, uma vez que, para entrar em vigor, era necessária a ratificação de 55 países, que juntos, produzissem 55% das emissões, o que ocorreu somente depois que a Rússia o ratificou em 2004. Os Estados Unidos, por sua vez, negaram-se a ratificar o Protocolo de Quioto, com a alegação do ex-presidente George W. Bush de que os compromissos ali firmados interfeririam negativamente na economia norte-americana.

Como assinalam, Birnie, Boyle e Redgwell, além de o Protocolo de Quioto como um todo ter ficado muito aquém do que era necessário para alcançar um efeito significativo nas concentrações atmosféricas de GEE em relação aos limites de emissões impostos aos países desenvolvidos, o seu fracasso pode ser também atribuído à ausência de obrigações aos países em desenvolvimento para restringirem suas próprias emissões de gases de efeito estufa, por mais significativas que pudessem se tornar – por exemplo, as emissões de CO^2 em rápido crescimento geradas pela China e pela Índia não foram regulamentadas por Kyoto.[44] Desde 2008, a China assumiu a liderança da lista anual dos maiores emissores de dióxido de carbono (CO_2), seguida pelos Estados Unidos. De acordo com a plataforma *Our World in Data*, a China emitiu, em 2020, o equivalente a 10,6 bilhões de toneladas de CO_2, ou seja, mais do que o dobro do emitido pelos Estados Unidos (4,71 bilhões de toneladas), representando 30,65% das emissões globais.[45]

3.2.3 Acordo de Paris (2015)

O **Acordo de Paris (2015)**[46] foi celebrado em Paris durante a **COP 21**, em 12 de dezembro de 2015. Após sucessivos fracassos nas negociações pós-Quioto, como verificado na COP 15 em Copenhagen, no ano de 2009, os Estados-Partes da Convenção-Quadro sobre Mudança do Clima chegaram a um acordo histórico em Paris para combater as alterações climáticas e acelerar e intensificar as ações e os investimentos necessários para um futuro sustentável com a redução das emissões de carbono. O Acordo de Paris traz – pela primeira vez – todos os Estados-Membros da Convenção para empreenderem esforços – mais e menos ambiciosos, a depender da adesão de cada país – no combate às mudanças climáticas e adaptarem-se aos seus efeitos, inclusive com maior apoio financeiro para ajudar os países em desenvolvimento a também fazê-lo.

O Acordo de Paris é resultado de uma **era "pós-Quioto"** nas negociações climáticas multilaterais, na medida em que o Protocolo de Quioto não alcançou os objetivos almejados de modo satisfatório, além de uma **nova concertação internacional** ter se caracterizado posteriormente, como um significativo reposicionamento de países no contexto climático. A título de exemplo e como referido anteriormente, a partir do ano de 2008, a China superou os Estados Unidos como o maior emissor de gases do efeito estufa anual, não obstante este continue como o maior emissor em termos históricos. Uma questão-chave nas negociações climáticas pós-Quioto foi o reestabelecimento de um novo conjunto de suposições básicas sobre quem deve assumir a responsabilidade de reduzir as emissões de gases de efeito estufa no futuro. O Acordo de Paris se afasta das reduções obrigatórias de emissões de gases do efeito estufa pelos países desenvolvidos, tal como determinado no Protocolo de Quioto, em favor de exigir que **todos os Estados-Membros** especifiquem algum nível de **contribuição determinada nacionalmente** para manter o aumento da temperatura global "bem abaixo de 2° Celsius", conforme prevê o seu art. 2º.

---

[44] BIRNIE, Patricia; BOYLE, Alan; REDGWELL, Catherine. *International law and the environment*. 4.ed. Londres: Oxford University Press, 2021, p. 379.

[45] Os dados são relativos apenas às emissões de dióxido de carbono (CO_2) provenientes de combustíveis fósseis e da indústria, ou seja, a alteração do uso do solo – por exemplo, decorrente do desmatamento florestal – não está incluída. Disponível em: https://ourworldindata.org/co2/country/china?country=~CHN.

[46] Promulgado pelo Decreto Executivo 9.073/2017.

O objetivo central do Acordo de Paris, como expresso no seu art. 2º, é manter o aumento da temperatura global neste século **bem abaixo dos 2º Celsius acima dos níveis pré-industriais** (<1750[47]) e prosseguir os esforços para **limitar** ainda mais o aumento da temperatura a **1,5º Celsius**. Hoje, conforme apontam os estudos científicos, já nos encontramos com um aumento da temperatura global ultrapassando **1,1º Celsius**. O Acordo de Paris foi aberto à assinatura em 22 de abril de 2016 (Dia da Terra) na sede da ONU, em Nova Iorque, entrando em vigor em 4 de novembro de **2016**, 30 dias após ter sido atingido o chamado "duplo limiar" (ratificação por 55 países que representam pelo menos 55% das emissões mundiais). Desde então, mais países ratificaram e continuam a ratificar o Acordo, atingindo o número de **195 Partes** (de um total de 195 assinaturas) no ano de 2024.[48]

ARTIGO 2º

1. Este Acordo, ao reforçar a implementação da Convenção, incluindo seu objetivo, visa fortalecer a resposta global à ameaça da mudança do clima, no contexto do **desenvolvimento sustentável** e dos esforços de **erradicação da pobreza**, incluindo:

(a) **Manter o aumento da temperatura média global bem abaixo de 2ºC** em relação aos níveis pré-industriais e envidar esforços para **limitar esse aumento da temperatura a 1,5ºC** em relação aos níveis pré-industriais, reconhecendo que isso reduziria significativamente os riscos e os impactos da mudança do clima;

(b) Aumentar a capacidade de **adaptação aos impactos negativos da mudança do clima** e promover a resiliência à mudança do clima e um desenvolvimento de baixa emissão de gases de efeito estufa de uma maneira que não ameace a produção de alimentos; e

(c) Tornar os fluxos financeiros compatíveis com uma trajetória rumo a um desenvolvimento de **baixa emissão de gases de efeito estufa** e resiliente à mudança do clima.

2. Este Acordo será implementado de modo a refletir equidade e o princípio das responsabilidades comuns, porém diferenciadas e respectivas capacidades, à luz das diferentes circunstâncias nacionais.

O Acordo de Paris, no tocante à sua implementação, opera por meio da transformação econômica e social de longo prazo baseada na **adoção da melhor ciência disponível**, como expressa nos **relatórios do IPCC**. O Acordo estabelece um **ciclo de 5 anos** de ações climáticas **progressivas** e, portanto, cada vez **mais ambiciosas** realizadas pelos países. Os países devem apresentar os seus **planos de ação climática**, conhecidos como **contribuições nacionalmente determinadas** (*nationally determined contributions – NDCs*), conforme estabelecido no seus arts. 3º e 4º.

ARTIGO 3º

A título de **contribuições nacionalmente determinadas** à resposta global à mudança do clima, todas **as Partes deverão realizar e comunicar esforços ambiciosos** conforme definido nos art. 4º, 7º, 9º, 10, 11 e 13, com vistas à consecução do objetivo deste Acordo conforme estabelecido no art. 2º. Os esforços de todas as Partes representarão uma **progressão ao longo do tempo**, reconhecendo a necessidade de apoiar as Partes países em desenvolvimento na implementação efetiva deste Acordo.

---

[47] A referência histórica para a identificação do **período pré-industrial** é período anterior ao ano 1750, quando, posteriormente, teve início o **período industrial**, especialmente nos países europeus.

[48] Disponível em: https://treaties.un.org/Pages/ViewDetails.aspx?src=TREATY&mtdsg_no=XXVII-7-d&chapter=27&clang=_en.

Nas suas NDCs, os países comunicam ações que tomarão para **reduzir suas emissões de gases de efeito estufa** a fim de alcançar as metas do Acordo, bem como também comunicam as ações que tomarão para construir resiliência para se **adaptarem** aos impactos do aumento da temperatura. Muito embora o Acordo não se refira expressamente a tais princípios, o documento opera tanto à luz do **princípio da proibição de retrocesso** quanto do **princípio da progressividade**, na medida em que é imposto aos países **avançar progressivamente nas suas ambições de redução** da emissão de gases do efeito estufa, tomando como parâmetro as suas contribuições nacionalmente determinadas vigentes (revistas a cada cinco anos). Há um imperativo de progressividade que vincula juridicamente os Estados-Membros rumo ao alcance da **meta de neutralidade climática até o ano de 2050**, conforme expresso no seu art. 4º, 1 ("alcançar um equilíbrio entre as emissões antrópicas por fontes e remoções por sumidouros de gases de efeito estufa na segunda metade deste século"), vedando, de tal sorte, o retrocesso a patamares de emissões já superados no passado.

ARTIGO 4º

1. A fim de atingir a **meta de longo prazo** de temperatura definida no art. 2º, as Partes visam a que as emissões globais de gases de efeito de estufa atinjam o ponto máximo o quanto antes, reconhecendo que as Partes em países em desenvolvimento levarão mais tempo para alcançá-lo, e, a partir de então, realizar reduções rápidas das emissões de gases de efeito estufa, de acordo com o **melhor conhecimento científico disponível**, de modo a **alcançar um equilíbrio entre as emissões antrópicas por fontes e remoções por sumidouros de gases de efeito estufa na segunda metade deste século**, com base na equidade, e no contexto do desenvolvimento sustentável e dos esforços de erradicação da pobreza.

2. Cada Parte deve preparar, comunicar e manter sucessivas contribuições nacionalmente determinadas que pretende alcançar. As Partes devem adotar **medidas de mitigação domésticas**, com o fim de alcançar os objetivos daquelas contribuições.

3. A **contribuição nacionalmente determinada sucessiva de cada Parte representará uma progressão em relação à contribuição nacionalmente determinada então vigente** e refletirá sua maior ambição possível, tendo em conta suas **responsabilidades comuns, porém diferenciadas e respectivas capacidades**, à luz das **diferentes circunstâncias nacionais**.

4. As Partes de países desenvolvidos deverão continuar a assumir a dianteira, adotando metas de redução de emissões absolutas para o conjunto da economia. As Partes de países em desenvolvimento deverão continuar a fortalecer seus esforços de mitigação e são encorajadas a progressivamente transitar para metas de redução ou de limitação de emissões para o conjunto da economia, à luz das diferentes circunstâncias nacionais.

5. As Partes de **países em desenvolvimento** devem **receber apoio para a implementação** deste artigo, nos termos dos arts. 9º, 10 e 11, reconhecendo que um aumento do apoio prestado às Partes de países em desenvolvimento permitirá maior ambição em suas ações.

6. Os **países de menor desenvolvimento relativo** e os **pequenos Estados insulares em desenvolvimento** poderão elaborar e comunicar estratégias, planos e ações para um desenvolvimento de baixa emissão de gases de efeito estufa, refletindo suas circunstâncias especiais. (...)

8. Ao comunicar suas contribuições nacionalmente determinadas, todas **as Partes devem fornecer as informações necessárias para fins de clareza, transparência e compreensão**, de acordo com a decisão 1/CP.21 e quaisquer decisões pertinentes da Conferência das Partes na qualidade de reunião das Partes deste Acordo.

9. Cada Parte deve comunicar uma contribuição nacionalmente determinada **a cada cinco anos de acordo** com a decisão 1/CP.21 e quaisquer decisões pertinentes da Conferência das Partes na qualidade de reunião das Partes deste Acordo e tendo em conta os resultados da avaliação global prevista no art. 14. (...)

> 11. Qualquer Parte poderá, a qualquer tempo, ajustar a sua contribuição nacionalmente determinada vigente com vistas a **aumentar o seu nível de ambição**, de acordo com orientação adotada pela Conferência das Partes na qualidade de reunião das Partes deste Acordo.
>
> 12. As contribuições nacionalmente determinadas comunicadas pelas Partes serão inscritas em um **registro público mantido pelo Secretariado**.
>
> 13. As Partes devem **prestar contas** de suas **contribuições nacionalmente determinadas**. Ao contabilizar as emissões e remoções antrópicas correspondentes às suas contribuições nacionalmente determinadas, as Partes devem promover a **integridade ambiental**, a **transparência**, a exatidão, a completude, a comparabilidade e a consistência, e **assegurar que não haja dupla contagem**, de acordo com orientação adotada pela Conferência das Partes na qualidade de reunião das Partes deste Acordo. (...)
>
> 19. Todas as Partes deverão envidar esforços para formular e comunicar **estratégias de longo prazo** para um desenvolvimento de baixa emissão de gases de efeito estufa, levando em consideração o art. 2º e tendo em conta as suas responsabilidades comuns, porém diferenciadas e respectivas capacidades, à luz das diferentes circunstâncias nacionais.

No mesmo ano da celebração do Acordo de Paris, o combate às mudanças climáticas foi consagrado expressamente no **Objetivo 13** da **Agenda 2030 para o Desenvolvimento Sustentável da ONU (Pós-2015)**.

> **OBJETIVO 13. TOMAR MEDIDAS URGENTES PARA COMBATER A MUDANÇA CLIMÁTICA E SEUS IMPACTOS** (*)
>
> 13.1 Reforçar **a resiliência e a capacidade de adaptação a riscos** relacionados ao **clima e às catástrofes naturais** em todos os países.
>
> 13.2 Integrar medidas da mudança do clima nas políticas, estratégias e planejamentos nacionais.
>
> 13.3 Melhorar a **educação**, aumentar a **conscientização** e a capacidade humana e institucional sobre **mitigação, adaptação, redução** de impacto e **alerta precoce** da mudança do clima.
>
> 13.a Implementar o compromisso assumido pelos países desenvolvidos partes da **Convenção-Quadro das Nações Unidas sobre Mudança do Clima** [UNFCCC] para a meta de mobilizar conjuntamente **US$ 100 bilhões por ano a partir de 2020**, de todas as fontes, para atender às necessidades dos países em desenvolvimento, no contexto das **ações de mitigação** significativas e transparência na implementação; e operacionalizar plenamente o **Fundo Verde para o Clima** por meio de sua capitalização o mais cedo possível.
>
> 13.b Promover mecanismos para a criação de capacidades para o planejamento relacionado à mudança do clima e à **gestão eficaz**, nos países menos desenvolvidos, inclusive **com foco em mulheres, jovens, comunidades locais e marginalizadas**.
>
> (*) Reconhecendo que a Convenção-Quadro das Nações Unidas sobre Mudança do Clima (UNFCCC) é o fórum internacional intergovernamental primário para negociar a resposta global à mudança do clima.

3.2.3.1 O Acordo de Paris como espécie de Constituição Global Ambiental e Climática e precursor de uma nova abordagem de direitos humanos para o tratamento da matéria ambiental e climática

O Acordo de Paris inova no contexto dos tratados internacionais em matéria ambiental e climática, incorporando a **abordagem dos direitos humanos**, conforme desenvolvido em tópico precedente. A passagem que segue do seu Preâmbulo deixa isso claro:

"Reconhecendo que a mudança do clima é uma preocupação comum da humanidade, as Partes deverão, ao adotar medidas para enfrentar a mudança do clima, respeitar, promover e considerar suas respectivas obrigações em matéria de **direitos humanos**, direito à saúde, direitos dos povos indígenas, comunidades locais, migrantes, crianças, pessoas com deficiência e **pessoas em situação de vulnerabilidade** e o direito ao desenvolvimento, bem como a igualdade de gênero, o empoderamento das mulheres e a equidade intergeracional."

O impacto dessa **nova abordagem e narrativa centrada nos direitos humanos** capitaneada pelo Acordo de Paris coloca-se em sintonia com avanços recentes, verificados substancialmente após 2015 (vide o exemplo da OC 23/2017 da Corte IDH), nos Sistemas Internacionais Global e Regionais (em particular, no Sistema Interamericano) de Proteção dos Direitos Humanos, como ilustramos anteriormente à luz de inúmeros exemplos de casos julgados por Cortes Internacionais na matéria ambiental e climática. Ademais, a centralidade e a relevância que o Acordo de Paris passou a ocupar no contexto global, regional, nacional, local etc. inserem-se na compreensão desenvolvida por nós anteriormente em torno do reconhecimento de um **Sistema Normativo Plural, Multinível e Transfronteiriço**, como resulta evidenciado com o reconhecimento expresso do seu *status* **hierárquico-normativo supralegal** pelo STF no julgamento da ADPF 708/DF (Caso Fundo Clima).

O Acordo de Paris, por essa ótica, cumpre hoje a função de uma espécie de **Constituição Global Ambiental e Climática** ou mesmo de um **Pacto Internacional dos Direitos Ambientais e Climáticos**, vinculando os sistemas normativos nacionais em escala planetária, o que tem ocorrido, inclusive e de forma cada vez mais recorrente, por intermédio de uma espécie de **governança judicial ecológica e climática** operada por intermédio de decisões de Juízes e Cortes de Justiça nacionais, os quais têm aplicado o seu conteúdo tanto em face de agentes estatais quanto de agentes privados (pessoas físicas e jurídicas).

Por fim, sem avançar mais na análise do **Direito Internacional Ambiental e Climático**, já que isso, por si só, demandaria um livro à parte, o nosso objetivo aqui é apenas desenvolver um panorama geral e registrar sua importância para o surgimento e desenvolvimento histórico do Direito Ambiental. Ao longo da obra, desenvolveremos o conteúdo parcial dos diplomas internacionais em matéria ambiental e climática nos diversos temas específicos tratados no livro.

PRINCIPAIS CONFERÊNCIAS, DOCUMENTOS E TRATADOS INTERNACIONAIS EM MATÉRIA AMBIENTAL

1972 – Conferência e Declaração de Estocolmo sobre o Meio Ambiente Humano da ONU
- Criação do Programa das Nações Unidas para o Meio Ambiente (PNUMA)

1973 – Convenção sobre o Comércio Internacional das Espécies Silvestres Ameaçadas de Extinção (CITES)

1979 – Conferência Mundial sobre o Clima, realizada em Genebra (Suíça)

1982 – Carta Mundial da Natureza, adotada pela Assembleia Geral da ONU
- Criação da Comissão Mundial sobre Meio Ambiente e Desenvolvimento da ONU

1987 – Publicação do Relatório Nosso Futuro Comum (*Relatório Bruntland*), elaborado pela Comissão Mundial sobre Meio Ambiente e Desenvolvimento (CMMAD) do PNUMA
- Protocolo de Montreal sobre Substâncias que Destroem a Camada de Ozônio

1988 – Consagração do direito humano ao meio ambiente adequado (art. 11) pelo Protocolo de San Salvador Adicional à Convenção Americana sobre Direitos Humanos em Matéria de Direitos Econômicos, Sociais e Culturais
- Criação do Painel Intergovernamental sobre Mudanças Climáticas (IPCC) da ONU

1990 – Publicação do 1ª Relatório (AR1) do IPCC

1992 – Conferência e Declaração do Rio de Janeiro sobre Meio Ambiente e Desenvolvimento (ONU)
- Convenção-Quadro sobre Mudança do Clima
- Convenção sobre Diversidade Biológica
- Agenda 21
- Declaração de Princípios sobre Florestas

1993 – Declaração e Programa de Ação de Viena, promulgada na 2ª Conferência Mundial sobre Direitos Humanos

1994 – Decisão da Corte Europeia de Direitos Humanos no Caso Lopez Ostra *vs.* Espanha

1997 – Protocolo de Quioto (adicional à Convenção-Quadro sobre Mudança do Clima)

1998 – Convenção de Aarhus sobre Acesso à Informação, Participação Pública na Tomada de Decisões e Acesso à Justiça em Matéria Ambiental

2000 – Protocolo de Cartagena sobre Biossegurança

2001 – Convenção de Estocolmo sobre Poluentes Orgânicos Persistentes

2002 – Cúpula Mundial sobre Desenvolvimento Sustentável (ou Rio+10), realizada em Johanesburgo, na África do Sul

2007 – Declaração sobre os Direitos dos Povos Indígenas
- Prêmio Nobel da Paz é atribuído aos cientistas do Painel Intergovernamental sobre Mudanças Climáticas (IPCC) da ONU

2008 – Resolução 7/23 (2008) sobre "Direitos Humanos e Mudança Climática" do Conselho de Direitos Humanos da ONU
- Resolução sobre "Direitos Humanos e Mudança Climática nas Américas" da Assembleia Geral da OEA (AG/RES. 2429 (XXXVIII-O/08)

2010 – Protocolo de Nagoia sobre Acesso a Recursos Genéticos e Repartição Justa e Equitativa dos Benefícios Derivados de sua Utilização[49]

2012 – Cúpula Mundial sobre Desenvolvimento Sustentável (Rio+20) da ONU

2014 – Declaração de Nova Iorque sobre Florestas

2015 – Acordo de Paris sobre Mudanças Climáticas (aprovado na COP 21)
- Aprovação pela Assembleia Geral da ONU dos "Objetivos do Desenvolvimento Sustentável", por meio do documento "Transformando Nosso Mundo: a Agenda 2030 para o Desenvolvimento Sustentável"
- Encíclica "*Laudato si*: sobre o cuidado da casa comum", do Papa Francisco

2017 – Opinião Consultiva n. 23/2017 sobre "Meio Ambiente e Direitos Humanos" da Corte IDH

2018 – Acordo Regional de Escazú para América Latina e Caribe sobre Acesso à Informação, Participação Pública na Tomada de Decisão e Acesso à Justiça em Matéria Ambiental

2019 – Sínodo da Amazônia no Vaticano

2020 – Decisão da Corte IDH no Caso Nuestra Tierra *vs.* Argentina

2021 – Conselho de Direitos Humanos da ONU reconheceu o direito ao meio ambiente como "direito humano" (Resolução A/HRC/48/L.23/Rev.1) e criou Relatoria Especial sobre Direitos Humanos e Mudanças Climáticas

2022 – Assembleia Geral da ONU, por meio da recente Resolução A/76/L.75, reconheceu o "direito humano ao meio ambiente limpo, saudável e sustentável"

---

[49] Decreto Legislativo 136/2020 aprovou o texto do Protocolo de Nagoia, concluído durante a 10ª Reunião da Conferência das Partes na Convenção, realizada em outubro de 2010 (COP-10), e assinado pelo Brasil no dia 2 de fevereiro de 2011, em Nova York.

- COP 1 do Acordo de Escazú, realizada em Santiago do Chile
- Publicação do Primeiro Informe da Relatoria Especial sobre Direitos Humanos e Mudanças Climáticas do Conselho de Direitos Humanos da ONU
- Decisão do Comitê de Direitos Humanos da ONU no Caso Daniel Billy *et al.* v. Austrália ("Caso das Ilhas do Estreito de Torres")
- Criação de um fundo compensatório para danos relacionados às mudanças climáticas em países particularmente vulneráveis (aprovado na COP 27)

2023
- Comentário Geral nº 26 (2023) sobre os Direitos da Criança e o Meio Ambiente com Foco Especial nas Mudanças Climáticas do Comitê de Direitos das Crianças da ONU
- Decisão da Corte IDH no *Caso Habitantes de La Oroya* vs. *Peru*

2024
- Opinião Consultiva sobre "Mudanças Climáticas e Direito Internacional" do Tribunal Internacional sobre o Direito do Mar (ITLOS)
- Decisão da CEDH no *Caso Verein KlimaSeniorinnen Schweiz e Outras* vs. *Suíça*
- Audiência pública da Corte IDH sobre a (futura) Opinião Consultiva n. 32 sobre "Emergência Climática e Direitos Humanos"

4. A AGENDA 2030 PARA O DESENVOLVIMENTO SUSTENTÁVEL DA ONU E OS SEUS 17 OBJETIVOS DE DESENVOLVIMENTO SUSTENTÁVEL (ODS)

A **Agenda 2030 para o Desenvolvimento Sustentável** foi aprovada em Assembleia Geral da ONU em 2018, nos termos da **Resolução A/RES/72/279**,[50] adotada por 193 países, inclusive o Brasil, que incorporou os 8 Objetivos de Desenvolvimento do Milênio (Agenda 2015 – período 2000/2015), ampliando-os para os 17 Objetivos de Desenvolvimento Sustentável (Agenda 2030 – período 2016/2030). Como o próprio **Preâmbulo** enuncia, é um **plano de ação** para as pessoas, para o Planeta Terra e para a prosperidade, agindo de forma colaborativa e com o propósito de tomar as medidas ousadas e transformadoras que são urgentemente necessárias para direcionar o mundo para um caminho sustentável e resiliente. A Agenda 2030 também busca fortalecer a paz universal com mais liberdade, e reconhecemos, ademais, que a **erradicação da pobreza** em todas as suas formas e dimensões, especialmente a pobreza extrema, é o maior desafio global e um requisito indispensável para o desenvolvimento sustentável, de modo a compatibilizar os **eixos social, econômico e ecológico**.

Os **17 Objetivos de Desenvolvimento Sustentável** (ODS) e 169 metas elencados na Agenda 2030 demonstram a escala e a ambição dessa nova Agenda universal. Eles se constroem sobre o legado dos **Objetivos de Desenvolvimento do Milênio** (ODM) e se propõem a realizar o que estes não conseguiram alcançar. Em linhas gerais, os ODS buscam concretizar os direitos humanos de todos e alcançar a igualdade de gênero e o empoderamento das mulheres e meninas, considerando, ademais, que todos os ODS são integrados, indivisíveis e equilibram as **três dimensões do desenvolvimento sustentável: econômica, social e ambiental ou ecológica**.

Os Objetivos e metas estimularão a ação para os **15 anos** subsequentes à sua edição em áreas de importância crucial para a humanidade e para o Planeta: **pessoas, Planeta, prosperidade, paz e parceria**.[51]

---

[50] Disponível em: https://nacoesunidas.org/pos2015/agenda2030/.
[51] No Brasil, destacam-se as iniciativas do **Conselho Nacional de Justiça** no sentido de implementar os ODS da Agenda 2030 no contexto do Poder Judiciário. Além de portal eletrônico específico sobre o tema (disponível em: https://www.cnj.jus.br/programas-e-acoes/agenda-2030/meta-9-do-poder-judiciario/), o

Pessoas	Estamos determinados a **acabar com a pobreza e a fome**, em todas as suas formas e dimensões, e garantir que todos os seres humanos possam realizar o seu potencial em **dignidade e igualdade**, em um meio ambiente saudável.
Planeta	Estamos determinados a proteger o Planeta da degradação, sobretudo por meio do consumo e da produção sustentáveis, da gestão sustentável dos seus recursos naturais e tomando **medidas urgentes sobre a mudança climática**, para que ele possa suportar as necessidades das **gerações presentes e futuras**.
Prosperidade	Estamos determinados a assegurar que todos os seres humanos possam desfrutar de uma vida próspera e de plena realização pessoal, e que o **progresso econômico, social e tecnológico** ocorra em **harmonia com a Natureza**.
Paz	Estamos determinados a promover sociedades pacíficas, justas e inclusivas que estão **livres do medo e da violência**. Não pode haver desenvolvimento sustentável sem paz e não há paz sem desenvolvimento sustentável.
Parceria	Estamos determinados a mobilizar os meios necessários para implementar esta Agenda por meio de uma **Parceria Global para o Desenvolvimento Sustentável** revitalizada, com base num espírito de **solidariedade global** reforçada, concentrada em especial nas **necessidades dos mais pobres e mais vulneráveis** e com a participação de todos os países, todas as partes interessadas e todas as pessoas.

17 OBJETIVOS DE DESENVOLVIMENTO SUSTENTÁVEL (ODS)

Objetivo 1. Acabar com a pobreza em todas as suas formas, em todos os lugares.

Objetivo 2. Acabar com a fome, alcançar a segurança alimentar e melhoria da nutrição e promover a agricultura sustentável.

Objetivo 3. Assegurar uma vida saudável e promover o bem-estar para todos, em todas as idades.

Objetivo 4. Assegurar a educação inclusiva e equitativa e de qualidade, e promover oportunidades de aprendizagem ao longo da vida para todos.

Objetivo 5. Alcançar a igualdade de gênero e empoderar todas as mulheres e meninas.

Objetivo 6. Assegurar a disponibilidade e gestão sustentável da água e saneamento para todos.

Objetivo 7. Assegurar o acesso confiável, sustentável, moderno e a preço acessível à energia para todos.

CNJ criou Comissão Permanente de Acompanhamento dos Objetivos de Desenvolvimento Sustentável e da Agenda 2030 (Resolução CNJ 296/2019) e, posteriormente, editou a Resolução 347/2020, que dispõe sobre a Política de Governança das Contratações Públicas no Poder Judiciário, a qual estabeleceu como diretriz a "promoção do desenvolvimento nacional sustentável, em observância à legislação e aos Objetivos do Desenvolvimento Sustentável – Agenda 2030" (art. 3º, I).

Objetivo 8. Promover o crescimento econômico sustentado, inclusivo e sustentável, emprego pleno e produtivo e trabalho decente para todos.

Objetivo 9. Construir infraestruturas resilientes, promover a industrialização inclusiva e sustentável e fomentar a inovação.

Objetivo 10. Reduzir a desigualdade dentro dos países e entre eles.

Objetivo 11. Tornar as cidades e os assentamentos humanos inclusivos, seguros, resilientes e sustentáveis.

Objetivo 12. Assegurar padrões de produção e de consumo sustentáveis.

Objetivo 13. Tomar medidas urgentes para combater a mudança do clima e seus impactos.

Objetivo 14. Conservação e uso sustentável dos oceanos, dos mares e dos recursos marinhos para o desenvolvimento sustentável.

Objetivo 15. Proteger, recuperar e promover o uso sustentável dos ecossistemas terrestres, gerir de forma sustentável as florestas, combater a desertificação, deter e reverter a degradação da terra e deter a perda de biodiversidade.

Objetivo 16. Promover sociedades pacíficas e inclusivas para o desenvolvimento sustentável, proporcionar o acesso à justiça para todos e construir instituições eficazes, responsáveis e inclusivas em todos os níveis.

Objetivo 17. Fortalecer os meios de implementação e revitalizar a parceria global para o desenvolvimento sustentável.

4.1 Objetivos de Desenvolvimento Sustentável (ODS) da Agenda 2030 da ONU, limites planetários e "economia Donut" (Kate Raworth)

A teoria econômica tradicional edificada ao longo do século XX é tributária de uma visão absolutamente limitada do ponto de vista ecológico e dos **limites planetários** descritos há décadas pela ciência, conforme tratado no Capítulo 1. O suposto êxito do modelo econômico contemporâneo, calcado no conceito de "**crescimento econômico**" (a todo custo), opera, para utilizar a metáfora da "decolagem" de W. Rostow popularizada no início da década de 1960 e replicada criticamente por **Kate Raworth**,[52] como um avião que nunca aterrissa e se mantém constantemente em voo. Não precisa ser matemático para perceber que há algo muito errado em uma abordagem econômica que defende um crescimento econômico "constante" (e ilimitado) num espaço planetário e com recursos naturais limitados.[53] Esse cálculo não fecha! Os **custos ecológicos** (poluição generalizada dos recursos naturais, mudanças climáticas, perda da biodiversidade, desmatamento das florestas tropicais etc.) têm sido sistematicamente negligenciados e deixados "de fora" do cálculo econômico. Não por outra razão, tais "custos" são conceituados como "**externalidades**" da atividade produtiva. Até hoje os custos ecológicos não são computados no cálculo do **Produto Interno Bruto (PIB)**.

Desde a Revolução Industrial, com a invenção da máquina a vapor, o mito do crescimento econômico é sustentado graças à queima de combustíveis fósseis (carvão, gás natural, petróleo etc.). Ou seja, a **economia do carbono**. O ápice desse processo de intervenção no mundo natural em escala planetária ocorreu após a Segunda Guerra Mundial, período que recebeu o nome

---

[52] RAWORTH, Kate. *Economia donut*: uma alternativa ao crescimento a qualquer custo. Rio de Janeiro: Zahar, 2019., 289-291.

[53] O **Relatório do Clube de Roma sobre os Limites do Crescimento** (1972) ilustra bem essa crítica. MEADOWS, Donell H.; MEADOWS, Dennis L.; RANDERS, Jorgen; BEHRENS III, William W. *Limites do crescimento*: um relatório para o Projeto do Clube de Roma sobre o dilema da humanidade. 2. ed. São Paulo: Perspectiva, 1978.

de "**A Grande Aceleração**" e que, como já referido antes, nos teria colocado numa nova época geológica denominada de **Antropoceno**, como consequência da magnitude geológica da nossa intervenção no sistema natural global. Como dito por Raworth, voltando para a metáfora do avião, nós precisamos criar uma forma de fazê-lo "aterrissar", sob pena de colidirmos com os limites planetários, inviabilizando a **sobrevivência do *Homo sapiens***. É justamente o diálogo entre **ciências naturais** (em particular, a Ciência da Terra), **economia** e **direitos humanos** que propõe Raworth ao descrever o seu **conceito de "economia Donut"**, reconhecendo os limites planetários (ou **teto ecológico**) e o **piso social** como premissas básicas de qualquer teoria e pensamento econômico, notadamente em vista de **metas de longo prazo** para a humanidade.

> "O que é exatamente o Donut? Em poucas palavras, é uma bússola radicalmente nova para guiar a humanidade neste século. E aponta na direção de um futuro capaz de prover as necessidades de cada pessoa e ao mesmo tempo salvaguardar o mundo vivo do qual todos nós dependemos. Abaixo do **alicerce social** do Donut encontram-se déficits no bem-estar humano, enfrentados por aqueles que carecem de bens essenciais para a vida, como alimento, educação e moradia. Para além do **teto ecológico** encontra-se um excesso de pressão nos sistemas geradores de vida da Terra, como mudanças climáticas, acidificação dos oceanos e poluição química. Mas entre esses dois conjuntos de limites existe um ponto ideal – com a forma inequívoca de um Donut – que é um espaço ao mesmo tempo **ecologicamente seguro e socialmente justo para humanidade**. A tarefa do século XXI é sem precedentes: trazer toda a humanidade para esse lugar seguro e justo".[54]

O conceito de economia Donut, além de operar em sintonia com a concepção de limites planetários, também se alinha aos Objetivos de Desenvolvimento Sustentável (ODS) da Agenda 2030 da ONU, conforme se pode observar da imagem do Donut (ou rosquinha) que segue abaixo extraída da obra de Raworth.[55]

5. BREVE HISTÓRIA DO DIREITO AMBIENTAL BRASILEIRO: DO INÍCIO DO SÉCULO XX AOS DIAS ATUAIS

5.1 As fases legislativas na perspectiva do surgimento e evolução do Direito Ambiental brasileiro

O período legislativo que antecedeu a edição da Lei da Política Nacional do Meio Ambiente (Lei 6.938/81), no ano de 1981, foi marcado por uma positivação legislativa em matéria ambiental de caráter fragmentário e disperso, ou seja, as legislações desse período, em sua grande maioria, regulam matérias específicas concernentes ao uso e proteção dos recursos naturais, mas sem alçar em suas razões a proteção ecológica propriamente dita. Isso porque não se vislumbrava ainda à época o reconhecimento da Natureza (e dos elementos naturais que a compõem) como bens jurídicos autônomos dignos de proteção. Ao longo de tal período, a proteção dos recursos naturais se deu preponderantemente em virtude de interesses de índole econômica ou mesmo em vista da proteção da saúde humana, imperando, portanto, uma **visão ainda meramente instrumental ou utilitarista** dos recursos naturais, sob uma **matriz dicotômica ser humano-Natureza** de inspiração cartesiana. Os valores ecológicos, muito embora já identificados no âmbito comunitário, pelo menos desde a década de 1960, ainda não haviam migrado para o sistema jurídico brasileiro. Esse é o espírito normativo-axiológico que predominou – com raras exceções – no cenário jurídico brasileiro anterior à Lei 6.938/81.

---

[54] RAWORTH, Kate. *Economia donut...*, p. 54-55.
[55] RAWORTH, Kate. *Economia donut...*, p. 55.

Não por outra razão, Antonio H. Benjamin classifica tal momento histórico de desenvolvimento da legislação ambiental brasileira de "fase fragmentária". Para o autor, "o legislador – agora já preocupado com largas categorias de recursos naturais, mas ainda não com o meio ambiente em si mesmo considerado – impôs controles legais às atividades exploratórias. A recepção incipiente da degradação do meio ambiente pelo ordenamento operava, no plano ético, pelo *utilitarismo* (tutelando somente aquilo que tivesse interesse econômico) e, no plano formal, pela *fragmentação*, tanto do objeto (o fatiamento do meio ambiente, a ele ainda se negando, holisticamente, uma identidade jurídica própria) quanto, até em consequência, do aparato legislativo".[56]

Para Benjamin, que identifica *três fases ou momentos* na evolução legislativa em matéria ambiental, a primeira fase, denominada **fase da exploração desregrada ou do *laissez-faire* ambiental**, que vai do período da chegada dos portugueses (1500) até aproximadamente o início da segunda metade do século XX, foi marcada pela quase **ausência de regulamentação legislativa** sobre o uso de recursos naturais, caracterizando as medidas adotadas pelo Poder Público ao longo de tal período mais como medidas de conservação do que propriamente como preservação, quase sempre com propósitos estritamente econômicos (tal seria o caso de medida legislativa adotada para evitar o processo de exaurimento do pau-brasil em 1605[57]). O segundo momento legislativo destacado por Benjamin, designado como *fase fragmentária*, conforme pontuamos anteriormente, iria da década de 1960 até a edição da Lei 6.938/81, quando, então, já no terceiro período legislativo-ambiental intitulado pelo autor como *fase holística*, o meio ambiente passa a ser protegido de forma integral e com autonomia valorativa, ou seja, como bem jurídico autônomo.[58]

A nossa proposta de análise da evolução da legislação ambiental brasileira também comporta *três fases legislativas*: 1) *Fase fragmentário-instrumental*; 2) *Fase sistemático-valorativa*; e 3) *Fase da "constitucionalização" da proteção ambiental*. Hoje, por certo, também acrescentamos uma 4ª fase, ainda em construção, de desenvolvimento da legislação ambiental e do Direito Ambiental: **Fase legislativa "Ecocêntrica" ou dos "Direitos dos Animais e dos Direitos da Natureza" (ou do "Direito Ecológico")**. Todavia, importa sublinhar que os critérios e os períodos compreendidos em cada fase são um pouco distintos da instigante formulação de Antonio H. Benjamin exposta anteriormente e na qual em boa parte nos inspiramos. O primeiro recorte histórico-legislativo que propomos e que identifica a primeira fase – denominada **fase fragmentária-instrumental** – caracteriza o período **anterior à Lei 6.938/81**. Tal compreensão tem sua razão de ser no fato de não identificarmos, antes de tal diploma legislativo, amparo normativo – tanto no plano constitucional quanto infraconstitucional – suficiente para dar conta de estabelecer um (micro) sistema legislativo ecológico, o que se altera substancialmente com a **edição da Lei da Política Nacional do Meio Ambiente no ano de 1981**. Para nós, é nesse exato momento que **nasce o Direito Ambiental brasileiro**, ou seja, a sua "certidão de nascimento", independentemente da existência prévia, em outros momentos históricos, de legislações esparsas que, de uma forma ou outra, vieram a regular o uso de recursos naturais.

A questão central, para nós, é que não há como falar em Direito Ambiental na sua acepção moderna – e como disciplina jurídica autônoma – antes da década de 1970, uma vez que foi apenas a partir de tal momento histórico que se deu a consagração dos valores ecológicos no

---

[56] BENJAMIN, Antonio Herman Introdução ao direito ambiental brasileiro. *Revista de Direito Ambiental*, São Paulo:0 Ed. RT, n. 14, p. 51, abr.-jun. 1999.

[57] A respeito do chamado "Regimento do Pau-Brasil", de 1605, que, inclusive, previa penas severas para quem cortasse a madeira sem expressa licença real, v. WAINER, Ann Helen. Legislação ambiental brasileira: evolução histórica do direito ambiental. In: MILARÉ, Édis; MACHADO, Paulo Afonso Leme. *Direito ambiental*: doutrinas essenciais. São Paulo: RT, 2011. p. 703. (Fundamentos do direito ambiental, v. I).

[58] BENJAMIN, Antonio Herman Introdução ao direito ambiental..., p. 51-52.

âmbito jurídico.[59] O exemplo paradigmático de tal cenário, como já destacado, é a legislação ambiental norte-americana do início da década de 1970: a Lei da Política Nacional do Meio Ambiente (*National Environmental Policy Act – NEPA*), de 1970, a Lei do Ar Limpo (*Clean Air Act*), de 1970, e a Lei da Água Limpa (*Clean Water Act*), de 1972.[60] Paralelamente, tem-se também a experiência de alguns países europeus, como a Alemanha, com a edição do Programa de Meio Ambiente do Governo Federal (*Umweltprogramm der Bundesregierung*), de 1971, da Lei de Resíduos (*Abfallgesetz* – AbfG), de 1972, e da Lei Federal de Controle de Emissões (*Bundes-Immissionsschutzgesetz – BimSchG*), de 1974.

No contexto internacional, a Conferência e Declaração de Estocolmo sobre Meio Ambiente Humano (1972) também ganha destaque nesse cenário. Antes desse período, no entanto, não há como falar em Direito Ambiental propriamente, com a devida **consagração jurídica dos valores e direitos ecológicos de forma autônoma e sistemática**.[61] De maneira geral, os interesses que, de modo eventual e fragmentário, conduziram à regulamentação do uso dos recursos naturais antes de tal período eram outros (interesses econômicos, propriedade, saúde pública etc.), e não a proteção ecológica em si. No ordenamento jurídico brasileiro, tal cenário legislativo "inovador", já presente no âmbito comparado e internacional desde a década de 1970, conforme pode ser observado em vista dos exemplos citados, apenas se tornou realidade com a edição da Lei 6.938/81, verdadeira "certidão de nascimento" do nosso Direito Ambiental.

Em alguns casos excepcionais, é possível identificar, mesmo antes da Lei 6.938/81, legislações que já traziam algum conteúdo propriamente ecológico, mas ainda sem qualquer pretensão de sistematização da matéria, como é o caso, para fins históricos, do Decreto 73.030/73, que criou a Secretaria Especial do Meio Ambiente (SEMA) no âmbito federal, e da Lei 6.803/80 sobre o controle da poluição industrial, introduzindo o estudo de impacto ambiental no nosso ordenamento (art. 8º). No entanto, conforme assinalamos anteriormente, a sistematização da matéria ambiental e o "ancoramento" dos valores ecológicos no ordenamento jurídico brasileiro só se verificaram a partir de 1981. A Lei 6.938/81 é o "divisor de águas" que determina a "transição" da primeira para a segunda fase legislativa – que denominamos de *fase sistemático-valorativa*. Somente após a sua edição e, por consequência, o reconhecimento da **autonomia normativa dos valores ecológicos e do bem jurídico ambiental** é que se poderia falar de um Direito Ambiental brasileiro com real expressão e suporte normativo.[62] Não há dúvida de que a consciência ambiental e a legitimação social dos valores ecológicos já se faziam presentes na sociedade brasileira antes disso, especialmente ao longo da década de 1970, inclusive com a criação de várias associações

---

[59] Há autores, no entanto, que adotam outro entendimento, voltando o seu olhar até mesmo para o nosso período colonial como constitutivo do Direito Ambiental brasileiro. A título de exemplo, Juarci Perez Magalhães adota três fases para o estudo da evolução do Direito Ambiental brasileiro: fase colonial, fase imperial e fase republicana. MAGALHÃES, *A evolução do direito ambiental no Brasil...*, p. 11.

[60] Sobre a influência da legislação ambiental norte-americana no cenário jurídico brasileiro, v. RAMOS, Erasmo Marcos. *Direito ambiental comparado...*, p. 100-102.

[61] Em sintonia com tal compreensão e amparado na doutrina alemã, v. RAMOS, Erasmo Marcos. *Direito ambiental comparado...*, p. 84.

[62] Em que pese não adotar o mesmo modelo "trifásico" por nós defendido, Marcelo A. Rodrigues também identifica "três fases ou momentos" na proteção jurídica ecológica, tendo a Lei 6.938/81 estabelecido a superação de uma regulamentação "espaçada, fragmentária e atomizada" dos bens ambientais. A primeira fase teria como escopo a proteção de interesses econômicos; a segunda traria a proteção da saúde do ser humano; e, por fim, a terceira, inaugurada pela Lei 6.938/81, teria como fundamento a proteção ecológica em si e representaria o "início de um verdadeiro Direito Ambiental", conforme afirma o autor, a partir de uma perspectiva "biocêntrica". RODRIGUES, Marcelo Abelha. O direito ambiental no século 21. *In*: MILARÉ, Édis; MACHADO, Paulo Afonso Leme. *Direito ambiental*: doutrinas essenciais. São Paulo: RT, 2011. p. 278-279. (Fundamentos do direito ambiental, v. I.)

ambientalistas durante esse período,[63] mas o surgimento do Direito Ambiental brasileiro, de acordo com o entendimento por nós sustentado, apenas ocorreu no início da década de 1980, com a edição da Lei 6.938/81.

Num momento legislativo posterior, tem-se a **terceira fase legislativa** que inicia com a consagração constitucional da proteção ambiental levada a efeito pela **CF/1988 (art. 225)**. A partir de tal momento, posterior ao surgimento do Direito Ambiental brasileiro em si, já assegurado pela Lei 6.938/81 e fortificado por toda a elaboração doutrinária[64] e jurisprudencial que se edificou desde então, a inovação trazida pela **"constitucionalização" do Direito Ambiental** diz respeito justamente à **centralidade** que os **valores e direitos ecológicos** passaram a ocupar no ordenamento jurídico brasileiro. Isso seguramente não é pouco, pois representa uma **"virada ecológica" de índole constitucional**, ou seja, o pilar central da nossa estrutura normativa passou a contemplar os valores e direitos ecológicos no seu núcleo normativo-protetivo. A consagração do objetivo e dos **deveres de proteção ambiental** a cargo do Estado brasileiro (com relação a todos os entes federativos) e, sobretudo, a atribuição do *status* **jurídico-constitucional** *jusfundamental* ao direito ao meio ambiente ecologicamente equilibrado colocaram os valores ecológicos no "coração" do nosso sistema jurídico, influenciando todos os ramos jurídicos, inclusive a ponto de limitar outros direitos (fundamentais ou não) e pautar normativamente (na forma de deveres de proteção) a atuação estatal em todos os planos federativos. Tal período legislativo inaugurado em 1988 – e vigente desde então – batizamos de *fase da "constitucionalização" da proteção ambiental*.

5.2 A fase legislativa fragmentário-instrumental da proteção ambiental

5.2.1 Considerações iniciais: a proteção jurídica fragmentada (e com viés preponderantemente econômico) dos recursos naturais no período anterior à Lei da Política Nacional do Meio Ambiente (Lei 6.938/81)

Feitas as devidas considerações gerais sobre as três fases legislativas adotadas por nós do Direito Ambiental brasileiro, trataremos da primeira delas (*fase fragmentária-instrumental*), ou seja, da legislação que antecedeu a Lei da Política Nacional do Meio Ambiente (1981), imbuída ainda de um espírito normativo fragmentário, assistemático e com nítido **caráter utilitarista e exploratório** na regulação dos recursos naturais.[65] Em alguns casos, conforme se pode verificar no exemplo da Lei de Proteção à Fauna ou Código de Caça (Lei 5.197/67), tem-se até mesmo forte conteúdo antiecológico, ao admitir e regularizar a prática da caça. Não vamos, neste tópico, resgatar a legislação brasileira editada no período histórico anterior ao século XX,[66] uma vez que, na nossa ótica, conforme relatado anteriormente, não vislumbramos a presença de "fundamen-

---

[63] BONES, Elmar; HASSE, Geraldo. *Pioneiros da ecologia*: breve história do movimento ambientalista no Rio Grande do Sul. Porto Alegre: Já Editores, 2002. p. 97 e ss.

[64] De modo a exemplificar a evolução doutrinária desencadeada a partir da edição da Lei 6.938/81, cumpre assinalar que a primeira edição da obra *Direito ambiental brasileiro* do professor Paulo Affonso Leme Machado, até hoje uma das principais referências doutrinárias na matéria, é datada de 1982 (MACHADO, Paulo Affonso Leme. *Direito ambiental brasileiro*. São Paulo: RT, 1982). Em matéria penal-ambiental, merece destaque a obra pioneira de COSTA JR., Paulo José da; GREGORI, Giorgio. *Direito penal ecológico*. São Paulo: Cetesb, 1981.

[65] A abordagem legislativa sistemática para a questão ambiental a partir da Lei 6.938/81, rompendo com a fragmentação normativa antecedente, também é identificada por BARACHO JÚNIOR, José Alfredo de Oliveira. *Proteção do ambiente na Constituição da República*. Belo Horizonte: Fórum, 2008. p. 16-17.

[66] O resgate histórico da legislação ambiental, desde o período colonial, é abordado na obra referencial de WAINER, Ann Helen. *Legislação ambiental brasileira*: subsídios para a história do direito ambiental. Rio de Janeiro: Forense, 1991; além do artigo da autora que sintetiza suas ideias, WAINER, Ann Helen. *Legislação ambiental brasileira...*, p. 705-721.

tos ecológicos" (em sentido estrito) na regulação do uso dos recursos naturais em tal período legislativo, de modo que o Direito Ambiental ainda não se fazia presente.

A legislação que regulamentou o uso dos recursos naturais no período histórico anterior ao início do século XX, muito embora possa ter grande riqueza para a compreensão da evolução histórica de alguns temas ambientais no Brasil, não nos parece que ela tenha maior significância para o estudo do Direito Ambiental moderno, de modo que nos filiamos à doutrina alemã nesse particular, ou seja, de que **não há que se falar em "Direito Ambiental" antes da década de 1970**. Portanto, preferimos iniciar a análise da legislação brasileira a partir do início século XX, destacando, na sequência, os seus principais aspectos e diplomas legislativos.

5.2.2 Os "códigos" e a legislação protetiva dos recursos naturais (e, em especial, dos animais) da década de 1930

Após a Revolução de 1930 e durante o "Governo Provisório" – com Getúlio Vargas como seu "Chefe" –, editou-se uma série de **"Códigos"**, hoje, todos revogados, que regulamentaram o uso dos recursos naturais, como é o caso do **Código Florestal** (Decreto 23.793, de 23 de janeiro de 1934), do **Código das Águas** (Decreto 24.634, de 10 de julho de 1934) e da **Lei de Proteção dos Animais** (Decreto 24.645, de 10 de julho de 1934). Também data desse período, mas já com Getúlio Vargas como "Presidente" da República do Governo Constitucional, e não mais como "Chefe" do Governo Provisório, que perdurou até a promulgação da Constituição 1934, em 16 de julho daquele ano, tendo sido eleito Presidente da República pela Assembleia Nacional Constituinte de 1934, a edição do Decreto-lei 25, de 30 de novembro de 1937, sobre a **proteção do patrimônio histórico e artístico nacional**, e do **Código de Pesca** (Decreto-lei 794, de 19 de outubro de 1938).

A **Constituição de 1934**, por sua vez, no tocante ao meio ambiente, limitava-se, no seu art. 10, a atribuir competência privativa à União e supletiva ou complementar aos Estados, para legislar sobre "riquezas do subsolo, mineração, metalurgia, águas, energia hidrelétrica, florestas, caça e pesca e a *sua exploração*" (art. 5º, XIX, "j"), bem como conferir competência concorrente à União e aos Estados para "cuidar da saúde e assistência públicas" (art. 10, II) e "proteger as belezas naturais e os monumentos de valor histórico ou artístico, podendo impedir a evasão de obras de arte" (art. 10, III). A **Constituição de 1937**, de modo similar à de 1934, atribuiu competência legislativa privativa à União para dispor sobre os bens do domínio federal, minas, metalurgia, energia hidráulica, águas, florestas, caça e pesca e sua exploração (art. 16, XIV) e estabeleceu que os monumentos históricos, artísticos e naturais, assim como as paisagens ou os locais particularmente dotados pela Natureza, gozavam da proteção e dos cuidados especiais da Nação, dos Estados e dos Municípios, bem como que os atentados contra eles cometidos eram equiparados aos perpetrados contra o patrimônio nacional (art. 134). Os valores ecológicos, como se pode observar, ainda não estavam entre os seus fundamentos propriamente.

5.2.3 A Constituição de 1946 e o dever do Estado de proteger "os monumentos naturais, as paisagens e os locais dotados de particular beleza"

A Constituição de 1946 foi promulgada à época em que a Presidência da República era ocupada por Eurico Gaspar Dutra, consagrando as liberdades expressas na Constituição de 1934, que haviam sido retiradas pela Constituição de 1937. Durante a sua vigência, ocorreu o Golpe Militar de 1964, quando governava o Presidente João Goulart. A partir de então, o seu texto passou a receber uma série de emendas, que a descaracterizaram. Foi suspensa por seis meses pelo Ato Institucional n. 1 e, finalmente, substituída pela Constituição de 1967 (proposta oficialmente pelo Ato Institucional n. 4). Adotando conteúdo praticamente idêntico às Constituições de 1934 e de 1937, analisadas anteriormente, a Constituição de 1946 não inovou na proteção ambiental.

Naquele momento histórico, ainda não havia se consolidado qualquer marco constitucional significativo em termos de proteção ambiental, o que só vai se alterar, no âmbito estrangeiro, a partir da última quadra do século XX, tomando como exemplo especialmente a Constituição portuguesa de 1976, a Constituição espanhola de 1978 e a Constituição chilena de 1980.[67] No seu texto, há a atribuição de **competência à União para legislar** sobre as riquezas do subsolo, mineração, águas, floresta, caça e pesca (art. 5º, XV, "l") e estabelecia que as obras, monumentos e documentos de valor histórico e artístico, bem como **os monumentos naturais, as paisagens e os locais dotados de particular beleza**, ficavam sob a **proteção do Poder Público** (art. 175). A diretriz constitucional, portanto, ainda seguia a perspectiva meramente "conservacionista" no que diz com os recursos naturais, tal como se verificava, naquela quadra, no plano infraconstitucional.

5.2.4 A legislação editada na década de 1960 sob a égide do regime militar

Na segunda metade da década de 1960, verificou-se um período legislativo semelhante ao ocorrido na década de 1930, com a edição de vários "códigos" e diplomas legislativos (inclusive sobre as mesmas matérias, como a pesca, a proteção das florestas e da fauna etc.) que passaram a regulamentar o uso de recursos naturais. Durante esse período, o Brasil estava sob a égide do regime militar, iniciado após o golpe ocorrido em 31 de março de 1964, com o afastamento do então Presidente da República, João Goulart, assumindo provisoriamente o presidente da Câmara dos Deputados, Ranieri Mazzilli e, em definitivo, o Marechal Castelo Branco. O regime militar estendeu-se do ano de 1964 até 1985, com a eleição indireta do Presidente Tancredo Neves. Feita tal contextualização histórica de cunho político, pode-se destacar, entre os diplomas legislativos de interesse ambiental editados ao longo de tal período: o **Estatuto da Terra** (Lei 4.504/64), o **Código Florestal** (Lei 4.771/65), o **Código de Caça** (Lei 5.197/67), o **Código de Pesca** (Decreto-lei 221/67) e o **Código de Mineração** (Decreto-lei 227/67).

Reproduzindo, em grande medida, as diretrizes normativas das legislações antecedentes, em especial as editadas ao longo da década de 1930, os diplomas da década de 1960 carregavam ainda, de modo geral, **forte conteúdo exploratório e instrumental** dos recursos naturais, e, em alguns casos, até mesmo antiecológico, como se verifica com o Código de Caça. Inexistia também à época qualquer tentativa de sistematização dos diferentes diplomas que regulamentavam, em alguma medida, o uso dos recursos naturais. Houve muito pouca evolução legislativa no tocante à proteção ecológica, apenas alguns aspectos novos de cunho conservacionista e de **enfrentamento da poluição dos recursos naturais**. O diploma que destoava um pouco dessa orientação é o **Código Florestal**, que trouxe significativos **avanços para a proteção das nossas áreas e recursos florestais**, muito embora o seu fundamento central ainda residisse numa perspectiva apenas **conservacionista**, e não propriamente ecológica, na sua acepção moderna. Nesse cenário, é importante destacar também o Código Florestal (Lei 4.771/65), que estabeleceu importantes institutos de tutela ambiental no que diz respeito ao uso da propriedade florestal, como a **reserva legal** (art. 1º, § 2º, III) e a área de preservação permanente (art. 1º, § 2º, II). Em que pesem as alterações que sofreu ao longo do tempo, o Código Florestal foi revogado apenas no ano de 2012, com a edição do Novo Código Florestal (Lei 12.651/2012).

Outros diplomas legislativos que também se destacam, já a partir de **meados da década de 1970**, são o **Decreto-lei 1.413/75**, sobre o controle da poluição ambiental provocada pela atividade industrial, o **Decreto 79.437/77**, tratando da incorporação no ordenamento nacional da Convenção Internacional sobre Responsabilidade Civil em Danos Causados por Poluição por

---

67 "CAPÍTULO III. DE LOS DERECHOS Y DEBERES CONSTITUCIONALES Artículo 19 (...) 8. El derecho a vivir en un medio ambiente libre de contaminación. Es deber del Estado velar para que este derecho no sea afectado y tutelar la preservación de la naturaleza. La ley podrá establecer restricciones específicas al ejercicio de determinados derechos o libertades para proteger el medio ambiente".

Óleo (1969), com o estabelecimento dos primeiros parâmetros legais para a caracterização da responsabilidade civil por danos ambientais (ainda antes da Lei 6.938/81), a **Lei 6.453/77**, com a consagração da responsabilidade civil "objetiva" na hipótese de danos nucleares, a **Lei 6.803/80**, com a consagração do estudo de impacto ambiental na legislação brasileira, e a **Lei 6.902/81** sobre a criação de Estações Ecológicas e Áreas de Proteção Ambiental, no sentido de fortalecer o regime jurídico das unidades de conservação (muito antes, ainda, da Lei do Sistema Nacional de Unidades de Conservação da Natureza – Lei 9.985/2000).

5.2.4.1 As Constituições de 1967 e de 1969 (Emenda n. 1, de 17 de outubro de 1969)

A **Constituição de 1967** reproduziu o conteúdo dos textos constitucionais precedentes no tocante à proteção dos recursos naturais, limitando-se a atribuir **competência à União para legislar** sobre jazidas, minas e outros recursos minerais, metalurgia, florestas, caça e pesca e águas (art. 8º, XVII, "h" e "i") e estabelecer o dever do Poder Público de proteção especial dos documentos, as obras e os locais de valor histórico ou artístico, **os monumentos e as paisagens naturais notáveis**, bem como as jazidas arqueológicas (art. 170, parágrafo único). A **Constituição de 1969** (Emenda n. 1, de 17 de outubro de 1969), por sua vez, também não avança em nada em termos ecológicos e apenas confirma o perfil conservacionista da época (visto em especial no Código Florestal de 1965), ao estabelecer, no art. 180 do texto constitucional militar, que "ficam sob a proteção especial do Poder Público os documentos, as obras e os locais de valor histórico ou artístico, os **monumentos e as paisagens naturais notáveis**, bem como as jazidas arqueológicas".[68] Ainda levará aproximadamente duas décadas para tal "estado de coisas" ser modificado no plano constitucional, o que só viria a ocorrer com a promulgação da CF/1988, conforme veremos logo adiante.

Os diplomas (inclusive em termos constitucionais) editados durante o **regime militar**, ao longo da segunda metade da década de 1960,[69] não avançaram em relação ao **paradigma "conservacionista"** (o Código Florestal de 1965 é o melhor exemplo), já que não estavam nos seus fundamentos valores propriamente "ecológicos". Isso quando não priorizavam a regulação do uso dos recursos naturais com propósitos exclusivamente **econômico-exploratório** – o Código de Pesca de 1967 seria um exemplo – ou até mesmo, pelo menos em parte, "antiecológicos", como nos parece ser o caso do Código de Caça, de 1967. Não se tratava, portanto, de legislação afinada por uma perspectiva propriamente ecológica.

Além disso, não se verificava na legislação qualquer pretensão de sistematizar o regime jurídico de proteção dos recursos naturais, mas apenas de estabelecer, quando muito, uma proteção "fragmentária" dos diferentes elementos naturais (fauna, flora e florestas, minérios etc.). Fábio Nusdeo identifica o caráter "conservacionista" da legislação editada no período verificado entre 1965 e 1967, afirmando que, muito embora a relevância do novo aporte legislativo pro-

---

[68] O art. 8º, XVII, "c", "h" e "i", da Constituição de 1969 atribuiu, prevalentemente, à União a competência para legislar sobre recursos naturais, sem prejuízo da competência supletiva dos Estados.

[69] Na década de 1960, Fábio Nusdeo refere como significativa a edição, em 28 de fevereiro de 1967, de outros dois diplomas normativos, muito embora a sua revogação poucos meses depois. São eles o Decreto-lei 248, instituindo a Política Nacional de Saneamento, e o Decreto-lei 303, criando o Conselho Nacional de Controle da Poluição Ambiental. Em termos gerais, os diplomas referidos tratam de temas com forte repercussão de ordem ecológica. No primeiro caso, inclusive como destaca Nusdeo, tem-se o enfrentamento do que ele denomina de "poluição dos pobres", ou seja, a contaminação das águas pela falta de tratamento com prejuízo direto para a saúde humana, notadamente da população mais carente. No segundo diploma, tem-se o reconhecimento do problema da poluição em termos gerais, atribuindo a poluição diretamente à atividade econômica praticada pelo homem. Ambos foram revogados poucos meses pela Lei 5.318, de 26 de setembro de 1967, e, segundo Nusdeo, toda a estrutura prevista no Decreto-lei 303, para a atuação específica antipoluição, se perdeu e nada semelhante foi criado para substituí-la (NUSDEO, Fábio. *Desenvolvimento e ecologia*. São Paulo: Saraiva, 1975. p. 106-109).

duzido em tal momento sob a ótica da proteção dos recursos naturais, "é forçoso reconhecer, no entanto, que o País ainda se acha despercebido de uma legislação abrangente e completa que realmente contenha os instrumentos aptos ao adequado tratamento do fenômeno e de suas manifestações".[70] Esse cenário vai mudar paradigmaticamente a partir do início da década de 1980, como veremos a seguir.

5.3 A fase legislativa sistemático-valorativa da proteção ambiental

5.3.1 A Lei da Política Nacional do Meio Ambiente (Lei 6.938/81) como o marco normativo inaugural do Direito Ambiental brasileiro moderno

A proteção ecológica, como referido anteriormente, foi impulsionada pela sociedade brasileira (e também mundial) a partir da década de 1970, repercutindo mais tarde na adoção de medidas legislativas que recepcionaram no ordenamento jurídico pátrio tais reivindicações e novos valores sociais. A década de 1980 foi, nesse caminhar evolutivo, o período legislativo do surgimento e, ao mesmo tempo, da "**codificação**" do Direito Ambiental brasileiro,[71] o que resultou reforçado sobremaneira, logo mais adiante e ainda na década de 1980, mediante a consagração da proteção constitucional do meio ambiente na CF/1988 (art. 225). Nesse cenário, a Lei da Política Nacional do Meio Ambiente (LPNMA) – **Lei 6.938**, de 31 de agosto de 1981, representa o **marco inicial do Direito Ambiental brasileiro**, dando os delineamentos normativos gerais a respeito da proteção jurídica do meio ambiente, seus **objetivos, princípios, instrumentos gerais** etc. Mesmo após seus 40 anos de vigência, celebrados em 2021, o diploma cumpre até hoje o papel de *Código Ambiental Brasileiro*.

A Lei 6.938/81 alinhou-se com inovações legislativas antecedentes verificadas em outros países e no cenário internacional, como ocorreu, neste último caso, por meio da Declaração de Estocolmo sobre o Meio Ambiente Humano (1972). De modo emblemático, destacam-se também, no cenário norte-americano, a *National Environmental Policy Act* (1970), a *Clean Air Act* (1970) e a *Clean Water Act* (1972), bem como, já no cenário europeu, os dispositivos específicos sobre proteção ecológica trazidos pelas Constituições portuguesa (1976) e espanhola (1978). Tais legislações, entre outras, exerceram forte influência e impulsionaram a elaboração e aprovação da Lei 6.938/81.

A LPNMA estabeleceu, em linhas gerais, a sistematização da proteção jurídica dos valores ecológicos no sistema jurídico brasileiro, rompendo com a proteção fragmentária (e sem fundamento propriamente ecológico) até então prevalecente. Para Antonio Herman Benjamin, a Lei 6.938/81, além de ser verdadeiro marco inicial da proteção jurídica do meio ambiente no Brasil, representa uma (re)orientação radical de rumo na matéria, "dando início à *fase holística*, na qual o ambiente passa a ser protegido de maneira integral, vale dizer, como sistema ecológico integrado (resguardam-se as partes a partir do todo) e com autonomia valorativa (é, em si mesmo, bem jurídico)".[72] A Lei 6.938/81 consagrou o meio ambiente como um **bem jurídico autônomo** dotado de especial proteção no ordenamento jurídico brasileiro, o que não existia anteriormente.

As inovações legislativas (por exemplo, os instrumentos da PNMA) trazidas pela Lei 6.938/81, muito embora tenham sido aprimoradas em alguns aspectos por legislações mais recentes, ainda hoje se configuram como pilares centrais da Política Nacional do Meio Ambiente, bem como do Direito Ambiental brasileiro de modo geral. Até hoje, a Lei 6.938/81 possui papel normativo fundamental na nossa ordem jurídico-ambiental. A título de exemplo, destacam-se a

---

[70] NUSDEO, Fábio. *Desenvolvimento e ecologia...*, p. 106.
[71] No sentido de identificar na Lei 6.938/81 a "codificação" da base da política ambiental brasileira, v. RAMOS, Erasmo Marcos. *Direito ambiental comparado...*, p. 105.
[72] BENJAMIN, Antonio Herman Introdução ao direito ambiental..., p. 52.

consagração da responsabilidade objetiva (independentemente de culpa) do poluidor por danos causados ao meio ambiente (art. 14, § 1º) e a exigência de estudo prévio de impacto ambiental para a instalação de obra ou atividade lesiva ou potencialmente lesiva ao ambiente (art. 10). Numa perspectiva progressista para a época e antecipando o que estava por vir na CF/1988, a Lei 6.938/81 identificou, de forma até mesmo surpreendente, a importância da qualidade, do equilíbrio e da segurança ambiental para assegurar **proteção adequada à dignidade e à vida humanas**, conforme se pode depreender da leitura do seu art. 2º, *caput*, tudo de modo a guardar perfeita sintonia com o projeto jurídico-constitucional instaurado em 1988, sobretudo no que diz com a consagração de um direito fundamental ao meio ambiente sadio, seguro e ecologicamente equilibrado.

5.3.2 A legislação ambiental do período compreendido entre a Lei 6.938/81 e a CF/1988

5.3.2.1 A Lei da Ação Civil Pública (Lei 7.347/85) e a criação do microssistema processual coletivo brasileiro

Pouco tempo depois da Lei 6.938/81, a **Lei da Ação Civil Pública – LACP** (Lei 7.347/85) contemplou no seu **objeto** de tutela a responsabilidade por **danos causados ao meio ambiente (art. 1º, I)**, aos bens e direitos de valor artístico, estético, turístico e paisagístico (inciso II), e, posteriormente (2001), a ordem urbanística. Um dos aspectos mais importantes da LACP está na atribuição de legitimidade ativa para as associações civis (art. 5º), dando uma margem democrática maior à tutela ambiental e reconhecendo o protagonismo da sociedade civil nessa seara.[73] O paradigma liberal-individualista do Direito, que marcou sobremaneira o nosso sistema jurídico nos últimos séculos, especialmente sob a influência dominante do Direito Privado, já é coisa do passado. O pacto constitucional de 1988 decretou o seu fim. Nesse compasso, a Lei 7.347/85 – ainda antes da CF/1988 – assentou as bases, tanto em termos **material** quanto **processual**, da nova ordem jurídica ascendente marcada pelos **paradigmas social e ecológico** – e, para alguns, até mesmo **socioambiental** –, ancorado na força normativa irradiante do princípio da dignidade da pessoa humana.

A **mitigação da tradição jurídica liberal-individualista** e ascendência dos valores sociais e ecológicos no nosso ordenamento jurídico são sentidos em todos os ramos jurídicos. O processo civil talvez tenha sido o precursor, em certa medida, de tal mudança de paradigma, notadamente com relação à conformação dos "**direitos transindividuais**". Muitos dos avanços sentidos na ruptura com o marco jurídico liberal-individualista tiveram na sua base a produção doutrinária "progressista" de autores provenientes da área do Processo Civil e, em especial, do **Processo Civil Coletivo** (ou mesmo vinculados a áreas correlatas, como o **Direito Ambiental** e o **Direito do Consumidor**).

Antes mesmo da CF/1988, já dispúnhamos da Lei da Ação Civil Pública (Lei 7.347/85), diploma processual – também com forte conteúdo inovador de ordem material – que combatia tal "olhar individualista" do processo civil, abrindo o sistema jurídico para os **conflitos de massa** que marcam a nossa sociedade desde (pelo menos) a década de 1970. O mesmo se pode dizer em relação à Lei da Política Nacional do Meio Ambiente (Lei 6.938/81), a qual consagrou, pouco antes da Lei 7.347/85, a **legitimidade do Ministério Público** para a propositura de ação de reparação por danos ambientais (art. 14, § 1º), inaugurando, em certa medida, os novos instrumentos processuais coletivos no âmbito do ordenamento jurídico pátrio. Da mesma forma, a

---

[73] Para uma introdução ao Direito Ambiental, com destaque para a sua evolução no cenário brasileiro, merece destaque o clássico ensaio de BENJAMIN, Antonio Herman. Introdução ao direito ambiental brasileiro. *In*: SOARES JÚNIOR, Jarbas; GALVÃO, Fernando (coord.). *Direito ambiental*: na visão da Magistratura e do Ministério Público. Belo Horizonte: Del Rey, 2003. p. 11-115.

Lei Complementar 40/81, que regia o Ministério Público naquela época, estabeleceu a atribuição do *Parquet* para ajuizamento de ação civil pública (art. 3º, III). O seu objeto, influenciado pela Lei 6.938/81, era restrito à questão ambiental, o que se alterou substancialmente com o advento da Lei 7.347/85, iniciando-se uma normatização sistematizada para defesa de interesses coletivos e difusos (que teve, até o momento, o seu ápice com o Código de Defesa do Consumidor).

A **CF/1988**, por sua vez, acompanhou esse cenário normativo "renovador" do nosso ordenamento jurídico, dando **guarida constitucional aos novos direitos de natureza coletiva**. A título de exemplo, verifica-se a consagração constitucional da **proteção do consumidor** (art. 5º, XXXII), de um extenso rol de **direitos sociais** (art. 6º) e do **direito ao meio ambiente** (art. 225). Após a CF/1988, muitos outros diplomas legislativos subsequentes, por exemplo, a Lei de Proteção das Pessoas com Deficiência (Lei 7.853/89), o Código de Defesa do Consumidor (Lei 8.078/90), o Estatuto da Criança e do Adolescente (Lei 8.069/90), o Estatuto da Cidade (Lei 10.257/2001), o Estatuto do Idoso (Lei 10.741/2003), a Lei "Maria da Penha" de Combate à Violência Doméstica e Familiar contra a Mulher (Lei 11.340/2006), o Estatuto da Igualdade Racial (Lei 12.288/2010) e o Estatuto da Pessoa com Deficiência (Lei 13.146/2015), fortaleceram normativamente tal *paradigma jurídico da socialidade*, permeados pelos marcos constitucionais da **igualdade** e da **solidariedade**, de modo a consolidar o **Direito Processual Coletivo brasileiro**.

A LACP, em sintonia com a Lei 6.938/81, surgiu num cenário jurídico em que despontava a consagração de "novos" direitos de natureza coletiva, objetivando a apuração da responsabilidade por danos causados ao meio ambiente, ao consumidor, a bens e direitos de valor artístico, estético, histórico, turístico e paisagístico. Além de reforçar o conteúdo inaugurado pela Lei 6.938/81, com a caracterização do direito ao meio ambiente como **novo direito de natureza difusa**, a Lei 7.347/85 consolida um novo regime jurídico – tanto de ordem material quanto processual[74] – para dar conta de acompanhar a evolução jurídica que se processava com a consagração dos **direitos coletivos (em sentido amplo)**.

A LACP criou um importantíssimo **instrumento de controle social** sobre práticas degradadoras do meio ambiente, tanto quando perpetradas por atores públicos como quando por particulares (pessoas físicas e jurídicas). Antes da Lei 6.938/81 e da LACP, havia, quando muito, do ponto de vista processual, as ações voltadas à proteção dos **direitos de vizinhança** como instrumento (indireto) para promover a proteção ecológica. Não obstante a Lei 6.938/81 já ter reconhecida a possibilidade da propositura de ação de responsabilidade civil por danos causados ao meio ambiente, reconhecendo a legitimidade do Ministério Público da União e Ministério Público dos Estados para propor tal medida (art. 14, § 1º, parte final), foi a LACP que inicia um novo capítulo no cenário jurídico nacional ao sistematizar a matéria dos direitos coletivos em sentido amplo (**individuais homogêneos, coletivos em sentido estrito e difusos**). Nesse contexto, é importante frisar que a "revolução" proporcionada pela LACP, para além de uma reforma processual, diz respeito à consagração de **novos direitos de natureza material**, entre eles o direito ao meio ambiente.

A Lei 7.347/85 **ampliou significativamente as atribuições do Ministério Público** no que tange à tutela e promoção dos novos direitos coletivos, não apenas no sentido de lhe atribuir legitimidade para a propositura de ACP (art. 5º, I) – e mesmo a figura de **fiscal da lei** quando a propositura da ACP por outro ente legitimado (art. 5º, § 1º) –, mas também para a celebração do **termo de ajustamento de conduta** (art. 5º, § 6º) e para a instauração de **inquérito civil** (art. 8º, § 1º), o que impulsionou uma nova conformação institucional para o *Parquet* inaugurada pela

---

[74] ZAVASCKI, Teori A. *Processo coletivo*: tutela de direitos coletivos e tutela coletiva de direitos. 5. ed. São Paulo: RT, 2011. p. 28.

Lei 6.938/81.[75] Em que pese a LACP tenha assegurado também a **legitimidade das associações** (art. 5º, V) – e de outros entes públicos e, a partir de 2007, também da Defensoria Pública – para a propositura de ação civil pública, há na LACP a definição de um papel de protagonista para o Ministério Público na matéria coletiva (o que se verifica até os dias atuais). O desenvolvimento do Direito Ambiental brasileiro, sobretudo no que toca à tutela judicial e extrajudicial do meio ambiente, caminhou sempre de mãos dadas com o próprio aperfeiçoamento e a especialização institucional levados a efeito pelo Ministério Público brasileiro em matéria ambiental. Igual avanço se verifica hoje em relação à **proteção climática**, com a institucionalização de tal especialização temática cada vez maior no Parquet e nas demais instituições do Sistema de Justiça para fazer frente a tal desafio contemporâneo.

Talvez a principal frustração da LACP, pensando na sua efetivação, tenha sido o fato de a legitimidade das associações civis, como no caso das organizações não governamentais (ONGs) de proteção ecológica, não ter sido mais exercitada de forma expressiva. Dito de outro modo, a utilização da ACP pela sociedade civil organizada, depois de mais de três décadas da sua consagração legislativa, resultou muito tímida na prática. Isso fez com que o **ideal democrático-participativo** que levou ao reconhecimento da legitimidade das associações para a propositura da ACP não saísse, em grande medida, do papel. Em matéria ambiental, há quase que um monopólio da atuação do Ministério Público no tocante à propositura de ACP. O ideal seria, por certo, que, ao lado do *Parquet* – e mesmo dos demais entes públicos legitimados –, as associações assumissem, se não o papel de principal protagonista, ao menos um papel mais ativo, o que, sem dúvida, ampliaria a legitimidade política da atuação judicial em questões ambientais, impulsionando, por meio de um **maior controle social**, a **efetivação da legislação ambiental**.

5.4 A fase da "constitucionalização" da proteção ambiental (e do Direito Ambiental)

5.4.1 *A consagração "constitucional" da proteção ecológica na Constituição Federal de 1988 (art. 225) como objetivo e dever do Estado e direito-dever fundamental do indivíduo e da coletividade*

"No País da malária, da seca, da miséria absoluta, dos menores de rua, do drama fundiário, dos sem-terra, há, por certo, espaço para mais uma preocupação moderna: a degradação ambiental (**Ministro Luís Roberto Barroso**)".[76]

Após a Lei 6.938/81, o marco normativo mais significativo para a consolidação do Direito Ambiental e afirmação dos valores ecológicos no sistema jurídico brasileiro foi, sem dúvida, a consagração da proteção constitucional do meio ambiente no âmbito da **Constituição Federal de 1988** e do seu **paradigmático art. 225**. A década de 1980, por essa ótica, pode ser denominada como a "**década de ouro**" do Direito Ambiental brasileiro, o que é simbolizado, em especial, pela importância da Lei 6.938/81 e pela CF/1988. Esse período legislativo (*terceira fase legislativa*), inaugurado em 1988, é designado por nós de **fase da "constitucionalização" da proteção ambiental e do Direito Ambiental**. A grande "inovação" trazida por tal período diz

---

[75] A nova roupagem institucional atribuída ao Ministério Público, ao despontar para a atuação coletiva como corolário do seu papel de guardião da sociedade e dos direitos de cidadania, v., pelo prisma de uma análise jurídico-política, SADEK, Maria Tereza. Cidadania e Ministério Público. *In*: SADEK, Maria Tereza (Org.). *Justiça e cidadania no Brasil*. São Paulo: Sumaré/IDESP, 2000. p. 11-37.

[76] BARROSO, Luís Roberto. Proteção do meio ambiente na Constituição brasileira. *Revista Trimestral de Direito Público*, São Paulo: Malheiros, n. 2, p. 59, 1993.

respeito à centralidade que os valores e direitos ecológicos passaram a ocupar no ordenamento jurídico brasileiro, o que representa uma **"virada ecológica" de índole jurídico-constitucional**.

A proteção do meio ambiente – e, portanto, a qualidade, o equilíbrio e a segurança ambiental – passou a integrar o núcleo da nossa estrutura normativa constitucional e, com isso, a assegurar um novo fundamento para toda a ordem jurídica interna. A consagração do *objetivo* e dos **deveres de proteção ambiental** a cargo do Estado brasileiro (em relação a todos os entes federativos) e, sobretudo, a **atribuição do *status* jurídico-constitucional de *direito-dever fundamental* ao direito ao meio ambiente ecologicamente equilibrado** colocam os valores ecológicos no "coração" do Direito brasileiro, influenciando todos os ramos jurídicos, inclusive a ponto de implicar limites a outros direitos (fundamentais ou não). Alinha-se a isso tudo também uma nova *dimensão ecológica* na conformação do conteúdo normativo do **princípio da dignidade da pessoa humana**.[77] Com base no novo "programa constitucional ecológico" estabelecido em 1988, diversas leis ambientais foram elaboradas, de modo a regulamentar o art. 225 da CF/1988.

5.5 Fase legislativa "Ecocêntrica" ou dos "Direitos dos Animais e dos Direitos da Natureza" (ou do "Direito Ecológico")

A discussão em torno de uma **nova (quarta) fase do Direito Ambiental**, por meio da transição para um **"Direito Ecológico"** ganha cada vez mais destaque no contexto doutrinário brasileiro e estrangeiro,[78] impulsionada, por exemplo, pelo reconhecimento dos **direitos dos animais não humanos** e dos **direitos da Natureza**.

Entre as principais características dessa nova fase de desenvolvimento do Direito Ambiental, mais alinhado, aliás, com a concepção de um Direito Ecológico, podemos destacar:

- novo **paradigma jurídico-constitucional biocêntrico ou ecocêntrico**;
- reconhecimento do **valor intrínseco** dos animais não humanos e da Natureza (e dos elementos naturais);
- atribuição de **dignidade** aos animais não humanos e à Natureza;
- princípio da parentalidade filogenética (E. O. Wilson)
- atribuição pela legislação civil do *status* jurídico **"seres sencientes"** (e, portanto, não mais "coisas") dos animais não humanos;
- atribuição de **direitos** aos animais não humanos e à Natureza, inclusive em relação aos elementos naturais (ex.: rios, florestas etc.);
- atribuição de **personalidade jurídica** aos animais não humanos e à Natureza, com o estabelecimento de formas e procedimentos de **representação adequada** dos seus interesses e direitos, de modo similar ao tratamento jurídico dispensado há séculos às pessoas jurídicas não naturais, como empresas, corporações, instituições públicas etc.;
- reconhecimento da capacidade processual de ser parte dos animais e da Natureza e da legitimidade para a reivindicação judicial (em nome próprio) dos seus direitos.

---

[77] V. FENSTERSEIFER, Tiago. *Direitos fundamentais e proteção do ambiente*.... especialmente p. 33 e ss.
[78] LEITE, José Rubens Morato; SILVEIRA, Paula Galbiatti. A ecologização do Estado de Direito: uma ruptura ao direito ambiental e ao antropocentrismo vigentes. *In*: LEITE, José Rubens Morato (Coord.). *A ecologização do direito ambiental vigente*: rupturas necessárias. 2. ed. Rio de Janeiro: Lumen Juris, 2020. p. 89 e ss.

PRINCIPAIS CARACTERÍSTICAS DE CADA FASE LEGISLATIVA

1)	Fase Fragmentário-Instrumental da Legislação Ambiental	– **legislação fragmentária** e assistemática; – ausência de reconhecimento da autonomia do bem jurídico ambiental; – visão meramente **instrumental/utilitarista** da proteção dos recursos naturais (ex.: interesses econômicos e saúde pública).
2	Fase Sistemático-Valorativa da Legislação Ambiental	– **microssistema legislativo ambiental** (objetivos, princípios e instrumentos jurídicos especializados); – **autonomia** do bem jurídico ambiental; – reconhecimento do Direito Ambiental como **nova disciplina jurídica**; – institucionalização de uma política pública ambiental de expressão nacional.
3)	Fase da "Constitucionalização" da Legislação Ambiental (e do Direito Ambiental)	– **"constitucionalização"** do Direito Ambiental e da proteção ecológica; – novo **direito-dever fundamental** ao meio ambiente (art. 225 da CF/1988); – **posição de centralidade** assumida pela proteção ecológica no nosso sistema jurídico; – **clausula pétrea** do sistema constitucional; – primeiros sinais de **ruptura com a tradição jurídica antropocêntrica clássica** (ex.: vedação de práticas cruéis contra os animais, proteção de espécies da fauna e da flora ameaçadas de extinção e dos processos ecológicos essenciais); – consolidação de **jurisprudencial ecológica**, notadamente no âmbito dos Tribunais Superiores (STJ e STF); – **tributação ecológica e climática** (EC 132/2023, arts. 145, § 3º, e 225, § 1º, VIII); – **sistema normativo multinível, plural e transfronteiriço** (ex.: *status* supralegal dos tratados internacionais ambientais e climáticos, diálogo de Cortes etc.). **Obs.** Mais recentemente, uma **"dimensão climática"** foi incorporada à "constitucionalização" da proteção ambiental, por meio, por exemplo, da consagração expressa de **deveres estatais de proteção climática** na própria CF/1988 (*vide* novo inciso VIII do § 1º do art. 225, inserido pela **EC 123/2022** e alterado pela EC 132/2023), bem como na jurisprudência recente do STF (ex. ADPF 708/DF, ADO 59/DF e ADPF 760/DF)

4) Fase "Ecocêntrica" ou dos "Direitos da Natureza" (e dos Animais Não Humanos) ou do Direito Ecológico

– novo **paradigma jurídico-constitucional biocêntrico e ecocêntrico**;
– reconhecimento do **valor intrínseco** dos animais não humanos e da Natureza (e dos elementos naturais);
– **parentalidade filogenética** (E. O. Wilson)
– atribuição de **dignidade** aos animais não humanos e à Natureza;
– atribuição pela legislação civil do *status* jurídico **"seres sencientes"** (e, portanto, não mais "coisas") dos animais não humanos;
– atribuição de **direitos** aos animais não humanos e à Natureza, inclusive com relação aos elementos naturais (ex.: rios, florestas etc.);
– atribuição de **personalidade jurídica** aos animais não humanos e à Natureza, com o estabelecimento de formas e procedimentos de **representação adequada** dos seus interesses e direitos, de modo similar ao tratamento jurídico dispensado há séculos às pessoas jurídicas não naturais, como empresas, corporações, instituições públicas etc.;
– reconhecimento do *status* **processual** e da capacidade processual de ser parte dos animais e da Natureza e da legitimidade para a reivindicação judicial (em nome próprio) dos seus direitos;
– consagração da **família multiespécie** e do bem-estar animal no Direito de Família.

PRINCIPAIS DIPLOMAS LEGISLATIVOS EDITADOS EM CADA FASE LEGISLATIVA

1) FASE LEGISLATIVA "FRAGMENTÁRIO-INSTRUMENTAL" DA PROTEÇÃO AMBIENTAL (anterior à Lei 6.938/81)

Código Civil de 1916 e o "viés ecológico" da proteção dos direitos de vizinhança (segurança, sossego e saúde)

Criação do Serviço Florestal do Brasil (Decreto Legislativo 4.421/1921)

Constituição de 1934 – Atribuiu competência legislativa exclusiva à União para legislar sobre os bens do domínio federal, riquezas do subsolo, mineração, águas, energia hidrelétrica, florestas, caça e pesca e a sua exploração (art. 5º, XIX, "j") e competência concorrente da União e dos Estados para proteger as belezas naturais e os monumentos de valor histórico ou artístico, podendo impedir a evasão de obras de arte (art. 10, III)

Código Florestal de 1934 e as primeiras limitações "conservacionistas" ao direito de propriedade (em prol do interesse comum)

Código das Águas de 1934 e os primeiros "indícios" de uma preocupação com a poluição hídrica (em defesa da saúde pública)

Lei de Proteção aos Animais de 1934 e o novo *status* jurídico dos animais (e correlatos deveres do Estado e da sociedade na sua tutela e promoção de bem-estar)

Constituição de 1937 – Atribuiu competência legislativa privativa à União para dispor sobre os bens do domínio federal, minas, metalurgia, energia hidráulica, águas, florestas, caça e pesca e sua exploração (art. 16, XIV) e estabeleceu que os monumentos históricos, artísticos e naturais, assim como as paisagens ou os locais particularmente dotados pela Natureza, gozam da proteção e dos cuidados especiais da Nação, dos Estados e dos Municípios. Os atentados contra eles cometidos serão equiparados aos perpetrados contra o patrimônio nacional (art. 134)

Lei sobre a Proteção do Patrimônio Histórico e Artístico Nacional de 1937 e os primeiros contornos normativos de um conceito jurídico "amplo" de meio ambiente

Código de Pesca de 1938 e a preponderância de um caráter exploratório dos recursos pesqueiros (com algumas considerações sobre a poluição hídrica)

Constituição de 1946 – Atribuiu competência à União para legislar sobre as riquezas do subsolo, mineração, águas, floresta, caça e pesca (art. 5º, XV, "l") e estabeleceu que as obras, monumentos e documentos de valor histórico e artístico, bem como os monumentos naturais, as paisagens e os locais dotados de particular beleza ficavam sob a proteção do Poder Público (art. 175)

Decreto 50.877/61 e a primeira definição legal de poluição

1964 – Golpe militar em 31 de março de 1964 (regime militar perdurou até 1985)

Estatuto da Terra de 1964 e os primeiros contornos ecológicos da função social da propriedade

Código Florestal de 1965 – O principal marco normativo do "conservacionismo" jurídico-ambiental brasileiro

Constituição de 1967 – Atribuiu competência à União para legislar sobre jazidas, minas e outros recursos minerais; metalurgia; florestas, caça e pesca e águas (art. 8º, XVII, "h" e "i") e o dever do Poder Público de proteção especial dos documentos, as obras e os locais de valor histórico ou artístico, os monumentos e as paisagens naturais notáveis, bem como as jazidas arqueológicas (art. 170, parágrafo único)

Código de Caça de 1967 e seu viés "antiecológico"

Código de Pesca de 1967 e a perpetuação de um modelo predatório da fauna aquática (e a crescente preocupação com a poluição hídrica)

Código de Mineração de 1967 e seu propósito estritamente econômico-exploratório

1973 – Criação da Secretaria Especial do Meio Ambiente (SEMA) no âmbito federal (Decreto 73.030/73): o primeiro marco da "institucionalização" de uma política pública voltada à proteção ambiental (após a Conferência de Estocolmo de 1972)

Decreto-lei 1.413/75 e o controle da poluição ambiental provocada pela atividade industrial

Decreto 79.437/77 e a incorporação no ordenamento nacional da Convenção Internacional sobre Responsabilidade Civil em Danos Causados por Poluição por Óleo (1969): o estabelecimento dos primeiros parâmetros legais para a caracterização da responsabilidade civil por danos ambientais

Lei 6.453/77 e a consagração da responsabilidade civil "objetiva" na hipótese de danos nucleares: o passo inicial na consagração da responsabilidade civil ambiental

Lei 6.803/80 e a consagração do estudo de impacto ambiental na legislação brasileira

Lei 6.902/81 e a criação de Estações Ecológicas e Áreas de Proteção Ambiental: no caminho da consolidação do regime jurídico das unidades de conservação

2) FASE LEGISLATIVA "SISTEMÁTICO-VALORATIVA" DA PROTEÇÃO AMBIENTAL (período compreendido entre a Lei 6.938/81 e a CF/1988)

Lei da Política Nacional do Meio Ambiente (Lei 6.938/81) como o marco normativo inaugural do Direito Ambiental brasileiro moderno e a criação de um microssistema legislativo ambiental

Decreto 91.145/85 e a criação do Ministério do Desenvolvimento Urbano e Meio Ambiente: o primeiro passo até a consagração do Ministério do Meio Ambiente (MMA)

Lei da Ação Civil Pública (Lei 7.347/85): a consagração do bem jurídico ecológico e do direito ao meio ambiente como direito ou interesse difuso e sua tutela processual coletiva

Lei 7.643/87 e a proibição da pesca de cetáceo em águas brasileiras

Lei 7.661/88 sobre o Plano Nacional de Gerenciamento Costeiro

3) FASE LEGISLATIVA DA "CONSTITUCIONALIZAÇÃO" DA PROTEÇÃO AMBIENTAL (a partir da CF/1988 até os dias de hoje)

Constituição de 1988: a consagração constitucional da proteção ecológica como "objetivo e dever do Estado" e como "direito-dever fundamental de titularidade do indivíduo e da coletividade (art. 225)

A ampliação do objeto da **ação popular (Lei 4.717/65)** e a consagração da "ação popular ambiental" pelo art. 5º, LXXIII, da CF/1988

Lei 7.735/89 e a criação do Instituto Brasileiro do Meio Ambiente e dos Recursos Renováveis (IBAMA)

Lei sobre Agrotóxicos (Lei 7.802/89): o combate à poluição química

Código de Defesa do Consumidor (Lei 8.078/90): o fortalecimento (e maior grau de sistematização) do Direito Processual Coletivo brasileiro e seus reflexos na legislação ambiental

Lei do Sistema Único de Saúde – SUS (Lei 8.080/90) e a proteção ambiental: a tutela e promoção da "sadia qualidade de vida"

Lei da Política Nacional de Recursos Hídricos (Lei 9.433/97): a gestão pública democrática dos recursos hídricos

Lei dos Crimes e Infrações Administrativas Ambientais (Lei 9.605/98): a "criminalização" e repressão estatal às condutas lesivas ou potencialmente lesivas ao meio ambiente

Lei da Política Nacional de Educação Ambiental (Lei 9.795/99): o papel do Estado e da sociedade na promoção da consciência ecológica

Lei do Sistema Nacional de Unidades de Conservação da Natureza (Lei 9.985/2000): a sistematização do regime jurídico das áreas ambientais especialmente protegidas

Estatuto da Cidade (Lei 10.257/2001) e a proteção do meio ambiente urbano: rumo às "cidades sustentáveis"

Novo Código Civil de 2002 (art. 1.228, § 1º) e a consagração da "função ecológica" da propriedade (e da posse)

Lei do Acesso a Informação Ambiental (Lei 10.650/2003): o acesso público aos dados e informações existentes nos órgãos e entidades integrantes do SISNAMA

Lei de Biossegurança (Lei 11.105/2005) e a consagração expressa do princípio da precaução na legislação ambiental brasileira

Lei do Serviço Florestal Brasileiro (Lei 11.284/2006) e a gestão das florestas públicas para a produção sustentável

Lei da Mata Atlântica (Lei 11.428/2006) e a proteção das últimas áreas remanescentes do bioma da Mata Atlântica no território nacional

Lei da Política Nacional de Saneamento Básico (Lei 11.445/2007) e a abordagem "socioambiental" da tutela ecológica

Lei 11.516/2007 e a criação do Instituto Chico Mendes de Conservação da Biodiversidade (ICMBio)

Lei 11.794/2008 sobre o uso científico de animais

Lei 11.934/2009 e os limites à exposição humana a campos elétricos, magnéticos e eletromagnéticos: a regulação jurídica de novos "riscos ecológicos"

Lei da Política Nacional de Desenvolvimento Sustentável da Aquicultura e da Pesca (Lei 11.959/2009)

Lei da Política Nacional sobre Mudança do Clima (Lei 12.187/2009)

Lei da Política Nacional de Resíduos Sólidos (Lei 12.305/2010)

Lei do Acesso à Informação (Lei 12.527/2011) e o acesso à informação ambiental

Lei sobre Competência Administrativa em Matéria Ambiental (Lei Complementar 140/2011) e a regulamentação infraconstitucional dos deveres de proteção ambiental dos entes federativos (União, Estados, Distrito Federal e Municípios)

Lei da Política Nacional de Proteção e Defesa Civil (Lei 12.608/2012) e a questão dos refugiados ou necessitados em termos ecológicos (ou socioambientais)

Novo Código Florestal Brasileiro (Lei 12.651/2012)

Lei de Acesso ao Patrimônio Genético (Lei 13.123/2015)

Lei da Política de Educação para o Consumo Sustentável (Lei 13.186/2015)

Lei 13.668/2018 sobre a **criação de fundo** para destinação e aplicação dos recursos de **compensação ambiental**

Lei da Política Nacional de Pagamento por Serviços Ambientais (Lei 14.119/2021)

Emenda Constitucional 123/2022 e inserção de **deveres de proteção climática no art. 225 (§ 1º, VIII)** à CF/1988 (regime fiscal favorecido para biocombustíveis em detrimento dos combustíveis fósseis)

Julgamento dos **Casos Fundo Clima (ADPF 708)** e **Fundo Amazônia (ADO 59)** pelo **STF**, no ano de 2022, com o reconhecimento expresso, na ADPF, dos deveres convencionais, constitucionais e legais do Estado de combater as mudanças climáticas, bem como a equiparação dos tratados internacionais ambientais – ex. a Convenção-Quadro sobre Mudança Climática e o Acordo de Paris de 2015 – aos tratados internacionais de direitos humanos, com o reconhecimento do seu status normativo "supralegal"

Alteração do nome Ministério do Meio Ambiente para **"Ministério do Meio Ambiente e da Mudança do Clima"**, por meio da Medida Provisória 1.154, de 1º de janeiro de 2023 (art. 17, XVIII)

Criação do **Ministério dos Povos Indígenas** (Medida Provisória 1.154/2023, art. 17, XXIV) na estrutura do Governo Federal

Nova **Lei de Agrotóxicos** (Lei 14.785/2023)

4) FASE LEGISLATIVA "ECOCÊNTRICA" OU DOS "DIREITOS DA NATUREZA (E DOS ANIMAIS NÃO HUMANOS)" OU DO DIREITO ECOLÓGICO

Lei de Proteção aos Animais de 1934: novo *status* jurídico dos animais e correlatos deveres do Estado e da sociedade na sua tutela e promoção de bem-estar, inclusive no tocante à sua proteção judicial e substituição processual pelo Ministério Público e entidades protetoras dos animais.

Lei da Política Nacional do Meio Ambiente (Lei 6.938/81): consagra **conceito** ecocêntrico **de meio ambiente**, contemplando uma **perspectiva finalística, funcional e ecossistêmica** para a salvaguarda da vida "em todas as suas formas" – e, portanto, não apenas da vida humana –, ao delimitá-lo (art. 3º, I) como: "o conjunto de condições, leis, influências e interações de ordem física, química e biológica, que permite, **abriga e rege a vida em todas as suas formas"**.

Lei 7.643/87: estabeleceu a proibição da pesca de cetáceo em águas brasileiras.

Constituição de 1988 (art. 225): consagração constitucional da proteção dos "processos ecológicos essenciais" (§ 1º, I) e das espécies da fauna e da flora ameaçadas de extinção (§ 1º, VII) e da vedação de práticas cruéis contra os animais (§ 1º, VII).

1998
Lei dos Crimes e Infrações Administrativas Ambientais (Lei 9.605/98): tipificou diversos *crimes ambientais* contra a fauna e a flora, inclusive a prática de maus-tratos contra os animais (art. 32).

2017
Lei Orgânica do Município de Bonito/PE: por força da Emenda à Lei Orgânica 01/2017, reconheceu os "direitos da Natureza" (de existir, prosperar e evoluir), bem como uma "comunidade da terra", integrada por todos os seres (humanos e não humanos) (art. 236).

Código de Proteção aos Animais do Estado de Sergipe (Lei 8.366/2017): pioneira na tendência que se viu posteriormente em diversos diplomas legislativos estaduais, ao incorporar a linguagem do Direito Animal no seu texto.

2018
Código Estadual de Proteção aos Animais do Estado de Santa Catarina (Lei 12.854/2003): alterado pelas Leis 17.485/2018 e 17.526/2018, passou a estabelecer que "cães e gatos ficam reconhecidos como seres sencientes, sujeitos de direito, que sentem dor e angústia, o que constitui o reconhecimento da sua especificidade e das suas características face a outros seres vivos".

Código de Direito e Bem-Estar Animal do Estado da Paraíba (Lei Estadual 11.140/2018): considerado o mais avançado de todos os diplomas estaduais na matéria, consagrou expressamente os animais como sujeitos de direitos, inclusive estabelecendo um "rol ou catálogo de direitos dos animais" (art. 5º), entre os quais: de ter as suas existências física e psíquica respeitadas (I); e de receber tratamento digno e essencial à sadia qualidade de vida (II).

2019
Lei Orgânica do Município de Florianópolis/SC: por meio da Emenda 47/2019, reconheceu expressamente a *titularidade de direitos pela Natureza* (art. 133, *caput* e parágrafo único).

Projeto de Lei 6.054/2019: de autoria dos Deputados Ricardo Izar e Weliton Prado, altera a legislação civil brasileira e reconhece expressamente que "os animais não humanos possuem natureza jurídica *sui generis* e *são sujeitos com direitos despersonificados*, dos quais devem gozar e, em caso de violação, obter tutela jurisdicional, *vedado o seu tratamento como coisa*" (art. 3º).

2020
Código Estadual do Meio Ambiente do Estado do Rio Grande do Sul (Lei 15.434/2020): instituiu regime jurídico especial para (todos) animais domésticos de estimação, ao reconhecer que os mesmos "possuem natureza jurídica *sui generis* e são *sujeitos de direitos despersonificados*, devendo gozar e obter tutela jurisdicional em caso de violação, vedado o seu tratamento como coisa" (art. 216).

Lei 14.064/2020: incluiu dispositivo na **Lei dos Crimes e Infrações Administrativas Ambientais** (Lei 9.605/98) estabelecendo o aumento da pena do crime de maus-tratos praticados contra cães e gatos (§ 1º-A do art. 32).

Lei 22.231/2016 do Estado de Minas Gerais: atualizada pela **Lei 23.724, de 18 de dezembro de 2020**, dispõe sobre a definição de maus-tratos contra animais, reconheceu, em seu art. 1º, parágrafo único, os animais "como *seres sencientes, sujeitos de direito despersonificados*, fazendo jus a tutela jurisdicional em caso de violação de seus direitos".

2021

Lei da Política Nacional de Pagamento por Serviços Ambientais (Lei 14.119/2021): reforça a abordagem sistêmica e integral da proteção da Natureza por meio do conceito de "serviços ecossistêmicos" (art. 2º, II), dando visibilidade jurídica (e econômica) aos processos ecológicos essenciais, biodiversidade, regime climático etc.

Projeto de Lei 145/2021: de autoria do Deputado Eduardo Costa, objetiva alterar o Código de Processo Civil para permitir que animais não humanos possam ser, individualmente, parte em processos judiciais, sendo representados pelo Ministério Público, pela Defensoria Pública, por associações de proteção dos animais ou por quem detenha sua tutela ou guarda.

Lei 6.926/2021 do Município do Rio de Janeiro: regulamentou o tema do "dano animal", estabelecendo a responsabilidade civil dos agressores que cometerem o crime de maus-tratos para com as despesas do tratamento do animal agredido.

Lei 14.228/2021: proíbe a eutanásia ou eliminação de cães e gatos pelos órgãos de controle de zoonoses, canis públicos e estabelecimentos oficiais congêneres.

2022

Código de Direito e Bem-estar Animal do Estado de Roraima (Lei 1.637/2022): reconheceu animais como sujeitos de direitos (artigo 2º), bem como estabeleceu rol de direitos dos animais no seu art. 5º, entre os quais: "de ter as suas existências física e psíquica respeitadas" (I) e "de receber tratamento digno e essencial à sadia qualidade de vida" (II).

2023

Código de Direito e Bem-Estar Animal do Estado do Amazonas (Lei 6.670/2023): reconheceu os animais como sujeitos de direitos dotados de dignidade (art. 3º) e valor intrínseco (art. 5º), atribuindo-lhes direitos, conforme rol estabelecido no seu art. 6º, de modo similar às previsões das leis da Paraíba e de Roraima. Ademais, a Lei 6.670/2023 estabelece, no seu art. 8º, § 2º, um catálogo atualizado de situações que caracterizam maus-tratos a animais, seguindo a tendência das demais leis estaduais na matéria. Por fim, o diploma amazonense proíbe a caça de animais silvestres, tanto profissional quanto amadora (art. 19).

Lei 2.579/2023 do Município de Guajará-Mirim (RO): dispôs sobre o reconhecimento do status de sujeito de direitos e titularidade de "direitos intrínsecos" do Rio Laje (Komi Memen), com o estabelecimento de rol exemplificativo de direitos e a criação de "guardiões legais" para representarem e promoverem os seus interesse e direitos.

2024

Lei 17.972/2024 do Estado de São Paulo, sobre a proteção, a saúde e o bem-estar na criação e na comercialização de cães e gatos, reconheceu, no seu art. 3º, "a proteção e o direito à vida dos animais domésticos" (I), "os princípios do bem-estar animal e da saúde única" (II), bem como "os cães e gatos como seres sencientes dotados de natureza biológica e emocional, passíveis de sofrimento" (IV).

Lei 4.225/2024 do Município de Linhares (ES) institui os Direitos das Ondas da Foz do Rio Doce. A legislação estabelece um catálogo de direitos (das ondas) no seu art. 2º. De acordo com o art. 1º do diploma: "Art. 1º O Município de Linhares reconhece os direitos intrínsecos das Ondas da Foz do Rio Doce, como ente especialmente protegido, contemplando-se os processos e ciclos ecológicos responsáveis por manter o equilíbrio do ecossistema e a quebra especialmente singular na praia de Regência, caracterizada pela ondulação longa e tubular, competindo ao Poder Público e à coletividade respeitar, proteger e conservar a integridade e identidade das Ondas da Foz do Rio Doce e os elementos que as tornam únicas. Parágrafo único. Os direitos dispostos na presente Lei alcançam também todo o sistema interconectado, integrado e interdependente ao qual as Ondas da Foz do Rio Doce fazem parte, contemplando os corpos d´água e seres vivos que nela existam naturalmente ou com quem ela se inter-relacionam, incluindo os seres humanos."

Capítulo 5
OBJETO DO DIREITO AMBIENTAL E CONCEITO JURÍDICO DE MEIO AMBIENTE

INTRODUÇÃO

"Sua pedra de toque é o dano ecológico causado pela atividade humana. Em termos gerais, o Direito Ambiental regulamenta a atividade humana para limitar os impactos ecológicos que ameaçam a saúde pública e a biodiversidade. Sua premissa não é que qualquer transformação humana do ecossistema deva ser, por si só, ilegal. O objetivo do Direito Ambiental é muito mais sutil. Ele aceita, à luz das leis da termodinâmica, que a transformação ecológica é inevitável e, muitas vezes, desejável, mas busca influenciar o tipo, o grau e o ritmo dessas transformações resultantes da atividade humana" (**Richard J. Lazarus**).[1]

O **objeto** do Direito Ambiental, como se pode apreender da passagem citada da obra clássica de Richard J. Lazarus, é circunscrito, em grande medida, à **regulamentação da atividade humana**, a fim de evitar os seus **impactos ecológicos**.[2] Nada poderia ser mais simbólico para ilustrar o cenário dos impactos ecológicos de natureza antropocêntrica do que a atribuição do nome **Antropoceno** à nova Época Geológica sucessora do Holoceno. É justamente a força de magnitude geológica que alcançou a ação humana – em grande medida, como resultado do seu **poder tecnológico** desenvolvido desde a Revolução Industrial – a razão de se atribuir tal nomenclatura, notadamente em vista de se identificarem alterações em escala planetária na integridade de diversos ciclos biofísicos que regulam e dão sustentação à vida no Planeta Terra.

O Direito Ambiental exerce o papel ou função de **força limitadora da ação humana** predatória da **Natureza** e da **integridade ecológica**, inclusive numa perspectiva multinível, contemplando desde o âmbito local à escala global ou planetária. Ainda que muitas vezes, como referido por Lazarus, o Direito Ambiental apenas mediará as transformações ecológicas provocadas pela ação humana, legitimando-as quando de acordo com o marco normativo ambiental, em outras situações, poderá representar um **limite intransponível** para a atividade humana,

---

[1] LAZARUS, Richard J. *The making of environmental law*. 2. ed. Chicago: The University of Chicago Press, 2023. p. 9.
[2] De acordo com Benjamin: "O Direito Ambiental forma-se, no principal, por um conjunto de regras promulgadas pelo Estado, estabelecendo objetivos, princípios, instrumentos e instituições de proteção do meio ambiente. A atividade regulatória estatal, pois, está na origem e no desenvolvimento do Direito Ambiental. O Estado, por esta via, busca expressar e formalizar normas sociais de boa-conduta no uso dos recursos ambientais." BENJAMIN, Antonio Herman de Vasconcellos e. O estado teatral e a implementação do direito ambiental. BENJAMIN, Antonio Herman (Org.). *Direito, água e vida. Anais do Congresso Internacional de Direito Ambiental*, v. 1. São Paulo: Imprensa Oficial do Estado de São Paulo, 2003, p. 347 (p. 335-366). Disponível em: https://bdjur.stj.jus.br/jspui/handle/2011/30604.

como, por exemplo, em situações que ameacem a salvaguarda de espécies ameaçadas de extinção, representem riscos graves à saúde humana decorrente da poluição (hídrica, atmosférica, do solo, dos oceanos etc.), entre outras. Igualmente, é importante ressaltar que regulação da atividade humana promovida pelo Direito Ambiental tem por escopo a **prevenção (e precaução) de danos ambientais**, haja vista a sua gravidade e irreversibilidade em certas ocasiões.

Os **limites planetários** estabelecidos pela Ciência da Terra, como já desenvolvido em tópico preliminar, reforçam a importância de reconhecermos a necessidade (e urgência) de o Direito Ambiental impor limites à ação humana em diversas áreas – por exemplo, a emissão de gases do efeito estufa, o desmatamento da Floresta Amazônica, proteção da biodiversidade e de espécies ameaçadas de extinção. O denominado *Tipping Point* de "savanização" da Amazônia, conforme abordado previamente, ilustra esse cenário no contexto ambiental e climático brasileiro. O Direito Ambiental, amparado no estado da arte do conhecimento científico, tem por objeto, portanto, regular e limitar a atividade humana a fim de salvaguardar a integridade ecológica.

Por fim, como já referido anteriormente ao tratarmos das fases de desenvolvimento do Direito Ambiental brasileiro, é importante reiterar o reconhecimento da autonomia normativa dos valores ecológicos e, em particular, da **autonomia do bem jurídico ambiental**, levados a efeito pela Lei 6.938/81. O reconhecimento da sua autonomia – e, hoje, pode-se falar inclusive de um **bem jurídico climático**, conforme abordado à frente – foi um passo decisivo para a **autonomia científica** (da nova disciplina jurídica à época) e recorte do objeto do **Direito Ambiental**. Na sequência, feitas essas considerações iniciais, será desenvolvido o **conceito multifacetado de meio ambiente** consagrado no Direito Ambiental brasileiro.

1. CONCEITO JURÍDICO DE MEIO AMBIENTE

1.1 As concepções "restritiva" e "ampla" do bem jurídico ambiental

> "O homem é ao mesmo tempo obra e construtor do meio ambiente que o cerca, o qual lhe dá sustento material e lhe oferece oportunidade para desenvolver-se intelectual, moral, social e espiritualmente. Em larga e tortuosa evolução da raça humana neste planeta chegou-se a uma etapa em que, graças à rápida aceleração da ciência e da tecnologia, o homem adquiriu o poder de transformar, de inúmeras maneiras e em uma escala sem precedentes, tudo que o cerca. Os dois aspectos do meio ambiente humano, o *natural* e o *artificial*, são essenciais para o bem-estar do homem e para o gozo dos direitos humanos fundamentais, inclusive o direito à vida mesma" (**Preâmbulo da Declaração de Estocolmo sobre Meio Ambiente Humano de 1972**).

A Declaração de Estocolmo sobre o "Meio Ambiente Humano" (1972), conforme se pode depreender da leitura da passagem em destaque, já tratou de delimitar as duas dimensões centrais que conformam o **conceito jurídico de meio ambiente**, ou seja, os elementos propriamente naturais e os elementos humanos (ou artificiais). A doutrina, nessa linha, encontra-se dividida a respeito do conceito jurídico de meio ambiente, oscilando entre uma **concepção restritiva** e outra **concepção ampla** do bem jurídico em questão. O conceito restritivo de meio ambiente adotado por parte da doutrina e alguma legislação tende a separar os **componentes ambientais "naturais"** e os **componentes ambientais "humanos"** (sociais, culturais, artificiais etc.). Essa dicotomia pode ser identificada, a título ilustrativo, a partir da comparação entre os conceitos de meio ambiente vigentes no **Direito Ambiental alemão** e no **Direito Ambiental norte-americano**.

Na doutrina alemã, há a adoção, muito embora alguma divergência a respeito, de um conceito restritivo de meio ambiente, limitando-o aos elementos ditos "naturais" e, portanto, excluindo-se aos elementos "humanos ou sociais" de tal conceito.[3] Esse entendimento encontra amparo no próprio **art. 20a da Lei Fundamental alemã**, ao dispor sobre a proteção dos **"fundamentos naturais da vida"** (*natürlichen Lebensgrundlagen*). Para a concepção restritiva, muito embora os elementos sociais, culturais, artificiais etc. que permeiam a questão ambiental sejam também importantes para a compreensão do fenômeno ambiental, eles não integram o **"núcleo" ou essência do Direito Ambiental**.[4]

No cenário jurídico norte-americano, como paradigma da concepção ampla, também são incluídos no conceito de meio ambiente, além dos elementos naturais em sentido estrito (fauna, flora, solo, águas, ar, clima etc.), os aspectos paisagísticos e o meio ambiente criado pelo ser humano em âmbito cultural, econômico e social.[5] Essa formulação pode ser extraída do *Clean Air Act* (1970), logo no tópico inicial do seu texto sobre as "Conclusões do Congresso e Declaração de Objetivos", em que resultou consignado que a proteção da poluição pretendida por tal marco regulatório tem por objetivo conciliar o processo de desenvolvimento, urbanização e industrialização em face dos perigos trazidos à saúde pública e ao bem-estar, de modo a proteger e melhorar a qualidade do ar.[6] Também a Seção 101 da ***National Environmental Policy Act – NEPA* (1970)** traz os contornos de um conceito amplo de meio ambiente, ao dispor que, para além do "meio ambiente natural", questões envolvendo as dimensões "humana, social e cultural" integram o conceito de "significativo impacto ambiental" no âmbito do estudo de impacto ambiental (*environmental impact statement – EIS*).[7] À luz de tal perspectiva, os elementos "naturais" e "humanos (ou sociais)" que compõem o bem jurídico ambiental mesclam-se de forma integrada.

O Direito do Ambiente português também consagrou uma concepção ampla do bem jurídico ambiental. Segundo a previsão da **Lei de Bases do Ambiente (Lei 11/87)**: "Art. 5º (2) a) **Ambiente** é o conjunto dos sistemas físicos, químicos, biológicos e suas relações e dos fatores econômicos, sociais e culturais com efeito direto ou indireto, mediato ou imediato, sobre os seres vivos e a qualidade de vida do homem". De acordo com Carla Amado Gomes, a concepção ampla de meio ambiente, com amparo no art. 5º, 2, "a", "integra, quer os bens naturais, quer os bens culturais, ou seja, coloca a par da flora, da fauna, do ar, da água, realidades tais como o patrimônio monumental e natural, e a paisagem. O ambiente seria, assim, constituído pelo conjunto dos recursos naturais (renováveis e não renováveis) e pelas atuações humanas que têm a Natureza como suporte ou enquadramento".[8] A legislação portuguesa em comento distingue, inclusive, entre **componentes ambientais naturais** (art. 6º do Capítulo II) – ar, luz, água, solo vivo e o subsolo, flora e fauna – e **componentes ambientais humanos** (art. 17, "3", do Capítulo III) – paisagem, patrimônio natural e construído e poluição. A legislação portuguesa, de acordo com os dispositivos citados, é, a nosso ver, o diploma legislativo que regulamentou de forma mais detalhada a distinção entre os elementos naturais e os elementos humanos que integram o conceito de meio ambiente, sendo um importante referencial legislativo para a compreensão do tema.

A adoção de um conceito amplo de meio ambiente, conforme pontua Canotilho, possibilita "exprimir a globalidade das condições envolventes da vida que atuam sobre uma unidade

---

[3] Na doutrina alemã, v. KLOEPFER, Michael. *Umweltrecht...*, p. 10-12; e ERBGUTH, Wilfried; SCHLACKE, Sabine. *Umweltrecht*. 5. ed. Baden-Baden: Nomos, 2014. p. 31 e ss.
[4] V. RAMOS, Erasmo Marcos. *Direito ambiental comparado...*, p. 60.
[5] RAMOS, Erasmo Marcos. *Direito ambiental comparado...*, p. 58.
[6] Disponível em: http://www.law.cornell.edu/uscode/text/42/7401.
[7] O conceito amplo de meio ambiente também tem prevalecido na jurisprudência norte-americana, conforme referido por FARBER, Daniel A.; FINDLEY, Roger W. *Environmental law*. 8. ed. St. Paul: Thomson Reuters, 2010. p. 32-33.
[8] GOMES, Carla Amado. *Direito ambiental*: o ambiente como objeto e os objetos do direito do ambiente. Curitiba: Juruá, 2010. p. 16.

vital",⁹ o que acaba por conferir uma abordagem integral e holística ao meio ambiente (ar, água, solo, animais, plantas, bem como o mundo artificial e social construído pelo ser humano) e, consequentemente, acarreta inegável "vantagem para a tutela ambiental em razão de oferecer um sistema global de interpretação completa do mundo e da vida".¹⁰ O constitucionalista português, no entanto, após referir as vantagens do conceito mais amplo, justifica a sua opção pelo conceito mais restritivo ao afirmar que os elementos naturais constituiriam o "âmago" da proteção jurídica do meio ambiente (e, portanto, do Direito Ambiental), não obstante fazer a ressalva de que por vezes será necessário à luz do caso concreto alargar tal noção para abarcar componentes ambientais humanos, a fim de contemplar uma tutela ambiental efetiva e "evitar desvios à unidade do sistema jurídico".¹¹

1.2 A opção do legislador (constitucional e infraconstitucional) brasileiro

O Direito Ambiental brasileiro, por sua vez, acolheu, na regulação jurídica do meio ambiente, um **conceito amplo**. Conforme pontua Erasmo Ramos, "a definição legal brasileira de meio ambiente foi fortemente influenciada pelo direito anglo-saxônico, precisamente pelo direito norte-americano. Trata-se de uma definição geral que goza de uma abrangência excepcional, englobando, além da fauna, flora e solo, águas, ar, clima, também os aspectos paisagísticos e o meio ambiente criado pelo ser humano em âmbito cultural, econômico e social".¹² De modo a ancorar normativamente tal entendimento, destaca-se o **conceito de meio ambiente** trazido pelo art. 3º, I, da Lei da Política Nacional do Meio Ambiente (**Lei 6.938/81**), ao dispor que ele configura-se como "o conjunto de condições, leis, influências e interações de ordem física, química e biológica, que permite, abriga e rege a vida em todas as suas formas". De acordo com Ramos, a expressão "em todas as suas formas" corresponde ao modelo conceitual norte-americano, ou seja, "engloba, além dos bens sociais e econômicos, o conjunto das condições, influências, alterações e interações, que permite, abriga e rege a vida. Essa é a premissa que orienta o Direito Ambiental no Brasil".

O **conceito de poluição** trazido pela Lei 6.938/81 complementa, nessa linha, o conceito de meio ambiente estabelecido pelo art. 3º, I, agregando conteúdo bastante amplo, ao dispor, no art. 3º, III, ser a poluição: "a degradação da qualidade ambiental resultante de atividades que direta ou indiretamente: a) prejudiquem *a saúde, a segurança e o bem-estar da população*; b) criem condições adversas às *atividades sociais e econômicas*; c) afetem desfavoravelmente a biota; d) afetem as condições estéticas ou sanitárias do meio ambiente; e) lancem matérias ou energia em desacordo com os padrões ambientais estabelecidos". Resta clara, nesse sentido, a conjugação de **elementos naturais** com **elementos humanos (ou sociais)** na conformação do conceito de poluição (e com reflexo no próprio conceito de meio ambiente). O conceito amplo de meio ambiente, de modo geral, faz-se presente na legislação ambiental brasileira em diversos dispositivos (por exemplo, na Lei 9.605/98, nos seus arts. 62 a 65, ao tratar "Dos Crimes contra o Ordenamento Urbano e o Patrimônio Cultural").

A **CF/1988** adota de forma expressa um conceito amplo para o bem jurídico ambiental, contemplando a integração entre os *elementos naturais* e os *elementos humanos (ou sociais)*. A título de exemplo, o dispositivo constitucional que trata do **patrimônio cultural** (art. 216, V) evidencia essa abordagem normativa, ao referir que constituem patrimônio cultural brasileiro os bens de natureza material e imaterial, incluindo "os conjuntos urbanos e sítios de valor histórico, paisagístico, artístico, arqueológico, paleontológico, *ecológico* e científico". Outra previsão constitucional que reflete a amplitude do conceito de meio ambiente é o art. 200, VIII, especifica-

---

9   CANOTILHO, José Joaquim Gomes. *Introdução ao direito do ambiente*..., p. 22.
10 CANOTILHO, José Joaquim Gomes. *Introdução ao direito do ambiente*..., p. 22.
11 CANOTILHO, José Joaquim Gomes. *Introdução ao direito do ambiente*..., p. 24.
12 RAMOS, Erasmo Marcos. *Direito ambiental comparado*..., p. 58.

mente no sentido de incluir também o meio ambiente do trabalho no seu conteúdo, ao enunciar que compete ao Sistema Único de Saúde (SUS) "colaborar na proteção do *meio ambiente, nele compreendido o do trabalho*". Há, por certo, para além da constatação formal de que o "Capítulo VI – Do Meio Ambiente (art. 225)" integra o "Título VII – Da Ordem Social" na CF/1988, a consagração no nosso ordenamento constitucional de **forte relação entre a proteção ecológica e a proteção social**, inclusive sob um **marco jurídico socioambiental**.

Na doutrina, José Afonso da Silva expressa entendimento no sentido de conferir uma **compreensão globalizante ao conceito de meio ambiente**, o qual abrangeria toda a **Natureza artificial e original**, bem como os bens culturais, ou seja, entre outros, o solo, a água, o ar, a flora, as belezas naturais, o patrimônio histórico, artístico, turístico, paisagístico e arqueológico.[13] Em obra mais recente, o constitucionalista, reproduzindo a mesma compreensão, conceitua o meio ambiente como "a interação do conjunto de elementos naturais, artificiais e culturais que propiciem o desenvolvimento equilibrado da vida em todas as suas formas. A integração busca assumir uma concepção unitária do ambiente, compreensiva dos recursos naturais e culturais".[14]

Helita Barreira Custódio, ao adotar um conceito amplo para o bem jurídico ambiental, refere que "considera-se Direito Ambiental o conjunto de princípios e regras impostos, coercitivamente, pelo Poder Público competente, e disciplinadores de todas as atividades direta ou indiretamente relacionadas com o uso racional dos recursos naturais (ar, águas superficiais e subterrâneas, águas continentais ou costeiras, solo, espaço aéreo e subsolo, espécies animais e vegetais, alimentos, bebidas em geral, luz, energia), bem como a promoção e proteção dos bens culturais (de valor histórico, artístico, arquitetônico, paleontológico, ecológico, científico), tendo por objeto a defesa e a preservação do patrimônio ambiental (natural e cultural) e por finalidade a incolumidade da vida em geral, tanto a presente como a futura".[15] A concepção ampla do bem jurídico ambiental adotado de forma praticamente unânime na doutrina brasileira,[16] com suporte, como vimos, na nossa legislação constitucional e infraconstitucional, revela, a nosso ver, a adoção, pelo ordenamento jurídico pátrio, de um paradigma jurídico com o nítido propósito de integrar o ser humano à Natureza – e vice-versa –, estabelecendo uma **relação equilibrada e sustentável** entre ambos. O entendimento em questão encontra amparo na jurisprudência do STJ. A Corte reconheceu, em decisão recente, a imprescritibilidade do dever de reparação do dano urbano-ambiental, com abordagem que contempla um conceito amplo de meio ambiente. Segundo apontado no voto-relator da Ministra Regina Helena Costa, existe uma "verdadeira **simbiose entre os princípios e institutos jurídicos do Direito Urbanístico e do Direito Ambiental**, os quais, conquanto autônomos, salvaguardam, ao fim e ao cabo, o direito fundamental difuso ao bem-estar social, à vida digna e ao meio ambiente ecologicamente equilibrado".[17]

JURISPRUDÊNCIA STJ. Conceito "amplo" de meio ambiente: o STJ consagrou na sua jurisprudência o conceito de meio ambiente adotado pelo ordenamento jurídico nacional. Em passagem do voto do Ministro José Delgado, no julgamento do REsp 725.257/MG, resultou consignado, em ação civil pública envolvendo os temas da poluição sonora e da segurança urbana, que: "com a Constituição Federal de 1988, passou-se a entender tam-

---

[13] SILVA, José Afonso da. *Direito ambiental constitucional*. 4. ed. São Paulo: Malheiros, 2003. p. 20.
[14] SILVA, José Afonso da. *Comentário contextual à Constituição*. 2. ed. São Paulo: Malheiros, 2006. p. 832.
[15] CUSTÓDIO, Helita Barreira. Legislação ambiental no Brasil. *In*: MILARÉ, Édis; MACHADO, Paulo Affonso Leme. *Direito ambiental*: doutrinas essenciais. São Paulo: RT, 2011. p. 202. (Fundamentos do direito ambiental, v. I).
[16] Celso Antônio Pacheco Fiorillo defende um conceito amplo para o bem jurídico ambiental, reconhecendo cinco aspectos ou dimensões na conformação do seu conteúdo: a) ambiente natural; b) ambiente artificial; c) ambiente cultural; e) ambiente do trabalho; f) patrimônio genético (FIORILLO, Celso Antônio Pacheco. *Curso de direito ambiental brasileiro*. 10. ed. São Paulo: Saraiva, 2009. p. 20-26).
[17] STJ, AgInt no REsp 1.464.446/RJ, Rel. Ministra Regina Helena Costa, j. 22.11.2022.

bém que o meio ambiente divide-se em físico ou natural, cultural, artificial e do trabalho. **Meio ambiente físico ou natural** é constituído pela flora, fauna, solo, água, atmosfera etc., incluindo os ecossistemas (art. 225, § 1º, I, VII). **Meio ambiente cultural** constitui-se pelo patrimônio cultural, artístico, arqueológico, paisagístico, manifestações culturais, populares etc. (art. 215, §§ 1º e 2º). **Meio ambiente artificial** é o conjunto de edificações particulares ou públicas, principalmente urbanas (art. 182, art. 21, XX, e art. 5º, XXIII), e **meio ambiente do trabalho** é o conjunto de condições existentes no local de trabalho relativos à qualidade de vida do trabalhador (art. 7º, XXXIII, e art. 200)" (STJ, REsp 725257/MG, 1ª T., Rel. Min. José Delgado, j. 10.04.2007).

1.3 As dimensões (natural e humana) do bem jurídico ambiental ou ecológico

No Direito Ambiental brasileiro, conforme destacamos no tópico anterior, verifica-se a adoção de uma *concepção ampla* do bem jurídico ambiental, de modo que a conformação do seu conteúdo se dá a partir da integração entre o *meio ambiente natural* e o *meio ambiente humano* (ou *social*). Tendo em vista tal contexto, vamos analisar, neste tópico, os variados aspectos relativos à distinção e os diferentes elementos que integram cada dimensão do bem jurídico ambiental. A título de exemplo, a **Constituição do Estado de São Paulo**, no seu artigo 191, discrimina as dimensões distintas do bem jurídico ambiental, de modo bastante similar ao modelo que ora propomos. De acordo com o dispositivo em questão, "o Estado e os Municípios providenciarão, com a participação da coletividade, a preservação, conservação, defesa, recuperação e melhoria do meio ambiente *natural, artificial e do trabalho*, atendidas as peculiaridades regionais e locais e em harmonia com o desenvolvimento social e econômico".

O primeiro recorte conceitual necessário para tal abordagem, tendo como parâmetro os dois grandes subgrupos do bem jurídico ambiental, diz respeito à distinção entre os **elementos naturais** e os **elementos humanos (ou sociais)**, ou seja, que tem na sua formação a intervenção humana, por exemplo, o patrimônio histórico e cultural, a ordem urbanística, entre outros. O fundamento para a distinção entre tais elementos reside na existência ou não da intervenção humana na caracterização de determinado elemento ambiental. Feitas as considerações iniciais, começaremos a analisar a questão pelo meio ambiente natural, seguido pelo meio ambiente humano e suas diversas dimensões.

1.3.1 Meio ambiente natural

O meio ambiente natural é composto por todos os **elementos bióticos** (fauna, flora etc.) e **abióticos** (ar, terra, água, minerais etc.)[18] que se encontram **originalmente na Natureza**, ou seja, **independentemente de qualquer intervenção humana** no meio ambiente natural. Por mais que, por vezes, o ser humano chegue a situações extremas na intervenção que realiza – inclusive por práticas de geoengenharia[19] – no meio ambiente natural, a ponto de, por exemplo, desviar o curso de rios – como se verifica na transposição do Rio São Francisco –, tal situação não altera a natureza, por si só, dos elementos naturais, que continuam a integrar a categoria do meio ambiente natural. Outro exemplo peculiar que, de certa forma, desafia a dicotomia entre o meio ambiente natural e o meio ambiente humano é a questão da **engenharia genética**. Se pensarmos

---

[18] No mesmo sentido, v. FIGUEIREDO, Guilherme José Purvin de. *Curso de direito ambiental*. 4. ed. São Paulo: RT, 2011. p. 56. O autor propõe subdivisão ilustrativa e minuciosa do meio ambiente em: 1) natural; 2) artificial; 3) cultural; e 4) laboral ou do trabalho (p. 58).

[19] No seu último livro, Elizabeth Kolbert aborda inúmeros exemplos de intervenções humanas significativas na Natureza. Algumas já (desastrosamente) implementadas; e outras ainda não, como no caso de técnicas de geoengenharia para o enfrentamento do aquecimento global. KOLBERT, Elizabeth. *Sob um céu branco*: a Natureza no futuro. Tradução de Maria de Fátima Oliva do Couto. Rio de Janeiro: Intrínseca, 2021.

nas façanhas científicas do ser humano no campo da engenharia genética – por exemplo, na área da clonagem de animais – os limites para a distinção conceitual que propomos são postos à prova.[20] No entanto, ainda assim, parece-nos adequada a distinção entre os elementos naturais e os elementos humanos na conformação do conceito de meio ambiente, em especial diante do cenário legislativo brasileiro.

A ênfase dada pelo Direito Ambiental é no **caráter teleológico e funcional** do conceito de Natureza e meio ambiente natural, na medida em que a proteção jurídica ecológica é direcionada a **alcançar um fim**, o qual se expressa por meio da ideia de **integridade ecológica**. O **conceito de meio ambiente** consagrado pela Lei da Política Nacional do Meio Ambiente (**Lei 6.938/81**) contempla essa perspectiva finalística, funcional e ecossistêmica no tratamento jurídico da matéria, ao delimitá-lo, no inciso I do art. 3º, como: "o conjunto de condições, leis, influências e interações de ordem física, química e biológica, que **permite, abriga e rege a vida em todas as suas formas**". A salvaguarda da vida em todas as suas formas – e, portanto, não apenas a vida humana –, ou seja, da biodiversidade e da integridade ecológica da Natureza, é o fim último do Direito Ambiental. A Lei da Política Nacional de Pagamento por Serviços Ambientais (Lei 14.119/2021), ao estabelecer o conceito de "**serviços ecossistêmicos**" (art. 2º, II) e, em particular, dos denominados "serviços de suporte" (art. 2º, II, *b*)[21] e dos "serviços de regulação" (art. 2º, II, *c*),[22] evidencia uma **abordagem sistêmica ou holística** do conceito de meio ambiente, tratando-o como um "**sistema**" integrado pelos elementos naturais bióticos e abióticos.

Os elementos que integram o conceito de meio ambiente natural, entre inúmeros outros, são: a fauna – ressalvando-se aqui o *status* jurídico diferenciado de seres sencientes dos animais vertebrados –, a flora, a água, o ar, o solo, os recursos minerais, as florestas, os mares e o patrimônio genético. Também como elementos integrantes do meio ambiente natural, identificam-se tanto os diversos componentes da Natureza **de forma individualizada** (o mico-leão-dourado, a baleia-franca, a areia da praia, o açaizeiro, o açude, os fragmentos de manganês, a pepita de ouro etc.) quanto os **ecossistemas** ou biomas que o integram (a Floresta Amazônica, o Rio Paraná, o Pantanal Mato-Grossense, a Praia do Rosa etc.).

É possível identificar um conceito de meio ambiente natural tridimensional, contemplando a proteção jurídica: **1) individual**, ou seja, considera os entes naturais na sua individualidade, por exemplo, ao proteger a integridade física e psíquica dos animais contra práticas de maus-tratos; **2) coletiva ou de grupo**, como no caso de espécies da fauna e da flora ameaçadas de extinção; **3) ecossistêmica**, contemplando uma abordagem sistêmica e funcional da Natureza de forma integral.

---

[20] A respeito do tema, destaca-se a Lei 15.021/2024, que dispõe sobre o controle de material genético animal e sobre a obtenção e o fornecimento de clones de animais domésticos destinados à produção de animais domésticos de interesse zootécnico e dá outras providências.

[21] "**b) serviços de suporte**: os que mantêm a perenidade da vida na Terra, tais como a ciclagem de nutrientes, a decomposição de resíduos, a produção, a manutenção ou a renovação da fertilidade do solo, a polinização, a dispersão de sementes, o controle de populações de potenciais pragas e de vetores potenciais de doenças humanas, a proteção contra a radiação solar ultravioleta e a manutenção da biodiversidade e do patrimônio genético".

[22] "**c) serviços de regulação**: os que concorrem para a manutenção da estabilidade dos processos ecossistêmicos, tais como o sequestro de carbono, a purificação do ar, a moderação de eventos climáticos extremos, a manutenção do equilíbrio do ciclo hidrológico, a minimização de enchentes e secas e o controle dos processos críticos de erosão e de deslizamento de encostas".

CONCEITO TRIDIMENSIONAL DO MEIO AMBIENTE NATURAL	1) **INDIVIDUAL** – abordagem individualizada dos entes naturais, como se verifica, por exemplo, por meio da proteção da integridade física e psíquica dos animais selvagens e domésticos contra práticas de maus-tratos, considerando o seu *status* jurídico e condição biológica de "seres sencientes";
	2) **COLETIVA OU DE GRUPO:** abordagem coletiva ou de grupo da proteção ecológica das espécies da fauna e da flora, como ocorre, por exemplo, no caso da proteção especial de espécies da fauna e da flora ameaçadas de extinção;
	3) **ECOSSISTÊMICA OU HOLÍSTICA:** abordagem sistêmica, holística e funcional da Natureza, a qual é protegida de forma integral, como se verifica por meio da proteção constitucional da "função ecológica" e dos "processos ecológicos essenciais".

Há diversos diplomas legislativos que abordam a proteção dos elementos que integram o meio ambiente natural. O próprio texto constitucional, em diversas passagens, trata da matéria, por exemplo, quando dispõe sobre a preservação e restauração dos "**processos ecológicos essenciais** e prover o manejo ecológico das **espécies e ecossistemas**" (art. 225, § 1º, I), o dever do Estado de "proteger a fauna e a flora, vedadas, na forma da lei, as práticas que coloquem em risco sua **função ecológica**, provoquem a extinção de espécies ou submetam os animais a crueldade" (art. 225, § 1º, VII), bem como quando reconhece a Floresta Amazônica brasileira, a Mata Atlântica, a Serra do Mar, o Pantanal Mato-Grossense e a Zona Costeira como patrimônio nacional (art. 225, § 4º). Quando trata da competência comum (ou seja, administrativa), a CF/1988 também consagra os elementos que conformam o meio ambiente natural, ao prever, no art. 23, VII, que é competência comum da União, dos Estados, do Distrito Federal e dos Municípios "preservar as florestas, a fauna e a flora". No plano infraconstitucional, a Lei 6.938/81, no seu art. 3º, V, estabelece o conceito de recursos naturais como "a atmosfera, as águas interiores, superficiais e subterrâneas, os estuários, o mar territorial, o solo, o subsolo, os elementos da biosfera, a fauna e a flora" (redação dada pela Lei 7.804/89).

1.3.1.1 O clima como elemento do meio ambiente natural

O clima ou sistema climático atmosférico deve ser compreendido como elemento do meio ambiente natural, independentemente de o aquecimento global estar associado à intervenção do ser humano, como responsável direto pela emissão dos gases do efeito estufa. O **sistema climático** (ex.: a **atmosfera planetária ou global**) não deixa de caracterizar um elemento integrante da categoria do meio ambiente natural. Aliás, o próprio regime jurídico de proteção climática tem por fundamento limitar a intervenção do ser humano na integridade, segurança e estabilidade do clima, de modo a que os processos ecológicos e naturais correlatos ao regime climático se imponham de forma a salvaguardar o seu equilíbrio em termos sistêmicos e planetários.

A **atmosfera global ou planetária** – aqui adotada como sinônimo de clima ou sistema climático –, como pontua a doutrina, possui o **status jurídico** de "**interesse comum da humanidade** (*common concern or interest of mankind*)", o que, conforme pontuam Birnie, Boyle e Redgwell, repercute no reconhecimento de um **interesse legal comum** de todos os Países na proteção da atmosfera global, independentemente de estarem ou não diretamente impactados por situações climáticas adversas, inclusive por meio do estabelecimento de leis voltadas à sua salvaguarda.[23]

A **Convenção-Quadro sobre Mudança Climática (1992)**, nesse sentido, estabelece justamente tal previsão na abertura do seu Preâmbulo, ao estabelecer que as Partes reconhecem que "as mudanças no clima da Terra e seus efeitos adversos são um interesse comuns da humanidade (*common concern of mankind*)". Igual entendimento é replicado também no Preâmbulo do **Acordo de Paris (2015)**, o que é reforçado, como se pode observar, pela vinculação entre **mudanças climáticas** e **direitos humanos**, dois temas que despontam como interesse comum da humanidade e que transcendem as fronteiras e os interesses nacionais:

> "Reconhecendo que as mudanças climáticas são uma **preocupação comum da humanidade**, as Partes devem, ao tomar medidas para enfrentar as **mudanças climáticas**, respeitar, promover e considerar suas respectivas obrigações em relação aos **direitos humanos** (...)".

No direito estrangeiro, destaca-se a previsão da Lei de Bases do Clima (Lei 98/2021) da República Portuguesa, ao prever no art. 3º, b, como objetivo da política climática, "garantir **justiça climática**, assegurando a **proteção das comunidades mais vulneráveis à crise climática**, o respeito pelos **direitos humanos**, a igualdade e os direitos coletivos sobre os **bens comuns**".

O tratamento jurídico dispensado ao clima (ou sistema climático) como bem comum – nas dimensões local, regional, nacional e global – reforça justamente os direitos e interesses coletivos e difusos que incidem sobre ele. O seu regime jurídico, nesse sentido, é revestido de **interesse público primário**, como bem de uso comum do povo, nos moldes do *caput* do art. 225 da CF/1988, não sendo apropriável individualmente. É esclarecedora a lição de José Afonso da Silva sobre o tema:

> "Não sendo propriedade de ninguém, mas um bem de uso comum de todos, por conseguinte um bem que necessariamente entra no **patrimônio público** para **uso comum de todos, ninguém tem o direito de conspurcá-lo**. Por isso, sendo um bem com aquela **natureza de patrimônio coletivo**, destinado ao uso comum e irrestrito de todos (inclusive das plantas e dos animais em geral), não apenas para o seu bem-estar, mas para a própria sobrevivência, cabe ao Poder Público em cada território soberano ou mesmo autônomo **proteger o seu grau de pureza indispensável à sua finalidade essencial**. **É falsa a tese de que o ar é um bem livre**, podendo cada qual dispor dele como bem entender; é livre, sim, para ser utilizado na sua finalidade essencial de condutor de oxigênio necessário à respiração e, pois, ao funcionamento do aparelho respiratório e circulatório da pessoa humana, dos animais e também dos vegetais".[24]

A Lei de Preservação dos Glaciares (26.639/2010) da Argentina, a qual teve a sua constitucionalidade reconhecida em importante decisão da Suprema Corte de Justiça de 2019, também ilustra a importância do reconhecimento de um **bem jurídico climático** – e, em particular, dos **glaciares** –, inclusive como **bem jurídico e direitos de incidência coletiva**, conforme prevê expressamente os arts. 14 e 240 do Código Civil e Comercial da Nação (2015). Conforme dispõe a Lei de Preservação dos Glaciares:

> "Artículo 1º – Objeto. La presente ley establece los presupuestos mínimos para la **protección de los glaciares y del ambiente periglacial** con el objeto de preservarlos como reservas estratégicas de recursos hídricos para el consumo humano; para la agricultura y

---

[23] BIRNIE, Patricia; BOYLE; Alan; REDGWELL, Catherine. *International law and the environment...* p. 360-361.
[24] SILVA, José Afonso da. *Direito constitucional ambiental*. 4.ed. São Paulo: Malheiros, 2002, p. 109.

como proveedores de agua para la recarga de cuencas hidrográficas; para la protección de la biodiversidad; como fuente de información científica y como atractivo turístico. **Los glaciares** constituyen **bienes de carácter público**."

Na legislação brasileira, essa compreensão é reforçada inclusive pela Lei da Política Nacional do Meio Ambiente (**Lei 6.938/81**), ao estabelecer o conceito de recursos naturais no seu art. 3º, V, e incluir nele a **atmosfera**:

> **Art. 3º** – Para os fins previstos nesta Lei, entende-se por: (...) **V – recursos ambientais**: a **atmosfera**, as águas interiores, superficiais e subterrâneas, os estuários, o mar territorial, o solo, o subsolo, os elementos da biosfera, a fauna e a flora. (Redação dada pela Lei 7.804/89)

O **caráter teleológico, sistêmico e funcional** inerente ao conceito de Natureza e meio ambiente natural reforça essa compreensão, na medida em que a proteção jurídica ecológica é direcionada a **alcançar um fim**, o qual se expressa por meio da ideia de **integridade ecológica**. No caso particular do Direito Climático, objetiva-se, acima de tudo, assegurar a integridade do clima ou sistema climático. O **conceito de meio ambiente** consagrado pela **Lei 6.938/81** contempla essa perspectiva finalística, funcional e ecossistêmica no tratamento jurídico da matéria, ao delimitá-lo, no inciso I do art. 3º, como: "o conjunto de condições, leis, influências e interações de ordem física, química e biológica, que **permite, abriga e rege a vida em todas as suas formas**". A salvaguarda da vida em todas as suas formas – e, portanto, não apenas a vida humana –, ou seja, da biodiversidade e da integridade ecológica da Natureza, é o fim último do Direito Ambiental.

1.3.2 Meio ambiente humano (ou social)

1.3.2.1 Meio ambiente urbano (ou construído)

> "Verifica-se, à vista dessa moldura normativa, verdadeira simbiose entre os princípios e institutos jurídicos do Direito Urbanístico e do Direito Ambiental, os quais, conquanto autônomos, salvaguardam, ao fim e ao cabo, o direito fundamental difuso ao bem-estar social, à vida digna e ao meio ambiente ecologicamente equilibrado." (**Ministra Regina Helena Costa**)[25]

O meio ambiente urbano (ou construído) é uma dimensão do meio ambiente humano (ou social). O meio ambiente urbano é talvez o melhor exemplo para caracterizar a **intervenção humana no meio natural**.[26] Todo o cenário urbano, independentemente de qualquer juízo de valor sobre a sua beleza arquitetônica ou não, é resultado da **construção humana**. Por óbvio que não nos referimos às áreas naturais preservadas dentro do espaço urbano (parques, florestas) ou mesmo rios que eventualmente têm o seu curso circundado pela cidade. O meio ambiente urbano é integrado pelos prédios, ruas, equipamentos públicos, pontes, projetos arquitetônicos, entre outros **elementos artificiais**, que caracterizam a **paisagem urbana** e são, acima de tudo, resultado na intervenção humana, ou seja, são os elementos artificiais criados ou construídos pelo ser humano, em contraste com os elementos originalmente naturais. Todas as **edificações das cidades** – desde as obras arquitetônicas de Gaudi e Oscar Niemayer até a Avenida Paulista

---

[25] STJ, AgInt no REsp 1.464.446/RJ, Rel. Ministra Regina Helena Costa, j. 22.11.2022.

[26] De acordo com Moreira Neto, há a denominada "ecologia urbana, cuja preocupação é o ecossistema urbano, isto é, a cidade ou o conjunto habitado pelo homem, sob enfoque das interações que nela se processam. Considerada como macro-organismo, a cidade nasce, cresce e perece, relacionando-se, como um todo, com outros ecossistemas". MOREIRA NETO, Diogo de Figueiredo. *Introdução ao direito ecológico...*, p. 53.

na Cidade de São Paulo – consolidam um cenário ambiental onde os elementos naturais – por vezes escassos em determinados contextos urbanos – contrastam com o "concreto" das construções humanas.

A legislação ambiental portuguesa, mais precisamente a Lei de Bases do Ambiente (Lei 11/87), conforme tivemos oportunidade de explorar anteriormente, consagra um conceito amplo de meio ambiente, destacando, no seu art. 5°, 2, "b", o **ordenamento do território**, que corresponderia ao "processo integrado da organização do espaço biofísico, tendo como objetivo o uso e a transformação do território, de acordo com as suas capacidades e vocações, e a permanência dos valores de equilíbrio ecológico e de estabilidade geológica, numa perspectiva de aumento da sua capacidade de suporte de vida". Trata-se, sem dúvida, de um dos mais precisos conceitos de meio ambiente urbano que se conhece no plano legislativo comparado.

O **Estatuto da Cidade** (Lei 10.257/2001)[27], de modo similar, veicula fundamentos importantes para a configuração dos contornos normativos do meio ambiente urbano, uma vez que consagra como objetivo da política urbana, ao regulamentar os arts. 182 e 183 da CF/1988, a construção de **cidades sustentáveis** (art. 2°, I), ou seja, um meio ambiente urbano com qualidade, equilíbrio e segurança ambiental. Em sintonia com tal ideal, o art. 1°, parágrafo único, certifica que o diploma legislativo em questão "estabelece normas de ordem pública e interesse social que regulam o uso da propriedade urbana em prol do bem coletivo, da segurança e do bem-estar dos cidadãos, bem como do *equilíbrio ambiental*". Além disso, consagra, como diretrizes gerais da política urbana, a "proteção, preservação e recuperação do meio ambiente natural e construído, do patrimônio cultural, histórico, artístico, paisagístico e arqueológico" (art. 2°, XII).[28]

Há uma integração entre todos os elementos ambientais – naturais e humanos – na conformação do cenário urbano, almejando, por certo, assegurar qualidade de vida aos indivíduos e à comunidade em geral. A Lei dos Crimes e Infrações Administrativas Ambientais (Lei 9.605/98), seguindo a mesma diretriz de um conceito amplo de meio ambiente, consagrou, no seu corpo normativo, tópico específico sobre a questão *Dos Crimes contra o Ordenamento Urbano e o Patrimônio Cultural* (arts. 62 a 65).

Por fim, é importante assinalar o reconhecimento de um **regime jurídico uniforme e mutuamente reforçado** entre o **Direito Ambiental** e o **Direito Urbanístico** em torno do conceito de **meio ambiente urbano** (e igualmente em relação à concepção de **cidade sustentável**), como resultou evidenciado de forma emblemática na decisão recente do STJ no AgInt no REsp 1.464.446/RJ, sob a relatoria da Ministra Regina Helena Costa, conforme citado na abertura deste tópico. Em caso similar, no Ag em REsp 1.831.738/RJ, destaca-se passagem do parecer lançado pela Procuradoria-Geral da República, de lavra do Subprocurador-Geral da República Nicolao Dino, de modo a reforçar o entendimento em questão:

"4. O meio ambiente, nos termos em que está tutelado pela Constituição da República e em que se acha amplamente conceituado na Lei da Política Nacional do Meio Ambiente, vincula-se a **diversas e interdependentes dimensões**, envolvendo o ambiente natural, o ambiente cultural e o ambiente artificial. 5. Os espaços urbanos, sejam fechados (construídos), sejam abertos (praças, lagos etc.), constituem uma das **ramificações do direito ambiental (urbanístico)**. Trata-se de **meio ambiente urbano**, ou seja, artificial, que, como todas as demais searas, reclama, também, efetiva proteção. Independentemente de classificações, o

---

[27] A respeito do regime jurídico urbano, registra-se também o **Estatuto da Metrópole** (Lei 13.089/2015).

[28] O art. 2°, XIII, do Estatuto da Cidade estabelece, como diretriz a ser adotada, com o propósito de assegurar a participação democrática na temática urbano-ambiental, a exigência de "audiência do Poder Público municipal e da população interessada nos processos de implantação de empreendimentos ou atividades com efeitos potencialmente negativos sobre o meio ambiente *natural* ou *construído*, o conforto ou a segurança da população".

meio ambiente demanda **proteção jurídica una**, com objetivo exclusivo de defesa à sadia qualidade de vida. 6. A **qualidade de vida nas cidades**, com a observância de **padrões urbanísticos sustentáveis**, integra o meio ambiente equilibrado, constitucionalmente assegurado para as presentes e futuras gerações (arts. 182, 183 e 225)."

1.3.2.2 Meio ambiente cultural (patrimônio histórico, cultural, turístico, arqueológico e paisagístico)

O meio ambiente cultural, como dimensão do meio ambiente humano, alberga todo o **patrimônio histórico, artístico, paisagístico e arqueológico**. Os bens ambientais culturais, conforme assinala José de S. Cunhal Sendim, não constituem "realidades sistêmicas integrantes da Natureza, mas sim de realidades culturais".[29] A integração dos elementos culturais ao conceito de meio ambiente resulta de forma bastante evidente na legislação brasileira, iniciando pela CF/1988, cujo art. 23, III, reconhece a competência comum da União, dos Estados, do Distrito Federal e dos Municípios para "proteger os documentos, as obras e outros bens de valor histórico, artístico e cultural, os monumentos, as paisagens naturais notáveis e os sítios arqueológicos". Da mesma forma, o dispositivo constitucional que trata do patrimônio cultural (art. 216, V) guarda sinergia com tal abordagem, ao referir que constituem patrimônio cultural brasileiro os bens de natureza material e imaterial, incluindo "os conjuntos urbanos e sítios de valor histórico, paisagístico, artístico, arqueológico, paleontológico, *ecológico* e científico".

A Lei da Ação Civil Pública também estabelece, de certa forma, a integração de tais direitos, reconhecendo a sua natureza de direito coletivo ou difuso. Conforme dispõe o art. 1º da Lei 7.347/85, "regem-se pelas disposições desta Lei, sem prejuízo da ação popular, as ações de responsabilidade por danos morais e patrimoniais causados: I – ao meio ambiente; II – ao consumidor; III – a **bens e direitos de valor artístico, estético, histórico, turístico e paisagístico**; IV – a qualquer outro interesse difuso ou coletivo; V – por infração da ordem econômica; VI – à ordem urbanística; VII – à honra e à dignidade de grupos raciais, étnicos ou religiosos; VIII – ao patrimônio público e social." Há, por certo, forte aproximação entre o meio ambiente urbano e o meio ambiente cultural, uma vez que é comum, por exemplo, o patrimônio histórico e cultural estar integrado ao meio ambiente urbano, ou seja, ser um elemento do meio ambiente urbano (por exemplo, um prédio histórico tombado em determinado Município).[30] Ainda no plano infraconstitucional, destaca-se a **Lei 3.924/61**, que dispõe sobre os **monumentos arqueológicos e pré-históricos**, inclusive no sentido de estabelecer que os monumentos arqueológicos ou pré-históricos de qualquer natureza existentes no território nacional e todos os elementos que neles se encontram ficam sob a guarda e proteção do Poder Público.

Por fim, registra-se um possível **conflito entre bens jurídicos** que representam os conceitos de meio ambiente natural e meio ambiente cultural, notadamente pela ótica da proteção ecológica. Para ilustrar tal questão, assinala-se a novel disposição constitucional trazida pela **Emenda Constitucional nº 96/2017**, conhecida como Emenda da Vaquejada, ao inserir § 7º no art. 225 da CF/1988: "§ 7º Para fins do disposto na parte final do inciso VII do § 1º deste artigo, não se consideram cruéis as práticas desportivas que utilizem animais, desde que sejam **manifestações culturais**, conforme o § 1º do art. 215 desta Constituição Federal, registradas como **bem de natureza imaterial integrante do patrimônio cultural brasileiro**, devendo ser regulamentadas por lei específica que assegure o **bem-estar dos animais** envolvidos". O dispositivo estabelece

---

[29] SENDIM, José de Sousa Cunhal. *Responsabilidade civil por danos ecológicos*: da reparação do dano através de restauração natural. Coimbra: Coimbra Ed., 1998. p. 126.

[30] Como obra referencial sobre o tema, v. MARCHESAN, Ana Maria Moreira. *A tutela do patrimônio cultural sob o enfoque do direito ambiental*. Porto Alegre: Livraria do Advogado, 2007.

conflito flagrante com a previsão constitucional do § 1º, VII, também do art. 225, ao prever que: "§ 1º Para assegurar a efetividade desse direito, incumbe ao Poder Público: VII – proteger a fauna e a flora, vedadas, na forma da lei, as práticas que coloquem em risco sua função ecológica, provoquem a extinção de espécies ou submetam os animais a crueldade". De um lado, verifica-se um bem jurídico de feição preponderantemente cultural (prática da vaquejada), ao passo que, de outro, um bem jurídico genuinamente ecológico (vedação de práticas cruéis contra os animais).

> **Enunciados do Conselho da Justiça Federal sobre Direito do Patrimônio Cultural e Natural (2023)**
>
> ENUNCIADO 3 – A proteção de bens naturais e culturais, materiais e imateriais, deve atentar para a diversidade das expressões culturais, incluídas as religiosas, valorizando a pluralidade étnica e regional, ecológica, paisagística, geográfica e a integridade do patrimônio genético. Aplica-se a essa disciplina, em especial, o estabelecido nos arts. 215 (§§ 1º e 3o, V), 216 (V e § 5º) e 225 (§ 1º, I, II, III e VI), da Constituição da República; nos arts. 4º ao 7º da Convenção para a Proteção do Patrimônio Mundial e Cultural e Natural, de 1972; e nos arts. 1º, 2º, 12, 13, 14 e 15 da Convenção para Salvaguarda do Patrimônio Cultural Imaterial, 2003, da UNESCO.

1.3.2.3 Meio ambiente do trabalho

O meio ambiente do trabalho é outra **dimensão do meio ambiente humano (ou social)**. Em regra, podem ser reconduzidas a tal conceito as condições ambientais dos locais de trabalho, especialmente em vista de assegurar aos trabalhadores **condições de qualidade, salubridade e segurança ambiental**. Nesse particular, é importante registrar as inúmeras violações aos direitos dos trabalhadores, principalmente por conta da **poluição industrial**. Basta rememorar a situação de Cubatão na década de 1980, conforme tratado no Capítulo 1. Em 2013, verificou-se a resolução judicial, mediante acordo firmado entre as partes perante o Tribunal Superior do Trabalho (TST),[31] de caso semelhante (ao de Cubatão) verificado município paulista de Paulínia, onde diversos trabalhadores foram expostos a substâncias químicas em fábrica de pesticidas das empresas Shell e Basf, instalada na segunda metade da década de 1970 na referida localidade. O desastre de Brumadinho (MG) igualmente se situa na interface entre a proteção ambiental e a proteção do trabalhador, revelando a importância do conceito de meio ambiente do trabalho e de uma abordagem integrada da matéria.

O conceito de poluição ambiental no contexto das relações trabalhistas ou, como refere Ney Maranhão em sede doutrinária, a **poluição labor-ambiental** é traduzida pelo: "desequilíbrio sistêmico no arranjo das condições de trabalho, da organização do trabalho ou das relações interpessoais havidas no âmbito do meio ambiente laboral que, tendo base antrópica, gera riscos intoleráveis à segurança e à saúde física e mental do ser humano exposto a qualquer contexto jurídico-laborativo – arrostando-lhe, assim, a sadia qualidade de vida (CF, art. 225, *caput*)"[32]. Guilherme J. Purvin de Figueiredo, por sua vez, conceitua o **meio ambiente do trabalho** como o "conjunto de condições, leis, influências e interações de ordem física, química, biológica e social que afetam o trabalhador no

---

[31] TST, ARR 22200-28.2007.5.15.0126, 7ª T., Rel. Min. Delaíde Miranda Arantes, acordo firmado entre as partes em 08.03.2013.
[32] MARANHÃO, Ney. *Poluição labor-ambiental*: abordagem conceitual da degradação das condições de trabalho, da organização do trabalho e das relações interpessoais travadas no contexto laborativo. Rio de Janeiro: Lumen Juris, 2017, p. 255.

exercício de sua atividade laboral".[33] De modo a acolher tal abrangência do conceito de ambiente, a **CF/1988** reconheceu, no seu art. 200, VIII, ao enunciar que compete ao Sistema Único de Saúde (SUS) "colaborar na proteção do **meio ambiente, nele compreendido o do trabalho**". O meio ambiente do trabalho, ou seja, onde as relações de trabalho são desempenhadas, deve assegurar a vida e a dignidade do trabalhador em razão de situações de **insalubridade e periculosidade**, conforme dispõem os incisos XXII, XXIII e XXXIII do art. 7º da CF/1988.

A **Consolidação das Leis do Trabalho (CLT)**, Decreto-lei 5.452, de 1º de maio de 1943, dispõe sobre a questão da **insalubridade no meio ambiente do trabalho**, determinando, no seu art. 191, I, a partir da redação do dispositivo dada pela Lei 6.514/77, que a eliminação ou a neutralização da insalubridade ocorrerá "com a adoção de medidas que conservem o *ambiente de trabalho* dentro dos limites de tolerância". Também o seu art. 200, com as alterações da Lei 6.514/77, assevera que cabe Ministério do Trabalho estabelecer disposições complementares às normas da CLT, tendo em vista as peculiaridades de cada atividade ou setor de trabalho, especialmente sobre: "I – medidas de prevenção de acidentes e os equipamentos de proteção individual em obras de construção, demolição ou reparos; II – depósitos, armazenagem e manuseio de combustíveis, inflamáveis e explosivos, bem como trânsito e permanência nas áreas respectivas; III – trabalho em escavações, túneis, galerias, minas e pedreiras, sobretudo quanto à prevenção de explosões, incêndios, desmoronamentos e soterramentos, eliminação de poeiras, gases etc. e facilidades de rápida saída dos empregados; IV – proteção contra incêndio em geral e as medidas preventivas adequadas, com exigências ao especial revestimento de portas e paredes, construção de paredes contrafogo, diques e outros anteparos, assim como garantia geral de fácil circulação, corredores de acesso e saídas amplas e protegidas, com suficiente sinalização; V – proteção contra insolação, calor, frio, umidade e ventos, sobretudo no trabalho a céu aberto, com provisão, quanto a este, de água potável, alojamento profilaxia de endemias; **VI –** *proteção do trabalhador exposto a substâncias químicas nocivas, radiações ionizantes e não ionizantes, ruídos, vibrações e trepidações ou pressões anormais ao ambiente de trabalho, com especificação das medidas cabíveis para eliminação ou atenuação desses efeitos limites máximos quanto ao tempo de exposição, à intensidade da ação ou de seus efeitos sobre o organismo do trabalhador, exames médicos obrigatórios, limites de idade controle permanente dos locais de trabalho e das demais exigências que se façam necessárias*".

No conceito de meio ambiente do trabalho, conforme se pode apreender do que dispõe a própria CLT, há uma relação muito forte entre **proteção da saúde do trabalhador** e proteção ecológica. Não por outra razão, a expressão "meio ambiente do trabalho", prevista no art. 200, VIII, da CF/1988, aparece justamente em passagem do texto constitucional que trata do Sistema Único de Saúde (SUS). No plano infraconstitucional, a Lei do SUS (Lei 8.080/90), seguindo a diretriz constitucional, registra, no seu art. 6º, V, que está incluída no campo de atuação do SUS "a colaboração na proteção do meio ambiente, *nele compreendido o do trabalho*".

A questão também ganha importância pela ótica da **segurança do trabalhador no meio ambiente do trabalho**, inclusive com relação à sua vida e integridade física, como se testemunhou de forma trágica nos **desastres de Mariana (2015)** e **Brumadinho (2019)**, neste último caso com mais de duas centenas mortes de trabalhadores da empresa mineradora responsável pela barragem que rompeu. A **atuação preventiva do Estado**, por meio de adequada fiscalização da segurança no meio ambiente do trabalho, estabelece também importante medida para evitar o dano ecológico difuso ao meio ambiente natural, dado que normalmente os primeiros indícios de desrespeito à legislação ambiental e riscos ecológicos de dano aparecerem no meio ambiente do trabalho. O meio ambiente do trabalho deve ser integrado ao conceito jurídico de meio

---

[33] FIGUEIREDO, Guilherme José Purvin de. *Curso de direito ambiental...*, p. 57.

ambiente, como um dos elementos conformadores do *meio ambiente humano* (ou *social*).[34] A importância singular do conceito de meio ambiente do trabalho e da proteção jurídica do meio ambiente do trabalho têm inclusive ensejado o desenvolvimento de uma nova **Teoria Geral do Direito Ambiental do Trabalho** específica para o tratamento do tema.[35]

DIMENSÕES DO CONCEITO JURÍDICO DE MEIO AMBIENTE	
1) Meio ambiente natural	– todos os elementos **bióticos** (fauna, flora etc.) e **abióticos** (ar, terra, água, minerais, sistema climático, atmosfera terrestre etc.) que se encontram originalmente na Natureza, ou seja, independentemente de qualquer intervenção humana;
2) Meio ambiente humano (ou social)	**a) Meio ambiente urbano** (ou construído): prédios, ruas, equipamentos públicos, pontes, projetos arquitetônicos, entre outros elementos artificiais, que caracterizam a paisagem urbana e são, acima de tudo, resultado na intervenção humana, em contraste com os elementos originalmente naturais. **b) Meio ambiente cultural:** patrimônio histórico, cultural, turístico, arqueológico e paisagístico. **c) Meio ambiente do trabalho:** as condições ambientais dos locais de trabalho, especialmente em vista de assegurar aos trabalhadores condições de qualidade, salubridade e segurança ambiental.

2. A NATUREZA (PREPONDERANTEMENTE) DIFUSA DO BEM JURÍDICO AMBIENTAL (E SUA VINCULAÇÃO AO *INTERESSE PÚBLICO PRIMÁRIO*)

2.1 A natureza (prevalentemente) "difusa" do bem jurídico ambiental

A discussão a respeito da natureza do bem jurídico ambiental, inclusive pelo prisma da titularidade do direito ao meio ambiente, é outra questão fundamental para a compreensão do conceito de meio ambiente. A partir da previsão estabelecida no art. 225, *caput*, da CF/1988, conforme enunciado na epígrafe deste tópico, o ambiente (natural e humano) é caracterizado como **bem de uso comum do povo**. O dispositivo constitucional reconhece que sobre o bem ambiental

---

[34] O TST reconheceu o meio ambiente do trabalho como componente integrante da proteção jurídica do meio ambiente: "Agravo de instrumento. Recurso de revista. Descabimento. 1. Intervalo do art. 253 da CLT. 1.1. (...). 1.2. A estrutura normativa do Direito Individual do Trabalho parte do pressuposto da diferenciação social, econômica e política entre os partícipes da relação de emprego, empregados e empregadores, o que faz emergir **direito protetivo**, orientado por normas e princípios que trazem o escopo de reequilibrar, juridicamente, a relação desigual verificada no campo fático. Esta constatação medra já nos esboços do que viria a ser o Direito do Trabalho e deu gestação aos princípios que orientam o ramo jurídico. O soerguer de desigualdade favorável ao trabalhador compõe a essência do princípio protetivo, vetor inspirador de todo o seu complexo de regras, princípios e institutos. 1.3. Além dos princípios específicos de valorização do trabalho (arts. 1º, IV, e 170, *caput*, da CF), não se pode olvidar que a Constituição Federal, orientada pela corrente filosófica do pós-positivismo, tem como viga principal o **princípio da dignidade da pessoa humana**, previsto, de forma explícita, no art. 1º, III, da Carta Magna. 1.4. Não se pode perder de vista, ainda, a **proteção do meio ambiente do trabalho**, assegurada nos arts. 7º, XXII, 200, VIII, e 225 da CF, como objeto de realização do direito à saúde do trabalhador (art. 6º da CF). (...) Agravo de instrumento conhecido e desprovido" (TST, AIRR 7-30.2012.5.23.0026, 3ª T., Rel. Min. Alberto Luiz Bresciani de Fontan Pereira, j. 28.08.2013).

[35] FELICIANO, Guilherme Guimarães; SARLET, Ingo W.; MARANHÃO; Ney; FENSTERSEIFER, Tiago. *Direito ambiental do trabalho*: apontamentos para uma teoria geral. São Paulo: LTr, 2020.

incide o interesse de toda a coletividade (como resulta evidente, por exemplo, da qualidade do ar atmosférico). Ao reconhecer a incidência do **interesse social** e o **regime de direito público** na regulação dos bens jurídicos ambientais, a norma constitucional limita substancialmente o poder de disposição dos indivíduos (particulares) em relação aos mesmos. Isso, por si só, implica uma mudança de paradigma e grandes desafios ao jurista contemporâneo, pois implica abrir mão da tradição clássica de matriz liberal-individualista na leitura de diversos institutos jurídicos. O conceito de bem ambiental difere substancialmente do que a doutrina civilista clássica conceitua como "coisa"[36], sobre a qual recai a exclusividade do **exercício da titularidade**. O ordenamento jurídico brasileiro identifica a natureza de direito difuso que recai sobre o patrimônio ambiental, ou seja, o bem jurídico ambiental é um bem de uso comum do povo. Toda a sociedade é titular de tal direito, incidindo sobre os bens ambientais uma **multiplicidade de interesses** (patrimoniais e não patrimoniais; individuais, coletivos e difusos).

De acordo com Antônio C. Morato, "o bem ambiental é um bem difuso, superando a antiga dicotomia bem público/bem privado, que já há muito tempo revela-se insatisfatória para explicar os problemas contemporâneos a serem resolvidos pela norma posta pelo legislador".[37] A título de exemplo, o reconhecimento da importância dos elementos naturais em geral (por exemplo, o lençol freático e a mata ciliar) para todo o ecossistema onde estão inseridos, e, consequentemente, para o interesse de todo o conjunto da sociedade, limita a utilização individual dos bens ambientais, até por conta da **função ambiental** que lhe é atribuída. O que está em questão é justamente a proteção da "integridade ecológica". Conforme lição do professor português José de S. Cunhal Sendim, "a proteção da **integridade ecológica** e dos bens ambientais não pode ser dissociada da proteção da capacidade funcional do *patrimônio natural* globalmente considerado – i.e., dos bens naturais e do conjunto das suas relações".[38]

Na dicção da CF/1988, trata-se de assegurar a proteção dos "**processos ecológicos essenciais**" (art. 225, § 1º, I,). De tal sorte, é importante compreender que os bens jurídicos ambientais apresentam, pelo menos, duas dimensões sob a perspectiva dos interesses incidentes sobre eles: uma dimensão individual e outra coletiva. Ou seja, uma tem em vista a possibilidade de apropriação individual – privada ou pública – dos elementos naturais, ao passo que a outra aponta para a impossibilidade de apropriação do bem jurídico ambiental na perspectiva da qualidade ambiental, o qual se trata do **bem jurídico de titularidade de todos**, conforme dispõe o *caput* do art. 225 da CF/1988.

O **Código Civil de 2002 (CC/2002)**, no seu art. 99, I, igualmente trata dos "**bens públicos de uso comum do povo**", trazendo como exemplo os "rios, mares, estradas, ruas e praças", inclusive gravando tais bens com a característica da inalienabilidade (art. 100), e, de tal sorte, retirando-os da esfera de disponibilidade dos particulares. É certo que tal concepção ainda reside numa abordagem liberal-individualista do Direito, paradigma do qual o Direito Civil brasileiro ainda não se libertou, embora com avanços percorridos, se comparado com o texto (e contexto) do Código Civil de 1916. Não há, no ordenamento civilista, uma compreensão adequada dos bens jurídicos ecológicos e da natureza pública e social atrelada à destinação deles. Mas, por outro lado, extrai-se, de certa forma, a ideia de que rios, mares etc., ou seja, elementos naturais, integram uma categoria diferenciada de bens jurídicos. Isso, por si só, já lança alguma luz sobre

---

[36] De modo a sinalizar a evolução do Direito Civil, sob a perspectiva do direito de propriedade e da proteção ambiental, o Código Civil de 2002 dispôs no seu art. 1.228, § 1º, que "o direito de propriedade deve ser exercido em consonância com as suas finalidades econômicas e sociais e de modo que sejam preservados, de conformidade com o estabelecido em lei especial, a flora, a fauna, as belezas naturais, o equilíbrio ecológico e o patrimônio histórico e artístico, bem como evitada a poluição do ar e das águas".

[37] MORATO, Antônio Carlos. A proteção jurídica do bem ambiental. *In*: MILARÉ, Édis; MACHADO, Paulo Afonso Leme. *Direito ambiental*: doutrinas essenciais. São Paulo: RT, p. 739. v. I (Fundamentos do direito ambiental).

[38] SENDIM, *Responsabilidade civil por danos ecológicos...*, p. 126.

a caracterização dos bens jurídicos ambientais, o que foi reforçado substancialmente pelo **art. 1.228, § 1º, do CC/2002**. A partir da análise do conceito de bem de uso comum do povo atribuído ao ambiente, José A. de O. Baracho Júnior refere que "o meio ambiente, de acordo com a já exposta definição contida na Lei 6.938/81, na medida em que se compõe de elementos materiais e culturais, é totalmente insuscetível de apropriação. É, portanto, o meio ambiente ecologicamente equilibrado um bem de livre uso e fruição a todos os cidadãos, agindo o Poder Público no sentido de administrar a manutenção de sua integridade, exercendo a vigilância necessária para tal".[39]

A titularidade do direito ao meio ambiente é outro aspecto que diferencia o bem jurídico ecológico de outros bens jurídicos, haja vista a sua natureza de **direito ou interesse difuso**. Os dois diplomas legislativos mais expressivos que simbolizaram, já na década de 1980, a **ruptura com o marco liberal-individualista** vigente no ordenamento jurídico brasileiro e consagraram a natureza difusa dos chamados "**novos direitos**", entre eles o direito ao meio ambiente, são a Lei da Política Nacional do Meio Ambiente (Lei 6.938/81) e a Lei da Ação Civil Pública (Lei 7.347/85). Segundo Rodolfo de C. Mancuso, os interesses difusos "são referíveis a um conjunto indeterminado ou dificilmente determinável de sujeitos", o que se contrapõe "fundamentalmente ao esquema tradicional, visto que a tutela não pode mais ter por base a titularidade, mas a relevância, em si, do interesse, isto é, o fato de sua relevância social".[40] Em razão de congregar o **interesse de toda a coletividade**, conforme evidencia a norma constitucional-ambiental contida no *caput* do art. 225, a sua natureza jurídica transcende a órbita individual que tradicionalmente sempre caracterizou o regime jurídico dos direitos (fundamentais e não fundamentais).

O direito ao meio ambiente rompe com tal paradigma, de modo que a lesão ao bem jurídico ecológico passa a ser uma lesão a toda a coletividade, e não apenas a direitos individuais. Ou seja, tem-se a **indeterminação dos sujeitos titulares do direito**. Apropriando-nos novamente da lição de Mancuso, "essa 'indeterminação de sujeitos' revela-se, também, quanto à natureza da lesão decorrente de afronta aos interesses difusos: essa lesão é disseminada por um número indefinido de pessoas, tanto podendo ser uma comunidade (por exemplo, uma vila de pescadores, ameaçada pela emissão de dejetos urbanos no mar) como uma etnia (nos casos de discriminação racial) ou mesmo toda a humanidade (como a ameaça constante de guerra nuclear, ou na 'exploração' predatória e anárquica da Amazônia)".[41]

A caracterização da natureza difusa do bem jurídico ambiental não deve ser jamais confundida com o **interesse do Estado em sentido estrito**. Ou seja, a sociedade é a titular do direito ao ambiente, e não o Estado. O **interesse público primário**, empregado comumente na seara do Direito Administrativo,[42] pode ser utilizado, em certa medida, para caracterizar o interesse da sociedade

---

[39] BARRACHO JÚNIOR, *Proteção do ambiente na Constituição*..., p. 84-85.

[40] MANCUSO, Rodolfo de Camargo. *Interesses difusos*: conceito e legitimação para agir. 6. ed. São Paulo: RT, 2004. p. 93.

[41] MANCUSO, *Interesses difusos*..., p. 97. O mesmo entendimento é compartilhado por Jairo Schäfer, para quem, no caso das agressões ao meio ambiente, "se mostra impossível delimitar, de forma individualizada, os danos e os sujeitos passivos do fato, em virtude de sua natureza difusa, devendo imperar, portanto, na análise desses novos direitos, a ética da responsabilidade coletiva" (SCHÄFER, Jairo. *Classificação dos direitos fundamentais*: do sistema geracional ao sistema unitário. 2. ed. Porto Alegre: Livraria do Advogado, 2013. p. 57).

[42] O conceito de **interesse público primário**, distinguindo-o do **interesse público secundário**, é tratado na doutrina brasileira por Celso Antônio Bandeira de Mello. De acordo com o autor, a título ilustrativo, o Estado poderia "ter o interesse secundário de resistir ao pagamento de indenizações, ainda que procedentes, ou denegar pretensões bem fundadas que os administrados lhe fizessem, ou de cobrar tributos ou tarifas por valores exagerados. Estaria, por tal modo, defendendo interesses apenas 'seus', enquanto pessoa, enquanto entidade animada do propósito de despender o mínimo de recursos e abarrotar-se deles ao máximo. Não estaria, entretanto, atendendo ao interesse público, ao *interesse primário, isto é, aquele que a lei aponta como sendo o interesse da coletividade: o da observância da ordem jurídica estabelecida a título de bem curar o interesse de todos*". MELLO, Celso Antônio Bandeira de. *Curso de direito administrativo*. 22. ed. São Paulo: Malheiros, 2007. p. 69.

na proteção do patrimônio ambiental, mas jamais o interesse público secundário (ou seja, o puro interesse do Estado). A natureza difusa do bem ambiental carrega a natureza pública (interesse público primário) naquilo em que a mesma se confunde com o interesse de toda a sociedade, mas não quando apenas o interesse (secundário) do Estado está em jogo. De acordo com a lição de Hugo Nigro Mazzilli, ao retomar os ensinamentos do publicista italiano Renato Alessi, a distinção ora tratada "permite evidenciar, portanto, que nem sempre coincidem o interesse público primário e o secundário. Nesse sentido, o interesse público primário (bem geral) pode ser identificado com o interesse social, o interesse da sociedade ou da coletividade, e até mesmo com alguns dos mais autênticos interesses difusos (o exemplo, por excelência, do meio ambiente em geral)".[43]

JURISPRUDÊNCIA STJ. O meio ambiente como interesse público primário. "AMBIENTAL. PROCESSUAL CIVIL. RECURSO ESPECIAL. ANTINOMIA DE NORMAS. APARENTE. ESPECIFICIDADE. INCIDÊNCIA DO CÓDIGO FLORESTAL. ÁREA DE PRESERVAÇÃO PERMANENTE. **MAIOR PROTEÇÃO AMBIENTAL.** PROVIMENTO. **RESPEITO AO LIMITE IMPOSTO PELO CÓDIGO FLORESTAL.** 1. A proteção ao meio ambiente integra, axiologicamente, o ordenamento jurídico brasileiro, e as normas infraconstitucionais devem respeitar a teleologia da Constituição Federal. Dessa forma, o **ordenamento jurídico precisa ser interpretado de forma sistêmica e harmônica**, por meio da técnica da interpretação corretiva, conciliando os institutos em busca do **interesse público primário**. 2. Na espécie, a antinomia entre a Lei de Parcelamento do Solo Urbano (Lei n. 6.766/1979) e o Código Florestal (Lei n. 12.651/2012) é apenas aparente, pois a primeira estabelece uma **proteção mínima** e a segunda tutela a proteção específica, **intensificando o mínimo protetivo** às margens dos cursos de água. 3. A proteção marginal dos cursos de água, em toda a sua extensão, possui importante papel de proteção contra o assoreamento. O Código Florestal tutela em maior extensão e profundidade o bem jurídico do meio ambiente, logo, é **a norma específica a ser observada na espécie**. 4. Recurso especial provido".[44]

A distinção é relevante em razão de a proteção ecológica postar-se também contra o Estado, e não apenas em face dos particulares poluidores (pessoas físicas e jurídicas), de modo que **o Estado não pode dispor do bem jurídico ambiental difuso** (por exemplo, da integridade ecológica, da qualidade do ar e da água, de uma espécie da fauna ou da flora etc.), uma vez que ele não lhe pertence. Não por outra razão, a própria legislação ambiental reconhece, por meio da Lei 6.938/81, art. 3º, IV, que a pessoa jurídica de direito público também pode ser enquadrada no **conceito de poluidor** e, consequentemente, responsabilizada,[45] **direta ou indiretamente**, por atividade causadora de degradação ambiental. A Lei 9.605/98 (Lei dos Crimes e Infrações Administrativas Ambientais), no seu art. 70, § 3º assinala também que "a autoridade ambiental que tiver conhecimento de infração ambiental é obrigada a promover a sua apuração imediata,

---

[43] MAZZILLI, Hugo Nigro. *A defesa dos interesses difusos em juízo*. 22. ed. São Paulo: Saraiva, 2009. p. 49.
[44] STJ, REsp 1.546.415/SC, 2ª T., Rel. Min. Og Fernandes, j. 21.02.2019.
[45] O STJ, em decisão emblemática e seguindo tais premissas, no julgamento do REsp 1.071.741/SP, reconheceu a *responsabilidade solidária* do Estado de São Paulo em razão da sua omissão e permissividade com a ocupação e as construções ilegais de particular em unidade de conservação (Parque Estadual de Jacupiranga). No caso, apontou-se o descumprimento, por parte do Estado, do seu *poder-dever de polícia ambiental*, expresso no controle e fiscalização ambiental, estabelecido, entre outros comandos normativos, no art. 70, § 1º, da Lei 9.605/98. Nas palavras do Min. Herman Benjamin, "a Administração é solidária, objetiva e ilimitadamente responsável, nos termos da Lei 6.938/1981, por danos urbanístico-ambientais decorrentes da omissão do seu dever de controlar e fiscalizar, na medida em que contribua, direta ou indiretamente, tanto para a degradação ambiental em si mesma, como para o seu agravamento, consolidação ou perpetuação, tudo sem prejuízo da adoção, contra o agente público relapso ou desidioso, de medidas disciplinares, penais, civis e no campo da improbidade administrativa" (STJ, REsp 1.071.741/SP, 2.ª T., Rel. Ministro Herman Benjamin, j. 24.03.2009). No mesmo sentido, v. STJ, AgRg no REsp 1.001.780/PR, 1ª T., Rel. Min. Teori Albino Zavascki, j. 27.09.2011.

mediante processo administrativo próprio, sob pena de **corresponsabilidade**". Em outras palavras, a legislação ambiental brasileira procurou proteger o ambiente não apenas em face dos particulares, mas também da conduta (positiva ou omissiva) do Estado ensejadora de dano ambiental. A legislação em comento revela, em última instância, que o Estado é apenas "guardião" de um bem jurídico que não lhe pertence, mas que é de titularidade da coletividade como um todo.

A natureza do bem jurídico ambiental coloca em xeque a **dicotomia entre o Direito Público e o Direito Privado**. Muito embora a natureza do Direito Ambiental seja essencialmente pública, o bem jurídico ambiental transita na (e habita a) "fronteira" entre o público e o privado. A natureza difusa do bem jurídico ambiental, que jamais pode ser confundida com a natureza pública (em sentido estrito),[46] implica a **fusão dos universos jurídicos público e privado**, mas sempre permeada pela **prevalência do interesse de toda a coletividade** na sua proteção, bem como pela limitação aos interesses privado e público (secundário) quando esses se colocarem em rota de colisão com a tutela ecológica. Em sintonia com esse entendimento, o art. 2º, I, da Lei 6.938/81 institui como princípio da Política Nacional do Meio Ambiente "a ação governamental na manutenção do equilíbrio ecológico, considerando o **meio ambiente como um patrimônio público** a ser necessariamente assegurado e protegido, tendo em vista o **uso coletivo**".

Para Benjamin, "o meio ambiente, embora como interesse (visto pelo prisma da legitimação para agir) seja uma categoria *difusa*, como macrobem jurídico é de *natureza pública*. Como bem – enxergado como verdadeira '*universitas corporalis*' – é *imaterial*, não se confundindo com esta ou aquela coisa material (floresta, rio, mar, sítio histórico, espécie protegida etc.) que o forma, manifestando-se, ao revés, como o complexo de bens agregados que compõem a realidade ambiental. Assim, o meio ambiente é bem, mas bem como entidade que se destaca dos vários bens materiais em que se firma, ganhando proeminência, na sua identificação, muito mais o valor relativo à composição, característica ou utilidade da coisa do que a própria coisa. Uma definição como esta de meio ambiente, como macrobem, não é incompatível com a constatação de que o complexo ambiental é composto de entidades singulares (as coisas, por exemplo) que, em si mesmas, também são bens jurídicos: é o rio, a casa de valor histórico, o bosque com apelo paisagístico, o ar respirável, a água potável".[47]

Para exemplificar, podemos imaginar a seguinte situação hipotética: a presença de afluente do **Aquífero Guarani** (que se estende pelos Estados do Sul do Brasil) dentro de determinada propriedade privada. Eventual poluição praticada pelo titular do ambiental singular (propriedade rural que margeia o afluente) poderá transcender para todo o sistema do aquífero e comprometer o bem ambiental como um todo, ou seja, a qualidade e o equilíbrio ambiental, em desacordo com o interesse de toda a coletividade expresso na sua natureza difusa.[48] Nessa hipótese, o titular do

---

[46] Idêntico entendimento é referendado por Morato Leite: "não resta dúvida de que o bem ambiental de interesse público deve ser separado da definição de bens públicos e privados, diferente do estipulado no Código Civil brasileiro de 1916. O novo Código Civil, por sua vez, incorre no mesmo erro, ao classificar os bens de uso comum do povo como bens públicos. Ao assim proceder, o legislador dispensou ao bem ambiental de interesse público um tratamento restrito, considerando-o como pertencente ao Poder Público e não a toda a coletividade, como dispõe a Constituição da República do Brasil". LEITE, José Rubens Morato. Sociedade de risco e Estado. *In*: CANOTILHO, José J. Gomes; LEITE, José Rubens Morato (Org.). *Direito constitucional ambiental brasileiro*. São Paulo: Saraiva, 2007. p. 148.

[47] BENJAMIN, Antônio Herman. Função ambiental. *In*: BENJAMIN, Antônio Herman (Coord.). *Dano ambiental*: prevenção, reparação e repressão. São Paulo: RT, 1993. p. 75.

[48] A referência feita por Ricardo Petrella a respeito dos recursos hídricos ilustra bem a questão ora tratada a respeito da natureza difusa do bem jurídico ambiental. De acordo com o autor, "os direitos e obrigações inalienáveis com relação à água são coletivos e não individuais ou privados. Pertencem à população mundial total. Controle e supervisão de prioridades no exercício e gozo desses direitos e obrigações devem ocorrer no nível de cada comunidade humana, em nome de e como depositário dos direitos e obrigações de toda a comunidade humana, que continua a ser o sujeito primário do **patrimônio comum da água**". PETRELLA, *O manifesto da água...*, p. 129.

bem (seja ele um particular, seja ele o próprio Estado) deverá exercer o seu direito de propriedade (e posse) sempre em consonância com a salvaguarda do equilíbrio e da salubridade do ambiente em termos gerais, bem como ajustado à sua *função ambiental* (art. 186, II, da CF/1988, e art. 1.228, § 1º, do Código Civil de 2002).

A natureza difusa do bem ambiental também é reforçada pela imprescritibilidade do dano ambiental sustentado majoritariamente pela doutrina, inclusive com suporte na jurisprudência do STJ e, mais recentemente, também do STF. O fato de o meio ambiente estar fora da esfera de disposição tanto dos particulares quanto do próprio Estado, em vista de circunscrever o interesse de toda a coletividade, conduz a **imprescritibilidade** do dano ecológico tanto por poluidores privados quanto públicos. Sobre a prescrição do dano ambiental, José R. Morato Leite e Patryck de Araújo Ayala, com base na compreensão de "microbem" e "macrobem" ambiental (que trataremos no próximo tópico), defendem a tese da imprescritibilidade do dano ambiental quando atingido o *macrobem* **ecológico**, em conta da já referida natureza pública e coletiva de tal bem; enquanto que, em face do dano ao *microbem* **ecológico** que então pode ter natureza de ordem privada, este seguiria as normas do Código Civil sobre prescrição.[49] Portanto, os danos individuais e individuais homogêneos vinculados à degradação prescrevem em três anos, consoante dispõe o art. 206, § 3º, V, do Código Civil de 2002, ao contrário do dano ambiental em si, que é imprescritível.

A violação aos direitos ecológicos acarreta o comprometimento de **bens jurídicos de natureza indisponível** e conectados diretamente à condição humana (inclusive das gerações futuras). O STJ, no julgamento do REsp 1.120.117/AC, reconheceu a imprescritibilidade do dever de reparação do dano ambiental, uma vez que, conforme ficou consignado no voto-relator da Ministra Eliana Calmon, a lesão ao patrimônio ambiental "está protegida pelo manto da imprescritibilidade, por se tratar de direito inerente à vida, fundamental e essencial à afirmação dos povos (...) **antecedendo todos os demais direitos, pois sem ele não há vida, nem saúde, nem trabalho, nem lazer** (...)".[50]

Além da imprescritibilidade do dano ambiental, já consolidado no plano jurisprudencial, a doutrina[51] e a jurisprudência[52] também avançaram, com razão, no sentido de consolidar o reconhecimento do dano moral (ou extrapatrimonial) ambiental em determinadas situações de lesão ao bem jurídico ecológico, de modo a reforçar a sua **natureza eminentemente pública**. Isso, contudo, não exclui da proteção jurídica do meio ambiente a existência de um âmbito de proteção da pessoa tomada em perspectiva individual, apesar da prevalência e da maior relevância a ser dispensada à dimensão difusa da tutela ecológica.

2.2 O conflito entre interesses públicos e privados na relação jurídica ambiental e as compreensões de "microbem" e "macrobem" ambiental

A natureza eminentemente difusa do bem ambiental também pode ser compreendida com base na distinção entre "microbem" e "macrobem" ambiental, conforme desenvolvidos na dou-

---

[49] LEITE; AYALA, *Dano ambiental...*, p. 201.

[50] STJ, REsp 1.120.117/AC, 2ª Turma, Rel. Min. Eliana Calmon, j. 10.11.2009. O STF também endossou o mesmo entendimento no julgamento RE 654.833/AC, ao consolidar a seguinte tese: "É imprescritível a pretensão de reparação civil de dano ambiental" (STF, RE 654.833/AC, Tribunal Pleno, Rel. Min. Alexandre de Moraes, j. 20.04.2020).

[51] Tratando do dano moral ambiental na doutrina brasileira, v. LEITE; AYALA, *Dano ambiental...*, p. 260 e ss.; e STEIGLEDER, Annelise Monteiro. *Responsabilidade civil ambiental*: as dimensões do dano ambiental no direito brasileiro. 2. ed. Porto Alegre: Livraria do Advogado, 2011. p. 139 e ss.

[52] A respeito do dano ambiental extrapatrimonial (ou moral) coletivo: STJ, REsp 1180078/MG, 2ª T., Rel. Min. Herman Benjamin, j. 02.12.2010; STJ, REsp 1367923/RJ, 2ª T., Rel. Min. Humberto Martins, j. 27.08.2013.

trina brasileira por Morato Leite e Ayala. Há uma permanente tensão – e colisão – entre diversos interesses e direitos que permeiam as relações jurídicas ecológicas. Não raras vezes, colocam-se em conflito interesses de natureza privada frente a interesses de natureza pública ou coletiva. Em vista de tal conflito de interesses incidentes sobre o patrimônio ambiental, Morato Leite e Ayala propõem que o bem jurídico ambiental seja tratado a partir de duas dimensões: a do *macrobem ambiental* e a do *microbem ambiental*. Como destacam os autores, o meio ambiente, enquanto **macrobem**, configura-se como um **bem incorpóreo e imaterial de uso comum do povo**, o que determina que o proprietário (público ou privado) de um bem com valor ambiental **não poderá dispor da qualidade do meio ambiente** em razão de o *macrobem* pertencer a todos, conforme, segundo os autores, se pode extrair da norma constitucional do art. 225.[53]

O meio ambiente, em razão da natureza difusa do *macrobem* ambiental, não pode ser individualizado, devendo ser compreendido como a unidade e a totalidade das relações presentes no meio natural. Já com relação ao ***microbem* ambiental**, Morato Leite e Ayala afirmam que este se identifica com os elementos (florestas, rios, animais, propriedade de valor paisagístico etc.) que compõem o meio ambiente, podendo ter um **regime de propriedade variado (público ou privado)**.[54] Segundo Cristiane Derani, também contribuindo para essa discussão, o direito ao meio ambiente "é explicitado como sendo **simultaneamente um direito social e individual**, pois deste direito de fruição ao meio ambiente ecologicamente equilibrado não advém nenhuma prerrogativa privada. Não é possível, em nome deste direito, apropriar-se individualmente de parcelas do meio ambiente para consumo privado. O caráter jurídico do 'meio ambiente ecologicamente equilibrado' é de um bem de uso comum do povo. Assim, a realização individual deste direito fundamental está intrinsecamente ligada à sua realização social".[55]

A dimensão difusa ou coletiva do bem jurídico ecológico estabelece a **limitação do uso dos recursos naturais** sob a titularidade de particulares (pessoas físicas e jurídicas), de modo inclusive a respeitar imperativamente os limites impostos pelo **princípio da função ambiental ou ecológica** (e, mais recentemente, também **climática**) **da propriedade e da posse**, de modo a assegurar a proteção da integridade ecológica e salvaguarda dos serviços ambientais. Devido à sua natureza difusa, por mais que seja possível a individualização dos bens ambientais (florestas, rios, espécies da fauna e da flora etc.), o meio ambiente, enquanto ecossistema, não permite a sua concepção sem a integralidade dos bens ambientais, constituindo um único **bem imaterial (e sistêmico)**.

Os universos público e privado se tocam e as fronteiras entre ambos os ramos jurídicos são postas à prova, pois o exercício empregado pelo titular do *microbem ambiental* encontra limites no interesse público e social ("de toda a coletividade") e no equilíbrio e integridade do *macrobem ambiental*, contemplando uma visão integrada e holística da proteção ecológica. A natureza do *macrobem ambiental* será sempre pública (interesse público primário),[56] como preceitua a CF/1988 em seu art. 225, *caput*, ao dispor que o ambiente se trata de um "bem de uso comum do povo".[57] O entendimento em questão encontra suporte na jurisprudência dos nossos Tribunais, como verificado em decisão do **STJ** proferida no julgamento do AgInt no REsp 2.029.870/MA, ao reconhecer que "a pretensão de reparação de dano causado ao meio ambiente (**macrobem ambiental**), enquanto **direito difuso e indisponível**, está protegida pelo manto da **imprescritibilidade**", ao passo que "no caso de danos ambientais individuais (**micro-

---

[53] LEITE; AYALA, *Dano ambiental...*, p. 83.
[54] LEITE; AYALA, *Dano ambiental...*, p. 85.
[55] DERANI, Cristiane. *Direito ambiental econômico*. 3. ed. São Paulo: Saraiva, 2008. p. 245.
[56] BENJAMIN, *Função ambiental...*, p. 75.
[57] O art. 99, I, do Novo Código Civil, dispõe serem bens públicos "os de uso comum do povo, tais como rios, mares, estradas, ruas e praças".

bem ambiental), o entendimento desta Corte é no sentido de que a pretensão de indenização está **sujeita à prescrição**, haja vista afetarem direitos individualmente considerados, isto é, de **titularidade definida**.[58]

3. A AUTONOMIA DO DIREITO AMBIENTAL: O RECONHECIMENTO DE UMA NOVA DISCIPLINA JURÍDICA

3.1 A natureza (pública) do Direito Ambiental

O Direito Ambiental, no regime das disciplinas jurídicas, situa-se no campo do Direito Público, como pode ser facilmente compreendido a partir do próprio texto constitucional, ao dispor, no *caput* do art. 225 da CF/1988, ser o meio ambiente "**bem de uso comum do povo**". A norma constitucional-ambiental (em especial, o § 1º do art. 225) também consagra o papel determinante do Estado, sob a forma de **deveres de proteção**, na tutela e promoção do bem jurídico ambiental, além, é claro, de reconhecer a natureza de direito fundamental ao direito ao meio ambiente. O contexto constitucional revela, por si só, conteúdo normativo de singular importância para a compreensão da natureza pública do Direito Ambiental e, por consequência, do bem jurídico ecológico, vinculando-o de forma indissociável ao **interesse de toda a coletividade**. A matriz pública do Direito Ambiental encontra-se, portanto, caracterizado na própria CF/1988.

A Lei 6.938/81 endossa igual entendimento, ao dispor, no seu art. 2º, I, que "a ação governamental na manutenção do equilíbrio ecológico, *considerando o meio ambiente como um **patrimônio público*** a ser necessariamente assegurado e protegido, *tendo em vista o uso coletivo*". A Lei da Política Nacional de Gerenciamento Costeiro (Lei 7.661/88) também é bastante elucidativa a respeito do conceito de "bem de uso comum do povo" ao tratar do acesso às praias e a vedação de "privatização" e limitação do uso destas por particulares. De acordo com o art. 10 do referido diploma: "Art. 10. *As **praias são bens públicos de uso comum do povo**, sendo assegurado, sempre, livre e franco acesso a elas e ao mar, em qualquer direção e sentido*, ressalvados os trechos considerados de interesse de segurança nacional ou incluídos em áreas protegidas por legislação específica". Tanto a norma geral estabelecida no art. 2º, I, da Lei 6.938/81 quanto a Lei 7.661/88, que trata especificamente sobre a zona costeira, expressam de forma bastante clara a **natureza pública** que permeia a regulamentação jurídica dos recursos naturais.

O bem jurídico ambiental, conforme tratado em tópico antecedente, caracteriza interesse e direito difuso de titularidade de toda a coletividade, a que todos os indivíduos devem ter acesso, inclusive sob pena de violação ao **princípio do acesso equânime aos recursos naturais**, bem como que qualquer lesão ou ameaça de lesão a tal bem jurídico repercute na esfera do interesse público (**interesse público primário**[59]) e social. Por mais que, muitas vezes, os recursos naturais estejam sob a titularidade (ou posse) privada, isso não representa um "cheque em branco" para o titular do direito dispor como bem entender na utilização de tal recurso. Também jamais se poderá admitir um suposto "**direito adquirido a poluir**"[60] na hipótese de uma nova legislação ambiental mais protetiva e, consequentemente, mais restritiva em relação a outros direitos, uma vez que prevalece o interesse de toda a coletividade em detrimento do interesse particular do poluidor.[61]

---

[58] STJ, AgInt no REsp n. 2.029.870/MA, 4ª T., Rel. Min. Maria Isabel Gallotti, j. 26.02.2024.

[59] BANDEIRA DE MELLO, Celso Antônio. *Curso de direito administrativo*. 30. ed. São Paulo: Malheiros, 2013. p. 69.

[60] Rejeitando a um suposto "direito adquirido de poluir", v. STJ, REsp 948.921/SP, 2ª T., rel. Min Herman Benjamin, j. 23.02.2007.

[61] A título ilustrativo, a Lei Estadual 15.434/2020 (Código Estadual do Meio Ambiente do Estado do Rio Grande do Sul) consagra, no seu art. 8º, que "**o interesse comum terá prevalência sobre o privado**, no uso, na exploração, na preservação e na conservação dos recursos ambientais, respeitados os direitos inerentes à propriedade privada, ao sigilo industrial e às técnicas produtivas".

O bem jurídico ambiental difuso, como consolidado de forma pacífica pela doutrina e jurisprudência,[62] assume o *status* de um **bem jurídico indisponível**, tendo em vista que a qualidade e o equilíbrio ecológico não se encontram na esfera de disponibilidade de nenhum indivíduo, grupo social ou mesmo do Estado. Os agentes públicos e privados terão sempre que levar em consideração no uso que fizerem de determinado recurso natural – e, por exemplo, se o poluírem ou esgotarem – o comprometimento da qualidade ambiental. Muito embora a própria natureza transdisciplinar do Direito Ambiental faça com que a disciplina dialogue de forma intensa com os demais ramos jurídicos, circulando na fronteira entre o Direito Público e o Direito Privado, a sua natureza é eminentemente pública. Conforme a lição de Luís Roberto Barroso, "se o interesse predominante for de natureza geral, a sociedade como um todo: direito público".[63] A **titularidade difusa** (de toda a coletividade) que caracteriza o direito a viver em um meio ambiente sadio, equilibrado e seguro não deixa pairar qualquer dúvida a respeito da **natureza pública do Direito Ambiental**.

A **relação jurídica ambiental** não se trata de uma relação privada entre particulares (pessoas físicas ou jurídicas). Muito embora se admita até mesmo a **eficácia do direito fundamental ao meio ambiente nas relações entre particulares**, a ponto inclusive de estabelecer **deveres jurídicos** aos particulares e limitar os seus direitos, a gênese de tal relação está sempre permeada e dirigida pelo **interesse público e social**. Conforme assevera Mateo, "el Derecho Ambiental tiene como veremos, implicaciones y manifestaciones de Derecho Privado, pero su meollo es fundamentalmente público, se impone directamente por el Estado, en cuanto que regula las relaciones del hombre con su entorno y no de los sujetos privados entre si".[64] A consagração da proteção jurídica ecológica sob o **regime de direito fundamental** também reforça a natureza pública inerente ao Direito Ambiental. De igual maneira, o papel ou tarefa atribuída constitucionalmente ao Estado na consecução do objetivo de assegurar o equilíbrio ecológico, sob a fórmula dos **deveres de proteção**, também incorpora definitivamente o Estado na relação jurídica ambiental, fortalecendo o regime jurídico de natureza pública que lhe dá sustentação.

3.2 A autonomia do Direito Ambiental: o reconhecimento de uma nova disciplina jurídica

"A proteção do meio ambiente tem futuro, porque sem a proteção do meio ambiente não haverá futuro" (**Michael Kloepfer**).[65]

A autonomia do Direito Ambiental, sob a feição de uma **nova disciplina jurídica**, tal como, por exemplo, o Direito Penal, o Direito Civil ou o Direito Constitucional, passou a ser reconhecida mais recentemente, dada a sua história e surgimento ainda recente – desde a década de 1970[66] – do **Direito "Verde"** no cenário jurídico, preocupando-se, por exemplo, não apenas com a proteção dos interesses e direitos das presentes gerações, mas também das **futuras gera-**

---

[62] A imprescritibilidade do dever de reparação do dano ambiental, consagrada pela jurisprudência do STJ, também reforça esse entendimento: STJ, REsp 1.060.753/SP, 2.ª T., Rel. Min. Eliana Calmon, j. 01.12.2009. Precedente citado: REsp 1.049.822/RS. No mesmo sentido, inclusive com referência ao princípio da precaução, v. STJ, REsp 972.902/RS, 2.ª T., Rel. Min. Eliana Calmon, j. 25.08.2009.

[63] BARROSO, Luís Roberto. *Curso de direito constitucional contemporâneo*: os conceitos fundamentais e a construção do novo modelo. São Paulo: Saraiva, 2009. p. 54.

[64] MATEO, Ramón Martín. *Manual de derecho ambiental*. 3. ed. Navarra: Thomson/Aranzadi, 2003. p. 54-55.

[65] KLOEPFER, Michael. *Umweltrecht...*, p. 9.

[66] O surgimento do Direito Ambiental alemão no início da Década de 1970 pode ser verificada, a título de exemplo, no artigo clássico *Grundfragen des Umweltrechts* (Questões fundamentais do direito ambiental) do professor Eckard Rehbinder, publicado no ano de 1970 (REHBINDER, Eckard. Grundfragen des Umweltrechts. In: *Zeitschrift für Rechtspolitik*, H. 11, p. 250-256, nov. 1970).

ções, como reconhecido expressamente no *caput* do art. 225 da CF/1988. O reconhecimento da sua autonomia, conforme assinala Michel Prieur, resulta, entre outros aspectos, da existência de um corpo específico de regras concretizadas no plano formal (legislativo).[67]

No contexto brasileiro, a sistematização da proteção jurídica ambiental começou a dar seus primeiros passos com a edição da **Lei da Política Nacional do Meio Ambiente (Lei 6.938/81)**, como referido anteriormente. A partir de tal diploma legislativo, a proteção jurídica do bem ambiental passou a receber contornos próprios, desvinculando a tutela ecológica da proteção de outros bens jurídicos que também impunham a proteção de recursos naturais – por exemplo, a propriedade privada, o interesse econômico em geral, a saúde (em especial, pelo prisma da saúde pública) etc.

A adoção de medidas voltadas ao combate à poluição (hídrica, atmosférica etc.), sobretudo antes da década de 1970, foi, na maioria das vezes, motivada pela proteção da saúde pública. Isso, com o tempo, foi substancialmente alterado. Não que a saúde pública deixou de ter a mesma importância, mas simplesmente porque a legislação ambiental, notadamente após a edição da Lei 6.938/81, passou a assegurar contornos normativos e **autonomia** própria ao **bem jurídico ambiental ou ecológico**. Há, sem dúvida, fortíssima conexão entre vida, saúde e qualidade ambiental (integridade ecológica). No entanto, trata-se de bens jurídicos (e direitos fundamentais) dotados de autonomia jurídica, muito embora a relevância dos pontos de contato fático e normativo nos seus âmbitos de proteção.[68]

A Lei 6.938/81 – que até hoje cumpre, de certa forma, o papel de Código Ambiental brasileiro – estabeleceu o marco normativo inaugural do Direito Ambiental nacional, dando delineamentos gerais a respeito da proteção jurídica ecológica, destacando os seus objetivos, princípios, instrumentos etc. Isso, somado ao cenário jurídico internacional e comparado que se consolidava à época, permitiu que a doutrina[69] passasse a estabelecer conceitos próprios para os **novos institutos jurídicos** de matriz ambiental, edificando uma **nova disciplina jurídica** com um **regime jurídico altamente especializado** e diferenciado em relação às demais disciplinas jurídicas até então existentes. Com o passar do tempo, dado o passo inicial pela Lei 6.938/81, tanto do ponto de vista doutrinário quanto legislativo (e mesmo jurisprudencial), consolidou-se um regime jurídico-ambiental cada vez mais complexo e sofisticado, fortificando cada vez mais a autonomia do Direito Ambiental no universo das disciplinas jurídicas.

A especificidade dos institutos que conformam Direito Ambiental, consagrados por meio de um arsenal legislativo próprio, demonstra de forma bastante clara a autonomia e a **especialização científica** da matéria. Isso, por sua vez, levou ao reconhecimento e à consagração de um novo **"(micro)sistema legislativo"** ecológico. De acordo com Michel Prieur, além do objeto jurídico novo tratado pelo Direito Ambiental, o particularismo da matéria é verificado por meio de "técnicas jurídicas originais".[70] Há, nesse sentido, inúmeros **princípios** que são próprios do Direito Ambiental (por exemplo, princípio da precaução, princípio do poluidor-pagador etc.), bem como princípios que, muito embora existentes também em outros ramos jurídicos, assumem conteúdo particular na seara ecológica (por exemplo, princípio da responsabilidade comum, mas diferenciada, princípio da cooperação, princípio da proibição de retrocesso ecológico etc.).

O mesmo se pode dizer com relação aos **institutos e instrumentos jurídicos** do Direito Ambiental, como é o caso do *estudo de impacto ambiental* (EIA), previsto no art. 225, § 1º, IV, da CF/1988, das áreas de preservação permanente (art. 3º, II, da Lei 12.651/2012), das *unidades de*

---

[67] PRIEUR, Michel. *Droit de l'environnement...*, p. 12.
[68] No sentido de reforçar a autonomia conceitual e normativa entre saúde e meio ambiente, v. BENJAMIN, Antonio Herman. *Introdução ao direito ambiental...*, p. 53.
[69] MOREIRA NETO, Diogo de Figueiredo. *Introdução ao direito ecológico...*, p. 22-23.
[70] PRIEUR, Michel. *Droit de l'environnement...*, p. 11.

conservação (Lei 9.985/2000) e da *responsabilidade objetiva* pelo dano ambiental (art. 14, § 1º, da Lei 6.938/81). Com base nesse cenário normativo, em especial por conta da Lei 6.938/81, Leme Machado assinala que "o Direito Ambiental é um **Direito sistematizador**, que faz a articulação da legislação, da doutrina e da jurisprudência concernentes aos elementos que integram o ambiente. Procura evitar o isolamento dos temas ambientais e sua abordagem antagônica. Não se trata mais de construir um Direito das Águas, um Direito da Atmosfera, um Direito do Solo, um Direito Florestal, um Direito da Fauna ou um Direito da Biodiversidade. O Direito Ambiental não ignora o que cada matéria tem de específico, mas busca interligar estes temas com a argamassa da identidade dos instrumentos jurídicos de prevenção e de reparação, de informação, de monitoramento e de participação".[71]

Ao tempo da promulgação da CF/1988, considerando a existência prévia da Lei 6.938/81 e da Lei 7.347/85 (Lei da Ação Civil Pública), Juraci Perez Magalhães pontua que "o Direito Ambiental já dispunha de princípios, objetivos e instrumentos de política ambiental bem definidos. Desconhecer esse direito como um **direito especializado**, como um ramo moderno do direito, é negar a própria realidade. O Direito Ambiental, nesse segundo período, demonstrou força e personalidade, com uma eficiente legislação, nos bancos universitários e nas decisões reiteradas de nossos Tribunais, voltadas para a preservação ambiental. Uma vez consolidado, o Direito Ambiental passou a ter enorme influência no contexto nacional".[72]

De acordo com José Afonso da Silva, "(...) se trata de uma disciplina jurídica de acentuada autonomia, dada a natureza específica de seu objeto – ordenação da qualidade do meio ambiente com vista a uma boa qualidade de vida –, que não se confunde, nem mesmo se assemelha, com o objeto de outros ramos do Direito. Tem conotações íntimas com o Direito Público, mas, para ser considerado tal, talvez lhe falte um elemento essencial: seu objeto não é pertinente a uma entidade pública, ainda que seja de interesse coletivo. Quem sabe não seja ele um dos mais característicos ramos do nascente conceito de **Direito Coletivo**, ou talvez seja um novo ramo do **Direito Social**".[73] A autonomia científica do Direito Ambiental perante os demais ramos jurídicos, conforme assinalado por José Afonso da Silva, também é evidenciada pelo seu próprio objeto.

As formulações jurídicas sobre a proteção do meio ambiente guardam características próprias em comparação com o **objeto** das demais áreas jurídicas, rompendo, em certa medida, até mesmo a barreira antropocêntrica clássica que permeia as disciplinas jurídicas de modo geral. A amplitude do bem jurídico tutelado pelo Direito Ambiental, que pode ser confundido com o próprio **ecossistema planetário**, também o diferencia das demais disciplinas jurídicas. Isso sem falar na proteção jurídica em perspectiva futura, visando prevenir a ocorrência de **danos futuros**,[74] em respeito aos interesses e direitos das futuras gerações. No entanto, os desafios e particularidades do Direito Ambiental não param por aí. A questão da **titularidade** dos direitos ecológicos é outro tema que o diferencia substancialmente em relação às demais disciplinas jurídicas, dado que, além de envolver a discussão a respeito de direitos das **futuras gerações humanas**, insere no debate jurídico a questão da titularidade de direitos para além do ser humano, ou seja, para os **animais não humanos** e a **Natureza** (em si e como um todo, bem como dos elementos naturais, como rios, florestas, paisagens etc.).

Nesse aspecto, parte da doutrina especializada defende o **rompimento com paradigma antropocêntrico** empregado pelo Direito Ambiental, em favor de um **princípio biocêntrico ou**

---

[71] MACHADO, Paulo Affonso Leme. *Direito ambiental brasileiro...*, p. 54-55.
[72] MAGALHÃES, *A evolução do direito ambiental...*, p. 54-55.
[73] SILVA, José Afonso da. *Direito ambiental constitucional...*, p. 41.
[74] Na doutrina, sobre a caracterização do dano ambiental futuro, v. CARVALHO, Délton Winter de. *Dano ambiental futuro*: a responsabilização civil pelo risco ambiental. 2. ed. Porto Alegre: Livraria do Advogado, 2013.

ecocêntrico na regulamentação jurídica do meio ambiente. Na lição de José Eduardo Figueiredo Dias, "as principais novidades trazidas pela abordagem jurídica do ambiente relacionam-se com a nova filosofia, sentido e espírito inerentes ao direito do ambiente. Esses aspectos têm, antes de tudo, a ver com o trânsito de uma concepção exclusivamente antropocêntrica do Direito para a afirmação, cada vez mais extensa, de um princípio biocêntrico ou ecocêntrico: se bem que não se possa afirmar com segurança, no momento presente, que a finalidade subjacente ao direito do ambiente é exclusiva, ou sequer maioritariamente, de raiz ecocêntrica ou biocêntrica, a verdade é que esta pré-compreensão tem ganhado cada vez mais importância na regulação jurídica do ambiente".[75]

Essa ruptura paradigmática tem levado a doutrina a questionar a nomenclatura "Direito Ambiental" em favor do nome "**Direito Ecológico**" para a disciplina jurídica. A respeito do tema, destaca-se o *Manifesto de Oslo pelo Direito e Governança Ecológica* (2016), adotado pela Comissão Mundial de Direito Ambiental da União Internacional pela Conservação da Natureza (IUCN). Segundo o documento, "o enfoque ecológico do Direito é baseado no *ecocentrismo*, no holismo e na justiça intrageracional, intergeracional e interespécies. A partir dessa perspectiva ou visão de mundo, o Direito reconhecerá as interdependências ecológicas e não mais favorecerá os seres humanos sobre a Natureza (...). A *integridade ecológica* torna-se uma pré-condição para as aspirações humanas e um princípio fundamental do Direito. Em outras palavras, o Direito Ecológico inverte o princípio da dominação humana sobre a Natureza, que a atual interação do Direito Ambiental tende a reforçar, em um princípio de responsabilidade humana pela Natureza. Essa lógica reversa é possivelmente o principal desafio do **Antropoceno**".[76]

No caminhar evolutivo do Direito Ambiental rumo à sua autonomia no campo jurídico, merece destaque a superação da **natureza "administrativista"** da proteção jurídico-ambiental, ou melhor, a desvinculação do Direito Ambiental em relação ao Direito Administrativo, dado que, em grande medida, o Direito Ambiental surgiu vinculado ao Direito Administrativo.[77] Essa vinculação é reforçada pela forte intervenção do Estado na tutela ecológica – o que, por exemplo, também ocorre na esfera penal –, revelando todo um **regime administrativo estrutural-organizacional** (órgãos estatais encarregados da política ambiental em todos os entes federativos) e **procedimental** (licenciamento, estudo de impacto, procedimento administrativo infracional) especializado em matéria ambiental. No entanto, isso, por si só, não é suficiente para sufocar a autonomia que caracteriza o Direito Ambiental, como nova disciplina jurídica. Assim como há forte relação com o Direito Administrativo, também há relativamente a outras disciplinas jurídicas como o Direito Constitucional, o Direito Processual Coletivo, o Direito Penal, e nem por isso a autonomia do Direito Ambiental resulta descaracterizada. De acordo com Nelson Nery Junior, "podem ser identificados quatro atributos que fazem do Direito Ambiental um ramo próprio e autônomo do direito, desvinculado, pois, da exclusividade que tem sido pretendida pelo Direito Administrativo: **objeto específico, finalidade própria, estrutura coerente e técnica original**".[78]

Em razão do seu objeto e da dimensão dos interesses que visa proteger, o Direito "Verde" difere-se dos demais ramos, militando em defesa da vida no sentido mais amplo possível, inclusive em termos planetários e até mesmo para além do espectro estritamente humano ante os desafios existenciais posto no **Antropoceno**. Em vista de nascer um meio ambiente natural

---

[75] DIAS, José Eduardo Figueiredo. *Direito constitucional e administrativo do ambiente* (Cadernos do Centro de Estudos de Direito do Ordenamento, do Urbanismo e do Ambiente). Coimbra: Almedina, 2002. p. 13.
[76] Disponível em: https://www.elga.world/wp-content/uploads/2018/02/Oslo-Manifesto-final.pdf.
[77] Sobre o tema, v. BENJAMIN, Antonio Herman. Função ambiental. *In*: BENJAMIN, Antonio Herman (coord.). *Dano ambiental*: prevenção, reparação e repressão. São Paulo: RT, 1993. p. 14.
[78] NERY JR., Nelson. Autonomia do direito ambiental. *In*: D'ISEP, Clarissa Ferreira Macedo; NERY JR., Nelson; MEDAUAR, Odete. *Políticas públicas ambientais*: estudos em homenagem ao Professor Michel Prieur. São Paulo: RT, 2009. p. 209.

já profundamente degradado, ao Direito Ambiental é imposta uma **dinâmica de ação**, ou seja, além de não permitir que mais degradação e desastres ambientais se sucedam, é-lhe incumbida a função de recuperar e restaurar os danos já causados em momentos passados (por gerações presentes e passadas), com o propósito de assegurar os interesses das futuras gerações humanas (e também não humanas). Em lição clássica, reproduzida em alguns aspectos na doutrina brasileira,[79] o professor Michel Prieur da Universidade de Limoges, também Diretor do Centro de Direito Ambiental da mesma instituição, leciona a respeito da *finalidade* ou mesmo função do **Direito Ambiental**: "o Direito Ambiental deve ser definido por um critério finalista: é aquele que pelo seu conteúdo contribui para a saúde pública e manutenção do equilíbrio ecológico, é um **direito para a melhoria progressiva do meio ambiente**".[80]

Esse cenário pode ser apreendido pela inserção crescente da disciplina de Direito Ambiental, inclusive com caráter obrigatório em alguns casos, no programa curricular dos cursos de graduação em direito por todo o Brasil, bem como a sua progressiva exigência em concursos públicos e no exame da Ordem dos Advogados do Brasil (neste último caso, desde 2009). Tamanha é a consagração da autonomia do Direito Ambiental no cenário jurídico contemporâneo que algumas das suas (sub)disciplinas também encontram cada vez maior desenvolvimento e especialização, conquistando, inclusive, certo grau de autonomia científica, como é o caso, por exemplo, do **Direito dos Animais, Direito das Mudanças Climáticas, Direito dos Desastres** etc. O Direito Ambiental é, sem dúvida, disciplina que veio para ficar e cada vez mais ampliar a sua importância e incidência em face dos demais ramos jurídicos. Afinal de contas, conforme lição de Michael Kloepfer citada em passagem anterior, "a proteção do meio ambiente tem futuro, porque sem a proteção do meio ambiente não haverá futuro".[81]

3.3 A natureza transdisciplinar do Direito Ambiental

O Direito Ambiental possui uma **natureza transdisciplinar**, interagindo de modo transversal no cenário científico (*Querschnittsrecht*),[82] tanto do ponto de vista interno (no âmbito do sistema jurídico) quanto externo (no tocante à sua interação com as demais áreas do conhecimento humano, por exemplo, a filosofia, a sociologia, a economia, a ecologia e as ciências naturais em geral etc.). De acordo com Paulo de Bessa Antunes, a *transversalidade* inerente ao **Direito Ambiental** significa que ele "penetra os diferentes ramos do direito positivo fazendo com que todos, indiferentemente de suas bases teleológicas, assumam a preocupação com a proteção do meio ambiente".[83]

O Direito Ambiental não apenas atua de modo transversal em relação às demais disciplinas jurídicas, mas também estabelece um canal de diálogo aberto para além do espectro jurídico, dilatando as fronteiras do saber jurídico para além dos seus marcos tradicionais. Em vista principalmente da natureza complexa do objeto que lhe cumpre estudar, o Direito Ambiental apresenta-se como um **marco de ruptura do Direito e do ensino jurídico tradicionais**, reconhecendo a insuficiência e a limitação do "saber jurídico" vigente para compreender as relações jurídicas de matriz ambiental que marcam o nosso tempo. A predisposição científica de dialogar com outras áreas do conhecimento humano traduz-se na busca e complementação

---

[79] Apud MACHADO, Paulo Affonso Leme. *Direito ambiental brasileiro...*, p. 53-54.
[80] PRIEUR, Michel. *Droit de l'environnement...*, p. 8.
[81] KLOEPFER, Michael. *Umweltrecht...*, p. 9.
[82] SPARWASSER; ENGEL; VOβKUHLE, *Umweltrecht...*, p. 11-12. O mesmo propósito da transversalidade parece estar consubstanciado, em alguma medida, no *princípio da ubiquidade* tratado por MATEO, *Manual de derecho ambiental...*, p. 35-36.
[83] ANTUNES, Paulo de Bessa. *Direito ambiental*. 7. ed. Rio de Janeiro: Lumen Juris, 2005. p. 54.

de conhecimentos (que lhe faltam) necessários a uma compreensão transdisciplinar e adequada do *fenômeno jusambiental*.[84]

O Direito Ambiental, a nosso ver, contribui para uma reforma no pensamento jurídico tradicional. A **complexidade** inerente à crise ecológica e a sua **dimensão planetária** não podem passar ao largo da percepção jurídica. O Direito Ambiental, de tal sorte, possui a missão de "internalizar" tais questões no sistema jurídico de modo geral, realinhando-o na direção da proteção da vida em sentido amplo (humana e não humana). Isso porque a crise ecológica coloca em risco a nossa própria sobrevivência, inclusive na perspectiva da nossa existência futura. Servindo-nos dos ensinamentos de Edgar Morin e Anne Brigitte Kern para a compreensão da natureza transdisciplinar do Direito Ambiental, é importante sinalizar para a necessidade de "religação dos saberes" entre as diversas áreas do conhecimento humano, inclusive pensando os fenômenos humanos e científicos em termos planetários (como a economia, a sociologia, a ecologia etc.), de modo a buscar "a relação de inseparabilidade e inter-retro-ação entre todo o fenômeno e seu contexto, e de todo contexto com o contexto planetário".[85] Conforme a lição de Moacir Gadotti, "mudar a maneira de pensar é fundamental para a busca de uma visão mais global do mundo. A transdisciplinaridade representa uma ruptura com o modo linear de ler o mundo, uma forma de articulação de saberes".[86]

A título de exemplo, despontou na última década a consolidação de uma "**Ciência do Planeta Terra**" (*Earth Science*), como ilustra a discussão em torno dos "**limites planetários**" (*Planetary Boundaries*) e do reconhecimento da nova época geológica do Antropoceno.[87] Isso tem renovado substancialmente a compreensão dos fenômenos naturais em escala planetária, impactando todas as demais áreas do conhecimento, da filosofia ao Direito. Outro exemplo contemporâneo de uma nova "fronteira" científica e tecnológica que se abre para o diálogo com o Direito Ambiental, com implicações revolucionárias para a efetivação da legislação ambiental, diz respeito à **Geografia**, notadamente em relação aos novos avanços no campo da **geoinformação**, impactando sobremaneira os mecanismos estatais de comando e controle e os processos decisórios no âmbito das políticas públicas ambientais.[88] A mesma renovação ocorre no âmbito das instituições do Sistema de Justiça, como é o caso do Ministério Público[89] e do Poder Judiciário, agregando novas práticas à sua atuação em matéria ambiental.

A questão também impacta temas sensíveis do marco jurídico e político ecológico, como o campo dos "direitos ambientais de participação" (acesso à informação, participação pública e acesso à justiça), disponibilizando novos instrumentos de controle da sociedade (cidadãos, ONGs etc.) sobre práticas públicas e privadas atentatórias à integridade ecológica. Para ilustrar

---

[84] No sentido de reconhecer a natureza interdisciplinar e multidisciplinar, além de lhe conferir plena autonomia científica em relação às demais disciplinas jurídicas, v. CUSTÓDIO, Helita Barreira. *Legislação ambiental no Brasil...*, p. 202.

[85] MORIN, Edgar; KERN, Anne Brigitte. *Terra-Pátria*. 3. ed. Porto Alegre: Sulina, 2002. p. 158.

[86] GADOTTI, Moacir. *Pedagogia da terra*. 6. ed. São Paulo: Peirópolis, 2009. p. 39.

[87] ROCKSTRÖM, Johan *et al*. Planetary Boundaries: Exploring the Safe Operating Space for Humanity. *Ecology and Society*, v. 14, n. 2, p. 1-32, Dec. 2009.

[88] A respeito do tema, destaca-se o estudo pioneiro na doutrina brasileira: BORATTI, Larissa Verri; CAVEDON-CAPDEVILLE, Fernanda Salles; LEITE, José Rubens Morato (Org.). *Direito ambiental e geografia*: relação entre geoinformação, marcos legais, políticas públicas e processos decisórios. Rio de Janeiro: Lumen Juris, 2020.

[89] LOCATELLI, Paulo Antonio. A atuação do Ministério Público na tutela do meio ambiente por meio dos sistemas de informação geográfica. In: BORATTI, Larissa Verri; CAVEDON-CAPDEVILLE, Fernanda Salles; LEITE, José Rubens Morato (Org.). *Direito ambiental e geografia*: relação entre geoinformação, marcos legais, políticas públicas e processos decisórios. Rio de Janeiro: Lumen Juris, 2020. p. 409-444.

a questão, os denominados **sistemas de informação geográfica (SIG)**[90] são absolutamente essenciais para o monitoramento do desmatamento e de queimadas na região amazônica, o que já é realizado de forma exemplar pelo **Instituto Nacional de Pesquisas Espaciais (INPE)**, por meio de dois sistemas distintos: o Programa de Monitoramento da Floresta Amazônica Brasileira por Satélite (**PRODES**) e o Sistema de Detecção de Desmatamento em Tempo Real (**DETER**). Outros dois exemplos de sistemas de informação importantes que operam nesse sentido são o Cadastro Ambiental Rural (**CAR**), estabelecido pelo Código Florestal (Lei 12.651/2012), e a atuação do Centro Nacional de Monitoramento e Alertas de Desastres Naturais (**CEMADEN**).[91]

O Direito Ambiental, nesse cenário, deve ser tomado como um instrumento de ruptura com a abordagem jurídica tradicional, denunciando as **limitações metodológicas do sistema científico moderno** e apontando para o horizonte da complexidade e da transdisciplinaridade do "novo" pensamento jurídico, notadamente no sentido de resgatar a "**concepção holística da Natureza**" em substituição à "**metáfora moderna do mundo como máquina**".[92] A adoção de um pensamento calcado em tais premissas é imprescindível ao estudo do fenômeno jurídico-ambiental contemporâneo. Longe dos "maniqueísmos" que circulam no universo científico, os problemas enfrentados hoje em matéria ambiental não comportam olhares simplistas e superficiais. Do ponto de vista normativo, a perspectiva transversal (ou mesmo sistêmica ou complexa) do Direito Ambiental parece ter sido assimilado, em certa medida, pela Lei da Política Nacional do de Resíduos Sólidos (Lei 12.305/2010), ao consagrar, no seu art. 6º, III, como princípio da PNRS "a **visão sistêmica**, na gestão dos resíduos sólidos, que considere as variáveis ambiental, social, cultural, econômica, tecnológica e de saúde pública". Os elementos que compõem a realidade do mundo são cada vez mais diversificados e complexos, demandando um estudioso, sobretudo do Direito Ambiental, atento a tal contexto e, sobretudo, aberto a um **permanente (re)aprender** (em especial com as áreas do conhecimento não jurídicas, por exemplo, as ciências naturais). O **Direito Ecológico** deve necessariamente fazer as "**leis dos homens**" dialogarem com as "**leis da Natureza**"[93], inclusive tomando como premissa a prevalência destas.

3.4 A relação do Direito Ambiental com as diversas disciplinas jurídicas

3.4.1 Direito Ambiental e Direito Internacional

A relação entre o Direito Ambiental e o Direito Internacional Público guarda extrema relevância, pois o desenvolvimento que se deu no cenário internacional, notadamente a partir da **Conferência e Declaração de Estocolmo sobre Meio Ambiente Humano,** no ano de 1972, impulsionou, por todos os cantos do Planeta, o surgimento e aprimoramento das legislações

---

[90] A **Lei Política Nacional de Desenvolvimento Sustentável da Aquicultura e da Pesca (Lei 11.959/2009)** prevê expressamente a utilização de sistemas de informação geográfica para a **fiscalização da atividade pesqueira** prevê expressamente no seu art. 32: "A autoridade competente poderá determinar a utilização de mapa de bordo e **dispositivo de rastreamento por satélite**, bem como de qualquer outro dispositivo ou procedimento que possibilite o **monitoramento a distância** e permita o acompanhamento, de forma **automática e em tempo real**, da **posição geográfica** e da profundidade do local de pesca da embarcação, nos termos de regulamento específico".

[91] O **CNJ**, a respeito do tema, editou a **Recomendação 99/2021**, no sentido de recomendar a utilização de dados de sensoriamento remoto e de informações obtidas por satélite na instrução probatória de ações ambientais: "Art. 1º Recomendar a utilização, pelos magistrados, de dados de sensoriamento remoto e de informações obtidas por satélite em conjunto com os demais elementos do contexto probatório, quando for necessário para a instrução probatória de ações ambientais cíveis e criminais".

[92] V., sobre o tema, CAPRA, Fritof; MATTEI, Ugo. *A revolução ecojurídica...*, p. 31.

[93] V. LAZARUS, Richard J., "Human Nature, the Laws of Nature, and the Nature of Environmental Law" (2005). *Virginia Environmental Law Journal*, 24, 2005, p. 231-261. Disponível em: https://scholarship.law.georgetown.edu/facpub/163.

nacionais em matéria ambiental, tanto em sede constitucional quanto em infraconstitucional. Muito embora alguns ordenamentos jurídicos em sede comparada já tratarem da matéria ambiental antes mesmo de 1972, como se verifica, em especial, nos Estados Unidos e na Alemanha, o surgimento da legislação ambiental brasileira teve forte influência e acompanhou – com algum atraso, é certo – o marco normativo-ambiental inicial estabelecido pela Declaração de Estocolmo (1972), com a edição da Lei da Política Nacional do Meio Ambiente (Lei 6.938/81).

Desde a Conferência de Estocolmo até os dias atuais, sempre houve uma forte tendência de a legislação nacional "alimentar-se" das inovações conceituais e normativas trazidas pelos diplomas internacionais.[94] O exemplo mais recente de tal quadro é a Lei da Política Nacional sobre Mudança do Clima (Lei 12.187/2009), a qual transpõe para o plano legislativo nacional conteúdo estabelecido no âmbito da Convenção-Quadro das Nações Unidas sobre Mudança do Clima, estabelecida no âmbito da Conferência do Rio de Janeiro sobre Desenvolvimento Sustentável (1992). Mais recentemente, o **Acordo de Paris (2015)** também impõe tal "diálogo de fontes" entre o regime jurídico internacional e o nacional (no início de 2024, 195 Estados-Partes – de um total de 198 – haviam ratificado).

Há, por assim dizer, uma sintonia fina entre o quadro normativo internacional e a legislação nacional em matéria ambiental, de modo a estabelecer uma tendência de aprimoramento e de fortalecimento mútuos, o que, inclusive, do ponto de vista do nosso sistema constitucional, é fortalecido a partir do "**diálogo de fontes normativas**" e da **abertura material da ordem constitucional**, estabelecida no **art. 5º, §§ 2º e 3º, da CF/1988**, permitindo a incorporação do conteúdo de tais tratados e convenções internacionais naquilo em que eles dispuserem sobre matéria atinente aos direitos fundamentais e, em especial, ao direito fundamental ao meio ambiente. De resto, também cumpre assinalar que é possível, para além da incorporação dos diplomas internacionais em matéria ambiental pela via estabelecida nos arts. 84, VIII, e 49, I, da CF/1988, também a incorporação de tratados e convenções em matéria ambiental que versem sobre conteúdo atinente a direitos humanos (entre eles, o direito a viver em um meio ambiente sadio, equilibrado e seguro), sob a forma dos §§ 2º e 3º do art. 5º da CF/1988, estabelecendo para os mesmos, ressalvada a divergência a respeito do tema, o *status* **de norma supralegal**[95] ou mesmo de emenda constitucional[96], conforme tivemos oportunidade de tratar de forma específica no *Capítulo 6*.

3.4.2 Direito Ambiental e Direito Constitucional

A relevância da relação entre o Direito Ambiental e o Direito Constitucional ganhou contornos extremamente significativos a partir de meados da década de 1970, quando diversas Constituições mundo afora passaram a incorporar a proteção ambiental nos seus textos. Esse foi o caso, por exemplo, da Constituição portuguesa (1976) e da Constituição espanhola (1978), o que impulsionou, por óbvio, que também a Lei Fundamental brasileira de 1988 inserisse em seu corpo normativo capítulo específico sobre a proteção ambiental (art. 225). Mas, sem dúvida, a questão mais significativa de tal inovação constitucional, para além da consagração do **objetivo e da tarefa** de tutela ecológica do Estado brasileiro levados a efeito – trazendo, inclusive, um amplo rol exemplificativo de **deveres estatais de proteção** no § 1º do art. 225 –, diz respeito ao

---

[94] RAMOS, *Direito ambiental comparado...*, p. 76-77.
[95] STF, ADPF 708/DF, Tribunal Pleno, Rel. Min. Barroso, j. 01.07.2022.
[96] Muito embora não trate especificamente dos tratados internacionais em matéria ambiental, mas defendendo, em termos gerais, posição favorável à incorporação ao ordenamento constitucional dos tratados internacionais sobre direitos humanos, independentemente do procedimento legislativo previsto no § 3º do art. 5º, por força do que dispõe o § 2º do mesmo dispositivo constitucional, v. SARLET, *A eficácia dos direitos fundamentais...*, especialmente p. 119 e ss.

reconhecimento do **direito-dever fundamental ao meio ambiente**, assegurando *status* jurídico privilegiado para a qualidade e o equilíbrio ecológico no nosso sistema constitucional.

O cenário constitucional referido reproduz efeitos e informa todo o sistema jurídico, inclusive a ponto de se falar de **Constituição Ecológica** e de **Estado de Direito Ambiental ou Ecológico**, conforme será desenvolvido no *Capítulo 8*. Como a Constituição representa o ancoramento normativo dos valores mais importantes da nossa comunidade política, a inovação trazida pela CF/1988 foi fundamental para o desenvolvimento do Direito Ambiental brasileiro e a inserção da proteção do meio ambiente no núcleo normativo basilar do nosso ordenamento jurídico. Não por outra razão, já tivemos oportunidade de analisar de forma específica e detida as interseções existentes entre as disciplinas ora suscitadas com especial destaque para a relação entre direitos fundamentais e proteção ecológica.[97]

3.4.3 Direito Ambiental e Direito Administrativo

O Direito Ambiental tem uma relação muito próxima com o Direito Administrativo, a ponto, inclusive, conforme já anunciado anteriormente quando tratamos da sua autonomia científica, de ele ter sido tratado por certo tempo como um "ramo" do Direito Administrativo, o que hoje não encontra mais razão de ser pelos motivos que já expusemos em diversas passagens do livro. A natureza pública comum a ambos os ramos jurídicos provoca forte aproximação de conteúdo. De igual maneira, é fundamental para o Direito Ambiental a devida compreensão da estrutura administrativa – **organizacional e procedimental** – em matéria ambiental, por força do papel protagonista do Estado na formulação de **políticas públicas ambientais**, conforme se pode apreender do art. 225, *caput* e § 1º, da CF/1988 e da estruturação do Sistema Nacional do Meio Ambiente (SISNAMA), trazido pelo art. 6º da Lei 6.938/81, estabelecendo verdadeiro **sistema administrativo de proteção ambiental**. Aos **entes federativos** (União, Estados, Distrito Federal e Municípios) cabe, por exemplo, tanto a *tutela* ambiental e o exercício do poder de polícia ambiental, mediante a fiscalização e o controle de práticas poluidoras levadas a cabo por particulares (ou mesmo entes públicos), como a *promoção* de políticas públicas nas mais diversas áreas (campanhas de educação ambiental, programas de recuperação de áreas degradadas, criação de unidades de conservação, ampliação de redes de tratamento de esgoto, lixo e saneamento etc.).

Ao relacionar o Direito Ambiental com o Direito Administrativo, especialmente no tocante ao exercício do **poder de polícia ambiental**, Paulo de Bessa Antunes pontua que "a imposição de multas, a interdição de atividades, a oposição de embargos administrativos não podem fugir dos cânones básicos do Direito Administrativo, tais como a observância do princípio da legalidade, da proporcionalidade, da impessoalidade e de outros que lhe são relacionados".[98] Também deve ser considerada como reforço à interação entre ambas as disciplinas jurídicas a importância dos **instrumentos administrativos** de proteção ambiental delineados no art. 9º da Lei da Política Nacional do Meio Ambiente (Lei 6.938/81), como é o caso, por exemplo, do licenciamento ambiental, do estudo prévio de impacto ambiental e do relatório de qualidade ambiental.

A **Lei Complementar 140/2011**, nesse contexto, estabeleceu a regulamentação infraconstitucional da **competência administrativa (ou executiva) em matéria ambiental** atribuída, de forma comum, a todos os entes federativos (União, Estados, Distrito Federal e Municípios) pela CF/1988 (art. 23, III, VI e VII). Enfim, a relação entre as disciplinas é essencial para a devida

---

[97] Para maiores desenvolvimentos sobre a proteção constitucional ecológica, v. SARLET, Ingo W.; FENSTERSEIFER, Tiago. *Direito constitucional ecológico*: Constituição, direitos fundamentais e proteção da Natureza. 7. ed. São Paulo: RT, 2021; e FENSTERSEIFER, Tiago. *Direitos fundamentais e proteção do ambiente*. Porto Alegre: Livraria do Advogado, 2008.

[98] ANTUNES, *Direito ambiental...*, p. 54. No mesmo sentido, v. MOREIRA NETO, *Introdução ao direito ecológico...*, p. 24.

compreensão da origem do Direito Ambiental, da estruturação administrativa do Estado em matéria ambiental e também dos instrumentos administrativo-ambientais, muito embora não haja mais espaço para qualquer dúvida, em termos acadêmicos, a respeito da autonomia entre as disciplinas.

3.4.4 Direito Ambiental e Direito Civil

A relação entre o Direito Civil – e o Direito Privado em termos gerais – e o Direito Ambiental também merece atenção. A "constitucionalização" do Direito Civil, marcada, no âmbito do Direito brasileiro, pela promulgação da nossa Lei Fundamental de 1988, estabeleceu um novo panorama para a relação entre o **Direito Privado** e o **Direito Público**, inclusive de modo a reconhecer a tutela e a promoção dos direitos fundamentais e da **dignidade da pessoa humana** como elementos comuns e integradores de ambos os sistemas. A superação do paradigma e a ruptura com o **marco liberal-individualista** do Direito Civil clássico estabelecido no antigo Código Civil de 1916 (Lei 3.071/16) podem ser facilmente identificadas por intermédio da consagração de "novos" direitos de matriz coletiva, verificada antes mesmo da CF/1988 (por intermédio, por exemplo, da Lei 6.938/81 e da Lei 7.437/85), como é o caso do Direito do Consumidor, do Direito Urbanístico e também do Direito Ambiental. Isso sem falar na própria **eficácia dos direitos fundamentais no âmbito das relações privadas**.[99] Tudo isso impõe a edificação de um "novo" Direito Civil, adaptado aos novos valores constitucionais, o que também conduz à sua vinculação aos valores ecológicos.

A "Virada de Copérnico" do Direito Civil, conforme expressão consagrada por Luiz Edson Fachin,[100] pode ser verificada num dos seus pilares, ou seja, no direito de propriedade. Sem desenvolver o tema em maiores detalhes, até porque não se trata do nosso propósito aqui, identifica-se hoje forte tendência de **"funcionalização" do direito de propriedade** (inclusive, em vista do instituto do abuso de direito consagrado no art. 187 do Código Civil de 2002[101]), vinculando o exercício do direito em questão a interesses que extrapolam a esfera do seu titular. Não que a ideia de função social inerente ao direito de propriedade seja algo novo, pois sua consagração normativa é anterior à CF/1988. O Estatuto da Terra (Lei 4.504/64) e o Código Florestal de 1965 (Lei 4.771/65) já haviam consagrado a função social da propriedade, trazendo **limitações de ordem pública ao exercício do direito de propriedade**, inclusive com os primeiros contornos ecológicos para a matéria. No entanto, o cenário jurídico-constitucional hoje é outro, muito diferente daquele que concebeu o Direito Civil Clássico, consagrado pelo Código Civil de 1916, especialmente por conta da centralidade ocupada hoje pela Constituição na ordem jurídica nacional (quando antes o Código Civil ocupava tal lugar privilegiado) e também pela vinculação e da **eficácia dos direitos fundamentais (liberais, sociais e ecológicos) nas relações entre particulares**.

---

[99] No tocante à eficácia dos diretos fundamentais nas relações entre particulares, v. SARLET, Ingo W. *A eficácia dos direitos fundamentais...*, p. 374-383; e, especificamente em relação à eficácia do direito fundamental ao meio ambiente nas relações entre particulares, v. FENSTERSEIFER, *Direitos fundamentais e proteção do ambiente...*, p. 245-258.

[100] FACHIN, Luiz Edson. "Virada de Copérnico": um convite à reflexão sobre o direito civil brasileiro contemporâneo. In: FACHIN, Luiz Edson (Coord.). *Repensando os fundamentos do direito civil brasileiro contemporâneo.* Rio de Janeiro: Renovar, 2000. p. 317-324.

[101] "Art. 187. Também comete ato ilícito o titular de um direito que, ao exercê-lo, excede manifestamente os limites impostos pelo seu fim econômico ou social, pela boa-fé ou pelos bons costumes". A ideia de "funcionalização" dos institutos do Direito Civil também encontra fundamento na função social do contrato, consagrado no Código Civil de 2002: "Art. 421. A liberdade de contratar será exercida em razão e nos limites da função social do contrato. (...) Art. 422. Os contratantes são obrigados a guardar, assim na conclusão do contrato, como em sua execução, os princípios de probidade e boa-fé".

A consagração expressa da *função ecológica* **da propriedade e da posse**, por meio do art. 1.228, § 1º, do Código Civil de 2002, reforça esse entendimento, ao dispor que o "direito de propriedade deve ser exercido em consonância com as suas finalidades econômicas e sociais e *de modo que sejam preservados, de conformidade com o estabelecido em lei especial, a flora, a fauna, as belezas naturais, o equilíbrio ecológico e o patrimônio histórico e artístico, bem como evitada a poluição do ar e das águas*". É possível falar inclusive de um processo de **"ecologização" do Direito Privado**, como tem defendido, entre outros, por Gonzalo Sozzo.[102] Todos os institutos clássicos do Direito Privado são impactados e submetidos a uma releitura contemporânea de matiz ecológica. A título de exemplo, o STJ, no julgamento do AgInt no REsp 1.688.885/SP, reconheceu expressamente a **"função ambiental ou ecológica dos contratos"**. De acordo com o Ministro Herman Benjamin,

> "a **liberdade de contratar** (*rectius*, de celebrar negócios jurídicos) constante do art. 421 do Código Civil não é absoluta, nem irrefreável, mas se subordina não só à **função social** nele prevista, mas também a cânones jurídicos de regência da vida civilizada em comunidade, entre eles a **função ecológica do contrato**, cara-metade da **função ecológica da propriedade** (art. 1.228, § 1º, do Código Civil)".[103]

As relações jurídicas privadas (contratuais, de titularidade e domínio, empresariais, de responsabilidade civil etc.) encontram-se, portanto, vinculadas normativamente ao direito fundamental ao meio ambiente e ao respeito aos valores ecológicos em geral por força do comando constitucional (art. 225). A temática da responsabilidade civil, nesse cenário, é particularmente rica para estudar a vinculação entre o Direito Ambiental e o Direito Civil, haja vista que a legislação ambiental provocou importantes inovações na matéria, consagrando a **responsabilidade objetiva pelo dano ambiental** (art. 14, § 1º, da Lei 6.938/81), a relativização do nexo causal na hipótese de **dano ambiental**, a adoção da "teoria do risco integral", a imprescritibilidade do dever de reparação do dano ambiental, o dano moral coletivo ambiental, entre outras questões que oxigenaram e impulsionaram importantes inovações na matéria. Hoje, por exemplo, tem avançado a discussão em torno do conceito de **dano animal.**

Das relações privadas relativas aos direitos de vizinhança,[104] em que, de certa forma, originaram-se algumas das primeiras questões envolvendo a litigância judicial em matéria ambiental, migrou-se para um cenário jurídico complexo e multifacetado no qual os atores privados (pessoas físicas e jurídicas) – inclusive sob a perspectiva dos **deveres fundamentais** em matéria ambiental – não estão imunes de responsabilidade no tocante à manutenção do equilíbrio, da segurança e da salubridade ecológica.

Mais recentemente, inclusive o **Direito de Família** tem estabelecido importante interface com o Direito Ambiental e, mais precisamente, com o Direito Animal, a ponto de se estabelecer a discussão em torno do conceito de **"família(s) multiespécie"**. A recusa ao tratamento jurídico dos animais como meras "coisas" e o reconhecimento do **seu *status* jurídico de seres sencientes** têm impulsionado a discussão sobre aplicação de institutos jurídicos típicos das relações jurídicas de família em favor dos animais – como a guarda, os alimentos etc. – em situações de divórcio, dissolução de união estável etc.

A fronteira entre o Direito Público e o Direito Privado resulta, em grande medida, relativizada em decorrência da consagração de valores fundados no **valor e no princípio da solida-**

---

[102] SOZZO, Gonzalo. *Derecho privado ambiental*: el giro ecológico del derecho privado. Buenos Aires: Rubinzal-Culzoni Editores, 2019.

[103] STJ, AgInt no REsp 1.688.885/SP, 2ª T., Rel. Min. Herman Benjamin, j. 01.09.2020.

[104] A respeito do "viés ecológico" atribuído à proteção dos direitos de vizinhança, v. MOREIRA NETO, *Introdução ao direito ecológico...*, p. 24.

riedade, como é o caso da proteção da **integridade ecológica**. O exercício de direitos na órbita privada está necessariamente vinculado aos interesses de matriz ecológica de toda a coletividade.

3.4.5 Direito Ambiental e Direito Urbanístico

O Direito Ambiental e o Direito Urbanístico, conforme já tivemos oportunidade de desenvolver quando tratamos do conceito de meio ambiente urbano, são disciplinas jurídicas interligadas. A adoção de um **conceito amplo de meio ambiente** pelo ordenamento jurídico brasileiro, com a integração dos elementos urbanos, reforça essa perspectiva. Além do mais, ambas as matérias são disciplinas que surgiram no mesmo período histórico, diante da emergência dos **"novos" direitos de matriz transindividual**. Com o passar do tempo, tanto o Direito Ambiental quanto o Direito Urbanístico descolaram-se do Direito Administrativo, alcançando autonomia própria como novas disciplinas jurídicas. A concentração urbana e a degradação da qualidade de vida nas cidades, agravadas sobremaneira a partir da segunda metade do século XX, colocaram novos desafios para o Direito, o que conduziu à especialização das matérias ora analisadas. Não por outra razão, a obra pioneira do Direito Ambiental brasileiro de Diogo de Figueiredo Moreira, com sua primeira edição datada de 1975, possuía o título *Introdução ao direito ecológico e ao direito urbanístico*, tratando de ambas as disciplinas de forma integrada e com conteúdos conectados.[105]

No plano normativo, a Lei da Ação Civil Pública (Lei 7.347/85) exemplifica bem essa questão, ao consagrar, entre os direitos passíveis de serem tutelados pelo referido instrumento processual coletivo, o meio ambiente (art. 1º, I) e a **ordem urbanística** (art. 1º, VI, incluído pela Medida Provisória 2.180/2001). No mesmo sentido, destaca-se o **Estatuto da Cidade** (Lei 10.257/2001) que, ao regulamentar **os arts. 182 e 183 da CF/1988**, além de estabelecer conteúdo normativo de natureza ecológica, representa um marco fundamental para a concepção do **meio ambiente urbano**, assimilando o conceito amplo de meio ambiente, que é, particularmente, característico do nosso ordenamento jurídico. O diploma urbanístico tem como objetivo dar fundamento e viabilidade de execução para um modelo de **cidades sustentáveis**, sendo muitos os dispositivos que fazem menção à proteção e ao equilíbrio ambiental. A título de exemplo, o art. 1º, parágrafo único, dispõe que o diploma "estabelece normas de ordem pública e interesse social que regulam o uso da propriedade urbana em prol do bem coletivo, da segurança e do bem-estar dos cidadãos, bem como do **equilíbrio ambiental**". No seu art. 2º, está consignado, de modo complementar, que "a política urbana tem por objetivo ordenar o pleno desenvolvimento das funções sociais da cidade e da propriedade urbana, mediante as seguintes **diretrizes gerais**: I – garantia do **direito a cidades sustentáveis**, entendido como o direito à terra urbana, à moradia, ao **saneamento ambiental**, à infraestrutura urbana, ao transporte e aos serviços públicos, ao trabalho e ao lazer, **para as presentes e futuras gerações**; II – **gestão democrática** por meio da participação da população e de associações representativas dos vários segmentos da comunidade na formulação, execução e acompanhamento de planos, programas e projetos de desenvolvimento urbano; (...) IV – planejamento do desenvolvimento das cidades, da distribuição espacial da população e das atividades econômicas do Município e do território sob sua área de influência, de modo a **evitar e corrigir as distorções do crescimento urbano e seus efeitos negativos sobre o meio ambiente**; (...) VI – ordenação e controle do uso do solo, de forma a evitar: (...) g) *a poluição e a degradação ambiental*; h) a exposição da população a **riscos de desastres** (incluído pela Lei 12.608/2012); (...) VIII – adoção de **padrões de produção e consumo de bens e serviços e de expansão urbana compatíveis com os limites da sustentabilidade ambiental**, social e econômica do Município e do território sob sua área de influência; (...) XII – proteção, preservação e

---

[105] O STJ reconheceu, em decisão recente, a **imprescritibilidade** do dever de reparação do **dano urbano-ambiental**, reforçando a interface entre o regime jurídico das duas disciplinas e a adoção de um conceito amplo de meio ambiente: STJ, AgInt no REsp 1.464.446/RJ, Rel. Ministra Regina Helena Costa, j. 22.11.2022.

recuperação do meio ambiente natural e construído, do patrimônio cultural, histórico, artístico, paisagístico e arqueológico; XIII – **audiência do Poder Público municipal e da população interessada** nos processos de implantação de empreendimentos ou atividades com efeitos potencialmente negativos sobre o meio ambiente natural ou construído, o conforto ou a segurança da população; XIV – regularização fundiária e urbanização de áreas ocupadas por população de baixa renda mediante o estabelecimento de normas especiais de urbanização, uso e ocupação do solo e edificação, consideradas a situação socioeconômica da população e as normas ambientais".

O direito a cidades sustentáveis, por sua vez, implica igualmente o **direito a cidades resilientes e adaptadas às mudanças climáticas**. Cidades adequadas e preparadas para o enfrentamento, cada vez mais recorrente e intenso, de **episódios climáticos extremos** (enchentes, deslizamentos de terra, secas, poluição atmosférica, incêndios florestais etc.), cabendo ao poder público tanto o dever de adotar **medidas de prevenção** (ex.: reflorestamento e restaurações de áreas urbanas sensíveis e provedoras de serviços ecossistêmicos e climáticos, serviços de monitoramento de condições climáticas, alerta, informação à população, relocação e abrigamento de pessoas em áreas de risco climático etc.) quanto de **medidas de resposta** diante da ocorrência de tais eventos, com ênfase na salvaguarda das vítimas, notadamente em se tratando de indivíduos e grupos sociais vulneráveis. É possível falar, nesse sentido, numa simbiose cada vez mais consolidada entre o Direito Ambiental, o Direito Urbanístico e o **Direito Climático**.

O direito a cidades sustentáveis (e o direito ao meio ambiente) também se concretiza por meio da paisagem urbana, podendo até mesmo se falar de um **direito à paisagem urbana sustentável** titularizado pelo indivíduo e pela sociedade. A paisagem urbana deve ser compreendida para muito além da sua dimensão estética ou figurativa. Mas como fator determinante para a qualidade de vida, o bem-estar e a saúde das pessoas nas cidades, sobretudo em vista dos **serviços ecossistêmicos** – e, em especial, serviços climáticos – que prestam as áreas verdes urbanas (e até mesmo jardins) de **vegetação nativa**. A paisagem urbana deve ser reconhecida como direito correlato à proteção ecológica e política pública essencial para a proteção da biodiversidade, bem como para a adaptação climática das nossas cidades. Por essa ótica, é possível defender hoje um "**paisagismo climático**", voltado à mitigação da emissão dos gases do efeito estuda (ex.: o plantio de vegetação nativa retira CO_2 da atmosfera) e adaptação às mudanças climáticas, como episódios climáticos extremos. Ao propor um paisagismo sustentável, destaca-se a obra e projetos desenvolvidos em diversas regiões (e biomas) do Brasil pelo paisagista e botânico Ricardo Cardim, o qual defende um **paisagismo multifuncional** – contemplando os múltiplos serviços ecossistêmicos proporcionados, inclusive em relação à **saúde pública** e às mudanças climáticas – e que nos proporcione uma "reconexão com a Natureza" e com a nossa "identidade natural e cultural originais", tomando como ponto de partida (e chegada!) a **biodiversidade** nativa brasileira (em sentido contrário, mais de 90% do paisagismo brasileiro foi e é feito com o uso de espécies vegetais exóticas, em desprezo injustificável à biodiversidade mais rica do planeta).[106]

> **JURISPRUDÊNCIA STJ. Direito à cidade sustentável, mínimo existencial urbano-ambiental e futuras gerações.**
> "PROCESSUAL CIVIL E **DIREITO URBANÍSTICO**. QUIOSQUES E *TRAILERS* SOBRE CALÇADA. CIDADES SUSTENTÁVEIS. ART. 2º, I, DA LEI 10.257/2001 (ESTATUTO DA CIDADE). BEM PÚBLICO DE USO COMUM DO POVO. ART. 99, I, DO CÓDIGO CIVIL. (...). 1. Os recorrentes pretendem manter quiosques e trailers comerciais que instalaram sobre calçadas. Incontroverso que a área em disputa é de uso público e que tanto a ocupação do terreno como a atividade comercial em si carecem de regular aprovação estatal, por ausência de licitação e licenciamento. (...). 3. Em cidades tomadas por veículos automotores, a maior

---

[106] CARDIM, Ricardo Henrique. *Paisagismo sustentável para o Brasil*: integrando Natureza e humanidade no século XXI. São Paulo: Olhares, 2022. p. 9-10.

parte deles a serviço de minoria privilegiada, **calçadas integram o mínimo existencial de espaço público dos pedestres, a maioria da população**. Na qualidade de genuínas artérias de circulação dos que precisam ou preferem caminhar, constituem expressão cotidiana do **direito de locomoção**. No Estado Social de Direito, o ato de se deslocar a pé em segurança e com conforto qualifica-se como direito de todos, com atenção redobrada para a **acessibilidade dos mais vulneráveis**, aí incluídos idosos, crianças e pessoas com deficiência. Mister atinar que, no dia a dia da **cidade contemporânea**, o universo complexo da mobilidade urbana reserva papel crítico às calçadas, não se esgotando no fluxo de carros e na construção de ruas, avenidas, estradas, pontes e viadutos. 4. No Direito, calçadas compõem a família dos bens públicos, consoante o art. 99, I, do Código Civil. O Anexo I do Código de Trânsito Brasileiro distingue entre calçada e passeio. Juridicamente falando, as duas noções são próximas; e a distinção, tênue, pois o legislador qualificou o passeio como 'parte da calçada'. Na hipótese dos autos, o que se vê, em plena capital da República, é exemplo (o pior possível para o resto do Brasil) de brutal apropriação de calçadas para usos particulares destituídos de função ou benefício social, atributo inseparável da classe dos bens públicos. 5. Em País ainda marcado pela ferida aberta das favelas e por fração significativa de pessoas vivendo ao relento, sem teto, poderia soar irrealista esperar que o Judiciário se preocupe com a **existência, conservação e proteção de calçadas**. Nada mais equivocado, no entanto, pois o **autêntico juiz** se revela quando decide questões jurídicas que, embora aparentem atrelamento a **dificuldades do presente ou a concepções obsoletas do passado, se projetam sobre as gerações futuras**. E, não é segredo, calçadas e cidades do amanhã se formam no seio do caos urbano da nossa época, mesmo que ainda não passem de esqueletos imperfeitos à espera, mais adiante, de corpo imaginado ou de destino prometido pela Constituição e pelas leis. Essa exatamente a expectativa que o **Estatuto da Cidade** deposita – se faltar ou falhar ação administrativa ou sobrar cobiça individual – no Judiciário brasileiro, ao prescrever que a Política Urbana deve garantir o **'direito a cidades sustentáveis'**, em favor das **'presentes e futuras gerações'** (Lei 10.257/2001, art. 2º, I). 6. Segundo jurisprudência pacífica do STJ, a ninguém é lícito ocupar espaço público (calçada, *in casu*), exceto se estritamente conforme à legislação e após regular procedimento administrativo. A **Administração** dispõe de **dever-poder de revisão de ofício de seus atos**, exercitável a qualquer momento, mais ainda quando o ato administrativo de qualquer tipo for emitido em caráter provisório ou precário, com realce para o **urbanístico, ambiental e sanitário**. Além disso, é interditado atribuir efeitos permanentes a alvará provisório: 'A ocupação indevida de bem público configura mera detenção, de natureza precária, insuscetível de retenção ou indenização por acessões e benfeitorias' (Súmula 619/STJ, Corte Especial). 7. Se o **apossamento do espaço urbano público** ocorre ilegalmente, incumbe ao administrador, sob risco de **cometimento de improbidade e infração disciplinar**, proceder à **imediata demolição de eventuais construções irregulares e à desocupação de bem turbado ou esbulhado**. (...) 9. Recurso Especial parcialmente conhecido e, nesta parte, não provido" (STJ, REsp 1.846.075/DF, 2ª T., Rel. Min. Herman Benjamin, j. 03.03.2020).

3.4.6 Direito Ambiental e Direito Processual (e, especialmente, Direito Processual Coletivo)

O Direito Ambiental e o Direito Processual Civil também estão fortemente conectados desde a origem e ao longo de todo o desenvolvimento do Direito Ambiental brasileiro até os dias atuais. Muito da evolução do Direito Ambiental, especialmente no que diz respeito aos mecanismos de tutela processual do meio ambiente, é fruto de uma revolução que se deu a partir da década de 1980 no âmbito do Direito Processual Civil, tendo como mote a ruptura com o paradigma liberal-individualista até então regente das relações jurídicas processuais. Tal fenômeno jurídico é resultado das mudanças significativas ocorridas no âmbito social na segunda metade do século XX, com a vertiginosa massificação das relações sociais, legitimação de novos valores comunitários etc. A consagração da **legitimidade do Ministério Público** para promover ação de responsabilidade civil por danos causados ao meio ambiente no art. 14, § 1º, da Lei da Política Nacional do Meio Ambiente (Lei 6.938/81),[107] com a posterior edição da **Lei da Ação Civil Pública** (Lei 7.347/85), representou verdadeira "revolução" no âmbito do Direito Processual Civil, marcando, juntamente com o **Código de Defesa do Consumidor** (Lei 8.078/90) e outros diplomas que trataram da matéria, a consolidação do Direito Processual Coletivo.

O reconhecimento normativo – tanto em sede constitucional quanto em infraconstitucional – dos direitos coletivos em sentido amplo (individuais homogêneos, coletivos em sentido estrito e difusos), especialmente no caso dos direitos difusos, representou inovação jurídica que extrapolou a perspectiva processual propriamente dita, alcançando a esfera material dos direitos. A LACP, rompendo com o marco liberal-individualista, inaugurou o **Direito Processual Coletivo brasileiro**. O que aparentemente representava um diploma de índole processual carregava, na verdade, verdadeiro conteúdo de natureza material, consagrando **"novos" direitos de matriz coletiva**, como é o caso dos direitos ecológicos e dos direitos dos consumidores. A LACP, nesse sentido, possui uma *dupla natureza (material e processual)* uma vez que, para além de regulamentar novos instrumentos e técnicas processuais coletivas ao longo do seu texto, consagra também novos direitos sob a perspectiva material, inclusive trazendo um "rol exemplificativo" de direitos coletivos no seu art. 1º. Tudo isso também seguiu forte tendência de assegurar a primazia do direito material em detrimento do instrumento, sob a matriz normativa do princípio da instrumentalidade das formas. Não se pode olvidar, da mesma forma, a relevância dos instrumentos processuais coletivos, em especial a ação popular (que, a partir da CF/1988, passou a ter como seu objeto também a proteção ambiental) e a ação civil pública (em vista da legitimidade das associações ambientalistas prevista no art. 5º, V, da Lei 7.347/85), para potencializar a participação da sociedade na tutela e na promoção da qualidade ambiental, ampliando as bases democráticas da proteção jurídica do meio ambiente.[108]

3.4.7 Direito Ambiental e Direito do Consumidor

Parte dos fundamentos lançados para determinar a relação entre o Direito Ambiental e o Direito Processual Coletivo também pode ser aproveitada para a análise da relação entre as disciplinas do Direito Ambiental e do Direito do Consumidor. Embora a legislação ambiental tenha antecedido a legislação consumerista, se tomarmos como parâmetro para a consagração legislativa das disciplinas, respectivamente, a **Lei 6.938/81** e o **Código de Defesa do Consumidor (Lei 8.078/90)**, a evolução legislativa, teórica e jurisprudencial de ambas as disciplinas sempre caminhou de forma conjunta. A LACP, que data de 1985 – e, portanto, é anterior ao CDC – exemplifica bem essa relação, ao consagrar tais direitos no seu art. 1º, em que traz o rol exemplificativo dos **direitos coletivos em sentido amplo**. Não por acaso, a proteção ambiental e a defesa do consumidor são comumente lembradas como os exemplos mais significativos e paradigmáticos para caracterizar os novos direitos de natureza coletiva. Por mais que o rol dos direitos coletivos em sentido amplo tenha se ampliado significativamente ao longo dos anos, a contar da edição da LACP, inclusive de modo a inserir também os direitos fundamentais sociais (educação, saúde, moradia etc.), as duas matérias ora em análise capitanearam a "revolução" tanto de ordem material quanto de processual que se operou no sistema jurídico brasileiro, como expressão da superação de um paradigma liberal-individualista do Direito.

---

[107] "Art. 14 (...) § 1º – (...) O Ministério Público da União e dos Estados terá legitimidade para propor ação de responsabilidade civil e criminal, por danos causados ao meio ambiente".

[108] No sentido de reconhecer a legitimidade de todos os entes arrolados no art. 5º da Lei 7.347/85 para a propositura de ação civil pública ambiental, v. RODRIGUES, Marcelo Abelha. *Processo civil ambiental*. São Paulo: RT, 2008. p. 85.

Os instrumentos extrajudiciais e judiciais do Direito Ambiental e do Direito do Consumidor são, em grande medida, os mesmos (por exemplo, inquérito civil, termo de ajustamento de conduta, ação civil pública), bem como há uma interpretação sistemática e integração normativa entre os diplomas legislativos que regulamentam ambas as matérias, sugerindo, inclusive, um diálogo de fontes normativas. Talvez o melhor exemplo para demonstrar isso seja a questão da inversão do ônus da prova em matéria coletiva.[109] Sobre o tema, o STJ, em decisão sob a relatoria da Min. Eliana Calmon, admitiu a inversão do ônus probatório em ação civil pública de natureza ambiental, considerando a relação interdisciplinar entre as normas de proteção ao consumidor e as de proteção ambiental.[110]

A interpretação formulada pelo STJ determinou, ao admitir a extensão das regras de proteção do consumidor para a tutela ecológica, a integração de ambos os sistemas de proteção jurídica, aproveitando para a tutela ecológica instituto jurídico consagrado de forma expressa apenas no âmbito da legislação consumerista, ou seja, a **inversão do ônus da prova** (art. 6º, VIII, do CDC[111]). Também merece referência o dispositivo que trata da **publicidade abusiva** no âmbito das relações de consumo, que reconhece como caracterização da mesma a publicidade que "desrespeita os **valores ecológicos**" (art. 37, § 2º, do CDC[112]), bem como o dispositivo que assevera serem nulas as **cláusulas contratuais** relativas ao fornecimento de produtos e serviços que "infrinjam ou possibilitem a violação de normas ambientais" (art. 51, XIV, do CDC).

Ambas as disciplinas refletem a necessidade de adaptação do Direito ao processo de massificação das relações sociais, bem como da crescente industrialização e das novas práticas econômicas levadas a efeito especialmente a partir do período Pós-Segunda Guerra Mundial. A violação aos direitos do consumidor e a degradação ambiental são "externalidades" de uma nova realidade socioeconômica[113] – como se verifica no exemplo ilustrativo da **obsolescência programada de produtos** – e o Direito respondeu a isso, com o propósito de proteger os direitos fundamentais do indivíduo e da coletividade, por intermédio do reconhecimento de "novos" direitos. Nesse contexto, registra-se que tanto o Direito Ambiental quanto o Direito do Consumidor são matérias revestidas pelo **interesse público** e contam com a **atuação do Estado** na sua defesa e na sua promoção.[114] Tal situação encontra-se consagrada no próprio texto da

---

[109] De modo similar ao verificado na hipótese da inversão do ônus probatório, a doutrina tem-se utilizado do conteúdo no art. 6º, VI, do CDC para fundamentar a viabilidade jurídica do dano moral coletivo em matéria ambiental, articulando o diálogo normativo entre o microssistema normativo de proteção ambiental e o microssistema normativo de proteção do consumidor. Dispõe o artigo suscitado: "Art. 6º São direitos básicos do consumidor: (...) VI – a efetiva prevenção e reparação de danos patrimoniais e morais, individuais, coletivos e difusos".

[110] STJ, REsp 1.060.753/SP, 2ª T., Rel. Min. Eliana Calmon, j. 01.12.2009. Precedente citado: REsp 1.049.822/RS. Mais recentemente, o STJ editou a **Súmula n. 618**, cujo conteúdo dispõe que: "a inversão do ônus da prova aplica-se às ações de degradação ambiental".

[111] "Art. 6º (...) VIII – a facilitação da defesa de seus direitos, inclusive com a inversão do ônus da prova, a seu favor, no processo civil, quando, a critério do juiz, for verossímil a alegação ou quando for ele hipossuficiente, segundo as regras ordinárias de experiências."

[112] "Art. 37. É proibida toda publicidade enganosa ou abusiva (...) § 2º É abusiva, dentre outras a publicidade discriminatória de qualquer natureza, a que incite à violência, explore o medo ou a superstição, se aproveite da deficiência de julgamento e experiência da criança, **desrespeita valores ambientais**, ou que seja capaz de induzir o consumidor a se comportar de forma prejudicial ou perigosa à sua saúde ou segurança."

[113] A título de exemplo, o STJ reconheceu a vítima de dano ambiental decorrente de poluição atmosférica como "consumidor *bystander*", autorizando, assim, a aplicação de normas protetivas do CDC: STJ, REsp 2.009.210/RS, 3ª T., Rel. Min. Nancy Andrighi, j. 09.08.2022.

[114] De modo a reforçar tal entendimento no sentido do caráter público que reveste as relações de consumo, o art. 1º do CDC destaca que o diploma consumerista estabelece normas "de **ordem pública e interesse social**, nos termos dos arts. 5º, inciso XXXII, 170, inciso V, da Constituição Federal e art. 48 de suas Disposições Transitórias".

CF/1988 (art. 5º, XXXII,[115] e art. 225, *caput* e § 1º), inclusive reconhecendo a natureza de direito fundamental de tais matérias.

O art. 4º, *caput*, do CDC igualmente reforça esse entendimento, ao prever que a "Política Nacional das Relações de Consumo tem por objetivo o atendimento das necessidades dos consumidores, o respeito à sua dignidade, saúde e segurança, a proteção de seus interesses econômicos, a **melhoria da sua qualidade de vida**, bem como a transparência e harmonia das relações de consumo", o que somente pode ser assegurado num contexto de **equilíbrio, qualidade e segurança ecológica**. O **consumo sustentável**, regulamentado por meio da **Lei da Política de Educação para o Consumo Sustentável** (Lei 13.186/2015), também evidencia a relevância de tal perspectiva integrada das disciplinas em questão, conforme retomaremos à frente. A respeito do tema, registra-se a recente alteração do CDC, levada a efeito pela **Lei 14.181/2021**, ao estabelecer no inciso IX do art. 4º, como **princípio** da Política Nacional das Relações de Consumo: "fomento de ações direcionadas à **educação** financeira e **ambiental dos consumidores**".

3.4.8 Direito Ambiental e Direito Penal

A criminalização de condutas lesivas ou potencialmente lesivas ao meio ambiente representa etapa sobremaneira significativa na consolidação da proteção jurídica ecológica. Dado que o Direito Penal se destina à proteção daqueles bens jurídicos de maior relevância no âmbito do nosso sistema jurídico (vida, integridade física, liberdade, patrimônio, saúde pública, administração pública, finanças públicas etc.), por certo que a criminalização de práticas degradadoras da Natureza representa o reconhecimento da importância dos bens ambientais no âmbito do nosso sistema jurídico. Essa foi a intenção do Constituinte de 1988, ao impor ao legislador, no art. 225, § 3º,[116] a elaboração de diploma legislativo penal especial acerca da criminalização de condutas e atividades lesivas ao meio ambiente, praticadas por pessoas físicas ou jurídicas, o que veio a ser feito com a edição da **Lei dos Crimes e Infrações Administrativas Ambientais (Lei 9.605/98)**. Se tomarmos a perspectiva do papel do Estado na proteção ecológica, a consolidação de legislação penal com o propósito de assegurar a proteção dos bens ecológicos e, acima de tudo, a tutela do direito fundamental ao meio ambiente, traduz o cumprimento dos ***deveres de proteção a cargo do Estado*** como ocorre em matéria atinente a direitos fundamentais.[117]

Como já referido anteriormente, quando tratamos no tópico final sobre a ética ambiental, a respeito da discussão envolvendo as correntes antropocêntricas e biocêntricas na abordagem da proteção jurídica ecológica, a **criminalização de condutas lesivas (ou potencialmente lesivas) ao bem jurídico ambiental**, em certa medida, coloca a questão acerca dos limites para o reconhecimento de **bens jurídicos ambientais autônomos** e mesmo de direitos para além da "fronteira humana". De certa forma, é por intermédio da legislação penal em matéria ambiental, ou seja, da tipificação de condutas do indivíduo (e mesmo de pessoas jurídicas), especialmente no exemplo de **vedação de práticas cruéis contra animais** (art. 32 da Lei 9.605/98),[118] que se identifica, em maior ou menor intensidade, a ideia de uma proteção jurídica do meio ambiente de forma autônoma, ou seja, independentemente do interesse estritamente humano, inclusive, em alguns casos, em oposição e de modo a limitar direitos (fundamentais ou não) do ser humano. Tal seria o caso do **reconhecimento da Natureza como sujeito passivo da criminalidade**,

---

[115] "Art. 5º (...) XXXII – o Estado promoverá, na forma da lei, a defesa do consumidor."

[116] "Art. 225 (...) § 3º – As condutas e atividades consideradas lesivas ao meio ambiente sujeitarão os infratores, pessoas físicas ou jurídicas, a sanções penais e administrativas, independentemente da obrigação de reparar os danos causados."

[117] ALEXY, Robert. *Teoria dos direitos fundamentais*. São Paulo: Malheiros, 2008. p. 450.

[118] O dispositivo em questão foi alterado em 2020, com o aumento da pena do crime de maus-tratos praticados contra cães e gatos, mediante a inclusão do § 1º-A no art. 32 pela Lei 14.064/2020.

rompendo com a perspectiva antropocêntrica estrita, de feição fortemente liberal, do Direito Penal Clássico.[119]

A utilização do Direito Penal para promover a proteção jurídica do meio ambiente tem sido permeada por inúmeras críticas, em especial em temas envolvendo a **responsabilidade penal da pessoa jurídica** e alguns tipos penais ambientais,[120] além, é claro, da pouca efetividade da mesma em face dos grandes poluidores (corporações multinacionais etc.), ou seja, os denominados **crimes de colarinho branco** na seara ecológica, como verificado de forma emblemática e trágica, por exemplo, nos desastres em barragens de mineração de Mariana (2015) e de Brumadinho (2019), bem como no derramamento de óleo no litoral do Nordeste (2019). Mais recentemente, destaca-se a importância do Direito Penal como instrumento para a proteção climática (**Direito Penal Climático**), bem como o reconhecimento do clima ou sistema climático como bem jurídico-penal autônomo.[121]

3.4.9 Direito Ambiental e Direito do Trabalho

O Direito do Trabalho também possui importante interseção com o Direito Ambiental, o que é reforçado em vista do conceito amplo de meio ambiente adotado pelo ordenamento jurídico brasileiro, conforme abordamos em tópico precedente, o qual reconhece o "**meio ambiente do trabalho**" como uma das dimensões do bem jurídico ecológico. O processo de industrialização levado a efeito de forma mais acentuada nos dois últimos séculos, reproduziu não só um cenário de degradação ecológica, do ponto de vista do meio ambiente natural, como também impôs ao ser humano um cenário degradante no contexto do seu meio ambiente de trabalho. Os altos índices de poluição de determinadas áreas industriais[122] atinge não só a qualidade ambiental tomada na perspectiva do interesse toda a coletividade, como também, de forma direta, afeta a qualidade de vida do trabalhador inserido em tal contexto. A luta pelos direitos trabalhistas também se insere na perspectiva de assegurar ao trabalhador um meio ambiente de trabalho saudável, equilibrado e seguro.

A questão da salubridade e dos riscos inerentes ou mesmo mais acentuados em determinadas atividades laborais interessam sim à proteção ecológica como um todo, considerando, em particular, que geralmente as pessoas afetadas por condições de trabalho em cenários de poluição e degradação ecológica são os trabalhadores de menor renda, num cenário que agrega privação de direitos sociais com violação a direitos ecológicos. A proteção da saúde do trabalhador e a tutela do meio ambiente do trabalho congregam esforços na perspectiva de assegurar um meio ambiente de trabalho em patamares dignos, com segurança e qualidade ambiental. A vinculação entre o Direito Ambiental e o Direito do Trabalho resultou consagrada na própria CF/1988, ao assinalar tal conexão normativa entre as matérias no seu **art. 200, VIII**. Tal cenário normativo serve de base para o reconhecimento da categoria jurídica da **poluição labor-ambiental**,[123] bem como para a consagração de uma nova disciplina jurídica denominada de **Direito do Meio Ambiente do Trabalho**. A relevância do fortalecimento de tal dimensão "laboral ou trabalhista" do

---

[119] A criminalização de condutas lesivas ao meio ambiente e o reconhecimento da Natureza como sujeito passivo da criminalidade é desenvolvida por: SPORLEDER DE SOUZA, Paulo Vinícius. O meio ambiente (natural) como sujeito passivo dos crimes ambientais. *Revista Brasileira de Ciências Criminais*, São Paulo, n. 50, p. 57-90, set.-out. 2004.

[120] Em tom crítico à utilização do Direito Penal para a proteção ecológica, com amparo na doutrina alemã, v. COSTA, Helena Regina Lobo da. *Proteção penal ambiental*. São Paulo: Saraiva, 2010.

[121] Na doutrina, v. PERTILLE, Marcelo Bauer. Tutela penal do clima: da importância da teoria do bem jurídico à autonomia do equilíbrio climático diante do bem ambiental. *Revista Brasileira de Políticas Públicas*, Brasília, v. 13, n. 1. p. 109-128, 2023.

[122] BECK, *La sociedad del riesgo...*, p. 41.

[123] MARANHÃO, Ney. *Poluição labor-ambiental*. Rio de Janeiro: Lumen Juris, 2017.

Direito Ambiental pode ser verificada na prática nos desastres de **Mariana (2015)** e **Brumadinho (2019)**, em que a tragédia ecológica se somou à tragédia laboral, ceifando inúmeras vidas de trabalhadores e causando simultaneamente um dano ecológico inestimável e irreparável.

3.4.10 Direito Ambiental e Direito Tributário

A relação entre o Direito Ambiental e o Direito Tributário é fundamental para a efetividade da proteção ecológica, especialmente pelo prisma dos deveres de proteção do Estado. O fato de se atribuir ao Estado deveres de proteção de ordem ecológica (art. 225, *caput* e § 1º, da CF/1988) coloca para o mesmo o papel de regulador e fiscalizador da atividade econômica, especialmente no que tange às práticas que potencialmente acarretem danos ao meio ambiente.[124] De tal sorte, exige-se a adoção por parte do Estado de uma **política fiscal** capaz de dar suporte a uma estrutura administrativa fiscalizadora da atividade econômica (no âmbito do poder de polícia ambiental), bem como no sentido de "moldar" e "ajustar" o comportamento dos agentes econômicos no sentido de adotarem práticas "amigas" do meio ambiente por meio de incentivos fiscais e tributos que tenham finalidade extrafiscal com o propósito de incentivar a proteção ecológica.[125]

A recente **Reforma Tributária**, promovida pela **EC 132/2023**, consagrou, no seu art. 145, § 3º, a "defesa do meio ambiente" como princípio geral e estruturante da ordem constitucional tributária e do Sistema Tributário Nacional, ao prever que: "Art. 145. (...) § 3º O Sistema Tributário Nacional deve observar os princípios da simplicidade, da transparência, da justiça tributária, da cooperação e da defesa do meio ambiente". De modo complementar, a **EC 132/2023** também reforçou as inovações trazidas (um ano antes) pela **EC 123/2022**, ao estabelecer nova redação ao inciso VIII do § 1º do art. 225 para incluir, conjuntamente com os **biocombustíveis** (já previstos pela EC 123/2022), também o hidrogênio de baixa emissão de carbono (denominado "hidrogênio verde") no mesmo regime fiscal favorecido em detrimento dos combustíveis fósseis. A partir de tal inovação constitucional, é possível identificar tanto o estabelecimento de um regime de tributação ambiental ou ecológica quanto climática, notadamente, nesse último caso, no sentido de promover práticas públicas e privadas voltadas à descarbonização da economia e da matriz energética brasileira.

A **tributação ambiental** (e climática) deve carregar duas **finalidades ou funções** essenciais. A *fiscal*, ou seja, a obtenção de receitas que serão aplicadas em ações que promovam a defesa ecológica, bem como a *extrafiscal*, com o objetivo de induzir comportamentos tanto de pessoas físicas quanto de jurídicas, públicas e privadas, ambientalmente desejáveis ou menos prejudiciais ao meio ambiente (por exemplo, a adoção de subsídios para que as empresas adotem

---

[124] Em artigo clássico, Ricardo Lobo Torres enuncia os valores que fundamentam o Direito Tributário Ecológico: *liberdade* (imunidade do mínimo ecológico), *justiça* (poluidor-pagador, usuário-pagador, capacidade contributiva e custo/benefício), *segurança* (prevenção, precaução, legalidade tributária e tipicidade tributária) e *solidariedade* (capacidade contributiva solidária e solidariedade do grupo). TORRES, Ricardo Lobo. Princípios e teoria geral do direito tributário ambiental. In: TÔRRES, Heleno Taveira (Org.). *Direito tributário ambiental*. São Paulo: Malheiros, 2005. p. 21-54.

[125] "A atuação do Estado no caso particular da defesa do meio ambiente se dá de duas formas genericamente representadas pelos mecanismos de direção e de indução. Os mecanismos de direção qualificam-se pela imposição de normas permissivas ou proibitivas, basicamente definidoras de instrumentos de comando e controle de emissões ou da limitação ao uso de recursos, da fiscalização e aplicação de sanção sobre os infratores e da imposição do dever de reparação do dano A seu turno, através dos mecanismos de indução, o Estado manipula os instrumentos de intervenção em consonância com as leis que regem o funcionamento dos mercados induzindo os agentes econômicos a determinados comportamentos que, na visão do Estado, sejam desejáveis. Esses mecanismos, aqui referidos, encontram-se expressos no art. 174 da Constituição Federal, ao lado do planejamento que deve permear a atuação estatal em todos os níveis, não apenas em relação à atividade econômica". MODÉ, Fernando Magalhães. *Tributação ambiental*: a função do tributo na proteção do meio ambiente. Curitiba: Juruá, 2004. p. 70.

novas tecnologias limpas em determinados setores industriais e o IPTU Ecológico).[126] A adoção de práticas tributárias ecológicas, em última instância, representa um dos mecanismos mais eficazes de efetivação da legislação ambiental, estabelecendo mudanças concretas nas nossas práticas públicas e privadas em prol do desenvolvimento sustentável e de uma **economia verde**.[127]

> **JURISPRUDÊNCIA STJ. Direito Tributário e Estado de Direito Ambiental:** "TRIBUTÁRIO, AMBIENTAL E URBANÍSTICO. IPTU. EMBARGOS À EXECUÇÃO FISCAL. ART. 32 DO CÓDIGO TRIBUTÁRIO NACIONAL. LIMITAÇÃO AMBIENTAL AO DIREITO DE PROPRIEDADE. **ÁREA DE PRESERVAÇÃO PERMANENTE**. IMPOSSIBILIDADE ABSOLUTA DE USO DA TOTALIDADE DO BEM PELO PROPRIETÁRIO. IMPACTOS TRIBUTÁRIOS DA NATUREZA *NON AEDIFICANDI* DE IMÓVEL URBANO. **DIREITO TRIBUTÁRIO NO ESTADO DE DIREITO AMBIENTAL**. PRINCÍPIO POLUIDOR-PAGADOR. **EXTERNALIDADES AMBIENTAIS NEGATIVAS**. (...). 1. Segundo o Tribunal de Justiça de São Paulo, 'o bem de propriedade do apelante se localiza em Área de Preservação Permanente (APP), de declividade e nascentes, bem como de vegetação de Mata Atlântica em estágio médio de regeneração, servindo de **refúgio para espécies em extinção**, impedindo-se, assim, seu uso e gozo e, por consequência, tais restrições ambientais descaracterizariam a incidência do IPTU, que vem sendo cobrado pela Municipalidade de Serra Negra'. Acrescenta que, consoante o laudo pericial, as limitações ambientais 'resultam na inexequibilidade absoluta de uso pelo autor, não possuindo, portanto, qualquer edificação'. (...) 6. Sobre a relação entre **IPTU e Área de Preservação Permanente**, o STJ já se pronunciou em outras oportunidades: 'A restrição à utilização da propriedade referente a Área de Preservação Permanente em parte de imóvel urbano (loteamento) não afasta a incidência do Imposto Predial e Territorial Urbano, uma vez que o fato gerador da exação permanece íntegro, qual seja, a propriedade localizada na zona urbana do município. Cuida-se de um ônus a ser suportado, o que não gera o cerceamento total da disposição, utilização ou alienação da propriedade, como ocorre, por exemplo, nas desapropriações. Aliás, no caso dos autos, a limitação não tem caráter absoluto, pois poderá haver exploração da área mediante prévia autorização da Secretaria do Meio Ambiente do município'(REsp 1.128.981/SP, Rel. Min. Benedito Gonçalves, Primeira Turma, *DJe* 25.03.2010, grifo acrescentado). Em sentido assemelhado: 'não se pode confundir propriedade com restrição administrativa, pois esta não afasta o fato gerador do imposto e a titularidade para efeitos de tributação'(REsp 1.801.830/PR, Rel. Min. Herman Benjamin, Segunda Turma, *DJe* 21.05.2019). Comparando a situação do ITR e do IPTU, confira-se: 'o não pagamento da exação deve ser debatida à luz da isenção e da base de cálculo, a exemplo do que se tem feito no tema envolvendo o ITR sobre áreas de preservação permanente, pois, para esta situação, há lei federal regulando a questão. (artigo 10, § 1º, II, 'a' e 'b', da Lei 9.393/96)' (AgRg no REsp 1.469.057/AC, Rel. Min. Mauro Campbell Marques, Segunda Turma, *DJe* 20.10.2014). A jurisprudência do STJ, todavia, não há de ser lida como recusa de ponderar, na análise do fato gerador do IPTU e de outros tributos, eventual **constrição absoluta de cunho ambiental, urbanístico, sanitário ou de segurança sobreposta sobre 100% do bem. Cobrança de tributo sobre imóvel intocável *ope legis* e, por isso, economicamente inaproveitável, flerta com confisco dissimulado. 7. O Direito Tributário deve ser amigo, e não adversário, da proteção do meio ambiente**. A '**justiça tributária**' necessariamente abarca preocupações de **sustentabilidade ecológica**, abrigando tratamento diferenciado na exação de tributos, de modo a **dissuadir ou premiar comportamento dos contribuintes que, adversa ou positivamente, impactem o uso sustentável dos bens ambientais** tangíveis e intangíveis. 8. No **Estado de Direito Ambiental**, sob o pálio sobretudo, mas não exclusivamente, do princípio poluidor-pagador, **tributos despon-

---

[126] No tocante à função extrafiscal no campo da proteção ecológica, merece destaque decisão do STJ sobre o Imposto Territorial Rural: STJ, REsp 1158999/SC, 2ª T., Rel. Min. Eliana Calmon, j. 05.08.2010.

[127] A título de exemplo, destaca-se a reforma tributária ecológica alemã (ökologische Steuerreform), iniciada no ano de 1999. Para maiores desenvolvimentos, v. KLOEPFER, *Umweltrecht*..., p. 319 e ss.

tam, ao lado de outros instrumentos econômicos, como um dos expedientes mais poderosos, eficazes e eficientes para enfrentar a grave crise de gestão dos recursos naturais que nos atormenta.** Sob tal perspectiva, cabe ao Direito Tributário – cujo campo de atuação vai, modernamente, muito além da simples arrecadação de recursos financeiros estáveis e previsíveis para o Estado – **identificar e enfrentar velhas ou recentes práticas nocivas às bases da comunidade da vida planetária.** A partir daí, dele se espera, quer autopurificação de medidas de incentivo a atividades antiecológicas e de perpetuação de externalidades ambientais negativas, quer **desenho de mecanismos tributários inéditos, sensíveis a inquietações e demandas de sustentabilidade, capazes de estimular inovação na produção, circulação e consumo da nossa riqueza natural, assim como prevenir e reparar danos a biomas e ecossistemas.** Um esforço concertado, portanto, que envolve, pelos juízes, revisitação e **releitura de institutos tradicionais da disciplina** e, simultaneamente, pelo legislador, alteração da legislação tributária vigente. 9. Agravo Interno não provido" (STJ, AgInt no AREsp 1.723.597/SP, 2ª T., Rel. Min. Herman Benjamin, j. 29.03.2021).

3.4.11 Direito Ambiental e Direito Indígena (ou Direito dos Povos Indígenas)

"As populações indígenas e suas comunidades, bem como outras comunidades locais, têm papel fundamental na gestão do meio ambiente e no desenvolvimento, em virtude de seus conhecimentos e práticas tradicionais. Os Estados devem reconhecer e apoiar de forma apropriada a identidade, cultura e interesses dessas populações e comunidades, bem como habilitá-las a participar efetivamente da promoção do desenvolvimento sustentável" (**Princípio 22 da Declaração do Rio de 1992**).

O Direito Ambiental e o Direito Indígena ou Direito dos Povos Indígenas[128] são disciplinas jurídicas que possuem forte relação de interdependência, na medida em que a cosmovisão peculiar à cultura e ao modo de vida indígena é fundamental para – e inspira – uma abordagem harmônica e indivisível entre ser humano e Natureza.[129] A **ancestralidade, a cosmovisão e os valores indígenas** revelam-se como uma categoria jurídica dotada de proteção constitucional e indissociável do regime jurídico de proteção ecológica, além de reforçar uma **abordagem jurídica biocêntrica e ecocêntrica**.

No plano normativo internacional, tal entendimento encontra-se consolidado em alguns documentos internacionais. Além da **Convenção 169 sobre Povos Indígenas e Tribais da Organização Internacional do Trabalho (OIT)**, de 1989[130], destacam-se a **Declaração Universal de Direitos dos Povos Indígenas da ONU (2007)** e a **Declaração Americana sobre os Direitos dos Povos Indígenas (2016)**. A Declaração Universal de Direitos dos Povos Indígenas, construída junto às lideranças indígenas mundiais, traz um conjunto de regras mínimas para a sobrevivência, a dignidade e o bem-estar dos povos indígenas, como a autodeterminação, a soberania histórica,

---

[128] No ano de 2023, criou-se, de forma inédita no Brasil, o Ministério dos Povos Indígenas, como importante avanço para o desenvolvimento da proteção dos direitos dos povos indígenas, com a nomeação de uma mulher indígena (Sonia Guajajara) para exercer o cago de Ministra.

[129] Na doutrina brasileira, como bibliografia fundamental sobre o Direito Indígena, v. KAYSER, Hartmut-Emanuel; RURACK, Klaus-Peter; RURACK, Maria da Gloria Lacerda. *Os direitos dos povos indígenas do Brasil*. Porto Alegre: Fabris, 2010; SANTILLI, Juliana. *Os direitos indígenas e a Constituição*. Porto Alegre: Fabris, 1993; SOUZA FILHO, Carlos Frederico Mares de. *O renascer dos povos indígenas para o direito*. Curitiba: Juruá, 1998; CUNHA, Manuela Carneiro da; BARBOSA, Samuel Rodrigues. *Direitos dos povos indígenas em disputa*. São Paulo: UNESP, 2018; e TERENA, Eloy. *Vukápanavo: o despertar do Povo Terena para os seus direitos* Rio de Janeiro: E-Papers, 2020.

[130] A Convenção no 169 da OIT foi internalizada por meio do Decreto nº 5.051/2004 e consolidada pelo Decreto nº 10.088/2019.

o direito à participação, por meio da consulta prévia e consenso informado sobre as intervenções nos seus territórios etc. Tal como expresso no Princípio 22 da Declaração do Rio de 1992 referido na abertura do tópico, a relação de **complementariedade e interdependência** entre os **direitos dos povos indígenas** e a **proteção ecológica** pode ser identificada expressamente no Preâmbulo e no art. 29 da Declaração, conforme transcrito na sequência.

DECLARAÇÃO UNIVERSAL DE DIREITOS DOS POVOS INDÍGENAS DA ONU (2007)

Preâmbulo

Reconhecendo que o respeito aos conhecimentos, às culturas e às práticas tradicionais indígenas contribui para o desenvolvimento sustentável e equitativo e para a gestão adequada do meio ambiente; (...)

Artigo 29

1. Os povos indígenas têm direito à conservação e à proteção do meio ambiente e da capacidade produtiva de suas terras ou territórios e recursos. Os Estados deverão estabelecer e executar programas de assistência aos povos indígenas para assegurar essa conservação e proteção, sem qualquer discriminação.

2. Os Estados adotarão medidas eficazes para garantir que não se armazenem, nem se eliminem materiais perigosos nas terras ou territórios dos povos indígenas, sem seu consentimento livre, prévio e informado.

3. Os Estados também adotarão medidas eficazes para garantir, conforme seja necessário, que programas de vigilância, manutenção e restabelecimento da saúde dos povos indígenas afetados por esses materiais, elaborados e executados por esses povos, sejam devidamente aplicados.

DECLARAÇÃO AMERICANA SOBRE OS DIREITOS DOS POVOS INDÍGENAS (2016)

Artigo XIX – Direito à proteção do meio ambiente sadio

1. Os povos indígenas têm **direito a viver em harmonia com a Natureza** e a um **meio ambiente sadio, seguro e sustentável**, condições essenciais para o pleno gozo do direito à vida, a sua **espiritualidade e cosmovisão** e ao **bem-estar coletivo**.

2. Os povos indígenas têm **direito a conservar, restaurar e proteger o meio ambiente** e ao manejo sustentável de suas terras, territórios e recursos.

3. Os povos indígenas têm direito à proteção contra a introdução, abandono, dispersão, trânsito, uso indiscriminado ou depósito de qualquer material perigoso que possa afetar negativamente as comunidades, terras, territórios e recursos indígenas.

4. Os povos indígenas têm direito à conservação e proteção do meio ambiente e da capacidade produtiva de suas terras ou territórios e recursos. Os Estados deverão estabelecer e executar programas de assistência aos povos indígenas para assegurar essa conservação e proteção, sem discriminação.

No cenário normativo constitucional, destaca-se o **regime jurídico das terras indígenas** e a sua importância fundamental para a proteção dos bens jurídicos ambientais (e **serviços ambientais e climáticos** prestados por elas em benefício de toda a sociedade). A relação jurídica de interdependência entre a proteção dos direitos indígenas e a salvaguarda da integridade ecológica encontra-se consagrada expressamente na CF/1988, dotando ambos os temas de **es-**

pecial **proteção jurídica** por parte do Estado e da sociedade brasileira.[131] O art. 231 da CF/1988 reconhece, nesse sentido, os "**direitos originários** sobre as terras que tradicionalmente ocupam", competindo à União demarcá-las, proteger e fazer respeitar todos os seus bens, bem como, no § 1º do mesmo dispositivo constitucional, que "são **terras tradicionalmente ocupadas pelos índios** as por eles habitadas em caráter permanente, as utilizadas para suas atividades produtivas, as **imprescindíveis à preservação dos recursos ambientais necessários a seu bem-estar** e as necessárias a sua reprodução física e cultural, segundo seus usos, costumes e tradições". Os dispositivos constitucionais que asseguram os direitos dos povos indígenas devem ser interpretados de forma sistemática com o art. 225 da CF/1988, a fim de estabelecer um regime jurídico integrado de proteção dos denominados **direitos bioculturais**.

A proteção constitucional expressa dos recursos ambientais necessários ao bem-estar dos povos indígenas reforça essa perspectiva constitucional. No § 2º do art. 231, ademais, está previsto que "as terras tradicionalmente ocupadas pelos índios destinam-se a sua **posse permanente**, cabendo-lhes o **usufruto exclusivo** das riquezas do solo, dos rios e dos lagos nelas existentes, bem como, no seu § 3º, que "o aproveitamento dos recursos hídricos, incluídos os potenciais energéticos, a pesquisa e a lavra das riquezas minerais em terras indígenas só podem ser efetivados com autorização do Congresso Nacional, **ouvidas as comunidades afetadas**, ficando-lhes assegurada participação nos resultados da lavra, na forma da lei", e, no seu § 4º, que "as terras de que trata este artigo são **inalienáveis e indisponíveis, e os direitos sobre elas, imprescritíveis**".

Os dispositivos citados consolidam um regime jurídico especial no que diz respeito à utilização dos recursos naturais existentes em terras indígenas, o que tem especial relevância para a tutela constitucional ecológica (art. 225), especialmente em razão de os povos indígenas representarem cultura que mantém, na sua essência, **relação harmoniosa com a Natureza**. A proteção dos povos indígenas representa também a proteção da Natureza.[132] E, mais recentemente, a proteção dos povos indígenas tem sido identificada como elemento fundamental para a proteção climática, haja vista a importância das florestas (ex.: Floresta Amazônica) para o enfrentamento do aquecimento global e das mudanças climáticas. Soma-se a isso o fato de que, no Brasil e, em particular, na Amazônia, os Territórios Indígenas são as áreas ambientais mais bem protegidas (em comparação, por exemplo, a Unidades de Conservação e áreas privadas), sendo, portanto, determinante para a proteção climática e salvaguarda dos serviços climáticos (ex.: estocagem de carbono, regulação climática etc.).

O conceito de **direitos bioculturais** desenvolvido pela **Corte Constitucional da Colômbia** no julgamento do emblemático **Caso do Rio Atrato**, no ano de 2016, reforça a compreensão sobre a **interdependência e a indivisibilidade entre os regimes jurídicos dos direitos dos povos indígenas e da proteção ecológica**.

---

[131] A Resolução 454, de 22 de abril de 2022, do CNJ estabelece diretrizes e procedimentos para efetivar a garantia do direito ao acesso ao Judiciário de pessoas e povos indígenas.

[132] Sobre o tema, merece registro a importante decisão do STF no **Caso da Terra Indígena Raposa Serra do Sol**, localizada no Estado de Roraima. Na decisão final, sob relatoria do Ministro Ayres Brito, a Corte Constitucional confirmou a demarcação integral da área, com 1.747.464 hectares. A decisão implicou a saída de todos os não índios do local, confirmando o reconhecimento, pelo Estado brasileiro, dos direitos territoriais históricos dos povos indígenas que habitam a área (STF, Petição 3388/RR, Tribunal Pleno, Rel. Min. Carlos Ayres Brito, j. 19.03.2009). A demarcação da área foi definida pela Portaria 534/2005, do Ministério da Justiça, e homologada por decreto do presidente Luiz Inácio Lula da Silva, assinado no mesmo ano. Além de definir de forma contínua a área, ocupada por cerca de 20 mil índios, o decreto presidencial determinou que, em até um ano após a publicação da norma, todos os não índios deveriam deixar a área.

> **DIREITOS BIOCULTURAIS – CASO RIO ATRATO (2016)**
> **DA CORTE CONSTITUCIONAL DA COLÔMBIA**
>
> "Los denominados **derechos bioculturales**, en su definición más simple, hacen referencia a los derechos que tienen las comunidades étnicas a administrar y a ejercer tutela de manera autónoma sobre sus territorios – de acuerdo con sus propias leyes, costumbres – y los recursos naturales que conforman su hábitat, en donde se desarrolla su cultura, sus tradiciones y su forma de vida con base en la especial relación que tienen con el medio ambiente y la biodiversidad. En efecto, estos derechos resultan del **reconocimiento de la profunda e intrínseca conexión que existe entre la naturaleza, sus recursos y la cultura de las comunidades étnicas e indígenas que los habitan, los cuales son interdependientes entre sí y no pueden comprenderse aisladamente.**"

A abordagem sistêmica e interdependente entre os regimes jurídicos dos territórios indígenas e da proteção ecológica (e climática) foi consagrada pelo **STF** no julgamento do **Caso Raposa Serra do Sol** (Petição 3.388/RR) e, mais recentemente, no **Caso Povo Xokleng** (RE 1.017.365/SC), notadamente no voto do Ministro Fachin,[133] conforme se pode observar na transcrição que segue. Nos dois casos, resultou consagrada a **tese da dupla afetação dos Territórios Indígenas**, os quais possuem um regime jurídico híbrido no sentido de promoverem e salvaguardarem simultaneamente tanto os direitos dos povos indígenas quanto a integridade da Natureza (e, consequentemente, a **prestação dos serviços ecossistêmicos** em favor de toda a sociedade).

> **JURISPRUDÊNCIA STF. Tese da "dupla afetação"**
> **dos territórios indígenas e proteção ecológica.**
>
> **1) Caso Raposa Serra do Sol – Petição 3.388/RR**
> "(...) 15. A RELAÇÃO DE PERTINÊNCIA ENTRE TERRAS INDÍGENAS E MEIO AMBIENTE. **Há perfeita compatibilidade entre meio ambiente e terras indígenas**, ainda que estas envolvam áreas de 'conservação' e 'preservação' ambiental. Essa compatibilidade é que autoriza a **dupla afetação**, sob a administração do competente órgão de defesa ambiental."
>
> **2) Caso Povo Xokleng – RE 1.017.365/SC**
> Voto do Min. Fachin: "Logo, **não há incompatibilidade entre os artigos 231 e 225 do texto constitucional**, pois os índios detêm todo o interesse na proteção dessas áreas. A manutenção das florestas, da biodiversidade, de rios e lagos despoluídos, asseguram o direito ao usufruto exclusivo das riquezas naturais, mantendo a qualidade de vida dessas comunidades. A **dupla afetação entre terras indígenas e áreas de proteção ambiental** não é inviável, ao revés, como demonstra o diploma normativo acima citado. (...) Nada obstante, em se considerando o direito originário das comunidades indígenas, as políticas de proteção ambiental não podem interferir no exercício das atividades tradicionais dos índios, a uma, porque **não se configuram em ações predatórias ao meio ambiente**, a duas, porque os usos, costumes e tradições indígenas consistem no núcleo do reconhecimento da tradicionalidade da ocupação tutelada pelo artigo 231 do texto constitucional."

---

[133] STF, RE 1.017.365/SC, Tribunal Pleno, Rel. Min. Edson Fachin, j. 27.09.2023.

TESE DE REPERCUSSÃO GERAL SOBRE MARCO TEMPORAL ADOTADA PELO STF NO RE 1.017.365/SC (CASO POVO XOKLENG)

"I – A **demarcação** consiste em procedimento declaratório do direito originário territorial à posse das terras ocupadas tradicionalmente por comunidade indígena; II – A posse tradicional indígena é distinta da posse civil, consistindo na ocupação das terras habitadas em caráter permanente pelos indígenas, nas utilizadas para suas atividades produtivas, nas imprescindíveis à preservação dos recursos ambientais necessários a seu bem-estar e nas necessárias a sua reprodução física e cultural, segundo seus usos, costumes e tradições, nos termos do § 1º do artigo 231 do texto constitucional; III – A **proteção constitucional aos direitos originários sobre as terras que tradicionalmente ocupam independe da existência de um marco temporal em 05 de outubro de 1988** ou da configuração do renitente esbulho, como conflito físico ou controvérsia judicial persistente à data da promulgação da Constituição; (...) VII – É **dever da União efetivar o procedimento demarcatório das terras indígenas**, sendo admitida a formação de áreas reservadas somente diante da absoluta impossibilidade de concretização da ordem constitucional de demarcação, devendo ser ouvida, em todo caso, a comunidade indígena, buscando-se, se necessário, a autocomposição entre os respectivos entes federativos para a identificação das terras necessárias à formação das áreas reservadas, tendo sempre em vista a busca do interesse público e a paz social, bem como a proporcional compensação às comunidades indígenas (art. 16.4 da **Convenção 169 OIT**); (...) IX – O **laudo antropológico** realizado nos termos do Decreto nº 1.775/1996 é um dos **elementos fundamentais para a demonstração da tradicionalidade da ocupação de comunidade indígena** determinada, de acordo com seus usos, costumes e tradições, na forma do instrumento normativo citado; X – As terras de ocupação tradicional indígena são de **posse permanente da comunidade**, cabendo aos indígenas o **usufruto exclusivo das riquezas do solo, dos rios e lagos nelas existentes**; XI – As terras de ocupação tradicional indígena, na qualidade de terras públicas, são **inalienáveis, indisponíveis e os direitos sobre elas imprescritíveis**; XII – A ocupação tradicional das terras indígenas é **compatível com a tutela constitucional do meio ambiente**, sendo assegurado o exercício das atividades tradicionais dos povos indígenas; XIII – **Os povos indígenas possuem capacidade civil e postulatória**, sendo partes legítimas nos processos em que discutidos seus interesses, sem prejuízo, nos termos da lei, da legitimidade concorrente da FUNAI e da intervenção do Ministério Público como fiscal da lei"(STF, RE 1.017.365/SC, Tribunal Pleno, Rel. Min. Edson Fachin, j. 27.09.2023)."

Por fim, a respeito da defesa e promoção dos direitos dos povos indígenas perante o **Sistema de Justiça**, destaca-se decisão proferida pelo STF no âmbito da **ADPF 709/DF**, a qual foi ajuizada pela Articulação dos Povos Indígenas do Brasil – APIB (junto com partidos políticos) e subscrita por diversos advogados de diferentes etnias indígenas (ex.: Eloy Terena, Ivo Macuxi etc.), com o propósito inicial de estabelecer bloqueios sanitários e proteção dos povos indígenas durante a **pandemia da covid-2019** em 2020 (ex.: desintrusão de não indígenas de TIs, como verificado, por exemplo, no TI Yanomami), representa outro passo paradigmático importante para o avanço do Direito Indígena no Brasil, notadamente por reconhecer a (ampla) legitimidade de entidade indígena de âmbito nacional para o ajuizamento de ação de controle concentrado de constitucionalidade perante a jurisdição do STF. A decisão do STF reforça o reconhecimento e respeito à **autonomia, autodeterminação e auto-organização dos povos indígenas** para **atuarem em nome próprio** (inclusive por meio de advogados indígenas) na defesa e promoção dos seus direitos, a partir de uma interpretação ampla da sua legitimidade para o ajuizamento de ações judiciais perante o Sistema de Justiça. De acordo com o Ministro Barroso, na decisão que reconheceu a legitimidade da APIB:

"Reconheço a **legitimidade ativa da Articulação dos Povos Indígenas do Brasil – APIB** para propor a presente ação, na condição de **entidade de classe de âmbito nacional (CF, art. 103, IX)**. É certo que a jurisprudência do Supremo Tribunal Federal limitou a configuração de 'entidades de classe' àquelas representativas de pessoas que desempenham a mesma atividade econômica ou profissional. Trata-se, contudo, de entendimento que integra aquilo que se convencionou chamar de jurisprudência defensiva do STF, formada nos primeiros anos de vigência da Constituição de 1988, quando se temia que a ampliação dos legitimados para propor ações diretas pudesse ensejar um grande aumento do volume de casos do controle concentrado. 11. Tal temor não se confirmou, e a referida interpretação acabou reduzindo as oportunidades de atuação do Tribunal na proteção a direitos fundamentais, já que não reconheceu às **associações defensoras de direitos humanos** (que não constituem representação de categoria profissional ou econômica) a possibilidade de **acessá-lo diretamente, em sede concentrada**. Dificultou, portanto, a atuação do STF naquela que é uma das funções essenciais de uma Corte Constitucional. Entendo ser o caso de **superar tal interpretação restritiva do conceito de 'classe'**, que além de obsoleta é **incompatível com a missão institucional do Tribunal**. Como já tive a oportunidade de afirmar, reconheço como classe '**o conjunto de pessoas ligadas** por uma mesma atividade econômica, profissional ou, ainda, **pela defesa de interesses de grupos vulneráveis e/ou minoritários cujos membros as integrem**'. Em sentido semelhante: ADPF 527, rel. Min. Luís Roberto Barroso, j. 02.07.2018; e ADI 5291, rel. Min. Marco Aurélio, j. 06.05.2015[1]. 12. Vale observar, ademais, que a Constituição assegurou aos indígenas a **representação judicial e direta de seus interesses (CF, art. 232)**, bem como o **respeito à sua organização social, crenças e tradições (CF, art. 231)**. Por essa razão, entendo, ainda, que o **fato de a APIB não estar constituída como pessoa jurídica não é impeditivo ao reconhecimento da sua representatividade**. Não se pode pretender que tais povos se organizem do mesmo modo que nos organizamos. Assegurar o **respeito a seus costumes e instituições** significa respeitar os meios pelos quais articulam a sua representação à luz da sua cultura" (STF, MC na ADPF/709, Decisão Monocrática, Rel. Min. Roberto barroso, j. 08.07.2020).

Capítulo 6
FONTES DO DIREITO AMBIENTAL

1. CONSIDERAÇÕES INICIAIS

O Direito Ambiental possui uma natureza dinâmica e aberta do ponto de vista da sua conformação conceitual e normativa, a partir de **diferentes fontes** que lhe constituem e lhe conferem legitimidade, assegurando o seu constante aprimoramento e evolução.[1] Para além das fontes normativas (ou formais), por exemplo, a legislação (internacional/convencional, constitucional ou infraconstitucional) e os princípios gerais),[2] o Direito Ambiental também é conformado a partir de fontes materiais, como é o caso da doutrina e da jurisprudência. Além das **fontes clássicas (formais e materiais)**, destacam-se igualmente as **fontes complementares ou auxiliares** do Direito Ambiental, como é o caso do direito comparado ou estrangeiro e do conhecimento científico. É igualmente relevante nesse cenário o papel das entidades da sociedade civil organizada (ONGs) voltadas à proteção ambiental, ao conferirem legitimação social aos valores ecológicos e agregarem importante expertise técnico e científico ao processo de configuração das fontes do Direito Ambiental. Muito embora os exemplos de fontes complementares destacados não sejam fontes do Direito a partir de uma análise restrita do fenômeno jurídico, consideramos necessário evidenciar sua importância na edificação, desenvolvimento e rumos do Direito Ambiental.

A evolução do Direito Ambiental, nesse contexto, ocorreu sempre vinculada ao **avanço e desenvolvimento científico**, em especial nas áreas que dizem respeito às ciências naturais, de modo que o conhecimento científico direciona, efetivamente, o desenvolvimento da regulação jurídica em matéria ambiental (e climática).[3] Como referido pela Ministra Cármen Lúcia no julgamento da ADPF 651/DF pelo STF, "o Direito Ambiental contemporâneo apoia-se em três princípios que se afirmam como identificadores da matéria, a saber, a **reverência à ciência** no que se refere ao conhecimento produzido no tema; a necessária **participação popular** em colabo-

---

[1] Na doutrina alemã, sobre as fontes (*Rechtsquellen*) do Direito Ambiental, v. KOTULLA, Michael. *Umwelttrecht*. 7. ed. Stuttgart: Boorberg Verlag, 2018. p. 39-40.

[2] Na perspectiva do Direito Internacional Ambiental, os princípios gerais são tidos como fonte material, e não fonte formal. No entanto, como a grande maioria dos princípios gerais do Direito Ambiental já se encontra "positivada", expressa ou implicitamente, na legislação ambiental doméstica, entendemos que o mais adequado é incluir os princípios no rol das fontes formais. De tal sorte, apenas no âmbito do Direito Internacional Ambiental parece-nos apropriado o seu tratamento como fonte "material". No Direito Internacional Público, as suas fontes clássicas correspondem àquelas previstas no art. 38 do Estatuto da Corte Internacional de Justiça (ECIJ): "Artigo 38. 1. A Corte, cuja função é decidir de acordo com o direito internacional as controvérsias que lhe forem submetidas, aplicará: a) as convenções internacionais, quer gerais, quer especiais. que estabeleçam regras expressamente reconhecidas pelos Estados litigantes; b) o costume internacional, como prova de uma prática geral aceita como sendo o direito; c) os princípios gerais de direito reconhecidos pelas Nações civilizadas; d) sob ressalva da disposição do art. 59, as decisões judiciárias e a doutrina dos publicistas mais qualificados das diferentes Nações, como meio auxiliar para a determinação das regras de direito".

[3] PRIEUR, Michel. *Droit de l'environnement...*, p. 7.

ração necessária com o Estado, sendo o mais alargado passo da democracia participativa efetiva da sociedade civil; a **cooperação internacional**, até mesmo com contribuições financeiras".[4] O **princípio da reverência à ciência** reforça justamente a importância do conhecimento científico inclusive como parâmetro e fundamento para as decisões de Juízes e Tribunais (como, aliás, tem feito de modo exemplar o STF em diversas decisões, ao abordar, por exemplo, os relatórios e estudos do IPCC e do Instituto Nacional de Pesquisas Especiais – INPE).

O dever de utilização da "**melhor tecnologia disponível**" (*Best Available Technology* – BAT[5]), consagrado em alguns diplomas ambientais internacionais (por exemplo, a Convenção de Helsinki sobre a Proteção e Uso dos Cursos de Água Transfronteiriços e dos Lagos Internacionais de 1992) e a **cláusula do "estado da técnica"** (*Stand der Technik*)[6] prevista da legislação ambiental alemã elucidam bem essa questão. É na direção para a qual aponta a ciência, notadamente com relação à existência de novos danos e risco de danos ecológicos, bem como da descoberta de **novas tecnologias "limpas"** (por exemplo, a substituição dos combustíveis fósseis por fontes de energia não poluentes), que o Direito Ambiental vai trilhar o seu desenvolvimento e buscar resguardar o equilíbrio, a integridade e a segurança ambiental.[7]

O aquecimento global é um dos melhores exemplos para ilustrar esse "diálogo" de fontes ditado pelo conhecimento científico, como se pode observar em vista da relevância política e jurídica dos Relatórios de Avaliação da Saúde da Atmosfera elaborados pelo IPCC da ONU. No contexto brasileiro, o INPE tem exercido um papel semelhante por meio, por exemplo, dos relatórios de desmatamento do bioma amazônico (Sistemas PRODES e DETER). A "**ciência climática**" tem pautado, em grande medida, a agenda política da comunidade internacional em torno do enfrentamento das mudanças climáticas. Não obstante a evolução científica sempre tenha guardado uma relação relevante com o Direito nas suas mais diversas áreas, parece-nos que com o Direito Ambiental essa relação é ainda mais forte e dinâmica. A **natureza transdisciplinar** inerente ao Direito Ambiental ampara esse entendimento e torna essencial o permanente diálogo com as **diversas áreas do conhecimento** e, em especial, com as ciências naturais.

A **doutrina** e a **jurisprudência**, por sua vez, são **fontes materiais** elementares do Direito Ambiental. Além da sistematização e adequada compreensão do Direito Ambiental e dos institutos jurídicos vinculados à matéria elaborada pela doutrina especializada, é justamente a partir do diálogo entre a produção científica doutrinária e a jurisprudência – as decisões dos Juízes e Tribunais – que está a abordagem mais dinâmica do Direito Ambiental, inclusive pela ótica do denominado "**Diálogo de Cortes**", como verificado, por exemplo, entre as Cortes Superiores de Justiça no âmbito nacional (no caso brasileiro, o STJ e o STF) e as Cortes Internacionais de Justiça, especialmente no âmbito do Sistema Internacional (Regional e Global) de Direitos Humanos (por exemplo, a Corte Interamericana de Direitos Humanos). O diálogo entre Cortes de Justiça, por sua vez, também é verificado na perspectiva do **direito estrangeiro**, como ocorre, por exemplo, entre **Cortes Superiores ou Cortes Constitucionais** nacionais.[8]

---

[4] STF, ADPF 651/DF, Tribunal Pleno, Rel. Min. Cármen Lúcia, j. 28.04.2022.

[5] Na doutrina brasileira, v. SILVEIRA, Paula Galbiatti. *Melhor tecnologia disponível*...

[6] KLOEPFER, Michael. *Umweltrech*..., p. 147.

[7] Ao tratar dos traços distintivos do Direito Ambiental em relação aos demais ramos jurídicos, José Cretella Neto assinala que "em nenhum outro campo do Direito a ciência e a tecnologia influenciam tanto a produção normativa e os bens e valores protegidos" (CRETELLA NETO, José. *Curso de direito internacional do meio ambiente*. São Paulo: Saraiva, 2012. p. 187).

[8] A título de exemplo, nos julgamentos da **ADPF 708/DF (Caso Fundo Amazônia)** e da **ADPF 760/DF (Caso PPCDAm)**, para além de dialogar com a jurisprudência da **Corte IDH** (ex.: OC 23/2017 e Caso Tierra Nuestra vs. Argentina), o STF também estabeleceu um diálogo com a jurisprudência do **Tribunal Constitucional Federal alemão**, notadamente a sua decisão emblemática na matéria climática proferida no *Caso Neubauer e Outros vs. Alemanha* (2021).

É na **aplicação do Direito Ambiental** por Juízes e Tribunais aos casos concretos que o "**estado da arte**" da matéria se mostra, por vezes, de forma mais atualizada e dinâmica, até mesmo antecipando, em alguns casos, as futuras inovações legislativas na matéria. A título de exemplo, podemos destacar a consagração legislativa, por meio do Código Florestal de 2012 (art. 7º, §§ 1º e 2º), da natureza real (*propter rem*) da obrigação do proprietário ou possuidor de recuperar a área degradada em área de preservação permanente (APP), independentemente da sua culpa, o que já havia sido consolidado muitos anos antes na jurisprudência do STJ.[9] Isso ocorre em razão de que, mesmo quando em alguma área específica se tenha uma legislação mais antiga e não atualizada, é permitido ao intérprete estabelecer um novo parâmetro hermenêutico adequado à realidade vigente, tomando por parâmetro uma **interpretação sistemática e evolutiva** da norma jurídica ambiental (à luz, por exemplo, da **doutrina do instrumento vivo**, como verificado de forma paradigmática na jurisprudência das Cortes Interamericana e Europeia de Direitos Humanos). Ao fim e ao cabo, é o permanente diálogo ou integração das diferentes fontes (formais, materiais e complementares) que caracteriza a essência do Direito Ambiental, acompanhando a evolução das relações jurídicas de natureza ecológica e oferecendo respostas adequadas para a efetivação da legislação ambiental. Feitas tais considerações introdutórias, analisaremos, uma a uma, as fontes normativas (ou formais), materiais e complementares do Direito Ambiental.

2. SISTEMA NORMATIVO MULTINÍVEL E PLURALIDADE DE FONTES DO DIREITO AMBIENTAL: RUMO A UM DIREITO AMBIENTAL "SEM FRONTEIRAS"!

> "Tudo isto significa uma *transformação na teoria das fontes do Direito Público* (...) que passa de uma simples dimensão legalista e nacional, dos primórdios, para *uma nova dimensão Sem Fronteiras*, mediante a integração de normas, princípios e 'standards' de decisões globais, internacionais, europeus, constitucionais, planificadores e regulamentares, contratuais e individuais, no procedimento complexo e dotado de *múltiplos níveis de criação e de manifestação do Direito.*" (**Vasco Pereira da Silva**)[10]

Rumo a um Direito Ambiental "Sem Fronteiras"! A expressão "sem fronteiras" – adotada tradicionalmente por organizações internacionais humanitárias, como é o caso, por exemplo, dos Médicos Sem Fronteiras –, é utilizada em obra do professor português Vasco Pereira da Silva no contexto dos Direitos Constitucional e Administrativo, como se pode observar na passagem reproduzida anteriormente, para destacar a tendência cada vez mais consolidada de abertura normativa e diálogo entre diferentes dimensões jurídicas (internacional, regional, comunitária, nacional, subnacional etc.) na conformação das fontes do Direito. A título de exemplo, ainda que com alguma variação em relação à proposta teórica aqui aventada, o tema do "diálogo das fontes" é tratado na doutrina brasileira por Claudia Lima Marques, a partir da tese do professor alemão Erik Jayme, da Universidade de Heidelberg.[11] Na prática, identifica-se hoje um diálogo e

---

[9] Entre inúmeros outros precedentes similares, v. STJ, REsp 650.728/SC, 2ª T., Rel. Min. Herman Benjamin, j. 23.10.2007.

[10] SILVA, Vasco Pereira da. *Direito constitucional e administrativo sem fronteiras*. Coimbra: Almedina: 2019, p. 31-32.

[11] MARQUES, Claudia Lima (Coord.). *Diálogo das fontes*: do conflito à coordenação de normas do direito brasileiro. São Paulo: RT, 2012. Abordando o "diálogo das fontes" na perspectiva do Direito Ambiental, v., entre outros, SOZZO, Gonzalo. *Derecho privado ambiental*: el giro ecológico del derecho privado. Buenos Aires: Rubinzal-Culzoni Editores, 2019. p. 132-139; e CAFFERATTA, Néstor A. Del diálogo de fuentes como método de aplicación del Derecho Ambiental. *Revista de Derecho Ambiental* (RDAmb), v. 63, p. 23-44, jul.-sept. 2020.

uma comunicação cada vez mais intensos entre os distintos sistemas jurídicos e seus **múltiplos planos e dimensões normativas,** notadamente entre o **Direito Internacional** (Global e Regional), o **Direito Interno** (Constitucional, Infraconstitucional e Subnacional) e o **Direito Comparado** (no âmbito europeu, também ganha destaca o **Direito Comunitário**).

A caracterização de um **sistema plural e multinível de fontes do Direito Ambiental** é cada vez mais consistente com a produção normativa em permanente construção, bem como com o tratamento conferido à matéria pelos Juízes e Tribunais brasileiros. Da mesma forma que se fala de um Sistema Normativo Multinível, é possível suscitar a discussão em torno do reconhecimento de um **Sistema de Justiça Multinível**, notadamente em vista da aplicação cada vez mais recorrente de diplomas normativos internacionais por Juízes e Tribunais nacionais, bem como pela atual tendência de uma **litigância transnacional** em algumas situações concretas em que se verifica o envolvimento de empresas estrangeiras multinacionais sediadas em outros países por danos ao meio ambiente verificados em território nacional, como vimos nos casos de Mariana, Brumadinho, Maceió etc. A **natureza transfronteiriça** que os danos ao meio ambiente assumem em diversas situações (ex.: poluição atmosférica, poluição dos mares e oceanos, aquecimento global etc.) e o tratamento do meio ambiente como um **bem comum global** reforçam esse cenário.

Essa tendência jurídica atual tem impactado de modo muito particular a jurisprudência recente do STF em matéria ambiental – vide por exemplo, a decisão do Caso Fundo Clima (ADPF 708/DF), proferida em 2022 –, inclusive a ponto de se falar também de um **diálogo entre Cortes de Justiça**, como se tem verificado, por exemplo, entre Cortes Internacionais de Direitos Humanos e Cortes Constitucionais. De acordo com Pereira da Silva, "em nossos dias, estamos a assistir a um novo fenômeno de natureza jurídico-política, que consiste na perda de exclusividade do Estado no domínio constitucional. Na verdade, defrontamo-nos com novas dimensões da ideia de Constituição, que já não tem a ver com a lógica clássica do Estado nacional, fazendo cada vez mais sentido falar-se em '**constitucionalismo global**".[12]

É ilustrativo o voto concorrente do Juiz Rodrigo de Bittencourt Mudrovitsch da Corte IDH no Caso Guevara Díaz Vs. Costa Rica, julgado em 22 de junho de 2022, inclusive no sentido de referir expressamente a jurisprudência ambiental e climática do STF (ADPF 708/DF) e reconhecer, entre outas teses, a natureza de "superprecedentes" inerente à jurisprudência da Corte IDH (em relação ao Direito Nacional ou Doméstico), a doutrina do *Ius Constitucionale Commune*, o diálogo de Cortes (Internacionais e Nacionais) e a sociedade interamericana aberta dos intérpretes da Convenção Americana de Direitos Humanos (com base na doutrina de Peter Häberle):

> "72. Atenta a la **red abierta de intérpretes de la Convención** en la que se inserta, la Corte no es ajena a los desarrollos que se producen en los niveles constitucionales respecto de la justiciabilidad de DESCA, como bien lo ilustran las ricas menciones en la sentencia bajo comentario a los precedentes de la Corte Constitucional de Colombia, la Suprema Corte de Justicia de la Nación de México, el Supremo Tribunal Federal de Brasil y la Corte Constitucional de Ecuador.
>
> 73. La recíproca también es cierta, ya que los Tribunales Constitucionales han implementado los precedentes de esta Corte en sus decisiones sobre los DESCA. A modo de ejemplo, en el seno del Supremo Tribunal Federal de Brasil, en el marco del reciente trámite del Argumento de Incumplimiento de Precepto Fundamental en materia de derechos ambientales (ADPF 708), uno de los ilustres magistrados **de la Corte Constitucional brasileña**

---

[12] SILVA, Vasco Pereira da. *Direito constitucional e administrativo sem fronteiras.* Coimbra: Almedina: 2019. p. 68. No contexto ambiental, v. FERRAJOLI, Luigi. *Por una constitución de la Tierra:* la humanidad en la encrucijada. Madrid: Editorial Trotta, 2022.

invocó, en abierto diálogo con la hermenéutica practicada en este Tribunal, la Opinión Consultiva 23/2017 y el Caso Lhaka Honhat vs. Argentina (2020), al presentar su voto.

74. En este contexto, entiendo que, dada la estrecha relación con los tribunales constitucionales de los Estados, el ejercicio de la función institucional de la Corte, incluso en la interpretación y aplicación de las disposiciones convencionales sobre DESCA, debe considerar las **repercusiones en las esferas constitucionales y la realidad regional**.

75. Según mi pensamiento, esto significa que **la coherencia y la integridad de los pronunciamientos de la Corte tienen un efecto en cadena a nivel nacional**. La reiterada afirmación de la justiciabilidad del DESCA por parte de esta Corte – intérprete final de la Convención – ha implicado la absorción generalizada de este entendimiento por parte de los Tribunales de los Estados Parte de la Convención, tal y como se espera que ocurra en el diálogo entre los distintos órganos judiciales.

(…) 85. El reciente desarrollo de los procesos de estructuración dentro de la jurisdicción constitucional brasileña es también un desarrollo inequívoco del lenguaje común formado a partir del **reconocimiento de la justiciabilidad de los DESCA**. En el argumento del incumplimiento de precepto fundamental n. 347, el Supremo Tribunal de Brasil reconoció el estado de cosas inconstitucional del sistema penitenciario, con la violación masiva de los derechos fundamentales de los presos60. Y este año, el mismo Tribunal inició el juicio del Argumento de Incumplimiento de Precepto Fundamental nº 760, que pretende la declaración de un **estado de cosas inconstitucional en la protección del medio ambiente**, concretamente en la lucha contra la deforestación de Amazonia, con votos ya emitidos que, entre otras razones, se basan en sentencias relevantes de esta Corte. Todo ello demuestra que las sentencias de la Corte sobre DESCA tienen hoy un **status de superprecedentes que dialogan con los ordenamientos jurídicos nacionales de forma directa** y que no pueden abandonarse sin más. Brasil no está solo en esto, Colombia, entre otras naciones latinoamericanas, es también un laboratorio vivo de decisiones estructurantes, que han llevado al desarrollo de la doctrina del estado de cosas inconstitucional para hacer frente a los fallos de coordinación que ponen en peligro la fructificación de los variados DESCA."

O **Tribunal Constitucional Federal (BVerfG) alemão**, no julgamento do *Caso Neubauer e Outros v. Alemanha*, no ano de 2021, destacou a **dimensão internacional da proteção constitucional ecológica** e as **responsabilidades dos Estados nacionais** perante a ordem internacional, notadamente no sentido do enfrentamento da **crise climática global**.

"Como uma obrigação de tomar medidas climáticas, o art. 20a da Lei Fundamental tem uma **dimensão internacional**. O fato de que nenhum Estado pode resolver sozinho os problemas da mudança climática devido à **natureza global do clima e do aquecimento global**, não invalida a **obrigação nacional de tomar medidas climáticas**. Sob essa obrigação, o **Estado é obrigado** a se engajar em **atividades orientadas internacionalmente para enfrentar a mudança climática em nível global** e é obrigado a **promover a ação climática dentro da estrutura internacional**. O Estado não pode fugir de sua responsabilidade ao apontar as emissões de gases de efeito estufa em outros Estados."[13]

O Direito Ambiental, nesse sentido, é uma das disciplinas jurídicas mais ilustrativas para abordar o tema do "diálogo multinível das fontes normativas", dado o fato de buscar resguardar a integridade de um **bem jurídico que transcende todas as fronteiras** imagináveis e alcança a escala global: o Planeta Terra! A complexidade e a forma como as diferentes fontes normativas se

---

[13] Disponível em: https://www.bundesverfassungsgericht.de/SharedDocs/Entscheidungen/EN/2021/03/rs20210324_1bvr265618en.html.

interconectam são sobremaneira características tratando-se do Direito Ambiental.[14] Há um forte intercâmbio conceitual e normativo que permeia, por exemplo, toda a legislação internacional em matéria ambiental – e que caracteriza o assim designado **Direito Internacional Ambiental**[15] – em face das legislações domésticas, tanto no plano constitucional quanto no infraconstitucional e mesmo no subnacional (Estados, Municípios etc.). Isso também é resultado, em grande medida, da **cláusula de "abertura material" dos ordenamentos jurídicos nacionais**, o que, no caso brasileiro, pode ser facilmente identificado na norma estabelecida no § 2º do art. 5º da CF/1988,[16] impactando tanto o **Direito Público** quanto o **Direito Privado**.

O *status* **normativo supralegal dos tratados internacionais em matéria ambiental**, como já reconhecido pelo STF[17] e em sintonia com a jurisprudência mais recente da Corte IDH,[18] também reforça a caracterização de um sistema multinível de fontes normativas, ressalvando-se, inclusive, a possibilidade do **controle de convencionalidade** da legislação infraconstitucional a ser levado a efeito (*ex officio*) por Juízes e Tribunais. A título de exemplo, o **Código Civil e Comercial da Argentina (2015)**, de modo inovador, reconheceu expressamente os **tratados internacionais de direitos humanos** – entre eles os tratados internacionais ambientais, dada a natureza de direito humano atribuída ao direito ao meio ambiente – como **fonte normativa do Direito Privado**.[19] O entendimento suscitado reforça a vinculação jurídica não apenas do Estado, mas igualmente dos particulares (pessoas físicas e jurídicas) aos tratados internacionais em matéria ambiental e climática, inclusive em vista do reconhecimento da eficácia (horizontal)

---

[14] No plano jurídico europeu, a questão ganha ainda maior complexidade em razão de que, além dos planos internacional e nacional, há a dimensão normativa comunitário (em especial, as diretivas) em matéria ambiental, que também entra em jogo na conformação do Direito Ambiental. Não por outra razão, o professor Matthias Schmidt-Preuß denomina o Direito Ambiental alemão como "multidimensional" (*mehrdimensional*), considerando a interação normativa entre os planos internacional, comunitário e doméstico (SCHMIDT-PREUß, Matthias. Die Entwicklung des deutschen Umweltrechts als verfassungsgeleitete Umsetzung der Maßgaben supra-und internationaler Umweltpolitik. *Juristen Zeitung*, n. 12, p. 581, jun. 2000).

[15] As fontes do Direito Ambiental Internacional (*die Quellen des Umweltvölkerrecht*) são desenvolvidas por SCHMIDT, Reiner; KAHL, Wolfgang; GÄRDITZ, Klaus Ferdinand. *Umweltrecht*. 10. ed. Munique: C. H. Beck, 2017. p. 12-19; e SCHLACKE, Sabine. *Umweltrecht*. 7. ed. Baden-Baden: Nomos, 2019. p. 176-184.

[16] Para maiores desenvolvimentos sobre a "abertura material do catálogo dos direitos fundamentais", v. SARLET, Ingo Wolfgang. *A eficácia dos direitos fundamentais*: uma teoria geral dos direitos fundamentais na perspectiva constitucional. 12. ed. Porto Alegre: Livraria do Advogado, 2015, p. 78 e ss.

[17] STF, ADI 4.066/DF, Tribunal Pleno, Rel. Min. Rosa Weber, j. 24.08.2017. Em decisão posterior, por ocasião do julgamento da medida cautelar na ADPF 747/DF, acerca do *status* normativo das resoluções do CONAMA, a Ministra Rosa Weber voltou a defender o *status* supralegal do marco normativo internacional em matéria ambiental, conforme se pode observar na passagem que segue: "a Resolução nº 500, de 28 de setembro de 2020, do Conselho Nacional do Meio Ambiente (CONAMA), ao revogar as Resoluções ns. 284/2001, 302/2002 e 303/2002, vulnera princípios basilares da Constituição, sonega proteção adequada e suficiente ao direito fundamental ao meio ambiente equilibrado nela assegurado e promove desalinho em relação a **compromissos internacionais de caráter supralegal assumidos pelo Brasil e que moldam o conteúdo desses direitos**" (STF, MC na ADPF 747/DF, Tribunal Pleno, Rel. Min. Rosa Weber, j. 28.10.2020). Por fim, tal entendimento foi consolidado no voto-relator do Min. Barroso no julgamento da ADPF 708 (Caso Fundo Clima), na medida em que, segundo o Ministro, os tratados internacionais ambientais caracterizam-se como "espécie" do "gênero" tratados internacionais de direitos humanos: STF, ADPF 708, Tribunal Pleno, Rel. Min. Barroso, j. 01.07.2022.

[18] Vide *Opinião Consultiva 23/2017 da Corte IDH* sobre "Meio Ambiente e Direitos Humanos" e, mais recentemente, a decisão da Corte IDH no *Caso Tierra Nuestra vs. Argentina* (2020).

[19] "ARTICULO 1º – Fuentes y aplicación. Los casos que este Código rige deben ser resueltos según las leyes que resulten aplicables, conforme con la Constitución Nacional y **los tratados de derechos humanos** en los que la República sea parte. A tal efecto, se tendrá en cuenta la finalidad de la norma. Los usos, prácticas y costumbres son vinculantes cuando las leyes o los interesados se refieren a ellos o en situaciones no regladas legalmente, siempre que no sean contrarios a derecho."

dos direitos humanos e, em particular, do direito humano ao meio ambiente (e ao clima) nas relações jurídicas entre particulares.

O **Código de Defesa do Consumidor** brasileiro, igualmente, consagrou dispositivo com conteúdo similar, ao prever, no seu art. 7º, *caput*, uma espécie de cláusula de abertura do (micro) sistema normativo consumerista:

> "Os direitos previstos neste código **não excluem outros decorrentes de tratados ou convenções internacionais de que o Brasil seja signatário**, da legislação interna ordinária, de regulamentos expedidos pelas autoridades administrativas competentes, bem como dos que derivem dos princípios gerais do direito, analogia, costumes e equidade".

A forte tendência contemporânea no sentido de conceber cada vez mais a **natureza "multinível" do sistema jurídico (subnacional, nacional, comparado e internacional)** é potencializado pelo Direito Ambiental dada a sua natureza transfronteiriça, como medida de compatibilização das "**leis dos homens**" às "**leis da Natureza**" no Antropoceno. Em outras palavras, as "leis da Natureza" não estão condicionadas e limitadas a fronteiras nacionais, como se pode vislumbrar de forma paradigmática no aquecimento global e nas mudanças climáticas. Isso, por certo, revela não apenas a imperativa cooperação entre Nações no plano internacional, mas também a necessidade de um marco normativo apto a regular e enfrentar a questão em escala planetária, reforçando a importância de coordenação – e, na medida do possível, uniformidade mínima – entre marcos normativos plurais e de diferentes níveis (local, regional, nacional, comunitário e internacional).

O **Acordo de Paris (2015)** é um exemplo emblemático para ilustrar a atuação de **entes subnacionais** na conformação de um **marco normativo multidimensional em matéria climática**,[20] na medida em que – especialmente após os EUA anunciarem a sua saída do Acordo, no final de 2019 – vários entes políticos subnacionais (Estados e Cidades) anunciaram a sua adesão, inclusive com a adoção de legislações e medidas subnacionais que incorporaram as disposições e metas anunciadas pelo diploma internacional climático. Por exemplo, o Estado da Califórnia e a Cidade de Nova Iorque adotaram tal postura. Aliás, o reconhecimento de entes subnacionais como **novos sujeitos de direito** no âmbito do **Direito Internacional** é um tema novo e que tem desafiado o marco teórico tradicional na matéria, reforçando a concepção por nós defendida de um **Direito Ambiental "sem fronteiras"**.

A natureza de **direito humano** (e, pelo prisma constitucional, também de **direito fundamental**) atribuída ao direito ao meio ambiente – e, em particular, ao direito a viver em um clima limpo, estável, seguro e íntegro – também dá suporte a essa perspectiva no sentido de buscar tal diálogo de fontes normativas para além do espectro legislativo doméstico, sempre com o propósito de reforçar o regime jurídico de proteção ecológica. Conforme assinala Ricardo L. Lorenzetti, "a realidade atual é que, frente ao **pluralismo de fontes**, a coerência do sistema não é 'a priori', como ocorria no século XIX, que o legislador elaborava um código de regras jurídicas harmonizadas entre si. Hoje em dia, **a coerência é 'a posteriori'**, e já não é tarefa do legislador, senão do Juiz, quem deve decidir um caso levando em conta diversas normas localizadas em diversas fontes que deve fazer 'dialogar'".[21] Como bem observou Lorenzetti, há um grande desafio ao **"intérprete" da norma ambiental**, em especial, Juízes e Cortes de Justiça, notadamente no

---

[20] A respeito do tema, v. OSTROM, Elinor. Polycentric systems for coping with collective action and global environmental change. *Global Environmental Change*, v. 20, n. 4, p. 550-557, 2010; ABBOTT, K.W. Strengthening the transnational regime complex for climate change. *Transnational Environmental Law*, v. 3, n. 1, p. 57-88, 2013; BÄCKSTRAND, K.; KUYPER, J. W.; LINNÉR, B.-O.; e LÖVBRAND, E. Non-state actors in the new landscape of international climate cooperation: from Copenhagen to Paris and beyond. *Environmental Politics*, v. 26, n. 4, p. 561-579, 2017.

[21] LORENZETTI, Ricardo Luis. *Teoria geral do direito ambiental*. São Paulo: RT, 2010. p. 70.

momento da sua aplicação, sempre com o objetivo de conferir o **maior grau de eficácia normativa possível** ao regime jurídico ecológico diante das situações concretas e, ao final, garantir a proteção e a promoção dos valores e direitos ecológicos.

Na jurisprudência dos nossos Tribunais Superiores (**STJ** e **STF**), o diálogo de fontes normativas é cada vez mais recorrente, especialmente na temática ambiental. A título de exemplo, em dois casos emblemáticos (**Fundo Clima** e **Fundo Amazônia**) que tiveram audiências públicas realizadas pelo STF no ano de 2020, os Ministros-Relatores dos respectivos processos serviram-se tanto de um **diálogo de fontes normativas** quanto de um **diálogo de Cortes de Justiça** (ou **diálogo jurisprudencial**) para fundamentar as suas decisões convocatórias das referidas audiências, conforme passagens que seguem:

> "(...) no âmbito do **Direito Internacional dos Direitos humanos** tem-se caminhado para reconhecer a interdependência entre o direito humano ao meio ambiente saudável e uma multiplicidade de outros direitos humanos, bem como para afirmá-lo como um direito autônomo titulado pela própria Natureza (e não apenas pelos seres humanos). Há, nesse sentido, duas importantes decisões da **Corte Interamericana de Direitos Humanos** (Corte IDH). Na **Opinião Consultiva n. 23/2017**, estabeleceu que o direito a um meio ambiente saudável é 'um interesse universal' e 'um direito fundamental para a existência da humanidade'. E no **Caso Comunidades Indígenas Miembros de La Associación Lhaka Honhat (Nuestra Tierra) vs. Argentina**, primeiro caso contencioso sobre a matéria, afirmou que os Estados têm o dever de 'respeito', 'garantia' e 'prevenção' de danos ao meio ambiente, bem como que lhes compete assegurar os direitos de todos à segurança alimentar e ao acesso à água" (**Ministro Luís Roberto Barroso**).[22]

> "A **experiência jurisdicional comparada** demonstra a **realidade complexa, multipolar e urgente** da agenda de tutela do meio ambiente frente aos eventos naturais contemporâneos. Para ilustrar esse universo de casos: Ashgar Leghari v. Federation Of Pakistan (Corte de Apelação do Paquistão, 2015), Generaciones Futuras v. Ministerio de Ambiente (Suprema Corte de Justiça da Colômbia – STC 4360, 2018), EarthLife Africa Johannesburg v. Minister of Environmental Affairs & Others (Corte da África do Sul, 2016, Caso 65662), Plan B Earth and Others v Secretary of State for Transport (Tribunal de Apelação do Reino Unido, 2018), Urgenda Foundation v State of Netherlands (Suprema Corte da Holanda, 2016) e Caso Comunidades Indígenas Miembros de La Associación Lhaka Honhat (**Corte Interamericana de Direitos Humanos**, 2020)." (**Ministra Rosa Weber**)[23]

Em caso envolvendo conflitos legislativos e competência legislativa concorrente em matéria ambiental, a **Ministra Cármen Lúcia** serviu-se de fundamentação similar no julgamento da **ADI 5.475/DF**:

> "Além de intrínseco ao dever de proteção do meio ambiente equilibrado imposto ao Poder Público e à sociedade pela Constituição da República, o dever de prevenção contra danos ambientais tem previsão em **tratados internacionais ratificados pelo Brasil**, como a **Convenção de Basileia** sobre o Controle de Movimentos Transfronteiriços de Resíduos

---

[22] Passagem da decisão do Ministro Luís Roberto Barroso convocatória de audiência pública perante o STF no Caso Fundo Clima (STF, ADPF 708/DF, Tribunal Pleno, Rel. Min. Luís Roberto Barroso, j. 01.07.2022).

[23] Passagem da decisão da Ministra Rosa Weber convocatória de audiência pública perante o STF no **Caso Fundo Amazônia** (STF, ADO 59/DF, Tribunal Pleno, Rel. Min. Rosa Weber, j. 03.11.2022). No julgamento da ADO 59, o Tribunal Pleno do STF, por 10 votos contra 1, julgou parcialmente procedente a ação, reconhecendo a omissão do Governo Federal e determinando a reativação do Fundo Amazônia no prazo de até 60 dias.

Perigosos e seu Depósito de 1989 (Decreto n. 875/1993) e a **Convenção sobre Diversidade Biológica** (Decreto n. 2.519/1998)".[24]

Em outro caso emblemático para ilustrar os diálogos de fontes e jurisprudencial em matéria ambiental, registra-se passagem do voto da **Ministra Rosa Weber** no julgamento da medida cautelar na **ADPF 747/DF** (igual teor foi objeto da ADPF 748/DF), em decisão do STF que suspendeu os efeitos da Resolução CONAMA 500/2020 e restabeleceu a vigência e a eficácia das Resoluções CONAMA 284/2001, 302/2002 e 303/2002.

> "A Resolução CONAMA nº 303/2002 dispõe sobre parâmetros, definições e limites de Áreas de Preservação Permanente. Tem **fundamento normativo** não só na Lei nº 4.771/1965, revogada, mas também na Lei nº 9.433/1997, que instituiu a Política Nacional de Recursos Hídricos, nas responsabilidades do Estado brasileiro em face da **Convenção da Biodiversidade**, de 1992, da **Convenção de Ramsar**, de 1971, e da **Convenção de Washington**, de 1940, nos compromissos assumidos na **Declaração do Rio de Janeiro**, de 1992, e nos deveres impostos ao Poder Público pelos arts. 5º, *caput* e XXIII, 170, VI, 186, II, e 225, *caput* e § 1º, da Constituição da República. (...)
>
> No **plano internacional**, a **Corte Interamericana de Direitos Humanos** reconhece que a **Convenção Americana sobre Direitos Humanos** protege o direito a um meio ambiente sadio na condição de decorrência necessária do **direito ao desenvolvimento assegurado no seu artigo 26**. Nessa linha, assinalou em 06 de fevereiro de 2020, no **caso Comunidades indígenas membros da Associação Lhaka Honhat (Nossa Terra) vs. Argentina**, que 'os Estados têm a obrigação de estabelecer mecanismos adequados para supervisionar e fiscalizar certas atividades, de modo a garantir os direitos humanos, protegendo-os das ações de entes públicos, assim como de agentes privados'.
>
> Além disso, o Protocolo Adicional à Convenção Americana sobre Direitos Humanos em Matéria de Direitos Econômicos, Sociais e Culturais ('**Protocolo de San Salvador**'), que entrou em vigor em 16 de novembro de 1999, contempla expressamente o direito a um meio ambiente sadio, nos seguintes termos: 'Artigo 11 – Direito a um meio ambiente sadio 1. Toda pessoa tem direito a viver em meio ambiente sadio e a contar com os serviços públicos básicos. 2. Os Estados Partes promoverão a proteção, preservação e melhoramento do meio ambiente'.
>
> No **Parecer** Consultivo **OC-23/17**, de 15.11.2017, solicitado pela República da Colômbia a respeito da interpretação dos direitos assegurados no **Pacto de San José da Costa Rica** (...), a **Corte Interamericana** asseverou que: (...)".[25]

Outra decisão emblemática da Ministra Rosa Weber no reconhecimento do Sistema Normativo Multinível foi tomada na **ADPF 623**, no caso envolvendo a alteração e redução da participação da sociedade civil na composição do Conselho Nacional do Meio Ambiente (CONAMA). No voto-relator da Ministra, verificou-se a primeira referência em decisão do STF ao **Acordo Regional de Escazú (2018)**. O tratado internacional em questão, muito embora tenha sido assinado pelo Brasil no ano de 2018, ainda se encontra pendente de ratificação. No entanto, dada a relevância do Acordo de Escazú ao tratar dos denominados "direitos ambientais de participação" – que, aliás, entrou em vigor no mês de abril de 2021, após a 11ª ratificação –, a ausência de ratificação pelo Brasil não impediu de o diploma ser referido na fundamentação de uma decisão do STF, conforme passagem que segue:

---

[24] STF, ADI 5.475/DF, Tribunal Pleno, Rel. Min. Cármen Lúcia, j. 20.04.2020.
[25] STF, MC na ADPF 747/DF, Tribunal Pleno, Rel. Min. Rosa Weber, j. 28.10.2020.

"Como resposta de densificação normativa do **Princípio 10 da Declaração do Rio**, que reconhece ser o fortalecimento dos instrumentos de participação pública o melhor método para o cumprimento da proteção integral e efetiva do meio ambiente, foi celebrado o **Acordo Regional de Escazú** sobre Acesso à Informação, Participação Pública e Acesso à Justiça em Assuntos Ambientais para a América Latina e o Caribe de 2018. É o primeiro acordo internacional que estabelece a **proteção de defensores de direitos humanos em temas ambientais**. Quanto ao ponto, anoto que o Brasil assinou o acordo, mas ainda pendente sua ratificação."

As passagens em destaque das decisões do STF e dos votos dos Ministros e Ministras referidos evidenciam a importância do diálogo entre a legislação nacional e os (múltiplos) diplomas internacionais em matéria ambiental (e climática). Somam-se, ainda, na conformação do **bloco plurinormativo e multidimensional do Direito Ambiental**, o marco normativo internacional (global e regional) de proteção dos direitos humanos e a **jurisprudência (consultiva e contenciosa) da Corte IDH**. É o Direito Ambiental "Sem Fronteiras"! Ou, como refere Klaus Bosselmann, ao propor um modelo de **governança ambiental planetária**, devemos migrar do atual paradigma centrado no **Estado-Nação** para um **novo paradigma normativo e de governança centrado no Planeta Terra (*Earth-Centered*)**.[26]

> **SISTEMA NORMATIVO MULTINÍVEL E DIREITOS AMBIENTAIS DE PARTICIPAÇÃO**
>
> Para exemplificar o potencial e a relevância do **diálogo multinível do(s) sistema(s) normativo(s) e da pluralidade de fontes na perspectiva do Direito Ambiental**, destaca-se decisão do Órgão Especial do Tribunal de Justiça do Rio Grande do Sul (TJRS) em mandado de segurança impetrado por diversos Deputados Estaduais gaúchos contra ato do Governador do Estado do Rio Grande do Sul que imprimiu regime de urgência para a Assembleia Legislativa gaúcha apreciar o Projeto de Lei 431/2019, originário do Poder Executivo, que institui o "Código Estadual do Meio Ambiente do Estado do Rio Grande do Sul".
>
> Além dos argumentos levantados pelos parlamentares gaúchos acerca da vedação de apreciação de "códigos" em regime de urgência (art. 64, § 4º, da CF/1988) e da violação à garantia e ao direito constitucional do "devido processo legislativo", o Desembargador-Relator Francisco José Moesch do TJRS destacou, na fundamentação do seu voto, a violação aos direitos ambientais de participação, inclusive com base no "diálogo" entre a **legislação nacional** e a **legislação internacional** em matéria ambiental, ao citar como **parâmetro normativo** de tais direitos a **Convenção de Aarhus sobre Acesso à Informação, Participação Pública da Tomada de Decisão e Acesso à Justiça em Matéria Ambiental (1998)**.
>
> Ao fazer referência à Convenção de Aarhus, o Desembargador Moesch assinalou que, "apesar de a referida legislação **ainda não ter sido ratificada pelo Brasil**, considerando a situação narrada nestes autos, tenho que a ponderação sobre os pilares por ela trazidos – **direito de acesso à informação**, à **participação pública no processo de decisão** e o **acesso à justiça** – em matéria ambiental se mostra extremamente pertinente, pois a manutenção do regime de urgência para a tramitação do projeto de lei que institui novo Código Ambiental Estadual, vai de encontro a tais premissas e, por consequência, da preocupação de proteção do meio ambiente, inclusive prevista no âmbito constitucional".[27]

---

[26] BOSSELMANN, Klaus. *Earth Governance*: Trusteeship of the Global Commons. Massachusetts: Edward Elgar Publishing, 2015.

[27] TJRS, MS 0285622-92.2019.8.21.7000, Órgão Especial, Rel. Des. José Francisco Moesch, j. 30.10.2019.

A DOUTRINA DO "INSTRUMENTO VIVO" (*LIVING INSTRUMENT DOCTRINE*) E O CASO LOPEZ OSTRA vs. ESPANHA (1994) EM MATÉRIA AMBIENTAL NA CORTE EUROPEIA DE DIREITOS HUMANOS

No emblemático **Caso Lopez Ostra v. Espanha**, julgado em 1994, a **Corte Europeia de Direitos Humanos** reconheceu, em linhas gerais, que a falha ou a omissão das autoridades governamentais em agir para prevenir situação de poluição ambiental que represente sério risco para a **vida privada e familiar** de uma pessoa e seu lar caracteriza violação ao **Artigo 8** da Convenção Europeia de Direitos Humanos (ECHR).

No Caso Lopez Ostra v. Espanha, é possível identificar a aplicação da **doutrina evolutiva ou do instrumento vivo** (*living instrument doctrine*) ao Artigo 8 da ECHR. A referida doutrina é **um método de interpretação judicial** desenvolvido e usado pela Corte para **interpretar a ECHR à luz das condições atuais** ("*in the light of present-day conditions*"), tendo sido desenvolvida e aplicada pela primeira vez no Caso Tyrer v. Reino Unido (1978).

A INTERPRETAÇÃO "SISTEMÁTICO-EVOLUTIVA" DA CORTE IDH EM MATÉRIA AMBIENTAL E CLIMÁTICA

A Corte IDH, de modo similar à "doutrina do instrumento vivo" da CEDH, tem desenvolvido na sua jurisprudência o que se pode denominar uma **interpretação sistemático-evolutiva da Convenção Americana de Direitos Humanos (CADH)** e demais instrumentos do *corpus juris* interamericano, notadamente nas temáticas ambiental e climática. A título de exemplo, a Corte IDH passou a interpretar de forma ampliativa o **art. 26 da CADH**, de modo a permitir que outros direitos humanos, como vimos no *Caso Tierra Nuestra* vs. *Argentina* (2020), passassem a ter autorizado, de forma pioneira, o seu acionamento direto (e, portanto, autônomo) perante a sua jurisdição, notadamente dos direitos ao meio ambiente, à alimentação e à água. Mais recentemente, a Corte voltou a consagrar tal entendimento no *Caso Habitantes de La Oroya* vs. *Peru* (2023), ao assinalar que a interpretação do art. 26 da CADH deve se dar à luz de "*una interpretación literal, sistemática, teleológica y evolutiva*" (par. 25).

A Corte IDH considera que a interpretação evolutiva está consagrada nas regras gerais de interpretação (arts. 31 a 33) da Convenção de Viena sobre o Direito dos Tratados (1969). De acordo com a Corte IDH, na medida em que "los tratados de derechos humanos son **instrumentos vivos**, cuya interpretación tiene que **acompañar la evolución de los tiempos y las condiciones de vida actuales**", a CADH (e com ela todo o bloco normativo e jurisprudencial interamericano) deve ser interpretada "de acuerdo con la **evolución del sistema interamericano**, habida consideración del desarrollo experimentado en esta materia en el Derecho Internacional de los Derechos Humanos".[28]

Ademais, a interpretação sistemático-evolutiva está em perfeita sintonia com as normas de interpretação do **art. 29 da CADH**, conforme segue:

"ARTIGO 29 – Normas de Interpretação

Nenhuma disposição desta Convenção pode ser interpretada no sentido de:

a) permitir a qualquer dos Estados-Partes, grupo ou pessoa, suprimir o gozo e exercício dos direitos e liberdades reconhecidos na Convenção ou limitá-los em maior medida do que a nela prevista;

b) limitar o gozo e exercício de qualquer direito ou liberdade que possam ser reconhecidos de acordo com as leis de qualquer dos Estados-Partes ou de acordo com outra convenção em que seja parte um dos referidos Estados;

---

[28] Corte IDH. *Caso Comunidade Indígena Yakye Axa* vs. *Paraguay*, Sentença de 17 de junho de 2005, par. 127.

c) excluir outros direitos e garantias que são inerentes ao ser humano ou que decorrem da forma democrática representativa de governo; e

d) excluir ou limitar o efeito que possam produzir a Declaração Americana dos Direitos e Deveres do Homem e outros atos internacionais da mesma natureza."

3. FONTES NORMATIVAS (OU FORMAIS) DO DIREITO AMBIENTAL

3.1 Direito Internacional

Pelo menos desde a Conferência e Declaração de Estocolmo sobre o Meio Ambiente Humano, datada de 1972, o Direito Ambiental Internacional tem servido de **parâmetro normativo** nuclear e referencial para o desenvolvimento do Direito Ambiental em termos gerais, impulsionando a criação e o aprimoramento das legislações ambientais nacionais. Não foram poucas as conferências, declarações e tratados internacionais em matéria ambiental desde Estocolmo até os dias atuais, merecendo destaque, por exemplo, a Conferência do Rio de Janeiro sobre Meio Ambiente e Desenvolvimento de 1992, com a edição da Declaração sobre Meio Ambiente e Desenvolvimento, da Convenção-Quadro sobre Diversidade Biológica, da Convenção-Quadro das Nações Unidas sobre Mudanças Climáticas e da Declaração de Princípios para o Desenvolvimento Sustentável das Florestas (Carta das Florestas). Posteriormente, podemos apontar a Cúpula Mundial de Johanesburgo sobre Desenvolvimento Sustentável (ou Rio+10), com a edição da Declaração de Johanesburgo sobre Desenvolvimento Sustentável, no ano de 2002, e a Rio+20, no ano de 2012, também realizada na Cidade do Rio de Janeiro. A criação e o desenvolvimento do Direito Ambiental (sua **base conceitual, princípios, instrumentos** etc.) encontram-se, de modo geral, diretamente vinculados ao paradigma do **Direito Ambiental Internacional**,[29] em que pese a particular relevância e originalidade de algumas legislações nacionais na matéria.

Muito embora a "**força normativa**" da legislação internacional em geral – e em matéria ambiental em particular – seja considerada "relativa ou fraca" (*Soft Law*) – em comparação ao "direito nacional ou interno" (constitucional ou infraconstitucional –, haja vista não possuir instrumentos tão eficazes para fazer cumprir a lei em comparação com o direito doméstico, é fato incontestável que boa parte da legislação ambiental internacional, seus objetivos, princípios e instrumentos foram **incorporados gradativamente pelas legislações constitucionais e infraconstitucionais dos Estados nacionais**.[30] O mesmo se pode dizer com relação aos documentos internacionais que em geral apresentam a natureza normativa de um *Soft Law*.[31] Igualmente, há um esforço crescente da comunidade internacional – tanto no sistema global quanto regionais – na institucionalização de um "**Sistema de Justiça Internacional**" apto a assegurar a efetividade da legislação internacional, como se verifica, em especial, na seara dos direitos humanos. Cada vez mais, discute-se, nesse sentido, o denominado *greening* **dos sistemas global e internacional dos direitos humanos**, dada o *status* de direito humano atribuído do direito ao meio ambiente, como referido anteriormente. A recente discussão sobre de um novo tipo penal de "**ecocídio**" no âmbito do Estatuto de Roma e do Tribunal Penal Internacional também revela esse movimento no sentido de fortalecer as instituições internacionais para o enfrentamento da crise ecológica.

---

[29] A respeito dos diplomas internacionais em matéria ambiental, inclusive caracterizando a sua natureza de fonte formal, v. TELES DA SILVA, Solange. *O direito ambiental internacional*. Belo Horizonte: Del Rey, 2010. p. 16 e ss.

[30] Compartilhando o mesmo entendimento, v. TELES DA SILVA, Solange. *O direito ambiental internacional...*, p. 25.

[31] A respeito do impacto das Constituições nacionais em matéria ecológica para além do plano doméstico, v. HAYWARD, Tim. *Constitutional environmental rights*. Oxford: Oxford University Press, 2005. p. 185-209.

A Declaração de Estocolmo sobre o Meio Ambiente Humano (1972) e a Declaração do Rio sobre Meio Ambiente e Desenvolvimento (1992) são consideradas *Soft Law*, já que não possuem a natureza jurídica de tratado internacional. A legislação ambiental brasileira, no entanto, ilustra de forma clara tal cenário de "migração normativa".[32] De acordo com esse entendimento, Ramos afirma que, em especial no caso brasileiro, "é inegável que recomendações provenientes de conferências internacionais muito influenciaram os parâmetros do processo legislativo nas últimas três décadas. O legislador comparou, estudou, alterou e mesmo copiou essas recomendações; sendo assim, o *Soft Law* – em muitos casos – foi mais rápido e eficiente na obtenção de proteção ambiental do que os tratados internacionais não respeitados e, em certos casos, não ratificados pelo Brasil".[33]

Paralelamente à "incorporação" do conteúdo da legislação ambiental internacional por parte das legislações nacionais, não se deve subestimar o fortalecimento do próprio Direito Internacional Público, notadamente na seara do **Direito Internacional dos Direitos Humanos**, em que se verifica a força crescente dos instrumentos de controle e efetivação dos direitos humanos, como se tem revelado, de forma emblemática, no caso do **Sistema Regional Interamericano de Direitos Humanos**. Ademais, como o direito a viver em um meio ambiente saudável, seguro e equilibrado possui **natureza de direito humano**, a sua proteção também integra a agenda dos sistemas internacionais (global e regional[34]) de proteção dos direitos humanos, como resultou consagrado de forma paradigmática na **Opinião Consultiva 23/2017** da Corte IDH.

3.1.1 A incorporação, com status constitucional (ou, ao menos, supralegal), dos tratados internacionais em matéria ambiental (art. 5º, §§ 2º e 3º, da CF/1988)

"(...) porque veiculadoras de *regimes protetivos de direitos fundamentais*, as Convenções 139 e 162 da OIT, bem como a *Convenção de Basileia*, assumem, no nosso ordenamento jurídico, *status de supralegalidade* (...)." (**Ministra Rosa Weber**)[35]

"Dever constitucional, *supralegal* e legal da União e dos representantes eleitos, de proteger o meio ambiente e de *combater as mudanças climáticas*. (...) Inteligência dos arts. 225 e 5º, § 2º, da Constituição Federal (CF)." (**Min. Luis Roberto Barroso**)[36]

A recepção, no âmbito doméstico, da legislação internacional em matéria ambiental é outro tema relevante pelo prisma das fontes do Direito Ambiental e à luz de um **sistema normativo multinível e plural**, conforme referido anteriormente. A Lei da Política Nacional sobre Mudança do Clima (Lei 12.187/2009), a título de exemplo, reconhece como diretriz "os compromissos assumidos pelo Brasil na Convenção-Quadro das Nações Unidas sobre Mudança do Clima, no Protocolo de Quioto e nos demais documentos sobre mudança do clima dos quais vier a ser signatário" (art. 5º, I), podendo-se, por razões óbvias, incluir também o Acordo de Paris (2015)

---

[32] V. VALLS, *Manual de derecho ambiental...*, p. 142.
[33] RAMOS, Erasmo Marcos. *Direito ambiental comparado...*, p. 76-77.
[34] No tocante à proteção ecológica no âmbito do Sistema Interamericano de Direitos Humanos, inclusive analisando alguns casos da Corte IDH e recomendações da CIDH, v. SHELTON, Dinah. Derechos ambientales y obligaciones en el Sistema Interamericano de Derechos Humanos. *Anuario de Derechos Humanos*, n. 6, Centro de Derechos humanos, Facultad de Derecho, Universidad de Chile, 2010. Disponível em: http://www.anuariocdh.uchile.cl/index.php/ADH/article/viewArticle/11486/11847. Na doutrina brasileira, v. MOREIRA TEIXEIRA, Gustavo de Faria. *O "greening" no sistema interamericano de direitos humanos*. Curitiba: Juruá, 2011.
[35] STF, ADI 4.066/DF, Tribunal Pleno, Rel. Min. Rosa Weber, j. 24.08.2017.
[36] Passagem do voto-relator do Min. Barroso na ADPF 708/DF (Caso Fundo Clima): STF, ADPF 708/DF, Tribunal Pleno, Rel. Min. Barroso, j. 01.07.2022.

na referida relação de diplomas climáticos internacionais, inclusive à luz da recente decisão do STF lançada no julgamento da ADPF 708/DF (2022).

A incorporação ao direito interno de normas internacionais, com destaque aqui para os tratados internacionais como ato típico de direito internacional público que estabelece direitos e obrigações recíprocas entre os Estados-Partes, não é um privilégio reservado aos tratados em matéria de direitos humanos, já que todo e qualquer tratado internacional, uma vez celebrado pelo Poder Executivo e referendado pelo Congresso Nacional (que vem utilizando o instrumento formal do Decreto Legislativo para tanto), passa a viger como norma jurídica vinculante e com força de lei ordinária na esfera jurídica interna brasileira, quando não for o caso de um tratado de direitos humanos, pois a estes foi assegurada uma **hierarquia mais qualificada**.[37]

Por força do disposto no art. 5º, §§ 2º e 3º, da CF/1988,[38] os tratados internacionais em matéria de direitos humanos (o que se evidencia também no caso da proteção ambiental, a teor do que sinaliza o **art. 11 do Protocolo de San Salvador** Adicional à Convenção Americana de Direitos Humanos em Matéria de Direitos Econômicos, Sociais e Culturais de 1988[39]) passaram a fruir de um *status* **jurídico-constitucional privilegiado**, agregando-se ao conjunto dos direitos e garantias fundamentais estabelecidos pelo Constituinte de 1988, no âmbito do que se convencionou designar de **cláusula de abertura em matéria de direitos fundamentais**. No nosso sentir, cuidando-se de tratados de direitos humanos (pelo menos no que diz com parte de seus preceitos), os **tratados internacionais em matéria ambiental** deveriam ter reconhecido o seu *status* **constitucional**.

Desde logo, importa frisar a divergência a respeito do procedimento de incorporação dos tratados internacionais sobre direitos humanos. Desde a inserção, mediante a EC 45/2004 (Reforma do Judiciário), do citado § 3º do art. 5º da CF/1988, a matéria voltou a ser objeto de atenção pela doutrina e jurisprudência, pois tal dispositivo prevê que os tratados aprovados pelo Congresso Nacional mediante o procedimento ali regulado (maioria de três quintos, nas duas casas do Congresso e em dois turnos de votação) passam a ter valor equivalente ao das emendas constitucionais, ainda que não venham a alterar o texto da Constituição. Isso, contudo, não significa que os tratados aprovados antes da vigência do § 3º do art. 5º da CF/1988 não possam ter reconhecida sua hierarquia constitucional já por força do próprio § 2º do mesmo artigo, como, aliás, vinha sustentando importante doutrina,[40] mas é certo que, mediante o novo procedimento, os tratados assim aprovados terão sempre **hierarquia normativa constitucional**.

---

[37] Sobre o conceito de tratados internacionais e sua ratificação e incorporação ao direito interno, v., por todos, MAZZUOLI, Valério de Oliveira. *Curso de direito internacional público*. São Paulo: RT, 2013. p. 353 e ss.

[38] De acordo com os dispositivos citados (art. 5º): "§ 2º Os direitos e garantias expressos nesta Constituição não excluem outros decorrentes do regime e dos princípios por ela adotados, ou dos tratados internacionais em que a República Federativa do Brasil seja parte. § 3º Os tratados e convenções internacionais sobre direitos humanos que forem aprovados, em cada Casa do Congresso Nacional, em dois turnos, por três quintos dos votos dos respectivos membros, serão equivalentes às emendas constitucionais" (incluído pela EC 45/2004). O § 2º do art. 5º é resultado de proposta do eminente internacionalista Antônio Augusto Cançado Trindade (Ex-Juiz da Corte IDH), formulada em audiência pública à Subcomissão dos Direitos e Garantias Individuais da Assembleia Nacional Constituinte, em 29 de abril de 1987 (CANÇADO TRINDADE, Antônio Augusto. *A proteção internacional dos direitos humanos e o Brasil – 1948-1997*: as primeiras cinco décadas. 2. ed. Brasília: Editora Universidade de Brasília, 2000. especialmente p. 169 e ss.).

[39] "Art. 11.1. Toda pessoa tem direito a viver em um meio ambiente sadio e a contar com os serviços públicos básicos. Art. 11.2. Os Estados-Partes promoverão a proteção e melhoramento do meio ambiente." O Protocolo de San Salvador entrou em vigor no plano internacional em novembro de 1999, quando foi depositado 11º instrumento de ratificação (art. 21). O Brasil ratificou o Protocolo de San Salvador no ano de 1999, tendo o mesmo sido promulgado internamente pelo Decreto 3.321/99.

[40] PIOVESAN, Flávia. *Direitos humanos e o direito constitucional internacional*. 8. ed. São Paulo: Saraiva, 2007. p. 71 e ss.

Todavia, independentemente do posicionamento aqui adotado no sentido da hierarquia constitucional de todos os tratados de direitos humanos,[41] o **STF**, desde o julgamento do **RE 466.343/SP**, ocorrido em 3 de dezembro de 2008, muito embora alguns ministros tenham adotado posição em prol da hierarquia constitucional de todos os tratados de direitos humanos, acabou chancelando a **tese da "supralegalidade"** dos tratados internacionais de direitos humanos, ressalvados os tratados aprovados pelo rito previsto no § 3º do art. 5º da CF/1988. Assim, a nossa Corte Constitucional entende que os tratados internacionais em matéria de direitos humanos aprovados anteriormente ou – pelo menos é o que sinaliza a orientação adotada – os que vierem a ser aprovados por maioria simples em um turno de votação ocupam **posição normativo-hierárquica superior à legislação infraconstitucional** de maneira geral, cedendo apenas em face da Constituição.

Dito de outro modo, os tratados de direitos humanos ratificados pelo Brasil situam-se **apenas abaixo da Constituição**, de tal sorte que segue cabendo o controle de sua constitucionalidade. Tal entendimento, convém lembrar, resultou cristalizado na hipótese da prisão civil do depositário infiel, que foi considerada incompatível com a Convenção Interamericana de Direitos Humanos (ou Pacto de San José da Costa Rica), que estabelece apenas a possibilidade de prisão civil do devedor de alimentos,[42] de tal sorte que a tendência vai no sentido de ampliação dos casos levados ao STF no sentido de ver reconhecida a **prevalência dos tratados sobre a legislação interna**, no âmbito do que se convencionou chamar de **controle de convencionalidade**, que será objeto de atenção logo a seguir.

Com base nesse raciocínio, também os **tratados internacionais em matéria ambiental** (neles incluídos os tratados climáticos), tanto no tocante ao seu **conteúdo material** quanto **procedimental**[43], passariam a ter ao menos (salvo se aprovados pelo rito do art. 5º, § 3º, da CF/1988) **natureza hierárquico-normativa "supralegal"**, prevalecendo em face da legislação infraconstitucional.[44] E esse foi o entendimento adotado pelo STF no julgamento da **ADPF 708/DF (Caso Fundo Clima)**, ocorrido em 2022. De acordo com o Ministro Barroso, inclusive pela perspectiva da interdependência dos direitos humanos e a autonomia assegurada ao direito humano ao meio ambiente, os "**tratados sobre direito ambiental constituem *espécie* do *gênero* tratados de direitos humanos** e desfrutam, por essa razão, de status **supranacional**".[45] O novo entendimento adotado pelo STF, ao contemplar os tratados internacionais ambientais e climáticos

---

[41] SARLET, Ingo Wolfgang. *A eficácia dos direitos fundamentais...*, p. 127 e ss.

[42] Destacam-se, ainda, outros julgamentos do STF confirmando o mesmo entendimento "*Habeas corpus*. (...) Depositário infiel. Prisão civil. Inadmissibilidade. (...) 3. **O Pacto de San José da Costa Rica** (ratificado pelo Brasil – Decreto 678, de 6 de novembro de 1992), para valer como norma jurídica interna do Brasil, há de ter como fundamento de validade o § 2º do art. 5º da Magna Carta. A se contrapor, então, a qualquer norma ordinária originariamente brasileira que preveja a prisão civil por dívida. Noutros termos: o Pacto de San José da Costa Rica, passando a ter como fundamento de validade o § 2º do art. 5º da CF/1988, **prevalece como norma supralegal em nossa ordem jurídica interna** e, assim, proíbe a prisão civil por dívida. Não é norma constitucional – à falta do rito exigido pelo § 3º do art. 5º –, mas a sua **hierarquia intermediária de norma supralegal autoriza afastar regra ordinária brasileira** que possibilite a prisão civil por dívida. 4. Na concreta situação dos autos, a prisão civil do paciente foi decretada com base nos artigos 652 do Código Civil e 904, parágrafo único, do Diploma Civil Adjetivo. (...)" (grifos nossos) (STF, HC 94.523/SP, 1ª Turma, Rel. Min. Carlos Ayres Britto, j. 10.02.2009). Ver também os precedentes: HC 87.585 e HC 92.566.

[43] A respeito da dimensão processual ou procedimental dos direitos humanos e do reconhecimento dos tratados internacionais de direitos humanos – por força do seu *status* supralegal – como parâmetro normativo para o controle de convencionalidade da legislação processual nacional ou interna, v. FONSÊCA, Vitor. *Processo civil e direitos humanos*. São Paulo: RT, 2018. especialmente p. 77 e ss.

[44] Na doutrina brasileira, sustentando o mesmo entendimento, v. CAPPELLI, Sílvia; MARCHESAN, Ana Maria Moreira; STEIGLEDER, Annelise Monteiro. *Direito ambiental*. 7. ed. Porto Alegre: Verbo Jurídico, 2013. p. 40.

[45] STF, ADPF 708/DF, Tribunal Pleno, Rel. Min. Barroso, j. 01.07.2022.

no regime jurídico conferido aos tratados internacionais de direitos humanos, torna igualmente possível a adoção do **rito § 3º do art. 5º**, o que possibilitaria a equiparação e a atribuição aos **tratados internacionais ambientais e climáticos** o *status* **de emendas constitucionais.**

O STF, conforme referido anteriormente, já possuía precedente nesse sentido desde 2017. A Ministra Rosa Weber, no julgamento da ADI 4066, em decisão sobre a constitucionalidade de legislação que proibiu o uso de amianto, atribuiu o status de supralegalidade à Convenção da Basileia sobre o Controle de Movimentos Transfronteiriços de Resíduos Perigosos e seu Depósito (1989), equiparando-a aos tratados internacionais de direitos humanos. Segundo a Ministra, "**porque veiculadoras de regimes protetivos de direitos fundamentais**, as Convenções 139 e 162 da OIT, bem como a **Convenção de Basileia**, assumem, no nosso ordenamento jurídico, *status de supralegalidade* (...).[46] Do ponto de vista da hierarquia normativa, o reconhecimento do "**status supralegal**" dos tratados internacionais em matéria ambiental e climática ratificados pelo Brasil, como, por exemplo, a **Convenção-Quadro sobre Mudança Climática (1992)**, a Convenção-Quadro sobre Biodiversidade (1992) e o **Acordo de Paris (2015)**, situa tais tratados internacionais acima de toda a legislação infraconstitucional brasileira – como, por exemplo, o Código Civil e toda a legislação empresarial e comercial (ex.: a Lei das Sociedades Anônimas – Lei 6.404/76). Apenas a norma constitucional estaria hierarquicamente acima deles.

Outro aspecto importante a ser considerado é que o **bloco normativo de convencionalidade** a ser utilizado como parâmetro para o controle de convencionalidade não se restringe apenas aos tratados internacionais de direitos humanos em si, mas também inclui a **jurisprudência** – tanto **consultiva** quanto **contenciosa** – dos Tribunais Internacionais de Direitos Humanos. A título de exemplo, a **Opinião Consultiva 23/2017** da Corte IDH e suas sentenças no *Caso Tierra Nuestra* vs. *Argentina* (2020) e *Caso Habitantes de La Oroya* vs. *Peru* (2023) integram o **bloco normativo de convencionalidade ambiental** no âmbito do Sistema Interamericano de Direitos Humanos, servindo, assim, de parâmetro normativo para o controle de convencionalidade da **legislação ambiental interna** dos Estados-Membros da Convenção Americana sobre Direitos Humanos (CADH).

O **controle de convencionalidade**, é importante consignar, só valeria para aquele **conteúdo mais protetivo (em termos materiais ou procedimentais)** existente no âmbito do marco normativo internacional ambiental. Do contrário, se a legislação internacional fosse mais permissiva, prevaleceria a legislação infraconstitucional, considerando a incidência do princípio *pro homine*,[47] ou seja, dito de modo mais preciso, fazendo prevalecer a norma mais favorável à proteção da pessoa (no tocante aos seus direitos humanos e fundamentais e dignidade). No âmbito do Direito Ambiental, o princípio *pro homine* assume uma nomenclatura própria e adaptada à matéria, ou seja, como **princípio *pro natura*** ou mesmo **princípio *in dubio pro natura***, conforme reconhecido expressamente pela Corte IDH na sentença do *Caso Habitantes de La Oroya* vs. *Peru* (2023).

No campo do Direito Climático, pode-se inclusive cogitar a ideia em torno de um **princípio *pro clima* ou *in dubio pro clima***. É importante ressaltar, nesse sentido, a **natureza progressiva** que deve caracterizar o diálogo de fontes normativas, no sentido de assegurar um marco jurídi-

---

[46] STF, ADI 4.066/DF, Tribunal Pleno, Rel. Min. Rosa Weber, j. 24.08.2017. Em outra decisão, no julgamento da medida cautelar na ADPF 747/DF, acerca do *status* normativo das resoluções do CONAMA, a Ministra Rosa Weber voltou a defender o *status* supralegal do marco normativo internacional em matéria ambiental, conforme se pode observar na passagem que segue: "a Resolução nº 500, de 28 de setembro de 2020, do Conselho Nacional do Meio Ambiente (CONAMA), ao revogar as Resoluções nºs 284/2001, 302/2002 e 303/2002, vulnera princípios basilares da Constituição, sonega proteção adequada e suficiente ao direito fundamental ao meio ambiente equilibrado nela assegurado e promove desalinho em relação a **compromissos internacionais de caráter supralegal** assumidos pelo Brasil e que moldam o conteúdo desses direitos" (STF, MC na ADPF 747/DF, Tribunal Pleno, Rel. Min. Rosa Weber, j. 28.10.2020).

[47] V. MAZZUOLI, Valério de Oliveira. *Curso de direito internacional público*, p. 869.

co cada vez mais avançado e aprimorado para a proteção dos direitos e bens fundamentais dos nossos sistemas jurídicos. O contrário, ou seja, a utilização do sistema normativo multinível para flexibilizar ou fragilizar o marco normativo de proteção dos direitos fundamentais e humanos implicaria subversão das suas premissas básicas e de sua *ratio essend*i.

Um dos aspectos mais importantes do controle de convencionalidade diz respeito ao **dever ex officio de Juízes e Tribunais internos** de atentarem para o conteúdo dos diplomas internacionais sobre direitos humanos, entre os quais o direito ao meio ambiente (e o direito ao clima). Como dito pelo Ministro Reynaldo Soares da Fonseca, no julgamento do AgRg no Recurso em HC 136.961/RJ pelo STJ, "**os juízes nacionais devem agir como juízes interamericanos** e estabelecer o diálogo entre o direito interno e o direito internacional dos direitos humanos, até mesmo para diminuir violações e abreviar as demandas internacionais".[48]

A **Corte IDH**, no âmbito da **Opinião Consultiva 23/2017 sobre "Meio Ambiente e Direitos Humanos"**, assinalou que, na linha da jurisprudência consolidada pelo Tribunal e nos termos do direito internacional, quando um Estado é parte de um tratado internacional, como a Convenção Americana de Direitos Humanos, esse tratado **vincula todos os seus órgãos**, incluindo os **Poderes Legislativo e Judiciário**, de modo que a violação da normativa internacional por um desses órgãos implica a responsabilidade internacional do Estado-Parte. Por essa razão, a Corte IDH manifestou seu entendimento no sentido da necessidade de que os vários órgãos do Estado efetuem o correspondente **controle da convencionalidade**, também com base no exercício da sua competência consultiva, aplicando, portanto, as normas estabelecidas na Opinião Consultiva 23/2017 como parâmetro para tal controle.[49]

O **Diálogo das Fontes Normativas**[50] e **Diálogo de Cortes**[51] tornam-se imperativos aos aplicadores do Direito, com destaque especial para Juízes e Tribunais, de modo a que lhes cabe interpretar a legislação nacional infraconstitucional não apenas pelo prisma do regime constitucional de proteção dos direitos fundamentais, mas também em vista do regime internacional global e regional de proteção dos direitos humanos, com o propósito de assegurar efetividade ao **direito humano a viver em um meio ambiente sadio, equilibrado e seguro**.

JURISPRUDÊNCIA STJ. Eficácia vinculante das decisões da Corte IDH, dever de controle de convencionalidade dos Juízes e Tribunais nacionais e princípio da fraternidade: "AGRAVO REGIMENTAL. MINISTÉRIO PÚBLICO ESTADUAL. LEGITIMIDADE. IPPSC (RIO DE JANEIRO). RESOLUÇÃO CORTE IDH 22.11.2018. PRESO EM CONDIÇÕES DEGRADANTES. CÔMPUTO EM DOBRO DO PERÍODO DE PRIVAÇÃO DE LIBERDADE. OBRIGAÇÃO DO ESTADO-PARTE. SENTENÇA DA CORTE. MEDIDA DE URGÊNCIA. EFICÁCIA TEMPORAL. EFETIVIDADE DOS DIREITOS HUMANOS. **PRINCÍPIO *PRO PERSONAE*. CONTROLE DE CONVENCIONALIDADE. INTERPRETAÇÃO MAIS FAVORÁVEL AO INDIVÍDUO**, EM SEDE DE APLICAÇÃO DOS DIREITOS HUMANOS EM ÂMBITO INTERNACIONAL (**PRINCÍPIO DA FRATERNIDADE** – DESDOBRAMENTO). SÚMULA 182 STJ. AGRAVO DESPROVIDO. 1. (...) 3. Ao sujeitar-se à jurisdição da Corte IDH, o País alarga o rol de direitos das pessoas e o espaço de **diálogo com a comunidade internacional**. Com isso, a jurisdição brasileira, ao basear-se na **cooperação internacional**, pode ampliar a efetividade dos direitos humanos. 4. A sentença da Corte IDH produz **autoridade de coisa julgada internacional**, com **eficácia vinculante e direta às partes. Todos os órgãos e poderes internos do país encontram-se obrigados a cumprir a sentença**. Na hipótese, as instâncias inferiores

---

[48] STJ, AgRg no Recurso em HC 136.961/RJ, 5ª T., Rel. Min. Reynaldo Soares da Fonseca, j. 15.06.2021.
[49] CORTE INTERAMERICANA DE DIREITOS HUMANOS. *Opinião Consultiva n. 23/2017...*, p. 15-16.
[50] MARQUES, Claudia Lima (coord.). *Diálogo das fontes...*
[51] RAMOS, André de Carvalho. O diálogo das cortes: o Supremo Tribunal Federal e a Corte Interamericana de Direitos Humanos. *In*: AMARAL JUNIOR, Alberto do; JUBILUT, Liliana Lyra (org.). *O STF e o direito internacional dos direitos humanos*. São Paulo: Quartier Latin, 2009. v. 1, p. 805-850.

ao diferirem os efeitos da decisão para o momento em que o Estado Brasileiro tomou ciência da decisão proferida pela Corte Interamericana, deixando com isso de computar parte do período em que o recorrente teria cumprido pena em situação considerada degradante, deixaram de dar cumprimento a tal mandamento, levando em conta que as **sentenças da Corte possuem eficácia imediata para os Estados-Partes** e efeito meramente declaratório. 5. (...). 6. Por **princípio interpretativo das convenções sobre direitos humanos**, o Estado-parte da CIDH pode ampliar a proteção dos direitos humanos, por meio do **princípio *pro personae***, interpretando a sentença da Corte IDH da maneira mais favorável possível aquele que vê seus direitos violados. 7. As **autoridades públicas, judiciárias inclusive, devem exercer o controle de convencionalidade**, observando os efeitos das disposições do diploma internacional e adequando sua estrutura interna para **garantir o cumprimento total de suas obrigações frente à comunidade internacional**, uma vez que os países signatários são **guardiões da tutela dos direitos humanos, devendo empregar a interpretação mais favorável ao ser humano**. – Aliás, essa particular forma de **parametrar a interpretação das normas jurídicas (internas ou internacionais)** é a que mais se aproxima da Constituição Federal, que faz da cidadania e da **dignidade da pessoa humana** dois de seus fundamentos, bem como tem por objetivos fundamentais erradicar a marginalização e construir uma sociedade livre, justa e solidária (incisos I, II e III do art. 3º). Tudo na perspectiva da construção do tipo ideal de sociedade que o preâmbulo da respectiva Carta Magna caracteriza como 'fraterna' (HC n. 94163, Relator Min. CARLOS BRITTO, Primeira Turma do STF, julgado em 02.12.2008, DJe-200 DIVULG 22.10.2009 PUBLIC 23.10.2009 EMENT VOL-02379-04 PP-00851). O horizonte da **fraternidade** é, na verdade, o que mais se ajusta com a efetiva tutela dos direitos humanos fundamentais. A certeza de que o titular desses direitos é qualquer pessoa, **deve sempre influenciar a interpretação das normas e a ação dos atores do Direito e do Sistema de Justiça**. (...). 8. **Os juízes nacionais devem agir como juízes interamericanos e estabelecer o diálogo entre o direito interno e o direito internacional dos direitos humanos**, até mesmo para diminuir violações e abreviar as demandas internacionais. É com tal espírito hermenêutico que se dessume que, na hipótese, **a melhor interpretação a ser dada**, é pela aplicação a Resolução da Corte Interamericana de Direitos Humanos, de 22 de novembro de 2018 a todo o período em que o recorrente cumpriu pena no IPPSC. (...). 11. Negativa de provimento ao agravo regimental interposto, mantendo, por consequência, a decisão que, dando provimento ao recurso ordinário em *habeas corpus*, determinou o cômputo em dobro de todo o período em que o paciente cumpriu pena no Instituto Penal Plácido de Sá Carvalho, de 09 de julho de 2017 a 24 de maio de 2019" (STJ, AgRg no Recurso em HC 136.961/RJ, 5ª T., Rel. Min. Reynaldo Soares da Fonseca, j. 15.06.2021).

ENUNCIADOS APROVADOS NA I JORNADA DE DIREITO DO PATRIMÔNIO CULTURAL E NATURAL DO CONSELHO DA JUSTIÇA FEDERAL (2023)[52]

INSTRUMENTOS INTERNACIONAIS DE PROTEÇÃO DO PATRIMÔNIO CULTURAL

ENUNCIADO 7 – As Convenções Internacionais sobre patrimônio cultural e natural que tenham sido integradas como fontes formais no ordenamento interno têm aplicabilidade administrativa e judicial direta no Brasil em nível de norma supralegal, ou, se for o caso, de emenda constitucional, nos termos do § 3º do art. 5º da Constituição da República.

---

[52] Disponível em: https://www.cjf.jus.br/cjf/noticias/2023/setembro/cej-cjf-publica-caderno-de-enunciados--da-i-jornada-de-direito-do-patrimonio-cultural-e-natural.

> **LEI DE ADAPTAÇÃO CLIMÁTICA (LEI 14.904/2024)**
> **E SISTEMA NORMATIVO MULTINÍVEL**
>
> Art. 2º São diretrizes dos planos de adaptação à mudança do clima: (...)
> IV – a integração entre as estratégias de mitigação e adaptação nos **âmbitos local, municipal, estadual, regional e nacional**, em **alinhamento com os compromissos assumidos no Acordo de Paris sob a Convenção-Quadro das Nações Unidas sobre Mudança do Clima**, por meio da Contribuição Nacionalmente Determinada.

3.1.2 O controle de "convencionalidade" da legislação infraconstitucional nacional em matéria ambiental (como dever ex officio de Juízes e Tribunais)

"Os juízes nacionais devem agir como juízes interamericanos e estabelecer o diálogo entre o direito interno e o direito internacional dos direitos humanos (...)." (**Ministro Reynaldo Soares da Fonseca**).[53]

O entendimento adotado pelo STF, por ocasião da decisão na ADPF 708/DF que referimos no tópico anterior, ao reconhecer o *status* supralegal dos tratados internacionais sobre direitos humanos, implica a possibilidade (e o dever) do **controle de "convencionalidade" da legislação infraconstitucional**.[54] Conforme assinala Mazzuoli, o controle de convencionalidade das leis "nada mais é que o **processo de compatibilização vertical** (sobretudo material) das normas domésticas com os comandos encontrados nas convenções internacionais de direitos humanos. À medida que os tratados de direitos humanos ou são materialmente constitucionais (art. 5º, § 2º) ou material e formalmente constitucionais (art. 5º, § 3º), é lícito entender que o clássico 'controle de constitucionalidade' deve agora dividir espaço com esse novo tipo de controle (de 'convencionalidade') da produção e aplicação da normatividade interna".[55]

Os **tratados internacionais em matéria ambiental**, por deterem a mesma natureza dos tratados internacionais de direitos humanos, possuem *status* **supralegal**, na linha do entendimento do STF e consagrado expressamente na **ADI 4.066/DF** e na **ADPF 708/DF**, de modo que o seu conteúdo **prevalece em face da legislação infraconstitucional**. Os tratados internacionais ambientais e climáticas conformam o **bloco de convencionalidade** e operam como **chave de leitura e interpretação** de toda a legislação ambiental infraconstitucional. No entanto, a prevalência da normativa internacional ocorre apenas no tocante ao conteúdo que estabelecer um **padrão normativo mais protetivo e rígido**. Do contrário, prevalece a legislação infraconstitucional nacional, haja vista os princípios que norteiam o Direito Internacional dos Direitos Humanos,

---

[53] STJ, AgRg no Recurso em HC 136.961/RJ, 5ª T., Rel. Min. Reynaldo Soares da Fonseca, j. 15.06.2021.

[54] V. por todos MARINONI, Luiz Guilherme; MAZZUOLI, Valério de Oliveira (coord.). *Controle de convencionalidade*: um panorama latino-americano. Brasília: Gazeta Jurídica, 2013, com destaque para as contribuições dos organizadores, dos Ministros Luís Roberto Barroso e Gilmar Mendes, de Flávia Piovesan e do primeiro autor da presente obra (Sarlet).

[55] MAZZUOLI, Valério de Oliveira. *Curso de direito internacional público*, p. 404. Para Mazzuoli, os tratados internacionais de direitos humanos, independentemente da adoção do rito previsto no art. 5º, § 3º, da CF/1988, por serem eles materialmente constitucionais (art. 5º, § 2º), ensejariam o "controle *difuso* de convencionalidade", ao passo que os tratados internacionais de direitos humanos submetidos ao procedimento do § 3º do art. 5º, por serem material e formalmente constitucionais, possibilitariam o "controle *concentrado* de constitucionalidade", por exemplo, por meio de ADI perante o STF (p. 409-413).

bem como o **critério hermenêutico de prevalência da norma mais protetiva**, aplicando-se aqui o conhecido **postulado do *in dubio pro natura*.**[56]

O **Acordo de Escazú (2018)** também reconheceu o **princípio *in dubio pro natura*** para a resolução de conflitos legislativos. Segundo previsão expressa do seu art. 4:

> "(...) 7. Nenhuma disposição do presente Acordo limitará ou derrogará outros **direitos e garantias mais favoráveis** estabelecidos ou que possam ser estabelecidos na legislação de um Estado-Parte ou em qualquer outro acordo internacional de que um Estado seja parte, nem impedirá um Estado-Parte de conceder um acesso mais amplo à informação ambiental, à participação pública nos processos de tomada de decisões ambientais e à justiça em questões ambientais. 8. Na implementação do presente Acordo, cada Parte procurará adotar a **interpretação mais favorável ao pleno gozo e respeito dos direitos de acesso (...)**".[57]

Tanto o **princípio da progressividade** quanto o **princípio *in dubio pro natura***, consagrados expressamente no **Acordo de Escazú (2018)**, operam na mesma lógica ou **imperativo normativo** de assegurar o fortalecimento do regime jurídico de proteção ecológica, colocando **balizas diretivas tanto para o legislador quanto para o intérprete da norma ambiental**, o que é extremamente relevante, por exemplo, não apenas na análise de um caso concreto individual ou coletivo de conflito entre distintos bens jurídicos de índole constitucional, mas também quando tal conflito ocorre no plano abstrato e genérico do conflito legislativo e do controle concentrado de constitucionalidade ou mesmo de convencionalidade da legislação infraconstitucional.

O **princípio da proibição de retrocesso ecológico**, consagrado expressamente no Princípio 3, "c", do **Acordo de Escazú (2018)** igualmente reforça esse entendimento. Além de ser reconhecido pela doutrina atual – brasileira e comparada – como um **princípio geral do Direito Ambiental**,[58] o princípio foi consagrado no Protocolo de San Salvador Adicional à Convenção Americana sobre Direitos Humanos em Matéria de Direitos Econômicos, Sociais e Culturais (1988), mais precisamente no seu art. 1º. Nesse sentido, o art. 11 (11.1 e 11.2) do referido diploma internacional, conforme sinalizamos no tópico anterior, prevê o direito ao meio ambiente como direito humano.

Na linha do entendimento do STF, o ***status* supralegal** atribuído ao Protocolo de San Salvador (1988) e aos tratados internacionais ambientais e climáticos (vide ADPF 708/DF), vincula o intérprete da norma ambiental e climática, na medida em que a garantia da proibição de retrocesso ambiental faz frente a toda e qualquer nova medida legislativa infraconstitucional (e administrativa) que tenha por escopo a flexibilização, de forma desproporcional e arbitrária, da legislação ambiental brasileira atualmente vigente.

O **Acordo de Paris (2015)** também estabelece importante parâmetro normativo, ao estabelecer simultaneamente a vedação de práticas retrocessivas e a adoção de medidas progressivas de mitigação e adaptação no enfrentamento do aquecimento global e das mudanças climáticas. O **objetivo de neutralidade climática até 2050** estabelecido no seu art. 4º, 1, ("alcançar um equilíbrio entre as emissões antrópicas por fontes e remoções por sumidouros de gases de efeito estufa na segunda metade deste século") e as **obrigações de progressividade** nas medidas adotadas pelos Estado-Membros em relação às **contribuições**

---

[56] STJ, REsp 1.198.727/MG, 2ª Turma, Rel. Min. Herman Benjamin, j. 14.08.2012.
[57] Disponível em: https://repositorio.cepal.org/bitstream/handle/11362/43611/S1800493_pt.pdf.
[58] PRIEUR, Michel. Princípio da proibição de retrocesso ambiental. *In*: COMISSÃO DE MEIO AMBIENTE, DEFESA DO CONSUMIDOR E FISCALIZAÇÃO E CONTROLE DO SENADO FEDERAL (Org.). *O princípio da proibição de retrocesso ambiental*. Brasília: Senado Federal, 2012. p. 45 e ss.

nacionalmente determinadas (art. 3º) ilustram esse cenário, vinculando não apenas o Estado no plano internacional, mas igualmente no plano doméstico e em face também de agentes particulares, haja vista o *status* supralegal atribuído pelo STF (ADPF 708/DF) ao diploma climático internacional.

No controle de convencionalidade, um dos aspectos centrais diz respeito ao **dever *ex officio* de Juízes e Tribunais** nacionais ou internos atentarem para o conteúdo dos diplomas internacionais sobre direitos humanos e, consequentemente, também os que versam sobre matéria ambiental e climática. Cabe aos aplicadores do Direito interpretar a legislação nacional infraconstitucional não apenas pelo prisma do regime constitucional de proteção dos direitos fundamentais, mas também em vista do regime internacional de proteção dos direitos humanos, entre eles o direito humano a viver em um meio ambiente sadio, equilibrado e seguro.[59] Ademais, da mesma forma que se reconhece a eficácia direta dos direitos fundamentais nas relações privadas, igual entendimento deve prevalecer em relação à eficácia dos direitos humanos e, em particular, do direito humano ao meio ambiente (e ao clima) nas relações jurídicas que se estabelecem entre agentes privados (pessoas físicas e jurídicas).

Por fim, é importante pontuar que as recentes **Recomendação 123/2022 do Conselho Nacional de Justiça (CNJ)** e **Recomendação 96 de 2023 do Conselho Nacional do Ministério Público (CNMP)** alinham-se a esse entendimento, de modo a recomendar aos órgãos do Sistema de Justiça brasileiro a estrita observância dos tratados e convenções internacionais de direitos humanos (neles incluídos os tratados internacionais ambientais ratificados pelo Brasil) e o uso da jurisprudência da Corte Interamericana de Direitos Humanos.

> **RECOMENDAÇÃO 123, DE 07 DE JANEIRO DE 2022, DO CONSELHO NACIONAL DE JUSTIÇA**
>
> Recomenda aos órgãos do Poder Judiciário brasileiro a observância dos tratados e convenções internacionais de direitos humanos e o uso da jurisprudência da Corte Interamericana de Direitos Humanos.
>
> RESOLVE:
>
> Art. 1º Recomendar aos órgãos do Poder Judiciário:
>
> I – a **observância dos tratados e convenções internacionais de direitos humanos** em vigor no Brasil e a utilização da **jurisprudência da Corte Interamericana de Direitos Humanos** (Corte IDH), bem como a necessidade de **controle de convencionalidade das leis internas**.

---

[59] O controle de convencionalidade (e o dever dos Juízes e Tribunais internos de exercê-lo) resultou consagrado, de forma pioneira e paradigmática, em decisão da Corte IDH, no julgamento do *Caso Almonacid Arellano e outros vs. Chile*, em 26.09.2006. De acordo com o parágrafo 124 da sentença: "la Corte es consciente que los jueces y tribunales internos están sujetos al imperio de la ley y, por ello, están obligados a aplicar las disposiciones vigentes en el ordenamiento jurídico. Pero cuando un Estado ha ratificado un tratado internacional como la Convención Americana, sus jueces, como parte del aparato del Estado, también están sometidos a ella, lo que les obliga a velar porque los efectos de las disposiciones de la Convención no se vean mermadas por la aplicación de leyes contrarias a su objeto y fin, y que desde un inicio carecen de efectos jurídicos. En otras palabras, el Poder Judicial debe ejercer una especie de 'control de convencionalidad' entre las normas jurídicas internas que aplican en los casos concretos y la Convención Americana sobre Derechos Humanos. En esta tarea, El Poder Judicial debe tener en cuenta no solamente el tratado, sino también La interpretación que del mismo ha hecho la Corte Interamericana, intérprete última de la Convención Americana".

II – a **priorização do julgamento dos processos em tramitação relativos à reparação material e imaterial das vítimas** de violações a direitos humanos determinadas pela Corte Interamericana de Direitos Humanos em condenações envolvendo o Estado brasileiro e que estejam pendentes de cumprimento integral.

Art. 2º Esta Recomendação entra em vigor na data da sua publicação.

RECOMENDAÇÃO Nº 96, DE 28 DE FEVEREIRO DE 2023, DO CONSELHO NACIONAL DO MINISTÉRIO PÚBLICO (CNMP)

Recomenda aos ramos e às unidades do Ministério Público a observância dos tratados, convenções e protocolos internacionais de direitos humanos, das recomendações da Comissão Interamericana de Direitos Humanos e da jurisprudência da Corte Interamericana de Direitos Humanos; e dá outras providências.

RESOLVE:

Art. 1º Esta norma recomenda aos ramos e às unidades do Ministério Público a observância dos tratados, convenções e protocolos internacionais de direitos humanos, das recomendações da Comissão Interamericana de Direitos Humanos e da jurisprudência da Corte Interamericana de Direitos Humanos.

Art. 2º Recomenda-se aos **órgãos do Ministério Público** que observem, em seus respectivos âmbitos de atribuição, em todas as esferas de atuação:

I – as normas dos **tratados, convenções e protocolos internacionais de direitos humanos** em vigor no Brasil e as demais normas imperativas do Direito Internacional dos Direitos Humanos;

II – o **efeito vinculante das decisões da Corte Interamericana de Direitos Humanos**, nos casos em que o Brasil é parte, nos termos do artigo 68 da Convenção Americana sobre os Direitos Humanos;

III – a jurisprudência da Corte Interamericana de Direitos Humanos, quando adequada ao caso; e

IV – as declarações e outros documentos internacionais de direitos humanos, quando adequados ao caso.

Art. 3º Recomenda-se aos membros do Ministério Público, respeitada a independência funcional, que:

I – promovam o **controle de convencionalidade** das normas e práticas internas;

II – priorizem a atuação judicial e extrajudicial nos casos relacionados com recomendações ao Estado brasileiro expedidas pela Comissão Interamericana de Direitos Humanos, especialmente quanto às medidas cautelares; e

III – priorizem a atuação judicial e extrajudicial a fim de garantir a reparação material e imaterial das vítimas de violações a direitos humanos, bem como o cumprimento das demais obrigações determinadas pela Corte Interamericana de Direitos Humanos ao Estado brasileiro, inclusive quanto às medidas provisórias.

Parágrafo único. É facultada a utilização de opiniões consultivas emitidas pela Corte Interamericana de Direitos Humanos na fundamentação de manifestações, pareceres e peças processuais ou extrajudiciais.

(...)

3.2 Direito Nacional

"A legislação ambiental é composta por uma pluralidade de fontes – normas constitucionais, legais e administrativas. Nesse sentido, o Estado Ecossocial de Direito não se resume a um Estado legal de Direito, pois lastreado, acima da lei, em preceitos constitucionais e, abaixo da lei, em normas administrativas" (**Ministro Humberto Martins**).[60]

3.2.1 Constituição

A relevância da Constituição como fonte do Direito Ambiental dispensa maiores comentários. A consagração da proteção do meio ambiente em diversos ordenamentos constitucionais, inclusive como direito fundamental e dever do Estado e da sociedade de prover a sua proteção, tem reforçado a proteção normativa do meio ambiente e colocado os **valores ecológicos no centro dos ordenamentos jurídicos nacionais**. Isso, por certo, também traz importantes consequências normativas para o ordenamento jurídico infraconstitucional. O papel reservado à Constituição no âmbito dos sistemas jurídicos nacionais, notadamente no cenário ocidental (europeu e americano), sofreu verdadeira revolução, impulsionada pelo período que se seguiu após a 2ª Guerra Mundial. De meras "cartas políticas" sem maior expressão normativa, as Constituições migraram, no período que transcorreu a partir da segunda metade do século XX, para o centro do ordenamento jurídico, com a consagração de catálogos de direitos fundamentais cada vez mais robustos. Dos direitos fundamentais liberais e sociais, migrou-se também para o reconhecimento em sede constitucional de **direitos (e deveres) fundamentais ecológicos**. O art. 225 da CF/1988 é um bom exemplo desse novo paradigma constitucional ecológico.

As Constituições estabelecem as diretrizes gerais para a proteção ambiental, delegando ao legislador infraconstitucional a regulamentação minuciosa da matéria. Contudo, a inserção da proteção ecológica no seu centro de proteção normativa é por demais significativa para fortalecer a sua proteção, irradiando para todo o ordenamento jurídico nacional, não apenas no sentido de uma **constitucionalização do Direito Ambiental**, mas, sim, de atribuir às normas constitucionais em matéria ambiental a condição de **parâmetro para a interpretação e aplicação** de outras **normas infraconstitucionais** não diretamente voltadas à proteção ecológica. Em suma, cuida-se de um dever de interpretação conforme a proteção ambiental e os respectivos parâmetros estabelecidos pelos princípios e regras constitucionais na matéria.

No tocante ao papel da "**Constituição Ambiental ou Ecológica**", importa sublinhar a **vinculação direta de todos os atores estatais** às normas constitucionais de proteção ecológica, notadamente no que diz respeito à tutela e à promoção do direito fundamental ao meio ambiente. Igualmente, registra-se a **vinculação dos particulares** como decorrência da proteção constitucional, caracterizando a denominada **eficácia horizontal ou entre particulares do direito fundamental ao meio ambiente**. O dever constitucional de proteção ecológica a cargo dos atores estatais implica, além de uma proibição de proteção insuficiente, capaz de ser sindicada pela via jurisdicional, a caracterização de diversos deveres, como, por exemplo, **deveres de precaução e prevenção**. Também no que diz respeito ao direito-dever de proteção ambiental, o seu regime jurídico constitucional qualificado não permite reduzir as suas consequências ao **princípio da supremacia constitucional** e o daí decorrente controle de constitucionalidade dos atos infraconstitucionais, ainda que os demais aspectos aqui mencionados, em caráter ilustrativo, guardem substancial vínculo também com o princípio da supremacia constitucional, relido, todavia, no

---

[60] STJ, AgInt na SLS n. 3.050/RS, Corte Especial, Rel. Min. Humberto Martins, j. 04.10.2023.

sentido de incluir a normativa internacional e em termos de um **bloco de constitucionalidade** ampliado também em matéria ambiental.

3.2.2 Legislação infraconstitucional

A legislação infraconstitucional é, sem dúvida, uma das fontes mais significativas do Direito Ambiental, já que é no plano infraconstitucional que se dá efetivamente a regulação da matéria ecológica no cenário jurídico doméstico. No Brasil, a **Lei da Política Nacional do Meio Ambiente (Lei 6.938/81)** simboliza bem a importância da legislação infraconstitucional, inclusive como parâmetro para o desenvolvimento dos conceitos, princípios, objetivos e instrumentos que caracterizam o Direito Ambiental brasileiro de modo geral. No entanto, além da relevância de uma norma geral em matéria ambiental, papel que é cumprido pela Lei 6.938/81, com o propósito de sistematizar e conferir maior uniformidade à sua regulação, também são fundamentais as leis encarregadas de regulamentar diversos temas específicos, considerando a abrangência, complexidade e alto grau de especialização que envolvem a matéria.

No Brasil, temos inúmeras leis que desempenham essa função, como é o caso, por exemplo, da Lei dos Crimes e Infrações Administrativas em Matéria Ambiental (Lei 9.605/98), da Lei do Sistema Nacional de Unidades de Conservação (Lei 9.985/2000), da Lei da Política Nacional de Mudança do Clima (Lei 12.187/2009), da Lei da Política Nacional de Resíduos Sólidos (Lei 12.305/2010) e do Código Florestal de 2012 (Lei 12.651/2012). O panorama legislativo adotado no âmbito federal consolida verdadeiro "**bloco normativo ecológico**", o qual se coloca como **parâmetro mínimo de proteção normativa** a ser seguido pelos legisladores estaduais e municipais, cabendo a eles somente avançar em relação ao referido *standard* mínimo de proteção legislativa, sob pena de incidirem em práticas legislativas inconstitucionais. As diversas leis ambientais, por sua vez, são complementadas por decretos do Poder Executivo, os quais têm a função de realizar os devidos ajustes necessários à execução da legislação, sempre respeitando a vontade do legislador e os limites normativos estabelecidos na lei e na Constituição.

3.2.3 Fontes formais "secundárias"

3.2.3.1 As resoluções do Conselho Nacional do Meio Ambiente (CONAMA)

As "resoluções" do Conselho Nacional do Meio Ambiente (CONAMA) também se apresentam como fonte normativa própria do Direito Ambiental. O poder normativo do CONAMA está consagrado no art. 6º, II, da Lei 6.938/81, ao dispor que ele é caracterizado como "órgão consultivo e deliberativo", com a finalidade de "assessorar, estudar e propor ao Conselho de Governo, diretrizes de políticas governamentais para o meio ambiente e os recursos naturais e *deliberar, no âmbito de sua competência, sobre normas e padrões compatíveis com o meio ambiente ecologicamente equilibrado e essencial à sadia qualidade de vida*" (redação dada pela Lei 8.028/90) (grifos nossos). Não vamos aqui avançar na discussão a respeito dos limites existentes para o exercício do poder normativo pelo CONAMA, pois isso será objeto de análise detida no capítulo em que tratamos da Política Nacional do Meio Ambiente (Lei 6.938/81), mas, sem dúvida, há forte limitação no sentido de as resoluções do CONAMA não extrapolarem os limites ditados pela legislação, em especial por se tratar de órgão vinculado à estrutura do Poder Executivo (no caso, do Ministério do Meio Ambiente). Em outras palavras, o papel do CONAMA não é o de legislar em sentido estrito, mas apenas preencher o espaço regulatório necessário para a mediação entre a lei e a sua execução – por exemplo, a elaboração de padrões técnicos em determinada área ambiental –, sempre respeitando a vontade e as balizas normativas ditadas pelo legislador. Do contrário, o CONAMA estaria subtraindo função precípua do Poder Legislativo.

A discussão sobre o *status* normativo das resoluções do CONAMA tomou assento na jurisprudência recente do STF. No julgamento da ADI 5.547/DF, envolvendo a constitucionalidade da Resolução CONAMA 458/2013, o STF reconheceu que as resoluções do CONAMA possuem o *status* jurídico de ato normativo primário, dotadas de **generalidade** e **abstração** suficientes, a fim de permitir o **controle concentrado de constitucionalidade**.

> **JURISPRUDÊNCIA STF.** *Status* **normativos das resoluções do CONAMA:** "AÇÃO DIRETA DE INCONSTITUCIONALIDADE. RESOLUÇÃO CONAMA Nº 458/2013. CABIMENTO. OFENSA DIRETA. **ATO NORMATIVO PRIMÁRIO, GERAL E ABSTRATO**. PROTEÇÃO DO MEIO AMBIENTE. DIREITO FUNDAMENTAL. PRINCÍPIOS DA PROTEÇÃO E DA PRECAUÇÃO. FUNÇÃO SOCIOAMBIENTAL DA PROPRIEDADE. **PROIBIÇÃO DO RETROCESSO**. PRINCÍPIOS DA PREVENÇÃO E DA PRECAUÇÃO. INEXISTÊNCIA DE OFENSA. 1. A Resolução impugnada é **ato normativo primário, dotada de generalidade e abstração suficientes a permitir o controle concentrado de constitucionalidade**. (...) 5. Ação direta julgada improcedente."
> (ADI 5.547/DF, Tribunal Pleno, Relator Ministro Edson Fachin, j. 22.09.2020)

No julgamento da medida cautelar na ADPF 747/DF, em decisão do STF que seguiu o voto da Ministra Rosa Weber, a Corte, também endossando o *status* de ato normativo primário das resoluções do CONAMA, entendeu por suspender os efeitos da Resolução CONAMA 500/2020 e restabeleceu a vigência e eficácia das Resoluções CONAMA 284/2001, 302/2002 e 303/2002 que haviam sido revogadas pela primeira, sob fundamento, entre outros, de violação aos deveres de proteção ambiental do Estado e ao princípio da proibição de retrocesso ecológico.[61]

> **JURISPRUDÊNCIA STF.** *Status* **normativos das resoluções do CONAMA e proibição de retrocesso:** "ARGUIÇÃO DE DESCUMPRIMENTO DE PRECEITO FUNDAMENTAL. PEDIDO DE LIMINAR. ALEGAÇÃO DE AFRONTA AO ART. 225 DA CONSTITUIÇÃO DA REPÚBLICA. RESOLUÇÃO CONAMA Nº 500/2020. REVOGAÇÃO DAS RESOLUÇÕES NºS 84/2001, 302/2002 E 303/2002. LICENCIAMENTO DE EMPREENDIMENTOS DE IRRIGAÇÃO, PARÂMETROS, DEFINIÇÕES E LIMITES DE ÁREAS DE PRESERVAÇÃO PERMANENTE DE RESERVATÓRIOS ARTIFICIAIS E REGIME DE USO DO ENTORNO. PARÂMETROS, DEFINIÇÕES E LIMITES DE ÁREAS DE PRESERVAÇÃO PERMANENTE EM GERAL. 1. A mera revogação de normas operacionais fixadoras de parâmetros mensuráveis necessários ao cumprimento da legislação ambiental, sem sua substituição ou atualização, compromete a **observância da Constituição, da legislação vigente e de compromissos internacionais**. 2. A revogação da Resolução CONAMA nº 284/2001 sinaliza dispensa de licenciamento para empreendimentos de irrigação, mesmo que potencialmente causadores de modificações ambientais significativas. Evidenciados graves e imediatos riscos para a preservação dos recursos hídricos, em prejuízo da qualidade de vida das presentes e futuras gerações (art. 225, *caput* e § 1º, I, da CF). 3. A revogação das Resoluções nºs 302/2002 e 303/2002 distancia-se dos objetivos definidos no **art. 225 da CF, baliza material da atividade normativa do CONAMA. Aparente estado de anomia e descontrole regulatório, a configurar material retrocesso no tocante à satisfação do dever de proteger e preservar o equilíbrio do meio ambiente, incompatível com a ordem constitucional e o princípio da precaução**. Precedentes. *Fumus boni juris* demonstrado. 4. Elevado risco de degradação de ecossistemas essenciais à preservação da vida sadia, comprometimento da **integridade de processos ecológicos essenciais e perda de biodiversidade**, a evidenciar o *periculum in mora*. 5. Liminar deferida, *ad referendum* do Plenário, para suspender os efeitos da Resolução CONAMA nº 500/2020." (STF, MC na ADPF 747/DF, Tribunal Pleno, Rel. Min. Rosa Weber, j. 28.10.2020).

---

[61] O STF, no julgamento da ADPF 748/DF, julgou parcialmente procedente a ação para declarar a inconstitucionalidade da Resolução CONAMA n. 500/2020, com a imediata restauração da vigência e eficácia das Resoluções CONAMA n. 284/2001, n. 302/2002 e n. 303/2002, como já definido na medida cautelar implementada, e julgou improcedente o pedido de inconstitucionalidade da Resolução CONAMA n. 499/2020. STF, ADPF 748/DF, Plenário Virtual, Rel. Min. Rosa Weber, j. 20.05.2022.

3.3 Princípios gerais

Os princípios gerais especializados também são fontes normativas do Direito Ambiental. Não discutiremos aqui a força normativa dos princípios, partindo do pressuposto de que atualmente isso já se trata de questão superada, ou seja, os princípios jurídicos não são meros comandos destituídos de **força normativa**, máxime de caráter programático, mas, assim como as regras jurídicas em sentido estrito, carregam conteúdo normativo, ou seja, são **normas jurídicas**, muito embora haja a diferença na estrutura jurídica de cada uma das categorias (princípios e regras). Eis a razão para os princípios gerais serem desenvolvidos neste tópico sobre as **fontes normativas do Direito Ambiental**.[62] A grande maioria dos **princípios gerais** do Direito Ambiental já se encontra positivada na legislação ambiental de modo geral (nacional e internacional). Nesse sentido, conforme enunciado em diversas passagens, sempre houve uma influência preponderante da legislação internacional ambiental, desde a Declaração de Estocolmo (1972), em face das legislações domésticas, as quais, ao longo dos anos, foram sistematicamente incorporando os princípios que se consagravam no plano internacional. Em caráter ilustrativo, podemos citar os princípios da prevenção e da precaução, o princípio do poluidor pagador, o princípio da cooperação, o princípio da solidariedade, o princípio da responsabilidade comum, mas diferenciada, o princípio do acesso equitativo aos recursos naturais etc.

Novos princípios são incorporados ao Direito Ambiental de tempos em tempos, acompanhando a sua evolução diante dos novos desafios impostos pelo fenômeno ecológico. A sua incorporação ao ordenamento jurídico pode se dar tanto de forma expressa, mediante a sua positivação na legislação ambiental, quanto de forma implícita. Os novos princípios, expressos ou implícitos, devem, acima de tudo, estar em harmonia (material) com o sistema jurídico de proteção ambiental e agregar algum elemento novo e relevante para a compreensão do fenômeno jurídico ecológico. Como exemplo de princípio positivado mais recentemente ao Direito Ambiental brasileiro, destaca-se o **princípio do protetor-recebedor**, consagrado expressamente no art. 6º, II, da Lei da Política Nacional de Resíduos Sólidos (Lei 12.305/2010) e, por último, no art. 5º, I, Lei da Política Nacional de Pagamento por Serviços Ambientais (Lei 14.119/2021). Mais recentemente, a Lei 14.904/2024, que estabeleceu as diretrizes para a elaboração de planos de adaptação climática, consagrou, de forma inédita na legislação brasileira, o **princípio** (e dever) **de adoção prioritária de soluções baseadas na Natureza**.[63]

No tocante aos **princípios implícitos** do Direito Ambiental, dois exemplos ilustrativos e recentes são os **princípios da proibição de retrocesso ambiental ou ecológico** (como ocorre, igualmente, em relação à sua vertente social) e o **princípio *in dubio pro natura*.**[64] No caso da proibição de retrocesso ecológico (e se pode dizer o mesmo do **princípio da progressividade**), embora haja fortíssimo suporte de ordem material e mesmo de ordem legislativa (vide o exemplo referido do Protocolo de San Salvador e, mais recentemente, o Acordo de Escazú) para assegurar a sua existência no plano jurídico-ambiental, não há a consagração expressa do referido princípio no nosso ordenamento nacional. No entanto, a doutrina e a jurisprudência (inclusive do STF)

---

[62] Na perspectiva do direito internacional ambiental, em contrapartida, os princípios gerais são tidos como fonte material.

[63] O art. 2º, VIII, do diploma estabelece: "a **adoção de soluções baseadas na Natureza** como parte das estratégias de adaptação, considerando seus benefícios adicionais e sua capacidade de integrar resultados para adaptação e mitigação, simultaneamente". De complementar, o art. 3º prevê que os planos de adaptação às mudanças climáticas assegurarão a adequada implementação das estratégias traçadas, prioritariamente nas áreas de: "III – **infraestrutura baseada na Natureza**, que utiliza elementos da Natureza para fornecer serviços relevantes para adaptação às consequências da mudança do clima, com vistas a criar resiliência e proteção da população, de bens e do meio ambiente ecologicamente equilibrado, de forma sustentável, com a possibilidade de integrar simultaneamente ações de adaptação e mitigação da mudança do clima".

[64] CAPPELLI, Sílvia. *In dubio pro natura*. Revista de Direito Ambiental, v. 98, p. 197-223, abr.-jun. 2020.

têm reconhecido o princípio da proibição de retrocesso como um princípio geral (e implícito) do Direito Ambiental brasileiro.⁶⁵ Do ponto de vista do nosso sistema jurídico constitucional, o reconhecimento de princípios implícitos (e o mesmo se poderia dizer até com relação a direitos fundamentais) está em perfeita sintonia com a abertura material prevista no **art. 5º, § 2º, da CF/1988**.⁶⁶ Por fim, apenas ressaltamos que a abordagem minuciosa dos diferentes princípios que informam o Direito Ambiental será feita em capítulo específico adiante.

4. FONTES MATERIAIS DO DIREITO AMBIENTAL

4.1 Doutrina

A doutrina representa uma fonte extremamente importante do Direito Ambiental na medida em que a produção doutrinária, em livros, revistas, artigos científicos, pareceres etc. e mesmo considerações formuladas em face de proposições legislativas (por exemplo, é comum a elaboração de comissões de juristas para auxiliar na elaboração de projetos de lei) permitem uma **análise crítica da legislação ambiental**, tanto de modo a otimizar a aplicação dos dispositivos legais quanto de permitir a evolução dos conceitos, princípios, instrumentos etc. Conforme assevera Mário F. Valls, "la doctrina suple la función integradora de los códigos cuando ni éstos ni la ley logran abarcar todo el espectro jurídico ambiental, facilita la identificación de los principios que rigen la materia e ilustra la toma de decisiones con mayor eficacia que la legislación dispersa existente. Además hace evolucionar el derecho".⁶⁷ No âmbito do nosso Poder Judiciário, conforme pontua Bessa Antunes, é muito comum as decisões judiciais citarem de forma expressa fontes doutrinárias na sua fundamentação.⁶⁸

O cenário descrito suscita um **diálogo de fontes**, integrando e uniformizando o sistema de proteção jurídica ecológica. Além disso, a **abertura procedimental**, na linha de uma **sociedade aberta dos intérpretes da Constituição**, como proposto por Peter Häberle⁶⁹, que se verifica hoje no âmbito do processo judicial, em vista da realização de audiências públicas e a atuação de entidades a título de *amicus curiae* (vide o exemplo emblemático do STF nessas questões há mais de uma década com a realização de audiências públicas judiciais), permite uma integração cada vez maior entre a jurisprudência e a doutrina (e não apenas jurídica, mas também com outras áreas do conhecimento, o que é particularmente relevante na seara do Direito Ambiental). A intervenção de **especialistas** (jurídicos e não jurídicos) e doutrinadores no processo judicial contribui para a elaboração jurisprudencial de forma mais qualificada, nutrida por um arsenal mais robusto de informações e precisão técnica.

Outro aspecto importante a cargo da doutrina, para além da adequada compreensão dos conceitos-chave, princípios, instrumentos etc., diz respeito a oportunizar uma **compreensão abrangente do fenômeno jusambiental**, articulando as diferentes áreas do conhecimento, até

---

⁶⁵ BENJAMIN, Antonio Herman. Princípio da proibição de retrocesso ambiental. *In*: COMISSÃO DE MEIO AMBIENTE, DEFESA DO CONSUMIDOR E FISCALIZAÇÃO E CONTROLE DO SENADO FEDERAL (org.). *O princípio da proibição de retrocesso ambiental*. Brasília: Senado Federal/CMA, 2012. p. 62.

⁶⁶ No plano infraconstitucional, conforme já assinalado anteriormente, o Código de Defesa do Consumidor possui dispositivo semelhante, ao prever, no seu art. 7º, *caput*, que "os direitos previstos neste código não excluem outros decorrentes de tratados ou convenções internacionais de que o Brasil seja signatário, (...)".

⁶⁷ VALLS, *Manual de derecho ambiental*..., p. 144.

⁶⁸ ANTUNES, Paulo de Bessa. *Direito ambiental*. 11. ed. Rio de Janeiro: Lumen Juris, 2008. p. 53.

⁶⁹ HÄBERLE, Peter. *Hermenêutica constitucional*: a sociedade aberta dos intérpretes da Constituição (contribuição para a interpretação pluralista e "procedimental" da Constituição). Porto Alegre: SAFE, 1997. A respeito da influência do pensamento de Häberle na doutrina e na jurisprudência brasileiras, inclusive a tese da sociedade aberta dos intérpretes da Constituição, v. MENDES, Gilmar F. *Homenagem à doutrina de Peter Häberle e sua influência no Brasil*. Disponível em: http://www.stf.jus.br/repositorio/cms/portalstfinternacional/portalstfagenda_pt_br/anexo/homenagem_a_peter_haberle__pronunciamento__3_1.pdf.

mesmo para além da fronteira estritamente jurídica, de modo a ordenar o sistema, ou melhor, o microssistema que envolve o Direito Ambiental. Também merece destaque, sob a ótica da doutrina como fonte do Direito Ambiental, a importância singular de grupos de especialistas, muitas vezes reunidos em entidades e fóruns, como é o caso da **Comissão de Direito Ambiental da IUCN** (*International Union for Conservation of Nature*),[70] na elaboração de estudos e proposições legislativas, o que se verifica especialmente no plano do Direito Ambiental Internacional.[71] São diversos os exemplos de projetos legislativos, tanto no plano da legislação nacional quanto internacional, que tiveram, na sua gênese, a atuação marcante de doutrinadores.

No plano internacional, merece destaque o Esboço dos Princípios Legais Propostos para Proteção Ambiental e o Desenvolvimento Sustentável, elaborado para integrar o *Relatório Nosso Futuro Comum* (1987), o qual foi realizado pelo Grupo de Especialistas em Direito Ambiental da Comissão Mundial sobre Meio Ambiente e Desenvolvimento. O referido documento influenciou significativamente os textos internacionais firmados posteriormente, estabelecendo **parâmetros conceituais** fundamentais para a elaboração dos diplomas internacionais celebrados no âmbito da Conferência da ONU de 1992 (Eco-92), entre eles, a própria Declaração do Rio sobre Desenvolvimento Sustentável (1992). Destaca-se, igualmente, a Carta de Limoges dos Juristas e das Associações de Direito Ambiental para a Rio+20,[72] inclusive com a previsão do princípio da proibição de retrocesso (ou não regressividade) em matéria ambiental.[73] O diálogo entre os legisladores e a Academia, ou seja, os professores e pesquisadores de Direito Ambiental,[74] é uma questão fundamental para a qualidade técnica da legislação ambiental aprovada, tanto no plano doméstico[75] quanto internacional.

---

[70] A Comissão de Direito Ambiental (*Commission on Environmental Law – CEL*) da IUCN conta com mais de 500 especialistas em Direito Ambiental espalhados por mais de 130 países. Para maiores informações, ver conteúdo disponível em: http://www.iucn.org/about/work/programmes/environmental_law/elp_work/elp_work_cel/.

[71] Sobre o tema, Solange Teles da Silva assinala a relevância dos trabalhos da Comissão de Direito Internacional da ONU, bem como da Associação de Direito Internacional (*International Law Association – ILA*) e da IUCN, cujos documentos acabam contribuindo de forma significativa tanto para as negociações dos tratados internacionais como para a elaboração das normas jurídicas internas. TELES DA SILVA, Solange. *O direito ambiental internacional...*, p. 24.

[72] A Carta de Limoges ou Apelo dos Juristas e das Associações de Direito Ambiental foi elaborada na 38ª Reunião Mundial das Associações de Direito Ambiental (CIDCE). O documento destinou-se a propor ações no sentido do aprimoramento da legislação ambiental aos Estados participantes da Conferência da ONU sobre Desenvolvimento Sustentável (Rio+20), realizada no Rio de Janeiro, entre os dias 4 e 6 de junho de 2012. Disponível em: http://4ccr.pgr.mpf.gov.br/atuacao-do-mpf/eventos/dou-outro-lado-do-rio/apelo_dos_juristas_e_das_associacoes_de_direito_ambiental.pdf.

[73] V. a Declaração de Johanesburgo sobre "Principles on the Rule of Law and Sustainable Development", adotada no âmbito do Simpósio Internacional de Juízes, ocorrido em Johanesburgo, na África do Sul, de 18 a 20 de agosto de 2002. Disponível em: http://www.unep.org/Documents.Multilingual/Default.asp?ArticleID=3115&DocumentID=259.

[74] A Associação dos Professores de Direito Ambiental do Brasil (APRODAB) é uma entidade que, como o próprio nome anuncia, congrega mais de 150 especialistas e se propõe a intervir na produção legislativa em matéria ambiental, produzindo debates, seminários e material científico em geral. O mesmo se pode dizer com relação ao Instituto O Direito por um Planeta Verde, como a entidade mais tradicional do Direito Ambiental brasileiro e que realiza anualmente, há mais de 25 anos, o maior congresso (brasileiro e internacional) de Direito Ambiental da América Latina.

[75] No cenário legislativo brasileiro, a título ilustrativo, de modo a ressaltar a relevância do diálogo legislador-doutrinador, Ann Helen Wainer relata que a inclusão do "estudo de impacto ambiental" na Lei 6.803/80 é fruto da atuação articulada da Sociedade Brasileira de Direito do Meio Ambiente (SOBRADIMA), fundada pelo jurista Paulo Affonso Leme Machado, no ano de 1980, com Deputados Federais e Senadores, para a inserção de dispositivo, por meio de emenda, ao então projeto de lei que tramitava no Congresso Nacional. WAINER, Ann Helen. *Legislação ambiental brasileira...*, p. 719.

4.2 Jurisprudência (nacional, comparada e internacional)

"A legislação de amparo dos sujeitos vulneráveis e dos interesses difusos e coletivos deve ser interpretada da maneira que lhes seja mais favorável e melhor possa viabilizar, no plano da eficácia, a prestação jurisdicional e a *ratio essendi* da norma. A hermenêutica jurídico-ambiental rege-se pelo princípio *in dubio pro natura*" (**Ministro Antonio Herman Benjamin**).[76]

A jurisprudência, ou seja, as decisões judiciais proferidas por juízes e tribunais (nacionais, estrangeiros e internacionais) expressam também uma fonte material elementar do Direito Ambiental. A **interpretação da norma ambiental** levada a efeito pelos juízes e tribunais é uma das fontes mais importantes no sentido de assegurar **atualidade à legislação ambiental**, muitas vezes já datada de décadas passadas. Além disso, é o trabalho hermenêutico que permite conferir **sistematicidade à legislação ambiental**, integrando os elementos normativos que por vezes se encontram dispersos em diferentes diplomas legais. Conforme leciona Valls, "la interpretación de la norma jurídica que hacen los jueces tende a aceptarse e inspira una homogeneización y progreso del Derecho Ambiental".[77] A jurisprudência dá vida ao Direito, uma vez que possibilita a aplicação do Direito Ambiental de acordo com o seu atual "**estado da arte**", superando as **deficiências legislativas** eventualmente existentes e com o propósito maior de realizar o ideal de justiça nos casos concretos, assegurando a efetividade da legislação ambiental.

No caso brasileiro, a questão ambiental alcançou todas as esferas judiciais, encontrando, inclusive, grande espaço na pauta dos nossos Tribunais Superiores (STJ e STF). Há inúmeras decisões judiciais que avançaram com relação à legislação ambiental, muitas vezes influenciadas pela doutrina, consagrando novos institutos jurídico-ambientais ou mesmo dando interpretação mais protetiva ao meio ambiente, inclusive a ponto de reconhecer um **princípio hermenêutico *in dubio pro natura***. A título de exemplo, podemos citar o reconhecimento do direito ao meio ambiente como direito fundamental (e humano) de terceira dimensão,[78] a caracterização da imprescritibilidade do dever de reparação do dano ambiental,[79] a inversão do ônus da prova em matéria ambiental,[80] a adoção da teoria do risco integral em matéria ambiental (inadmitindo as excludentes de ilicitude),[81] o reconhecimento do dano moral ambiental coletivo,[82] bem como do princípio da proibição de retrocesso ambiental.[83] Muito embora a doutrina especializada já tenha tratado de tais questões, a jurisprudência foi fundamental para fortalecer o regime jurídico de proteção ecológica e, em alguns casos, inovar no reconhecimento de institutos jurídicos ambientais, avançando no tocante à previsão legislativa em sentido textual e estrito.[84]

---

[76] STJ, REsp 1.198.727/MG, 2ª T., Rel. Min. Herman Benjamin, j. 14.08.2012.

[77] VALLS, *Manual de derecho ambiental*..., p. 143.

[78] STF, MS 22.164/SP, Tribunal Pleno, Rel. Min. Celso de Mello, j. 30.10.1995.

[79] STJ, REsp 1.120.117/AC, 2ª T., Rel. Min. Eliana Calmon, j. 10.11.2009. Mais recentemente, o STF também endossou o mesmo entendimento no julgamento do RE 654.833/AC, consolidando a seguinte tese: "É imprescritível a pretensão de reparação civil de dano ambiental" (STF, RE 654.833/AC, Tribunal Pleno, Rel. Min. Alexandre de Moraes, j. 20.04.2020).

[80] STJ, REsp 1.060.753/SP, 2ª T., Rel. Min. Eliana Calmon, j. 1º.12.2009. A respeito da matéria, o STJ editou a Súmula 618 sobre o tema: "A inversão do ônus da prova aplica-se às ações de degradação ambiental".

[81] STJ, REsp 1.114.398/PR, 2ª Seção, Rel. Min. Sidnei Beneti, j. 08.02.2012.

[82] STJ, REsp 1.180.078/MG, 2ª T., Rel. Min. Herman Benjamin, j. 02.12.2010.

[83] STJ, REsp 302.906/SP, 2ª T., Rel. Min. Herman Benjamin, j. 26.08.2010.

[84] No tocante à produção jurisprudencial nacional, v. FREITAS, Vladimir Passos de (coord.). *Julgamentos históricos do direito ambiental*. Campinas: Millenium, 2010; FREITAS, Gilberto Passos de (org.). *A jurisprudência do Tribunal de Justiça de São Paulo em matéria ambiental*. Campinas: Millenium, 2005; e, especificamente

A jurisprudência nacional[85] coloca-se cada vez mais em sintonia e passa a fundamentar suas decisões com base na **jurisprudência de tribunais internacionais**, como é o caso, por exemplo, da Corte Interamericana de Direitos Humanos, da Corte Europeia de Direitos Humanos, da Corte Internacional de Justiça e do Tribunal de Justiça da União Europeia,[86] inclusive a ponto de se estabelecer o que se tem denominado de um **Diálogo de Cortes**,[87] como referido anteriormente. A título de exemplo, o **STJ**, em decisão pioneira e inédita, no julgamento do REsp 1.797.175/SP, sob a relatoria do Ministro Og Fernandes, reconheceu e atribuiu **dignidade e direitos aos animais não humanos e à Natureza**.[88] Na ocasião, o Ministro Og Fernandes decidiu favoravelmente ao reconhecimento de direitos de titularidade (e, assim, do *status* **jurídico de sujeitos de direitos**) dos animais não humanos e da Natureza, estabelecendo expressamente na fundamentação do seu voto tanto um "**diálogo de fontes normativas constitucionais**" (com a **Constituição Equatoriana de 2008**, que reconheceu expressamente os "Direitos da Natureza ou Pachamama") quanto um "**diálogo de Cortes Constitucionais**" (com a **Corte Constitucional Colombiana**, que reconheceu, no ano de 2016, os "direitos do Rio Atrato"). O mesmo diálogo tem-se verificado de modo cada vez mais frequente entre Cortes Constitucionais e **Cortes Internacionais** – como, por exemplo, a Corte IDH.

Mais recentemente, destaca-se passagem de decisão do Min. Luís Roberto Barroso do STF no **Caso Fundo Clima (ADPF 708/DF)**, ocasião em que se pode verificar o diálogo da nossa Corte Constitucional com a jurisprudência (consultiva e contenciosa) da **Corte IDH**, inclusive em tema até então inédito na jurisprudência constitucional brasileira: **direitos da Natureza**.

> "(...) no âmbito do Direito Internacional dos direitos humanos tem-se caminhado para reconhecer a interdependência entre o direito humano ao meio ambiente saudável e uma multiplicidade de outros direitos humanos, bem como para afirmá-lo como **um direito autônomo titulado pela própria Natureza** (e não apenas pelos seres humanos). Há, nesse sentido, duas importantes decisões da Corte Interamericana de Direitos Humanos (Corte IDH). Na *Opinião Consultiva nº 23/2017*, estabeleceu que o direito a um meio ambiente saudável é '*um interesse universal*' e '*um direito fundamental para a existência da humanidade*'. E no caso *Comunidades Indígenas Miembros de La Asociación Lhaka Honhat (Nuestra Tierra) vs. Argentina*, primeiro caso contencioso sobre a matéria, afirmou que os Estados têm o dever de 'respeito', 'garantia' e 'prevenção' de danos ao meio ambiente, bem como que lhes compete assegurar os direitos de todos à segurança alimentar e ao acesso à água."

A passagem transcrita ilustra o diálogo cada vez mais intenso de fontes normativas (e entres Cortes de Justiça nacionais e internacionais), impulsionado pela própria natureza transfronteiriça ou mesmo global do fenômeno ecológico, como se verifica no exemplo da crise climática. A legislação internacional em matéria ambiental (tratados, convenções e seus respectivos protocolos adicionais etc.) é, muitas vezes, incorporada no plano doméstico ou nacional, inclusive, conforme tratamos em tópico antecedente, com *status* jurídico-hierárquico constitucional ou, pelo menos,

---

sobre a jurisprudência do STJ, SOARES JÚNIOR, Jarbas; ALVARENGA, Luciano José (coord.). *Direito ambiental no STJ*. Belo Horizonte: Del Rey, 2010.

[85] Destacando a relevância da jurisprudência como fonte material do Direito Ambiental Internacional, v. TELES DA SILVA, Solange. *O direito ambiental internacional...*, p. 23-24.

[86] A respeito da jurisprudência do Tribunal de Justiça da União Europeia em matéria ambiental, v. GOMES, Carla Amado. *Follow the Green Brick Road*: apontamentos sobre a evolução da jurisprudência do Tribunal de Justiça da União Europeia em matéria ambiental. *In*: GOMES, Carla Amado. *Direito ambiental*: o ambiente como objeto e os objetos do direito do ambiente. Curitiba: Juruá, 2010. p. 171-207.

[87] RAMOS, André de Carvalho. *O diálogo das cortes...*, p. 805-850.

[88] STJ, REsp 1.797.175/SP, 2ª T., Rel. Min. Og Fernandes, j. 21.03.2019.

supralegal,[89] dada a natureza de direito humano inerente ao direito ao meio ambiente. Há, à luz desse cenário normativo (e jurisprudencial) "integrador", um caminhar conjunto e interdependente entre a legislação, a doutrina e a jurisprudência na conformação do regime jurídico ecológico de **natureza multidimensional (subnacional, nacional, comparado e internacional)**.

A consolidação e evolução permanente do Direito Ambiental, por sua vez, dependem totalmente dessa articulação. E os Juízes e Tribunais têm um papel crucial nesse processo de "**dar vida ao Direito Ambiental**", buscando integrar os elementos normativos com o propósito de **assegurar a efetividade da legislação ambiental** nos casos concretos em que são provocados a intervir. A **doutrina ou interpretação evolutiva ou do instrumento vivo** (*living instrument doctrine*) adotada pela **Corte Europeia de Direitos Humanos** no emblemático **Caso Lopez Ostra v. Espanha** (1994), como referido anteriormente, ilustra a importância da **interpretação judicial** e do papel do Poder Judiciário nesse processo de constante ressignificação do marco normativo ecológico, inclusive à luz do avanço científico e novos desafios existenciais que se apresentam ao longo da nossa caminhada civilizatória.

Na abordagem da jurisprudência como fonte de Direito Ambiental, assume, também para o caso brasileiro, cada vez mais relevância a discussão em torno da existência de precedentes jurisdicionais vinculativos (ex.: do STJ e do STF), no sentido de uma hierarquização a partir dos precedentes dos Tribunais Superiores. Para além do efeito vinculante já praticado em sede de controle de constitucionalidade, do instituto da repercussão geral e das súmulas vinculantes, o **CPC/2015** consagrou, na nossa estrutura judiciária e processual, um amplo **sistema de precedentes vinculantes**, prevendo, como regra, a **obrigatoriedade** de Juízes e Tribunais observarem as **teses firmadas pelos Tribunais Superiores**, conforme se pode apreender, a título de exemplo, da disposição dos arts. 489, § 1º, V e VI, 926, 927 e 928 do novel diploma processual de 2015.

4.3 Costume como fonte do Direito Ambiental?

A utilização do costume como fonte do Direito Ambiental deve ser vista com certa cautela.[90] Não que os costumes não expressemos valores sociais que legitimam e conformam o próprio Direito. E aí também estaria inserida a discussão envolvendo o tratamento dos movimentos ecológicos e das entidades ambientalistas como fonte complementar ou auxiliar do Direito Ambiental. No entanto, a crítica que alguns autores fazem sobre a questão diz respeito ao fato de o Direito Ambiental colocar-se **"contra" determinados usos e costumes arraigados na nossa sociedade**. E, nesse cenário, o Direito Ambiental teria um papel de enfrentamento de tais práticas sociais, no sentido de limitá-las e transformá-las. Sob tal ótica, Mario Valls identifica, no Direito Ambiental, uma **"función correctiva de esos usos y costumbres"**.[91] Como as práticas ecológicas são ainda, em certa medida e a depender da cultura local, "novidades" para grande parte das sociedades (por exemplo, a simples separação do lixo doméstico), a prevalecerem os usos e costumes hoje vigentes, sem entrar na discussão sobre o papel do Estado em promover políticas públicas de educação e conscientização ambiental, o prejuízo ecológico seria evidente e contrário à proteção jurídica do meio ambiente.

Outro exemplo para elucidar tal cenário são certas manifestações culturais lesivas aos valores e direitos ecológicos, por exemplo, a "farra do boi" verificada no Estado de Santa Catarina e que, inclusive, foi objeto de ação judicial perante o STF. Na decisão em questão, o Ministro Francisco Rezek, ao reconhecer que tal prática é abertamente violenta e cruel para com os animais, estando, portanto, em desacordo com a CF/1988, afirmou que "manifestações culturais são as

---

[89] STF, HC 94.523/SP, 1ª T., Rel. Min. Carlos Ayres Britto, j. 10.02.2009.
[90] Sobre o costume como fonte (formal) do direito internacional ambiental, v. TELES DA SILVA, Solange. *O direito ambiental internacional...*, p. 16.
[91] VALLS, *Manual de derecho ambiental...*, p. 144-145.

práticas existentes em outras partes do país, que também envolvem bois submetidos à farra do público, mas de pano, de madeira, de '*papier maché*'; não seres vivos, dotados de sensibilidade e preservados pela Constituição da República contra esse gênero de comportamento".[92]

A respeito do tema, registra-se a previsão constitucional trazida pela **Emenda Constitucional 96/2017**, conhecida como "Emenda da Vaquejada", ao inserir § 7º no art. 225 da CF/1988: "§ 7º Para fins do disposto na parte final do inciso VII do § 1º deste artigo, não se consideram cruéis as práticas desportivas que utilizem animais, desde que sejam **manifestações culturais**, conforme o § 1º do art. 215 desta Constituição Federal, registradas como **bem de natureza imaterial integrante do patrimônio cultural brasileiro**, devendo ser regulamentadas por lei específica que assegure o **bem-estar dos animais** envolvidos". O dispositivo estabelece conflito flagrante com a previsão constitucional do § 1º, VII, também do art. 225, ao prever que: "§ 1º Para assegurar a efetividade desse direito, incumbe ao Poder Público: (...) VII – proteger a fauna e a flora, vedadas, na forma da lei, as práticas que coloquem em risco sua função ecológica, provoquem a extinção de espécies ou submetam os animais a crueldade". De um lado, verifica-se um bem jurídico de feição preponderantemente cultural (prática da vaquejada), ao passo que do outro um bem jurídico genuinamente ecológico (vedação de práticas cruéis contra os animais). Também aqui poderia ser suscitado um conflito entre a proteção ecológica e o "costume" atinente à manifestação cultural representada pela vaquejada.

Em outras palavras, cabe ao Direito Ambiental enfrentar e provocar a mudança de certos costumes, notadamente daqueles que violam direitos e valores ecológicos, de tal sorte que o tratamento dos costumes como fonte do Direito Ambiental deve ser visto com alguma reserva, principalmente em situações em que conflitar com a proteção ecológica.

5. FONTES COMPLEMENTARES DO DIREITO AMBIENTAL

5.1 Direito Comparado

O Direito Comparado (ou Estrangeiro) é fonte complementar extremamente relevante no âmbito do Direito Ambiental.[93] E não apenas para o Direito Nacional (ou Doméstico), uma vez que o Direito Internacional também se serve de experiências legislativas adotadas no plano doméstico por determinados Países para aprimorar o ordenamento internacional. O estudo de impacto ambiental é um exemplo ilustrativo desse diálogo normativo. A sua origem está na legislação norte-americana, mais precisamente na Lei da Política Nacional do Meio Ambiente (*National Environmental Policy Act* – NEPA), de 1970. O diploma estabeleceu a exigência de estudo de impacto ambiental (*Environmental Impact Statement*) para as hipóteses de grandes ações ou empreendimentos federais com significativo impacto ambiental (*Significant Effect on the Environment*). O instituto consagrado no âmbito da NEPA representa a origem de um dos instrumentos jurídicos de proteção ambiental mais universais e importantes de todos os tempos.

A partir consagração normativa feita pela NEPA, que se deu antes mesmo da própria Conferência e Declaração de Estocolmo sobre o Meio Ambiente Humano (1972), tanto a legislação internacional[94] quanto os ordenamentos nacionais de diversos países passaram a incorporar tal instrumento de proteção ambiental. O ordenamento jurídico brasileiro incorporou o instituto

---

[92] STF, RE 153.531/SC, Tribunal Pleno, Rel. Min. Francisco Resek, j. 03.06.1997.
[93] LEES, Emma; VIÑUALES, Jorge E. *Comparative environmental law*. New York: Oxford University Press, 2019.
[94] No plano internacional, o Programa das Nações Unidas para o Meio Ambiente (PNUMA) editou, no ano de 1987, as *Orientações sobre os Objetivos e Princípios da Avaliação do Impacto Ambiental* (*Guidelines on Goals and Principles of Environmental Impact Assessment*). Disponível em: http://www.unep.org/regionalseas/publications/reports/RSRS/pdfs/rsrs122.pdf.

por intermédio da Lei 6.938/81 (art. 9º, III e IV) e, posteriormente, pela própria CF/1988 (art. 225, § 1º, IV). Outro exemplo normativo "doméstico" que ganhou projeção internacional e comparada está no princípio da precaução, originado na legislação ambiental alemã na década de 1970, no âmbito do Programa de Meio Ambiente do Governo Federal (*Umweltprogramm der Bundesregierung*) de 1971, sobretudo em vista das modificações nas definições da política ambiental levadas a efeito no ano de 1976.[95]

Há um intercâmbio e diálogo normativo cada vez maior entre as legislações nacionais, com um aproveitamento recíproco de conteúdos e institutos jurídicos, sempre nutridas com o propósito de aprimoramento das legislações domésticas. Hoje, por exemplo, do ponto de vista do regime jurídico constitucional de proteção ecológica, a Constituição equatoriana de 2008 estabeleceu um novo paradigma extremamente inovador, ao reconhecer expressamente os Direitos da Natureza (ou, como previsto no seu texto, da "Pachamama"), inclusive no sentido de o STJ estabelecer um **diálogo normativo de natureza comparada** e utilizar a norma constitucional equatoriana como fundamento para decidir favoravelmente ao reconhecimento dos direitos dos animais não humanos e da Natureza no julgamento do REsp 1.797.175/SP, conforme destacamos em tópico antecedente.[96]

Se esse modelo será adotado futuramente por outras Constituições mundo afora, só o tempo dirá, mas não há dúvida que o referencial normativo suscitado oxigena o Direito Ambiental clássico e estabelece importante reflexão sobre o reconhecimento de direitos para além do espectro humano também em outros países e ordenamentos jurídicos, especialmente no contexto latino-americano. Essa é a riqueza proporcionada pelo estudo do Direito Ambiental em perspectiva comparada. O **direito comunitário europeu** é outro exemplo extremamente importante na temática ambiental e climática, sendo um referencial normativo fundamental em termos comparativos. O **caráter global e transfronteiriço da crise ecológica** faz com que os diferentes sistemas nacionais de proteção ambiental (em sintonia com o sistema internacional) convirjam no sentido de uma **integração normativa** cada vez maior.

5.2 Conhecimento científico

"Reconhecendo a necessidade de uma resposta eficaz e progressiva à ameaça urgente da mudança do clima com base no *melhor conhecimento científico disponível*." (**Preâmbulo do Acordo de Paris de 2015**)

"O Direito Ambiental contemporâneo apoia-se em três princípios que se afirmam como identificadores da matéria, a saber, a reverência à ciência no que se refere ao conhecimento produzido no tema; a necessária participação popular em colaboração necessária com o Estado, sendo o mais alargado passo da democracia participativa efetiva da sociedade civil; a cooperação internacional, até mesmo com contribuições financeiras" (**Ministra Cármen Lúcia**).[97]

"(…) atualmente, as mudanças climáticas representam um fenômeno incontestável: suas consequências estão por toda parte e a ninguém poupam. Atingem diretamente e arruínam milhões de pessoas, sobretudo as mais pobres; ameaçam centenas de milhões de outras tantas; incitam o espírito de investigação de pesquisadores; desafiam a antevisão de políticos e legisladores; e, cada vez mais, se fazem presentes no cotidiano dos Tribunais. Ou seja, já não pairam incerteza sobre a realidade, causas antrópicas e efeitos avassaladores

---

[95] KLOEPFER, Michael. *Umweltrecht...*, p. 173.
[96] STJ, REsp 1.797.175/SP, 2ª Turma, Rel. Min. Og Fernandes, j. 21.03.2019.
[97] STF, ADPF 651/DF, Tribunal Pleno, Rel. Min. Cármen Lúcia, j. 28.04.2022.

das mudanças climáticas na comunidade da vida planetária e no cotidiano da humanidade. Embora ainda exista muito a descobrir e estudar, nem mesmo quem acredita em Papai Noel consegue negar os dados acumulados nas últimas décadas. Diante de tamanho consenso científico, os juízes precisam ficar vigilantes para não serem usados como caixa de ressonância de ideias irracionais – negacionistas dos fatos e do saber –, posições que, frequentemente, não passam de biombo para ocultar poderosos e insustentáveis interesses econômicos esposados por adversários dos valores capitais do Estado de Direito Ambiental." (**Ministro Herman Benjamin**)[98]

Os avanços que verificamos na compreensão da crise ecológica e dos fenômenos ambientais que estão na sua base são resultado, em grande medida, do maior domínio e desenvolvimento científico que temos hoje. A ascensão de uma **Ciência da Terra** (*Earth Science*), como já referido anteriormente, é um exemplo do **novo paradigma científico contemporâneo no Antropoceno**, inclusive no sentido da identificação e do dimensionamento científico dos denominados "**limites planetários**" ou limites físicos de resiliência em escala planetária. Não fosse o trabalho de pesquisa desenvolvido por inúmeros **cientistas e instituições de pesquisa** (públicas e privadas) ao redor do mundo, certamente não teríamos a compreensão que temos hoje das causas e consequências da crise ecológica, o que tem sido absolutamente determinante para o desenvolvimento da proteção jurídica ecológica e climática. O Direito Ambiental e os padrões ambientais que caracterizam a legislação ambiental, como pontua Lazarus, devem estar baseados em "juízos de valor cientificamente informados".[99]

O Direito deve ser compreendido como um "subsistema" inserido num paradigma ou sistema científico que lhe é maior, como se pode identificar hoje no paradigma científico da Ciência da Terra. Assim como a **evolução tecnológica e científica** está na base e é uma das razões estruturais da atual crise ecológica no Antropoceno, como tratamos no tópico sobre a ética ecológica, ela também está na sua resolução e superação. A ciência é um dos instrumentos mais importantes para a devida compreensão e enfrentamento do atual "estado de emergência ecológica e climática planetário". Não por outra razão, os jovens do movimento global *Fridays for Future*, representado pela estudante sueca Greta Thunberg, defendem e reivindicam justamente que os nossos líderes políticos deem ouvidos aos cientistas acerca, entre outros temas, da questão climática.

O conhecimento científico ainda encontra grandes limitações para a compreensão dos fenômenos ecológicos, em especial por conta da **complexidade** de alguns processos e do efeito cumulativo da degradação ambiental e suas consequências futuras. No entanto, é o melhor instrumento que temos nas nossas mãos, e muito avanço já se fez, se comparado à informação que tínhamos, por exemplo, no período em que surgiu o movimento ambientalista na década de 1960. A importância do conhecimento científico no enfrentamento da crise ecológica é indiscutível. Diga-se de passagem, talvez a grande maioria dos problemas ambientais que vivenciamos ao longo dos tempos foi denunciada e levada ao debate público por especialistas das mais diversas áreas da ciência (basta lembrarmos o exemplo de Rachel Carson, bióloga marinha, no tocante à poluição química provocada pelos agrotóxicos), muito antes da sua percepção e conhecimento por parte do público em geral. No mesmo sentido, a relação estabelecida por pesquisadores suecos entre as emissões de enxofre na Inglaterra e na Alemanha e a chuva ácida verificada na Escandinávia foi um grande impulso para a histórica e pioneira Conferência de Estocolmo da ONU de 1972.[100]

---

[98] STJ, AgInt no Ag em REsp 2.188.380/SE, 2ª T., Rel. Min. Herman Benjamin, j. 06.03.2023.
[99] LAZARUS, Richard J. *The making of environmental law*..., p. 30.
[100] BODANSKY, Daniel. *The art and craft of international environmental law*, p. 19.

O Direito Ambiental, como talvez nenhuma outra área ou disciplina jurídica, está umbilicalmente vinculado ao conhecimento científico – notadamente com relação às "ciências naturais". Segundo Michel Prieur, o Direito Ambiental é profundamente marcado pela sua dependência em face das ciências e da tecnologia.[101] Cada avanço no campo científico relacionado à temática ecológica pode, num segundo momento, interferir no plano normativo, exigindo a regulação de novas matérias. Isso, por certo, não é algo novo. Basta voltar no tempo e identificar o impacto que tiveram, por exemplo, o **Relatório do Clube de Roma** (no início da década de 1970) e o **Relatório Nosso Futuro Comum** (na segunda metade da década de 1980). Portanto, dois estudos, com forte conotação científica, referenciais para estabelecer a pauta política que conduziu, num momento posterior, à adoção de mecanismos jurídicos de proteção ecológica.

Atualmente, o **Painel Intergovernamental sobre Mudança do Clima (IPCC)** da ONU – juntamente com o **Painel Intergovernamental sobre Biodiversidade e Serviços Ecossistêmicos (IPBES)** – parece-nos um bom exemplo para ilustrar esse cenário. Todos os governos dos países, seus cidadãos e atores políticos mais importantes, tanto no plano nacional quanto internacional, voltaram-se, no início de fevereiro de 2007, para a informação divulgada no 4º Relatório de Avaliação da Saúde da Atmosfera (AR4), o qual foi elaborado pelo quadro de cientistas que integram o IPCC, impulsionando diversos países a editar legislações para enfrentar a questão das mudanças climáticas. É o que ocorreu no Brasil, com a edição da Lei 12.187/2009 (Lei da Política Nacional sobre a Mudança do Clima). Os relatórios subsequentes do IPCC (ex. AR5 e AR6) igualmente impactaram e impulsionaram a atuação de agentes políticos, econômicos, sociais e jurídicos.

> **RESOLUÇÃO 433/2021 DO CNJ E SISTEMAS DE INFORMAÇÕES GEOGRÁFICAS (SIG)**
>
> A Resolução 433/2021, ao instituir a Política Nacional do Poder Judiciário para o Meio Ambiente, estabeleceu:
>
> Art. 1º A Política Nacional do Poder Judiciário para o Meio Ambiente consiste em uma atuação estratégica dos órgãos do sistema de Justiça para a proteção dos direitos intergeracionais ao meio ambiente e se desenvolverá com base nas seguintes diretrizes: (...)
>
> IV – utilização de **recursos tecnológicos, de sensoriamento remoto e de imagens de satélite** como **meio de prova judicial** e de criação de inteligência institucional para prevenção e recuperação dos danos ambientais na atuação finalística do Poder Judiciário; (...)
>
> VI – atuação integrada e interinstitucional a fim de **compartilhar informações de inteligência e de dados estratégicos** entre as instituições públicas e privadas que atuam na tutela do meio ambiente; e
>
> VII – fomento à capacitação continuada e permanente dos agentes de Justiça para atualização e aperfeiçoamento funcional com **uso de novas tecnologias e metodologias inovadoras**.

Outro documento científico relevante diz respeito ao Panorama Ambiental Global (*Global Environmental Outlook* – GEO), produzido pelo Programa das Nações Unidas para o Meio Ambiente (PNUMA). Na sua quinta edição, o 5º Panorama Ambiental Global (GEO 5), divulgado no final de 2011,[102] serviu como estudo científico e estatístico preparatório para contribuir nas

---

[101] PRIEUR, Michel. *Droit de l'environnement...*, p. 6.

[102] O *Panorama Ambiental Global (Global Environment Outlook)* é editado desde o ano de 1997, ocasião em que se publicou a sua primeira edição. O *6º GEO* foi publicado no ano de 2019: https://www.unenvironment.org/resources/global-environment-outlook-6.

discussões e tomadas de decisão no âmbito da Conferência das Nações Unidas sobre Desenvolvimento Sustentável (Rio + 20), ocorrida em junho de 2012, na Cidade do Rio de Janeiro. Há, nesse sentido, várias entidades ambientalistas que concentram a sua atuação, acima de tudo, na produção de conhecimento científico para amparar a sua luta em prol da defesa ecológica. A título de exemplo, a IUCN é uma entidade ambientalista – de ampla atuação no cenário internacional – com forte viés científico, produzindo trabalhos da mais alta relevância científica em diversas temáticas, inclusive na área jurídica.

O Direito Ambiental, à luz desse enfoque, foi denominado por alguns doutrinadores (no passado) como **direito da técnica** (*Technikrecht*), dada a relação primordial que possui com a técnica e o conhecimento científico. Há, na legislação ambiental de alguns países, como se verifica no exemplo alemão, uma espécie de cláusula do "**estado da técnica**" (*Stand der Technik*) prevista no art. 3 (§ 3), parágrafo 6, da **Lei Federal de Controle de Emissões** (*Bundes-Immissionsschutzgesetz – BimSchG*), de 1974.[103] Ou seja, a partir do desenvolvimento da técnica em certas áreas do conhecimento e atividades correlatas no sentido de favorecerem a proteção ecológica, há a previsão legislativa de que elas devem ser utilizadas nas atividades e empreendimentos poluidores em detrimento de outras já superadas e mais prejudiciais ao meio ambiente. A título de exemplo, podemos imaginar hipótese de nova descoberta científica que proporcione técnicas para eliminar completamente a poluição atmosférica (ex.: emissão de CO_2) produzida por determinada atividade industrial.

O **dever geral** de utilização da "**melhor tecnologia disponível**" (*Best Available Technology* – **BAT**)[104] expressa conteúdo bastante similar, tendo sido consagrado em alguns diplomas internacionais em matéria ambiental, por exemplo, a **Convenção de Helsinki** sobre a Proteção e Uso dos Cursos de Água Transfronteiriços e dos Lagos Internacionais (1992). De acordo com a definição trazida pela Convenção de Helsinki, prevista no seu Anexo I, a "melhor tecnologia disponível" significa "o último estágio de desenvolvimento de processos, instalações ou métodos de operação que indicam a adequação prática de uma medida particular para limitar descargas, emissões e desperdícios".

O **Acordo de Paris (2015)** tem por princípio e diretriz básica igual premissa, ao prever, por exemplo, no seu artigo 4º, 1, que

> "Artigo 4º (...) 1. A fim de atingir a meta de longo prazo de temperatura definida no Artigo 2º, as Partes visam a que as emissões globais de gases de efeito de estufa atinjam o ponto máximo o quanto antes, reconhecendo que as Partes países em desenvolvimento levarão mais tempo para alcançá-lo, e a partir de então realizar reduções rápidas das emissões de gases de efeito estufa, **de acordo com o melhor conhecimento científico disponível**, de modo a alcançar um equilíbrio entre as emissões antrópicas por fontes e remoções por sumidouros de gases de efeito estufa na segunda metade deste século, com base na equidade, e no contexto do desenvolvimento sustentável e dos esforços de erradicação da pobreza."

---

[103] Na doutrina alemã, v. KLOEPFER, Michael. *Umweltrech...*, p. 147.
[104] Na doutrina, v. KISS, Alexandre; SHELTON, Dinah. *Guide to international environmental law*. Leiden/Boston: Martinus Hijhoff Publishers, 2007. p. 120-121. Na doutrina brasileira, v. SILVEIRA, Paula Galbiatti. *Melhor tecnologia disponível...*

> **CONVENÇÃO DA BASILEIA SOBRE O CONTROLE DE MOVIMENTOS TRANSFRONTEIRIÇOS DE RESÍDUOS PERIGOSOS E SEU DEPÓSITO (1989)**[105]
>
> ARTIGO 10
> Cooperação Internacional
>
> 2. Para esse fim, **as Partes deverão**: (...)
>
> (c) **Cooperar**, em sintonia com suas **leis, regulamentos e políticas nacionais**, no desenvolvimento e implementação de **novas tecnologias ambientalmente racionais com baixo índice de resíduos** e no **aperfeiçoamento das tecnologias existentes** com vistas a eliminar, na medida do possível, a geração de resíduos perigosos e outros resíduos e estabelecer **métodos mais efetivos e eficientes** de assegurar um manejo ambientalmente saudável para os mesmos, incluindo o estudo dos efeitos econômicos, sociais e ambientais da adoção de tais tecnologias novas ou aperfeiçoadas (...).

Há um **dever estatal de tomada de decisão** (ex.: legislativa, administrativa e judicial) **fundada no melhor conhecimento científico disponível**, notadamente em temas correlacionados ao interesse de toda a sociedade, como é o caso da saúde pública e do meio ambiente. O STF, na ADI 6.428/DF, em caso envolvendo a pandemia de covid-19, impugnou a constitucionalidade de normas federais – no caso, a Medida Provisória 966/2020 e o art. 28 do Decreto-lei 4.657/42, com redação dada pela Lei 13.655/2018 – que restringiram a possibilidade de **responsabilização dos agentes públicos**. Na decisão da medida cautelar na ADI 6.428/DF, sob a relatoria do Min. Luís Roberto Barroso, o STF, por maioria, deferiu parcialmente a cautelar para: "a) conferir interpretação conforme à Constituição ao art. 2º da MP 966/2020, no sentido de estabelecer que, na caracterização de erro grosseiro, **deve-se levar em consideração a observância, pelas autoridades**: (i) de *standards*, **normas e critérios científicos e técnicos**, como estabelecidos por organizações e entidades internacional e nacionalmente conhecidas; bem como (ii) dos **princípios constitucionais da precaução e da prevenção**; e b) conferir, ainda, interpretação conforme à Constituição ao art. 1º da MP 966/2020, para explicitar que, para os fins de tal dispositivo, a autoridade à qual compete a decisão deve exigir que a opinião técnica trate expressamente: (i) das **normas e critérios científicos e técnicos aplicáveis à matéria, como estabelecidos por organizações e entidades reconhecidas nacional e internacionalmente**; (ii) da observância dos princípios constitucionais da precaução e da prevenção". O caso em questão evidencia de forma clara o papel crucial da ciência e a **vinculação do Estado** (e dos seus agentes) em orientar suas **políticas públicas** baseadas em parâmetros e consenso científicos, o que é particularmente sensível em temas afetos à saúde pública e ao meio ambiente.

A **alteração nas relações fáticas** e no **conhecimento científico** subjacentes à norma jurídica podem conduzir a um **processo de inconstitucionalização da legislação** de um modo geral. O avanço científico no campo das ciências naturais – por exemplo, por meio da nova **Ciência da Terra** (*Earth Science*) e da **Ciência Climática** – e também no campo ético enseja tal alteração no substrato fático subjacente à compreensão e à interpretação da norma jurídica. O entendimento em questão foi adotado de forma emblemática pelo STF no julgamento do **Caso do Amianto** (ADI 3.937/SP).[106] Segundo o **Ministro Dias Toffoli**, a legislação federal que autorizava o uso do amianto, diante da **alteração dos fatos e conhecimento científico sobre o tema**, passou por um "**processo de inconstitucionalização**" e, no momento atual, não mais se compatibiliza com a Constituição Federal de 1988. Segundo assentou o Ministro no seu voto, "hoje, o que se observa é um **consenso em torno da natureza altamente cancerígena do mineral** e da inviabilidade de

---

[105] Promulgada pelo Decreto 875, de 19 de julho de 1993.
[106] STF, ADI 3.937/SP, Tribunal Pleno, Rel. Min. Marco Aurélio, Rel. p/ Acórdão Min. Dias Toffoli, j. 24.08.2017.

seu uso de forma efetivamente segura, sendo esse o entendimento oficial dos órgãos nacionais e internacionais que detêm autoridade no tema da saúde em geral e da saúde do trabalhador".

O entendimento em questão foi corroborado pela Ministra Cármen Lúcia no julgamento da ADPF 651/DF pelo STF, ao defender, no seu voto-relator, o **princípio da reverência à ciência** como um dos princípios estruturantes do Direito Ambiental contemporâneo.[107] Os **Juízes e Tribunais** (e o Sistema de Justiça em geral), por sua vez, possuem um papel muito importante como **guardiões da ciência**, notadamente em situações em que decisões são tomadas pelo Poder Legislativo e pelo Poder Executivo em descompasso com **consensos e parâmetros científicos** adotados por organizações e institutos internacionais e nacionais renomados e referenciais no campo científico (ex.: OMS, IPCC, INPE, Fiocruz etc.), como, aliás, posicionou-se o STF no julgamento da ADI 6.428/DF abordado anteriormente. Meio ambiente e saúde pública são extremamente vinculados a parâmetros científicos e as soluções devem ser pautadas pelo **melhor conhecimento científico disponível**, tal como consagrado expressamente no Acordo de Paris (2015), conforme referido anteriormente.

A partir das considerações formuladas, a nosso ver, não se pode subestimar o papel dos cientistas nos rumos da proteção jurídica do meio ambiente, devendo o conhecimento científico de interesse ecológico (sobretudo no campo das ciências naturais) ser considerado fonte complementar do Direito Ambiental, colaborando para uma ampliação progressiva do seu regime de proteção. As ditas **"leis da Natureza"**, que nos são traduzidas pela(s) **ciência(s) da Terra (ex.: ciência climática)**, diferentemente do que ocorre com as "leis dos homens", são as mesmas em qualquer lugar do Planeta Terra. E do Universo. As "leis da Natureza", reveladas pelos cientistas e instituições científicas por meio da construção de **consensos científicos**, como verificamos no caso da ciência climática acerca do aquecimento global e das mudanças climáticas, devem servir de parâmetro fundamental para a construção (e interpretação) do Direito Ambiental, inclusive no sentido da edificação de um Direito Ambiental Planetário ou Global. A importância política crescente de órgãos científicos intergovernamentais internacionais, como o IPCC (cujo trabalho foi agraciado com o Prêmio Nobel da Paz em 2007) para o caso das mudanças climáticas e o IPBES para a questão da biodiversidade,[108] revela o fortalecimento do papel da ciência na construção da ordem jurídico-política internacional.

5.3 Organizações não governamentais (ONGs) voltadas à proteção ambiental

O Direito Ambiental é um dos melhores exemplos entre as disciplinas jurídicas para demonstrar como as reivindicações sociais e a articulação da sociedade civil de forma organizada em torno de uma causa alavancaram e legitimaram inovações jurídicas. Se pensarmos em perspectiva histórica, é relativamente curto o "espaço de tempo" existente entre a consolidação dos valores ecológicos no âmbito comunitário e a elaboração das primeiras legislações protetivas do meio ambiente. Tomando a década de 1960 como o período do surgimento do movimento ambientalista no plano comparado, já ao longo da década de 1970 deu-se a consolidação da legislação ambiental em alguns países, como nos Estados Unidos e na Alemanha.

No Brasil, a Lei 6.938/81 deu conta de "juridicizar" as demandas do movimento ambientalista brasileiro, já operante no território nacional desde o início da década de 1970. Alguns anos depois, a Lei da Ação Civil Pública (Lei 7.347/85) reconheceu a **legitimidade das entidades ambientalistas para a propositura de ação civil pública** em prol da defesa ecológica (art. 5º, V, "b"). Em sede comparada, a relevância das organizações não governamentais de proteção ambiental pode ser exemplificada pela legislação portuguesa por meio da **Lei das Organizações Não**

---

[107] STF, ADPF 651/DF, Tribunal Pleno, Rel. Min. Cármen Lúcia, j. 28.04.2022.
[108] No PNUMA, está em discussão e criação de um novo Painel Intergovernamental sobre Substâncias Químicas, Resíduos e Prevenção da Poluição (UNEP/EA.5/Res.8).

Governamentais de Ambiente – ONGAs (Lei 35, de 18 de julho de 1998). O diploma em questão tem como propósito assegurar especial tratamento jurídico às entidades ambientalistas, inclusive reconhecendo a sua **utilidade pública** (art. 4º), além de inúmeras garantias e prerrogativas.

Há, conforme pontuamos anteriormente, reservas ao tratamento das organizações não governamentais (ONGs) de proteção ambiental como fonte do Direito Ambiental. No entanto, muito embora a dificuldade de considerá-las como fonte jurídica em sentido estrito, parece-nos relevante tratar as entidades ambientalistas como uma espécie de **"fonte complementar ou auxiliar"** do Direito Ambiental, inclusive à luz do **paradigma e princípio democrático-participativo** que impacta também a própria construção, interpretação e efetivação do marco jurídico ecológico, inclusive com a consagração dos denominados direitos ambientais de participação ou instrumentais, como verificado de forma emblemática no Acordo Regional de Escazú para América Latina e Caribe sobre Acesso à Informação, Participação Pública e Acesso à Justiça em Matéria Ambiental (2018). A Opinião Consultiva 23/2017 da Corte IDH também tratou de forma detalhada dos direitos ambientais de participação, inclusive no sentido de reconhecer os deveres atribuídos aos Estados-Membros de assegurar o seu efetivo gozo e proteção. No Sistema de Justiça, para além da propositura de ações judiciais, a atuação das ONGs ambientais (e climáticas) como *amicus curiae* tem sido muito importante, sobretudo no âmbito da jurisdição constitucional e perante o STF, inclusive por meio da sua participação nas audiências públicas realizadas pela Corte nas temáticas ambiental e climática (ex.: ADPF 708/DF e ADO 59/DF), contribuindo e influenciando de forma decisiva para as decisões judiciais e formação de jurisprudência no campo do Direito Ambiental.

As reivindicações e a atuação das organizações da sociedade civil em torno da proteção ambiental conferem legitimidade ao Direito Ambiental. Além disso, há atuação ativa de entidades ambientalistas nos **fóruns nacionais e internacionais** voltados à temática ambiental, conformando uma **sociedade civil planetária** e uma **cidadania ecológica cosmopolita**. Em diversas ocasiões, verifica-se a participação direta de tais entidades, amparadas na maioria das vezes por estudos de renomados especialistas, na elaboração de relatórios, documentos e até mesmo de projetos legislativos (nacionais e internacionais) ambientais. Talvez como em nenhum outro ramo jurídico, há espaço relevante para a intervenção das entidades da sociedade civil organizada no processo político que conduz à elaboração legislativa, o que é particularmente visível no cenário internacional.[109] De modo ilustrativo, provavelmente o exemplo mais expressivo da organização e atuação política da sociedade civil no âmbito internacional, pelo prisma da temática ecológica, seja o Fórum Global realizado paralelamente à Conferência da ONU sobre Desenvolvimento Sustentável (Eco-92), ocorrido na cidade do Rio de Janeiro, em junho de 1992.[110]

Ao fim e ao cabo, é o **permanente diálogo das diferentes fontes (formais, materiais e complementares)** e também o **Diálogo de Cortes**, como se verifica, por exemplo, a crescente influência da jurisprudência contenciosa e consultiva da **Corte IDH** na jurisprudência nacional (vide o caso da Opinião Consultiva 23/2017 sobre Meio Ambiente e Direitos Humanos), que caracteriza a essência do Direito Ambiental, acompanhando a evolução das relações jurídicas de natureza ecológica e oferecendo respostas adequadas para a **efetivação da legislação ambiental**.

---

[109] No sentido de admitir a necessidade de reavaliação das fontes clássicas do Direito Internacional Público em vista das peculiaridades do Direito Internacional do Meio Ambiente, notadamente com relação ao reconhecimento da atuação cada vez mais constante das organizações não governamentais (ONGs) na construção do marco jurídico internacional em matéria ambiental, v. MAZZUOLI, Valério de Oliveira. *Curso de direito internacional público*, p. 1.039.

[110] Sobre o tema, v. LEIS, *A modernidade insustentável...*, p. 57-58.

FONTES DO DIREITO AMBIENTAL	
1. FONTES NORMATIVAS (OU FORMAIS) DO DIREITO AMBIENTAL	1. Direito internacional 2. Direito nacional 　2.1. Constituição 　2.2. Legislação infraconstitucional 　2.3. Fontes normativas "secundárias" 　　2.3.1. Resoluções do CONAMA 3. Princípios gerais
2. FONTES MATERIAIS DO DIREITO AMBIENTAL	1. Doutrina 2. Jurisprudência (nacional e internacional) 3. Costume
3. FONTES COMPLEMENTARES DO DIREITO AMBIENTAL	1. Direito comparado 2. Conhecimento científico (ex. ciências naturais, ciência climática etc.) 3. Organizações não governamentais (ONGs)

Capítulo 7
PRINCÍPIOS DO DIREITO AMBIENTAL

1. INTRODUÇÃO: A FORÇA NORMATIVA DOS PRINCÍPIOS E A INTERPRETAÇÃO SISTEMÁTICA DO DIREITO AMBIENTAL

Os princípios são **fontes normativas do Direito Ambiental**. Os princípios, portanto, são comandos dotados de **força normativa**. Assim como as **regras**, também carregam conteúdo normativo, ou seja, **são normas jurídicas**, muito embora a diferença na estrutura jurídica de cada uma das categorias (princípios e regras). Regras são normas que atuam como prescrições imperativas de conduta (exigem, proíbem ou permitem algo em termos definitivos) ao passo que os princípios são normas dotadas de um relevante grau de abstração que exigem a realização de algo da melhor forma possível, de acordo com as possibilidades fáticas e jurídicas, não prescrevendo ou exigindo determinado comportamento, mas, sim, impondo a otimização de um direito ou bem jurídico.[1]

Os princípios expressam conteúdo normativo estruturante e informador da ordem jurídica e constitutivo da sua própria identidade e sentido, operando, de forma vinculante, na aplicação do Direito por juízes e Tribunais aos casos concretos. O raciocínio apresentado, por óbvio, também se aplica aos princípios do Direito Ambiental, reconhecendo-se a força normativa que lhes é inerente e a vinculação do Estado e dos particulares às suas premissas. De acordo com a lição clássica de Celso Antônio Bandeira de Mello:

> "[O princípio é] mandamento nuclear de um sistema, verdadeiro alicerce dele, disposição fundamental que se irradia sobre diferentes normas compondo-lhes o espírito e servindo de critério para sua exata compreensão e inteligência, exatamente por definir a lógica e a racionalidade do Sistema normativo, no que lhe confere a tônica e lhe dá sentido."[2]

O conteúdo dos princípios expressa e sintetiza, em linhas gerais, valores basilares e constitutivos da sociedade consubstanciados na ordem jurídica, com especial destaque para os valores consagrados na Constituição. No Brasil, a CF/1988 é a fonte principal dos princípios que regem o sistema jurídico nacional, como se verifica no exemplo do princípio da dignidade da pessoa humana, consagrado expressamente no art. 1o, III. Os princípios também podem estar previstos na legislação infraconstitucional e nos tratados internacionais incorporados ao ordenamento jurídico brasileiro. Além disso, existem princípios implícitos, deduzidos do próprio sistema constitucional, a despeito de não encontrarem referência direta no texto da Constituição ou mesmo em alguma lei.

---

[1] CANOTILHO, J. J. Gomes. *Direito constitucional e teoria da Constituição*. 7. ed. Coimbra: Almedina, 2018. p. 1.255.

[2] MELLO, Celso Antônio Bandeira de. *Curso de direito administrativo*. 12. ed. São Paulo: Malheiros, 2000. p. 747-748.

Em razão de sua natureza e estrutura jurídico-normativa, os princípios desempenham vários papéis e funções no sistema jurídico brasileiro, sendo fundamentais para a interpretação e aplicação da legislação e do Direito em geral. Todos os princípios consagrados pelo ordenamento jurídico brasileiro (com sede constitucional, convencional ou infraconstitucional) possuem algum nível de força normativa e vinculante, tornando obrigatória a sua consideração pelo intérprete da norma jurídica no momento da sua aplicação ao caso concreto. Conforme já se pronunciou o STJ no julgamento do Ag 100.787/SP: "O direito não se esgota na lei. O Judiciário, porque deve expedir a norma justa, leva em conta também os princípios jurídicos".[3]

Os **princípios** são fundamentais na interpretação, aplicação e aprimoramento progressivo do Direito Ambiental, notadamente em razão de sua **natureza jurídico-normativa.** Na condição de **parâmetros materiais,** eles permitem ao intérprete e aplicador do Direito Ambiental (em especial, Juízes e Tribunais) alcançar o verdadeiro sentido e "estado da arte" do ordenamento jurídico ambiental, inclusive para o efeito de **suprir deficiências e lacunas** muitas vezes existentes e verificadas diante de novas questões ecológicas que emergem continuamente. O papel dos princípios jurídicos ambientais é igualmente fundamental nos **casos de conflito** entre a proteção ambiental e a proteção e promoção de outros bens jurídicos e direitos, notadamente quando em causa direitos e garantias fundamentais.

Os princípios cumprem diversas funções muito importantes na aplicação do Direito Ambiental, como apontam Leme Machado e Sousa Aragão:

> "os princípios têm funções importantes das quais se destacam a integração de lacunas legais e a correção de antinomias normativas aparentes. Os princípios servem ainda como orientadores da atuação administrativa, empresarial ou individual, como auxiliares na interpretação judicial ou criando imposições legiferantes. Os princípios asseguram, a diversos níveis, a coerência do ordenamento jurídico, ajudando o intérprete e o aplicador do Direito a procurar analogias e pontos de conexão que lhe permitam procurar as soluções jurídicas mais efetivas para os problemas com que se deparam".[4]

Entre as funções desempenhadas pelos princípios do Direito Ambiental no sistema jurídico, destacam-se:

a. A função precípua dos princípios é **otimizar a interpretação e aplicação da lei**, auxiliando o intérprete – em particular, Juízes e Tribunais – nesse mister. Toda lei precisa ser interpretada e aplicada para dar efeito a princípios. Os princípios permitem ao intérprete e aplicador do Direito alcançar o verdadeiro sentido e interpretação mais adequada da legislação, inclusive para o efeito de suprir deficiências e lacunas muitas vezes existentes.

b. Os princípios garantem que o sistema jurídico e a legislação sejam interpretados como um todo unitário e de acordo com a Constituição por meio da **interpretação sistemática e evolutiva.** A interpretação da norma jurídica deve, por essa ótica, ser consistente com a Constituição e com a ordem jurídica como um todo uniforme, isto é, os valores subjacentes (inclusive valores constitucionais) ao sistema jurídico informados pelos princípios. Como refere Didier Jr., pela ótica do exercício da jurisdição por juízes e Tribunais, "a valorização e o reconhecimento da força normativa da Constituição,

---

[3] STJ, AgRg Ag 100.787/SP, Relator Ministro Luiz Vicente Cernicchiaro, julgado em 23 de fevereiro de 1996, p. 1.
[4] MACHADO, Paulo Afonso Leme; ARAGÃO, Maria Alexandra de Sousa. *Princípios de direito ambiental.* Salvador: Editora Juspodivm, 2022. p. 39.

principalmente das normas-princípio, que exigem do órgão jurisdicional uma postura mais ativa e criativa para a solução dos problemas".[5]

c. Os princípios orientam os Juízes e Tribunais na resolução de conflitos, na medida em que, dada a sua estrutura normativa dotada de mais flexibilidade e otimização, é possível sopesá-los e equilibrá-los em relação a outros princípios em conflito.

d. Os princípios podem ter efeitos autônomos, seja pelo fato de se tratar de **normas diretamente vinculativas**, das quais podem ser extraídos efeitos jurídicos, seja pelo fato de que mediante aplicação dos princípios podem ser preenchidas lacunas na lei escrita, conforme previsão do art. 4° da LINDB.

e. Os princípios ajudam a esclarecer o **fundamento teleológico** do sistema jurídico que o Juízes e Tribunais devem identificar quando interpretam e aplicam a lei.

f. Os princípios podem **fundamentar mudanças da lei** ou o desenvolvimento de exceções da lei, como pode ser ilustrado por meio do manuseio do princípio da precaução, pelo STJ, como justificativa para a inversão do ônus da prova nas ações ambientais.[6] Ou seja, a ausência de previsão expressa na legislação ambiental acerca da inversão do ônus da prova não impediu o STJ de identificar tal possibilidade com base no princípio da precaução e uma interpretação sistemática da legislação ambiental. Igual entendimento verificou-se na decisão do STF no Tema 999 de Repercussão Geral, ao reconhecer a imprescritibilidade do dever de reparação do dano ambiental.

A proteção ecológica deve ser conciliada com a necessidade de proteção de outros bens fundamentais e, ao mesmo tempo, os **objetivos ecológicos devem ser realizados de modo o mais eficaz possível**, justamente tendo em conta a conhecida noção de que princípios operam, pelo menos em certo sentido e em boa parte dos casos, como **mandados de otimização,** não obedecendo à lógica de "tudo ou nada". Além disso, considerados os aspectos referidos, os princípios viabilizam também o próprio controle das ações e omissões dos órgãos estatais e até mesmo de atores privados, pois mesmo os atos designados de discricionários da administração pública são sempre atos vinculados aos direitos e princípios fundamentais, de modo a autorizar, portanto, o **controle jurisdicional**.

> **JURISPRUDÊNCIA TJSP. Princípios do Direito Ambiental:** "Ao erigir o meio ambiente como bem da vida fundamental não apenas para as gerações viventes, como para aquelas do porvir, o Constituinte conferiu singular relevo à tutela ecológica e acenou com a imprescindibilidade de novo olhar do operador jurídico para a efetiva proteção da Natureza, sobretudo na flexibilização do formalismo estéril, do praxismo burocrático e do exagerado apego aos preceitos processuais. *A efetiva tutela do ambiente não prescinde de uma arejada exegese e de consequente implementação de princípios* quais a instrumentalidade do processo, além de adequada incidência dos princípios da precaução, da prevenção, do poluidor-pagador e da responsabilidade objetiva do degradador" (TJSP, AI 560.154-5/5, Seção de Direito Público, Câmara Especial do Meio Ambiente, Rel. Des. Renato Nalini, j. 14.12.2006).

Os princípios são muitas vezes essenciais também para assegurar uma (de regra cogente) **interpretação sistemática do Direito Ambiental**,[7] precisamente em homenagem, também,

---

[5] DIDIER JR., Fredie. *Curso de direito processual civil.* Vol. 1. 23. ed. Salvador: Juspodivm, 2021. p. 205.
[6] STJ, AgInt no AREsp 1.311.669/SC, 3a T., Rel. Min. Ricardo Villas Bôas Cueva, j. 03.12.2018.
[7] FREITAS, Juarez. *A interpretação sistemática do direito.* 4. ed. São Paulo: Malheiros, 2004.

aos princípios da **supremacia** e da **unidade da Constituição e da ordem jurídica**, inclusive em vista do necessário **diálogo** entre os diferentes planos e ordenamentos jurídicos e **pluralidade de fontes normativas**.

> **JURISPRUDÊNCIA STJ. Interpretação sistemática do Direito Ambiental:**
>
> **1)** "Processo civil. Direito ambiental. Ação civil pública para tutela do meio ambiente. Obrigações de fazer, de não fazer e de pagar quantia. Possibilidade de cumulação de pedidos. Art. 3º da Lei 7.347/85. *Interpretação sistemática*. **Art. 225, § 3º, da CF/88, arts. 2º e 4º da Lei 6.938/81**, art. 25, IV, da Lei 8.625/93 e art. 83 do CDC. Princípios da prevenção, do poluidor-pagador e da reparação integral. (...) 2. O **sistema jurídico de proteção ao meio ambiente**, disciplinado em normas constitucionais (CF, art. 225, § 3º) e infraconstitucionais (Lei 6.938/81, arts. 2º e 4º), está fundado, entre outros, nos **princípios da prevenção, do poluidor-pagador e da reparação integral**. (...)" (STJ, REsp 625.249/PR, 1ª T., Rel. Min. Luiz Fux, j. 15.08.2006).
>
> **2)** "Ambiental. Processual civil. Recurso especial. Antinomia de normas. Aparente. Especificidade. Incidência do Código Florestal. Área de preservação permanente. **Maior proteção ambiental**. Provimento. Respeito ao limite imposto pelo Código Florestal. 1. **A proteção ao meio ambiente integra, axiologicamente, o ordenamento jurídico brasileiro, e as normas infraconstitucionais devem respeitar a teleologia da Constituição Federal. Dessa forma, o ordenamento jurídico precisa ser interpretado de forma sistêmica e harmônica**, por meio da técnica da interpretação corretiva, **conciliando os institutos em busca do interesse público primário**. 2. Na espécie, **a antinomia entre a Lei de Parcelamento do Solo Urbano (Lei n. 6.766/1979) e o Código Florestal (Lei n. 12.651/2012) é apenas aparente**, pois a primeira estabelece uma proteção mínima e a segunda tutela a proteção específica, intensificando o mínimo protetivo às margens dos cursos de água. 3. A proteção marginal dos cursos de água, em toda a sua extensão, possui importante papel de proteção contra o assoreamento. O Código Florestal tutela em maior extensão e profundidade o **bem jurídico do meio ambiente**, logo, é a norma específica a ser observada na espécie. 4. Recurso especial provido" (STJ, REsp 1.546.415/SC, 2ª T., Rel. Min. Og Fernandes, j. 21.02.2019).

O **princípio *in dubio pro natura*** é identificado como importante **parâmetro hermenêutico** para a interpretação da norma jurídica ambiental e solução de conflitos e antinomias identificados na sua aplicação nos casos concretos.[8] Atualmente, é possível inclusive falar de uma derivação do referido princípio na formatação do **(sub)princípio *in dubio pro clima***. Tal princípio, contudo, exige uma adequada compreensão e aplicação, devendo ser conciliado com outros princípios de interpretação e aplicação do Direito em matéria de conflitos, como é o caso do assim chamado princípio *pro homini* consagrado pelo Direito Internacional dos Direitos Humanos,[9] bem como (entre outros) dos **princípios da proporcionalidade e da razoabili-**

---

[8] Na doutrina, defendendo uma *hermenêutica jurídica ecológica*, com o reconhecimento do princípio *in dubio pro ambiente*, v. BELCHIOR, Germana Parente Neiva. *Hermenêutica jurídica ambiental*. São Paulo: Saraiva, 2011. p. 265. A respeito da consagração do princípio *in dubio pro natura* no Acordo de Escazú (2018), v. CAPPELLI, Sílvia. *In dubio pro natura*. Revista de Direito Ambiental, v. 98, p. 197-223, abr.-jun. 2020. No direito estrangeiro, a Lei de Biodiversidade (Lei 7.788/98) da Costa Rica consagrou de forma pioneira expressamente o princípio in dubio pro natura no art. 11, como critério para a sua aplicação, relacionando-o com o princípio da precaução: "art. 11 (...) 1. Criterio precautorio o *in dubio pro natura*: Cuando exista peligro o amenaza de daños graves o inminentes a los elementos de la biodiversidad y al conocimiento asociado con estos, la ausencia de certeza científica no deberá utilizarse como razón para postergar la adopción de medidas eficaces de protección".

[9] V. MAZZUOLI, Valério de Oliveira. *Curso de direito internacional...*, p. 869. O **Estatuto da Pessoa com Deficiência** (Lei 13.146/2015), além de estabelecer um diálogo com o bloco normativo internacional na

dade, no âmbito de um Estado Democrático, Social e Ecológico de Direito, em que nenhuma das **agendas constitucionais nucleares (liberal, social e ecológica)** pode assumir uma posição preferencial apriorística.

De acordo com o voto do Ministro Ricardo Lewandowski na ADC 42/DF (Caso do Código Florestal), o princípio de *in dubio pro natura* decorre do princípio constitucional de precaução:

> "[N]esses dias de dúvidas e perplexidades nos quais vivemos, penso que o critério para lidar-se com ações que possam interferir com o meio ambiente, especialmente quando a informação científica for incompleta ou inconclusiva, deve pautar-se pela deliberada abstenção ou restrição, segundo o **postulado *in dubio pro natura*,** em homenagem aos hoje amplamente consagrados princípios da precaução e do cuidado".[10]

O princípio *in dubio pro natura*, como princípio específico de interpretação do Direito Ambiental, tem ganhado grande relevância e é comumente aplicado por Juízes e Tribunais no Brasil, notadamente pelo STJ. O princípio estabelece importante diretriz hermenêutica para Juízes e Tribunais interpretarem e aplicarem a legislação ambiental em benefício do meio ambiente em caso de dúvida, por exemplo, quando não há uma resposta clara à questão ou porque há um conflito entre normas. De acordo com o STJ, a respeito da **aplicação do princípio *in dubio pro natura* por Juízes e Tribunais:**

> "A legislação de amparo dos **sujeitos vulneráveis** e dos **interesses difusos e coletivos** deve **ser interpretada da maneira que lhes seja mais favorável** e melhor possa viabilizar, no plano da eficácia, a prestação jurisdicional e a *ratio essendi* da norma de fundo e processual. A **hermenêutica jurídico-ambiental** rege-se pelo princípio *in dubio pro natura*. 3. A jurisprudência do STJ está firmada no sentido de que, nas demandas ambientais, **por força dos princípios** do poluidor-pagador e da reparação *in integrum*, admite-se a condenação, simultânea e cumulativa, em obrigação de fazer, não fazer e indenizar."[11]

> "(...) o juiz, diante das normas de Direito Ambiental, recheadas que são de conteúdo ético intergeracional atrelado às presentes e futuras gerações, deve levar em conta o comando do art. 5º da Lei de Introdução ao Código Civil, que dispõe que, ao aplicar a lei, deve-se atender 'aos fins sociais a que ela se dirige e às exigências do bem comum'. Corolário dessa regra é o fato de que, em caso de dúvida ou outra anomalia técnica, a **norma ambiental deve ser interpretada ou integrada de acordo com o princípio hermenêutico *in dubio pro natura*.** (...) a legislação de amparo dos sujeitos vulneráveis e dos interesses difusos e coletivos deve ser interpretada da maneira que lhes seja mais favorável e melhor possa viabilizar, no plano da eficácia, a prestação jurisdicional e a *ratio essendi* de sua garantia."[12]

> "As normas ambientais devem atender aos fins sociais a que se destinam, ou seja, necessária a interpretação e a integração de acordo com o princípio hermenêutico *in dubio pro natura*."[13]

---

matéria, reconhece expressamente o princípio *pro homini* ou *favor debilis* no parágrafo único do art. 121: "Art. 121. Os direitos, os prazos e as obrigações previstos nesta Lei não excluem os já estabelecidos em outras legislações, inclusive em pactos, tratados, convenções e declarações internacionais aprovados e promulgados pelo Congresso Nacional, e devem ser aplicados em conformidade com as demais normas internas e acordos internacionais vinculantes sobre a matéria. Parágrafo único. **Prevalecerá a norma mais benéfica à pessoa com deficiência."**

[10] STF, ADC 42/DF, Tribunal Pleno, Rel. Min. Luiz Fux, j. 28.02.2018.
[11] STJ, REsp 1.145.083/MG, 2a T., Rel. Min. Herman Benjamin, j. 27.12.2011.
[12] STJ, REsp 1.180.078/MG, 2a T., Rel. Min. Herman Benjamin, j. 02.12.2010.
[13] STJ, REsp 1.367.923/RJ, 2a T., Rel. Min. Humberto Martins, j. 27.08.2013.

DECLARAÇÃO MUNDIAL DA UICN SOBRE O ESTADO DE DIREITO AMBIENTAL (*IUCN WORLD DECLARATION ON THE ENVIRONMENTAL RULE OF LAW*) DE 2016[14]

Princípio 5 – *In Dubio Pro Natura*

Em casos de dúvida, todos os assuntos perante tribunais, agências administrativas e outros tomadores de decisão devem ser resolvidos de forma a favorecer a proteção e conservação do meio ambiente, com preferência para alternativas menos nocivas para o meio ambiente. As ações não devem ser empreendidas quando seus potenciais impactos adversos sobre o meio ambiente são desproporcionais ou excessivos em relação aos benefícios daí decorrentes.

CONSTITUIÇÃO DO EQUADOR DE 2008

Art. 395. La Constitución reconoce los siguientes **principios ambientales**:

1. El Estado garantizará un **modelo sustentable de desarrollo**, ambientalmente equilibrado y respetuoso de la diversidad cultural, que conserve la biodiversidad y la capacidad de regeneración natural de los ecosistemas, y asegure la satisfacción de las necesidades de las generaciones presentes y futuras.

2. Las políticas de gestión ambiental **se aplicarán de manera transversal** y serán de obligatorio cumplimiento por parte del Estado en todos sus niveles y por todas las **personas naturales o jurídicas** en el territorio nacional.

3. El Estado garantizará la participación activa y permanente de las personas, comunidades, pueblos y nacionalidades afectadas, en la planificación, ejecución y control de toda actividad que genere impactos ambientales.

4. En caso de duda sobre el alcance de las disposiciones legales en materia ambiental, éstas **se aplicarán en el sentido más favorable a la protección de la Naturaleza**.

De modo a ilustrar a utilização dos princípios em matéria ambiental, destaca-se o entendimento do Ministro Herman Benjamin, do STJ, em voto emblemático exarado no julgamento do REsp 1.198.727/MG, segundo o qual: "a legislação de amparo dos **sujeitos vulneráveis** e dos **interesses difusos e coletivos** deve ser **interpretada da maneira que lhes seja mais favorável** e melhor possa viabilizar, no plano da eficácia, a prestação jurisdicional e a *ratio essendi* da norma".[15] Tomando por premissa a **proteção jurídica dos sujeitos vulneráveis** – a qual não se restringe ao espectro humano – e os fundamentos por trás do princípio *in dubio pro natura*, pode-se inclusive suscitar a discussão em torno do reconhecimento também de um **princípio *in dubio pro animalis***, no sentido de, como colocado na decisão do STJ referida, ensejar uma interpretação das normas processuais facilitadora da defesa judicial dos interesses e direitos dos animais e do seu acesso à justiça.

JURISPRUDÊNCIA STJ. Princípio hermenêutico *in dubio pro natura*: "Administrativo. Ambiental. Ação civil pública. Desmatamento de vegetação nativa (cerrado) sem autorização da autoridade ambiental. Danos causados à biota. Interpretação dos arts. 4º, VII, e 14, § 1º, da Lei 6.938/1981, e do art. 3º da Lei 7.347/85. **Princípios da reparação integral**,

---

[14] Adotada durante o Congresso Mundial de Direito Ambiental da IUCN, realizado no Rio de Janeiro, de 26 a 29 de abril de 2016. Disponível em: https://www.iucn.org/sites/dev/files/content/documents/english_world_declaration_on_the_environmental_rule_of_law_final.pdf.

[15] Para uma análise da aplicação jurisprudencial do princípio *in dubio pro natura* no direito comparado, v. CHACÓN, Mario Peña. Enverdecimiento de las cortes latinoamericanas: últimos avances jurisprudenciales. *Revista Novos Estudos Jurídicos*, v. 25, n. 3, p. 587-594, sept.-dic. 2020.

> do **poluidor-pagador e do usuário-pagador**. Possibilidade de cumulação de obrigação de fazer (reparação da área degradada) e de pagar quantia certa (indenização). *Reduction ad pristinum statum*. Dano ambiental intermediário, residual e moral coletivo. Art. 5º da Lei de Introdução ao Código Civil. **Interpretação *in dubio pro natura* da norma ambiental**. 1. Cuidam os autos de ação civil pública proposta com o fito de obter responsabilização por danos ambientais causados pelo desmatamento de vegetação nativa (Cerrado). O juiz de primeiro grau e o Tribunal de Justiça de Minas Gerais consideraram provado o dano ambiental e condenaram o réu a repará-lo; porém, julgaram improcedente o pedido indenizatório pelo dano ecológico pretérito e residual. 2. A **legislação** de amparo dos **sujeitos vulneráveis** e dos **interesses difusos e coletivos** deve ser **interpretada da maneira que lhes seja mais favorável** e melhor possa viabilizar, no plano da eficácia, a prestação jurisdicional e a *ratio essendi* da norma. A **hermenêutica jurídico-ambiental** rege-se pelo ***princípio in dubio pro natura***. (...)" (STJ, REsp 1.198.727/MG, 2ª T., Rel. Min. Herman Benjamin, j. 14.08.2012).

Mais recentemente, destaca-se a consagração do princípio *in dubio pro natura* na jurisprudência da **Corte IDH**, com destaque para o *Caso Habitantes de La Oroya* vs. *Peru* (2023):

> "148 (...) en el juicio de armonización que impone la equidad intergeneracional también cobra relevancia la **regla *in dubio pro natura***. Ésta impone que las incertidumbres interpretativas y los vacíos normativos se resuelvan en el sentido de dar mayor protección o conservación a la naturaleza, teniendo por norte el mandato de **equidad intergeneracional** y como **extensión del principio pro persona**. Esta interpretación ha sido recogida por varios tribunales nacionales de la región.
>
> 149. Como explica Bryner, esta pauta hermenéutica implica 'una preferencia por las tomas de decisiones que **favorecen una mayor protección de, o un menor impacto** sobre la diversidad, hábitat, procesos de los ecosistemas, calidad del aire y el agua y así sucesivamente. Para la interpretación judicial en asuntos complejos, da peso hacia la interpretación de las disposiciones constitucionales, leyes, políticas y normas a favor de lo que dará una mayor protección al ambiente'155.
>
> 150. Esta **regla interpretativa** se suma a las anteriores e implica para la autoridad judicial o administrativa **el deber de que, en caso de duda en la interpretación de una norma o vacío, deben optar por la solución más protectora o conservacionista del ambiente, en pro de la equidad intergeneracional**. El *principio in dubio pro natura* no es más que una derivación del desarrollo sostenible, en tanto se entienden los valores ambientales como soporte de la vida humana y la necesidad de armonizar el desarrollo social, económico y ecológico."

O Acordo de Escazú também reconheceu o **princípio *in dubio pro natura*** para a resolução de conflitos legislativos. Segundo previsão expressa do seu art. 4:

> "(...) 7. Nenhuma disposição do presente Acordo limitará ou derrogará outros **direitos e garantias mais favoráveis** estabelecidos ou que possam ser estabelecidos na legislação de um Estado-Parte ou em qualquer outro acordo internacional de que um Estado seja parte, nem impedirá um Estado-Parte de conceder um acesso mais amplo à informação ambiental, à participação pública nos processos de tomada de decisões ambientais e à justiça em questões ambientais. 8. Na implementação do presente Acordo, cada Parte procurará adotar a **interpretação mais favorável ao pleno gozo e respeito dos direitos de acesso** (...)".[16]

---

[16] Disponível em: https://repositorio.cepal.org/bitstream/handle/11362/43611/S1800493_pt.pdf.

Outro princípio do Direito Ambiental igualmente importante e que tem ganhado cada vez mais reconhecimento (legislativo, doutrinário e jurisprudencial) é o **princípio da progressividade** aplicado ao regime jurídico de proteção ecológica, o qual foi consagrado expressamente, juntamente com o **princípio da proibição de retrocesso ecológico**, no **art. 3, c**, do **Acordo Regional de Escazú** para América Latina e Caribe sobre Acesso à Informação, Participação Pública e Acesso à Justiça em Matéria Ambiental (2018).[17]

> "Artigo 3 – Princípios – Na implementação do presente Acordo, cada Parte será guiada pelos seguintes princípios: (...) c) **princípio de vedação do retrocesso e princípio de progressividade** (...)".

No plano infraconstitucional, é exemplar a passagem que segue do art. 41 do **Código Florestal** (Lei 12.651/2012) no sentido de consagrar expressamente o princípio (e dever) da progressividade aplicado à proteção florestal e à atividade agropecuária, com o objetivo de reduzir (progressivamente) os impactos ambientais (e climáticos):

> "Art. 41. É o Poder Executivo federal autorizado a instituir, sem prejuízo do cumprimento da legislação ambiental, programa de apoio e incentivo à conservação do meio ambiente, bem como para **adoção de tecnologias e boas práticas** que conciliem a **produtividade agropecuária e florestal**, com **redução dos impactos ambientais**, como forma de promoção do desenvolvimento ecologicamente sustentável, **observados sempre os critérios de progressividade** (...)".

O princípio da progressividade em matéria ambiental – também denominado muitas vezes como princípio da melhoria da qualidade ambiental – tem encontrado amplo esteio na jurisprudência brasileira, notadamente no âmbito do STJ, sendo, assim, uma importante diretriz normativa e hermenêutica para a resolução de conflitos ecológicos.

> **JURISPRUDÊNCIA STJ. Princípio da melhoria da qualidade ambiental:** "Processual civil e administrativo. Ambiental. Ação civil pública. Responsabilidade por dano causado ao meio ambiente. Zona costeira. Lei 7.661/1988. Construção de hotel em área de promontório. Nulidade de autorização ou licença urbanístico-ambiental. Obra potencialmente causadora de significativa degradação do meio ambiente. Estudo Prévio de Impacto Ambiental – EPIA e Relatório de Impacto Ambiental – RIMA. Competência para o licenciamento urbanístico-ambiental. **Princípio do poluidor-pagador** (art. 4º, VII, primeira parte, da Lei 6.938/1981). **Responsabilidade objetiva** (art. 14, § 1º, da Lei 6.938/1981). **Princípio da melhoria da qualidade ambiental** (art. 2º, caput, da Lei 6.938/1981). (...) 12. Ante o **princípio da melhoria da qualidade ambiental**, adotado no Direito brasileiro (art. 2º, caput, da Lei 6.938/81), inconcebível a proposição de que, se um imóvel, rural ou urbano, encontra-se em região já ecologicamente deteriorada ou comprometida por ação ou omissão de terceiros, dispensável ficaria sua preservação e conservação futuras (e, com maior ênfase, eventual restauração ou recuperação). Tal tese equivaleria, indiretamente, a criar um absurdo cânone de isonomia aplicável a pretenso **direito de poluir e degradar**: se outros, impunemente, contaminaram, destruíram, ou desmataram o meio ambiente protegido, que a prerrogativa valha para todos e a todos beneficie (...)" (STJ, REsp 769.753/SC, 2ª T., Min. Herman Benjamin, j. 08.09.2009).

---

[17] Disponível em: https://repositorio.cepal.org/bitstream/handle/11362/43611/S1800493_pt.pdf.

Mais recentemente, a jurisprudência do STF tem incorporado a sua aplicação. A título de exemplo, assinalou a Ministra Carmen Lúcia no seu voto-relator na ADPF 760/DF (Caso PPCDAm) que: "na questão ambiental, o princípio da proibição do retrocesso relaciona-se às obrigações constitucionais e internacionais de **assegurar nível progressivo** de melhoria das condições do meio ambiente."[18] É possível, inclusive, reconhecer a aplicação do princípio da progressividade em matéria climática, juntamente com a proibição de retrocesso (legislativo e administrativo), conforme expressamente consagrado no **Acordo de Paris (2015)**, ao prever, no seu, artigo 3º, que "os esforços de todas as Partes representarão uma **progressão ao longo do tempo**", bem como que, conforme complementa o art. 4º, item 3, "A contribuição nacionalmente determinada sucessiva de cada Parte representará uma **progressão** em relação à contribuição nacionalmente determinada então vigente e refletirá sua **maior ambição possível**, tendo em conta suas responsabilidades comuns porém diferenciadas e respectivas capacidades, à luz das diferentes circunstâncias nacionais." Para além de não recuar ou retroceder, o regime jurídico de proteção climática deve obrigatoriamente avançar progressivamente para um cenário de "mais proteção", tanto pela ótica das medidas legislativas e administrativas de **mitigação** quanto de **adaptação**.

Tanto o **princípio da progressividade** quanto o **princípio *in dubio pro natura***,[19] consagrados expressamente no Acordo de Escazú (2018), operam na mesma lógica ou imperativo normativo de assegurar o fortalecimento do regime jurídico de proteção ecológica, colocando **balizas diretivas** tanto para o **legislador** quanto para o **intérprete da norma ambiental**, o que é extremamente relevante, por exemplo, não apenas na análise de um caso concreto individual ou coletivo de conflito entre distintos bens jurídicos de índole constitucional, mas também quando tal conflito ocorre no plano abstrato e genérico do conflito legislativo e do **controle concentrado de constitucionalidade** da legislação.

Os **princípios do Direito Ambiental** podem ser divididos em **três grupos**, quais sejam, aqueles **consagrados na esfera do direito internacional público** (declarações, tratados e outros atos internacionais), os que encontram assento direto e expresso no **direito constitucional positivo interno** e os que foram objeto de previsão pela **legislação infraconstitucional interna**. A grande maioria dos princípios gerais do Direito Ambiental encontra-se positivada na legislação ambiental (internacional e nacional). Nesse aspecto, sempre houve uma influência preponderante da legislação internacional ambiental, pelo menos desde a **Declaração de Estocolmo sobre o Meio Ambiente Humano (1972)**, em face das legislações domésticas, que, ao longo dos anos, foram sistematicamente incorporando os princípios que se consagravam no plano internacional. Em caráter ilustrativo, podemos citar os princípios da prevenção e da precaução, o princípio do poluidor-pagador, o princípio da equidade intergeracional, o princípio da cooperação, o princípio da participação pública, o princípio do desenvolvimento sustentável, o princípio da responsabilidade comum, mas diferenciada, o princípio do acesso equitativo aos recursos naturais, entre outros.

---

[18] STF, ADPF 760/DF, Tribunal Pleno, Rel. Min. Cármen Lúcia, Redator p/ acórdão Min. André Mendonça, j. 14.03.2024.

[19] O **princípio *favor informare*** pode ser compreendido, juntamente com o **princípio da máxima publicidade**, como uma espécie de versão do princípio *in dubio pro natura* aplicado à temática do direito à informação ambiental e dos deveres estatais de transparência (passiva, ativa e reativa), conforme expressamente consagrado na jurisprudência do **STJ** (IAC n. 13). Segundo o Ministro Og Fernandes, ao tratar do princípio *favor informare*, "em matéria de transparência, o ordenamento veda a autointerpretação administrativa favorável a si mesma; as razões de rejeição da publicidade devem ser claramente externalizadas e sujeitam-se a controle judicial" (STJ, REsp 1.857.098/MS, Incidente de Assunção de Competência – IAC n. 13, 1ª Seção, Rel. Min. Og Fernandes, j. 11.05.2022). Na doutrina, acerca do princípio *favor informare*, v. GOMES, Carla Amado; LANCEIRO, Rui Tavares. O acesso à informação ambiental no direito internacional e no direito da União Europeia. *Revista Argumentum*, Marília/SP, V. 19, N. 2, p. 583-613, maio/ago. 2018, p. 595).

O **Acordo de Escazú (2018)** consagrou rol extremamente exemplar e inovador de Princípios do Direito Ambiental no seu art. 3, conforme segue:[20]

> **ROL DE PRINCÍPIOS DO DIREITO AMBIENTAL CONSAGRADO NO ACORDO DE ESCAZÚ (2018)**
>
> **Artigo 3** – Princípios – Na implementação do presente Acordo, cada Parte será guiada pelos seguintes **princípios**:
> a) princípio de **igualdade** e princípio de **não discriminação**;
> b) princípio de **transparência** e princípio de **prestação de contas**;
> c) princípio de **vedação do retrocesso** e princípio de **progressividade**;
> d) princípio de **boa-fé**;
> e) princípio de **prevenção**;
> f) princípio de **precaução**;
> g) princípio de **equidade intergeracional**;
> h) princípio de **máxima publicidade**;
> i) princípio de **soberania** permanente dos Estados sobre seus recursos naturais;
> j) princípio de **igualdade soberana dos Estados**;
> k) princípio *pro persona*.

Os princípios também podem ser classificados em gerais e setoriais (ou especiais). **Princípios gerais** não são apenas princípios do Direito Ambiental, mas são princípios ou de cunho estruturante ou que encontram aplicação em outros domínios, como é o caso do princípio do Estado Ambiental ou Ecológico de Direito, do princípio da dignidade da pessoa humana, do princípio da proporcionalidade, do princípio da sustentabilidade e mesmo o da precaução e prevenção, os quais cada vez mais encontram ressonância em áreas que, embora guardem relação com a proteção do meio ambiente, assumem uma dimensão pelo menos em parte autônoma, como se verifica na saúde, no trabalho, entre outras searas.

Os **princípios especiais** do Direito Ambiental seriam então aqueles que por sua finalidade e âmbito de aplicação dizem respeito essencialmente à proteção do meio ambiente. Aqui poderiam ser enquadrados o princípio do poluidor-pagador, o princípio da melhoria da qualidade ambiental, o princípio da reparação *in natura*, o princípio da integridade ecológica, o princípio da dignidade do animal não humano e da Natureza e o da proibição de retrocesso ambiental, entre outros. De todo modo, não se trata de uma distinção rígida, pois o Direito Ambiental e as questões vinculadas à proteção ecológica, ainda mais quando se adota uma noção ampliada de meio ambiente, se articulam com diversas outras áreas da vida e do Direito.

---

[20] Na doutrina brasileira, sobre os princípios estabelecidos no Acordo de Escazú (2018), v. MACHADO, Paulo Affonso Leme. *Estudos de direitos ambiental*. São Paulo: Malheiros, 2019. v. 3, p. 20-29. O Acordo de Escazú foi utilizado pela primeira vez como fundamento decisório pelo STF no julgamento da MC na ADPF 623/DF, nos termos da decisão da Ministra Rosa Weber: STF, ADPF 623/DF, Tribunal Pleno, Rel. Min. Cármen Lúcia, j. 22.05.2023.

CATÁLOGOS DE PRINCÍPIOS DO DIREITO AMBIENTAL NA LEGISLAÇÃO BRASILEIRA

Lei 6.938/81 (PNMA)
(art. 2º)
Obs.: primeiro rol de princípios do Direito Ambiental brasileiro

I – ação governamental na manutenção do equilíbrio ecológico, considerando o meio ambiente como um patrimônio público a ser necessariamente assegurado e protegido, tendo em vista o uso coletivo;

II – racionalização do uso do solo, do subsolo, da água e do ar;

III – planejamento e fiscalização do uso dos recursos ambientais;

IV – proteção dos ecossistemas, com a preservação de áreas representativas;

V – controle e zoneamento das atividades potencial ou efetivamente poluidoras;

VI – incentivos ao estudo e à pesquisa de tecnologias orientadas para o uso racional e a proteção dos recursos ambientais;

VII – acompanhamento do estado da qualidade ambiental;

VIII – recuperação de áreas degradadas;

IX – proteção de áreas ameaçadas de degradação;

X – educação ambiental a todos os níveis de ensino, inclusive a educação da comunidade, objetivando capacitá-la para participação ativa na defesa do meio ambiente.

Lei da Mata Atlântica – Lei 11.428/2006
(art. 6º, parágrafo único)

– função socioambiental da propriedade;

– equidade intergeracional;

– prevenção;

– precaução;

– usuário-pagador;

– transparência das informações e atos, gestão democrática;

– celeridade procedimental e gratuidade dos serviços administrativos prestados ao pequeno produtor rural e às populações tradicionais.

CATÁLOGOS DE PRINCÍPIOS DO DIREITO AMBIENTAL NA LEGISLAÇÃO BRASILEIRA

Lei da Política Nacional sobre Mudança do Clima – Lei 12.187/2009 (art. 3º)	– precaução, prevenção;
	– participação cidadã;
	– desenvolvimento sustentável;
	– responsabilidades comuns, porém diferenciadas.
Lei da Política Nacional de Resíduos Sólidos – Lei 12.305/2010 (art. 6º)	I – a prevenção e a precaução;
	II – o poluidor-pagador e o protetor-recebedor;
	III – a visão sistêmica, na gestão dos resíduos sólidos, que considere as variáveis ambiental, social, cultural, econômica, tecnológica e de saúde pública;
	IV – o desenvolvimento sustentável;
	V – a ecoeficiência, mediante a compatibilização entre o fornecimento, a preços competitivos, de bens e serviços qualificados que satisfaçam as necessidades humanas e tragam qualidade de vida e a redução do impacto ambiental e do consumo de recursos naturais a um nível, no mínimo, equivalente à capacidade de sustentação estimada do planeta;
	VI – a cooperação entre as diferentes esferas do poder público, o setor empresarial e demais segmentos da sociedade;
	VII – a responsabilidade compartilhada pelo ciclo de vida dos produtos;
	VIII – o reconhecimento do resíduo sólido reutilizável e reciclável como um bem econômico e de valor social, gerador de trabalho e renda e promotor de cidadania;
Lei da Política Nacional de Resíduos Sólidos – Lei 12.305/2010 (art. 6º)	IX – o respeito às diversidades locais e regionais;
	X – o direito da sociedade à informação e ao controle social;
	XI – a razoabilidade e a proporcionalidade.

CATÁLOGOS DE PRINCÍPIOS DO DIREITO AMBIENTAL NA LEGISLAÇÃO BRASILEIRA

Código Florestal Brasileiro de 2012 – Lei 12.651/2012 (art. 1º-A, parágrafo único)	Art. 1º-A. Parágrafo único. Tendo como objetivo o *desenvolvimento sustentável*, esta Lei atenderá aos seguintes princípios: (Incluído pela Lei 12.727, de 2012). I – afirmação do compromisso soberano do Brasil com a preservação das suas florestas e demais formas de vegetação nativa, bem como da biodiversidade, do solo, dos recursos hídricos e da integridade do sistema climático, para o bem-estar das gerações presentes e futuras; II – reafirmação da importância da função estratégica da atividade agropecuária e do papel das florestas e demais formas de vegetação nativa na sustentabilidade, no crescimento econômico, na melhoria da qualidade de vida da população brasileira e na presença do País nos mercados nacional e internacional de alimentos e bioenergia; III – ação governamental de proteção e uso sustentável de florestas, consagrando o compromisso do País com a compatibilização e harmonização entre o uso produtivo da terra e a preservação da água, do solo e da vegetação; IV – responsabilidade comum da União, Estados, Distrito Federal e Municípios, em colaboração com a sociedade civil, na criação de políticas para a preservação e restauração da vegetação nativa e de suas funções ecológicas e sociais nas áreas urbanas e rurais; V – fomento à pesquisa científica e tecnológica na busca da inovação para o uso sustentável do solo e da água, a recuperação e a preservação das florestas e demais formas de vegetação nativa; VI – criação e mobilização de incentivos econômicos para fomentar a preservação e a recuperação da vegetação nativa e para promover o desenvolvimento de atividades produtivas sustentáveis.

ENUNCIADOS APROVADOS NA I JORNADA DE DIREITO DO PATRIMÔNIO CULTURAL E NATURAL DO CONSELHO DA JUSTIÇA FEDERAL (2023)[21]

ENUNCIADO 9 – Integram a estrutura básica da ordem pública de proteção do patrimônio cultural e natural, entre outros, os princípios da vedação de salvaguarda deficiente;

---

[21] Disponível em: https://www.cjf.jus.br/cjf/noticias/2023/setembro/cej-cjf-publica-caderno-de-enunciados-da-i-jornada-de-direito-do-patrimonio-cultural-e-natural.

in dubio pro patrimônio público; da proibição do retrocesso cultural e/ou ambiental; da função memorativa da propriedade cultural; da prevenção de dano; da precaução; da responsabilização *in integrum*; da solidariedade intergeracional; da cooperação internacional; da participação pública; da função ecossocial da propriedade; da fruição coletiva; e do respeito à ancestralidade e à diversidade.

No direito estrangeiro, a nova **Lei de Bases do Clima (Lei 98/2021)** da República Portuguesa é, sem dúvida, um dos diplomas legislativos mais completos e avançados sobre a matéria climática, estabelecendo um rol abrangente de **princípios jurídicos** no seu art. 4º:

ARTIGO 4º
PRINCÍPIOS DA POLÍTICA DO CLIMA

As políticas públicas do clima estão subordinadas aos seguintes princípios:

a) **Desenvolvimento sustentável**, aproveitando os recursos naturais e humanos de forma equilibrada, em consideração pelos deveres de solidariedade e respeito pelas gerações futuras e pelas demais espécies que coabitam no planeta;

b) **Transversalidade**, garantindo que a mitigação e a adaptação às alterações climáticas são consideradas nas demais políticas globais e setoriais;

c) Especial articulação com a lei de bases do ambiente, prevenindo e mitigando riscos ambientais conexos;

d) **Integração**, considerando os impactos das alterações climáticas nos investimentos e atividades económicas, tanto públicos como privados;

e) **Cooperação internacional**, tendo em vista as mais-valias para o desenvolvimento de práticas e tecnologias e para a descarbonização global;

f) **Valorização do conhecimento e da ciência**, assentando nestes a tomada de decisões;

g) **Subsidiariedade**, assegurando uma administração multinível integrada e eficiente, integrando as regiões autónomas e as autarquias nos processos de planeamento, tomada de decisão e avaliação das políticas públicas;

h) **Informação**, impondo uma cultura de transparência e responsabilidade;

i) **Participação**, incluindo os cidadãos e as associações ambientais no planeamento, tomada de decisões e avaliação das políticas públicas;

j) **Prevenção e precaução**, obviando ou minorando, prioritariamente na fonte, os impactos adversos no clima, tanto em face de perigos imediatos e concretos como de riscos futuros e incertos, e podendo estabelecer, em caso de incerteza científica, que o ônus da prova recai sobre a parte que alegue a ausência de perigos ou riscos;

k) **Responsabilização, recuperação e reparação**, devendo cada agente interveniente responder pelas suas ações e omissões, diretas e indiretas, estando obrigado a corrigir ou recuperar as perdas e danos que tenha originado, suportando os encargos daí resultantes e as compensações aplicáveis a terceiros.

2. PRINCÍPIO DA DIGNIDADE DA PESSOA HUMANA E SUA *DIMENSÃO ECOLÓGICA*

"As violações ambientais mais graves recentemente testemunhadas no plano internacional e no Brasil repercutem de modo devastador na esfera dos direitos humanos e fundamentais de comunidades inteiras. E as graves infrações ambientais podem constituir, a um só tempo, graves violações de direitos humanos, máxime se considerarmos que o núcleo material elementar da dignidade humana 'é composto do mínimo existencial', locução que identifica o conjunto de bens e utilidades básicas para a subsistência física e indispensável ao desfrute da própria liberdade. Aquém daquele patamar, ainda quando haja sobrevivência, não há dignidade." (**Ministro Luiz Fux**)[22]

"A Natureza tem a dignidade que supera a questão primária do que é avaliável e revertido em dinheiros. (...) A dignidade ambiental conjuga-se com a solidariedade humana que lança como base formadora do sistema de humanidade planetária, de interesses de bem-estar e de bem em igualdade de condições de saúde, de formação humanística e de preservação das condições de vida para os que vierem no futuro. A Floresta não pode ser cuidada apenas como estoque de carbono. Ela é uma expressão da humanidade, que se compadece com os valores da dignidade e da ética ambientais." (**Ministra Cármen Lúcia**)[23]

A matriz filosófica moderna da concepção de dignidade humana tem sido reconduzida essencialmente, e na maior parte das vezes, ao pensamento do filósofo alemão Immanuel Kant. Até hoje, a fórmula elaborada por Kant informa a grande maioria das conceituações jurídico-constitucionais da dignidade da pessoa humana.[24] A formulação kantiana coloca a ideia de que o ser humano não pode ser empregado **como simples meio** (ou seja, **objeto**) para a satisfação de qualquer vontade alheia, mas sempre deve ser tomado **como fim em si mesmo** (ou seja, **sujeito**) em qualquer relação,[25] seja em face do Estado, seja em face de particulares.

Isso se deve, em grande medida, ao reconhecimento de um **valor intrínseco** a cada existência humana, já que a fórmula de se tomar sempre o ser humano como um fim em si mesmo está diretamente vinculada às ideias de autonomia, de liberdade, de racionalidade e de autodeterminação inerentes à condição humana. A **proteção** – ética e jurídica – **do ser humano** contra qualquer reificação da sua existência e o respeito à sua condição de sujeito nas relações sociais e intersubjetivas são seguramente manifestações da concepção kantiana de dignidade da pessoa humana, embora, por certo, já encontradas em pensadores anteriores.

Atualmente, os valores ecológicos tomaram assento definitivo no conteúdo normativo do princípio da dignidade da pessoa humana. No contexto constitucional contemporâneo, consolida-se a formatação de uma **dimensão ecológica da dignidade humana**, que abrange a ideia em torno de um **bem-estar ambiental** (assim como de um **bem-estar individual e social**) indispensável a uma vida digna, saudável e segura. Dessa compreensão pode-se conceber a indispensabilidade de um patamar mínimo de qualidade (e segurança) ambiental para a concretização da vida humana em níveis dignos. Aquém de tal padrão ecológico, a vida e a dignidade humana estariam sendo violadas no seu núcleo essencial.

A **Declaração de Estocolmo sobre Meio Ambiente Humano (1972)** captou bem esse panorama jurídico emergente desde a década de 1970, conforme expressamente consignado no seu **Princípio 1**:

---

[22] STF, RE 835.558/SP, Tribunal Pleno, Rel. Min. Luiz Fux, j. 09.02.2017.
[23] Passagem do voto-relator da Ministra Cármen Lúcia na ADPF 760 (Caso PPCDAm): STF, ADPF 760/DF, Tribunal Pleno, Rel. Min. Cármen Lúcia, Redator p/ acórdão Min. André Mendonça, j. 14.03.2024.
[24] V. o art. I da Declaração Universal dos Direitos Humanos (1948): "Todas as pessoas nascem livres e iguais em dignidade e direitos. São dotadas de razão e consciência e devem agir em relação umas às outras com espírito de fraternidade".
[25] KANT, Immanuel. *Crítica da razão pura e outros textos filosóficos*. São Paulo: Abril Cultural, 1974. p. 229. (Coleção Os Pensadores).

> **PRINCÍPIO 1**
>
> O homem tem o **direito fundamental** à liberdade, à igualdade e ao desfrute de **condições de vida adequadas em um meio ambiente de qualidade** tal que lhe permita levar uma **vida digna** e gozar de bem-estar, tendo a solene obrigação de proteger e melhorar o meio ambiente para as gerações presentes e futuras.

A **qualidade, o equilíbrio e a segurança ambiental**, com base em tais considerações, passariam a figurar como elemento integrante do conteúdo normativo do princípio da dignidade da pessoa humana, sendo, portanto, fundamental para o desenvolvimento de todo o potencial humano num quadrante de completo *bem-estar existencial*, até mesmo no sentido do reconhecimento de um **direito-garantia ao mínimo existencial ecológico**,[26] conforme já reconhecido na jurisprudência do STF[27] e do STJ.[28] Nas palavras do Ministro Ricardo Lewandowski: "(...) o **mínimo existencial** é aquele conjunto de bens materiais e imateriais sem o qual uma pessoa não pode levar uma vida digna e esta **inclui, evidentemente, um meio ambiente hígido, condição** *sine qua non*, registre-se, para viabilizar a própria continuidade da vida dos seres humanos na Terra. Embora raramente inscrito de forma textual nas Constituições, o Mínimo Existencial representa a própria essência de qualquer ordenamento jurídico que se julgue civilizado".

A **Opinião Consultiva 23/2017 sobre "Meio Ambiente e Direitos Humanos" da Corte IDH**, seguindo iguais premissas de natureza existencial, consagrou expressamente que "varios derechos de rango fundamental requieren, como una precondición necesaria para su ejercicio, una **calidad medioambiental mínima**, y se ven afectados en forma profunda por la degradación de los recursos naturales", de modo que se tem como consequência disso "**la interdependencia e indivisibilidad entre los derechos humanos y la protección del medio ambiente**".[29]

---

[26] Para maior desenvolvimento sobre o *direito-garantia ao mínimo existencial ecológico*, v. FENSTERSEIFER, Tiago. *Direitos fundamentais e proteção do ambiente...*, p. 264 e ss.; e SARMENTO, Daniel. *Dignidade da pessoa humana*: conteúdo, trajetórias e metodologia. 2. ed. Belo Horizonte: Fórum, 2016. p. 223-224.

[27] "(...) o **mínimo existencial** é aquele conjunto de bens materiais e imateriais sem o qual uma pessoa não pode levar uma vida digna e esta **inclui, evidentemente, um meio ambiente hígido, condição** *sine qua non*, **registre-se, para viabilizar a própria continuidade da vida dos seres humanos na Terra**. Embora raramente inscrito de forma textual nas Constituições, o Mínimo Existencial representa a própria essência de qualquer ordenamento jurídico que se julgue civilizado" (Passagem do voto do Min. Ricardo Lewandowski na ADI 4.903/DF – Novo Código Florestal, j. 28.02.2018).

[28] "Ambiental. Processual civil. Agravo em recurso especial. Provido. Recurso especial. Interpretação restritiva do Código Florestal. Inadequada. Área de preservação permanente. Maior proteção ambiental. Provimento. Respeito ao limite imposto pelo Código Florestal. (...) 2. A proteção ao meio ambiente integra axiologicamente o ordenamento jurídico brasileiro, sua preservação pelas normas infraconstitucionais deve respeitar a teleologia da Constituição Federal. Desse modo, o ordenamento jurídico deve ser interpretado de forma sistêmica e harmônica, privilegiando os princípios do **mínimo existencial ecológico** e do ambiente ecologicamente equilibrado. 3. Na espécie, o Tribunal de origem interpretou o Código Florestal (Lei n. 4.771/1965) de maneira restritiva, pois considerou que o diploma legal estabeleceu limites máximos de proteção ambiental, podendo a legislação municipal reduzir o patamar protetivo. Ocorre que o colegiado *a quo* equivocou-se quanto à interpretação do supracitado diploma legal, pois a **norma federal conferiu uma proteção mínima, cabendo à legislação municipal apenas intensificar o grau de proteção às margens dos cursos de água, ou, quando muito, manter o patamar de proteção**. 4. A proteção marginal dos cursos de água, em toda a sua extensão, possui importante papel de resguardo contra o assoreamento. O Código Florestal tutela em maior extensão e profundidade o bem jurídico do meio ambiente, logo, é a norma específica a ser observada na espécie. 5. Recurso especial provido" (STJ, AREsp 1.312.435/RJ, 2ª T., Rel. Min. Og Fernandes, j. 07.02.2019).

[29] CORTE INTERAMERICANA DE DIREITOS HUMANOS. Opinião Consultiva n. 23/2017..., p. 22 e 25.

O conteúdo conceitual e normativo do princípio da dignidade da pessoa humana está intrinsecamente relacionado à qualidade do meio ambiente (onde o ser humano vive, mora, trabalha, estuda, pratica lazer, bem como o que ele come, bebe, veste etc.). A vida e a saúde humanas (ou como refere o *caput* do art. 225 da CF/1988, conjugando tais valores, a **sadia qualidade de vida**) só são possíveis, dentro dos padrões mínimos exigidos constitucionalmente para o desenvolvimento pleno da existência humana, num meio ambiente natural (e artificial ou construído) onde haja qualidade ambiental da água que se bebe, dos alimentos que se comem, do solo onde se planta, do ar que se respira, da paisagem que se vê, do patrimônio histórico e cultural que se contempla, do som que se escuta, entre outras manifestações da dimensão ambiental. A título de exemplo, durante os **incêndios florestais** recordes associados à seca severa decorrente do **efeitos das mudanças climáticas** (somado a práticas criminosas) verificados no ano de 2024, diversas localidades apresentaram **níveis extremos de poluição atmosférica** (ex.: Rio Branco/AC, Porro Velho/RO e Cuiabá/MT), comprometendo a saúde das pessoas. As referidas localidades tornaram-se verdadeiras "**zonas de sacrifício climático**" em razão da péssima qualidade do ar provocado pelas queimadas, reforçando o cenário de um **estado de emergência climática** e a sua correlação com a proteção do **mínimo existencial (ambiental e climático)**.

O meio ambiente está presente nas questões mais vitais e elementares da condição humana, além de ser essencial à sobrevivência do ser humano como espécie animal natural.[30] Sobre o tema, conforme sinalizamos anteriormente, a **Organização Mundial da Saúde (OMS)** estabelece como parâmetro para determinar uma vida saudável "**um completo bem-estar físico, mental e social**", o que coloca indiretamente a qualidade ambiental como elemento fundamental para o "completo bem-estar" caracterizador de uma vida saudável. Seguindo tal orientação, a **Lei 8.080/90 (Lei do Sistema Único de Saúde – SUS)** incorpora tal conceito no ordenamento jurídico brasileiro (art. 3º, parágrafo único), bem como registra o **meio ambiente como fator determinante e condicionante à saúde** (art. 3º, *caput*).

Mais recentemente, a OMS tem defendido o conceito de *One Health* – traduzindo para o português, **saúde única ou integral** –[31], o que representa, na sua essência, a proteção da saúde de forma integral do ponto de vista ecológico, contemplando três dimensões básicas: **humana, animal e ecológica ou ecossistêmica**.[32] O tema ganhou grande relevância no contexto da Pandemia da Covid-19, em razão da origem zoonótica do patógeno. A Lei 17.972/2024 do Estado de São Paulo, sobre a proteção, a saúde e o bem-estar na criação e na comercialização de cães e gatos, inovou na temática e reconheceu expressamente, no seu art. 3º, "os princípios do bem-estar animal e da **saúde única**" (II), bem como estabeleceu o conceito de saúde única no seu art. 2º:

CONCEITO DE SAÚDE ÚNICA NA LEI 17.972/2024 DO ESTADO DE SÃO PAULO

"Art. 2º (...) IX – **saúde única**: representa uma **visão integrada** da **saúde humana, saúde animal** e saúde **ambiental**, que reconhece o vínculo estreito entre o meio ambiente, as doenças dos animais e a saúde da população humana, empregada como base de políticas, normas e programas, que contribuam com a eficácia das ações em **saúde pública** e **proteção do meio ambiente**."

---

[30] Por influência da obra de Ulrich Beck, David Goldblat afirma que "os perigos ecológicos colocados por acidentes nucleares em grande escala, pela liberação de químicos em grande escala e pela alteração e manipulação da composição genética da flora e da fauna do planeta colocam a possibilidade de autodestruição". GOLDBLAT, David. *Teoria social e ambiente...*, p. 232.

[31] Disponível em: https://www.who.int/news-room/q-a-detail/one-health.

[32]

Há uma lógica evolutiva e cumulativa na conformação das **dimensões da dignidade da pessoa humana,** que também podem ser compreendidas a partir da perspectiva histórica da evolução e consagração político-jurídica dos direitos fundamentais – e pela ótica internacional, dos direitos humanos –, já que eles, em larga medida, simbolizam a própria materialização da proteção e promoção progressiva da dignidade humana em cada etapa histórica. Assim como outrora os direitos liberais e os direitos sociais foram incorporados ao "patrimônio normativo" conformador do conteúdo do princípio da dignidade da pessoa humana, hoje também os **direitos de solidariedade,** como é o caso especialmente do direito a viver em um meio ambiente sadio, equilibrado e seguro, passam a integrar o seu conteúdo, ampliando o seu âmbito de proteção. Daí falar, conforme anunciado anteriormente, em uma **nova dimensão ecológica para a dignidade humana,** em vista dos novos desafios civilizatórios que expõem existencialmente o ser humano no cenário contemporâneo de riscos ecológicos (e climáticos).

DIMENSÕES NORMATIVAS DO PRINCÍPIO DA DIGNIDADE DA PESSOA HUMANA	
Dimensões normativas do princípio da dignidade da pessoa humana (art. 1º, III, da CF/1988)	**Liberal** - direitos liberais: vida, integridade física e psíquica, liberdade de locomoção etc. **Social ou Comunitária** - direitos sociais: saúde, educação, moradia, alimentação, assistência social etc. **Ecológica** (direitos ecológicos, tanto em termos materiais quanto procedimentais) Obs.: A qualidade, o equilíbrio e a segurança ambiental passam a integrar o conjunto de condições materiais (novo direito fundamental) indispensáveis a uma vida digna e saudável e à inserção político-comunitária do indivíduo (*mínimo existencial ecológico*). **Climática** - direitos climáticos, tanto em termos materiais quanto procedimentais. **Transgeracional ou intertemporal** – direitos das gerações jovens (crianças e adolescentes) e das gerações futuras, tanto em termos materiais quanto procedimentais, salvaguardando a sua dignidade de forma projetada para o futuro (mas com medidas efetivas de proteção no presente e formas adequadas de representação dos seus interesses e direitos).

O novo cenário e rearranjo normativo delineado para o princípio da dignidade da pessoa humana são perceptíveis na legislação ambiental brasileira. O melhor exemplo disso é a previsão do *caput* do art. 2º da **Lei 6.938/81:**

"A **Política Nacional do Meio Ambiente** tem por objetivo a **preservação, melhoria e recuperação da qualidade ambiental propícia à vida,** visando assegurar, no País, condições ao desenvolvimento socioeconômico, aos interesses da segurança nacional e à **proteção da dignidade da vida humana**".

O dispositivo em questão antecipou a própria consagração constitucional da proteção ambiental, reconhecendo, de forma expressa, a importância da qualidade ambiental para a salvaguarda da dignidade da pessoa humana. Também na Lei 6.938/81, o **conceito de meio ambiente** adotado no seu art. 3º, I, evidencia a essencialidade do equilíbrio ecológico para o desenvolvimento pleno da vida humana, dispondo ser ele o "conjunto de condições, leis, influências e interações de ordem física, química e biológica, que permite, abriga e rege a vida em todas as suas formas". Os processos ecológicos essenciais que conformam o regime climático estão necessariamente contemplados no **conceito "sistêmico e integral"** de meio ambiente consagrado pela Lei 6.938/81.

> **JURISPRUDÊNCIA STJ. Dimensão ecológica do princípio da dignidade da pessoa humana:** "Direito ambiental. Agravo em recurso especial. Responsabilidade civil. (...) Princípio da insignificância. Inaplicável em sede de responsabilidade civil ambiental. Derramamento de óleo. Poluição. Degradação ambiental. (...) 3. **O bem ambiental é imensurável, não tem valor patrimonial, trata-se de um bem difuso, essencial à coletividade.** Dessa forma, a violação da norma ambiental e do equilíbrio sistêmico não comporta a ideia de inexpressividade da conduta para aplicação do princípio da insignificância, pois o interesse protegido envolve toda a sociedade e, em nome do bem-estar desta, é que deve ser aplicada. 4. Em qualquer quantidade que seja derramamento de óleo é poluição, seja por inobservância dos padrões ambientais (inteligência do art. 3º, III, 'e', da Lei n. 6.938/1981, c/c o art. 17 da Lei n. 9.966/2000), seja por conclusão lógica dos **princípios da solidariedade, dimensão ecológica da dignidade humana**, prevenção, educação ambiental e preservação das gerações futuras. (...) 6. Recurso especial provido para reconhecer a inaplicabilidade do princípio da insignificância em matéria de responsabilidade civil ambiental" (STJ, AREsp 667.867/SP, 2ª T., Rel. Min. Og Fernandes, j. 17.10.2018).

2.1 Dimensão climática do princípio da dignidade da pessoa humana?

"As mudanças climáticas representam uma ameaça existencial e levantam questões de direitos humanos".
(Opinião Consultiva sobre "Mudanças Climáticas e Direito Internacional" do **Tribunal Internacional sobre o Direito do Mar**)[33]

A relevância do equilíbrio e da segurança climática para a salvaguarda da vida e da dignidade humana e, consequentemente, o reconhecimento de um direito fundamental (e humano) a viver em um clima seguro, limpo, estável e equilibrado torna imperativa a caracterização de uma nova **dimensão climática** inerente ao conteúdo do **princípio da dignidade da pessoa humana**.[34] Igual entendimento também conduz à configuração de um **direito-garantia ao mínimo existencial climático**, na medida em que o regime constitucional de proteção climática estabelece **posições jurídicas subjetivas** de proteção dos indivíduos e da sociedade, tanto em termos **defensivos** quanto **prestacionais**, a serem exercidos em face do **Estado** e de **particulares** na hipótese de violação ao referido patamar mínimo de proteção climática indispensável ao gozo de uma vida digna.

A maior frequência e intensidade dos denominados **episódios climáticos extremos**, conforme apontado no último relatório do IPCC (AR6), divulgado entre o final de 2021 e o início 2022, ilustram um cenário de cada vez maior **insegurança climática** e **vulnerabilidade social**, sobretudo dos grupos sociais vulneráveis e, de modo particular, em países em desenvolvimento,

---

[33] Opinião Consultiva sobre "Mudanças Climáticas e Direito Internacional" do Tribunal Internacional sobre o Direito do Mar (ITLOS) de 2024, par. 66. A consulta foi apresentada pela Comissão de Pequenos Estados Insulares.

[34] A dimensão climática dos direitos humanos é desenvolvida por Christina Voigt: VOIGT, C. The climate change dimension of human rights: due diligence and states' positive obligations. *Journal of Human Rights and the Environment*, ano 13, n. 0, p. 152-171, 2022.

como é o caso do Brasil. A salvaguarda do direito-garantia ao mínimo existencial climático envolve, nesse sentido, não apenas medidas (defensivas e prestacionais) no campo da **mitigação** das emissões de gases do efeito estufa, mas igualmente em termos de **adaptação** – por exemplo, aos efeitos climáticos extremos –, notadamente em vista da proteção especial (preventiva e reativa) a ser destinada aos grupos sociais vulneráveis, como testemunhamos de forma dramática no desastre climático provocado pelas enchentes no Estado do Rio Grande do Sul no mês de maio de 2024, o que ocasionou um contingente de mais de 600.000 deslocados climáticos. A reparação de danos em favor das vítimas climáticas é outra dimensão protetiva que deve necessariamente ser agregada às medidas de mitigação e adaptação, notadamente diante de um cenário de episódios climáticos extremos que atingem indivíduos e grupos sociais vulneráveis, como é a praxe no Brasil.

2.2 Dimensão transgeracional ou intertemporal do princípio da dignidade da pessoa humana?

> "(...) la Declaración Universal de Derechos Humanos reconoce en su preámbulo que 'la libertad, la justicia y la paz en el mundo tienen por base el reconocimiento de la dignidad intrínseca y de los derechos iguales e inalienables de todos los miembros de la familia humana'; aspecto este último que debe entenderse como comprensivo incluso de aquellos miembros de la familia humana que aún no tienen existencia actual" (**Corte IDH**).[35]

> "(...) as futuras gerações têm sua liberdade e demais direitos fundamentais tolhidos pela não adoção de medidas tempestivas para frear ou mitigar as mudanças climáticas, suportando ônus excessivo do uso antecipado do 'orçamento de carbono'" (**Ministro Luiz Fux**).[36]

A **dimensão transgeracional ou intertemporal** do princípio da dignidade da pessoa humana é outro tema que tem ganhado cada vez mais relevância no Direito contemporâneo, tanto no contexto da Teoria dos Direitos Fundamentais quanto no Direito Ambiental e no Direito Climático. A dimensão transgeracional ou intertemporal do princípio da dignidade da pessoa humana busca dar visibilidade e assegurar proteção especial à vida e dignidade tanto às **gerações jovens (crianças e adolescentes)**, dotadas que são constitucionalmente de um **regime prioritário de proteção** (art. 227 da CF/1988),[37] quanto às **gerações futuras** (art. 225, *caput*, da CF/1988), reconhecendo a sua **maior vulnerabilidade** e restrição desproporcional em relação aos seus direitos fundamentais (e mesmo liberdade) projetado no futuro, como consequência direta da omissão e deficiência das gerações hoje "no comando" e em posição de tomada de decisão de fazer frente à crise ecológica e, em particular, ao estado de emergência climática vivenciado na atualidade.

O princípio da dignidade, como pilar nuclear da arquitetura constitucional do Estado de Direito e do sistema jurídico contemporâneo, deve assegurar a salvaguarda e gozo dos direitos fundamentais não apenas no presente, mas igualmente no futuro, tanto em favor das gerações mais jovens quanto das gerações futuras (que, aliás, nascem todos os dias), com a adoção de medidas protetivas no presente a fim de evitar que seja legado a elas um cenário desproporcional de "menos direitos" (comparativamente à atualidade e o que foi desfrutado pelas gerações

---

[35] CORTE INTERAMERICANA DE DIREITOS HUMANOS. *Caso Habitantes da La Oroya vs. Peru*, sentença de 27.11.2023, par. 131.

[36] Passagem do voto do Min. Luiz Fux na ADPF 760/DF (Caso PPCDAM): STF, ADPF 760/DF, Tribunal Pleno, Rel. Min. Cármen Lúcia, Red. Acórd. Min. André Mendonça, j. 14.03.2024.

[37] "Art. 227. É dever da família, da sociedade e do Estado **assegurar à criança, ao adolescente e ao jovem**, com **absoluta prioridade**, o direito à vida, à saúde, à alimentação, à educação, ao lazer, à profissionalização, à cultura, à dignidade, ao respeito, à liberdade e à convivência familiar e comunitária, além de colocá-los a salvo de toda forma de negligência, discriminação, exploração, violência, crueldade e opressão."

presentes adultas), o que é particularmente relevante em relação ao desfrute de suas vidas em um meio ambiente ecologicamente equilibrado e um sistema climático, limpo, saudável e seguro.

A decisão da Corte IDH no **Caso Habitantes da La Oroya *vs*. Peru (2023)** ilustra esse cenário, ao abordar o **princípio da solidariedade intergeracional**:

> "140. En todas las culturas existe una preocupación por las generaciones futuras. Así como recibimos y gozamos de lo que nos ha sido legado por las generaciones precedentes, también hay una preocupación por nuestros hijos y nietos. La equidad intergeneracional impone un deber de uso y goce apropiado del ambiente a fin de que se entregue a las generaciones futuras un mundo que les brinde **iguales o mayores oportunidades de desarrollo** que aquellas en que nos fue entregado a nosotros. En última instancia, se erige como tutela de la libertad de las próximas generaciones, dado que las actuales no podemos coartar las opciones y oportunidades de satisfacer las necesidades que se originarán más adelante.
>
> 141. En un contexto de desarrollo sostenible, la equidad intergeneracional trasciende a los vivos y **abarca a quienes no tienen aún existencia actual**; tal como se ha señalado en el sistema universal: 'la humanidad en su totalidad forma una comunidad intergeneracional en la que todos los miembros se respetan mutuamente y cuidan unos de otros, alcanzando así el objetivo común de **la supervivencia de la especie humana**'.
>
> 142. En esta línea, los Estados no podrán excusarse de su cumplimiento alegando la falta de **personalidad o de legitimación de las generaciones futuras**, dado que, como se ha señalado en el ámbito universal, **la conexión entre derechos y deberes en estos aspectos no es férrea**, por lo que **las personas pueden estar sujetas a obligaciones sin necesidad estricta de que exista el titular de los derechos correspondientes**."[38]

3. PRINCÍPIO DA DIGNIDADE DO ANIMAL NÃO HUMANO E DA NATUREZA

> "(...) la Naturaleza como tal – de la que el ser humano es solo uno de sus múltiples componentes – tiene un valor intrínseco. En este sentido, en la Opinión Consultiva No. 23 este tribunal ha indicado que: 'el derecho al medio ambiente sano como derecho autónomo, a diferencia de otros derechos, protege los componentes del medio ambiente tales como bosques, ríos, mares y otros, como intereses jurídicos en sí mismos [...] no solamente por su conexidad con una utilidad para el ser humano o por los efectos que su degradación podría causar en otros derechos de las personas'" (**Corte IDH**, *Caso Habitantes da La Oroya vs. Peru*, 2023).[39]

> "A Constituição, no seu artigo 225, § 1º, VII, acompanha o nível de esclarecimento alcançado pela humanidade no sentido de **superação da limitação antropocêntrica** que coloca o homem no centro de tudo e todo o resto como instrumento a seu serviço, em prol do reconhecimento de que os *animais possuem uma dignidade própria* que deve ser respeitada. O bem protegido pelo inciso VII do § 1º do artigo 225 da Constituição, enfatizo, possui *matriz biocêntrica*, dado que a Constituição confere *valor intrínseco* às formas de vida não humanas e o modo escolhido pela Carta da República para a preservação da fauna e do bem-estar do animal foi a proibição expressa de conduta cruel, atentatória à integridade dos animais" (**Ministra Rosa Weber**).[40]

---

[38] CORTE INTERAMERICANA DE DIRETOS HUMANOS. *Caso Habitantes da La Oroya vs. Peru*, sentença de 27.11.2023, par. 140-142.

[39] CORTE INTERAMERICANA DE DIRETOS HUMANOS. *Caso Habitantes da La Oroya vs. Peru*, sentença de 27.11.2023, par. 153.

[40] STF, ADI 4.983/CE, Tribunal Pleno, Rel. Min. Marco Aurélio, j. 06.10.2016.

"Os animais de companhia são seres que, inevitavelmente, possuem natureza especial e, como *ser senciente* – dotados de sensibilidade, sentindo as mesmas dores e necessidades biopsicológicas dos animais racionais –, também devem ter o seu bem-estar considerado" (**Ministro Luis Felipe Salomão**).[41]

A reflexão em torno da dimensão ecológica do princípio da dignidade da pessoa humana também coloca em xeque a sua concepção estritamente antropocêntrica no âmbito do Estado Constitucional contemporâneo. Retomando aqui a premissa de que a matriz filosófica moderna para a concepção de dignidade (da pessoa humana) radica essencialmente no pensamento kantiano, é certamente possível questionar o **excessivo antropocentrismo que informa tanto o pensamento kantiano**[42] quanto a tradição filosófica ocidental de modo geral, especialmente confrontando-a com os **novos valores ecológicos** emergentes nas relações sociais contemporâneas e que reclamam uma **nova concepção ética**, ou, o que talvez seja mais correto, a redescoberta de uma "ética de respeito à vida" (**Albert Schweitzer**).[43]

A vedação de práticas de **"objetificação" ou "coisificação"** (ou seja, tratamento **como simples "meio"**) não deve, em princípio, ser limitada apenas à vida humana, mas ter o seu raio de incidência ampliado para contemplar também outras formas de vida. Essa "objetificação" da vida animal (não humana), por exemplo, foi expressamente vedada pelo art. 225, § 1º, VII, da CF/1988, ao assinalar que a norma constitucional como **dever do Estado**:

"Proteger a fauna e a flora, **vedadas**, na forma da lei, as **práticas** que coloquem em risco sua **função ecológica**, provoquem a **extinção de espécies** ou **submetam os animais a crueldade**".

O alargamento da concepção kantiana para além do espectro humano conduz, portanto, ao reconhecimento de um *fim em si mesmo* inerente a outras formas de vida (ou à vida de modo geral, seja humana, seja não humana), atribuindo-lhes um **valor próprio e não meramente instrumental**, ou seja, uma **dignidade** que igualmente implica um conjunto de **deveres (morais e jurídicos)** para o ser humano. No campo do Direito Animal, o reconhecimento progressivo do *status* **jurídico de seres sencientes** dos animais levado a efeito por diversos diplomas civilistas em sede de Direito Comparado –França, Portugal, Bélgica etc. – reforça juridicamente a perspectiva de se atribuir um valor intrínseco para além do espectro humano. No caso brasileiro, como ilustra a passagem da decisão do Ministro Luis Felipe Salomão citada anteriormente, os nossos Tribunais – por exemplo, STJ e STF – têm cada vez mais avançado no sentido de estabelecer uma **interpretação da legislação civilista conforme a Constituição**, notadamente no sentido de atribuir um novo *status* jurídico aos animais, não mais tratando-os, portanto, como mera *res* ou coisa.

No Direito Ambiental, assume relevo a disputa entre **antropocentristas ecológicos (ou moderados)** e **biocentristas e ecocentristas**, disputa essa que tem marcado o debate contemporâneo e gerado uma série de posições diferenciadas entre teóricos e práticos da causa ambiental, como se verifica, por exemplo, no desenvolvimento do Direito Animal e, mais recentemente, dos Direitos da Natureza. Não obstante o fortalecimento progressivo de posições biocêntricas e

---

[41] STJ, REsp 1.713.167/SP, 4ª T., Rel. Min. Luis Felipe Salomão, j. 19.06.2018.

[42] A citação que segue evidencia o excessivo antropocentrismo do pensamento kantiano, sobre o qual se pretende refletir acerca da sua pertinência e atualidade diante dos novos valores ecológicos que permeiam o pensamento filosófico e jurídico contemporâneo. "Os seres cuja existência depende, não em verdade da nossa vontade, mas da natureza, têm contudo, se são seres irracionais, apenas um valor relativo como meios e por isso se chamam *coisas*, ao passo que os seres racionais se chamam *pessoas*, porque a sua natureza os distingue já como fins em si mesmos, quer dizer, como algo que não pode ser empregado como simples meio e que, por conseguinte, limita nessa medida todo o arbítrio (e é um objeto do respeito)". KANT, Immanuel. *Crítica da razão pura...*, p. 229.

[43] SCHWEITZER, Albert. *Filosofia da civilização*. São Paulo: Editora Unesp, 2013. especialmente p. 283-302.

ecocêntricas, a abordagem teórica hoje ainda predominante no campo do Direito Ambiental é o que se poderia designar de um **antropocentrismo jurídico ecológico** – ou mesmo "relativo" ou "alargado", como sustentam alguns autores (José de S. Cunhal Sendim,[44] Vasco Pereira da Silva[45] e J. R. Morato Leite e Patryck de A. Ayala[46]) –, com o propósito de reconhecer o **valor intrínseco** – e, portanto, não meramente instrumental – atribuído a outras formas de vida não humanas e à Natureza em si. Não se trata, portanto, de um antropocentrismo clássico de **matriz filosófica cartesiana-mecanicista**, calcado numa rígida relação dicotômica entre **sujeito** (ser humano) e **objeto** (Natureza), com nítido caráter instrumental no trato com o mundo natural.

O **Preâmbulo da Convenção sobre Diversidade Biológica (1992)** consagra a seguinte passagem: "conscientes do **valor intrínseco da diversidade biológica** (...)". O reconhecimento de um valor intrínseco em outras formas de vida não humanas conduz, a nosso ver, à **atribuição de dignidade para além da esfera humana**, além, é claro, de permitir a identificação de uma *dimensão ecológica* da própria dignidade da pessoa humana. A proteção de valores e bens jurídicos ecológicos imporá restrições aos próprios direitos e ao comportamento do ser humano, inclusive a ponto de caracterizar também deveres morais e jurídicos (o próprio direito ao meio ambiente possui um regime jurídico constitucional de "direito-dever" fundamental). E não apenas para proteger outros seres humanos, mas de modo a afirmar valores e proteger bens jurídicos que **transcendem a órbita humana**.

CORTE CONSTITUCIONAL DA COLÔMBIA E PROIBIÇÃO DA CAÇA E DA PESCA ESPORTIVA OU AMADORA (SENTENÇA C-045/19 SENTENÇA C-148/22)

A Corte Constitucional da Colômbia começou a se referir aos seres sencientes por volta de 2010 (Sentença C-666-/10, de 2010). No ano de 2019, em decisão paradigmática sobre o tema (Sentencia C-045/19), a Corte reconheceu a inconstitucionalidade da **caça esportiva ou amadora**, proibindo-a em qualquer das suas modalidades. No âmbito legislativo, igual caminho foi seguido com a edição da **Lei 1.774/2016**, por meio da qual o Código Civil, a Lei 1989, o Código Penal, o Código de Processo Penal e outras disposições legais foram alterados. O art. 1º da Lei 1.774/2016 qualifica expressamente os animais como "**seres sencientes**": "Los animales como seres sintientes **no son cosas**, recibirán especial protección contra el sufrimiento y el dolor, en especial, el causado directa o indirectamente por los humanos, por lo cual en la presente ley se tipifican como punibles algunas conductas relacionadas con el **maltrato a los animales**, y se establece un procedimiento sancionatorio de carácter policivo y judicial".

Em decisão recente (27.04.2022), a Câmara Plena da Corte Constitucional da Colômbia reconheceu a pesca esportiva ou amadora como atividade que viola a proibição constitucional de maus-tratos aos animais. A Corte sinalizou, ademais, que o mandato para proteger os animais decorre, entre outros, dos **princípios da Constituição Ecológica e da dignidade humana**. Igualmente, a decisão apontou que, nesse contexto, tanto o Legislador quanto a jurisprudência da Corte Constitucional consideraram os animais como "seres sencientes".

A Corte assinalou que, embora não haja **consenso científico** sobre se os peixes são ou não seres sencientes, a verdade é que em virtude do **princípio da precaução**, segundo o qual, mesmo na ausência de certeza científica sobre um dano ou sua magnitude, quando existem elementos que preliminarmente permitem evidenciar o risco de danos ao meio ambiente, dos quais fazem parte os peixes, causados por uma determinada atividade, é necessária a intervenção do Estado a fim de evitar a degradação ecológica. Ainda segundo a Corte, à luz dos **princípios de proteção e bem-estar animal**, amparados em informações científicas relevantes que reforçam a necessidade de evitar impactos prejudiciais sobre os

---

[44] SENDIM, José de Sousa Cunhal. *Responsabilidade civil por danos ecológicos...*, p. 98 e ss.
[45] SILVA, Vasco Pereira da. *Verde cor de direito...*, p. 29-30.
[46] LEITE, José Rubens Morato; AYALA, Patryck de Araújo. *Dano ambiental...*, p. 77.

peixes e seu meio ambiente, a exclusão da atividade deve ser imposta. Por fim, concluiu que a **finalidade recreativa da pesca esportiva** viola a **proibição de maus-tratos aos animais** derivada dos mandatos de proteção ecológica, não sendo apoiada pelas exceções constitucionalmente endossadas por razões religiosas, alimentares, culturais ou científicas.

Por fim, registra-se a importância das decisões referidas da Corte Constitucional da Colômbia como importante parâmetro constitucional na contexto latino-americano e em perspectiva comparada, inclusive em vista do **"diálogo de Cortes"** (em especial, entre Cortes Constitucionais e Internacionais), sobretudo para nós e num contexto político como o vivenciado no Brasil, em que iniciativas legislativas nacional (como é o caso do Projeto de Lei 5.544/2020) e estaduais – flagrantemente inconstitucionais! – têm por objetivo a legalização da "caça amadora ou esportiva" para fins puramente "recreativos".

A atribuição ao Estado de **deveres constitucionais de proteção**, no sentido de uma proteção jurídica de natureza objetiva, mas também a imposição aos particulares (na forma de **deveres fundamentais** de proteção ecológica) do dever de "preservar e restaurar os processos ecológicos essenciais e prover o manejo ecológico das espécies e ecossistemas (art. 225, § 1º, I)", bem como de "proteger a fauna e a flora, vedadas, na forma da lei, as práticas que coloquem em risco sua função ecológica, provoquem a extinção de espécies ou submetam os animais a crueldade" (inciso VII do mesmo dispositivo), parecem-nos exemplos expressivos de uma **tutela jurídica autônoma dos bens jurídicos ambientais** (por exemplo, a **Natureza em si**, o **bem-estar animal**, a fauna e a flora) e mesmo de uma tomada de rumo jurídico bastante evidente no sentido contrário ao antropocentrismo clássico.

A criminalização de condutas humanas degradadoras do meio ambiente, levado a efeito no plano infraconstitucional por meio da **Lei dos Crimes e Infrações Ambientais (Lei 9.605/98)**,[47] ao regulamentar dispositivo da CF/1988 (art. 225, § 3º), suscita o debate sobre a natureza – antropocêntrica, biocêntrica ou ecocêntrica – dos bens jurídicos tutelados. A criminalização dos maus-tratos contra os animais, trazida pela Lei 9.605/98, , conduz, em certa medida, ao entendimento de que tal norma está fundamentada numa **concepção jurídica biocêntrica (art. 32)** e no reconhecimento dos animais não humanos e da Natureza como **sujeito passivo da criminalidade**, ao dispor que configura crime "praticar ato de abuso, maus-tratos, ferir ou mutilar animais silvestres, domésticos ou domesticados, nativos ou exóticos" (*caput*), bem como que incorre na mesma pena "quem realiza experiência dolorosa ou cruel em animal vivo, ainda que para fins didáticos ou científicos, quando existirem recursos alternativos" (§ 1º) e que "a pena é aumentada de um sexto a um terço, se ocorre morte do animal" (§ 2º). Tal regime foi reforçado recentemente, mediante o **aumento da pena do crime de maus-tratos** praticados contra cães e gatos, o que se deu por meio da inclusão do **§ 1º-A no art. 32** da Lei dos Crimes e Infrações Administrativas Ambientais (Lei 9.605/98) pela **Lei 14.064/2020**.[48]

A repulsa social cada vez maior e a vedação jurídica progressiva de práticas de maus-tratos elevam o *status* jurídico dos animais não humanos, ao reconhecê-los juridicamente não como meras coisas ou objetos, mas sim como **seres vivos dotados de sensibilidade e detentores de proteção jurídica autônoma** (em face do ser humano), como ilustra o julgado do TRF 4 que segue sobre animais de circo.

---

[47] A criminalização de condutas lesivas ao ambiente e mesmo do reconhecimento da Natureza como **"sujeito passivo da criminalidade"** é tratado por SOUZA, Paulo Vinícius Sporleder de. *O meio ambiente (natural)...*, p. 57-90.

[48] "Art. 32. Praticar ato de abuso, maus-tratos, ferir ou mutilar animais silvestres, domésticos ou domesticados, nativos ou exóticos: Pena – detenção, de três meses a um ano, e multa. § 1º Incorre nas mesmas penas quem realiza experiência dolorosa ou cruel em animal vivo, ainda que para fins didáticos ou científicos, quando existirem recursos alternativos. § 1º-A Quando se tratar de cão ou gato, a pena para as condutas descritas no *caput* deste artigo será de reclusão, de 2 (dois) a 5 (cinco) anos, multa e proibição da guarda. (Incluído pela Lei 14.064/2020) § 2º A pena é aumentada de um sexto a um terço, se ocorre morte do animal."

> **JURISPRUDÊNCIA TRF4. Animais de circo, deveres de cuidado dos proprietários, senciência animal e proibição de maus-tratos a quaisquer animais (silvestres, exóticos ou domésticos):** "ANIMAIS DE CIRCO. AÇÃO CIVIL PÚBLICA. IMPLEMENTAÇÃO DE OPÇÕES DO LEGISLADOR QUANTO AO TRATO E MANTENÇA DE ANIMAIS. **PROIBIÇÃO DE QUALQUER FORMA DE MAUS-TRATOS A QUALQUER ANIMAL.** ILEGÍTIMA INADEQUAÇÃO DAS AÇÕES PÚBLICAS. A análise do sistema jurídico e a evolução da compreensão científica para o trato da fauna em geral, permitem concluir pela **vedação de qualquer mau trato aos animais, não importando se são silvestres, exóticos ou domésticos.** Por maus-tratos não se entende apenas a imposição de ferimentos, crueldades, afrontas físicas, ao arrancar de garras, cerrilhar de dentes ou enjaular em cubículos. **Maus-tratos é sinônimo de tratamento inadequado do animal, segundo as necessidades específicas de cada espécie.** 'A condenação dos atos cruéis não possui origem na necessidade de equilíbrio ambiental, mas sim no reconhecimento de que são **dotados de estrutura orgânica que lhes permite sofrer e sentir dor'** (STJ, REsp 1.115.916, Rel. Ministro Humberto Martins). Evoluída a sociedade, científica e juridicamente, o tratamento dos animais deve ser conciliado com os avanços dessa compreensão, de modo a **impor ao proprietário a adequação do sistema de guarda para respeito, o tanto quanto possível, das necessidades do animal. A propriedade do animal não enseja direito adquirido a mantê-lo inadequadamente,** o que impõe a obrigação de se assegurar na custódia de animais circenses, ao menos, as mesmas condições exigíveis dos chamados mantenedores de animais silvestres, mediante licenciamento, conforme atualmente previsto na IN 169/2008. Na ausência de recursos autárquicos e adequação da conduta pelos responsáveis, deve o órgão ambiental, contemporaneamente, **dar ampla publicidade à sua atuação, convocando e oportunizando a sociedade civil auxiliar** em um problema que deve, necessariamente, caminhar para uma solução" (TRF4, AC 2006.70.00.009929, 4ª T., Rel. p./ Ac. Des. Fed. Márcio Antônio Rocha, j. 21.11.2009).

O **crime de poluição ambiental**, por exemplo, previsto no seu art. 54, estabelece que o enquadramento em tal tipo se dá quando a conduta: "causar poluição de qualquer natureza em níveis tais que resultem ou possam resultar em danos à **saúde humana**, ou que provoquem a **mortandade de animais ou a destruição significativa da flora**". Portanto, de acordo com o conteúdo normativo trazido pelo tipo penal da poluição ambiental – diga-se de passagem, um dos mais importantes do diploma penal ambiental brasileiro e com uma das maiores penas previstas entre os tipos elencados, com reclusão de 1 a 5 anos para a hipótese "qualificada" dos seus §§ 2º e 3º[49] –, a proteção do ser humano (vida, integridade física e saúde) e a tutela da Natureza (fauna e flora) mesclam-se na conformação de um **bem jurídico ambiental complexo**, com **elementos antropocêntricos** e outros **biocêntricos e ecocêntricos**. O objetivo do **princípio da dignidade do animal não humano e da Natureza** é ampliar o quadro de bem-estar humano para além dos espectros liberal e social, inserindo necessariamente a variável ecológica, somado à atribuição de valor intrínseco à Natureza. O melhor caminho jurídico para a proteção ecológica, incorporando em alguns momentos fundamentos de matriz "antropocêntrica" e "ecocêntrica", reside na luta pela efetivação dos direitos fundamentais (liberais, sociais e ecológicos), já que, como premissas ao desfrute de uma vida digna, estão a qualidade, a segurança e o equilíbrio ambiental. Tal "virada ecológica" na concepção dos direitos fundamentais e também no próprio princípio da dignidade da pessoa humana (a partir de sua *dimensão ecológica* e mesmo da atribuição da dignidade para além da fronteira humana) imporá fortes restrições ao exercício dos demais direitos fundamentais (liberais e sociais), mas sempre buscando assegurar a integralidade, indivisibilidade e interdependência que caracterizam o regime jurídico *jusfundamental*.

---

[49] A pena de reclusão de 1 a 5 anos também é aplicada para a hipótese dos crimes ambientais previstos nos arts. 35, 40.

JURISPRUDÊNCIA TJSP. Interpretação biocêntrica do art. 225 da CF/1988, animais como seres sencientes e atribuição de valor intrínseco e dignidade a outras formas de vida não humanas: "CONTRATO VERBAL DE DEPÓSITO DE ANIMAL DE ESTIMAÇÃO (CACHORRO DA RAÇA 'BORDER COLIE'). AÇÃO DE MANUTENÇÃO NA POSSE. Sentença de improcedência do pedido reformada. As partes (colegas de trabalho) residiam em uma república e, em 18/11/2018, o réu adquiriu o cachorro 'Neo', da raça Border Colie. Em agosto de 2019, o réu se mudou para o Canadá, para fins acadêmicos, onde iria residir por apenas 6 meses, tendo deixado o cachorro com o autor, que deveria devolvê-lo quando de seu retorno do Brasil. O réu, contudo, prolongou a sua estadia no Canadá por tempo indeterminado, por motivos acadêmicos e, além disso, em razão da Pandemia COVID-19, não mais retornou ao país. Em setembro de 2021, contudo, entrou em contato com o autor informando que em março de 2022 retornaria ao Brasil para buscar o cachorro. Autor que pede a manutenção da posse do cachorro. Réu que, durante esse período, não transferiu valores para os cuidados do cachorro e não demonstrou preocupação com o animal. Natural formação de **vínculo afetivo** do cachorro com o autor e sua família. Animais que são **seres sencientes**, capazes de sentir e sofrer dor, além de experimentar alegria. **Interpretação biocêntrica e ecológica ao disposto no art. 225 da CF/88** e demais dispositivos constitucionais correlatos, atribuindo-se **valor intrínseco** e **dignidade não apenas ao ser humano, como também a outras formas de vida não humanas, superando-se o paradigma do antropocentrismo**. A proteção à ecologia, de um modo geral, importa em restrições a comportamentos e atividades humanas, fruto da percepção do meio ambiente (incluindo-se os animais) enquanto **direito-dever fundamental**, impondo-se a todos o **dever de solidariedade para com a existência humana e também não humana (noção de deveres fundamentais)**. Durante os 4 anos de vida do cachorro, o réu apenas esteve presente por aproximadamente 9 meses, ao passo que o autor, por 3 anos. Tempo de vida do cachorro que é de aproximadamente 12 anos. Ausência de cuidados do réu com o animal. **Dever de solidariedade ao animal não humano** e **vedação ao especismo** que implica na manutenção da posse ao autor. Mesma solução se adotada a perspectiva contratual. Cláusula geral da boa-fé objetiva e teoria dos atos próprios. Configuração da *suppressio* (surpresa desleal), que não traduz a perda do direito em razão do seu não exercício em determinado lapso temporal, mas sim a constituição de óbice intransponível ao exercício de direito subjetivo ou potestativo em razão da inércia do seu titular. Doutrina. Surpresa desleal do réu que, após decidir ficar no Canadá no início de 2020, não enviou valores para auxiliar na subsistência do animal e nem demonstrou mais interesse em seus cuidados, vindo a comunicar que iria buscá-lo em março de 2022, mais de 2 anos depois. Ressalva quanto à **possibilidade de visitação**, conforme precedente do Superior Tribunal de Justiça em caso análogo, e a busca pela reparação pecuniária (perdas e danos) contra o autor pelo réu. Pedido julgado procedente. Recurso provido" (TJSP, AC 1026144-25.2021.8.26.0562, 27ª Câmara de Direito Privado, Rel. Des. Alfredo Attié, j. 16.12.2022).

Trata-se de uma abordagem conciliatória e integradora dos **valores humanos e ecológicos**, como duas faces de uma mesma **identidade jurídico-constitucional**. A nosso ver, essa parece ter sido a opção político-jurídica delineada na nossa Lei Fundamental de 1988 (art. 225) e na legislação ambiental infraconstitucional de modo geral, considerando, inclusive, a nossa responsabilidade – enquanto geração humana presente – para com os interesses e direitos (?) das futuras gerações (humanas e não humanas).

ENUNCIADOS DO CONSELHO DA JUSTIÇA FEDERAL SOBRE DIREITO DO PATRIMÔNIO CULTURAL E NATURAL (2023)

ENUNCIADO 2 – O vocábulo "todos" no art. 225 da Constituição da República permite interpretação biocêntrica/ecocêntrica.

3.1 A dignidade do animal não humano e da Natureza na jurisprudência do STJ: a atribuição de direitos para além da esfera humana (REsp 1.797.175/SP)

O STJ, em decisão pioneira e inédita sobre o tema, no julgamento do REsp 1.797.175/SP, sob a relatoria do Ministro Og Fernandes, reconheceu e atribuiu **dignidade e direitos aos animais não humanos e à Natureza.**[50] O desfecho final da decisão não difere substancialmente da jurisprudência consolidada anteriormente pelo STJ sobre a matéria, envolvendo discussão sobre a *guarda* – e, cabe frisar, não *posse* – de animal silvestre. No caso, o STJ entendeu por não acolher o pedido do órgão ambiental federal (IBAMA) e manter a guarda de um papagaio que vivia há 23 anos em cativeiro com a pessoa que o detinha na sua residência, ressalvando apenas alguns requisitos a serem cumpridos periodicamente para assegurar o seu bem-estar: "a) visita semestral de veterinário especializado em animal silvestre, comprovada documentalmente, para que realize um treinamento educativo com a recorrente, ensinando os cuidados necessários e adequados para com a ave; b) fiscalização anual das condições do recinto e do animal, com emissão de parecer, cujas observações devem ser implementadas *in totum*, sob pena de perdimento da guarda – a visita técnica deve ser realizada pelo IBAMA local".

No entanto, a fundamentação lançada no voto-relator é paradigmática e pioneira no âmbito da jurisprudência do STJ e mesmo da jurisprudência dos Tribunais brasileiros de modo geral. São inúmeras as teses inéditas que apareceram na fundamentação da decisão, sendo a mais inovadora de todas a atribuição de *dignidade e direitos aos animais não humanos e à Natureza.* Analisando a fundamentação lançada no voto do Ministro Og Fernandes, verificam-se as seguintes teses e argumentos, entre outros:

1) Reconhecimento da **dimensão ecológica do princípio da dignidade da pessoa humana,** nesse ponto reproduzindo entendimento do próprio Ministro também utilizado na fundamentação de decisão anterior proferida no REsp 667.867/SP,[51] o que reforça (o já pacífico) entendimento acerca do *status* de "direito humano" (pela ótica internacional) e de "direito fundamental" (pela ótica constitucional) do direito a viver em um meio ambiente sadio e equilibrado (art. 225 da CF/1988);

2) Redimensionamento da relação entre ser humano e Natureza a partir de um **novo marco jurídico biocêntrico**, e não mais somente antropocêntrico;

3) Reconhecimento da dignidade e valor intrínseco do animal não humano e da Natureza, inclusive, no caso dos animais não humanos, como membros de uma mesma comunidade moral partilhada com os seres humanos;

4) **Reconhecimento de direitos de titularidade (e, assim, do *status jurídico de sujeitos de direitos*) dos animais não humanos e da Natureza**, estabelecendo tanto um "diálogo de fontes normativas constitucionais" (por exemplo, com a **Constituição Equatoriana de 2008**, que reconheceu expressamente os "Direitos da Natureza ou Pachamama") quanto um "diálogo de Cortes Constitucionais" (por exemplo, com a **Corte Constitucional Colombiana**, que reconheceu, no ano de 2016, os "direitos do Rio Atrato");

5) Rejeição ao tratamento jurídico-civil dos animais não humanos como simples "coisas", apontando para a **incongruência entre o regime jurídico dos animais não humanos no Código Civil de 2002 e na Constituição (art. 225)**. De modo complementar, a decisão utiliza a expressão "guarda", evitando, assim, falar em "posse" de animal não humano, bem como faz menção expressa à necessidade de mudança de paradigma no sentido de **atribuir "direitos fundamentais"** aos animais não humanos na mesma passagem;

---

[50] STJ, REsp 1.797.175/SP, 2ª Turma, Rel. Min. Og Fernandes, j. 21.03.2019.
[51] STJ, REsp 667.867/SP, 2ª Turma, Rel. Min. Og Fernandes, j. 17.10.2018.

6) **Relação de interdependência entre ser humano e Natureza**, rejeitando-se a relação de dominação do ser humano sobre os "demais seres da coletividade planetária".

O STJ, ao adotar a atual tendência no sentido do **novo *paradigma jurídico biocêntrico*** (e mesmo **ecocêntrico**, ou seja, reconhecendo a dignidade e direitos para além da "comunidade biótica" e, portanto, contemplando a Natureza como um todo) na fundamentação da decisão referida, com voto-relator do Ministro Og Fernandes e acolhida de forma unânime pela 2ª Turma, coloca-se na vanguarda (papel, aliás, que sempre teve na jurisprudência ambiental) da discussão que tem ganhado cada vez mais relevância tanto em sede de direito comparado quanto no âmbito internacional (vide a **OC 23/2017 da Corte IDH**, referida anteriormente), exercendo verdadeira **governança judicial ecológica**, notadamente num dos momentos políticos mais desafiadores para a proteção ecológica no Brasil e no mundo.

> **JURISPRUDÊNCIA STJ. Sacrifício de cães e gatos vadios apreendidos, imprescindibilidade para a salvaguarda da saúde humana e vedação a utilização de meios cruéis:** "ADMINISTRATIVO E AMBIENTAL. CENTRO DE CONTROLE DE ZOONOSE. **SACRIFÍCIO DE CÃES E GATOS VADIOS APREENDIDOS** PELOS AGENTES DE ADMINISTRAÇÃO. POSSIBILIDADE QUANDO INDISPENSÁVEL À PROTEÇÃO DA SAÚDE HUMANA. **VEDADA A UTILIZAÇÃO DE MEIOS CRUÉIS**. 1. (...). 3. A meta principal e prioritária dos centros de controle de zoonoses é erradicar as doenças que podem ser transmitidas de animais a seres humanos, tais quais **a raiva e a leishmaniose**. Por esse motivo, **medidas de controle da reprodução dos animais**, seja por meio da injeção de hormônios ou de esterilização, devem ser prioritárias, até porque, nos termos do 8º Informe Técnico da Organização Mundial de Saúde, são mais eficazes no domínio de zoonoses. 4. Em **situações extremas**, nas quais a medida se torne **imprescindível para o resguardo da saúde humana, o extermínio dos animais deve ser permitido**. No entanto, nesses casos, é **defeso a utilização de métodos cruéis**, sob pena de violação do art. 225 da CF, do art. 3º da **Declaração Universal dos Direitos dos Animais**, dos arts. 1º e 3º, I e VI do **Decreto Federal n. 24.645** e do art. 32 da Lei n. 9.605/1998. 5. Não se pode aceitar que com base na discricionariedade o administrador realize práticas ilícitas. É possível até haver liberdade na escolha dos métodos a serem utilizados, caso existam meios que se equivalham dentre os menos cruéis, o que não há é a possibilidade do exercício do dever discricionário que implique em violação à finalidade legal. 6. *In casu*, **a utilização de gás asfixiante no centro de controle de zoonoses é medida de extrema crueldade**, que implica em **violação do sistema normativo de proteção dos animais**, não podendo ser justificada como exercício do dever discricionário do administrador público. Recurso especial improvido" (STJ, REsp 1.115.916/MG, 2ª T., Rel. Min. Humberto Martins, j. 01.09.2009).

3.2 A dignidade do animal não humano na jurisprudência do STF: a vedação da crueldade contra os animais não humanos e a tutela constitucional do bem-estar, da dignidade e de direitos (?) para além do espectro humano

> "O art. 225, § 1º, VII, da CF/88, impõe a proteção à fauna e proíbe qualquer espécie de maus-tratos aos animais, de modo a reconhecer o *valor inerente a outras formas de vida não humanas*, protegendo-as contra abusos" (**Ministro Gilmar Mendes**).[52]

A CF/1988, no seu art. 225, § 1º, VII, enuncia de forma expressa o dever do estado de "proteger a fauna e a flora, vedadas, na forma da lei, as práticas que coloquem em risco sua

---

[52] STF, ADPF 640/DF, Tribunal Pleno, Rel. Min. Gilmar Mendes, j. 20.09.2021.

função ecológica, provoquem a extinção de espécies ou submetam os animais a crueldade". A norma constitucional sinaliza, em certa medida, a ruptura com a tradição antropocêntrica clássica da legislação ambiental e passa a reconhecer o **valor intrínseco** inerente a outras formas de vida não humanas, protegendo-as, inclusive, contra a ação humana. Isso revela que não se está buscando proteger, ao menos diretamente e em todos os casos, apenas o ser humano no regime constitucional de proteção dos animais.

O legislador constituinte, ao proteger a vida, a integridade física e o bem-estar dos animais não humanos, **transcende uma proteção meramente instrumental ou utilitária da vida animal** (e mesmo das espécies da fauna e da flora em geral ameaçadas de extinção). Pelo contrário, o legislador constituinte de 1988 promoveu uma tutela da vida em geral que assume nitidamente o regime de um **bem jurídico autônomo**. A vedação de práticas cruéis contra os animais consagrada na norma constitucional revela de forma clara a salvaguarda (de forma autônoma) do bem-estar dos animais não humanos e a refutação de uma visão meramente instrumental da vida animal. A CF/1988 também traz de forma expressa no mesmo dispositivo a tutela da **função ecológica da flora e da fauna**, o que dá a dimensão de sistema ou ecossistema ambiental, contemplando a proteção da **integridade ecológica** e da Natureza como um todo.

A vedação de práticas cruéis contra a vida animal tem encontrado forte amparo na jurisprudência do STF desde a década de 1990, tendo a Corte decidido, respectiva e reiteradamente, pela inconstitucionalidade de lei estadual que autorizava a prática da **"farra do boi"**[53] no Estado de Santa Catarina e pela inconstitucionalidade da lei do Estado do Rio de Janeiro que regulamentava a **"briga de galo"**,[54] entre outros julgados semelhantes.[55] A fundamentação constitucional das decisões foi sempre a norma do inciso VII, § 1º, do art. 225, citada anteriormente.

A proteção (e os direitos?) dos animais voltou à pauta do STF no âmbito da **ADI 4.983/CE**,[56] em julgamento que por muito pouco não representou verdadeiro retrocesso em relação à jurisprudência consolidada e referida anteriormente a respeito da matéria. Por maioria de votos (6x5), com voto de minerva ou de desempate da Ministra Cármen Lúcia, na condição de presidente da nossa Corte Constitucional, o Plenário do STF declarou inconstitucional a Lei 15.299/2013 do Estado do Ceará, que regulamentava a prática da **"vaquejada"**. A vaquejada consiste, em linhas gerais, em uma competição em que uma dupla de vaqueiros, montados em cavalos distintos, busca derrubar um touro, puxando-o pelo rabo, de forma a dominar o animal em uma área demarcada.

---

[53] A "Farra do Boi" no Estado de Santa Catarina é uma manifestação cultural, oriunda das ilhas dos Açores, onde um boi é solto pelas ruas da cidade e perseguido por populares até o momento final em que é sacrificado. Na decisão, o STF analisou o caso à luz do princípio da proporcionalidade e ponderou o direito à manifestação cultural das comunidades catarinenses e a crueldade contra os animais inerente à "farra do boi", vedando a referida prática e protegendo a integridade física e o bem-estar dos animais. Na decisão do STF sobre a prática da "farra do boi", o Min. Rel. Francisco Rezek, ao reconhecer que tal prática é abertamente violenta e cruel para com os animais, estando, portanto, em desacordo com a CF/1988, afirmou que "manifestações culturais são as práticas existentes em outras partes do País, que também envolvem bois submetidos à farra do público, mas de pano, de madeira, de 'papier maché'; não seres vivos, dotados de sensibilidade e preservados pela Constituição da República contra esse gênero de comportamento" (STF, RE 153.531/SC, 2ª T., Rel. Min. Francisco Resek, j. 03.06.1997).

[54] STF, MC na ADI 1.856/RJ, Rel. Min. Carlos Veloso, j. 22.09.2000.

[55] O STF também enfrentou a questão nos seguintes julgamentos: ADI 2.514/SC, Tribunal Pleno, Rel. Min. Eros Roberto Grau, j. 29.06.2005; ADI 3.776/RN, Tribunal Pleno, Rel. Min. Cezar Peluso, j. 14.06.2007; e da ADI 1.856/RJ, Tribunal Pleno, Rel. Min. Celso de Mello, j. 26.05.2011. Em sentido contrário à proteção dos animais, registra-se o entendimento do STF no julgamento do RE 494.601/RS, tendo fixado a seguinte tese: "É constitucional a lei de proteção animal que, a fim de resguardar a liberdade religiosa, permite o sacrifício ritual de animais em cultos de religiões de matriz africana" (STF, RE 494.601/RS, Tribunal Pleno, Rel. p. Acórdão Min. Edson Fachin, j. 28.03.2019).

[56] STF, ADI 4.983/CE, Tribunal Pleno, Rel. Min. Marco Aurélio, j. 06.10.2016.

De acordo com entendimento do Ministro Marco Aurélio, cujo voto-relator foi acompanhado pela maioria dos Ministros, comprovaram-se inequívocos o maltrato e a intolerável crueldade empreendida contra os animais, não permitindo assim a prevalência da manifestação cultural representada pela vaquejada. O Ministro ressaltou ainda no seu voto que laudos técnicos apresentados pela Procuradoria-Geral da República demonstraram os prejuízos que a prática causa aos animais, por exemplo, descolamentos da articulação do rabo, fraturas, comprometimento da medula espinhal e dos nervos espinhais.

O Ministro Barroso, acompanhando o voto-relator, pontuou que qualquer ser vivo com desenvolvimento neurológico e capacidade de desenvolver estados mentais pode sofrer, ressaltando que "a proteção dos animais contra a crueldade inscrita no capítulo constitucional dedicado ao meio ambiente atrai a incidência do denominado princípio da precaução". A decisão final do STF, muito embora tenha praticamente dividido a Corte e representado risco real de retrocesso na matéria, acabou por se alinhar ao entendimento consolidado pela nossa Corte Constitucional até o momento (ex. farra do boi, rinha de galo etc.), tendo, inclusive, o Ministro Lewandowski fundamentado seu voto à luz de uma **"interpretação biocêntrica" do art. 225 da CF/1988**, reportando-se à **Carta da Terra**, a qual o Brasil subscreve e que reconhece entre seus princípios que todos os seres vivos são interligados e cada forma de vida tem seu direito independentemente do uso humano.

O STF, não obstante deixar de se posicionar sobre a atribuição de direitos aos animais ou outras formas de vida não humanas, reconheceu, de certa maneira, a vida animal não humana como um fim em si mesmo, de modo a superar o antropocentrismo (pelo menos na sua versão mais exacerbada) e o racionalismo de inspiração iluminista, admitindo uma **dignidade** (e, portanto, um *valor intrínseco*) atribuível à vida não humana.[57] De qualquer sorte, impõe-se sempre a mediação da discussão pelo projeto normativo da CF/1988, que nesse particular consignou de forma clara a posição preferencial da tutela da fauna, ainda mais em face de atividades não imprescindíveis à satisfação de outros bens fundamentais. Por fim, evidenciam-se a complexidade das questões postas pelo tema ora versado e a consequente necessidade de uma postura pautada pela prudência e bom senso. A atuação judicial no sentido de assegurar o bem-estar não apenas do ser humano, mas também dos animais, capta, a partir da norma do art. 225 da CF/1988 – não obstante a inserção de novo § 7º no dispositivo constitucional –, os **novos valores ecológicos** pregados pelos movimentos de defesa dos **direitos dos animais**.

O STF decidiu, mais recentemente, acerca da proteção constitucional dos animais no julgamento da **ADPF 640/DF**, proibindo o abate de animais silvestres ou domésticos apreendidos em situação de maus-tratos. De acordo com a decisão, o § 2º do art. 25 da Lei 9.605/98 estabelece o dever do poder público de zelar pelo "bem-estar físico" dos animais apreendidos, até a entrega às instituições adequadas como jardins zoológicos, fundações ou entidades assemelhadas. O Ministro Gilmar Mendes, alinhando-se à corrente doutrinária e jurisprudencial contrária à instrumentalização da vida animal, consignou no seu voto-relator que

> "nesses casos, o que se observa é a instrumentalização da norma de proteção constitucional à fauna e de proibição de práticas cruéis, com a adoção de decisões que violam o art. 225, § 1º, VII, da CF/88, invertendo a lógica de proteção dos animais apreendidos em situação de maus-tratos para estabelecer, como regra, o abate. Em outras palavras, a interpretação colacionada aos autos de que 'na dúvida, deverá o animal ser abatido para descarte' não se com-

---

[57] Sobre o tema, v. SARLET, Ingo W. *Dignidade da pessoa humana e direitos fundamentais na Constituição Federal de 1988*. 10. ed. Porto Alegre: Livraria do Advogado, 2015. p. 42-43; e SARLET, Ingo W.; FENSTERSEIFER, Tiago. Algumas notas sobre a dignidade da pessoa humana e a dignidade da vida em geral: uma convivência possível e necessária. *In:* MOLINARO, Carlos Alberto; MEDEIROS, Fernanda L. F.; SARLET, Ingo W.; FENSTERSEIFER, Tiago (org.) *A dignidade da vida e os direitos fundamentais para além dos humanos*: uma discussão necessária. Belo Horizonte: Fórum, 2008. p. 175-205.

patibiliza com as normas constitucionais de proteção dos animais contra abusos, crueldades ou maus-tratos. A **finalidade das normas protetivas** não autoriza concluir que os animais devam ser resgatados de situações de maus-tratos para, logo em seguida, serem abatidos."[58]

Ainda segundo o Ministro Gilmar Mendes, "é certo que os problemas estruturais e financeiros mencionados nas decisões judiciais e nas manifestações administrativas são relevantes. Contudo, tais questões não autorizam o abate dos animais apreendidos em situações de maus-tratos, mas sim o uso dos instrumentos acima descritos, quais sejam a soltura em *habitat* natural ou em cativeiros, a doação a entidades especializadas ou a pessoas habilitadas e inclusive o leilão". Por fim, conclui o Ministro no sentido da excepcionalidade do abate de animais, restringindo-se aos animais apreendidos nos casos comprovados de doenças, pragas ou outros riscos sanitários.

O caso em questão configura mais um exemplo de decisão do STF no sentido de conferir **proteção autônoma aos animais**, salvaguardando o seu bem-estar e inadmitindo a instrumentalização da sua vida pelo ser humano. Outras decisões importantes e recentes do STF no mesmo sentido dizem respeito às ADIs 5.995/RJ[59] e 5.996/AM[60], tendo a Corte reconhecido a constitucionalidade de legislações estaduais, respectivamente, dos Estados do Rio de Janeiro e do Amazonas, que proibiram uso de animais em testes e experimentos de produtos cosméticos e semelhantes.

JURISPRUDÊNCIA DO STF SOBRE A PROTEÇÃO DOS ANIMAIS

1) **Proibição da Farra do Boi** (RE 153.531/SC)
2) **Proibição da Briga ou Rinha de Galo** (ADI 2.514/SC, ADI 3.776/RN e ADI 1.856/RJ)
3) **Proibição da Vaquejada** (ADI 4.983/CE)
4) **Sacrifício de Animais em Ritual de Cultos e Liturgias das Religiões de Matriz Africana** (RE 494.601/RS)
5) **Proibição do Abate de Animais Silvestres ou Domésticos Apreendidos em Situação de Maus-Tratos** (ADPF 640/DF)[61]
6) **Proibição do Uso de Animais em Testes de Cosméticos** (ADIs 5.995/RJ e 5.996/AM)[62]

3.3 A dignidade e os direitos da Natureza na jurisprudência do STF

"A Natureza tem a *dignidade* que supera a questão primária do que é avaliável e revertido em dinheiro. Os recursos financeiros aportados por acordos internacionais – e dos quais não se desconhece nem se menoscaba – não é o fator único determinante da ação estatal. A *dignidade ambiental* conjuga-se com a solidariedade humana que lança como

---

[58] STF, ADPF 640/DF, Tribunal Pleno, Rel. Min. Gilmar Mendes, j. 20.09.2021.
[59] STF, ADI 5.995/RJ, Tribunal Pleno, Rel. Min. Gilmar Mendes, j. 27.05.2021.
[60] STF, ADI 5.996/AM, Tribunal Pleno, Rel. Min. Alexandre de Moraes, j. 15.04.2020.
[61] STF, Tribunal Pleno, Rel. Min. Gilmar Mendes, j. 20.09.2021.
[62] O STF reputou constitucional a questão da proibição de produção e comercialização de *foie gras* e artigos de vestuário confeccionados com pele animal e, por maioria, reconheceu a existência de repercussão geral suscitada no RE 1.030.732/SP: "RECURSO EXTRAORDINÁRIO. AMBIENTAL. AÇÃO DIRETA DE INCONSTITUCIONALIDADE. LEI 16.222/2015 DO MUNICÍPIO DE SÃO PAULO. PROIBIÇÃO DE PRODUÇÃO E COMERCIALIZAÇÃO DE *FOIE GRAS* E ARTIGOS DE VESTUÁRIO CONFECCIONADOS COM PELE ANIMAL. DISCUSSÃO EM TORNO DA COMPETÊNCIA MUNICIPAL PARA LEGISLAR SOBRE O ASSUNTO. RELEVÂNCIA DA MATÉRIA E DOS ARGUMENTOS CONFLITANTES. MANIFESTAÇÃO PELA EXISTÊNCIA DE REPERCUSSÃO GERAL" (STF, RE 1.030.732/SP, Tribunal Pleno, Rel. Min. Luiz Fux, j. 18.02.2020). Em 04.11.2021, no entanto, houve o cancelamento do tema de repercussão geral pelo Plenário Virtual do STF.

base formadora do sistema de humanidade planetária, de interesses de bem-estar e de bem em igualdade de condições de saúde, de formação humanística e de preservação das condições de vida para os que vierem no futuro. A Floresta não pode ser cuidada apenas como estoque de carbono. Ela é uma expressão da humanidade, que se compadece com os valores da dignidade e da ética ambientais". (**Ministra Cármen Lúcia**)[63]

Mais recentemente, para além das decisões do STF citadas anteriormente, centradas na proteção dos animais não humanos, a Corte, num "diálogo de fontes" e "diálogo de Cortes" com o Sistema Interamericano de Direitos Humanos (e, em particular, com a Corte IDH), em decisão do **Ministro Luís Roberto Barroso** na **ADPF 708/DF**, no **Caso do Fundo Clima**, em que foi convocada audiência pública pela nossa Corte Constitucional, utilizou pela primeira vez, na fundamentação, a ideia de **um direito autônomo titularizado pela Natureza**, conforma passagem que segue:

"Do mesmo modo, no âmbito do Direito Internacional dos direitos humanos tem-se caminhado para reconhecer a interdependência entre o direito humano ao meio ambiente saudável e uma multiplicidade de outros direitos humanos, bem como para afirmá-lo como **um direito autônomo titulado pela própria Natureza (e não apenas pelos seres humanos)**. Há, nesse sentido, duas importantes decisões da Corte Interamericana de Direitos Humanos (Corte IDH). Na **Opinião Consultiva n. 23/2017**, estabeleceu que o direito a um meio ambiente saudável é 'um interesse universal' e 'um direito fundamental para a existência da humanidade'. E no caso Comunidades Indígenas Miembros de La Asociación Lhaka Honhat (Nuestra Tierra) vs. Argentina, primeiro caso contencioso sobre a matéria, afirmou que os Estados têm o dever de 'respeito', 'garantia' e 'prevenção' de danos ao meio ambiente, bem como que lhes compete assegurar os direitos de todos à segurança alimentar e ao acesso à água".[64]

O fato de tal argumentação aparecer (pela primeira vez!) na fundamentação de uma decisão do STF, ainda que não se trate de decisão de mérito do Plenário do STF, mas, tão somente, de uma decisão monocrática convocatória de uma audiência pública, , sinaliza importante abertura e inovação no tratamento da matéria pela nossa Corte Constitucional. No caso da passagem extraída do voto-relator da Ministra Cármen Lúcia na **ADPF 760/DF** (Caso PPCDAm) e citado em epígrafe na abertura deste tópico, trata-se de fundamentação robusta lançada no voto pela Ministra no sentido de reconhecer a **dignidade inerente à Natureza**, bem como uma **dimensão multidimensional** e não limitada aos parâmetros filosóficos e jurídicos tradicionais marcadamente antropocêntricos. O primeiro passo foi dado pelo STF para avançar no reconhecimento não apenas da dignidade e direitos dos animais, mas igualmente da Natureza e dos elementos naturais (florestas, rios, paisagens etc.).

4. PRINCÍPIO DA INTEGRIDADE ECOLÓGICA

A **integridade ecológica** tem sido abordada pela doutrina como **conceito** e **princípio fundamental do Direito Ambiental**,[65] tanto na esfera internacional quanto na nacional,[66]

---

[63] Passagem do voto-relator da Ministra Cármen Lúcia na ADPF 760/DF (Caso PPCDAm): STF, ADPF 760/DF, Tribunal Pleno, Rel. Min. Cármen Lúcia, Redator p/ acórdão Min. André Mendonça, j. 14.03.2024.

[64] Passagem da decisão do Ministro Luís Roberto Barroso convocatória de audiência pública perante o STF no Caso Fundo Clima (STF, ADPF 708/DF, Tribunal Pleno, Rel. Min. Luís Roberto Barroso, j. 01.07.2022.

[65] BRIDGEWATER, Peter; KIM, Rakhyun E.; BOSSELMANN, Klaus. Ecological Integrity: A Relevant Concept for International Environmental Law in the Anthropocene? *Yearbook of international Environmental Law*, v. 25, n. 1, p. 61-78, 2015; e WESTRA Laura; BOSSELMANN Klaus; WESTRA, Richard (Edits.). *Reconciling Human Existence with Ecological Integrity*: Science, Ethics, Economics and Law. London: Earthscan, 2008.

[66] SARLET, Ingo W.; FENSTERSEIFER, Tiago. *Direito constitucional ecológico*. 7. ed. São Paulo: RT, 2021, p. 76-77; e BARREIRA, Luciana. *Fato consumado e integridade ecológica*: governança judicial à luz da súmula nº 613 do STJ. Porto Alegre: Fundação Fênix, 2021.

justamente por traduzir a ideia de "sistema" que está na base da compreensão do equilíbrio ecológico e da Natureza como um todo. O conceito expressa a salvaguarda da integridade dos ecossistemas – e mesmo do ecossistema planetário em escala global –, com o propósito de assegurar a proteção dos fundamentos naturais e das funções ecológicas de sustentação da vida humana e não humana no Planeta Terra diante da recém-inaugurada nova época geológica do **Antropoceno**. É a antítese de uma compreensão fragmentária e desintegrada da proteção da Natureza, o que, em grande medida, é responsável direta pela **sexta extinção em massa** de espécies naturais em pleno curso na atualidade. A proteção da biodiversidade depende de uma proteção integral e sistêmica da Natureza.

A relevância do princípio da integridade ecológica para o Direito Ambiental contemporâneo – e, em particular e mais recentemente, para a vertente não antropocêntrica do **Direito Ecológico** – pode ser equiparada ao significado do princípio da dignidade da pessoa humana para o Direito Constitucional – e Teoria dos Direitos Fundamentais – desenvolvido a partir da segunda metade do século XX, ou seja, no período que sucedeu a Segunda Guerra Mundial até os dias atuais. Assim como o último tem se ocupado de estabelecer um regime jurídico de proteção integral da condição existencial humana, contra todas as suas formas possíveis de violação, o princípio da integridade ecológica carrega objetivo semelhante em relação à proteção da Natureza, salvaguardando as condições existenciais não apenas para o *Homo sapiens*, mas para todas as demais formas de vida que habitam o Planeta Terra. Ademais, o princípio da integridade ecológica reforça a interdependência e a complementariedade que rege a vida em todas as suas formas, como, aliás, tão bem caracterizado no conceito de "meio ambiente" consagrado pela **Lei da Política Nacional do Meio Ambiente** (Lei 6.938/81) no seu art. 3º, I.[67]

A **Declaração do Rio sobre Meio Ambiente e Desenvolvimento (1992)** estabelece, na primeira parte do seu **Princípio 7**, que "os Estados devem cooperar num espírito de parceria global para conservar, proteger e restaurar a saúde e a *integridade do ecossistema da Terra*". Também a **Carta da Terra** (*Earth Charter*), adotada na sede da UNESCO, em Paris, no ano 2000, reconhece a integridade ecológica como um dos seus princípios centrais (Princípio 5): "Proteger e restaurar a *integridade dos sistemas ecológicos da Terra*, com especial preocupação com a diversidade biológica e os processos naturais que sustentam a vida".

No âmbito constitucional, o conceito de integridade ecológica pode ser facilmente identificado em várias Constituições. A **Lei Fundamental alemã**, por exemplo, utiliza, no seu art. 20a, ao dispor sobre a tutela ecológica como dever e tarefa estatal, a expressão "**fundamentos naturais da vida**" (*die natürlichen Lebensgrundlagen*), cujo conteúdo normativo determina a salvaguarda do equilíbrio ecológico numa perspectiva ecossistêmica. No sistema constitucional brasileiro (art. 225), as expressões "**processos ecológicos essenciais**"[68] e "**função ecológica**",[69] inclusive com vedação expressa a práticas que provoquem a extinção de espécies da biodiversidade, também refletem o conteúdo do conceito e princípio da integridade ecológica. Igualmente, destaca-se a previsão do inciso III do § 1º do art. 225, ao prever a definição, em todas as unidades da Federação, de "**espaços territoriais e seus componentes a serem especialmente protegidos**, sendo a alteração e a supressão permitidas somente através de lei, **vedada qualquer utilização que comprometa a integridade dos atributos** que justifiquem sua proteção".

---

[67] "Art. 3º Para os fins previstos nesta Lei, entende-se por: I – **meio ambiente**, o conjunto de condições, leis, influências e interações de ordem física, química e biológica, que permite, abriga e rege a vida em todas as suas formas".

[68] "Art. 225 (...) § 1º Para assegurar a efetividade desse direito (ou seja, o direito fundamental ao ambiente), incumbe ao Poder Público: I – preservar e restaurar os *processos ecológicos essenciais* e prover o manejo ecológico das espécies e ecossistemas".

[69] "Art. 225, § 1º, (...) VII – proteger a fauna e a flora, vedadas, na forma da lei, as práticas que coloquem em risco sua função ecológica, provoquem a extinção de espécies ou submetam os animais a crueldade."

O regime jurídico das Unidades de Conservação, regulamentadas no plano infraconstitucional pela Lei 9.985/2000, também incorpora o princípio da integridade ecológica por meio de uma **proteção integral e holística da Natureza**, em respeito às premissas ecológicas fundamentais para a salvaguarda da **biodiversidade**. Mais recentemente, a **Lei da Política Nacional de Pagamento por Serviços Ambientais (Lei 14.119/2021)** reforça a relevância e dá visibilidade jurídica aos denominados serviços ecossistêmicos, o que também está diretamente relacionado ao princípio da integridade ecológica. A título de exemplo, os serviços prestados pela Natureza têm por premissa a integridade ecológica dos ecossistemas – como a salvaguarda da "floresta em pé". O art. 2º, I, do diploma, nesse sentido, conceitua **ecossistema** como "complexo dinâmico de comunidades vegetais, animais e de microrganismos e o seu meio inorgânico que interagem como uma unidade funcional". Já os **serviços ecossistêmicos** são conceituados no inciso II do mesmo dispositivo como os "benefícios relevantes para a sociedade gerados pelos ecossistemas, em termos de manutenção, recuperação ou melhoria das condições ambientais", nas seguintes modalidades: **serviços de provisão, serviços de suporte, serviços de regulação** e **serviços culturais**.[70] A integridade ecológica dos ecossistemas (florestas, rios, manguezais etc.) coloca-se como condição *sine qua non* para os serviços ecossistêmicos prestados pela Natureza em benefício da sociedade.

A **Lei da Política Nacional sobre Mudança do Clima** (Lei 12.187/2009) também incorpora tal princípio ao consagrar, no seu art. 4º, I, como objetivo da PNMC, a "proteção do **sistema climático**",[71] bem como ao destacar, no seu art. 3º, I, que "todos têm o dever de atuar, em benefício das presentes e futuras gerações, para a redução dos **impactos decorrentes das interferências antrópicas sobre o sistema climático**". Ao estabelecer o conceito de impacto no seu art. 2º, VI, a Lei 12.187/2009 assinala ser esse "os efeitos da mudança do clima nos **sistemas** humanos e **naturais**". Igualmente, o art. 5º, III, do diploma climático estabelece como diretriz da Política Nacional sobre Mudança do Clima "as medidas de adaptação para reduzir os efeitos adversos da mudança do clima e a **vulnerabilidade dos sistemas ambiental**, social e econômico". Como se pode identificar facilmente no conteúdo dos dispositivos citados, a compreensão do regime climático como um "sistema (natural)" permeia todo o diploma, reforçando o entendimento científico consolidado pela "Ciência do Clima ou Climática", tal como consagrado nos sucessivos Relatórios do Painel Intergovernamental sobre Mudanças Climáticas (IPCC) da ONU.

O **Código Florestal** (Lei 12.651/2012) é ainda mais preciso em termos conceituais ao utilizar a expressão "**integridade do sistema climático**" ao estabelecer os princípios norteadores do diploma.[72] O diploma florestal também trata em outras passagens, por exemplo, sobre a

---

[70] Art. 2º, II (...) a) **serviços de provisão**: os que fornecem bens ou produtos ambientais utilizados pelo ser humano para consumo ou comercialização, tais como água, alimentos, madeira, fibras e extratos, entre outros; b) **serviços de suporte**: os que mantêm a perenidade da vida na Terra, tais como a ciclagem de nutrientes, a decomposição de resíduos, a produção, a manutenção ou a renovação da fertilidade do solo, a polinização, a dispersão de sementes, o controle de populações de potenciais pragas e de vetores potenciais de doenças humanas, a proteção contra a radiação solar ultravioleta e a manutenção da biodiversidade e do patrimônio genético; c) **serviços de regulação**: os que concorrem para a manutenção da estabilidade dos processos ecossistêmicos, tais como o sequestro de carbono, a purificação do ar, a moderação de eventos climáticos extremos, a manutenção do equilíbrio do ciclo hidrológico, a minimização de enchentes e secas e o controle dos processos críticos de erosão e de deslizamento de encostas; d) **serviços culturais**: os que constituem benefícios não materiais providos pelos ecossistemas, por meio da recreação, do turismo, da identidade cultural, de experiências espirituais e estéticas e do desenvolvimento intelectual, entre outros.

[71] "Art. 4º A Política Nacional sobre Mudança do Clima – PNMC visará: I – à compatibilização do desenvolvimento econômico-social com a proteção do sistema climático."

[72] "Art. 1º-A (...) Parágrafo único. Tendo como objetivo o desenvolvimento sustentável, esta Lei atenderá aos seguintes princípios: I – afirmação do compromisso soberano do Brasil com a preservação das suas florestas e demais formas de vegetação nativa, bem como da biodiversidade, do solo, dos recursos hídricos e da **integridade do sistema climático**, para o **bem-estar das gerações presentes e futuras**; (Incluído pela

"proteção da **integridade da vegetação nativa**" (art. 3º, IX, "a") e a "**salvaguarda da absoluta integridade dos manguezais arbustivos e dos** *processos ecológicos essenciais* **a eles associados**" (art. 11-A, § 1º, II). O conceito de "sistema climático" consagrado tanto na legislação climática quanto na legislação florestal, antes referidas, revela justamente tal entendimento. É a integridade – estabilidade, equilíbrio, manutenção plena das funções ecológicas e dos processos ecológicos essenciais – dos sistemas naturais (ex.: climático, biodiversidade etc.) que a legislação ambiental almeja em última instância, ao estabelecer **deveres de proteção** a cargo tanto do **Estado** quanto de **particulares** (pessoas físicas e jurídicas).[73]

Ao traduzir para a narrativa jurídica **conceitos basilares das ciências naturais**, como a biologia e a ecologia, o princípio da integridade ecológica opera justamente por uma compreensão integral de sistema (e subsistemas) natural, com o objetivo de resguardar a sua integridade numa perspectiva ampla. A título de exemplo, diversas entidades e organizações científicas e sanitárias internacionais, como é o caso da Organização Mundial da Saúde (OMS), têm defendido o conceito de *One Health* – traduzindo para o português, **saúde única ou integral**.[74] Na sua essência, tal conceito busca a proteção da saúde de forma integral do ponto de vista ecológico, contemplando três dimensões básicas: **humana, animal e ecológica ou ecossistêmica**. A pandemia de covid-19 exemplifica de forma trágica a importância de tal **compreensão ecológica do conceito de saúde**, para além de um olhar reducionista da saúde humana, na medida em que a sua origem está associada a uma **zoonose** transmitida por animais silvestres e que, como destacado pelo PNUMA em relatório divulgado em 2020,[75] pode ser relacionada à destruição do *habitat* natural de tais espécies, entre outras práticas que acarretam destruição e desequilíbrio ecológico. A maior fragilidade da vida animal e da Natureza de um modo geral levada a efeito pela degradação ambiental implica de forma indissociável também maior fragilidade e vulnerabilidade existencial para o ser humano, o que reforça a relevância do princípio da integridade ecológica.

A integridade ecológica pode (e deve) ser reconhecida como um **novo princípio do Direito Ambiental**, consagrado tanto no plano constitucional quanto no infraconstitucional, tomando por base os exemplos normativos citados anteriormente. É nessa perspectiva, por sua vez, que Klaus Bosselmann sustenta ser a **integridade ecológica** uma espécie de *Grundnorm* ou **norma fundamental**, tanto da ordem jurídica internacional quanto da constitucional (no plano interno dos Estados), dado o seu caráter unificador do regime jurídico de proteção da Natureza, inclusive a partir da perspectiva de uma governança ecológica global de acordo com os **limites planetários**[76] (dos diferentes subsistemas, como, por exemplo, o regime climático e a biodiversidade). O princípio da integridade ecológica traduz para o plano jurídico o atual **paradigma científico da Ciência da Terra**, a partir de uma compreensão da Natureza e do Planeta Terra como um sistema vivo interconectado, em relação ao qual nós somos totalmente dependentes do ponto de vista existencial.

Lei 12.727/2012)." O conceito de área de preservação permanente (APP), previsto no art. 3º, III, do diploma florestal também está em sintonia com tal perspectiva, especialmente ao estabelecer as suas "funções ambientais" em vista da integridade do ecossistema: "área protegida, coberta ou não por vegetação nativa, com a **função ambiental de preservar os recursos hídricos, a paisagem, a estabilidade geológica e a biodiversidade, facilitar o fluxo gênico de fauna e flora, proteger o solo** e assegurar o bem-estar das populações humanas".

[73] Na jurisprudência do STJ, a respeito do reconhecimento do princípio da integridade do sistema climático, v. STJ, REsp 1.782.692/PB, 2ª T. Rel. Min. Herman Benjamin, j. 13.08.2019.

[74] Disponível em: https://www.who.int/news-room/q-a-detail/one-health.

[75] UNITED NATIONS ENVIRONMENT PROGRAMME. *Preventing the next pandemic*: zoonotic diseases and how to break the chain of transmission. Nairobi, UNEP, 2020.

[76] BRIDGEWATER; KIM; BOSSELMANN, *Ecological Integrity*..., p. 75-76.

O princípio da integridade ecológica também está em sintonia com os denominados **Direitos da Natureza**[77] e o **novo paradigma jurídico ecocêntrico**, justamente por estabelecer uma **abordagem jurídica holística, funcional e sistêmica dos fenômenos ecológicos** – e, portanto, não reducionista. Para além da proteção – também essencial – dos indivíduos e entes naturais em si (por exemplo, animais vítimas de maus-tratos, indivíduos de espécies da fauna e da flora ameaçados de extinção etc.), o princípio da integridade ecológica busca estabelecer um **parâmetro normativo** para a proteção jurídica dos *habitats* e ecossistemas (florestas, rios, biomas etc.), o que, em última instância, é fundamental para o bem-estar e a proteção dos indivíduos – espécies da fauna e da flora em geral. E também do *Homo sapiens*.

> **JURISPRUDÊNCIA STJ. Princípio da integridade do sistema climático.** "PROCESSUAL CIVIL E AMBIENTAL. AÇÃO CIVIL PÚBLICA. CONSTRUÇÕES EM **ÁREA DE PRESERVAÇÃO PERMANENTE – APP**. MARGEM DE RIO. MANGUEZAL. **PRINCÍPIO DE PRESERVAÇÃO DA INTEGRIDADE DO SISTEMA CLIMÁTICO**. CÓDIGO FLORESTAL. ARTS. 1º-A, PARÁGRAFO ÚNICO, I, 3º, II, 8º, *CAPUT* E §§ 2º, 4º, 64 e 65 DA LEI 12.651/2012. **CRISE HÍDRICA** E **MUDANÇAS CLIMÁTICAS**. ART. 5º, III, E 11 DA LEI 12.187/2009. DIREITO A CIDADE SUSTENTÁVEL. ART. 2º, I, DA LEI 10.257/2001. REGULARIZAÇÃO FUNDIÁRIA URBANA. ART. 11, I e II, e § 2º, DA LEI 13.465/2017. FUNDAMENTO ÉTICO-POLÍTICO DE JUSTIÇA SOCIAL DO DIREITO A MORADIA EXCLUSIVO DE PESSOAS POBRES, MAS APLICADO INDEVIDAMENTE PELO ACÓRDÃO RECORRIDO A CASAS DE VERANEIO E ESTABELECIMENTOS COMERCIAIS. AFASTAMENTO DA TEORIA DO FATO CONSUMADO. SÚMULA 613 DO STJ. REGULARIZAÇÃO FUNDIÁRIA URBANA DE INTERESSE SOCIAL. DEVER DO PODER PÚBLICO DE FISCALIZAR. (...). As **Áreas de Preservação Permanente** formam o coração do regime jurídico ambiental-urbanístico brasileiro no quadro maior do **desenvolvimento ecologicamente sustentável**. Ao contrário do que se imagina, o atributo de zona *non aedificandi* também revela avultado desígnio de proteger a saúde, a segurança, o patrimônio e o bem-estar das pessoas e ordem, sobretudo no espaço urbano. Daí o equívoco (e, em seguida, o desdém) de ver as **APPs como mecanismo voltado a escudar unicamente serviços ecológicos tão indispensáveis** quanto etéreos para o leigo e distantes da consciência popular, como ontra riscos de toda a ordem, sobretudo no espaço urbano. Daí o equívoco (e, em seguida, o desdém) de ver as **APPs como mecanismo voltado a escudar unicamente serviços ecológicos tao indispensáveis** quanto etéreos para o leigo e distantes da consciência popular, como **diversidade biológica, robustez do solo contra a erosão, qualidade e quantidade dos recursos hídricos, integridade da zona costeira** em face da força destruidora das marés, e **corredores de fauna e flora**. (...)" (STJ, REsp 1.782.692/PB, 2ª T. Rel. Min. Herman Benjamin, j. 13.08.2019).

5. PRINCÍPIO DA SOLIDARIEDADE (INTRAGERACIONAL, INTERGERACIONAL E INTERESPÉCIES)

> "Reconhecendo que a mudança climática é uma preocupação comum da humanidade, as Partes devem, ao tomar medidas para enfrentar a mudança climática, respeitar, promover e considerar suas respectivas obrigações sobre os direitos humanos, o direito à saúde, os direitos dos povos indígenas, comunidades locais, migrantes, crianças, pessoas com deficiência e pessoas em situações vulneráveis e o direito ao desenvolvimento, bem como

---

[77] O conteúdo do princípio da integridade ecológica no contexto dos Direitos da Natureza pode ser identificado na Constituição do Equador (2008), conforme passagem que segue: "Capítulo séptimo – Derechos de la naturaleza – Art. 71. La **naturaleza o Pacha Mama**, donde se reproduce y realiza la vida, **tiene derecho a que se respete integralmente su existencia y el mantenimiento y regeneración de sus ciclos vitales, estructura, funciones y procesos evolutivos**. (...)".

a igualdade de gênero, o empoderamento das mulheres e a equidade intergeracional (*intergenerational equity*)". **(Preâmbulo do Acordo de Paris de 2015)**

"La equidad intergeneracional busca preservar, en última instancia, la libertad de las generaciones futuras y puede sintetizarse como una cuestión de armonización entre dos extremos: por un lado, el deber estatal de procurar el máximo bienestar a la población; pero limitado o contrarrestado por el deber de no amenazar indebida o desproporcionadamente el bienestar y la supervivencia de las próximas generaciones. Así, cualquier medida que, aunque suponga beneficios actuales, ponga en riesgo la integridad del ambiente en alguna de sus vertientes, debería ser calificada de insolidaria y contraria a este principio" **(Sentença da Corte IDH no *Caso Habitantes de La Oroya vs. Peru*, 2023).**[78]

"O *princípio da solidariedade ambiental*, encadeado com o da dignidade ambiental (que contém o direito à saúde e a preservação do equilíbrio físico, psíquico, mental dos seres do planeta, dentre outros valores a serem observados), não se distancia do componente que em seu título mesmo se contém." **(Ministra Cármen Lúcia)**[79]

O princípio da solidariedade encontra-se na base jurídico-constitucional dos direitos fundamentais de terceira dimensão ou geração (entre eles, o direito ao meio ambiente) e do **Estado Ambiental ou Ecológico de Direito** contemporâneo. O princípio da solidariedade aparece, nesse horizonte, como mais uma tentativa histórica de realizar na integralidade o **projeto da modernidade**, concluindo o ciclo dos três princípios revolucionários francês: **liberdade, igualdade e fraternidade**. Trata-se, em última instância, de continuar na edificação de uma comunidade estatal que teve o seu marco inicial com o Estado Liberal, alicerçando agora novos pilares constitucionais ajustados à nova realidade social e desafios existenciais postos no espaço histórico-temporal contemporâneo, em especial no tocante à **crise ecológica**.

A CF/1988 adotou o princípio da solidariedade como objetivo central do Estado e da sociedade brasileira no seu art. 3º, I, ao estabelecer a "construção de uma sociedade livre, justa e *solidária*", além de destacar também como objetivo, a "erradicação da pobreza e da marginalização social e a redução das desigualdades sociais e regionais", o que estabelece um novo marco normativo-constitucional, consolidando a solidariedade como princípio e valor da nossa ordem jurídica. O princípio da solidariedade também aparece consubstanciado no Preâmbulo da Constituição Federal ao estabelecer que os direitos sociais e individuais, a liberdade, a segurança, o bem-estar, o desenvolvimento, a igualdade e a justiça como valores supremos de uma **sociedade fraterna**.

Os **direitos fundamentais de terceira dimensão**, como é o caso dos **direitos ecológicos**, que, em vista da sua **natureza difusa** e, portanto, de **titularidade** dispersa por **toda a coletividade**, também encontram o seu fundamento no princípio da solidariedade e na ideia de **justiça ambiental**. Na perspectiva ecológica, há também a necessidade de se assegurar uma redistribuição justa e equânime do acesso aos recursos naturais, sob pena de incidir-se em prática discriminatória, o que se acentua de forma significativa em vista da feição socioambiental que caracteriza alguns aspectos da crise ecológica. Para Ramón Martin Mateo, do ponto de vista ecológico, há a exigência de justiça distributiva contida no princípio da solidariedade, referindo-se, inclusive,

---

[78] CORTE INTERAMERICANA DE DIRETOS HUMANOS. *Caso Habitantes da La Oroya* vs. *Peru*, sentença de 27.11.2023, par. 173.

[79] Passagem do voto-relator da Ministra Cármen Lúcia na ADPF 760/DF (Caso PPCDAm): STF, ADPF 760/DF, Tribunal Pleno, Rel. Min. Cármen Lúcia, Redator p/ acórdão Min. André Mendonça, j. 14.03.2024.

à ideia de "círculos sociais progressivamente ampliados", o que objetiva contemplar uma **dupla dimensão intercomunitária e intergeracional** para a aplicação do princípio.[80]

> **JURISPRUDÊNCIA STF. Princípio da solidariedade e direitos fundamentais de terceira dimensão ou geração:** "A questão do **direito ao meio ambiente ecologicamente equilibrado – direito de terceira geração – princípio da solidariedade**. O direito à integridade do meio ambiente – típico direito de terceira geração – constitui prerrogativa jurídica de **titularidade coletiva**, refletindo, dentro do processo de afirmação dos direitos humanos, a expressão significativa de um poder atribuído, não ao indivíduo identificado em sua singularidade, mas, num sentido verdadeiramente mais abrangente, a própria **coletividade social**. Enquanto os direitos de primeira geração (Direito Civis e Políticos) – que compreendem as liberdades clássicas, negativas ou formais – realçam o princípio da liberdade e os direitos de segunda geração (Direitos Econômicos, Sociais e Culturais) – que se identificam com as liberdades positivas, reais ou concretas – acentuam o princípio da igualdade, os direitos de terceira geração, que materializam poderes de titularidade coletiva atribuídos genericamente a todas as formações sociais, consagram o **princípio da solidariedade** e constituem um **momento importante no processo de desenvolvimento, expansão e reconhecimento dos direitos humanos**, caracterizados, enquanto valores fundamentais indisponíveis, pela nota de uma essencial inexauribilidade" (STF, MS 22.164/SP, Tribunal Pleno, Rel. Min. Celso de Mello, j. 30.10.1995).

O **Princípio 3** da **Declaração do Rio (1992)** consagra que "o direito ao desenvolvimento deve ser exercido de modo a permitir que sejam atendidas equitativamente as **necessidades de desenvolvimento e de meio ambiente das gerações presentes e futuras**". O conceito de desenvolvimento sustentável trazido pelo **Relatório Nosso Futuro Comum (1987)**, elaborado pela Comissão Mundial sobre Meio Ambiente e Desenvolvimento, destaca, como premissa, atender às necessidades das gerações presentes, mas sem comprometer a possibilidade de as gerações futuras atenderem a suas próprias necessidades.[81] Assim, verifica-se a existência de importante nexo entre o princípio da solidariedade e a noção de **desenvolvimento sustentável** (ou **sustentabilidade**). A natureza difusa do bem ambiental coloca tal feição à titularidade do direito, que, em regra, deve ser usufruído tendo em vista o interesse de **toda a coletividade**. A ideia de um **patrimônio comum da humanidade** também toca de forma direta a questão ambiental, pois busca dar a dimensão de importância dos bens ambientais de maneira alijada de uma perspectiva individualista, mas, acima de tudo, solidária e compartilhada entre todos.

O princípio da solidariedade, além de incidir nas relações jurídicas travadas no âmbito doméstico, deve ser projetado **para além das fronteiras dos Estados nacionais**, o que se impõe pelo próprio contexto internacional da maioria dos sistemas naturais, no sentido de ser tomado como um imperativo, ao mesmo tempo ético e jurídico, com o propósito de conformar e limitar as práticas sociais (e também estatais) predatórias do meio ambiente, em vista de um desenvolvi-

---

[80] "Este principio tiene intrínseca validez y operatividad por lo que debería razonablemente esperarse su efectividad en círculos sociales progresivamente ampliados. Su transcendencia para la tutela del ambiente opera en una doble dimensión: intercomunitaria e intergeneracional. La importancia de la aplicación de este principio para la efectividad de la tutela ambiental se deriva de las propias exigencias de la justicia distributiva, lo que es válido tanto a escala extra como intracomunitaria y nacional" (MATEO, Ramón Martín. *Manual de derecho ambiental*, p. 44).

[81] COMISSÃO MUNDIAL SOBRE MEIO AMBIENTE E DESENVOLVIMENTO. *Relatório Nosso Futuro Comum...*, p. 46.

mento sustentável mundial. O modelo clássico de **soberania nacional** está com os dias contados em razão da crise ecológica e da **dimensão transnacional dos desafios da proteção ambiental**.[82]

Outro aspecto fundamental que caracteriza o princípio da solidariedade, especialmente na sua vertente ecológica, diz respeito à solidariedade – inclusive como dever jurídico – das gerações humanas presentes (ou viventes) para com as **gerações humanas futuras**, à luz, inclusive, do reconhecimento da dignidade de tais vidas potenciais. Para José J. Gomes Canotilho, o significado básico do **princípio da solidariedade entre gerações** circunscreve-se a "obrigar as gerações presentes a incluir como medida de ação e de ponderação os interesses das futuras gerações".[83] Essa situação se dá em razão de a proteção ambiental, como refere o próprio *caput* do art. 225 da CF/1988,[84] objetivar a salvaguarda de condições ambientais favoráveis ao desenvolvimento da vida humana em patamares de dignidade não apenas para as gerações que hoje habitam a Terra e usufruem dos recursos naturais, mas também assegurando tais condições para as gerações que habitarão a Terra no futuro. Isso, por certo, implica, necessariamente, um conjunto de **deveres e responsabilidades a cargo das gerações presentes para com as gerações futuras**, notadamente no sentido de salvaguardar a integridade do sistema ecológico planetário para o futuro.

O Artigo 10, 1, do **Acordo de Paris (2015)** estabelece, nesse sentido que: "as partes compartilham uma **visão de longo prazo** sobre a importância de realizar plenamente desenvolvimento e transferência de tecnologia a fim de melhorar a resiliência ao clima e para reduzir as emissões de gases de efeito estufa". É justamente a **"visão de longo alcance ou prazo"**, tomando em conta as consequenciais futuras das ações do passado e do presente, que deve ser incluída obrigatoriamente na "matemática" do regime jurídico climático, de modo a vincular os agentes públicos e privados à consecução de tal objetivo em vista do **princípio da responsabilidade intra e intergeracional**.

No plano jurídico, a vedação das práticas cruéis contra os animais (não humanos), como estabelecido no art. 225, § 1º, VII, da CF/1988, e no art. 33 da Lei dos Crimes e Infrações Administrativas Ambientais (Lei 9.605/98), reforçam a concepção de um princípio de **solidariedade também entre as espécies naturais**. Não apenas com relação aos animais, mas à Natureza em termos gerais. A ideia de "solidariedade entre espécies naturais", portanto, também pode transportar o reconhecimento do *valor intrínseco* de todas as manifestações existenciais, bem como o respeito e a reciprocidade indispensável ao convívio harmonioso entre todos os seres vivos na nossa casa planetária comum. A proposta de um **contrato natural**, conforme formulada por Serres, teria como propósito justamente ampliar o atual pacto social, incluindo novos parceiros de aventura natural no rol dos sujeitos de direito. O princípio da solidariedade passa a ser uma das bases éticas (e jurídicas) fundamentais da sociedade contemporânea na sua caminhada civilizatória, considerando todas as suas **dimensões (intrageracional, intergeracional e interespécies)**

Dimensões do princípio da solidariedade ambiental (ou ecológica)	1) Intrageracional 2) Intergeracional 3) Interespécies

---

[82] Os desafios impostos pela dimensão transnacional inerente aos danos ecológicos (transfronteiriços) estão relacionados a aspectos tanto de ordem material quanto de ordem processual. A respeito da discussão em torno da jurisdição adequada para os processos coletivos transnacionais, à luz de vários exemplos relacionados à temática ecológica, v. ZANETI, Graziela Argenta. *Jurisdição adequada para os processos coletivos transnacionais*. São Paulo: RT, 2020.

[83] CANOTILHO, José J. Gomes. Direito constitucional ambiental português e da União Europeia. *In*: CANOTILHO, José J. Gomes; LEITE, José Rubens Morato (org.). *Direito constitucional ambiental brasileiro*. São Paulo: Saraiva, 2007. p. 8.

[84] A Lei da Mata Atlântica (Lei 11.428/2006) reconheceu de forma expressa, no seu art. 6º, parágrafo único, entre outros, o *princípio da equidade intergeracional*.

> **COMENTÁRIO GERAL Nº 26 (2023) SOBRE OS DIREITOS DA CRIANÇA E O MEIO AMBIENTE, COM FOCO ESPECIAL NAS MUDANÇAS CLIMÁTICAS DO COMITÊ DE DIREITOS DA CRIANÇA DA ONU**
>
> **"EQUIDADE INTERGERACIONAL E GERAÇÕES FUTURAS**
>
> 11. O Comitê reconhece o princípio da equidade intergeracional e os interesses das gerações futuras, aos quais as crianças consultadas se referiram de forma esmagadora. Embora os direitos das crianças que estão presentes na Terra exijam atenção urgente imediata, **as crianças que estão chegando constantemente também têm direito à realização de seus direitos humanos ao máximo**. Além de suas obrigações imediatas sob a Convenção com relação ao meio ambiente, os Estados têm a responsabilidade por ameaças previsíveis relacionadas ao meio ambiente que surgem como resultado de seus atos ou omissões atuais, cujas implicações totais podem não se manifestar por anos ou mesmo décadas."

> **JURISPRUDÊNCIA STJ. Princípio da solidariedade e justiça intergeracional:** "Administrativo. Ambiental. Recurso especial. Supressão de vegetação. Necessidade de autorização. **Princípio da solidariedade ambiental**. Inexistência de direito adquirido a menor patamar protetivo. Fato consumado. Inviável em matéria ambiental. (...) 2. Inicialmente, é importante elucidar que **o princípio da solidariedade intergeracional** estabelece responsabilidades morais e jurídicas para as gerações humanas presentes em vista da ideia de **justiça intergeracional**, ou seja, justiça e equidade entre gerações humanas distintas. Dessa forma, **a propriedade privada deve observar sua função ambiental em exegese teleológica da função social da propriedade, respeitando os valores ambientais e direitos ecológicos**. 3. Noutro ponto, destaco a firme orientação jurisprudencial desta Corte de que 'a proteção ao meio ambiente **não difere área urbana de rural**, porquanto ambas merecem a atenção em favor da garantia da qualidade de vida proporcionada pelo texto constitucional, pelo Código Florestal e pelas demais normas legais sobre o tema' (REsp 1.667.087/RS, de minha relatoria, Segunda T., julgado em 07.08.2018, *DJe* 13.08.2018). 4. Na espécie, não há um fato ocorrido antes da vigência do novo Código Florestal, a pretensão de realizar supressão da vegetação e, consequentemente, a referida supressão vieram a se materializar na égide do novo Código Florestal. Independentemente de a área ter sido objeto de loteamento em 1979 e incluída no perímetro urbano em 1978, a mera declaração de propriedade não perfaz direito adquirido a menor patamar protetivo. Com efeito, o fato de a aquisição e registro da propriedade ser anterior à vigência da norma ambiental não permite o exercício das faculdades da propriedade (usar, gozar, dispor, reaver) em descompasso com a legislação vigente. 5. **Não há que falar em um direito adquirido a menor patamar protetivo, mas sim no dever do proprietário ou possuidor de área degradada de tomar as medidas negativas ou positivas necessárias ao restabelecimento do equilíbrio ecológico local. 6. Recurso especial provido**" (STJ, REsp 1.775.867/SP, 2ª T., Rel. Min. Og Fernandes, j. 16.05.2019).

6. PRINCÍPIO DA RESPONSABILIDADE EM FACE DAS PRESENTES E FUTURAS GERAÇÕES

A ação (e omissão) humana está na origem da atual crise ecológica. Dito de outro modo, são justamente as práticas inconsequentes e irresponsáveis dos seres humanos, incapazes de dimensionar os seus efeitos de longo prazo predatórios da Natureza (ex. o acúmulo de CO_2 na atmosfera terrestre), nas mais diversas áreas de atuação, tanto privadas quanto públicas, que nos conduziram ao atual estado de risco existencial em escala planetária. Para além da responsabilidade na esfera moral, há a necessidade de imposição de **responsabilidades (deveres** e obrigações) **no campo jurídico**, com o propósito de frear o ímpeto destrutivo que tem nos guiado nos últimos séculos, e de modo particularmente acelerado a partir da segunda metade do século XX. É nesse cenário (social, político, econômico e jurídico) que se insere o princípio da responsabilidade. Trata-se, sem dúvida, de um dos princípios precursores do Direito Ambiental, muito embora se trate de um **princípio geral de Direito**.

No plano normativo internacional, pelo menos desde a **Declaração de Estocolmo sobre o Meio Ambiente Humano (1972)**, o princípio da responsabilidade tem sido reiteradamente invocado na esfera da proteção ambiental. No seu **Preâmbulo** (item 7), restou consignado que, para efetivar a defesa e o melhoramento do meio ambiente humano para as gerações presentes e futuras, "será necessário que **cidadãos e comunidades, empresas e instituições**, em todos os planos, *aceitem as responsabilidades* que possuem e que todos eles participem equitativamente, nesse esforço comum". No mesmo dispositivo, há também a previsão de que "as administrações locais e nacionais, e suas respectivas jurisdições, são as responsáveis pela maior parte do estabelecimento de normas e aplicações de medidas em grande escala sobre o meio ambiente".

Há, conforme se pode ver na passagem citada, tanto a atribuição de responsabilidades aos indivíduos e à sociedade em geral quanto ao Estado. Além do dispositivo referido, o **Princípio 4** do diploma, de modo complementar, assevera que "**o homem tem a responsabilidade especial de preservar e administrar judiciosamente o patrimônio da flora e da fauna silvestres e seu hábitat**, que se encontram atualmente em grave perigo, devido a uma combinação de fatores adversos (...)". Já o Princípio 22, igualmente vinculado ao tema, dispõe que "os Estados devem cooperar para continuar desenvolvendo o direito internacional no que se refere à **responsabilidade e à indenização às vítimas da poluição** e de outros **danos ambientais** que as atividades realizadas dentro da jurisdição ou sob o controle de tais Estados causem a zonas fora de sua jurisdição".

A **Declaração do Rio (1992)**, por sua vez, estabelece, no seu **Princípio 7**, a denominada "**responsabilidade comum, mas diferenciada**", tomando como referência a desigualdade (sobretudo socioeconômica) existente entre os Estados no plano internacional e, consequentemente, o fato de alguns Estados (e seus respectivos cidadãos) serem grandes poluidores e consumidores de recursos naturais, enquanto outros muito pouco ou nada contribuem para a crise ecológica (e climática), tanto no presente quanto no passado.

> **PRINCÍPIO 7**
>
> Os Estados devem, em um espírito de parceria global, para a conservação, proteção e restauração da saúde e da integridade do ecossistema terrestre. Considerando as distintas contribuições para a degradação ambiental global, **os Estados têm responsabilidades comuns, porém diferenciadas**. Os **países desenvolvidos reconhecem a responsabilidade que têm** na busca internacional do desenvolvimento sustentável, em vista das pressões exercidas por suas sociedades sobre o meio ambiente global, e das tecnologias e recursos financeiros que controlam.

O **Princípio 13** da Declaração do Rio (1992) assinala, de modo complementar, que "os Estados irão desenvolver **legislação nacional relativa à responsabilidade** e à indenização das vítimas de poluição e de outros danos ambientais. Os Estados irão também cooperar, de maneira expedita e mais determinada, no **desenvolvimento do direito internacional** no que se refere à responsabilidade e à indenização por efeitos adversos dos danos ambientais causados, em áreas fora de sua jurisdição, por atividades dentro de sua jurisdição ou sob seu controle". O dispositivo citado destaca o papel que cabe ao Estado, tanto no plano interno, no sentido de adotar regime jurídico específico para assegurar a responsabilidade pelo dano ambiental, como também no plano internacional, ou seja, na relação travada pelos Estados-Nação.[85]

Da previsão genérica do Princípio 7 da Declaração do Rio, aplicada a toda ordem jurídica internacional ambiental, o princípio da responsabilidade comum, mas diferenciada a ser incorporado como um dos **princípios-chave do regime jurídico climático** internacional na Convenção-Quadro sobre Mudança do Clima (1992).

CONVENÇÃO-QUADRO SOBRE MUDANÇA DO CLIMA (1992)

PREÂMBULO

Reconhecendo que a natureza global da mudança do clima requer a maior cooperação possível de todos os países e sua participação em uma resposta internacional efetiva e apropriada, conforme suas **responsabilidades comuns, mas diferenciadas** e respectivas capacidades e condições sociais e econômicas (...)

ARTIGO 3º
PRINCÍPIOS

Em suas ações para alcançar o objetivo desta Convenção e implementar suas disposições, as Partes devem orientar-se *inter alia*, pelo seguinte:

1. As Partes devem proteger o sistema climático em benefício das gerações presentes e futuras da humanidade com base na equidade e em conformidade com suas **responsabilidades comuns, mas diferenciadas** e respectivas capacidades. Em decorrência, as Partes países desenvolvidos devem tomar a iniciativa no combate à mudança do clima e a seus efeitos negativos.

ARTIGO 4º
OBRIGAÇÕES

1. Todas as Partes, levando em conta suas **responsabilidades comuns, mas diferenciadas** e suas prioridades de desenvolvimento, objetivos e circunstâncias específicos, nacionais e regionais, devem: (...)

O princípio da responsabilidade comum, mas diferenciada também foi consagrado no **Acordo de Paris (2015)**.

ACORDO DE PARIS (2015)

PREÂMBULO

Procurando atingir o objetivo da Convenção e guiadas por seus princípios, incluindo o **princípio de equidade e responsabilidades comuns, porém diferenciadas** e respectivas capacidades, **à luz das diferentes circunstâncias nacionais**,

ARTIGO 2º
(...)

---

[85] No âmbito internacional, merece destaque também a **Declaração da UNESCO sobre as Responsabilidades das Gerações Presentes em Relação às Gerações Futuras (1997)**, adotada pela Conferência Geral da UNESCO (em sua 29ª sessão). Disponível em: http://unesdoc.unesco.org/images/0011/001108/110827por.pdf.

2. Este Acordo será implementado de modo a refletir equidade e **o princípio das responsabilidades comuns, porém diferenciadas** e respectivas capacidades, à luz das diferentes circunstâncias nacionais.

ARTIGO 4º
(...)
3. A **contribuição nacionalmente determinada** sucessiva de cada Parte representará uma progressão em relação à contribuição nacionalmente determinada então vigente e refletirá sua maior ambição possível, tendo em conta suas **responsabilidades comuns, porém diferenciadas** e respectivas capacidades, à luz das diferentes circunstâncias nacionais.

O princípio das responsabilidades comuns, mas diferenciadas norteia o Direito Climático. Ao reconhecer a desigualdade histórica em termos de responsabilidade na emissão de gases do efeito estufa, a contar especialmente da Revolução Industrial (meados do Século XVIII), o princípio estabelece importante diretriz normativa para atribuição de carga maior de obrigações às Nações desenvolvidas voltadas à adoção de medidas de redução na emissão de gases do efeito estufa. Por essa ótica, são contabilizadas as **emissões históricas de CO$_2$** atribuíveis a cada País, a contar da Revolução Industrial, considerando, inclusive, o acúmulo das emissões lançadas séculos atrás até hoje na atmosfera terrestre. Há forte imperativo de **justiça climática** por trás do princípio da responsabilidade comum, mas diferenciada. O Acordo de Paris, a título de exemplo, estabelece, no seu art. 10, a **transferência de tecnologia e recursos** para as Nações em desenvolvimento realizarem corte de emissões e implantarem medidas de adaptação e de resiliência.

Na legislação ambiental brasileira, a "responsabilidade comum, mas diferenciada" foi consagrada por meio da **Lei da Política Nacional sobre Mudança do Clima (Lei 12.187/2009)**, precisamente no seu art. 3º, *caput*, ao asseverar que a Política Nacional sobre Mudança do Clima e as ações dela decorrentes, executadas sob a responsabilidade dos entes políticos e dos órgãos da administração pública, observarão, entre outros princípios, o das responsabilidades comuns, porém diferenciadas, no âmbito internacional.

Art. 3º A PNMC e as ações dela decorrentes, executadas sob a responsabilidade dos entes políticos e dos órgãos da administração pública, observarão os **princípios** da precaução, da prevenção, da participação cidadã, do desenvolvimento sustentável e o **das responsabilidades comuns, porém diferenciadas**, este último no âmbito internacional, e, quanto às medidas a serem adotadas na sua execução, será considerado o seguinte:
I – todos têm o **dever de atuar, em benefício das presentes e futuras gerações**, para a redução dos impactos decorrentes das **interferências antrópicas sobre o sistema climático**; (...)
III – as medidas tomadas devem levar em consideração os diferentes contextos socioeconômicos de sua aplicação, **distribuir os ônus e encargos** decorrentes entre os setores econômicos e as populações e comunidades interessadas de modo equitativo e equilibrado e sopesar as **responsabilidades individuais quanto à origem das fontes emissoras e dos efeitos ocasionados sobre o clima** (...).

No ordenamento jurídico brasileiro, o primeiro diploma que tratou de forma diferenciada a temática da responsabilidade pelos danos ecológicos foi a **Lei 6.453/77**, que regulou a **responsabilidade civil por danos nucleares** e a responsabilidade criminal por atos relacionados com atividades nucleares. Além da responsabilização de ordem criminal pelos danos nucleares, o diploma em análise consagrou a responsabilidade objetiva, ou seja, independentemente da existência de culpa do operador da instalação nuclear, para ensejar a responsabilização civil pelo dano nuclear, bem como a natureza solidária atribuída a ela. Sobre o tema, dispõe o diploma em comento que "será exclusiva do operador da instalação nuclear, nos termos desta Lei, independentemente da existência de culpa, a responsabilidade civil pela reparação de dano nuclear causado por acidente nuclear" (art. 4º, *caput*), bem como, "quando responsáveis mais de um operador, respondem eles solidariamente, se impossível apurar-se a parte dos danos atribuível a cada um" (art. 5º).

A inovação jurídica em questão **rompe com o paradigma liberal-individualista clássico do Direito Civil**, abrindo caminho para, pouco tempo depois, a consagração da natureza objetiva e solidária da responsabilidade civil ambiental levada a efeito pela **Lei 6.938/81**, ao dispor, no seu **art. 14, § 1º**, que também a responsabilidade civil em matéria ambiental é de natureza objetiva, ou seja, independentemente da existência de culpa do poluidor.[86] O diploma em questão igualmente reconheceu, no mesmo dispositivo citado, a legitimidade do Ministério Público para promover ação judicial em vista da reparação civil dos danos ambientais, bem como reconheceu um conceito amplo de poluidor centrado na atividade de risco, e não apenas na ação ou omissão individual (em contraste com o art. 186 do Código Civil), desempenhada por agentes públicos e privados responsáveis direta ou indiretamente pela degradação ambiental, conforme consagrado no art. 3º, IV, da Lei 6.938/81.

À luz desse cenário consolidado a respeito da responsabilidade pelos danos ambientais, sobretudo na esfera cível, a CF/1988, no § 4º do art. 225, veio aprimorar o regime jurídico até então vigente, consagrando expressamente a **tríplice responsabilidade (administrativa, civil e penal) do poluidor** pelo dano ambiental:

> "As condutas e atividades consideradas lesivas ao meio ambiente sujeitarão os infratores, pessoas físicas e jurídicas, a sanções **penais** e **administrativas, independentemente da obrigação de reparar os danos causados**".

A responsabilização pelo dano ambiental ainda foi complementada de forma expressiva pela **Lei dos Crimes e Infrações Administrativas em Matéria Ambiental (Lei 9.605/98)**, inclusive no tocante à **responsabilização penal da pessoa jurídica** em decorrência da prática de crimes ambientais (art. 3º), seguindo a diretriz delineada pela própria CF/1988 no dispositivo referido anteriormente. No plano infraconstitucional, o princípio da responsabilidade foi regulamentado a ponto de alcançar as três esferas da responsabilização do poluidor pelos danos causados ao meio ambiente. A Lei 6.938/81 resultou encarregada da **responsabilidade civil** pelo dano ambiental, ao passo que a Lei 9.605/98 tratou tanto a **responsabilidade penal** quanto a **responsabilidade administrativa** (art. 70 e ss.[87]) na matéria. Mais recentemente, o regime da responsabilidade civil em matéria ambiental foi reforçado pela **Lei da Política Nacional de Resíduos Sólidos (Lei 12.305/2010)**, ao consagrar de forma expressa a **responsabilidade pós-consumo**, ou seja, a **responsabilidade compartilhada pelo ciclo de vida dos produtos** (art. 6º, VII).

Outro exemplo importante é a previsão estabelecida na **Lei da Política Nacional de Segurança de Barragens – PNSB (Lei 12.334/2010)**[88], notadamente em vista das alterações legislativas promovidas no diploma pela Lei 14.066/2020, em razão da forte mobilização social e política provocadas pelos desastres ambientais e humanos decorrentes do rompimento de barragens de

---

[86] Na doutrina, v., por todos, BENJAMIN, Antonio Herman. Responsabilidade civil pelo dano ambiental. *Revista de Direito Ambiental*, São Paulo, v. 9, p. 5-52, jan.-mar. 1998.

[87] De acordo com o art. 70, *caput*, da Lei 9.605/98, "considera-se infração administrativa toda ação ou omissão que viole as regras jurídicas de uso, gozo, promoção, proteção e recuperação do meio ambiente".

[88] O Decreto 11.310/22 regulamenta dispositivos da Lei 12.334/2010, ao dispor sobre as atividades de fiscalização e a governança federal da Política Nacional de Segurança de Barragens, bem como institui o Comitê Interministerial de Segurança de Barragens.

mineração nos casos de Mariana (2015) e Brumadinho (2019). Entre as inovações legislativas estabelecidas pela Lei 14.066/2020, o art. 4º, III, da Lei da PNSB passou a prever que "a responsabilidade legal do empreendedor pela segurança da barragem, pelos danos decorrentes de seu rompimento, vazamento ou mau funcionamento e, independentemente da existência de culpa, pela reparação desses danos".

Na legislação ambiental brasileira, há um regime jurídico sólido no tocante à responsabilização do poluidor pelo dano ambiental, alcançando pessoas físicas e jurídicas, privadas e públicas (art. 3º, IV, da Lei 6.938/81). Igualmente, Juízes e Tribunais brasileiros têm fortalecido no âmbito jurisprudencial a responsabilidade pelos danos ecológicos, inclusive avançando de forma progressista em alguns pontos, por exemplo, na responsabilização pelo **dano moral ambiental coletivo**, no acolhimento da **teoria do risco integral** para a responsabilização civil em matéria ambiental, na adoção da prioridade da **reparação *in natura* e integral do dano ambiental** (em detrimento da reparação por perdas e danos, pois jamais será equivalente à perda da biodiversidade e da qualidade ambiental), na tríplice responsabilização do poluidor e **independência entre as esferas civil, administrativa e penal**, na **relativização do nexo causal**, entre outros pontos sensíveis da matéria. A título de exemplo, no tocante ao **dano moral (ou extrapatrimonial) ambiental**, doutrina e jurisprudência têm convergido substancialmente no sentido de que o dano ecológico abarca lesões de natureza social e moral coletiva, ou seja, o dano consiste no impacto negativo ao bem-estar da coletividade decorrente da degradação da Natureza, conforme será tratado com maiores detalhes no *Capítulo 13*.

O princípio da responsabilidade, de modo similar ao que verificamos no tocante ao princípio da solidariedade, também possui **múltiplas dimensões** (alcançando inclusive os **interesses das futuras gerações**), que guardam relação com outros princípios gerais e setoriais relevantes para a questão ambiental. A mensagem mais elementar a ser extraída do princípio da responsabilidade é a de **conter o ímpeto destrutivo do ser humano na sua relação com a Natureza**, colocando, para tanto, **balizas normativas** tanto de ordem **moral** quanto **jurídica**, inclusive com a utilização, quando necessário, dos recursos mais extremos do nosso ordenamento jurídico (e Sistema de Justiça), como é o caso do Direito Penal.

7. PRINCÍPIO DO POLUIDOR-PAGADOR E DO USUÁRIO-PAGADOR

A utilização de recursos naturais, no ciclo de produção de bens e serviços, enseja a geração de **externalidades negativas**, notadamente em termos de poluição e degradação ambiental. O princípio do poluidor-pagador, tomado em tal perspectiva, objetiva justamente **"internalizar" nas práticas produtivas** (em última instância, no preço dos produtos e serviços) os **custos ecológicos**, evitando-se que eles sejam suportados de modo indiscriminado (e, portanto, injusto) por toda a sociedade e, em particular, por determinados indivíduos e grupos sociais.[89] A poluição atmosférica é um dos exemplos mais antigos (ex. chuva ácida) de externalidade, o que, no contexto da crise climática e em vista da emissão de gases do efeito estufa, pode ser concebida como **externalidade climática**. Aliás, a versão climática do princípio do poluidor-pagador poderia ser referida como **princípio do emissor-pagador**, com o escopo de responsabilizar o emissor de gases do efeito estufa e promover a **internalização dos custos climáticos** derivados da sua atividade produtiva, por exemplo, por meio da precificação do carbono emitido.

O princípio do poluidor-pagador não deixa de ser uma decorrência normativa do próprio princípio da responsabilidade aplicado à matéria ambiental. A origem do princípio do poluidor pagador (*Verursacherprinzip*) é atribuída à legislação ambiental alemã da década de 1970, assim como, aliás, ocorre com relação a outros princípios gerais do Direito Ambiental, como é o caso,

---

[89] A respeito das externalidades negativas e o seu decorrente custo social, pelo prisma ecológico, v. NUSDEO, Fábio. *Desenvolvimento e ecologia...*, p. 52.

por exemplo, dos princípios da precaução e da cooperação.⁹⁰ O princípio do poluidor-pagador é uma das premissas para a responsabilização dos agentes poluidores e atribuições dos seus respectivos deveres de reparação dos danos causados ao meio ambiente e a terceiros. É precisa, nesse sentido, a lição doutrinária do Ministro Herman Benjamin a respeito do tema:

> "em termos econômicos, a responsabilidade civil é vista como uma das técnicas de incorporação das chamadas externalidades ambientais ou custos sociais ambientais decorrentes da atividade produtiva. E isso se faz sob a sombra do princípio poluidor-pagador, um dos mais importantes de todo o Direito Ambiental".⁹¹

De acordo com Ramón Martin Mateo, o princípio do poluidor pagador representa autêntica "piedra angular del Derecho Ambiental", com o propósito de **eliminar as motivações econômicas da contaminação**, inclusive aplicando os imperativos da ética distributiva.⁹² Em outras palavras, coloca-se a necessidade de vincular juridicamente o gerador de tais custos ambientais (ou seja, poluidor), independentemente de ser ele o **fornecedor** (ou produtor) ou mesmo o **consumidor**, com o propósito de ele ser responsabilizado e, consequentemente, arcar com tais custos ecológicos, **exonerando-se a sociedade desse encargo**. Afinal de contas, como afirmam Aragão e Leme Machado, ao tratar o tema pela ótica civilista (direito de propriedade), "o poluidor que usa gratuitamente o meio ambiente para nele lançar os poluentes invade a propriedade pessoal de todos os outros que não poluem, confiscando o direito de propriedade alheia".⁹³

O princípio do poluidor-pagador não expressa, em hipótese alguma, a configuração jurídica de uma "faculdade" atribuída ao poluidor, ou seja, se pagar, pode poluir livremente. Como assinala José Afonso da Silva ao analisar o princípio em questão e com suporte na doutrina de Fernando Alves Correia, "é equivocado quando se pensa que dá direito de poluir, desde que pague. Não é isso, não pode ser isso. Ele significa, tão-só, que aquele que polui fica "obrigado a corrigir ou recuperar o meio ambiente, suportando os encargos daí resultantes, não lhe sendo permitido continuar a ação poluente".⁹⁴ O *laissez faire* **em matéria ambiental** é algo do passado, de um período anterior ao Direito Ambiental, de modo que o princípio do poluidor-pagador expressa, na sua essência, a responsabilização jurídica e dever de reparação de danos ecológicos atribuídos àquele que polui a Natureza, não permitindo, assim, a "socialização" das externalidades ambientais em desfavor da coletividade.

O princípio do poluidor-pagador, por essa ótica, tem por escopo tanto uma **dimensão preventiva**, a fim de internalizar previamente as externalidades, quanto uma "**dimensão reparatória**" (e redistributiva), notadamente na hipótese de a atividade não haver internalizado satisfatoriamente os custos sociais e ambientais, o que se verifica, por exemplo, na hipótese de ocorrência de um desastre ambiental. Destaca-se, nesse sentido, passagem de decisão proferida pelo STJ no REsp 1.612.887/PR, a respeito do conteúdo e efeitos práticos do princípio do poluidor-pagador:

> "Os danos ambientais, segundo a sistemática da Lei 6.938/1981, são regidos pela **Teoria do Risco Integral**, o que é justificado pelo **princípio do poluidor-pagador** e pela **vocação redistributiva do Direito Ambiental**.

---

⁹⁰ KLOEPFER, Michael. *Umweltrecht*..., p. 189 e ss.
⁹¹ BENJAMIN, Antônio Herman. Responsabilidade civil por dano ambiental. *Revista de Direito Ambiental* (RDA), v. 3, n. 9, 1998, p. 16-17.
⁹² MATEO, Ramón Martín. *Manual de derecho ambiental*..., p. 49.
⁹³ MACHADO; ARAGÃO, *Princípios do direito ambiental*..., p. 74.
⁹⁴ SILVA, José Afonso da. *Direito constitucional ambiental*..., p. 110.

A **teoria do poluidor-pagador**, tem, realmente, **caráter redistributivo** e toma como ponto de partida a distinção entre internalidades e **externalidades das atividades produtivas**. Com efeito, referida teoria "se inspira na teoria econômica de que os custos sociais externos que acompanham o processo produtivo (*v.g.* o custo resultante dos danos ambientais) devem ser internalizados, vale dizer, que os agentes econômicos devem levá-los em conta ao elaborar os custos de produção e, consequentemente, assumi-los" (MILARÉ, Édis. Princípios fundamentais do Direito do Ambiente. *Justitia*, São Paulo, v. 59, n. 181/184, p. 134-151, jan./dez. 1998).

Impõe-se, assim, ao poluidor, por força de referido princípio, o **dever de arcar com as despesas de prevenção, repressão e reparação da poluição**.

Esse modelo oferece maior proteção do meio ambiente, patrimônio coletivo da sociedade, impondo aos agentes econômicos a internalização dos custos externos à dinâmica de investimentos envolvidos em sua atividade privada, evitando-se a "privatização de lucros e socialização de perdas".

Portanto, segundo o entendimento consolidado na jurisprudência desta Corte em diversos julgados, proferidos, inclusive, em sede de recurso especial repetitivo (**Temas 438, 681 e 707 deste STJ**), não é possível ao responsável arguir qualquer causa exonerativa da responsabilidade, que **decorre do mero exercício da atividade de risco ambiental**".[95]

O princípio do poluidor-pagador tem por objetivo a responsabilização de todos os agentes que atuam em determinada **cadeia produtiva** (ex.: petróleo e gás, mineração etc.) e dela se **beneficiam economicamente** (ou de outra forma), internalizando os custos sociais/ambientais/climáticos na atividade produtiva, tanto preventivamente (melhor opção) quanto *a posteriori* (se a prevenção não foi efetiva) por meio do dever de reparação integral dos danos causados ao meio ambiente e a terceiros. A responsabilização jurídica do poluidor deve alcançar tanto a **atividade-fim (poluidor direito)** quanto a **atividade-meio (poluidor indireto)**. O princípio do poluidor-pagador opera em harmonia com o **conceito amplo de poluidor** (direito e indireto) consagrado na Lei 6.938/81 e jurisprudência do STJ.

Mais recentemente, a consolidação de um **regime jurídico de proteção climática** conduz ao reconhecimento do princípio do poluidor-pagador como um dos seus princípios reitores, notadamente pela relevância de, em defesa da integridade do sistema atmosférico terrestre, como **bem comum de todos** (tanto em escala nacional quanto internacional), **internalizar as "externalidades climáticas"** (ex. emissão de gases do efeito estufa, desmatamento florestal etc.) e atribuir as devidas responsabilidades (administrativa, civil e criminal) aos agentes públicos e privados **poluidores climáticos**.

No plano internacional, o princípio do poluidor-pagador foi consagrado expressamente pela **Declaração do Rio (1992)**, precisamente no seu **Princípio 16**, ao consignar que:

> **PRINCÍPIO 16**
>
> As autoridades nacionais devem procurar promover a **internalização dos custos ambientais** e o uso de **instrumentos econômicos**, tendo em vista a abordagem segundo a qual **o poluidor deve, em princípio, arcar com o custo da poluição**, com a devida atenção ao **interesse público** e sem provocar distorções no comércio e nos investimentos internacionais.

---

[95] STJ, REsp 1.612.887/PR, 3a T., Rel. Min. Nancy Andrighi, j. 28.04.2020.

A CLÁUSULA *NIMBY* ("*NOT IN MY BACK YARD*") CONSAGRADA PELA CONVENÇÃO DA BASILEIA (1989) E OS PRINCÍPIOS DO POLUIDOR-PAGADOR E DA JUSTIÇA AMBIENTAL

A expressão **"not in my backyard"** (em português, **"não no meu quintal ou pátio"**), representada pela sigla NIMBY, tornou-se popular nas décadas de 1970 e 1980, justamente no período em que se fortaleciam tanto a consciência ecológica quanto as políticas ambientais, especialmente no sentido de conter a poluição industrial e a preocupação em relação à destinação dos resíduos tóxicos resultantes da atividade produtiva. Como resultado de tal movimento, destaca-se a **Convenção de Basileia sobre o Controle dos Movimentos Transfronteiriços de Resíduos Perigosos e sua Eliminação**, adotada em 22 de março de **1989** pela Conferência de Plenipotenciários na Basileia, Suíça. A convenção da Basileia foi, em grande medida, uma resposta ao **protesto público** na sequência da descoberta, nos anos 1980, na África e em outras partes do **mundo em desenvolvimento**, de **depósitos de resíduos tóxicos importados do estrangeiro**, notadamente de **países desenvolvidos**.

O despertar da consciência ecológica e o correspondente endurecimento da regulamentação ambiental no mundo industrializado nas décadas de 1970 e 1980 levaram ao aumento da **resistência do público à disposição de resíduos perigosos** – de acordo com o que ficou conhecido meio da **expressão NIMBY (Not In My Back Yard)** – e a uma escalada dos custos em relação à sua disposição final. Isso, por sua vez, levou alguns empreendedores a buscar soluções mais "econômicas" de descarte de resíduos perigosos na Europa Oriental e no mundo em desenvolvimento, onde a consciência ambiental estava muito menos desenvolvida e faltavam regulamentos e mecanismos de fiscalização. Foi nesse contexto que a Convenção de Basileia foi negociada no final da década de 1980, com o seu objetivo de **combater o "comércio tóxico"**, entrando em vigor em **1992**.

A **Declaração do Rio (1992)**, por sua vez, acolheu no seu **Princípio 14** o conteúdo da Convenção da Basileia ao prever expressamente que "os Estados devem cooperar de forma efetiva para **desestimular ou prevenir a realocação e transferência, para outros Estados, de atividades e substâncias que causem degradação ambiental grave ou que sejam prejudiciais à saúde humana**". O objetivo global da Convenção de Basileia, alinhado com o Princípio 14 referido, é **proteger a saúde humana e o meio ambiente** contra os efeitos adversos dos resíduos perigosos. O seu âmbito de aplicação abrange uma vasta gama de resíduos definidos como "resíduos perigosos" com base na sua origem e/ou composição e nas suas características, bem como dois tipos de resíduos definidos como "outros resíduos" – resíduos domésticos e cinzas de incineração.

As disposições da Convenção centram-se nos seguintes objetivos principais: **(a)** a redução da geração de resíduos perigosos e a promoção da **gestão ambientalmente correta de resíduos perigosos**, onde quer que seja o local de disposição; **(b)** a **restrição dos movimentos transfronteiriços de resíduos perigosos**, exceto quando considerados conformes com os princípios de uma gestão ambientalmente racional; e **(c)** estabelecer um sistema de regulação aplicável aos casos em que são permitidos movimentos transfronteiriços.

O primeiro objetivo é abordado por meio de uma série de disposições gerais que exigem que os Estados observem os princípios fundamentais de uma gestão de resíduos ambientalmente racional (artigo 4º). Várias **proibições**, por sua vez, destinam-se a atingir o segundo objetivo, ou seja, os resíduos perigosos não podem ser exportados para a **Antárctica**, para um **Estado que não seja parte na Convenção de Basileia** ou para uma **parte que tenha proibido a importação de resíduos perigosos** (artigo 4º). As Partes podem, todavia, celebrar acordos bilaterais ou multilaterais sobre gestão de resíduos perigosos com outras Partes ou com não Partes, desde que tais acordos não sejam "menos ecológicos" do que a Convenção de Basileia (artigo 11º). Em todos os casos em que a transferência transfronteiriça não seja, em princípio, proibida, só poderá ter lugar se representar uma **solução ambientalmente racional**, se forem observados os princípios da gestão ambientalmente racional e da não discriminação e se for efetuada em conformidade com o sistema regulamentar da Convenção.

O **sistema regulamentar** é a pedra angular da Convenção de Basileia, tal como inicialmente adotada. Baseado no **conceito de consentimento prévio esclarecido**, exige que, antes de uma exportação poder ter lugar, as autoridades do Estado de exportação **notifiquem as autoridades dos potenciais Estados de importação e trânsito**, fornecendo-lhes **informações pormenorizadas sobre o movimento pretendido**. O movimento só pode prosseguir se e quando todos os Estados em causa tiverem dado o seu **consentimento escrito** (artigos 6º e 7º). A Convenção de Basileia também prevê a **cooperação entre as partes**, desde o intercâmbio de informações sobre questões relevantes para a aplicação da Convenção até à **assistência técnica**, em especial aos países em desenvolvimento (artigos 10 e 13). O Secretariado da Convenção, por sua vez, deve facilitar e apoiar essa cooperação, atuando como câmara de compensação (artigo 16). No caso de um movimento transfronteiriço de resíduos perigosos ter sido efetuado ilegalmente, ou seja, em violação do disposto nos artigos 6º e 7º, ou não poder ser concluído como previsto, a Convenção atribui a responsabilidade a um ou mais dos Estados envolvidos e impõe o dever de garantir a **eliminação segura**, quer por **reimportação no Estado de produção**, quer por outra via (artigos 8º e 9º).

A Convenção da Basileia, como se pode perceber, regulamenta no plano internacional, em alguma medida, um sistema de responsabilidade pela produção de resíduos tóxicos e perigosos à saúde e ao meio ambiente, procurando **"internalizar" os custos sociais e ecológicos** da atividade produtiva e, assim, operacionalizando e concretizando o **princípio do poluidor-pagador**. Da mesma forma, ao procurar combater o "comércio internacional de substâncias tóxicas" e evitar que tais substâncias encontrem nos países em desenvolvimento o seu destino final, em prejuízo das suas populações e meio ambiente, a Convenção da Basileia também dá guarida ao marco jurídico da justiça ambiental.

O movimento pela **justiça ambiental**, originário da década de 1970, nos EUA, representa, como tratado anteriormente em tópico específico, justamente o enfrentamento da injustiça social e ambiental que se verificou em algumas localidades dos EUA (e a mesma situação se reproduz mundialmente). Eram as populações pobres e negras (por isso, o fenômeno da **"injustiça ambiental"** também é denominado por alguns de **"racismo ambiental"**), que sofriam os efeitos negativos da poluição de forma mais intensa, justamente por residirem próximas a áreas industriais e áreas utilizadas para a disposição de substâncias tóxicas e perigosas. De tal sorte, também no âmbito interno dos Estados verifica-se o fenômeno do "comércio de substâncias tóxicas" e a maior exposição dos indivíduos e grupos sociais vulneráveis aos seus efeitos negativos. Resumindo, é muito importante que o princípio do poluidor-pagador seja manejado sempre em sintonia com o princípio da justiça ambiental, computando na "conta" do empreendedor de atividade poluidora tanto o **ônus social** quanto o **ônus ambiental** decorrente da atividade produtiva.

No ordenamento jurídico brasileiro, a **Lei da Política Nacional do Meio Ambiente (Lei 6.938/81)** consagrou o princípio do poluidor-pagador (e o princípio do usuário-pagador) no seu **art. 4º, inciso VII**, visando estabelecer:

> "(...) a imposição, ao **poluidor** e ao predador, da **obrigação de recuperar e/ou indenizar os danos causados** e, ao **usuário**, da **contribuição pela utilização de recursos ambientais com fins econômicos**".

De modo complementar, a Lei 6.938/81 estabelece o **conceito de poluidor**, no seu art. 3º, IV, como "a pessoa física ou jurídica, de direito público ou privado, responsável, direta ou indiretamente, por atividade causadora de degradação ambiental". Embora os dispositivos citados não tenham empregado diretamente a expressão "poluidor-pagador", o conteúdo do princípio está ali consagrado.

O conteúdo do princípio do poluidor-pagador não se dirige única e exclusivamente ao **fornecedor de bens e serviços de consumo**, mas também impõe responsabilidades ao **consumidor ou usuário** de tais produtos ou serviços, inclusive de acordo com o conteúdo da parte final da norma inscrita no art. 4º, VII, da Lei 6.938/81, conforme referido. É possível, portanto, identificar o **princípio do usuário-pagador** como um princípio do Direito Ambiental, orientando normativamente o usuário de recursos naturais no sentido de adequar as práticas de consumo ao uso racional e sustentável destes, bem como à **ampliação do uso de tecnologias limpas** no âmbito dos **produtos e serviços de consumo**, a exigência de **certificação ambiental** dos produtos e serviços etc.

A CF/1988 igualmente consagrou – ainda que não expressamente – e incorporou o princípio do poluidor-pagador ao regime constitucional de proteção ecológica, ao tratar da **tríplice responsabilidade** (penal, administrativa e civil) do poluidor, prevista no § 3º do art. 225. O entendimento em questão encontra-se consagrado na passagem que segue do voto do Ministro Fachin no Julgamento da **ADC 42/DF** (Caso do Novo Código Florestal):

> "Assim, é em consonância com o disposto no art. 225, § 3º, da CRFB, que se deve ler a regra constante da Declaração do Rio de que o 'poluidor deve, em princípio, arcar com o custo da poluição', medida que deve ter por estimação, conquanto difícil, a reparação dos danos causados, de modo a restaurar os processos ecológicos essenciais (art. 225, § 1º, I, da CRFB) (...) O art. 225, § 1º, III, da CRFB fixa a cláusula conhecida como o **princípio do poluidor pagador**"[96] (grifos nossos).

Posteriormente, o princípio do poluidor-pagador foi assinalado no art. 6º, II, da **Lei da Política Nacional de Resíduos Sólidos (Lei 12.305/2010)**, mesmo dispositivo do denominado *princípio do protetor-recebedor*. A **Lei da Mata Atlântica** (Lei 11.428/2006) tratou de consagrar normativamente, no seu art. 6º, parágrafo único, entre outros princípios, o **princípio do usuário-pagador**. Antes ainda, de modo similar, a **Lei da Política Nacional de Recursos Hídricos** (Lei 9.433/97) também havia incorporado o mesmo entendimento, ao consagrar, no seu art. 5º, IV, como instrumento da Política Nacional de Recursos Hídricos, "a **cobrança pelo uso de recursos hídricos**". A diretriz geral de ambos os princípios (poluidor-pagador e usuário-pagador) consiste, portanto, na responsabilização jurídica e econômica pelos danos causados ao meio ambiente com o nítido propósito de desonerar a sociedade, ou, pelo menos, de modo a minimizar o fenômeno da **"externalização" dos custos ambientais** gerados no âmbito das atividades de produção e consumos de bens e serviços.

O instituto jurídico da **compensação ambiental**, previsto no art. 36 da **Lei 9.985/2000 (Sistema Nacional de Unidades de Conservação)**, é um exemplo ilustrativo de aplicação concreta do princípio do poluidor-pagador. O STF, por essa ótica, serviu-se justamente do princípio para fundamentar sua decisão lançada na ADI 3.378/DF[97] no sentido da constitucionalidade do dispositivo da Lei do SNUC referido. A compensação ambiental, por sua vez, representa um mecanismo de **internalização dos custos ecológicos** de **empreendimento de significativo impacto ambiental** que acarretará inevitavelmente danos ecológicos (ex. construção de rodovia, construção de loteamento e condomínio de casas etc.), direcionando recursos (e **obrigações de fazer a cargo do empreendedor**) para unidades de conservação do Grupo de Proteção Integral (não obstante também seja possível sua reversão em favor de unidades de conservação do grupo de uso sustentável, conforme prevê o recém-incluído § 4º no art. 36), como forma de mitigar o prejuízo ecológico ocasionado.

---

[96] STF, ADC 42/DF, Plenário, Rel. Min. Luiz Fux, j. 28.02.2018, p. 361.
[97] STF, ADI 3.378/DF, Tribunal Pleno, Rel. Min. Carlos Britto, j. 09.04.2008.

COMPENSAÇÃO AMBIENTAL E PRINCÍPIO DO POLUIDOR-PAGADOR

Art. 36. Nos casos de licenciamento ambiental de **empreendimentos de significativo impacto ambiental**, assim considerado pelo órgão ambiental competente, com fundamento em estudo de impacto ambiental e respectivo relatório – EIA/RIMA, o **empreendedor é obrigado a apoiar a implantação e manutenção de unidade de conservação do Grupo de Proteção Integral**, de acordo com o disposto neste artigo e no regulamento desta Lei. (Regulamento.)

§ 1º O **montante de recursos a ser destinado pelo empreendedor** para esta finalidade não pode ser inferior a meio por cento dos custos totais previstos para a implantação do empreendimento, sendo o percentual fixado pelo órgão ambiental licenciador, de acordo com o grau de impacto ambiental causado pelo empreendimento. (Vide ADIN 3.378, de 2008.)

§ 2º Ao órgão ambiental licenciador compete definir as unidades de conservação a serem beneficiadas, considerando as propostas apresentadas no EIA/RIMA e ouvido o empreendedor, podendo inclusive ser contemplada a **criação de novas unidades de conservação**.

§ 3º Quando o empreendimento **afetar unidade de conservação específica ou sua zona de amortecimento**, o licenciamento a que se refere o *caput* deste artigo só poderá ser concedido mediante autorização do órgão responsável por sua administração, e **a unidade afetada, mesmo que não pertencente ao Grupo de Proteção Integral, deverá ser uma das beneficiárias da compensação** definida neste artigo.

§ 4º A obrigação de que trata o *caput* deste artigo poderá, **em virtude do interesse público**, ser cumprida em unidades de conservação de posse e domínio públicos do grupo de Uso Sustentável, **especialmente as localizadas na Amazônia Legal**. (Incluído pela Lei 13.668/2018.)

Na jurisprudência, o princípio do poluidor-pagador tem sido um grande aliado no sentido de **reforçar o regime da responsabilidade civil em matéria ambiental**, extraindo eficácia normativa do princípio em questão. Não por outra razão, o princípio é comumente empregado como fundamento, sobretudo na jurisprudência do STJ, para justificar, por exemplo, a adoção da responsabilidade objetiva e da **teoria do risco integral** para a hipótese de dano ambiental[98] e, portanto, **rejeição das excludentes de ilicitude**[99] bem como a **reparação integral do dano ambiental**, admitindo a imposição de obrigações de fazer, não fazer e pagar quantia em dinheiro, além, é claro, da **inversão do ônus da prova**[100] e da caracterização do dano moral ambiental coletivo. Conforme assinalado pelo Ministro Herman Benjamin, é:

> "pacífica a jurisprudência do STJ de que, nos termos do art. 14, § 1º, da Lei 6.938/1981, o degradador, em decorrência do **princípio do poluidor-pagador**, previsto no art. 4º, VII (primeira parte), do mesmo estatuto, é obrigado, independentemente da existência de culpa, a reparar – por óbvio que às suas expensas – todos os danos que cause ao meio ambiente e a terceiros afetados por sua atividade, sendo prescindível perquirir acerca do elemento subjetivo, o que, consequentemente, torna irrelevante eventual boa ou má-fé para fins de acertamento da natureza, conteúdo e extensão dos deveres de restauração do *status quo ante* ecológico e de indenização".[101]

---

[98] "(...) Tem plena aplicação o princípio do poluidor-pagador, consagrado nesse dispositivo legal, cuja responsabilidade civil não apenas é objetiva, seguindo a Teoria do Risco Integral" (STJ, REsp 1.363.107/DF, Rel. Min. Paulo de Tarso Sanseverino, j. 10.11.2015).

[99] "(...) responsabilizando-se o degradador em decorrência do princípio do poluidor-pagador, não cabendo, demonstrado o nexo de causalidade, a aplicação de excludente de responsabilidade" (STJ, REsp 1.346.430/PR, 4ª T., Rel. Min. Luís Felipe Salomão, j. 18.10.2012).

[100] STJ, REsp 1.060.753/SP, 2ª T., Rel. Min. Eliana Calmon, j. 1º.12.2009.

[101] STJ, REsp 769.753/SC, 2ª T., Rel. Min. Herman Benjamin, j. 08.09.2009.

Por fim, registra-se que, na linha do que afirmam, Aragão e Leme Machado, o princípio do poluidor-pagador opera não apenas de modo **sancionatório**, ao atribuir responsabilidades, mas também **corretivo**[102] e **prognóstico**, aliando-se aos **princípios da prevenção e da precaução**, com o propósito de evitar a ocorrência futura de danos e da poluição ambiental (e climática), inclusive no sentido de direcionar agentes públicos e privados a adotar práticas e tecnologias limpas (ex. fontes alternativas de energia) ou não poluidoras.

> **JURISPRUDÊNCIA STJ. Princípio do poluidor-pagador: 1)** "Ação de indenização. **Danos materiais e morais a pescadores causados por poluição ambiental** por vazamento de Nafta, em decorrência de colisão do Navio NT-Norma no porto de Paranaguá (...) 2. Temas: (...) b) Legitimidade de parte da proprietária do navio transportador de carga perigosa, devido a responsabilidade objetiva. *Princípio do poluidor-pagador*; c) Inadmissível a exclusão de responsabilidade por fato de terceiro; d) Danos moral e material caracterizados; (...) c) Inviabilidade de alegação de culpa exclusiva de terceiro, ante a responsabilidade objetiva. A alegação de culpa exclusiva de terceiro pelo acidente em causa, como excludente de responsabilidade, deve ser afastada, ante a incidência da teoria do risco integral e da responsabilidade objetiva ínsita ao dano ambiental (art. 225, § 3º, da CF e do art. 14, § 1º, da Lei nº 6.938/81), responsabilizando o degradador em decorrência do **princípio do poluidor-pagador**. d) Configuração de dano moral. Patente o sofrimento intenso de pescador profissional artesanal, causado pela privação das condições de trabalho, em consequência do dano ambiental, é também devida a indenização por dano moral, fixada, por equidade, em valor equivalente a um salário mínimo; e) termo inicial de incidência dos juros moratórios na data do evento danoso. (...)" (STJ, REsp 1.114.398/PR, 2ª Seção, Rel. Min. Sidnei Beneti, j. 08.02.2012).
>
> **2)** "Processo civil. Direito ambiental. Ação civil pública para tutela do meio ambiente. Obrigações de fazer, de não fazer e de pagar quantia. Possibilidade de cumulação de pedidos. Art. 3º da Lei 7.347/85. Interpretação sistemática. Art. 225, § 3º, da CF/88, arts. 2º e 4º da Lei 6.938/81, art. 25, IV, da Lei 8.625/93 e art. 83 do CDC. Princípios da prevenção, **do poluidor-pagador** e da reparação integral. 1. O sistema jurídico de proteção ao meio ambiente, disciplinado em normas constitucionais (CF, art. 225, § 3º) e infraconstitucionais (Lei 6.938/81, arts. 2º e 4º), está fundado, entre outros, nos princípios da prevenção, do **poluidor-pagador** e da reparação integral. Deles decorrem, para os destinatários (Estado e comunidade), deveres e obrigações de variada natureza, comportando prestações pessoais, positivas e negativas (fazer e não fazer), bem como de pagar quantia (indenização dos danos insuscetíveis de recomposição *in natura*), prestações essas que não se excluem, mas, pelo contrário, se cumulam, se for o caso. 2. A ação civil pública é o instrumento processual destinado a propiciar a tutela ao meio ambiente (CF, art. 129, III). Como todo instrumento, submete-se ao princípio da adequação, a significar que deve ter aptidão suficiente para operacionalizar, no plano jurisdicional, a devida e **integral proteção do direito material**. Somente assim será instrumento adequado e útil. (...) 5. Recurso especial parcialmente conhecido e, nessa parte, desprovido" (STJ, REsp 605.323/MG, 1ª T., Rel. Min. José Delgado e Rel. p. acórdão Min. Teori Albino Zavascki, j.18.08.2005).
>
> **3)** "Responsabilidade civil e processual civil. Recurso especial. Dano ambiental. Rompimento do poliduto 'Olapa'. Poluição de águas. Pescador artesanal. Proibição da pesca imposta por órgãos ambientais. Teoria do risco integral. Responsabilidade objetiva da Petrobras. Danos extrapatrimoniais configurados. Proibição da atividade pesqueira. Pescador artesanal impedido de exercer sua atividade econômica. Aplicabilidade, ao caso, das teses de direito firmadas no REsp 1.114.398/PR (julgado pelo rito do art. 543-C do CPC). *Quantum* compensatório. Razoável, tendo em vista as particularidades do caso.

---

[102] MACHADO; ARAGÃO, *Princípios do direito ambiental...*, p. 77.

1. No caso, configurou-se a responsabilidade objetiva da Petrobras, convicção formada pelas instâncias ordinárias com base no acervo fático-documental constante dos autos, que foram analisados à luz do disposto no art. 225, § 3º, da Constituição Federal e no art. 14, § 1º, da Lei n. 6.938/1981. 2. A Segunda Seção do STJ, no julgamento do REsp 1.114.398/PR, da relatoria do senhor Ministro Sidnei Beneti, sob o rito do art. 543-C do CPC, reconheceu a responsabilidade objetiva da Petrobras em acidentes semelhantes e caracterizadores de dano ambiental, responsabilizando-se o degradador em decorrência do **princípio do poluidor-pagador**, não cabendo, demonstrado o nexo de causalidade, a aplicação de excludente de responsabilidade. 3. Configura dano moral a privação das condições de trabalho em consequência de dano ambiental – fato por si só incontroverso quanto ao prolongado ócio indesejado imposto pelo acidente, sofrimento, à angústia e à aflição gerados ao pescador, que se viu impossibilitado de pescar e imerso em incerteza quanto à viabilidade futura de sua atividade profissional e manutenção própria e de sua família. 4. Recurso especial não provido" (STJ, REsp 1.346.430/PR, 4ª T., Rel. Min. Luis Felipe Salomão, j. 18.10.2012).[103]

7.1 Princípio do protetor-recebedor (ou provedor-recebedor) e pagamento por serviços ambientais

O **princípio do protetor-recebedor** – também denominado de **princípio do provedor-recebedor** – é um **princípio novo do Direito Ambiental**, consagrado expressamente na Lei da Política Nacional de Resíduos Sólidos (Lei 12.305/2010), juntamente com o princípio do poluidor-pagador (art. 6º, II). Não obstante os dois princípios tenham uma **função econômica** no âmbito do Direito Ambiental, os seus significados são diametralmente opostos. O **princípio do poluidor-pagador** objetiva "internalizar" no preço dos produtos e serviços os "custos ambientais" gerados no processo produtivo, enquanto o **princípio do protetor-recebedor** busca **retribuir economicamente** aquele que, em benefício de toda a sociedade, protege o meio ambiente (estabilidade climática, biodiversidade, recursos hídricos), por exemplo, ao manter a cobertura florestal de área de sua propriedade (para além das exigências legais: área de preservação permanente e reserva legal).

O princípio do protetor-recebedor é concretizado, por exemplo, por meio do instituto jurídico-ambiental do **pagamento por serviços ambientais**, previsto no art. 41, I, do Código Florestal de 2012, e, mais recentemente, destaca-se a **Lei 14.119/2021**, que institui a **Política Nacional de Pagamento por Serviços Ambientais**, consagrando expressamente o princípio como diretriz da PNPSA.

> **POLÍTICA NACIONAL DE PAGAMENTO POR SERVIÇOS AMBIENTAIS (LEI 14.119/2021)**
> **Art. 5º** São diretrizes da PNPSA:
> I – o atendimento aos **princípios do provedor-recebedor** e do usuário-pagador;

Os **serviços ecossistêmicos** são conceituados no inciso II do art. 2º do diploma como os "benefícios relevantes para a sociedade gerados pelos ecossistemas, em termos de manutenção, recuperação ou melhoria das condições ambientais", nas seguintes modalidades: **serviços de provisão, serviços de suporte, serviços de regulação e serviços culturais**. No caso particular dos serviços climáticos, há previsão expressa deles por meio dos denominados serviços de suporte, mas sobretudo no âmbito dos serviços de regulação, conforme se pode observar no conteúdo da letra "c" do inciso II do art. 2º: "os que concorrem para a manutenção da estabilidade dos

---

[103] No mesmo sentido, v. STJ, AgRg no AREsp 238.427/PR, 3ª T., Rel. Min. Ricardo Villas Bôas Cueva, j. 06.08.2013.

processos ecossistêmicos, tais como o **sequestro de carbono**, a **purificação do ar**, a **moderação de eventos climáticos extremos**, a manutenção do equilíbrio do ciclo hidrológico, a **minimização de enchentes e secas**, e o controle dos processos críticos de erosão e de deslizamento de encostas (...)".

O instituto jurídico do pagamento por serviços ambientais, com o propósito de estabelecer **políticas públicas ambientais e climáticas** alinhadas com o novo paradigma de uma **economia ecológica**, tem por premissa "premiar" práticas ecológicas e climáticas que beneficiam toda a sociedade, inclusive do ponto de vista econômico, ou seja, possui natureza de **direito premial ou retribuitivo**.[104] Diversas atividades econômicas, por exemplo, as práticas agrícolas e pecuárias, são totalmente dependentes dos **serviços ecossistêmicos e climáticos** prestados pela Natureza, não obstante sejam as atividades econômicas que degradam significativamente o meio ambiente, por exemplo, ao emitirem gases do efeito estufa na medida em que promovem o avanço da fronteira agrícola e pecuária e, consequentemente, o desmatamento da Floresta Amazônica. O princípio do protetor-recebedor, por tal ótica, coloca-se como fundamento normativo por trás do pagamento por serviços ambientais e climáticos.

8. PRINCÍPIO DO DESENVOLVIMENTO SUSTENTÁVEL

As ideologias liberais e socialistas, como bem acentuam José Rubens Morato Leite e Patryck de Araújo Ayala, não souberam lidar com a crise ambiental. Tampouco inseriram a agenda ambiental no elenco das prioridades dos seus respectivos projetos político-econômicos, especialmente se considerarmos que ambas – o **capitalismo industrial** e o **coletivismo industrial** – promoveram um **modelo de produção extremamente agressivo ao meio ambiente**.[105] O quadro contemporâneo de degradação e crise ambiental é fruto, portanto, dos modelos econômicos experimentados no passado e dos equívocos que seguem sendo cometidos, não tendo sido, além disso, cumprida a promessa de bem-estar para todos como decorrência da revolução industrial, mas, sim, instalado um contexto de devastação ambiental planetária e indiscriminada.[106] Desde a Revolução Industrial inaugurada em meados do século XVIII, a matriz energética do modelo econômico e industrial está assentada na queima de **combustíveis fósseis** (carvão, petróleo, gás etc.), o que, por si só, revela o seu viés predatório e insustentável em termos planetários e ao longo dos séculos que se seguiram (até os dias atuais).

No mesmo sentido, Vasco Pereira da Silva destaca que o **Estado Social** "desconhecera em absoluto" a problemática ambiental, por estar imbuído de uma "ideologia otimista" do **crescimento econômico**, como "milagre" criador do progresso e de qualidade de vida.[107] Somente com a **crise do modelo de Estado Social** ou de Providência, surgida no final dos anos 1960 e cujos sintomas mais agudos só foram sentidos nos anos 1970, com a denominada "crise do petróleo", que se obrigou a uma tomada generalizada de consciência acerca dos limites do crescimento econômico e da esgotabilidade dos recursos naturais.[108] Igualmente, o **Relatório do Clube de Roma** sobre os **limites do crescimento econômico**, de 1972, identificou diversos problemas sociais e econômicos relacionados à crescente **poluição ambiental** e ao **esgotamento dos recursos naturais**, apontando para os **limites ecológicos e planetários**.

---

[104] Na doutrina, v. JODAS, Natália. *Pagamento por serviços ambientais*. Rio de Janeiro: Lumen Juris, 2021.
[105] LEITE, José Rubens Morato; AYALA, Patryck de Araújo. *Dano ambiental...*, p. 24.
[106] LEITE, José Rubens Morato; AYALA, Patryck de Araújo. *Dano ambiental...*, p. 24.
[107] SILVA, Vasco Pereira da. *Verde cor de direito...*, p. 18.
[108] SILVA, Vasco Pereira da. *Verde cor de direito...*, p. 17-18.

O **conceito de desenvolvimento sustentável**[109] foi cunhado no âmbito da **Comissão Mundial sobre Meio Ambiente e Desenvolvimento da ONU**, designadamente por meio do *Relatório Nosso Futuro Comum* **(1987)**, veiculando a noção de que desenvolvimento sustentável seria

"(...) aquele que atende às **necessidades do presente** sem comprometer a possibilidade de as **gerações futuras atenderem a suas próprias necessidades**".[110]

A **Declaração do Rio sobre Meio Ambiente e Desenvolvimento de 1992** incorporou o conceito adotado pela Comissão Brundtland no seu **Princípio 4**.

> **PRINCÍPIO 4**
>
> A fim de alcançar o **desenvolvimento sustentável**, a **proteção do meio ambiente** deverá constituir-se como **parte integrante do processo de desenvolvimento** e não poderá ser considerada de forma isolada.

A ideia de **sustentabilidade** encontra-se, portanto, vinculada à proteção ecológica, já que manter (e, em alguns casos, recuperar) o equilíbrio ambiental implica o **uso racional e harmônico dos recursos naturais**, de modo a, por meio de sua degradação, também não os levar ao seu esgotamento. O conceito de **desenvolvimento econômico** transcende, substancialmente, a ideia limitada de **crescimento econômico**. Nesse sentido, a **Declaração sobre Direito ao Desenvolvimento (1986)**, da qual o Brasil é signatário, dispõe (art. 1º, § 1º) que:

"O **direito ao desenvolvimento** é um direito humano inalienável, em virtude do qual toda pessoa e todos os povos estão habilitados a participar do desenvolvimento econômico, social, cultural e político, a ele contribuir e dele desfrutar, no qual todos os direitos humanos e liberdades fundamentais possam ser plenamente realizados".

O entendimento em questão também está presente no pensamento de Amartya Sen, que identifica o **desenvolvimento como expressão da própria liberdade do indivíduo**, de tal sorte que ele deve necessariamente resultar na eliminação da privação de liberdades substantivas (leia-se: bens sociais básicos, por exemplo, alimentação, tratamento médico, educação, água tratada ou saneamento básico),[111] rol que deve ser acrescido da qualidade do meio ambiente, conforme reconhecido pelo próprio Sen.[112] Por uma questão de **justiça entre gerações humanas**, a geração presente teria a responsabilidade de deixar como legado às gerações futuras **condições ambientais idênticas ou melhores** do que aquelas recebidas das gerações passadas, estando a geração vivente, portanto, vedada a alterar em termos negativos as condições ecológicas, até por força do **princípio da proibição de retrocesso ambiental** e do **dever (do Estado e dos particulares) de melhoria progressiva da qualidade ambiental**. Igualmente se coloca aqui a discussão em torno da **justiça climática**, tal como consagrado expressamente no Preâmbulo do **Acordo de Paris (2015)**.

---

[109] Para uma perspectiva histórica do conceito de sustentabilidade, v. MAUCH, Christof. *Mensch und Umwelt*: Nachhaltigkeit aus historischer Perspektive. Munique: Oekom Verlag, 2014.
[110] COMISSÃO MUNDIAL SOBRE MEIO AMBIENTE E DESENVOLVIMENTO. *Relatório Nosso Futuro Comum/Bruntland...*, p. 43.
[111] SEN, Amartya. *Desenvolvimento como liberdade*. São Paulo: Companhia das Letras, 2000. p. 18.
[112] SEN, Amartya. *Desenvolvimento como liberdade...*, p. 9.

A respeito das três dimensões ou eixos (ecológico, social e econômico) do princípio do desenvolvimento sustentável, destaca-se passagem da sentença da **Corte** IDH no *Caso Habitantes de La Oroya* vs. *Peru* (2023):

> "El desarrollo sustentable, en tanto obligación estatal, debe desarrollarse en tres áreas: (i) **ecológica**, lo que implica la elaboración de políticas de protección, conservación y recuperación del patrimonio natural y del medio ambiente, teniendo en cuenta la diversidad biológica y la capacidad de regeneración; (ii) **económica**, lo que supone la adaptación de los medios de producción y consumo; valoración de los recursos a corto y largo plazo, equidad intergeneracional e intrageneracional; y (iii) **social**, en tanto se requiere igualdad de oportunidades, integración, participación ciudadana en la toma de decisiones que afecten al ambiente, satisfacción de necesidades básicas, trabajo decente y erradicación de la pobreza. Esto es, el desarrollo sostenible tiene una triple dimensión que debe darse en forma equilibrada e integrada por tratarse de **tres dimensiones** del mismo fenómeno; a saber, económica, social y ambiental."[113]

A **Agenda 2030 da ONU** (e os seus **17 Objetivos de Desenvolvimento Sustentável – ODS**) e a concepção em torno de uma **economia ecológica**, capaz de assegurar a **integridade ecológica** em todas as escalas – local, regional, nacional, global etc. – têm contribuído para uma nova compreensão e práticas econômicas, amparadas no novo paradigma da **Ciência da Terra** e dos **limites planetários**. Para ilustrar essa abordagem econômica, destaca-se a denominada **Economia Donut**, desenvolvida por **Kate Raworth**,[114] conforme tratado anteriormente. A economia e as práticas econômicas encontram **limites fáticos** impostos de forma insuperável pela Natureza, sob pena de incorrermos em graves riscos existenciais para o ser humano e todas as demais formas de vida que habitam o Planeta Terra, como bem ilustram as mudanças climáticas e a perda massiva de biodiversidade, ambas em pleno curso e agravamento no **Antropoceno**. Igualmente, há um **piso social**, por exemplo, a garantia de direitos fundamentais e condições materiais mínimas para uma vida digna para todos os habitantes do Planeta Terra, como expressam os 17 ODS da Agenda 2030, que está na base do conceito de desenvolvimento sustentável.

A crise climática – e o reconhecimento de um **estado de emergência climática** –, por sua vez, impõe sérias restrições de natureza econômica, notadamente na esfera da adoção da **matriz energética carbonífera** que nos acompanha e tem sido o motor energético do desenvolvimento econômico desde o início da **Revolução Industrial** em meados do século XVIII até os dias atuais. A concepção atual de desenvolvimento sustentável choca-se frontalmente com esse cenário passado e presente, de modo a exigir progressiva e urgentemente a "**descarbonização**" **da economia**, por meio do incremento de uma **nova matriz energética limpa** e não emissora de gases do efeito estufa rumo ao objetivo da **neutralidade climática**. A **Lei de Bases do Clima (Lei 98/2021)** da República Portuguesa é expressa nesse sentido, ao consignar, no seu art. 3º, como **objetivo** da política climática por ela normatizada, entre outros: "promover uma **transição rápida** e socialmente equilibrada para uma economia sustentável e uma **sociedade neutra em gases de efeito de estufa**". De modo complementar, o diploma climático português ainda estabelece, no seu art. 4º, e, como **princípio** do regime jurídico climático, a "**cooperação internacional**, tendo em vista as mais-valias para o desenvolvimento de práticas e tecnologias, e para a **descarbonização global**".

---

[113] CORTE INTERAMERICANA DE DIRETOS HUMANOS. *Caso Habitantes da La Oroya* vs. *Peru*, sentença de 27.11.2023, par. 113.

[114] RAWORTH, Kate. *Economia donut*: uma alternativa ao crescimento a qualquer custo. Rio de Janeiro: Zahar, 2019.

A Lei de Bases do Clima, com o propósito de concretizar a descarbonização da economia portuguesa, delineia, no seu art. 28, os **princípios orçamentários e fiscais verdes (e climáticos)**, entre os quais:

"(...) **e)** Fiscalidade como instrumento de **transição para a neutralidade**, reforçando a aplicação da **taxa de carbono** e aplicando uma maior tributação sobre o uso dos recursos; **f)** Consignação das receitas da **fiscalidade verde para a descarbonização**, a transição justa e o aumento da resiliência e capacidade de adaptação às alterações climáticas; **g)** Contribuição da fiscalidade para a eficiência na utilização dos recursos, a **redução da utilização de combustíveis fósseis**, através da correção de incentivos perversos, a proteção da biodiversidade, a utilização sustentável do solo, do território e dos espaços urbanos, a indução de padrões de produção e de consumo mais sustentáveis, e para fomentar o empreendedorismo e a **inovação tecnológica**, a criação de emprego e o **desenvolvimento económico sustentável**".

No plano normativo nacional, a noção de sustentabilidade encontrou ressonância já na legislação editada antes da constitucionalização da questão ambiental. Com efeito, **a Lei 6.938/81**, no seu art. 4º, entre os objetivos da **Política Nacional do Meio Ambiente**, destaca a "**compatibilização do desenvolvimento econômico-social com a preservação da qualidade do meio ambiente** e do equilíbrio ecológico (inciso I)" e a "preservação e restauração dos recursos ambientais com vistas à sua **utilização racional e disponibilidade permanente**, concorrendo para a **manutenção do equilíbrio ecológico propício à vida**" (inciso VI).

A **Lei da Política Nacional de Recursos Hídricos (Lei 9.433/97)** também arrolou, no seu art. 2º, como objetivos da PNRH: I – **assegurar** à atual e **às futuras gerações a necessária disponibilidade de água**, em padrões de qualidade adequados aos respectivos usos; e II – a **utilização racional e integrada dos recursos hídricos**, incluindo o transporte aquaviário, com vistas ao desenvolvimento sustentável. Também a **Lei da Mata Atlântica (Lei 11.428/2006)** consagrou, no seu art. 6º, *caput*, como objetivo central a proteção do bioma da Mata Atlântica visando ao **desenvolvimento sustentável**.

A **Lei da Política Nacional sobre Mudança do Clima (Lei 12.187/2009)**, no seu art. 3º, arrolou, entre os princípios norteadores da PNMC, o princípio do **desenvolvimento sustentável**. Além dos diplomas referidos, a **Lei da Política Nacional de Resíduos Sólidos (Lei 12.305/2010)** consagrou, no seu art. 6º, entre os princípios da PNRS, "a visão sistêmica, na gestão dos resíduos sólidos, que considere as variáveis ambiental, social, cultural, econômica, tecnológica e de saúde pública" (inciso III), "o **desenvolvimento sustentável**" (inciso IV), e "a ecoeficiência, mediante a compatibilização entre o fornecimento, a preços competitivos, de bens e serviços qualificados que satisfaçam as necessidades humanas e tragam qualidade de vida e a **redução do impacto ambiental e do consumo de recursos naturais a um nível, no mínimo, equivalente à capacidade de sustentação estimada do planeta**" (inciso V).

A **Lei da Política Nacional de Desenvolvimento Sustentável da Aquicultura e da Pesca (Lei 11.959/2009)**, como o próprio título do diploma permite presumir, está ancorada normativamente no princípio do desenvolvimento sustentável. É notório, conforme apontam cada vez mais os estudos e relatórios científicos e econômicos de entidades nacionais e internacionais, o **esgotamento progressivo dos recursos pesqueiros** – por exemplo, nos mares e oceanos – decorrente da industrialização em grande escala e práticas predatórias da atividade pesqueira (nacional e internacional). A **pesca de arrasto**, cuja constitucionalidade encontra-se em discussão no STF (**ADI 6.218/RS**), é um exemplo de pesca altamente predatória.

O art. 3º da Lei 11.959/2009 ilustra bem esse cenário e preocupação do legislador nacional com a sustentabilidade da atividade pesqueira:

Art. 3º Compete ao poder público a regulamentação da Política Nacional de Desenvolvimento Sustentável da Atividade Pesqueira, conciliando o equilíbrio entre o **princípio da sustentabilidade dos recursos pesqueiros** e a obtenção de **melhores resultados econômicos e sociais**, calculando, autorizando ou estabelecendo, em cada caso:

I – os regimes de acesso;

II – a captura total permissível;

III – o esforço de **pesca sustentável**;

IV – os **períodos de defeso**;

V – as temporadas de pesca;

VI – os **tamanhos de captura**;

VII – as áreas interditadas ou de reservas;

VIII – as artes, os aparelhos, os métodos e os sistemas de pesca e cultivo;

IX – a **capacidade de suporte dos ambientes**;

X – as necessárias ações de monitoramento, **controle e fiscalização da atividade**;

XI – a **proteção de indivíduos em processo de reprodução ou recomposição de estoques**.

O instituto jurídico do **defeso**, por exemplo, simboliza o conceito de **pesca sustentável** e concretiza o princípio do desenvolvimento sustentável no contexto da atividade pesqueira, a fim de permitir, por meio da proibição e suspensão temporária da atividade pesqueira em diversas situações, a reprodução das espécies e **salvaguarda da capacidade de regeneração e suporte dos ecossistemas** e dos **estoques pesqueiros**. O art. 2º, XIX, da Lei 11.959/2009, conceitua o defeso como: "a **paralisação temporária da pesca** para a **preservação da espécie**, tendo como motivação a **reprodução** e/ou recrutamento, bem como paralisações causadas por fenômenos naturais ou acidentes". O defeso pode inclusive ser compreendido como uma espécie de "pagamento por serviços ambientais" em favor dos pescadores profissionais artesanais, em razão do recebimento de benefício previdenciário (ex. auxílio defeso) durante o período de vigência da proibição da pesca.

O **Código Florestal (Lei 12.651/2012)**, por sua vez, também consagrou o desenvolvimento sustentável como o **objetivo central do regime jurídico de proteção florestal** (art. 1º-A, parágrafo único). Em termos gerais, conforme se pode apreender dos vários exemplos destacados, a legislação ambiental brasileira incorporou o princípio do desenvolvimento sustentável e lhe deu vida, passando a ocupar lugar de destaque no rol dos princípios do Direito Ambiental moderno. A título de exemplo, o diploma florestal operacionaliza o princípio do desenvolvimento sustentável por meio da exigência de **deveres de devida diligência** por parte de todos os **agentes econômicos** e ao longo de toda a **cadeia econômica** que utilizam **produtos e subprodutos de florestas nativas**. Ou seja, da ponta da cadeia produtiva, representada pelo extrativismo, até o seu beneficiamento final, deve ser assegurada a **origem lícita e rastreável**, sob pena de os agentes econômicos que operam a atividade em questão responderem solidariamente pelos danos causados ao meio ambiente e a terceiros. É o que se pode apreender do art. 36, § 3º, da legislação florestal, ao prever que: "Todo aquele que recebe ou adquire, para fins comerciais ou industriais, madeira, lenha, carvão e outros produtos ou subprodutos de florestas de espécies nativas é obrigado a exigir a apresentação do DOF e munir-se da via que deverá acompanhar o material até o beneficiamento final."

Em razão do forte conteúdo econômico que envolve a utilização dos recursos naturais e, consequentemente, das pressões de natureza político-econômica que permeiam, na grande maioria das vezes, as medidas protetivas do meio ambiente, Paulo de Bessa Antunes pontua que não se pode entender a **natureza econômica da proteção jurídica do meio ambiente** como um tipo de relação jurídica que privilegie a atividade produtiva em detrimento de um padrão de vida mínimo que deve ser assegurado aos seres humanos, mas que a preservação e a utilização sustentável e racional dos recursos ambientais devem ser encaradas de modo a assegurar um padrão constante de elevação da qualidade de vida, sendo, portanto, o **fator econômico** encarado como **desenvolvimento**, e não como mero **crescimento**.[115]

Entre os aspectos relevantes do paradigma do desenvolvimento sustentável está a **internalização dos custos ecológicos** (e, mais recentemente, também os **custos climáticos**) decorrentes das práticas econômicas produtivas, conforme apontado anteriormente no tópico sobre o princípio do poluidor pagador. De acordo com a lição de Fábio Nusdeo, em sua obra precursora no âmbito nacional sobre a temática do desenvolvimento sustentável intitulada *Desenvolvimento e ecologia* (1975), "**a grande maioria dos fenômenos ligados à poluição e à degradação ambiental enquadram-se na categoria das externalidades**. São, na realidade, custos transferidos por um circuito paralelo ao mercantil e que atingem indistintamente a comunidade. Esta não consegue encontrar no conjunto das instituições que disciplinam o sistema econômico meios de deles se ressarcir e, assim, o processo vai se estendendo indefinidamente, cumulando os seus efeitos. São, portanto, verdadeiros custos sociais, tal como acima definidos".[116]

O Estado Ambiental ou Ecológico de Direito, longe de ser um **Estado "Mínimo"** (permissivo no que diz com o livre jogo dos atores econômicos e do mercado), deve ser um **Estado regulador da atividade econômica**, capaz de dirigi-la e ajustá-la aos valores e princípios constitucionais, objetivando o **desenvolvimento humano e social de forma ambientalmente sustentável**. Não por outra razão a nossa Lei Fundamental de 1988 consignou expressamente entre os princípios reitores da ordem econômica:

> "Art. 170 (...) VI – a **defesa do meio ambiente**, inclusive mediante tratamento diferenciado conforme o impacto ambiental dos produtos e serviços e de seus processos de elaboração e prestação".

O princípio do desenvolvimento sustentável expresso no **art. 170 (inciso VI) da CF/1988**, confrontado com o **direito de propriedade privada** e a **livre-iniciativa** (*caput* e inciso II do art. 170), também se presta a desmistificar a perspectiva de um capitalismo liberal-individualista em favor dos valores e princípios constitucionais ambientais. A propriedade privada e os interesses do seu titular devem ajustar-se aos interesses da sociedade e do Estado, na esteira das **funções social e ecológica** que lhe são inerentes. A **ordem econômica**, constitucionalizada a partir dos **princípios diretivos do art. 170 da CF/1988**, mas também e essencialmente com base também nos demais fundamentos e objetivos constitucionais que a informam (por exemplo, os objetivos fundamentais da República elencados no art. 3º), expressa uma opção pelo que se poderia designar de um **capitalismo ambiental ou socioambiental** (ou **economia ambiental ou socioambiental de mercado**) capaz de compatibilizar a livre-iniciativa, a autonomia e a propriedade privada com a proteção ambiental e a justiça social (e também justiça ambiental), tendo como norte normativo "nada menos" do que a proteção e a promoção de uma vida humana digna e saudável (e, portanto, com qualidade, equilíbrio e segurança ambiental) para todos os membros da comunidade estatal.

Hoje é igualmente possível reconhecer a edificação gradual de um novo modelo de capitalismo, ou seja, um **capitalismo climático**, ancorado num sistema econômico e industrial descarbonizado. A título de exemplo, o novo inciso VIII inserido no § 1º do art. 225 da CF/1998 pela **Emenda Constitucional 123/2022**, alterado pela Emenda Constitucional 132/2023, encar-

---

[115] ANTUNES, Paulo de Bessa. *Direito ambiental...*, 11. ed., p. 23.
[116] NUSDEO, Fábio. *Desenvolvimento e ecologia...*, p. 52.

regou-se de contemplar os **deveres de proteção climática do Estado**, promovendo a **descarbonização da matriz energética e economia** e **neutralização climática**, relativamente às emissões de gases do efeito estufa decorrente da queima de combustíveis fósseis, ao "manter regime fiscal favorecido para os biocombustíveis e para o hidrogênio de baixa emissão de carbono, na forma de lei complementar, a fim de assegurar-lhes tributação inferior à incidente sobre os combustíveis fósseis, capaz de garantir diferencial competitivo em relação a estes (...)". A medida em questão expressa os deveres estatais de mitigação, no sentido da redução da emissão de gases do efeito estufa derivada da queima de combustíveis fósseis, inclusive estimulando mudanças e inovações tecnológicas na nossa matriz energética rumo ao **uso progressivo de energia limpas e à neutralidade climática**.[117]

Para além dos deveres estatais de proteção climática, é igualmente importante reconhecer uma nova função climática inerente ao regime jurídico-constitucional da propriedade na CF/1988. Na esteira da sua função ambiental ou ecológica, como referido anteriormente, também se pode afirmar a configuração (mais recente) de uma **função climática da propriedade e da posse**, notadamente por meio da imposição ao proprietário e possuidor de **deveres jurídicos climáticos**. A título de exemplo, impõem-se ao titular de determinado imóvel **deveres jurídicos (negativos e positivos) de mitigação** em relação à emissão de gases do efeito estufa. A **faceta negativa ou defensiva** do dever de mitigação pode ser identificada, por exemplo, por meio da proibição de emissão de gases do efeito estufa decorrente do desmatamento florestal, ao passo que a **face positiva ou prestacional** pode ser caracterizada na hipótese da obrigação legal (inclusive prevista expressamente na legislação florestal) de recompor a vegetação nativa de áreas desmatadas (ex. área de preservação permanente, reserva legal etc.).

No mesmo contexto, destaca-se, dentre outros instrumentos jurídicos criados com o propósito de conciliar as práticas produtivas com a proteção ambiental e climática, o **estudo prévio de impacto ambiental** (art. 225, § 1º, IV, da CF/1988, art. 10 da Lei 6.938/81 e Resolução 237/97

---

[117] No plano infraconstitucional, o mandado constitucional de descarbonização da matriz energética e economia brasileira tem ganhado escala. A **Lei 14.948/2024** ilustra bem esse cenário, ao instituir, entre outras medidas, **o marco legal do hidrogênio de baixa emissão de carbono** e a **Política Nacional do Hidrogênio de Baixa Emissão de Carbono**. Entre os seus objetivos, arrolados no art. 3º, estão: "proteger o meio ambiente, promover a conservação de energia e **mitigar as emissões** de Gases de Efeito Estufa (GEE) e de poluentes nos consumos energético e industrial" (inciso VII) e "fomentar a transição energética com vistas ao **cumprimento das metas do Acordo de Paris** sob a Convenção-Quadro das Nações Unidas sobre Mudança do Clima e demais tratados internacionais congêneres" (inciso XVI). A **Lei 14.990/2024** seguiu igual diretriz, ao instituir o Programa de Desenvolvimento do Hidrogênio de Baixa Emissão de Carbono (PHBC), ao constituir fonte de recursos para a transição energética a partir do uso do hidrogênio de baixa emissão de carbono no Brasil. Entre os objetivos do PHBC elencados no art. 2º do diploma, estão: "II – dar suporte às ações em prol da **transição energética**; (...) IV – aplicar **incentivos para descarbonização** com o uso de hidrogênio de baixa emissão de carbono nos setores industriais de difícil descarbonização, como o de fertilizantes, o siderúrgico, o cimenteiro, o químico e o petroquímico; e V – promover o uso do hidrogênio de baixa emissão de carbono no transporte pesado".
De modo complementar, a **Lei 14.993/2024**, dispôs sobre a promoção da **mobilidade sustentável de baixo carbono** e a **captura e a estocagem geológica de dióxido de carbono**, bem como instituiu o Programa Nacional de Combustível Sustentável de Aviação (ProBioQAV), o Programa Nacional de Diesel Verde (PNDV) e o Programa Nacional de Descarbonização do Produtor e Importador de Gás Natural e de Incentivo ao Biometano. Dentre as diretrizes para promoção da mobilidade sustentável de baixo carbono e do ProBioQAV, previstas no art. 3º do diploma, destacam-se: "II – valorização do potencial nacional de oferta de fontes energéticas renováveis e de baixo carbono; III – uso da captura e da estocagem geológica de dióxido de carbono para reduzir a intensidade média de carbono das fontes de energia; (...) V – cumprimento das diretrizes para uma **Estratégia Nacional para Neutralidade Climática** apresentadas pelo País na **Conferência das Nações Unidas sobre Mudanças Climáticas**; VI – alinhamento das metas de **redução de CO_2e** no ciclo de vida aplicável no transporte por veículos leves e pesados aos **compromissos internacionais assumidos pelo País no âmbito do Acordo de Paris** sob a Convenção-Quadro das Nações Unidas sobre Mudança do Clima".

do CONAMA) exigido para a instalação de obra ou atividade causadora ou potencialmente causadora de significativa degradação ambiental. Em linhas gerais, trata-se de um **mecanismo jurídico de ajuste e regulação da atividade econômica**, que limita o direito de propriedade e a livre-iniciativa dos atores econômicos privados, conformando o seu comportamento ao princípio constitucional (e dever) do desenvolvimento sustentável. O mesmo entendimento é defendido por Cristiane Derani, ao assinalar que a avaliação de impacto ambiental incorpora um **processo de planejamento para a "sustentabilidade" das atividades econômicas**, integrado por um conjunto de ações estratégicas em vista de uma melhoria (e também melhor distribuição) da qualidade de vida.[118]

Como bem pontua Cármen Lúcia Antunes Rocha, a CF/1988 traz o bem-estar social e a qualidade de vida como "princípios-base" da ordem econômica, e a ordem social (aí também incluída a proteção ambiental), que era relegada a um plano secundário antes de 1988, ganhou "foro e título próprios" no novo texto constitucional.[119] Pode-se dizer, portanto, que o constituinte brasileiro delineou no texto constitucional, para além de um capitalismo social, um **capitalismo ambiental** (ou **socioambiental**), consagrando a proteção ecológica como princípio matriz da ordem econômica (art. 170, VI, da CF/1988).[120]

Além da necessidade de uma compreensão integrada do regime jurídico dos **direitos fundamentais econômicos, sociais, culturais e ambientais (DESCA)**, de modo a contemplar uma tutela ampla e qualificada da dignidade da pessoa humana, tanto sob a perspectiva individual quanto coletiva, a própria noção de sustentabilidade deve ser tomada a partir dos **eixos econômico, social e ambiental**.[121] Tais eixos, contudo, devem ser concebidos e aplicados de forma isonômica e equilibrada, refutando-se, consoante já frisado, toda e qualquer hierarquização prévia, notadamente pelo fato de que é no seu conjunto que tais dimensões se prestam à promoção de uma existência digna na perspectiva de uma **"economia verde"**. Mais recentemente, tem ganhado cada vez mais destaque a sigla **ESG**, a qual advém do termo em inglês *Environmental, Social and Governance* – em português, a sigla correta seria ASG, referindo-se à Ambiental, Social e Governança. Os elementos ESG estão, em grande medida, alinhados com os três eixos do desenvolvimento sustentável e a Agenda 2030 da ONU referidos anteriormente, norteando cada vez mais as **práticas corporativas** – inclusive em relação aos grandes fundos globais de investimento –, ao incorporar os fatores ambientais, sociais e de governança como critérios na análise, e, portanto, avançar em relação às **métricas tradicionais econômico-financeiras**, de modo a permitir uma avaliação mais ampla das práticas empresariais.

A Lei de Bases do Clima de Portugal (2021) consagrou o **princípio do desinvestimento ecológico e climático** de forma pioneira no rol dos princípios do "Financiamento Sustentável" (art. 34). De acordo com o diploma: o princípio do desinvestimento visa "que **fundos públicos** deixem, **progressivamente**, de ser aplicados em ativos que não correspondam a atividades ambientalmente sustentáveis, passando a ser aplicados, preferencialmente, em ativos que correspondam a **atividades ambientalmente sustentáveis**" (art. 34, "e"). O princípio reflete a consagração dos deveres estatais de proteção climática e o princípio do desenvolvimento sustentável ao estabelecer importante diretriz normativa a guiar os investimentos futuros de fundos públicos. A título de exemplo e aplicado ao contexto brasileiro, o BNDES deveria progressivamente retirar seus

---

[118] DERANI, Cristiane. *Direito ambiental econômico*. 3. ed. São Paulo: Saraiva, 2008. p. 158.

[119] ANTUNES ROCHA, Cármen Lúcia. Constituição e ordem econômica. *In*: FIOCCA, Demian; GRAU, Eros Roberto (org.). *Debate sobre a Constituição de 1988*. São Paulo: Paz e Terra, 2001. p. 12.

[120] "Art. 170. (...) VI – a defesa do meio ambiente, inclusive mediante tratamento diferenciado conforme o impacto ambiental dos produtos e serviços e de seus processos de elaboração e prestação."

[121] O reconhecimento de três pilares que integram e dão suporte à noção de desenvolvimento sustentável, quais sejam o econômico, o social e o ambiental, é desenvolvido, entre outros, por WINTER, Gerd. *Desenvolvimento sustentável, OGM e responsabilidade civil na União Europeia*. Campinas: Millennium, 2009. p. 2 e ss.

investimentos de ativos do setor petrolífero (combustíveis fósseis etc.) e redirecioná-los para o setor de energias limpas e renováveis (eólica, biocombustíveis, solar etc.).

O instituto jurídico do **pagamento por serviços ambientais (PSA)**, consagrado pelo **Código Florestal de 2012 (art. 41, II)** e, mais recentemente, pela **Lei 14.119/2021,** que instituiu a **Política Nacional de Pagamento por Serviços Ambientais**, revela-se também como um importante **instrumento econômico do Direito Ambiental** com o objetivo de dar visibilidade jurídica aos serviços essenciais prestados pela Natureza. Os benefícios econômicos para as atividades agrícolas e pecuárias dos serviços ecológicos são inúmeros, como ocorre por meio da **conservação da biodiversidade**, da conservação das águas e dos **serviços hídricos**, da **regulação do clima**, da **conservação** e do **melhoramento do solo,** entre outros. Aliás, tais serviços são elementares para o desenvolvimento de tais práticas econômicas, não obstante, muitas vezes, não tenham a sua dimensão econômica devidamente reconhecida e valorada. Ao traduzir em termos econômicos o valor da "floresta em pé", o PSA opera na lógica da economia ecológica.

O Ministro Og Fernandes do STJ, em passagem do seu voto-relator no julgamento do **REsp 1.546.415/SC,** ilustra de forma paradigmática a aplicação do princípio do desenvolvimento sustentável no âmbito jurisprudencial em caso envolvendo a proteção das áreas de preservação permanente consagradas no Código Florestal:

> "Indubitavelmente o **desenvolvimento econômico deve ser obtido com o devido saneamento do planeta e com a administração inteligente dos recursos naturais.** Caso contrário, o suposto desenvolvimento obliteraria a possibilidade de sobrevivência da espécie humana. Logo, cuida-se de obter um **desenvolvimento sustentável que respeite o ecossistema e proporcione um trato adequado, respeitoso, para com o Planeta Terra.** Ocorre que a compreensão em contrário senso, incentivando o crescimento humano desordenado e desenfreado, ocasionou a degradação que assistimos em todo o mundo. Por essa razão, a preservação do meio ambiente tornou-se axiologia preponderante nas sociedades contemporâneas, integrando o rol de direitos humanos, tendo em vista sua essencialidade na sobrevivência da espécie. Com efeito, integra os direitos fundamentais de terceira geração incorporados no texto da Cártula Magna brasileira. Nesse sentido, **compreendo não ser possível qualquer forma de intervenção antrópica que possa representar violação do princípio do meio ambiente ecologicamente equilibrado, uma vez que se trata de direito fundamental da nossa geração e um dever para com as gerações futuras.** (...) O instituto das áreas de preservação permanente tem objetivos expressos em relação à **integridade dos ecossistemas e a qualidade do meio ambiente**. Como se verifica, as áreas de preservação permanentes têm esse papel de abrigar a biodiversidade e promover a propagação da vida, assegurar a qualidade do solo e garantir o armazenamento de recurso hídrico em condições favoráveis de quantidade e qualidade. O sistema normativo brasileiro já protegia claramente as áreas de preservação permanente desde o antigo Código Florestal. Trata-se de legislação com conteúdo robusto quanto à **proteção dos nossos biomas**".[122]

JURISPRUDÊNCIA STF. ADPF 101 (Caso dos "pneus usados"). Princípio do desenvolvimento sustentável. O STF, no julgamento da ADPF 101, ocorrido em 24.06.2009, a respeito da importação de pneus usados, aplicou de forma emblemática o **princípio do desenvolvimento sustentável**, fazendo consignar, no voto-relator da Ministra Cármen Lúcia, que "o argumento (...) de que haveria afronta ao princípio da livre concorrência e da livre-iniciativa por igual não se sustenta, porque, ao se ponderarem todos os argumentos

---

[122] STJ, REsp 1.546.415 /SC, 2ª T., Rel. Min. Og Fernandes, j. 21.02.2019.

expostos, conclui-se que, se fosse possível atribuir peso ou valor jurídico a tais princípios relativamente ao da **saúde** e do **meio ambiente ecologicamente equilibrado** preponderaria a proteção desses, cuja cobertura, de resto, atinge não apenas a atual, mas também as **futuras gerações**". Na decisão do Plenário do STF, reconheceu-se a constitucionalidade da legislação que **proíbe a importação de pneus usados**, na mesma medida em que, na via transversa, se entendeu que a importação de pneus usados viola a proteção constitucional conferida ao meio ambiente.

8.1 Princípio do consumo sustentável

O **consumo sustentável** está intrinsecamente relacionado à **participação pública em matéria ambiental**, pois as práticas de consumo de **bens e serviços** dos indivíduos também conformam um espaço de atuação política, e não têm, portanto, um propósito exclusivamente econômico. O **comportamento do consumidor**, ajustado a um **padrão ecologicamente sustentável dos produtos e serviços** no âmbito das suas práticas de consumo, é um forte instrumento de controle individual e social das práticas produtivas e comerciais de fornecedores de bens e serviços. Há inúmeros estudos (pelo menos desde o Relatório do Clube de Roma do início da década de 1970) que dão conta da **"insustentabilidade" dos padrões de consumo atuais**, especialmente nos países desenvolvidos, ocasionando a escassez progressiva de recursos naturais e a degradação ambiental. Como pontuou James Lovelock, "somos mais de 6 bilhões de indivíduos famintos e vorazes, todos aspirando a um estilo de vida de Primeiro Mundo, nosso modo de vida urbano avança sobre o domínio da Terra viva. Consumimos tanto que ela já não consegue sustentar o mundo familiar e confortável a que nos habituamos".[123] No mês de novembro de 2022, alcançamos a marca histórica de **8 bilhões de pessoas habitando o Planeta Terra**. Esse cenário nos leva a reconhecer a caracterização de uma *"sociedade de hiperconsumo"*.[124]

No plano internacional, o **Princípio 8 da Declaração do Rio sobre Meio Ambiente e Desenvolvimento (1992)** dispõe que:

> **PRINCÍPIO 8**
>
> Para alcançar o desenvolvimento sustentável e uma qualidade de vida mais elevada para todos, os Estados devem **reduzir e eliminar os padrões insustentáveis de produção e consumo**, e promover políticas demográficas adequadas.

A **Agenda 21**, adotada na Conferência do Rio sobre Meio Ambiente e Desenvolvimento (1992), apresenta um capítulo próprio para tratar da **mudança dos padrões de consumo**, trazendo nos seus objetivos: a) promover padrões de consumo e produção que reduzam as pressões ambientais e atendam às necessidades básicas da humanidade; b) desenvolver uma melhor compreensão do papel do consumo e da forma de se implementar padrões de consumo mais sustentáveis.[125] Os **limites planetários** e o **esgotamento e a degradação dos recursos naturais** já são uma realidade no mundo todo e os padrões de consumo devem obrigatoriamente ajustar-se a tal contexto no Antropoceno. Não há Planeta B, C, D etc. No contexto climático, o consumo de produtos e serviços deve considerar a sua **pegada climática**, ou seja, as emissões de gases

---

[123] LOVELOCK, James. *A vingança de Gaia...*, p. 20.
[124] Na doutrina, tratando da concepção de "sociedade de hiperconsumo", v. DINNEBIER, Flávia França. *Sociedade de hiperconsumo...*
[125] *Conferência das Nações Unidas sobre Meio Ambiente e Desenvolvimento*. 3. ed. Brasília: Senado Federal, Subsecretaria de Edições Técnicas, 2001. p. 40.

do efeito estufa produzidas por eles na cadeia produtiva, exigindo-se o compromisso com a **neutralidade climática** e, eventualmente, a compensação das emissões.

O conteúdo do **princípio do poluidor-pagador**, tomando seu sentido de forma ampla, não se dirige única e exclusivamente ao "fornecedor" de bens de consumo – não obstante o seu devido enquadramento legal para coibir práticas antiecológicas, como é o caso simbólico da **obsolescência programa de produtos** –, mas também impõe responsabilidades ao consumidor de tais produtos ou serviços. Nesse contexto, assume relevo **princípio do usuário-pagador**, de acordo com o qual as práticas de consumo devem ser adequadas ao uso racional e sustentável dos recursos naturais, bem como à ampliação do uso de tecnologias limpas no âmbito dos produtos e serviços. A respeito do tema, dispõe a **Lei da Política Nacional do Meio Ambiente (Lei 6.938/81)**, no seu art. 4º, VII, que se visará "à imposição, ao poluidor e ao predador, da obrigação de recuperar e/ou indenizar os danos causados e, ao **usuário, da contribuição pela utilização de recursos ambientais com fins econômicos**".

Assim como se espera o cumprimento, por parte dos entes estatais, de políticas públicas no sentido de "enquadrar" os fornecedores de produtos e serviços em padrões ecologicamente sustentáveis, há parcela de **responsabilidade** também a cargo dos **consumidores** para a efetivação de tal **"enquadramento ecológico" das práticas de consumo**. Além das escolhas de consumo feitas pelo consumidor fora da sua casa (por exemplo, nos supermercados e *shoppings centers*), ele também deve empreender a utilização sustentável de recursos no seu âmbito "caseiro", como energia, luz, água, além, é claro, de promover a coleta seletiva do seu lixo doméstico. Paralelamente à responsabilidade do consumidor, é igualmente fundamental a **educação para o consumo sustentável** por meio de políticas públicas voltadas a tal objetivo. O **Código de Defesa do Consumidor** (Lei 8.078/90), por meio de alteração legislativa recente levada a efeito pela **Lei 14.181/2021**, consagrou expressamente como princípio da Política Nacional das Relações de Consumo, o "fomento de ações direcionadas à **educação** financeira e **ambiental dos consumidores**" (art. 4º, IX).

A **Lei da Política Nacional de Resíduos Sólidos (Lei 12.305/2010)**[126] consagra uma **ordem de prioridade** de medidas a serem adotadas em relação aos resíduos sólidos (art. 9º), mas que também se aplica, em certa medida, como diretriz para o consumo sustentável:

ORDEM DE PRIORIDADE NA LEI 12.305/2010
1) não geração;
2) redução;
3) reutilização;
4) reciclagem;
5) tratamento dos resíduos sólidos; e
6) disposição final ambientalmente adequada dos rejeitos.

Na sequência da ordem de prioridade, se considerarmos os resíduos gerados pelo consumidor e suas escolhas e práticas de consumo de produtos e serviços, a sua "pegada ecológica" vai aumentando de forma progressiva. Por exemplo, não gerar resíduos sólidos, por óbvio, é, entre as seis práticas listadas, a com a menor pegada ecológica e, portanto, a mais benéfica ao meio ambiente.

---

[126] O Decreto 10.936/22 regulamenta a Lei 12.305/2010, bem como o Decreto 11.043/22 aprova o Plano Nacional de Resíduos Sólidos.

> **Art. 7º** São **objetivos** da **Política Nacional de Resíduos Sólidos**: (...)
> **II – não geração, redução, reutilização, reciclagem** e **tratamento dos resíduos sólidos,** bem como **disposição final ambientalmente adequada dos rejeitos;**
> (...)
> **Art. 9º** Na **gestão e gerenciamento de resíduos sólidos, deve ser observada** a seguinte **ordem de prioridade**: não geração, redução, reutilização, reciclagem, tratamento dos resíduos sólidos e disposição final ambientalmente adequada dos rejeitos.

O consumo sustentável, por sua vez, possui forte vinculação com o **acesso à informação ambiental** por parte do **consumidor**. Na jurisprudência do STF, a respeito do tema, destaca-se a decisão proferida na ADI 5.166/SP, a qual reconheceu a constitucionalidade da Lei Estadual 15.361/2014, do Estado de São Paulo, que dispõe sobre a exposição de produtos orgânicos nos estabelecimentos comerciais de modo a privilegiar o direito de informação do consumidor. A norma estadual paulista estabeleceu que os **produtos orgânicos** serão expostos em **espaços exclusivos**, identificados em cada área ou seção do estabelecimento comercial, de modo a **segregar os produtos orgânicos dos demais**. Determina, ainda, que essa identificação deve ser de fácil visualização pelo consumidor.

> **JURISPRUDÊNCIA STF. Constitucionalidade de legislação estadual que dispõe sobre exposição de produtos orgânicos nos estabelecimentos comerciais em espaços exclusivos, de modo a privilegiar o direito de informação do consumidor:** "Ação Direta de Inconstitucionalidade. 2. Lei estadual que dispõe sobre a exposição de produtos orgânicos em estabelecimentos comerciais. 2. Repartição de competências. 3. Competência privativa da União para legislar sobre direito comercial versus competência concorrente para legislar sobre direito do consumidor. 4. Norma estadual que determina exposição de produtos orgânicos de modo a privilegiar o direito de informação do consumidor. Possibilidade. 5. Inexistência de violação à livre-iniciativa. 6. Ação direta de inconstitucionalidade julgada improcedente" (STF, ADI 5.166/SP, Tribunal Pleno, Rel. Min. Gilmar Mendes, j. 04.11.2020).

A livre escolha do consumidor, conforme pontua Lafayete J. Petter, pode ser legitimamente limitada em nome da defesa ambiental, em razão de que os consumidores precisam tornar-se conscientes da dimensão ecológica do processo de consumo em geral e do seu comportamento individual em particular.[127] Na medida em que a proteção ambiental limita a autonomia da vontade, aos consumidores deve ser conferida a responsabilidade de orientar as suas práticas de consumo de modo a se informarem (e também serem informados pelos fornecedores) a respeito da origem e do processo produtivo dos produtos e serviços dos quais se servem para a satisfação das suas necessidades, tendo em conta aspectos relativos ao consumo de energia (mais ou menos limpas) e de recursos naturais, às tecnologias adotadas, à geração de resíduos etc.

A **responsabilidade pós-consumo** (ou **responsabilidade pelo ciclo de vida dos produtos**), consagrada expressamente (art. 6º, VII) na **Lei 12.305/2010**, também reforça essa perspectiva, ou seja, os **deveres jurídicos dos consumidores**. O diploma em análise consagra o **princípio do consumo sustentável** no seu art. 6º, V, ao estabelecer, como princípio geral da PNRS:

> "(...) a **ecoeficiência**, mediante a compatibilização entre o fornecimento, a preços competitivos, de **bens e serviços qualificados** que satisfaçam as necessidades humanas e tragam

---

[127] PETTER, Lafayete Josué. *Princípios constitucionais da ordem econômica*: o significado e o alcance do art. 170 da Constituição Federal. São Paulo: RT, 2005. p. 240-241.

qualidade de vida e a **redução do impacto ambiental e do consumo de recursos naturais a um nível, no mínimo, equivalente à capacidade de sustentação estimada do planeta**".

A prática antiecológica da **obsolescência programada** de produtos levada a efeito por fornecedores está relacionada à responsabilidade pós-consumo e os princípios que regem a proteção ecológica no âmbito da Lei 12.305/2010, como é o caso do **princípio da ecoeficiência**. Conforme assinalado pelo Desembargador Alfredo Attiê do TJSP, em julgamento paradigmático sobre o tema:

"a obsolescência programada, além de produzir efeitos indesejados para o consumidor, obrigando-o a adquirir novos produtos de forma desnecessária, também implica em **danos potenciais ao Meio Ambiente sadio e equilibrado, para as atuais e futuras gerações (solidariedade intergeracional)**. A proteção ao Meio Ambiente, consagradora dos chamados direitos de solidariedade, prevista no art. 225 da Constituição Federal, pressupõe o deslocamento parcial da visão clássico-liberal dos direitos fundamentais, de oposição em face dos entes estatais, para a esfera particular, fruto de sua estrutura direito-dever. (...) A proteção à ecologia, de um modo geral, importa em restrições a comportamentos e atividades humanas, inclusive na livre-iniciativa, fruto da percepção do Meio Ambiente enquanto **direito-dever fundamental**, afinal, sua defesa é princípio de observância obrigatória para a ordem econômica, fundada na valorização do trabalho humano e na livre-iniciativa, e que tem por fim assegurar a todos existência digna, conforme os ditames da justiça social, nos exatos termos do art. 170, '*caput*' e inciso VI da Constituição Federal."

JURISPRUDÊNCIA TJSP. Obsolescência programada, estrutura de direito-dever fundamental do regime constitucional de proteção ecológica e vinculação dos particulares: "CONSUMIDOR. COMPRA E VENDA DE MÁQUINA DE LAVAR E SECAR. AÇÃO INDENIZATÓRIA. Sentença de procedência dos pedidos. Aquisição pelos autores de máquina de lavar roupas com função de secadora, no ano de 2012. Necessidade de reparo em 2017, não solucionado pela fabricante, ante a interrupção da produção da peça de reposição necessária ao funcionamento do bem. O Código de Defesa do Consumidor, em seu art. 32, prevê a obrigatoriedade dos fabricantes em assegurar o fornecimento de peças de reposição enquanto não cessar a fabricação do produto e, ainda que cessada, a oferta deverá ser mantida por período razoável. Hipótese dos autos a caracterizar prática abusiva, consistente na **obsolescência programada**, ou seja, na **redução artificial da durabilidade de produtos ou do ciclo de vida de seus componentes pelo fabricante, para que seja forçada a recompra prematura**. Prazo de aproximadamente 5 anos entre a compra e a interrupção do fornecimento da peça de máquina de lavar e secar que não se mostra razoável, também em razão da ausência de informações a respeito no momento da compra. Controvérsia quanto à durabilidade reduzida, ademais, não impugnada pela ré. Violação, ainda, ao art. 26, § 3º, ante a existência de vício oculto, adotado o critério da vida útil do bem e ao art. 6º, III (direito à informação), ambos do Código de Defesa do Consumidor, bem como à cláusula geral da boa-fé objetiva (art. 422 do Código Civil). **Estrutura direito-dever da proteção ao Meio Ambiente e solidariedade intergeracional (art. 225 da Constituição Federal).** Inobservância aos **princípios do desenvolvimento sustentável e da ecoeficiência, consagrados no art. 6º da Lei nº 12.305/2010**, que instituiu a Política Nacional de Resíduos Sólidos. O **setor empresarial também é responsável pela efetividade das ações voltadas para assegurar a observância da Política Nacional de Resíduos Sólidos**, conforme o art. 25 da referida norma. Danos morais configurados. **Desvio produtivo do consumidor.** Indenização fixada em R$ 5.000,00, a ser paga independente de inadimplemento em fase de cumprimento de sentença. (...). RECURSO DA RÉ NÃO PROVIDO E RECURSO DO AUTOR PARCIALMENTE PROVIDO, COM ALTERAÇÃO DA SENTENÇA, DE OFÍCIO, QUANTO AO TERMO INICIAL DA CORREÇÃO MONETÁRIA E DOS JUROS DE MORA NA CONDENAÇÃO POR DANOS MORAIS" (TJSP, AC 1006150-16.2018.8.26.0562, 27ª Câm. de Direito Privado, Des. Rel. Alfredo Attiê, j. 05.12.2020).

A **Lei 13.186/2015**, que institui a **Política de Educação para o Consumo Sustentável**, possui como seu objetivo central estimular a adoção de práticas de consumo e de técnicas de produção ecologicamente sustentáveis. O diploma, por sua vez, estabeleceu no seu art. 1º, parágrafo único, o **conceito de consumo sustentável**.

Consumo sustentável	"o uso dos recursos naturais de forma a proporcionar **qualidade de vida para a geração presente sem comprometer as necessidades das gerações futuras**".

A **Lei 13.186/2015** também traçou os diversos **objetivos** da Política de Educação para o Consumo Sustentável, os quais revelam a forma de operacionalização do princípio do consumo sustentável, por exemplo, a mudança de atitude dos consumidores, a reutilização e reciclagem de produtos e embalagens, a rotulagem ambiental, a certificação ambiental etc.

> Art. 2º São **objetivos da Política de Educação para o Consumo Sustentável**:
> I – incentivar **mudanças de atitude dos consumidores na escolha de produtos** que sejam produzidos com base em processos ecologicamente sustentáveis;
> II – estimular a **redução do consumo** de água, energia e de outros recursos naturais, renováveis e não renováveis, no âmbito residencial e das atividades de produção, de comércio e de serviços;
> III – promover a **redução do acúmulo de resíduos sólidos**, pelo **retorno pós-consumo** de embalagens, pilhas, baterias, pneus, lâmpadas e outros produtos considerados perigosos ou de difícil decomposição;
> IV – estimular a **reutilização** e a **reciclagem** dos produtos e embalagens;
> V – estimular as **empresas** a incorporarem as dimensões social, cultural e ambiental no processo de produção e gestão;
> VI – promover ampla divulgação do **ciclo de vida dos produtos**, de técnicas adequadas de manejo dos recursos naturais e de produção e gestão empresarial;
> VII – fomentar o uso de recursos naturais com base em **técnicas e formas de manejo ecologicamente sustentáveis**;
> VIII – zelar pelo **direito à informação** e pelo fomento à **rotulagem ambiental**;
> IX – incentivar a **certificação ambiental**.

O contexto legislativo referido reforça os **deveres jurídicos** (e, portanto, não apenas deveres morais) atribuídos aos cidadãos, em termos individuais e coletivos, no tocante ao consumo sustentável de bens e serviços, inclusive a ponto de ensejar a sua responsabilização jurídica na hipótese de práticas antiecológicas. Não obstante a necessidade de uma tutela por parte do Poder Público contra práticas publicitárias que, de forma abusiva, incentivem hábitos de consumo inadequados a um padrão de qualidade ambiental, bem como que violem valores ecológicos, o próprio consumidor, considerado individualmente,[128] também tem papel essencial nesse enfrentamento. Para tanto, importa estimular (e mesmo induzir) que seja evitado o consumo de produtos e serviços que não atendam às normas de proteção ecológica e que não sigam uma **política empresarial "amiga do meio ambiente"**, dando preferência às empresas que sigam tais

---

[128] O **Código de Defesa do Consumidor** dispõe no seu art. 37, § 2º, que constitui **publicidade abusiva** práticas publicitárias que "desrespeitem valores ambientais".

padrões ecologicamente sustentáveis, inclusive exigindo a **certificação ambiental dos produtos e serviços** sempre que possível.[129]

A certificação da origem lícita – por exemplo, não proveniente de desmatamento ilegal – de produtos florestais pode ser compreendida como uma espécie de "**certificação climática**"[130], dada a correlação direta entre o desmatamento florestal e a emissão de gases do efeito estufa. A **certificação da "pegada" climática** de produtos e serviços revela-se como expressão do direito à informação climática dos consumidores e dos correlatos **deveres de informação e transparência climática de fornecedores**.

No início do ano de 2023, as cenas de indígenas ianomamis desnutridos e doentes chocaram o Brasil e o mundo, o que é reflexo, em sua maior medida, da presença do garimpo ilegal no **Território Indígena Ianomami**, poluindo os rios com mercúrio e, assim, contaminando os indígenas. Diante da gravidade e ilegalidades relacionadas a tais fatos, ganhou grande força no debate público a importância de se atestar a **origem do ouro** – se legal ou ilegal – vendido em joalherias do Brasil e mundo afora. Em outras palavras, se o ouro carrega ou não com ele "o sangue indígena e a destruição da Amazonia". A respeito do tema, tramita no STF a ADI 7.273/DF para questionar a norma que permite a comercialização de ouro com base na presunção da boa-fé das informações prestadas pelos vendedores sobre a origem do metal. Como se pode supor, tem-se aqui tema que igualmente deve ser pautado pelo **consumo sustentável**, a fim de que os consumidores de joias e itens de ouro (e outras pedras e metais preciosos) incorporem a aquisição de **produtos devidamente certificados** (e rastreados) acerca da sua origem.

8.2 Princípio da adoção prioritária de soluções baseadas na Natureza

A recente **Lei de Adaptação Climática (Lei 14.904/2024)** estabeleceu as diretrizes para a elaboração de planos de adaptação à mudança do clima, inclusive alterando alguns pontos da Lei 12.114/2009, que regulamenta o Fundo Nacional sobre Mudança do Clima (FNMC). A Lei 14.904/2024 tem por **objetivo**, conforme consignado no seu art. 1º, "implementar medidas para **reduzir a vulnerabilidade** e a **exposição a riscos** dos **sistemas ambiental, social, econômico e de infraestrutura** diante dos **efeitos adversos atuais e esperados da mudança do clima**, com fundamento na Lei nº 12.187, de 29 de dezembro de 2009, que institui a Política Nacional sobre Mudança do Clima (PNMC)". Entre os efeitos climáticos adversos, destacam-se os **episódios climáticos extremos**, tal como o trágico desastre climático ocasionado pelas enchentes verificadas no mês de maio de 2024 no Estado do Rio Grande do Sul, bem como as queimadas verificadas, no segundo semestre de 2024, no Norte, Centro-Oeste e Sudeste do Brasil, ocasionadas criminalmente e em função da seca extrema pela qual tais regiões passam (ex.: o Rio Madeira atingiu o seu menor nível histórico).

Além de estabelecer o regime jurídico de adaptação climática a ser adotado pelo Estado em todas as suas esferas federativas (União, Estados, Distrito Federal e Municípios), a Lei 14.904/2024 consagrou, como diretriz dos planos de adaptação às mudanças climáticas, a **adoção de soluções baseadas na Natureza**. É o que estabelece o art. 2º, VIII, do diploma, ao prever: "a adoção de soluções baseadas na Natureza como parte das estratégias de adaptação, considerando

---

[129] A respeito da certificação ambiental, destaca-se o **Conselho Brasileiro de Manejo Florestal**, representante da **FSC** (*Forest Stewardship Council*), criada à época da Conferência do Rio sobre Desenvolvimento Sustentável (1992), a qual é uma organização independente, não governamental e sem fins lucrativos. O seu objetivo principal é promover o manejo e a certificação florestal (http://www.fsc.org.br/index.cfm).

[130] A Lei de Bases do Ambiente (Lei 98/2021) da República Portuguesa estabeleceu previsão expressa sobre a certificação climática a respeito da pegada carbônica de bens e serviços: "Artigo 53.º Informação de impacte climático O Estado apoia a tomada de decisões informadas e conscientes por parte do consumidor, promovendo a transparência sobre a **pegada ecológica ou carbónica dos bens e serviços** através de um **sistema de certificação** a implementar em articulação com os diferentes setores económicos."

seus benefícios adicionais e sua capacidade de integrar resultados para adaptação e mitigação, simultaneamente". De complementar, o art. 3º, prevê que os planos de adaptação às mudanças climáticas assegurarão a adequada implementação das estratégias traçadas, **prioritariamente** nas áreas de: "III – **infraestrutura baseada na Natureza**, que **utiliza elementos da Natureza** para fornecer **serviços** relevantes para **adaptação às consequências da mudança do clima**, com vistas a **criar resiliência e proteção** da **população**, de **bens** e do **meio ambiente ecologicamente equilibrado**, de forma sustentável, com a possibilidade de integrar simultaneamente ações de adaptação e mitigação da mudança do clima".

A Lei 14.904/2024, como se pode observar dos dispositivos citados, consagrou de forma expressa e inédita na legislação brasileira o **princípio (e dever) jurídico de adoção prioritária de soluções baseadas na Natureza**. O princípio em questão, por sua vez, não deve ter a sua aplicação limitada ao espectro da matéria climática, mas deve ser compreendido como um princípio do Direito Ambiental em geral. A premissa em questão alinha-se com todo o arcabouço de princípios reitores do Direito Ambiental, como, por exemplo, prevenção, precaução, *in dubio pro natura*, proibição de retrocesso, progressividade, **desenvolvimento sustentável**, prioridade da restauração *in natura*, integridade ecológica, entre outros. Além disso, contempla o **entendimento científico dominante** no sentido de buscar soluções na própria Natureza para solucionar os problemas ecológicos (e climáticos) ocasionados pela intervenção do ser humano no meio ambiente. Mais intervenção tecnológica – por exemplo, a denominada geoengenharia[131] – para resolver os problemas gerados pela própria intervenção humana na Natureza não parece ser a melhor solução. E sim mais soluções fornecidas pela própria Natureza e seus **serviços ecológicos**. A Constituição Federal de 1988 (CF/1988) igualmente reforça tal entendimento ao estabelecer o dever do Estado (e dos particulares) de "**preservar e *restaurar os processos ecológicos essenciais*** e prover o manejo ecológico das espécies e ecossistemas" (art. 225, § 1º, I), bem como de salvaguarda da "**função ecológica**" da flora e da fauna (art. 225, § 1º, VII).

A consagração jurídica dos "**serviços ambientais**" – e entre eles, os "**serviços climáticos**" – também se coloca em sintonia com o princípio (e dever) de adoção de soluções baseadas na Natureza, conforme previsão expressa do art. 41, I, do Código Florestal (Lei 12.651/2012) e art. 2º da Lei da Política Nacional de Pagamento por Serviços Ambientais (Lei 14.119/2021). Os "**serviços de regulação**" consagrados no art. 2º da Lei 14.119/2021, como espécie do gênero "**serviços ecossistêmicos**", ilustram bem esse cenário: "os que concorrem para a manutenção da estabilidade dos processos ecossistêmicos, tais como o **sequestro de carbono**, a purificação do ar, a **moderação de eventos climáticos extremos**, a manutenção do **equilíbrio do ciclo hidrológico**, a **minimização de enchentes e secas e o controle dos processos críticos de erosão e de deslizamento de encostas**". A Natureza é, por excelência e como se pode ver dos exemplos listados, a maior prestadora dos serviços ambientais e, portanto, das soluções necessárias para o enfrentamento do **estado de emergência ambiental e climática** que vivemos no Antropoceno.

8.3 No princípio da prioridade de soluções baseadas na Natureza

LEI DOS BIOINSUMOS (LEI 15.070/2024) E PRINCÍPIO DA ADOÇÃO PRIORITÁRIA DE SOLUÇÕES BASEADAS NA NATUREZA

A nova **Lei dos Bioinsumos** (Lei 15.070/2024) concretiza o **princípio da adoção prioritária de soluções baseadas na Natureza**, ao dispor sobre a produção, a importação, a exportação, o registro, a comercialização, o uso, a inspeção, a fiscalização, a pesquisa, a experimentação, a embalagem, a rotulagem, a propaganda, o transporte, o armazenamento,

---

[131] Vide KOLBERT, Elizabeth. *Sob um céu branco*: a Natureza no futuro. Rio de Janeiro: Intrínseca, 2021.

as taxas, a prestação de serviços, a destinação de resíduos e embalagens e os incentivos à **produção de bioinsumos para uso agrícola, pecuário, aquícola e florestal**, alterando as Leis 14.785/2023, 10.603/2002 e 6.894/80.

A título de exemplo, os bioinsumos contrapõem-se à utilização de produtos, processos ou tecnologias artificiais, como no caso de **substâncias químicas sintéticas** utilizadas em **agrotóxicos** (ex. DDT, poluentes orgânicos persistentes etc.). Ainda que a definição de agrotóxicos estabelecida pela **Lei 14.785/2023**[132] possa causar alguma confusão conceitual entre bioinsumos e agrotóxicos, ao contemplar em tal categoria os bioinsumos utilizados com esse propósito, há que distinguir estes últimos dos agrotóxicos tradicionais por se tratarem de tecnologias absolutamente distintas. Além de ser um conceito muito mais amplo e abranger um universo muito maior de **produtos, processos ou tecnologias de origem vegetal, animal ou microbiana**, os bioinsumos são, do ponto de vista ecológico, a **antítese dos tradicionais agrotóxicos químicos** que tanto prejuízo causam ao meio ambiente e à saúde humana, como já nos alertou Rachel Carson desde a década de 1960 (em relação ao DDT). Ao contrário dos agrotóxicos químicos, que são uma criação humana artificial, os bioinsumos são uma **tecnologia e solução baseada na Natureza**.

O **conceito de bioinsumo** estabelecido pelo diploma, no seu art. 2º, II, ilustra bem esse cenário, ao defini-lo como: "produto, processo ou tecnologia de origem vegetal, animal ou microbiana, incluído o oriundo de processo biotecnológico, ou estruturalmente similar e funcionalmente **idêntico ao de origem natural**, destinado ao uso na produção, na proteção, no armazenamento e no beneficiamento de produtos agropecuários ou nos sistemas de produção aquáticos ou de florestas plantadas, que interfira no crescimento, no desenvolvimento e no mecanismo de resposta de animais, de plantas, de microrganismos, do solo e de substâncias derivadas e que interaja com os produtos e os processos físico-químicos e biológicos".

A respeito dos deveres do Estado, o art. 19 do diploma estabelece que o Poder Executivo poderá utilizar **mecanismos financeiros**, incluídos os **fiscais e tributários**, para que sejam incentivados a pesquisa, o desenvolvimento, a produção, o uso e a comercialização de bioinsumos para uso agrícola, pecuário, aquícola e florestal, inclusive priorizando microempresas que produzam bioinsumos para fins comerciais e as cooperativas agrícolas e a agricultura familiar que produzam bioinsumos para uso próprio (§ 1º) e desenvolvendo programas de **estímulo e de apoio econômico e financeiro** para os produtores rurais à medida que **adotem os bioinsumos no sistema de produção** (§ 2º).

A inversão ou alteração do curso de um rio pela mão humana é, por outro lado, a antítese de uma solução baseada na Natureza. O represamento de um rio para a construção de uma hidrelétrica, idem. Medidas de **geoengenharia** para a retirada de CO_2 da atmosfera terrestre é outro exemplo no mesmo sentido. O nosso conhecimento sobre o mundo natural e as relações complexas que lhe constituem, por mais que tenhamos avançado muito desde a ciência moderna e, mais recentemente, por meio da atual Ciência da Terra (*Earth Science*), ainda é profundamente limitado. A título de exemplo, estamos todos os dias levando espécies à extinção antes mesmo de conhecê-las.[133] Não conhecemos de forma completa e menos ainda controlamos as consequências das nossas intervenções na Natureza. **Menos (intervenção) é mais (solução)** na nossa relação com a Natureza! O **princípio da precaução** comunica a mesma mensagem, ou seja, devemos

---

[132] Art. 2º (...) XXVI – "agrotóxicos: **produtos e agentes de processos físicos, químicos ou biológicos** destinados ao uso nos setores de produção, no armazenamento e no beneficiamento de produtos agrícolas, nas pastagens ou na proteção de florestas plantadas, cuja finalidade seja alterar a composição da flora ou da fauna, a fim de preservá-las da ação danosa de seres vivos considerados nocivos".

[133] WILSON, Edward O. *Half-Earth*: our planet's fight for life. New York: Liveright, 2016. p. 44.

ter muita cautela e não agir ou intervir na Natureza em cenários em que não dispomos de um domínio científico seguro.

Devemos confiar mais nos processos naturais do Planeta Terra – e sua sabedoria acumulada em mais de 4,5 bilhões de anos – do que na nossa tecnologia para solucionar os problemas e desequilíbrios ocasionados pela intervenção humana na Natureza. Nos parece um tanto óbvio isso. Mas a soberba humana, acompanhada da crença cega na nossa inteligência e capacidade de solucionar todos os problemas por meio da nossa vocação tecnológica, não nos permite ver o óbvio muitas vezes. A título de exemplo, as **árvores** e, em particular, o conjunto delas representado pelas **florestas** são uma das "tecnologias" mais eficientes já criadas (pela própria Natureza) para a retirada de CO_2 da atmosfera terrestre e sua estocagem segura. Proteger (o que resta delas) e replantar (se desmatadas) as nossas florestas e vegetação nativa em geral são as soluções "tecnológicas" (baseadas na Natureza!) mais potentes para enfrentarmos o **aquecimento global e as mudanças climáticas**. E igual medida vale para frearmos a sexta extinção em massa de espécies naturais e perda de biodiversidade em pleno curso na atualidade, conforme apontado pelo Relatório de Avaliação Global sobre Biodiversidade e Serviços Ecossistêmicos (2019) do Painel Intergovernamental sobre Biodiversidade e Serviços Ecossistêmicos (IPBES) da ONU, ao identificar o perigoso declínio "sem precedentes" da perda de biodiversidade, com a "aceleração" das taxas de extinção de espécies, a tal ponto que 1.000.000 de espécies encontram-se hoje ameaçadas de extinção no Planeta Terra.

A priorização da adoção de soluções baseadas na Natureza está perfeitamente alinhada com os **princípios da proibição de retrocesso e da progressividade** em matéria ambiental e climática. Devemos assegurar o **desmatamento zero** (portanto, proibição de retrocesso) e o replantio progressivo das áreas florestais e vegetação nativa desmatadas para alcançar a meta jurídica da **neutralidade climática até 2050**, conforme estabelecido no Acordo de Paris (2015). É o que se pode apreender da passagem que segue do seu Preâmbulo: "Reconhecendo a necessidade de uma resposta eficaz e progressiva à ameaça urgente da mudança do clima com base no melhor conhecimento científico disponível". A adoção do "**melhor conhecimento científico disponível**" coincidirá, em muitas situações, com a "**adoção de soluções baseadas na Natureza**".

Por fim, é importante deixar claro que o princípio (e dever) jurídico de adoção prioritária de soluções baseadas na Natureza não se restringe ao **Direito Climático**, mas é, sim, aplicável ao **Direito Ambiental** em termos gerais, integrando, assim, o seu microssistema jurídico juntamente com seus princípios clássicos (prevenção, poluidor-pagador, cooperação, desenvolvimento sustentável etc.). A título de exemplo, trata-se de diretriz normativa a ser aplicada no âmbito da **reparação de danos ambientais e climáticos** em geral apurados nas três esferas de responsabilização (penal, administrativa e ambiental) do poluidor, tomando por premissa que já vige na matéria, em absoluta sintonia com a adoção de soluções baseadas na Natureza, a **priorização da restauração *in natura*** dos danos causados ao meio ambiente e ao clima. A força normativa e **vinculação jurídica direta e imediata** do princípio da adoção prioritária de soluções baseadas na Natureza alcança não apenas o **Estado**, mas igualmente os **agentes particulares** (pessoas físicas e jurídicas), impondo-se por meio de **deveres jurídicos**.

9. PRINCÍPIO DA FUNÇÃO AMBIENTAL OU ECOLÓGICA DA PROPRIEDADE (E DA POSSE)

O **princípio da função ambiental ou ecológica da posse e da propriedade** configura-se como um **princípio geral do Direito Ambiental**. Assim como outrora a **função social** foi consagrada para limitar e redefinir o conteúdo do direito de propriedade, hoje também os valores e direitos ecológicos passam a conformar o seu conteúdo, com uma **nova carga de deveres e obrigações** correlatas ao seu exercício, conforme destacado de forma ilustrativa em passagem do voto-relator do **Ministro Luiz Fux** no julgamento da **ADI 4.903/DF** (Caso do Código Florestal), ao referir que somos simultaneamente credores e devedores no âmbito das relações jurídicas ecológicas:

> "(...) o meio ambiente assume **função dúplice** no microssistema jurídico, na medida em que se consubstancia **simultaneamente em direito e em dever dos cidadãos**, os quais paralelamente se posicionam, também de forma simultânea, como **credores** e como **devedores** da obrigação de proteção respectiva".[134]

A tutela do meio ambiente, conforme lição clássica de Stefano Rodotá, aparece como um dos marcos mais importantes na caracterização dos interesses coletivos e difusos que sedimentam um conteúdo "não dominial" no seio do direito de propriedade.[135] A propriedade revela-se como um **direito-dever fundamental** (art. 5º, XXIII, da CF/1988), visto que, associados ou conexos ao direito de propriedade, conjugam-se diversos deveres que incidem sobre a conduta do seu titular, limitando o seu exercício em termos sociais e ecológicos (por exemplo, dever de exploração racional da terra, dever de manutenção do equilíbrio ecológico, dever de recuperação de área degradada, dever de não exploração dos trabalhadores etc.).

Conforme dispõe o texto constitucional, no que tange à propriedade rural (mas tais diretrizes normativas também se aplicam em certo sentido à propriedade urbana[136]), a sua função social é cumprida quando atendidos aos seguintes requisitos, conforme disposição expressa do art. 186 da CF/1988:

> **CONSTITUIÇÃO FEDERAL DE 1988**
>
> Art. 186. A **função social** é cumprida quando a **propriedade rural** atende, simultaneamente, segundo critérios e graus de exigência estabelecidos em lei, aos seguintes **requisitos**:
>
> I – aproveitamento racional e adequado;
>
> II – **utilização adequada dos recursos naturais disponíveis e preservação do meio ambiente**;
>
> III – observância das disposições que regulam as relações de trabalho; e
>
> IV – exploração que favoreça o bem-estar dos proprietários e dos trabalhadores.

A consagração emergente do **princípio (e valor constitucional) da solidariedade**, como refere Miguel Reale,[137] ao comentar o "espírito" do **Código Civil de 2002**, alimenta a ideia de vinculação social do indivíduo-cidadão e, de certa forma, representa um resgate dos "deveres" (em face dos direitos subjetivos) diante do débito do pensamento jurídico liberal-clássico para com eles. A gradativa desconstrução da hipertrofia do patrimônio, que marcou a sua trajetória histórica desde a **Revolução Francesa (1789)** e o **Código Civil Napoleônico (1804)**, mediante o **fortalecimento de valores de natureza existencial**, acabou por permitir que a proteção ecológica viesse a ocupar espaço de forma definitiva no seio do "constitucionalizado" Direito Civil contemporâneo. Esta assim chamada **"constitucionalização"** do direito de propriedade, mediante

---

[134] STF, ADI 4.903/DF, Tribunal Pleno, Rel. Min. Luiz Fux, j. 28.02.2018.
[135] RODOTÀ, Stefano. *El terrible derecho*: estudios sobre la propiedad privada. Madrid: Civitas, 1986. p. 41.
[136] Art. 1.º, parágrafo único, do Estatuto da Cidade (Lei 10.257/2001).
[137] Nesse enfoque, Miguel Reale destaca o *princípio da socialidade* como uma das características mais marcantes do Código Civil (2002), na medida em que o "espírito social" do novo diploma civilista faz prevalecer valores coletivos sobre os individuais (em oposição à matriz liberal-individualista do antigo diploma), sem nunca perder de vista o valor fundante da pessoa humana (REALE, Miguel. Visão geral do projeto de Código Civil. *Revista dos Tribunais*, v. 752, p. 23, jun. 1998).

a integração de outros valores e princípios fundamentais, com a consagração constitucional da sua função ecológica ou socioambiental (**art. 186, II, da CF/1988**), reforçou a noção de que existem **deveres fundamentais de proteção ecológica**, os quais são impostos aos proprietários (e possuidores).

O **Código Civil de 2002** reconhece expressamente a **função ambiental ou ecológica da propriedade** no seu art. 1.228, § 1º,[138] ao assinalar que:

> **CÓDIGO CIVIL DE 2002**
>
> **Art. 1.228.** O proprietário tem a faculdade de usar, gozar e dispor da coisa, e o direito de reavê-la do poder de quem quer que injustamente a possua ou detenha.
>
> § 1º O **direito de propriedade** deve ser exercido em consonância com as suas finalidades econômicas e sociais e de modo que sejam **preservados**, de conformidade com o estabelecido em lei especial, **a flora, a fauna, as belezas naturais, o equilíbrio ecológico e o patrimônio histórico e artístico, bem como evitada a poluição do ar e das águas.** (...)

O **Estatuto da Cidade (Lei 10.257/2001)**, no seu art. 1º, parágrafo único,[139] assinala expressamente que o diploma "estabelece normas de ordem econômica e interesse social que regulam o **uso da propriedade urbana em prol do bem coletivo**, da segurança e do bem-estar dos cidadãos, bem como do **equilíbrio ambiental**", revelando, assim, conteúdo similar ao dispositivo citado anteriormente do Código Civil de 2002 e transportando para o plano infraconstitucional a configuração deveres ecológicos do proprietário no exercício da sua titularidade.

A **Lei da Mata Atlântica (Lei 11.428/2006)**, consagrou, de forma expressa, no seu art. 6º, parágrafo único, o princípio da **função socioambiental da propriedade**. Mais recentemente, o **Código Florestal de 2012 (Lei 12.651/12)** reforçou a funcionalidade da propriedade e da posse florestal e os deveres atribuídos ao seu titular, estabelecendo, no seu art. 2º, § 2º, que "as **obrigações previstas nesta Lei têm natureza real e são transmitidas ao sucessor**, de qualquer natureza, no caso de transferência de domínio ou posse do imóvel rural". Igual conteúdo aparece reproduzido no art. 7º, §§ 1º e 2º, do diploma florestal, em relação às áreas de preservação permanente (APPs).

A legislação, por sua vez, acabou incorporando orientação jurisprudencial consolidada previamente na jurisprudência do STJ, no sentido de que o proprietário ou possuidor de imóvel sobre o qual, por exemplo, incida o regime da área de preservação permanente ou mesmo da **reserva legal**, estará obrigado (**obrigação real ou** *propter rem*) a repará-la mesmo que a degradação tenha tido origem em momento anterior e o seu antecessor tenha sido o responsável.[140]

---

[138] Há outros dispositivos do Código Civil de 2002 que também determinam deveres positivos e negativos conferidos ao titular e ao possuidor de determinada propriedade. Entre eles: "Art. 1.277. O proprietário ou possuidor de um prédio tem o direito de fazer cessar as **interferências prejudiciais à segurança, ao sossego e à saúde** dos que o habitam, provocadas pela utilização da propriedade vizinha"; "Art. 1.291. O possuidor do imóvel superior **não poderá poluir as águas** indispensáveis às primeiras necessidades da vida dos possuidores dos imóveis inferiores; as demais, que poluir, deverá recuperar, ressarcindo os danos que estes sofrerem, se não for possível a recuperação ou o desvio do curso artificial das águas"; "Art. 1.309. São **proibidas construções** capazes de **poluir**, ou inutilizar, para uso ordinário, a água do poço, ou nascente alheia, a elas preexistentes".

[139] "Art. 1º (...) Parágrafo único. Para todos os efeitos, esta Lei, denominada Estatuto da Cidade, estabelece normas de ordem econômica e interesse social que regulam o *uso da propriedade urbana em prol do bem coletivo*, da segurança e do bem-estar dos cidadãos, bem como do *equilíbrio ambiental*."

[140] STJ, REsp 650.728/SC, 2ª T., Rel. Min. Herman Benjamin, j. 23.10.2007. No mesmo sentido, v. REsp 1.237.071/PR, 2ª T., rel. Min. Humberto Martins, j. 03.05.2011.

> **SÚMULA 623 DO STJ**
>
> As obrigações ambientais possuem natureza *propter rem*, sendo admissível cobrá-las do proprietário ou possuidor atual e/ou dos anteriores, à escolha do credor.

O STJ, de modo complementar, reinterpretou o conteúdo da Súmula 623 no julgamento do Recurso Repetitivo Tema 1204, firmando a tese no sentido de excluir a responsabilidade "[d]o alienante cujo direito real tenha cessado antes da causação do dano, desde que para ele não tenha concorrido, direta ou indiretamente".

Tese Firmada Tema 1204	"As obrigações ambientais possuem natureza *propter rem*, sendo possível exigi-las, à escolha do credor, do proprietário ou possuidor atual, de qualquer dos anteriores, ou de ambos, ficando isento de responsabilidade o alienante cujo direito real tenha cessado antes da causação do dano, desde que para ele não tenha concorrido, direta ou indiretamente."

De acordo com o art. 3º, II, do diploma florestal, tem-se por **área de preservação permanente (APP)** a "área protegida, coberta ou não por vegetação nativa, com a **função ambiental** de preservar os recursos hídricos, a paisagem, a estabilidade geológica e a biodiversidade, facilitar o fluxo gênico de fauna e flora, proteger o solo e assegurar o bem-estar das populações humanas". No tocante à **reserva legal**, conforme dispõe o art. 3º, III, do diploma florestal, ela seria a "área localizada no interior de uma propriedade ou posse rural, delimitada nos termos do art. 12, com a função de **assegurar o uso econômico de modo sustentável dos recursos naturais do imóvel rural**, auxiliar a conservação e a **reabilitação dos processos ecológicos** e promover a **conservação da biodiversidade**, bem como o abrigo e a proteção de fauna silvestre e da flora nativa". Ambos os institutos (área de preservação permanente e reserva legal) concretizam o princípio da função ecológica da propriedade e da posse, vinculando inúmeros deveres de proteção ambiental ao exercício e fruição do direito pelo seu titular.

O conteúdo econômico da propriedade está relacionado não apenas ao seu uso clássico, normalmente relacionado à utilização desregrada (uso, gozo e fruição) e mesmo ao esgotamento dos recursos naturais, mas hoje, com base numa **economia verde** e no **marco jurídico contemporâneo**, o conteúdo econômico da propriedade deve necessariamente estar atrelado aos **benefícios econômicos obtidos pelos serviços ecológicos**[141] prestados pela Natureza (em outras palavras, a manutenção da integridade ecológica) existente na propriedade, como habitualmente ocorre na propriedade rural.

Os benefícios econômicos para as **atividades agrícolas e pecuárias** dos serviços ecológicos são inúmeros, como ocorre por meio da conservação da biodiversidade, da conservação das águas e dos **serviços hídricos**, da **regulação do clima**, da **conservação** e do **melhoramento do solo**, entre outros. Aliás, tais serviços são elementares para o desenvolvimento de tais práticas econômicas, não obstante, muitas vezes, não tenham a sua dimensão econômica devidamente reconhecida e valorada. O instituto jurídico do **pagamento pelos serviços ecológicos** (e **climáticos**) foi consagrado expressamente no art. 41, II, do **Código Florestal** – e, mais recentemente,

---

[141] Na doutrina, sobre o pagamento por serviços ambientais, v. NUSDEO, Ana Maria de Oliveira. *Pagamento por serviços ambientais*. São Paulo, Atlas, 2012; GONÇALVES, Ana Paulo Rengel. *Agroecologia e pagamento por serviços ambientais*: lições e perspectivas. São Paulo: Instituto O Direito por um Planeta Verde, 2017; e JODAS, Natália. *Pagamento por serviços ambientais*: diretrizes de sustentabilidade para os projetos de PSA no Brasil. Rio de Janeiro, Lumen Juris, 2021.

na **Lei 14.119/2021**, que instituiu a **Política Nacional de Pagamento por Serviços Ambientais** –, revelando essa **faceta econômica** da função ecológica da propriedade.

> **CÓDIGO FLORESTAL**
>
> **Art. 41.** É o Poder Executivo federal autorizado a instituir, sem prejuízo do cumprimento da legislação ambiental, programa de apoio e incentivo à **conservação do meio ambiente**, bem como para adoção de tecnologias e boas práticas que conciliem a produtividade agropecuária e florestal, com **redução dos impactos ambientais**, como forma de promoção do desenvolvimento ecologicamente sustentável, observados sempre os **critérios de progressividade**, abrangendo as seguintes categorias e linhas de ação: (Redação dada pela Lei 12.727, de 2012).
>
> I – **pagamento ou incentivo a serviços ambientais** como retribuição, monetária ou não, às atividades de conservação e melhoria dos ecossistemas e que gerem serviços ambientais, tais como, isolada ou cumulativamente:
>
> a) o sequestro, a conservação, a manutenção e o aumento do estoque e a diminuição do fluxo de carbono;
>
> b) a conservação da beleza cênica natural;
>
> c) a conservação da biodiversidade;
>
> d) a conservação das águas e dos serviços hídricos;
>
> e) a regulação do clima;
>
> f) a valorização cultural e do conhecimento tradicional ecossistêmico;
>
> g) a conservação e o melhoramento do solo;
>
> h) a manutenção de Áreas de Preservação Permanente, de Reserva Legal e de uso restrito; (...).

Os **deveres fundamentais de proteção ambiental**, além de conterem **obrigações de cunho negativo**, por exemplo, a abstenção de práticas degradadoras da qualidade ambiental (ex. retirada de vegetação nativa, lançamento de poluentes em curso d'água etc.), impõem também **comportamentos positivos** dos atores privados (pessoas físicas e jurídicas), estabelecendo a adoção de condutas específicas no sentido de prevenir, precaver e reparar qualquer forma de degradação ecológica que esteja relacionada ao exercício do direito de propriedade (e da posse), cabendo, inclusive, o controle externo (extrajudicial e judicial) pela coletividade e pelo Estado a respeito do cumprimento das finalidades socioambientais por parte do proprietário (ou possuidor).[142]

Os deveres jurídicos extraídos do **regime "constitucionalizado" do direito de propriedade**, segundo Bruno Miragem, tomam a forma tanto de deveres relativos à disposição dos bens móveis e imóveis, de modo a não permitir lesão ao meio ambiente, quanto de deveres vinculados a prerrogativas de uso e gozo dos bens. Como assevera o civilista, tais deveres poderão consistir tanto na "abstenção" de uma determinada prática em que o exercício da propriedade possa gerar alguma espécie de degradação ou dano ao meio ambiente, quanto na forma de um "comportamento positivo", pelo qual seja exigida do proprietário a realização de um "dever positivo", ou seja, um típico "dever de prestação".[143]

---

[142] Com o mesmo entendimento, v. GAVIÃO FILHO, Anízio Pires. *Direito fundamental ao ambiente*. Porto Alegre: Livraria do Advogado, 2005. p. 66.

[143] MIRAGEM, Bruno. O artigo 1.228 do Código Civil e os deveres do proprietário em matéria de preservação do meio ambiente. *Cadernos do Programa de Pós-Graduação em Direito – PPGDir./UFRGS*, Reflexões Jurídicas sobre Meio Ambiente/Edição Especial, v. III, n. VI, p. 31, maio 2005.

Ao desenvolver o **conceito genérico de função ambiental**, Benjamin aponta para a existência de uma "**trindade de deveres**" inerente ao conceito de função, o que encontra expressão na imposição de condutas positivas (e não mais apenas negativas) ou múnus que vai além do mero "não poluir", mas também toma forma de missão constitucional no **dever de defender**, no **dever de reparar** e no **dever de preservar**, e este último estabelece para o cidadão tanto uma proibição (não poluir) quanto uma obrigação positiva (**impedir também terceiros de poluírem**).[144] De igual modo, como assevera o autor, não há que falar em um **direito adquirido de poluir**,[145] mas, sim, onde a poluição se fizer presente, há o dever do proprietário ou possuidor da área degradada de tomar as medidas – negativas ou positivas – necessárias ao restabelecimento do equilíbrio ecológico no local.

A função ambiental da propriedade e os correspondentes deveres atribuídos ao seu titular têm encontrado – como já adiantado – guarida na jurisprudência do STJ, que consolidou entendimento no sentido ser **incabível o pagamento de indenização ao proprietário de imóvel** que tem o seu exercício limitado em razão do enquadramento da sua área em algum regime de proteção ambiental (notadamente, no caso de área de preservação permanente e **reserva legal**). Em outras palavras, o STJ compreende que as limitações sofridas pelo titular do direito de propriedade (e possuidor) com relação à **não utilização econômica** e manutenção da reserva legal e da área de preservação permanente estão amparadas pela obrigação que ele tem de manter o equilíbrio ecológico da área sobre seu domínio, de modo que não lhe cabe reivindicar qualquer indenização decorrente da limitação sofrida no exercício do seu direito.

> **JURISPRUDÊNCIA STJ. Função ambiental ou ecológica da propriedade, reserva legal e área de preservação permanente: 1)** "Processual civil. Desapropriação. Indenização. Cobertura florística. **Reserva legal ou preservação permanente**. Obscuridade quanto à classificação da área indenizada. (...) 4. É firme a jurisprudência do STJ sobre a inindenizabilidade, como regra, das Áreas de Preservação Permanente, já que **não passíveis de exploração econômica direta**. Por sua vez, a Reserva Legal, onde se encontra vedado o corte raso da vegetação nativa, não pode ser indenizada como se fosse terra de livre exploração econômica. Cabe, nesse caso, ao proprietário provar o uso lícito. (...)"(STJ, REsp 146.356/SP, 2ª T., Rel. Min. Herman Benjamin, j. 28.08.2009).
>
> **2)** "Desapropriação direta. Imóvel situado na estação ecológica Jureia-Itatins. Indenização pela cobertura florística. Impossibilidade. Área de preservação permanente. **Impossibilidade de exploração econômica anterior ao decreto expropriatório**. (...). 1. **A indenização pela cobertura vegetal de imóvel desapropriado revela-se indevida** quando, anteriormente à mencionada desapropriação, **sua exploração econômica já se encontrava impossibilitada**, salvo comprovação pelo proprietário, mediante o ajuizamento de ação própria, no sentido de que o mencionado decreto acarretou limitação administrativa mais extensa do que aquelas já existentes à época da sua edição. 2. A **criação da 'Estação Ecológica Jureia-Itatins',** por intermédio de decreto estadual, segundo orientação firmada por esta e. Corte, não acrescentou qualquer limitação àquelas preexistentes, engendradas em outros atos normativos (Código Florestal, Lei do Parcelamento do Solo Urbano), que já **vedavam a utilização indiscriminada da propriedade**. Precedentes jurisprudenciais do STJ (REsp 784.106/SP, Rel. Min. Francisco Falcão, *DJ* 22.03.2007; REsp 503.418/SP, Rel. p/ Acórdão Min. João Otávio de Noronha, *DJ* 07.03.2007; REsp 595.748/SP, Rel. Min. Denise Arruda, *DJ* 17.08.2006). 3. Restou assentado no v. aresto hostilizado que: Mesmo antes da implantação da Estação Ecológica de

---

[144] BENJAMIN, Antonio Herman. *Função ambiental...*, p. 56.
[145] BENJAMIN, Antonio Herman. Constitucionalização do ambiente e ecologização da Constituição brasileira. *In*: CANOTILHO, José Joaquim Gomes; LEITE, José Rubens Morato (org.). *Direito constitucional ambiental brasileiro*. São Paulo: Saraiva, 2007. p. 124-126. Em conformidade com a rejeição a um suposto "direito adquirido de poluir", v. STJ, REsp 948.921/SP, 2ª T., rel. Min Herman Benjamin, j. 23.02.2007.

Jureia-Itatins, os expropriados, **por força do Código Florestal, já não podiam usufruir em sua integralidade da área objeto da ação, posto que considerada de preservação permanente**. De fato, as florestas e demais formas de vegetação natural, localizadas ao longo dos cursos e reservatórios de água, nas elevações, nas encostas, nas restingas, nas bordas de tabuleiros ou chapadas, nas altitudes acima de 1.800 metros, encontram-se protegidas e não podem ser utilizadas, porque submetidas a regime de preservação, conforme art. 2.º do Código Florestal (Lei 4.771/65). (...)" (STJ, AgRg no REsp 873.179/SP, 1ª T., Rel. Min. Luiz Lux, j. 21.05.2009).

3) "Administrativo. Ambiental. Recurso especial. Supressão de vegetação. Necessidade de autorização. **Princípio da solidariedade ambiental.** Inexistência de direito adquirido a menor patamar protetivo. Fato consumado. Inviável em matéria ambiental. 1. Na origem, trata-se de ação declaratória ajuizada pelo recorrido contra a Fazenda Pública do Estado de São Paulo, na qual, o requerente sustentou que, sendo legítimo proprietário dos imóveis descritos na inicial, diligenciou perante o órgão competente visando autorização para a supressão da vegetação da área, recebendo orientação de que tais procedimentos estão submetidos à Resolução SMA-14, de 13 de março de 2008, que estabeleceu fatores condicionantes para tal fim. Diante da situação, na exordial, arguiu a inaplicabilidade das normas suscitadas, tendo em vista a superveniência da legislação ambiental ante a aquisição da propriedade e a aplicabilidade mitigada do Código Florestal às áreas urbanas. 2. Inicialmente, é importante elucidar que o princípio da solidariedade intergeracional estabelece responsabilidades morais e jurídicas para as gerações humanas presentes em vista da ideia de justiça intergeracional, ou seja, justiça e equidade entre gerações humanas distintas. Dessa forma, a **propriedade privada deve observar sua função ambiental em exegese teleológica da função social da propriedade, respeitando os valores ambientais e direitos ecológicos**. 3. Noutro ponto, destaco a firme orientação jurisprudencial desta Corte de que 'a proteção ao meio ambiente não difere área urbana de rural, porquanto ambas merecem a atenção em favor da garantia da qualidade de vida proporcionada pelo texto constitucional, pelo Código Florestal e pelas demais normas legais sobre o tema' (REsp 1.667.087/RS, de minha relatoria, Segunda Turma, julgado em 07.08.2018, *DJe* 13.08.2018). 4. Na espécie, não há um fato ocorrido antes da vigência do novo Código Florestal, a pretensão de realizar supressão da vegetação e, consequentemente, a referida supressão vieram a se materializar na égide do novo Código Florestal. Independentemente da área ter sido objeto de loteamento em 1979 e incluída no perímetro urbano em 1978, a mera declaração de propriedade não perfaz direito adquirido a menor patamar protetivo. Com efeito, o fato da aquisição e registro da propriedade ser anterior à vigência da norma ambiental não permite o exercício das faculdades da propriedade (usar, gozar, dispor, reaver) em descompasso com a legislação vigente. 5. **Não há que falar em um direito adquirido a menor patamar protetivo, mas sim no dever do proprietário ou possuidor de área degradada de tomar as medidas negativas ou positivas necessárias ao restabelecimento do equilíbrio ecológico local.** 6. Recurso especial provido" (STJ, REsp 1.775.867/SP, 2ª T., Rel. Min. Og Fernandes, j. 16.05.2019).

JURISPRUDÊNCIA TJRO. Função socioambiental da propriedade, Amazônia e reserva legal: "DIREITO AMBIENTAL. AÇÃO CIVIL PÚBLICA. RESERVA LEGAL. ARGUIÇÃO DE INCONSTITUCIONALIDADE. PERCENTUAL DA ÁREA DA PROPRIEDADE RURAL NA **AMAZÔNIA**. CÓDIGO FLORESTAL – LEI 4.771/65. PERCENTUAIS DIFERENCIADOS DE OUTRAS REGIÕES. ALEGAÇÃO DE QUEBRA DA ISONOMIA E DO DIREITO DE PROPRIEDADE. DESAPROPRIAÇÃO INDIRETA. DIREITO ADQUIRIDO. INEXISTÊNCIA. BIOMAS DIFERENTES. **RELATIVIDADE DO DIREITO DE PROPRIEDADE FUNÇÃO SOCIOAMBIENTAL DA PROPRIEDADE.** LIMITAÇÃO ADMINISTRATIVA. PROTEÇÃO CONSTITUCIONAL (ART. 225, § 1º III CF/88). MEIO AMBIENTE SADIO. CARÁTER METAINDIVIDUAL. DIREITO FUNDAMENTAL. PREVALÊNCIA. INTERESSE PÚBLICO. **PROIBIÇÃO DO RETROCESSO AMBIENTAL.** DIREITOS AMBIENTAIS ADQUIRI-

DOS. **DIREITO À VIDA COM DIGNIDADE** E DE FORMA PERENE. AUSÊNCIA DE ANTINOMIA. 1. Não fere a CF/88 a obrigação legal contida no Código Florestal e imposta a todos os proprietários rurais, de instituição e de averbação da reserva legal na propriedade rural. Trata-se de manifestação legítima do poder público no sentido de impor restrições à utilização indiscriminada dos recursos naturais para atender a necessidade de preservação do meio ambiente sadio. 2. É dever do Estado assegurar a todos, de forma perene (presentes e futuras gerações), a efetividade do direito ao meio ambiente sadio – art. 225 CF/88, que diz respeito à vida humana com dignidade e qualidade. Bem de uso comum de todos, direito transindividual que detém clara preponderância em relação ao direito individual do proprietário rural. Direito Fundamental (STF RE 134.297-SP). 3. A Reserva Legal – que decorre da interpretação desses meios constitucionais para proteção da ecologia, e que, portanto, não é desarrazoada nos tempos atuais – se coaduna com a função social da propriedade, sem, em consequência, eliminá-la ou ferir os princípios da livre iniciativa e da liberdade de ofício, não impede o desenvolvimento econômico, nem viola direito adquirido (STF ADI 1952-0MC/DF). 4. O aproveitamento racional e adequado do imóvel rural, a utilização apropriada dos recursos naturais disponíveis e a preservação do meio ambiente constituem elementos de realização da função social da propriedade (STF ADI 2.213/DF. Rel Min. Celso de Mello. *DJ* 23/4/2004). 5. O **direito à propriedade não é absoluto**, cede diante da necessidade de que a propriedade rural cumpra sua função social (art. 5º XXIII – 186 da CF/88 e art. 9º Lei 8.629/93) e se coaduna, pois, com o respeito ao **uso racional e sustentável dos recursos naturais** e com a política agrícola (Lei 8.171/99), permitindo a mantença do meio ambiente sadio de forma a garantir a perenidade do direito à vida das futuras gerações com dignidade (art. 225 da CF/88). 6. Não tem sentido se reconhecer que na **função social da propriedade** se encontra sua **destinação ambiental**, mas não se admitir o controle do Estado para atender essa destinação, pois assim se inviabilizaria a sistemática constitucional dessa tutela ao meio ambiente. 7. A área de reserva legal na propriedade é de natureza jurídica delimitação administrativa, pois instituída em prol do interesse público. Não há desapropriação do imóvel rural pela sua instituição e averbação. Essa área continua sob o domínio do proprietário, tanto que para os fins de aferição de aproveitamento do imóvel no caso de desapropriação por descumprimento da função social, é computada nos cálculos indenizatórios (STF MS 25066-DF). 8. A simples impossibilidade de exploração agropecuária pastoril ou industrial pela observação das restrições de determinado uso na área da reserva legal na propriedade rural, não impede sua exploração para outra atividade, inclusive de exploração florestal desde que sejam observadas as condições de uso. 9. Como a propriedade é passível de exploração mediante manejo florestal previamente aprovado (art. 16, § 2º, Lei 4.771/65 de acordo com a MP 2166/67), não há aniquilamento do direito de propriedade, já que ela não perde seu caráter econômico quando observadas as restrições legais, tampouco surge a obrigação de se indenizar o proprietário. 10. Também não há que se falar em direito adquirido do proprietário rural à utilização sem restrições de determinado percentual de reserva legal. Ao revés, o que se caracteriza é o direito adquirido ao meio ambiente sadio, corolário do princípio da proibição do retrocesso ambiental também consagrado pela Constituição. 11. A **Amazônia** detém 49% de nosso território e foi erigida pelo legislador constituinte como **patrimônio nacional** (art. 225 § 4º da CF/88), daí por que clara e evidente sua importância como ecossistema. A **imposição de percentual de área de reserva legal diverso de outros biomas não viola a isonomia**, pois não se trata de diferença arbitrária (STF ADI 1516-8 MC Rondônia). 12. O tratamento desigual dos casos desiguais, à medida que se desigualam é exigência do próprio conceito de Justiça. Só há afronta da isonomia quando o elemento discriminador não se encontra a serviço de uma finalidade acolhida pelo direito. 13. O Código Florestal trata de várias formas de vegetação. E a heterogeneidade dos diversos biomas e vegetações foi respeitada pelo legislador que instituiu percentuais diferenciados de reserva legal para florestas, cerrados, campos etc. Assim como estabeleceu percentuais para cada bioma. 14. Inviável a aplicação da Lei 12.651/2011, norma superveniente, com a finalidade de

> validar desmatamento ilegal, praticado sob a égide da legislação então vigente e que expressamente a contrariou. Precedentes do STJ. (PET no REsp. 1.240.122-PR e REsp. 1.367.968-SP). 15 Assim, não pode retroagir para atingir **direitos ambientais adquiridos**, tampouco para reduzir a proteção de ecossistemas frágeis a ponto de transgredir o **limite constitucional intocável e intransponível** da 'incumbência' do Estado de garantir a preservação e restauração dos processos ecológicos essenciais (art. 225, § 1º, I da CF/88)" (TJRO, AC 0004265-08.2013.8.22.0000, Órgão Especial, Rel. Des. Renato Martins Mimessi, Rel. p. Acórd. Des. Miguel Monico Neto, j. 06.10.2014).

9.1 Função climática da propriedade e da posse

A consolidação progressiva de um regime jurídico especial – constitucional e infraconstitucional – de proteção climática, como desenvolvido em diversas passagens do livro, alcança igualmente o regime jurídico da propriedade (e da posse), a tal ponto em que é possível reconhecer hoje uma **nova função climática**. Uma nova carga de **deveres jurídicos climáticos** a cargo dos **particulares (pessoas físicas e jurídicas)** é incorporada ao regime jurídico da propriedade e da posse, com funções tanto **negativas** quanto **prestacionais**.

A título de exemplo e tomando por base a legislação climática aplicada à matéria, impõe-se, como medida negativa, ao proprietário ou possuidor de imóvel urbano ou rural a **não emissão de gases do efeito estufa** no seu uso ou, na hipótese de gerar emissões, que estas sejam compensadas a ponto de assegurar a neutralidade climática. A **recuperação de área florestal degradada** imposta ao proprietário ou possuidor de imóvel rural pela legislação florestal (ex. área de preservação permanente, reserva legal etc.) representa medida de natureza prestacional de retirada de gases do efeito estuda da atmosfera terrestre, além de outros **serviços ecossistêmicos e climáticos** inerentes à restauração florestal.

A função climática da propriedade e da posse compreende não apenas a propriedade e a posse do ponto de vista individual, sob a titularidade de pessoa física, mas igualmente impacta o regime jurídico da propriedade e da posse sob titularidade de pessoas jurídicas, ou seja, empresas, corporações multinacionais etc. A função climática da propriedade (e da posse) soma-se à **função climática da empresa**, imposta pela Constituição (ex. arts. 170, VI, e 225, § 1º, VIII) e legislação infraconstitucional. O regime jurídico constitucional de direito-dever da proteção ecológica (art. 225, *caput*) e a **eficácia do direito fundamental ao meio ambiente nas relações entre particulares** igualmente possuem uma dimensão climática, impactando o regime jurídico civilista da propriedade e da posse e limitando o seu exercício.

10. PRINCÍPIO DA PARTICIPAÇÃO PÚBLICA

> "Como resposta de densificação normativa do Princípio 10 da Declaração do Rio, que reconhece ser o fortalecimento dos instrumentos de participação pública o melhor método para o cumprimento da proteção integral e efetiva do meio ambiente, foi celebrado o Acordo Regional de Escazú sobre Acesso à Informação, Participação Pública e Acesso à Justiça em Assuntos Ambientais para a América Latina e o Caribe de 2018. É o primeiro acordo internacional que estabelece a proteção de defensores de direitos humanos em temas ambientais." (**Ministra Rosa Weber**)[146]

O **princípio democrático** assume a condição de princípio estruturante e indissociável da moderna noção de Estado Constitucional, este compreendido como um **Estado Democrático**

---

[146] Passagem do voto-relator da Ministra Rosa Weber no julgamento da ADPF 623/DF sobre a alteração da composição do CONAMA: STF, ADPF 623/DF, Tribunal Pleno, Rel. Min. Cármen Lúcia, j. 22.05.2023.

de **Direito**, tal como solenemente enunciado no art. 1º da CF/1988. O Estado Democrático de **Direito** consagrado pelo nosso constituinte é também um **Estado Ecológico**, para o qual o conteúdo do princípio democrático implica, para além de um conjunto de princípios e regras de matriz procedimental, um determinado conteúdo, já que a legitimidade se afere com base nessa dupla perspectiva, procedimental e substancial. A democracia exige uma peculiar e forte noção de **cidadania**, que, como dá conta o art. 1º, II, da CF/1988, também foi erigida à condição de princípio fundamental do nosso Estado de Direito contemporâneo. Não por outra razão, o parágrafo único do art. 1º supracitado assinala que "**todo o poder emana do povo**, que o exerce por meio de representantes eleitos ou **diretamente**, nos termos desta Constituição". A expressão "diretamente", portanto, agrega a dimensão de uma **democracia participativa**, abrindo espaço para a **intervenção direta dos cidadãos nas decisões políticas** no âmbito de todos os poderes republicanos (Legislativo, Executivo e Judiciário).

A **participação popular**, portanto, por imposição do próprio constituinte, deve se dar também e cada vez mais de forma direta (e não apenas representada) quando em causa a formação da vontade do Estado, especialmente – para o que aqui interessa – no que toca à sua atuação no campo ecológico, assumindo uma responsabilidade compartilhada entre Estado e sociedade. Como destaca Élida Séguin, o princípio da participação popular na defesa ambiental objetiva impedir a formação de um "exército de silenciosos",[147] considerando não apenas o direito, mas também – e é bom frisar tal aspecto – o **dever dos cidadãos** de participarem da construção de um mundo sustentável, conforme enuncia de forma expressa o *caput* do art. 225 da CF/1988. Reforçando esse entendimento, Leme Machado assinala que "o voto popular, em escrutínio secreto, passou a não satisfazer totalmente o eleitor. A ausência de um conjunto de obrigações dos eleitos, previamente fixadas, tem levado as cidadãs e os cidadãos a pleitear **uma participação contínua e mais próxima dos órgãos de decisão em matéria ambiental**".[148]

A participação pública em matéria ambiental, no entanto, não se limita aos campos tradicionais da atuação política, como é o caso do legislativo e do administrativo. O mesmo caráter participativo também se verifica no âmbito judicial, especialmente quando estiverem em jogo questões de espectro coletivo, por exemplo, nas ações civis públicas voltadas ao controle judicial de políticas públicas ou mesmo no campo da jurisdição constitucional, por meio de ações diretas de inconstitucionalidade etc. A realização de **audiências públicas judiciais** no âmbito da jurisdição constitucional (como praticado de modo exemplar pelo STF desde 2007) e também no trâmite de **ações coletivas**, a utilização crescente do instituto do *amicus curiae*, a ampliação dos entes públicos e privados legitimados para a propositura de ações coletivas, a inversão do ônus da prova em processos coletivos, a assistência jurídica prestada aos indivíduos e grupos sociais necessitados, entre outras medidas, revelam mecanismos que potencializam a participação pública no campo judicial.

A criação e o aprimoramento de mecanismos capazes de propiciar a participação pública no âmbito da atuação dos três poderes republicanos asseguraram **maior controle social sobre as atividades públicas**. Isso, por certo, ganha especial relevância em questões que envolvem direitos fundamentais, como é o caso da proteção ambiental. Para reforçar a importância da participação pública na temática, destaca-se a **natureza de interesse público primário** que permeia a questão ecológica, por força especialmente da **natureza *difusa* do bem jurídico ambiental**. Por congregar o interesse de toda a coletividade, a tutela ecológica sempre teve como característica marcante o envolvimento e o engajamento de **atores não estatais**, notadamente das **organizações não governamentais**. O **protagonismo da sociedade civil** na seara da política ambiental contribuiu

---

[147] SÉGUIN, Elida. *O direito ambiental*: nossa casa planetária. 3. ed. Rio de Janeiro: Forense, 2006. p. 313.
[148] MACHADO, Paulo Afonso Leme. *Direito ambiental brasileiro*. 16. ed. São Paulo: Malheiros, 2008. p. 95.

significativamente para o aprimoramento dos mecanismos de participação da sociedade, em termos individuais e coletivos, em todas as esferas públicas (legislativa, administrativa e judicial).

Da parte do Estado, como corolário do seu dever constitucional de proteção ecológica, cumpre a ele facilitar e dar condições concretas para que a participação pública na tomada de decisões em matéria ambiental se dê de forma qualificada, com a disponibilização, pelos órgãos públicos, de toda a informação ambiental disponível e pertinente, o que é hoje reforçado pela nova **Lei de Acesso à Informação (Lei 12.527/2011)**. Só a partir desse "exercício democrático" constante e reforçado, dando voz e oportunidade **efetiva de participação à sociedade civil**, é que estará plenamente atendido o comando constitucional inscrito no *caput* do art. 225 da CF/1988, ao determinar que é dever de todos – Estado e coletividade – a defesa e preservação do meio ambiente para as presentes e futuras gerações.

O Estado de Direito contemporâneo, à luz da Constituição Ecológica de 1988, ao consolidar uma **democracia participativa ecológica**, pressupõe uma sociedade civil politizada, criativa e protagonista do cenário político estatal, reclamando por um cidadão autônomo e participativo, portanto não submisso à máquina estatal e ao poder econômico. O Estado de Direito constrói-se de baixo para cima, e não de cima para baixo, a partir da sua base democrática, em oposição ao Estado de "Não Direito".[149] Sustentando uma teoria constitucional que nos aparta dos modelos representativos clássicos, Paulo Bonavides coloca a democracia participativa como fonte de legitimação do processo político brasileiro, fazendo do "cidadão-povo" a medula da legitimidade de todo o sistema. O constitucionalista brasileiro pontua que, com base na democracia participativa, estar-se-ia por acabar com a intermediação representativa, como símbolo de tutela, sujeição e menoridade democrática do cidadão (meio povo, meio súdito).[150] A "maioridade" política e democrática passa, então, pela concepção de um sujeito político capaz de construir o seu próprio mundo e identidade, e não mais como mero objeto e instrumento manipulável por interesses dominantes.

O **princípio (e o correlato dever e direito) da participação pública**, portanto, assume a feição de **princípio geral do Direito Ambiental**. Na medida em que a degradação ambiental em termos locais, regionais e planetários aproxima-se de um quadro-limite e preocupante, como bem ilustram os casos do aquecimento global e da perda massiva de biodiversidade, não se pode conceber um cidadão apático ou mesmo conformado com os rumos trágicos delineados pela **crise ecológica** contemporânea. Para tanto, é imperativo conceber um cidadão comprometido com tal momento histórico e que atue de forma decisiva no rumo civilizatório, a fim de reverter esse quadro em favor do **interesse comum e planetário**. Registra-se, ainda, que a partir do comando constitucional do *caput* do art. 225, a defesa do meio ambiente pela sociedade civil não se constitui apenas de mero voluntarismo e altruísmo de uns poucos idealistas, mas toma a forma de **dever jurídico fundamental**, revelando a dupla natureza de direito e dever fundamental da abordagem constitucional conferida à proteção ecológica. Isso tudo, de acordo com o que sinalizamos antes, consolida o marco político-normativo de uma **democracia participativa ecológica**.

---

[149] Para a distinção entre "Estado de Direito" e "Estado de Não Direito", v. a lição clássica de CANOTILHO, José Joaquim Gomes. Estado de Direito. *Cadernos Democráticos*, Lisboa: Gradiva, n. 7, p. 11 e ss., 1998.

[150] BONAVIDES, Paulo. *Teoria constitucional da democracia participativa*: por um direito constitucional de luta e resistência, por uma nova hermenêutica, por uma repolitização da legitimidade. São Paulo: Malheiros, 2001. p. 33.

10.1 Os três pilares do princípio da participação pública em matéria ambiental à luz da Declaração do Rio (1992), da Convenção de Aarhus (1998) e do Acordo de Escazú (2018)

A **Declaração de Estocolmo sobre Meio Ambiente Humano (1972)**, embora de forma ainda incipiente, já tratou de lançar as primeiras linhas sobre a necessidade de participação dos cidadãos e das comunidades, e não apenas dos Estados, na proteção ambiental. No item 7 do seu **Preâmbulo**, resultou consignado que, para alcançar a meta de defesa e melhoramento do meio ambiente humano para as gerações presentes e futuras, "será necessário que **cidadãos e comunidades, empresas e instituições**, em todos os planos, aceitem as **responsabilidades** que possuem e que todos eles **participem equitativamente, nesse esforço comum**. Homens de toda condição e organizações de diferentes tipos plasmarão o meio ambiente do futuro, integrando seus próprios valores e a soma de suas atividades. (...) A Conferência encarece aos governos e aos povos que unam esforços para preservar e melhorar o meio ambiente humano em benefício do homem e de sua posteridade".

A **Declaração do Rio sobre Meio Ambiente e Desenvolvimento (1992)** consagrou de forma emblemática o princípio da participação pública em matéria ambiental no seu **Princípio 10**, tornando-se, sem dúvida, a norma internacional referencial para a conformação do conteúdo inerente a tal princípio.

> **DECLARAÇÃO DO RIO (1992)**
>
> **Princípio 10.** A melhor maneira de tratar as questões ambientais é assegurar a participação, no nível apropriado, de todos os cidadãos interessados. No nível nacional, cada indivíduo terá **acesso adequado às informações relativas ao meio ambiente** de que disponham as autoridades públicas, inclusive informações acerca de materiais e atividades perigosas em suas comunidades, bem como a oportunidade de **participar dos processos decisórios**. Os Estados irão facilitar e estimular a conscientização e participação popular, colocando as informações à disposição de todos. Será proporcionado o **acesso efetivo a mecanismos judiciais e administrativos**, inclusive no que se refere à compensação e reparação de danos.

No dispositivo citado, é possível identificar os **três elementos-chave ou pilares** que alicerçam o conceito e o conteúdo do **princípio da participação pública em matéria ambiental**.

Os três pilares do princípio da participação pública em matéria ambiental	a) **Acesso à informação ambiental**; b) **Participação pública na tomada de decisões**; e c) **Acesso à justiça em matéria ambiental**.

Os pilares conformadores do regime jurídico de participação ecológica citados dão forma aos denominados **direitos ambientais de participação**, como faceta da própria proteção constitucional do meio ambiente e da sua natureza de **direito-dever fundamental**, apresentam cada vez maior importância no âmbito do Direito Ambiental. Pode-se falar até mesmo de uma "onda renovatória", apropriando-nos da expressão cunhada em obra clássica sobre acesso à justiça por Mauro Cappelletti e Bryant Garth[151], do marco normativo ambiental capitaneada pelos *direitos ambientais procedimentais*, também denominados pela doutrina como **direitos ambientais**

---
[151] CAPPELLETTI, Mauro; GARTH, Bryant. *Acesso à justiça*. Porto Alegre: Fabris, 1988. p. 11-12.

de acesso ou **direitos ambientais de participação**,[152] cujo escopo maior reside justamente na **efetivação da legislação ambiental** por meio de uma **participação mais ativa da sociedade**, exercendo maior controle sobre as práticas poluidoras (ou potencialmente poluidoras) do meio ambiente perpetradas por agentes públicos e privados, inclusive tendo por premissa a concepção de uma **cidadania ecológica**.

Posteriormente à Declaração do Rio (1992), a **Convenção de Aarhus** sobre Acesso à Informação, Participação Pública na Tomada de Decisão e Acesso à Justiça em Matéria Ambiental (1998), tratou de forma ampla sobre o tema, consagrando a chamada "tríade" dos direitos ambientais procedimentais. Embora tida inicialmente como uma Convenção Internacional de âmbito regional, iniciada pela Comissão Econômica das Nações Unidas para a Europa e que se restringia a países europeus, no final de 2007, a Convenção de Aarhus já havia sido assinada e ratificada por 40 países, primordialmente da Europa e da Ásia Central, bem como pela União Europeia. A Convenção está aberta para a adesão de países não europeus, sujeita à aprovação da Reunião das Partes.[153] No ano de 2018, os direitos ambientais procedimentais foram objeto, de forma paradigmática, do **Acordo Regional de Escazú** para América Latina e Caribe sobre Acesso à Informação, Participação Pública e Acesso à Justiça em Matéria Ambiental, com força vinculante, aprovado no âmbito da Comissão Econômica para a América Latina e o Caribe (CEPAL) da ONU.[154]

Tais elementos estão sobremaneira conectados e apresentam conteúdos normativos, tanto de ordem **material** quanto **procedimental**, interdependentes. Isso se pode perceber especialmente na relação entre participação pública na tomada de decisões e acesso à informação, sendo este último pré-requisito para que a participação pública se dê de modo qualificado e efetivo, o que só se faz possível com o acesso à informação ambiental existente no âmbito dos órgãos públicos tomadores da decisão (e, em algumas circunstâncias, também as informações ambientais em poder de particulares). Do contrário, a participação não será efetiva, por mais que formalmente assegurada.

O **acesso à justiça**, é importante destacar, não é sinônimo de acesso ao Poder Judiciário. Trata-se de conceito substancialmente mais amplo, tanto que o Princípio 10 faz questão de deixar claro isso, ao dispor que será assegurado "**acesso efetivo a mecanismos *judiciais* e *administrativos***". Quando trata dos mecanismos administrativos, o dispositivo em questão abre o seu leque normativo **para além do espectro judicial**. De certa forma, o acesso à justiça em questões ambientais cumpre um papel que se pode denominar de "**subsidiário**", pois somente quando a "**participação pública bem informada**" não tiver força suficiente para afastar situações de lesão ou ameaça de lesão ao bem jurídico ambiental no âmbito extrajudicial é que a via judicial deverá ser acionada para corrigir essa situação.

O raciocínio em questão está de acordo com a tendência contemporânea verificada no cenário jurídico brasileiro, com especial destaque para o CPC/2015, de **priorizar a resolução extrajudicial dos conflitos**. A utilização do **Poder Judiciário** para solucionar conflitos ambientais (em especial no tocante ao manuseio dos **instrumentos processuais coletivos**) deve ser utilizada

---

[152] A doutrina também utiliza a expressão "direitos humanos procedimentais" (*procedural human rights*), destacando a tríade de direitos relacionados a tal conceito: acesso à informação, participação pública e acesso à justiça (ANTON, Donald K.; SHELTON, Dinah L. *Environmental protection and human rights*. Cambridge: Cambridge University Press, 2011. p. 356 e ss.). Na doutrina brasileira, acerca dos direitos ambientais procedimentais, v. MIRRA, Álvaro Luiz Valery. *Participação, processo civil e defesa do meio ambiente*. São Paulo: Letras Jurídicas, 2011.

[153] Conforme pontua Bosselman, "embora seu escopo ainda seja regional, a importância da Convenção de Aarhus é global e ela representa o mais primoroso tratado do Princípio 10 da Declaração do Rio de Janeiro" (BOSSELMANN, Klaus. Direitos humanos, meio ambiente..., p. 81).

[154] Disponível em: https://www.cepal.org/pt-br/comunicados/america-latina-o-caribe-adotam-seu-primeiro--acordo-regional-vinculante-protecao-direitos.

apenas como última salvaguarda, ou seja, somente quando as demais instâncias (legislativa e administrativa) tenham fracassado para impedir a degradação ecológica. Por fim, traçadas as primeiras considerações sobre o princípio da participação pública em matéria ambiental e os seus três pilares, analisaremos, a partir de agora, cada um deles de forma específica e com maior desenvolvimento.

10.1.1 A participação pública na tomada de decisões em matéria ambiental

> "A eliminação da presença suficiente de representantes da sociedade civil na composição dos órgãos ambientais exclui a coletividade da atuação cívica das políticas ambientais e confere apenas ao Poder Executivo federal o controle de suas decisões, neutralizando-se o caráter plural, crítico e diversificado da formulação, desempenho e controle social que, por definição constitucional, deve caracterizar a condução dos trabalhos e políticas públicas ambientais." (**Ministra Cármen Lúcia**)[155]

Os **procedimentos e instrumentos administrativos** de que dispõem os titulares do direito fundamental ao meio ambiente ou mesmo os **entes públicos** (Ministério Público, Defensoria Pública, IBAMA etc.) ou **privados** (indivíduos, organizações não governamentais de defesa ecológica, movimentos populares etc.) legitimados para promover a sua tutela e promoção podem ser compreendidos, portanto, como projeções normativas da perspectiva procedimental suscitada, uma vez que são cruciais para assegurar a efetivação da legislação ambiental e salvaguardar o direito em si na hipótese de sua violação ou ameaça de violação. Há a configuração de um verdadeiro **dever do Estado no sentido de criar tais vias processuais ou procedimentais necessárias à efetivação do direito fundamental ao meio ambiente** e, da mesma forma, assegurar a participação pública em tais questões, tanto na esfera administrativa quanto judicial. Em sintonia com essa afirmação, J. J. Gomes Canotilho assevera que os *direitos procedimentais ambientais* se expressam sob a forma de *direitos de informação, direitos de participação* e *direitos de ação judicial*.[156] Ao Estado cabe assegurar a fruição adequada desses direitos procedimentais ou processuais ambientais por parte do público interessado, tanto pelo prisma individual quanto coletivo.

O conceito de "público" é bastante amplo no contexto do regime jurídico da participação pública em matéria ambiental, contemplando um universo bastante amplo de agentes, tanto individuais quanto coletivos. No entanto, na seara ambiental, tanto em âmbito nacional quanto internacional, há grande protagonismo das **organizações não governamentais ambientais**,[157] não obstante a participação individual das pessoas também ocorrer em diversas situações, inclusive no campo da reivindicação judicial da proteção ecológica (como ocorre, no ordenamento jurídico brasileiro, por intermédio do ajuizamento de ações populares). A importância das **organizações não governamentais** (e também das entidades científicas) foi ressaltada no *Relatório Nosso Futuro Comum* **(1987)**. De acordo com o documento,

> "(...) os grupos científicos e as ONGs desempenharam papel de destaque no movimento em prol do meio ambiente desde o início", de modo que "**as organizações não governa-**

---

[155] STF, ADPF 651/DF, Tribunal Pleno, Rel. Min. Cármen Lúcia, j. 04.05.2022.
[156] CANOTILHO, José Joaquim Gomes. O direito ao ambiente como direito subjetivo. *In*: CANOTILHO, José Joaquim Gomes. *Estudos sobre direitos fundamentais*. Coimbra: Coimbra Editora, 2004. p. 187.
[157] Na doutrina comparada, a respeito da importância e do papel das associações civis de defesa do ambiente, v. PRIEUR, Michel. *Droit de l'environnement...*, p. 137 e ss.

mentais e grupos de cidadãos foram pioneiros no despertar da consciência pública e na iniciativa de pressões políticas que estimularam os governos a agir.[158]

(...) é preciso que os governos reconheçam e **ampliem o direito das ONGs de possuir e ter acesso a informações sobre o meio ambiente e os recursos naturais**, bem como seu **direito de serem consultadas e de participarem das decisões** sobre atividades que podem ter efeitos significativos sobre seu meio ambiente, e de disporem de recursos legais para serem indenizadas quando a saúde das pessoas e meio ambiente forem seriamente afetados".[159]

O art. 70, § 2º, da **Lei dos Crimes e Infrações Administrativas Ambientais (Lei 9.605/98)** ilustra bem essa **condição político-participativa dos cidadãos em matéria ambiental**, inclusive no sentido da **cooperação** entre sociedade e Estado, ao reconhecer que

"(...) qualquer pessoa, constatando infração ambiental, poderá dirigir representação às autoridades relacionadas no parágrafo anterior, para efeito do exercício do seu poder de polícia", bem como, de modo complementar, no § 3º do mesmo dispositivo, que "autoridade ambiental que tiver conhecimento de infração ambiental é obrigada a promover a sua apuração imediata, mediante processo administrativo próprio, **sob pena de corresponsabilidade**".[160]

A legislação infraconstitucional, em sintonia com o *caput* do art. 225 da CF/1988, que estabelece o **dever de proteção ecológica da coletividade**, também se encarrega de estabelecer um regime jurídico adequado para a participação dos cidadãos na proteção ambiental. A **Lei da Ação Popular** (Lei 4.717/65 e art. 5º, LXXIII, da CF/1988), a **Lei da Ação Civil Pública** (Lei 7.347/85), a **Lei de Acesso à Informação Ambiental** (Lei 10.650/2003) e a **Lei do Acesso à Informação** (Lei 12.527/2011) são bons exemplos normativos desse **paradigma jurídico-participativo ecológico**, pois colocam ao acesso do público interessado mecanismos eficientes de controle e participação em temas afetos ao meio ambiente.

O princípio da participação pública aparece consagrado em diversos dispositivos da legislação ambiental brasileira no plano infraconstitucional. De modo pioneiro, a **Lei da Política Nacional do Meio Ambiente (Lei 6.938/81)** estabeleceu, no seu art. 4º, V, como **objetivos PNMA** a "difusão de tecnologias de manejo do meio ambiente, à divulgação de dados e **informações ambientais** e à formação de uma **consciência pública** sobre a necessidade de preservação da qualidade ambiental e do equilíbrio ecológico".

A Lei da Mata Atlântica (Lei 11.428/2006) consagra, no seu art. 6º, parágrafo único, como princípios norteadores do seu regime jurídico, a **transparência** das informações e atos, a **gestão democrática**, a **celeridade procedimental** e a **gratuidade** dos serviços administrativos prestados ao pequeno produtor rural e às populações tradicionais. A **Lei da Política Nacional sobre Mu-**

---

[158] COMISSÃO MUNDIAL SOBRE MEIO AMBIENTE E DESENVOLVIMENTO. *Relatório Nosso futuro comum...*, p. 365.

[159] COMISSÃO MUNDIAL SOBRE MEIO AMBIENTE E DESENVOLVIMENTO. *Relatório Nosso futuro comum...*, p. 367.

[160] "Art. 70. Considera-se infração administrativa ambiental toda ação ou omissão que viole as regras jurídicas de uso, gozo, promoção, proteção e recuperação do meio ambiente. § 1º São autoridades competentes para lavrar auto de infração ambiental e instaurar processo administrativo os funcionários de órgãos ambientais integrantes do Sistema Nacional de Meio Ambiente – SISNAMA, designados para as atividades de fiscalização, bem como os agentes das Capitanias dos Portos, do Ministério da Marinha. § 2º **Qualquer pessoa**, constatando infração ambiental, **poderá dirigir representação às autoridades** relacionadas no parágrafo anterior, para efeito do exercício do seu poder de polícia. § 3º A **autoridade ambiental** que tiver conhecimento de infração ambiental é **obrigada a promover a sua apuração imediata**, mediante processo administrativo próprio, sob pena de corresponsabilidade."

dança do Clima (Lei 12.187/2009) reconhece, no seu art. 3º, *caput*, como princípio da PNMC, a **participação cidadã**. A **Lei da Política Nacional de Resíduos Sólidos** (Lei 12.305/2010), com o mesmo propósito, arrola como princípio da PNRS a "cooperação entre as diferentes esferas do poder público, o setor empresarial e demais segmentos da sociedade" (inciso VI), e o "**direito da sociedade à informação e ao controle social**" (inciso X).

Os **instrumentos legislativos** de participação pública ambiental contemplam, além do direito de sufrágio ativo e passivo, a **iniciativa popular de lei** (arts. 14, III, 29, XIII, e 61, § 2º, da CF/1988), *o plebiscito* (art. 14, I, da CF/1988 e Lei 9.709/98) e o **referendo** (art. 14, I, da CF/1988 e Lei 9.709/98). Muito embora não se tenha visto com frequência a utilização desses instrumentos de participação na nossa práxis política, com exceção, por óbvio, do tradicional direito de voto para escolha dos cargos eletivos do legislativo e executivo, é possível a utilização deles com propósitos ecológicos. É perfeitamente possível lançar mão da iniciativa popular para a apresentação de projetos de leis complementares ou ordinárias (federais, estaduais ou municipais) com conteúdo ecológico, bem como a realização de referendo sobre uma lei relacionada com a proteção ecológica ou mesmo plebiscito a respeito de alguma temática ecológica específica que ainda não tenha sido objeto de regulamentação. Precisamente a respeito da iniciativa legislativa, Édis Milaré assinala que "a admissão da iniciativa popular de lei é um dos aspectos fundamentais trazidos pela legislação, principalmente em função da especificidade técnica das matérias que envolvem a questão ambiental. Dessa forma, as entidades ambientalistas e a comunidade científica em geral passam a ter a oportunidade de contribuir efetiva e concretamente para a solução dos problemas ambientais e também para a evolução do direito e da legislação sobre o meio ambiente".[161]

Ainda na seara legislativa, como expressão da participação pública ecológica, destaca-se a **criação de partidos políticos** com o objetivo de defender no cenário político a bandeira ecológica. Talvez o melhor exemplo disso seja a criação do Partido Verde, verificada no início da década de 1980, na Alemanha, que serviu de inspiração para iniciativas similares em muitos outros países, inclusive (e de modo bastante precoce) o Brasil. A existência de partidos políticos centrados na pauta "ecológica" permite a ocupação de um espaço político extremamente relevante para fortalecer a causa ambiental e produzir modificações significativas no plano institucional (legislativo, administrativo e judiciário) do Estado. No trâmite dos **projetos de lei** que tenham como objeto a matéria ambiental, também deve ser oportunizada a participação dos interessados, sobretudo das entidades ambientalistas, cabendo às casas legislativas promover audiências públicas (por exemplo, no âmbito das comissões temáticas sobre meio ambiente existente nos nossos parlamentos nacional, estaduais e municipais) e oportunizar a manifestação do público interessado.

No campo da Administração Pública, há inúmeros **instrumentos administrativos** catalisadores da participação pública em matéria ambiental. O paradigma democrático-participativo deve conduzir as práticas administrativas, abrindo espaço para a participação pública. Entre os instrumentos administrativos com viés ambiental que autorizam e potencializam a participação pública, destacam-se a publicação do **estudo e relatório de impacto ambiental** (EIA-RIMA) no âmbito do licenciamento ambiental (art. 225, § 1º, IV, da CF/1988, art. 9º, III, e art. 10, *caput* e § 1º, da Lei 6.938/81 e Resoluções 01/86, 06/86 e 237/97 do CONAMA), inclusive com a previsão de realização de **audiência pública** (Resolução 09/87 do CONAMA), o **direito de petição aos órgãos públicos** reivindicando acesso à informação ambiental (art. 5º, XXXIII, da CF/1988 e Lei 12.527/2011), a participação da sociedade civil nos órgãos colegiados ambientais (art. 39, IV e V, da Lei 9.433/97). A título de exemplo, o art. 11 da Resolução 01/86 do CONAMA dispõe que, "respeitado o sigilo industrial, assim solicitado e demonstrado pelo interessado, o RIMA será acessível ao público. Suas cópias permanecerão à disposição dos interessados, nos centros

---

[161] MILARÉ, Édis. *Direito do ambiente...*, p. 215.

de documentação ou bibliotecas da SEMA e do órgão estadual de controle ambiental correspondente, inclusive durante o período de análise técnica".

Outro exemplo de procedimento administrativo de cunho participativo em matéria ambiental diz respeito ao **requerimento administrativo de impugnação ou cancelamento do registro de agrotóxicos**. De acordo com o art. 5º, III, da **Lei dos Agrotóxicos** (Lei 7.802/89) as entidades legalmente constituídas para defesa dos interesses difusos relacionados à proteção do consumidor, do meio ambiente e dos recursos naturais (art. 5º, III) encontram-se legitimadas para requerer o cancelamento ou a impugnação, em nome próprio, do registro de agrotóxicos e afins, arguindo prejuízos ao meio ambiente, à saúde humana e aos animais. O dispositivo citado prevê, inclusive, uma espécie de inversão do ônus probatório no âmbito administrativo, ao dispor, no § 1º do mesmo dispositivo, que, "para efeito de registro e pedido de cancelamento ou impugnação de agrotóxicos e afins, *todas as informações* toxicológicas de contaminação ambiental e comportamento genético, bem como os efeitos no mecanismo hormonal, são de responsabilidade do estabelecimento registrante ou da entidade impugnante e devem proceder de laboratórios nacionais ou internacionais".

A presença de representantes da comunidade, indicados livremente pelas associações civis, nos conselhos e órgãos colegiados de defesa do meio ambiente dotados de poderes normativos também opera como instrumento viabilizador da participação pública em matéria ambiental, como ocorre, por exemplo e de forma emblemática, no âmbito do **Conselho Nacional do Meio Ambiente (CONAMA)**, criado pela Lei 6.938/81. O CONAMA é o mais importante órgão colegiado ambiental de âmbito nacional, com competência, entre outras, de estabelecer normas, critérios e padrões relativos ao controle e à manutenção da qualidade ambiental com vistas ao uso racional e sustentável dos recursos naturais, conforme dispõe o art. 8º, VII, da Lei 6.938/81. A **presença da sociedade civil organizada na composição do CONAMA** constitui importante mecanismo de participação pública e de cooperação entre governo e sociedade, propiciando o debate de temas ambientais relevantes entre representantes da União, dos Estados e Municípios, da iniciativa privada e de organizações da sociedade civil.[162]

Outro exemplo relevante de participação pública em órgãos colegiados de natureza ambiental diz respeito aos **Comitês de Bacia Hidrográfica**, que integram o **Sistema Nacional de Gerenciamento de Recursos Hídricos** estabelecido pela **Lei 9.433/97**. Há, nesse sentido, a previsão, no art. 39, IV e V, do referido diploma, de que eles serão compostos não apenas por representantes de setores públicos, mas também pelos usuários de sua área de atuação e das **entidades civis de recursos hídricos** com atuação comprovada na bacia, além das **comunidades indígenas** ali residentes ou com interesse na bacia, quando for o caso (art. 39, § 3º, II).

O STF, no julgamento da ADPF 651/DF, reconheceu a inconstitucionalidade de decretos presidenciais que havia excluído a participação da sociedade civil do Conselho Deliberativo do Fundo Nacional do Meio Ambiente (Decreto 10.224/2020)[163] e a extinção do Comitê Orientador do Fundo Amazônia (Decreto 10.223/2020), em afronta ao princípio da proibição do retrocesso ambiental e à participação da sociedade civil na formulação, desenvolvimento e controle das políticas ambientais. De acordo com a Corte, em voto sob a relatoria da Ministra Cármen Lúcia: "a exclusão da participação popular na composição dos órgãos ambientais frustra a opção constitucional pela presença da sociedade civil na formulação de políticas públicas ambientais",

---

[162] A ADPF 623/DF, sob a relatoria da Min. Rosa Weber, declarou a inconstitucionalidade do Decreto 9.806/2019, que alterou significativamente a composição do CONAMA, reduzindo e enfraquecendo a participação da sociedade no órgão. Por fim, cumpre assinalar que o Decreto 11.417/2023 revogou o Decreto 9.806/2019, reestabelecendo a participação social na composição do CONAMA. V. STF, ADPF 623/DF, Tribunal Pleno, Rel. Min. Cármen Lúcia, j. 22.05.2023.

[163] O Decreto 10.224/2020 foi alterado pelo Decreto 11.372/2023, de modo a reestabelecer a participação social no colegiado.

em "contrariedade ao princípio da participação popular direta em matéria ambiental, à vedação do retrocesso e ao princípio da isonomia".[164]

O **direito à audiência pública** nos procedimentos administrativos ambientais (e judiciais, conforme veremos adiante) representa também importante dimensão do princípio da participação pública. Com relação à audiência pública, Vasco Pereira da Silva identifica o direito à audiência nos procedimentos administrativos de natureza ambiental como direito fundamental e fase obrigatória do procedimento administrativo, tendo como objetivo possibilitar uma tomada de decisão mais correta em face da globalidade dos interesses em jogo. O desrespeito do direito fundamental em questão implicaria a nulidade do procedimento administrativo.[165] O direito à audiência está ajustado ao ideal democrático-participativo que permeia a norma constitucional de tutela ecológica (art. 225), já que o objetivo último da audiência, por exemplo, em procedimento de licenciamento ambiental (ou mesmo no curso de uma ação civil pública, conforme veremos adiante), é assegurar o acesso à informação relativa à questão ambiental em causa, bem como possibilitar a intervenção das pessoas interessadas na tomada de decisão de forma qualificada.

A **Resolução 09/87 do CONAMA**, que dispõe especificamente sobre as audiências públicas, estabelece no seu art. 1º que elas têm "por finalidade expor aos interessados o conteúdo do produto em análise e do seu referido RIMA, dirimindo dúvidas e recolhendo dos presentes as críticas e sugestões a respeito". Segundo o art. 2º do mesmo diploma, "sempre que julgar necessário, ou quando for solicitado por entidade civil, pelo Ministério Público, ou por cinquenta ou mais cidadãos, o órgão de meio ambiente promoverá a realização de audiência pública", bem como § 1º do mesmo dispositivo, segundo o qual, com o recebimento do relatório de impacto ambiental (RIMA), o órgão público ambiental responsável publicará e anunciará pela imprensa local a abertura de prazo de 45 dias para a solicitação de audiência pública para a discussão do empreendimento.

A **Lei 9.784/99**, que institui **procedimento administrativo no âmbito federal**, estabeleceu, no seu art. 32, a realização de audiência pública como parte do procedimento instrutório, o que também incide em matéria ambiental. O art. 15 da **Lei de Biossegurança (Lei 11.105/2005)** prevê igualmente que "a **CTNBio** poderá realizar **audiências públicas, garantida participação da sociedade civil**, na forma do regulamento. Parágrafo único. Em casos de liberação comercial, audiência pública poderá ser requerida por partes interessadas, incluindo-se entre estas organizações da sociedade civil que comprovem interesse relacionado à matéria, na forma do regulamento".

10.1.2 O acesso à informação ambiental

> "A Política Nacional do Meio Ambiente visará: (...) V – à difusão de tecnologias de manejo do meio ambiente, **à divulgação de dados e informações ambientais** e à formação de uma consciência pública sobre a necessidade de preservação da qualidade ambiental e do equilíbrio ecológico" (art. 4º, V, da **Lei 6.938/81**).

O **acesso à informação ambiental**[166] constitui componente essencial do exercício pleno da *democracia participativa ecológica* e, portanto, além de um dos pilares do princípio da participação pública, assume também a condição de direito fundamental, que, além de assegurado em

---

[164] STF, ADPF 651/DF, Tribunal Pleno, Rel. Min. Cármen Lúcia, j. 04.05.2022.
[165] SILVA, Vasco Pereira da. *Verde cor de direito...*, p. 152.
[166] Sobre a temática da informação em matéria ambiental, v., por todos, MACHADO, Paulo Affonso Leme. *Direito à informação e meio ambiente*. São Paulo: Malheiros, 2006.

caráter geral pelo art. 5º, XIV, da CF/1988, apresenta uma dimensão particularmente relevante na esfera da proteção ambiental. Somente o cidadão devidamente informado e consciente da realidade e da problemática ambiental é capaz de **atuar de forma qualificada no processo político**, ensejando a autonomia e a autodeterminação da sua condição político-participativa. O acesso à informação está diretamente relacionado à própria esfera de liberdade do indivíduo. Num mundo como o de hoje, onde a informação circula de forma desordenada e complexa, sem falar na desinformação potencializada por *fakenews* que circulam impunemente por redes sociais, o acesso à informação é peça-chave para assegurar ao indivíduo e à coletividade como um todo (entidades ambientalistas, movimentos populares etc.) tomar partido de forma efetiva e qualificada no jogo político ambiental.

O acesso à informação ambiental diz respeito ao acesso à informação sobre determinados dados e fatos relativos a alguma atividade ou empreendimento. Segundo conceituação trazida pelo **Acordo Regional de Escazú (2018)**, no seu art. 2, c:

> "(...) por '**informação ambiental**' entende-se qualquer informação escrita, visual, sonora, eletrônica ou registrada em qualquer outro formato, relativa ao meio ambiente e seus elementos e aos recursos naturais, incluindo as informações relacionadas com os riscos ambientais e os possíveis impactos adversos associados que afetem ou possam afetar o meio ambiente e a saúde, bem como as relacionadas com a proteção e a gestão ambientais".

O constituinte brasileiro de 1988 empenhou-se na salvaguarda do acesso à informação de modo geral, ao consagrar duas garantias individuais: primeiramente, como destacado, mediante a norma contida no **inciso XIV do art. 5º da CF/1988**, ao estabelecer que "é assegurado a todos o *acesso à informação* e resguardado o sigilo da fonte, quando necessário ao exercício profissional". Soma-se a tal cenário a garantia contida no **inciso XXXIV** do mesmo dispositivo constitucional, dispondo que "são a todos assegurados, independentemente de taxas: a) o **direito de petição aos poderes públicos** em defesa de direito ou contra ilegalidade ou abuso de poder, e b) a **obtenção de certidões em repartições públicas**, para a defesa de direitos e esclarecimento de situações de interesse pessoal". Os dispositivos citados, conforme veremos logo à frente, foram regulamentados no plano infraconstitucional pela **Lei de Acesso à Informação (Lei 12.527/2011)**.

No tocante à informação ambiental, pode-se destacar o art. 225, § 1º, da CF/1988, que estabelece o **dever do Poder Público**, como forma de assegurar efetividade do direito fundamental ao meio ambiente:

> "(...) exigir, na forma da lei, para a instalação de obra ou atividade potencialmente causadora de significativa degradação do meio ambiente, **estudo prévio de impacto ambiental**, a que se dará **publicidade**" (inciso IV); e "promover a *educação ambiental* em todos os níveis de ensino e a **conscientização pública** para a preservação do meio ambiente" (inciso VI).

O marco delineado pela Constituição Ecológica de 1988, conforme destacado no parágrafo antecedente, atribui deveres ao Estado que repercutem na esfera da informação ambiental, assumindo a condição de verdadeiros **deveres estatais de informação ambiental**. Os deveres estatais em questão encontram-se reconhecidos no **Princípio 19** da **Declaração do Rio (1992)**, ao declarar que "os *Estados fornecerão*, oportunamente, aos Estados potencialmente afetados, *notificação prévia e informações relevantes* acerca de atividades que possam vir a ter considerável impacto transfronteiriço negativo sobre o meio ambiente, e se consultarão com estes tão logo seja possível e de boa-fé". Os mesmos deveres estatais de informação consagrados no dispositivo citado também encontram incidência no plano doméstico dos Estados-Nação e têm como beneficiários a coletividade em geral, indivíduos, entidades ambientalistas etc.

O STJ, em decisão paradigmática, reconheceu os **deveres estatais de transparência (ativa, passiva e reativa) em matéria ambiental**, correlatos ao direito de acesso à informação ambiental no julgamento do **Incidente de Assunção de Competência n. 13**. De acordo com a Corte, em decisão sob a relatoria do Min. Og Fernandes: "o direito de acesso à informação no direito ambiental brasileiro compreende: i) o dever de publicação, na internet, dos documentos ambientais detidos pela administração não sujeitos a sigilo (**transparência ativa**); ii) o direito de qualquer pessoa e entidade de requerer acesso a informações ambientais específicas não publicadas (**transparência passiva**); e iii) o direito a requerer a produção de informação ambiental não disponível para a administração (**transparência reativa**)".[167]

No plano da legislação infraconstitucional, talvez os exemplos que melhor expressam esse dever de informação a cargo do Estado sejam a exigência de publicização do estudo de impacto ambiental e do relatório de impacto ambiental (EIA-RIMA), previsto na Lei 6.938/81 (art. 10, § 1º) e na CF/1988 (art. 225, § 1º, IV),[168] bem como, na condição de instrumentos da Política Nacional do Meio Ambiente, a criação do Sistema Nacional de Informações sobre o Meio Ambiente (art. 9º, VII, da Lei 6.938/81) e a instituição do Relatório de Qualidade do Meio Ambiente, a ser divulgado anualmente pelo IBAMA (art. 9º, X, da Lei 6.938/81). Com o mesmo propósito de assegurar acesso à informação de natureza ambiental, o art. 5º, VI, da Política Nacional de Recursos Hídricos (Lei 9.433/97) estabeleceu, como instrumento da PNRH, a criação do **Sistema de Informação sobre Recursos Hídricos**. Outro exemplo peculiar a respeito da informação ambiental é a situação prevista no **art. 40 da Lei de Biossegurança** (Lei 11.105/2005), ao determinar que "os alimentos e ingredientes destinados ao consumo humano ou animal que contenham ou sejam produzidos a partir de **organismos geneticamente modificados** ou derivados deverão **conter informação** neste sentido em seus rótulos, conforme regulamento".

No mesmo contexto, destaca-se a previsão da **Lei da Política Nacional de Segurança de Barragens** (Lei 12.334/2010), com as alterações promovidas pela Lei 14.066/2020 após os desastres de Mariana (2015) e Brumadinho (2019): "a informação e o estímulo à participação direta ou indireta da população nas ações preventivas e emergenciais, incluídos a elaboração e a implantação do Plano de Ação de Emergência (PAE) e o acesso ao seu conteúdo, ressalvadas as informações de caráter pessoal" (art. 4º, II). O acesso à informação, como estabelecido no diploma, é essencial para a defesa de direitos tanto para **prevenir e precaver novos desastres ambientais** quanto para assegurar a devida **reparação de danos e direitos violados** após a sua ocorrência.

O **Código Florestal** (Lei 12.651/2012) também trouxe alguns pontos interessantes em reforço ao acesso à informação ambiental. O primeiro deles diz respeito à criação do **Cadastro Ambiental Rural (CAR)**, de modo integrado ao SINIMA. Segundo seu art. 29, "é criado o Cadastro Ambiental Rural – CAR, no âmbito do **Sistema Nacional de Informação sobre Meio Ambiente – SINIMA**, registro público eletrônico de âmbito nacional, obrigatório para todos os imóveis rurais, com a finalidade de integrar as informações ambientais das propriedades e posses rurais, compondo base de dados para controle, monitoramento, planejamento ambiental e econômico e combate ao desmatamento".

O art. 35 da legislação florestal estabelece, de modo complementar, mecanismos voltados ao controle da origem dos produtos florestais. Conforme o enunciado no *caput do dispositivo*, "**o controle da origem da madeira, do carvão e de outros produtos ou subprodutos florestais** incluirá sistema nacional que integre os dados dos diferentes entes federativos, coordenado,

---

[167] STJ, REsp 1.857.098/MS, Incidente de Assunção de Competência – IAC n. 13, 1ª Seção, Rel. Min. Og Fernandes, j. 11.05.2022.

[168] "Art. 225 (...) § 1º (...) IV – exigir, na forma da lei, para instalação de obra ou atividade potencialmente causadora de significativa degradação do meio ambiente, estudo prévio de impacto ambiental, *a que se dará publicidade.*"

fiscalizado e regulamentado pelo órgão federal competente do SISNAMA", bem como, no § 4º do mesmo dispositivo, que "os dados do sistema referido no *caput* serão **disponibilizados para acesso público por meio da rede mundial de computadores**, cabendo ao órgão federal coordenador do sistema fornecer os programas de informática a serem utilizados e definir o prazo para integração dos *dados e as informações* que deverão ser aportadas ao sistema nacional". Em linhas gerais, o diploma estimula a regularização dos imóveis florestais (por meio do CAR) e, ao mesmo tempo, cria alguns mecanismos novos que proporcionam maior controle das práticas degradadoras no âmbito florestal por parte da sociedade (e não apenas do Estado), tornando acessível ao público interessado a *informação ambiental florestal*.

A realização de **audiência pública**, nessa perspectiva, também se apresenta como mecanismo exemplar para conferir não apenas espaço para a participação pública na tomada de decisão, mas também para franquear acesso à informação aos interessados sobre o estudo de impacto ambiental levado a cabo em face da instalação de obra ou atividade causadora ou potencialmente causadora de significativa degradação ambiental. Nesse sentido, Álvaro Valery Mirra afirma que a audiência pública garantida constitucionalmente por força das normas do art. 1º, parágrafo único, da CF/1988, que estabeleceu no País o regime de democracia semidireta, e do art. 225, *caput*, que consagrou o direito de todos ao meio ambiente ecologicamente equilibrado, é um instrumento de informação e consulta da população a respeito de uma atividade sujeita ao estudo de impacto ambiental, apresentando-se, assim, como um dos principais instrumentos de participação popular na proteção do meio ambiente.[169] De acordo com Bessa Antunes, "a participação do público, com base numa correta informação, configura-se como um dos elementos básicos do procedimento de avaliação de impacto ambiental. O estudo de impacto ambiental deve submeter-se a informação pública juntamente com o resto das peças documentais do *dossier*".[170]

A **Lei de Acesso à Informação (Lei 12.527/2011)** representou, nesse contexto, um avanço extremamente significativo na edificação de um sistema público de acesso à informação com forte índole democrático-participativa. De modo complementar à **Lei de Acesso à Informação Ambiental (Lei 10.650/2003)**, a Lei 12.527/2011 regulamenta, no plano infraconstitucional, o inciso XXXIII do art. 5º, o inciso II do § 3º do art. 37 e o § 2º do art. 216 da CF/1988. Alinhada com esse cenário normativo-constitucional, a Lei 12.527/2011 estabelece, no seu art. 1º, § 1º, que "subordinam-se ao regime desta Lei: I – os órgãos públicos integrantes da administração direta dos Poderes Executivo, Legislativo, incluindo as Cortes de Contas, e Judiciário e do Ministério Público; II – as autarquias, as fundações públicas, as empresas públicas, as sociedades de economia mista e demais entidades controladas direta ou indiretamente pela União, Estados, Distrito Federal e Municípios".

A partir da vigência da nova legislação, nenhuma entidade pública está imune ao dever de assegurar o acesso à informação por ela detida. Nessa ótica, conforme dispõe o art. 3º do citado diploma legal, os procedimentos previstos na Lei 12.527/2011 destinam-se a assegurar o **direito fundamental de acesso à informação** e devem ser executados em conformidade com os **princípios básicos da administração pública** e com as seguintes **diretrizes**:

---

[169] MIRRA, Álvaro Luiz Valery. *Impacto ambiental*: aspectos da legislação brasileira. 2. ed. São Paulo: Editora Juarez de Oliveira, 2002. p. 81.

[170] ANTUNES, Luís Felipe Colaço. *O procedimento administrativo de avaliação de impacto ambiental*: para uma tutela preventiva do ambiente. Coimbra: Almedina, 1998. p. 691-692.

Diretrizes da Lei 12.527/2011	I – observância da **publicidade como preceito geral** e do **sigilo como exceção**; II – **divulgação de informações de interesse público**, independentemente de solicitações; III – utilização de meios de comunicação viabilizados pela **tecnologia da informação**; IV – fomento ao desenvolvimento da cultura de **transparência na administração pública**; e V – desenvolvimento do **controle social da administração pública**.

A natureza de interesse público (**interesse público primário**) inerente à proteção ecológica reforça a aplicação do diploma à matéria, como, aliás, já se pronunciou o STJ.[171] Portanto, qualquer informação ambiental de posse de entidade pública passa a ser acionável com amparo na Lei 12.527/2011, considerando-se, por exemplo, a sua extrema relevância para a atuação das entidades ambientalistas (ou mesmo do cidadão) na hipótese de situação de lesão ou ameaça de lesão ao bem jurídico ambiental.

Pelo prisma do **dever de informação** (assim como já decorre do dever constitucional de transparência) cometido ao Estado, sobretudo em questões relacionadas ao exercício de direitos fundamentais, o art. 6º da legislação comentada estabelece que cabe aos órgãos e entidades do poder público assegurar a: "I – **gestão transparente da informação, propiciando amplo acesso a ela e sua divulgação** (...)". Vários dispositivos da Lei de Acesso à Informação têm grande potencial de aplicação no tocante à informação ambiental, por exemplo, a informação sobre as atividades exercidas pelos órgãos ambientais, a implementação de projetos e obras realizadas pelo poder público etc. Em todos os casos, o interesse coletivo que qualifica o acesso à informação ambiental será o fundamento legitimador de tais pedidos.

O art. 8º do diploma estabelece que "é **dever dos órgãos e entidades públicas** promover, independentemente de requerimentos, a divulgação em local de fácil acesso, no âmbito de suas competências, de **informações de interesse coletivo ou geral** por eles produzidas ou custodiadas". Merece registro, ainda, a **forma** como será assegurado o acesso às informações públicas. A respeito disso, estabelece o art. 9º que o acesso a informações públicas será garantido mediante:

> "I – criação de **serviço de informações ao cidadão**, nos órgãos e entidades do poder público, em local com condições apropriadas para: a) atender e orientar o público quanto ao acesso a informações; b) informar sobre a tramitação de documentos nas suas respectivas unidades; c) protocolizar documentos e requerimentos de acesso a informações; e
> II – realização de **audiências ou consultas públicas**, incentivo à **participação popular** ou a outras formas de divulgação".

No último item do dispositivo citado, verifica-se, de modo especial, a intenção do legislador de estabelecer um **parâmetro democrático-participativo** no que diz com o **acesso à informação**, inclusive por meio de **audiência e consultas públicas**, incentivando a participação popular, o que guarda sintonia com os princípios norteadores de uma cidadania ambiental. Sem avançar mais na análise da lei em questão, pois não se trata do nosso propósito aqui levar a efeito um levantamento minucioso de todos os seus aspectos, cumpre apenas enfatizar que há tanto o reconhecimento de um **direito à informação** quanto o estabelecimento de um procedimento de

---

[171] STJ, REsp 1.546.415/SC, 2ª Turma, Rel. Min. Og Fernandes, j. 21.02.2019.

acesso à informação, inclusive mediante previsão de um recurso para ser manuseado em hipótese de negativa (arts. 10 a 19), sendo, nos termos do texto legal, "**vedadas quaisquer exigências relativas aos motivos determinantes** da solicitação de **informações de interesse público** (art. 10, § 3º), bem como restrições de acesso à informação (arts. 21 a 31). Destaca-se aqui o art. 21, de acordo com o qual "**não poderá ser negado acesso à informação necessária à tutela judicial ou administrativa de direitos fundamentais**", entre eles, cabe frisar, o direito ao meio ambiente.

O **princípio da publicidade** (e o dever estatal de conferir publicidade aos atos administrativos), ainda que se trate de princípio e dever autônomo (conforme previsto no art. 37, *caput*, CF/1988), também agrega força normativa ao princípio democrático-participativo e, de outra parte, opera como garante do próprio direito e correspondente dever de acesso à informação. Com efeito, o princípio da publicidade impõe limites à atuação do administrador, em vista principalmente da possibilidade do controle social que deve pautar a sua atividade num Estado Democrático. A publicidade assegura, ademais, a devida **transparência na condução da administração pública**, possibilitando a todos os interessados tomar ciência de temas que lhes tocam diretamente e que dizem com o exercício e proteção de seus direitos, inclusive, e de modo particularmente relevante, quando se cuida de dar efetividade ao princípio do acesso à informação ambiental. Nesses termos, Leme Machado destaca que a publicidade "abre as portas da Administração Pública", assim como "a transparência conserva essas portas abertas e mantém a circulação da informação pelas referidas portas". Com efeito, destaca o autor que a publicidade estrutura o manuseio da informação, ao passo que a transparência operacionaliza a fruição do direito à informação diante da Administração Pública e daqueles que usam bens comuns da coletividade.[172]

A respeito do princípio da publicidade, a **Lei sobre o Processo Administrativo no âmbito da Administração Pública Federal (Lei 9.784/99)**, além de estabelecer, no *caput* do seu art. 2º, que "a Administração Pública obedecerá, dentre outros, aos princípios da legalidade, finalidade, motivação, razoabilidade, proporcionalidade, moralidade, ampla defesa, contraditório, segurança jurídica, interesse público e eficiência", estabelece, no parágrafo único, inciso V, do mesmo dispositivo, que nos processos administrativos serão observados, entre outros, os critérios de: "**divulgação oficial dos atos administrativos**, ressalvadas as hipóteses de sigilo previstas na Constituição". O diploma em questão destaca, ainda, como direito dos administrados, no art. 3º: "ser tratado com respeito pelas autoridades e servidores, que deverão **facilitar o exercício de seus direitos** e o cumprimento de suas obrigações" (inciso I) e "**ter ciência da tramitação dos processos administrativos em que tenha a condição de interessado, ter vista dos autos, obter cópias de documentos neles contidos e conhecer as decisões proferidas**" (inciso II). Ressalta-se, apenas, que, tratando-se de questão ambiental, o conceito de "interessado" deve ser ampliado o máximo possível, já que haverá interesse de toda a coletividade e, portanto, qualquer cidadão ou entidade ecológica poderá requerer o acesso à informação existente no âmbito de procedimento administrativo que trate da matéria.

A **consulta prévia, livre e informada das comunidades indígenas** em casos de impacto socioambiental direto ou indireto em Território Indígena, decorrente de medidas administrativas e legislativas que representem ameaça à **proteção constitucional dos direitos indígenas**, é outro instrumento – na verdade, verdadeiro direito com conotação fundamental e voltado à **proteção de grupo social vulnerável** – que operacionaliza a participação pública – por exemplo, de povos indígenas – na tomada de decisão em temas afetos à temática ambiental (e climática, já que, por exemplo, está relacionado muitas vezes à proteção das florestas). A **Convenção 169 da OIT (1989)**, dotada de *status* normativo supralegal (vide ADI 4.066/DF) e equiparada aos tratados

---

[172] MACHADO, Paulo Affonso Leme. *Direito à informação e meio ambiente...*, p. 62.

internacionais de direitos humanos, ambientais e climáticos, estabelece importante referencial normativo na temática, conforme segue.

CONVENÇÃO 169 SOBRE POVOS INDÍGENAS E TRIBAIS DA OIT (1989)

Artigo 6º

1. Ao aplicar as disposições da presente Convenção, **os governos deverão**:

a) **consultar os povos interessados**, mediante **procedimentos apropriados e, particularmente, através de suas instituições representativas**, cada vez que sejam previstas **medidas legislativas ou administrativas suscetíveis de afetá-los diretamente**;

b) **estabelecer os meios através dos quais os povos interessados possam participar livremente**, pelo menos na mesma medida que outros setores da população e em todos os níveis, **na adoção de decisões** em instituições efetivas ou organismos administrativos e de outra natureza responsáveis pelas políticas e programas que lhes sejam concernentes;

c) estabelecer os meios para o pleno desenvolvimento das instituições e iniciativas dos povos e, nos casos apropriados, fornecer os recursos necessários para esse fim.

2. As consultas realizadas na aplicação desta Convenção deverão ser efetuadas com boa fé e de maneira apropriada às circunstâncias, com o objetivo de se chegar a um acordo e conseguir o consentimento acerca das medidas propostas.

Artigo 15

1. Os **direitos dos povos interessados aos recursos naturais existentes nas suas terras** deverão ser especialmente protegidos. Esses direitos abrangem o **direito desses povos a participarem** da utilização, administração e conservação dos recursos mencionados.

2. Em caso de pertencer ao Estado a propriedade dos minérios ou dos recursos do subsolo, ou de ter direitos sobre outros recursos, existentes nas terras, os governos deverão estabelecer ou manter **procedimentos com vistas a consultar os povos interessados**, a fim de se determinar se os interesses desses povos seriam prejudicados, e em que medida, antes de se empreender ou autorizar qualquer programa de prospecção ou exploração dos recursos existentes nas suas terras. Os **povos interessados deverão participar sempre que for possível dos benefícios** que essas atividades produzam, e **receber indenização equitativa por qualquer dano que possam sofrer como resultado dessas atividades**.

A respeito do tema, destaca-se importante **decisão do TRF1**, sob a relatoria do Desembargador Federal Antonio de Souza Prudente, ao reconhecer a aplicação do **Acordo de Escazú** (e da **Convenção de Aarhus**) e dos **direitos ambientais de participação** ao caso concreto. É mais um exemplo de diálogo entre os planos normativos internacional e nacional operado por Juízes e Tribunais ao interpretar (de forma sistemática e evolutiva) e aplicar a norma jurídica ecológica, à luz de um **sistema normativo plural e multinível** em matéria ambiental e climática.

JURISPRUDÊNCIA TRF1. Consulta prévia, livre e informada das comunidades indígenas (Convenção 169 da OIT), Acordo de Escazú, direitos ambientais de participação, proteção de grupos sociais vulneráveis e proibição de retrocesso. "CONSTITUCIONAL, ADMINISTRATIVO E PROCESSUAL CIVIL. AÇÃO CIVIL PÚBLICA. FUNDAÇÃO NACIONAL DO ÍNDIO (FUNAI). COORDENAÇÃO TÉCNICA LOCAL (CTL). MUNICÍPIO DE PIRIPIRI/PI. DECRETO Nº. 9.010/2017. SUPRESSÃO DO ÓRGÃO LOCAL. VIOLAÇÃO E RESTRIÇÃO DE DIREITOS INDÍGENAS. NECESSIDADE DE CONSULTA PRÉVIA, LIVRE E INFORMADA DAS COMUNIDADES INDÍGENAS (CONVENÇÃO 169, OIT). PRINCÍPIO DA SEPARAÇÃO DOS PODERES. AUSÊNCIA DE AFRONTA. DIREITOS FUNDAMENTAIS. VEDAÇÃO AO RETROCESSO.

ACORDO DE ESCAZÚ. CONVENÇÃO DE AARHUS. INADEQUAÇÃO DA VIA PROCESSUAL ELEITA. PRELIMINAR REJEITADA. SENTENÇA REFORMADA. I – (...) II – Na espécie, a demanda surgiu a partir de Procedimento Preparatório no 1.27.000.000766/2017-41, em que restou apurada a denúncia promovida pelos povos indígenas Tabajara de Piripiri, Tabajara-Tapuio de Lagoa do São Francisco e Cariri de Queimada Nova, a respeito de violação dos direitos indígenas, em razão da edição do Decreto nº 9.010/2017, que extinguiu 21 Coordenações Técnicas Locais (CTL) da FUNAI, dentre elas a CTL de Piripiri/PI, a comprometer a política indigenista no Estado. III – Com efeito, à luz do **art. 231 da Constituição Federal**, afigura-se evidente o prejuízo em termos de proteção, garantia e promoção dos direitos indígenas decorrente da retirada da única representação da FUNAI, de Município que abriga povos indígenas, ainda que serviço público idêntico seja prestado em outro Município, localizado em outro Estado, a menos de 200 km, na medida em que **impacta diretamente a política indigenista local**, dificultando a identificação das questões sensíveis, o **acesso das populações ao órgão de proteção, a participação no processo de tomada de decisões administrativas, judiciais e legislativas**, além de comprometer a efetividade da implementação das respectivas medidas necessárias ao resguardo dos povos originários. IV – A todo modo, ainda que fosse constitucionalmente adequada tal medida, haveria de se observar o indispensável **procedimento de consulta prévia, livre e informada das comunidades indígenas e tradicionais** ocupantes das áreas descritas nos autos (Tabajara de Piripiri, Tabajara-Tapuio de Lagoa do São Francisco e Cariri de Queimada Nova), o qual haverá de se operar mediante a estipulação de um Plano de Consulta respeitando regras, protocolos e procedimentos apropriados, a serem definidos pelas próprias comunidades consultadas, nos termos do art. 6º, itens 1 e 2, da Convenção OIT nº 169. V – Nesse contexto, convém destacar a **necessidade de consulta prévia, livre e informada dos indígenas**, em casos de **impacto socioambiental direto ou indireto na terra indígena**, também quando decorrente de **medidas administrativas e legislativas que representem ameaça à proteção constitucional dos direitos indígenas**, notadamente porque, segundo o art. 23 do Anexo I do Decreto nº 9.010/2017, as Coordenações Técnicas Locais estão diretamente relacionadas à defesa de direitos sociais dos indígenas, bem como à própria implementação da política indigenista VI – Nesse sentido, a **supressão do referido órgão impõe real ameaça aos direitos sociais dos povos indígenas**, bem como à política indigenista como um todo, a caracterizar conduta omissiva do Poder Público, **não havendo que se falar em afronta à violação da separação dos poderes**, uma vez que a orientação jurisprudencial já consolidada no âmbito de nossos Tribunais, inclusive nos colendos Supremo Tribunal Federal e Superior Tribunal de Justiça, é no sentido de que, embora não competindo, em princípio, ao Poder Judiciário imiscuir-se no mérito administrativo, limitando-se a sua atuação, em casos assim, ao exame dos aspectos da legalidade e da moralidade do ato administrativo, cabendo à Administração Pública decidir sobre os critérios de conveniência e oportunidade, constatada a inércia do Poder Público, com **riscos iminentes de danos irreversíveis**, notadamente em se tratando **de interesses difusos e coletivos**, como na hipótese em comento, afigura-se legítima a intervenção jurisdicional, para suprir a referida omissão, sem que isso represente violação ao princípio da separação dos poderes (AC 0046682-54.2010.4.01.3700, DESEMBARGADOR FEDERAL SOUZA PRUDENTE, TRF1 – QUINTA TURMA, e-DJF1 23/05/2017 PAG.). VII – Não se admite a retirada ou restrição de direitos por meio do aludido ato normativo, tendo em vista que o **princípio da proibição do retrocesso** impede, em tema de direitos fundamentais de caráter social, que sejam desconstituídas as conquistas já alcançadas pelo cidadão ou pela formação social em que ele vive. – A cláusula que veda o retrocesso em matéria de direitos a prestações positivas do Estado (como o direito à educação, o direito à saúde ou o direito à segurança pública, *v.g.*) traduz, no processo de efetivação desses **direitos fundamentais individuais ou coletivos**, obstáculo a que os níveis de concretização de tais prerrogativas, uma vez atingidos, venham a ser ulteriormente reduzidos ou suprimidos pelo Estado. Doutrina. Em consequência desse princípio, o Estado, após haver reconhecido os direitos prestacionais, assume o dever não só de torná-los efetivos, mas, também, se obriga, sob pena de transgressão ao texto constitucional, a preservá-los, abstendo-se de frustrar – mediante supressão total ou parcial – os direitos sociais já concretizados (ARE 639337 AgR, Rel. Min. Celso de Mello, 2ª T., julgado em 23/08/2011, *DJe*-177 DIVULG 14-09-2011 PUBLIC 15-09-2011 EMENT VOL-02587-01 PP-00125). VIII – Ademais, em última análise, a medida ora combatida afronta os direitos humanos dos povos indígenas, incluindo a **garantia de participação no processo decisório e de acesso ao meio ambiente**, a justificar a observância, na presente demanda, da adoção, em Escazú (Costa Rica), em 4 de março de 2018, do histórico **Acordo Regional sobre Acesso à Informação, Participação Pública e Acesso à Justiça em Assuntos Ambientais na América Latina e no Caribe**, que constitui o único acordo juridicamente vinculante derivado da Conferência das Nações Unidas sobre Desenvolvimento Sustentável (Rio+20), o primeiro tratado sobre assuntos ambientais da região e o primeiro no mundo que inclui disposições sobre os **defensores dos direitos humanos em assuntos ambientais**, sendo o Brasil signatário desse instrumento. Com efeito, o Acordo de Escazú vai além das normas ambientais internacionais até então existentes, consagrando-se como um pacto regional pioneiro para a promoção de **justiça ambiental e climática**, uma vez que busca combater a desigualdade e a discriminação, assim como garantir os **direitos de todas as pessoas a um meio ambiente saudável** e ao desenvolvimento sustentável, na região da América Latina e Caribe, conferindo especial atenção às **pessoas e grupos vulneráveis**, colocando, dessa forma, a igualdade no centro do desenvolvimento sustentável (REsp 1.857.098/MS, relator Ministro Og Fernandes, Primeira Seção, julgado em 11/5/2022, *DJe* de 24/5/2022). No intuito de harmonizar as normas regionais e internacionais de tutela ambiental, destaca-se, ainda, a **Convenção de Aarhus**, que não destoa no Acordo de Escazú, impondo às Partes e autoridades públicas, no âmbito da Europa e Ásia Central, obrigações relativas ao **acesso à informação ambiental e à participação pública e o acesso à justiça ambiental**. IX – Apelação do MPF provida, para reformar a sentença recorrida e julgar procedente o pedido inicial, para declarar nulo e afastar os efeitos do Decreto nº 9.010/2017, em relação ao Estado do Piauí, determinando o restabelecimento das atividades da Coordenação Técnica Local da FUNAI no Município de Piripiri/PI, no prazo de 90 (noventa) dias, sob pena de pagamento de multa coercitiva, no montante de R$ 50.000,00 (cinquenta mil reais) por dia de descumprimento. Inaplicabilidade, no caso, do § 11 do art. 85 do CPC, por se tratar de ação civil pública" (TRF1, AC 1001915-37.2017.4.01.4000, 5a T., Rel. Des. Federal Antonio de Souza Prudente, j. 14.06.2023).

10.1.3 Acesso à justiça em matéria ambiental

O **acesso à justiça**, de acordo com Jonas Ebbesson, é um elemento essencial da participação pública, como instrumento para aplicação da legislação ambiental, correção de decisões administrativas errôneas e enquadrar as autoridades competentes no seu devido papel.[173] É nesse mesmo sentido a lição de Luiz G. Marinoni que, amparado numa leitura do Direito Processo Civil com base na Teoria dos Direitos Fundamentais, afirma que a participação por meio da ação judicial justifica-se também numa perspectiva democrática, porquanto essa "não mais se funda ou pode se fundar o sistema representativo tradicional".[174] As ações judiciais conformam, em alguma medida, o **direito à participação** inerente aos direitos fundamentais, permitindo a democratização do poder por intermédio da participação popular, que, como pontua Marinoni, se dá, no caso da ação judicial, de forma direta.[175]

---

[173] EBBESSON, Jonas. Public participation. *In*: BODANSKY, Daniel; BRUNNÉE, Jutta; HEY, Ellen (ed.). *The Oxford Handbook of International Environmental Law*. New York: Oxford University Press, 2007. p. 701.

[174] MARINONI, Luiz Guilherme. *Teoria geral do processo*. São Paulo: RT, 2006. p. 196.

[175] MARINONI, Luiz Guilherme. *Teoria geral do processo*..., p. 198.

O autor colaciona o exemplo da ação popular como um "instrumento pelo qual o indivíduo exerce o seu direito de tomar parte na gestão dos negócios públicos", espelhando o exercício de um direito político.[176] Por sua vez, Herman Benjamin refere que, como benefício substantivo da "constitucionalização" da proteção do meio ambiente, deve-se "**ampliar os canais de participação pública, sejam os administrativos, sejam os judiciais**", com o afrouxamento do formalismo individualista, especialmente para os procedimentos judiciais, que é a marca da legitimação para agir tradicional.[177] O Ministro do STJ defende o entendimento de que, em alguns casos, conforme a dicção utilizada pelo legislador constitucional, "essa legitimação ampliada pode vir a ser automaticamente aceita pelo Poder Judiciário, sem necessidade de intervenção legislativa".[178]

A **ampliação da legitimidade para a propositura de ações judiciais**, especialmente daquelas que veiculam a tutela de direitos difusos e coletivos, como é o caso da ação civil pública, está em sintonia com a concretização do princípio democrático e da garantia do acesso à justiça. Como assevera Marinoni, "quanto mais se alarga a legitimidade para a propositura dessas ações, mais se intensifica a participação do cidadão – ainda que representado por entidades – e dos grupos no poder e na vida social".[179] Assim, de forma a romper com uma concepção democrática tradicional, espelhada basicamente em uma abordagem representativa e indireta, deve-se estimular a abertura cada vez maior das portas do Poder Judiciário e o reconhecimento de tal poder como instância estatal legitimada constitucionalmente a atuar na proteção dos direitos fundamentais. A atuação judicial crescente dos cidadãos, **individualmente** ou por meio de **entidades coletivas** (associações civis etc.) ou mesmo **entes estatais** (Ministério Público, Defensoria Pública, PROCON, IBAMA[180] etc.) deve ser tida como uma legítima forma de atuação política, compatível com os ditames de uma **democracia participativa**, a qual, inclusive, é referida por alguns também como um direito fundamental.[181]

No ordenamento jurídico brasileiro, há inúmeros **instrumentos processuais** que potencializam e podem ser utilizados com esse **viés participativo-ambiental**. Sem dúvida, as duas principais ações que tradicionalmente veiculam a proteção ecológica são a **ação civil púbica** (Lei 7.347/85) e a **ação popular** (art. 5º, LXXIII, da CF/1988 e Lei 4.717/65). Inúmeros outros instrumentos processuais também podem ser acionados para o mesmo propósito. Esse é o caso do mandado de segurança individual e coletivo (art. 5º, LXIX e LXX, da CF/1988), das ações voltadas ao controle concentrado de constitucionalidade, como é o caso da ação direta de inconstitucionalidade – ADI e da ação declaratória de constitucionalidade – ADC (Lei 9.868/99), do mandado de injunção individual e coletivo (art. 5º, LXXI, da CF/1988 e Lei 13.300/2016), da ação direta de inconstitucionalidade por omissão (art. 103, § 2º, da CF/1988 e Lei 9.898/99) e da arguição de descumprimento de preceito fundamental – ADPF (Lei 9.882/99). Até mesmo as ações que tutelam direitos de vizinhança, em alguma medida, permitem ao cidadão, de forma individual, promover a tutela ecológica.[182] Mais recentemente, registra-se a crescente utilização de instrumentos participativos no campo judicial como a **audiência pública judicial** e o instituto do *amicus curiae* (art. 7º, § 2º, da Lei 9.868/99).

---

[176] MARINONI, Luiz Guilherme. *Teoria geral do processo...*, p. 198.
[177] BENJAMIN, Antonio Herman. Constitucionalização do ambiente..., p. 76.
[178] BENJAMIN, Antonio Herman. Constitucionalização do ambiente..., p. 76.
[179] MARINONI, Luiz Guilherme. *Teoria geral do processo...*, p. 199.
[180] A legitimidade do IBAMA para propor ação civil pública resultou reconhecida jurisprudencialmente em: STJ, REsp 789.640/PB, 2ª Turma, Rel. Min. Mauro Campbell Marques, j. 27.10.2009.
[181] BONAVIDES, Paulo. *Curso de direito constitucional*. São Paulo: Malheiros, 2002. p. 525.
[182] FIGUEIREDO, Guilherme José Purvin de. *A propriedade no direito ambiental*. 3. ed. São Paulo: RT, 2008. p. 107 e ss.

STF E AUDIÊNCIAS JUDICIAIS AMBIENTAIS

O STF, nesse sentido, tem nos dado um exemplo emblemático já **desde 2007** e capitaneado a realização de **audiências públicas judiciais**, permitindo a participação das diversas partes interessadas, notadamente em questões de grande envergadura social, como comumente ocorre com as questões ecológicas, já que veiculam o interesse de toda a coletividade. Especificamente sobre temas que direta ou indiretamente estão relacionados à proteção ambiental, destacam-se as seguintes audiências públicas:

1) **Pesquisas com células-tronco embrionárias**, em 20 de abril de 2007, referente à ADI 3.510;

2) **Importação de pneus usados**, em 27 de junho de 2008, referente à ADPF 101;

3) **Proibição do uso de amianto**, em 24 e 31 de agosto de 2012, referente à ADI 3.937;

4) **Campo Eletromagnético** de Linhas de Transmissão de Energia, em 6, 7 e 8 de março de 2013, referente ao RE 627.189;

5) **Queima da palha da cana-de-açúcar**, 22 de abril de 2013, referente ao RE 586.224;

6) **Novo Código Florestal**, em 18 de abril de 2016, referente às ADI 4.901, ADI 4.902, ADI 4.903 e ADI 4.937;

7) **Fundo Clima**, em 21 e 22 de setembro de 2020, referente à ADPF n. 708; e

8) **Fundo Amazônia**, em 23 e 26 de outubro de 2020, referente à ADO 59.

9) **Subsídios fiscais aos agrotóxicos**, em 06 de novembro de 2024, referente à ADI 5.553.

A realização de audiências públicas judiciais pelo STF é um exemplo paradigmático para o nosso Sistema de Justiça, abrindo importantíssimo instrumento de participação pública (e também de acesso à informação) na seara judicial. A temática ecológica, conforme se pode verificar dos exemplos trazidos, têm suscitado temas de grande relevância social e ocupado cada vez mais espaço em decisões do Poder Judiciário, sendo fundamental que a condução de tais ações judiciais permita a **participação pública no processo de tomada de decisões judiciais em matéria ambiental**. Espera-se, por certo, que outras instâncias judiciais também se sintam estimuladas a seguir o exemplo do STF e promover audiências públicas judiciais, especialmente no curso de ações coletivas[183] e ações voltadas ao controle concentrado de constitucionalidade.

O instituto jurídico-processual do *amicus curiae* (ou "**amigo da Corte**"), de modo similar ao que tem ocorrido nas audiências públicas judiciais promovidas pelo STF, também tem tido a sua utilização crescente no plano judicial brasileiro, permitindo que um terceiro interessado (por exemplo, uma **entidade ambientalista** ou **entidade de cunho acadêmico ou científico**) intervenha no processo de tomada de decisão judicial, frequentemente, em defesa dos interesses de grupos por ele representados, lançando informações por meio de parecer e sustentação oral sobre a questão jurídica controvertida.

O fundamento legal do instituto é o **art. 7º, § 2º, da Lei 9.868/99** (e, mais recentemente, também o **art. 138 do CPC/2015**), ao prever que: "o relator, considerando a relevância da matéria

---

[183] De acordo o espírito democrático-participativo que deve permear os processos coletivos em matéria ambiental, destaca-se decisão emblemática do Juiz Federal Zenildo Bodnar da Vara Federal Ambiental, Agrária e Residual da Circunscrição Judiciária de Florianópolis, Proc. 2004.72.00.013.781-9/SC, no sentido de convocar audiência judicial participativa, no âmbito de ação civil pública ambiental, sob a alegação de que "é fundamental que o cidadão tenha oportunidade de participar, como **sujeito ativo e protagonista das decisões ambientais**, por intermédio das **audiências públicas judiciais**, contribuindo para o tratamento adequado das lides ambientais. A **democratização do acesso à justiça ambiental**, com ampla participação popular, é a melhor forma de **legitimar a atuação do Poder Judiciário na tutela do ambiente** e também servirá como mecanismo estratégico de conscientização e educação ambiental" (*Revista de Direito Ambiental*, São Paulo, n. 46, p. 357-363, abr.-jun. 2007).

e a representatividade dos postulantes, poderá, por despacho irrecorrível, admitir, observado o prazo fixado no parágrafo anterior, a manifestação de outros órgãos ou entidades". A função da figura do *amicus curiae*, de acordo com a lição de Ingo Wolfgang Sarlet, Luiz Guilherme Marinoni e Daniel Mitidiero, "é contribuir para a elucidação da questão constitucional por meio de informes e argumentos, favorecendo a pluralização do debate e a adequada e racional discussão entre os membros da Corte, com a consequente legitimação social da decisão".[184]

O **CPC/2015** inovou de forma significativa na matéria ao consagrar expressamente o instituto do *amicus curiae*, possibilitando sua **aplicação para todo o universo de ações processuais**, não mais restrito, portanto, ao plano das ações constitucionais, desde que, é claro, preenchidos os requisitos trazidos pelo diploma processual. De acordo com o art. 138 do CPC/2015:

> "O juiz ou o relator, considerando a **relevância da matéria**, a especificidade do tema objeto da demanda ou a **repercussão social** da controvérsia, poderá, por decisão irrecorrível, de ofício ou a requerimento das partes ou de quem pretenda manifestar-se, solicitar ou admitir a **participação de pessoa natural ou jurídica, órgão ou entidade especializada**, com **representatividade adequada**, no prazo de 15 (quinze) dias de sua intimação".[185]

O *amicus curiae* trata-se de **figura *sui generis* de intervenção processual de terceiro** consagrada pelo CPC/2015, mas que, pela relevância e repercussão social inerente às ações que versam sobre a proteção ecológica, é perfeitamente aplicável à matéria ambiental (por exemplo, em ações constitucionais, ações civis públicas ambientais, ações populares etc.). O instituto do *amicus curiae* em ações coletivas ambientais abre importante "fenda democrática" no Sistema de Justiça para a participação de atores, em especial de entidades ambientalistas e entidades científicas, que podem contribuir para o esclarecimento de fatos e informações técnicas, influenciando significativamente na formação do convencimento do **Estado-Juiz** (tanto no primeiro grau quanto em instâncias recursais). É notório o **conhecimento técnico ou *expertise* de algumas entidades da sociedade civil organizada** ou mesmo de **entidades públicas ou privadas** que trabalham nas mais diversas áreas ambientais, de modo que a sua abertura propiciada pelo instituto do *amicus curiae* para trazer tal informação – muitas vezes, de natureza não jurídica – para a discussão processual travada é importante mecanismo de participação no campo processual, **reforçando a própria legitimidade da decisão judicial** a ser tomada posteriormente.

A **ação popular**, nesse contexto processual-participativo, é um dos instrumentos processuais com maior **amplitude democrática**. Diferentemente de outros instrumentos no âmbito do **processo civil coletivo** (como se verifica na hipótese da ação civil pública), a legitimidade para a propositura da ação popular é conferida ao **cidadão**, o que, do ponto de vista subjetivo, configura-se a partir da sua **condição político-jurídica de eleitor**. Portanto, não há necessidade de "mediação", ou seja, substituição processual por parte de outras entidades (por exemplo, o Ministério Público ou a Defensoria Pública), para a propositura da referida ação. Aí (e no seu objeto) reside o seu caráter altamente democrático-participativo. A ação popular foi consagrada no ordenamento jurídico brasileiro por meio da Lei 4.717/65. No entanto, a ampliação do seu objeto para abarcar outros bens jurídicos, por exemplo, a proteção ambiental,[186] antes circuns-

---

[184] SARLET, Ingo W.; MARINONI, Luiz G.; MITIDIERO, Daniel. 5. ed. *Curso de direito constitucional*. São Paulo: Saraiva, 2016. p. 1.110.

[185] De modo complementar, o art. 138 do CPC/2015 regulamenta nos seus parágrafos que: "§ 1º A intervenção de que trata o *caput* não implica alteração de competência nem autoriza a interposição de recursos, ressalvadas a oposição de embargos de declaração e a hipótese do § 3º. § 2º Caberá ao juiz ou ao relator, na decisão que solicitar ou admitir a intervenção, definir os poderes do *amicus curiae*. § 3º O *amicus curiae* pode recorrer da decisão que julgar o incidente de resolução de demandas repetitivas".

[186] "Administrativo. Ação popular. Interesse de agir. Prova pericial. Desnecessidade. Matéria constitucional (...) 3. A ação popular pode ser ajuizada por qualquer cidadão que tenha por objetivo anular judicialmente

crito à proteção do erário público, somente ocorreu com a edição da CF/1988. Dispõe o art. 5º, LXXIII, que:

> "(...) **qualquer cidadão** é parte legítima para propor ação popular que vise a anular ato lesivo ao patrimônio público ou de entidade de que o Estado participe, à moralidade administrativa, **ao meio ambiente** e ao **patrimônio histórico e cultural**, ficando o autor, salvo comprovada má-fé, **isento de custas judiciais e do ônus da sucumbência**".

Na jurisprudência e de modo afinado com ampliação do acesso à justiça em matéria ambiental, o STJ, para estabelecer um panorama processual mais igualitário e participativo,[187] tem admitido a **inversão do ônus da prova** em ação civil pública de natureza ambiental, considerando a relação interdisciplinar entre as normas de proteção ao consumidor e as de proteção ambiental, bem como o caráter público e coletivo do bem jurídico tutelado. A interpretação formulada pelo STJ determinou, ao aplicar a extensão das regras de proteção do consumidor para a tutela ecológica e o princípio da precaução no caso, que "compete a quem se imputa a pecha de ser, supostamente, o promotor do dano ambiental a comprovação de que não o causou ou de que não é potencialmente lesiva a substância lançada no meio ambiente". Resultou consignado também na decisão que "a perícia é sempre necessária quando a prova do fato depender de conhecimento técnico e se recomenda ainda mais na seara ambiental, visto a complexidade do bioma".

O STJ, ao aplicar a inversão do ônus da prova em matéria ambiental, consolidou entendimento extremamente relevante para a resolução de litígios ecológicos (e climáticos) . O entendimento revela-se inclusive como um incentivo a que **atores privados** – notadamente indivíduos e organizações não governamentais, que possuem mais dificuldade de ingressar em juízo por falta de recursos técnicos e econômicos – compareçam, com maior frequência e de forma direta, ao Poder Judiciário, independentemente da intermediação de entes públicos, como é o caso do Ministério Público e da Defensoria Pública. O fortalecimento da atuação da sociedade civil seria de todo desejável do ponto de vista democrático e de efetividade da legislação ambiental.

Nas ações civis públicas ambientais, o **juiz deve assumir postura mais ativa**, de modo a **relativizar o princípio do impulso oficial**,[188] em virtude da relevância social do tema, bem como por se tratar, na grande maioria das vezes, de pleito que envolve direito indisponível, o que repercute, inclusive, na produção de provas, justificando a possibilidade de inversão do ônus probatório em tais pleitos, de modo a privilegiar a **"paridade de armas"** e uma relação equânime entre as partes, já que muitas vezes se verifica um grande **desequilíbrio técnico e econômico** entre elas.[189] Essa intervenção judicial trata-se, em verdade, não de um "poder", mas sim de um "dever" constitucional do agente político investido do papel de prestar a jurisdição, haja vista o seu compromisso com a efetividade do processo coletivo e a tutela ecológica.

---

atos lesivos ou ilegais aos interesses garantidos constitucionalmente, quais sejam, ao patrimônio público ou de entidade de que o Estado participe, à moralidade administrativa, ao meio ambiente e ao patrimônio histórico e cultural. 4. A ação popular é o instrumento jurídico que deve ser utilizado para impugnar atos administrativos omissivos ou comissivos que possam causar danos ao meio ambiente. (...)" (STJ, REsp 889.766/SP, Rel. Min. Castro Meira, j. 04.10.2007).

[187] STJ, REsp 1.060.753/SP, 2ª T., rel. Min. Eliana Calmon, j. 1º.12.2009. Precedente citado: REsp 1.049.822/RS. No mesmo sentido, inclusive com referência expressa à incidência do **princípio da precaução**, v. STJ, REsp 972.902/RS, 2ª Turma, Rel. Min. Eliana Calmon, j. 25.08.2009.

[188] A doutrina especializada chega a identificar o *princípio do ativismo judicial* como um dos princípios gerais regentes do processo civil coletivo (DIDIER JR., Fredie; ZANETI JR., Hermes. *Curso de direito processual civil*. 6. ed. Salvador: JusPodivm, 2011, p. 132 e ss. [Processo Coletivo, v. 4.]).

[189] V. SARAIVA NETO, Pery. *A prova na jurisdição ambiental*. Porto Alegre: Livraria do Advogado, 2010. especialmente p. 135 e ss.

11. PRINCÍPIO DA PREVENÇÃO

> "O **princípio da prevenção** dos danos ambientais faz parte do direito internacional consuetudinário e implica a obrigação dos Estados de adotar as medidas que sejam necessárias ex ante a produção do dano ambiental, levando em consideração que, devido às suas peculiaridades, frequentemente não será possível, após consumado o dano, restaurar a situação existente anteriormente." (Passagem da decisão da **Corte IDH** no **Caso Comunidades Indígenas Membros da Associação Lhaka Honhat/Nossa Terra** *vs.* **Argentina**)

> "A artigo 225 da Constituição, ao impor à coletividade e ao Poder Público o dever de defender e preservar o meio ambiente para as presentes e futuras gerações, dispõe sobre um dever geral de prevenção dos riscos ambientais, na condição de uma ordem normativa objetiva de antecipação de futuros danos ambientais, que são apreendidos juridicamente pelos *princípios da prevenção* (riscos concretos) e da *precaução* (riscos abstratos)" (**Ministro Gilmar Mendes**).[190]

O **princípio da prevenção** é um dos princípios precursores e mais característicos do Direito Ambiental. Além disso, é um dos princípios mais "antigos" do regime jurídico de proteção ambiental, para além de corresponder inclusive a uma antiga máxima de sabedoria, representada pela conhecida formulação **"melhor prevenir do que remediar"**. Com o avanço científico e conhecimentos mais abrangentes sobre os danos decorrentes da poluição e da degradação ambiental, cristalizou-se, especialmente a partir da década de 1960, a ideia a respeito da necessidade de se adotarem medidas no sentido de evitar os danos ambientais já conhecidos. O princípio da prevenção opera com o objetivo **de antecipar a ocorrência do dano ambiental na sua *origem*** evitando-se, assim, que este venha a ocorrer, como, aliás, resultou consignado de forma elucidativa em passagem do **Preâmbulo da Convenção-Quadro sobre Diversidade Biológica (1992)**, ao assinalar que "**é vital prever, prevenir e combater na origem as causas** da sensível redução ou perda da diversidade biológica".

Na aplicação do princípio da precaução, a relação de causa e efeito da ação poluidora já é conhecida em termos científicos. A título de exemplo, já se sabe que a retirada da mata ciliar provoca a perda da biodiversidade e o assoreamento dos rios, entre outras consequências. Conforme a lição de Paulo de Bessa Antunes, "o princípio da prevenção aplica-se a impactos já conhecidos e dos quais se possa, com segurança, estabelecer um conjunto de nexos de causalidade que seja suficiente para a identificação dos impactos futuros mais prováveis".[191] A **irreversibilidade de certos danos ambientais**, como a extinção de espécies da fauna e da flora, reforça a relevância de se adotarem medidas preventivas, impedindo e proibindo a adoção de certas práticas antiecológicas.

A irreversibilidade de determinados cenários de degradação ambiental e climática podem ser ilustrados por meio dos **limites planetários** e dos denominados **"pontos de não retorno ou inflexão"** (ou *Tipping Points*), como se verifica no caso do aquecimento global ao alcançar determinada temperatura e, em particular, no caso da "savanização" da Floresta Amazônica se o desmatamento superar de 20-25% da sua cobertura florestal original, conforme já abordado previamente.

A **correção na fonte**, tida como uma espécie de **subprincípio da prevenção**, como apontam Aragão e Leme Machado, "situa a prevenção no tempo, isto é, logo que o problema ambiental surge ou é constatado, ele deve ser corrigido. Não se fica esperando que ele produza efeitos, que já se sabe serão efeitos danosos aos seres humanos e ao meio ambiente".[192] Tomando como exem-

---

[190] STF, ADPF 640/DF, Tribunal Pleno, Rel. Min. Gilmar Mendes, j. 10.09.2021.
[191] ANTUNES, Paulo de Bessa. *Direito ambiental...*, 11. ed., p. 45.
[192] MACHADO; ARAGÃO, *Princípios do direito ambiental...*, p. 108.

plo a crise climática e a poluição atmosférica decorrente da queima de combustíveis fósseis, o princípio da prevenção "obriga" normativamente a correção na fonte, de modo a que se proceda à **"correção" da prática poluidora** em questão, ou seja, a **adoção de fontes não poluentes** de energia em substituição aos combustíveis fósseis.

O princípio da correção (prioritária) na fonte já foi reconhecido na jurisprudência do STF, conforme passagem que segue do voto do Ministro Alexandre de Moraes por ocasião do julgamento da **ADC 42/DF** (Caso do Novo Código Florestal):

> "O texto constitucional também visa à garantia de instrumentalização de proteção ao Meio Ambiente, exigindo a salvaguarda dos recursos naturais e a regulamentação dos processos físicos e químicos que interajam com a biosfera, para preservá-lo às gerações futuras, garantindo-se o potencial evolutivo a partir da aplicação dos princípios fundamentais da ação comunitária (art. 130 R do Tratado da União Europeia): precaução e ação preventiva; **correção prioritariamente na fonte dos danos causados ao meio ambiente** e princípio do poluidor pagador."[193]

A **Lei de Bases do Clima (Lei 98/2021)** portuguesa, ao consagrar os princípios da prevenção e da precaução entre os seus princípios reitores, estabelece no art. 4º, "j", que ambos os princípios tem por premissa: "obviando ou minorando, **prioritariamente na fonte**, os **impactes adversos no clima**, tanto em face de **perigos imediatos e concretos** como de **riscos futuros e incertos**, e podendo estabelecer, em caso de incerteza científica, que o **ônus da prova** recai sobre a parte que alegue a ausência de perigos ou riscos". A **ênfase prioritária da correção na fonte** é fundamental para o regime jurídico de proteção climática, de modo a "atacar" diretamente as fontes de emissão de gases do efeito estufa (ex. queima de combustíveis fósseis, desmatamento florestal etc.). A compensação deve ser considerada apenas quando não se fizer possível a correção na fonte da poluição climática.

Os conceitos de "**emissões**" e "**fonte**" estabelecidos, respectivamente, nos incisos III e IV, do art. 2º, IV, da Lei da Política Nacional sobre Mudança do Clima (Lei 12.187/2009), igualmente reforça tal entendimento: "III – emissões: liberação de gases de efeito estufa ou seus precursores na atmosfera numa área específica e num período determinado; e IV – fonte: processo ou atividade que libere na atmosfera gás de efeito estufa, aerossol ou precursor de gás de efeito estufa". Na perspectiva da correção na fonte das emissões de gases do efeito estufa, objetiva, em última instância, a sua "**mitigação**", ou seja, "**mudanças e substituições tecnológicas** que reduzam o uso de recursos e as emissões por unidade de produção, bem como a implementação de **medidas que reduzam as emissões de gases de efeito estufa e aumentem os sumidouros**" (art. 2º, VII).

O **conceito de prevenção**, aplicado tanto no contexto de **medidas de adaptação climática** quanto prevenção a **desastres ambientais** em geral, foi consagrado recentemente na **Lei de Política Nacional de Proteção e Defesa Civil (Lei 12.608/2012)**, a partir de nova redação e alterações substanciais promovidas pela **Lei 14.750/2023**, impulsionada em razão dos desastres ambientais e climáticos vivenciados na última década (e, em especial, nos últimos anos, como se viu, por exemplo e de forma catastrófica, no Estado do Rio Grande do Sul, nos anos de 2023 e 2024).

> **Lei de Política Nacional de Proteção e Defesa Civil (Lei 12.608/2012)**
> Art. 1º (...) Parágrafo único. (...): (...) VIII – **prevenção**: ações de planejamento, de ordenamento territorial e de investimento destinadas a reduzir a vulnerabilidade dos ecossistemas e das populações e a evitar a ocorrência de acidentes ou de desastres ou a minimizar sua intensidade, por meio da identificação, do mapeamento e do monitoramento de riscos e

---

[193] STF, ADC 42/DF, Tribunal Pleno, Rel. Min. Luiz Fux, j. 28.02.2018.

> da capacitação da sociedade em atividades de proteção e defesa civil, entre outras estabelecidas pelos órgãos do SINPDEC; (Incluído pela Lei 14.750/2023)

Seguindo a análise da matéria, destaca-se a **distinção conceitual** entre os princípios da prevenção e da precaução,[194] como, aliás, foi delineado no dispositivo citado acima da legislação climática portuguesa, ao diferenciar entre "perigos imediatos e concretos" (prevenção) e "riscos futuros e incertos" (precaução). O **princípio da prevenção**, por essa ótica, transporta a ideia de um conhecimento completo sobre os efeitos de determinada técnica e, em razão do potencial lesivo já diagnosticado, o comando normativo toma o rumo de evitar a ocorrência de tais danos já conhecidos. Nesse sentido, Carla Amado Gomes pontua que o princípio da prevenção se traduz na hipótese em que, diante da iminência de uma atuação humana que comprovadamente lesará de forma grave e irreversível bens ambientais, tal intervenção deve ser travada.[195]

O **princípio da precaução**, por sua vez, conforme analisaremos de forma detida no próximo tópico, tem um horizonte mais abrangente, pois objetiva regular o uso de técnicas sob as quais não há um domínio seguro dos seus efeitos, como se sustenta, por exemplo, no tocante aos organismos geneticamente modificados, a determinadas substâncias químicas e às radiações eletromagnéticas no uso de telefones celulares. Aproveitando a lição de Leme Machado, "em caso de **certeza do dano ambiental**, este deve ser prevenido, como preconiza o **princípio da prevenção**. Em caso de **dúvida ou de incerteza**, também se deve agir prevenindo. Essa é a grande inovação do **princípio da precaução**. A dúvida científica, expressa com **argumentos razoáveis**, não dispensa a prevenção (...). Aplica-se o princípio da precaução ainda quando existe a incerteza, não se aguardando que esta se torne certeza".[196]

O princípio da prevenção, muito embora não apareça expressamente com essa nomenclatura, já se encontrava presente no conteúdo de diversos dispositivos da **Declaração de Estocolmo sobre o Meio Ambiente Humano (1972)**. No seu **Princípio 5**, a título de exemplo, consagrou-se que "os recursos não renováveis da terra devem empregar-se de forma que se *evite* o perigo de seu futuro esgotamento e se assegure que toda a humanidade compartilhe dos benefícios de sua utilização". Também o Princípio 6 assinala que "deve-se *pôr fim à descarga* de substâncias tóxicas ou de outros materiais que liberam calor, em quantidades ou concentrações tais que o meio ambiente não possa neutralizá-los, *para que não se causem danos graves e irreparáveis aos ecossistemas*. Deve-se apoiar a justa luta dos povos de todos os países contra a poluição". O **Princípio 15** do diploma, de modo similar, destaca que "deve-se aplicar o planejamento aos assentamentos humanos e à urbanização com vistas a *evitar repercussões prejudiciais sobre o meio ambiente* e a obter os máximos benefícios sociais, econômicos e ambientais para todos (...)".

No âmbito legislativo nacional, a **Lei da Política Nacional do Meio Ambiente (Lei 6.938/81)** consagra, como princípio da PNMA, no art. 2º, além do próprio objetivo de "**preservação**, melhoria e recuperação" da qualidade ambiental, a "ação governamental na **manutenção do equilíbrio ecológico**, considerando o meio ambiente como um patrimônio público a ser necessariamente assegurado e protegido, tendo em vista o uso coletivo" (inciso I), a "racionalização do uso do solo, do subsolo, da água e do ar" (inciso II), o "planejamento e fiscalização do uso dos recursos ambientais" (inciso III), o "controle e zoneamento das atividades potencial ou efetivamente poluidoras" (inciso V). Em termos gerais, o conteúdo dos princípios citados da Lei 6.938/81 revela

---

[194] No plano legislativo, atestando a distinção conceitual entre os princípios da prevenção e o princípio da precaução, v. art. 6º, parágrafo único, da Lei da Mata Atlântica (Lei 11.428/2006), e art. 3º da Lei da Política Nacional sobre Mudança do Clima (Lei 12.187/2009) e art. 6º, I, da Lei da Política de Resíduos Sólidos (Lei 12.305/2010).
[195] GOMES, Carla Amado. *A prevenção à prova no direito do ambiente*. Coimbra: Coimbra Editora, 2000. p. 22.
[196] MACHADO, Paulo Affonso Leme. *Direito ambiental brasileiro...*, p. 75.

a matriz axiológica do princípio da prevenção, em que pese não aparecer a expressão "princípio da prevenção" no seu texto.[197]

O instrumento do estudo de impacto ambiental talvez seja o melhor exemplo prático de operacionalização do princípio da prevenção, uma vez que se trata de instrumento administrativo para identificar a ocorrência de danos ambientais de forma antecipada, tornando possível a adoção de medidas preventivas para evitar a sua ocorrência ou ao menos sua mitigação. A **Declaração do Rio sobre Meio Ambiente e Desenvolvimento (1992)** consagrou o estudo de impacto ambiental no seu **Princípio 17**, ao assinalar que "a **avaliação do impacto ambiental**, como instrumento nacional, será efetuada para as atividades planejadas que possam vir a ter um impacto adverso significativo sobre o meio ambiente e estejam sujeitas à decisão de uma autoridade nacional competente".

No ordenamento jurídico brasileiro, o **art. 10 da Lei da Política Nacional do Meio Ambiente** (Lei 6.938/81) assinala que "a construção, instalação, ampliação e funcionamento de estabelecimentos e atividades utilizadoras de recursos ambientais, considerados **efetiva e potencialmente poluidores**, bem como capazes, sob qualquer forma, de causar degradação ambiental, dependerão de prévio licenciamento (...)". O estudo de impacto ambiental objetiva justamente dimensionar os danos ambientais (conhecidos e potenciais) decorrentes de determinada atividade, possibilitando a adoção de medidas voltadas à sua prevenção. O mesmo marco normativo encontra-se consagrado no **art. 225, § 1º, IV, da CF/1988**, ao obrigar o Estado a "exigir, na forma da lei, para instalação de **obra ou atividade potencialmente causadora de significativa degradação do meio ambiente**, estudo prévio de impacto ambiental, a que se dará publicidade". O princípio da prevenção resultou igualmente consagrado, de forma expressa, no art. 6º, parágrafo único, da Lei da Mata Atlântica (Lei 11.428/2006) e no art. 3º da Lei da Política Nacional sobre Mudança do Clima (Lei 12.187/2009).

Na jurisprudência, a aplicação do **princípio da prevenção** é verificada de modo bastante recorrente, muitas vezes inclusive de forma simultânea com o princípio da precaução. A título de exemplo, destaca-se julgado do **STJ**, em que o Min. Felix Fischer fundamentou sua decisão no princípio da prevenção para obstar situação que implicava risco de **contaminação de bovinos por febre aftosa**. Aqui não se está diante de situação em que são desconhecidos ou mesmo pouco conhecidos os efeitos negativos no âmbito ecológico (e também para a saúde pública), já que são conhecidas as causas e os efeitos decorrentes da contaminação pela febre aftosa, tratando-se apenas de aplicar medida de prevenção para evitar a ocorrência do dano ecológico (repita-se, conhecido). Não há dúvida de que o contato de um rebanho bovino com outro contaminado com a febre aftosa traz um risco certo (e, portanto, conhecido) de contaminação para o primeiro, ainda que a contaminação possa não ocorrer no caso concreto. A nosso ver, andou bem o Min. Felix Fischer, muito embora o princípio da precaução também pudesse ser manejado para justificar alguma medida protetiva diante dos riscos diretos para o ser humano, em que, salvo melhor juízo, alguma incerteza científica ainda possa existir.

JURISPRUDÊNCIA STJ. Princípio da prevenção: 1) "Ambiental. Agrotóxicos produzidos no exterior e importados para comercialização no Brasil. Transferência de titularidade de registro. Necessidade de novo registro. 1. Somente as modificações no estatuto ou contrato social das empresas registrantes poderão ser submetidas ao apostilamento, de modo que a transferência de titularidade de registro também deve sujeitar-se ao prévio registro. 2. O poder de polícia deve ser garantido por meio de medidas eficazes, não por meio de mero apostilamento do produto – que inviabiliza a prévia avaliação pelos setores competentes

---

[197] Também identificando a origem normativa do princípio da prevenção no art. 2º da Lei 6.938/81, v. MACHADO, Paulo Affonso Leme. *Direito ambiental brasileiro...*, p. 89.

do lançamento no mercado de quantidade considerável de agrotóxicos – até para melhor atender o sistema jurídico de proteção ao meio ambiente, o qual se guia pelos **princípios da prevenção e da precaução**. 3. Recurso especial não provido" (STJ, REsp 1.153. DF, 2ª T., Rel. Min. Mauro Campbell Marques, j. 07.12.2010).

2) "Agravo regimental na suspensão de liminar e de sentença. Legitimidade. Pessoa jurídica interessada. Possibilidade de grave lesão à ordem e economia públicas. Existência. **Princípio da prevenção**. (...) III – O transporte de animais do Estado do Rio Grande do Norte (área não livre de febre aftosa) para o Estado do Tocantins (área livre da referida moléstia), sem o cumprimento dos normativos aplicáveis, pode, em tese, causar a contaminação do rebanho do local de destino, o que enseja grave lesão à ordem e à economia públicas. V – A sobrelevação dos riscos permite concluir pela aplicação do princípio da prevenção, pois o perigo de grave dano ou de lesão irreversível é passível de ocorrência em caso de contaminação. Agravo regimental desprovido" (STJ, AgRg na SLS 1749/RN, Corte Especial, Rel. Min. Felix Fischer, j. 15.05.2013).

JURISPRUDÊNCIA CORTE IDH. Princípio da prevenção: "(...) Sin perjuicio de lo anterior, en materia específica ambiental, debe destacarse que el **principio de prevención** de daños ambientales, forma parte del derecho internacional consuetudinario, y entraña la obligación de los Estados de llevar adelante las medidas que sean necesarias ex ante la producción del daño ambiental, teniendo en consideración que, debido a sus particularidades, frecuentemente no será posible, luego de producido tal daño, restaurar la situación antes existente. En virtud del deber de prevención, la Corte ha señalado que 'los Estados están obligados a usar todos los medios a su alcance con el fin de evitar que las actividades que se lleven a cabo bajo su jurisdicción, causen daños significativos al [...] ambiente'. Esta obligación debe cumplirse bajo un **estándar de debida diligencia**, la cual debe ser **apropiada y proporcional al grado de riesgo de daño ambiental**. Por otro lado, si bien no es posible realizar una enumeración detallada de todas las medidas que podrían tomar los Estados con el fin de cumplir este deber, pueden señalarse algunas, relativas a actividades potencialmente dañosas: i) **regular**; ii) **supervisar y fiscalizar**; iii) **requerir y aprobar estudios de impacto ambiental**; iv) **establecer planes de contingencia**, y v) **mitigar en casos de ocurrencia de daño ambiental**." (**Caso Comunidades Indígenas Membros da Associação Lhaka Honhat (Nuestra Tierra) *vs.* Argentina**)

12. PRINCÍPIO DA PRECAUÇÃO

"A Constituição da República, ao dispor sobre a proteção ao meio ambiente ecologicamente equilibrado, por ela própria reconhecido como 'bem de uso comum do povo e essencial à sadia qualidade de vida' (CF, art. 225, '*caput*'), instituiu, entre nós, verdadeiro 'Estado de Direito Ambiental' fundado em bases constitucionais, em que o princípio da precaução desempenha papel de fundamental importância (...) Com efeito, o *princípio da precaução*, que tem suporte em nosso ordenamento interno (CF, art. 225, § 1º, V, e Lei nº 11.105/2005, art. 1º, '*caput*')" (**Ministro Celso de Mello**).[198]

O princípio da precaução, como uma **espécie de princípio da prevenção qualificado ou mais desenvolvido**,[199] abre caminho para uma nova racionalidade jurídica, mais abrangente e

---

[198] STF, RE 627.189/SP, Tribunal Pleno, Rel. Min. Dias Toffoli, j. 08.06.2016.
[199] KISS, Alexandre; SHELTON, Dinah. *Guide to international environmental law*. Leiden/Boston: Martinus Hijhoff Publishers, 2007. p. 95.

complexa, vinculando a ação humana presente a resultados futuros. Isso faz com que o princípio da precaução seja um dos pilares mais importantes da tutela jurídica do meio ambiente e, consequentemente, seja reconhecido como um dos princípios gerais do Direito Ambiental. O seu conteúdo normativo estabelece, em linhas gerais, que, diante dúvida e da incerteza científica a respeito da segurança e das consequências do uso de determinada substância ou tecnologia, o operador do sistema jurídico deve ter como fio condutor uma postura precavida, interpretando os institutos jurídicos que regem tais relações sociais com a responsabilidade e a cautela que demanda a importância existencial dos bens jurídicos ameaçados (vida, saúde, qualidade ambiental e até mesmo, em alguns casos, a dignidade da pessoa humana), inclusive em vista das futuras gerações.

A ausência de conhecimento científico adequado para assimilar complexidade dos fenômenos ecológicos e os efeitos negativos de determinadas técnicas e substâncias empregadas pelo ser humano podem levar, muitas vezes, a situações irreversíveis do ponto de vista ambiental, por exemplo, a extinção de espécies da fauna e da flora, além da degradação de ecossistemas inteiros. O princípio da precaução opera justamente como um filtro normativo para prevenir tais situações, considerando a ausência de domínio científico no tocante à determinada técnica ou substância.

A **Declaração do Rio sobre Meio Ambiente e Desenvolvimento (1992)** consagrou expressamente o princípio da precaução no seu **Princípio 15**:

PRINCÍPIO 15

Com o fim de proteger o meio ambiente, o *princípio da precaução* deverá ser amplamente observado pelos Estados, de acordo com suas capacidades. Quando houver **ameaça de danos graves ou irreversíveis**, a **ausência de certeza científica** absoluta não será utilizada como razão para o adiamento de medidas economicamente viáveis para **prevenir a degradação ambiental**".

No contexto climático, a **Convenção-Quadro sobre a Mudança do Clima (1992)** estabeleceu, no seu art. 3º, que os países signatários deveriam adotar "**medidas de precaução para prever, evitar ou minimizar as causas de mudanças climáticas** quando surgirem ameaças de danos sérios ou irreversíveis" e que "a falta de plena certeza científica não deve ser usada como razão para postergar essas medidas", levando em conta que as políticas e medidas adotadas para enfrentar a mudança do clima devem ser eficazes em função dos custos, de modo a assegurar benefícios mundiais ao menor custo possível.

ARTIGO 3º
PRINCÍPIOS

Em suas ações para alcançar o objetivo desta Convenção e implementar suas disposições, as Partes devem orientar-se inter alia, pelo seguinte: (...)

3. As Partes devem adotar **medidas de precaução** para prever, evitar ou minimizar as causas da mudança do clima e mitigar seus efeitos negativos. Quando surgirem ameaças de danos sérios ou irreversíveis, a **falta de plena certeza científica não deve ser usada como razão para postergar essas medidas**, levando em conta que as políticas e medidas adotadas para enfrentar a mudança do clima devem ser eficazes em função dos custos, de modo a assegurar benefícios mundiais ao menor custo possível. Para esse fim, essas políticas e medidas devem levar em conta os diferentes contextos socioeconômicos, ser abrangentes, cobrir todas as fontes, sumidouros e reservatórios significativos de gases de efeito estufa e adaptações, e abranger todos os setores econômicos. As Partes interessadas podem realizar esforços, em cooperação, para enfrentar a mudança do clima.

O princípio da precaução sempre foi aceito pela doutrina brasileira (e também jurisprudência) antes mesmo da Lei 11.105/2005 (quando foi reconhecido pela primeira vez de forma expressa em legislação nacional, conforme veremos adiante), de modo a já integrar, sob a ótica "material", o nosso sistema jurídico. Esse entendimento encontra guarida normativa especialmente na Lei 6.938/81, ao dispor, no art. 2º, V, que se configura, como princípio da Política Nacional do Meio Ambiente, o "**controle e zoneamento das atividades** *potencial ou efetivamente poluidoras*", bem como, ao consagrar, por meio do art. 9º, os instrumentos da "avaliação de impactos ambientais" (inciso III) e do "**licenciamento e a revisão de atividades efetiva ou potencialmente poluidoras** (inciso IV).

A **CF/1988** também reproduz as mesmas premissas. A matriz constitucional do princípio da precaução está contida no **art. 225, § 1º, IV e V**, ao exigir o estudo prévio de impacto ambiental para a

> "(...) instalação de obra ou atividade *potencialmente* causadora de significativa degradação do meio ambiente" (inciso IV), bem como ao determinar a obrigação do Estado de "controlar a produção, a comercialização e o emprego de **técnicas, métodos e substâncias que comportem** *risco* **para a vida, a qualidade de vida e o meio ambiente**" (inciso V).

As normas constitucionais suscitadas ditam a cautela jurídica que deve reger as atividades que, incluídas num quadro de **incerteza científica** quanto a possíveis danos que possam causar ao meio ambiente, tragam um **risco, mesmo que potencial**, a fim de evitar danos ambientais relativamente aos quais não se tem uma compreensão exata e segura, no âmbito científico. O princípio da precaução estabelece uma espécie de "**liame jurídico**" que **vincula o presente e o futuro**, na medida em que busca pautar decisões adotadas hoje em vista das suas **consequências de médio e longo alcance no futuro**, salvaguardado interesses e direitos tanto de gerações jovens (crianças e adolescentes) quanto das futuras gerações.

A Lei dos Crimes e Infrações Administrativas Ambientais (Lei 9.605/98), ao tipificar o crime de poluição, consagrou o princípio da precaução, ao aplicar a pena maior prevista no § 2º do seu do art. 54 a "quem deixar de adotar, quando assim o exigir a autoridade competente, *medidas de precaução em caso de risco de dano ambiental* grave ou irreversível" (§ 3º).

No entanto, foi a **Lei 11.105/2005 (Lei de Biossegurança)** que consagrou pela primeira vez, de forma expressa, o princípio da precaução no ordenamento jurídico brasileiro, até porque a questão do "risco" é um elemento central da abordagem da temática da biossegurança. Dispõe o art. 1º do diploma que:

> "Esta Lei estabelece normas de segurança e mecanismos de fiscalização sobre a construção, o cultivo, a produção, a manipulação, o transporte, a transferência, a importação, a exportação, o armazenamento, a pesquisa, a comercialização, o consumo, a liberação no meio ambiente e o descarte de organismos geneticamente modificados – OGM e seus derivados, tendo como diretrizes o estímulo ao avanço científico na área de biossegurança e biotecnologia, a proteção à vida e à saúde humana, animal e vegetal, e a observância do **princípio da precaução** para a proteção do meio ambiente".

O princípio da precaução, posteriormente à Lei 11.105/2005, foi consagrado de forma expressa no art. 6º, parágrafo único, da **Lei da Mata Atlântica** (Lei 11.428/2006) e no art. 3º da **Lei da Política Nacional sobre Mudança do Clima** (Lei 12.187/2009) A **Lei 11.934/2009** sobre exposição humana a campos elétricos, magnéticos e eletromagnéticos, muito embora não disponha de forma expressa sobre o princípio da precaução no seu texto, parece-nos um dos melhores exemplos de aplicação prática do princípio, inclusive adotando os padrões sugeridos pela Organização Mundial da Saúde (OMS) em vista da proteção da saúde pública e do meio ambiente. Dada a "dúvida científica" sobre as possíveis consequências à saúde humana e ao equilíbrio ecológico decorrentes das radiações eletromagnéticas, seria justamente o princípio da precaução o marco normativo regente na adoção da Lei 11.934/2009.

O risco, que difere do conceito de perigo, está impregnado nas relações sociais contemporâneas, remetendo-se aqui ao paradigmático contributo de Ulrich Beck sobre a "**sociedade de risco**". Como destaca Carla Amado Gomes, o **perigo** teria **causas naturais**, ao passo que o **risco** teria na sua origem **causas humanas**, ou seja, seria o produto da intervenção humana no meio ambiente natural.[200] Nessa linha, o uso de determinadas tecnologias coloca, em alguns casos, grande potencial de destruição massivo da vida humana e da própria Natureza, tanto de forma direta e imediata (por exemplo, por meio da contaminação nuclear ou química) quanto de maneira indireta e gradual (câncer provocado por exposição a poluentes orgânicos persistentes, altos índices de câncer de pele provocado pela redução da camada de ozônio, redução da fertilidade humana e animal em decorrência de alterações hormonais causadas por agentes químicos etc.).

O princípio da precaução impõe uma obrigação aos operadores do sistema jurídico de dar ao meio ambiente (e à coletividade, em certo sentido) o benefício em caso de dúvida quando existe incerteza, e principalmente, incerteza científica. É ilustrativa, nesse sentido, a explicação do Ministro Herman Benjamin, citado pelo STJ no julgamento REsp 1.060.753/SP, sob a relatoria da Ministra Eliana Calmon, ao estabelecer a inversão do ônus de prova com base no princípio da precaução:

> "O (...) princípio da precaução (...) responde a uma pergunta simples mas chave para o sucesso ou insucesso de uma ação judicial ou política de proteção ao meio ambiente: diante da incerteza científica quanto à periculosidade ambiental de uma dada atividade, quem tem o ônus de provar sua inofensividade? (...) e o princípio da precaução (...) impõe-se aos degradadores potenciais o ônus de corroborar a inofensividade de sua atividade proposta, principalmente naqueles casos em onde eventual dano possa ser irreversível, de difícil reversibilidade ou de larga escala."[201]

Diante da incerteza científica quanto a possíveis danos significativos ao meio ambiente, a proteção ecológica (e climática) deve prevalecer e ser proibida ou retardada (até um melhor domínio da técnica) determinada prática potencialmente degradadora dos recursos naturais. Não por outra razão, o princípio da precaução tem servido de fundamento para justificar a inversão do ônus da prova em processos judiciais, fazendo recair sobre o suposto poluidor o ônus de provar que não causou o dano ambiental ou que a substância lançada ao meio ambiente não lhe é potencialmente lesiva:

> "(...) Processual civil. Direito civil e direito ambiental. Construção de usina hidrelétrica. Produção pesqueira. Redução. (...). Responsabilidade objetiva. Dano inconteste. Nexo causal. Princípio da precaução. Inversão do ônus da prova. Cabimento. (...) 3. A Lei nº 6.938/1981 adotou a sistemática da responsabilidade objetiva, que foi integralmente recepcionada pela ordem jurídica atual, sendo irrelevante, na hipótese, a discussão da conduta do agente (culpa ou dolo) para atribuição do dever de reparação do dano causado, que, no caso, é inconteste. 4. O princípio da precaução, aplicável ao caso dos autos, pressupõe a inversão do ônus probatório, transferindo para a concessionária o encargo de provar que

---

[200] GOMES, Carla Amado. *A prevenção à prova...*, p. 17.
[201] STJ, REsp 1.060.753/SP, 2a T., Rel. Min. Eliana Calmon, j. 01.12.2009.

sua conduta não ensejou riscos ao meio ambiente e, por consequência, aos pescadores da região. 5. Agravo interno não provido."[202]

"O Princípio da Precaução tem ainda uma importante concretização adjetiva: a inversão do ônus da prova."[203]

Os seguintes trechos do acórdão paradigma da **Súmula 618 do STJ** são igualmente elucidativos a respeito do conceito e conteúdo do princípio da precaução:

> "(...) o princípio da precaução, reconhecido implícita e explicitamente pelo Direito brasileiro, estabelece....um regime ético-jurídico em que o exercício de atividade potencialmente poluidora, sobretudo quando perigosa, conduz à inversão das regras de gestão da licitude e causalidade da conduta, com a imposição ao empreendedor do encargo de demonstrar a sua inofensividade.
>
> Dito de outra forma, pode-se dizer que, no contexto do Direito Ambiental, o adágio *in dubio pro reo* é transmudado, no rastro do princípio da precaução, em *in dubio pro natura*, carregando consigo uma forte presunção em favor da proteção da saúde humana e da biota. Tal, por óbvio, "coloca a responsabilidade pela demonstração da segurança naqueles que conduzem atividades potencialmente perigosas", o que simboliza claramente "um novo paradigma: antes, o poluidor se beneficiava da dúvida científica; doravante, a dúvida funcionará em benefício do ambiente" (SADELEER, Nicolas de. *Environmental principles*: from political slogans to legal rules. Oxford: Oxford University Press, 2002. p. 203)."[204]

A fim de preservar e proteger a existência humana de riscos ecológicos (e climáticos), impõe-se uma atuação do Estado e dos particulares lastreada no princípio da precaução, pautando-se a sua aplicação também pelo **princípio *in dubio pro natura***, conforme tem reconhecido a jurisprudência do STJ. Diante da **incerteza científica** quanto a possíveis danos significativos ao meio ambiente, a proteção ambiental deve prevalecer e ser **proibida** ou **retardada** (até um melhor domínio da técnica) determinada **prática potencialmente degradadora dos recursos naturais**. Não por outra razão, o princípio da precaução tem servido de fundamento para justificar a **inversão do ônus da prova** em processos judiciais, fazendo recair sobre o suposto poluidor o ônus de provar a segurança ambiental da técnica, atividade ou empreendimento impugnada.[205]

> **JURISPRUDÊNCIA STJ. Princípio da precaução e inversão do ônus da prova:** "(...) Processual civil. Direito civil e **direito ambiental**. Construção de usina hidrelétrica. Produção pesqueira. Redução. (...). Responsabilidade objetiva. Dano inconteste. Nexo causal. **Princípio da precaução. Inversão do ônus da prova**. Cabimento. (...) 3. A Lei nº 6.938/1981 adotou a sistemática da responsabilidade objetiva, que foi integralmente recepcionada pela ordem jurídica atual, sendo irrelevante, na hipótese, a discussão da conduta do agente (culpa ou dolo) para atribuição do dever de reparação do dano causado, que, no caso, é inconteste. 4. **O princípio da precaução, aplicável ao caso dos autos, pressupõe a inversão do ônus probatório, transferindo para a concessionária o encargo de provar que sua conduta não ensejou riscos ao meio ambiente e, por consequência, aos pescadores da região.** 5. Agravo interno não provido" (STJ, AgInt no AREsp 1.311.669/SC, 3ª T., Rel. Min. Ricardo Villas Bôas Cueva, j. 03.12.2018)

---

[202] STJ, AgInt no AREsp 1.311.669/SC, 3a T., Rel. Min. Ricardo Villas Bôas Cueva, j. 03.12.2018.
[203] STJ, REsp 1.060.753/SP, 2a T., Rel. Min. Eliana Calmon, j. 01.12.2009.
[204] STJ, Súmula 618 ("A inversão do ônus da prova aplica-se às ações de degradação ambiental"); STJ REsp 883.656/RS 2a T., Rel. Min. Herman Benjamin, j. 09.03.2010, p. 11.
[205] STJ, REsp 1.060.753/SP, 2ª T., Rel. Min. Eliana Calmon, j. 1º.12.2009.

JURISPRUDÊNCIA STF. Pulverização aérea de inseticida e princípio da precaução.

O STF, no julgamento da ADI 5.592/DF, proposta pela PGR, entendeu que a pulverização aérea de inseticida contra o mosquito *Aedes aegypti* precisa de aval prévio de autoridades sanitária e ambiental. A ação ajuizada pela PGR alegava **ausência de comprovação científica da eficácia da dispersão aérea de inseticidas para combate ao mosquito** e potenciais **riscos à saúde da população e ao meio ambiente**. O Plenário do STF, na sessão ocorrida em 11.09.2019, julgou parcialmente procedente a ADI 5.592 para conferir interpretação conforme a Constituição Federal ao art. 1º, § 3º, IV, da Lei 13.301/2016 de forma a assentar que o uso de aeronave para pulverização de inseticida contra o mosquito *Aedes aegypti* necessita da **prévia aprovação da autoridade sanitária, exigindo-se ainda o pronunciamento da autoridade ambiental competente**.

No voto (que resultou vencido) do Ministro Celso de Mello, decano da Corte, o conteúdo do dispositivo questionado **vulnera a cláusula inscrita no art. 225 da CF/1988**, que consagra o direito ao meio ambiente ecologicamente equilibrado. A norma, segundo o Ministro, no contexto do **direito constitucional ambiental**, transgride o **princípio da precaução**, que busca neutralizar ou minimizar risco potencial à vida e ao meio ambiente, de modo que "**a incerteza científica deve militar em favor do ambiente**". O Min. Celso de Mello destacou ainda nota técnica da Secretaria de Mudanças Climáticas do Ministério do Meio Ambiente na qual se afirma que a metodologia da pulverização aérea é ineficaz, visto que o inseto possui hábitos domiciliares. O que reforça, no seu entendimento, a incompatibilidade da norma com a Constituição, votando pela parcial procedência da ação para excluir da lei, por inconstitucionalidade, a expressão "por meio de dispersão por aeronaves".

O Min. Dias Toffoli também votou (que foi vencedor no julgamento) pela parcial procedência da ação, no entanto sem alteração no texto da lei, para que a norma seja interpretada em consonância com o art. 225 da Constituição e para que a dispersão aérea de inseticidas seja precedida de autorização prévia tanto da autoridade sanitária quanto da autoridade ambiental. O ministro observou que, embora seja notória a necessidade de adoção de estratégias específicas para a erradicação de epidemias causadas pelo mosquito no País, **não há estudos suficientes que comprovem** que o uso de mecanismos de controle vetorial por meio de dispersão por aeronaves seja prejudicial à saúde, assim como **não há comprovação da eficácia da pulverização aérea no combate das doenças transmitidas pelo mosquito**.

"AÇÃO DIRETA DE INCONSTITUCIONALIDADE. ADMINISTRATIVO E AMBIENTAL. MEDIDAS DE CONTENÇÃO DAS DOENÇAS CAUSADAS PELO AEDES AEGYPTI. ARTIGO 1º, § 3º, INCISO IV DA LEI N. 13.301, DE 27 DE JUNHO DE 2016. PERMISSÃO DA INCORPORAÇÃO DE MECANISMOS DE **CONTROLE VETORIAL POR MEIO DE DISPERSÃO POR AERONAVES** MEDIANTE APROVAÇÃO DAS AUTORIDADES SANITÁRIAS E DA COMPROVAÇÃO CIENTÍFICA DA EFICÁCIA DA MEDIDA. POSSIBILIDADE DE INSUFICIÊNCIA DA **PROTEÇÃO À SAÚDE** E AO **MEIO AMBIENTE**. VOTO MÉDIO. INTERPRETAÇÃO CONFORME À CONSTITUIÇÃO. ARTIGOS 225, § 1º, INCISOS V E VII, 6º E 196 DA CONSTITUIÇÃO DA REPÚBLICA. INAFASTABILIDADE DA APROVAÇÃO PRÉVIA DA **AUTORIDADE SANITÁRIA E DA AUTORIDADE AMBIENTAL** COMPETENTE. ATENDIMENTO ÀS PREVISÕES CONSTITUCIONAIS DO DIREITO À SAÚDE, AO MEIO AMBIENTE EQUILIBRADO E AOS **PRINCÍPIOS DA PRECAUÇÃO E DA PREVENÇÃO**. PROCEDÊNCIA PARCIAL DA AÇÃO. 1. Apesar de submeter a incorporação do mecanismo de dispersão de substâncias químicas por aeronaves para combate ao mosquito transmissor do vírus da dengue, do vírus chikungunya e do vírus da zika à autorização da autoridade sanitária e à comprovação de eficácia da prática no combate ao mosquito, o legislador assumiu a positivação do instrumento sem a **realização prévia de estudos** em obediência ao **princípio da precaução**, o que pode levar à **violação à sistemática de proteção ambiental contida no artigo 225 da Constituição Federal**. 2. A previsão legal de medida sem a demonstração prévia de sua eficácia e segurança pode **violar os princípios da precaução e da prevenção**, se se mostrar insuficiente o instrumento para a integral proteção ao meio ambiente equilibrado e ao direito de todos à proteção da saúde. 3. O papel do **Poder Judiciário** em temas que envolvem a necessidade de **consenso mínimo da comunidade científica,** a revelar a necessidade de transferência do lócus da decisão definitiva para o campo técnico, revela-se no reconhecimento de que a lei, se ausentes os estudos prévios que atestariam a **segurança ambiental e sanitária,** pode contrariar os dispositivos constitucionais apontados pela Autora em sua exordial, necessitando, assim, de uma **hermenêutica constitucionalmente adequada,** a assegurar a **proteção da vida, da saúde e do meio ambiente.** 4. Em atendimento aos princípios da precaução e da prevenção, bem como do direito à proteção da saúde, portanto, confere-se interpretação conforme à Constituição, sem redução de texto, ao disposto no inciso IV do § 3º do artigo 1º da Lei nº 13.301/2016, para fixar o sentido segundo o qual a aprovação das autoridades sanitárias e ambientais competentes e a **comprovação científica da eficácia da medida são condições prévias e inafastáveis à incorporação de mecanismos de controle vetorial por meio de dispersão por aeronaves,** em atendimento ao disposto nos **artigos 225, § 1º, incisos V e VII, 6º e 196 da Constituição da República.** 5. Ação direta de inconstitucionalidade julgada parcialmente procedente." (STF, ADI 5.592/DF, Tribunal Pleno, Rel. Min. Cármen Lúcia, Rel. p/ Acórdão Edson Fachin, j. 11.09.2019)

JURISPRUDÊNCIA STF. Suspensão do período de defeso da pesca, exigência de estudos técnicos e princípio da precaução: "Direito ambiental. Ação direta de inconstitucionalidade. **Suspensão do período de defeso da pesca** por ato do Executivo. **Violação ao princípio da precaução. Ameaça à fauna brasileira, à segurança alimentar e à pesca artesanal.** 1. Ação que tem por objeto a (in)constitucionalidade do Decreto Legislativo nº 293/2015, que sustou os efeitos da Portaria Interministerial nº 192/2015, a qual, por sua vez, suspendeu períodos de defeso da pesca de algumas espécies por 120 dias, prorrogáveis por igual prazo. O Decreto Legislativo restabeleceu os períodos originais de defeso, ao argumento de que o Executivo, ao editá-la, teria exorbitado de seu poder regulamentar. 2. **Ausência de estudos técnicos que comprovem a desnecessidade do defeso** nas hipóteses em que foi suspenso pela Portaria. Não apresentação de indícios mínimos da alegada ocorrência de fraude, em proporção que justifique a interrupção do pagamento de seguro-defeso. 3. **Inobservância do princípio ambiental da precaução. Risco ao meio ambiente** equilibrado, à fauna brasileira, à segurança alimentar da população e à preservação de grupos vulneráveis, que se dedicam à pesca artesanal. Nesse sentido: ADPF 101, Rel. Min. Cármen Lúcia; RE 835.559, Rel. Min. Luiz Fux; RE 627.189, Rel. Min. Dias Toffoli; AI 781.547, Rel. Min. Luiz Fux. 4. Modulação de efeitos da decisão para preservar os atos praticados entre 7/1/2016 e 11/3/2016, período em que o defeso esteve suspenso com respaldo em cautelar deferida pelo Supremo Tribunal Federal e posteriormente revogada (art. 27 da Lei 9.868/1999). 5. Ação julgada improcedente." (STF, ADI 5.447/DF, Tribunal Pleno, Rel. Min. Roberto Barroso, j. 22.05.2020)

JURISPRUDÊNCIA TRF4. Princípio da precaução, gás de xisto e *fracking:* "Direito ambiental. Exploração de gás de folhelho (**'gás de xisto')** pela **técnica do fraturamento hidráulico** *(fracking)* na Bacia do Rio Paraná. Licitação dos blocos de exploração, anteriormente à **realização dos estudos aprofundados sobre a técnica** e sobre as jazidas. Princípio 10 da Declaração do Rio. **Princípio da precaução.** A 12ª rodada de licitações, promovida pela **Agência Nacional de Petróleo,** ofereceu à licitação blocos de exploração de jazidas de gás natural, com possibilidade de exploração de gás não convencional (gás de folhelho) pela técnica de fraturamento hidráulico. Ocorre que, no momento, é **escasso o conhecimento,** tanto sobre a técnica (particularmente, sobre os **impactos ambientais que ela pode provocar**) como sobre as jazidas a serem exploradas. Diante de **tecnologias novas e pouco conhecidas,** que não podem ser desprezadas em face da crescente demanda por energia e por bens de consumo, a melhor atitude é aquela sugerida pelo **Princípio 10 da Declaração do Rio: informação, participação social e acesso à Justiça.** Judicializada a questão do fraturamento hidráulico, percebe-se claramente a fragilidade da forma de condução do processo de implantação da técnica promovida pela ANP no atendimento aos dois outros princípios do **tripé do Princípio 10**. Com efeito, pouco se sabe sobre o fraturamento hidráulico e sobre suas consequências ambientais, apenas antevendo-se que podem ser muito graves, como a contaminação de aquíferos subterrâneos (no caso, o Aquífero Guarani) e abalos sísmicos, entre diversos outros. Pouco se sabe também sobre as jazidas de gás cuja exploração está sendo licitada. A realização da licitação da exploração nessas circunstâncias, **transferindo ao empreendedor a tarefa de produzir o conhecimento necessário, significa atrelar indevidamente a pesquisa científica ao interesse econômico, comprometendo a credibilidade deste saber, sob o prisma ambiental**. A **participação da sociedade civil** na definição da política energética para o gás de folhelho também tem sido precária, estando sendo desconsideradas pelo órgão licitante manifestações de diversas entidades acadêmicas e científicas nacionais importantes (**Sociedade Brasileira para o Progresso da Ciência, Academia Brasileira de Ciências**), que têm expressado sua preocupação com os **possíveis efeitos ambientais deletérios gravíssimos do *fracking*** de que se têm conhecimento e, por isso, têm se posicionado contra a licitação. Nessa perspectiva, tendo em vista o **princípio da precaução**, confirma-se a decisão agravada, que determinou a suspensão dos efeitos da 12ª rodada de licitações promovida pela ANP" (TRF4, AG TRF4, AI 5020999-46.2014.4.04.0000, 4ª T., Rel. Des. Federal Cândido Alfredo Silva Leal Junior, j. 18.11.2014).

13. PRINCÍPIO DA COOPERAÇÃO (NACIONAL E INTERNACIONAL)

"As Partes reconhecem a importância do apoio e da **cooperação internacional** nos esforços de adaptação e a importância de levar em conta as necessidades dos países em desenvolvimento Partes, especialmente aqueles que são particularmente vulneráveis aos efeitos adversos das mudanças climáticas." (Art. 7, item 6, do **Acordo de Paris de 2015**)

O **princípio da cooperação** é considerado um dos **princípios gerais do Direito Ambiental**, tendo a sua origem no Direito Ambiental alemão do início da década de 1970, assim como os já tratados princípios do poluidor-pagador e da precaução. A razão para a importância da ideia de cooperação na perspectiva ecológica é bastante simples. O efetivo enfrentamento dos problemas ambientais exige a atuação articulada e cooperativa de inúmeros **atores públicos e privados**, nos mais diferentes planos e instâncias políticas (**local, regional, nacional, comunitária e internacional**). Outros temas, como é o caso dos direitos humanos, também evocam tal amplitude de articulação e esforços comuns, inclusive no âmbito planetário, para o seu adequado enfrentamento. A concepção de um modelo de **Estado constitucional aberto e cooperativo**, como defendido por Peter Häberle[206], reforça a dimensão multinível do sistema jurídico contemporâneo, notadamente em vista do papel e compromissos assumidos pelo Estado de salvaguarda da integridade ecológica.

O princípio da cooperação está presente de forma expressa na CF/1988, por intermédio da previsão que há no inciso IX do seu art. 4.º sobre a "**cooperação entre os povos para o progresso da humanidade**", considerando, inclusive, o conteúdo do inciso II do mesmo dispositivo no sentido de estabelecer a "prevalência dos direitos humanos" nas relações do Estado brasileiro no plano internacional. O princípio da cooperação, conforme lição de José Rubens Morato Leite e Patryck de Araújo Ayala, postula uma política mínima de **cooperação solidária** entre os Estados em busca de combater efeitos devastadores da degradação ambiental, o que pressupõe

---

[206] Sobre o Estado cooperativo v., em especial, HÄBERLE, Peter. *Estado constitucional cooperativo*. Rio de Janeiro: Renovar, 2008.

ajuda, acordo, troca de informações e transigência no que toca a um objetivo macro de toda a coletividade, além de apontar para uma atmosfera política democrática entre os Estados, visando a um combate eficaz da crise ambiental global.[207]

No cenário internacional, o princípio da cooperação foi consagrado na **Declaração de Estocolmo sobre o Meio Ambiente Humano (1972)**, estando presente em diversos dos seus dispositivos, a exemplo do **Princípio 24**:

> "**Todos os países, grandes e pequenos**, devem ocupar-se com espírito e **cooperação** e em pé de igualdade das questões internacionais relativas à proteção e melhoramento do meio ambiente. É **indispensável cooperar para controlar, evitar, reduzir e eliminar eficazmente os efeitos prejudiciais** que as atividades que se realizem em qualquer esfera, possam ter para o meio ambiente, mediante acordos multilaterais ou bilaterais, ou por outros meios apropriados, respeitados a soberania e os interesses de todos os estados".

O seu **Princípio 14**, seguindo a mesma diretriz normativa, assinala que "os Estados devem **cooperar** de forma efetiva para desestimular ou prevenir a realocação e transferência, para outros Estados, de atividades e substâncias que causem degradação ambiental grave ou que sejam prejudiciais à saúde humana". De modo similar, o seu **Princípio 22** reforça que "os Estados devem **cooperar** para continuar desenvolvendo o direito internacional no que se refere à responsabilidade e à indenização às vítimas da poluição e de outros danos ambientais que as atividades realizadas dentro da jurisdição ou sob o controle de tais Estados causem a zonas fora de sua jurisdição".

Isso também se verifica na **Declaração do Rio sobre Meio Ambiente e Desenvolvimento (1992)**, aparecendo o princípio da cooperação, por exemplo, nos Princípios 5, 7, 12, 13, 14, 18, 19 e 27. A título de exemplo, o **Princípio 7** enuncia que:

> "**Os Estados irão cooperar, em espírito de parceria global, para a conservação, proteção e restauração da saúde e da integridade do ecossistema terrestre**. Considerando as diversas contribuições para a degradação do meio ambiente global, os Estados têm responsabilidades comuns, porém diferenciadas. Os países desenvolvidos reconhecem a responsabilidade que lhes cabe na busca internacional do desenvolvimento sustentável, tendo em vista as pressões exercidas por suas sociedades sobre o meio ambiente global e as tecnologias e recursos financeiros que controlam".

A **Convenção da Basileia sobre o Controle de Movimentos Transfronteiriços de Resíduos Perigosos e seu Depósito (1989)**, promulgada pelo Decreto 875/93, representa um exemplo importante na temática da cooperação internacional, justamente por reconhecer a natureza transfronteiriça na poluição ambiental e a necessária cooperação nos Estados-Partes e organizações internacionais competentes para o seu devido controle e enfrentamento. Não por outra razão, o tratado prevê artigo específico sobre o tema, conforme segue.

CONVENÇÃO DA BASILEIA SOBRE O CONTROLE DE MOVIMENTOS TRANSFRONTEIRIÇOS DE RESÍDUOS PERIGOSOS E SEU DEPÓSITO (1989)

ARTIGO 10

Cooperação Internacional

1. As Partes deverão cooperar umas com as outras com o objetivo de aprimorar e alcançar um manejo ambientalmente saudável de resíduos perigosos e outros resíduos.

---

[207] LEITE, José Rubens Morato; AYALA, Patryck de Araújo. *Dano ambiental...*, p. 55-56.

2. Para esse fim, as Partes deverão:

(a) Mediante solicitação, **fornecer informações**, seja numa base bilateral ou multilateral, com vistas a promover o manejo ambientalmente saudável de resíduos perigosos e outros resíduos, incluindo a **harmonização de padrões técnicos e práticas** para um manejo adequado de resíduos perigosos e outros resíduos;

(b) Cooperar na **vigilância dos efeitos do manejo de resíduos perigosos** sobre a saúde humana e o meio ambiente;

(c) Cooperar, em sintonia com suas leis, regulamentos e políticas nacionais, no desenvolvimento e implementação de **novas tecnologias ambientalmente racionais com baixo índice de resíduos** e no aperfeiçoamento das tecnologias existentes com vistas a **eliminar, na medida do possível, a geração de resíduos perigosos** e outros resíduos e estabelecer métodos mais efetivos e eficientes de assegurar um manejo ambientalmente saudável para os mesmos, incluindo o estudo dos efeitos econômicos, sociais e ambientais da adoção de tais tecnologias novas ou aperfeiçoadas;

(d) Cooperar ativamente, em sintonia com suas leis, regulamentos e políticas nacionais, na **transferência de tecnologias e sistemas administrativos** relacionados com o manejo ambientalmente saudável de resíduos perigosos e outros resíduos. Também deverão cooperar no desenvolvimento de capacidade técnica entre as Partes, especialmente entre aquelas que necessitem ou solicitem assistência técnica nessa área;

(e) Cooperar no desenvolvimento de diretrizes técnicas e/ou códigos de práticas apropriadas.

3. As Partes deverão empregar meios adequados para cooperarem umas com as outras a fim de **dar assistência aos países em desenvolvimento** na implementação dos subparágrafos a, b, c e d do parágrafo 2 do Artigo 4.

4. Levando em consideração as necessidades dos países em desenvolvimento, estimula-se a **cooperação entre as Partes e as organizações internacionais** competentes com o objetivo de promover, *inter alia*, uma consciência pública, o desenvolvimento de um manejo ambientalmente saudável de resíduos perigosos e outros resíduos e a adoção de novas tecnologias com baixo índice de resíduos.

O **princípio da cooperação** encontra-se igualmente consubstanciado em diversos dispositivos do **Acordo de Paris (2015)**, entre os quais: "Artigo 6. 1. 1. As partes reconhecem que algumas delas optam por buscar a **cooperação voluntária** na implementação de suas contribuições determinadas nacionalmente para permitir maior ambição em suas ações de mitigação e adaptação e para promover o desenvolvimento sustentável e a integridade ambiental."; "Artigo 7 (...) 6. As Partes reconhecem a importância do apoio e da **cooperação internacional** nos esforços de adaptação e a importância de levar em conta as necessidades dos países em desenvolvimento Partes, especialmente aqueles que são particularmente vulneráveis aos efeitos adversos das mudanças climáticas."; "Artigo 10. 1. As partes compartilham uma visão de longo prazo sobre a importância de realizar plenamente o desenvolvimento e a **transferência de tecnologia** a fim de melhorar a resistência às mudanças climáticas e reduzir as emissões de gases de efeito estufa."

A crise climática, dada sua magnitude planetária, depende inevitavelmente da cooperação e comunhão de esforços de todas as Nações do mundo, das quais, cabe frisar, nada menos do que 196 são signatárias do Acordo de Paris (2015). De toda sorte, a cooperação internacional envolve, como se pode apreender dos dispositivos citados do Acordo de Paris, tanto uma dinâmica de **transferência de recursos financeiros** quanto de **tecnologias**, notadamente no deslocamento de recursos dos Países do Norte para os Países do Sul Global, a fim de que os países em desenvolvimento possam igualmente fazer frente à crise climática, tanto em termos de mitigação – por exemplo, no caso do Brasil, no combate ao desmatamento da Amazônia[208] – quanto de adaptação. Por essa ótica, o princípio da cooperação alinha-se com o **princípio da responsabilidade comum, mas diferenciada**, inclusive no sentido de estabelecer um cenário de **justiça climática** na **relação Norte-Sul**.

Na linha dos diplomas internacionais mencionados e dos objetivos e valores que devem nortear as relações do Estado brasileiro nas relações internacionais, o mesmo espírito normativo de "índole cooperativa" também **vincula o Estado no plano interno**, notadamente com relação aos entes federativos (União, Estados, Distrito Federal e Municípios). O melhor exemplo disso é o **sistema de distribuição de competências (legislativa e executiva) adotado pela CF/1988**, o qual estabelece tanto competências legislativas concorrentes (art. 24) quanto competências executivas comuns (art. 23) entre todos os entes federativos. Revelando tal espírito constitucional "cooperativo", o art. 23, parágrafo único, da CF/1988 assinala, de forma expressa, no tocante ao exercício da competência executiva dos entes federativos, que "leis complementares fixarão normas para a *cooperação* entre a União e os Estados, o Distrito Federal e os Municípios, tendo em vista o equilíbrio do desenvolvimento e do bem-estar em âmbito nacional". Há, à luz do Estado Socioambiental edificado pelo direito de feição ecológica edificado pela CF/1988, a consagração do marco do **federalismo cooperativo ecológico**, como foi tratado anteriormente.

No âmbito da legislação brasileira infraconstitucional e sob o enfoque do Direito Ambiental, a **Lei dos Crimes e Infrações Administrativas Ambientais (Lei 9.605/98)** consagrou um capítulo específico sobre a **cooperação internacional para a preservação do ambiente**, destacando a necessidade de ser mantido um sistema de comunicações apto a facilitar o intercâmbio rápido e seguro de informações com órgãos de outros países (**art. 78**). O texto em tela revela a preocupação do legislador nacional com a dimensão multilateral inerente ao enfrentamento dos problemas ambientais. O dispositivo suscitado, por certo, não se aplica apenas ao cenário internacional, mas incorpora no ordenamento jurídico nacional o princípio da cooperação, devendo este ser aplicado, como assinalamos em passagem antecedente, no âmbito interno do Estado brasileiro.

Seguindo essa diretriz normativa, notadamente sob a ótica da competência ambiental administrativa, a **LC 140/2011 (Competência Administrativa em Matéria Ambiental)** incorporou de forma definitiva o princípio da cooperação no ordenamento jurídico nacional, ao regulamentar os **incisos III, VI e VII do art. 23 da CF/1988**. Logo, no seu art. 1º, o diploma em análise estabelece, como seu propósito nuclear, fixar normas para o exercício da competência administrativa em matéria ambiental em vista de possibilitar a:

> "(...) *cooperação* entre a União, os Estados, o Distrito Federal e os Municípios nas ações administrativas decorrentes do exercício da competência comum relativas à proteção das paisagens naturais notáveis, à proteção do meio ambiente, ao combate à poluição em qualquer de suas formas e à preservação das florestas, da fauna e da flora".

A fim de dar efetividade ao princípio da cooperação, o diploma estabelece **instrumentos de cooperação entre os entes federativos** nos incisos do seu art. 4º, por exemplo: **consórcios públicos, convênios, acordos de cooperação técnica** e outros instrumentos similares com órgãos e entidades do Poder Público, Comissão Tripartite Nacional, Comissões Tripartites Estaduais e Comissão Bipartite do Distrito Federal, **fundos públicos e privados e outros instrumentos econômicos, delegação de atribuições** de um ente federativo a outro e delegação da execução de ações administrativas de um ente federativo a outro. Além disso, **há a previsão, no art. 6º do diploma, de as**

---

[208] No caso do Brasil, tanto o **Fundo Clima** (ADPF 708/DF) quanto o **Fundo Amazônia** (ADO 59/DF) são bons exemplos de cooperação internacional em matéria climática, com a transferência de recursos financeiros de países estrangeiros – por exemplo, no caso do Fundo Clima, especialmente da Noruega e da Alemanha – para o Brasil com o objetivo de promover a proteção da Floresta Amazônica (contra o desmatamento etc.).

ações de cooperação entre os entes federativos, delimitando, de forma minuciosa, as atividades administrativas que cabem a cada um, de modo a atingir os objetivos previstos no art. 3º e garantir o desenvolvimento sustentável, harmonizando e integrando todas as políticas governamentais.

O princípio da cooperação é um princípio geral do Direito Ambiental e, como tal, não incide apenas relativamente ao Estado (*deveres estatais de cooperação*), mas também nas **relações travadas entre particulares**. O princípio da cooperação possui essa dupla incidência e dimensão, tanto no tocante ao Estado quanto à sociedade em geral. Não por outra razão, Michael Kloepfer assinala que "o princípio da cooperação, em termos essenciais, traduz a ideia de que a proteção ambiental é uma tarefa do Estado e da sociedade. Proteger o meio ambiente não é de responsabilidade exclusiva do Estado e não pode (ou deve) também ser implementada de forma unilateral contra a economia e a sociedade, mas requer a cooperação de todas as forças envolvidas".[209] Em outras palavras, o paradigma cooperativo trazido pelo princípio é regente das relações travadas entre Estado e sociedade em matéria ambiental. Por exemplo, os órgãos ambientais estatais devem agir em espírito de parceria com as entidades ambientalistas, o que implica garantir o acesso à informação, a participação dos indivíduos e grupos sociais interessados na tomada de decisão etc.

Os particulares (pessoas físicas e jurídicas), nesse contexto, também devem ter como diretriz o princípio da cooperação nas relações que travam com outros particulares ou mesmo o próprio Estado, notadamente quando estiver em pauta situação de lesão ou potencial de lesão ao meio ambiente. Não por outra razão, hoje se atribuem aos particulares deveres fundamentais de proteção ambiental, ou seja, obrigações jurídicas (e, portanto, não apenas morais), o que também implica **deveres jurídicos de cooperação** quando tal se fizer necessário para proteger os bens jurídicos ambientais. Esse é, sem dúvida, o espírito constitucional consagrado no *caput* do art. 225 da CF/1988, que coloca como dever da sociedade – e, portanto, não apenas do Estado – proteger o meio ambiente para as presentes e futuras gerações. Esse entendimento resultou cristalizado também na **Lei da Política Nacional de Resíduos Sólidos (Lei 12.305/2010)**, ao consagrar como princípio da PNRS, "a **cooperação entre as diferentes esferas do poder público, o setor empresarial e demais segmentos da sociedade**".

14. PRINCÍPIO DA NÃO DISCRIMINAÇÃO E DO ACESSO EQUITATIVO AOS RECURSOS NATURAIS (E PRINCÍPIO DA JUSTIÇA AMBIENTAL E CLIMÁTICA)

"Observando a importância de garantir a integridade de todos os ecossistemas, incluindo os oceanos, e a proteção da biodiversidade, reconhecida por algumas culturas como a Mãe Terra, e observando a importância para alguns do conceito de '**justiça climática**', ao tomar medidas para enfrentar a mudança climática". (**Preâmbulo do Acordo de Paris de 2015**)

"Na implementação do presente Acordo, cada Parte será guiada pelos seguintes princípios: a) *princípio de igualdade* e *princípio de não discriminação*" (Artigo 3, a, do **Acordo de Escazú de 2018**)

Há **profunda injustiça na distribuição** não só dos **bens sociais** no âmbito da nossa comunidade política, mas também na distribuição e no **acesso aos recursos naturais**, de modo que a população mais necessitada acaba por ter não só os seus direitos sociais violados, como também o seu direito a viver em um meio ambiente sadio, equilibrado e seguro. O tema dos **necessitados e dos refugiados ambientais** é elucidativo a respeito desse cenário de injustiça ambiental e da falta de um acesso equitativo aos recursos naturais. A questão envolvendo os direitos dos povos

---

[209] KLOEPFER, Michael. *Umweltrecht*..., p. 198.

indígenas também guarda correlação direta com o princípio da não discriminação e do acesso equitativo aos recursos naturais. Afinal de contas, como bem sinalizado por Amartya Sen, "existem problemas novos convivendo com antigos – a persistência da pobreza e de necessidades essenciais não satisfeitas, fomes coletivas (...) e ameaças cada vez mais graves ao nosso meio ambiente e à sustentabilidade de nossa vida econômica e social".[210]

A ideia de um acesso equânime (e sustentável) de toda a humanidade aos recursos do Planeta Terra já encontrou guarida na **Declaração de Estocolmo sobre Meio Ambiente Humano (1972)**, ao consignar expressamente no seu **Princípio 5** que

"(...) os recursos não renováveis da terra devem empregar-se de forma que se evite o perigo de seu futuro esgotamento e se assegure que **toda a humanidade compartilhe dos benefícios de sua utilização**".

O *Relatório Nosso Futuro Comum* (1987), nesse contexto, destaca a vulnerabilidade dos povos indígenas no contexto do desenvolvimento econômico dominante, o qual negligencia considerações tanto de ordem humana quanto ambiental, o que deve ser superado sob o marco do desenvolvimento sustentável.[211] Reproduzindo a lição de Leme Machado, ao tratar especificamente sobre o **princípio do acesso equitativo aos recursos naturais,** "os bens que integram o meio ambiente planetário, como água, ar e solo, **devem satisfazer as necessidades comuns de todos os habitantes da Terra.** As necessidades comuns dos seres humanos podem passar tanto pelo uso como pelo não uso do meio ambiente. Desde que utilizável o meio ambiente, adequado pensar-se em um meio ambiente como 'bem de uso comum do povo'".[212]

A falta de um acesso equânime aos recursos ambientais compromete o respeito pela vida e dignidade, especialmente dos grupos sociais vulneráveis. O fortalecimento da busca por **justiça (socio)ambiental no Brasil**[213] transporta justamente essa mensagem, ou seja, de que, assim como os custos sociais do desenvolvimento recaem de modo desproporcional sobre a população carente, também os custos ambientais desse mesmo processo oneram de forma injusta a vida dessa população, embora, em termos gerais (o problema, em verdade, é de maior ou menor intensidade, guardando relação com a disponibilidade de recursos para evitar ou minimizar problemas causados pela degradação) todos, pobres e ricos, sejam afetados. Essa é a relevância do **princípio da não discriminação e do acesso equitativo aos recursos naturais**.[214] É inadmissível que sobre determinados grupos sociais recaia de forma injusta o ônus da degradação e da poluição ambiental, bem como não lhes seja franqueado um acesso equânime aos recursos naturais e, acima de tudo, ao direito fundamental de desfrutarem de um meio ambiente sadio, equilibrado e seguro.

A concepção de um desenvolvimento digno de ser qualificado como sustentável abarca necessariamente o compromisso ético e jurídico de assegurar o **acesso equânime aos recursos naturais**, especialmente em favor dos **grupos sociais vulneráveis** (ou mesmo **Nações vulneráveis**, tomando por contexto o cenário internacional), cabendo ao Estado (tanto no plano internacional

---

[210] SEN, Amartya. *Desenvolvimento como liberdade...*, p. 9.
[211] COMISSÃO MUNDIAL SOBRE MEIO AMBIENTE E DESENVOLVIMENTO. *Relatório Nosso Futuro Comum...*, p. 125.
[212] MACHADO, Paulo Affonso Leme. *Direito ambiental brasileiro...*, p. 59.
[213] Conforme apontam Henri Acselrad, Selene Herculano e José A. Pádua, "o tema da **justiça ambiental** – que indica a necessidade de trabalhar a questão do meio ambiente não apenas em termos de preservação, mas também de distribuição e justiça – representa o marco conceitual necessário para aproximar em uma mesma dinâmica as lutas populares pelos direitos sociais e humanos e pela qualidade coletiva de vida e sustentabilidade ambiental" (ACSELRAD, Henri; HERCULANO, Selene; PÁDUA, José Augusto (org.). *Justiça ambiental e cidadania*. 2. ed. Rio de Janeiro: Relume Dumará, 2004. p. 16).
[214] No contexto do Direito Internacional Ambiental, tratando da utilização equitativa dos recursos naturais compartilhados, v. KISS, Alexandre; SHELTON, Dinah. *Guide to international environmental law...*, p. 108-109.

quanto doméstico) e à sociedade a adoção de medidas voltadas à retirada de eventuais obstáculos (por exemplo, econômicos, culturais) à distribuição justa e equânime dos recursos naturais, bem como ao desfrute de condições ecológicas e climáticas adequadas a uma vida digna e saudável. Conforme a lição de Dinah Shelton, "o termo 'desenvolvimento sustentável' também pode ser visto como englobando um entendimento internacional acerca da equidade intrageracional (bem como intergeracional) em seus esforços para estabelecer um justo equilíbrio entre os objetivos muitas vezes conflitantes do desenvolvimento econômico e da proteção ambiental".[215]

Muitos dos princípios da **Declaração do Rio sobre Meio Ambiente e Desenvolvimento (1992)** refletem essa busca de equilíbrio e enfrentamento da desigualdade social na base no objetivo de desenvolvimento sustentável, bem como outros aspectos de **equidade intrageracional**, como uma preocupação para com os menos abastados da sociedade. O **Princípio 3**, nesse sentido, estabelece que "o direito ao desenvolvimento deve ser exercido de modo a permitir que sejam **atendidas equitativamente as necessidades** de desenvolvimento e de meio ambiente das *gerações presentes e futuras*" (da Declaração do Rio de 1992). O Princípio 6, com similar conteúdo, determina **prioridade especial à situação e às necessidades especiais dos países em desenvolvimento**, particularmente os menos desenvolvidos e aqueles ecologicamente mais vulneráveis.

O **Acordo de Paris (2015)**, em seu Preâmbulo, reconhece a proteção especial que deve ser assegurada aos grupos sociais vulneráveis, inclusive pela ótica dos direitos humanos e da justiça climática, conforme se verifica na passagem que segue: "Reconhecendo que a mudança climática é uma preocupação comum da humanidade, as Partes devem, ao tomar medidas para enfrentar a mudança climática, respeitar, promover e considerar suas respectivas obrigações sobre os direitos humanos, o direito à saúde, os direitos dos povos indígenas, comunidades locais, migrantes, crianças, pessoas com deficiência e pessoas em situações vulneráveis e o direito ao desenvolvimento, bem como a igualdade de gênero, o empoderamento das mulheres e a equidade intergeracional".

No direito estrangeiro, destaca-se a previsão da Lei de Bases do Clima (Lei 98/2021) da República Portuguesa, ao prever no art. 3º, b, como objetivo da política climática, "garantir **justiça climática**, assegurando a **proteção das comunidades mais vulneráveis à crise climática**, o respeito pelos **direitos humanos**, a igualdade e os direitos coletivos sobre os **bens comuns**". A legislação climática portuguesa incorpora a concepção de justiça climática, assegurando proteção especial aos grupos sociais vulneráveis diante da crise climática, entre os quais destacam-se: crianças e adolescentes, pessoas pobres, povos tradicionais e indígenas, futuras gerações, entre outros.

O regime jurídico delineado pelo Estado de Direito contemporâneo, além de seguir comprometido com a justiça social (garantia de uma existência digna no que diz com acesso aos bens sociais básicos), assume, como realça José J. Gomes Canotilho, a condição de um **Estado de Justiça Ambiental**, o que, entre outros aspectos, implica a proibição de práticas discriminatórias que tenham a questão ambiental de fundo, como decisão, seleção, prática administrativa ou atividade material referente à tutela ecológica ou à transformação do território que onere injustamente indivíduos, grupos ou comunidade pertencentes a minorias populacionais em virtude de raça, situação econômica ou localização geográfica.[216]

As denominadas "**zonas de sacrifício**", como pautado na decisão da **Corte IDH** no *Caso Habitantes de La Oroya* vs. *Peru* (2023), ilustram situações em que há flagrante violação aos princípios da não discriminação e da justiça ambiental, notadamente por exporem de forma des-

---

[215] SHELTON, Dinah. Equity. *In*: BODANSKY, Daniel; BRUNNÉE, Jutta; HEY, Ellen (ed.). *The Oxford Handbook of International Environmental Law*. New York: Oxford University Press, 2007. p. 642-643.

[216] CANOTILHO, José Joaquim Gomes. Privatismo, associacionismo e publicismo no direito do ambiente: ou o rio da minha terra e as incertezas do direito público. *Textos "Ambiente e Consumo"*. Lisboa: Centro de Estudos Jurídicos, 1996. v. I, p. 157-158.

proporcional (em comparação com o restante da população de determinada localidade, região ou nação) determinados grupos sociais a condições de poluição extrema, de modo similar ao que se verificou na cidade paulista de **Cubatão** nas décadas de 1970 e 1980. De acordo com a Corte IDH:

> "(...) la Corte recuerda que el perito Marco Orellana señaló que las zonas de sacrificio son **'áreas donde la contaminación ambiental es tan grave**, que constituye una **violación sistemática de los derechos humanos de sus residentes'**. En ese sentido, este Tribunal considera que la gravedad y duración de la contaminación producida por el CMLO durante décadas permite presumir que La Oroya se constituyó como una 'zona de sacrificio', pues se encontró durante años sujeta a **altos niveles de contaminación ambiental** que afectaron el aire, el agua y el suelo, y en esa medida pusieron en riesgo la salud, integridad y la vida de sus habitantes."[217]

A **injustiça ambiental** se revela de diversas formas, mas, assim como a **injustiça social**, afeta de maneira mais intensa os cidadãos vulneráveis em termos socioeconômicos, os quais já possuem um acesso mais restrito aos seus direitos sociais básicos (água, saneamento básico, educação, saúde, alimentação etc.), bem como dispõem de um acesso muito mais limitado à informação de natureza ambiental, o que acaba por comprimir a sua autonomia e liberdade de escolha, impedindo que evitem determinados riscos ambientais por absoluta (ou mesmo parcial) falta de informação e conhecimento.

Da mesma forma que a **justiça social** permeia a discussão (na sua feição distributiva) sobre o acesso igualitário aos direitos e bens sociais básicos, quando se discute o acesso equitativo aos recursos e bens naturais, a **justiça ambiental** entra em cena, balizando tanto as relações entre os Estados-Nacionais no plano internacional (especialmente, diante das relações Norte-Sul) quanto as relações entre poluidor/degradador (Estado ou particular) e cidadão ou comunidade titular do direito fundamental ao meio ambiente no âmbito doméstico ou nacional.

A discussão em torno da **justiça climática** – e da **"justiça entre gerações"** – tem sido colocada no contexto político contemporâneo de forma emblemática, por meio de amplos e progressivos protestos de jovens (crianças e adolescentes) mundo afora (inclusive no Brasil) sobre a questão climática, como bem simbolizam a estudante sueca **Greta Thunberg**, com seus protestos na frente do parlamento sueco, e o movimento estudantil *Fridays for Future* (em português, "Sextas-feiras pelo Futuro"), que surgiu na Europa no segundo semestre do ano de 2018, impulsionado por Greta na Suécia, e se espalhou pelo mundo.

A justiça ambiental deve reforçar a relação entre **direitos e deveres ambientais**, objetivando uma **redistribuição de bens sociais e ambientais** capaz de assegurar o acesso aos recursos naturais de forma isonômica. O reconhecimento de um direito fundamental ao meio ambiente expressa, além de um conteúdo democrático, um forte componente redistributivo, uma vez que a consagração do meio ambiente como um bem comum de todos, tal como reconhecido no art. 225, *caput*, da CF/1988, harmoniza com a noção de um acesso universal e igualitário ao desfrute de uma qualidade de vida compatível com o pleno desenvolvimento da personalidade de cada pessoa humana, considerando, ainda, que tal concepção abrange os interesses das futuras gerações.

Por fim, é importante destacar a recente mudança de nomenclatura, ocorrida no início de 2023, do (antes apenas) Ministério do Meio Ambiente para **"Ministério do Meio Ambiente e *da Mudança do Clima***", por meio da Medida Provisória 1.154, de 1º de janeiro de 2023 (art. 17, XVIII). A alteração em questão reforça a centralidade da questão climática na política ambiental e estrutura institucional no âmbito federal, o que também impacta a discussão em torno da justiça climática e

---

[217] Par. 180.

da proteção dos grupos sociais vulneráveis afetados pelas mudanças climáticas. A Medida Provisória 1.154/2023 igualmente criou o (até então inédito) **Ministério dos Povos Indígenas** (art. 17, XXIV) na estrutura do Governo Federal, regulamentado pelo Decreto 11.355/2023, o qual passou a contar com **Departamento de Justiça Climática** no âmbito da Secretaria de Gestão Ambiental e Territorial Indígena (art. 2º, b, item 2). A criação de um órgão administrativo específico voltado à justiça climática revela o esforço político de concretização e o estabelecimento de políticas públicas especializadas para a salvaguarda dos grupos sociais vulneráveis (ex. povos indígenas) no contexto das mudanças climáticas, de modo a cumprir o comendo normativo tanto internacional (ex. Acordo de Paris) quanto constitucional e infraconstitucional.

> **Art. 19.** Ao **Departamento de Justiça Climática** compete:
> I – promover, coordenar e articular ações voltadas à promoção de justiça ambiental e ao enfrentamento a mudanças climáticas no âmbito da política indigenista;
> II – promover e articular políticas de gestão ambiental para conservação e recuperação do meio ambiente em territórios indígenas, em articulação ou cooperação com órgãos ambientais públicos e outros entes e instituições estatais e não estatais, que atuam na defesa da justiça ambiental e climática;
> III – acompanhar ações relativas a impactos ambientais decorrentes de empreendimentos e outras interferências em territórios indígenas, em articulação com os órgãos ambientais, e articular e promover ações de prevenção e controle de desastres, danos, catástrofes e emergências ambientais nas terras indígenas e entornos; e
> IV – acompanhar e subsidiar as discussões sobre regulamentação de serviços ambientais que envolvam ou afetem os territórios e os povos indígenas.

> **JURISPRUDÊNCIA STJ. Justiça (socio)ambiental e política criminal:** Na linha do que foi sustentado, analisando a questão ecológica à luz do **paradigma socioambiental** que lhe é inerente, registra-se decisão emblemática do STJ, sob a relatoria do Desembargador (Convocado) Celso Limongi, do TJSP: "**Dano ambiental. Casebre**. O paciente foi condenado pela prática do crime previsto no art. 40 da Lei n. 9.605/1998, pois em 1996 **invadiu área de preservação ambiental e construiu uma moradia de madeirite de 22 m², depois convertida em outra, de barro**. Nesse contexto, vê-se que o dano não deriva da construção da casa, mas sim da retirada da vegetação ali existente, ou seja, quando da construção, o dano já ocorrera, além do fato de que não havia a norma incriminadora à época. A reforma da casa nada acrescenta ao dano ambiental, visto não se poder dizer que o barro utilizado na obra consubstanciasse nova infração, pois isso não está na denúncia. Outrossim, a afirmativa feita pelo MP de que os danos também decorrem da permanência ilegal na área não se relacionam com o referido tipo penal, mas sim com a ocupação de área pública. Anote-se, também, que o depoimento do paciente nos autos bem mostra que não se cuida de dolo necessário ao tipo do art. 40 da Lei n. 9.605/1998, mas sim que **o dolo era o de construir moradia para si e para sua família**, mesmo ciente de que a área não lhe pertence: **trata-se de caso de política ambiental, não de política criminal**. Por último, ressalte-se que a área degradada é diminuta, menor do que a admitida no programa 'Minha Casa, Minha Vida', que a dimensão do **dano causado à vegetação perde relevância diante do direito de morar**, garantido, no art. 6º da CF/1988, como direito fundamental e que o paciente, reconhecidamente, tem baixo grau de instrução ou escolaridade. Com esses fundamentos, a Turma concedeu a ordem para restaurar a sentença absolutória. Precedentes citados: REsp 897.426/SP, *DJe* 28.04.2008, e HC 148.061/SC, *DJe* 23.08.2010" (STJ, HC 124.820/DF, 6ª T., Rel. Min. Celso Limongi (Desembargador convocado do TJSP), j. 05.05.2011).

Capítulo 8
A PROTEÇÃO CONSTITUCIONAL DO MEIO AMBIENTE (E O REGIME JURÍDICO DO DIREITO-DEVER FUNDAMENTAL AO MEIO AMBIENTE)

1. INTRODUÇÃO – DO "ESVERDEAMENTO" DO DIREITO CONSTITUCIONAL AO CONSTITUCIONALISMO ECOLÓGICO[1]

> "Se a Constituição (*Bill of Rights*) não contém a garantia de que o cidadão deve ser protegido contra venenos letais distribuídos tanto por indivíduos privados quanto por representantes oficiais do governo, isso ocorre certamente porque nossos antepassados, apesar da sua considerável sabedoria e previdência, não podiam imaginar tal problema à época da sua elaboração" (**Rachel Carson**).[2]

Em 1962, nos Estados Unidos, Rachel Carson, com sua obra *Primavera silenciosa*, lançou a semente do que se tornaria uma verdadeira revolução social e cultural, alcançando, mais tarde, também os universos político e jurídico, conforme tratamos no tópico sobre a legitimação social do Direito Ambiental. Embora não seja necessariamente a pioneira do movimento ambientalista, que desde o início da década de 1960 já era gestado, por exemplo, na Europa e nos Estados Unidos, ela cumpriu um papel fundamental com sua obra e projetou para o espaço público o debate a respeito da responsabilidade da ciência, dos limites do progresso tecnológico e da relação entre ser humano e Natureza. Mais especificamente, Carson descreveu como o uso de determinadas substâncias químicas (hidrocarbonetos clorados e fósforos orgânicos utilizados na composição de agrotóxicos, como o DDT) alteravam os processos celulares de plantas e animais, atingindo o meio ambiente natural como um todo e, consequentemente, o ser humano. Embora a passagem referida situe-se no espectro da questão da contaminação química – ainda hoje central na crise ambiental contemporânea –, a sua reflexão extrapola tal perspectiva e alcança a questão ecológica em todas as suas dimensões, considerando, em especial, o conteúdo da passagem destacada no sentido da importância da inclusão da **proteção ecológica** no **catálogo dos direitos fundamentais** (***Bill of Rights***) dos nossos sistemas jurídicos, o que se tornou uma realidade incontestável na última quadra do século XX.

A Teoria Constitucional (de modo especial no que diz com a Teoria dos Direitos Fundamentais) tem sido marcada por um processo evolutivo de constante transformação e aprimoramento,

---

[1] O Direito Constitucional Ecológico é desenvolvido de forma mais ampla e profunda pelos autores em SARLET, Ingo Wolfgang; FENSTERSEIFER, Tiago. *Direito constitucional ecológico...*

[2] "If the Bill of Rights contains no guarantee that a citizen shall be secure against lethal poisons distributed either by private individuals or by public officials, it is surely only because our forefathers, despite their considerable wisdom and foresight, could conceive of no such problem" (tradução livre dos autores) (CARSON, Rachel. *Silent spring*..., p. 12-13).

o qual é modelado a partir das relações sociais que legitimam toda a ordem constitucional, assim como das **novas tarefas incorporadas ao Estado e ao Direito**, sempre na busca de uma salvaguarda mais ampla dos direitos fundamentais (liberais, sociais e ecológicos) e da dignidade da pessoa humana. Nessa perspectiva, se considerarmos os novos valores impulsionados pelas relações sociais contemporâneas, especialmente a partir das décadas de 1960 e 1970, tem-se hoje a presença marcante da defesa ecológica e da melhoria da qualidade de vida, como decorrência da atual *crise ecológica e climática*.[3] Uma crise – e igualmente um "estado de emergência" ecológico e climático – com implicações que transcendem as fronteiras nacionais e alcançam escala global ou planetária, a ponto inclusive, como feito por Luigi Ferrajoli em obra recente, de se propor uma **Constituição da Terra**,[4] com o reconhecimento das limitações do Estado e do Direito nacionais para fazerem frente a esse cenário desafiador.

Assim como outrora a Teoria da Constituição e o Direito Constitucional estiveram comprometidos com a afirmação, na ordem da evolução, dos valores liberais e sociais (valores que, embora em contexto e com sentido revisto e reconstruído, seguem incorporados à agenda constitucional), hoje a proteção e promoção do meio ambiente desponta como **novo valor constitucional**, de tal sorte que, de acordo com a expressão cunhada por Pereira da Silva, se pode falar de um "esverdear"[5] da Teoria da Constituição e do Direito Constitucional, bem como da ordem jurídica como um todo. Já não há mais como negar a edificação – em curso – de uma *Teoria Constitucional Ecológica*, o que torna possível a defesa de um *Direito Constitucional Ecológico*.[6] Tomando por premissa a **força normativa da "Constituição Ambiental"**, como

---

[3] Sobre a "crise ambiental" (*Umweltkrise*), v. KLOEPFER, Michael. *Umweltschutzrecht*, p. 1-3.

[4] FERRAJOLI, Luigi. *Por una constitución de la Tierra*: la humanidad en la encrucijada. Madrid: Editorial Trotta, 2022.

[5] SILVA, Vasco Pereira da. *Verde cor de direito*...

[6] No cenário jurídico brasileiro, destaca-se a obra pioneira de José Afonso da Silva, com a primeira edição do seu livro *Direito constitucional ambiental* no ano de 1994 (SILVA, José Afonso da. *Direito ambiental constitucional*...). Na doutrina brasileira, v., entre outros, BARROSO, Luís Roberto. Proteção do meio ambiente..., p. 58-79; BENJAMIN, Antonio Herman. Constitucionalização do ambiente..., p. 57-130; CANOTILHO, José Joaquim Gomes; LEITE, José Rubens Morato (org.). *Direito constitucional ambiental brasileiro*. São Paulo: Saraiva, 2007; DERANI, Cristiane. *Direito ambiental econômico*..., especialmente p. 173-260; MACHADO, Paulo Affonso Leme. *Direito ambiental brasileiro*. 26. ed. São Paulo: Malheiros, 2018. especialmente p. 150-191; LEITE, José Rubens Morato; AYALA, Patryck de Araújo. *Dano ambiental*...; MONTERO, Carlos Eduardo Peralta. *Tributação ambiental*: reflexões sobre a introdução da variável ambiental no sistema tributário. São Paulo: Saraiva, 2014; PADILHA, Norma Sueli. *Fundamentos constitucionais do direito ambiental brasileiro*. São Paulo: Campos/Elsevier, 2010; FREITAS, Vladimir Passos de. *A Constituição Federal e a efetividade das normas ambientais*. 3. ed. São Paulo: RT, 2005; SAMPAIO, José Adércio Leite. Constituição e meio ambiente na perspectiva do direito constitucional comparado. *In*: SAMPAIO, José Adércio Leite; WOLD, Chris; NARDY, Afrânio. *Princípios de direito ambiental na dimensão internacional e comparada*. Belo Horizonte: Del Rey, 2003. p. 37-111; SARLET, Ingo Wolfgang; FENSTERSEIFER, Tiago. *Direito constitucional ecológico*...; e WEDY, Gabriel; MOREIRA, Rafael Martins Costa. *Manual de direito ambiental*. Belo Horizonte: Fórum, 2019, p. 37-43. Especificamente sobre a temática do *direito fundamental ao meio ambiente*, v. ALONSO JR., Hamilton. *Direito fundamental ao ambiente e ações coletivas*. São Paulo: RT, 2006; ANDRADE, Adriano. *Proibição de proteção insuficiente e responsabilidade civil ambiental*. Belo Horizonte: Editora Plácido, 2021; AYALA, Patryck de Araújo. *Devido processo ambiental e o direito fundamental ao meio ambiente*. Rio de Janeiro: Lumen Juris, 2011; FENSTERSEIFER, Tiago. *Direitos fundamentais e proteção do ambiente*...; GAVIÃO FILHO, Anízio Pires. *Direito fundamental ao ambiente*...; HARTMANN, Ivar Alberto Martins. *E-codemocracia*: a proteção do meio ambiente no ciberespaço. Porto Alegre: Livraria do Advogado, 2010; KRELL, Andréas J. *Discricionariedade administrativa e proteção ambiental*. Porto Alegre: Livraria do Advogado, 2004; MEDEIROS, Fernanda Luiza Fontoura. *Meio ambiente*: direito e dever fundamental. Porto Alegre: Livraria do Advogado, 2004; MOLINARO, Carlos Alberto. *Direito ambiental*: proibição de retrocesso. Porto Alegre: Livraria do Advogado, 2007; SARLET, Ingo W. (org.). *Estado socioambiental e direitos fundamentais*. Porto Alegre: Livraria do Advogado, 2010; e TEIXEIRA, Orci Paulino Bretanha. *O direito ao meio ambiente ecologicamente equilibrado como direito fundamental*. Porto Alegre: Livraria do

refere Canotilho, verifica-se o estabelecimento de um novo "programa jurídico-constitucional" de feição ecológica.[7]

De modo similar, tomando por base a realidade constitucional portuguesa – que, nesse aspecto, é muito semelhante à brasileira –, Figueiredo Dias destaca que, em razão da força conferida pelo legislador constitucional à tutela ambiental, pode-se falar na existência de uma verdadeira **Constituição Ambiental ou Ecológica**.[8] Além das Constituições brasileira (1988) e portuguesa (1976), muitas outras passaram a incorporar ao seu texto a proteção do meio ambiente. É o caso das Constituições grega (1975), espanhola (1978), chilena (1980), alemã (1949, por meio da reforma constitucional de 1994, com a inserção do art. 20a e, em 2002, com a inclusão da proteção dos animais no mesmo dispositivo), colombiana (1991), sul-africana (1996), finlandesa (1999), com o reconhecimento expresso dos **direitos ambientais de participação**,[9] e suíça (2000).

Mais recentemente, já sob a égide do século XXI, merecem destaque as Constituições francesa (1958, por meio da incorporação constitucional da Carta do Meio Ambiente de 2004),[10] equatoriana (2008) e boliviana (2009). De acordo com o *Primeiro Relatório Global sobre o Estado de Direito Ambiental* (*Environmental Rule of Law*), divulgado no início de 2019 pelo Programa das Nações Unidas para o Meio Ambiente (PNUMA),[11] desde a década de 1970, 88 países reconheceram um *direito constitucional ou fundamental a um meio ambiente saudável*, bem como mais 62 países consagraram a proteção do meio ambiente em suas Constituições de alguma forma, totalizando 150 países de todo o mundo com direitos constitucionais e/ou disposições sobre o meio ambiente nas suas Constituições.

Não obstante as diferenças existentes entre os diversos ordenamentos jurídicos e as particularidades de cada uma das Constituições que agregaram a tutela ecológica ao seu projeto normativo, resulta evidente que a proteção do meio ambiente passou a ser compreendida, em todos os cenários constitucionais citados, como um *valor constitucional*, assim como uma *tarefa do Estado* (Estado-Legislador, Estado-Administrador e Estado-Juiz) e da sociedade. Em alguns ordenamentos constitucionais, caminhou-se para além da tarefa estatal, consagrando-se também um *direito (e dever) fundamental ao meio ambiente*, ou seja, o **direito do indivíduo e da coletividade a viver em um meio ambiente equilibrado, seguro e saudável**. Essa foi a orientação, por exemplo, das Constituições portuguesa, brasileira e sul-africana.

Hoje, como derivação da proteção constitucional do meio ambiente, também tem avançado a discussão em torno de um **direito fundamental ao clima limpo, estável e seguro** ou mesmo

---

Advogado, 2006. Por fim, para uma análise comentada dos dispositivos da CF/1988 em matéria ambiental, v. SARLET, Ingo W.; MACHADO, Paulo Affonso Leme; FENSTERSEIFER, Tiago. *Constituição e legislação ambiental comentadas*. São Paulo: Saraiva, 2015; e CANOTILHO, José Joaquim; MENDES, Gilmar Ferreira; SARLET, Ingo Wolfgang; STRECK, Lenio Luiz (org.). *Comentários à Constituição do Brasil*. 3. ed. São Paulo: Saraiva, 2023.

[7] CANOTILHO, José Joaquim Gomes. Direito constitucional ambiental português e da União Europeia..., p. 5.

[8] DIAS, José Eduardo Figueiredo. *Direito constitucional e administrativo do ambiente* (Cadernos do Centro de Estudos de Direito do Ordenamento, do Urbanismo e do Ambiente). Coimbra: Almedina, 2002. p. 56.

[9] Constituição da Finlândia de 1999: "Capítulo 2 – Direitos e liberdades básicos (...) Seção 20 – Responsabilidade pelo meio ambiente. A natureza e sua biodiversidade, o meio ambiente e o patrimônio nacional são de responsabilidade de todos. As autoridades públicas devem se esforçar para garantir a todos o direito a um ambiente saudável e a todos a possibilidade de influenciar as decisões que dizem respeito ao seu próprio meio ambiente de vida (*living environment*).".

[10] A Constituição francesa, que data de 1958, teve incorporada ao seu bloco normativo a lei constitucional relativa à Carta do Meio Ambiente, de 28 de fevereiro de 2005, integrando a "Carta do Meio Ambiente de 2004" entre os textos de valor constitucional, com a Declaração dos Direitos do Homem e do Cidadão de 1789 e o Preâmbulo da Constituição de 1946.

[11] PROGRAMA DAS NAÇÕES UNIDAS PARA O MEIO AMBIENTE. *Environmental Rule of Law*: First Global Report. Nairobi: PNUMA, 2019, p. 2.

de um **direito fundamental à integridade do sistema climático**, inserindo a integridade do sistema climático como um novo bem jurídico de estatura constitucional[12], como será abordado em tópico específico à frente. Num passo ainda mais avançado em matéria de tutela constitucional do meio ambiente, cumpre assinalar o reconhecimento de "**direitos da Natureza** (ou *Pacha Mama*)" tal como dá conta o exemplo da Constituição Equatoriana (2008),[13] que entendemos ser a nova fronteira a ser desbravada pelo Direito Constitucional Ecológico à luz de um **novo paradigma jurídico ecocêntrico** emergente.[14]

O "coroamento" constitucional da tutela do meio ambiente revelado anteriormente, é oportuno registrar, foi (a depender do caso) precedido, acompanhado e fortificado pela consagração da proteção ecológica no âmbito do **Direito Internacional**, inclusive na esfera do **Direito Internacional dos Direitos Humanos**. Nesse sentido, apenas para exemplificar, destacam-se a Declaração de Estocolmo das Nações Unidas sobre Meio Ambiente Humano (1972), o Protocolo de San Salvador Adicional à Convenção Americana sobre Direitos Humanos em Matéria de Direitos Econômicos, Sociais e Culturais (1988), a Declaração do Rio de Janeiro sobre Meio Ambiente e Desenvolvimento (1992), a Convenção-Quadro das Nações Unidas sobre Mudança do Clima (1992), a Convenção sobre Diversidade Biológica (1992), a Declaração e Programa de Ação de Viena, promulgada na 2ª Conferência Mundial sobre Direitos Humanos (1993), o Protocolo de Quioto (1997), a Convenção de Aarhus sobre Acesso à Informação, Participação Pública na Tomada de Decisões e Acesso à Justiça em Matéria Ambiental (1998), o Protocolo de Cartagena sobre Biossegurança (2000) e a Convenção de Estocolmo sobre Poluentes Orgânicos Persistentes (2001). Mais recentemente, registra-se a celebração do Acordo de Paris (2015), no âmbito da Convenção-Quadro das Mudanças do Clima, negociado durante a COP-21, e, precisamente com o objetivo de fortalecer a efetivação da legislação ambiental por meio dos "direitos ambientais procedimentais", nos moldes do Princípio 10 da Declaração do Rio e da Convenção de Aarhus, merece destaque o Acordo Regional de Escazú para América Latina e Caribe sobre Acesso à Informação, Participação Pública e Acesso à Justiça em Matéria Ambiental (2018).

Igual cenário também se verifica no tocante ao Direito Comunitário, tendo a Carta de Direitos Fundamentais da União Europeia consagrado a proteção ecológica no seu corpo normativo, inclusive no sentido de estabelecer um **nível elevado** de proteção do meio ambiente e a melhoria da sua qualidade, de acordo com o princípio do desenvolvimento sustentável (art. 37). Por força de um **diálogo de fontes**, cada vez mais necessário, e da ideia de "**interconstitucionalidade**" ou "**constitucionalismo multinível**" aventada por alguns autores,[15] é importante sinalizar para essa

---

[12] V. SARLET, Ingo W.; WEDY, Gabriel; FENSTERSEIFER, Tiago. *Curso de direito climático*. São Paulo: Revista dos Tribunais/Thomson Reuters, 2023, especialmente p. 143-212 (capítulo escrito por Sarlet e Fensterseifer dedicado ao Direito Constitucional Climático).

[13] Para um panorama geral sobre as inovações constitucionais trazidas pela Constituição equatoriana de 2008 e pela Constituição boliviana de 2009 (com legislação infraconstitucional específica sobre o tema), v. FATHEUER, Thomas. *Buen vivir*: a brief introduction to Latin America's new concepts for the good life and the rights of nature. Berlin: Fundação Heinrich Böll, 2011. Disponível em: www.boell.de/sites/default/files/Buen_Vivir_engl.pdf; KOTZÉ, Louis; CALZADILLA, Villavicencio, Paola. Somewhere between rhetoric and reality: environmental constitutionalism and the rights of nature in Ecuador. *Transnational Environmental Law*, Cambridge, v. 6, n. 3, p. 401-433, 2017; e CALZADILLA, Paola Villavicencio; KOTZÉ, Louis. Living in harmony with nature? A critical appraisal of the rights of mother earth in Bolivia. *Transnational Environmental Law*, Cambridge, p. 1-28, 2018.

[14] A respeito da ascensão de um novo paradigma constitucional ecológico na América do Sul, inclusive de modo a caracterizar a transição de um Estado de Direito Ambiental para um Estado de Direito Ecológico, v. SOZZO, Gonzalo. *Constitucionalismo ecológico de América del Sur*: reinventar el estado de derecho para vivir en el Antropoceno. Santa Fe: Rubinzal-Culzoni Editores, 2023.

[15] Na doutrina, v. CANOTILHO, José Joaquim Gomes. *"Brancosos" e interconstitucionalidade*: itinerários dos discursos sobre a historicidade constitucional. 2. ed. Lisboa: Almedina, 2017; e, defendendo um "direito

"harmonização" existente entre os planos normativos internacional, comunitário e constitucional[16] no tocante à tutela ecológica, todos eles a afirmar a essencialidade da qualidade e integridade ecológica para o desfrute de uma vida digna, segura e saudável, inclusive na perspectiva da proteção (e do reconhecimento de direitos?) das futuras gerações e da Natureza em si.

2. ESTADO (DEMOCRÁTICO, SOCIAL E) ECOLÓGICO DE DIREITO: A PROTEÇÃO AMBIENTAL COMO TAREFA OU OBJETIVO DO ESTADO CONSTITUCIONAL CONTEMPORÂNEO

No tocante ao modelo contemporâneo de Estado de Direito, é possível aderir à ideia da superação do modelo do Estado Social (que, por sua vez, já havia superado o Estado Liberal) – pelo menos na forma assumida após a Segunda Grande Guerra – por um modelo de *Estado (Democrático, Social e) Ecológico*,[17] também designado por alguns de **Pós-Social**,[18] que, em verdade, não abandona as conquistas dos demais modelos de Estado de Direito relativamente à salvaguarda da dignidade humana, mas apenas agrega a elas uma *dimensão ecológica*, comprometendo-se com o enfrentamento e prevenção do quadro de riscos e degradação ecológica. O processo de afirmação histórica dos direitos fundamentais, pela ótica das suas diferentes dimensões (liberal, social e ecológica), reforça a caracterização constitucional de um novo modelo de Estado Constitucional, em superação aos modelos de Estado Liberal e Social. O **marco jurídico-constitucional ecológico** ajusta-se à necessidade da tutela e promoção – integrada e interdependente – dos direitos sociais e dos direitos ecológicos num mesmo projeto jurídico-político para o desenvolvimento humano em padrões sustentáveis, inclusive pela perspectiva da noção ampliada e integrada dos *direitos fundamentais socioambientais* ou *direitos fundamentais econômicos, sociais, culturais e ambientais* (DESCA).

O surgimento de um **constitucionalismo ecológico** – e mais recentemente, também de um constitucionalismo climático – opera à luz de tal cenário contemporâneo e dos desafios existenciais postos no Antropoceno, avançando com relação ao modelo do **constitucionalismo social**, designadamente para corrigir o quadro de desigualdade e degradação humana quanto ao acesso às condições mínimas de bem-estar. Em face de tal cenário, não é possível tolerar extremismos (fundamentalismos) ecológicos ou mesmo compreensões "maniqueístas" do fenômeno ambiental (e climático), de modo a não se admitir uma tutela da Natureza que desconsidere as mazelas sociais que estão, conforme se assinalou anteriormente, na base de qualquer projeto político-econômico-jurídico que mereça a qualificação de sustentável. Não sem razão, adotam-se aqui a formulação de Winter e o reconhecimento dos três pilares centrais que integram e dão suporte à noção de

---

público sem fronteiras", SILVA, Vasco Pereira da. *Direito constitucional e administrativo sem fronteiras*. Coimbra: Almedina, 2019. p. 31-32.

[16] V. CANÇADO TRINDADE, Antônio Augusto. *Tratado de direito internacional...*, p. 41.

[17] Na doutrina estrangeira, v. a concepção pioneira em torno de um Estado de Direito Ecológico (*Ökologischen Rechtsstaat*) formulada por Klaus Bosselmann (BOSSELMANN, Klaus. *Im Namen der Natur*: der Weg zum Ökologischen Rechtsstaat. Munique: Scherz, 1992, bem como, mais recentemente, em torno da concepção de um Estado de Direito da Natureza (*Rule of Law for Nature*) elaborada por Christina Voigt (VOIGT, Christina (ed.). *Rule of law for nature*: new dimensions and ideas in environmental law. Cambridge: Cambridge University Press, 2013) e Jens Kersten (KERSTEN, Jens. *Das ökologische Grundgesetz*. Munique: C.H.Beck, 2022). Na jurisprudência, acerca da configuração de um Estado de Direito Ambiental, v. STJ, AgIntAgREsp 1.926.267/ES, 2ª T., Rel. Min. Herman Benjamin, j. 08.08.2022.

[18] A concepção de Estado Pós-Social, no âmbito da doutrina nacional, é desenvolvida por: SARMENTO, Daniel. Os direitos fundamentais nos paradigmas liberal, social e pós-social (pós-modernidade constitucional?). In: SAMPAIO, José Adércio Leite (coord.). *Crise e desafios da Constituição*: perspectivas críticas da teoria e das práticas constitucionais brasileiras. Belo Horizonte: Del Rey, 2003. p. 375-414.

desenvolvimento sustentável, quais sejam o ***econômico***, o ***social*** e o ***ambiental***,[19] o que, diga-se de passagem, encontra perfeita sintonia com o projeto normativo da nossa Lei Fundamental de 1988, facilmente apreensível do somatório entre o objetivo constitucional de erradicar a pobreza, reduzir as desigualdades sociais (art. 3º, I e III), o estabelecimento de uma ordem econômica sustentável (art. 170, VI) e o dever de tutela ecológica atribuído ao Estado e à sociedade (art. 225).

A nova formatação ecológica do **Estado de Direito** à luz de uma Constituição Ecológica, nesse novo cenário constitucional, tem por missão e dever jurídico vinculante para todos os entes estatais (**Estado-Legislador, Estado-Administrador e Estado-Juiz**)[20] de atender ao comando normativo emanado do art. 225 da CF/1988, considerando, inclusive, o extenso rol exemplificativo de **deveres de proteção ecológica** elencado no seu § 1º, sob pena de, não o fazendo, tanto sob a ótica da sua ação quanto da sua omissão, incorrer em práticas inconstitucionais ou antijurídicas autorizadoras da sua responsabilização por danos causados a terceiros – além do dano causado ao meio ambiente em si. Nesse contexto, a CF/1988 delineou a competência administrativa (art. 23), em sintonia com os deveres de proteção ambiental, de todos os entes federativos (Municípios, Estados, Distrito Federal e União) na seara ambiental, de modo que incumbe a todos a tarefa – e responsabilidade solidária – de "proteger o meio ambiente e combater a poluição em qualquer de suas formas" (inciso VI) e "preservar as florestas, a fauna e a flora" (inciso VII).[21] Como assinalado pela Ministra Rosa Weber no julgamento da ADPF 747/DF, "na seara do Direito Ambiental, o respeito ao *Rule of Law* assume uma **dimensão substantiva** que se impõe como **limite objetivo às medidas de natureza legislativa, administrativa ou judicial** que se revelem contrárias aos interesses da proteção ambiental, dada a particular suscetibilidade dos bens jurídicos por ele tutelados aos efeitos potencialmente deletérios de flutuações normativas".[22]

A **Corte IDH**, na sua decisão proferida no ***Caso Habitantes da La Oroya vs. Peru (2023)***, reforça a concepção de um Estado de Direito Ecológico (e Climático), ao reconhecer a os **deveres de proteção ambiental dos Estados** como **norma de *jus cogens***. De acordo com a Corte IDH:

> "94. El reconocimiento de la obligación de protección del medio ambiente como una norma de *jus cogens* implica varias consecuencias jurídicas para los Estados. En primer término, la norma consuetudinaria internacional de protección del ambiente, al devenir en una **norma imperativa de derecho internacional (*jus cogens*)** vuelve estéril la objeción persistente que algunos Estados pudieran haber realizado. De esta forma, no podrán eludir su cumplimiento alegando su oposición o discrepancia.
>
> 95. Asimismo, **los Estados no podrán sustraerse mediante actos jurídicos, prácticas e incluso omisiones del cumplimiento de la norma de jus cogens**. Esto implica un **límite a la noción irrestricta de soberanía y autonomía de voluntad del Estado** en cuanto a la protección de un **valor supraestatal o universal** que es el medio ambiente, como **prerrequisito de la supervivencia de la propia humanidad** y por ende de la comunidad de Estados. Opera, pues, una **subordinación de los intereses particulares a los intereses fundamentales de la comunidad internacional**.
>
> 96. La amplísima discreción que tradicionalmente se había otorgado a los Estados en materia ambiental y de explotación de los recursos naturales, ha sido reemplazada por una concepción global y solidaria (de familia humana), donde la gestión y cuidado de los

---

[19] WINTER, Gerd. *Desenvolvimento sustentável*..., p. 2 e ss. Na doutrina brasileira, a respeito do princípio do desenvolvimento sustentável, v. FENSTERSEIFER, Tiago; SARLET, Ingo W. *Princípios do direito ambiental*. 2. ed. São Paulo: Saraiva, 2017. p. 119-138.

[20] KLOEPFER, Michael. Art. 20a..., p. 27.

[21] A norma constitucional em questão foi regulamentada no âmbito infraconstitucional por meio da Lei Complementar 140/2011.

[22] STF, MC na ADPF 747/DF, Tribunal Pleno, Rel. Min. Rosa Weber, j. 28.10.2020.

recursos naturales queda a cargo de toda la humanidad. Por tanto, cualquier Estado está facultado, a partir de este reconocimiento, a reclamar a los demás el cumplimiento de la obligación internacional derivada de esta norma, así como de **llamar a responsabilidad por los actos contrarios y los daños causados**, dado que la violación por un Estado cualquiera afecta e incumbe a todos los demás."

A **não atuação** (quando lhe é imposto juridicamente agir) ou a **atuação insuficiente** (a fim de não proteger o direito fundamental de maneira adequada e suficiente, inclusive por imposição do **princípio da proibição de proteção insuficiente ou deficiente** em matéria de direitos fundamentais), no tocante a **medidas legislativas e administrativas** voltadas ao combate às causas geradoras da degradação ecológica, pode ensejar, em alguns casos, até mesmo a intervenção e o **controle judicial**, inclusive acerca das **políticas públicas** levadas a cabo pelos entes federativos em matéria ambiental. Nessa perspectiva, deve-se considerar não apenas um papel determinante do Poder Judiciário, mas também das instituições públicas voltadas à tutela dos *direitos ecológicos* e que dispõem de legitimidade para a adoção de medidas extrajudiciais e judiciais – por exemplo, do termo de ajustamento de conduta e da ação civil pública – para a resolução de tais conflitos, como é o caso do Ministério Público e da Defensoria Pública, além, é claro, das associações civis de proteção ambiental e do próprio cidadão, este último por meio do manuseio da ação popular. Tais aspectos, aqui apenas esquematicamente expostos, serão desenvolvidos ao longo dos vários capítulos do livro.

2.1 Constitucionalismo climático e Estado de Direito Climático?

"A questão climática é a questão de nosso tempo. É a pergunta interrogante que nos lança o destino e as respostas que nós pudermos formular decidirão qual futuro terá a humanidade – ou se haverá algum futuro. Não há outra pauta, não há outro problema, não há outra questão. A *emergência climática* é a antessala de todas as outras." (**Ministro Luiz Edson Fachin**)[23]

A atual **crise e estado de emergência climática** decorrente do aquecimento global e das mudanças climáticas representa um grande desafio para o Direito Constitucional e a Teoria dos Direitos Fundamentais contemporâneos, inclusive a ponto de se falar de um novo (sub)ramo disciplinar: **Direito Constitucional Climático**. A gravidade da questão é de tal magnitude que alguns países têm decretado um "**estado de emergência climática**", como feito pelo Parlamento Europeu em 2019 inclusive com o estabelecimento da meta de atingir a neutralidade climática até o ano de 2050,[24] amparado no consenso científico em torno da matéria, conforme documentado, por exemplo, pelos relatórios do IPCC, como se verifica no seu 6º Relatório (AR6) divulgado entre 2021 (Grupo 1) e 2022 (Grupos 2 e 3), reconhecendo, por exemplo, a maior intensidade e frequência dos eventos climáticos extremos já em curso hoje. Para utilizar as palavras proferidas pelo Ministro Luiz Edson Fachin no julgamento da ADPF 708 pelo STF, ao comentar a gravidade do cenário atual apontada no AR6 do IPCC e reconhecer o estado de emergência climática, con-

---

[23] Passagem do voto-vogal do Ministro Luiz Edson Fachin no julgamento da ADPF 708 pelo STF: Tribunal Pleno, Rel. Min. Barroso, j. 01.07.2022.

[24] Disponível em: https://www.europarl.europa.eu/news/en/press-room/20191121IPR67110/the-european--parliament-declares-climate-emergency. A Lei de Bases do Clima (Lei 98/2021) da República Portuguesa reconheceu expressamente a "situação de emergência climática": "Artigo 2º Emergência climática 1 – É reconhecida a situação de emergência climática". No Brasil, o Projeto de Lei 3.961/2020, em trâmite no Congresso Nacional e de autoria do Deputado Alessandro Molon, propõe o reconhecimento de um "estado de emergência climática", prevendo a meta de neutralização das emissões de gases de efeito estufa no Brasil até 2050 e a criação de políticas para a transição sustentável.

forme passagem transcrita anteriormente do seu voto-vogal: "Não se trata de opinião ou ideologia, mas de evidências científicas". Esse cenário real de risco existencial à vida, à dignidade humana e aos direitos fundamentais no seu conjunto, tem suscitado importante discussão doutrinária[25] em torno do reconhecimento de um **direito fundamental ao clima limpo, saudável e seguro** (ou mesmo **à integridade do sistema climático**), como derivado do regime constitucional de proteção ecológica e, em particular, do direito fundamental ao meio ambiente ecologicamente equilibrado, tal como preconizado no art. 225 da CF/1988.[26] Esse entendimento foi adotado pelo STF no julgamento da **ADPF 760/DF (Caso PPCDAm)**, conforme se pode observar de passagem do voto do Ministro Luiz Fux, ao reconhecer, no contexto da proteção da Floresta Amazônica, a necessidade de efetivação dos "**direitos e os deveres fundamentais** ambientais, ecológicos e **climáticos**".[27] Também merece destaque a incorporação dos **deveres estatais de descarbonização da economia e da matriz energética** brasileira incorporados no regime constitucional por meio da **EC 123/2022 e EC 132/2023** mediante a inclusão do novo inciso VIII ao § 1º do art. 225 da CF/1988. Por essa ótica, o atual Estado de Direito Ambiental ou Ecológico (*Ecological Rule of Law*) passa a incorporar necessariamente também uma dimensão climática sob a forma de um **Estado de Direito Climático**.

Para além dos deveres estatais de proteção ecológica consagrados no art. 225 da CF/1988, tal entendimento também conduz ao reconhecimento de **deveres estatais de proteção climática**, como, aliás, resultou expressamente consagrado na jurisprudência recente do **STF** no julgamento da **ADPF 708/DF (Caso Fundo Clima)** e da **ADO 59/DF (Caso Fundo Amazônia)**, inclusive no sentido de reforçar a vinculação e o compromisso do Estado brasileiro para com **os tratados internacionais ambientais e climáticos** – como, por exemplo, a Convenção-Quadro sobre Mudanças Climáticas (1992) e o Acordo de Paris (2015). No voto-relator do Ministro Luis Roberto Barroso na ADPF 708, como já apontado anteriormente, os tratados internacionais em matéria ambiental foram reconhecidos expressamente como "espécie" do "gênero" tratados internacionais de direitos humanos e, portanto, tiveram seu **status normativo supralegal** alçado pela nossa Corte Constitucional.[28]

O tema em questão se coloca na perspectiva de um intenso **diálogo de fontes** – e mesmo de um **diálogo jurisprudencial e de Cortes** – entre o marco normativo internacional (de direitos humanos e ambiental) e a ordem jurídica nacional (constitucional e infraconstitucional). Quiçá, como abordado por Vasco Pereira da Silva no campo do Direito Constitucional, é possível falar de um **Direito Climático "Sem Fronteiras"** (ou **Multinível**).[29] Cuida-se, portanto, de uma

---

[25] Na doutrina brasileira, v., entre outros, SARLET, Ingo W.; FENSTERSEIFER, Tiago. *Direito constitucional ecológico*. 7.ed. São Paulo: Revista dos Tribunais/Thomson Reuters, 2021; *Desenvolvimento sustentável na era das mudanças climáticas*: um direito fundamental. São Paulo: Saraiva, 2018 (Série IDP); e SARLET, Ingo W.; WEDY, Gabriel; FENSTERSEIFER, Tiago. *Curso de direito climático*. São Paulo: Revista dos Tribunais, 2023.

[26] Tramitam no Congresso Nacional duas propostas de emenda constitucional (**PEC 233/2019 e PEC 37/2021**) que têm por escopo integrar a agenda climática expressamente no texto da CF/1988. No caso da PEC 37/2021, a sua redação atual prevê a seguinte incorporação de conteúdo ao texto constitucional: "**Art. 5º** Todos são iguais perante a lei, sem distinção de qualquer natureza, garantindo-se aos brasileiros e aos estrangeiros residentes no País a inviolabilidade do **direito** à vida, à liberdade, à igualdade, à segurança, à propriedade, **ao meio ambiente ecologicamente equilibrado** e à **segurança climática**, nos termos seguintes (...)"; "**Art. 170** (...) X – Manutenção da **segurança climática**, com garantia de ações de mitigação e adaptação às mudanças climáticas."; e "Art. 225 (...) §1º(...) VIII – **adotar ações de mitigação às mudanças climáticas**, e **adaptação** aos seus efeitos adversos."

[27] STF, ADPF 760/DF, Tribunal Pleno, Rel. Min. Cármen Lúcia, Red. Acórd. Min. André Mendonça, j. 14.03.2024.

[28] STF, ADPF 708, Tribunal Pleno, Rel. Min. Barroso, j. 01.07.2022.

[29] SILVA, Vasco Pereira da. *Direito constitucional e administrativo sem fronteiras*. Coimbra: Almedina: 2019, p. 31-32.

abordagem constitucional de múltiplos níveis, o que, no tocante ao problema da proteção e da promoção de um meio ambiente equilibrado e saudável e, em particular, de **condições climáticas íntegras, saudáveis e seguras**, assume especial relevância, dado o fato de que tal problema apresenta dimensão global e, independentemente do nível de participação individual de cada Estado (menor ou maior) em termos de emissões de gases de efeito estufa, cada um deve contribuir e cooperar para a superação da crise climática planetária.

O modelo Estado concebido pela CF/1988, tal como facilmente se percebe mediante leitura do art. 4º, que dispõe sobre os princípios que regem as relações internacionais brasileiras, é um **Estado constitucional aberto e cooperativo**[30], o que também se coloca no contexto dos papéis e compromissos assumidos pelo Estado brasileiro de salvaguarda de um sistema climático limpo, saudável e seguro perante a ordem internacional, para o que, por exemplo, o combate ao desmatamento e proteção da Floresta Amazônica é *conditio sine qua non*. Do ponto de vista constitucional, é possível reconhecer a **dimensão climática** inerente ao **Estado de Direito contemporâneo**, por meio da incorporação de novas tarefas estatais de proteção climática, o que permite que se fale do reconhecimento de um modelo (ainda que em construção) de um **Estado de Direito Climático**.

2.1.1 O clima (ou sistema climático) como bem jurídico de status constitucional

O **clima** (ou **sistema climático**) deve ser reconhecido como um novo **bem jurídico autônomo de status constitucional, dotado de especial proteção jurídica pela CF/1988**. O **bem jurídico climático** refere-se à "atmosfera global ou planetária" – ainda que salvaguarde e acoberte também as dimensões nacional, regional e local do regime climático –, distinto, portanto, de "espaço sideral" (*outer space*), que, aliás, também é objeto de tratados internacionais e regulamentação jurídica específica.[31] A **Convenção-Quadro sobre Mudança do Clima (1992)** define conceitualmente **sistema climático** no seu art. 1º, item 3, como "a totalidade da atmosfera, hidrosfera, biosfera e geosfera e suas interações". É importante atentar para a natureza funcional e sistêmica do conceito estabelecido na Convenção-Quadro, ao contemplar as "interações" e a "totalidade" de todos os elementos listados (atmosfera, hidrosfera, biosfera e geosfera).

A atribuição do *status* de bem jurídico autônomo de estatura constitucional – e também convencional e infraconstitucional – encontra amparo forte no próprio regime de proteção ecológica estabelecido pelo art. 225 da CF/1988 e, em particular, na salvaguarda dos "processos ecológicos essenciais".[32] Na CF/1988, a previsão do inciso I no § 1º do art. 225, que dispõe sobre a proteção dos "**processos ecológicos essenciais**", igualmente reforça tal entendimento, na medida em que o sistema climático é indiscutivelmente um "processo ecológico essencial" elementar à salvaguarda da **integridade ecológica** e dos **múltiplos (sub)sistemas naturais interdependentes** (regime hídrico e de chuvas, solo, biodiversidade etc.). De acordo com José Afonso da

---

[30] Sobre o Estado cooperativo v., em especial, HÄBERLE, Peter. *Estado constitucional cooperativo*. Rio de Janeiro: Renovar, 2008.

[31] A título de exemplo, v. Tratado do Espaço Sideral (*Outer Space Treaty*) de 1967, Convenção sobre Responsabilidade Espacial de 1972 e Tratado da Lua (*Moon Treaty*) de 1979.

[32] O novo inciso VIII inserido no § 1º do art. 225 da CF/1998 pela EC 123/2022 – posteriormente ajustado pela EC 132/2023 para incluir o hidrogênio verde – encarregou-se de contemplar os **deveres de proteção climática do Estado**, promovendo a **descarbonização da economia e da matriz energética e a neutralidade climática (a ser alcançada até – no máximo! – 2050, conforme estabelecido no Acordo de Paris)**, relativamente às emissões de gases do efeito estufa decorrente da queima de combustíveis fósseis, ao "manter regime fiscal favorecido para os biocombustíveis e para o hidrogênio de baixa emissão de carbono, na forma de lei complementar, a fim de assegurar-lhes tributação inferior à incidente sobre os combustíveis fósseis, capaz de garantir diferencial competitivo em relação a estes, especialmente em relação às contribuições de que tratam o art. 195, I, "b", IV e V, e o art. 239 e aos impostos a que se referem os arts. 155, II, e 156-A".

Silva, ao comentar o dispositivo constitucional em questão, "preservar e recuperar os processos ecológicos essenciais significa regenerar e proteger os solos, o **ar atmosférico**, cuja pureza não é importante apenas para a respiração humana, mas também das plantas, a filtragem da luz e da energia solar nos limites adequados ao processo vital dos animais e vegetais, assim como a realização do fluxo desembaraçado dos ciclos biosféricos".[33]

A lógica é a mesma ao se reconhecer o meio ambiente ecologicamente equilibrado (*caput* do art. 225 da CF/1988) como bem jurídico constitucional autônomo. No passado, antes do surgimento do Direito Ambiental na década de 1970, a proteção da Natureza e dos recursos naturais operava sob o signo de outros bens jurídicos (saúde, propriedade, interesses econômicos etc.). No Brasil, a Lei da Política Nacional do Meio Ambiente (Lei 6.938/81) rompeu com esse cenário (anterior, portanto, ao Direito Ambiental), consagrando o meio ambiente como bem jurídico autônomo no plano infraconstitucional, entendimento posteriormente constitucionalizado em 1988. Igual situação ocorre com o sistema climático hoje, nas **três dimensões: convencional, constitucional** e **infraconstitucional**. Ao diferenciar em termos conceituais e jurídico "**clima**" de "**meio ambiente**", com o seu reconhecimento como bem jurídico dotado de autonomia e especialização jurídica própria – e igual se poderia afirmar em relação à "biodiversidade" – tem-se como consequência o coroamento de *status* **qualificado** e **maior visibilidade jurídica** à proteção climática, não se "perdendo" dentro do conceito amplo e genérico de meio ambiente.[34]

A designação do meio ambiente como "**bem de uso comum do povo**" prevista no *caput* do art. 225 da CF/1988 igualmente se aplica ao clima, o que, conforme assinala Silva, faz como que os atributos ecológicos "não podem ser de apropriação privada mesmo que seus elementos constitutivos pertençam a particulares. Significa que o proprietário, seja pessoa pública ou particular, não pode dispor da qualidade do meio ambiente a seu bel-prazer, porque ela não integra a sua disponibilidade".[35] O **clima**, por essa ótica, também se configura como um bem de uso comum do povo e os seus **atributos** – por exemplo, **integridade, salubridade e segurança** – tampouco se encontram na esfera da disponibilidade dos atores públicos e privados.

O **bem jurídico climático** equipara-se, em certos aspectos, à categoria dos **bens comuns globais**, como, por exemplo, os mares e oceanos (em particular, o alto-mar), a Antártida, entre outros.[36] A **Floresta Amazônica**, como a maior floresta tropical do mundo e dada a sua abrangência transfronteiriça, abarcando o território de nove países da América do Sul[37], mas sobretudo pela sua importância fundamental para a integridade do sistema ecológico e climático em escala planetária, poderia também ser considerada um bem comum global, não obstante a discussão em torno da soberania dos países envolvidos (como é o caso do Brasil, que detém aproximadamente 60% do seu território).

A integridade do sistema climático identifica-se, nesse sentido, como "**interesse comum da humanidade**", expressão, aliás, referida expressamente no **Acordo de Paris (2015)**, ao prever, no seu Preâmbulo, que: "Reconhecendo que as alterações climáticas são uma preocupação comum da humanidade (*common concern of humankind*), as Partes devem, ao tomar medidas para fazer face às alterações climáticas, respeitar, promover e considerar as suas respectivas obrigações em matéria de direitos humanos (...)". A **natureza transfronteiriça e planetária** do bem jurídico

---

[33] SILVA, José Afonso da. *Direito ambiental constitucional...*, p. 90-91.

[34] A autonomia do clima ou sistema climático, como bem jurídico autônomo e distinto do meio ambiente, tem sido defendido também no Direito Penal: PERTILLE, Marcelo Bauer. Tutela penal do clima: da importância da teoria do bem jurídico à autonomia do equilíbrio climático diante do bem ambiental. *Revista Brasileira de Políticas Públicas*, Brasília, v. 13, n. 1, 2023, p. 109-128.

[35] SILVA, José Afonso da. *Direito ambiental constitucional...*, p. 84.

[36] A referência à expressão "sistema climático global" consta de decisão recente do Superior Tribunal de Justiça: STJ, MS 28.123/DF, 1ª Seção, Rel. Min. Gurgel de Faria, j. 23.03.2022.

[37] Brasil, Peru, Bolívia, Equador, Colômbia, Venezuela, Guiana Francesa, Guiana Inglesa e Suriname.

climático impõe, sem dúvida, um grande desafio para o Direito e para os juristas, notadamente em vista de uma necessária releitura de institutos jurídicos clássicos e tradicionais.

A **Lei de Bases do Clima (Lei 98/2021)** da República Portuguesa, ao tratar da questão da justiça climática, faz menção expressa aos **direitos coletivos sobre os bens comuns**, entre os quais insere-se o sistema climático.[38] O Código Civil e Comercial da Argentina (2015) também estabeleceu importante avanço na compreensão do regime jurídico dos **bem comuns naturais**, ao prever, no seu art. 14, b, os denominados "**direitos de incidência coletiva**", bem como o instituto do "abuso de direito ecológico": "la ley no ampara el ejercicio abusivo de los derechos individuales cuando pueda afectar al ambiente y a los derechos de incidencia colectiva en general".[39] A mesma discussão pode ser aproveitada para a compreensão do bem jurídico climático, inclusive mediante a caracterização do "**abuso de direito climático**".

Na legislação infraconstitucional, a **Lei 6.938/81** reforça essa compreensão ao abarcar expressamente a "**atmosfera**" no conceito de recursos ambientais consagrado no inciso V do art. 3º.[40] O conceito de "meio ambiente" estabelecido no inciso I do mesmo dispositivo legal também incorpora tal entendimento, sobretudo por ditar uma **compreensão funcional, holística ou sistêmica** para o bem jurídico ecológico, ou seja, como "o conjunto de condições, leis, influências e interações de ordem física, química e biológica, que permite, abriga e rege a vida em todas as suas formas". O sistema climático, nesse sentido, é um dos melhores exemplos para ilustrar o **conjunto de relações interdependentes e complexas** que se estabelecem na Natureza em escala planetária. O conceito de meio ambiente – e compreensão idêntica vale para o clima – não se trata de algo estático, mas sim dinâmico. Para além dos elementos da Natureza compreendidos isoladamente, é justamente as relações e processos ecológicos o que há de mais importante a ser protegido juridicamente, salvaguardando a integridade e funcionalidade[41] dos – e os serviços ecológicos prestados pelos – bens jurídicos ecológicos (ex.: atmosfera ou sistema climático planetário limpo, saudável e seguro).

O recorte de um bem jurídico climático dotado de autonomia é verificado igualmente na consagração expressa da proteção da **integridade do sistema climático, tanto** no Código Florestal (Lei 12.651/2012), art. 1º-A, parágrafo único, quanto na Lei da Política Nacional sobre Mudança do Clima (Lei 12.187/2009), precisamente nos arts. 3º, I, e 4º, I. A legislação infraconstitucional, como se pode observar, estabelece importante base normativa e conceitual para o reconhecimento da autonomia do bem jurídico climático.

Outro referencial normativo importante está na Lei da Política Nacional de Pagamento por Serviços Ambientais (Lei 14.119/2021), com a consagração legislativa dos denominados **serviços climáticos**. Antes da Lei 14.119/2021, o Código Florestal também havia reconhecido expressamente os "serviços climáticos", conforme previsão do seu art. 41:[42] Ao designar os **serviços ecossistêmi-**

---

[38] "Art. 3º Objetivos da política do clima – As políticas públicas do clima visam o equilíbrio ecológico, combatendo as alterações climáticas, e prosseguem os seguintes objetivos: (...) b) Garantir justiça climática, assegurando a proteção das comunidades mais vulneráveis à crise climática, o respeito pelos direitos humanos, a igualdade e os direitos coletivos sobre os **bens comuns**".

[39] Na doutrina, v. SOZZO, Gonzalo. *Derecho privado ambiental*: el giro ecológico del derecho privado. Buenos Aires: Rubinzal–Culzoni Editores, 2019, p. 532-533.

[40] "Art. 3º (...) V – recursos ambientais: a atmosfera, as águas interiores, superficiais e subterrâneas, os estuários, o mar territorial, o solo, o subsolo, os elementos da biosfera, a fauna e a flora."

[41] A Lei 14.119/2021, ao conceituar "ecossistema", enfatiza justamente a concepção de "unidade funcional", caracterizada por meio da interação dos elementos bióticos e abióticos: "Art. 2º (...) I – ecossistema: complexo dinâmico de comunidades vegetais, animais e de microrganismos e o seu meio inorgânico que interagem como uma unidade funcional".

[42] "Art. 41. É o Poder Executivo federal autorizado a instituir, sem prejuízo do cumprimento da legislação ambiental, programa de apoio e incentivo à conservação do meio ambiente, bem como para adoção de tecnologias e boas práticas que conciliem a produtividade agropecuária e florestal, com redução dos impactos ambientais, como forma de promoção do desenvolvimento ecologicamente sustentável, observados

cos de regulação (art. 2º, II, c), a Lei 14.119/2021 estabelece como aqueles "que concorrem para a manutenção da estabilidade dos processos ecossistêmicos, tais como o **sequestro de carbono**, a **purificação do ar**, a **moderação de eventos climáticos extremos**, a manutenção do equilíbrio do ciclo hidrológico, a minimização de enchentes e secas e o controle dos processos críticos de erosão e de deslizamento de encostas". A concepção da integridade do sistema climático está diretamente associada aos serviços ecológicos e climáticos prestados por eles. A poluição atmosférica e o aquecimento global, por outro lado, representam a antítese dos serviços climáticos prestados por um sistema climático limpo, saudável e seguro, representando graves riscos existenciais à vida, à dignidade e aos direitos fundamentais, inclusive na sua **dimensão protetiva intertemporal** (em face das gerações jovens, crianças e adolescentes, e das gerações futuras).

3. A "CONSTITUCIONALIZAÇÃO" DA PROTEÇÃO ECOLÓGICA NO ORDENAMENTO JURÍDICO BRASILEIRO

3.1 A proteção ambiental nas Constituições anteriores

No período que antecedeu a nossa **Lei Fundamental de 1988**, as Constituições praticamente silenciaram sobre a proteção do meio ambiente. Tal omissão não causa maiores surpresas, haja vista a luta social em prol da defesa ecológica só ter alcançado maior repercussão política a partir da década de 1970 – em razão da realização da Conferência da ONU de Estocolmo sobre Meio Ambiente Humano, no ano de 1972 –, quando o movimento ambientalista passou a inserir os valores ecológicos no nosso contexto social e político. No entanto, desde a **Constituição de 1934**, já estava presente no texto constitucional, a título de exemplo, a competência concorrente da União e dos Estados para proteger as belezas naturais e os monumentos de valor histórico ou artístico (art. 10, III). Nessa trilha, a **Constituição de 1946**, além da previsão da defesa do patrimônio histórico, cultural e paisagístico (art. 172), já constava do texto constitucional a previsão de competência da União para legislar sobre normas gerais de defesa da saúde, das riquezas do subsolo, das águas, florestas, caça e pesca, o que possibilitou a elaboração de leis protetoras de tais elementos naturais, como é o caso do Código Florestal (1965).

A **Emenda Constitucional 1/69**, conforme registra Leme Machado, utilizou pela primeira vez em um texto constitucional brasileiro a **expressão "ecológico"**, ao dizer no seu art. 172 que "a lei regulará, mediante **prévio levantamento ecológico**, o aproveitamento agrícola de terras sujeitas a intempéries e calamidades", de modo que "o mau uso da terra impedirá o proprietário de receber incentivos e auxílios do Governo".[43] Em geral, pode-se dizer que as **Constituições anteriores à de 1988 não contemplaram a proteção ambiental de forma global e sistemática**, mas apenas, de forma compartimentada, estabeleceram a proteção de alguns dos elementos integrantes do meio ambiente (água, minérios, fauna – caça e pesca –, florestas etc.), tendo o legislador adotado tal postura por razões outras que não a proteção ecológica em si, por exemplo, interesses econômicos, proteção da propriedade privada, saúde pública, entre outras.

Ao analisar as competências constitucionais em matéria ambiental nas Constituições passadas, Paulo de Bessa Antunes assinala que a proteção ecológica, "até a Constituição de 1988, mereceu tratamento apenas tangencial e que a principal preocupação do constituinte sempre foi com a infraestrutura para o desenvolvimento econômico. O aspecto que foi privilegiado, desde

---

sempre os **critérios de progressividade**, abrangendo as seguintes categorias e linhas de ação: I – **pagamento ou incentivo a serviços ambientais** como retribuição, monetária ou não, às atividades de conservação e melhoria dos ecossistemas e que gerem serviços ambientais, tais como, isolada ou cumulativamente: a) o **sequestro, a conservação, a manutenção e o aumento do estoque e a diminuição do fluxo de carbono**; (...) e) a **regulação do clima**."

[43] MACHADO, Paulo Afonso Leme. *Direito ambiental brasileiro*, 26. ed...., p. 122.

que o tema passou a integrar a ordem jurídica constitucional, foi o de meio de produção".[44] Também Édis Milaré alinha-se a tal compreensão, para quem, antes de 1988, "jamais se preocupou o legislador constitucional em proteger o meio ambiente de forma específica e global, mas, sim, dele cuidou de maneira diluída e mesmo casual, referindo-se separadamente a alguns de seus elementos integrantes (água, florestas, minérios, caça, pesca), ou então disciplinando matérias com ele indiretamente relacionadas (mortalidade infantil, saúde, propriedade)".[45]

É natural que as Constituições brasileiras passadas não tenham tratado da questão ecológica ou da proteção jurídica do meio ambiente (e menos ainda da proteção climática) da forma como verificado na última quadra do século XX. Isso porque, como destacamos anteriormente, a temática ambiental apenas passou a ocupar a agenda política nacional a partir da década de 1970. E, no plano jurídico, somente a partir da década de 1980, com a edição da lei da Política Nacional do Meio Ambiente (Lei 6.938/81) que o Direito Ambiental tomou assento legislativo no cenário jurídico nacional. Não havia, por assim dizer, um sistema jurídico de proteção ambiental quando as Constituições anteriores foram editadas. Nem mesmo a legitimação social dos valores ecológicos encontrava guarida na realidade brasileira antes do início da década de 1970. Diferente foi o cenário legislativo encontrado pela CF/1988, com a edição de importantes diplomas legislativos desde o início da década de 1980 que abriram o nosso ordenamento jurídico para a temática ecológica, como é o caso da **Lei 6.938/81** e da **Lei da Ação Civil Pública** (Lei 7.347/85).[46]

QUADRO DAS CONSTITUIÇÕES ANTERIORES

Constituição de 1934 – Atribuiu competência legislativa exclusiva à União para legislar sobre os bens do domínio federal, riquezas do subsolo, mineração, águas, energia hidrelétrica, florestas, caça e pesca e a sua exploração (art. 5º, XIX, "j") e competência concorrente da União e dos Estados para proteger as belezas naturais e os monumentos de valor histórico ou artístico, podendo impedir a evasão de obras de arte (art. 10, III).

Constituição de 1937 – Atribuiu competência legislativa privativa à União para dispor sobre os bens do domínio federal, minas, metalurgia, energia hidráulica, águas, florestas, caça e pesca e sua exploração (art. 16, XIV) e estabeleceu que os monumentos históricos, artísticos e naturais, assim como as paisagens ou os locais particularmente dotados pela Natureza, gozam da proteção e dos cuidados especiais da Nação, dos Estados e dos Municípios, bem como que os atentados contra eles cometidos seriam equiparados aos cometidos contra o patrimônio nacional (art. 134).

Constituição de 1946 – Atribuiu competência à União para legislar sobre as riquezas do subsolo, mineração, águas, floresta, caça e pesca (art. 5º, XV, "l") e estabeleceu que as obras, monumentos e documentos de valor histórico e artístico, bem como os monumentos naturais, as paisagens e os locais dotados de particular beleza ficavam sob a proteção do Poder Público (art. 175).

Constituição de 1967 – Atribuiu competência à União para legislar sobre jazidas, minas e outros recursos minerais, metalurgia, florestas, caça e pesca e águas (art. 8º, XVII, "h" e "i"), para além de estabelecer o dever do Poder Público de proteção especial dos documentos, das obras e dos locais de valor histórico ou artístico, os monumentos e as paisagens naturais notáveis, bem como as jazidas arqueológicas (art. 170, parágrafo único).

---

[44] ANTUNES, Paulo de Bessa. *Direito ambiental*, 20. ed...., p. 60.
[45] MILARÉ, Édis. *Direito do ambiente*. 8. ed., p. 168.
[46] Outro ponto extremamente relevante "constitucionalizado" apenas com a CF/1988 diz respeito à **incorporação da proteção ecológica às atribuições institucionais do Ministério Público**, o que representou uma verdadeira "revolução" no papel que o *Parquet* passou a exercer no Sistema de Justiça em prol da tutela da Natureza. Para uma análise do desenvolvimento histórico do tema, v. FERRAZ, Antonio Augusto Mello de Camargo; MILARÉ, Édis; MAZZILI, Hugo Nigro. O Ministério Público e a questão ambiental na Constituição. *Revista Forense*, Rio de Janeiro, v. 294, p. 157 e ss., 1986.

3.2 A "constitucionalização" da proteção ecológica no ordenamento jurídico brasileiro e a consagração do direito-dever fundamental ao meio ambiente na Constituição Federal de 1988

> "No Brasil, não obstante constituições anteriores tenham disciplinado aspectos específicos relativos a alguns recursos naturais (água, minérios etc.), a *Carta de 1988* consistiu em marco que elevou a proteção integral e sistematizada do meio ambiente ao *status* de valor central da nação. Não à toa, a comunidade internacional a apelidou de *Constituição Verde*, considerando-a **a mais avançada do mundo** nesse tema". (**Ministro Luiz Fux**)[47]

A proteção do meio ambiente no cenário jurídico brasileiro, como, aliás, afirmamos em passagens anteriores do livro, tem dois momentos histórico-legislativos de extrema relevância. O primeiro deles foi a edição da Lei da Política Nacional do Meio Ambiente (Lei 6.938/81), pela **sistematização e especialização da matéria**, definição de um bem jurídico ambiental autônomo e demais razões tratadas anteriormente. O outro, seguindo a consolidação jurídica da proteção ecológica no cenário jurídico nacional, foi promulgação da Lei Fundamental brasileira de 1988.[48] Do ponto de vista constitucional, pode-se dizer que hoje nos encontramos diante de uma nova "era" da proteção ambiental no contexto jurídico brasileiro, tendo a Constituição de 1988 incorporado ao seu corpo normativo um capítulo próprio para a tutela do meio ambiente e, portanto, **"constitucionalizado" o Direito Ambiental**.[49] Nesse sentido, José Afonso da Silva refere que a Constituição de 1988 foi a primeira a tratar deliberadamente da questão ambiental e é eminentemente ambientalista, assumindo o tratamento da matéria ampla e modernamente, uma vez que, além de destacar **capítulo próprio (art. 225)** para a temática ambiental, a questão permeia todo o seu texto, correlacionada com os temas centrais da ordem constitucional.[50] Não por outra razão, a CF/1988 é qualificada como **Constituição Ecológica** ou **Constituição Verde**, conforme referido pelo **Ministro Luiz Fux** no julgamento da **ADC 42/DF** (**Caso do Código Florestal**), citado anteriormente.

A consagração do **direito (e dever) fundamental ao meio ambiente** e da **tarefa ou objetivo estatal** de tutela ecológica, de modo muito similar ao modelo adotado na Constituição portuguesa de 1976,[51] impulsionou o surgimento de inúmeros diplomas infraconstitucionais que passaram a regular a matéria de forma mais integrada e sem perder de vista a ideia de um sistema jurídico de proteção do meio ambiente. De tal sorte, é possível falar de um processo de "constitucionalização" do Direito Ambiental brasileiro levado a cabo pela CF/1988, assim como ocorrido também com

---

[47] STF, ADC 42/DF, Tribunal Pleno, Rel. Min. Luiz Fux, j. 28.02.2018.

[48] Os debates verificados durante a Assembleia Nacional Constituinte, notadamente na Subcomissão de Saúde, Seguridade e Meio Ambiente, instalada em 07.04.1987, podem ser acessados em: http://www.senado.gov.br/publicacoes/anais/constituinte/sistema.pdf.

[49] Quanto aos dispositivos constitucionais que tratam da temática ambiental, além do art. 225, podem-se destacar: a) de forma direta, art. 5º, LXXIII; art. 7º, XXII; art. 23, III, IV, VI e VII; art. 24, I, VI, VII e VIII; art. 129, III; art. 170, VI; art. 186, II; art. 200, VIII; art. 216, V; art. 220 § 3º, II; e art. 231, § 1º; e b) de forma indireta, art. 20 (sobre os bens da União); art. 21, XIX, XX, XXIII (alíneas *a*, *b* e *c*) e XXV; art. 22, IV, XII e XXVI; art. 23, IX e XI; art. 26 (sobre os bens dos Estados); art. 30, I e IX; art. 43, § 2º, IV, e § 3º; art. 49, XIV e XVI; art. 91, § 1º, III; art. 174, §§ 3º e 4º; art. 176 e parágrafos; art. 182 e parágrafos; art. 196; art. 200, IV, VI e VII; art. 216, §§ 1º, 3º e 4º; art. 231, §§ 2º, 3º e 6º; art. 232; e Ato das Disposições Constitucionais Transitórias, arts. 43 e 44 e parágrafos.

[50] SILVA, José Afonso da. *Direito ambiental constitucional*..., p. 46.

[51] RAPOSO, Mário. O direito ao ambiente como direito fundamental. *Textos – Ambiente*. Lisboa: Centro de Estudos Judiciários, 1994, p. 115 e ss.

outros ramos do Direito, notadamente com o Direito Privado[52] e o Direito Penal. A Constituição passou a ser o grande **vértice normativo-axiológico da proteção ecológica**, de modo a **irradiar a sua normatividade** para todo o corpo legislativo infraconstitucional anterior e posterior à sua promulgação, bem como não recepcionando os textos legislativos anteriores no que estivessem em desacordo com as suas disposições. Se antes da Constituição de 1988 a proximidade normativa ou mesmo origem do Direito Ambiental estivesse vinculada ao **Direito Administrativo**, após a promulgação daquela tal relação inverteu-se em favor do **Direito Constitucional**, o que se deu, na nossa ótica, especialmente em razão da ampla regulamentação trazida pelo texto de 1988 sobre a matéria e, acima de tudo, da consagração da proteção ecológica como **dever estatal** e **direito fundamental**.

O regime constitucional edificado pela CF/1988 (art. 225) permite extrair a consagração de um "novo" direito (e dever) fundamental da pessoa humana, bem como a atribuição de uma **tarefa ou objetivo estatal** de proteção ecológica, o que se caracteriza por ser uma composição extremamente importante para uma tutela efetiva do meio ambiente, inclusive perante o Sistema de Justiça, lançando mão de dois flancos distintos para garantir uma tutela integral, ou seja, tanto por meio da atuação do Estado como pela mobilização da sociedade (em termos individuais e coletivos). Isso resultou estabelecido de forma expressa no *caput* do art. 225:

> Art. 225. Todos têm **direito** ao meio ambiente ecologicamente equilibrado, bem de uso comum do povo e essencial à sadia qualidade de vida, **impondo-se ao Poder Público e à coletividade** o **dever** de defendê-lo e preservá-lo para as presentes e futuras gerações.

O Ministro Barroso destaca, em sede doutrinária, a caracterização constitucional (art. 225) do meio ambiente como um **bem jurídico-constitucional autônomo**,[53] configurando-se, portanto, um **"novo" direito autônomo conferido a toda a coletividade**. O constitucionalista e atual Ministro do STF afirma que, no caso do direito ao meio ambiente, não se está diante de típico direito subjetivo (divisível, particularizável ou desfrutável individualmente), mas de um direito que se caracteriza por trazer como titulares uma série indeterminada de sujeitos, bem como a **indivisibilidade de seu objeto**.[54] No entanto, hão que se ponderar as considerações de Barroso, de modo a afirmar também uma **dimensão subjetiva** individualizável da tutela ambiental (o que será mais bem desenvolvido adiante no tópico sobre a titularidade e a dimensão subjetiva do direito ao meio ambiente), não obstante a dimensão mais importante e característica do direito ao meio ambiente residir, de fato, na sua **natureza difusa e transindividual**, o que justamente o diferencia, em alguma medida, dos demais direitos fundamentais de primeira e segunda dimensões.

A localização constitucional do direito ao meio ambiente no âmbito da **"Ordem Social" (Título VIII)** da CF/1988 também permite referir a sua natureza de **direito social (em sentido amplo)**.[55] Não se trata, por certo, de um direito social em sentido estrito, tal como os direitos fundamentais de segunda dimensão (econômicos, sociais e culturais), mas sim um direito social em sentido amplo, ou seja, que transporta o **interesse de toda a sociedade e coletividade**, o que é facilmente visível ante a sua **natureza preponderantemente difusa e transindividual do seu objeto**. A lesão ao bem jurídico ecológico, por exemplo, mediante a contaminação de um manancial hídrico que abastece toda uma comunidade ou a poluição atmosférica resultante de

---

52 Sobre a "constitucionalização" do Direito Privado, v. FACHIN, Luiz Edson. Virada de Copérnico: um convite à reflexão sobre o direito civil brasileiro contemporâneo. *In*: FACHIN, Luiz Edson (coord.). *Repensando os fundamentos do direito civil brasileiro contemporâneo*. Rio de Janeiro: Renovar, 2000, p. 317-324.
53 BARROSO, Luís Roberto. *Proteção do meio ambiente...*, p. 66.
54 BARROSO, Luís Roberto. *Proteção do meio ambiente...*, p. 64 e 67.
55 SILVA, José Afonso da. *Direito ambiental constitucional...*, p. 50.

atividades industriais, acarreta prejuízo a toda a coletividade, sendo, muitas vezes, difícil individualizar o dano e determinar a sua perspectiva subjetiva. Para elucidar tal questão, Morato Leite e Ayala destacam que, diferentemente do que ocorre com os tradicionais direitos sociais, que objetivam concretizar positivamente uma realidade que não existe (por exemplo, habitação, saúde etc. para todos os membros da sociedade), o Estado de Direito Ambiental tem por finalidade garantir o que já existe (bem ambiental) e recuperar o que deixou de existir (dano ambiental).[56]

Na caracterização da sua *jusfundamentalidade*, a doutrina e a jurisprudência brasileiras são pacíficas no sentido de reconhecer o direito ao meio ambiente como integrante do **rol ou catálogo dos direitos e garantias fundamentais** da CF/1988, não obstante o art. 225 estar situado fora do Título II do diploma constitucional. É, portanto, a partir de uma leitura "material" do seu conteúdo e das relações que mantém com os demais valores constitucionais fundamentais que o direito ao meio ambiente alcança o *status* **de direito fundamental**. A configuração da sua fundamentalidade resulta da sua identificação com os valores que compõem o conteúdo essencial do princípio da dignidade da pessoa humana e do Estado de Direito brasileiro. Nesse aspecto, a doutrina destaca a dupla perspectiva da "**fundamentalidade**" dos direitos fundamentais: **formal e material**. Um direito fundamental pode ser concebido como tal em razão de estar consagrado de forma expressa no núcleo do sistema constitucional, ou seja, no rol dos direitos fundamentais, bem como por meio de um critério material que visa justamente analisar o conteúdo do direito e a sua importância na composição dos **valores constitucionais fundamentais**, o que se dá também em razão da sua vinculação em maior ou menor medida com a promoção e salvaguarda da **dignidade da pessoa humana**. Segundo Perez Luño, a incidência direta do meio ambiente na existência humana (sua transcendência para o seu desenvolvimento ou mesmo possibilidade) é que justifica a sua inclusão no estatuto dos direitos fundamentais, considerando o meio ambiente como todo o conjunto de condições externas que conformam o contexto da vida humana.[57]

Os direitos fundamentais, como refere Canotilho, constituem-se de uma "norma de *fattispecie* aberta", abrangendo, para além das objetivações concretas, "todas as possibilidades de 'direitos' que se propõem no horizonte da ação humana", o que permite "considerar como direitos extraconstitucionais materialmente fundamentais os direitos equiparáveis pelo seu objeto e importância aos diversos tipos de direitos formalmente fundamentais".[58] Se considerada a importância do seu conteúdo (**integridade ecológica**) para o **exercício dos demais direitos fundamentais** (por exemplo, vida, integridade física, desenvolvimento da personalidade, saúde etc.) e especialmente para a dignidade da pessoa humana, não resulta difícil extrair a natureza jusfundamental do direito ao meio ambiente. O próprio legislador infraconstitucional, antes mesmo da promulgação da CF/1988, havia chegado a tal entendimento ao dispor no art. 2º, *caput*, da **Lei 6.938/81** (Lei da Política Nacional do Meio Ambiente) que "a preservação, melhoria e recuperação da qualidade ambiental propícia à vida" têm por objetivo a "**proteção da dignidade da vida humana**".

De acordo com Robert Alexy, os direitos fundamentais e as normas de direitos fundamentais são essencialmente materiais (ou materialmente fundamentais) porque, com eles, são tomadas decisões sobre a **estrutura normativa básica do Estado e da sociedade**.[59] E tal decisão

---

[56] AYALA, Patryck de Araújo; LEITE, José Rubens Morato. *Direito ambiental na sociedade...*, p. 30.
[57] PÉREZ LUÑO, Antonio E. *Derechos humanos, Estado de Derecho y Constitución*. 5. ed. Madrid: Tecnos, 1995. p. 463.
[58] CANOTILHO, José Joaquim Gomes. *Direito constitucional e teoria da Constituição*. 5. ed. Coimbra: Almedina, 2002. p. 403-404. No mesmo sentido, Canotilho destaca que somente a ideia de "fundamentalidade material" pode fornecer suporte para a abertura da constituição a outros direitos também fundamentais, isto é, direitos materialmente, mas não formalmente fundamentais, conforme dispõe o art. 16º/1º Constituição portuguesa (p. 404).
[59] ALEXY, Robert. *Teoria dos direitos fundamentais*. São Paulo: Malheiros, 2008. p. 522.

foi tomada pelo constituinte brasileiro acerca do direito ao meio ambiente, quando referiu ser ele "**essencial à sadia qualidade de vida**" (art. 225, *caput*, da CF/1988). No sentido de caracterizar a fundamentalidade material do direito ao meio ambiente no cenário jurídico-constitucional espanhol, Echavarría pontua que a constitucionalização da proteção do meio ambiente dá mostra do caráter moderno das nossas Constituições, as quais adotam decisões nucleares sobre todas as questões relevantes para a comunidade e, sem dúvida, a preocupação com os problemas ambientais, difundida pela consciência ecológica, é um desses temas.[60]

A despeito de não estar previsto no Título II da CF/1988, é por intermédio do próprio direito constitucional positivo (**art. 5º, § 2º**) que é atribuído ao direito ao meio ambiente fundamentalidade material,[61] o que se dá pela sua abertura material do catálogo constitucional a direitos fundamentais não constantes expressamente do seu rol e, portanto, apenas materialmente fundamentais (situados fora do catálogo dos direitos fundamentais ou mesmo do texto constitucional). Por integrar a Constituição formal (art. 225 e demais artigos dispersos sobre o tema ao longo do seu texto), e, portanto, o direito ao meio ambiente apresenta a característica de **um direito *formal e materialmente fundamental*.**[62] De acordo com tal premissa, Herman Benjamin defende a posição de que "a Constituição Federal de 1988 elevou o direito ao meio ambiente à categoria de direito fundamental do homem, ao caracterizar o **equilíbrio ecológico** como **bem essencial à sadia qualidade de vida**".[63] O direito ao meio ambiente passa a integrar necessariamente o rol dos direitos e garantias fundamentais da CF/1988 em virtude de estar inserido, indiscutivelmente, ante a sua importância de índole existencial para o ser humano, no núcleo protetivo do **direito à vida digna e saudável**, conforme entendimento consolidado pelo STF.[64]

3.3 A incorporação, com *status* constitucional (ou, ao menos, supralegal), dos tratados internacionais ambientais (art. 5º, §§ 2º e 3º, da CF/1988) e o controle de "convencionalidade" da legislação infraconstitucional nacional ambiental

Tema desenvolvido no *Capítulo 6*.

4. DIREITOS FUNDAMENTAIS E PROTEÇÃO ECOLÓGICA

4.1 A evolução histórico-constitucional das dimensões de direitos fundamentais e a consagração da proteção ecológica como direito fundamental de terceira dimensão

Os direitos fundamentais constituem o **núcleo normativo-axiológico** da ordem constitucional e, consequentemente, de todo o sistema jurídico, representando projeções normativas e

---

[60] ECHAVARRÍA, Juan José Solozábal. El derecho al medio ambiente como derecho público subjetivo. *A tutela jurídica do meio ambiente (presente e futuro) – Boletim da Faculdade de Direito da Universidade de Coimbra, Stvdia Ivridica*, Coimbra, n. 81, p. 32, 2005.

[61] De acordo com tal entendimento, v. SARLET, Ingo Wolfgang. *A eficácia dos direitos fundamentais...*, p. 118.

[62] A respeito de outros direitos fundamentais, além da proteção do meio ambiente, localizados fora do catálogo da Constituição, mas com *status* constitucional formal e material, destacam-se, por exemplo, a garantia da publicidade e fundamentação das decisões judiciais (art. 93, IX) e as limitações constitucionais ao poder de tributar (art. 150, I a VI), v. SARLET, Ingo Wolfgang. *A eficácia dos direitos fundamentais...*, p. 116-118.

[63] BENJAMIN, Antonio Herman. Responsabilidade civil..., p. 12.

[64] V. voto do Ministro Celso de Mello na Ação Direta de Inconstitucionalidade 3.540/DF, relativamente ao art. 4º, *caput* e §§ 1º a 7º, da Lei 4.771/65 (Código Florestal), em face da redação dada pela Medida Provisória 2.166-67 de 2001. Na oportunidade, o Ministro destacou o processo de expansão e reconhecimento de direitos fundamentais, destacando especialmente a titularidade difusa e coletiva (de todos os integrantes dos agrupamentos sociais) dos direitos fundamentais de terceira dimensão (ao lado dos direitos de quarta dimensão, por exemplo, o direito à paz) e a sua fundamentação com base no princípio da solidariedade (STF, ADIN 3.540-1/DF, Tribunal Pleno, Rel. Min. Celso de Mello, decisão em 1º.09.2005).

materializações do **princípio (e valor) supremo da dignidade da pessoa humana**, sob o marco do Estado de Direito. Com base em tal perspectiva, Peter Häberle situa a dignidade da pessoa humana como *premissa antropológico-cultural* da sociedade já constituída e por ser constituída como a norma-base do Estado de Direito e fundamento da comunidade estatal, projetando sua força protetiva pluridimensional contra as situações de perigo que ameaçam os bens jurídicos de estatura constitucional.[65] As condições de vida e os requisitos para uma vida com dignidade constituem dados variáveis de acordo com cada sociedade e em cada época, o que se harmoniza com a dimensão histórico-cultural da própria dignidade da pessoa humana e, portanto, também dos direitos fundamentais que lhe são inerentes.

Para Häberle, "a dignidade humana possui uma referência cultural relativa, ela se situa no contexto cultural, possuindo, contudo, também feições tendencialmente universais".[66] O processo histórico-civilizatório das sociedades determina e legitima os direitos que devem integrar o rol destacado dos direitos fundamentais, tendo-se em conta um horizonte normativo-conceitual mutável, inacabado e aberto materialmente em face dos novos desafios existenciais postos a cada avanço civilizatório.[67] Na linha do pensamento de Hannah Arendt, Celso Lafer acentua que os direitos humanos não são um "dado", mas um "construído" historicamente, ligados à ideia de organização da comunidade política,[68] o que se dá ao longo de um **processo histórico contínuo de afirmação político-jurídica dos direitos humanos.**

A **dimensão histórica dos direitos fundamentais** – compreendidos como os direitos humanos positivados no ordenamento jurídico interno dos Estados nacionais por meio da sua "constitucionalização"[69] – permite a constatação de que a sociedade modifica e incorpora novos valores na medida em que as demandas históricas a impulsionam para novos caminhos e necessidades, objetivando essencialmente a proteção e a plena realização de uma vida humana digna e saudável para todos os seus membros, considerados individual e coletivamente. Ao mencionar, no âmbito da evolução histórica, o problema das dimensões (ou gerações)[70] dos direitos fundamentais, Pereira da Silva ensina que "as gerações representariam assim a dimensão histórica dos direitos humanos, mostrando como a matriz comum dessas posições subjetivas vai se concretizando ao longo do tempo, conduzindo ao progressivo aprofundamento e desenvolvimento das formas

---

[65] HÄBERLE, Peter. A dignidade humana como fundamento da comunidade estatal. *In*: SARLET, Ingo Wolfgang (org.). *Dimensões da dignidade*: ensaios de filosofia do direito e direito constitucional. 2. ed. Porto Alegre: Livraria do Advogado, 2009. p. 128.

[66] HÄBERLE, Peter. A dignidade humana como fundamento..., p. 127.

[67] Sobre o tema, v., por todos, a trajetória traçada por Canotilho sobre os direitos fundamentais ao longo dos tempos, bem como as teorias relativas aos direitos fundamentais que caracterizam cada marco histórico (CANOTILHO, José Joaquim Gomes. *Direito constitucional e teoria...*, p. 380-387).

[68] LAFER, Celso. *A reconstrução dos direitos humanos*: um diálogo com o pensamento de Hannah Arendt. São Paulo: Companhia das Letras, 2001. p. 134. O autor destaca a afirmação político-jurídica dos direitos humanos na História, ao longo da consagração das suas sucessivas gerações, especialmente nas p. 125-134.

[69] Por meio da "constitucionalização" dos "direitos humanos" na ordem jurídico-constitucional dos Estados nacionais dá-se a configuração dos "direitos fundamentais". Como refere Canotilho, "sem esta positivação jurídico-constitucional, os 'direitos do homem são esperanças, aspirações, ideias, impulsos, ou, até, por vezes, mera retórica política', mas não são direitos protegidos sob a forma de normas (regras e princípios) de direito constitucional" (CANOTILHO, José Joaquim Gomes. *Direito constitucional e teoria...*, p. 377).

[70] Registra-se a preferência dos autores pela expressão "dimensões" em detrimento de "gerações" de direitos fundamentais, em razão de esta última sugerir a superação ou mesmo substituição de uma pela outra, quando, na verdade, elas se somam e se acumulam num processo histórico-evolutivo contínuo, rumo a uma tutela cada vez mais abrangente da dignidade da pessoa humana. Nesse sentido, v. SARLET, Ingo Wolfgang. *A eficácia dos direitos fundamentais...*, p. 45. Sustentando a superação do modelo geracional (ou mesmo dimensional) de classificação dos direitos fundamentais em favor de um sistema unitário, v. SCHÄFER, Jairo. *Classificação dos direitos fundamentais*: do sistema geracional ao sistema unitário. Porto Alegre: Livraria do Advogado, 2005.

de realização da dignidade da pessoa humana".[71] E, em determinado momento desse caminhar histórico, como se verá adiante, **qualidade, equilíbrio e segurança ambiental** colocaram-se como **elementos indispensáveis ao desfrute de uma vida digna e saudável**, de modo que a proteção do ambiente passou a ocupar o lócus constitucional privilegiado de tutela da pessoa constituído pelos direitos fundamentais, inclusive na perspectiva das gerações humanas futuras e, portanto, de uma sociedade ainda "por ser constituída".

Nesse ponto, joga um papel importante o marco constitucional (e princípio fundamental) do Estado de Direito, pois é possível alinhar o seu desenvolvimento histórico às dimensões de direitos fundamentais, já que ambos estão intrinsecamente relacionados. Da mesma forma como ocorre com os modelos de **Estado de Direito (Liberal, Social e Ecológico)**, as dimensões de direitos fundamentais não se eliminam mutuamente, mas, pelo contrário, compõem, de forma integrada, uma mesma unidade normativa para a salvaguarda da vida e da dignidade da pessoa humana. Por óbvio que há tensionamentos e conflitos entre os direitos fundamentais das diferentes dimensões (por exemplo, ocorre entre o **princípio da liberdade** – como marco axiológico do Estado liberal e dos direitos fundamentais de primeira dimensão – e o **princípio da igualdade** – como marco axiológico do Estado Social e dos direitos fundamentais de segunda dimensão), mas tal colisão toma sempre uma formatação dialética e integrativa, com o intuito ajustar-se da maneira mais adequada e equilibrada à tutela da pessoa, individual e coletivamente considerada.

A **Declaração e Programa de Ação de Viena (1993)**, promulgada na 2ª Conferência Mundial sobre Direitos Humanos, estabeleceu no seu art. 5º que "todos os direitos humanos são **universais, indivisíveis, interdependentes e inter-relacionados**", reconhecendo que as diferentes dimensões de direitos humanos (o que também se opera com relação aos direitos fundamentais) conformam um sistema integrado de tutela da dignidade da pessoa humana.[72] José Afonso da Silva destaca, nesse sentido, a integração das diferentes categorias de direitos fundamentais estampada na Constituição brasileira, afirmando que elas integram "um todo harmônico, mediante influências recíprocas, até porque os direitos individuais, consubstanciados no seu art. 5º estão contaminados de dimensão social, de tal sorte que a previsão dos direitos sociais, entre eles, e os direitos de nacionalidade e políticos lhes quebra o formalismo e o sentido abstrato".[73]

O **Estado Liberal**, fundado sob o alicerce do **princípio da liberdade** e instituído paradigmaticamente com a ascensão da burguesia ao poder e a derrocada do Estado Absolutista e do despotismo levada a cabo pela Revolução Francesa, com sua base normativa fundamental na Declaração dos Direitos do Homem e do Cidadão (1789), também é o marco da consagração dos **direitos fundamentais de primeira dimensão**, constituídos pelos direitos civis e políticos, por exemplo, a vida, a integridade física e a propriedade. A característica essencial dos direitos fundamentais de primeira dimensão reside no fato de serem direitos de natureza negativa ou defensiva, oponíveis em face do Estado, ao qual caberia apenas uma postura abstencionista, ou seja, de não invadir a esfera privada e violar com a sua conduta os direitos individuais. O Estado, por esse prisma, era tomado como "inimigo" das liberdades individuais e do cidadão em geral. O ser humano, na condição de titular de direitos fundamentais, era pensado apenas por uma ótica individualista, e não como um indivíduo integrante de um contexto social e, ao mesmo tempo, responsável para com os valores comunitários. As grandes bandeiras do Estado Liberal eram o individualismo e a afirmação hipertrofiada da liberdade, sob uma feição apenas negativa e formal, de modo a deixar a ideia de igualdade social num segundo plano – meramente retórico e textual.

---

[71] SILVA, Vasco Pereira da. *Verde cor de direito...*, p. 22.
[72] Na doutrina brasileira, sustentando a tese da indivisibilidade dos direitos humanos, v. WEIS, Carlos. *Direitos humanos contemporâneos*. 2. ed. São Paulo: Malheiros, 2010. p. 171-174; CANÇADO TRINDADE, Antônio Augusto. *Tratado de direito internacional...*, p. 43; e SCHÄFER, Jairo. *Classificação dos direitos fundamentais...*
[73] SILVA, José Afonso da. *Comentário contextual à Constituição...*, p. 59.

O **Estado Social**, por sua vez, alicerçado axiologicamente no *princípio da igualdade*, com seu marco histórico inicial na Constituição de Weimar (1919), na Alemanha, representa a caracterização dos **direitos fundamentais de segunda dimensão**, que se expressam nos direitos sociais, econômicos e culturais. Nesse marco político-jurídico, é importante chamar a atenção para a mudança do papel desempenhado pelo Estado, o qual passa de uma postura negativa ou abstencionista para uma postura positiva ou prestacional, já que a efetivação dos direitos de segunda dimensão passa, em grande medida, pela intervenção do Estado, assumindo os entes públicos a função ativa de implementar e promover as condições materiais necessárias ao desfrute de tais direitos. Como exemplos de direitos sociais, pode-se destacar o direito à saúde, o direito à educação, o direito à assistência social, o direito à moradia, entre outros.

Esse é um dos traços mais significativos da distinção entre os direitos de primeira e os de segunda dimensão, espelhando a própria feição do modelo de Estado de Direito vigente ao momento da sua consagração histórica. No entanto, a vinculação da **perspectiva prestacional** aos direitos fundamentais de segunda dimensão e a **perspectiva defensiva** aos de primeira dimensão são apenas relativas e em matéria de preponderância, pois é de todos conhecida a tese – sustentada por Holmes e Sunstein acerca dos "custos dos direitos"[74] – de que ambas as dimensões de direitos fundamentais podem apresentar no seu conteúdo normativo tanto medidas de natureza prestacional quanto defensiva. O mesmo raciocínio, como se verá adiante, vale para os direitos fundamentais de terceira dimensão, notadamente no caso do direito ao meio ambiente.

O próximo passo histórico tomado no cenário jurídico-político do Estado de Direito reside na configuração do *Estado (Democrático, Social e Ambiental ou Ecológico)*, o qual tem como referência o **princípio da solidariedade** e os *direitos fundamentais de terceira dimensão* (ou, como refere José Afonso da Silva, os direitos fundamentais do "gênero humano" ou do "homem solidário"[75]). A proteção ecológica é o exemplo mais ilustrativo dessa nova "dimensão" de direitos fundamentais de terceira dimensão. No tocante ao papel desempenhado pelo Estado Ambiental ou Ecológico de Direito, tal se coloca de modo similar ao adotado pelo Estado Social, ou seja, o ente estatal como "guardião" ou "amigo" dos direitos fundamentais, já que a efetivação da proteção ambiental passa, em sua maior medida, da mesma forma como ocorre com os direitos sociais, por meio de **ações positivas ou prestacionais** realizadas pelo Estado, notadamente por meio da implementação de **políticas públicas ambientais**, além, é claro, da repressão à ação poluidora perpetrada por agentes públicos e privados.

QUADRO DAS DIMENSÕES (OU GERAÇÕES) DE DIREITOS FUNDAMENTAIS			
Direitos Fundamentais	Princípio Geral	Titular	Fundamento Constitucional
1ª dimensão ou liberais (ex.: vida, integridade física e psíquica, liberdade etc.)	Liberdade	Indivíduo	Art. 5º

---

[74] HOLMES, Stephen; SUNSTEIN, Cass R. *The cost of rights*: why liberty depends on taxes. New York-London: W. W. Norton & Company, 1999. Sobre o tema, v. também NABAIS, José Casalta. A face oculta dos direitos fundamentais: os deveres e os custos dos direitos. *In*: NABAIS, José Casalta. *Por uma liberdade com responsabilidade*: estudos sobre direitos e deveres fundamentais. Coimbra: Coimbra Editora, 2007. p. 163-196.

[75] SILVA, José Afonso da. *Comentário contextual à Constituição...*, p. 59.

QUADRO DAS DIMENSÕES (OU GERAÇÕES) DE DIREITOS FUNDAMENTAIS			
2ª dimensão ou sociais (ex.: saúde, educação, moradia, alimentação etc.)	Igualdade	Grupo social (e também o indivíduo)	Art. 6º
3ª dimensão ou ecológicos (e climática) (ex.: meio ambiente, água, paz, patrimônio comum da humanidade, clima etc.)	Solidariedade	Toda a coletividade (futuras gerações, animais, Natureza, rios, florestas etc.?)	Art. 225

A passagem histórica dos direitos fundamentais da primeira à terceira dimensão acompanha as transformações e a evolução do papel do Estado em cada momento civilizatório. Alinhado à tal perspectiva, Bolzan de Morais refere que no percurso de transposição dos direitos de primeira geração ou direitos da liberdade, circunscritos às liberdades negativas como oposição à atuação estatal, para os de segunda geração ou direitos sociais, culturais e econômicos, vinculados à positividade da ação estatal e preocupados com a questão da igualdade, aparecem, posteriormente, como pretensão a uma atuação corretiva por parte dos Estados, os direitos de terceira geração, que se afastam consideravelmente dos anteriores por incorporarem, agora sim, um conteúdo de universalidade não como projeção, mas como compactuação, comunhão, como direitos de solidariedade, vinculados ao desenvolvimento, à paz internacional, ao meio ambiente saudável, à comunicação.[76]

EVOLUÇÃO HISTÓRICA DOS MODELOS DE ESTADO DE DIREITO			
Modelos de Estado de Direito	Função estatal preponderante (em relação aos direitos fundamentais)	Princípio básico	Dimensões de direitos fundamentais
Estado Liberal	Defensiva/negativa	Liberdade	1ª dimensão ou direitos liberais
Estado Social	Prestacional/ positiva	Igualdade	2ª dimensão ou direitos sociais

---

[76] MORAIS, José Luis Bolzan de. *Do direito social aos interesses transindividuais...*, p. 162.

EVOLUÇÃO HISTÓRICA DOS MODELOS DE ESTADO DE DIREITO

Estado Ambiental	Preponderantemente prestacional/positiva	Solidariedade (ou Fraternidade)	3ª dimensão ou direitos ecológicos (diretos das futuras gerações)
Estado Ecológico (e Climático)	Preponderantemente prestacional/positiva	Integridade Ecológica/ Climática	Direitos dos Animais e Direitos da Natureza (Novo Paradigma Jurídico Ecocêntrico)

Para Ferreira Filho, os **direitos de solidariedade** trazem desafios não mais apenas à vida e à liberdade, mas especialmente à qualidade de vida e à solidariedade entre os seres humanos de todas as raças ou nações.[77] A partir da década de 1960, segundo Canotilho, começou a desenhar-se uma nova categoria de direitos fundamentais, conectados com o ideário da solidariedade: o direito à autodeterminação, o direito ao patrimônio comum da humanidade, o direito a um meio ambiente saudável e sustentável, o direito à comunicação, o direito à paz e o direito ao desenvolvimento.[78] No contexto histórico-evolutivo dos direitos fundamentais, Paulo Bonavides defende a existência de quatro dimensões distintas, sendo o direito ao meio ambiente o mais notável integrante da terceira categoria, com os direitos ao desenvolvimento, à autodeterminação dos povos, à qualidade de vida, à paz, à comunicação e ao direito de propriedade sobre o patrimônio comum da humanidade.[79] No mesmo sentido, Bobbio destaca que, "ao lado dos direitos sociais, que foram chamados de direitos de segunda geração, emergiram hoje os chamados direitos de terceira geração, que constituem uma categoria, para dizer a verdade, ainda excessivamente heterogênea e vaga, o que nos impede de compreender do que efetivamente se trata. O mais importante deles é o reivindicado pelos movimentos ecológicos: **o direito de viver num ambiente não poluído**".[80] Na base da terceira categoria de direitos fundamentais, conforme pontua Bosselmann, está a ideia de serem eles essencialmente coletivos em sua dimensão, expressando

---

[77] FERREIRA FILHO, Manoel Gonçalves. *Direitos humanos fundamentais*. 6. ed. São Paulo: Saraiva, 2004. p. 57-58. Para o autor, os quatro principais direitos fundamentais de terceira dimensão seriam: o direito à paz, o direito ao desenvolvimento, o direito ao meio ambiente e o direito ao patrimônio comum da humanidade; sendo incluídos também no respectivo rol o direito à autodeterminação dos povos e o direito à comunicação.

[78] CANOTILHO, José Joaquim Gomes. *Direito constitucional e teoria...*, p. 386.

[79] Diferentemente de outros constitucionalistas que reconhecem apenas três dimensões de direitos fundamentais, Bonavides defende a existência de uma quarta categoria – direito à democracia, à informação e ao pluralismo (BONAVIDES, Paulo. *Curso de direito constitucional...*, p. 524-525), bem como, mais recentemente, passou a defender uma quinta dimensão, deslocando o direito à paz para tal categoria (BONAVIDES, Paulo. O direito à paz como direito fundamental de quinta geração. *Revista Interesse Público*, Porto Alegre, n. 40, p. 15-22, nov.-dez. 2006).

[80] BOBBIO, Norberto. *A era dos direitos*. 10. ed. Rio de Janeiro: Campus, 1992. p. 6.

direitos coletivos ou de grupos, bem como de dependerem de **cooperação** substancial de todas as forças sociais para a sua realização.[81]

De acordo com **Karl Vasak**, a quem é creditada a primeira referência ao **conceito de direitos humanos de terceira dimensão**, com seu clássico ensaio intitulado "*For the Third Generation of Human Rights: The Rights of Solidarity*", apresentado em **1979**, na aula inaugural da 10ª Sessão de Estudos do Instituto Internacional de Direitos Humanos, em Estrasburgo, na França, os novos direitos se definem na medida em que "eles são novos nas aspirações que expressam, são novos do ponto de vista dos direitos humanos na medida em que eles objetivam inserir a dimensão humana em áreas onde ela tem sido frequentemente esquecida, tendo sido deixadas para o Estado ou Estados... Eles são novos na medida em que podem simultaneamente ser invocados contra o Estado e exigidos deste; mas, acima de tudo (e aqui reside a sua característica essencial), eles só podem ser realizados através de esforços conjuntos de todos os atores da cena social: o indivíduo, o Estado, corporações públicas e privadas e a comunidade internacional".[82] No compasso da evolução histórica dos direitos fundamentais, passou-se **da perspectiva do indivíduo à da espécie humana**, considerada inclusive em perspectiva futura, por intermédio da **proteção jurídica dos interesses das futuras gerações**, assim como das liberdades individuais migrou-se à **fraternidade planetária**.

A consagração do direito ao meio ambiente como direito fundamental (e também direito humano), conforme afirma Pereira da Silva, é resultado da "necessidade de repensar a posição do indivíduo na comunidade perante os novos desafios colocados com as modernas sociedades",[83] seguindo com a afirmação de que a realização da dignidade da pessoa exige, em cada novo momento histórico, um esforço de adaptação e de aprofundamento, que é determinado pelas concretas circunstâncias históricas.[84] O direito fundamental ao meio ambiente, nesse contexto, ajusta-se aos novos enfrentamentos históricos de natureza existencial postos pela degradação e poluição ambiental em prejuízo do pleno desenvolvimento da vida humana, no sentido de contemplar um complexo normativo mais abrangente (e de máxima eficácia jurídica e social) para a **tutela da vida e da dignidade da pessoa humana**. Portanto, é com razão que Vieira de Andrade aponta para "um sistema de direitos fundamentais em permanente transformação, de busca de um '**estatuto da humanidade**'",[85] a fim de contemplar a abertura histórica e cultural inerente à afirmação dos direitos fundamentais no âmbito jurídico, reconhecendo-se um **processo dialético em constante evolução**.

EVOLUÇÃO HISTÓRICA DOS DIREITOS FUNDAMENTAIS, DIREITOS DOS ANIMAIS E DIREITOS DA NATUREZA

A perspectiva da evolução histórica dos direitos fundamentais também conduz à **ampliação do círculo subjetivo de titularidade dos direitos fundamentais** ao longo do tempo, como já testemunhamos no passado em relação às mulheres, aos negros, aos indígenas, entre outros grupos sociais que tiveram a sua subjetividade e a sua condição de sujeito

---

[81] BOSSELMANN, Klaus. *Ökologische Grundrechte*: zum Verhältnis zwischen individueller Freiheit und Natur. Baden-Baden: Nomos Verlagsgesellschaft, 1998. p. 293.

[82] Apud BOSSELMANN, Klaus. Ökologische Grundrechte..., p. 293-294. Igualmente, v. VASAK, Karl. Pour une troisième génération des droits del'homme. *In*: SWINARSKI, Christophe (Edit.). *Etudes et essais sur le droit international humanitaire et sur les principes de la Croix-Rouge*. Haia: Martinus Nijhoff Publishers, 1984. p. 838-845.

[83] SILVA, Vasco Pereira da. Verdes são também os direitos do homem. *Revista Portugal-Brasil – Ano 2000*, p. 130.

[84] SILVA, Vasco Pereira da. Verdes são também os direitos do homem..., p. 130.

[85] VIEIRA DE ANDRADE, José Carlos. *Os direitos fundamentais na Constituição portuguesa de 1976*. 2. ed. Coimbra: Almedina, 2001. p. 65.

de direito e titular de direitos fundamentais negadas pelo ordenamento jurídico. Mais recentemente, o reconhecimento dos **direitos (fundamentais) dos animais e da Natureza** também se configura como mais uma etapa no processo contínuo de evolução histórica de ampliação do círculo subjetivo dos titulares de direitos fundamentais. Não obstante se tratar de um processo em curso e inacabado, a atribuição de direitos (fundamentais) aos animais e à Natureza é um processo cada vez mais consolidado tanto no âmbito do ordenamento jurídico internacional quanto no nacional e no comparado.

Klaus Bosselmann aponta para as duas dimensões (liberal e social) dos direitos humanos no contexto da sua evolução histórica, o que resulta consubstanciado nas duas maiores tradições políticas (o **pensamento liberal** e o **pensamento social**). A primeira resulta do liberalismo do século XVIII e da afirmação da ideia de liberdade individual, ao passo que a segunda marca os séculos XIX e XX por meio dos princípios democrático e social consignados na ideia de igualdade e solidariedade. O objetivo da Modernidade teria sido conceber o ser humano como indivíduo numa **sociedade livre, democrática e social**. No entanto, conforme alerta Bosselmann, "o tempo passou", e agora, não obstante os seres humanos continuarem sendo uma ameaça aos seus companheiros de espécie humana, eles também passaram a ser uma ameaça para as condições naturais da vida, o que demanda um **conceito alargado de solidariedade**, incorporando uma dimensão ecológica à já existente dimensão social para uma adequada compreensão dos direitos humanos.[86]

A constatação do jurista alemão é certeira, contemplando um novo caminhar cultural empregado pela humanidade na busca incessante por sua afirmação existencial em um patamar cada vez mais amplo de **bem-estar existencial (individual, social e ecológico)**. Hoje, é importante acrescentar, em razão das ameaças existenciais impostas pelas **mudanças climáticas** (ex.: maior frequência e intensidade dos episódios climáticos extremos), a concepção de bem-estar existencial deve igualmente contemplar uma dimensão climática, ou seja, um **bem-estar climático**.

A **Declaração de Estocolmo sobre Meio Ambiente Humano (1972)** da ONU constitui-se do marco histórico-normativo inicial da proteção ambiental, projetando pela primeira vez no horizonte jurídico internacional a ideia em torno de um *direito humano a viver em um meio ambiente equilibrado e saudável*, tomando a qualidade ambiental como elemento essencial para uma vida humana com dignidade e bem-estar.[87] No preâmbulo do diploma, está também a referência a que ambos os aspectos do meio ambiente do homem, natural ou construído, são essenciais ao bem-estar e ao gozo dos direitos humanos básicos, mesmo (e pode-se dizer principalmente) o próprio direito à vida (com dignidade e saúde). No seu Princípio 1, resultou inscrito que:

"**Princípio 1.** O homem tem o direito fundamental à liberdade, igualdade e adequadas condições de vida, num meio ambiente cuja qualidade permita uma vida de dignidade e bem-estar, e tem a solene responsabilidade de proteger e melhorar o meio ambiente, para a presente e as futuras gerações".

---

[86] BOSSELMANN, Klaus. Environmental rights and duties: the concept of ecological human rights. *In*: 10º CONGRESSO INTERNACIONAL DE DIREITO AMBIENTAL. *Anais*... São Paulo, 5-8 de junho de 2006. p. 12.

[87] Na doutrina, em artigo pioneiro sobre a consagração de um direito humano ao meio ambiente no Princípio 1 da Declaração de Estocolmo (1972), v. SOHN, Louis B. The Stockholm Declaration on the Human Environment. *The Harvard International Law Journal*, v. 14, n. 3, p. 423-515, 1973, bem como, a respeito da proteção ambiental no contexto do Direito Internacional dos Direitos Humanos, inclusive no que tange ao reconhecimento de um direito humano ao meio ambiente ecologicamente equilibrado, v. ANTON, Donald K.; SHELTON, Dinah L. *Environmental protection*..., especialmente p. 118 e ss.

Mais recentemente, a **Declaração e Programa de Ação de Viena (1993)**, promulgada no âmbito da 2ª Conferência Mundial sobre Direitos Humanos, também conferiu, no seu art. 11, destaque especial para a proteção ecológica na conformação do **direito humano ao desenvolvimento**, de modo a satisfazer as necessidades ambientais e de desenvolvimento das gerações presentes e futuras.

> "**Artigo 11. O direito ao desenvolvimento** deverá ser exercido de modo a satisfazer, de forma equitativa, as **necessidades ambientais** e de desenvolvimento das **gerações presentes e vindouras**. A Conferência Mundial sobre Direitos do Homem reconhece que a **descarga ilícita de substâncias e resíduos tóxicos e perigosos** representa potencialmente uma ameaça séria aos direitos do homem à vida e à saúde. Consequentemente, a Conferência Mundial sobre Direitos do Homem apela a todos os Estados que adoptem e cumpram, de forma vigorosa, as convenções em vigor relacionadas com a **descarga de substâncias e resíduos tóxicos e perigosos**, e que cooperem na **prevenção de descargas ilícitas** (...)."

Portanto, diferentemente do que constava da Declaração Universal dos Direitos Humanos (1948), e mesmo dos Pactos Internacionais de Direitos Humanos de Nova York (1966), o direito ao meio ambiente tomou acento de forma definitiva também no Direito Internacional dos Direitos Humanos, em razão da sua essencialidade à dignidade da pessoa humana, pilar de todo o sistema internacional de proteção dos direitos humanos. Tal marco jurídico internacional de proteção ecológica resultou consolidado, vinte anos após a Declaração de Estocolmo, em 1992, quando da Conferência das Nações Unidas (Eco-92), em que resultou proclamada a **Declaração do Rio sobre Meio Ambiente e Desenvolvimento (1992)**, que consigna, no seu **Princípio 1º**, que "os seres humanos estão no centro das preocupações com o desenvolvimento sustentável. Tem **direito a uma vida saudável e produtiva em harmonia com a Natureza**".

O **Protocolo de San Salvador** adicional à Convenção Americana sobre Direitos Humanos em Matéria de Direitos Econômicos, Sociais e Culturais (1988) reconheceu expressamente,, no seu art. 11, o *direito humano* a um meio ambiente sadio:

> "**Artigo 11 (Direito a um meio ambiente sadio)**.
> 1. Toda pessoa tem **direito a viver em meio ambiente sadio** e a contar com os serviços públicos básicos.
> 2. Os Estados-Partes promoverão a proteção, preservação e melhoramento do meio ambiente".

A **Carta dos Direitos Fundamentais da União Europeia (2000)**[88] estabeleceu, no seu art. 37, que "todas as políticas da União devem integrar um **elevado nível de proteção do meio ambiente** e a melhoria da sua qualidade, e assegurá-los de acordo com o princípio do desenvolvimento sustentável". Também no plano europeu (mas com países de fora da região também signatários), merece destaque a **Convenção de Aarhus sobre Acesso à Informação, Participação do Público no Processo de Tomada de Decisão e Acesso à Justiça em Matéria de Ambiente (1998)**, da Comissão Econômica para a Europa da ONU. O diploma trata dos **direitos ambientais de participação ou procedimentais** (acesso à informação, participação do público em processos

---

[88] A Carta dos Direitos Fundamentais da União Europeia foi "proclamada solenemente" pelo Parlamento Europeu, pelo Conselho da União Europeia e pela Comissão Europeia, em 7 de dezembro de 2000. No entanto, uma versão adaptada da Carta foi proclamada novamente em 12 de dezembro de 2007, em Estrasburgo. Em dezembro de 2009, com a entrada em vigor do Tratado de Lisboa, a Carta foi investida de efeito jurídico vinculativo em relação aos países signatários.

de decisão e acesso à justiça), assegurando concretização e efetividade ao direito fundamental ao meio ambiente. O reconhecimento do direito humano ao meio ambiente resulta consagrado no art. 1º da Convenção de Aarhus:

> "Art. 1º (Objetivo) – De forma a contribuir para a proteção do **direito que qualquer indivíduo, das gerações atuais ou futuras, tem de viver num ambiente adequado à sua saúde e bem-estar**, cada Parte garantirá os direitos de acesso à informação, participação do público no processo de tomada de decisão e acesso à justiça em matéria de ambiente, de acordo com as disposições desta Convenção".

Mais recentemente, a **Opinião Consultiva 23/2017 da Corte IDH**, sob o título **"Meio Ambiente e Direitos Humanos"**, tratou de assinalar um patamar mínimo de qualidade ambiental que se configura como premissa ao exercício dos demais direitos humanos, além, por certo, da existência de um direito humano ao meio ambiente sadio,[89] conforme consagrado, há três décadas, no art. 11 do Protocolo de San Salvador (1988).[90] Ademais, destacou o referido documento da Corte IDH que:

> 59. El **derecho humano a un medio ambiente sano** se ha entendido como un derecho con **connotaciones tanto individuales como colectivas**. En su dimensión colectiva, el derecho a un medio ambiente sano constituye un interés universal, que se debe tanto a las generaciones presentes y futuras. Ahora bien, el derecho al medio ambiente sano **también tiene una dimensión individual**, en la medida en que su vulneración puede tener repercusiones directas o indirectas sobre las personas debido a su conexidad con otros derechos, tales como el derecho a la salud, la integridad personal o la vida, entre otros. La degradación del medio ambiente puede causar daños irreparables en los seres humanos, por lo cual un medio ambiente sano es un **derecho fundamental para la existencia de la humanidad**.
>
> 58. Este Tribunal resalta que el **derecho a un medio ambiente sano** está reconocido explícitamente en las legislaciones internas de diversos Estados de la región*, así como en algunas **normas del *corpus iuris* internacional**, adicionales al **Protocolo de San Salvador** mencionado previamente (supra párr. 56), tales como la **Declaración Americana sobre los Derechos de los Pueblos Indígenas**; la **Carta Africana de Derechos Humanos y de los Pueblos**, la **Declaración de Derechos Humanos de la Asociación de Naciones del Sudeste de Asia** y la **Carta Árabe de Derechos Humanos**.
>
> *Las constituciones de los siguientes Estados consagran el derecho a un medio ambiente sano: (1) Consitución de la Nación Argentina, art. 41; (2) Constitución Política del Estado de Bolivia, art. 33; (3) Constitución de la República Federativa del Brasil, art. 225; (4) Constitución Política de la República de Chile, art. 19; (5) Constitución Política de Colombia, art. 79; (6) Constitución Política de Costa Rica, art. 50; (7) Constitución de la República del Ecuador, art. 14; (8) Constitución de la República de El Salvador, art. 117; (9) Constitución Política de la República de Guatemala, art. 97; (10) Constitución Política de los Estados Unidos Mexicanos, art. 4; (11) Constitución Política de Nicaragua, art. 60; (12) Constitución Política de la República de Panamá, arts. 118 y 119; (13) Constitución Nacional de la República de Paraguay, art. 7; (14) Constitución Política del Perú, art. 2; (15) Constitución de la República Dominicana, arts. 66 y 67, y (16) Constitución de la República Bolivariana de Venezuela, art. 127.

---

[89] Disponível em: http://www.corteidh.or.cr/docs/opiniones/seriea_23_esp.pdf.

[90] Na doutrina, sobre a temática meio ambiente e direitos humanos, v. BEYERLIN, Ulrich. Umweltschutz und Menschenrechte. *Zeitschrift für ausländisches öffentliches Recht und Völkerrecht* (ZaöRV), p. 525-541, 2005. Disponível em: http://www.zaoerv.de/65_2005/65_2005_3_a_525_542.pdf.

Os direitos fundamentais de terceira dimensão (ou direitos de solidariedade) possuem como característica particular a **titularidade marcadamente transindividual ou difusa**, revelando um conteúdo que transcende, na grande maioria das vezes, os interesses do indivíduo, dos grupos sociais e, em alguns casos, até mesmo as comunidades dos Estados nacionais. Tal compreensão resulta clara quando nos referimos à ideia de **patrimônio comum da humanidade**,[91] ou seja, quando determinados sítios, em razão da excepcional importância cultural ou natural que representam, transcendem a perspectiva da nacionalidade ou região originária a que estão vinculados e deixam de pertencer e interessar unicamente a determinado grupo humano, passando a integrar e representar um patrimônio de toda a humanidade. Outro aspecto importante do direito fundamental ao meio ambiente, alinhado à **perspectiva global ou planetária da questão ecológica**, conforme se pode apreender do exemplo citado, diz respeito à indivisibilidade do seu objeto, já que, por exemplo, a qualidade ambiental é um bem de natureza preponderantemente difusa, compreendendo o equilíbrio de todo o ecossistema natural, sem possibilidade de ser compartimentada.

O direito fundamental ao meio ambiente, em sintonia com a sua natureza transindividual, apresenta um **caráter transfronteiriço ou supraterritorial**, o que se dá, muitas vezes, em razão da globalidade da degradação e poluição ambiental, revelando as **limitações dos próprios Estados nacionais** de lidarem com alguns problemas ecológicos, como ocorre, por exemplo, no caso do aquecimento global, perda da biodiversidade e da poluição química. Tal entendimento, igualmente nos conduz a repensar e relativizar o conceito clássico de **soberania das Nações** em relação aos recursos naturais existentes nos seus territórios. A partir de tal perspectiva, compreende-se com maior clareza por que os direitos de terceira dimensão, e especialmente o direito ao meio ambiente, são denominados usualmente como **direitos de solidariedade ou fraternidade**, já que transportam implicações de **escala global e universal**, exigindo, em decorrência disso, esforços e responsabilidades em escala até mesmo mundial para a sua efetivação e devida proteção. Igualmente, ganha cada vez mais importância a ideia em torno de uma **governança planetária** dos denominados "bens comuns globais" (*Global Commons*).[92]

Os direitos fundamentais de terceira dimensão distinguem-se, em alguns aspectos, dos direitos fundamentais de primeira (civis e políticos) e de segunda (sociais, culturais e econômicos) dimensões, que têm, em regra, a sua titularidade individualizada ou ao menos individualizável.[93] A marca distintiva dos direitos de terceira dimensão reside, portanto, basicamente na sua **natureza transindividual**, com **titularidade** muitas vezes indefinida e indeterminável, conforme trataremos com mais detalhes em tópico específico, o que se revela especialmente no direito ao meio ambiente, reclamando novas técnicas de garantia e proteção. No entanto,

---

[91] Com relação aos locais identificados como patrimônio comum da humanidade, há florestas, cordilheiras, lagos, desertos, edifícios ou cidades, especificamente classificados pela Organização das Nações Unidas para Cultura, Ciência e Educação (UNESCO). O programa foi fundado pela Convenção sobre Proteção do Patrimônio Cultural e Natural, adotado pela Conferência Geral da UNESCO, de 16 de novembro de 1972. Em 2009, um total de 885 sítios estava listado, sendo 684 culturais, 176 naturais e 25 mistos, em 148 países diferentes ao redor do Planeta. Disponível em: http://whc.unesco.org/en/list.

[92] BOSSELMANN, Klaus. *Earth Governance*: Trusteeship of the Global Commons. Massachusetts: Edward Elgar Publishing, 2015.

[93] Apesar da distinção sugerida *supra*, que é adequada especialmente para fins didáticos, é oportuno advertir que os direitos sociais também tomam a forma de interesses ou direitos difusos, como ocorre, por exemplo, no caso da saúde e da educação, quando determinada medida judicial ou mesmo extrajudicial é tomada de modo a atender toda uma coletividade indistinta de pessoas. Tal situação hipotética ocorreria no âmbito de uma ação civil pública proposta pelo Ministério Público ou pela Defensoria Pública para ampliar os leitos de um hospital ou as vagas disponíveis em determinada creche ou escola, sem que se objetivasse beneficiar qualquer pessoa de forma individualizada. Os direitos sociais mencionados nos exemplos referidos tomariam a forma, no nosso entender, indiscutivelmente, de direitos ou interesses de natureza difusa.

o direito ao meio ambiente, em que pese a habitual presença – e mesmo preponderância – do interesse difuso, não deixa de objetivar também a **proteção da vida e da qualidade de vida do homem na sua individualidade**.[94] Se tomarmos em consideração possíveis distinções dos direitos fundamentais de terceira dimensão, notadamente do direito ao meio ambiente, em comparação com os direitos fundamentais de primeira e segunda dimensão, podemos considerar a maior semelhança do seu conteúdo com os últimos, o que se dá em razão de o objeto do direito em si, especialmente quando o destinatário for o Estado, implicar, na maioria das vezes, a adoção de **medidas de natureza prestacional ou positiva** (por exemplo, promover políticas públicas ambientais, fiscalizar e reprimir práticas poluidoras etc.) por parte do ente estatal, à semelhança do que ocorre com os direitos sociais, não obstante a possibilidade também de se exigir **conduta negativa do Estado** para se evitar lesão ou ameaça de lesão ao direito ao ambiente, o que pode ocorrer quando o próprio ente estatal é o responsável por empreendimento com potencial de degradação ambiental (por exemplo, construção de rodovias, hidrelétricas etc.).

O STF, alinhado com tal entendimento, reconheceu, no julgamento do MS 22.164/SP, o direito ao meio ambiente como *direito fundamental de terceira dimensão* à luz de uma perspectiva histórico-evolutiva dos direitos fundamentais (1ª dimensão – direitos civis e políticos; 2ª dimensão – direitos econômicos, sociais e culturais; e 3ª dimensão – direito ao meio ambiente, entre outros), contemplando o princípio da solidariedade como fundamento axiológico para tal categoria de direitos fundamentais. Na mesma decisão, é possível extrair a consagração dos três princípios da Revolução Francesa (liberdade, igualdade e solidariedade ou fraternidade) espelhados, respectivamente, nas dimensões dos direitos fundamentais, caracterizando a passagem do Estado Liberal ao Estado Ecológico de Direito. No seu voto, o Ministro Celso de Mello refere à ideia de titularidade coletiva consubstanciada no **direito à integridade do meio ambiente**, como direito fundamental de terceira geração, que expressa um "poder atribuído não ao indivíduo identificado em sua singularidade, mas, num sentido verdadeiramente mais abrangente, à própria coletividade social", sendo, inclusive, conferido "genericamente a todas as formações sociais". O Ministro destaca ainda que os direitos de terceira dimensão, com base no **princípio da solidariedade**, constituem um momento importante no "**processo de desenvolvimento, expansão e reconhecimento dos direitos humanos**, caracterizados, enquanto valores fundamentais indisponíveis, pela nota de uma essencial **inexauribilidade**".

JURISPRUDÊNCIA STF. O direito ao meio ambiente como direito fundamental de terceira dimensão (ou geração): "A QUESTÃO DO **DIREITO AO MEIO AMBIENTE ECOLOGICAMENTE EQUILIBRADO – DIREITO DE TERCEIRA GERAÇÃO** – PRINCÍPIO DA SOLIDARIEDADE. O direito à integridade do meio ambiente – típico direito de terceira geração – constitui prerrogativa jurídica de titularidade coletiva, refletindo, dentro do processo de afirmação dos direitos humanos, a expressão significativa de um poder atribuído não ao indivíduo identificado em sua singularidade, mas, num sentido verdadeiramente mais abrangente, a própria coletividade social. Enquanto os direitos de primeira geração (Direito Civis e Políticos) – que compreendem as **liberdades clássicas, negativas ou formais** – realçam o **princípio da liberdade** e os direitos de segunda geração (Direitos Econômicos, Sociais e Culturais) – que se identificam com as **liberdades positivas, reais ou concretas** – acentuam o **princípio da igualdade**, os direitos de terceira geração, que materializam poderes de titularidade coletiva atribuídos genericamente a todas as formações sociais, consagram o **princípio da solidariedade** e constituem um momento importante no processo de desenvolvimento, expansão e reconhecimento dos direitos humanos, caracterizados, enquanto valores fundamentais indisponíveis, pela nota de uma essencial inexauribilidade" (STF, MS 22.164/SP, Rel. Min. Celso de Mello, j. 30.10.1995).

---

[94] SARLET, Ingo Wolfgang. *A eficácia dos direitos fundamentais...*, p. 54.

A grande problemática de ambos os sistemas internacionais e nacionais de tutela e promoção do meio ambiente e dos direitos fundamentais, de modo geral, resulta na sua implementação, mormente o avanço doutrinário e jurisprudencial no tocante ao reconhecimento da proteção ecológica como direito fundamental. Apesar de belas constituições, legislações, declarações e documentos internacionais que exaltam a importância máxima dos direitos humanos e fundamentais, no momento da sua efetivação, os seus conteúdos se esvaziam e não saem do plano formal (literalmente, do papel!).[95] Em passagem clássica da sua obra, o eminente jurista italiano Norberto Bobbio afirma, em tom crítico, que:

> "a maior parte dos direitos sociais, os chamados direitos de segunda geração, que são exibidos brilhantemente em todas as declarações nacionais e internacionais, permaneceu no papel. O que dizer dos **direitos de terceira e de quarta geração?** A única coisa que até agora se pode dizer é que são expressão de aspirações ideais, às quais o nome de 'direitos' serve unicamente para atribuir um título de nobreza. Proclamar o direito dos indivíduos, não importa em que parte do mundo se encontrem (os direitos do homem são por si mesmos universais), de **viver num mundo não poluído** não significa mais do que expressar a aspiração a obter uma futura legislação que imponha **limites ao uso de substâncias poluentes**. Mas uma coisa é proclamar esse direito, outra é desfrutá-lo efetivamente. A linguagem dos direitos tem indubitavelmente uma grande função prática, que é emprestar uma força particular às **reivindicações dos movimentos** que demandam para si e para os outros a satisfação de **novos carecimentos materiais e morais**; mas ela se torna enganadora se obscurecer ou ocultar a diferença entre o direito reivindicado e o direito reconhecido e protegido. Não se poderia explicar a contradição entre a literatura que faz a apologia da era dos direitos e aquela que denuncia a massa dos 'sem-direitos'. Mas os direitos de que fala a primeira são somente os proclamados nas instituições internacionais e nos congressos, enquanto os direitos de que fala a segunda são aqueles que a esmagadora maioria da humanidade não possui de fato (ainda que sejam solene e repetidamente proclamados)".[96]

Há grande **déficit de efetivação** do regime jurídico-constitucional ecológico no contexto brasileiro. Na medida em que não há esforços públicos e privados adequados e suficientes para a sua efetivação, muito embora um **bloco normativo constitucional e infraconstitucional ecológico** satisfatório, os direitos fundamentais não passam de meras "aspirações ideais", não alcançando um patamar de direitos propriamente ditos, uma vez que o seu desfrute se circunscreve a um número muito limitado de pessoas. Essa é a grande aporia da civilização contemporânea, que, por ora, não encontra solução minimamente satisfatória, não obstante o esforço de muitos para a modificação de tal realidade degradadora do regime jurídico de proteção da vida e da dignidade humana e, mais recentemente, também dos animais não humanos e da Natureza em si.

---

[95] Conforme reflexão de Benjamin a respeito do tema: "no Brasil, temos sim a estrutura formal/procedimental e substantiva de Estado de Direito Ambiental, pelo menos na literalidade da Constituição e das leis. Cuida-se, todavia, de entidade cambaleante, pela má-implementação; insegura, pelas pressões e ataques ilegítimos que sofre; assustada, por episódios de ameaça e assassinato de defensores do ambiente; imprevisível, por deficiência de recursos humanos e financeiros dos órgãos de controle; e inconfiável, por graves e contumazes incidentes de corrupção, clientelismo e letargia". BENJAMIN, Antonio H. Reflexões sobre a qualidade da legislação ambiental brasileira. FAVRETO, Fabiana; LIMA, Fernando de Oliveira e Paula; RODRIGUES; Juliana Deléo; GRESTA, Roberta Maia; BURGOS, Rodrigo de Macedo e (coord.). *Direito público e democracia*: estudos em homenagem aos 15 anos do Ministro Benedito Gonçalves no STJ. Belo Horizonte: Fórum, 2023. p. 180 (p. 175-194).

[96] BOBBIO, Norberto. *A era dos direitos...*, p. 9-10.

4.1.1 Direito fundamental ao clima limpo, estável e seguro (ou à integridade do sistema climático)

"O **ar com certo padrão de pureza** é, pois, **indispensável à vida humana**. Há um limite de tolerância à contaminação atmosférica, além do qual as concentrações de poluentes podem afetar a **saúde**, a **segurança** e o **bem-estar da população** e causar dano à flora e à fauna, ao meio ambiente em geral". (**José Afonso da Silva**)[97]

"Reconhecendo que as **mudanças climáticas** são uma **preocupação comum da humanidade**, as Partes devem, ao tomar medidas para enfrentar as mudanças climáticas, respeitar, promover e considerar suas respectivas obrigações em relação aos **direitos humanos**, o direito à saúde, os direitos dos povos indígenas, comunidades locais, migrantes, crianças, pessoas com deficiência e **pessoas em situações de vulnerabilidade** e o direito ao desenvolvimento, assim como a igualdade de gênero, o empoderamento das mulheres e a equidade intergeracional." (Preâmbulo do **Acordo de Paris de 2015**)

"As mudanças climáticas representam uma ameaça existencial e levantam questões de direitos humanos." (**Tribunal Internacional sobre o Direito do Mar**)[98]

"(...) é forçoso concluir pela existência de um estado de coisas ainda inconstitucional na proteção e preservação da Floresta Amazônica, em trânsito para a constitucionalidade, acoplando-se a essa declaração medidas remediais que permitam superar esse cenário e efetivar os **direitos e os deveres fundamentais** ambientais, ecológicos e **climáticos**." (**Ministro Luiz Fux**)[99]

A passagem transcrita anteriormente do Preâmbulo do Acordo de Paris (2015) é ilustrativa para reconhecer a relação entre **mudanças climáticas** e **direitos fundamentais** (e **direitos humanos**, pela ótica internacional), notadamente pela interdependência e indivisibilidade que permeiam o regime jurídico jusfundamental. A crise climática representa um dos maiores desafios em termos civilizatórios, tanto em escala global quanto nacional (regional e local), para a proteção e promoção dos direitos fundamentais. Não por outra razão os sistemas internacionais (global e regionais) de proteção dos direitos humanos têm se encarregado cada vez mais de abordar a violação a direitos humanos no contexto das mudanças climáticas, como, por exemplo, na questão dos **refugiados e deslocados climáticos**, fenômeno, aliás, que se verifica tanto no contexto internacional quanto nacional como consequência de episódios climáticos extremos cada vez mais frequentes e intensos (ex.: secas, inundações, deslizamentos de terras, incêndios florestais etc.). A vida, o bem-estar e a dignidade humanas – e todo o espectro de direitos fundamentais (arts. 5º, 6º e 225 da CF/1988) – dependem da salubridade, segurança e integridade do sistema climático para a sua salvaguarda adequada em termos constitucionais.

Para além de uma dimensão ecológica, já consagrada em termos doutrinários[100] e jurisprudenciais[101], o **princípio da dignidade humana** também passa a contemplar uma **dimensão**

---

[97] SILVA, José Afonso da. *Direito constitucional ambiental*. 4. ed. São Paulo: Malheiros, 2002. p. 109.
[98] Opinião Consultiva sobre "Mudanças Climáticas e Direito Internacional" (2024) do Tribunal Internacional sobre o Direito do Mar (ITLOS).
[99] Passagem do voto do Min. Luiz Fux na ADPF 760/DF (Caso PPCDAM): STF, ADPF 760/DF, Tribunal Pleno, Rel. Min. Cármen Lúcia, Red. Acórd. Min. André Mendonça, j. 14.03.2024.
[100] SARLET; FENSTERSEIFER, *Direito constitucional ecológico...*, p. 118-125.
[101] A Ministra Carmen Lúcia, no seu voto-relator lançado na ADPF 760/DF (Caso PPCDAm), em 06.04.2022, durante o julgamento (ainda não concluído) da denominada "pauta verde" pelo STF – que inclui também

climática, como medida inescapável para o seu resguardo diante da crise ecológica contemporânea vivenciada no Antropoceno. Ademais, a crise climática impõe ao regime jurídico constitucional o reconhecimento de uma **dimensão intertemporal** de proteção da vida e dignidade humana, uma vez que o maior risco existencial colocado pelas mudanças climáticas se encontra no futuro, muito embora também já produza seus efeitos nefastos no presente. É sobretudo a vida, a dignidade e os direitos fundamentais das gerações mais jovens – por exemplo, crianças e adolescentes, tão bem simbolizados pelos estudantes do Movimento *Fridays for Future*, como a estudante sueca Greta Thunberg – e das gerações futuras que se encontram (mais) ameaçados pelas mudanças climáticas, por exemplo, se ultrapassarmos o aumento de 1,5ºC na temperatura global (a contar do período pré-industrial), conforme apontam os relatórios do IPCC.

Mais recentemente, para ilustrar a importância desse debate sobre a justiça climática entre diferentes gerações humanas em âmbito constitucional, merece registro o **Caso Neubauer e Outros v. Alemanha** julgado pelo Tribunal Constitucional Federal da Alemanha (BVerfG) no primeiro semestre do ano de 2021. As reclamações constitucionais que provocaram a decisão da Corte foram ajuizadas por um grupo de nove pessoas, na sua maioria jovens – entre os quais a ativista alemã Luisa Neubauer do movimento estudantil *Frydays for Future* –, os quais foram apoiados por diversas entidades ambientalistas. Entre os autores, há inclusive alguns residentes em outros países, como Nepal e Bangladesh, este último um dos países mais vulneráveis ao aumento do nível do mar derivado das mudanças climáticas. Entre diversos argumentos suscitados na petição dos autores, destacam-se as supostas violações ao **direito fundamental a um futuro em conformidade com a dignidade humana** (*menschenwürdige Zukunft*) e ao **direito fundamental ao mínimo existencial ecológico** (*ökologisches Existenzminimum*).

Na ocasião, o Tribunal reconheceu a violação aos deveres estatais de proteção ambiental e climática no âmbito da Lei Federal sobre Proteção Climática (*Klimaschutzgesetz – KSG*) de 2019, a qual, segundo a Corte, teria distribuído de modo desproporcional – entre as gerações presentes e as gerações mais jovens e futuras – o ônus derivado das **restrições a direitos fundamentais** (em especial, ao direito à liberdade) decorrentes da regulamentação das emissões de gases do efeito estufa ao prever metas de redução tão somente até o ano de 2030. Ao fazer isso, o legislador alemão teria se omitido em relação ao período subsequente, ou seja, relativamente às metas de redução até 2050, ano em que o diploma climático objetiva atingir a **neutralidade climática**. Na fundamentação da decisão, o Tribunal reconheceu que o **direito fundamental à liberdade** possui uma **dimensão inter ou transgeracional**, a qual deve ser protegida pelo Estado e se expressa por meio de **garantias intertemporais de liberdade** (*intertemporale Freiheitssicherung*).

Ao reconhecer a inconstitucionalidade de dispositivos da legislação climática alemã, o Tribunal consignou que o **legislador violou seu dever**, decorrente do **princípio da proporcionalidade**, de assegurar que a **redução das emissões de** CO_2 ao ponto da neutralidade climática – que é constitucionalmente necessária nos termos do art. 20a da Lei Fundamental alemã – "seja distribuída ao longo do tempo de uma forma prospectiva que respeite os direitos fundamentais (...)". Ainda de acordo com o Tribunal, "(...) respeitar a **liberdade futura** exige que a transição para a **neutralidade climática** seja iniciada em tempo hábil. Em todas as áreas da vida – produção, serviços, infraestrutura, administração, cultura, consumo, basicamente todas as atividades que atualmente ainda são relevantes para o CO_2 –, os desenvolvimentos precisam ser iniciados para **garantir que, no futuro**, ainda se possa fazer uso significativo da **liberdade protegida pelos direitos fundamentais**".

---

as ADO 54, ADPFs 735 e 651 e ADIs 6148 e 6808 – reconheceu expressamente o "princípio da dignidade ambiental", ao consignar que: "como é função do Estado brasileiro guardar e resguardar a Floresta Amazônica, os direitos dos povos indígenas e de todos os brasileiros e gentes do tempo presente e do futuro, titulares do direito à dignidade ambiental que é inerente à existência digna". STF, ADPF 760/DF, Tribunal Pleno, Rel. Min. Cármen Lúcia, Redator p/ acórdão Min. André Mendonça, j. 14.03.2024.

Tanto o art. 20a da Lei Fundamental de Bonn (1949) quanto o art. 225 da CF/1988 consagraram expressamente a proteção e salvaguarda dos **interesses e direitos das futuras gerações**, reforçando, assim, o regime jurídico de proteção ecológica e a caracterização de **deveres estatais climáticos**. É o **direito ao futuro**[102] – e, em particular, o exercício dos direitos fundamentais no futuro – que está em jogo, como resultou consignado na decisão referida do Tribunal Constitucional Federal alemão. Pode-se até mesmo suscitar certa **sub-representação político-democrática** dos interesses e direitos das **gerações mais jovens** no Estado Constitucional contemporâneo, dado que não elegem diretamente os líderes políticos encarregados de tomar as decisões voltadas à proteção climática no presente. Igual situação de sub-representação política de interesses também se aplica às **futuras gerações** que ainda estão por nascer, mormente protegidas expressamente pelo *caput* do art. 225 da CF/1988.

A **Assembleia Geral da ONU**, por meio da recente **Resolução A/76/L.75 (2022)**, ao reconhecer de modo histórico o **direito humano ao meio ambiente limpo, saudável e sustentável** (*"the human right to a clean, healthy and sustainable environment"*), consignou justamente a ameaça que a crise ecológica – e climática, em particular – representa para o gozo futuro dos direitos humanos pelas gerações vindouras ao assinalar que: "reconhecendo ainda que a degradação ambiental, as **mudanças climáticas**, a perda da biodiversidade, a desertificação e o desenvolvimento insustentável constituem algumas das mais **urgentes e sérias ameaças à possibilidade de as gerações** presentes e **futuras** usufruírem efetivamente de todos os **direitos humanos**".

De tal sorte, nos parece cada vez mais necessário e bem fundamentado o reconhecimento de um **direito fundamental ao clima limpo, saudável e seguro** (ou **direito fundamental à integridade do sistema climático**) como corolário lógico dos últimos desenvolvimentos – doutrinários, legislativos e jurisprudenciais – verificados na matéria, tanto no campo do Direito Constitucional – e da Teoria dos Direitos Fundamentais[103] – quanto do Direito Internacional dos Direitos Humanos. Ainda que o **direito ao ar limpo** possa ser presumido como conteúdo abrangido pelo direito ao meio ambiente limpo, a gravidade da crise climática – e, por óbvio, todo o desenvolvimento e especialização verificado nas últimas décadas no campo do **Direito Climático** ou **Direito das Mudanças Climáticas** – reforçam a necessidade de assegurar maior autonomia e visibilidade jurídica ao direito (humano e fundamental) a viver em um clima limpo, saudável e seguro.

O reconhecimento de um "**direito humano ao ar limpo**" e as **obrigações estatais climáticas** correlatas foram expressamente abordadas no "Informe sobre a Questão das Obrigações de Direitos Humanos Relacionadas com o Gozo de um Meio Ambiente Seguro, Limpo, Saudável e Sustentável" (**A/HRC/40/55**), elaborado pelo Relator Especial sobre Direitos Humanos e Meio Ambiente do **Alto Comissariado de Direitos Humanos da ONU**, David R. Boyd, divulgado no início de 2019[104]. Segundo aponta o documento,

> "A má **qualidade do ar** tem implicações para uma ampla gama de **direitos humanos**, incluindo os direitos à vida, à saúde, à água, à alimentação, à moradia e a um padrão de vida adequado. A poluição do ar também viola claramente o direito a um meio ambiente saudável e sustentável. Embora a Assembleia Geral tenha adotado numerosas resoluções

---

[102] V., aqui por todos, FREITAS, Juarez. *Sustentabilidade*: o direito ao futuro. Belo Horizonte: Fórum, 2011.

[103] O entendimento em questão é por nós sustentado nas últimas edições das obras que seguem: SARLET; FENSTERSEIFER, *Direito constitucional ecológico...*, p. 74-77; e SARLET; FENSTERSEIFER, *Curso de direito ambiental...*, p. 318-320.

[104] Os demais informes e documentos elaborados pela Relatoria Especial sobre Direitos Humanos e Meio Ambiente do Alto Comissariado de Direitos Humanos da ONU encontram-se disponíveis em: https://www.ohchr.org/en/Issues/environment/SRenvironment/Pages/SRenvironmentIndex.aspx.

sobre o direito à água limpa, ela nunca adotou uma resolução sobre o direito ao ar limpo. Claramente, se há um direito humano à água limpa, deve haver um **direito humano ao ar limpo**. Ambos são essenciais para a **vida, saúde, dignidade e bem-estar**".[105]

A Resolução A/HRC/48/L.23/Rev.1 do **Conselho de Direitos Humanos da ONU**, adotada pouco antes da COP 26 de Glasgow em 2021, em entendimento idêntico ao adotado para Assembleia Geral da ONU antes referido, reconheceu o direito ao meio ambiente seguro, limpo, saudável e sustentável como um **direito humano autônomo**. O texto da Resolução estabeleceu a seguinte previsão: "1. Reconhece o direito a um meio ambiente seguro, limpo, saudável e sustentável como um direito humano importante para o disfrute dos direitos humanos (...)". Na mesma ocasião, por meio da Resolução A/HRC/48/L.27, o Conselho de Direitos Humanos estabeleceu a criação de uma **Relatoria Especial sobre Direitos Humanos e Mudanças Climáticas**, reforçando, igualmente, a natureza de direito humano inerente ao **direito a desfrutar de um clima limpo, seguro e estável**.

No Sistema Regional Interamericano de Proteção dos Direitos Humanos[106], a **Opinião Consultiva 23/2017** sobre "Meio Ambiente e Direitos Humanos" da **Corte IDH**[107] igualmente assinalou a vinculação entre a proteção dos direitos humanos e as mudanças climáticas: "Esta Corte ha reconocido la existencia de una relación innegable entre la protección del medio ambiente y la realización de otros derechos humanos, en tanto la degradación ambiental y **los efectos adversos del cambio climático** afectan el goce efectivo de los pueblos indígenas con la protección del medio ambiente". (par. 47) "(...) Por su parte, la Comisión Interamericana ha resaltado que varios derechos de rango fundamental requieren, como una precondición necesaria para su ejercicio, una calidad medioambiental mínima, y se ven afectados en forma profunda por la degradación de los recursos naturales. En el mismo sentido, la Asamblea General de la OEA ha reconocido la estrecha relación entre la protección al medio ambiente y los derechos humanos (supra párr. 22) y destacado que **el cambio climático produce efectos adversos en el disfrute de los derechos humanos** (par. 49)."

No direito estrangeiro, destaca-se a consagração expressa do **direito ao equilíbrio climático** na **Lei de Bases do Clima (Lei 98/2021)** da República Portuguesa. Ainda que não consagrado expressamente no plano constitucional, a adoção pelo legislador infraconstitucional português da fórmula de "direito" e "dever" para o regime jurídico de proteção climática significa importante avanço na disciplina do Direito Climático. A previsão do art. 5º estabelece o contorno normativo e âmbito de proteção do direito ao equilíbrio climático, o qual se caracteriza por meio de uma **dimensão material**, ou seja, como **direito de defesa** contra os impactos negativos das alterações climáticas provenientes ações ou omissões de entidades públicas e privadas, bem como no **poder de exigir** de tais entidades o cumprimento de deveres e obrigações a que se encontram vinculadas em matéria climática, inclusive sob a forma de **direito à prestação** (ex.: **medidas de mitigação e adaptação**).

---

[105] RELATOR ESPECIAL SOBRE DIREITOS HUMANOS E MEIO AMBIENTE DO ALTO COMISSARIADO DE DIREITOS HUMANOS DA ONU. *Informe sobre a Questão das Obrigações de Direitos Humanos Relacionadas com o Gozo de um Meio Ambiente Seguro, Limpo, Saudável e Sustentável (A/HRC/40/55)*, 2019, par. 44, p. 9. Disponível em: https://documents-dds-ny.un.org/doc/UNDOC/GEN/G19/002/57/PDF/G1900257.pdf?OpenElement.

[106] A Assembleia Geral da Organização dos Estados Americanos (OEA) adotou, na sua quarta sessão plenária, realizada em 3 de junho de 2008, a Resolução "Direitos Humanos e Mudança Climática nas Américas" (AG/RES. 2429 XXXVIIIO/08).

[107] No início de 2023, o Chile e a Colômbia apresentaram à Secretaria da Corte IDH um pedido de opinião consultiva sobre "Emergência Climática e Direitos Humanos". Disponível em: https://www.corteidh.or.cr/solicitud_opiniones_consultivas.cfm.

O diploma climático português consagrou também uma **dimensão procedimental** inerente ao direito ao equilíbrio climático, por meio do reconhecimento, no seu art. 6º (com a complementação dos arts. 8º e 9º), dos **direitos climáticos de participação**: acesso à informação, participação pública na tomada de decisão e acesso à justiça em matéria climática. Por fim, a legislação climática portuguesa reconhece, no seu art. 7º, os **deveres (dos particulares) em matéria climática** e a concepção de **cidadania climática**, de modo a reforçar um regime (jurídico e político) de feição democrático-participativo para a salvaguarda da integridade do sistema climático.

CAPÍTULO II
DIREITOS E DEVERES CLIMÁTICOS

Artigo 5º
Direito ao equilíbrio climático

1 – Todos têm direito ao equilíbrio climático, nos termos constitucional e internacionalmente estabelecidos.

2 – O direito ao equilíbrio climático consiste no direito de defesa contra os impactes das alterações climáticas, bem como no poder de exigir de entidades públicas e privadas o cumprimento dos deveres e das obrigações a que se encontram vinculadas em matéria climática.

Artigo 6º
Direitos em matéria climática

1 – Todos gozam dos direitos de intervenção e participação nos procedimentos administrativos relativos à política climática, nos termos da lei.

2 – É ainda garantida a tutela plena e efetiva dos direitos e interesses legalmente protegidos em matéria climática, incluindo, nomeadamente:

a) O direito de ação para defesa de direitos subjetivos e interesses legalmente protegidos e para o exercício do direito de ação pública e de ação popular;

b) O direito a promover a prevenção, a cessação e a reparação de riscos para o equilíbrio climático;

c) O direito a pedir a cessação imediata da atividade causadora de ameaça ou dano ao equilíbrio climático.

Artigo 7º
Deveres em matéria climática

1 – Todos têm o dever de proteger, preservar, respeitar e assegurar a salvaguarda do equilíbrio climático, contribuindo para mitigar as alterações climáticas.

2 – A cidadania climática consiste no dever de contribuir para a salvaguarda do equilíbrio climático, cabendo ao Estado promovê-la nos planos político, técnico, cultural, educativo, econômico e jurídico.

O desenvolvimento progressivo de um regime jurídico, tanto no campo constitucional quanto internacional e estrangeiro, em torno da proteção climática é indiscutível. Os exemplos citados dão conta disso. Mas, a nosso ver, o aspecto mais inovador verificado recentemente diz respeito ao entrelaçamento entre a proteção climática e a proteção dos direitos humanos (e dos direitos fundamentais, pela ótica constitucional). Recentemente, o Tribunal Internacional sobre o Direito do Mar (ITLOS), por meio da sua Opinião Consultiva sobre "Mudanças Climáticas e Direito Internacional" (2024), reconheceu expressamente que: "as mudanças climáticas representam uma ameaça existencial e levantam questões de direitos humanos".

Em sintonia com o que se verifica no contexto internacional – Sistema Global da ONU e Sistema Regional Interamericano –, o regime constitucional de proteção ecológica no Brasil tem avançado significativamente no reconhecimento de uma dimensão climática, com franco desenvolvimento doutrinário, legislativo e jurisprudencial acerca, por exemplo, da caracterização de um direito fundamental ao clima limpo, saudável e seguro e dos correlatos deveres estatais de proteção climática. O STF, nesse sentido, parece despertar aos poucos para o reconhecimento não apenas de deveres estatais de proteção climática, como resultou consagrado de forma paradigmática na decisão proferida na ADPF 708/DF (Caso Fundo Clima), mas igualmente para a consagração de direitos e deveres fundamentais climáticos, como verificado de forma pioneira na passagem do voto do Ministro Fux na ADPF 760/DF (Caso PPCDAm), citado na epígrafe desde tópico, em que assinalou, no contexto da proteção da Floresta Amazônica, a necessidade de efetivação dos "**direitos e os deveres fundamentais** ambientais, ecológicos e **climáticos**".[108]

> **ENUNCIADOS APROVADOS NA I JORNADA DE DIREITO DO PATRIMÔNIO CULTURAL E NATURAL DO CONSELHO DA JUSTIÇA FEDERAL (2023)**
>
> ENUNCIADO 1 – O direito fundamental ao ambiente saudável e ao sistema climático, de que são titulares as presentes e futuras gerações, é condição *sine qua non* para gozo dos direitos culturais e para acesso aos bens que os compõem. Para tal, é imprescindível o combate às injustiças ambientais e a qualquer outra forma de discriminação, bem como a assunção de compromissos solidários e compensação financeira, até mesmo tributária, pelas regiões mais desenvolvidas em favor das menos desenvolvidas.

4.2 A dupla perspectiva subjetiva e objetiva dos direitos fundamentais e o direito fundamental ao meio ambiente

4.2.1 Breves considerações sobre a distinção entre a perspectiva subjetiva e a perspectiva objetiva dos direitos fundamentais

Os direitos fundamentais, conforme a lição clássica de Konrad Hesse, apresentam um caráter duplo, ou seja, atuam simultaneamente como "direitos subjetivos" e como "elementos fundamentais da ordem objetiva da coletividade".[109] As dimensões **individual** e **coletivo-comunitária** estabelecem uma tensão dialética permanente no âmbito da comunidade estatal no âmbito político-jurídico, especialmente quando está em jogo o exercício de direitos fundamentais. A tutela da pessoa e a afirmação dos seus direitos fundamentais projetam-se no quadro armado pelo contexto social, de modo a interagirem com a esfera pública e comunitária. A mesma tensão aparece no horizonte normativo traçado entre as **perspectivas (ou dimensões) subjetiva (interna) e objetiva (externa ou institucional)** dos direitos fundamentais, tendo em conta que tais direitos tomam simultaneamente a forma de um **direito subjetivo** particularizável conferido ao **indivíduo** e de um **valor de toda a comunidade.**

De acordo com o entendimento clássico de **Hans Kelsen**,

> "a essência do **direito subjetivo** no sentido técnico específico, direito subjetivo esse característico do direito privado, reside, pois, no fato de a ordem jurídica conferir a um

---

[108] STF, ADPF 760/DF, Tribunal Pleno, Rel. Min. Cármen Lúcia, Red. Acórd. Min. André Mendonça, j. 14.03.2024.

[109] HESSE, Konrad. *Elementos de direito constitucional da República Federal da Alemanha.* Tradução da 20. ed. alemã. Porto Alegre: Fabris, 1998, p. 228-244.

indivíduo não qualificado como 'órgão' da comunidade, designado na teoria tradicional como 'pessoa privada' – normalmente ao indivíduo em face do qual um outro é obrigado a uma determinada conduta – o **poder jurídico de fazer valer, através de uma ação, o não cumprimento deste dever, quer dizer, de pôr em movimento o processo que leva ao estabelecimento da decisão judicial em que se estatui uma sanção concreta como reação contra a violação do dever**".[110]

Conforme a lição de Perez Luño acerca dessa "dupla função", "los derechos fundamentales, lo mismo las libertades que los derechos sociales, poseen junto a su dimensión *institucional*, en la que aparecen como un conjunto de valores objetivos de la comunidad constitucionalmente sancionados, una significación *subjetiva*, en cuanto son las garantías básicas de las situaciones jurídicas individuales y del pleno desarrollo de la persona".[111] Canotilho, por sua vez, caracteriza a perspectiva subjetiva "quando se refere ao significado ou relevância da norma consagradora de um direito fundamental para o **indivíduo**, para os seus interesses, para a sua situação de vida, para a sua liberdade".[112] Com relação à perspectiva objetiva da norma definidora de direito fundamental, o constitucionalista português leciona que tal sentido se dá "quando se tem em vista o seu significado para toda a coletividade, para o interesse público, para a **vida comunitária**".[113]

A dimensão ou perspectiva objetiva, como assevera Daniel Sarmento, está conectada à ideia de que "os direitos fundamentais devem ser exercidos no âmbito da vida societária, e que a liberdade a que eles aspiram não é anárquica, mas social".[114] As **necessidades e valores coletivos** devem ser tomados para a conformação do âmbito de validade, e também de eficácia, dos direitos fundamentais, podendo justificar restrições em face de tais direitos, sempre respeitados, é claro, o núcleo essencial e o princípio da proporcionalidade.[115] A relevância das formulações teóricas levadas a cabo pela **dogmática dos direitos fundamentais** a respeito da dupla perspectiva destes (como direitos subjetivos individuais ou transindividuais e como elementos objetivos fundamentais da comunidade), os quais não se restringem mais à mera função de direitos subjetivos de defesa do indivíduo contra atos do **Poder Público**, mas que, para além disso, "constituem decisões valorativas de natureza jurídico-objetiva da Constituição", projetando a sua eficácia para todo o ordenamento jurídico e fornecendo diretrizes (com carga normativa) para os órgãos legislativos, judiciários e executivos,[116] bem como modelando a atuação dos **particulares** à luz de tais valores.

O ser humano é, essencialmente, um ser social, e tal constatação implica interação das dimensões individual e comunitária na afirmação da dignidade da pessoa humana para todo o conjunto de integrantes da comunidade estatal, e não apenas para "certos" indivíduos isoladamente. Ademais, para além de um **ser social**, o ser humano também é um **ser biológico**, uma espécie da Natureza permeada por uma cadeia de vida da qual a sua existência é totalmente dependente. A mesma tensão também pode ser captada na confrontação dos modelos de Estado de Direito (Liberal e Social), que representam, de certa forma, a colisão entre liberdade e igualdade. Há uma interação sem fim entre indivíduo, sociedade e Estado, que, no contexto contemporâneo, tem novos elementos incorporados, especialmente em razão de uma nova gama de direitos fundamentais de terceira dimensão, os quais consolidam o **princípio da solidariedade** no plano jurídico-normativo, impulsionando uma nova feição para o **Estado de Direito (Ecológico ou Socioambiental)** e reforçando a responsabilidade e **participação ativa dos atores públicos e**

---

[110] KELSEN, Hans. *Teoria pura do direito*. São Paulo: Martins Fontes, 2000. p. 153.
[111] PÉREZ LUÑO, Antonio Enrique. *Los derechos fundamentales*. 8. ed. Madrid: Tecnos: 2005. p. 210.
[112] CANOTILHO, José Joaquim Gomes. *Direito constitucional e teoria...*, p. 1242.
[113] CANOTILHO, José Joaquim Gomes. *Direito constitucional e teoria...*, p. 1242.
[114] SARMENTO, Daniel. Os direitos fundamentais..., p. 137.
[115] SARMENTO, Daniel. Os direitos fundamentais..., p. 137.
[116] SARLET, Ingo Wolfgang. *A eficácia dos direitos fundamentais...*, p. 143.

privados na consecução dos objetivos e valores jusfundamentais da República. E, nesse sentido, a perspectiva objetiva reforça a teia normativa de proteção dos direitos fundamentais e da dignidade da pessoa humana, somando-se à perspectiva subjetiva, a qual não deixa de possuir certa primazia em relação à primeira.[117]

A perspectiva normativa do "direito" fundamental, como posição jurídica subjetiva, em que pese sua posição central na compreensão da Teoria dos Direitos Fundamentais, não encerra todas as consequências e possibilidades jurídico-normativas resultantes da sua jusfundamentalidade, exigindo-se necessariamente outras dimensões normativas para uma **tutela integral da dignidade da pessoa humana**, considerada **individual** e **coletivamente**. Daí a importância do reconhecimento da perspectiva objetiva dos direitos fundamentais, que, como refere Vieira de Andrade, representa uma "mais-valia jurídica",[118] em razão da complementação de efeitos que agrega à proteção subjetiva dos direitos fundamentais. Os direitos fundamentais projetam, portanto, um **conjunto normativo complexo de direitos e deveres** para as relações que se traçam tanto na órbita particular-Estado quanto particular-particular, e mesmo Estado-Estado.

O conceito de direito subjetivo estabelece a posição jurídica do titular de um direito fundamental de "impor judicialmente seus interesses juridicamente tutelados perante o destinatário (obrigado)",[119] o que caracteriza uma **relação trilateral** formada entre titular do direito, objeto e destinatário do direito.[120] Se tomarmos como exemplo o direito fundamental à saúde, do ponto de vista da sua dimensão subjetiva, o cidadão (sem condições de prover por recursos próprios o acesso a tal bem social) figuraria como *titular* do direito, a prestação de determinado medicamento ou tratamento médico seria o *objeto*, ao passo que o Estado (União, Estado, Distrito Federal ou Município) constaria como o *destinatário* do direito fundamental em questão. É característico dos direitos subjetivos, como assinala Borowski, a possibilidade de o seu titular torná-lo efetivo em face dos tribunais.[121] A **exigibilidade ou justiciabilidade dos direitos fundamentais** está vinculada à perspectiva subjetiva, tendo, no entanto, intensidade variável e dependente da normatividade de cada direito fundamental. A perspectiva subjetiva dos direitos fundamentais estabelece uma **posição jurídica de autodeterminação e liberdade** do indivíduo para se opor e se defender em face de qualquer violação ao âmbito de proteção dos seus direitos fundamentais, tornando-os efetivos por meio da manifestação autônoma e livre da sua vontade individual.

Os direitos fundamentais passam por um longo e contínuo processo de reconhecimento e afirmação histórica. No caso dos **direitos econômicos, sociais, culturais e ecológicos** – denominados de DESCA –, diferentemente do que ocorreu com os direitos liberais (civis e políticos), o seu devido lugar na constelação dos direitos fundamentais e o reconhecimento da sua força normativa tardaram um pouco mais a se consolidar. E tal consagração jurídica, no âmbito normativo e mesmo de eficácia, toma forma especialmente a partir do reconhecimento de uma posição jurídica subjetiva por trás de tais direitos. Alinhado à tal premissa, Abramovich e Courtis afirmam que o que qualifica a existência de um direito social como um "**direito pleno**" não é simplesmente a conduta cumprida pelo Estado (ou seja, a realização dos seus deveres constitucionais de proteção por meio de políticas públicas satisfatórias), mas sim a **existência de algum poder jurídico para o titular do direito atuar** em caso de **descumprimento da obrigação devida pelo Estado**.[122] A leitura normativa dos direitos ecológicos deve ser a mesma, reconhecendo-se

---

[117] V. CANOTILHO, José Joaquim Gomes. *Direito constitucional e teoria...*, p. 547.
[118] VIEIRA DE ANDRADE, José Carlos. *Os direitos fundamentais...*, p. 138.
[119] V. SARLET, Ingo Wolfgang. *A eficácia dos direitos fundamentais...*, p. 152.
[120] Nesse sentido, v. CANOTILHO, José Joaquim Gomes. *Direito constitucional e teoria...*, p. 1.254.
[121] BOROWSKI, Martin. *La estructura de los derechos fundamentales*. Bogotá: Universidad Externado de Colômbia, 2003. p. 42.
[122] ABRAMOVICH, Víctor; COURTIS, Christian. *Los derechos sociales como derechos exigibles*. Madrid: Trotta, 2004. p. 37.

a sua dimensão subjetiva (além, é claro, da sua dimensão objetiva) e tornando possível a defesa de tais direitos pelo seu titular (indivíduo ou ente coletivo) em caso de ação ou omissão estatal ou de violações impetradas por particulares.

O fato de se conferir a um direito uma perspectiva ou dimensão subjetiva revela a sua **maior intensidade e força normativa**, já que ao titular do direito é dada uma esfera maior de **autonomia para torná-lo efetivo**, não permanecendo numa posição de dependência em face da atuação dos poderes públicos. É o reconhecimento de uma **posição jurídica subjetiva** que autoriza o indivíduo a postular o seu direito em face do **Poder Judiciário**, exigindo, portanto, a tutela do Estado (tanto diante do próprio Estado quanto de um particular) para torná-lo efetivo. Se pensarmos na **relação triangular** entre **titular, objeto e destinatário** do direito fundamental, já com o olhar voltado para a proteção ecológica, podemos ilustrar com a seguinte situação: o indivíduo/cidadão (*titular*), pelo manuseio da ação popular, reivindica em face de determinado Município (*destinatário*) a instalação de uma rede de tratamento de esgoto (*objeto*).[123] Como se pode perceber do exemplo mencionado, o cidadão adota uma **postura ativa** – com viés democrático-participativo – diante de uma situação de lesão ou ameaça de lesão ao seu direito fundamental, inclusive no sentido de fazer com que o Estado cumpra com os seus **deveres de proteção** para com o direito fundamental em questão. A mesma situação se fará presente na hipótese de uma ação civil pública interposta por associação de defesa ambiental (ente coletivo que representa o *titular* do direito) movida em face de empresa de celulose (*destinatário*) que lança dejetos industriais sem o devido tratamento em rio, objetivando a recuperação integral do ambiente degradado (*objeto*).

O reconhecimento de um direito subjetivo, como afirma Vieira de Andrade, está ligado hoje à "proteção intencional e efetiva da disponibilidade de um bem ou de um **espaço de autodeterminação individual**, que se traduzirá sempre no poder de exigir ou de pretender **comportamentos (positivos ou negativos)** ou de produzir autonomamente efeitos jurídicos".[124] O constitucionalista português refere-se também à ideia de que o direito subjetivo se apresenta como mecanismo de tutela da autonomia da pessoa, exprimindo a **"soberania jurídica" (embora limitada) do indivíduo**, quer garantindo-lhe certa liberdade de decisão, quer tornando efetiva a afirmação do "poder de querer" que lhe é atribuído.[125] Segundo Pereira da Silva, a perspectiva subjetiva corresponde a instrumento de **libertação do indivíduo em face do Estado** (e também de **poderes privados**), o que é determinante para a sua condição de cidadão, e não de súdito do poder estatal. Com o reconhecimento dos direitos subjetivos, o indivíduo deixa de ser tratado como um **"objeto do poder"**, transpondo-se de uma condição de "súdito" a uma condição de **"cidadão"**, ou seja, um sujeito de direito em condições de estabelecer relações jurídicas com os órgãos do Poder Público,[126] assim como com outros particulares em patamares de igualdade e dignidade. Em outras palavras, o reconhecimento de direitos subjetivos em face das autoridades públicas corresponde a uma exigência de ordem axiológica, decorrente do próprio respeito pela dignidade humana.[127]

A perspectiva ou **dimensão objetiva dos direitos fundamentais**, como sustenta Sarmento, não significa desprezo à sua dimensão subjetiva, mas um reforço a ela, agregando, na esteira da lição de Vieira de Andrade antes referida, uma espécie de "mais-valia", por meio de esquemas que transcendem a estrutura relacional típica dos direitos subjetivos,[128] os quais ainda se encontram

---

[123] Tal situação hipotética fez-se realidade em processo julgado pelo STJ: REsp 889.766/SP, Rel. Min. Castro Meira, j. 04.10.2007.
[124] VIEIRA DE ANDRADE, José Carlos. *Os direitos fundamentais...*, p. 115.
[125] VIEIRA DE ANDRADE, José Carlos. *Os direitos fundamentais...*, p. 116.
[126] SILVA, Vasco Pereira da. *Verde cor de direito...*, p. 92.
[127] SILVA, Vasco Pereira da. *Verde cor de direito...*, p. 92.
[128] SARMENTO, Daniel. *Os direitos fundamentais...*, p. 136.

marcadamente estruturados sob um paradigma individualista incompatível com a dinâmica e coletivização das relações sociais contemporâneas. A dimensão objetiva, nessa perspectiva, presta-se a justificar certas **limitações impostas aos direitos subjetivos em favor de interesses da coletividade**.[129] Pode-se constatar, assim, a existência de uma relação dialética entre a dimensão subjetiva e a dimensão objetiva dos direitos fundamentais, a fim de que a hipertrofia de alguma delas não venha a comprometer tanto o *núcleo essencial* **de um direito subjetivo** quanto a ordem objetiva de valores comunitários. O **princípio da proporcionalidade**, nesse sentido, opera como instrumento capaz de equilibrar a relação em prol da pacificação social, sem desguarnecer a tutela individual da dignidade da pessoa humana. Assim, é importante cotejar sempre um necessário equilíbrio entre ambas as perspectivas, a fim de que a "soberania" do indivíduo não seja absoluta e blindada contra a ingerência dos direitos (também) fundamentais dos demais integrantes do corpo social e respeito aos valores comunitários, preservando-se, no entanto, o núcleo essencial do direito fundamental do indivíduo, uma vez que toda medida restritiva de direitos fundamentais deve ser sempre tomada em respeito ao princípio da proporcionalidade.

4.2.2 A perspectiva subjetiva do direito fundamental ao meio ambiente (para além do objetivo e da tarefa estatal de proteção ecológica) no sistema constitucional brasileiro (art. 225 da CF/1988)

> "El *derecho humano a un medio ambiente sano* se ha entendido como un derecho con connotaciones tanto individuales como colectivas. En su *dimensión colectiva*, el derecho a un medio ambiente sano constituye un interés universal, que se debe tanto a las generaciones presentes y futuras. Ahora bien, el derecho al medio ambiente sano también tiene una *dimensión individual*, en la medida en que su vulneración puede tener repercusiones directas o indirectas sobre las personas debido a su conexidad con otros derechos, tales como el derecho a la salud, la integridad personal o la vida, entre otros. La degradación del medio ambiente puede causar daños irreparables en los seres humanos, por lo cual un medio ambiente sano es un derecho fundamental para la existencia de la humanidad."
> **(OC 23/2017 da Corte Interamericana de Direitos Humanos)**[130]

O reconhecimento da ***perspectiva subjetiva*** **do direito fundamental ao meio ambiente** não enfrenta maiores resistências doutrinárias no cenário brasileiro, não obstante algumas vozes dissonantes,[131] muitas vezes por conta da influência da doutrina estrangeira, notadamente de origem germânica. O direito fundamental ao meio ambiente, conforme dispõe de forma expressa o *caput* do **art. 225 da Lei Fundamental brasileira de 1988**, além de representar um valor de toda a comunidade estatal (*perspectiva objetiva*), tem a sua dimensão individual-subjetiva resguardada, já que "todos têm direito ao meio ambiente ecologicamente equilibrado, bem de uso comum do povo e essencial à sadia qualidade de vida". Nesse sentido, é importante destacar a influência marcante das **Constituições portuguesa (1976) e espanhola (1978)** na fórmula constitucional dispensada à proteção ecológica pela CF/1988. Para Canotilho, as Constituições portuguesa e espanhola, sob influência direta da Convenção de Estocolmo (1972), em que pese a diferença da sua localização no corpo de cada texto constitucional,[132] reconheceram um direito subjetivo ao

---

[129] SARMENTO, Daniel. Os direitos fundamentais..., p. 136-137.
[130] CORTE INTERAMERICANA DE DIREITOS HUMANOS. *Opinião Consultiva n. 23/2017...*, p. 27.
[131] Nesse sentido, v. HARTMANN, Ivar Alberto Martins. *E-codemocracia...*, p. 23 e ss.
[132] A Constituição portuguesa prevê o "direito a um ambiente de vida humano, sadio e ecologicamente equilibrado" no seu art. 66, situando-o na sua Parte I, relativa aos Direitos e Deveres Fundamentais dos cidadãos. Já a Constituição espanhola, por sua vez, situa a proteção ecológica fora do catálogo dos direitos

meio ambiente, diferentemente do ocorrido em outras Constituições europeias, como é o caso da alemã, da sueca, da finlandesa e da holandesa, que apenas atribuíram à proteção do meio ambiente o *status* de fim ou tarefa do Estado, não admitindo o seu *status* de direito subjetivo.[133] A CF/1988, por sua vez, conferiu tratamento de "direito subjetivo" à proteção do meio ambiente, para além, é claro, do seu reconhecimento como tarefa ou objetivo estatal, como veremos nas considerações que seguem.

Como afirma Canotilho, "só o reconhecimento de um direito subjetivo ao ambiente permitirá, em termos jurídico-constitucionais, recortar o ambiente como **bem jurídico autônomo** não dissolvido na proteção de outros bens jurídicos constitucionalmente relevantes" (como vida, integridade física, propriedade privada e saúde),[134] já que isso não seria possível somente com a sua previsão constitucional apenas como tarefa ou fim do Estado. A caracterização da *dimensão subjetiva* do direito fundamental ao meio ambiente cumpre função importante no caso da sua **colisão com outros direitos fundamentais**, reforçando o seu peso, a depender sempre, é claro, do caso concreto. No sentido de conferir uma dimensão subjetiva ao direito fundamental ao meio ambiente no cenário jurídico-constitucional espanhol, Echavarría defende a possibilidade de "una reclamación judicial ante la jurisdicción ordinaria defendiendo un derecho al medio ambiente en los términos de su especificación legal, pero interpretado, al menos en el sentido de aseguramiento de un mínimo de protección, de acuerdo con los términos constitucionales de aseguramiento del derecho".[135] Conforme referido pelo autor espanhol, o reconhecimento de posições jurídico-subjetivas possibilita a **reivindicação judicial** do direito fundamental ao meio ambiente ante qualquer lesão ou ameaça de lesão que atinja o seu âmbito de proteção. A perspectiva subjetiva não é outra coisa que a possibilidade de o indivíduo pleitear em face do Poder Judiciário a defesa e a promoção de um direito fundamental do qual é titular, de modo a não depender exclusivamente da atuação estatal (Poderes Legislativo e Executivo) para o desfrute do direito em questão.

No contexto alemão, Borowski defende a posição de que, em que pese não ser possível extrair nenhum direito subjetivo da norma do art. 20a da Lei Fundamental de 1948, em que a proteção ecológica é prevista apenas como objetivo do Estado, é possível atribuir um "**direito**" **a instaurar uma demanda por organizações ambientais**, como prevê o § 61 da **Lei Federal de Proteção da Natureza alemã**, em razão de sua finalidade ser a obtenção de uma maior medida de proteção do ambiente. Tal medida é designada pelo autor como "**subjetivização mediante um bem coletivo**", o que, em verdade, trata-se de artifício adotado para superar a ausência de posições jurídico-subjetivas constantes da norma constitucional inscrita no art. 20a da Lei Fundamental alemã. Para o constitucionalista alemão, a concretização da proteção ecológica em um nível maior exige que o direito se "subjetive",[136] com o que estamos de pleno acordo. O reconhecimento da perspectiva subjetiva, além de conferir maior autonomia ao indivíduo ou coletividade titular do direito em questão para fazer valer seu direito, exprime uma teia normativa mais sólida de proteção para o direito fundamental ao meio ambiente. Nesse contexto, Pereira da Silva acentua que o tratamento da proteção ambiental como direito subjetivo permite que o particular possa fazer valer a sua **posição jurídica subjetiva em face da Administração**

---

fundamentais, ou seja, no art. 45, inserido no Capítulo III, que abrange os princípios diretores da política social e econômica.

[133] CANOTILHO, José Joaquim Gomes. O direito ao ambiente como direito subjetivo. *In:* CANOTILHO, José Joaquim Gomes. *Estudos sobre direitos fundamentais.* Coimbra: Coimbra Editora, 2004. p. 179-181. V. também, no mesmo sentido, CANOTILHO, José Joaquim Gomes (coord.). *Introdução ao direito...*, p. 26-29.
[134] CANOTILHO, José Joaquim Gomes. O direito ao ambiente como direito subjetivo..., p. 183-184.
[135] ECHAVARRÍA, Juan José Solozábal. El derecho al medio ambiente..., p. 40-41.
[136] BOROWSKI, Martin. *La estructura de los derechos fundamentales...*, p. 44.

e do poluidor, o que, conforme refere, caracteriza uma **relação jurídica multilateral** entre a Administração, o poluidor e o privado que é lesado no seu direito fundamental.[137]

No ordenamento jurídico brasileiro, não há necessidade de qualquer processo de "subjetivização" da proteção ecológica ou algo equivalente – como se faz necessário no cenário alemão, como destacado anteriormente –, pois a própria CF/1988 (art. 225, *caput*) consagrou, de forma expressa, o **direito subjetivo ao meio ambiente,** ao dispor que "todos têm direito ao meio ambiente equilibrado (...)", reconhecendo a dimensão subjetiva de tal direito e possibilitando, inclusive, a sua "judicialização" ante qualquer lesão ou ameaça de lesão – também por força do art. 5º, XXXV, da CF/1988 –, provenha ela dos entes estatais ou de particulares (pessoas físicas e jurídicas). O próprio enfoque de "**direito-dever**" fundamental presente no nosso texto constitucional traça um modelo de tutela ambiental que desloca o Estado da condição de único guardião da Natureza, inserindo os particulares ("toda a coletividade") no quadro permanente de defensores do meio ambiente, o que torna imprescindível a possibilidade de levar as lesões ou ameaça de lesões ao patrimônio ambiental ao Poder Judiciário, tanto sob um viés "associacionista" de cidadania, ou seja, mediante associações civis ambientais (por exemplo, pelo manuseio da **ação civil pública**), como sob um viés "individualista" de cidadania, por meio de o próprio cidadão levar a cabo individualmente a defesa do ambiente (por exemplo, por meio da **ação popular**[138] e das ações que tutelam direitos de vizinhança).

A **garantia constitucional da inafastabilidade do controle jurisdicional**, consagrada no art. 5º, XXXV, da nossa Lei Fundamental igualmente reforça o reconhecimento da dimensão subjetiva do direito ao meio ambiente. Assim, quando a norma constitucional atribui, não apenas ao Estado, mas também à sociedade, a tarefa de proteger o ambiente, fá-lo também por meio da consagração de **instrumentos processuais** próprios para que não somente entes estatais (como é o caso do Ministério Público, da Defensoria Pública, do IBAMA etc.), mas também atribui tal papel à sociedade civil organizada e até mesmo o indivíduo, de modo a reforçar a perspectiva subjetiva do direito fundamental em questão. De acordo com Morato Leite, o direito ao meio ambiente é um direito subjetivo, uma vez que a ordem constitucional possibilita a todos os indivíduos pleitear judicialmente a sua defesa contra atos lesivos ao patrimônio ecológico por intermédio do manuseio da ação popular (art. 5º, LXXIII, da CF/1988).[139]

Se a intenção do constituinte fosse apenas reconhecer deveres estatais de proteção ecológica (a partir da perspectiva objetiva), não haveria razão para colocar nas mãos do indivíduo e da sociedade civil organizada instrumentos para levarem a cabo tal tutela, de modo não apenas coletivo, mas também individual. Tais considerações fortalecem a tese aqui defendida. Ademais, o fortalecimento dos denominados **direitos ambientais de participação ou procedimentais** (acesso à informação, participação pública e acesso à justiça em matéria ambiental), como levado a efeito pela **Convenção de Aarhus** (1998) e, mais recentemente, pelo **Acordo Regional de Escazú** (2018), também corroboram a tese em torno de um maior **controle e participação social** na tutela ecológica e efetivação da legislação ambiental, inclusive no âmbito do Sistema de Justiça, o que somente se faz possível com o reconhecimento da dimensão subjetiva do direito fundamental ao meio ambiente.

No tocante às objeções pronunciadas contra a caracterização de uma perspectiva subjetiva *individual* do direito fundamental ao meio ambiente, tal se coloca especialmente em razão da

---

[137] SILVA, Vasco Pereira da. *Verde cor de direito...*, p. 104.
[138] No caso da ação popular, cumpre informar que a proteção do ambiente só passou a ser objeto de tutela por meio de tal ação a partir da CF/1988 (art. 5º, LXXIII), já que antes o seu objeto era restrito ao âmbito da proteção do erário e da moralidade administrativa, o que acaba por robustecer também a tese do reconhecimento de posições jurídicas subjetivas a partir da norma constitucional do art. 225, *caput*.
[139] LEITE, José Rubens Morato. Sociedade de risco e Estado. *In:* CANOTILHO, José Joaquim Gomes; LEITE, José Rubens Morato (org.). *Direito constitucional ambiental brasileiro*. São Paulo: Saraiva, 2007. p. 198.

sua notória natureza *difusa*, o que, segundo o entendimento de parte da doutrina, o tornaria supostamente insuscetível de apropriação individual. No entanto, esse não é o caso do direito ao meio ambiente, que, como referido anteriormente, apesar de guardar uma natureza proeminentemente transindividual ou difusa, não deixa de contemplar também uma **perspectiva individual subjetiva**. Nesse sentido, é certeira a afirmação de Pereira da Silva ao mencionar que a alegação de impossibilidade de caracterização do meio ambiente como direito subjetivo em virtude da sua natureza de bem público ou coletivo, assenta num "erro de perspectiva", uma vez que não é o bem ambiental, de natureza coletiva ou pública, que é apropriável, mas sim que tal bem pode dar origem a relações jurídicas em que existam concretos direitos e deveres, decorrentes da sua **fruição individual**. Conforme sustenta o jurista português, uma coisa é a tutela objetiva do bem ambiental, outra é a sua proteção jurídica subjetiva, proveniente da existência de um "**domínio individual constitucionalmente protegido de fruição ambiental**", que protege o seu titular de agressões ilegais provenientes de entidades públicas (e privadas).[140] Com tais considerações, Pereira da Silva rebate com propriedade as objeções ao reconhecimento da perspectiva subjetiva do direito ao meio ambiente, delineando, de forma clara, a posição por nós defendida no presente estudo de uma dupla perspectiva (subjetiva e objetiva) para a tutela do direito fundamental em questão.

De acordo com Canotilho, "a ideia da existência de um novo valor que reveste cada vez maior importância para a comunidade jurídico-politicamente organizada – valor esse que, pelo menos nesse sentido, é sobretudo compreendido na sua **dimensão pública ou coletiva** –, importa em todo caso ainda mostrar que essa natureza não prejudica (mas, pelo contrário, reforça) a circunstância de o ambiente dever ser também assumido como direito subjetivo de todo e qualquer cidadão individualmente considerado. Isso será claro se compreendermos que o ambiente, apesar de ser um bem social unitário, é dotado de uma indiscutível dimensão pessoal".[141] Assim, paralelamente à natureza transindividual do direito fundamental ao meio ambiente, evidenciando a sua relevância para todo o conjunto comunitário (como projeção da sua **perspectiva objetiva**), também há que ser sempre resguardada a sua perspectiva subjetiva individual, uma vez que, como referido por Vieira de Andrade em passagem anterior, está albergado um espaço jurídico de autorregulação e decisão individual do titular do **direito para buscar a reparação e proteção do seu bem jurídico ambiental lesado**.

O meio ambiente e a integridade ecológica podem ser defendidos em juízo tanto de forma coletiva (por associações e órgãos estatais) como também a sua tutela pode ser impulsionada individualmente por cada cidadão na defesa unicamente do seu direito subjetivo, ou mesmo na defesa do direito de toda a coletividade, manuseando, a título exemplificativo, o instituto da ação popular (art. 5º, LXXIII, da CF/1988),[142] bem como as ações que resguardam os direitos de vizinhança. A caracterização de **instrumentos processuais (extrajudiciais e judiciais)** que

---

[140] SILVA, Vasco Pereira da. *Verde cor de direito...*, p. 95.
[141] CANOTILHO, José Joaquim Gomes (coord.). *Introdução ao direito...*, p. 26.
[142] No sentido de reconhecer a perspectiva subjetiva do direito fundamental ao meio ambiente, é exemplar a decisão do STJ que reconheceu a legitimidade do cidadão para ajuizar ação popular para impugnar atos administrativos omissivos geradores de danos ao ambiente: "Administrativo. Ação popular. Interesse de agir. Prova pericial. Desnecessidade. Matéria constitucional (...) 3. A ação popular pode ser ajuizada por qualquer cidadão que tenha por objetivo anular judicialmente atos lesivos ou ilegais aos interesses garantidos constitucionalmente, quais sejam, ao patrimônio público ou de entidade de que o Estado participe, à moralidade administrativa, ao meio ambiente e ao patrimônio histórico e cultural. 4. A ação popular é o instrumento jurídico que deve ser utilizado para impugnar atos administrativos omissivos ou comissivos que possam causar danos ao meio ambiente. 5. Pode ser proposta ação popular ante a omissão do Estado em promover condições de melhoria na coleta do esgoto da Penitenciária Presidente Bernardes, de modo a que cesse o despejo de elementos poluentes no Córrego Guarucaia (obrigação de não fazer), a fim de evitar danos ao meio ambiente (...)" (STJ, REsp 889.766/SP, Rel. Min. Castro Meira, j. 04.10.2007).

permitem a tutela individual do ambiente, como é o caso da ação popular e das ações que tutelam direitos de vizinhança, revela a clara opção da ordem constitucional e infraconstitucional brasileira pelo reconhecimento da perspectiva subjetiva de tutela ecológica – individual e coletiva –, não obstante configurar também um elemento da ordem objetiva de seus valores fundamentais. Nesse caminhar, Gavião Filho também destaca a caracterização da dimensão subjetiva do direito fundamental ao meio ambiente a partir da legitimação constitucional do cidadão para promover **ação popular** para anular ato lesivo ao meio ambiente.[143]

A proteção dos **direitos de vizinhança** no **Código Civil de 2002** (arts. 1.277 a 1.313) também conduz ao reconhecimento da dimensão subjetiva do direito fundamental ao meio ambiente, já que permite ao proprietário ou possuidor de um imóvel ou prédio fazer cessar as interferências prejudiciais à **segurança**, ao **sossego** e à **saúde** dos que o habitam, provocadas pela utilização anormal de propriedade vizinha (art. 1.277), podendo-se compreender em tal conceito as **perturbações de natureza ambiental** (ex.: poluição sonora, atmosférica ou hídrica etc.) provocadas pelo seu uso inadequado. Tal compreensão é fortalecida pela positivação da função ambiental da propriedade e da posse no **art. 1.228, § 1º, do Código Civil de 2002**. Purvin de Figueiredo destaca sobre o tema que, com o advento do novo Código Civil, o uso anormal da propriedade passou a comportar uma dimensão ambiental até então inédita, possibilitando ao proprietário ou ao possuidor pleitear a cessação dos conflitos ambientais, como a ocupação de áreas de mananciais, evidente hipótese de dano à saúde, com base na legislação civil.[144]

> **JURISPRUDÊNCIA TJRS. Direitos de vizinhança, uso nocivo da propriedade e proteção ecológica:** "Apelação cível. Direito de vizinhança. Uso nocivo da propriedade. Resta evidenciado, pela prova produzida, que o réu por diversas vezes foi instado pelos técnicos da Secretaria de Meio Ambiente para providenciar a regularização das instalações usadas para o abate e criação de porcos, não tendo atendido às determinações, mantendo o lançamento de resíduos no ambiente sem prévio tratamento, chiqueiros de madeira inadequados, assim como gerando odores e vetores, restando, assim, evidente que a atividade exercida na propriedade do réu, além de causar transtornos ao apelado e sua família, causou também danos ao meio ambiente. Ademais, ausente licença para criação e abate de porcos, impondo-se a manutenção da procedência da ação para cessar atividade" (TJRS, Ap. Cív. 70013364617, Rel. Des. Alexandre Mussoi Moreira, 17ª Câmara Cível, j. 20.04.2006).

A consagração dos **direitos de vizinhança** no Código Civil reforça a regulamentação infraconstitucional do comando constitucional (art. 225) que delineia a perspectiva subjetiva do direito fundamental ao meio ambiente, já que cria, para o indivíduo, a possibilidade de intervenção judicial no caso de lesão ou ameaça de lesão a bens jurídicos ambientais. O reconhecimento da perspectiva subjetiva do direito fundamental ao meio ambiente está alinhado com o **caráter democrático-participativo** que permeia a tutela constitucional e infraconstitucional ecológica, como se pode apreender, por exemplo, do conteúdo das normas contidas no art. 225, *caput* e inciso VI do § 1º, da CF/1988 e nos arts. 2º, X, e 4º, V, da Lei 6.938/81. Há, portanto, intenção expressa do legislador, tanto constitucional como infraconstitucional, de situar a sociedade civil, individual e coletivamente considerada, como protagonista da tutela ecológica, o que, por sua vez, é reforçado pelo reconhecimento da perspectiva subjetiva do direito ao meio ambiente.

---

[143] GAVIÃO FILHO, Anízio Pires. *Direito fundamental ao ambiente...*, p. 39.
[144] FIGUEIREDO, Guilherme José Purvin de. *A propriedade no direito...*, p. 108-109.

4.3 O complexo de projeções normativas da perspectiva objetiva do direito fundamental ao meio ambiente

4.3.1 Deveres de proteção ecológica do Estado

4.3.1.1 A vinculação dos poderes públicos (Estado-Legislador, Estado-Administrador/Executivo e Estado-Juiz) à proteção ecológica e à função de "guardião" do direito fundamental ao meio ambiente conferido ao Estado de Direito contemporâneo

"Deve-se confiar às instituições nacionais competentes a tarefa de planejar, administrar ou controlar a utilização dos recursos ambientais dos estados, com o fim de melhorar a qualidade do meio ambiente." (Princípio 17 da **Declaração de Estocolmo de 1972**)

"Os Estados deverão promulgar leis eficazes sobre o meio ambiente. As normas ambientais e os objetivos e prioridades em matérias de regulamentação do meio ambiente, devem refletir o contexto ambiental e de desenvolvimento às quais se aplicam. (...)" (Princípio 11 da **Declaração do Rio de 1992**)

"Dever constitucional, supralegal e legal da União e dos representantes eleitos, de proteger o meio ambiente e de combater as mudanças climáticas. A questão, portanto, tem natureza jurídica vinculante, não se tratando de livre escolha política. Determinação de que se abstenham de omissões na operacionalização do Fundo Clima e na destinação dos seus recursos. Inteligência dos arts. 225 e 5º, § 2º, da Constituição Federal (CF)." (**Min. Luís Roberto Barroso**)[145]

A origem da teoria dos ***deveres de proteção*** **do Estado**, como é comum na dogmática dos direitos fundamentais, situa-se na doutrina germânica, encontrando-se associada principalmente – mas não exclusivamente – aos direitos fundamentais à vida e à integridade física (saúde), com base no art. 2º, inc. II, da Lei Fundamental alemã, além de outros dispositivos.[146] Na jurisprudência do Tribunal Constitucional alemão (*Bundesverfassungsgericht*), como refere Ferreira Mendes, consolidou-se o entendimento de que, a partir da perspectiva objetiva dos direitos fundamentais, "resulta o dever do Estado não apenas de se abster de intervir no âmbito de proteção desses direitos, mas também de proteger esses direitos contra a agressão ensejada por atos de terceiros". Em face disso, tal compreensão revela uma nova dimensão dos direitos fundamentais, "fazendo com que o Estado evolua da posição de adversário (*Gegner*) para uma **função de guardião** desses direitos (*Grundrechtsfreund oder Grundrechtsgarant*)".[147]

O advento do Estado Social ou Estado-prestador, em razão da dimensão prestacional dos direitos sociais, conforme aponta Vieira de Andrade, "abriu caminho para a concepção do **Estado-amigo dos direitos fundamentais** ou, pelo menos, do Estado responsável pela sua garantia efectiva",[148] o que se traduz em uma postura ativa (e não mais apenas abstencionista) do Estado na condição guardião dos direitos fundamentais ante qualquer conduta violadora impetrada por terceiros, bem como diante da necessidade de sua promoção. É possível apreender de tais considerações um novo papel constitucional imposto ao Estado, que passa a atuar como aliado do indivíduo (e não mais como seu adversário ou inimigo, como ocorria sob o marco do Estado Liberal) na con-

---

[145] Passagem do voto-relator do Min. Barroso na ADPF 708 (Caso Fundo Clima): STF, ADPF 708, Tribunal Pleno, Rel. Min. Barroso, j. 01.07.2022.

[146] Nesse sentido, v. HESSE, Konrad. *Elementos de direito constitucional*..., p. 278-279.

[147] MENDES, Gilmar Ferreira. *Direitos fundamentais e controle de constitucionalidade*. 3. ed. São Paulo: Saraiva, 2004. p. 11.

[148] VIEIRA DE ANDRADE, José Carlos. *Os direitos fundamentais*..., p. 143.

cretização, tutela e promoção dos seus direitos fundamentais e, acima de tudo, da sua dignidade. Assim, notadamente com relação aos direitos de segunda (sociais) e terceira (ecológicos) dimensão, a efetivação dos direitos fundamentais passa a se dar mediante a atuação do Estado, e, portanto, não mais se impondo apenas como medida defensiva em face da atuação estatal.

Os **deveres de proteção (*Schutzpflichten*)** do Estado (Estado-Legislador, Estado-Administrador/Executivo e Estado-Juiz[149]) para com os direitos fundamentais também encontram o seu fundamento na *perspectiva objetiva* de tais direitos, os quais, conforme desenvolvido em tópico anterior, para além da sua *perspectiva subjetiva*, representam **valores constitucionais de toda a comunidade estatal**. Tal projeção normativa dos direitos fundamentais também se encontra expressa na ideia de "eficácia vertical" de tais direitos, pois, no caso, está em jogo a relação jurídica entre o indivíduo e o Estado, diferentemente do que ocorre no caso da "eficácia horizontal" (ou eficácia entre particulares) dos direitos fundamentais. Não obstante inicialmente a irradiação dos direitos fundamentais num plano objetivo ou externo (em oposição à sua perspectiva subjetiva) estar vinculada à eficácia entre particulares (horizontal), enquanto a perspectiva subjetiva destinava-se à relação (vertical) entre indivíduos e Estado, com a transição do Estado Liberal ao Estado Social, projetou-se um novo horizonte para a compreensão da irradiação dos efeitos dos direitos fundamentais, que, conforme leciona Vieira de Andrade, não poderia mais estar limitada ao âmbito privado, devendo repercutir em toda a ordem jurídica, abrangendo todos os ramos jurídicos e vinculando necessariamente os poderes estatais à sua tutela.[150] Como destaca Hesse, a configuração dos deveres de proteção do Estado a partir dos elementos fundamentais da ordem objetiva obriga o Estado a fazer o possível para realizar os direitos fundamentais, protegendo os respectivos bens jurídicos de violações e ameaças impetradas por terceiros, sobretudo por privados, mas também por outros Estados.[151]

A razão suprema de ser do Estado reside justamente no respeito, proteção e promoção da dignidade e dos direitos fundamentais dos seus cidadãos, individual e coletivamente considerados, devendo, portanto, tal objetivo ser continuamente promovido e concretizado pelo Poder Público. Os deveres de proteção do Estado contemporâneo estão alicerçados no compromisso constitucional assumido pelo ente estatal, por meio do **pacto constitucional**, no sentido de tutelar e garantir nada menos do que uma vida digna aos seus cidadãos, o que passa pela tarefa de promover a realização dos direitos fundamentais, retirando possíveis óbices colocados à sua efetivação. De acordo com tal premissa, a implantação das liberdades e garantias fundamentais (direito à vida, livre desenvolvimento da personalidade etc.) pressupõe uma ação positiva (e não apenas negativa) dos poderes públicos, no sentido de **remover os "obstáculos"** de ordem econômica, social e cultural que impeçam o pleno desenvolvimento da pessoa humana.[152] Nesse sentido, uma vez que a proteção do ambiente é alçada ao *status* constitucional de direito fundamental (além de tarefa e dever do Estado e da sociedade) e o desfrute da qualidade ambiental passa a ser identificado como elemento indispensável ao pleno desenvolvimento da pessoa, qualquer "óbice" que interfira na concretização do direito em questão deve ser afastado pelo Estado (Legislador, Administrador e Judicial), venha tal conduta (ou omissão) de particulares, seja ela oriunda do próprio Poder Público.

A existência de um "dever geral de efetivação" dos direitos fundamentais atribuído ao Estado está conectado à *perspectiva objetiva* de tais direitos, o qual tomaria a forma por meio dos deveres de proteção do Estado, ao qual "incumbe zelar, inclusive preventivamente, pela

---

[149] No âmbito do designado "**Estado-Juiz**", pela ótica do Sistema de Justiça estabelecido pela CF/1988, cabe incluir também o Ministério Público e a Defensoria Pública, tomando por premissa apenas a autonomia institucional assegurada constitucionalmente a ambas as instituições.
[150] VIEIRA DE ANDRADE, José Carlos. *Os direitos fundamentais...*, p. 142.
[151] HESSE, Konrad. *Elementos de direito constitucional...*, p. 278-279.
[152] PÉREZ LUÑO, Antonio E. *Los derechos fundamentales...*, p. 214.

proteção dos direitos fundamentais dos indivíduos não somente contra os poderes públicos, mas também contra agressões de particulares e até mesmo de outros Estados".[153] É conferida ao Estado, portanto, a incumbência de **assegurar o exercício efetivo dos direitos fundamentais por parte dos particulares**, tomando toda espécie de medidas de natureza negativa ou positiva necessárias à consecução de tal objetivo. Segundo Vieira de Andrade, passou-se a dar relevo à existência de "deveres de proteção" dos direitos fundamentais, de modo que a vinculação dos poderes estatais aos direitos fundamentais não se limitam ao cumprimento do dever principal respectivo (de abstenção, ou ainda de prestação ou de garantia da participação, conforme o tipo de direito do particular), antes implicaria o dever de promoção e de proteção dos direitos perante quaisquer ameaças (de terceiros), a fim de assegurar a sua efetividade.[154]

A partir dos deveres de proteção do Estado, configura-se o **direito à proteção** do titular do direito fundamental em questão, ou seja, o **direito subjetivo a ações fáticas ou normativas em face do Estado**. Os deveres de proteção também podem ser colocados como uma **função de proteção perante terceiros**, completando todo um conjunto de imperativos de tutela dos direitos fundamentais impostos ao Estado, agora "amigo e guardião" dos direitos fundamentais. Por esse prisma, Canotilho pontua que da garantia constitucional de um direito resulta o dever do Estado de adotar medidas positivas (e não apenas negativas) destinadas a garantir o exercício dos direitos fundamentais em face de atividades perturbadoras ou lesivas destes impetradas por terceiros.[155] Como bem destaca o constitucionalista português, diferentemente do que ocorre com a função prestacional dos direitos fundamentais, a relação jurídica não se estabelece entre o titular do direito e o Estado, mas entre o indivíduo e outros indivíduos,[156] cabendo ao Poder Público atuar em defesa do direito fundamental vitimado e restabelecer uma relação de igualdade entre os particulares.

A dimensão objetiva dos direitos fundamentais projeta o direito ao meio ambiente para o plano de valor jurídico do Estado *Ecológico* de Direito esculpido na CF/1988. À luz da experiência constitucional portuguesa, Pereira da Silva acentua que a *dimensão objetiva* do direito fundamental ao meio ambiente implica, de imediato, os princípios e valores ecológicos serem tomados como **bens jurídicos fundamentais**, projetando-se na atuação quotidiana de aplicação e de concretização do direito, assim como imporem objetivos e finalidades que não podem ser afastados pelos poderes públicos, como tarefa ou objetivo estatal.[157] E, de modo a atender aos seus deveres de proteção, conforme leciona Alexy, não apenas sua função de proteção perante terceiros, também incumbe ao Estado, por exemplo, tutelar os direitos fundamentais por meio de **normas de direito penal**, de **normas de responsabilidade civil**, de **normas de processo civil**, bem como de **atos administrativos e ações fáticas**.[158] Para além dos exemplos trazidos *supra*, pode-se destacar, como forma de levar a cabo os seus deveres de proteção, a adoção pelo Estado de **políticas públicas** para a tutela e promoção de direitos fundamentais. No caso da proteção ambiental, como expressão dos deveres de proteção do Estado, além da elaboração de **legislação ambiental**, pode-se citar a adoção de medidas de **controle e fiscalização de ações poluidoras** do ambiente, a criação de unidades de conservação, a criação e estruturação de órgãos públicos destinados à tutela ecológica e até mesmo campanhas públicas de educação e conscientização ambiental.

---

[153] SARLET, Ingo Wolfgang. *A eficácia dos direitos fundamentais...*, p. 163-164.
[154] VIEIRA DE ANDRADE, José Carlos. *Os direitos fundamentais...*, p. 142.
[155] CANOTILHO, José Joaquim Gomes. *Direito constitucional e teoria...*, p. 409.
[156] CANOTILHO, José Joaquim Gomes. *Direito constitucional e teoria...*, p. 409.
[157] SILVA, Vasco Pereira da. *Verde cor de direito...*, p. 63-64.
[158] ALEXY, Robert. *Teoría de los derechos fundamentales*. 2. ed. Madrid: Centro de Estudios Políticos y Constitucionales, 2007. p. 398.

Segundo Canotilho, ao lado do "**direito ao meio ambiente**", situa-se um "**direito à proteção do meio ambiente**", expressando-se nos deveres atribuídos ao ente estatal de: a) combater os perigos (concretos) incidentes sobre o ambiente, a fim de garantir e proteger outros direitos fundamentais imbricados com o ambiente (direito à vida, à integridade física, à saúde etc.); b) proteger os cidadãos (particulares) de agressões ao ambiente e qualidade de vida perpetradas por outros cidadãos (particulares).[159] Para Ferreira Mendes, o dever de proteção do Estado toma a forma de **dever de evitar riscos** (*Risikopflicht*), autorizando o Poder Público a atuar em defesa do cidadão mediante a adoção de medidas de proteção ou de prevenção, especialmente no tocante ao desenvolvimento técnico ou tecnológico,[160] o que é fundamental na tutela ecológica, já que algumas das maiores ameaças ao meio ambiente provêm do uso de determinadas técnicas com elevado poder destrutivo ou de contaminação do meio ambiente (vide o exemplo do aquecimento global e das mudanças climáticas).

Na configuração do Estado Direito contemporâneo, a **segurança ambiental (e climática)** toma um papel central, impondo-se aos entes estatais a função de resguardar os cidadãos contra novas formas de violação à sua dignidade e direitos fundamentais por conta dos **riscos ambientais e climáticos (ex.: episódios climáticos extremos)** produzidos ou agravados pela *sociedade de risco* (Ulrich Beck)[161] contemporânea. Mais recentemente, Becke refere a escalada cada vez maior em nível planetário da sociedade de risco sob a forma de uma "**sociedade de risco global ou mundial**" (*Weltrisikogesellschaft*),[162] dado o transbordamento das fronteiras nacionais da degradação ecológica, como bem exemplificam a poluição dos oceanos, a perda de biodiversidade e o aquecimento global. Há, nesse sentido, evidente incapacidade do Estado (Democrático) de Direito, na sua configuração atual, de enfrentar os **riscos ambientais e climáticos** gerados, de modo especial pelo fato de que a esfera pública tem sido incapaz de se articular adequadamente contra a escalada de riscos e incertezas com que é confrontada no Antropoceno. A concepção de um modelo de **Estado de Direito da Prevenção e Precaução dos Riscos** (*Rechtstaat der Risikovorsorge*[163]) alinhase com o reconhecimento de um direito do cidadão de exigir dos entes públicos a sua proteção contra riscos existenciais decorrentes do desenvolvimento e, sobretudo, da manipulação feita pelo ser humano da técnica e intervenção na Natureza (ex.: sistema climático atmosférico).

Por força dos **princípios da prevenção e da precaução**, o Estado deve se antecipar à ocorrência da degradação ecológica, tanto diante do **perigo** em face de causas em relação às quais já há domínio e conhecimento científico atestando o seu prejuízo ecológico, quanto em face do **risco** de ocorrência em temas ainda controversos em termos científicos. Cançado Trindade, por sua vez, aponta para o dever e a obrigação do Estado de evitar **riscos ambientais sérios à vida**, inclusive com a adoção de "sistemas de monitoramento e alerta imediato" a fim de detectar tais riscos ambientais sérios e "sistemas de ação urgente" para lidar com tais ameaças.[164] A ideia formulada por Cançado Trindade é adequada, por exemplo, vincula a proteção ambiental às **questões climáticas**, pois tais sistemas estatais de "monitoramento e alerta imediato" e de "ação urgente" permitiriam uma atuação mais efetiva em casos de **eventos climáticos extremos** (enchentes, desabamentos de terra etc.), de modo a antecipar os desastres naturais e tutelar, de forma preventiva, os direitos fundamentais das pessoas expostas a tais situações.

---

[159] CANOTILHO, José Joaquim Gomes. O direito ao ambiente como direito subjetivo..., p. 188.
[160] MENDES, Gilmar Ferreira. *Direitos fundamentais*..., p. 12.
[161] Sobre a sociedade de risco, v. a teorização paradigmática de BECK, Ulrich. *La sociedad del riesgo*: hacia una nueva modernidad. Barcelona: Paidós, 2001.
[162] BECK, Ulrich. *Weltrisikogesellschaft*. Frankfurt am Main: Suhrkamp, 2008.
[163] MARQUES, Antonio Silveira. *Der Rechtstaat der Risikovorsorge*. (Schriften zum Öffentlichen Recht, Vol. 1381). Berlin: Duncker & Humblot, 2018, especialmente p. 114-120.
[164] CANÇADO TRINDADE, Antônio Augusto. *Direitos humanos e meio ambiente*..., p. 75.

Esse entendimento é adequado, por exemplo, à tutela ecológica atrelada ao combate à crise climática, pois tais "sistemas estatais de prevenção do dano ambiental" permitiriam uma atuação mais efetiva em casos de **eventos climáticos extremos** (enchentes, desabamentos de terra etc.), de modo a prever os desastres naturais, e, mesmo em caráter preventivo (ou, pelo menos, buscando minimizar os impactos), tutelar de forma mais efetiva os direitos fundamentais das pessoas expostas a tais situações, com especial proteção de **grupos sociais vulneráveis**. A partir das considerações dos autores referidos, resulta patente a obrigação constitucional do Estado de adotar medidas – legislativas e administrativas – atinentes à tutela do meio ambiente e de modo a **prevenir a ocorrência de danos ecológicos**, capazes de assegurar a salvaguarda adequada do direito fundamental também em vista dos **interesses e direitos das futuras gerações**.

A consagração constitucional da proteção ecológica como tarefa estatal, de acordo com o entendimento de Garcia, traduz a imposição de deveres de proteção ao Estado que lhe retiram a sua "capacidade de decidir sobre a oportunidade do agir", obrigando-o também a uma adequação permanente das medidas às situações que carecem de proteção, bem como a uma especial responsabilidade de coerência na autorregulação social.[165] Em outras palavras, pode-se dizer que os deveres de proteção ambiental conferidos ao Estado vinculam os poderes estatais a ponto de **limitar a sua liberdade de conformação** na adoção de medidas atinentes à tutela ecológica.

No caso especialmente do Poder Executivo, há uma clara limitação ao seu **poder-dever**[166] **de discricionariedade**, de modo a restringir a sua margem de liberdade na escolha nas medidas protetivas do meio ambiente, sempre no intuito de garantir a maior eficácia possível ao direito fundamental em questão. Na mesma vereda, Benjamin identifica a **redução da discricionariedade da Administração Pública** como benefício da "constitucionalização" da tutela ambiental, pois as normas constitucionais impõem e, portanto, vinculam a atuação administrativa no sentido de um permanente dever de levar em conta o meio ambiente e de, direta e positivamente, protegê-lo, bem como exigir o seu respeito pelos demais membros da comunidade estatal.[167]

Na jurisprudência, o entendimento em questão encontra-se configurado no voto-vogal do Ministro Fachin proferido no julgamento da ADPF 708 (Caso Fundo Clima) pelo STF, especificamente no campo da proteção constitucional climática: "o respeito aos **deveres estatais de proteção climática** é imperioso. Não há **discricionariedade administrativa** que permita políticas públicas ou programas de governo que ignorem tais deveres, os quais **derivam diretamente do texto constitucional**".[168] A respeito do tema, destaca-se igualmente passagem do voto-relator da Ministra Cármen Lúcia no julgamento da **ADPF 760 (Caso PPCDAm)** pelo STF:

> "O **dever constitucional de proteção** ao meio ambiente **reduz o espaço de discricionariedade do Poder Público em matéria ambiental**. É dever do Estado atuar para suprir deficiente proteção ambiental. (...) A Constituição da República impõe o agir estatal para preservar, proteger, se for o caso, restaurar o meio ambiente. A **inércia do administrador ou sua atuação insuficiente** ou, pior ainda, contrária aos deveres constitucionais estatais macula de inconstitucionalidade a atuação do Estado, impondo-se a intervenção judicial para restabelecer a eficácia dos direitos constitucionais à **dignidade ambiental**, aos direitos

---

[165] GARCIA, Maria da Glória F. P. D. *O lugar do direito na proteção do ambiente*. Coimbra: Almedina, 2007. p. 481.

[166] A concepção de *dever discricionário* (e não poder discricionário!) como "eixo metodológico" do Direito Público é desenvolvida por Bandeira de Mello: "é o dever que comanda toda a lógica do Direito Público. Assim, o dever assinalado pela lei, a finalidade nela estampada, propõe-se, para qualquer agente público, como um imã, como uma força atrativa inexorável do ponto de vista jurídico" (BANDEIRA DE MELLO, Celso Antônio. *Discricionariedade e controle jurisdicional*. 2. ed. São Paulo: Malheiros, 2007. p. 15).

[167] BENJAMIN, Antonio Herman. Constitucionalização do ambiente..., p. 75.

[168] STF, ADPF 708/DF, Tribunal Pleno, Rel. Min. Barroso, j. 01.07.2022.

fundamentais dos indivíduos da **presente e das futuras gerações**. Em matéria ambiental, a **atuação suficiente e eficiente da Administração Pública é dever**, determinante na orientação de garantia da proteção necessária e impeditiva do cuidado deficiente, devendo também observar o princípio da proibição do retrocesso, **limitador** como salientado antes da **discricionariedade administrativa e até mesmo do espaço de conformação do legislador, vinculado que está em atender aos comandos constitucionais** de garantia da finalidade de precaução, de preservação e de proteção eficiente do direito ao meio ambiente ecologicamente equilibrado."[169]

Os deveres de proteção impõem ao Estado, na forma de um comando constitucional imperativo, que não há margem para "não atuar" se isso implicar um *laissez faire* predatório da Natureza, bem como que não lhe é deferida a prerrogativa de "atuar de forma insuficiente". Isso porque tal atitude estatal em si resultaria em prática contrária ao comando constitucional imposto pelo art. 225. A inação dos entes estatais, a ponto de vulnerar o regime jurídico de proteção ecológica, implica violação ao **princípio da proibição de proteção insuficiente ou deficiente**, vislumbrando-se, em especial, na sua conexão com as exigências do **princípio da proporcionalidade**. Conforme a lição de Paulo Affonso Leme Machado, por força do tratamento constitucional de "bem de uso comum do povo" dispensado ao meio ambiente, o Poder Público passa a figurar não como proprietário de bens ambientais – por exemplo, das águas, do regime climático e da biodiversidade –, mas como gestor, o qual administra bens que não são dele e, por isso, deve explicar convincentemente sua gestão.[170]

A concepção de um **Estado "Gestor" do patrimônio ecológico** caminha alinhada com a perspectiva dos deveres estatais de proteção ambiental, já que ao Estado cabe tutelar um direito fundamental que é de toda a sociedade, devendo lançar mão de todas as medidas necessárias à consecução de tal objetivo constitucional (art. 225). Além disso, importa frisar que, nesse mesmo contexto e como decorrência específica dos deveres de proteção, incumbe ao Estado, com absoluta transparência, prestar contas e justificar de forma fundamentada aos seus cidadãos a respeito da adequação e suficiência das medidas adotadas para a tutela ecológica, visto que, a depender das circunstâncias, também neste caso cabível a intervenção e controle judicial dos atos administrativos. A respeito dos **deveres de transparência do Estado** em matéria ambiental, conforme será retomado à frente, destaca-se a emblemática decisão do STJ, sob a relatoria do Ministro Og Fernandes, no Incidente de Assunção de Competência (IAC) n. 13, ao reconhecer não apenas o tradicional dever de **transparência passiva**, mas igualmente os deveres de **transparência ativa e reativa**, inclusive com a inversão do ônus probatório em favor do requerente (por exemplo, cidadão ou entidade ambientalista) do **acesso à informação ambiental**. De acordo com o Ministro Og Fernandes:

> "o (...) **Estado de Direito Ambiental**, também dito Estado Ecológico de Direito ou Estado Socioambiental de Direito (*Environmental Rule of Law*), brasileiro contempla entre as **medidas de transparência ambiental**, entre outras: i) o dever estatal de produzir relatórios de execução de projetos ambientais, como os Planos de Manejo de APAs; ii) o dever estatal de publicar tais relatórios na internet, com periodicidade adequada; e iii) a averbação das APAs nos registros de imóveis rurais, mediante requerimento direto do Ministério Público aos ofícios".[171]

---

[169] Passagem do voto-relator da Ministra Cármen Lúcia na ADPF 760/DF (Caso PPCDAm): STF, ADPF 760/DF, Tribunal Pleno, Rel. Min. Cármen Lúcia, Red. Acórd. Min. André Mendonça, j. 14.03.2024.
[170] MACHADO, *Direito ambiental brasileiro*..., p. 137-138.
[171] STJ, REsp 1.857.098/MS, Incidente de Assunção de Competência – IAC n. 13, 1ª Seção, Rel. Min. Og Fernandes, j. 11.05.2022.

A partir do "direito ao meio ambiente", segundo a formulação de Canotilho, toma forma também um "direito à proteção do meio ambiente", por meio dos deveres de proteção do Estado, o que, conforme complementa Gavião Filho, torna o Estado racionalmente justificado a normalizar condutas e atividades lesivas ao meio ambiente, por exemplo, com a **tipificação de crimes e infrações administrativas ambientais**.[172] Como exemplo de medida tomada pelo Estado brasileiro no sentido de dar corpo ao seu dever de proteção ambiental, pode-se destacar a edição da Lei dos Crimes e Infrações Administrativas Ambientais (Lei 9.605/98), a qual tratou de prever sanções penais e administrativas derivadas de condutas e atividades lesivas ao meio ambiente, inclusive com a caracterização da **responsabilidade penal da pessoa jurídica** (art. 3º),[173] de modo a regulamentar dispositivo constitucional (art. 225, § 3º). Tal medida legislativa, acompanhada de todo o conjunto de leis ambientais brasileiras, que não cabe aqui relacionar, dão cumprimento aos deveres de proteção ambiental atribuídos ao Estado pela nossa Lei Fundamental de 1988.

O dever de proteção ambiental do Estado, como refere Gavião Filho, pode também tomar a forma de **limitações estatais impostas ao direito de propriedade**, em vias da obrigação estatal de assegurar de maneira efetiva o desfrute do direito ao meio ambiente.[174] Assim, além da regulação pelo Estado de crimes ambientais e infrações administrativas ambientais, as **limitações administrativas em geral ao exercício do direito de propriedade** assumem a forma de medida derivada do dever de proteção ambiental imposta ao Estado, por exemplo, as limitações para construir etc. As limitações administrativas no tocante à construção imobiliária, como ocorre, por vezes, em áreas de especial interesse ecológico (unidades de conservação, zonas costeiras, área de preservação permanente e reserva legal), também reflete uma projeção normativa do dever de proteção do Estado.

A questão pode ser abordada tanto a partir de uma perspectiva mais individualizada do direito de propriedade, voltada ao uso individual da propriedade (e também da posse), quanto de uma perspectiva de **regulação da ordem econômica** como um todo, ajustando os princípios da iniciativa privada e da propriedade privada aos ditames constitucionais de tutela ambiental (art. 170, VI, da CF/1988), como ocorre, por exemplo, com a exigência, por parte do Poder Público, de estudo prévio de impacto ambiental para a instalação de obra ou atividade causadora ou potencialmente causadora de significativa degradação do ambiente (art. 225, § 1º, IV, da CF/1988). Há, ainda, como se verá com maiores detalhes no tópico sobre os *deveres fundamentais* (dos particulares) de proteção do ambiente, a questão que envolve as obrigações (prestacionais e negativas) imputadas ao proprietário ou possuidor de determinado imóvel acerca da preservação da reserva legal e da área de preservação permanente, considerando a responsabilidade objetiva dele no que tange à reparação de eventual dano provocado, por força do art. 14, § 1º, da Lei 6.938/81.

À luz da atuação coordenada entre **Estado (dever de proteção)** e **particulares (dever fundamental)**, Gomes trabalha com a ideia de **cláusulas acessórias "amigas do ambiente"** em contratos (especialmente em face de atos autorizativos) estabelecidos entre a Administração e particulares empreendedores de atividades com potencial lesivo ao meio ambiente, o que permite a compatibilização da proteção ambiental (tarefa fundamental do Estado e direito-dever de todos os cidadãos) com a realização de outros bens constitucionalmente valorados.[175] A autora portuguesa colaciona o exemplo em que a Administração poderá condicionar a concessão de uma autorização para a instalação de uma indústria de envergadura econômica importante e útil

---

[172] GAVIÃO FILHO, Anízio Pires. *Direito fundamental ao ambiente...*, p. 53.
[173] Sobre a possibilidade de responsabilização penal da pessoa jurídica na jurisprudência do STJ, v. REsp 610.114/RN, 5ª T., Rel. Min. Gilson Dipp, j. 17.11.2005.
[174] GAVIÃO FILHO, Anízio Pires. *Direito fundamental ao ambiente...*, p. 53.
[175] GOMES, Carla Amado. *A prevenção à prova...*, p. 72.

para o desenvolvimento econômico de certa região, em virtude da previsão de grandes emissões de poluentes, à construção de uma estação de tratamento de resíduos, a título de contrapartida da sua instalação.[176] Tal fórmula objetiva regular administrativamente a atividade produtiva, de modo a conformá-la com a proteção ambiental, sendo, portanto, também expressão do dever de proteção ambiental do Estado.

Igual se pode afirmar no âmbito das **contratações públicas**, as quais devem se pautar em critérios de sustentabilidade, como, aliás, prevê expressamente a **Nova Lei de Licitações e Contratos Administrativos (Lei 14.133/2021)**, que revogou a anterior (**Lei 8.666/93**),[177] a qual inclui entre os seus princípios nucleares previstos no art. 5º, *caput*, o "**desenvolvimento nacional sustentável**", inclusive como critério de seleção da proposta mais vantajosa para **aquisição de bens** e **contratações de obras ou serviços**. O diploma prevê ainda, no art. 11, como objetivo do processo licitatório, o desenvolvimento nacional sustentável (inc. IV), bem como, no seu art. 144, que "na contratação de obras, fornecimentos e serviços, inclusive de engenharia, poderá ser estabelecida remuneração variável vinculada ao desempenho do contratado, com base em metas, padrões de qualidade, **critérios de sustentabilidade ambiental** e prazos de entrega definidos no edital de licitação e no contrato".[178]

No âmbito europeu, destacam-se as inovações trazidas pelas **Diretivas 2014/23/EU, 2014/24/EU e 2014/25/EU** com o propósito de estabelecer mecanismos voltados às contratações públicas sustentáveis. A título de exemplo, a Diretiva 2014/24/EU (art. 68.1.b), estabeleceu a obrigatoriedade, no âmbito das contratações públicas, de "**incluir o custo das emissões de gases do efeito estufa** e outras emissões poluentes, assim como outros custos de atenuação das mudanças climáticas". O Estado, no âmbito da sua **atuação administrativa**, nas mais diversas áreas, para além de estar sempre vinculado aos seus deveres de proteção ecológica (e climática), deve se postar como protagonista na adoção de práticas "amigas do meio ambiente e do clima", inspirando e servindo de modelo para os particulares.

Quanto ao papel estatal na tutela ambiental, a partir do conteúdo normativo do art. 225 da Constituição, Gavião Filho traça um modelo de atuação (negativa e positiva) do Estado, com as seguintes características: a) **recusa da estatização**, no sentido de que a tutela do meio ambiente é uma função e dever de todos, e não apenas do Estado; b) a **insuficiência da visão liberal** no sentido de que o Estado não se resume a um mero Estado de polícia, confiante na obtenção da ordem jurídica ambiental pelo livre jogo de forças contrapostas; c) a abertura ambiental no sentido de que os indivíduos possam obter do Poder Público todas as **informações sobre o meio ambiente**; d) a **participação dos indivíduos** nas questões relativas à defesa e proteção do ambiente, notadamente no âmbito dos procedimentos administrativos que tratam das questões ambientais; e) o **associacionismo ambiental** no sentido de que a sociedade, regularmente organizada, possa valer-se dos instrumentos da democracia para exercer pressão sobre o legislador e o administrador no tocante às questões ambientais, inclusive por intermédio de ações para a preservação e reparação de ações ou omissões estatais ou privadas lesivas ao meio ambiente.[179]

---

[176] GOMES, Carla Amado. *A prevenção à prova...*, p. 73.

[177] A Lei 14.133/2021 não revogou de imediato toda a Lei 8.666/1993, o que ocorrerá apenas após decorridos 2 anos da sua publicação.

[178] Na doutrina, a respeito do tema das contratações públicas sustentáveis, v. VILLAC, Teresa. *Licitações sustentáveis no Brasil*. 2.ed. Belo Horizonte: Fórum, 2020; BRITO, Felipe Pires M. de. *Contratações públicas sustentáveis*: (re)leitura verde da atuação do Estado brasileiro. Rio de Janeiro: Lumen Juris, 2020. Por fim, destaca-se o Guia Nacional de Contratações Sustentáveis (já na sua 6ª edição, publicada em 2022) elaborado pela Advocacia Geral da União. BARTH, Maria Leticia B. G et al. *Guia nacional de contratações sustentáveis*. 5. ed. Brasília: AGU, julho 2022. Disponível em: https://www.gov.br/agu/pt-br/composicao/cgu/cgu/guias/gncs_082022.pdf.

[179] GAVIÃO FILHO, Anízio Pires. *Direito fundamental ao ambiente...*, p. 24-25.

O Estado, nesse contexto, a depender da situação concreta, deve adotar tanto **condutas positivas** quanto **negativas** na sua atuação, buscando potencializar ao máximo a proteção ambiental no âmbito das funções estatais (legislativa, executiva e jurisdicional) de todos os entes da federação (União, Estados, Distrito Federal e Municípios), bem como de outras instituições estatais, como é o caso do Ministério Público e da Defensoria Pública.

O atual perfil constitucional do Estado de Direito brasileiro, delineado pela Lei Fundamental de 1988, dá forma a um **Estado "guardião e amigo" dos direitos fundamentais**,[180] estando, portanto, todos os poderes e órgãos estatais vinculados à concretização dos direitos fundamentais, especialmente no que guardam uma direta relação com a dignidade da pessoa humana. Tal perspectiva coloca para o Estado brasileiro, além da proibição de interferir no âmbito de proteção de determinado direito fundamental a ponto de violá-lo, a missão constitucional de promover e garantir, inclusive no âmbito prestacional, o desfrute do direito, quando tal se fizer necessário. Assim, em maior ou menor medida, todos os poderes estatais, representados pelo **Executivo**, pelo **Legislativo** e pelo **Judiciário**,[181] estão constitucionalmente obrigados, na forma de **deveres de proteção e promoção ambiental**, a atuar, no âmbito da sua esfera constitucional de competências, sempre no sentido de obter a maior eficácia e efetividade possível dos direitos e **deveres fundamentais ecológicos**. Quando se volta a atenção para a degradação ambiental em geral – e, inclusive, de novos problemas ecológicos, como é o caso do aquecimento global –, tendo em vista os riscos sociais e ambientais a ela correlatos e já em curso, submerge uma série de deveres estatais a serem adotados no sentido do enfrentamento das suas causas. A não adoção de tais medidas protetivas – legislativas e executivas – por parte do Estado, no sentido de assegurar a eficácia e a efetividade do direito fundamental em questão, resulta em prática inconstitucional, passível de **controle judicial, tanto sob a via abstrata quanto difusa**.

JURISPRUDÊNCIA TRF4. Deveres estatais de prevenção e precaução: como exemplo de decisão judicial no sentido de obrigar o Estado (no caso concreto, o IBAMA e o Estado do Rio Grande do Sul) a cumprir com seus deveres de proteção ambiental, registra-se acórdão do **Tribunal Regional Federal da 4ª Região** que impôs *medidas prestacionais* aos entes estatais para conter a proliferação de espécie invasora ("mexilhão dourado") no ecossistema local, inclusive aplicando os princípios da prevenção e da precaução: "APELAÇÃO CÍVEL. DIREITO AMBIENTAL. **PROLIFERAÇÃO DESORDENADA DO MEXILHÃO DOURADO**. DANO AMBIENTAL. LEGITIMIDADE PASSIVA DO IBAMA E DO ESTADO DO RIO GRANDE DO SUL. SOLIDARIEDADE. PROTEÇÃO AO MEIO AMBIENTE. PRINCÍPIO DA PRECAUÇÃO. DESPROVIMENTO DOS RECURSOS. 1. Estudos revelam que o mexilhão dourado é uma espécie exótica e invasora, interferindo na capacidade de sobrevivência de outras espécies em uma ampla região geográfica ou mesmo em uma área específica. 2. A **proteção do meio ambiente é competência comum** da União, dos Estados, do

---

[180] A respeito da consagração do modelo de Estado de Direito contemporâneo como um Estado "guardião ou amigo" dos direitos fundamentais, v. VIEIRA DE ANDRADE, José Carlos. *Os direitos fundamentais...*, p. 143.

[181] De acordo com Odete Medauar, "cabe ao Judiciário apreciar o cumprimento, por parte do Legislativo ou por parte do Executivo, das diretrizes constitucionais ou legais relativas à proteção ambiental, para que tornem efetivas e não sejam desrespeitadas ou ignoradas. Resta claro, assim, que no caso das omissões do Executivo, há muito consideradas pelo Judiciário quanto à responsabilidade civil, hão de ser apreciadas em matéria de defesa do meio ambiente, para que as autoridades sejam obrigadas a adotar as medidas permanentes, com fundamento sobretudo na Constituição Federal. O mesmo se aplica às atuações dos particulares, incluídos os agentes econômicos" (MEDAUAR, Odete. Alcance da proteção do meio ambiente pela via jurisdicional: controle das políticas públicas ambientais? *In*: D'ISEP, Clarissa Ferreira M.; NERY JUNIOR, Nelson; MEDAUAR, Odete (coord.). *Políticas públicas ambientais*: estudos em homenagem ao Professor Michel Prieur. São Paulo: RT, 2009. p. 230).

Distrito Federal e dos Municípios nos termos do artigo 23, VI e VII da Constituição de 1988. 3. Em épocas de alarmantes **desastres ambientais**, em relação aos quais não há definitiva expectativa de recuperação de danos, os **princípios da precaução e da prevenção** adquirem força vital. **E o Direito, como um dos pilares de um Estado Democrático, deve ser atuante, preciso e efetivo na busca da proteção do meio ambiente, que é, em última análise, a própria proteção da vida.** 4. Desprovimento dos recursos" (TRF4, AC 5049424-26.2014.4.04.7100/RS, 3ª T., Rel. Des. Federal Marga Inge Barth Tessler, j. 1º.08.2017).

O legislador, por força dos deveres de proteção que lhes impõe a norma constitucional, passa a atuar como **guardião e promotor dos direitos fundamentais**. Conforme destacado anteriormente, a regulamentação dada às normas constitucionais que tutelam direitos fundamentais constitui-se de etapa elementar e indispensável no caminho da efetivação de tais direitos. Assim, no campo ambiental, podemos destacar a **Lei da Política Nacional do Meio Ambiente (Lei 6.938/81)** e a Lei dos Crimes e Infrações Administrativas Ambientais (Lei 9.605/98), como exemplos de tal atuação empreendida pelo legislador no sentido de cumprir com tais deveres de proteção, criando condições normativas para a efetivação do direito fundamental ao ambiente. A **vinculação do legislador aos direitos fundamentais**, e em particular ao direito fundamental ao meio ambiente, representa clara **limitação material da sua liberdade de conformação** no âmbito da sua atividade regulamentadora e concretizadora de tais direitos. Ademais, a norma contida no **art. 5º, § 1º, da CF/1988** gera, a toda evidência, uma limitação das possibilidades de intervenção restritiva do legislador no âmbito de proteção dos direitos fundamentais.[182]

Ainda nesse contexto há que reconhecer a pertinência da lição de Canotilho, ao ressaltar a dupla dimensão da vinculação do legislador aos direitos fundamentais. Assim, num sentido negativo (ou proibitivo), já se referiu a proibição da edição de atos legislativos contrários às normas de direitos fundamentais, que sob esse ângulo atuam como normas de competência negativa, Na sua acepção positiva, a vinculação do legislador implica um dever de conformação de acordo com os parâmetros fornecidos pelas normas de direitos fundamentais e, nesse sentido, também um dever de realização destes, salientando-se, ademais, que, no âmbito da sua **faceta jurídico-objetiva**, os direitos fundamentais assumem a função de princípios e valores informadores de toda a ordem jurídica.[183] É justamente com base na perspectiva objetiva dos direitos fundamentais que a doutrina alemã entendeu que o legislador possui **deveres ativos de proteção**, que englobam um **dever de aperfeiçoamento ou melhoria (*Nachbesserungspflichten*) da legislação existente**, no sentido de conformá-la às exigências das normas de direitos fundamentais.[184]

O dever de regulamentação das normas constitucionais relativas a direitos fundamentais, no sentido de conferir adequada proteção normativa a tais direitos, acaba por comprimir e estabelecer **limites à discricionariedade do legislador**. Assim, de modo a atender ao **princípio da proporcionalidade**, cumpre ao legislador, ao desempenhar seu mister constitucional, atuar no âmbito normativo estabelecido entre a **proibição de proteção insuficiente** e a **proibição de restrição excessiva** dos direitos fundamentais. Portanto, se a regulamentação legislativa dispensada a determinado direito fundamental não assegurar proteção adequada e suficiente a este, no sentido de possibilitar o seu desfrute pelo titular, consequentemente o legislador não haverá desempenhado bem o seu papel e a medida legislativa em questão estará eivada de inconstitucionalidade, por violação ao princípio da proibição de insuficiência. De outra banda, se a atuação do legislador se der no sen-

---

[182] V. SARLET, Ingo Wolfgang. *A eficácia dos direitos fundamentais...*, p. 367.
[183] CANOTILHO, José Joaquim Gomes. *Direito constitucional e teoria...*, p. 592-593.
[184] CANOTILHO, José Joaquim Gomes. *Direito constitucional e teoria...*, p. 368.

tido de restringir de forma excessiva determinado direito fundamental, a ponto de comprometer o seu desfrute pelo(s) titular(es), atingindo o seu **núcleo essencial**, também a medida em questão estará eivada de inconstitucionalidade, agora em razão da violação ao **princípio da proibição de excesso**. Como se pode perceber, tanto a proibição de insuficiência quanto a proibição de excesso são projeções normativas do **princípio da proporcionalidade**, colocando balizas à atuação do legislador em decorrência dos seus deveres de proteção para com os direitos fundamentais. Por fim, para maiores desenvolvimentos sobre princípio da proporcionalidade, destacamos o tópico específico sobre o tema desenvolvido à frente neste mesmo capítulo.

Por fim, destaca-se a correlação entre os deveres de proteção do Estado em matéria ambiental e o **princípio da eficiência administrativa**, como resultou consagrado de forma emblemática no voto-relator da Ministra Carmen Lúcia no julgamento iniciado (e ainda não concluído) pelo STF da **ADPF 760/DF** (Caso do PPCDAm):

> "Como em matéria ambiental a **finalidade de precaução, de prevenção e de proteção** são determinantes permanente como qualidade inerente à preservação do meio ambiente ecologicamente saudável, a **eficiência integra a principiologia determinante do comportamento administrativo válido**. Então, em matéria ambiental aquele princípio estende-se e **limita a qualificação discricionária** posta, em outras atuações administrativas do Estado, como decorrência mesma das características do **direito fundamental** que por ele se impõe implementar, pelas medidas imprescindíveis de precaução, prevenção e, se ultrapassadas as condições de excelência da prática de proteção ambiental, a reparação de danos provocados. A **eficiência administrativa em matéria ambiental** restringe a atuação administrativa em sua escolha possível de oportunidade para atuar e finalidade a ser cumprida. A razão de ser (razoabilidade) que demonstre o elo determinante do agir administrativo ou da inação estatal são cotejados com os fins (sempre de proteção ambiental ecologicamente saudável) a que se destinam as práticas e a obtenção do resultado precavido ou preventivo do bem de todos".[185]

DEVERES GERAIS DE PROTEÇÃO AMBIENTAL DO ESTADO	
Estado-Legislador	– Elaborar a **legislação ambiental**, tendo por parâmetro normativo o regime constitucional e infraconstitucional de tutela ecológica; – Estabelecer regime jurídico tributário e fiscal que incentive e promova a proteção ecológica (arts. 145, § 3º, e 225, § 1º, VIII, da CF/1988); – **Dever de progressividade, proibição de retrocesso** e **vedação de proteção insuficiente** na regulamentação normativa em matéria ambiental.
Estado-Administrador/Executivo	– Executar a legislação ambiental; – Assegurar adequada e suficiente **estrutura organizacional-administrativa** dos órgãos ambientais; – Exercer o **poder de polícia ambiental e fiscalizar** práticas lesivas e potencialmente lesivas ao meio ambiente (mecanismos de comando e controle);

---

[185] Passagem do voto-relator da Ministra Cármen Lúcia na ADPF 760/DF (Caso PPCDAm): STF, ADPF 760/DF, Tribunal Pleno, Rel. Min. Cármen Lúcia, Red. Acórd. Min. André Mendonça, j. 14.03.2024.

DEVERES GERAIS DE PROTEÇÃO AMBIENTAL DO ESTADO	
Estado-Administrador/Executivo	– Promover **políticas públicas ambientais** (ex.: educação e conscientização ambiental); – **Monitorar** (ex.: por satélite e sistemas de informação geográfica, Sistemas PRODES e DETER do INPE) do estado do meio ambiente (ex.: poluição das águas e atmosférica, desmatamento, ocupação do solo etc.); – **Dever de assegurar acesso à informação ambiental**, **deveres estatais de transparência** (passiva, ativa e reativa)[186] e de **assegurar a participação pública** na tomada de decisões administrativas.
Estado-Juiz	– Aplicação da legislação ambiental na atividade jurisdicional; – Exercer (de modo **subsidiário**) **o controle da atuação dos demais poderes** e da judicialização dos danos causados ao meio ambiente; – Exercer (*ex oficio*) o **controle de convencionalidade** da legislação infraconstitucional à luz dos tratados internacionais de direitos humanos e em matéria ambiental (equiparados aos primeiros na jurisprudência do STF, conforme decisão proferida na ADPF 708). Obs.: **Sistema de Justiça**: Poder Judiciário,[187] Ministério Público, Defensoria Pública, Procuradorias, OAB etc.

RESOLUÇÃO 433/2021 DO CNJ
Institui a Política Nacional do Poder Judiciário para o Meio Ambiente

CAPÍTULO I – DA POLÍTICA NACIONAL DO PODER JUDICIÁRIO PARA O MEIO AMBIENTE

Art. 1º A Política Nacional do Poder Judiciário para o Meio Ambiente consiste em uma atuação estratégica dos órgãos do sistema de Justiça para a proteção dos **direitos intergeracionais** ao meio ambiente e se desenvolverá com base nas seguintes diretrizes:

I – observância do princípio do poluidor pagador previsto no art. 4º, VIII, da Lei n. 6.938/81 e dos princípios da precaução, prevenção e solidariedade intergeracional na construção de políticas institucionais ambientais no âmbito do Poder Judiciário;

II – instituição na temática ambiental, de medidas implementadoras da Política Judiciária de tratamento adequado dos conflitos de interesse, regulada pela Resolução CNJ n. 125/2010;

III – desenvolvimento de estudos e de parâmetros de atuação aplicáveis às demandas referentes a danos ambientais incidentes sobre bens difusos e de difícil valoração, tais como

---

[186] STJ, REsp 1.857.098/MS, Incidente de Assunção de Competência – IAC n. 13, 1ª Seção, Rel. Min. Og Fernandes, j. 11.05.2022.

[187] O CNJ editou a Resolução 433/2021, instituindo a Política Nacional do Poder Judiciário para o Meio Ambiente, bem como criou o Observatório do Meio Ambiente e das Mudanças Climáticas do Poder Judiciário (Portaria 240/2020).

os incidentes sobre a fauna, flora e a poluição atmosférica, do solo, sonora ou visual, com o intuito de auxiliar a justa liquidação e eficácia;

IV – utilização de **recursos tecnológicos**, de **sensoriamento remoto e de imagens de satélite** como **meio de prova judicial** e de criação de inteligência institucional para prevenção e recuperação dos danos ambientais na atuação finalística do Poder Judiciário;

V – respeito à **autodeterminação dos povos indígenas**, comunidades tradicionais e extrativistas e garantia ao respectivo **direito à consulta prévia, livre e informada** nos moldes da Convenção no 169, da Organização Internacional do Trabalho, promulgada pelo Decreto nº 5.051/2004; e da Declaração das Nações Unidas sobre os Direitos dos Povos Indígenas;

VI – atuação integrada e interinstitucional a fim de compartilhar **informações de inteligência e de dados estratégicos** entre as instituições públicas e privadas que atuam na tutela do meio ambiente; e

VII – fomento à **capacitação continuada** e permanente dos agentes de Justiça para atualização e aperfeiçoamento funcional com uso de novas tecnologias e metodologias inovadoras. (...)

4.3.1.2 O rol (apenas) exemplificativo dos deveres de proteção ambiental do Estado no § 1º do art. 225 da CF/1988

A CF/1988 traz, de forma expressa, nos incisos do § 1º do art. 225, uma série de medidas protetivas do ambiente a serem patrocinadas pelo Estado, consubstanciando projeções de um ***dever geral de proteção do Estado***[188] para com direito fundamental ao meio ambiente expresso no *caput* do art. 225. Entre as medidas de tutela ambiental atribuídas ao Estado, encontram-se:

Art. 225. (...) § 1º Para assegurar a efetividade desse direito, **incumbe ao Poder Público**:

I – preservar e restaurar os **processos ecológicos essenciais** e prover o manejo ecológico das espécies e ecossistemas;

II – **preservar a diversidade e a integridade do patrimônio genético** do País e fiscalizar as entidades dedicadas à pesquisa e manipulação de material genético;

III – definir, em todas as unidades da Federação, **espaços territoriais e seus componentes a serem especialmente protegidos**, sendo a alteração e a supressão permitidas somente através de lei vedada qualquer utilização que comprometa a integridade dos atributos que justifiquem sua proteção;

IV – exigir, na forma da lei, para instalação de obra ou atividade potencialmente causadora de significativa degradação do meio ambiente, **estudo prévio de impacto ambiental**, a que se dará publicidade;

V – controlar a produção, a comercialização e o emprego de **técnicas, métodos e substâncias que comportem risco** para a vida, a qualidade de vida e o meio ambiente;

VI – promover a **educação ambiental** em todos os níveis de ensino e a **conscientização pública** para a preservação do meio ambiente; e

VII – **proteger a fauna e a flora**, vedadas, na forma da lei, as práticas que coloquem em risco sua função ecológica, provoquem a **extinção de espécies** ou **submetam os animais à crueldade**.

VIII – manter regime fiscal favorecido para os biocombustíveis e para o hidrogênio de baixa emissão de carbono, na forma de lei complementar, a fim de assegurar-lhes tributação

---

[188] Milaré também se refere à caracterização de um "dever estatal geral de defesa e preservação do meio ambiente", o qual seria fragmentado nos deveres específicos elencados no art. 225, § 1º, da CF/1988 (MILARÉ, Édis. *Direito do ambiente*, 4. ed., p. 189 e ss.).

inferior à incidente sobre os combustíveis fósseis, capaz de garantir diferencial competitivo em relação a estes, especialmente em relação às contribuições de que tratam o art. 195, I, "b", IV e V, e o art. 239 e aos impostos a que se referem os arts. 155, II, e 156-A. (Redação dada pela Emenda Constitucional nº 132, de 2023)

O **rol dos deveres de proteção ambiental do Estado** traçado pelo § 1º do art. 225 é apenas exemplificativo,[189] estando aberto a outros deveres necessários a uma tutela abrangente e integral do ambiente, especialmente em razão do surgimento permanente de novos riscos e ameaças à Natureza provocadas pelo avanço da técnica, como é o caso do aquecimento global. No caso dos **deveres estatais de proteção climática**, houve a sua incorporação expressa por meio da inserção do novo inciso VIII ao § 1º do art. 225 da CF/1988, levado a efeito pelas **ECs 123/2022 e 132/2023**, conforme destacado no quadro anterior. O dispositivo constitucional em questão, incorporou expressamente a categoria – tão importante na dogmática dos direitos fundamentais – dos "deveres estatais de proteção climática" na CF/1988, vinculando os Poderes Republicanos e, assim, a discricionariedade tanto administrativa quanto legislativa (infraconstitucional). A EC 123/2022 é um primeiro passo constitucional importante na concepção de uma ordem econômica que tenha por premissa a **descarbonização progressiva** e a **neutralidade climática** a ser alcançada no futuro.

4.3.1.3 Deveres estatais de proteção climática

A natureza meramente exemplificativa do **rol dos deveres de proteção ambiental** do Estado traçado pelo § 1º e demais dispositivos do art. 225 torna a referida norma constitucional, como já pontuado anteriormente, aberta à incorporação de outros deveres necessários a uma tutela abrangente e integral do meio ambiente (e, mais recentemente, do clima), especialmente em razão do surgimento permanente de novos riscos e ameaças à Natureza provocadas pelo avanço da técnica e intervenção humana no meio natural, como é o caso hoje, por exemplo, do aquecimento global, impondo ao Estado novos **deveres de proteção climáticos** (*Klimaschutzpflichten*[190]). Como conteúdo dos deveres de proteção climática resultantes do regime constitucional de tutela ecológica estabelecido pelo art. 20a da Lei Fundamental alemã, Thomas Groß, destaca, além da vedação de proteção insuficiente (*Untermaßverbot*), como objetivo estatal (*Staatsziel*) correlato, a "**vedação ou proibição de piora ou deterioração**" (*Verschlechterungsverbot*) **das condições climáticas**, inclusive em vista de um dever de adoção de medidas, por parte dos Poderes Executivo e Judiciário, que contemplem a resolução de conflitos lastreados por uma espécie de "princípio" (o autor não chega a utilizar tal nomenclatura) "*in dubio pro natura et clima*" e, portanto, com **práticas resolutivas "amigas do clima"** (*klimafreundliche Lösungen*).

Tal entendimento também conduz ao reconhecimento de **deveres estatais específicos de proteção do sistema climático**, derivados diretamente da previsão do inciso I no § 1º do art. 225 da CF/1988, que dispõe sobre a proteção dos "**processos ecológicos essenciais**". Para além da norma inscrita no art. 225 da CF/1988, os deveres estatais de proteção climática também podem ser extraídos do rol de competências legislativas (art. 24) e administrativas (art. 23) em matéria ambiental. A título de exemplo, a competência administrativa comum atribuída a todos

---

[189] Também no sentido de conferir ao dispositivo do art. 225, § 1º, natureza meramente exemplificativa, e não *numerus clausus*, v. BARROSO, Luís Roberto. Proteção do meio ambiente..., p. 68.

[190] GROß, Thomas. Welche Klimaschutzpflichten ergeben sich aus Art. 20a GG. *In*: ZUR, Heft 78, 2009, p. 367 (p. 364-368). Ainda sobre o tema dos deveres estatais de proteção climática, v. a Declaração de Oslo sobre os Princípios de Oslo sobre as Obrigações relativas às Mudanças Climáticas Globais de 2015 (*Oslo Principles on Global Climate Change Obligations*). Disponível em: https://law.yale.edu/system/files/area/center/schell/oslo_principles.pdf.

os entes federativos (União, Estados, Distrito Federal e Municípios) prevista no art. 23, VI, de "proteger o meio ambiente e **combater a poluição em qualquer de suas formas**", por óbvio que inclui o combate à **poluição atmosférica**, inclusive no controle da emissão de gases do efeito estufa e do aquecimento global. Igualmente, as competências do inciso VII do mesmo dispositivo consistente em "preservar as florestas, a fauna e a flora", implica, por exemplo, no dever estatal de proteção da Floresta Amazônica, o que é sinônimo de proteção do regime climático – por exemplo, o regime de chuvas, rios voadores etc. O Brasil, nesse contexto, é um dos cinco países maiores emissores globais de gases do efeito estufa justamente em razão do desmatamento florestal e da liberação de gases do efeito estufa derivada diretamente de tal prática, notadamente na região do Bioma Amazônico.

A competência legislativa concorrente em matéria ambiental deve ser compreendida como "**dever de legislar em matéria ambiental e climática**", conforme previsão do art. 24, VI, nos seguintes temas: "florestas, caça, pesca, fauna, conservação da natureza, defesa do solo e dos recursos naturais, proteção do meio ambiente e controle da poluição". Por repetir as matérias, como o controle da poluição (atmosférica) e a proteção das florestas, os mesmos argumentos lançados anteriormente também se aplicam no campo da competência legislativa (e dever de legislar) em matéria climática. Os deveres de proteção climática atribuídos aos Estados pelo art. 225 também tomam forma por meio do exercício da **competência legislativa (concorrente)** da **competência administrativa (comum)**, vinculando, assim, todos os entes federativos (União, Estados, Distrito Federal e Municípios), inclusive no sentido de adotarem metidas de **mitigação** das emissões de gases do efeito estufa quanto de **adaptação**[191] às mudanças climáticas (já em curso e futuras), com especial atenção para os indivíduos e grupos sociais vulneráveis (deslocados climáticos, vítimas de enchentes, secas, etc.).

Mais recentemente e como já exposto anteriormente, o novo inciso VIII inserido no § 1º do art. 225 da CF/1998 pela **EC 123/2022**, alterado posteriormente pela **EC 132/2023**, encarregou-se de contemplar os **deveres de proteção climática do Estado**, promovendo a **descarbonização da matriz energética e economia** e **neutralização climática**, relativamente às emissões de gases do efeito estufa decorrente da queima de combustíveis fósseis, ao "manter regime fiscal favorecido para os biocombustíveis e para o hidrogênio de baixa emissão de carbono, na forma de lei complementar, a fim de assegurar-lhes tributação inferior à incidente sobre os combustíveis fósseis, capaz de garantir diferencial competitivo em relação a estes, especialmente em relação às contribuições de que tratam o art. 195, I, "b", IV e V, e o art. 239 e aos impostos a que se referem os arts. 155, II, e 156-A". A medida em questão expressa os deveres estatais de mitigação, no sentido da redução da emissão de gases do efeito estufa derivado da queima de combustíveis fósseis, inclusive estimulando mudanças e inovações tecnológicas na nossa matriz energética rumo ao **uso progressivo de energia limpas** e à **neutralidade climática**. Há, por certo, a conjunção de esforços públicos e privados na consecução dos objetivos constitucionais voltados à proteção climática, tanto em termos de mitigação quanto de adaptação. De modo complementar, a alteração do nome do (antes apenas) Ministério do Meio Ambiente para **Ministério do Meio Ambiente e da Mudança do Clima**, verificada no início de 2023 (por meio da MP 1.154/2023, posteriormente convertida na Lei 14.600/2023), é simbólica e ilustra a incorporação dos deveres de proteção climática no âmbito do Poder Executivo Federal.

---

[191] A **Lei 14.904/2024**, conhecida como **Lei de Adaptação Climática**, estabelece diretrizes para a elaboração de planos de adaptação à mudança do clima, tendo como diretriz, entre outras, "a identificação, a avaliação e a priorização de medidas para enfrentar os desastres naturais recorrentes e diminuir a vulnerabilidade e a exposição dos sistemas ambiental, social, econômico e de infraestrutura, em áreas rurais e urbanas, bem como os efeitos adversos atuais e esperados das mudanças do clima nos âmbitos local, municipal, estadual, regional e nacional" (art. 2º, I).

> **JURISPRUDÊNCIA STJ. Dever de adoção de fontes limpas de energia e substituição dos combustíveis fósseis e proteção do sistema climático global:** "PROCESSUAL CIVIL E ADMINISTRATIVO. MANDADO DE SEGURANÇA. (...) NÃO OCORRÊNCIA. LICITAÇÃO. LEILÃO DE RESERVA DE CAPACIDADE DE ENERGIA ELÉTRICA. HABILITAÇÃO TÉCNICA. CUSTO VARIÁVEL UNITÁRIO (CVU). LIMITE FIXADO EM PORTARIA. VÍCIO FORMAL. INEXISTÊNCIA. COMPETITIVIDADE. RESTRIÇÃO. DEMONSTRAÇÃO. AUSÊNCIA. **COMPROMISSOS AMBIENTAIS** E MODICIDADE TARIFÁRIA. ATENDIMENTO. NECESSIDADE. REQUISITO. LEGALIDADE. CONSTATAÇÃO. 1. (...) 4. Caso em que o ato coator refere-se à fixação do limite máximo de R$ 600,00/MWh (seiscentos reais por megawatt-hora) para o Custo Variável Unitário – CVU, como requisito para habilitação técnica em leilão a ser efetivado pela Agência Nacional de Energia Elétrica (ANEEL), para contratação de potência elétrica e de energia associada, denominado "Leilão de Reserva de Capacidade, de 2021", conforme previsto no art. 7º, III, da Portaria Normativa MME n. 20/2021. 5. Busca a impetrante, que detém usinas termelétricas a óleo diesel ou óleo combustível e com CVU maior que o previsto no edital, participar do leilão, afastada aquela exigência. (...). 9. Descabe falar em exigência desmotivada, pois, de acordo com a União, a restrição à habilitação de empreendimentos termelétricos cujo custo variável unitário (CVU) seja superior a R$ 600,00/MWh atende a **compromissos ambientais internacionais assumidos pelo País** e busca "garantir a confiabilidade do suprimento de energia elétrica a mínimo custo, **incorporando ainda limites para emissões de gases de efeito estufa e novas tecnologias**", conforme a **Política Nacional sobre Mudança do Clima (PNMC)**, instituída pela **Lei n. 12.187/2009** e regulamentada pelo **Decreto n. 9.578/2018**, no escopo de **substituir combustíveis com maiores fatores de emissão por outros com menor emissão**, o que resulta em aumento da eficiência energética e em **crescente inserção de fontes renováveis**. 10. A exigência questionada no presente writ acha-se fundada no art. 1º da Lei n. 9.478/1997, que estabelece, entre os **objetivos da política energética nacional**, a proteção dos interesses do consumidor e a **proteção do meio ambiente**, bem como nas disposições da Lei n. 12.187/2009, que instituiu a Política Nacional sobre Mudança do Clima (PNMC), na busca por garantir que o desenvolvimento econômico e social contribua para a **proteção do sistema climático global**. 11. O Decreto n. 9.578/2018, que atualmente regulamenta a PNMC, definiu os Planos Decenais de Expansão de Energia (PDEs) como um dos planos setoriais de mitigação e de adaptação às mudanças climáticas (art. 17, III), cuja efetivação ocorre por meio da expansão da oferta hidrelétrica, da oferta de fontes alternativas renováveis, da oferta de biocombustíveis e do incremento da eficiência energética (art. 19, III). 12. O PDE 2030 apresenta "a **redução da participação de termelétricas a diesel e óleo combustível** (...) por **combustíveis que emitam menos GEE**, como o gás natural ou outros **combustíveis renováveis**, bem como medidas para se **aumentar a eficiência energética** dos meios de **geração de energia, transporte e processos industriais**". 13. Segundo a Nota Informativa nº 00050/2021/DPE/SPE, o valor do CVU corresponde ao valor a ser pago pela energia gerada, daí a necessidade de limitar o CVU das participantes com o objetivo de garantir a modicidade tarifária. (...) 18. Segurança denegada e liminar revogada. (...) (STJ, MS 28.123/DF, 1ª Seção, Rel. Min. Gurgel de Faria, j. 23.03.2022).

4.3.1.4 Dever do Estado de tomar decisões fundamentadas em *standards*, normas e critérios científicos e técnicos e nos princípios da precaução e da prevenção (ADI 6.428/DF e ADI 6148/DF)

Outra dimensão importante dos deveres do Estado em matéria ambiental está relacionada à obrigação dos entes e agentes estatais de tomarem suas decisões embasadas em *standards*, normas e critérios científicos e técnicos, somada ainda ao já referido dever estatal de evitar a ocorrência de danos ecológicos, tal como impõem normativamente os princípios constitucionais da precaução e da prevenção. O **dever estatal de embasamento científico na tomada de decisões** pode ser ilustrado na jurisprudência recente do STF, em caso envolvendo a pandemia de covid-19. A ADI 6.428/DF impugnou a constitucionalidade de normas federais – no caso, a Medida Provisória 966/2020[192] e o art. 28 do Decreto-lei 4.657/42, com redação dada pela Lei 13.655/2018 – que restringiram a possibilidade de **responsabilização dos agentes públicos**. A MP 966/2020 em questão, editada por ocasião da **pandemia de covid-19**, estabeleceu que os agentes públicos somente poderiam ser responsabilizados nas esferas civil e administrativa se agissem ou se omitissem com dolo ou erro grosseiro pela prática de atos relacionados com as medidas de enfrentamento da emergência de saúde pública e de combate aos efeitos econômicos e sociais decorrentes da pandemia. O dispositivo do Decreto-lei 4.657/42, alterado pela Lei 13.655/2018, estabeleceu idêntica restrição, mas de forma geral.

O autor da ação sustentou, entre outros pontos, que as legislações impugnadas suprimiram do Poder Judiciário a capacidade de fornecer proteção efetiva contra lesão ou ameaça a direito, infringindo a independência entre os Poderes (art. 2º da CF/1988), bem como que a MP 966/2020 não observou o art. 37, § 6º, da CF/1988, que consagra expressamente a **responsabilidade civil dos agentes públicos** no caso de **dolo ou culpa**, sem distinções de qualquer espécie. De acordo com o autor, a norma, ao limitar a responsabilidade dos agentes públicos só para os casos de dolo ou culpa grave, acaba por excluir os ilícitos e os danos causados por culpa leve ou levíssima, o que pode resultar na impunidade. Outro ponto questionado na ação é a vagueza do texto normativo na definição do que configuraria "erro grosseiro".

Na decisão acerca da medida cautelar na ADI 6.428/DF, sob a relatoria do Min. Luís Roberto Barroso, o STF, por maioria, deferiu parcialmente a cautelar para: a) conferir interpretação conforme à Constituição ao art. 2º da MP 966/2020, no sentido de estabelecer que, na caracterização de erro grosseiro, deve-se levar em consideração a observância, pelas autoridades: (i) de *standards*, **normas e critérios científicos e técnicos**, como estabelecidos por organizações e entidades internacional e nacionalmente conhecidas; bem como (ii) dos **princípios constitucionais da precaução e da prevenção**; e b) conferir, ainda, interpretação conforme à Constituição ao art. 1º da MP 966/2020, para explicitar que, para os fins de tal dispositivo, a autoridade à qual compete a decisão deve exigir que a opinião técnica trate expressamente: (i) das normas e critérios científicos e técnicos aplicáveis à matéria, como estabelecidos por organizações e entidades reconhecidas nacional e internacionalmente; (ii) da observância dos princípios constitucionais da precaução e da prevenção.

Foram firmadas as seguintes **teses** pelo STF:

> "1. Configura **erro grosseiro** o **ato administrativo** que ensejar **violação ao direito à vida, à saúde, ao meio ambiente equilibrado ou impactos adversos à economia**, por inobservância: (i) de normas e critérios científicos e técnicos; ou (ii) dos princípios constitucionais da precaução e da prevenção.
>
> 2. A **autoridade a quem compete decidir** deve exigir que as opiniões técnicas em que baseará sua decisão tratem expressamente: (i) das **normas e critérios científicos e técnicos aplicáveis à matéria**, tal como estabelecidos por organizações e entidades internacional e nacionalmente reconhecidas; e (ii) da **observância dos princípios constitucionais da precaução e da prevenção**, sob pena de se tornarem corresponsáveis por eventuais violações a direitos." (STF, MC na ADI 6.428/DF, Tribunal Pleno, Rel. Min. Luís Roberto Barroso, j. 21.05.2020)

A decisão do STF revela importante precedente no sentido de estabelecer o dever do Estado e dos agentes públicos de fundamentarem e guiarem as suas decisões à luz de parâmetros científicos, notadamente em questões relacionadas à proteção dos **direitos fundamentais** à

---

[192] A Medida Provisória 966/2020 não foi convertida em lei e teve a sua vigência encerrada em 10.09.2020.

vida, à saúde e ao meio ambiente equilibrado. Não obstante a decisão tenha sido tomada no contexto da pandemia de covid-19, o precedente é ilustrativo para estabelecer o **dever do Estado (Legislativo, Executivo e Judiciário)** de tomar suas decisões em temas ambientais embasadas em parâmetros, evidências e consensos científicos, o que é reforçado, como já destacado anteriormente, pelo **dever estatal de evitar a ocorrência de danos ecológicos**, por força do comando normativo dos **princípios da precaução e da prevenção**.

Mais recentemente, em decisão do STF no julgamento da ADI 6148/DF, ao abordar a constitucionalidade da Resolução CONAMA nº 491/2018, a respeito dos padrões de qualidade do ar, a Corte, não obstante tenha julgado inconstitucional a ação, determinou ao CONAMA a edição de **nova resolução** sobre a matéria que considera as **atuais orientações da Organização Mundial de Saúde** sobre os **padrões adequados da qualidade do ar**, bem como que "se decorrido o prazo de 24 (vinte e quatro) meses, sem a edição de novo ato que represente avanço material na política pública relacionada à qualidade do ar, **passarão a vigorar os parâmetros estabelecidos pela Organização Mundial de Saúde** enquanto perdurar a **omissão administrativa** na edição da nova Resolução". Em linhas gerais, é outra decisão do STF que reconhece os **estudos e padrões científicos** adotados por entidades de natureza científica como parâmetro e fundamentação decisória, revelando, assim, a **limitação da discricionariedade administrativa** em temas como saúde pública e meio ambiente.

Por fim, destaca-se que o entendimento também foi endossado pela Ministra Cármen Lúcia no julgamento da ADPF 651/DF pelo STF, ao reconhecer o **princípio de reverência à ciência** como um dos princípios nucleares do Direito Ambiental,[193] o que reforça a importância do conhecimento científico – e, em particular, **consensos científicos** – como **parâmetro e fundamento vinculante para as decisões de Juízes e Tribunais** (como, aliás, tem feito de modo exemplar o STF em diversas decisões, ao abordar, por exemplo, os relatórios e estudos do IPCC e do Instituto Nacional de Pesquisas Especiais – INPE).

> "AÇÃO DIRETA DE INCONSTITUCIONALIDADE. CONSTITUCIONAL, ADMINISTRATIVO E AMBIENTAL. **PADRÕES DE QUALIDADE DO AR.** CONSELHO NACIONAL DO MEIO AMBIENTE (**CONAMA**): COMPETÊNCIA PARA EXERCER JUÍZO TÉCNICO DISCRICIONÁRIO DE NORMATIZAÇÃO DA MATÉRIA. PRINCÍPIO DEMOCRÁTICO. AUTOCONTENÇÃO JUDICIAL. **RESOLUÇÃO CONAMA Nº 491, DE 2018**: NORMA CONSTITUCIONAL **EM VIAS DE SE TORNAR INCONSTITUCIONAL.** CONCESSÃO DO **PRAZO DE 24 (VINTE E QUATRO) MESES PARA EDIÇÃO DE NOVA RESOLUÇÃO**: OBSERVÂNCIA DA **ATUAL REALIDADE FÁTICA**. 1. O Conselho Nacional do Meio Ambiente (CONAMA) é órgão colegiado criado pela Lei nº 6.938, de 1981, dotado de capacidade institucional e responsabilidade, para, a partir de estudos e debate colegiado, dispor sobre 'normas e padrões compatíveis com o meio ambiente ecologicamente equilibrado e essencial à sadia qualidade de vida'. 2. Diante das múltiplas vicissitudes e peculiaridades do caso, cabe, prioritariamente, ao CONAMA, como órgão regulador e no exercício da sua capacidade institucional, aquilatar, com devida atenção e aprofundado rigor técnico, qual o melhor conjunto de medidas apto a orientar a política de controle da qualidade do ar. 3. Impropriedade do Poder Judiciário em adentrar, ou mesmo substituir, o juízo técnico discricionário realizado na elaboração e no aprimoramento da política pública em foco. 4. Não se afigura salutar a conduta judicial de permanente e minudente escrutínio incidente sobre a condução das políticas públicas selecionadas pelo Administrador. 5. Em se tratando de tema de complexa e controvertida **natureza técnico-científica**, cabe ao Poder Judiciário atuar com ainda maior deferência em relação às decisões de natureza técnica tomadas pelos órgãos públicos com maior capacidade institucional para o tratamento e solução da questão. 6. Eventual atuação desta Suprema Corte no sentido de rever os critérios que redundaram na opção empreendida

---

[193] STF, ADPF 651/DF, Tribunal Pleno, Rel. Min. Cármen Lúcia, j. 28.04.2022.

pelo CONAMA dependeria de manifesta falta de razoabilidade, de ausência de justificação ou de evidente abusividade na escolha empreendida pelo Administrador, não sendo este o caso dos autos. 7. A **Organização Mundial da Saúde (OMS)** indica que as diretrizes por ela traçadas não devem ser aplicadas automática e indistintamente, devendo cada país levar em conta os riscos à saúde, sua viabilidade tecnológica, questões econômicas e fatores políticos e sociais peculiares, além do nível de desenvolvimento e da capacidade de cada ente competente para atuar na gestão da qualidade do ar. 8. Sob a ótica do **desenvolvimento sustentável**, é necessário que sejam consideradas, pelo órgão regulador, o estágio mais atual da realidade nacional, das peculiaridades locais, bem como as possibilidades momentâneas de melhor aplicação dos primados da livre iniciativa, do desenvolvimento social, da redução da pobreza e da promoção da saúde pública, como elementos de indispensável consideração para construção e progressiva evolução da norma, de forma a otimizar a proteção ambiental, dentro da lógica da maior medida possível. 9. Reconhecimento de que a **Resolução CONAMA nº 491, de 2018**, afigura-se '**ainda constitucional**'. Determinação ao CONAMA de edição de **nova resolução** sobre a matéria que considere (i) as **atuais orientações da Organização Mundial de Saúde sobre os padrões adequados da qualidade do ar**; (ii) a realidade nacional e as peculiaridades locais; e (iii) os primados da livre iniciativa, do desenvolvimento social, da redução da pobreza e da promoção da saúde pública. 10. Se decorrido o prazo de 24 (vinte e quatro) meses, sem a edição de novo ato que represente avanço material na política pública relacionada à qualidade do ar, passarão a vigorar os parâmetros estabelecidos pela Organização Mundial de Saúde enquanto perdurar a omissão administrativa na edição da nova Resolução. 11. Ação Direta de Inconstitucionalidade julgada improcedente" (STF, ADI 6148/DF, Tribunal Pleno, Rel. do Acord. Min. André Mendonça, j. 06.05.2022).

4.3.1.5 Deveres do Estado de prevenir e responder a desastres ambientais (e climáticos) à luz do "Direito dos Desastres ou das Catástrofes"

"De fato, vivenciados, nos últimos anos, desastres de proporções catastróficas que reforçam necessário refletir sobre o aprimoramento da regulação e da fiscalização, a fim de evitar novos eventos da espécie. (...) E, por conta de dificuldades sistemáticas de reparação e recuperação, a solução jurídica desta demanda constitucional passa, em meu modo de ver, por uma hermenêutica constitucional que compreenda adequadamente o papel da reparação e da prevenção na contemporânea interpretação do art. 225, § 2º, da Constituição (...)". (**Ministra Rosa Weber**)[194]

O denominado **Direito dos Desastres ou das Catástrofes** (*Katastrophenrechts*)[195] apresenta-se como uma (sub)disciplina ou área do Direito Ambiental no caso dos desastres naturais. O Direito Ambiental possui a função precípua de evitar a ocorrência dos desastres naturais e os danos ecológicos deles decorrentes, haja vista a sua irreversibilidade em muitos casos, tomando por premissa, entre outros, os princípios da prevenção e da precaução. Como **princípios básicos** do Direito dos Desastres, Michael Kloepfer, destaca: I. Princípio da Prevenção/Evitação (*Vermeidungsprinzip*),[196] II. Princípio do Poluidor-Pagador (*Verursacherprinzip*), III. Princípio da Cooperação (*Kooperationsprinzip*); IV Princípio da Subsidiariedade (*Subsidiaritätsprinzip*); V. Princípio da Efetividade/Eficácia (*Effektivitätsprinzip*) e VI. Justiça dos Desastres (*Katastro-

---

[194] STF, ADI 4.031/PA, Plenário Virtual, Rel. Min. Rosa Weber, j. 29.09.2023.

[195] Na doutrina, sobre o Direito dos Desastres, v. KLOEPFER, Michael. *Handbuch des Katastrophenrechts*. Baden-Baden, Nomos, 2015. (Schriften zum Katastrophenrecht, v. 9).

[196] No tocante à tradução da expressão *Vermeidung*, optamos pela palavra "prevenção", muito embora o seu sentido literal mais correto seria "evitação", tomando por correspondente o verbo "evitar" para *vermeiden*.

phengerechtigkeit). O Direito dos Desastres tem, por objetivo primordial, estabelecer deveres ao Estado com o propositivo de proteger os direitos fundamentais à segurança, à vida, à integridade física, à saúde, ao meio ambiente, à moradia, entre outros.

No Brasil, como exemplo emblemático de desastre ou catástrofe ambiental, podemos destacar o **rompimento da barragem de rejeitos de mineração** da empresa Samarco (de propriedade da brasileira Vale do Rio Doce e da anglo-australiana BHP Billiton) no **Município de Mariana**, no Estado de Minas Gerais, em novembro de 2015. Um *tsunami* de lama tóxica, acompanhado televisivamente pelo País inteiro, percorreu por vários dias o leito do **Rio Doce** até desaguar na sua foz e avançar no mar, atingindo também o litoral do Estado do Espírito Santo. Além de destruir por completo o **vilarejo secular de Bento Rodrigues**, o desastre causou o desabastecimento de água de diversas cidades ao longo do caminho, deixou mais de duas dezenas de pessoas mortas e desaparecidas e provocou um dano ambiental inestimável. No ano de 2019, um novo desastre similar decorrente do rompimento de barragem de rejeitos de mineração, envolvendo a mesma empresa (Vale do Rio Doce), ocorrido no **Município de Brumadinho**, também no Estado de Minas Gerais, além de provocar um dano ecológico inestimável, ceifou a vida de mais de duas centenas de pessoas, em sua grande maioria, trabalhadores da mineradora.

No **plano internacional**, o **Marco de Sendai para a Redução do Risco de Desastres (2015)** representa um importante documento sobre a temática adotada no âmbito da ONU, delineando importantes diretrizes para os Estados. O documento delineia sete metas de redução de desastres a serem alcançadas até o ano de 2030 e quatro prioridades de ação para evitar novos riscos de desastres e reduzir os riscos existentes: (i) entender o risco de desastres; (ii) fortalecer a governança do risco de desastres para gerenciar o risco de desastres; (iii) investir na redução de desastres para aumentar a resiliência; e (iv) aprimorar a preparação para desastres para uma resposta eficaz e "reconstruir melhor" na recuperação, reabilitação e reconstrução. O Marco de Sendai objetiva, em linhas gerais, a redução substancial dos riscos de desastres e das perdas de vidas, meios de subsistência e saúde e dos ativos econômicos, físicos, sociais, culturais e ambientais de pessoas, empresas, comunidades e países, bem como reconhece que o Estado tem a função principal – e deveres jurídicos – de reduzir os riscos de desastres. No entanto, a responsabilidade para a prevenção de desastres deve ser compartilhada com outras partes interessadas, incluindo os agentes privados (ex.: empresas) que atuem direta ou indiretamente em atividades econômicas de risco.

Os **deveres de proteção do Estado para evitar a ocorrência de desastres ou catástrofes**, como assinala Kloepfer, têm por objetivo assegurar simultaneamente a proteção contra terceiros, a proteção contra desastres naturais e a proibição de proteção insuficiente – evidentemente descumpridos por parte do Estado brasileiro, por exemplo, nos casos de Mariana e Brumadinho –, bem como **deveres de "informação" e "monitoramento" de desastres naturais** (ex.: terremoto, furacão, enchente, erupção vulcânica, tsunami etc.) e de desastres industriais, rompimento de barragens, atos de terrorismo etc. Os desastres naturais decorrentes de episódios climáticos extremos como consequência das mudanças climáticas também se enquadram nesse contexto. Como afirma Kloepfer, ao reconhecer a existência de obrigações de prevenção (*Präventionspflichten*) do Estado derivadas do art. 20a da Lei Fundamental alemã:

> "Na área da prevenção de desastres ambientais, as correspondentes **obrigações de prevenção (*Präventionspflichten*) do Estado** podem ser derivadas do art. 20a da Lei Fundamental. A prevenção é particularmente necessária na área de riscos 'que ainda não constituem um perigo em termos de sua natureza e abrangência e da probabilidade de sua ocorrência ou não podem ser avaliados com precisão no momento'. Uma **responsabilidade de longo prazo (*langfristige Verantwortung*)** para a preservação dos fundamentos da vida com base na sustentabilidade leva, portanto, à obrigação do Estado de prevenir desastres ambientais. Se, como resultado de um desastre, uma área não for mais adequada para as pessoas viverem devido, por exemplo, à poluição química ou radiológica, isso seria sim-

plesmente incompatível com a obrigação de preservar a base natural da vida. De acordo com o mandato de proteger o meio ambiente, **o Estado tem que prevenir tais eventos**. A eficácia da proteção ambiental força regularmente a prevenção de desastres ambientais. Assim, uma **obrigação de prevenção** (*Pflicht zur Vermeidung*) de desastres ambientais pode ser derivada do artigo 20a da Lei Fundamental".[197]

No caso brasileiro, o mesmo raciocínio pode ser aplicado, reconhecendo-se, portanto, a existência de **deveres de proteção do Estado** para evitar a ocorrência de desastres ou catástrofes ambientais e climáticas derivadas diretamente do comando normativo constitucional consagrado no **art. 225, *caput* e § 1º, da CF/1988**. Também outros dispositivos constitucionais, notadamente daqueles que se encarregam dos deveres de proteção estatal em relação a **grupos sociais vulneráveis** (ex.: **art. 6º**), reforçam a normativa referente aos deveres do Estado tanto de **prevenção** quanto de **resposta e reparação de danos em favor das vítimas**. A Ministra Rosa Weber, no julgamento da ADI 4.031/PA, reconheceu no seu voto-relator a caracterização de um **Direito Constitucional dos Desastres** assentado no art. 225 da CF/1988 e, assim, priorizando a sua **prevenção**, não obstante igualmente se ocupar da **reparação integral** dos **danos individuais e coletivos** causados em tais situações.[198]

No **plano infraconstitucional**, é possível identificar recentemente a consagração de um **(micro)sistema legislativo do Direito dos Desastres**, ao consagrar, por exemplo, tanto deveres de prevenção e resposta do Estado quanto direitos das vítimas. A **Lei da Política Nacional de Proteção e Defesa Civil (Lei 12.608/2012)** em vista de importante reforma legislativa operada no seu texto pela **Lei 14.750/2023**, centraliza o referido microssistema, o qual também é integrado, por exemplo, pela **Lei da Política Nacional de Segurança de Barragens (Lei 12.334/2010)**, com reforma promovida pela **Lei 14.066/2020**, e pela **Lei da Política Nacional de Direitos das Populações Atingidas por Barragens (Lei 14.755/2023)**. É importe registrar que a consolidação do referido marco legislativo, com as alterações recentes (**pós-2015**), foi influenciada em grande medida pela pressão política e social das vítimas e instituições públicas e privadas que representam os seus interesses e direitos, do **ciclo de desastres ambientais vivenciados na última década no Brasil**, com destaque para os casos já abordados anteriormente de **Mariana** (2015), **Brumadinho** (2019) e **Maceió** (2018 e novamente no final de 2023).

Mais recentemente, para além dos desastres ambientais, também têm ganhado igual destaque, no contexto do Direito dos Desastres, os **desastres climáticos** decorrentes dos **episódios climáticos extremos** (ex.: enchentes, deslizamentos de terra, secas, incêndios etc.) cada vez mais recorrentes e intensos, conforme referidos anteriormente à luz do último relatório (AR6) do IPCC. As enchentes verificadas no Estado do Rio Grande do Sul, em setembro de 2023 e novamente de forma ainda mais catastrófica em maio de 2024, ilustram de forma trágica esse cenário de desastres climáticos, com a caracterização de um contingente de mais de 600.000 deslocados climáticos, muitos em completo desamparo e vulnerabilidade existencial. Os **deveres estatais de adaptação climática**, tanto pelo prisma da prevenção quanto da resposta estatal e reparação de danos às vítimas de episódios climáticos extremos, igualmente inserem-se no contexto do Direito dos Desastres, de modo que a legislação climática, como, por exemplo, a **Lei da Política Nacional sobre Mudança do Clima (12.114/2009)** e a **Lei de Adaptação Climática (Lei 14.904/2024)** também se inserem no referido microssistema legislativo do Direito dos Desastres.

A título de exemplo, a Lei 14.904/2024 é taxativa nesse sentido, ao assinalar, no seu art. 2º, entre as diretrizes dos planos de adaptação à mudança do clima: "I – a identificação, a avaliação e a **priorização de medidas para enfrentar os desastres naturais recorrentes e diminuir a

---

[197] KLOEPFER, Michael. *Handbuch des Katastrophenrechts...*, p. 401.
[198] STF, ADI 4.031/PA, Plenário Virtual, Rel. Min. Rosa Weber, j. 29.09.2023.

vulnerabilidade e a exposição dos sistemas ambiental, social, econômico e de infraestrutura, em áreas rurais e urbanas, bem como os efeitos adversos atuais e esperados das mudanças do clima nos âmbitos local, municipal, estadual, regional e nacional"; e "II – a **gestão e a redução do risco climático diante dos efeitos adversos da mudança do clima**, de modo a estimar, **minimizar ou evitar perdas e danos** e planejar e priorizar a gestão coordenada de investimentos, com base no **grau de vulnerabilidade**, conforme definido pela PNMC".

(MICRO)SISTEMA LEGISLATIVO DO DIREITO DOS DESASTRES (AMBIENTAIS E CLIMÁTICOS)	– Arts. 6º e 225 da CF/1988; – Lei da Política Nacional de Proteção e Defesa Civil (Lei 12.608/2012), com reforma pela Lei 14.750/2023; – Lei da Política Nacional de Segurança de Barragens (Lei 12.334/2010), com reforma pela Lei 14.066/2020; – Lei da Política Nacional de Direitos das Populações Atingidas por Barragens (Lei 14.755/2023); – Lei da Política Nacional sobre Mudança do Clima (Lei 12.114/2009) e Lei de Adaptação Climática (Lei 14.904/2024).

A **Lei 14.066/2020**, ao alterar a **Lei 12.334/2010**, estabeleceu o **conceito de desastre** no art. 2º, XIV, do diploma, conforme segue.[199]

CONCEITO DE DESASTRE (LEI 12.334/2010)
"Art. 2º (...) XIV – **desastre**: resultado de evento adverso, **de origem natural ou induzido pela ação humana**, sobre ecossistemas e populações vulneráveis, que causa significativos **danos humanos, materiais ou ambientais** e prejuízos econômicos e sociais".

A alteração legislativa em questão, como se pode presumir e referimos anteriormente, ocorreu como uma resposta legislativa aos episódios de Mariana e Brumadinho. Entre os **objetivos** traçados para a PNSBa, a partir da nova configuração legislativa estabelecida pela Lei 14.066/2020, tem-se a previsão, no seu art. 3º: "I – garantir a observância de padrões de segurança de barragens de maneira a fomentar a **prevenção** e a **reduzir a possibilidade de acidente ou desastre** e suas consequências; (...) VIII – definir **procedimentos emergenciais** e fomentar a atuação conjunta de empreendedores, fiscalizadores e órgãos de proteção e defesa civil em caso de **incidente, acidente ou desastre**".[200]

No tocante aos **fundamentos** da PNSBa, a nova redação do art. 4º, dada pela Lei 14.066/2020, estabelece, entre outros: "II – a **informação** e o estímulo à **participação direta ou indireta da população** nas **ações preventivas e emergenciais**, incluídos a elaboração e a implantação do Plano de Ação de Emergência (PAE) e o acesso ao seu conteúdo, ressalvadas as informações de caráter

---

[199] O conceito é reproduzido com idêntico conteúdo no art. 1º, V, da Lei 12.608/2012, a partir da alteração promovida pela Lei 14.750/2023.

[200] A Lei 14.066/2020 estabeleceu a distinção conceitual entre os três tipos de ocorrências (entre elas, os desastres): "XII – **acidente**: comprometimento da integridade estrutural com liberação incontrolável do conteúdo do reservatório, ocasionado pelo colapso parcial ou total da barragem ou de estrutura anexa; XIII – **incidente**: ocorrência que afeta o comportamento da barragem ou de estrutura anexa que, se não controlada, pode causar um acidente".

pessoal; III – a **responsabilidade legal do empreendedor** pela segurança da barragem, pelos danos decorrentes de seu rompimento, vazamento ou mau funcionamento e, **independentemente da existência de culpa,** pela reparação desses danos; IV – a **transparência de informações,** a **participação** e o **controle social;** V – a segurança da barragem como instrumento de alcance da **sustentabilidade socioambiental".**

A **Lei da Política Nacional de Proteção e Defesa Civil (Lei 12.608/2012)** foi alterada substancialmente pela **Lei 14.750/2023,** influenciada pelo ciclo de desastres ambientais e climáticos vivenciados na última década, com destaque tanto para os casos citados de Mariana, Brumadinho e Maceió quanto para a ocorrência cada vez mais intensa e recorrente de episódios climáticos extremos, como verificado de forma trágica nas enchentes verificadas no Estado do Rio Grande do Sul em setembro de 2023 e novamente em maio de 2024. A Lei 12.608/2012 passou a prever importantes diretrizes e **deveres estatais** na abordagem de desastres de origem natural ou induzidos pela ação humana, como as medidas voltadas tanto à **prevenção** quanto à **resposta a desastres,** conforme segue:

LEI DA POLÍTICA NACIONAL DE PROTEÇÃO E DEFESA CIVIL (LEI 12.608/2012)

Art. 1º (...). Parágrafo único. (...): (...)

VIII – **prevenção**: ações de planejamento, de ordenamento territorial e de investimento destinadas a reduzir a vulnerabilidade dos ecossistemas e das populações e a evitar a ocorrência de acidentes ou de desastres ou a minimizar sua intensidade, por meio da identificação, do mapeamento e do monitoramento de riscos e da capacitação da sociedade em atividades de proteção e defesa civil, entre outras estabelecidas pelos órgãos do SINPDEC; (Incluído pela Lei 14.750/2023) (...)

XII – **resposta a desastres**: ações imediatas com o objetivo de socorrer a população atingida e restabelecer as condições de segurança das áreas atingidas, incluídas ações de busca e salvamento de vítimas, de primeiros-socorros, atendimento pré-hospitalar, hospitalar, médico e cirúrgico de urgência, sem prejuízo da atenção aos problemas crônicos e agudos da população, de provisão de alimentos e meios para sua preparação, de abrigamento, de suprimento de vestuário e produtos de limpeza e higiene pessoal, de suprimento e distribuição de energia elétrica e água potável, de esgotamento sanitário, limpeza urbana, drenagem das águas pluviais, transporte coletivo, trafegabilidade e comunicações, de remoção de escombros e desobstrução das calhas dos rios, de manejo dos mortos e outras estabelecidas pelos órgãos do SINPDEC; (Incluído pela Lei 14.750/2023)

No campo do Direito dos Desastres, entre outros pontos importantes trazidos pela Lei 14.750/2023, destacam-se ainda, como objetivos da Política Nacional de Proteção e Defesa Civil, conforme previsto no seu art. 5º: "incluir a **análise de riscos e a prevenção a desastres** no processo de **licenciamento ambiental dos empreendimentos**, nas hipóteses definidas pelo poder público" (XVI); e "promover a **responsabilização do setor privado** na adoção de **medidas preventivas de desastres** e na elaboração e implantação de **plano de contingência** ou de documento correlato" (XVII). A incorporação de medidas de prevenção a desastres ambientais e climáticos torna-se medida imperativa no âmbito do licenciamento ambiental e do estudo e relatório de impacto ambiental (e climático). Igual se pode afirmar em relação à responsabilização civil – mas também criminal e administrativa, a depender do caso – dos agentes públicos e privados que contribuam, ainda que indiretamente, à luz do art. 3º, IV, da Lei 6.938/81, para a ocorrência de desastres ambientais e climáticos, tomando por premissa o dever de prevenção de desastres, sobretudo no contexto de atividades de risco (ex.: mineração, petróleo e gás etc.).

Por fim, a legislação infraconstitucional, como se pode observar, dá conformação normativa e regulamentação aos deveres estatais de prevenção e precaução de desastres ambientais, inclusive no sentido de assegurar os **direitos ambientais de participação** e o **controle social** sobre a ação e a omissão de agentes públicos e privados na matéria. Igual se pode afirmar em relação à aplicação do regime jurídico da **responsabilidade civil objetiva** – lastreada pela Teoria do Risco Integral, como é peculiar ao Direito Ambiental – em face do empreendedor e dos entes estatais eventualmente responsáveis diretos ou indiretos pela ocorrência do desastre ambiental. Os deveres do Estado na **prevenção** e **resposta** aos desastres ambientais e climáticos igualmente envolvem os deveres das instituições que integram o **Sistema de Justiça**[201] – Poder Judiciário, Ministério Público, Defensoria Pública etc. –, ao assegurar o acesso à justiça e salvaguarda dos direitos fundamentais das vítimas e grupos sociais vulneráveis (ex.: deslocados ambientais e climáticos), tanto por meio da adoção de medidas preventivas quanto reparatórias.

4.3.1.6 Deveres do Estado de proteção de espécies ameaçadas de extinção (art. 225, § 1º, VII, da CF/1988)

A legislação ambiental brasileira ainda carece de um marco normativo especializado e sistematizado voltado à proteção das espécies ameaçadas de extinção, como se verifica, por exemplo, no caso dos Estados Unidos, desde a década de 1970, por meio da Lei das Espécies Ameaçadas (*Endangered Species Act*), de 1973. A nosso ver, uma "**Lei de Proteção das Espécies Ameaçadas de Extinção**", de modo a regulamentar o dever estatal previsto expressamente no inciso VII do § 1º do art. 225 da CF/1988 – ou seja, "**proteger a fauna e a flora**, vedadas, na forma da lei, as práticas que coloquem em risco sua função ecológica, provoquem a **extinção de espécies** ou **submetam os animais à crueldade**" – representaria um avanço importante para a legislação ambiental brasileira, inclusive no sentido de atender ao comando normativo constitucional em destaque.

O *Relatório de Avaliação Global sobre Biodiversidade e Serviços Ecossistêmicos (2019)* do **IPBES,** como já apontado anteriormente, ressaltou o perigoso declínio "sem precedentes" da Natureza na história da humanidade, com a "aceleração" das taxas de extinção de espécies, a tal ponto que **1.000.000 de espécies encontram-se hoje ameaçadas de extinção** no Planeta. A **proteção da biodiversidade**, como já destacamos em inúmeras passagens precedentes, representa um dos desafios mais urgentes e importantes da crise ecológica planetária que presenciamos no **Antropoceno**. Estamos vivenciando a **sexta extinção em massa de espécies naturais** – a título de exemplo, a quinta extinção em massa levou à extinção dos dinossauros 66 milhões de anos atrás –, em pleno curso e agravamento na atualidade. A perda de biodiversidade, nesse sentido, representa um dos quatro **limites planetários** – de um total de nove, conforme aponta o atual paradigma científico da **Ciência da Terra**[202] – em que já ultrapassamos a margem de segurança do ponto de vista da integridade ecológica, operando num cenário de riscos imprevisíveis. A **pandemia da covid-19** – e uma maior frequência de epidemias e pandemias, tal como verificado nas últimas décadas – está diretamente associada à perda da biodiversidade e de habitat natural, colocando em risco de extinção um número cada vez maior de espécies naturais e tornando os ecossistemas cada vez mais vulneráveis, conforme apontado pelo *Relatório sobre Biodiversidade e Pandemias* (2020) do IPBES.[203]

---

[201] V. FUNDAÇÃO GETULIO VARGAS DIREITO SÃO PAULO. *Protocolo acesso à justiça e desastres*: recomendações elaboradas para o sistema de justiça para atuação em casos de desastres. São Paulo: Ed. dos Autores, 2023. Disponível em: https://repositorio.fgv.br/items/616abe6c-b517-41de-be38--3023be78e7ad/full.

[202] ROCKSTROM, Johan et al. *Planetary Boundaries*...

[203] Disponível em: https://ipbes.net/pandemics.

Diante desse cenário, além de não admitir recuos e retrocessos na legislação e nas políticas públicas de proteção da biodiversidade, é imperioso estabelecer um marco normativo mais rígido e protetivo na matéria, inclusive por meio da **restrição e proibição de determinadas atividades** que coloquem em risco espécies ameaçadas de extinção.[204] A título ilustrativo, deve ser fortalecido o regime jurídico das **Unidades de Conservação** e dos **Territórios Indígenas**, haja vista a importância crucial de tais áreas ambientais protegidas para a salvaguarda da **integridade ecológica** e da biodiversidade, como se verifica no caso do Bioma da Amazônia. A CF/1988, por certo, é clara no sentido de estabelecer **deveres estatais de proteção de espécies ameaçadas de extinção** (art. 225, § 1º, VII),[205] de modo que a omissão ou a atuação insuficiente (ou deficitária) do Estado em tal matéria enseja o reconhecimento de prática inconstitucional, inclusive passível de controle judicial.

4.3.1.7 Deveres estatais de transparência (passiva, ativa e reativa) em matéria ambiental (à luz do IAC 13 do STJ)

Os deveres de transparência do Estado em matéria ambiental são expressão dos deveres estatais de proteção ecológica, apresentando um forte componente prestacional, na medida em que demandam uma postura ativa e promocional dos entes estatais no sentido de promover disseminação da informação ambiental e, consequentemente, a conscientização pública, bem como estimular a **cidadania ecológica**. Para além de um dever estatal, calcado em norma constitucional (art. 225) e na legislação infraconstitucional, tal prática representa a expressão do direito à informação ambiental titularizado por toda a sociedade, individual e coletivamente considerada.

À luz de tais premissas, destaca-se a decisão do STJ no **Incidente de Assunção de Competência (IAC) n. 13**,[206] em voto-relator do Ministro Og Fernandes, a qual consagrou expressamente os **deveres estatais de transparência passiva, ativa e reativa em matéria ambiental**, com fundamento no **princípio da máxima publicidade** na esfera ambiental e a **inversão do ônus da prova** em desfavor do Estado, conforme segue.

> **INCIDENTE DE ASSUNÇÃO DE COMPETÊNCIA (IAC) N. 13- STJ**
>
> 1. O **direito de acesso à informação** no direito ambiental brasileiro compreende: i) o dever de publicação, na internet, dos documentos ambientais detidos pela administração não sujeitos a sigilo (**transparência ativa**); ii) o direito de qualquer pessoa e entidade de requerer acesso a informações ambientais específicas não publicadas (**transparência passiva**); e iii) o direito a requerer a produção de informação ambiental não disponível para a administração (**transparência reativa**);

---

[204] A Lei da Política Nacional de Desenvolvimento Sustentável da Aquicultura e da Pesca (Lei 11.959/2009), a título de exemplo, estabelece, no seu art. 6º: "O exercício da **atividade pesqueira poderá ser proibido** transitória, periódica ou permanentemente, nos termos das normas específicas, para **proteção**: I – de **espécies**, áreas ou ecossistemas **ameaçados**; II – do processo reprodutivo das espécies e de outros processos vitais para a manutenção e a recuperação dos estoques pesqueiros; (...).

[205] A **Lei dos Crimes e Infrações Administrativas Ambientais (Lei 9.605/98)**, como expressão dos deveres estatais de proteção de espécies ameaçadas de extinção, prevê, por exemplo, no tocante aos crimes contra a fauna, que, na hipótese do tipo penal previsto no seu art. 29: "§ 4º A **pena é aumentada** de metade, se o crime é praticado: I – contra **espécie** rara ou considerada **ameaçada de extinção**, ainda que somente no local da infração (...)".

[206] STJ, REsp 1.857.098/MS, Incidente de Assunção de Competência – IAC n. 13, 1ª Seção, Rel. Min. Og Fernandes, j. 11.05.2022. Nos termos do artigo 947 do CPC/2015, o IAC é admissível quando o julgamento de recurso envolver relevante questão de direito, com grande repercussão social, sem repetição em múltiplos processos. O IAC está entre os precedentes qualificados de **observância obrigatória pelos juízes e tribunais**, conforme o artigo 927, inciso IIII, do CPC/2015.

> 2. Presume-se a obrigação do Estado em favor da transparência ambiental, sendo **ônus da administração** justificar seu descumprimento, sempre **sujeita a controle judicial**, nos seguintes termos: i) na **transparência ativa**, demonstrando razões administrativas adequadas para a opção de não publicar; ii) na **transparência passiva**, de enquadramento da informação nas razões legais e taxativas de sigilo; e iii) na **transparência ambiental reativa**, da irrazoabilidade da pretensão de produção da informação inexistente;
>
> 3. O regime registral brasileiro admite a **averbação de informações** facultativas sobre o imóvel, de interesse público, inclusive as ambientais;
>
> 4. O **Ministério Público** pode requisitar diretamente ao oficial de registro competente a averbação de informações alusivas as suas funções institucionais.

4.3.2 Deveres fundamentais (dos particulares) e proteção ecológica

4.3.2.1 Breves notas sobre o regime jurídico-constitucional dos deveres fundamentais: dos deveres liberais e sociais aos deveres ecológicos (e climáticos)

Os **deveres fundamentais** vinculam-se, num certo sentido, ao que passou a ser designado de **perspectiva ou dimensão objetiva** dos direitos fundamentais, já que tais (mesmo os "clássicos" direitos liberais ou de defesa, habitualmente designados de direitos civis e políticos) devem ser considerados "não só sob um ângulo individualista, isto é, com base no ponto de vista da pessoa individual e sua posição perante o Estado, mas também sob o ponto de vista da sociedade, da comunidade na sua totalidade, já que se cuida de valores e fins que esta deve respeitar e concretizar".[207] Em razão de os direitos fundamentais expressarem valores fundamentais da comunidade político-estatal, o exercício do direito subjetivo (dos poderes/posições jurídico-subjetivas) pelo indivíduo no âmbito comunitário deve ajustar-se e harmonizar-se com tais valores objetivos que lhe conferem legitimidade, constituindo-se verdadeiros pressupostos da existência e do funcionamento do Estado e da sociedade, bem como condições e limites da fruição dos direitos fundamentais no seu conjunto e por todos os integrantes da comunidade estatal. Nesse contexto, aliás, que pode servir de referencial para os desenvolvimentos subsequentes, calha retomar a lição de Hesse, no sentido de que "direitos fundamentais não podem existir sem deveres".[208]

O tema dos *deveres fundamentais* é reconhecidamente um dos mais "esquecidos" pela doutrina constitucional contemporânea,[209] não dispondo de um regime constitucional equivalente

---

[207] SARLET, Ingo Wolfgang. *A eficácia dos direitos fundamentais*..., p. 234.

[208] HESSE, Konrad. *A força normativa da Constituição*. Porto Alegre: Fabris, 1991. p. 21.

[209] De acordo com tal entendimento, v. NABAIS, José Casalta. *O dever fundamental de pagar impostos*: contributo para a compreensão constitucional do estado fiscal contemporâneo. Coimbra: Almedina, 1998. p. 15. A obra de Nabais, em que pese a temática tributária de fundo, é seguramente a principal referência em língua portuguesa sobre deveres fundamentais, tendo o autor desenvolvido uma teoria geral dos deveres fundamentais nos primeiros capítulos da sua obra, p. 15-181. Do mesmo autor, v. também NABAIS, José Casalta. *Por uma liberdade com responsabilidade*: estudos sobre direitos e deveres fundamentais. Coimbra: Coimbra Editora, 2007. No cenário jurídico português, v. também VIEIRA DE ANDRADE, José Carlos. *Os direitos fundamentais...*, p. 155-166; MIRANDA, Jorge. *Manual de direito constitucional*. Direitos fundamentais. 3. ed. Coimbra: Coimbra Editora, 2000. t. IV, p. 175-180; e CANOTILHO, José Joaquim Gomes. *Direito constitucional e teoria...*, p. 531-536. Na doutrina alemã, v. HOFFMANN, Hasso. Grundpflichten und Grundrechte. *In*: ISENSEE, Josef; KIRCHHOF, Paul (ed.). *Handbuch des Staatsrechts der Bundesrepublik Deutschland*. Heidelberg: C. F. Müller, 1992. v. V, p. 344 e ss.; e PIEROTH, Bodo; SCHLINK, Bernhard. *Grundrechte Staatsrecht II*. 24. ed. Heidelberg: C. F. Müller, 2007. p. 47-48. Por fim, cumpre assinalar que a empreitada de desenvolver uma teoria geral dos deveres fundamentais de proteção do ambiente em língua portuguesa foi realizada, de forma original e exemplar, por Carla Amado Gomes em *Risco e modificação do acto autorizativo...*, especialmente p. 151 e ss.

(ou mesmo aproximado) àquele destinado aos *direitos fundamentais*. No âmbito da doutrina constitucional brasileira, os deveres fundamentais não tiveram destino diferente, sendo praticamente inexistente o seu desenvolvimento doutrinário.[210] O escasso desenvolvimento teórico e dogmático dos deveres fundamentais encontra sua razão na própria configuração histórica do Estado de Direito, especialmente como uma espécie de "herança" legada pela sua matriz liberal. Nesse sentido, Vieira de Andrade justifica a **"hipertrofia" dos *direitos subjetivos* em face dos *deveres*** como resultado da conformação do Estado Liberal, já que este último consubstanciava um momento histórico de afirmação dos valores pessoais e individuais contra o arbítrio e a opressão do poder estatal diante das constantes ameaças perpetradas contra a liberdade individual.[211] A configuração da ideia de "direito" como o foro de liberdade do indivíduo perante o poder estatal (acepção que ganhou especial importância na composição do Estado Liberal) fez com que, de acordo com a lição de Nabais, a conformação dos "direitos" estivesse historicamente vinculada à função de manter o exercício do poder estatal dentro de determinados limites, de modo a assegurar aos cidadãos um âmbito de liberdade e autonomia, expressando-se por meio de posições jurídicas ativas dos particulares em face do Estado, o que levou a uma primazia quase absoluta dos "direitos subjetivos" em detrimento dos "deveres".[212]

A hipertrofia dos "direitos" e a consequente atrofia dos "deveres" no tratamento doutrinário resultam, portanto, entre outros aspectos, de uma preocupação (absolutamente compreensível, especialmente em períodos pós-autoritários) em parte excessiva – ainda mais quando com um viés meramente individualista – com a afirmação de um espaço de liberdade do cidadão em face da relação de forças travada entre este e o Estado, revelando, numa primeira fase do desenvolvimento do constitucionalismo, uma matriz nitidamente liberal no âmbito da teoria e prática dos direitos fundamentais. Em tal momento histórico, o Estado era tomado como "inimigo" do cidadão, em outras palavras, era tido como o "violador por excelência dos direitos fundamentais", de modo que os direitos liberais se configuram como direitos de feição defensiva, exercitados essencialmente contra os entes estatais.

O **Estado Liberal** fundamentava-se basicamente na ideia do um "Estado mínimo", que, de modo a combater o modelo do Estado Absolutista, deveria abster-se de interferir na esfera político-jurídica da liberdade individual, com especial preocupação para a preservação patrimonial, revelando, por sua vez, um indivíduo ou cidadão pouco (ou quase nada!) comprometido comunitariamente. A afirmação do *direito* (subjetivo) afina-se justamente no reforço ao trânsito livre do indivíduo no universo político-jurídico, ao passo que a ideia de *dever* retoma uma limitação à principal bandeira do Estado Liberal, qual seja: a liberdade, ainda que apenas formal e assegurada de maneira mais ou menos efetiva a apenas parte dos integrantes do corpo social.

Com o passar do tempo, a exacerbação da liberdade individual e de uma dimensão eminentemente patrimonialista do ideal liberal reproduziu no âmbito social um quadro de injustiça, projetando um cenário social de profunda desigualdade e de **liberdade real ou material** para poucos. Nesse contexto, a ideia de liberdade passou a incorporar uma dimensão real e substancial ao seu conteúdo e a vincular-se à ideia de igual liberdade de todos, bem como o Estado passou da condição de "inimigo" para a de "amigo" dos cidadãos, já que alguns dos seus direitos fundamentais – notadamente os direitos sociais – passaram a ser exercidos não mais contra o Estado, e sim promovidos e garantidos por meio da atuação estatal. Criticando a concepção liberal do Direito e dos direitos fundamentais, Nabais, à luz do modelo constitucional lusitano,

---

[210] Na doutrina brasileira, buscando (embora de modo ainda embrionário e mesmo cauteloso) romper com o "silêncio" doutrinário sobre o tema dos *deveres fundamentais*, v. SARLET, Ingo Wolfgang. *A eficácia dos direitos fundamentais...*, p. 234-239, mediante a inserção, a partir da 9ª edição da sua obra, de um tópico específico sobre o tema.

[211] VIEIRA DE ANDRADE, José Carlos. *Os direitos fundamentais...*, p. 162.

[212] NABAIS, José Casalta. *O dever fundamental...*, p. 16.

acentua que a gradativa **valorização dos deveres fundamentais no âmbito do Estado Social** guarda relação com a necessidade de "moderar o excessivo individualismo", compensando, além disso, as evidentes deficiências resultantes da hipertrofia liberal do modelo então vigente do Estado de Direito, de modo a contemplar também os elementos sociais e os **direitos e deveres econômicos, sociais e culturais**.[213]

Os deveres fundamentais, conforme pontua Vieira de Andrade, são geralmente associados com a dimensão objetiva dos direitos fundamentais justamente por ambas as dimensões normativas colocarem em causa a moderação e a correção de teses emancipatórias do liberalismo individualista, tanto em favor da defesa da democracia (a fim de promover a participação ativa dos cidadãos na vida pública) como em razão de um "empenho solidário de todos na transformação das estruturas sociais".[214] Para o constitucionalista português, a conformação liberal individualista dos direitos fundamentais, que os compreende apenas como poderes individuais contra o Estado, não é suficiente nem adequada para exprimir juridicamente as relações entre os cidadãos e os poderes públicos, e àqueles não caberiam apenas direitos e a estes meros deveres.[215]

A ideia de **responsabilidade comunitária dos indivíduos**,[216] retomada e fortalecida com o surgimento do Estado Social, ventila a compreensão de que a liberdade do indivíduo, no exercício dos seus direitos fundamentais, não corresponde a uma "emancipação anárquica", mas, sim, à autonomia moral e autorresponsabilidade na sua atuação social. Os indivíduos, tal como pontua Vieira de Andrade, não podem se considerar desligados dos valores comunitários que preenchem o espaço normativo da comunidade estatal onde se movem, mas, pelo contrário, têm o **dever jurídico (e não apenas moral) de respeitar os valores constitucionais**,[217] especialmente aqueles que refletem nos direitos fundamentais (e dignidade) dos demais indivíduos que integram a coletividade política. Para o constitucionalista português, a partir da responsabilidade comunitária dos indivíduos para com os valores fundamentais da comunidade estatal, estaria configurado um "dever geral de respeito" (e não deveres fundamentais associados aos direitos) pelas normas constitucionais, o que naturalmente estaria por constituir **limites aos direitos dos cidadãos**.[218]

A liberdade (e autonomia) do indivíduo, não obstante a sua importância basilar na edificação do Estado de Direito contemporâneo, não pode justificar uma emancipação total ou mesmo anárquica do cidadão em descompasso com os valores comunitários. Em sintonia com tal perspectiva, Sarmento afirma que, "diante da brutal desigualdade material que se verifica na sociedade, torna-se imperativo condicionar os atores privados – sobretudo os investidos de maior poder social – ao respeito dos direitos fundamentais. A ficção da igualdade jurídica entre os indivíduos, num contexto de gritantes desigualdades sociais, não se presta mais para justificar a imunidade dos particulares aos direitos fundamentais, a partir do **dogma da autonomia privada**".[219] Além do mais, hoje algumas das principais ameaças à liberdade humana, bem como

---

[213] NABAIS, José Casalta. *O dever fundamental...*, p. 59.
[214] VIEIRA DE ANDRADE, José Carlos. *Os direitos fundamentais...*, p. 155.
[215] VIEIRA DE ANDRADE, José Carlos. *Os direitos fundamentais...*, p. 155.
[216] A responsabilidade comunitária dos indivíduos, em que pese sua posterior recepção na doutrina portuguesa, encontra-se formulada já na jurisprudência constitucional alemã do início da década de 1950. Nesse sentido, o Tribunal Federal Constitucional (BVerfGE 4,7 e ss.) já havia se posicionado a favor de uma concepção do indivíduo como inserido numa comunidade e vinculado aos valores fundamentais desta (*die Gemeischaftsgebundenheit des Individums* = vinculação comunitária do indivíduo). Nesse sentido, v. SARLET, Ingo Wolfgang. *A eficácia dos direitos fundamentais...*, p. 152, nota 443.
[217] VIEIRA DE ANDRADE, José Carlos. *Os direitos fundamentais...*, p. 161.
[218] VIEIRA DE ANDRADE, José Carlos. *Os direitos fundamentais...*, p. 162.
[219] SARMENTO, Daniel. *Direitos fundamentais e relações privadas*. 2. ed. Rio de Janeiro: Lumen Juris, 2008. p. 25.

aos direitos fundamentais (liberais, sociais e ecológicos), de modo geral, são perpetradas por particulares, e não mais apenas pelo Estado.[220]

A constatação precedente, por sua vez, evidencia (também, embora não exclusivamente) a necessidade de repensar o lugar dos *deveres fundamentais* no âmbito de uma **Teoria dos Direitos (e Deveres) Fundamentais** devidamente integrada, que assegure também aos deveres um espaço de destaque não sob a forma de uma ampliação do arbítrio estatal (pelo contrário, em causa está a **ampliação da responsabilidade do indivíduo** isolada e coletivamente), mas como projeção normativa dos princípios e direitos fundamentais nas relações privadas,[221] à luz especialmente da **perspectiva objetiva** destes e da valorização constitucional crescente do **princípio, valor e dever da solidariedade**.

Com base no que foi suscitado até aqui, tem-se, portanto, a superação do paradigma liberal em razão especialmente da afirmação histórico-constitucional dos direitos fundamentais sociais e ecológicos – ou, conjugando tais dimensões, ***direitos fundamentais econômicos, sociais, culturais e ambientais* (DESCA)** –, que acabam por fortalecer a dimensão dos deveres fundamentais e limitar os direitos de cunho liberal. De acordo com Nabais, o panorama liberal-clássico "vai alterar-se significativamente à medida que os direitos fundamentais deixam de ser apenas os clássicos direitos de liberdade (camada ou geração liberal) e passam a integrar também os direitos de participação política (camada ou geração democrática), os direitos (a prestações) sociais (camada ou geração social) e os direitos 'ecológicos' (camada ou geração 'ecológica'). Ora todos estes direitos, se por um lado, como direitos que são, exprimem exigências do indivíduo face ao Estado, assim alargando e densificando a esfera jurídica fundamental do cidadão, por outro lado, também limitam de algum modo essa mesma esfera através da convocação de deveres que lhes andam associados ou coligados".[222]

O ser humano deve ser reconhecido como um **ser solidário** para com a existência humana (e também não humana, com base da tutela ecológica) à sua volta. A ideia de deveres fundamentais não encerra apenas deveres, mas, de certa forma, também caracteriza o direito à igual repartição dos encargos comunitários, que a existência e o funcionamento da comunidade estatal demandam.[223] Em outras palavras, pode-se dizer que a vida em sociedade pressupõe o respeito mútuo entre os indivíduos, de modo a vincular (e harmonizar) o exercício dos direitos e dos deveres, sob pena de inviabilizar qualquer concepção de uma efetiva comunidade política. Com efeito, na esteira do que pontua Dias, enquanto as necessidades básicas – de cunho social – do indivíduo não são respeitadas, não é razoável esperar que ele se identifique com as normas da sociedade e reconheça nelas o respeito por sua própria pessoa.[224]

---

[220] Benjamin afirma, no mesmo sentido, a necessidade de que hoje as normas que tutelam direitos fundamentais "sejam dirigidas não apenas contra o Poder Público solitário, mas que também vinculem uma poderosa minoria de sujeitos privados que, em vários terrenos e no ambiental em especial, aparecem não exatamente como vítimas indefesas de abusos estatais, mas, ao contrário, como sérios candidatos à repreensão por parte da norma (inclusive constitucional) e de seus implementadores" (BENJAMIN, Antonio Herman. Constitucionalização do ambiente..., p. 60).

[221] Sobre a vinculação dos particulares aos direitos fundamentais, v. SARLET, Ingo Wolfgang. *A eficácia dos direitos fundamentais*..., p. 392 e ss., bem como, especificamente sobre a vinculação dos particulares ao direito fundamental ao meio ambiente, BELLO FILHO, Ney de Barros. A eficácia horizontal do direito fundamental ao ambiente. *In*: SCHÄFER, Jairo (org.). *Temas polêmicos do constitucionalismo contemporâneo*. Florianópolis: Conceito Editorial, 2007. p. 361-399; e FENSTERSEIFER, Tiago. *Direitos fundamentais e proteção do ambiente*..., p. 245 e ss.

[222] NABAIS, José Casalta. *O dever fundamental*..., p. 49-50.

[223] NABAIS, José Casalta. *O dever fundamental*..., p. 97.

[224] DIAS, Maria Clara. *Os direitos sociais básicos*: uma investigação filosófica da questão dos direitos humanos. Porto Alegre: EDIPUCRS, 2004, p. 96. (Coleção Filosofia, n. 177.)

A caracterização do Estado Social e do conjunto de direitos fundamentais de segunda dimensão (sociais, econômicos e culturais) traz consigo a configuração de **deveres sociais**.[225] Nesse cenário, é possível apontar, em geral, para a criação de uma "consciência", um *ethos* jurídico-político de acordo com os quais o indivíduo existe para além da sua própria individualidade, caracterizando-se por ser um sujeito social responsável pela existência comunitária à sua volta (ou seja, de todos os integrantes do grupo social) em patamares dignos. E tal responsabilidade não é apenas moral, mas também jurídica. Há que considerar sempre, por detrás da ideia de deveres fundamentais, o fundamento da dignidade da pessoa humana de forma individualizada (perspectiva subjetiva) e também institucionalizada no quadrante comunitário (perspectiva objetiva).

A dignidade da pessoa humana joga um papel central na conformação dos deveres, em razão da vinculação direta que mantêm com concretização dos direitos fundamentais em si, já que, como pontua Nabais, "não há garantia jurídica e real dos direitos fundamentais sem o cumprimento de um mínimo de deveres do homem e do cidadão".[226] Os deveres fundamentais, nessa ótica, estão atrelados à *dimensão comunitária ou social* **da dignidade da pessoa humana**, fortalecendo a atuação solidária do indivíduo situado em dada comunidade estatal, o que demanda uma releitura do conteúdo normativo do direito à liberdade, amarrando-o à ideia de igualdade e vinculação social do indivíduo. Dito de outro modo, o Estado constitucional contemporâneo, e o texto da CF/1988 o denuncia expressamente em vários momentos, constitui um Estado caracterizado como "uma ordem de liberdade limitada pela responsabilidade", em suma, um sistema que confere primazia, mas não exclusividade aos direitos fundamentais.

A **Declaração Universal dos Direitos do Homem (1948)**, formulada no âmbito da ONU, já apontava para a dimensão dos deveres e responsabilidades do indivíduo no exercício dos seus direitos humanos, ao declarar no seu **art. 29** que "**todo homem tem *deveres*** para com a comunidade na qual o livre e pleno desenvolvimento de sua personalidade é possível", bem como que, "no exercício de seus direitos e liberdades, todo homem estará sujeito às limitações determinadas pela lei, exclusivamente com o fim de assegurar o devido reconhecimento e respeito dos direitos e liberdades de outrem e de satisfazer às justas exigências da moral, da ordem pública e do bem-estar de uma sociedade democrática".

A limitação aos direitos humanos e os deveres correlatos ajustam-se como medida pacificadora das relações sociais e único caminho possível para contemplar um patamar mínimo de dignidade (e direitos) a toda a comunidade humana (nacional e mundial). Em que pese o entendimento de ser a Declaração tecnicamente apenas uma "recomendação" feita pela Assembleia Geral das Nações Unidas aos seus membros, a doutrina tem reiterado a força jurídica do documento, a qual constitui, com a Carta da ONU, o Pacto Internacional dos Direitos Civis e Políticos e o Pacto Internacional dos Direitos Econômicos, Sociais e Culturais de 1966, a "Carta Internacional dos Direitos Humanos", marcando o processo de "juridicização" da Declaração.[227]

Também merece registro a previsão normativa de *deveres humanos* no **Pacto Internacional dos Direitos Econômicos, Sociais e Culturais (1966)**, ao dispor, no seu preâmbulo, que "o indivíduo, por ter deveres para com os outros indivíduos e a comunidade a que pertence, está obrigado a procurar a vigência e observância dos direitos reconhecidos neste Pacto". Na Carta Africana dos Direitos Humanos e dos Povos (1981), o art. 29º/7 também destaca a figura dos deveres humanos. Mais recentemente, assume destaque a Carta dos Direitos Fundamentais da União Europeia (2000), que, incorporada ao Tratado de Lisboa, prevê, no seu preâmbulo – dando

---

[225] De acordo com Nabais, "com a instauração do Estado Social, surgem os deveres sociais ou, na expressão da nossa Constituição, os deveres econômicos, sociais e culturais, os quais, por via de regra, se apresentam associados ou conexos com os direitos sociais" (NABAIS, José Casalta. *O dever fundamental...*, p. 51-52).

[226] NABAIS, José Casalta. *O dever fundamental...*, p. 59.

[227] De acordo com tal entendimento, v. PIOVESAN, Flávia. *Direitos humanos...*, p. 158.

ênfase ao princípio da solidariedade – que o gozo dos direitos consagrados na Carta "implica responsabilidades e deveres, tanto para com as outras pessoas individualmente consideradas como para com a comunidade humana e as gerações futuras". A Carta dos Direitos Fundamentais insere a discussão dos deveres fundamentais no campo dos "deveres ecológicos" ao elucidar os interesses das futuras gerações.

No âmbito do Sistema Interamericano de Direitos Humanos, o art. 32 da Convenção Americana de Direitos Humanos (1969) estabelece a correlação entre deveres e direitos ao determinar que "toda pessoa tem deveres para com a família, a comunidade e a humanidade". Da mesma forma, o Preâmbulo da Declaração Americana dos Direitos e Deveres do Homem (1948) dispõe que "o cumprimento do dever de cada um é exigência do direito de todos. Direitos e deveres integram-se correlativamente a toda a atividade social e política do homem. Se os direitos exaltam a liberdade individual, os deveres exprimem a dignidade dessa liberdade".

No tocante ao direito positivo interno brasileiro, ao passo que a **CF/1988** consagrou, no Capítulo I do Título II (Dos Direitos e Garantias Fundamentais), o tópico "**Dos direitos e deveres individuais e coletivos**", o Código Civil brasileiro de 2002, logo no seu art. 1º, contém a afirmação de que "toda pessoa é capaz de direitos e deveres na ordem civil". Enfim, a correlação entre direito e dever é inerente à própria essência do Direito, já que busca estabelecer o equilíbrio nas relações sociais, o que só é possível com o balizamento de responsabilidades e limites ao exercício dos direitos. Em outras palavras, pode-se dizer que os deveres fundamentais representam uma medida de justiça e correção de possíveis desigualdades no exercício e acesso aos direitos fundamentais, já que a liberdade só é legitimada constitucionalmente quando condizente (e em harmonia) com um quadro de igualdade e dignidade mínimas para todos os membros do *pacto constitucional*. É possível, portanto, visualizar o caminhar jurídico-constitucional no sentido da consagração da noção de deveres jurídicos de caráter fundamental a vincularem os indivíduos, no plano individual e mesmo transindividual, deveres que transcendem um mero dever de respeito mútuo entre os indivíduos de determinado grupo social, mas alcançam deveres de cunho positivo, especialmente quando está em questão a dignidade da pessoa humana.

O desenvolvimento histórico dos deveres fundamentais é marcado, portanto, pela formatação sequencial dos ***deveres liberais, deveres sociais*** e ***deveres ecológicos***, havendo, em sintonia com as diferentes dimensões (ou gerações) de direitos fundamentais e dos correlativos modelos de Estado de Direito que as consagraram, também um percurso histórico-evolutivo na sua consolidação jurídico-constitucional. A partir de tal compreensão, Nabais defende a existência de um "catálogo" dos deveres fundamentais que foi objeto de gradual alargamento, desde os clássicos deveres do *Estado Liberal*, abarcando os deveres políticos e, mais adiante, os deveres econômicos, sociais e culturais do *Estado Social*, chegando-se aos deveres ecológicos[228] típicos do atual modelo de **Estado Ecológico ou (Socio)Ambiental**, o que igualmente evidencia a transição dos **deveres autônomos** aos **deveres associados ou conexos com direitos**, o que será mais bem desenvolvido a partir de agora.

DEVERES FUNDAMENTAIS	**1) Deveres de liberdade:** deveres liberais
	2) Deveres de igualdade: deveres sociais
	3) Deveres de solidariedade (ou ecológicos): deveres ecológicos, deveres climáticos, deveres intergeracionais (para com as futuras gerações), deveres de respeito à integridade dos animais e da Natureza

---

[228] NABAIS, José Casalta. *O dever fundamental...*, p. 54.

4.3.2.1.1 Deveres fundamentais climáticos

"Todos têm o dever de atuar, em benefício das presentes e futuras gerações, para a redução dos impactos decorrentes das interferências antrópicas sobre o sistema climático". (Art. 3º, I, da **Lei da Política Nacional sobre Mudança do Clima – Lei 12.187/2009**)

No direito estrangeiro, destaca-se a consagração expressa de **deveres climáticos** – para além do **direito ao equilíbrio climático** – na **Lei de Bases do Clima (Lei 98/2021)** da República Portuguesa, precisamente no seu art. 7º. Ainda que não consagrado expressamente no plano constitucional, a adoção pelo legislador infraconstitucional português da fórmula de "direito" e "dever" para o regime jurídico de proteção climática significa importante avanço na disciplina do Direito Climático, inclusive à luz da concepção de um **direito-dever fundamental ao clima** e de uma **cidadania climática**, de modo a reforçar um regime (jurídico e político) de feição democrático-participativo para a salvaguarda da integridade do sistema climático.

> **CAPÍTULO II**
> **DIREITOS E DEVERES CLIMÁTICOS**
> (...)
> **Artigo 7.º**
> **Deveres em matéria climática**
> 1 – Todos têm o dever de proteger, preservar, respeitar e assegurar a salvaguarda do equilíbrio climático, contribuindo para mitigar as alterações climáticas.
> 2 – A cidadania climática consiste no dever de contribuir para a salvaguarda do equilíbrio climático, cabendo ao Estado promovê-la nos planos político, técnico, cultural, educativo, económico e jurídico.

Com fundamento nas razões articuladas anteriormente, é possível falar hoje de **deveres fundamentais de proteção do clima (ou da integridade do sistema climático)** ou mesmo de **deveres fundamentais climáticos** atribuídos aos particulares, como derivados do comando constitucional estabelecido no art. 225 da CF/1988, limitando, assim, outros direitos – fundamentais e não fundamentais – dos particulares em geral (pessoas físicas e jurídicas), o que igualmente encontra suporte no reconhecimento da eficácia do direito fundamental ao clima nas relações entre particulares. O entendimento em questão foi consagrado expressamente em passagem do voto do Ministro Fux no julgamento da ADPF 760/DF (Caso PPCDAm), ao assinalar, no contexto da proteção da Floresta Amazônica, a necessidade de efetivação dos "direitos e os **deveres fundamentais** ambientais, ecológicos e **climáticos**".[229]

Os deveres fundamentais climáticos estão em sintonia com o reconhecimento da eficácia (horizontal) do direito fundamental ao meio ambiente – e do direito fundamental ao clima limpo, estável e seguro, como inclusive reconhecido pelo Ministro Fux na passagem anterior – nas relações entre particulares, o que inclui também uma dimensão convencional, ou seja, a eficácia dos tratados internacionais climáticos (ex.: Acordo de Paris) nas relações entre particulares A título ilustrativo, os deveres fundamentais climáticos vinculam os agentes privados (pessoas físicas e jurídicas) e são concretizados por meio de deveres de mitigação – por exemplo, deveres de descarbonização, deveres de adoção de energias limpas etc. –, deveres de adaptação, deveres de reparação de danos climáticos, entre outros.

---

[229] STF, ADPF 760/DF, Tribunal Pleno, Rel. Min. Cármen Lúcia, Red. Acórd. Min. André Mendonça, j. 14.03.2024.

4.3.2.2 Deveres fundamentais (dos particulares) de proteção ecológica: a estrutura normativa do "direito-dever" inerente à norma constitucional-ecológica

O direito humano e fundamental a um meio ambiente saudável e ecologicamente equilibrado é tomado como exemplo paradigmático de um **direito-dever** ou o que poderia ser designado de **direito da solidariedade,** tendo, como marca característica, um peso maior da sua perspectiva objetiva no que diz com a conformação normativa de posições jurídicas, em detrimento da sua perspectiva subjetiva, que, nesse contexto, poderá até mesmo ter um peso menor (no tocante aos efeitos decorrentes da dimensão objetiva), mas que também se faz presente.

O fortalecimento da dimensão dos *deveres fundamentais de proteção ecológica*,[230] considerando, inclusive, um *dever geral de melhoria progressiva da qualidade ambiental* e, consequentemente, da qualidade de vida em geral. Os deveres associados aos direitos "ecológicos", como deveres de defesa do ambiente e de preservação, defesa e valorização do patrimônio cultural, conforme registra Nabais, tiveram a sua integração num texto constitucional pela primeira vez na Constituição portuguesa de 1976,[231] e a associação desses deveres aos correspondentes direitos é de tal modo forte que justifica a autonomização destes como "**direitos de solidariedade**", "**direitos poligonais**" ou "**direitos circulares**", cujo conteúdo é definido necessariamente em função do interesse comum, pelo menos em tudo quanto ultrapasse a lesão de bens individuais, tendo assim a sua **perspectiva objetiva** um peso maior do que é próprio dos direitos fundamentais em geral.[232] De acordo com Gomes, "o cidadão é simultaneamente credor e devedor da tutela ambiental, devendo colaborar ativamente com os poderes públicos na preservação de um conjunto de bens essencial para a sobrevivência e desenvolvimento equilibrado dos membros da comunidade".[233]

Segundo Canotilho, é necessário o deslocamento do problema dos direitos fundamentais do campo dos *direitos* para o terreno dos *deveres*, o que implica "a necessidade de se ultrapassar a euforia do individualismo dos direitos fundamentais e de se radicar uma comunidade de responsabilidade de cidadãos e entes políticos perante os problemas ecológicos e ambientais".[234] À luz de tal contexto, Bosselmann destaca a influência recíproca entre direitos e deveres refletidos na realidade ambiental, em razão de que o ser humano, ao mesmo tempo que necessita explorar os recursos naturais, é também completamente dependente deles, o que torna necessária uma "autolimitação do comportamento humano", não apenas no âmbito prático, mas também normativo.[235] O exercício de direitos em face dos recursos naturais e da qualidade do meio ambiente deve ser **limitado por restrições ecológicas**, sendo necessária a configuração de um **dever fundamental para prevenir o dano ambiental**. Para o jurista alemão, "direitos ambientais sem deveres deveria ser algo do nosso passado insustentável".[236]

Os *direitos de solidariedade* encontram-se atrelados à ideia de *direitos-deveres*, de modo a reconfigurar o tratamento normativo dispensado aos *deveres fundamentais* em face dos *direitos*

---

[230] A respeito do dever fundamental de proteção do meio ambiente (*Umweltgrundpflicht*) no direito alemão, v. KLOEPFER, Michael. *Umweltschutzrecht*, p. 103.

[231] De acordo com tal formulação constitucional, é oportuno destacar a recepção infraconstitucional da matéria dos deveres ecológicos no âmbito da Lei de Bases do Ambiente portuguesa (Lei 11/1987), ao dispor no seu art. 40º, 1, que "é dever dos cidadãos, em geral, e dos sectores público, privado e cooperativo, em particular, colaborar na criação de um ambiente sadio e ecologicamente equilibrado e na melhoria progressiva e acelerada da qualidade de vida".

[232] NABAIS, José Casalta. *O dever fundamental...*, p. 52.

[233] GOMES, Carla Amado. *Risco e modificação do acto autorizativo...*, p. 149.

[234] CANOTILHO, José Joaquim Gomes. *O direito ao ambiente como direito subjetivo...*, p. 178.

[235] BOSSELMANN, Klaus. Direitos humanos, meio ambiente e sustentabilidade. *In*: SARLET, Ingo W. (org.). *Estado socioambiental e direitos fundamentais*. Porto Alegre: Livraria do Advogado, 2010. p. 109.

[236] BOSSELMANN, Klaus. *Environmental rights and duties...*, p. 12.

fundamentais, com destaque, nesse contexto, ao direito (e dever) de proteção e promoção do meio ambiente. A responsabilidade pela tutela ecológica não incumbe apenas ao Estado, mas também aos particulares (pessoas físicas e jurídicas), os quais possuiriam, além do direito a viver em um meio ambiente sadio, deveres com a manutenção do equilíbrio ecológico. Os *direitos de solidariedade* estabelecem uma nova abordagem para a tutela dos direitos fundamentais, mitigando a "visão clássico-liberal" de oposição exclusiva dos direitos fundamentais em face dos entes estatais e deslocando parcela de tal encargo para a esfera dos particulares, os quais passam a cumprir um papel determinante para a tutela dos novos "direitos (fundamentais) de solidariedade".[237]

A designação **"direitos *boomerang*"** ou de **"direitos com efeito *boomerang*"**, como refere Nabais, é atribuída aos direitos ecológicos em razão da sua **estrutura de direito-dever**. Se, por um lado, eles constituem direitos, por outro, eles representam simultaneamente deveres para o respectivo titular, e, de certo modo, acabam por se voltar (produzir efeitos) contra os próprios titulares,[238] **limitando seus direitos subjetivos** a fim de ajustar o seu exercício ao comando constitucional de proteção do meio ambiente. Os deveres fundamentais de proteção ecológica são expressões da solidariedade (política, econômica, social e ecológica), enquanto valor ou bem constitucional legitimador de restrições na hipótese de colisão dos demais direitos fundamentais. Por esse prisma, Mateo destaca a "transcendência individual" dos "direitos ambientais", que constituiriam mais fontes de deveres e responsabilidades do que propriamente de direitos subjetivos.[239]

A **Carta da Terra** (*The Earth Charter*),[240] por sua vez, ressalta a existência de deveres e limitações de cunho ecológico impostos ao exercício de direitos. Reconhece o seu texto, a respeito dos deveres e limitações ambientais, que "todos os seres vivos são interdependentes e cada forma de vida tem valor, independentemente de sua utilidade para os seres humanos" (Princípio 1, "a"), que "com o direito de possuir, administrar e usar os recursos naturais vem o **dever de impedir o dano causado ao meio ambiente e de proteger os direitos das pessoas**" (Princípio 2, "a"), bem como que se deve "impor o ônus da prova àqueles que afirmarem que a atividade proposta não causará dano significativo e fazer com que os grupos sejam responsabilizados pelo dano ambiental" (Princípio 6, "b").

Também na perspectiva da natureza de direito-dever inerente à tutela ecológica, a **Convenção de Aarhus** (1998) reconheceu, no plano internacional, que "todos os indivíduos têm o direito de viver num ambiente propício à sua saúde e bem-estar, e o **dever, quer individualmente quer em associação com outros indivíduos, de proteger e melhorar o ambiente em benefício das gerações presentes e futuras**", bem como "que, para poderem exercer esse direito e cumprir esse dever, os cidadãos devem ter acesso à informação, poder participar no processo de tomada

---

[237] Nesse sentido, v. VIEIRA DE ANDRADE, José Carlos. *Os direitos fundamentais...*, p. 62, bem como, na doutrina constitucional espanhola, CALLEJÓN, Francisco Balaguer (coord.). *Manual de derecho constitucional*. 5. ed. Madrid: Tecnos, 2010. v. II, p. 448-449.

[238] NABAIS, José Casalta. *O dever fundamental...*, p. 52-53. Segundo Nabais, os direitos ecológicos implicam "diretamente com o comportamento de todos os indivíduos duma coletividade e sendo exercidos num quadro de reciprocidade e de solidariedade, têm um conteúdo necessariamente definido em função do interesse comum, ao menos em tudo aquilo que ultrapasse a lesão direta de bens individuais" (NABAIS, José Casalta. *O dever fundamental...*, p. 123-124).

[239] MATEO, Ramón Martín. *Manual de derecho ambiental...*, p. 58.

[240] A Carta da Terra é uma declaração de princípios e valores fundamentais para a construção de uma sociedade global justa, sustentável e pacífica no século XXI, tendo a sua origem, em 1987, com a chamada da Comissão Internacional das Nações Unidas sobre Meio Ambiente e Desenvolvimento para a criação de uma nova Carta que deveria conjugar quatro princípios fundamentais para o desenvolvimento sustentável. Em 1997, foi criada a Comissão da Carta da Terra para levar adiante o projeto e uma Secretaria da Carta da Terra foi sediada na Costa Rica, tendo a sua versão final aprovada pela Comissão, em março de 2000, no encontro do Alto Comissariado (*headquarters*) da UNESCO, em Paris. Sobre os princípios da Carta da Terra, v. BOSSELMANN, Klaus. *Direitos humanos, meio ambiente...*, p. 108.

de decisões e ter acesso à justiça no domínio do ambiente, e reconhecendo que, neste contexto, os cidadãos podem necessitar de assistência para poderem exercer os seus direitos". Tal contexto normativo internacional caminha alinhado com o tratamento constitucional de direito-dever empregado pela CF/1988 à proteção ecológica.

A distinção entre **deveres conexos ou correlatos** (aos direitos) e os **deveres autônomos** reside justamente no fato de que os últimos não estão relacionados (ao menos diretamente) à conformação de nenhum direito subjetivo, ao passo que os primeiros tomam forma a partir do direito fundamental a que estão atrelados materialmente. O direito fundamental ao ambiente e o direito fundamental à saúde são exemplos típicos de *direitos-deveres*, o que significa, posto de outra maneira, que os **deveres fundamentais de proteção do meio ambiente e de promoção da saúde** estão vinculados diretamente aos preceitos constitucionais que consagram tais *direitos fundamentais*, conforme deflui, respectivamente, já do enunciado semântico (literal) dos dispositivos normativos do art. 225, *caput*, e do art. 196, *caput*, ambos da CF/1988.

No caso da proteção ecológica, como pontua Canotilho, tem-se um *dever fundamental* conexo ou relacionado com o *direito fundamental* ao meio ambiente, da mesma forma como ocorre com dever de defesa e promoção da saúde associado ao direito à proteção da saúde, o dever de escolaridade básica associado ao direito ao ensino, o dever de defesa do patrimônio relacionado com o direito à fruição e criação cultural etc.; e não um dever propriamente autônomo, como ocorre com o dever fundamental de pagar impostos, dever de colaborar na administração eleitoral, dever de serviço militar, dever de exploração da terra etc.[241] No sistema constitucional brasileiro, pode-se acrescentar ao rol dos deveres autônomos também o "dever de voto ou sufrágio", obrigatório para os maiores de 18 anos e menores de ou iguais a 70 anos (art. 14, § 1º, da CF/1988).

De acordo com a CF/1988, há como sustentar que, diferentemente do entendimento advogado por Canotilho, ao classificar o "dever de exploração da terra" como um dever autônomo, o direito fundamental à propriedade conforma, em verdade, um direito-dever, em vista das limitações e redefinição do seu conteúdo impostas pelo comando constitucional da **função social da propriedade (art. 5º, XIII, da CF/1988)**. A função social da propriedade corresponderia, portanto, à dimensão dos deveres fundamentais – de cunho social – conexos ao direito fundamental à propriedade. O mesmo raciocínio pode ser empregado no caso da função ecológica da propriedade (e da posse), impondo limitações ambientais ao exercício do direito em questão. Igualmente, como abordado previamente, é possível falar hoje de um **dever fundamental de proteção do clima ou da integridade do sistema climático** ou mesmo de **deveres fundamentais climáticos** atribuídos aos particulares, como derivados do comando constitucional estabelecido no art. 225 da CF/1988, limitando, assim, outros direitos – fundamentais e não fundamentais – dos particulares em geral.

4.3.3 As perspectivas procedimental e organizacional do direito fundamental ao meio ambiente

Outro desdobramento da **perspectiva objetiva** é a função outorgada aos direitos fundamentais como parâmetros para a criação e constituição de organizações (ou instituições) estatais e para o procedimento, o que permite extrair consequências para a aplicação e interpretação das normas procedimentais, bem como uma formatação do direito organizacional e procedimental que auxilie na efetivação da proteção aos direitos fundamentais.[242] Por esse prisma, Hesse destaca o desenvolvimento da **dimensão organizacional e procedimental dos direitos fundamentais**,

---

[241] CANOTILHO, José Joaquim Gomes. *Direito constitucional e teoria...*, p. 533.
[242] SARLET, Ingo Wolfgang. *A eficácia dos direitos fundamentais...*, p. 164-165.

em vista de uma preocupação com a realização e o asseguramento destes,[243] já que a sua positivação, no âmbito constitucional e infraconstitucional, por si só, não garante a sua **efetividade**. A importância das perspectivas procedimental e organizacional resulta do fato de que a efetivação dos direitos fundamentais depende, em grande parte, da implementação, por parte dos poderes públicos, de estruturas organizacionais (por exemplo, mediante a criação e **estruturação de órgãos administrativos**) e procedimentos (**administrativos, judiciais** etc.) capazes de garantir a sua tutela integral, caso contrário o seu conteúdo perecerá no mundo imaginário e textual dos juristas, como alertou Bobbio em passagem clássica.[244] As perspectivas organizacional e procedimental cumprem, portanto, a função de transpor os direitos fundamentais do texto constitucional para o "mundo da vida", criando, respectivamente, estruturas "materiais" e "procedimentais" adequadas à realização de tais direitos.

Os **deveres de proteção** do Estado e as **perspectivas organizacional e procedimental** representam duas facetas da perspectiva jurídico-objetiva dos direitos fundamentais e embasam a adoção de normas dispondo sobre o procedimento administrativo e judicial, bem como pela criação de órgãos, objetivando ambas as perspectivas normativas um procedimento ordenado e justo para a efetivação ou garantia eficaz dos direitos fundamentais.[245] Assim, a implementação de estruturas organizacionais e procedimentos judiciais e administrativos por parte do Estado tem como fundamento também o *dever de proteção* do ente estatal para com os direitos fundamentais, tendo em vista que sua tutela adequada e efetivação demandam um conjunto de medidas tomadas no plano fático e estrutural do Estado, por exemplo, a criação de órgãos encarregados de promover políticas públicas de efetivação do direito fundamental ou de mecanismos judiciais e administrativos capazes de afastar qualquer violação ao seu âmbito de proteção.

O exemplo do **direito fundamental à assistência jurídica integral e gratuita das pessoas necessitadas**, consolidado nos arts. 5º, LXXIV, e 134 da CF/1988, ilustra bem esse cenário, na medida em que a criação e a estruturação da Defensoria Pública – nas esferas estadual e federal – estão atreladas à *perspectiva organizacional* de tal direito, ao passo que o reconhecimento da legitimidade da Defensoria Pública para a propositura da ação civil pública – o que se encontra consagrado no art. 5º, II, da Lei 7.347/85 e no art. 4º, VII, da Lei Complementar 80/94, com alterações promovidas pela Lei Complementar 132/2009 – está vinculada à *perspectiva procedimental* do mesmo direito fundamental. Conforme se pode apreender do exemplo trazido, ambas as perspectivas dão suporte estrutural e procedimental para a efetivação do direito fundamental de assistência jurídica às pessoas necessitadas, ou, em geral, do seu acesso à justiça. Em outras palavras, pode-se afirmar que o trabalho realizado pelo constituinte – ao consagrar o direito em si – é apenas o passo inicial de um processo muito mais amplo no percurso da efetivação dos direitos fundamentais, sendo as perspectivas organizacional e procedimental, como expressão da dimensão objetiva dos direitos fundamentais, uma etapa complementar, de modo a reforçar a tutela normativa dispensada aos direitos nucleares do nosso sistema constitucional.

De acordo com Ferreira Mendes, a doutrina tem utilizado o conceito de **direito à organização e ao procedimento** (*Recht auf Organization und auf Verfahren*) para designar todos aqueles direitos fundamentais que dependem, para a sua realização, tanto de providências estatais, visando à criação e conformação de órgãos, setores ou repartições (direito à organização), como de outras, normalmente de índole normativa, destinadas a ordenar a fruição de determinados direitos ou garantias, como é o caso das garantias processuais-constitucionais (direitos de acesso à Justiça, direitos de proteção judiciária, direitos de defesa).[246] O direito à organização e o direito

---

[243] HESSE, Konrad. *Elementos de direito constitucional...*, p. 287.
[244] BOBBIO, Norberto. *A era dos direitos...*, p. 9-10.
[245] SARLET, Ingo Wolfgang. *A eficácia dos direitos fundamentais...*, p. 165.
[246] MENDES, Gilmar Ferreira. *Direitos fundamentais...*, p. 8.

ao procedimento delineiam técnicas a serem levadas a cabo pelo Estado para a efetivação dos direitos fundamentais. Tais perspectivas apresentam uma função instrumental para a realização dos direitos fundamentais, mas não de menor importância, uma vez que é por meio de tais mecanismos organizacionais e procedimentais que os direitos fundamentais transcendem do texto para a vida. Por fim, cumpre destacar que o *direito à organização em sentido estrito* e o *direito ao procedimento em sentido estrito*, como sua própria distinção de nomenclatura sugere, diferenciam-se conceitualmente.

A **perspectiva organizacional ou direito à organização** em matéria ambiental, é atribuído ao Estado o dever de criar órgãos, na estrutura dos três poderes – administração pública, legislativo e judiciário –, capazes de assegurar políticas públicas e efetivar a proteção e a realização do direito fundamental ao meio ambiente. No contexto jurídico-administrativo do Estado brasileiro, o direito à organização em matéria ambiental pode ser vislumbrada por meio dos órgãos integrantes do Sistema Nacional do Meio Ambiente (SISNAMA),[247] tendo o Conselho Nacional do Meio Ambiente (CONAMA) como seu órgão consultivo e deliberativo, o Ministério do Meio Ambiente como seu órgão central, o Instituto Brasileiro do Meio Ambiente e dos Recursos Naturais Renováveis (IBAMA) – e, a partir da Lei 11.516/2007, também o Instituto Chico Mendes de Conservação da Biodiversidade – como seu órgão executor, além dos órgãos seccionais e locais, determinando uma atuação administrativa conjunta entre todos os entes da federação, União, Estados, Distrito Federal e Municípios. Também como projeção do direito à organização, tem-se a especialização de instâncias judiciais (varas, circunscrições, câmaras etc.) especializadas na matéria ambiental,[248] bem como a criação de comissões legislativas especializadas na temática ecológica.

4.3.3.1 A perspectiva procedimental do direito fundamental ao meio ambiente (e seu caráter democrático-participativo)

O pensamento jurídico ocupa-se cada vez mais da temática da efetivação dos direitos, não se satisfazendo com a sua mera proclamação em belos textos legislativos (a exemplo da CF/1988), conforme já nos alertou Norberto Bobbio em passagem clássica.[249] Por essa razão, ganha cada vez maior maior relevância a dimensão organizacional e procedimental dos direitos fundamentais ou mesmo a ideia de **proteção dos direitos fundamentais por meio do(s) procedimento(s)** (*Grundrechtschutz durch Verfahren*).[250] Em alguns aspectos, trata-se de uma releitura do *status activus* dos direitos fundamentais, tal qual proposto por Georg Jellinek, na forma de um atualizado **status activus processualis** (Peter Häberle[251]). O olhar dos juristas contemporâneos está focado mais do que nunca nos mecanismos necessários à transposição dos direitos proclamados nos textos legais para o "mundo da vida". Os denominados direitos procedimentais cumprem justamente tal função, operando a efetivação dos direitos ditos "materiais".

Ocorre que, de tão importantes que são para o exercício dos direitos materiais, ou seja, para lhes conferir efetividade, os direitos procedimentais também alcançam *status jusfundamental*, sendo incorporados ao núcleo do regime constitucional. O *instrumento-procedimento* revela-se, nesse sentido, quase tão importante quanto o direito material em si, ou seja, o *fim* a que ele visa conferir proteção. Esse é, por exemplo, o caso do direito fundamental à assistência jurídica (ou,

---

[247] Art. 6º da Lei da Política Nacional do Meio Ambiente (Lei 6.938/81).
[248] Tais experiências já se fazem presentes na Justiça Federal da 4ª Região, no Tribunal de Justiça de São Paulo, entre outras instâncias judiciárias.
[249] BOBBIO, Norberto. *A era dos direitos*..., p. 9-10.
[250] HUFEN, Friedhelm. *Staatsrecht II*: Grundrechte. 4. ed. Munique: C.H. Beck, 2014. p. 58.
[251] HÄBERLE, Peter. Grundrechte im Leistungsstaat. *VVDStRL*, 1972, p. 81 e ss.

num sentido mais amplo, do **acesso à justiça**).[252] Num mundo ideal onde o exercício dos direitos (sobretudo os de natureza fundamental) é pleno, a razão de existir dos direitos procedimentais desaparece. Todavia, no mundo real, as violações de direitos fundamentais são constantes, inclusive no que diz respeito àqueles mais básicos e elementares ao desfrute de uma vida minimamente digna, entre os quais o direito a viver em um ambiente sadio, equilibrado e seguro.

A função outorgada aos direitos fundamentais como parâmetro para a configuração de organizações (ou instituições) estatais e procedimentos voltados à sua proteção e efetivação é tida pela doutrina como desdobramento da *perspectiva ou dimensão objetiva* de tais direitos, o que permite, com base no conteúdo das normas de direitos fundamentais, que se extraiam consequências para a **aplicação e interpretação das normas procedimentais**, mas também para uma formatação do direito organizacional e procedimental que auxilie na efetivação da proteção aos direitos fundamentais.[253] O jurista alemão Konrad Hesse destaca o desenvolvimento da *dimensão organizacional e procedimental dos direitos fundamentais* em razão de uma preocupação com a realização e o asseguramento destes.[254] A importância de tal perspectiva resulta do fato de que a efetivação dos direitos fundamentais depende, em grande parte, da implementação por parte dos poderes públicos de estruturas organizacionais e procedimentos (administrativos, judiciais etc.) capazes de garantir o seu pleno exercício e gozo por parte dos seus titulares. Isso também está relacionado ao maior **controle social** sobre a efetivação dos direitos fundamentais, tanto em face de ação ou omissão dos entes públicos quanto de particulares, como se verifica de forma emblemática por meio dos denominados "**direitos ecológicos de participação ou procedimentais**", conforme trataremos de forma específica no tópico subsequente.

Ambas as projeções normativas extraídas da dimensão objetiva dos direitos fundamentais – o dever de proteção do Estado e as perspectivas organizacional e procedimental – complementam-se na teia normativa traçada pela Teoria dos Direitos Fundamentais para tutela dos valores basilares da comunidade estatal em vista da sua efetivação.[255] Não obstante a relevância da dimensão organizacional, ou seja, a **criação de instituições e organizações públicas** para assegurar a efetivação dos direitos fundamentais, é a dimensão procedimental dos direitos fundamentais que mais nos interessa para o desenvolvimento dos direitos ambientais procedimentais, já que esta última diz respeito diretamente à conformação de **procedimentos e instrumentos administrativos e judiciais** voltados à **efetivação dos direitos fundamentais** e, no caso do nosso estudo, do direito fundamental ao meio ambiente.[256] No campo ambiental, a dimensão organizacional e procedimental se revela, por exemplo, na estruturação de órgãos ambientais em **condições normativas e fáticas** de exercer o **poder de polícia ambiental**, mediante a devida **fiscalização** de práticas ilícitas e devido **sancionamento** dos infratores ambientais. A função do direito ao procedimento é instrumentalizar e garantir uma proteção efetiva dos direitos materiais,

---

[252] A título de exemplo, o acesso à justiça é reconhecido como integrante do direito-garantia ao mínimo existencial, muito embora com natureza instrumental. Na doutrina, sustentando que o direito à assistência jurídica integra o conteúdo do mínimo existencial, não obstante a referência seja muitas vezes ao acesso à justiça em sentido mais amplo, v. TORRES, Ricardo Lobo. *O direito ao mínimo existencial*. Rio de Janeiro: Renovar, 2009. p. 269 e 282; BARCELLOS, Ana Paula de. *A eficácia jurídica dos princípios constitucionais*: o princípio da dignidade humana. 2. ed. Rio de Janeiro/São Paulo/Recife: Renovar, 2008. p. 325 e 330-331; e BITTENCOURT NETO, Eurico. *O direito ao mínimo para uma existência digna*. Porto Alegre: Livraria do Advogado, 2010. p. 269. Em reforço a tal perspectiva, Bittencourt Neto sustenta ser a Defensoria Pública expressão de "norma organizatória e procedimental" conformadora do âmbito de proteção do direito ao mínimo existencial (Idem, p. 124).

[253] SARLET, Ingo Wolfgang. *A eficácia dos direitos fundamentais...*, p. 156 e ss.

[254] HESSE, Konrad. *Elementos de direito constitucional...*, p. 287.

[255] V. MENDES, Gilmar Ferreira. *Direitos fundamentais...*, p. 8.

[256] Para maiores desenvolvimentos sobre a *perspectiva procedimental e organizacional* do direito fundamental ao ambiente, v. FENSTERSEIFER, Tiago. *Direitos fundamentais e proteção do ambiente...*, p. 231 e ss.

determinando posições jurídicas subjetivas perante o Estado e particulares, além de viabilizar, em algumas situações, a participação pública na tomada de decisão (por parte do Estado-Legislador e do Estado-Administrador) que afeta o âmbito de proteção dos direitos fundamentais.

Esse é o entendimento de Robert Alexy, para quem os direitos a procedimentos judiciais e administrativos são essencialmente direitos a uma "**proteção jurídica efetiva**", objetivando por intermédio do procedimento a garantia dos direitos materiais do seu respectivo titular.[257] Não é diferente o entendimento de Luiz Guilherme Marinoni, ao afirmar que "o direito fundamental de ação pode ser concebido como um direito à fixação das técnicas processuais idôneas à efetiva tutela do direito material".[258] Em verdade, o direito ao procedimento, judicial e administrativo, opera como projeção do próprio direito material, já que busca conferir a este uma tutela integral e efetiva. Alinhado à "**doutrina da norma de proteção**", Vasco Pereira da Silva pontua que o dever do Estado de assegurar a eficácia dos direitos fundamentais, tanto por intermédio do **procedimento administrativo** quanto do **processo judicial**, coloca nas mãos do indivíduo um direito subjetivo a exigir do Estado o cumprimento de tais regras processuais e procedimentais.[259] Verifica-se, portanto, a configuração de um verdadeiro dever do Estado no sentido de criar tais vias procedimentais necessárias à efetivação do direito fundamental ao ambiente e, da mesma forma, assegurar a participação pública em tais questões, tanto na esfera administrativa quanto judicial. Ao Estado cabe promover a fruição adequada desses direitos ambientais procedimentais por parte do público interessado, tanto pelo prisma individual quanto coletivo.

Na perspectiva da proteção constitucional do meio ambiente, J. J. Gomes Canotilho assinala que os "**direitos ambientais procedimentais**", independentemente do reconhecimento de um direito fundamental ao ambiente como direito subjetivo, expressam-se sob a forma de **direitos de informação, direitos de participação** e **direitos de ação judicial**.[260] Outro aspecto que também deve ser considerado na fundamentação dos direitos ambientais procedimentais (e não por outra razão também são designados por alguns como "direitos de participação") diz respeito ao seu papel na **conformação da vontade estatal** em temas ambientais. Afinal de contas, novamente trazendo o entendimento de Alexy, "a participação cria juridicamente a possibilidade fática de uma influência no processo de formação da vontade estatal no que diz respeito à proteção do direito fundamental".[261] De tal sorte, além da faceta "protetiva" inerente aos direitos ambientais procedimentais, instrumentalizando medidas voltadas à salvaguarda do direito em situações de lesão ou ameaça de lesão, também se pode destacar uma faceta "participativa", de modo a influenciar a decisão estatal que repercuta da esfera de proteção do direito fundamental ao meio ambiente.

O direito fundamental ao meio ambiente, conforme a lição de Alexy, caracteriza-se como um "**direito fundamental completo ou como um todo (*Grundrecht als Ganzes*)**", abarcando um feixe complexo e abrangente de **posições jurídicas**: a) **direito de defesa**; b) **direito à proteção**, c) **direito à prestação fática**, d) **direito a procedimentos**.[262] A última posição jurídica diz respeito justamente à *perspectiva ou dimensão procedimental* do direito ao meio ambiente. Os direitos ambientais de participação podem ser concebidos como concretizações de tal dimensão procedimental, dada a sua importância crucial para a salvaguarda e efetividade do direito fundamental ao meio ambiente.

---

[257] ALEXY, Robert. *Teoria dos direitos fundamentais...*, p. 488.
[258] MARINONI, Luiz Guilherme. *Teoria geral do processo...*, p. 207.
[259] SILVA, Vasco Pereira da. *Verde cor de direito...*, p. 138, nota 2.
[260] CANOTILHO, José Joaquim Gomes. O direito ao ambiente como direito subjetivo..., p. 187.
[261] ALEXY, Robert. *Teoria dos direitos fundamentais...*, p. 483.
[262] ALEXY, Robert. *Teoria dos direitos fundamentais...*, p. 443. ALEXY, Robert. *Theorie der Grundrecht...*, p. 403-404.

4.3.3.2 Direitos ambientais de participação (ou procedimentais)

"A participação pública é baseada no direito das pessoas que podem ser afetadas a terem uma palavra a dizer sobre a determinação do seu futuro ambiental" (**Alexandre Kiss e Dinah Shelton**).[263]

"Afirmando a importância da educação, treinamento, conscientização pública, participação pública, acesso público à informação e cooperação em todos os níveis sobre os assuntos abordados neste Acordo. (*Preâmbulo* do **Acordo de Paris de 2015**)

Os **direitos de participação ou procedimentais**, como faceta da própria proteção constitucional do meio ambiente e da sua natureza de **direito-dever fundamental**, apresentam importância cada vez maior no âmbito do Direito Ambiental. Pode-se falar até mesmo de uma "onda renovatória", apropriando-nos da expressão cunhada em obra clássica sobre acesso à justiça por Mauro Cappelletti e Bryant Garth,[264] do marco normativo ecológico capitaneado pelos **direitos ambientais de participação** também denominados pela doutrina como **direitos ambientais de acesso** ou **direitos ambientais procedimentais**,[265] cujo escopo maior reside justamente na efetivação da legislação ambiental por meio de uma participação mais ativa da sociedade, exercendo maior controle sobre as práticas poluidoras (ou potencialmente poluidoras) do meio ambiente perpetradas por agentes públicos e privados.

A consolidação dos *direitos ambientais de participação*, como já apontado no tópico sobre o **princípio da participação**, é derivada de avanços verificados originariamente no plano internacional, ou seja, no âmbito do Direito Internacional do Meio Ambiente. Não obstante outros precedentes normativos mais remotos (como a própria Declaração de Estocolmo de 1972),[266] a gênese normativa de tais direitos pode ser atribuída ao **Princípio 10 da Declaração do Rio** (1992). Posteriormente, a **Convenção de Aarhus** (1998), muito embora o seu espectro limitado inicialmente ao âmbito europeu (mas posteriormente ampliada para o plano global) tratou de forma paradigmática sobre o tema, consagrando a chamada "tríade" dos direitos ambientais de participação: **acesso à informação**, **participação pública na tomada de decisão** e **acesso à justiça**.[267] Mais recentemente, os direitos ambientais de participação foram consagrados no **Acordo Regional de Escazú** (2018), cujo esboço foi elaborado no âmbito da CEPAL da ONU. A **OC 23/2017 da Corte IDH** também consagrou expressamente os **deveres estatais** relacionados à garantia do exercício dos direitos ambientais de participação.

---

[263] KISS, Alexandre; SHELTON, Dinah. *Guide to international environmental law*..., p. 102.

[264] CAPPELLETTI, Mauro; GARTH, Bryant. *Acesso à justiça*..., p. 11-12. Nos anos 1970, Mauro Cappelletti capitaneou profunda pesquisa, denominada "Projeto Florença", sobre a questão do acesso à justiça. Como resultado do estudo científico empreendido, v., além da obra citada, também CAPPELLETTI, Mauro; GORDLEY, James; JOHNSON, Earl. *Toward equal Justice*: a comparative study of legal aid in modern societies. Milano: Giuffrè, 1975; e CAPPELLETTI, Mauro (org.). *Acess to Justice and Welfare State*. Florença: European University Institute, 1981.

[265] A doutrina também utiliza a expressão "direitos humanos procedimentais" (*procedural human rights*), destacando a tríade de direitos relacionados a tal conceito: acesso à informação, participação pública e acesso à justiça (ANTON, Donald K.; SHELTON, Dinah L. *Environmental protection*..., p. 356 e ss.). Na doutrina brasileira, acerca dos direitos ambientais procedimentais, v. MIRRA, Álvaro Luiz Valery. *Participação, processo civil...*

[266] V. COMISSÃO MUNDIAL SOBRE MEIO AMBIENTE E DESENVOLVIMENTO. *Relatório Nosso Futuro Comum*..., p. 365.

[267] Para uma breve introdução à Convenção de Aarhus, v. EBBESSON, Jonas. Acesso à informação, participação pública e acesso à justiça em matéria ambiental: uma breve introdução à Convenção de Aarhus. *Revista de Direito Ambiental*, São Paulo, v. 64, p. 35 e ss., out.-dez. 2011.

Igualmente, destaca-se a ênfase dada aos direitos de participação pelo **Acordo de Paris (2015)**, ao prever, no seu art. 7, item 5, que "as **ações de adaptação** devem seguir uma abordagem orientada pelo país, que responda às questões de gênero, **participativa e totalmente transparente**, levando em consideração **grupos vulneráveis**, comunidades e ecossistemas, e devem ser baseadas e guiadas pela melhor ciência disponível e, quando apropriado, pelo conhecimento tradicional, conhecimento dos **povos indígenas** e sistemas locais de conhecimento, com vistas a integrar a adaptação às políticas e ações socioeconômicas e ambientais relevantes, quando apropriado". De modo complementar, o art. 12 do diploma assinala que "as Partes deverão cooperar na tomada de medidas, conforme apropriado, para melhorar a **educação**, treinamento, **conscientização pública, participação pública** e **acesso público à informação**, reconhecendo a importância dessas medidas no que diz respeito ao aprimoramento das ações sob este Acordo." O Acordo de Paris, além de caracterizar os **direitos de climáticos de participação**, igualmente destaca a sua importância para a proteção dos grupos sociais vulneráveis, inclusive das gerações mais jovens (crianças e adolescentes) e das gerações futuras à luz da **justiça climática intra e intergeracional**.

No cenário jurídico brasileiro, a fonte normativa primária dos *direitos ambientais procedimentais* pode ser extraída da própria Constituição Federal de 1988, mais precisamente do conteúdo expresso do seu art. 225. Ao consagrar os deveres de proteção estatais e o *direito fundamental ao meio ambiente*, o *caput* do dispositivo em questão enuncia, para além do direito em si, o **dever fundamental** (ou deveres fundamentais) da sociedade, ou seja, dos particulares "de defendê-lo e preservá-lo para as presentes e futuras gerações". Não por outra razão, a doutrina identifica a natureza de *direito-dever fundamental* inerente ao regime constitucional de proteção ambiental. Há, em outras palavras, verdadeiro dever jurídico (e não apenas moral) de proteção ambiental atribuído aos cidadãos (e, portanto, não apenas ao Estado), o qual deve ser exercido por meio de uma maior **participação e controle pela sociedade** acerca das práticas que atentam contra o equilíbrio ecológico.[268] Em outras palavras, como destaca a doutrina, os direitos ambientais procedimentais conduzem a uma espécie de "**cidadania ambiental responsável**" ("*responsible environmental citizenship*").[269]

Os direitos ambientais de participação criam condições reais para que os deveres fundamentais de proteção ambiental referidos sejam operacionalizados pelos particulares (e, de certa forma, também pelas instituições públicas intermediárias encarregadas de prover a defesa ecológica em prol de toda a coletividade, como é o caso, em especial, do Ministério Público, bem como, no tocante aos grupos sociais necessitados ou vulneráveis, da Defensoria Pública), além de permitir, é claro, a própria salvaguarda do direito fundamental ao meio ambiente. O maior controle social oportunizado pelos direitos de participação também é fundamental para o **combate à corrupção em matéria ambiental**. Os mecanismos de controle e participação da sociedade proporcionados por tais direitos ou posições jurídicas subjetivas derivados dos direitos ambientais procedimentais configuram importante instrumento a serviço dos indivíduos e das associações civis para exigir o estrito cumprimento da legislação ambiental por parte de agentes públicos e privados.

---

[268] No direito estrangeiro, destaca-se a consagração dos direitos ambientais de participação na Constituição da Finlândia (1999), precisamente na Seção 20 (Responsabilidade para com o meio ambiente) do Capítulo 2 que trata dos "Direitos básicos e liberdades". No caso, reconheceu-se expressamente o direito de participar (e influenciar) nas decisões públicas concernentes ao meio ambiente.

[269] PALLEMAERTS, Marc. Proceduralizing environmental rights: the Aarhus Convention on Access to Information, Public Participation in Decision-Making and Access to Justice in Environmental Matters in a Human Rights Context. *Human Rights and the Environment*: Proceedings of a Geneva Environment Network roundtable. Genebra: UNEP, 2004. p. 19.

JURISPRUDÊNCIA STF. Estado de Direito Ambiental e sua dimensão organizacional-procedimental, governança ambiental, direitos ambientais de participação, democracia participativa ecológica e proibição de retrocesso institucional (democrático-participativo): "DIREITO CONSTITUCIONAL. ARRANJOS INSTITUCIONAIS DA DEMOCRACIA CONSTITUCIONAL. DEMOCRACIA DIRETA E ENGAJAMENTO CÍVICO. PARTICIPAÇÃO SOCIAL E POLÍTICAS PÚBLICAS. IGUALDADE POLÍTICA. **ESTADO DE DIREITO AMBIENTAL** E SUA **DIMENSÃO ORGANIZACIONAL-PROCEDIMENTAL. DIREITOS PROCEDIMENTAIS AMBIENTAIS.** PERFIL NORMATIVO E DELIBERATIVO DO CONAMA. REFORMULAÇÃO DA COMPOSIÇÃO E PROCESSO DECISÓRIO. DECRETO N. 9.806/2019. INCONSTITUCIONALIDADE. VIOLAÇÃO DOS **DIREITOS FUNDAMENTAIS PROCEDIMENTAIS AMBIENTAIS** E DA IGUALDADE POLÍTICA. REDUÇÃO DA PARTICIPAÇÃO COMO DIREITO DE EFETIVA INFLUÊNCIA NOS PROCESSOS DECISÓRIOS. **RETROCESSO INSTITUCIONAL DEMOCRÁTICO E SOCIOAMBIENTAL.** DISCRICIONARIEDADE ADMINISTRATIVA DO PODER EXECUTIVO ENCONTRA LIMITES NA ARQUITETURA CONSTITUCIONAL. **POSSIBILIDADE DE CONTROLE JURISDICIONAL** PARA A OBSERVÂNCIA DOS PADRÕES E PRÁTICAS NECESSÁRIAS PARA A OPERAÇÃO DA DEMOCRACIA. 1. O CONAMA é instância administrativa coletiva que cumula funções consultiva e deliberativa (art. 6º, II, da Lei n. 6.938/1981). Esse perfil funcional autoriza a sua categorização como autêntico fórum público de criação de políticas ambientais amplas e setoriais, de vinculatividade para o setor ambiental e para a sociedade, com obrigação de observância aos deveres de tutela do meio ambiente. 2. A **governança ambiental** exercida pelo CONAMA deve ser a expressão da democracia enquanto método de processamento dos conflitos. A sua composição e estrutura hão de refletir a interação e arranjo dos diferentes setores sociais e governamentais. Para tanto necessária uma organização procedimental que potencialize a participação marcada pela pluralidade e pela igualdade política, bem como a real capacidade de influência dos seus decisores ou votantes. 4. A igualdade política agrega o qualificativo paritário à concepção da democracia, em sua faceta cultural e institucional. Tem-se aqui a **dimensão procedimental das instituições governamentais** decisórias, na qual se exigem novos arranjos participativos, sob pena do desenho institucional isolar (com intenção ou não) a **capacidade ativa da participação popular.** 5. Ao conferir à coletividade o **direito-dever de tutelar e preservar o meio ambiente** ecologicamente equilibrado (art. 225), a Constituição Federal está a exigir a participação popular na administração desse bem de uso comum e de interesse de toda a sociedade. E assim o faz tomando em conta duas razões normativas: a **dimensão objetiva do direito fundamental ao meio ambiente** e o projeto constitucional de **democracia participativa na governança ambiental.** 6. Análise da validade constitucional do Decreto 9.806/2019 a partir das premissas jurídicas fixadas: (i) perfil institucional normativo deliberativo do Conama, (ii) quadro de regras, instituições e procedimentos formais e informais da **democracia constitucional** brasileira, (iii) igualdade política na organização-procedimental, e (iv) **direitos ambientais procedimentais e de participação** na governança ambiental. 7. O desmantelamento das estruturas orgânicas que viabilizam a participação democrática de grupos sociais heterogêneos nos **processos decisórios** do Conama tem como efeito a implementação de um sistema decisório hegemônico, concentrado e não responsivo, incompatível com a arquitetura constitucional democrática das instituições públicas e suas exigentes condicionantes. 8. A discricionariedade decisória do Chefe do Executivo na reestruturação administrativa não é prerrogativa isenta de limites, ainda mais no campo dos Conselhos com perfis deliberativos. A moldura normativa a ser respeitada na organização procedimental dos Conselhos é antes uma garantia de contenção do poder do Estado frente à **participação popular, missão civilizatória que o constitucionalismo se propõe a cumprir.** O espaço decisório do Executivo não permite intervenção ou regulação desproporcional. 9. A **Constituição Federal não negocia retrocessos**, sob a justificativa de liberdade de conformação decisória administrativa. A eficiência e a racionalidade são vetores constitucionais que orientam o Poder Executivo na atividade administrativa, com o objetivo de assegurar efetividade na prestação dos serviços públicos, respeitados limites mínimos razoáveis, sob pena de retrocessos qualitativos em nome de incrementos quantitativos. Inconstitucionalidade do Decreto n. 9.806/2019. 10. Arguição de descumprimento de preceito fundamental julgada procedente" (STF, ADPF 623/DF (Caso Conama), Tribunal Pleno, Rel. Min. Rosa Weber, j. 22.05.2023).

4.4 Titularidade do direito fundamental[270] ao meio ambiente (e o reconhecimento do *status* jurídico subjetivo e direitos dos animais e da Natureza)

4.4.1 *O indivíduo, o grupo social e toda a coletividade como titulares do direito fundamental ao meio ambiente*

> "Nossa época, já tivemos oportunidade de ver, traz prepotentemente ao palco novos interesses 'difusos', novos direitos e deveres que, sem serem públicos no senso tradicional da palavra, são, no entanto, coletivos: desses ninguém é titular, ao mesmo tempo que todos os membros de um dado grupo, classe, ou categoria, deles são titulares. A quem pertence o ar que respiro?" (**Mauro Cappelletti**)[271]

A quem pertence o ar que respiro? O célebre questionamento de Mauro Cappelletti marca o início do debate sobre a compreensão da titularidade dos direitos difusos, entre os quais desponta o direito ao meio ambiente. Preliminarmente, no entanto, cabe aqui estabelecer acordo semântico acerca das expressões *titular* e *destinatário* dos direitos fundamentais, haja vista a doutrina, por vezes, na utilização dos conceitos, não os adotar com o mesmo significado como por nós preconizado. Nessa perspectiva, cabe elucidar que **titular** do direito, notadamente na perspectiva da dimensão subjetiva dos direitos e garantias fundamentais, é quem figura como sujeito ativo da relação jurídico-subjetiva, ao passo que **destinatário** é a pessoa (física, jurídica ou mesmo ente despersonalizado) em face da qual o titular pode exigir o respeito, a proteção ou a promoção do seu direito.[272] O tema da titularidade possui alguma divergência no âmbito doutrinário, notadamente em relação ao reconhecimento da titularidade do direito fundamental ao meio ambiente pelo indivíduo e por grupos sociais determinados, pois, no que diz respeito à titularidade de toda a coletividade (**interesse difuso**), a questão é pacífica. A posição por nós adotada, como ficará evidente neste tópico, é no sentido de reconhecer também o indivíduo e certos grupos sociais como titulares do direito ao meio ambiente, e não apenas a coletividade.

De tal sorte, iniciaremos pelo que é consensual na doutrina, ou seja, a questão da **titularidade difusa** do direito ao meio ambiente. A partir de tal compreensão, o direito ao meio ambiente é titularizado por toda a coletividade ao mesmo tempo, e ninguém em particular. O *caput* do art. 225 da CF/1988 contribui para tal compreensão – embora, por si só, a sua redação não afaste a inclusão do indivíduo como titular do direito –, ao referir que "todos têm direito ao meio ambiente ecologicamente equilibrado, bem de uso comum do povo". Trata-se, como se pode perceber, de uma titularidade de natureza abstrata ou difusa, já que o titular é **indeterminado**, ou seja, o direito fundamental em questão pertence a todos ao mesmo tempo, mas, por outro lado, a ninguém em particular. A titularidade em questão sofre um processo de "abstrativização", já que é atribuída a um ente coletivo e abstrato ("toda a coletividade"), não se vinculando ao indivíduo ou grupo social determinado (e, portanto, "de carne e osso"). Tal característica particular que envolve a titularidade do direito ao meio ambiente – e praticamente todos os **direitos fundamentais de**

---

[270] Sobre o tema da titularidade dos direitos fundamentais, v. SARLET, Ingo Wolfgang. *A eficácia dos direitos fundamentais...*, p. 208-225.

[271] CAPPELLETTI, Mauro. Formações sociais e interesses coletivos diante da justiça civil. *Revista de Processo*, São Paulo, ano II, n. 5, jan.-mar. 1977, p. 135.

[272] SARLET, Ingo Wolfgang. *A eficácia dos direitos fundamentais...*, p. 208.

terceira dimensão – tem sido utilizada justamente para diferenciá-los dos direitos fundamentais de primeira (civis e políticos) e da segunda (econômicos, sociais e culturais) dimensões. Isso porque, em geral, a primeira dimensão traria o **indivíduo** como titular, ao passo que a segunda comportaria a titularidade por determinados **grupos sociais** – não obstante a titularidade individual dos direitos sociais também resultar preservada.[273]

A consolidação dos direitos difusos ou "transindividuais" (atinentes a toda a coletividade), como assevera Bolzan de Morais, é uma das características marcantes do Direito contemporâneo, já que tais interesses, por seus vínculos com categorias inteiras de indivíduos, passam a exigir novos arranjos nas relações entre Estado e sociedade, bem como um reposicionamento teórico da ciência jurídica. Nesse ponto, a atenção volta-se, em especial, para os direitos coletivos e difusos, que encontram nos problemas ambientais um exemplo particularmente ilustrativo e bem acabado, e não mais para as questões individuais que sempre caracterizaram a tradição do direito liberal.[274] Os direitos transindividuais implicam, como pontua Bolzan de Morais, a transposição do paradigma jurídico clássico, marcado por uma concepção eminentemente individualista, já que se referem a um "conjunto inapreensível quantitativamente e que, projetando-se ao infinito, pode significar o interesse da espécie humana em sua própria manutenção e, qualitativamente, representam a reversão completa do quadro de paixões e interesses propostos nos últimos séculos por toda uma visão utilitária de mundo".[275] Os direitos transindividuais transportam necessidades individuais, mas que ganham projeção comunitária em razão de o interesse na sua tutela e proteção congregar toda a comunidade estatal e, em alguns casos, até mesmo a comunidade internacional. A superação da **tradição liberal-individualista do Direito** levada a cabo pelos direitos transindividuais, por si só, não significa que a tutela do indivíduo deixa de merecer a mesma proteção, mas que apenas o arranjo de **novas técnicas jurídicas** será capaz de dar conta da tutela do indivíduo em meio a relações sociais cada vez mais massificadas e novos direitos que **transcendem a sua esfera individual de interesses**.

Ao tratar dos direitos transindividuais, Jorge Miranda refere que estes são uma manifestação da existência ou do alargamento de "necessidades coletivas individualmente sentidas", o que traduz um dos entrosamentos específicos de Estado e sociedade, implicando formas complexas de relacionamento entre pessoas e os grupos no âmbito da sociedade política que só podem ser apreendidos numa nova perspectiva de cultura cívica e jurídica.[276] O constitucionalista português destaca ainda que os **direitos transindividuais** representam necessidades comuns a conjuntos mais ou menos largos e indeterminados de indivíduos e que somente podem ser satisfeitas numa **perspectiva comunitária**, não sendo interesses públicos, nem puros interesses individuais, ainda que possam projetar-se, de modo específico, direta ou indiretamente, nas esferas jurídicas destas

---

[273] De modo a reconhecer a possibilidade tanto de titularidade individual quanto coletiva dos direitos sociais, v. SARLET, Ingo Wolfgang. *A eficácia dos direitos fundamentais...*, p. 214-218.

[274] MORAIS, José Luis Bolzan de. O surgimento dos interesses transindividuais. *Revista Ciência e Ambiente*, Universidade Federal de Santa Maria, n. 17, p. 7, jul.-dez. 1988.

[275] MORAIS, José Luis Bolzan de. *Do direito social aos interesses transindividuais*: o Estado e o Direito na ordem contemporânea. Porto Alegre: Livraria do Advogado, 1996. p. 226. No mesmo sentido, Benjamin acentua com propriedade em artigo sobre a nova feição do Direito (material e processual) e a ruptura com sua veste liberal-individualista impulsionadas pela proteção do ambiente e defesa dos consumidores, destacando que o "individualismo, com a sua tônica no homem isolado e na presunção de igualdade, não só deu ensejo às ficções jurídicas mais diversas – entre elas a garantia "passiva" do acesso à justiça –, como podou, disfarçada ou abertamente, a tutela da supraindividualidade. O *laissez-faire* jurídico condenou os interesses e direitos metaindividuais a uma camisa de forças injustificável, satisfazendo-se com o massacre de tudo o que não fosse egoisticamente reduzido ou reduzível à pequenez do indivíduo" (BENJAMIN, Antonio Herman. A insurreição da aldeia global contra o processo civil clássico: apontamentos sobre a opressão e a libertação judiciais do ambiente e do consumidor. *Textos "Ambiente e Consumo"*. Lisboa: Centro de Estudos Jurídicos, 1996. v. I, p. 288).

[276] MIRANDA, Jorge. *Manual de direito...*, p. 69.

ou daquelas pessoas.[277] Como exemplo de direitos transindividuais, Miranda destaca, além da defesa do meio ambiente e conservação da Natureza, o patrimônio cultural, a saúde pública, a proteção do consumidor, a cobertura médica e hospitalar, a existência de uma rede de transportes e equipamentos sociais, existência de uma rede de creches e de outros equipamentos sociais de apoio à família etc.[278]

A preponderância da natureza difusa do direito ao meio ambiente, que, de certa forma, caracteriza todos os direitos fundamentais de terceira dimensão, é o que justifica a sua classificação como "**direitos de solidariedade**", já que congregam o interesse de toda a comunidade estatal e, em alguns casos, até mesmo da comunidade internacional. No entanto, quando se sustenta a "**transcendência do indivíduo**" na caracterização da titularidade do direito fundamental ao meio ambiente, não se está afirmando a ausência de reconhecimento, a partir do seu conteúdo normativo, de **posições jurídico-subjetivas individuais** ou até mesmo de grupos sociais específicos. Afinal de contas, não se pode esquecer que o indivíduo e os grupos sociais determinados integram o ente coletivo difuso ("toda a coletividade" ou até mesmo "toda a humanidade"), o que, nosso entender, também é determinante para a definição do próprio conteúdo ou objeto do direito em si.

Pelas razões lançadas, o reconhecimento do direito ao meio ambiente também como um direito que tem repercussão na esfera individual ou de certos grupos sociais determinados, e não apenas como um direito ou interesse difuso, permite maior apoderamento do direito em questão pelo **cidadão** (em termos individuais) e pelos **grupos sociais** (ex.: grupos sociais vulneráveis, como deslocados ambientais e climáticos, crianças e adolescentes, futuras gerações etc.) na defesa ecológica, incentivando a sua reivindicação e maior proteção, tanto no plano político – legislativo e administrativo – quanto no plano judicial. O dito popular "o que é de todos não é de ninguém" pode ensejar uma reflexão a respeito da importância de fortalecer a rede normativa de proteção ecológica com a atribuição da sua titularidade também para indivíduos e grupos sociais específicos, e não apenas para "toda a coletividade" (ente coletivo abstrato).

Paralelamente ao reconhecimento à dimensão difusa do direito fundamental ao meio ambiente, ou seja, da sua titularidade exercida simultaneamente por toda a coletividade, resta, como regra, sempre preservada a sua **dimensão individual-subjetiva**. São duas camadas de proteção normativa que se reforçam mutuamente. O objeto último da proteção ecológica, mormente a discussão em torno da proteção dos animais não humanos e da vida em geral, é sempre a proteção da vida, da liberdade, da igualdade e da dignidade da pessoa humana, muito embora o reconhecimento também de **direitos titularizados por entes não humanos** (animais e a Natureza em si). Em que pese a habitual (embora não cogente) presença do interesse difuso, o direito ao meio ambiente não deixa de objetivar a proteção da vida e da qualidade de vida do ser humano na sua individualidade.[279] Assim como parte da doutrina sustenta somente a possibilidade de o direito ao meio ambiente ser titularizado de forma difusa, igual foi dito com relação aos direitos sociais. E os argumentos utilizados para afastar tal entendimento também se prestam para reconhecer que tais direitos podem ser titularizados simultaneamente pelo indivíduo, por determinados grupos sociais e pela coletividade como um todo, a depender sempre da situação concreta.

Nesse sentido, concordamos com a afirmação de Pereira da Silva ao referir que a alegação de impossibilidade de caracterização do meio ambiente como direito subjetivo – e, portanto, compreender uma titularidade individual –, em razão da sua natureza de bem público ou coletivo, assenta num "erro de perspectiva", uma vez que não é o bem ambiental, de natureza coletiva ou pública, que é apropriável, mas sim que tal bem pode dar origem a relações jurídicas em que

---

[277] MIRANDA, Jorge. *Manual de direito...*, p. 69.
[278] MIRANDA, Jorge. *Manual de direito...*, p. 69.
[279] SARLET, Ingo Wolfgang. *A eficácia dos direitos fundamentais...*, p. 54.

existam concretos direitos e deveres, decorrentes da sua fruição individual. Uma coisa é a tutela objetiva do bem ambiental, outra é a sua proteção jurídica subjetiva, derivada da existência de um "domínio individual constitucionalmente protegido de fruição ambiental", que protege o seu titular de agressões ilegais provenientes de entidades públicas e privadas.[280] A fim de reforçar tal entendimento, sobrevém também o reconhecimento do meio ambiente como **direito da personalidade humana**,[281] partindo-se da premissa de que o **pleno desenvolvimento individual** (físico, psíquico, cultural, social etc.) da pessoa – e não apenas no âmbito coletivo – só é viável a partir de uma **base natural ecologicamente equilibrada, limpa e segura**.

Os direitos humanos e fundamentais, sejam eles civis e políticos, sejam eles sociais, econômicos, culturais e ambientais (e climáticos), são sempre direitos referidos, em primeira linha, à pessoa individualmente considerada, e é a pessoa (cuja dignidade é pessoal, individual, embora socialmente vinculada e responsiva) o seu titular por excelência. O exemplo mais contundente dessa titularidade individual é o **direito (e garantia) ao mínimo existencial social e ecológico (e climático)** – que apresenta a qualidade ambiental no seu conteúdo –, por sua vez, fundado essencialmente na conjugação entre o direito à vida e o princípio da dignidade da pessoa humana, e que precisamente por essa fundamentação não pode ter sua titularidade individual afastada e dissolvida numa dimensão coletiva.[282]

Para Gerardo Pisarello, que, reconhecendo uma dimensão tanto individual quanto coletiva dos direitos sociais, igualmente refuta a tese dos direitos compreendidos como direitos de dimensão exclusivamente coletiva, recordando que tanto direitos sociais quanto direitos civis e políticos protegem bens jurídicos cuja incidência é **simultaneamente individualizada e coletiva**, como ocorre no caso do direito à saúde, do direito à habitação e o direito ao meio ambiente, em que a afetação do direito pode produzir **danos individuais e/ou coletivos**.[283] E, no caso dos direitos ecológicos, como bem destaca Canotilho, "a titularidade individual de um direito subjetivo ao ambiente não traz consigo a subversão do ambiente como bem jurídico coletivo".[284] Em outras palavras, tanto a perspectiva individual quanto difusa (enquanto bem coletivo) podem coexistir de forma harmônica no nosso sistema constitucional, reforçando o regime normativo de proteção ecológica.

A **Corte IDH**, alinhada com tal entendimento, reconheceu expressamente na **Opinião Consultiva 23/2017** sobre "Meio Ambiente e Direitos Humanos" que o direito humano ao meio ambiente possui **dupla dimensão individual e coletiva**:

> "(...) 59. El **derecho humano a un medio ambiente sano** se ha entendido como un derecho con connotaciones tanto individuales como colectivas. En su **dimensión colectiva**, el derecho a un medio ambiente sano constituye un interés universal, que se debe tanto a las generaciones presentes y futuras. Ahora bien, el derecho al medio ambiente sano también tiene una **dimensión individual**, en la medida en que su vulneración puede tener repercusiones directas o indirectas sobre las personas debido a su conexidad con otros derechos, tales como el derecho a la salud, la integridad personal o la vida, entre otros. La degradación del medio ambiente puede causar daños irreparables en los seres humanos, por lo cual un medio ambiente sano es un derecho fundamental para la existencia de la humanidad".[285]

---

[280] SARLET, Ingo Wolfgang. *A eficácia dos direitos fundamentais...*, p. 95.
[281] Nesse sentido, v. CANOTILHO, José Joaquim Gomes (coord.). *Introdução ao direito...*, p. 28.
[282] SARLET, Ingo Wolfgang. *A eficácia dos direitos fundamentais...*, p. 216.
[283] PISARELLO, Gerardo. *Los derechos sociales y sus garantías*. Madrid: Trotta, 2007. p. 72 e ss.
[284] CANOTILHO, José Joaquim Gomes (coord.). *Introdução ao direito...*, p. 29.
[285] CORTE INTERAMERICANA DE DIREITOS HUMANOS. *Opinião Consultiva n. 23/2017...*, p. 27.

Outro aspecto a ser enfrentado na questão da titularidade diz respeito à "diluição" do direito ao meio ambiente em outros direitos fundamentais, de modo a justificar o não reconhecimento da sua titularidade individual, e mesmo a rejeição à sua perspectiva jurídico-subjetiva. No entanto, há muito o direito ao meio ambiente ganhou autonomia – pelo menos, desde a década de 1970 – em relação a outros direitos fundamentais, como é o caso, especialmente, do direito à saúde e do direito à vida. Por isso, mormente a conexão entre o âmbito de proteção dos direitos fundamentais referidos e até mesmo muitas vezes a sobreposição dos seus conteúdos, já não há mais espaço para o não reconhecimento do direito ao meio ambiente como **direito autônomo**[286] – com repercussões nas esferas individual e coletiva –, recortando e delimitando o seu objeto. A Lei 6.938/81 e a CF/1988 (art. 225) encerram tal discussão no ordenamento jurídico nacional.

De acordo com Canotilho – e igual se aplica ao ordenamento constitucional brasileiro –, "como reflexo das crescentes preocupações que são em geral sentidas pela comunidade a este respeito, o legislador constitucional português deu guarida ao direito ao ambiente tutelando-o directa e imediatamente e não apenas como meio de efectivar outros direitos com ele relacionados".[287] Caso contrário, toda degradação ambiental seria sempre tratada apenas como violação ao direito à saúde e ao direito à vida, e não haveria a necessidade de falarmos em proteção ecológica propriamente. No entanto, não foi essa a intenção do constituinte brasileiro de 1988 e de tantas outras ordens constitucionais que pelo mundo afora consagraram a proteção ecológica e, em muitos casos, reconheceram um direito fundamental ao meio ambiente, como o fez a nossa Lei Fundamental de 1988. Por conseguinte, isso significa que **condições ambientais** prejudiciais à vida, à integridade física, à saúde e, acima de tudo, à dignidade da pessoa humana são situações que envolvem lesão ao direito do indivíduo de viver em um ambiente ecologicamente equilibrado, embora tais situações também possam simultaneamente contemplar violação a outros direitos fundamentais.

Por fim, antes de desenvolver a titularidade do direito ao meio ambiente pelas futuras gerações (no contexto dos princípios da equidade e da responsabilidade **intergeracional**), é importante situar a discussão também na perspectiva **intrageracional** (entre gerações viventes). A titularidade do direito fundamental ao meio ambiente atribuída às **crianças e adolescentes**, ou seja, às **gerações humanas mais jovens**, tem suscitado importante debate jurídico contemporâneo, notadamente no contexto da **justiça climática** e da **dimensão intertemporal dos direitos fundamentais**, como abordado de forma paradigmática na decisão do Tribunal Constitucional Federal alemão no Caso Neubauer e outros v. Alemanha (2021) referida anteriormente. Afinal de contas, juntamente com as futuras gerações, as crianças e adolescentes de hoje sofrerão de modo desproporcional os efeitos negativos das mudanças climáticas no futuro (daqui a 30, 40, 50 anos ou mais), comparativamente em relação às gerações mais velhas que hoje habitam o planeta (e tomam as decisões políticas, econômicas, jurídicas etc. em seu nome). A **CF/1988**, por sua vez, assegura **proteção especial** – e com **prioridade absoluta** – aos direitos fundamentais – entre eles, o direito ao meio ambiente e o direito ao clima – de crianças e adolescentes, conforme previsão expressa do **art. 227**, o que reforça o regime jurídico de proteção ecológica e climática e vincula normativamente o presente e o futuro (a médio e longo prazo).

4.4.2 As futuras gerações como titulares do direito fundamental ao meio ambiente?

> "(...) Fica resolvido que um Órgão Subsidiário autorizado por esta vigésima nona Conferência das Partes atuando como a reunião das Partes do Acordo Climático de Paris (CMA)

---

[286] Na doutrina, a respeito da autonomia do direito ambiental com relação a outras áreas do saber jurídico, v., por todos, NERY JR., Nelson. Autonomia do direito ambiental..., p. 194-218.

[287] CANOTILHO, José Joaquim Gomes (coord.). *Introdução ao direito...*, p. 28-29.

é aqui estabelecido, para trabalhar com o Painel Intergovernamental sobre Mudanças Climáticas, e todas as agências das Nações Unidas, e todos os governos signatários do Acordo de Paris, para defender as futuras gerações de cidadãos do mundo, cujos direitos, como definidos na Declaração Universal dos Direitos Humanos, são tão válidos quanto os nossos. Este novo Órgão Subsidiário é ainda encarregado de defender todos os seres vivos presentes e futuros que não podem falar por si mesmos, promovendo sua representatividade legal e proteção física. Alguém na imprensa denominou esta nova agência 'o Ministério do Futuro', e o nome colou e se espalhou, e se tornou como a nova agência é normalmente chamada. Foi fundada em Zurique, Suíça, em janeiro de 2025. Pouco tempo depois disso, a grande onda de calor atingiu a Índia. (...)" (**Kim Stanley Robinson**)[288]

"(...) la unión entre los derechos y deberes no es férrea, de modo que es concebible que las personas pueden estar sujetas a obligaciones sin la necesidad estricta de que exista el titular de derechos correspondiente. Así, las generaciones futuras pueden ser consideradas sujetos de derechos, por ejemplo, del derecho a no ser privadas de oportunidades por el agotamiento de los recursos naturales, o a no ser dañadas por un medio ambiente degradado. En este caso, las generaciones actuales se considerarían sujetas a la obligación de respetar esos derechos" (**Assembleia Geral da ONU**, Resolução A/68/322 sobre "Solidariedade Intergeracional e as Necessidades das Gerações Futuras", de 2013).[289]

"(...) respeitar a liberdade futura exige que a transição para a neutralidade climática seja iniciada em tempo hábil. Em todas as áreas da vida – produção, serviços, infraestrutura, administração, cultura, consumo, basicamente todas as atividades que atualmente ainda são relevantes para o CO_2 – os desenvolvimentos precisam ser iniciados para garantir que, no futuro, ainda se possa fazer uso significativo da liberdade protegida pelos direitos fundamentais" (Passagem da decisão do **Tribunal Constitucional Federal da Alemanha** no *Caso Neubauer e Outros v. Alemanha*, 2021)."

A **Constituição** deve ser compreendida como um **pacto político-jurídico intra e intergeracional**, de modo a estabelecer diretrizes normativas que assegurem uma **distribuição equânime e proporcional** de **direitos fundamentais** entre as **gerações presentes** (jovens e velhas) e as **gerações futuras**. O reconhecimento da titularidade do direito fundamental ao meio ambiente às futuras gerações humanas opera dentro dessa concepção da ordem constitucional, não obstante seja tema bastante polêmico, carecendo ainda de maior desenvolvimento teórico, sobretudo na doutrina nacional. A atribuição de titularidade às futuras gerações se torna cada vez mais relevante no campo da tutela jurídica ecológica e climática, já que ela está vinculada diretamente à ideia de **manutenção da integridade ecológica** das bases naturais para o pleno desenvolvimento da vida, não só na perspectiva temporal presente, como também futura. Há a **ampliação da dimensão temporal** na atribuição da titularidade de direitos. Não sem razão,

---

[288] ROBINSON, Kim Stanley. *The ministry for the future*. Nova Iorque: Orbit, 2021, p. 16 (tradução livre dos autores). O último livro de Kim Stanley Robinson *The Ministry for the Future* (O Ministério do Futuro) é o livro de ficção científica menos ficcional que eu já li na vida. Ele narra a realidade climática nua e crua batendo na nossa porta hoje. Realidade e ficção penetram-se mutuamente. A potência da ideia de criar um órgão ou agência internacional no Sistema ONU para representar os interesse e direitos das (e, portanto, dar voz política e jurídica às) futuras gerações e de todos os demais seres vivos do Planeta Terra é inspiradora.

[289] Assembleia Geral das Nações Unidas. Resolução A/68/322 sobre "Solidariedade Intergeracional e as Necessidades das Gerações Futuras". Relatório do Secretário-Geral, de 15 de agosto de 2013, par. 21. O entendimento em questão foi adotado pela **Corte IDH** no *Caso Habitantes de La Oroya vs. Peru*, sentença de 27.11.2023, par. 142.

O **conceito de desenvolvimento sustentável**, cunhado no **Relatório Bruntland**, traz a ideia de que seria "aquele que atende às necessidades do presente sem comprometer a possibilidade de as gerações futuras atenderem a suas próprias necessidades",[290] conforme reproduzido no **Princípio 3 da Declaração do Rio (1992)**.[291]

A ideia de sustentabilidade está na razão de ser da proteção ecológica, já que manter (e, em alguns casos, recuperar) o equilíbrio ambiental implica o uso racional e harmônico dos recursos naturais, de modo a não os levar ao seu esgotamento, e, consequentemente, à sua degradação. Em sintonia com tal premissa, a Lei 6.938/81, no seu art. 4º, VI, entre os objetivos da Política Nacional do Meio Ambiente, destaca "a preservação e restauração dos recursos ambientais com vistas à sua utilização racional e disponibilidade permanente, concorrendo para a manutenção do equilíbrio ecológico propício à vida". Até por uma questão de **justiça entre gerações humanas** ou **justiça intergeracional**, a geração presente teria a responsabilidade de deixar como legado às gerações futuras condições ambientais idênticas ou melhores do que aquelas recebidas pelas gerações passadas, estando a geração vivente, por sua vez, vedada a alterar negativamente as condições ecológicas, até por força do **princípio da proibição de retrocesso ecológico** e do **dever (do Estado e dos particulares) de melhoria progressiva da qualidade ambiental**.

O **Acordo de Paris (2015)** talvez seja um dos diplomas ambientais que coloque de forma mais clara a ideia de um **pacto geracional (climático)**, na medida em que busca justamente, por meio da cooperação internacional, alcançar **metas progressivas de longo prazo** (art. 3º e 4º) em termos de **limitação do aumento da temperatura global** e **neutralidade climática** (em relação às emissões de gases do efeito estufa) e, assim, evitar que as piores consequências do aquecimento global e das mudanças climáticas se projetem no futuro e recaiam de modo desproporcional sobre as gerações mais jovens e as futuras gerações, impactando a sua vida, dignidade e direitos fundamentais.

O estado de emergência climática contemporâneo, como exposta pelas reivindicações do **movimento estudantil** *Fridays for Future* – desde o seu surgimento no mês de agosto de 2018 por meio das manifestações individuais da estudante sueca **Greta Thunberg** na frente do parlamento sueco, em Estocolmo –, evidencia as **limitações do atual sistema democrático**, de modo a perpetuar a sub-representação política dos interesses e direitos não apenas de **crianças e adolescentes**, mas também das **futuras gerações humanas**. Afinal de contas, como dito pelo Ministro Luís Roberto Barroso, "a maioria das pessoas que serão afetadas pela mudança climática não tem voz nem voto, ou por serem muito jovens ou por sequer haverem nascido".[292] O reconhecimento de direitos fundamentais titularizados pelas futuras gerações, por essa ótica, pode fortalecer a defesa de tais interesses e direitos hoje sub-representados, haja vista inclusive a **eficácia contramajoritária** inerente ao regime constitucional dos direitos fundamentais, elevando, assim, o seu *status* jurídico em termos de proteção e blindagem normativa contra retrocessos.

A **proteção indireta** dos interesses e direitos das futuras gerações, por meio de **deveres estatais** e **deveres fundamentais** (atribuídos aos particulares das gerações presentes), não tem se mostrado suficiente para a salvaguarda constitucional adequada do comando normativo expresso no *caput* do art. 225 da CF/1988: "ao Poder Público e à coletividade o dever de defendê-lo e preservá-lo para as presentes e **futuras gerações**". Ao comentar tal dispositivo constitucional, Benjamin assinala que o constituinte desenhou um regime de direitos de filiação antropocêntrica

---

[290] COMISSÃO MUNDIAL SOBRE MEIO AMBIENTE E DESENVOLVIMENTO. *Nosso Futuro Comum...*, p. 43.

[291] "Princípio 3 – O direito ao desenvolvimento deve ser exercido de modo a permitir que sejam atendidas equitativamente as necessidades ambientais e de desenvolvimento de gerações presentes e futuras."

[292] BARROSO, Luís Roberto. *Sem data venia: um olhar sobre o Brasil e o mundo*. Rio de Janeiro: História Real, 2020. p. 93.

"temporalmente mitigada", com titularidade concedida também às gerações futuras.[293] No âmbito da responsabilidade civil ambiental, por exemplo, discute-se o conceito de **dano geracional**, bem como, no direito penal ambiental, a caracterização das futuras gerações como **sujeitos passivos da criminalidade**. É cada vez mais necessário o reconhecimento de uma **dimensão intertemporal** dos **direitos fundamentais**, a fim de assegurar de modo efetivo, no presente, a proteção de interesses e direitos que serão exercícios no futuro (pelas gerações mais jovens e, de modo especial, pelas futuras gerações).

O sistema constitucional brasileiro, conforme pontua Ayala, realça a caracterização de um "sistema de proteção de uma espécie de **direito a um futuro**, direito que é atribuído não só a todos os membros desta geração, como também às futuras gerações, e que acompanha o reconhecimento pela ordem constitucional de uma **obrigação jurídica de proteção do futuro**, obrigação esta que atende particularmente aos interesses das futuras gerações".[294] As futuras gerações, por tal ótica, são consideradas por alguns autores[295] como uma categoria jurídica detentora de **vulnerabilidade**, haja vista que os seus interesses (e direitos?) somente podem ser resguardados e reivindicados por terceiros (no caso, a geração presente), o que reforça a esfera dos **deveres jurídicos (e morais)** e **responsabilidade** que recaem sobre as gerações viventes. Como dito por Bobbio, "olhando para o futuro, já podemos entrever a **extensão da esfera do direito à vida das gerações futuras**, cuja sobrevivência é ameaçada pelo crescimento desmesurado de armas cada vez mais destrutivas, assim como a novos sujeitos, como os animais, que a moralidade comum sempre considerou apenas como objetos, ou, no máximo, como sujeitos passivos, sem direitos".[296]

A respeito do reconhecimento da **(hiper)vulnerabilidade jurídica das futuras gerações** pelo **STJ**, destaca-se passagem do voto-relator do Ministro Antonio Herman Benjamin no julgamento do REsp 1.264.166/RS:

> "A expressão '**necessitados**' (art. 134, caput, da Constituição), que qualifica, orienta e enobrece a atuação da Defensoria Pública, deve ser entendida, no campo da Ação Civil Pública, em sentido amplo, de modo a incluir, ao lado dos estritamente carentes de recursos financeiros – os miseráveis e pobres –, os **hipervulneráveis** (isto é, os socialmente estigmatizados ou excluídos, as crianças, os idosos, **as gerações futuras**), enfim todos aqueles que, como **indivíduo ou classe**, por conta de sua **real debilidade** perante **abusos ou arbítrio dos detentores de poder econômico ou político**, 'necessitem' da mão benevolente e solidarista do Estado para sua proteção, mesmo que contra o próprio Estado."[297]

No plano legislativo infraconstitucional, a tutela dos interesses das futuras gerações aparece presente no conteúdo da norma inscrita no art. 2º, I, da Lei da Política Nacional de Recursos Hídricos, ao dispor ser objetivo da política em questão "**assegurar à atual e às futuras gerações** a necessária **disponibilidade de água**, em padrões de qualidade adequados aos respectivos usos". De igual maneira, o Estatuto da Cidade (Lei 10.257/2001), diploma legislativo de indiscutível caráter ecológico, notadamente na perspectiva do meio ambiente artificial, dispõe no seu art. 2º,

---

[293] BENJAMIN, Antonio Herman. Constitucionalização do ambiente..., p. 110.

[294] AYALA, Patryck de Araújo. A proteção jurídica das futuras gerações na sociedade do risco global: o direito ao futuro na ordem constitucional brasileira. In: FERREIRA, Heline Sivini; LEITE, José Rubens Morato (org.). Estado de direito ambiental: tendências. Rio de Janeiro: Forense Universitária, 2004. p. 246. Cobre a concepção de um direito ao futuro, v. FREITAS, Juarez. Sustentabilidade: o direito ao futuro. Belo Horizonte: Fórum, 2011.

[295] HIPPEL, Eike von. Der Schutz des Schwächeren. Tübingen: J. C. B. Mooh, 1982. p. 140 e ss.; e MIRAGEM, Bruno; MARQUES, Claudia Lima. O novo direito privado e a proteção dos vulneráveis. São Paulo: RT, 2012. p. 166 e ss.

[296] BOBBIO, Norberto. A era dos direitos. Rio de Janeiro: Elsevier, 2004. p. 32.

[297] STJ, REsp 1.264.166/RS, 2ª T., Rel. Min. Herman Benjamin, j. 18.10.2011.

I, como objetivo da política urbana por ele delineada a "garantia do direito a cidades sustentáveis, entendido como direito à terra urbana, à moradia, ao saneamento ambiental, à infraestrutura, ao transporte e aos serviços públicos, ao trabalho e ao lazer, *para as presentes e futuras gerações*".

Há muito ainda a ser desenvolvido, notadamente no plano doutrinário, para podermos estabelecer, de forma adequada, a titularidade das futuras gerações, o que certamente exigirá a superação de muitas das premissas da Teoria Geral do Direito e da Teoria dos Direitos Fundamentais com as quais ainda trabalhamos. No entanto, há razões de sobra para que tal esforço seja empreendido, haja vista a necessidade de construirmos uma ponte normativa sólida que nos conecte com o futuro e com a possibilidade de as futuras gerações (nossos filhos, netos, bisnetos etc.) desfrutarem de uma vida minimamente digna, o que não se fará possível se não assegurarmos a elas um meio ambiente (e um sistema climático) ecologicamente equilibrado, limpo e seguro.

O STF, como se pode observar da passagem que segue do voto do Ministro no julgamento da ADPF 760/DF (Caso PPCDAm), tem reconhecido a dimensão transgeracional dos direitos fundamentais e os direitos das futuras gerações no contexto do aquecimento global e das mudanças climáticas: "as **futuras gerações** têm sua **liberdade e demais direitos fundamentais** tolhidos pela não adoção de medidas tempestivas para frear ou mitigar as mudanças climáticas, suportando ônus excessivo do uso antecipado do 'orçamento de carbono'. Nada ou pouco remanescerá de emissão ainda tolerável para que se respeite o limite preferencial de 1,5°C no aumento da temperatura média global, nos termos do Acordo de Paris, e se tenha maiores chances de evitar danos irreversíveis ao meio ambiente e à vida no planeta".[298]

Igual entendimento também se observa na jurisprudência da **Corte IDH**, conforme decisão recente proferida no **Caso Habitantes de La Oroya vs. Peru (2023)**: "en un contexto de desarrollo sostenible, la equidad intergeneracional trasciende a los vivos y **abarca a quienes no tienen aún existencia actual**; tal como se ha señalado en el sistema universal: 'la humanidad en su totalidad forma una **comunidad intergeneracional** en la que todos los miembros se respetan mutuamente y cuidan unos de otros, alcanzando así el objetivo común de la **supervivencia de la especie humana**'".[299] É imperativo, como referido pelo Ministro Fachin (na ADPF 760/DF), um novo **pacto constitucional transgeracional**: "no Direito Ambiental, no atual quadro de emergência climática, o dever mesmo é de um novo pacto social, entre esta e as futuras gerações".

4.4.3 Direitos (fundamentais) dos animais, de outros seres vivos e da Natureza em si?

> "(...) ocorreu a passagem da consideração do **indivíduo humano *uti singulus***, que foi o primeiro sujeito ao qual se atribuíram direitos naturais (ou morais) – em outras palavras, da '**pessoa**' —, para **sujeitos diferentes do indivíduo**, como a família, as minorias étnicas e religiosas, **toda a humanidade em seu conjunto** (como no atual debate, entre filósofos da moral, sobre o direito dos pósteros à sobrevivência); e, além dos indivíduos humanos considerados singularmente ou nas diversas comunidades reais ou ideais que os representam, até mesmo para **sujeitos diferentes dos homens**, como **os animais**. Nos **movimentos ecológicos**, está emergindo quase que um **direito da Natureza** a ser respeitada ou não

---

[298] A Ministra Cármen Lucia consignou igual entendimento no seu voto: "A Constituição da República impõe o agir estatal para preservar, proteger, se for o caso, restaurar o meio ambiente. A inércia do administrador ou sua atuação insuficiente ou, pior ainda, contrária aos deveres constitucionais estatais macula de inconstitucionalidade a atuação do Estado, impondo-se a intervenção judicial para restabelecer a eficácia dos direitos constitucionais à dignidade ambiental, aos **direitos fundamentais dos indivíduos** da presente e **das futuras gerações**."

[299] CORTE INTERAMERICANA DE DIREITOS HUMANOS. *Caso Habitantes da La Oroya* vs. *Peru*, sentença de 27.11.2023, par. 141.

explorada, onde as palavras 'respeito' e 'exploração' são exatamente as mesmas usadas tradicionalmente na definição e justificação dos direitos do homem." (**Norberto Bobbio**)[300]

Na tutela constitucional ecológica, é perceptível a superação gradual do paradigma antropocêntrico clássico, como pode ser ilustrado por meio do crescente reconhecimento de uma tutela diferenciada dos animais não humanos (art. 225, VII, da CF/1988) e da Natureza, colocando em debate a discussão acerca da atribuição da titularidade de direitos fundamentais a outros sujeitos que não (apenas) os seres humanos. Há, nesse sentido, quem – e há certo tempo – defenda a existência de **direitos dos animais não humanos**, similares aos direitos da pessoa humana.[301] Igual se pode dizer com relação à Natureza em si e seus elementos (rios, florestas, paisagens etc.), na linha, aliás, da consagração constitucional dos **direitos da Natureza** ou "Pacha Mama" levada a efeito de forma emblemática pela **Constituição Equatoriana de 2008**.

O art. 225 (*caput* e § 1º) da CF/1988, a nosso ver, "constitucionalizou" tanto uma proteção (e direitos?) da **Natureza em si** (ecossistemas, rios, florestas etc.) – como se pode identificar pela salvaguarda da integridade dos *"processos ecológicos essenciais"* (inciso I) e da *"função ecológica"* da fauna e da flora (inciso VII) –, quanto, pela ótica coletiva ou de grupo, das **espécies da fauna e da flora ameaçadas de extinção** (inciso VII) e, em termos individuais, especialmente dos **animais** por meio da vedação de práticas cruéis e maus-tratos (inciso VII). Da Natureza em sentido amplo, passando pelas espécies da fauna e da flora (e seus *habitats*), a CF/1988 também tratou igualmente de salvaguardar os animais (selvagens e domésticos) na sua **individualidade**, inclusive no sentido de reconhecer o seu *status* jurídico de "seres sencientes", ao vedar expressamente a sua submissão a práticas cruéis.

ENUNCIADOS DO CONSELHO DA JUSTIÇA FEDERAL SOBRE DIREITO DO PATRIMÔNIO CULTURAL E NATURAL (2023)

ENUNCIADO 2 – O vocábulo "todos" no art. 225 da Constituição da República permite interpretação biocêntrica/ecocêntrica.

As **três dimensões protetivas – ecossistemas, espécies e indivíduos** – se somam no regime jurídico-constitucional estabelecido no art. 225 em prol da salvaguarda da **integridade ecológica da Natureza e dos animais**, tomando por base a **interdependência e a complementariedade** existente entre tais dimensões, bem como em relação à proteção do ser humano e do seu direito (humano e fundamental) a viver em um meio ambiente sadio, equilibrado e seguro. Conjuntamente com a proteção da biodiversidade num sentido amplo (por exemplo, a proteção de espécies da flora e da fauna ameaçadas de extinção, como referido anteriormente), a vedação de maus-tratos aos animais é uma das pautas centrais do regime constitucional traçado pelo art. 225. Não por outra razão, como reflexo da crescente reprovação social em relação a atos cruéis contra animais, foi aprovada legislação que aumentou a pena do **crime de maus-tratos** praticados

---

[300] BOBBIO, Norberto. *A era dos direitos*. Rio de Janeiro: Elsevier, 2004, p. 33.
[301] Entre a já farta literatura, vale conferir os diversos estudos que integram a coletânea organizada por SUNSTEIN, Cass; NUSSBAUM, Martha (ed.). *Animal rights*: current debates and new directions. New York: Oxford University Press, 2004. Em língua portuguesa, v., por todos, ARAÚJO, Fernando. *A hora dos direitos dos animais*. Coimbra: Almedina, 2003. Entre nós, remete-se à obra coletiva de MOLINARO, Carlos Alberto; MEDEIROS, Fernanda Luiza Fontoura de; SARLET, Ingo Wolfgang; FENSTERSEIFER, Tiago (org.). *Dignidade da vida*: os direitos fundamentais para além da pessoa humana. Belo Horizonte: Fórum, 2008, igualmente contando com um número significativo de atualizadas contribuições de autores brasileiros e estrangeiros.

contra cães e gatos, por meio da inclusão pela **Lei 14.064/2020**[302] do § 1º-A no art. 32 da **Lei dos Crimes e Infrações Administrativas Ambientais (Lei 9.605/98)**.[303] Mais recentemente, a **Lei 14.228/2021** estabeleceu a **proibição da eutanásia e eliminação de cães e gatos** pelos órgãos de controle de zoonoses, canis públicos e estabelecimentos oficiais congêneres, com exceção da eutanásia nos casos de males, doenças graves ou enfermidades infectocontagiosas incuráveis que coloquem em risco a saúde humana e a de outros animais.

No plano legislativo subnacional (Estados e Municípios), há vários exemplos inovadores no reconhecimento do status de sujeito de direitos e titularidade de direitos em favor de animais e entes naturais (Natureza, rio etc.). O **Código de Direito e Bem-Estar Animal do Estado da Paraíba** (Lei Estadual 11.140/2018), por exemplo, é considerado o mais avançado de todos os diplomas estaduais na matéria do Direito Animal, tendo consagrado expressamente os animais como sujeitos de direitos, inclusive estabelecendo um "**rol ou catálogo de direitos dos animais**" (art. 5º), entre os quais: de ter as suas existências física e psíquica respeitadas (I); e de receber tratamento digno e essencial à sadia qualidade de vida (II). O **Código de Direito e Bem-estar Animal do Estado de Roraima (Lei 1.637/2022)**, de modo similar, reconheceu animais como sujeitos de direitos (artigo 2º), bem como estabeleceu **rol de direitos dos animais** no seu art. 5º, entre os quais: "de ter as suas existências física e psíquica respeitadas" (I) e "de receber **tratamento digno** e essencial à sadia qualidade de vida" (II). Mais recentemente, a Lei 17.972/2024 do Estado de São Paulo, sobre a proteção, a saúde e o bem-estar na criação e na comercialização de cães e gatos, reconheceu, no seu art. 3º, "a proteção e o **direito à vida dos animais domésticos**" (I), "os **princípios do bem-estar animal** e da **saúde única**" (II), bem como "os cães e gatos como **seres sencientes** dotados de natureza biológica e emocional, passíveis de sofrimento" (IV).

No campo dos **Direitos da Natureza**, a **Lei Orgânica do Município de Florianópolis/SC**, por meio da Emenda 47/2019, reconheceu expressamente a *titularidade de direitos pela Natureza* (art. 133, *caput* e parágrafo único). Mais recentemente, a **Lei 2.579/2023 do Município de Guajará-Mirim (RO)** dispôs sobre o reconhecimento do status de sujeito de direitos e titularidade de **"direitos intrínsecos" do Rio Laje** (Komi Memen), com o estabelecimento de rol exemplificativo de direitos e a **criação de "guardiões legais"** para representarem e promoverem os seus interesse e direitos.

LEI MUNICIPAL 2.579/2023

Dispõe sobre o reconhecimento dos direitos do Rio Laje – Komi Memen – no município de Guajará-Mirim e seu enquadramento como ente especialmente protegido e dá outras providências.
(...)
CONSIDERANDO QUE o Rio Laje é vital para a ecologia integral da região e que protegê-lo por lei é reforçar a ação secular dos **povos originários**, bem como garantir maior proteção da floresta que o envolve e alimenta e por ele é alimentada, evitando a desertificação e a morte da bacia do Rio Madeira;

---

[302] A Lei 14.064/2020 é denominada de "Lei Sansão", em homenagem a um cachorro vítima de prática cruel e maus-tratos e que, por conta disso, perdeu suas duas patas traseiras.

[303] "Art. 32. Praticar ato de abuso, maus-tratos, ferir ou mutilar animais silvestres, domésticos ou domesticados, nativos ou exóticos: Pena – detenção, de três meses a um ano, e multa. § 1º Incorre nas mesmas penas quem realiza experiência dolorosa ou cruel em animal vivo, ainda que para fins didáticos ou científicos, quando existirem recursos alternativos. § 1º-A Quando se tratar de cão ou gato, a pena para as condutas descritas no *caput* deste artigo será de reclusão, de 2 (dois) a 5 (cinco) anos, multa e proibição da guarda. (Incluído pela Lei 14.064/2020) § 2º A pena é aumentada de um sexto a um terço, se ocorre morte do animal."

> CONSIDERANDO QUE muitos lugares, regiões e países ao redor do mundo reconheceram que a **Natureza deve ser respeitada e protegida**, reconhecendo-se seus **direitos intrínsecos** e de participação nos processos institucionais de tomada de decisão e sistemas legais;
> (...)
> Artigo 1º Ficam reconhecidos os **direitos intrínsecos do Rio Laje – Komi Memen** – como **ente vivo e sujeito de direitos**, e de todos os outros corpos d´água e **seres vivos que nele existam naturalmente** ou com quem ele se inter-relaciona, incluindo os seres humanos, na medida em que são **inter-relacionados** num sistema interconectado, integrado e interdependente.
> Artigo 2º Dentre os **direitos do Rio Laje** e outros entes relacionados **exemplificadamente** no artigo 1º, ficam reconhecidos os direitos de:
> I. Manter seu fluxo natural e em quantidade suficiente para garantir a saúde do ecossistema;
> II. Nutrir e ser nutrido pela mata ciliar e as florestas do entorno e pela biodiversidade endêmica;
> III. Existir com suas condições físico-químicas adequadas ao seu equilíbrio ecológico;
> IV. inter-relacionar-se com os seres humanos por meio da identificação biocultural, de suas práticas espirituais, de lazer, da pesca artesanal, agroecológica e cultural.
> Artigo 3º O Rio Laje e os seres inter-relacionados devem ser protegidos e manifestarem seus requerimentos e vozes por **guardiões legais**, que servirão como sua representação pública, atuando como conselheiros do Poder Público e da comunidade no exercício destes direitos. (...)

REGIME JURÍDICO-CONSTITUCIONAL TRIDIMENSIONAL DE PROTEÇÃO ECOLÓGICA (DOS ANIMAIS E DA NATUREZA) NO ART. 225 DA CF/1988	**1) INDIVIDUAL** – abordagem individualizada dos entes naturais, como se verifica, por exemplo, por meio da proteção da integridade física e psíquica dos animais selvagens e domésticos contra práticas de maus-tratos, considerando o seu *status* jurídico e condição biológica de "seres sencientes" (art. 225, § 1º, VII); **2) COLETIVA OU DE GRUPO:** abordagem coletiva ou de grupo da proteção ecológica das espécies da fauna e da flora, como ocorre, por exemplo, no caso da proteção especial de espécies da fauna e da flora ameaçadas de extinção (art. 225, § 1º, VII); **3) ECOSSISTÊMICA OU HOLÍSTICA:** abordagem sistêmica, holística e funcional da Natureza, a qual é protegida de forma integral, como se verifica, por exemplo, por meio da proteção constitucional dos "processos ecológicos essenciais" (art. 225, § 1º, I), da "integridade ecológica" (art. 225, § 1º, III) e da "função ecológica" (art. 225, § 1º, VII).

Na doutrina, Saskia Stucki propõe uma **"Teoria Legal ou Jurídica dos Direitos dos Animais"**[304] fundada na denominada **"Teoria do Interesse"** (e não a clássica **"Teoria da Vontade"**),[305]

---

[304] STUCKI, Saskia. Towards a Theory of Legal Animal Rights: Simple and Fundamental Rights. *Oxford Journal of Legal Studies*, v. 0, n. 0, p. 1-28, 2020.

[305] A discussão, a nosso ver, também pode ser amplificada para o campo de uma **Teoria Jurídica ou Legal dos Direitos da Natureza**. O conceito de integridade ecológica traduz para o universo jurídico um parâmetro científico aferível na esfera das ciências naturais. Há, por assim dizer, o "interesse" da Natureza em manter e ampliar a sua integridade ecológica, com o florescimento da vida (animal, vegetal etc.) e da biodiversidade.

apontando que muito do que foi construído em torno do conceito amplo e ambíguo "direitos dos animais" desde a década de 1970 (por exemplo, por meio das obras de autores como Peter Singer e Tom Regan) ocorreu fora do espectro propriamente jurídico, mas sim filosófico, político etc. Ocorre que, segundo ela, chegou a hora de avançar e construir também uma "teoria legal ou jurídica" compatível com os últimos desenvolvimentos na temática. Ela trabalha, nesse sentido, com dois conceitos importantes de direitos dos animais:

a) **Direitos Simples ou Meros Direitos** (*Simple Rights*) **dos Animais**, ou seja, uma **versão "fraca"** de direitos de acordo com as atuais leis hoje existentes na maioria dos países voltadas à proteção do bem-estar dos animais, que proporcionam uma proteção frágil e acabam por quase sempre favorecer interesses humanos no conflito de interesses (considerando os "interesses" dos animais);

b) **Direitos Fundamentais** (*Fundamental Rights*) **dos Animais**, ou seja, a **versão "forte"** de direitos, tal como tomada em relação aos direitos titularizados pelos seres humanos, aptos a serem respeitados numa situação de conflito de interesses (contra "interesses" humanos), bem como reivindicados judicialmente (por exemplo, pelos "guardiões" legalmente habilitados para representá-los) na hipótese de violação de tais direitos. Há, por assim dizer, tanto o reconhecimento de tais direitos fundamentais dos animais pela ótica propriamente "**material**" (ex.: direito à vida, integridade física, liberdade de movimento etc.) quanto "**processual ou procedimental**" (garantias processuais aptas a protegê-los).

O regime constitucional caminha gradativamente no sentido do reconhecimento de direitos autônomos titularizados para além do ser humano, como verificado no caso dos animais (não humanos). Há um entendimento cada vez mais consolidado em torno do reconhecimento de que as suas vidas possuem uma **dignidade** e, portanto, um **valor intrínseco** – e não meramente uma natureza instrumental em relação aos interesses do ser humano –, o que já tem sido objeto de chancela pelo Direito, e isso em vários momentos, seja no concernente à vedação de práticas cruéis e causadoras de desnecessário sofrimento aos animais, seja naquilo em que se vedam práticas que levem à extinção das espécies. E não pura e simplesmente por estar em risco o equilíbrio ecológico como um todo, que constitui outra importante (mas não a única) razão para a tutela constitucional, pelo menos tal qual previu o constituinte brasileiro de 1988. O entendimento suscitado está expresso no voto da Ministra Rosa Weber proferido no julgamento da **ADI 4.983/ CE (Caso da Vaquejada)**, ao referir que "reconhecimento de que os **animais possuem uma dignidade própria** que deve ser respeitada. O bem protegido pelo inciso VII do § 1º do artigo 225 da Constituição, enfatizo, possui **matriz biocêntrica**, dado que a Constituição **confere valor intrínseco** às **formas de vida não humanas** e o modo escolhido pela Carta da República para a preservação da fauna e do bem-estar do animal foi a proibição expressa de conduta cruel, atentatória à integridade dos animais".[306]

O **conceito de pessoa** para o Direito há muito tempo não se encontra limitado à **pessoa humana**. Há séculos, a categoria da **pessoa jurídica** ilustra bem esse entendimento no mundo jurídico. A origem etimológica da palavra "pessoa" é associada à ideia de **máscara**. Ou seja, é uma técnica jurídica para estabelecer a proteção e o regime jurídico em favor de determinados entes (humanos e não humanos). E o Direito pode atribuir essa "máscara" a quem ele entender digno de tal proteção especial. É possível, portanto, suscitar a ampliação de tal categoria jurídica para outras pessoas que o Direito passe gradualmente a dotar de **proteção autônoma**, **valor**

Ações e omissões humanas contrárias ao equilíbrio ecológico (poluição, desmatamento etc.), comprometendo as funções e processos ecológicos essenciais, afetam negativamente e violam o referido "interesse" (ou direito?) juridicamente protegido.

[306] STF, ADI 4.983/CE, Tribunal Pleno, Rel. Min. Marco Aurélio, j. 06.10.2016.

intrínseco, **dignidade** etc., como é caso das **futuras gerações**, dos **animais** e da **Natureza** (e entes naturais, como rios, florestas etc.). A título de exemplo, seguindo a mesma lógica e técnica aplicada à pessoa jurídica, nos parece possível falar de **pessoa futura, pessoa animal** e **pessoa ecológica** (ou pessoa-Natureza, pessoa-rio, pessoa-floresta etc.).

Para além da discussão em torno da atribuição de direitos autônomos em favor de seres não humanos – especialmente aos animais, na condição de **seres sensitivos** –, o reconhecimento da fundamentalidade (e mesmo dignidade![307]) da vida além da humana implica pelo menos a existência de **deveres – fundamentais – de tutela** (proteção) dessa vida e dessa dignidade.[308] Além da *vulnerabilidade jurídica* das futuras gerações, conforme tratamos no tópico anterior, também pode ser aventada na seara ecológica a ideia de **vulnerabilidade dos animais (não humanos) e da Natureza** (e que "deveriam" ter os seres humanos como "**guardiões dos seus interesses e direitos**"), com os correspondentes deveres fundamentais (dos particulares) e deveres estatais no tocante à sua proteção.[309]

Ainda que não haja consenso a respeito da matéria, especialmente sobre se o que existe é apenas uma tutela jurídico-objetiva da vida não humana, ou se existe uma **titularidade subjetiva** de direitos fundamentais, que apenas não poderiam ser exercidos "pessoalmente", no plano processual, pelos seus titulares, o fato é que já existem diversas decisões judiciais, inclusive do STF, reconhecendo, como decorrência também do direito fundamental a um meio ambiente saudável e dos dispositivos constitucionais versando sobre a proteção da fauna, a necessária proteção dos animais, ainda que em detrimento do exercício de determinados direitos ou interesses de pessoas ou grupos humanos.[310]

O reconhecimento dos *direitos dos animais* e dos *direitos da Natureza* (e dos elementos naturais, por exemplo, florestas, rios etc.), atribuindo-lhes *valor intrínseco* e, portanto, dissociado de qualquer valor instrumental ou utilitário que possam representar ao ser humano, tem alcançado cada vez mais consenso em sede de direito comparado e internacional. Desde a gênese de tal discussão, representada paradigmaticamente pelo artigo "Should trees have standing? Toward legal rights for natural objects" ("As árvores têm legitimidade para litigar? Rumo ao reconhecimento de direitos para os elementos naturais"), de **Chistopher D. Stone**,[311] publicado em 1972, o tema tem encontrado uma crescente adesão doutrinária,[312] legislativa e jurisprudencial, especialmente na última década. O ressurgimento da discussão a respeito dos direitos da Natureza, especialmente pela ótica constitucional, pode ser identificado paradigmaticamente na **Constituição do Equador (2008)**, ou seja, a primeira no mundo a reconhecer expressamente os **direitos da** *Pachamama*.

---

[307] Sobre a discussão a respeito da dignidade para além da vida humana, remete-se o leitor ao tópico específico sobre o tema no capítulo sobre os princípios do Direito Ambiental.

[308] Nesse sentido, v., entre outros, SILVA, Vasco Pereira da. *Verde cor de direito...*, p. 25 e ss.

[309] Na doutrina, v. MEDEIROS, Fernanda Luiza Fontoura de. *Direito dos animais*. Porto Alegre: Livraria do Advogado, 2013. especialmente p. 117 e ss.

[310] De tal sorte, é ilustrativa a decisão prolatada no RE 153.531/SC, STF, Rel. Min. Marco Aurélio (03.06.1997), em que foi proibida a prática da assim designada "farra do boi", manifestação popular tradicional em certas regiões do Estado de Santa Catarina, por ser manifestamente contrária ao mandamento constitucional que veda que os animais sejam submetidos a práticas cruéis.

[311] O artigo, publicado originalmente em 1972 na *Southern California Law Review*, foi republicado como livro em 1974, tendo sido reeditado e substancialmente ampliado posteriormente: STONE, Christopher D. *Should trees have standing? Law, morality, and the environment*. 3. ed. New York: Oxford University Press, 2010.

[312] V. BOYD, David R. *The rights of nature*: a legal revolution that could save the world. Toronto: ECW Press, 2017.

A **Constituição do Equador de 2008** é, sem dúvida, um **marco histórico** no que diz respeito à proteção constitucional da Natureza.[313] Diferentemente dos demais textos constitucionais que tratam da matéria ambiental, inclusive daqueles que já apresentam conteúdo ecológico progressista – esse seria o caso de Constituições como a portuguesa de 1976 e a brasileira de 1988 –, o novo texto constitucional equatoriano estabeleceu de forma inédita um capítulo específico sobre os "**Direitos da Natureza (ou 'Pacha Mama')**", nos seus arts. 71 a 74. A inovação constitucional em questão representa **avanço normativo sem precedentes no constitucionalismo contemporâneo**, uma vez que consagra em texto constitucional o "**paradigma jurídico ecocêntrico**". Conforme resultou consignado na norma constitucional equatoriana, "la Naturaleza o Pacha Mama, donde se reproduce y realiza la vida, *tiene derecho* a que se respete integralmente su existencia y el mantenimiento y regeneración de sus ciclos vitales, estructura, funciones y procesos evolutivos (art. 71), bem como que "la Naturaleza *tiene derecho* a la restauración (art. 72).

CAPÍTULO SÉPTIMO – DERECHOS DE LA NATURALEZA

Art. 71. La Naturaleza o Pacha Mama, donde se reproduce y realiza la vida, **tiene derecho a que se respete integralmente su existencia y el mantenimiento y regeneración de sus ciclos vitales, estructura, funciones y procesos evolutivos.** Toda persona, comunidad, pueblo o nacionalidad podrá exigir a la autoridad pública el cumplimiento de los derechos de la Naturaleza. Para aplicar e interpretar estos derechos se observaran los principios establecidos en la Constitución, en lo que proceda. El Estado incentivará a las personas naturales y jurídicas, y a los colectivos, para que protejan la Naturaleza, y promoverá el **respeto a todos los elementos que forman un ecosistema**.

Art. 72. La Naturaleza tiene derecho a la restauración. Esta restauración será independiente de la obligación que tienen el Estado y las personas naturales o jurídicas de Indemnizar a los individuos y colectivos que dependan de los sistemas naturales afectados. En los casos de impacto ambiental grave o permanente, incluidos los ocasionados por la explotación de los recursos naturales no renovables, el Estado establecerá los mecanismos más eficaces para alcanzar la restauración, y adoptará las medidas adecuadas para eliminar o mitigar las consecuencias ambientales nocivas.

Art. 73. El Estado aplicará **medidas de precaución y restricción** para las actividades que puedan conducir a la **extinción de especies**, la **destrucción de ecosistemas** o la **alteración permanente de los ciclos naturales**. Se prohíbe la introducción de organismos y material orgánico e inorgánico que puedan alterar de manera definitiva el patrimonio genético nacional.

Art. 74. Las personas, comunidades, pueblos y nacionalidades tendrán derecho a beneficiarse del ambiente y de las riquezas naturales que les permitan el **buen vivir**. Los **servicios ambientales** no serán susceptibles de apropiación; su producción, prestación, uso y aprovechamiento serán regulados por el Estado.

---

[313] O caráter inovador da Constituição do Equador de 2008 (e da legislação boliviana) no tocante ao reconhecimento dos direitos da Natureza é tratado por ZAFFARONI, Eugênio Raul. *La Pachamama y el humano*. Buenos Aires: Ediciones Colihue, 2012; RIAÑO, Diana Milena Murcia. *La Naturaleza con derechos*: un recorrido por el derecho internacional de los derechos humanos, del ambiente y del desarrollo. Quito: El Chasqui Ediciones, 2012; ACOSTA, Alberto. Los Derechos de la Naturaleza – una lectura sobre el derecho a la existencia. *In*: ACOSTA, Alberto; MARTÍNEZ, Esperanza (Edit.). *La Naturaleza con Derechos* – de la filosofía a la política. Quito: Abya-Yala, 2011 (Série Debate Constituyente); e ACOSTA, Alberto. *El Buen Vivir en el camino del post-desarrollo*: una lectura desde la Constitución de Montecristi. Policy Paper, n. 9, 2010.

O novo paradigma normativo foi adotado pela legislação da **Bolívia**, com destaque para a **Lei sobre os Direitos da "Madre Tierra" de 2010** (Lei 71, de 21 de dezembro de 2010), a qual, como o próprio nome anuncia, trata especificamente de reconhecer juridicamente os direitos da "Madre Tierra", assim como os deveres do Estado e da sociedade para assegurar o respeito aos mesmos. A Constituição Boliviana de 2009 já havia lançado alguma diretriz constitucional a respeito dos direitos da "Madre Tierra" (e "Pachamma"), ao referir o caráter "sagrado" da mesma no seu **Preâmbulo**. Também o seu art. 33, ao tratar do direito fundamental ao meio ambiente, refere-se à **proteção dos demais seres vivos**. No entanto, embora o texto constitucional boliviano traga, além da previsão do direito fundamental ao meio ambiente nos arts. 33 e 34, ampla regulação constitucional relativa à proteção ecológica e utilização dos recursos naturais, com a consagração no seu corpo normativo do Título II sobre "Meio Ambiente, Recursos Naturais, Terra e Território" (arts. 342 a 404), ele não avança na questão dos direitos da Natureza como o faz a Constituição Equatoriana de 2008.

No entanto, é com a Lei sobre os Direitos da "Madre Tierra", de 2010, que o ordenamento jurídico boliviano avança de forma extremamente significativa na matéria, inclusive mediante reforço normativo posterior veiculado pela **Lei Marco da "Madre Tierra" e do Desenvolvimento Integral para Viver Bem** (*Ley Marco de la Madre Tierra y Dessarollo Integral para Vivir Bien*)", a Lei 300, de 15 de outubro de 2012. Logo no seu art. 1º, como objetivo central da legislação, resultou consagrado no diploma **"reconocer los derechos de la Madre Tierra**, así como las obligaciones y deberes del Estado Plurinacional y de la sociedad para garantizar el respeto de estos derechos". Há, inclusive, a consagração de **rol específico de direitos da Natureza** no **art. 7º** do diploma.

LEI MARCO DA "MÃE TERRA" E DO DESENVOLVIMENTO INTEGRAL PARA VIVER BEM DA BOLÍVIA (2012)

CAPÍTULO III – DERECHOS DE LA MADRE TIERRA

Artículo 7º (Derechos de la Madre Tierra). 1. La Madre Tierra tiene los siguientes derechos:

1. **A la vida**: Es el derecho al mantenimiento de la integridad de los sistemas de vida y los procesos naturales que los sustentan, así como las capacidades y condiciones para su regeneración.

2. **A la diversidad de la vida**: Es el derecho a la preservación de la diferenciación y la variedad de los seres que componen la Madre Tierra, sin ser alterados genéticamente ni modificados en su estructura de manera artificial, de tal forma que se amenace su existencia, funcionamiento y potencial futuro.

3. **Al agua**: Es el derecho a la preservación de la funcionalidad de los ciclos del agua, de su existencia en la cantidad y calidad necesarias para el sostenimiento de los sistemas de vida, y su protección frente a la contaminación para la reproducción de la vida de la Madre Tierra y todos sus componentes.

4. **Al aire limpio**: Es el derecho a la preservación de la calidad y composición del aire para el sostenimiento de los sistemas de vida y su protección frente a la contaminación, para la reproducción de la vida de la Madre Tierra y todos sus componentes.

5. **Al equilibro**: Es el derecho al mantenimiento o restauración de la interrelación, interdependencia, complementariedad y funcionalidad de los componentes de la Madre Tierra, de forma equilibrada para la continuación de sus ciclos y la reproducción de sus procesos vitales.

6. **A la restauración**: Es el derecho a la restauración oportuna y efectiva de los sistemas de vida afectados por las actividades humanas directa o indirectamente.

7. **A vivir libre de contaminación**: Es el derecho a la preservación de la Madre Tierra de contaminación de cualquiera de sus componentes, así como de residuos tóxicos y radioactivos generados por las actividades humanas".

Outro aspecto importante trazido pela legislação (art. 5º) é a **natureza jurídica de *sujeito coletivo de interesse público*** atribuído à "Madre Tierra". De acordo com o art. 5º do diploma: "Art. 5º (Carácter jurídico de la Madre Tierra). Para efectos de la protección y tutela de sus derechos, la Madre Tierra adopta el carácter de sujeto colectivo de interés público. La Madre Tierra y todos sus componentes incluyendo las comunidades humanas son titulares de todos los derechos inherentes reconocidos en esta Ley. La aplicación de los derechos de la Madre Tierra tomará en cuenta las especificidades y particularidades de sus diversos componentes. Los derechos establecidos en la presente Ley, no limitan la existencia de otros derechos de la Madre Tierra". Enfim, não há dúvida sobre a guinada rumo a um **novo paradigma jurídico ecocêntrico** dada pelos diplomas tratados, o que é, sem dúvida, inédito, especialmente pelo prisma do reconhecimento dos direitos da Natureza no âmbito constitucional, tal como consagrado na Constituição Equatoriana de 2008.

No ano de 2018, a **Corte Suprema colombiana** reconheceu, em caso de litigância climática contra o desmatamento florestal, a Amazônia Colombiana como "**entidade sujeito de direitos**",[314] repetindo entendimento jurisprudencial anterior da Corte Constitucional do país que havia atribuído, em decisão de 2016, o mesmo *status* **jurídico ao Rio Atrato**.[315] A Corte Interamericana de Direitos Humanos, alinhada com tal cenário que desponta no cenário jurídico atual, considerou expressamente na Opinião Consultiva 23/2017 a proteção jurídica autônoma, ou seja, "em si mesma" da Natureza, destacando "uma tendência a reconhecer a personalidade jurídica e, por fim, os direitos da Natureza, não só em decisões judiciais, mas também nos ordenamentos constitucionais".[316] Essa, na linha da discussão envolvendo um novo *paradigma jurídico ecocêntrico*, como, aliás, já foi objeto de análise pela nossa Corte Constitucional,[317] representa a última e mais desafiadora fronteira a ser desbravada pelo Direito Ambiental, ou melhor, pelo **Direito Ecológico**. O tema em questão, cabe pontuar, foi tratado por nós com maior desenvolvimento na obra *Direito Constitucional Ecológico*, inclusive no sentido de firmarmos posição favorável ao reconhecimento não apenas da **dignidade** (e valor intrínseco) dos animais não humanos e da Natureza em si, mas também da atribuição de **titularidade de direitos fundamentais** a tais entes naturais, assegurando-lhes, portanto, **personalidade jurídica** e o ***status* de sujeitos de direitos**.[318] A dignidade da Natureza, por exemplo, foi

---

[314] Íntegra da decisão da Corte Suprema colombiana, no julgamento da STC4360-2018 (Radicación 1100-22.03-000-2018-00319-01), proferida em 05.04.2018, disponível em: http://www.cortesuprema.gov.co/corte/index.php/2018/04/05/corte-suprema-ordena-proteccion-inmediata-de-la-amazonia-colombiana/.

[315] Íntegra da decisão da Corte Constitucional colombiana, no julgamento da T-622/16, proferida em 10.11.2016, disponível em: http://www.corteconstitucional.gov.co/relatoria/2016/t-622-16.htm.

[316] CORTE INTERAMERICANA DE DIREITOS HUMANOS. *Opinião Consultiva n. 23/2017...*, p. 28-29.

[317] No Brasil, a discussão sobre o novo *paradigma jurídico biocêntrico* apareceu na fundamentação dos votos e manifestações dos Ministros Rosa Weber e Ricardo Lewandowski do STF no julgamento da ADI 4.983/CE sobre a prática da "vaquejada": STF, ADI 4.983/CE, Tribunal Pleno, Rel. Min. Marco Aurélio, j. 06.10.2016.

[318] SARLET, Ingo Wolfgang; FENSTERSEIFER, Tiago. *Direito constitucional ecológico...*, p. 122-198. A respeito do tema, destaca-se a PEC nº 12/2023, a qual acrescenta dispositivos à Constituição do Estado de Minas Gerais no sentido de atribuir à Natureza direitos plenos, intrínsecos e perpétuos, inerentes à sua existência no Planeta: "Art. 1º – Acrescenta o artigo art. 214-A e §§ 1º ao 3º à Constituição do Estado de Minas Gerais, com a seguinte redação: 'Art. 214-A – A natureza, onde também se reproduz e realiza a vida, tem direitos plenos, intrínsecos e perpétuos, inerentes a sua existência no planeta, impondo-se ao Poder Público e à coletividade, o dever de defendê-la, zelar por sua recuperação, proteção e a manutenção da fauna, flora e demais processos ecológicos, biológicos, genéticos e biogeoquímicos, assegurando os direitos da natureza de prosperar e evoluir, e de forma harmônica conviver com os processos culturais da vida humana, em benefício das gerações atuais e futuras, humanas e não humanas. § 1º – Qualquer cidadão é parte legítima para exigir do Poder Público, administrativamente ou judicialmente, o cumprimento dos Direitos da Natureza e de seus elementos. § 2º – O Ministério Público, a Defensoria Pública e a associação que inclua entre suas finalidades institucionais a proteção ao patrimônio público e social, ao meio ambiente, aos direitos de grupos raciais, étnicos ou religiosos ou ao patrimônio cultural, artístico, estético, histórico, turístico e paisagístico, têm legitimidade ativa para, por meio de ação cabível, exigir do Poder Público o cumprimento dos Direitos

encampada recentemente no voto da Ministra Cármen Lúcia proferido no julgamento da ADPF 760/DF (Caso PPCDAm), ao referir que "A **Natureza tem a dignidade** que supera a questão primária do que é avaliável e revertido em dinheiro. (...) A **dignidade ambiental** conjuga-se com a solidariedade humana que lança como base formadora do sistema de humanidade planetária, de interesses de bem-estar e de bem em igualdade de condições de saúde, de formação humanística e de preservação das condições de vida para os que vierem no futuro. A **Floresta** não pode ser cuidada apenas como estoque de carbono. Ela é uma expressão da humanidade, que se compadece com **os valores da dignidade e da ética ambientais**".[319]

> **JURISPRUDÊNCIA TJSP. Caso das Abelhas, constitucionalismo ecológico, perspectiva biocêntrica e Direitos da Natureza:** "DANO AMBIENTAL POR RICOCHETE E USO ANORMAL DA PROPRIEDADE. APICULTURA E USO DE DEFENSIVOS AGRÍCOLAS. AÇÃO INDENIZATÓRIA. Sentença de improcedência que deve ser anulada. Controvérsia envolvendo a **morte de enxames de abelhas** em pequena propriedade rural em que se realizava atividade de apicultura, pela **pulverização por avião de defensivos agrícolas** pela ré. **Estado Socioambiental de Direito** e **Constitucionalismo Ecológico**. A miséria e pobreza caminham juntas com a degradação ambiental, expondo populações de baixa renda a um maior risco à dignidade, impondo-se a adoção de uma compreensão integrada e interdependente dos direitos sociais e da proteção ao meio ambiente. **Dimensão ecológica da dignidade da pessoa humana**. Estrutura direito-dever da proteção ao Meio Ambiente. Antropocentrismo jurídico ecológico e sua gradual superação pela adoção de uma **perspectiva biocêntrica**, em que se consagram **direitos próprios aos entes naturais, não apenas animais, e à Natureza como um todo, com independência de interesses humanos**. (...) **Importância das abelhas para a biodiversidade do planeta**. (...). Recurso não conhecido e sentença anulada." (TJSP, AC 1002508-07.2017.8.26.0615, 27ª Câmara de Direito Privado, Rel. Des. Alfredo Attié, j. 05.07.2020)

> **JURISPRUDÊNCIA TJRO. Interpretação biocêntrica do art. 225 (§ 1ª, VII), valor intrínseco das formas de vida não humanas, conceito biocêntrico de meio ambiente na Lei 6.938/81 (art. 3º, I) e conceito de One Health (saúde única: animal, vegetal e ambiental) da OMS:** "AÇÃO DIRETA DE INCONSTITUCIONALIDADE. DIREITO CONSTITUCIONAL E AMBIENTAL. CONCEITO DE MEIO AMBIENTE. PROTEÇÃO DA VIDA EM TODAS AS SUAS FORMAS. PROTEÇÃO AOS ANIMAIS. MAUS TRATOS. ALEGAÇÃO DE INCONSTITUCIONALIDADE DA **LEI MUNICIPAL N. 2.905/2021 DE PORTO VELHO (LEI SPYKE)**. (...) DEVER CONSTITUCIONAL DO PODER PÚBLICO PROTEÇÃO E DEFESA DA FAUNA E **VEDAÇÃO DE PRÁTICAS QUE SUBMETAM OS ANIMAIS A CRUELDADE** (ART. 225, § 1º, VII, CF/88; ART. 221, VI, CE). **CONCEITO DE 'ONE HEALTH' DADO PELA OMS. MATRIZ BIOCÊNTRICA.** PRINCÍPIO DA MÁXIMA EFETIVIDADE. **ESTADO SOCIOAMBIENTAL. PACTO FEDERATIVO ECOLÓGICO.** INTERESSE LOCAL. **NORMA MAIS PROTETIVA.** VÍCIO DE INICIATIVA. INEXISTÊNCIA. ATRIBUIÇÕES DA SEMA. AUSÊNCIA DE INFRAÇÃO À INICIATIVA DA COMPETÊNCIA PRIVATIVA DO CHEFE DO EXECUTIVO. INCONSTITUCIONALIDADE FORMAL NÃO VERIFICADA. AÇÃO JULGADA IMPROCEDENTE. 1. A legislação que dispõe sobre regras ambientais deve ser interpretada de forma a assegurar a proposta da Constituição Federal para um

---

da Natureza e de seus elementos. § 3º – Caberá ao Poder Público aplicar medidas de precaução e restrição para todas as atividades que possam conduzir à extinção de espécies, à destruição dos ecossistemas ou à alteração permanente dos ciclos naturais." Há uma iniciativa recente (ainda não formalizada como PEC), capitaneada pela deputada indígena Célia Xakriabá, que almeja, entre outras alterações na CF/1988, dar nova redação ao art. 1º para conferir dignidade aos seres não humanos e ao art. 225 para conferir direitos fundamentais aos seres pertencentes à Natureza.

[319] Passagem do voto-relator da Ministra Cármen Lúcia na ADPF 760/DF (Caso PPCDAm): STF, ADPF 760/DF, Tribunal Pleno, Rel. Min. Cármen Lúcia, Redator p/ acórdão Min. André Mendonça, j. 14.03.2024.

Estado Socioambiental, com comprometimento de todos, resolvendo-se os conflitos com prevalência da norma que melhor defenda o direito fundamental tutelado **(Princípio da Máxima Efetividade da Constituição)**. 2. A CF (art. 225, § 1º, VII) dispõe expressamente que incumbe ao poder público proteger a fauna e a flora, vedadas, na forma da lei, as práticas que coloquem em risco sua função ecológica, provoquem a extinção de espécies ou submetam os animais a crueldade. Na mesma linha, a Constituição Estadual (art. 221, VI) prevê que incumbe ao Estado e aos Municípios prevenir e coibir toda prática que submeta os animais à crueldade. 3. A **Carta da Terra,** da qual o Estado brasileiro é signatário e que integra nosso ordenamento jurídico, reconhece, dentre seus princípios, que **"todos os seres vivos são interligados e cada forma de vida tem valor, independentemente do uso humano".** Isso quer dizer que devemos respeitar todos como seres vivos em sua completa alteridade e complementariedade, tudo na forma do **conceito de One Health (saúde única: animal, vegetal e ambiental),** dado pela OMS. 4. A **definição de meio ambiente** dada pela Lei da Política Nacional do Meio Ambiente (art. 3º, I, Lei 6.938/81), **contempla todas as formas de vida,** pois define o meio ambiente como o conjunto de condições, leis, influências e interações de ordem física, química e biológica, que permite, abriga e rege a vida em todas as suas formas, onde estão incluídos **os seres vivos não humanos.** 5. Na ADI 4983, o STF destacou que o **inciso VII do § 1º do art. 225 da CF possui uma matriz biocêntrica,** dado que nossa Carta **confere valor intrínseco também às formas de vidas não humanas,** em **contraposição a uma visão antropocêntrica, que considera os animais como "coisa",** desprovidos de direitos ou sentimentos. (...) 9. A jurisprudência do STF admite, em matéria de proteção do meio ambiente, que os **Estados e Municípios** editem **normas mais protetivas, com fundamento em suas peculiaridades e na preponderância de seu interesse,** de forma que a Lei Municipal, ao impor ao autor dos maus tratos a responsabilidade por custear as despesas, promoveu um padrão mais elevado de proteção ao meio ambiente, tendo sido editada dentro de limites razoáveis do regular exercício de competência legislativa pelo ente municipal (RE 732686; ADPF 567) (...) (TJRO, Proc. 0801568-29.2023.8.22.0000 (ADI), Tribunal Pleno, Rel. Des. Miguel Monico Neto, j. 06.05.2024).

4.5 A eficácia e efetividade do direito (e dos deveres) fundamental ao meio ambiente

4.5.1 A regra da aplicabilidade imediata (direta) e o dever de atribuir a máxima eficácia e efetividade ao direito fundamental ao meio ambiente (art. 5º, § 1º, da CF/1988)

Na condição de *direito fundamental* da pessoa humana, o direito ao meio ambiente ecologicamente equilibrado e o decorrente dever – do Estado e dos particulares – de proteção ecológica passam a integrar a esfera dos valores permanentes e indisponíveis da nossa comunidade estatal, demandando dos poderes públicos e da sociedade sua atenta e imediata observância, guarda e promoção. A tutela do meio ambiente, expressa em capítulo próprio da CF/1988 (art. 225), apresenta **força normativa vinculante e inafastável**, não sujeito à discricionariedade estatal ou à livre disposição individual.[320] Há que se ter em conta, nesse sentido, a incidência normativa da **regra da aplicabilidade imediata dos direitos fundamentais,**

---

[320] A decisão colacionada traz a ideia de indisponibilidade do bem ambiental: "Meio ambiente. Ação civil pública. Loteamento em área de preservação permanente, com supressão de vegetação natural e aterramento de curso d'água. Homologação de proposta de acordo. Inadmissibilidade. Transação vedada em caso de **interesses indisponíveis.** Possibilidade, apenas, da elaboração de compromisso de ajustamento de conduta (...) **Transação vedada no caso de interesses indisponíveis, admitindo-se, em tese, apenas o compromisso de ajustamento de conduta** (Lei 7.347/85, art. 5º, § 6º). Implantação de loteamento em área de preservação permanente, com supressão de vegetação natural e aterramento de cursos d'água, causando a destruição da flora e fauna associadas à Mata Atlântica. Conduta lesiva não negada pelos réus. **Propriedade cujo exercício deve conformar-se ao interesse da coletividade. Direito ao meio ambiente ecologicamente equilibrado (CF, art. 225)** que prevalece sobre o alegado valor social do empreendimento. Ação procedente. Recursos

consubstanciados no § 1º do art. 5º da CF/1988, que traz por escopo a **máxima eficácia possível**[321] dos direitos fundamentais, fazendo com que a norma constitucional-ambiental incida, desde a vigência da CF/1988, em face de todo o ordenamento jurídico nacional, bem como **vincule o Estado e os particulares** (pessoas físicas e jurídicas) ao objetivo constitucional de tutela do patrimônio ecológico.

Aplica-se à tutela ecológica, portanto, como defendido em passagem anterior, o mesmo **regime jurídico-constitucional** dispensado aos demais direitos fundamentais. No entanto, na maioria das suas dimensões, a norma do art. 225 exigirá regulação de caráter infraconstitucional para alcançar a sua **eficácia plena**, o que, no entanto, não afasta a incidência imediata da norma jusfundamental-ambiental perante o ordenamento como um todo. De igual sorte, de acordo com o entendimento por nós defendido, a norma constitucional-ambiental transporta, inclusive, dimensões jurídico-subjetivas – por exemplo, no caso de violação ao **mínimo existencial ecológico** e ao **núcleo essencial do direito fundamental ao meio ambiente** –, as quais poderiam ser extraídas de forma direta do texto constitucional, independentemente da mediação do legislador infraconstitucional, haja vista a incidência direta do princípio da dignidade da pessoa humana em tais situações, a depender, é claro, sempre da sua verificação no caso concreto e em **ponderação** com os demais princípios constitucionais.

4.5.2 Distinção entre proteção do meio ambiente como um direito fundamental em sentido amplo e a sua respectiva dimensão defensiva e prestacional

A doutrina dos direitos fundamentais destaca a existência de **direitos de defesa (ou negativos)** e **direitos prestacionais (ou positivos)** como posições jurídico-normativas derivadas da jusfundamentalidade de determinado direito, e atribuídos ao seu titular. Em verdade, as perspectivas defensiva e prestacional revelam, entre outras funções, mais uma face do complexo de posições jurídico-normativas vinculado aos direitos fundamentais. Nesse sentido, a *perspectiva defensiva* está relacionada à compreensão de que o exercício e eficácia de determinado direito fundamental exige uma conduta negativa por parte do Estado (e, por vezes, também de particulares), ou seja, a não ingerência no âmbito de proteção de determinado direito. Os exemplos "clássicos" que expressam tais direitos, associados aos direitos fundamentais de primeira dimensão, são o direito à vida, o direito à integridade física, o direito à propriedade, entre outros. Como destaca Alexy, os direitos de defesa do cidadão perante o Estado estão diretamente vinculados à concepção liberal clássica dos direitos fundamentais, pois objetivam assegurar a esfera de liberdade do indivíduo diante de intervenções do Poder Público, ou seja, são direitos a ações negativas (omissões) do Estado.[322] Em decorrência de tal entendimento, há quem atribua a tais direitos a denominação de "**direitos de resistência**", justamente em razão da ideia de limitar o poder e a intervenção dos poderes públicos na esfera das liberdades individuais.

A ideia central da função defensiva dos direitos fundamentais, como pontua Canotilho, reside no fato de ser uma manifestação dos direitos de liberdade, cujo destinatário é o Estado, tendo como objeto a obrigação de abstenção deste relativamente à esfera jurídica subjetiva por eles definida e protegida.[323] Os direitos de liberdade, como ensina o constitucionalista português, autoimpõem-se como "direitos negativos" diretamente "conformadores de um espaço subjetivo de distanciação e autonomia com o correspondente dever de abstenção ou proibição de agressão

---

providos em parte" (TJSP, ApCív. 258.003-5/0-00, 9ª Câmara de Direito Público, Rel. Des. Ricardo Lewandowski, j. 19.02.2003).
[321] SARLET, Ingo Wolfgang. *A eficácia dos direitos fundamentais...*, p. 273.
[322] ALEXY, Robert. *Teoria dos direitos fundamentais...*, p. 433.
[323] CANOTILHO, José Joaquim Gomes. *Direito constitucional e teoria...*, p. 399.

por parte dos destinatários passivos, públicos e privados".[324] A partir da função defensiva dos direitos fundamentais, considerando a sua dupla perspectiva (jurídico-objetiva e jurídico-subjetiva, Canotilho destaca que tal: "1) constitui, num **plano jurídico-objetivo**, normas de competência negativa para os poderes públicos, proibindo fundamentalmente as ingerências destes na esfera jurídica individual; 2) implica, num **plano jurídico-subjetivo**, o poder de exercer positivamente direitos fundamentais (liberdade positiva) e de exigir omissões dos poderes públicos, de forma a evitar agressões lesivas por parte dos mesmos (liberdade negativa)".[325]

Aplica-se ao Estado tanto a proibição de adoção de medidas que violem o direito fundamental quanto a imposição de medidas no sentido de impedir que o direito fundamental seja violado por **terceiros** ou pelos próprios **entes estatais**. Tal entendimento conduz à blindagem dos direitos fundamentais em sua dimensão negativa também perante os **particulares**, e não apenas em face do Estado, como era pensado no modelo liberal-clássico, considerando, inclusive, que, talvez, a maior parte das violações verificadas hoje em face dos direitos fundamentais seja originada a partir de comportamentos de particulares, dado o grande poder (político, econômico, técnico etc.) concentrado nas mãos de alguns atores privados – que, em alguns casos, supera até mesmo os poderes estatais. Na questão ambiental, tal situação é particularmente identificada, com grandes corporações multinacionais responsáveis pela degradação ecológica.

A *perspectiva prestacional*, por sua vez, está conectada à ideia de que, para a efetivação dos direitos fundamentais, é necessária a atuação do Estado (e hoje também dos particulares),[326] no sentido de realizar alguma prestação material. Portanto, "vinculados à concepção de que ao Estado incumbe, além da não intervenção na esfera de liberdade pessoal dos indivíduos, garantida pelos direitos de defesa, a tarefa de colocar à disposição os meios materiais e implementar as condições fáticas que possibilitem o efetivo **exercício das liberdades fundamentais**, os direitos fundamentais a prestações objetivam, em última análise, a garantia não apenas da liberdade-autonomia (**liberdade perante o Estado**), mas também da **liberdade por intermédio do Estado**, partindo da premissa de que o indivíduo, no que concerne à conquista e manutenção de sua liberdade, depende em muito de uma postura ativa dos poderes públicos".[327]

Os seus exemplos clássicos podem ser identificados nos **direitos fundamentais sociais** à saúde, à educação, à moradia e à assistência social.[328] Para Ferreira Mendes, além da não intervenção na esfera da liberdade pessoal dos indivíduos garantida pelos direitos de defesa como referido anteriormente, a tarefa atribuída constitucionalmente ao Estado de "colocar à disposição os **meios materiais** e implementar as **condições fáticas** que possibilitem o efetivo exercício das liberdades fundamentais" acaba por configurar os direitos fundamentais à prestação.[329] Tais direitos objetivam, em última análise, a garantia não apenas da liberdade-autonomia (liberdade perante o Estado), mas também da liberdade por intermédio do Estado, partindo da premissa de que o indivíduo, no que concerne à conquista e manutenção de sua liberdade, depende em muito de uma postura ativa dos poderes públicos.[330] O Estado, com tal conduta, atua como "pro-

---

[324] CANOTILHO, José Joaquim Gomes. *Direito constitucional e teoria...*, p. 401.
[325] CANOTILHO, José Joaquim Gomes. *Direito constitucional e teoria...*, p. 408.
[326] Sobre o ponto, remete-se à obra de SARLET, Ingo Wolfgang. *A eficácia dos direitos fundamentais...*, p. 281 e ss.
[327] SARLET, Ingo Wolfgang. *A eficácia dos direitos fundamentais...*, p. 184-185.
[328] Destaca-se a classificação adotada por Alexy para os direitos à prestação: direitos à prestação em sentido amplo, que compreenderia todos os direitos fundamentais de modo geral, e os direitos à prestação em sentido estrito, que abrangeria apenas os direitos fundamentais sociais (ALEXY, Robert. *Teoria dos direitos fundamentais...*, p. 433 e 499).
[329] MENDES, Gilmar Ferreira. *Direitos fundamentais...*, p. 6.
[330] MENDES, Gilmar Ferreira. *Direitos fundamentais...*, p. 6.

motor" dos direitos fundamentais, já que o acesso a determinados **bens sociais** – por exemplo, saúde, educação, moradia, qualidade ambiental etc. – se dá por intermédio da atuação estatal.

A distinção entre ambas as perspectivas normativas (defensiva e prestacional) tem sido utilizada muitas vezes pela doutrina para caracterizar as diferentes dimensões de direitos fundamentais. A perspectiva defensiva estaria relacionada aos direitos fundamentais de primeira dimensão (civis e políticos), conquistados sob a égide do **Estado Liberal**, tendo em vista, em geral, a suficiência de uma conduta negativa do Estado para contemplar a proteção dos direitos liberais. Quanto à perspectiva prestacional, a sua caracterização estaria voltada para os direitos de segunda dimensão (econômicos, sociais e culturais), já sob o marco do **Estado Social**, uma vez que demandariam uma atuação positiva do Estado para a sua efetivação. Hoje, no entanto, não obstante a correção parcial de tais afirmações e o seu valor didático para o estudo dos direitos fundamentais, a abordagem é tomada de forma mais complexa, em razão de as perspectivas positiva e negativa estarem simultaneamente presentes, em maior ou menor medida, em todas as dimensões de direitos fundamentais, o que também se faz presente no caso dos direitos fundamentais de terceira dimensão, notadamente no caso do direito ao meio ambiente.

Segundo Pereira da Silva, "comum a todos os direitos fundamentais é a existência de uma **vertente negativa,** correspondente a uma esfera protegida de agressões estaduais (ou, por outras palavras, que se realiza através de 'abstenções' de intervenção estadual suscetíveis de lesar tais direitos em termos constitucionalmente inadmissíveis), assim como de uma **vertente positiva,** que obriga à intervenção dos poderes públicos de modo a permitir a realização plena e efectiva dos direitos constitucionalmente garantidos. Daí que, perante os direitos fundamentais de primeira, de segunda ou de terceira geração, a questão a colocar já não tem a ver com a respectiva natureza jurídica – já que, em todos os casos, se está perante realidades estruturalmente idênticas, que possuem as duas dimensões referidas – mas, quando muito, com o grau maior ou menor da respectiva dimensão positiva ou negativa – pois é facto que, em geral, nos direitos de primeira geração, o peso relativo da dimensão negativa é maior do que o da sua dimensão positiva, enquanto que, nos direitos de segunda e de terceira geração, as coisas tendem a passar-se ao contrário".[331]

Os direitos fundamentais abrangem tanto dimensões normativas prestacionais (positivos) quanto defensivas (negativos), partindo-se aqui do critério da natureza da posição jurídico-subjetiva reconhecida ao titular do direito, bem como da circunstância de que os direitos negativos (notadamente os direitos à não intervenção na liberdade pessoal e nos bens fundamentais tutelados pela Constituição) apresentam uma dimensão "positiva" (já que sua efetivação reclama uma atuação positiva do Estado e da sociedade), ao passo que os direitos a prestações (positivos) fundamentam também posições subjetivas "negativas", notadamente quando se cuida de sua proteção contra ingerências indevidas por parte dos órgãos estatais, de entidades sociais e também de particulares. À luz da **tese unitária** das dimensões ou gerações de direitos fundamentais,[332] o mais adequado seria falar apenas em **funções ou perspectivas (defensiva e prestacional)**, e não em direitos propriamente ditos, já que todos os direitos fundamentais, em maior ou menor medida, trazem nas suas cargas normativas ambas as funções.

No caso dos **direitos fundamentais de terceira dimensão**, ambas as perspectivas prestacional e defensiva estão presentes, caracterizando um conjunto complexo de posições jurídico-normativas para a tutela integral de tais direitos, o que se apresenta de forma bem peculiar no caso do direito fundamental ao meio ambiente. Nesse aspecto, Vieira de Andrade, ao enquadrar a proteção do ambiente entre os direitos de solidariedade, refere que tais direitos caracterizam uma quarta categoria de direitos fundamentais (não sendo especificamente direitos de defesa,

---

[331] SILVA, Vasco Pereira da. *Verde cor de direito...*, p. 90.
[332] Sobre a tese ou sistema unitário dos direitos fundamentais, v. SCHÄFER, Jairo. *Classificação dos direitos fundamentais...*

de prestação ou de participação), em razão de formarem um conjunto de todos eles,³³³ na forma de "**direitos circulares**", com uma "**horizontalidade característica**" e uma "**dimensão objetiva fortíssima**", na medida em que protegem bens que, embora possam ser individualmente atribuídos e gozados, são ao mesmo tempo "bens comunitários de que todos são titulares"; e, aliás, não só todos os vivos, mas ainda elementos das gerações futuras, uma vez que esteja em causa a sobrevivência da sociedade.³³⁴ Para Pereira da Silva, o direito ao meio ambiente apresenta simultaneamente uma "vertente negativa", que garante ao seu titular a defesa contra agressões ilegais no domínio constitucional garantido, e uma "vertente positiva", que obriga a atuação positiva das entidades públicas para a sua efetivação, devendo-se considerar na sua aplicação o regime jurídico dos direitos, liberdades e garantias, na medida da sua dimensão negativa, e o regime jurídico dos direitos, econômicos, sociais e culturais, na medida da sua dimensão positiva.³³⁵

De acordo com Alexy, o direito ao meio ambiente configura-se como um "**direito fundamental completo ou como um todo**" (*Grundrecht als Ganzes*), constituindo-se de um **conjunto abrangente e complexo de posições jurídicas de tipos diferentes**.³³⁶ Entre as "posições jurídicas" tuteladas pelo direito fundamental ao meio ambiente, é possível identificar, por exemplo, a *dimensão negativa ou defensiva* quando se incumbe ao Estado determinada abstenção de modo a não intervir no ambiente a ponto de comprometer o seu equilíbrio. Quanto à *dimensão positiva ou prestacional*, tal se apresenta quando o desfrute do direito ao ambiente depende da atuação promocional do Estado no sentido de realizar medidas fáticas tendentes a melhorar a qualidade ambiental.³³⁷ No sentido de caracterizar as diferentes **funções normativas** e **posições jurídicas** extraídas do direito fundamental ao meio ambiente, Alexy destaca que:

> "(...) Um direito fundamental ao meio ambiente corresponde mais àquilo que acima se denominou 'direito fundamental completo'. Ele é formado por um feixe de posições de espécies bastante distintas. Assim, aquele que propõe a introdução de um direito fundamental ao meio ambiente, ou que pretende atribuí-lo por meio de interpretação a um dispositivo de direito fundamental existente, pode incorporar a esse feixe, dentre outros, um direito a que o Estados se abstenha de determinadas intervenções no meio ambiente (**direito de defesa**), um direito a que o Estado proteja o titular do direito fundamental contra intervenções de terceiros que sejam lesivas ao meio ambiente (**direito à proteção**), um direito a que o Estado inclua o titular do direito fundamental nos procedimentos

---

[333] VIEIRA DE ANDRADE, José Carlos. *Os direitos fundamentais...*, p. 62.
[334] VIEIRA DE ANDRADE, José Carlos. *Os direitos fundamentais...*, p. 62.
[335] SILVA, Vasco Pereira da. *Verde cor de direito...*, p. 102-103. À luz da Constituição sul-africana, Kotzé aponta para a natureza *sui generis* do direito fundamental ao meio ambiente, o qual se caracteriza por conter aspectos tanto dos direitos fundamentais de primeira geração quanto dos direitos de segunda geração, podendo operar simultaneamente no sentido de determinar a proibição do Estado de infringir o direito ao ambiente do indivíduo, bem como obrigar o Estado a tomar medidas de natureza prestacional para realizar o conteúdo do direito ao ambiente (KOTZÉ, *The South African Environment...*, p. 6).
[336] ALEXY, Robert. *Teoria dos direitos fundamentais...*, p. 443.
[337] Conforme lição de Medeiros, "o direito e o dever fundamental do meio ambiente consubstanciam-se em um caráter de função mista em relação à teoria dos direitos fundamentais, em virtude da diversidade de normas existentes no artigo 225 da Constituição Federal. O direito fundamental de proteção ambiental, assim como o dever, possui um caráter em sentido prestacional, quando cumpre ao Estado, por exemplo, prestar a proteção aos recursos naturais – representados pelo ecossistema ecologicamente equilibrado – ou a promoção de alguma atividade para a efetiva proteção do meio ambiente, contra intervenções de terceiros e do próprio Poder Público. Assume, ainda, seu caráter em sentido de defesa quando proíbem seus destinatários de destruir, de afetar negativamente o objeto tutelado" (MEDEIROS, Fernanda Luiza Fontoura. *Meio ambiente...*, p. 32-33).

relevantes para o meio ambiente (**direito a procedimentos**) e um direito a que o próprio Estado tome medidas fáticas benéficas ao meio ambiente (**direito à prestação fática**)".[338]

DIREITO AO MEIO AMBIENTE COMO "DIREITO FUNDAMENTAL COMPLETO OU COMO UM TODO" (*GRUNDRECHT ALS GANZES*) (ROBERT ALEXY)

1) Direito de defesa	Dimensão negativa ou em face do Estado para que se abstenha de degradar o meio ambiente
2) Direito à proteção	Direito a que o Estado proteja o titular do direito fundamental contra intervenções de terceiros lesivas ao meio ambiente
3) Direito à prestação fática	Dimensão positiva ou prestacional imposta ao Estado para promover medidas fáticas benéficas ao meio ambiente
4) Direito a procedimentos	Direito a que o Estado inclua o titular do direito fundamental nos procedimentos relevantes para a proteção ecológica

No caso do direito ao meio ambiente, como o mais elaborado dos **direitos fundamentais de solidariedade** (ou de terceira dimensão), o seu objeto, como refere Ferreira Filho, pode impor tanto em uma exigência de *não fazer*, em determinados casos, como em um *fazer* em outros casos, como no exemplo da recuperação de um ambiente poluído.[339] Para demonstrar o exposto, vislumbrando um exemplo relacionado à *perspectiva defensiva* do direito fundamental ao ambiente, é possível exigir do Estado e de particulares que se abstenham de contaminar determinado recurso hídrico (rio ou aquífero, por exemplo) utilizado por certa comunidade (e indivíduos) para o seu abastecimento – consideradas as perspectivas individual-subjetiva e coletivo-objetiva do direito fundamental ao meio ambiente sadio, uma vez que resultariam caracterizadas a violação ao direito e a ingerência indevida no âmbito de proteção do direito fundamental em questão. A *perspectiva prestacional* pode ser identificada como fundamento para justificar a atuação do Estado na implementação de **políticas públicas**[340] para promover a descontaminação do mesmo recurso hídrico utilizado anteriormente para exemplificar hipótese da perspectiva defensiva (negativa), sendo tal medida positiva do Estado (com fundamento no seu dever de proteção) condição indispensável para viabilizar o exercício do direito fundamental ao meio ambiente.

---

[338] ALEXY, Robert. *Teoria dos direitos fundamentais*..., p. 443; ALEXY, Robert. *Theorie der Grundrecht*..., p. 403-404.
[339] FERREIRA FILHO, Manoel Gonçalves. *Direitos humanos fundamentais*..., p. 66.
[340] Diante da omissão do Estado em promover tais políticas públicas ambientais, a realização da perspectiva prestacional do direito ao meio ambiente pode ser controlada judicialmente, obrigando-se o Estado, pela via judicial, a cumprir com tal obrigação constitucional, inclusive na forma de obrigações de fazer, conforme se verá com maiores detalhes no tópico sobre o *mínimo existencial ecológico*.

4.5.3 O direito-garantia ao mínimo existencial ecológico (e ao mínimo existencial climático)

"Como se pode haurir da experiência internacional, também o Poder Judiciário deve responder à emergência climática. É uma questão crucial, diante da qual todas as outras perdem importância, porque sem mitigar os danos ambientais, produto do aquecimento global provocado pela emissão de combustíveis fósseis, não há possibilidade de vida humana no planeta". (**Ministro Luiz Edson Fachin**)[341]

O reconhecimento do *status* de direito fundamental atribuído ao direito ao meio ambiente ecologicamente equilibrado opera no sentido de renovar o conteúdo do **mínimo existencial social**, abrindo caminho para a compreensão do direito-garantia fundamental ao **mínimo existencial ecológico** (e climático) no cenário jurídico-político do **Estado *Ecológico* de Direito**. A preocupação doutrinária de conceituar e definir um padrão mínimo em matéria ambiental para a concretização da dignidade humana justifica-se na importância essencial que a qualidade ambiental tem para o desenvolvimento da vida humana em toda a sua potencialidade. Com efeito, para Häberle, assim como o Estado de Direito se desenvolveu, a serviço da dignidade humana, na forma de Estado Social de Direito, é possível afirmar que a expressão cultural do Estado constitucional contemporâneo, também fundamentado na dignidade humana, projeta uma **medida de proteção ambiental mínima**.[342]

No cenário contemporâneo, a pessoa encontra-se exposta a riscos existenciais provocados pela degradação ambiental, com relação aos quais a ordem jurídica deve estar aberta, disponibilizando mecanismos jurídicos capazes de salvaguardar a vida e a dignidade humana de tais ameaças existenciais postas pela **crise ecológica** no **Antropoceno**. Nessa perspectiva, Molinaro afirma que o "contrato político" formulado pela Lei Fundamental brasileira elege como "foco central" o direito fundamental à vida e a manutenção das bases materiais que a sustentam, o que só pode se dar no gozo de um ambiente equilibrado e saudável. Tal entendimento, como formula o autor, conduz à ideia de um "mínimo de bem-estar ecológico" como premissa à concretização de uma vida digna.[343]

Assim como há a imprescindibilidade de determinadas condições materiais no âmbito social (saúde, educação, alimentação, moradia etc.), sem as quais o pleno desenvolvimento da personalidade humana e mesmo a inserção política do indivíduo em determinada comunidade estatal são inviabilizados, também na seara ecológica há um **conjunto mínimo de condições materiais no tocante à qualidade, integridade e segurança ambiental**, sem o qual o desenvolvimento da vida humana (e mesmo a integridade física do indivíduo em alguns casos) também se encontra fulminado, em descompasso com o comando constitucional que impõe ao Estado o dever de tutelar a **vida** (art. 5º, *caput*) e a **dignidade humana** (art. 1º, III) contra quaisquer ameaças existenciais.[344]

---

[341] Passagem do voto-vogal do Ministro Luiz Edson Fachin no julgamento da ADPF 708 pelo STF.
[342] HÄBERLE, Peter. *A dignidade humana como fundamento...*, p. 130.
[343] MOLINARO, Carlos Alberto. *Direito ambiental...*, p. 113.
[344] O direito-garantia ao mínimo existencial foi positivado recentemente no Código de Defesa do Consumidor – CDC (Lei 8.078/90), por meio das alterações legislativas levadas a efeito pela denominada **Lei do Superendividamento (Lei 14.181/2021)**, passando a prever expressamente no seu art. 6º, como direto básico do consumidor: "XI – a garantia de práticas de crédito responsável, de educação financeira e de prevenção e tratamento de situações de superendividamento, **preservado o mínimo existencial**, nos termos da regulamentação, por meio da revisão e da repactuação da dívida, entre outras medidas; e XII – a **preservação do mínimo existencial**, nos termos da regulamentação, na repactuação de dívidas e na concessão de crédito". A inovação legislativa em questão reforça o entendimento em torno da eficácia do direito ao mínimo existencial (também ecológico) nas relações entre particulares.

O respeito e a proteção à dignidade humana, como acentua Häberle, necessitam do engajamento material do Estado, na medida em que a garantia da dignidade humana pressupõe uma pretensão jurídica prestacional do indivíduo ao mínimo existencial material.[345] Pode-se dizer, inclusive, que tais condições materiais elementares se constituem de premissas ao próprio exercício dos demais direitos (fundamentais ou não), resultando, em razão da sua essencialidade ao quadro existencial humano, em um "**direito a ter e exercer os demais direitos**".[346] Sem o acesso a tais **condições existenciais mínimas**, não há que falar em *liberdade real ou fática*, muito menos em um padrão de vida compatível com a dignidade humana. A garantia do mínimo existencial constitui-se, em verdade, de uma premissa ao próprio exercício dos demais direitos fundamentais, sejam eles direitos de liberdade, direitos sociais ou mesmo direitos de solidariedade, como é o caso do direito ao meio ambiente. Por trás da garantia constitucional do mínimo existencial subjaz a ideia de respeito e consideração, por parte da sociedade e do Estado, pela vida de cada indivíduo, que, desde o imperativo categórico de Kant, deve ser sempre tomada como um **fim em si mesmo**, em sintonia com a dignidade inerente a cada ser humano.

O conteúdo normativo da garantia constitucional do mínimo existencial é modulado à luz das circunstâncias históricas concretas da comunidade estatal, tendo em conta sempre os novos conteúdos incorporados constantemente ao conteúdo do princípio da dignidade humana a cada avanço civilizatório. Trata-se, em verdade, de considerar, para a conformação do conteúdo mínimo da dignidade humana, a própria ideia consubstanciada na abertura material do rol dos direitos fundamentais, a qual transporta o **princípio constitucional da historicidade dos direitos fundamentais**, ou seja, de que a humanidade caminha permanentemente na direção da ampliação do universo de direitos fundamentais, de modo a contemplar um crescente **bem-estar** a todos os indivíduos, a ponto de concretizar ao máximo todo o potencial humano. E, conforme apontado no presente estudo, tal processo histórico de afirmação de direitos resultou na inserção da proteção ambiental no catálogo dos direitos fundamentais. Nessa perspectiva, o conteúdo do direito fundamental ao mínimo existencial deve ser modulado em face da consagração de novos direitos fundamentais de terceira dimensão, como é o caso da proteção ecológica.

Da mesma forma como ocorre com o conteúdo da dignidade humana, que não se reduz ao direito à vida em sentido estrito, o conceito de mínimo existencial não pode ser limitado ao direito à mera sobrevivência na sua dimensão estritamente natural ou biológica, mas deve ser concebido de forma mais ampla, já que objetiva justamente a realização da vida em níveis compatíveis com a dignidade humana, considerando, nesse aspecto, a incorporação da qualidade ambiental como novo conteúdo do seu núcleo protetivo. Com tal premissa, o conteúdo do mínimo existencial não pode ser confundido com o que se poderia denominar de um "**mínimo vital**" ou "**mínimo de sobrevivência**", na medida em que este último diz respeito à garantia da vida humana, sem necessariamente abranger as condições para uma sobrevivência física em condições dignas, portanto, de uma vida com certa qualidade. Não deixar alguém sucumbir à fome certamente é o primeiro passo no tocante à garantia de um mínimo existencial, mas não é o suficiente para assegurar uma **existência digna**.[347]

---

[345] HÄBERLE, Peter. A dignidade humana como fundamento..., p. 138.

[346] A corroborar tal ideia, a comparação feita por Torres entre a garantia constitucional do mínimo existencial e o estado de necessidade, tanto conceitualmente quanto em face das suas consequências jurídicas, uma vez que a própria sobrevivência do indivíduo, por vezes, está em jogo (TORRES, Ricardo Lobo. *Tratado de direito constitucional, financeiro e tributário*: valores e princípios constitucionais tributários. Rio de Janeiro/São Paulo/Recife, 2005. v. II, p. 144 e ss.).

[347] SARLET, Ingo Wolfgang. Direitos fundamentais sociais, "mínimo existencial" e direito privado: breves notas sobre alguns aspectos da possível eficácia dos direitos sociais nas relações entre particulares. *In*: GALDINO, Flávio; SARMENTO, Daniel (org.). *Direitos fundamentais*: estudos em homenagem a Ricardo Lobo Torres. Rio de Janeiro: Renovar, 2006. p. 567. Ao fundamentar o mínimo existencial na liberdade efetiva (real) – e não meramente formal –, Torres também é contrário ao tratamento do seu conteúdo apenas como um mínimo

Com o intuito de alcançar a fundamentação do mínimo existencial ecológico, adota-se uma "compreensão ampliada do conceito de mínimo existencial (liberal, social e ecológico)", a fim de abarcar a ideia de uma **vida com qualidade ambiental** (e, por óbvio, com dignidade), em que pese a **sobrevivência humana** (e, portanto, o mínimo vital) também se encontrar muitas vezes ameaçada pela degradação ambiental. A dignidade da pessoa humana somente estará assegurada – em matéria de condições básicas a serem garantidas pelo Estado e pela sociedade – quando a todos e a qualquer um estiver assegurada nem mais nem menos do que uma vida saudável,[348] o que passa necessariamente pela qualidade e equilíbrio do ambiente onde a vida humana está sediada. O escopo de tal compreensão é ampliar o horizonte conceitual da garantia constitucional do mínimo existencial para além das suas feições liberal e social, situando o seu enquadramento diante das novas demandas e desafios existenciais de matriz ecológica.

Infelizmente, a degradação ambiental é identificada com frequência nos grandes centros urbanos, onde uma massa expressiva da população carente é comprimida a viver próximo de áreas poluídas e degradadas (ex.: próximo de lixões, polos industriais, rios e córregos poluídos, encostas de morros sujeitas a desabamentos etc.). Diante desse quadro, a vinculação entre os direitos fundamentais sociais e o direito fundamental ao meio ambiente joga um papel central na composição de um quadro da condição humana que garanta uma existência digna, servindo, portanto, de fundamento normativo para a configuração da garantia constitucional aqui designada de **mínimo existencial ecológico**. Segundo Daniel Sarmento,

"o mínimo existencial, além da sua **faceta social**, possui também um **componente ecológico**, que envolve a garantia de condições ambientais sem as quais não há vida digna. Isto porque, independentemente do debate sobre a existência de possíveis sujeitos não humanos dos direitos fundamentais e da própria dignidade – como os animais ou a Terra (a *Pachamama* do constitucionalismo da Bolívia e do Equador, ou a Gaia dos ambientalistas da *Deep Ecology*) –, é certo que a deterioração do meio ambiente pode gerar **gravíssimos impactos sobre a qualidade de vida das pessoas**, das presentes e futuras gerações, chegando às vezes ao ponto de comprometer o seu **direito à vida digna**. Esses impactos negativos, aliás, tendem a se concentrar nos **segmentos mais carentes da sociedade**, exatamente os mesmos que sofrem as privações sociais mais sérias que caracterizam as violações "clássicas" ao mínimo existencial. A proteção ao **mínimo existencial ecológico ou ambiental** deve se preocupar não só com as lesões presentes ao meio ambiente e seu impacto sobre a vida das pessoas, como também com os **riscos ambientais** que se projetam para o futuro, sobretudo no cenário de um desenvolvimento tecnológico, por vezes imprudente, que exacerba estes riscos, colocando em jogo a vida de populações inteiras e até mesmo a própria sobrevivência da humanidade".[349]

---

vital ou um mínimo para a sobrevivência (A metamorfose dos direitos sociais em mínimo existencial. *In*: SARLET, Ingo Wolfgang (org.). *Direitos fundamentais sociais*: estudos de direito constitucional, internacional e comparado. Rio de Janeiro: Renovar, 2003. p. 11-46). A interpretação (qualificada ou ampliada) do conteúdo do mínimo existencial, como um conjunto de garantias materiais para uma vida condigna, é a que tem prevalecido tanto na Alemanha quanto na doutrina e jurisprudência constitucional comparada (notadamente no plano europeu), como ilustra a recente decisão do Tribunal Constitucional de Portugal na matéria (Acórdão 509 de 2002, versando sobre o rendimento social de inserção), "ao reconhecer tanto um direito negativo quanto um direito positivo a um mínimo de sobrevivência condigna, como algo que o Estado não apenas não pode subtrair ao indivíduo, mas também como algo que o Estado deve positivamente assegurar, mediante prestações de natureza material" (SARLET, Ingo Wolfgang. Direitos fundamentais sociais..., p. 567-568).

[348] SARLET, Ingo Wolfgang. Direitos fundamentais sociais..., p. 572.

[349] SARMENTO, Daniel. *Dignidade da pessoa humana*: conteúdo, trajetórias e metodologia. Belo Horizonte: Fórum, 2016. p. 221.

O conteúdo conceitual e normativo do princípio da dignidade da pessoa humana está intrinsecamente relacionado à qualidade, integridade e segurança do meio ambiente (onde o ser humano vive, mora, trabalha, estuda, pratica lazer, bem como o que ele come, veste etc.). A vida e a saúde humanas[350] (ou como refere o *caput* do art. 225 da CF/1988, conjugando tais valores, a **sadia qualidade de vida**) só são possíveis, dentro dos **padrões mínimos** exigidos constitucionalmente para o desenvolvimento pleno da existência humana, num meio ambiente natural íntegro e seguro. Mais recentemente, como decorrência da atual **crise e estado de emergência climática**, pode-se inclusive falar de um **mínimo existencial climático**, derivado do mínimo existencial ecológico e em conformidade com o reconhecimento de um **direito fundamental (e humano) a um clima estável, limpo e seguro**. As vulnerabilidades existenciais diretamente associadas à questão climática reforçam a importância dessa **nova dimensão climática** tanto do direito fundamental ao meio ambiente quanto do mínimo existencial ecológico.

O meio ambiente, como se pode perceber, está presente nas questões mais vitais e elementares da condição humana, além de ser essencial à sobrevivência do ser humano como espécie animal natural.[351] Nesse ponto, é oportuno referir a previsão normativa da Lei da Política Nacional do Meio Ambiente (**Lei 6.938/81**), que, no seu **art. 2º**, estabelece o objetivo de preservação, melhoria e recuperação da qualidade ambiental propícia à vida, com o intuito de assegurar a **proteção da dignidade da pessoa humana**. A consagração do direito ao ambiente ecologicamente equilibrado como direito fundamental acarreta, como referem Birnie e Boyle, o reconhecimento do "caráter vital do meio ambiente como condição básica para a vida, indispensável à promoção da dignidade e do bem-estar humanos, e para a concretização do conteúdo de outros direitos humanos".[352]

Com base na vertente ambiental do mínimo existencial, Steigleder salienta que o reconhecimento de tal garantia constitucional permite "lograr uma existência digna, ou seja, de um direito, por parte da sociedade, à obtenção de **prestações públicas de condições mínimas de subsistência na seara ambiental**, as quais, acaso desatendidas, venham a criar riscos graves para a vida e a saúde da população, ou riscos de dano irreparável", tendo, como exemplo, a deposição de lixo urbano a céu aberto, a ponto de criar perigos para a saúde da população circundante e riscos ambientais de contaminação de corpos hídricos que sejam vitais para o abastecimento público; ou, ainda, a contaminação do ar com poluentes prejudiciais à saúde humana.[353]

Os exemplos trazidos pela autora são bem contundentes no sentido de desnudar o vínculo elementar entre a degradação ou poluição ambiental e os direitos sociais (no caso referido, especialmente o direito à saúde[354]), tendo justamente na configuração da garantia do mínimo

---

[350] A OMS estabelece como parâmetro para determinar uma vida saudável "um completo bem-estar físico, mental e social", o que coloca indiretamente a qualidade ambiental como elemento fundamental para o "completo bem-estar" caracterizador de uma vida saudável. Seguindo tal orientação, a Lei 8.080/90, que dispõe sobre as condições para a promoção, proteção e recuperação da saúde, a organização e o funcionamento dos serviços correspondentes, regulamentando o dispositivo constitucional, dispõe sobre o direito à saúde por meio da garantia a condições de bem-estar físico, mental e social (art. 3º, parágrafo único), bem como registra o meio ambiente como fator determinante e condicionante à saúde (art. 3º, *caput*).

[351] A partir da leitura que faz do pensamento e da obra de Beck, Goldblat afirma que "os perigos ecológicos colocados por acidentes nucleares em grande escala, pela liberação de químicos em grande escala, e pela alteração e manipulação da composição genética da flora e da fauna do planeta colocam a possibilidade de autodestruição" (GOLDBLAT, David. *Teoria social e ambiente...*, p. 232).

[352] BIRNIE, Patrícia; BOYLE, Alan. *International law and the environment*. 2. ed. Oxford/New York: Oxford University Press, 2002. p. 255.

[353] STEIGLEDER, Annelise Monteiro. Discricionariedade administrativa e dever de proteção do ambiente. *Revista do Ministério Público do Estado do Rio Grande do Sul*, n. 48, p. 280, 2002.

[354] Para certificar a conexão elementar entre saúde humana e proteção ecológica, Benjamin pontua que "há aspectos da proteção ambiental que dizem respeito, de maneira direta, à proteção sanitária. Assim é com o controle de substâncias perigosas e tóxicas, como os agrotóxicos, e com a preocupação sobre a potabilidade da água e a respirabilidade do ar" (BENJAMIN, Antonio Herman. Constitucionalização do ambiente..., p. 91).

existencial ecológico um mecanismo para contemplar ambas as demandas sociais básicas, sempre com o objetivo constitucional maior de assegurar uma existência humana digna (e saudável) a todos os integrantes da comunidade estatal, o que só é possível com um **padrão mínimo de qualidade ambiental**. Com tal perspectiva, Fiorillo pontua que a Constituição, com base no seu art. 6º, estabelece um **piso mínimo vital** de direitos que deve ser assegurado pelo Estado a todos os indivíduos, dentre os quais ressalta-se o direito à saúde, para cujo exercício é imprescindível um ambiente equilibrado e dotado de higidez.[355]

A comunicação entre os direitos fundamentais sociais e o direito fundamental ao ambiente também é um dos objetivos centrais do conceito de **desenvolvimento sustentável** no horizonte constituído pelo **Estado Ecológico de Direito**, na medida em que, de forma conjunta com a ideia de proteção ecológica, também se encontra presente no seu objetivo central o atendimento às necessidades básicas dos pobres do mundo e a distribuição equânime dos recursos naturais (por exemplo, acesso à água,[356] alimentos etc.). À luz do conceito de desenvolvimento sustentável, Silva afirma que este tem como seu requisito indispensável um crescimento econômico que envolva equitativa redistribuição dos resultados do processo produtivo e a erradicação da pobreza, de forma a reduzir as disparidades nos padrões de vida da população. O constitucionalista sustenta ainda que, se o desenvolvimento não elimina a pobreza absoluta, não propicia um nível de vida que satisfaça as necessidades essenciais da população em geral, consequentemente não pode ser qualificado de sustentável.[357]

A proteção ecológica está diretamente relacionada à garantia dos direitos sociais, já que o gozo destes últimos (por exemplo, saúde, moradia, alimentação, educação etc.), em patamares desejáveis constitucionalmente, está necessariamente vinculado a condições ambientais favoráveis, por exemplo, o **acesso à água potável**[358] (por meio de **saneamento básico**, que também é direito fundamental social integrante do conteúdo do mínimo existencial),[359] à alimentação sem contaminação química (por exemplo, de agrotóxicos e poluentes orgânicos persistentes), a moradia em área que não apresente poluição atmosférica, hídrica ou contaminação do solo (por exemplo, na cercania de áreas industriais) ou mesmo riscos de desabamento (como ocorre no topo de morros desmatados e margens de rios assoreados). Chagas Pinto aponta para o **saneamento ambiental** como um campo de atuação adequado ao combate simultâneo da pobreza e da degradação ecológica. A efetividade dos serviços de abastecimento de água e de esgotamento sanitário integra, direta ou indiretamente, o âmbito normativo de diversos direitos fundamentais (mas especialmente dos direitos sociais), como o direito à saúde, o direito à habitação decente,

---

[355] FIORILLO, Celso Antonio Pacheco. *Curso de direito ambiental*..., p. 53.
[356] Com efeito, Petrella registra que a saúde humana está intimamente ligada ao "acesso básico e seguro à água", tendo em conta o fato de que os problemas relacionados com a quantidade ou a qualidade da água à base de 85% das doenças humanas nos países pobres (PETRELLA, Ricardo. *O manifesto da água*: argumentos para um contrato mundial. Petrópolis: Vozes, 2002. p. 88). A reforçar tal entendimento, o Desembargador Costa Telles do Tribunal de Justiça do Estado de São Paulo, em julgado que determinou o restabelecimento do fornecimento de água pela concessionária a consumidor devedor, que demonstrou carência econômica, no corpo do seu voto, afirmou que, ao se entender "que os serviços essenciais são contínuos, independente de contraprestação, dá-se eficácia plena às disposições constitucionais que afirmam o direito do cidadão a uma vida sabia, com dignidade e meio ambiente equilibrado, situação impensável sem o fornecimento de água" (TJSP, ApCív. 7.127.196-4, Seção de Direito Privado, 15ª Câmara de Direito Privado, Rel. Des. José Araldo da Costa Telles, j. 06.11.2007).
[357] SILVA, José Afonso da. *Direito ambiental constitucional*..., p. 26-27.
[358] A Proposta de Emenda à Constituição (PEC) 6/21 inclui a água potável na lista de direitos e garantias fundamentais da Constituição. Já aprovado no Senado, o texto está atualmente em tramitação na Câmara dos Deputados.
[359] Nesse sentido, v. BARCELLOS, Ana Paula de. *A eficácia jurídica dos princípios*..., p. 317-320.

o direito ao meio ambiente, o "emergente" direito à água (essencial à dignidade humana), bem como, em casos mais extremos, o direito à vida.[360]

A pobreza e a privação de direitos geralmente andam acompanhadas pela degradação ambiental, tornando aqueles cidadãos mais prejudicados pela falta de acesso aos seus **direitos sociais básicos**, também os mais violados no que tange aos seus direitos ambientais, razão pela qual tais demandas sociais devam ser pautadas de forma ordenada e conjunta, a fim de contemplar uma tutela integral e efetiva da dignidade humana a todos os integrantes da comunidade estatal. Tal compreensão está alinhada à **tese da unidade e interdependência de todas as dimensões de direitos fundamentais** (liberais, sociais e ecológicos), como resultou consagrado de forma expressa na passagem que segue da decisão do Ministro Luís Roberto Barroso na ADPF 708/DF (Fundo Clima):

> "(...) De fato, tal estado de coisas envolve não apenas o direito de todos a um meio ambiente saudável em si (art. 225, CF), mas produz **reflexos sobre um amplo conjunto de outros direitos fundamentais protegidos pela Constituição de 1988**, como o direito à vida (art. 5º, CF), à **saúde** (art. 6º, CF), à **segurança alimentar** e à **água potável** (art. 6º, CF), à moradia (no sentido de *habitat*), ao trabalho (art. 7º, CF), podendo impactar, ainda, o direito à identidade cultural, o modo de vida e a **subsistência de povos indígenas, quilombolas e demais comunidades tradicionais** (art. 23, III, art. 215, *caput* e § 1º e art. 216 c/c art. 231, CF e art. 68, ADCT). Tal **relação de interdependência entre o direito ao meio ambiente saudável e outros direitos** não é estranha à jurisprudência do Supremo Tribunal Federal, que, a título ilustrativo, tem reconhecido aos princípios da precaução e da prevenção uma origem comum, que **conecta o direito ao meio ambiente saudável ao direito à saúde**. Nesse sentido: ADI 5.592, rel. p/ acórdão Min. Edson Fachin, j. 11.09.2019; ADI 4.066, rel. Min. Rosa Weber, j. 24.08.2017; RE 627.189, rel. Min. Dias Toffoli, j. 08.06.2016".[361]

A hipótese do *saneamento básico* delineia uma ponte normativa entre o mínimo existencial social e a proteção ambiental. A partir de tal exemplo, é possível visualizar, de forma paradigmática, a convergência entre os direitos fundamentais sociais (especialmente saúde, alimentação, água potável e moradia) e o direito fundamental ao meio ambiente, conjugando seus conteúdos normativos para a realização de uma vida humana digna e saudável. O saneamento básico[362] diz respeito ao serviço de água e saneamento prestado pelo Estado ou empresa concessionária do serviço público aos integrantes de determinada comunidade, especialmente no que tange ao "abastecimento de água potável", ao "esgotamento sanitário", à "limpeza urbana e manejo de resíduos sólidos" e à "drenagem e manejo das águas pluviais urbanas".[363] Sobre o tema, destaca-se a **Lei 11.445/2007**, que estabelece as diretrizes nacionais para o saneamento básico. O novo diploma legislativo traz, entre os princípios fundamentais dos serviços públicos de saneamento básico, a articulação das políticas públicas de habitação, de combate e erradicação da pobreza,

---

[360] CHAGAS PINTO, Bibiana Graeff. Saneamento básico e direitos fundamentais: questões referentes aos serviços públicos de água e esgotamento sanitário no direito brasileiro e no direito francês. *In*: BENJAMIN, Antonio Herman (org.). *Anais do 10º Congresso Internacional de Direito Ambiental* (Direitos humanos e meio ambiente). São Paulo: Imprensa Oficial do Estado de São Paulo, 2006. p. 408.

[361] STF, ADPF 708/DF, Rel. Min. Barroso, decisão monocrática convocatória de audiência pública proferida em 28.06.2020.

[362] Sobre o tema, v. DEMOLINER, Karine. *Água e saneamento básico: regimes jurídicos e marcos regulatórios no ordenamento brasileiro*. Porto Alegre: Livraria do Advogado, 2006.

[363] O marco regulatório do saneamento básico estabelecido na Lei 11.445/2007 delineia o conceito de saneamento básico (art. 3º, I) como o conjunto de serviços, infraestruturas e instalações operacionais de: a) *abastecimento de água potável*; b) *esgotamento sanitário*; c) *limpeza urbana e manejo de resíduos sólidos*; e d) *drenagem e manejo das águas pluviais urbanas*.

de promoção da saúde e de proteção ambiental, revelando justamente uma visão integrada dos direitos sociais básicos e da proteção ambiental. O **Estatuto da Cidade** (Lei 10.257/2001) também veicula o direito ao *saneamento ambiental*, quando estabelece o conteúdo do **direito à cidade sustentável**, que também inclui os direitos à moradia, à infraestrutura urbana, ao transporte e aos serviços públicos, ao trabalho, ao lazer, para as presentes e futuras gerações (art. 2º, I).

A prestação do serviço de saneamento (consubstanciada nos arts. 23, IX, 198, II, e 200, IV e VIII, da Lei Fundamental brasileira) é um desmembramento do direito à saúde e, conforme pontua Barcellos,[364] integra a garantia do mínimo existencial, ou seja, do núcleo mínimo de **prestações sociais** a serem exigidas do Estado para a concretização da dignidade humana. Na hipótese do saneamento básico, o comprometimento da saúde humana está diretamente associado à contaminação e poluição das águas que servem de abastecimento para as populações, o que ocorre, paradigmaticamente, nas regiões marginalizadas dos grandes centros urbanos brasileiros. De tal sorte, é possível identificar o saneamento básico como um direito fundamental[365] que apresenta tanto uma feição social como uma ecológica. Na mesma linha, Chagas Pinto sustenta ser possível o reconhecimento, no âmbito do ordenamento jurídico brasileiro, de um direito fundamental ao saneamento básico, por meio de uma interpretação extensiva do direito fundamental à saúde, mas, principalmente, do direito fundamental ao ambiente ecologicamente equilibrado.[366] Após as linhas aqui vertidas, resulta evidente, à luz do exemplo do saneamento básico, a **indivisibilidade entre os direitos sociais e a proteção ecológica** na garantia de prestações materiais mínimas indispensáveis a uma vida digna.

A **Declaração do Rio (1992)**, no seu Princípio 5, refere que "todos os Estados e todos os indivíduos, como requisito indispensável para o desenvolvimento sustentável, irão cooperar na tarefa essencial de **erradicar a pobreza**, a fim de **reduzir as disparidades de padrões de vida** e melhor atender às necessidades da maioria da população do mundo". Além de traçar o objetivo (também constitucional, vide art. 3º, I e III, da CF/1988) de **erradicar a pobreza, reduzir as desigualdades sociais** e atender às necessidades (pode-se dizer, direitos sociais) da maioria da população mundial e colocar nas mãos conjuntamente da sociedade e do Estado tal missão, o diploma internacional, ao abordar o ideal de desenvolvimento sustentável, também evidencia a relação direta entre os direitos sociais e a proteção ecológica (ou a qualidade ambiental), sendo um objetivo necessariamente comum, enquanto projeto político-jurídico para a humanidade. Outro aspecto consubstanciado no marco normativo do desenvolvimento sustentável é a questão da distribuição de riquezas (ou da **justiça distributiva**), o que passa necessariamente pela garantia dos direitos sociais e um nível de vida minimamente digna (e, portanto, com qualidade ambiental) para todos os membros da comunidade estatal (e mesmo mundial).

A inclusão da proteção ambiental no rol dos direitos básicos (ou fundamentais) do ser humano está alinhada ao ideal constitucional da solidariedade, como marco jurídico-constitucional dos direitos fundamentais de terceira dimensão e do Estado Ecológico de Direito. Alinhado a tal

---

[364] A autora aponta como desmembramentos do direito fundamental à saúde, além do serviço de saneamento (arts. 23, IX, 198, II, e 200, IV), o atendimento materno-infantil (art. 227, I), as ações de medicina preventiva (art. 198, II) e as ações de prevenção epidemiológica (art. 200, II) (BARCELLOS, Ana Paula de. *A eficácia jurídica dos princípios...*, p. 313).

[365] Demoliner reconhece o saneamento básico como um direito fundamental (diretamente vinculado à dignidade humana), ao precisar que "um ser humano só poderá desenvolver-se com plenitude – física, psíquica e socialmente – se tiver saúde, sendo que para isso precisa ingerir água potável. Parece óbvio que o homem que não tem moradia e vive em meio ao lixo, exposto ao esgoto e às substâncias tóxicas além de vetores transmissores de doenças, tem poucas chances de se desenvolver e alcançar a excelência como pessoa. A vida, sem o mínimo de infraestrutura, é indigna, é sofrida, é excludente. Nesta senda, não há como não admitir que o saneamento básico constitui um direito fundamental e está intrinsecamente vinculado à dignidade humana" (DEMOLINER, Karine. *Água e saneamento básico...*, p. 189).

[366] CHAGAS PINTO, Bibiana Graeff. Saneamento básico e direitos fundamentais..., p. 406.

ideia, Torres extrai da **solidariedade (ou fraternidade)**, com base na natureza difusa e coletiva dos direitos fundamentais de terceira dimensão, o suporte axiológico para fundamentar o seu conceito de mínimo existencial ecológico.[367] O autor identifica o princípio da solidariedade como "valor que penetra na temática da liberdade" por meio da sua *dimensão bilateral de direitos e deveres*, bem como que fundamenta os direitos difusos e ecológicos, que muitas vezes se definem como **direito de solidariedade** e dos quais se extrai o **mínimo existencial ecológico**.[368] Para o publicista, "a solidariedade informa também a justiça, ao criar o vínculo de apoio mútuo entre os que participam dos grupos beneficiários da **redistribuição dos bens sociais**".[369] A redistribuição dos bens sociais referida também deve alcançar os recursos naturais e a qualidade ambiental do local onde a existência concreta do indivíduo toma forma.

O **princípio da solidariedade** configura-se como marco axiológico-normativo do **Estado Ecológico de Direito**, tensionando a liberdade e a igualdade (substancial) no sentido de concretizar a dignidade em (e com) todos os seres humanos. Diante de tal compromisso constitucional, os "deveres" (fundamentais) ressurgem com força nunca vista anteriormente, superando a hipertrofia dos "direitos" do Estado Liberal para vincularem Estado e particulares à realização de uma vida digna e saudável para todos os integrantes da comunidade política. Na mesma direção, Miranda afirma a natureza relacional e solidarista da dignidade humana, já que esta se realiza, para além da sua dimensão individualista, na dignidade de todos. O constitucionalista destaca que "cada pessoa tem, contudo, de ser compreendida em relação com as demais", já que a dignidade de cada pessoa pressupõe a **dignidade de todos**,[370] caracterizando o princípio constitucional da solidariedade.

Nas relações jurídicas ambientais, pode-se até mesmo alçar a **dignidade das gerações futuras**, que, como refere o mestre português, é "composta por homens e mulheres com a mesma dignidade dos de hoje".[371] Há também que se colocar em pauta a garantia de um mínimo em termos de qualidade ambiental na perspectiva das gerações humanas futuras, a partir da tutela constitucional que lhes foi conferida pelo art. 225, *caput*, da Lei Fundamental brasileira. A salvaguarda de um patamar mínimo de qualidade ambiental deve ser atribuída, tanto na forma de deveres de proteção do Estado como na forma de deveres fundamentais dos atores privados, às gerações humanas presentes, de modo a preservar as bases naturais mínimas para o desenvolvimento da vida das gerações futuras.

Além dos direitos liberais e sociais já clássicos, é chegado o momento histórico de tomarmos a sério também os direitos ambientais, reforçando o seu tratamento normativo, inclusive com a consagração da garantia do mínimo existencial em matéria ambiental. É justamente a dignidade humana que assume o papel de delimitador da fronteira do patamar mínimo na esfera dos direitos sociais,[372] o que, à luz dos novos contornos constitucionais conferidos ao âmbito de proteção da dignidade humana e do reconhecimento da sua dimensão ecológica, especialmente em face das ameaças existenciais impostas pela degradação ambiental, determina a ampliação da fronteira

---

[367] A expressão "mínimo existencial ecológico" (Ökologisches Existenzminimum) foi cunhada por Kersten Heinz ("Eigenrecht der Natur". *Der Staat* 29 "3": 415-439, 1990.), encontrando o seu fundamento nos arts. 2º, 1 e 2, e 14 da Constituição de Bonn, que garantem os direitos ao livre desenvolvimento da personalidade, à vida, à segurança corporal e à propriedade (Apud TORRES, Ricardo Lobo. A metamorfose dos direitos sociais..., p. 10). Nesse contexto, é possível acrescentar também, entre os fundamentos para o mínimo existencial ecológico constantes da Lei Fundamental alemã, o art. 20a, incluído em reforma do referido texto constitucional no ano de 1994.

[368] TORRES, Ricardo Lobo. A metamorfose dos direitos sociais..., p. 10.
[369] TORRES, Ricardo Lobo. A metamorfose dos direitos sociais..., p. 11.
[370] MIRANDA, Jorge. A Constituição portuguesa e a dignidade da pessoa humana. *Revista de Direito Constitucional e Internacional*, São Paulo, ano 11, v. 45, p. 86, out.-dez. 2003.
[371] MIRANDA, Jorge. A Constituição portuguesa e a dignidade da pessoa humana..., p. 89.
[372] SARLET, Ingo Wolfgang. *A eficácia dos direitos fundamentais*..., p. 353.

do conteúdo da garantia do mínimo existencial para abarcar também a **integridade ecológica** no seu núcleo normativo. Mais recentemente, a **Opinião Consultiva 23/2017 da Corte IDH**, sob o título "Meio Ambiente e Direitos Humanos", tratou de assinalar um **patamar mínimo de qualidade ambiental** que se configura como **premissa ao exercício dos demais direitos humanos**, além, por certo, da existência de um direito humano ao meio ambiente sadio, conforme consagrado, há três décadas, no art. 11 do Protocolo de San Salvador (1988).[373]

4.5.3.1 Mínimo existencial climático?

A Organização Mundial da Saúde (OMS) estabelece como parâmetro para determinar uma vida saudável "um **completo bem-estar físico, mental e social**", o que coloca indiretamente a qualidade ambiental como elemento fundamental para o "completo bem-estar" caracterizador de uma vida saudável. Seguindo tal orientação, a **Lei do Sistema Único de Saúde – SUS (Lei 8.080/90)**, que dispõe sobre as condições para a promoção, proteção e recuperação da saúde, a organização e o funcionamento dos serviços correspondentes, regulamentando o dispositivo constitucional, dispõe sobre o direito à saúde por meio da garantia a condições de bem-estar físico, mental e social (art. 3º, parágrafo único), bem como registra o meio ambiente como fator determinante e condicionante à saúde (art. 3º, *caput*). É possível, nesse sentido, inclusive agregar uma dimensão climática ao conceito de saúde, ou seja, para além da necessidade de contemplar um bem-estar ambiental ou ecológico, é igualmente fundamental considerar um **bem-estar climático** para a salvaguarda da saúde humana e de uma vida saudável.

A título de exemplo, diversas entidades e organizações científicas e sanitárias internacionais – como é o caso da OMS[374] e da Organização Mundial da Saúde Animal (OIE)[375] – têm defendido o conceito de *One Health* – traduzindo para o português, **saúde única ou integral**. Na sua essência, tal conceito busca a proteção da saúde de forma integral do ponto de vista ecológico, contemplando **três dimensões** básicas: **humana, animal e ecológica ou ecossistêmica** (aqui incluída a integridade do sistema climático). A pandemia da covid-19 exemplifica de forma trágica a importância de tal **compreensão ecológica (e climática) do conceito de saúde**, para além de um olhar reducionista da saúde humana, na medida em que a sua origem está associada a uma **zoonose** transmitida por animais silvestres e que, como destacado pelo PNUMA em relatório divulgado em 2020,[376] pode ser relacionada à destruição do habitat natural de tais espécies, entre outras práticas que acarretam destruição e desequilíbrio ecológico.

SAÚDE ÚNICA OU INTEGRAL (ONE HEALTH)	As três dimensões interdependentes: 1) HUMANA 2) ANIMAL 3) ECOLÓGICA OU ECOSSISTÊMICA (E CLIMÁTICA)

A correlação entre perda da biodiversidade e pandemias foi apontada pelo **Relatório sobre Biodiversidade e Pandemias (2020)** do Painel Intergovernamental sobre Biodiversidade

---

[373] Sobre meio ambiente e direitos humanos, v. BEYERLIN, Ulrich. Umweltschutz und Menschenrechte..., p. 525-541.

[374] Disponível em: https://www.who.int/news-room/q-a-detail/one-health. A respeito da questão destacam-se os "Princípios de Berlim sobre Saúde Única de 2019" (*The Berlin Principles on One Health*). Disponível em: https://www.sciencedirect.com/science/article/pii/S0048969720364494 e https://www.wcs.org/one-planet--one-health-one-future.

[375] Disponível em: https://www.oie.int/en/for-the-media/onehealth/.

[376] UNITED NATIONS ENVIRONMENT PROGRAMME. Preventing the next pandemic: zoonotic diseases and how to break the chain of transmission. Nairobi, UNEP, 2020.

e Serviços Ecossistêmicos da ONU (**IPBES**).[377] A maior fragilidade da vida animal (humana e não humana) e da Natureza (ex.: sistema climático) de um modo geral levada a efeito pelo aquecimento global e as mudanças climáticas implica de forma indissociável também maior fragilidade e vulnerabilidade existencial para o ser humano, o que reforça a relevância do **princípio da integridade ecológica e climática**.[378]

A inclusão da proteção ambiental e climática no rol dos direitos fundamentais está alinhada ao princípio constitucional da solidariedade, como marco jurídico-constitucional dos direitos fundamentais de terceira dimensão e do **Estado Ecológico (e Climático) de Direito**. No contexto climático, os denominados **episódios climáticos extremos** – cada vez mais intensos e frequentes, conforme apontado pelo último relatório (AR6) do IPCC – representam grave risco de natureza climática à vida e à dignidade humana.

Além dos direitos liberais e sociais já clássicos, é chegado o momento histórico de tomarmos a sério também os **direitos ambientais e climáticos**, reforçando o seu tratamento normativo por meio da consagração do direito-garantia ao mínimo existencial ambiental e climático. É justamente a dignidade humana que assume o papel de delimitador da fronteira do patamar mínimo na esfera dos direitos sociais,[379] o que, à luz dos novos contornos constitucionais conferidos ao âmbito de proteção da dignidade humana e do reconhecimento da sua dimensão ecológica e climática, especialmente em face das ameaças existenciais impostas pela crise climática contemporânea, determina a ampliação da fronteira do conteúdo da garantia do mínimo existencial para abarcar também a **integridade ecológica e climática** no seu núcleo normativo. Mais recentemente, a **Opinião Consultiva 23/2017** da **Corte IDH**, sob o título "Meio Ambiente e Direitos Humanos", tratou de assinalar um **patamar mínimo de qualidade ambiental** que se configura como **premissa ao exercício dos demais direitos humanos**, além, por certo, da existência de um direito humano ao meio ambiente sadio, conforme consagrado, há três décadas, no art. 11 do Protocolo de San Salvador (1988).[380]

A salubridade, estabilidade e segurança climáticas integrariam tanto o **núcleo essencial do direito fundamental ao meio ambiente** quanto o conteúdo do chamado **mínimo existencial ecológico**, podendo-se falar, inclusive, de um **mínimo existencial climático**, como indispensável a assegurar uma vida humana digna, saudável e segura. O reconhecimento de uma **nova dimensão climática** inerente ao regime constitucional ecológico estabelecido no art. 225 da CF/1988 enseja a caracterização de deveres específicos de proteção e promoção, inclusive de natureza organizacional e procedimental, no que diz respeito ao combate, contenção e diminuição das causas e consequências das mudanças climáticas, implicando, no caso de descumprimento por ação e/ou omissão (geral e parcial), a possibilidade de **controle jurisdicional** (ademais do indispensável e permanente controle social) e, nesse contexto, operando como parâmetro material para a aplicação do **princípio da proibição de retrocesso climático**.

A relevância da proteção climática para a salvaguarda da vida e da dignidade humana e do reconhecimento de um direito fundamental (e humano) a viver em um clima seguro, limpo, estável e equilibrado, é possível falar da caracterização de uma **dimensão climática** inerente ao conteúdo do **princípio da dignidade da pessoa humana**. Igual entendimento também permite o reconhecimento de um **direito-garantia ao mínimo existencial climático**, na medida em

---

[377] Disponível em: https://ipbes.net/pandemics.
[378] A Lei de Bases do Clima (Lei 98/2021) da República Portuguesa incorpora a dimensão climática no contexto do direito à saúde e da saúde pública, inclusive como causa de agravamento e maior ocorrência de doenças (ex.: epidemias e pandemias): "Artigo 16 Saúde pública e saúde ambiental – O Estado promove a avaliação dos riscos globais e nacionais e a elaboração de planos de atuação, prevenção e contingência perante fenómenos climáticos extremos, o surgimento de novas doenças ou o agravamento da incidência de doenças em resultado das alterações climáticas."
[379] SARLET, Ingo Wolfgang. *A eficácia dos direitos fundamentais...*, p. 353.
[380] Sobre meio ambiente e direitos humanos, v. BEYERLIN, Ulrich. *Umweltschutz und Menschenrechte...*, p. 525-541.

que o regime constitucional de proteção climática estabelece **posições jurídicas subjetivas** de proteção dos indivíduos e da sociedade, tanto em termos **defensivos** quanto **prestacionais**, a serem exercidos em face do **Estado** e de **particulares** na hipótese de violação ao referido patamar mínimo de proteção climática indispensável ao gozo de uma vida digna.

A maior frequência e intensidade dos denominados **episódios climáticos extremos**, conforme apontado no último relatório do IPCC (AR6), ilustram um cenário de cada vez maior **insegurança climática** e **vulnerabilidade social**, sobretudo dos grupos sociais vulneráveis e, de modo particular, em países em desenvolvimento, como é o caso do Brasil. A salvaguarda do direito-garantia ao mínimo existencial climático envolve, nesse sentido, não apenas medidas (defensivas e prestacionais) no campo da **mitigação** das emissões de gases do efeito estufa, mas igualmente em termos de **adaptação** – por exemplo, aos efeitos climáticos extremos –, notadamente em vista da proteção especial e preventiva a ser destinada aos **grupos sociais vulneráveis** (deslocados ambientais etc.).

A **Lei da Política Nacional de Proteção e Defesa Civil** (Lei 12.608/2012), após a substancial reforma no seu texto original implementada pela Lei 14.750/2023, passou a prever importantes conceitos que auxiliam na compreensão da categoria jurídica do **mínimo existencial ambiental e climático** e, mais do que isso, do seu **conteúdo**, notadamente na hipótese de **desastres ambientais e climáticos**, neste último caso diante da hipótese de **episódios climáticos extremos**, tal como verificado nas enchentes registradas no Estado do Rio Grande de Sul no ano de 2024, com a configuração de um contingente de mais de 600.000 deslocados climáticos. Ao estabelecer, no seu art. art. 1º, parágrafo único, XII, o dever estatal de "resposta ao desastre", com a definição de um rol exemplificativo de medidas prestacionais a serem adotadas, verifica-se um parâmetro normativo referencial para a definição do conteúdo do direito-garantia ao mínimo existencial ambiental e climático na hipótese de desastres ambientais e climáticos, o que passa a ser vinculante para os entes públicos e passível de controle judicial na hipótese da sua omissão ou atuação insuficiente.

Lei 12.608/2012 E CONTEÚDO DO MÍNIMO EXISTENCIAL AMBIENTAL E CLIMÁTICO (NA HIPÓTESE DE DESASTRES)

Art. 1º (...) Parágrafo único. Para os fins desta Lei, considera-se: (...) XII – **resposta a desastres**: ações imediatas com o objetivo de socorrer a população atingida e restabelecer as **condições de segurança das áreas atingidas**, incluídas ações de **busca e salvamento de vítimas, de primeiros-socorros, atendimento pré-hospitalar, hospitalar, médico e cirúrgico de urgência**, sem prejuízo da atenção aos problemas crônicos e agudos da população, de **provisão de alimentos** e meios para sua preparação, de **abrigamento**, de suprimento de **vestuário** e **produtos de limpeza e higiene pessoal**, de suprimento e distribuição de **energia elétrica e água potável**, de **esgotamento sanitário**, limpeza urbana, drenagem das águas pluviais, **transporte coletivo**, trafegabilidade e comunicações, de remoção de escombros e desobstrução das calhas dos rios, de manejo dos mortos e outras estabelecidas pelos órgãos do SINPDEC; (Incluído pela Lei nº 14.750, de 2023).

4.5.3.2 Mínimo existencial ecológico, controle judicial de políticas públicas ambientais e separação dos Poderes

O mínimo existencial ecológico caracteriza-se por ser direito fundamental originário (definitivo), identificável à luz do caso concreto e passível de ser postulado perante o Poder Judiciário, independentemente de intermediação legislativa da norma constitucional e da viabilidade orçamentária, a confirmar a **força normativa da Constituição** e dos direitos fundamentais.

Tal formulação está alicerçada justamente na caracterização da garantia do mínimo existencial como uma **regra jurídico-constitucional** extraída do **princípio da dignidade humana** a partir de um processo de ponderação com os demais princípios que lhe fazem frente, por exemplo, a autonomia privada e a livre-iniciativa. De acordo com o modelo de Alexy, que tem por base a ponderação dos princípios em colisão, o indivíduo tem um **direito definitivo à prestação** quando o **princípio da liberdade fática** tenha um peso maior do que os princípios formais e materiais tomados em seu conjunto (em especial, o **princípio democrático** e o **princípio da separação de poderes**), o que ocorre no caso dos direitos sociais mínimos (ou seja, do mínimo existencial),[381] tornando o direito exigível ou "justiciável" em face do Estado.

No caso do mínimo existencial ecológico, opera a mesma argumentação, já que por trás de ambos está a tutela da dignidade humana fazendo peso na balança. Assim, o mínimo existencial ecológico dá forma a **posições jurídicas originárias**, detentoras de jusfundamentalidade e sindicalidade, não dependendo de intermediação do legislador infraconstitucional para se tornarem exigíveis. Nesse sentido, visando ao direito fundamental de ação, Marinoni pontua que, no caso de o juiz suprir a omissão legislativa, conferindo tutela jurisdicional ao direito fundamental mesmo na ausência de lei, ainda que o magistrado admita a incidência direta do direito fundamental sobre o caso concreto, também haverá uma mediação do Estado, só que agora na forma jurisdicional, e não legislativa.[382]

A partir da perspectiva da sua **"justiciabilidade"**, o mínimo existencial ecológico pode ser reivindicado em juízo, dando forma a uma *posição jurídica subjetiva*. No caso de **omissão estatal** com relação ao combate da degradação ambiental, como acentua Steigleder, "com vistas a garantir o mínimo de qualidade ambiental necessária à dignidade da vida humana, parece-nos cabível a intervenção judicial, a fim de suprir as omissões estatais lesivas à qualidade ambiental", não se caracterizando a invasão, por parte do Poder Judiciário, de competências exclusivas do Executivo, com violação do princípio da separação dos poderes.[383] A autora afirma ainda que, diante de tal situação, o Judiciário não estaria por criar "uma obrigação ou **política pública ambiental**", mas apenas determinando o cumprimento e a execução de obrigações públicas já previstas na legislação ambiental, na medida em que, por meio do controle judicial, objetiva suprimir uma omissão estatal lesiva à garantia do mínimo existencial em matéria de salubridade ambiental.[384]

No mesmo tom argumentativo, Echavarría destaca a dimensão prestacional do direito ao meio ambiente exigível em face do Poder Público, de modo a garantir as condições ambientais mínimas necessárias ao desenvolvimento da pessoa, em consonância com a ideia em torno do mínimo existencial ecológico.

> "Sin duda, en el caso del derecho al ambiente, estamos ante un derecho prestacional que asegura una intervención preventiva, mantenedora o restablecedora de los poderes públicos, frente a una actuación perturbadora de determinadas **condiciones de vida ambientales necesarias para el desarrollo de la persona**. Lo que el derecho protege, el ámbito vital a que se refiere, es la garantía de unas determinadas condiciones ambientales que posibilitan un desarrollo conveniente de la persona: así lo protegido no dejan de ser los supuestos ambientales del disfrute de los demás derechos, esto es, lo que permite hablar, como vimos, de un cierto contenido ambiental de otros derechos fundamentales."[385]

---

[381] ALEXY, Robert. *Teoría de los derechos fundamentales...*, p. 499.
[382] MARINONI, Luiz Guilherme. *Teoria geral do processo...*, p. 206.
[383] STEIGLEDER, Annelise Monteiro. *Discricionariedade administrativa...*, p. 295.
[384] STEIGLEDER, Annelise Monteiro. *Discricionariedade administrativa...*, p. 298.
[385] ECHAVARRÍA, Juan José Solozábal. *El derecho al medio ambiente...*, p. 41.

Ao se entender como possíveis prestações básicas na área ambiental exigíveis em face do Estado, especialmente em razão da conformação da garantia constitucional do mínimo existencial ecológico, um enfrentamento que se coloca, geralmente também posto em vista dos direitos sociais de modo geral, diz respeito à **reserva do possível**, ou seja, as condições financeiras e previsão orçamentária do Estado para contemplar tais medidas, já que representam gasto de dinheiro público. À luz da tese aqui defendida, no tocante aos direitos fundamentais (liberais, sociais e ecológicos) integrantes do conteúdo do mínimo existencial, o óbice da reserva do possível não pode fazer frente, pois tal garantia mínima de direitos consubstancia o núcleo irredutível da dignidade humana, e, sob nenhum pretexto, o Estado, e mesmo a sociedade (mas com menor intensidade), pode se abster de **garantir tal patamar existencial mínimo**. Assim como tem sustentado parte da doutrina a impossibilidade de imposição da reserva do possível como óbice instransponível para admitir prestações sociais integrantes do mínimo existencial, também, no âmbito do **mínimo existencial ecológico**, a **previsão orçamentária** não deve servir de barreira a impedir prestações (ou mesmo medidas de natureza defensiva) de natureza ambiental quando incluídas no conteúdo da garantia constitucional em questão, possibilitando, dessa forma, a sua **justiciabilidade (direta e imediata) em face do Poder Judiciário**.

Apenas as medidas prestacionais ambientais não incluídas no conteúdo do *mínimo existencial ecológico* ou do **núcleo essencial do direito fundamental ao meio ambiente** estarão subordinadas ao princípio orçamentário da reserva do possível.[386] Caso contrário, tratando-se de medida necessária a salvaguardar o mínimo existencial ecológico ou o núcleo essencial do direito fundamental ao ambiente, a eficácia normativa da regra constitucional em questão é extraída de forma direta e imediata a partir do comando constitucional consubstanciado nos **arts. 1º, III, 6º,** *caput***, e 225,** *caput*, o que autoriza o Poder Judiciário a fazer valer tais direitos desde logo, independentemente da viabilidade orçamentária e da mediação legislativa. Nesse sentido, Krell destaca que, não obstante as atividades concretas da administração dependerem de dotações orçamentárias prévias e do programa de prioridades estabelecidas pelo governante, o argumento da reserva do possível não é capaz de obstruir a efetivação judicial de normas constitucionais,[387] ainda mais quando a norma constitucional conforma direito fundamental e **conteúdo da dignidade humana**, como é o caso do núcleo essencial do direito ao meio ambiente e da garantia do mínimo existencial ecológico.

Com base em tais considerações, o argumento da *reserva do possível*, posto por parte da doutrina como óbice à efetivação dos direitos sociais, não tem peso constitucional suficiente para preponderar em face da garantia do mínimo existencial ecológico, o qual é veiculado mediante regras constitucionais extraídas diretamente do fundamento da República brasileira expresso pela dignidade humana (art. 1º, III). Não se pode opor à efetivação de tal garantia existencial mínima limitações jurídicas (dependência de normas infraconstitucionais) ou fáticas (o argumento da reserva do possível). Tal consideração, à luz do art. 5º, § 1º, da Constituição Federal, também encontra suporte **na força normativa e eficácia direta e imediata dos direitos fundamentais** que compõem o núcleo protetivo da dignidade humana, e que resultam especialmente representados

---

[386] Não é somente da hipótese do mínimo existencial ecológico que se originam posições jurídicas subjetivas justiciáveis configuradoras de um direito à prestação ou de um direito de defesa em face do Estado, podendo tal situação também ser vislumbrada em outras manifestações normativas do direito fundamental ao meio ambiente, uma vez que não há correspondência exata entre o mínimo existencial ecológico e o núcleo essencial do direito fundamental ao meio ambiente. Ambos têm âmbitos de proteção autônomos, em que pese haver identidade entre algumas das posições jurídicas subjetivas e objetivas deles decorrentes. Dessa forma, assim como o princípio da separação de poderes e o princípio da viabilidade orçamentária estão subjugados ao mínimo existencial ecológico no caso de colisão, também no caso do núcleo essencial do direito fundamental ao meio ambiente o mesmo resultado normativo também será obtido na ponderação dos princípios, considerando, no entanto, as particularidades de cada caso concreto.

[387] KRELL, Andréas J. *Discricionariedade administrativa...*, p. 83.

nos direitos sociais básicos (saúde básica, educação fundamental, assistência social, moradia digna, acesso à justiça etc.), e agora também no direito ao meio ambiente ecologicamente equilibrado.

Com relação à suposta "invasão" do Poder Judiciário no âmbito das funções constitucionais conferidas ao Poder Legislativo e ao Poder Executivo, em desrespeito ao princípio da separação dos poderes, é importante destacar que a atuação jurisdicional só deve se dar de maneira **excepcional e subsidiária**, já que cabe, precipuamente, ao legislador o mapeamento legislativo de **políticas públicas** e, posteriormente, ao administrador a execução destas, tanto na seara social como na seara ecológica, ou mesmo em ambas integradas, como ocorre no caso do saneamento básico.[388] A **discricionariedade administrativa e a legislativa**, assim como a jurisdicional, encontram-se sujeitas sempre a controle com base nos princípios e regras constitucionais, o que corresponde atualmente à posição dominante, embora não isente de controvérsias e diferenças de tratamento quanto a alguns aspectos, no direito brasileiro. Agora, diante da omissão e descaso do órgão legiferante ou do órgão administrativo em cumprir com o seu mister constitucional, há espaço legitimado constitucionalmente para a atuação do Poder Judiciário no intuito de coibir, à luz do caso concreto, **violações àqueles direitos integrantes do conteúdo do mínimo existencial (social ou ecológico)**, já que haverá, no caso, o dever estatal de proteção do valor maior de todo o sistema constitucional, expresso na dignidade da pessoa humana. Na esteira da doutrina dominante, ao menos na esfera das condições existenciais mínimas encontramos um claro **limite à liberdade de conformação do legislador**.[389]

A intervenção do Poder Judiciário deve, por certo, ser sempre limitada e ajustada aos parâmetros delineados pelo sistema constitucional de freios e contrapesos que rege a relação entre os três poderes republicanos, sem que esse princípio possa ser utilizado como fundamento para justificar a impossibilidade de intervenção por parte do Judiciário na esfera dos outros poderes, especialmente quando em causa a necessidade de tutela do mínimo existencial ecológico. Diante da falha perpetrada pela Administração no processo político de implementação de uma política pública, "o Judiciário tem não somente o poder, mas o *dever* de intervir",[390] no intuito de arrostar a violação a direitos fundamentais. Como reiterado inúmeras vezes ao longo deste estudo, há que se ter em conta o papel de "guardião" dos direitos fundamentais e da dignidade humana conferido ao Estado, distribuído de forma harmônica entre as funções estatais executiva, legislativa e judiciária. Assim, quando um dos poderes do Estado **deixar de atuar** ou **atuar de forma insuficiente** (violando o **princípio da proibição proteção de insuficiente ou deficiente**) para com a tutela dos direitos fundamentais, há legitimidade constitucional para um dos demais poderes agir de modo a corrigir tal conduta e harmonizar o sistema constitucional.

O **controle judicial de políticas públicas ambientais** deve ser visto também como um mecanismo conferido ao cidadão, individual ou coletivamente considerado, de controle sobre a atividade política do administrador e do legislador, o que encontra fundamento constitucional no próprio *caput* do art. 225, o qual encarrega não apenas o poder público, mas também os atores privados, do dever de proteger o meio ambiente para as presentes e futuras gerações, conferindo uma feição nitidamente democrático-participativa para o papel do indivíduo e da sociedade na consecução de tal papel constitucional. Tal se faz possível especialmente no caso da tutela ecológica, já que há instrumentos, como é o caso, por exemplo, da **ação civil pública**, da **ação popular** e das ações decorrentes dos **direitos de vizinhança**, conferidos ao indivíduo (nos dois últimos casos) e às associações civis de proteção ambiental (no primeiro caso), que se prestam

---

[388] Nesse ponto, merece registro a observação feita por Krell ao tratar do controle judicial de omissões administrativas na área do saneamento ambiental, no sentido de que, "especialmente na área do saneamento básico, o desempenho do Poder Público tem sido insuficiente, o que se deve aos altos custos das obras e a sua baixa visibilidade política" (KRELL, Andréas J. *Discricionariedade administrativa...*, p. 81).

[389] SARLET, Ingo Wolfgang. *A eficácia dos direitos fundamentais...*, p. 352-353.

[390] KRELL, Andréas J. *Discricionariedade administrativa...*, p. 85.

perfeitamente para canalizar tal fiscalização.[391] Assim, a ação judicial deve ser vista também como um instrumento de atuação política, na esteira de uma **democracia direta e participativa**. As omissões ou ações predadoras do meio ambiente impetradas pelo Poder Público não podem esquivar-se de tal controle do cidadão, perfeitamente legítimo no marco jurídico-constitucional de um **Estado subordinado ao Direito**.

No exemplo do saneamento ambiental básico, como conteúdo integrante do mínimo existencial ecológico, deve-se ter em conta que o juiz não estaria por criar uma política pública, mas apenas impondo aquela já estabelecida na Constituição e na legislação infraconstitucional.[392] Conforme salienta Marinoni, toda vez que a Administração atua de forma negativa, abstendo-se de adotar um comportamento que lhe é imposto por lei, há margem para que sua atuação seja questionada e corrigida pela via jurisdicional.[393] No entanto, como assevera Krell, o controle judicial deve restringir-se à questão da escolha entre "**agir ou não agir**" (por exemplo, construir uma estação de tratamento), e não acerca do "**como agir**" (por exemplo, determinar a tecnologia a ser adotada, localização etc.),[394] o que deve permanecer na margem de discricionariedade da Administração.

Portanto, diante da ocorrência de omissão estatal para com o seu dever constitucional de assegurar o exercício da garantia constitucional do mínimo existencial ecológico, estará autorizado o Poder Judiciário a corrigir tal descumprimento do comando constitucional. Com tal premissa, poderá ser imposta à Administração a adoção de **medidas negativas**[395] ou mesmo **prestacionais** para garantir o exercício do **direito-garantia fundamental ao mínimo existencial ecológico**. Nesse sentido, Steigleder acentua que, no caso de omissão estatal quanto ao combate da degradação ambiental, a fim de assegurar o patamar mínimo de qualidade ambiental exigido pela dignidade humana, parece cabível a intervenção judicial, sem que se caracterize a invasão por parte do Poder Judiciário de competências exclusivas do Executivo, com violação do princípio da separação de poderes.[396] Da mesma forma, Mirra traduz entendimento de que, sempre que a Administração não atuar de modo satisfatório na defesa do meio ambiente, na medida em que se omite no seu dever de agir para assegurar a proteção da qualidade ambiental, violando normas constitucionais e infraconstitucionais que lhe impuseram a obrigatoriedade de atuar, caberá à coletividade, por intermédio de seus representantes legitimados, provocar a **intervenção do Poder Judiciário** para instituir o estabelecimento da "**boa gestão ambiental**".[397] Quanto aos entes estatais legitimados constitucionalmente para corrigir tais situações perante o Poder Judiciário, destaca-se, além do

---

[391] Ao endossar a dimensão democrático-participativa do controle judicial de políticas públicas instrumentalizado pela ação civil pública, Roberto Gomes assevera que "a ação civil pública é o instrumento processual da cidadania com maior adequação e eficácia para o controle jurisdicional da omissão ilícita da Administração Pública, mediante a participação popular do titular do poder político, através do ente legitimado, na pretensão de exigir a concretização de prestações estatais positivas por meio do fazer ou do não fazer, forte na efetividade do processo, no amplo acesso à ordem jurídica justa e na luta pela realização das aspirações sociais" (GOMES, Luís Roberto. *O Ministério Público e o controle da omissão administrativa*: o controle da omissão estatal no direito ambiental. Rio de Janeiro: Forense Universitária, 2003. p. 265).

[392] V. KRELL, Andréas J. *Discricionariedade administrativa...*, p. 85.

[393] MARINONI, Luiz Guilherme. *Tutela inibitória...*, p. 103.

[394] KRELL, Andréas J. *Discricionariedade administrativa...*, p. 84.

[395] Na doutrina brasileira, Torres aponta para a *dimensão negativa* da garantia constitucional do mínimo existencial ecológico, a qual pode tomar a forma de imunidade tributária, inclusive, como denomina o autor, com a consagração do princípio da imunidade do mínimo existencial ecológico (TORRES, Ricardo Lobo. Valores e princípios no direito tributário ambiental. *In*: TÔRRES, Heleno Taveira (org.). *Direito tributário ambiental*. São Paulo: Malheiros, 2005. p. 25).

[396] STEIGLEDER, Annelise Monteiro. Discricionariedade administrativa..., p. 295.

[397] MIRRA, Álvaro Valery. *Ação civil pública e a reparação...*, p. 374.

Ministério Público, o papel constitucional da **Defensoria Pública,**[398] já que, na grande maioria das vezes, quando da violação à garantia do mínimo existencial ecológico, as pessoas atingidas certamente comporão o quadro pobre e marginalizado da população brasileira.

> **JURISPRUDÊNCIA TJSP. Mínimo existencial ecológico, ação civil pública, omissão estatal, inadequação do tratamento de resíduos sólidos e controle judicial de políticas públicas:** (...) Ação civil pública – Princípios da obrigatoriedade de intervenção estatal, precaução e da prevenção – **Dever da administração pública** de adotar todas as medidas necessárias para evitar a degradação ou potencial lesão ao ambiente, tais como a **formulação e execução de políticas públicas, edição de normas protetivas, planejamento ambiental estratégico, controle e monitoramento de atividades, obras e processos produtivos que possam causar direta/indiretamente degradação ambiental** – Conceito de poluidor que abrange as condutas comissivas e omissivas – Artigo 3º, inciso IV, da Lei nº 6.938/1981 – Teoria da Reserva do Possível – Descabimento – **A proteção do meio ambiente equilibrado configura direito fundamental, ao qual deve garantida a realização do mínimo existencial – Omissão da Municipalidade** requerida em adotar as medidas necessárias para o correto **despejo dos resíduos sólidos** – Saliente-se, ademais, que, diversamente do alegado, não logrou a Municipalidade requerida, conforme lhe impunha (artigo 373, inciso II, do Novo Código de Processo Civil), apresentar elementos de prova idôneos que evidenciem posterior adequação do local de disposição dos resíduos sólidos à legislação ambiental em vigor – Pelo contrário, consoante se vislumbra da manifestação do órgão ambiental estatal exarada nos idos de 2017, restou evidenciada a **inadequação do 'aterro sanitário'**, tendo sido afirmada a necessidade de adoção 'dos procedimentos administrativos visando solicitar a interdição definitiva do aterro, nos termos do artigo 88 do Decreto Estadual nº 8468/76' – Adequação das condenações impostas – Recurso e reexame necessário a que se negam provimento"(TJSP, AC 0003882-72.2014.8.26.0456, 1ª Câm. Reservada ao Meio Ambiente, Rel. Des. Mauro Conti, j. 19.08.2021).

4.5.3.3 O mínimo existencial ecológico na jurisprudência brasileira

> "Além de constituir um direito fundamental em si, **o direito ao meio ambiente saudável** é internacionalmente reconhecido como pressuposto para o desfrute de outros direitos que integram o **mínimo existencial** de todo ser humano, como a vida, a saúde, a segurança alimentar e o acesso à água." **(Ministro Luís Roberto Barroso)**[399]

O direito ao mínimo existencial ecológico encontra-se cada vez mais presente na jurisprudência brasileira, inclusive nos nossos Tribunais Superiores (STJ e STF). O **STJ**, por exemplo, reformou a sua compreensão mais restritiva do controle judicial dos atos administrativos em matéria ambiental esboçado em julgados anteriores,[400] consolidando cada vez mais o entendimento jurisdicional no sentido de admitir a "sindicalidade" da esfera de discricionariedade da Administração Pública em situações envolvendo a proteção ecológica. A título de exemplo, no julgamento do REsp 429.570/GO,[401] a 2ª Turma do STJ, com relatoria da Ministra Eliana Calmon, entendeu, em ação civil pública ajuizada pelo Ministério Público, ser possível a imposição à Administração de **obra de recuperação do solo imprescindível à proteção ambiental**, destacando a possibilidade do controle judicial so-

---

[398] V. SÉGUIN, Elida. Defensoria Pública e tutela do meio ambiente. *In:* SOUSA, José Augusto Garcia de (coord.). *A Defensoria Pública e os processos coletivos:* comemorando a Lei Federal 11.448, de 15 de janeiro de 2007. Rio de Janeiro: Lumen Juris, 2008. p. 147-160.

[399] STF, ADPF 708/DF, Rel. Min. Barroso, decisão monocrática convocatória de audiência pública proferida em 28.06.2020.

[400] STJ, REsp 169.876/SP, 1ª T., Rel. Min. José Delgado, j. 16.06.1998.

[401] STJ, REsp 429.570/GO, 2ª T., Rel. Min. Eliana Calmon, j. 11.11.2003.

bre a conveniência e oportunidade do ato administrativo discricionário, já que suas razões devem observar critérios de moralidade e razoabilidade, além de guardarem sintonia com os parâmetros materiais estabelecidos pelos princípios e regras constitucionais.

No mesmo sentido, sob a perspectiva do saneamento ambiental, a 1ª Turma do STJ, no julgamento do REsp 575.998/MG, de relatoria do Ministro Luiz Fux, manifestou entendimento, em sede de ação civil pública, sobre a possibilidade de controle judicial em razão da prestação descontinuada de **coleta de lixo (serviço essencial)** levada a cabo pela Administração. No julgado, entendeu-se que tal omissão administrativa acarretou prejuízo ao direito fundamental à saúde, ao direito fundamental ao ambiente e à dignidade humana, bem como que "não há discricionariedade do administrador frente aos direitos consagrados constitucionalmente", sendo, portanto, possível o controle judicial da discricionariedade administrativa em face do descumprimento de um dever de proteção do Estado estampado na Constituição. Conforme sugerido no julgado do STJ, há que se transpor os direitos fundamentais do plano das "promessas constitucionais" para o "mundo da vida", considerando a dimensão normativa subjetiva dos direitos em questão, e não apenas a sua condição de normas programáticas. Assim, quando em jogo conteúdo do mínimo existencial ecológico, para onde parece indicar o caso do referido julgado, emerge uma posição jurídica subjetiva para os titulares do direito ou mesmo para as instituições estatais legitimadas a tutelar tais direitos (Defensoria Pública e Ministério Público) atuarem em sua defesa. Tal se dá em decorrência de uma carga normativa forte consubstanciada na garantia constitucional do mínimo existencial ecológico, perfeitamente "sindicável" em face do Estado, já que diz respeito ao núcleo material intangível da dignidade humana.

JURISPRUDÊNCIA STJ. Controle judicial de políticas públicas ambientais, dignidade da pessoa humana, mínimo existencial, saúde pública e proteção ecológica.

1) "Administrativo e processo civil. Ação civil pública. Obras de recuperação em prol do meio ambiente, ato administrativo discricionário. 1. Na atualidade, **a Administração Pública está submetida ao império da lei, inclusive quanto à conveniência e oportunidade do ato administrativo**. 2. Comprovado tecnicamente ser imprescindível, para o meio ambiente, a realização de **obras de recuperação do solo**, tem o Ministério Público legitimidade para exigi-la. 3. O Poder Judiciário não mais se limita a examinar os aspectos extrínsecos da administração, pois pode analisar, ainda, as razões de conveniência e oportunidade, uma vez que essas razões devem observar critérios de moralidade e razoabilidade. 4. Outorga de tutela específica para que a Administração destine do orçamento verba própria para cumpri-la. 5. Recurso especial provido" (STJ, REsp 429.570/GO, Rel. Min. Eliana Calmon, 2ª T., j. 11.11.2003).

2) "Processo civil. Ação civil pública. Danos ao meio ambiente causados pelo Estado. Se o Estado edifica obra pública – no caso, um presídio – sem dotá-la de um **sistema de esgoto sanitário** adequado, causando prejuízos ao meio ambiente, a ação civil pública é, sim, a via própria para obrigá-lo às construções necessárias à **eliminação dos danos**; sujeito também às leis, o Estado tem, nesse âmbito, as mesmas responsabilidades dos particulares. Recurso especial conhecido e provido" (STJ, REsp 88.776/GO, Rel. Min. Ari Pargendler, 2ª T., j. 19.05.1997).

3) "Processual civil e administrativo. Coleta de lixo. Serviço essencial. Prestação descontinuada. Prejuízo à saúde pública. Direito fundamental. Norma de natureza programática. Autoexecutoriedade. Proteção por via da ação civil pública. Possibilidade. **Esfera de discricionariedade do administrador. Ingerência do Poder Judiciário**. 1. Resta estreme de dúvidas que a coleta de lixo constitui serviço essencial, imprescindível à manutenção da **saúde pública**, o que torna submisso à regra da continuidade. Sua interrupção, ou ainda, a sua prestação de forma descontinuada, extrapola os limites da legalidade e afronta a cláusula pétrea de respeito à **dignidade humana**, porquanto o cidadão necessita utilizar-se desse **serviço público, indispensável à sua vida em comunidade**. 2. Releva notar que uma Constituição Federal é fruto da vontade política nacional, erigida mediante consulta das expectativas e das possibilidades do que se vai consagrar, por isso cogentes e eficazes suas promessas, sob pena de restarem vãs e frias enquanto letras mortas no papel. Ressoa inconcebível que direitos consagrados em normas menores como Circulares, Portarias, Medidas Provisórias, Leis Ordinárias tenham eficácia imediata e os direitos consagrados constitucionalmente, inspirados nos mais altos valores éticos e morais da nação sejam relegados a segundo plano. Trata-se de direito com normatividade mais do que suficiente, porquanto se define pelo dever, indicando o sujeito passivo, *in casu*, o Estado. 3. Em função do **princípio da inafastabilidade** consagrado constitucionalmente, a todo direito corresponde uma ação que o assegura, sendo certo que todos os cidadãos residentes em Cambuquira encartam-se na esfera desse direito, por isso a homogeneidade e **transindividualidade** do mesmo a ensejar a bem manejada ação civil pública. 4. A determinação judicial desse dever pelo Estado não encerra suposta ingerência do judiciário na esfera da administração. Deveras, **não há discricionariedade do administrador frente aos direitos consagrados constitucionalmente.** Nesse campo a atividade é vinculada sem admissão de qualquer exegese que vise afastar a garantia pétrea. 5. Um país cujo preâmbulo constitucional promete a disseminação das desigualdades e a **proteção à dignidade humana**, alçadas ao mesmo patamar da defesa da Federação e a República, não pode relegar a saúde pública a um plano diverso daquele que o coloca, como uma das mais belas e justas garantias constitucionais. 6. Afastada a tese descabida da discricionariedade, a única dúvida que se poderia suscitar resvalaria na natureza da norma ora sob enfoque, se programática ou definidora de direitos. 7. As meras diretrizes traçadas pelas políticas públicas não são ainda direitos senão promessas *de lege ferenda*, encartando-se na esfera insindicável pelo Poder Judiciário, qual a da oportunidade de sua implementação. 8. Diversa é a hipótese segundo a qual a Constituição Federal consagra um direito e a norma infraconstitucional o explicita, **impondo-se ao judiciário torná-lo realidade, ainda que para isso resulte obrigação de fazer, com repercussão na esfera orçamentária**. 9. Ressoa evidente que toda imposição jurisdicional à Fazenda Pública implica em dispêndio e atuar, sem que isso infrinja a harmonia dos poderes, porquanto **no regime democrático e no Estado de Direito o Estado soberano submete-se à própria justiça que instituiu**. Afastada, assim, a ingerência entre os poderes, o judiciário, alegado o malferimento da lei, nada mais fez do que cumpri-la ao determinar a realização prática da promessa constitucional. 10. 'A questão do lixo é prioritária, porque estão **em jogo a saúde pública e o meio ambiente**'. Ademais, 'A coleta do lixo e a limpeza dos logradouros públicos são classificados como serviços públicos essenciais e necessários à sobrevivência do grupo social e do próprio Estado, porque visam a atender as necessidades inadiáveis da comunidade, conforme estabelecem os arts. 10 e 11 da Lei n. 7.783/89. Por tais razões, os serviços públicos desta natureza são regidos pelo princípio da continuidade. 11. Recurso especial provido'" (STJ, REsp 575.998/MG, Rel. Min. Luiz Fux, 1ª T., j. 07.10.2004).

4) "ADMINISTRATIVO. PROCESSO CIVIL. AÇÃO CIVIL PÚBLICA. REDE DE ESGOTO. VIOLAÇÃO AO ART. 45 DA LEI N. 11.445/2007. OCORRÊNCIA. DISCRICIONARIEDADE DA ADMINISTRAÇÃO. RESERVA DO POSSÍVEL. **MÍNIMO EXISTENCIAL**. 1. Cuida-se de ação civil pública ajuizada pelo Ministério Público do Estado do Rio Grande do Sul objetivando o cumprimento de obrigação de fazer consistente na **instalação de rede de tratamento de esgoto**, mediante prévio projeto técnico, e de responsabilidade por **danos causados ao meio ambiente e à saúde pública**. 2. Caso em que o Poder Executivo local manifestou anteriormente o escopo de regularizar o sistema de encanamento da cidade. A câmara municipal, entretanto, rejeitou a proposta. 3. O juízo de primeiro grau, cujo entendimento foi confirmado pelo Tribunal de origem, deu parcial procedência à ação civil pública – limitando a condenação à canalização em poucos pontos da cidade e limpeza dos esgotos a céu aberto. A medida é insuficiente e paliativa, **poluindo o meio ambiente**. 4. O recorrente defende que é necessária elaboração de projeto técnico de encanamento de esgotos que abarque outras áreas carentes da cidade. 5. O acórdão recorrido deu interpretação equivocada ao art. 45 da Lei n. 11.445/2007. No caso descrito, **não pode haver discricionariedade do Poder Público na implementação das**

obras de saneamento básico. A não observância de tal política pública **fere aos princípios da dignidade da pessoa humana, da saúde e do meio ambiente equilibrado**. 6. Mera alegação de ausência de previsão orçamentária não afasta a obrigação de garantir o mínimo existencial. O município não provou a inexequibilidade dos pedidos da ação civil pública. 7. Utilizando-se da técnica hermenêutica da ponderação de valores, nota-se que, no caso em comento, a **tutela do mínimo existencial prevalece sobre a reserva do possível**. Só não prevaleceria, ressalta-se, no caso de o ente público provar a absoluta inexequibilidade do direito social pleiteado por insuficiência de caixa – o que não se verifica nos autos. Recurso especial provido." (STJ, REsp 1.366.331/RS 2ª T., Rel. Min. Humberto Martins, j. 16.12.2014)[402]

JURISPRUDÊNCIA STJ. Mínimo existencial ecológico e patamar mínimo de proteção estabelecido na norma geral editada pela União: "Ambiental. Processual civil. Agravo em recurso especial. Provido. Recurso especial. Interpretação restritiva do Código Florestal. Inadequada. Área de preservação permanente. Maior proteção ambiental. Provimento. Respeito ao limite imposto pelo Código Florestal. (...) 2. A proteção ao meio ambiente integra axiologicamente o ordenamento jurídico brasileiro, sua preservação pelas normas infraconstitucionais deve respeitar a teleologia da Constituição Federal. Desse modo, o ordenamento jurídico deve ser interpretado de forma sistêmica e harmônica, privilegiando os princípios do **mínimo existencial ecológico** e do ambiente ecologicamente equilibrado. 3. Na espécie, o Tribunal de origem interpretou o Código Florestal (Lei n. 4.771/1965) de maneira restritiva, pois considerou que o diploma legal estabeleceu limites máximos de proteção ambiental, podendo a legislação municipal reduzir o patamar protetivo. Ocorre que o colegiado *a quo* equivocou-se quanto à interpretação do supracitado diploma legal, pois a **norma federal conferiu uma proteção mínima, cabendo à legislação municipal apenas intensificar o grau de proteção às margens dos cursos de água, ou, quando muito, manter o patamar de proteção**. 4. A proteção marginal dos cursos de água, em toda a sua extensão, possui importante papel de resguardo contra o assoreamento. O Código Florestal tutela em maior extensão e profundidade o bem jurídico do meio ambiente, logo, é a norma específica a ser observada na espécie. 5. Recurso especial provido" (STJ, AREsp 1.312.435/RJ, 2ª T., Rel. Min. Og Fernandes, j. 07.02.2019).

O direito ao mínimo existencial ecológico também tem conquistado espaço na jurisprudência do STF, conforme se pode observar das passagens que seguem.

JURISPRUDÊNCIA STF. Mínimo existencial ecológico:

1) "(...) o **mínimo existencial** é aquele conjunto de bens materiais e imateriais sem o qual uma pessoa não pode levar uma vida digna e esta **inclui, evidentemente, um meio ambiente hígido, condição *sine qua non*,** registre-se, **para viabilizar a própria continuidade da vida dos seres humanos na Terra**. Embora raramente inscrito de forma textual nas Constituições, o Mínimo Existencial representa a própria essência de qualquer ordenamento jurídico que se julgue civilizado" (Passagem do voto do Min. Ricardo Lewandowski na ADI 4.903/DF – Novo Código Florestal –, j. 28.02.2018).

2) "Além de constituir um direito fundamental em si, **o direito ao meio ambiente saudável** é internacionalmente reconhecido como pressuposto para o desfrute de outros direitos que integram o **mínimo existencial** de todo ser humano, como a vida, a saúde, a segurança alimentar e o acesso à água" (STF, ADPF 708/DF, Rel. Min. Barroso, decisão monocrática convocatória de audiência pública proferida em 28.06.2020).

---

[402] No mesmo sentido, destacam-se alguns julgados de Tribunais Estaduais: TJRS, AC 70011759842, 3ª Câm. Cível. Rel. Des. Nelson Antônio Monteiro Pacheco, j. 01.12.2005; TJSP, AC 363.851.5/0, Seção de Direito Público, Câmara Especial de Meio Ambiente, Rel. Des. José Geraldo de Jacobina Rabello, j. 12.07.2007.

4.5.4 O direito fundamental ao meio ambiente como cláusula pétrea do sistema constitucional brasileiro (art. 60, § 4º, IV, da CF/1988)

"Não há dúvidas, portanto, que o constituinte brasileiro, ao consolidar o direito subjetivo de todos viverem em um ambiente ecologicamente equilibrado, tendo em vista sua estreita relação com a dignidade humana, consignou no pacto constitucional a proteção ambiental entre os valores permanentes da República, reconhecendo-o como cláusula pétrea." (**Ministro Cristiano Zanin**)[403]

Inicialmente, cabe destacar que não há qualquer distinção quanto ao regime jurídico ou força jurídica a ser aplicada aos direitos fundamentais presentes no catálogo e àqueles incluídos no rol por meio da abertura do art. 5º, § 2º, da CF/1988,[404] tendo, portanto, o direito fundamental ao meio ambiente **aplicação imediata**, na linha do que dispõe o § 1º do art. 5º, bem como constituindo-se de norma de eficácia direta e irradiante sob todo o ordenamento jurídico e passando a integrar o rol das **cláusulas pétreas (art. 60, § 4º, inc. IV, da CF/1988)**.[405] No plano material, houve uma decisão tomada pelo constituinte brasileiro ao consolidar o direito subjetivo dos indivíduos e da coletividade a viverem em um meio ambiente ecologicamente equilibrado, considerando ser o mesmo "essencial à sadia qualidade de vida" (art. 225, *caput*, da CF/1988). Ao reconhecer a qualidade e integridade ecológica como essencial a uma vida humana saudável (e também digna), o constituinte consignou no **pacto constitucional** sua escolha de incluir a proteção ambiental entre os **valores permanentes e fundamentais do Estado de Direito** e da República brasileira. E, portanto, eventual retrocesso em tal matéria constitucional – por exemplo, supressão total ou parcial do conteúdo na norma inscrita no art. 225 da CF/1988 – representaria flagrante violação aos valores edificantes do nosso sistema constitucional.

A aderência do direito ao meio ambiente ao direito à vida, conforme a lição de José Afonso da Silva, "contamina" a proteção ambiental com uma qualidade que impede sua eliminação por via de emenda constitucional,[406] estando, por via de consequência, inserido materialmente no rol das matérias componentes dos limites materiais ao poder de reforma constantes do art. 60, § 4º, da CF/1988[407], de modo a conferir ao direito fundamental ao meio ambiente o *status de* **cláusula pétrea**. Outra não poderia ser a interpretação constitucional dada ao direito ao meio ambiente, em vista da consagração da sua jusfundamentalidade. A consolidação constitucional da proteção ecológica como cláusula pétrea corresponde à decisão essencial da Lei Fundamental brasileira, em razão da importância do desfrute de uma vida com qualidade ambiental à proteção e ao equilíbrio de todo o sistema de valores e direitos constitucionais, e especialmente à **dignidade humana**, inclusive por meio do reconhecimento da sua **dimensão ecológica** e do **direito-garantia ao mínimo existencial ecológico**, como já se manifestou a nossa Corte Constitucional.[408]

---

[403] Passagem do voto do Ministro Cristiano Zanin na ADPF 743/DF: STF, 743/DF, Tribunal Pleno, Rel. Min. André Mendonça, Redator p/Acórd. Min. Flávio Dino, j. 20.03.2024.

[404] SARLET, Ingo W. *A eficácia dos direitos fundamentais...*, p. 154.

[405] Especificamente sobre a interpretação do art. 60, § 4º, VI, no sentido de contemplar não apenas os direitos fundamentais de primeira dimensão (ou geração), mas todas as dimensões (portanto, também os direitos sociais e os direitos ecológicos), v. BRANDÃO, Rodrigo. *Direitos fundamentais, cláusulas pétreas e democracia*. 3. ed. Rio de Janeiro: Lumen Juris, 2017. p. 292-293.

[406] SILVA, José Afonso da. Fundamentos constitucionais da proteção do meio ambiente. *Revista de Direito Ambiental*, n. 27, p. 55, jul.-set. 2002.

[407] "Art. 60 (...) § 4º – Não será objeto de deliberação a proposta de emenda tendente a abolir: I – a forma federativa de Estado; II – o voto direto, secreto, universal e periódico; III – a separação dos Poderes; IV – os direitos e garantias individuais."

[408] "(...) o **mínimo existencial** é aquele conjunto de bens materiais e imateriais sem o qual uma pessoa não pode levar uma vida digna e esta **inclui, evidentemente, um meio ambiente hígido, condição** *sine qua*

Mais recentemente, dado o (cada vez mais) necessário "diálogo de fontes normativas" (e mesmo "diálogo de Cortes de Justiça"), esse mesmo entendimento pode ser apreendido do conteúdo da **Opinião Consultiva n. 23/2017 da Corte IDH**. A Corte IDH, no referido documento, como já referido anteriormente, reconheceu expressamente "la existencia de una relación innegable entre la protección del medio ambiente y la realización de otros derechos humanos, en tanto la degradación ambiental y los efectos adversos del cambio climático afectan el goce efectivo de los derechos humanos,"[409] "que varios derechos de rango fundamental requieren, **como una precondición necesaria para su ejercicio, una calidad medioambiental mínima**, y se ven afectados en forma profunda por la degradación de los recursos naturales"[410], de modo que se tem como consequência disso "**la interdependencia e indivisibilidad entre los derechos humanos y la protección del medio ambiente**".[411] Isso, por sua vez, reforça o dever dos Estados-Membros da Convenção Americana de Direitos Humanos, como é o caso do Brasil, de assegurar um regime jurídico de proteção ecológica compatível com tal cenário normativo internacional, tomando por premissa que a realização e o exercício dos direitos humanos – e dos direitos fundamentais, no plano constitucional – são totalmente dependentes de um **patamar mínimo de integridade, qualidade e segurança em termos ecológicos**.

O reconhecimento da proteção ambiental como cláusula pétrea, na Constituição brasileira, como identificou Benjamin, conferiu um "valioso atributo de durabilidade" à proteção ambiental no âmbito do ordenamento jurídico-constitucional brasileiro, o qual "funciona como barreira à desregulamentação e a alterações ao sabor de crises e emergências momentâneas, artificiais ou não".[412] O reforço constitucional que se pretende conferir ao direito fundamental ao meio ambiente por meio do seu reconhecimento como cláusula pétrea também está em consonância com a garantia constitucional de **proibição de retrocesso ecológico** (e correlato **dever de progressividade**), já que tal instituto jurídico-constitucional objetiva blindar o **bloco normativo constitucional-ambiental** contra eventuais retrocessos, especialmente no tocante à proteção conferida aos direitos fundamentais e à dignidade da pessoa humana. De acordo com tal entendimento, Morato Leite pontua que "o direito fundamental ao ambiente não admite retrocesso ecológico, pois está inserido como norma e garantia fundamental de todos, tendo aplicabilidade imediata, consoante art. 5º, §§ 1º e 2º, da Constituição. Além do que o art. 60, § 4º, IV, também da Carta Magna, proíbe proposta de abolir o direito fundamental ambiental, nesse sentido considerado cláusula pétrea devido à sua relevância para o sistema constitucional brasileiro".[413]

Por certo, uma interpretação restritiva das *cláusulas pétreas*, limitada aos direitos civis e políticos, tem por objetivo impedir uma petrificação de toda a Constituição, o que não pode prevalecer diante de uma **exegese sistemática**, que tenha sempre presente a necessidade de preservar os seus elementos essenciais, insuscetíveis de supressão ou esvaziamento pela atuação do poder de reforma constitucional. Constituindo os direitos sociais e ecológicos (assim como os direitos civis e políticos) valores basilares de um **Estado Ecológico ou (Socio)Ambiental e**

---

non, registre-se, **para viabilizar a própria continuidade da vida dos seres humanos na Terra**. Embora raramente inscrito de forma textual nas Constituições, o Mínimo Existencial representa a própria essência de qualquer ordenamento jurídico que se julgue civilizado." Passagem do voto do Min. Ricardo Lewandowski na ADI 4.903/DF (Código Florestal), j. 28.02.2018.

[409] CORTE INTERAMERICANA DE DIREITOS HUMANOS. *Opinião Consultiva n. 23/2017...*, p. 21-22.
[410] CORTE INTERAMERICANA DE DIREITOS HUMANOS. *Opinião Consultiva n. 23/2017...*, p. 22.
[411] CORTE INTERAMERICANA DE DIREITOS HUMANOS. *Opinião Consultiva n. 23/2017...*, p. 25.
[412] BENJAMIN, Antonio Herman. Constitucionalização do ambiente e ecologização da Constituição brasileira..., p. 79.
[413] MORATO LEITE, José Rubens. Sociedade de risco e Estado. *In*: CANOTILHO, José Joaquim Gomes; e MORATO LEITE, José Rubens (Org.). *Direito constitucional ambiental brasileiro*. São Paulo: Saraiva, 2007. p. 198.

Democrático de Direito, sua abolição acabaria por redundar na própria destruição da identidade da nossa ordem constitucional, o que, por evidente, se encontra em flagrante contradição com a finalidade precípua das *cláusulas pétreas*. Quanto ao risco de uma indesejável galvanização da Constituição, é preciso considerar que apenas uma efetiva ou tendencial abolição das decisões fundamentais tomadas pelo Constituinte se encontra vedada, não se vislumbrando qualquer obstáculo à sua eventual adaptação às exigências de um mundo em constante transformação.[414] O STJ, nesse sentido, passou a reconhecer a categoria jurídica dos **direitos ambientais adquiridos**, como **"limite constitucional intocável e intransponível"** da "incumbência" do Estado de garantir a preservação e a restauração dos "processos ecológicos essenciais" (art. 225, § 1º, I).[415]

> **JURISPRUDÊNCIA STJ. Direitos ambientais adquiridos:** "Processo civil e ambiental. Ação civil pública. Responsabilidade por danos ambientais. Mata ciliar ao redor do Reservatório Hidrelétrico de Salto Santiago. Área de preservação permanente. Danos ambientais. Reflorestamento. (...) Novo Código Florestal. **Irretroatividade**. Precedentes. (...) O **novo Código Florestal não pode retroagir** para atingir o ato jurídico perfeito, os **direitos ambientais adquiridos** e a coisa julgada, tampouco para reduzir de tal modo e sem as necessárias compensações ambientais o patamar de proteção de ecossistemas frágeis ou espécies ameaçadas de extinção, a ponto de transgredir o **limite constitucional intocável e intransponível da 'incumbência' do Estado de garantir a preservação e a restauração dos processos ecológicos essenciais** (art. 225, § 1º, I). Precedentes. Agravo regimental improvido" (STJ, AgRg no REsp 1.434.797/PR, 2ª T., Rel. Min. Humberto Martins, j. 17.05.2016).

4.5.5 A eficácia do direito fundamental ao meio ambiente nas relações entre particulares

"Si los derechos fundamentales han constituido la quintaesencia de las garantías de la libertad humana frente a los más graves peligros que la han amenazado en cada momento histórico, los mayores peligros que hoy se ciernen sobre la libertad en las sociedades occidentales ya no provienen de los poderes públicos ni de la 'Naturaleza', sino de sujetos privados, de organizaciones cuyo poder en ocasiones supera en intensidad y extensión al de la mayoría de los Estados" (**Gabriel Doménech Pascual**).[416]

A eficácia dos direitos fundamentais ao meio ambiente nas relações entre particulares é tema ainda pouco explorado no cenário jurídico brasileiro. Em que pesem importantes contribuições da doutrina pátria,[417] a matéria ainda não ganhou a devida atenção e espaço jurídico na temática ambiental, especialmente por parte da jurisprudência, não obstante o **STF** já ter sinalizado para uma **eficácia direta ou imediata** entre particulares em algumas das suas decisões.[418] Entretanto, a irradiação da eficácia dos direitos fundamentais no âmbito das relações entre particulares assume função central na consolidação do **Estado Democrático, Social e Ecológico de Direito** contemporâneo, que, como outrora a História vislumbrou a simbólica queda do Muro de Berlim e a unificação de uma dicotomia instaurada no cenário político mundial, observam-se

---

[414] SARLET, *Eficácia dos direitos fundamentais...*, p. 427.
[415] STJ, AgRg no REsp 1.434.797/PR, 2ª T., Rel. Min. Humberto Martins, j. 17.05.2016.
[416] PASCUAL, Gabriel Doménech. *Derechos fundamentales y riesgos tecnológicos*: el derecho del ciudadano a ser protegido por los poderes públicos. Madrid: Centro de Estudios Políticos y Constitucionales, 2006. p. 30-31.
[417] Na doutrina, v. SARLET, Ingo Wolfgang. *Direitos fundamentais e direito privado...*, p. 107-163; SARLET, Ingo Wolfgang. *A eficácia dos direitos fundamentais...*, p. 371-379; SARMENTO, Daniel. *Direitos fundamentais...*; e STEINMETZ, Wilson Antônio. *Vinculação dos particulares a direitos fundamentais*. São Paulo: Malheiros, 2004.
[418] STF, RE 201.819-8/RJ, 2ª T., Rel. Min. Gilmar Mendes, j. 11.10.2005.

hoje as fronteiras entre o **Direito Público** e o **Direito Privado** diluírem-se na convergência e unificação de ambos rumo ao horizonte da dignidade humana e dos direitos fundamentais. O reconhecimento dos status supralegal dos tratados internacionais – e, inclusive dos tratados internacionais em matéria ambiental e climática, tal como decidido pelo STF no Caso Fundo Clima (ADPF 708) – também reforça tal entendimento.

No julgamento do Recurso Extraordinário 201.819/RJ, a 2ª Turma do STF, sob a relatoria para o acórdão do Ministro Gilmar Mendes, decidiu acerca da impossibilidade de exclusão de sócio, por parte da União Brasileira de Compositores, sem garantia da ampla defesa e do contraditório. O caso em questão representa um *leading case* da nossa Corte Constitucional, notadamente com relação ao reconhecimento da **eficácia dos direitos fundamentais nas relações privadas** (também denominada de **eficácia horizontal** dos direitos fundamentais). Na doutrina brasileira (por exemplo, Ingo W. Sarlet), cabe frisar, prevalece o entendimento favorável à **eficácia direta** (e, portanto, não indireta) dos direitos fundamentais nas relações particulares, de modo que **se aplicam diretamente as disposições constitucionais**, independentemente de mediação do legislador infraconstitucional, como verificado no caso concreto decidido pelo STF, ao aplicar as garantias constitucionais da ampla defesa e do contraditório.

> **JURISPRUDÊNCIA STF. Eficácia direta ou imediata dos direitos fundamentais nas relações entre particulares:** "Sociedade civil sem fins lucrativos. União Brasileira de Compositores. Exclusão de sócio sem garantia da ampla defesa e do contraditório. Eficácia dos direitos fundamentais nas relações privadas. Recurso desprovido. I – **Eficácia dos direitos fundamentais nas relações privadas**. As violações a direitos fundamentais não ocorrem somente no âmbito das relações entre o cidadão e o Estado, mas igualmente nas relações travadas entre **pessoas físicas e jurídicas de direito privado**. Assim, os direitos fundamentais assegurados pela Constituição vinculam diretamente não apenas os poderes públicos, estando direcionados também à proteção dos particulares em face dos poderes privados. II – **Os princípios constitucionais como limites à autonomia privada das associações**. (...). A autonomia privada, que encontra claras limitações de ordem jurídica, não pode ser exercida em detrimento ou com desrespeito aos direitos e garantias de terceiros, especialmente aqueles positivados em sede constitucional, pois a **autonomia da vontade não confere aos particulares, no domínio de sua incidência e atuação, o poder de transgredir ou de ignorar as restrições postas e definidas pela própria Constituição, cuja eficácia e força normativa também se impõem, aos particulares, no âmbito de suas relações privadas, em tema de liberdades fundamentais**. III – Sociedade civil sem fins lucrativos. Entidade que integra espaço público, ainda que não estatal. Atividade de caráter público. Exclusão de sócio sem garantia do devido processo legal. **Aplicação direta dos direitos fundamentais à ampla defesa e ao contraditório**. (...). O caráter público da atividade exercida pela sociedade e a dependência do vínculo associativo para o exercício profissional de seus sócios legitimam, no caso concreto, a **aplicação direta dos direitos fundamentais concernentes ao devido processo legal, ao contraditório e à ampla defesa** (art. 5º, LIV e LV, CF/88). IV – Recurso extraordinário desprovido." (STF, RE 201.819/RJ, 2ª T., Rel. Min. Ellen Gracie, Rel. p/ Acórdão Min. Gilmar Mendes, j. 11.10.2005).

O fortalecimento do **princípio da solidariedade** verificado no cenário contemporâneo, por meio dos **deveres fundamentais**, alinha-se com o reconhecimento da eficácia entre particulares (ou, como refere a doutrina alemã, a *Drittwirkung*) e balanceia a relação entre Estado e sociedade, em vista de que o primeiro é destituído do cargo de único responsável (e guardião) pela efetivação dos direitos fundamentais, colocando agora parcela da responsabilidade também nas mãos dos particulares, o que tem especial importância num contexto social onde certos atores sociais privados possuem tanto ou mais poder (econômico, político, técnico etc.) do que os próprios Estados nacionais. Há que se postular, portanto, um dever de respeito e consideração mútuo entre particulares, fundado no marco constitucional da solidariedade. As relações verticalizadas que antes se davam apenas entre Estado e cidadãos agora também estão presentes nas relações travadas entre particulares.[419] No âmbito da proteção do ambiente, a eficácia entre particulares irradiada pelo direito fundamental ao meio ambiente ganha especial relevância, ainda mais quando boa parte das principais atividades poluidoras é levada a cabo por particulares (por exemplo, empresas de grande porte ou multinacionais) que perfeitamente se enquadram em relações verticais (e não horizontais) para com os demais particulares, considerados individual ou coletivamente.[420] No entanto, antes de desenvolver a eficácia entre particulares do direito fundamental ao meio ambiente, é importante destacar sinteticamente o desenvolvimento teórico e conceitual da eficácia dos direitos fundamentais entre particulares em termos gerais.

No direito estrangeiro, em que pese a sua origem estar na doutrina alemã, as doutrinas espanhola e portuguesa[421] (e também suas respectivas jurisprudências) têm sido as mais receptivas à adoção da teoria da eficácia dos direitos fundamentais entre particulares, inclusive com posições de maior vanguarda na matéria. De tal sorte, cumpre asseverar que a eficácia dos direitos fundamentais nas relações entre particulares constitui-se de dimensão normativa derivada da perspectiva objetiva dos direitos fundamentais, desenvolvida em tópico anterior. Nesse prisma, Vieira de Andrade refere que, se os direitos fundamentais na sua dimensão subjetiva dizem respeito às relações entre particulares e Estado, será em razão da sua dimensão objetiva, enquanto normas constitucionais e valores comunitários, que toma forma a eficácia dos direitos fundamentais no âmbito das relações entre particulares.[422]

A **eficácia objetiva ou externa dos direitos fundamentais**, como destaca o autor, foi inicialmente pensada como eficácia horizontal, no intuito de fundamentar uma obrigação geral de respeito nas relações entre particulares (supostamente iguais) contraposta à sua típica eficácia vertical estabelecida nas relações entre particular e Estado.[423] Hoje, no entanto, em razão de as relações entre particulares terem se verticalizado, inclusive com alguns **particulares** detendo mais **poder (econômico, social, técnico etc.)** do que os próprios Estados, a expressão eficácia "horizontal" perdeu em parte o seu significado, resultando, no nosso sentir, mais adequada a expressão eficácia dos direitos fundamentais nas relações entre particulares. Sensível a tal contexto das relações jurídico-privadas contemporâneas, Hesse assinala que a "liberdade humana é posta em perigo não só pelo Estado, mas também por **poderes não estatais**, que na atualidade podem ficar mais ameaçadores dos que as ameaças pelo Estado".[424]

---

[419] Parte da doutrina utiliza a expressão eficácia horizontal para denominar a eficácia dos direitos fundamentais entre particulares. No entanto, em que pese a diferença ser apenas terminológica, adota-se no presente estudo uma rejeição a tal expressão, por entender que as relações entre particulares passaram a dar-se também de forma verticalizada, o que implica inadequação do termo "eficácia horizontal", preferindo-se, portanto, na esteira da doutrina do primeiro autor, simplesmente a expressão "eficácia dos direitos fundamentais nas relações entre particulares" (SARLET, *Direitos fundamentais e direito privado*..., p. 107-163).

[420] Com relação à "verticalização" das relações entre particulares, Benjamin afirma que hoje devemos esperar mais das salvaguardas dos direitos fundamentais, "em especial que sejam dirigidas não apenas contra o Poder Público solitário, mas que também vinculem uma poderosa minoria de sujeitos privados que, em vários terrenos e no ambiental em especial, aparecem não exatamente como vítimas indefesas de abusos estatais, mas, ao contrário, como sérios candidatos à repreensão por parte da norma (inclusive constitucional) e de seus implementadores" (BENJAMIN, Antonio Herman. Constitucionalização do ambiente..., p. 60).

[421] A Constituição portuguesa consagra de forma expressa a vinculação dos particulares aos direitos fundamentais: "Art. 18º (Força jurídica). 1. Os preceitos constitucionais respeitantes aos direitos, liberdades e garantias são directamente aplicáveis e vinculam as entidades públicas e privadas".

[422] VIEIRA DE ANDRADE, José Carlos. *Os direitos fundamentais*..., p. 141.

[423] VIEIRA DE ANDRADE, José Carlos. *Os direitos fundamentais*..., p. 141.

[424] HESSE, Konrad. *Elementos de direito constitucional*..., p. 278.

A "**doutrina da efetividade na norma constitucional**" capitaneada por Barroso tem um especial destaque para a ideia de eficácia entre particulares dos direitos fundamentais, uma vez que busca superar o modelo que vigorou na Europa até meados do século passado, no qual a **Constituição** era vista como um documento essencialmente político,[425] para conferir ao texto **normatividade plena**, com **aplicabilidade de forma direta e imediata** no âmbito de todo o ordenamento jurídico, e, portanto, tornando-se **fonte de direitos e obrigações**.[426] O raciocínio empregado conduz à atribuição de **carga normativa aos princípios constitucionais**, o que é fundamental para compreender a dimensão normativa dos direitos fundamentais. Assim, a teoria da efetividade da norma constitucional abriu caminho para a evolução da teoria dos direitos fundamentais, ampliando seus horizontes e permitindo consolidar, inclusive, a eficácia dos direitos fundamentais no âmbito das relações entre particulares. Em verdade, trata-se de um caminhar evolutivo traçado pela teoria constitucional, tendo como objetivo central a efetividade da norma constitucional, com especial destaque para os direitos fundamentais e a dignidade humana.

Há que se ter em conta a divergência doutrinária acerca de a eficácia dos direitos fundamentais se dar de forma **direta ou imediata** ou de forma **indireta ou mediata**. Nesse sentido, merece destaque a distinção esclarecedora feita por Canaris entre eficácia imediata dos direitos fundamentais com relação a terceiros e a imediata vigência dos direitos fundamentais no âmbito do direito privado. A primeira hipótese, chamada pela doutrina alemã de *Drittwirkung*, diz respeito aos **destinatários das normas de direitos fundamentais**. A segunda hipótese concerne apenas à eficácia dos direitos fundamentais para a legislação de direito privado, o que, conforme destaca Canaris, já se encontra pacificada pela doutrina no sentido de ocorrer de forma imediata.[427] Outra é a situação da *Drittwirkung*, em que há divergência doutrinária, especialmente no âmbito da doutrina portuguesa[428] e espanhola,[429] que, em boa parte, se posicionam em favor da eficácia imediata ou direta. Por sua vez, por exemplo, Canaris, que espelha o posicionamento da doutrina alemã, coloca-se em prol de uma eficácia apenas indireta dos direitos fundamentais nas relações entre particulares, sendo, portanto, em princípio, os destinatários dos direitos fundamentais apenas o Estado e os seus órgãos, mas não os sujeitos de direito privado.[430]

No âmbito da doutrina brasileira, destaca-se a posição do primeiro autor, que, com trabalho pioneiro na matéria, defende que, à exceção dos direitos que têm por destinatário apenas os órgãos estatais, todas as demais normas constitucionais de natureza *jusfundamental*, inclusive os denominados direitos à prestação, **vinculam, em maior ou menor medida, diretamente os sujeitos privados**, e, portanto, são eficazes nas relações entre particulares.[431] Em que pese ambos estarem vinculados diretamente às normas de direitos fundamentais, há uma diferença de intensidade e amplitude na eficácia das normas de direitos fundamentais em face de particulares e em face do Poder Público, e no último caso ela se dá de forma mais intensa e ampla.[432] Há que se ter em conta o reconhecimento de uma **eficácia direta** *prima facie* dos direitos fundamentais

---

[425] BARROSO, Luís Roberto. A doutrina brasileira da efetividade. In: BARROSO, Luís Roberto. *Temas de direito constitucional*. Rio de Janeiro/São Paulo/Recife: Renovar, 2005. v. III, p. 68.

[426] BARROSO, Luís Roberto. A doutrina brasileira da efetividade..., p. 76.

[427] CANARIS, Claus-Wilhelm. *Direitos fundamentais e direito privado*. Trad. Ingo Wolfgang Sarlet e Paulo Mota Pinto. Coimbra: Almedina, 2003. p. 28.

[428] CANOTILHO, José Joaquim Gomes. *Direito constitucional e teoria*..., p. 1.208 e ss.

[429] UBILLOS, Juan María Bilbao. *La eficacia de los derechos fundamentales frente a particulares*. Madrid: Centro de Estudios Políticos y Constitucionales, 1997. p. 360 e ss.

[430] CANARIS, Claus-Wilhelm. *Direitos fundamentais e direito privado*..., p. 28.

[431] SARLET, Ingo Wolfgang. Direitos fundamentais e direito privado..., p. 156. Em sentido contrário, na defesa de uma eficácia apenas indireta no âmbito constitucional brasileiro, cfr. DIMOULIS Dimitri; MARTINS, Leonardo. *Teoria geral dos direitos fundamentais*. São Paulo: RT, 2007. p. 104 e ss.

[432] SARLET, Ingo Wolfgang. Direitos fundamentais e direito privado..., p. 155.

nas relações entre particulares, já que a sua aplicação deve necessariamente ser pautada pelas circunstâncias do caso concreto,[433] considerando sempre o princípio da proporcionalidade ou da concordância prática em face dos direitos postos em causa, uma vez que, muitas vezes, haverá a limitação de outros direitos também fundamentais, como é o caso especialmente da autonomia da vontade e da livre-iniciativa.

A relação entre os **deveres de proteção do Estado** e a eficácia entre particulares dos direitos fundamentais pode ser concebida na medida em que, nas primeiras formulações doutrinárias desta última, tinha-se em conta que estava incluído nos deveres de proteção do Estado arrostar qualquer violação de direito fundamental impetrada por terceiros (no caso, particulares). O Estado, dessa forma, atuava de modo a afastar tal violação, que, diferentemente de uma perspectiva prestacional que traça uma relação entre titular de direito fundamental e Estado, tem em conta uma relação entre particulares, colocando em conflito muitas vezes direitos fundamentais em ambos os polos da relação. Ao Estado, diante de tal situação violadora de direitos fundamentais, é imposta constitucionalmente uma atuação a fim de restabelecer o desfrute do direito fundamental subjugado e harmonizar ou equalizar a relação jurídica em questão travada entre particulares.

Hoje, no entanto, de acordo com o atual desenvolvimento da teoria dos direitos fundamentais, bem como da concepção de um "**Estado-amigo dos direitos fundamentais**", a eficácia entre particulares dos direitos fundamentais e os deveres de proteção do Estado ganham contornos cada vez mais específicos, possibilitando uma distinção conceitual mais clara, não obstante a possibilidade de, em face de um caso concreto, ambas as projeções normativas por vezes incidirem simultaneamente na tutela de um direito fundamental. Assim, se é verdadeiro que são os órgãos estatais que se encontram diretamente vinculados pelos deveres de proteção expressa e implicitamente contidos nos direitos fundamentais, também é correto afirmar que entre os particulares existe um dever de respeito e consideração (portanto, de não violação) pela dignidade e direitos fundamentais das outras pessoas. Assim, a eficácia vertical será sempre complementada por uma espécie de eficácia horizontal, que mais apropriadamente tem sido designada de **eficácia dos direitos fundamentais nas relações privadas**, dado que tal terminologia contorna a circunstância de que também essas relações são, em boa parte, inevitavelmente verticais.[434]

O **princípio da igualdade** (substancial e fática) também joga um papel importante na justificação da incidência dos direitos fundamentais nas relações entre privados, objetivando um equilíbrio de forças nas relações entre particulares, o que tem uma importância ainda maior para a trágica realidade social brasileira, ao menos com relação aos países europeus que adotaram a **Teoria da *Drittwirkung***. Assim, é possível justificar a adoção de uma "eficácia direta" dos direitos fundamentais nas relações entre particulares com base na desigualdade social e material existente no quadrante comunitário brasileiro. A eficácia dos direitos fundamentais entre particulares tem por **objetivo igualar os particulares desiguais em dada relação jurídica**, no sentido de conferir primazia aos seus direitos fundamentais e dignidade. Com foco na questão ecológica, pode-se falar da desigualdade de cunho socioambiental que acompanha, em muitas situações, a degradação do meio ambiente.

O mesmo raciocínio pode ser aplicado às relações de consumo, dada a **desigualdade fática** – de ordem **econômica, técnica, informacional** etc. – que se apresenta na relação jurídica estabelecida entre **consumidor** e **fornecedor,** inclusive a ponto de o próprio Código de Defesa do Consumidor (Lei 8.078/90) estabelecer a ***vulnerabilidade* do consumidor** como princípio nuclear do microssistema normativo de proteção edificado pelo CDC (art. 4º, I). A eficácia diagonal pode ser compreendida como uma **forma "qualificada"** de eficácia dos direitos fundamentais entre particulares, justamente por ter por premissa a proteção de um **sujeito de direito**

---

[433] SARLET, Ingo Wolfgang. Direitos fundamentais e direito privado..., p. 157.
[434] SARLET, Ingo Wolfgang. Direitos fundamentais sociais..., p. 580-581.

vulnerável – ou mesmo **hipervulnerável,** a depender do caso –, ou seja, em posição fática e jurídica desfavorecida. O Direito do Consumidor é expressão, como afirma Claudia Lima Marques inspirada na doutrina alemã, de um "**direito privado solidário**", ou seja, "um novo direito privado, resultado da influência dos direitos civis (ou fundamentais de liberdade) e dos direitos sociais e econômicos (ou direitos fundamentais positivos de prestação); um direito privado ciente de sua função social, um direito privado guiado pelos valores e pela ordem constitucional".[435]

A eficácia dos direitos fundamentais nas relações privadas, é importante ressaltar – como, aliás, se pode apreender da passagem citada –, alcança todas as **dimensões ou gerações de direitos fundamentais** (liberais, sociais e ecológicos ou de solidariedade), de sorte que também o **direito-garantia ao mínimo existencial** irradia a sua eficácia normativa e incide no âmbito das relações entre particulares[436] como, aliás, já decidiu o STJ em caso envolvendo "**consumidor superendividado**".[437]

À luz de tal perspectiva, verifica-se a importância da adoção da eficácia dos direitos fundamentais nas relações entre particulares em vista do atual contexto de globalização e aumento alarmante dos níveis de exclusão e opressão social (e também da degradação e poluição ambiental), em face de uma proteção do cidadão e da sociedade como um todo contra os **abusos do poder econômico e social.**[438] Sensível à tragédia social brasileira, Sarmento afirma que, "diante da brutal **desigualdade material** que se verifica na sociedade, torna-se imperativo condicionar os atores privados – sobretudo os investidos de maior poder social – ao respeito dos direitos fundamentais. A ficção da igualdade jurídica entre os indivíduos, num contexto de gritantes desigualdades sociais, não se presta mais para justificar a imunidade dos particulares aos direitos fundamentais, a partir do dogma da autonomia privada".[439]

Quanto à **autonomia privada,** tal deve ter o seu **núcleo essencial** preservado mesmo diante da eficácia de direitos fundamentais nas relações entre particulares, e qualquer limitação deve necessariamente ser submetida ao crivo da **proporcionalidade**. A tutela da autonomia ganha maior relevo para bloquear a incidência de outros direitos fundamentais especialmente quando diga respeito à dimensão eminentemente existencial do indivíduo, ou seja, ao desenvolvimento

---

[435] BENJAMIN, MARQUES; BESSA, *Manual de direito do consumidor...*, p. 48-49.

[436] Na doutrina, tratando especificamente do tema, ou seja, defendendo a eficácia direta dos direitos sociais e do mínimo existencial nas relações privadas, v. SARLET, Ingo W. Mínimo existencial e relações privadas: algumas aproximações. *In:* MARQUES, Claudia Lima. (Org.). *Direitos do consumidor endividado*: vulnerabilidade e inclusão. São Paulo: RT, 2016. v. II, p. 107-144.

[437] STJ, REsp 1.584.501/SP, 3ª T., Rel. Min. Paulo de Tarso Sanseverino, j. 06.10.2016. O Código de Defesa do Consumidor foi alterado recentemente pela denominada **Lei do Superendividamento (Lei 14.181/2021)**, passando a prever expressamente no seu art. 6º, como direito básico do consumidor: "XII – a **preservação do mínimo existencial**, nos termos da regulamentação, na repactuação de dívidas e na concessão de crédito". A inovação legislativa em questão reforça o entendimento em torno da eficácia do direito ao mínimo existencial (também ecológico) nas relações entre particulares.

[438] "O avanço da globalização e o impacto de seus efeitos colaterais de cunho negativo, como é o caso do incremento dos níveis de exclusão social e de opressão por parte dos poderes sociais, cuja influência tem crescido vertiginosamente na mesma proporção em que o Estado se demite ou é demitido de suas funções regulatórias e fiscalizatórias, mediante a fragilização de sua capacidade de atuar efetivamente na proteção e promoção dos direitos fundamentais, revela o quão atual é a discussão em torno da eficácia social da Constituição e dos direitos fundamentais para além das relações entre o Estado e os particulares. Assim, ainda com maior razão (mesmo que de modo diferenciado) do que se afirmava no auge do constitucionalismo social, segue valendo a premissa de que a dignidade da pessoa humana e os direitos fundamentais, de um modo geral, aplicam-se na e a toda a ordem jurídica e social. Com efeito, a **proteção do cidadão e da sociedade contra o abuso do poder econômico** e social pressupõe que se tome a sério estes riscos e ameaças e que se leve a sério as funções e possibilidades da Constituição e dos Direitos Fundamentais em todos os setores da vida social e jurídica" (SARLET, Ingo Wolfgang. Direitos fundamentais sociais..., p. 578).

[439] SARMENTO, Daniel. *Direitos fundamentais...*, p. 42.

pleno da sua personalidade, o que, diga-se de passagem, constitui direito fundamental intimamente ligado à dignidade humana. No entanto, a autonomia privada não pode ser tomada como dogma, a ponto de blindar o ator privado contra a eficácia dos direitos fundamentais e a assunção das suas responsabilidades e deveres para com a coletividade, justificando, no caso brasileiro, a manutenção de um *status quo* degradante para a maior parcela da população.

O **Estado Democrático, Social e Ecológico de Direito** consagrado na Constituição brasileira torna imperativa a ruptura com o individualismo liberal (e superação do Estado Liberal), reconstruindo o papel jurídico dos atores privados e estatais. Nessa reconstrução, os particulares, individual e coletivamente considerados, são chamados a participar e colaborar de forma solidária na construção do espaço social, especialmente no que tange à efetivação dos direitos fundamentais. Como refere Macedo, é imperativa "uma nova feição da liberdade individual que se coadune coma necessidade atual de proteção ecológica, assim como foi com a função social".[440] As **dimensões liberal, social e ecológica (e climática)** reforçam-se mutuamente e de forma interdependente na proteção da vida, da dignidade humana e dos direitos fundamentais, vinculando de forma direta e imediata as relações jurídicas privadas. Uma nova concepção de **liberdade** – inclusive **inter e transgeracional** – emerge no contexto contemporâneo, impactando a compreensão do sujeito de direito privado.

Courtis, por sua vez, contextualiza a discussão acerca da eficácia entre particulares dos direitos fundamentais no cenário do direito internacional, referindo, a partir de um diálogo cada vez mais necessário entre direito internacional e direito interno em matéria de direitos humanos (e fundamentais), que os **tratados internacionais de direitos humanos**,[441] ao positivarem bens como a vida, a integridade física, a vida privada, a saúde ou a moradia, prescrevem a sua proteção, independentemente de quem os ameace (Estado ou particular).[442] O jurista argentino destaca ainda que todo direito humano gera obrigações de proteção para o Estado, o que reflete no fato de que todos os particulares agressores devem suportar a ação estatal protetora e têm obrigação direta de não afetar aqueles bens.[443]

A **eficácia dos direitos humanos nas relações entre particulares** ganha ainda mais relevância e força no Brasil após a decisão emblemática proferida pelo STF na **ADPF 708/DF (Caso Fundo Clima)**, conforme desenvolvido anteriormente, ao reconhecer o *status* supralegal dos **tratados internacionais em matéria ambiental e climática** (ex.: Convenção-Quadro sobre Mudança do Clima, Acordo de Paris etc.) ratificados e internalizados no nosso sistema jurídico nacional. Ou seja, do ponto de vista da hierarquia normativa, os tratados internacionais ambientais

---

[440] MACEDO, Humberto Gomes. *A dimensão civil da sustentabilidade e a função ecológica do princípio da boa-fé*. Belo Horizonte/São Paulo: Editora D'Plácido, 2023. p. 205.

[441] À luz do que já foi desenvolvido em tópico anterior do presente estudo, registra-se que os tratados internacionais sobre a temática ambiental também estariam contemplados no âmbito dos tratados de direitos humanos, tal como consagrado recentemente pelo STF no julgamento da ADPF 708/DF.

[442] COURTIS, Christian. La eficacia de los derechos humanos en las relaciones entre particulares. *In*: SARLET, Ingo W. (org.). *Constituição, direitos fundamentais e direito privado*. 2. ed. Porto Alegre: Livraria do Advogado, 2006. p. 416. O autor destaca a **OC 18/2003 da Corte IDH** a respeito do alcance dos direitos dos trabalhadores migrantes em situação irregular. A manifestação da Corte foi exemplar, no sentido de reforçar a tese da **eficácia entre particulares dos direitos humanos**: "En relación laboral regida por el derecho privado, se debe tener en cuenta que existe una obligación de respeto de los derechos humanos entre particulares. Esto es, de la obligación positiva de asegurar la efectividad de los derechos humanos protegidos, que existe en cabeza de los Estados, se derivan efectos en relación con terceros (*erga omnes*). Dicha obligación ha sido desarrollada por la doctrina jurídica y, particularmente, por la teoría del *Drittwirkung*, según la cual los derechos fundamentales deben ser respetados tanto por los poderes públicos como por los particulares en relación con otros particulares". Registrou, ainda, Cançado Trindade na sua manifestação: "El ámbito de la autonomía de la voluntad, que predomina en el derecho privado, no puede ser un obstáculo para que se diluya la **eficacia vinculante *erga omnes* de los derecho humanos**" (Idem, p. 409).

[443] COURTIS, Christian. La eficacia de los derechos humanos…, p. 416.

e climáticos situam-se acima da legislação civil ordinária, como, por exemplo, o Código Civil, o qual deve ser interpretado a partir das lentes dos direitos humanos, entre os quais se destaca o direito a viver em um meio ambiente saudável, limpo e seguro, conforme reconhecido de forma exemplar pela Corte IDH na **OC 23/2017** e, mais recentemente, pela Assembleia Geral da ONU por meio da Resolução A/76/L.75 (2022). Para além da eficácia dos direitos humanos em geral, destaca-se a **eficácia do direito humano ao meio ambiente nas relações jurídicas privadas**.

A eficácia dos tratados internacionais ambientais – em particular, do Acordo de Paris – foi reconhecida de forma exemplar pela Corte Distrital de Haia no *Caso Milieudefensie v. Royal Dutch Shell* (2021), em que foi ordenada à empresa privada a redução de pelo menos 45% das suas emissões de gases do efeito estufa até o ano de 2030 (em relação aos níveis de 2019), a fim de empreender esforços para limitar o aumento da temperatura global a no máximo 1,5-2ºC.[444] O caso em questão é pioneiro em obrigar judicialmente empresa privada a reduzir as suas emissões de gases do efeito estufa, fixando uma meta específica (*target*) para tanto. É um típico caso de litigância climática corporativa, o que ganha cada vez mais força em vista da reconhecida eficácia dos tratados internacionais de direitos humanos – entre eles, os tratados ambientais e climáticos – nas relações privadas e, em particular, nas relações empresariais, inclusive por meio da imposição de **deveres de devida diligência às empresas privadas em matéria de direitos humanos, meio ambiente e clima,**[445] notadamente na hipótese de empresas multinacionais, conforme consagrado de forma emblemática em decisão recente da Corte IDH no *Caso Habitantes de La Oroya v. Peru* (2023).

De volta ao plano constitucional, a eficácia dos direitos fundamentais nas relações entre particulares não se justifica apenas quando fotografada uma situação verticalizada entre privados, estando também presente, não obstante com força atenuada, nas relações entre particulares que supostamente estejam em situação de **igualdade fática**. Assim, a eficácia dos direitos fundamentais opera também nas relações entre particulares em situação de igualdade fática, "ainda que aqui não se possa aplicar, de modo geral e de modo igual, as mesmas categorias dogmático-argumentativas, por conta de um maior impacto da autonomia privada".[446] Portanto, no caso de particulares em igualdade fática, deve-se contemplar uma tutela mais rígida da autonomia da vontade e a incidência dos direitos fundamentais não opera de forma tão intensa quanto na hipótese de verificação de **desigualdade fática** entre ambos e **concentração de poder social** (econômico, técnico, informacional etc.) em um dos particulares.

Com base nisso, é conferido ao particular o direito ou posição jurídica subjetiva de exigir a **abstenção (*perspectiva defensiva*)** de outros particulares de ingerência no âmbito de proteção do seu direito fundamental ao meio ambiente, bem como pode exigir **conduta positiva (*perspectiva prestacional*)** dos atores privados diretamente responsáveis pela violação ao seu direito fundamental, baseando-se simultaneamente nos deveres fundamentais ambientais e na eficácia horizontal do direito fundamental ao meio ambiente nas relações entre particulares. À luz da ordem jurídica portuguesa, Pereira da Silva assevera que a vinculação das entidades privadas ao direito ao meio ambiente permite a recondução à Constituição do universo das relações jurídicas interprivadas relacionadas à proteção ecológica, subsumindo no conteúdo desse direito fundamental todas aquelas normas que estabelecem direitos e deveres privados relevantes em matéria

---

[444] A eficácia horizontal dos direitos humanos no direito privado (holandês) reconhecida pela Corte Distrital de Haia no caso *Caso Milieudefensie v. Royal Dutch Shell* por meio da aplicação do Acordo de Paris e imposição judicial de redução de emissões à empresa privada, é referida por: Burgers Laura. An Apology Leading to Dystopia: Or, Why Fuelling Climate Change Is Tortious. *Transnational Environmental Law*. 2022, 11(2), p. 431 (419-431).

[445] No Congresso Nacional, tramita o **PL 572/2022** com o propósito de criar a **Lei Marco Nacional sobre Direitos Humanos e Empresas**, estabelecendo diretrizes para a promoção de políticas públicas no tema.

[446] SARLET, Ingo Wolfgang. Direitos fundamentais sociais..., p. 580.

ambiental, como é o caso, por exemplo, da regulação das **relações de vizinhanças** (arts. 1346º e seguintes do Código Civil) ou da **responsabilidade civil** (arts. 483º e seguintes do Código Civil).[447]

Outra característica importante do Estado Ecológico de Direito, que também revela a sua dimensão democrática, diz respeito à "**tutela compartilhada público-privada**" do bem jurídico ambiental, ou seja, a possibilidade de a proteção ecológica ser promovida tanto pelo Estado quanto pela sociedade, em vista de uma "**recusa à estatização ou publicização**" (como refere Canotilho)[448] da proteção do meio ambiente, já que esta última toma a forma de "dever" de todos os membros da comunidade estatal, e não apenas dos poderes públicos. A CF/1988 registrou de forma expressa a ideia de uma tutela ambiental levada a cabo tanto pelo Estado quanto pela sociedade ao impor ao Poder Público e à coletividade o dever de defender e preservar o ambiente para as presentes e futuras gerações (*caput* do art. 225).

A ideia de solidariedade que perpassa o tratamento constitucional conferido proteção ecológica, ao passo que a responsabilidade e o dever de proteção do meio ambiente são compartilhados entre o Estado e a sociedade, é uma marca importante do novo regime jurídico-constitucional estabelecido pela CF/1988 (vide *caput* do art. 225), ao remodelar os papéis políticos e jurídicos do Estado e da sociedade. Registra-se, assim, o "movimento jurídico" de **ampliação normativa do princípio da solidariedade**, que acaba por ventilar, no ordenamento jurídico brasileiro, novos institutos, por exemplo, a boa-fé objetiva, a **função social e ambiental da propriedade e do contrato**, o **abuso de direito**, os **deveres fundamentais conexos e autônomos**, a eficácia dos direitos fundamentais nas relações entre particulares, entre outras dimensões normativas, os quais têm como função estabelecer uma nova postura dos particulares nas suas relações privadas e públicas.

Esse cenário normativo revela a nova condição jurídica e o papel constitucional atribuído à sociedade na consecução dos direitos fundamentais, notadamente na seara da proteção ecológica. Como refere Pereira da Silva, da mesma forma que a crise do Estado-Providência obrigou a repensar e renovar o "**pacto social**", na tentativa de reequacionar o papel do Estado na sociedade e de dar resposta às necessidades sociais acrescidas em razão de novas ameaças dos poderes públicos e privados, também a "questão ecológica" (como outrora a questão social, mas também ainda a questão social) vai implicar a assunção de novas tarefas estatais,[449] além de projetar uma nova postura política (e também jurídica) para a sociedade civil, que, especialmente sob o marco normativo da solidariedade, deverá compartilhar com o Estado (não obstante em menor intensidade) a carga de responsabilidades e deveres de tutela do ambiente (para as presentes e futuras gerações).

Assim como uma nova feição estatal se delineia, também novos atores políticos, públicos e privados, devem emergir de tal conjuntura político-jurídica comprometida com o futuro. O **princípio da solidariedade** e os **deveres fundamentais** reforçam normativamente a eficácia dos direitos fundamentais nas relações entre particulares, especialmente no caso do direito ao meio ambiente. Assim, assevera Canotilho que a designada *Drittwirkung* não fica afastada no plano intersubjetivo, tendo em vista o horizonte de deveres fundamentais entre cidadãos postos pelas ideias de *solidariedade e fraternidade*. E, nesse ponto, o constitucionalista lusitano traz justamente o exemplo do direito-dever fundamental como paradigma para a compreensão de tais ideias, inclusive com a possibilidade de sua aplicação imediata.[450]

---

[447] SILVA, Vasco Pereira da. *Verde cor de direito...*, p. 34-35.
[448] CANOTILHO, José Joaquim Gomes. Privatismo, associacionismo e publicismo..., p. 154.
[449] SILVA, Vasco Pereira da. *Verde cor de direito...*, p. 24.
[450] CANOTILHO, José Joaquim Gomes. *Direito constitucional e teoria...*, p. 536.

O regime jurídico de **direito-dever fundamental ao meio ambiente** expresso no nosso texto constitucional (art. 225) reforça a tese da **eficácia direta e imediata**[451] do direito em questão nas relações jurídico-ambientais entre particulares. O *caput* do art. 225 da Constituição Federal reconhece expressamente o "dever" não apenas do Estado, mas igualmente da "coletividade" (ou seja, agentes particulares, entre pessoas naturais e pessoas jurídicas) de protegê-lo e defendê-lo. Além do *caput* do art. 225, também os seus parágrafos vinculam diretamente os poderes públicos e os agentes privados (pessoas físicas e jurídicas) ao seu conteúdo normativo, como, por exemplo, os §§ 2º e 3º, que preveem expressamente a responsabilidade civil do poluidor e dever de reparação dos danos causados ao meio ambiente. A eficácia direta das normas constitucionais como expressão do processo de "constitucionalização" do Direito Civil levado a efeito a partir de 1988 pela Constituição Federal, é enfatizada pela doutrina civilista, tendo como expoente doutrinário, nesse sentido, entre outros autores, Gustavo Tepedino:

> "O legislador constituinte, de maneira imperativa, pretende evitar que a iniciativa econômica privada possa ser desenvolvida em maneira prejudicial à promoção da dignidade da pessoa humana e à justiça social. Rejeita, igualmente, que os espaços privados, como a família, a empresa e a propriedade, possam representar uma espécie de zona franca para a violação do projeto constitucional. (...) A Constituição da República, ao absorver toda uma série de valores não patrimoniais, intervém diretamente no negócio jurídico, na família, nas relações de trabalho, na empresa, nas relações de consumo, coloca em xeque o dogmatismo próprio da Escola da Exegese, tão cioso de sua neutralidade e pureza científica, que limitava deliberadamente os horizontes do direito civil às relações patrimoniais. (...) a aplicação direta das normas constitucionais não se reduz a uma simples questão de localização topográfica das normas aplicáveis às relações privadas. Cuida-se, de maneira muito mais ampla, da inserção permanente e contínua da tábua de valores constitucional nas categorias de direito privado, processo que se intensifica com o advento de novos diplomas legislativos, codificados ou extracodificados. (...) o Código Civil deve ser interpretado à luz da Constituição, seja em obediência às escolhas político-jurídicas do constituinte, seja em favor da proteção da dignidade da pessoa humana, princípio fundante do ordenamento."[452]

Os direitos fundamentais contidos na CF/1988, entre os quais se destaca o direito ao meio ambiente (art. 225), são diretamente aplicáveis, vinculam os órgãos estatais e os particulares e podem ter efeitos jurídicos autônomos mesmo quando inexistente regulamentação mediante alguma lei. Além disso, em virtude da supremacia das normas constitucionais e do regime jurídico reforçado dos direitos fundamentais nesse contexto, todas as demais leis escritas devem ser interpretadas para dar efeito às suas disposições, ou mesmo a lei pode ser declarada inconstitucional, entre outras possibilidades.

A **"funcionalização" dos institutos do Direito Civil** também encontra fundamento na eficácia dos direitos fundamentais nas relações entre particulares, ressignificando os institutos jurídicos privatistas. A título de exemplo, os **princípios da função social do contrato** (art. 421[453])

---

[451] Na doutrina, igualmente defendendo uma eficácia direta e imediata do direito fundamental ao meio ambiente nas relações jurídicas privadas, v. MACEDO, Humberto Gomes. *A dimensão civil da sustentabilidade e a função ecológica do princípio da boa-fé*. Belo Horizonte/São Paulo: Editora D'Plácido, 2023, p. 199.

[452] TEPEDINO, Gustavo. Marchas e contramarchas da constitucionalização do direito civil: a interpretação do direito privado à luz da Constituição da República. In: *Revista [Syn]Thesis*, Rio de Janeiro, v. 5, n. 1, p. 15-21, p. 16 e 19, 2012.

[453] "Art. 421. A liberdade de contratar será exercida em razão e nos limites da **função social do contrato**. (...)"

e da boa-fé objetiva (arts. 187 e 422[454]) e o instituto do abuso de direito (art. 187[455]), consagrados expressamente no Código Civil de 2002, devem ser concebido à luz de uma **dimensão ecológica**,[456] por exemplo, estabelecendo **deveres ecológicos conexos** no âmbito das relação jurídicas obrigacionais, contratuais, empresariais etc.[457] Por outro lado, a boa-fé (subjetiva e objetiva) não pode subsistir naquilo em que ela representa a fragilização da proteção jurídica do meio ambiente, como decidido pelo STF no julgamento das ADIs 7273 e 7345,[458] ao suspender a regra jurídica (o § 4º do art. 39 da Lei 12.844/2013) que presumia a legalidade do ouro adquirido e a boa-fé da pessoa jurídica que o adquiriu.[459]

A decisão do STF, ao suspender a eficácia da medida normativa impugnada, nada mais faz do que trazer aquele que adquire ouro ilegal para a **cadeia de poluidores (diretos e indiretos) responsáveis solidários** pela reparação de danos causados ao meio ambiente e a terceiros derivados de práticas como, por exemplo, o garimpo ilegal em Territórios Indígenas (TI) e Unidades de Conservação (UC) na Amazônia. É um típico caso de **poluidor indireto** (art. 3º, IV, da Lei 6.938/81), considerando o **dever de devida diligência** imposta a toda **cadeia produtiva** (*supply chain*) que atua em determinado setor econômico, notadamente em matéria de direitos humanos/fundamentais, meio ambiente e clima, conforme pontuado na decisão da Corte IDH no *Caso Habitantes de La Oroya vs. Peru* (2023) referida aneriormente. A norma guerreada na decisão, conforme pontuado pelo STF, em voto sob a relatoria do Ministro Gilmar Mendes, "não é coerente com o dever de proteção ao meio ambiente, e a simplificação do processo permitiu a expansão do comércio irregular, fortalecendo o garimpo ilegal, o desmatamento, a contaminação de rios e a violência nas regiões de garimpo, chegando a atingir os povos indígenas das áreas afetadas".

O art. 5º, parágrafo único, da Lei 6.938/81 estabelece importante parâmetro normativo no mesmo sentido, ao dispor que "as **atividades empresariais** públicas ou **privadas** serão exercidas em consonância com as diretrizes da Política Nacional do Meio Ambiente", vinculando, portanto, os atores privados, notadamente aqueles empreendedores de atividade lesiva ou potencialmente lesiva à integridade ecológica, aos princípios (art. 2º) e objetivos (art. 4º) que regem a Política Nacional do Meio Ambiente. Igualmente, a Lei da Política Nacional sobre Mudança do Clima (Lei 12.187/2009) consagra expressamente, no seu art. 3º, I, que "**todos têm o dever** de atuar, em benefício das presentes e futuras gerações, para a **redução dos impactos decorrentes das**

---

[454] "Art. 422. Os contratantes **são obrigados** a guardar, assim na conclusão do contrato, como em sua execução, os **princípios de probidade e boa-fé**."

[455] "Art. 187. Também comete **ato ilícito** o titular de um direito que, ao exercê-lo, excede manifestamente os limites impostos pelo seu **fim econômico ou social**, pela **boa-fé** ou pelos bons costumes."

[456] Na doutrina, v. MACEDO, Humberto Gomes. *A dimensão civil da sustentabilidade e a função ecológica do princípio as boa-fé*. Belo Horizonte/São Paulo: D'Plácido, 2023.

[457] O STJ, no julgamento do REsp 1.944.616/MT, fundamentou decisão com base no **princípio da boa-fé objetiva** aplicado à **matéria ambiental**, ao reconhecer deveres conexos e violação do princípio no âmbito de **relação contratual** envolvendo **manejo florestal**. De acordo com a Corte, a parte recorrida teria agido de maneira contraditória, uma vez que, após ter dado início ao procedimento de **licenciamento ambiental** da área a ser explorada pelos recorrentes junto ao órgão ambiental estadual, negou-se a dar-lhe continuidade, sem justificativa plausível. Segundo a Min. Nancy Andrighi, "a boa-fé objetiva, prevista de forma expressa no art. 422 do Código Civil, impõe às partes da relação jurídica o dever de comportar-se de acordo com padrões éticos de confiança e de lealdade, de modo a permitir a concretização das legítimas expectativas que justificaram a celebração do contrato" (STJ, REsp 1.944.616/MT, 3a T., Rel. Min. Nancy Andrighi, j. 08.03.2022).

[458] STF, MC na ADI 7273/DF e MC ADI 7345/DF, Tribunal Pleno, Rel. Min. Gilmar Mendes, j. 02.06.2023.

[459] Na doutrina alemã, em defesa de uma interpretação ecologicamente orientada do Direito Privado, inclusive em vista da decisão emblemática adotada pelo Tribunal Constitucional Federal alemão no *Caso Neubauer e Outros* vs. *Alemanha* (2021), v. NEUNER, Jörg. Die ökologisch orientierte Auslegung und Fortbildung des Privatrechts. *ZfPW*, 2024, p. 127-158.

interferências antrópicas sobre o sistema climático", de modo a caracterizar os **deveres jurídicos climáticos** que recaem sobre os particulares, pessoas físicas e jurídicas.

O **mosaico ou complexo de posições normativas** derivadas da perspectiva objetiva (deveres de proteção do Estado, deveres fundamentais dos particulares, eficácias entre particulares dos direitos fundamentais etc.), que irradiam a partir da eficácia dos direitos fundamentais no cenário jurídico-constitucional, objetiva uma tutela potencializadora da **máxima efetividade e concretização dos direitos fundamentais**. Nesse aspecto, as posições normativas em questão complementam-se, objetivando uma unidade sistemática na tutela integral da dignidade humana, o que inclui um meio ambiente (e sistema climático) equilibrado e saudável.

4.6 Princípio da proporcionalidade e proibição de proteção insuficiente ou deficiente em matéria ambiental

> "O desenho constitucional adotado no art. 225, ao trazer uma normatividade de direitos e deveres, impõe um sistema de **vinculação dos poderes constituídos, dos órgãos de Estado e da sociedade** aos deveres de proteção adequados e suficientes em relação ao direito fundamental ao meio ambiente, motivo por que é proibida no sistema constitucional a proteção insuficiente, seja ela derivada de atos comissivos seja de atos omissivos. A vindicação judicial da tutela do meio ambiente, por isso, é mediada pela baliza do **postulado da proporcionalidade**, que, no caso específico, demandará análise da situação fática subjacente ao problema para verificar a validade constitucional do conjunto normativo erigido pelos poderes públicos em adimplemento aos **deveres constitucionais de proteção suficiente**." (**Ministra Rosa Weber**).[460]

> "A **dispensa de licenciamento** de atividades identificadas conforme o segmento econômico, independentemente de seu potencial de degradação, e a consequente **dispensa do prévio estudo de impacto ambiental** (art. 225, § 1º, IV, da CF) implicam **proteção deficiente** ao **direito fundamental ao meio ambiente** ecologicamente equilibrado (art. 225 da CF), cabendo ao Poder Público o exercício do poder de polícia ambiental visando a prevenir e mitigar potenciais danos ao equilíbrio ambiental." 5. Ação direta julgada procedente." (**Ministro Alexandre de Moraes**)[461]

> "Afigura-se inconstitucional a adoção de postura estatal omissiva, deficiente, ou em níveis insuficientes para garantir o grau de eficácia, efetividade e eficiência mínimo necessário à substancial redução do cenário de desmatamento e degradação atualmente verificado." (**Ministro André Mendonça**)[462]

O **princípio da proporcionalidade**, não obstante se tratar de princípio geral do Direito, apresenta particular relevância no âmbito do Direito Ambiental, sobretudo em razão da natureza *fundamental* do direito ao ambiente e da constante colisão deste com outros bens jurídicos também plasmados no texto constitucional, de modo que nos pareceu imprescindível tratá-lo como um dos princípios gerais que regem a proteção jurídica do meio ambiente. Sob o enfoque do princípio da precaução, Ana G. e Freitas Martins assinala que "o princípio da proporcionalidade

---

[460] Passagem da decisão da Ministra Rosa Weber convocatória de audiência pública perante o STF no **Caso Fundo Amazônia** (STF, ADO 59/DF, Tribunal Pleno, Rel. Min. Rosa Weber, j. 03.11.2022).
[461] STF, ADI 5.312/TO, Tribunal Pleno, Re. Min. Alexandre de Moraes, 25.10.2018.
[462] STF, ADPF 760/DF, Tribunal Pleno, Rel. Min. Cármen Lúcia, Red. p. Acórd. Min. André Mendonça, j. 14.03.2024.

joga aqui um papel fundamental, garantindo a **ponderação de diversos interesses envolvidos** ao exigir que as medidas adotadas no âmbito de uma política guiada pela precaução se revelem economicamente viáveis, com ponderação de custos e ganhos decorrentes da sua adoção".[463] Na mesma perspectiva, contextualizando a adoção do princípio da proporcionalidade à temática dos riscos ecológicos, J. J. Gomes Canotilho enuncia o *princípio da proporcionalidade dos riscos*.[464]

As ideias de proporção e de razoabilidade, vinculadas à própria noção de justiça e equidade, sempre estiveram presentes no âmbito do fenômeno jurídico, permeando, em termos gerais, o direito contemporâneo. De acordo com a vertente germânica, o ponto de referência é o **princípio do Estado de Direito** (art. 1º, *caput*, da CF/1988), notadamente naquilo que veda o arbítrio, o excesso de poder, entre outros desdobramentos. Por seu turno, para quem segue a orientação do direito norte-americano, a proporcionalidade guarda relação com o art. 5º, LIV, da CF/1988, assegurando um **devido processo legal substantivo**.[465]

No plano da legislação infraconstitucional, os princípios da proporcionalidade e da razoabilidade foram positivados em vários momentos, destacando-se o art. 2º da Lei nº 9.784/99, que regulamenta o processo administrativo no âmbito da Administração Federal direta e indireta. Também a **Lei da Política Nacional de Resíduos Sólidos (Lei 12.305/2010)**, já no contexto da legislação ambiental brasileira, consagrou de forma expressa, no seu art. 6º, XI, "a **razoabilidade** e a **proporcionalidade**" entre os princípios gerais da PNRS. É bom frisar, contudo, que, independentemente de sua expressa previsão em textos constitucionais ou legais, o que importa é a constatação, amplamente difundida, de que a aplicabilidade dos princípios da proporcionalidade e da razoabilidade não está excluída de qualquer matéria jurídica.

O **princípio da proporcionalidade**, que constitui um dos pilares do **Estado (Democrático, Social e Ambiental ou Ecológico) de Direito** brasileiro, desponta como instrumento metódico de controle dos atos – tanto comissivos quanto omissivos – dos poderes públicos, sem prejuízo de sua eventual aplicação a atos de sujeitos privados. Nesse contexto, assume relevância, por sua vez, a conhecida e já referida distinção entre as dimensões *negativa* e *positiva* dos direitos fundamentais, com destaque para a atuação dos direitos fundamentais como **deveres de proteção** ou **imperativos de tutela**, implicando uma atuação positiva do Estado, obrigando-o a intervir tanto preventiva quanto repressivamente, inclusive diante de agressões oriundas de particulares.

Ao Estado, no que tange aos seus *deveres de proteção ambiental*, também incumbe medidas positivas no sentido de assegurar a tutela ecológica, de tal sorte que a ação estatal acaba por se situar, no âmbito do que se convencionou designar de uma *dupla face* **(ou dupla dimensão) do princípio da proporcionalidade**, entre a *proibição de excesso* **de intervenção**, por um lado, e a *proibição de proteção insuficiente ou deficiente*,[466] por outro. Se, por um lado, o ente estatal não pode atuar de modo excessivo, intervindo na esfera de proteção de direitos fundamentais a ponto de desatender aos critérios da proporcionalidade ou mesmo a ponto de violar o *núcleo essencial* **do direito fundamental** em questão, também é certo que o Estado, por força dos deveres de

---

[463] MARTINS, *O princípio da precaução...*, p. 27.

[464] CANOTILHO, José Joaquim Gomes. Direito constitucional ambiental português e da União Europeia..., p. 10.

[465] Na doutrina, v. MENDES, Gilmar Ferreira. *Direitos fundamentais...*, p. 83; e BARROSO, Luís Roberto. *Interpretação e aplicação da Constituição*: fundamentos de uma dogmática constitucional transformadora. 5. ed. São Paulo: Saraiva, 2003. p. 237. A respeito do *devido processo ambiental* e, consequentemente, da vinculação ao princípio da proporcionalidade das medidas administrativas e legislativas adotadas no âmbito da proteção ecológica, v. AYALA, Patryck de Araújo. *Devido processo ambiental...*, especialmente p. 325 e ss.

[466] Sobre a *dupla face do princípio da proporcionalidade*, simultaneamente como proibição de insuficiência e proibição de excesso, v. SARLET, Ingo Wolfgang. Constituição e proporcionalidade..., p. 60-122; e FREITAS, Juarez. Princípio da precaução..., p. 33-48.

proteção aos quais está vinculado, não pode **omitir-se ou atuar de forma insuficiente** na promoção e proteção de tal direito, sob pena incorrer em violação da ordem jurídico-constitucional.

Se tomarmos a questão ambiental como exemplo, considerando os deveres de proteção dos entes federativos delineados na CF/1988 (art. 225 e art. 23, VI e VII), a **não atuação** (quando lhe é imposto juridicamente agir) ou a **atuação insuficiente ou deficiente** (de modo a não proteger o direito fundamental de maneira adequada), no tocante a medidas legislativas e administrativas voltadas ao combate às causas geradoras da degradação ecológica, pode ensejar até mesmo a responsabilidade do Estado, inclusive no sentido de reparar os danos causados a indivíduos e grupos sociais afetados pelos efeitos negativos dos danos ambientais.[467] Ressalta-se, nesse sentido, que a legislação ambiental brasileira, conforme já referido anteriormente, adota **conceito amplo de poluidor**, admitindo inclusive a **responsabilidade solidária do poluidor indireto**, como sói acontecer quando a omissão ou a atuação deficitária do ente estatal contribui para a ocorrência do dano ecológico.

A nossa **Corte Constitucional** já se pronunciou sobre o dever estatal de proteção ecológica à luz do princípio da proporcionalidade e a vedação de proteção insuficiente ou deficiente. Em passagem do voto do **Ministro Celso de Mello** no julgamento da **ADI 4.901/DF**, que versava sobre a constitucionalidade do Código Florestal de 2012, resultou consignado:

> "Com efeito, emerge do próprio art. 225 de nossa Lei Fundamental o **dever constitucional de proteção ao meio ambiente**, que incide não apenas sobre a própria coletividade, mas, notadamente, sobre o **Poder Público**, a quem se impõe o gravíssimo encargo de impedir, de um lado, a degradação ambiental e, de outro, de não transgredir o **postulado que veda a proteção deficiente ou insuficiente**, sob pena de intervenção do Poder Judiciário, para fazer prevalecer o mandamento constitucional que assegura a incolumidade do meio ambiente e para neutralizar todas as ações ou omissões governamentais de que possa resultar a fragilização desse bem de uso comum do povo. **Essencial, portanto, que o Estado, seja no exercício de suas funções legislativas, seja na realização de suas atividades administrativas, respeite o princípio da proporcionalidade, em cuja estrutura normativa compreende-se, além da proibição do excesso, o postulado que veda, em sua outra dimensão, a insuficiência da proteção estatal".[468]

Mais recentemente, no julgamento da ADI 7273/DF (e da ADI 7345/DF),[469] o STF suspendeu a regra jurídica (o § 4º do art. 39 da Lei 12.844/2013) que presumia a legalidade do ouro adquirido e a boa-fé da pessoa jurídica que o adquiriu com fundamento na violação ao princípio da proibição de proteção insuficiente ou deficiente. De acordo com o voto-relator do Ministro Gilmar Mendes, "o **princípio da proibição à proteção insuficiente**, em matéria ambiental, claramente **vincula os Poderes constituídos (Executivo, Legislativo e Judiciário)**. Conforme ensina Canotilho, esse dever de proteção **retira certa dose de discricionariedade** dos poderes públicos, que passam a estar obrigados a agir (...). No caso das alterações promovidas pela Lei de 2013, não é difícil verificar que a **simplificação do processo de compra de ouro** permitiu a expansão do comércio ilegal, fortalecendo as atividades de garimpo ilegal, o desmatamento, a contaminação de rios, a violência nas regiões de garimpo, chegando a atingir os povos indígenas das áreas afetadas." A alteração legislativa citada, ao fragilizar o regime jurídico de proteção eco-

---

[467] Na doutrina brasileira, em amplo estudo a respeito da aplicação do princípio da proteção insuficiente ao regime jurídico da responsabilidade civil ambiental, v. ANDRADE, Adriano. *Proibição de proteção insuficiente e responsabilidade civil ambiental*. Belo Horizonte: Editora Plácido, 2021.
[468] STF, ADI 4.901/DF, Tribunal Pleno, Rel. Min. Luiz Fux, j. 28.02.2018.
[469] STF, MC na ADI 7273/DF e MC ADI 7345/DF, Tribunal Pleno, Rel. Min. Gilmar Mendes, j. 02.06.2023.

lógica, ensejou a caracterização de medida inconstitucional fundada na violação ao princípio da proporcionalidade na sua vertente expressa na proibição de proteção insuficiente ou deficiente.

> **JURISPRUDÊNCIA STF. Princípio da proibição de proteção insuficiente ou deficiente:** o Plenário do STF reconheceu recentemente a **inconstitucionalidade de legislação estadual** que teria conferido **proteção deficitária às áreas de proteção permanente (APPs)** em comparação ao regramento nacional estabelecido pelo Código Florestal (Lei 12.651/2012), extrapolando o ente federativo estadual, ao assim agir, os limites da sua competência suplementar decorrente da competência concorrente estabelecida no art. 24, *caput*, VI, § 2º, da CF/1988. O STF, na referida decisão, reconheceu expressamente a **violação à proporcionalidade** (e à **razoabilidade**) na atuação do **legislador estadual** ao expor bens jurídicos de máxima importância (no caso, a proteção ecológica), violando, em outras palavras, o **princípio da proibição de proteção insuficiente ou deficiente** (STF, ADI 4.988/TO, Tribunal Pleno, Rel. Min. Alexandre de Moraes, j. 19.09.2018).

4.7 Princípio da proibição de retrocesso ecológico e climático (e princípio da progressividade)

"É a degradação da lei levando à degradação ambiental". **(Ministro Antônio Herman Benjamin)**[470]

"Reconhecendo a necessidade de uma *resposta* eficaz e *progressiva* à ameaça urgente da mudança do clima com base no melhor conhecimento científico disponível." **(Preâmbulo do Acordo de Paris de 2015)**

"Deve ser observado que o princípio da proibição do retrocesso democrático alcança, de forma específica e proeminente, a questão do meio ambiente. O cuidado constitucional e internacional neste tema ambiental veda medidas legislativas ou administrativas cujo objetivo seja suprimir ou reduzir os níveis de proteção ambiental já alcançados com todos os seus fundamentos e consectários, como, por exemplo, o fortalecimento da participação popular e, no caso do Decreto n. 10.239/2020, a fragilização federativa no cuidado da Amazônia". **(Ministra Cármen Lúcia)** [471]

Do ponto de vista da Teoria dos Direitos Fundamentais e mesmo do Direito Internacional dos Direitos Humanos, parece-nos adequado o tratamento integrado e interdependente dos direitos sociais e dos direitos ecológicos, a partir da sigla DESCA (para além da clássica denominação de DESC), ou seja, como **direitos econômicos, sociais, culturais e** *ambientais*, de modo a contemplar a evolução histórica dos direitos fundamentais e humanos, incorporando a tutela do meio ambiente em tal núcleo privilegiado de proteção da pessoa. Nesse sentido, o **Protocolo de San Salvador** Adicional à Convenção Americana sobre Direitos Humanos em Matéria de Direitos Econômicos, Sociais e Culturais (1988) incorpora a compreensão acerca dos DESCA, apontando, no bojo do seu texto, que "toda pessoa tem direito a viver em um meio ambiente sadio e a contar com os serviços públicos básicos" (art. 11.1), bem como que "**os Estados-Partes promoverão a proteção e** *melhoramento* **do meio ambiente**" (11.2).[472]

---

[470] BENJAMIN, Antonio Herman. Princípio da proibição de retrocesso ambiental..., p. 72.
[471] STF, ADPF 651/DF, Tribunal Pleno, Rel. Min. Cármen Lúcia, j. 04.05.2022.
[472] Mais recentemente, resultou consagrado no Princípio 25 da Declaração do Rio de 1992 que "a paz, o desenvolvimento e a proteção ambiental são *interdependentes e indivisíveis*".

A **cláusula de progressividade** atribuída aos direitos sociais, consagrada tanto no art. 2º, § 1º, do PIDESC quanto no art. 1º do Protocolo de San Salvador, deve abarcar, necessariamente, também as medidas fáticas e normativas voltadas à tutela ecológica, de modo a instituir uma **progressiva melhoria da qualidade ambiental** e, consequentemente, da **qualidade de vida em geral**. A proibição de retrocesso em matéria de proteção e promoção dos DESCA guarda relação com a previsão expressa de um *dever de progressiva realização* contido em cláusulas vinculativas de direito internacional, poder-se-á afirmar que pelo menos tanto quanto proteger o pouco que há em matéria de direitos sociais e ecológicos efetivos, há que priorizar o dever de progressiva implantação de tais direitos. O progresso (no âmbito fático e normativo), compreendido na perspectiva de um **dever estatal de desenvolvimento sustentável**, deve necessariamente conciliar os *eixos econômico, social e ambiental (e climático)*.

De forma paradigmática, os princípios da proibição de retrocesso e da progressividade aplicado ao regime jurídico de proteção ecológica foi consagrado expressamente no art. 3, c, do Acordo Regional de Escazú para América Latina e Caribe sobre Acesso à Informação, Participação Pública e Acesso à Justiça em Matéria Ambiental (2018).

> **ACORDO DE ESCAZÚ (2018)**
>
> **Artigo 3** – Princípios – Na implementação do presente Acordo, cada Parte será guiada pelos seguintes princípios: (...)
> c) princípio de **vedação do retrocesso** e princípio de **progressividade** (...).

Outro documento internacional importante a consagrar os dois princípios conjuntamente foi a Declaração Mundial sobre o Estado de Direito Ambiental (*World Declaration on the Environmental Rule of Law*), o qual foi adotado ao final do 1º Congresso Mundial de Direito Ambiental da UICN (2016).[473]

> **DECLARAÇÃO MUNDIAL SOBRE O ESTADO DE DIREITO AMBIENTAL DA IUCN (2016)**
>
> **PRINCÍPIO 10**
> **NÃO REGRESSÃO OU NÃO RETROCESSO**
> Os Estados, entidades subnacionais e organizações de integração regional não devem desenvolver ações que tenham o efeito negativo de diminuir a proteção legal do meio ambiente ou do acesso à justiça ambiental.
>
> **PRINCÍPIO 11**
> **PROGRESSÃO OU PROGRESSIVIDADE**
> Estados, entidades subnacionais e organizações de integração regional deverão rever e aprimorar progressivamente as leis e políticas relacionadas à conservação e proteção ambiental, com base nos mais recentes conhecimentos científicos e desenvolvimentos políticos.

A **Corte IDH**, na sentença do **Caso Habitantes de La Oroya *vs*. Peru (2023)**, estabeleceu importante parâmetro quanto às **obrigações de desenvolvimento progressivo** em relação ao direito humano a um meio ambiente saudável. De acordo com a Corte, "a **proteção internacional do meio ambiente** requer o **reconhecimento progressivo** da proibição de tal conduta como uma

---
[473] Disponível em: http://www.planetaverde.org/arquivos/biblioteca/arquivo_20161129205914_9790.pdf.

norma peremptória (*jus cogens*) que ganha o reconhecimento da comunidade internacional como um todo como uma norma da qual **nenhuma derrogação é permitida**".[474] No caso, a Corte conclui que a legislação peruana (que reduziu os valores máximos permitidos de emissão dióxido de enxofre no ar) "implicou uma **medida deliberadamente regressiva** na proteção do direito a um ambiente sadio, em particular no que se refere ao **direito ao ar puro**, o que não poderia ser justificado no contexto das obrigações internacionais do Estado em relação a suas **obrigações de desenvolvimento progressivo do meio ambiente**". Segundo a Corte, o Estado peruano "não cumpriu com sua obrigação de desenvolvimento progressivo dos direitos econômicos, sociais, culturais e ambientais". O reconhecimento expresso, pela Corte IDH, de um **direito humano ao ar puro** endossa o entendimento, por nós suscitado à frente, em torno de uma **dimensão climática** tanto do princípio da progressividade quanto do princípio da proibição de retrocesso.

O regime jurídico ecológico – tanto sob a perspectiva constitucional quanto infraconstitucional – deve operar de modo progressivo, a fim de ampliar a qualidade de vida existente hoje e atender a **padrões cada vez mais rigorosos** de tutela da dignidade da pessoa humana, não admitindo o retrocesso, em termos **fáticos e normativos**, a um nível de proteção inferior àquele verificado hoje. De acordo com Canotilho, "a liberdade de conformação política do legislador no âmbito das políticas ambientais tem menos folga no que respeita à reversibilidade político-jurídica da proteção ambiental, sendo-lhe vedado adoptar novas políticas que traduzam em *retrocesso retroactivo* de posições jurídico-ambientais fortemente enraizadas na cultura dos povos e na consciência jurídica geral".[475] A **progressividade**, por sua vez, é, como referem Ricardo Lorenzetti e Pablo Lorenzetti, a outra face do princípio da proibição de retrocesso[476], ampliando o regime jurídico de proteção ecológica, bem como limitando a esfera de discricionariedade do Estado (ex.: Legislador, Administrador, Juízes e Tribunais etc.) e dos particulares.

O **conceito de desenvolvimento sustentável** cunhado no âmbito da Comissão Mundial sobre Meio Ambiente e Desenvolvimento das Nações Unidas, por conta da publicação, no ano de 1987, do Relatório *Nosso Futuro Comum*, estabelece que seria "aquele que atende às necessidades do presente sem comprometer a possibilidade de as gerações futuras atenderem as suas próprias necessidades".[477] A ideia de sustentabilidade está na razão de ser da proteção ecológica, já que manter (e, em alguns casos, **recuperar progressivamente**) o equilíbrio ambiental implica o uso racional e harmônico dos recursos naturais, de modo a não os levar ao seu esgotamento e, consequentemente, à sua degradação. Até por uma questão de **justiça entre gerações humanas**, a geração presente teria a responsabilidade de deixar como legado às gerações futuras **condições ambientais idênticas ou melhores** do que aquelas recebidas das gerações passadas, estando a geração vivente, portanto, vedada a alterar negativamente as condições ecológicas, por força do **princípio da proibição de retrocesso ambiental** e do **dever (do Estado e dos particulares) de melhoria progressiva da qualidade ambiental**.

O Acordo de Paris (2015), ao estabelecer um **ciclo de 5 anos** de **ações climáticas progressivas** e, portanto, cada vez **mais ambiciosas** realizadas pelos países, por meio das **contribuições nacionalmente determinadas** (NDC), conforme previstos nos arts. 3º e 4º, instrumentaliza não apenas o princípio da progressividade, mas igualmente o princípio da proibição de retrocesso em matéria climática. Nas suas NDCs, os países comunicam ações que tomarão para **reduzir suas emissões de gases de efeito estufa** a fim de alcançar as metas do Acordo, bem como também

---

[474] Par. 129.
[475] CANOTILHO, José Joaquim Gomes. Direito constitucional ambiental português e da União Europeia..., p. 5.
[476] LORENZETTI, Ricardo Luis; LORENZETTI, Pablo. *Derecho ambiental*. Buenos Aires: Rubinzal-Culzoni Editores, 2018, p. 122.
[477] COMISSÃO MUNDIAL SOBRE MEIO AMBIENTE E DESENVOLVIMENTO. *Relatório Nosso Futuro Comum...*, p. 43.

informam as ações que tomarão para construir resiliência para se **adaptarem** aos impactos do aumento da temperatura. Muito embora o Acordo não se refira expressamente a tais princípios, o documento opera tanto à luz do **princípio da proibição de retrocesso** quanto do **princípio da progressividade**, na medida em que é imposto aos países **avançar progressivamente nas suas ambições de redução** da emissão de gases do efeito estufa, tomando como parâmetro as suas contribuições nacionalmente determinadas vigentes (revistas a cada cinco anos).

Há um **imperativo de progressividade** que vincula juridicamente os Estados-Membros do Acordo de Paris, tanto no plano internacional quanto doméstico, inclusive incidindo em face de agentes particulares, haja vista a eficácia entre particulares dos direitos humanos, e, em particular do direito humano ao meio ambiente e ao ar limpo, saudável e seguro, rumo ao alcance da **meta de neutralidade climática**, vedando, de tal sorte, o retrocesso a patamares de emissões já superados no passado. A neutralidade climática, a ser alcançada até o ano de 2050 (meados do século XXI), encontra-se consagrada expressamente no Acordo de Paris, precisamente no seu art. 4º, 1 ("alcançar um equilíbrio entre as emissões antrópicas por fontes e remoções por sumidouros de gases de efeito estufa na segunda metade deste século"). No caso do Brasil, o cenário em questão é reforçado sobremaneira em razão do reconhecimento da **hierarquia e *status* jurídico supralegal** do Acordo de Paris e da legislação climática internacional no nosso contexto doméstico e, portanto, prevalecente em face de toda a legislação infraconstitucional (ex.: Código Civil, legislação empresarial, comercial, minerária, florestal etc.), inclusive por força do **controle de convencionalidade**, conforme assentado na jurisprudência do STF de forma paradigmática no julgamento da **ADPF 708/DF** no ano de 2022.[478]

No ordenamento jurídico brasileiro, em sintonia com tal contexto normativo internacional e comparado, verifica-se também, em diversos diplomas, a adoção de um princípio (ou dever) de melhoria progressiva da qualidade ambiental. O nosso "Código Ambiental", ou seja, a Lei da Política Nacional do Meio Ambiente (Lei 6.938/81), de forma bastante clara, seguiu tal diretriz normativa e consagrou, no seu art. 2º, *caput*, "que a Política Nacional do Meio Ambiente tem por objetivo **a *preservação, melhoria e recuperação da qualidade ambiental propícia à vida***, visando assegurar, no País, condições ao desenvolvimento socioeconômico, aos interesses da segurança nacional e à **proteção da dignidade da vida humana**".[479]

Outro exemplo é verificado no caso do direito ao saneamento, em que resultou consagrada de forma expressa na Lei da Política Nacional de Saneamento Básico (Lei 11.445/2007), art. 3º, III, que, por meio do objetivo de universalização das políticas públicas para o setor, deve-se contemplar a "**ampliação progressiva** do acesso de todos os domicílios ocupados ao saneamento básico, em todos os serviços previstos no inciso XIV do *caput* deste artigo, incluídos o tratamento e a disposição final adequados dos esgotos sanitários". Assim, no tocante às medidas legislativas e políticas públicas levadas a cabo para a efetivação do **direito fundamental ao saneamento básico**, típico direito fundamental de feição socioambiental, deve o legislador – e, em certa medida, também o administrador – atentar para a garantia constitucional da *proibição de retrocesso ambiental*, conforme resulta expresso na norma em comento.

Há um **déficit de proteção ambiental existente hoje**, tanto em termos de rigor normativo quanto da sua efetivação, na medida em que, como é visível na questão do aquecimento global, impõem-se medidas no sentido de "fazer recuar" as práticas poluidoras – por exemplo, reduzir as emissões dos gases geradores do efeito estufa, como no caso do CO_2 –, não sendo suficiente apenas impedir que tais práticas sejam ampliadas. Com o intuito de fazer com que as práticas

---

[478] STF, ADPF 708/DF, Tribunal Pleno, Rel. Min. Barroso, j. 01.07.2022.

[479] De modo complementar, o art. 4º, VI, da Lei 6.938/81, entre os objetivos da Política Nacional do Meio Ambiente, destaca "a preservação e restauração dos recursos ambientais com vistas à sua utilização racional e disponibilidade permanente, concorrendo para a manutenção do equilíbrio ecológico propício à vida".

poluidoras "recuem" – por meio da "redução dos impactos" da ação humana sobre o ambiente – e a qualidade ambiental melhore de forma progressiva, a **Lei da Política Nacional sobre Mudança do Clima – PNMC** (Lei 12.187/2009), que, além de enunciar, no *caput* do art. 3º, como diretrizes para a questão climática a consagração dos princípios da precaução, da prevenção, da participação cidadã e do desenvolvimento sustentável – bem como do princípio das responsabilidades comuns, porém diferenciadas, aplicado no âmbito internacional –, estabelece, no mesmo artigo citado, inciso I, que "todos têm o dever de atuar, em benefício das presentes e futuras gerações, para a **redução dos impactos decorrentes das interferências antrópicas sobre o sistema climático**".

De modo complementar, em informe apresentado à Assembleia Geral da ONU em que examina a necessidade urgente de ação para garantir um **clima seguro** para a humanidade (**A/74/161**), o **Relator Especial para Direitos Humanos e Meio Ambiente do Alto Comissariado para Direitos Humanos da ONU**, David R. Boyd, destaca que os Estados devem **evitar a adoção de medidas retrocessivas**:

> "Em termos de obrigações substantivas, os Estados não devem violar o **direito a um clima seguro** através de suas próprias ações, devem impedir que esse direito seja violado por terceiros, especialmente empresas, e devem estabelecer, implementar e fazer cumprir leis, políticas e programas para implementar esse direito. **Estados também devem evitar** a discriminação e **medidas retrocessivas**. Todas as medidas relacionadas ao clima, incluindo as obrigações relacionadas à mitigação, adaptação, financiamento e perdas e danos, são regidas por esses princípios".[480]

No caso especialmente da legislação que busca dar operatividade ao dever constitucional de proteção ecológica, há que se assegurar a sua blindagem contra retrocessos que a tornem menos rigorosa ou flexível, não admitindo que voltem a ser adotadas práticas poluidoras hoje proibidas, assim como buscar sempre um **nível mais rigoroso de proteção**, considerando especialmente o déficit legado pelo nosso passado e um "ajuste de contas" com o futuro, no sentido de manter um equilíbrio ambiental também para as futuras gerações. O que não se admite, até por um **princípio de justiça (equidade e solidariedade) entre gerações humanas**, é que sobre as gerações futuras recaia integralmente o ônus do descaso ecológico perpetrado pelas gerações presentes e passadas. No contexto climático, impõe-se **medidas legislativas e administrativas progressivas** em termos de **mitigação** da emissão de gases do efeito estufa e **adaptação** às mudanças climáticas (já em curso e futuras).

A doutrina, sensível à questão e, sobretudo, à atual tendência de "flexibilização" da legislação ambiental, o que se vê de modo preocupante no caso brasileiro, tem caminhado no sentido de consagrar a vertente ecológica do princípio da proibição de retrocesso, inclusive a ponto de reconhecê-lo como um **novo princípio geral do Direito Ambiental**. Para Antonio H. Benjamin, a proibição de retrocesso "transformou-se em *princípio geral do Direito Ambiental*, a ser invocado na avaliação da legitimidade de iniciativas legislativas destinadas a reduzir o patamar de tutela geral do meio ambiente, mormente naquilo que afete em particular: a) **processos ecológicos essenciais**, b) **ecossistemas frágeis ou à beira de colapso**, e c) **espécies ameaçadas de extinção**".[481]

A consagração constitucional da proteção ecológica como tarefa ou fim do Estado determina, como enfatiza Canotilho, a proibição de retrocesso ecológico, ao assinalar que "a água, os

---

[480] RELATOR ESPECIAL SOBRE DIREITOS HUMANOS E MEIO AMBIENTE DO ALTO COMISSARIADO DE DIREITOS HUMANOS DA ONU. *Informe sobre a Questão das Obrigações de Direitos Humanos Relacionadas com o Gozo de um Meio Ambiente Seguro, Limpo, Saudável e Sustentável*" (A/74/161), 2019, par. 65, p. 22. Disponível em: https://documents-dds-ny.un.org/doc/UNDOC/GEN/N19/216/45/PDF/N1921645.pdf?OpenElement.

[481] BENJAMIN, Antonio Herman. Princípio da proibição de retrocesso ambiental..., p. 62.

solos, a fauna, a flora não podem ver aumentado o 'grau de esgotamento', surgindo os 'limites do esgotamento' como limite jurídico-constitucional da liberdade de conformação dos poderes públicos".[482] De modo complementar, Orci B. Teixeira assinala que o princípio da proibição de retrocesso ecológico encontra assento constitucional e visa inviabilizar toda e qualquer medida regressiva em desfavor do ambiente, impondo limites à atuação dos poderes públicos, bem como autorizando a intervenção do Poder Público para impedir o retrocesso, quer por medidas de polícia administrativa, quer por meio de decisões judiciais. Nesse contexto, conclui que o direito fundamental ao ambiente "**só é modificável *in mellius* e não *in pejus***, uma vez que é expressão da sadia qualidade de vida e da dignidade da pessoa humana".[483]

Ao analisar a proibição de retrocesso ambiental (ou *princípio da não regressão*, como prefere), Michel Prieur assinala que "a regressão não deve, jamais, ignorar a preocupação de tornar cada vez mais efetivos os direitos protegidos. Enfim, o recuo de um direito não pode ir aquém de certo nível, sem que esse direito seja desnaturado. Isso diz respeito tanto aos direitos substanciais como aos direitos procedimentais. Deve-se, assim, considerar que, na seara ambiental, existe um nível de obrigações jurídicas fundamentais de proteção, abaixo do qual toda medida nova deveria ser vista como violando o direito ao ambiente".[484] Em outras palavras, não se deixa de admitir uma margem de **discricionariedade do legislador** em matéria ambiental, mas, como bem colocado por Prieur, existem fortes limites à adoção de medidas restritivas no tocante aos direitos ecológicos, tanto pelo prisma material quanto processual (ou procedimental).

Assumindo como correta a tese de que a proibição de retrocesso não pode impedir qualquer tipo de restrição a direitos socioambientais, parte-se aqui da mesma diretriz que, há muito, tem sido adotada no plano da doutrina especializada, notadamente a noção de que sobre qualquer medida que venha a provocar alguma diminuição nos níveis de proteção (efetividade) dos direitos fundamentais recai a **suspeição de sua ilegitimidade jurídica**, portanto, na gramática do Estado Constitucional, de sua inconstitucionalidade, acionando assim um dever no sentido de submeter tais medidas a um **rigoroso controle de constitucionalidade**,[485] em que assumem importância os critérios da proporcionalidade (na sua dupla dimensão anteriormente referida), da razoabilidade e do núcleo essencial (com destaque para o conteúdo "existencial") dos direitos socioambientais, sem prejuízo de outros critérios, como é o da segurança jurídica e dos seus respectivos desdobramentos.

No campo da edição de atos legislativos e administrativos que afetam o âmbito de proteção dos direitos ecológicos ou mesmo socioambientais, é preciso ter sempre presente que tanto o legislador quanto o administrador encontram-se vinculados às **proibições de excesso e de insuficiência de proteção**, portanto deverão observar as exigências internas do **princípio da proporcionalidade**, quais sejam, da **adequação**, da **necessidade** e da **proporcionalidade em sentido estrito**, bem como da **razoabilidade**, mas que são – com a **segurança jurídica** (em especial a **proteção da confiança** e dos **direitos adquiridos**) – reconhecidos por expressiva doutrina como indispensáveis também ao controle de medidas restritivas em matéria de direitos ecológicos. A título de exemplo, o STJ reconheceu na sua jurisprudência a existência de **direitos adquiridos ambientais**, no sentido de impedir a redução do patamar normativo de proteção ambiental vigente, inclusive no sentido da presença de "limite constitucional intocável e instransponível".

---

[482] CANOTILHO, José Joaquim Gomes. O direito ao ambiente como direito subjetivo..., p. 182.
[483] TEIXEIRA, Orci Paulino Bretanha. *O direito ao meio ambiente*..., p. 124.
[484] PRIEUR, Michel. Princípio da proibição de retrocesso ambiental..., p. 45.
[485] V., por todos, COURTIS, Christian. La prohibición de regresividad en materia de derechos sociales: apuntes introductorios. *In*: COURTIS, Christian (comp.). *Ni un paso atrás*: la prohibición de regresividad en materia de derechos sociales. Buenos Aires. Editores del Puerto, 2006. p. 29 e ss.

> **JURISPRUDÊNCIA STJ. Direitos adquiridos ambientais:** "(...) o novo Código Florestal **não pode retroagir** para atingir o ato jurídico perfeito, os **direitos ambientais adquiridos** e a coisa julgada, tampouco para **reduzir** de tal modo e sem as necessárias compensações ambientais o **patamar de proteção** de ecossistemas frágeis ou espécies ameaçadas de extinção, a ponto de transgredir o **limite constitucional intocável e intransponível** da 'incumbência' do Estado de garantir a preservação e a restauração dos processos ecológicos essenciais (art. 225, § 1º, I)" (STJ, AgRg no REsp 1.434.797/PR, 2ª T., Rel. Min. Humberto Martins, j. 17.05.2016; e, mais recentemente, STJ, AgInt no AREsp 1.319.376/SP, 2ª T., Rel. Min. Mauro Campbell Marques, j. 04.12.2018).

A garantia constitucional da **proibição de retrocesso ecológico (e climático)** tem ganhado cada vez mais destaque no cenário jurídico brasileiro, tanto do ponto de vista doutrinário quanto jurisprudencial. De tal sorte, a garantia (e princípio) constitucional em análise assume importância ímpar na edificação do Estado de Direito contemporâneo, pois opera como instrumento jurídico apto a assegurar, em conjugação com outros elementos, **níveis normativos mínimos no tocante à proteção jurídica do meio ambiente**, bem como, numa perspectiva mais ampla, de tutela da dignidade da pessoa humana e do direito a uma existência digna, sem deixar de lado a responsabilidade pelas gerações humanas vindouras. É como se, de certa forma, aplicássemos às avessas no Direito o conceito de *tipping point* **ou ponto de não retorno**, tradicionalmente adotado pela Ciência da Terra e a Ciência Climática. Se nas ciências naturais objetiva-se não ultrapassar determinado limite natural – por exemplo, o 1,5ºC de aquecimento planetário, como estabelecido pelo Acordo de Paris de 2015 –, o *tipping point* jurídico decorrente da aplicação do princípio da proibição de retrocesso ambiental teria por meta não admitir qualquer recuo no regime jurídico de proteção ecológica, a fim de salvaguardar a (já vulnerável) integridade ecológica.

O princípio da proibição de retrocesso climático também reforça a proteção das **Unidades de Conservação da Natureza** (estabelecidas pela Lei 9.985/2000) e a dos **Territórios Indígenas** (TIs), tendo em vista o papel fundamental de ambos como sumidouros de CO_2, bem como para a salvaguarda da biodiversidade e, em particular, das espécies ameaçadas de extinção. A extinção ou flexibilização do regime jurídico de Unidades de Conservação e Territórios Indígenas enseja maior vulnerabilidade em termos de proteção ecológica e climática, notadamente no Brasil e num cenário de aumento do desmatamento em diversos biomas continentais, como é o caso do Bioma Amazônico.

Ademais, cabe invocar a valiosa lição de Peter Häberle, ao afirmar que, à luz de uma dogmática constitucional comprometida com a dignidade e os direitos fundamentais, na planificação dos modelos de Estado de Direito, existe uma "garantia cultural do *status quo*", que aponta para determinados conteúdos irrenunciáveis para o Estado Constitucional,[486] ou seja, conquistas levadas a cabo ao longo da caminhada histórica da humanidade e consolidadas no seu patrimônio jurídico-político fundamental não podem ser submetidas a um retrocesso, de modo a fragilizar a tutela da dignidade da pessoa humana e dos direitos fundamentais, mas, pelo contrário, objetivam a continuidade do projeto da modernidade no sentido de elevar cada vez mais o *espírito humano*. Tal formulação, como é fácil perceber, ajusta-se como uma luva à ideia que subjaz ao **princípio de proibição de retrocesso ambiental ou ecológico**, tendo em vista sempre a busca de uma salvaguarda cada vez mais ampla e qualificada da dignidade da pessoa humana e dos correlatos direitos fundamentais, com destaque para a nova conformação constitucional dos **direitos econômicos, sociais, culturais e ambientais (DESCA)**.

---

[486] HÄBERLE, Peter. *Libertad, igualdad, fraternidad*: 1789 como historia, actualidad y futuro del Estado constitucional. Madrid: Trotta, 1998. p. 87.

> **JURISPRUDÊNCIA STJ. Princípio da melhoria da qualidade ambiental.** A Corte consagrou o princípio da melhoria progressiva da qualidade ambiental na sua jurisprudência, conforme passagem que segue: "(...) Ante o **princípio da melhoria da qualidade ambiental**, adotado no Direito brasileiro (art. 2º, *caput*, da Lei 6.938/81), inconcebível a proposição de que, se um imóvel, rural ou urbano, encontra-se em região já ecologicamente deteriorada ou comprometida por ação ou omissão de terceiros, dispensável ficaria sua preservação e conservação futuras (e, com maior ênfase, eventual restauração ou recuperação). Tal tese equivaleria, indiretamente, a criar um absurdo cânone de isonomia aplicável a pretenso direito de poluir e degradar: se outros, impunemente, contaminaram, destruíram, ou desmataram o meio ambiente protegido, que a prerrogativa valha para todos e a todos beneficie".[487]

> **JURISPRUDÊNCIA STJ. Princípio da não regressão (ou da proibição de retrocesso) urbanístico-ambiental:** "Processual civil, administrativo, ambiental e urbanístico. Loteamento City Lapa. Ação civil pública. Ação de nunciação de obra nova. Restrições urbanístico-ambientais convencionais estabelecidas pelo loteador. Estipulação contratual em favor de terceiro, de natureza *propter rem*. Descumprimento. Prédio de nove andares, em área onde só se admitem residências unifamiliares. Pedido de demolição. Vício de legalidade e de legitimidade do alvará. *Ius variandi* atribuído ao município. Incidência do **princípio da não regressão (ou da proibição de retrocesso) urbanístico-ambiental**.
> (...) 1. As restrições urbanístico-ambientais convencionais, historicamente de pouco uso ou respeito no caos das cidades brasileiras, estão em ascensão, entre nós e no Direito Comparado, como veículo de estímulo a um novo consensualismo solidarista, coletivo e intergeracional, tendo por objetivo primário garantir às gerações presentes e futuras espaços de convivência urbana marcados pela qualidade de vida, valor estético, áreas verdes e proteção contra desastres naturais. (...) 10. O relaxamento, pela via legislativa, das restrições urbanístico-ambientais convencionais, permitido na esteira do *ius variandi* de que é titular o Poder Público, demanda, por ser absolutamente fora do comum, ampla e forte motivação lastreada em clamoroso interesse público, postura incompatível com a submissão do Administrador a necessidades casuísticas de momento, interesses especulativos ou vantagens comerciais dos agentes econômicos. 11. O exercício do *ius variandi*, para flexibilizar restrições urbanístico-ambientais contratuais, haverá de respeitar o ato jurídico perfeito e o licenciamento do empreendimento, pressuposto geral que, no Direito Urbanístico, como no Direito Ambiental, é decorrência da crescente escassez de espaços verdes e dilapidação da qualidade de vida nas cidades. Por isso mesmo, submete-se ao princípio da não regressão (ou, por outra terminologia, princípio da proibição de retrocesso), garantia de que os avanços urbanístico-ambientais conquistados no passado não serão diluídos, destruídos ou negados pela geração atual ou pelas seguintes (...)" (STJ, REsp 302.906/SP, 2ª T., rel. Min. Herman Benjamin, j. 26.08.2010).

A decisão do STF no julgamento da **ADI 4.717/DF** revela o maior rigor exigido, do ponto de vista legislativo, de medidas que estabeleçam retrocessos no regime jurídico de proteção ambiental. O contrário não seria necessário, ou seja, mesmo que por medida provisória editada pelo Poder Executivo, caso operada a ampliação do regime jurídico de tutela ecológica, não se faria necessário o mesmo rigor procedimental imposto para a legislação ordinária. O caso em questão trata-se de ADI ajuizada pela PGR em face da **Medida Provisória** 558/2012, que alterou os limites dos Parques Nacionais da Amazônia, dos Campos Amazônicos e Mapinguari, das Florestas Nacionais de Itaituba I, Itaituba II e do Crepori e da Área de Proteção Ambiental do Tapajós. Segundo a Ministra Cármen Lúcia, relatora da ação, ao votar pela procedência da ação,

---
[487] STJ, REsp 769.753/SC, 2ª T., rel. Min. Herman Benjamin, j. 08.09.2009.

"não se pode deixar de observar que se tratava de norma favorável a um meio ambiente saudável, e que também se atendia o princípio da precaução. Mesma orientação não pode ser estendida em **normas que diminuem a proteção ao meio ambiente equilibrado**, principalmente quando se fala na **redução de unidades de conservação**".

A argumentação da Ministra foi articulada em face do argumento lançado pelo Poder Executivo na defesa da constitucionalidade da MP 558/2012, de que tal medida estava amparada em precedente de uma MP considerada constitucional pelo STF que havia alterado o Código Florestal então vigente para aumentar o espaço de uma área de preservação. Para a Ministra, a supressão de espaço territorial protegido deve ser feita somente por lei em sentido formal, submetida ao devido processo legislativo, com possibilidade de amplo debate parlamentar e com garantia de participação da sociedade civil e dos órgãos públicos que tratam do tema. Depois do voto da Ministra Cármen Lúcia, proferido em 16.08.2017, o Ministro Alexandre de Moraes pediu vista, e o julgamento foi interrompido. Para **aumentar o patamar de proteção de espaço territorial**, a MP poderia ser admitida, o que não se verifica para a hipótese de sua redução. Tal entendimento, como sinalizado, reforça a tese da vedação de retrocesso em matéria ambiental (e do correlato dever de ampliação progressiva do regime jurídico de proteção), exigindo o respeito ao devido processo legislativo e ao direito fundamental ao meio ambiente, inclusive em vista da **força normativa contramajoritária** inerente ao regime jurídico dos direitos fundamentais.

JURISPRUDÊNCIA STF. Proibição de retrocesso ecológico:

1) Caso da suspensão do defeso e a proibição de retrocesso ecológico (**ADI 5.447/DF**).

2) Caso do "Novo" Código Florestal – Lei 12.651/2012 (ADIs 4.901, 4.902 E 4.903), a nossa **Corte Constitucional reconheceu** a proibição de retrocesso ambiental como um **princípio constitucional implícito** (da mesma forma que a proibição de retrocesso social) do nosso sistema jurídico. "(...) atualmente não há mais controvérsias, no plano da doutrina, de que, **em matéria de direitos fundamentais, em particular os de segunda e terceira gerações** – dentre os quais se destaca a **proteção do meio ambiente** –, em relação aos quais a atuação do Estado, seja ela positiva ou negativa, é fundamental, **sobreleva a regra da 'proibição do retrocesso', materializada**, dentre outros documentos legais internos e internacionais, no art. 30 da Declaração Universal dos Direitos do Homem de 1948, promulgada sob a égide das Nações Unidas, pouco depois do fim da Segunda Guerra Mundial" (Passagem do voto do Min. Ricardo Lewandowski na ADI 4.903/DF, j. 28.02.2018).

3) Caso da redução dos limites de unidade de conservação por **medida provisória:** a proteção do núcleo essencial do direito fundamental ao ambiente e vedação de retrocesso ecológico (ADI 4.717/DF). A decisão do STF reconheceu a **impossibilidade de diminuição ou supressão de espaços territoriais especialmente protegidos** por meio de medida provisória. Segundo a Corte, a proteção ao meio ambiente é um **limite material implícito à edição de medida provisória, ainda que não conste expressamente do elenco das limitações previstas no art. 62, § 1º, da CF/1988.**

Além disso, segundo a nossa Corte Constitucional, as normas que importem diminuição da proteção ecológica só podem ser editadas por meio de "**lei formal**". A adoção de Medida Provisória nessas hipóteses, conforme entendimento do STF, "possui evidente potencial de causar **prejuízos irreversíveis ao meio ambiente** na eventualidade de não ser convertida em lei". No que tange ao aspecto material, segundo a Corte, a norma impugnada "**contrariou o princípio da proibição de retrocesso socioambiental.** Isso porque as alterações legislativas atingiram o **núcleo essencial do direito fundamental ao meio ambiente** ecologicamente equilibrado (art. 225 da CF/1988)".

4) Caso da autorização tácita de agrotóxicos: "(...) Permitir a entrada e registro de novos agrotóxicos, de modo tácito, sem a devida análise por parte das autoridades responsáveis,** com o fim de proteger o meio ambiente e a saúde de todos, **ofende o princípio da precaução,** ínsito no art. 225 da Carta de 1988. (...) **A aprovação tácita dessas**

substâncias, por decurso de prazo previsto no ato combatido, viola, não apenas os valores acima citados, **como também afronta o princípio da proibição de retrocesso socioambiental**" (STF, MC na ADPF 656/DF, Tribunal Pleno, Rel. Min. Ricardo Lewandowski, j. 22.06.2020).

5) Caso de redução da participação democrática em órgão colegiado (CONAMA) e retrocesso institucional-democrático: O STF reconheceu que o desmantelamento das estruturas orgânicas que viabilizam a participação democrática de grupos sociais heterogêneos nos processos decisórios do CONAMA enseja violação ao **princípio da proibição de retrocesso socioambiental** da sua **vertente institucional-democrática**.[488]

6) Caso de flexibilização do controle e de limites ao uso de agrotóxicos: O STF reconheceu a inconstitucionalidade da **revogação da norma** – Decreto 4.074/2002 foi modificado pelo Decreto 10.833/2021 – pela qual se estabelecia a atribuição dos Ministérios responsáveis pelo controle de pesticidas – Ministérios da Agricultura, Pecuária e Abastecimento, da Saúde e do Meio Ambiente – de determinarem os **limites máximos de resíduos** e os intervalos de **segurança de aplicação de agrotóxicos** e afins consubstancia nítido retrocesso socioambiental.[489]

No julgamento da medida cautelar na ADPF 747/DF[490], em decisão do STF que seguiu o voto da Ministra Rosa Weber, a Corte voltou a aplicar o princípio da proibição de retrocesso ecológico em tema de extrema importância atinente ao *status* **normativo (mais protetivo) das resoluções do CONAMA**. Ao endossar o *status* de **ato normativo primário das resoluções do CONAMA**, a Corte suspendeu os efeitos da Resolução CONAMA 500/2020 e restabeleceu a vigência e a eficácia das Resoluções CONAMA 284/2001, 302/2002 e 303/2002 que haviam sido revogadas pela primeira, sob fundamento, entre outros, de violação aos **deveres de proteção ambiental do Estado** e ao **princípio da proibição de retrocesso ecológico**. Em passagem do seu voto, assinalou a Ministra Rosa Weber:

> "Como se vê, o estado de coisas inaugurado pela revogação das Resoluções nºs 284/2001, 302/2002 e 303/2002 do CONAMA sugere agravamento da situação de inadimplência do Brasil para com suas obrigações constitucionais e convencionais de tutela do meio ambiente. A **supressão de marcos regulatórios ambientais**, procedimento que não se confunde com a sua atualização, **configura quadro normativo de aparente retrocesso** no campo da proteção e defesa do direito ao meio ambiente ecologicamente equilibrado (art. 225, *caput*, da CF) e, consequentemente, dos direitos fundamentais à vida (art. 5º, *caput*, da CF) e à saúde (art. 6º da CF), a ponto de provocar a impressão da ocorrência de efetivo **desmonte da estrutura estatal de prevenção e reparação dos danos à integridade do patrimônio ambiental comum**".[491]

---

[488] STF, ADPF 623/DF, Tribunal Pleno, Rel. Min. Rosa Weber, j. 22.05.2023.

[489] "ADPF. DECRETO N. 4.074/2002, MODIFICADO PELO DECRETO N. 10.833/2021. CONTROLE DE AGROTÓXICOS, COMPONENTES E AFINS. AFRONTA A PRECEITOS FUNDAMENTAIS GARANTIDORES DO DIREITO FUNDAMENTAL À SAÚDE E AO MEIO AMBIENTE ECOLOGICAMENTE EQUILIBRADO. PRINCÍPIOS DA PREVENÇÃO E DA PRECAUÇÃO. **VEDAÇÃO AO RETROCESSO SOCIOAMBIENTAL**. ARGUIÇÃO DE DESCUMPRIMENTO FUNDAMENTAL PARCIALMENTE CONHECIDA E JULGADA, EM PARTE, PROCEDENTE" (STF, ADPF 910/DF, Tribunal Pleno, Rel. Min. Cármen Lúcia, j. 03.07.2023).

[490] No julgamento da ADPF 748/DF, o STF, por unanimidade, julgou parcialmente procedente a ação para declarar a inconstitucionalidade da Resolução CONAMA n. 500/2020, com a imediata restauração da vigência e eficácia das Resoluções CONAMA n. 284/2001, n. 302/2002 e n. 303/2002, como já definido na medida cautelar implementada, e julgou improcedente o pedido de inconstitucionalidade da Resolução CONAMA nº 499/2020. STF, ADPF 748/DF, Plenário Virtual, Rel. Min. Rosa Weber, j. 20.05.2022.

[491] STF, MC na ADPF 747/DF, Tribunal Pleno, Rel. Min. Rosa Weber, j. 28.10.2020.

JURISPRUDÊNCIA STF. Competência legislativa concorrente em matéria de licenciamento ambiental e princípio da proibição de retrocesso ambiental: "AÇÃO DIRETA DE INCONSTITUCIONALIDADE. DIREITO AMBIENTAL E CONSTITUCIONAL. FEDERALISMO. REPARTIÇÃO DE COMPETÊNCIAS LEGISLATIVAS. RESOLUÇÃO DO CONSELHO ESTADUAL DO MEIO AMBIENTE DO CEARÁ COEMA/CE Nº 02, DE 11 DE ABRIL DE 2019. DISPOSIÇÕES SOBRE OS PROCEDIMENTOS, CRITÉRIOS E PARÂMETROS APLICADOS AOS PROCESSOS DE LICENCIAMENTO E AUTORIZAÇÃO AMBIENTAL NO ÂMBITO DA SUPERINTENDÊNICA ESTADUAL DO MEIO AMBIENTE – SEMACE. CABIMENTO. ATO NORMATIVO ESTADUAL COM NATUREZA PRIMÁRIA, AUTÔNOMA, GERAL, ABSTRATA E TÉCNICA. PRINCÍPIO DA PREDOMINÂNCIA DO INTERESSE PARA NORMATIZAR PROCEDIMENTOS ESPECÍFICOS E SIMPLIFICADOS. JURISPRUDÊNCIA CONSOLIDADA. PRECEDENTES. CRIAÇÃO DE HIPÓTESES DE DISPENSA DE LICENCIAMENTO AMBIENTAL DE ATIVIDADES E EMPREENDIMENTOS POTENCIALMENTE POLUIDORES. FLEXIBILIZAÇÃO INDEVIDA. **VIOLAÇÃO DO DIREITO FUNDAMENTAL AO MEIO AMBIENTE ECOLOGICAMENTE EQUILIBRADO** (ART. 225 DA CONSTITUIÇÃO DA REPÚBLICA), DO **PRINCÍPIO DA PROIBIÇÃO DO RETROCESSO AMBIENTAL** E DOS **PRINCÍPIOS DA PREVENÇÃO E DA PRECAUÇÃO**. RESOLUÇÃO SOBRE LICENCIAMENTO AMBIENTAL NO TERRITÓRIO DO CEARÁ. INTERPRETAÇÃO CONFORME PARA RESGUARDAR A COMPETÊNCIA DOS MUNICÍPIOS PARA O LICENCIAMENTO DE ATIVIDADES E EMPREENDIMENTOS DE IMPACTO LOCAL. PROCEDÊNCIA PARCIAL DO PEDIDO. 1. A Resolução do Conselho Estadual do Meio Ambiente do Ceará COEMA/CE nº 02/2019 foi editada como um marco normativo regulatório do licenciamento ambiental no Estado do Ceará, no exercício do poder normativo ambiental de que detém o Conselho Estadual do Meio Ambiente dentro do **federalismo cooperativo em matéria ambiental**. A Resolução impugnada elabora, de forma primária, autônoma, abstrata, geral e técnica, padrões normativos e regulatórios do licenciamento ambiental no Estado. Implementação da política estadual do meio ambiente a possibilitar o controle por meio da presente ação direta de inconstitucionalidade. 2. (...). 3. O art. 8º da Resolução COEMA 02/2019 criou hipóteses de dispensa de licenciamento ambiental para a realização de atividades impactantes e degradadoras do meio ambiente. O **afastamento do licenciamento de atividades potencialmente poluidoras afronta o art. 225** da Constituição da República. Empreendimentos e atividades econômicas apenas serão considerados lícitos e constitucionais quando subordinados à regra de proteção ambiental. A **atuação normativa estadual flexibilizadora** caracteriza violação do direito fundamental ao meio ambiente ecologicamente equilibrado e afronta a obrigatoriedade da intervenção do Poder Público em matéria ambiental. **Inobservância do princípio da proibição de retrocesso em matéria socioambiental** e dos **princípios da prevenção e da precaução**. **Inconstitucionalidade material** do artigo 8º da Resolução do COEMA/CE nº 02/2019. 4. (...). 5. Ação direta conhecida e pedido julgado parcialmente procedente para declarar a inconstitucionalidade material do artigo 8º da Resolução do COEMA/CE nº 02/2019 e conferir interpretação conforme a Constituição Federal ao seu artigo 1º, caput, a fim de resguardar a competência municipal para o licenciamento ambiental de atividades e empreendimentos de impacto local." (STF, ADI 6.288/CE, Tribunal Pleno, Rel. Min. Rosa Weber, j. 23.11.2020)

JURISPRUDÊNCIA STF. Aprovação tácita de agrotóxicos, Lei de Liberdade Econômica (Lei 13.874/2019), princípio da precaução e princípio da proibição de retrocesso ambiental.
"FUNDAMENTAL. MEDIDA CAUTELAR. DIREITO AMBIENTAL. DIREITO À SAÚDE. PORTARIA 43/2020 DA SECRETARIA DE DEFESA AGROPECUÁRIA DO MINISTÉRIO DA AGRICULTURA, PECUÁRIA E ABASTECIMENTO – MAPA. REGULAMENTAÇÃO **DA LEI 13.874/2019**, A QUAL DISPÕE SOBRE **LIBERDADE ECONÔMICA**. PRAZOS PARA **APROVAÇÃO TÁCITA DE USO DE AGROTÓXICOS, FERTILIZANTES E OUTROS QUÍMICOS**. CONHECIMENTO. ENTRADA, REGISTRO E LIBERAÇÃO DE NOVOS AGROTÓXICOS NO BRASIL, **SEM EXAME DA POSSÍVEL NOCIVIDADE** DOS PRODUTOS. INADMISSIBILIDADE. **AFRONTA AOS PRINCÍPIOS DA**

PRECAUÇÃO E DA PROIBIÇÃO DO RETROCESSO SOCIOAMBIENTAL. OFENSA, ADEMAIS, AO **DIREITO À SAÚDE**. PRESENTES O *FUMUS BONI IURIS* E O *PERICULUM IN MORA*. CAUTELAR DEFERIDA.

I – O ato impugnado consiste em portaria assinada pelo Secretário de Defesa Agropecuária do Ministério da Agricultura, Pecuária e Abastecimento – MAPA, que estabelece prazos para aprovação tácita de utilização de agrotóxicos, independentemente da conclusão de estudos técnicos relacionados aos efeitos nocivos ao meio ambiente ou às consequências à saúde da população brasileira. II – Trata-se de **portaria**, destinada ao público em geral com **função similar a um decreto regulamentar**, o qual, a pretexto de interpretar o texto legal, acaba por extrapolar o estreito espaço normativo reservado pela Constituição às autoridades administrativas. III – (...). IV – A portaria ministerial que, sob a justificativa de regulamentar a atuação estatal acerca do exercício de atividade econômica relacionada a agrotóxicos, para imprimir diretriz governamental voltada a incrementar a **liberdade econômica, fere direitos fundamentais** consagrados e densificados, há muito tempo, concernentes à Saúde Ambiental. V – Cuida-se de "um campo da Saúde Pública afeita ao **conhecimento científico** e à formulação de políticas públicas relacionadas à **interação entre a saúde humana e os fatores do meio ambiente natural e antrópico** que a determinam, condicionam e influenciam, visando à melhoria da qualidade de vida do ser humano, sob o ponto de vista da sustentabilidade". VI – **Estudos científicos,** inclusive da Universidade de São Paulo, descortinam **dados alarmantes,** evidenciando que o consumo de agrotóxicos no mundo aumentou em 100% entre os anos de 2000 e 2010, enquanto no Brasil este acréscimo correspondeu a quase 200%. VII – Pesquisas mostram também que **o agrotóxico mais vendido no Brasil** é o **Glifosato, altamente cancerígeno, virtualmente banido nos países europeus**, e que corresponde, sozinho, a mais da metade do volume total de todos os agrotóxicos comercializados entre nós. VIII – No País, existem 504 ingredientes ativos com registro autorizado, sendo que, desses, 149 são proibidos na União Europeia, correspondendo a cerca de 30% do total, valendo acrescentar que, dos 10 agrotóxicos mais vendidos aqui, 2 são banidos na UE. IX – Permitir a entrada e registro de novos agrotóxicos, de modo tácito, sem a devida análise por parte das autoridades responsáveis, com o fim de **proteger o meio ambiente e a saúde** de todos, ofende o **princípio da precaução**, ínsito no art. 225 da Carta de 1988. X – A **Lei 7.802/1989**, que regulamenta o emprego dos agrotóxicos no Brasil, estabelece diretriz incontornável no sentido de vedar o registro de agrotóxicos, seus componentes e afins, com relação aos quais o País não disponha de métodos para desativação de seus componentes, de modo a impedir que os resíduos remanescentes provoquem **riscos ao meio ambiente e à saúde pública**. XI – A **aprovação tácita** dessas substâncias, por decurso de prazo previsto no ato combatido, viola, não apenas os valores acima citados, como também afronta o **princípio da proibição de retrocesso socioambiental**. XII – *Fumus boni iuris* e *periculum in mora* presentes, diante da entrada em vigor da Portaria em questão no dia 1º de abril de 2020. XIII – Medida cautelar concedida para **suspender a eficácia** dos itens 64 a 68 da Tabela 1 do art. 2º da Portaria 43, de 21 de fevereiro de 2020, do Ministério da Agricultura, Pecuária e Abastecimento/Secretaria de Defesa Agropecuária, até a decisão definitiva do Plenário desta Corte na presente ADPF." (STF, MC na ADPF 656/DF, Tribunal Pleno, Rel. Min. Ricardo Lewandowski, j. 22.06.2020)

JURISPRUDÊNCIA STF. Dever de progressividade em matéria ambiental: 1) ADI 3.646, princípio da progressividade e UCs (ACO 838)

O Min. **Alexandre de Moraes**, em 16.05.2019, julgou improcedente a Ação Cível Originária (ACO) 838, na qual o Estado de Santa Catarina pedia a declaração de nulidade do **Decreto Presidencial** 19/2005, que **criou** o **Parque Nacional das Araucárias**. O Min. Alexandre de Morais, muito embora não tenha utilizado a expressão "**princípio da progressividade**", decidiu o caso tomando por base as premissas que o caracterizam. O Ministro assinalou que a **exigência de lei para a alteração de espaços ambientais**, prevista no art. 225, § 1º, III, da

> CF/1988, visa à **manutenção de um determinado nível de proteção ambiental**. "Entretanto, essa garantia não pode agir em detrimento da **melhoria do nível de proteção ambiental...**"
>
> **2) Competência legislativa concorrente, proibição de retrocesso e dever de progressividade em matéria de Direitos (Humanos e Fundamentais) Econômicos, Sociais, Culturais e Ambientais – DESCA:** "A lei atacada resultou em afronta ao **princípio da vedação do retrocesso**, que impossibilita qualquer supressão ou limitação de direitos fundamentais já adquiridos. Tal garantia se coaduna com os princípios da **dignidade da pessoa humana** e da **segurança jurídica**, estabelecendo um **dever de progressividade em matérias sociais, econômicas, culturais e ambientais**" (STF, ADI 5.016/BA, Rel. Min. Alexandre de Moraes, j. 11.10.2018).

4.7.1 Princípio da proibição de retrocesso, dever estatal de progressividade e vedação da extinção ou redução de áreas especialmente protegidas (unidades de conservação, área de preservação permanente, reserva legal e territórios indígenas)

O conteúdo dos princípios da **proibição de retrocesso** e da **progressividade** assume a forma normativa de **deveres ou obrigações estatais vinculantes** para todos os poderes republicanos (Legislativo, Executivo e Judiciário). O tema em questão é particularmente relevante pela ótica da vedação da extinção ou redução de áreas ambientais especialmente protegidas (**unidades de conservação, área de preservação permanente, reserva legal e territórios indígenas etc.**). Segundo prevê a **Convenção-Quadro sobre Diversidade Biológica** da ONU (1992), no seu art. 2º, área protegida "significa uma área definida geograficamente que é destinada, ou regulamentada, e administrada para alcançar objetivos específicos de conservação". Durante a **COP 15** da Convenção-Quadro, realizada em Montreal no ano de 2022, foi celebrado acordo histórico entre os seus mais de 190 países membros para deter a destruição da biodiversidade e da Natureza. Chamado **Acordo Kunming-Montreal (2022)**, o seu objetivo principal é assegurar a **proteção de 30% do planeta até 2030**, entre áreas continentais e marinhas, a fim de salvaguardar a biodiversidade e as espécies (em especial, as já ameaçadas de extinção) da poluição, da degradação ecológica e da crise climática. A decisão em questão estabelece um **imperativo de progressividade**, a fim de que os Estados-Membros adotem medidas para ampliar as suas áreas ambientalmente protegidas, inclusive com a ressalva do status de supralegalidade conferido a tais tratados internacionais climático pelo nosso ordenamento jurídico nacional (ADPF 708/DF).

A CF/1988, por sua vez, reconhece expressamente que **incumbe ao Estado** (ou seja, por meio de **deveres estatais de proteção**), com o propósito de efetivar o direito fundamental ao meio ambiente ecologicamente equilibrado consagrado no *caput* do art. 225, "definir, em todas as unidades da Federação, **espaços territoriais e seus componentes a serem especialmente protegidos**, sendo a **alteração** e a **supressão** permitidas **somente através de lei**, vedada qualquer utilização que comprometa a integridade dos atributos que justifiquem sua proteção" (§ 1º, III).

O dispositivo constitucional ora suscitado foi regulamentado pela **Lei do Sistema Nacional de Unidades de Conservação da Natureza – SNUC** (Lei 9.985/2000). Da mesma forma, o **Código Florestal de 2012** (Lei 12.651/2012), ao regulamentar os institutos jurídicos da área de preservação permanente (APP)[492] e da reserva legal (RL),[493] também se encarregou de estabelecer

---

[492] "Art. 3º (...) II – **Área de Preservação Permanente – APP**: área protegida, coberta ou não por vegetação nativa, com a função ambiental de preservar os recursos hídricos, a paisagem, a estabilidade geológica e a biodiversidade, facilitar o fluxo gênico de fauna e flora, proteger o solo e assegurar o bem-estar das populações humanas."

[493] "Art. 3º (...) III – **Reserva Legal**: área localizada no interior de uma propriedade ou posse rural, delimitada nos termos do art. 12, com a função de assegurar o uso econômico de modo sustentável dos recursos naturais

áreas especialmente protegidas no âmbito da propriedade e posse florestal, limitando o seu uso por seus titulares, de modo complementar ao SNUC. O mesmo também se pode dizer acerca dos **territórios indígenas**, dada a relação intrínseca verificada entre a cultura dos povos indígenas e a proteção da Natureza, como, aliás, consta expressamente reconhecida na CF/1988 (art. 227).[494] Todos os exemplos de áreas especialmente protegidas citados, impondo limitações (em alguns casos, de forma absoluta) à sua utilização por agentes públicos e privados, cumprem um dos papéis mais importantes do marco jurídico ambiental brasileiro na proteção da integridade e equilíbrio ecológico.

O dever constitucional atribuído ao Estado no sentido de criar áreas ambientais especialmente protegidas está diretamente relacionado a outros objetivos ou deveres estatais também previstos no § 1º do art. 225, por exemplo, "preservar e restaurar os **processos ecológicos essenciais** e prover o manejo ecológico das espécies e ecossistemas" (I); "preservar a **diversidade** e a integridade do patrimônio genético do País e fiscalizar as entidades dedicadas à pesquisa e manipulação de material genético" (II); e "**proteger a fauna e a flora**, vedadas, na forma da lei, as práticas que coloquem em risco sua **função ecológica**, provoquem a **extinção de espécies** ou submetam os animais a crueldade" (VII). As áreas ambientais especialmente protegidas são um mecanismo essencial para assegurar, por exemplo, a proteção da **biodiversidade** e do **regime climático**, ou seja, dois dos temas centrais e mais preocupantes da crise ecológica sem precedentes que vivenciamos hoje e que decorre direta e exclusivamente da magnitude da intervenção do ser humano na Natureza, notadamente em razão da destruição da cobertura florestal (e consequente liberação de gases do efeito estufa) e alteração dos hábitats naturais das espécies da fauna e da flora em todos os cantos do Planeta.

No mês de maio de 2019, foi divulgado o sumário do **"Relatório de Avaliação Global sobre Biodiversidade e Serviços Ecossistêmicos"** (*Global Assessment Report on Biodiversity and Ecosystem Services*), produzido e aprovado na sua 7ª sessão plenária, realizada em Paris, pela **Plataforma Intergovernamental Científico-Política sobre Biodiversidade e Serviços Ecossistêmicos (IPBES) da ONU**, instituição com papel equivalente ao desempenhado na área das mudanças climáticas pelo Painel Intergovernamental sobre Mudanças Climáticas (IPCC) da ONU. Segundo o documento, constatou-se a **"aceleração" das taxas de extinção de espécies**, a tal ponto em que "1.000.000 (um milhão) de espécies encontram-se hoje ameaçadas de extinção no Planeta".[495] No mesmo sentido, Edward O. Wilson, um dos maiores biólogos vivos, professor da Universidade de Harvard, a quem é atribuída a criação da expressão "biodiversidade", prefere conferir a nomenclatura Eremoceno ou Era da Solidão (*Age of Loneliness*) para conceituar a atual Época Geológica, em vez de **Antropoceno**, definindo-o, basicamente, como a "era das pessoas, nossas plantas e animais domesticados, bem como das nossas plantações agrícolas em todo o mundo, até onde os olhos podem ver".[496]

No livro **Metade da Terra** (*Half-Earth*), publicado em 2015, Wilson destaca a necessária e urgente preservação de pelo menos **50% do território do Planeta Terra**, notadamente de ecossistemas localizados em **regiões estratégicas** em razão da sua relevância para a proteção

---

do imóvel rural, auxiliar a conservação e a reabilitação dos processos ecológicos e promover a conservação da biodiversidade, bem como o abrigo e a proteção de fauna silvestre e da flora nativa."

[494] "CAPÍTULO VIII – DOS ÍNDIOS Art. 231. São reconhecidos aos índios sua organização social, costumes, línguas, crenças e tradições, e os **direitos originários sobre as terras que tradicionalmente ocupam**, competindo à União **demarcá-las, proteger e fazer respeitar todos os seus bens**. § 1º São terras tradicionalmente ocupadas pelos índios as por eles habitadas em caráter permanente, as utilizadas para suas atividades produtivas, as **imprescindíveis à preservação dos recursos ambientais** necessários a seu bem-estar e as necessárias a sua reprodução física e cultural, segundo seus usos, costumes e tradições. (...)".

[495] Disponível em: https://www.ipbes.net.

[496] WILSON, Edward O. *Half-Earth*..., p. 20.

da biodiversidade planetária (como é o caso, por exemplo, da **Amazônia**), a fim de conter a **6ª extinção em massa** de espécies em pleno curso no Antropoceno. O **Brasil**, por sua vez, tem, entre 25% e 30% do seu território incluído em áreas especialmente protegidas. No caso do Poder Judiciário, o princípio da proibição de retrocesso ecológico configura-se como um importante **princípio e parâmetro hermenêutico**, capaz de guiar nossos Juízes e Tribunais na resolução de conflitos na seara ecológica, notadamente quando diante de um cenário de redução do patamar normativo ou administrativo já consolidado em matéria ambiental, tanto em sede de controle difuso quanto concentrado de constitucionalidade de medidas legislativas e administrativas.

4.7.2 Dimensão institucional do princípio da proibição de retrocesso, vedação da redução da participação popular em órgãos colegiados ambientais e vinculação do Poder Executivo (ADPF 651/DF e ADPF 623/DF)

O STF, no julgamento da ADPF 651/DF, reconheceu a inconstitucionalidade de decretos presidenciais que havia excluído a participação da sociedade civil do Conselho Deliberativo do Fundo Nacional do Meio Ambiente (Decreto 10.224/2020)[497])[498] e a extinção do Comitê Orientador do Fundo Amazônia (Decreto 10.223/2020), em afronta ao princípio da proibição do retrocesso ambiental e à participação da sociedade civil na formulação, desenvolvimento e controle das políticas ambientais. De acordo com a Corte, em voto sob a relatoria da Ministra Cármen Lúcia: "a exclusão da participação popular na composição dos órgãos ambientais frustra a opção constitucional pela presença da sociedade civil na formulação de políticas públicas ambientais", em "contrariedade ao princípio da participação popular direta em matéria ambiental, à vedação do retrocesso e ao princípio da isonomia".[499]

A discussão em questão desloca a **limitação do poder discricionário** do Poder Legislativo para o Poder Executivo, no exercício da sua competência administrativa de regulamentar a participação social em **órgãos colegiados ambientais**. Como apontado na decisão do STF na ADPF 651/DF – e igual entendimento foi adotado no julgamento da MC da ADPF 623/DF (em voto monocrático da Ministra Rosa Weber) sobre a alteração da composição do CONAMA –, o princípio da proibição de retrocesso opera como blindagem ou baliza normativa a impedir a redução da participação popular em órgãos colegiados ambientais, vinculando, portanto, o Poder Executivo. Eventual alteração na composição ou estrutura dos órgãos colegiados ambientais deve respeitar os níveis já alcançados e vigentes de participação social e exercício de cidadania ativa e participativa, sob pena de violar o princípio da proibição de retrocesso ambiental e o princípio democrático.

O princípio da proibição de retrocesso ambiental, como se pode apreender da decisão, soma força normativa com o princípio do Estado Democrático de Direito, agregando ao seu conteúdo uma **dimensão democrática e institucional**, notadamente no sentido de frear retrocessos administrativos e institucionais que representem, em última instância, o descumprimento, por parte do Estado (Legislador ou Administrador), do comando normativo e programa constitucional da CF/1988, bem como a sua omissão ou proteção deficiente na salvaguarda do direito fundamental ao meio ambiente. Como referido pela Ministra Rosa Weber na sua decisão na ADPF 623/DF, verifica-se em tais situações um somatório de retrocessos, não se limitando à proteção ecológica, o que nos conduz ao reconhecimento igualmente da **proibição de retrocesso democrático e institucional**.

---

[497] O Decreto 11.372/2023 alterou o Decreto 10.224, de 5 de fevereiro de 2020, que regulamenta a Lei 7.797, de 10 de julho de 1989, a qual cria o Fundo Nacional do Meio Ambiente.

[498] No início de 2023, o Decreto 11.372/2023 alterou o Decreto 10.224/2020, reestabelecendo a participação social no referido órgão colegiado.

[499] STF, ADPF 651/DF, Tribunal Pleno, Rel. Min. Cármen Lúcia, j. 04.05.2022.

JURISPRUDÊNCIA STF. Exclusão da participação da sociedade em órgãos colegiados ambientais e violação aos princípios da participação pública e da proibição de retrocesso ambiental: ARGUIÇÃO DE DESCUMPRIMENTO DE PRECEITO FUNDAMENTAL. DIREITO CONSTITUCIONAL AMBIENTAL. MEDIDA CAUTELAR. DECRETO PRESIDENCIAL N. 10.224, DE 5.2.2020. **EXCLUSÃO DA SOCIEDADE CIVIL** DO CONSELHO DELIBERATIVO DO FUNDO NACIONAL DO MEIO AMBIENTE. DECRETO PRESIDENCIAL N. 10.239, DE 11.2.2020. EXCLUSÃO DOS GOVERNADORES DO CONSELHO NACIONAL DA AMAZÔNIA. DECRETO PRESIDENCIAL N. 10.223, DE 5.2.2020. EXTINÇÃO DO COMITÊ ORIENTADOR DO FUNDO AMAZÔNIA. ALEGADA AFRONTA À PROTEÇÃO AO MEIO AMBIENTE E **PROIBIÇÃO AO RETROCESSO AMBIENTAL**. ARGUIÇÃO DE DESCUMPRIMENTO DE PRECEITO FUNDAMENTAL JULGADA PROCEDENTE. 1. (...) 2. Nas normas impugnadas, a pretexto de reorganizar a Administração Pública federal quanto à composição do Conselho Deliberativo do Fundo Nacional do Meio Ambiental, do Conselho Nacional da Amazônia e do Comitê Orientador do Fundo Amazônia, **frustra-se a participação da sociedade civil** e dos Governadores dos Estados integrantes da Amazônia Legal na **formulação das decisões e no controle da sua execução em matéria ambiental**. 3. A exclusão da participação popular na composição dos **órgãos ambientais** frustra a **opção constitucional pela presença da sociedade civil na formulação de políticas públicas ambientais**. Contrariedade ao princípio da **participação popular direta em matéria ambiental**, à **vedação do retrocesso** e ao princípio da isonomia. 4. A **eliminação da paridade** na **composição dos órgãos ambientais** confere ao Poder Executivo federal o controle das suas decisões, neutralizando-se o **caráter crítico e diversificado da fiscalização**, que deve permear a condução dos trabalhos e **políticas públicas**. 5. A **organização administrativa em matéria ambiental** está protegida pelo **princípio de proibição do retrocesso ambiental**, o que restringe a atuação do administrador público, de forma a autorizar apenas o **aperfeiçoamento das instituições** e órgãos de proteção ao meio ambiente. 6. Arguição de descumprimento de preceito fundamental julgada procedente para a) **declarar inconstitucional** a norma prevista no art. 5º do Decreto n. 10.224/2020, pela qual se **extinguiu a participação da sociedade civil** no **Conselho Deliberativo do Fundo Nacional do Meio Ambiente**, restabelecendo-se quanto ao ponto o disposto no Decreto n. 6.985/2009, pelo qual alterado o art. 4º do Decreto n. 3.524/2000; b) declarar a inconstitucionalidade do Decreto n. 10.239/2020, especificamente no ponto em que se excluiu a participação de Governadores no Conselho Nacional da Amazônia Legal; e c) declarar a **inconstitucionalidade** do art. 1º, CCII, do Decreto nº 10.223/2020, especificamente no ponto em que se **extinguiu o Comitê Orientador do Fundo Amazônia**" (STF, ADPF 651/DF, Tribunal Pleno, Rel. Min. Cármen Lúcia, j. 04.05.2022).

JURISPRUDÊNCIA STF. Estado de Direito Ambiental e dimensão institucional e democrática do princípio da proibição de retrocesso ambiental: "DIREITO CONSTITUCIONAL. ARRANJOS INSTITUCIONAIS DA DEMOCRACIA CONSTITUCIONAL. DEMOCRACIA DIRETA E ENGAJAMENTO CÍVICO. PARTICIPAÇÃO SOCIAL E POLÍTICAS PÚBLICAS. IGUALDADE POLÍTICA. **ESTADO DE DIREITO AMBIENTAL E SUA DIMENSÃO ORGANIZACIONAL-PROCEDIMENTAL.** DIREITOS PROCEDIMENTAIS AMBIENTAIS. PERFIL NORMATIVO E DELIBERATIVO DO CONAMA. REFORMULAÇÃO DA COMPOSIÇÃO E PROCESSO DECISÓRIO. DECRETO N. 9.806/2019. INCONSTITUCIONALIDADE. VIOLAÇÃO DOS DIREITOS FUNDAMENTAIS PROCEDIMENTAIS AMBIENTAIS E DA IGUALDADE POLÍTICA. REDUÇÃO DA PARTICIPAÇÃO COMO DIREITO DE EFETIVA INFLUÊNCIA NOS PROCESSOS DECISÓRIOS. **RETROCESSO INSTITUCIONAL-DEMOCRÁTICO E SOCIOAMBIENTAL.** DISCRICIONARIEDADE ADMINISTRATIVA DO PODER EXECUTIVO ENCONTRA LIMITES NA ARQUITETURA CONSTITUCIONAL. **POSSIBILIDADE DE CONTROLE JURISDICIONAL** PARA A OBSERVÂNCIA DOS **PADRÕES E PRÁTICAS NECESSÁRIAS PARA A OPERAÇÃO DA DEMOCRACIA**. (...) 4. A igualdade política agrega o qualificativo paritário à concepção da democracia, em sua faceta cultural e institucional. Tem-se aqui a dimensão procedimental das instituições governamentais decisórias, na qual se exigem novos arranjos participativos, sob pena do desenho institucional isolar (com intenção ou não) a capacidade ativa da participação popular. 7. O **desmantelamento das estruturas orgânicas que viabilizam a participação democrática** de grupos sociais heterogêneos nos processos decisórios do CONAMA tem como efeito a implementação de um sistema decisório hegemônico, concentrado e não responsivo, incompatível com a **arquitetura constitucional democrática das instituições públicas** e suas exigentes condicionantes. 8. A **discricionariedade decisória do Chefe do Executivo** na reestruturação administrativa **não é prerrogativa isenta de limites,** ainda mais no campo dos Conselhos com perfis deliberativos. A moldura normativa a ser respeitada na organização procedimental dos Conselhos é antes uma garantia de contenção do poder do Estado frente à **participação popular,** missão civilizatória que o constitucionalismo se propõe a cumprir. O espaço decisório do Executivo não permite intervenção ou regulação desproporcional. 9. A **Constituição Federal não negocia retrocessos,** sob a justificativa de liberdade de conformação decisória administrativa. A eficiência e a racionalidade são vetores constitucionais que orientam o Poder Executivo na atividade administrativa, com o objetivo de assegurar efetividade na prestação dos serviços públicos, respeitados limites mínimos razoáveis, sob pena de **retrocessos qualitativos** em nome de incrementos quantitativos. Inconstitucionalidade do Decreto n. 9.806/2019. 10. Arguição de descumprimento de preceito fundamental julgada procedente (STF, ADPF 623/DF, Tribunal Pleno, Rel. Min. Rosa Weber, j. 22.05.2023).

4.7.3 Princípios da proibição de retrocesso e da progressividade em matéria climática e o Acordo de Paris (2015)

A relação entre "progressão" (*progression*) e "maior ambição possível" (*highest possible ambition*) estabelecida na conformação das Contribuições Nacionalmente Determinadas (NDCs) dos Estados-Partes do Acordo de Paris (2015) revela um importante parâmetro normativo (e vinculante) para o Direito Climático (Internacional e Nacional). Os Estados-Partes – no caso do Brasil, levando em consideração o *status* supralegal do Acordo de Paris (vide ADPF 708/DF) – devem pautar as suas **medidas de mitigação e adaptação** climática à luz de tal quadrante normativo, ou seja, em respeito aos **princípios da proibição de retrocesso e da progressividade em matéria climática.** Para além de **não recuarem nos patamares já alcançados** – ex.: legislação, políticas públicas, estrutura administrativa e orçamentária etc. – em termos de mitigação e adaptação climática, os Estados-Membros devem **avançar** – serem **mais ambiciosos** – com medidas ainda mais protetivas no futuro mirando a meta de **neutralidade climática** a ser alcançada (no máximo) até **2050.**

Artigo 3º

A título de **contribuições nacionalmente determinadas** à resposta global à mudança do clima, todas as Partes deverão realizar e comunicar **esforços ambiciosos** conforme definido nos Artigos 4º, 7º, 9º, 10, 11 e 13, com vistas à consecução do objetivo deste Acordo conforme estabelecido no Artigo 2º. Os esforços de todas as Partes representarão uma **progressão ao longo do tempo**, reconhecendo a necessidade de apoiar as Partes países em desenvolvimento na implementação efetiva deste Acordo.

Artigo 4º

(...) 3. A contribuição nacionalmente determinada sucessiva de cada Parte representará uma **progressão em relação à contribuição nacionalmente determinada então vigente** e refletirá **sua maior ambição possível**, tendo em conta suas responsabilidades comuns porém diferenciadas e respectivas capacidades, à luz das diferentes circunstâncias nacionais.

Na doutrina, destaca-se o entendimento de Christina Voigt a respeito do tema:

"A interação entre os **dois parâmetros** – progressão e maior ambição possível – é tão intrincada quanto significativa. Eles só funcionam em conjunto e estão interligados. A **'progressão'** por si só, sem a **'maior ambição possível'**, poderia, por exemplo, permitir que uma parte com uma NDC com uma meta de redução de 50% comunicasse uma NDC sucessiva com, digamos, uma meta de 51%. Qualquer aumento na ambição seria suficiente para a 'progressão', mesmo que marginal. Entretanto, a 'maior ambição possível', juntamente com a 'progressão', significa que o aumento da ambição precisa ser proporcional aos melhores esforços que uma parte possa fazer, o que significa que não se deve deixar pedra sobre pedra.

Por outro lado, a 'maior ambição possível' por si só pode permitir que as mudanças nas circunstâncias de uma parte (por exemplo, uma crise financeira ou econômica) justifiquem uma redução no que pode ser considerado sua 'maior ambição possível' em comparação com o nível contido na NDC anterior. A combinação com a 'progressão' evita esse possível retrocesso. A progressão não apenas estabelece um "piso" para a próxima NDC, a partir do qual não é permitido nenhum retrocesso, mas também exige que cada parte aumente a ambição o máximo possível ao ir além da NDC anterior. É a combinação de ambos os parâmetros que determina o padrão de cuidado ao definir os objetivos nas NDCs.

É importante ressaltar que a progressão não deve ser confundida com a **não regressão** (*non-regression*). A não regressão apenas evita o retrocesso e permite que a ambição permaneça no mesmo nível ao longo do tempo (ou seja, estagnação). A progressão, por outro lado, exige o **aumento e o aprimoramento contínuos da ambição ao longo do tempo**. À luz das críticas de que as atuais NDCs ainda não são proporcionais ao que é necessário para atingir a meta de temperatura do Acordo de Paris, essa diferença é crucial, pois a progressão tem o objetivo (e é extremamente necessária) de ajudar a remediar a 'lacuna de ambição' (*ambition gap*). Isso está ligado a outro aspecto central do Acordo: a lógica da preparação regular (**'a cada 5 anos'**) das NDCs, informada pelos resultados de uma avaliação coletiva do progresso em direção às metas do Acordo – o balanço global – definido no Artigo 14. Nenhuma dessas etapas foi realizada até o momento (a primeira vez que NDCs sucessivas devem ser apresentadas em 2025; e o primeiro levantamento global deve ser concluído no final de 2023)."[500]

As obrigações ou deveres climáticos estabelecidos no Acordo de Paris – cabe frisar, dotados de *status* convencional e, portanto, supralegal – vinculam normativamente o Estado-Membro na esfera nacional – Legislador, Executivo e Judiciário –, tanto em relação à proibição de retrocesso quanto à imposição de progressividade na adoção de medidas legislativas e administrativas em termos de mitigação na emissão de gases do efeito estufa e adaptação às mudanças climáticas. Nenhum passo atrás, mas somente à frente, ou seja, por meio do fortalecimento progressivo das políticas públicas em matéria climática.

Ademais, é importante destacar que o objetivo a ser perseguido pelo Estado-Membro é a **neutralidade climática**, a qual deve ser alcançada individualmente por cada País até (no máximo, melhor se antes!) meados do século XXI, ou seja, **até 2050**, conforme disposição expressa do art. 4º, 1, do Acordo de Paris:

---

[500] VOIGT Christina. The power of the Paris Agreement in international climate litigation. *RECIEL*. 2023; v. 32, n. 2, p. 249 (237-249).

> **Artigo 4º**
>
> 1. A fim de atingir a **meta de longo prazo** de temperatura definida no Artigo 2º, as Partes visam a que as emissões globais de gases de efeito de estufa atinjam o ponto máximo o quanto antes, reconhecendo que as Partes países em desenvolvimento levarão mais tempo para alcançá-lo, e a partir de então realizar reduções rápidas das emissões de gases de efeito estufa, de acordo com o melhor conhecimento científico disponível, de modo a **alcançar um equilíbrio entre as emissões antrópicas por fontes e remoções por sumidouros de gases de efeito estufa na segunda metade deste século**, com base na equidade, e no contexto do desenvolvimento sustentável e dos esforços de erradicação da pobreza. (...)

4.8 Estado de coisas inconstitucional ecológico (e climático)

É possível identificar, à luz de alguns exemplos, situações que revelam profunda e sistemática incapacidade institucional do Estado – em especial, do Poder Executivo – de gerenciar as **políticas públicas ambientais e climáticas** de modo minimamente eficiente e suficiente (em face do princípio da proibição de proteção insuficiente ou deficiente), como ilustram de forma categórica o aumento do desmatamento nos últimos anos na Amazônia[501], no Cerrado e no Pantanal Mato-grossense, os desastres de Mariana (2015) e Brumadinho (2019), bem como, por último, o derramamento de óleo no litoral do Nordeste (2019). As situações narradas, dadas a sua **magnitude e violação massiva de direitos fundamentais** que provocam e provocaram, demandam uma atuação do Poder Judiciário no sentido de dar **respostas de âmbito estrutural**, ou seja, medidas corretivas de grande amplitude nas políticas públicas levadas a efeito pelo Poder Executivo. É aí que surge a discussão acerca do "**estado de coisas inconstitucional ambiental e climático**", recordando-se que o STF já se serviu de tal instituto jurídico – utilizado de forma pioneira pela Corte Constitucional colombiana[502] – no julgamento da **ADPF 347/DF**, ao tratar, entre outros aspectos, da superlotação e violação massiva de direitos fundamentais verificada no âmbito do sistema carcerário brasileiro.

Na doutrina, destaca-se estudo pioneiro de Bleine Queiroz Caúla e Francisco Lisboa Rodrigues sobre a versão "ecológica" do instituto do estado de coisas inconstitucional:

> "(...) o princípio constitucional da separação dos poderes não pode obstar a aplicação da técnica decisória do Estado de Coisas Inconstitucional pelo Poder Judiciário como medida de proporcionalidade e razoabilidade dos limites de cada Poder. Referido princípio não é um escudo para proteger a administração pública das decisões judiciais que coíbam a generalizada violação dos direitos fundamentais. Deve ser ponderado o cabimento do controle jurisdicional das políticas públicas ambientais preventivas dos danos irreversíveis resultantes da inobservância do Poder Executivo à obrigação de realização do direito fundamental ao ambiente e os direitos humanos que com ele estejam imbrincados. (...) o debate sobre o **Estado de Coisas Inconstitucional Ambiental** nasce a partir da inobservância do Poder Executivo (federal, estadual e municipal) aos **graves riscos ambientais e suas irreversíveis**

---

[501] Disponível em: http://www.obt.inpe.br/OBT/assuntos/programas/amazonia/prodes.
[502] A Corte Constitucional colombiana estabeleceu o **conceito** do *estado de coisas inconstitucional* na Sentencia T-025, de 16.05.2004: "es una decisión judicial, por medio de la cual la Corte Constitucional declara que hay una violación masiva generalizada y sistemática de los derechos fundamentales es de tal magnitud, que configura una realidad contraria a los principios fundantes de la Constitución Nacional y estas situaciones pueden provenir de una autoridad pública específica que vulnera de manera constante los derechos fundamentales, o de un problema estructural que no solo compromete una autoridad sino que incluye también la organización y el funcionamiento del Estado, y que por tanto se puede calificar como una política pública, de donde nace la violación generalizada de los derechos fundamentales". Disponível em: http://www.corteconstitucional.gov.co/relatoria/2004/t-025-04.htm.

consequências danosas à Natureza e à sociedade – real afrontamento à sadia qualidade de vida e o meio ambiente equilibrado para a presente e as futuras gerações. Os **princípios da prevenção e da responsabilidade** são preteridos pelos interesses econômicos. A aplicação do ECI Ambiental é uma excepcionalidade para corrigir uma obrigação de não fazer ou impor a obrigação de fazer (funções precípuas e fiscalizatória). O Poder Judiciário atuará como o protagonista da medida coercitiva que **restabeleça a segurança jurídica e a efetividade da norma constitucional**. A Constituição, ao preceituar a harmonização entre os Poderes, conduz ao **diálogo de correção**. Quando um dos poderes não atingir a máxima responsabilidade a ele inerente, caberá uma **correção-comando-tarefa** que o obrigue a cumpri-la na sua integralidade. A independência dos Poderes não significa blindagem de eximi-lo de um comando de correção-obrigação de **executar suas responsabilidades constitucionais**. A aplicação do Estado de Coisas Inconstitucional Ambiental pode ser o **remédio preventivo para a má gestão administrativa pública ambiental**. Medidas cautelares poderão **inibir a continuidade da negligência do poder público**. O Poder Judiciário pode utilizar-se da ferramenta do Estado de Coisas Inconstitucional para reforçar o comprometimento e esforços dos governos locais (estados e municípios) na prossecução de suas funções".[503]

A **Corte Constitucional colombiana** estabelece os "fatores" caracterizadores do estado de coisas inconstitucional:

"Dentro de los factores valorados por la Corte para definir si existe un estado de cosas inconstitucional, cabe destacar los siguientes: (i) la **vulneración masiva y generalizada de varios derechos constitucionales que afecta a un número significativo de personas**; (ii) la **prolongada omisión de las autoridades** en el cumplimiento de sus obligaciones para garantizar los derechos; (ii) la adopción de prácticas inconstitucionales, como la incorporación de la acción de tutela como parte del procedimiento para garantizar el derecho conculcado; (iii) la **no expedición de medidas legislativas, administrativas o presupuestales necesarias para evitar la vulneración de los derechos**; (iv) la existencia de un problema social cuya solución compromete la **intervención de varias entidades**, requiere la adopción de un conjunto complejo y coordinado de acciones y exige un nivel de recursos que demanda un esfuerzo presupuestal adicional importante; (v) si todas las personas afectadas por el mismo problema acudieran a la acción de tutela para obtener la protección de sus derechos, se produciría una mayor congestión judicial".

Tomando por base os fatores e situações descritas pela Corte Constitucional colombiana, é perfeitamente possível o reconhecimento de **violações massivas a direitos ecológicos** na configuração do instituto do estado de coisas inconstitucional, como verificado nos exemplos citados no início deste tópico, ressaltando-se a persistente omissão do Estado – muitas vezes, por décadas – em dar respostas efetivas e satisfatórias. A título de exemplo, a redução contundente da estrutura administrativa de proteção ecológica reforça o movimento refratário e omissivo do Estado – notadamente do Poder Executivo – de assegurar o cumprimento da norma constitucional consagrada no art. 225 da CF/1988.[504]

A discussão em torno de um suposto "estado de coisas inconstitucional em matéria ambiental" tomou assento recentemente no **STF** na **ADPF 708/DF (Caso Fundo Clima)**. O argumento

---

[503] CAÚLA, Bleine Queiroz; RODRIGUES Francisco Lisboa. O estado de coisas inconstitucional ambiental. *Revista de Direito Público Contemporânea*, ano 2, v. 1, n. 2, p. 137-151, jul.-dez. 2018.

[504] Na doutrina, v. LAGO, Laone. *Estado de coisas inconstitucional ambiental brasileiro*. São Paulo: Dialética, 2023.

foi suscitado na inicial e endossado na decisão do Ministro-Relator Luís Roberto Barroso[505] que convocou audiência pública (realizada nos dias 21 e 22.09.2020) para ouvir autoridades, especialistas e entidades da sociedade civil, a fim de estabelecer um **relato oficial** sobre as políticas públicas ambientais e a situação verificada especialmente em relação ao desmatamento na região amazônica, de modo a apurar a caracterização ou não de um "estado de coisas inconstitucional em matéria ambiental". Como fundamentos lançados na inicial pelos autores da ação para a sua configuração, destacam-se: **ações e omissões persistentes**, comprometedoras da tutela do meio ambiente e da operação do Fundo Clima, imputáveis a **autoridades diversas** e ensejadoras de **violações massivas a direitos fundamentais**, tudo a sugerir a existência de um estado de coisas inconstitucional em matéria ambiental.

A decisão judicial a ser tomada diante da caracterização de um estado de coisas inconstitucional envolve a adoção das denominadas **medidas estruturais ou estruturantes**, ingressando o Poder Judiciário no âmbito do controle das políticas públicas, dada a **excepcionalidade e a gravidade da situação**, caracterizada, na sua essência, pelas **ações e omissões sistemáticas e reiteradas do Estado** (por diversos órgãos da estrutura estatal) e violação massiva de direitos fundamentais. No caso da ADPF 708/DF, as ações e omissões reiteradas e sistemáticas são atribuídas, por exemplo, a órgãos como o **Ministério do Meio Ambiente**, o **IBAMA**, o **ICMBio**, a **FUNAI**, entre outros, resultando, em última instância, num cenário administrativo de políticas públicas em total desacordo com os deveres constitucionais de proteção ecológica impostos pelo art. 225 da CF/1988.

Além da imposição de **medidas judiciais para o enquadramento e desbloqueio institucional** de tal situação de violação massiva a direitos fundamentais, é possível suscitar também a instalação de **comitê ou comissão de emergência ou crise ambiental** (ou **sala de situação ambiental**)[506] – formada por autoridades e órgãos públicos, entidades científicas (universidades, institutos etc.), entidades da sociedade civil de proteção ecológica, entidades representantes de povos indígenas etc. –, a fim de possibilitar a gestão da crise ambiental, subsidiar a tomada de decisões e acompanhar o cumprimento das medidas impostas judicialmente. No STF, tramita, nesse sentido, a ADPF 743/DF, proposta pelo Partido Rede Sustentabilidade, sob a relatoria do Ministro Marco Aurélio, em que é pleiteada, além do reconhecimento de um estado de coisas inconstitucional decorrente da omissão e da insuficiência das políticas públicas ambientais do Governo Federal e da imposição de inúmeras medidas – por exemplo, que apresente, no prazo de dez dias, um plano de prevenção e combate aos incêndios no Pantanal e na Amazônia –, a criação de uma "**sala de situação**", de modo a permitir a gestão da crise em questão, subsidiar a tomada de decisões e acompanhar o cumprimento das medidas impostas judicialmente.

Na **ADPF 709/DF**, o Ministro Luís Roberto Barroso, relator da ação, determinou que o governo federal adote uma série de medidas para conter o contágio e a mortalidade por **covid-19** na **população indígena**, entre as quais: planejamento com a participação das comunidades, ações para contenção de invasores em reservas e criação de barreiras sanitárias no caso de indígenas em isolamento (aqueles que por escolha própria decidiram não ter contato com a sociedade) ou contato recente (aqueles que têm baixa compreensão do idioma e dos costumes), acesso de todos os indígenas ao Subsistema Indígena de Saúde e elaboração de plano para enfrentamento e monitoramento da covid-19. Ademais, o Ministro determinou a instalação de "**sala de situação**" – prevista em portaria do Ministério da Saúde e da Funai –, pelo Governo Federal para gestão de ações de combate à pandemia quanto a povos indígenas em isolamento ou de contato recente,

---

[505] STF, ADPF 708/DF, Rel. Min. Roberto Barroso, decisão monocrática, j. 28.06.2020.
[506] Segundo dispõe o art. 6, VII, da Lei sobre a Política Nacional de Proteção e Defesa Civil – PNPDEC (Lei 12.608/2012), compete à União "instituir e manter sistema para declaração e reconhecimento de **situação de emergência** ou de estado de calamidade pública".

com participação das comunidades, por meio da APIB, da Procuradoria-Geral da República e da Defensoria Pública da União.

A **Corte Suprema de Justiça argentina**, em ação coletiva de proteção ambiental promovida por associação civil ("Equística Defesa del Medio Ambiente") contra o Estado Nacional, as províncias de Santa Fé e Entre Ríos e os municípios de Rosário e Victoria, em virtude dos **incêndios irregulares** que vêm ocorrendo na cadeia de ilhas ao largo da costa da cidade de Rosário, em decisão de 11.08.2020, ordenou, como medida preventiva, que as províncias e os municípios processados constituíssem, imediatamente, um **Comitê de Emergência Ambiental**, com o objetivo de adotar **medidas efetivas para a prevenção, o controle e a cessação de incêndios irregulares** na região do **Delta do Paraná**. A decisão ordenou igualmente que, dentro de 15 dias de calendário, fosse apresentado ao Tribunal um **relatório sobre o cumprimento das medidas ordenadas, a criação do Comitê de Emergência Ambiental e as ações tomadas**. O Tribunal considerou, amparado na recente legislação climática argentina – Lei de Pressupostos Mínimos de Adaptação e Mitigação ao Câmbio Climático Global (Lei 27.520, de 18 de dezembro de 2019) –, que existem elementos suficientes para considerar que os incêndios acima mencionados, embora constituam uma prática antiga, adquiriram uma **dimensão que afeta todo o ecossistema e a saúde da população**, de modo que não se trata de uma queima isolada de pastagens, mas sim o **efeito cumulativo de numerosos incêndios** que se espalharam por toda a região, colocando o meio ambiente em risco.[507]

No seu voto-relator proferido no julgamento da ADPF 760/DF (**Caso PPCDAm**), a Ministra Cármen Lúcia reconheceu expressamente o **estado de coisas inconstitucional** quanto ao desmatamento ilegal da Floresta Amazônica e de omissão do Estado brasileiro em relação à função protetiva do meio ambiente ecologicamente equilibrado. Segundo a Ministra,

> "a inefetividade do **direito fundamental ao meio ambiente** ecologicamente equilibrado produz efeitos irreversíveis sobre todos os seres humanos, desta e das **futuras gerações**, causando impacto sobre o **direito à saúde e à vida** de número indeterminado de pessoas, afetando ecossistemas inteiros, os animais, a qualidade do ar, o solo e os recursos hídricos e minerais. Mais e sempre, atinge-se com as **ações deficientes e as omissões estatais** a vida de todos os seres do planeta e a existência saudável do planeta mesmo. Por isso, a **intervenção do Poder Judiciário** pode-se mostrar imprescindível para que se estanque a destruição não apenas de direitos, mas das gentes e de todos seres vivos que habitam o planeta".[508]

O Tribunal Pleno do STF, no entanto, afastou o reconhecimento do estado de coisas inconstitucional ambiental no julgamento final da ADPF 760/DF, seguindo voto-redator do Min. André Mendonça, notadamente por identificar um **processo de "constitucionalização"** do cenário relativo ao desmatamento florestal na Amazônia, considerando a **alteração substancial do contexto fático após a propositura da ação**. De acordo com a Corte, a sua decisão encontra fundamento no **"compromisso significativo"** (*meaningful engagement*) assumido pelo Governo Federal, por exemplo, por meio da "(...) determinação de (i) elaboração de plano de ação voltado à efetiva execução do PPCDAm ou outro instrumento de planejamento e formatação da política pública ambiental para a região amazônica atualmente em vigor; (ii) elaboração de plano específico de fortalecimento institucional do IBAMA, do ICMBio, da FUNAI e outros órgãos envolvidos na defesa e proteção do meio ambiente; (iii) apresentação, em sítio eletrônico a ser indicado pela União, de relatórios objetivos, transparentes, claros e em linguagem de fácil

---

[507] Disponível em: https://www.cij.gov.ar/nota-38022-La-Corte-Suprema-ordena-constituir-un--Comit---de-Emergencia-Ambiental--para-detener-y-controlar-los-incendios-irregulares-en-el-Delta-del-Paran-.html.

[508] Passagem do voto-relator da Ministra Cármen Lúcia na ADPF 760 (Caso PPCDAm).

compreensão ao cidadão brasileiro, contendo as ações e os resultados das medidas adotadas em cumprimento aos comandos determinados por este STF; (iv) abertura de créditos extraordinários, com vedação de contingenciamento orçamentário, em relação às rubricas ambientais; e, (v) expedição de notificação ao Congresso Nacional acerca do contido na presente decisão".[509]

O Poder Judiciário, diante de tal cenário institucional omissivo e violador de direitos fundamentais em escala massiva, deve assumir o **papel de guardião da Constituição e dos direitos fundamentais** – entre eles o direito fundamental a viver em um meio ambiente íntegro, de qualidade e seguro –, exercendo a **coordenação das políticas públicas**[510] necessárias à correção de tal cenário violador de direitos, por meio, inclusive, do que se poderia denominar de uma **governança judicial ecológica**. Afinal de contas, como referido pelo Ministro Fachin no julgamento da ADPF 708,

> "não se trata de argumentar que as escolhas políticas podem ser feitas nestas políticas públicas pelo Legislativo ou pelo Executivo e que seriam escolhas de discricionariedade técnica. Não há que se falar em separação de poderes quando políticas públicas são usadas para esvaziar a proteção ambiental, quando o legislador constituinte determinou aos Poderes Públicos, à coletividade – aos terrestres – a proteção ambiental. Os registros de desmatamento ambiental, a ausência de proteção às terras indígenas e o esvaziamento da fiscalização ambiental evidenciam a relevância e a importância do papel do Poder Judiciário nesta questão. A dimensão da tragédia que nos bate à porta demanda providências urgentes. Não é possível fechar os olhos a esta realidade. Não se trata de uma tendência isolada ou de uma novidade. A **litigância ambiental** é uma realidade em todo o mundo."[511]

JURISPRUDÊNCIA STF. Estado de coisas inconstitucional ambiental, desmatamento florestal na Amazônia, alteração do contexto fático após a propositura da ação e "compromisso significativo" (*meaningful engagement*) do Governo Federal: "DIREITO CONSTITUCIONAL AMBIENTAL. ARGUIÇÃO DE DESCUMPRIMENTO DE PRECEITO FUNDAMENTAL. AÇÃO DIRETA DE INCONSTITUCIONALIDADE POR OMISSÃO. POLÍTICA DE COMBATE AO **DESMATAMENTO. FALHAS ESTRUTURAIS** NA ATUAÇÃO GOVERNAMENTAL SOBRE POLÍTICA DE PRESERVAÇÃO DO BIOMA AMAZÔNICO, TERRAS INDÍGENAS E UNIDADES DE CONSERVAÇÃO. **INEXECUÇÃO DO PLANO DE AÇÃO PARA PREVENÇÃO E CONTROLE DO DESMATAMENTO NA AMAZÔNIA LEGAL– PPCDAM.** PRINCÍPIO DA PREVENÇÃO E PRECAUÇÃO AMBIENTAL. **ESTADO DE COISAS INCONSTITUCIONAL** NÃO CARAC-

---

[509] STF, ADPF 760/DF, Tribunal Pleno, Rel. Min. Cármen Lúcia, Red. p. Acórd. Min. André Mendonça, j. 14.03.2024.

[510] Sobre o papel a ser exercido pelo Poder Judiciário no sentido de "coordenar" as políticas públicas diante da caracterização de um "estado de coisas inconstitucional", destaca-se passagem do voto-relator do Ministro Marco Aurélio na ADPF 347/DF, que tratou do sistema carcerário brasileiro, na liminar concedida: "Nada do que foi afirmado autoriza, todavia, o Supremo a substituir-se ao Legislativo e ao Executivo na consecução de tarefas próprias. O Tribunal deve superar bloqueios políticos e institucionais sem afastar esses Poderes dos processos de formulação e implementação das soluções necessárias. Deve agir em diálogo com os outros Poderes e com a sociedade. Cabe ao Supremo catalisar ações e políticas públicas, coordenar a atuação dos órgãos do Estado na adoção dessas medidas e monitorar a eficiência das soluções. Não lhe incumbe, no entanto, definir o conteúdo próprio dessas políticas, os detalhes dos meios a serem empregados. Em vez de desprezar as capacidades institucionais dos outros Poderes, deve coordená-las, a fim de afastar o estado de inércia e deficiência estatal permanente. Não se trata de substituição aos demais Poderes, e sim de oferecimento de incentivos, parâmetros e objetivos indispensáveis à atuação de cada qual, deixando-lhes o estabelecimento das minúcias. Há de se alcançar o equilíbrio entre respostas efetivas às violações de direitos e as limitações institucionais reveladas na Carta da República" (STF, MC na ADPF 347/DF, Tribunal Pleno, Rel. Min. Marco Aurélio, j. 09.09.2015).

[511] STF, ADPF 708/DF, Tribunal Pleno, Rel. Min. Barroso, j. 01.07.2022.

TERIZADO. ASSUNÇÃO, PELO GOVERNO FEDERAL, DE UM **"COMPROMISSO SIGNIFICATIVO"** (*MEANINGFUL ENGAGEMENT*) REFERENTE AO DESMATAMENTO ILEGAL DA FLORESTA AMAZÔNICA. AÇÃO JULGADA PARCIALMENTE PROCEDENTE. I. Caso em exame 1. (...) 2. Em semelhante direção, na ação direta de inconstitucionalidade por omissão a agremiação autora imputa conduta omissiva à União relativamente à tarefa de combater o desmatamento, em concretude ao que preconizam os artigos 23, VI e VII; 225, *caput* e § 1º, VI e VII; todos da Lei Maior. II. Questão em discussão 3. (...). 4. Mérito. De acordo com sistematização apresentada pela eminente relatora originária dos feitos, a questão posta em discussão, que busca escrutinar a constitucionalidade da própria política pública de proteção ambiental ao bioma Amazônia, possui seis eixos de impugnação, a saber: (i) alegada redução da fiscalização e controles ambientais; (ii) abandono do Plano de Ação para Prevenção e Controle do Desmatamento na Amazônia Legal – PPCDAm; (iii) redução e inexecução orçamentária em relação aos programas e ações ambientais; (iv) enfraquecimento normativo no quadro ambiental; (v) falta de transparência na disponibilização de informações sobre o cumprimento do PPCDAm; e (vi) o reconhecimento de um estado de coisas inconstitucional em matéria ambiental. III. Razões de decidir 5. Rejeição das questões preliminares. Como já reconhecido por esta Suprema Corte, a questão relacionada à concretização do direito fundamental ao meio ambiente equilibrado, plasmado no art. 225 da Lei Maior e titularizado pelas presentes e futuras gerações, através da efetiva implementação de **programas e ações governamentais eficientes**, 'é um dos temas jurídicos e sociais mais relevantes da atualidade, tanto na perspectiva nacional quanto internacional' (ADO no 59/DF, Rel. Min. Rosa Weber, Tribunal Pleno, j. 03/11/2022, p. 16/08/2023), possuindo **inegável estatura constitucional**. 6. Não se pode afastar a possibilidade de escrutínio judicial acerca da suficiência do conjunto de ações e omissões que compõem a atuação estatal para a efetiva tutela de direito fundamental, sobretudo quando de feição transindividual – no caso, até mesmo **intergeracional** –, sob pena de inviabilizar o exercício da jurisdição constitucional exatamente em relação aos casos para os quais ela foi concebida – relacionados à efetiva proteção dos direitos e garantias fundamentais cuja positivação pela Lei Maior figura como elemento central de sua superior dignidade normativa (cf. art. 16 da Declaração dos Direitos do Homem e do Cidadão de 1789). 7. Exame do Mérito. A análise dos dados e literatura técnica disponível atestam que o problema do desmatamento na Floresta Amazônica começa a emergir na década de 1970. Trata-se, de fato, de significativa violação de direitos fundamentais individuais e coletivos de índole ambiental, com duração superior a meio século, a demandar esforços vultosos e coordenados de União, Estados e Municípios, assim como de todos os poderes republicanos e órgãos autônomos. A adequada solução exige olhar eminentemente prospectivo e estruturante. 8. O **dever constitucional de proteção ao meio ambiente reduz a esfera de discricionariedade** do Poder Público em matéria ambiental, pois há uma imposição de agir a fim de afastar a **proteção estatal deficiente** e a **proibição do retrocesso**. A inércia do administrador ou sua atuação insuficiente configura inconstitucionalidade, autorizando a intervenção judicial. 9. Demonstração de quadro de insegurança jurídica e risco de dano irreparável ao meio ambiente, à saúde humana, à riqueza da biodiversidade da flora e da fauna na Amazônia e consequente enfraquecimento do solo pela manutenção do estado atual da situação. Alta relevância constitucional e internacional de defesa do bioma da Amazônia e das populações indígenas. Indicadores oficiais comprobatórios de aumento significativo nos focos de incêndio e desmatamento da vegetação amazônica, aproximando-se do ponto de não retorno (*tipping point*), com irreversível 'savanização' de boa parte da região. 10. O cenário formado pela conjugação (i) da diminuição dos níveis de performance dos órgãos responsáveis pela fiscalização ambiental; (ii) da inexecução orçamentária e da redução de recursos em projetos ambientais; (iii) do abandono do Plano de Ação para Prevenção e Controle do Desmatamento na Amazônia Legal – PPCDAm, desacompanhado de medida substitutiva dotada de igual ou superior grau de eficácia, eficiência e efetividade; (iv) da desregulamentação em matéria ambiental; (v) da incompletude no fornecimento de informações relativas a metas, objetivos e resultados da 'nova' política ambiental; inserido na situação de crescente desmatamento na região da Amazônia caracterizam retrocesso ambiental inadmissível na implementação das políticas ambientais. 11. As **políticas públicas ambientais** atualmente adotadas revelam-se insuficientes e ineficazes para atender ao comando constitucional de preservação do meio ambiente e do direito ao meio ambiente ecologicamente equilibrado, caracterizando um **quadro estrutural de violação massiva, generalizada e sistemática dos direitos fundamentais ao meio ambiente ecologicamente equilibrado, direito à saúde e direito à vida**. 12. A complexidade do problema, associada a razões de interesse social, segurança jurídica, repercussão internacional e outras externalidades negativas orientam, contudo, para o **não reconhecimento de um estado de coisas inconstitucional** em relação à política pública de proteção ambiental atualmente adotada pelos poderes públicos, nos diversos níveis federativos e instâncias governamentais nacionais. 13. Assunção, como alternativa, de um **'compromisso significativo'** (*meaningful engagement*) referente ao desmatamento ilegal da Floresta Amazônica, com a determinação de (i) elaboração de plano de ação voltado à efetiva execução do PPCDAm ou outro instrumento de planejamento e formatação da política pública ambiental para a região amazônica atualmente em vigor; (ii) elaboração de plano específico de fortalecimento institucional do Ibama, do ICMBio, da Funai e outros órgãos envolvidos na defesa e proteção do meio ambiente; (iii) apresentação, em sítio eletrônico a ser indicado pela União, de relatórios objetivos, transparentes, claros e em linguagem de fácil compreensão ao cidadão brasileiro, contendo as ações e os resultados das medidas adotadas em cumprimento aos comandos determinados por este Supremo Tribunal Federal; (iv) abertura de créditos extraordinários, com vedação de contingenciamento orçamentário, em relação às rubricas ambientais; e, (v) expedição de notificação ao Congresso Nacional acerca do contido na presente decisão. IV. Dispositivo e tese 14. Pedido parcialmente procedente. Princípios da prevenção, da precaução e da proibição do retrocesso descumpridos. Estado de coisas inconstitucional não caracterizado. Alternativamente, reconhecimento da necessidade de **assunção, pelo Governo Federal, de um 'compromisso significativo' (*meaningful engagement*) referente ao desmatamento ilegal da Floresta Amazônica. Tese de julgamento**: 'Resguardada a liberdade de conformação do legislador infraconstitucional e dos órgãos do Poder Executivo de todas as esferas governamentais envolvidas no planejamento e estabelecimento de metas, diretrizes e ações relacionadas à preservação do meio ambiente em geral e da região amazônica em particular, **afigura-se inconstitucional a adoção de postura estatal omissiva, deficiente, ou em níveis insuficientes para garantir o grau de eficácia, efetividade e eficiência mínimo necessário à substancial redução do cenário de desmatamento e degradação atualmente verificado**'." (STF, ADPF 760/DF, Tribunal Pleno, Rel. Min. Cármen Lúcia, Red. p. Acórd. Min. André Mendonça, j. 14.03.2024).

Capítulo 9
COMPETÊNCIA CONSTITUCIONAL (LEGISLATIVA E EXECUTIVA) EM MATÉRIA AMBIENTAL

INTRODUÇÃO: O "FEDERALISMO COOPERATIVO ECOLÓGICO" CONSAGRADO PELO ORDENAMENTO JURÍDICO BRASILEIRO

"O federalismo é um instrumento de descentralização política que visa realizar direitos fundamentais." (**Ministro Luiz Edson Fachin**)[1]

"Na repartição constitucional de competências administrativas e legislativas referentes à defesa e proteção do meio ambiente se estabeleceu o '*federalismo cooperativo ecológico*', incumbindo ao Poder Público, em todos os espaços federados, o dever de defender e preservar o meio ambiente ecologicamente equilibrado (art. 225 da Constituição da República)." (**Ministra Cármen Lúcia**)[2]

"No marco da Política Nacional do Meio Ambiente, instituída pela Lei nº 6.938/1981, e da forma federalista de organização do Estado constitucional e ecológico, a Lei Complementar nº 140/2011 foi a responsável pelo desenho institucional cooperativo de atribuição das competências executivas ambientais aos entes federados." (**Ministra Rosa Weber**)[3]

O programa político-normativo instituído pela CF/1988 determina a vinculação do Estado – Estado-Legislador, Estado-Administrador e Estado-Juiz – ao estrito cumprimento dos ditames constitucionais, no âmbito das atribuições e competências delineadas para cada esfera federativa estatal. A vinculação constitucional do Estado aos direitos fundamentais impõe aos entes estatais tanto *limites* quanto *tarefas*, o que dá conformação aos **deveres constitucionais de proteção**, tanto de ordem *normativa* quanto *fática*, derivados da *dimensão objetiva* dos direitos fundamentais.[4] Pelo prisma ecológico, tal cenário constitucional é verificado no art. 225, em que se constata, além de uma norma geral que atribui deveres de proteção ambiental ao Estado (*caput*), um extenso rol exemplificativo de atribuições a cargo dos entes públicos (§ 1º). Em outras palavras, a CF/1988 estabeleceu um **mapa institucional**, recortando atribuições e competências para os diversos entes estatais com o propósito de assegurar efetividade à proteção ecológica. As

---

[1] STF, RE 194.704/MG, Tribunal Pleno, Rel. Min. Carlos Velloso, Rel. p/ Acórdão Min. Edson Fachin, j. 29.06.2017.
[2] STF, ADI 5.475/DF, Tribunal Pleno, Rel. Min. Cármen Lúcia, j. 20.04.2020.
[3] STF, ADI 4.757/DF, Tribunal Pleno, Rel. Min. Rosa Weber, j. 13.12.2022.
[4] A respeito da dimensão objetiva dos direitos fundamentais, v. SARLET, Ingo W. *A eficácia dos direitos fundamentais...*, p. 148 e ss.; e, especificamente sob o enfoque do direito fundamental ao meio ambiente, v. FENSTERSEIFER, Tiago. *Direitos fundamentais e proteção do ambiente...*, p. 189 e ss.

competências constitucionais (legislativa e executiva) em matéria ambiental – previstas, respectivamente, nos **arts. 24 e 23 da CF/1988** – inserem-se em tal cenário, demarcando, sobretudo, os papéis institucionais que cabem ao Estado-Legislador, para a hipótese da competência legislativa, e ao Estado-Administrador, no tocante às competências executivas (ou materiais),[5] sem olvidar, por óbvio, o papel reservado também ao Estado-Juiz no controle das omissões e ações (excessivas ou insuficientes) dos órgãos estatais em geral.

A questão federativa está no centro da discussão sobre as competências constitucionais, tomando por base a estrutura organizacional do Estado brasileiro e o papel dos diferentes entes federativos que o integram: União, Estados, Distrito Federal e Municípios. De acordo com Gilmar Ferreira Mendes e Paulo G. Gonet Branco, "a Constituição Federal atua como fundamento de validade das ordens jurídicas parciais e central. Ela confere unidade à ordem jurídica do Estado Federal, com o propósito de traçar um compromisso entre as aspirações de cada região e os interesses comuns às esferas locais em conjunto. A Federação gira em torno da Constituição Federal, que é seu fundamento jurídico e instrumento regulador".[6] Não há como estabelecer uma adequada compreensão das **competências constitucionais (legislativas e executivas)** sem conhecer os contornos normativos do **sistema federativo** delineado na Constituição.

Nessa perspectiva, por mais que se possa afirmar que a história político-institucional (e constitucional) brasileira tenha trilhado no passado um modelo federativo centralizado, em grande medida, no ente federal, e, portanto, não "cooperativo", essa perspectiva não nos parece mais coadunar com o novo sistema constitucional consagrado a partir de 1988, o qual assegura um modelo de **Estado Democrático de Direito (*caput* do art. 1º)**, com entes federativos dotados de autonomia (arts. 1º e 18, *caput*, da CF/1988). O novo espírito constitucional instaurado pela Lei Fundamental de 1988, de modo a superar um período histórico antecedente de centralismo e autoritarismo estatal, caminha no sentido da descentralização e afirmação de um modelo democrático-participativo,[7] pautado, sobretudo, pela tutela e promoção dos direitos fundamentais e da dignidade da pessoa humana.[8] Nesse sentido, e conforme analisaremos mais detidamente ao longo deste *Capítulo 3*, parece-nos correto afirmar que o marco federativo estabelecido pela CF/1988 demarca os alicerces normativos de um modelo de **federalismo cooperativo**.[9]

---

[5] Os órgãos vinculados à estrutura do Poder Executivo também exercerem o poder normativo, como é o caso, no cenário político-ambiental brasileiro, do Conselho Nacional do Meio Ambiente (CONAMA), por conta do que dispõe o art. 6º, II, da Lei 6.938/1981. No diploma, o CONAMA é caracterizado como "órgão consultivo e deliberativo", com a finalidade de "assessorar, estudar e propor ao Conselho de Governo, diretrizes de políticas governamentais para o meio ambiente e os recursos naturais e *deliberar, no âmbito de sua competência, sobre normas e padrões compatíveis com o meio ambiente ecologicamente equilibrado e essencial à sadia qualidade de vida*" (Redação dada pela Lei 8.028/1990) (grifos nossos).

[6] MENDES, Gilmar Ferreira; BRANCO, Paulo Gustavo Gonet. *Curso de direito constitucional*. 7. ed. São Paulo: Saraiva, 2012. p. 857.

[7] De acordo com tal entendimento, v. BONAVIDES, Paulo. *Teoria constitucional da democracia...*

[8] Augusto Zimmermann pontua que, "além da perspectiva democrática, o federalismo vem a ser descentralizador para a aproximação dos indivíduos com o poder político, destarte ser garantido aos entes federativos descentrais o *status* privilegiado da autonomia política. Por esta, os níveis autônomos da Federação podem livremente dispor (dentro de seus limites constitucionais) de poderes legislativos próprios, de organizações jurisdicionais adaptadas às respectivas comunidades e, por fim, de órgãos administrativos independentes. De maneira genérica, a descentralização realiza um processo diversificador do poder estatal, aproximando o cidadão das fontes de atuação governamental, que estão assim estabelecidas em diferentes localidades" (ZIMMERMANN, Augusto. *Teoria geral do federalismo democrático*. 2. ed. Rio de Janeiro: Lumen Juris, 2005. p. 151-152).

[9] O *modelo federativo cooperativo* pode ser exemplificado, no âmbito comparado, a partir do regime constitucional de competências estabelecido na **Lei Fundamental alemã de 1949** (especialmente art. 70 e ss.), em que, de modo similar ao que se verifica na CF/1988 (art. 23), há, inclusive em matéria ambiental, a previsão de uma distribuição concorrente, entre os entes federativos, da competência legislativa (art. 72). Para maiores desenvolvimentos, inclusive tomando por base a reforma federativa constitucional de 2006

A arquitetura federativa posta na CF/1988 consagra um sistema constitucional de distribuição das competências alicerçado a partir de uma lógica de "verticalização", o que é facilmente apreensível tanto diante do estabelecimento de competências legislativas concorrentes (art. 24) quanto de competências materiais comuns (art. 23) para todos os entes federativos. Portanto, todos os entes federativos são "chamados" pela CF/1988 a atuar legislativa e administrativamente nas matérias basilares da nossa estrutura político-normativa, entre elas a proteção ecológica. O art. 23, parágrafo único, da CF/1988 também reforça tal perspectiva "cooperativa", ao estabelecer que "leis complementares fixarão normas para a **cooperação entre a União e os Estados, o Distrito Federal e os Municípios**, tendo em vista o equilíbrio do desenvolvimento e do bem-estar em âmbito nacional". Igual se pode dizer no tocante à elevação do Município ao *status* **de ente federativo** (arts. 1º e 18 da CF/1988), ao contrário do que ocorreu nas Constituições brasileiras antecedentes, ainda que por si só não seja tal condição que justifica a qualificação de um federalismo cooperativo.

De acordo com expressão utilizada pelo Ex-Ministro do STF Carlos Ayres Britto, a nossa Lei Fundamental de 1988 criou um verdadeiro "**condomínio legislativo federado**".[10] A incidência do **princípio da predominância do interesse** no nosso sistema constitucional também reforça tal entendimento, já que, com base na doutrina de José Afonso da Silva, "o princípio geral que norteia a repartição de competência entre as entidades componentes do Estado federal é o da *predominância do interesse*, segundo o qual à União caberão àquelas matérias e questões de *predominante* **interesse geral, nacional**, ao passo que os Estados tocarão as matérias e assuntos de *predominante* **interesse regional**, e aos Municípios concernem os assuntos de **interesse local**".[11] Há, portanto, forte suporte normativo-constitucional para sustentar que a CF/1988 consagrou, tanto no plano material quanto formal, um sistema federativo do tipo cooperativo, ainda que se deva alertar para o fato de que estamos todavia distantes de uma realização plena de tal modelo em todas as suas dimensões e em todas as áreas de atuação do Estado.

O princípio da predominância do interesse foi utilizado como fundamento pelo STJ no julgamento RE 592.682/RS, em que se discutiu conflito legislativo entre norma federal e norma estadual a respeito da exigência (imposta pela legislação estadual) de Estudo de Impacto Ambiental (EIA) e Relatório de Impacto Ambiental (RIMA) para atividades envolvendo Organismos Geneticamente Modificados (OGMs). Na decisão em comento, sem dúvida objeto de polêmica em razão do viés permissivo dada a atividade que carrega substancial risco de dano ambiental, resultou consignado que "a regulamentação das atividades envolvendo OGMs através de lei federal, que define as regras de caráter geral, homenageia o *princípio da predominância do interesse*, na medida em que o controle e a fiscalização dessas atividades não se limita ao interesse regional deste ou daquele Estado-membro, mas possui indiscutível alcance nacional".[12] No mesmo sentido, também o entendimento do STF, inclusive ressaltando a relação entre **federalismo cooperativo, princípio da predominância do interesse e princípio democrático**.

JURISPRUDÊNCIA STF. Federalismo e democracia: "CONSTITUCIONAL. **FEDERALISMO** E RESPEITO ÀS REGRAS DE DISTRIBUIÇÃO DE COMPETÊNCIA. VIOLAÇÃO À COMPETÊNCIA ADMINISTRATIVA EXCLUSIVA DA UNIÃO (CF, ART. 21, XIX). AFRONTA AO ART. 225, § 1º, V, DA CONSTITUIÇÃO FEDERAL E AO **PRINCÍPIO DEMOCRÁTICO**. CONFIRMAÇÃO DA MEDIDA

(*Föderalismusreform*), v. JARASS, Hans D.; PIEROTH, Bodo. *Grundgesetz für die Bundesrepublik Deutschland Kommentar*. 9. ed. Munique: Verlag C. H. Beck, 2007. especialmente p. 759 e ss.; e SCHMIDT, Reiner; KAHL, Wolfgang; GÄRDITZ, Klaus Ferdinand. *Umweltrecht...*, p. 79-86.

[10] A expressão aparece no voto do Ministro Carlos Ayres Britto lançado no julgamento da ADI 3.357/RS (Caso do Amianto), o qual será desenvolvido adiante.

[11] SILVA, José Afonso da. *Curso de direito constitucional positivo...*, p. 478.

[12] STJ, REsp 592.682/RS, 1ª T., Rel. Min. Denise Arruda, j. 06.12.2005.

CAUTELAR. PROCEDÊNCIA. 1. As regras de distribuição de competências legislativas são alicerces do federalismo e consagram a fórmula de divisão de centros de poder em um Estado de Direito. **Princípio da predominância do interesse**. 2. Ao disciplinar regra de dispensa de outorga de direito de uso de recursos hídricos, o art. 18, § 5º, da Lei 11.612/2009 do Estado da Bahia, com a redação dada pela Lei 12.377/2011, usurpa a competência da União, prevista no art. 21, XIX, da Constituição Federal, para definir critérios na matéria. 3. A dispensa de outorga de direito de uso de recursos hídricos para perfuração de poços tubulares afronta a incumbência do poder público de controlar o emprego de técnicas, métodos e substâncias que comportem risco para a vida, a qualidade de vida e o meio ambiente (CF, art. 225, § 1º, V). 4. Os arts. 19, VI, e 46, XI, XVIII e XXI, da lei atacada dispensam a manifestação prévia dos Comitês de Bacia Hidrográfica para a atuação do Conselho Estadual de Recursos Hídricos – CONERH, o que **reduz a participação da coletividade na gestão dos recursos hídricos, contrariando o princípio democrático** (CF, art. 1º). Da mesma maneira, o art. 21 da lei impugnada suprime condicionantes à outorga preventiva de uso de recursos hídricos, resultantes de participação popular. **Ferimento ao princípio democrático e ao princípio da vedação do retrocesso social**. 5. Medida Cautelar confirmada. Ação Direta de Inconstitucionalidade julgada procedente." (STF, ADI 5.016/BA, Tribunal Pleno, Rel. Min. Alexandre de Moraes, j. 11.10.2018).

A respeito do tema destaca-se passagem do voto do **Ministro Luiz Edson Fachin** no julgamento da ADI 4.973/SE, que resume esse cenário em defesa da "**descentralização e cooperação**" no exercício das competências constitucionais:

"ao construir uma rede interligada de competências, o Estado se compromete a exercê-las para o alcance do **bem comum** e para a **satisfação dos direitos fundamentais**. E nesse contexto, é necessário avançar do modo como a repartição de competências há tempos é lida – a partir de um modelo estanque que se biparte no sentido horizontal ou vertical, ou ainda, em competência legislativa ou administrativa – para um modelo em que **o princípio informador seja a máxima efetividade dos direitos fundamentais** como critério de distribuição destas competências. E não se está aqui a afirmar que a sistemática de repartição de competências não seja relevante para o Estado Federal brasileiro, mas não pode ser visto como único princípio informador, sob pena de resultar em **excessiva centralização de poder na figura da União**. Tal centralização leva a que Estados, Distrito Federal e Municípios, embora igualmente integrantes da República Federativa do Brasil, conforme comando normativo disposto no art. 1º, da Constituição da República, tenham suas respectivas competências sufragadas, assumindo um papel secundário na federação brasileira, contrariamente ao determinado pelo Texto Constitucional. Determinando-se a **igualdade e equilíbrio entre os entes federativos**, a Constituição ressalta a necessidade de maximização do exercício destas competências para que o Estado cumpra seu desiderato de pacificação e satisfação social. É este novo olhar que se propõe a partir da ordem inaugurada pela Constituição Federal de 1988. Uma mirada voltada para: a **otimização da cooperação entre os entes federados**; a **maximização do conteúdo normativo dos direitos fundamentais**; o respeito e efetividade do **pluralismo como marca característica de um Estado Federado**. E nesses múltiplos olhares, o meu direciona-se para uma **compreensão menos centralizadora e mais cooperativa da repartição de competências no federalismo brasileiro**".[13]

O exercício das competências constitucionais (legislativas e executivas) em matéria ambiental, respeitados os espaços político-jurídicos de cada ente federativo, deve rumar para a

---

[13] STF, ADI 4.973/SE, Tribunal Pleno, Rel. Min. Celso de Mello, j. 05.10.2020.

realização do objetivo constitucional expresso no art. 225 da CF/1988, inclusive por meio da caracterização de um **dever de cooperação** entre os entes federativos no cumprimento dos seus deveres de proteção ambiental. Isso implica a adequação das competências constitucionais ambientais também ao **princípio da subsidiariedade**, enquanto princípio constitucional implícito no nosso sistema constitucional, o qual conduz à descentralização do sistema de competências e ao fortalecimento da autonomia dos entes federativos inferiores (ou periféricos) naquilo em que representar o fortalecimento dos instrumentos de proteção ambiental e dos mecanismos de participação política, tendo por premissa o marco jurídico-constitucional de um **federalismo cooperativo ecológico**. A tese em questão tem sido **adotada pelo STF**, conforme se pode apreender da passagem que segue da Ministra Cármen Lúcia: "Na repartição constitucional de competências administrativas e legislativas referentes à defesa e proteção do meio ambiente se estabeleceu o 'federalismo cooperativo ecológico', incumbindo ao Poder Público, em todos os espaços federados, o dever de defender e preservar o meio ambiente ecologicamente equilibrado (art. 225 da Constituição da República)".[14] Mais recentemente, é possível, inclusive, falar de uma dimensão climática do federalismo cooperativo ou mesmo de um **federalismo cooperativo climático**, notadamente em razão do reconhecimento, por parte do STF, dos **deveres estatais de proteção climática** caracterizados no regime constitucional-ecológico delineado pela CF/1988 (ADPF 708/DF e ADO 59/DF).[15]

A **LC 140/2011**, ao regulamentar no plano infraconstitucional a competência executiva (ou material) em matéria ambiental estabelecida no art. 24, VI, VII e VIII, da CF/1988, consagra, no seu art. 3º, como objetivos fundamentais da União, dos Estados, do Distrito Federal e dos Municípios: "proteger, defender e conservar o meio ambiente ecologicamente equilibrado, promovendo **gestão descentralizada, democrática e eficiente**" (inc. I), "garantir o equilíbrio do desenvolvimento socioeconômico com a proteção do meio ambiente, observando a **dignidade da pessoa humana**, a erradicação da pobreza e a redução das desigualdades sociais e regionais (inc. II), "*harmonizar as políticas e ações administrativas para* **evitar a sobreposição de atuação entre os entes federativos**, de forma a evitar conflitos de atribuições e garantir uma atuação administrativa eficiente (inc. III), "garantir a **uniformidade da política ambiental** para todo o País, **respeitadas as peculiaridades regionais e locais**" (inc. IV) (grifos nossos). É fundamental, nessa linha de entendimento, uma atuação articulada entre os Poderes Legislativo e Executivo no tocante à elaboração de políticas públicas em matéria ambiental e sua execução, o que, se tomarmos como parâmetro o **Sistema Nacional de Meio Ambiente (SISNAMA)** delineado na **Lei 6.938/81** (Lei da Política Nacional do Meio Ambiente), compreende a cooperação de todas as esferas federativas com o objetivo (e dever) comum de tutelar e promover a qualidade, o equilíbrio e a segurança ambiental. Há, portanto, tanto no plano constitucional quanto infraconstitucional a edificação normativa de um modelo federativo cooperativo para o tratamento das competências (legislativas e executivas) em matéria ambiental.

---

[14] STF, ADI 5.475/DF, Tribunal Pleno, Rel. Min. Cármen Lúcia, j. 20.04.2020.
[15] A respeito do tema, destaca-se a Resolução nº 3, de 3 de julho de 2024, do Conselho da Federação da Presidência da República, ao estabelecer o **Compromisso para o Federalismo Climático**. De acordo com o art. 2ª da normativa, ao delinear a institucionalização de uma **governança climática federativa colaborativa**: "Art. 2º A agenda climática compõe a pauta prioritária dos Poderes Executivos nas decisões governamentais de cada nível de governo, assumidos os seguintes compromissos: I – os **entes federativos** desenvolverão planos, instrumentos e metas climáticas, a serem adotados de maneira continuada, progressiva, coordenada e participativa com todos os atores relevantes; II – o **processo decisório das políticas climáticas será orientado por evidências científicas**, consideradas as diferenças socioeconômicas, estruturais e ambientais presentes no País; e III – os órgãos de centro de governo buscarão a **coordenação e a integração da política climática** no âmbito de cada ente federativo, de forma articulada, reconhecida a **intensificação da ocorrência de eventos extremos** correlatos aos impactos da mudança do clima."

A discussão a respeito da **limitação da discricionariedade do Estado** (Legislador, Administrador e Juiz) insere-se também nesse cenário, tanto pela ótica do exercício da competência legislativa quanto da competência executiva em matéria ambiental, tendo em vista o comando normativo que se extrai do regime jurídico do *direito-dever fundamental ao ambiente* consagrado na CF/1988 (art. 225 e art. 5º, § 2º) e que caracteriza os *deveres de proteção ecológica* atribuídos ao Estado à luz do modelo de um *Estado* (Democrático, Social e) *Ecológico de Direito* tal como edificado pela nossa Lei Fundamental de 1988. A partir de tal premissa, o exercício das competências constitucionais em matéria ambiental, seja por parte do Estado-Legislador, seja com relação ao Estado-Administrador, deve dar-se com estrita observância ao **marco constitucional ecológico** estabelecido pela Lei Fundamental de 1988. Evidencia-se, de tal sorte, um **pacto federativo ecológico** com nítido propósito de, para além da consagração normativa de direitos e deveres ecológicos, conferir-lhes a necessária efetividade, o que está subjacente e deve ser sempre perseguida no exercício levado a efeito pelos entes federativos das competências (legislativa e executiva) em matéria ambiental, inclusive como verdadeiro **dever estatal de prevenção e precaução**[16] no tocante à degradação ecológica, vislumbrando também a proteção dos interesses (e direitos?) das futuras gerações, tal como disposto expressamente no *caput* do art. 225 da CF/1988.

> **JURISPRUDÊNCIA DO STF. Competência legislativa em matéria ambiental, federalismo e descentralização política em favor dos entes menores ou periféricos:** "Recurso extraordinário. Lei Municipal 4.253/85 do município de Belo Horizonte. Previsão de imposição de multa decorrente da **emissão de fumaça acima dos padrões aceitos**. Alegação de inconstitucionalidade por ofensa à regra constitucional de repartição de competências federativas. Inocorrência. Norma recepcionada pelo texto vigente. Recurso extraordinário a que se nega provimento. 1. Nos casos em que a dúvida sobre a **competência legislativa** recai sobre norma que abrange mais de um tema, deve o intérprete acolher **interpretação que não tolha a competência que detêm os entes menores para dispor sobre determinada matéria** (*presumption against preemption*). 2. Porque **o federalismo é um instrumento de descentralização política que visa realizar direitos fundamentais**, se a lei federal ou estadual claramente indicar, de forma adequada, necessária e razoável, que os efeitos de sua aplicação excluem o **poder de complementação que detêm os entes menores** (*clear statement rule*), é possível afastar a presunção de que, no âmbito regional, determinado tema deve ser disciplinado pelo ente menor. 3. Na ausência de norma federal que, de forma nítida (*clear statement rule*), retire a presunção de que gozam os entes menores para, nos assuntos de interesse comum e concorrente, exercerem plenamente sua autonomia, detêm Estados e Municípios, nos seus respectivos âmbitos de atuação, competência normativa. 4. Recurso extraordinário a que se nega provimento" (STF, RE 194.704/MG, Tribunal Pleno, Rel. Min. Carlos Velloso, Rel. p/ acórdão Min. Edson Fachin, j. 29.06.2017).

> **JURISPRUDÊNCIA DO STF. Federalismo cooperativo ecológico, deveres de proteção ambiental dos entes federativos, princípio da subsidiariedade e atuação supletiva e subsidiária (LC 140/2011):** "CONSTITUCIONAL. AMBIENTAL. FEDERALISMO COOPERATIVO. COMPETÊNCIA COMUM EM MATÉRIA AMBIENTAL. PARÁGRAFO ÚNICO DO ART. 23 CF. LEI COMPLEMENTAR Nº 140/2011. FEDERALISMO ECOLÓGICO. DESENHO INSTITUCIONAL DA

---

[16] O Tribunal Constitucional Federal alemão (*Bundesverfassungsgericht*), ao analisar a constitucionalidade de dispositivos da Lei de Engenharia Genética (*Gentechnikgesetz – GenTG*), assinalou expressamente o "dever de especial cuidado ou proteção" (*besondere Sorgfaltspflicht*) em vista do mandato constitucional previsto no art. 20a da Lei Fundamental de Bonn, a fim de proteger também os fundamentos naturais da vida para as futuras gerações, dado que o estado do conhecimento científico sobre as consequências a largo prazo da utilização da engenharia genética (manipulação de genes humanos, animais e plantas) ainda não foram esclarecidos definitivamente. Na prática, o Tribunal reconheceu verdadeiro *dever estatal de precaução* a cargo do legislador. V. BVerfGE 128, 1.

REPARTIÇÃO DE COMPETÊNCIAS FUNDADO NA COOPERAÇÃO. RECONHECIMENTO DO PRINCÍPIO DA SUBSIDIARIEDADE. DIREITO FUNDAMENTAL AO MEIO AMBIENTE. DEVERES FUNDAMENTAIS DE PROTEÇÃO COMO PARÂMETRO NORMATIVO DE CONTROLE DE VALIDADE (ARTS. 23, PARÁGRAFO ÚNICO, 225, *CAPUT*, § 1º). RACIONALIDADE NO QUADRO ORGANIZATIVO DAS COMPETÊNCIAS ADMINISTRATIVAS. EFICIÊNCIA E COORDENAÇÃO DO AGIR ADMINISTRATIVO. VALORES CONSTITUCIONAIS. PODER DE POLÍCIA AMBIENTAL DE LICENCIAMENTO E ATIVIDADES FISCALIZATÓRIAS. EXISTÊNCIA E CAPACIDADE INSTITUCIONAL DOS ÓRGÃOS AMBIENTAIS COMO REQUISITO DA REGRA GERAL DE COMPETÊNCIA INSTITUÍDA NA LEI COMPLEMENTAR. **ATUAÇÃO SUPLETIVA E SUBSIDIÁRIA.** TUTELA EFETIVA E ADEQUADA DO MEIO AMBIENTE. LIMITES DA COGNIÇÃO JURISDICIONAL NO CONTROLE CONCENTRADO DE CONSTITUCIONALIDADE. INTERPRETAÇÃO CONFORME À CONSTITUIÇÃO FEDERAL ATRIBUÍDA AO **§ 4º DO ART. 14 E AO 3º DO ART. 17**. PROCEDÊNCIA PARCIAL. 1. A Lei Complementar nº 140/2011 disciplina a **cooperação** entre a União, os Estados, o Distrito Federal e os Municípios nas ações administrativas decorrentes do exercício da competência comum relativas à proteção das paisagens naturais notáveis, do meio ambiente, ao combate à poluição em qualquer de suas formas e à preservação das florestas, da fauna e da flora, em resposta ao dever de legislar prescrito no art. 23, III, VI e VI, da Constituição Federal. No marco da Política Nacional do Meio Ambiente, instituída pela Lei nº 6.938/1981, e da **forma federalista de organização do Estado constitucional e ecológico**, a Lei Complementar nº 140/2011 foi a responsável pelo **desenho institucional cooperativo** de atribuição das competências executivas ambientais aos entes federados. 2. Legitimidade ativa da Associação Nacional dos Servidores de Carreira de Especialista em Meio Ambiente e Pecma (ASIBAMA). Inegável a representatividade nacional da associação requerente, assim como a observância do requisito da pertinência temática para discutir questões versando alteração estrutural do sistema normativo de proteção do meio ambiente, conforme descrito no art. 3º, VI, do Estatuto Social juntado ao processo, quando do ajuizamento da presente ação. Reconhecimento da legitimidade da associação autora na ADI 4.029 (caso Instituto Chico Mendes). (...) 4. Da interpretação do art. 225 da Constituição Federal, fundamento normativo do **Estado de Direito e governança ambiental**, infere-se estrutura jurídica complexa decomposta em duas direções normativas. A primeira voltada ao **reconhecimento do direito fundamental ao meio ambiente** ecologicamente equilibrado, em uma perspectiva intergeracional. A segunda relacionada aos **deveres de proteção e responsabilidades** atribuídos aos poderes constituídos, aos atores públicos e à sociedade civil em conjunto. A preservação da ordem constitucional vigente de proteção do meio ambiente, densificada nos seus deveres fundamentais de proteção, impõe-se, pois, como limite substantivo ao agir legislativo e administrativo. O que significa dizer que tanto a Política Nacional do Meio Ambiente, em todas as suas dimensões, quanto o sistema organizacional e administrativo responsável pela sua implementação, a exemplo do Sistema Nacional do Meio Ambiente, dos Conselhos Nacionais, Estaduais e Municipais, devem traduzir os vetores normativos do **constitucionalismo ecológico e do federalismo cooperativo**. 5. A Lei Complementar nº 140/2011, em face da intrincada teia normativa ambiental, aí incluídos os correlatos deveres fundamentais de tutela, logrou equacionar o **sistema descentralizado de competências administrativas em matéria ambiental** com os vetores da uniformidade decisória e da racionalidade, valendo-se para tanto da **cooperação como superestrutura do diálogo interfederativo**. Cumpre assinalar que referida legislação não trata sobre os deveres de tutela ambiental de forma genérica e ampla, como disciplina o art. 225, § 1º, IV, tampouco regulamenta o agir legislativo, marcado pela repartição concorrente de competências, inclusive no tocante à normatização do licenciamento em si. 6. O **modelo federativo ecológico** em matéria de competência comum material delineado pela Lei Complementar nº 140/2011 revela quadro normativo altamente especializado e complexo, na medida em que se relaciona com teia institucional multipolar, como o Sistema Nacional do Meio Ambiente (SISNAMA), e com outras legislações ambientais, como a Política Nacional do Meio Ambiente (Lei nº 6.938/1981) e a Lei de Infrações penais e administrativas derivadas de condutas e atividades lesivas ao meio ambiente (Lei nº 9.605/1998). O diálogo das fontes revela-se nesse quadro como principal método interpretativo. 7. Na repartição da competência comum (art. 23, III, VI e VII CF), não cabe ao legislador formular disciplina normativa que exclua o exercício administrativo de qualquer dos entes federados, mas sim que organize a cooperação federativa, assegurando a racionalidade e a efetividade nos encargos constitucionais de proteção dos valores e direitos fundamentais. Ademais, os arranjos institucionais derivados do federalismo cooperativo facilita a realização dos valores caros ao projeto constitucional brasileiro, como a democracia participativa, a proteção dos direitos fundamentais e a desconcentração vertical de poderes, como fórmula responsiva aos controles social e institucional. Precedentes. 8. O nível de ação do agir político-administrativo nos domínios das competências partilhadas, próprio do modelo do federalismo cooperativo, deve ser medido pelo **princípio da subsidiariedade**. Ou seja, **na conformação dos arranjos cooperativos, a ação do ente social ou político maior no menor, justifica-se quando comprovada a incapacidade institucional desse e demonstrada a eficácia protetiva daquele**. Todavia, a subsidiariedade apenas apresentará resultados satisfatórios caso haja forte coesão entre as ações dos entes federados. Coesão que é exigida tanto na dimensão da alocação das competências quanto na dimensão do controle e fiscalização das capacidades institucionais dos órgãos responsáveis pela política pública. (...). 15. Procedência parcial da ação direta para conferir **interpretação conforme à Constituição Federal**: (i) ao § 4º do art. 14 da Lei Complementar nº 140/2011 para estabelecer que a **omissão ou mora administrativa imotivada e desproporcional** na manifestação definitiva sobre os pedidos de renovação de licenças ambientais **instaura a competência supletiva dos demais entes federados** nas ações administrativas de **licenciamento** e na **autorização ambiental**, como previsto no art. 15 e (ii) ao **§ 3º do art. 17** da Lei Complementar nº 140/2011, esclarecendo que a **prevalência do auto de infração lavrado pelo órgão originalmente competente** para o licenciamento ou autorização ambiental **não exclui a atuação supletiva de outro ente federado, desde que comprovada omissão ou insuficiência na tutela fiscalizatória**" (STF, ADI 4.757/DF, Tribunal Pleno, Rel. Min. Rosa Weber, j. 13.12.2022).

JURISPRUDÊNCIA DO STJ. Federalismo cooperativo ecológico ou ambiental e exercício da competência executiva ou administrativa em matéria ambiental (art. 23 da CF/1988 e LC 140/2011): "Processual civil. Ação reivindicatória. Praia. Propriedade da União. Arts. 3º, 6º, § 2º, e 10 da Lei 7.661/1988. Arts. 5º, 10 e 11, § 4º, da Lei 9.636/1998. Barraca. Ausência de autorização da Secretaria do Patrimônio da União. Proteção da paisagem. Mudanças climáticas. **Federalismo cooperativo ambiental**. Art. 4º da Lei Complementar 140/2011. Licença urbanístico-ambiental. Princípio da moralidade administrativa. Detenção ilícita e não posse. Precariedade. Demolição. Súmula 7/STJ. Histórico da demanda (...) domínio da União. 5. Na esfera da competência de implementação comum (art. 23, parágrafo único, da Constituição de 1988) e legitimados sob o manto do **federalismo cooperativo ambiental e de políticas de descentralização (art. 4º da Lei Complementar 140/2011), a União, os Estados e os Municípios podem e devem colaborar, de forma a evitarem conflitos entre si e ampliarem a eficácia e a eficiência de suas ações administrativas**. Contudo, eventuais delegação, convênio, consórcio público ou acordo entre essas entidades não atribuem a órgão estadual ou municipal autoridade para, *sponte sua*, no âmbito de licenciamento e fiscalização ambientais, a qualquer título dispor, direta ou indiretamente, de áreas de domínio federal. 6. Se o bem é da União, nulas a licença e a autorização urbanístico-ambientais outorgadas pelo Município ou Estado sem prévia consulta e, em seguida, anuência expressa e inequívoca do titular do domínio (art. 5º da Lei 9.636/1998). Em tais circunstâncias, a expedição de atos pelo gestor municipal ou estadual caracteriza improbidade administrativa. 7. Constatada a ocupação ilícita, no caso de bens da União, deverá o órgão competente 'imitir-se sumariamente na posse do imóvel, cancelando-se as inscrições eventualmente realizadas', sem prejuízo de cobrança de 'indenização' pelo uso indevido (art. 10 da Lei 9.636/1998). 8. **Embora de domínio federal, incumbe, solidariamente, à União, aos Estados e aos Municípios a obrigação de protegerem as**

> praias, decorrência do dever de, em conjunto, zelarem 'pela manutenção das áreas de preservação ambiental, das necessárias à proteção dos ecossistemas naturais e de uso comum do povo, independentemente da celebração de convênio para esse fim' (art. 11, § 4º, da Lei 9.636/1998). (...) 13. Recurso especial não provido"(STJ, REsp 1.410.732/RN, 2ª T., Rel. Min. Herman Benjamin, j. 17.10.2013).

1. COMPETÊNCIA LEGISLATIVA EM MATÉRIA AMBIENTAL

A competência legislativa em matéria ambiental revela, por assim dizer, o "movimento" do Estado-Legislador rumo ao cumprimento dos seus deveres constitucionais de tutela e promoção do direito fundamental ao ambiente. No campo ambiental, a CF/1988 foi bastante clara no tocante ao **papel destinado ao Legislador**, inclusive enunciando expressamente diversas matérias a serem regulamentadas no plano infraconstitucional. A título de exemplo, podem ser citados, além da previsão do art. 24, VI, VII e VIII, alguns dos incisos do **§ 1º do art. 225**, em que está consagrado de forma expressa o comando constitucional dirigido ao Legislador, mas também ao Administrador no que diz com a execução da legislação, conforme ainda teremos ocasião de verificar com maior detalhamento adiante.[17] O primeiro exemplo, seguindo a ordem dos incisos do dispositivo constitucional citado, é representado pela Lei 9.985/2000, que instituiu o Sistema Nacional de Unidades de Conservação da Natureza (SNUC), regulamentando os incs. I, II, III e VII do § 1º do art. 225. Depois, pode-se destacar a Lei 11.105/2005 (Lei de Biossegurança), a qual, ao regulamentar os incs. II, IV e V do § 1º do art. 225, estabelece normas de segurança e mecanismos de fiscalização de atividades que envolvam organismos geneticamente modificados (OGM) e seus derivados, cria o Conselho Nacional de Biossegurança (CNBS), reestrutura a Comissão Técnica Nacional de Biossegurança (CTNBio) e dispõe sobre a Política Nacional de Biossegurança (PNB).

Seguindo os exemplos, tem-se também a Lei 9.795/99, que regulamenta o inciso VI do § 1º do art. 225,[18] dispondo sobre educação ambiental e instituindo a Política Nacional de Educação Ambiental. E, fora do rol do § 1º, há a Lei dos Crimes e Infrações Administrativas Ambientais (Lei 9.605/98), regulamentando o § 3º do art. 225,[19] e também a Lei da Mata Atlântica (Lei 11.428/2006), que transpôs, para o plano infraconstitucional, parte do comando normativo estabelecido no § 4º do art. 225.[20] Com base em tais considerações, pode-se afirmar que, além da previsão geral da competência legislativa ambiental prevista no art. 24, VI, VII e VIII, da CF/1988, o regime jurídico-constitucional das competências legislativas em matéria ambiental deve ser compreendido pelo prisma do sistema constitucional de proteção do ambiente centrado no art. 225 da CF/1988.

A CF/1988 estabeleceu um regime jurídico-constitucional tanto de **competências legislativas privativas** quanto de **competências legislativas concorrentes**, atribuídas aos diferentes entes políticos que integram a federação brasileira. Há, de tal sorte e conforme veremos ao

---

[17] Não se pode olvidar também a atuação do Estado-Administrador por meio da edição de decretos regulamentares, os quais têm o propósito de transpor para o plano concreto os marcos normativos elaborados pelo Estado-Legislador, permitindo a "execução" de políticas públicas. Em regra, como se verifica na legislação brasileira em geral, as leis ambientais são sempre seguidas pela edição de decretos regulamentares.

[18] "(...) VI – promover a educação ambiental em todos os níveis de ensino e a conscientização pública para a preservação do meio ambiente."

[19] "§ 3º As condutas e atividades consideradas lesivas ao meio ambiente sujeitarão os infratores, pessoas físicas ou jurídicas, a sanções penais e administrativas, independentemente da obrigação de reparar os danos causados."

[20] "§ 4º A Floresta Amazônica brasileira, a Mata Atlântica, a Serra do Mar, o Pantanal Mato-Grossense e a Zona Costeira são patrimônio nacional, e sua utilização far-se-á, na forma da lei, dentro de condições que assegurem a preservação do meio ambiente, inclusive quanto ao uso dos recursos naturais."

longo deste Capítulo, competências legislativas privativas repartidas "horizontalmente" entre a União (art. 22), os Estados (art. 25, §§ 1º e 3º) e os Municípios (art. 30, I), muito embora a previsão expressa da possibilidade de delegação no caso da competência legislativa privativa da União (art. 22, parágrafo único). O exercício da competência legislativa privativa implica o exercício de tal atribuição de forma ampla pelo ente federativo, razão pela qual ela se dá de forma "**horizontal**", ou seja, o ente federativo competente esgota toda a amplitude normativa sobre o tema, independentemente de qualquer regulamentação legislativa complementar a cargo de outro ente federativo, diferentemente do que ocorre no exercício da competência legislativa concorrente, em que há uma espécie de exercício "**vertical**" de competências legislativas, já que se impõem a cooperação e a atuação coordenada dos diferentes entes federativos no exercício dela.

A competência legislativa concorrente (art. 24), tal como sinalizado anteriormente, é exercida de forma conjunta e articulada entre os entes federativos, partindo-se da premissa de que a competência da União limitar-se-á a estabelecer **normas gerais** (art. 24, § 1º), ou seja, compete à União estabelecer a regulação normativa geral na matéria, o que não exclui a competência suplementar dos Estados e do Distrito Federal (art. 24, § 2º), bem como dos Municípios, conforme veremos adiante. A expressão "**limitar-se-á**" constante do dispositivo é elucidativa a respeito da "limitação" da União na elaboração da norma geral, com o propósito de reservar aos demais entes federativos espaço legislativo para **suplementar a legislação editada no plano federal** à luz das realidades e peculiaridades, respectivamente, regional e local. Além da arquitetura normativa estabelecida para o exercício da competência legislativa, no sentido de estabelecer a atuação conjunta dos entes federativos, a CF/1988 determina que, inexistindo lei federal sobre normas gerais, os Estados – e também os Municípios – exercerão a **competência legislativa plena**, para atender às suas peculiaridades (art. 24, § 3º). Na hipótese de superveniência de lei federal sobre normas gerais, prevê a norma constitucional a suspensão da eficácia da lei estadual no que lhe for contrária (art. 24, § 4º).

O Estado, nesse contexto, não está apenas "autorizado", mas sim "obrigado" constitucionalmente (aqui por força dos seus **deveres de proteção e promoção**) a regulamentar a matéria ambiental nas mais diversas áreas (penal, civil, administrativa, processual, tributária, urbanística etc.) com o propósito maior de promover a proteção ecológica e **elidir condutas e atividades lesivas ou potencialmente lesivas ao meio ambiente** perpetradas tanto por particulares (pessoas físicas e jurídicas) quanto pelos próprios entes e agentes estatais. Como exemplo de medida tomada no plano federal pelo Estado brasileiro no sentido de concretizar o seu dever de proteção ambiental, no exercício da competência legislativa em matéria ambiental, pode-se destacar a edição da Lei dos Crimes e Infrações Administrativas Ambientais (Lei 9.605/98), que tratou de prever **sanções penais e administrativas** derivadas de condutas e atividades lesivas ou potencialmente lesivas ao meio ambiente, inclusive com a caracterização da responsabilidade penal da pessoa jurídica (art. 3º), regulamentando dispositivo constitucional (art. 225, § 3º).

A Lei 9.605/98 é um exemplo particularmente interessante para a análise da questão da competência legislativa em matéria ambiental, uma vez que, no seu conteúdo, mescla matérias que estão tanto na órbita da competência legislativa privativa da União (todos os dispositivos que tratam de direito penal e processual penal) quanto da competência legislativa concorrente (as matérias verificadas nos arts. 70 a 76 que tratam das infrações administrativas ambientais). A medida legislativa ora em análise, acompanhada de todo o conjunto de leis ambientais brasileiras, que não cabe aqui arrolar, dão cumprimento aos deveres de proteção ecológica atribuídos ao Estado pela CF/1988 (art. 225) por intermédio do exercício da competência legislativa, estabelecendo o regime normativo de proteção dos **bens jurídicos ecológicos**. Tecidas algumas considerações gerais e preliminares sobre a competência legislativa em matéria ambiental, passaremos a aprofundar a análise, iniciando-se pela competência legislativa privativa da União.

1.1 A competência legislativa privativa da União em matéria ambiental (art. 22 da CF/1988)

A "regra geral" a respeito da distribuição da competência legislativa em matéria ambiental, conforme veremos adiante, é de natureza "concorrente", ou seja, todos os entes federativos podem legislar sobre o tema, mas dentro das diretrizes normativas traçadas pela CF/1988 (art. 24), ou seja, cabe à União a edição da *norma geral*, ao passo que aos Estados e aos Municípios atribui-se a competência legislativa suplementar. Neste tópico, no entanto, trataremos da competência legislativa privativa da União, a qual, como sinalizamos, foge à "regra geral" e se verifica, sob a ótica ecológica, em algumas matérias específicas (por exemplo, atividades nucleares, águas, recursos minerais e populações indígenas). Há diversas matérias consagradas no art. 22 da CF/1988 como **competência legislativa privativa** da União que – umas mais e outras menos – estão relacionadas e, por diversas razões, interessam à proteção ambiental.

> Art. 22. **Compete privativamente à União legislar** sobre: (...)
> IV – **águas**, energia (...);
> IX – diretrizes da política nacional de transportes;
> X – regime dos portos, navegação lacustre, fluvial, marítima, aérea e aeroespacial; (...)
> XII – jazidas, minas, outros recursos minerais e metalurgia; (...)
> XIV – populações indígenas; (...)
> XXVI – atividades nucleares de qualquer natureza; (...)
> XXVIII – (...) defesa civil;[21] (...)
> Parágrafo único. **Lei complementar poderá autorizar os Estados a legislar** sobre questões específicas das matérias relacionadas neste artigo.

Conforme se pode apreender dos incisos do art. 22, supraelencados, há diversas matérias que guardam importância fundamental para a proteção ecológica. Por certo, muito embora a competência legislativa privativa da União para legislar sobre tais temas, o próprio parágrafo único do art. 22 sinaliza para a possibilidade de lei complementar "**autorizar os Estados a legislar** sobre questões específicas das matérias relacionadas neste artigo", ou seja, a própria norma constitucional autoriza a **delegação** de tal competência legislativa privativa, em que pese tal prática não se verificar com frequência, especialmente em matéria ambiental.

De acordo com entendimento apontado pela doutrina, o extenso rol de competências legislativas privativas da União, delineado no art. 22 da CF/1988, com 29 incisos (contra os 16 incisos do art. 24 que regula a competência legislativa concorrente), ampararia, em matéria constitucional, um regime de **centralização do poder político na esfera federal**.[22] No entanto, não nos parece "suficiente" para tal conclusão o rol estabelecido no art. 22. Até porque, conforme lição clássica de hermenêutica constitucional, "a Constituição não se interpreta em tiras".[23] Há, na nossa compreensão, razões de ordem material muito mais expressivas no sentido de afirmar

---

[21] O tema da defesa civil foi regulamentado no plano infraconstitucional pela Lei da Política Nacional de Proteção e Defesa Civil (Lei 12.608/2012), substancialmente reformada recentemente pela Lei 14.750/2023.

[22] Entendendo que a vastidão das matérias reservadas à competência legislativa privativa da União no art. 22 representaria um sistema constitucional de competências centrado na esfera federal, v. ALMEIDA, Fernanda Dias de Menezes. *Competências na Constituição de 1988*. São Paulo: Atlas, 2007. p. 84-85.

[23] "Não se interpreta a Constituição em tiras, aos pedaços. A interpretação de qualquer norma da Constituição impõe ao intérprete, sempre, em qualquer circunstância, o caminhar pelo percurso que se projeta a partir dela – da norma até a Constituição. Uma norma jurídica isolada, destacada, desprendida do sistema jurídico, não expressa significado normativo nenhum" (GRAU, Eros Roberto. *A ordem econômica na Constituição de 1988*: interpretação e crítica. 3. ed. São Paulo: Malheiros, 1997. p. 176-177).

um cenário constitucional **descentralizador do poder político** e ancorado num *modelo federativo cooperativo*.

A devida compreensão da distribuição das competências legislativas deve estar em sintonia com uma compreensão contextual e sistemática do texto constitucional, sobretudo em vista dos valores, princípios e direitos fundamentais que lhe dão sustentação normativa, bem como do modelo de Estado de Direito adotado pela Lei Fundamental de 1988. Além disso, deve-se considerar a autonomia assegurada aos entes federativos (arts. 1º e 18 da CF/1988), e, em especial, a consagração do *status federativo* **dos entes municipais**. Tal inovação constitucional trazida pela CF/1988 revela, assim sugerimos, expressão da vontade constituinte de descentralizar o poder político e ampliar o suporte democrático do nosso sistema federativo, inclusive na perspectiva de uma democracia participativa. A isso tudo se soma o **rol considerável (16 incisos) de competências legislativas concorrentes** enunciado pelo art. 24 da CF/1988, bem como o amplo rol de matérias constantes da competência executiva comum a todos os entes federativos (art. 23), o que demonstra um método "vertical" de distribuição de competências, com o nítido propósito de alicerçar um modelo constitucional descentralizador do poder político.

À luz dessas considerações, deve-se ponderar que há forte tradição jurisprudencial, inclusive no âmbito do STF, acolhedora de um sistema centralizador da competência legislativa no plano da União, o que é particularmente relevante para a análise da competência legislativa ambiental. Não obstante a competência legislativa privativa da União cobrir apenas matérias que tangenciam a proteção ambiental, e não ela em si, ao contrário do que se verifica no caso da competência legislativa concorrente (prevista no art. 24, notadamente no inc. VI), a jurisprudência dos nossos Tribunais, conforme veremos adiante, tem sinalizado a **prevalência da competência privativa da União** sempre que se coloca algum **conflito legislativo** em vista de diploma editado pelos demais entes federativos (periféricos) em matéria ambiental, mesmo que no exercício da sua competência legislativa concorrente.[24] Quanto ao tópico em questão, de acordo com Paulo de Bessa Antunes, "a lógica que tem sido a prevalente é aquela que considera que as competências privativas da União têm precedência sobre todas as outras formas de competência, quando os assuntos tiverem entre si interseções relevantes. Assim, se a matéria é minerária (competência privativa da União), os aspectos ambientais (competência concorrente) não podem se sobrepor ao aspecto mineral. Na prática, a competência concorrente se esvazia diante da competência privativa. As normas estaduais e municipais se transformam em inócuas".[25]

Tal interpretação sobre a matéria nos nossos Tribunais, no entanto, tem se alterado gradualmente nos últimos anos, conectando-se cada vez mais com o regime constitucional de proteção da Natureza estabelecido pela nossa **Constituição Ecológica** de 1988. O novo entendimento jurisprudencial também encontra força na tese da interdependência e indivisibilidade que caracteriza o marco constitucional dos direitos fundamentais, de modo a contrariar qualquer interpretação em abstrato que estabeleça prevalência de direitos e valores constitucionais em detrimento de outros – diga-se de passagem – com o mesmo *status* constitucional, como é o caso da proteção ecológica.

Para ilustrar o **novo cenário jurisprudencial** que se consolida progressivamente na nossa Corte Constitucional, registra-se decisão relativamente sobre o caso, sob a relatoria do Ministro Gilmar Mendes, envolvendo conflito entre competência legislativa privativa da União (direito marítimo) e competência legislativa concorrente do Estado (proteção do meio ambiente e controle da poluição). O STF, contrariando a tradição jurisprudencial referida anteriormente,

---

[24] A título de exemplo, não obstante a decisão ser anterior à CF/1988, v. STF, Rp 1.153/RS, Tribunal Pleno, Rel. Min. Aldir Passarinho, j. 16.05.1985 (Caso dos Agrotóxicos); e STJ, REsp 29.299-6/RS, 1ª T., Rel. Min. Demócrito Reinaldo, j. 28.09.1994.

[25] ANTUNES, Paulo Bessa de. *Federalismo e competências ambientais no Brasil*. Rio de Janeiro: Lumen Juris, 2007. p. 106-107.

privilegiou entendimento favorável ao exercício da competência legislativa concorrente pelo ente federativo estadual. No caso, a Lei Estadual 11.078/99, do Estado de Santa Catarina, estabeleceu normas sobre o controle de resíduos de embarcações, oleodutos e instalações costeiras, tendo a impugnação em face dela sido levantada como violação à competência legislativa privativa da União disposta no art. 22, I, da CF/1988, relativamente ao "direito marítimo". Em passagem do seu voto, o Ministro Luiz Fux assinalou que: "não bastasse se tratar de exercício legítimo de competência legislativa constitucionalmente assegurada, a medida deve ser elogiada também quanto ao seu conteúdo, tendo em vista a preocupação que o **legislador estadual** manifestou em conferir **tratamento mais protetivo ao meio ambiente**".[26] A decisão do STF é, de alguma forma, emblemática, pois toma o sentido inverso da tradição jurisprudencial da nossa Corte de conferir certa preponderância em favor da União na maioria dos conflitos legislativos entre entes federativos envolvendo competências privativas da União (art. 21 da CF/1988), notadamente na seara ecológica.

A prevalência da legislação editada pela União no exercício da sua competência privativa, em detrimento de medidas legislativas adotadas pelos demais entes federativos (Estados, Distrito Federal e Municípios) no âmbito da competência legislativa concorrente em matéria ambiental, não decorre do texto constitucional, mas sim da interpretação – para nós, equivocada – defendida por alguns doutrinadores e também pela jurisprudência mais antiga dos nossos Tribunais. Assim, por guardar sintonia com a posição que ora defendemos, colaciona-se novamente o entendimento de Bessa Antunes, para quem "a centralização da federação brasileira, diante do Texto de 1988, é muito mais uma obra da interpretação constitucional do que uma realidade que se apresenta clara ante a redação da norma".[27]

A centralidade que a proteção ecológica passou a ocupar no nosso sistema constitucional, inclusive a partir da sua consagração como **direito-dever fundamental** (art. 225 e art. 5º, § 2º, da CF/1988), opera no sentido de favorecer o poder político-legislativo dos **entes federativos periféricos** (Estados, Distrito Federal e Municípios) naquilo em que representar "**mais proteção normativa**", o que pode ser apreendido da adoção pela CF/1988 da competência legislativa concorrente como "regra geral" para a regulação da matéria ambiental, conforme veremos no tópico subsequente. A interpretação de caráter centralizador criticada em passagem anterior – como vimos, gradualmente superada pelos nossos Tribunais, e particularmente pela nossa Corte Constitucional –, notadamente quando rejeita qualquer iniciativa do ente regional ou local com o propósito de ampliar os padrões normativos de proteção ambiental (ou mesmo regulá-lo integralmente na hipótese da sua ausência), também está em total desacordo com a **autonomia constitucional** assegurada a eles e os deveres de proteção ambiental a cargo do Estado (e, nessa perspectiva, também ao Estado-Legislador em todos os planos federativos) delineados no art. 225 da CF/1988.

1.2 A competência legislativa concorrente entre União, Estados e Distrito Federal em matéria ambiental (art. 24, VI, VII e VIII, da CF/1988)

De acordo com o que sinalizamos anteriormente, a competência legislativa concorrente deve ser tomada como a "**regra geral**" para o exercício da competência legislativa em matéria ambiental. A razão para tal assertiva é bastante simples. Muito embora o extenso rol de atribuições legislativas privativas da União trazido pelo art. 22 da CF/1988, conforme tratado no tópico antecedente, não há qualquer previsão (geral ou específica) para o exercício da competência legislativa no tocante à matéria ambiental. Há, sim, consoante apontado, matérias de "interesse

---

[26] STF, ADI 2030/SC, Tribunal Pleno Rel. Min. Gilmar Mendes, j. 09.08.2017.
[27] ANTUNES, Paulo Bessa de. *Federalismo e competências ambientais...*, p. 170.

ambiental" – por exemplo, atividades nucleares, mineração, energia, populações indígenas, entre outras –, mas não há no rol do art. 22 qualquer dispositivo específico dispondo sobre proteção ecológica, ao contrário do que verificamos no art. 24 da CF/1988, que trata da competência legislativa concorrente. O art. 24, VI, consagra, como matéria atinente à competência legislativa concorrente: "legislar sobre florestas, caça, pesca, fauna, conservação da natureza, defesa do solo e dos recursos naturais, proteção do meio ambiente e controle da poluição".

O dispositivo em questão expressa a "regra geral" a que nos referimos anteriormente, dado que, pela amplitude do seu conteúdo, ao trazer expressões como "**conservação da Natureza**", "**proteção do meio ambiente**" e "**controle da poluição**", ele comporta toda a matéria ambiental possível de ser considerada. É uma norma geral sobre competência legislativa ambiental e, por si só, bastaria para compreender toda a legislação ambiental brasileira editada até hoje, tornando até mesmo dispensáveis os outros dois incisos do mesmo artigo constitucional que tratam também da temática ecológica (incisos VII e VIII). A fórmula "vertical" de distribuição da competência legislativa ambiental, conforme consagrado no art. 24, ampara um sistema cooperativo e, portanto, descentralizado para o exercício de tal competência legislativa constitucional, alicerçando as bases normativas um **constitucionalismo ecológico democrático-participativo**.[28]

A competência legislativa concorrente (art. 24), na linha do que referimos antes, é exercida de forma conjunta e coordenada entre os entes federativos, partindo-se da premissa de que a competência da União limitar-se-á a estabelecer normas gerais (art. 24, § 1º). De acordo com a lição do Ministro Carlos Velloso, com a qual concordamos, as **normas gerais** "devem apresentar **generalidade** maior do que apresentam, de regra, as leis. Penso que 'norma geral', tal como posta na Constituição, tem o sentido de diretriz, de princípio geral. A norma geral federal, melhor será dizer nacional, seria a moldura do quadro a ser pintado pelos Estados e Municípios no âmbito de suas competências".[29] Ainda, segundo Diogo de Figueiredo Moreira Neto, as "normas gerais são declarações principiológicas que cabem à União editar, no uso de sua competência concorrente limitada, restrita ao estabelecimento de diretrizes nacionais sobre certos assuntos, que deverão ser respeitadas pelos Estados-Membros na feitura de suas legislações, através de normas específicas e particularizantes que as detalharão, de modo que possam ser aplicadas, direta e imediatamente, às relações e situações concretas a que se destinam, em seus respectivos âmbitos políticos".[30] Portanto, compete à União estabelecer a **regulação normativa geral** na matéria, o que não exclui a **competência legislativa suplementar** dos Estados (art. 24, § 2º) – e também dos Municípios, conforme veremos adiante[31] –, incorporando conteúdos relevantes a partir das realidades regional e local.

A Lei da Política Nacional do Meio Ambiente (Lei 6.938/81),[32] muito embora tenha sido editada antes da CF/1988, parece-nos um bom exemplo de norma geral tal como preconizada no § 1º do art. 24. O estabelecimento dos princípios (art. 2º), objetivos (art. 4º) e instrumentos

---

[28] Ao destacar a possibilidade de leis estaduais estipularem condições mais favoráveis à saúde pública e ao meio ambiente, a Procuradoria-Geral da República assinalou, em parecer da lavra da Vice-Procuradora-Geral da República, Deborah Macedo Duprat de Britto Pereira, no âmbito da ADI 3.937/SP, que "é preciso, portanto, assegurar aos Estados certa dose de criação e experimentação legislativa, para que não figurem como meros espectadores do processo decisório, em detrimento do componente democrático da federação".

[29] STF, MC na ADI 927/RS, Tribunal Pleno, Rel. Min. Carlos Velloso, j. 03.11.1993.

[30] MOREIRA NETO, Diogo de Figueiredo. Competência concorrente limitada: o problema da conceituação das normas gerais. *Revista de Informação Legislativa*. Brasília, ano 25, n. 100, p. 159, out.-dez. 1988.

[31] Cabe ressaltar que, não obstante o *caput* do art. 24 não arrolar o Município, entendemos, amparados na doutrina amplamente majoritária, que tal ente federativo autônomo também está legitimado ao exercício da competência legislativa concorrente, o que será objeto de análise específica em tópico subsequente.

[32] De modo a identificar a Lei da Política Nacional de Educação Ambiental (Lei 9.975/1999) como exemplo de "norma geral" editada pela União em matéria ambiental, v. SILVEIRA, Patrícia Azevedo da. *Competência ambiental*. Curitiba: Juruá, 2002. p. 170 e ss.

(art. 9º) da PNMA pelo diploma em questão assume a condição de uma norma geral. De igual maneira, o delineamento da estruturação federativa do Sistema Nacional do Meio Ambiente – SISNAMA (art. 6º) exemplifica de forma bastante clara um **modelo cooperativo de distribuição de competências**, recortando o papel de cada ente federativo, com o propósito, por exemplo, de estabelecer a criação de órgãos administrativos ambientais especializados no âmbito de todos eles, inclusive no plano municipal. A partir da diretriz normativa geral traçada pela Lei 6.938/81, cabe a cada ente federativo exercer a sua competência legislativa suplementar na matéria, adaptando a norma geral às realidades regional e local.

A Constituição atribui à União o dever de estabelecer um quadro normativo geral e, igualmente, um **patamar legislativo mínimo**[33] de proteção ecológica a ser rigorosamente respeitado pelos demais entes federativos – Estados, Distrito Federal e Municípios – no exercício da sua competência legislativa suplementar. A partir do quadro normativo geral traçado pela União, compete aos demais entes federativos também preencher o espaço normativo que lhes cabe suplementar no âmbito da competência legislativa concorrente, "pintando" o conteúdo do "quadro" normativo geral a partir das realidades regionais e locais, tendo sempre como parâmetro constitucional o respeito à legitimação democrática e autonomia dos entes políticos estaduais e municipais. É a relação, por assim dizer, entre a *norma geral*, editada pela União, e a *norma específica* editada pelo Estado e pelo Município. Conforme a lição do Ministro Carlos Ayres Britto do STF, a União, tratando-se de competência legislativa concorrente, "tem de atuar *contidamente* no campo das normas gerais (menos que plenas), pois a legislação específica sobre o mesmo tema ou relação jurídica é titularizada por outrem: cada qual dos nossos entes federados periféricos".[34]

Conforme lição de Leme Machado, "suplementar não é desunir. Suplementar não é somente ornamentar uma norma geral, como se a competência representasse uma superfluidade. Adicionar, completar e aprimorar a norma geral federal faz parte de um federalismo participativo e cooperativo. O contrário é praticar um federalismo 'consentido', em que as autonomias estaduais não são desejadas, mas somente toleradas".[35] Com idêntico entendimento, o Ministro Ayres Britto assinala que, "quanto aos Estados e o Distrito Federal, estes, diante da eventual edição de normas federais de caráter geral (normas gerais, entenda-se), *produzirão normas de tipo suplementar*. Mas suplementar – atente-se – como adjetivo de significado precisamente dicionarizado: acrescer alguma coisa. Fornecer suplemento ou aditamento. Suprir, acudir, inteirar, com o objetivo de **solver os déficits de proteção** e defesa de que as normas gerais venham a padecer".[36] De tal sorte, entendemos que há, sim, "espaço legislativo" para os entes federativos, a partir dos contextos e especificidades regionais e locais, aperfeiçoarem a norma geral editada

---

[33] A discussão a respeito de um patamar legislativo mínimo – em termos protetivos – estabelecido no plano federal, encontra respaldo na fundamentação lançada pelo Ministro Francisco Rezek no julgamento da Representação 1.153/RS, em caso envolvendo a constitucionalidade de legislação estadual do Estado do Rio Grande do Sul sobre agrotóxicos: "Seria flagrante despropósito, contudo, entender que as normas federais estabelecem limites máximos à proteção da saúde, quando, na realidade, essas *normas constituem um piso*, a partir do qual cada Estado desdobrará, na conformidade de suas condições e interesses próprios, o patrimônio legislativo. Não há como conceber possa a União, valendo-se de regra que permite estabelecer normas gerais de defesa e proteção da saúde, fixar limites a esse empenho protetivo – porventura mais firme em algumas das unidades federadas – em nome da salvaguarda de outros valores, de outros bens jurídicos que não a própria saúde. Assim, neste exato domínio, **jamais poderia reputar-se ofensivo à Constituição a lei estadual que multiplicasse as cautelas e os métodos de defesa da saúde, salvo quando ofensiva à outra norma constitucional, concebida para preservar valor jurídico diverso**" (grifos nossos) (STF, Rp 1.153/RS, Tribunal Pleno, Rel. Min. Aldir Passarinho, j. 16.05.1985).

[34] Citação extraída do voto do Ministro Carlos Ayres Britto no julgamento na ADI 3.357/RS.

[35] MACHADO, Paulo Affonso Leme. Federalismo, amianto e meio ambiente: julgado sobre competência. *In:* CANOTILHO, José J. Gomes; LEITE, José Rubens Morato (org.). *Direito constitucional ambiental brasileiro.* São Paulo: Saraiva, 2007. p. 229.

[36] Citação extraída do voto do Ministro Carlos Ayres Britto no julgamento da ADI 3.357/RS.

pela União no âmbito da competência legislativa concorrente. Não nos parece que alguma medida de teor mais restritivo – por exemplo, a proibição de determinada atividade ou comercialização de determinada substância no âmbito regional ou local – implique necessariamente violação ao sistema constitucional de competências legislativas em matéria ambiental.

Além do mais, a doutrina majoritária não admite o "tratamento hierárquico" da legislação editada pelos diferentes entes federativos, desde que, é claro, sejam respeitados os "espaços constitucionais" estabelecidos para o exercício de cada um deles no âmbito da sua respectiva competência legislativa. De acordo com tal entendimento, Gilmar Ferreira Mendes e Paulo G. Gonet Branco assinalam que "o critério de repartição de competências adotado pela Constituição não permite que se fale em superioridade hierárquica das leis federais sobre as leis estaduais. Há, antes, divisão de competências entre esses entes. Há inconstitucionalidade tanto na invasão da competência da União pelo Estado-membro como na hipótese inversa".[37] Nesse contexto, poder-se-ia imaginar a hipótese de determinadas espécies da fauna e da flora estarem ameaçadas somente em específica região ou localidade e disso resultar alguma medida legislativa de âmbito regional ou local mais restritiva com relação ao cenário normativo nacional vigente. A hipótese citada, a depender do contexto e dos bens jurídicos postos em tal situação, poderia ser tida como perfeitamente legítima no contexto do sistema federativo delineado na CF/1988. Do contrário, ou seja, rejeitando de forma absoluta qualquer medida legislativa de cunho mais restritivo editado pelos entes políticos estaduais e municipais, a autonomia constitucional assegurada a tais entes federativos resultaria sobremaneira esvaziada.

A harmonia do sistema legislativo nacional, a nosso ver, assimila tal compreensão, à luz de um **sistema constitucional de proteção dos direitos fundamentais** e legitimado a partir de uma matriz normativa de índole democrático-participativa. Se o propósito de eventual medida legislativa editada pelo ente estadual ou mesmo pelo ente municipal é reforçar os níveis de proteção ou mesmo afastar eventual **déficit ou lacuna protetiva** verificada na legislação federal no regime de proteção dos direitos fundamentais, tal atitude legislativa, por si só, deve ser vista de forma positiva. É óbvio que tal medida deve ser devidamente contextualizada, de modo a permitir a verificação se a legislação em questão, ao proteger determinados bens, não viola outros. No entanto, se constatados apenas o **aprimoramento e o aumento do padrão normativo de proteção**, notadamente quando em pauta bens jurídicos dotados de *jusfundamentalidade*, como é o caso do direito ao ambiente, não se vislumbra qualquer razão para deslegitimar tal medida, com base simplesmente no fato de não haver correspondência exata com o cenário legislativo traçado no plano federal. Situação diferente é quando o Estado ou o Município edita medida "menos protetiva", mas não é disso que estamos falando.

O aperfeiçoamento do sistema de proteção dos direitos fundamentais, seja ele normativo, seja ele fático, deve sempre ser considerado como algo desejável do ponto de vista do ordenamento jurídico, inclusive em vista do **princípio da máxima eficácia dos direitos fundamentais**, expresso no art. 5º, § 1º, da CF/1988. De acordo com tal entendimento, colaciona-se, novamente, passagem do voto do Ministro Ayres Britto proferido no julgamento da ADI 3.357/RS: "parece-nos claro que eventual colisão normativa há de ser compreendida em termos de proteção e defesa; isto é, o exame das duas tipologias de leis passa pela aferição do maior ou menor teor de favorecimento de tais bens ou pela verificação de algo também passível de ocorrer: as normas suplementares de matriz federativamente periférica a veicular as sobreditas proteção e defesa, enquanto a norma geral de fonte legislativa federal, traindo sua destinação constitucional, deixa de fazê-lo. Ou, se não deixa totalmente de fazê-lo, labora em nítida insuficiência protetiva e de defesa. (...) Lei Estadual que, ao proibir a comercialização de produtos à base de amianto, cumpre muito mais a Constituição da República no plano da proteção da saúde (evitar riscos à saúde

---

[37] MENDES, Gilmar Ferreira; BRANCO, Paulo Gustavo Gonet. *Curso de direito constitucional*..., p. 886-887.

da população em geral, dos trabalhadores em particular e do meio ambiente). Quero dizer: a **legislação estadual é que está muito mais próxima do sumo princípio da eficacidade máxima da Constituição em tema de direitos fundamentais**".

Tomando por base tais considerações, parece-nos difícil atribuir vício de inconstitucionalidade material à legislação estadual (ou mesmo municipal) "mais protetiva" em matéria ambiental, simplesmente porque diverge da norma geral editada no plano federal, tratando de forma mais restritiva sobre determinada matéria.[38] Isso em razão da legitimação democrática de tais medidas e do cenário constitucional de competências ancorado num modelo de federalismo cooperativo. Há, nesse contexto, inúmeros exemplos concretos, de medidas legislativas – inclusive de Constituições dos Estado-Federados – que buscaram proibir ou restringir determinadas práticas atentatórias ao equilíbrio, à qualidade e à segurança ambiental.

A título de exemplo, podemos destacar dispositivos (da legislação constitucional estadual) editados com o propósito de **proibir a instalação de usinas nucleares ou restringir de algum modo atividades nucleares** no território dos respectivos Estados.[39] De modo similar, tem-se o exemplo de legislações estaduais e municipais mais restritivas no tocante à produção e comercialização de **agrotóxicos**.[40] Seguindo os exemplos, destaca-se a existência de legislação constitucional estadual que proíbe expressamente a **caça**.[41] Além dos exemplos mais pontuais trazidos, ressalta-se o dispositivo da Constituição do Estado da Bahia, que, de forma bastante peculiar, traz uma série de vedações – somadas a alguns dos exemplos que assinalamos anteriormente –, com viés bastante protetivo em matéria ambiental.[42] Enfim, são diversas "restrições" e "proibições"

---

[38] Expressando o mesmo entendimento, v. BENJAMIN, Antonio Herman. Introdução ao direito ambiental brasileiro. *Revista de Direito Ambiental*, São Paulo, n. 14, p. 66-67, abr.-jun. 1999.

[39] O exemplo citado verifica-se na Constituição do Estado do Alagoas. De acordo com o art. 221 do diploma constitucional estadual, "é proibida a instalação, no território do Estado de Alagoas, de usinas nucleares e de depósitos de resíduos atômicos". De modo similar, o art. 257 da Constituição do Estado do Rio Grande do Sul estabelece que "é vedado, em todo o território estadual, o transporte e o depósito ou qualquer outra forma de disposição de resíduos que tenham sua origem na utilização de energia nuclear e de resíduos tóxicos ou radioativos, quando provenientes de outros Estados ou países", bem como, no seu art. 256, que "a implantação, no Estado, de instalações industriais para a produção de energia nuclear dependerá de consulta plebiscitária, bem como do atendimento às condições ambientais e urbanísticas exigidas em lei estadual". Destaca-se que, em face dos dispositivos citados da Constituição do Estado do Rio Grande do Sul, foi interposta a ADI 330/RS, perante o STF, ainda pendente de julgamento final.

[40] A Constituição do Estado do Rio Grande do Sul estabeleceu, no seu art. 253, que "é vedada a produção, o transporte, a comercialização e o uso de medicamentos, biocidas, agrotóxicos ou produtos químicos e biológicos cujo emprego tenha sido comprovado como nocivo em qualquer parte do território nacional por razões toxicológicas, farmacológicas ou de degradação ambiental".

[41] De acordo com o art. 204 da Constituição do Estado de São Paulo, "fica proibida a caça, sob qualquer pretexto, em todo o Estado". Registra-se que, em relação ao dispositivo em questão, foi interposta a ADI 350/SP, ainda pendente de julgamento final pelo STF.

[42] Com o objetivo de estabelecer um patamar normativo mais rígido de proteção ambiental, o art. 226 da Constituição do Estado da Bahia assinala que "são **vedados, no território do Estado**: I – a fabricação, comercialização e utilização de substâncias que emanem cloro-flúor-carbono; II – a fabricação, comercialização, transporte e utilização de equipamentos e artefatos bélicos nucleares; III – a instalação de usinas nucleares; IV – o depósito de resíduos nucleares ou radioativos gerados fora dele; V – a instalação e operação do aterro sanitário, usina de reaproveitamento, depósito de lixo e qualquer outro equipamento para destinação final de resíduos sólidos urbanos, sem que seja garantida a segurança sanitária ambiental, no perímetro urbano, de núcleos residenciais, em quaisquer áreas de reservas biológicas e naturais, da orla marítima, dos rios e seus afluentes, e quaisquer mananciais, através de obediência na implantação a projetos específicos para cada caso, aprovados previamente pelos organismos oficiais estaduais com competência técnica, jurídica e normativa sobre proteção ambiental; VI – a localização, em zona urbana, de atividades industriais capazes de produzir danos à saúde pública e ao meio ambiente, devendo aquelas em desacordo com o disposto neste inciso ser estimuladas a transferir-se para áreas apropriadas; VII – o lançamento de resíduos hospitalares, industriais e de esgotos residenciais, sem tratamento, diretamente em praias, rios, lagos e demais cursos

de atividades impostas pela legislação estadual e municipal que, em face da legislação ambiental estabelecida no plano federal, apresentam um **caráter mais "protetivo"**.

Sem entrar propriamente no mérito de cada um dos exemplos trazidos, a nossa intenção aqui é apenas elucidar a questão dos conflitos legislativos. O conflito normativo, por sua vez, é inerente ao sistema federativo, com entes dotados de autonomia e, conforme o leitor pode verificar a partir dos exemplos colacionados, está presente em diversas situações concretas – portanto, não se trata de mera especulação teórica ou acadêmica –, de modo que é fundamental a construção de um sistema teórico e normativo capaz de guiar os nossos Juízes e Tribunais na resolução de tais questões. O centro gravitacional de tal sistema deve ser, sem dúvida, de acordo com o que assinalamos no parágrafo anterior, quando citamos passagem do voto do Ministro Ayres Britto, a proteção dos direitos fundamentais e da dignidade da pessoa humana. As legislações, independentemente da origem (federal, estadual e municipal), que contribuam para a edificação de tal sistema de proteção e, portanto, estejam em sintonia com o **novo marco constitucional ecológico** estabelecido em 1988 (art. 225), devem ser acolhidas pelo nosso ordenamento jurídico.

No regime constitucional de competência legislativa concorrente, a CF/1988 determina que, inexistindo lei federal sobre normas gerais, os Estados – e também os Municípios – exercerão a competência legislativa plena, para atender às suas peculiaridades (art. 24, § 3º). Aqui a situação é diferente, uma vez que não há a regulamentação geral fixada pela União. E, dada a relevância da matéria, a própria norma constitucional já se antecipou e traçou a diretriz para suplantar a omissão ou mesmo regulamentação insuficiente praticada pela União. Os demais entes federativos (Estados, Distrito Federal e Municípios) estariam, nesse cenário, autorizados a exercer de forma plena a competência legislativa em matéria ambiental, com a edição da norma geral e também do conteúdo normativo de natureza suplementar em vista dos contextos regional e local.

Na hipótese de **superveniência de lei federal** sobre normas gerais na matéria, prevê a norma constitucional a suspensão da eficácia da lei estadual no que lhe for contrária (art. 24, § 4º). A respeito do dispositivo em questão, cumpre assinalar que, a nosso ver, a suspensão da eficácia da lei estadual – e o mesmo raciocínio também se aplica à lei municipal – não alcança o conteúdo de natureza suplementar, em especial naquilo em que a legislação anterior (estadual ou municipal) tenha estabelecido um patamar normativo de maior proteção ambiental, tomando por base as razões que alinhavamos anteriormente. A **cooperação legislativa** proposta pela fórmula da competência legislativa concorrente, por sua vez, deve trilhar o caminho de uma **"maior" proteção ecológica**, ou seja, a sua operacionalização só tem sentido se servir ao objetivo de alcançar um nível maior de efetivação da legislação ambiental, considerando, em especial, que o maior problema da legislação ambiental brasileira é o seu **déficit de efetividade**.

COMPETÊNCIA LEGISLATIVA EM MATÉRIA AMBIENTAL	
Competência legislativa privativa (ou vertical) da União	Art. 22. Compete **privativamente à União legislar** sobre: I – **direito civil**, comercial, **penal**, processual, eleitoral, agrário, marítimo, aeronáutico, espacial e do trabalho; IV – **águas, energia**, informática, telecomunicações e radiodifusão;

d'água, devendo os expurgos e dejetos, após conveniente tratamento, sofrer controle e avaliação de órgãos técnicos governamentais, quanto aos teores de poluição; VIII - a implantação e construção de indústrias que produzam resíduos poluentes, de qualquer natureza, em todo o litoral do Estado, compreendendo a faixa de terra que vai da preamar até cinco mil metros para o interior".

COMPETÊNCIA LEGISLATIVA EM MATÉRIA AMBIENTAL

Competência legislativa privativa (ou vertical) da União	X – regime dos portos, **navegação** lacustre, fluvial, marítima, aérea e aeroespacial; XII – jazidas, minas, outros **recursos minerais** e metalurgia; XIV – **populações indígenas**; XXVI – **atividades nucleares** de qualquer natureza; Parágrafo único. **Lei complementar poderá autorizar os Estados a legislar** sobre questões específicas das matérias relacionadas neste artigo.
Competência legislativa concorrente (União, Estados, Distrito Federal e Municípios) **Norma geral** = União **Norma suplementar** = Estados, DF e Municípios	Art. 24. Compete à União, aos Estados e ao Distrito Federal **legislar concorrentemente** sobre: (...) VI – florestas, caça, pesca, fauna, conservação da natureza, defesa do solo e dos recursos naturais, proteção do meio ambiente e controle da poluição; VII – proteção ao patrimônio histórico, cultural, artístico, turístico e paisagístico; VIII – responsabilidade por dano ao meio ambiente, ao consumidor, a bens e direitos de valor artístico, estético, histórico, turístico e paisagístico; (...) § 1º No âmbito da legislação concorrente, a competência da União limitar-se-á a estabelecer **normas gerais**. § 2º A competência da União para legislar sobre normas gerais não exclui a **competência suplementar dos Estados**. § 3º **Inexistindo lei federal** sobre normas gerais, os Estados exercerão a **competência legislativa plena**, para atender a suas peculiaridades. § 4º A **superveniência de lei federal** sobre normas gerais suspende a eficácia da lei estadual, no que lhe for contrário.

1.2.1 *A competência para legislar sobre florestas, caça, pesca, fauna, conservação da Natureza, defesa do solo e dos recursos naturais, proteção do meio ambiente e controle da poluição (art. 24, VI)*

A norma contida no inciso **VI do art. 24 da CF/1988**, na linha do que assinalamos anteriormente, comporta a **regra geral** para o exercício da competência legislativa em matéria ambiental. É o dispositivo basilar para o enquadramento da questão, ao assegurar que se trata de matéria submetida ao exercício de competência legislativa concorrente: "legislar sobre florestas, caça, pesca, fauna, conservação da natureza, defesa do solo e dos recursos naturais, proteção do meio ambiente e controle da poluição" (art. 24, VI). O dispositivo compreende conteúdo extremamente amplo, trazendo expressões como "conservação da Natureza", "proteção do meio ambiente", "controle da poluição" etc. Toda a matéria ambiental poderia ser abarcada pelo seu conteúdo, de modo que seriam inclusive dispensáveis os outros dois incisos do mesmo artigo constitucional que tratam da matéria ambiental (incisos VII e VIII).

Como exemplos de diplomas derivados normativamente do inciso VI, podemos destacar: a Lei da Política Nacional do Meio Ambiente (Lei 6.938/81), a Lei sobre Agrotóxicos (Lei 7.802/89), a Lei da Política Nacional de Recursos Hídricos (Lei 9.433/97), a Lei dos Crimes e Infrações Administrativas Ambientais (Lei 9.605/98),[43] a Lei do Sistema Nacional de Unidades de Conservação da Natureza (Lei 9.985/2000), a Lei de Biossegurança (Lei 11.105/2005), a Lei da Mata Atlântica (Lei 11.428/2006), a Lei da Política Nacional sobre Mudança do Clima (Lei 12.187/2009), a Lei da Política Nacional de Resíduos Sólidos (Lei 12.305/2010) e o Código Florestal Brasileiro (Lei 12.651/2012).

Todos os principais diplomas legislativos em matéria ambiental poderiam ser editados a partir do conteúdo do inc. VI do art. 24 da CF/1988. O dispositivo em questão delineia um modelo "verticalizado" no que diz com a distribuição de competências legislativas ambientais, de modo que, seguindo o panorama normativo geral estabelecido no âmbito federal, **todos os entes federativos** exercem a sua competência legislativa de modo **concorrente** em matéria ambiental, configurando, conforme já referimos em passagem anterior, um verdadeiro "**condomínio legislativo ecológico**", integrado por todos os entes do nosso sistema federativo constitucional.

1.2.2 A competência para legislar sobre proteção ao patrimônio histórico, cultural, artístico, turístico e paisagístico (art. 24, VII)

A previsão da competência legislativa em questão incorpora o conceito amplo de ambiente para além da esfera estrita do ambiente natural. O **conceito amplo de meio ambiente**, agregando os elementos humanos ou sociais (culturais, artificiais etc.) aos elementos propriamente naturais, encontra amplo suporte na doutrina e mesmo na legislação brasileira em geral. O legislador constitucional, por sua vez, acompanhou tal concepção conceitual, reconhecendo a competência legislativa concorrente para "legislar sobre proteção ao **patrimônio histórico, cultural, artístico, turístico e paisagístico**", conforme dispõe o **art. 24, VII, da CF/1988**. Como exemplo do exercício de tal competência, muito embora se trate de diploma legislativo anterior a 1988, podemos destacar o **Dec.-lei 25/37**, que organiza a proteção do patrimônio histórico e artístico nacional, inclusive de modo a regulamentar o instituto do tombamento.[44] De acordo com o seu art. 1º, "constitui o patrimônio histórico e artístico nacional o conjunto dos bens móveis e imóveis existentes no país e cuja conservação seja de interesse público, quer por sua vinculação a fatos memoráveis da história do Brasil, quer por seu excepcional valor arqueológico ou etnográfico, bibliográfico ou artístico".

Quanto a tal aspecto, o § 2º do dispositivo em questão amplia o conceito de patrimônio histórico e artístico nacional para abarcar também "os **monumentos naturais**, bem como os **sítios e paisagens** que importe conservar e proteger pela feição notável com que tenham sido dotados pela natureza ou agenciados pela indústria humana". Há, portanto, perfeita sintonia entre o conteúdo do diploma tratado e a competência legislativa prevista no art. 24, VII, da CF/1988. Outro diploma editado dentro da mesma competência legislativa é a Lei 3.924/61, também conhecida como **Lei dos Sambaquis**, que dispõe sobre os monumentos arqueológicos e pré-históricos. De acordo com o seu art. 1º, "os monumentos arqueológicos ou pré-históricos de qualquer natureza existentes no território nacional e todos os elementos que neles se encontram ficam sob a guarda e proteção do Poder Público". A competência legislativa em questão revela uma perspectiva integradora dos elementos naturais e sociais ou culturais que conformam a

---

[43] A matéria penal e processual penal regulamentada no âmbito da Lei dos Crimes e Infrações Administrativas Ambientais está circunscrita à competência legislativa privativa da União (art. 22, I).

[44] Na doutrina, a respeito do instituto do tombamento, v., por todos, SOUZA FILHO, Carlos Frederico Marés de. *Bens culturais e proteção jurídica*. 2. ed. Porto Alegre: UE/Porto Alegre, 1999. p. 81-98.

concepção ampla de ambiente, cabendo a **todos os entes federativos**, inclusive ao Município,[45] **legislar de forma concorrente** a respeito, com o objetivo de proteger o patrimônio histórico e cultural brasileiro, nas esferas local, regional e nacional.

1.2.3 A competência para legislar sobre responsabilidade por dano ao meio ambiente, ao consumidor, a bens e direitos de valor artístico, estético, histórico, turístico e paisagístico (art. 24, VIII)

O dispositivo em questão merece algumas considerações e ressalvas. A primeira diz respeito à matéria atinente à responsabilidade civil ambiental, cuja consagração está prevista no art. 14, § 1º, da Lei 6.938/1981 (Lei da Política Nacional do Meio Ambiente), bem como, em termos processuais, na Lei da Ação Civil Pública (Lei 7.347/1985). A matéria relativa ao **direito civil e direito processual** – e o mesmo ocorre com relação ao **direito penal** – está abarcada pela **competência legislativa *privativa* da União** prevista no art. 22, I, da CF/1988. Muito embora a "boa intenção" do constituinte de 1988, o exercício da competência legislativa concorrente no tocante à responsabilidade civil deve ser visto com reservas.[46] Pela ótica processual, a matéria atinente aos mecanismos processuais voltados à responsabilização civil dos poluidores – por exemplo, a Lei de Ação Civil Pública (Lei 7.347/85) e a Lei da Ação Popular (Lei 4.717/65) – também está circunscrita à competência legislativa privativa da União (art. 22, I, da CF/1988).

A responsabilidade penal em matéria ambiental, de igual sorte, somente pode ser regulamentada pela competência legislativa privativa exercida pela União, conforme consagrado no mesmo dispositivo constitucional referido anteriormente. A Lei dos Crimes e Infrações Administrativas Ambientais (Lei 9.605/98), muito embora vise à proteção do ambiente, constitui matéria especializada. Portanto, a competência legislativa é privativa da União para legislar sobre crimes ambientais, em respeito ao art. 22, I, da CF/1988. Qualquer legislação estadual ou municipal que viesse a tratar de matéria penal ambiental seria inconstitucional, em violação à competência legislativa privativa da União. Do "tripé" da responsabilidade ambiental (administrativa, civil e penal), prevista no art. 225, § 3º, da CF/1988,[47] **apenas a responsabilidade na seara administrativa** é que pode ser tratada com maior amplitude do ponto de vista da competência legislativa, admitindo uma atuação legislativa concorrente dos demais entes federativos para suplementar a legislação federal na matéria. Por fim, tecidas as devidas considerações gerais sobre os incisos do art. 24 que tratam da competência legislativa concorrente em matéria ambiental, parte-se agora para uma análise da competência legislativa do Município nesse contexto.

---

[45] O Município, conforme desenvolveremos em tópico específico adiante, pode legislar sobre proteção ao patrimônio histórico, cultural, artístico, turístico e paisagístico, notadamente com relação a temas circunscritos ao âmbito territorial local. A respeito da questão, Carlos Frederico Marés de Souza Filho assinala que "o Município tem competência para legislar sobre o patrimônio cultural referente ao seu território, a bens que tenham relevância para a cultura da municipalidade. É evidente que estes bens podem ser também referentes ao Estado ou à Nação, ou mesmo à humanidade, mas continuam sendo de interesse local, e podem não o ser da Nação, e, então, com maior razão, compete ao Município legislar sobre a sua proteção" (SOUZA FILHO, Carlos Frederico Marés de. *Bens culturais e proteção jurídica...*, p. 115).

[46] Idêntica crítica a tal dispositivo, em face dele se tratar de matérias (civil e penal) de competência privativa da União, é desenvolvida por SILVA, José Afonso da. *Direito constitucional ambiental...*, p. 78.

[47] "Art. 225. (...) § 3º As condutas e atividades consideradas lesivas ao meio ambiente sujeitarão os infratores, pessoas físicas ou jurídicas, a sanções *penais* e *administrativas*, independentemente da *obrigação de reparar os danos* causados."

1.2.3.1 O reconhecimento dos animais e da Natureza como novos sujeitos de direitos e a atribuição de direitos em seu favor são matérias reservadas à competência legislativa privativa da União prevista no art. 22, I, da CF/1988?

O tema em questão é extremamente atual e polêmico, notadamente em razão da discussão cada vez mais presente no Direito brasileiro e nos nossos Tribunais sobre os **direitos dos animais** e os **direitos da Natureza**, inclusive já reconhecidos expressamente como "sujeitos de direitos" em diversos diplomas legislativos estaduais e municipais.[48] Igual se pode dizer em relação à (parcela da) doutrina e à jurisprudência dos nossos Tribunais Superiores. A discussão em torno da ampliação do rol de sujeitos de direitos e da atribuição de direitos para além do espectro humano perpassa a análise da competência legislativa e da constitucionalidade formal e material de tais diplomas legislativos. A competência privativa da União estabelecida no art. 22, I, da CF/1988 para legislar sobre direito civil, por sua vez, tem sido colocada por muitos como um óbice intransponível para legitimar tais medidas legislativas estaduais e municipais.

A discussão sobre o reconhecimento de novos sujeitos de direito, personalidade jurídica e titularidade de direitos difere e é mais complexa do que outros temas limitados essencialmente ao espectro do Direito Privado e circunscritos à competência legislativa privativa da União prevista no art. 22, I, como ocorre em relação aos seus institutos clássicos (responsabilidade civil, propriedade, contratos etc.). Não nos parece razoável a compreensão de que todas as respostas sobre a personalidade jurídica e a titularidade de direitos estejam a cargo do Código Civil, notadamente diante da tendência contemporânea de um **diálogo de fontes normativas e sistemas jurídicos de natureza "multinível"**.[49] No passado, ou seja, antes de 1988, talvez até seria razoável tomar por correto esse entendimento, dada a centralidade que o Código Civil ocupava no ordenamento jurídico brasileiro. No entanto, esse cenário alterou-se substancialmente com a promulgação da CF/1988, a qual passou a ocupar tal lugar privilegiado no centro do nosso ordenamento jurídico, ditando, a partir de então, o seu conteúdo normativo-axiológico tanto para o Direito Público quanto para o Direito Privado.

---

[48] Para ilustrar a situação, registram-se os seguintes exemplos: 1) Código Estadual de Proteção aos Animais do Estado de Santa Catarina (Lei 12.854/2003), alterado pelas Leis 17.485/2018 e 17.526/2018, passou a estabelecer que "cães e gatos ficam reconhecidos como seres sencientes, sujeitos de direito, que sentem dor e angústia, o que constitui o reconhecimento da sua especificidade e das suas características em face de outros seres vivos" (art. 34-A); 2) Código de Direito e Bem-Estar Animal do Estado da Paraíba (Lei Estadual 11.140/2018) consagrou expressamente os animais como sujeitos de direitos, inclusive estabelecendo um "rol ou catálogo de direitos dos animais" (art. 5º), entre os quais: de ter as suas existências física e psíquica respeitadas (I); e de receber tratamento digno e essencial à sadia qualidade de vida (II); 3) Código Estadual do Meio Ambiente do Estado do Rio Grande do Sul (Lei 15.434/2020) instituiu regime jurídico especial para (todos) animais domésticos de estimação, ao reconhecer que os mesmos "possuem natureza jurídica *sui generis* e são sujeitos de direitos despersonificados, devendo gozar e obter tutela jurisdicional em caso de violação, vedado o seu tratamento como coisa" (art. 216); 4) Lei Estadual 22.231/2016 do Estado de Minas Gerais, atualizada pela Lei 23.724, de 18 de dezembro de 2020, que dispõe sobre a definição de maus-tratos contra animais, passou a reconhecer, em seu art. 1º, parágrafo único, os animais "como seres sencientes, sujeitos de direito despersonificados, fazendo jus a tutela jurisdicional em caso de violação de seus direitos"; 5) Lei Orgânica do Município de Bonito/PE, por força da Emenda à Lei Orgânica 01/2017, reconheceu os "direitos da Natureza" (de existir, prosperar e evoluir), bem como uma "comunidade da terra", integrada por todos os seres (humanos e não humanos) (art. 236); e 6) Lei Orgânica do Município de Florianópolis/SC, por força da Emenda à Lei Orgânica 47/2019, reconheceu expressamente a titularidade de direitos pela Natureza (art. 133, *caput* e parágrafo único).– Projeto de Lei 6.054/2019, de autoria dos Deputados Ricardo Izar e Weliton Prado, altera a legislação civil brasileira e reconhece expressamente que "os animais não humanos possuem natureza jurídica *sui generis* e são sujeitos com direitos despersonificados, dos quais devem gozar e, em caso de violação, obter tutela jurisdicional, vedado o seu tratamento como coisa" (art. 3º).

[49] V. SILVA, Vasco Pereira da. *Direito constitucional e administrativo sem fronteiras*. Coimbra: Almedina: 2019. p. 31-32.

Ademais, com a exceção de um único dispositivo (art. 1.228, § 1º), a preocupação com a proteção ecológica passou longe do legislador do Código Civil de 2002, o que denota o seu compromisso mais preponderante com o passado (talvez até por se tratar de um projeto de lei gestado na década de 1970, quando o Direito Ambiental brasileiro ainda não existia) do que com o presente e, em particular, com o futuro. Igualmente, tal postura do legislador civilista de 2002 revela a sua vinculação maior com o "microcosmos" das relações jurídicas privadas individuais (e patrimonialistas), deixando claramente para outras disciplinas e áreas jurídicas as respostas necessárias e o enfrentamento dos novos desafios jurídicos existenciais e de magnitude coletiva (inclusive planetária!), como é o caso da crise ecológica contemporânea. A CF/1988, nesse sentido, tomou para si tal responsabilidade ao "constitucionalizar" a proteção ecológica no seu art. 225.

Por tais razões, o mais correto, a nosso ver, seria ouvir o que a CF/1988 tem a nos dizer sobre o tema. O STF fez isso ao reconhecer a imprescritibilidade do dever de reparação do dano ambiental, conforme se pode extrair de passagem do voto do Ministro Alexandre de Moraes: "embora a Constituição e as leis ordinárias não disponham acerca do prazo prescricional para a reparação de danos civis ambientais, sendo regra a estipulação de prazo para pretensão ressarcitória, a tutela constitucional a determinados valores impõe o reconhecimento de pretensões imprescritíveis".[50]

O STF, por sua vez, já se pronunciou acerca de uma **interpretação biocêntrica do art. 225**, inclusive atribuindo **dignidade aos animais não humanos**.[51] A doutrina,[52] igualmente, tem defendido o entendimento de que é possível reconhecer implicitamente no dispositivo suscitado, particularmente nos seus incisos I e VII, tanto os **direitos da Natureza** (ao proteger os "processos ecológicos essenciais" e as "espécies da fauna e da flora ameaçadas de extinção", bem como a sua "função ecológica") quanto os **direitos dos animais** (ao vedar expressamente práticas cruéis contra os animais).[53] O mesmo também se pode dizer em relação às **futuras gerações**, cuja proteção também foi constitucionalizada no *caput* do art. 225, não obstante o seu *status* jurídico e sua condição de titular de direitos sejam negligenciados (em grande medida) pela doutrina e pela jurisprudência até hoje, de sorte que seus interesse e direitos encontram-se sub-representados no sistema político tradicional e ordenamento jurídico, ensejando a caracterização de um cenário de **injustiça intergeracional** (como colocado na atual crise climática e denunciado pelos jovens do movimento *Fridays for Future*).

Há, nesse sentido, quem sustente, como é o caso do Ministro Antonio Herman Benjamin, que a expressão **"todos"** no *caput* do art. 225 deve ser lida de modo a contemplar não apenas as gerações humanas presentes e futuras, mas também todas as formas de vida não humana que compartilham com o ser humano a **comunidade biótica planetária**. Como um dos autores

---

[50] STF, RE 654.833/AC, Tribunal Pleno, Rel. Min. Alexandre de Moraes, j. 20.04.2020.

[51] A respeito da questão, destacam-se os votos dos Ministros Rosa Weber e Ricardo Lewandowski no julgamento da ADI 4.993/DF (Caso da Vaquejada); STF, ADI 4.983/CE, Tribunal Pleno, Rel. Min. Marco Aurelio, j. 06.10.2016. O STJ, em decisão pioneira e inédita sobre o tema, reconheceu e atribuiu dignidade e direitos aos animais não humanos e à Natureza: REsp 1.797.175/SP, 2ª T., Rel. Min. Og Fernandes, j. 21.03.2019. Mais recentemente, pela primeira vez na jurisprudência do STF, o Ministro Luís Roberto Barroso destacou em decisão monocrática os diretos autônomos titularizados pela Natureza, inclusive mencionando a jurisprudência da Corte IDH sobre o tema (OC 23/2017). STF, ADPF 708/DF, Rel. Min. Luís Roberto Barroso, ainda pendente de julgamento.

[52] A título de exemplo, v. LEITE, José Rubens Morato (Coord.). *A ecologização do direito ambiental vigente*: rupturas necessárias. 2. ed. Rio de Janeiro: Lumen Juris, 2020.

[53] O novo *status* jurídico dos animais e sua proteção contra maustratos também ganharam assento normativo na legislação infraconstitucional, notadamente no art. 32 da Lei dos Crimes e Infrações Administrativas Ambientais (Lei 9.605/98), o qual, aliás, recebeu recentemente a inclusão de novo § 1º-A pela Lei 14.064/2020, estabelecendo o aumento da pena do crime de maus-tratos praticados contra cães e gatos.

a posicionar-se claramente a favor de um paradigma jurídico-constitucional biocêntrico ou ecocêntrico, Benjamin assinala que a CF/1988, ao consagrar a preservação e a restauração de **processos ecológicos essenciais** (art. 225, § 1.º, I), transportaria a ideia de que tais processos tutelados no âmbito constitucional seriam aqueles essenciais à sobrevivência do Planeta, concepção que ultrapassaria a fórmula tradicional que reivindica a sobrevivência apenas do homem. Assim, destaca o jurista e Ministro do STJ: "a tutela ambiental gradual e erraticamente abandona a rigidez de suas origens antropocêntricas e acolhe uma visão mais ampla, de caráter **biocêntrico (ou mesmo ecocêntrico)**, ao propor-se a **amparar a totalidade da vida e das suas bases**".[54] A expressão "todos", no *caput* do art. 225 da CF/1988, segundo Benjamin, extrapolaria o espectro humano para contemplar toda a cadeia da vida do Planeta Terra, alinhando-se, assim, com decisão do STF no julgamento da ADI 4.983/CE, como já referimos anteriormente, no sentido de propor uma **interpretação biocêntrica do art. 225**.

A CF/1988, nesse sentido, já deu o passo legislativo nessa nova direção jurídica de superação do paradigma jurídico antropocêntrico, ampliando o rol clássico oitocentista dos sujeitos de direito consagrado no "Livro das Pessoas" do Código Civil de 2002. Na medida em que a CF/1988 confere fundamento constitucional para subsidiar o reconhecimento dos direitos dos animais e dos direitos da Natureza, é perfeitamente possível entender que tais diplomas legislativos estaduais e municipais se enquadram de forma adequada no âmbito do exercício da sua competência legislativa concorrente prevista no art. 24, VI, a qual lhes habilita a legislar, entre outras matérias, sobre florestas, fauna, conservação da Natureza e proteção do meio ambiente.

1.3 O reconhecimento da competência legislativa concorrente do Município em matéria ambiental com base na interpretação sistemática dos arts. 18, 24, VI, VII e VIII, e 30, I e II, da CF/1988

A CF/1988 inovou ao consagrar o Município como ente político autônomo integrante da federação brasileira, com a União, os Estados e o Distrito Federal, dado que as Constituições brasileiras anteriores não traziam tal previsão. Conforme dispõe de forma expressa o art. 1º, *caput*, da CF/1988, "a República Federativa do Brasil, formada pela **união indissolúvel** dos Estados e **Municípios** e do Distrito Federal, constitui-se em Estado Democrático de Direito". De modo complementar, assinala o **art. 18 da CF/1988** que "a organização político-administrativa da República Federativa do Brasil compreende a União, os Estados, o Distrito Federal e os **Municípios, todos autônomos**, nos termos desta Constituição".

O novo regime constitucional assegurado aos Municípios pela CF/1988 fortalece o seu papel na conjuntura política-institucional brasileira e ampara o marco democrático pelo prisma de uma **cidadania participativa**. Por se tratar da **esfera política mais próxima do cidadão**, o fortalecimento e o reconhecimento da autonomia municipal no pacto federativo sustentam os mecanismos de participação popular no plano político, dada a maior facilidade para os cidadãos de articulação, controle e intervenção na instância política local. Tal espírito constitucional, com o propósito de assegurar autonomia ao ente político municipal, traz importantes reflexos para a matéria das competências constitucionais (legislativa e administrativa), ampliando a atuação política dos entes municipais, inclusive pelo espectro da proteção ecológica.

No entanto, muito embora o marco constitucional que assegura a autonomia municipal, a CF/1988 não arrolou o Município no *caput* do art. 24, ou seja, no dispositivo que trata da competência legislativa concorrente, mas tão somente a União, os Estados e o Distrito Federal. Com

---

[54] BENJAMIN, Antonio Herman. Constitucionalização do ambiente e ecologização da Constituição brasileira. *In*: CANOTILHO, José Joaquim Gomes; MORATO LEITE, José Rubens (Org.). *Direito constitucional ambiental brasileiro*. São Paulo: Saraiva, 2007. p. 90.

relação à competência legislativa dos Municípios, há a previsão do **art. 30, I e II**, ao assegurar, respectivamente, que compete aos Municípios: "legislar sobre assuntos de **interesse local**"; e "**suplementar a legislação federal e a estadual** no que couber".

> **Art. 30.** Compete aos Municípios:
> I – legislar sobre **assuntos de interesse local**;
> II – **suplementar** a legislação federal e a estadual no que couber.

Os dispositivos em questão autorizam, de forma clara e sem a necessidade de grande esforço hermenêutico, a inserção do ente federativo municipal no âmbito da competência legislativa concorrente em matéria ambiental, bastando, para tanto, uma leitura conjunta da norma inscrita no art. 24, VI, VII e VIII, com o disposto no art. 30, I e II. O art. 30 da CF/1988 assegura ao Município legislar sobre assuntos de "interesse local", de modo que não haveria qualquer razão para que a proteção ecológica – por exemplo, na hipótese de poluição atmosférica, do solo, hídrica ou mesmo sonora circunscrita à determinada localidade – não fosse acobertada pelo conceito de *interesse local*.[55] Esse, aliás, é o entendimento consolidado pelo STF, conforme recentemente decidido no julgamento da ADI 2142/CE.

> **JURISPRUDÊNCIA STF. Competência legislativa e administrativa do Município em matéria ambiental, licenciamento ambiental e interesse local:** "DIREITO CONSTITUCIONAL E AMBIENTAL. AÇÃO DIRETA DE INCONSTITUCIONALIDADE. CONSTITUIÇÃO DO ESTADO DO CEARÁ. LICENCIAMENTO AMBIENTAL. RESGUARDO À COMPETÊNCIA MUNICIPAL. 1. Ação direta de inconstitucionalidade contra o art. 264 da Constituição do Estado do Ceará. Alegação de que o dispositivo impugnado, ao exigir a anuência de órgãos estaduais para o licenciamento ambiental, viola o princípio federativo e a autonomia municipal. 2. O **Município é competente para legislar sobre o meio ambiente** no limite do seu **interesse local** e desde que tal regramento seja **harmônico com a disciplina estabelecida pelos demais entes federados** (art. 24, VI, c/c 30, I e II, da Constituição Federal). Tema 145/STF. 3. Cabe aos municípios promover o licenciamento ambiental das **atividades ou empreendimentos** possam causar **impacto ambiental de âmbito local**. Precedentes. 4. Procedência do pedido, para dar interpretação conforme ao art. 264 da Constituição do Estado do Ceará a fim de **resguardar a competência municipal para o licenciamento de atividades e empreendimentos de impacto local**. Tese de julgamento: "É inconstitucional interpretação do art. 264 da Constituição do Estado do Ceará de que decorra a supressão da competência dos Municípios para regular e executar o licenciamento ambiental de atividades e empreendimentos de impacto local" (STF, ADI 2142/CE, Tribunal Pleno, Rel. Min. Barroso, j. 24.06.2022).

A proteção ecológica interessará, na grande maioria das situações, em razão do caráter "transfronteiriço" da poluição ambiental, também às esferas regional e nacional (e mesmo internacional), mas isso não implica sobreposição da esfera local, que deve ter preservada sua autonomia para atuar em prol da defesa ecológica. No sentido de reforçar tal entendimento, o inc. II do art. 30 da CF/1988 foi preciso ao assinalar a competência legislativa do Município para

---

[55] Com relação ao conceito de interesse local a partir da perspectiva ecológica, Leme Machado assinala que "o 'interesse local' não precisa incidir ou compreender, necessariamente, todo o território do Município, mas uma localidade, ou várias localidades, de que se compõe um Município. Foi feliz a expressão usada pela Constituição Federal de 1988. Portanto, pode ser objeto de legislação municipal aquilo que seja da conveniência de um quarteirão, de um bairro, de um subdistrito ou de um distrito" (MACHADO, Paulo Affonso Leme. *Direito ambiental brasileiro...*, p. 449).

"suplementar a legislação federal e a estadual no que couber", tratando de forma específica sobre o espaço legislativo municipal no âmbito do exercício da competência legislativa concorrente em termos gerais. Aqui também não há razão para rejeitar a aplicação de tal norma à matéria ambiental, de modo que está o Município autorizado constitucionalmente a legislar concorrentemente em tal seara, seguindo os parâmetros legislativos delineados no art. 24 da CF/1988. O art. 30, VIII, da CF/1988 também ampara tal entendimento, ao tratar da legitimidade municipal para promover "o **adequado ordenamento territorial**, mediante planejamento e controle do uso, do parcelamento e da ocupação do solo urbano".

Com base em tal dispositivo, José Alfredo de Oliveira Baracho Júnior pontua que "a **ordenação territorial interfere diretamente na qualidade ambiental**. Se for priorizada, por exemplo, a expansão para local onde haja significativa vegetação, ou locais que abriguem espécime representativo da fauna, ou ainda para locais onde os recursos hídricos sejam abundantes, não estará o Município contribuindo para a efetivação do direito a um meio ambiente ecologicamente equilibrado".[56] No plano normativo infraconstitucional, cumpre assinalar o conteúdo da **Lei 6.938/1981** a respeito da questão. No art. 6º do diploma, que trata dos órgãos e entidades que compõem o **SISNAMA** – entre eles, os **Municípios** –, mais precisamente no seu § 2º, há previsão expressa no sentido de que "os Municípios, observadas as normas e os padrões federais e estaduais, também poderão elaborar as normas mencionadas no parágrafo anterior", o qual estabelece que "os Estados, na esfera de suas competências e nas áreas de sua jurisdição, *elaborarão normas supletivas e complementares* e padrões relacionados com o meio ambiente, observados os que forem estabelecidos pelo CONAMA" (§ 1º). Portanto, também a **Lei 6.938/1981** prevê a possibilidade de o Município legislar em matéria ambiental com o objetivo de fixar normas supletivas e complementares àquelas provenientes da União e dos Estados, reforçando o cenário normativo cooperativo descrito anteriormente.

Na doutrina, a questão é pacífica.[57] A jurisprudência tem trilhado tal caminho,[58] muito embora, é claro, a discussão a respeito dos limites de tal prática legislativa concorrente a cargo dos entes municipais. O STF reconheceu a competência dos Municípios para legislar sobre proteção do meio ambiente na tese fixada no julgamento do RE 586.224, sob a relatoria do Ministro Luiz Fux:

---

[56] BARACHO JÚNIOR, José Alfredo de Oliveira. *Proteção do meio ambiente...*, p. 150.
[57] Na doutrina, de modo favorável ao reconhecimento da competência legislativa concorrente do ente federativo municipal, v. SILVA, José Afonso da. *Direito constitucional ambiental...*, p. 79-80; BARACHO JÚNIOR, José Alfredo de Oliveira. *Proteção do meio ambiente...*, p. 148 e ss.; ANTUNES, Paulo Bessa de. *Federalismo e competências ambientais...*, p. 112; FARIAS, Paulo José Leite. *Competência federativa e proteção ambiental*. Porto Alegre: Fabris, 1999. p. 296 e ss.; SILVEIRA, Patrícia Azevedo da. *Competência ambiental...*, p. 79 e ss.; KRELL, Andreas J. Autonomia municipal e proteção ambiental: critérios para definição das competências legislativas e das políticas locais. In: KRELL, Andreas J. (org.) *A aplicação do direito ambiental no estado federativo*. Rio de Janeiro: Lumen Juris, 2005. p. 157; CAPPELLI, Sílvia; MARCHESAN, Ana Maria Moreira; STEIGLEDER, Annelise Monteiro. *Direito ambiental*. 3. ed. Porto Alegre: Verbo Jurídico, 2006, p. 51; MAGALHÃES, Vladimir Garcia. Competência concorrente em matéria ambiental: proteção ao ambiente e justiça. *Revista Brasileira de Direito Constitucional*, n. 2, jul.-dez. 2003, p. 141-163; MACHADO, *Direito ambiental brasileiro...*, p. 445-475.
[58] "Constitucional. Meio ambiente. Legislação municipal supletiva. Possibilidade. Atribuindo, a Constituição Federal, a competência comum à União, aos Estados e aos Municípios para proteger o meio ambiente e combater a poluição em qualquer de suas formas, cabe, aos Municípios, legislar supletivamente sobre proteção ambiental, na esfera do interesse local (...)" (STJ, REsp 29.299-6/RS, 1ª T., rel. Min. Demócrito Reinaldo, j. 28.09.1994).

TEMA 145 DA REPERCUSSÃO GERAL (STF)

"**O município é competente para legislar sobre o meio ambiente** com a União e o Estado, no limite do seu **interesse local** e desde que tal regramento seja harmônico com a disciplina estabelecida pelos demais entes federados (art. 24, inciso VI, c/c 30, incisos I e II, da Constituição Federal)" (STF, Repercussão Geral, Tema 145).[59]

O meio ambiente, segundo Bessa Antunes, "está incluído dentre o conjunto de atribuições legislativas e administrativas municipais e, em realidade, os Municípios formam um elo fundamental na complexa cadeia de proteção ambiental. A importância dos Municípios é evidente por si mesma, pois as populações e as autoridades locais reúnem amplas condições de bem conhecer os problemas e mazelas ambientais de cada localidade, sendo certo que são as primeiras a localizar e identificar o problema. É através dos Municípios que se pode implantar o princípio ecológico do 'agir localmente, pensar globalmente'".[60] No mesmo sentido, pontua Andreas J. Krell que, "depois da promulgação da Constituição Federal de 1988 e das cartas estaduais no ano seguinte, cada vez mais municípios vieram criando as suas normas para uma proteção mais eficiente do seu ambiente e o melhoramento da qualidade de vida da sua população".[61]

Apesar da discussão a respeito dos limites do exercício de tal competência, parece-nos que o escopo do exercício da competência legislativa municipal no campo ecológico deverá ser sempre o *interesse local*, seguindo o *princípio da predominância do interesse*. Tal diretriz é reforçada pela legitimidade democrática das instâncias políticas locais na adoção de medidas legislativas na seara ecológica, somada, por óbvio, à autonomia constitucional assegurada aos entes políticos municipais.[62]

Mais recentemente, destaca-se a tese firmada pelo STF no Tema 970 de Repercussão Geral (RE 732.686/SP),[63] a qual discutiu a constitucionalidade formal e material de lei municipal que obrigava à substituição de sacos e sacolas plásticos por sacos e sacolas biodegradáveis, reforçando a competência legislativa concorrente dos entes federativos municipais na matéria.

TEMA 970

Tese: "É constitucional – formal e materialmente – lei municipal que obriga à substituição de sacos e sacolas plásticos por sacos e sacolas biodegradáveis".

JURISPRUDÊNCIA STF. competência legislativa concorrente dos entes federativos municipais em matéria ambiental e constitucionalidade da obrigação de utilização de sacos plásticos biodegradáveis: "RECURSO EXTRAORDINÁRIO COM REPERCUSSÃO GERAL. DIREITO CONSTITUCIONAL, ADMINISTRATIVO E AMBIENTAL. RECURSO INTERPOSTO EM FACE DE ACÓRDÃO EM ADI ESTADUAL. LEI 7.281/2011 DO MUNICÍPIO DE MARÍLIA/SP. VALIDADE DE LEIS MUNICIPAIS SOBRE A PROTEÇÃO DO MEIO AMBIENTE. CONSTITUCIONALIDADE FORMAL. COMPETÊNCIA NORMATIVA DOS ENTES FEDERATIVOS MUNICIPAIS

---

[59] STF, RE 586.224, Tribunal Pleno, Rel. Min. Luiz Fux, *DJe* 08.05.2015 (Tema 145 da repercussão geral).
[60] ANTUNES, Paulo Bessa de. *Federalismo e competências ambientais...*, p. 112-113.
[61] KRELL, Andreas J. Autonomia municipal e proteção ambiental..., p. 157.
[62] A respeito da autonomia conferida aos entes municipais pela CF/1988, Paulo Bonavides assinala que "não conhecemos uma única forma de união federativa contemporânea onde o princípio da autonomia municipal tenha alcançado grau de caracterização política e jurídica tão alto e expressivo quanto aquele que consta da definição constitucional do novo modelo implantado no País com a Carta de 1988" (BONAVIDES, Paulo. *Curso de direito constitucional...*, p. 314).
[63] STF, RE 732.686/SP, Tribunal Pleno, Rel. Min. Luiz Fux, j. 19.10.2022.

SOBRE DIREITO AMBIENTAL. CONSTITUCIONALIDADE MATERIAL. PROTEÇÃO DO MEIO AMBIENTE, DISCIPLINA DAS RELAÇÕES DE CONSUMO E RESTRIÇÕES À LIBERDADE ECONÔMICA. COMPATIBILIDADE COM A GARANTIA CONSTITUCIONAL DA LIVRE INICIATIVA. RECURSO EXTRAORDINÁRIO CONHECIDO E PROVIDO. 1. O Município é competente para legislar concorrentemente sobre meio ambiente, no limite de seu interesse local e desde que tal regramento seja e harmônico com a disciplina estabelecida pelos demais entes federados. 2. É constitucional lei de iniciativa parlamentar que, sem que se modifique a estrutura ou a atribuição dos órgãos do Executivo, cria novas atribuições de fiscalização atribuídas ao poder público. 3. O exercício da atividade econômica e empresarial de forma protetiva ao meio ambiente é elemento integrante do conteúdo jurídico-constitucional da livre iniciativa, em concretização do desenvolvimento sustentável. 4. É constitucionalmente válida a opção legislativa municipal de promover a obrigação de utilização de sacos plásticos biodegradáveis, em tratamento harmônico dos diversos pilares da ordem constitucional econômica, viabilizando o mesmo desenvolvimento da atividade econômica empresarial de uma forma mais protetiva ao meio ambiente. 5. Tese de repercussão geral: 'É constitucional – formal e materialmente – lei municipal que obriga à substituição de sacos e sacolas plásticos por sacos e sacolas biodegradáveis'. 6. Modulação dos efeitos da decisão, conferindo-se o prazo de 12 (doze) meses, a contar da publicação da ata do presente julgamento, para que os órgãos públicos e os agentes privados alcançados pela lei municipal possam se adaptar à incidência de suas disposições. 7. Recurso extraordinário conhecido e provido" (STF, RE 732.686/SP, Tribunal Pleno, Rel. Min. Luiz Fux, j. 19.10.2022).

1.4 O papel do Poder Judiciário na resolução de conflitos entre normas ambientais provenientes de diferentes entes federativos e o critério da prevalência da norma mais protetiva ao meio ambiente (e o princípio *in dubio pro natura*)

> "(...) em matéria de proteção ao ambiente e em matéria de proteção da saúde pública, nada impede que a legislação estadual e a legislação municipal sejam mais restritivas do que a legislação da União e a legislação do próprio Estado, em se tratando dos Municípios" (**Ministro Ricardo Lewandowski**).[64]

O conflito legislativo entre normas provenientes de diferentes entes federativos é inerente ao modelo adotado pela CF/1988 de competências legislativas concorrentes e, sobretudo, de um sistema federativo cooperativo com entes políticos dotados de autonomia. De tal sorte, é fundamental o papel exercido pelo Estado-Juiz para dirimir tais conflitos e assegurar a uniformidade legislativa, bem como **reforçar ou manter o padrão normativo protetivo** almejado pela norma constitucional expressa no art. 225, notadamente em razão do *status* de direito fundamental inerente ao regime constitucional de proteção ecológica. Conforme a lição de Gilmar Ferreira Mendes e Paulo Gustavo Gonet Branco, "é típico dos Estados Federais instituir uma Corte com competência nacional, destinada a unificar a inteligência sobre as normas federais e a resolver conflitos entre as entidades componentes da Federação".[65] Os Tribunais brasileiros[66] e, em especial, o STF[67] exercem papel

---

[64] Passagem do voto proferido pelo Min. Ricardo Lewandowski no julgamento da medida cautelar da ADI 3.937/SP pelo STF, a respeito da legislação estadual proibitiva em relação à produção e comercialização de produtos à base de amianto no âmbito do Estado de São Paulo. O julgamento da ADI 3.937/SP deu-se de forma conjunta com o da ADI 3.357/RS, que tratava de legislação estadual idêntica a respeito do amianto, mas atinente ao Estado do Rio Grande do Sul.

[65] MENDES, Gilmar Ferreira; BRANCO, Paulo Gustavo Gonet. *Curso de direito constitucional...*, p. 887.

[66] V. arts. 105 (STJ), 108 (Justiça Federal) e 125 (Justiça Estadual) da CF/1988.

[67] V. art. 102 (STF) da CF/1988.

fundamental na análise e resolução de tais conflitos legislativos, não se olvidando de que também Juízes e Tribunais estão vinculados normativamente, sob a forma de **deveres de proteção**, à norma constitucional que assegura proteção ao direito fundamental ao meio ambiente.

O conflito de normas pode ocorrer tanto no exercício da **competência legislativa concorrente** – por exemplo, a União edita **norma geral** e determinado Estado ou Município edita **norma suplementar** que conflita com a primeira em algum aspecto – quanto no exercício da **competência legislativa privativa** da União que esteja em desacordo com outra legislação editada pelo ente federativo estadual ou municipal. Nesta última hipótese, pode-se imaginar situação em que a União venha a editar legislação sobre alguma de suas competências privativas elencadas no art. 22 (por exemplo, energia nuclear, mineração ou águas) e tal norma se coloca em conflito com o disposto em determinado diploma legislativo estadual ou municipal em matéria ambiental. Cumpre lembrar, nesse contexto, que algumas das matérias dispostas no art. 22, como referimos em tópico antecedente, intersecionam com questões atinentes à proteção ecológica, de modo que é totalmente possível a ocorrência de tal conflito legislativo. E, sendo este levado ao Poder Judiciário, haverá a necessidade de resolução da questão, com o estabelecimento da prevalência de algum dos diplomas (ou apenas dispositivos) em conflito normativo.

A discussão a respeito da **prevalência ou não da legislação que conferir maior proteção ecológica insere-se nesse cenário**. Em primeiro lugar, é importante assinalar a necessidade de racionalização do debate, haja vista que qualquer propensão a uma análise "fundamentalista" da questão, com o intuito de assinalar uma prevalência absoluta à norma ambiental mais protetiva, estará em confronto com o nosso sistema constitucional, tendo em conta especialmente que não há como afirmar a prevalência de determinados direitos (mesmo tratando-se de direitos fundamentais) de forma abstrata, sem a devida contextualização e análise concreta, até porque o direito ao meio ambiente sadio e equilibrado não é o único direito constitucional que assume a condição de *direito fundamental*. Nesse sentido, inclusive em tom bastante crítico no que toca à afirmação de um princípio da prevalência da norma ambiental mais protetiva, Andreas J. Krell assevera que, "em caso de conflito entre normas municipais, estaduais e federais sobre o mesmo assunto ligado à proteção ambiental, não existe um 'princípio' universal da prevalência da norma mais restritiva (mais protetora); cada caso deve ser resolvido na base do sistema constitucional de competências".[68]

A respeito da caracterização de um **postulado hermenêutico** que determine a **prevalência da norma ambiental mais protetiva**, é importante sinalizar que, na base dos fundamentos que alicerçam a proteção jurídica do ambiente, está a ideia de uma melhoria progressiva da qualidade, do equilíbrio e da segurança ambiental. A caracterização normativa de um **princípio (ou dever) de melhoria progressiva da qualidade ambiental** é encontrada em diversos diplomas legislativos internacionais e nacionais, bem como no direito comparado. O **Princípio 27 da Declaração do Rio (1992)**, por exemplo, estabelece que "os Estados e os povos irão cooperar de boa-fé e imbuídos de um espírito de parceria para a realização dos princípios consubstanciados nesta Declaração, e para o **desenvolvimento progressivo** do direito internacional no campo do desenvolvimento sustentável". Mais recentemente e de forma paradigmática, o **princípio da progressividade** aplicado ao regime jurídico de proteção ecológica foi consagrado expressamente, com o *princípio da proibição de retrocesso ecológico*, no art. 3, c, do **Acordo Regional de Escazú**

---

[68] KRELL, Andreas J. Autonomia municipal e proteção ambiental..., p. 196. Muito embora rejeite a aplicação de um princípio "universal" da prevalência da norma mais protetiva ao meio ambiente, o autor assinala que "em caso de normas locais e regionais conflitantes sobre padrões de emissão de efluentes líquidos e gasosos (água, ar), é predominante a regra mais protetora, visto que possa existir, ao mesmo tempo, um interesse local e regional", bem como que, "geralmente, as leis municipais somente podem aumentar o nível de proteção ambiental já estabelecido por normas estaduais e federais, visto que a competência legislativa está concentrada nesses entes (art. 24, VI, da CF/1988); no entanto, pode haver exceções em casos concretos, que devem ser analisados com muita cautela".

para América Latina e Caribe sobre Acesso à Informação, Participação Pública e Acesso à Justiça em Matéria Ambiental (2018).[69]

O nosso "Código Ambiental", ou seja, a Lei da Política Nacional do Meio Ambiente (Lei 6.938/81), de forma bastante clara, conforme destacamos na abertura deste tópico, também seguiu tal diretriz normativa e consagrou, no seu art. 2º, *caput*, que "a Política Nacional do Meio Ambiente tem por objetivo a **preservação, melhoria e recuperação da qualidade ambiental** propícia à vida, visando assegurar, no País, condições ao desenvolvimento socioeconômico, aos interesses da segurança nacional e à proteção da dignidade da vida humana". Com o mesmo propósito, a Lei de Bases do Ambiente portuguesa (Lei 11/87) dispõe, no seu art. 40º, 1, que "é dever dos cidadãos, em geral, e dos sectores público, privado e cooperativo, em particular, colaborar na criação de um ambiente sadio e ecologicamente equilibrado e na *melhoria progressiva e acelerada da qualidade de vida*". Também em sintonia com esse cenário normativo, ou seja, com o intuito de fazer com que as práticas poluidoras "recuem" – por meio da "**redução dos impactos**" da ação humana sobre o meio ambiente – e a qualidade ambiental melhore de forma progressiva, a Lei da Política Nacional sobre Mudança do Clima – PNMC (Lei 12.187/2009) enuncia, no *caput* do seu art. 3º, como diretrizes para a questão climática a consagração dos princípios da precaução, da prevenção, da participação cidadã e do desenvolvimento sustentável, bem como estabelece, no inciso I do artigo citado, que "todos têm o dever de atuar, em benefício das presentes e futuras gerações, para a **redução dos impactos decorrentes das interferências antrópicas sobre o sistema climático**".

A Constituição do Estado de São Paulo, por sua vez, traz dispositivo bastante peculiar sobre a resolução de conflitos legislativos, inclusive em tema afeto à matéria ambiental (no caso, o Direito Urbanístico). De acordo com seu art. 181, "lei municipal estabelecerá em conformidade com as diretrizes do plano diretor, normas sobre zoneamento, loteamento, parcelamento, uso e ocupação do solo, índices urbanísticos, proteção ambiental e demais limitações administrativas pertinentes", bem como, conforme dispõe o § 2º do mesmo dispositivo, que "os Municípios observarão, quando for o caso, os parâmetros urbanísticos de interesse regional, fixados em lei estadual, **prevalecendo, quando houver conflito, a norma de caráter mais restritivo, respeitadas as respectivas autonomias**" (grifos nossos). Portanto, não se trata de criação puramente doutrinária a existência de um suposto princípio de prevalência da norma mais protetiva ao ambiente. O dispositivo da Constituição paulista em análise é expresso nesse sentido.

Outro diploma interessante sobre o tema, de modo a amparar normativamente o reconhecimento de um postulado hermenêutico de prevalência da legislação mais protetiva, diz respeito à Lei 7.661/88 (**Lei do Plano Nacional de Gerenciamento Costeiro** – PNGC). De acordo com o que assinala o seu art. 5º, "o PNGC será elaborado e executado observando normas, critérios e padrões relativos ao controle e à manutenção da qualidade do meio ambiente, estabelecidos pelo CONAMA, que contemplem, entre outros, os seguintes aspectos: urbanização; ocupação e uso do solo, do subsolo e das águas; parcelamento e remembramento do solo; sistema viário e de transporte; sistema de produção, transmissão e distribuição de energia; habitação e saneamento básico; turismo, recreação e lazer; patrimônio natural, histórico, étnico, cultural e paisagístico", assim como, segundo o § 2º do mesmo dispositivo, "normas e diretrizes sobre o uso do solo, do subsolo e das águas, bem como limitações à utilização de imóveis, poderão ser estabelecidas nos Planos de Gerenciamento Costeiro, Nacional, Estadual e Municipal, **prevalecendo sempre as disposições de natureza mais restritiva**" (grifos nossos). Conforme se pode observar, ambos os diplomas citados estão alicerçados na premissa da prevalência da norma mais "protetiva" com relação aos bens jurídicos de que tratam.

---

[69] "Artigo 3 – Princípios – Na implementação do presente Acordo, cada Parte será guiada pelos seguintes princípios: (...) c) princípio de vedação do retrocesso e *princípio de progressividade* (...)".

De acordo com a lição de Paulo José Leite Farias, "pelos já citados §§ 1º e 4º do art. 24, pelo art. 225 da Constituição, bem como pela indefinição do que seja norma especial, deve-se, *fortiori ratione*, fixar como diretriz exegética que os eventuais conflitos, nos quais a noção de **norma geral e especial** não seja suficiente, devem ser resolvidos pela **prevalência da norma que melhor defenda o direito fundamental tutelado**, por tratar-se de preceito constitucional (lei nacional) que se impõe à ordem jurídica central ou regional (*in dubio pro natura*)".[70] Na hipótese de matéria legislativa especial, como seria o caso da edição de legislação penal ambiental, a análise da especialidade da matéria é suficiente para verificar que se trata de matéria de competência legislativa privativa da União (art. 22, I, da CF/1988), e, portanto, qualquer legislação estadual ou municipal sobre o tema invadiria espaço legislativo que lhe é vedado, eivando a norma em questão de inconstitucionalidade. No entanto, quando tal recurso não for suficiente para a resolução do conflito legislativo, e na maioria das vezes não o será, parece-nos que a análise da matéria pelo prisma do *postulado da norma mais protetiva* deva ser considerada.

O **Acordo de Escazú (2018)**, tratado anteriormente, também reconheceu o que se pode designar como um **princípio *in dubio pro natura*** para a resolução de conflitos legislativos. Segundo previsão expressa do seu art. 4: "(...) 7. Nenhuma disposição do presente Acordo limitará ou derrogará outros **direitos e garantias mais favoráveis** estabelecidos ou que possam ser estabelecidos na legislação de um Estado-Parte ou em qualquer outro acordo internacional de que um Estado seja parte, nem impedirá um Estado-Parte de conceder um acesso mais amplo à informação ambiental, à participação pública nos processos de tomada de decisões ambientais e à justiça em questões ambientais. 8. Na implementação do presente Acordo, cada Parte procurará adotar a **interpretação mais favorável** ao pleno gozo e respeito dos direitos de acesso (...)".

Muito embora concebido para eventuais conflitos legislativos no âmbito internacional, bem como entre a legislação internacional e a legislação doméstica dos Estados-Membros do Acordo, a sua *ratio* pode ser perfeitamente aplicada, por força do **diálogo de fontes normativas e abertura material do nosso catálogo de princípios e direitos constitucionais** (art. 5º, § 2º, da CF/1988), também nos conflitos legislativos no plano interno dos Estados-Nação. Esse, aliás, foi o entendimento da Suprema Corte de Justiça do México, em sessão do dia 14.11.2018, no julgamento do Recurso de Amparo de Revisão 307/2016, em caso envolvendo danos a ecossistemas de zonas húmidas costeiras e manguezais. Na decisão, que, de forma pioneira, serviu-se, na sua fundamentação, tanto da Opinião Consultiva 23/2017 da Corte IDH quanto do Acordo Regional de Escazú, a Corte reconheceu expressamente a aplicação do **princípio *in dubio pro natura***, inclusive de forma autônoma em relação ao princípio da precaução, pontuando que ele "não só é aplicável face à incerteza científica, mas também como um mandato interpretativo geral da justiça ambiental, no sentido de que **em qualquer conflito ambiental deve prevalecer sempre a interpretação que favoreça a conservação do ambiente**".

A **garantia constitucional da proibição de retrocesso** (e o **correlato *dever de progressividade***),[71] aplicada à matéria ambiental, também sustenta tal entendimento, estabelecendo uma espécie de "**blindagem normativa**" à atuação regressiva do legislador. Tudo isso está em conso-

---

[70] FARIAS, Paulo José Leite. *Competência federativa e proteção ambiental...*, p. 356. Com o mesmo entendimento, v. ALONSO JR., Hamilton. *Direito fundamental ao ambiente...*, p. 51 e ss.; e MAGALHÃES, Vladimir Garcia. Competência concorrente em matéria ambiental: proteção ao ambiente e justiça. *Revista Brasileira de Direito Constitucional*, n. 2, p. 141-163, jul.-dez. 2003.

[71] A garantia constitucional da proibição de retrocesso e o dever de progressividade em matéria ambiental são analisados de forma específica em SARLET, Ingo Wolfgang; FENSTERSEIFER, Tiago. *Direito constitucional ecológico...*, p. 384-461. O direito ao meio ambiente aparece consagrado de forma expressa no art. 11 (11.1 e 11.2) do **Protocolo de San Salvador** (1988), de modo que também se aplica a ele o art. 1º do referido diploma internacional, o qual dispõe que "os Estados-Partes neste Protocolo Adicional à Convenção Americana sobre Direitos Humanos comprometem-se a adotar as medidas necessárias, tanto de ordem interna como por meio da cooperação entre os Estados, especialmente econômica e técnica, até o máximo dos recursos

nância com os pilares axiológicos do Direito Ambiental (e ele se aplica ao Direito Constitucional Ecológico) que ampara e deposita no legislador o dever de atuar no sentido de criar padrões normativos que propiciem a melhoria progressiva da qualidade, do equilíbrio e da segurança ambiental. Existiria, nessa perspectiva, a busca do aprimoramento da proteção ambiental rumo à melhora da qualidade ambiental, o que, necessariamente envolve o aperfeiçoamento da legislação ambiental sob o prisma de uma maior proteção dos bens ambientais.

A redução do **patamar normativo de proteção ambiental**, por sua vez, atentaria contra os princípios que orientam o Direito Ambiental. Por aí já se tem certa fundamentação inicial para justificar a legitimidade de determinada medida legislativa – independentemente do ente federativo que a venha editar – que aumente os padrões normativos de proteção ecológica. Todavia, cumpre reiterar que o meio ambiente é apenas um dos tantos bens fundamentais protegidos pelo nosso sistema constitucional e, de tal sorte, haverá sempre que se contextualizar qualquer conflito legislativo para identificar os bens jurídicos em questão, de modo a assegurar uma resolução constitucionalmente adequada para o litígio legislativo posto, evitando-se, por certo, o discurso que prega uma "ditadura ecológica". Não há como considerar tal prevalência "em abstrato", mas, como sinalizamos anteriormente, deve ser feita a análise "hermenêutica" de tal conflito a partir do caso concreto, inclusive à luz do **princípio da proporcionalidade**.

O Estado e o Município devem respeitar o padrão normativo estabelecido na norma geral e considerar tal *standard* de proteção ambiental como **piso legal protetivo mínimo**, de tal modo que – a prevalecer esse argumento – apenas estaria autorizado a atuar para além de tal referencial normativo, e não para aquém. Ao legislar de forma "menos protetiva" em relação ao padrão determinado pela norma geral editada pela União, o legislador estadual ou municipal subverte a sua competência legislativa suplementar e incorre em prática inconstitucional. A aplicação do **princípio (e postulado hermenêutico) da prevalência da norma mais benéfica à tutela ecológica** (e também do *princípio "in dubio pro natura et clima"*) na hipótese de conflito normativo existente entre a norma geral federal e a legislação estadual ou municipal reforça a tese de que no âmbito do dever de proteção ambiental do Estado, no exercício da sua competência legislativa ambiental, impõem-se tanto o **dever de progressiva melhoria da qualidade ambiental** e de sua respectiva proteção quanto as correlatas noções de proibição de retrocesso e insuficiência de proteção.

Tal entendimento resultou consagrado no voto do Ministro Sepúlveda Pertence, quando o STF, no julgamento da ADI 1.086-7/SC, entendeu inconstitucional dispositivo da Constituição do Estado de Santa Catarina que dispensava a elaboração de estudo de impacto ambiental no caso de áreas de reflorestamento ou reflorestamento para fins empresariais, de modo a criar exceção incompatível com o disposto no art. 225, § 1º, IV, da CF/1988. De acordo com o Ministro Sepúlveda Pertence, "não pode a Constituição Estadual, por conseguinte, excetuar ou dispensar nessa regra, ainda que, **dentro de sua competência supletiva, pudesse criar formas mais rígidas de controle. Não formas mais flexíveis ou permissivas**".[72] A atual tendência da jurisprudência do STF de conferir maior autonomia aos entes federativos estaduais e municipais no exercício da competência legislativa concorrente resultou consignado em artigo da lavra do Ministro Ricardo Lewandowski, ao assinalar que, no STF, "considerada a sua atual composição, há uma visível **tendência no sentido do fortalecimento do federalismo**, prestigiando-se a **autonomia dos Estados e dos Municípios**, a partir de inúmeras decisões, especialmente nas áreas da saúde, do **meio ambiente** e do consumidor".[73]

---

disponíveis e levando em conta seu grau de desenvolvimento, a fim de conseguir, *progressivamente e de acordo com a legislação interna, a plena efetividade dos direitos* reconhecidos neste Protocolo".

[72] STF, ADI 1.086-7/SC, Tribunal Pleno, Rel. Min. Ilmar Galvão, j. 10.08.2001.
[73] LEWANDOWSKI, Enrique Ricardo. Considerações sobre o federalismo brasileiro. *Revista de Justiça e Cidadania*, Rio de Janeiro, n. 157, p. 17, 2013. Disponível em: https://www.editorajc.com.br/consideracoes--federalismo-brasileiro/.

2. COMPETÊNCIA EXECUTIVA (OU MATERIAL) EM MATÉRIA AMBIENTAL

O exercício da competência executiva em matéria ambiental diz respeito ao âmbito da atuação administrativa dos entes federativos na tutela e promoção da proteção ambiental, a qual deve se pautar pelo marco do federalismo cooperativo. Para além da elaboração da legislação ambiental, a cargo do Estado-Legislador, cumpre, num segundo momento, ao **Estado-Administrador** "executar" a legislação elaborada pelo primeiro. Em outras palavras, cabe aos entes federativos, por meio da sua atividade administrativa, **transpor a legislação ambiental para o "mundo da vida"**, assegurando a sua aplicação e efetividade. É disso que se trata a competência executiva em matéria ambiental: estabelecer a "mediação" entre o marco legislativo ambiental e a efetivação da proteção ambiental, por intermédio das **práticas administrativas** levadas a efeito pelos diversos entes federativos e instâncias estatais. Conforme a lição de Talden Farias,

> "a competência administrativa em matéria ambiental consiste na atribuição do Poder Executivo de proteger o meio ambiente, colocando em prática os **instrumentos de comando e controle** da Política Nacional do Meio Ambiente. Isso diz respeito às atividades de **fiscalização, imposição de sanções administrativas e licenciamento ambiental**, que têm como base o **poder de polícia** e que são considerados a espinha dorsal do Poder Público nessa temática".[74]

A CF/1988, no seu art. 23, consagrou a competência executiva (ou material) comum em matéria ambiental, e, portanto, a tarefa – e *responsabilidade solidária* – de **todos os entes federativos**, conforme dispositivo que segue.

> Art. 23. É **competência comum da União, dos Estados, do Distrito Federal e dos Municípios**: (...)
> III – proteger os documentos, as obras e outros **bens de valor histórico, artístico e cultural, os monumentos, as paisagens naturais notáveis e os sítios arqueológicos**; (...)
> VI – proteger o **meio ambiente e combater a poluição** em qualquer de suas formas;
> VII – **preservar as florestas, a fauna e a flora**; (...)
> Parágrafo único. Leis complementares fixarão **normas para a cooperação** entre a União e os Estados, o Distrito Federal e os Municípios, tendo em vista o equilíbrio do desenvolvimento e do bem-estar em âmbito nacional. (Redação dada pela Emenda Constitucional nº 53, de 2006.)

O art. 225 da CF/1988 estabelece, de modo complementar, um rol amplo de **deveres de proteção estatais** (que implicam medidas administrativas) impostos pelo art. 225 da CF/1988, em especial no seu § 1º: "I) preservar e restaurar os processos ecológicos essenciais e prover o manejo ecológico das espécies e ecossistemas; II) preservar a diversidade e a integridade do patrimônio genético do País e fiscalizar as entidades dedicadas à pesquisa e manipulação de material genético; III) definir, em todas as unidades da Federação, espaços territoriais e seus componentes a serem especialmente protegidos, sendo a alteração e a supressão permitidas somente por meio de lei, vedada qualquer utilização que comprometa a integridade dos atributos que justifiquem sua proteção; IV) exigir, na forma da lei, para instalação de obra ou atividade potencialmente causadora de significativa degradação do meio ambiente, estudo prévio de impacto ambiental, a que se dará publicidade; V) controlar a produção, a comercialização e o emprego de técnicas, métodos e substâncias que

---

[74] FARIAS, Talden. *Competência administrativa ambiental*: fiscalização, sanções e licenciamento ambiental na Lei Complementar 140/2011. Rio de Janeiro, Lumen Juris, 2020. p. 1.

comportem risco para a vida, a qualidade de vida e o meio ambiente; VI) promover a educação ambiental em todos os níveis de ensino e a conscientização pública para a preservação do meio ambiente; e VII) proteger a fauna e a flora, vedadas, na forma da lei, as práticas que coloquem em risco sua função ecológica, provoquem a extinção de espécies ou submetam os animais à crueldade". A adequada compreensão da competência executiva em matéria ambiental passa, de tal sorte, por uma leitura sistemática das normas contidas nos arts. 23, III, VI e VII, e 225 da CF/1988.

Além da **competência executiva comum entre os entes federativos** estabelecida pelo art. 23 da CF/1988, há a previsão de matérias de competência executiva (ou material) de ordem exclusiva da União (art. 21).[75]

> Art. 21. **Compete à União:** (...)
>
> XVIII – planejar e promover a **defesa permanente contra as calamidades públicas, especialmente as secas e as inundações;**
>
> XIX – instituir sistema nacional de gerenciamento de **recursos hídricos** e definir critérios de outorga de direitos de seu uso;
>
> XX – instituir diretrizes para o desenvolvimento urbano, inclusive habitação, **saneamento básico** e transportes urbanos;
>
> XXIII – explorar os **serviços e instalações nucleares** de qualquer natureza e exercer monopólio estatal sobre a pesquisa, a lavra, o enriquecimento e reprocessamento, a industrialização e o comércio de minérios nucleares e seus derivados, atendidos os seguintes princípios e condições.

Dentre as hipóteses enumeradas, algumas se destacam pela sua importância para a temática ambiental, por exemplo: "planejar e promover a defesa permanente contra as calamidades públicas, especialmente as secas e as inundações" (inc. XVIII); "instituir sistema nacional de gerenciamento de recursos hídricos e definir critérios de outorga de direitos de seu uso" (inc. XIX); "instituir diretrizes para o desenvolvimento urbano, inclusive habitação, saneamento básico e transportes urbanos" (inc. XX); "explorar os serviços e instalações nucleares de qualquer natureza e exercer monopólio estatal sobre a pesquisa, a lavra, o enriquecimento e reprocessamento, a industrialização e o comércio de minérios nucleares e seus derivados, atendidos os seguintes princípios e condições (inc. XXIII)". Aqui também é importante uma leitura sempre contextualizada da matéria, de modo a sintonizar tais competências executivas exclusivas com o regramento geral das competências comuns, de modo a respeitar o regime constitucional de proteção ecológica.

Os dispositivos constitucionais sobre competência executiva comum em matéria ambiental (art. 23, III, VI e VII) foram regulamentados no âmbito infraconstitucional por meio da **LC 140/2011**. O regramento infraconstitucional fixa normas visando à **cooperação entre os diferentes entes administrativos** nas ações administrativas decorrentes do exercício da competência comum relativas à proteção das paisagens naturais notáveis, à proteção do meio ambiente, ao combate à poluição em qualquer de suas formas e à preservação das florestas, da fauna e da flora. A referida legislação, a partir da delimitação das atribuições de cada ente administrativo (União, os Estados, o Distrito Federal e os Municípios), objetiva a promoção de uma **gestão descentralizada das políticas ambientais**, mas assegurando, ao mesmo tempo, a **uniformidade** entre elas por meio da cooperação entre os entes federativos. Trata-se, sem dúvida, conforme detalharemos em tópico posterior, de marco normativo com nítido intuito de **racionalização do sistema de competências administrativas em matéria ambiental**, as quais, até então, encontravam-se previstas em diversos atos normativos dispersos, gerando inúmeras incompatibilidades na efetivação da

---

[75] Na doutrina, a respeito do tema, v. SILVA, José Afonso. *Curso de direito constitucional positivo...*, p. 496 e ss.

legislação ambiental. Ao fim e ao cabo, tem-se uma série de atribuições de índole administrativa trazidas pelo regramento jurídico – tanto constitucional quanto infraconstitucional – a cargo dos entes federativos (União, Estados, Distrito Federal e Municípios).

A fiscalização e o controle das atividades lesivas ou potencialmente lesivas ao ambiente, em vista do marco legislativo ambiental existente, expressa-se pelo exercício do **poder de polícia ambiental**,[76] sem dúvida um dos exemplos mais significativos do exercício da competência executiva na área ecológica. A respeito do tema, a Lei 9.605/98 (Lei dos Crimes e Infrações Administrativas Ambientais), no seu art. 70, § 1º, estabelece que "são autoridades competentes para lavrar auto de infração ambiental e instaurar processo administrativo os funcionários de órgãos ambientais integrantes do **Sistema Nacional de Meio Ambiente – SISNAMA**, designados para as atividades de fiscalização (...)", bem como, no § 3º do mesmo dispositivo, que "a autoridade ambiental que tiver conhecimento de infração ambiental é obrigada a promover a sua apuração imediata, mediante processo administrativo próprio, sob pena de corresponsabilidade". O "enquadramento" dos particulares (pessoas físicas e jurídicas) às normas ambientais representa atividade administrativa elementar e fundamental à proteção do ambiente, bem como expressa conteúdo normativo inerente ao *poder-dever de proteção ecológica* que cabe aos entes públicos, o que fica expresso de forma clara na "corresponsabilidade" do Estado prevista no § 3º do art. 70 da Lei 9.605/98. O licenciamento ambiental e a exigência de estudo de impacto ambiental para as atividades lesivas ou potencialmente lesivas ao equilíbrio ecológico também se inserem no contexto da atividade administrativa.

A criação e estruturação adequada dos órgãos administrativos especializados na matéria ambiental, em sintonia com o SISNAMA (estabelecido no art. 6º da Lei 6.938/1981[77]), é outra questão central para o exercício da competência executiva na esfera ambiental, conformando, sob o marco do SISNAMA, todo um **sistema administrativo de proteção ambiental**, com o objetivo último de dar efetividade à legislação ambiental. Além da importância de uma abordagem "transversal" da proteção ambiental em todos os setores e políticas públicas, no sentido de a variável ecológica se fazer presente nos diversos setores da política governamental (por exemplo, transportes, energia, saúde, moradia, desenvolvimento urbano, economia etc.), são fundamentais o aparelhamento estatal e a adoção de políticas públicas especializadas para a área ecológica, tomando por base as áreas diferentes e políticas específicas que existem em tal matéria (florestal, proteção da fauna e da flora, recursos hídricos, biodiversidade e patrimônio genético, mudanças climáticas, educação ambiental etc.).[78] As políticas públicas ambientais, nesse contexto, expressam a execução das leis e, portanto, estão atreladas à atividade administrativa e ao exercício da competência executiva prevista no art. 23 da CF/1988.

Assim como as **políticas públicas** de **fiscalização e repressão a práticas ilegais** degradadoras do meio ambiente, também devem ter espaço as políticas de **conscientização e educação ambiental**, com o propósito de informar, educar e conscientizar os indivíduos e a sociedade em geral a respeito das diversas temáticas ecológicas. Por fim, outro aspecto a ser considerado concerne à participação popular que deve acompanhar o exercício das competências executivas em matéria ambiental, ou seja, os entes federativos basear as suas práticas administrativas nos diversos mecanismos capazes de permitir a participação pública e ampliar a legitimidade na execução das políticas públicas ambientais, por exemplo, a realização de audiências públicas no âmbito do licenciamento ambiental, a divulgação de dados e informações sobre todos os projetos

---

[76] A respeito do poder de polícia ambiental, inclusive a partir de uma análise comparativa, v. KRELL, Andreas J. *Discricionariedade administrativa e proteção ambiental*..., p. 123 e ss.

[77] O art. 2º da Lei 6.938/1981, por sua vez, elencou diversas ações administrativas quando trata dos objetivos e princípios da PNMA.

[78] A título de exemplo, merecem registro as diferentes políticas setoriais adotadas pelo Ministério do Meio Ambiente. Disponível em: www.mma.gov.br/.

governamentais com repercussão ambiental etc. Os **direitos ambientais procedimentais** (ou **direitos ambientais de participação**), consagrados de forma emblemática no **Acordo Regional de Escazú (2018)**, conforme destacamos anteriormente, também devem ser contextualizados no âmbito da competência administrativa, a fim de assegurar o maior **controle popular sobre os atos administrativos** em matéria ambiental.

> **JURISPRUDÊNCIA STF. Competência material comum em matéria ambiental:** "Federação: competência comum: proteção do patrimônio comum, incluído o dos sítios de valor arqueológico (CF/1988, arts. 23, III, e 216, V): encargo que não comporta demissão unilateral. Lei estadual 11.380, de 1999, do Estado do Rio Grande do Sul, confere aos Municípios em que se localizam a proteção, a guarda e a responsabilidade pelos sítios arqueológicos e seus acervos, no Estado, o que vale por excluir, a propósito de tais bens do patrimônio cultural brasileiro (CF/1988, art. 216, V), o dever de proteção e guarda e a consequente responsabilidade não apenas do Estado, mas também da própria União, incluídas na competência comum dos entes da Federação, que substantiva incumbência de natureza qualificadamente irrenunciável. A inclusão de determinada função administrativa no âmbito da competência comum não impõe que cada tarefa compreendida no seu domínio, por menos expressiva que seja, haja de ser objeto de ações simultâneas das três entidades federativas: donde, a previsão, no parágrafo único do art. 23, da CF/1988, de lei complementar que fixe normas de cooperação (v. sobre monumentos arqueológicos e pré-históricos, a Lei 3.924/1961), cuja edição, porém, é da competência da União e, de qualquer modo, não abrange o poder de demitirem-se a União ou os Estados dos encargos constitucionais de proteção dos bens de valor arqueológico para descarregá-los ilimitadamente sobre os Municípios" (STF, ADI 2.544/RS, Tribunal Pleno, Rel. Min. Sepúlveda Pertence, j. 28.06.2006).

> **JURISPRUDÊNCIA STJ. Poder-dever de fiscalização e regularização dos Municípios, loteamento irregular e ocupação de área de preservação permanente:** "Ambiental e processual civil. Ação civil pública. **Loteamento irregular. Área de preservação permanente**. Litisconsórcio desnecessário. **Poder-dever de fiscalização e regularização**. (...) 4. Segundo entendimento do Superior Tribunal de Justiça, o **Município** tem o **poder-dever de agir para fiscalizar e regularizar loteamento irregular**, pois é o responsável pelo parcelamento, uso e ocupação do solo urbano, atividade essa que é vinculada (AgRg no AREsp 446.051/SP, Rel. Min. Herman Benjamin, 2ª Turma, j. 27.03.2014, DJe 22.04.2014). A propósito: REsp 1.377.734/AC, Rel. Min. Herman Benjamin, 2ª Turma, DJe 19.12.2016; REsp 1.170.929/SP, Rel. Min. Benedito Gonçalves, 1ª Turma, DJe 27.05.2010; e AgRg no REsp 1.310.642/RS, Rel. Min. Humberto Martins, 2ª Turma, DJe 09.03.2015. (...) 6. Recurso especial parcialmente conhecido, mas não provido" (STJ, REsp 1.728.318/SP, 2ª T., Rel. Min. Herman Benjamin, j. 20.08.2019).

2.1 A competência executiva (ou material) comum entre os entes federativos (União, Estados, Distrito Federal e Municípios) prevista no art. 23, III, VI e VII, da CF/1988

2.1.1 A competência executiva para proteger os documentos, as obras e outros bens de valor histórico, artístico e cultural, os monumentos, as paisagens naturais notáveis e os sítios arqueológicos (art. 23, III)

Da mesma forma como a previsão da competência legislativa concorrente do art. 23, III, da CF/1988, a competência executiva ora em análise também contempla a **perspectiva ampla do bem jurídico ambiental**. A respeito da temática, no plano infraconstitucional, o **Decreto-lei 25/37**, ainda hoje plenamente em vigor, regulamenta a proteção do **patrimônio histórico e artístico** nacional, inclusive, conforme sinalizamos acolhendo um conceito amplo para tal patrimônio, de modo a inserir também os monumentos e paisagens naturais (art. 1º, § 2º). O diploma em questão regulamenta o instituto do tombamento, cujo propósito principal é conservar e proteger tal patrimônio histórico e cultural, determinando **limitações de ordem administrativa** ao uso de tais bens. O tombamento é, sem dúvida, um dos instrumentos administrativos elementares na consecução da competência executiva estabelecida no art. 23, III, da CF/1988. O Decreto-lei 25/1937, por sua vez, com o propósito de assegurar a existência de estrutura administrativa capaz de executar os seus comandos normativos, criou o **Instituto do Patrimônio Histórico e Artístico Nacional (IPHAN)**,[79] o qual está subordinado à estrutura do Ministério da Cultura e se trata do órgão encarregado de promover a atuação político-administrativa no âmbito federal na proteção e conservação do patrimônio histórico e cultural nacional (e também regional e local).

Além do instituto do tombamento, outro instrumento administrativo importante para o exercício da competência executiva em matéria ambiental diz respeito ao instituto da **desapropriação por utilidade pública** regulamentada pelo **Decreto-lei 3.365/41**, já que ele pode amparar, a depender das circunstâncias concretas e da importância do bem a ser protegido, a proteção e a conservação de bens de valor histórico, artístico e cultural, os monumentos, as paisagens naturais notáveis e os sítios arqueológicos. Nesse sentido, o art. 5º do diploma em questão considera casos de utilidade pública: "a preservação e conservação dos monumentos históricos e artísticos, isolados ou integrados em conjuntos urbanos ou rurais, bem como as medidas necessárias a manter-lhes e realçar-lhes os aspectos mais valiosos ou característicos e, ainda, a proteção de paisagens e locais particularmente dotados pela natureza" (alínea "k"), bem como "a preservação e a conservação adequada de arquivos, documentos e outros bens móveis de valor histórico ou artístico" (alínea "l"). E, de acordo com o que dispõe o art. 2º, é permitida a todos os entes federativos a utilização do instituto da desapropriação, já que, "mediante declaração de utilidade pública, todos os bens poderão ser desapropriados pela União, pelos Estados, Municípios, Distrito Federal e Territórios". Por esse prisma, trata-se de ato a ser realizado pelo chefe do Executivo, já que, conforme enuncia o art. 6º do mesmo diploma, "a declaração de utilidade pública far-se-á por decreto do Presidente da República, Governador, Interventor ou Prefeito".

A relevância de tal competência executiva, bem exemplificada nos **instrumentos administrativos do tombamento e da desapropriação por utilidade pública**, é atribuir o dever de proteção e conservação do nosso patrimônio artístico e cultural a todos os entes federativos, o que expressa a relevância constitucional dos bens jurídicos em questão (art. 216, V, da CF/1988).[80] O mesmo se pode dizer com relação às políticas públicas de **valorização e conscientização a respeito do patrimônio histórico e cultural brasileiro**.

2.1.2 A competência executiva para proteger o meio ambiente e combater a poluição em qualquer de suas formas (art. 23, VI)

A competência executiva em matéria ambiental prevista no inc. VI do art. 23 da CF/1988 é, sem dúvida, a mais **ampla** de todas, já que qualquer atividade administrativa voltada à proteção ambiental poderia ser nela enquadrada. As expressões "proteger o meio ambiente" e "combater a poluição em qualquer de suas formas" dão os contornos da abrangência trazida pela competência executiva em questão. E, sob a ótica dos deveres de proteção ambiental do Estado, em sintonia com o conteúdo do art. 225 da CF/1988, a competência executiva em questão vincula de maneira direta a atuação de **todos os entes federativos**, tanto em termos "**defensivo ou negativo**" quanto "**prestacional ou positivo**". Assim, a partir do comando normativo estabelecido no art. 23, VI,

---

[79] Disponível em: http://portal.iphan.gov.br/portal/montarPaginaInicial.do.
[80] STF, ADI 2.544/RS, Tribunal Pleno, Rel. Min. Sepúlveda Pertence, j. 28.06.2006.

da CF/1988, cabe aos entes federativos a adoção de diversas medidas, inclusive guiadas pelos **princípios da prevenção e da precaução**, com o propósito de executar a legislação ambiental e dar cumprimento às políticas públicas correlatas. A Lei 6.938/81, ao criar o SISNAMA, estabeleceu um parâmetro administrativo-organizacional para os entes federativos que compõem o Estado brasileiro (União, Estados, Distrito Federal e Municípios) no tocante à tutela e promoção do meio ambiente, estimulando a criação de órgãos ambientais em todas as esferas administrativas e vinculando a atuação dos entes públicos em geral aos novos objetivos ecológicos trazidos pelo diploma legislativo. A competência executiva em questão abarca toda a gama possível de atividades administrativas voltadas à proteção ambiental e efetivação do marco legislativo ecológico.

2.1.3 A competência executiva para preservar as florestas, a fauna e a flora (art. 23, VII)

O leque de atribuições administrativas que podem ser enquadradas no dispositivo em análise também é bastante grande, em que pese não ter conteúdo tão amplo e genérico quanto o inc. VI do art. 23. No entanto, talvez o aspecto mais relevante do inciso VII seja o destaque para a necessidade de o Estado prover o devido aparelhamento administrativo, de modo especializado, com o propósito de criar órgãos ambientais estatais capazes de executar políticas públicas no que tange à proteção das florestas, da flora e da fauna. Há, sem dúvida, intensa relação entre a proteção das florestas e a tutela da flora e da fauna, inclusive sob a perspectiva da **proteção da biodiversidade** dos nossos principais biomas, como é o caso da Amazônia, Mata Atlântica e Pantanal Mato-Grossense. No entanto, resulta evidente que a proteção da flora e da fauna alcança um espectro mais amplo, não se restringindo aos ecossistemas florestais. No campo da proteção florestal, caberia destacar a importância de todos os entes federativos assegurarem a existência de **órgãos administrativos especializados** em tal matéria – muitas vezes integrados à estrutura do Ministério do Meio Ambiente e das Secretarias Estaduais e Municipais de Meio Ambiente –, com o propósito de promoverem, entre outras medidas, estudos e relatórios técnicos, campanhas de conscientização e educação ambiental, bem como exercerem, especialmente, o **poder de polícia ambiental**. No que tange à proteção das florestas – por exemplo, no que diz com o enfrentamento do desmatamento –, são fundamentais o controle e a fiscalização dos órgãos ambientais, inclusive aplicando as devidas **sanções administrativas** aos infratores.

No âmbito federal, cumpre assinalar que a **Lei 11.516/2007** estabelece, conforme dispõe o seu art. 1º, a criação do **Instituto Chico Mendes de Conservação da Biodiversidade** (ICMBio), autarquia federal dotada de personalidade jurídica de direito público, autonomia administrativa e financeira, vinculada ao Ministério do Meio Ambiente, com a finalidade, entre outras, de "executar ações da política nacional de unidades de conservação da natureza, referentes às atribuições federais relativas à proposição, implantação, gestão, proteção, fiscalização e monitoramento das unidades de conservação instituídas pela União" (inciso I). Trata-se, em verdade, de "desmembramento" de atribuições antes conferidas ao **IBAMA**, apenas com a ressalva feita pelo parágrafo único do art. 1º no sentido de que o exercício do poder de polícia ambiental para a proteção das unidades de conservação instituídas pela União poderá ser realizado de "modo supletivo" pelo IBAMA. O ICMBio passa, portanto, a cumprir papel que antes era reservado ao IBAMA – fiscalização e exercício do poder de polícia ambiental – em matéria de conservação da biodiversidade, especialmente no tocante à **Política Nacional de Unidades de Conservação da Natureza (Lei 9.985/2000)**.

2.1.4 O rol apenas exemplificativo de competências executivas em matéria ambiental e o caráter abrangente dos incisos III, VI e VII do art. 23 da CF/1988

O *caput* do art. 225 da CF/1988 traz a consagração normativa de um **dever geral de proteção ambiental do Estado**, o qual, por sua vez, é exemplificado pelas medidas protetivas dispostas nos parágrafos do dispositivo em questão, notadamente no seu § 1º, o qual, inclusive, deve estar em sintonia com as competências executivas trazidas pelo art. 23, III, VI e VII, da CF/1988. Por esse prisma, cumpre assinalar que o rol dos deveres de proteção ambiental do Estado (art. 225 e art. 23, III, VI e VII) é apenas **exemplificativo**,[81] estando aberto a outras medidas administrativas necessárias a uma tutela abrangente e integral do meio ambiente. Parece elementar que o legislador constituinte não tinha condições de prever, à época da elaboração do texto constitucional, os novos problemas ambientais que seriam enfrentados no futuro. E, nesse sentido, a questão das mudanças climáticas parece-nos um bom exemplo para elucidar a questão, já que, seguindo a diretriz geral de proteção ambiental traçada pela CF/1988, o legislador infraconstitucional veio a editar diploma legislativo específico sobre o tema no âmbito nacional, por intermédio da Lei da Política Nacional sobre Mudança do Clima (Lei 12.187/2009), o que passou a legitimar e tornar obrigatórias medidas administrativas a serem adotadas por todos os entes federativos como o propósito de executar políticas públicas voltadas à matéria, inclusive na perspectiva da defesa civil.

2.2 A Lei Complementar 140/2011 (competência administrativa em matéria ambiental) e o "dever de cooperação" dos entes federativos no exercício da competência executiva em matéria ambiental

O **princípio da cooperação** é tido como um dos princípios basilares do Direito Ambiental, conforme abordado anteriormente. A razão para a sua importância na perspectiva ecológica é bastante simples. O enfrentamento dos problemas ambientais demanda a atuação articulada e cooperativa de inúmeros atores públicos e privados, nos mais diferentes planos e instâncias políticas (local, regional, nacional, comunitária e internacional ou global). Conforme destacam Morato Leite e Ayala, o princípio da cooperação postula uma política mínima de **cooperação solidária** entre os Estados em busca de combater efeitos devastadores da degradação ambiental, o que pressupõe ajuda, acordo, troca de informações e transigência no que toca a um objetivo macro de toda a coletividade, além de apontar para uma atmosfera política democrática entre os Estados, visando a um combate eficaz da crise ambiental global.[82] Outros temas, como é o caso dos direitos humanos, também evocam tal amplitude e articulação de esforços para o seu adequado enfrentamento. O princípio da cooperação está presente de forma expressa na CF/1988, por intermédio da previsão que há no inc. IX do seu art. 4º sobre a "**cooperação entre os povos** para o progresso da humanidade", considerando, inclusive, o conteúdo do inciso II do mesmo dispositivo no sentido de estabelecer a "prevalência dos direitos humanos" nas relações do Estado brasileiro no plano internacional.

Muito embora tais dispositivos tratem da perspectiva internacional, ou seja, dos objetivos e valores que devem nortear as relações do Estado brasileiro nas relações internacionais, o mesmo espírito normativo de "índole cooperativa" também vincula o Estado no plano interno, notadamente acerca dos **entes federativos** (União, Estados, Distrito Federal e Municípios). O melhor exemplo disso é o sistema de distribuição de competências (legislativa e executiva) adotado pela CF/1988, o qual, conforme tivemos oportunidade de desenvolver anteriormente, estabelece tanto competências legislativas concorrentes (art. 24) quanto competências executivas comuns (art. 23) entre todos os entes federativos. Revelando tal espírito constitucional "cooperativo", o art. 23, parágrafo único, da CF/1988 assinala, de forma expressa, no tocante ao exercício da competência executiva dos entes federativos, que "leis complementares fixarão normas para a **cooperação entre a União e os Estados, o Distrito Federal e os Municípios**, tendo em vista o equilíbrio do desenvolvimento e do bem-estar em âmbito nacional".

---

[81] No sentido de conferir ao dispositivo do art. 225, § 1º, natureza meramente exemplificativa, e não *numerus clausus*, v. BARROSO, Luís Roberto. *Proteção do meio ambiente*..., p. 68.

[82] LEITE, José Rubens Morato; AYALA, Patryck de Araújo. *Dano ambiental*..., p. 55-56.

No âmbito da legislação brasileira infraconstitucional e já sob o enfoque do Direito Ambiental, a **Lei dos Crimes e Infrações Administrativas Ambientais** (Lei 9.605/98) consagrou no seu corpo normativo um capítulo próprio sobre a **cooperação internacional** para a preservação do meio ambiente, destacando a necessidade de ser mantido um sistema de comunicações apto a facilitar o intercâmbio rápido e seguro de informações com órgãos de outros países (art. 78). O texto em tela revela a preocupação do legislador nacional com a dimensão multilateral inerente ao enfrentamento dos problemas ambientais. E tal dispositivo não se aplica apenas ao cenário internacional, mas incorpora no ordenamento jurídico nacional o princípio da cooperação, devendo este ser aplicado, como assinalamos em passagem antecedente, no âmbito interno do Estado brasileiro.

Seguindo tal diretriz normativa, notadamente sob a ótica da competência ambiental administrativa, a **LC 140/2011**[83] incorporou de forma definitiva o princípio da cooperação no ordenamento jurídico nacional, ao regulamentar os incs. III, VI e VII, do art. 23 da CF/1988. Logo no seu art. 1º, o diploma em análise estabelece, como seu propósito nuclear, fixar normas para o exercício da competência administrativa em matéria ambiental em vista de possibilitar a "*cooperação* entre a União, os Estados, o Distrito Federal e os Municípios nas ações administrativas decorrentes do exercício da competência comum relativas à proteção das paisagens naturais notáveis, à proteção do meio ambiente, ao combate à poluição em qualquer de suas formas e à preservação das florestas, da fauna e da flora". E, de modo a dar concretude à questão, o diploma estabelece **instrumentos de cooperação** entre os entes federativos nos incisos do seu art. 4º, por exemplo: consórcios públicos, convênios, acordos de cooperação técnica e outros instrumentos similares com órgãos e entidades do Poder Público, Comissão Tripartite Nacional, Comissões Tripartites Estaduais e Comissão Bipartite do Distrito Federal, fundos públicos e privados e outros instrumentos econômicos, delegação de atribuições de um ente federativo a outro e delegação da execução de ações administrativas de um ente federativo a outro.

A LC 140/2011 também estabelece, a partir do seu art. 6º, as **ações de cooperação** entre os entes federativos, delimitando, minuciosamente, as atividades administrativas que cabem a cada um, de modo a atingir os objetivos previstos no art. 3º e a garantir o desenvolvimento sustentável, harmonizando e integrando todas as políticas governamentais. O art. 3º da LC 140/2011, nesse sentido, estabelece como **objetivos fundamentais** da União, dos Estados, do Distrito Federal e dos Municípios, no exercício da competência comum a que se refere o diploma:

---

[83] No julgamento da **ADI 4757/DF**, o STF julgou improcedentes os pedidos de declaração de inconstitucionalidade dos arts. 4º, V e VI, 7º, XIII, XIV, h, XV e parágrafo único, 8º, XIII e XIV, 9º, XIII e XIV, 14, § 3º, 15, 17, *caput* e §§ 2º, 20 e 21 da **Lei Complementar 140/2011** e, por arrastamento, da integralidade da legislação, bem como julgou parcialmente procedente a ação direta para conferir **interpretação conforme à Constituição Federal**: (i) ao § 4º do art. 14 da Lei Complementar 140/2011 para estabelecer que a omissão ou mora administrativa imotivada e desproporcional na manifestação definitiva sobre os pedidos de renovação de licenças ambientais instaura a competência supletiva do art. 15 e (ii) ao § 3º do art. 17 da Lei Complementar 140/2011, esclarecendo que a prevalência do auto de infração lavrado pelo órgão originalmente competente para o licenciamento ou autorização ambiental não exclui a atuação supletiva de outro ente federado, desde que comprovada omissão ou insuficiência na tutela fiscalizatória. (STF, ADI 4757/DF, Tribunal Pleno, Rel. Min. Rosa Weber, j. 13.12.2022).

Objetivos fundamentais (art. 3º)	I – proteger, defender e conservar o meio ambiente ecologicamente equilibrado, promovendo **gestão descentralizada, democrática e eficiente**; II – garantir o **equilíbrio do desenvolvimento socioeconômico com a proteção do meio ambiente**, observando a **dignidade da pessoa humana**, a erradicação da pobreza e a redução das desigualdades sociais e regionais; III – **harmonizar** as políticas e ações administrativas para evitar a sobreposição de atuação entre os entes federativos, de forma a evitar conflitos de atribuições e garantir uma atuação administrativa **eficiente**; IV – garantir a **uniformidade** da política ambiental para todo o País, respeitadas as peculiaridades regionais e locais.

O art. 4º da LC 140/2011 estabelece os **instrumentos de cooperação institucional** de que os entes federativos podem se valer no âmbito do exercício da competência administrativa em matéria ambiental. O dispositivo elenca um **rol exemplificativo** de instrumentos com o propósito de promover a descentralização no exercício das competências administrativas, articulando a atuação entre os diversos entes federativos.

Instrumentos de cooperação institucional (art. 4º)	I – **consórcios públicos**, nos termos da legislação em vigor; II – **convênios, acordos de cooperação técnica** e outros instrumentos similares com órgãos e entidades do poder público, respeitado o art. 241 da CF/88; III – **Comissão Tripartite** Nacional, Comissões Tripartites Estaduais e Comissão Bipartite do Distrito Federal; IV – **fundos públicos e privados** e outros **instrumentos econômicos**; V – **delegação de atribuições** de um ente federativo a outro, respeitados os requisitos previstos nesta Lei Complementar; VI – **delegação da execução de ações administrativas** de um ente federativo a outro, respeitados os requisitos previstos na LC 140/2011.

Os convênios, acordos de cooperação técnica e outros instrumentos similares com órgãos e entidades do poder público, previstos no inciso II do art. 4º, conforme prevê o § 1º do mesmo dispositivo, podem ser firmados com **prazo indeterminado**.

A **Comissão Tripartite Nacional** será formada, paritariamente, por representantes dos Poderes Executivos da União, dos Estados, do Distrito Federal e dos Municípios, com o objetivo de fomentar a gestão ambiental compartilhada e descentralizada entre os entes federativos (§ 2º). As **Comissões Tripartites Estaduais** serão formadas, paritariamente, por representantes dos Poderes Executivos da União, dos Estados e dos Municípios, com o objetivo de fomentar a gestão ambiental compartilhada e descentralizada entre os entes federativos (§ 3º). A Comissão Bipartite do Distrito Federal será constituída, paritariamente, por representantes dos Poderes Executivos da União e do Distrito Federal, com o objetivo de fomentar a gestão ambiental compartilhada e descentralizada entre esses entes federativos (§ 4º). As **Comissões Tripartites** e a **Comissão Bipartite do Distrito Federal** terão sua organização e funcionamento regidos pelos respectivos regimentos internos (§ 5º).

O ente federativo, conforme prevê o art. 5º da LC 140/2011, poderá **delegar**, mediante **convênio**, a execução de ações administrativas a ele atribuídas no diploma, desde que o ente destinatário da delegação disponha de **órgão ambiental capacitado** a executar as ações administrativas a serem delegadas e de Conselho de Meio Ambiente. O dispositivo toca em ponto extremamente importante no tema da cooperação federativa no campo da competência administrativa em matéria ambiental. Isso porque, muito embora o espírito normativo impregnado no diploma visa à descentralização da gestão administrativa, privilegiando os entes federativos periféricos (Estados, Distrito Federal e Municípios) em detrimento de um modelo centralizado (na União), tampouco interessa ao legislador ambiental que tal descentralização se dê a qualquer preço. De tal sorte, é fundamental que o órgão ambiental periférico que recebe eventual delegação de execução de ações administrativas esteja devidamente capacitado para tanto. Do contrário, a delegação em questão será em prejuízo da proteção ambiental e, portanto, não deve ser admitida, inclusive por força do **princípio da vedação de proteção insuficiente ou deficiente**.

O parágrafo único do art. 5º inclusive estabelece critérios para a caracterização de um "órgão ambiental capacitado", ao prever que, para os efeitos do disposto no *caput* do dispositivo, o mesmo seria "aquele que possui **técnicos próprios ou em consórcio, devidamente habilitados e em número compatível com a demanda das ações administrativas a serem delegadas**". Tomando por base o que assinalamos anteriormente, o dispositivo ora analisado traz conceito de "órgão ambiental capacitado", o qual determina a exigência de existir, no âmbito do órgão ambiental, corpo técnico (e também estrutura organizacional e procedimental) em condições para bem exercer as ações administrativas ambientais objeto de delegação.

Seguindo a análise da LC 140/2011, o seu art. 6º estabelece as **ações de cooperação** entre os entes federativos (União, Estados, Distrito Federal e Municípios), delimitando, de forma minuciosa, as atividades administrativas que cabem a cada um, de modo a atingir os objetivos previstos no art. 3º e a garantir o desenvolvimento sustentável, harmonizando e integrando todas as políticas governamentais no âmbito do SISNAMA.

	AÇÕES ADMINISTRATIVAS DA UNIÃO
UNIÃO (art. 7º)	I – **formular, executar e fazer cumprir**, em âmbito nacional, a **Política Nacional do Meio Ambiente**;
	II – exercer a **gestão dos recursos ambientais** no âmbito de suas atribuições;
	III – promover ações relacionadas à Política Nacional do Meio Ambiente nos **âmbitos nacional e internacional**;
	IV – promover a **integração de programas e ações de órgãos e entidades da administração pública** da União, dos Estados, do Distrito Federal e dos Municípios, relacionados à proteção e à gestão ambiental;
	V – articular a **cooperação técnica, científica e financeira**, em apoio à Política Nacional do Meio Ambiente;
	VI – promover o desenvolvimento de **estudos e pesquisas** direcionados à proteção e à gestão ambiental, divulgando os resultados obtidos;
	VII – promover a articulação da Política Nacional do Meio Ambiente com as de Recursos Hídricos, Desenvolvimento Regional, Ordenamento Territorial e outras;
	VIII – organizar e manter, com a colaboração dos órgãos e entidades da administração pública dos Estados, do Distrito Federal e dos Municípios, o Sistema Nacional de Informação sobre Meio Ambiente (SINIMA);

AÇÕES ADMINISTRATIVAS DA UNIÃO

UNIÃO
(art. 7º)

IX – elaborar o **zoneamento ambiental** de âmbito nacional e regional;

X – definir **espaços territoriais e seus componentes a serem especialmente protegidos**;

XI – promover e orientar a **educação ambiental** em todos os níveis de ensino e a conscientização pública para a proteção do meio ambiente;

XII – controlar a produção, a comercialização e o emprego de **técnicas, métodos e substâncias que comportem risco para a vida**, a qualidade de vida e o meio ambiente, na forma da lei;

XIII – exercer o **controle e fiscalizar as atividades e empreendimentos** cuja atribuição para licenciar ou autorizar, ambientalmente, for cometida à União;

XIV – promover o **licenciamento ambiental** de empreendimentos e atividades:

a) localizados ou desenvolvidos conjuntamente no Brasil e em país limítrofe;

b) localizados ou desenvolvidos no mar territorial, na plataforma continental ou na zona econômica exclusiva;

c) localizados ou desenvolvidos em terras indígenas;

d) localizados ou desenvolvidos em unidades de conservação instituídas pela União, exceto em Áreas de Proteção Ambiental (APAs);

e) localizados ou desenvolvidos em 2 (dois) ou mais Estados;

f) de caráter militar, excetuando-se do licenciamento ambiental, nos termos de ato do Poder Executivo, aqueles previstos no preparo e emprego das Forças Armadas, conforme disposto na Lei Complementar nº 97, de 9 de junho de 1999;

g) destinados a pesquisar, lavrar, produzir, beneficiar, transportar, armazenar e dispor material radioativo, em qualquer estágio, ou que utilizem energia nuclear em qualquer de suas formas e aplicações, mediante parecer da Comissão Nacional de Energia Nuclear (CNEN); ou

h) que atendam tipologia estabelecida por ato do Poder Executivo, a partir de proposição da Comissão Tripartite Nacional, assegurada a participação de um membro do Conselho Nacional do Meio Ambiente (CONAMA), e considerados os critérios de porte, potencial poluidor e natureza da atividade ou empreendimento;

XV – aprovar o **manejo e a supressão de vegetação, de florestas e formações sucessoras** em: a) florestas públicas federais, terras devolutas federais ou unidades de conservação instituídas pela União, exceto em APAs; e b) atividades ou empreendimentos licenciados ou autorizados, ambientalmente, pela União;

XVI – elaborar a **relação de espécies da fauna e da flora ameaçadas de extinção e de espécies sobre-explotadas no território nacional**, mediante laudos e estudos técnico-científicos, fomentando as atividades que conservem essas espécies *in situ*;

XVII – controlar a **introdução no País de espécies exóticas** potencialmente invasoras que possam ameaçar os ecossistemas, *habitats* e espécies nativas;

AÇÕES ADMINISTRATIVAS DA UNIÃO	
UNIÃO (art. 7º)	XVIII – aprovar a **liberação de exemplares de espécie exótica da fauna e da flora** em ecossistemas naturais frágeis ou protegidos; XIX – controlar a **exportação de componentes da biodiversidade** brasileira na forma de espécimes silvestres da flora, micro-organismos e da fauna, partes ou produtos deles derivados; XX – controlar a **apanha de espécimes** da fauna silvestre, ovos e larvas; XXI – proteger a **fauna migratória** e as espécies inseridas na relação prevista no inciso XVI; XXII – exercer o **controle ambiental da pesca** em âmbito nacional ou regional; XXIII – gerir o **patrimônio genético e o acesso ao conhecimento tradicional associado**, respeitadas as atribuições setoriais; XXIV – exercer o controle ambiental sobre o **transporte marítimo de produtos perigosos**; e XXV – exercer o controle ambiental sobre o **transporte interestadual, fluvial ou terrestre, de produtos perigosos**. Parágrafo único. O **licenciamento** dos empreendimentos cuja localização compreenda concomitantemente áreas das faixas terrestre e marítima da zona costeira será de atribuição da União exclusivamente nos casos previstos em tipologia estabelecida por ato do Poder Executivo, a partir de proposição da Comissão Tripartite Nacional, assegurada a participação de um membro do Conselho Nacional do Meio Ambiente (CONAMA) e considerados os critérios de porte, potencial poluidor e natureza da atividade ou empreendimento.

O dispositivo enuncia extenso **rol exemplificativo** de ações administrativas ambientais a cargo da **União**, identificando-se (a exemplo do licenciamento ambiental, previsto no inciso XIV) a intenção do legislador de manter no âmbito federal apenas aquelas ações administrativas permeadas pelo "**interesse nacional**" ou mesmo nos casos em que a questão extrapole o espectro territorial de um ou mais Estados. Em outras palavras, a legislação em questão serve-se do **princípio da predominância do interesse** (nacional, regional e local) para distribuir as competências entre os entes federativos, bem como do **princípio da subsidiariedade**, o que se conforma nos demais dispositivos que tratam dos entes federativos menores ou periféricos.

AÇÕES ADMINISTRATIVAS DOS ESTADOS	
ESTADOS (art. 8º)	I – executar e fazer cumprir, **em âmbito estadual**, a **Política Nacional do Meio Ambiente** e demais políticas nacionais relacionadas à proteção ambiental; II – exercer a gestão dos recursos ambientais no âmbito de suas atribuições; III – formular, executar e fazer cumprir, em âmbito estadual, a **Política Estadual de Meio Ambiente**; IV – promover, no âmbito estadual, a **integração de programas e ações de órgãos e entidades da administração pública** da União, dos Estados, do Distrito Federal e dos Municípios, relacionados à proteção e à gestão ambiental;

AÇÕES ADMINISTRATIVAS DOS ESTADOS

ESTADOS
(art. 8º)

V – articular a **cooperação técnica, científica e financeira**, em apoio às Políticas Nacional e Estadual de Meio Ambiente;

VI – promover o desenvolvimento de **estudos e pesquisas** direcionados à proteção e à gestão ambiental, divulgando os resultados obtidos;

VII – organizar e manter, com a colaboração dos órgãos municipais competentes, o Sistema Estadual de Informações sobre Meio Ambiente;

VIII – prestar informações à União para a formação e atualização do SINIMA;

IX – elaborar o zoneamento ambiental de âmbito estadual, em conformidade com os zoneamentos de âmbito nacional e regional;

X – definir **espaços territoriais** e seus componentes a serem especialmente protegidos;

XI – promover e orientar a **educação ambiental** em todos os níveis de ensino e a conscientização pública para a proteção do meio ambiente;

XII – controlar a produção, a comercialização e o emprego de técnicas, métodos e substâncias que comportem risco para a vida, a qualidade de vida e o meio ambiente, na forma da lei;

XIII – exercer o **controle e fiscalizar as atividades e empreendimentos** cuja atribuição para licenciar ou autorizar, ambientalmente, for cometida aos Estados;

XIV – promover o **licenciamento ambiental** de atividades ou empreendimentos utilizadores de recursos ambientais, efetiva ou potencialmente poluidores ou capazes, sob qualquer forma, de causar degradação ambiental, ressalvado o disposto nos arts. 7º e 9º;

XV – promover o **licenciamento ambiental** de atividades ou empreendimentos localizados ou desenvolvidos em unidades de conservação instituídas pelo Estado, exceto em Áreas de Proteção Ambiental (APAs);

XVI – aprovar o **manejo e a supressão de vegetação, de florestas e formações sucessoras** em: a) florestas públicas estaduais ou unidades de conservação do Estado, exceto em Áreas de Proteção Ambiental (APAs); b) imóveis rurais, observadas as atribuições previstas no inc. XV do art. 7º; e c) atividades ou empreendimentos licenciados ou autorizados, ambientalmente, pelo Estado;

XVII – elaborar a **relação de espécies da fauna e da flora ameaçadas de extinção** no respectivo território, mediante laudos e estudos técnico-científicos, fomentando as atividades que conservem essas espécies *in situ*;

XVIII – **controlar a apanha de espécimes** da fauna silvestre, ovos e larvas destinados à implantação de criadouros e à pesquisa científica, ressalvado o disposto no inc. XX do art. 7º;

XIX – aprovar o **funcionamento de criadouros** da fauna silvestre;

XX – exercer o **controle ambiental da pesca** em âmbito estadual; e

XXI – exercer o controle ambiental do **transporte fluvial e terrestre de produtos perigosos**, ressalvado o disposto no inc. XXV do art. 7º".

A competência do Estado para o licenciamento ambiental é objeto de análise em capítulo específico, mas vale destacar que o legislador utilizou uma estratégia de exclusão para definir as atribuições do Estado no campo do licenciamento, ou seja, conferindo ao ente federativo estatal tudo o que não esteja arrolado expressamente como competência da União (art. 7º, XIV) e do Município (art. 9º, XIV). Isso, na prática, representa que a "**regra geral**" da competência para licenciamento é atribuída aos Estados, revelando claramente a adoção do **princípio da predominância do interesse** para a caracterização das ações administrativas que cabem a cada ente federativo, bem como a sua **descentralização democrática**, de modo a reservar à União, por exemplo, apenas o que não esteja no âmbito do interesse regional.

AÇÕES ADMINISTRATIVAS DO DISTRITO FEDERAL	
DISTRITO FEDERAL (art. 10)	– tanto as **ações administrativas** previstas para os **Estados** (art. 8º) quanto para os **Municípios** (art. 9º).

AÇÕES ADMINISTRATIVAS DOS MUNICÍPIOS	
MUNICÍPIOS (art. 9º)	I – executar e fazer cumprir, em **âmbito municipal**, as **Políticas Nacional e Estadual de Meio Ambiente** e demais políticas nacionais e estaduais relacionadas à proteção do meio ambiente;
	II – exercer a **gestão dos recursos ambientais** no âmbito de suas atribuições;
	III – formular, executar e fazer cumprir a **Política Municipal de Meio Ambiente**;
	IV – promover, no Município, a **integração de programas e ações de órgãos e entidades da administração pública** federal, estadual e municipal, relacionados à proteção e à gestão ambiental;
	V – articular a **cooperação técnica, científica e financeira**, em apoio às Políticas Nacional, Estadual e Municipal de Meio Ambiente;
	VI – promover o desenvolvimento de estudos e pesquisas direcionados à proteção e à gestão ambiental, divulgando os resultados obtidos;
	VII – organizar e manter o Sistema Municipal de Informações sobre Meio Ambiente;
	VIII – prestar informações aos Estados e à União para a formação e atualização dos Sistemas Estadual e Nacional de Informações sobre Meio Ambiente;
	IX – elaborar o Plano Diretor, observando os zoneamentos ambientais;
	X – definir espaços territoriais e seus componentes a serem especialmente protegidos;
	XI – promover e orientar a educação ambiental em todos os níveis de ensino e a conscientização pública para a proteção do meio ambiente;

AÇÕES ADMINISTRATIVAS DOS MUNICÍPIOS

MUNICÍPIOS
(art. 9º)

XII – controlar a produção, a comercialização e o emprego de técnicas, métodos e substâncias que comportem risco para a vida, a qualidade de vida e o meio ambiente, na forma da lei;

XIII – exercer o controle e fiscalizar as atividades e empreendimentos cuja atribuição para licenciar ou autorizar, ambientalmente, for cometida ao Município;

XIV – observadas as atribuições dos demais entes federativos previstas nesta Lei Complementar, promover o **licenciamento ambiental** das atividades ou empreendimentos: a) que causem ou possam causar impacto ambiental de âmbito local, conforme tipologia definida pelos respectivos Conselhos Estaduais de Meio Ambiente, considerados os critérios de porte, potencial poluidor e natureza da atividade; ou b) localizados em unidades de conservação instituídas pelo Município, exceto em Áreas de Proteção Ambiental (APAs);

XV – observadas as atribuições dos demais entes federativos previstas nesta Lei Complementar, aprovar: a) a supressão e o manejo de vegetação, de florestas e formações sucessoras em florestas públicas municipais e unidades de conservação instituídas pelo Município, exceto em Áreas de Proteção Ambiental (APAs); e b) a supressão e o manejo de vegetação, de florestas e formações sucessoras em empreendimentos licenciados ou autorizados, ambientalmente, pelo Município.

O novo regramento infraconstitucional – com amplíssimo rol de atividades administrativas delimitadas para cada esfera federativa (União, os Estados, o Distrito Federal e os Municípios), conforme pudemos observar nos parágrafos antecedentes – fixa normas voltadas à cooperação entre os diferentes entes administrativos nas ações administrativas decorrentes do exercício da competência comum na seara ecológica, objetivando a promoção de uma **gestão descentralizada das políticas ambientais**, mas assegurando, ao mesmo tempo, a **uniformidade** entre elas por meio da **cooperação entre os entes federativos**. Ressalva-se, por fim, que os demais aspectos da LC 140/2011 serão tratados no capítulo sobre o licenciamento ambiental.

A LC 140/2011, nesse sentido, conforme anunciamos em passagem anterior, regulamentou no âmbito infraconstitucional os dispositivos constitucionais que tratam da competência executiva em matéria ambiental (art. 23, III, VI e VII), ampliando e detalhando o rol constitucional de deveres de proteção ambiental atribuídos aos entes federativos, notadamente com relação às ações de cunho administrativo que cabem a cada um. O novo regramento infraconstitucional – com amplíssimo rol de atividades administrativas delimitadas para cada esfera federativa (União, os Estados, o Distrito Federal e os Municípios), conforme pudemos observar nos parágrafos antecedentes – fixa normas voltadas à cooperação entre os diferentes entes administrativos nas ações administrativas decorrentes do exercício da competência comum na seara ecológica, objetivando a promoção de uma **gestão descentralizada das políticas ambientais**, mas assegurando, ao mesmo tempo, a uniformidade entre elas por meio da cooperação entre os entes federativos.

A LC 140/2011 objetiva a racionalização do sistema de competências administrativas ambientais, as quais, até então, encontravam-se previstas em diversos atos normativos dispersos, gerando inúmeras incompatibilidades administrativas e conflitos entre os diferentes entes federativos na execução da legislação ambiental. De acordo com Paulo José Leite Farias, "na competência comum, a própria Constituição determina que lei complementar federal fixe normas para a cooperação entre as diversas esferas de poder, 'tendo em vista o equilíbrio do desenvolvimento e do bem-estar em âmbito nacional' (art. 23, parágrafo único), o que evidencia que essa área de administração comum não deve estar sujeita aos desperdícios de esforços e à sobreposição de atividades, muito menos ao entrechoque de ações administrativas de órgãos entre si autônomos, mas que todos, sob a égide da lei, devem agir de maneira harmoniosa e cooperativa, o que significa, em síntese, para os poderes locais, regionais e nacionais limitar o exercício da sua própria competência em função de regras de interligação e de coexistência com igual competência de outras esferas de poder estatal e, até mesmo, subordinando-se à administração orgânica ou sistemática sob o comando de um ou mais órgãos".[84]

O que se almeja, ao fim e ao cabo, a partir da regulamentação infraconstitucional da competência executiva em matéria ambiental levada a efeito pela LC 140/2011, é **transpor a legislação ambiental para o "mundo da vida"**, assegurando sua aplicação e efetividade, ou seja, estabelecer a **"mediação" entre o marco legislativo ambiental e a sua efetivação**, por intermédio das práticas administrativas levadas a efeito pelos diversos entes federativos e instâncias estatais.

3. O PRINCÍPIO DA SUBSIDIARIEDADE COMO PREMISSA DO MODELO DE "FEDERALISMO COOPERATIVO ECOLÓGICO" E SUA APLICAÇÃO NO CAMPO DAS COMPETÊNCIAS LEGISLATIVA E EXECUTIVA EM MATÉRIA AMBIENTAL

> "A melhor maneira de tratar as questões ambientais é assegurar a participação, no nível apropriado, de todos os cidadãos interessados (...)." (**Princípio 10 da Declaração do Rio de 1992**).

A expressão "pensar global e agir localmente" é uma das máximas do movimento ambientalista. A ideia por trás de tal "bandeira ecológica" coincide, em certa medida, com o conteúdo que informa o **princípio da subsidiariedade**, no sentido de afirmar a autonomia individual e coletiva em face de práticas arbitrárias provenientes do Estado. A matriz democrático-participativa que inspira a atuação dos movimentos ecológicos também alcança o espaço político-jurídico (vide, por exemplo, o conteúdo expresso no **Princípio 10** da Declaração do Rio de 1992), até sob a forma de uma **cidadania ecológica**, de modo a potencializar o postulado democrático. A **descentralização do poder político** e a criação de mecanismos capazes de aproximar os cidadãos das instâncias políticas estão, sem dúvida, ajustadas ao marco jurídico-constitucional ecológico. Não por outra razão, o professor espanhol Ramon Martin Mateo elenca o princípio da subsidiariedade como um dos "megaprincípios" do Direito Ambiental.[85]

Ao analisar o princípio no contexto europeu, o autor refere que o V Programa da Comunidade Econômica Europeia sobre Meio Ambiente e Desenvolvimento adotou o princípio da subsidiariedade ao estabelecer que a Comunidade somente interviesse na medida em que os objetivos de determinada ação pretendida não pudessem ser alcançados de maneira suficiente pelos Estados-membros, bem como que as decisões devem ser tomadas da forma mais próxima possível dos cidadãos.[86] O princípio da subsidiariedade cumpre um papel importante, dado que **fortalece a autonomia dos entes políticos regionais e locais**, descentralizando a atuação

---

[84] FARIAS, Paulo José Leite. *Competência federativa e proteção ambiental...*, p. 316.
[85] MATEO, Ramón Martín. *Manual de derecho ambiental...*, p. 43.
[86] MATEO, Ramón Martín. *Manual de derecho ambiental...*, p. 43.

política e o poder estatal. Ao analisar o princípio da subsidiariedade, assevera Augusto Zimmermann que "apenas quando ao nível inferior não seja possível a realização de determinada ação, de igual ou melhor forma, é que o nível superior deve receber competência para agir".[87] De tal sorte, o princípio opera justamente no sentido de que o ente centralizador (por exemplo, a União) só deve agir quando os entes menores ou inferiores (por exemplo, Estados e Municípios) não tiverem condições estruturais (normativas e fáticas) para resolver determinado problema ambiental, dando forma a um sistema político mais democrático, uma vez que as decisões estariam sendo tomadas por instâncias políticas mais próximas dos cidadãos, ou seja, de forma mais direta e participativa.

À luz do cenário constitucional brasileiro, Roberta C. Baggio assinala que a subsidiariedade teria sido recepcionada como um princípio implícito, e, por esse prisma, incorporado ao texto constitucional quando este institui competências comuns entre os entes da federação (inclusive municípios), mas principalmente quando atribui competências vinculadas à realização de interesses locais.[88] Tal é perceptível a partir da autonomia assegurada a todos os entes federativos por força do art. 18 da CF/1988. Portanto, não apenas o ente federal (União) detém autonomia, mas também os entes regionais (Estado) e locais (Município), conforme tratado anteriormente. Assim, parece-nos particularmente relevante, para a análise do princípio da subsidiariedade, a consagração da autonomia e inclusão do Município no **pacto federativo estabelecido pela CF/1988 de natureza cooperativa**.

A iniciativa constitucional de **fortalecer a esfera política local** atende justamente ao comando normativo do princípio da subsidiariedade. Tanto a previsão do inciso I do art. 30 da CF/1988, que assegura ao Município competência para legislar sobre assuntos de "interesse local", quanto a previsão do inc. II do art. 30, ao assinalar a competência legislativa do Município para "suplementar a legislação federal e a estadual no que couber", reforçam tal perspectiva e dão suporte normativo suficiente, com o marco democrático participativo consagrado pela CF/1988, para admitir a **consagração, de forma implícita, do princípio da subsidiariedade no nosso sistema constitucional** edificado em 1988, especialmente a partir de sua abertura material estabelecida no art. 5º, § 2º, da CF/1988.

O princípio da subsidiariedade, por sua vez, não está limitado apenas à abordagem da competência legislativa, mas também informa o exercício da competência material ou executiva. A sua aplicação, no entanto, não deve servir para, sob o pretexto de uma "ideologia ecológica", fechar os olhos para as realidades político-institucionais concretas. Por exemplo, pretender a não intervenção da instância política superior (federal ou regional, a depender do caso) e a preservação da esfera política inferior (regional ou local) para a hipótese de licenciamento ambiental pode representar absoluto "desserviço" para a proteção ecológica se a esfera regional ou local não dispor de estrutura organizacional e procedimental para dar conta de tal medida de forma adequada e suficiente. O manuseio do princípio da subsidiariedade, na perspectiva ecológica, deve estar amarrado com a premissa de uma **maior proteção ambiental**. Do contrário, onde a afirmação do princípio da subsidiariedade representar "menos" proteção ambiental, ele deve ser rejeitado. A atuação das instâncias políticas superiores (federal e regional) sempre estará legitimada diante da *omissão* ou *atuação insuficiente* – tanto pela ótica legislativa quanto pela administrativa – dos entes federativos inferiores no tocante ao enfrentamento de determinada matéria ecológica.

A questão em análise, sob o enfoque da competência administrativa em matéria ambiental, resultou consagrada na conformação da **atuação em "caráter supletivo"** dos entes federativos

---

[87] ZIMMERMANN, Augusto. *Teoria geral do federalismo democrático...*, p. 201.
[88] BAGGIO, Roberta Camineiro. Democracia, republicanismo e princípio da subsidiariedade: em busca de um federalismo social. *Revista Direito e Democracia da ULBRA*, v. 5, n. 2, p. 335, 2004.

nas ações administrativas de licenciamento e na autorização ambiental estabelecidas pelo art. 15 da **LC 140/2011**: "Art. 15. Os entes federativos devem atuar em caráter supletivo nas ações administrativas de licenciamento e na autorização ambiental, nas seguintes hipóteses: I – inexistindo órgão ambiental capacitado ou conselho de meio ambiente no Estado ou no Distrito Federal, a União deve desempenhar as ações administrativas estaduais ou distritais até a sua criação; II – inexistindo órgão ambiental capacitado ou conselho de meio ambiente no Município, o Estado deve desempenhar as ações administrativas municipais até a sua criação; e III – inexistindo órgão ambiental capacitado ou conselho de meio ambiente no Estado e no Município, a União deve desempenhar as ações administrativas até a sua criação em um daqueles entes federativos".

O mesmo entendimento já estava enunciado, em grande medida, no art. 11, § 1º, da Lei 6.938/1981, ao dispor que "a fiscalização e o controle da aplicação de critérios, normas e padrões de qualidade ambiental serão exercidos pelo IBAMA, em caráter supletivo da atuação do órgão estadual e municipal competentes". Ressalta-se que o dispositivo em questão foi expressamente revogado pela LC 140/2011. As normas em questão visam preservar as instâncias regional e local em matérias e atividades que lhes são próprias, considerando sua abrangência e complexidade. Somente aquelas atividades administrativas que estejam fora dos espectros regional e local ou que por outra razão não possam ser desempenhadas de forma adequada pelos entes federativos regional e local é que legitimam a atuação das esferas administrativas superiores (por exemplo, da União). Portanto, o sistema de competências materiais comuns de tutela ecológica adotado pela legislação pátria é no sentido de conferir ao órgão federal uma **atuação subsidiária**, reforçando a importância do princípio da subsidiariedade no cenário das **competências constitucional (legislativas e executivas)** em matéria ambiental.[89]

O princípio da subsidiariedade e o exercício da competência legislativa em matéria ambiental pelos entes federativos menores ou periféricos foram abordados em decisão do **STF** no **RE 194.704/MG**, sob a relatoria do **Ministro Edson Fachin**, na qual resultou consignado que o intérprete constitucional deve privilegiar interpretação que não tolha a competência dos entes menores para dispor sobre determinada matéria, tendo por premissa que "*o federalismo é um instrumento de descentralização política que visa realizar direitos fundamentais*". Segundo o Ministro Fachin, "nos casos em que a dúvida sobre a competência legislativa recai sobre norma que abrange mais de um tema, deve o intérprete acolher interpretação que não tolha a competência que detêm os entes menores para dispor sobre determinada matéria (*presumption against preemption*)", de sorte que "se a lei federal ou estadual claramente indicar, de forma adequada, necessária e razoável, que os efeitos de sua aplicação excluem o poder de complementação que detêm os entes menores (*clear statement rule*), é possível afastar a presunção de que, no âmbito regional, determinado tema deve ser disciplinado pelo ente menor".[90]

4. ANÁLISE DA JURISPRUDÊNCIA SOBRE AS COMPETÊNCIAS LEGISLATIVA E EXECUTIVA EM MATÉRIA AMBIENTAL

4.1 Jurisprudência sobre competência legislativa em matéria ambiental

4.1.1 Energia nuclear

A energia nuclear é um tema histórica e politicamente relevante sob a ótica ambiental. Com a questão da contaminação química, foi um dos temas que impulsionou politicamente a

---

[89] Na doutrina brasileira, sobre o *princípio da subsidiariedade* aplicado à matéria da competência constitucional ambiental, v. FARIAS, Paulo José Leite. *Competência federativa e proteção ambiental...*, p. 316-324.

[90] STF, RE 194704/MG, Tribunal Pleno, Rel. Min. Carlos Velloso, Rel. p/ Acórdão Min. Edson Fachin, j. 29.06.2017.

questão ecológica, aliando-se com a luta pacifista e antiarmamentista articulada desde a década de 1960. Essa perspectiva, a nosso ver, encontrou guarida, ao menos parcial, na CF/1988, a qual assegurou no seu art. 21, XXIII, *a*, que "toda atividade nuclear em território nacional somente será admitida para **fins pacíficos**". Por aí já se tem forte restrição de índole constitucional para as atividades nucleares, ou seja, qualquer propósito armamentista estaria vedado pela CF/1988. Contudo, não é apenas a atividade nuclear armamentista que implica riscos de dano à saúde dos seres humanos e ao meio ambiente como um todo. Basta mirarmos os exemplos dos acidentes nucleares de **Chernobyl**, no ano de 1986, na Ucrânia, e, mais recentemente, em **Fukushima**, no ano de 2011, no Japão.

No Brasil, temos o acidente do **Césio-137**, ocorrido no ano 1987, em Goiânia, onde se verificou a contaminação de centenas de pessoas por radioatividade quando um aparelho utilizado em radioterapias das instalações de um hospital abandonado foi encontrado por catadores de um ferro-velho. Portanto, a partir dos exemplos trazidos, há razões fortes para que determinadas comunidades políticas buscassem imprimir restrições severas para o uso de energia nuclear. Algumas diretrizes restritivas – e, em alguns casos, proibitivas – no tocante às atividades nucleares foram adotadas no plano normativo por algumas Constituições de Estados brasileiros, sendo os respectivos dispositivos impugnados por ações diretas de inconstitucionalidade perante o STF. A fundamentação basilar de tais pleitos estribou-se na previsão constitucional de **competência privativa da União para legislar sobre atividades nucleares** de qualquer natureza (art. 22, XXVI, da CF/1988).

A **Constituição do Estado do Rio Grande do Sul**, no sentido de conferir tratamento normativo "mais restritivo" às atividades relacionadas à energia nuclear, estabeleceu, no seu art. 256, que "a implantação, no Estado, de instalações industriais para a produção de energia nuclear dependerá de **consulta plebiscitária**, bem como do atendimento às condições ambientais e urbanísticas exigidas em lei estadual" e, no seu art. 257, que "**é vedado**, em todo o território estadual, o **transporte e o depósito ou qualquer outra forma de disposição de resíduos que tenham sua origem na utilização de energia nuclear e de resíduos tóxicos ou radioativos**, quando provenientes de outros Estados ou países". Seguindo orientação normativa semelhante, a **Constituição do Estado de Santa Catarina**, no seu art. 185, estabeleceu, como requisito para a implantação de instalações industriais para produção de energia nuclear no Estado, a **prévia aprovação da Assembleia Legislativa, ratificada por plebiscito**. Todos os dispositivos mencionados foram objeto de impugnação perante o STF. No caso dos dispositivos da Constituição gaúcha, verificaram-se, no julgamento da medida cautelar, o deferimento da suspensão do art. 257 e o indeferimento do pedido cautelar relativamente ao art. 256 e, com o julgamento definitivo da ação, a declaração de inconstitucionalidade dos dispositivos.[91] E, com relação ao art. 185 da Constituição catarinense, o STF julgou procedente o pedido formulado pela Procuradoria-Geral

---

[91] "Constitucional. Ação direta de inconstitucionalidade. Constituição do Estado do Rio Grande do Sul, arts. 256 e 257. Competência nuclear da União: CF/1988, arts. 21, XXIII, *a*, *b* e *c*; 22, XXVI; 177, V, § 2.º; 225, § 6º I – Deferimento da suspensão cautelar do art. 257 da Constituição do Estado do Rio Grande do Sul e indeferimento da cautelar relativamente ao art. 256. II – Voto vencido do Relator no sentido da suspensão cautelar também do art. 256, dado que e relevante o fundamento da ação direta, no sentido de que os dispositivos da Constituição gaúcha – arts. 256 e 257 – ofendem a competência nuclear da União. III – Cautelar deferida, em parte" (STF, ADI 330 MC/RS, Tribunal Pleno, Rel. Min. Carlos Velloso, j. 02.08.1990). O STF, por maioria, julgou procedente o pedido formulado na ADI 330/RS para declarar a inconstitucionalidade dos arts. 256 e 257 da Constituição gaúcha, nos termos do voto do Relator, vencidos os Ministros Edson Fachin, Marco Aurélio e Rosa Weber. (STF, ADI 330/RS, Plenário Virtual, Rel. Min. Celso de Mello, j. 09.10.2020).

da República (PGR) na ADI em questão, reconhecendo que, no caso, a Constituição catarinense invadiu a competência legislativa privativa da União.[92]

Para além dos dispositivos que criam certas restrições às atividades nucleares no plano estadual – por exemplo, exigência de plebiscito –, o exemplo mais contundente é sem dúvida o de algumas Constituições estaduais que proibiram a instalação de usinas nucleares no território do respectivo Estado. De acordo com o art. 221 da Constituição do Estado do Alagoas, inserido no Capítulo do Meio Ambiente, "é **proibida a instalação**, no território do Estado de Alagoas, **de usinas nucleares e de depósitos de resíduos atômicos**". Da mesma forma, o art. 226 da Constituição do Estado da Bahia assevera que "são vedados, no território do Estado: (...) II – a fabricação, comercialização, transporte e utilização de equipamentos e artefatos bélicos nucleares; III – a **instalação de usinas nucleares**; IV – o depósito de resíduos nucleares ou radioativos gerados fora dele".

A **Constituição do Estado de Sergipe**, no seu art. 232, § 8º, igualmente consignou que "**ficam proibidos a construção de usinas nucleares e depósito de lixo atômico no território estadual**, bem como o transporte de cargas radioativas, exceto quando destinadas a fins terapêuticos, técnicos e científicos, obedecidas as especificações de segurança em vigor". O STF voltou a decidir sobre o tema no julgamento da ADI 4.973/SE, acerca de dispositivos da Constituição do Estado de Sergipe, mantendo o seu entendimento jurisprudencial anterior no sentido da usurpação, pelo Estado-Membro, da competência constitucionalmente reservada à União Federal (art. 22, XXVI, da CF/1988).

"AÇÃO DIRETA DE INCONSTITUCIONALIDADE – NORMA INSCRITA NA CONSTITUIÇÃO DO ESTADO DE SERGIPE QUE IMPÕE RESTRIÇÃO À IMPLANTAÇÃO, NO ESPAÇO TERRITORIAL DAQUELA UNIDADE DA FEDERAÇÃO, DE INSTALAÇÕES INDUSTRIAIS DESTINADAS À PRODUÇÃO DE **ENERGIA NUCLEAR** E QUE ESTABELECEM VEDAÇÃO AO TRANSPORTE, AO DEPÓSITO OU À DISPOSIÇÃO FINAL DE REJEITOS RADIOATIVOS – TEMA QUE SE INCLUI NA ESFERA DE **COMPETÊNCIA PRIVATIVA DA UNIÃO FEDERAL** PARA LEGISLAR SOBRE ATIVIDADES NUCLEARES DE QUALQUER NATUREZA (CF, ART. 22, XXVI) – **USURPAÇÃO, PELO ESTADO-MEMBRO, DA COMPETÊNCIA CONSTITUCIONALMENTE RESERVADA À UNIÃO FEDERAL** – OFENSA AO ART. 22, XXVI, DA CONSTITUIÇÃO DA REPÚBLICA – **LIMITAÇÕES AO PODER CONSTITUINTE DECORRENTE** – PRERROGATIVA QUE NÃO SE REVESTE DE CARÁTER ABSOLUTO – REAFIRMAÇÃO DA JURISPRUDÊNCIA CONSOLIDADA PELO SUPREMO TRIBUNAL FEDERAL NA MATÉRIA – PRECEDENTES – PARECER DA PROCURADORIA-GERAL DA REPÚBLICA PELA INCONSTITUCIONALIDADE – AÇÃO DIRETA JULGADA PROCEDENTE." (STF, ADI 4.973/SE, Tribunal Pleno, Rel. Min. Celso de Mello, j. 05.10.2020).

No julgamento da ADI 4.973/SE, destacam-se os votos vencidos e divergentes dos Ministros Marco Aurélio e Luiz Edson Fachin no sentido da improcedência da ação. Segundo o Ministro Marco Aurélio, "inexiste, no dispositivo atacado, disciplina, em si, de pesquisa ou atuação na área de energia nuclear. O preceito versa proteção da saúde, preservação do meio ambiente e seguran-

---

[92] "Ação direta de inconstitucionalidade. Constituição do Estado de Santa Catarina. Art. 185. Energia nuclear. Arguição de inconstitucionalidade de preceito de constituição estadual, que subordina a construção, no respectivo território, de instalações industriais para produção de energia nuclear à autorização da Assembleia Legislativa, ratificada por plebiscito. Alegação de ofensa à competência privativa da União (CF/1988, art. 21, XXIII). 1. Mantida a competência exclusiva da União para legislar sobre atividades nucleares de qualquer natureza (CF/1988, art. 22, XXVI), aplicáveis ao caso os precedentes da Corte produzidos sob a égide da Constituição Federal de 1967. 2. Ao estabelecer a prévia aprovação da Assembleia Legislativa Estadual, ratificada por plebiscito, como requisito para a implantação de instalações industriais para produção de energia nuclear no Estado, invade a Constituição catarinense a competência legislativa privativa da União. 3. Ação direta de inconstitucionalidade cujo pedido se julga procedente" (STF, ADI 329/SC, Tribunal Pleno, Rel. Min. Ellen Gracie, j. 1º.04.2004).

ça da população, considerada atividade potencialmente nefasta aos bens protegidos". Já, para o Ministro Fachin, em defesa da "**descentralização e cooperação**" no exercício das competências constitucionais, "ao construir uma rede interligada de competências, o Estado se compromete a exercê-las para o alcance do **bem comum** e para a **satisfação dos direitos fundamentais**. E nesse contexto, é necessário avançar do modo como a repartição de competências há tempos é lida – a partir de um modelo estanque que se biparte no sentido horizontal ou vertical, ou ainda, em competência legislativa ou administrativa – para um modelo em que o **princípio informador seja a máxima efetividade dos direitos fundamentais** como critério de distribuição destas competências". Por fim, assinalou o Ministro Fachin: "a vedação estabelecida na norma estadual impugnada, afinal, concerne estritamente ao exercício da competência concorrente (art. 24, VI e XII, CF/1988), pois a regulação tem nítido caráter de **regulação protetiva à saúde e ao meio ambiente**, sendo legítimo que os entes federados busquem restringir atividades potencialmente nocivas, tal como entendeu o STF no julgamento quanto à comercialização de produtos contendo asbesto/amianto (ADI 3.470/RJ e ADI 3.937/SP)".

Tomando por base os exemplos citados, parece-nos totalmente diferente a hipótese de norma estadual que tenha a pretensão de regular matéria relativa à atividade nuclear daquela em que a legislação não pretende "regulamentar" a questão em si (na prática, é uma espécie de **exercício "negativo" de competência legislativa**), mas apenas "**vetar ou restringir**" a atividade. Na primeira situação, não haveria qualquer dúvida para a caracterização de "subtração" de uma competência privativa da União e, consequentemente, a inconstitucionalidade de tal medida legislativa.[93] No entanto, tal não é o caso de medidas restritivas (por exemplo, exigência de plebiscito autorizativo) ou mesmo proibitivas (como verificado nas Constituições alagoana, baiana e sergipana), uma vez que o Estado não pretende "exercer" a competência legislativa em si, ou seja, regular a matéria relativa a atividades nucleares, mas tão somente restringir ou mesmo vetar a possibilidade de que tal atividade venha a se dar no território do respectivo Estado.

Há forte **conteúdo de índole democrática** a legitimar medida normativa que esteja imbuída desse propósito, tanto no exemplo da exigência de plebiscito quanto da proibição de instalação de atividade nuclear no Estado. Além disso, é de invocar nesse contexto toda a fundamentação já exposta no tocante a se tratar de matéria voltada à proteção ecológica, de modo que estaria o ente legislativo estadual autorizado a legislar concorrentemente.[94] Afigura-se equivocado vislumbrar a questão apenas pela ótica da competência privativa da União, como parece ter prevalecido nas decisões citadas do STF, olvidando-se que a atividade nuclear se trata de matéria umbilicalmente atrelada à proteção ecológica (e também à saúde pública), incidindo, portanto, a **competência legislativa concorrente dos Estados e Municípios**, muito embora forçoso reconhecer que se cuida de matéria polêmica.

4.1.2 Agrotóxicos

A discussão envolvendo o uso de agrotóxicos está atrelada à questão da poluição química, ou seja, matéria também central no debate ambiental desde a sua gênese nas décadas de 1960 e 1970. Não por outra razão, a obra clássica *Primavera silenciosa* de Rachel Carson[95] debruçava-se sobre tal temática. No Brasil, sem dúvida, por influência do movimento ambientalista, editaram-se

---

[93] "Energia nuclear. Competência legislativa da União. Art. 22, XXVI, da Constituição Federal. É inconstitucional norma estadual que dispõe sobre atividades relacionadas ao setor nuclear no âmbito regional, por violação da competência da União para legislar sobre atividades nucleares, na qual se inclui a competência para fiscalizar a execução dessas atividades e legislar sobre a referida fiscalização. Ação direta julgada procedente" (STF, ADI 1575/SP, Tribunal Pleno, Rel. Min. Joaquim Barbosa, j. 07.04.2010).

[94] SILVEIRA, Patrícia Azevedo da. *Competência ambiental*..., p. 182.

[95] CARSON, Rachel. *Silent spring*...

diversas **legislações estaduais "mais restritivas"** no tocante ao uso de agrotóxicos, em afronta ao parâmetro mais permissivo da legislação nacional existente à época. Antes da atual **Lei dos Agrotóxicos (Lei 7.802/89)** e mesmo da proteção jurídica ecológica consagrada pela CF/1988 (art. 225), alguns Estados, diante de um cenário legislativo permissivo à época, tomaram a dianteira, movidos pelas reivindicações do movimento ambientalista, e elaboraram legislações a respeito da matéria. E, como não poderia deixar de ser, em razão dos fortes **interesses econômicos** em jogo nas limitações impostas pelas legislações estaduais, o questionamento da constitucionalidade de tais diplomas tomou assento no Poder Judiciário, notadamente no STF. Versando sobre o tema, tanto a Lei Estadual 7.747/82, do Estado do Rio Grande do Sul,[96] quanto a Lei Estadual 7.827/83, do Estado do Paraná,[97] com seus respectivos decretos regulamentadores, foram julgadas inconstitucionais pelo STF naquilo em que contrariavam a legislação federal existente e exigiam **medidas mais restritivas à produção e comércio de agrotóxicos em seus territórios**.

Não teve destino diferente **legislação do Município de Porto Alegre** que objetivava vedar, no âmbito do território municipal, o uso e o armazenamento de agrotóxicos. No caso em questão, o STJ entendeu que "a legislação supletiva, como é cediço, não pode ineficacizar os efeitos da lei que pretende suplementar. Uma vez autorizada pela União a produção e deferido o registro do produto, perante o Ministério competente, é defeso aos Municípios vedar, nos respectivos territórios, o uso e o armazenamento de substâncias agrotóxicas, extrapolando o poder de suplementar, em desobediência à lei federal".[98] Mais recentemente, destaca-se legislação municipal de **Florianópolis** com o mesmo conteúdo, estabelecendo a referida cidade catarinense como **"zona livre de agrotóxicos"** (Lei Municipal 10.628/2019).

Sem avançar no mérito da discussão, uma vez que desenvolvemos em passagens anteriores os argumentos que levariam a outro entendimento, cumpre assinalar que tais decisões do STF são anteriores à CF/1988 e foram dadas em momento em que o Direito Ambiental e a proteção ecológica ainda não haviam adquirido a centralidade que hoje ocupam no nosso ordenamento jurídico, inclusive com o reconhecimento da condição de direito fundamental ao direito ao meio ambiente. Da mesma forma, a atual Lei dos Agrotóxicos estabelece um panorama normativo de proteção ambiental totalmente diverso daquele existente nos primórdios da década de 1980, quando se deram os julgamentos do STF sobre a matéria. Diante de tal quadro, acreditamos que as legislações declaradas inconstitucionais na ocasião pelo STF poderiam – ou melhor, deveriam – ter destino diferente, se viessem a ser apreciadas atualmente pela nossa Corte Constitucional.[99]

---

[96] "Representação de inconstitucionalidade da Lei Estadual 7.747, de 22 de dezembro de 1982 (...) todos do Estado do Rio Grande do Sul. Competência constitucional da União para legislar sobre normas gerais de defesa e proteção à saúde (art. 8º, XVII, c, da CF/1988), e, supletivamente, dos estados (parágrafo único do art. 8º). Supremacia da lei federal. Limites. Caráter supletivo da lei estadual, de modo que supra hipóteses irreguladas, preenchendo o 'vazio', o 'branco' que restar, sobretudo quanto às condições locais. Existência, *in casu*, de legislação federal que regula a espécie. Inconstitucionalidade da definição de agrotóxicos e outros biocidas por lei estadual; ou da fixação de normas gerais e parâmetros para a classificação toxicológica. Competência da União para estabelecer proibições à produção, comércio e consumo de mercadorias que contenham substâncias nocivas. Poder de polícia dos Estados-limite. Representação procedente, em parte (...). (STF, Rp 1.153/RS, Tribunal Pleno, Rel. Min. Aldir Passarinho, j. 16.05.1985).

[97] "Inconstitucionalidade. Agrotóxicos e biocidas (distribuição e comercialização). Competência legislativa da União. Lei 7827/1983 e Dec. 3.876/1984, ambos do Estado do Paraná. É da competência exclusiva da União, na defesa e proteção à saúde, legislar sobre normas gerais de produção, comércio e consumo de mercadorias que contenham substâncias nocivas. Inconstitucionalidade, em parte, da Lei 7.827/1983 e do Dec. 3.876/1984, ambos do Estado do Paraná. Representação procedente, em parte" (STF, Rp 1.246/PR, Tribunal Pleno, Rel. Min. Rafael Mayer, j. 11.06.1986).

[98] STJ, REsp 29.299-6/RS, 1ª T., Rel. Min. Demócrito Reinaldo, j. 28.09.1994.

[99] Em decisão do STJ sobre a competência para legislar sobre agrotóxicos, a Corte entendeu que cabe à União fixar normas gerais e aos Estados suplementar a legislação federal no que couber, não havendo óbice constitucional ou legal a que os Estados-membros exijam o registro prévio de agrotóxicos no órgão ambiental ou

Atualmente, destacam-se a **ADI 5.553/DF**, que pleiteia a inconstitucionalidade das isenções fiscais concedidas aos agrotóxicos, e a **ADI 6.955/RS**, que impugna a constitucionalidade da Lei Estadual 15.671/2021 do Estado do Rio Grande do Sul, notadamente por alterar a já referida Lei Estadual 7.747/82 no sentido de não mais exigir como condicionamento ao registro de agrotóxicos importados a comprovação da autorização do uso no país de origem. Ambas as ações estão em trâmite perante o STF, ainda pendentes de decisão final pelo colegiado. Também merece destaque, a evidenciar o entendimento hoje vigente na jurisprudência do STF, decisão adotada na **ADI 6.137/CE**, a qual reconheceu a constitucionalidade e proporcionalidade de legislação estadual (do Estado do Ceará) que proibiu a **pulverização aérea de agrotóxicos**, bem como que não há óbice a que os Estados editem **normas mais protetivas** à saúde e ao meio ambiente quanto à utilização de agrotóxicos, notadamente em vista da constatação científica dos riscos envolvidos.

> **JURISPRUDÊNCIA DO STF. Competência legislativa concorrente dos entes federativos, constitucionalidade de legislação estadual mais protetivas à saúde e ao meio ambiente e proporcionalidade da proibição de pulverização aérea de agrotóxicos**: "AÇÃO DIRETA DE INCONSTITUCIONALIDADE. DIREITO CONSTITUCIONAL E AMBIENTAL. LEI DO CEARÁ. **PROIBIÇÃO DE PULVERIZAÇÃO AÉREA DE AGROTÓXICOS**. DEFESA DO MEIO AMBIENTE E PROTEÇÃO À SAÚDE. **COMPETÊNCIA CONCORRENTE DA UNIÃO, ESTADOS E MUNICÍPIOS**. ARTS. 23 E 24 DA CONSTITUIÇÃO DA REPÚBLICA. VÍCIO FORMAL NÃO CONFIGURADO. **PROPORCIONALIDADE DA MEDIDA**. RISCOS GRAVES DA TÉCNICA DE APLICAÇÃO DE PESTICIDAS. **PRINCÍPIOS DA PREVENÇÃO E PRECAUÇÃO** EM MATÉRIA AMBIENTAL. INEXISTÊNCIA DE INCONSTITUCIONALIDADE MATERIAL. AÇÃO PARCIALMENTE CONHECIDA E, NESSA PARTE, JULGADA IMPROCEDENTE. 1. (...). 2. A vedação à pulverização aérea de agrotóxicos é matéria afeta à saúde e ao meio ambiente, listada entre as competências administrativas comuns e entre as **competências legislativas concorrentes da União, dos Estados e dos Municípios** (incs. II e VI do art. 23; incs. VI e XII do art. 24, todos da Constituição da República). 3. A Lei n. 7.802/1989 é expressa ao preservar a competência legislativa dos Estados para regulamentar 'o uso, a produção, o consumo, o comércio e o armazenamento dos agrotóxicos'. **Não há óbice a que os Estados editem normas mais protetivas à saúde e ao meio ambiente** quanto à utilização de agrotóxicos. A regulamentação nacional limita-se a traçar os parâmetros gerais sobre a matéria, estabelecendo atividades de coordenação e ações integradas. Precedentes: ADI n. 3470, DJe 1º.2.2019; RE n. 761.056, DJe 20.3.2020; RE n. 286.789/RS, DJ 08.4.2005. 4. A **livre iniciativa não impede a regulamentação das atividades econômicas pelo Estado**, especialmente quando esta se mostra indispensável para resguardo de outros valores prestigiados pela Constituição, como a dignidade da pessoa humana, a valorização do trabalho humano, a livre concorrência, a função social da propriedade, a defesa do consumidor e do meio ambiente e a busca do pleno emprego. 5. A norma questionada não se comprova desarrazoada nem refoge à proporcionalidade jurídica do direito à livre iniciativa e o do direito à saúde e ao meio ambiente ecologicamente equilibrado, estabelecendo **restrição razoável e proporcional às técnicas de aplicação de pesticidas** no Estado do Ceará, após **constatação científica dos riscos envolvidos na pulverização aérea** de agrotóxicos. 6. Ação direta parcialmente conhecida quanto às normas sobre vedação à pulverização de agrotóxicos previstas no § 1º e no *caput* do art. 28-B na Lei estadual n. 12.228/1993 e, nessa parte, julgado improcedente o pedido" (STF, ADI 6.137/CE, Tribunal Pleno Rel. Min. Cármen Lúcia, j. 29.05.2023).

---

de agricultura estadual, ainda que haja registro prévio no Ministério da Agricultura. "(...) Soja transgênica. Herbicida. Glifosato na pós-emergência. Utilização. (...) A União, os Estados e o Distrito Federal, nos termos do art. 10 da Lei 7.802/89, detêm competência concorrente para legislar sobre agrotóxicos e proteção ao meio ambiente, cabendo à União fixar normas gerais e aos Estados suplementar a legislação federal no que couber. Aparentemente, não há óbice constitucional ou legal a que os Estados-Membros exijam o registro prévio de agrotóxicos no órgão ambiental ou de agricultura estadual, ainda que haja registro prévio no Ministério da Agricultura. (...)" (STJ, AgRg na MC 12968/PR, 2ª T., Rel. Min. Castro Meira, j. 25.09.2007).

4.1.3 Licenciamento ambiental

O licenciamento ambiental também foi objeto de discussão em matéria de competência legislativa. Entretanto, aqui a questão é um pouco diversa de outros temas, pois a postura dos entes federativos periféricos, notadamente no âmbito estadual, foi quase sempre no sentido de **"relativizar" a legislação existente no âmbito federal** sobre o tema, ou seja, buscando estabelecer um padrão normativo "menos protetivo", ao contrário do que se viu nos exemplos da energia nuclear e dos agrotóxicos, quando a atuação do Estado-membro se deu no sentido de ampliar o nível de proteção ambiental. Nesse sentido, no julgamento da ADI 1.086/SC, de relatoria do Ministro Ilmar Galvão, o STF entendeu inconstitucional dispositivo da Constituição do Estado de Santa Catarina que dispensava a elaboração de estudo de impacto ambiental no caso de áreas de reflorestamento ou reflorestamento para fins empresariais, de modo a criar exceção incompatível com o disposto no art. 225, § 1º, IV, da CF/1988. É de tal julgado do STF que se extrai passagem do voto do Ministro Sepúlveda Pertence, citada em diversos trabalhos científicos sobre competência legislativa ambiental, onde o ilustre Ministro consigna que **"não pode a Constituição Estadual, por conseguinte, excetuar ou dispensar nessa regra, ainda que, dentro de sua competência supletiva, pudesse criar formas mais rígidas de controle. Não formas mais flexíveis ou permissivas"**.[100]

JURISPRUDÊNCIA STF. Dispensa da exigência de licenciamento para atividades potencialmente poluidoras por ente federativo estadual e violação ao princípio da proibição de proteção insuficiente ou deficiente: "AÇÃO DIRETA DE INCONSTITUCIONALIDADE. CONSTITUCIONAL E AMBIENTAL. FEDERALISMO E RESPEITO ÀS REGRAS DE DISTRIBUIÇÃO DE COMPETÊNCIA LEGISLATIVA. **LEI ESTADUAL QUE DISPENSA ATIVIDADES AGROSSILVIPASTORIS DO PRÉVIO LICENCIAMENTO AMBIENTAL.** INVASÃO DA COMPETÊNCIA DA UNIÃO PARA EDITAR NORMAS GERAIS SOBRE PROTEÇÃO AMBIENTAL. DIREITO FUNDAMENTAL AO MEIO AMBIENTE EQUILIBRADO E PRINCÍPIO DA PREVENÇÃO. INCONSTITUCIONALIDADE. 1. A competência legislativa concorrente cria o denominado 'condomínio legislativo' entre a União e os Estados-Membros, cabendo à primeira a edição de normas gerais sobre as matérias elencadas no art. 24 da Constituição Federal; e aos segundos o exercício da competência complementar – quando já existente norma geral a disciplinar determinada matéria (CF, art. 24, § 2º) – e da competência legislativa plena (supletiva) – quando inexistente norma federal a estabelecer normatização de caráter geral (CF, art. 24, § 3º). 2. **A possibilidade de complementação da legislação federal para o atendimento de interesse regional (art. 24, § 2º, da CF) não permite que Estado-Membro dispense a exigência de licenciamento para atividades potencialmente poluidoras**, como pretendido pelo art. 10 da Lei 2.713/2013 do Estado do Tocantins. 3. O desenvolvimento de atividades agrossilvipastoris pode acarretar uma relevante intervenção sobre o meio ambiente, pelo que **não se justifica a flexibilização dos instrumentos de proteção ambiental, sem que haja um controle e fiscalização prévios da atividade**. 4. A dispensa de licenciamento de atividades identificadas conforme o segmento econômico, independentemente de seu potencial de degradação, e a consequente dispensa do prévio estudo de impacto ambiental (art. 225, § 1º, IV, da CF) implicam **proteção deficiente ao direito fundamental ao meio ambiente ecologicamente equilibrado** (art. 225 da CF), cabendo ao Poder Público o exercício do poder de polícia ambiental visando a prevenir e mitigar potenciais danos ao equilíbrio ambiental. 5. Ação direta julgada procedente" (STF, ADI 5312/TO, Tribunal Pleno, Rel. Min. Alexandre de Moraes, j. 25.10.2018).

---

[100] "Ação direta de inconstitucionalidade. art. 182, § 3º, da Constituição do Estado de Santa Catarina. Estudo de Impacto Ambiental. Contrariedade ao art. 225, § 1º, IV, da Carta da República. A norma impugnada, ao dispensar a elaboração de estudo prévio de impacto ambiental no caso de áreas de florestamento ou reflorestamento para fins empresariais, cria exceção incompatível com o disposto no mencionado inc. IV do § 1º do art. 225 da CF/1988. Ação julgada procedente, para declarar a inconstitucionalidade do dispositivo constitucional catarinense sob enfoque" (STF, ADI 1086/SC, Tribunal Pleno, Rel. Min. Ilmar Galvão, j. 10.08.2001).

4.1.3.1 Inconstitucionalidade de legislação estadual que regulamenta licença única no processo de licenciamento ambiental em detrimento do modelo trifásico estabelecido na legislação federal

O STF, na ADI 5.475/DF, julgou inconstitucional legislação estadual do Estado do Amapá que regulamentou **licença ambiental única** em detrimento do modelo trifásico do processo de licenciamento ambiental estabelecido no âmbito federal. Na fundamentação lançada no voto da Ministra Cármen Lúcia, registra-se o reconhecimento do modelo de "**federalismo cooperativo ecológico**" consagrado pela CF/1988 no âmbito da distribuição de competências legislativas e administrativas em matéria ambiental. Segundo a Ministra-Relatora, o caso caracteriza a "subversão da lógica sistêmica das normas gerais nacionais pela Assembleia Legislativa do Amapá ao instituir a Licença Ambiental Única para atividades e empreendimentos do agronegócio ('agricultura, pecuária, avicultura, suinocultura, aquicultura, extrativismo e atividades agroindustriais'), dispensando os que a requeressem da obtenção das Licenças Prévias, de Instalação e de Operação".

Ao reforçar que o licenciamento ambiental não é procedimento meramente burocrático do Poder Público, mas "um dos processos preventivos mais relevantes em tema de proteção ao meio ambiente pelo qual a Administração Pública exerce o **poder de polícia** em matéria ambiental de **forma preventiva**", a Ministra-Relatora pontuou que "não é lícito ao legislador estadual, nem, no caso, ao legislador amapaense, portanto, dissentir da sistemática definida em normas gerais pela União, instituindo licença ambiental única que, de forma inequívoca, tornará mais frágeis e ineficazes a fiscalização e o controle da Administração Pública sobre empreendimentos e atividades potencialmente danosos ao meio ambiente". Por fim, destaca-se o entendimento consolidado no referido julgado – inclusive endossando expressamente tese por nós defendida – de que o Estado e o Município devem **respeitar o padrão normativo estabelecido na norma geral** e tomar tal *standard* de proteção ambiental como piso legal protetivo mínimo, de tal modo que esses entes federativos "apenas estariam autorizados a atuar para além de tal referencial normativo, e não para aquém".

> "AÇÃO DIRETA DE INCONSTITUCIONALIDADE. INC. IV E § 7º DO ART. 12 DA LEI COMPLEMENTAR N. 5/1994 DO AMAPÁ, ALTERADA PELA LEI COMPLEMENTAR ESTADUAL N. 70/2012. **LICENÇA AMBIENTAL ÚNICA**. DISPENSA DE OBTENÇÃO DAS LICENÇAS PRÉVIAS, DE INSTALAÇÃO E DE OPERAÇÃO, ESTABELECIDAS PELO CONAMA (INC. I DO ART. 8º DA LEI N. 6.938/1981). **OFENSA À COMPETÊNCIA DA UNIÃO PARA EDITAR NORMAS GERAIS** SOBRE PROTEÇÃO DO MEIO AMBIENTE. DESOBEDIÊNCIA AO PRINCÍPIO DA PREVENÇÃO E DO **DEVER DE PROTEÇÃO** DO MEIO AMBIENTE ECOLOGICAMENTE EQUILIBRADO (ART. 225 DA CONSTITUIÇÃO DA REPÚBLICA). AÇÃO JULGADA PROCEDENTE PARA DECLARAR A INCONSTITUCIONALIDADE DO INC. IV E DO § 7º DO ART. 12 DA LEI COMPLEMENTAR N. 5/1994 DO AMAPÁ, ALTERADA PELA LEI COMPLEMENTAR ESTADUAL N. 70/2012." (STF, ADI 5.475/DF, Tribunal Pleno, Rel. Min. Cármen Lúcia, j. 20.04.2020).

4.1.3.2 Inconstitucionalidade de licenciamento ambiental simplificado para atividade de mineração e uso de mercúrio

O STF, por unanimidade, declarou na ADI 6.672/RR a inconstitucionalidade de legislação do Estado de Roraima (Lei Estadual 1.453/2021) que instituiu o licenciamento para a atividade de lavra garimpeira, permitindo o uso de mercúrio na atividade. Conforme assinalado pelo Ministro Alexandre de Moraes, no seu voto-relator, "o que se tem, na espécie, entretanto, é situação inversa: a norma estadual fragiliza o exercício do poder de polícia ambiental, na medida em que busca a **aplicação de procedimento de licenciamento ambiental menos eficaz** para **atividades de impacto significativo ao meio ambiente**, como é o caso da lavra garimpeira, sobretudo com o **uso de mercúrio**".

> **JURISPRUDÊNCIA STF. Licenciamento ambiental simplificado para atividade de mineração e uso de mercúrio:** "AÇÃO DIRETA DE INCONSTITUCIONALIDADE. CONSTITUCIONAL E AMBIENTAL. FEDERALISMO E RESPEITO ÀS REGRAS DE DISTRIBUIÇÃO DE COMPETÊNCIA LEGISLATIVA. **LEI ESTADUAL QUE SIMPLIFICA LICENCIAMENTO AMBIENTAL PARA ATIVIDADES DE LAVRA GARIMPEIRA, INCLUSIVE COM USO DE MERCÚRIO.** INVASÃO DA COMPETÊNCIA DA UNIÃO PARA EDITAR NORMAS GERAIS SOBRE PROTEÇÃO AMBIENTAL. **DIREITO FUNDAMENTAL AO MEIO AMBIENTE EQUILIBRADO.** COMPETÊNCIA PRIVATIVA DA UNIÃO PARA LEGISLAR SOBRE JAZIDAS, MINAS E OUTROS RECURSOS MINERAIS. INCONSTITUCIONALIDADE. 1. A competência legislativa concorrente cria o denominado 'condomínio legislativo' entre a União e os Estados-Membros, cabendo à primeira a edição de normas gerais sobre as matérias elencadas no art. 24 da Constituição Federal; e aos segundos o exercício da competência complementar – quando já existente norma geral a disciplinar determinada matéria (CF, art. 24, § 2º) – e da competência legislativa plena (supletiva) – quando inexistente norma federal a estabelecer normatização de caráter geral (CF, art. 24, § 3º). 2. A possibilidade de complementação da legislação federal para o atendimento de interesse regional (art. 24, § 2º, da CF) **não permite que Estado-Membro simplifique o licenciamento ambiental para atividades de lavra garimpeira, esvaziando o procedimento previsto em legislação nacional**. Precedentes. 3. Compete privativamente à União legislar sobre jazidas, minas, outros recursos minerais e metalurgia (art. 22, XII, da CF), em razão do que incorre em inconstitucionalidade norma estadual que, a pretexto de regulamentar licenciamento ambiental, regulamenta aspectos da própria atividade de lavra garimpeira. Precedentes. 4. Medida cautelar confirmada. Ação julgada procedente" (STF, ADI 6.672/RR, Tribunal Pleno, Rel. Min. Alexandre de Moraes, j. 15.09.2021).

4.1.4 Caça

A **ADI 350/SP**,[101] ajuizada no ano de 1990 e julgada em 2021, teve por objeto a impugnação do **art. 204 da Constituição do Estado de São Paulo**, o qual estabelece: **"fica proibida a caça, sob qualquer pretexto, em todo o Estado"**. A ação foi proposta pela PGR, em virtude de representação formulada pela Associação Brasileira de Caça e Conservação, inclusive embasada em parecer do professor Manoel Gonçalves Ferreira Filho, da Faculdade de Direito da Universidade de São Paulo. Em síntese, a inicial sustenta a incompatibilidade do dispositivo em questão perante o § 1º do art. 24 da CF/1988. Muito embora a ação tenha sido proposta pela PGR, vale destacar que houve mudança de entendimento do referido órgão a respeito do tema, de modo que foi lançado parecer da instituição nos autos, no ano de 2001, no sentido do não conhecimento da ação e, na hipótese de seu conhecimento, pelo julgamento de improcedência. De acordo com o referido parecer do *Parquet*, "a restrição e a proibição da caça e da pesca **se atém às peculiaridades regionais**, foge às regras gerais, porque não são uniformes, e sim peculiares, levam em conta os ecossistemas locais e regionais, cabendo, portanto, aos Estados definir onde, como e em que época e casos é possível não só a pesca, como a caça". Ainda de acordo com o parecer, "restou claro no exame do caso que o Estado pode e deve proteger a fauna local e, consequentemente, os ecossistemas peculiares a sua região, essenciais para a sobrevivência das espécies ameaçadas de extinção, exercendo, assim, medida supletiva dentro de sua competência concorrente, traduzida no preceito estabelecido em sua carta, proibindo a caça no seu território", de modo que "lei que assim dispõe não pode ser considerada inconstitucional, por mais rigorosa que seja, se pretendeu valer as exceções e fortalecer a norma imperativa de proteção ao meio ambiente, proibindo a caça".

O STF iniciou, em 02.08.2017, o julgamento da ADI 350/SP. Após o voto do relator, **Ministro Dias Toffoli**, o julgamento foi suspenso por pedido de vista do Ministro Gilmar Mendes, tendo

---

[101] STF, ADI 350/SP, Tribunal Pleno, Rel. Min. Dias Toffoli, j. 21.06.2021.

sido concluído em 21.06.2021. O voto-relator do Ministro Dias Toffoli, acolhido à unanimidade pelos demais Ministros, conferiu ao dispositivo impugnado da Constituição paulista (art. 204) **interpretação conforme** a Constituição Federal, no sentido de admitir a caça unicamente em casos excepcionais (**fins científicos** e **controle populacional de espécies**), sendo acompanhado, na ocasião, por outros seis Ministros da Corte. Em seu voto, o Ministro Dias Toffoli destacou que a Lei Federal 5.197/67, ao contrário do que é alegado na ADI, **proíbe a caça, admitindo exceções unicamente quando as peculiaridades regionais comportarem essa prática**. Observou que, ainda assim, a regulamentação deve ocorrer por meio de norma federal, bem como que a **Lei 5.197/67 é compatível com os princípios da Constituição Federal de 1988** relativos à proteção da fauna. Segundo ele, a competência concorrente dos Estados-membros sobre o tema refere-se unicamente a suplementar a norma federal para adequá-la às características locais.

No seu entendimento, a autorização da caça deve se ater às peculiaridades regionais e levando em conta os ecossistemas locais, de sorte que não há dúvidas de que os Estados podem definir onde, como, quando e em quais situações é possível exercer a atividade de caça, **mas podem também reforçar a proteção e preservação da fauna local. Ressaltou que a regra geral, prevista na norma federal, é a proibição da caça**. A norma da Constituição paulista, de acordo com o voto-relator, visa à proteção do meio ambiente, atendendo às diretrizes da Constituição Federal para a defesa e proteção das espécies em risco de extinção, de modo que, como consignou no seu voto, "não se trata, portanto, de vedação arbitrária, mas plenamente justificável e imprescindível para atender suas necessidades". Dessa forma, o Ministro Relator votou no sentido de julgar a ADI 350/SP parcialmente procedente, unicamente para conferir interpretação conforme a Constituição Federal à expressão "sob qualquer pretexto" no sentido de admitir a autorização da caça **unicamente para fins de pesquisa científica ou para controle populacional de espécies que ameacem o equilíbrio ambiental**, em ambos os casos, **mediante autorização do poder público**. A proibição da caça, vale frisar, é tema de estatura constitucional, tendo em vista a **proibição expressa de práticas cruéis contra animais estabelecida no art. 225, § 1º, VII, da CF/1988**.

4.1.5 Organismos geneticamente modificados (OGMs)

O tema dos **organismos geneticamente modificados** (ou transgênicos) também tem encontrado assento na jurisprudência dos nossos Tribunais Superiores, com especial destaque para o STF. De modo similar ao que se constata em outros casos tratados, por exemplo, dos agrotóxicos, da queima da cana-de-açúcar, do amianto, da energia nuclear, entre outros, na hipótese dos organismos geneticamente modificados também se verifica a adoção de medidas legislativas, especialmente no plano estadual, com o intuito de **proibir ou restringir o seu cultivo, manipulação, importação, industrialização, comercialização**, entre outras atividades correlatas. O exemplo mais significativo diz respeito à legislação do Estado do Paraná (Lei Estadual 14.162/2003). No julgamento da ADI 3.035/PR, de relatoria do Ministro Gilmar Mendes, o Tribunal Pleno do STF julgou procedente, por unanimidade, a ação para declarar a **inconstitucionalidade da legislação estadual paranaense que vedava a industrialização e a comercialização de organismos geneticamente modificados**, sob o fundamento de violação dos arts. 1º, 22, I, VII, X e XI, 24, I e VI, 25 e 170, *caput*, IV e parágrafo único, da CF/1988, bem como ofensa à competência privativa da União e das normas constitucionais relativas às matérias de competência legislativa concorrente.[102]

---

[102] "Ação direta de inconstitucionalidade ajuizada contra a Lei Estadual paranaense de n. 14.162, de 27 de outubro de 2003, que estabelece vedação ao cultivo, a manipulação, a importação, a industrialização e a comercialização de organismos geneticamente modificados. (...) 2. Alegada violação aos seguintes dispositivos constitucionais: art. 1º; art. 22, incs. I, VII, X e XI; art. 24, I e VI; art. 25 e art. 170, *caput*, IV e parágrafo

Em outra ocasião, o STF, no âmbito da ADI 3.645/PR, relatoria da Ministra Ellen Gracie, também julgou inconstitucional, por unanimidade, legislação do Estado do Paraná (Lei Estadual 14.861/2005 e Decreto Estadual 6.253/2006) que dispunha **sobre direito à informação quanto à presença de organismos geneticamente modificados em alimentos e ingredientes alimentares** destinados ao consumo humano e animal. Segundo a fundamentação apresentada no voto da Ministra-Relatora, a legislação estadual buscou "inaugurar regulamentação paralela e explicitamente contraposta à legislação federal vigente", de modo que haveria ocorrido no caso "substituição – e não suplementação – das regras que cuidam das exigências, procedimentos e penalidades relativos à rotulagem informativa de produtos transgênicos por norma estadual que dispôs sobre o tema de maneira igualmente abrangente. Extrapolação, pelo legislador estadual, da autorização constitucional voltada para o preenchimento de lacunas acaso verificadas na legislação federal".[103] No que diz com o tema dos organismos geneticamente modificados, como se pode perceber a partir do exame da jurisprudência do STF ora citada, há uma abordagem sobremaneira restritiva, de modo a não autorizar qualquer postura legislativa "mais protetiva" adotada por parte dos demais entes federados (periféricos).[104] Aqui também, tendo em conta o entendimento do STF sobre a matéria, parece-nos que a proteção ecológica passa à margem na fundamentação de tais julgamentos, não tendo sido devidamente considerada a competência legislativa concorrente dos Estados para legislar em matéria ambiental (e também no tocante à saúde pública), notadamente em vista da adoção de **medidas legislativas mais protetivas** amparadas no **princípio da precaução**.

4.1.6 Amianto

O **Caso do Amianto** é talvez o *leading case* julgado pelo **STF** mais importante de todos os tempos em matéria de competência legislativa ambiental (e igualmente no campo da saúde pública). O **STF** realizou, nos dias 24 e 31 de agosto de 2012, **audiência pública**, convocada pelo Ministro Marco Aurélio, para subsidiar o julgamento de ADI 3.937/SP, que impugna a Lei 12.684/2007, do Estado de São Paulo, que **proíbe o uso** de produtos materiais ou artefatos que contenham qualquer tipo de **amianto ou asbesto** em sua composição. Na ocasião, foram ouvidas as manifestações de várias pessoas, representantes de diversas entidades, tanto públicas quanto privadas, os quais puderam tecer os seus argumentos favoráveis e contrários à proibição da utilização do amianto. Além da já citada **ADI 3.937/SP**, relatoria do Ministro Marco Aurélio, tramita no STF a **ADI 3.357/RS**, relatoria do Ministro Carlos Ayres Britto, em face de legislação

---

único. 3. Ofensa à competência privativa da União e das normas constitucionais relativas às matérias de competência legislativa concorrente. 4. Ação julgada procedente" (STF, ADI 3035/PR, Tribunal Pleno, Rel. Min. Gilmar Mendes, j. 06.04.2005).

[103] STF, ADI 3645/PR, Tribunal Pleno, Rel. Min. Ellen Gracie, j. 31.05.2006.

[104] No âmbito do **STJ**, registra-se jurisprudência que admitiu iniciativa legislativa do Estado do Rio Grande do Sul que exigiu o registro prévio de agrotóxicos no órgão ambiental ou de agricultura estadual, independentemente do registro prévio no Ministério da Agricultura previsto pela legislação federal. "Processual civil e administrativo. Medida cautelar. Soja transgênica. Herbicida. Glifosato na pós-emergência. Utilização. *Periculum in mora* e *fumus boni iuris*. Ausência. Tutela antecipada recursal. Juízo de evidência. 1. *Periculum in mora*. A alegação de urgência à consideração de que o plantio de soja transgênica deve ser realizado até o mês de outubro não ampara a pretensão cautelar, pois o cultivo não está proibido no Estado do Paraná, mas tão somente a utilização do herbicida Glifosato na pós-emergência. 2. *Fumus boni iuris*. A União, os Estados e o Distrito Federal, nos termos do art. 10 da Lei 7.802/89, detêm competência concorrente para legislar sobre agrotóxicos e proteção ao meio ambiente, cabendo à União fixar normas gerais e aos Estados suplementar a legislação federal no que couber. Aparentemente, não há óbice constitucional ou legal a que os Estados-Membros exijam o registro prévio de agrotóxicos no órgão ambiental ou de agricultura estadual, ainda que haja registro prévio no Ministério da Agricultura. (...)" (STJ, AgRg na MC 12.968/PR, 2ª T., Rel. Min. Castro Meira, j. 25.09.2007).

estadual que proíbe a produção e comercialização de produtos à base de amianto no âmbito do Estado do Rio Grande do Sul. A audiência pública citada teve, nesse sentido, o propósito de subsidiar os Ministros do STF com informações relevantes para o julgamento de ambas as ações.

No entanto, antes de avançar na análise das ações em questão, é importante sinalizar que essa não é a primeira vez que a proibição do amianto é discutida no STF. Antes disso, o STF também analisou o tema no julgamento da ADI 2.396/MS,[105] de relatoria da Ministra Ellen Gracie, a qual impugnou a Lei Estadual 2.210/2001, que determinava, no âmbito do Estado do Mato Grosso do Sul, a proibição de fabricação, ingresso, comercialização e estocagem de amianto ou de produtos à base de amianto, destinados à construção civil. Na ocasião, o Tribunal Pleno do STF, com composição diferente da atual, entendeu que "o Estado do Mato Grosso do Sul excedeu a margem de competência concorrente que lhe é assegurada para legislar sobre produção e consumo (art. 24, V); proteção do meio ambiente e controle da poluição (art. 24, VI); e proteção e defesa da saúde (art. 24, XII)", bem como que a Lei 9.055/95, que dispõe sobre a matéria no âmbito federal, esgotou todos os aspectos que dizem respeito à questão.

Na mesma decisão ficou consignado que "a legislação impugnada foge, e muito, do que corresponde à legislação suplementar, da qual se espera que preencha vazios ou lacunas deixadas pela legislação federal, não que venha a dispor em diametral objeção a esta". A respeito do entendimento do STF exarado em tal julgamento, assinalou Paulo Affonso Leme Machado, em tom crítico, que "os mais altos julgadores hão de sentir que a chave da legislação da saúde e do meio ambiente no Brasil não pode ficar exclusivamente nas mãos da União, como se ela tivesse a unicidade do saber e da eficiência nesses campos. Se o centro falhar ou se omitir, a periferia política precisa poder mostrar que sabe agir e, como o centro, é capaz de atuar".[106]

O STF **escreveu um novo capítulo sobre a questão da competência legislativa em matéria ambiental e de saúde pública** a partir das decisões tomadas no enfrentamento da questão do amianto, superando substancialmente o entendimento exarado anteriormente no julgamento da ADI 2.396/MS, tomando por base os votos lançados no julgamento das **ADIs 3.937/SP e 4.066/DF**, em especial pelos Ministros Ayres Britto, Dias Toffoli e Rosa Weber, somado aos votos proferidos por ocasião do julgamento das respectivas medidas cautelares de tais ações. O conteúdo do voto do **Ministro Ayres Britto**, já explorado em diversas passagens ao longo deste Capítulo, mas também diante do voto do Ministro Lewandowski lançado quando do julgamento da medida cautelar da ADI 3.937/SP, já se vislumbra um novo horizonte jurisprudencial para a matéria. Gradualmente, como referido anteriormente, consolida-se entendimento no STF com viés muito mais protetivo para com os direitos fundamentais, de modo a romper com tradição jurisprudencial da nossa Corte Constitucional, que rechaçava qualquer postura mais ativa dos entes políticos periféricos (Estados, Distrito Federal e Municípios), se tal medida contrariava de alguma forma a legislação editada pela União. Afinal de contas, como destacou o **Ministro Ricardo Lewandowski**, no voto proferido no julgamento da medida cautelar da ADI 3.937/SP,

> "em matéria de proteção ao ambiente e em matéria de proteção da saúde pública, **nada impede que a legislação estadual e a legislação municipal sejam mais restritivas do que a legislação da União** e a legislação do próprio Estado, em se tratando dos Municípios".

O Plenário do STF, por maioria de votos, concluiu, em 24.08.2017, o julgamento, iniciado em 2012, da ADI 3.937/SP, julgando-a improcedente.[107] A ação foi ajuizada pela Confederação Nacional dos Trabalhadores na Indústria (CNTI) contra a Lei 12.687/2007 do Estado de São

---

[105] STF, ADI 2.396/MS, Tribunal Pleno, Rel. Min. Ellen Gracie, j. 08.05.2003.
[106] MACHADO, Paulo Affonso Leme. Federalismo, amianto e meio ambiente..., p. 230.
[107] STF, ADI 3937/SP, Tribunal Pleno, Rel. Min. Marco Aurélio, Rel. p/ acórdão Min. Dias Toffoli, j. 24.08.2017.

Paulo, que proíbe o uso de produtos, materiais ou artefatos que contenham quaisquer tipos de amianto no território estadual. Na ocasião, os Ministros também declararam, incidentalmente, a inconstitucionalidade do art. 2º da Lei Federal 9.055/95, que permitia a extração, industrialização, comercialização e a distribuição do uso do **amianto na variedade crisotila** no País. Assim, com o julgamento da ADI 3.937, a nossa Corte Constitucional julgou inconstitucional o dispositivo da norma federal que autoriza o uso dessa modalidade de amianto e assentou a **validade da norma estadual que proíbe o uso de qualquer tipo**. Em 2012, quando o julgamento da matéria teve início, o Ministro Marco Aurélio, relator da ADI 3.937, votou pela procedência da ação, considerando inconstitucional a lei paulista por inadequação com o art. 2º da Lei 9.055/95, dispositivo que ele entendia ser constitucional. Naquela ocasião, o Ministro Ayres Britto pronunciou-se de forma contrária, votando pela improcedência da ação.

Em 2017, o Ministro Dias Toffoli votou pela improcedência da ação, também declarando incidentalmente a inconstitucionalidade da regra federal referida. Segundo o Ministro Dias Toffoli, o dispositivo em questão, diante da **alteração dos fatos e conhecimento científico sobre o tema**, passou por um "**processo de inconstitucionalização**" e, hoje, não mais se compatibiliza com a Constituição Federal de 1988. Segundo assentou no seu voto, "hoje, o que se observa é um **consenso em torno da natureza altamente cancerígena do mineral** e da inviabilidade de seu uso de forma efetivamente segura, sendo esse o entendimento oficial dos **órgãos nacionais e internacionais** que detêm autoridade no tema da saúde em geral e da saúde do trabalhador". O Ministro Dias Toffoli ressaltou ainda, no seu voto, que, reconhecida a invalidade da norma geral federal, os Estados-membros passam a ter competência legislativa plena sobre a matéria, nos termos do art. 24, § 3º, da CF/1988, até que sobrevenha eventual nova legislação federal acerca do tema.

JURISPRUDÊNCIA STF. Amianto, proteção do meio ambiente, competência legislativa concorrente, processo de "inconstitucionalização" e alteração nas relações fáticas subjacentes à norma jurídica: "AÇÃO DIRETA DE INCONSTITUCIONALIDADE. LEI Nº 12.684/2007 DO ESTADO DE SÃO PAULO. PROIBIÇÃO DO USO DE PRODUTOS, MATERIAIS OU ARTEFATOS QUE CONTENHAM QUAISQUER TIPOS DE AMIANTO OU ASBESTO. PRODUÇÃO E CONSUMO, PROTEÇÃO DO MEIO AMBIENTE E PROTEÇÃO E DEFESA DA SAÚDE. COMPETÊNCIA LEGISLATIVA CONCORRENTE. IMPOSSIBILIDADE DE A LEGISLAÇÃO ESTADUAL DISCIPLINAR MATÉRIA DE FORMA CONTRÁRIA À LEI GERAL FEDERAL. LEI FEDERAL Nº 9.055/1995. AUTORIZAÇÃO DE EXTRAÇÃO, INDUSTRIALIZAÇÃO, UTILIZAÇÃO E COMERCIALIZAÇÃO DO AMIANTO DA VARIEDADE CRISOTILA. **PROCESSO DE INCONSTITUCIONALIZAÇÃO. ALTERAÇÃO NAS RELAÇÕES FÁTICAS SUBJACENTES À NORMA JURÍDICA**. NATUREZA CANCERÍGENA DO AMIANTO CRISOTILA E INVIABILIDADE DE SEU USO DE FORMA EFETIVAMENTE SEGURA. EXISTÊNCIA DE MATÉRIAS-PRIMAS ALTERNATIVAS. AUSÊNCIA DE REVISÃO DA LEGISLAÇÃO FEDERAL, COMO DETERMINA A CONVENÇÃO Nº 162 DA OIT. **INCONSTITUCIONALIDADE SUPERVENIENTE DA LEI FEDERAL Nº 9.055/1995. COMPETÊNCIA LEGISLATIVA PLENA DOS ESTADOS.** CONSTITUCIONALIDADE DA LEI ESTADUAL Nº 12.684/2007. IMPROCEDÊNCIA DA AÇÃO. 1. A Lei nº 12.684/2007, do Estado de São Paulo, proíbe a utilização, no âmbito daquele Estado, de produtos, materiais ou artefatos que contenham quaisquer tipos de amianto ou asbesto, versando sobre produção e consumo (art. 24, V, CF/88), proteção do meio ambiente (art. 24, VI) e proteção e defesa da saúde (art. 24, XII, CF/88). Dessa forma, compete, concorrentemente, à União a edição de normas gerais e aos Estados suplementar a legislação federal no que couber (art. 24, §§ 1º e 2º, CF/88). Somente na hipótese de inexistência de lei federal é que os Estados exercerão a competência legislativa plena (art. 24, § 3º, CF/88). 2. A **Constituição de 1988 estabeleceu uma competência concorrente não cumulativa, na qual há expressa delimitação dos modos de atuação de cada ente federativo, os quais não se sobrepõem**. Compete à **União** editar as **normas gerais** (art. 24, § 1º), não cabendo aos **Estados** contrariar ou substituir o que definido em norma geral, mas sim o **suplementar (art. 24, § 2º). Se, por**

um lado, a norma geral não pode impedir o exercício da competência estadual de suplementar as matérias arroladas no art. 24, por outro, não se pode admitir que a legislação estadual possa adentrar a competência da União e disciplinar a matéria de forma contrária à norma geral federal, desvirtuando o mínimo de unidade normativa almejado pela Constituição Federal. A inobservância dos limites constitucionais impostos ao exercício da competência concorrente implica a inconstitucionalidade formal da lei. 3. O art. 1º da Lei Federal nº 9.055/1995 proibiu a extração, a produção, a industrialização, a utilização e a comercialização de todos os tipos de amianto, com exceção da crisotila. Em seu art. 2º, a lei autorizou a extração, a industrialização, a utilização e a comercialização do amianto da variedade crisotila (asbesto branco) na forma definida na lei. Assim, se a lei federal admite, de modo restrito, o uso do amianto, em tese, a lei estadual não poderia proibi-lo totalmente, pois, desse modo, atuaria de forma contrária à prescrição da norma geral federal. Nesse caso, não há norma suplementar, mas norma contrária/substitutiva à lei geral, em detrimento da competência legislativa da União. 4. No entanto, o art. 2º da Lei Federal nº 9.055/1995 passou por um **processo de inconstitucionalização, em razão da alteração nas relações fáticas subjacentes à norma jurídica, e, no momento atual, não mais se compatibiliza com a Constituição de 1988**. Se, antes, tinha-se notícia dos possíveis riscos à saúde e ao meio ambiente ocasionados pela utilização da crisotila, falando-se, na época da edição da lei, na possibilidade do uso controlado dessa substância, atualmente, o que se observa é um **consenso em torno da natureza altamente cancerígena do mineral e da inviabilidade de seu uso de forma efetivamente segura, sendo esse o entendimento oficial dos órgãos nacionais e internacionais que detêm autoridade no tema da saúde em geral e da saúde do trabalhador**. 5. A **Convenção nº 162 da Organização Internacional do Trabalho, de junho de 1986**, prevê, dentre seus princípios gerais, a necessidade de revisão da legislação nacional sempre que o desenvolvimento técnico e o progresso no conhecimento científico o requeiram (art. 3º, § 2).

A convenção também determina a substituição do amianto por material menos danoso, ou mesmo seu efetivo banimento, sempre que isso se revelar necessário e for tecnicamente viável (art. 10). Portanto, **o Brasil assumiu o compromisso internacional** de revisar sua legislação e de substituir, quando tecnicamente viável, a utilização do amianto crisotila. 6. Quando da edição da lei federal, o país não dispunha de produto qualificado para substituir o amianto crisotila. No entanto, atualmente, existem materiais alternativos. Com o advento de materiais recomendados pelo Ministério da Saúde e pela ANVISA e em atendimento aos compromissos internacionais de revisão periódica da legislação, a Lei Federal nº 9.055/1995 – que, desde sua edição, não sofreu nenhuma atualização –, deveria ter sido revista para banir progressivamente a utilização do asbesto na variedade crisotila, ajustando-se ao estágio atual do consenso em torno dos riscos envolvidos na utilização desse mineral. 7. (i) **O consenso dos órgãos oficiais de saúde geral e de saúde do trabalhador em torno da natureza altamente cancerígena do amianto crisotila**, (ii) a existência de materiais alternativos à fibra de amianto e (iii) a ausência de revisão da legislação federal revelam a inconstitucionalidade superveniente (sob a óptica material) da Lei Federal nº 9.055/1995, **por ofensa ao direito à saúde (arts. 6º e 196, CF/88), ao dever estatal de redução dos riscos inerentes ao trabalho por meio de normas de saúde, higiene e segurança (art. 7º, inciso XXII, CF/88), e à proteção do meio ambiente (art. 225, CF/88)**. 8. Diante da invalidade da norma geral federal, os Estados-membros passam a ter competência legislativa plena sobre a matéria, nos termos do art. 24, § 3º, da CF/88. Tendo em vista que a Lei nº 12.684/2007 do Estado de São Paulo proíbe a utilização do amianto crisotila nas atividades que menciona, em consonância com os preceitos constitucionais (em especial, os arts. 6º, 7º, inciso XXII; 196 e 225 da CF/88) e com os **compromissos internacionais subscritos pelo Estado brasileiro**, não incide ela no mesmo vício de inconstitucionalidade material da legislação federal. 9. Ação direta julgada improcedente, com a declaração incidental de inconstitucionalidade do art. 2º da Lei 9.055/1995, com efeito *erga omnes* e vinculante" (grifos nossos) (STF, ADI 3.937/SP, Tribunal Pleno, Rel. Min. Marco Aurélio, Rel. p/ Acórdão Min. Dias Toffoli, j. 24.08.2017).

No mesmo sentido, cabe destacar passagem do voto-relator da Ministra Rosa Weber, no julgamento da ADI 4.066/DF, ocorrido na mesma data:

"é sob essa ótica que deve ser lido o comando do art. 225, § 1º, V, da Carta Política, segundo o qual compete aos Poderes Públicos 'controlar a produção, a comercialização e o emprego de técnicas, métodos e substâncias que comportem risco para a vida, a qualidade de vida e o meio ambiente', sempre que medidas dessa natureza se fizerem necessárias, se mostrarem adequadas e forem suficientes para **assegurar a efetividade do direito fundamental ao meio ambiente ecologicamente equilibrado**. *Contrario sensu*, o comando constitucional deslegitima como insuficientes medidas paliativas, que se mostrem incapazes de aliviar satisfatoriamente – a partir de um juízo de proporcionalidade – o **risco gerado para a vida, para a qualidade de vida e para o meio ambiente**, em decorrência da manipulação de determinados produtos, materiais ou tecnologias. Ao mesmo tempo, não deixam de estar albergados no imperativo de "controlar" trazido pelo art. 225, § 1º, VI, da Lei Maior, eventual vedação, banimento ou proibição dirigida a técnicas, métodos e substâncias, quando nenhuma outra medida de controle se mostrar efetiva".

Outro ponto de destaque adotado no voto da Ministra Rosa Weber diz respeito ao reconhecimento do *status* **supralegal de tratado internacional ambiental**, no caso, a **Convenção de Basileia sobre o Controle de Movimentos Transfronteiriços de Resíduos Perigosos e seu Depósito, de 1989**, aprovada no Brasil pelo Decreto Legislativo 34/92 e promulgada pelo Decreto º875/93. Segundo assinalou a Ministra no seu voto, "porque veiculadoras de regimes protetivos de direitos fundamentais, as Convenções nº 139 e 162 da OIT, bem como a Convenção de Basileia, assumem, no nosso ordenamento jurídico, *status* de supralegalidade (...)".[108] Por fim, cabe apenas reiterar o que registramos anteriormente no tocante à importância dos julgamentos em questão, como importante precedente a reforçar a legitimidade do exercício da competência legislativa concorrente com a adoção de normas de viés mais restritivo ou protetivo por parte dos entes federativos estaduais e municipais em matéria ambiental, em consonância com os deveres de **proteção ambiental do Estado** (e correlata **proibição de proteção insuficiente**) e do **direito fundamental a viver em um meio ambiente sadio, equilibrado e seguro**.

"Ação direta de inconstitucionalidade. Art. 2º, *caput* e parágrafo único, da Lei nº 9.055/1995. Extração, industrialização, utilização, comercialização e transporte do asbesto/amianto e dos produtos que o contenham. Amianto crisotila. Lesividade à saúde humana. Alegada inexistência de níveis seguros de exposição. (...) Mérito. Amianto. Variedade crisotila (asbesto branco). Fibra mineral. Consenso médico atual no sentido de que a exposição ao amianto tem, como efeito direto, a contração de diversas e graves morbidades. Relação de causalidade. Reconhecimento oficial. Portaria nº 1.339/1999 do Ministério da Saúde. Posição da Organização Mundial da Saúde – OMS. Risco carcinogênico do asbesto crisotila. Inexistência de níveis seguros de exposição. Limites da cognição jurisdicional. Questão jurídico-normativa e questões de fato. Análise da jurisprudência. **Art. 2º da Lei nº 9.055/1995**. Fonte positiva da autorização para exploração econômica do asbesto crisotila. Lei nº 9.976/2000. Legislação federal específica e posterior. Indústria de cloro. Uso residual. Transição tecnológica. Situação específica não alcançada pela presente impugnação. Tolerância ao uso do amianto crisotila no art. 2º da Lei nº 9.055/1995. Equacionamento. Livre-iniciativa. **Dignidade da pessoa humana**. Valor social do trabalho. Direito à saúde. **Direito ao meio ambiente ecologicamente equilibrado. Desenvolvimento econômico, progresso social e bem-estar coletivo. Limites dos direitos fundamentais.**

---

[108] STF, ADI 4066/DF, Tribunal Pleno, Rel. Min. Rosa Weber, j. 24.08.2017. O mesmo entendimento foi adotado pelo STF no julgamento das ADI 4.066/DF, ADI 3.356/PE, ADI 3.357/RS e ADI 3.470/RJ.

Compatibilização. Arts. 1º, IV, 170, caput, 196 e 225, caput e § 1º, V, da CF. Audiência pública (ADI 3.937/SP) e *amici curiae*. Contribuições ao debate. Jurisprudência do órgão de apelação da Organização Internacional do Comércio – OMC. Proibição à importação de asbesto. Medida justificada. Art. XX do Acordo Geral sobre Tarifas e Comércio – GATT. Proteção da vida e da saúde humana. Convenções nºs 139 e 162 da OIT. **Convenção de Basileia sobre o controle de movimentos transfronteiriços de resíduos perigosos e seu depósito. Regimes protetivos de direitos fundamentais. Supralegalidade. Compromissos internacionais.** Inobservância. Art. 2º da Lei nº 9.055/1995. **Proteção insuficiente. Arts. 6º, 7º, XXII, 196 e 225 da Constituição da República**. 1. (...). 2. O consenso médico atual identifica, **para além de qualquer dúvida razoável, a contração de diversas doenças graves como efeito direto da exposição ao amianto**. 3. Posição oficial da Organização Mundial da Saúde – OMS no sentido de que: (a) todos os tipos de amianto causam câncer no ser humano, não tendo sido identificado limite algum para o risco carcinogênico do crisotila; (b) o aumento do risco de desenvolvimento de câncer tem sido observado mesmo em populações submetidas a níveis muito baixos de exposição; (c) o meio mais eficiente de eliminar as doenças relacionadas ao mineral é eliminar o uso de todos os tipos de asbesto. (...) 5. Limites da cognição jurisdicional. Residem fora da alçada do Supremo Tribunal Federal os juízos de natureza técnico-científica sobre questões de fato, acessíveis pela investigação técnica e científica, como a nocividade ou o nível de nocividade da exposição ao amianto crisotila e a viabilidade da sua exploração econômica segura. A tarefa da Corte – de caráter normativo – há de se fazer inescapavelmente embasada nas conclusões da comunidade científica – de natureza descritiva. Questão jurídica a decidir: se, em face do que afirma o **consenso médico e científico atual**, a exploração do amianto crisotila, na forma como autorizada pela Lei nº 9.055/1995, é compatível com a escolha política, efetuada pelo Poder Constituinte, de assegurar, a todos os brasileiros, os direitos à saúde e à fruição de um meio ambiente ecologicamente equilibrado. Precedente: ADPF 101 (Relatora Ministra Cármen Lúcia, Tribunal Pleno, DJe 24.6.2009). (...). 8. Legitimidade constitucional da tolerância ao uso do amianto crisotila, como estampada no preceito impugnado, equacionada à luz da livre-iniciativa, da dignidade da pessoa humana, do valor social do trabalho, do direito à saúde e do **direito ao meio ambiente ecologicamente equilibrado**. Desenvolvimento econômico, progresso social e bem-estar coletivo. A Constituição autoriza a **imposição de limites aos direitos fundamentais** quando necessários à conformação com outros direitos fundamentais igualmente protegidos. **O direito fundamental à liberdade de iniciativa (arts. 1º, IV, e 170, caput, da CF) há de ser compatibilizado com a proteção da saúde e a preservação do meio ambiente.** Precedente: AC 1.657, Tribunal Pleno, Relator Ministro Cezar Peluso, DJe 30.08.2007. **Dever estatal de agir positivamente quanto à regulação da utilização, na indústria, de matérias-primas comprovadamente nocivas à saúde humana.** A cláusula constitucional da proteção à saúde constrange e ampara o legislador – Federal, Estadual, Distrital e Municipal – ao excluir previamente certos arranjos normativos, com ela incompatíveis, do leque de escolhas políticas possíveis, ao mesmo tempo em que cria uma esfera de legitimação para intervenções político-normativas que, democraticamente legitimadas, traduzem inferências autorizadas pelo preceito constitucional. 9. **O art. 225, § 1º, V, da CF (a) legitima medidas de controle da produção, da comercialização e do emprego de técnicas, métodos e substâncias que comportam risco para a vida, a qualidade de vida e o meio ambiente, sempre que necessárias, adequadas e suficientes para assegurar a efetividade do direito fundamental ao meio ambiente ecologicamente equilibrado; (b) deslegitima, por insuficientes, medidas incapazes de aliviar satisfatoriamente o risco gerado para a vida, para a qualidade de vida e para o meio ambiente; e (c) ampara eventual vedação, banimento ou proibição dirigida a técnicas, métodos e substâncias, quando nenhuma outra medida de controle se mostrar efetiva.** (...) 11. Convenção nº 139 da OIT, sobre a Prevenção e o Controle de Riscos Profissionais causados pelas Substâncias ou Agentes Cancerígenos. Convenção nº 162 da OIT, sobre o uso do asbesto. Resolução da OIT sobre o Asbesto (2006). **Convenção de Basileia**

sobre o Controle de Movimentos Transfronteiriços de Resíduos Perigosos e seu Depósito. *Status* de supralegalidade dos regimes protetivos de direitos fundamentais. Inobservância das obrigações, assumidas no plano internacional, de (i) promover a redução dos níveis de exposição de forma consistente e progressiva, (ii) substituir, sempre que possível, o uso do amianto crisotila por materiais menos perigosos e (iii) reduzir a geração de resíduos perigosos ao mínimo possível. 12. (...). 13. À luz do **conhecimento científico** acumulado sobre a extensão dos efeitos nocivos do amianto para a saúde e o meio ambiente e à evidência da ineficácia das medidas de controle nela contempladas, a tolerância ao uso do amianto crisotila, tal como positivada no art. 2º da Lei nº 9.055/1995, **não protege adequada e suficientemente os direitos fundamentais à saúde e ao meio ambiente equilibrado (arts. 6º, 7º, XXII, 196, e 225 da CF), tampouco se alinha aos compromissos internacionais de caráter supralegal assumidos pelo Brasil e que moldaram o conteúdo desses direitos, especialmente as Convenções nºs 139 e 162 da OIT e a Convenção de Basileia**. Juízo de procedência da ação no voto da Relatora. 14. Quórum de julgamento constituído por nove Ministros, considerados os impedimentos. Cinco votos pela procedência da ação direta, a fim de declarar a inconstitucionalidade, por proteção deficiente, da tolerância ao uso do amianto crisotila, da forma como encartada no art. 2º da Lei nº 9.055/1995, em face dos arts. 7º, XXII, 196 e 225 da Constituição da República. Quatro votos pela improcedência. Não atingido o quórum de seis votos (art. 23 da Lei nº 9.868/1999), maioria absoluta (art. 97 da Constituição da República), para proclamação da constitucionalidade ou inconstitucionalidade do dispositivo impugnado, a destituir de eficácia vinculante o julgado. 15. Ação direta de inconstitucionalidade conhecida e, no mérito, não atingido o quórum exigido pelo art. 97 da Constituição da República para a pronúncia da inconstitucionalidade do art. 2º da Lei nº 9.055/1995" (grifos nossos) (STF, ADI 4066/DF, Tribunal Pleno, Rel. Min. Rosa Weber, j. 24.08.2017). O mesmo entendimento foi adotado pelo STF no julgamento das ADI 4.066/DF, ADI 3.356/PE, ADI 3.357/RS e ADI 3.470/RJ.

4.1.7. *Pesca de arrasto*

A pesca industrial de arrasto é prática notoriamente predatória à fauna e biodiversidade aquática. O STF, no julgamento da **ADI 861/AP**, reconheceu a competência concorrente dos Estados para legislar sobre pesca e proteção do meio ambiente, a fim de atender o interesse local e estabelecer proteção jurídica adequada e suficiente na regulamentação da pesca industrial de arrasto. Outro caso julgado pelo STF a respeito do tema é a **ADI 6.218/RS**, em que a Corte reconheceu a constitucionalidade de legislação estadual do Estado do Rio Grande do Sul que **proibiu a pesca de arrasto** na faixa marítima da zona costeira gaúcha.

> **JURISPRUDÊNCIA STF. Competência legislativa concorrente dos entes federativos sobre pesca e proteção do meio ambiente:** "AÇÃO DIRETA DE INCONSTITUCIONALIDADE. LEI Nº 64/1993, DO ESTADO DO AMAPÁ. PESCA INDUSTRIAL DE ARRASTO DE CAMARÕES E APROVEITAMENTO COMPULSÓRIO DA FAUNA ACOMPANHANTE. NORMAS INCIDENTES SOBRE PESCA, PROTEÇÃO DO MEIO AMBIENTE E RESPONSABILIDADE POR DANO AO MEIO AMBIENTE. **COMPETÊNCIA CONCORRENTE.** ART. 5º, *CAPUT*, 19, III, 22, I E XI, 24, VI E VIII, 170, VI, 178, E 225, § 1º, V e VII, E § 3º, DA CONSTITUIÇÃO DA REPÚBLICA. PRECEDENTES. PROCEDÊNCIA PARCIAL. 1. Ao disciplinar, no âmbito do Estado federado, a pesca industrial de arrasto de camarões e o aproveitamento compulsório da fauna acompanhante, a Lei nº 64/1993 do Estado do Amapá veicula normas incidentes sobre pesca, proteção do meio ambiente e responsabilidade por dano ao meio ambiente, matérias a respeito das quais, a teor do **art. 24, VI e VIII, da CF**, compete à União, aos Estados e ao Distrito Federal legislar concorrentemente. 2. No modelo federativo brasileiro, estabelecida pela União a arquitetura normativa da **Política Nacional de Desenvolvimento Sustentável da Pesca**

(hoje consubstanciada na Lei nº 11.959/2009), aos Estados compete, além da supressão de eventuais lacunas, a previsão de **normas destinadas a complementar a norma geral e a atender suas peculiaridades locais,** respeitados os critérios (i) da preponderância do interesse local, (ii) do exaurimento dos efeitos dentro dos respectivos limites territoriais – até mesmo para prevenir conflitos entre legislações estaduais potencialmente díspares – e (iii) da **vedação da proteção insuficiente**. Precedente: ADI 3829/RS, Relator Ministro Alexandre de Moraes, em 11.4.2019, *DJe* 17.5.2019. 3. Não se confunde a competência da União, dos Estados e do Distrito Federal para **legislar concorrentemente sobre pesca e proteção do meio ambiente** (art. 24, VI, da CF) com a competência privativa da União para legislar sobre embarcações (arts. 22, I e XI, e 178 da CF). Ao condicionar o emprego de embarcações estrangeiras arrendadas, na pesca industrial de arrasto de camarões, à satisfação de exigências relativas à transferência de tecnologia e inovações, o art. 1o, III, da Lei nº 64/1993 exorbita da competência estadual, invadindo a competência privativa da União para legislar sobre embarcações. 4. Ao orientarem o controle do esforço de pesca em consideração ao poder de pesca, o desempenho das embarcações e o volume da fauna acompanhante desperdiçada, estipularem limites de aproveitamento da fauna acompanhante à pesca industrial de arrasto de camarões e veicularem normas destinadas à mitigação do impacto ambiental da atividade, os arts. 1o, § 2º, e 2o, §§ 1º e 2o, da Lei nº 64/1993 mantêm-se dentro dos limites da competência legislativa concorrente do Estado (art. 24, VI, da CF), além de consonantes com o **postulado da proporcionalidade e os imperativos de preservação e defesa do meio ambiente mediante o controle do emprego de técnicas, métodos e práticas potencialmente danosos à fauna** (arts. 170, VI, e 225, § 1º, V e VII, da CF) e não destoam das normas gerais sobre a matéria objeto da legislação federal (Lei nº 11.959/2009). Precedente: ADI 2030/SC, Relator Ministro Gilmar Mendes, em 09.8.2017, *DJ* 17.10.2018. 5. É inconstitucional a previsão de tratamento privilegiado às empresas instaladas no Estado do Amapá, por afronta ao princípio da isonomia em seu aspecto federativo (arts. 5o, *caput* e I, e 19, III, da Constituição Federal). 6. Ação direta julgada parcialmente procedente" (STF, ADI 861/AP, Tribunal Pleno, Rel. Min. Rosa Weber, j. 06.03.2020).

JURISPRUDÊNCIA STF. Competência legislativa concorrente em matéria ambiental e constitucionalidade de legislação estadual proibitiva de pesca de arrasto na faixa marítima da zona costeira: "AÇÃO DIRETA DE INCONSTITUCIONALIDADE. ESTADO DO RIO GRANDE DO SUL. PROIBIÇÃO DA PRÁTICA DA PESCA DE ARRASTO TRACIONADA POR EMBARCAÇÕES MOTORIZADAS NA FAIXA MARÍTIMA DA ZONA COSTEIRA GAÚCHA (LEI ESTADUAL Nº 15.223/2018). COMPETÊNCIA CONCORRENTE SUPLEMENTAR DOS ESTADOS-MEMBROS EM TEMA DE PESCA E PROTEÇÃO AMBIENTAL (CF, ART. 24, VI). DIREITO FUNDAMENTAL AO MEIO AMBIENTE ECOLOGICAMENTE EQUILIBRADO (CF, ART. 225). PRECEDENTE ESPECÍFICO DO PLENÁRIO DESTA CORTE. 1. Impugna-se a constitucionalidade da vedação estadual à pesca de arrasto motorizado no mar territorial da zona costeira gaúcha, ao fundamento de afronta à competência do Congresso Nacional para 'legislar sobre bens de domínio da União' (CF, art. 20, VI, e 48, V). (...) 7. O Plenário desta Suprema Corte reconhece a plena validade jurídico-constitucional **da vedação estadual à prática da pesca de arrasto** no território marítimo dos Estados situados na zona costeira, forte no **art. 24, VI, da Carta Política**, no que assegura à União, aos Estados e ao Distrito Federal, competência para **legislar concorrentemente sobre pesca, fauna, conservação da natureza, defesa dos recursos naturais e proteção do meio ambiente**. Precedente específico (ADI 861, Rel. Min. Rosa Weber, Pleno, j. 06.3.2020, *DJe* 05.6.2020). 8. A Política Estadual de Desenvolvimento Sustentável da Pesca riograndense (Lei estadual nº 15.223/2018) observa estrita conformação com as diretrizes e normas gerais da Política Nacional de Pesca e Aquicultura da União (Lei nº 11.959/2009), cujo texto normativo **veda expressamente no território marítimo brasileiro a prática de toda e qualquer modalidade de pesca predatória** (art. 6º). 9. Legitima-se, ainda, a legislação estadual questionada, em face da LC nº 140/2011, pela qual a União disciplinou as formas de cooperação com os Estados nas ações administrativas decorrentes do exercício das competências comuns relativas à proteção do meio ambiente, ao combate à poluição, à preservação da fauna e da flora, inclusive marinha (CF, art. 23, VI e VII), delegando competência material aos Estados para formularem suas próprias Políticas Estaduais de Meio Ambiente, notadamente para exercerem o **controle ambiental da pesca em âmbito estadual (art. 8º, XX)**. 10. (...) 11. A livre iniciativa (CF, art. 1º, IV e 170, *caput*) não se revela um fim em si mesmo, mas um meio para atingir os objetivos fundamentais da República, inclusive a tutela e preservação do meio ambiente para as presentes e futuras gerações (CF, art. 225). 12. Ação conhecida e pedido julgado improcedente" (STF, ADI 6218/RS, Tribunal Pleno, Rel. Min. Nunes Marques, Rel. p/ Acórd. Rosa Weber, j. 03.07.2023).

4.1.8 Queima da cana-de-açúcar

O STF, por maioria de votos, acompanhou o voto-relator do Ministro Luiz Fux no sentido de conferir provimento ao **RE 586.224/SP**,[109] com repercussão geral reconhecida, para **declarar a inconstitucionalidade** da **Lei 1.952/95 do Município de Paulínia (SP)**, que proibia totalmente a queima da palha de cana-de-açúcar em seu território. O caso em questão envolve conflito entre lei estadual do Estado de São Paulo e lei municipal do Município de Paulínia. A legislação estadual paulista (**Lei Estadual 11.241/2002 e Decreto Estadual 47.700/2003**) **autoriza a queima da palha de cana** quando realizada dentro de padrões de controle ambiental, bem como prevê a redução gradual da queima da cana, com a **extinção definitiva** de tal prática prevista para o **ano de 2031**. Todavia, no Município de Paulínia, ela foi completamente proibida por lei municipal (Lei Municipal 1.952/95). O tema em questão foi objeto de audiência pública realizada pela Corte Constitucional no mês de abril de 2013, quando 23 entidades foram ouvidas para discutir a controvérsia.

Segundo entendimento formulado pelo Ministro Fux, "o município é competente para legislar sobre meio ambiente com a União e o Estado no limite do seu interesse local e desde que tal regramento seja harmônico com a disciplina estabelecida pelos demais entes federados". No caso, segundo o Ministro, as normas federais e a Constituição estadual já exaurem a matéria, não havendo competência residual do município. Ainda de acordo como Ministro, as normas federais que tratam do assunto apontam expressamente para a necessidade de se traçar um planejamento para extinguir gradativamente o uso do fogo como método despalhador e facilitador do corte da cana. Ele destacou que o art. 40 do Código Florestal determina a instituição de política nacional para essa forma de colheita. Também citou o Decreto 2.661/98, que regula o **emprego do fogo em práticas agropecuárias e florestais**, com capítulo específico para disciplinar a forma de mecanização gradual do cultivo. Portanto, o Ministro entendeu que "**a solução do município é contrária ao planejamento federal e não passa pelo controle da sua razoabilidade**", acatando, portanto, a inconstitucionalidade material da norma questionada.

A decisão do STF cotejou os eixos econômico, social e ambiental que conformam o conteúdo do **princípio do desenvolvimento sustentável**, em que pese tenha assegurado prevalência aos dois primeiros, alegando no seu voto, por exemplo, que "o evidente aumento no índice de desemprego abrupto trará reflexos econômicos no âmbito nacional interno, no sentido de que haverá menor circulação de riquezas", bem como que "é preciso haver um planejamento bem estruturado quanto à realocação dos trabalhadores canavieiros a fim de que não sejam abandonados pelo mercado, garantindo-lhes nova perspectiva de sustento, oportunizando ensino e emprego harmonicamente conectados com a garantia constitucional da dignidade do trabalhador". O Ministro chega a afirmar que, "mesmo que seja mais benéfico optar pela mecanização da colheita

---

[109] STF, RE 586.224/SP, Tribunal Pleno, Rel. Min. Luiz Fux, j. 05.03.2015.

da cana por conta da saúde do trabalhador e da população que vive nas proximidades da área de cultura – porque aquela fuligem contamina o meio ambiente –, não se pode deixar de lado o meio pelo qual se considere mais razoável a obtenção desse objetivo: **proibição imediata ou eliminação gradual**". É, sem dúvida, bastante questionável, do ponto de vista ecológico, o "peso menor" atribuído ao dano ambiental (e também à saúde pública) no balanceamento realizado na decisão. O mesmo se pode afirmar com relação à ausência de razoabilidade atribuída pelo Ministro Relator à proibição da queima da cana-de-açúcar.

O **TJSP**, por sua vez, julgou que a **lei municipal não fere a Constituição Estadual**.[110] Sem dúvida, o Caso da Cana-de-Açúcar é emblemático a respeito da competência legislativa em matéria ambiental, uma vez que as legislações, em regra municipais, que visam à proibição ou restrição das atividades relacionadas à queima da cana-de-açúcar, objetivam **estabelecer um padrão normativo "mais protetivo" sob a ótica da proteção ambiental (e mesmo da saúde pública)**, tendo em vista a degradação ambiental (em especial, a poluição atmosférica) decorrente dessa prática. Nesse sentido, com o foco no Estado de São Paulo, de onde provém tal disputa legislativa, que refletiu no caso apreciado pelo STF, o TJSP, não obstante a divergência existente sobre o tema na própria Corte, reconheceu, em diversas ocasiões, a competência legislativa do ente municipal no tocante à matéria ambiental e, em razão disso, a constitucionalidade de leis municipais que proibiram a queima da cana-de-açúcar em seus territórios.[111]

O entendimento acolhido pelo Órgão Especial do TJSP, contrariando a decisão adotada pela nossa Corte Constitucional, está, a nosso ver, em sintonia com os argumentos que alinhávamos ao longo deste estudo, notadamente no sentido de privilegiar, feitas as devidas contextualização e ponderação dos bens jurídicos postos em causa, a legislação que ofereça um nível maior de proteção ao meio ambiente, além, é claro, de reforçar a autonomia dos entes políticos periféricos, reconhecendo a legitimidade de tal medida. A adequação da decisão do TJSP é reforçada diante do atual **estado de emergência climática**, com episódios climáticos extremos cada vez mais frequentes a intensos (*vide* AR6 do IPCC), como testemunhamos nas queimadas no interior de São Paulo, notadamente na cidade de Ribeirão Preto, que ocasionou, em conjunto com as queimadas da Amazônia e Pantanal, um dos maiores desastres ecológicos e climáticos do ano de 2024.

> **JURISPRUDÊNCIA TJSP. Constitucionalidade de legislação municipal que proíbe a queima da cana-de-açúcar:** "Ação direta de inconstitucionalidade. Lei municipal que proíbe a queima de palha de cana-de-açúcar e o uso do fogo em atividades agrícolas. Competência municipal reconhecida após a ênfase conferida ao município pela Constituição de 1988. Interesse local do município que não difere do peculiar interesse consagrado na ordem jurídica. Ação improcedente. Queima de palha de cana-de-açúcar. Método rudimentar e primitivo, que pode ser vantajosamente substituído pela mecanização. Evolução jurisprudencial do Órgão Especial do Tribunal de Justiça. Precedentes que evidenciam essa evolução. Ação direta de inconstitucionalidade improcedente. Queima de palha de cana-de-açúcar. Avanço decorrente de **nova postura do órgão especial do TJSP** que levou o setor a admitir redução do prazo previsto para **eliminação das queimadas**. Constatação de que **métodos arcaicos e antiambientais** constituirão barreiras ao ingresso do etanol no primeiro mundo. Mudança de rumo inspirada por **reação do Estado-juiz** e por opção pragmática. De qualquer forma, a benefício do meio ambiente. Os usineiros

---

[110] TJSP, ADI 126.780-0/8-00, Órgão Especial, Rel. Des. Renato Nalini, j. 24.12.2007.

[111] "Ação direta de inconstitucionalidade de dispositivo de lei municipal. Acusada antinomia deste com regras da Constituição Estadual e de Lei também do Estado de São Paulo. Questão a envolver queimadas de palha de cana-de-açúcar, proibidas pela cidade. Conflito aparente de autonomias. *Solução em favor das regras municipais de proteção do meio ambiente equilibrado e da saúde da população, segundo o interesse local.* Ação julgada improcedente" (TJSP, ADI 146.999-0/3-00, Órgão Especial, Rel. Des. José Geraldo de Jacobina Rabello, j. 14.11.2007).

> lúcidos e conscientes não desconhecem de que o método rudimentar, primitivo e nefasto da **queima da palha de cana-de-açúcar é fator dissuasivo da aceitação do etanol no Primeiro Mundo. As barreiras ambientais poderão conseguir aquilo que a educação ecológica e uma Constituição pioneira no trato do meio ambiente ainda não obteve em termos de efetiva tutela à natureza na pátria brasileira.** Não basta produzir etanol, combustível verde e obtido a partir de fontes renováveis, se ele chegar ao mercado do mundo civilizado eticamente contaminado pela fuligem das queimadas ou obscurecido pela acusação de que o setor sucroalcooleiro dos países emergentes ainda se utiliza de mão de obra análoga à de patamares inferiores aos das conquistas laborais do século XX" (TJSP, ADI 126.780-0/8-00, Órgão Especial, Rel. Des. Renato Nalini, j. 24.12.2007).

4.1.9 Sacolas plásticas e sacolas biodegradáveis

O STF, no julgamento do RE 729.731/SP,[112] entendeu válida **lei do Município de Americana (SP) que proíbe o uso de sacolas plásticas** à base de polietileno ou de derivados de petróleo pelo comércio local. No caso, o Ministro Relator Dias Toffoli deu provimento ao recurso extraordinário interposto pelo Presidente da Câmara Municipal de Americana contra acórdão do TJSP. O referido Tribunal Estadual declarou a lei municipal inconstitucional em julgamento de ação direta de inconstitucionalidade ajuizada pelo Sindicato da Indústria de Material Plástico do Estado de São Paulo. Segundo a corte paulista, além de tratar de tema de competência concorrente entre União, Estados e Distrito Federal, a lei padecia de vício de iniciativa, pois, embora tenha sido proposta por parlamentar, teria criado despesa para o Poder Executivo. O Ministro Relator, no entanto, rejeitou os fundamentos adotados pelo TJSP. Segundo o Ministro, **a lei nem invade competência para legislar sobre meio ambiente, nem cria obrigações ou despesas compulsórias ao Poder Executivo municipal**. Sua decisão **reformou o acórdão proferido pela TJSP** e julgou improcedente a ação.

Segundo o entendimento adotado pelo Ministro Dias Toffoli, **os municípios podem legislar sobre Direito Ambiental quando se tratar de assunto de interesse predominantemente local**. Nas palavras do Ministro: "embora conste do artigo 24, inciso VI, da Constituição Federal, ser de competência concorrente da União, Estados e Distrito Federal legislar sobre proteção ao meio ambiente, é dado aos municípios suplementar a legislação federal ou estadual, no que couber (artigo 30, inciso II, da Constituição Federal). Tal previsão constitucional visa ajustar a [sic] legislações federais e estaduais às peculiaridades locais". Ademais, o Ministro destacou ainda que o assunto tratado na lei municipal é matéria de interesse do município, por estar relacionada à **gestão dos resíduos sólidos** produzidos na localidade (sacolas plásticas), conforme consta da exposição de motivos ao projeto de lei que deu origem à norma questionada.

Mais recentemente, o tema voltou à discussão em razão de decisão do Órgão Especial do TJSP envolvendo a Lei Municipal 17.261, de 13 de janeiro de 2020, do Município de São Paulo, que veda o fornecimento de produtos de plástico de uso único em determinados estabelecimentos.[113] De acordo com o Desembargador-Relator Soares Levada, "**não tendo havido violação ao princípio federativo**, em face da nítida competência concorrente do município para legislar sobre os bens ambientais de seu peculiar interesse, frise-se inexistir também qualquer conflito entre a Lei Municipal 17.261/2020 e a Lei Federal 12.305/2010, que ainda regulamenta a Política Nacional de Resíduos Sólidos, pois seus objetivos em nada contradizem a norma federal, **buscando mesmo maior proteção ambiental, o que é consentâneo à noção de suplementação das leis federais e estaduais** mormente quando se adequa ao artigo 7º, II, da Lei 12.305/2010,

---

[112] STF, RE 729.731/SP, Decisão Monocrática, Rel. Min. Dias Toffoli, j. 30.11.2015.
[113] TJSP, ADI 2017452-91.2020.8.26.0000, Órgão Especial, Rel. Desembargador Soares Levada, j. 26.08.2020.

ao buscar também a 'não geração, redução, reutilização, reciclagem e tratamento dos resíduos sólidos, bem como disposição final ambientalmente adequada dos rejeitos".

Para arrematar, sensível à gravidade da **poluição gerada por plásticos**, assinalou o Desembargador-Relator: "ora, não se pode falar em degradação do meio ambiente, muito menos em significativa degradação, quando a lei municipal visa à **redução do fornecimento de materiais de difícil decomposição no tempo** e que, notoriamente, têm causado poluição ambiental expressiva nos ambientes urbanos e rurais, em rios e mares, em nível global. (...) Em suma, a Lei Municipal 17.261/2020 foi editada por quem tinha competência concorrente para tanto, não padecendo de quaisquer vícios, formais ou materiais, capazes de maculá-la, não se tratando de norma que possa levar à degradação do meio ambiente mas, ao invés, de mais e melhor proteger o meio ambiente, no âmbito do município de São Paulo".

> **JURISPRUDÊNCIA TJSP. Competência legislativa municipal em matéria ambiental e norma mais protetiva:** "ADIn. Ambiental. **Lei Municipal** nº 17.261, de 13 de janeiro de 2020, que **veda o fornecimento de produtos de plástico de uso único em estabelecimentos** que enumera. (...). No mérito, competência concorrente ao município para legislar sobre normas protetivas ao meio ambiente. CFederal, art. 30, I e II. CEstadual, art. 191. Tema 145 do E. STF, em sede de Repercussão Geral. Desnecessidade de prévio Estudo de Impacto Ambiental e seu relatório (EIA/RIMA), por ausência de potencial degradação ao meio ambiente (CEstadual, 192, §2º). **Lei Municipal, ao invés, que amplia a proteção ambiental no âmbito do município de São Paulo**. Ausência de criação de encargos ou despesas ao Executivo. Ação improcedente." (TJSP, ADI 2017452-91.2020.8.26.0000, Órgão Especial, Rel. Desembargador Soares Levada, j. 26.08.2020).

O STF, ao apreciar o **Tema 970 da repercussão geral**, conheceu, por unanimidade, do **RE 732.686/SP** e deu-lhe provimento, para assentar a constitucionalidade da Lei Municipal 7.281/2011 do Município de Marília/SP. Por maioria, modulou os efeitos da decisão para conferir o **prazo de 12 (doze) meses**, a contar da publicação da ata do julgamento, para que os órgãos públicos e os agentes privados alcançados pela lei municipal possam se adaptar à incidência de suas disposições. Por unanimidade, foi fixada a seguinte tese: "É constitucional – formal e materialmente – **lei municipal que obriga** à substituição de sacos e sacolas plásticos por sacos e **sacolas biodegradáveis**".[114]

> **TEMA 970 DA REPERCUSSÃO GERAL (STF)**
>
> "É constitucional – formal e materialmente – lei municipal que obriga à substituição de sacos e sacolas plásticos por sacos e sacolas biodegradáveis".

4.1.10 Fogos de artifício ruidosos

O STF, na decisão pela improcedência da **ADPF 567/SP** ajuizada pela Associação Brasileira de Pirotecnia (ASSOBRAPI), julgou constitucional a **Lei 16.897/2018 do Município de São Paulo**, que proíbe o manuseio, a utilização, a queima e a soltura de fogos de estampido e de artifício e de **artefatos pirotécnicos de efeito sonoro ruidoso**. A decisão foi tomada na sessão virtual encerrada no dia 26.02.2021, no julgamento. No seu voto-relator, o Ministro Alexandre de Moraes reforçou a tese sobre a possibilidade de Estados e Municípios editarem normas "mais protetivas", com fundamento em suas **peculiaridades regionais** e na **preponderância de seus**

---

[114] STF, RE 732.686/SP, Tribunal Pleno, Rel. Min. Luiz Fux, j. 18.10.2022.

interesses, em comparação à "norma geral" editada pela União no exercício da competência legislativa concorrente em matéria ambiental:

> "A proteção à saúde e ao meio ambiente são temas que concernem à atuação de todos os entes da federação, portanto. Segundo a jurisprudência desta Corte, em linha de princípio, **admite-se que os Estados e Municípios editem normas mais protetivas**, com fundamento em suas peculiaridades regionais e na preponderância de seu interesse, conforme o caso. Nesse sentido, o precedente firmado na ADI 3.937-MC (Rel. Min. Marco Aurélio, Tribunal Pleno, DJ de 10/10/2008), que tratou de lei estadual paulista que proibiu a produção e circulação do amianto, confrontada com legislação federal que admite o emprego dessa substância; e o julgamento do RE 194.704 (Rel. para acórdão Min. Edson Fachin, Tribunal Pleno, DJe de 17/11/2017), em que validada lei do Município de Belo Horizonte /MG que **estabelecera padrões mais restritos de emissão de gases poluentes**."

Outro ponto de destaque no voto-relator diz respeito à **proteção aos animais**, uma vez que, conforme apontado pelo Ministro Alexandre de Moraes, diversos estudos científicos demonstram os **danos** que o **ruído dos fogos de artifício** acarreta a diversas **espécies de animais**. Para ele, o fato de a lei restringir apenas a utilização desse tipo de fogos "parece conciliar razoavelmente os interesses em conflito". O Ministro frisou, por fim, que a norma, explicitamente, excetua da proibição os **fogos de vista**, que produzem **efeitos visuais sem estampido**, assim como os similares que acarretam barulho de baixa intensidade.

4.1.11 Competência legislativa concorrente do Município em matéria ambiental

O reconhecimento da **competência dos Municípios para legislar em matéria ambiental** é hoje entendimento pacífico,[115] notadamente após o julgamento pelo STF do **RE 586.224/SP**, sob a relatoria do Ministro Luiz Fux, em que se fixou a seguinte tese no Tema 145 da repercussão geral):

> **STF – TESE FIXADA NO TEMA 145 DE REPERCUSSÃO GERAL (RE 586.224/SP)**
> "O município é competente para legislar sobre o meio ambiente com a União e Estado, no limite do seu interesse local e desde que tal regramento seja harmônico com a disciplina estabelecida pelos demais entes federados (art. 24, inciso VI, c/c 30, incisos I e II, da Constituição Federal)".

A jurisprudência do STF, como podemos observar à luz dos inúmeros exemplos citados ao longo deste capítulo, é favorável à competência do Município para legislar concorrentemente em matéria ambiental, desde que limitado ao **interesse local**.[116] A título de exemplo, a competência do Município para legislar sobre meio ambiente foi reconhecida pelo STF nos casos da queima da **cana-de-açúcar**, da **utilização de sacolas plásticas**, dos fogos de artifício ruidosos,

---
[115] Muito antes da consolidação jurisprudencial do STF na matéria, tal entendimento já se anunciava na jurisprudência do STJ: STJ, RMS 8766/PR, 2ª T., Rel. Min. Francisco Peçanha Martins, j. 06.10.1998). Com idêntico entendimento: STJ, RMS 13252/PR, 2ª T., Rel. Min. Francisco Peçanha Martins, j. 19.08.2003; STJ, REsp 8579/RJ, 2ª T., Rel. Min. Américo Luz, j. 26.06.1991; STJ, AR 756/PR, 1ª Seção, Rel. Min. Teori Albino Zavascki j. 27.02.2008.

[116] No sentido de vedar a atividade legislativa municipal que pretenda "reduzir" o padrão legislativo estabelecido pela União ou pelo Estado: STF, AI 227.065/SC, Rel. Min. Marco Aurélio, j. 1º.10.1998. Outro entendimento no sentido de desautorizar a atividade legislativa municipal se verificou no julgamento, pelo STJ, do REsp 29.299-6/RS, de relatoria do Ministro Demócrito Reinaldo, em que se discutiu a constitucionalidade de legislação do Município de Porto Alegre que objetivava vedar, no âmbito do território municipal, o uso e o armazenamento de agrotóxicos (STJ, REsp 29.299-6/RS, 1ª T., Rel. Min. Demócrito Reinaldo, j. 28.09.1994).

entre outros. No tocante aos limites de tal competência, não retomaremos aqui tal questão, pois ela foi objeto de análise anteriormente, ressaltando-se, apenas, que os argumentos em favor da competência legislativa dos Estados em matéria ambiental também são aproveitados para a discussão no âmbito municipal.

4.1.12 Conflito entre competência legislativa privativa da União (direito marítimo) e competência legislativa concorrente do Estado (proteção do meio ambiente e controle da poluição)

Em decisão envolvendo conflito entre **competência legislativa privativa da União** (direito marítimo) e **competência legislativa concorrente dos Estados** (proteção do meio ambiente e controle da poluição), a nossa Corte Constitucional privilegiou entendimento favorável ao ente federativo estadual. No caso, a Lei Estadual 11.078/99, do Estado de Santa Catarina, estabeleceu normas sobre o controle de resíduos de embarcações, oleodutos e instalações costeiras, tendo a impugnação em face dela sido levantada como violação à competência legislativa privativa da União disposta no art. 22, I, da CF/1988, relativamente ao direito marítimo. Em passagem do seu voto, o Ministro Luiz Fux assinalou que: "não bastasse se tratar de exercício legítimo de competência legislativa constitucionalmente assegurada, a **medida deve ser elogiada também quanto ao seu conteúdo, tendo em vista a preocupação que o legislador estadual manifestou em conferir tratamento mais protetivo ao meio ambiente**".[117] A decisão do STF é, de certa forma, emblemática, pois toma o sentido inverso da tradição jurisprudencial da Corte de conferir certa preponderância em favor da União na maioria dos conflitos legislativos entre entes federativos envolvendo competências privativas da União (art. 21 da CF/1988), notadamente na seara ecológica.

> **JURISPRUDÊNCIA STF. Inconstitucionalidade de lei estadual que proibiu a construção de usinas hidrelétricas (UHE) e pequenas centrais hidrelétricas (PCH) em toda extensão de rio no seu âmbito territorial**: "AÇÃO DIRETA DE INCONSTITUCIONALIDADE. LEI N. 11.865/2022, DO ESTADO DE MATO GROSSO. PROIBIÇÃO DE CONSTRUÇÃO DE USINAS HIDRELÉTRICAS – UHE E PEQUENAS CENTRAIS HIDRELÉTRICAS – PCH EM TODA A EXTENSÃO DO RIO CUIABÁ. INCONSTITUCIONALIDADE FORMAL E MATERIAL. PROCEDÊNCIA DO PEDIDO. 1. Lei n. 11.865/2022, do Estado de Mato Grosso, que proíbe a construção de Usinas Hidrelétricas UHE e pequenas Centrais Hidrelétricas PCH em toda a extensão do Rio Cuiabá. 2. A situação normatizada na espécie guarda **nexo muito mais estreito com a regulação do aproveitamento energético dos cursos de água** e com a formulação de normas gerais de proteção do meio ambiente que com eventual competência subsidiária do Estado do Mato Grosso para tratar sobre temas de competência comum. 3. O Rio Cuiabá é gerido pela Agência Nacional de Águas – ANA, agência reguladora que tem a competência e a capacidade técnica para definir as condições de operação de reservatórios de aproveitamentos hidrelétricos, em articulação com o Operador Nacional do Sistema Elétrico ONS. O legislador não poderia substituir entendimento de agência reguladora sem o ônus argumentativo do regulador. 4. Pedido julgado procedente. Declaração de inconstitucionalidade da Lei n. 11.865, de 30 de agosto 2022, do Estado de Mato Grosso" (STF, ADI 7319/MT, Tribunal Pleno, Rel. Min. Edson Fachin, Rel. p/ Acórd. Min. Gilmar Mendes, j. 09.05.2023).

---

[117] "Ação direta de inconstitucionalidade. Repartição de competências. Lei Estadual 11.078/1999, de Santa Catarina, que estabelece normas sobre controle de resíduos de embarcações, oleodutos e instalações costeiras. Alegação de ofensa ao art. 22, I, da Constituição Federal. Não ocorrência. Legislação estadual que trata de direito ambiental marítimo, e não de direito marítimo ambiental. Competência legislativa concorrente para legislar sobre proteção do meio ambiente e controle da poluição (art. 22, I, CF), e sobre responsabilidade por dano ao meio ambiente (art. 24, VIII, CF). Superveniência de lei geral sobre o tema. Suspensão da eficácia do diploma legislativo estadual no que contrariar a legislação geral. Ação julgada improcedente" (STF, ADI 2030/SC, Tribunal Pleno, Rel. Min. Gilmar Mendes, j. 09.08.2017).

4.1.13 Proteção aos animais

O STF tem adotado no âmbito da legislação de proteção aos animais o mesmo entendimento que tem prevalecido para a competência legislativa concorrente em matéria ambiental em termos gerais, ou seja, admitindo a adoção, pelos legisladores estaduais e municipais, de um patamar normativo mais rígido e protetivo, conforme se observou nos julgamentos das **ADI 5.995/RJ**[118] e **ADI 5.996/AM**, ambas versando sobre a **proibição do uso de animais em testes e experimentos** de **produtos cosméticos e semelhantes**.

> **JURISPRUDÊNCIA STF. Proibição do uso de animais em testes de produtos cosméticos e constitucionalidade da legislação estadual "mais protetiva" ao meio ambiente e aos animais:** "CONSTITUCIONAL. FEDERALISMO E RESPEITO ÀS REGRAS DE DISTRIBUIÇÃO DE COMPETÊNCIA. LEI ESTADUAL 289/2015 DO ESTADO DO AMAZONAS. PROIBIÇÃO DO USO DE ANIMAIS PARA O DESENVOLVIMENTO, EXPERIMENTOS E TESTES DE PRODUTOS COSMÉTICOS, DE HIGIENE PESSOAL, PERFUMES E SEUS COMPONENTES. COMPETÊNCIA LEGISLATIVA CONCORRENTE DO ESTADO EM MATÉRIA DE PROTEÇÃO AMBIENTAL (ART. 24, VI, CF). NORMA ESTADUAL AMBIENTAL MAIS PROTETIVA, SE COMPARADA COM A LEGISLAÇÃO FEDERAL SOBRE A MATÉRIA. INCONSTITUCIONALIDADE FORMAL. NÃO OCORRÊNCIA. PRECEDENTES. IMPROCEDÊNCIA DA AÇÃO. 1. As regras de distribuição de competências legislativas são alicerces do federalismo e consagram a fórmula de **divisão de centros de poder em um Estado de Direito**. Princípio da predominância do interesse. 2. A Constituição Federal de 1988, presumindo de forma absoluta para algumas matérias a presença do **princípio da predominância do interesse**, estabeleceu, a priori, diversas competências para cada um dos entes federativos – União, Estados-Membros, Distrito Federal e Municípios – e, a partir dessas opções, pode ora acentuar maior centralização de poder, principalmente na própria União (CF, art. 22), ora permitir uma maior descentralização nos Estados-Membros e nos Municípios (CF, arts. 24 e 30, inciso I). 3. **A Lei 289/2015 do Estado do Amazonas, ao proibir a utilização de animais para desenvolvimento, experimentos e testes de produtos cosméticos, de higiene pessoal, perfumes e seus componentes, não invade a competência da União para legislar sobre normas gerais em relação à proteção da fauna.** Competência legislativa concorrente dos Estados (art. 24, VI, da CF). 4. A sobreposição de opções políticas por graus variáveis de proteção ambiental constitui circunstância própria do estabelecimento de competência concorrente sobre a matéria. Em linha de princípio, **admite-se que os Estados editem normas mais protetivas ao meio ambiente**, com fundamento em suas peculiaridades regionais e na preponderância de seu interesse, conforme o caso. Precedentes. 5. Ação Direta de Inconstitucionalidade conhecida e julgada improcedente" (STF, ADI 5996/AM, Tribunal Pleno, Rel. Min. Alexandre de Moraes, j. 15.04.2020).

4.2 Jurisprudência sobre competência executiva em matéria ambiental

4.2.1 Poder de polícia ambiental comum a todos os entes federativos

O **poder de polícia ambiental** é um dos principais instrumentos a serviço dos entes federativos (União, Estados, Distrito Federal e Municípios) no exercício da competência executiva em matéria ambiental, podendo ser identificado no próprio art. 225 da CF/1988, ao estabelecer os deveres de proteção ambiental do Estado, bem como está expresso no controle e na fiscalização ambientais exercidos pelos órgãos públicos ambientais (por exemplo, o IBAMA), previstos, entre outros comandos normativos, no art. 70, § 1º, da Lei 9.605/98. Seguindo tal diretriz normativa,

---

[118] STF, ADI 5.995/RJ, Tribunal Pleno, Rel. Min. Gilmar Mendes, j. 27.05.2021.

a jurisprudência do STF tem reforçado entendimento nesse sentido, reconhecendo que o poder de polícia ambiental decorre da competência comum atribuída a todos os entes federativos em matéria ambiental pelo art. 23, VI, da CF/1988.[119]

As sanções administrativas não podem ser cumuladas pelos entes federativos, ou seja, que o poluidor, em razão do mesmo fato gerador de degradação ambiental, venha a sofrer diversas sanções administrativas provenientes de órgãos ambientais de diferentes entes federativos. No entanto, quando isso não ocorrer e a legislação dos entes federativos prever a possibilidade de tal punição administrativa, todos estarão autorizados a exercer o poder de polícia ambiental, com o objetivo de promover o devido controle e fiscalização na seara ecológica. Por fim, cumpre apenas ressalvar que a cumulação de sanções não incorre em qualquer ilegalidade, quando estiverem em causa diferentes esferas de responsabilização (penal, civil e administrativa), já que, em tal hipótese, é plenamente possível a cumulação de sanções pelo mesmo fato, conforme prevê, inclusive, o próprio § 3º do art. 225 da CF/1988.

---

[119] "1. Agravo interno em recurso extraordinário. 2. Administrativo. Ambiental. Processual civil. 3. Poder de polícia em defesa do meio ambiente. Competência administrativa comum. Art. 23, VI, da CF/1988. 4. Alegação de dupla punição pelo mesmo fato, devido a suposta cobrança de multas impostas por entes diferentes. Questão fática rejeitada na origem por falta de prova. 5. Premissa que afeta a verificação de pressuposto subjetivo de recorribilidade. Óbice do Enunciado 279 da Súmula da jurisprudência predominante do STF. 6. Legitimidade da fundamentação *per relationem*. Precedentes. Agravo a que se nega provimento" (STF, RE 585.932 AgR/RJ, 2ª T., Rel. Min. Gilmar Mendes, j. 17.04.2012).

Capítulo 10
POLÍTICA NACIONAL DO MEIO AMBIENTE (LEI 6.938/81)

1. CONSIDERAÇÕES GERAIS

A década de 1980 foi, sem dúvida, o período legislativo do surgimento e, ao mesmo tempo, da "codificação" do Direito Ambiental brasileiro,[1] precisamente com a edição da **Lei da Política Nacional do Meio Ambiente (Lei 6.938/81)**, o que, cabe frisar, resultou reforçado pela consagração da proteção constitucional do meio ambiente na CF/1988 (art. 225). A Lei 6.938/81 representa o marco inicial do Direito Ambiental brasileiro,[2] dando os delineamentos normativos gerais a respeito da proteção jurídica do meio ambiente, seus **objetivos, princípios, instrumentos gerais**, institucionalização de políticas públicas ambientais de expressão nacional, com a criação do **SISNAMA** etc. A Lei 6.938/81 edificou um verdadeiro **microssistema legislativo ambiental**, como, mais tarde, também se verificou em várias outras matérias relacionadas aos denominados **direitos e interesses difusos e coletivos**, por exemplo, no caso do Direito do Consumidor, com a edição do **Código de Defesa do Consumidor** (Lei 8.078/90). Após seus mais de 40 anos de vigência, a Lei 6.938/81 cumpre até hoje o papel de **Código Ambiental Brasileiro**, alinhando-se, na época da sua edição, com inovações legislativas antecedentes e emergentes verificadas em outros países e no cenário internacional, como ocorreu, neste último caso, por meio da **Declaração de Estocolmo sobre o Meio Ambiente Humano (1972)**.

De modo emblemático, destaca-se o **cenário legislativo ambiental norte-americano** do início da década de 1970, com a edição paradigmática de diversos diplomas legislativos em matéria ambiental, além da criação de uma política pública ambiental de abrangência nacional (como, aliás, implementado no Brasil com a Lei 6.938/81): a Lei da Política Nacional do Meio Ambiente (*National Environmental Policy Act*) de 1970, a Lei do Ar Limpo (*Clean Air Act*) de 1970, a Lei da Água Limpa (*Clean Water Act*) de 1972 e a Lei das Espécies Ameaçadas de Extinção (*Endangered Species Act*) de 1973. No cenário europeu, além da edição de diplomas legislativos em matéria ambiental, como verificado na Alemanha, registram-se os dispositivos específicos sobre proteção do meio ambiente trazidos pelas **Constituições portuguesa (1976) e espanhola (1978)**.

As legislações citadas, entre outras, exerceram forte influência e impulsionaram a elaboração e aprovação da Lei 6.938/81. A LPNMA estabeleceu, em linhas gerais, a integração e a sistematização da proteção jurídica dos valores ecológicos no sistema jurídico brasileiro, rompendo com a **proteção fragmentária** (e sem fundamento propriamente ecológico) até então prevalecente, conforme referido anteriormente no tópico sobre a evolução histórica e as fases do Direito Ambiental brasileiro. Para Herman Benjamin, a Lei 6.938/81, além de ser verdadeiro **marco inicial**

---

[1] RAMOS, Erasmo Marcos. *Direito ambiental comparado*..., p. 105.
[2] BENJAMIN, Antonio Herman. Introdução ao direito ambiental brasileiro..., p. 52.

da proteção jurídica do meio ambiente no Brasil, representa uma (re)orientação radical de rumo na matéria, "dando início à *fase holística*, na qual o ambiente passa a ser protegido de maneira integral, vale dizer, como **sistema ecológico integrado** (resguardam-se as partes a partir do todo) e com **autonomia valorativa** (é, em si mesmo, bem jurídico)".

A Lei 6.938/81, com a consagração do bem jurídico ambiental, também assegurou a **autonomia do Direito Ambiental**, com o reconhecimento de uma **nova disciplina jurídica**, tal como, por exemplo, o Direito Penal, o Direito Civil ou o Direito Constitucional. O reconhecimento da sua autonomia, conforme assinala Michel Prieur, resulta, entre outros aspectos, da existência de um corpo específico de normas (princípios e regras) concretizadas no plano formal (legislativo).[3] No contexto brasileiro, a sistematização da proteção jurídica ambiental começou a dar seus primeiros passos com a edição da Lei 6.938/81.

O reconhecimento do **bem jurídico ambiental representou um passo fundamental nesse sentido**, desvinculando, assim, a tutela ecológica da proteção de outros bens jurídicos que também impunham a proteção de recursos naturais – por exemplo, a propriedade privada, o interesse econômico em geral, a saúde (em especial, pelo prisma da saúde pública) etc. A adoção de medidas voltadas ao combate à poluição (hídrica, atmosférica etc.), sobretudo antes da década de 1970, foi, na maioria das vezes, motivada pela proteção da saúde pública. Isso, com o tempo (e a Lei 6.938/81), foi substancialmente alterado. O bem jurídico ambiental, conforme tratado anteriormente, caracteriza **interesse e direito difuso de titularidade de toda a coletividade**, a que todos os indivíduos devem ter acesso, bem como qualquer lesão ou ameaça de lesão a tal bem jurídico repercute na esfera do interesse público (*interesse público primário*) e social em termos gerais.

A Lei 6.938/81 também se encarregou de reconhecer a **natureza pública** (e vinculada ao **interesse público primário**) da proteção jurídica do meio ambiente. O Direito Ambiental, no regime das disciplinas jurídicas, situa-se no campo do **Direito Público**. Isso pode ser facilmente compreendido a partir do próprio texto constitucional, ao dispor, no *caput* do art. 225 da CF/1988, ser o meio ambiente "**bem de uso comum do povo**". A norma constitucional-ambiental (em especial, o § 1º do art. 225) também consagra o papel determinante do **Estado**, sob a forma de **deveres de proteção**, na tutela e promoção do bem jurídico ambiental, além, é claro, de reconhecer a natureza de **direito fundamental** do direito ao meio ambiente. O contexto constitucional descrito revela, por si só, conteúdo normativo de singular importância para a compreensão da natureza pública do Direito Ambiental e, por consequência, do bem jurídico ambiental, vinculando-o de forma visceral ao interesse de toda a coletividade. A matriz pública do Direito Ambiental encontra-se, portanto, caracterizado na própria CF/1988.

Igual se pode dizer em vista da norma inscrita no art. 2º, I, da Lei 6.938/81, inclusive como base para a caracterização de uma **política pública de expressão nacional** em matéria ambiental, ao assinalar, como princípio da PNMA, a "**ação governamental** na manutenção do equilíbrio ecológico, considerando o meio ambiente como um **patrimônio público** a ser necessariamente assegurado e protegido, tendo em vista o **uso coletivo**". A **Lei da Política Nacional de Gerenciamento Costeiro** (Lei 7.661/88) também é bastante elucidativa a respeito do conceito de "bem de uso comum do povo" ao tratar do acesso às praias e a vedação de "privatização" e limitação do uso destas por particulares. De acordo com o art. 10 do referido diploma: "Art. 10. **As praias são bens públicos de uso comum do povo**, sendo assegurado, sempre, **livre e franco acesso** a elas e ao mar, em qualquer direção e sentido, ressalvados os trechos considerados de interesse de segurança nacional ou incluídos em áreas protegidas por legislação específica". Tanto a norma geral estabelecida no art. 2, I, da Lei 6.938/81 quanto a Lei 7.661/88, que trata especificamente

---

[3] PRIEUR, Michel. *Droit de l'environnement...*, p. 12.

sobre a zona costeira, expressam de forma bastante clara a natureza pública que permeia a regulamentação jurídica dos recursos naturais.

> **JURISPRUDÊNCIA STJ. Livre acesso de todos às praias e bem de uso comum do povo:** "(...) Praia. 7. Segundo a Lei 7.661/1988 (Lei do Gerenciamento Costeiro), praia é 'a área coberta e descoberta periodicamente pelas águas, acrescida da faixa subsequente de material detrítico, tal como areias, cascalhos, seixos e pedregulhos, até o limite onde se inicie a vegetação natural, ou, em sua ausência, onde comece um outro ecossistema' (art. 10, § 3º). 8. A mesma norma, quanto à utilização, dispõe que 'praias são bens públicos de uso comum do povo, sendo assegurado, sempre, livre e franco acesso a elas e ao mar, em qualquer direção e sentido' (art. 10, *caput*). Em adição, sobre o domínio, a Constituição de 1988 não deixa dúvida: 'praias marítimas' e 'terrenos de marinha e seus acrescidos' integram o conjunto dos 'bens da União' (art. 20, IV e VII). 9. **A nenhuma pessoa se faculta, ao arrepio da lei e da Administração, ocupar ou aproveitar praia de modo a se assenhorear, com finalidade comercial ou não, de espaço, benefícios ou poderes inerentes ao uso comum do povo. Livre acesso significa inexistência de obstáculos, construções ou estruturas artificiais de qualquer tipo, de tal sorte que a circulação na praia – em todas as direções, assim como nas imprescindíveis vias, estradas, ruas e caminhos de ingresso e saída – esteja completamente desimpedida. Franco acesso equivale à plenitude do direito de ir e vir, isento de pagamento e de controle de trânsito, diretos ou indiretos.** Admite-se retribuição pecuniária quando decorrente de cobrança, pelo Estado, por aproveitamento de bem de uso comum do povo e limitação de acesso apenas no âmbito do exercício de legítimo **poder de polícia**, sobretudo para salvaguardar elevados valores coletivos, como saúde pública, meio ambiente, paisagem, patrimônio histórico e segurança nacional (...)" (STJ, REsp 1.457.851/RN, 2ª T., Rel. Min. Herman Benjamin, j. 26.05.2015).

A Lei 6.938/81 encarrega-se, simultaneamente, de estabelecer a **gestão** (presente) e o **planejamento** (em vista do futuro) das políticas públicas ambientais brasileiras, inclusive de modo coordenado e cooperativo entre todas as instâncias federativas (federal, estadual, distrital e municipal). Aplica-se, nesse contexto, inclusive o denominado **direito fundamental à boa governança e administração pública ambiental**[4], correlacionado aos respectivos **deveres estatais** de execução adequada e eficiente (à luz do **princípio da eficiência administrativa**[5], previsto no art. 37, *caput*, da CF/1988) da política pública ambiental delineada na Constituição e na legislação ambiental em geral (ex.: Lei 6.938/81). A eficiência administrativa em matéria ambiental (e climática) impõe ao administrador público a **responsabilidade de longo alcance** pelas suas decisões e práticas administrativas em vista das **consequências futuras**, de modo a resguardar interesse e direitos das gerações jovens (crianças e adolescentes) e das gerações futuras.

Dentre as inúmeras inovações trazidas pela Lei da Política Nacional do Meio Ambiente (LPNMA) merece destaque a criação do Sistema Nacional do Meio Ambiente – **SISNAMA** (arts. 6º e 8º). O SISNAMA, com forte repercussão na estrutura do Poder Executivo (federal, estadual e municipal), estabeleceu um **novo parâmetro administrativo-organizacional**, antes inexistente, para **todos os entes federativos** que compõem o Estado brasileiro (União, Estados,

---

[4] Na doutrina, v. FREITAS, Juarez. *Direito fundamental à boa administração pública*. 3.ed. São Paulo: Malheiros Editores. 2014.

[5] O **princípio da eficiência administrativa em matéria ambiental (e climática)** ganhou importante destaque no voto-relator na Ministra Cármen Lúcia no julgamento da **ADPF 760/DF (Caso PPCDAm)**, inclusive como fundamento para reconhecer a omissão e atuação deficiente ou insuficiente do Governo Federal no combate ao desmatamento florestal no bioma amazônico (STF, ADPF 760/DF, Tribunal Pleno, Rel. Min. Cármen Lúcia, Red. Acórd. Min. André Mendonça, j. 14.03.2024.).

Distrito Federal e Municípios) no tocante à tutela e promoção do meio ambiente. A consagração do SISNAMA na Lei 6.938/81, muito embora já existissem órgãos ambientais em alguns Estados e Municípios brasileiros,[6] impulsionou a criação de órgãos especializados na temática ecológica em todas as esferas federativas, vinculando a atuação dos entes públicos aos novos objetivos de proteção ambiental trazidos pelo diploma. A Lei 6.938/81 edificou a pedra de toque da **estrutura administrativa de proteção ambiental**, inclusive no sentido do exercício do **poder de polícia ambiental**, irradiando para todas as esferas federativas.

Tais inovações legislativas amarraram a proteção ecológica à atuação do Estado, criando deveres e obrigações para os entes públicos em matéria ambiental e, nesse sentido, abrindo um novo capítulo – que, como tratamos anteriormente, foi "constitucionalizado" pela CF/1988 (art. 225) – no papel (defesa e promoção) atribuído ao Estado em prol da salvaguarda da integridade ecológica. No bojo da estrutura do SISNAMA, deu-se também a criação do Conselho Nacional do Meio Ambiente – **CONAMA** (arts. 6º, II, e 8º, da Lei 6.938/81). Muito embora a atuação do CONAMA tenha sido relativamente tímida nos seus primeiros anos, a sua importância institucional foi ganhando cada vez mais relevância ao longo dos anos, tornando-se órgão da mais alta importância na estrutura do SISNAMA, em especial no tocante ao seu **poder regulamentar**.

Entre as inovações trazidas pela Lei 6.938/81, destaca-se, igualmente, o estabelecimento dos instrumentos da PNMA (art. 9º e ss.), por exemplo, a exigência de **licença ambiental e de estudo de impacto ambiental** para atividades efetiva ou potencialmente poluidoras (arts. 9º, III e IV, e 10). Na mesma trilha normativa, tem-se, de modo emblemático, a consagração da **responsabilidade objetiva** do poluidor pela reparação e indenização do dano ecológico causado (art. 14, § 1º), ou seja, dispensando a verificação da culpa na aferição da responsabilização. Outra inovação relevante, com efeitos tanto institucionais quanto processuais, diz respeito ao reconhecimento da **legitimidade do Ministério Público** para propor **ação de responsabilidade civil e criminal** em decorrência de danos causados ao meio ambiente (art. 14, § 1º, parte final), lembrando que, à época, ainda não existia a **Lei da Ação Civil Pública** (Lei 7.347/85). A Lei 6.938/81 foi, sem dúvida, um capítulo fundamental no processo de "esverdeamento" no perfil de atuação do Ministério Público brasileiro, o qual só se fortaleceu posteriormente, com a criação de centros de apoio operacional e promotorias especializadas na proteção ambiental.

No entanto, em que pesem a riqueza e a qualidade do conteúdo normativo trazido pela Lei 6.938/81, a sua maior deficiência, desde a sua edição, diz respeito à sua implementação, como se verifica, aliás, no tocante à legislação ambiental brasileira de modo geral. Houve resistências de diversos setores da sociedade brasileira (tanto na iniciativa privada quanto no governo) contrários ao seu conteúdo normativo e, consequentemente, à sua implementação. A título de exemplo, o próprio decreto regulamentador da Lei 6.938/81 somente foi editado em 1990 (Decreto 99.274, de 6 de junho de 1990), ou seja, quase uma década após a sua edição. Verificou-se, em geral, uma demora e um grande déficit na implementação do novo marco regulatório ambiental trazido pela Lei 6.938/81. Com o tempo, no entanto, a maior parte dos entraves foi superada e a grande maioria dos instrumentos de proteção ambiental consagrados pela Lei 6.938/81 ganhou efetividade, ainda que persistentes, como referido antes, um grande **déficit de efetividade** da legislação ambiental brasileira no seu conjunto.[7]

---

[6] A título de exemplo, no âmbito estadual, merece registro a criação no Estado de São Paulo, no ano de 1973, da Companhia Estadual de Tecnologia de Saneamento Básico e de Controle da Poluição das Águas – CETESB (Lei 118, de 29 de junho de 1973) e da Companhia de Saneamento Básico do Estado de São Paulo – SABESP (Lei 119, de 29 de junho de 1973). Na esfera municipal, tem-se, no ano de 1976, a criação da Secretaria Municipal de Meio Ambiente (SMAM) do Município de Porto Alegre (Lei Municipal 4.235, de 21 de dezembro de 1976).

[7] V. BENJAMIN, Antonio H. Reflexões sobre a qualidade da legislação ambiental brasileira..., p. 180.

As inovações legislativas (por exemplo, os instrumentos da PNMA) trazidas pela Lei 6.938/81, não obstante tenham sido aprimoradas em alguns aspectos por legislações mais recentes, ainda hoje operam como pilares centrais da PNMA, bem como do Direito Ambiental brasileiro de modo geral. Até hoje, mesmo após mais de 40 anos da sua promulgação, a Lei 6.938/81 continua a exercer papel fundamental na nossa ordem jurídico-ambiental. Para ilustrar tal afirmação, a Lei 6.938/81, numa perspectiva progressista para a época e antecipando o que estava por ser consagrado na CF/1988, identificou a importância da qualidade, do equilíbrio e da segurança ambiental para assegurar proteção adequada à **dignidade da vida humana**, conforme se pode apreender da leitura do seu art. 2º, *caput*, guardando perfeita sintonia com o novo programa jurídico-constitucional ecológico instaurado em 1988 (art. 225) no Brasil.

1.1 Princípios da PNMA

A Lei 6.938/81, seguindo o panorama normativo internacional (e do direito estrangeiro), positivou inúmeros princípios do Direito Ambiental. De modo precursor, a Lei 6.938/81 estabeleceu, no seu art. 2º, o **primeiro rol de princípios do Direito Ambiental** na legislação brasileira (e ainda hoje referencial). A Lei 6.938/81 não primou pela precisão conceitual no tocante aos princípios, muitas vezes misturando conceitos entre objetivos, princípios e instrumentos da PNMA. No entanto, ainda assim, é possível identificar no diploma, mesmo sem a consagração expressa e com a correta atribuição de nomenclatura, o conteúdo da grande maioria dos princípios do Direito Ambiental moderno. Posteriormente, inúmeros outros diplomas ambientais editados no plano infraconstitucional replicaram e acrescentaram novos princípios ao rol inicial e meramente exemplificativo estabelecido pela Lei 6.938/81, inclusive, em alguns casos, trazendo maior precisão conceitual à matéria.

> **Princípios da PNMA (art. 2º)**
>
> I – ação governamental na manutenção do **equilíbrio ecológico**, considerando o meio ambiente como um **patrimônio público** a ser necessariamente assegurado e protegido, tendo em vista o **uso coletivo**;
>
> II – racionalização do uso do solo, do subsolo, da água e do ar;
>
> III – planejamento e **fiscalização do uso dos recursos ambientais**;
>
> IV – **proteção dos ecossistemas**, com a preservação de áreas representativas;
>
> V – controle e zoneamento das **atividades para o uso racional e a proteção dos recursos ambientais; potencial ou efetivamente poluidoras**;
>
> VI – incentivos ao estudo e à pesquisa de **tecnologias orientadas**;
>
> VII – acompanhamento do **estado da qualidade ambiental**;
>
> VIII – recuperação de áreas degradadas;
>
> IX – proteção de áreas ameaçadas de degradação;
>
> X – **educação ambiental** a todos os níveis de ensino, inclusive a educação da **comunidade**, objetivando capacitá-la para **participação ativa na defesa do meio ambiente**.

1.2 Objetivos da PNMA

A Lei 6.938/81 estabeleceu o delineamento normativo da Política Nacional do Meio Ambiente, dispondo sobre os seus fins e mecanismos de formulação e aplicação. Muito embora tenha sido editado antes de 1988, o diploma ambiental teve a sua redação alterada pela Lei 8.028/90. A legislação em questão "**constitucionalizou**" a Lei 6.938/81, ao conferir nova redação ao seu art. 1º, passando a ter como fundamento os arts. 23, VI e VII, e 225 da CF/1988. Isso, por óbvio, faz com que os objetivos da PNMA, numa perspectiva sistemática e de complementação mútua, alinhem-se com os objetivos constitucionais (rol apenas exemplificativo) estabelecidos no art. 225.

A PNMA tem por **objetivo geral** "a **preservação, melhoria e recuperação da qualidade ambiental propícia à vida**, visando assegurar, no País, condições ao desenvolvimento socioeconômico, aos interesses da segurança nacional e à **proteção da dignidade da vida humana**" (art. 2º), atendidos os seguintes princípios estabelecidos pelo diploma no art. 3º, conforme veremos na sequência. Um dos aspectos mais importantes dos objetivos gerais delineados no art. 2º, *caput*, diz respeito à vinculação da proteção ecológica à proteção da vida e da dignidade humana, o que, mais tarde, seria confirmado com o reconhecimento, pela CF/1988 (art. 225, *caput*), da natureza de **direito fundamental** do direito de todos a viver em um meio ambiente sadio e equilibrado.

No tocante aos **objetivos específicos** da PNMA, eles se encontram consagrados no art. 4º da Lei 6.938/81.

Objetivos da PNMA (art. 4º)

Art. 4º A Política Nacional do Meio Ambiente visará:

I – à **compatibilização do desenvolvimento econômico-social com a preservação da qualidade do meio ambiente** e do equilíbrio ecológico;

II – à definição de áreas prioritárias de ação governamental relativa à qualidade e ao equilíbrio ecológico, atendendo aos interesses da União, dos Estados, do Distrito Federal, dos Territórios e dos Municípios;

III – ao estabelecimento de **critérios e padrões de qualidade ambiental** e de normas relativas ao uso e manejo de recursos ambientais;

IV – ao **desenvolvimento de pesquisas e de tecnologias** nacionais orientadas para o uso racional de recursos ambientais;

V – à difusão de tecnologias de manejo do meio ambiente, à divulgação de dados e **informações ambientais** e à formação de uma **consciência pública** sobre a necessidade de preservação da qualidade ambiental e do equilíbrio ecológico;

VI – à **preservação e restauração dos recursos ambientais** com vistas à sua utilização racional e disponibilidade permanente, concorrendo para a manutenção do equilíbrio ecológico propício à vida;

VII – à imposição, ao **poluidor** e ao predador, da **obrigação de recuperar e/ou indenizar os danos causados** e, ao **usuário**, da **contribuição pela utilização de recursos ambientais com fins econômicos**.

O art. 5º da Lei 6.938/81 dispõe, de modo complementar, que "as diretrizes da Política Nacional do Meio Ambiente serão formuladas em normas e planos, destinados a orientar a ação dos Governos da União, dos Estados, do Distrito Federal, dos Territórios e dos Municípios no que se relaciona com a preservação da qualidade ambiental e manutenção do equilíbrio ecológico, observados os princípios estabelecidos no art. 2º desta Lei". E, segundo o parágrafo único do mesmo dispositivo legal, "as **atividades empresariais públicas ou privadas** serão exercidas em consonância com as diretrizes da Política Nacional do Meio Ambiente". Os dispositivos citados estão em consonância com o **conceito amplo de poluidor**, conforme veremos adiante, de modo a tornar as **diretrizes, objetivos e princípios da PNMA imperativos e vinculantes normativamente** tanto para os **entes públicos** quanto para os **agentes privados** (pessoas físicas e jurídicas).

2. CONCEITOS JURÍDICOS NA LEI 6.938/81 (ART. 3º)

2.1 Conceitos jurídicos de meio ambiente, recursos naturais, poluição e degradação da qualidade ambiental

O art. 3º da Lei 6.938/81 estabeleceu alguns conceitos nucleares e relevantes para a compreensão do regime jurídico ecológico. O primeiro deles é o próprio **conceito de meio am-**

biente, o qual, segundo disposição expressa do inciso I do dispositivo citado, seria: "o conjunto de condições, leis, influências e interações de ordem física, química e biológica, que **permite, abriga e rege a vida em todas as suas formas**". Como se pode observar, trata-se de conceito que permite uma abordagem jurídica funcional, teleológica e sistemática para a proteção ecológica, sedimentando inclusive um paradigma não antropocêntrico, ao contemplar a **proteção da vida em termos amplos** (para além da vida humana).

Outro conceito complementar ao de meio ambiente trazido pelo diploma é aquele correspondente aos **recursos naturais**, os quais, segundo o inciso V do art. 3º, compreenderia: "a atmosfera, as águas interiores, superficiais e subterrâneas, os estuários, o mar territorial, o solo, o subsolo, os elementos da biosfera, a fauna e a flora". O **meio ambiente natural**, conforme se pode apreender do conceito de recursos naturais consagrado pela Lei 6.938/81, é composto por todos os **elementos bióticos** (fauna, flora etc.) e **abióticos** (ar, terra, água, minerais etc.) que se encontram originalmente na Natureza, ou seja, independentemente de qualquer intervenção humana. Por mais que, por vezes, o ser humano chegue a situações extremas na intervenção que realiza no meio ambiente natural, a ponto de, por exemplo, desviar o curso de rios – como se verifica na transposição do Rio São Francisco –, tal situação não altera a essência ou natureza, por si só, dos elementos naturais, que continuam a integrar a categoria do meio ambiente natural.

A **engenharia genética** é outro exemplo peculiar que, de certa forma, desafia a dicotomia entre o meio ambiente natural e o meio ambiente humano. Se pensarmos nas façanhas científicas do ser humano no campo da engenharia genética – por exemplo, na área da clonagem de animais –, os limites para a distinção conceitual entre elementos naturais e elementos humanos são postos à prova. Entre os elementos que integram o meio ambiente natural, dentre inúmeros outros, podemos destacar: a fauna, a flora, a água, o ar, o solo, os recursos minerais, as florestas, os mares e o patrimônio genético. Por essa ótica, podemos considerar como elementos integrantes do meio ambiente natural tanto os diversos componentes da Natureza de forma **individual** (o mico-leão--dourado, a baleia-franca, a seringueira, a araucária etc.) quanto os **ecossistemas** ou **biomas** que integram (a Floresta Amazônica, o Rio Paraná, o Pantanal Mato-Grossense, a Praia do Rosa etc.).

A **degradação da qualidade ambiental**, de modo complementar, conforme dispõe o inciso II do art. 3º, corresponderia à "alteração adversa das características do meio ambiente", ou seja, é um conceito que se complementa a partir do conceito de meio ambiente antes referido. Na sequência do conceito de meio ambiente e recursos naturais, o art. 3º da Lei 6.938/81 também se encarregou de estabelecer o conceito de **poluição**, a qual seria, segundo inciso III do dispositivo citado: "a degradação da qualidade ambiental resultante de atividades que direta ou indiretamente: a) prejudiquem a saúde, a segurança e o bem-estar da população; b) criem condições adversas às atividades sociais e econômicas; c) afetem desfavoravelmente a biota; d) afetem as condições estéticas ou sanitárias do meio ambiente; e) lancem matérias ou energia em desacordo com os padrões ambientais estabelecidos". A título de exemplo, o conceito de poluição contempla não apenas a **poluição hídrica**, a **poluição atmosférica**, mas diversas dimensões, por exemplo, a **poluição sonora**, conforme reconhecida expressamente em decisão do STJ com base na alínea *e* do inciso III do art. 3º da Lei 6.938/81, inclusive na perspectiva de um **direito ao silêncio**.[8]

O conceito de poluição trazido pela Lei 6.938/81 complementa, nessa linha, o conceito de meio ambiente do art. 3º, I, agregando conteúdo bastante amplo. Resta clara, nesse sentido, a conjugação de elementos naturais com elementos humanos na conformação do conceito de poluição (e com reflexo no próprio conceito de meio ambiente). No Direito Ambiental brasileiro, conforme tratamos anteriormente, prevalece a adoção de uma **concepção ampla** do bem jurídico ambiental, de modo que a conformação do seu conteúdo se dá a partir da integração entre o meio ambiente natural e o meio ambiente humano (ou social). A título de exemplo, a

---

[8] STJ, REsp 1.051.306/MG, 2ª T., Rel. Min. Castro Meira, Rel. p/ acórdão Min. Herman Benjamin, j. 16.10.2008.

Constituição do Estado de São Paulo, no seu art. 191, discrimina as diferentes dimensões do bem jurídico ambiental, de modo bastante similar ao modelo que ora propomos. De acordo com o dispositivo suscitado, "o Estado e os Municípios providenciarão, com a participação da coletividade, a preservação, conservação, defesa, recuperação e melhoria do meio **ambiente natural, artificial** e *do trabalho,* atendidas as peculiaridades regionais e locais e em harmonia com o desenvolvimento social e econômico".

Há dois grandes subgrupos definidores do bem jurídico ambiental. São eles os **elementos naturais** e os **elementos humanos (sociais, culturais ou artificiais)**, ou seja, que têm na sua formação a intervenção humana, por exemplo, o patrimônio histórico e cultural, a ordem urbanística, o meio ambiente laboral, entre outros. O fundamento para a distinção entre tais elementos reside na existência ou não da intervenção humana na caracterização de determinado elemento ambiental. Conforme pontua Erasmo Ramos, "a definição legal brasileira de meio ambiente foi fortemente influenciada pelo direito anglo-saxônico, precisamente pelo direito norte-americano. Trata-se de uma definição geral que goza de uma abrangência excepcional englobando, além da fauna, flora e solo, águas, ar, clima, também os aspectos paisagísticos e o meio ambiente criado pelo ser humano em âmbito cultural, econômico e social".[9]

Os conceitos de **meio ambiente, poluição** e **degradação ambiental,** tal como consagrados pela Lei 6.938/81, alinham-se com o conceito amplo de meio ambiente consagrado pelo Direito Ambiental. De modo similar, destaca-se o conceito de meio ambiente trazido pelo art. 4º, II, da Lei 9.795/99 (**Política Nacional de Educação Ambiental**), segundo a qual se configura como princípio básico da educação ambiental "a concepção do meio ambiente em sua totalidade, considerando a **interdependência entre o meio natural, o socioeconômico e o cultural,** sob o enfoque da sustentabilidade". É um conceito que, em linhas gerais, coloca-se em sintonia com o próprio **princípio do desenvolvimento sustentável,** tomando por base os seus três eixos ou pilares nucleares: ecológico, social e econômico.

> **JURISPRUDÊNCIA STJ. Conceito amplo de meio ambiente na CF/1988.** Em passagem do voto do Ministro José Delgado, no julgamento do REsp 725.257/MG, resultou consignado, em ação civil pública envolvendo os temas da poluição sonora e da segurança urbana, que: "com a Constituição Federal de 1988, passou-se a entender também que o meio ambiente divide-se em físico ou natural, cultural, artificial e do trabalho. **Meio ambiente físico ou natural** é constituído pela flora, fauna, solo, água, atmosfera etc., incluindo os ecossistemas (art. 225, § 1º, I, VII). *Meio ambiente cultural* constitui-se pelo patrimônio cultural, artístico, arqueológico, paisagístico, manifestações culturais, populares etc. (art. 215, §§ 1º e 2º). **Meio ambiente artificial** é o conjunto de edificações particulares ou públicas, principalmente urbanas (art. 182, art. 21, XX, e art. 5º, XXIII), e **meio ambiente do trabalho** é o conjunto de condições existentes no local de trabalho relativos à qualidade de vida do trabalhador (art. 7º, XXXIII, e art. 200)".[10]

> **JURISPRUDÊNCIA STJ. Poluição sonora e direito ao silêncio:** "Processual civil. Ação civil pública. Meio ambiente. **Direito ao silêncio. Poluição sonora. Art. 3º, III, alínea 'e', da Lei 6.938/1981.** Interesse difuso. Legitimidade *ad causam* do Ministério Público. 1. Hipótese de ação civil pública ajuizada com o fito de cessar poluição sonora causada por estabelecimento comercial. 2. Embora tenha reconhecido a existência de poluição sonora, o Tribunal de origem asseverou que os interesses envolvidos são individuais, porquanto afetos a apenas uma parcela da população municipal. 3. A **poluição sonora,** mesmo em área urbana, **mostra-se tão nefasta aos seres humanos e ao meio ambiente como outras atividades que atingem a**

---

[9] RAMOS, Erasmo Marcos. *Direito ambiental comparado...,* p. 58.
[10] STJ, REsp 725.257/MG, 1ª T., Rel. Min. José Delgado, j. 10.04.2007.

'sadia qualidade de vida', referida no art. 225, *caput*, da Constituição Federal. 4. O **direito ao silêncio** é uma das manifestações jurídicas mais atuais da pós-modernidade e da vida em sociedade, inclusive nos grandes centros urbanos. 5. O fato de as cidades, em todo o mundo, serem associadas à ubiquidade de ruídos de toda ordem e de vivermos no país do carnaval e de inumeráveis manifestações musicais não retira de cada brasileiro o **direito de descansar e dormir, duas das expressões do direito ao silêncio, que encontram justificativa não apenas ética, mas sobretudo fisiológica**. 6. Nos termos da Lei 6.938/81 (Lei da Política Nacional do Meio Ambiente), também é poluição a atividade que lance, no meio ambiente, 'energia em desacordo com os padrões ambientais estabelecidos' (art. 3º, III, alínea 'e', grifei), exatamente a hipótese do som e ruídos. Por isso mesmo, inafastável a aplicação do art. 14, § 1º, da mesma Lei, que confere legitimação para agir ao Ministério Público. 7. Tratando-se de poluição sonora, e não de simples incômodo restrito aos lindeiros de parede, a atuação do Ministério Público não se dirige à tutela de direitos individuais de vizinhança, na acepção civilística tradicional, e, sim, à defesa do meio ambiente, da saúde e da tranquilidade pública, bens de natureza difusa. 8. O Ministério Público possui legitimidade para propor ação civil pública com o fito de prevenir ou cessar qualquer tipo de poluição, inclusive sonora, bem como buscar a reparação pelos danos dela decorrentes. 9. A **indeterminação dos sujeitos**, considerada ao se fixar a legitimação para agir na ação civil pública, **não é incompatível com a existência de vítimas individualizadas ou individualizáveis, bastando que os bens jurídicos afetados sejam, no atacado, associados a valores maiores da sociedade, compartilhados por todos, e a todos igualmente garantidos, pela norma constitucional ou legal, como é o caso do meio ambiente ecologicamente equilibrado e da saúde**. 10. Recurso especial provido".[11]

PRINCIPAIS RESOLUÇÕES DO CONAMA SOBRE POLUIÇÃO SONORA:

Resolução CONAMA nº 272/2000 – "Define novos limites máximos de emissão de ruídos por veículos automotores".

Resolução CONAMA nº 268/2000 – "Método alternativo para monitoramento de ruído de motociclos".

Resolução CONAMA nº 230/1997 – "Proíbe o uso de equipamentos que possam reduzir a eficácia do controle de emissão de ruído e poluentes".

Resolução CONAMA nº 020/1994 – "Institui o Selo Ruído, como forma de indicação do nível de potência sonora, de uso obrigatório para aparelhos eletrodomésticos".

Resolução CONAMA nº 001/1993 – "Estabelece, para veículos automotores nacionais e importados, exceto motocicletas, motonetas, triciclos, ciclomotores, bicicletas com motor auxiliar e veículos assemelhados, nacionais e importados, limites máximos de ruído com o veículo em aceleração e na condição parado" (* Resolução aprovada em 1992 e publicada em 1993; alterada pelas Resoluções nº 08, de 1993, nº 17, de 1995, e nº 272, de 2000 e complementada pela Resolução nº 242, de 1998).

Resolução CONAMA nº 002/1990 – "Dispõe sobre o Programa Nacional de Educação e Controle da Poluição Sonora – SILÊNCIO".

Resolução CONAMA nº 001/1990 – "Dispõe sobre critérios e padrões de emissão de ruídos, das atividades industriais".

2.2 Conceito jurídico de poluidor (e o princípio do poluidor-pagador)

O conceito de poluidor trazido pela Lei 6.938/81 é extremamente importante, notadamente em razão dos seus reflexos no campo da responsabilidade civil em matéria ambiental. Segundo

---

[11] STJ, REsp 1.051.306/MG, 2ª T., Rel. Min. Castro Meira, Rel. p/ acórdão Min. Herman Benjamin, j. 16.10.2008.

dispõe o art. 3º, IV, do diploma, o conceito de **poluidor** compreende: "a **pessoa física ou jurídica**, de **direito público ou privado**, responsável, **direta ou indiretamente**, por atividade causadora de degradação ambiental".

A Lei 6.938/81 consagrou, como se pode observar, um **conceito amplo de poluidor**, procurando alcançar todos aqueles que se encontrarem na cadeia causal (direta e indireta) da poluição ambiental, o que, em sintonia, com a caracterização da responsabilidade objetiva prevista no art. 14, § 1º, edificou, conforme será tratado em capítulo específico, um sistema consistente e abrangente para a responsabilização civil dos transgressores da legislação ambiental. Além de abarcar os **entes públicos** e **agentes privados** (pessoas físicas e jurídicas), o dispositivo citado também assinalou expressamente não apenas a responsabilidade do **poluidor direto**, mas também do **poluidor indireto**, ou seja, aquele que indiretamente contribui para a ocorrência do dano ambiental, seja com a sua ação, seja com a sua omissão.

O conceito trazido pelo dispositivo em análise contribui de forma decisiva para a responsabilização pelo dano ambiental, de modo a abranger todos os agentes (públicos e privados) que contribuam direta ou indiretamente para a ocorrência do dano ambiental. A título de exemplo, tem-se caracterizada no dispositivo a figura do **Estado como poluidor ambiental**, quando contribui, mesmo que **indiretamente**, com a sua **omissão ou atuação insuficiente no seu dever de fiscalização** – como muitas vezes ocorre no âmbito do licenciamento ambiental –, para a ocorrência do dano ambiental, conforme veremos com mais detalhes adiante.

O conceito de poluidor também deve ser compreendido à luz do **princípio do poluidor-pagador** (e também do princípio do usuário-pagador), conforme tratamos anteriormente no capítulo sobre os princípios do Direito Ambiental. A Lei 6.938/81, como antes referido, consagrou como **objetivo da PNMA** "a imposição, ao **poluidor e ao predador**, da obrigação de recuperar e/ou indenizar os danos causados, e ao **usuário**, de contribuição pela **utilização de recursos ambientais** com fins econômicos" (art. 4º, VII). O dispositivo em questão dá contornos normativos ao princípio do poluidor-pagador. A utilização de recursos naturais, no ciclo de produção de bens e serviços, enseja a geração de externalidades negativas, notadamente em matéria de poluição e degradação ambiental.

O princípio em questão objetiva justamente **"internalizar" nas práticas produtivas** (em última instância, no preço dos produtos e serviços) os **custos ecológicos**, evitando-se que estes sejam suportados de modo indiscriminado (e, portanto, injustamente) por toda a sociedade. O princípio busca vincular juridicamente o gerador de tais custos ambientais (ou seja, o poluidor), independentemente de ser ele o **fornecedor** (ou produtor) ou mesmo o **consumidor**, com o propósito de ele ser responsabilizado e, consequentemente, arcar com tais custos ecológicos, exonerando-se a sociedade, por uma questão de justiça social e ecológica, desse encargo. Por fim, o que se deve buscar é a adoção de práticas cada vez mais sustentáveis e com o menor impacto ecológico possível, notadamente num momento histórico em que a comunidade científica atesta que já ultrapassamos a "margem de segurança" na exploração dos recursos planetários e, assim, comprometendo a **integridade de Gaia** como um todo no Antropoceno.

Meio ambiente (art. 3º, I)	"o conjunto de condições, leis, influências e interações de ordem física, química e biológica, que permite, abriga e rege a vida em todas as suas formas".
Degradação da qualidade ambiental (art. 3º, II)	"a alteração adversa das características do meio ambiente".

Poluição (art. 3º, III)	"a degradação da qualidade ambiental resultante de atividades que direta ou indiretamente: **a)** prejudiquem a saúde, a segurança e o bem-estar da população; **b)** criem condições adversas às atividades sociais e econômicas; **c)** afetem desfavoravelmente a biota; **d)** afetem as condições estéticas ou sanitárias do meio ambiente; **e)** lancem matérias ou energia em desacordo com os padrões ambientais estabelecidos".
Poluidor (art. 3º, IV)	"a pessoa física ou jurídica, de direito público ou privado, responsável, direta ou indiretamente, por atividade causadora de degradação ambiental".
Recursos ambientais (art. 3º, V)	"a atmosfera, as águas interiores, superficiais e subterrâneas, os estuários, o mar territorial, o solo, o subsolo, os elementos da biosfera, a fauna e a flora".

3. SISTEMA NACIONAL DO MEIO AMBIENTE (SISNAMA)

A criação do Sistema Nacional do Meio Ambiente (**SISNAMA**) é um dos pontos mais importantes e estruturais da Lei 6.938/81, institucionalizando uma **política pública ambiental de expressão nacional**. Além de dar cabo de criar um microssistema legislativo voltado à proteção ambiental (que antes não existia), a Lei 6.938/81 amarrou no âmbito organizacional e procedimental a proteção ecológica no seio do Estado brasileiro, criando uma Política Nacional do Meio Ambiente, com o envolvimento de todos os **entes federativos (União, Distrito Federal, Estados e Municípios)** na persecução de tal objetivo.

O art. 6º da Lei 6.938/81 representa justamente esse panorama institucional, delimitando o papel dos diversos órgãos e entidades do SISNAMA no contexto federativo brasileiro.

DO SISTEMA NACIONAL DO MEIO AMBIENTE

Art. 6º Os órgãos e entidades da União, dos Estados, do Distrito Federal, dos Territórios e dos Municípios, bem como as fundações instituídas pelo Poder Público, responsáveis pela proteção e melhoria da qualidade ambiental, constituirão o **Sistema Nacional do Meio Ambiente – SISNAMA**, assim estruturado:

I – órgão superior: o Conselho de Governo, com a função de assessorar o Presidente da República na formulação da política nacional e nas diretrizes governamentais para o meio ambiente e os recursos ambientais; (Redação dada pela Lei nº 8.028/90.)

II – órgão consultivo e deliberativo: o Conselho Nacional do Meio Ambiente (CONAMA), com a finalidade de assessorar, estudar e propor ao Conselho de Governo, diretrizes de políticas governamentais para o meio ambiente e os recursos naturais e deliberar, no âmbito de sua competência, sobre normas e padrões compatíveis com o meio ambiente ecologicamente equilibrado e essencial à sadia qualidade de vida; (Redação dada pela Lei nº 8.028/90.)

III – órgão central: a Secretaria do Meio Ambiente da Presidência da República, com a finalidade de planejar, coordenar, supervisionar e controlar, como órgão federal, a política nacional e as diretrizes governamentais fixadas para o meio ambiente; (Redação dada pela Lei nº 8.028/90.)

IV – órgãos executores: o Instituto Brasileiro do Meio Ambiente e dos Recursos Naturais Renováveis **– IBAMA e o Instituto Chico Mendes de Conservação da Biodiversidade – Instituto Chico Mendes,** com a finalidade de executar e fazer executar a política e as diretrizes governamentais fixadas para o meio ambiente, de acordo com as respectivas competências; (Redação dada pela Lei 12.856/2013.)

V – Órgãos Seccionais: os órgãos ou entidades estaduais responsáveis pela execução de programas, projetos e pelo controle e fiscalização de atividades capazes de provocar a degradação ambiental; (Redação dada pela Lei nº 7.804/89.)

VI – Órgãos Locais: os órgãos ou entidades municipais responsáveis pelo controle e fiscalização dessas atividades, nas suas respectivas jurisdições; (Incluído pela Lei nº 7.804/89.)

§ 1º Os **Estados**, na esfera de suas competências e nas áreas de sua jurisdição, **elaborarão normas supletivas e complementares e padrões relacionados com o meio ambiente**, observados os que forem estabelecidos pelo CONAMA.

§ 2º Os **Municípios**, observadas as normas e os padrões federais e estaduais, também **poderão elaborar as normas** mencionadas no parágrafo anterior.

§ 3º Os órgãos central, setoriais, seccionais e locais mencionados neste artigo deverão fornecer os resultados das análises efetuadas e sua fundamentação, quando solicitados por pessoa legitimamente interessada.

§ 4º De acordo com a legislação em vigor, é o Poder Executivo autorizado a criar uma Fundação de apoio técnico científico às atividades do IBAMA. (Redação dada pela Lei nº 7.804/89.)

A criação e adequada estruturação dos órgãos administrativas especializados na matéria ambiental por meio do SISNAMA é uma questão central para o exercício da **competência executiva comum** dos entes federativos em matéria ambiental **(art. 23, III, VI e VII, da CF/1988)**, conformando um **sistema administrativo nacional de proteção ecológica**, com o objetivo último de **dar efetividade à legislação ambiental**. Além da importância de uma abordagem "transversal" da proteção ambiental em todos os setores e políticas públicas, no sentido de a variável ecológica se fazer presente nos diversos âmbitos da política governamental (por exemplo, transportes, energia, saúde, moradia, desenvolvimento urbano, economia etc.), são fundamentais o aparelhamento estatal e a adoção de políticas públicas especializadas para a área ecológica, tomando por base as inúmeras áreas diferentes e políticas específicas que existem em tal matéria (florestal, proteção da fauna e da flora, recursos hídricos, biodiversidade e patrimônio genético, mudanças climáticas, educação ambiental etc.).

As **políticas públicas ambientais**, nesse contexto, expressam a execução das leis e, portanto, estão atreladas à atividade administrativa e ao exercício da competência executiva prevista no art. 23 da CF/1988, inclusive por meio de um **dever de cooperação** de **todos os entes federativos** em matéria ambiental, como estabelecido na Lei Complementar 140/2011. O exercício do **poder de polícia ambiental**, atribuído a todos os entes federativos, caracteriza-se, por meio dos **mecanismos de comando e controle** de atividades poluidoras, como um dos pilares da Política Nacional do Meio Ambiente.

Além das políticas públicas de **fiscalização e repressão** a práticas degradadoras do meio ambiente, devem ter espaço as políticas de **conscientização e educação ambiental**, com o propósito de informar os indivíduos e a sociedade em geral a respeito das diversas temáticas ecológicas. Por fim, outro aspecto a ser considerado diz respeito à **participação popular e controle social** que deve acompanhar o exercício das competências executivas em matéria ambiental, ou seja, os entes federativos devem basear as suas práticas administrativas nos diversos mecanismos capazes de permitir a participação pública e ampliar a legitimidade na execução das políticas públicas ambientais, por exemplo, a realização de audiências públicas no âmbito do licenciamento ambiental, a divulgação de dados e informações sobre todos os projetos governamentais com repercussão ambiental, entre outras manifestações dos **direitos ambientais procedimentais ou de participação**.

3.1 Órgão Superior: o Conselho de Governo

O **Conselho de Governo**, conforme dispõe o art. 6º, I, da Lei 6.938/81, possui o *status* de **órgão superior do SISNAMA**, com a função de **assessorar o Presidente da República** na formulação da política nacional e nas diretrizes governamentais para o meio ambiente e os recursos ambientais. O Conselho de Governo integra a estrutura administrativa da Presidência da República como seu órgão de assessoramento imediato, como dispõe o art. 1º, § 1º, I, da Lei 9.649/98, conforme redação dada pela Medida Provisória 2.216-37/2001.

A sua **composição**, prevista no art. 7º, I, da Lei 9.649/98, é integrada pelos Ministros de Estado, pelos titulares dos órgãos essenciais da Presidência da República e pelo Advogado-Geral da União, sendo presidido pelo Presidente da República, ou, por sua determinação, pelo Chefe da Casa Civil, e secretariado por um dos membros para esse fim designado pelo Presidente da República. As reuniões do Conselho de Governo ocorrem mediante convocação do Presidente da República (art. 7º, § 2º).

3.2 Órgão consultivo e deliberativo: o Conselho Nacional do Meio Ambiente (CONAMA)

3.2.1 Histórico do CONAMA

A relevância central do CONAMA na estrutura do SISNAMA pode ser vislumbrada pelo fato de a Lei 6.938/81 ter dedicado ao órgão um longo dispositivo de atribuições e competências. No decorrer de seus mais de 30 anos de existência, o CONAMA já esteve vinculado ao antigo Ministério do Interior (MINTER), à Secretaria Especial de Meio Ambiente da Presidência da República (SEMA) e ao próprio Instituto Brasileiro de Meio Ambiente e Recursos Naturais Renováveis (IBAMA), antes de ser vinculado ao Ministério do Meio Ambiente, este último criado pela Lei 8.490/92, e, mais recentemente, regulamentado pela Lei 13.844/2019 (com atualização da MP 1.154/2023, posteriormente convertida na Lei 14.600/2023). A regulamentação das competências do CONAMA, com alterações posteriores, deu-se por meio do Decreto 99.274, de 6 de junho de 1990, o qual regulamentou a Lei 6.938/81.

3.2.2 Atribuições do CONAMA

Como referido anteriormente, a Lei 6.938/81, diferentemente do que fez com os demais órgãos do SISNAMA, consagrou dispositivo específico para tratar da competência e atribuições do CONAMA nos diversos incisos seu art. 8º, reconhecendo a sua importância como órgão estratégico e central da Política Nacional do Meio Ambiente, conforme segue.

> Art. 8º **Compete ao CONAMA:** (Redação dada pela Lei nº 8.028/90.)
> I – estabelecer, mediante proposta do IBAMA, **normas e critérios para o licenciamento de atividades efetiva ou potencialmente poluidoras**, a ser concedido pelos Estados e supervisionado pelo IBAMA; (Redação dada pela Lei 7.804/89.)
> II – determinar, quando julgar necessário, a realização de estudos das alternativas e das possíveis consequências ambientais de projetos públicos ou privados, requisitando aos órgãos federais, estaduais e municipais, bem assim a entidades privadas, as informações indispensáveis para apreciação dos estudos de impacto ambiental, e respectivos relatórios,

no caso de obras ou atividades de significativa degradação ambiental, especialmente nas áreas consideradas patrimônio nacional. (Redação dada pela Lei nº 8.028/90.)

III – **decidir, como última instância administrativa em grau de recurso**, mediante depósito prévio, sobre as multas e outras penalidades impostas pelo IBAMA; (Redação dada pela Lei nº 7.804, de 1989) (Revogado pela Lei nº 11.941, de 2009.)

IV – **homologar acordos** visando à transformação de penalidades pecuniárias na obrigação de executar medidas de interesse para a proteção ambiental; (*Vetado.*)

V – determinar, mediante representação do IBAMA, a **perda ou restrição de benefícios fiscais concedidos pelo Poder Público**, em caráter geral ou condicional, e a perda ou suspensão de participação em linhas de financiamento em estabelecimentos oficiais de crédito; (Redação dada pela Lei 7.804/89.)

VI – estabelecer, privativamente, normas e padrões nacionais de controle da **poluição por veículos automotores, aeronaves e embarcações**, mediante audiência dos Ministérios competentes;

VII – **estabelecer normas, critérios e padrões relativos ao controle e à manutenção da qualidade do meio ambiente** com vistas ao uso racional dos recursos ambientais, principalmente os hídricos.

3.2.3 Poder normativo do CONAMA

O CONAMA é o órgão colegiado de caráter deliberativo e consultivo do SISNAMA, cabendo a ele regulamentar a legislação ambiental visando à sua execução. O poder normativo do CONAMA está consagrado no art. 6º, II, da Lei 6.938/81, ao dispor que ele é caracterizado como "órgão consultivo e deliberativo", com a finalidade de "assessorar, estudar e propor ao Conselho de Governo, diretrizes de políticas governamentais para o meio ambiente e os recursos naturais e deliberar, no âmbito de sua competência, sobre **normas e padrões** compatíveis com o meio ambiente ecologicamente equilibrado e essencial à sadia qualidade de vida".

A título de exemplo, em que pese já possuir resoluções de anos anteriores, destacam-se, como resoluções históricas de grande impacto na política ambiental brasileira, a Resolução CONAMA nº 1, de 23 de janeiro de 1986, que estabeleceu os critérios básicos e as diretrizes gerais para a avaliação de impacto ambiental, e a Resolução CONAMA nº 18, também de 1986, que criou o Programa de Controle de Poluição do Ar por Veículos Automotores (PROCONVE). A partir da segunda metade da década de 1980, a atividade regulamentar do CONAMA sofreu verdadeiro *boom*, existindo hoje centenas resoluções editadas pelo órgão.

A discussão sobre o *status* **normativo das resoluções do CONAMA** tomou assento na jurisprudência recente do STF. No julgamento ADI 5547/DF, envolvendo a constitucionalidade da Resolução CONAMA 458/2013, o STF reconheceu que as resoluções do CONAMA possuem o *status* jurídico de ato normativo primário, dotadas de **generalidade e abstração** suficientes, a fim de permitirem o **controle concentrado de constitucionalidade**.

> **JURISPRUDÊNCIA STF. Status normativo das Resoluções do CONAMA:** "AÇÃO DIRETA DE INCONSTITUCIONALIDADE. RESOLUÇÃO CONAMA Nº 458/2013. CABIMENTO. OFENSA DIRETA. **ATO NORMATIVO PRIMÁRIO, GERAL E ABSTRATO**. PROTEÇÃO DO MEIO AMBIENTE. DIREITO FUNDAMENTAL. PRINCÍPIOS DA PROTEÇÃO E DA PRECAUÇÃO. FUNÇÃO SOCIOAMBIENTAL DA PROPRIEDADE. PROIBIÇÃO DO RETROCESSO. PRINCÍPIOS DA PREVENÇÃO E DA PRECAUÇÃO. INEXISTÊNCIA DE OFENSA. 1. A Resolução impugnada é **ato normativo primário, dotada de generalidade e abstração suficientes a permitir o controle concentrado de constitucionalidade**. (...) 5. Ação direta julgada improcedente." (ADI 5547/DF, Tribunal Pleno, Relator Ministro Edson Fachin, j. 22.9.2020)

No julgamento da medida cautelar na ADPF 747/DF[12], em decisão do STF que seguiu o voto-relator da Ministra Rosa Weber, a Corte, também endossando o *status* de ato normativo primário das resoluções do CONAMA, entendeu por suspender os efeitos da Resolução CONAMA 500/2020 e restabeleceu a vigência e a eficácia das Resoluções CONAMA 284/2001, 302/2002 e 303/2002 que haviam sido revogadas pela primeira, sob fundamento, entre outros, de violação aos deveres de proteção ambiental do Estado e ao princípio da proibição de retrocesso ecológico.[13]

3.2.3.1 Limites ao poder normativo do CONAMA

Há forte limitação no sentido de as resoluções do CONAMA não extrapolarem os limites ditados pela legislação, em especial por se tratar de órgão vinculado à estrutura do Poder Executivo (no caso, ao Ministério do Meio Ambiente). Em outras palavras, o papel do CONAMA não é o de legislar em sentido estrito, mas apenas preencher o espaço regulatório necessário para a mediação entre a lei e a sua execução – por exemplo, a elaboração de padrões técnicos em determinada área ambiental –, sempre respeitando a vontade e as balizas normativas ditadas pelo legislador. Do contrário, o CONAMA estaria subtraindo função precípua do Congresso Nacional.

3.2.4 *Composição do CONAMA*

O CONAMA, segundo estabelece o art. 4º do Decreto 99.274/90, conforme redação dada pelo Decreto nº 6.792/2009, é composto pelo: **Plenário, Comitê de Integração de Políticas Ambientais, Câmaras Técnicas, Grupos de Trabalho** e **Grupos Assessores**.

A composição do Plenário do CONAMA, após ser alterada por meio do polêmico **Decreto 9.806/2019**,[14] o qual havia modificado o Decreto 99.274/90, voltou a ser novamente alterada pelo Decreto 11.417, de 16 de fevereiro de 2023. Importante lembrar a decisão do STF, no julgamento da ADPF 623, que já havia reconhecido a inconstitucionalidade do decreto presidencial de 2019 que havia reduzido a participação social.

Em linhas gerais, a nova modificação aumentou e reestabeleceu a participação efetiva da sociedade civil no colegiado, por meio de: "vinte e dois representantes de entidades de trabalhadores e da sociedade civil (art. 5-A, X).

---

[12] Vide também: STF, ADPF 748/DF, Plenário Virtual, Rel. Min. Rosa Weber, j. 20.05.2022.

[13] STF, MC na ADPF 747/DF, Tribunal Pleno, Rel. Min. Rosa Weber, j. 28.10.2020.

[14] A respeito da participação e do controle social no âmbito da estrutura administrativa, inclusive no tocante à política ambiental, registra-se o trâmite da **ADI 6.121/DF** ajuizada perante o **STF**, sob a relatoria do Ministro Marco Aurélio, que impugnou dispositivo do Decreto 9.759/2019 do Governo Federal, notadamente no que se refere à extinção promovida pelo referido ato presidencial dos **conselhos federais** (art. 5º). No julgamento da medida cautelar pelo STF, resultou suspensa a eficácia do referido decreto com relação aos conselhos federais que tivessem sido criados por lei em sentido formal (como é o caso, por exemplo, do CONAMA, previsto na Lei 6.938/81). O Tribunal, por maioria, deferiu parcialmente a medida cautelar para, suspendendo a eficácia do § 2º do art. 1º do Decreto 9.759/2019, na redação dada pelo Decreto 9.812/2019, afastar, até o exame definitivo da ADI 6121/DF, a possibilidade de ter a extinção, por ato unilateralmente editado pelo Chefe do Executivo, de **colegiado cuja existência encontre menção em lei em sentido formal**, ainda que ausente expressa referência "sobre a competência ou a composição", e, por arrastamento, suspendeu a eficácia de atos normativos posteriores a promoverem, na forma do art. 9º do Decreto 9.759/2019, a extinção dos órgãos, nos termos do voto do Relator, vencidos os Ministros Edson Fachin, Roberto Barroso, Rosa Weber, Cármen Lúcia e Celso de Mello, que concediam integralmente a cautelar (STF, MC na ADI 6121/DF, Tribunal Pleno, Rel. Min. Marco Aurélio, j. 13.06.2019).

Art. 5º-A. Integram o **Plenário do Conama**: (Incluído pelo Decreto nº 11.417/2023)

I – o Ministro de Estado do Meio Ambiente e Mudança do Clima, que o presidirá;

II – o Secretário-Executivo do Ministério do Meio Ambiente e Mudança do Clima, que será o seu Secretário-Executivo;

III – um representante do IBAMA;

IV – um representante do Instituto Chico Mendes;

V – um representante do Serviço Florestal Brasileiro do Ministério do Meio Ambiente e Mudança do Clima;

VI – um representante da Agência Nacional de Águas e Saneamento Básico – ANA;

VII – um representante:

a) de cada um dos Ministérios;

b) de cada um dos seguintes órgãos da Presidência da República:

1. Casa Civil;
2. Secretaria-Geral; e
3. Secretaria de Relações Institucionais; e

c) de cada um dos Comandos do Ministério da Defesa:

1. da Marinha;
2. do Exército; e
3. da Aeronáutica;

VIII – um representante de cada um dos Governos estaduais e do Distrito Federal, indicados pelos respectivos Governadores;

IX – oito representantes dos Governos municipais que possuam órgão ambiental estruturado e conselho de meio ambiente com caráter deliberativo, dos quais:

a) um representante de cada região geográfica do País;

b) um representante da Associação Nacional de Municípios e Meio Ambiente – ANAMMA; e

c) dois representantes de entidades municipalistas de âmbito nacional;

X – vinte e dois representantes de entidades de trabalhadores e da sociedade civil, dos quais:

a) dois representantes de entidades ambientalistas de cada uma das regiões geográficas do País;

b) três representantes de entidades ambientalistas de âmbito nacional;

c) três representantes de associações legalmente constituídas para a defesa dos recursos naturais e do combate à poluição, de livre escolha do Presidente do Conama;

d) um representante de entidades profissionais, de âmbito nacional, com atuação na área ambiental e de saneamento, indicado pela Associação Brasileira de Engenharia Sanitária e Ambiental – ABES;

e) um representante de trabalhadores indicado pelas centrais sindicais e confederações de trabalhadores da área urbana (Central Única dos Trabalhadores – CUT, Força Sindical, União Geral dos Trabalhadores – UGT, Confederação Nacional dos Trabalhadores na Indústria – CNTI e Confederação Nacional dos Trabalhadores no Comércio – CNTC), escolhido em procedimento sob a coordenação conjunta da CNTI e da CNTC;

f) um representante de trabalhadores da área rural, indicado pela Confederação Nacional dos Trabalhadores Rurais Agricultores e Agricultoras Familiares – CONTAG;

g) um representante de populações tradicionais, escolhido em processo estabelecido por meio de ato do Ministro de Estado do Meio Ambiente e Mudança do Clima;

h) um representante da comunidade indígena, escolhido em procedimento sob a coordenação da Articulação dos Povos Indígenas do Brasil – APIB; e

i) um representante da comunidade científica, indicado pela Sociedade Brasileira para o Progresso da Ciência – SBPC;

XI – oito representantes de entidades empresariais, dos quais:

a) dois da Confederação da Agricultura e Pecuária do Brasil – CNA;

b) dois da Confederação Nacional da Indústria – CNI;

c) um da Confederação Nacional do Comércio de Bens, Serviços e Turismo – CNC;

d) um da Confederação Nacional do Transporte – CNT; e

e) dois do setor florestal, indicados nos termos de regulamento do Ministério do Meio Ambiente e Mudança do Clima; e

XII – um membro honorário indicado pelo Plenário.

§ 1º Integram também o Plenário do Conama, na condição de conselheiros convidados, sem **direito a voto**:

I – um representante do **Ministério Público Federal**;

II – um representante dos **Ministérios Públicos Estaduais**, indicado pelo Conselho Nacional de Procuradores-Gerais do Ministério Público dos Estados e da União – CNPG;

III – um representante da **Comissão de Meio Ambiente e Desenvolvimento Sustentável da Câmara dos Deputado**s; e

IV – um representante da **Comissão de Meio Ambiente do Senado Federal**.

§ 2º Os representantes a que se referem os incisos III a VII do *caput* e seus suplentes serão indicados pelos titulares dos respectivos órgãos e entidades.

§ 3º Incumbe à ANAMMA coordenar o processo de escolha dos representantes a que se referem as alíneas "a" e "b" do inciso IX do *caput*.

§ 4º Incumbe ao Presidente do Conama a indicação das entidades a que se refere a alínea "c" do inciso IX do *caput*.

§ 5º Os representantes das entidades de trabalhadores e empresariais serão indicados pelos respectivos titulares.

§ 6º Os representantes a que se referem as alíneas "a" e "b" do inciso X do *caput* serão **eleitos pelas entidades inscritas**, há pelo menos um ano, no **Cadastro Nacional de Entidades Ambientalistas – CNEA**, na respectiva região, mediante carta registrada ou protocolada junto ao Conama, inclusive por meio digital, conforme procedimento estabelecido por meio de ato do Ministro de Estado do Meio Ambiente e Mudança do Clima.

§ 7º Os representantes de que tratam os incisos IX a XII do *caput* terão mandato de dois anos, renovável por igual período.

§ 8º O Conama garantirá, em sua composição, diversidade de raça e gênero entre seus membros.

§ 9º Cada entidade ou órgão integrante do Plenário do Conama indicará, além do membro titular, um membro suplente para substituí-lo em suas ausências e seus impedimentos.

§ 10. Os representantes titulares e suplentes serão designados por meio de ato do Ministro de Estado do Meio Ambiente e Mudança do Clima.

Não obstante a alteração legislativa, que reestabeleceu a participação popular na composição do CONAMA, é importante pontuar as inconstitucionalidades levadas a efeito pelo decreto de 2019, inclusive para que não se repita futuramente. A principal crítica formulada por representantes das entidades ambientalistas reside na (antiga) previsão do § 10 do art. 5º, ao estabelecer que os (apenas) quatro representantes de entidades ambientalistas de âmbito nacional a que se refere o inciso VII do *caput* "terão mandato de um ano e serão escolhidos por sorteio anual, vedada a participação das entidades ambientalistas detentoras de mandato". O dispositivo havia estabelecido uma espécie de **"loteria" para a escolha das entidades ambientalistas**, o que permitia, por exemplo, que entidades ambientalistas inexperientes e sem representatividade em âmbito nacional venham a ocupar tais vagas.

O regramento anterior tinha nítido propósito de desarticular e enfraquecer a participação da sociedade civil organizada no âmbito do CONAMA, criando óbices a que as entidades ambientalistas mais representativas em âmbito nacional, escolhidas democraticamente pelo coletivo de entidades ambientalistas e com maior força e capacidade de articulação política, ocupem as vagas no CONAMA, o que, com o novo regramento estabelecido pelo Decreto 11.417/2023, foi superado. Já pensaram, em termos democráticos, se os cargos políticos eletivos nos Poderes Legislativo e Executivo fossem ocupados por meio de sorteio a partir de uma lista apresentada pelos partidos políticos? Não é muito diferente o que estabelecia o regramento de 2019 para a composição do Plenário do CONAMA. Por fim, o regramento anterior também previa a **limitação ao mandato de um ano e a vedação expressa de recondução**, impedindo, assim, um trabalho contínuo e articulado das entidades ambientalistas no CONAMA.

A alteração na composição levada a efeito pelo Decreto 9.806/2019 foi objeto da ADPF 623/DF ajuizada pela PGR.[15] A **Ministra Rosa Weber** divulgou seu voto-relator na ADPF 623/DF em 05.03.2021, durante o julgamento do caso pelo Plenário Virtual do STF, tendo o julgamento posteriormente sido interrompido pelo destaque requerido pelo Ministro Nunes Marques. O voto é uma aula sobre "Constituição, Democracia e Meio Ambiente", prestando homenagem ao espírito constitucional democrático-participativo inerente à CF/1988. Além de um "diálogo de Cortes" – entre o STF e a Corte IDH, notadamente com o conteúdo da *Opinião Consultiva 23/2017* –, a Ministra reconheceu a natureza multinível do sistema normativo ambiental, ao citar pela primeira vez o **Acordo Regional de Escazú** (já assinado, mas ainda pendente de ratificação pelo Brasil) em decisão do STF. O voto dela elevou o patamar constitucional dos denominados "direitos ambientais de participação ou procedimentais" (acesso à informação, participação pública na tomada de decisão e acesso à justiça), conforme se pode apreender de passagem que segue do seu voto-relator:

> "o **CONAMA** enquanto instância decisória normativa vinculante da Administração Pública em matéria ambiental está submetido em termos de **estruturação procedimental aos parâmetros democráticos e constitucionais**. Com isso quero dizer que a organização e o funcionamento deste Conselho hão de **observar os vetores e limites da moldura da democracia constitucional**, vale dizer das condições procedimentais necessárias para a realização do projeto democrático. A **governança ambiental exercida pelo CONAMA** deve ser a expressão da democracia enquanto método de processamento dos conflitos. A sua composição e estrutura hão de refletir a interação e arranjo dos diferentes setores sociais e governamentais. Para tanto, necessária uma organização procedimental que potencialize a participação marcada pela pluralidade e pela igualdade política, bem como a real capacidade de influência dos seus decisores ou votantes. Enquanto expressão de uma cultura democrática constitucional, ao CONAMA compete o **dever de incremento das ferramentas de acesso às informações por todos e de promoção das possibilidades procedimentais de realização e fortalecimento da cidadania participativa**".

---

[15] De acordo com a PGR, o Decreto 9.806/2019 alterou o funcionamento do Conama de forma a reduzir a representação da sociedade civil, afetando, assim, a participação popular direta na elaboração de políticas públicas de proteção ao meio ambiente. De acordo com a argumentação deduzida na inicial, a redução resultou em profunda disparidade representativa em relação aos demais setores sociais representados no órgão, bem como que o desequilíbrio entre representantes de interesses exclusivamente ambientais e os que representam outros múltiplos interesses prejudica a função do conselho de elaboração de políticas de proteção ao meio ambiente pela coletividade, "impondo lesão ao preceito fundamental da proteção ao meio ambiente equilibrado" (STF, MC na ADPF 623/DF, Decisão Monocrática, Rel. Min. Rosa Weber, ainda pendente de julgamento quanto à medida cautelar).

Posteriormente, em decisão monocrática no julgamento da MC na ADPF 623/DF, proferida em 17.12.2021, a Ministra Rosa Weber deferiu a medida de urgência pleiteada na inicial pelo requerente, "ad referendum" do Plenário desta Corte, para suspender a eficácia do Decreto n. 9.806/2019, até o final do julgamento do mérito (que segue pendente).

> **JURISPRUDÊNCIA STF. Participação social na composição do CONAMA**: "Decisão Monocrática. Julgamento do mérito da demanda constitucional suspenso por pedido de vista. Fatos normativos supervenientes ao início do julgamento. Reuniões ordinárias e extraordinárias do Conselho Nacional do Meio Ambiente – CONAMA, com impactos na disciplina normativa da sua composição. Consolidação do desmantelamento das estruturas orgânicas que viabilizam a **participação democrática de grupos sociais heterogêneos nos processos decisórios do CONAMA**. Risco de implementação de um sistema decisório hegemônico, concentrado e não responsivo, incompatível com a **arquitetura constitucional democrática das instituições públicas** e suas exigentes condicionantes. Reabertura da jurisdição provisória. Pressupostos de concessão da medida cautelar configurados. Deferimento. Suspensão da eficácia do Decreto n. 9.806, de 29 de maio de 2019" (STF, MC na ADPF 623/DF, decisão monocrática, Rel. Min. Rosa Weber, j. 17.12.2021).

> **JURISPRUDÊNCIA STF. Conselhos federais, constitucionalismo abusivo e inconstitucionalidade da concentração de poderes no Chefe do Executivo**: "DIREITO DA CRIANÇA E DO ADOLESCENTE. ARGUIÇÃO DE DESCUMPRIMENTO DE PRECEITO FUNDAMENTAL. DECRETO Nº 10.003/2019. COMPOSIÇÃO E FUNCIONAMENTO DO **CONSELHO NACIONAL DA CRIANÇA E DO ADOLESCENTE – CONANDA**. PROCEDÊNCIA PARCIAL DO PEDIDO. 1. Importância de evitar os riscos do **constitucionalismo abusivo**: prática que promove a interpretação ou a alteração do ordenamento jurídico, de forma a **concentrar poderes no Chefe do Executivo e a desabilitar agentes que exercem controle sobre a sua atuação**. Instrumento associado, na ordem internacional, ao **retrocesso democrático e à violação a direitos fundamentais**. 2. A estruturação da administração pública federal insere-se na competência discricionária do Chefe do Executivo federal. Entretanto, o exercício dessa competência encontra **limites na Constituição e nas leis** e deve respeitá-las. 3. As novas regras que disciplinam o funcionamento do Conselho Nacional da Criança e do Adolescente – CONANDA, a pretexto de regular, **frustram a participação das entidades da sociedade civil na formulação de políticas públicas** em favor de crianças e adolescentes e no controle da sua execução, como exigido pela Constituição. Tais regras contrariam norma constitucional expressa, que exige tal participação, e colocam em risco a proteção integral e prioritária da infância e da juventude (art. 227, *caput* e § 7º, e art. 204, II, CF). 4. Ação julgada parcialmente procedente. Tese: "**É inconstitucional norma que, a pretexto de regulamentar, dificulta a participação da sociedade civil em conselhos deliberativos**." (STF, SDPF 622/DF, Tribunal Pleno, Rel. Min. Roberto Barroso, j. 26.02.2021)

3.2.4.1 Presidência do CONAMA

A Presidência do CONAMA, diferentemente do que dispõe o parágrafo único do art. 8º, é exercida hoje pelo **Ministro do Meio Ambiente**, haja vista a reestruturação administrativa ocorrida posteriormente à edição da Lei 6.938/81 no âmbito federal e criação do atual Ministério do Meio Ambiente.

3.2.5 *Participação e controle social no âmbito do CONAMA*

O CONAMA constitui importante instância de **participação social** e de **cooperação entre governo e sociedade,** propiciando o debate de temas ambientais relevantes entre representantes da **União,** dos **Estados** e **Municípios,** da iniciativa privada e de organizações da sociedade civil. Ao longo dos anos, a composição e o funcionamento do Conselho evoluíram bastante, com mudanças significativas em seu Regimento Interno. No final de 2011 (em vista do estudo que ficou conhecido como "Repensando o CONAMA", realizado entre 1999 e 2001), a composição do CONAMA foi alterada significativamente. O CONAMA, que era inicialmente composto de 72 conselheiros, passou a contar (antes do **Decreto 9.806/2019** antes referido) com mais de 100 conselheiros, ampliando a participação dos Municípios, da sociedade civil e do setor empresarial.

Além disso, o CONAMA, que funcionava antes em Câmaras Técnicas restritas à participação dos Conselheiros, criou a instância dos Grupos de Trabalho, abrindo a elaboração das Resoluções à participação de toda a sociedade. O CONAMA é presidido pelo Ministro de Estado do Meio Ambiente, sendo a sua secretaria executiva exercida pelo Secretário-Executivo do MMA, com assessoria de equipe que presta apoio técnico e administrativo ao Conselho. O CONAMA é constituído de representantes de **cinco segmentos** diretamente interessados na temática ambiental: **governo federal, governos estaduais, governos municipais, setor empresarial** e **sociedade civil.**

No tocante a este último segmento, o Decreto 9.806/2019 **restringiu de forma significativa a participação e o controle social no âmbito do CONAMA**, excluindo a participação e vagas com direito a voto antes reservadas, por exemplo, à **comunidade científica**, às **populações indígenas e tradicionais**, aos órgãos de classe e aos **movimentos sindicais.**

Além desses segmentos, também foram excluídos da participação do CONAMA os representantes (sem direito a voto) do **Ministério Público Estadual** e do **Ministério Público Federal**, bem como o representante da **Comissão de Meio Ambiente e Desenvolvimento Sustentável da Câmara dos Deputados (CMADS).**

A alteração na composição do CONAMA levada a efeito pelo Decreto 9.806/2019, como pontuado anteriormente, é flagrantemente **inconstitucional**, desconstruindo praticamente quatro décadas de desenvolvimento e aprimoramento progressivo da Política Nacional do Meio ambiente e do Sistema Nacional do Meio Ambiente (SISNAMA), ferindo, entre outros pilares do regime jurídico-constitucional ecológico, o núcleo essencial do direito fundamental ao meio ambiente (e dos direitos ambientais de participação), o princípio da participação pública em matéria ambiental e a garantia constitucional da proibição de retrocesso ecológico.

3.3 Órgão central: o Ministério do Meio Ambiente (e da Mudança do Clima)

Durante o primeiro governo civil após o regime militar – que perdurou até 1985 –, criou-se, por meio do Decreto 91.145, de 15 de março de **1985**, o **Ministério do Desenvolvimento Urbano e Meio Ambiente**. O Ministério em questão tinha a proteção ambiental em segundo plano, conforme se pode depreender dos "considerandos" do diploma que o instituiu. O núcleo político-institucional do Ministério residia no tema do desenvolvimento urbano (saneamento básico, moradia, combate à especulação imobiliária, saúde pública, proteção e desenvolvimento social em geral etc.). As áreas de competência do Ministério em questão eram (art. 1º): I – política habitacional; II – política de saneamento básico; III – política de desenvolvimento urbano; e IV – política do meio ambiente. Além de outros órgãos e entidades da área do desenvolvimento urbano, o art. 2º da lei em comento transferia para o Ministério em questão o Conselho Nacional do Meio Ambiente – CONAMA e a Secretaria Especial do Meio Ambiente – SEMA (criada pelo Decreto 73.030/73 e vinculada anteriormente ao Ministério do Interior). Muito embora a nítida prioridade dada à questão do desenvolvimento urbano, a criação de um Ministério – e, portanto, com *status* administrativo superior à SEMA – já anunciava o fortalecimento da questão ecológica na estrutura administrativa brasileira no âmbito federal.

Posteriormente, em 1990, já no governo do então Presidente Fernando Collor de Mello, por meio da **Lei 8.028, de 12 de abril de 1990**, desconstitui-se o Ministério em questão e as suas atribuições em matéria ambiental foram transferidas para a então criada **Secretaria do**

Meio Ambiente (art. 1º, parágrafo único, "c", "3"),[16] como órgão de assistência direta e imediata ao Presidente da República, resultando, portanto, na diminuição de seu *status* administrativo ministerial. Entre as atribuições especificadas para a Secretaria do Meio Ambiente, estabelecia o art. 12: "planejar, coordenar, supervisionar e controlar as atividades relativas à Política Nacional do Meio Ambiente e à preservação, conservação e uso racional dos recursos naturais renováveis", que contava com a seguinte estrutura básica à época: "I – Conselho Nacional do Meio Ambiente; II – Departamento de Planejamento e Coordenação da Política Ambiental; III – Departamento Técnico-Científico e de Cooperação; IV – Comitê do Fundo Nacional do Meio Ambiente".

Essa situação foi revertida pouco mais de dois anos depois, em função, em grande medida, dos compromissos ecológicos assumidos pelo governo brasileiro durante a **Conferência da ONU sobre Meio Ambiente e Desenvolvimento (ECO-92)**, realizada no ano de 1992 na Cidade do Rio de Janeiro, já então sob o governo do Presidente Itamar Franco, em razão do processo de *impeachment* do mandato do Presidente Fernando Collor de Mello e a renúncia deste ocorrida em 29 de setembro de 1992. Com a edição da **Lei 8.490, de 19 de novembro de 1992**, criou-se o **Ministério do Meio Ambiente** (art. 14, XX), agregando, novamente, o *status* **ministerial** para as políticas administrativas em matéria ambiental no âmbito federal. E, dessa vez, sem vincular outra temática ao Ministério em questão, conforme havia ocorrido em 1985.[17]

Seguindo ainda a ordem das "mutações" (no tocante a nomenclatura e atribuições) que sofreu o (hoje) Ministério do Meio Ambiente, novamente, por meio da **Medida Provisória 813, de 1º de janeiro de 1995**, ele passou a ser denominado de **Ministério do Meio Ambiente, dos Recursos Hídricos e da Amazônia Legal** (art. 13, XIII), mas sem alterar as suas atribuições de modo relevante, apenas incluindo de forma expressa a questão dos recursos hídricos. Por fim, sob o governo do Presidente Fernando Henrique Cardoso, por disposição da **Medida Provisória 1.795, de 1º de janeiro de 1999**, transformou-se, finalmente, o Ministério do Meio Ambiente, dos Recursos Hídricos e da Amazônia Legal em **Ministério do Meio Ambiente** (art. 17, III), nomenclatura que se adota até hoje para a pasta federal de proteção ecológica.

No início de 2023, ocorreu mudança de nomenclatura do (antes apenas) Ministério do Meio Ambiente para "**Ministério do Meio Ambiente e *da Mudança do Clima*"** (MMAMC), por meio da **Medida Provisória 1.154, de 1º de janeiro de 2023** (art. 17, XVIII), posteriormente convertida na Lei 14.600/2023. A alteração em questão reforçou a centralidade da questão climática na

---

[16] O ambientalista brasileiro José Lutzenberger esteve à frente da Secretaria Especial do Meio Ambiente entre 1990 e 1992.

[17] Os assuntos que constituíam a área de competência do Ministério do Meio Ambiente eram (art. 16, XVII): a) planejamento, coordenação, supervisão e controle das ações relativas ao meio ambiente; b) formulação e execução da Política Nacional do Meio Ambiente; c) preservação, conservação e uso racional dos recursos naturais renováveis; e d) implementação de acordos internacionais na área ambiental. Em 1993, o Ministério do Meio Ambiente, por força da alteração levada a efeito nos dispositivos da Lei 8.490/92 que dispunham sobre este pela Lei 8.746, de 9 de dezembro de 1993, a nomenclatura da pasta foi transformada para Ministério do Meio Ambiente e da Amazônia Legal. Também foram redimensionados os assuntos da competência do Ministério: a) planejamento, coordenação, supervisão e controle das ações relativas ao meio ambiente; b) formulação e execução da política nacional do meio ambiente; c) articulação e coordenação das ações da política integrada para a Amazônia Legal, visando à melhoria da qualidade de vida das populações amazônicas; d) articulação com os ministérios, órgãos e entidades da Administração Federal, de ações de âmbito internacional e de âmbito interno, relacionadas com a política nacional do meio ambiente e com a política nacional integrada para a Amazônia Legal; e) preservação, conservação e uso racional dos recursos naturais renováveis; f) implementação de acordos internacionais nas áreas de sua competência. Os órgãos e entidades que estavam subordinados ao Ministério eram (art. 19, XVI): a) Conselho Nacional do Meio Ambiente; b) Conselho Nacional da Amazônia Legal; c) Comitê do Fundo Nacional do Meio Ambiente; d) Secretaria de Coordenação dos Assuntos do Meio Ambiente; e) Secretaria de Coordenação dos Assuntos da Amazônia Legal; f) Conselho Nacional da Borracha (CNB), com as atribuições previstas na Lei 5.227, de 18 de janeiro de 1967.

política ambiental e estrutura institucional no âmbito federal. A normativa referida igualmente criou o (até então inédito) **Ministério dos Povos Indígenas** (art. 17, XXIV) na estrutura do Governo Federal, regulamentado pelo Decreto 11.355/2023, o qual passou a contar inclusive com **Departamento de Justiça Climática** no âmbito da Secretaria de Gestão Ambiental e Territorial Indígena (art. 2º, b, item 2).

A atual regulamentação da estrutura administrativa federal e, consequentemente, também do MMAMC encontra-se na Medida Provisória 1.154/2023, posteriormente convertida na Lei 14.600/2023, que estabelece a organização básica dos órgãos da Presidência da República e dos Ministérios.

O art. 36 da Lei 14.600/2023 estabelece como área de **competência** do Ministério do Meio Ambiente os seguintes assuntos:

> **DO MINISTÉRIO DO MEIO AMBIENTE E MUDANÇA DO CLIMA**
>
> **Art. 36**. Constituem áreas de competência do Ministério do Meio Ambiente e Mudança do Clima:
> I – política nacional do **meio ambiente**;
> II – política nacional dos **recursos hídricos**;
> III – (Revogado pela Medida Provisória nº 1.161/2023)
> IV – política nacional sobre **mudança do clima**;
> V – política de preservação, conservação e utilização sustentável de **ecossistemas, biodiversidade e florestas**;
> VI – gestão de **florestas públicas** para a produção sustentável;
> VII – gestão do **Cadastro Ambiental Rural – CAR** em âmbito federal;
> VIII – estratégias, mecanismos e instrumentos regulatórios e econômicos para a melhoria da qualidade ambiental e o **uso sustentável dos recursos naturais**;
> IX – políticas para a integração da proteção ambiental com a **produção econômica**;
> X – políticas para a integração entre a política ambiental e a **política energética**;
> XI – políticas de proteção e de recuperação da **vegetação nativa**;
> XII – políticas e programas ambientais para a **Amazônia** e para os **demais biomas** brasileiros;
> XIII – **zoneamento ecológico-econômico** e outros instrumentos de ordenamento territorial, incluído o planejamento espacial marinho, em articulação com outros Ministérios competentes;
> XIV – qualidade ambiental dos **assentamentos humanos**, em articulação com o Ministério das Cidades;
> XV – política nacional de **educação ambiental**, em articulação com o Ministério da Educação; e
> XVI – gestão compartilhada dos **recursos pesqueiros**, em articulação com o Ministério da Pesca e Aquicultura.

3.3.1 Ministério dos Povos Indígenas

A Medida Provisória 1.154/2023, posteriormente convertida na Lei 14.600/2023, além de alterar a nomenclatura do Ministério do Meio Ambiente (e da Mudança do Clima), igualmente criou de forma pioneira (e com cinco séculos de atraso!) o **Ministério dos Povos Indígenas** (art. 17, XXIV) na estrutura do Governo Federal, regulamentado pelo **Decreto 11.355/2023**. A importância do MPI não se limita à salvaguarda dos direitos dos povos indígenas, mas igualmente representa importante avanço para a proteção ecológica haja vista a relevância fundamental dos territórios indígenas para a salvaguarda das áreas florestais, como se verifica, por exemplo, no bioma amazônico.

O art. 42 da Lei 14.600/2023 estabelece como área de competência do MPI os seguintes assuntos:

> **DO MINISTÉRIO DOS POVOS INDÍGENAS**
>
> **Art. 42.** Constituem áreas de competência do Ministério dos Povos Indígenas:
> I – política indigenista;
> II – reconhecimento, garantia e promoção dos **direitos dos povos indígenas**;
> III – reconhecimento, demarcação, defesa, usufruto exclusivo e gestão das **terras e dos territórios indígenas**;
> IV – **bem viver** dos povos indígenas;
> V – proteção dos povos indígenas **isolados e de recente contato**; e
> VI – **acordos e tratados internacionais**, em especial a Convenção nº 169 da Organização Internacional do Trabalho – OIT, quando relacionados aos povos indígenas.

O Ministério dos Povos Indígenas, por meio da sua estruturação levada a efeito pelo Decreto 11.355/2023, passou a contar inclusive com **Departamento de Justiça Climática** (art. 19) no âmbito da sua Secretaria de Gestão Ambiental e Territorial Indígena (art. 2º, b, item 2).

> **Art. 19.** Ao **Departamento de Justiça Climática** compete:
> I – promover, coordenar e articular ações voltadas à promoção de justiça ambiental e ao **enfrentamento a mudanças climáticas** no âmbito da política indigenista;
> II – promover e articular políticas de gestão ambiental para **conservação e recuperação do meio ambiente em territórios indígenas**, em articulação ou cooperação com órgãos ambientais públicos e outros entes e instituições estatais e não estatais, que atuam na defesa da justiça ambiental e climática;
> III – acompanhar ações relativas a **impactos ambientais decorrentes de empreendimentos e outras interferências em territórios indígenas**, em articulação com os órgãos ambientais, e articular e promover ações de **prevenção e controle de desastres, danos, catástrofes e emergências ambientais** nas terras indígenas e entornos; e
> IV – acompanhar e subsidiar as discussões sobre regulamentação de **serviços ambientais** que envolvam ou afetem os territórios e os povos indígenas.

3.4 Órgãos executores: o Instituto Brasileiro do Meio Ambiente e dos Recursos Naturais Renováveis (IBAMA) e o Instituto Chico Mendes de Conservação da Biodiversidade – Instituto Chico Mendes (ICMBio)

3.4.1 *Histórico da criação do IBAMA*

A Lei 6.938/81, muito embora já estabelecesse o "esqueleto" do Sistema Nacional do Meio Ambiente (SISNAMA) desde 1981, não trouxe na redação original do seu art. 6º a previsão do IBAMA. Impulsionado pela consagração da proteção constitucional do meio ambiente na nossa Lei Fundamental de 1988 (art. 225), o Governo Federal lançou o chamado "**Programa Nossa Natureza**", por meio do Decreto 96.944/88, com a criação de seis Grupos de Trabalho Interministeriais, os quais tinham como função fazer uma reforma administrativa com o objetivo de aprimorar a gestão em matéria ambiental, bem como estabelecer as proposições legislativas necessárias para o aperfeiçoamento da legislação ambiental em face do novo cenário constitucional.

A **criação do IBAMA**, levada a efeito com esse cenário político de fundo, apenas ocorreu por intermédio da **Lei 7.735/89**, e, posteriormente, a Lei 7.804/89 passou a conferir nova redação ao art. 6º da Lei 6.938/81, quando, então, o IBAMA passou a constar da estrutura do SISNAMA como seu "órgão central", com "a finalidade de coordenar, executar e fazer executar, como órgão federal, a política nacional e as diretrizes governamentais fixadas para o meio ambiente, e a preservação, conservação e uso racional, fiscalização, controle e fomento dos recursos ambientais" (art. 6º, III).

O IBAMA foi criado a partir da fusão da SEMA com outros órgãos administrativos federais (Superintendência do Desenvolvimento da Pesca – SUDEPE, Superintendência da Borracha – SUDEHVEA e Instituto Brasileiro de Desenvolvimento Florestal – IBDF). Mais tarde, os incisos I, II, III e IV do art. 6º da Lei 6.938/81 receberam nova redação, por força da Lei 8.028/90, que dispunha sobre a organização da Presidência da República e dos Ministérios. A legislação em questão passou a denominar o IBAMA como "órgão executor" (e não mais "órgão central") do SISNAMA, com a finalidade de executar e fazer executar, como órgão federal, a política e as diretrizes governamentais fixadas para o meio ambiente.

3.4.2 Papel e atribuições do IBAMA no âmbito do SISNAMA

O IBAMA configura-se, sem dúvida, como o órgão ambiental, na estrutura administrativa federal, mais importante de todos os tempos e com mais poder de enfrentamento da degradação e poluição ambiental, inclusive em moldes similares à Agência de Proteção Ambiental norte-americana criada em 1970. No tocante ao seu regime jurídico e complexo de atribuições, de acordo com o art. 2º da Lei 7.735/89, a partir da nova redação conferida pela Lei 11.516/2007 ao dispositivo, o IBAMA constitui-se de **autarquia federal** dotada de personalidade jurídica de direito público, **autonomia administrativa e financeira**, vinculada ao Ministério do Meio Ambiente,[18] com a finalidade de:

Atribuições do IBAMA	I – exercer o **poder de polícia ambiental**; II – **executar ações das políticas nacionais de meio ambiente**, referentes às atribuições federais, relativas ao licenciamento ambiental, ao controle da qualidade ambiental, à autorização de uso dos recursos naturais e à fiscalização, monitoramento e controle ambiental, observadas as diretrizes emanadas do Ministério do Meio Ambiente; e III – **executar as ações supletivas de competência da União**, de conformidade com a legislação ambiental vigente.

3.4.3 IBAMA e poder de polícia ambiental

O IBAMA trata-se, conforme última redação conferida ao art. 6º da Lei 6.938/81, de "órgão executor" por excelência da legislação ambiental, o que significa, de acordo com o inciso I do art. 2º da Lei 7.735/89, exercer, entre outras atribuições relevantes, o **poder de polícia ambiental**, ou seja, realizar a fiscalização do cumprimento da legislação ambiental e,

---

[18] A Portaria 2.542, de 23 de outubro de 2020, do IBAMA, estabelece o Regimento Interno do Instituto Brasileiro do Meio Ambiente e dos Recursos Naturais Renováveis (IBAMA).

quando for o caso, estabelecer sanções administrativas aos poluidores (públicos e privados). As infrações administrativas ambientais foram consagradas tanto no art. 14 da Lei 6.938/81 quanto na Lei dos Crimes e Infrações Administrativas Ambientais (Lei 9.605/98). A regulamentação de tais diplomas, notadamente na perspectiva da atuação do IBAMA, por meio do **Decreto 6.514/2008**, o qual dispôs sobre as **infrações e sanções administrativas ao meio ambiente**, estabelecendo o **processo administrativo federal** para apuração dessas infrações, além de providências.

De modo complementar, notadamente com relação à **autoexecutoriedade** no exercício do **poder de polícia** pelo IBAMA, registra-se que **Instrução Normativa 03/2018 do IBAMA**, a qual estabelece os procedimentos para a aplicação da medida cautelar de destruição ou inutilização de produtos, subprodutos ou instrumentos utilizados na prática da infração ambiental, no âmbito das ações de fiscalização ambiental, conforme previstas no art. 111 do Decreto 6.514/2008. Tal cenário envolve situações como a fiscalização e a repressão pelo IBAMA de práticas de **garimpo em áreas especialmente protegidas**, por exemplo, em Parque Nacionais, como, infelizmente, é comum na região amazônica. O garimpo hoje, por exemplo, é praticado com imensas escavadeiras hidráulicas, destruindo a floresta e contaminando os rios, os peixes e a população local, com um dano irreparável ao meio ambiente e à saúde humana. A legislação referida, por sua vez, autoriza o IBAMA a **destruir equipamentos** usados para a prática de crimes ambientais dentro de áreas protegidas quando a remoção é considerada inviável por questões de logística e segurança.

JURISPRUDÊNCIA STJ. Poder de polícia ambiental do IBAMA: "Processual civil. Administrativo. Ambiental. Área privada. Mata Atlântica. Desmatamento. **IBAMA. Poder fiscalizatório**. Possibilidade. Ministério Público Federal. Ação civil pública. Legitimidade ativa ad causam. Existência. Precedentes. 1. Não há falar em competência exclusiva de um ente da federação para promover medidas protetivas. Impõe-se **amplo aparato de fiscalização a ser exercido pelos quatro entes federados**, independentemente do local onde a ameaça ou o dano estejam ocorrendo, bem como da competência para o licenciamento. 2. A dominialidade da área em que o dano ou o risco de dano se manifesta é apenas um dos critérios definidores da legitimidade para agir do parquet federal. 3. **A atividade fiscalizatória das atividades nocivas ao meio ambiente concede ao IBAMA interesse jurídico suficiente para exercer seu poder de polícia administrativa, ainda que o bem esteja situado dentro de área cuja competência para o licenciamento seja do Município ou do Estado**. Recurso especial parcialmente provido" (STJ, REsp 1326138/SC, 2ª T., Rel. Min. Humberto Martins, j. 06.06.2013).

JURISPRUDÊNCIA STJ. Poder de polícia ambiental do IBAMA e autoexecutoriedade: "(...) Direito ambiental. Baía dos Golfinhos. Praia. Bem de uso comum do povo. Arts. 6º, caput e § 1º, e 10, caput e § 3º, da Lei 7.661/1988. Falésia. Área de preservação permanente. Art. 4º, VIII, da Lei 12.651/2012. Terreno de Marinha. Domínio da União. Local de nidificação de tartarugas marinhas. Propriedade do Estado. Art. 1º, caput, da Lei 5.197/1967. Construção ilegal. Demolição. (...) 1. Cuida-se de ação declaratória proposta por estabelecimento hoteleiro contra a União, buscando reconhecimento judicial de que o imóvel litigioso não se encontra em terreno de domínio público; alternativamente, pede que se declare que a empresa detém posse legal da área, bem como que se afirme a ilicitude de pretensão demolitória da Administração. O Juiz de 1º grau e o Tribunal Regional Federal da 5ª Região julgaram improcedente a ação. 2. Construída e em funcionamento sem licenciamento ambiental, a edificação litigiosa é 'barraca de apoio' (lanchonete/bar) destinada aos hóspedes do Hotel Village Natureza, no Distrito de Pipa, Município de Tibau do Sul. O estabelecimento em questão se localiza na praia, no sopé de altíssima falésia, ponto de desova de tartarugas marinhas, em trecho de mar considerado habitat de golfinhos, cartão postal do paradisíaco litoral sul do Estado do Rio Grande do Norte. Quíntupla violação da legislação. 3. Ocorre, *in casu*, quíntupla violação da legislação vigente em virtude de construção a) em terreno de marinha (terraço costeiro), sem autorização da União; b) em Área de Preservação Permanente (falésias); c) em praia, bem de uso comum do povo; d) em superfície de nidificação de quelônios; e em razão de e) ausência de licenciamento ambiental. **Autoexecutoriedade dos atos administrativos e ordem de demolição.** 4. Nas palavras do acórdão recorrido, há Relatório de Fiscalização do IBAMA, órgão ambiental federal, que atesta encontrar-se a obra em Área de Preservação Permanente e de domínio da União. À luz do **princípio da autoexecutoriedade dos atos administrativos**, que dispensa ordem judicial para sua plena eficácia, a demolição de construção pode ser ordenada diretamente pela Administração, desde que precedida de regular processo. 5. Retomar bem público subtraído *contra legem* nada sugere de despótico, ao contrário, arbítrio externa, sim, comportamento de particular que dele se apropria com exclusividade, prática ética, política e juridicamente inaceitável, pois denuncia privilégio e benefício, comercial ou pessoal, do mais esperto em desfavor de multidão de respeitadores cônscios das prescrições legais. Tal usurpação elimina, às claras, o augusto princípio da igualdade de todos perante a lei, epicentro do Estado de Direito. Por óbvio, tampouco tolhe o agir da Administração a existência de outras ocupações irregulares no local, visto que multiplicidade de infratores não legitima, nem anistia ou enobrece, pela banalização, ilegalidade estatuída na Constituição ou em lei. 6. Inatacável, portanto, o acórdão recorrido ao confirmar o julgamento antecipado da lide. **Construção ou atividade irregular em bem de uso comum do povo revela dano *in re ipsa*,** dispensada prova de prejuízo *in concreto*, impondo-se imediata restituição da área ao estado anterior. Demolição e restauração às expensas **do transgressor, ressalvada hipótese de o comportamento impugnado contar com inequívoca e proba autorização do** órgão legalmente competente. (...)" (STJ, REsp 1.457.851/RN, 2ª T., Rel. Min. Herman Benjamin, j. 26.05.2015).

3.4.4 IBAMA e licenciamento ambiental

O licenciamento ambiental apresenta-se como atribuição fundamental do IBAMA, o qual é o órgão administrativo federal mais importante na implementação da legislação ambiental, inclusive servindo de **parâmetro e modelo administrativo organizacional e procedimental** para os órgãos ambientais estaduais e municipais. As hipóteses de competência do IBAMA para o licenciamento ambiental estão consagradas no art. 7º da **LC 140/2011**, com inúmeras outras atribuições conferidas aos órgãos administrativos ambientais no nível federal.

3.4.5 A criação do Instituto Chico Mendes de Conservação da Biodiversidade (ICMBio)

Inicialmente, cumpre assinalar que a Lei 11.516/2007, ao nomear de "Chico Mendes" o Instituto de Conservação da Natureza por ela criado, rende merecida homenagem a um dos maiores ambientalistas brasileiros de todos os tempos. A Lei 11.516/2007 estabelece, no seu art. 1º, a criação do Instituto Chico Mendes de Conservação da Biodiversidade – Instituto Chico Mendes (ICMBio), como **autarquia federal dotada de personalidade jurídica de direito público, autonomia administrativa e financeira, vinculada ao Ministério do Meio Ambiente,** com a finalidade de:

Atribuições do ICMBio (art. 1º da Lei 11.516/2007)	I – **executar ações da Política Nacional de Unidades de Conservação da Natureza**, referentes às **atribuições federais** relativas à proposição, implantação, gestão, proteção, fiscalização e monitoramento das **unidades de conservação instituídas pela União**; ;

Atribuições do ICMBio (art. 1º da Lei 11.516/2007)

II – executar as políticas relativas ao uso sustentável dos recursos naturais renováveis e ao **apoio ao extrativismo e às populações tradicionais** nas unidades de conservação de uso sustentável instituídas pela União

III – fomentar e executar **programas de pesquisa**, proteção, preservação e conservação da biodiversidade e de **educação ambiental**;

IV – exercer o **poder de polícia ambiental** para a proteção das unidades de conservação instituídas pela União; e

V – promover e executar, em articulação com os demais órgãos e entidades envolvidos, **programas recreacionais, de uso público e de ecoturismo nas unidades de conservação**, onde estas atividades sejam permitidas.

A Lei 11.516/2007, no parágrafo único do art. 1º, complementando a norma inscrita no inciso IV do art. 1º sobre o exercício do poder de polícia ambiental conferido ao ICMBio, assinala expressamente que a atribuição deste "**não exclui o exercício supletivo do poder de polícia ambiental** pelo Instituto Brasileiro do Meio Ambiente e dos Recursos Naturais Renováveis – IBAMA" nas Unidades de Conservação instituídas pela União.

O ICMBio, por sua vez, de acordo com o que dispõe o art. 2º do diploma que o criou, será administrado por **um Presidente e quatro Diretores**.

> **JURISPRUDÊNCIA STJ. Poder de polícia ambiental do ICMBio:** "Processual civil e ambiental. (...). Mandado de segurança. Área de proteção ambiental. **Auto de infração lavrado pelo ICMBio.** Nulidade. Inexistência. 1. Decorre o recurso especial de mandado de segurança impetrado contra autuação lavrada pelo ICMBio, fundada na inexistência de licenciamento ambiental para o funcionamento de restaurante no interior de área de proteção ambiental. 2. No que importa à **competência do ICMBio para a lavratura do auto de infração**, o acórdão recorrido encontra-se amparado na jurisprudência desta Corte, segundo a qual **o poder de polícia ambiental pode ser exercido por qualquer dos entes da federação atingidos pela atividade danosa ao meio ambiente.** 3. Não socorre a particular o fato de a construção ser anterior à criação da APA do Cairuçu (em que permitida apenas edificação voltada à pesquisa científica), tendo em vista a natureza precária de ocupação irregular de bem público, configurada pela ausência de licença ambiental para a exploração da atividade comercial. 4. Ademais, consta do acórdão recorrido que o Município de Paraty deferiu apenas alvará de construção e habite-se, o que não se confunde com licenciamento ambiental e não impede a **atividade fiscalizatória do ICMBio.** 5. Agravo interno não provido" (STJ, AgInt no AREsp 1.148.748/RJ, 2ª T., Rel. Min. Mauro Campbell Marques, j. 24.05.2018).

3.4.6 Diferença de atribuições entre IBAMA e Instituto Chico Mendes

A criação do **Instituto Chico Mendes (ICMBio)** ocasionou o "desmembramento" de atribuições antes conferidas ao IBAMA, apenas com a ressalva feita pelo parágrafo único do art. 1º referido anteriormente no sentido de assegurar o exercício do **poder de polícia ambiental "supletivo" do IBAMA** com relação às **unidades de conservação instituídas pela União** poderá ser realizado. Nessa ótica, conforme determinação expressa do art. 3º, "o patrimônio, os recursos orçamentários, extraorçamentários e financeiros, o pessoal, os cargos e funções vinculados ao IBAMA, relacionados às finalidades elencadas no art. 1º desta Lei ficam transferidos para o Instituto Chico Mendes, bem como os direitos, créditos e obrigações, decorrentes de lei, ato administrativo ou contrato, inclusive as respectivas receitas".

O Instituto Chico Mendes passa, portanto, a cumprir papel que antes era reservado ao IBAMA – fiscalização e exercício do poder de polícia ambiental – em matéria de **conservação da biodiversidade**, especialmente no tocante à **Política Nacional de Unidades de Conservação da Natureza (Lei 9.985/2000)**, fortalecendo, de forma significativa, a estrutura administrativa organizacional e procedimental de proteção ambiental no âmbito federal.

3.4.7 Legitimidade do IBAMA e do ICMBio para propor ação civil pública

O IBAMA encontra-se legitimado a propor ação civil pública, integrando o rol de legitimados ativos do **art. 5º da Lei da Ação Civil Pública** (Lei 7.347/85), conforme tratamos com maiores detalhes no capítulo sobre a tutela processual coletiva do meio ambiente. A mesma legitimidade deve ser conferida ao ICMBio, dada a mesma natureza de autarquia que caracteriza ambas as instituições federais ambientais.

3.5 Órgãos seccionais: os órgãos ou entidades ambientais estaduais

Da mesma forma como o IBAMA e o Instituto Chico Mendes representam a estrutura administrativa ambiental em âmbito federal, a Lei 6.938/81 almeja a mesma estruturação no âmbito regional, ou seja, nos Estados da federação. Isso ocorre, frequentemente, por meio da criação de Secretarias Estaduais de Meio Ambiente, assim como fundações ou entidades públicas especializadas na temática ecológica, com o propósito de assegurar o exercício da competência material comum de todos os entes federativos em matéria ambiental, inclusive, por exemplo, no que tange ao poder de polícia ambiental visando o controle de atos de agentes públicos e privados lesivos ao meio ambiente. O mesmo se verifica no âmbito municipal, de modo a efetivar um modelo de federalismo cooperativo ecológico. A LC 140/2001 é um bom exemplo de regulação normativa desse modelo federativo de atuação administrativa descentralizada em sede ambiental.

3.6 Órgãos locais: os órgãos ou entidades ambientais municipais

Como decorrência lógica da estrutura federativa do Estado brasileiro adotado em sede constitucional, a Lei 6.938/81 também se encarregou de assegurar na estrutura do SISNAMA a existência de órgãos ambientais no âmbito municipal, inclusive com o propósito de assegurarem, por exemplo, tanto o exercício do poder de polícia ambiental quanto o licenciamento ambiental de empreendimentos na esfera local.

4. INSTRUMENTOS DA POLÍTICA NACIONAL DO MEIO AMBIENTE

A Lei 6.938/81 estabeleceu um **amplo rol de instrumentos** da Política Nacional do Meio Ambiente, os quais são complementados por diversos outros identificados na legislação ambiental especial. A título de exemplo, um instrumento extremamente atual e relevante da PNMA diz respeito ao instituto do **pagamento por serviços ambientais**, consagrado no art. 41, I, do Código Florestal de 2012 e, mais recentemente, pela **Lei 14.119/2021**, que instituiu a **Política Nacional de Pagamento por Serviços Ambientais**. Tal instrumento, embora não tenha aparecido expressamente no rol do art. 9º da Lei 6.938/81, pode muito bem ser deduzido do inciso XIII do dispositivo, ao mencionar os "instrumentos econômicos" voltados à promoção da tutela ecológica.

Os instrumentos da PNMA podem ser categorizados em **três grupos** principais, conforme segue.

INSTRUMENTOS DA PNMA

1) INSTRUMENTOS COERCITIVOS OU DE COMANDO E CONTROLE	São expressão do poder de polícia ambiental e do exercício do poder regulatório pelo Estado, tendo como exemplo: autorização e licenciamento ambiental, fiscalização e aplicação de penalidades administrativas e penais aos infratores ambientais etc.
2) INSTRUMENTOS ECONÔMICOS	Estimulam práticas econômicas favoráveis à proteção ecológica, tendo como exemplo: pagamento por serviços ambientais, seguro ambiental, tributação ambiental, cobrança pelo uso de recursos naturais, mercados regulados (por exemplo, carbono), compensações financeiras, subsídios etc.
3) INSTRUMENTOS VOLUNTÁRIOS	Partem, em regra, de iniciativas de agentes privados (empreendedor, consumidor etc.), ou seja, não estatais, tendo como exemplo: Reserva Particular de Patrimônio Natural (RPPN), certificação ambiental (por exemplo, FSC), servidão ambiental, mercados voluntários etc.

As categorias de instrumentos da PNAM, é importante registrar, são **complementares** e podem ser aplicadas de forma simultânea nas políticas públicas ambientais. Igualmente, cabe destacar que a relação do art. 9º da Lei 6.938/81 apresenta um **rol apenas exemplificativo** (e, portanto, não taxativo) de instrumentos da PNMA, como, aliás, se pode deduzir da parte final do inciso XIII ao utilizar a expressão "e outros".

Art. 9º São **instrumentos** da Política Nacional do Meio Ambiente:

I – o estabelecimento de **padrões de qualidade ambiental**;

II – o **zoneamento ambiental**; (Regulamento)

III – a **avaliação de impactos ambientais**;

IV – o **licenciamento** e a revisão de atividades efetiva ou potencialmente poluidoras;

V – os incentivos à **produção e instalação de equipamentos** e a criação ou absorção de tecnologia, voltados para a melhoria da qualidade ambiental;

VI – a **criação de espaços territoriais especialmente protegidos** pelo Poder Público federal, estadual e municipal, tais como áreas de proteção ambiental, de relevante interesse ecológico e reservas extrativistas; (Redação dada pela Lei nº 7.804/89.)

VII – o sistema nacional de **informações sobre o meio ambiente**;

VIII – o **Cadastro Técnico Federal de Atividades e Instrumentos de Defesa Ambiental**;

IX – as **penalidades disciplinares ou compensatórias** ao não cumprimento das medidas necessárias à preservação ou correção da degradação ambiental;

X – a instituição do **Relatório de Qualidade do Meio Ambiente**, a ser divulgado anualmente pelo Instituto Brasileiro do Meio Ambiente e Recursos Naturais Renováveis – IBAMA; (Incluído pela Lei nº 7.804/89.)

XI – a garantia da prestação de **informações relativas ao Meio Ambiente**, obrigando-se o Poder Público a produzi-las, quando inexistentes; (Incluído pela Lei nº 7.804/89.)

XII – o **Cadastro Técnico Federal de Atividades Potencialmente Poluidoras e/ou Utilizadoras dos Recursos Ambientais**; (Incluído pela Lei nº 7.804/89.)

XIII – **instrumentos econômicos**, como **concessão florestal, servidão ambiental, seguro ambiental** e outros. (Incluído pela Lei nº 11.284/2006.)

4.1 Estabelecimento de padrões de qualidade ambiental

O estabelecimento de padrões de qualidade ambiental, previsto no art. 9º, I, aparece não apenas como instrumento da PNMA, mas também como seu **objetivo**, conforme previsão do art. 4º, III, da Lei 6.938/81. Na prática, as **Resoluções do CONAMA**, dado o **poder regulamentar** conferido ao órgão pelo art. 6º, II, da Lei 6.938/81, dão forma em grande medida ao estabelecimento de critérios e padrões da qualidade ambiental e de normas relativas ao uso e manejo de recursos ambientais. A **Resolução CONAMA 18/1986** é um exemplo ilustrativo do estabelecimento de padrões de qualidade ambiental, ao dispor sobre a criação do Programa de Controle de Poluição do Ar por Veículos Automotores (**PROCONVE**).[19]

4.2 Zoneamento ambiental (ou zoneamento ecológico-econômico)

O zoneamento ambiental estabelecido no art. 9º, II, como instrumento da PNMA, foi regulamentado por meio do **Decreto 4.297/2002**, o qual estabeleceu os critérios para o **Zoneamento Ecológico-Econômico do Brasil (ZEE)**, além de determinar outras providências. No art. 2º do referido diploma, resultou consagrado o **conceito** de ZEE como o

> "(...) instrumento de **organização do território** a ser obrigatoriamente seguido na implantação de **planos, obras e atividades públicas e privadas**, estabelece medidas e padrões de proteção ambiental destinados a assegurar a qualidade ambiental, dos recursos hídricos e do solo e a conservação da biodiversidade, garantindo o **desenvolvimento sustentável** e a melhoria das condições de vida da população".

O **objetivo geral** do zoneamento ambiental está consignado no art. 3º, *caput* e parágrafo único, do diploma, ao prever que "o ZEE tem por objetivo geral **organizar, de forma vinculada, as decisões dos agentes públicos e privados** quanto a planos, programas, projetos e atividades que, direta ou indiretamente, utilizem recursos naturais, assegurando a plena **manutenção do capital e dos serviços ambientais dos ecossistemas**. Parágrafo único. O ZEE, na distribuição espacial das atividades econômicas, levará em conta a importância ecológica, as limitações e as fragilidades dos ecossistemas, estabelecendo vedações, restrições e alternativas de exploração do território e determinando, quando for o caso, inclusive a relocalização de atividades incompatíveis com suas diretrizes gerais".

O zoneamento ambiental, como se pode presumir, é extremamente importante para o **licenciamento ambiental**, justamente por estabelecer um parâmetro importante em termos locacionais, ou seja, onde determinadas atividades ou empreendimentos podem ser realizados no contexto geográfico-territorial. A criação de "**distritos industriais**" ilustra essa compreensão, direcionando empreendimentos industriais para tal localidade, que, assim se espera, não estará próxima a áreas sensíveis do ponto de vista ecológico (por exemplo, mananciais de recursos hídricos etc.). O zoneamento ambiental oportuniza uma gestão mais holística e integral das políticas públicas ambientais, bem como um planejamento amplo, de médio e longo prazo, ou seja, fatores que são essenciais à salvaguarda da integridade ecológica no espaço territorial, por exemplo, das cidades.

JURISPRUDÊNCIA TJSP. Caráter cogente e de interesse público. Regras de zoneamento ambiental: "APELAÇÃO CÍVEL. (...) AÇÃO CIVIL PÚBLICA. 1. Ministério Público do Estado de São Paulo, que objetiva a regularização de empreendimento consistente em unidade hospitalar de alta complexidade. Ausência de cumprimento de normas de caráter ambiental, urbanístico, sanitário e aeroviário. 2. (...). 3. Fazenda Estadual que deixou de cumprir o

---

[19] A Resolução CONAMA 18/1986 foi alterada pelas Resoluções 15/1995, 315/2002 e 414/2009, e complementada pelas Resoluções 08/1993 e 282/2001.

> item pertinente à obtenção de licença quanto ao atendimento das restrições referentes à **redução do nível de ruído** nos termos do Regulamento Brasileiro de Aviação Civil 161. **Regras de zoneamento ambiental que possuem caráter cogente e de interesse público que devem ser atendidas tanto pelos administrados como pela Administração Pública.** E, pela data de prolação da r. sentença e o tempo decorrido até hoje, claramente teve tempo a Administração Estadual para ciência e preparativas para cumprimento do determinado, no prazo. Sentença de parcial procedência do pedido mantida. Recurso não provido" (TJSP, AC 0002090-29.2015.8.26.0495; 1ª Câmara Reservada ao Meio Ambiente, Rel. Des. Oswaldo Luiz Palu, j. 21.09.2017).

4.3 Avaliação de impactos ambientais

A avaliação de impactos ambientais, prevista como instrumento da PNMA no art. 9º, III, foi consagrada originalmente na legislação brasileira pela Lei 6.803/80 (art. 8º), notadamente em vista do combate à poluição industrial. A Lei 6.938/81, no entanto, consagrou o instituto jurídico com caráter mais abrangente, inclusive com o objetivo de concretizar os princípios da prevenção e da precaução. A avaliação ambiental pode ser considerada o **gênero** do qual são **espécies**, por exemplo, o **estudo prévio de impacto ambiental** e o **estudo de impacto de vizinhança (art. 4º, VI, do Estatuto da Cidade)**.[20]

Apesar da consagração do estudo de impacto ambiental pela Lei 6.938/81, a sua regulamentação só ocorreu, anos mais tarde, por meio da **Resolução 1/86 do CONAMA**, a qual estabeleceu os critérios básicos e as diretrizes gerais para a avaliação de impacto ambiental, conforme será tratado com mais detalhes no capítulo sobre licenciamento ambiental.

4.4 Licenciamento e revisão de atividades efetiva ou potencialmente poluidoras

O licenciamento e a revisão de atividades efetiva ou potencialmente poluidoras, previstos no art. 9º, IV, são um dos instrumentos mais importantes da PNMA. O instituto também foi tratado no art. 10 da Lei 6.938/81, com nova redação estabelecida pela Lei Complementar 140/2011, ao prever que:

> "A **construção, instalação, ampliação e funcionamento de estabelecimentos e atividades** utilizadores de recursos ambientais, **efetiva ou potencialmente poluidores** ou capazes, sob qualquer forma, de causar degradação ambiental dependerão de **prévio licenciamento ambiental**".

De modo complementar, o § 1º do art. 10 assinala que "os pedidos de licenciamento, sua renovação e a respectiva concessão serão **publicados** no jornal oficial, bem como em periódico regional ou local de grande circulação, ou em meio eletrônico de comunicação mantido pelo órgão ambiental competente".

O conceito de licenciamento ambiental foi consagrado, mais recentemente, pela **Lei Complementar 140/2011**, ao dispor, no seu art. 2º, I, que ele se trata do "procedimento administrativo destinado a licenciar atividades ou empreendimentos utilizadores de recursos ambientais, efetiva ou potencialmente poluidores ou capazes, sob qualquer forma, de causar degradação ambiental". O diploma em questão tratou de forma ampla sobre o instituto do licenciamento ambiental, conforme foi desenvolvido em capítulo específico da obra.

---

[20] Lei 10.257/2001: "Dos instrumentos da política urbana – Seção I – Dos instrumentos em geral – Art. 4º Para os fins desta Lei, serão utilizados, entre outros instrumentos: (...) **VI – estudo prévio de impacto ambiental (EIA) e estudo prévio de impacto de vizinhança (EIV)**".

O art. 11 da Lei 6.938/81, de modo complementar, assinala que "**compete ao IBAMA propor ao CONAMA normas e padrões para implantação, acompanhamento e fiscalização do licenciamento** previsto no artigo anterior, além das que forem oriundas do próprio CONAMA", bem como que, segundo dispõe o § 2º do mesmo dispositivo, "inclui-se na competência da fiscalização e controle a análise de projetos de entidades, públicas ou privadas, objetivando a preservação ou a recuperação de recursos ambientais, afetados por processos de exploração predatórios ou poluidores".

A competência para o exercício do poder de polícia ambiental no âmbito do licenciamento ambiental foi regulamentada posteriormente pela **LC 140/2011**, ao prever, no seu art. 17, que "**compete ao órgão responsável pelo licenciamento ou autorização**, conforme o caso, de um empreendimento ou atividade, **lavrar auto de infração ambiental e instaurar processo administrativo para a apuração de infrações à legislação ambiental** cometidas pelo empreendimento ou atividade licenciada ou autorizada".

É importante registrar que o licenciamento ambiental (e responsabilidades do empreendedor e do órgão licenciador) **não termina no momento da concessão da licença de operação (LO)**, momento em que a atividade passa a ser executada etc., impondo-se o **monitoramento da vida útil do empreendimento**, seus **efeitos de longo prazo** etc. De tal sorte, é possível rever condicionantes posteriormente, na medida em que forem constatados efeitos ecológicos negativos não dimensionados devidamente no passado, à época da concessão da LO.

4.5 Incentivos à produção e instalação de equipamentos e a criação ou absorção de tecnologia, voltados para a melhoria da qualidade ambiental

O instrumento da PNMA estabelecido no art. 9º, V, da Lei 6.938/81 trata dos **incentivos à produção e instalação de equipamentos e a criação ou absorção de tecnologia, voltados para a melhoria da qualidade ambiental**. Assim como a evolução tecnológica e científica está na base da crise ecológica contemporânea, não há dúvida de que ela também está na sua resolução e superação, por exemplo, com o desenvolvimento e a adoção de **tecnologias limpas e não poluentes** em substituição àquelas prejudiciais ao equilíbrio ecológico, como é o caso emblemático da queima de combustíveis fósseis para a produção de energia e, como decorrência direta disso, o aquecimento global e as mudanças climáticas.

De modo complementar, o art. 13 da Lei 6.938/81 estabelece que o Poder Executivo incentivará as atividades voltadas ao meio ambiente, visando: I – ao desenvolvimento, no País, de **pesquisas e processos tecnológicos destinados a reduzir a degradação da qualidade ambiental**; II – à **fabricação de equipamentos antipoluidores**; III – a outras iniciativas que propiciem a **racionalização do uso de recursos ambientais**. O parágrafo único do mesmo dispositivo ainda prevê que "os órgãos, entidades e programas do Poder Público, destinados ao incentivo das pesquisas científicas e tecnológicas, considerarão, entre as suas **metas prioritárias**, o apoio aos projetos que visem a adquirir e desenvolver conhecimentos básicos e aplicáveis na área ambiental e ecológica". O dispositivo em análise evidencia o **dever do Estado** de priorizar o **investimento científico** em áreas capazes de contribuir com a **produção de novas técnicas "limpas"** ou "**amigas do meio ambiente**".

Os incentivos e subsídios estatais voltados a estimular a adoção de técnicas "amigas do meio ambiente" alinham-se com o **dever de utilização da "melhor tecnologia disponível** (conhecida pela expressão em inglês *Best Available Technology* – BAT), consagrado em alguns diplomas internacionais em matéria ambiental (por exemplo, a Convenção de Helsinki sobre a Proteção e Uso dos Cursos de Água Transfronteiriços e dos Lagos Internacionais, de 1992), e a **cláusula do "estado da técnica"** (*Stand der Technik*) prevista da legislação ambiental alemã. É na direção para a qual aponta a ciência, notadamente com relação à existência de novos danos e risco de danos ecológicos, bem como da descoberta de novas tecnologias "limpas" (por exemplo, a substituição dos combustíveis fósseis por fontes de energia não poluentes), que o Direito Ambiental vai trilhar o seu desenvolvimento e buscar resguardar o equilíbrio e a segurança ambiental.

Os dispositivos citados da Lei 6.938/81 que preveem incentivos à produção e instalação de equipamentos e a criação ou absorção de tecnologia, voltados para a melhoria da qualidade ambiental estão alinhados com o art. 225 da CF/1988. A título de exemplo, o § 2º do dispositivo constitucional citado dispõe expressamente que "aquele que explorar recursos minerais fica obrigado a recuperar o meio ambiente degradado, de **acordo com solução técnica exigida pelo órgão público competente**, na forma da lei". O órgão administrativo ambiental deve sempre estabelecer como premissa da sua atuação a exigência da solução técnica que mais favoreça a proteção ecológica, ou seja, exigindo do empreendedor de atividade com potencial de lesividade ambiental a adoção de tecnologias "amigas do meio ambiente". O **dever de adoção da melhor tecnologia disponível em termos ecológicos** deve ser considerado uma cláusula ou princípio geral do Direito Ambiental. As tecnologias hoje existentes no âmbito dos **sistemas de geoinformação**[21] – por exemplo, com uso de **imagens de satélites**, como o faz o INPE – representam um instrumento fundamental para viabilizar em tempo real o monitoramento e o controle do desmatamento e das queimadas florestais, bem como de outras práticas ilícitas em desacordo com a legislação ambiental.

4.6 A criação de espaços territoriais especialmente protegidos pelo Poder Público federal, estadual e municipal, tais como áreas de proteção ambiental, de relevante interesse ecológico e reservas extrativistas

A criação de **espaços territoriais especialmente protegidos** pelo Poder Público em todos os planos federativos (União, Estados, Distrito Federal, Municípios) é um dos instrumentos mais importantes da PNMA. O dispositivo da Lei 6.938/81 (art. 9º, VI) foi posteriormente encampado pela **CF/1988**, ao estabelecer no **art. 225, § 1º, III**, como **dever do Estado**, "definir, em todas as unidades da Federação, **espaços territoriais e seus componentes a serem especialmente protegidos**, sendo a alteração e a supressão permitidas somente através de lei, vedada qualquer utilização que comprometa a integridade dos atributos que justifiquem sua proteção". A regulamentação do dispositivo constitucional citado foi levada a efeito pela **Lei 9.985/2000**, a qual criou o **Sistema Nacional de Unidades de Conservação**, conforme tratado em capítulo específico do livro, ampliando significativamente as categorias de unidades de conservação existentes à época da Lei 6.938/81.

4.7 Sistema Nacional de Informações sobre o Meio Ambiente (SINIMA)

O inciso VII do art. 9º estabelece o **Sistema Nacional de Informações sobre o Meio Ambiente (SINIMA)**. A criação do SINIMA é expressão tanto do **dever de informação ambiental do Estado** quanto do **direito à informação ambiental titularizado pelos cidadãos**. De modo complementar, a **Lei 10.650/2003** regulamenta o acesso à informação ambiental existente nos órgãos que integram o Sistema Nacional do Meio Ambiente (SISNAMA). Mais recentemente, conforme tratado no Capítulo 19, destaca-se a decisão do STJ no **IAC 13**[22], a fim de reconhecer os **deveres de transparência (passivo, ativo e reativo) do Estado** em matéria ambiental.

---

[21] Na doutrina, v. BORATTI, Larissa Verri; CAVEDON-CAPDEVILLE, Fernanda Salles; LEITE, José Rubens Morato. *Direito ambiental e geografia*: relação entre geoinformação, marcos legais, políticas públicas e processos decisórios. Rio de Janeiro: Lumen Juris, 2020.

[22] STJ, REsp 1.857.098/MS, Incidente de Assunção de Competência – IAC n. 13, 1ª Seção, Rel. Min. Og Fernandes, j. 11.05.2022.

4.8 Cadastro Técnico Federal de Atividades e Instrumento de Defesa Ambiental

O **Cadastro Técnico Federal de Atividades e Instrumentos de Defesa Ambiental** também é considerado instrumento da PNMA pela Lei 6.938/81 (art. 9º, VIII). A sua institucionalização foi feita pela própria Lei 6.938/81 (art. 17, *caput* e I), por força da redação dada pela Lei 7.804/89, ao estabelecer o Cadastro Técnico Federal de Atividades e Instrumentos de Defesa Ambiental, sob a **administração do IBAMA**, com o propósito de implementar o

> "(...) **registro obrigatório** de **pessoas físicas ou jurídicas** que se dedicam a **consultoria técnica** sobre problemas ecológicos e ambientais e à indústria e comércio de equipamentos, aparelhos e instrumentos destinados ao controle de atividades efetiva ou potencialmente poluidoras".

4.9 Penalidades disciplinares ou compensatórias ao não cumprimento das medidas necessárias à preservação ou correção da degradação ambiental

A previsão do art. 9º, IX, envolve a esfera da **responsabilidade administrativa do poluidor**, estabelecida no art. 14, *caput*, da Lei 6.938/81. O tema, por sua vez, foi desenvolvido de modo detalhado no *Capítulo 11*, inclusive em vista da Lei dos Crimes e Infrações Administrativas Ambientais (Lei 9.605/98) e do Decreto 6.514/2008.

4.10 Instituição do Relatório de Qualidade do Meio Ambiente, a ser divulgado anualmente pelo Instituto Brasileiro do Meio Ambiente e Recursos Naturais Renováveis (IBAMA)

A previsão do art. 9º, X, da Lei 6.938/81, no sentido de estabelecer o dever estatal de elaborar o Relatório de Qualidade do Meio Ambiente, a ser divulgado anualmente pelo IBAMA, até hoje não foi efetivada de modo satisfatório. É um instrumento extremamente relevante não somente como subsídio para as políticas públicas ambientais em todos os planos federativos, mas também como expressão do **direito à informação ambiental** de titularidade dos cidadãos. A título de exemplo, podemos destacar o *Livro Vermelho da Fauna Brasileira Ameaçada de Extinção* elaborado periodicamente pelo ICMBio, tendo a sua última versão sido divulgada no ano de 2018.

Os relatórios sobre a qualidade ambiental enquadram-se nos **deveres de transparência ativa** do Estado em matéria ambiental, tal como consagrado no julgamento do IAC 13 do STJ antes referido, na medida em que é imposto aos **órgãos administrativos ambientais** postura ativa e promocional em relação à **divulgação de informações de ambientais** de interesse da sociedade (ex.: dados sobre poluição atmosférica, poluição hídrica, desmatamento ambiental etc.).

4.11 Garantia da prestação de informações relativas ao Meio Ambiente, obrigando-se o Poder Público a produzi-las, quando inexistentes

O inciso XI do art. 9º, ao prever "a garantia da prestação de informações relativas ao Meio Ambiente, obrigando-se o Poder Público a produzi-las, quando inexistentes", trata do **direito de acesso à informação ambiental** titularidade tanto pelo indivíduo quanto coletivamente. O dispositivo, aliás, está relacionado ao anterior, que prevê o Relatório de Qualidade do Meio Ambiente. Desde a Lei 6.938/81, o legislador ambiental sempre tratou de assegurar um regime democrático-participativo no tratamento da matéria, para o que o acesso à informação seja um elemento essencial e pré-condição a uma participação cidadã na defesa ecológica.

O dispositivo consagra os **deveres de transparência reativa** do Estado em matéria ambiental, tal como conceituado pelo STJ no julgamento do IAC. Ou seja, na hipótese de inexistir informações ambientais relevantes, o poder público é obrigado a produzi-las. Na hipótese de a informação ser solicitada por cidadão ou entidade ambientalista, inclusive inverte-se o ônus da prova contra o Estado, que deve justificar fundamentadamente eventual omissão ou recusa em produzi-la, conforme decidido pelo STJ no IAC 13, ao estabelecer que "presume-se a obrigação do Estado em favor da transparência ambiental, sendo ônus da administração justificar seu descumprimento, sempre sujeita a controle judicial, nos seguintes termos: (...) iii) na transparência ambiental reativa, da irrazoabilidade da pretensão de produção da informação inexistente".[23]

Após a Lei 6.938/81, o acesso à informação ambiental e deveres do Estado correlatos foram regulamentados pela **Lei de Acesso à Informação Ambiental** (Lei 10.650/2003), bem como, ainda antes dela, pela própria CF/1988, ao prever, no § 1º do art. 225, que incumbe ao poder público assegurar a **publicidade do estudo prévio de impacto ambiental** para as instalação de obra ou atividade potencialmente causadora de significativa degradação do meio ambiente (IV), bem como "promover a educação ambiental em todos os níveis de ensino e a conscientização pública para a preservação do meio ambiente" (VI).

4.12 Cadastro Técnico Federal de Atividades Potencialmente Poluidoras e/ou Utilizadoras dos Recursos Ambientais

O **Cadastro Técnico Federal de Atividades Potencialmente Poluidoras ou Utilizadoras de Recursos Ambientais** foi consagrado no rol dos instrumentos da PNMA (art. 9º, XII). A sua institucionalização foi feita pela própria Lei 6.938/81 (art. 17, *caput* e I), por força da redação dada pela Lei 7.804/89, ao estabelecer o Cadastro Técnico Federal de Atividades Potencialmente Poluidoras ou Utilizadoras de Recursos Ambientais, sob a **administração do IBAMA**, com o objetivo de regulamentar o

> "(...) **registro obrigatório** de pessoas físicas ou jurídicas que se dedicam a **atividades potencialmente poluidoras** e/ou à extração, produção, transporte e comercialização de produtos potencialmente perigosos ao meio ambiente, assim como de produtos e subprodutos da fauna e flora".

4.12.1 Taxa de Controle e Fiscalização Ambiental (TCFA)

A **Lei 10.165/2000** alterou dispositivos da Lei 6.938/81 e instituiu a **Taxa de Controle e Fiscalização Ambiental (TCFA)**, cujo **fato gerador** é o exercício regular do **poder de polícia** conferido ao IBAMA para controle e fiscalização das atividades potencialmente poluidoras e utilizadoras de recursos naturais, conforme dispõe o art. **17-B do diploma ambiental**.

O **sujeito passivo** da TCFA é, segundo dispõe o art. 17-C, todo aquele que exerça as atividades constantes do Anexo VIII desta Lei 6.938/81, notadamente aqueles que realizam atividades potencialmente poluidoras e utilizadoras de recursos naturais. O sujeito passivo da TCFA, por sua vez, é obrigado a entregar até o dia 31 de março de cada ano **relatório das atividades** exercidas no ano anterior, cujo modelo é definido pelo IBAMA, para o fim de colaborar com os procedimentos de controle e fiscalização (§ 1º). O descumprimento da providência de tal determinação legal sujeita o infrator à multa equivalente a vinte por cento da TCFA devida, sem prejuízo da exigência desta (§ 2º).

A TCFA, segundo dispõe o art. 17-D, é **devida por estabelecimento** e os seus valores são os fixados no Anexo IX da Lei 6.938/81, considerando-se: I – microempresa e empresa de pequeno

---

[23] STJ, REsp 1.857.098/MS, Incidente de Assunção de Competência – IAC n. 13, 1ª Seção, Rel. Min. Og Fernandes, j. 11.05.2022.

porte, as pessoas jurídicas que se enquadrem, respectivamente, nas descrições dos incisos I e II do *caput* do art. 2º da Lei nº 9.841, de 5 de outubro de 1999; II – empresa de médio porte, a pessoa jurídica que tiver receita bruta anual superior a R$ 1.200.000,00 (um milhão e duzentos mil reais) e igual ou inferior a R$ 12.000.000,00 (doze milhões de reais); III – empresa de grande porte, a pessoa jurídica que tiver receita bruta anual superior a R$ 12.000.000,00 (doze milhões de reais).

O **potencial de poluição (PP)** e o **grau de utilização (GU) de recursos naturais** de cada uma das atividades sujeitas à fiscalização, conforme dispõe o § 2º do art. 17-D, encontram-se definidos no Anexo VIII da Lei 6.938/81. Caso o estabelecimento exerça mais de uma atividade sujeita à fiscalização, pagará a taxa relativamente a apenas uma delas, pelo valor mais elevado (§ 3º).

São **isentas do pagamento da TCFA**, segundo o art. 17-F, as entidades públicas federais, distritais, estaduais e municipais, as entidades filantrópicas, aqueles que praticam agricultura de subsistência e as populações tradicionais.

A TCFA será devida no último dia útil de cada trimestre do ano civil, nos valores fixados no Anexo IX da Lei 6.938/81, e o recolhimento será efetuado em conta bancária vinculada ao IBAMA, por intermédio de documento próprio de arrecadação, até o quinto dia útil do mês subsequente, conforme assinala o art. 17-G do diploma ambiental. Os **recursos arrecadados** com a TCFA, por sua vez, terão **utilização restrita em atividades de controle e fiscalização ambiental** (§ 2º).

A TCFA não recolhida nos prazos e nas condições estabelecidas no artigo anterior será cobrada com os seguintes acréscimos (art. 17-H): I – juros de mora, na via administrativa ou judicial, contados do mês seguinte ao do vencimento, à razão de um por cento; II – multa de mora de vinte por cento, reduzida a dez por cento se o pagamento for efetuado até o último dia útil do mês subsequente ao do vencimento; III – encargo de vinte por cento, substitutivo da condenação do devedor em honorários de advogado, calculado sobre o total do débito inscrito como Dívida Ativa, reduzido para dez por cento se o pagamento for efetuado antes do ajuizamento da execução. Os juros de mora não incidem sobre o valor da multa de mora (§ 1º-A) e os débitos relativos à TCFA poderão ser parcelados de acordo com os critérios fixados na legislação tributária, de acordo com o regulamento da Lei 6.938/81 (§ 1º).

Segundo assinala o art. 17-I, "as **pessoas físicas e jurídicas** que exerçam as atividades mencionadas nos incisos I e II do art. 17 e que não estiverem inscritas nos respectivos cadastros até o último dia útil do terceiro mês que se seguir ao da publicação desta Lei incorrerão em infração punível com multa de: I – R$ 50,00 (cinquenta reais), se pessoa física; II – R$ 150,00 (cento e cinquenta reais), se microempresa; III – R$ 900,00 (novecentos reais), se empresa de pequeno porte; IV – R$ 1.800,00 (mil e oitocentos reais), se empresa de médio porte; V – R$ 9.000,00 (nove mil reais), se empresa de grande porte".

As **ações de licenciamento, registro, autorizações, concessões e permissões** relacionadas à fauna, à flora e ao controle ambiental são de competência exclusiva dos órgãos integrantes do Sistema Nacional do Meio Ambiente (art. 17-L).

Os preços dos serviços administrativos prestados pelo IBAMA, inclusive os referentes à venda de impressos e publicações, assim como os de entrada, permanência e utilização de áreas ou instalações nas unidades de conservação, serão definidos em portaria do Ministro de Estado do Meio Ambiente, mediante proposta do Presidente daquele Instituto (art. 17-M).

Os preços dos serviços técnicos do Laboratório de Produtos Florestais do IBAMA, assim como os para venda de produtos da flora, serão, também, definidos em portaria do Ministro de Estado do Meio Ambiente, mediante proposta do presidente daquele Instituto (art. 17-N).

Os **proprietários rurais** que se beneficiarem com redução do valor do **Imposto sobre a Propriedade Territorial Rural (ITR)**, com base em Ato Declaratório Ambiental (ADA), deverão recolher ao IBAMA a importância prevista no Anexo VII da Lei 9.960, de 29 de janeiro de 2000, a título de Taxa de Vistoria (art. 17-O). A Taxa de Vistoria a que se refere o *caput* deste artigo não poderá exceder a dez por cento do valor da redução do imposto proporcionada pelo ADA (§ 1º-A). A utilização do ADA para efeito de redução do valor a pagar do ITR é obrigatória (§ 1º). O pagamento de que trata o *caput* desse artigo poderá ser efetivado em cota única ou em parcelas, nos mesmos moldes escolhidos pelo contribuinte para o pagamento do ITR, em documento próprio de arrecadação do IBAMA (§ 2º). Para efeito de pagamento parcelado, nenhuma parcela poderá ser inferior a R$ 50,00 (cinquenta reais) (§ 3º). O inadimplemento de qualquer parcela ensejará a cobrança de juros e multa nos termos dos incisos I e II do *caput* e §§ 1º-A e 1º, todos do art. 17-H dessa Lei 6.938/81 (§ 4º). Após a vistoria, realizada por amostragem, caso os dados constantes do ADA não coincidam com os efetivamente levantados pelos técnicos do IBAMA, estes lavrarão, de ofício, novo ADA, contendo os dados reais, o qual será encaminhado à Secretaria da Receita Federal, para as providências cabíveis (§ 5º).

Constitui **crédito para compensação** com o valor devido a título de TCFA, até o limite de sessenta por cento e relativamente ao mesmo ano, o montante efetivamente pago pelo estabelecimento ao Estado, ao Município e ao Distrito Federal em razão de taxa de fiscalização ambiental (art. 17-P). Valores recolhidos ao Estado, ao Município e ao Distrito Federal a qualquer outro título, tais como taxas ou preços públicos de licenciamento e venda de produtos, não constituem crédito para compensação com a TCFA (§ 1º). A restituição, administrativa ou judicial, qualquer que seja a causa que a determine, da taxa de fiscalização ambiental estadual ou distrital compensada com a TCFA restaura o direito de crédito do IBAMA contra o estabelecimento, relativamente ao valor compensado (§ 2º).

Por fim, a Lei 6.938/81 autoriza o IBAMA a celebrar convênios com os Estados, os Municípios e o Distrito Federal para desempenharem atividades de fiscalização ambiental, podendo repassar-lhes parcela da receita obtida com a TCFA (art. 17-Q).

> **JURISPRUDÊNCIA STJ. TCFA e poder de polícia do IBAMA:** "Ambiental. **Taxa de Controle e Fiscalização Ambiental – TCFA. (...) Poder de polícia. Fiscalização. Agentes do IBAMA.** Precedentes do STJ e do STF sobre o tema. 1. Trata-se, na origem, de Mandado de Segurança com o escopo de debater a cobrança da Taxa de Controle e Fiscalização Ambiental (TCFA). A sentença concessiva da Segurança foi reformada pelo Tribunal local. (...) 3. **'A atividade fiscalizatória desempenhada pelo IBAMA é autorizada expressamente pela Lei n. 10.165/2000, que teve sua constitucionalidade declarada pelo STF, da qual decorre a legitimidade da autarquia federal para cobrança da Taxa de Controle e Fiscalização Ambiental'** (AgRg no Ag 1.233.775/MG, Rel. Min. Humberto Martins, Segunda Turma, *DJe* 06.04.2010). Confiram-se ainda REsp 695.368/RJ, Rel. Min. José Delgado, Primeira Turma, *DJ* 11.04.2005; STF, RE-AgR 401.071/SC, Rel. Min. Carlos Britto, Primeira Turma, *DJ* 23.06.2006; RE 465.371, Rel. Min. Sepúlveda Pertence; RE 440.890, Rel. Min. Gilmar Mendes; RE 464.006, Rel. Min. Celso de Mello; e RE 433.025, Rel. Min. Carlos Britto. 4. Agravo regimental não provido" (STJ, AgRg no Ag 1419767/MG, 2ª T., Rel. Min. Herman Benjamin, j. 26.06.2012).

4.13 Instrumentos econômicos, como concessão florestal, servidão ambiental, seguro ambiental e outros

4.13.1 *Instrumentos econômicos*

4.13.1.1 Tributação ambiental e função extrafiscal dos impostos

A relação entre o Direito Ambiental e o Direito Tributário é fundamental para a efetividade da proteção ecológica, especialmente pelo prisma dos deveres de proteção do Estado. O fato de se atribuírem ao **Estado** deveres de proteção de ordem ecológica (art. 225, *caput* e § 1º, da CF/1988) coloca para ele o **papel de regulador e fiscalizador da atividade econômica**, especialmente no que tange às práticas que potencialmente acarretem danos ao meio ambiente.[24] De tal sorte, exige-se a adoção por parte do Estado de uma política fiscal capaz de dar suporte a uma estrutura administrativa fiscalizadora da atividade econômica (no âmbito do poder de polícia ambiental), bem como no sentido de "moldar" e "ajustar" o comportamento dos agentes econômicos no sentido de adotarem práticas "amigas" do meio ambiente por meio de **incentivos fiscais e tributos** que tenham finalidade extrafiscal com o propósito de **promover a proteção ecológica**.[25]

A tributação ambiental deve carregar duas finalidades essenciais. A **fiscal**, ou seja, a obtenção de receitas que serão aplicadas em ações que promovam a defesa do meio ambiente, bem como a **extrafiscal**, com o objetivo de induzir comportamentos tanto de pessoas físicas quanto jurídicas, públicas e privadas, ambientalmente desejáveis ou menos prejudiciais ao meio ambiente (por exemplo, a adoção de subsídios para que as empresas adotem novas tecnologias limpas em determinados setores industriais e o **IPTU Ecológico**). A adoção de práticas tributárias ecológicas, em última instância, representa um dos mecanismos mais eficazes de efetivação da legislação ambiental, estabelecendo mudanças concretas nas nossas práticas públicas e privadas em prol do **desenvolvimento sustentável** e de uma **economia verde**.

> **JURISPRUDÊNCIA STJ. Função extrafiscal e proteção ao meio ambiente:** "Tributário. Ambiental. Processo civil. ITR. Reserva legal. Percentual maior que o mínimo legal. Art. 16 do Código Florestal. Ato voluntário. Dedução da base de cálculo. Possibilidade. Prestação jurisdicional. Suficiência. 1. (...). 2. O **ITR possui função extrafiscal de proteção ao meio ambiente**, razão pela qual a legislação pertinente prevê, no art. 10, II, *a*, da Lei 9.393/96, a possibilidade de **dedução da base de cálculo do imposto o percentual relativo à reserva legal**, conceituada como a área localizada no interior de uma propriedade ou posse rural, excetuada a de preservação permanente, necessária ao uso sustentável dos recursos naturais, à conservação e reabilitação dos processos ecológicos, à conservação da biodiversidade e ao abrigo e proteção de fauna e flora nativas. 3. É possível aumentar o limite mínimo de reserva legal imposto pela legislação, por ato voluntário, após confirmação da destinação da área ao fim ambiental por órgão estadual competente e atendidos os demais requisitos legais. 4. Recurso especial não provido" (STJ, REsp 1.158.999/SC, 2ª T., Rel. Min. Eliana Calmon, j. 05.08.2010).

---

[24] A respeito do tema, merece destaque o artigo clássico de Ricardo Lobo Torres (Princípios e teoria geral do direito tributário ambiental), em que o autor aponta os valores que fundamentam o Direito Tributário Ecológico: *liberdade* (imunidade do mínimo ecológico), *justiça* (poluidor-pagador, usuário-pagador, capacidade contributiva e custo/benefício), *segurança* (prevenção, precaução, legalidade tributária e tipicidade tributária) e *solidariedade* (capacidade contributiva solidária e solidariedade do grupo) (TORRES, Ricardo Lobo. Princípios e teoria geral do direito tributário ambiental. *In*: TORRES, Heleno Taveira (org.). *Direito tributário ambiental*. São Paulo: Malheiros, 2005. p. 21-54).

[25] "A atuação do Estado no caso particular da defesa do meio ambiente se dá de duas formas genericamente representadas pelos mecanismos de direção e de indução. Os mecanismos de direção qualificam-se pela imposição de normas permissivas ou proibitivas, basicamente definidoras de instrumentos de comando e controle de emissões ou da limitação ao uso de recursos, da fiscalização e aplicação de sanção sobre os infratores e da imposição do dever de reparação do dano. A seu turno, através dos mecanismos de indução, o Estado manipula os instrumentos de intervenção em consonância com as leis que regem o funcionamento dos mercados induzindo os agentes econômicos a determinados comportamentos quer, na visão do Estado, sejam desejáveis. Esses mecanismos, aqui referidos, encontram-se expressos no art. 174 da Constituição Federal, ao lado do planejamento que deve permear a atuação estatal em todos os níveis, não apenas em relação à atividade econômica" (MODÉ, Fernando Magalhães. *Tributação ambiental*: a função do tributo na proteção do meio ambiente. Curitiba: Juruá, 2004. p. 70).

4.13.1.2 Pagamento por serviços ambientais

O tema é tratado no *Capítulo 16* sobre o Código Florestal, inclusive com base na **Lei 14.119/2021**, que instituiu a **Política Nacional de Pagamento por Serviços Ambientais**.

4.13.2 Concessão florestal

O art. 3º, VII, **Lei 11.284/2006 (Lei de Gestão de Florestas Públicas)** estabelece o conceito de concessão florestal, o qual significa a "delegação onerosa, feita pelo poder concedente, do direito de praticar manejo florestal sustentável para exploração de produtos e serviços numa unidade de manejo, **mediante licitação**, à pessoa jurídica, em consórcio ou não, que atenda às exigências do respectivo edital de licitação e demonstre capacidade para seu desempenho, por sua conta e risco e por prazo determinado".

A Lei 11.284/2006, que instituiu o Serviço Florestal Brasileiro, criou a possibilidade da concessão de áreas de florestas públicas. O Estado, assim, pode conceder a empresas e comunidades o direito de manejar florestas públicas para extrair madeira, produtos não madeireiros e oferecer serviços de turismo. Em contrapartida ao direito do uso sustentável, os concessionários pagam ao Estado quantias que variam em função da proposta de preço apresentada durante o processo de licitação dessas áreas.

A floresta concedida permanece em pé, pois os contratos firmados somente permitem a **obtenção do recurso florestal por meio das técnicas do manejo florestal e exploração de impacto reduzido**. Dessa forma, a área é utilizada em um **sistema de rodízio**, que permite a produção contínua e sustentável de madeira. Apenas de quatro a seis árvores são retiradas por hectare e o retorno à mesma área ocorrerá a cada 30 anos, permitindo o crescimento das árvores remanescentes.

O contrato de concessão nunca inclui acesso ao patrimônio genético, uso dos recursos hídricos, exploração de recursos minerais, pesqueiros ou fauna silvestre, nem comercialização de créditos de carbono. A titularidade da terra continua sendo do Estado durante todo o período da concessão, uma vez que o concessionário apenas recebe o direito de realizar o manejo florestal na área.

Biomas reconhecidos "patrimônio nacional" (art. 225, § 4º)	– Floresta Amazônica brasileira – Mata Atlântica – Serra do Mar – Pantanal Mato-Grossense – Zona Costeira

4.13.3 Servidão ambiental

A **servidão ambiental** trata-se de instrumento jurídico voltado a limitar o uso da propriedade com o propósito de preservar, conservar ou recuperar os recursos ambientais existentes no imóvel florestal. **Não se confunde, por certo, com os institutos da reserva legal (RL) e da área de preservação permanente (APP)**, conforme tratado com detalhes no capítulo específico sobre o Código Florestal de 2012 (Lei 12.651/2012). O seu regramento foi totalmente reformulado pelo novo diploma florestal (Lei 12.651/2012), com a substituição completa dos dispositivos anteriores existentes na Lei 6.938/81.

Segundo disposição do novo art. 9º-A da Lei 6.938/81, "o **proprietário ou possuidor de imóvel**, pessoa natural ou jurídica, pode, por **instrumento público ou particular** ou por termo administrativo firmado perante órgão integrante do SISNAMA, **limitar o uso de toda a sua propriedade ou de parte** dela para preservar, conservar ou recuperar os recursos ambientais existentes, **instituindo servidão ambiental**." É um **instrumento voluntário**, na medida em que parte da iniciativa do proprietário ou do possuidor do imóvel – e não da imposição do Estado. Dada a sua natureza voluntária, a servidão ambiental possui grande potencial de ser operacionalizada para o **pagamento de serviços ambientais**, como consagrado no âmbito da Lei 14.119/2021, que instituiu a Política Nacional de Pagamento por Serviços Ambientais., conforme prevê expressamente o art. 12, parágrafo único, do diploma.

> **DO CONTRATO DE PAGAMENTO POR SERVIÇOS AMBIENTAIS**
> **Art. 12.** O regulamento definirá as cláusulas essenciais para cada tipo de contrato de pagamento por serviços ambientais, consideradas obrigatórias aquelas relativas: (...)
> Parágrafo único. No caso de **propriedades rurais**, o contrato pode ser vinculado ao imóvel por meio da **instituição de servidão ambiental**.

O instrumento ou termo de instituição da servidão ambiental, conforme assinala o § 1º do art. 9º-A deve incluir, no mínimo, os seguintes itens: I – **memorial descritivo da área da servidão ambiental**, contendo pelo menos um ponto de amarração georreferenciado; II – **objeto** da servidão ambiental; III – **direitos e deveres do proprietário ou possuidor** instituidor; e IV – **prazo** durante o qual a área permanecerá como servidão ambiental.

A servidão ambiental, por sua vez, **não se aplica** às áreas de preservação permanente (APP) e à **reserva legal** (RL) mínima exigida (§ 2º). Ademais, a **restrição ao uso** ou à exploração da vegetação da área sob servidão ambiental deve ser, **no mínimo, a mesma estabelecida para a reserva legal** (§ 3º). A Lei 6.938/81 estabelece, no art. 9º-A, § 4º, que "devem ser objeto de **averbação na matrícula do imóvel** no registro de imóveis competente: I – o instrumento ou termo de instituição da servidão ambiental; e o II – o contrato de alienação, cessão ou transferência da servidão ambiental".

Na hipótese de **compensação de reserva legal**, conforme dispõe a Lei 6.938/81, a servidão ambiental **deve ser averbada na matrícula** de todos os imóveis envolvidos (§ 5º). É vedada, durante o prazo de vigência da servidão ambiental, a **alteração da destinação da área**, nos casos de transmissão do imóvel a qualquer título, de desmembramento ou de retificação dos limites do imóvel (§ 6º). As áreas que tenham sido instituídas na forma de servidão florestal, nos termos do art. 44-A da Lei 4.771/65 (**antigo Código Florestal**), passam a ser consideradas, pelo efeito da nova disposição legal trazida pela Lei 12.651/2012, como de servidão ambiental (§ 7º).

A servidão ambiental poderá ser **onerosa** ou **gratuita**, **temporária** ou **perpétua** (art. 9º-B). O **prazo mínimo** da servidão ambiental temporária é de **15 anos** (§ 1º). No tocante à **servidão ambiental perpétua**, equivale, para fins creditícios, tributários e de acesso aos recursos de fundos públicos, à **Reserva Particular do Patrimônio Natural** (RPPN), definida no art. 21 da Lei 9.985/2000 (§ 2º).

O detentor da servidão ambiental poderá **aliená-la, cedê-la ou transferi-la**, total ou parcialmente, por prazo determinado ou em caráter definitivo, em favor de outro proprietário ou de entidade pública ou privada que tenha a conservação ambiental como fim social (§ 3º).

O **contrato de alienação, cessão ou transferência da servidão ambiental**, regulamentado no art. 9º-C da Lei 6.938/81, deve ser **averbado na matrícula do imóvel**, contendo no mínimo: I – a delimitação da área submetida a preservação, conservação ou recuperação ambiental; II – o objeto da servidão ambiental; III – os direitos e deveres do proprietário instituidor e dos futuros adquirentes ou sucessores; IV – os direitos e deveres do detentor da servidão ambiental; V – os benefícios de ordem econômica do instituidor e do detentor da servidão ambiental; e

VI – a previsão legal para garantir o seu cumprimento, inclusive medidas judiciais necessárias, em caso de ser descumprido.

O art. 9º-C, no seu § 2º, estabelece como **deveres do proprietário do imóvel serviente**, entre outras obrigações estipuladas no contrato: I – manter a área sob servidão ambiental; II – prestar contas ao detentor da servidão ambiental sobre as condições dos recursos naturais ou artificiais; III – permitir a inspeção e a fiscalização da área pelo detentor da servidão ambiental; IV – defender a posse da área serviente, por todos os meios em direito admitidos.

No tocante aos **deveres do detentor da servidão ambiental**, o § 3º do art. 9º-C, estabelece, entre outras obrigações estipuladas no contrato: I – documentar as características ambientais da propriedade; II – monitorar periodicamente a propriedade para verificar se a servidão ambiental está sendo mantida; III – prestar informações necessárias a quaisquer interessados na aquisição ou aos sucessores da propriedade; IV – manter relatórios e arquivos atualizados com as atividades da área objeto da servidão; V – defender judicialmente a servidão ambiental.

Deveres do proprietário do imóvel serviente	I – manter a área sob servidão ambiental; II – prestar contas ao detentor da servidão ambiental sobre as condições dos recursos naturais ou artificiais; III – permitir a inspeção e a fiscalização da área pelo detentor da servidão ambiental; IV – defender a posse da área serviente, por todos os meios em direito admitidos.
Deveres do detentor da servidão ambiental	I – documentar as características ambientais da propriedade; II – monitorar periodicamente a propriedade para verificar se a servidão ambiental está sendo mantida; III – prestar informações necessárias a quaisquer interessados na aquisição ou aos sucessores da propriedade; IV – manter relatórios e arquivos atualizados com as atividades da área objeto da servidão; V – defender judicialmente a servidão ambiental.
Conceito de servidão ambiental (art. 9º-A da Lei 6.938/81)	"O proprietário ou possuidor de imóvel, pessoa natural ou jurídica, pode, por instrumento público ou particular ou por termo administrativo firmado perante órgão integrante do SISNAMA, limitar o uso de toda a sua propriedade ou de parte dela para preservar, conservar ou recuperar os recursos ambientais existentes, instituindo servidão ambiental."
Principais características e regime jurídico	– Não se aplica às Áreas de Preservação Permanente (APP) e à Reserva Legal (RL) mínima exigida (art. 9º-A, § 2º). – Restrição ao uso ou à exploração da vegetação da área sob servidão ambiental deve ser, no mínimo, a mesma estabelecida para a Reserva Legal (art. 9º-A, § 3º). – Devem ser objeto de averbação na matrícula do imóvel no registro de imóveis competente (art. 9º-A, § 4º). – Pode ser onerosa ou gratuita, temporária ou perpétua (art. 9º-B, *caput*).

Principais características e regime jurídico	– Servidão ambiental perpétua equivale, para fins creditícios, tributários e de acesso aos recursos de fundos públicos, à Reserva Particular do Patrimônio Natural – RPPN, definida no art. 21 da Lei 9.985/2000 (SNUC) (art. 9º-B, § 2º). – Detentor da servidão ambiental poderá aliená-la, cedê-la ou transferi-la, total ou parcialmente, por prazo determinado ou em caráter definitivo, em favor de outro proprietário ou de entidade pública ou privada que tenha a conservação ambiental como fim social (art. 9º-B, § 2º). – Contrato de alienação, cessão ou transferência da servidão ambiental deve ser averbado na matrícula do imóvel (art. 9º-C).

4.13.4 Seguro ambiental

O seguro ambiental é um instrumento extremamente importante da PNMA, listado entre os seus instrumentos econômicos previstos expressamente no art. 9º, XIII, da Lei 6.938/81.[26] Conforme prevê o **art. 757 do Código Civil (2002)**, ao estabelecer o **conceito geral** do instituto jurídico em questão, "pelo contrato de seguro, o segurador se obriga, mediante o pagamento do prêmio, a garantir interesse legítimo do segurado, relativo a pessoa ou a coisa, contra **riscos predeterminados**". Os riscos inerentes a várias **atividades lesivas ou potencialmente lesivas ao meio ambiente** podem ser objeto de cobertura pelo seguro ambiental, com o propósito de assegurar a reparação dos danos eventualmente sofridos por terceiros ou pela sociedade como um todo (pela ótica do dano ambiental difuso) como resultado, por exemplo, de um desastre ambiental. A atividade minerária, diante dos dois desastres de Mariana (2015) e Brumadinho (2019), revela o potencial de utilização do instrumento do seguro ambiental.

No plano normativo internacional, destaca-se a previsão expressa da **Convenção da Basileia** sobre o Controle de Movimentos Transfronteiriços de Resíduos Perigosos e seu Depósito (1989), promulgada pelo Decreto 875/93, sobre a exigência de seguro para o movimento transfronteiriço de resíduos perigosos ou outros resíduos.

> **ARTIGO 6**
> **Movimento Transfronteiriço entre Partes**
>
> 11. Qualquer movimento transfronteiriço de resíduos perigosos ou outros resíduos deverá ser **coberto por seguro, caução ou outra garantia exigida pelo Estado** de importação ou qualquer Estado de trânsito que seja uma Parte.

O mais adequado, do ponto de vista da PNMA, seria a exigência de **seguro ambiental obrigatório** de determinados empreendimentos, notadamente daqueles que impliquem atividades com **grande risco de significativo impacto ambiental**. O seguro, em tal hipótese, deveria ser um **pré-requisito ao licenciamento ambiental da atividade**, como uma exigência do órgão administrativo licenciador. Isso, por sua vez, em que pese incrementar o custo econômico da

---

[26] Na doutrina, v. SARAIVA NETO, Pery. *Seguros ambientais*. Porto Alegre: Livraria do Advogado, 2019; e POLIDO, Walter Antonio. *Seguro para riscos ambientais no Brasil*. 5. ed. Curitiba: Juruá Editora, 2021.

atividade, acabaria por **internalizar os riscos sociais e ecológicos** da atividade à luz do **princípio do poluidor-pagador**, a fim de salvaguardar os interesses da sociedade como um todo. A título de exemplo, a **Lei da Política Nacional de Resíduos Sólidos (Lei 12.305/2010)** prevê expressamente, no seu art. 40, que:

> "No licenciamento ambiental de **empreendimentos ou atividades que operem com resíduos perigosos**, o órgão licenciador do SISNAMA **pode exigir a contratação de seguro de responsabilidade civil por danos causados ao meio ambiente ou à saúde pública**, observadas as regras sobre cobertura e os limites máximos de contratação fixados em regulamento. Parágrafo único. O disposto no *caput* considerará o porte da empresa, conforme regulamento".

O dispositivo citado da Lei 12.305/2010, é bem verdade, **não estabelece a obrigatoriedade do seguro ambiental** no licenciamento ambiental de empreendimentos ou atividades que operem com resíduos perigosos, deixando tal exigência **a critério do órgão licenciador do SISNAMA** (federal, estadual, distrital ou municipal), ao sinalizar que tal ente "pode exigir" tal medida. Ocorre que, a nosso ver, o dispositivo em questão, somado à previsão geral do instituto no art. 9º, XIII, da Lei 6.938/81, poderiam ser lidos no seu conjunto de modo a conceber uma **cláusula geral de obrigatoriedade do seguro ambiental** para todas as atividades que impliquem significativo impacto ambiental. Tal entendimento, por sua vez, alinha-se com a natureza objetiva da responsabilidade civil pelo dano ambiental consagrada pela legislação ambiental brasileira desde a edição da Lei 6.938/81 – e antes dela, inclusive da Lei que trata dos danos nucleares – e a adoção da **teoria do risco integral** pela doutrina e pela jurisprudência pacífica do STJ, conforme veremos com mais detalhes em capítulo adiante específico sobre o tema.

Mais recentemente, após os desastres de Mariana (2015) e Brumadinho (2019), destaca-se a previsão de **seguro ambiental** inserida pela Lei 14.066/2020 na **Lei da Política Nacional de Segurança de Barragens (Lei 12.334/2010)**, conforme transcrição do art. 17, § 2º, na sequência, com o objetivo de assegurar a **reparação dos danos** à vida humana, ao meio ambiente e ao patrimônio público provocados por barragens.[27]

> **Art. 17 (...) § 2º** Sem prejuízo das prerrogativas da autoridade licenciadora do Sisnama, o órgão fiscalizador pode exigir, nos termos do regulamento, a apresentação não cumulativa de caução, **seguro**, fiança ou outras **garantias financeiras** ou reais para a **reparação dos danos à vida humana, ao meio ambiente e ao patrimônio público**, pelo empreendedor de: (Incluído pela Lei 14.066/2020)
> I – barragem de rejeitos de mineração ou resíduos industriais ou nucleares classificada como de médio e alto risco ou de médio e alto dano potencial associado; (Incluído pela Lei 14.066/2020) (...)
> III – barragem de acumulação de água para fins de aproveitamento hidrelétrico classificada como de alto risco. (Incluído pela Lei 14.066/2020)

4.13.5 Financiamento público

O art. 12 da Lei 6.938/81 estabelece que "**as entidades e órgãos de financiamento e incentivos governamentais** condicionarão a aprovação de projetos habilitados a esses benefícios ao licenciamento, na forma desta Lei, e ao cumprimento das normas, dos critérios e dos padrões

---

[27] O PL 1410/2022, em trâmite na Câmara dos Deputados, dispõe sobre o seguro obrigatório de danos pessoais e materiais causados por desastres naturais relacionados a chuvas.

expedidos pelo CONAMA", bem como que, segundo assinala o parágrafo único do mesmo dispositivo, "as entidades e órgãos referidos no *caput* deste artigo deverão fazer constar dos projetos a realização de obras e aquisição de equipamentos destinados ao controle de degradação ambiental e a melhoria da qualidade do meio ambiente.

A restrição do o acesso a crédito e incentivos governamentais aos poluidores, como previsto no art. 14 da Lei 6.938/81 reforça tal entendimento, ao assinalar que o não cumprimento das medidas necessárias à preservação ou correção dos inconvenientes e danos causados pela degradação da qualidade ambiental sujeitará os transgressores, entre outras penalidades administrativas: à **perda ou restrição de incentivos e benefícios fiscais** concedidos pelo Poder Público (II) e à **perda ou suspensão de participação em linhas de financiamento** em estabelecimentos oficiais de crédito (III). Diante dos deveres de proteção conferidos constitucionalmente ao Estado, os entes estatais não podem "lavar as mãos" ao financiar empreendimentos que degradem o meio ambiente. Pelo contrário, o Estado deve necessariamente fiscalizar e assegurar a higidez ecológica das atividades e empreendimentos por ele financiados e incentivados, sob pena de se tornar responsável solidariedade pelos danos ecológicos ocasionados, enquadrando-se, em tais situações omissivas, no conceito de **poluidor indireto** consagrado pela Lei 6.938/81, conforme tratamos anteriormente.

Notadamente com relação às instituições financeiras (**públicas e privadas**)**,** deverão se certificar do destino dos seus recursos e assegurar-se da adequação ecológica dos projetos por elas financiados, sob pena de responderem solidariamente por danos ambientais decorrentes de tais empreendimentos e atividades. A respeito do tema, a **Resolução do Conselho Monetário Nacional n. 4.327**, de 25 de abril de 2014,[28] dispõe sobre as diretrizes que devem ser observadas no estabelecimento e na implementação da **Política de Responsabilidade Socioambiental** pelas instituições financeiras e demais instituições autorizadas a funcionar pelo Banco Central do Brasil.

4.13.6 *Licitações e Contratações Públicas Sustentáveis*

As **contratações públicas** devem se pautar em critérios de sustentabilidade, como, aliás, prevê expressamente a **Nova Lei de Licitações e Contratos Administrativos (Lei 14.133/2021), que revogará, após dois anos de sua publicação, a anterior (Lei 8.666/93),**[29] a qual inclui entre os seus princípios nucleares previstos no art. 5º, *caput*, o "**desenvolvimento nacional sustentável**", inclusive como critério de seleção da proposta mais vantajosa para **aquisição de bens** e **contratações de obras ou serviços**. O diploma prevê ainda, no art. 11, como objetivo do processo licitatório, o desenvolvimento nacional sustentável (inc. IV), bem como, no seu art. 144, que "na contratação de obras, fornecimentos e serviços, inclusive de engenharia, poderá ser estabelecida remuneração variável vinculada ao desempenho do contratado, com base em metas, padrões de qualidade, **critérios de sustentabilidade ambiental** e prazos de entrega definidos no edital de licitação e no contrato".[30] No âmbito europeu, destacam-se as inovações trazidas pelas **Diretivas 2014/23/EU, 2014/24/EU e 2014/25/EU** com o propósito de estabelecer mecanismos voltados às contratações públicas sustentáveis. A título de exemplo, a Diretiva 2014/24/EU (art. 68.1.b), estabeleceu a obrigatoriedade, no âmbito das contratações públicas, de "**incluir o custo das**

---

[28] A Res. CMN 4.945/2021, que dispõe sobre a Política de Responsabilidade Social, Ambiental e Climática (PRSAC) e sobre as ações com vistas à sua efetividade, revoga a Res. CMN 4.327/2014, ao prever expressamente que essa revogação vai se dar apenas em 01.12.2022.

[29] A Lei 14.133/2021 não revogou de imediato toda a Lei 8.666/1993, o que ocorrerá apenas após decorridos 2 anos da sua publicação, com sua entrada em vigor no mês de abril de 2023.

[30] Na doutrina, a respeito do tema das contratações públicas sustentáveis, v. VILLAC, Teresa. *Licitações sustentáveis no Brasil*. 2. ed. Belo Horizonte: Fórum, 2020; BRITO, Felipe Pires M. de. *Contratações públicas sustentáveis*: (re)leitura verde da atuação do Estado brasileiro. Rio de Janeiro: Lumen Juris, 2020.

emissões de gases do efeito estufa e outras emissões poluentes, assim como outros custos de atenuação das mudanças climáticas". O Estado, no âmbito da sua **atuação administrativa**, nas mais diversas áreas, para além de estar sempre vinculado aos seus deveres de proteção ecológica (e climática), deve se postar como protagonista na adoção de práticas "amigas do meio ambiente e do clima", inspirando e servindo de modelo para os particulares.

5. RESPONSABILIDADE ADMINISTRATIVA DO POLUIDOR NA LEI 6.938/81

A Lei 6.938/81 tratou de consagrar a **responsabilidade administrativa** do poluidor no *caput* e incisos do art. 14, ao assinalar que:

> Art. 14. Sem prejuízo das penalidades definidas pela legislação federal, estadual e municipal, o não cumprimento das medidas necessárias à preservação ou correção dos inconvenientes e danos causados pela degradação da qualidade ambiental sujeitará os transgressores:
> I – à **multa simples ou diária**, nos valores correspondentes, no mínimo, a 10 (dez) e, no máximo, a 1.000 (mil) Obrigações Reajustáveis do Tesouro Nacional – ORTNs, agravada em casos de reincidência específica, conforme dispuser o regulamento, vedada a sua cobrança pela União se já tiver sido aplicada pelo Estado, Distrito Federal, Territórios ou pelos Municípios;
> II – à **perda ou restrição de incentivos e benefícios fiscais** concedidos pelo Poder Público;
> III – à **perda ou suspensão de participação em linhas de financiamento** em estabelecimentos oficiais de crédito;
> IV – à **suspensão de sua atividade**.

Os incisos do art. 14 dão conta de **penalidades administrativas** passíveis de serem aplicadas pelos órgãos administrativos ambientais em face dos poluidores pelo descumprimento de medidas legais e administrativas e dano ambiental causado. Posteriormente, a **Lei dos Crimes e Infrações Administrativas Ambientais** (Lei 9.605/98) tratou de forma mais detalhada sobre o tema (arts. 70 a 76), conforme retomaremos mais adiante no capítulo específico sobre a responsabilidade administrativa em matéria ambiental.

Outro ponto relevante do dispositivo citado diz respeito ao reconhecimento da **autonomia entre as esferas civil e administrativa da responsabilização pelo dano ambiental**. Dispõe expressamente o § 1º do art. 14, "**sem obstar a aplicação das penalidades previstas neste artigo**", ou seja, as penalidades administrativas, segue o dispositivo no sentido de afirmar que o poluidor também se encontra obrigado, independentemente da existência de culpa, conforme trataremos no tópico seguinte, a "indenizar ou reparar os danos causados ao meio ambiente e a terceiros, afetados por sua atividade". A segunda parte citada do dispositivo trata justamente da responsabilidade civil ambiental. E, por fim, o § 1º do art. 14 também consigna a esfera criminal da responsabilização pelo dano ambiental, ao determinar, na sua parte final, a legitimidade do Ministério Público para "propor ação de **responsabilidade civil** e **criminal**, por danos causados ao meio ambiente".

O dispositivo, em linhas gerais, consagrou a denominada **tríplice responsabilização do poluidor** (administrativa, civil e criminal) pelo dano ambiental, tal como foi consagrada posteriormente pela CF/1988, no seu **art. 225, § 3º**, ao assinalar que:

> "As condutas e atividades consideradas lesivas ao meio ambiente sujeitarão os infratores, pessoas físicas ou jurídicas, a **sanções penais** e **administrativas, independentemente da obrigação de reparar os danos causados**".

No tocante à responsabilidade administrativa em matéria ambiental, assinalou ainda o § 2º do art. 14 que, "no caso de **omissão da autoridade estadual ou municipal**, caberá ao Secretário do Meio Ambiente a aplicação das penalidades pecuniárias previstas neste artigo". O dispositivo citado precisa ser atualizado para, em vez de constar "Secretário do Meio Ambiente", indicar o Ministério do Meio Ambiente no lugar. No entanto, feito esse ajuste, deve-se pontuar que o dispositivo consagra o **princípio da subsidiariedade** no exercício do **poder de polícia ambiental** e da aplicação de **penalidades administrativas em matéria ambiental**, na medida em que, diante da omissão das autoridades públicas ambientais nos níveis estadual ou municipal, a autoridade pública ambiental federal atua subsidiariamente para sanar a omissão dos entes federativos inferiores. Tal entendimento acerca da **atuação subsidiária do órgão ambiental federal** coaduna com o regime jurídico da competência administrativa ou executiva comum a todos os entes federativos consagrados pela CF/1988 (art. 23, VI e VII), tendo sida reconhecida também no **art. 15** da **Lei Complementar 140/2011**.

Nos casos previstos nos incisos II e III do art. 14, segundo prevê o seu § 3º, "o ato declaratório da perda, restrição ou suspensão será atribuição da autoridade administrativa ou financeira que concedeu os benefícios, incentivos ou financiamento, cumprimento resolução do CONAMA". A execução das garantias exigidas do poluidor, por sua vez, conforme assinala o § 5º do art. 14, não impede a aplicação das obrigações de indenização e reparação de danos previstas no seu § 1º, reforçando, por essa ótica, a autonomia existente entre as diferentes esferas de responsabilização pelo dano ambiental (administrativa, civil e penal).

6. RESPONSABILIDADE CIVIL OBJETIVA DO POLUIDOR PELO DANO AMBIENTAL CONSAGRADO PELA LEI 6.938/81

O art. 14, § 1º, da Lei 6.938/81 consagrou no nosso ordenamento jurídico, de modo emblemático, a *responsabilidade objetiva* do poluidor, ou seja, independentemente de culpa, pela reparação ou indenização do dano ecológico causado. Dispõe o dispositivo citado:

> "§ 1º Sem obstar a aplicação das penalidades previstas neste artigo, é o poluidor obrigado, independentemente da existência de culpa, **a indenizar ou reparar os danos causados ao meio ambiente** e a terceiros, afetados por sua atividade".

A responsabilidade objetiva, por certo, já havia sido reconhecida no sistema jurídico brasileiro pela **Lei 6.453/77 (art. 4º)**, no tocante ao **dano nuclear**, o que, mais tarde, também foi reforçado no âmbito constitucional (**art. 21, XXIII, d, da CF/1988**). No entanto, a Lei 6.938/81 trouxe o instituto para o terreno do regime jurídico geral do Direito Ambiental, com um espectro muito mais abrangente do dano ambiental e sua responsabilização. O instituto jurídico em questão, até hoje um dos pilares mais importantes da proteção jurídica-ambiental, impulsionou a proteção judicial do meio ambiente, sobretudo em vista da atuação do **Ministério Público**. O tema, dada a sua relevância e amplitude, é tratado de forma detalhada em capítulo próprio.

7. O MINISTÉRIO PÚBLICO NA LEI 6.938/81

Outra inovação relevante trazida pela Lei 6.938/81, de modo conectado à responsabilização do poluidor pelo dano ambiental, com efeitos tanto institucionais quanto processuais, diz respeito ao reconhecimento da **legitimidade do Ministério Público** para propor **ação de responsabilidade civil e criminal** em decorrência de **danos causados ao meio ambiente** (art. 14, § 1º, parte final), lembrando que ainda não existia a Lei de Ação Civil Pública (Lei 7.347/85) à época. De acordo com Antonio H. Benjamin, "a Lei 6.938/81, ao conferir ao Ministério Público legitimidade 'para propor ação de responsabilidade civil e criminal por danos causados ao meio ambiente', incluiu, de vez, o *Parquet* no centro da problemática ambiental, conferindo-lhe a base legal que lhe faltava, em particular na esfera cível".[31] A Lei 6.938/81, ao conferir a nova atribuição "ecológica" à instituição, provocou forte rearranjo institucional no Ministério Público brasileiro.

Desde então, reforçado pela posterior edição da Lei de Ação Civil Pública alguns anos depois (1985), o Ministério Público brasileiro tornou-se a principal referência e protagonista na tutela e promoção do meio ambiente no âmbito do nosso Sistema de Justiça. Até hoje é assim. Mais de 90% ou 95% das ações civis públicas ambientais propostas possuem o Ministério Público no seu polo ativo. Isso sem contar os inúmeros inquéritos civis e termos de ajustamento de conduta firmados entre o *Parquet* e os poluidores privados e públicos. A Lei 6.938/81 foi, sem dúvida, um capítulo fundamental no processo de "esverdeamento" no perfil de atuação do Ministério Público brasileiro, o qual só se fortaleceu posteriormente, com a criação de centros de apoio operacional e promotorias especializadas na proteção ambiental.

8. DEMOCRACIA PARTICIPATIVA ECOLÓGICA NA LEI 6.938/81

A Lei 6.938/81 assinalou, entre os princípios da PNMA, a "**educação ambiental** a todos os níveis do ensino, inclusive a educação da **comunidade**, objetivando capacitá-la para **participação ativa na defesa do meio ambiente**" (art. 2º, X). De modo complementar, o diploma também consagrou como objetivo da PNMA "a difusão de tecnologias de manejo do meio ambiente, a divulgação de dados e **informações ambientais** e a formação de uma **consciência pública** sobre a necessidade de preservação da qualidade ambiental e do equilíbrio ecológico" (art. 4º, V). Os dois dispositivos mencionados ilustram o viés democrático-participativo que está no centro do regime jurídico-ecológico edificado pela Lei 6.938/81, tendo sido diretamente impactada pelo movimento ambientalista emergente no Brasil desde o início da década de 1970.

Posteriormente, tanto a CF/1988 (art. 225, § 1º, VI) quanto a legislação infraconstitucional seguiram o mesmo parâmetro normativo, como bem simbolizam, por exemplo, a Lei da Política Nacional de Educação Ambiental (Lei 9.795/99) e a Lei de Acesso à Informação Ambiental (Lei 10.650/2003). A legislação ambiental brasileira, desde a Lei 6.938/81 tem por diretriz normativa básica **o princípio da participação pública**, o qual, como tratado anteriormente, assume a natureza de um princípio geral do Direito Ambiental.

> **JURISPRUDÊNCIA TJSP. Participação pública em matéria ambiental: 1. Ação popular ambiental e exigência de consulta pública:** "Agravo de instrumento. *Ação popular ambiental*. Decisão interlocutória que deferiu o pedido liminar consistente em determinar a cessação das obras destinadas a transformar parte de praça pública em rua. Admissibilidade. Presença dos requisitos autorizadores. *Ação* popular que denuncia, implicitamente, a ausência de consulta democrática por parte da municipalidade quanto à execução da obra em discussão. Inteligência do art. 182, regulamentado pela Lei nº 10.257/2001. Destinação da área em discussão que não pode ser alterada. Inteligência do art. 180, VII, da Constituição bandeirante. Direito fundamental à cidade e ao meio ambiente saudável que não se submete ao interesse da Administração Pública. Agravo ao qual se nega provimento" (TJSP, AI 0250059-28.2011.8.26.0000, Câmara Reservada ao Meio Ambiente, Rel. Des. Renato Nalini, j. 20.10.2011).
>
> **2. Alteração de plano diretor e exigência de participação popular:** "Ação direta de inconstitucionalidade. Lei municipal que altera substancialmente a lei que dispõe sobre o Plano Diretor do Município. Necessidade de ser o processo legislativo – tanto o referente à elaboração da Lei do Plano Diretor como daquela que a altera – integrado por estudos

---

[31] BENJAMIN, Antonio Herman. Um novo modelo para o Ministério Público na proteção do meio ambiente. *Revista de Direito Ambiental*, São Paulo, ano 3, n. 10, p. 7, abr.-jul. 1998. A respeito da atuação do Ministério Público em matéria ambiental, v. BENJAMIN, Antonio Herman (coord.). *Manual da promotoria de justiça do meio ambiente*. 2. ed. São Paulo: IMESP/MP-SP, 1999.

> técnicos e manifestação das entidades comunitárias, fato que não ocorreu. Audiência do Conselho Municipal de Política Urbana que não supre a exigência da participação popular, caracterizadora de uma democracia participativa. Ação procedente" (TJSP, ADI 0207644-30.2011.8.26.0000, Órgão Especial, Rel. Des. Walter de Almeida Guilherme, j. 21.03.2012).

9. DEVERES FUNDAMENTAIS E VINCULAÇÃO DOS PARTICULARES ÀS DIRETRIZES NORMATIVAS DA LEI 6.938/81

O cenário jurídico-constitucional delineado para a tutela ecológica está solidificado no princípio constitucional da solidariedade, sem prejuízo das possibilidades no campo da assim designada eficácia do direito (mais propriamente, do complexo de direitos e deveres) fundamental à proteção e promoção do meio ambiente nas relações entre particulares (também denominada de **eficácia horizontal dos direitos fundamentais**), o que, no seu conjunto, e diante do quadro de risco existencial imposto pela degradação ecológica, impõe maior carga de **responsabilidade pelas ações e omissões de particulares (pessoas físicas e jurídicas)**, que, de alguma forma, possam, mesmo que potencialmente – em face da aplicação do princípio e dever de precaução –, comprometer o equilíbrio ecológico.

Os **deveres fundamentais** de proteção ecológica, portanto, vinculam juridicamente os particulares no sentido de exigir-lhes não apenas a adoção de medidas negativas, o que ocorre no caso de impedir o particular de realizar determinada atividade que, mesmo potencialmente, possa acarretar dano ambiental, como desmatar a área de mata ciliar ou despejar produto químico no córrego de um rio, como também medidas positivas (de cunho prestacional) necessárias à salvaguarda do equilíbrio ecológico, como ocorre na hipótese de medidas voltadas à conservação do patrimônio ambiental ou à reparação de um dano ecológico. O art. 5º, parágrafo único, da Lei 6.938/81 reforça normativamente (e converte em obrigações legais) a dimensão dos deveres fundamentais de proteção ambiental dos particulares, ao assinalar expressamente que "**as atividades empresariais públicas ou privadas** serão exercidas em consonância com as diretrizes da Política Nacional do Meio Ambiente".

Capítulo 11
RESPONSABILIDADE ADMINISTRATIVA, PODER DE POLÍCIA E INFRAÇÕES ADMINISTRATIVAS AMBIENTAIS

1. INTRODUÇÃO

A responsabilidade administrativa ambiental, como referido em outras passagens do livro, é um dos eixos centrais da Política Nacional do Meio Ambiente estabelecida desde a Lei 6.938/81. Além de se configurar como um dos **instrumentos da PNMA**, elencado expressamente no art. 9º do diploma, notadamente no seu inciso IX, ao prever "as penalidades disciplinares ou compensatórias ao não cumprimento das medidas necessárias à preservação ou correção da degradação ambiental", a aplicação de penalidades administrativas como decorrência da prática de **infrações administrativas ambientais** pelos poluidores é **tarefa dos órgãos ambientais** que integram o SISNAMA (art. 6º) e são responsáveis pela sua execução, o que expressa o exercício do **poder de polícia ambiental**.

O exercício do poder de polícia ambiental não se trata de um poder ou ato discricionário do Estado, executado pelos órgãos administrativos ambientais em todas as esferas federativas, mas sim de um **poder-dever**, inclusive de modo a ensejar a responsabilidade estatal na hipótese de omissão ou atuação insuficiente em agir diante de prática de infração administrativa ambiental. O dever estatal de efetivo controle e sancionamento de penalidades administrativas nas hipóteses de prática, por agentes públicos ou privados, de infrações administrativas ambientais, conforme previsto na legislação ambiental vigente, deve, no entanto, respeitar o **devido processo legal ambiental (administrativo e judicial)**.[1]

O exercício do poder de polícia ambiental deve ser pautado pelo **princípio da eficiência administrativa em matéria ambiental, conforme consagrado de forma paradigmática** no voto da Ministra Cármen Lúcia no julgamento da **ADPF 760/DF (Caso PPCDAm)**, inclusive como fundamento para reconhecer a omissão e atuação deficiente ou insuficiente do Governo Federal no combate ao desmatamento florestal no bioma amazônico.[2] De acordo com a Ministra:

> "O princípio da eficiência da Administração Pública é previsto, expressamente, no *caput* do art. 37 da Constituição brasileira, introduzido como foi pela Emenda Constitucional n. 19/1998. Apesar de ter sido entronizado de maneira expressa no sistema constitucional brasileira pela Emenda n. 19/98, a eficiência foi considerada característica necessária e sindicável das práticas administrativas por se relacionar ao atendimento das finalidades que conduzem aos provimentos da Administração Pública.
> Para o controle da legitimidade, da legalidade, da pertinência entre o fim buscado e a via eleita pelo administrador público para o seu atingimento analisa-se, sempre, o resultado obtido ou passível de ser obtido pela conduta administrativa.

---

[1] O princípio do devido processo no contexto ambiental é desenvolvido por AYALA, Patryck de Araújo. *Devido processo ambiental e o direito fundamental ao meio ambiente*. Rio de Janeiro: Lumen Juris, 2011.

[2] STF, ADPF 760/DF, Tribunal Pleno, Rel. Min. Cármen Lúcia, Red. Acórd. Min. André Mendonça, j. 14.03.2024.

Como em matéria ambiental a **finalidade de precaução, de prevenção e de proteção** são determinantes permanente como qualidade inerente à preservação do meio ambiente ecologicamente saudável, **a eficiência integra a principiologia determinante do comportamento administrativo válido.**

Então, em matéria ambiental aquele princípio estende-se e **limita a qualificação discricionária** posta, em outras atuações administrativas do Estado, como decorrência mesma das características do direito fundamental que por ele se impõe implementar, pelas medidas imprescindíveis de precaução, prevenção e, se ultrapassadas as condições de excelência da prática de proteção ambiental, a reparação de danos provocados.

A eficiência administrativa em matéria ambiental restringe a atuação administrativa em sua escolha possível de oportunidade para atuar e finalidade a ser cumprida. A razão de ser (razoabilidade) que demonstre o elo determinante do agir administrativo ou da inação estatal são cotejados com os fins (sempre de proteção ambiental ecologicamente saudável) a que **se destinam as práticas e a obtenção do resultado precavido ou preventivo do bem de todos.** (...)

Estratégias mal elaboradas conduzem a maus resultados, nelas não se chegando à apuração de infrações, que, mesmo que tenham ocorrido, não são objetos de lavratura de autos, nem referência a áreas que precisariam ser embargadas, nem bens apreendidos. Não autuadas as infrações eventualmente constatadas, mesmo que se tenham operações realizadas, têm elas o fim de aparentar algo que não se volta ao cumprimento dos objetivos de eficiência administrativa fiscalizatória, servindo como engodo administrativo."

CONCEITO DE "PODER DE POLÍCIA" NO CÓDIGO TRIBUTÁRIO NACIONAL – CTN (LEI 5.172/66)

Art. 78. Considera-se **poder de polícia** atividade da administração pública que, **limitando ou disciplinando direito, interesse ou liberdade**, regula a prática de ato ou abstenção de fato, **em razão de interesse público** concernente à segurança, à higiene, à ordem, aos costumes, à disciplina da produção e do mercado, ao exercício de atividades econômicas dependentes de concessão ou autorização do Poder Público, à tranquilidade pública ou ao **respeito** à propriedade e **aos direitos individuais ou coletivos**.

Parágrafo único. Considera-se **regular o exercício do poder de polícia** quando desempenhado pelo órgão competente **nos limites da lei aplicável, com observância do processo legal** e, tratando-se de atividade que a lei tenha como discricionária, **sem abuso ou desvio de poder.**

O conceito de poder de polícia trazido pelo Código Tributário Nacional, muito embora datado da década de 1960, traz os elementos centrais que até hoje conformam o seu conteúdo, como é o caso do **interesse público primário** (da sociedade) e o respeito aos **direitos** individuais e **coletivos** que legitimam tal atuação do Estado no sentido de limitar a atuação dos agentes infratores, o que coaduna perfeitamente com o regime jurídico ecológico e a **natureza difusa do bem ambiental**.

A Lei 6.938/81 tratou de consagrar a **responsabilidade administrativa** do poluidor no *caput* e incisos do art. 14, ao assinalar que:

Art. 14. Sem prejuízo das penalidades definidas pela legislação federal, estadual e municipal, o não cumprimento das medidas necessárias à preservação ou correção dos inconvenientes e danos causados pela degradação da qualidade ambiental sujeitará os transgressores:

I – à **multa simples ou diária**, nos valores correspondentes, no mínimo, a 10 (dez) e, no máximo, a 1.000 (mil) Obrigações Reajustáveis do Tesouro Nacional – ORTNs, agravada em casos de reincidência específica, conforme dispuser o regulamento, vedada a sua cobrança pela União se já tiver sido aplicada pelo Estado, Distrito Federal, Territórios ou pelos Municípios;

II – à **perda ou restrição de incentivos e benefícios fiscais** concedidos pelo Poder Público;

III – à **perda ou suspensão de participação em linhas de financiamento** em estabelecimentos oficiais de crédito;

IV – à **suspensão de sua atividade**.

Os incisos do art. 14 dão conta de **penalidades administrativas** passíveis de ser aplicadas pelos órgãos administrativos ambientais em face dos poluidores pelo descumprimento de medidas legais e administrativas e dano ambiental causado. Outro ponto relevante do dispositivo citado diz respeito ao reconhecimento da **autonomia entre as esferas civil e administrativa da responsabilização pelo dano ambiental**. Dispõe expressamente o § 1º do art. 14, "**sem obstar a aplicação das penalidades previstas neste artigo**", ou seja, as penalidades administrativas, segue o dispositivo no sentido de afirmar que o poluidor também se encontra obrigado, independentemente da existência de culpa, conforme trataremos no tópico seguinte, a "indenizar ou reparar os danos causados ao meio ambiente e a terceiros, afetados por sua atividade". A segunda parte citada do dispositivo trata justamente da responsabilidade civil ambiental. E, por fim, o § 1º do art. 14 também consigna a esfera criminal da responsabilização pelo dano ambiental, ao estabelecer, na sua parte final, a legitimidade do Ministério Público para "propor ação de **responsabilidade civil e criminal**, por danos causados ao meio ambiente".

O dispositivo, em linhas gerais, consagrou a denominada "**tríplice responsabilização do poluidor**" (administrativa, civil e criminal) pelo dano ambiental, tal como foi consagrada posteriormente pela CF/1988, no seu **art. 225, § 3º**, ao assinalar que:

"As condutas e atividades consideradas lesivas ao meio ambiente sujeitarão os infratores, pessoas físicas ou jurídicas, a **sanções penais e administrativas, independentemente da obrigação de reparar os danos causados**".

No tocante à responsabilidade administrativa em matéria ambiental, assinalou ainda o § 2º do art. 14 da Lei 6.938/81 que, "no caso de **omissão da autoridade estadual ou municipal**, caberá ao Secretário do Meio Ambiente a aplicação das penalidades pecuniárias previstas neste artigo". O dispositivo citado precisa ser atualizado para, em vez de constar "Secretário do Meio Ambiente", indicar o Ministério do Meio Ambiente no lugar. No entanto, feito esse ajuste, deve-se pontuar que o dispositivo consagra o **princípio da subsidiariedade** no exercício do **poder de polícia ambiental** e da aplicação de **penalidades administrativas em matéria ambiental**, na medida em que, diante da omissão das autoridades públicas ambientais nos níveis estadual ou municipal, a autoridade pública ambiental federal atua subsidiariamente para sanar a omissão dos entes federativos inferiores. Tal entendimento acerca da **atuação subsidiária do órgão ambiental federal** coaduna com o regime jurídico da competência administrativa ou executiva comum a todos os entes federativos consagrados pela CF/1988 (art. 23, VI e VII), tendo sida consagrada também no **art. 15 da Lei Complementar 140/2011**.

O art. 17 da LC 140/2011 conferiu prioridade ao órgão responsável pelo licenciamento ou autorização para lavrar auto de infração ambiental e instaurar processo administrativo para a apuração de infrações à legislação ambiental cometidas pelo empreendimento ou atividade licenciada ou autorizada. Isso, contudo, não afasta a competência comum dos demais entes federativos para o exercício do poder de polícia ambiental e imposição de sanções administrativas ambientais em face do infrator ecológico, notadamente em situações de omissão ou atuação insuficiente de algum daqueles.

> **JURISPRUDÊNCIA STJ. Omissão do órgão ambiental licenciador e legitimidade do exercício do poder de polícia ambiental pelos demais entes federativos:**
>
> **1)** "Administrativo. Ambiental. Ação civil pública. Dano ambiental. Legitimidade passiva. Responsabilidade civil do Estado. IBAMA. **Dever de fiscalização.** Omissão caracterizada. 1. Tratando-se de proteção ao meio ambiente, não há falar em competência exclusiva de um ente da federação para promover medidas protetivas. Impõe-se amplo aparato de fiscalização a ser exercido pelos quatro entes federados, independentemente do local onde a ameaça ou o dano estejam ocorrendo. 2. **O Poder de Polícia Ambiental pode – e deve – ser exercido por todos os entes da Federação, pois se trata de competência comum, prevista constitucionalmente. Portanto, a competência material para o trato das questões ambiental é comum a todos os entes. Diante de uma infração ambiental, os agentes de fiscalização ambiental federal, estadual ou municipal terão o dever de agir imediatamente, obstando a perpetuação da infração.** 3. Nos termos da jurisprudência pacífica do STJ, a responsabilidade por dano ambiental é objetiva, logo responderá pelos danos ambientais causados àquele que tenha contribuído apenas que indiretamente para a ocorrência da lesão. Agravo regimental improvido" (STJ, AgRg no REsp 1.417.023/PR, 2ª T., Rel. Min. Humberto Martins, j. 18.08.2015).
>
> **2)** "Processual civil. Administrativo. Agravo interno no recurso especial. Código de Processo Civil de 2015. Aplicabilidade. IBAMA. Atividade nociva ao meio ambiente. **Poder de polícia administrativa. Inércia do** órgão **estadual**. Revisão. Impossibilidade. (...) II – É pacífico nessa Corte que havendo omissão do órgão estadual na fiscalização, **mesmo que outorgante da licença ambiental, o IBAMA pode exercer o seu poder de polícia administrativa, porque não se pode confundir competência para licenciar com competência para fiscalizar.** (...) V – Agravo interno improvido" (STJ, AgInt no REsp 1.484.933/CE, 1ª T., Rel. Min. Regina Helena Costa, j. 21.03.2017).
>
> **3)** "Processual civil. Administrativo. Ambiental. Área privada. Mata Atlântica. Desmatamento. IBAMA. **Poder fiscalizatório**. Possibilidade. Ação civil pública. Legitimidade ativa *ad causam*. Existência. 1. O Superior Tribunal de Justiça entende que não há falar em competência exclusiva de ente da federação para promover medidas protetivas, impondo-se amplo aparato de fiscalização a ser exercido pelos quatro entes federados, independentemente do local onde a ameaça ou o dano estejam ocorrendo, bem como da competência para o licenciamento. É certo ainda que **a fiscalização das atividades nocivas ao meio ambiente concede ao IBAMA interesse jurídico suficiente para exercer poder de polícia administrativa, ainda que o bem esteja situado dentro de** área **cuja competência para o licenciamento seja do Município ou do Estado**. Precedente: REsp 1.479.316/SE, Rel. Min. Humberto Martins, Segunda Turma, DJe 1º.09.2015. 2. Agravo interno não provido" (STJ, AgInt no REsp 1.530.546/AL, 2ª T., Rel. Min. Herman Benjamin, j. 07.02.2017).

Nos casos previstos nos incisos II e III do art. 14, segundo prevê o seu § 3º, "o ato declaratório da perda, restrição ou suspensão será atribuição da autoridade administrativa ou financeira que concedeu os benefícios, incentivos ou financiamento, cumprimento resolução do CONAMA". A execução das garantias exigidas do poluidor, por sua vez, conforme assinala o § 5º do art. 14, não impede a aplicação das obrigações de indenização e reparação de danos previstas no seu § 1º, reforçando, por essa ótica, a autonomia existente entre as diferentes esferas de responsabilização pelo dano ambiental (administrativa, civil e penal).

Posteriormente, a **Lei dos Crimes e Infrações Administrativas Ambientais (Lei 9.605/98)** tratou de forma mais detalhada sobre o tema (arts. 70 a 76). A Lei 9.605/98 foi regulamentada por meio do **Decreto 6.514/2008** (que revogou o Decreto 3.179/99), o qual dispõe, sobre as infrações e sanções administrativas ao meio ambiente e estabelece o processo administrativo federal para apuração destas infrações.³

Por fim, cumpre assinalar que a **competência legislativa** para a definição de infrações e das respectivas penalidades é **concorrente**, com possibilidade de suplementação pelos demais entes da legislação federal (art. 24, VI, VII, VIII e §§ 1º a 4º, da CF/1988). Ademais, a competência executiva para aplicação das penalidades administrativas é comum a todas as esferas federativas (art. 23, III, IV, VI e VII, da CF/1988).

2. RESPONSABILIDADE ADMINISTRATIVA AMBIENTAL NA LEI 9.605/98 E NO DECRETO 6.514/2008

2.1 Conceito de infração administrativa ambiental

O art. 70 da Lei 9.605/98 traz o conceito de infração administrativa ambiental:

> **Art. 70.** Considera-se **infração administrativa ambiental** toda **ação ou omissão** que **viole as regras jurídicas de uso, gozo, promoção, proteção e recuperação do meio ambiente.**

O dispositivo traz um conceito bastante genérico, mas que se ajusta perfeitamente ao propósito de estabelecer um marco normativo básico que é complementado pela **tipificação** das infrações administrativas ambientais levada a efeito pelo **Decreto 6.514/2008**, por exemplo, na **infração administrativa de poluição** prevista no art. 61.⁴

> **Subseção III – Das Infrações Relativas à Poluição e outras Infrações Ambientais**
> **Art. 61. Causar poluição de qualquer natureza** em níveis tais que resultem ou possam resultar em danos à saúde humana, ou que provoquem a mortandade de animais ou a destruição significativa da biodiversidade:
> **Multa** de R$ 5.000,00 (cinco mil reais) a R$ 50.000.000,00 (cinquenta milhões de reais).
> Parágrafo único. As multas e demais penalidades de que trata o *caput* serão aplicadas após laudo técnico elaborado pelo órgão ambiental competente, identificando a dimensão do dano decorrente da infração e em conformidade com a gradação do impacto.

---

3   Mais recentemente, como medida de enfrentamento aos incêndios florestais recordes- verificados no ano de 2024 – na sua maioria, provocados de forma criminosa –, o Governo Federal editou o Decreto 12.189, de 20 de setembro de 2024, alterando o Decreto 6.514/2008. Além de aumentar o valor de multas e penalidades administrativas de infrações associadas à prática de incêndios florestais (art. 58), o diploma passou a prever novos tipos administrativos relacionados à matéria: "Art. 58-A. Provocar incêndio em floresta ou qualquer forma de vegetação nativa: Multa de R$10.000,00 (dez mil reais) por hectare ou fração. Art. 58-B. Provocar incêndio em floresta cultivada: Multa de R$5.000,00 (cinco mil reais) por hectare ou fração. Art. 58-C. Deixar de implementar, o responsável pelo imóvel rural, as ações de prevenção e de combate aos incêndios florestais em sua propriedade de acordo com as normas estabelecidas pelo Comitê Nacional de Manejo Integrado do Fogo e pelos órgãos competentes do Sisnama: Multa de R$ 5.000,00 (cinco mil reais) a R$ 10.000.000,00 (dez milhões de reais)."

4   "Art. 61. Causar poluição de qualquer natureza em níveis tais que resultem ou possam resultar em danos à saúde humana, ou que provoquem a mortandade de animais ou a destruição significativa da biodiversidade: Multa de R$ 5.000,00 (cinco mil reais) a R$ 50.000.000,00 (cinquenta milhões de reais). Parágrafo único. As multas e demais penalidades de que trata o *caput* serão aplicadas após laudo técnico elaborado pelo órgão ambiental competente, identificando a dimensão do dano decorrente da infração e em conformidade com a gradação do impacto."

Ao caracterizar as **infrações administrativas ambientais** (arts. 24 a 93), atendendo ao **princípio da legalidade estrita,** o Decreto 6.514/2008 segue a mesma estrutura temática da Lei 9.605/98 na tipificação dos crimes ambientais, com a exceção apenas da parte das infrações cometidas exclusivamente em unidades de conservação, que não possuem tópico previsto na Lei 9.605/98.

> Seção III
> Das Infrações Administrativas Cometidas Contra o Meio Ambiente
>
> Subseção I
> Das Infrações Contra a **Fauna**
>
> Subseção II
> Das Infrações Contra a **Flora**
>
> Subseção III
> Das Infrações Relativas à **Poluição** e outras Infrações Ambientais
>
> Subseção IV
> Das Infrações **Contra o Ordenamento Urbano e o Patrimônio Cultural**
>
> Subseção V
> Das Infrações Administrativas **Contra a Administração Ambiental**
>
> Subseção VI
> Das Infrações **Cometidas Exclusivamente em Unidades de Conservação**

JURISPRUDÊNCIA STJ. Lei 9.605/98 e distinção entre sanção penal e sanção administrativa em matéria ambiental: "Ambiental. Infração administrativa. Campo de aplicação. **Lei 9.605/1998**. Transporte irregular de carvão vegetal de espécies nativas. Indústria siderúrgica. **Infração penal e administrativa**. Multa. Legalidade. **Distinção entre sanção administrativa e sanção penal. Legitimidade do Decreto regulamentador.** 1. Cuida-se de Ação Ordinária proposta com o fito de afastar multa aplicada em razão de transporte irregular de carvão vegetal. O juízo de 1º grau julgou improcedente o pedido, mas o Tribunal regional reformou a sentença e declarou nulo o auto de infração. 2. A **multa aplicada pela autoridade administrativa é autônoma e distinta das sanções criminais cominadas à mesma conduta, estando respaldada no poder de polícia ambiental**. 3. **Sanção administrativa**, como a própria expressão já indica, deve ser **imposta pela Administração**, e não pelo Poder Judiciário, porquanto difere dos crimes e contravenções. 4. A **Lei 9.605/1998**, embora **conhecida popular e imprecisamente por Lei dos Crimes contra o Meio Ambiente**, a rigor trata, de maneira simultânea e em partes diferentes do seu texto, de infrações penais e **infrações administrativas**. 5. No campo das infrações administrativas, exige-se do legislador ordinário apenas que estabeleça as **condutas genéricas (ou tipo genérico)** consideradas ilegais, bem como o rol e limites das sanções previstas, **deixando-se a especificação daquelas e destas para a regulamentação, por meio de Decreto**. 6. De forma legalmente adequada, embora genérica, o art. 70 da Lei 9.605/1998 prevê, como infração administrativa ambiental, 'toda ação ou omissão que viole as regras jurídicas de uso, gozo, promoção, proteção e recuperação do meio ambiente'. É o que basta para, com a complementação do Decreto regulamentador, cumprir o princípio da legalidade, que, no Direito Administrativo, não pode ser interpretado mais rigorosamente que no Direito Penal, campo em que se admitem tipos abertos e até em branco. 7. O transporte de carvão vegetal sem prévia licença da autoridade competente caracteriza, a um só tempo, crime ambiental (art. 46 da Lei 9.605/1998) e infração administrativa, nos termos do art. 70 da Lei 9.605/1998 c/c o art. 32, parágrafo único, do Decreto 3.179/1999, revogado pelo **Decreto 6.514/2008**, que contém dispositivo semelhante. 8. As normas em comento conferem sustentação legal à imposição de sanção administrativa. Precedentes do STJ. 9. Uma das **condutas mais danosas à biodiversidade brasileira** atualmente (e à dos países vizinhos, sobretudo Paraguai e Bolívia, de onde o produto vem sendo crescentemente importado, após extração ilegal) é a utilização, pela siderurgia, de **carvão vegetal** derivado de espécies da flora nativa, prática arcaica, incompatível com os padrões de responsabilidade social apregoados pela indústria, tudo a demandar intervenção enérgica do Poder Público. 10. Não mais se admite, nem se justifica, que para produzir ferro e aço a indústria brasileira condene as gerações futuras a uma herança de externalidades ambientais negativas, rastros ecologicamente perversos de uma atividade empresarial que, por infeliz escolha própria, mancha sua reputação e memória, ao exportar qualidade, apropriar-se dos benefícios econômicos e, em contrapartida, literalmente queimar, nos seus fornos, nossas florestas e bosques, que, nas fagulhas expelidas pelas chaminés, se vão irreversivelmente. 11. Recurso especial provido" (STJ, REsp 1.137.314/MG, 2ª T., Rel. Min. Herman Benjamin, j. 17.11.2009).

JURISPRUDÊNCIA STJ. Infrações administrativas ambientais e princípio da legalidade estrita:

1) "Administrativo. Recurso especial. **Infração administrativa ambiental**. (...) Recebimento de madeira serrada, sem licença do IBAMA. Art. 70 da Lei 9.605/98. Pena de **multa. Princípio da legalidade estrita**. Plena observância. 1. (...). 2. Ainda que por fundamentos diversos, o aresto atacado abordou todas as questões necessárias à integral solução da lide, concluindo, no entanto, que: (a) somente o juiz criminal, após regular processo penal, pode impor penalidades pela prática de crime cometido contra o meio ambiente; (b) é ilegal a tipificação de infrações administrativas por meio de decreto. 3. A **aplicação de sanções administrativas, decorrente do exercício do poder de polícia**, somente se torna legítima quando o ato praticado pelo administrado estiver **previamente definido pela lei como infração administrativa**. 4. Hipótese em que o auto de infração foi lavrado com fundamento no art. 46 da Lei 9.605/98, pelo fato de a impetrante, ora recorrida, ter recebido 180 m³ de madeira serrada em prancha, sem licença do órgão ambiental competente. 5. Considera-se **infração administrativa ambiental**, conforme o disposto no art. 70 da Lei 9.605/98, toda ação ou omissão que viole as regras jurídicas de uso, gozo, promoção, proteção e recuperação do meio ambiente. 6. O art. 46 do mesmo diploma legal, por seu turno, classifica como crime ambiental o recebimento, para fins comerciais ou industriais, de madeira, lenha, carvão e outros produtos de origem vegetal, sem exigir a exibição de licença do vendedor, outorgada pela autoridade competente, e sem munir-se da via que deverá acompanhar o produto até final beneficiamento. 7. Conquanto se refira a um tipo penal, a norma em comento, combinada com o disposto no art. 70 da Lei 9.605/98, anteriormente mencionado, confere toda a **sustentação legal necessária à imposição da pena administrativa**, não se podendo falar em violação do **princípio da legalidade estrita**. 8. Recurso especial provido, para denegar a segurança anteriormente concedida" (REsp 1.091.486/RO, 1ª T., Rel. Min. Denise Arruda, j. 02.04.2009).

2) "Ambiental e administrativo. Infração administrativa. Funcionamento de empreendimento sem licença de operação. Art. 60 da Lei n. 9.605/98. **Pena de multa. Princípio da legalidade estrita**. Plena observância. 1. A aplicação de sanções administrativas, decorrente do exercício do poder de polícia, somente se torna legítima quando o ato praticado pelo administrado estiver **previamente definido por lei como infração administrativa**. 2. No presente caso, o auto de infração foi lavrado, devido o agravante ter feito funcionar projeto de carcinicultura, sem licença ambiental de operação. Este fato é incontestável e está expressamente consignado no acórdão recorrido. 3. A **multa aplicada pelo IBAMA** possui **sustentação legal, prevista nos arts. 60 da Lei n. 9.605/98 e 44 do Decreto 3.179/99**, de modo que a atuação do agravado apenas fez valer o **princípio da legalidade estrita**.

> 4. Não procede a alegação do agravante, de que a licença vencida fica prorrogada até que seja emitida a decisão definitiva do órgão licenciador, pois, para tanto, é preciso que o requerimento de renovação da licença seja feito antes da expiração do prazo. Conforme narrou o Tribunal de origem, o pedido de renovação só foi protocolado aproximadamente dez meses depois da expiração do prazo de validade anterior. 5. Ao continuar a exploração da atividade, durante o período em que esteve sem licença de operação, o agravante incidiu em infração administrativa, de modo que o **auto de infração aplicado pelo IBAMA apenas cumpriu determinação legal**. Agravo regimental improvido" (STJ, AgRg no REsp 1.284.558/PB, 2ª T., Rel. Min. Humberto Martins, j. 28.02.2012).

Ainda que se considere a autonomia ou independência das instâncias da responsabilização (administrativa, civil e penal), é importante ter em conta que tal desvinculação é relativa, de sorte que, por exemplo, se determinada conduta for simultaneamente tipificada como crime e infração administrativa ambiental, a **absolvição criminal** por **inexistência do fato** ou **negativa de autoria** vinculará os órgãos administrativos ambientais, por aplicação analógica do art. 935 do Código Civil.

> **CÓDIGO CIVIL (2002)**
>
> **Art. 935.** A responsabilidade civil é independente da criminal, não se podendo questionar mais sobre a existência do fato, ou sobre quem seja o seu autor, quando estas questões se acharem decididas no juízo criminal.

2.2 Natureza da responsabilidade administrativa ambiental

O legislador brasileiro, tanto em sede constitucional quanto infraconstitucional, sempre laborou, desde a gênese do nosso Direito Ambiental caracterizada pela edição da Lei da Política Nacional do Meio Ambiente (Lei 6.938/81), no sentido de estabelecer um sistema fortificado para o enfrentamento do descumprimento da legislação ambiental pelos poluidores, inclusive no sentido de dotar tal seara jurídica de particular especialidade e diferenciá-la das demais áreas jurídicas pela relevância do bem jurídico de interesse de toda a coletividade que busca tutelar. A amplitude do **conceito de poluidor** determinado no art. 3º, IV,[5] da Lei 6.938/81 e a consagração expressa da **responsabilidade civil objetiva** no art. 14, § 1º, do mesmo diploma legal exemplificam esse cenário.

Igual se pode dizer acerca da feição tridimensional da responsabilidade ambiental (penal, administrativa e civil) consagrada expressamente no § 3º do art. 225 da CF/1988,[6] inclusive no sentido da **autonomia e independência** entre as três instâncias de responsabilização do degradador ecológico. Também a adoção da **teoria do risco integral** para a responsabilidade civil ambiental pela doutrina e jurisprudência do STJ, conforme tivemos oportunidade de desenvolver anteriormente, colocam o mesmo panorama diferenciador do tratamento jurídico dispensado ao Direito Ambiental. A gravidade e a urgência da crise ecológica contemporânea impõem tal resposta jurídica contundente.

---

[5] "Art. 3º (...) IV – poluidor, a pessoa física ou jurídica, de direito público ou privado, responsável, direta ou indiretamente, por atividade causadora de degradação ambiental."

[6] "Art. 225. (...) § 3º As condutas e atividades consideradas lesivas ao meio ambiente sujeitarão os infratores, pessoas físicas ou jurídicas, a **sanções penais** e **administrativas, independentemente** da **obrigação de reparar os danos causados**."

Esse cenário normativo, a nosso ver, reforça o entendimento de que não apenas na esfera civil, mas também no âmbito da responsabilidade administrativa, deva vigorar a **responsabilidade de natureza objetiva**, ou seja, independentemente da verificação de culpa dos agentes infratores. A única **exceção** a essa regra geral seria para a hipótese da **multa simples**, conforme previsão expressa do § 3º do art. 72 da Lei 9.605/98.

> **Art. 72** (...) § 3º A **multa simples** será aplicada sempre que o agente, **por negligência ou dolo**: I – advertido por irregularidades que tenham sido praticadas, deixar de saná-las, no prazo assinalado por órgão competente do SISNAMA ou pela Capitania dos Portos, do Ministério da Marinha; II – opuser embaraço à fiscalização dos órgãos do SISNAMA ou da Capitania dos Portos, do Ministério da Marinha.

O entendimento por nós formulado coaduna com a posição doutrinária de Leme Machado: "das 10 sanções previstas no art. 72 da Lei 9.605/98 (incisos I a XI), somente a multa simples utilizará o critério da responsabilidade com culpa, e as outras nove sanções, inclusive a multa diária, irão utilizar o critério da responsabilidade sem culpa ou objetiva, continuando a seguir o sistema da Lei 6.938/81, onde não há necessidade de serem aferidos o dolo e a negligência do infrator submetido ao processo".[7] Há, no entanto, **posição hoje dominante** em sede doutrinária no sentido contrário, ou seja, favorável à natureza subjetiva da responsabilidade administrativa ambiental,[8] a qual se fortaleceu ainda mais após o entendimento consolidado pelo STJ.

A discussão em torno da natureza da responsabilidade administrativa ambiental foi objeto de grande controvérsia recentemente em razão de consolidação de entendimento do **STJ** sobre o tema, verificado, entre outros julgados, respectivamente, no REsp 1.251.697/PR (**2ª Turma**), sob a relatoria do Ministro Mauro Campbell Marques, julgado em 12.04.2012, e no AgRg no REsp 62.584/RJ (**1ª Turma**), sob a relatoria para o acórdão da Ministra Regina Helena Costa, julgado em 18.06.2015. Nos dois julgados mencionados, o STF adotou posição no sentido da **natureza subjetiva da responsabilidade administrativa ambiental**.

No REsp 1.251.697/PR, resultou consignado pela 2ª Turma do STJ que "a **aplicação de penalidades administrativas não obedece à lógica da responsabilidade objetiva da esfera cível** (para reparação dos danos causados), mas **deve obedecer à sistemática da teoria da culpabilidade**, ou seja, a conduta deve ser cometida pelo alegado transgressor, com **demonstração de seu elemento subjetivo**, e com demonstração do nexo causal entre a conduta e o dano". Já no AgRg no REsp 62.584/RJ, a 1ª Turma do STJ seguiu o mesmo entendimento ao estabelecer que "a responsabilidade civil ambiental é objetiva; porém, tratando-se de **responsabilidade administrativa ambiental, o terceiro, proprietário da carga, por não ser o efetivo causador do dano ambiental, responde subjetivamente** pela degradação ambiental causada pelo transportador".

> **JURISPRUDÊNCIA STJ. Natureza subjetiva da responsabilidade administrativa ambiental: 1) 2ª Turma do STJ:** "Ambiental. Recurso especial. **Multa** aplicada administrativamente em razão de **infração ambiental**. Execução fiscal ajuizada em face do adquirente da propriedade. Ilegitimidade passiva. **Multa como penalidade administrativa, diferente da obrigação civil de reparar o dano**. 1. Trata-se, na origem, de embargos à execução fiscal ajuizados pelo ora recorrente por figurar no polo passivo de feito executivo levado a cabo pelo IBAMA para cobrar multa aplicada por infração ambiental. 2. Explica o recorrente – e faz isto desde a inicial do agravo de instrumento e das razões de apelação que resultou no acórdão ora impugnado – que o crédito executado

---

[7] MACHADO, Paulo Affonso Leme *Direito ambiental brasileiro*..., 2018, p. 388. No mesmo sentido, v. TRENNEPOHL, Terence. *Manual de direito ambiental*. 7. ed. São Paulo: Saraiva, 2019. p. 226-227.
[8] V. ANTUNES, Paulo de Bessa. *Direito ambiental*, 20. ed., p. 198-199.

diz respeito à violação dos arts. 37 do Decreto n. 3.179/99, 50 c/c 25 da Lei n. 9.605/98 e 14 da Lei n. 6.938/81, mas que o auto de infração foi lavrado em face de seu pai, que, à época, era o dono da propriedade. 3. A instância ordinária, contudo, entendeu que o caráter *propter rem* e solidário das obrigações ambientais seria suficiente para justificar que, mesmo a infração tendo sido cometida e lançada em face de seu pai, o ora recorrente arcasse com seu pagamento em execução fiscal. 4. Nas razões do especial, sustenta a parte recorrente ter havido violação aos arts. 3º e 568, inc. I, do Código de Processo Civil (CPC) e 3º, inc. IV, e 14 da Lei n. 6.938/81, ao argumento de que lhe falece legitimidade passiva na execução fiscal levada a cabo pelo IBAMA a fim de ver quitada multa aplicada em razão de infração ambiental. 5. Esta Corte Superior possui entendimento pacífico no sentido de que a responsabilidade civil pela reparação dos danos ambientais adere à propriedade, como obrigação *propter rem*, sendo possível cobrar também do atual proprietário condutas derivadas de danos provocados pelos proprietários antigos. Foi essa a jurisprudência invocada pela origem para manter a decisão agravada. 6. O ponto controverso nestes autos, contudo, é outro. Discute-se, aqui, a possibilidade de que terceiro responda por sanção aplicada por infração ambiental. 7. A questão, portanto, não se cinge ao plano da responsabilidade civil, mas da **responsabilidade administrativa por dano ambiental**. 8. Pelo princípio da intranscendência das penas (art. 5º, inc. XLV, CR/88), aplicável não só ao âmbito penal, mas também a todo o **Direito Sancionador**, não é possível ajuizar execução fiscal em face do recorrente para cobrar multa aplicada em face de condutas imputáveis a seu pai. 9. Isso porque **a aplicação de penalidades administrativas não obedece à lógica da responsabilidade objetiva da esfera cível (para reparação dos danos causados), mas deve obedecer à sistemática da teoria da culpabilidade, ou seja, a conduta deve ser cometida pelo alegado transgressor, com demonstração de seu elemento subjetivo, e com demonstração do nexo causal entre a conduta e o dano**. 10. A **diferença entre os dois âmbitos de punição** e suas consequências fica bem estampada da leitura do art. 14, § 1º, da Lei n. 6.938/81, segundo o qual '[s]em obstar a aplicação das penalidades previstas neste artigo [entre elas, frise-se, a multa], é o poluidor obrigado, independentemente da existência de culpa, a indenizar ou reparar os danos causados ao meio ambiente e a terceiros, afetados por sua atividade'. 11. O art. 14, *caput*, também é claro: '[s]em prejuízo das penalidades definidas pela legislação federal, estadual e municipal, o não cumprimento das medidas necessárias à preservação ou correção dos inconvenientes e danos causados pela degradação da qualidade ambiental sujeitará os transgressores: [...]'. 12. Em resumo: **a aplicação e a execução das penas limitam-se aos transgressores**; a reparação ambiental, de cunho civil, a seu turno, pode abranger todos os poluidores, a quem a própria legislação define como 'a pessoa física ou jurídica, de direito público ou privado, responsável, direta ou indiretamente, por atividade causadora de degradação ambiental' (art. 3º, inc. V, do mesmo diploma normativo). 13. Note-se que nem seria necessária toda a construção doutrinária e jurisprudencial no sentido de que a obrigação civil de reparar o dano ambiental é do tipo *propter rem*, porque, na verdade, a própria lei já define como poluidor todo aquele que seja responsável pela degradação ambiental – e aquele que, adquirindo a propriedade, não reverte o dano ambiental, ainda que não causado por ele, já seria um responsável indireto por degradação ambiental (poluidor, pois). 14. Mas fato é que o uso do vocábulo 'transgressores' no *caput* do art. 14, comparado à utilização da palavra 'poluidor' no § 1º do mesmo dispositivo, deixa a entender aquilo que já se podia inferir da vigência do **princípio da intranscendência das penas: a responsabilidade civil por dano ambiental é subjetivamente mais abrangente do que as responsabilidades administrativa e penal, não admitindo estas últimas que terceiros respondam a título objetivo por ofensas ambientais praticadas por outrem**. 15. Recurso especial provido" (STJ, REsp 1.251.697/PR, 2ª T., Rel. Min. Mauro Campbell Marques j. 12.04.2012).

2) 1ª Turma do STJ: "Administrativo e processual civil. Agravo regimental no agravo em recurso especial. Violação ao art. 535 do CPC. Inocorrência. Dano ambiental. Acidente no transporte de óleo diesel. Imposição de multa ao proprietário da carga. Impossibilidade.

Terceiro. Responsabilidade subjetiva. I – A Corte de origem apreciou todas as questões relevantes ao deslinde da controvérsia de modo integral e adequado, apenas não adotando a tese vertida pela parte ora Agravante. Inexistência de omissão. II – A **responsabilidade civil ambiental é objetiva**; porém, tratando-se de **responsabilidade administrativa ambiental**, o terceiro, proprietário da carga, por não ser o efetivo causador do dano ambiental, **responde subjetivamente pela degradação ambiental** causada pelo transportador. III – Agravo regimental provido" (STJ, AgRg no AREsp 62.584/RJ, 1ª T., Rel. Min. Sérgio Kukina, Rel. p/ Acórdão Min. Regina Helena Costa, j. 18.06.2015).

3) 1ª Seção do STJ: "Processual civil. Embargos de divergência submetidos ao Enunciado Administrativo 2/STJ. Embargos à execução. Auto de **infração lavrado em razão de dano ambiental. Necessidade de demonstração da responsabilidade subjetiva**. 1. Na origem, foram opostos embargos à execução objetivando a anulação de auto de infração lavrado pelo Município de Guapimirim – ora embargado –, por danos ambientais decorrentes do derramamento de óleo diesel pertencente à ora embargante, após descarrilamento de composição férrea da Ferrovia Centro Atlântica (FCA). (...) 3. Ocorre que, conforme assentado pela Segunda Turma no julgamento do REsp 1.251.697/PR, de minha relatoria, *DJe* de 17/4/2012), 'a aplicação de penalidades administrativas não obedece à lógica da responsabilidade objetiva da esfera cível (para reparação dos danos causados), mas deve obedecer à sistemática da teoria da culpabilidade, ou seja, a conduta deve ser cometida pelo alegado transgressor, com demonstração de seu elemento subjetivo, e com demonstração do nexo causal entre a conduta e o dano'. 4. No mesmo sentido decidiu a Primeira Turma em caso análogo envolvendo as mesmas partes: 'A responsabilidade civil ambiental é objetiva; porém, tratando-se de responsabilidade administrativa ambiental, o terceiro, proprietário da carga, por não ser o efetivo causador do dano ambiental, responde subjetivamente pela degradação ambiental causada pelo transportador' (AgRg no AREsp 62.584/RJ, Rel. p/ Acórdão Ministra Regina Helena Costa, *DJe* 07.10.2015). 5. Embargos de divergência providos" (STJ, EREsp 1.318.051/RJ, 1ª Seção, Rel. Min. Mauro Campbell Marques, j. 08.05.2019).

Por fim, cumpre assinalar que, no âmbito da **responsabilidade criminal ambiental**, vigora a sua **natureza subjetiva**, dado que se trata de matéria em que não se admite qualquer responsabilização de natureza objetiva, diferente, por exemplo, do que se verifica na responsabilidade civil ambiental.

2.3 Autoridade competente para lavrar auto de infração e instaurar processo administrativo ambiental

A legislação ambiental estabelece de forma específica "quem" são as autoridades competentes para a lavratura do auto de infração e instaurar processo administrativo ambiental, inclusive em respeito ao devido processo legal em sede administrativa. O § 1º do art. 70 da Lei 9.605/98 dispõe, nesse sentido, que:

Art. 70. (...) § 1º São **autoridades competentes** para lavrar auto de infração ambiental e instaurar processo administrativo os **funcionários de órgãos ambientais integrantes do Sistema Nacional de Meio Ambiente – SISNAMA**, designados para as atividades de fiscalização, bem como os **agentes das Capitanias dos Portos, do Ministério da Marinha**.

É imperiosa a necessidade de prévia designação dos servidores dos órgãos ambientais para a atividade fiscalizatória, sob pena de implicar nulidade do auto de infração ambiental, conforme entendimento consolidado pelo STJ.

> **JURISPRUDÊNCIA STJ. Necessidade de previa designação dos servidores dos órgãos ambientais para a atividade fiscalizatória e nulidade do auto de infração ambiental:** "Administrativo e processual civil. Agravo interno no recurso especial. Alegação de nulidade de auto de infração. Agente fiscalizador. Técnico ambiental. Competência. **Portaria posterior à data do auto de infração. Necessidade de prévia designação para a atividade fiscalizatória.** Art. 6º da Lei 10.410/02. Agravo interno improvido. I – Agravo interno aviado contra decisão publicada em 17.04.2017, que, por sua vez, julgara recurso interposto contra *decisum* publicado na vigência do CPC/73. II – Na origem, trata-se de ação ordinária, proposta em face do Instituto Brasileiro do Meio Ambiente e Recursos Naturais Renováveis em Alagoas – IBAMA/AL, na qual requer que seja decretada a nulidade do auto de infração 602504/D, e, por conseguinte, do processo administrativo 02003.000679/2010-12, além da multa aplicada, no valor de R$ 86.000,00 (oitenta e seis mil reais). III – Na forma da **jurisprudência do STJ, 'os técnicos ambientais do IBAMA podem exercer atividade fiscalizatória, com competência, inclusive, a lavrar auto de infração ambiental, a teor do que dispõe a Lei 9.605/98. Tal atribuição foi referendada pela Lei 11.516/07, que acrescentou ao art. 6º da Lei 10.410/02 a necessidade de que a atividade de fiscalização desenvolvida por técnico ambiental seja precedida de ato de designação próprio'** (STJ, AgInt nos EDcl no REsp 1.251.489/PR, Rel. Min. Sérgio Kukina, Primeira Turma, *DJe* 07.12.2016). No mesmo sentido: STJ, AgRg no REsp 1.260.376/PR, Rel. Min. Humberto Martins, Segunda Turma, *DJe* 21.09.2011; REsp 1.166.487/MG, Rel. Min. Eliana Calmon, Segunda Turma, *DJe* 26.04.2011; REsp 1.057.292/PR, Rel. Min. Francisco Falcão, Primeira Turma, *DJe* 18.08.2008. IV – No caso, o Tribunal de origem concluiu que 'a portaria que designa o técnico ambiental para exercer atividades fiscalizatórias, foi publicada após a feitura do auto de infração que deu início à multa e ao processo administrativo'. Nesse contexto, merece ser mantida a decisão ora agravada, que deu provimento ao Recurso Especial da parte autora, para restabelecer a sentença que julgara procedente a ação, '**para declarar nulo o auto de infração** de n. 270176-D e a multa de R$ 86.000,00 (oitenta e seis mil reais) nele imposta, bem como para declarar a nulidade do processo administrativo que dele se originou – n. 02003.000679/2010-12, em virtude da incompetência do agente autuante'. V – Agravo interno improvido" (STJ, AgInt no REsp 1.565.823/AL, 2ª T., Rel. Min. Assusete Magalhães, j. 10.10.2017).

Também com relação à autoridade competente, o art. 76 da Lei 9.605/98 estabelece que "o pagamento de multa imposta pelos Estados, Municípios, Distrito Federal ou Territórios substitui a multa federal na mesma hipótese de incidência". O dispositivo em questão tem uma função bastante lógica, ou seja, evitar o denominado *bis in idem*, ou seja, a dupla aplicação de penalidade administrativa por entes federativos distintos no tocante à mesma hipótese fática de incidência.

Ocorre que, mais recentemente, o art. 17, § 3º, da LC 140/2011 também passou a regular a matéria no sentido de que "**compete** ao órgão responsável pelo licenciamento ou autorização, conforme o caso, de um empreendimento ou atividade, **lavrar auto de infração ambiental e instaurar processo administrativo para a apuração de infrações à legislação ambiental** cometidas pelo empreendimento ou atividade licenciada ou autorizada". Assim, deve prevalecer **o auto de infração ambiental lavrado por órgão que detenha a atribuição de licenciamento ou autorização.** A aplicação do art. 76 subsistiria apenas para as hipóteses de aplicação de penalidades administrativas ambientais em que não houve licenciamento da atividade ou empreendimento.

> **LC 140/2011:** "**Art. 17. Compete** ao órgão responsável pelo licenciamento ou autorização, conforme o caso, de um empreendimento ou atividade, **lavrar auto de infração ambiental e instaurar processo administrativo para a apuração de infrações à legislação ambiental** cometidas pelo empreendimento ou atividade licenciada ou autorizada.
>
> § 1º Qualquer pessoa legalmente identificada, ao constatar infração ambiental decorrente de empreendimento ou atividade utilizadores de recursos ambientais, efetiva ou poten-

cialmente poluidores, pode dirigir representação ao órgão a que se refere o *caput*, para efeito do exercício de seu poder de polícia.

§ 2º Nos casos de iminência ou ocorrência de degradação da qualidade ambiental, o ente federativo que tiver conhecimento do fato deverá determinar medidas para evitá-la, fazer cessá-la ou mitigá-la, comunicando imediatamente ao órgão competente para as providências cabíveis.

§ 3º O disposto no *caput* deste artigo **não impede o exercício pelos entes federativos da atribuição comum de fiscalização** da conformidade de empreendimentos e atividades efetiva ou potencialmente poluidores ou utilizadores de recursos naturais com a legislação ambiental em vigor, **prevalecendo o auto de infração ambiental lavrado por órgão que detenha a atribuição de licenciamento ou autorização a que se refere o *caput*".**

No julgamento da **ADI 4757/DF**, o STF julgou improcedentes os pedidos de declaração de inconstitucionalidade dos arts. 4º, V e VI, 7º, XIII, XIV, h, XV e parágrafo único, 8º, XIII e XIV, 9º, XIII e XIV, 14, § 3º, 15, 17, *caput* e §§ 2º, 20 e 21 da **Lei Complementar 140/2011** e, por arrastamento, da integralidade da legislação, bem como julgou parcialmente procedente a ação direta para conferir **interpretação conforme à Constituição Federal** ao § 3º do art. 17, esclarecendo que a prevalência do auto de infração lavrado pelo órgão originalmente competente para o licenciamento ou autorização ambiental não exclui a atuação supletiva de outro ente federado, desde que comprovada omissão ou insuficiência na tutela fiscalizatória.[9]

Segundo previsão do § 2º do art. 70, "**qualquer pessoa**, constatando infração ambiental, **poderá dirigir representação às autoridades relacionadas** no parágrafo anterior, para efeito do exercício do seu poder de polícia". O mais correto, a nosso ver, seria a imposição de um **dever de comunicação de infração ambiental** a toda a coletividade, inclusive por força do que dispõe o *caput* do art. 225 da CF/1988 e da natureza de **direito-dever** inerente ao direito fundamental a viver em um meio ambiente sadio, equilibrado e seguro. Lastreado pelo ideal de uma democracia participativa ecológica, além do próprio dever fundamental de proteção ambiental a cargo dos particulares, o dispositivo em análise ilustra bem a relevância da participação e cooperação do cidadão no exercício do poder de polícia ambiental a cargo das autoridades públicas ambientais.

No tocante à autoridade administrativa ambiental, por outro lado, o legislador consignou expressamente a sua **obrigação de agir e promover a apuração imediata de infração administrativa ambiental** de que tenha conhecimento. É o que dispõe de forma expressa o § 3º do art. 70: "§ 3º A autoridade ambiental que tiver conhecimento de infração ambiental é obrigada a promover a sua apuração imediata, mediante processo administrativo próprio, **sob pena de corresponsabilidade**".[10] O dispositivo citado estabelece, de forma absolutamente condizente com os correspondentes deveres de proteção ambiental do Estado, a corresponsabilidade (com o poluidor) da autoridade ambiental que se omitir ou mesmo atuar de forma insuficiente na apuração de infração ambiental.

A omissão ou atuação insuficiente da autoridade administrativa ambiental, como assinalado expressamente no dispositivo, enseja a corresponsabilidade (e **responsabilidade solidária**) **do Estado** pela ocorrência do dano ambiental, quando tal situação ensejar fator relevante para verificação do dano ecológico, como tratamos em tópico específico no capítulo sobre a responsabilidade civil ambiental.

---

[9] STF, ADI 4757/DF, Tribunal Pleno, Rel. Min. Rosa Weber, j. 13.12.2022.

[10] Idêntica previsão legislativa foi inserida pela Lei 14.066/2020 na Lei da Política Nacional de Segurança de Barragens (Lei 12.334/2010): "Art. 17-A (...) § 3º A autoridade competente que tiver conhecimento de infração administrativa é obrigada a promover a sua apuração imediata, mediante processo administrativo próprio, sob pena de corresponsabilidade." (Incluído pela Lei 14.066/2020).

Por fim, ainda consta do § 4º do art. 70 o que se pode denominar princípio do devido processo legal ambiental, o qual se aplica tanto na esfera administrativa quanto judicial. Segundo assevera o dispositivo: "§ 4º As infrações ambientais são apuradas em **processo administrativo próprio**, assegurado **o direito de ampla defesa** e o **contraditório**, observadas as disposições desta Lei".

2.4 Processo administrativo para apuração de infrações ambientais

O **Decreto 6.514/2008** traz capítulo específico para tratar do processo administrativo para apuração de infrações ambientais, nos seus arts. 94 a 148, demarcando cada uma das suas fases e atos: **autuação, defesa, instrução e julgamento**. Também destaca em tópicos específicos o procedimento relativo à destinação dos bens e animais apreendidos e o procedimento de conversão de multa simples em serviços de preservação, melhoria e recuperação da qualidade do meio ambiente.

A administração pública ambiental, no âmbito do processo administrativo para apuração de infrações ambientais, deve pautar-se, como referido anteriormente, pelo princípio do devido processo legal ambiental. De tal sorte, o art. 95 do Decreto 6.514/2008 assinala expressamente que "o processo será orientado pelos **princípios da legalidade, finalidade, motivação, razoabilidade, proporcionalidade, moralidade, ampla defesa, contraditório, segurança jurídica, interesse público e eficiência**", bem como pelos **critérios** mencionados no parágrafo único do art. 2º da **Lei 9.784/99** (**Lei do Processo Administrativo Federal**), a qual dispõe acerca do processo administrativo no âmbito federal.[11]

A Lei 9.605/98 estabelece, no art. 71, os **prazos máximos** do processo administrativo para apuração de infração ambiental.

> **Art. 71.** O processo administrativo para apuração de infração ambiental deve observar os seguintes **prazos máximos**:
>
> I – **vinte dias** para o infrator oferecer **defesa ou impugnação contra o auto de infração**, contados da data da ciência da autuação;
>
> II – **trinta dias** para a **autoridade competente julgar o auto de infração**, contados da data da sua lavratura, apresentada ou não a defesa ou impugnação;
>
> III – **vinte dias** para o infrator **recorrer da decisão condenatória** à instância superior do Sistema Nacional do Meio Ambiente – SISNAMA, ou à Diretoria de Portos e Costas, do Ministério da Marinha, de acordo com o tipo de autuação;
>
> IV – **cinco dias** para o **pagamento de multa**, contados da data do recebimento da notificação.

---

[11] Lei 9.784/99: "Art. 2º A Administração Pública obedecerá, dentre outros, aos **princípios** da legalidade, finalidade, motivação, razoabilidade, proporcionalidade, moralidade, ampla defesa, contraditório, segurança jurídica, interesse público e eficiência. Parágrafo único. Nos processos administrativos serão observados, entre outros, os **critérios** de: I – atuação conforme a lei e o Direito; II – atendimento a fins de interesse geral, vedada a renúncia total ou parcial de poderes ou competências, salvo autorização em lei; III – objetividade no atendimento do interesse público, vedada a promoção pessoal de agentes ou autoridades; IV – atuação segundo padrões éticos de probidade, decoro e boa-fé; V – **divulgação oficial dos atos administrativos**, ressalvadas as hipóteses de sigilo previstas na Constituição; VI – adequação entre meios e fins, vedada a imposição de obrigações, restrições e sanções em medida superior àquelas estritamente necessárias ao atendimento do interesse público; VII – indicação dos pressupostos de fato e de direito que determinarem a decisão; VIII – observância das formalidades essenciais à garantia dos direitos dos administrados; IX – adoção de formas simples, suficientes para propiciar adequado grau de certeza, segurança e respeito aos direitos dos administrados; X – garantia dos direitos à comunicação, à apresentação de alegações finais, à produção de provas e à interposição de recursos, nos processos de que possam resultar sanções e nas situações de litígio; XI – proibição de cobrança de despesas processuais, ressalvadas as previstas em lei; XII – **impulsão, de ofício, do processo administrativo**, sem prejuízo da atuação dos interessados; XIII – **interpretação da norma administrativa da forma que melhor garanta o atendimento do fim público** a que se dirige, vedada aplicação retroativa de nova interpretação".

2.5 Modalidades de penalidades administrativas ambientais

O art. 72 da Lei 9.605/98 estabelece as penalidades administrativas ambientais, que, como se pode observar, podem ser aplicadas, a depender do caso, tanto a pessoas físicas quanto a pessoas jurídicas.

> **Art. 72.** As infrações administrativas são punidas com as seguintes sanções, observado o disposto no art. 6º:
> I – **advertência**;
> II – **multa simples**;
> III – **multa diária**;
> IV – **apreensão** dos animais, produtos e subprodutos da fauna e flora, instrumentos, petrechos, equipamentos ou veículos de qualquer natureza utilizados na infração;
> V – **destruição ou inutilização do produto**;
> VI – **suspensão de venda e fabricação do produto**;
> VII – **embargo de obra ou atividade**;
> VIII – **demolição de obra**;
> IX – **suspensão parcial ou total de atividades**;
> X – (*Vetado*.)
> XI – **restritiva de direitos**.

O § 1º do art. 72 estabelece a possibilidade de **cumulação de penalidades administrativas**, a depender do cometimento de duas ou mais infrações administrativas ambientais. Assinala o dispositivo citado que: "§ 1º Se o infrator cometer, simultaneamente, duas ou mais infrações, ser-lhe-ão aplicadas, cumulativamente, as sanções a elas cominadas". Da mesma forma, conforme entendimento do STJ, não existe qualquer obrigatoriedade da observância de alguma sequência das modalidades de sanções aplicáveis como resposta à infração ambiental previstas no art. 72 da Lei 9.605/98 no momento de sua cominação.

> **JURISPRUDÊNCIA STJ. Inexistência de obrigatoriedade da observância de qualquer sequência das modalidades de sanções aplicáveis como resposta à infração ambiental previstas no art. 72 da Lei 9.605/98 no momento de sua cominação:** "Processual civil e ambiental. **Infração ambiental de manter em cativeiro, sem autorização do IBAMA, espécimes de aves da fauna silvestre**. Matéria solucionada com amparo constitucional. Suposta ofensa reflexa à Lei federal. Decreto regulamentar que não se enquadra no conceito de Lei federal. (...) Inexistência de gradação de penalidades. Multa. Cabimento. Circunstâncias do caso concreto. 1. Trata-se, na origem, de Ação ajuizada por particular contra o IBAMA visando à anulação de autuação e de multa imposta em razão da prática da infração ambiental de manter em cativeiro, sem autorização da mencionada autarquia federal, dezoito espécimes de aves da fauna silvestre. A demanda foi parcialmente julgada procedente tão somente para reduzir o montante da multa para o valor estabelecido no mínimo legal. Recurso especial do IBAMA. 2. (...). 5. O **art. 72 da Lei 9.605/1998** prevê as diferentes modalidades de sanções aplicáveis como resposta à infração ambiental, **sem, contudo, estabelecer a obrigatoriedade da observância de qualquer sequência dessas modalidades no momento de sua cominação**. 6. **Não constitui dever da Administração Pública primeiramente advertir para somente depois aplicar a multa simples**. A escolha do tipo de sanção para o caso concreto é verificada de acordo com o **grau de gravidade da conduta infracional**, os antecedentes do infrator e a situação econômica, conforme previsto no artigo 6º da Lei 9.605/1998. Nesse sentido: AgInt no AREsp 1.141.100/PE, Rel. Min. Sérgio Kukina, Primeira Turma, *DJe* 19.10.2017; AgInt no AREsp 938.032/MG, Rel. Min.

Assusete Magalhães, Segunda Turma, *DJe* 15.12.2016; REsp 1.318.051/RJ, Rel. Min. Benedito Gonçalves, Primeira Turma, *DJe* 12.05.2015. Conclusão 7. Recursos especiais não providos" (STJ, REsp 1.710.683/MG, 2ª T., Rel. Min. Herman Benjamin, j. 10.04.2018).

A **advertência**, conforme previsto no § 2º do mesmo dispositivo, "será aplicada pela inobservância das disposições desta Lei e da legislação em vigor, ou de preceitos regulamentares, sem prejuízo das demais sanções previstas neste artigo".

A **multa simples**, por sua vez, será aplicada, conforme dispõe o § 3º do art. 72, sempre que o agente, por negligência ou dolo: "I – advertido por irregularidades que tenham sido praticadas, deixar de saná-las, no prazo assinalado por órgão competente do SISNAMA ou pela Capitania dos Portos, do Ministério da Marinha; II – opuser embaraço à fiscalização dos órgãos do SISNAMA ou da Capitania dos Portos, do Ministério da Marinha".[12]

A multa simples pode ser convertida em serviços de preservação, melhoria e recuperação da qualidade do meio ambiente (art. 72, § 4º). Já a **multa diária** será aplicada sempre que o cometimento da infração se prolongar no tempo (art. 72, § 5º).

JURISPRUDÊNCIA DO STJ. Ausência de hierarquia entre as penalidades administrativas e independente de prévia aplicação de advertência (Tema 1159 de Recurso Repetititvo): "RECURSO ESPECIAL REPETITIVO. CÓDIGO DE PROCESSO CIVIL DE 2015. APLICABILIDADE. DIREITO AMBIENTAL. INFRAÇÕES ADMINISTRATIVAS. APLICAÇÃO DA PENA DE MULTA SEM PRÉVIA IMPOSIÇÃO DA PENALIDADE DE ADVERTÊNCIA. VALIDADE. I – (...). II – **Não há hierarquia entre as penalidades administrativas** por descumprimento da legislação e de regulamentos ambientais previstas no art. 72 da Lei n. 9.605/1998. III – O aspecto decisivo eleito pela lei para balizar a cominação das sanções administrativas por infrações ambientais foi, aprioristicamente, a gravidade do fato. IV – Acórdão submetido ao rito do art. 1.036 e seguintes do CPC/2015, fixando-se, nos termos do art. 256-Q, do RISTJ, a seguinte tese repetitiva: A validade das multas administrativas por infração ambiental, previstas na Lei n. 9.605/1998, **independe da prévia aplicação da penalidade de advertência**. V – Recurso especial do particular conhecido em parte e desprovido" (STJ, REsp n. 1.984.746/AL, 1ª Seção, Rel. Min. Regina Helena Costa, j. 13.09.2023).

A **apreensão** e a **destruição** referidas nos incisos IV e V do *caput* obedecerão ao disposto no art. 25 desta Lei 9.605/98 (art. 72, § 6º), conforme segue.

**CAPÍTULO III
DA APREENSÃO DO PRODUTO E DO INSTRUMENTO
DE INFRAÇÃO ADMINISTRATIVA OU DE CRIME**

Art. 25. Verificada a infração, serão apreendidos seus produtos e instrumentos, lavrando-se os respectivos autos.

§ 1º Os animais serão prioritariamente libertados em seu habitat ou, sendo tal medida inviável ou não recomendável por questões sanitárias, entregues a jardins zoológicos,

---

[12] A **Lei da Política Nacional de Segurança de Barragens** (Lei 12.334/2010) traz previsão interessante a respeito da conversão de multa simples em serviços ambientais a serem prestados pelo infrator, conforme segue: "Art. 17-C (...) § 5º A **multa simples** pode ser **convertida em serviços socioambientais**, a critério da autoridade competente, na bacia hidrográfica onde o empreendimento se localiza, sem prejuízo da responsabilidade do infrator de, independentemente da existência de culpa, reparar os danos causados" (Incluído pela Lei nº 14.066/2020).

fundações ou entidades assemelhadas, para guarda e cuidados sob a responsabilidade de técnicos habilitados. (Redação dada pela Lei 13.052/2014.)

§ 2º Até que os animais sejam entregues às instituições mencionadas no § 1º deste artigo, o órgão autuante zelará para que eles sejam mantidos em condições adequadas de acondicionamento e transporte que garantam o seu bem-estar físico. (Redação dada pela Lei nº 13.052/2014.)

§ 3º Tratando-se de produtos perecíveis ou madeiras, serão estes avaliados e doados a instituições científicas, hospitalares, penais e outras com fins beneficentes. (Renumerando do § 2º para § 3º pela Lei nº 13.052/2014)

§ 4º Os produtos e subprodutos da fauna não perecíveis serão destruídos ou doados a instituições científicas, culturais ou educacionais. (Renumerando do § 3º para § 4º pela Lei 13.052/2014.)[13]

§ 5º Os instrumentos utilizados na prática da infração serão vendidos, garantida a sua descaracterização por meio da reciclagem. (Renumerando do § 4º para § 5º pela Lei 13.052/2014)

JURISPRUDÊNCIA STJ. Veículo alugado flagrado em crime ambiental também pode ser apreendido. A 2ª Turma do STJ, no julgamento do **AREsp 1.084.396/RO**, considerou válida a apreensão administrativa de veículos alugados que forem flagrados na prática de crimes ambientais, ainda que não seja comprovada a sua utilização de forma reiterada e exclusiva em atividades ilícitas. Por unanimidade, a 2ª Turma considerou que a comprovação do uso exclusivo do veículo para a prática de crimes, além de constituir "prova diabólica" para a autoridade ambiental (impossível de ser produzida), não está prevista na legislação e vai contra os princípios legais de efetividade da proteção ao meio ambiente. Segundo assinalou o Ministro Og Fernandes, relator do AREsp 1.084.396/RO, "**não é possível admitir que o Judiciário comprometa a eficácia da legislação ambiental** e impeça a apreensão do veículo utilizado na infração tão somente porque o instrumento utilizado no ilícito originou-se de um contrato de locação, cessão ou qualquer outro meio juridicamente previsto".

Com a decisão, a turma confirmou a apreensão de um trator flagrado pelos fiscais do Instituto Chico Mendes de Conservação da Biodiversidade (ICMBio) durante exploração ilegal na área da Floresta Nacional Bom Futuro, em Rondônia, localizado no bioma amazônico. Em mandado de segurança, a proprietária do trator afirmou que não seria responsável pela infração ambiental, pois no momento da apreensão o veículo estava sob responsabilidade de um terceiro, que o alugou. Ainda de acordo com a proprietária, o veículo era utilizado regularmente em sua fazenda para manutenção de sua família, o que descaracterizaria seu uso exclusivo para atividades ilícitas.

O Ministro Og Fernandes apontou precedentes do tribunal no sentido de que a apreensão de veículo utilizado para transporte irregular de madeira só será possível se houver a comprovação de que ele é empregado especificamente na prática de crimes ambientais. Por isso, o STJ não tem conhecimento de recursos especiais interpostos pelas entidades de defesa do meio ambiente nesses casos, ante a impossibilidade de reexame das provas do processo (Súmula 7). Entretanto, o Ministro defendeu a revisão desse entendimento jurisprudencial em razão da necessidade de efetivação das políticas de preservação do meio ambiente, especialmente em momento no qual a comunidade internacional observa

---

[13] O STF, no julgamento da **ADI 7200/RR**, por unanimidade, confirmou a medida cautelar deferida e julgou procedente o pedido, a fim de declarar a inconstitucionalidade da Lei Estadual 1.701/2022 do Estado de Roraima, fixando a seguinte tese de julgamento: "É **inconstitucional** lei estadual que **proíbe os órgãos policiais e ambientais de destruir e inutilizar bens particulares apreendidos em operações**, por violação da competência privativa da União para legislar sobre direito penal e processual penal, para editar normas gerais de proteção ao meio ambiente (arts. 22, I, e 24, VI e § 1º, da CF/1988) e por **afronta ao direito ao meio ambiente ecologicamente equilibrado (art. 225, *caput*, da CF/1988)**". Plenário, Sessão Virtual de 10.2.2023 a 17.2.2023 (STF, ADI 7200/RR, Tribunal Pleno, Rel. Min. Barroso, j. 17.02.2023).

atentamente o **papel das autoridades brasileiras no exercício das atividades de proteção ambiental**. Para o Ministro Relator, essa conjuntura "atrai para o Judiciário o dever de interpretar a legislação à luz de tal realidade, recrudescendo a proteção ambiental e a correspondente atividade fiscalizatória".

O Ministro Og Fernandes apontou que o art. 25 da Lei 9.605/98 estabelece que, verificada a infração, serão apreendidos seus produtos e instrumentos, lavrando-se os respectivos autos. Já o art. 72, IV, da mesma lei prevê como sanção a apreensão dos animais, produtos e subprodutos da fauna e da flora, instrumentos, equipamentos ou veículos de qualquer natureza utilizados na infração. "Reduzir a apreensão dos produtos e instrumentos utilizados no ilícito aos casos em que se demonstre o emprego específico e exclusivo desses bens na prática de infração ambiental, além de caracterizar a exigência de requisito não previsto na legislação de regência, traduz-se em providência contrária aos objetivos das leis de proteção ao meio ambiente", disse o Ministro.

Além disso, afirmou, exigir que a autoridade comprove que o veículo é utilizado específica e exclusivamente para a prática de delito ambiental caracteriza **"verdadeira prova diabólica**, tornando letra morta a legislação que ampara a atividade fiscalizatória". No caso dos autos, o relator realçou que, ainda que se trate de bem locado ao infrator, a liberação do veículo retiraria inteiramente o caráter dissuasório da medida de apreensão, até mesmo incentivando a prática de locação de veículos para o cometimento de crimes ambientais.

Todavia, o Ministro Og Fernandes ponderou que, a partir da infração, o proprietário deverá ser notificado para apresentar defesa e, não sendo provada sua má-fé, terá a chance de reaver o bem apreendido. Segundo o Ministro, essa nova orientação não busca lançar injusta restrição a quem não deu causa à infração ambiental, mas trazer o risco da exploração da atividade econômica – neste caso, de locação – a quem a exerce.

"Permitir raciocínio oposto implicaria a possibilidade de os infratores firmarem ou simularem contratos de locação de caminhões, tratores etc., com o fito de garantir a impunidade das condutas lesivas ao meio ambiente", concluiu ao reconhecer a legalidade da decisão administrativa do ICMBio que determinou a apreensão do veículo.

JURISPRUDÊNCIA STJ. Efeito dissuasório da legislação e apreensão de madeira transportada irregularmente: "Processo civil. Ambiental. Recurso especial. Apreensão de madeira transportada irregularmente. Inobservância dos limites contidos na guia de autorização de transporte. Liberação da quantidade autorizada. Aplicação dos princípios da proporcionalidade e da razoabilidade. Descabimento. **Efeito dissuasório da legislação**. Recrudescimento da atividade fiscalizatória. Recurso a que se dá provimento. 1. Discute-se na ação mandamental a legalidade do auto de infração lavrado por Fiscal do IBAMA que determinou a apreensão de toda a madeira transportada, haja vista a discrepância entre a respectiva guia de autorização e a quantidade efetivamente contida no veículo. 2. A efetividade da política de preservação do meio ambiente, especialmente no momento em que a **comunidade internacional lança os olhos sobre o papel das autoridades públicas brasileiras no exercício de tal mister, atrai para o Judiciário o dever de interpretar a legislação à luz de tal realidade**, recrudescendo a proteção ambiental e a correspondente atividade fiscalizatória. 3. A legislação ambiental estabelece como efeito imediato da infração a apreensão dos bens e instrumentos utilizados na prática do ilícito ambiental. Tendo o infrator sido flagrado transportando madeira em desconformidade com a respectiva guia de autorização, não é possível que o Judiciário flexibilize a sanção prevista na lei e determine a liberação da quantia anteriormente permitida. Tal postura compromete a **eficácia dissuasória** inerente à medida, consistindo em incentivo, sob a perspectiva da **teoria econômica do crime**, às condutas lesivas ao meio ambiente. 4. Os critérios de proporcionalidade e de razoabilidade, no âmbito das sanções ambientais, encontram-se frequentemente associados à comparação entre o valor econômico do instrumento utilizado no ilícito e à extensão do dano ambiental. Sob esse contexto, uma singela diferença entre as quantidades autorizadas na guia de transporte e aquelas efetivamente transportadas deveria acarretar penalidades mais brandas por parte da autoridade competente. Contudo, tal raciocínio realizado de forma estanque desconsidera a **potencialidade danosa da conduta sob uma perspectiva global**, isto é, sob a ótica da eficácia da lei ambiental e da implementação da política de defesa do meio ambiente. 5. A **técnica de ponderação** de interesses deve considerar a especial proteção jurídica conferida à preservação ambiental, de modo que os **interesses meramente individuais** relacionados à livre-iniciativa e à proteção da propriedade devem ceder em face da magnitude dos direitos difusos tutelados. 6. A aferição da extensão do dano ambiental é tarefa deveras complexa, pois não se limita a avaliar isoladamente o quantitativo que excedeu a autorização de transporte de madeira previsto na respectiva guia. **O equilíbrio ecológico envolve um imbricado esquema de relações entre seus diversos componentes, de modo que a deterioração de um deles pode acarretar reflexos imprevisíveis aos demais.** Nesse sentido, a **gravidade da conduta de quem transporta madeira em descompasso com a respectiva guia de autorização** não se calcula com base no referido quantitativo em excesso. Sobredita infração **compromete a eficácia de todo o sistema de proteção ambiental**, seja no tocante à atividade de planejamento e fiscalização do uso dos recursos ambientais, seja quanto ao controle das atividades potencial ou efetivamente poluidoras, seja no que diz respeito à proteção de áreas ameaçadas de degradação. Logo, a medida de apreensão deve compreender a totalidade da mercadoria transportada, apenando-se a conduta praticada pelo infrator e não apenas o objeto dela resultante. 7. Recurso especial a que se dá provimento" (STJ, REsp 1.784.755/MT, 2ª T., Rel. Min. Og Fernandes, j. 17.09.2019).

JURISPRUDÊNCIA DO STF. Exercício do poder de polícia ambiental e constitucionalidade da destruição e inutilização de bens particulares apreendidos em operações ambientais: "DIREITO CONSTITUCIONAL. AÇÃO DIRETA DE INCONSTITUCIONALIDADE. LEI ESTADUAL QUE VEDA A DESTRUIÇÃO E INUTILIZAÇÃO DE BENS PARTICULARES APREENDIDOS EM OPERAÇÕES AMBIENTAIS. 1. Ação direta contra a Lei nº 1.701/2022, do Estado de Roraima, que proíbe os órgãos ambientais de fiscalização e a Polícia Militar de destruir e inutilizar bens particulares apreendidos nas operações e fiscalizações ambientais. 2. Ao proibir a destruição de instrumentos utilizados na prática de infrações ambientais, a lei questionada incorre em inconstitucionalidade formal. Usurpação de competência da União para legislar sobre direito penal e processual penal, bem como para editar normas gerais de proteção ao meio ambiente (arts. 22, I, e 24, VI e § 1º, da CF/1988). 3. De igual modo, a norma questionada **vulnera o direito fundamental ao meio ambiente** ecologicamente equilibrado (art. 225, *caput*, da CF/1988). Isso porque **a proibição de destruir instrumentos utilizados em infrações ambientais acaba permitindo a prática de novos ilícitos, inviabilizando a plenitude do exercício poder de polícia ambiental**. 4. A manutenção dos efeitos da norma estadual pode acarretar **prejuízo para a devida repressão à prática de ilícitos ambientais**, com **potenciais danos irreparáveis ao meio ambiente e às populações indígenas** no Estado de Roraima. 5. Pedido julgado procedente para declarar a inconstitucionalidade da Lei nº 1.701, de 5.7.2022, do Estado de Roraima, com a seguinte tese de julgamento: "É inconstitucional lei estadual que proíba os órgãos policiais e ambientais de destruir e inutilizar bens particulares apreendidos em operações, por violação da competência privativa da União para legislar sobre direito penal e processual penal, para editar normas gerais de proteção ao meio ambiente (arts. 22, I, e 24, VI e § 1º, da CF/1988) e por afronta ao direito ao meio ambiente ecologicamente equilibrado (art. 225, *caput*, da CF/1988)". (STF, ADI 7200/RR, Tribunal Pleno, Rel. Min. Barroso, j. 17.03.2023).[14]

---

[14] No mesmo sentido: "Ação Direta de Inconstitucionalidade. 2. Lei 5.299, de 12 de janeiro de 2022, do Estado de Rondônia. 3. Ofende o art. 24 da Constituição da República lei estadual que esvazia norma de legislação federal (Lei Federal 9.605/1988 e Decreto 6.514/2008) que prevê o **perdimento de bens como forma de proteção ao meio ambiente**. 4. Afronta ao **art. 225, § 3º**, da Constituição Federal. 5. Precedentes do STF.

As sanções indicadas nos incisos VI a IX do *caput* (suspensão de venda e fabricação do produto, embargo de obra ou atividade, demolição de obra e suspensão parcial ou total de atividades) serão aplicadas quando o produto, a obra, a atividade ou o estabelecimento não estiverem obedecendo às prescrições legais ou regulamentares, conforme disposição expressa do § 7º do art. 72.

As sanções **restritivas de direito**, por sua vez, conforme assinala o § 8º do art. 72, são:

I – **suspensão de registro, licença ou autorização;**
II – **cancelamento de registro, licença ou autorização;**
III – **perda ou restrição de incentivos e benefícios fiscais;**
IV – **perda ou suspensão da participação em linhas de financiamento em estabelecimentos oficiais de crédito;**
V – **proibição de contratar com a Administração Pública, pelo período de até três anos.**

É importante enfatizar a **dimensão econômica** das sanções restritivas de direito. Além de concretizarem o **princípio do poluidor-pagador**, as sanções administrativas devem alcançar a **atividade econômica do poluidor**, a fim de desestimular a sua continuidade predatória e exigir o estrito cumprimento da legislação ambiental. A título de exemplo, as propriedades com restrição e embargos em razão de infrações administrativas ambientais devem ser proibidas de obter **crédito financeiro** (nos termos do art. 72, § 8º, IV) para a atividade relacionada à ilegalidade administrativa em questão. Os embargos ambientais, previstos no art. 72, VII, da Lei 9.605/98 e no Decreto Federal 6.514/2008,[15] são emitidos pelo IBAMA com o objetivo de impedir a continuidade dos danos ambientais quando se verificam, por exemplo, atividades realizadas sem licença ambiental, em desacordo com a autorização concedida ou em áreas proibidas (ex.: APP, reserva legal) etc.

O BNDES, nesse sentido, editou a Circular nº 76/2023, a qual incluiu os itens 4.1.20 e 12.7.4 no Anexo I da Circular nº 13/2022, com o objetivo de estabelecer a "vedação à concessão de crédito rural destinado a cliente final que tenha embargo vigente". De acordo com o item 4.1.20:

> "4.1.20. Não poderão ser contratadas operações de crédito rural que tenham, por clientes finais, pessoas que possuam embargos vigentes registrados na lista de embargos do Cadastro de Autuações Ambientais e Embargos do Instituto Brasileiro do Meio Ambiente e dos Recursos Naturais Renováveis (IBAMA), sem adoção de medidas efetivas quanto à sua regularização, em observância aos requisitos estabelecidos em lei ou ato normativo próprio da autoridade competente, como o protocolo de Projeto de Recuperação de Área Degradada (PRAD), Termo de Compromisso (TC), Termo de Ajustamento de Conduta (TAC) ou outro documento congênere para a devida regularização."

Os valores arrecadados em pagamento de multas por infração ambiental, de acordo com o art. 73 da Lei 9.605/98, serão revertidos ao **Fundo Nacional do Meio Ambiente**, criado pela Lei 7.797/89 e regulamentado pelo **Decreto 10.224/2020**, Fundo Naval, criado pelo Decreto 20.923/32, fundos estaduais ou municipais de meio ambiente, ou correlatos, conforme dispuser o órgão arrecadador.

---

6. Ação Direta de Inconstitucionalidade julgada procedente para declarar a inconstitucionalidade da Lei 5.299, de 12 de janeiro de 2022, do Estado de Rondônia" (STF, ADI 7203/RO, Tribunal Pleno, Rel. Min. Gilmar Mendes, j. 01.03.2023).

15 "Art. 3º As infrações administrativas são punidas com as seguintes sanções: (...) VII – embargo de obra ou atividade e suas respectivas áreas".

A multa terá por base a unidade, hectare, metro cúbico, quilograma ou outra medida pertinente, de acordo com o objeto jurídico lesado (art. 74). Já o valor da multa será fixado no regulamento da Lei 9.605/98 (no caso, o Decreto 6.514/2008) e corrigido periodicamente, com base nos índices estabelecidos na legislação pertinente, sendo o mínimo de R$ 50,00 (cinquenta reais) e o máximo de R$ 50.000.000,00 (cinquenta milhões de reais), com estabelece o art. 75 do diploma.

> **JURISPRUDÊNCIA TRF4. Edificação de construção de imóvel em APA e demolição pela autoridade administrativa:** "Administrativo. Ambiental. APA Baleia Franca. Construção de imóvel. Autuação. Demolição. Higidez da determinação. O meio ambiente saudável como garantia de bem-estar digno para esta e para as futuras gerações está constitucionalmente consagrado no art. 225 da CRFB/88. A legislação florestal, entretanto, não é nova. O primeiro Código a tratar do tema data de 1934, quando o então Presidente Getúlio Vargas editou o Decreto nº 23.792/34 criando limites de ocupação do solo. Tal norma foi substituída pela Lei nº 4.771/65, sujeita a sucessivas mudanças e que vigorou no Brasil até 2012, quando sancionado o Novo Código Florestal, qual seja a Lei nº 12.651/12. A APA Baleia Franca, criada no Estado de Santa Catarina, através do Decreto nº 14/00, contando com 154.867,40 ha, 130km de costa marítima, abrangendo nove municípios desde o Balneário de Rincão até o sul da Ilha de Florianópolis. **A biota de proteção é basicamente marinha, mas abarca também o litoral costeiro territorial, incluindo outras espécies de animais e vegetais nativos, promontórios, costões rochosos, praias, ilhas, lagoas, banhados, marismas, área de restinga, dunas, além de sítios arqueológicos, como os sambaquis e as oficinas líticas.** Detalhado em laudo técnico do órgão ambiental a localização de **imóvel erguido em APA, APP e terreno de marinha sem a autorização das autoridades competentes, a autuação com fixação de multa, embargo de obra e determinação de demolição é medida que se impõe**" (TRF4, AC 5002308-57.2015.4.04.7207, 3ª T., Rel. Des. Fed. Vânia Hack de Almeida, j. 30.04.2019).

> **JURISPRUDÊNCIA STJ. Sanção administrativa de multa e apreensão de bens envolvidos na prática ilegal de pesca marítima:** "DIREITO AMBIENTAL. AUTO DE INFRAÇÃO. PRÁTICA ILEGAL DE PESCA MARÍTIMA. SANÇÃO ADMINISTRATIVA DE MULTA E APREENSÃO DE BENS ENVOLVIDOS NA PRÁTICA DA INFRAÇÃO AMBIENTAL. ATUAÇÃO SANCIONADORA DENTRO DOS PARÂMETROS LEGAIS. RECURSO ESPECIAL PROVIDO. AGRAVO INTERNO. DECISÃO MANTIDA. I – Instituto Brasileiro do Meio Ambiente e dos Recursos Naturais Renováveis – **IBAMA** ajuizou ação para entrega de coisa certa (depósito), pelo procedimento comum, com pedido sucessivo de ressarcimento de valores e com pedido liminar de tutela de evidência contra particular, objetivando fosse o réu compelido a entregar os bens que lhe foram confiados por força do Termo de Depósito n. 18.840, tendo em vista ter sido autuado pela fiscalização da autarquia ambiental na prática ilegal de **pesca marítima da espécie Tainha** utilizando rede de emalhe anilhada polifilamento, malhas 8 e 9, **sem licença do órgão competente**. Requereu, ainda, na impossibilidade de entrega dos bens, fosse o réu obrigado a ressarcir o IBAMA no valor equivalente em dinheiro aos bens depositados, no importe de R$ 108.663,92 (cento e oito mil, seiscentos e sessenta e três reais e noventa e dois centavos). Na primeira instância a ação foi julgada totalmente procedente (fls. 196-199). O Tribunal Regional Federal da 4ª Região, em sede recursal, deu provimento ao recurso de apelação do particular, para julgar improcedente o pedido de entrega dos petrechos e da embarcação (...). V – Conforme exposto na decisão, a autarquia federal logrou êxito em demonstrar a efetiva violação de dispositivos de lei federal, ficando assentado, ainda, não haver controvérsia quanto aos fatos que originaram a autuação em debate. VI – Note-se que, no que concerne à indicação de violação dos arts. 25, 70, *caput*, e 72, IV, da Lei n. 9.605/1998, é forçoso destacar, inicialmente, não haver nenhuma controvérsia ou divergência acerca da **prática da infração ambiental** lavrada no Auto de Infração n. 9.114.095, que impôs a **penalidade de multa e apreensão dos instrumentos utilizados**

na prática ilegal de pesca marítima sem a necessária autorização do órgão competente. VII – Entretanto, apesar da constatação **inequívoca do cometimento da infração ambiental**, bem como da **legalidade e regularidade do procedimento administrativo instaurado** e, ainda, de que o recorrido nem **sequer possuía licença de pesca válida no momento do cometimento da infração ambiental**, o acórdão vergastado depreendeu por alterar a penalidade aplicada pelo IBAMA, entendendo desproporcional e desmedida a determinação de entrega dos instrumentos utilizados no delito ambiental. VIII – Nesse passo, tendo a autarquia ambiental recorrente atuado dentro dos parâmetros legais que determina a pena de apreensão dos instrumentos utilizados na prática de infração ambiental e, principalmente, considerando que a conduta irregular do recorrido **não pode ser reputada de baixo impacto ambiental**, consoante consignado à fl. 198, fica evidenciada a apontada violação dos dispositivos legais, sobressaindo que o aresto recorrido extrapolou ao deliberar pela negativa do pedido da autarquia ambiental recorrente para entrega dos petrechos de pesca e da embarcação. A esse respeito, os seguintes julgados: AREsp 1.510.053/RO, relator Ministro Francisco Falcão, Segunda Turma, julgado em 24/9/2019, DJe 26/9/2019; REsp 1.668.652/PA, relator Ministro Herman Benjamin, Segunda Turma, julgado em 27/11/2018, DJe 8/2/2019. IX – Agravo interno improvido". (STJ, AgInt no AREsp 1.945.490/SC, 2ª T., Rel. Min. Francisco Falcão, j. 14.02/2022)

2.6 Hipótese de suspensão e conversão da punibilidade administrativa no Código Florestal de 2012

O Código Florestal de 2012 (Lei 12.651/2012) estabeleceu, no seu art. 14, § 2º, hipótese de suspensão e conversão da punibilidade administrativa. Segundo o dispositivo citado: "Art. 14. (...) § 2º Protocolada a documentação exigida para a análise da localização da área de Reserva Legal, **ao proprietário ou possuidor rural não poderá ser imputada sanção administrativa, inclusive restrição a direitos, por qualquer órgão ambiental competente integrante do SISNAMA**, em razão da não formalização da área de Reserva Legal".

Igualmente, no tocante ao Programa de Recuperação Ambiental (PRA) estabelecido pelo diploma florestal, previsto o seu art. 59, dispõe a legislação que:

Art. 59. A União, os Estados e o Distrito Federal deverão implantar Programas de Regularização Ambiental (PRAs) de posses e propriedades rurais, com o objetivo de adequá-las aos termos deste Capítulo. (Redação dada pela Lei 13.887, de 2019)

§ 1º Na regulamentação dos PRAs, a União estabelecerá normas de caráter geral, e os Estados e o Distrito Federal ficarão incumbidos do seu detalhamento por meio da edição de normas de caráter específico, em razão de suas peculiaridades territoriais, climáticas, históricas, culturais, econômicas e sociais, conforme preceitua o art. 24 da Constituição Federal. (Redação dada pela Lei 13.887, de 2019)

§ 2º A inscrição do imóvel rural no CAR é condição obrigatória para a adesão ao PRA, que será requerida pelo proprietário ou possuidor do imóvel rural no prazo de 180 (cento e oitenta) dias, contado da convocação pelo órgão competente, observado o disposto no § 4º do art. 29. (Redação dada pela Medida Provisória nº 1.150, de 2022)

§ 3º Com base no requerimento de adesão ao PRA, o órgão competente integrante do Sisnama convocará o proprietário ou possuidor para assinar o **termo de compromisso**, que constituirá **título executivo extrajudicial**.

§ 4º No período entre a publicação desta Lei e a implantação do PRA em cada Estado e no Distrito Federal, bem como **após a adesão do interessado ao PRA e enquanto estiver sendo cumprido o termo de compromisso, o proprietário ou possuidor não poderá ser autuado por infrações cometidas antes de 22 de julho de 2008**, relativas à supressão irregular de vegetação em Áreas de Preservação Permanente, de Reserva Legal e de uso restrito.

§ 5º A partir da **assinatura do termo de compromisso**, serão **suspensas as sanções decorrentes das infrações** mencionadas no § 4º deste artigo e, cumpridas as obrigações estabelecidas no PRA ou no termo de compromisso para a regularização ambiental das exigências desta Lei, nos prazos e condições neles estabelecidos, **as multas referidas neste artigo serão consideradas como convertidas em serviços de preservação, melhoria e recuperação da qualidade do meio ambiente**, regularizando o uso de áreas rurais consolidadas conforme definido no PRA.

(...)

Art. 60. A assinatura de termo de compromisso para regularização de imóvel ou posse rural perante o órgão ambiental competente, mencionado no art. 59, **suspenderá a punibilidade dos crimes** previstos nos arts. 38, 39 e 48 da Lei nº 9.605, de 12 de fevereiro de 1998, enquanto o termo estiver sendo cumprido.

§ 1º A **prescrição ficará interrompida durante o período de suspensão da pretensão punitiva.**

§ 2º **Extingue-se a punibilidade com a efetiva regularização** prevista nesta Lei.

JURISPRUDÊNCIA STJ. Novo Código Florestal (Lei 12.651/2012) e irretroatividade: "Processual civil e administrativo. **Novo Código Florestal (Lei 12.651/2012). (...) Auto de infração. Irretroatividade da lei nova. Ato jurídico perfeito.** Direito adquirido. Art. 6º, *caput*, da Lei de Introdução às Normas do Direito Brasileiro. 1. Trata-se de requerimento apresentado pelo recorrente, proprietário rural, no bojo de 'ação de anulação de ato c/c indenizatória', com intuito de ver reconhecida a falta de interesse de agir superveniente do IBAMA, em razão da entrada em vigor da Lei 12.651/2012 (novo Código Florestal), que revogou o Código Florestal de 1965 (Lei 4.771) e a Lei 7.754/1989. Argumenta que a nova legislação 'o isentou da punição que o afligia', e que 'seu ato não representa mais ilícito algum', estando, pois, 'livre das punições impostas'. Numa palavra, afirma que a Lei 12.651/2012 procedera à anistia dos infratores do Código Florestal de 1965, daí sem valor o auto de infração ambiental lavrado contra si e a imposição de multa de R$ 1.500, por ocupação e exploração irregulares, anteriores a julho de 2008, de Área de Preservação Permanente nas margens do rio Santo Antônio. 2. (...) **3. Precedente do STJ que faz valer, no campo ambiental-urbanístico, a norma mais rigorosa vigente à época dos fatos, e não a contemporânea ao julgamento da causa, menos protetora da Natureza: O 'direito material aplicável à espécie é o então vigente à época dos fatos.** *In casu*, Lei n. 6.766/79, art. 4º, III, que determinava, em sua redação original, a 'faixa *non aedificandi* de 15 (quinze) metros de cada lado' do arroio' (REsp 980.709/RS, Rel. Min. Humberto Martins, Segunda Turma, *DJe* 02.12.2008). 4. Ademais, como deixa claro o **novo Código Florestal (art. 59), o legislador não anistiou geral e irrestritamente as infrações ou extinguiu a ilicitude de condutas anteriores a 22 de julho de 2008, de modo a implicar perda superveniente de interesse de agir.** Ao contrário, a recuperação do meio ambiente degradado nas chamadas áreas rurais consolidadas continua de rigor, agora por meio de procedimento administrativo, no âmbito de Programa de Regularização Ambiental – PRA, após a inscrição do imóvel no Cadastro Ambiental Rural – CAR (§ 2º) e a assinatura de Termo de Compromisso (TC), valendo este como título extrajudicial (§ 3º). Apenas a partir daí 'serão suspensas' as sanções aplicadas ou aplicáveis (§ 5º, grifo acrescentado). Com o cumprimento das obrigações previstas no PRA ou no TC, 'as multas' (e só elas) 'serão consideradas convertidas em serviços de preservação, melhoria e recuperação da qualidade do meio ambiente'. 5. Ora, se os autos de infração e multas lavrados tivessem sido invalidados pelo novo Código ou houvesse sido decretada anistia geral e irrestrita das violações que lhe deram origem, configuraria patente contradição e ofensa à lógica jurídica a mesma lei referir-se a 'suspensão' e 'conversão' daquilo que não mais existiria: o legislador não suspende, nem converte o nada jurídico. Vale dizer, **os autos de infração já constituídos permanecem válidos e blindados como atos jurídicos perfeitos que são – apenas a sua exigibilidade monetária fica suspensa na esfera administrativa, no aguardo do cumprimento integral das obrigações estabelecidas no PRA ou no TC.** Tal basta para bem demonstrar que se mantém incólume o interesse de agir nas demandas judiciais em curso, não ocorrendo perda de objeto e extinção do processo sem resolução de mérito (CPC, art. 267, VI). 6. Pedido de reconsideração não conhecido" (STJ, PET no REsp 1.240.122/PR, 2ª T., Rel. Min. Herman Benjamin, j. 02.10.2012).

2.7 Prescrição da pretensão punitiva nas infrações administrativas ambientais

A **Lei 9.873/99** (também conhecida como "Lei da Prescrição Administrativa") que estabelece prazo de prescrição para o exercício de ação punitiva pela Administração Pública Federal, direta e indireta, acabou ditando o parâmetro normativo que foi também consolidado pela jurisprudência do STJ no âmbito das infrações administrativas ambientais. Merece reprodução na íntegra, nesse sentido, o seu art. 1º:

> Art. 1º Prescreve em **cinco anos** a ação punitiva da Administração Pública Federal, direta e indireta, no exercício do poder de polícia, objetivando apurar infração à legislação em vigor, contados da data da prática do ato ou, no caso de infração permanente ou continuada, do dia em que tiver cessado.
>
> § 1º Incide a **prescrição** no **procedimento administrativo paralisado por mais de três anos**, pendente de julgamento ou despacho, cujos autos serão arquivados de ofício ou mediante requerimento da parte interessada, sem prejuízo da apuração da responsabilidade funcional decorrente da paralisação, se for o caso.
>
> § 2º Quando o **fato objeto da ação punitiva** da Administração **também constituir crime**, a prescrição reger-se-á pelo **prazo previsto na lei penal**.

O **Decreto 6.514/2008** também traz previsão normativa equivalente no art. 21 do diploma, conforme segue:

> **Dos Prazos Prescricionais**
>
> **Art. 21. Prescreve em cinco anos** a ação da administração objetivando apurar a prática de infrações contra o meio ambiente, contada da data da prática do ato, ou, no caso de infração permanente ou continuada, do dia em que esta tiver cessado.
>
> § 1º Considera-se iniciada a ação de apuração de infração ambiental pela administração com a **lavratura do auto de infração.**
>
> § 2º Incide a prescrição no procedimento de apuração do auto de infração paralisado por mais de **três anos**, pendente de julgamento ou despacho, cujos autos serão arquivados de ofício ou mediante requerimento da parte interessada, sem prejuízo da apuração da responsabilidade funcional decorrente da paralisação.
>
> § 3º Quando o fato objeto da infração também constituir crime, a prescrição de que trata o *caput* reger-se-á pelo **prazo previsto na lei penal**.
>
> § 4º **A prescrição** da pretensão punitiva da administração **não elide a obrigação de reparar o dano ambiental.**

Tomando como parâmetro o referido marco legal, o STJ decidiu no julgamento do REsp 1.112.577/SP, pela sistemática processual do recurso repetitivo previsto no art. 543-C do CPC/2015 (Tema 146), acerca da controvérsia sobre o **prazo prescricional para cobrança de multa por** infração à legislação ambiental. A Corte firmou tese no sentido de que: "é de cinco anos o prazo para a cobrança da multa aplicada ante infração administrativa ao meio ambiente, nos termos do Decreto 20.910/32, o qual que deve ser aplicado por isonomia, à falta de regra específica para regular esse prazo prescricional".[16] O tema, por sua vez, foi objeto da Súmula 467 do STJ.

> **Súmula 467** – Prescreve em cinco anos, contados do término do processo administrativo, a pretensão da Administração Pública de promover a execução da multa por infração ambiental (STJ, Primeira Seção, j. 13.10.2010, *DJe* 25.10.2010).

O STJ também decidiu, em sede de recurso repetitivo, no REsp 1.115.078/RS, Tema 328, acerca da **prescrição intercorrente** na hipótese de cobrança de multa administrativa por infração ambiental. Segundo a tese firmada pela Corte: "é de **três anos** o prazo para a conclusão do processo administrativo instaurado para se apurar a infração administrativa ('prescrição intercorrente')".[17] O entendimento formulado, como se pode observar, alinha-se ao conteúdo expresso no § 1º do art. 1º da Lei 9.873/99.

A única ressalva a se fazer, como se pode apreender do conteúdo do § 2º do art. 1º da Lei 9.873/99, é que, se o fato imputado ao infrator da legislação ambiental **também for caracterizado como crime**, aplica-se o **prazo prescricional previsto na legislação penal**.

O **Decreto 6.514/2008** ainda estabelece as hipóteses de **interrupção do prazo prescricional** no art. 22 do diploma.

> **Art. 22. Interrompe-se a prescrição:**
> I – pelo recebimento do auto de infração ou pela cientificação do infrator por qualquer outro meio, inclusive por edital;
> II – por qualquer ato inequívoco da administração que importe apuração do fato; e
> III – pela decisão condenatória recorrível.
> Parágrafo único. Considera-se ato inequívoco da administração, para o efeito do que dispõe o inciso II, aqueles que impliquem instrução do processo.

> **JURISPRUDÊNCIA STJ. Contagem do prazo para a prescrição da pretensão executória da multa por infração administrativa ambiental:** "Administrativo. Processual civil. Agravo regimental no recurso especial. **Execução de multa ambiental**. (...). Prescrição. Prazo quinquenal. **Termo inicial. Término do processo administrativo.** (...). 4.'Prescreve em cinco anos, contados do término do processo administrativo, a pretensão da Administração Pública de promover a execução da multa por infração ambiental' Súmula n. 467/STJ. 5. 'Ora, não sendo possível a cobrança por ausência de definitividade do crédito, não há que se falar em **início do prazo prescricional**, que **só começará a correr quando vencido o crédito sem pagamento, o que se dará com o término do processo administrativo – julgamento definitivo do último recurso – ou com a fluência do prazo para a impugnação administrativa do crédito decorrente da multa aplicada**. Assim, a tese da recorrente – de que o termo inicial tem início na data da infração – não encontra amparo, pois **não se admite que a fluência do prazo seja anterior à data em que se torna possível a exigência do crédito**' (REsp 1.112.577/SP, julgado segundo a sistemática do art. 543-C do CPC). 6. Agravo regimental não provido" (STJ, AgRg no REsp 1.363.437/DF, 2ª T., Rel. Min. Mauro Campbell Marques, j. 12.11.2013).

---

[16] STJ, REsp 1.112.577/SP, 1ª Seção, Rel. Min. Castro Meira, j. 09.12.2009 (Tema/Repetitivo 146).
[17] STJ, REsp 1.115.078/RS, 1ª Seção, Rel. Min. Castro Meira, j. 24.03.2010 (Tema/Repetitivo 328).

> **JURISPRUDÊNCIA STJ. Termo inicial de prazo prescricional e guarda de bem apreendido:** "AMBIENTAL. CIVIL. RECURSO ESPECIAL. APREENSÃO DE EMBARCAÇÃO USADA EM INFRAÇÃO AMBIENTAL. INFRATOR NOMEADO DEPOSITÁRIO. AÇÃO PARA ENTREGA DE COISA. PRESCRIÇÃO. TERMO INICIAL. RECUSA AO CUMPRIMENTO DA OBRIGAÇÃO DE ENTREGAR. PROVIMENTO NEGADO. 1. Na hipótese em que a guarda do bem apreendido por infração ambiental for confiada ao infrator, o prazo prescricional para que o IBAMA o reclame judicialmente passa a fluir do momento em que o fiel depositário é notificado para entregar a coisa, mas, violando o art. 627 do Código Civil, deixa de cumprir a sua obrigação de restituir. 2. Recurso especial a que se nega provimento" (STJ, REsp 1.853.072/SC, 1ª T., Rel. Min. Paulo Sérgio Domingues, j. 11.06.2024).

2.7.1. Embargo administrativo de obra, atividade ou área e imprescritibilidade até a cessação da atividade lesiva ao meio ambiente

O instituto do embargo de obra ou atividade e suas respectivas áreas, com a suspenção da atividade lesiva ao meio ambiente, tem por finalidade precípua "impedir a continuidade do dano ambiental, propiciar a regeneração do meio ambiente e dar viabilidade à recuperação da área degradada", conforme prevê expressamente o art. 108 do Decreto 6.514/2008. O embargo, como se pode constatar é uma providência administrativa de natureza acautelatória, sustando os seus efeitos apenas com a cessação do dano ambiental verificado e regularização da atividade ou obra, conforme previsão do art. 15-B do Decreto 6.514/2008:

> **Art. 15-B.** A cessação das penalidades de suspensão e embargo dependerá de decisão da autoridade ambiental após a apresentação, por parte do autuado, de documentação que regularize a obra ou atividade (Incluído pelo Decreto 6.686/2008).

O embargo, portanto, não se encerra com a prescrição administrativa intercorrente de três anos (vide REsp 1.115.078/RS), na medida em que a sua **natureza não é punitiva**, mas sim **acautelatória e preventiva**, cessando os seus efeitos apenas diante da aprovação e execução do Plano de Recuperação da Área Degradada (PRAD) pelo órgão ambiental competente.[18] Na doutrina, Pedro Nierbuhr assinala que: "para, portanto, instruir o pedido de levantamento do embargo administrativo, o fiscalizado deve comprovar, documentalmente, a regularidade da obra ou atividade".[19]

O embargo possui **natureza autônoma e distinta** em relação à penalidade administrativa (ex.: multa) aplicada ao infrator ambiental. O objetivo do embargo não é punir o particular, mas impedir que novos danos ambientais ocorram ou que aqueles já causados se perpetuem ou agravem, em descompasso com o regime jurídico de proteção ecológica regido, entre outros, pelos princípios da prevenção, da precaução, do poluidor-pagador e da reparação *in natura*. No entanto, uma vez reparados os danos ao meio ambiente, de acordo a verificação e decisão nesse sentido do órgão ambiental competente, o fundamento que justifica a manutenção do embargo desaparece e este deixa de operar efeitos.

O entendimento acerca da imprescritibilidade do embargo administrativo ambiental fundamenta-se, também, na tese da imprescritibilidade do dever de reparação civil do dano ao meio ambiente consagrada na jurisprudência do STF (Tese 999 de Repercussão Geral), bem como da

---

[18] Na jurisprudência, de acordo com tal entendimento, v. TRF1, AC 0005933-19.2015.4.01.3603, 6ª T. Rel. Des. Flávio Jardim, j. 19.06.2024.

[19] NIERBUHR, Pedro. *Processo administrativo ambiental*. 4. ed. Belo Horizonte: Editora Fórum, 2023. p. 316.

não admissão da teoria do fato consumado em Direito Ambiental (Súmula 613 do STJ). Ou seja, até que o dano ao meio ambiente que justificou o embargo seja reparado integralmente, a sua manutenção é imperativa, a fim de salvaguardar o patrimônio ambiental e prevenir o agravamento da situação. De acordo com decisão do TRF1: "Considerando-se a imprescritibilidade da pretensão de reparação de danos ambientais, bem assim a **necessidade de cessação da atividade tida como ambientalmente ilícita**, não se há de falar em incidência da prescrição sobre os termos de embargo em causa, ante as **finalidades precaucional e reparatória** que expressamente justificaram sua lavratura."[20]

> **JURISPRUDÊNCIA TRF1. Embargo administrativo embargo de obra ou área e suspensão de atividades, prevalência do princípio da precaução e prescrição condicionada à cessação da atividade lesiva ao meio ambiente:** "CONSTITUCIONAL E ADMINISTRATIVO. INSTITUTO BRASILEIRO DO MEIO AMBIENTE E DOS RECURSOS NATURAIS RENOVÁVEIS (IBAMA). AUTO DE INFRAÇÃO. APURAÇÃO DO ATO INFRACIONAL. PRESCRIÇÃO INTERCORRENTE. TERMO DE EMBARGO. MEIO AMBIENTE. PRINCÍPIO DA PRECAUÇÃO. IMPRESCRIBILIDADE. SENTENÇA PARCIALMENTE REFORMADA. APELAÇÃO PROVIDA. 1. Hipótese em que a discussão suscitada nos autos gira em torno da prescrição do direito de ação do Ibama em apurar a regularidade do Auto de Infração n. 9135479-E e do Termo de Embargo n. 739586-E, emitidos em desfavor do autor, tendo como motivação, a destruição de 927,186 hectares de vegetação nativa, pertencente à floresta amazônica, objeto de especial preservação, sem autorização da autoridade ambiental competente. 2. Conforme art. 21, § 2º, do Decreto 6.514/2008, Incide a prescrição no procedimento de apuração do auto de infração paralisado por mais de três anos, pendente de julgamento ou despacho, cujos autos serão arquivados de ofício ou mediante requerimento da parte interessada, sem prejuízo da apuração da responsabilidade funcional decorrente da paralisação. Nesse mesmo sentido, é a redação do art. 1.º, § 1.º, da Lei 9.873/99, que disciplinou o prazo de prescrição para o exercício de ação punitiva pela Administração Pública Federal, direta e indireta, e dá outras providências. 3. Caso em que, transcorridos mais de três anos, desde o oferecimento de defesa prévia, sem a prática de ato tendente à apuração do ilícito ambiental, consumada está a prescrição intercorrente, em relação à pretensão sancionadora da Administração. 4. O Supremo Tribunal Federal, ao julgar o Tema n. 999, sob o procedimento de Repercussão Geral, adotou o entendimento de que, embora a regra, em nosso ordenamento jurídico, seja a prescrição da pretensão reparatória, a tutela jurisdicional, no âmbito constitucional, admite certas exceções, impondo a certos valores o reconhecimento de pretensões imprescritíveis, expondo que o meio ambiente deve ser considerado patrimônio comum de toda humanidade, para a garantia de sua integral proteção, especialmente em relação às gerações futuras. Todas as condutas do Poder Público estatal devem ser direcionadas no sentido de integral proteção legislativa interna e de adesão aos pactos e tratados internacionais protetivos desse direito humano fundamental de 3ª geração, para evitar prejuízo da coletividade em face de uma afetação de certo bem (recurso natural) a uma finalidade individual, concluindo, assim, que a reparação do dano ao meio ambiente é direito fundamental indisponível, sendo imperativo o reconhecimento da imprescritibilidade no que toca à recomposição dos danos ambientais (RE 654833, Tribunal Pleno, da relatoria do ministro Alexandre de Moraes, *DJe*-157 divulgado em 23/06/2020, publicado em 24/06/2020). 5. Assim, conforme vem decidindo este Tribunal, Considerando-se a **imprescritibilidade da pretensão de reparação de danos ambientais**, bem assim a **necessidade de cessação da atividade tida como ambientalmente ilícita**, **não se há de falar em incidência da prescrição sobre os termos de embargo em causa, ante as finalidades precaucional e reparatória que expressamente justificaram sua lavratura** (AC 1003642-33.2018.4.01.3600, Sexta Turma, da relatoria da desembargadora

---

[20] TRF1, AC 1003642-33.2018.4.01.3600, 6ª T., Rel. Des. Federal Katia Balbino de Carvalho Ferreira, j. 05.10.2023.

federal Katia Balbino de Carvalho Ferreira, PJe 05/10/2023). 6. O embargo de obra e a suspensão de atividades estão previstas no art. 72, incisos VII e IX, da Lei 9.605/98 e nos arts. 51 da Lei 12.651/2012, 3º, inciso VII, e 101, inciso II, do Decreto 6.514/2008, sendo que o art. 15-A e 101, § 4.º, desse último diploma legal estabelece que o embargo de obra ou atividade restringe-se aos locais onde efetivamente caracterizou-se a infração ambiental, não alcançando as demais atividades realizadas em áreas não embargadas da propriedade ou posse ou não correlacionadas com a infração ou, nos termos do art. 51, § 1º, da Lei 12.651/2012, o referido ato administrativo restringe-se aos locais onde efetivamente ocorreu o desmatamento ilegal, não alcançando as atividades de subsistência ou as demais atividades realizadas no imóvel não relacionadas com a infração. 7. **Prevalência do princípio da precaução**, já que o embargo de obra ou atividade e suas respectivas áreas tem por objetivo **impedir a continuidade do dano ambiental**, propiciar a regeneração do meio ambiente e dar viabilidade à **recuperação da área degradada** (art. 108 do Decreto 6.514/2008 e 51 da Lei 12.651/2012). 8. Sentença parcialmente reformada para reconhecer a **legalidade do termo de embargo**. 9. Apelação do Ibama provida. 10. Remessa oficial provida, em parte" (TRF1, AC no 1003511-10.2022.4.01.3603, 6ª T., Rel. Des. federal João Carlos Mayer Soares, j. 28.02.2024).

2.8 Instruções normativas dos órgãos ambientais federais para a execução do Decreto 6.514/2008

Os órgãos e entidades ambientais federais competentes, conforme disposição expressa do **art. 151 do Decreto 6.514/2008**, "estabelecerão, por meio de **instrução normativa**, os procedimentos administrativos complementares relativos à execução deste Decreto". Esse é o caso, por exemplo, da Instrução Normativa 10 do IBAMA, de 07.12.2012, a qual regulamenta os procedimentos para apuração de infrações administrativas por condutas e atividades lesivas ao meio ambiente, a imposição das sanções, a defesa, o sistema recursal e a cobrança de multas no âmbito do IBAMA.

2.9 O dever dos órgãos ambientais integrantes do SISNAMA de assegurar a publicidade das sanções administrativas aplicadas aos infratores ambientais

O art. 149 do Decreto 6.514/2008, em sintonia com a previsão do art. 4º da Lei 10.650/2003 (Lei de Acesso à Informação Ambiental),[21] assinala expressamente que "os órgãos ambientais integrantes do Sistema Nacional do Meio Ambiente – SISNAMA ficam obrigados a dar, trimestralmente, publicidade das sanções administrativas aplicadas com fundamento neste Decreto: I – no Sistema Nacional de Informações Ambientais – SISNIMA, de que trata o art. 9º, VII, da Lei 6.938/81; e II – em seu sítio na rede mundial de computadores". De modo complementar, o parágrafo único do art. 149, estabelece que "quando da publicação das listas, nos termos do *caput*, o órgão ambiental deverá, obrigatoriamente, informar se os processos estão julgados em definitivo ou encontram-se pendentes de julgamento ou recurso".

O dispositivo em questão está em sintonia com o **direito de acesso à informação ambiental**, como corolário, aliás de um **regime democrático-participativo ecológico** tal como

---

[21] "Art. 4º Deverão ser publicados em Diário Oficial e ficar disponíveis, no respectivo órgão, em local de fácil acesso ao público, listagens e relações contendo os dados referentes aos seguintes assuntos: (...) III – autos de infrações e respectivas penalidades impostas pelos órgãos ambientais; IV – lavratura de termos de compromisso de ajustamento de conduta; V – reincidências em infrações ambientais; VI – recursos interpostos em processo administrativo ambiental e respectivas decisões; VII – registro de apresentação de estudos de impacto ambiental e sua aprovação ou rejeição. Parágrafo único. As relações contendo os dados referidos neste artigo deverão estar disponíveis para o público trinta dias após a publicação dos atos a que se referem."

edificado pela nossa Lei Fundamental de 1988 e a legislação ambiental brasileira desde a sua gênese estabelecida pela Lei da Política Nacional do Meio Ambiente (Lei 6.938/81). O conhecimento acerca dos maiores infratores administrativos ambientais, por exemplo, assegura um maior controle social sobre produtos e serviços que possam ter alguma relação com tais práticas ilegais, possibilitando o pleno exercício do consumo sustentável e de uma cidadania ecológica pela sociedade no seu conjunto.

> **JURISPRUDÊNCIA STJ. Lista dos maiores desmatadores e direito à informação ambiental:**
>
> **1)** "Mandado de segurança. Pedido de exclusão da "Lista dos 100 maiores desmatadores da Floresta Amazônica' publicada na internet em página oficial do Ministério do Meio Ambiente. Alegação de falsidade das informações. Falta de prova pré-constituída. Precedentes da 1ª Seção (MS 13.921/DF, MS 13.934/DF). Divulgação fundada em auto de infração não definitivamente julgado. Possibilidade assentada na Lei 10.650/03 (art. 4º), devendo ser observado o parágrafo único do art. 149 do Decreto Federal 6.514/08. Ordem parcialmente concedida" (STJ, MS 13.935/DF, 1ª Seção, Rel. Min. Teori Albino Zavascki, j. 10.03.2010).
>
> **2)** "Administrativo. Mandado de segurança. Meio ambiente. Inclusão na lista dos 100 maiores desmatadores. Alegações de erros e deficiências técnicas na lista do Ministério do Meio Ambiente. Impossibilidade de exame superficial. 1. Mandado de segurança que tem por objeto a exclusão do nome do impetrante da lista divulgada pelo Ministério do Meio Ambiente sobre as 100 pessoas naturais e jurídicas que mais provocaram desmatamento no Brasil. 2. Inviabilidade da discussão em sede estreita do mandado de segurança, na medida em que o ato se louvou em procedimento administrativo advindo de auto infracional aplicado ao autor. Há no processo a necessidade de exame de dados, fatores científicos, elementos suscetíveis de apuração em perícia e exames técnicos. É notável a complexidade da causa, até porque se antevê a presunção de validade do auto de infração que determinou a presença do nome do impetrante no rol de desmatadores. Remanescerá ao impetrante a busca de tutela jurisdicional nas vias ordinárias. (...) Mandado de segurança extinto sem resolução do mérito" (STJ, MS 13.921/DF, 1ª Seção, Rel. Min. Humberto Martins, j. 25.03.2009).

Capítulo 12
LICENCIAMENTO AMBIENTAL E ESTUDO PRÉVIO DE IMPACTO AMBIENTAL

1. CONSIDERAÇÕES GERAIS: LC 140/2011, COMPETÊNCIA ADMINISTRATIVA COMUM DOS ENTES FEDERATIVOS E LICENCIAMENTO AMBIENTAL

A efetivação das normas ecológicas impõe ao Estado o dever de adotar tanto condutas positivas quanto negativas na sua atuação, buscando potencializar ao máximo a proteção ambiental no âmbito das **funções estatais (legislativa, executiva e jurisdicional)** de todos os entes da federação (União, Estados, Distrito Federal e Municípios), bem como de outras instituições estatais, como é o caso do Ministério Público e da Defensoria Pública. Nesse sentido, vale lembrar que a CF/1988, no seu art. 23, consagrou a **competência material comum**, e, portanto, a tarefa (e responsabilidade solidária) de **todos os entes federativos**, no sentido de, por meio da sua **atuação administrativa**, "proteger os documentos, as obras e outros bens de valor histórico, artístico e cultural, os monumentos, as paisagens naturais notáveis e os sítios arqueológicos (inciso III)", "proteger o meio ambiente e combater a poluição em qualquer de suas formas (inciso VI)" e "preservar as florestas, a fauna e a flora (inciso VII)".

O dispositivo constitucional em questão foi regulamentado no âmbito infraconstitucional por meio da **Lei Complementar 140/2011** (Lei sobre Competência Administrativa em Matéria Ambiental). O diploma fixa normas, nos termos dos incisos III, VI e VII do *caput* e do parágrafo único do art. 23 da CF/1988, visando à cooperação entre a União, os Estados, o Distrito Federal e os Municípios nas ações administrativas decorrentes do exercício da competência comum concernente à proteção ambiental, por exemplo, o exercício do **poder de polícia ambiental** e o **licenciamento ambiental**, inclusive no tocante à exigência do **estudo prévio de impacto ambiental** (e **climático**) nas hipóteses legais. A nova legislação, mediante a delimitação das atribuições de cada esfera administrativa, objetiva a promoção da **gestão descentralizada das políticas públicas ambientais**, mas, ao mesmo tempo, assegura a uniformidade entre elas por meio da cooperação entre os entes federativos.

A partir dessa diretriz normativa, notadamente pela ótica da competência ambiental administrativa, a LC 140/2011 incorporou de forma definitiva o **princípio da cooperação** no ordenamento jurídico nacional (já reconhecido pela doutrina como princípio geral do Direito Ambiental e também positivado em diplomas ambientais pretéritos, como a Lei 9.605/98, no seu art. 77), ao regulamentar os incs. III, VI e VII, do art. 23 da CF/1988. Logo no seu art. 1º o diploma em análise fixa normas para o exercício da competência administrativa em matéria ambiental em vista de possibilitar a "**cooperação** entre a União, os Estados, o Distrito Federal e os Municípios nas ações administrativas decorrentes do exercício da competência comum relativas à proteção das paisagens naturais notáveis, à proteção do meio ambiente, ao combate à poluição em qualquer de suas formas e à preservação das florestas, da fauna e da flora".

A fim de dar concretude à questão, o diploma estabelece **instrumentos de cooperação** entre os entes federativos nos incisos do seu art. 4º, por exemplo: consórcios públicos, convênios, acordos de cooperação técnica e outros instrumentos similares com órgãos e entidades do Poder Público, Comissão Tripartite Nacional, Comissões Tripartites Estaduais e Comissão Bipartite do Distrito Federal, fundos públicos e privados e outros instrumentos econômicos, delegação de atribuições de um ente federativo a outro e delegação da execução de ações administrativas de um ente federativo a outro.

A LC 140/2011 também estabelece, a partir do seu art. 6º, as **ações de cooperação** entre os entes federativos, delimitando, de forma minuciosa, as atividades administrativas que cabem a cada um, de modo a atingir os objetivos previstos no art. 3º e a garantir o desenvolvimento sustentável, harmonizando e integrando todas as políticas governamentais. Entre os **objetivos** traçados no seu art. 3º, registram-se: "proteger, defender e conservar o meio ambiente ecologicamente equilibrado, promovendo gestão descentralizada, democrática e eficiente" (inciso I), "garantir o equilíbrio do desenvolvimento socioeconômico com a proteção do meio ambiente, observando a dignidade da pessoa humana, a erradicação da pobreza e a redução das desigualdades sociais e regionais" (inciso II), "harmonizar as políticas e ações administrativas para evitar a sobreposição de atuação entre os entes federativos, de forma a evitar conflitos de atribuições e garantir uma atuação administrativa eficiente" (inciso III), "garantir a uniformidade da política ambiental para todo o País, respeitadas as peculiaridades regionais e locais" (inciso IV).

O regramento infraconstitucional estabelece, como adiantado, normas voltadas à cooperação entre os diferentes entes administrativos nas ações administrativas decorrentes do exercício da competência comum na seara ecológica. A LC 140/2011 representa marco normativo com nítido caráter de **racionalização do sistema de competências administrativas em matéria ambiental**, as quais, até então, encontravam-se previstas em diversos atos normativos dispersos, gerando inúmeras incompatibilidades administrativas e conflitos entre os diferentes entes federativos na execução da legislação ambiental. O que se almeja, ao fim e ao cabo, a partir da regulamentação infraconstitucional da competência executiva em matéria ambiental levada a efeito pela LC 140/2011, é transpor a legislação ambiental para o "mundo da vida", assegurando a sua aplicação e efetividade, ou seja, estabelecer a "mediação" entre o marco legislativo ambiental e a efetivação da proteção ambiental, por intermédio das práticas administrativas realizadas pelos diversos entes federativos e instâncias estatais.

O licenciamento é um dos mais importantes instrumentos da PNMA, derivado do exercício do **poder de polícia ambiental** pelos órgãos administrativos ambientais, como **mecanismo de comando e controle** com relação às atividades efetivas ou potencialmente poluidoras do meio ambiente. O licenciamento ambiental tem por premissa básica a **prevenção do dano ambiental** ou, ao menos, a **mitigação dos seus impactos** quando inevitáveis em razão da natureza do empreendimento ou atividade (por exemplo, a construção de uma rodovia ou de uma usina hidrelétrica inevitavelmente impactará o meio ambiente), estabelecendo **medidas compensatórias**, condicionantes de controle das licenças expedidas a serem cumpridas pelo empreendedor, com a fixação de prazos, inclusive para fins de renovação da licença expedida anteriormente. Em linhas gerais, o licenciamento ambiental presta-se a operacionalizar o dever constitucional do Estado (art. 225, *caput* e § 1º, da CF/1988) de proteger o meio ambiente e promover o marco normativo do **desenvolvimento sustentável** (e seus **elementos social, econômico e ambiental**), ao estabelecer limites de natureza ecológica à iniciativa privada e aos próprios empreendimentos e atividades estatais.

Os **princípios da prevenção e da precaução** operam como a base normativa e a racionalidade sob as quais deve se dar o licenciamento ambiental, sob pena de ensejar e legitimar o **controle judicial** a fim de **evitar a ocorrência de danos ecológicos** derivados de determinada atividade ou empreendimento, independentemente da fase em que se encontre o procedimento licenciatório, conforme entendimento consolidado pelo STJ. Como destacado na passagem que segue do voto-relator do Ministro Herman Benjamin, a **governança judicial ecológica** deve ter por paradigma o modelo de "**Juiz de Riscos**" (ou "**Juiz de Prevenção ou Precaução**"), ou seja, um Juiz ou Tribunal apto a evitar a ocorrência de danos ecológicos – muitos deles, irreversíveis, como a destruição de um *habitat* e a extinção de espécie da fauna ou da flora – e "proteger o futuro", em contraposição a um modelo tradicional de "**Juiz de Danos**" ("constrangido a somente olhar para trás").

JURISPRUDÊNCIA STJ. Princípios da prevenção e da precaução e possibilidade de atuação preventiva do Ministério Público para obstar concessão de licença ambiental pelo órgão ambiental. O papel do Poder Judiciário: do "juiz de danos" ao "juiz de riscos": "PROCESSUAL CIVIL E ADMINISTRATIVO. AÇÃO CIVIL PÚBLICA. IMPEDIMENTO DE PROSSEGUIMENTO DE LICENCIAMENTO AMBIENTAL. DIREITOS DOS INDÍGENAS. **INTERESSE PROCESSUAL DO MINISTÉRIO PÚBLICO INDEPENDENTEMENTE DA EXPEDIÇÃO DA LICENÇA AMBIENTAL.** RECURSO DESPROVIDO. 1. A recorrente defende a tese de que o Ministério Público Federal não possui interesse processual para ajuizar Ação Civil Pública que visa a impedir a implantação do 'Projeto de Obras de Aproveitamento dos Rios Capivari e Monos' – voltado ao abastecimento da região metropolitana de São Paulo –, tendo em vista que ainda não finalizado o licenciamento administrativo. Em outras palavras, sustenta que, sem a expedição de licença ambiental, as obras não terão início, motivo pelo qual carece o Parquet de interesse de agir, já que sem utilidade e desnecessária a tutela judicial. 2. Na demanda original, o Ministério Público pleiteia provimento jurisdicional que proíba a realização da obra pretendida, sob o argumento de que implica aproveitamento de recursos hídricos em terras indígenas, sem prévia e obrigatória autorização do Congresso Nacional. Cautelarmente, foi requerida a concessão de liminar especificamente para 'impedir o licenciamento (...) junto ao órgão competente'. O Tribunal de origem reformou a sentença de extinção do feito sem julgamento do mérito, concluindo acertadamente que o Parquet possui interesse de agir. 3. **O interesse de agir do *Parquet* e de outros legitimados** da Ação Civil Pública **independe de finalização do licenciamento e da expedição da respectiva licença ambiental**. O grau de sucesso e eficácia do desempenho do autor no processo coletivo se mede não no terreno do enfrentamento de prejuízo já ocorrido, mas exatamente pelo **impedimento ou mitigação de ameaça de degradação ambiental porvindoura**. Do contrário, drenar-se-ia a relevância profilática do próprio Poder Judiciário, relegando-se a jurisdição ao infecundo e ineficiente papel de simples gestor de perdas consumadas e até irreversíveis para o meio ambiente e a saúde pública: um **juiz de danos**, constrangido a somente olhar para trás, em vez de um **juiz de riscos**, capaz de **proteger o futuro e sob seu influxo realizar justiça preventiva e precautória**. Compreensão diversa dificultaria inclusive a possibilidade de o órgão administrativo, de maneira oportuna, corrigir vícios e alterar rumos ainda no curso do licenciamento, economizando tempo – valor precioso a quem se preocupa em não retardar atividades e obras socialmente relevantes – e recursos materiais e humanos escassos, sem falar da maior segurança jurídica proporcionada seja ao empreendedor, seja ao Estado, seja, ainda, à sociedade e às gerações futuras por este representadas. 4. Sabe-se que, assim como outros atos administrativos, a licença ambiental apresenta **elementos/requisitos essenciais e internos** – verdadeiros órgãos vitais, que compõem o corpo e a genética do ato, por assim dizer – que vinculam sua existência per se (p. ex., sujeito competente e conteúdo/objeto lícito), além de **pressupostos de fato ou de direito externos ao ato e condicionantes de sua prática** (p. ex., exigência constitucional de prévia aprovação pelo Congresso Nacional para aproveitamento de recursos hídricos e exploração de riquezas minerais em terras indígenas). Em situações nas quais faltem ou se questionem a presença ou a legalidade concretas desses elementos e pressupostos, patente a utilidade da prestação jurisdicional e o consequente interesse de agir do autor da Ação Civil Pública, **independentemente da fase em que se encontre o licenciamento**. Logo, indefensável, por ilógico e não razoável, pretender que se aguarde o término (= *fait* *accompli*) de longo, trabalhoso e custoso procedimento administrativo para só então se objetarem em juízo suas premissas de existência e validade. 5. Recurso Especial não provido" (STJ, REsp 1.616.027/SP, 2ª T., Rel. Min. Herman Benjamin, j. 14.03.2017).[1]

O licenciamento ambiental (e o correlato estudo prévio de impacto ambiental) é regulamentado em diversos diplomas normativos nacionais. A **Lei 6.938/81**, como tratamos anteriormente, além de estabelecer, no seu art. 9º, como **instrumentos da Política Nacional do Meio Ambiente** a **avaliação de impactos ambientais** (inciso III) e o **licenciamento e a revisão de atividades efetiva ou potencialmente poluidoras** (inciso IV), determinou no *caput* do seu art. 10 (com nova redação atribuída pela LC 140/2011) que "a construção, instalação, ampliação e funcionamento de estabelecimentos e atividades utilizadores de recursos ambientais, efetiva ou potencialmente poluidores ou capazes, sob qualquer forma, de causar degradação ambiental dependerão de prévio licenciamento ambiental". Os dispositivos da Lei 6.938/81 sobre o licenciamento ambiental e o estudo prévio de impacto ambiental foram regulamentados pelo Decreto 99.274/90, precisamente nos seus arts. 17 a 22.

Posteriormente, a **CF/1988**, no mesmo sentido, consagrou expressamente o instituto do licenciamento ambiental, ao prever no seu § 1º, IV, que, para assegurar a efetividade desse direito, incumbe ao Poder Público "exigir, na forma da lei, para instalação de obra ou atividade potencialmente causadora de significativa degradação do meio ambiente, estudo prévio de impacto ambiental, a que se dará publicidade. O § 2º do art. 225, de modo complementar, também assinala que "aquele que explorar recursos minerais fica obrigado a recuperar o meio ambiente degradado, de acordo com solução técnica exigida pelo órgão público competente, na forma da lei".

No âmbito do CONAMA, há inúmeras resoluções que tratam sobre o licenciamento ambiental de forma específica, conforme quadro em destaque no final deste capítulo. No entanto, sem dúvida, as resoluções mais importantes, justamente por definirem aspectos gerais sobre o licenciamento ambiental (e o estudo prévio de impacto ambiental) e visando a sua padronização no âmbito da PNMA, são a **Resolução do CONAMA 001/86**, que dispõe sobre critérios básicos e diretrizes gerais para a avaliação de impacto ambiental (alterada posteriormente pelas Resoluções do CONAMA 11/86, 05/87 e 237/97 e 494/20), a **Resolução CONAMA 009/1987**, que dispõe sobre a questão das audiências públicas[2], e a **Resolução do CONAMA 237/97**, que regulamenta os aspectos de licenciamento ambiental estabelecidos na PNMA.

A **LC 140/2011**, ao regulamentar os dispositivos constitucionais relativos ao exercício da competência administrativa comum de todos os entes federativos em matéria ambiental, tratou de forma específica sobre diversos aspectos do licenciamento ambiental, por exemplo, a delimitação da competência de cada ente federativo na matéria, conforme veremos na sequência. A LC 140/2011 é hoje o principal diploma a regulamentar a matéria do licenciamento ambiental, muito embora um novo marco regulatório esteja em discussão no Congresso Nacional.[3]

2. CONCEITO E REGIME JURÍDICO DO LICENCIAMENTO AMBIENTAL NA LEGISLAÇÃO AMBIENTAL BRASILEIRA

A LC 140/2011, por sua vez, tratou de conceituar o licenciamento ambiental no seu art. 2º, I, ao estabelecer que este se trata do

---

[1] No mesmo sentido: STJ, AgInt no REsp 1.426.007/MG, 1ª T., Rel. Min. Sérgio Kukina, j. 15.06.2020.
[2] A Resolução CONAMA 009/1987 foi alterada pela Resolução 494/2020 e está em processo de revisão.
[3] Entre outros projetos de lei sobre o tema, tramita no Senado Federal sob o n. 2159/2021 (antigo PL 3729/2004).

"(...) procedimento administrativo destinado a **licenciar atividades ou empreendimentos utilizadores de recursos ambientais, efetiva ou potencialmente poluidores** ou capazes, sob qualquer forma, de causar degradação ambiental".

O dispositivo citado, alinhado com a legislação ambiental constitucional e infraconstitucional precedente, traz o conceito de licenciamento ambiental. De modo complementar, a **Resolução 237/97 do CONAMA** assinala, no seu art. 1º, I, que se tem por licenciamento ambiental o "procedimento administrativo pelo qual o órgão ambiental competente licencia a localização, instalação, ampliação e a operação de empreendimentos e atividades utilizadoras de recursos ambientais, consideradas efetiva ou potencialmente poluidoras ou daquelas que, sob qualquer forma, possam causar degradação ambiental, considerando as disposições legais e regulamentares e as normas técnicas aplicáveis ao caso".

Na doutrina, Talden Farias conceitua licenciamento ambiental como "o processo administrativo complexo que tramita perante a instância administrativa responsável pela gestão ambiental, seja no âmbito federal, estadual ou municipal, e que tem como objetivo assegurar a qualidade de vida da população por meio de um controle prévio e de um continuado acompanhamento das atividades humanas capazes de gerar impactos sobre o meio ambiente".[4]

No âmbito do licenciamento ambiental, o **estudo (prévio) de impacto ambiental** operacionaliza os **princípios da prevenção e da precaução**, uma vez que se trata de instrumento administrativo que possibilita a identificação de danos ambientais de forma antecipada (mesmo que apenas potenciais), tornando possível a adoção de medidas preventivas para evitar a sua ocorrência ou ao menos sua mitigação, a depender do caso.

Por fim, ressalta-se a relevância do licenciamento no âmbito da efetivação da legislação ambiental, de modo que a **Lei dos Crimes e Infrações Administrativas Ambientais** (Lei 9.605/98) estabeleceu, no seu art. 67, **tipo penal** com o propósito de coibir fraudes no âmbito do licenciamento ambiental.[5]

3. DISTRIBUIÇÃO DA COMPETÊNCIA ADMINISTRATIVA PARA O LICENCIAMENTO AMBIENTAL ENTRE OS ENTES FEDERATIVOS NA LC 140/2011

A LC 140/2011, ao regulamentar o **art. 23, III, VI e VII, da CF/1988**, notadamente com relação à competência administrativa em matéria ambiental, estabeleceu a distribuição das competências administrativas entre os entes federativos (União, Estados, Distrito Federal e Municípios) para o exercício do **licenciamento ambiental**, conforme quadro que segue.

UNIÃO (art. 7º)	XIV – promover o **licenciamento ambiental** de **empreendimentos e atividades**: a) localizados ou desenvolvidos conjuntamente no Brasil e **em país limítrofe**; b) localizados ou desenvolvidos no **mar territorial, na plataforma continental ou na zona econômica exclusiva**;

---

[4] FARIAS, Talden. *Licenciamento ambiental*: aspectos teóricos e práticos. 4. ed. Belo Horizonte: Fórum, 2013.
[5] "Art. 67. Conceder o **funcionário público licença, autorização** ou **permissão em desacordo com as normas ambientais**, para as atividades, obras ou serviços cuja realização depende de ato autorizativo do Poder Público: Pena – detenção, de um a três anos, e multa. Parágrafo único. Se o crime é culposo, a pena é de três meses a um ano de detenção, sem prejuízo da multa."

UNIÃO (art. 7º)	c) localizados ou desenvolvidos em **terras indígenas**; d) localizados ou desenvolvidos em **unidades de conservação instituídas pela União**, exceto em Áreas de Proteção Ambiental (APAs); e) localizados ou desenvolvidos em **2 (dois) ou mais Estados**; f) de **caráter militar**, excetuando-se do licenciamento ambiental, nos termos de ato do Poder Executivo, aqueles previstos no preparo e emprego das Forças Armadas, conforme disposto na Lei Complementar nº 97, de 9 de junho de 1999; g) destinados a pesquisar, lavrar, produzir, beneficiar, transportar, armazenar e dispor **material radioativo**, em qualquer estágio, ou que utilizem **energia nuclear** em qualquer de suas formas e aplicações, mediante parecer da Comissão Nacional de Energia Nuclear (CNEN); ou h) que atendam tipologia estabelecida por ato do Poder Executivo, a partir de proposição da Comissão Tripartite Nacional, assegurada a participação de um membro do Conselho Nacional do Meio Ambiente (CONAMA), e considerados os critérios de porte, potencial poluidor e natureza da atividade ou empreendimento;
ESTADOS (art. 8º)	XIV – promover o licenciamento ambiental de atividades ou empreendimentos utilizadores de recursos ambientais, efetiva ou potencialmente poluidores ou capazes, sob qualquer forma, de causar degradação ambiental, **ressalvado o disposto nos arts. 7º e 9º**; XV – promover o licenciamento ambiental de atividades ou empreendimentos localizados ou desenvolvidos em unidades de conservação instituídas pelo Estado, exceto em Áreas de Proteção Ambiental (APAs); **Obs.:** Estados detêm a **competência residual para o licenciamento ambiental**, o qual, na prática, é a competência **mais ampla** comparativamente aos demais entes federativos.
DISTRITO FEDERAL (art. 10)	Previstas nos **arts. 8º e 9º**. **Obs.:** Em razão da sua natureza federativa peculiar ou *sui generis*, o Distrito Federal absorve as competências administrativas tanto do **Estado** (art. 8º) quanto do **Município** (art. 9º) em matéria de licenciamento ambiental.
MUNICÍPIOS (art. 9º)	XIV – observadas as atribuições dos demais entes federativos previstas nesta Lei Complementar, promover o licenciamento ambiental das atividades ou empreendimentos: a) que causem ou possam causar impacto ambiental de âmbito local, conforme tipologia definida pelos respectivos Conselhos Estaduais de Meio Ambiente, considerados os critérios de porte, potencial poluidor e natureza da atividade; ou b) localizados em unidades de conservação instituídas pelo Município, exceto em Áreas de Proteção Ambiental (APAs).

Os Estados, como se pode perceber do quadro anterior, possui **competência residual** para o licenciamento ambiental, absorvendo todas as hipóteses que não estejam expressamente atribuídas à União (art. 7º, XIV) e aos Municípios (art. 9º, XIV). Isso representa, na prática, a competência mais abrangente entre todos os entes federativos para a realização do licenciamento ambiental.

Por fim, é importante destacar que a **competência para o licenciamento ambiental não se confunde** com a **competência para a atividade administrativa fiscalizatória** de práticas lesivas ao meio ambiente. Quanto a esta última, não obstante o regramento trazido pela LC 140/2011 (art. 17), como será visto adiante, prevalece o entendimento de que cabe a todos os entes federativos exercer, por força da competência constitucional prevista no art. 23, III, VI e VII, da CF/1988, a atividade administrativa fiscalizatória e o correlato poder de polícia ambiental ao tomarem conhecimento da ocorrência de infração ambiental.

> **JURISPRUDÊNCIA STJ. Licenciamento ambiental, mar territorial, interesse nacional e competência da União (IBAMA):** "Administrativo e ambiental. Ação civil pública. Desassoreamento do Rio Itajaí-Açu. **Licenciamento. Competência do IBAMA. Interesse nacional.** 1. Existem atividades e obras que terão importância ao mesmo tempo para a Nação e para os Estados e, nesse caso, pode até haver duplicidade de licenciamento. 2. O confronto entre o direito ao desenvolvimento e os princípios do direito ambiental deve receber solução em prol do último, haja vista a finalidade que este tem de preservar a qualidade da vida humana na face da terra. O seu objetivo central é proteger patrimônio pertencente às presentes e futuras gerações. 3. Não merece relevo a discussão sobre ser o Rio Itajaí-Açu estadual ou federal. A conservação do meio ambiente não se prende a situações geográficas ou referências históricas, extrapolando os limites impostos pelo homem. A natureza desconhece fronteiras políticas. Os bens ambientais são transnacionais. **A preocupação que motiva a presente causa não é unicamente o rio, mas, principalmente, o mar territorial afetado. O impacto será considerável sobre o ecossistema marinho**, o qual receberá milhões de toneladas de detritos. 4. Está diretamente afetada pelas obras de dragagem do Rio Itajaí-Açu toda a zona costeira e o mar territorial, impondo-se a **participação do IBAMA e a necessidade de prévios EIA/RIMA**. A atividade do órgão estadual, *in casu*, a FATMA, é supletiva. Somente o estudo e o acompanhamento aprofundado da questão, através dos órgãos ambientais públicos e privados, poderá aferir quais os contornos do impacto causado pelas dragagens no rio, pelo depósito dos detritos no mar, bem como sobre as correntes marítimas, sobre a orla litorânea, sobre os mangues, sobre as praias, e, enfim, sobre o homem que vive e depende do rio, do mar e do mangue nessa região. 5. Recursos especiais improvidos" (STJ, REsp 588.022/SC, 1ª T., Rel. Min. José Delgado, j. 17.02.2004).

3.1 Área de Proteção Ambiental (APA) e licenciamento ambiental

No caso da Área de Proteção Ambiental (APA), foge-se à regra geral trazida pela LC 140/2011 no sentido de estabelecer a competência do licenciamento ambiental em Unidades de Conservação no âmbito do próprio ente federativo instituidor. O **art. 12 da LC 140/2011** estabelece, nesse sentido, que:

> Art. 12. **Para fins de licenciamento ambiental** de atividades ou empreendimentos utilizadores de recursos ambientais, efetiva ou potencialmente poluidores ou capazes, sob qualquer forma, de causar degradação ambiental, e para autorização de supressão e manejo de vegetação, **o critério do ente federativo instituidor da unidade de conservação não será aplicado às Áreas de Proteção Ambiental (APAs)**.
> Parágrafo único. A definição do ente federativo responsável pelo licenciamento e autorização a que se refere o *caput*, no caso das APAs, seguirá os critérios previstos nas alíneas "a", "b", "e", "f" e "h" do inciso XIV do art. 7º, no inciso XIV do art. 8º e na alínea a do inciso XIV do art. 9º.

Em linhas gerais, a definição do ente federativo competente para o licenciamento de atividades dentro de uma APA depende de análise da **abrangência da atividade ou empreendimento** e o seu decorrente **impacto ambiental** na seguinte forma.

União	Hipóteses previstas no artigo 7º, XIV, alíneas "a", "b", "e", "f", e "h".
Estado	Hipóteses previstas no artigo 8º, inciso XIV.
Município	Hipótese do artigo 9º, inciso XIV, alínea "a".

Resumindo, tanto a União quanto os Estados e os Municípios, além do Distrito Federal, poderão licenciar atividades dentro dos limites de uma APA. A atribuição da competência, no entanto, vai depender da configuração do caso concreto e, também, do impacto da atividade ou empreendimento: a) se **local**, Município; b) se **regional**, Estado; e c) se **nacional ou internacional**, União. Na prática, tem-se a aplicação do "**princípio da predominância do interesse**".

3.2 Nível federativo único do licenciamento ambiental

O art. 13 da LC 140/2011 estabeleceu que "os empreendimentos e atividades são licenciados ou autorizados, ambientalmente, **por um único ente federativo**", em conformidade com as atribuições estabelecidas no diploma. O dispositivo torna expresso o objetivo buscado pelo legislador no sentido de evitar distorções e confusões no sistema administrativo envolvendo o licenciamento ambiental. Seguindo as delimitações de atribuições na temática do licenciamento ambiental, previstas nos arts. 7º (XIV), 8º (XIV), 9º (XIV) e 10, o dispositivo determina que os empreendimentos e as atividades serão necessariamente licenciados ou autorizados "por um único" órgão ambiental de ente federativo, **não se admitindo a duplicidade de licenciamentos**. O objetivo do último do art. 13 é a otimização e a racionalização do exercício do licenciamento ambiental pelos entes federativos, evitando, assim, a sobreposição de atribuições.

Muito embora a fixação da competência de um único ente federativo para o exercício do licenciamento ambiental, o art. 13 previu, no seu § 1º, que "**os demais entes federativos interessados podem manifestar-se ao órgão responsável** pela licença ou autorização, de maneira não vinculante, respeitados os prazos e procedimentos do licenciamento ambiental". De acordo com a mesma premissa apontada anteriormente, o presente dispositivo assinala a possibilidade de os demais entes federativos interessados manifestarem-se ao órgão responsável pela licença ou autorização, porém de maneira não vinculante, ou seja, apenas opinativa acerca de algum aspecto do licenciamento ambiental. A título de exemplo, na hipótese de o órgão ambiental competente para o exercício do licenciamento ambiental ser a União, se houver algum Estado ou Município interessado na questão, inclusive manifestando-se contrariamente ao licenciamento, é possível que ele se manifeste no órgão licenciador, não obstante a inexistência de qualquer vinculação por parte deste último.

A **supressão de vegetação** decorrente de licenciamentos ambientais, seguindo a mesma lógica, é autorizada pelo **ente federativo licenciador** (art. 13, § 2º). Com relação aos valores alusivos às **taxas de licenciamento ambiental** e outros serviços afins, eles devem guardar relação de **proporcionalidade com o custo e a complexidade do serviço prestado pelo ente federativo** (art. 13, § 3º).

3.3 Prazos do licenciamento ambiental

Os órgãos licenciadores, conforme dispõe o art. 14 da LC 140/2011, devem observar os prazos estabelecidos para tramitação dos processos de licenciamento. As exigências de complementação oriundas da análise do empreendimento ou atividade devem ser comunicadas pela autoridade licenciadora de uma única vez ao empreendedor, ressalvadas aquelas decorrentes de fatos novos (§ 1º). As exigências de **complementação de informações, documentos ou estudos** feitas pela autoridade licenciadora suspendem o prazo de aprovação, que continua a fluir após o seu atendimento integral pelo empreendedor (§ 2º).

O § 3º do art. 14, por sua vez, assinala expressamente que "o **decurso dos prazos de licenciamento**, sem a emissão da licença ambiental, não implica emissão tácita nem autoriza a prática de ato que dela dependa ou decorra, mas instaura a **competência supletiva** referida no art. 15", como veremos na sequência. A **renovação de licenças ambientais**, conforme assinala a legislação, deve ser requerida com antecedência mínima de **120 dias** da expiração de seu prazo de validade, fixado na respectiva licença, ficando este **automaticamente prorrogado** até a manifestação definitiva do órgão ambiental competente (§ 4º).

JURISPRUDÊNCIA STJ. Inexistência de autorização ou licença ambiental tácita: "Administrativo. Processual civil. Ação civil pública. Ocupação e edificação em área de preservação permanente. Casas de veraneio ('ranchos'). Leis 4.771/65 (Código Florestal de 1965), 6.766/79 (Lei do Parcelamento do Solo Urbano) e 6.938/81 (Lei da Política Nacional do Meio Ambiente). Desmembramento e loteamento irregular. Vegetação ciliar ou ripária. Corredores ecológicos. Rio Ivinhema. Licenciamento ambiental. Nulidade da autorização ou licença ambiental. Silêncio administrativo. **Inexistência, no direito brasileiro, de autorização ou licença ambiental tácita**. Princípio da legitimidade do ato administrativo. Suspensão de ofício de licença e de termo de ajustamento de conduta. Violação do art. 535 do CPC. Precedentes do STJ. 1. Trata-se, originariamente, de Ação Civil Pública ambiental movida pelo Ministério Público do Estado de Mato Grosso do Sul contra proprietários de 54 casas de veraneio ('ranchos'), bar e restaurante construídos em Área de Preservação Permanente – APP, um conjunto de aproximadamente 60 lotes e com extensão de quase um quilômetro e meio de ocupação da margem esquerda do Rio Ivinhema, curso de água com mais de 200 metros de largura. Pediu-se a desocupação da APP, a demolição das construções, o reflorestamento da região afetada e o pagamento de indenização, além da emissão de ordem cominatória de proibição de novas intervenções. A sentença de procedência parcial foi reformada pelo Tribunal de Justiça, com decretação de improcedência do pedido. (...) **Licenciamento ambiental**. 6. Se é certo que em licença, autorização ou Termo de Ajustamento de Conduta (TAC), ao Administrador, quando implementa a legislação ambiental, incumbe agregar condicionantes, coartações e formas de mitigação do uso e exploração dos recursos naturais – o que amiúde acontece, efeito de peculiaridades concretas da biota, projeto, atividade ou empreendimento –, não é menos certo que o mesmo ordenamento jurídico não lhe faculta, em sentido inverso, ignorar, abrandar ou fantasiar prescrições legais referentes aos usos restringentes que, por exceção, sejam admitidos nos espaços protegidos, acima de tudo em APP. 7. Em respeito ao **princípio da legalidade**, é proibido ao órgão ambiental criar direitos de exploração onde a lei previu deveres de preservação. Pela mesma razão, **mostra-se descabido, qualquer que seja o pretexto ou circunstância, falar em licença ou autorização ambiental tácita**, mormente por quem nunca a solicitou ou fê-lo somente após haver iniciado, às vezes até concluído, a atividade ou o empreendimento em questão. Se, diante de pleito do particular, o Administrador permanece silente, é intolerável que a partir da omissão estatal e do nada jurídico se entreveja salvo-conduto para usar e até abusar dos recursos naturais, sem prejuízo, claro, de medidas administrativas e judiciais destinadas a obrigá-lo a se manifestar e decidir. 8. Embora o licenciamento ambiental possa, conforme a natureza do empreendimento, obra ou atividade, ser realizado, conjunta ou isoladamente, pela União, Distrito Federal e Municípios, não compete a nenhum deles – de modo direto ou indireto, muito menos com subterfúgios ou sob pretexto de medidas mitigatórias ou compensatórias vazias ou inúteis – dispensar exigências legais, regulamentares ou de pura sabedoria ecoló-

> gica, sob pena de, ao assim proceder, fulminar de nulidade absoluta e insanável o ato administrativo praticado, bem como de fazer incidir, pessoalmente, sobre os **servidores** envolvidos, as **sanções da Lei dos Crimes contra o Meio Ambiente (arts. 66, 67 e 69-A) e da Lei da Improbidade Administrativa**, às quais se agrega sua responsabilização civil em regime de solidariedade com os autores diretos de eventual dano causado. (...) 10. Recurso especial parcialmente provido para anular o acórdão dos Embargos de Declaração" (STJ, REsp 1.245.149/MS, 2ª T., Rel. Min. Herman Benjamin, j. 09.10.2012).

3.3.1 Lei da Liberdade Econômica (Lei 13.874/2019) e licenciamento ambiental (tácito?)

A **Lei da Liberdade Econômica (Lei 13.874/2019)** estabeleceu a seguinte previsão legislativa que poderia induzir equivocadamente alguns ao reconhecimento de hipótese de licenciamento e emissão de licença ambiental **de forma tácita** ante o **transcurso do prazo** atribuído à omissão do órgão administrativo ambiental licenciador: "Art. 3º São direitos de toda pessoa, natural ou jurídica, essenciais para o desenvolvimento e o crescimento econômicos do País, observado o disposto no parágrafo único do art. 170 da Constituição Federal: (...) IX – ter a garantia de que, nas solicitações de atos públicos de liberação da atividade econômica que se sujeitam ao disposto nesta Lei, apresentados todos os elementos necessários à instrução do processo, o particular será cientificado expressa e imediatamente do prazo máximo estipulado para a análise de seu pedido e de que, transcorrido o prazo fixado, o **silêncio da autoridade competente** importará **aprovação tácita** para todos os efeitos, **ressalvadas as hipóteses expressamente vedadas em lei**".

Ocorre que, como foi visto no tópico anterior, inclusive de acordo com a jurisprudência do STJ, a **LC 140/2011** veda expressamente tal hipótese de licenciamento tácito em razão do decurso do prazo do órgão ambiental no âmbito do licenciamento ambiental no seu **art. 14, § 3º**, conforme segue: "Art. 14. Os órgãos licenciadores devem observar os prazos estabelecidos para tramitação dos processos de licenciamento. (...) § 3º O decurso dos prazos de licenciamento, sem a emissão da licença ambiental, **não implica emissão tácita** nem autoriza a prática de ato que dela dependa ou decorra, mas instaura a competência supletiva referida no art. 15". A Lei 13.874/2019, por tal razão, não se aplica ao licenciamento ambiental, de modo que o transcurso do prazo tão somente estabelece a competência supletiva do ente federativo superior. Afinal de contas, como dito pelo Min. Herman Benjamin, no julgamento do REsp 1.245.149/MS, "é intolerável que a partir da omissão estatal e do nada jurídico se entreveja salvo-conduto para usar e até abusar dos recursos naturais". Ainda segundo Min. Benjamin em outro julgado (REsp 1.728.334/RJ:

> "**Incompatível** com os **princípios de regência do Estado de Direito Ambiental** vigente no Brasil a possibilidade de **licença ou autorização tácita, automática ou por protocolo, derivada de omissão da Administração Pública em deferir ou não o pleito do empreendedor**. No nosso ordenamento, **o silêncio administrativo perante simples protocolo do pedido, gera – até manifestação expressa em sentido contrário – presunção *iuris et de iure* (absoluta) de não licenciamento ambiental**. E qualquer norma que estabeleça o contrário sofrerá de **grave e incontornável anomalia constitucional, pois inverte a ordem lógica e temporal da licença, que deve ser sempre prévia**, sob pena de perder por completo sua legitimidade ética, sentido prático e valor preventivo".[6]

---

[6] STJ, REsp 1.728.334/RJ, 2ª Turma, Rel. Min. Herman Benjamin, j. 05.06.2018.

JURISPRUDÊNCIA STJ. Incompatibilidade de licença ou autorização tácita, automática ou por protocolo, derivada de omissão da Administração Pública em deferir ou não o pleito do empreendedor, com os princípios de regência do Estado de Direito Ambiental vigente no Brasil: "AMBIENTAL. ZONA COSTEIRA. ATIVIDADE DEGRADADORA DO MEIO AMBIENTE. DISTINÇÃO ENTRE PODER DE LICENCIAMENTO AMBIENTAL E PODER DE FISCALIZAÇÃO AMBIENTAL. INFRAÇÃO ADMINISTRATIVA. PROTOCOLO DE PEDIDO OU DE REQUERIMENTO DE LICENÇA AMBIENTAL. ALEGAÇÃO DE LICENÇA AMBIENTAL TÁCITA. COMPETÊNCIA DO IBAMA. ARTS. 2°, 9°, IV, E 10 DA LEI 6.938/1981. ART. 17 DA LEI 140/2011. ART. 6° DA LEI 7.661/1988. ART. 70 DA LEI 9.605/1998. REVISÃO DAS CIRCUNSTÂNCIAS CONCRETAS DA INFRAÇÃO. MATÉRIA FÁTICO-PROBATÓRIA. INCIDÊNCIA DA SÚMULA 7/STJ. 1. Na origem, trata-se de Ação Ordinária ajuizada pela CMN Engenharia Ltda. contra o Instituto Brasileiro do Meio Ambiente e dos Recursos Naturais Renováveis – Ibama, com o objetivo de declarar a nulidade de auto de infração administrativa lavrado pela autarquia, afastando-se, em consequência, a multa imposta. Segundo o acórdão recorrido, a empresa construiu, sem licença ambiental, seis unidades habitacionais no Condomínio Porto Ciel, no município de Angra dos Reis. As instâncias ordinárias confirmaram o parcelamento e desmembramento do solo, bem como a implantação e a ampliação de empreendimento imobiliário sem prévio licenciamento ambiental. 2. Nos termos dos arts. 9°, IV, e 10 da Lei 6.938/1981, exigem licenciamento ambiental – cujo resultado formal é a expedição, ou não, de autorização ou licença – tanto atividade como construção, instalação, funcionamento e ampliação de empreendimento efetiva ou potencialmente degradadores do meio ambiente. **Pratica ilícito administrativo, civil e penal quem atua sem licença ou autorização ambiental, ou desrespeita condição ou obrigação da emitida. 3. Sem fiscalização independente, íntegra, universal, metódica, preventiva, eficaz e respeitada pelos infratores em potencial, o Direito Ambiental e as normas que o compõem nunca passarão de figuras retóricas que, em vez de realmente defenderem os bens ambientais constitucionalmente reconhecidos e garantidos, se prestam quando muito a enganar os beneficiários da legislação com promessas ilusórias e correlatas expectativas de amparo autêntico**. Em tal conjuntura de omissão, inércia e descuido com a fiscalização, transmuda-se proteção em encenação estatal, típica do **Estado Teatral**, e, no seu rastro, revela-se um '**Direito Ambiental de mentirinha**'. Por isso, a Lei 6.938/1981 incluiu a 'fiscalização do uso dos recursos ambientais' no receituário fundamental e estruturante que delimita e viabiliza a Política Nacional do Meio Ambiente (art. 2°, III). Logo, **querer limitar, corroer ou fragilizar a função pública fiscalizatória dos órgãos ambientais equivale a arrancar os olhos e as mãos do guardião dos direitos de todos e das gerações futuras. 4. O dever-poder de licenciamento e o dever-poder de fiscalização não se confundem, embora ambos integrem a esfera do chamado poder de polícia ambiental** (rectius, dever-poder de implementação). Pacífico o entendimento do STJ de que a **competência de fiscalização de atividades e empreendimentos degradadores do meio ambiente é partilhada entre União, Estados e Municípios, sobretudo quando o infrator opera sem licença ou autorização ambiental**. Tal orientação jurisprudencial coaduna-se com o espírito da **Lei Complementar 140/2011**, editada após a lavratura do auto impugnado, e o arcabouço constitucional de organização e funcionamento do Poder Público no terreno ambiental. 5. Consoante a Lei Complementar 140/2011, 'Compete ao órgão responsável pelo licenciamento ou autorização, conforme o caso, de um empreendimento ou atividade, lavrar auto de infração ambiental e instaurar processo administrativo para a apuração de infrações à legislação ambiental cometidas pelo empreendimento ou atividade licenciada ou autorizada' (art. 17, grifos acrescentados). Assim, o enxugamento de competências do dispositivo em questão incide apenas e tão somente em situação de existência de regular e prévia licença ou autorização ambiental. E, ainda assim, conforme o caso, pois, primeiro, por óbvio descabe a órgão ou nível da federação, ao licenciar sem competência, barrar ou obstacularizar de ricochete a competência de fiscalização legítima de outrem; e, segundo, a concentração orgânica da ação licenciadora e fiscalizadora restringe-se a infrações que decorram, de maneira direta, dos deveres e exigências da licença ou autorização antecedentemente expedida.

6. **Incompatível** com os **princípios de regência do Estado de Direito Ambiental** vigente no Brasil a possibilidade de **licença ou autorização tácita, automática ou por protocolo, derivada de omissão da Administração Pública em deferir ou não o pleito do empreendedor**. No nosso ordenamento, **o silêncio administrativo perante simples protocolo do pedido, gera – até manifestação expressa em sentido contrário – presunção *iuris et de iure* (absoluta) de não licenciamento ambiental**. E qualquer norma que estabeleça o contrário sofrerá de **grave e incontornável anomalia constitucional**, pois **inverte a ordem lógica e temporal da licença, que deve ser sempre prévia**, sob pena de perder por completo sua legitimidade ética, sentido prático e valor preventivo. Em síntese, o vácuo administrativo não corresponde a deferimento, pois nada cria e nada consente ou valida. A morosidade do administrador corrige-se com os instrumentos legalmente previstos, tanto disciplinares como de **improbidade administrativa**, jamais punindo o inocente, ou seja, o favorecido pelo licenciamento, a coletividade presente e futura. 7. (...). 9. Recurso Especial não provido." (STJ, REsp 1.728.334/RJ, 2ª T., Rel. Min. Herman Benjamin, j. 05.06.2018).

JURISPRUDÊNCIA STJ. Licenças e autorizações tácitas e vedação de autotutela extralegal e extrajudicial: "PROCESSUAL CIVIL E ADMINISTRATIVO. DIREITO URBANÍSTICO. ESTADO DEMOCRÁTICO E ECOSSOCIAL DE DIREITO. LICENCIAMENTO AMBIENTAL E URBANÍSTICO. DIREITO DE CONSTRUIR. INÍCIO DE OBRA SEM LICENÇA. EMBARGO DE OBRA. INEXISTÊNCIA, NO DIREITO AMBIENTAL E NO DIREITO URBANÍSTICO, DE LICENÇA OU AUTORIZAÇÃO TÁCITA. AUTO DE INFRAÇÃO LAVRADO ATENDENDO ÀS DETERMINAÇÕES LEGAIS E REGULAMENTARES. (...) 4. (...). O requisito constitucional e legal do licenciamento ambiental e urbanístico não caracteriza mera formalidade, nem perfumaria prescrita por arquitetos desocupados ou utópicos do **Estado Democrático e Ecossocial de Direito**. Ao contrário, surge para **garantir um mínimo de ordem na anarquia da exploração predatória de ecossistemas**, do espaço público e da paisagem, quer na cidade, quer no campo. Logo, o **licenciamento existe para ser cumprido com exatidão e para ser energicamente cobrado, nas instâncias administrativa e judicial, pelo Estado, organizações não governamentais e cidadãos**. Saliente-se, por outro lado, que a **letargia estatal** em apreciar pedido de licença ou autorização não franqueia ao requerente iniciar, por motu próprio, obras e atividades que delas dependam. E assim ocorre porque o mutismo administrativo, no campo urbanístico e ambiental, não corresponde à autorização ou licença tácitas. Quem age, constrói, degrada ou utiliza recursos naturais sem licença e autorização ambiental ou urbanística o faz à sua conta e risco, em prática **vedada de autotutela extralegal e extrajudicial**. 5. Agravo Interno não provido." (AgInt no AREsp n. 1.926.267/ES, 2ª T. Relator Ministro Herman Benjamin, 08.08.2022)

O STF também se pronunciou sobre o tema em caso envolvendo a **aprovação tácita de agrotóxicos** (MC na ADPF 656/DF), seguindo entendimento similar ao do STJ sobre a inconstitucionalidade de tal medida flexibilizadora, conforme segue ementa.

JURISPRUDÊNCIA STF. Aprovação tácita de agrotóxicos, Lei de Liberdade Econômica (Lei 13.874/2019), princípio da precaução e princípio da proibição de retrocesso ambiental: "AÇÃO DE DESCUMPRIMENTO DE PRECEITO FUNDAMENTAL. MEDIDA CAUTELAR. DIREITO AMBIENTAL. DIREITO À SAÚDE. PORTARIA 43/2020 DA SECRETARIA DE DEFESA AGROPECUÁRIA DO MINISTÉRIO DA AGRICULTURA, PECUÁRIA E ABASTECIMENTO – MAPA. REGULAMENTAÇÃO DA **LEI 13.874/2019**, A QUAL DISPÕE SOBRE **LIBERDADE ECONÔMICA**. PRAZOS PARA **APROVAÇÃO TÁCITA DE USO DE AGROTÓXICOS, FERTILIZANTES E OUTROS QUÍMICOS**. CONHECIMENTO. ENTRADA, REGISTRO E LIBERAÇÃO DE NOVOS AGROTÓXICOS NO BRASIL, **SEM EXAME DA POSSÍVEL NOCIVIDADE** DOS PRODUTOS. INADMISSIBILIDADE. **AFRONTA AOS PRINCÍPIOS DA PRECAUÇÃO E DA PROIBIÇÃO DO RETROCESSO SOCIOAMBIENTAL**. OFENSA, ADEMAIS, AO **DIREITO À SAÚDE**. PRESENTES

O *FUMUS BONI IURIS* E O *PERICULUM IN MORA*. CAUTELAR DEFERIDA. I – O ato impugnado consiste em portaria assinada pelo Secretário de Defesa Agropecuária do Ministério da Agricultura, Pecuária e Abastecimento – MAPA, que estabelece prazos para aprovação tácita de utilização de agrotóxicos, independentemente da conclusão de estudos técnicos relacionados aos **efeitos nocivos ao meio ambiente** ou às consequências à saúde da população brasileira. II – Trata-se de **portaria**, destinada ao público em geral com **função similar a um decreto regulamentar**, a qual, a pretexto de interpretar o texto legal, acaba por extrapolar o estreito espaço normativo reservado pela Constituição às autoridades administrativas. III – (...). IV – A portaria ministerial que, sob a justificativa de regulamentar a atuação estatal acerca do exercício de atividade econômica relacionada a agrotóxicos, para imprimir diretriz governamental voltada a incrementar a **liberdade econômica, fere direitos fundamentais** consagrados e densificados, há muito tempo, concernentes à Saúde Ambiental. V – Cuida-se de 'um campo da Saúde Pública afeita ao conhecimento científico e à formulação de políticas públicas relacionadas à interação entre a saúde humana e os fatores do meio ambiente natural e antrópico que a determinam, condicionam e influenciam, visando à melhoria da qualidade de vida do ser humano, sob o ponto de vista da sustentabilidade'. VI – Estudos científicos, inclusive da Universidade de São Paulo, descortinam dados alarmantes, evidenciando que o consumo de agrotóxicos no mundo aumentou em 100% entre os anos de 2000 e 2010, enquanto no Brasil este acréscimo correspondeu a quase 200%. VII – Pesquisas mostram também que **o agrotóxico mais vendido no Brasil é o Glifosato, altamente cancerígeno, virtualmente banido nos países europeus**, e que corresponde, sozinho, a mais da metade do volume total de todos os agrotóxicos comercializados entre nós. VIII – No País, existem 504 ingredientes ativos com registro autorizado, sendo que, desses, 149 são proibidos na União Europeia, correspondendo a cerca de 30% do total, valendo acrescentar que, dos 10 agrotóxicos mais vendidos aqui, 2 são banidos na UE. IX – Permitir a entrada e registro de novos agrotóxicos, de modo tácito, sem a devida análise por parte das autoridades responsáveis, com o fim de **proteger o meio ambiente e a saúde de todos**, ofende o **princípio da precaução**, ínsito no art. 225 da Carta de 1988. X – A **Lei 7.802/1989**, que regulamenta o emprego dos agrotóxicos no Brasil, estabelece diretriz incontornável no sentido de vedar o registro de agrotóxicos, seus componentes e afins, com relação aos quais o País não disponha de métodos para desativação de seus componentes, de modo a impedir que os resíduos remanescentes provoquem **riscos ao meio ambiente e à saúde pública**. XI – A aprovação tácita dessas substâncias, por decurso de prazo previsto no ato combatido, viola, não apenas os valores acima citados, como também afronta o **princípio da proibição de retrocesso socioambiental**. XII – *Fumus boni iuris* e *periculum in mora* presentes, diante da entrada em vigor da Portaria em questão no dia 1º de abril de 2020. XIII – Medida cautelar concedida para suspender a eficácia dos itens 64 a 68 da Tabela 1 do art. 2º da Portaria 43, de 21 de fevereiro de 2020, do Ministério da Agricultura, Pecuária e Abastecimento/Secretaria de Defesa Agropecuária, até a decisão definitiva do Plenário desta Corte na presente ADPF." (STF, MC na ADPF 656/DF, Tribunal Pleno, Rel. Min. Ricardo Lewandowski, j. 22.06.2020).

JURISPRUDÊNCIA DO STF. Inconstitucionalidade do procedimento automático e simplificado de emissão de alvará de funcionamento e licenças ambientais para atividade de risco médio: "AÇÃO DIRETA DE INCONSTITUCIONALIDADE. ARTS. 6º E 11-A DA LEI N. 11.598/2007, ALTERADOS PELO ART. 2º DA MEDIDA PROVISÓRIA N. 1.040/2021. CONVERSÃO DA MEDIDA PROVISÓRIA N. 1.040/2021 NA LEI N. 14.195/2021. INEXISTÊNCIA DE ALTERAÇÃO SUBSTANCIAL DAS NORMAS IMPUGNADAS. AUSÊNCIA DE PREJUÍZO PELO NÃO ADITAMENTO TEMPESTIVO DA PETIÇÃO INICIAL. CONVERSÃO DA APRECIAÇÃO DA MEDIDA CAUTELAR EM JULGAMENTO DE MÉRITO. PROCEDIMENTO AUTOMÁTICO E SIMPLIFICADO DE EMISSÃO DE ALVARÁ DE FUNCIONAMENTO E **LICENÇAS AMBIENTAIS PARA ATIVIDADE DE RISCO MÉDIO** NO **SISTEMA DE INTEGRAÇÃO REDESIM**. VEDAÇÃO DE COLETA DE DADOS ADICIONAIS PELO ÓRGÃO RESPONSÁVEL À REALIZADA NO SISTEMA REDESIM PARA A EMISSÃO DAS LICENÇAS E ALVARÁS PARA FUNCIONAMENTO DE EM-

PREENDIMENTOS AMBIENTAIS. **DESOBEDIÊNCIA AO PRINCÍPIO DA PREVENÇÃO E AO DEVER DE PROTEÇÃO DO MEIO AMBIENTE ECOLOGICAMENTE EQUILIBRADO** (ART. 225 DA CONSTITUIÇÃO DA REPÚBLICA). AÇÃO DIRETA JULGADA PARCIALMENTE PROCEDENTE PARA DAR INTERPRETAÇÃO CONFORME À CONSTITUIÇÃO. 1. (...) 3. São **inconstitucionais as normas** pelas quais **simplificada a obtenção de licença ambiental** no sistema responsável pela integração (REDESIM) **para atividade econômica de risco médio** e vedada a coleta adicional de informações pelo órgão responsável à realizada no sistema REDESIM para a emissão das licenças e alvarás para o funcionamento do empresário ou da pessoa jurídica, referentes a empreendimentos com impactos ambientais. Não aplicação das normas questionadas em relação às licenças ambientais. 4. Ação direta conhecida quanto ao disposto no art. 6º-A e inc. III do art. 11-A da Lei n. 14.195/2021, decorrentes da conversão, respectivamente, do art. 6º e inc. II do art. 11 da Medida Provisória n. 1.040/2021. Julgamento de mérito. Parcial procedência do pedido para dar interpretação conforme à Constituição ao art. 6º-A e ao inc. III do art. 11-A da Lei n. 14.195/2021 no sentido de excluir a aplicação desses dispositivos às licenças em matéria ambiental. (STF, ADI 6808/DF, Tribunal Pleno, Rel. Min. Cármen Lúcia, j. 04.05.2022).

Mais recentemente, no julgamento da **ADI 4757/DF**, o STF julgou improcedentes os pedidos de declaração de inconstitucionalidade dos arts. 4º, V e VI, 7º, XIII, XIV, h, XV e parágrafo único, 8º, XIII e XIV, 9º, XIII e XIV, 14, § 3º, 15, 17, *caput* e §§ 2º, 20 e 21 da **Lei Complementar 140/2011** e, por arrastamento, da integralidade da legislação, bem como julgou parcialmente procedente a ação direta para conferir **interpretação conforme à Constituição Federal** ao **§ 4º do art. 14** para estabelecer que a omissão ou mora administrativa imotivada e desproporcional na manifestação definitiva sobre os pedidos de renovação de licenças ambientais instaura a competência supletiva do art. 15.[7]

JURISPRUDÊNCIA DO STF. Federalismo cooperativo ecológico, princípio da subsidiariedade e atuação supletiva e subsidiária dos entes federativos (LC 140/2011): "CONSTITUCIONAL. AMBIENTAL. FEDERALISMO COOPERATIVO. COMPETÊNCIA COMUM EM MATÉRIA AMBIENTAL. PARÁGRAFO ÚNICO DO ART. 23 CF. LEI COMPLEMENTAR Nº 140/2011. FEDERALISMO ECOLÓGICO. DESENHO INSTITUCIONAL DA REPARTIÇÃO DE COMPETÊNCIAS FUNDADO NA COOPERAÇÃO. RECONHECIMENTO DO PRINCÍPIO DA SUBSIDIARIEDADE. DIREITO FUNDAMENTAL AO MEIO AMBIENTE. DEVERES FUNDAMENTAIS DE PROTEÇÃO COMO PARÂMETRO NORMATIVO DE CONTROLE DE VALIDADE (ARTS. 23, PARÁGRAFO ÚNICO, 225, *CAPUT*, § 1º). RACIONALIDADE NO QUADRO ORGANIZATIVO DAS COMPETÊNCIAS ADMINISTRATIVAS. EFICIÊNCIA E COORDENAÇÃO DO AGIR ADMINISTRATIVO. VALORES CONSTITUCIONAIS. PODER DE POLÍCIA AMBIENTAL DE LICENCIAMENTO E ATIVIDADES FISCALIZATÓRIAS. EXISTÊNCIA E CAPACIDADE INSTITUCIONAL DOS ÓRGÃOS AMBIENTAIS COMO REQUISITO DA REGRA GERAL DE COMPETÊNCIA INSTITUÍDA NA LEI COMPLEMENTAR. **ATUAÇÃO SUPLETIVA E SUBSIDIÁRIA.** TUTELA EFETIVA E ADEQUADA DO MEIO AMBIENTE. LIMITES DA COGNIÇÃO JURISDICIONAL NO CONTROLE CONCENTRADO DE CONSTITUCIONALIDADE. INTERPRETAÇÃO CONFORME À CONSTITUIÇÃO FEDERAL ATRIBUÍDA AO **§ 4º DO ART. 14 E AO 3º DO ART. 17**. PROCEDÊNCIA PARCIAL. (...) 9. A Lei Complementar nº 140/2011 tal como desenhada estabelece fórmulas capazes de assegurar a permanente cooperação entre os órgãos administrativos ambientais, a partir da articulação entre as **dimensões estáticas e dinâmicas das competências comuns** atribuídas aos entes federados. Desse modo, respeitada a moldura constitucional quanto às bases do pacto federativo em competência comum administrativa e quanto aos deveres de **proteção adequada e suficiente do meio ambiente**, salvo as prescrições dos arts. 14, § 4º, e 17, § 3º, que não passam no teste de validade constitucional.

---

[7] STF, ADI 4757/DF, Tribunal Pleno, Rel. Min. Rosa Weber, j. 13.12.2022.

10. No § 4º do art. 14, o legislador foi insuficiente em sua regulamentação frente aos deveres de tutela, uma vez que não disciplinou qualquer consequência para a hipótese da **omissão ou mora imotivada e desproporcional do órgão ambiental** diante de pedido de **renovação de licença ambiental**. Até mesmo porque para a hipótese de omissão do agir administrativo no processo de licenciamento, o legislador ofereceu, como afirmado acima, resposta adequada consistente na atuação supletiva de outro ente federado, prevista no art. 15. Desse modo, mesmo resultado normativo deve incidir para a omissão ou mora imotivada e desproporcional do órgão ambiental diante de pedido de renovação de licença ambiental, disciplinado no referido § 4º do art. 14. 11. Um dos princípios fundamentais do funcionamento do sistema legal de tutela do meio ambiente é o da **atuação supletiva do órgão federal**, seja em matéria de **licenciamento**, seja em matéria de **controle e fiscalização das atividades ou empreendimentos potencialmente poluidores** ou degradantes do meio ambiente. No exercício da cooperação administrativa, portanto, cabe atuação suplementar – ainda que não conflitiva – da União com a dos órgãos estadual e municipal. As potenciais omissões e falhas no exercício da atividade fiscalizatória do poder de polícia ambiental por parte dos órgãos que integram o Sistema Nacional do Meio Ambiente (SISNAMA) não são irrelevantes e devem ser levadas em consideração para constituição da regra de competência fiscalizatória. Diante das características concretas que qualificam a maioria dos danos e ilícitos ambientais de impactos significativos, mostra-se irrazoável e insuficiente regra que estabeleça competência estática do órgão licenciador para a lavratura final do auto de infração. O critério da prevalência de auto de infração do órgão licenciador prescrito no § 3º do art. 17 não oferece resposta aos deveres fundamentais de proteção, nas situações de omissão ou falha da atuação daquele órgão na atividade fiscalizatória e sancionatória, por insuficiência ou inadequação da medida adotada para **prevenir ou reparar situação de ilícito ou dano ambiental**. 12. O juízo de constitucionalidade não autoriza afirmação no sentido de que a escolha legislativa é a melhor, por apresentar os melhores resultados em termos de gestão, eficiência e efetividade ambiental, mas que está nos limites da moldura constitucional da conformação decisória. Daí por que se exige dos poderes com funções precípuas legislativas e normativas o permanente ajuste da legislação às particularidades e aos conflitos sociais. 13. A título de *obter dictum* faço apelo ao legislador para a implementação de estudo regulatório retrospectivo acerca da Lei Complementar nº 140/2011, em diálogo com todos os órgãos ambientais integrantes do Sistema Nacional do Meio Ambiente, como **método de vigilância legislativa e posterior avaliação para possíveis rearranjos institucionais**. Sempre direcionado ao **compromisso com a normatividade constitucional ambiental e federativa**. Ademais, faço também o apelo ao legislador para o adimplemento constitucional de legislar sobre a proteção e uso da Floresta Amazônia (art. 225, § 4º), região que carece de efetiva e especial regulamentação, em particular das atividades fiscalizadoras, frente às características dos crimes e ilícitos ambientais na região da Amazônia Legal. 14. Improcedência dos pedidos de declaração de inconstitucionalidade dos arts. 4º, V e VI, 7º, XIII, XIV, "h", XV e parágrafo único, 8º, XIII e XIV, 9º, XIII e XIV, 14 § 3º, 15, 17, *caput* e §§ 2º, 20 e 21, Lei Complementar nº 140/2011 e, por arrastamento, da integralidade da legislação. 15. Procedência parcial da ação direta para conferir **interpretação conforme à Constituição Federal**: (i) ao § 4º do art. 14 da Lei Complementar nº 140/2011 para estabelecer que a **omissão ou mora administrativa imotivada e desproporcional** na manifestação definitiva sobre os pedidos de renovação de licenças ambientais **instaura a competência supletiva dos demais entes federados** nas ações administrativas de **licenciamento** e na **autorização ambiental**, como previsto no art. 15 e (ii) ao **§ 3º do art. 17** da Lei Complementar nº 140/2011, esclarecendo que a **prevalência do auto de infração lavrado pelo órgão originariamente competente** para o licenciamento ou autorização ambiental **não exclui a atuação supletiva de outro ente federado, desde que comprovada omissão ou insuficiência na tutela fiscalizatória**" (STF, ADI 4757/DF, Tribunal Pleno, Rel. Min. Rosa Weber, j. 13.12.2022).

3.4 Atuação supletiva no âmbito do licenciamento ambiental

A LC 140/2011 consagrou mecanismo importante relativo ao exercício da competência para o licenciamento ambiental dos entes gerativos, inclusive pela ótica da cooperação entre os entes federativos e uniformidade do tratamento da matéria. Trata-se da competência subsidiária para o exercício do licenciamento ambiental. Conforme assinala o art. 15 do diploma, os **entes federativos** devem **atuar em caráter supletivo** nas ações administrativas de licenciamento e na autorização ambiental, nas seguintes hipóteses:

> **Art. 15.** Os entes federativos devem atuar em caráter supletivo nas ações administrativas de licenciamento e na autorização ambiental, nas seguintes hipóteses:
>
> I – **inexistindo órgão ambiental capacitado** ou **conselho de meio ambiente** no **Estado ou no Distrito Federal**, a **União** deve desempenhar as ações administrativas estaduais ou distritais **até a sua criação**;
>
> II – **inexistindo órgão ambiental capacitado ou conselho de meio ambiente** no **Município**, o **Estado** deve desempenhar as ações administrativas municipais até a sua criação; e
>
> III – **inexistindo órgão ambiental capacitado ou conselho de meio ambiente no Estado e no Município**, a **União** deve desempenhar as ações administrativas até a sua criação em um daqueles entes federativos.

Muito embora a LC 140/2011 tenha por premissa a **descentralização do exercício da competência administrativa ambiental** por parte dos entes federativos, o diploma também se preocupa com a realidade e capacidade concreta dos entes federativos de exercerem suas atribuições, notadamente na esfera do licenciamento ambiental. Essa preocupação, como se pode observar, está contida no dispositivo em análise, com a caracterização da competência em caráter supletivo a ser exercida pelo ente federativo superior, uma vez verificada a incapacidade do ente federativo inferior ou periférico de realizá-lo. O mesmo ocorre na hipótese de **decurso dos prazos de licenciamento**, sem a emissão da licença ambiental, conforme dispõe o § 3º do art. 14, instaurando-se a competência supletiva do ente administrativo superior.

3.5 Atuação subsidiária no âmbito do licenciamento ambiental

A atuação administrativa supletiva, por sua vez, não se confunde com a atuação administrativa subsidiária prevista no art. 16 da LC 140/2011. A ação administrativa subsidiária dos entes federativos, por sua vez, dar-se-á por meio de **apoio técnico, científico, administrativo ou financeiro**, sem prejuízo de outras formas de **cooperação**. De modo complementar, assinala o parágrafo único do art. 16 que a ação subsidiária **deve ser solicitada** pelo ente originariamente detentor da atribuição nos termos da LC 140/2011.

Diferentemente da atuação supletiva, que pode ser compreendida até mesmo como uma espécie de "penalidade", por exemplo, na hipótese de o órgão licenciador originário não cumprir com o prazo fixado para o licenciamento ambiental, a ação administrativa subsidiária "**deve ser solicitada**" pelo ente federativo detentor da competência originariamente, o qual, então, é "**auxiliado**" do outro ente federativo, mas não é "**substituído**" por ele, como ocorre na hipótese da ação supletiva.

Atuação supletiva (art. 15)	– ação do ente federativo que se **substitui** ao ente federativo originariamente detentor das atribuições, nas hipóteses definidas na LC 140/2011 (art. 2º, II);

Atuação subsidiária (art. 16)	– **inexistindo órgão ambiental capacitado ou conselho de meio ambiente** no Estado, no Distrito Federal ou no Município, o ente federativo superior (que pode ser tanto o Estado quanto a União, a depender do caso) deve desempenhar as ações administrativas estaduais ou distritais **até a sua criação**; – o **decurso dos prazos de licenciamento**, sem a emissão da licença ambiental, instaura a competência supletiva. – ação do ente federativo que visa a **auxiliar** no desempenho das atribuições decorrentes das competências comuns, quando solicitado pelo ente federativo originariamente detentor das atribuições definidas na LC 140/2011 (art. 2º, III); – **apoio técnico, científico, administrativo ou financeiro**, sem prejuízo de outras formas de cooperação; – **deve ser solicitada** pelo ente federativo detentor da competência originariamente prevista pela LC 140/2011.

3.6 Prevalência da competência do órgão licenciador para o exercício do poder de polícia ambiental

O objetivo imposto pela LC 140/2011 no sentido de impor maior uniformidade no exercício das competências administrativas em matéria ambiental, inclusive seguindo a mesma lógica do art. 13 do diploma, ao prever um "nível federativo único" para o exercício da competência para o licenciamento ambiental, também se verifica na fixação da prevalência da competência do órgão licenciador para o exercício do poder de polícia ambiental, evitando-se, assim, a sobreposição de atribuições entre os diferentes entes federativos e desperdício de recursos públicos. De acordo com a previsão expressa do art. 17, somado também às previsões dos arts. 7º, XIII (União),[8] 8º, XIII (Estados),[9] 10 (Distrito Federal)[10] e 9º, XIII (Municípios):[11]

> Art. 17. Compete ao órgão responsável pelo licenciamento ou autorização, conforme o caso, de um empreendimento ou atividade, **lavrar auto de infração ambiental e instaurar processo administrativo** para a apuração de infrações à legislação ambiental cometidas pelo empreendimento ou atividade licenciada ou autorizada.

De modo complementar, o § 1º do art. 17 estabelece que "**qualquer pessoa** legalmente identificada, ao constatar infração ambiental decorrente de empreendimento ou atividade utilizadores de recursos ambientais, efetiva ou potencialmente poluidores, pode dirigir representação ao órgão a que se refere o *caput*, para efeito do **exercício de seu poder de polícia**". O dispositivo alinha-se com a previsão do art. 70, § 2º, da Lei dos Crimes e Infrações Administrativas Ambientais (Lei 9.605/98), ao possibilitar ao **cidadão** a **representação aos órgãos ambientais** sobre ocorrência de infração administrativa ambiental, inclusive na linha de uma **cidadania ecológica**

---

[8] "Art. 7º São ações administrativas da União: (...) XIII – exercer o controle e fiscalizar as atividades e empreendimentos cuja atribuição para licenciar ou autorizar, ambientalmente, for cometida à União."

[9] "Art. 8º São ações administrativas dos Estados: (...) XIII – exercer o controle e fiscalizar as atividades e empreendimentos cuja atribuição para licenciar ou autorizar, ambientalmente, for cometida aos Estados."

[10] "Art. 10. São ações administrativas do Distrito Federal as previstas nos arts. 8º e 9º."

[11] "Art. 9º São ações administrativas dos Municípios: (...) XIII – exercer o controle e fiscalizar as atividades e empreendimentos cuja atribuição para licenciar ou autorizar, ambientalmente, for cometida ao Município."

e democracia participativa, notadamente pela oitiva do controle popular sobre práticas públicas e privadas lesivas ao meio ambiente.

Nos casos de iminência ou ocorrência de degradação da qualidade ambiental, conforme prevê o § 2º do art. 17, o ente federativo que tiver conhecimento do fato deverá determinar medidas para evitá-la, fazer cessá-la ou mitigá-la, comunicando imediatamente ao órgão competente para as providências cabíveis. No dispositivo em questão, o legislador, inclusive por força dos **princípios da prevenção e da precaução**, autoriza expressamente todos os entes federativos a atuar, dada a sua competência administrativa comum em matéria ambiental consagrada em sede constitucional (art. 23, III, VI e VII), em situações emergenciais de iminência ou ocorrência de dano ambiental, adotando as medidas necessárias e comunicando o ente federativo detentor da competência originariamente para também adotar suas medidas.

O § 3º do art. 17, por sua vez, prevê que o disposto no *caput* do art. 17 não impede o exercício pelos entes federativos da atribuição comum de fiscalização da conformidade de empreendimentos e atividades efetiva ou potencialmente poluidores ou utilizadores de recursos naturais com a legislação ambiental em vigor, **prevalecendo o auto de infração ambiental lavrado por órgão que detenha a atribuição de licenciamento ou autorização** a que se refere o *caput*. De tal sorte, não há uma vedação legal a que os entes federativos atuem de forma cooperativa da fiscalização ambiental, reconhecendo-se, inclusive, que se trata de uma atribuição comum a todos, na linha inclusive do dispositivo constitucional citado anteriormente, mas, uma vez verificada sobreposição de infrações ambientais lavradas por diferentes entes federativos, a LC 140/2011 entendeu por determinar a prevalência daquela lavrada por órgão que detenha a atribuição de licenciamento ou autorização.

No julgamento da **ADI 4757/DF**, o STF julgou improcedentes os pedidos de declaração de inconstitucionalidade dos arts. 4º, V e VI, 7º, XIII, XIV, h, XV e parágrafo único, 8º, XIII e XIV, 9º, XIII e XIV, 14, § 3º, 15, 17, *caput* e §§ 2º, 20 e 21 da **Lei Complementar 140/2011** e, por arrastamento, da integralidade da legislação, bem como julgou parcialmente procedente a ação direta para conferir **interpretação conforme a Constituição Federal** ao § 3º do art. 17, esclarecendo que a prevalência do auto de infração lavrado pelo órgão originalmente competente para o licenciamento ou autorização ambiental não exclui a atuação supletiva de outro ente federado, desde que comprovada omissão ou insuficiência na tutela fiscalizatória.[12]

4. ATIVIDADES SUJEITAS AO LICENCIAMENTO AMBIENTAL (RESOLUÇÃO 237/97 DO CONAMA)

A **Resolução 237/97 do Conama** estabelece, no seu Anexo I, um **rol exemplificativo** de empreendimentos e atividades sujeitas ao licenciamento ambiental, conforme segue.

ATIVIDADES OU EMPREENDIMENTOS SUJEITOS AO LICENCIAMENTO AMBIENTAL	
1) Extração e tratamento de minerais	– pesquisa mineral com guia de utilização – lavra a céu aberto, inclusive de aluvião, com ou sem beneficiamento – lavra subterrânea com ou sem beneficiamento – lavra garimpeira – perfuração de poços e produção de petróleo e gás natural

---

[12] STF, ADI 4757/DF, Tribunal Pleno, Rel. Min. Rosa Weber, j. 13.12.2022.

2) Indústria de produtos minerais não metálicos	– beneficiamento de minerais não metálicos, não associados à extração – fabricação e elaboração de produtos minerais não metálicos tais como: produção de material cerâmico, cimento, gesso, amianto e vidro, entre outros
3) Indústria metalúrgica	– fabricação de aço e de produtos siderúrgicos – produção de fundidos de ferro e aço/forjados/arames/relaminados com ou sem tratamento de superfície, inclusive galvanoplastia – metalurgia dos metais não ferrosos, em formas primárias e secundárias, inclusive ouro – produção de laminados/ligas/artefatos de metais não ferrosos com ou sem tratamento de superfície, inclusive galvanoplastia – relaminação de metais não ferrosos, inclusive ligas – produção de soldas e anodos – metalurgia de metais preciosos – metalurgia do pó, inclusive peças moldadas – fabricação de estruturas metálicas com ou sem tratamento de superfície, inclusive galvanoplastia – fabricação de artefatos de ferro/aço e de metais não ferrosos com ou sem tratamento de superfície, inclusive galvanoplastia – têmpera e cementação de aço, recozimento de arames, tratamento de superfície
4) Indústria mecânica	– fabricação de máquinas, aparelhos, peças, utensílios e acessórios com e sem tratamento térmico e/ou de superfície
5) Indústria de material elétrico, eletrônico e comunicações	– fabricação de pilhas, baterias e outros acumuladores – fabricação de material elétrico, eletrônico e equipamentos para telecomunicação e informática – fabricação de aparelhos elétricos e eletrodomésticos
6) Indústria de material de transporte	– fabricação e montagem de veículos rodoviários e ferroviários, peças e acessórios – fabricação e montagem de aeronaves – fabricação e reparo de embarcações e estruturas flutuantes
7) Indústria de madeira	– serraria e desdobramento de madeira – preservação de madeira – fabricação de chapas, placas de madeira aglomerada, prensada e compensada – fabricação de estruturas de madeira e de móveis

8) Indústria de papel e celulose	– fabricação de celulose e pasta mecânica – fabricação de papel e papelão – fabricação de artefatos de papel, papelão, cartolina, cartão e fibra prensada
9) Indústria de borracha	– beneficiamento de borracha natural – fabricação de câmara de ar e fabricação e recondicionamento de pneumáticos – fabricação de laminados e fios de borracha – fabricação de espuma de borracha e de artefatos de espuma de borracha, inclusive látex
10) Indústria de couros e peles	– secagem e salga de couros e peles – curtimento e outras preparações de couros e peles – fabricação de artefatos diversos de couros e peles – fabricação de cola animal
11) Indústria química	– produção de substâncias e fabricação de produtos químicos – fabricação de produtos derivados do processamento de petróleo, de rochas betuminosas e da madeira – fabricação de combustíveis não derivados de petróleo – produção de óleos/gorduras/ceras vegetais-animais/óleos essenciais vegetais e outros produtos da destilação da madeira – fabricação de resinas e de fibras e fios artificiais e sintéticos e de borracha e látex sintéticos – fabricação de pólvora/explosivos/detonantes/munição para caça-desporto, fósforo de segurança e artigos pirotécnicos – recuperação e refino de solventes, óleos minerais, vegetais e animais – fabricação de concentrados aromáticos naturais, artificiais e sintéticos – fabricação de preparados para limpeza e polimento, desinfetantes, inseticidas, germicidas e fungicidas – fabricação de tintas, esmaltes, lacas, vernizes, impermeabilizantes, solventes e secantes – fabricação de fertilizantes e agroquímicos – fabricação de produtos farmacêuticos e veterinários – fabricação de sabões, detergentes e velas – fabricação de perfumarias e cosméticos – produção de álcool etílico, metanol e similares

12) Indústria de produtos de matéria plástica	– fabricação de laminados plásticos – fabricação de artefatos de material plástico
13) Indústria têxtil, de vestuário, calçados e artefatos de tecidos	– beneficiamento de fibras têxteis, vegetais, de origem animal e sintéticos – fabricação e acabamento de fios e tecidos – tingimento, estamparia e outros acabamentos em peças do vestuário e artigos diversos de tecidos – fabricação de calçados e componentes para calçados
14) Indústria de produtos alimentares e bebidas	– beneficiamento, moagem, torrefação e fabricação de produtos alimentares – matadouros, abatedouros, frigoríficos, charqueadas e derivados de origem animal – fabricação de conservas – preparação de pescados e fabricação de conservas de pescados – preparação, beneficiamento e industrialização de leite e derivados – fabricação e refinação de açúcar – refino/preparação de óleo e gorduras vegetais – produção de manteiga, cacau, gorduras de origem animal para alimentação – fabricação de fermentos e leveduras – fabricação de rações balanceadas e de alimentos preparados para animais – fabricação de vinhos e vinagre – fabricação de cervejas, chopes e maltes – fabricação de bebidas não alcoólicas, bem como engarrafamento e gaseificação de águas minerais – fabricação de bebidas alcoólicas
15) Indústria de fumo	– fabricação de cigarros/charutos/cigarrilhas e outras atividades de beneficiamento do fumo
16) Indústrias diversas	– usinas de produção de concreto – usinas de asfalto – serviços de galvanoplastia
17) Obras civis	– rodovias, ferrovias, hidrovias, metropolitanos – barragens e diques – canais para drenagem – retificação de curso de água – abertura de barras, embocaduras e canais – transposição de bacias hidrográficas – outras obras de arte

18) Serviços de utilidade	– produção de energia termoelétrica – transmissão de energia elétrica – estações de tratamento de água – interceptores, emissários, estação elevatória e tratamento de esgoto sanitário – tratamento e destinação de resíduos industriais (líquidos e sólidos) – tratamento/disposição de resíduos especiais, tais como: de agroquímicos e suas embalagens usadas e de serviço de saúde, entre outros – tratamento e destinação de resíduos sólidos urbanos, inclusive aqueles provenientes de fossas – dragagem e derrocamentos em corpos d'água – recuperação de áreas contaminadas ou degradadas
19) Transporte, terminais e depósitos	– transporte de cargas perigosas – transporte por dutos – marinas, portos e aeroportos – terminais de minério, petróleo e derivados e produtos químicos – depósitos de produtos químicos e produtos perigosos
20) Turismo	– complexos turísticos e de lazer, inclusive parques temáticos e autódromos
21) Atividades diversas	– parcelamento do solo – distrito e polo industrial
22) Atividades agropecuárias	– projeto agrícola – criação de animais – projetos de assentamentos e de colonização
23) Uso de recursos naturais	– silvicultura – exploração econômica da madeira ou lenha e subprodutos florestais – atividade de manejo de fauna exótica e criadouro de fauna silvestre – utilização do patrimônio genético natural – manejo de recursos aquáticos vivos – introdução de espécies exóticas e/ou geneticamente modificadas – uso da diversidade biológica pela biotecnologia

5. FASES E ETAPAS DO LICENCIAMENTO AMBIENTAL (LICENÇA PRÉVIA, LICENÇA DE INSTALAÇÃO E LICENÇA DE OPERAÇÃO)

A **licença ambiental**, conforme estabelece o art. 1º, II, da Resolução 237/97 do CONAMA, configura-se como o

> "(...) **ato administrativo** pelo qual o órgão ambiental competente, estabelece as **condições, restrições e medidas de controle ambiental** que deverão ser obedecidas pelo empreendedor, pessoa física ou jurídica, para **localizar, instalar, ampliar e operar empreendimentos ou atividades utilizadoras dos recursos ambientais consideradas efetiva ou potencialmente poluidoras** ou aquelas que, sob qualquer forma, possam causar degradação ambiental".

O art. 8º da Resolução 237/97 do CONAMA, ao reproduzir em parte o conteúdo do art. 19 do Decreto 99.274/90 (por exemplo, o **modelo "trifásico"** para a licença ambiental), conceitua os diferentes tipos de licença ambiental em: **Licença Prévia (LP)**, **Licença de Instalação (LI)** e **Licença de Operação (LO)**.

Licença Prévia (LP) (art. 8º, I)	– concedida na fase preliminar do planejamento do empreendimento ou atividade aprovando sua localização e concepção, atestando a viabilidade ambiental e estabelecendo os requisitos básicos e condicionantes a serem atendidos nas próximas fases de sua implementação.
Licença de Instalação (LI) (art. 8º, II)	– autoriza a instalação do empreendimento ou atividade de acordo com as especificações constantes dos planos, programas e projetos aprovados, incluindo as medidas de controle ambiental e demais condicionantes, da qual constituem motivo determinante.
Licença de Operação (LO) (art. 8º, III)	– autoriza a operação da atividade ou empreendimento, após a verificação do efetivo cumprimento do que consta das licenças anteriores, com as medidas de controle ambiental e condicionantes determinados para a operação.

No tocante aos **prazos de validade das licenças ambientais**, o art. 18 da Resolução 237/97 do CONAMA estabelece o seguinte.

> **Art. 18.** O órgão ambiental competente estabelecerá os **prazos de validade** de cada tipo de licença, especificando-os no respectivo documento, levando em consideração os seguintes aspectos:
> I – O prazo de validade da **Licença Prévia (LP)** deverá ser, no mínimo, o estabelecido pelo cronograma de elaboração dos planos, programas e projetos relativos ao empreendimento ou atividade, **não podendo ser superior a 5 (cinco) anos**;
> II – O prazo de validade da **Licença de Instalação (LI)** deverá ser, no mínimo, o estabelecido pelo cronograma de instalação do empreendimento ou atividade, **não podendo ser superior a 6 (seis) anos**;

III – O prazo de validade da Licença de Operação (LO) deverá considerar os planos de controle ambiental e será de, **no mínimo, 4 (quatro) anos** e, **no máximo, 10 (dez) anos;**.

§ 1º A Licença Prévia (LP) e a Licença de Instalação (LI) poderão ter os prazos de validade prorrogados, desde que não ultrapassem os prazos máximos estabelecidos nos incisos I e II.

§ 2º O órgão ambiental competente poderá estabelecer prazos de validade específicos para a Licença de Operação (LO) de empreendimentos ou atividades que, por sua natureza e peculiaridades, estejam sujeitos a encerramento ou modificação em prazos inferiores.

§ 3º Na renovação da Licença de Operação (LO) de uma atividade ou empreendimento, o órgão ambiental competente poderá, mediante decisão motivada, aumentar ou diminuir o seu prazo de validade, após avaliação do desempenho ambiental da atividade ou empreendimento no período de vigência anterior, respeitados os limites estabelecidos no inciso III.

§ 4º A renovação da Licença de Operação (LO) de uma atividade ou empreendimento deverá ser requerida com antecedência mínima de 120 (cento e vinte) dias da expiração de seu prazo de validade, fixado na respectiva licença, ficando este automaticamente prorrogado até a manifestação definitiva do órgão ambiental competente.

No tocante às **etapas** do procedimento de licenciamento ambiental, o art. 10 da Resolução 237/97 do CONAMA estabelece o seguinte:

Etapas do procedimento de licenciamento ambiental (art. 10 da Resolução 237/97 do CONAMA)	I – **Definição pelo órgão ambiental competente, com a participação do empreendedor**, dos documentos, projetos e estudos ambientais, necessários ao início do processo de licenciamento correspondente à licença a ser requerida; II – **Requerimento da licença ambiental pelo empreendedor**, acompanhado dos documentos, projetos e **estudos ambientais pertinentes**, dando-se a devida **publicidade**; III – **Análise pelo órgão ambiental competente**, integrante do SISNAMA, dos documentos, projetos e estudos ambientais apresentados e a realização de **vistorias técnicas**, quando necessárias; IV – **Solicitação de esclarecimentos e complementações pelo órgão ambiental competente**, integrante do SISNAMA, uma única vez, em decorrência da análise dos documentos, projetos e estudos ambientais apresentados, quando couber, podendo haver a reiteração da mesma solicitação caso os esclarecimentos e complementações não tenham sido satisfatórios; V – **Audiência pública**, quando couber, de acordo com a regulamentação pertinente; VI – Solicitação de **esclarecimentos e complementações pelo órgão ambiental competente**, decorrentes de audiências públicas, quando couber, podendo haver reiteração da solicitação quando os esclarecimentos e complementações não tenham sido satisfatórios; VII – Emissão de **parecer técnico conclusivo** e, quando couber, parecer jurídico; VIII – **Deferimento ou indeferimento** do pedido de licença, dando-se a devida **publicidade**.

De modo complementar, o art. 10 também assinala, no seu § 1º, que "no procedimento de licenciamento ambiental deverá constar, obrigatoriamente, a certidão da Prefeitura Municipal, declarando que o local e o tipo de empreendimento ou atividade estão em conformidade com a legislação aplicável ao uso e ocupação do solo e, quando for o caso, a autorização para supressão de vegetação e a outorga para o uso da água, emitidas pelos órgãos competentes", bem como que, no § 2º, "no caso de empreendimentos e atividades sujeitos ao estudo de impacto ambiental – EIA, se verificada a necessidade de nova complementação em decorrência de esclarecimentos já prestados, conforme incisos IV e VI, o órgão ambiental competente, mediante decisão motivada e com a participação do empreendedor, poderá formular novo pedido de complementação".

6. REVISIBILIDADE DO LICENCIAMENTO AMBIENTAL E AUSÊNCIA DE "DIREITO ADQUIRIDO A POLUIR"

A **licença ambiental** representa um **ato administrativo** *sui generis*, ensejando certa controvérsia doutrinária acerca da sua natureza.

A concessão de licença ambiental para obra ou atividade lesiva ou potencialmente lesiva ao meio ambiente não representa ato administrativo irrevogável ou *ad eternum*. A natureza dinâmica da política ecológica e sua forte relação com o desenvolvimento científico e tecnológico pode exigir, em determinado momento, a adoção de medidas mais restritivas por parte do Estado, fixando a **revisão de licença ambiental** já concedida para o adequado enfrentamento da poluição ambiental. Como exemplifica Terence Trennepohl, "a edição de regras mais restritivas, por exemplo, de emissão de poluentes, obriga o licenciado a adequar suas atividades aos novos limites estabelecidos, sob pena de suspensão da atividade **sem direito à indenização**. Igualmente não deve ser confundida com a suspensão de atividades por imposição de penalidade ou pelo descumprimento de condicionantes constantes do licenciamento".[13]

O próprio aprimoramento do conhecimento científico pode identificar no futuro a lesividade ecológica de determinadas práticas hoje devidamente licenciadas e não reguladas com maior rigor, exigindo que os órgãos ambientais passem a exigir medidas mais restritivas dos seus empreendedores. O Direito Ambiental não admite o que se poderia denominar de um suposto **"direito adquirido de poluir"**, contra o que já se pronunciou, aliás, a própria jurisprudência do STJ.[14] Eventual restrição aos interesses e direitos do empreendedor de obra ou atividade licenciada, como na hipótese referida anteriormente em que se impõe a revisão de licença ambiental previamente concedida, não ensejará, em regra, qualquer direito à indenização.

O **bem jurídico ambiental**, conforme tratado em tópico antecedente, caracteriza interesse e direito difuso de titularidade de toda a coletividade, a que todos os indivíduos devem ter acesso, bem como qualquer lesão ou ameaça de lesão a tal bem jurídico repercute na esfera do interesse público (**interesse público primário**) e social em termos gerais. Por mais que, muitas vezes, os recursos naturais estejam sob a titularidade (ou posse) privada, isso não representa um "cheque em branco" para o titular do direito dispor como bem entender a respeito da utilização de tal recurso.

De tal sorte, jamais se poderá admitir um suposto "direito adquirido a poluir" em face de uma nova legislação ambiental mais restritiva de direitos, uma vez que prevalece o interesse de toda a coletividade em detrimento do interesse particular do poluidor. Isso, por sua vez, conforme dispõe o dispositivo em análise, reflete na possibilidade de revisão e revogação de licença ambiental concedida diante da ocorrência de dano ambiental não previsto ou devidamente dimensionado à época da sua concessão.

---

[13] TRENNEPOHL, Terence *Manual de direito ambiental...*, p. 142-143.
[14] STJ, REsp 948.921/SP, 2ª T., Rel. Min Herman Benjamin, j. 23.02.2007.

> **RESOLUÇÃO 237/97 DO CONAMA**
>
> Art. 19. O órgão ambiental competente, mediante decisão motivada, poderá modificar os condicionantes e as medidas de controle e adequação, suspender ou cancelar uma licença expedida, quando ocorrer:
>
> I – violação ou inadequação de quaisquer condicionantes ou normas legais;
>
> II – omissão ou falsa descrição de informações relevantes que subsidiaram a expedição da licença;
>
> III – superveniência de graves riscos ambientais e de saúde.

7. ESTUDO (PRÉVIO) E RELATÓRIO DE IMPACTO AMBIENTAL – EIA-RIMA (RESOLUÇÃO 001/86 DO CONAMA)

7.1 Considerações iniciais e regime jurídico

A relevância do instituto jurídico da avaliação ou estudo de impacto ambiental pode ser verificada por meio da sua consagração no **Princípio 17 da Declaração do Rio (1992)**:

> **Princípio 17**
>
> A **avaliação do impacto ambiental**, como instrumento nacional, deve ser empreendida para atividades planejadas que possam vir a ter impacto negativo considerável sobre o meio ambiente, e que dependam de uma decisão de autoridade nacional competente.

Na legislação nacional, a Lei da Política Nacional do Meio Ambiente (Lei 6.938/81), consagrou expressamente a "avaliação de impactos ambientais" (art. 9º, III), como **instrumentos da PNMA**. Posteriormente, o instituto jurídico foi "constitucionalizado" no art. 225 da CF/1988, ao prever a norma constitucional que: (...) § 1º Para assegurar a efetividade desse direito, **incumbe ao Poder Público**: (...) IV – **exigir**, na forma da lei, para instalação de obra ou atividade potencialmente causadora de significativa degradação do meio ambiente, **estudo prévio de impacto ambiental**, a que se dará publicidade". O estudo prévio de impacto ambiental é um dos instrumentos mais importantes da PNMA, operacionalizando os princípios da prevenção e da precaução no exercício da atividade administrativa ambiental dos órgãos integrantes do SISNAMA. Como o próprio nome do instituto nome enuncia, o seu objetivo é permitir uma análise "prévia", portanto anterior a que qualquer atividade ou obra seja concretizada e o dano ambiental ser posto em prática.

O estudo prévio de impacto ambiental também se revela como um importante instrumento de **acesso da sociedade à informação ambiental** e controle de obras e atividades poluidoras, na medida em que, como a própria norma constitucional enuncia expressamente, o Estado possui o **dever de assegurar a sua publicidade**.

De acordo com a doutrina majoritária, a "avaliação de impacto ambiental" seria o gênero, ao passo que o "estudo prévio e o relatório de impacto ambiental" seriam espécie. Ou seja, existem vários tipos de "avaliação de impacto ambiental", com diferentes formas de complexidade e rigor. No caso do "estudo prévio e o relatório de impacto ambiental", ele apresenta maior rigor e complexidade, sendo exigido para a hipótese de **empreendimentos e atividades potencial ou efetivamente causadoras de significativa degradação ou impacto ambiental**. Outras situações em que não estiverem em causa empreendimentos e atividades potencial ou efetivamente causadoras de significativa degradação ambiental podem autorizar a adoção de formas simplificadas de avaliação de impacto ambiental para o licenciamento.

A título de exemplo, o art. 1º, III, da Resolução 237/97 do CONAMA prevê os "**estudos ambientais**", que "são todos e quaisquer estudos relativos aos aspectos ambientais relacionados à localização, instalação, operação e ampliação de uma atividade ou empreendimento, apresentado como subsídio para a análise da licença requerida, tais como: relatório ambiental, plano e projeto de controle ambiental, relatório ambiental preliminar, diagnóstico ambiental, plano de manejo, plano de recuperação de área degradada e análise preliminar de risco". Tais estudos seriam para atividades que não causem significativo impacto ambiental, sendo, portanto, mais simplificados em comparação com o "**estudo prévio e o relatório de impacto ambiental**".

7.1.1 Estudo (prévio) de impacto de vizinhança

O **Estatuto da Cidade (Lei 10.257/2001)** criou, no seu art. 4º, VI, o **estudo prévio de impacto de vizinhança (EIV)**. De acordo com o art. 36, a "lei municipal definirá os empreendimentos e atividades privados ou públicos em área urbana que dependerão de elaboração de estudo prévio de impacto de vizinhança (EIV) para obter as licenças ou autorizações de construção, ampliação ou funcionamento a cargo do Poder Público municipal".

O art. 37 do diploma urbanista pontua que o "EIV será executado de forma a contemplar os **efeitos positivos e negativos do empreendimento ou atividade** quanto à **qualidade de vida da população** residente na área e suas proximidades, incluindo a análise, no mínimo, das seguintes questões: (...) VII – **paisagem urbana e patrimônio natural e cultural**". No parágrafo único do mesmo dispositivo, consta que "dar-se-á publicidade aos documentos integrantes do EIV, que ficarão disponíveis para consulta, no órgão competente do Poder Público municipal, por qualquer interessado". No último ponto, o dispositivo é bastante similar à regulamentação legislativa existente com relação ao estudo de impacto ambiental, notadamente pelo prisma de assegurar o **acesso à informação** de eventuais interessados no conteúdo do EIV.

Por fim, um aspecto importante do EIV diz respeito ao fato de que ele possui **caráter apenas complementar** em relação **ao estudo prévio de impacto ambiental**, conforme consagrado expressamente no art. 38 da Lei 10.257/2001, ao assinalar que "a elaboração do EIV **não substitui a elaboração e a aprovação de estudo prévio de impacto ambiental (EIA)**, requeridas nos termos da legislação ambiental".

7.1.2 O estudo prévio e o relatório de impacto ambiental como requisito para a obtenção da Licença Prévia (LP)

A **avaliação de impacto ambiental** (por exemplo, o **estudo prévio e o relatório de impacto ambiental** para a hipótese de empreendimentos e atividades potencial ou efetivamente causadoras de significativa degradação ambiental) deve ser considerada, em regra, como **requisito para a obtenção da Licença Prévia (LP)**. Dada a **natureza preventiva** (com relação ao possível dano ambiental) da avaliação de impacto ambiental, não há razão para que ela se dê em momento posterior, ou seja, quando a atividade ou empreendimento já estiver intervindo no meio ambiente. Tal entendimento coloca-se de acordo com os princípios da prevenção e da precaução, bem como do regime jurídico de responsabilização (administrativa, civil e penal) do poluidor ambiental.

A alteração no meio natural provocado pela instalação do empreendimento ou atividade (momento posterior à licença prévia) só deve ser possibilitada com base na avaliação de impacto ambiental realizada previamente. O referido entendimento coloca-se em sintonia com o sentido literal da própria nomenclatura "estudo *prévio* e relatório de impacto ambiental", além poder ser extraído do próprio art. 8º da Resolução 237/97 do CONAMA, ao traçar o conceito de Licença Prévia (LP), a qual só deve ser concedida na fase preliminar do planejamento do empreendimento ou atividade na medida em que se comprove a sua viabilidade ecológica. Segundo Leme Machado, "qualquer decisão precipitada da Administração Pública licenciando antes do EPIA/

RIMA é **nula**, e a nulidade pode ser pronunciada pela própria Administração Pública ou pelo Judiciário".[15]

> **JURISPRUDÊNCIA STJ. Exigência de estudo prévio de impacto ambiental para a concessão de licença urbanístico-ambiental:** "Processual civil e administrativo. Ambiental. Ação civil pública. Responsabilidade por dano causado ao meio ambiente. Zona Costeira. Lei 7.661/1988. Construção de hotel em área de promontório. **Nulidade de autorização ou licença urbanístico-ambiental.** Obra potencialmente causadora de significativa degradação do meio ambiente. **Estudo Prévio de Impacto Ambiental – EPIA e Relatório de Impacto Ambiental – RIMA.** Competência para o licenciamento urbanístico-ambiental. Princípio do poluidor-pagador (art. 4º, VII, primeira parte, da Lei 6.938/1981). Responsabilidade objetiva (art. 14, § 1º, da Lei 6.938/1981). **Princípio da melhoria da qualidade ambiental** (art. 2º, caput, da Lei 6.938/1981). 1. Cuidam os autos de Ação Civil Pública proposta pela União com a finalidade de responsabilizar o Município de Porto Belo-SC e o particular ocupante de **terreno de marinha e promontório,** por construção irregular de **hotel de três pavimentos** com aproximadamente 32 apartamentos. 2. O Tribunal Regional Federal da 4ª Região, por maioria, deu provimento às Apelações da União e do Ministério Público Federal para julgar procedente a demanda, acolhendo os Embargos Infringentes, tão só para eximir o proprietário dos custos com a demolição do estabelecimento. 3. Incontroverso que o hotel, na Praia da Encantada, foi levantado em terreno de marinha e promontório, este último um acidente geográfico definido como 'cabo formado por rochas ou penhascos altos' (Houaiss). Afirma a União que a edificação se encontra, após aterro ilegal da área, 'rigorosamente dentro do mar', o que, à época da construção, inclusive interrompia a livre circulação e passagem de pessoas ao longo da praia. 4. Nos exatos termos do acórdão da apelação (grifo no original): 'O empreendimento em questão está localizado, segundo consta do próprio laudo pericial às fls. 381-386, em área chamada promontório. Esta área é considerada de preservação permanente, pela legislação do Estado de Santa Catarina por meio da Lei nº 5.793/80 e do Decreto nº 14.250/81, bem como pela legislação municipal (Lei Municipal nº 426/84)'. 5. Se o Tribunal de origem baseou-se em informações de fato e na prova técnica dos autos (fotografias e laudo pericial) para decidir a) pela caracterização da obra ou atividade em questão como potencialmente causadora de significativa degradação do meio ambiente – de modo a exigir o Estudo Prévio de Impacto Ambiental (EPIA) e o Relatório de Impacto Ambiental (RIMA) – e b) pela natureza non aedificandi da área em que se encontra o hotel (fazendo-o também com fulcro em norma municipal, art. 9º, item 7, da Lei 426/1984, que a classifica como 'Zona de Preservação Permanente', e em legislação estadual, Lei 5.793/1980 e Decreto 14.250/1981), interditado está ao Superior Tribunal de Justiça rever tais conclusões, por óbice das Súmulas 7/STJ e 280/STF. **6. É inválida, ex tunc, por nulidade absoluta decorrente de vício congênito, a autorização ou licença urbanístico-ambiental** que ignore ou descumpra as exigências estabelecidas por lei e atos normativos federais, estaduais e municipais, não produzindo os efeitos que lhe são ordinariamente próprios (quod nullum est, nullum product effectum), nem admitindo confirmação ou convalidação. 7. A Lei 7.661/1988, que instituiu o Plano Nacional de Gerenciamento Costeiro, previu, entre as medidas de conservação e proteção dos bens de que cuida, a elaboração de **Estudo Prévio de Impacto Ambiental – EPIA** acompanhado de seu respectivo **Relatório de Impacto Ambiental – RIMA**. 8. Mister não confundir **prescrições técnicas e condicionantes** que integram a **licença urbanístico-ambiental** (= o posterius) com o próprio EPIA/RIMA (= o prius), porquanto **este deve, necessariamente, anteceder aquela, sendo proibido, diante da imprescindibilidade de motivação jurídico-científica de sua dispensa, afastá-lo de forma implícita, tácita ou simplista,** vedação que se justifica tanto para assegurar a plena informação dos interessados, inclusive da comunidade, como para facilitar o controle administrativo e judicial da decisão em si mesma. 9. Indubitável

---

[15] O mesmo entendimento é defendido por MACHADO, Paulo Affonso Leme. *Direito ambiental brasileiro...*, 26. ed., p. 323.

que seria, no plano administrativo, um despropósito prescrever que a União licencie todo e qualquer empreendimento ou atividade na Zona Costeira nacional. Incontestável também que ao órgão ambiental estadual e municipal falta competência para, de maneira solitária e egoísta, exercer uma prerrogativa – universal e absoluta – de **licenciamento ambiental no litoral,** negando relevância, na fixação do seu **poder de polícia licenciador,** à dominialidade e peculiaridades do sítio (como áreas representativas e ameaçadas dos ecossistemas da Zona Costeira, existência de espécies migratórias em risco de extinção, terrenos de marinha, manguezais), da obra e da extensão dos impactos em questão, transformando em um nada fático-jurídico eventual interesse concreto manifestado pelo IBAMA e outros órgãos federais envolvidos (Secretaria do Patrimônio da União, p. ex.). 10. O **Decreto Federal 5.300/2004,** que regulamenta a Lei 7.661/1988, adota como 'princípios fundamentais da gestão da Zona Costeira' a **'cooperação entre as esferas de governo'** (por meio de convênios e consórcios entre União, Estados e Municípios, cada vez mais comuns e **indispensáveis no campo do licenciamento ambiental**), bem como a **'precaução'** (art. 5º, incisos XI e X, respectivamente). Essa postura precautória, todavia, acaba esvaziada, sem dúvida, quando, na apreciação judicial posterior, nada mais que o fato consumado da degradação ambiental é tudo o que sobra para examinar, justamente por carência de diálogo e colaboração entre os órgãos ambientais e pela visão monopolista-exclusivista, territorialista mesmo, da competência de licenciamento. 11. **Pacífica a jurisprudência do STJ** de que, nos termos do art. 14, § 1º, da Lei 6.938/1981, o degradador, em decorrência do **princípio do poluidor-pagador,** previsto no art. 4º, VII (primeira parte), do mesmo estatuto, é obrigado, independentemente da existência de culpa, a reparar – **por óbvio que às suas expensas – todos os danos que cause ao meio ambiente e a terceiros afetados por sua atividade, sendo prescindível perquirir acerca do elemento subjetivo, o que, consequentemente, torna irrelevante eventual boa ou má-fé para fins de acertamento da natureza, conteúdo e extensão dos deveres de restauração do status quo ante ecológico e de indenização.** 12. Ante o **princípio da melhoria da qualidade ambiental,** adotado no Direito brasileiro (art. 2º, caput, da Lei 6.938/81), inconcebível a proposição de que, se um imóvel, rural ou urbano, encontra-se em região já ecologicamente deteriorada ou comprometida por ação ou omissão de terceiros, dispensável ficaria sua preservação e conservação futuras (e, com maior ênfase, eventual restauração ou recuperação). Tal tese equivaleria, indiretamente, a criar um absurdo cânone de isonomia aplicável a pretenso **direito de poluir e degradar:** se outros, impunemente, contaminaram, destruíram, ou desmataram o meio ambiente protegido, que a prerrogativa valha para todos e a todos beneficie. 13. Não se pode deixar de registrar, em obiter dictum, que causa no mínimo perplexidade o fato de que, segundo consta do aresto recorrido, **o Secretário de Planejamento Municipal e Urbanismo, Carlos Alberto Brito Loureiro, a quem coube assinar o Alvará de construção, é o próprio engenheiro responsável pela obra do hotel.** 14. Recurso especial de Mauro Antônio Molossi não provido. Recursos especiais da União e do Ministério Público Federal providos" (STJ, REsp 769.753/SC, 2ª T., Min. Herman Benjamin, j. 08.09.2009).

7.1.3 O estudo prévio (e o relatório) de impacto climático

A **Lei de Adaptação Climática (Lei 14.904/2024),** ao estabelecer diretrizes para a elaboração de planos de adaptação à mudança do clima, consagrou dispositivo que faz referência expressa, no seu art. 5º, § 2º, II, a adoção de "**metodologias de identificação de impactos, avaliação e gestão do risco climático**", o que estabelece importante parâmetro normativo para o reconhecimento do instituto do **estudo prévio (e relatório) de impacto climático:**

> "Art. 5º As medidas previstas no **plano nacional de adaptação à mudança do clima**, a ser elaborado pelo órgão federal competente, serão formuladas em articulação com as 3 (três) esferas da Federação e os **setores socioeconômicos**, garantida a participação social

dos mais vulneráveis aos efeitos adversos dessa mudança e dos representantes do **setor privado**, com vistas a fortalecer e estimular a produção de resultados tangíveis de **adaptação** que garantam a **mitigação dos efeitos atuais e esperados das mudanças do clima, compatibilizando a proteção do meio ambiente com o desenvolvimento econômico**. (...) § 2º O Plano Nacional sobre Mudança do Clima preverá a coordenação e a governança federativa do plano nacional de adaptação à mudança do clima, de modo a garantir: (...) II – harmonização das **metodologias de identificação de impactos, avaliação e gestão do risco climático**, análise das vulnerabilidades e das ameaças climáticas e identificação, **avaliação e priorização de medidas de adaptação**".

7.2 Conceito de impacto ambiental

A **Resolução 001/86 do CONAMA (art. 1º)**, que dispõe sobre critérios básicos e diretrizes gerais para a avaliação de impacto ambiental, conceitua **impacto ambiental** como

> "(...) qualquer alteração das propriedades físicas, químicas e biológicas do meio ambiente, causada por qualquer forma de matéria ou energia resultante das atividades humanas que, direta ou indiretamente, afetam: I – a saúde, a segurança e o bem-estar da população; II – as atividades sociais e econômicas; III – a biota; IV – as condições estéticas e sanitárias do meio ambiente; V – a qualidade dos recursos ambientais".

O conceito em questão reproduz integralmente os conceitos degradação do meio ambiente e de poluição trazidos pelo art. 3º da Lei 6.938/81, conforme tratamos anteriormente no capítulo sobre a Política Nacional do Meio Ambiente. Mais recentemente, na linha do que foi abordado no tópico anterior e em sintonia com a jurisprudência recente do STF (ex.: **ADPF 708/DF**) que reconhece **deveres estatais de proteção climática** inerentes ao regime constitucional estabelecido pelo art. 225 da CF/1988, é importante atribuir uma dimensão climática ao conceito de impacto ambiental e avançar na categorização também do **impacto climático** de empreendimentos e atividades poluidoras ou potencialmente poluidoras.

7.3 Atividades sujeitas ao estudo prévio de impacto ambiental

A Resolução 001/86 do CONAMA estabelece, no seu art. 2º, o rol exemplificativo de atividades sujeitas ao estudo de impacto ambiental. Segundo assinala o dispositivo, dependerá de elaboração de estudo de impacto ambiental e respectivo relatório de impacto ambiental (RIMA), a serem submetidos à aprovação do órgão estadual competente, e do Ministério do Meio Ambiente em caráter supletivo, o licenciamento de atividades modificadoras do meio ambiente, conforme listadas a seguir.

Atividades sujeitas ao estudo prévio de impacto ambiental (art. 2º da Resolução 001/86 do CONAMA)	I – Estradas de rodagem com duas ou mais faixas de rolamento;
	II – Ferrovias;
	III – Portos e terminais de minério, petróleo e produtos químicos;
	IV – Aeroportos, conforme definidos pelo inciso 1, artigo 48, do Decreto-lei 32/66;
	V – Oleodutos, gasodutos, minerodutos, troncos coletores e emissários de esgotos sanitários;
	VI – Linhas de transmissão de energia elétrica, acima de 230KV;

Atividades sujeitas ao estudo prévio de impacto ambiental
(art. 2º da Resolução 001/86 do CONAMA)

VII – Obras hidráulicas para exploração de recursos hídricos, tais como: barragem para fins hidrelétricos, acima de 10MW, de saneamento ou de irrigação, abertura de canais para navegação, drenagem e irrigação, retificação de cursos d'água, abertura de barras e embocaduras, transposição de bacias, diques;

VIII – Extração de combustível fóssil (petróleo, xisto, carvão);

IX – Extração de minério, inclusive os da classe II, definidas no Código de Mineração;

X – Aterros sanitários, processamento e destino final de resíduos tóxicos ou perigosos;

XI – Usinas de geração de eletricidade, qualquer que seja a fonte de energia primária, acima de 10MW;

XII – Complexo e unidades industriais e agroindustriais (petroquímicos, siderúrgicos, cloroquímicos, destilarias de álcool, hulha, extração e cultivo de recursos hidróbios);

XIII – Distritos industriais e zonas estritamente industriais – ZEI;

XIV – Exploração econômica de madeira ou de lenha, em áreas acima de 100 hectares ou menores, quando atingir áreas significativas em termos percentuais ou de importância do ponto de vista ambiental;

XV – Projetos urbanísticos, acima de 100 ha ou em áreas consideradas de relevante interesse ambiental a critério da SEMA e dos órgãos estaduais ou municipais;

XVI – Qualquer atividade que utilizar carvão vegetal, derivados ou produtos similares, em quantidade superior a dez toneladas por dia; (nova redação dada pela Resolução CONAMA 11/86)

XVII – Projetos Agropecuários que contemplem áreas acima de 1.000 ha ou menores, neste caso, quando se tratar de áreas significativas em termos percentuais ou de importância do ponto de vista ambiental, inclusive nas áreas de proteção ambiental; (inciso acrescentado pela Resolução nº 11/86)

XVIII – Empreendimentos potencialmente lesivos ao patrimônio espeleológico nacional. (inciso acrescentado pela Resolução CONAMA 5/87)

7.4 Diretrizes gerais e conteúdo técnico mínimo do estudo prévio de impacto ambiental

A Resolução 001/86 do CONAMA estabelece, no seu art. 5º, que o estudo de impacto ambiental, além de atender à legislação, em especial os princípios e objetivos expressos na Lei de Política Nacional do Meio Ambiente, obedecerá às seguintes **diretrizes gerais:**

I – Contemplar todas as alternativas tecnológicas e de localização do projeto, confrontando-as com a hipótese de não execução do projeto;

II – Identificar e avaliar sistematicamente os impactos ambientais gerados nas fases de implantação e operação da atividade;

III – Definir os limites da área geográfica a ser direta ou indiretamente afetada pelos impactos, denominada área de influência do projeto, considerando, em todos os casos, a bacia hidrográfica na qual se localiza;

IV – Considerar os planos e programas governamentais, propostos e em implantação na área de influência do projeto, e sua compatibilidade.

O parágrafo único do art. 5º, por sua vez, estabelece, de modo complementar, que, ao determinar a execução do estudo de impacto ambiental, o órgão estadual competente, ou o Ministério do Meio Ambiente ou, no que couber ao Município, fixará as diretrizes adicionais que, pelas peculiaridades do projeto e características ambientais da área, forem julgadas necessárias, inclusive os prazos para conclusão e análise dos estudos.

O art. 6º, por sua vez, estabelece que o estudo de impacto ambiental desenvolverá, **no mínimo**, as seguintes **atividades técnicas**:

Conteúdo técnico mínimo do EIA (art. 6º)	**I – Diagnóstico ambiental da área de influência do projeto** completa descrição e análise dos recursos ambientais e suas interações, tal como existem, de modo a caracterizar a situação ambiental da área, antes da implantação do projeto, considerando: a) o **meio físico** – o subsolo, as águas, o ar e o clima, destacando os recursos minerais, a topografia, os tipos e aptidões do solo, os corpos d'água, o regime hidrológico, as correntes marinhas, as correntes atmosféricas; b) o **meio biológico e os ecossistemas naturais** – a fauna e a flora, destacando as espécies indicadoras da qualidade ambiental, de valor científico e econômico, raras e ameaçadas de extinção e as áreas de preservação permanente; c) o **meio socioeconômico** – o uso e ocupação do solo, os usos da água e a socioeconomia, destacando os sítios e monumentos arqueológicos, históricos e culturais da comunidade, as relações de dependência entre a sociedade local, os recursos ambientais e a potencial utilização futura desses recursos. II – **Análise dos impactos ambientais do projeto e de suas alternativas**, através de identificação, previsão da magnitude e interpretação da importância dos prováveis impactos relevantes, discriminando: os impactos positivos e negativos (benéficos e adversos), diretos e indiretos, imediatos e a médio e longo prazos, temporários e permanentes; seu grau de reversibilidade; suas propriedades cumulativas e sinérgicas; a distribuição dos ônus e benefícios sociais. III – **Definição das medidas mitigadoras dos impactos negativos**, entre elas os equipamentos de controle e sistemas de tratamento de despejos, avaliando a eficiência de cada uma delas. IV – **Elaboração do programa de acompanhamento e monitoramento dos impactos positivos e negativos**, indicando os fatores e parâmetros a serem considerados.

7.5 Relatório de Impacto Ambiental (RIMA)

O Relatório de Impacto Ambiental (RIMA) é o **documento final** que conterá as **conclusões** do estudo de impacto ambiental, inclusive no sentido de apresentar, de forma objetiva e em linguagem acessível, **todas as consequências ambientais** da implementação da obra ou atividade em análise.

O conteúdo mínimo exigido para o RIMA está previsto no art. 9º da Resolução 001/86 do CONAMA:

> **Art. 9º** O relatório de impacto ambiental – RIMA refletirá as **conclusões do estudo de impacto ambiental** e conterá, **no mínimo**:
> I – Os objetivos e justificativas do projeto, sua relação e compatibilidade com as políticas setoriais, planos e programas governamentais;
> II – A descrição do projeto e suas alternativas tecnológicas e locacionais, especificando para cada um deles, nas fases de construção e operação a área de influência, as matérias-primas, e mão de obra, as fontes de energia, os processos e técnicas operacionais, os prováveis efluentes, emissões, resíduos e perdas de energia, os empregos diretos e indiretos a serem gerados;
> III – A síntese dos resultados dos estudos de diagnósticos ambiental da área de influência do projeto;
> IV – A descrição dos prováveis impactos ambientais da implantação e operação da atividade, considerando o projeto, suas alternativas, os horizontes de tempo de incidência dos impactos e indicando os métodos, técnicas e critérios adotados para sua identificação, quantificação e interpretação;
> V – A caracterização da qualidade ambiental futura da área de influência, comparando as diferentes situações da adoção do projeto e suas alternativas, bem como com a hipótese de sua não realização;
> VI – A descrição do efeito esperado das medidas mitigadoras previstas em relação aos impactos negativos, mencionando aqueles que não puderem ser evitados, e o grau de alteração esperado;
> VII – O programa de acompanhamento e monitoramento dos impactos;
> VIII – Recomendação quanto à alternativa mais favorável (conclusões e comentários de ordem geral).
> Parágrafo único. O RIMA deve **ser apresentado de forma objetiva e adequada a sua compreensão**. As informações devem ser traduzidas em **linguagem acessível**, ilustradas por mapas, cartas, quadros, gráficos e demais técnicas de comunicação visual, de modo que se possam entender as vantagens e desvantagens do projeto, bem como **todas as consequências ambientais de sua implementação**.

Após a finalização do RIMA, o ente federativo licenciador deverá se manifestar em caráter conclusivo acerca do seu conteúdo. Sobre o tema dispõe o art. 10 que "o órgão estadual competente, ou a SEMA ou, quando couber, o Município **terá um prazo para se manifestar de forma conclusiva sobre o RIMA apresentado**. Parágrafo único. O prazo a que se refere o *caput* deste artigo terá o seu termo inicial na data do recebimento pelo órgão estadual competente ou pela SEMA do estudo do impacto ambiental e seu respectivo RIMA".

7.5.1 Acesso público ao RIMA e realização de audiência pública

O art. 11 da Resolução 001/86 do CONAMA estabelece expressamente que, "respeitado o **sigilo industrial**, assim solicitando e demonstrando pelo interessado **o RIMA será acessível ao** público. Suas cópias permanecerão à disposição dos interessados, nos centros de documentação ou bibliotecas da SEMA e do órgão estadual de controle ambiental correspondente, inclusive durante o período de análise técnica". O dispositivo, ainda que anterior à CF/1988, alinha-se com a previsão do art. 225, § 1º, IV, ao estabelecer a obrigatoriedade de se assegurar a publicidade do estudo prévio de impacto ambiental. O mesmo se pode dizer com relação à **Lei de Acesso à Informação Ambiental** (Lei 10.650/2003), ao prever, no seu art. 4º, que **"deverão ser publicados em Diário Oficial e ficar disponíveis**, no respectivo órgão, em local de **fácil acesso ao público**, listagens e relações contendo os dados referentes aos seguintes assuntos: (...) VII – registro de apresentação de **estudos de impacto ambiental** e sua aprovação ou rejeição".

O § 1º do art. 11 da Resolução 001/86 também prevê que "os órgãos públicos que manifestarem interesse, ou tiverem relação direta com o projeto, receberão **cópia do RIMA**, para conhecimento e manifestação". E, de modo complementar, o § 2º do mesmo dispositivo estabelece que, "ao determinar a execução do estudo de impacto ambiental e apresentação do RIMA, o órgão estadual competente ou a SEMA ou, quando couber o Município, determinará o prazo para recebimento dos comentários a serem feitos pelos órgãos públicos e demais interessados e, sempre que julgar necessário, **promoverá a realização de audiência pública para informação sobre o projeto e seus impactos ambientais e discussão do RIMA**".

> A **Resolução n. 9/87 do CONAMA** dispõe sobre a realização de **audiências públicas** no processo de licenciamento ambiental.
> **Art. 2º** Sempre que julgar necessário, ou quando for **solicitado por entidade civil, pelo Ministério Público, ou por 50 (cinquenta) ou mais cidadãos**, o Órgão de Meio Ambiente promoverá a realização de audiência pública.

8. EIA, CONTEÚDO CONCLUSIVO, DECISÃO DO ÓRGÃO LICENCIADOR E DISCRICIONARIEDADE ADMINISTRATIVA

As conclusões do EIA-RIMA não retiram da Administração Pública a discricionariedade acerca do licenciamento ambiental. **Não há vinculação do órgão licenciador** ao conteúdo às conclusões. No entanto, na hipótese de as conclusões trazidas pelo estudo demonstrarem grave impacto ecológico, recairá sobre a Administração Pública o **dever de fundamentar e justificar a decisão**, inclusive no sentido de responder (penal, administrativa e civilmente) por danos ecológicos futuros. De acordo com Leme Machado, o EIA-RIMA tem por objetivo orientar a decisão da Administração Pública, o que, segundo o autor, não afasta o dever de fundamentação da sua decisão, bem como que "o órgão público e, por via de regresso, os servidores públicos, responderão objetivamente pelos danos que a decisão administrativa vier a causar, mesmo que baseada no EPIA (a equipe multidisciplinar, como já se apontou, responderá sob a modalidade subjetiva ou culposa)".[16]

9. EIA-RIMA E ÔNUS FINANCEIRO DO EMPREENDEDOR

Todas as despesas decorrentes da realização do estudo prévio de impacto ambiental deverão ser suportadas pelo empreendedor. A **Resolução 237/97 do CONAMA** é expressa nesse sentido ao estabelecer, no seu art. 11, que "os estudos necessários ao processo de licenciamento deverão ser realizados por profissionais legalmente habilitados, às **expensas do empreendedor**". De modo complementar, o parágrafo único do mesmo dispositivo assinala que "o **empreendedor**

---

[16] MACHADO, Paulo Affonso Leme. *Direito ambiental brasileiro...*, 26. ed., p. 324.

e os **profissionais** que subscrevem os estudos previstos no *caput* deste artigo serão **responsáveis pelas informações apresentadas, sujeitando-se às sanções administrativas, civis e penais**".

De modo complementar, o art. 8º da **Resolução 001/86 do CONAMA**, ao tratar do estudo prévio de impacto ambiental, assinala expressamente que "correrão por conta do proponente do projeto todas as despesas e custos referentes à realização do estudo de impacto ambiental, tais como: coleta e aquisição dos dados e informações, trabalhos e inspeções de campo, análises de laboratório, estudos técnicos e científicos e acompanhamento e monitoramento dos impactos, elaboração do RIMA e fornecimento de pelo menos 5 (cinco) cópias".

10. PUBLICIDADE, TRANSPARÊNCIA E ACESSO À INFORMAÇÃO NO ÂMBITO DO LICENCIAMENTO AMBIENTAL

O **princípio da publicidade** (e o dever estatal de conferir publicidade aos atos administrativos), consagrado no *caput* do art. 37 da CF/1988, também agrega força normativa ao princípio democrático-participativo. O princípio em questão coloca limites à atuação do administrador, em vista principalmente do controle social que deve basear a sua atividade num horizonte democrático, como pautado no ordenamento jurídico brasileiro contemporâneo. A publicidade estabelece a transparência na condução da administração pública, possibilitando a todos os interessados tomar ciência de temas que lhes tocam diretamente com relação aos seus direitos. Para a questão ambiental, mais especificamente para a consagração do princípio do acesso à informação ambiental, guarda importância ímpar.

A respeito do princípio da publicidade, a Lei sobre o Processo Administrativo no âmbito da Administração Pública Federal (Lei 9.784/99), além de estabelecer, no *caput* do seu art. 2º, que "a Administração Pública obedecerá, dentre outros, aos princípios da legalidade, finalidade, motivação, razoabilidade, proporcionalidade, moralidade, ampla defesa, contraditório, segurança jurídica, interesse público e eficiência", determina, no parágrafo único, inciso V, do mesmo dispositivo, que nos processos administrativos serão observados, entre outros, os critérios de: "divulgação oficial dos atos administrativos, ressalvadas as hipóteses de sigilo previstas na Constituição".

O diploma em questão destaca, ainda, como direito dos administrados, no art. 3º: "ser tratado com respeito pelas autoridades e servidores, que deverão facilitar o exercício de seus direitos e o cumprimento de suas obrigações" (inciso I) e "ter ciência da tramitação dos processos administrativos em que tenha a condição de interessado, ter vista dos autos, obter cópias de documentos neles contidos e conhecer as decisões proferidas" (inciso II). A Lei 9.784/99 traça um panorama geral relevante pelo prisma do acesso à informação ambiental em relação aos procedimentos administrativos. Ressalta-se, apenas, que, tratando-se de questão ambiental, o conceito de "interessado" deve ser ampliado o máximo possível, já que haverá **interesse de toda a coletividade** e, portanto, qualquer cidadão ou entidade ecológica poderá requerer o acesso à informação existente no âmbito de procedimento administrativo que trate da matéria.

10.1 Audiência pública e licenciamento ambiental

RESOLUÇÃO Nº 009/87 DO CONAMA

O CONSELHO NACIONAL DO MEIO AMBIENTE – CONAMA, no uso das atribuições que lhe conferem o Inciso II, do Artigo 7º, do Decreto nº 88.351, de 1º de junho de 1983, e tendo em vista o disposto na RESOLUÇÃO/CONAMA/Nº 001, de 23 de janeiro de 1986, RESOLVE:

Art. 1º A Audiência Pública referida na RESOLUÇÃO/CONAMA/Nº 001/86, tem por finalidade expor aos interessados o conteúdo do produto em análise e do seu referido RIMA, dirimindo dúvidas e recolhendo dos presentes as críticas e sugestões a respeito.

Art. 2º Sempre que julgar necessário, ou **quando for solicitado por entidade civil, pelo Ministério Público, ou por 50 (cinquenta) ou mais cidadãos**, o Órgão de Meio Ambiente **promoverá** a realização de audiência pública.

§ 1º O Órgão de Meio Ambiente, a partir da data do recebimento do RIMA, fixará em edital e anunciará pela imprensa local a abertura do prazo que será no mínimo de 45 dias para solicitação de audiência pública.

§ 2º No caso de haver solicitação de audiência pública e na hipótese do Órgão Estadual não realizá-la, a **licença concedida não terá validade**.

§ 3º Após este prazo, a convocação será feita pelo Órgão Licenciador, através de correspondência registrada aos solicitantes e da divulgação em órgãos da imprensa local.

§ 4º A audiência pública deverá ocorrer em **local acessível aos interessados**.

§ 5º Em função da localização geográfica dos solicitantes, e da complexidade do tema, **poderá haver mais de uma audiência pública sobre o mesmo projeto** de respectivo Relatório de Impacto Ambiental – RIMA.

Art. 3º A audiência pública será **dirigida pelo representante do Órgão licenciador** que, após a exposição objetiva do projeto e do seu respectivo RIMA, abrirá as discussões com os interessados presentes.

Art. 4º Ao final de cada audiência pública será lavrara uma ata sucinta.

Parágrafo único. Serão anexadas à ata, todos os documentos escritos e assinados que forem entregues ao presidente dos trabalhos durante a seção.

Art. 5º A **ata da(s) audiência(s) pública(s) e seus anexos, servirão de base, juntamente com o RIMA, para a análise e parecer final do licenciador quanto à aprovação ou não do projeto**.

Art. 6º Esta Resolução entra em vigor na data de sua publicação.

Tânia Maria Tonel Munhoz

José A. Lutzenberger

* Resolução aprovada na 15ª Reunião Ordinária do CONAMA, porém só foi referendada pelo presidente do Conselho por ocasião da 24ª Reunião realizada em 28 de junho de 1990.

A **Resolução CONAMA nº 494/2020** estabeleceu, em caráter excepcional e temporário, nos casos de licenciamento ambiental, a possibilidade de realização de audiência pública de forma remota, por meio da Rede Mundial de Computadores, durante o período da pandemia de covid-19.

PRINCIPAIS RESOLUÇÕES DO CONAMA SOBRE LICENCIAMENTO AMBIENTAL

Resolução CONAMA nº 499/2020 – Dispõe sobre o licenciamento da atividade de coprocessamento de resíduos em fornos rotativos de produção de clínquer.

Resolução CONAMA nº 494/2020 – Estabelece, em caráter excepcional e temporário, nos casos de licenciamento ambiental, a possibilidade de realização de audiência pública de forma remota, por meio da Rede Mundial de Computadores, durante o período da pandemia do Novo Coronavírus (covid-19).

Resolução CONAMA nº 479/2017 – Dispõe sobre o licenciamento ambiental de empreendimentos ferroviários de baixo potencial de impacto ambiental e a regularização dos empreendimentos em operação.

Resolução CONAMA nº 470/2015 – Estabelece critérios e diretrizes para o licenciamento ambiental dos aeroportos regionais.

Resolução CONAMA nº 465/2014 – "Dispõe sobre os requisitos e critérios técnicos mínimos necessários para o licenciamento ambiental de estabelecimentos destinados ao recebimento de embalagens de agrotóxicos e afins, vazias ou contendo resíduos".

Resolução CONAMA nº 462/2014 – "Estabelece procedimentos para o licenciamento ambiental de empreendimentos de geração de energia elétrica a partir de fonte eólica em superfície terrestre, altera o art. 1º da Resolução CONAMA nº 279, de 27 de julho de 2001, e dá outras providências" (Altera o inciso IV e acrescenta § 2º ao art. 1º da Resolução CONAMA nº 279/2001).

Resolução CONAMA nº 458/2013 – "Estabelece procedimentos para o licenciamento ambiental em assentamento de reforma agrária, e dá outras providências" (Revoga a Resolução nº 387, de 27 de dezembro de 2006).

Resolução CONAMA nº 428/2010 – "Dispõe, no âmbito do licenciamento ambiental sobre a autorização do órgão responsável pela administração da Unidade de Conservação (UC), de que trata o § 3º do artigo 36 da Lei nº 9.985 de 18 de julho de 2000, bem como sobre a ciência do órgão responsável pela administração da UC no caso de licenciamento ambiental de empreendimentos não sujeitos a EIA-RIMA e dá outras providências" (Revoga as Resoluções nº 10, de 1988, nº 11, de 1987, nº 12, de 1988, nº 13, de 1990; altera as Resoluções nº 347, de 2004, e nº 378, de 2006).

Resolução CONAMA nº 413/2009 – "Dispõe sobre o licenciamento ambiental da aquicultura, e dá outras providências" (Alterada pela Resolução 459/2013).

Resolução CONAMA nº 412/2009 – "Estabelece critérios e diretrizes para o licenciamento ambiental de novos empreendimentos destinados à construção de habitações de Interesse Social".

Resolução CONAMA nº 404/2008 – "Estabelece critérios e diretrizes para o licenciamento ambiental de aterro sanitário de pequeno porte de resíduos sólidos urbanos".

Resolução CONAMA nº 385/2006 – "Estabelece procedimentos a serem adotados para o licenciamento ambiental de agroindústrias de pequeno porte e baixo potencial de impacto ambiental".

Resolução CONAMA nº 378/2006 – "Define os empreendimentos potencialmente causadores de impacto ambiental nacional ou regional para fins do disposto no inciso III, § 1º, art. 19 da Lei nº 4.771, de 15 de setembro de 1965, e dá outras providências" (Alterada pela Resolução nº 428, de 2010).

Resolução CONAMA nº 377/2006 – "Dispõe sobre licenciamento ambiental simplificado de Sistemas de Esgotamento Sanitário".

Resolução CONAMA nº 350/2004 – "Dispõe sobre o licenciamento ambiental específico das atividades de aquisição de dados sísmicos marítimos e em zonas de transição".

Resolução CONAMA nº 335/2003 – "Dispõe sobre o licenciamento ambiental de cemitérios" (Alterada pelas Resoluções nº 368, de 2006, e nº 402, de 2008).

Resolução CONAMA nº 312/2002 – "Dispõe sobre o licenciamento ambiental dos empreendimentos de carcinicultura na zona costeira".

Resolução CONAMA nº 305/2002 – "Dispõe sobre Licenciamento Ambiental, Estudo de Impacto Ambiental e Relatório de Impacto no Meio Ambiente de atividades e empreendimentos com Organismos Geneticamente Modificados e seus derivados".

Resolução CONAMA nº 286/2001 – "Dispõe sobre o licenciamento ambiental de empreendimentos nas regiões endêmicas de malária".

Resolução CONAMA nº 284/2001 – "Dispõe sobre o licenciamento de empreendimentos de irrigação".

Resolução CONAMA nº 281/2001 – "Dispõe sobre modelos de publicação de pedidos de licenciamento".

Resolução CONAMA nº 279/2001 – "Estabelece procedimentos para o licenciamento ambiental simplificado de empreendimentos elétricos com pequeno potencial de impacto ambiental".

Resolução CONAMA nº 264/1999 – "Licenciamento de fornos rotativos de produção de clínquer para atividades de coprocessamento de resíduos" (revogada pela Resolução 499/2020).

Resolução CONAMA nº 237/1997 – "Regulamenta os aspectos de licenciamento ambiental estabelecidos na Política Nacional do Meio Ambiente".

Resolução CONAMA nº 010/1996 – "Regulamenta o licenciamento ambiental em praias onde ocorre a desova de tartarugas marinhas".

Resolução CONAMA nº 023/1994 – "Institui procedimentos específicos para o licenciamento de atividades relacionadas à exploração e lavra de jazidas de combustíveis líquidos e gás natural".

Resolução CONAMA nº 015/1989 – "Dispõe sobre a apresentação de EIAs, pela PETROBRAS, sobre o uso de metanol como combustível".

Resolução CONAMA nº 008/1988 – "Dispõe sobre o licenciamento de atividade mineral (transformada no Decreto nº 97.507, de 13 de fevereiro de 1989)".

Resolução CONAMA nº 005/1988 – "Dispõe sobre o licenciamento de obras de saneamento básico".

Resolução CONAMA nº 009/1987 – "Dispõe sobre a questão de audiências públicas" (Alterada pela Resolução 494/2020 e em processo de revisão).

Resolução CONAMA nº 006/1987 – "Dispõe sobre o licenciamento ambiental de obras do setor de geração de energia elétrica".

Resolução CONAMA nº 024/1986 – "Dispõe sobre apresentação de licenciamento de projetos de hidrelétricas pela ELETROBRAS".

Resolução CONAMA nº 006/1986 – "Dispõe sobre a aprovação de modelos para publicação de pedidos de licenciamento".

Resolução CONAMA nº 001/1986 – "Dispõe sobre critérios básicos e diretrizes gerais para a avaliação de impacto ambiental" (Alterada pelas Resoluções nº 11, de 1986, nº 05, de 1987, nº 237, de 1997 e nº 494/2020).

Resolução CONAMA nº 002/1985 – "Dispõe sobre licenciamento de atividades potencialmente poluidoras, pelos órgãos estaduais competentes" (Finalidade cumprida).

Capítulo 13
DANO ECOLÓGICO E RESPONSABILIDADE CIVIL AMBIENTAL

1. INTRODUÇÃO: DA "CONSTITUCIONALIZAÇÃO" À "ECOLOGIZAÇÃO" DO DIREITO PRIVADO

A **"constitucionalização" do Direito Civil**, marcada, no âmbito do Direito brasileiro, pela promulgação da CF/1988, estabeleceu um novo panorama normativo para a relação entre o **Direito Privado** e o **Direito Público**, consagrando a tutela e promoção dos direitos fundamentais e da dignidade da pessoa humana como objetivos comuns e integradores de ambos os sistemas. O reconhecimento da eficácia dos direitos fundamentais no âmbito das relações privadas[1] ilustra bem esse contexto. A superação do **paradigma liberal-individualista do Direito Civil** clássico "oitocentista" estabelecida no antigo Código Civil de 1916 (Lei 3.071/16) pode ser facilmente identificada por intermédio da consagração de "novos" **direitos de matriz coletiva**, verificados antes mesmo da CF/1988 (por intermédio, por exemplo, da Lei 6.938/81 e da Lei 7.437/85), como é o caso do Direito do Consumidor, do Direito Urbanístico e do Direito Ambiental. Esse novo cenário normativo consagra a edificação de um **"novo" Direito Civil**, reconstruído à luz da **nova ordem constitucional** e do modelo de Estado de Direito da CF/1988, o que também conduz à sua vinculação aos **valores e direitos ecológicos**.

A **"Virada de Copérnico"** do **Direito Civil**, conforme expressão consagrada por Luiz Edson Fachin em artigo clássico sobre o tema,[2] pode ser verificada num dos seus pilares, ou seja, no direito de propriedade. Sem desenvolver o tema em maiores detalhes, até porque que não se trata do nosso propósito aqui, identifica-se hoje forte tendência de **"funcionalização" do direito de propriedade** – como um **direito-dever** –, vinculando o seu exercício a interesses que extrapolam a esfera do seu titular, como é o caso da proteção ecológica. Não que a ideia de função social – e mais recentemente, também a função ambiental ou ecológica – inerente ao direito de propriedade seja algo novo – basta rememorar a previsão expressa na Constituição de Weimar de 1919 no sentido de que a "a propriedade obriga" –, já que a sua consagração na legislação brasileira é anterior à CF/1988. O **Estatuto da Terra** (Lei 4.504/64) e o (hoje revogado) **Código Florestal de 1965** (Lei 4.771/65) já haviam consagrado em grande medida a função social da propriedade, trazendo limitações de ordem pública ao exercício do direito de propriedade, inclusive com os primeiros contornos ecológicos inerentes a tal função.

---

[1] No tocante à eficácia dos direitos fundamentais nas relações entre particulares, v. SARLET, Ingo W. *A eficácia dos direitos fundamentais...*, p. 374-383; e, especificamente em relação à eficácia do direito fundamental ao ambiente nas relações entre particulares, v. FENSTERSEIFER, *Direitos fundamentais e proteção do ambiente...*, p. 245-258.

[2] FACHIN, Luiz Edson. "Virada de Copérnico": um convite à reflexão sobre o direito civil brasileiro contemporâneo. In: FACHIN, Luiz Edson (coord.). *Repensando os fundamentos do direito civil brasileiro contemporâneo*. Rio de Janeiro: Renovar, 2000, p. 317-324.

O **Código Civil de 2002**, fortalecendo esse cenário, consagrou expressamente a *função ecológica* da propriedade, por meio do seu paradigmático art. 1.228, § 1º, ao dispor que o "direito de propriedade deve ser exercido em consonância com as suas finalidades econômicas e sociais e de modo que sejam *preservados, de conformidade com o estabelecido em lei especial, a flora, a fauna, as belezas naturais, o equilíbrio ecológico e o patrimônio histórico e artístico, bem como evitada a poluição do ar e das águas*". Igualmente, o **Código Florestal de 2012** (Lei 12.651/2012) seguiu no mesmo caminho, mantendo os institutos jurídicos (já existentes na sua versão anterior de 1965) que expressam a função ecológica da propriedade, como é o caso da **área de preservação permanente** e da **reserva legal**.

A ideia de **"funcionalização" dos institutos do Direito Civil** também encontra fundamento na função social do contrato, consagrada expressamente no Código Civil de 2002 (art. 421).[3] O **princípio da boa-fé objetiva** igualmente **deve** ser concebido à luz de uma **dimensão ecológica**, por exemplo, estabelecendo **deveres ecológicos conexos** no âmbito de determinada relação jurídica privada.[4] Todos os institutos clássicos do Direito Privado são impactados e submetidos a uma releitura contemporânea de matiz ecológica. A título de exemplo, o STJ, no julgamento do AgInt no REsp 1.688.885/SP, reconheceu expressamente a "**função ambiental ou ecológica dos contratos**". De acordo com o Ministro Herman Benjamin, "a **liberdade de contratar** (*rectius*, de celebrar negócios jurídicos) constante do art. 421 do Código Civil não é absoluta, nem irrefreável, mas se subordina não só à **função social** nele prevista, mas também a cânones jurídicos de regência da vida civilizada em comunidade, entre eles a **função ecológica do contrato**, cara-metade da **função ecológica da propriedade** (art. 1.228, § 1º, do Código Civil)".[5]

O cenário jurídico-constitucional hoje é muito diferente daquele que concebeu o Direito Civil Clássico, consagrado pelo Código Civil de 1916 e replicado em grande medida também no Código Civil de 2002, especialmente por conta da centralidade ocupada posteriormente a 1988 pela Constituição na ordem jurídica nacional (quando antes o Código Civil ocupava tal lugar privilegiado) e também pela vinculação da **eficácia da dignidade da pessoa humana e dos direitos fundamentais (liberais, sociais e ecológicos) nas relações entre particulares** (a denominada **eficácia horizontal**). Igualmente, o Direito Privado, inspirado não apenas nos seus cânones da autonomia privada e da liberdade, tem-se desenvolvido na afirmação dos **princípios da igualdade e da solidariedade**, notadamente em vista da proteção de **indivíduos e grupos sociais (hiper)vulneráveis**. Entre os **novos sujeitos vulneráveis**, a serem protegidos no âmbito das relações jurídicas privadas, a doutrina tem avançado no sentido de incluir também as **futuras gerações humanas**, os **animais (não humanos)** e a **Natureza** em si.

Está em curso um processo de **"ecologização" do Direito Privado**, como tem defendido, entre outros, Gonzalo Sozzo. Como assinala o autor argentino, "el Derecho Privado debería

---

[3] "Art. 421. A liberdade de contratar será exercida em razão e nos limites da função social do contrato. (...) Art. 422. Os contratantes são obrigados a guardar, assim na conclusão do contrato, como em sua execução, os princípios de probidade e boa-fé."

[4] O STJ, no julgamento do REsp 1.944.616/MT, fundamentou decisão com base no **princípio da boa-fé objetiva** aplicado à **matéria ambiental**, ao reconhecer deveres conexos e violação do princípio no âmbito de **relação contratual** envolvendo **manejo florestal**. De acordo com a Corte, a parte recorrida teria agido de maneira contraditória, uma vez que, após ter dado início ao procedimento de **licenciamento ambiental** da área a ser explorada pelos recorrentes junto ao órgão ambiental estadual, negou-se a dar-lhe continuidade, sem justificativa plausível. Segundo a Min. Nancy Andrighi, "a boa-fé objetiva, prevista de forma expressa no art. 422 do Código Civil, impõe às partes da relação jurídica o dever de comportar-se de acordo com padrões éticos de confiança e de lealdade, de modo a permitir a concretização das legítimas expectativas que justificaram a celebração do contrato". STJ, REsp 1.944.616/MT, 3ª Turma, Rel. Min. Nancy Andrighi, j. 08.03.2022.

[5] STJ, AgInt no REsp 1.688.885/SP, 2ª T., Rel. Min. Herman Benjamin, j. 01.09.2020.

internalizar las perspectivas que las ciencias experimentales están produciendo sobre la transformación del estado del planeta y las necesidades que esto genera. Hay que **construir un Derecho Privado para el Antropoceno**".[6] A "ecologização" do Direito Civil é um corolário lógico da própria "constitucionalização" da ordem jurídica privada, na medida em que a CF/1988 – nomeada pelo Ministro Luiz Fux de "Constituição Verde"[7] – incorporou os valores ecológicos no seu núcleo normativo axiológico, reconhecendo tanto o **dever estatal** de proteção ambiental quanto o **direito fundamental** ao meio ambiente ecologicamente equilibrado titularizado pelos indivíduos e pela sociedade como um todo (art. 225).

O *status* **normativo supralegal dos tratados internacionais em matéria ambiental**, como já reconhecido pelo STF[8] e em sintonia com a jurisprudência mais recente da Corte IDH,[9] também reforça o fenômeno da "ecologização" do Direito Civil e a vinculação de toda a ordem jurídica privada ao parâmetro normativo internacional ambiental, ressalvando-se, inclusive, a possibilidade do **controle de convencionalidade** da legislação privada infraconstitucional a ser levado a efeito (*ex officio*) por Juízes e Tribunais. A título de exemplo, o **Código Civil e Comercial da Argentina (2015)**, de modo inovador, reconheceu expressamente os **tratados internacionais de direitos humanos** – entre eles os tratados internacionais ambientais, dada a natureza de direito humano atribuída ao direito ao meio ambiente – como **fonte normativa** do Direito Privado.[10]

As relações jurídicas privadas e os institutos jurídicos clássicos do Direito Civil (contrato, propriedade, responsabilidade civil etc.)[11] encontram-se, portanto, vinculados normativamente ao direito fundamental ao meio ambiente e ao respeito aos valores ecológicos por força do comando constitucional (art. 225), inclusive. Igualmente, destaca-se a **natureza de direito-dever** inerente ao regime jurídico-constitucional ecológico, com a atribuição de **deveres fundamentais** de proteção ecológica a cargo dos particulares, a ponto de limitar o exercício e gozo de outros

---

[6] SOZZO, Gonzalo. *Derecho privado ambiental*: el giro ecológico del derecho privado. Buenos Aires: Rubinzal-Culzoni Editores, 2019. p. 16. Na doutrina alemã, em defesa de uma interpretação ecologicamente orientada do Direito Privado, inclusive em vista da decisão emblemática adotada pelo Tribunal Constitucional Federal alemão no Caso Neubauer e Outros vs. Alemanha (2021), v. NEUNER, Jörg. Die ökologisch orientierte Auslegung und Fortbildung des Privatrechts. ZfPW, 2024, p. 127-158.

[7] STF, ADC 42/DF, Tribunal Pleno, Rel. Min. Luiz Fux, j. 28.02.2018.

[8] STF, ADI 4.066/DF, Tribunal Pleno, Rel. Min. Rosa Weber, j. 24.08.2017. Em decisão recente, por ocasião do julgamento da medida cautelar na ADPF 747/DF, acerca do *status* normativo das resoluções do CONAMA, a Ministra Rosa Weber voltou a defender o *status* supralegal do marco normativo internacional em matéria ambiental, conforme se pode observar na passagem que segue: "a Resolução nº 500, de 28 de setembro de 2020, do Conselho Nacional do Meio Ambiente (CONAMA), ao revogar as Resoluções nºs 284/2001, 302/2002 e 303/2002, vulnera princípios basilares da Constituição, sonega proteção adequada e suficiente ao direito fundamental ao meio ambiente equilibrado nela assegurado e promove desalinho em relação a **compromissos internacionais de caráter supralegal assumidos pelo Brasil e que moldam o conteúdo desses direitos**" (STF, MC na ADPF 747/DF, Tribunal Pleno, Rel. Min. Rosa Weber, j. 28.10.2020).

[9] Vide *Opinião Consultiva 23/2017 da Corte IDH sobre "Meio Ambiente e Direitos Humanos"* e, mais recentemente, a decisão da Corte IDH no *Caso Tierra Nuestra vs. Argentina* (2020).

[10] "ARTICULO 1º. Fuentes y aplicación. Los casos que este Código rige deben ser resueltos según las leyes que resulten aplicables, conforme con la Constitución Nacional y los tratados de derechos humanos en los que la República sea parte. A tal efecto, se tendrá en cuenta la finalidad de la norma. Los usos, prácticas y costumbres son vinculantes cuando las leyes o los interesados se refieren a ellos o en situaciones no regladas legalmente, siempre que no sean contrarios a derecho."

[11] Nem o Direito de Família tem escapado desse novo cenário jurídico, haja vista, por exemplo, os desenvolvimentos recentes decorrentes do **novo *status* jurídico de seres sencientes dos animais não humanos**, impactando as relações jurídicas familiares em temas como divórcio, guarda e regulamentação de visitas etc.

direitos de âmbito privado. No caso dos institutos jurídicos, o seu conteúdo passa a ser reconstruído com base nesse novo paradigma ambiental ou ecológico.[12]

A título de exemplo, o instituto do **abuso de direito**, consagrado no art. 187 do Código Civil de 2002,[13] foi "repaginado" recentemente pelo Código Civil e Comercial da Argentina (2015), ao dispor da seguinte forma a respeito do instituto no seu art. 14:

> **ARTICULO 14.** Derechos individuales y de incidencia colectiva.
>
> En este Código se reconocen:
>
> a) derechos individuales;
>
> b) **derechos de incidencia colectiva**.
>
> La ley no ampara el **ejercicio abusivo de los derechos individuales** cuando pueda **afectar al ambiente** y a los derechos de incidencia colectiva en general.

É possível, por essa ótica, falar da caracterização do **abuso de direito ecológico** – ou "**ecoabuso**" **de direito**, como referido por Sozzo.[14] Ao comentar o dispositivo citado e conectar a legislação civil com a norma constitucional argentina, o autor assinala que "la inovación del nuevo Código Civil y Comercial, que aqui llamo **giro ecológico del abuso del derecho**, es un nuevo jalón en esta historia del abuso del derecho que basicamente consiste en haber internalizado, en la propia estructura del derecho subjetivo lo que en principio constituye un limite externo al derecho subjetivo que proviene de los '**derechos de incidência colectiva**' (DIC) (art. 41, CN). En otras palavras, se assigna a los **derehos subjetivos** un **doble función**: a) satisfacer las **necesidades indiviuales** (función individualista); b) satisfacer las **necesidades comunes o colectivas**".[15] O **Acordo de Escazú (2018)**, por sua vez, consagrou expressamente o "princípio da boa-fé" no rol de princípios estabelecido no art. 3º do diploma, o que nos permite falar de um **princípio da boa-fé objetiva ambiental ou ecológica**, inclusive como fundamento para o reconhecimento de **deveres conexos de natureza ambiental** em determinada relação jurídica privada que tenha repercussão na integridade de algum **bem jurídico ecológico**.

De modo complementar, o art. 10 do diploma civil argentino estabelece que o Juiz "debe ordenar lo necesario para evitar los efectos del ejercicio abusivo o de la situación jurídica abusiva y, si correspondiere, procurar la **reposición al estado de hecho anterior** y fijar **una indemnización**".[16] Na esfera ecológica, a caracterização do abuso de direito deve ensejar a atuação judicial prioritariamente no sentido de prevenir a ocorrência do dano, bem como, quando isso não for possível, buscar a imposição de medidas voltadas à restauração ao estado ambiental anterior ou original e, como última alternativa, a fixação de indenização pecuniária.

---

[12] De acordo com Ricardo L. Lorenzetti e Pablo Lorenzetti, "en el caso del **paradigma ambiental** el pensamento se basa en: a) una concepción sistémica; b) búsqueda de una coordinación en el funcionamiento entre los sistemas económico, social y natural; c) **comunicabilidad de los principios entre el Derecho Público y el Privado**; y d) existência de bienes colectivos". LORENZETTI, Ricardo L.; LORENZETTI, Pablo. Derecho ambiental. Santa Fe: Rubinzal-Culzoni Editores, 2018. p. 92-93.

[13] "Art. 187. Também comete ato ilícito o titular de um direito que, ao exercê-lo, excede manifestamente os limites impostos pelo seu fim económico ou social, pela boa-fé ou pelos bons costumes."

[14] SOZZO, Derecho privado ambiental..., p. 532-533.

[15] SOZZO, Derecho privado ambiental..., p. 554.

[16] "ARTICULO 10. **Abuso del derecho**. El ejercicio regular de un derecho propio o el cumplimiento de una obligación legal no puede constituir como ilícito ningún acto. La ley no ampara el ejercicio abusivo de los derechos. Se considera tal el que contraría los fines del ordenamiento jurídico o el que excede los límites impuestos por la buena fe, la moral y las buenas costumbres. El juez debe ordenar lo necesario para evitar los efectos del ejercicio abusivo o de la situación jurídica abusiva y, si correspondiere, procurar **la reposición al estado de hecho anterior y fijar una indemnización**."

A temática da responsabilidade civil, nesse cenário, é particularmente rica para estudar a vinculação entre o Direito Ambiental e o Direito Civil, haja vista que a legislação ambiental provocou importantes inovações na matéria, consagrando a responsabilidade objetiva pelo dano ambiental (art. 14, § 1º, da Lei 6.938/81), a relativização do nexo causal na hipótese de dano ambiental, a imprescritibilidade do dano ambiental, o dano moral coletivo ambiental, entre outras questões que oxigenaram e impulsionaram importantes inovações na matéria. A responsabilidade civil ambiental situa-se em um espaço jurídico de **interseção entre o Direito Público e o Direito Privado**, dada a natureza difusa do bem jurídico ecológico.

Como assinalam Farias, Rosenvald e Braga Neto, "o sistema de responsabilidade civil não pode manter uma neutralidade perante valores juridicamente relevantes em um dado momento histórico e social. Vale dizer, todas as perspectivas de proteção efetiva de direitos merecem destaque, seja pela via material como pela processual, em um sincretismo jurídico capaz de realizar um balanceamento de interesses, através da combinação das funções basilares da responsabilidade civil: **punição, precaução e compensação**".[17] A responsabilidade civil ambiental é um dos exemplos mais simbólicos desse paradigma contemporâneo, notadamente em um momento histórico em que a humanidade se depara com uma **crise ecológica** sem precedentes que desafia inclusive a própria sobrevivência humana.

A função clássica da responsabilidade civil, notadamente em relação à reparação do dano após a sua ocorrência, não dá conta de enfrentar sozinha os desafios contemporâneos, especialmente na seara do Direito Ambiental. A extinção de espécies da Natureza simboliza a ocorrência de **danos ecológicos irreversíveis**. Igual se pode dizer em relação aos **danos climáticos** que podem desencadear um desequilíbrio incontrolável em escala planetária. O sistema de responsabilidade civil, dada a sua importância na regulação das relações jurídicas na sociedade contemporânea, inclusive pela ótica da atuação das instituições do Sistema de Justiça e o dever de proteção ecológica, precisa necessariamente se posicionar de forma adequada na defesa dos valores e direitos que expressa o interesse de toda a coletividade, como é o caso da defesa da Natureza. Para além da função reparatória ou compensatória em relação ao dano ecológico já ocorrido, as **funções punitiva e precaucional** exercem uma papel fundamental, notadamente para evitarem a ocorrência do dano em si, além de também operaram com caráter pedagógico para modular comportamentos "amigos do meio ambiente" no âmbito comunitário.

Dada a irreversibilidade e a perenidade temporal de muitos danos ecológicos, o sistema da responsabilidade ambiental deve operar à luz de um paradigma preventivo e precaucional, de modo a evitar a sua ocorrência. Tal entendimento é reforçado pela proteção de interesses e direitos titularizados pelas futuras gerações, como estabelecido pelo regime constitucional de proteção ecológica da CF/1988. Conforme destacado pelo Ministro Gilmar Mendes, "o artigo 225 da Constituição, ao impor à coletividade e ao Poder Público o dever de defender e preservar o meio ambiente para as presentes e futuras gerações, dispõe sobre um **dever geral de prevenção dos riscos ambientais**, na condição de uma ordem normativa objetiva de **antecipação de futuros danos ambientais**, que são apreendidos juridicamente pelos **princípios da prevenção (riscos concretos) e da precaução (riscos abstratos)**".[18]

Das relações privadas relativas aos direitos de vizinhança,[19] em que, de certa forma, se originaram algumas das primeiras questões envolvendo a litigância judicial em matéria ambiental, migrou-se para um **cenário jurídico complexo e multifacetado** onde os atores privados

---

[17] FARIAS, Cristiano Chaves de; ROSENVALD, Nelson; BRAGA NETO, Felipe Peixoto. *Curso de direito civil*. Responsabilidade civil. 3. ed. Salvador: JusPodivm, 2016, v. 3, p. 80.

[18] STF, ADPF 640, Tribunal Pleno, Rel. Min. Gilmar Mendes, j. 10.09.2021.

[19] De acordo com tal entendimento a respeito do "viés ecológico" atribuído à proteção dos direitos de vizinhança, v. MOREIRA NETO, *Introdução ao direito ecológico...*, p. 24.

(pessoas físicas e jurídicas) – inclusive sob a perspectiva dos ***deveres fundamentais* em matéria ambiental** – não estão imunes de responsabilidade no tocante à manutenção do equilíbrio, segurança e salubridade ecológica. A fronteira entre o Direito Público e o Direito Privado resulta, em grande medida, relativizada em decorrência da consagração de valores fundados no **valor da solidariedade**, como é o caso da proteção do meio ambiente. O exercício de direitos na órbita privada está necessariamente vinculado aos interesses de matriz ecológica de toda a coletividade.

A ação (e omissão) humana está na origem da atual **crise ecológica**, como aliás, resultou consagrado expressamente no **Acordo de Paris (2015)**. Dito de outro modo, são justamente as práticas inconsequentes e irresponsáveis dos seres humanos, nas mais diversas áreas de atuação, tanto privadas quanto públicas, que nos conduziram ao atual estado de risco existencial. Há, nesse sentido, para além da responsabilidade na esfera moral, também a necessidade de imposição de **responsabilidades (deveres e obrigações) no campo jurídico**, com o propósito de frear o ímpeto destrutivo que tem nos guiado nos últimos séculos, e de modo particularmente acelerado a partir da segunda metade do século XX. É nesse cenário (social, político, econômico e jurídico) que se insere o **princípio da responsabilidade**. Trata-se, sem dúvida, de um dos princípios precursores do Direito Ambiental, muito embora se trate de um princípio geral de Direito.

No plano normativo internacional, pelo menos desde a **Declaração de Estocolmo sobre o Meio Ambiente Humano (1972)**, o princípio da responsabilidade tem sido reiteradamente invocado na esfera da proteção ecológica. No seu Preâmbulo (item 7), restou consignado que, para efetivar a defesa e o melhoramento do meio ambiente humano para as gerações presentes e futuras, "será necessário que cidadãos e comunidades, empresas e instituições, em todos os planos, *aceitem as responsabilidades* que possuem e que todos eles participem equitativamente, nesse esforço comum". No mesmo dispositivo, há também a previsão de que "as administrações locais e nacionais, e suas respectivas jurisdições são as *responsáveis pela maior parte do estabelecimento de normas e aplicações de medidas em grande escala sobre o meio ambiente*".

Há, conforme se pode ver na passagem citada, tanto a atribuição de responsabilidades aos indivíduos e à sociedade em geral, quanto ao Estado. Além do dispositivo referido, o Princípio 4 do diploma, de modo complementar, assevera que "**o homem tem a responsabilidade especial de preservar e administrar judiciosamente o patrimônio da flora e da fauna silvestres e seu habitat**, que se encontram atualmente, em grave perigo, devido a uma combinação de fatores adversos (...)". Já o Princípio 22, igualmente vinculado ao tema, dispõe que "os Estados devem cooperar para continuar desenvolvendo o direito internacional no que se refere à responsabilidade e à **indenização às vítimas da poluição e de outros danos ambientais** que as atividades realizadas dentro da jurisdição ou sob o controle de tais Estados causem a zonas fora de sua jurisdição".

Em etapa subsequente, avançando no campo da responsabilização pelo dano ambiental no plano internacional, é digna de nota a **Declaração do Rio sobre Meio Ambiente e Desenvolvimento (1992)**. Entre os aspectos inovadores trazidos pelo diploma, está a denominada "responsabilidade comum, mas diferenciada", tomando como referência a desigualdade (sobretudo socioeconômica) existente entre os Estados no plano internacional e, consequentemente, o fato de alguns Estados (e seus respectivos cidadãos) serem grandes poluidores e consumidores de recursos naturais, enquanto outros muito pouco ou nada contribuem para a crise ecológica, tanto pelo prisma do presente quanto do passado. De acordo com o Princípio 7, "(...) **os Estados têm responsabilidades comuns, porém diferenciadas**. Os países desenvolvidos reconhecem a responsabilidade que lhes cabe na busca internacional do desenvolvimento sustentável, tendo em vista as pressões exercidas por suas sociedades sobre o meio ambiente global e as tecnologias e recursos financeiros que controlam".[20]

---

[20] A "responsabilidade comum, mas diferenciada" foi consagrada, no âmbito da legislação ambiental brasileira, por meio da Lei da Política Nacional sobre Mudança do Clima (Lei 12.187/2009), mais precisamente no seu

De modo complementar, o Princípio 13 da Declaração do Rio assinala que "os **Estados** irão desenvolver **legislação nacional relativa à responsabilidade e à indenização das vítimas de poluição e de outros danos ambientais**. Os Estados irão também cooperar, de maneira expedita e mais determinada, no **desenvolvimento do direito internacional** no que se refere à **responsabilidade e à indenização por efeitos adversos dos danos ambientais** causados, em áreas fora de sua jurisdição, por atividades dentro de sua jurisdição ou sob seu controle". Em outras palavras, o último dispositivo citado destaca o papel que cabe ao Estado, tanto no plano interno, no sentido de adotar regime jurídico específico para assegurar a responsabilidade pelo dano ambiental, como também no plano externo, ou seja, na relação travada pelos Estados no âmbito internacional.[21]

No Brasil, o primeiro diploma que tratou de forma diferenciada a temática da responsabilidade pelos danos ecológicos foi a **Lei 6.453/77**, ao regular a responsabilidade civil por **danos nucleares** e a responsabilidade criminal por atos relacionados com atividades nucleares. Além da responsabilização de ordem criminal pelos danos nucleares, o diploma em análise consagrou a "**responsabilidade objetiva**", ou seja, independentemente da existência de culpa do operador da instalação nuclear, para ensejar a responsabilização civil pelo dano nuclear, bem como a "**natureza solidária**" atribuída a ela. Sobre o tema, dispõe o diploma em comento que "será exclusiva do operador da instalação nuclear, nos termos desta Lei, **independentemente da existência de culpa**, a responsabilidade civil pela reparação de dano nuclear causado por acidente nuclear" (art. 4º, *caput*), bem como que "quando responsáveis mais de um operador, **respondem eles solidariamente**, se impossível apurar-se a parte dos danos atribuível a cada um" (art. 5º).

Tem-se aí importantíssima inovação jurídica que **rompe com o paradigma liberal-individualista clássico do Direito Civil** e que foi aproveitada, pouco tempo depois, muito embora a discussão envolvendo as diferentes teorias sobre a temática da responsabilidade civil objetiva,[22] pela Lei 6.938/81, ao dispor, no seu art. 14, § 1º, que também a responsabilidade civil em matéria ambiental é de natureza objetiva, ou seja, independentemente da existência de culpa do poluidor. Mais tarde, antes de analisar com maiores detalhes a Lei 6.938/81, cumpre assinalar que a responsabilidade pelo dano nuclear também foi consagrada no âmbito constitucional, ao prever expressamente a CF/1988, no seu art. 21, XXIII, d, que "**a responsabilidade civil por danos nucleares independe da existência de culpa**".[23]

A responsabilidade civil do poluidor em matéria ambiental é, sem dúvida, um dos institutos jurídicos mais importantes consagrados pela Lei 6.938/81 (art. 14, § 1º), como já referimos em capítulo anterior. Sobretudo em razão de o dispositivo citado haver consagrado no nosso ordenamento jurídico, de modo emblemático, a **responsabilidade objetiva** do poluidor, ou seja, **independentemente**

---

art. 3º, ao asseverar que a Política Nacional sobre Mudança do Clima e as ações dela decorrentes, executadas sob a responsabilidade dos entes políticos e dos órgãos da administração pública, observarão, entre outros princípios, o das responsabilidades comuns, porém diferenciadas, no âmbito internacional.

[21] No âmbito internacional, destaca-se a **Declaração sobre as Responsabilidades das Gerações Presentes em Relação às Gerações Futuras**, adotada em 12 de novembro de 1997, pela Conferência Geral da UNESCO (em sua 29ª sessão). Disponível em: http://unesdoc.unesco.org/images/0011/001108/110827por.pdf.

[22] A respeito da discussão teórica sobre a natureza da responsabilidade civil ambiental, v., por todos, BENJAMIN, Antonio Herman. Responsabilidade civil pelo dano ambiental. *Revista de Direito Ambiental*, v. 9, São Paulo, Revista dos Tribunais, jan.-mar. 1998, p. 5-52.

[23] Dispõe o art. 21, XXIII, da CF/1988 que compete à União: "XXIII – explorar os serviços e instalações nucleares de qualquer natureza e exercer monopólio estatal sobre a pesquisa, a lavra, o enriquecimento e reprocessamento, a industrialização e o comércio de minérios nucleares e seus derivados, atendidos os seguintes princípios e condições: a) toda atividade nuclear em território nacional somente será admitida para fins pacíficos e mediante aprovação do Congresso Nacional; b) sob regime de permissão, são autorizadas a comercialização e a utilização de radioisótopos para a pesquisa e usos médicos, agrícolas e industriais; c) sob regime de permissão, são autorizadas a produção, comercialização e utilização de radioisótopos de meia-vida igual ou inferior a duas horas; e d) **a responsabilidade civil por danos nucleares independe da existência de culpa**; (Redação dada pela EC 49/2006)".

de culpa, pela reparação ou indenização do dano ecológico causado. A Lei 6.938/81, diferentemente da **Lei 6.453/77**, que se limitava a responsabilidade civil por danos nucleares, trouxe o instituto para o terreno do Direito Ambiental de forma ampla, com um espectro muito mais abrangente para a compreensão do dano ecológico e sua responsabilização. Conforme dispõe o art. 14, § 1º:

> § 1º Sem obstar a aplicação das penalidades previstas neste artigo, é o poluidor obrigado, **independentemente da existência de culpa, a indenizar ou reparar os danos causados ao meio ambiente** e a terceiros, afetados por sua atividade. O **Ministério Público** da União e dos Estados terá **legitimidade para propor ação de responsabilidade civil e criminal**, por danos causados ao meio ambiente.

O instituto em questão é até hoje um dos pilares mais importantes do nosso sistema jurídico de proteção ecológica, tendo sido também extremamente importante para impulsionar – ainda antes da Lei da Ação Civil Pública (Lei 7.347/85) – a atuação judicial do **Ministério Público** na responsabilização civil e criminal dos poluidores, com uma progressiva ampliação e especialização organizacional e procedimental no plano institucional (por exemplo, com a criação de promotorias especializadas e centros de apoio operacional).[24]

Na sequência, a CF/1988 seguiu a mesma diretriz normativa e consagrou a responsabilidade civil em matéria ambiental, com a responsabilização nas esferas administrativa e penal, "constitucionalizando" a denominada **tríplice responsabilização do poluidor** pelo dano ambiental, conforme se pode apreender da leitura do § 3º do art. 225, ao assinalar que "as condutas e atividades consideradas lesivas ao meio ambiente sujeitarão os infratores, pessoas físicas ou jurídicas, a **sanções penais e administrativas**, independentemente da **obrigação de reparar os danos causados**".

No tocante à atuação do Ministério Público em matéria ambiental, a CF/1988 tornou a instituição o principal agente estatal encarregado de promover a responsabilização, tanto na **esfera civil** (aqui incluída a esfera da **improbidade administrativa ambiental**) quanto na **esfera criminal**. Além da titularidade para promover as ações penais de responsabilização pela prática de crimes ambientais, nos termos da **Lei dos Crimes e Infrações Administrativas Ambientais (Lei 9.605/98)**, a CF/1988 consagrou expressamente, no seu art. 129, III, como função institucional do *Parquet*, "promover o **inquérito civil** e a **ação civil pública**, para a **proteção** do patrimônio público e social, **do meio ambiente** e de outros interesses difusos e coletivos".

É importante destacar, no entanto, que, na esfera cível, a **titularidade para a propositura de ações coletivas** para apurar a responsabilização pela prática de danos ecológicos não se limita ao Ministério Público (diferentemente, portanto, da esfera criminal), sendo atribuída também a inúmeros outros agentes, tanto públicos (por exemplo, a Defensoria Pública, os entes federativos, o IBAMA etc.) quanto privados (associações civis que militam na área ambiental), conforme se pode apreender do conteúdo do art. 5º da Lei da Ação Civil Pública (Lei 7.347/85), tema, aliás, que será desenvolvido em capítulo específico à frente.

A responsabilização pelo dano ambiental ainda foi complementada de forma expressiva pela Lei 9.605/98, inclusive no tocante à **responsabilização penal da pessoa jurídica** em decorrência da prática de **crimes ambientais** (art. 3º), seguindo a diretriz delineada pela própria CF/1988 no dispositivo referido anteriormente. Portanto, a partir do marco geral traçado pela norma constitucional, no tocante às **três esferas da responsabilização** do poluidor pelos danos causados ao meio ambiente, tem-se a Lei 6.938/81, encarregada da responsabilidade civil pelo dano ambiental, bem como a Lei 9.605/98, regulamentando tanto a responsabilidade penal quanto a **responsabilidade administrativa** (arts. 70 e ss.[25]) na matéria.

---

[24] MACHADO, *Direito ambiental brasileiro...*, p. 402.
[25] De acordo com o art. 70, *caput*, da Lei 9.605/98, "considera-se infração administrativa toda ação ou omissão que viole as regras jurídicas de uso, gozo, promoção, proteção e recuperação do meio ambiente".

Na esfera civil de responsabilização pelo dano ecológico deve ser computada também a responsabilização do agente público pelo ato de **improbidade administrativa ambiental**.[26] Mais recentemente, reforçando o regime da responsabilidade civil em matéria ambiental, a Lei da Política Nacional de Resíduos Sólidos (Lei 12.305/10) consagrou de forma expressa a **responsabilidade pós-consumo**, ou seja, a responsabilidade compartilhada pelo ciclo de vida dos produtos (art. 6º, VII). A responsabilidade objetiva pelo dano ecológico também se verifica no Novo Código Florestal, como, por exemplo, no âmbito dos institutos da área de preservação permanente e da reserva legal (art. 2º, §§ 1º e 2º).

Nesse sentido, verifica-se a existência, no Brasil, de um regime jurídico extremamente sólido pelo prisma normativo no tocante à responsabilização do poluidor pelo dano ambiental, alcançando pessoas físicas e jurídicas, privadas e públicas, que direta ou mesmo indiretamente contribuam para a ocorrência do dano ecológico (art. 3º, IV, da Lei 6.938/81). Alinhados com tal perspectiva, Juízes e Tribunais brasileiros – e, em particular, o STJ – têm fortalecido no âmbito jurisprudencial a responsabilidade pelos danos causados ao meio ambiente, inclusive avançando de forma progressista em alguns pontos, como, por exemplo, na responsabilização pelo dano moral ambiental coletivo, no acolhimento da **teoria do risco integral**[27] para a responsabilização civil em matéria ambiental, na adoção da **prioridade da reparação *in natura* e integral** do dano ambiental (em detrimento da reparação por perdas e danos, pois jamais será equivalente à perda da biodiversidade e da qualidade ambiental), na tríplice responsabilização do poluidor e independência entre as esferas civil, administrativa e penal, na relativização do nexo causal, entre outros pontos sensíveis da matéria, conforme teremos oportunidade de desenvolver ao longo deste capítulo.

1.1 Direito dos Desastres, litígio estrutural e responsabilidade civil ambiental

O **Direito dos Desastres ou Catástrofes**[28] é um exemplo extremamente importante para o desenvolvimento da responsabilidade civil ambiental, como ilustram, de forma trágica, os desastres de **Mariana (2015)** e **Brumadinho (2019)**, já abordados anteriormente, revelando a **natureza estrutural dos conflitos** derivados de tais episódios. Para além da existência de **deveres de proteção do Estado** para evitar a ocorrência de catástrofes ambientais extraídos diretamente do comando normativo constitucional consagrado no **art. 225, *caput* e § 1º, da CF/1988**, conforme tratado previamente, destaca-se importante avanço na matéria levado a efeito, no plano infraconstitucional, pela **Lei 14.066/2020**, ao alterar a **Lei 12.334/2010**, que estabelece a **Política Nacional de Segurança de Barragens (PNSBa)**.

O diploma em questão estabeleceu o **conceito de desastre** (art. 2º, XIV):

> Art. 2º (...) XIV – desastre: resultado de evento adverso, de origem natural ou induzido pela ação humana, sobre ecossistemas e populações vulneráveis, que causa significativos **danos humanos, materiais ou ambientais** e **prejuízos econômicos e sociais**;

A alteração legislativa em questão, como se pode presumir, ocorreu como uma resposta legislativa aos episódios de Mariana e Brumadinho antes referidos. Entre os **objetivos** traçados para a PNSBa, a partir da nova configuração legislativa estabelecida pela Lei 14.066/2020, tem-se a previsão, no seu art. 3º: "I – garantir a observância de padrões de segurança de barragens de

---

[26] STJ, REsp 1.260.923/RS, 2ª Turma, Rel. Min. Herman Benjamin, j. 15.12.2016.
[27] V. STJ, REsp 442.586/SP, 1ª Turma. Rel. Min. Luiz Fux, j. 26.11.2002.
[28] Na doutrina, sobre o Direito dos Desastres, v. KLOEPFER, Michael. *Handbuch des Katastrophenrechts*. Baden-Baden, Nomos, 2015. (Schriften zum Katastrophenrecht, v. 9).

maneira a fomentar a **prevenção** e a **reduzir a possibilidade de acidente ou desastre** e suas consequências; (...) VIII – definir **procedimentos emergenciais** e fomentar a atuação conjunta de empreendedores, fiscalizadores e órgãos de proteção e defesa civil em caso de **incidente, acidente ou desastre**".[29] No tocante aos fundamentos da PNSBa, a nova redação do art. 4º dada pela Lei 14.066/2020 estabelece, entre outros: "II – a **informação** e o estímulo à **participação direta ou indireta da população** nas **ações preventivas e emergenciais**, incluídos a elaboração e a implantação do Plano de Ação de Emergência (PAE) e o acesso ao seu conteúdo, ressalvadas as informações de caráter pessoal; III – a **responsabilidade legal do empreendedor** pela segurança da barragem, pelos danos decorrentes de seu rompimento, vazamento ou mau funcionamento e, **independentemente da existência de culpa**, pela **reparação desses danos**; IV – a **transparência de informações**, a **participação** e o **controle social**."

A legislação infraconstitucional, como se pode observar, dá conformação normativa e regulamentação aos deveres estatais de prevenção e precaução de desastres ambientais, inclusive no sentido de assegurar os **direitos ambientais de participação** e o **controle social** sobre a ação e a omissão de agentes públicos e privados na matéria. Igual se pode afirmar em relação à aplicação do regime jurídico da **responsabilidade civil objetiva** – lastreada pela **Teoria do Risco Integral**, como é peculiar ao Direito Ambiental – em face do **empreendedor** e também dos **entes estatais** eventualmente responsáveis diretos ou indiretos pela ocorrência do episódio.

A complexidade e a multiplicidade de danos decorrentes de desastres ambientais, como verificado empiricamente no tratamento processual e judicial aplicado pelo Sistema de Justiça aos casos de Mariana e Brumadinho, impõe o reconhecimento da **natureza estrutural** de tais litígios, na medida em que, como decorrência da natureza multidimensional do dano ecológico causado, a sua resolução adequada implica uma **relação jurídica processual multipolar**, com a participação de inúmeros atores, públicos e privados, entre vítimas, responsáveis, agentes e instituições do Sistema de Justiça etc. A violação massiva a direitos de diversas categorias (individuais, difusos, materiais, morais etc.) de um número incontável de vítimas – inclusive da sociedade no seu conjunto – exige respostas do regime jurídico da responsabilidade civil ambiental e do Sistema de Justiça adequadas à complexidade de tais desastres, inclusive a ponto de exigir a releitura de alguns institutos jurídicos tradicionais, tanto de ordem material quanto processual (como se tem verificado recentemente, por exemplo, no campo do **Direito Processual Estrutural**[30]), inicialmente pensados para litígios individuais.

Outro aspecto importante e inovador trazido pela Lei 14.066/2020 diz respeito ao conceito de dano potencial associado à barragem consagrado no seu art. 2º:

> **Art. 2º (...): "VII – dano potencial associado à barragem**: dano que pode ocorrer devido a rompimento, vazamento, infiltração no solo ou mau funcionamento de uma barragem, **independentemente da sua probabilidade de ocorrência**, a ser graduado de acordo com as **perdas de vidas humanas** e os **impactos sociais, econômicos e ambientais**".

Os conceitos de **desastre** (art. 2º, XIV) e **dano potencial** (2º, VII) consagrados pela Lei 14.066/2020, como se pode presumir – e se verificou empiricamente e de forma trágica nos casos de Mariana e Brumadinho –, dão clara conformação normativa e conceitual à **natureza multidimen-**

---

[29] A Lei 14.066/2020 estabeleceu a distinção conceitual entre os três tipos de ocorrências: "XII – **acidente**: comprometimento da integridade estrutural com liberação incontrolável do conteúdo do reservatório, ocasionado pelo colapso parcial ou total da barragem ou de estrutura anexa; XIII – **incidente**: ocorrência que afeta o comportamento da barragem ou de estrutura anexa que, se não controlada, pode causar um acidente".

[30] Na doutrina, v. ARENHARDT, Sério C.; JOBIM, Marco F. (Org.). *Processos estruturais*. 3. ed. Salvador: JusPodivm, 2021.

sional e complexa do dano ecológico, especialmente na hipótese de episódios e desastres de grande magnitude e impacto social e ecológico. O regime jurídico da responsabilidade civil ambiental, por essa ótica, precisa lidar com um contexto absolutamente complexo, abrangente e estrutural para a devida resolução de conflitos e reparação de danos em vista do **princípio da reparação integral**, operando à luz de um paradigma jurídico muito distinto daquele do Direito Civil clássico de matiz liberal-individualista. Igualmente, inverte-se a lógica civilista tradicional da reparação de danos, partindo-se, no Direito dos Desastres, do **primado da sua prevenção e precaução**, notadamente em vista da irreversibilidade ou da difícil reparação *in natura* da grande maioria dos danos ecológicos.

2. CONCEITOS GERAIS

2.1 Conceito de poluição

A Lei 6.938/81 traz alguns conceitos particularmente relevantes para o regime jurídico da responsabilidade civil em matéria ambiental.

Meio ambiente (art. 3º, I)	"o conjunto de condições, leis, influências e interações de ordem física, química e biológica, que permite, abriga e rege a vida em todas as suas formas".
Degradação da qualidade ambiental (art. 3º, II)	"a alteração adversa das características do meio ambiente".
Poluição (art. 3º, III)	"a degradação da qualidade ambiental resultante de atividades que direta ou indiretamente: **a)** prejudiquem a saúde, a segurança e o bem-estar da população; **b)** criem condições adversas às atividades sociais e econômicas; **c)** afetem desfavoravelmente a biota; **d)** afetem as condições estéticas ou sanitárias do meio ambiente; **e)** lancem matérias ou energia em desacordo com os padrões ambientais estabelecidos".
Poluidor (art. 3º, IV)	"a pessoa física ou jurídica, de direito público ou privado, responsável, direta ou indiretamente, por atividade causadora de degradação ambiental".
Recursos ambientais (art. 3º, V)	"a atmosfera, as águas interiores, superficiais e subterrâneas, os estuários, o mar territorial, o solo, o subsolo, os elementos da biosfera, a fauna e a flora".

2.2 Conceito de poluidor

O conceito de poluidor, conforme tivemos oportunidade de tratar com detalhes no capítulo sobre a Lei 6.938/81, é um dos pilares do regime da responsabilidade civil ambiental. Isso ocorre, em especial, pelo conceito de poluidor, previsto no seu art. 3º, IV, ao consagrar um espectro bastante amplo para o seu enquadramento. Segundo assinala o dispositivo citado, o conceito de **poluidor** compreende: "a **pessoa física ou jurídica**, de **direito público ou privado**, responsável, **direta ou indiretamente**, por atividade causadora de degradação ambiental". A Lei 6.938/81 consagrou, como se pode observar, um **conceito amplo de poluidor**, procurando alcançar todos aqueles que se encontram na **cadeia causal (direta e indireta) da poluição ambiental**, o que, em sintonia, com a caracterização da responsabilidade objetiva prevista no art. 14, § 1º, edificou um sistema consistente e abrangente para a responsabilização civil dos transgressores da legislação ambiental.

Além de abarcar os **entes públicos** e **agentes privados** (pessoas físicas e jurídicas), o dispositivo citado também assinalou expressamente não apenas a responsabilidade do **poluidor direto**, mas também do **poluidor indireto**, ou seja, aquele que indiretamente contribui para a ocorrência do dano ambiental, seja com a sua ação, seja com a sua omissão. O conceito de poluidor, nesse sentido, conforme consagrado pela jurisprudência do STJ é "amplíssimo", de modo que, "para o fim de apuração do nexo de causalidade no dano urbanístico-ambiental e de eventual solidariedade passiva, equiparam-se **quem faz, quem não faz quando deveria fazer, quem não se importa que façam, quem cala quando lhe cabe denunciar, quem financia para que façam** e **quem se beneficia quando outros fazem**".[31]

O conceito trazido pelo art. 3º, IV, da Lei 6.938/81 contribui de forma decisiva para a responsabilização pelo dano ambiental, de modo a abranger todos os agentes (públicos e privados) que contribuam direta ou indiretamente para a ocorrência do dano ambiental. A título de exemplo, tem-se caracterizada no dispositivo a figura do **Estado como poluidor ambiental**, quando contribui, mesmo que **indiretamente**, com a sua **omissão ou atuação insuficiente no seu dever de controle e fiscalização** – como muitas vezes ocorre no âmbito do licenciamento ambiental –, para a ocorrência do dano ambiental, conforme veremos com mais detalhes à frente no tópico sobre a responsabilidade civil do Estado em matéria ambiental. Igual se pode dizer sobre a responsabilização das **instituições financeiras** ao financiarem empreendimentos públicos e privados e indiretamente contribuírem para a ocorrência de danos ecológicos.[32]

O conceito de poluidor também deve ser compreendido à luz do **princípio do poluidor-pagador** (e também do princípio do usuário-pagador), conforme já tratamos anteriormente no capítulo sobre os princípios do Direito Ambiental. A Lei 6.938/81, como referido anteriormente, consagrou como **objetivo da PNMA**, "a imposição, ao **poluidor e ao predador**, da obrigação de recuperar e/ou indenizar os danos causados, e ao **usuário**, de contribuição pela **utilização de recursos ambientais** com fins econômicos (art. 4º, VII). O dispositivo em questão dá contornos normativos ao princípio do poluidor-pagador. A utilização de recursos naturais, no ciclo

---

[31] STJ, REsp 1.071.741/SP, 2ª T., Rel. Min. Herman Benjamin, j. 24.03.2009.

[32] V. Resolução nº 4.327, de 25 de abril de 2014, do **Banco Central do Brasil**, sobre as diretrizes que devem ser observadas no estabelecimento e na implementação da **Política de Responsabilidade Socioambiental** pelas instituições financeiras e demais instituições autorizadas a funcionar pelo Banco Central do Brasil. Disponível em: https://www.bcb.gov.br/pre/normativos/res/2014/pdf/res_4327_v1_O.pdf. A Res. CMN 4.945/2021, que dispõe sobre a Política de Responsabilidade Social, Ambiental e Climática (PRSAC) e sobre as ações com vistas à sua efetividade, revoga a Res. CMN 4.327/2014, ao prever expressamente que essa revogação vai se dar apenas em 1º.12.2022. Igualmente, destaca-se a Resolução A/HRC/17/31 (2011) do **Conselho de Direitos Humanos da ONU**, estabelecendo os **Princípios Orientadores sobre Empresas e Diretos Humanos** (*Guiding Principles on Business and Human Rights*). A título de exemplo, os Princípios 19 e 25 do documento estabelecem: "19. A fim de prevenir e mitigar os impactos adversos sobre os direitos humanos, as empresas devem integrar as conclusões de suas avaliações de impacto em todas as funções e processos internos relevantes, e tomar as ações. (...) 25. Como parte de seu dever de proteção contra o abuso dos direitos humanos relacionados aos negócios, os Estados devem tomar medidas apropriadas para assegurar, através de meios judiciais, administrativos, legislativos ou outros meios apropriados, que quando tais abusos ocorrerem dentro de seu território e/ou jurisdição, os afetados tenham acesso a um remédio eficaz." Disponível em: https://www.ohchr.org/documents/publications/guidingprinciplesbusinesshr_en.pdf.

de produção de bens e serviços, enseja a geração de externalidades negativas, notadamente em termos de poluição e degradação ambiental.

O conceito amplo de poluidor consagrado pela legislação ambiental brasileira objetiva justamente **"internalizar" nas práticas produtivas** (em última instância, no preço dos produtos e serviços) os **custos ecológicos**, evitando-se que eles sejam suportados de modo indiscriminado (e, portanto, injustamente) por toda a sociedade. O princípio busca vincular juridicamente o gerador de tais custos ambientais (ou seja, o poluidor), independentemente de ser ele o **fornecedor** (ou produtor) ou mesmo o **consumidor**, com o propósito de ele ser responsabilizado e, consequentemente, arcar com tais custos ecológicos, exonerando-se a sociedade, por uma questão de **justiça social e ecológica**, desse encargo. Por fim, o que se deve buscar é a adoção de práticas cada vez mais sustentáveis e com o menor impacto ecológico possível, notadamente num momento histórico em que a comunidade científica atesta que já ultrapassamos a "margem de segurança" na exploração dos recursos planetários e, assim, comprometendo a **integridade de ecológica**.

2.3 Responsabilidade pós-consumo

A responsabilidade **pós-consumo** (ou responsabilidade **compartilhada pelo ciclo de vida dos produtos**) foi consagrada expressamente no art. 6º, VII, da **Lei da Política Nacional de Resíduos Sólidos** (Lei 12.305/2010),[33] reforçando, assim, os **deveres jurídicos** atribuídos tanto aos **fornecedores** quanto aos **consumidores** de produtos, no sentido de assegurarem as suas responsabilidades na destinação final adequada em termos ecológicos após o consumo de tais produtos.[34] O diploma em análise consagra o **princípio do consumo sustentável** no seu art. 6º, V, ao estabelecer, como princípio geral da PNRS:

> "a **ecoeficiência**, mediante a compatibilização entre o fornecimento, a preços competitivos, de **bens e serviços qualificados** que satisfaçam as necessidades humanas e **tragam qualidade de vida e a redução do impacto ambiental e do consumo de recursos naturais a um nível, no mínimo, equivalente à capacidade de sustentação estimada do planeta**".

A responsabilidade pós-consumo ou responsabilidade compartilhada pelo ciclo de vida dos produtos, por sua vez, é conceituada pelo diploma referido (art. 3º, XVII), como o "conjunto de atribuições individualizadas e encadeadas dos **fabricantes, importadores, distribuidores** e **comerciantes**, dos **consumidores** e dos titulares dos serviços públicos de limpeza urbana e de manejo dos resíduos sólidos, para minimizar o volume de resíduos sólidos e rejeitos gerados, bem como para reduzir os impactos causados à saúde humana e à qualidade ambiental decorrentes do ciclo de vida dos produtos".

A Lei 12.305/2010, por sua vez, regulamenta a responsabilidade compartilhada de forma detalhada nos seus arts. 30 a 36. A título de exemplo, o diploma estabelece, no seu art. 33 o mecanismo da **logística reversa**, atribuindo responsabilidade específica dos fornecedores (em sentido amplo):

> "Art. 33. São **obrigados** a estruturar e implementar **sistemas de logística reversa**, mediante **retorno dos produtos após o uso pelo consumidor**, de forma **independente do serviço público de limpeza urbana e de manejo dos resíduos sólidos**, os fabricantes, importadores,

---

[33] "Art. 6º São princípios da Política Nacional de Resíduos Sólidos: (...) VII – a responsabilidade compartilhada pelo ciclo de vida dos produtos".
[34] Na doutrina, v. LEMOS, Patrícia Faga Iglecias. *Resíduos sólidos e responsabilidade civil pós-consumo*. São Paulo: RT, 2011.

distribuidores e comerciantes de: I – **agrotóxicos**, seus resíduos e embalagens, assim como outros produtos cuja embalagem, após o uso, constitua resíduo perigoso, observadas as regras de gerenciamento de resíduos perigosos previstas em lei ou regulamento, em normas estabelecidas pelos órgãos do Sisnama, do SNVS e do Suasa, ou em normas técnicas; II – **pilhas e baterias**; III – pneus; IV – **óleos lubrificantes, seus resíduos e embalagens**; V – **lâmpadas fluorescentes**, de vapor de sódio e mercúrio e de luz mista; VI – **produtos eletroeletrônicos** e seus componentes."[35]

Ainda, de forma complementar à previsão do art. 14, § 1º, da Lei 6.938/81, a Lei 12.305/2010, também consagra expressamente a responsabilidade civil ambiental objetiva dos poluidores:

"Art. 51. Sem prejuízo da obrigação de, **independentemente da existência de culpa**, reparar os danos causados, a **ação** ou **omissão** das **pessoas físicas ou jurídicas** que importe inobservância aos preceitos desta Lei ou de seu regulamento sujeita os infratores às sanções previstas em lei, em especial às fixadas na Lei nº 9.605, de 12 de fevereiro de 1998, que "dispõe sobre as **sanções penais e administrativas** derivadas de condutas e atividades lesivas ao meio ambiente, e dá outras providências", e em seu regulamento."

Não obstante o seu reconhecimento no âmbito da Política Nacional de Resíduos Sólidos, a responsabilidade pós-consumo enquadra-se na perspectiva mais ampla do Direito Ambiental e do regime jurídico da responsabilidade civil ambiental, justamente por alinhar-se às suas premissas normativas básicas, como se pode vislumbrar pelos **princípios do desenvolvimento sustentável** e do **consumo sustentável**, entre outros.

JURISPRUDÊNCIA STJ. Responsabilidade pós-consumo, dano ambiental e recolhimento de garrafas PET: "DIREITO CIVIL. AÇÃO CIVIL PÚBLICA. ASSOCIAÇÃO DE DEFESA AO MEIO AMBIENTE. **GARRAFAS 'PET'. ABANDONO EM LOGRADOUROS PÚBLICOS. RESPONSABILIDADE PÓS-CONSUMO. DANOS AMBIENTAIS.** OBRIGAÇÃO DE FAZER DA RÉ, FABRICANTE DE REFRIGERANTE. 1. Condenada a ré em obrigação de fazer requerida na petição inicial, falta-lhe interesse recursal para se insurgir contra a parte subsequente da condenação, na qual o Tribunal de origem permitiu-lhe, 'facultativamente', satisfazer a referida obrigação de fazer de uma outra forma, diversa da postulada na inicial, evidentemente se à própria ré for mais benéfica ou de mais fácil satisfação. 2. Acolhida a pretensão relativa à **obrigação de fazer, consubstanciada em campanha publicitária sobre o recolhimento e troca das garrafas 'PET'**, não caracteriza julgamento extra ou ultra petita a definição dos contornos e da forma pela qual a referida obrigação deverá ser cumprida com eficácia, antecipando a solução de um tema que geraria discussões na fase de execução, ou seja, de como plenamente cumprir a campanha publicitária(...) 5. Aplica-se a vedação da Súmula 283 do STF por ter a recorrente deixado de impugnar a incidência da Lei n. 7.347/1985, dos arts. 1º e 4º da Lei Estadual n. 12.943/1999 e 14, § 1º, da Lei n. 6.938/1981, com base nos quais o Tribunal de origem concluiu que, 'cuidando-se aqui da chamada **responsabilidade pós-consumo de produtos de alto poder poluente**, é mesmo **inarredável o envolvimento dos únicos beneficiados economicamente pela degradação ambiental resultante – o fabricante do produto e o seu fornecedor'**. 6. A interpretação da legislação estadual contida no acórdão não pode ser revista nesta instância especial, a teor da Súmula n. 280 do STF ('por ofensa a direito local não cabe recurso extraordinário'). 7. Falta prequestionamento, explícito ou implícito, dos artigos 267, I, 283, 295, parágrafo único, I e II, 333, I, e 396 do CPC, não apreciados nos acórdãos da apelação e dos aclaratórios, cabendo ressaltar que o recurso especial não veicula afronta ao art. 535

---

[35] O Decreto 10.240, de 12 de fevereiro de 2020, regulamentou o inciso VI do *caput* do art. 33 e o art. 56 da Lei 12.305/2010.

do CPC. 8. Sendo incontroversos os fatos da causa e entendendo o Tribunal de origem, com base em normas legais específicas sobre o mérito, haver **responsabilidade e culpabilidade por parte da ré, que lucra com o uso das garrafas 'PET'**, caberia à recorrente trazer normais legais igualmente meritórias em seu favor, não servindo para reformar o acórdão recorrido os artigos 267, I, 283, 295, parágrafo único, I e II, 333, I, e 396 do CPC. 9. Recurso especial conhecido em parte e desprovido" (STJ, REsp 684.753/PR, 4ª T., Rel. Min. Antonio Carlos Ferreira, j. 04.02.2014).

3. PRINCÍPIOS REGENTES DA RESPONSABILIDADE CIVIL AMBIENTAL

3.1 Considerações gerais

O regime jurídico da responsabilidade civil ambiental é regido por alguns **princípios gerais** do Direito Ambiental, como é o caso do princípio do poluidor-pagador, dos princípios da prevenção e da precaução e do princípio *in dubio pro natura*, bem como de alguns **princípios específicos** da matéria, como é o caso do princípio da reparação integral e do princípio (da priorização) da reparação *in natura* (restauração ao *status quo ante*) dos danos ecológicos. Nosso propósito aqui, por sua vez, é apenas ilustrar a matéria com base nesses princípios referidos, o que, por certo, não exclui a incidência e aproveitamento de outros princípios do Direito Ambiental para a formatação do regime jurídico da responsabilidade civil ambiental.[36]

3.2 Princípio do poluidor-pagador

O princípio do poluidor-pagador já foi objeto de desenvolvimento específico no capítulo sobre os princípios do Direito Ambiental, de modo que não iremos aqui retomar a discussão para evitar repetição. O princípio do poluidor-pagador – assim como o princípio do usuário-pagador – é um dos princípios regentes do sistema da responsabilidade, justamente por se relacionar à obrigação do responsável por causar dano ecológico de repará-lo, inclusive como forma de evitar a "socialização" dos ônus ecológicos e, por outro lado, a "privatização" dos bônus ou lucros obtidos decorrentes de atividade predatória da natureza. Só é importante ressaltar que o princípio do poluidor-pagador **não deve ser interpretado como uma "licença para poluir"** e depois pagar pela poluição provocada, notadamente porque, muitas vezes, isso pode até mesmo ser visto como atrativo ou um estímulo a que empresas prefiram pagar pela poluição que ocasionam e embutir o custo da poluição nos seus produtos e serviços, em vez de investirem em tecnologias limpas de produção.

Por essa ótica, o instituto da responsabilidade civil ambiental (e mesmo as outras esferas de responsabilização pelo dano ecológico, notadamente a administrativa e a penal) deve ser vir de mecanismo não apenas **punitivo**, mas também **pedagógico e dissuasório**, a fim de modelar o comportamento do poluidor (privado e público) a ponto de a poluição deixar de ser um "bom negócio", assegurando, assim, a salvaguarda da **integridade ecológica** como expressão de um direito fundamental titularizado por toda a coletividade e revestido do interesse público primário da sociedade.

---

[36] O rol de princípios referido tem, em grande medida, sido incorporado na fundamentação das decisões do STJ sobre responsabilidade civil ambiental, conforme se pode apreender da passagem do voto-relator do Ministro Herman Bejnjamin no REsp 1.071.741/SP: "(...) Qualquer que seja a qualificação jurídica do degradador, público ou privado, no Direito brasileiro a responsabilidade civil pelo dano ambiental é de natureza objetiva, solidária e ilimitada, sendo regida pelos **princípios do poluidor-pagador, da reparação *in integrum*, da prioridade da reparação *in natura*, e do *favor debilis***, este último a legitimar uma série de técnicas de facilitação do acesso à Justiça, entre as quais se inclui a inversão do ônus da prova em favor da vítima ambiental (...)" (STJ, REsp 1.071.741/SP, 2ª T., Rel. Min. Herman Benjamin, j. 24.03.2009).

3.3 Princípios da prevenção e da precaução

Os princípios da prevenção e da precaução, também já desenvolvidos de forma minuciosa no capítulo sobre os princípios do Direito Ambiental, estão no seio do regime jurídico da responsabilidade civil ambiental. Isso porque, muitas vezes, a restauração *in natura* ao *status quo ante* verificado antes da ocorrência do dano ecológico torna-se impossível de ser realizada. A extinção de uma espécie da fauna e da flora, muitas vezes endêmica e com seu habitat circunscrito a regiões que são completamente degradadas para a realização de algum empreendimento, simbolizam bem esse cenário.

Portanto, não há como remediar ou reverter determinados danos ecológicos, como a perda de uma espécie natural ou mesmo a destruição ou alteração de determinado ecossistema, curso de um rio, paisagem, etc. Impõem-se, assim, a utilização dos princípios da prevenção e da precaução, com a força normativa que lhes é inerente, como mecanismo de antecipar e, dessa forma, evitar a ocorrência de dano, salvaguardando o patrimônio ecológico e contendo, na outra ponta, a conduta predatória do potencial poluidor. Ademais, como já tratamos anteriormente, o instituto da responsabilidade civil se limita hoje muito à sua função clássica de "reparação" (de um dano já ocorrido), mas tem agregada ao seu regime jurídico também uma **função preventiva ou precaucional**,[37] com o propósito de evitar a ocorrência de danos, o que é particularmente relevante no âmbito do Direito Ambiental.

Afinal de contas, como destacado pelo Ministro Herman Benjamin, a **governança judicial ecológica** deve ter por paradigma o modelo de "**Juiz de Riscos**" (ou "**Juiz de Prevenção ou Precaução**"), ou seja, um Juiz ou Tribunal apto a evitar a ocorrência de danos ecológicos – muitos deles irreversíveis, como a destruição de um habitat e a extinção de espécie da fauna ou da flora – e "proteger o futuro", em contraposição a um modelo tradicional de "**Juiz de Danos**" ("constrangido a somente olhar para trás").[38]

3.4 Princípio da reparação integral

O princípio da reparação integral[39], para além de ser um princípio geral do instituto da responsabilidade civil, revela-se como um princípio nuclear e com conotações bastante especializadas no âmbito do regime jurídico da responsabilidade civil ambiental. A devida compreensão do conteúdo do princípio da reparação integral deve necessariamente estar associada ao bem jurídico ecológico e sua relevância de conotação existencial não apenas para o indivíduo, mas, em especial, para o conjunto da sociedade. Ademais, o instituto da responsabilidade civil em matéria ambiental tem por premissa e função não apenas a "reparação" numa perspectiva pontual, ou seja, de determinado caso concreto, mas também possui funções pedagógicas e dissuasórias, no sentido de desestimular a repetição de práticas predatórias da Natureza. Por essa ótica, a reparação integral do dano ecológico deve ser compreendida da forma mais ampla possível (dano ecológico difuso ou transindividual, danos ambientais individuais ou conexos, dano moral ambiental etc.), ainda que sua premissa básica tenha por escopo a recuperação *in natura* e **reestabelecimento do *status quo ante*** e, assim, a salvaguarda da integridade ecológica no local impactado pela ação ou omissão predatória.

---

[37] Sobre a função precaucional (e preventiva) da responsabilidade civil, v. FARIAS; ROSENVALD; BRAGA NETO, *Curso de direito civil*..., p. 71-81.

[38] STJ, REsp 1.616.027/SP, 2ª Turma, Rel. Min. Herman Benjamin, j. 14.03.2017.

[39] A **Lei de Biossegurança (Lei 11.105/2005)** consagrou expressamente o princípio da reparação integral no seu art. 20, ao dispor sobre a responsabilidade civil pelos danos ecológicos e provocados a terceiros decorrentes de atividades no campo da biotecnologia: "Art. 20. Sem prejuízo da aplicação das penas previstas nesta Lei, os responsáveis pelos **danos ao meio ambiente** e a terceiros responderão, solidariamente, por sua indenização ou **reparação integral**, independentemente da existência de culpa."

O **Acordo de Escazú (2018)**, ao tratador do **direito de acesso à justiça em matéria ambiental**, enuncia no seu art. 8º, 3, g, os **mecanismos de reparação do dano ambiental**, inclusive seguindo uma sequência de medidas que sugere a prioridade a ser conferida à restituição ao estado anterior ao dano, não obstante a possibilidade de sua cumulação.

> **ARTIGO 8º**
> **ACESSO À JUSTIÇA EM QUESTÕES AMBIENTAIS**
> (...)
> **3.** Para garantir o **direito de acesso à justiça em questões ambientais**, cada Parte, considerando suas circunstâncias, contará com: (...)
> g) **mecanismos de reparação**, conforme o caso, tais como a **restituição ao estado anterior ao dano**, a restauração, a compensação ou a imposição de uma sanção econômica, a satisfação, as garantias de não repetição, a atenção às pessoas afetadas e os instrumentos financeiros para apoiar a reparação.

O princípio da reparação integral do dano ambiental reforça, por sua vez, as diversas dimensões do dano ambiental e dá suporte, por exemplo, à natureza cumulativa das obrigações que recaem sobre o poluidor, como consagrado pela doutrina e em reiteradas decisões do STJ sobre o tema. Admite-se, nesse sentido, a cumulação simultânea dos deveres de **repristinação natural** (*obrigação de fazer*), **compensação ambiental e indenização em dinheiro** (*obrigação de dar*) e **abstenção de uso e de nova lesão** (*obrigação de não fazer*), conforme destacado em passagem do voto-relator do Min. Herman Benjamin sobre o tema:

> "(...) **A hermenêutica jurídico-ambiental rege-se pelo** *princípio in dubio pro natura*. 3. Ao responsabilizar-se civilmente o infrator ambiental, **não se deve confundir prioridade da recuperação** *in natura* **do bem degradado com impossibilidade de cumulação simultânea dos deveres de repristinação natural (obrigação de fazer), compensação ambiental e indenização em dinheiro (obrigação de dar), e abstenção de uso e de nova lesão (obrigação de não fazer)**. 4. De acordo com a tradição do Direito brasileiro, imputar responsabilidade civil ao agente causador de degradação ambiental difere de fazê-lo administrativa ou penalmente. Logo, **eventual absolvição no processo criminal ou perante a Administração Pública não influi, como regra, na responsabilização civil**, tirantes as exceções em *numerus clausus* do sistema legal, como a inequívoca negativa do fato ilícito (não ocorrência de degradação ambiental, p. ex.) ou da autoria (direta ou indireta), nos termos do art. 935 do Código Civil. 5. Nas demandas ambientais, por força dos princípios do poluidor-pagador e da reparação *in integrum*, admite-se a condenação do réu, simultânea e agregadamente, em obrigação de fazer, não fazer e indenizar. Aí se encontra típica obrigação cumulativa ou conjuntiva. Assim, na interpretação dos arts. 4º, VII, e 14, § 1º, da Lei da Política Nacional do Meio Ambiente (Lei 6.938/81), e do art. 3º da Lei 7.347/85, **a conjunção 'ou' opera com valor aditivo, não introduz alternativa excludente**. na interpretação dos arts. 4º, VII, e 14, § 1º, da Lei da Política Nacional do Meio Ambiente (Lei 6.938/81), e do art. 3º da Lei 7.347/85, **a conjunção 'ou' opera com valor aditivo**, não introduz alternativa excludente. Essa posição jurisprudencial leva em conta que o **dano ambiental é multifacetário** (ética, temporal, ecológica e patrimonialmente falando, sensível ainda à diversidade do vasto universo de vítimas, que vão do indivíduo isolado à coletividade, às gerações futuras e aos próprios processos ecológicos em si mesmos considerados). 6. Se o bem ambiental lesado for imediata e completamente **restaurado ao** *status quo ante* **(*reductio ad pristinum statum*, isto é, restabelecimento à condição original)**, não há falar, ordinariamente, em indenização. Contudo, a possibili-

dade técnica, no futuro (= prestação jurisdicional prospectiva), de **restauração *in natura*** nem sempre se mostra suficiente para reverter ou recompor integralmente, no terreno da responsabilidade civil, as várias dimensões do dano ambiental causado; por isso não exaure os **deveres associados aos princípios do poluidor-pagador e da reparação *in integrum*.** 7. A recusa de aplicação ou aplicação parcial dos princípios do poluidor-pagador e da reparação *in integrum* arrisca projetar, moral e socialmente, a **nociva impressão de que o ilícito ambiental compensa.** Daí a resposta administrativa e judicial não passar de aceitável e gerenciável 'risco ou custo do negócio', acarretando o enfraquecimento do **caráter dissuasório da proteção legal,** verdadeiro estímulo para que outros, inspirados no exemplo de impunidade de fato, mesmo que não de direito, do infrator premiado, imitem ou repitam seu comportamento deletério. 8. **A responsabilidade civil ambiental deve ser compreendida o mais amplamente possível,** de modo que a condenação a recuperar a área prejudicada não exclua o dever de indenizar – juízos retrospectivo e prospectivo" (grifos nossos) (STJ, REsp 1.198.727/MG, 2ª T., Rel. Min. Herman Benjamin, j. 14.08.2012).

O princípio da reparação integral também reforça a compreensão acerca da **autonomia entre as esferas (administrativa, civil e penal)** de responsabilização do poluidor pelo dano ambiental. Assim, conforme entendimento do STJ, lançado em voto-relator do Min. Herman Benjamin na mesma decisão referida anteriormente, "**eventual absolvição no processo criminal ou perante a Administração Pública não influi, como regra, na responsabilização civil,** tirantes as exceções em *numerus clausus* do sistema legal, como a inequívoca negativa do fato ilícito (não ocorrência de degradação ambiental, p. ex.) ou da autoria (direta ou indireta), nos termos do art. 935 do Código Civil".[40]

Também inspirado no princípio da reparação integral, o STJ tratou de editar a Súmula 629, seguindo entendimento jurisprudencial consolidado sobre o tema.

> **SÚMULA 629 DO STJ**
> "Quanto ao dano ambiental, é admitida a condenação do réu à obrigação de fazer ou à de não fazer cumulada com a de indenizar".

A possibilidade de **cumulação de obrigações de fazer, não fazer e indenizar** reflete justamente na possibilidade de ampliar ao máximo possível a reparação do dano ecológico, de modo a não deixar de fora qualquer das suas dimensões. A natureza multidimensional do dano ecológico exige um sistema de responsabilidade civil o mais abrangente e completo possível, tendo em conta a natureza difusa do bem jurídico em questão, representando, assim o **interesse de toda a coletividade.**

> **JURISPRUDÊNCIA STJ. Reparação integral, responsabilidade administrativa, caráter pedagógico-punitivo da sanção e indenização no percentual de 100% do faturamento da empresa proveniente da respectiva extração irregular dos minérios:** "ADMINISTRATIVO. AÇÃO CIVIL PÚBLICA. **DANO AMBIENTAL. EXTRAÇÃO ILEGAL DE RECURSO NATURAL. AREIA E ARGILA.** BEM DA UNIÃO. RESSARCIMENTO AO ERÁRIO. INDENIZAÇÃO. FIXADA PELO TRIBUNAL A QUO: 50% DO FATURAMENTO BRUTO OBTIDO PELA EXTRAÇÃO ILEGAL. ENTENDIMENTO DIVERGENTE DESTE STJ. NECESSIDADE DE **REPARAÇÃO INTEGRAL.** VIOLAÇÃO DOS ARTS. 884, 927 e 952, DO CÓDIGO CIVIL. MODIFICAÇÃO DO ARESTO RECORRIDO. I – Na origem trata-se de ação civil pública ajuizada pela União objetivando condenação dos réus na obrigação de restauração de área degradada e ao pagamento

---

[40] STJ, REsp 1.198.727/MG, 2ª T., Rel. Min. Herman Benjamin, j. 14.08.2012.

de valor total do lucro obtido com a extração ilegal de areia e argila. II – A ação foi julgada improcedente em primeira instância, decisão reformada pelo Tribunal a quo para fixar a indenização no montante de 50% (cinquenta por cento) do faturamento total da empresa proveniente da extração irregular do minério, porquanto consideradas as despesas referentes à atividade empresarial (impostos e outras). III – A irresignação recursal da União quanto à porcentagem do faturamento para fins indenizatórios merece acolhida, uma vez que a **indenização deve abranger a totalidade dos danos causados ao ente federal, sob pena de frustrar o caráter pedagógico-punitivo da sanção e incentivar a impunidade de empresa infratora**, que praticou conduta grave com a **extração mineral irregular**, fato incontroverso nos autos. IV – Precedentes: AREsp 1676242/SC, Rel. Ministro Francisco Falcão, Segunda Turma, DJe 01/12/2020; AREsp 1520373/SC, Rel. Ministro Francisco Falcão, Segunda Turma, *DJe* 13/12/2019.) V – Na hipótese dos autos, o valor indicado em sede administrativa é incontroverso, encontrado após detida análise, inclusive mediante **imagens de satélite**, sendo o estimado como o de mercado ao tempo da extração, a representar **100% do valor obtido com a extração ilegal**, no que entende-se pela desnecessidade de apuração em sede de liquidação de sentença. VI – Recurso especial provido para estabelecer a **indenização devida à União como sendo 100% (cem por cento) do faturamento da empresa proveniente da respectiva extração irregular dos minérios ou do valor de mercado, aplicando-se o maior**." (STJ, REsp n. 1.923.855/SC, 2ª T., Rel. Min. Francisco Falcão, j 26.04.2022)

3.5 Princípio da (priorização da) reparação ou restauração *in natura*

O princípio da (priorização da) reparação ou restauração *in natura* ou do reestabelecimento do *status quo ante* (**estado natural ou ecológico anterior**) representa o pilar normativo do sistema de responsabilidade civil ambiental. A **abordagem integral, ecossistêmica e holística da Natureza**[41] à luz do **princípio da integridade ecológica** impõe a prioridade no reestabelecimento da ordem e do equilíbrio natural perdidos como decorrência da degradação e do dano ecológico. De tal sorte, a reparação civil do dano ecológico deve ser guiada pelo **primado da restauração da Natureza**, da forma mais integral possível e, preferencialmente, no mesmo local onde o dano ocorreu. Esse é o primeiro passo e esforço que deve ser tentado na reparação civil do dano ecológico.

A **salvaguarda da integridade ecológica** e dos **processos ecológicos essenciais** (art. 225, § 1º, I, da CF/1988) depende de tal priorização, sob pena de a ampliação de áreas degradadas impactar de forma cada mais progressive o equilíbrio ecológico essencial à proteção das espécies da flora e da fauna e do ecossistema no seu conjunto. Somente diante da impossibilidade de reestabelecer o **estado ambiental anterior** no local do dano é que outras medidas reparatórias e compensatórias devem ser aventadas. Isso se justifica também em razão de que o dano ambiental é cumulativo e projeta-se temporalmente ao futuro, ou seja, a ausência de restauração da integridade ecológica no local do dano faz com que ele se renove a cada dia, impedindo a sua restauração do ponto de vista ecossistêmico.

Há, por essa ótica, uma ordem de prioridade da reparação do dano ambiental imposta normativamente, conforme assinalam Ricardo L. Lorenzetti e Pablo Lorenzetti: "a) **La prevención**, cuyo objetivo es detener una amenaza de daño; b) **La recomposición**, que implica que ya hay un daño y se vuelven las cosas al estado anterior (recomposición in natura); c) **La reparación**, que supone que ya hay un daño, que las cosas no se pueden volver al estado anterior (*in natura*)

---

[41] A respeito da atribuição de valor intrínseco e proteção da biodiversidade "como um todo (*as a whole*)" na Convenção-Quadro sobre Biodiversidade, v. BEYERLIN, Ulrich; MARAUHN, Thilo. *International environmental law*. Londres: Hart Publishing/C.H.Beck, 2011, p. 192.

y que procede una indemnización dineraria substitutiva".[42] A **ordem de prioridade** em questão, dada a natureza coletiva e pública que reveste a proteção jurídica ecológica, é **obrigatória** e não se encontra na esfera de disponibilidade e discricionariedade, nem dos agentes privados, nem dos agentes públicos eventualmente envolvidos. De modo complementar, assinalam os autores argentinos que "tiene una **prioridad absoluta la prevención del daño futuro,** ya que – según se alega – en el presente se trata de actos continuados que seguirán produciendo contaminación. En segundo lugar, debe perseguirse la recomposición de la polución ambiental ya causada conforme a los mecanismos que la ley prevé, y finalmente, para el supuesto de daños irreversibles, se tratará del resarcimiento".

A **Lei do Sistema Nacional de Unidades de Conservação** – SNUC (Lei 9.985/2000) contribui como base normativa e conceitual do princípio da reparação in natura, ao estabelecer, no seu art. 2º, XIII, o significado de **recuperação**: "restituição de um ecossistema ou de uma população silvestre degradada **a uma condição não degradada**, que pode ser diferente de sua condição original". Também o conceito de **restauração**, previsto no inciso XIV do mesmo dispositivo, dialoga com base na mesma lógica: "restituição de um ecossistema ou de uma população silvestre degradada o mais próximo possível da sua condição original". A busca ou tentativa de reestabelecer uma situação mais próxima possível da condição original ("pré-dano ecológico") representa o conteúdo nuclear do princípio da reparação *in natura*.

3.5.1 Compensação ambiental e obrigação de reparação in natura de Unidades de Conservação afetadas por empreendimento

No plano legislativo, o princípio da priorização da reparação *in natura* foi incorporado por meio do instituto da **compensação ambiental**. O art. 36 da Lei 9.985/2000 prevê, no seu *caput*, que "nos casos de licenciamento ambiental de **empreendimentos de significativo impacto ambiental**, assim considerado pelo órgão ambiental competente, com fundamento em estudo de impacto ambiental e respectivo relatório – EIA/RIMA, o **empreendedor é obrigado a apoiar a implantação e manutenção de unidade de conservação do Grupo de Proteção Integral (...)**". Ocorre que, conforme previsão expressa do § 3º do art. 36, "quando o empreendimento **afetar unidade de conservação específica** ou sua zona de amortecimento, o licenciamento a que se refere o *caput* deste artigo só poderá ser concedido mediante autorização do órgão responsável por sua administração, e **a unidade afetada**, mesmo que não pertencente ao Grupo de Proteção Integral, **deverá ser uma das beneficiárias da compensação** (...)".

O dispositivo citado, como se pode observar, inclusive excepciona a regra geral do *caput* do art. 36 de a compensação ambiental destinar-se **à unidade de conservação do Grupo de Proteção Integral, admitindo que, ainda que de categoria integrante do Grupo de Uso Sustentável,**[43] se houver unidade de conservação ou zona de amortecimento afetada pelo empreendimento, esta deve obrigatoriamente ser beneficiada pela compensação. É uma forma, assim, de assegurar e priorizar a reparação do dano ecológico causado pelo empreendimento no local e ecossistema impactado diretamente.

---

[42] LORENZETTI, Ricardo L.; LORENZETTI, Pablo. *Derecho ambiental*. Santa Fe: Rubinzal-Culzoni Editores, 2018. p. 92-93.

[43] O § 4º do art. 36, incluído recentemente pela Lei 13.668/2018, reforça a possibilidade de a compensação ambiental ser implementada em unidade de conservação do grupo de Uso Sustentável, ao estabelecer que "a obrigação de que trata o *caput* deste artigo poderá, em virtude do interesse público, ser cumprida em unidades de conservação de posse e domínio públicos do grupo de Uso Sustentável, especialmente as localizadas na Amazônia Legal".

JURISPRUDÊNCIA STJ. Princípio da priorização da reparação "in natura": "Administrativo. Ambiental. Ação civil pública. Desmatamento de vegetação nativa (cerrado) sem autorização da autoridade ambiental. Danos causados à biota. Interpretação dos arts. 4º, VII, e 14, § 1º, da Lei 6.938/1981, e do art. 3º da Lei 7.347/85. **Princípios da reparação integral**, do poluidor-pagador e do usuário-pagador. Possibilidade de cumulação de obrigação de fazer (reparação da área degradada) e de pagar quantia certa (indenização). *Reduction ad pristinum statum*. **Dano ambiental intermediário, residual e moral coletivo**. Art. 5º da Lei de Introdução ao Código Civil. **Interpretação *in dubio pro natura* da norma ambiental**. 1. Cuidam os autos de ação civil pública proposta com o fito de obter responsabilização por danos ambientais causados pelo desmatamento de vegetação nativa (Cerrado). O juiz de primeiro grau e o Tribunal de Justiça de Minas Gerais consideraram provado o dano ambiental e condenaram o réu a repará-lo; porém, julgaram improcedente o pedido indenizatório pelo dano ecológico pretérito e residual. 2. A legislação de amparo dos sujeitos vulneráveis e dos interesses difusos e coletivos deve ser interpretada da maneira que lhes seja mais favorável e melhor possa viabilizar, no plano da eficácia, a prestação jurisdicional e a *ratio essendi* da norma. **A hermenêutica jurídico-ambiental rege-se pelo *princípio in dubio pro natura*.** 3. Ao responsabilizar-se civilmente o infrator ambiental, **não se deve confundir prioridade da recuperação *in natura* do bem degradado com impossibilidade de cumulação simultânea dos deveres de repristinação natural (obrigação de fazer), compensação ambiental e indenização em dinheiro (obrigação de dar), e abstenção de uso e de nova lesão (obrigação de não fazer)**. 4. De acordo com a tradição do Direito brasileiro, imputar responsabilidade civil ao agente causador de degradação ambiental difere de fazê-lo administrativa ou penalmente. Logo, **eventual absolvição no processo criminal ou perante a Administração Pública não influi, como regra, na responsabilização civil**, tirantes as exceções em *numerus clausus* do sistema legal, como a inequívoca negativa do fato ilícito (não ocorrência de degradação ambiental, p. ex.) ou da autoria (direta ou indireta), nos termos do art. 935 do Código Civil. 5. Nas demandas ambientais, por força dos princípios do poluidor-pagador e da reparação *in integrum*, admite-se a condenação do réu, simultânea e agregadamente, em obrigação de fazer, não fazer e indenizar. Aí se encontra típica obrigação cumulativa ou conjuntiva. Assim, na interpretação dos arts. 4º, VII, e 14, § 1º, da Lei da Política Nacional do Meio Ambiente (Lei 6.938/81), e do art. 3º da Lei 7.347/85, **a conjunção 'ou' opera com valor aditivo, não introduz alternativa excludente**. Essa posição jurisprudencial leva em conta que o **dano ambiental é multifacetário (ética, temporal, ecológica e patrimonialmente falando, sensível ainda à diversidade do vasto universo de vítimas, que vão do indivíduo isolado à coletividade, às gerações futuras e aos próprios processos ecológicos em si mesmos considerados)**. 6. Se o bem ambiental lesado for imediata e completamente **restaurado ao *status quo ante* (*reductio ad pristinum statum*, isto é, restabelecimento à condição original)**, não há falar, ordinariamente, em indenização. Contudo, a possibilidade técnica, no futuro (= prestação jurisdicional prospectiva), de **restauração *in natura* nem sempre se mostra suficiente para reverter ou recompor integralmente, no terreno da responsabilidade civil, as várias dimensões do dano ambiental causado; por isso não exaure os **deveres associados aos princípios do poluidor-pagador e da reparação *in integrum*. 7. A recusa de aplicação ou aplicação parcial dos princípios do poluidor-pagador e da reparação *in integrum* arrisca projetar, moral e socialmente, a **nociva impressão de que o ilícito ambiental compensa**. Daí a resposta administrativa e judicial não passar de aceitável e gerenciável 'risco ou custo do negócio', acarretando o enfraquecimento do **caráter dissuasório da proteção legal**, verdadeiro estímulo para que outros, inspirados no exemplo de impunidade de fato, mesmo que não de direito, do infrator premiado, imitem ou repitam seu comportamento deletério. 8. **A responsabilidade civil ambiental deve ser compreendida o mais amplamente possível**, de modo que a condenação a recuperar a área prejudicada não exclua o dever de indenizar – juízos retrospectivo e prospectivo. (...)" (STJ, REsp 1.198.727/MG, 2ª T., Rel. Min. Herman Benjamin, j. 14.08.2012).

4. ELEMENTOS DA RESPONSABILIDADE CIVIL AMBIENTAL

4.1 Conduta

4.1.1 A natureza objetiva da responsabilidade civil ambiental

A responsabilidade civil ambiental, como já sinalizamos anteriormente, possui **natureza objetiva**. Para além da sua matriz normativa verificada no art. 14, § 1º, da Lei 6.938/81, diversos outros diplomas legislativos ambientais também se encarregaram de consagrá-la, como é o caso, por exemplo, da Lei 6.453/77 sobre a responsabilidade civil por danos nucleares, posteriormente consagrada também no art. 23, XXIII, d, da CF/1988, da Lei de Biossegurança – Lei 11.105/2002 (art. 20)[44] da Lei da Política Nacional de Resíduos Sólidos – Lei 12.305/2010 (art. 51)[45], do Código Florestal – Lei 12.651/2012 (art. 2º, §§ 1º e 2º), da Lei Política Nacional de Segurança de Barragens – Lei 12.334/2010 (art. 4º, III, a partir da nova redação do dispositivo conferida pela Lei 14.066/2020)[46]. Na essência, a denominação de "objetiva" significa a responsabilização do poluidor de reparar ou indenizar pelo dano ecológico, **independentemente de culpa** na sua conduta. A partir de tal perspectiva, bastaria tão somente a comprovação da **conduta** (ou autoria do agente poluidor), do **nexo causal** e do **dano**.

A ausência de **culpa** do agente causador do dano ambiental, portanto, como ocorre nas hipóteses de **negligência**, **imperícia** e **imprudência**, é absolutamente incapaz de afastar a sua responsabilização civil pelo dano ambiental. A caracterização da responsabilidade civil pelo dano ecológico independe da presença de culpa ou má-fé na conduta (**ação** ou **omissão**) do agente poluidor (privado ou público), conforme entendimento pacífico da jurisprudência do STJ, sedimentada inclusive no julgamento de recursos submetidos à sistemática dos processos representativos de controvérsia (arts. 543-C do CPC/1973 e 1.036 e 1.037 do CPC/2015), "a responsabilidade por dano ambiental é objetiva, informada pela **teoria do risco integral**, sendo o nexo de causalidade o fator aglutinante que permite que o risco se integre na unidade do ato".[47]

De acordo com o STJ, a responsabilidade civil ambiental tem como "pressuposto a existência de atividade que implique riscos para a saúde e para o meio ambiente, sendo o **nexo de causalidade o fator aglutinante que permite que o risco se integre na unidade do ato que é fonte da obrigação de indenizar**, de modo que, **aquele que explora a atividade econômica** coloca-se na **posição de garantidor da preservação ambiental**, e os danos que digam respeito à atividade estarão sempre vinculados a ela, por isso descabe a invocação, pelo responsável pelo dano ambiental, de excludentes de responsabilidade civil e, portanto, irrelevante a discussão acerca da ausência de responsabilidade por culpa exclusiva de terceiro ou pela ocorrência de força maior".[48]

---

[44] "Art. 20. Sem prejuízo da aplicação das penas previstas nesta Lei, os responsáveis pelos **danos ao meio ambiente** e a terceiros responderão, **solidariamente**, por sua indenização ou **reparação integral**, independentemente da existência de culpa."

[45] "Art. 51. Sem prejuízo da obrigação de, **independentemente da existência de culpa**, reparar os danos causados, a **ação** ou **omissão** das **pessoas físicas ou jurídicas** que importe inobservância aos preceitos desta Lei ou de seu regulamento sujeita os infratores às sanções previstas em lei, em especial às fixadas na Lei nº 9.605, de 12 de fevereiro de 1998, que "dispõe sobre as **sanções penais e administrativas** derivadas de condutas e atividades lesivas ao meio ambiente, e dá outras providências", e em seu regulamento."

[46] "Art. 4º São fundamentos da Política Nacional de Segurança de Barragens (PNSB): (...) III – a **responsabilidade legal do empreendedor** pela segurança da barragem, pelos danos decorrentes de seu rompimento, vazamento ou mau funcionamento e, **independentemente da existência de culpa**, pela reparação desses danos" (Redação dada pela Lei 14.066/2020).

[47] STJ, REsp 1.374.284/MG, 2ª Seção, Rel. Min. Luis Felipe Salomão, j. 27.08.2014 (**Recurso Repetitivo Tema 707**).

[48] "Responsabilidade civil por dano ambiental. Recurso especial representativo de controvérsia. Art. 543-C do CPC. Danos decorrentes do **rompimento de barragem**. Acidente ambiental ocorrido, em janeiro de 2007, nos municípios de Miraí e Muriaé, estado de Minas Gerais. **Teoria do risco integral**. Nexo de causa-

Com base em tal entendimento, o empreendedor de atividade econômica, dada a sua **posição de garantidor da integridade ecológica**, inclusive por força da CF/1988 (art. 225), não se exime do dever de reparar por **caso fortuito interno**, relacionado com os riscos da atividade. A título de exemplo, o licenciamento ambiental de determinada atividade, por si só, não afasta a responsabilidade do poluidor pela reparação do dano ambiental, como já decidiu, aliás, o STJ.[49] Igualmente, a omissão ou atuação insuficiente do Estado no seu dever de fiscalização não é capaz de afastar a responsabilidade civil do agente particular poluidor.

O art. 927 do Código Civil (2002) alinha-se com a previsão da responsabilidade civil objetiva pelo dano ambiental consagrada no art. 14, § 1º, da Lei 6.938/81, ao assinalar expressamente que "haverá **obrigação de reparar o dano,** *independentemente de culpa*, **nos casos especificados em lei**, ou quando a **atividade normalmente desenvolvida pelo autor do dano** implicar, por sua natureza, **risco para os direitos de outrem**". Para além da previsão específica em lei de res-

---

lidade. 1. Para fins do art. 543-C do Código de Processo Civil: a) a **responsabilidade por dano ambiental é objetiva**, informada pela teoria do risco integral, sendo o nexo de causalidade o fator aglutinante que permite que o risco se integre na unidade do ato, sendo descabida a invocação, pela empresa responsável pelo dano ambiental, de excludentes de responsabilidade civil para afastar sua obrigação de indenizar; b) em decorrência do acidente, a empresa deve recompor os **danos materiais e morais** causados e c) na fixação da indenização por danos morais, recomendável que o arbitramento seja feito caso a caso e com moderação, proporcionalmente ao grau de culpa, ao nível socioeconômico do autor, e, ainda, ao porte da empresa, orientando-se o juiz pelos critérios sugeridos pela doutrina e jurisprudência, com razoabilidade, valendo-se de sua experiência e bom senso, atento à realidade da vida e às peculiaridades de cada caso, de modo que, de um lado, não haja enriquecimento sem causa de quem recebe a indenização e, de outro, haja efetiva compensação pelos danos morais experimentados por aquele que fora lesado. 2. No caso concreto, recurso especial a que se nega provimento" (STJ, REsp 1.374.284/MG, 2ª Seção, Rel. Min. Luis Felipe Salomão, j. 27.08.2014, Recurso Repetitivo Tema 707).

49 "Administrativo e processual civil. Agravo interno no recurso especial. Ação civil pública. **Ocupação e edificação em área de preservação permanente**, nas proximidades do Rio Ivinhema/MS. Supressão da vegetação. **Concessão de licença administrativa. Ilegalidade. Inaplicabilidade da teoria do fato consumado, em matéria de direito ambiental**. Dever de reparação do agente causador do dano ambiental. Precedentes do STJ, em casos idênticos. (...) II. Na origem, trata-se de ação civil pública, ajuizada pelo Ministério Público do Estado de Mato Grosso do Sul, com o objetivo de obter a condenação do ora agravante em obrigação de fazer, consistente em desocupar, demolir e remover todas as construções, cercas e demais intervenções realizadas em área de preservação permanente, localizada nas proximidades do Rio Ivinhema/MS, bem como em reflorestar toda a área degradada e pagar indenização pelos danos ambientais. A sentença julgou a ação procedente, em parte, negando a indenização postulada, por entender que 'não pode a ação civil pública ter por objeto a condenação em dinheiro e, concomitantemente, a obrigação de fazer e de não fazer', em face do art. 3º da Lei 7.347/85. III. **O Tribunal de origem, apesar de reconhecer a existência de edificações, em área de preservação permanente, com supressão da vegetação, em afronta à legislação ambiental, reformou a sentença, para julgar improcedente a ação, sob o fundamento de que a situação encontra-se consolidada, em razão de prévia licença concedida** pelo Instituto de Meio Ambiente de Mato Grosso do Sul – IMASUL, sendo, assim, descabida a aplicação das medidas de desocupação, demolição de edificações e reflorestamento da área, determinadas pela sentença, sob pena de ofensa aos princípios da razoabilidade e da proporcionalidade. O Recurso Especial do Ministério Público do Estado do Mato Grosso do Sul postula o restabelecimento da sentença. IV. **O STJ, em casos idênticos, firmou entendimento no sentido de que, em tema de Direito Ambiental, não se admite a incidência da teoria do fato consumado. Nesse contexto, devidamente constatada a edificação, em área de preservação permanente, a concessão de licenciamento ambiental, por si só, não afasta a responsabilidade pela reparação do dano causado ao meio ambiente, mormente quando reconhecida a ilegalidade do aludido ato administrativo, como na hipótese**. Nesse sentido: STJ, REsp 1.394.025/MS, Rel. Ministra Eliana Calmon, Segunda Turma, DJe de 18/10/2013; REsp 1.362.456/MS, Rel. Ministro Mauro Campbell Marques, Segunda Turma, DJe de 28/06/2013. V. (...) VI. Estando o acórdão recorrido em dissonância com o entendimento atual e dominante desta Corte, deve ser mantida a decisão ora agravada, que deu provimento ao Recurso Especial do Ministério Público de Mato Grosso do Sul, para restabelecer a sentença, que julgara parcialmente procedente a presente Ação Civil Pública. VII. Agravo interno improvido" (STJ, AgInt no REsp 1.419.098/MS, 2ª Turma, Rel. Min. Assusete Magalhães, j. 15.05.2018).

ponsabilidade objetiva pelo dano ambiental na Lei 6.938/81, entre outros diplomas, tal também poderia ser presumida pela segunda parte do dispositivo, ao conectar a responsabilidade objetiva com a **natureza da atividade desenvolvida pelo autor do dano**,[50] notadamente em decorrência do **risco** que lhe é inerente no sentido de produzir danos a terceiros. A título de exemplo, alguém teria dúvida em enquadrar a atividade minerária em tal categoria de atividade que implica, pela sua natureza, risco a direitos de terceiros e da coletividade como um todo, considerando os desastres de Mariana (2015) e Brumadinho (2019)? O mesmo se pode dizer, em particular, da atividade petrolífera em toda a sua cadeia produtiva (extração, industrialização, transporte etc.).

A **culpa** e o **dolo** (intenção proposital de causar dano ecológico), como elementos volitivos na conduta do agente poluidor, são relevantes para a caracterização da responsabilização tão somente na sua vertente **subjetiva**, como se verifica, por exemplo, na esfera criminal, dado que nosso sistema jurídico **não admite a responsabilidade penal objetiva**. Há, por certo e conforme tratamos em tópico específico, ampla polêmica, tanto doutrinária quanto jurisprudencial, acerca da natureza (se objetiva ou subjetiva) da **responsabilidade administrativa em matéria ambiental**, ressaltando-se a recente alteração do posicionamento do STJ sobre a matéria.

> **JURISPRUDÊNCIA STJ. Teoria do risco integral e responsabilidade objetiva do particular:** "Processual civil e administrativo. Ambiental. Ação civil pública. **Responsabilidade por dano causado ao meio ambiente**. Zona Costeira. Lei 7.661/1988. Construção de hotel em área de promontório. Nulidade de autorização ou licença urbanístico-ambiental. Obra potencialmente causadora de significativa degradação do meio ambiente. Estudo Prévio de Impacto Ambiental – EPIA e Relatório de Impacto Ambiental – RIMA. Competência para o licenciamento urbanístico-ambiental. **Princípio do poluidor-pagador** (art. 4º, VII, primeira parte, da Lei 6.938/1981). Responsabilidade objetiva (art. 14, § 1º, da Lei 6.938/1981). **Princípio da melhoria da qualidade ambiental** (art. 2º, *caput*, da Lei 6.938/1981). 1. Cuidam os autos de Ação Civil Pública proposta pela União com a finalidade de responsabilizar o Município de Porto Belo-SC e o particular ocupante de terreno de marinha e promontório, por construção irregular de hotel de três pavimentos com aproximadamente 32 apartamentos. (...) 11. **Pacífica a jurisprudência do STJ** de que, nos termos do art. 14, § 1º, da Lei 6.938/1981, o degradador, em decorrência do **princípio do poluidor-pagador**, previsto no art. 4º, VII (primeira parte), do mesmo estatuto, é obrigado, independentemente da existência de culpa, a reparar – **por óbvio que às suas expensas – todos os danos que cause ao meio ambiente e a terceiros afetados por sua atividade, sendo prescindível perquirir acerca do elemento subjetivo, o que, consequentemente, torna irrelevante eventual boa ou má-fé para fins de acertamento da natureza, conteúdo e extensão dos deveres de**

---

[50] "Processo civil. Embargos de declaração. Omissão e contradição. Inexistência. Efeitos infringentes. Impossibilidade. Juntada do voto vencedor. Desnecessidade. Ausência de prejuízo. Não ocorrência de omissão. Dano ambiental. Rompimento do poliduto 'Olapa'. Teoria do risco integral. Responsabilidade objetiva da Petrobras. Danos extrapatrimoniais configurados. Proibição da atividade pesqueira. Aplicabilidade, ao caso, das teses de direito firmadas no REsp 1.114.398/PR (julgado pelo rito do art. 543-C do CPC). Inexistência de contradição. 1. O STJ sedimentou entendimento de que não há obrigatoriedade de publicação do voto divergente em hipóteses nas quais não sejam admitidos embargos infringentes, mesmo porque tal lacuna não causa quaisquer prejuízos à parte recorrente. 2. No caso, a premissa vencedora do acórdão é a de que a responsabilidade por dano ambiental é objetiva, informada pela **teoria do risco integral**, tendo por pressuposto a existência de atividade que implique riscos para a saúde e para o meio ambiente, sendo o nexo de causalidade o fator aglutinante que permite que o risco se integre na unidade do ato que é fonte da obrigação de indenizar, de modo que, **aquele que explora a atividade econômica coloca-se na posição de garantidor da preservação ambiental, e os danos que digam respeito à atividade estarão sempre vinculados a ela**, por isso descabe a invocação, pelo responsável pelo dano ambiental, de excludentes de responsabilidade civil e, portanto, irrelevante a discussão acerca da ausência de responsabilidade por culpa exclusiva de terceiro ou pela ocorrência de força maior. 3. Embargos de declaração rejeitados, com imposição de multa de 1% sobre o valor da causa" (STJ, EDcl no REsp 1.346.430/PR, 4ª Turma, Rel. Min. Luis Felipe Salomão, j. 05.02.2013).

restauração do *status quo ante* ecológico e de indenização. 12. Ante o **princípio da melhoria da qualidade ambiental**, adotado no Direito brasileiro (art. 2º, *caput*, da Lei 6.938/81), inconcebível a proposição de que, se um imóvel, rural ou urbano, encontra-se em região já ecologicamente deteriorada ou comprometida por ação ou omissão de terceiros, dispensável ficaria sua preservação e conservação futuras (e, com maior ênfase, eventual restauração ou recuperação). Tal tese equivaleria, indiretamente, a criar um absurdo cânone de isonomia aplicável a pretenso **direito de poluir e degradar**: se outros, impunemente, contaminaram, destruíram, ou desmataram o meio ambiente protegido, que a prerrogativa valha para todos e a todos beneficie. (...) 14. (...) Recursos Especiais da União e do Ministério Público Federal providos" (STJ, REsp 769.753/SC, 2ª T., Ministro Herman Benjamin, j. 08.09.2009).

"Direito ambiental. Responsabilidade civil objetiva por dano ambiental privado. O particular que deposite resíduos tóxicos em seu terreno, expondo-os a céu aberto, em local onde, apesar da existência de cerca e de placas de sinalização informando a presença de material orgânico, o acesso de outros particulares seja fácil, consentido e costumeiro, responde objetivamente pelos danos sofridos por pessoa que, por conduta não dolosa, tenha sofrido, ao entrar na propriedade, graves queimaduras decorrentes de contato com os resíduos. A responsabilidade civil por danos ambientais, seja por lesão ao meio ambiente propriamente dito (**dano ambiental público**), seja por ofensa a direitos individuais (**dano ambiental privado**), é objetiva, fundada na teoria do risco integral, em face do disposto no art. 14, § 1º, da Lei 6.938/1981, que consagra o princípio do poluidor-pagador. A responsabilidade objetiva fundamenta-se na noção de risco social, que está implícito em determinadas atividades, como a indústria, os meios de transporte de massa, as fontes de energia. Assim, a responsabilidade objetiva, calcada na teoria do risco, é uma imputação atribuída por lei a determinadas pessoas para ressarcirem os danos provocados por atividades exercidas no seu interesse e sob seu controle, **sem que se proceda a qualquer indagação sobre o elemento subjetivo da conduta do agente ou de seus prepostos**, bastando a **relação de causalidade entre o dano sofrido pela vítima e a situação de risco criada pelo agente**. Imputa-se objetivamente a obrigação de indenizar a quem conhece e domina a fonte de origem do risco, devendo, em face do interesse social, responder pelas consequências lesivas da sua atividade independente de culpa. Nesse sentido, **a teoria do risco como cláusula geral de responsabilidade civil restou consagrada no enunciado normativo do parágrafo único do art. 927 do CC**, que assim dispôs: 'Haverá obrigação de reparar o dano, independentemente de culpa, nos casos especificados em lei, ou quando a atividade normalmente desenvolvida pelo autor do dano implicar, por sua natureza, risco para os direitos de outrem'. A **teoria do risco integral constitui uma modalidade extremada da teoria do risco** em que o **nexo causal é fortalecido de modo a não ser rompido pelo implemento das causas que normalmente o abalariam (v.g. culpa da vítima; fato de terceiro, força maior). Essa modalidade é excepcional**, sendo fundamento para hipóteses legais em que o risco ensejado pela atividade econômica também é extremado, como ocorre com o dano nuclear (art. 21, XXIII, 'c', da CF e Lei 6.453/1977). O mesmo ocorre com o dano ambiental (art. 225, *caput* e § 3º, da CF e art. 14, § 1º, da Lei 6.938/1981), em face da crescente preocupação com o meio ambiente. Nesse mesmo sentido, extrai-se da doutrina que, **na responsabilidade civil pelo dano ambiental, não são aceitas as excludentes de fato de terceiro, de culpa da vítima, de caso fortuito ou de força maior**. Nesse contexto, a colocação de placas no local indicando a presença de material orgânico não é suficiente para excluir a responsabilidade civil" (STJ, REsp 1.373.788/SP, 3ª T., Rel. Min. Paulo de Tarso Sanseverino, j. 06.05.2014).

4.1.2 *Conduta omissiva (ou deficiente)*

A conduta omissiva ou deficiente que – ainda que indiretamente – concorra para a ocorrência do dano ambiental também se encontra na cadeia causal geradora da responsabilidade civil. O **conceito amplo de poluidor** consagrado pela legislação ambiental brasileiro, conforme tratado anteriormente, alcança toda e qualquer "pessoa física ou jurídica, de direito público ou privado, responsável, **direta ou indiretamente**, por atividade causadora de degradação ambiental" (art. 3º, IV, da Lei 6.938/1981). Ou seja, também aquele que contribua, ainda que indiretamente, para a ocorrência do dano ecológico com a sua conduta omissiva é passível de ser responsabilizado solidariamente juntamente com os demais agentes (públicos e privados) que tenham conjugado ações e omissões no espectro causal da ocorrência do resultado lesivo ao bem jurídico ambiental.

Como consolidado na jurisprudência do STJ, "para o fim de apuração do **nexo de causalidade** no dano urbanístico-ambiental e de eventual solidariedade passiva, equiparam-se quem faz, **quem não faz quando deveria fazer, quem não se importa que façam, quem cala quando lhe cabe denunciar**, quem financia para que façam e quem se beneficia quando outros fazem".[51] A decisão do STJ elenca, de forma apenas ilustrativa, algumas **condutas comissivas e omissivas** que ensejam o enquadramento do agente (público ou privado) na condição de poluidor, concorrendo para a ocorrência do dano ecológico e caracterizando a solidariedade passiva de todos que se encontrarem amarrados pelo **nexo causal (direto e indireto)**.

4.1.2.1 Omissão ou atuação insuficiente do Estado e sua responsabilidade civil pelo dano ambiental (responsabilidade solidária e execução subsidiária)

A consagração constitucional da proteção ambiental como tarefa estatal, de acordo com o entendimento de Maria da Glória Garcia, traduz a imposição de deveres de proteção ao Estado que lhe retiram a sua "capacidade de decidir sobre a oportunidade do agir", obrigando-o também a uma adequação permanente das medidas às situações que carecem de proteção, bem como a uma especial responsabilidade de coerência na autorregulação social.[52] Em outras palavras, pode-se dizer que os **deveres de proteção ambiental conferidos ao Estado** vinculam os poderes estatais ao ponto de limitar a sua liberdade de conformação na adoção de medidas atinentes à tutela do meio ambiente. No caso especialmente do Poder Executivo, há uma clara limitação ao seu **poder-dever**[53] **de discricionariedade,** de modo a restringir a sua margem de liberdade na escolha nas medidas protetivas do ambiente, sempre no intuito de garantir a maior eficácia possível do direito fundamental em questão.

Não há uma "faculdade" de natureza discricionária assegurada aos entes estatais para decidir atuar ou não em tais questões, mas sim obrigações e comandos jurídicos imperativos que não podem ser descumpridos. No mesmo sentido, Herman Benjamin identifica a redução da discricionariedade da Administração Pública como benefício da "constitucionalização" da tutela ambiental, pois as normas constitucionais impõem e, portanto, vinculam a atuação administrativa no sentido de um permanente dever de levar em conta o meio ambiente e de, direta e positivamente, protegê-lo, bem como exigir o seu respeito pelos demais membros da comunidade estatal.[54] Em outras palavras, pode-se dizer que não há "margem" para o Estado "não atuar" ou mesmo "atuar de forma insuficiente" (à luz do princípio da proporcionalidade) na proteção ecológica, pois tal atitude estatal resultaria em prática inconstitucional.

Na linha do que tratamos no tópico sobre o conceito de poluidor (art. 3º, IV, da Lei 6.938/81), a legislação ambiental é bastante clara no sentido de caracterizar a responsabilidade civil do Estado pelo dano ambiental, tanto na perspectiva **comissiva quanto omissiva** ao enquadrar **expressamente** na condição de **agente poluidor** "a **pessoa** física ou **jurídica, de direito público** ou

---

[51] STJ, REsp 1.071.741/SP, 2ª T., Rel. Min. Herman Benjamin, j. 24.03.2009.
[52] GARCIA, Maria da Glória F. P. D. *O lugar do direito na proteção do ambiente*. Coimbra: Almedina, 2007, p. 481.
[53] BANDEIRA DE MELLO, *Discricionariedade e controle jurisdicional...*, p. 15.
[54] BENJAMIN, Antonio Herman. Constitucionalização do ambiente e ecologização da Constituição brasileira. In: CANOTILHO, José Joaquim Gomes; MORATO LEITE, José Rubens (orgs.). *Direito constitucional ambiental brasileiro*. São Paulo: Saraiva, 2007, p. 75.

privado, responsável, direta ou indiretamente, por atividade causadora de degradação ambiental". A responsabilidade civil pelo dano ambiental, segundo jurisprudência pacífica do STJ, "qualquer que seja a qualificação jurídica do degradador, público ou privado, é de natureza objetiva, solidária e ilimitada".[55] A **"cláusula geral" da responsabilidade civil do Estado** consagrada no art. 37, § 6º, da CF/1988, também contribui para reforçar tal entendimento, ao assinalar que "as **pessoas jurídicas de direito público** e as de direito privado prestadoras de serviços públicos **responderão pelos danos** que seus agentes, nessa qualidade, causarem a terceiros, assegurado o direito de regresso contra o responsável nos casos de dolo ou culpa".

Não é apenas a **ação poluidora direta do ente estatal** capaz de ensejar a sua responsabilidade, como ocorre quando o próprio Estado empreende diretamente atividades lesivas ou potencialmente lesivas ao meio ambiente sem o devido licenciamento e estudo de impacto ambiental (construção de estradas, usinas hidrelétricas etc.), mas também na hipótese de **omissão** (ou mesmo **atuação insuficiente**, com base no princípios da proporcionalidade e da vedação de proteção insuficiente ou deficiente). Como refere Édis Milaré, a responsabilidade do Estado é caracterizada quando "se omite no dever constitucional de proteger o meio ambiente (falta de fiscalização, inobservância das regras informadoras dos processos de licenciamento, inércia quanto à instalação de sistemas de disposição de lixo e tratamento de esgotos, p. ex.)".[56] O § 3º do art. 70 da Lei 9.605/98 é exemplar nesse sentido ao assinalar que a **"autoridade ambiental que tiver conhecimento de infração** ambiental é obrigada a promover a sua apuração imediata, mediante processo administrativo próprio, **sob pena de corresponsabilidade"**. Na jurisprudência do STJ, igualmente, consagrou-se que a responsabilidade do poder público por danos ambientais, por **omissão na fiscalização**, é **objetiva** e **solidária**.[57]

A omissão (ou atuação insuficiente) do Estado em fiscalizar e impedir a ocorrência do dano ambiental é igualmente grave, do ponto de vista constitucional, em razão da imposição e força normativa **dos princípios da prevenção e da precaução** (art. 225, § 1º, IV, da CF/1988, e art. 1º, *caput*, da Lei de Biossegurança – Lei 11.105/05), os quais modulam a atuação do Estado, impondo cautela e prevenção ao seu agir, de modo a se antecipar e, com isso, evitar que o dano ambiental ocorra. Conforme a lição de Leme Machado, "o Direito Ambiental engloba as duas funções da responsabilidade objetiva: a função preventiva – procurando, por meios eficazes, evitar o dano – e a função reparadora – tentando reconstituir e/ou indenizar os prejuízos ocorridos. Não é social e ecologicamente adequado deixar-se de valorizar a responsabilidade preventiva, mesmo porque há danos ambientais irreversíveis".[58]

É em tal matriz constitucional que está ancorada a caracterização da responsabilidade solidária do Estado por prática degradadora do meio ambiente perpetrada por particular. O entendimento sinalizado se faz possível em razão da **antijuridicidade inerente ao descumprimento dos deveres constitucionais de proteção ecológica** por parte do Estado, o que se caracteriza nos casos de omissão em fiscalizar e adotar políticas públicas ambientais suficientes no controle, fiscalização e repressão de atividades poluidoras. De tal sorte, a omissão ou atuação insuficiente do ente estatal em atender à norma constitucional e impedir a perpetuação de determinada prática poluidora levada a cabo por particular poderá ensejar sua responsabilidade

---

[55] STJ, REsp 1.454.281/MG, 2ª T., Rel. Min. Herman Benjamin, j. 16.08.2016.
[56] MILARÉ, *Direito do ambiente...*, p. 909.
[57] STJ, REsp 529.027/SC, 2ª T., Rel. Min. Humberto Martins, j. 16.04.2009.
[58] Conforme a lição de Paulo Affonso Leme Machado, "o Direito Ambiental engloba as duas funções da responsabilidade objetiva: a função preventiva – procurando, por meios eficazes, evitar o dano – e a função reparadora – tentando reconstituir e/ou indenizar os prejuízos ocorridos. Não é social e ecologicamente adequado deixar-se de valorizar a responsabilidade preventiva, mesmo porque há danos ambientais irreversíveis". MACHADO, *Direito ambiental brasileiro...*, p. 414.

solidária pelo dano ambiental.⁵⁹ E, vale frisar, a responsabilidade tanto por omissão quanto por ação estatal deve ser reconhecida como objetiva, não obstante a existência de divergência doutrinária e jurisprudencial na matéria.⁶⁰

O STJ, em decisão emblemática sob a relatoria do Min. Herman Benjamin,⁶¹ no REsp 1.071.741/SP, reconheceu a responsabilidade solidária (e objetiva) do Estado de São Paulo em razão da sua omissão e permissividade com a ocupação e construções ilegais de particular em unidade de conservação (no caso, o Parque Estadual de Jacupiranga). No caso, apontou-se o descumprimento, por parte do Estado, do seu poder-dever de controle e fiscalização ambiental, estabelecido, entre outros comandos normativos, no art. 70, §§ 1º e 4º, da Lei 9.605/1998. Nas palavras do Min. Herman Benjamin, "a **Administração é solidária, objetiva e ilimitadamente responsável**, nos termos da Lei 6.938/1981, por danos urbanístico-ambientais decorrentes da **omissão do seu dever de controlar e fiscalizar**, na medida em que contribua, direta ou indiretamente, tanto para a degradação ambiental em si mesma, como para o seu agravamento, consolidação ou perpetuação, tudo sem prejuízo da adoção, contra o **agente público relapso ou desidioso**, de **medidas disciplinares, penais, civis** e no **campo da improbidade administrativa**".

Ainda segundo passagem do referido acordão-paradigma do STJ,

"(...) Ordinariamente, a responsabilidade civil do Estado, por omissão, é subjetiva ou por culpa, regime comum ou geral esse que, assentado no art. 37 da Constituição Federal, enfrenta duas exceções principais. Primeiro, quando a responsabilização objetiva do ente **público decorrer de expressa previsão legal, em microssistema especial, como na proteção do meio ambiente (Lei 6.938/1981, art. 3º, IV, c/c o art. 14, § 1º)**. Segundo, quando as circunstâncias indicarem a presença de um standard ou dever de ação estatal mais rigoroso do que aquele que jorra, consoante a construção doutrinária e jurisprudencial, do texto constitucional. 6. O **dever-poder de controle e fiscalização ambiental** (= dever-poder de implementação), além de inerente ao **exercício do poder de polícia** do Estado, provém diretamente do marco constitucional de garantia dos processos ecológicos essenciais (em especial os arts. 225, 23, VI e VII, e 170, VI) e da legislação, sobretudo da Lei da Política Nacional do Meio Ambiente (Lei 6.938/1981, arts. 2º, I e V, e 6º) e da Lei 9.605/1998 (Lei dos Crimes e Ilícitos Administrativos contra o Meio Ambiente). 7. Nos termos do **art. 70, § 1º, da Lei 9.605/1998**, são titulares do dever-poder de implementação 'os funcionários de órgãos ambientais integrantes do Sistema Nacional de Meio Ambiente – SISNAMA, designados para as atividades de fiscalização', além de outros a que se confira tal atribuição. 8. Quando a autoridade ambiental 'tiver conhecimento de infração ambiental é obrigada a promover a sua apuração imediata, mediante processo administrativo próprio, sob pena de corresponsabilidade' (art. 70, § 3º, da Lei 9.605/1998, grifo acrescentado). 9. Diante de ocupação ou utilização ilegal de espaços ou bens públicos, não se desincumbe do dever--poder de fiscalização ambiental (e também urbanística) o Administrador que se limita a embargar obra ou atividade irregular e a denunciá-la ao Ministério Público ou à Polícia, ignorando ou desprezando outras medidas, inclusive possessórias, que a lei põe à sua disposição para eficazmente fazer valer a ordem administrativa e, assim, impedir, no local, a

---

⁵⁹ Em sintonia com tal entendimento, Édis Milaré assevera que "afastando-se da imposição legal de agir, ou agindo deficientemente, deve o Estado responder por sua incúria, negligência ou deficiência, que traduzem ilícito ensejador do dano não evitado que, por direito, deveria sê-lo". MILARÉ, *Direito do ambiente...*, p. 909.

⁶⁰ No sentido de reconhecer a natureza objetiva da responsabilidade estatal tanto na ação como omissão, v. STEIGLEDER, Annelise Monteiro. *Responsabilidade civil ambiental: as dimensões do dano ambiental no direito brasileiro*. 2. ed. Porto Alegre: Livraria do Advogado, 2011, p. 196.

⁶¹ STJ, REsp 1.071.741/SP, 2ª T., Rel. Min. Herman Benjamin, j. 24.03.2009.

turbação ou o esbulho do patrimônio estatal e dos bens de uso comum do povo, resultante de desmatamento, construção, exploração ou presença humana ilícitos".[62]

A 1ª Seção do STJ, especializada em Direito Público, aprovou recentemente e de modo a consolidar tal entendimento a **Súmula 652**, com o seguinte teor:

> **SÚMULA 652**
>
> A **responsabilidade da administração** por dano ao meio ambiente decorrente de sua omissão no dever de fiscalização é de caráter **solidário**, mas de **execução subsidiária**.

> **JURISPRUDÊNCIA STJ. Responsabilidade objetiva do Estado por omissão (responsável indireto), responsabilidade solidária e execução subsidiária:** "Ambiental. **Unidade de conservação** de proteção integral (Lei 9.985/00). **Ocupação e construção ilegal por particular** no Parque Estadual de Jacupiranga. Turbação e esbulho de bem público. **Dever-poder de controle e fiscalização ambiental do Estado. Omissão.** Art. 70, § 1º, da Lei 9.605/1998. Desforço imediato. Art. 1.210, § 1º, do Código Civil. Artigos 2º, I e V, 3º, IV, 6º e 14, § 1º, da Lei 6.938/1981 (Lei da Política Nacional do Meio Ambiente). Conceito de poluidor. **Responsabilidade civil do estado de natureza solidária, objetiva, ilimitada e de execução subsidiária. Litisconsórcio facultativo**. 1. Já não se duvida, sobretudo à luz da Constituição Federal de 1988, que ao Estado a ordem jurídica abona, mais na fórmula de dever do que de direito ou faculdade, a função de implementar a letra e o espírito das determinações legais, inclusive contra si próprio ou interesses imediatos ou pessoais do Administrador. Seria mesmo um despropósito que o ordenamento constrangesse os particulares a cumprir a lei e atribuísse ao servidor a possibilidade, conforme a conveniência ou oportunidade do momento, de por ela zelar ou abandoná-la à própria sorte, de nela se inspirar ou, frontal ou indiretamente, contradizê-la, de buscar realizar as suas finalidades públicas ou ignorá-las em prol de interesses outros. 2. Na sua missão de proteger o meio ambiente ecologicamente equilibrado para as presentes e futuras gerações, como **patrono que é da preservação e restauração dos processos ecológicos essenciais, incumbe ao Estado** 'definir, em todas as unidades da Federação, espaços territoriais e seus componentes a serem especialmente protegidos, sendo a alteração e a supressão permitidas somente através de lei, vedada qualquer utilização que comprometa a integridade dos atributos que justifiquem sua proteção' (Constituição Federal, art. 225, § 1º, III). 3. A criação de Unidades de Conservação não é um fim em si mesmo, vinculada que se encontra a claros objetivos constitucionais e legais de proteção da Natureza. Por isso, em nada resolve, freia ou mitiga a crise da biodiversidade – diretamente associada à insustentável e veloz destruição de habitat natural –, se não vier acompanhada do **compromisso estatal de, sincera e eficazmente, zelar pela sua integridade físico-ecológica e providenciar os meios para sua gestão técnica, transparente e democrática**. A ser diferente, nada além de um 'sistema de áreas protegidas de papel ou de fachada' existirá, espaços de ninguém, onde a omissão das autoridades é compreendida pelos degradadores de plantão como autorização implícita para o desmatamento, a exploração predatória e a ocupação ilícita. 4. Qualquer que seja a qualificação jurídica do degradador, público ou privado, no Direito brasileiro a responsabilidade civil pelo dano ambiental é de natureza objetiva, solidária e ilimitada, sendo regida pelos **princípios do poluidor-pagador, da reparação** *in integrum*, **da prioridade da reparação** *in natura*, **e do** *favor debilis*, este último a legitimar uma série de técnicas de facilitação do acesso à Justiça, entre as quais se inclui a inversão do ônus da prova em favor da vítima ambiental. Precedentes do STJ. 5. Ordinariamente, a responsabi-

---

[62] STJ, REsp 1.071.741/SP, 2ª T., Rel. Min. Herman Benjamin, j. 24.03.2009.

lidade civil do Estado, por omissão, é subjetiva ou por culpa, regime comum ou geral esse que, assentado no art. 37 da Constituição Federal, enfrenta duas exceções principais. Primeiro, quando a responsabilização objetiva do ente público decorrer de expressa previsão legal, em microssistema especial, como na proteção do meio ambiente (Lei 6.938/1981, art. 3º, IV, c/c o art. 14, § 1º). Segundo, quando as circunstâncias indicarem a presença de um standard ou dever de ação estatal mais rigoroso do que aquele que jorra, consoante a construção doutrinária e jurisprudencial, do texto constitucional. 6. O dever-poder de controle e fiscalização ambiental (= dever-poder de implementação), além de inerente ao exercício do poder de polícia do Estado, provém diretamente do marco constitucional de garantia dos processos ecológicos essenciais (em especial os arts. 225, 23, VI e VII, e 170, VI) e da legislação, sobretudo da Lei da Política Nacional do Meio Ambiente (Lei 6.938/1981, arts. 2º, I e V, e 6º) e da Lei 9.605/1998 (Lei dos Crimes e Ilícitos Administrativos contra o Meio Ambiente). 7. Nos termos do art. 70, § 1º, da Lei 9.605/1998, são titulares do dever-poder de implementação 'os funcionários de órgãos ambientais integrantes do Sistema Nacional de Meio Ambiente – SISNAMA, designados para as atividades de fiscalização', além de outros a que se confira tal atribuição. 8. Quando a autoridade ambiental 'tiver conhecimento de infração ambiental é obrigada a promover a sua apuração imediata, mediante processo administrativo próprio, sob pena de corresponsabilidade' (art. 70, § 3º, da Lei 9.605/1998, grifo acrescentado). 9. Diante de ocupação ou utilização ilegal de espaços ou bens públicos, não se desincumbe do dever-poder de fiscalização ambiental (e também urbanística) o Administrador que se limita a embargar obra ou atividade irregular e a denunciá-la ao Ministério Público ou à Polícia, ignorando ou desprezando outras medidas, inclusive possessórias, que a lei põe à sua disposição para eficazmente fazer valer a ordem administrativa e, assim, impedir, no local, a turbação ou o esbulho do patrimônio estatal e dos bens de uso comum do povo, resultante de desmatamento, construção, exploração ou presença humana ilícitos. 10. A **turbação e o esbulho ambiental-urbanístico** podem – e no caso do Estado, devem – ser combatidos pelo **desforço imediato**, medida prevista atualmente no art. 1.210, § 1º, do Código Civil de 2002 e imprescindível à **manutenção da autoridade e da credibilidade da Administração, da integridade do patrimônio estatal, da legalidade, da ordem pública e da conservação de bens intangíveis e indisponíveis associados à qualidade de vida das presentes e futuras gerações**. 11. O **conceito de poluidor, no Direito Ambiental brasileiro, é amplíssimo**, confundindo-se, por expressa disposição legal, com o de degradador da qualidade ambiental, isto é, toda e qualquer 'pessoa física ou jurídica, de direito público ou privado, responsável, direta ou indiretamente, por atividade causadora de degradação ambiental' (art. 3º, IV, da Lei 6.938/1981, grifo adicionado). 12. Para o fim de apuração do nexo de causalidade no dano urbanístico-ambiental e de eventual solidariedade passiva, equiparam-se quem faz, quem não faz quando deveria fazer, quem não se importa que façam, quem cala quando lhe cabe denunciar, quem financia para que façam e quem se beneficia quando outros fazem. 13. A **Administração é solidária, objetiva e ilimitadamente responsável, nos termos da Lei 6.938/1981, por danos urbanístico-ambientais decorrentes da omissão do seu dever de controlar e fiscalizar**, na medida em que contribua, direta ou indiretamente, tanto para a degradação ambiental em si mesma, como para o seu agravamento, consolidação ou perpetuação, tudo sem prejuízo da adoção, contra o agente público relapso ou desidioso, de medidas disciplinares, penais, civis e no campo da improbidade administrativa. 14. No caso de omissão de dever de controle e fiscalização, a responsabilidade ambiental solidária da Administração é de execução subsidiária (ou **com ordem de preferência**). 15. A responsabilidade solidária e de **execução subsidiária** significa que o **Estado integra o título executivo sob a condição de, como devedor-reserva, só ser convocado a quitar a dívida se o degradador original, direto ou material (= devedor principal) não o fizer**, seja por total ou parcial exaurimento patrimonial ou insolvência, seja por impossibilidade ou incapacidade, inclusive técnica, de cumprimento da prestação judicialmente imposta, assegurado, sempre, o **direito de regresso (art. 934 do Código Civil)**, com a **desconsideração da personalidade jurídica (art. 50 do Código Civil)**. 16. Ao acautelar a plena solvabilidade financeira e técnica do crédito ambiental, não se insere entre as aspirações da responsabilidade solidária e de execução subsidiária do Estado – sob pena de onerar duplamente a sociedade, romper a equação do princípio poluidor-pagador e inviabilizar a **internalização das externalidades ambientais negativas** – substituir, mitigar, postergar ou dificultar o dever, a cargo do degradador material ou principal, de recuperação integral do meio ambiente afetado e de indenização pelos prejuízos causados. 17. Como consequência da solidariedade e por se tratar de litisconsórcio facultativo, cabe ao autor da Ação optar por incluir ou não o ente público na petição inicial. 18. Recurso Especial provido" (STJ, REsp 1.071.741/SP, 2ª T., Rel. Min. Herman Benjamin, j. 24.03.2009).

"Ação civil pública. Dano causado ao meio ambiente. Legitimidade passiva do ente estatal. Responsabilidade objetiva. **Responsável direto e indireto. Solidariedade.** Litisconsórcio facultativo. Art. 267, IV do CPC. Prequestionamento. Ausência. Súmulas 282 e 356 do STF. 1. (...). 2. O art. 23, inc. VI da Constituição da República fixa a competência comum para a União, Estados, Distrito Federal e Municípios no que se refere à proteção do meio ambiente e combate à poluição em qualquer de suas formas. No mesmo texto, o art. 225, *caput*, prevê o direito de todos a um meio ambiente ecologicamente equilibrado e impõe ao Poder Público e à coletividade o dever de defendê-lo e preservá-lo para as presentes e futuras gerações. 3. O Estado recorrente tem o dever de preservar e fiscalizar a preservação do meio ambiente. Na hipótese, **o Estado, no seu dever de fiscalização, deveria ter requerido o Estudo de Impacto Ambiental e seu respectivo relatório, bem como a realização de audiências públicas acerca do tema, ou até mesmo a paralisação da obra que causou o dano ambiental**. 4. O repasse das verbas pelo Estado do Paraná ao Município de Foz de Iguaçu (ação), a ausência das cautelas fiscalizatórias no que se refere às licenças concedidas e as que deveriam ter sido confeccionadas pelo ente estatal (omissão), concorreram para a produção do dano ambiental. Tais circunstâncias, pois, são aptas a caracterizar o nexo de causalidade do evento, e assim, legitimar a responsabilização objetiva do recorrente. 5. Assim, **independentemente da existência de culpa, o poluidor, ainda que indireto (Estado-recorrente) (art. 3º da Lei n. 6.938/81), é obrigado a indenizar e reparar o dano causado ao meio ambiente (responsabilidade objetiva).** 6. Fixada a legitimidade passiva do ente recorrente, eis que preenchidos os requisitos para a configuração da responsabilidade civil (**ação ou omissão, nexo de causalidade e dano**), ressalta-se, também, que tal responsabilidade (objetiva) é **solidária,** o que legitima a inclusão das **três esferas de poder** no polo passivo na demanda, conforme realizado pelo Ministério Público (litisconsórcio facultativo). 7. Recurso especial conhecido em parte e improvido" (STJ, REsp 604.725/PR, 2ª T., Rel. Min. Castro Meira, j. 21.06.2005).

"Processual civil e administrativo. Recurso especial. Meio ambiente. Terreno de marinha e área de proteção permanente. Vegetação de restinga. **Omissão fiscalizatória da União.** Localização no polo passivo da demanda. Súmula 7/STJ. Permissivo 'C'. Súmula 83/STJ. 1. Reconhecida, nas instâncias ordinárias, a **omissão da pessoa jurídica de direito público na fiscalização de atos lesivos ao meio-ambiente** é de ser admitida sua colocação no polo passivo de lide civil pública movida pelo Ministério Público Federal. Litisconsórcio passivo entre a União e o Município **por leniência no dever de adotar medidas administrativas contra a edificação irregular de prédios em área *non aedificandi*, caracterizada por ser terreno de marinha e de proteção permanente, com vegetação de restinga, fixadora de dunas**. 2. Conclusões soberanas das instâncias ordinárias quanto à omissão da União e de seus órgãos. Impossibilidade de reexame. Matéria de fato. Súmula 7/STJ. 3. Dissídio jurisprudencial superado. Súmula 83/STJ. Recurso especial conhecido em parte e improvido" (STJ, REsp 529.027/SC, 2ª T., Rel. Min. Humberto Martins, j. 16.04.2009).

"Administrativo. Ação civil pública. Loteamento irregular. Dano ambiental. Responsabilidade do município. Art. 40 da Lei n. 6.766/79. Poder-dever. Precedentes. 1. O art. 40

da Lei 6.766/79, ao estabelecer que o município 'poderá regularizar loteamento ou desmembramento não autorizado ou executado sem observância das determinações do ato administrativo de licença', fixa, na verdade, um poder-dever, ou seja, um atuar vinculado da municipalidade. Precedentes. 2. Consoante dispõe o art. 30, VIII, da Constituição da República, compete ao município 'promover, no que couber, adequado ordenamento territorial, mediante planejamento e controle do uso, do parcelamento e da ocupação do solo urbano'. 3. Para evitar lesão aos padrões de desenvolvimento urbano, o Município não pode eximir-se do dever de regularizar loteamentos irregulares, se os loteadores e responsáveis, devidamente notificados, deixam de proceder com as obras e melhoramentos indicados pelo ente público. 4. O fato de o município ter multado os loteadores e embargado as obras realizadas no loteamento em nada muda o panorama, devendo proceder, ele próprio e às expensas do loteador, nos termos da responsabilidade que lhe é atribuída pelo art. 40 da Lei 6.766/79, à regularização do loteamento executado sem observância das determinações do ato administrativo de licença. 5. No caso, se o município de São Paulo, mesmo após a aplicação da multa e o embargo da obra, não avocou para si a responsabilidade pela regularização do loteamento às expensas do loteador, e dessa **omissão resultou um dano ambiental**, deve ser **responsabilizado, conjuntamente com o loteador**, pelos prejuízos daí advindos, **podendo acioná-lo regressivamente**. 6. Recurso especial provido" (STJ, 1.113.789 / SP, 2ª T., Rel. Min. Castro Meira, j. 16.06.2009).

"Administrativo. Constitucional. Ação civil pública. **Responsabilidade civil do Estado**. Danos morais. 'Caso Malathion'. Prescrição. Nexo de causalidade. Normas técnicas de segurança. Responsabilidade solidária. Impugnação genérica. Revisão de fatos e provas. Súmula 7/STJ. Quantificação dos danos morais não excessiva ou irrisória. Ausência de prequestionamento. Recurso não conhecido. 1. Trata-se de Ação Civil Pública proposta pelo Ministério Público Federal contra o Município de Serra, a Funasa e o Estado do Espírito Santo em decorrência de grave incidente de utilização equivocada de substância química perigosa (Malathion), durante procedimento de desinsetização em posto de saúde, com sérios danos aos frequentadores do estabelecimento. 2. Está corretamente afastada a prescrição, que, quando cabível, deve ter, como marco inicial, a efetiva ocorrência e a identificação da extensão da lesão (princípio da *actio nata*, segundo o STJ), sobretudo no campo da proteção da saúde das pessoas e de outros direitos da personalidade, bem como de danos futuros, de manifestação diferida, protraída ou prolongada, condições que exigem, amiúde, sofisticados e dispendiosos exames laboratoriais ou de campo. 3. A aplicação de inseticida ou utilização de substância tóxica não caracteriza, quando vista isoladamente, o evento danoso. Na **responsabilidade civil sanitário-ambiental o dano somente se perfaz, em tese, com o surgimento e identificação das lesões ou patologias alegadas. Antes disso, inexiste pretensão indenizatória propriamente dita e, via de consequência, descabe falar em prescrição**. 4. Na responsabilidade objetiva, como é óbvio, desnecessária a prova de dolo ou culpa na conduta do agente. Longa e minuciosa instrução probatória indica participação determinante de preposto da Funasa no evento danoso, com ampla fundamentação da sentença e do acórdão recorrido a respeito. 5. Ordinariamente, a **responsabilidade civil do Estado**, por omissão, é subjetiva ou por culpa; regime comum ou geral esse que, assentado no art. 37 da Constituição Federal, enfrenta duas exceções principais. Primeiro, quando a **responsabilização objetiva do ente público decorre de expressa previsão legal, em microssistema especial**. Segundo, quando as **circunstâncias indicam a presença de standard ou dever de ação estatal mais rigoroso** do que aquele que jorra, segundo a interpretação doutrinária e jurisprudencial, do texto constitucional, **precisamente a hipótese da salvaguarda da saúde pública**. 6. Caracterizados, em tese, os elementos que configuram a responsabilidade da Funasa. A revisão da prova testemunhal e pericial esbarra na Súmula 7/STJ. 7. Sobre os **danos morais**, a recorrente alega que a gravidade dos atos de seu servidor seria mínima se comparada com os atos comissivos e omissivos de outro réu. Porém, 'A revisão do valor indenizatório somente é possível quando exorbitante ou insignificante a importância arbitrada, em flagrante violação dos princípios da razoabilidade e da proporcionalidade' (AgRg no REsp 1060856/RJ, Rel. Ministro Humberto Martins, Segunda Turma, *DJe* 1º.7.2009). Os parâmetros do quantum foram fixados em consonância com precedentes do STJ, não havendo o que alterar. 8. As decisões proferidas destacaram que a atuação de servidor público federal, como supervisor técnico não qualificado, foi determinante para o evento e para a condenação da Funasa na proporção estabelecida. Aplicação da Súmula 7/STJ. 9. **Na apuração do nexo de causalidade no âmbito da responsabilidade civil solidária, não se discute percentagem, nem maior ou menor participação da conduta do agente na realização do dano, pois a ser diferente perderia o instituto exatamente a sua maior utilidade prática na facilitação do acesso à justiça para as vítimas.** (...) 11. Recurso Especial não conhecido" (STJ, REsp 1.236.863/ES, 2ª T., Rel. Min. Herman Benjamin, j. 12.04.2011).

"Administrativo. Ambiental. Ação civil pública. Dano ambiental. Legitimidade passiva. Responsabilidade civil do Estado. **Ibama. Dever de fiscalização. Omissão caracterizada**. 1. Tratando-se de proteção ao meio ambiente, não há falar em competência exclusiva de um ente da federação para promover medidas protetivas. Impõe-se amplo aparato de fiscalização a ser exercido pelos quatro entes federados, independentemente do local onde a ameaça ou o dano estejam ocorrendo. 2. O **Poder de Polícia Ambiental pode – e deve – ser exercido por todos os entes da Federação, pois se trata de competência comum, prevista constitucionalmente**. Portanto, **a competência material para o trato das questões ambiental é comum a todos os entes**. Diante de uma infração ambiental, os agentes de fiscalização ambiental federal, estadual ou municipal terão o dever de agir imediatamente, obstando a perpetuação da infração. 3. Nos termos da jurisprudência pacífica do STJ, a responsabilidade por dano ambiental é objetiva, logo responderá pelos danos ambientais causados aquele que tenha contribuído apenas que indiretamente para a ocorrência da lesão. Agravo regimental improvido" (STJ, AgRg no REsp 1.417.023/PR, 2ª T., Rel. Min. Humberto Martins, j. 18.08.2015).

4.1.3 A *"Teoria do Risco Integral"* e as excludentes da ilicitude

Na interpretação do regime jurídico da responsabilidade civil em matéria ambiental (art. 14, § 1º, da Lei 6.938/81 e art. 225, § 3º, da CF/1988), a doutrina e a jurisprudência consolidaram entendimento no sentido da adoção da denominada **teoria do risco integral**,[63] afastando, portanto, a possibilidade de incidência de qualquer das **excludentes de ilicitude**, caracterizadas pelas hipóteses de **força maior**, **caso fortuito**, **culpa da vítima** ou **fato de terceiro**. Assim, o entendimento doutrinário e jurisprudencial amplamente dominante hoje é no sentido de não admitir qualquer excludente de ilicitude quando estiver em pauta hipótese de responsabilização civil pelo dano ecológico.

A teoria do risco integral, conforme entendimento doutrinário de Annelise M. Steigleder, estabelece que "todo e qualquer risco conexo ao empreendimento deverá ser integralmente internalizado pelo processo produtivo, devendo o responsável reparar quaisquer danos que tenham conexão com sua atividade".[64] A teoria do risco integral pode ser considerada uma **vertente mais rígida da teoria do risco**, cuja consagração legislativa encontra-se por meio da cláusula geral estabelecida no parágrafo único do art. 927 do Código Civil (2002). Ocorre que, diferentemente

---

[63] Na doutrina, sustentando a adoção da teoria do risco criado no âmbito da responsabilidade civil ambiental, e, portanto, não a teoria do risco integral, v. FARIAS; ROSENVALD; e BRAGA NETTO, *Curso de direto civil...*, p. 505-508.

[64] STEIGLEDER, Annelise Monteiro. *Responsabilidade civil ambiental*: as dimensões do dano ambiental no direito brasileiro. Porto Alegre: Livraria do Advogado, 2004. p. 198.

da teoria do risco, em que seria possível, em tese, a aplicação das excludentes de ilicitude, no âmbito da teoria do risco integral tal hipótese resulta totalmente afastada.

Segundo Cavalieri Filho, "extrai-se do Texto Constitucional e do sentido teleológico da Lei de Política Nacional do Meio Ambiente (Lei 6.938/1981) que essa responsabilidade é fundada no **risco integral**. Se fosse possível invocar o caso fortuito ou a força maior como causas excludentes da responsabilidade civil por dano ecológico, ficaria fora da incidência da lei, a maior parte dos caos de poluição ambiental, como a destruição da fauna e da flora causada por carga tóxica de navios avariados em tempestades marítimas; rompimento de oleoduto em circunstâncias absolutamente imprevisíveis, poluindo lagoas, baías, praias e mar; contaminação de estradas e rios, atingindo vários municípios, provocada por acidentes imponderáveis de grandes veículos transportadores de material poluente e assim por diante".[65]

Como assevera Herman Benjamin, ao sustentar a aplicação da teoria do risco integral no campo ambiental, por força da aplicação dos **princípios do poluidor-pagador, da precaução e da reparabilidade integral do dano ambiental,** "são vedadas todas as formas de exclusão, modificação ou limitação da reparação ambiental, que deve ser sempre integral, assegurando proteção efetiva ao meio ambiente ecologicamente equilibrado".[66] De modo similar, Rodolfo de Camargo Mancuso é enfático ao afirmar que "se nos afastarmos da responsabilidade objetiva, ou se permitirmos brechas nesse sistema, os interesses relevantíssimos pertinentes à ecologia e ao patrimônio cultural correrão alto risco de não restarem tutelados ou reparados, porque a força e a malícia dos grandes grupos financeiros, cujas atividades atentam contra aqueles interesses, logo encontrarão maneiras de safar-se à responsabilidade".[67]

> **JURISPRUDÊNCIA STF. Aplicação da teoria do risco integral à responsabilidade civil ambiental.** Passagem do voto do Min. Lewandowski: "A fim de corroborar essa assertiva, recordo que a própria Constituição Federal, ao estabelecer a competência da União para explorar serviços e instalações nucleares de qualquer natureza e para exercer o monopólio estatal sobre a pesquisa, a lavra, o enriquecimento e reprocessamento, a industrialização e o comércio de minérios nucleares e derivados, prevê, em seu art. 21, XXIII, *d*, que a **responsabilidade civil por danos atômicos** independe da existência de culpa. Tal modalidade de responsabilização, para alguns administrativistas, implica a adoção da **teoria do risco integral**, uma vez que, nessa modalidade, mostrar-se-ia despicienda a demonstração do nexo causal entre o dano e a ação estatal ou mesmo da existência de culpa da vítima, excludentes invocáveis no caso da teoria do risco administrativo. É possível encontrar, ainda, **outro exemplo de opção pela teoria do risco integral por parte do constituinte, quando este tratou do dano ambiental**, previsto no art. 225, § 3º, da CF, e replicado no art. 14, § 1º, da Lei 6.938/1981. (...) Hipótese semelhante também é contemplada na **Lei 10.744/2003**, cujo texto dispõe sobre a assunção, pela União, de responsabilidade civil, perante terceiros, no caso de **atentados terroristas, atos de guerra** ou eventos correlatos, contra aeronaves de matrícula brasileira operadas por empresas brasileiras de transporte aéreo público, excluídas as empresas de táxi aéreo. Tal responsabilidade, diante de sua amplitude, a toda evidência, não decorre – e nem poderia decorrer – das regras explicitadas no § 6º do art. 37, da Carta Maior.
>
> Dito de outra forma, em **situações especiais de grave risco para a população ou de relevante interesse público** pode o Estado ampliar a respectiva responsabilidade por danos decorrentes de sua ação ou omissão, para além das balizas do supramencionado dispositivo constitucional, inclusive **por lei ordinária**, dividindo os ônus decorrentes

---

[65] CAVALIERI FILHO, Sérgio. *Programa de responsabilidade civil.* 11. ed. São Paulo: Atlas, 2014. p. 194.
[66] BENJAMIN, Antonio Herman. "Responsabilidade civil pelo dano ambiental". *In: Revista de Direito Ambiental,* n. 9, jan.-mar., 1998, p. 19.
[67] MANCUSO, Rodolfo de Camargo. *Ação civil pública.* 3. ed. São Paulo: RT, 1994. p. 176.

dessa extensão com toda a sociedade" (STF, ADI 4.976/DF, Tribunal Pleno, Rel. Min. Ricardo Lewandowski, j. 07.05.2014).

JURISPRUDÊNCIA STJ. Inaplicabilidade do princípio da insignificância em matéria de responsabilidade civil ambiental: "Direito ambiental. Agravo em recurso especial. Responsabilidade civil (...). **Princípio da insignificância. Inaplicável em sede de responsabilidade civil ambiental.** Derramamento de óleo. Poluição. Degradação ambiental. 1. Não há falar em dissídio pretoriano, tendo em vista que inexiste similitude apta a ensejar a divergência. Ambos os julgados foram decididos com base nas peculiaridades fáticas da espécie. 2. **O princípio da insignificância não possui substrato teórico apto a viabilizar a sua incidência na esfera da responsabilidade civil ambiental. Toda conduta de degradação ambiental lesiona o bem jurídico tutelado, pois a defesa de nossas biotas perpassa pela prevenção e preservação, logo, por mais que o dano seja ínfimo (baixa destruição da biota), a lesão** à educação socioambiental afasta o requisito da mínima lesividade da conduta. 3. O bem ambiental é imensurável, não tem valor patrimonial, trata-se de um bem difuso, essencial à coletividade. Dessa forma, **a violação da norma ambiental e do equilíbrio sistêmico não comporta a ideia de inexpressividade da conduta para aplicação do princípio da insignificância, pois o interesse protegido envolve toda a sociedade e, em nome do bem-estar desta, é que deve ser aplicada.** 4. Em qualquer quantidade que seja derramamento de óleo é poluição, seja por inobservância dos padrões ambientais (inteligência do art. 3º, III, 'e', da Lei n. 6.938/1981, c/c o art. 17 da Lei n. 9.966/2000), seja por conclusão lógica dos princípios da solidariedade, dimensão ecológica da dignidade humana, prevenção, educação ambiental e preservação das gerações futuras. 5. Reconhecido o dano e o nexo causal caberia ao Tribunal a quo, **ante as circunstâncias fáticas do caso concreto, lastreado na razoabilidade e proporcionalidade, tangenciar a lesividade da conduta e arbitrar um valor justo as peculiaridades da causa.** 6. Recurso especial provido para reconhecer a **inaplicabilidade do princípio da insignificância em matéria de responsabilidade civil ambiental**" (STJ, AREsp 667.867/SP, 2ª T., Rel. Min. Og Fernandes, j. 17.10.2018).

JURISPRUDÊNCIA STJ. Erro na concessão de licença não isenta empresa de pagar pelo dano ambiental (Teoria do Risco Integral): "RECURSO ESPECIAL. PROCESSUAL CIVIL, CIVIL E AMBIENTAL. RESPONSABILIDADE CIVIL. (...). DANO AMBIENTAL. TEORIA DO RISCO INTEGRAL. PRINCÍPIO DO POLUIDOR-PAGADOR. EXONERAÇÃO DA RESPONSABILIDADE. NEXO CAUSAL. ROMPIMENTO. ALEGAÇÃO. IMPOSSIBILIDADE. PREQUESTIONAMENTO. AUSÊNCIA. SÚMULA 211/STJ. MATA ATLÂNTICA. VEGETAÇÃO PRIMÁRIA, SECUNDÁRIA. GRAUS MÉDIO E AVANÇADO DE REGENERAÇÃO. DEFINIÇÃO. RESOLUÇÃO CONAMA Nº 2 DE MARÇO DE 1994. OFENSA REFLEXA. DESCABIMENTO. INTERESSE SOCIAL E UTILIDADE PÚBLICA. (...). 1. Ação civil pública por meio da qual se requer a indenização de dano ambiental decorrente do **corte indevido de vegetação para a instalação de um posto de combustíveis em área de Mata Atlântica e a proibição da concessão de licenças ambientais em condições semelhantes.** (...) 3. O propósito recursal é determinar se: a) persistiu a negativa de prestação jurisdicional, por ter o Tribunal de origem se omitido de examinar a tese e interrupção do nexo de causalidade; b) nos danos ambientais, é possível arguir causas de exoneração da responsabilidade; c) as licenças ambientais foram concedidas de acordo com as normas pertinentes; d) havia utilidade pública ou interesse social que autorizassem a supressão de vegetação da Mata Atlântica; e e) se o valor da multa/reparação foi fixado de modo exorbitante. (...) 5. A exoneração da responsabilidade pela interrupção do nexo causal é admitida na responsabilidade subjetiva e em algumas teorias do risco, que regem a responsabilidade objetiva, mas não pode ser alegada quando se tratar de dano subordinado à teoria do risco integral. 6. Os danos ambientais são regidos pela **teoria do risco integral**, colocando-se **aquele que explora a atividade econômica na posição de garantidor da preservação ambiental**, sendo sempre considerado responsável pelos danos vinculados à atividade, **descabendo questionar sobre a exclusão da responsabi-**

lidade pelo suposto rompimento do nexo causal (fato exclusivo de terceiro ou força maior). Precedentes. 7. Na hipótese concreta, mesmo que se considere que a instalação do posto de combustíveis somente tenha ocorrido em razão de **erro na concessão da licença ambiental**, é o exercício dessa atividade, de **responsabilidade da recorrente, que gera o risco concretizado no dano ambiental, razão pela qual não há possibilidade de eximir-se da obrigação de reparar a lesão verificada**. (...) 9. A interposição de recurso especial não é cabível quando a violação apontada pelo recorrente se refira a norma que não se enquadre no conceito de lei federal do art. 105, I, a, da CF/88, o que ocorre na espécie, em que os conceitos de 'vegetação primária e secundária' e 'estágios avançado, médio e inicial de regeneração' se encontram disciplinados em Resolução do CONAMA (Res. 2, de 18 de março de 1994). (...) 12. Recurso especial PARCIALMENTE CONHECIDO e, no ponto, DESPROVIDO." (STJ, 1.612.887/PR, 3ª T., Rel. Min. Nancy Andrighi, j. 28.04.2020)

4.1.4 Responsabilidade solidária

A **solidariedade** é outra característica fundamental do regime da responsabilidade civil ambiental. Isso significa, na prática, que toda a cadeia de agentes (privados ou públicos) que estão no bojo da **relação causal geradora do dano ecológico** podem ser responsabilizados. Independentemente da sua conduta ser comissiva ou omissiva ou mesmo direta ou indiretamente responsável pela ocorrência da degradação ecológica, tal agente (privado ou público) coloca-se no raio de cobertura do regime jurídico da responsabilidade civil ambiental, caracterizando o nexo causal.

Como veremos com mais detalhes à frente, a **instituição financeira** que concede empréstimo bancário e, com isso, assegura as condições econômicas necessárias para o empreendedor realizar determinado empreendimento (ex.: construção de um shopping center) também responde solidariamente (como poluidor indireto) caso ocasionado algum dano ecológico na execução do referido empreendimento (ex.: o shopping center foi construído em área de preservação permanente). Tampouco isentará a instituição financeira o fato de o empreendimento em questão contar com licenciamento ambiental e, portanto, o aval do Estado que se omitiu no seu dever de fiscalização, ignorando por completo o fato de se tratar de área de preservação permanente o local do empreendimento. Todos, no caso narrado, serão passíveis de integrar o polo passivo de ação civil pública (**litisconsórcio passivo facultativo**) interposta pelo Ministério Público para apurar a responsabilidade civil ambiental pelo dano ecológico, **respondendo solidariamente**.

Há, por tal ótica, um esforço progressivo, tanto no âmbito legislativo quanto jurisprudencial, de tornar cada vez mais inquebrantável o nexo de causalidade para a verificação da responsabilidade civil ambiental, envolvendo todos os agentes que de alguma forma – maior ou menor – concorrem para o resultado danoso. Isso se justifica, como referido anteriormente, pela **natureza difusa do bem jurídico ecológico**, transportando, assim, interesse da mais alta relevância existencial para o conjunto da sociedade, como titular do direito a viver em um meio ambiente sadio, seguro e equilibrado (art. 225 da CF/1988). A título de exemplo, a Lei de Biossegurança (Lei 11.105/2005) é taxativa ao prever a natureza solidária da responsabilidade civil por danos ambientais prevista no seu art. 20.[68]

A solidariedade, por sua vez, está caracterizada justamente por essa possibilidade de todos os agentes que concorrem para a ocorrência do dano ecológico serem passíveis de serem responsabilizados conjuntamente por ele. Na hipótese, por exemplo, de diferentes empresas (frigorífico, indústria química etc.) despejarem simultaneamente rejeitos industriais sem o devido tratamento

---

[68] "Art. 20. Sem prejuízo da aplicação das penas previstas nesta Lei, os responsáveis pelos **danos ao meio ambiente** e a terceiros responderão, **solidariamente**, por sua indenização ou **reparação integral**, independentemente da existência de culpa."

no leito de um rio, ocasionando a poluição do mesmo, dá ensejo a que todas elas, independentemente de ser ou não a principal responsável, sejam enquadradas como responsáveis solidárias pelo dano ecológico em questão.

Isso sem falar na responsabilidade, também solidária, do Estado (União, Estados, Distrito Federal e Municípios) que eventualmente tenha se omitido no seu dever de fiscalização e, assim, ainda que indiretamente, também contribuído para o agravamento e perpetuação da degradação ecológica. No caso do **Estado**, como veremos na sequência, não obstante a sua responsabilidade – tanto por ação quanto por omissão – também seja solidária com os agentes particulares poluidores, tal como no exemplo destacado, a sua **execução é subsidiária**,[69] ou seja, somente poderá ser acionada em caso de impossibilidade de cumprimento por parte do agente privado.

> **JURISPRUDÊNCIA STJ. Acidente nuclear (Céso 137) e responsabilidade solidária:** "Administrativo. Direito nuclear. Responsabilidade civil objetiva do Estado. **Acidente radioativo em Goiânia. Césio 137.** Abandono do aparelho de radioterapia. **Dever de fiscalização** e vigilância sanitário-ambiental de atividades com aparelhos radioativos. **Responsabilidade solidária da União e dos Estados. Legitimidade passiva.** 1. A vida, saúde e integridade físico-psíquica das pessoas é valor ético-jurídico supremo no ordenamento brasileiro, que sobressai em relação a todos os outros, tanto na ordem econômica, como na política e social. 2. O art. 8º do Decreto 81.394/1975, que regulamenta a Lei 6.229/1975, atribuiu ao Ministério da Saúde competência para desenvolver programas de vigilância sanitária dos locais, instalações, equipamentos e agentes que utilizem aparelhos de radiodiagnóstico e cápsula de Césio 137, que ocasionou a tragédia ocorrida em Goiânia em 1987. 4. Em matéria de atividade nuclear e radioativa, a fiscalização sanitário-ambiental é concorrente entre a União e os Estados, acarretando **responsabilização solidária**, na hipótese de falha de seu exercício. 5. Não fosse pela ausência de comunicação do Departamento de Instalações e Materiais Nucleares (que integra a estrutura da Comissão Nacional de Energia Nuclear – CNEN, órgão federal) à Secretaria de Saúde do Estado de Goiás, o **grave acidente que vitimou tantas pessoas inocentes e pobres** não teria ocorrido. Constatação do Tribunal de origem que não pode ser reapreciada no STJ, sob pena de violação da Súmula 7. 6. Aplica-se a **responsabilidade civil objetiva e solidária aos acidentes nucleares e radiológicos, que se equiparam para fins de vigilância sanitário-ambiental**. 7. A controvérsia foi solucionada estritamente à luz de violação do Direito Federal, a saber, pela exegese dos arts. 1º, I, 'j', da Lei 6.229/1975; 8º do Decreto 81.384/1978; e 4º da Lei 9.425/96. 8. Recurso Especial não provido" (STJ, REsp 1.180.888/GO, 2ª T., Rel. Min. Herman Benjamin, j. 17.06.2010).

4.1.4.1 A "execução subsidiária" do Estado na hipótese da sua responsabilização solidária pelo dano ambiental

A responsabilidade civil do Estado em matéria ambiental, como mencionado no tópico anterior, é também **solidária** com os demais agentes (privados e públicos) que concorrem para o resultado do dano ecológico. Mas aqui há um ponto importante a considerar, ou seja, a eventual **execução de condenação civil do Estado por dano ecológico**, solidariamente com outros agentes privados, deve se dar de forma **subsidiária**. Há, nesse contexto, na doutrina e na jurisprudência, posições contrárias à caracterização da responsabilidade solidária entre o ente

---

[69] Na doutrina, com entendimento de ser **subsidiária** a responsabilidade do Estado em matéria ambiental, ainda que admitindo a responsabilidade solidária do Estado em algumas situações mais sensíveis de danos ecológicos, v. FARIAS, Cristiano Chaves; ROSENVALD, Nelson; BRAGA NETO, Felipe Peixoto. *Curso de direito civil*. Responsabilidade civil. 3. ed. Salvador: JusPodvium, 2016, v. 3, p. 633 (e nota 77).

estatal e atores privados, sob a justificativa, em linhas gerais, de que "quem" arcará com o ônus de eventual responsabilização estatal será a própria sociedade. Em que pese o argumento contrário à responsabilidade civil do Estado levantado pela doutrina e pela jurisprudência para a hipótese de **responsabilidade solidária** entre o ente estatal e atores privados, uma vez que "quem" arcará com o ônus de eventual responsabilização estatal será a própria **sociedade**, parece-nos que, apesar de tal afirmativa ser, de certo modo, correta, a responsabilização do Estado, especialmente quando tal implicar a reparação de área degradada ou a adoção de medidas protetivas do meio ambiente, terá uma feição de **ajustar a conduta do ente estatal ao rol de prioridades constitucionais**, o que será sempre benéfico para o conjunto da sociedade.

Sempre haverá a possibilidade de ação regressiva em face do agente privado poluidor. No entanto, para não fazer recair o ônus da reparação injustamente sobre a própria **"vítima" do dano ambiental**, qual seja, a sociedade, é pertinente o acionamento de modo apenas subsidiário do ente estatal em tais situações, ou seja, apenas quando não for possível o acionamento direto do agente privado causador do dano ambiental. Em última instância, tal situação – por exemplo, quando o Estado deixar de fiscalizar de forma adequada determinado empreendimento e isso ensejar ou perpetuar a degradação ecológica – implica omissão ou atuação insuficiente no que toca ao exercício do poder de polícia ambiental e, consequentemente, descumprimento da competência executiva em matéria ambiental dos entes federativos.[70]

A responsabilização do Estado, especialmente quando tal implicar a reparação de área degradada ou a adoção de medidas protetivas do meio ambiente, terá uma feição de ajustar a conduta do ente estatal ao rol de prioridades constitucionais, o que será sempre benéfico para o conjunto da sociedade. E, além do mais, sempre haverá a possibilidade de **ação regressiva** em face do agente privado poluidor. No entanto, para não fazer recair o ônus da reparação injustamente sobre a própria "vítima" do dano ambiental, qual seja, a sociedade, é pertinente o acionamento de modo apenas subsidiário do ente estatal em tais situações, ou seja, apenas quando não for possível o acionamento direto do agente privado causador do dano ambiental, tal como consolidado na jurisprudência do STJ. Em última instância, tal situação – por exemplo, quanto o Estado deixar de fiscalizar de forma adequada determinado empreendimento e isso ensejar ou perpetuar a degradação ecológica – implica omissão ou atuação insuficiente no que toca ao exercício do poder de polícia ambiental e, consequentemente, descumprimento da competência executiva em matéria ambiental dos entes federativos.

JURISPRUDÊNCIA STJ. Responsabilidade solidária do Estado (como poluidor indireto) e omissão no dever de fiscalização em matéria ambiental: "Ação civil pública. Dano causado ao meio ambiente. Legitimidade passiva do ente estatal. Responsabilidade objetiva. **Responsável direto e indireto. Solidariedade. Litisconsórcio facultativo**. 1. (...). 2. O art. 23, VI da Constituição da República fixa a competência comum para a União, Estados, Distrito Federal e Municípios no que se refere à proteção do meio ambiente e combate à poluição em qualquer de suas formas. No mesmo texto, o art. 225, *caput*, prevê o direito de todos a um meio ambiente ecologicamente equilibrado e impõe ao Poder Público e à coletividade o dever de defendê-lo e preservá-lo para as presentes e futuras gerações. 3. O **Estado** recorrente tem o dever de preservar e fiscalizar a preservação do meio ambiente. Na hipótese, o Estado, no seu **dever de fiscalização**, deveria ter requerido o **Estudo de Impacto Ambiental e seu respectivo relatório**, bem como a realização de **audiências públicas** acerca do tema, ou até mesmo a paralisação da obra que causou o dano ambiental. 4. O repasse das verbas pelo Estado do Paraná ao Município de Foz de Iguaçu (ação), a ausência das cautelas fiscalizatórias no que se refere às licenças concedidas e as que deveriam ter sido confeccionadas pelo ente estatal (omissão), concorreram para

---

[70] STJ, REsp 604.725/PR, 2ª Turma, Rel. Min. Castro Meira, j. 21.06.2005.

> a produção do dano ambiental. Tais circunstâncias, pois, são aptas a caracterizar o nexo de causalidade do evento, e assim, legitimar a responsabilização objetiva do recorrente. 5. Assim, independentemente da existência de culpa, o **poluidor, ainda que indireto (Estado-recorrente) (art. 3º da Lei 6.938/1981), é obrigado a indenizar e reparar o dano causado ao meio ambiente (responsabilidade objetiva)**. 6. Fixada a legitimidade passiva do ente recorrente, eis que preenchidos os requisitos para a configuração da responsabilidade civil (**ação ou omissão, nexo de causalidade e dano**), ressalta-se, também, que tal **responsabilidade (objetiva) é solidária**, o que legitima a inclusão das três esferas de poder no polo passivo na demanda, conforme realizado pelo Ministério Público (**litisconsórcio facultativo**). 7. Recurso especial conhecido em parte e improvido" (STJ, REsp 604.725/PR, 2ª T., Rel. Min. Castro Meira, j. 21.06.2005).

Mais recentemente, como já referido anteriormente, o entendimento foi objeto da **Súmula 652 do STJ**, ao prever que: "a responsabilidade civil da Administração Pública por danos ao meio ambiente, decorrente de sua omissão no dever de fiscalização, é de caráter solidário, mas de execução subsidiária".[71]

4.1.5 Não aplicação da "teoria do fato consumado" em matéria ambiental (Súmula 613 do STJ)

A "teoria do fato consumado" sempre foi articulada na defesa dos poluidores para justificar a manutenção de uma situação de dano ecológico já concretizada e consolidada ao longo do tempo. Na doutrina, Marchesan conceitua o fato consumado em matéria ambiental como o "argumento tendente a perpetuar situações ilícitas que se consolidaram diante da morosidade ou inércia da Administração ou do Judiciário, esse último nem sempre logrando cumprir a razoável duração do processo ou ainda diante de inovação legislativa menos protetiva ao meio ambiente".[72] E, complementa a autora, "a aceitação do fato consumado em matéria ambiental fragiliza a autoridade do Juiz, desmoraliza o Estado de Direto e pode implicar e enriquecimento ilícito para aquele que dele se beneficia em detrimento do bem ambiental".[73]

Admitir a tese do fato consumado no Direito Ambiental representa, como dito por Marchesan, a negação do Estado (Democrático e Ecológico) de Direito – bem como o Sistema de Justiça –, aceitando o seu fracasso e omissão no cumprimento dos **deveres de proteção ecológica** que lhe são impostos pela CF/1988 (art. 225). Um exemplo clássico de situação que envolve fato consumado em matéria ambiental é a edificação – por exemplo, de uma casa de veraneio – em área de preservação permanente, como é o caso de área de dunas e restinga (art. 4º, VI, da Lei 12.651/2012). A casa já foi construída e, em alguns casos, pode estar lá há décadas, inclusive com o aval omissivo da autoridade administrativa ambiental responsável pela fiscalização da área. Para alguns, haveria até mesmo a caracterização de um suposto "**direto adquirido de poluir**", na medida em que se trata de uma situação consolidada no campo fático.

No Direito Ambiental, tal situação é inadmissível. Para continuar no exemplo referido, a presença da casa de veraneio na área de restinga não é somente situação consolidada pela ótica ecológica, mas sim uma situação que renova constantemente um dano ecológico, impedindo a regeneração da área. É, e outras palavras, um dano ao meio ambiente que se renova continuamente, agravando-se em perspectiva futura. A devida compreensão do caso em termos ecológicos revela

---

[71] STJ, 1ª Seção, em 02.12.2021, DJe 07.12.2021.
[72] MARCHESAN, Ana Maria Moreira. *O fato consumado em matéria ambiental*. Salvador: JusPodivm, 2019, p. 404. Na doutrina, v. ainda BARREIRA, Luciana. *Fato consumado e integridade ecológica*: governança judicial à luz da súmula nº 613 do STJ. Porto Alegre: Fundação Fênix, 2021.
[73] MARCHESAN, *O fato consumado em matéria ambiental...*, p. 404.

quão descabida é a alegação de um suposto direito adquirido a manter e perpetuar a situação de agressão ao meio ambiente, impedindo a recuperação da área impactada pela edificação. É imprescindível a restauração *in natura* da área, como forma de integralizar a sua função ecológica no contexto do ecossistema em que está inserida, assegurando o equilíbrio ecológico necessário para salvaguardar as espécies da fauna e da flora que ali habitam.

Em linhas gerais, esse foi o entendimento consolidado pelo STJ na matéria, ao editar a **Súmula 613**: "Não se admite a aplicação da teoria do fato consumado em tema de Direito Ambiental".[74] Conforme lançado em julgado do STJ sobre o tema, "é firme o entendimento desta Corte de que a ocupação de área pública, feita de maneira irregular, não gera os efeitos garantidos ao possuidor de boa-fé pelo Código Civil, configurando-se mera detenção. 6. Não prospera também a alegação de aplicação da teoria do fato consumado, em razão de os moradores já ocuparem a **área, com tolerância do Estado por anos, uma vez que se tratando de construção irregular em Área** de Proteção Ambiental-APA, **a situação não se consolida no tempo. Isso porque, a aceitação da teoria equivaleria a perpetuar o suposto direito de poluir, de degradar, indo de encontro ao postulado do meio ambiente equilibrado, bem de uso comum do povo essencial à qualidade sadia de vida**".[75] A imprescritibilidade do dever de reparação do dano ecológico (difuso), conforme também assentado de forma pacífica na jurisprudência do STJ[76] e, mais recentemente, do STF,[77] reforça tal entendimento.

Ainda em outro julgado do STJ precursor na matéria, de lavra do Ministro Herman Benjamin, resultou assinalado de forma paradigmática que "(...) Inexiste direito adquirido a poluir ou degradar o meio ambiente. **O tempo é incapaz de curar ilegalidades ambientais de natureza permanente, pois parte dos sujeitos tutelados – as gerações futuras – carece de voz e de representantes que falem ou se omitam em seu nome**. 3. Décadas de uso ilícito da propriedade rural não dão salvo-conduto ao proprietário ou possuidor para a continuidade de atos proibidos ou tornam legais práticas vedadas pelo legislador, sobretudo no âmbito de direitos indisponíveis, que a todos aproveita, inclusive às gerações futuras, como é o caso da proteção do meio ambiente. 4. As APPs e a Reserva Legal justificam-se onde há vegetação nativa remanescente, mas com maior razão onde, em consequência de desmatamento ilegal, a flora local já não existe, embora devesse existir. 5. Os **deveres associados às APPs e à Reserva Legal** têm natureza de obrigação *propter rem*, isto é, aderem ao título de domínio ou posse. Precedentes do STJ. 6. Descabe falar em culpa ou nexo causal, como fatores determinantes do dever de recuperar a vegetação nativa e averbar a Reserva Legal por parte do proprietário ou possuidor, antigo ou novo, mesmo se o imóvel já estava desmatado quando de sua aquisição. Sendo a hipótese de obrigação *propter rem*, desarrazoado perquirir quem causou o dano ambiental *in casu*, se o atual proprietário ou os anteriores, ou a culpabilidade de quem o fez ou deixou de fazer. (...)".[78]

4.2 Nexo causal

> "Em Direito Ambiental (entre outras áreas de inerente complexidade), quando diversos fatores ou agentes contribuem de forma substancial para o resultado danoso, o conceito tradicional de nexo causal exige releitura". (**Ministro Og Fernandes**)[79]

---

[74] STJ, Súmula 613, Primeira Seção, j. 09.05.2018, *DJe* 14.05.2018.
[75] STJ, AgRg no RMS 28.220/DF, 1ª T., Rel. Min. Napoleão Nunes Maia Filho, j. 18.04.2017.
[76] STJ, REsp 1.120.117/AC, 2ª T., Rel. Min. Eliana Calmon, j. 10.11.2009.
[77] STF, RE 654.833/AC, Tribunal Pleno, Rel. Min. Alexandre de Moraes, j. 20.04.2020.
[78] STJ, REsp 948.921/SP, 2ª T., Rel. Min. Herman Benjamin, j. 23.10.2007.
[79] STJ, AREsp 1.945.714/SC, 2ª T., Re. Min. Og Fernandes, Segunda Turma, j. 24.05.2022.

A compreensão do regime jurídico do nexo causal na hipótese da responsabilidade civil ambiental deve ser contextualizada tanto diante da natureza objetiva de tal responsabilidade quanto da adoção da teoria do risco integral pela doutrina e pela jurisprudência. Isso, por si só, estabelece tanto um rigor normativo maior no tocante a não admitir a quebra de tal nexo causal pelas hipóteses de excludente de ilicitude (força maior, caso fortuito ou fato de terceiro) quanto, no campo fático-probatório, impõe um maior rigor, por exemplo, por parte dos Juízes e Tribunais, na vinculação entre a conduta e a ocorrência do dano. Para ilustrar tal situação, a própria legislação é taxativa ao estabelecer um **conceito amplo de poluidor** no art. 3º, IV, da Lei 6.938/81, alcançando, assim, também a responsabilização daquele que, tanto por meio da sua ação quanto omissão, contribui **indiretamente** para a degradação ambiental.

A flexibilização do nexo causal, como resultado da aplicação dos princípios jurídicos ecológicos, como é o caso da prevenção e da precaução, é um dos campos mais sensíveis do atual regime jurídico da responsabilidade civil ambiental. São novos tempos. A ruptura com a tradição jurídica liberal-individualista em sintonia com os novos desafios sociais e ecológicos impostos pela "**sociedade do risco**" contemporânea, como preconizada na obra clássica de Ulrich Beck,[80] deslocam o foco de atenção e maior proteção do **autor do dano** para a **vítima do dano** (no caso da seara ecológica, da sociedade como um todo). A magnitude e impacto social do dano ecológico torna imperativa tal abordagem, especialmente no sentido de evitar a sua ocorrência.

Como assinala Patrícia F. I. Lemos,

"a flexibilização do nexo causal permite que se admita não apenas um liame certo e determinado, mas também um elo provável, que se insere na referida visão da responsabilidade civil como disciplina preventiva, o que tem sido amplamente debatido no Continente europeu. Ora, a flexibilização da definição e da prova da causalidade jurídica tende a atenuar a exigência de um nexo de causalidade centro entre o fator gerador da responsabilidade e o dano, admitindo-se um nexo causal provável. Tal evolução acaba por favorecer a consideração dos riscos somente suspeitos atinentes à noção de precaução, o que acentua o **papel preventivo da responsabilidade**, como instrumento para evitar a concretização do dano".[81]

A discussão em torno da maior ou menor participação dos agentes (poluidores diretos e indiretos) que concorrem para a ocorrência do dano ambiental também se torna irrelevante para a caracterização do nexo causal. Havendo a caracterização da conduta, ainda que omissiva (por exemplo, quando o Estado se omite na fiscalização), o nexo causal resulta consolidado. Afinal de contas, como pontuado por Herman Benjamin, "na apuração do nexo de causalidade no âmbito da responsabilidade civil solidária, não se discute percentagem, nem **maior ou menor participação da conduta do agente** na realização do dano, pois a ser diferente perderia o instituto exatamente a sua maior utilidade prática na facilitação do acesso à justiça para as vítimas".[82] Conforme pontuam Farias, Rosenvald e Braga Netto, "a partir do momento em que se aplica a causalidade concorrente e a consequente responsabilização coletiva da pluralidade de agentes envolvidos, o direito assume uma postura precaucional, mesmo em detrimento de uma **causalidade natural**, substituída por uma **causalidade jurídica**".[83]

Há, ainda, outras situações em que a própria legislação determina a caracterização do nexo causal. O STJ, nesse sentido, tem formulado entendimento no sentido da **dispensa a prova do**

---

[80] BECK, Ulrich. *Risokogesellschaft*: auf dem Weg in eine andere Moderne. Frankfurt am Main: Suhrkamp, 1986; e, mais recentemente, acerca de uma sociedade de risco global ou mundial, v. BECK, Ulrich. *Weltrisokogesellschaft*: auf der Suche nach der verloren Sicherheit. Frankfurt am Main: Suhrkamp, 2008.
[81] LEMOS, Patrícia F. I. *Resíduos sólidos e responsabilidade civil pós-consumo*. São Paulo: RT, 2011. p. 148.
[82] STJ, REsp 1.236.863/ES, 2ª T., Rel. Min. Herman Benjamin, j. 12.04.2011.
[83] FARIAS; ROSENVALD; BRAGA NETTO, *Curso de direito civil...*, p. 77.

nexo de causalidade na hipótese de imóvel rural em desacordo com a exigência de **reserva legal** ou com **área de preservação permanente**, diante do descumprimento, portanto, das exigências legais do Novo Código Florestal (2012).[84] Ou seja, o atual possuidor ou proprietário do imóvel é responsável objetivamente a reparar o dano causado, no sentido de, por exemplo, reestabelecer a cobertura florestal ou a mata ciliar degradada, independentemente de a ação poluidora ter sido realizada por terceiro que o antecedeu no imóvel, cabendo àquele, tão somente, a interposição de **ação regressiva contra o autor da ação**.

Igualmente, é vedada a aplicação a denominada **teoria do fato consumado** em tais situações, como vimos anteriormente, conforme consagrado na Súmula 613 do STJ, que preceitua: "não se admite a aplicação da teoria do fato consumado em tema de Direito Ambiental". Segundo decisão do STJ sobre o tema, "não é possível a aplicação da Teoria do Fato Consumado à hipótese de ocupação e edificação em Área de Preservação Permanente. Isso porque os **deveres associados às Áreas de Preservação Permanente** têm natureza de obrigação *propter rem*, isto é, aderem ao título de domínio ou posse e jamais podem ser mitigados sob o manto da teoria do fato consumado. O novo proprietário titulariza **o ônus de manter a plenitude do ecossistema protegido**, sendo responsável pela recuperação, ainda que não tenha contribuído para o desmatamento ou destruição".[85] Na hipótese, cabe frisar, não **há a caracterização de responsabilidade solidária** entre o **antigo e o atual proprietários ou possuidores** do imóvel, mas apenas a responsabilidade objetiva do atual de reparar integralmente o dano ambiental. É inadmissível, portanto, o chamamento ao processo do antigo possuidor ou proprietário do imóvel em eventual ação civil pública proposta pelo Ministério Público que vise a reparação civil do dano ecológico perpetrado.

> **JURISPRUDÊNCIA STJ. Responsabilidade civil ambiental, relativização do nexo causal e dano ambiental presumido (ou dano ambiental *in re ipsa*):** "Processual civil e ambiental. Ação civil pública. Dano ambiental. Construção de hidrelétrica. Responsabilidade objetiva e solidária. Arts. 3º, inc. IV, e 14, § 1º, da Lei 6.398/1981 (...). 1. A responsabilidade por danos ambientais é objetiva e, como tal, não exige a comprovação de culpa, bastando a constatação do dano e do nexo de causalidade. 2. **Excetuam-se à regra, dispensando a prova do nexo de causalidade, a responsabilidade de adquirente de imóvel já danificado porque, independentemente de ter sido ele ou o dono anterior o real causador dos estragos, imputa-se ao novo proprietário a responsabilidade pelos danos**. Precedentes do STJ. 3. A **solidariedade** nessa hipótese decorre da dicção dos arts. 3º, inc. IV, e 14, § 1º, da Lei 6.398/1981 (Lei da Política Nacional do Meio Ambiente). 4. Se possível identificar o real causador do **desastre ambiental**, a ele cabe a responsabilidade de reparar o dano, ainda que solidariamente com o atual proprietário do imóvel danificado. 5. Comprovado que a empresa Furnas foi responsável pelo ato lesivo ao meio ambiente a ela cabe a reparação, apesar de o imóvel já ser de propriedade de outra pessoa jurídica. (...) 8. Recurso especial parcialmente conhecido e não provido" (STJ, REsp 1.056.540/GO, 2ª T., Rel. Min. Eliana Calmon, j. 25.08.2009).

---

[84] "Art. 2º As florestas existentes no território nacional e as demais formas de vegetação nativa, reconhecidas de utilidade às terras que revestem, são bens de interesse comum a todos os habitantes do País, exercendo-se os direitos de propriedade com as limitações que a legislação em geral e especialmente esta Lei estabelecem. § 1º Na utilização e exploração da vegetação, as **ações ou omissões** contrárias às disposições desta Lei são consideradas uso irregular da propriedade, aplicando-se o procedimento sumário previsto no inciso II do art. 275 da Lei nº 5.869, de 11 de janeiro de 1973 – Código de Processo Civil, sem prejuízo da **responsabilidade civil, nos termos do § 1º do art. 14 da Lei nº 6.938**, de 31 de agosto de 1981, e das sanções administrativas, civis e penais. § 2º **As obrigações previstas nesta Lei têm natureza real e são transmitidas ao sucessor, de qualquer natureza, no caso de transferência de domínio ou posse do imóvel rural**".

[85] STJ, REsp 1.510.485/MS, 2ª T., Rel. Min. Og Fernandes, j. 07.02.2019.

"ADMINISTRATIVO. PROCESSUAL CIVIL. AÇÃO CIVIL PÚBLICA. **OCUPAÇÃO E EDIFICAÇÃO EM ÁREA DE PRESERVAÇÃO PERMANENTE**. CASAS DE VERANEIO ('RANCHOS'). LEIS 4.771/65 (CÓDIGO FLORESTAL DE 1965), 6.766/79 (LEI DO PARCELAMENTO DO SOLO URBANO) E 6.938/81 (LEI DA POLÍTICA NACIONAL DO MEIO AMBIENTE). **DESMEMBRAMENTO E LOTEAMENTO IRREGULAR**. VEGETAÇÃO CILIAR OU RIPÁRIA. **CORREDORES ECOLÓGICOS**. RIO IVINHEMA. LICENCIAMENTO AMBIENTAL. NULIDADE DA AUTORIZAÇÃO OU LICENÇA AMBIENTAL. **SILÊNCIO ADMINISTRATIVO**. INEXISTÊNCIA, NO DIREITO BRASILEIRO, DE AUTORIZAÇÃO OU LICENÇA AMBIENTAL TÁCITA. PRINCÍPIO DA LEGITIMIDADE DO ATO ADMINISTRATIVO. SUSPENSÃO DE OFÍCIO DE LICENÇA E DE TERMO DE AJUSTAMENTO DE CONDUTA. (...) 1. Trata-se, originariamente, de Ação Civil Pública ambiental movida pelo Ministério Público do Estado de Mato Grosso do Sul contra proprietários de 54 casas de veraneio ('ranchos'), bar e restaurante construídos em Área de Preservação Permanente – APP, um conjunto de aproximadamente 60 lotes e com extensão de quase um quilômetro e meio de ocupação da margem esquerda do Rio Ivinhema, curso de água com mais de 200 metros de largura. Pediu-se a desocupação da APP, a demolição das construções, o reflorestamento da região afetada e o pagamento de indenização, além da emissão de ordem cominatória de proibição de novas intervenções. (...) 5. Causa **dano ecológico *in re ipsa*, presunção legal definitiva que dispensa produção de prova técnica de lesividade específica, quem, fora das exceções legais, desmata, ocupa ou explora APP, ou impede sua regeneração, comportamento de que emerge obrigação *propter rem* de restaurar na sua plenitude e indenizar o meio ambiente degradado e terceiros afetados, sob regime de responsabilidade civil objetiva**.

Precedentes do STJ. Licenciamento ambiental. (...) 7. Em respeito ao princípio da legalidade, é proibido ao órgão ambiental criar direitos de exploração onde a lei previu deveres de preservação. Pela mesma razão, **mostra-se descabido, qualquer que seja o pretexto ou circunstância, falar em licença ou autorização ambiental tácita**, mormente por quem nunca a solicitou ou fê-lo somente após haver iniciado, às vezes até concluído, a atividade ou o empreendimento em questão. Se, diante de pleito do particular, o Administrador permanece silente, é intolerável que a partir da omissão estatal e do nada jurídico se entreveja salvo-conduto para usar e até abusar dos recursos naturais, sem prejuízo, claro, de medidas administrativas e judiciais destinadas a obrigá-lo a se manifestar e decidir. 8. Embora o licenciamento ambiental possa, conforme a natureza do empreendimento, obra ou atividade, ser realizado, conjunta ou isoladamente, pela União, Distrito Federal e Municípios, não compete a nenhum deles – de modo direto ou indireto, muito menos com subterfúgios ou sob pretexto de medidas mitigatórias ou compensatórias vazias ou inúteis – dispensar exigências legais, regulamentares ou de pura sabedoria ecológica, sob pena de, ao assim proceder, fulminar de nulidade absoluta e insanável o ato administrativo praticado, bem como de fazer incidir, pessoalmente, sobre os servidores envolvidos, as sanções da Lei dos Crimes contra o Meio Ambiente (arts. 66, 67 e 69-A) e da Lei da Improbidade Administrativa, às quais se agrega sua responsabilização civil em regime de solidariedade com os autores diretos de eventual dano causado. Hipótese dos autos. 9. (...). 10. Recurso Especial parcialmente provido para anular o acórdão dos Embargos de Declaração" (STJ, REsp 1245149/MS, 2ª T., Rel. Min. Herman Benjamin, j. 09.10.2012).

JURISPRUDÊNCIA STJ. Poluidor indireto e relativização do nexo causal: "PROCESSUAL CIVIL. ADMINISTRATIVO. AMBIENTAL. VÍCIO DE FUNDAMENTAÇÃO. INEXISTÊNCIA. PEDIDOS IMPLÍCITOS. CONDENAÇÃO DO PODER PÚBLICO POR **CONDUTAS OMISSIVAS**. **OBRAS PÚBLICAS REALIZADAS SEM LICENCIAMENTO AMBIENTAL**. FISCALIZAÇÃO, COMBATE E MITIGAÇÃO/RECUPERAÇÃO DE DANOS CAUSADOS POR PARTICULARES. **POLUIDOR INDIRETO**. (...) **NEXO CAUSAL. RELEITURA DO CONCEITO ORTODOXO**. CONTRIBUIÇÃO SUBSTANCIAL PARA O RESULTADO DANOSO E VIOLAÇÃO DE DEVER AMBIENTAL. SUFICIÊNCIA PARA A RESPONSABILIZAÇÃO. (...) 2. O Poder Público e seus agentes possuem especial dever de observância do ordenamento ambiental, podendo a omissão na aplicação das normas, no combate à degradação ou na recuperação das áreas, ser compreendida no conceito de poluidor indireto. (...) 4. Em **direito ambiental** (entre outras áreas de inerente complexidade), quando diversos fatores ou agentes contribuem de forma substancial para o resultado danoso, **o conceito tradicional de nexo causal exige releitura**. A impossibilidade de prova (positiva ou negativa, com inversão do ônus probatório) da influência específica do ato (omissivo ou comissivo) para o dano não pode inviabilizar a tutela protetiva do meio ambiente. Nessa circunstância, deve-se verificar a relação entre a **conduta (ativa, negligente ou omissiva)** verificada e o **dever do imputado em evitá-la**, bem como sua **relevância para o resultado**, e não exatamente a causalidade (conceito ele próprio impreciso e variável conforme as concepções epistemológicas adotadas) concreta e determinada entre a ação/omissão e o dano ambiental. (...) 6. Agravo conhecido para conhecer em parte do recurso especial e, nessa extensão, dar-lhe parcial provimento, a fim de determinar a apreciação do pleito alusivo aos atos omissivos arrolados pelo autor" (STJ, AREsp 1.945.714/SC, 2ª T., Re. Min. Og Fernandes, j. 24.05.2022).

4.2.1 O caso do Navio Vicuña no Porto de Paranaguá

No julgamento do REsp 1.596.081/PR, o STJ proferiu decisão polêmica no **Caso do Navio Vicuña**. Em 15.11.2004, o navio explodiu quando estava atracado no Porto de Paranaguá, deixando quatro tripulantes mortos e despejando no mar milhões de litros de óleo e metanol. A ação indenizatória foi ajuizada por pescadora em face das empresas adquirentes (destinatárias) da carga que era transportada pelo navio tanque no momento de sua explosão. A pretensão da autora envolvia a condenação das empresas por danos morais decorrentes da proibição temporária da pesca (por 2 meses) determinada em virtude da contaminação ambiental provocada pelo acidente. O STJ, no entanto, entendeu pela **ausência de nexo causal** a ligar tais prejuízos (decorrentes da proibição temporária da pesca) à conduta por elas perpetrada (mera aquisição pretérita do metanol transportado).

A polêmica reside basicamente na exclusão das empresas adquirentes do metanol transportado pelo navio no momento da explosão da relação causal que levou ao dano ecológico em questão. Não há qualquer dúvida a respeito da **natureza objetiva** da responsabilidade civil ambiental e da adoção da **teoria do risco integral**, conforme inclusive apontado no acordão do STJ. Se as empresas não tivessem contratado a compra do combustível, o navio estaria carregado de etanol no local da explosão e ocasionado o dano ecológico? É uma pergunta importante a ser feita para a caracterização (ou não) da relação causal em discussão. Ademais, a atividade do setor de combustíveis, em qualquer dos seus ramos (extração, indústria ou produção, transporte, comércio etc.), configura-se como uma **atividade cujo risco de dano ecológico é inerente**. Por tal razão, todas as pontas da relação causal, mesmo aquelas mais tênues e indiretas, operam no sentido de atrelar todos os agentes que, ainda que indiretamente, tenham participado de alguma forma da **cadeia fática-causal resultante do dano ecológico**.

No momento da contratação do transporte do etanol, pelo peculiar risco inerente à natureza de tal atividade, há, a nosso ver, a assunção do risco. Não se está falando de um motorista de carro que adquire combustível para si próprio num posto de gasolina. Mas de duas empresas nas duas pontas: uma que transporta e comercializa o combustível na via marítima e outra que também transporta o combustível e comercializa na via terrestre. As duas realizam atividade cujo risco de um desastre ecológico é intrínseco à sua natureza. Não há como negar isso. E o Direito não pode baixar a guarda para tal realidade, como, a nosso ver, fez o STJ na decisão em comento.

O **risco social e ecológico** de algumas atividades é extremado (ex.: nuclear, minerária, química, petrolífera etc.). E relativizar o nexo causal das empresas que atuam na cadeia de tais atividades implica jogar para a sociedade o ônus das externalidades – por exemplo, quando um desastre ambiental ocorre –, reservando às empresas apenas o bônus da riqueza por elas gerada. A nosso ver, tal entendimento é equivocado. Quanto mais extremado o risco da atividade, mais inquebrantável deve ser o nexo causal de toda a cadeia de empresas que gravita em torno da atividade.

JURISPRUDÊNCIA STJ. Responsabilidade civil ambiental e ausência de nexo de causalidade de empresas adquirentes de carga transportada por navio que explodiu: "Recurso especial repetitivo. Negativa de prestação jurisdicional. Não ocorrência. Responsabilidade civil ambiental. Ação indenizatória. Danos extrapatrimoniais. Acidente ambiental. Explosão do Navio Vicuña. Porto de Paranaguá. Pescadores profissionais. Proibição de temporária de pesca. Empresas adquirentes da carga transportada. Ausência de responsabilidade. **Nexo de causalidade não configurado**. 1. Ação indenizatória ajuizada por pescadora em desfavor apenas das empresas adquirentes (destinatárias) da carga que era transportada pelo navio tanque Vicuña no momento de sua explosão, em 15/11/2004, no Porto de Paranaguá. Pretensão da autora de se ver compensada por danos morais decorrentes da proibição temporária da pesca (2 meses) determinada em virtude da contaminação ambiental provocada pelo acidente. 2. Acórdão recorrido que concluiu pela improcedência do pedido ao fundamento de não estar configurado, na hipótese, nexo de causal capaz de vincular o resultado danoso ao comportamento de empresas que, sendo meras adquirentes da carga transportada, em nada teriam contribuído para o acidente, nem sequer de forma indireta. 3. Consoante a jurisprudência pacífica desta Corte, sedimentada inclusive no julgamento de recursos submetidos à sistemática dos processos representativos de controvérsia (arts. 543-C do CPC/1973 e 1.036 e 1.037 do CPC/2015), 'a responsabilidade por dano ambiental é objetiva, informada pela teoria do risco integral, sendo o nexo de causalidade o fator aglutinante que permite que o risco se integre na unidade do ato' (REsp nº 1.374.284/MG). 4. Em que pese a **responsabilidade por dano ambiental seja objetiva** (e lastreada pela **teoria do risco integral**), faz-se imprescindível, para a configuração do dever de indenizar, a **demonstração da existência de nexo de causalidade apto a vincular o resultado lesivo efetivamente verificado ao comportamento (comissivo ou omissivo) daquele a quem se repute a condição de agente causador**. 5. No caso, **inexiste nexo de causalidade entre os danos ambientais (e morais a eles correlatos)** resultantes da explosão do navio Vicuña e a **conduta das empresas adquirentes da carga transportada** pela referida embarcação. 6. Não sendo as adquirentes da carga responsáveis diretas pelo acidente ocorrido, só haveria falar em sua responsabilização – na condição de **poluidora indireta** – acaso fosse demonstrado: (i) **o comportamento omissivo de sua parte; (ii) que o risco de explosão na realização do transporte marítimo de produtos químicos adquiridos fosse ínsito às atividades por elas desempenhadas** ou (iii) **que estava ao encargo delas, e não da empresa vendedora, a contratação do transporte da carga que lhes seria destinada**. 7. Para os fins do art. 1.040 do CPC/2015, fixa-se a seguinte TESE: As empresas adquirentes da carga transportada pelo navio Vicunã no momento de sua explosão, no Porto de Paranaguá/PR, em 15/11/2004, não respondem pela reparação dos danos alegadamente suportados por pescadores da região atingida, haja vista a **ausência de nexo causal a ligar tais prejuízos (decorrentes da proibição temporária da pesca) à conduta por elas perpetrada (mera aquisição pretérita do metanol transportado)**. 8. Recurso especial não provido" (STJ, REsp 1.596.081/PR, 2ª Seção, Rel. Min. Ricardo Villas Bôas Cueva, j. 25.10.2017).

4.2.2 Relativização do nexo causal e dano ambiental presumido (ou dano ambiental in re ipsa)

O **dano ambiental *in re ipsa***, também denominado de **dano ambiental presumido**, refere-se à presunção de dano ambiental verificada em algumas situações, sendo desnecessária a comprovação fática da ocorrência do dano ambiental em tais hipóteses. A incidência do dano ambiental presumido pode ser caracterizada tanto por uma **presunção de ordem normativa ou legal** quanto por uma **presunção de ordem fática ou em razão de circunstâncias fáticas**, conforme veremos na sequência. É desnecessária, em tais hipóteses, a comprovação da ocorrência do dano ambiental, cabendo ao poluidor, em razão da inversão do ônus probatório (Súmula

618 do STJ[86]), a comprovação da não ocorrência do dano que lhe é imputado. O entendimento em questão é reforçado e justificado pela própria compreensão contemporânea entre **autor do dano e vítima do dano**, notadamente quando se tem nesta posição toda a sociedade, como é característico do dano ecológico por catalisar interesse social e difuso. A **função precaucional** atribuída à responsabilidade civil, por força do princípio da precaução, também determina uma **flexibilização do nexo causal.**[87]

O dano ambiental presumido por disposição legal é identificado em situações em que a própria legislação impõe tal presunção de ocorrência do dano, independentemente da verificação *in concreto* da prova do dano ambiental. O § 2º do art. 225 da CF/1988 estabelece, em certa medida, uma presunção de dano em relação à atividade minerária, ao estabelecer que "aquele que explorar recursos minerais fica obrigado a recuperar o meio ambiente degradado, de acordo com solução técnica exigida pelo órgão público competente, na forma da lei". Mas, sem dúvida, um dos exemplos mais emblemáticos para caracterizar a dano ambiental presumido por disposição legal diz respeito aos institutos jurídicos da área de preservação permanente (APP) e da **reserva legal (RL)**, as quais por disposição expressa do Novo Código Florestal de 2012[88] – e, ainda antes dele, por entendimento jurisprudencial consolidado do STJ – configuram-se como **obrigações de natureza *propter rem* do proprietário ou possuidor do imóvel florestal** (e também aplicável às APPs), de modo que a simples constatação da ausência de cobertura florestal ou utilização da área em desacordo com o seu regime jurídico implica a responsabilização automática do seu possuidor ou proprietário, independentemente de qualquer outra verificação no campo fático, por exemplo, em relação à autoria do dano ou do impacto ecológico provocado por ele.

Segundo entendimento do STJ, "causa **dano ecológico *in re ipsa*, presunção legal definitiva que dispensa produção de prova técnica de lesividade específica**, quem, fora das exceções legais, desmata, ocupa ou explora APP, ou impede sua regeneração, comportamento de que emerge obrigação *propter rem* de restaurar na sua plenitude e indenizar o meio ambiente degradado e terceiros afetados, sob regime de responsabilidade civil objetiva".[89] De modo similar, o Ministro Herman Benjamin do STJ já se pronunciou no sentido de que "**construção ou atividade irregular em bem de uso comum do povo** revela **dano *in re ipsa*, dispensada prova de prejuízo *in concreto*,** impondo-se imediata restituição da área ao estado anterior. Demolição e restauração às expensas do transgressor, ressalvada hipótese de o comportamento impugnado contar com inequívoca e proba autorização do órgão legalmente competente".[90]

No tocante ao dano ambiental presumido de ordem fática, tal está relacionado à relativização do nexo causal em determinadas situações. Não é possível aferir com precisão todas as consequências da degradação, de modo que, em algumas situações, inclusive por força dos princípios da prevenção e da precaução, somado à natureza preponderantemente difusa do bem jurídico ecológico e do interesse de toda a sociedade no enfrentamento da degradação da Natureza, a presunção de dano ecológico poderá ser caracterizada à luz do caso concreto. Há, por exemplo, algumas atividades e práticas que, independentemente de uma verificação fática minuciosa a

---

[86] Súmula 618 do STJ: "A inversão do ônus da prova aplica-se às ações de degradação ambiental".
[87] FARIAS; ROSENVALD; BRAGA NETTO, *Curso de direito civil...*, p. 77.
[88] "Art. 2º (...) § 1º Na utilização e exploração da vegetação, as **ações ou omissões** contrárias às disposições desta Lei são consideradas uso irregular da propriedade, aplicando-se o procedimento sumário previsto no inciso II do art. 275 da Lei nº 5.869, de 11 de janeiro de 1973 – Código de Processo Civil, sem prejuízo da **responsabilidade civil**, nos termos do § 1º do art. 14 da Lei nº 6.938, de 31 de agosto de **1981**, e das sanções administrativas, civis e penais. § 2º **As obrigações previstas nesta Lei têm natureza real** e são transmitidas ao sucessor, de qualquer natureza, no caso de transferência de domínio ou posse do imóvel rural".
[89] STJ, REsp 1.245.149/MS, 2ª T., Rel. Min. Herman Benjamin, j. 09.10.2012.
[90] STJ, REsp 1.457.851/RN, 2ª T., Rel. Min. Herman Benjamin, j. 26.05.2015.

respeito dos seus efeitos concretos ao meio ambiente, a lesão ao bem jurídico ecológico pode ser presumido, ensejando a responsabilização do agente poluidor (privado ou público).

Para ilustrar tal cenário, destaca-se decisão do TRF4, envolvendo a pesca predatória de arrastão realizada no litoral em desacordo com a normatização em vigor. Segundo entendimento da Corte, "desnecessária comprovação cabal nos autos da ocorrência do **dano ambiental, que é presumido, decorrendo da própria atividade de pesca predatória**, que, justamente, como tal é definida em função dos danos que causa ao meio ambiente marinho, à fauna marinha e ao respectivo ecossistema". De modo complementar, assinalou o Desembargador-Federal Luiz Carlos de Castro Lugon que, "se a **empresa-ré** infringiu a norma, pescando de forma proibida e, consequentemente, causando danos ambientais, **nada provando** quanto à inexistência de sua responsabilidade ou **quanto à inocorrência do dano concreto, este é presumido e deve ser por ela indenizado**, respondendo a ré pelos riscos e danos que assumiu produzir com a prática ilícita em que, deliberadamente e com finalidade comercial e lucrativa, incorreu".[91]

Segundo o entendimento do TRF4, a própria natureza da atividade ilícita empreendida pela empresa-ré enseja a presunção da ocorrência do dano ambiental, cabendo àquela se desincumbir de tal presunção em seu desfavor. Na prática, houve a **inversão do ônus probatório**, no sentido de se exigir do poluidor ambiental a comprovação de que não realizou dano ambiental em concreto, notadamente em razão da atividade predatória que realiza (pesca de arrastão) – e ainda o fez em desacordo com a normatização ambiental. É facultada ao poluidor, por tal ótica, a **demonstração da não ocorrência** do dano ambiental, como única possibilidade para afastar a imputação da responsabilidade civil pelo dano ecológico.

Na caracterização do **dano moral ambiental coletivo**, também se aplica o **dano ambiental presumido** ou **dano *in re ipsa***. Isso se justifica em razão de que, em determinadas situações, é absolutamente prescindível a comprovação da dor ou sofrimento individual, dada a magnitude de determinados danos ecológicos e o impacto social ocasionado por eles. Os desastres de Mariana (2015) e Brumadinho (2019) são exemplos paradigmáticos nesse sentido. Mas, para ilustrar com um exemplo ainda mais emblemático, poderíamos rememorar o desastre nuclear da Usina de Chernobyl (1986), na Ucrânia. Há, em tais situações, indiscutível violação massiva e reflexo direto de tais eventos nos **direitos de personalidade de toda a coletividade ou conjunto de pessoas, tomando em consideração**, inclusive, a própria **dimensão ou perspectiva objetiva** – ou seja, o valor para toda a comunidade ou coletividade no seu conjunto – da dignidade da pessoa humana. Da mesma forma, como verificado no caso de Mariana, verificou-se a destruição completa de um patrimônio histórico imaterial, ou seja, o Vilarejo de Bento Rodrigues.

JURISPRUDÊNCIA TRF4. Relativização do nexo causal e "dano ambiental presumido" (ou "dano ecológico *in re ipsa*"): "Administrativo. Processual civil. Ação civil pública. Instrução do processo. Arts. 130 e 407, par. único, do CPC. **Pesca predatória de arrastão. Dano ambiental presumido**. Indenização. Cumulação de condenação em obrigação de não fazer e cominação de multa. Art. 11 da Lei 7.347/85. Art. 292, § 1º, do CPC. Honorários advocatícios de 10% sobre o valor da condenação. 1. Segundo o disposto no art. 130 do Código de Processo Civil, caberá ao Juiz, de ofício ou a requerimento da parte, determinar as provas necessárias à instrução do processo, indeferindo as diligências inúteis ou meramente protelatórias. 2. O magistrado poderá dispensar as testemunhas excedentes de três que tenham sido arroladas para depor sobre o mesmo fato – art. 407, parágrafo único, do CPC. 3. As provas dos autos demonstram que os barcos de propriedade da ré encontravam-se pescando com petrechos proibidos, dentro das 3 milhas náuticas, ato vedado segundo a Portaria N-026/SUDEPE de 28 de julho de 1983. **4. Desnecessária comprovação cabal nos autos da ocorrência do dano ambiental, que é presumido,**

---

[91] TRF4, AC 2006.71.00.016888-4, 3ª T., Rel. Des. Federal Luiz Carlos de Castro Lugon, j. 29.04.2008.

> decorrendo da própria atividade de pesca predatória, que, justamente, como tal é definida em função dos danos que causa ao meio ambiente marinho, à fauna marinha e ao respectivo ecossistema. 5. **Se a empresa-ré infringiu a norma, pescando de forma proibida e, consequentemente, causando danos ambientais, nada provando quanto à inexistência de sua responsabilidade ou quanto à inocorrência do dano concreto, este é presumido e deve ser por ela indenizado, respondendo a ré pelos riscos e danos que assumiu produzir com a prática ilícita em que, deliberadamente e com finalidade comercial e lucrativa, incorreu.** 6. Respeitada a norma sobre cumulação de pedidos inserta no art. 292, § 1º, do CPC, poderá haver, na ação civil pública regrada pela Lei 7.347/85 (ação de responsabilidade por danos causados ao meio-ambiente, ao consumidor, a bens e direitos de valor artístico, estético, histórico, turístico e paisagístico), a condenação em obrigação de fazer ou não fazer e a cominação de multa por seu descumprimento. 7. Honorários advocatícios minorados para o percentual de 10% sobre o valor da condenação" (TRF4, AC 2006.71.00.016888-4, 3ª T., Rel. Des. Federal Luiz Carlos de Castro Lugon, j. 29.04.2008).

4.2.3 Relativização do nexo causal, ciência da atribuição e litigância climática

Para além de um diagnóstico cada vez mais preciso sobre a realidade climática global e os riscos presentes e futuros inerentes ao aquecimento global, a ciência climática e, em particular, a denominada "**ciência da atribuição**", conforme apontam Michael Burger, Jessica Wentz e Radley Horton, "têm desenvolvido metodologias para vincular os impactos nocivos que foram causados ou exacerbados pela mudança climática a **emissores específicos**, com vistas a **responsabilizar** os emissores e outras partes responsáveis no Tribunal **por sua contribuição para os danos**. À medida que a ciência evolui, o mesmo acontecerá com seu papel no Tribunal e na formulação de políticas públicas."[92]

A crescente litigância climática, tanto no Brasil quanto no estrangeiro, é reflexo, entre outros fatores, da consolidação de um regime jurídico cada vez mais robusto e altamente especializado no campo da responsabilidade civil climática. Paralelamente à responsabilização do Estado por ações e omissões que contribuam para a emissão de gases do efeito estufa – como, por exemplo, políticas públicas deficitárias no combate ao desmatamento da Amazônia e de outros biomas continentais brasileiros (ADPF 708, ADO 59, ADPF 760), verifica-se igualmente o aprimoramento do regime jurídico da responsabilidade civil para alcançar a responsabilização de poluidores privados, notadamente empresas privadas responsáveis por emissões substanciais de gases do efeito estufa, como se verifica, por exemplo, no campo da energia, transporte etc.

Na Alemanha, a respeito do tema, destaca-se o famoso **Caso Lliuya v. RWE AG,** em que o agricultor peruano Luciano Lliuya ajuizou, no ano de 2015, ação judicial contra a empresa alemã concessionária de energia RWE, pleiteando indenização por danos associados ao **derretimento do Glaciar Palcaraju**, o que o agricultor alega ser **em parte atribuível às emissões diretas de gases do efeito estufa por parte da empresa ré**. De acordo com as alegações do agricultor, a sua casa encontra-se ameaçada por enchentes e deslizamentos de terra como resultado do recente aumento do volume do lago glacial localizado nas proximidades e as emissões da RWE contribuem para esse risco. Em 30 de novembro de 2017, o Tribunal de Apelação – o Tribunal Regional Superior de Hamm – reconheceu a reclamação como sendo bem fundamentada e admissível, permitindo que o caso passasse para a fase probatória. Não obstante o caso ainda aguardar julgamento, o reconhecimento pelo Tribunal alemão de que uma empresa privada possa ser considerada

---

[92] BURGER, Michael; WENTZ, Jessica; HORTON, Radley. The Law and Science of Climate Change Attribution. *Columbia Journal of Environmental Law*, Vol. 45:1, 2020, p. 63.

potencialmente responsável pelos danos relacionados às mudanças climáticas de suas emissões de gases de efeito estufa marca um avanço importantíssimo no tema da **responsabilidade civil ambiental e climática**.[93]

O Direito brasileiro, por essa ótica, tem muito a contribuir para o avanço no campo da responsabilidade civil climática, justamente por termos um dos regimes jurídicos mais sofisticados de responsabilidade civil ambiental. Na verificação do **nexo causal**, é importante destacar que, para além da discussão e avanços científicos promovidos pela ciência climática e, em particular, pela ciência da atribuição, como referido anteriormente, aplica-se a **inversão do ônus probatório**, conforme expressamente consagrado na **Súmula 618 do STJ**, ao prever que "a inversão do ônus da prova aplica-se às ações de degradação ambiental".

Se tomarmos como parâmetro que, na absoluta maioria dos **litígios climáticos (estatais e corporativos)**, figuraram entes públicos e empresas privadas de grande porte (inclusive multinacionais, como é a praxe no campo das empresas de energia), a inversão do ônus probatório é essencial para equalizar a relação jurídica processual, tendo em conta a brutal desigualdade em termos econômicos, técnicos, informacional, jurídico etc. que comumente se apresentam nos litígios ambientais e climáticos, como, por exemplo, em ações civis públicas ajuizadas por organizações não governamentais ou mesmo ações populares ajuizadas por indivíduos. A inversão do ônus da prova é condição *sine qua non* para assegurar a **paridade de armas** na relação jurídica processual e salvaguardar de forma adequada os direitos fundamentais (ao meio ambiente e ao clima) em jogo. Por fim, cumpre assinalar que o regime jurídico da **responsabilidade civil ambiental** é transposto na sua íntegra para a esfera da **responsabilidade civil climática**.

JURISPRUDÊNCIA STJ. Danos decorrentes de transporte de cargas com excesso de peso em rodovias federais, dano material e extrapatrimonial *in re ipsa* ao meio ambiente (traduzido em maior poluição do ar e gastos prematuros com novos materiais e serviços para a reconstrução do pavimento), relativização do nexo causal e indenização por danos material e moral coletivo: "ADMINISTRATIVO E PROCESSUAL CIVIL. AÇÃO CIVIL PÚBLICA. DANOS DECORRENTES DE TRANSPORTE DE CARGAS COM EXCESSO DE PESO EM RODOVIAS FEDERAIS. OBRIGAÇÃO DE NÃO FAZER. INDENIZAÇÃO POR DANOS MATERIAL E MORAL COLETIVO. RISCO À VIDA EM SOCIEDADE. CUMULAÇÃO COM INFRAÇÃO PREVISTA NO CÓDIGO DE TRÂNSITO BRASILEIRO. ASTREINTE. POSSIBILIDADE. FATOS NOTÓRIOS. ART. 374, I, DO CÓDIGO DE PROCESSO CIVIL. NÃO INCIDÊNCIA DA SÚMULA 7/STJ. ACÓRDÃO DE ORIGEM EM CONFRONTO COM A JURISPRUDÊNCIA DO STJ. HISTÓRICO DA DEMANDA 1. A partir de fiscalizações/abordagens realizadas pela Polícia Rodoviária Federal entre os anos de 2011 e 2012, no Posto da PRF de Porto Camargo, Município de Alto Paraíso/PR, foram identificadas 11 (onze) ocorrências de transporte com excesso de peso em veículos que deram saída dos estabelecimentos da demandada, somando mais de 20 mil quilos de sobrepeso. 2. Assim, foi ajuizada pelo Ministério Público Federal Ação Civil Pública objetivando: a) impedir (obrigação de não fazer), sob pena de multa civil (= astreinte), que veículos da transportadora recorrida, em total rebeldia contra o Código de Trânsito Brasileiro, trafeguem com excesso de peso nas rodovias, e b) condenar a empresa ao pagamento de danos material e moral coletivo, nos termos da Lei 7.347/1985. (...) 5. Sustenta o MPF, como causa de pedir, que a parte requerida, ao trafegar com excesso de peso, causou danos ao patrimônio público, à ordem econômica e ao meio ambiente equilibrado, violando os direitos à vida, à integridade física, à saúde e à segurança pessoal e patrimonial dos cidadãos usuários das rodovias federais. (...) REMÉDIOS JURÍDICOS PREVENTIVOS, REPARATÓRIOS E SANCIONATÓRIOS: CONSAGRADA DISTINÇÃO ENTRE ESFERAS ADMINISTRATIVA E JUDICIAL 8. Como explicitado pelos eminentes integrantes da Segunda Turma do STJ, por ocasião

---

[93] Mais informações atualizadas sobre o *Caso Lliuya vs. RWE AG* e outros disponível em: http://climatecasechart.com/.

dos debates orais em sessão, a presente demanda cuida de **problema "paradigmático"**, diante "da **desproporcionalidade entre a sanção imposta e o benefício usufruído"**, pois **"a empresa tolera a multa" administrativa, na medida em que "a infração vale a pena", estado de coisa que desrespeita o princípio que veda a "proteção deficiente", também no âmbito da "consequência do dano moral" (Ministro Og Fernandes)**. Observa-se nessa espécie de comportamento "à margem do CTB", e reiterado, "**um investimento empresarial na antijuridicidade do ato, que, nesse caso, só pode ser reprimido por ação civil pública" (Ministro Mauro Campbell)**. A matéria posta perante o STJ, portanto, é da maior "importância" (Ministra Assusete Magalhães), tanto mais quando o quadro fático passa a nefasta ideia de que "compensa descumprir a lei e pagar um pouquinho mais", percepção a ser rejeitada "para que se saiba que o Brasil está mudando, inclusive nessa área" (Ministro Francisco Falcão). 9. Embora não seja esse o ponto central do presente litígio, nem ao leigo passará despercebido que se esvai de qualquer sentido ou valor prático, mas também moral, jurídico e político, a pena incapaz de **desestimular a infração e dela retirar toda a possibilidade de lucratividade ou benefício.** De igual jeito ocorre com a sanção que, de tão irrisória, passa a fazer parte do custo normal do negócio, transformando a ilegalidade em prática rotineira e hábito empresarial, em vez de desvio extravagante a disparar opróbio individual e reprovação social. Nessa linha de raciocínio, o nanismo e a leniência da pena, incluindo-se a judicial, que inviabilizem ou dilapidem a sua natureza e ratio de garantia da ordem jurídica, debocham do Estado de Direito, pervertem e desacreditam seu alicerce central, o festejado império da lei. A ganância das transportadoras, *in casu*, espelha e semeia uma cultura de licenciosidade infracional, dela se alimentando em círculo vicioso, algo que, por certo, precisa ensejar imediata e robusta repulsa judicial. DANO DIFUSO – OBRIGAÇÃO DE FAZER, DE NÃO FAZER E DE INDENIZAR 10. A **modalidade de dano** tratada na presente demanda é **tipicamente difusa**, o que não quer dizer que inexistam prejuízos individuais e coletivos capazes de cobrança judicial pelos meios próprios. Como se sabe, a **Lei 7.347/1985** traz **lista meramente enumerativa de categorias de danos**, exemplificada com a técnica de citação de domínios materiais do universo difuso e coletivo (**meio ambiente**; consumidor; patrimônio histórico-cultural; ordem econômica; honra e dignidade de grupos raciais, étnicos ou religiosos; patrimônio público e social). O rol do art. 1° qualifica-se duplamente como *numerus apertus* em vez de *numerus clausus*. Primeiro, por impossibilidade jurídica absoluta de identificar e relacionar aquilo que, no mundo real da dignidade humana e dos valores fundamentais do ordenamento, encontra-se em permanente e compreensível estado de fluxo, mutação e atualização. (...) NÃO INCIDÊNCIA DA SÚMULA 7/STJ – FATO NOTÓRIO – QUESTÃO JURÍDICA E NÃO FÁTICA 12. Na hipótese dos autos, indisputáveis os danos materiais, assim como o **nexo de causalidade**. Sem dúvida, o transporte com excesso de carga nos caminhões da demandada causa **dano material e extrapatrimonial** *in re ipsa* ao patrimônio público (consubstanciado, nesta demanda, em deterioração de rodovia federal), ao **meio ambiente (traduzido em maior poluição do ar e gastos prematuros com novos materiais e serviços para a reconstrução do pavimento),** à saúde e segurança das pessoas (aumento do risco de acidentes, com feridos e mortos) e à ordem econômica. 13. Assim, **desnecessário exigir perícias pontuais** para cada caminhão que venha a trafegar com excesso de peso, com o desiderato de verificar a quantidade de avaria causada, pois a própria Lei 9.503/1997 e a Resolução CONTRAN 258, de 30 de novembro de 2007, com amparo em conhecimento técnico altamente especializado sobre danos às rodovias, estabeleceram limite de peso de mercadorias que podem ser transportados e a consequente responsabilização em caso de ultrapassar esse quantum, gerando multa pecuniária. 14. A **confessada inobservância da norma legal pela empresa** recorrida autoriza – ou melhor, exige – a pronta atuação do Poder Judiciário, com o fito de inibir o prosseguimento dessas práticas nefastas, em que as sanções administrativas não se revelaram capazes de coibir ou minimizar a perpetração de infrações ao Código de Trânsito Brasileiro.15. Consequência direta do tráfego de veículos com excesso de peso, o dano material ao patrimônio público, associado à redução da longevidade do piso asfáltico rodoviário, independe, pela sua notoriedade, de provas outras, à luz do que dispõe o art. 334, inciso I, do CPC. Impossível, por outro lado, negar a **existência do nexo de causalidade entre o transporte com excesso de carga e a deterioração das rodovias decorrente de tal prática**. 16. O transporte de cargas nas rodovias não é livre: submete-se a **padrões previamente assentados pelo Estado por meio de normas legais e administrativas**. Logo, **não há direito a efetuá-lo ao talante ou conveniência do transportador**, mas apenas dentro dos critérios de regência, entre eles aqueles que dispõem sobre o peso máximo para a circulação dos veículos. O comando de limite do peso vem prescrito não por extravagância ou experimento de futilidade do legislador e do administrador, mas justamente porque o sobrepeso causa danos ao patrimônio público e pode acarretar ou agravar acidentes com vítimas. Portanto, inafastável, já que gritante, a relação entre a conduta do agente e o dano patrimonial imputado. 17. Dessa forma, volvendo ao caso concreto, caracterizado o agir ilícito (tráfego de veículos com excesso de peso) e a vinculação normal, lógica e razoável entre o tipo de comportamento e o dano imputado, **deve a empresa responder pelos prejuízos causados, os quais derivam do próprio fato ofensivo**. Segundo as regras da experiência comum, é **desnecessária a comprovação pericial pela vítima**. 18. É fato notório (art. 374, I, do CPC) que o tráfego de veículos com excesso de peso provoca sérios danos materiais às vias públicas, ocasionando definhamento da durabilidade e da vida útil da camada que reveste e dá estrutura ao pavimento e ao acostamento, o que resulta em buracos, fissuras, lombadas e depressões, imperfeições no escoamento da água, tudo a ampliar custos de manutenção e de recuperação, consumindo preciosos e escassos recursos públicos. Ademais, acelera a depreciação dos veículos que utilizam a malha viária, impactando, em particular, nas condições e desempenho do sistema de frenagem da frota do embarcador/expedidor. Mais inquietante, **afeta as condições gerais de segurança das vias e estradas**, o que aumenta o número de acidentes, inclusive fatais. Em consequência, provoca **dano moral coletivo** consistente no agravamento dos riscos à saúde e à segurança de todos, prejuízo esse atrelado igualmente à redução dos níveis de fluidez do tráfego e de conforto dos usuários. Assim, reconhecidos os danos materiais e morais coletivos (*an debeatur*), verifica-se a imprescindibilidade de devolução do feito ao juízo de origem para mensuração do *quantum debeatur*. (...) RESPONSABILIDADE CIVIL POR DANOS PATRIMONIAIS, MORAIS COLETIVOS E ASTREINTES 21. Desse modo, fica deferido o pleito indenizatório por dano material formulado sob essa rubrica, em quantum a ser fixado pelo Tribunal de origem, observados parâmetros objetivos para essa finalidade. Por fim, confirma-se a existência do **dano moral coletivo** em razão de **ofensa a direitos coletivos ou difusos de caráter extrapatrimonial** – consumidor, **ambiental, ordem urbanística**, entre outros –, podendo-se afirmar que o caso em comento é de **dano moral *in re ipsa*, ou seja, deriva do fato por si só**. 22. Assim, reconhecidos os **danos materiais e morais coletivos** (*an debeatur*), verifica-se a necessidade de devolução do feito ao juízo de origem para mensuração do *quantum debeatur*. Nesse contexto, tendo em vista que a reprimenda civil deve ser suficiente para desestimular a conduta indesejada, fixo a multa no valor requerido pelo MPF. A propósito, no mesmo sentido, acórdão recém-publicado pela Segunda Turma do STJ: REsp 1.574.350/SC, Rel. Ministro Herman Benjamin, Segunda Turma, DJe 6/3/2019. CONCLUSÃO 23. Recurso Especial provido para deferir o pleito de tutela inibitória (infrações futuras), conforme os termos e patamares requeridos pelo Ministério Público Federal na petição inicial, devolvendo-se o feito ao juízo a quo a fim de que proceda à fixação dos valores dos **danos materiais e morais coletivos e difusos**". (STJ, REsp n. 1.642.723/RS, 2ª T., Rel. Min. Herman Benjamin, j. 10.12.2019)

4.3 Dano ambiental

4.3.1 As (múltiplas) dimensões do dano ambiental

O dano ambiental é, por natureza, multidimensional. Como referido pelo Ministro Herman Benjamin do STJ, o dano ambiental "é multifacetário (ética, temporal, ecológica e patrimonialmente falando, sensível ainda à diversidade do vasto universo de vítimas, **que vão do indivíduo isolado à coletividade, às gerações futuras e aos processos ecológicos em si mesmos considerados)**".[94] Não por outra razão, fala-se hoje de **dano geracional**, tendo por premissa a dilação no tempo (para o futuro) de determinados danos ecológicos, na medida em que impactam os interesses e direitos das gerações futuras. O fato de o **bem jurídico ecológico** ser composto ou congregar os **interesses e direitos de toda a coletividade** simboliza tal amplitude, devendo-se computar no seu cálculo também os interesses (e direitos?) das futuras gerações e mesmo dos animais não humanos e da Natureza como um todo, como referido na passagem citada. Um desastre ambiental como o de Brumadinho (2019) envolve tal magnitude de danos, de sorte que é possível identificar a violação tanto a **direitos individuais** (patrimoniais e morais) quanto às três categorias de **direitos e interesses coletivos em sentido amplo** (**patrimoniais** e **morais**) consagradas no art. 81 do Código de Defesa do Consumidor (**difusos, coletivos em sentido estrito** e **individuais homogêneos**).

Desde as pessoas que sofreram danos patrimoniais e morais circunscritos ao âmbito estritamente individual quanto ao **dano ecológico difuso** (material e moral), é possível identificar diversas dimensões do dano ambiental (direito e reflexo). O **dano ecológico individual homogêneo** pode ser identificado na situação dos pescadores ribeirinhos que se viram impossibilitados de exercer a sua profissão em razão da poluição do rio. O **dano ecológico coletivo em sentido estrito**, por sua vez, pode ser considerado na perspectiva dos trabalhadores da empresa mineradora poluidora, pela ótica do meio ambiente do trabalho.

A Lei 14.066/2020, ao alterar substancialmente a Lei da Política Nacional de Segurança de Barragens (Lei 12.334/2010), notadamente em razão dos desastres de Mariana e Brumadinho, conforme já assinalado anteriormente, consagrou o conceito de **dano potencial associado à barragem** no seu art. 2º: "VII – dano que pode ocorrer devido a rompimento, vazamento, infiltração no solo ou mau funcionamento de uma barragem, **independentemente da sua probabilidade de ocorrência**, a ser graduado de acordo com as **perdas de vidas humanas** e os **impactos sociais, econômicos e ambientais**". Os conceitos de **desastre** (art. 2º, XIV) e **dano potencial** (2º, VII) consagrados pela Lei 14.066/2020, como se pode presumir – e se verificou empiricamente e de forma trágica nos casos de Mariana e Brumadinho –, dão clara conformação normativa e conceitual à **natureza multidimensional e complexa do dano ecológico**, especialmente na hipótese de episódios e desastres de grande magnitude e impacto social e ambiental.

A **Lei da Política Nacional de Proteção e Defesa Civil** (Lei 12.608/2012), diante da nova redação dada a diversos dos seus dispositivos pela **Lei 14.750/2023**, também passou a consagrar o conceito de desastre no inciso V do parágrafo único do art. 1º: "V – **desastre**: resultado de evento adverso, de **origem natural** ou **induzido pela ação humana**, sobre ecossistemas e populações vulneráveis que causa significativos danos humanos, materiais ou ambientais e prejuízos econômicos e sociais". A **natureza multidimensional e complexa dos danos** verificados no contexto de **desastres ambientais** – e não é diferente no caso de **desastres climáticos** derivados de episódios climáticos extremos – pode ser identificada nos deveres estatais e direitos das vítimas contemplados no conceito de **resposta a desastres** previsto no art. 1o, parágrafo único, XII, do diploma:

> "XII – **resposta a desastres**: ações imediatas com o objetivo de socorrer a população atingida e restabelecer as condições de segurança das áreas atingidas, incluídas ações de busca e salvamento de vítimas, de primeiros-socorros, atendimento pré-hospitalar, hospitalar, médico e cirúrgico de urgência, sem prejuízo da atenção aos problemas crônicos e agudos da população, de provisão de alimentos e meios para sua preparação, de abrigamento,

---

[94] STJ, REsp 1.328.753/MG, Rel. Min. Herman Benjamin, j. 28.05.2013.

de suprimento de vestuário e produtos de limpeza e higiene pessoal, de suprimento e distribuição de energia elétrica e água potável, de esgotamento sanitário, limpeza urbana, drenagem das águas pluviais, transporte coletivo, trafegabilidade e comunicações, de remoção de escombros e desobstrução das calhas dos rios, de manejo dos mortos e outras estabelecidas pelos órgãos do SINPDEC".

Mais recentemente, a **Lei 14.755/2023** institui a **Política Nacional de Direitos das Populações Atingidas por Barragens** (PNAB), regulamentando, entre outros aspectos, os direitos das Populações Atingidas por Barragens (PAB), o Programa de Direitos das Populações Atingidas por Barragens (PDPAB) e regras de responsabilidade social do empreendedor. Entre os **direitos das vítimas** arrolados no art. 3º do diploma, destaca-se: "VIII – reparação pelos **danos morais, individuais e coletivos**, decorrentes dos transtornos sofridos em processos de remoção ou evacuação compulsórias, nos casos de emergência, que englobem: a) perda ou alteração dos laços culturais e de sociabilidade ou dos modos de vida; b) perda ou restrição do acesso a recursos naturais, a locais de culto ou peregrinação e a fontes de lazer; e c) perda ou restrição de meios de subsistência, de fontes de renda ou de trabalho".

O regime jurídico da responsabilidade civil ambiental, por essa ótica, precisa lidar muitas vezes com um contexto complexo, abrangente e estrutural para a devida resolução de conflitos (como verificado na hipótese de desastres ambientais e climáticos de grande magnitude) e reparação de danos em vista do **princípio da reparação integral**, operando à luz de um paradigma jurídico muito distinto daquele do Direito Civil clássico de matiz liberal-individualista – ainda predominante na doutrina civilista brasileira e no Código Civil de 2002. O paradigma jurídico ecológico inverte a lógica civilista tradicional da reparação de danos, pautando-se pelo **primado da sua prevenção e precaução**, notadamente em vista da irreversibilidade ou difícil reparação *in natura* da grande maioria dos danos ecológicos.

JURISPRUDÊNCIA STJ. Multiplicidade de danos (individuais, individuais homogêneos, coletivos em sentido estrito e difusos) derivados da mesma situação fática de lesão ambiental: "Administrativo. Ação civil pública. Interdependência causal. Possibilidade de violação simultânea a mais de uma espécie de interesse coletivo. Direitos difusos e individuais homogêneos. Relevante interesse social. Legitimidade. 1. Conforme se observa no acórdão recorrido, o caso dos autos ultrapassa a órbita dos direitos patrimoniais da população diretamente afetada e atinge interesses metaindividuais, como o meio ambiente ecologicamente equilibrado e a uma vida saudável. 2. É um erro acreditar que uma mesma situação fática não possa resultar em violação a interesses difusos, coletivos e individuais simultaneamente. A separação, ou melhor, a categorização dos interesses coletivos lato sensu em três espécies diferentes é apenas metodológica. 3. No mundo fenomenológico as relações causais estão tão intimamente ligadas que **um único fato pode gerar consequências de diversas ordens, de modo que é possível que dele advenham interesses múltiplos**. É o caso, por exemplo, de um acidente ecológico que **resulta em danos difusos ao meio ambiente, à saúde pública e, ao mesmo tempo, em danos individuais homogêneos aos moradores da região**. 4. Ademais, ainda que o caso presente tratasse unicamente de direitos individuais homogêneos disponíveis, isso não afasta a relevância social dos interesses em jogo, o que é bastante para que se autorize o manejo de ação civil pública pelo agravado. Agravo regimental improvido" (STJ, AgRg no REsp 1.154.747/SP, 2ª T., Rel. Min. Humberto Martins, j. 06.04.2010).

JURISPRUDÊNCIA STJ. Direito à paisagem, dano estético-paisagístico e poluição estética: "Processual civil. Ação reivindicatória. Praia. Propriedade da União. Arts. 3º, 6º, § 2º, e 10 da Lei 7.661/1988. Arts. 5º, 10 e 11, § 4º, da Lei 9.636/1998. Barraca. Ausência de autorização da Secretaria do Patrimônio da União. **Proteção da paisagem**. Mudanças climáticas. Federalismo cooperativo ambiental. Art. 4º da Lei Complementar 140/2011. Licença urbanístico-ambiental. Princípio da moralidade administrativa. Detenção ilícita e não posse. Precariedade. Demolição. Súmula 7/STJ. Histórico da demanda. 1. O Tribunal *a quo*, em ação reivindicatória e com suporte em elementos fático-probatórios, consignou que o particular edificou barraca, com finalidade comercial, na Praia de Cacimbinhas, Município de Tibau do Sul-RN, sem autorização da Secretaria do Patrimônio da União (SPU), tendo sido verificada ainda a precariedade das condições sanitárias do empreendimento, razões pelas quais manteve a ordem de demolição (...) **Paisagem** 9. Na percepção do mundo ao seu redor, o ser humano é antes de tudo produto e refém do sentido da visão, daí ser lógico ao Direito, no trato de questões afeitas ao campo histórico e paisagístico, incorporar o universo das impressões colhidas pelo olhar e tocar. Conquanto a proteção jurídica da Zona Costeira não se faça, nem se deva fazer, apenas pela lente reducionista da estética, o certo é que **a paisagem representa um dos valores centrais a inspirar a atuação do legislador, do administrador e do juiz. Nos ordenamentos contemporâneos, o elemento paisagístico – quer natural, quer artificial – ganha posição de bem jurídico culturalmente apreciado, legalmente individualizado, judicialmente garantido e temporalmente expandido ao agregar a perspectiva das gerações futuras**. 10. Assim como sucede quando se depara com outros predicados e contingências intangíveis da vida humana (nascimento, morte, vergonha, dor, amor, ódio, honestidade, risco), igualmente alvos de normatividade e portadores de alta carga subjetiva ou psicológica, **o Poder Judiciário não se deve furtar a enfrentar, entre os grandes dilemas existenciais da atualidade, o chamamento** à proteção da paisagem **e do belo, pois o próprio legislador se encarregou de reconhecer o fenômeno da 'poluição estética' (art. 3º, III, 'd', da Lei 6.938/1981)**. 11. Claro, a **estética paisagística** hodierna vai além da noção clássica de belo natural – romântica, materialista, elitista e obediente a certo simetrismo de convenções oficiais – ao abraçar a robustez da diversidade biológica e de outros atributos complexos da Natureza que, por serem imperceptíveis a olho nu ou pelo não especialista, mais do que 'vistos' são apenas 'sentidos' ou mesmo 'imaginados'. Um tipo de contentamento individual e social derivado não tanto do fisicamente presenciar ou apalpar, mas da experiência de simplesmente saber existirem, de maneira incógnita, no caos-harmonia dos surpreendentes e ainda misteriosos processos ecológicos que sustentam a vida na Terra. 12. No mais, inviável analisar as teses defendidas no Recurso Especial – principalmente a de que o bem não teria sido corretamente demarcado nem individualizado –, pois buscam afastar as premissas fáticas estabelecidas pelo Tribunal de origem. Incidência da Súmula 7/STJ. 13. Recurso Especial não provido" (STJ, REsp 1.410.732/RN, 2ª T., Rel. Min. Herman Benjamin, j. 17.10.2013).

JURISPRUDÊNCIA STJ. Dano ao patrimônio histórico-cultural, desapropriação e passivo ambiental. "AMBIENTAL. AÇÃO CIVIL PÚBLICA. PATRIMÔNIO HISTÓRICO-CULTURAL. IMÓVEL. DESAPROPRIAÇÃO NO CURSO DO PROCESSO. PASSIVO AMBIENTAL. SUB-ROGAÇÃO NO PREÇO. CONDENAÇÃO DO EXPROPRIADO. REPARAÇÃO DO BEM. IMPOSSIBILIDADE. *BIS IN IDEM*. DANO MORAL COLETIVO. REVISÃO DE MATÉRIA FÁTICA. NÃO CABIMENTO. 1. A principal controvérsia jurídica do recurso especial em exame consiste em saber se o expropriado, após a desapropriação, pode ser condenado a reparar dano ambiental por ele praticado anteriormente. 2. Esta Corte Superior, no Tema repetitivo 1.204, fixou a tese jurídica de que 'as obrigações ambientais possuem natureza 'propter rem', sendo possível exigi-las, à escolha do credor, do proprietário ou possuidor atual, de qualquer dos anteriores, ou de ambos, ficando isento de responsabilidade o alienante cujo direito real tenha cessado antes da causação do dano, desde que para ele não tenha concorrido, direta ou indiretamente', na linha do que anteriormente já preconizava a sua Súmula 623. 3. O caso dos autos, todavia, distingue-se dos processos dos quais foi tirada a supracitada orientação, visto que ali se estaria a tratar de aquisição derivada da propriedade (transferência voluntária), ao passo que aqui se está diante de aquisição originária por desapropriação, que tem contornos próprios e distintos. 4. O art. 31 do Decreto-Lei n. 3.365/1941 disciplina que 'ficam subrogados no preço quaisquer ônus ou direitos que recaiam sobre o bem expropriado'. 5. Hipótese em que o ônus de reparação que recaía sobre o bem (de natureza histórico-cultural) expropriado já foi considerado no preço (justa indenização) que foi desembolsado pelo Município para a aquisição do imóvel, isto é, a Fazenda municipal já descontou o passivo ambiental do valor pago. 6. Diante desse quadro, a condenação da parte expropriada no dever de pagar pela reparação do imóvel desapropriado implicaria violação do postulado do *non bis in idem*, uma vez que o particular amargaria duplo prejuízo pelo mesmo fato: perceberia indenização já descontada em razão do passivo ambiental e ainda teria que pagá-lo (o passivo) novamente nesta ação. 7. Por outro lado, é possível reformar a decisão da origem para restabelecer a legitimidade passiva da sociedade empresária recorrida em relação ao dever (em tese) de reparar o (suposto) dano moral coletivo, pois, nesse último caso, a obrigação ou o ônus não estão relacionados ao próprio bem, inexistindo sub-rogação no preço. 8. Caso em que a Corte local, diante das peculiaridades fáticas comprovadas, compreendeu que não havia lesão de grandeza suficiente a caracterizar o abalo moral, conclusão que, para ser revista, demandaria o revolvimento do acervo fático-probatório levado em consideração na decisão, providência inviável, em razão do óbice da Súmula 7 do STJ. 9. Agravo conhecido para dar parcial provimento ao recurso especial" (STJ, AREsp 1.886.951/RJ, 1ª T., Rel. Min. Gusrgel de Faria, j. 11.06.2024).

4.3.1.1 Dano animal?

A discussão em torno dos **direitos dos animais** – e de uma **proteção jurídica autônoma** para além do espectro humano, como já tratado anteriormente – tem suscitado importante reflexão também no campo da responsabilidade civil e da reparação de danos sofridos por animais não humanos. A título de exemplo, a prática de maus-tratos contra animais decorrente da omissão ou ação humana, conjuntamente com a responsabilidade criminal e administrativa do infrator, tem ensejado também o reconhecimento da responsabilidade civil e o dever de reparação, tanto no plano material quanto no moral, e, o mais importante, no sentido de reconhecer a **condição individual** e o *status* **de ser senciente** do animal vítima de maus-tratos, como **beneficiário direto** das medidas reparatórias impostas ao autor do dano. Na doutrina, conforme assinala Monique Mosca Gonçalves, amparada no **princípio da dignidade do animal não humano**,

> "o **dano animal**, compreendido como a **injusta imposição de intenso sofrimento a um ser senciente não humano**, para efeito de satisfação do princípio da integral reparação do dano, não prescinde de uma tutela jurisdicional que, para além da cessação do ato ou prática ilícita e da transferência da posse, proporcione a **justa recomposição da saúde física e mental do animal**, acompanhada de medidas para lhe conferir um **bem-estar adicional**, como **compensação pelo mal experimentado em razão do ato ilícito**".[95]

É possível, inclusive, se cogitar a caracterização de um **abuso de direito animal**, na hipótese de se tratar o autor do dano e dos maus-tratos o proprietário do animal. A propriedade animal, como pontua Gonçalves, "passa a configurar uma espécie de **direito-função**, com **conteúdo positivo e negativo**. Esse conjunto de deveres fica atrelado de tal forma ao direito que a sua violação, consubstanciada no abuso do direito, pode ensejar, além das medidas típicas de reparação, a própria perda da posição jurídica, sem direito à compensação, com a transferência forçada do domínio para outro particular ou para o Estado".[96] Assim como se tem cogitado hoje o reconhecimento de um **abuso de direito ecológico**, inspirado, entre outros aportes teóricos e

---

[95] GONÇALVES, Monique Mosca. *Dano animal*. Rio de Janeiro: Lumen Juris, 2020. p. 234.
[96] GONÇALVES, *Dano animal*..., p. 190.

legislativos, na experiência inovadora do Código Civil e Comercial Argentino de 2015 (art. 14), como tratamos anteriormente, também nos parece adequado avançar na dimensão "animal" do instituto do abuso de direito.

A respeito do tema, destaca-se a previsão expressa do item 3 do **art. 1.305º-A do Código Civil português**, inserido por meio da **Lei 8/2017 (Estatuto Jurídico dos Animais)**, a qual reconheceu expressamente a **natureza de seres vivos dotados de sensibilidade** dos animais não humanos.

> **Artigo 1.305º-A**
> **Propriedade de animais**
>
> 1 – O proprietário de um animal **deve assegurar o seu bem-estar e respeitar as características de cada espécie** e observar, no exercício dos seus direitos, as disposições especiais relativas à criação, reprodução, detenção e proteção dos animais e à salvaguarda de espécies em risco, sempre que exigíveis.
>
> 2 – Para efeitos do disposto no número anterior, o **dever de assegurar o bem-estar** inclui, nomeadamente:
>
> a) A garantia de **acesso a água e alimentação** de acordo com as necessidades da espécie em questão;
>
> b) A garantia de **acesso a cuidados médico-veterinários** sempre que justificado, incluindo as medidas profiláticas, de identificação e de vacinação previstas na lei.
>
> 3 – O direito d–e propriedade de um animal **não abrange a possibilidade de, sem motivo legítimo, infligir dor, sofrimento ou quaisquer outros maus-tratos que resultem em sofrimento injustificado, abandono ou morte**.

O Direito Civil brasileiro, por seu turno – no caso, o Código Civil de 2002 –, ainda estabelece um regime jurídico para os animais não humanos absolutamente ultrapassado em comparação com o que se tem verificado em sede de Direito Comparado – como no caso do Código Civil português referido – e incompatível com a CF/1988 (art. 225, 1º, VII). Essa talvez seja a razão para o tema da **responsabilidade civil animal** – que deve ser compreendida com certa autonomia e particularidades em relação à **responsabilidade civil ambiental ou ecológica** – haver tardado tanto a ganhar o devido espaço na proteção jurídica dos animais, principalmente diante dos avanços verificados há muito mais tempo em outras esferas de responsabilização por práticas ilícitas (**penal** e **administrativa**), em especial na temática envolvendo os maus-tratos. De toda sorte, o desenvolvimento recente do dano animal é uma tentativa de reverter essa situação e lançar luzes sobre uma questão absolutamente importante e contemporânea, diretamente vinculada ao reconhecimento do *status* jurídico de seres **sencientes** dos animais não humanos, como detentores de **direitos autônomos**. Para ilustrar a questão, o Código Estadual do Meio Ambiente do Estado do Rio Grande do Sul (Lei Estadual 15.434/2020) instituiu regime jurídico especial para os animais domésticos de estimação, ao reconhecer que eles "possuem **natureza jurídica *sui generis*** e são **sujeitos de direitos despersonificados**, devendo **gozar e obter tutela jurisdicional em caso de violação, vedado o seu tratamento como coisa**" (art. 216).

A título de exemplo, a **Lei Municipal 6.926/2021**, do **Município do Rio de Janeiro**, regulamentou o tema do dano animal, estabelecendo que os agressores que cometerem o crime de maus-tratos arquem com as **despesas do tratamento do animal agredido**, conforme dispositivos que seguem.

> **Art. 1º** Fica determinado que, nos **crimes de maus-tratos** cometidos, no âmbito do Município do Rio de Janeiro, as **despesas de assistência veterinária** e demais **gastos decorrentes da agressão** serão de **responsabilidade do agressor**, na forma do Código Civil.

> **Art. 2º** O **agressor** ficará obrigado, inclusive, a **ressarcir a Administração Pública Municipal** de todos os custos relativos aos serviços públicos de saúde veterinária prestados para o total tratamento do animal.
>
> Parágrafo único. O ressarcimento de que trata este artigo não substitui as sanções aplicadas da Lei nº 6.435, de 27 de dezembro de 2018.

O dano animal, por essa ótica, apresenta **duas dimensões** complementares na conformação da proteção jurídica integral dos animais, contemplando tanto uma **proteção individual** ao animal diretamente afetado pelo ato ilícito quanto outra **coletiva ou difusa**. Na hipótese de **dano animal individual**, como descrito por Gonçalves na passagem transcrita anteriormente, a reparação deve necessariamente voltar-se em favor daquele animal vitimado pelo ato ilícito, ao passo que, na hipótese de **dano animal coletivo ou difuso**, a reparação deve buscar a compensação (material e moral) em benefício da proteção dos animais em sentido amplo – por exemplo, em favor de algum fundo de proteção ou bem-estar animal, entidade protetora dos animais etc.

O Tribunal Regional Federal da 4ª Região (TRF4) possui dois casos julgados – um envolvendo animais em **circo** e outros animais em **zoológico**[97] – que ilustram bem esse cenário, inclusive, no último caso, no sentido da condenação por dano moral coletivo. Ainda que a fundamentação lançada nos referidos julgados não tenha se amparado no direito dos animais, os casos em si servem para demonstrar o potencial de desenvolvimento futuro da matéria, notadamente no sentido de uma **virada jurisprudencial animalista**.

> **JURISPRUDÊNCIA TRF 4. Responsabilidade civil por omissão do Estado e tratamento cruel dispensado a animais em circo:** "PROCESSUAL CIVIL. AÇÃO CIVIL PÚBLICA. **MAUS-TRATOS AOS ANIMAIS. RESPONSABILIDADE CIVIL POR OMISSÃO**. CONDENAÇÃO. MEDIDAS COMPLEMENTARES E ALTERNATIVAS NECESSÁRIAS AO FIEL CUMPRIMENTO DA SENTENÇA. JULGAMENTO *EXTRA PETITA*. INOCORRÊNCIA. 1. A responsabilidade civil do Estado por omissão, aplica-se a teoria da falta do serviço, exigindo-se comprovação de que o serviço não funcionou, funcionou mal ou funcionou em atraso. 2. Se o IBAMA, autarquia à qual incumbe a **fiscalização ambiental** e que tinha o **dever de agir e impedir a perpetração dos maus-tratos**, demorou cerca de dois meses para agir, mesmo diante dos fatos que demonstravam o **tratamento cruel dispensado aos animais**, a omissão restou demonstrada. 3. Não há falar em sentença *extra petita* quando há pedido expresso da divulgação, por um ano, de um texto no início de todos os espetáculos do Circo. 4. O *quantum* fixado (R$ 50.000,00) a título de **indenização pelos maus-tratos** mostra-se adequado à gravidade da conduta praticada e ao número de animais que sofreram com **conduta irregular do Circo**. 5. Não se configura o julgamento *extra petita*, quando a decisão, ao acolher o pedido formulado na inicial, especifica medidas complementares e alternativas necessárias ao fiel cumprimento da sentença." (TRF4, AC 5003718-57.2013.404.7002, 4ª T., Rel. Juiz Federal Loraci Flores de Lima, j. 25.02.2015)

> **JURISPRUDÊNCIA TRF 4. Responsabilidade civil de proprietários de zoológico por danos materiais e morais decorrente de tratamento cruel dispensado a animais:**
> 1) "PROCESSUAL CIVIL. AMBIENTAL. AÇÃO CIVIL PÚBLICA. **MAUS-TRATOS AOS ANIMAIS. LEGITIMIDADE PASSIVA DOS SÓCIOS**. RESPONSABILIDADE CIVIL. **DANOS MORAIS COLETIVOS**. CARACTERIZAÇÃO. *QUANTUM* ADEQUADO. 1. Os sócios são os responsáveis pela condução do empreendimento e beneficiados pelos respectivos lucros, cabendo a sua inclusão no polo passivo da lide, conforme prevê o art. 3º das Leis nº 9.605/98 e nº

---

[97] Caso similar foi apreciado pelo STJ: REsp 1.459.640/MG, Rel. Min. Humberto Martins, j. 19.08.2015.

6.938/81. 2. O farto acervo probatório demonstra que os animais foram expostos a **inúmeras práticas de crueldade e maus-tratos, evidenciando o descaso dos apelantes na assistência aos animais sob sua guarda**. 3. Por consequência, cabível a condenação ao pagamento de indenização pelo dano ambiental praticado, mostrando-se o quantum fixado (R$ 60.000,00) adequado à gravidade da conduta praticada e ao número de animais que sofreram com conduta irregular dos responsáveis pelo **zoológico** demandado." (TRF4, AC 5002231-35.2012.4.04.7213, 4ª T., Relatora Des. Fed. Vivian Josete Pantaleão Caminha, j. 23.03.2016)

2) "AMBIENTAL. EMBARGOS DE DECLARAÇÃO EM APELAÇÃO CÍVEL. AÇÃO CIVIL PÚBLICA. IBAMA. DANO AMBIENTAL. ZOOLÓGICO. **MAUS-TRATOS E MORTE DE ANIMAIS**. DANOS MATERIAIS. RETORNO DOS AUTOS DO STJ. NOVO JULGAMENTO DOS ACLARATÓRIOS. OMISSÃO. EFEITOS INFRINGENTES. (...). 3. Embargos de declaração parcialmente providos para sanar a omissão, com efeitos infringentes, julgando-se procedente também a pretensão relativa ao **dano material correspondente à morte dos animais**, condenando os réus ao **pagamento de valor, que se arbitra, desde logo, em quantia igual à fixada para o dano moral** (R$ 60.000,00 em 08/04/2013), corrigida e acrescida de juros a partir da data do evento danoso (Súmulas 43 e 54 do STJ), mantidas as demais disposições de sucumbência." (TRF4, AC 5002231-35.2012.4.04.7213, 4ª T., Rel. Des. Fed. Sérgio Renato Tejada Garcia, j. 07.10.2020)

4.3.2 Dano ambiental coletivo (ou dano ambiental em sentido estrito)

O dano ambiental ou ecológico, como já referimos anteriormente, é **multidimensional**, envolvendo diversos aspectos na perspectiva da sua amplitude, das vítimas e da sua reparação integral. O dano material (ou patrimonial) ambiental coletivo é o dano ambiental em sentido estrito, ou seja, o impacto negativo provocado pela intervenção do ser humano no meio natural, como ocorre, por exemplo, com a poluição dos seus elementos (ar, água, solo, mares e oceanos etc.), o desmatamento da cobertura florestal, o abate de espécies da fauna silvestre.

A **Lei 6.938/81**, por sua vez, conforme já abordamos anteriormente, traz conceitos legais importantes para a compreensão do conceito de dano ambiental no seu art. 3º. A "**degradação da qualidade ambiental**", por exemplo, prevista no inciso II do dispositivo citado, é conceituada como "a alteração adversa das características do meio ambiente", sendo o "**meio ambiente**" considerado "o conjunto de condições, leis, influências e interações de ordem física, química e biológica, que permite, abriga e rege a vida em todas as suas formas" (I). Os "**recursos naturais**" são destacados como "a atmosfera, as águas interiores, superficiais e subterrâneas, os estuários, o mar territorial, o solo, o subsolo, os elementos da biosfera, a fauna e a flora: (V). Por fim, o diploma ambiental conceitua "**poluição**" como "a degradação da qualidade ambiental resultante de atividades que direta ou indiretamente: a) prejudiquem a saúde, a segurança e o bem-estar da população; b) criem condições adversas às atividades sociais e econômicas; c) afetem desfavoravelmente a biota; d) afetem as condições estéticas ou sanitárias do meio ambiente; e) lancem matérias ou energia em desacordo com os padrões ambientais estabelecidos" (III).

A degradação da qualidade ambiental e a poluição dos recursos naturais, tomando por base os conceitos referidos pela Lei 6.938/81, representam, na sua essência, o dano ambiental em sentido estrito. A expressão dano material ou patrimonial ambiental, por sua vez, é utilizada por parte da doutrina para contrapor-se ao denominado dano moral ou extrapatrimonial ambiental, como veremos no tópico subsequente. Trata-se, por assim dizer, de uma classificação de certa forma tradicional do Direito Civil, notadamente no campo da responsabilidade civil. Mas talvez o mais correto seria falarmos de um **dano ambiental físico**, inclusive como forma de combater a percepção social de que a Natureza e os elementos naturais (bióticos e abióticos) são "patrimônio" apropriável e, portanto, "precificado", quando, na verdade, a integridade ecológica não se trata de um bem apropriável e na esfera da disponibilidade individual, representando, pelo contrário, verdadeiro "**patrimônio coletivo de toda a sociedade**", inclusive pela ótica do interesse da comunidade global ou planetária e das futuras gerações.

Outro aspecto importante está associado à **perpetuação no tempo** e agravamento do dano ecológico uma vez praticado, já que os seus **efeitos são propagados para o futuro** em prejuízo dos interesses e direitos das futuras gerações. Isso sem falar na **irreversibilidade** do dano ambiental causado, como se verifica muitas vezes, inclusive quando enseja a **extinção de espécie** da flora ou da fauna. A imprescritibilidade do dever de reparação do dano ecológico envolve não apenas a sua dimensão propriamente material ou patrimonial (**dimensão natural ou física**), como, por exemplo, a adoção de medidas concretas voltadas à **repristinação natural** (obrigação de fazer), ou seja, a reparação *in natura* (**restauração do** *status quo ante*) dos danos ecológicos, mas também, entre outras medidas, a compensação ambiental e indenização em dinheiro (obrigação de dar), inclusive, a depender do caso concreto, no sentido da indenização pelo **dano moral ambiental coletivo**.

4.3.3 Dano ambiental individual (reflexo ou por ricochete)

O **dano ambiental individual** não se trata de um dano ambiental difuso ou em sentido estrito. São os danos que se denominam como **danos reflexos ou por ricochete**[98] ao dano ambiental difuso ou propriamente dito, como, por exemplo, com a lesão provocada por um desastre ecológico no âmbito dos direitos individuais à vida, integridade física, saúde, propriedade, entre outros. A poluição de um rio decorrente do despejo direto de dejetos industriais sem o devido tratamento por determinada indústria pode causar danos à saúde de determinada pessoa ao consumir a água ou peixe retirado do local. Os gastos eventualmente derivados do tratamento médico por tal pessoa (e mesmo eventual dano moral sofrido por ela) possuem uma dimensão apenas individual e podem assim ser reivindicados judicialmente em ação circunscrita a tal objeto. Se alcançarem o espectro de **direitos individuais homogêneos**, como, por exemplo, na perspectiva dos pescadores ribeirinhos que não mais puderem ou mesmo por certo período, exerceram a sua profissão e proverem sustento seu e da sua família, podem também ser pleiteados por meio de ação coletiva.

No plano legislativo, os danos ambientais individuais encontram-se consagrados expressamente na "regra geral" ou "dispositivo matriz" da responsabilidade civil ambiental, ou seja, no **art. 14 § 1º, da Lei 6.938/81**, ao prever que "é o poluidor obrigado, independentemente da existência de culpa, a **indenizar ou reparar os danos causados** ao meio ambiente e **a terceiros**, afetados por sua atividade. (...)". Os "terceiros" referidos pelo diploma são os indivíduos (que, a depender do caso concreto, pode significar um número bastante grande de pessoas) afetados na sua **esfera privada e individual** pelo mesmo episódio gerador do dano ambiental difuso. A **Lei de Biossegurança (Lei 11.105/2005)** igualmente consagra, inclusive com a previsão expressa da reparação integral dos danos sofridos pelos "terceiros": "Art. 20. Sem prejuízo da aplicação das penas previstas nesta Lei, os responsáveis pelos **danos** ao meio ambiente e **a terceiros** responderão, **solidariamente**, por sua indenização ou **reparação integral**, independentemente da existência de culpa."

O **dano individual ou reflexo** não se trata, portanto, de um dano ecológico difuso, mas tão somente decorrente da mesma situação de fato que ensejou a degradação ecológica. No entanto, também com relação aos direitos ambientais individuais aplica-se o mesmo regime de responsabilidade civil dos danos ambientais em sentido estrito, ensejando a responsabilização do poluidor independentemente da verificação de culpa. Nesse sentido, adota-se também

---

[98] STJ, REsp 1.381.211/TO, j. 15.05.2014.

no âmbito do dano ambiental individual a **teoria do risco integral**, impedindo, em regra, a alegação de **excludentes da ilicitude** (culpa exclusiva da vítima, fato de terceiro, caso fortuito e força maior etc.), conforme entendimento consolidado pelo STJ.[99] O regime jurídico da responsabilidade civil ambiental não é aplicado, como veremos logo à frente, apenas no âmbito da prescrição do dever de reparar tal dano ambiental individual, aplicando-se a ele as disposições do Código Civil, e a imprescritibilidade atribuída ao dano ambiental em sentido estrito pela jurisprudência (do STJ e do STF).

4.3.4 Dano moral (ou extrapatrimonial) ambiental coletivo

A doutrina[100] e a jurisprudência (em especial do STJ), conforme veremos neste tópico, caminham progressiva e uniformemente no sentido da consolidação do dano moral (ou extrapatrimonial) ambiental coletivo no nosso sistema jurídico pátrio. Tal entendimento encontra fundamento na natureza eminentemente pública e difusa que permeia a tutela jurídica ecológica e a própria essência do bem jurídico em questão, como "bem comum do povo" (*caput* do art. 225 da CF/1988). No âmbito legislativo, o enunciado do *caput* **do art. 1º da Lei 7.347/85** (Lei da Ação Civil Pública), ao prever que "regem-se pelas disposições desta Lei, sem prejuízo da ação popular, as **ações de responsabilidade por danos morais** e patrimoniais causados, conforme redação que lhe foi conferida pela Lei 12.529/2011, serve de fundamento para reconhecer o **dano moral coletivo** em relação aos direitos arrolados nos diversos incisos do dispositivo citado, entre eles o direito ao meio ambiente (inciso I). De tal sorte, o dispositivo em questão dá suporte normativo ao dano moral ambiental coletivo.

O **art. 6º, VI**, do **Código de Defesa do Consumidor** igualmente assegura, como direito básico do consumidor, "a efetiva prevenção e reparação de **danos patrimoniais e morais**, individuais, **coletivos e difusos**". Tal entendimento, para aplicar norma consumerista à matéria ambiental, encontra suporte na unidade, interpretação sistemática e diálogo de fontes que deve necessariamente incidir – como, aliás, já se manifestou o STJ em decisão emblemática sobre a inversão do ônus da prova em ação coletiva ambiental e aplicação de dispositivo do CDC[101] –, na compreensão do sistema de proteção dos direitos coletivos (em sentido amplo), conforme enuncia de forma expressa o art. 21 da LACP. O dispositivo em questão, integrador do sistema normativo, não se aplica apenas aos mecanismos processuais, mas também no que diz respeito ao conteúdo material do diploma consumerista.

O STJ, no julgamento do REsp 1.726.270/BA, muito embora a decisão em si diga respeito ao Direito do Consumidor, tratou de conceituar com precisão o dano moral coletivo, podendo ser aproveitado de forma plena para a sua caracterização também na esfera ecológica. Segundo assinalou o Ministro Ricardo Villas Bôas Cueva,

> "(...) 8. O **dano moral coletivo**, compreendido como o resultado de uma **lesão à esfera extrapatrimonial de determinada comunidade**, se dá quando a conduta agride, de modo totalmente injusto e intolerável, o **ordenamento jurídico e os valores éticos fundamentais da sociedade** em si considerada, a provocar repulsa e indignação na consciência coletiva (arts. 1º da Lei nº 7.347/1985, 6º, VI, do CDC e 944 do CC, bem como Enunciado nº 456 da V Jornada de Direito Civil). 9. Não basta a mera infringência à lei ou ao contrato para

---

[99] STJ, REsp 1.373.788/SP, j. 06.05.2014; STJ, REsp 1.454.281/MG, j. 16.08.2016; AgRg no REsp 1.421.163/SP, j. 06.11.2014.

[100] Tratando do dano moral ambiental na doutrina brasileira, v. LEITE; AYALA, *Dano ambiental...*, p. 260 e ss.; e STEIGLEDER, Annelise Monteiro. *Responsabilidade civil ambiental*: as dimensões do dano ambiental no direito brasileiro. 2. ed. Porto Alegre: Livraria do Advogado, 2011, p. 139 e ss.

[101] STJ, REsp 1.060.753/SP, 2ª Turma, Rel. Min. Eliana Calmon, j. 01.12.2009.

a caracterização do dano moral coletivo. É essencial que o ato antijurídico praticado atinja **alto grau de reprovabilidade e transborde os lindes do individualismo**, afetando, por sua **gravidade e repercussão, o círculo primordial de valores sociais**. Com efeito, para não haver o seu desvirtuamento, a banalização deve ser evitada".[102]

Os elementos conceituais utilizados pelo STJ para caracterizar o dano moral coletivo aplicam-se, como se pode apreender com certa facilidade, ao contexto dos danos ecológicos, notadamente quando presente significativo impacto e repercussão social no âmbito comunitário. O dano ecológico, dada a sua natureza eminentemente difusa, representa um ato antijurídico que alcança "alto grau de reprovabilidade" na esfera comunitária, bem como "transborda os lindes do individualismo". Os desastres de Mariana (2015) e Brumadinho (2019) simbolizam de forma emblemática esse cenário, não obstante desastres ambientais de menores proporções também possam ensejar tal "lesão à esfera extrapatrimonial de determinada comunidade", agredindo, "de modo totalmente injusto e intolerável, o ordenamento jurídico e os valores éticos fundamentais da sociedade em si considerada, a provocar repulsa e indignação na consciência coletiva". A CF/1988 assentou os valores e direitos ecológicos no núcleo normativo-axiológico elementar dos valores da nossa comunidade político-estatal (art. 225). A **natureza difusa e coletiva do bem jurídico ecológico**, como "bem de uso comum do povo" (*caput* do art. 225 da CF/1988), implica reconhecer que a agressão a ele ensejara na **privação de um direito que é titularizado por toda a coletividade** e, consequentemente, caracterizara, por si só, **alto grau de reprovação social**. A lesão ambiental representa, por assim dizer, a apropriação individual, ou seja, privada, de forma ilícita e antijurídica, de um patrimônio jurídico que é coletivo (interesse público primário), ou seja, de toda a sociedade.

É lapidar o voto do Ministro Luiz Fux (à época, no STJ) em julgamento anterior à consolidação verificada posteriormente da tese do dano moral coletivo ambiental na Corte, no qual foi voto vencido,[103] de modo que o reproduzimos abaixo:

"Com efeito, o meio ambiente integra inegavelmente a categoria de interesse difuso, posto inapropriável *uti singuli*. Consectariamente, a sua lesão, caracterizada pela diminuição da qualidade de vida da população, pelo desequilíbrio ecológico, pela lesão a um determinado espaço protegido, acarreta incômodos físicos ou lesões à saúde da coletividade, revelando lesão ao patrimônio ambiental, constitucionalmente protegido. Deveras, os fenômenos, analisados sob o aspecto da repercussão física ao ser humano e aos demais elementos do meio ambiente constituem **dano patrimonial ambiental**. O **dano moral ambiental** caracterizar-se-á quando, além dessa repercussão física no patrimônio ambiental, **sucede ofensa ao sentimento difuso ou coletivo** – v.g.: o dano causado a uma paisagem causa impacto no sentimento da comunidade de determinada região, quer como *v.g.*; a supressão de certas árvores na zona urbana ou localizadas na mata próxima ao perímetro urbano. Consectariamente, o reconhecimento do dano moral ambiental não está umbilicalmente ligado à repercussão física no meio ambiente, mas, ao revés, relacionado à **transgressão do sentimento coletivo, consubstanciado no sofrimento da comunidade, ou do grupo social, diante de determinada lesão ambiental**. Deveras, o dano moral individual difere

---

[102] STJ, REsp 1.726.270/BA, 3ª Turma, Rel. Min. Nancy Andrighi, Rel. p/ Acórdão Min. Ricardo Villas Bôas Cueva, j. 27.11.2018.

[103] "Processual civil. Ação civil pública. Dano ambiental. Dano moral coletivo. Necessária vinculação do dano moral à noção de dor, de sofrimento psíquico, de caráter individual. Incompatibilidade com a noção de transindividualidade (indeterminabilidade do sujeito passivo e indivisibilidade da ofensa e da reparação). Recurso especial improvido" (STJ, REsp 598.281/MG, 1ª Turma, Rel. Min. Luiz Fux, Rel. p/ Acórdão Min. Teori Albino Zavascki, j. 02.05.2006).

do dano moral difuso e *in re ipsa* decorrente do sofrimento e emoção negativas. Destarte, não se pode olvidar que o meio ambiente pertence a todos, porquanto a Carta Magna de 1988 universalizou este direito, erigindo-o como um bem de uso comum do povo. Desta sorte, em se tratando de proteção ao meio ambiente, **podem coexistir o dano patrimonial e o dano moral, interpretação que prestigia a real exegese da Constituição em favor de um ambiente sadio e equilibrado**. Sob o enfoque infraconstitucional a Lei n. 8.884/94 introduziu uma alteração na LACP, segundo a qual passou a ficar expresso que a ação civil pública objetiva a responsabilidade por danos morais e patrimoniais causados a quaisquer dos valores transindividuais de que cuida a lei. Outrossim, A partir da Constituição de 1988, existem duas esferas de reparação: a patrimonial e a moral, separadamente, ou seja, pode o cidadão responder pelo dano patrimonial causado e também, cumulativamente, pelo dano moral, um independente do outro".

Após assentar seu entendimento favorável ao reconhecimento do dano moral ambiental, o STJ tem amparado suas decisões à luz do **princípio *in dubio pro natura***. Em 2013, a 2ª Turma estabeleceu que é possível condenar o responsável pela degradação ambiental ao pagamento de indenização relativa ao dano extrapatrimonial ou dano moral coletivo.[104] No julgamento do REsp 1.367.923/RJ, o colegiado confirmou acórdão do TJRJ que condenou três empresas em **R$ 500 mil por dano moral ambiental** em razão do **armazenamento inadequado de produtos danificados confeccionados em amianto**. As empresas condenadas, por sua vez, alegaram que, em matéria de responsabilidade objetiva, como verificado na matéria ambiental, a presença do dano é condição indispensável para gerar o dever de indenizar. Para elas, os danos morais coletivos e difusos devem estar fundados não só no sentido moral individual, mas nos efetivos prejuízos à coletividade, desde que demonstrados.

O Ministro Relator Humberto Martins, ao rejeitar as alegações das empresas, lembrou que o colegiado já se pronunciou no sentido de que, ainda que de forma reflexa, a degradação do meio ambiente dá ensejo ao dano moral coletivo. Para ele, mesmo que a jurisprudência não contemple a análise específica do ponto em debate, **"infere-se que é possível a condenação à indenização por dano extrapatrimonial ou dano moral coletivo, decorrente de lesão ambiental"**. Por fim, cumpre pontuar que, no tocante ao dano moral ambiental (extrapatrimonial), a doutrina e a jurisprudência têm convergido substancialmente no sentido de que tal dano abarca as lesões de natureza social e moral coletiva, ou seja, o dano consiste no impacto negativo ao bem-estar da coletividade decorrente da degradação ecológica.

> **JURISPRUDÊNCIA STJ. Dano moral ambiental coletivo, princípio da reparação integral, princípio *in dubio pro natura* e cumulação de obrigações de fazer, de não fazer e de dar (quantia em dinheiro):** "Direito processual civil e **ambiental**. Cumulação das obrigações de recomposição do meio ambiente e de **compensação por dano moral coletivo**. Na hipótese de ação civil pública proposta em razão de dano ambiental, é possível que a sentença condenatória imponha ao responsável, cumulativamente, as obrigações de recompor o meio ambiente degradado e de pagar quantia em dinheiro a título de compensação por dano moral coletivo. Isso porque vigora em nosso sistema jurídico o **princípio da reparação integral do dano ambiental**, que, ao determinar a responsabilização do agente por todos os efeitos decorrentes da conduta lesiva, permite a **cumulação de obrigações de fazer, de não fazer e de indenizar**. Ademais, deve-se destacar que, embora o art. 3º da Lei 7.347/1985 disponha que 'a ação civil poderá ter por objeto a condenação em dinheiro ou o cumprimento de obrigação de fazer ou não fazer', é certo que a **conjunção 'ou'** – contida na citada norma, bem como nos arts. 4º, VII, e 14, §

---

[104] STJ, REsp 1.367.923/RJ, 2ª T., Rel. Min. Humberto Martins, j. 27.08.2013. No mesmo sentido, v. TRF 4, AC 5000029-37.2011.404.7014/PR, Rel. Des. Federal Carlos Eduardo Thompson Flores Lenz, j. 08.08.2013.

1º, da Lei 6.938/1981 – **opera com valor aditivo**, não introduzindo, portanto, alternativa excludente. Em primeiro lugar, porque vedar a cumulação desses remédios limitaria, de forma indesejada, a Ação Civil Pública – importante instrumento de persecução da responsabilidade civil de danos causados ao meio ambiente –, inviabilizando, por exemplo, condenações em **danos morais coletivos**. Em segundo lugar, porque incumbe ao juiz, diante das **normas de Direito Ambiental – recheadas que são de conteúdo ético intergeracional atrelado às presentes e futuras gerações –**, levar em conta o comando do art. 5º da LINDB, segundo o qual, ao se aplicar a lei, deve-se atender 'aos fins sociais a que ela se dirige e às exigências do bem comum', cujo corolário é a constatação de que, em caso de dúvida ou outra anomalia técnico-redacional, a norma ambiental demanda interpretação e integração de acordo com o **princípio hermenêutico** *in dubio pro natura*, haja vista que toda a **legislação de amparo dos sujeitos vulneráveis e dos interesses difusos e coletivos há sempre de ser compreendida da maneira que lhes seja mais proveitosa e melhor possa viabilizar, na perspectiva dos resultados práticos, a prestação jurisdicional e a** *ratio essendi* **da norma**. Por fim, a interpretação sistemática das normas e princípios ambientais leva à conclusão de que, se o bem ambiental lesado for imediata e completamente restaurado, isto é, restabelecido à condição original, não há falar, como regra, em indenização. Contudo, a possibilidade técnica, no futuro, de **restauração** *in natura* **nem sempre se mostra suficiente para reverter ou recompor integralmente, no âmbito da responsabilidade civil, as várias dimensões do dano ambiental causado**; por isso não exaure os deveres associados aos princípios do poluidor-pagador e da reparação integral do dano. Cumpre ressaltar que o **dano ambiental é multifacetário** (ética, temporal, ecológica e patrimonialmente falando, sensível ainda à diversidade do vasto universo de vítimas, **que vão do indivíduo isolado à coletividade, às gerações futuras e aos processos ecológicos em si mesmos considerados**). Em suma, equivoca-se, jurídica e metodologicamente, quem confunde **prioridade da recuperação** *in natura* do bem degradado com impossibilidade de cumulação simultânea dos deveres de repristinação natural (obrigação de fazer), compensação ambiental e indenização em dinheiro (obrigação de dar), e abstenção de uso e nova lesão (obrigação de não fazer)" (STJ, REsp 1.328.753/MG, 2ª T., Rel. Min. Herman Benjamin, j. 28.05.2013).

"Ambiental. Desmatamento. Cumulação de obrigação de fazer (reparação da área degradada) e de pagar quantia certa (indenização). Possibilidade. Interpretação da norma ambiental. (...) 2. A jurisprudência do STJ está firmada no sentido de que a necessidade de **reparação integral** da lesão causada ao meio ambiente permite a cumulação de obrigações de fazer e indenizar. Precedentes da Primeira e Segunda Turmas do STJ. 3. A restauração *in natura* nem sempre é suficiente para reverter ou recompor integralmente, no terreno da responsabilidade civil, o dano ambiental causado, daí não exaurir o universo dos deveres associados aos princípios do poluidor-pagador e da reparação *in integrum*. 4. A **reparação ambiental deve ser feita da forma mais completa possível**, de modo que a condenação a recuperar a área lesionada não exclui o dever de indenizar, sobretudo pelo dano que permanece entre a sua ocorrência e o pleno restabelecimento do meio ambiente afetado (= dano interino ou intermediário), bem como pelo **dano moral coletivo** e pelo dano residual (= degradação ambiental que subsiste, não obstante todos os esforços de restauração). 5. A cumulação de obrigação de fazer, não fazer e pagar não configura *bis in idem*, porquanto a indenização não é para o dano especificamente já reparado, mas para os seus **efeitos remanescentes, reflexos ou transitórios**, com destaque para a **privação temporária da fruição do bem de uso comum do povo**, até sua efetiva e completa recomposição, assim como o **retorno ao patrimônio público dos benefícios econômicos ilegalmente auferidos**. 6. Recurso Especial parcialmente provido para reconhecer a possibilidade, em tese, de cumulação de indenização pecuniária com as obrigações de fazer voltadas à recomposição *in natura* do bem lesado, com a devolução dos autos ao Tribunal de origem para que verifique se, na hipótese, há dano indenizável e para fixar eventual *quantum debeatur*" (grifos nossos) (STJ, REsp 1.180.078/MG, 2ª T., Rel. Min. Herman Benjamin, j. 02.12.2010).

"Administrativo e processual civil. Violação do art. 535 do CPC. Omissão inexistente. Ação civil pública. **Dano ambiental**. Condenação a **dano extrapatrimonial ou dano moral coletivo**. Possibilidade. **Princípio *in dubio pro natura***. 1. Não há violação do art. 535 do CPC quando a prestação jurisdicional é dada na medida da pretensão deduzida, com enfrentamento e resolução das questões abordadas no recurso. 2. A Segunda Turma recentemente pronunciou-se no sentido de que, ainda que de forma reflexa, a degradação ao meio ambiente dá ensejo ao **dano moral coletivo**. 3. Haveria contra sensu jurídico na admissão de ressarcimento por lesão a dano moral individual sem que se pudesse dar à coletividade o mesmo tratamento, afinal, **se a honra de cada um dos indivíduos deste mesmo grupo é afetada, os danos são passíveis de indenização**. 4. As normas ambientais devem atender aos fins sociais a que se destinam, ou seja, necessária a interpretação e a integração de acordo com o princípio hermenêutico *in dubio pro natura*. Recurso especial improvido" (STJ, REsp 1.367.923/RJ, 2ª T., Rel. Min. Humberto Martins, j. 27.08.2013).

JURISPRUDÊNCIA STJ. Dano moral coletivo ambiental e desmatamento florestal: "AMBIENTAL E CIVIL. AÇÃO CIVIL PÚBLICA. DESMATAMENTO DE FLORESTA NATIVA DO BIOMA AMAZÔNICO. INDENIZAÇÃO POR DANOS MORAIS COLETIVOS. AUSÊNCIA DE PERTURBAÇÃO À PAZ SOCIAL OU DE IMPACTOS RELEVANTES SOBRE A COMUNIDADE LOCAL. IRRELEVÂNCIA. PRECEDENTES DO STJ. SIGNIFICATIVO DESMATAMENTO DE ÁREA OBJETO DE ESPECIAL PROTEÇÃO. INFRAÇÃO QUE, NO CASO, CAUSA, POR SI, LESÃO EXTRAPATRIMONIAL COLETIVA. CABIMENTO DE REPARAÇÃO POR DANO MORAL COLETIVO. RECURSO ESPECIAL CONHECIDO E PROVIDO. I. Trata-se, na origem, de Ação Civil Pública, proposta pelo Ministério Público do Estado de Mato Grosso, em decorrência do desmatamento de floresta nativa do Bioma Amazônico, objetivando impor, ao requerido, as obrigações de recompor o meio ambiente degradado e de não mais desmatar as áreas de floresta do seu imóvel, bem como a sua condenação ao pagamento de indenização por danos materiais e por dano moral coletivo II. O Juízo de 1º Grau julgou parcialmente procedentes os pedidos, 'para condenar o requerido à recomposição do meio degradado, apresentando PRADE junto ao órgão competente, no prazo de 60 dias, sob pena de conversão em multa pecuniária', bem como para lhe impor a obrigação de não desmatar III. O Tribunal de origem deu parcial provimento à Apelação do Ministério Público, por reconhecer, além das já impostas obrigações de fazer e de não fazer, a exigibilidade da obrigação de indenizar os 'danos materiais decorrentes do impedimento da recomposição natural da área'. Contudo, rejeitou a pretensão de indenização por dano moral coletivo. IV. (...). V. Não se sustenta o fundamento adotado pelo Juízo *a quo* de que, no caso, não seria possível reconhecer o dano moral, porque, para isso, seria necessário que a lesão ambiental 'desborde os limites da tolerabilidade'. Isso porque, na situação sob exame, também se consignou, no acórdão recorrido, que houve 'desmatamento e exploração madeireira sem a indispensável licença ou autorização do órgão ambiental competente', conduta que 'tem ocasionado danos ambientais no local, comprometendo a qualidade do meio ambiente ecologicamente equilibrado' VI. Constatando-se que, por meio de desmatamento não autorizado, causaram-se danos à qualidade do meio ambiente ecologicamente equilibrado, não tem pertinência, para a solução da causa, o chamado princípio da tolerabilidade, construção que se embasa, precisamente, na distinção feita pela legislação ambiental entre, de um lado, impacto ambiental – alteração do meio ambiente, benéfica ou adversa (Resolução CONAMA 001/86, arts. 1º e 6º, II) – e, de outro, degradação e poluição (Lei 6.938/81, art. 3º, II e III). Como esclarece a doutrina especializada: 'de um modo geral as concentrações populacionais, as indústrias, o comércio, os veículos, a agricultura e a pecuária produzem alterações no meio ambiente, as quais somente devem ser contidas e controladas, quando se tornam intoleráveis e prejudiciais à comunidade, caracterizando poluição reprimível. Para tanto, a necessidade de prévia fixação técnica dos índices de tolerabilidade, dos padrões admissíveis de alterabilidade de cada ambiente, para cada atividade poluidora' (MEIRELLES, Hely Lopes. Proteção ambiental e ação civil pública. *Revista dos Tribunais* nº 611, São Paulo: RT, 1986, p. 11). Especificamente quanto ao dano moral decorrente de ato lesivo ao meio ambiente, 'há que se considerar como **suficiente para a comprovação do dano extrapatrimonial a prova do fato lesivo – intolerável – ao meio ambiente**. Assim, diante das próprias evidências fáticas da degradação ambiental intolerável, **deve-se presumir a violação ao ideal coletivo relacionado à proteção ambiental** e, logo, o desrespeito ao direito humano fundamental ao meio ambiente ecologicamente equilibrado' (LEITE, José Rubens Morato. *Dano ambiental, do individual ao coletivo extrapatrimonial*: teoria e prática. 5. ed. São Paulo: RT, 2012. p. 288). VII. Assim, constatado o dano ambiental – e não mero impacto negativo decorrente de atividade regular, que, por si só, já exigiria medidas mitigatórias ou compensatórias -, incide a Súmula 629/STJ: "Quanto ao dano ambiental, é admitida a condenação do réu à obrigação de fazer ou à de não fazer cumulada com a de indenizar". Trata-se de entendimento consolidado que, ao amparo do art. 225, § 3º, da Constituição Federal e do art. 14, § 1º, da Lei 6.938/81, 'reconhece a necessidade de **reparação integral** da lesão causada ao meio ambiente, permitindo a cumulação das obrigações de fazer, não fazer e de indenizar, inclusive quanto aos danos morais coletivos' (STJ, EREsp 1.410.0698/MG, Rel. Ministro NAPOLEÃO NUNES MAIS FILHO, PRIMEIRA SEÇÃO, DJe de 03/12/2018). VIII. Afirmou o Tribunal de origem, ainda, que o reconhecimento do dano moral exige ilícito que venha a '**causar intranquilidade social ou alterações relevantes à coletividade local'**. Contra essa compreensão, tem-se entendido no STJ – quanto às **lesões extrapatrimoniais** em geral – que 'é remansosa a jurisprudência deste Tribunal Superior no sentido de que **o dano moral coletivo é aferível *in re ipsa*, dispensando a demonstração de prejuízos concretos e de aspectos de ordem subjetiva**. O referido **dano será decorrente do próprio fato apontado como violador dos direitos coletivos e difusos, por essência, de natureza extrapatrimonial, sendo o fato, por si mesmo, passível de avaliação objetiva quanto a ter ou não aptidão para caracterizar o prejuízo moral coletivo**, este sim nitidamente subjetivo e insindicável' (EREsp 1.342.846/RS, Rel. Ministro RAUL ARAÚJO, CORTE ESPECIAL, *DJe* de 03/08/2021). IX. Segundo essa orientação, a finalidade do instituto é **viabilizar a tutela de direitos insuscetíveis de apreciação econômica**, cuja violação não se pode deixar sem resposta do Judiciário, ainda quando não produzam desdobramentos de ordem material. Por isso, quanto aos **danos morais ambientais**, a jurisprudência adota posição semelhante: 'No caso, o dano moral coletivo surge diretamente da ofensa ao direito ao meio ambiente equilibrado. Em determinadas hipóteses, reconhece-se que o **dano moral decorre da simples violação do bem jurídico tutelado, sendo configurado pela ofensa aos valores da pessoa humana**. Prescinde-se, no caso, da dor ou padecimento (que são consequência ou resultado da violação)' (STJ, REsp 1.410.698/MG, Rel. Ministro HUMBERTO MARTINS, SEGUNDA TURMA, DJe de 30/06/2015). E ainda: 'Confirma-se a existência do 'dano moral coletivo' em razão de ofensa a direitos coletivos ou difusos de caráter extrapatrimonial – consumidor, ambiental, ordem urbanística, entre outros –, podendo-se afirmar que o caso em comento é de dano moral *in re ipsa*, ou seja, deriva do fato por si só' (STJ, AgInt no REsp 1.701.573/PE, Rel. Ministro FRANCISCO FALCÃO, SEGUNDA TURMA, *DJe* de 02/09/2019). Na mesma direção: STJ, REsp 1.642.723/RS, Rel. Ministro HERMAN BENJAMIN, SEGUNDA TURMA, *DJe* de 25/05/2020; REsp 1.745.033/RS, Rel. Ministro HERMAN BENJAMIN, SEGUNDA TURMA, *DJe* de 17/12/2021. X. No que se refere à inexistência de 'situação fática excepcional' – expressão também usada no acórdão recorrido –, trata-se de requisito que, de igual forma, contraria precedente do STJ, também formado em matéria ambiental: '**Os danos morais coletivos são presumidos**. É inviável a exigência de elementos materiais específicos e pontuais para sua configuração. A configuração dessa espécie de dano depende da verificação de aspectos objetivos da causa' (REsp 1.940.030/SP, Rel. Ministro OG FERNANDES, SEGUNDA TURMA, *DJe* de 06/09/2022). Na mesma direção, a doutrina ensina que os impactos materiais ou incômodos sobre a comunidade constituem, em verdade, dano da natureza patrimonial: 'O dano ambiental patrimonial é aquele que repercute sobre o próprio bem ambiental, isto é, o meio ecologicamente equilibrado, relacionando-se à sua possível restituição ao status quo ante, compensação ou indenização. A **diminuição da qualidade de vida da população**, o desequilíbrio ecológico, o comprometimento de um determinado espaço protegido, os incômodos físicos ou lesões à saúde e tantos outros constituem lesões ao patrimônio ambiental' (MILARÉ, Édis. *Direito do Ambiente*. 9. ed. atual. ampl. São Paulo: Revista dos Tribunais, 2014. p. 326). XI. Dessa forma, **a jurisprudência dominante no STJ tem reiterado que, para a verificação do dano moral coletivo ambiental, é 'desnecessária a demonstração de que a coletividade sinta a dor, a repulsa, a indignação, tal qual fosse um indivíduo isolado', pois 'o dano ao meio ambiente, por ser bem público, gera repercussão geral, impondo conscientização coletiva à sua reparação, a fim de resguardar o direito das futuras gerações a um meio ambiente ecologicamente equilibrado'** (REsp 1.269.494/MG, Rel. Ministra ELIANA CALMON, SEGUNDA TURMA, *DJe* de 01/10/2013). XII. Nesse sentido, há precedentes no STJ reconhecendo que **a prática do desmatamento, em situações como a dos autos, pode ensejar dano moral**: 'Quem ilegalmente desmata, ou deixa que desmatem, floresta ou vegetação nativa responde objetivamente pela completa recuperação da área degradada, sem prejuízo do pagamento de indenização pelos danos, inclusive morais, que tenha causado' (REsp 1.058.222/SP, Rel. Ministro HERMAN BENJAMIN, *DJe* de 04/05/2011). Adotando a mesma orientação: REsp 1.198.727/MG, Rel. Ministro HERMAN BENJAMIN, SEGUNDA TURMA, DJe de 09/05/2013. Consigne-se, ainda, a existência das seguintes decisões monocráticas, transitadas em julgado, que resultaram no provimento de Recurso Especial contra acórdão, também do Tribunal de Justiça do Estado do Mato Grosso, que adotou a mesma fundamentação sob exame: REsp 2.040.593/MT, Rel. Ministro FRANCISCO FALCÃO, *DJe* de 07/03/2023; AREsp 2.216.835/MT, Rel. Ministro FRANCISCO FALCÃO, *DJe* de 02/02/2023. XIII. Por fim, anote-se que, no caso, o ilícito sob exame não pode ser considerado de menor importância, uma vez que, consoante o acórdão recorrido, houve 'exploração de 15,467 hectares de floresta nativa, objeto de especial preservação, na região amazônica, na Fazenda Chaleira Preta, com exploração madeireira e abertura de ramais, sem autorização do órgão ambiental competente'. Constatando esses fatos, o Tribunal *a quo* reconheceu, ainda, a provável impossibilidade de recuperação integral da área degradada. XIV. Recurso Especial conhecido e provido, para reconhecer a ocorrência de dano moral coletivo no caso, com determinação de retorno dos autos ao Tribunal de origem, para que, à luz das circunstâncias que entender relevantes, quantifique a indenização respectiva" (STJ, REsp 1.989.778/MT, 2ª T., Rel. Min. Assusete Magalhães, j. 19.09.2023).

JURISPRUDÊNCIA TJSP. Dano moral ambiental coletivo, maus tratos aos animais e transporte de animais vivos: "RECURSO DE APELAÇÃO. AÇÃO CIVIL PÚBLICA. DIREITO AMBIENTAL. TRANSPORTE DE ANIMAIS VIVOS. MAUS TRATOS. POLUIÇÃO AMBIENTAL. INDENIZAÇÃO POR DANO MORAL COLETIVO. 1. Trata-se de recurso de apelação interposto em face da r. sentença proferida nos autos de ação civil pública, por meio da qual o DD. Magistrado a quo julgou procedente a demanda ajuizada pelo Ministério Público do Estado de São Paulo, para condenar a empresa Minerva S/A ao **pagamento de indenização pelo dano moral coletivo no valor de R$ 1.391.796,00**, atualizado monetariamente e acrescido de juros de mora à taxa legal desde a data da sentença, caracterizado pela poluição ambiental no transporte de gado do interior paulista até o Porto de Santos. 2. **Incontroverso os maus tratos aos animais confinados nos caminhões**, bem como a poluição ambiental resultante do lançamento em vias públicas dos dejetos durante o transporte rodoviário. **Dano moral coletivo caracterizado**. 3. No mérito, manutenção da r. sentença de procedência do pedido, porém, com pequena modificação apenas para afastar a condenação da requerida ao pagamento de verba honorária sucumbencial. Recurso parcialmente provido" (TJSP, AC 1000733-09.2023.8.26.0562, 1ª Câmara Reservada ao Meio Ambiente, Rel. Des. Nogueira Diefenthaler, j. 04/04/2024).

4.3.4.1 Dano moral ambiental individual?

O **dano moral ambiental individual,** assim como verificado na caracterização dos danos ambientais individuais (ou privados), é plenamente caracterizável no contexto de determinada situação de degradação ecológica, aplicando-se **o regime geral da responsabilidade civil ambiental**. A **Lei 14.755/2023**, que institui a Política Nacional de Direitos das Populações Atingidas por Barragens (PNAB), consagra expressamente a **dupla dimensão individual e coletiva do dano moral** no contexto de **desastres ambientais**, conforme previsão do art. 3º, VIII, do diploma: "VIII – reparação pelos **danos morais, individuais e coletivos,** decorrentes dos transtornos sofridos em processos de remoção ou evacuação compulsórias, nos casos de emergência, que englobem: a) perda ou alteração dos laços culturais e de sociabilidade ou dos modos de vida; b) perda ou restrição do acesso a recursos naturais, a locais de culto ou peregrinação e a fontes de lazer; e c) perda ou restrição de meios de subsistência, de fontes de renda ou de trabalho".

A sua natureza é igualmente **objetiva**, adotando-se, ademais, a **teoria do risco integral** e inadmitindo-se, assim, a aplicação das excludentes de ilicitude, conforme entendimento já consolidado pelo STJ citado na sequência. A única ressalva, assim como referido anteriormente em face dos direitos ambientais individuais ou privados, recai sobre a **prescritibilidade do dever de reparação** (em que pese a discussão acerca da **imprescritibilidade** aplicada aos **direitos de personalidade**), conforme será desenvolvido com maiores detalhes à frente.

> **JURISPRUDÊNCIA STJ. Dano moral ambiental individual:** "Responsabilidade civil e processual civil. Recurso especial. **Dano ambiental.** Rompimento do poliduto 'olapa'. Poluição de águas. Pescador artesanal. Proibição da pesca imposta por órgãos ambientais. **Teoria do risco integral.** Responsabilidade objetiva da Petrobras. Danos extrapatrimoniais configurados. **Proibição da atividade pesqueira. Pescador artesanal impedido de exercer sua atividade econômica.** Aplicabilidade, ao caso, das teses de direito firmadas no REsp 1.114.398/PR (julgado pelo rito do art. 543-C do CPC). *Quantum* compensatório. Razoável, tendo em vista as particularidades do caso. 1. No caso, configurou-se a responsabilidade objetiva da PETROBRAS, convicção formada pelas instâncias ordinárias com base no acervo fático-documental constante dos autos, que foram analisados à luz do disposto no art. 225, § 3º, da Constituição Federal e no art. 14, § 1º, da Lei n. 6.938/1981. 2. A Segunda Seção do STJ, no julgamento do REsp 1.114.398/PR, da relatoria do senhor Ministro Sidnei Beneti, sob o rito do art. 543-C do CPC, reconheceu a responsabilidade objetiva da PETROBRAS em acidentes semelhantes e caracterizadores de **dano ambiental**, responsabilizando-se o degradador em decorrência do princípio do poluidor-pagador, **não cabendo, demonstrado o nexo de causalidade, a aplicação de excludente de responsabilidade. 3. Configura dano moral a privação das condições de trabalho em consequência de dano ambiental – fato por si só incontroverso quanto ao prolongado ócio indesejado imposto pelo acidente, sofrimento, à angústia e à aflição gerados ao pescador, que se viu impossibilitado de pescar e imerso em incerteza quanto à viabilidade futura de sua atividade profissional e manutenção própria e de sua família.** 4. Recurso especial não provido" (STJ, REsp 1.346.430/PR, 4ª T., Rel. Min. Luis Felipe Salomão, j. 18.10.2012).

> "**Ação coletiva.** Associação de moradores. **Produtos tóxicos. Contaminação. Água. Danos morais** e materiais. **Direitos individuais homogêneos.** Caracterização. 1 – A quantificação dos danos morais e materiais fica relegada à liquidação de sentença e, por isso mesmo, não impede a subsunção da espécie à definição legal de direitos individuais homogêneos, caracterizados por um fato comum, no caso específico o vazamento de produtos tóxicos e a contaminação da água consumida pelos associados. 2 – Recurso especial conhecido e provido para reconhecer a legitimidade ativa *ad causam* da recorrente" (STJ, REsp 1.011.463/PR, 4ª T., Rel. Min. Fernando Gonçalves, j. 20.10.2008).

4.3.5 A reparação (integral) do dano ambiental

4.3.5.1 Restauração natural (*in natura*)

A restauração natural, ou seja, o **restabelecimento do "estado natural" prévio** ou anterior (***status quo in natura ante***) à ocorrência do dano ambiental é, como vimos anteriormente, um dos princípios básicos do regime jurídico da responsabilidade civil ambiental, devendo ser adotada de forma **prioritária**. Se há a possibilidade de tal restauração *in natura* no caso concreto, ela deve ser adotada. A título de exemplo, a poluição de um rio decorrente do despejo de rejeitos sem tratamento de determinada indústria química deve ensejar a sua responsabilização civil da mesma a fim de lhe serem impostas as medidas à despoluição, restabelecendo-se, na medida do possível, o estado natural prévio verificado antes do dano ecológico. Como assinalado pelo **Ministro Luiz Edson Fachin** na fundamentação do seu voto no julgamento do **RE 654.833/AC**, a respeito da imprescritibilidade da pretensão de reparação do dano ambiental,

> "a natureza do dano ambiental é inseparável da conclusão pela imprescritibilidade da pretensão reparatória, especialmente em se considerando sua faceta ressarcitória. A despeito da necessidade de manutenção das condições de vida para as gerações futuras, é mister asseverar que o **tempo da natureza não acompanha o tempo jurídico ou o tempo processual**. As condições para a efetiva reparação do dano independem de cálculos humanos, e sequer há garantias de que, perpetrado um dano ambiental, seja possível, mesmo ao longo de séculos, o **retorno àquela condição primeira, antes do ilícito**. (...) É certo que a reparação por meio do pagamento de indenização figura como último recurso da reparação ambiental. De fato, em primeiro lugar exsurge a tentativa de recomposição do meio, a fim de **retornar ao *statu quo ante***, ou mesmo a avaliação da possibilidade de **compensação ecológica** por meio de medidas destinadas a garantir, de alguma forma, a **manutenção das condições de vida no local degradado**. No entanto, diante da **impossibilidade ou inutilidade das tentativas de recomposição ou compensação, a indenização surge como forma de reparação** dos danos causados. Assim, se as pretensões à recomposição ou compensação ambientais já foram reconhecidas como imprescritíveis, pela **ausência de direito adquirido à preservação de uma situação de destruição do meio ambiente**, parece-me ilógico que, concluindo-se pela sua inviabilidade, a única via restante possa ser considerada prescrita".[105]

A princípio, seguindo tal lógica, somente na hipótese de não ser possível a adoção de medidas para a completa ou integral restauração natural do dano ecológico no caso concreto, é que medidas de compensação devem ser consideradas. Ocorre que, na maioria das vezes, a restauração natural integral ou completa mostra-se inviável na prática. Isso, por sua vez, torna imperiosa a adoção, muitas vezes de modo complementar, de medidas de compensação ecológica. É possível, nesse sentido, que, além da adoção de medidas para a restauração natural diretamente no local do dano ecológico, imponha-se ao poluidor a adoção de medidas complementares voltadas à compensação do dano ecológico em outra localidade diferente daquela afetada diretamente.

4.3.5.2 Compensação ecológica

A compensação ecológica, na linha do que já apontamos no tópico anterior, atua de forma **subsidiária** em relação à restauração natural integral, ou seja, o restabelecimento do *status quo in natura ante*. A impossibilidade fática da restauração natural, como na prática ocorre na maioria dos casos de danos ecológicos, faz com que a compensação ecológica seja a medida levada a efeito para minimizar os efeitos negativos da degradação ecológica, inclusive, muitas vezes, de

---

[105] STF, RE 654.833/AC, Tribunal Pleno, Rel. Min. Alexandre de Moraes, j. 20.04.2020.

forma **complementar** às medidas adotadas para a tentativa de restauração *in natura*. Há situações que envolvem danos ecológicos insuscetíveis de restauração natural e restabelecimento do "estado natural" prévio, como, por exemplo, diante da extinção de espécies naturais. Há casos em que, por exemplo, a inundação da área alagada de determinada usina hidrelétrica ocasionou a extinção de espécies endêmicas da flora e da fauna de determinada região. Nesses casos, diante da impossibilidade de refazer a ação humana e restabelecimento do *status quo in natura ante*, a única medida possível é de natureza compensatória, talvez, por exemplo, estabelecendo medidas em face do poluidor voltadas à preservação de espécies da flora e da fauna em outra localidade.

4.3.5.3 Indenização (pagamento de quantia certa)

A indenização ou pagamento de quantia certa pelo dano ambiental apresenta-se de forma subsidiária e complementar às demais formas de sua reparação. A restauração *in natura* é, como referido anteriormente, a prioridade na reparação do dano ambiental, mas isso não impede a complementação feita pela compensação e pela indenização em si, inclusive pela ótica do dano ambiental moral ou extrapatrimonial coletivo. Segundo entendimento esposado pelo STJ, em decisão sob a relatoria do Min. Herman Benjamin, "a cumulação de obrigação de fazer, não fazer e pagar não configura *bis in idem*, porquanto a **indenização**, em vez de considerar lesão específica já ecologicamente restaurada ou a ser restaurada, põe o foco em **parcela do dano que, embora causada pelo mesmo comportamento pretérito do agente, apresenta efeitos deletérios de cunho futuro, irreparável ou intangível.**[106] Para ilustrar, a hipótese de extinção de uma espécie da fauna ou da floral representa um dano irreparável.

No julgamento do **REsp 1.923.855/SC** pelo STJ, em caso sobre a reparação integral de danos ecológicos causados pela extração ilegal de areia e argila, a Corte estabeleceu, para fins de fixação da indenização, o percentual de 100% do faturamento da empresa proveniente da respectiva extração irregular dos minérios. De acordo com o Min. Joaquim Falcão, no seu voto-relator, "a **indenização** deve abranger a **totalidade dos danos causados** ao ente federal, sob pena de frustrar o **caráter pedagógico-punitivo** da sanção e incentivar a impunidade de empresa infratora".[107]

> **JURISPRUDÊNCIA STF. Dano ambiental, atividade de mineração (art. 225, § 2º, da CF), reparação integra, cumulação de formas reparatórias (*in natura* e em pecúnia) e integridade ecológica:** "AÇÃO DIRETA DE INCONSTITUCIONALIDADE. LEI Nº 6.986/2007, DO ESTADO DO PARÁ, QUE ALTERA A LEI ESTADUAL Nº 6.986/1995. EXPLORAÇÃO E APROVEITAMENTO DE RECURSOS MINERAIS. INDENIZAÇÃO MONETÁRIA PELOS DANOS CAUSADOS AO MEIO AMBIENTE. EXPRESSA REVOGAÇÃO DE DISPOSITIVO IMPUGNADO. PREJUÍZO PARCIAL DA AÇÃO. FEDERALISMO COOPERATIVO ECOLÓGICO. ART. 24, VI E VII, CRFB. DESCABIMENTO DE LEITURA RESTRITIVA DO ART. 225, §2º, DA CRFB. TUTELA ECOLÓGICA EFETIVA, ADEQUADA E TEMPESTIVA. PARCIAL PROCEDÊNCIA. INCONSTITUCIONALIDADE DOS §§ 1º, 2º, 3º e 4º DO ART. 38 DA LEI ESTADUAL 5.887/1995, INSERIDOS PELA LEI ESTADUAL Nº 6.986/2007. 1. Controvérsia constitucional que tem por objeto a Lei nº 6.986/2007, do Estado do Pará, que altera a Lei Estadual nº 6.986/1995, a prever indenização monetária pelos danos causados ao meio ambiente pela atividade de exploração e aproveitamento de recursos minerais, sob qualquer regime de exploração e aproveitamento, no referido Estado. 2. (...). 5. As atividades de exploração de recursos minerais, dado o seu especial impacto no meio ambiente, estão sujeitas a regime jurídico complexo e robusto de controle das suas operações e das con-

---

[106] STJ, REsp 1.454.281/MG, 2ª Turma, Rel. Min. Herman Benjamin, j. 16.08.2016. No mesmo sentido: AgRg no REsp 1.545.276/SC, Rel. Min. Mauro Campbell Marques, Segunda Turma, *DJe* 13.04.2016; REsp 1.264.250/MG, Rel. Min. Mauro Campbell Marques, Segunda Turma, *DJe* 11.11.2011; REsp 1.382.999/SC, Rel. Min. Humberto Martins, Segunda Turma, *DJe* 18.09.2014.

[107] STJ, REsp n. 1.923.855/SC, 2ª T., Rel. Min. Francisco Falcão, j 26.04.2022.

dicionantes impostas como salvaguardas ambientais, incidentes tanto o direito minerário como o direito ambiental e seus correspondentes instrumentos e competências. É o que traduzem o art. 225, § 2º, CRFB, ao prever necessária a reparação dos danos decorrentes da exploração dos recursos minerais, e, especialmente, as engrenagens do federalismo cooperativo ecológico, estruturado no dever fundamental de proteção ambiental (art. 225, *caput*, CRFB) e nas competências concorrentes para legislar sobre a proteção do meio ambiente e controle da poluição e a responsabilidade por dano ao meio ambiente (art. 24, VI e VIII, CRFB). 6. Aplicada a *ratio decidendi* do ADI 2030 ao ponto de encontro entre tutela ambiental e legislação minerária, possível distinguir um direito minerário ambiental, em que prevalece o interesse nacional materializado na competência privativa da União (art. 22, XII, CRFB), e o direito ambiental minerário, este objeto da competência concorrente (art. 24, VI e VIII), articulado com o cumprimento do dever fundamental de proteção ecológica (art. 225, CRFB), que inclui a edição de normas procedimentais e materiais que a tornem efetiva, adequada e tempestiva. 7. Imposta, pela Constituição, a tutela ecológica efetiva, adequada e tempestiva (art. 225), procede afirmar a **preferência pelas formas de tutela preventivas** – que se voltam a impedir que o próprio ilícito ocorra, e possivelmente o próprio dano – ou, no caso da ocorrência de evento danoso, pela tutela repressiva na forma específica, é dizer, *in natura*, a buscar a **reparação integral do dano** e, tanto quanto possível, o **retorno à integridade ecológica**. Essas preferências normativas, contudo, **não excluem a tutela ressarcitória em pecúnia**. Ao contrário, perfeitamente **cumuláveis as diferentes formas de tutela para alcançar a proteção e a reparação integrais do meio ambiente**. 8. Identificadas não apenas **várias formas reparatórias** – *in natura*, **em pecúnia, ou conjugadas** –, mas, mais do que isso, **diferentes espécies de danos**. Vislumbrados, inclusive, os chamados danos intermédio e residual, lógica que também se aplica na presente seara e evidencia que a interpretação dos deveres fundamentais ambientais (art. 225, CRFB), da **obrigação de reparar a degradação ambiental inerente à atividade minerária (art. 225, §§ 2º e 3º, CRFB)** e da **responsabilidade por dano ambiental** abrangida, no federalismo cooperativo ecológico, pelo inc. VIII do art. 24 da Constituição – além da cláusula ampla de proteção ambiental e combate à poluição do inc. VI –, **não pode ser restritiva**. 9. Afirmar o cabimento da instituição, pelo Estado do Pará, da indenização monetária aqui prevista implica reconhecer a licitude da atividade minerária e seu potencial danoso, sem confundir tal indenização com a compensação financeira de que trata o art. 20, §1º, da CRFB, que é objeto de dispositivo constitucional diverso. 10. Inconstitucionalidade dos § 1º e § 2º do art. 38 da Lei nº 5.887/1995, na redação dada pela Lei nº 6.986/2007 do Estado do Pará, por confundir o fato gerador com o da compensação financeira (art. 20, § 1º, CRFB) e o das taxas relativas a poder de polícia de que tratam as ADIs 4.785/MG, 4.786/PA e 4.787/AP. Indispensabilidade, para a cobrança da indenização de que trata o art. 225, § 2º, da CRFB, de apuração em regular processo administrativo, com direito a contraditório e ampla defesa, justificando-se, à luz do planejamento estatal situado no âmbito do federalismo cooperativo, os valores cobrados mensalmente e destinados a fundo próprio. Inconstitucionalidade por arrastamento dos §§ 3º e 4º do mesmo dispositivo legal. 11. Assentado o prejuízo parcial superveniente da ação, no que diz com o art. 3º da Lei nº 6.986/2007 do Estado do Pará, e, na parte conhecida, julgado parcialmente procedente o pedido, para declarar inconstitucionais os §§ 1º, 2º, 3º e § 4º do art. 38 da Lei 5.887/1995 do Estado do Pará, acrescidos pelo art. 2º da Lei Estadual nº 6.986/2007" (STF, ADI 4031/PA, Tribunal Pleno, Rel. Min. Rosa Weber, j. 02.10.2023).

4.3.5.3.1 Fundo de Defesa de Interesses Difusos (Decreto 1.306/94 e Lei 9.008/95)

O assunto é tratado em tópico específico no **Capítulo 14** sobre o Processo Civil Ambiental.

4.3.5.3.2 Seguro ambiental

O **seguro ambiental** é um instrumento extremamente importante da PNMA, listado entre os seus instrumentos econômicos previstos expressamente no art. 9º, XIII, da Lei 6.938/81, já contando com importantes desenvolvimentos da doutrina nacional.[108] Conforme prevê o **art. 757 do CC/2002**, ao estabelecer o **conceito geral** do instituto jurídico em questão, "pelo contrato de seguro, o segurador se obriga, mediante o pagamento do prêmio, a garantir interesse legítimo do segurado, relativo a pessoa ou a coisa, contra **riscos predeterminados**". Os riscos inerentes a várias **atividades lesivas ou potencialmente lesivas ao meio ambiente** podem ser objeto de cobertura pelo seguro ambiental, com o propósito de assegurar a reparação dos danos eventualmente sofridos por terceiros ou pela sociedade como um todo (pela ótica do dano ambiental difuso) como resultado, por exemplo, de um desastre ambiental. A atividade minerária, diante dos dois desastres de Mariana (2015) e Brumadinho (2019), revela o potencial de utilização do instrumento do seguro ambiental.

O mais correto, do ponto de vista da PNMA, seria a exigência de **seguro ambiental obrigatório** de determinados empreendimentos, notadamente daqueles que impliquem atividades **risco de significativo impacto ambiental**. O seguro, em tal hipótese, deveria ser um **pré-requisito ao licenciamento ambiental da atividade**, como uma exigência do órgão administrativo licenciador. Isso, por sua vez, em que pese incrementar o custo econômico da atividade, acabaria por **internalizar os riscos sociais e ecológicos** da atividade à luz do **princípio do poluidor/pagador**, a fim de salvaguardar os interesses da sociedade como um todo. A título de exemplo, a **Lei da Política Nacional de Resíduos Sólidos (Lei 12.305/2010)**, prevê expressamente, no seu art. 40 que:

> "No licenciamento ambiental de **empreendimentos ou atividades que operem com resíduos perigosos**, o órgão licenciador do SISNAMA **pode exigir a contratação de seguro de responsabilidade civil por danos causados ao meio ambiente ou à saúde pública**, observadas as regras sobre cobertura e os limites máximos de contratação fixados em regulamento. Parágrafo único. O disposto no *caput* considerará o porte da empresa, conforme regulamento".

O dispositivo citado da Lei 12.305/2010, é bem verdade, **não estabelece a obrigatoriedade do seguro ambiental** no licenciamento ambiental de empreendimentos ou atividades que operem com resíduos perigosos, deixando tal exigência **a critério do órgão licenciador do SISNAMA** (federal, estadual, distrital ou municipal), ao sinalizar que tal ente "pode exigir" tal medida. Ocorre que, a nosso ver, o dispositivo em questão, somado à previsão geral do instituto no art. 9º, XIII, da Lei 6.938/81, poderiam ser lidos no seu conjunto de modo a conceber uma **cláusula geral de obrigatoriedade do seguro ambiental** para todas as atividades que impliquem significativo impacto ambiental. Tal entendimento, por sua vez, alinha-se com a natureza objetiva da responsabilidade civil pelo dano ambiental consagrada pela legislação ambiental brasileira desde a edição da Lei 6.938/81 – e antes dela, inclusive da Lei que trata dos danos nucleares – e adoção da teoria do risco integral pelo STJ, conforme veremos com mais detalhes em capítulo à frente específico sobre o tema.

4.3.5.4 Desconsideração da personalidade jurídica

A desconsideração da personalidade jurídica é um instrumento importante para permitir a efetiva responsabilização civil dos agentes poluidores, notadamente em razão de que, muitas vezes, as pessoas jurídicas empresariais são utilizadas como "escudo" ou "fachada" para evitar a responsabilização direta dos seus proprietários e, em última instância, beneficiários de ganhos decorrentes de práticas predatórias da Natureza e que atentam contra a legislação ambiental. A

---

[108] SARAIVA NETO, Pery. *Seguros ambientais*. Porto Alegre: Livraria do Advogado, 2019; e POLIDO, Walter Antonio. *Seguro para riscos ambientais no Brasil*. 5.ed. Curitiba: Juruá Editora, 2021.

consagração expressa da desconsideração da personalidade jurídica em matéria ambiental foi operada pela **Lei dos Crimes e Infrações Administrativas Ambientais (Lei 9.605/98)**, ao prever, no seu **art. 4º**, que "**poderá ser desconsiderada a pessoa jurídica** sempre que sua personalidade for **obstáculo ao ressarcimento de prejuízos causados à qualidade do meio ambiente**". Ainda antes da 9.605/98, o Código de Defesa do Consumidor (Lei 8.078/90) também havia inovado na matéria e consagrado a desconsideração da personalidade jurídica.[109]

Seguindo o "espírito" da Lei 9.605/98 de buscar a responsabilização dos "criminosos do colarinho branco ecológico", ao regulamentar, por exemplo, dispositivo constitucional relativo à responsabilidade penal da pessoa jurídica (art. 225, § 3º[110]), a desconsideração da personalidade jurídica empresarial busca justamente retirar qualquer óbice que se coloque à responsabilização civil e ressarcimento (em termos patrimoniais) dos prejuízos derivados de condutas empresariais ilícitas, a fim de alcançar, quanto for o caso, o patrimônio das pessoas físicas, ou seja, o alto escalão empresarial, como, por exemplo, proprietários, presidentes, sócios, diretores, administradores etc. Isso em razão de que a pessoa jurídica responde civilmente pelas suas ações ou omissões com seu próprio patrimônio, que é considerado separadamente do patrimônio dos seus sócios. A desconsideração da personalidade jurídica permite, por sua vez, atingir os bens das pessoas físicas por detrás da pessoa jurídica.

Em ambas as temáticas (Consumidor e Ambiental), com regramento específico sobre o tema, adota-se a denominada **teoria menor** da desconsideração da personalidade jurídica, a qual permite alcançar o patrimônio dos sócios em caso de insolvência ou incapacidade financeira da pessoa jurídica, conforme entendimento do STJ. A teoria menor diferencia-se da teoria maior, conforme passagem extraída do REsp 279.273/SP, sob a relatoria da Min. Nancy Andrighi: "(...) A **teoria maior da desconsideração, regra geral no sistema jurídico brasileiro,** não pode ser aplicada com a mera demonstração de estar a pessoa jurídica insolvente para o cumprimento de suas obrigações. Exige-se, aqui, para além da prova de insolvência, ou a demonstração de desvio de finalidade (**teoria subjetiva da desconsideração**), ou a demonstração de confusão patrimonial (**teoria objetiva da desconsideração**). A **teoria menor da desconsideração**, acolhida em nosso ordenamento jurídico **excepcionalmente no Direito do Consumidor e no Direito Ambiental**, incide com a **mera prova de insolvência da pessoa jurídica para o pagamento de suas obrigações**, independentemente da existência de desvio de finalidade ou de confusão patrimonial".[111]

A **teoria "maior"** da desconsideração da personalidade jurídica é a **regra no nosso sistema jurídico**, encontrando-se regulamentada no **art. 50 do Código Civil** (dispositivo com redação completamente nova dada pela Lei 13.874/2019).

---

[109] "Seção V – Da Desconsideração da Personalidade Jurídica – Art. 28. O juiz poderá desconsiderar a personalidade jurídica da sociedade quando, em detrimento do consumidor, houver abuso de direito, excesso de poder, infração da lei, fato ou ato ilícito ou violação dos estatutos ou contrato social. A desconsideração também será efetivada quando houver falência, estado de insolvência, encerramento ou inatividade da pessoa jurídica provocados por má administração. § 1º (Vetado). § 2º As sociedades integrantes dos grupos societários e as sociedades controladas, são subsidiariamente responsáveis pelas obrigações decorrentes deste código. § 3º As sociedades consorciadas são solidariamente responsáveis pelas obrigações decorrentes deste código. § 4º As sociedades coligadas só responderão por culpa. § 5º **Também poderá ser desconsiderada a pessoa jurídica sempre que sua personalidade for, de alguma forma, obstáculo ao ressarcimento de prejuízos causados aos consumidores**".

[110] "Art. 225. (...) § 3º As condutas e atividades consideradas lesivas ao meio ambiente sujeitarão os infratores, **pessoas físicas** ou **jurídicas**, a **sanções penais e administrativas**, independentemente da **obrigação de reparar os danos causados**".

[111] REsp 279.273/SP, 3ª Turma, Rel. Min. Ari Pargendler, Rel. p/ acórdão Min. Nancy Andrighi, j. 04.12.2003.

Art. 50. Em caso de abuso da personalidade jurídica, caracterizado pelo desvio de finalidade ou pela confusão patrimonial, pode o juiz, a requerimento da parte, ou do Ministério Público quando lhe couber intervir no processo, desconsiderá-la para que os efeitos de certas e determinadas relações de obrigações sejam estendidos aos bens particulares de administradores ou de sócios da pessoa jurídica beneficiados direta ou indiretamente pelo abuso.

§ 1º Para os fins do disposto neste artigo, desvio de finalidade é a utilização da pessoa jurídica com o propósito de lesar credores e para a prática de atos ilícitos de qualquer natureza.

§ 2º Entende-se por confusão patrimonial a ausência de separação de fato entre os patrimônios, caracterizada por:

I – cumprimento repetitivo pela sociedade de obrigações do sócio ou do administrador ou vice-versa;

II – transferência de ativos ou de passivos sem efetivas contraprestações, exceto os de valor proporcionalmente insignificante; e

III – outros atos de descumprimento da autonomia patrimonial.

§ 3º O disposto no *caput* e nos §§ 1º e 2º deste artigo também se aplica à extensão das obrigações de sócios ou de administradores à pessoa jurídica.

§ 4º A mera existência de grupo econômico sem a presença dos requisitos de que trata o *caput* deste artigo não autoriza a desconsideração da personalidade da pessoa jurídica.

§ 5º Não constitui desvio de finalidade a mera expansão ou a alteração da finalidade original da atividade econômica específica da pessoa jurídica.

Como referido anteriormente, a legislação excepciona a sua aplicação no Direito Ambiental (e no Direito do Consumidor), adotando a **teoria menor** da desconsideração da personalidade e privilegiando, por assim dizer, a proteção da vítima do dano ecológico: toda coletividade ou sociedade (*caput* do art. 225 da CF/1988). Ou seja, independentemente de qualquer outro requisito, poderá, com a **adoção da teoria menor**, ser desconsiderada a pessoa jurídica pelo Juiz ou Tribunal sempre que a personalidade for, de alguma forma, obstáculo ao ressarcimento de prejuízos causados pelo dano ecológico. Esse entendimento é a **expressão literal do art. 4º da Lei 9.605/98**, ou seja, de que a desconsideração da pessoa jurídica poderá ser levada a efeito "sempre que sua personalidade for **obstáculo ao ressarcimento de prejuízos causados à qualidade do meio ambiente". Não há qualquer outro requisito.** Aliás, o instituto da desconsideração da personalidade jurídica é mais um exemplo contundente da distinção clara e independente (ainda que não absoluta) entre os sistemas de responsabilidade civil do Direito Civil e do Direito Ambiental.

A jurisprudência do STJ, nesse sentido, ao endossar a adoção da teoria menor para o Direito Ambiental, apenas subscreve o que está escrito na lei, conforme segue.

"Responsabilidade civil e direito do consumidor. Recurso especial. Shopping Center de Osasco-SP. Explosão. Consumidores. Danos materiais e morais. Ministério Público. Legitimidade ativa. Pessoa jurídica. Desconsideração. Teoria maior e teoria menor. Limite de responsabilização dos sócios. Código de Defesa do Consumidor. Requisitos. **Obstáculo ao ressarcimento de prejuízos causados aos consumidores.** Art. 28, § 5º. – Considerada a proteção do consumidor um dos pilares da ordem econômica, e incumbindo ao Ministério Público a defesa da ordem jurídica, do regime democrático e dos interesses sociais e individuais indisponíveis, possui o Órgão Ministerial legitimidade para atuar em defesa de interesses individuais homogêneos de consumidores, decorrentes de origem comum. – A **teoria maior da desconsideração**, regra geral no sistema jurídico brasileiro, não pode ser aplicada com a mera demonstração de estar a pessoa jurídica insolvente para o cumprimento de suas obrigações. Exige-se, aqui, para além da prova de insolvência, ou a demonstração de desvio de finalidade (teoria subjetiva da desconsideração), ou a demonstração de confusão patrimonial (teoria objetiva da desconsideração). – A **teoria menor da desconsideração**, acolhida em nosso ordenamento jurídico excepcionalmente no Direito do Consumidor e no Direito Ambiental, incide com a mera prova de insolvência da pessoa jurídica para o pagamento de suas obrigações, independentemente da existência de desvio de finalidade ou de confusão patrimonial. – Para a teoria menor, **o risco empresarial normal às atividades econômicas** não pode ser suportado pelo terceiro que contratou com a pessoa jurídica, mas pelos sócios e/ou administradores desta, ainda que estes demonstrem conduta administrativa proba, isto é, mesmo que não exista qualquer prova capaz de identificar conduta culposa ou dolosa por parte dos sócios e/ou administradores da pessoa jurídica. – A aplicação da teoria menor da desconsideração às relações de consumo está calcada na exegese autônoma do **§ 5º do art. 28, do CDC**, porquanto a incidência desse dispositivo **não se subordina à demonstração dos requisitos** previstos no *caput* do artigo indicado, mas apenas à prova de causar, a mera existência da pessoa jurídica, obstáculo ao ressarcimento de prejuízos causados aos consumidores. – Recursos especiais não conhecidos" (STJ, REsp 279.273/SP, 3ª T., Rel. Min. Ari Pargendler, Rel. p/ acórdão Min. Nancy Andrighi, j. 04.12.2003).

JURISPRUDÊNCIA STJ. Responsabilidade civil ambiental, princípio da reparação integral e desconsideração da personalidade jurídica:
1) "AMBIENTAL. AÇÃO CIVIL PÚBLICA. RESPONSABILIDADE CIVIL POR DANOS AO MEIO AMBIENTE. FALÊNCIA. SUSPENSÃO DE ATIVIDADES. ALIENAÇÃO DE ATIVOS. AUSÊNCIA DE PERDA DE OBJETO. PROSSEGUIMENTO DA DEMANDA. PRINCÍPIO POLUIDOR-PAGADOR E **PRINCÍPIO DA REPARAÇÃO** *IN INTEGRUM*. **DESCONSIDERAÇÃO DA PERSONALIDADE JURÍDICA**. ART. 50 DO CÓDIGO CIVIL. ART. 4º DA LEI 9.605/1998. ARTS. 81 E 82 DA LEI 11.101/2005. NATUREZA DA RESPONSABILIDADE CIVIL DO ESTADO POR OMISSÃO DE FISCALIZAÇÃO AMBIENTAL. IMPUTAÇÃO SOLIDÁRIA (ART. 942, *IN FINE*, DO CÓDIGO CIVIL) E EXECUÇÃO SUBSIDIÁRIA. 1. Trata-se, originariamente, de Ação Civil Pública por danos ao meio ambiente (contaminação do solo, ar e recursos hídricos), movida contra empresa que teria entrado em funcionamento sem se adequar às normas de licenciamento ambiental e, munida deste, não teria cumprido as obrigações que lhe foram impostas: 'disposição adequada dos resíduos sólidos e operação da estação de tratamento dos efluentes líquidos, industriais e sanitários'. Requereu-se condenação ao pagamento de indenização e à regularização da atividade empresarial. O processo foi extinto por perda de objeto em razão do encerramento das atividades da empresa, arrematação do imóvel e das instalações em execução fiscal e falência superveniente. 2. O pedido de regularização ambiental da atividade, sem dúvida, perdeu o objeto. O mesmo não pode ser dito do pleito indenizatório por eventuais danos causados ao meio ambiente. 3. O acórdão reconhece que 'a Malharia Manz operou sem licenciamento ambiental regular, pois não demonstrou o atendimento das condicionantes impostas pela FATMA pondo em risco a saúde e o meio ambiente ecologicamente equilibrado'. Presente o dano e, em tese, o dever de indenizar, a mera interrupção da atividade produtiva da empresa poluidora não implica eficácia moratória ou liberatória da responsabilidade ambiental e não conduz à falta de interesse no processamento de Ação Civil Pública. Interpretação contrária afronta o art. 267, VI, do CPC. 4. Faltam à superveniência de falência os efeitos que lhe foram atribuídos pelo acórdão. A instituição do juízo universal não se caracteriza como elemento sumário de desaparecimento de obrigações preexistentes debatidas em demandas judiciais; sua principal consequência, para o que se mostra relevante nestes autos, é a organização do ativo empresarial e do passivo judicial (art. 76, Lei 1.1.101/2005) e a estruturação do pagamento. Logo, a falência (e também a recuperação judicial) não leva à extinção automática de Ação Civil Pública, muito menos à de índole ambiental, na qual estão em jogo interesses e direitos intergeracionais. 5. Não custa lembrar que o **Direito Ambiental** adota, amplamente, a **teoria da desconsideração da personalidade jurídica** (*in casu, v.g.*, os **arts. 4º da Lei 9.605/1998 e 81 e 82 da Lei 11.101/2005**). Sua incidência, assim, na Ação Civil Pública,

vem a se impor, em certas situações, com absoluto rigor. O intuito é **viabilizar a plena satisfação de obrigações derivadas de responsabilidade ambiental,** notadamente em **casos de insolvência da empresa degradadora.** No que tange à aplicação do art. 4º da Lei 9.605/1998 (= lei especial), **basta tão somente que a personalidade da pessoa jurídica seja 'obstáculo ao ressarcimento de prejuízos causados à qualidade do meio ambiente',** dispensado, por força do **princípio da reparação in integrum** e do **princípio poluidor-pagador,** o requisito do 'abuso', caracterizado tanto pelo 'desvio de finalidade', como pela 'confusão patrimonial', ambos próprios do regime comum do art. 50 do Código Civil (= lei geral). 6. A demanda foi proposta também contra a FATMA – Fundação do Meio Ambiente de Santa Catarina. *A priori*, os fundamentos não afastam a necessidade e a adequação do pedido deduzido em face da omissão fiscalizatória do órgão de meio ambiente estadual. Havendo mais de um causador do mesmo dano ambiental, **todos respondem solidariamente pela reparação** (CC, art. 942, *in fine*), embora a **responsabilidade do Estado** traga a peculiaridade de ser deduzida na forma de imputação solidária, mas de **execução subsidiária.** 7. Recursos Especiais providos para anular o acórdão e a sentença, determinando o retorno do feito ao primeiro grau para que prossiga com o julgamento" (STJ, REsp n. 1.339.046/SC, 2ª T., Rel. Min. Herman Benjamin, j. 05.03.2013).

2) PROCESSUAL CIVIL. AMBIENTAL. VIOLAÇÃO DO ART. 557 DO CPC. NÃO OCORRÊNCIA. DANO AMBIENTAL. TERMO DE AJUSTAMENTO DE CONDUTA. EXECUÇÃO. PRINCÍPIOS POLUIDOR-PAGADOR E DA REPARAÇÃO IN INTEGRUM. DESCONSIDERAÇÃO DA PERSONALIDADE JURÍDICA. APLICABILIDADE. PRETENSÃO DE REEXAME DE PROVAS. INCIDÊNCIA DA SÚMULA 7/STJ. MULTA PRESCRITA PELO ART. 538 DO CPC FIXADA PELA CORTE ESTADUAL APÓS TRÊS ACLARATÓRIOS. CARÁTER PROTELATÓRIO. MANUTENÇÃO. 1. (...) 2. O acórdão recorrido consignou: a) 'perfeitamente aplicável a teoria menor da desconsideração da personalidade jurídica gizada no artigo 4º da Lei nº 9.605/98, já que a reparação visada pelo órgão ministerial destina-se, como se observa dos documentos acostados, ao Fundo Municipal de Meio Ambiente'; b) 'Em verdade, não tendo sido oferecidos quaisquer bens de provável alienação, situação essa que, em mais 4 (quatro) anos de tramitação do agravo de instrumento, restou inalterada – não tendo a executada, em nenhum momento, sequer tentado garantir o juízo com outros bens –, resta óbvio que a personalidade jurídica funciona como verdadeiro óbice à execução pretendida, o que não se deve admitir'; e c) '**Basta, na espécie, a verificação da insuficiência patrimonial da sociedade empresária para compensar os prejuízos ambientais por ela causados**, presunção esta que, em nenhum momento, logrou êxito a embargante em desconstituir. Digno de menção, ainda, é o fato notório de que a Maxi Place, localizada ao lado deste Egrégio Tribunal de Justiça, já encerrou suas atividades há vários anos, o que, diante da ausência de regular auferimento de renda, apenas perpetuará a irreparabilidade do dano ambiental em questão.' 3. À luz do princípio poluidor-pagador e do princípio da reparação in integrum, **inadmissível que a personalidade jurídica funcione como muro intransponível para execução de obrigação ambiental do degradador.** Com base no acervo probatório dos autos, o Tribunal a quo constatou a insuficiência patrimonial da empresa, a natureza ambiental da dívida e a necessidade da aplicação da desconsideração da personalidade jurídica sob pena de se frustrar a execução. O reexame de matéria fática é defeso ao STJ pelo óbice da Súmula 7/STJ (...) 5. Agravo Interno não provido" (STJ, AgRg no AREsp n. 324.781/ES, 2ª T., Rel. Min. Herman Benjamin, j. 10.11.2016, DJe 28.08.2020).

Feitas tais considerações gerais a respeito do regime jurídico da desconsideração da personalidade jurídica no Direito Ambiental brasileiro, é muito importante não confundir (como alguns o fazem) as categorias jurídicas da **desconsideração da personalidade jurídica** com a do **poluidor indireto ou responsável indireto,** não obstante as duas sejam emblemáticas para ilustrar o movimento progressivo – em termos legislativo, doutrinário e jurisprudencial – de ampliar cada vez mais o espectro dos agentes responsáveis pela reparação dos danos ao meio ambiente e a terceiros verificado no Direito Ambiental brasileiro. É esclarecedora, nesse sentido, a lição de Mirra:

"Registre-se, porém, que a hipótese aqui analisada não se confunde com a responsabilidade civil ambiental do **poluidor indireto**, decorrente de degradação ambiental praticada por pessoa jurídica tida como poluidora direta. Isso porque o poluidor indireto responde por ato ou omissão próprios, como devedor da obrigação ambiental, devido à ampliação dos sujeitos responsáveis decorrente da norma do **art. 3º, IV, da Lei n. 6.938/1981**, e não em virtude da desconsideração da personalidade jurídica da sociedade empresária, que alcança os sócios e os administradores desta, sem que sejam obrigados originariamente pelas obrigações ambientais. Assim, embora faça parte do mesmo movimento verificado no Direito Ambiental no sentido de **ampliar o espectro de sujeitos responsáveis pela degradação ambiental**, a desconsideração da personalidade jurídica da sociedade empresária degradadora **permite o alcance da esfera jurídica dos sócios e administradores** não por serem, estes últimos, poluidores indiretos, e sim por serem, na qualidade de membros da sociedade empresária, responsáveis por obrigações ambientais da pessoa jurídica, uma vez afastada a **separação entre a pessoa jurídica** e os **seus sócios, diretores, acionistas majoritários** etc."[112]

4.3.6 Prescrição do dever de reparação do dano ambiental

4.3.6.1 Imprescritibilidade do dever de reparar o dano ambiental difuso ou transindividual (patrimonial ou extrapatrimonial)

"A essencialidade, a indisponibilidade, a transindividualidade e a solidariedade que caracterizam o direito ao meio ambiente coadunam-se com a imprescritibilidade da pretensão destinada à reparação do dano. Os interesses envolvidos são coletivos, ultrapassam gerações e fronteiras – o direito ao meio ambiente está no centro da agenda e das preocupações internacionais inauguradas formalmente com a Declaração de Estocolmo – e, como tais, não merecem sofrer limites temporais à sua proteção. Assume especial relevo conferir uma leitura ilimitada à proteção ao meio ambiente a fim de possibilitar a repressão ao dano ambiental que espraia efeitos em toda a sociedade." (**Ministra Rosa Weber**)[113]

A natureza difusa e transindividual (e pública, inclusive como expressão do **interesse público primário**) do bem jurídico ecológico é reforçada pela imprescritibilidade do dano ambiental sustentado majoritariamente pela doutrina e consolidado na jurisprudência do STJ, como veremos na sequência. Mais recentemente, o STF, em julgamento proferido em 17.04.2020, sob a relatoria do Min. Alexandre de Morais, consolidou o mesmo entendimento no julgamento do RE 654.833 (Tema de Repercussão Geral n. 999), fixando o seguinte entendimento: "É imprescritível a pretensão de reparação civil de dano ambiental". O fato de a **integridade ecológica** estar fora da esfera de disposição tanto dos particulares quanto do próprio Estado, em vista de circunscrever o interesse de toda a coletividade, implica a **imprescritibilidade do dever de reparar o dano ecológico**, tanto quando perpetrado por **poluidores privados** quanto por **entes públicos**.[114]

---

[112] MIRRA, Álvaro L. Valery. A desconsideração da personalidade jurídica no direto ambiental e a norma do artigo 4º da Lei 9.605/1998. *In*: MORAES, Rodrigo Jorge; FARIAS, Talden; DELMANTO, Fabio Machado de Almeida (Coord.). *25 anos da Lei dos Crimes Ambientais*. São Paulo: Thomson Reuters Brasil, 2023. p. 328, nota 45.

[113] STF, RE 654.833/AC, Tribunal Pleno, Rel. Min. Alexandre de Moraes, j. 20.04.2020.

[114] O Decreto 6.514/2008, que regulamentou as infrações administrativas ambientais, nos termos do art. 70 da Lei 9.605/98, muito embora não tenha reconhecido a imprescritibiliddae do dever de reparar o dano ecológico, consignou expressamente no seu art. 21 § 4º, que "a prescrição da pretensão punitiva da administração não elide a obrigação de reparar o dano ambiental".

O caso julgado pelo STF no RE 654.833/AC é emblemático, representando um dos julgados mais importantes da nossa Corte Constitucional em matéria ambiental, justamente revelando – não obstante isso não estar dito expressamente na fundamentação dos votos dos Ministros, mas nas entrelinhas – a **eficácia do direito fundamental ao meio ambiente nas relações entre particulares**. A decisão do STF renova, assim, o conteúdo e a interpretação de institutos jurídicos de natureza privada e regulados pelo Código Civil/2002 – no caso, o regime jurídico da prescrição – com base no Direito Ambiental, inclusive a ponto de se poder falar que, para além da sua "constitucionalização", está em curso também um processo de **"ecologização do Direito Privado"**, o que, em grande medida, é o reflexo do tratamento constitucional privilegiado reservado à proteção ecológica, como dever do Estado e dos particulares, bem como direito fundamental de toda a coletividade (art. 225, *caput*). É o que está consignado, em outras palavras, na passagem que segue do voto-relator do Ministro Alexandre de Moraes:

> "Embora a Constituição e as leis ordinárias não disponham acerca do prazo prescricional para a reparação de **danos civis ambientais**, sendo regra a estipulação de prazo para pretensão ressarcitória, **a tutela constitucional a determinados valores impõe o reconhecimento de pretensões imprescritíveis**. (...) O meio ambiente deve ser considerado **patrimônio comum de toda a humanidade**, para a garantia de sua integral proteção, especialmente em relação às gerações futuras. Todas as condutas do Poder Público estatal devem ser direcionadas no sentido de integral proteção legislativa interna e de adesão aos **pactos e tratados internacionais protetivos desse direito humano fundamental** de 3ª geração, para **evitar prejuízo da coletividade em face de uma afetação de certo bem (recurso natural) a uma finalidade individual**".[115]

Ao tratar da natureza perpétua das reparações por danos ambientais, Farias, Rosenvald e Braga Netto assinalam que "em tese qualquer pretensão civil prescreve nos prazos dados pela lei, não superando dez anos pelo Código Civil (art. 206). Todavia, o dano ambiental **transcende a órbita intersubjetiva**, pois as suas consequências se espraiam difusamente. Tratando-se o meio ambiente de um bem jurídico metaindividual e indisponível, seria incensurável lhe estender a regra patrimonial que rege a prescrição da lei civil. Este raciocínio apenas privilegiaria a segurança jurídica do ofensor em detrimento da **segurança jurídica de toda a coletividade**, sobremaneira por sabermos que os efeitos de uma atividade ambiental podem se manifestar a longo prazo e até mesmo **irradiar nas gerações futuras**. Resta clara a relação entre a imprescritibilidade do dano ambiental e o efeito de um **princípio de responsabilidade de longa duração**, como instrumento capaz de assegurar a proteção de interesses expostos a efeitos de larga escala, no qual o incremento ou a criação de riscos permitem a responsabilização civil".[116]

Sobre a questão da prescrição do dever de reparar o dano ambiental, José R. Morato Leite e Patryck de Araújo Ayala, com base na compreensão e distinção conceitual entre os denominados "microbem" e "macrobem" ambiental, defendem a tese da imprescritibilidade do dano ambiental quando atingido o **macrobem ecológico**, em conta da já referida natureza pública e coletiva de tal bem, enquanto, em face do dano ao **microbem ambiental**, que então pode ter natureza de ordem privada, este seguiria as normas do Código Civil sobre prescrição.[117] Esse entendimento, aliás, segue o entendimento do STJ, conforme se pode observar na seguinte passagem: "em matéria de prescrição cumpre distinguir qual o bem jurídico tutelado: se eminentemente **privado** seguem-se os prazos normais das ações indenizatórias; se o **bem jurídico é indisponível**,

---

[115] STF, RE 654.833/AC, Tribunal Pleno, Rel. Min. Alexandre de Moraes, j. 20.04.2020.
[116] FARIAS, ROSENVALD E BRAGA NETTO, *Curso de direito civil...*, p. 76-77.
[117] LEITE; AYALA, *Dano ambiental...*, p. 201.

fundamental, antecedendo a todos os demais direitos, pois sem ele não há vida, nem saúde, nem trabalho, nem lazer, considera-se **imprescritível o direito à reparação**".[118]

JURISPRUDÊNCIA STJ. Distinção entre microbem e macrobem ambiental e prescrição do dever de reparação do dano ambiental: "DIREITO CIVIL E AMBIENTAL. AGRAVO INTERNO EM RECURSO ESPECIAL. AÇÃO INDENIZATÓRIA POR DANOS INDIVIDUAIS. DANO AMBIENTAL INDIVIDUAL (MICROBEM AMBIENTAL). NATUREZA EMINENTEMENTE PRIVADA. IMPRESCRITIBILIDADE. NÃO OCORRÊNCIA. PRESCRIÇÃO. TERMO INICIAL. CIÊNCIA INEQUÍVOCA DO FATO GERADOR. PRECEDENTES. AGRAVO INTERNO NÃO PROVIDO. 1. A pretensão de reparação de **dano causado ao meio ambiente (macrobem ambiental)**, enquanto direito difuso e indisponível, está protegida pelo manto da **imprescritibilidade**. 2. No caso de **danos ambientais individuais (microbem ambiental)**, o entendimento desta Corte é no sentido de que a pretensão de indenização **está sujeita à prescrição**, haja vista afetarem direitos individualmente considerados, isto é, de **titularidade definida**. Precedentes. 3. Na hipótese, a pretensão do autor é de indenização por dano individual, de **natureza eminentemente privada**, sem qualquer pedido de restauração do meio ambiente, razão pela qual não há que falar em imprescritibilidade. Inaplicabilidade da tese firmada pelo STF no Tema 999. 4. O termo inicial do prazo prescricional para o ajuizamento de ação de indenização por danos individuais decorrentes de dano ambiental conta-se da ciência inequívoca dos efeitos decorrentes do ato lesivo. Precedentes. 5. Agravo interno a que se nega provimento." (STJ, AgInt no REsp n. 2.029.870/MA, 4ª T., Rel. Min. Maria Isabel Gallotti, j. 26.02.2024).

Essa perspectiva também pode ser assimilada tendo em vista que a violação aos direitos ecológicos acarreta o comprometimento de bens jurídicos de natureza indisponível e conectados diretamente à condição humana (inclusive os **interesses e direitos das gerações futuras**). De acordo com tal entendimento, cumpre assinalar decisão do STJ, sob a relatoria da Min. Eliana Calmon, no julgamento do Recurso Especial n. 1.120.117/AC, em que resultou reconhecida a imprescritibilidade do dever de reparação do dano ambiental, uma vez que, conforme ficou consignado no voto da relatora, a lesão ao patrimônio ambiental "está protegida pelo manto da imprescritibilidade, por se tratar de direito inerente à vida, fundamental e essencial à afirmação dos povos (...) antecedendo todos os demais direitos, pois sem ele não há vida, nem saúde, nem trabalho, nem lazer (...)".[119]

A imprescritibilidade do dano ambiental também está associada à **perpetuação no tempo** e agravamento do dano ecológico uma vez praticado, de modo que os seus **efeitos são propagados para o futuro**. Isso sem falar na **irreversibilidade** do dano ambiental causado, como se verifica muitas vezes, inclusive quando enseja a **extinção de espécie** da flora ou da fauna. A imprescritibilidade do dever de reparação do dano ecológico envolve não apenas a sua dimensão propriamente material ou patrimonial (na verdade, talvez a melhor expressão seja **dimensão natural ou física**), como, por exemplo, a adoção de medidas concretas voltadas à repristinação natural (obrigação de fazer), ou seja, a reparação *in natura* (restauração do *status quo ante*) dos danos ecológicos, mas também, entre outras medidas, a compensação ambiental e indenização em dinheiro (obrigação de dar), inclusive, a depender do caso concreto, no sentido da indenização pelo **dano moral ambiental coletivo**.

JURISPRUDÊNCIA STJ. Imprescritibilidade do dever de reparação do dano ambiental: "Administrativo e processo civil. Direito ambiental. Ação civil pública. Competência da Justiça Federal. **Imprescritibilidade da reparação do dano ambiental.** Pedido genérico. Arbitramento do *quantum debeatur* na sentença: revisão, possibilidade. Súmulas 284/STF

---

[118] STJ, REsp 1.120.117/AC, 2ª Turma, Rel. Min. Eliana Calmon, j. 10.11.2009.
[119] STJ, REsp 1.120.117/AC, 2ª T., rel. Min. Eliana Calmon, j. 10.11.2009.

e 7/STJ. 1 .É da competência da Justiça Federal o processo e julgamento de Ação Civil Pública visando indenizar a comunidade indígena Ashaninka-Kampa do rio Amônia. 2. Segundo a jurisprudência do STJ e STF trata-se de competência territorial e funcional, eis que o dano ambiental não integra apenas o foro estadual da Comarca local, sendo bem mais abrangente espraiando-se por todo o território do Estado, dentro da esfera de competência do Juiz Federal. 3. Reparação pelos danos materiais e morais, consubstanciados na extração ilegal de madeira da área indígena. 4. **O dano ambiental além de atingir de imediato o bem jurídico que lhe está próximo, a comunidade indígena, também atinge a todos os integrantes do Estado, espraiando-se para toda a comunidade local, não indígena e para futuras gerações pela irreversibilidade do mal ocasionado.** 5. Tratando-se de direito difuso, a reparação civil assume grande amplitude, com profundas implicações na espécie de responsabilidade do degradador que é objetiva, fundada no simples risco ou no simples fato da atividade danosa, independentemente da culpa do agente causador do dano. 6. **O direito ao pedido de reparação de danos ambientais, dentro da logicidade hermenêutica, está protegido pelo manto da imprescritibilidade, por se tratar de direito inerente à vida, fundamental e essencial à afirmação dos povos, independentemente de não estar expresso em texto legal.** 7. Em matéria de prescrição cumpre distinguir qual o bem jurídico tutelado: se eminentemente privado seguem-se os prazos normais das ações indenizatórias; se o bem jurídico é indisponível, fundamental, antecedendo a todos os demais direitos, pois sem ele não há vida, nem saúde, nem trabalho, nem lazer , considera-se imprescritível o direito à reparação. 8. **O dano ambiental inclui-se dentre os direitos indisponíveis e como tal está dentre os poucos acobertados pelo manto da imprescritibilidade a ação que visa reparar o dano ambiental.** 9. Quando o pedido é genérico, pode o magistrado determinar, desde já, o montante da reparação, havendo elementos suficientes nos autos. Precedentes do STJ. 10. Inviável, no presente recurso especial modificar o entendimento adotado pela instância ordinária, no que tange aos valores arbitrados a título de indenização, por incidência das Súmulas 284/STF e 7/STJ. 11. Recurso especial parcialmente conhecido e não provido"(STJ, REsp 1.120.117/AC, 2ª T., Rel. Min. Eliana Calmon, j. 10.11.2009).

JURISPRUDÊNCIA STJ. Imprescritibilidade do dever de reparação do "dano urbano-ambiental": "PROCESSUAL CIVIL. (...) URBANÍSTICO. AMBIENTAL. OPERAÇÕES URBANAS CONSORCIADAS. INSTRUMENTO DE POLÍTICA URBANA. **TUTELA DO MEIO AMBIENTE NATURAL E ARTIFICIAL.** ESTATUTO DA CIDADE. AÇÃO CIVIL PÚBLICA. PRETENSÃO INDENIZATÓRIA. CARIZ AMBIENTAL DO PEDIDO FORMULADO. **IMPRESCRITIBILIDADE.** TEMA N. 999/STF. AGRAVO INTERNO PROVIDO. RECURSO ESPECIAL IMPROVIDO. (...) II – As Operações Urbanas Consorciadas, instrumentos de execução da política de desenvolvimento urbano constitucionalmente assentada, têm como um de seus objetivos a valorização ambiental, além de autorizar a concessão, pelo Poder Público, de incentivos diretamente relacionados à redução de impactos ambientais negativos e à economia de recursos naturais, nos termos do **art. 32 do Estatuto da Cidade (Lei n. 10.257/2001)**, com redação dada pela Lei n. 12.836/2013. III – Verifica-se, à vista dessa moldura normativa, verdadeira **simbiose entre os princípios e institutos jurídicos do Direito Urbanístico e do Direito Ambiental**, os quais, conquanto autônomos, salvaguardam, ao fim e ao cabo, o **direito fundamental difuso ao bem-estar social, à vida digna e ao meio ambiente ecologicamente equilibrado**. IV – Considerando a vocação das Operações Urbanas Consorciadas para a tutela do meio ambiente, nas ações cujo objeto compreenda a persecução cível de ilícitos delas resultantes, é necessário valorar, caso a caso, a interpretação do pedido procedida nas instâncias de origem, a fim de definir a prescritibilidade da pretensão reparatória vindicada. V – Constatada, *in casu*, a **feição ambiental da pretensão** ministerial, impende reconhecer a sua **imprescritibilidade**, em consonância com a tese cristalizada pelo **Supremo Tribunal Federal**, em julgamento submetido à sistemática da repercussão geral (**Tema n. 999**), segundo a qual é imprescritível a pretensão de reparação dos danos ambientais. VI – Agravo Interno provido para negar provimento ao Recurso Especial." (STJ, AgInt no REsp 1.464.446/RJ, Rel. Ministra Regina Helena Costa, j. 22.11.2022).

> **JURISPRUDÊNCIA STF. Imprescritibilidade do dano ambiental:** "RECURSO EXTRAORDINÁRIO. **REPERCUSSÃO GERAL. TEMA 999.** CONSTITUCIONAL. **DANO AMBIENTAL. REPARAÇÃO. IMPRESCRITIBILIDADE.** 1. Debate-se nestes autos se deve prevalecer o princípio da segurança jurídica, que beneficia o autor do dano ambiental diante da inércia do Poder Público; ou se devem prevalecer os princípios constitucionais de proteção, preservação e reparação do meio ambiente, que beneficiam toda a coletividade. 2. Em nosso ordenamento jurídico, a regra é a prescrição da pretensão reparatória. A imprescritibilidade, por sua vez, é exceção. Depende, portanto, de fatores externos, que o ordenamento jurídico reputa inderrogáveis pelo tempo. 3. Embora a Constituição e as leis ordinárias não disponham acerca do prazo prescricional para a **reparação de danos civis ambientais**, sendo regra a estipulação de prazo para pretensão ressarcitória, **a tutela constitucional a determinados valores impõe o reconhecimento de pretensões imprescritíveis**. 4. O **meio ambiente deve ser considerado patrimônio comum de toda a humanidade**, para a garantia de sua integral proteção, especialmente em relação às gerações futuras. Todas as condutas do Poder Público estatal devem ser direcionadas no sentido de integral proteção legislativa interna e de adesão aos pactos e tratados internacionais protetivos desse direito humano fundamental de 3ª geração, para **evitar prejuízo da coletividade em face de uma afetação de certo bem (recurso natural) a uma finalidade individual**. 5. **A reparação do dano ao meio ambiente é direito fundamental indisponível, sendo imperativo o reconhecimento da imprescritibilidade no que toca à recomposição dos danos ambientais**. 6. Extinção do processo, com julgamento de mérito, em relação ao Espólio de Orleir Messias Cameli e a Marmud Cameli Ltda, com base no art. 487, III, b do Código de Processo Civil de 2015, ficando prejudicado o Recurso Extraordinário. Afirmação de tese segundo a qual *É imprescritível a pretensão de reparação civil de dano ambiental.*" (STF, RE 654.833/AC, Tribunal Pleno, Rel. Min. Alexandre de Moraes, j. 20.04.2020).

4.3.6.2 Prescrição do dever de reparação do dano ambiental individual (privado, reflexo ou por ricochete)

Diferentemente do que ocorre no caso do dever de reparação do dano ambiental coletivo ou difuso, que é imprescritível, conforme verificamos no tópico precedente, prevalece o entendimento doutrinário e jurisprudencial no sentido do reconhecimento da **prescritibilidade do dever de reparação do dano ambiental individual** (privado, reflexo ou por ricochete). Portanto, os danos individuais e mesmo os danos individuais homogêneos reflexos ao dano difuso prescrevem, em regra, no prazo de **3 (três) anos**, a contar da data do conhecimento do dano e de sua autoria, na linha do que dispõe o **art. 206, § 3º, V, do Código Civil de 2002**, ao contrário do dano ambiental em si. Ressalva-se, no entanto, a possibilidade, como já verificado em julgamento do STJ referido na sequência, de o dano ambiental privado ser verificado no contexto de um **acidente de consumo**, quando, então, o prazo prescricional a ser aplicado seria aquele previsto no **Código de Defesa do Consumidor**, correspondendo ao prazo de **5 (cinco) anos** previsto no seu **art. 27**.

> **JURISPRUDÊNCIA STJ. Prescrição e danos individuais decorrentes do dano ecológico:** "Direito do consumidor. **Prazo de prescrição** em caso de **dano pessoal decorrente de dano ambiental. Conta-se da data do conhecimento do dano e de sua autoria** – e não da data em que expedida simples notificação pública a respeito da existência do dano ecológico – o prazo prescricional da pretensão indenizatória de quem sofreu **danos pessoais decorrentes de contaminação de solo e de lençol freático** ocasionada

por produtos utilizados no tratamento de madeira destinada à fabricação de postes de luz. Apesar da natural ênfase conferida aos vários aspectos do dano ambiental, trata-se, também, de um **acidente de consumo**, que se enquadra simultaneamente nos arts. 12 (fato do produto) e 14 do CDC (fato do serviço). Com efeito, os postes de luz constituem um insumo fundamental para a distribuição de energia elétrica aos seus consumidores, sendo que a contaminação ambiental decorreu exatamente dos produtos utilizados no tratamento desses postes. Se o dano sofrido pelos consumidores finais tivesse sido um choque provocado por uma descarga elétrica, não haveria dúvida acerca da incidência do CDC. Ocorre que a regra do art. 17 do CDC, ampliando o conceito básico de consumidor do art. 2º, determina a aplicação do microssistema normativo do consumidor a todas as vítimas do evento danoso, protegendo os chamados *bystandars*, que são as vítimas inocentes de acidentes de consumo. Esse fato, de um lado, constitui fato do produto (art. 12), em face das substâncias químicas utilizadas, e, de outro lado, apresenta-se também como fato do serviço (art. 14), pois o tratamento dos postes de luz liga-se ao serviço de distribuição de energia elétrica. Consequentemente, a prescrição é regulada pela norma do **art. 27 do CDC**, que estabelece um **prazo de cinco anos**, flexibilizando o seu termo inicial. Precedente citado: REsp 1.346.489-RS, Terceira Turma, *DJe* 26/8/2013" (STJ, AgRg no REsp 1.365.277/RS, 3ª T., Rel. Min. Paulo de Tarso Sanseverino, j. 20.02.2014).

JURISPRUDÊNCIA STJ. Prescrição, dano individual e responsabilidade civil sanitário-ambiental: "Agravo interno no agravo em recurso especial. Funasa. **Servidor que utilizava inseticida em campanhas de combate a endemias.** Indenização por danos morais. **Prescrição afastada.** Retorno dos autos à origem para exame do mérito. 1. A jurisprudência deste Superior Tribunal assenta entendimento de que no ordenamento jurídico pátrio, 'o termo inicial da prescrição surge com o nascimento da pretensão (*actio nata*), assim considerada a data a partir da qual a ação poderia ter sido ajuizada' (REsp 1.355.636/PE, Rel. o Ministro Mauro Campbell Marques, Segunda Turma, julgado em 11/12/2012, *DJe* 17/12/2012). 2. Nessa linha de raciocínio, o julgado proferido no REsp 1.236.863/ES, de relatoria do Ministro Herman Benjamin, *DJe* 27/02/2012, firmou orientação segundo a qual, no caso da responsabilidade civil sanitário-ambiental, '**o dano somente se perfaz, em tese, com o surgimento e identificação das lesões ou patologias alegadas. Antes disso, inexiste pretensão indenizatória propriamente dita e, via de consequência, descabe falar em prescrição, uma vez que a aplicação de inseticida ou utilização de substância tóxica não caracteriza, quando vista isoladamente, o evento danoso**'. 3. O fundamento exarado pelas instâncias originárias no sentido de que suposta doença posterior à aposentadoria não altera o termo de prescrição, pois os fatos que ensejariam a indenização já eram de conhecimento do autor quando da prestação do serviço e decorreriam dessa prestação conforme os próprios termos da inicial, contraria, frontalmente, a jurisprudência do STJ, a qual considera, em situações análogas, que a pretensão indenizatória surge apenas com a identificação das lesões ou patologias. 4. Afastado o decreto prescricional, devem ser remetidos os autos à de origem, a fim de que proceda o exame do mérito. 5. Agravo interno a que se nega provimento" (STJ, AgInt no AREsp 1.192.556/RS, 1ª T., Rel. Min. Sérgio Kukina, j. 15.05.2018).

4.3.6.2.1 Imprescritibilidade do dever de reparação do dano ambiental individual?

A tese favorável à imprescritibilidade do dever de reparação do dano ambiental individual tem avançado na doutrina[120] e jurisprudência, não obstante, como referido anteriormente, a

---

[120] MIRRA, Álvaro Luiz Valery; MIRRA, Ana Beatriz Ribeiro David Valery. Responsabilidade civil ambiental e a imprescritibilidade das pretensões à reparação dos danos ambientais individuais à luz da Lei 6.938/1981. MILARÉ. Édis (Coord.) *40 anos da Lei da Política Nacional do Meio Ambiente*: reminiscências, realidade perspectivas. São Paulo: Editora D´Plácido, 2021, p. 193-234.

corrente (ainda) majoritária no sentido da sua prescritibilidade. No julgamento do Recurso Extraordinário n. 654.833, o STF decidiu que os danos a **direitos coletivos e individuais patrimoniais e extrapatrimoniais** sofridos por **comunidades indígenas** são **imprescritíveis**, inclusive com suporte na imprescritibilidade dos direitos às terras por eles tradicionalmente ocupadas, conforme dispõe expressamente o **art. 231, § 4º**, da CF/1988. [121] No voto-relator do Ministro Alexandre de Moraes, **não se estabeleceu distinção** de regime jurídico aplicável entre os danos ambientais individuais (ou privados) e os danos ambientais coletivos (ou públicos), aprovando-se a seguinte **tese**: "**É imprescritível a pretensão de reparação civil de dano ambiental**".

É importante assinalar que, tanto o STJ quanto o STF, são unânimes na aplicação do regime jurídico estabelecido pela **legislação ambiental** (em especial, a Lei 6.938/81), e não pelo Código Civil (art. 186), para a **responsabilidade civil** pelos **danos ambientais**. Igualmente, ambas as Cortes Superiores **aplicam de forma uniforme a legislação ambiental** tanto para os **danos ambientais coletivos** (ou públicos) quanto para os **danos ambientais individuais** (ou privados). A **única exceção** verificada na jurisprudência do STJ, de modo a **romper com a uniformidade dos regimes jurídicos**, situa-se na hipótese da **prescrição** do dever de reparação relacionado aos danos ambientais individuais (ou privados). Ocorre que, após a decisão proferida pelo STF no julgamento do **RE n. 654.833**, ao não estabelecer qualquer distinção e aprovar tese genérica sobre a matéria, como visto anteriormente, é possível suscitar a **superação da jurisprudência do STJ**, no sentido de reforçar a uniformidade de regime jurídico aplicado à matéria. Até mesmo porque, no caso julgado pelo STF, também estavam em causa e foi admitida a reparação de danos causados a **direitos individuais (patrimoniais e extrapatrimoniais)** titularizados por membros de comunidades indígenas.[122]

De acordo com **doutrina** recente de Álvaro Luiz Valery Mirra e Ana Beatriz Ribeiro David Valery Mirra sobre o tema, em trabalho elaborado após a decisão do STF no RE n. 654.833, ao defender um **regime jurídico único** para a responsabilidade civil ambiental e incidência da legislação ambiental na matéria em detrimento do Código Civil, registra-se a passagem que segue no sentido da aplicação da **imprescritibilidade** do dever de reparação igualmente aos **danos ambientais individuais ou privados**:

> "Daí por que, estabelecido na jurisprudência do Superior Tribunal de Justiça e do Supremo Tribunal Federal que a responsabilidade civil ambiental, como **sistema especial** de **responsabilidade civil**, decorrente da **Constituição Federal e da Lei n. 6.938/1981**, está fundada na imprescritibilidade das pretensões à reparação do dano ambiental, devem-se ter como **igualmente imprescritíveis as pretensões à reparação do dano individual** ambiental, às quais se aplica, por força de lei, o **mesmo regime jurídico**."[123]

---

[121] Art. 231. São reconhecidos aos índios sua organização social, costumes, línguas, crenças e tradições, e os **direitos originários** sobre as terras que tradicionalmente ocupam, competindo à União demarcá-las, proteger e fazer respeitar todos os seus bens. (...) § 4º As terras de que trata este artigo são inalienáveis e indisponíveis, e os **direitos** sobre elas, **imprescritíveis**.

[122] "DIREITO À REPARAÇÃO. AÇÕES ACIDENTÁRIAS TRABALHISTAS. O direito à reparação por acidente/doença do trabalho decorre de dano ao direito à vida, no qual se inclui o direito à saúde e a **meio ambiente saudável e equilibrado, incluindo o do trabalho (artigos 200, VIII e 225, "caput", da Constituição Federal)**, bem como de dano aos valores sociais do trabalho e da livre iniciativa, (artigo 1º, IV, da Constituição), fundamentos da República Federativa do Brasil, circunstância que implica na imprescritibilidade das ações acidentárias trabalhistas, uma vez que os **direitos** citados anteriormente, por fundamentais, são, a toda evidência, **irrenunciáveis e indisponíveis, e, por consequência, também imprescritíveis**." (TRT2, Recurso Ordinário n. 0002020-51.2014.5.02.0079/SP, 17ª Turma, Rel. Des. Álvaro Alves Nôga, j. 10.10.2020).

[123] MIRRA, Álvaro Luiz Valery; MIRRA, Ana Beatriz Ribeiro David Valery. Responsabilidade civil ambiental e a imprescritibilidade das pretensões à reparação dos danos ambientais individuais à luz da Lei 6.938/1981.

"Como se vê, apesar de reconhecer a incidência do mesmo regime jurídico especial de responsabilidade civil ambiental da CF (art. 225) e da Lei n. 6.938/1981 (art. 14, § 1°) em relação aos **danos individuais** causados por atividades degradadoras do meio ambiente, em detrimento das normas do Código Civil, **o STJ** tem, entretanto, no tocante a esses mesmos danos, **afastado a imprescritibilidade das pretensões reparatórias** correspondentes, **deixando de extrair todas as consequências possíveis** da premissa que a própria Corte estabeleceu a respeito da matéria." A exceção, no tema, fica por conta das pretensões à reparação de danos individuais patrimoniais e extrapatrimoniais experimentados por comunidades indígenas, em que o Supremo Tribunal Federal decidiu serem elas imprescritíveis, como decorrência da imprescritibilidade dos direitos dos índios às terras por eles tradicionalmente ocupadas (art. 231, § 4°, da CF)."

Parece-nos, contudo, que a questão comporta análise sob enfoque diverso, com a **admissão da imprescritibilidade de todas as pretensões à reparação de danos individuais** causados "por intermédio" do meio ambiente, para além das pretensões relacionadas a prejuízos sofridos pelas comunidades indígenas, à vista da necessidade de acordar a máxima proteção às pessoas em situação de **vulnerabilidade socioambiental**, do regime jurídico da responsabilidade civil da Lei n. 6.938/1981 e da Constituição Federal, aplicável à matéria, e das normas internacionais mais recentes que tratam, igualmente, do assunto."[124]

Por fim, ainda no contexto da prescrição ou não do dever de reparação dos **danos ambientais individuais**, registra-se entendimento da doutrina a respeito da distinção entre os **danos meramente patrimoniais** (ex.: prejuízos meramente econômicos) e os **danos afetos a direitos de personalidade** (ex.: integridades física e psíquica). Para a corrente doutrinária em questão, a prescrição estaria limitada à primeira hipótese, ou seja, ao dever de reparação dos danos ambientais individuais meramente patrimoniais, incidindo na segunda hipótese (danos ambientais individuais afetos a **direitos de personalidade**) a **imprescritibilidade do dever de reparação**, forte no argumento de se tratarem estes de **direitos indisponíveis**.[125]

4.3.6.3 Ação civil pública por dano ambiental e interrupção do prazo prescricional de ação individual decorrente do mesmo fato (REsp 1.641.167/RS)

O ajuizamento de ação civil pública por dano ambiental interrompe a contagem do prazo prescricional para a propositura de demanda individual acerca do mesmo fato. Tal foi o entendimento firmado pela 3ª Turma do STJ no julgamento do REsp 1.641.167/RS. No caso, o STJ manteve decisão do TJRS que reformou sentença na qual o juízo havia declarado prescrita uma ação indenizatória. A autora da ação, uma dona de casa, alegou que a contaminação do solo e da água por substâncias tóxicas usadas na fabricação de postes causara danos a ela e à sua família. Segundo a Ministra Nancy Andrighi, relatora do processo, "o ajuizamento de ação versando interesse difuso tem o condão de **interromper o prazo prescricional** para a apresentação de demanda judicial que verse interesse individual homogêneo", disse. "A legislação em vigor prevê uma clara interferência entre os tipos de pretensões defendidas em juízo, sejam elas difusas, coletivas ou individuais homogêneas, surgidas com base nos mesmos fatos".

MILARÉ. Édis (Coord.) *40 anos da Lei da Política Nacional do Meio Ambiente*: reminiscências, realidade perspectivas. São Paulo: Editora D´Plácido, 2021, p. 227.

[124] MILARÉ. Édis (Coord.) *40 anos da Lei da Política Nacional do Meio Ambiente...*, p. 220-221.

[125] Na doutrina, v. ANDRADE, Adriano. *Proibição de proteção insuficiente e responsabilidade civil ambiental*. São Paulo: Editora D´Plácido, 2021, p. 192; e BARBOSA, Haroldo de Camargo. O instituto da prescrição aplicado à reparação dos danos ambientais. *Revista de Direito Ambiental*, São Paulo, n. 59, jul.-set. 2010, p. 141. Na doutrina civilista, SCHREIBER; TEPEDINO; SANTIAGO DANTAS; LOBO, p. 305-306.

Perícias realizadas após o fechamento da fábrica atestaram a contaminação do solo e da água subterrânea por substâncias químicas danosas, como arsênio, cromo e cobre, que teriam provocado, além de prejuízos ambientais, danos aos moradores próximos. O Ministério Público ajuizou ação civil pública com a finalidade de reparação pelos danos ambientais. Posteriormente, a dona de casa, que residia perto do pátio da fábrica, também ajuizou ação requerendo indenização por danos morais e materiais, sob a alegação de que ela e a família foram acometidas por diversos problemas de saúde por conta da contaminação ao longo dos anos. Segundo disse, as gestações de dois bebês foram interrompidas, e a filha desenvolveu problemas no sangue. Sustentou também que o filho e o pai, que trabalhavam nas empresas, morreram por conta de câncer no cérebro e intestino.

O juízo de primeira instância, com fundamento no **art. 206, § 3º, V, do Código Civil**, julgou extinto o processo da dona de casa, considerando a prescrição de três anos. O TJRS, pelo fato de a demanda ser individual, considerou correta a aplicação da prescrição trienal. Entretanto, destacou que a sentença se equivocou ao não considerar a interrupção do prazo prescricional a partir do ajuizamento da ação civil pública e a contagem do termo inicial da prescrição, que deve ser a partir da ciência do dano. Segundo a petição inicial, a ciência ocorreu apenas quatro anos depois do fechamento da fábrica, por meio de perícia requerida pela Justiça do Trabalho e também em razão do ajuizamento da própria ação civil pública.

A Ministra Nancy Andrighi assinalou no seu voto que o dano ambiental pode ser caracterizado como individual ou coletivo. No caso do dano coletivo, a prescrição não deve incidir "em função da essencialidade do meio ambiente". Já nas demandas de cunho individual, mesmo que causados por danos ambientais, a corte tem aplicado a prescrição prevista no Código Civil. "A depender de como é formulada a pretensão em juízo, o dano ambiental individual mostra-se como um verdadeiro direito individual homogêneo", disse. O STJ, ao manter a anulação da sentença, determinou o retorno dos autos ao primeiro grau para que seja realizada nova instrução do feito para a prolação de nova sentença.

> **JURISPRUDÊNCIA STJ. Ação civil pública ambiental e interrupção do prazo prescricional para o ajuizamento de ação individual pelo mesmo fato:** "Recurso especial. **Direito civil e ambiental. Contaminação ambiental por produtos químicos** utilizados em tratamento de madeira destinada à fabricação de postes. (...). **Dano ambiental individual. Prescrição. Termo inicial. Ciência inequívoca.** Precedentes. **Ação coletiva. Interrupção da prescrição de ações individuais. Possibilidade.** (...). 4. O **dano ambiental** pode ocorrer na de forma **difusa, coletiva e individual homogêneo** este, na verdade, trata-se do **dano ambiental particular ou dano por intermédio do meio ambiente ou dano em ricochete**. 5. Prescrição: perda da pretensão de exigibilidade atribuída a um direito, em consequência de sua não utilização por um determinado período. 6. O termo inicial do prazo prescricional para o ajuizamento de ação de indenização por dano ambiental suportado por particular conta-se da **ciência inequívoca dos efeitos decorrentes do ato lesivo**. Precedentes. 7. O **ajuizamento de ação versando interesse difuso** tem o condão de **interromper o prazo prescricional para a apresentação de demanda judicial que verse interesse individual homogêneo**. 8. Necessidade, na hipótese dos autos, da completa instrução processual. 9. Recurso especial conhecido e não provido" (STJ, REsp 1.641.167/RS, 3ª T., Rel. Min. Nancy Andrighi, j. 13.03.2018).

4.4 Improbidade administrativa ambiental

O art. 225 da CF/1988 assinala de forma expressa o **dever do Estado de proteção ecológica**. Isso, por certo, alcança não apenas a responsabilização civil do Estado pelo dano ecológico, inclusive como responsável ou poluidor indireto, como ocorre, por exemplo, no caso de o órgão público ambiental omitir-se no seu dever de fiscalização, conforme já tratamos anteriormente, mas também na esfera da conduta dos agentes públicos e caracterização dos atos de improbidade administrativa por eles praticados em matéria ambiental, conforme prescritos pela **Lei 8.429/92**.[126] Ademais, a norma constitucional do § 3º do art. 225 da CF/1988, que estabelece a "tríplice responsabilidade do poluidor", de modo que as atividades e condutas lesivas ao meio ambiente podem gerar responsabilização administrativa, civil e criminal, compreende um espectro amplo e integral do regime jurídico de responsabilização, o que contempla também necessariamente a condenação por improbidade ambiental.

O **STJ**, nesse sentido, em decisão-paradigma sobre o tema no REsp 1.260.923/RS, sob a relatoria do Ministro Herman Benjamin, assinalou que "**as normas ambientais encerram obrigações não só para quem usa recursos naturais, mas também para o administrador público que por eles deve velar.** O agente do Estado que, com dolo genérico, descumpre, **comissiva ou omissivamente**, tais deveres de atuação positiva comete improbidade administrativa, nos termos do **art. 11 da Lei 8.429/92**". O enquadramento do ato praticado como improbidade administrativa está relacionado à violação dos princípios da administração pública, o que, conforme assinala o *caput* do referido art. 11, envolve "qualquer **ação ou omissão** que viole os **deveres de honestidade, imparcialidade, legalidade, e lealdade às instituições**". Por essa ótica, a norma em questão também incide em face da administração pública ambiental.

Segundo referido na mesma decisão citada do STJ, "incumbe a todo e qualquer servidor público zelar pela legalidade, integridade, honestidade, lealdade, publicidade e eficácia do licenciamento ambiental, instrumento por excelência de prevenção contra a degradação do meio ambiente e de realização, *in concreto*, do objetivo constitucional do desenvolvimento ecologicamente equilibrado". A violação aos princípios da administração pública, por ação ou omissão de agente público (em sentido amplo, conforme prevê o art. 2º da Lei 8.429/92[127]) que atua em órgão público ambiental, implica, como destacado no acordão do STJ, infração ao *due process* **ambiental**, ou seja, o **devido processo legal ambiental**.[128] Tal entendimento é ínsito ao regime constitucional de tutela ambiental delineada no art. 225, notadamente em vista dos deveres e obrigações de proteção ecológica que conformam e vinculam a atuação do Estado e dos servidores públicos.

> **JURISPRUDÊNCIA STJ. Improbidade administrativa ambiental e devido processo ambiental:** "Processo civil. **Improbidade administrativa**. Estuário da Lagoa dos Patos. **Licenciamento ambiental**. Estudo Prévio de Impacto Ambiental. Petição inicial. Recebimento. Presença de indícios de cometimento de ato ímprobo. *In dubio pro societate*.

---

[126] "Art. 37. (...) § 4º Os atos de improbidade administrativa importarão a suspensão dos direitos políticos, a perda da função pública, a indisponibilidade dos bens e o ressarcimento ao erário, na forma e gradação previstas em lei, sem prejuízo da ação penal cabível".

[127] "Art. 2º Para os efeitos desta Lei, consideram-se agente público o agente político, o servidor público e todo aquele que exerce, ainda que transitoriamente ou sem remuneração, por eleição, nomeação, designação, contratação ou qualquer outra forma de investidura ou vínculo, mandato, cargo, emprego ou função nas entidades referidas no art. 1º desta Lei. Parágrafo único. No que se refere a recursos de origem pública, sujeita-se às sanções previstas nesta Lei o particular, pessoa física ou jurídica, que celebra com a administração pública convênio, contrato de repasse, contrato de gestão, termo de parceria, termo de cooperação ou ajuste administrativo equivalente. Art. 3º As disposições desta Lei são aplicáveis, no que couber, àquele que, mesmo não sendo agente público, induza ou concorra dolosamente para a prática do ato de improbidade. § 1º Os sócios, os cotistas, os diretores e os colaboradores de pessoa jurídica de direito privado não respondem pelo ato de improbidade que venha a ser imputado à pessoa jurídica, salvo se, comprovadamente, houver participação e benefícios diretos, caso em que responderão nos limites da sua participação. § 2º As sanções desta Lei não se aplicarão à pessoa jurídica, caso o ato de improbidade administrativa seja também sancionado como ato lesivo à administração pública de que trata a Lei 12.846, de 1º de agosto de 2013."

[128] AYALA, Patryck de Araújo. *Devido processo ambiental e o direito fundamental ao ambiente*. Rio de Janeiro: Lumen Juris, 2011, especialmente p. 325 e ss.

Recurso especial provido. Histórico da demanda. 1. Trata-se de Ação Civil Pública por ato de improbidade administrativa (art. 11 da Lei 8.429/1992) ajuizada pelo Ministério Público Federal contra servidores da Fundação Estadual de Proteção Ambiental (Fepam) que concederam Licença Prévia à empresa Bunge Fertilizantes S/A para **construir complexo industrial (indústria de fertilizantes, fábrica de ácido sulfúrico e terminal portuário de produtos químicos)** em área de alta vulnerabilidade ambiental ('Estuário da Lagoa dos Patos'), **sem o devido Estudo Prévio de Impacto Ambiental**. 2. O Juiz de primeiro grau rejeitou a petição inicial e julgou extinto o processo sem resolução do mérito. O Tribunal a quo deu provimento aos Embargos Infringentes dos recorridos, mantendo a sentença. Recebimento da petição inicial. 3. **Incumbe a todo e qualquer servidor público zelar pela legalidade, integridade, honestidade, lealdade, publicidade e eficácia do licenciamento ambiental, instrumento por excelência de prevenção contra a degradação do meio ambiente e de realização, *in concreto*, do objetivo constitucional do desenvolvimento ecologicamente equilibrado.** Infração ao *due process* ambiental – valor maior de ordem pública lastreado no princípio da legalidade estrita – implica reações jurídicas simultâneas mas independentes, nos campos civil (p. ex., responsabilidade pelo dano causado e improbidade administrativa), administrativo (p. ex., sanções disciplinares e, com efeitos *ex tunc*, nulidade absoluta do ato viciado, nos termos do art. 166 do Código Civil) e penal (p. ex. sanções estabelecidas nos arts. 66, 67 e 69-A da Lei 9.605/1998). 4. **As normas ambientais encerram obrigações não só para quem usa recursos naturais, mas também para o administrador público que por eles deve velar. O agente do Estado que, com dolo genérico, descumpre, comissiva ou omissivamente, tais deveres de atuação positiva comete improbidade administrativa, nos termos do art. 11 da Lei 8.429/1992**. 5. Como regra geral, o elemento subjetivo na Ação de Improbidade Administrativa deve, na sua plenitude, ser apreciado na instrução processual, após ampla produção de prova e máximo contraditório. Nos termos do art. 17, § 8º, da Lei 8.429/1992, **a presença de indícios de cometimento de atos ilícitos autoriza o recebimento da petição inicial da Ação de Improbidade Administrativa, devendo prevalecer na fase inicial o princípio *in dubio pro societate*.** Nesse sentido: REsp 1.065.213/RS, Rel. Ministro Francisco Falcão, Primeira Turma, *DJe* 17.11.2008; AgRg no REsp 1.533.238/SP, Rel. Ministro Mauro Campbell Marques, Segunda Turma, *DJe* 14.12.2015; AgRg no AREsp 674.126/PB, Rel. Ministra Assusete Magalhães, Segunda Turma, *DJe* 2.12.2015; AgRg no AREsp 491.041/BA, Rel. Ministro Humberto Martins, Segunda Turma, *DJe* 18.12.2015. 6. Assim, deve ser provido o Recurso Especial do Parquet Federal para que seja recebida a petição inicial. 7. Recurso Especial provido" (STJ, REsp 1.260.923/RS, 2ª T., Rel. Min. Herman Benjamin, j. 15.12.2016).

Capítulo 14
PROCESSO CIVIL AMBIENTAL: INSTRUMENTOS EXTRAJUDICIAIS E JUDICIAIS DE PROTEÇÃO ECOLÓGICA

1. "A QUEM PERTENCE O AR QUE RESPIRO?": CONTORNOS HISTÓRICO-EVOLUTIVOS DO PROCESSO CIVIL BRASILEIRO À LUZ DOS DIREITOS ECOLÓGICOS (E CLIMÁTICOS) E DO MICROSSISTEMA PROCESSUAL CIVIL COLETIVO

> "Nossa época, já tivemos oportunidade de ver, traz prepotentemente ao palco novos interesses 'difusos', novos direitos e deveres que, sem serem públicos no senso tradicional da palavra, são, no entanto, coletivos: desses ninguém é titular, ao mesmo tempo em que todos os membros de um dado grupo, classe, ou categoria, deles são titulares. *A quem pertence o ar que respiro?*" (**Mauro Cappelletti**).[1]

> "O individualismo, com a sua tônica no homem isolado e na presunção de igualdade, não só deu ensejo às ficções jurídicas mais diversas – entre elas a garantia 'passiva' do acesso à justiça –, como podou, disfarçada ou abertamente, a tutela da supraindividualidade. O *laissez-faire* jurídico condenou os interesses e direitos metaindividuais a uma camisa de forças injustificável, satisfazendo-se com o massacre de tudo o que não fosse egoisticamente reduzido ou reduzível à pequenez do indivíduo" (**Ministro Antonio Herman Benjamin**).[2]

O surgimento dos **direitos transindividuais**, entre os quais desponta o direito a viver em um meio ambiente sadio e equilibrado, coloca novos desafios para o jurista contemporâneo. Em vista de uma sociedade de **relações massificadas**, o Direito abandona sua **concepção liberal-individualista** para conceber cada vez mais demandas sociais de natureza plural e coletiva. No intuito de caracterizar a nova ordem de direitos e interesses de natureza transindividual, é oportuna a leitura dos textos de Mauro Cappelletti, que, já em meados da década de 1970,[3] tratou da emergência das relações jurídicas plurais e de massa em nossas comunidades político-estatais, destacando-se o seu célebre questionamento que caracteriza a natureza difusa do direito ao meio ambiente e elucida a respeito dessa nova ordem de direitos: "a quem pertence o ar que respiro?".

Os exemplos mais utilizados pela doutrina para ilustrar os direitos transindividuais são a **defesa do consumidor** (arts. 5º, XXXII, e 170, V, da CF/1988) e a **tutela do meio ambiente** (art.

---

[1] CAPPELLETTI, Mauro. Formações sociais e interesses coletivos diante da justiça civil..., p. 135.

[2] BENJAMIN, Antonio Herman. A insurreição da aldeia global contra o processo civil clássico..., p. 288.

[3] Nos anos 1970, Mauro Cappelletti capitaneou ampla pesquisa – denominada de "Projeto Florença" – sobre a questão do acesso à justiça. Como resultado do estudo empreendido, v., além da obra CAPPELLETTI, Mauro; GARTH, Bryant. *Acesso à justiça...*, também CAPPELLETTI, Mauro; GORDLEY, James; JOHNSON, Earl. *Toward equal Justice...*; e CAPPELLETTI, Mauro (org.). *Acess to Justice...*

225 da CF/1988), ambos integrantes do rol constitucional dos direitos fundamentais. Os **direitos sociais** (art. 6º da CF/1988), por sua vez, também podem se enquadrar em tal categoria jurídica, na medida em que assumem, em determinadas hipóteses, a qualidade de direitos ou interesses difusos, como ocorre, por exemplo, em ações coletivas interpostas contra o Estado com o objetivo de assegurar a efetivação de políticas públicas nas áreas sociais (saúde, educação, moradia, alimentação, saneamento básico, assistência social, assistência jurídica aos necessitados etc.).[4]

O aperfeiçoamento do sistema processual no sentido de conceber mecanismos adequados à tutela de **direitos coletivos**, bem como de direitos individuais atingidos ou ameaçados por lesivos de grande escala, conforme pontua Teori A. Zavascki, deveu-se especialmente em razão da conscientização dos meios sociais para a adoção de medidas destinadas a: (a) preservar o meio ambiente, fortemente agredido pelo aumento cada vez maior do número de agentes poluidores; e (b) proteger os indivíduos na sua condição de consumidores, atingidos, com acentuada intensidade, pelas consequências negativas de uma economia de mercado cegamente voltada para o lucro, num ambiente caracterizado por renitentes crises inflacionárias.[5]

Segundo o ex-Ministro do STF, a proteção do meio ambiente e a defesa do consumidor foram o ponto de partida para o **movimento reformador** de vários sistemas jurídicos, de modo que as medidas corretivas do sistema implicaram a adoção tanto de normas de "direito material (civil e penal) destinadas a dar consistência normativa" à tutela dos novos bens jurídicos lesados quanto novos "mecanismos de natureza processual para operacionalizar a sua defesa em juízo", considerando-se a absoluta inaptidão dos "velhos" métodos processuais tradicionais para dar conta dos novos conflitos sociais, marcados pela sua dimensão transindividual.[6] A reforma processual, como acentuado por Zavascki, trouxe também consubstanciada uma reforma do próprio direito material, que acabou por incorporar no sistema jurídico os novos direitos transindividuais, captando os novos conflitos sociais legitimados no âmbito comunitário.

À luz desse novo arranjo social e dos desafios dele decorrentes postos no cenário contemporâneo, o sistema jurídico ajustou-se aos **novos direitos de natureza transindividual** com o objetivo de garantir a sua tutela adequada e efetiva. Nesse sentido, Hugo Nigro Mazzilli evidencia a necessidade de a ordem jurídica reconhecer que o acesso individual dos lesados à justiça seja substituído por um processo coletivo, apto a conduzir a uma solução mais eficiente da lide.[7] O **Processo Civil**, nesse caminhar, passou a estabelecer um **diálogo normativo** com a **Constituição** e, especialmente, com a **Teoria dos Direitos Fundamentais**, sem nunca perder de vista a **natureza de "instrumento" das normas processuais** para com o resguardo do **direito material**. É possível reconhecer um processo de **"constitucionalização" do Processo Civil**[8] após a promulgação da CF/1988, na linha do que identificou com outros ramos jurídicos (ex.: Direito Civil).

A efetivação dos direitos – especialmente daqueles dotados de conteúdo *jusfundamental*, em razão da sua aplicação e eficácia imediata (art. 5º, § 1º, da CF/1988) - e a pacificação social são os verdadeiros "fins" das normas processuais. Como instrumento ou meio de realização do direito material, o processo não pode opor barreiras formais à sua concretização, especialmente quando estiverem em causa direitos fundamentais, sempre em vista da garantia constitucional do **acesso à justiça**, da garantia constitucional da **inafastabilidade do controle jurisdicional**

---

[4] Atribuindo aos direitos sociais tanto uma titularidade individual quanto coletiva (ou difusa), v. SARLET, Ingo Wolfgang. *A eficácia dos direitos fundamentais...*, p. 214-218.
[5] ZAVASCKI, Teori A. *Processo coletivo...*, p. 27.
[6] ZAVASCKI, Teori A. *Processo coletivo...*, p. 28.
[7] MAZZILLI, Hugo Nigro. *A defesa dos interesses difusos em juízo*. 15. ed. São Paulo: Saraiva, 2002. p. 44.
[8] Na doutrina, v. ZANETI JR., Hermes. *A constitucionalização do processo*. 3. ed. São Paulo: Revista dos Tribunais, 2022.

(art. 5º, XXXV) e do direito fundamental a uma **tutela jurisdicional efetiva**.[9] É importante, por esse prisma, igualmente ter em conta a **dimensão política e democrática** que permeia a garantia constitucional do acesso à justiça.

O **paradigma liberal-individualista do Direito**, que marcou sobremaneira o nosso sistema jurídico nos últimos séculos, especialmente sob a influência dominante do Direito Privado, já é coisa do passado. O pacto constitucional de 1988 decretou o seu fim, instaurando uma nova ordem jurídica marcada pelo paradigma social – e, para alguns, até mesmo socioambiental ou ecológico –, ancorado na força normativa irradiante do princípio da dignidade da pessoa humana e dos direitos fundamentais. A mitigação do espectro liberal-individualista e ascendência dos **valores sociais e ecológicos** no nosso ordenamento jurídico são sentidos em todos os ramos jurídicos. O processo civil talvez tenha sido o precursor, em certa medida, de tal mudança de paradigma, notadamente com relação à conformação dos "**direitos transindividuais**". Muitos dos avanços sentidos na ruptura com o marco jurídico liberal-individualista tiveram na sua base a produção doutrinária "progressista" de autores provenientes da área do Processo Civil e, em especial, do Processo Civil Coletivo (ou mesmo vinculados a áreas correlatas, como o Direito Ambiental e o Direito do Consumidor).

Antes mesmo da CF/1988, já dispúnhamos da **Lei da Ação Civil Pública (Lei 7.437/85)**, diploma processual – também com forte conteúdo inovador de ordem material – que combatia tal "olhar individualista" do processo civil, abrindo o sistema jurídico para os **conflitos de massa** que marcam a nossa **sociedade (industrial e "de risco")** desde (pelo menos) a década de 1970. Igual se pode afirmar sobre a **Lei da Política Nacional do Meio Ambiente (Lei 6.938/81)**, a qual consagrou, pouco antes da Lei 7.347/85, a legitimidade do Ministério Público para a propositura de ação de reparação por danos ambientais (art. 14, § 1º), inaugurando, em certa medida, os novos instrumentos processuais coletivos no âmbito do ordenamento jurídico pátrio, além, por certo, de consagrar em "termos materiais" um novo **bem jurídico ecológico** de **natureza difusa**. Da mesma forma, a **Lei Complementar 40/81**, que regia o **Ministério Público** naquela época, estabeleceu a atribuição do *Parquet* para ajuizamento de ação civil pública (art. 3º, III). O seu objeto, influenciado pela Lei 6.938/81, era restrito à questão ambiental, o que se alterou substancialmente com o advento da Lei 7.347/85, iniciando-se uma normatização sistematizada para defesa de interesses coletivos e difusos (que teve, até o momento, o seu ápice com o **Código de Defesa do Consumidor**).

A **CF/1988**, por sua vez, acompanhou esse cenário normativo "renovador" do nosso ordenamento jurídico, dando guarida constitucional aos novos direitos de natureza coletiva. A título de exemplo, verifica-se a consagração constitucional da **proteção do consumidor** (art. 5º, XXXII), de um extenso rol de **direitos sociais** (art. 6º), do **direito ao meio ambiente** (art. 225) e da proteção dos **povos indígenas** (arts. 231 e 232). Mais recentemente, deve ser incluído igualmente no rol constitucional de direitos difusos e coletivos a **proteção climática**, notadamente após a nova interpretação conferida pelo STF ao art. 225 no julgamento do **ADPF 708/DF (Caso Fundo Clima)**, ADO 59/DF (Caso Fundo Amazônia) e ADPF 760/DF (Caso PPCDAm). Após a CF/1988, muitos outros diplomas legislativos subsequentes, por exemplo, a **Lei de Proteção das Pessoas com Deficiência** (Lei 7.853/89), o **Código de Defesa do Consumidor** (8.078/90), o **Estatuto da Criança e do Adolescente** (Lei 8.069/90), o **Estatuto da Cidade** (Lei 10.257/2001), o **Estatuto do Idoso** (Lei 10.741/2003), a **Lei "Maria da Penha" de Combate à Violência Doméstica e Familiar contra a Mulher** (Lei 11.340/2006), o **Estatuto da Igualdade Racial** (Lei 12.288/2010), fortaleceram normativamente tal **paradigma jurídico social**, permeados pelos marcos constitucionais da **igualdade** e da **solidariedade**, de modo a consolidar o **Direito Processual Coletivo brasileiro**.

---

[9] O direito fundamental a uma tutela jurisdicional efetiva é tratado por MARINONI, Luiz Guilherme. *Teoria geral do processo...*, p. 113.

Outro exemplo atual de legislação especial voltada à proteção de determinado grupo social vulnerável é a **Lei 14.755/2023**, que institui a **Política Nacional de Direitos das Populações Atingidas por Barragens** (PNAB) e consagra os direitos das pessoas atingidas por barragens, inclusive em situações de **desastres ambientais**, como vimos nos exemplos de Mariana (2015) e Brumadinho (2019). A Lei 14.755/2023 soma-se à Lei 12.334/2010, a qual estabelece a Política Nacional de Segurança de Barragens, na conformação de um microssistema jurídico especializado e voltado, entre outros objetivos, a salvaguardar os direitos das **pessoas atingidas por barragens**. Também pode ser compreendida nesse sentido a **Lei 12.608/2012**, que estabelece a **Política Nacional de Proteção e Defesa Civil**, especialmente em vista da reforma do seu texto levada a efeito pela Lei 14.750/2023. O diploma em questão centraliza o que se pode denominar um microssistema legislativo do **Direito dos Desastres**, inclusive consagrando **deveres estatais de prevenção e resposta** e direitos das vítimas de desastres (ambientais e climáticos),[10] as quais se configuram em um **grupo social vulnerável**. O contingente de mais de 600.000 **deslocados climáticos** das enchentes de maio de 2024 no Estado do Rio Grande do Sul ilustra essa situação. A LACP, em sintonia com a Lei 6.938/81, surgiu num cenário jurídico em que despontava a consagração de "novos" direitos de natureza coletiva, objetivando a apuração da responsabilidade por danos causados ao meio ambiente, ao consumidor, a bens e direitos de valor artístico, estético, histórico, turístico e paisagístico. Mais tarde, também a ordem urbanística passou a integrar o **rol materialmente aberto (art. 1º, IV) dos direitos coletivos** passíveis de ser tutelados pela ação civil pública, conforme estabelecido pela LACP. Além de reforçar o conteúdo inaugurado pela Lei 6.938/81, com a caracterização do direito ao meio ambiente como novo direito de natureza difusa, a Lei 7.347/85 consolida um novo regime jurídico – tanto de ordem **material ou substantiva** quanto **processual**[11] – para dar conta de acompanhar a evolução jurídica que se processava com a consagração dos direitos coletivos (em sentido amplo).

A LACP criou um importantíssimo instrumento de fiscalização e controle sobre práticas degradadoras do meio ambiente, tanto quando perpetradas por atores públicos como quando por particulares (pessoas físicas e jurídicas). Antes da Lei 6.938/81 e da LACP, havia, quando muito, do ponto de vista processual, as ações voltadas à proteção dos **direitos de vizinhança** como instrumento (indireto) para promover a proteção ecológica. Não obstante a Lei 6.938/81 já ter reconhecida a possibilidade da propositura de ação de responsabilidade civil por danos causados ao meio ambiente, reconhecendo a legitimidade do Ministério Público da União e Ministério Público dos Estados para propor tal medida (art. 14, § 1º, parte final), foi a LACP que iniciou um novo capítulo no cenário jurídico nacional ao sistematizar a matéria dos **direitos coletivos**. Nesse contexto, é importante frisar que a "revolução" proporcionada pela LACP, para além de uma reforma processual, diz respeito à consagração de "novos" direitos de natureza material, entre eles o direito ao meio ambiente.

A Lei 7.347/85 ampliou significativamente as atribuições do Ministério Público no que tange à tutela e promoção dos "novos" direitos de feição coletiva, não apenas no sentido de atribuir a legitimidade para a propositura de ação civil pública (art. 5º, I) – e mesmo a figura

---

[10] "Art. 1º (...) Parágrafo único (...): XII – **resposta a desastres**: ações imediatas com o objetivo de socorrer a **população atingida** e restabelecer as condições de segurança das áreas atingidas, incluídas ações de busca e salvamento de **vítimas**, de primeiros-socorros, atendimento pré-hospitalar, hospitalar, médico e cirúrgico de urgência, sem prejuízo da atenção aos problemas crônicos e agudos da população, de provisão de alimentos e meios para sua preparação, de abrigamento, de suprimento de vestuário e produtos de limpeza e higiene pessoal, de suprimento e distribuição de energia elétrica e água potável, de esgotamento sanitário, limpeza urbana, drenagem das águas pluviais, transporte coletivo, trafegabilidade e comunicações, de remoção de escombros e desobstrução das calhas dos rios, de manejo dos mortos e outras estabelecidas pelos órgãos do SINPDEC; (...) XV – **vulnerabilidade: fragilidade física, social, econômica ou ambiental de população** ou ecossistema ante evento adverso de origem natural ou induzido pela ação humana".

[11] ZAVASCKI, Teori A. *Processo coletivo...*, p. 28.

de fiscal da lei quando a propositura da ação civil pública por outro ente legitimado (art. 5º, § 1º) –, mas também no tocante à celebração **do termo de ajustamento de conduta** (art. 5º, § 6º) e, em especial, à instauração de **inquérito civil** (art. 8º, § 1º), o que impulsionou uma nova conformação institucional para o *Parquet*, inaugurada originalmente pela Lei 6.938/81.[12] Em que pese a LACP tenha assegurado também a **legitimidade das associações** (art. 5º, V) – e de outros entes públicos e, mais recentemente, também da Defensoria Pública – para a propositura de ação civil pública, há na LACP a definição de um papel de protagonista para o **Ministério Público** em matéria coletiva (o que se verifica até os dias atuais). O desenvolvimento do Direito Ambiental brasileiro, sobretudo no que toca à tutela judicial e extrajudicial do bem jurídico ecológico, caminhou sempre de "mãos dadas" com o próprio aperfeiçoamento e especialização institucional levado a efeito pelo Ministério Público brasileiro em matéria ambiental.

Talvez a principal frustração da LACP, pensando na sua efetivação, tenha sido o fato de a legitimidade das associações civis, como no caso das **organizações não governamentais (ONGs) de proteção ecológica**, não ter sido mais exercitada ao longo dos anos. Dito de outro modo, a utilização da ACP pela sociedade civil organizada, depois de mais de quase quatro décadas da sua consagração legislativa, resultou muito tímida na prática. Isso fez com que o ideal democrático-participativo que levou ao reconhecimento da legitimidade das associações para a propositura de ACP não saísse, em grande medida, do papel. Em matéria ambiental, há, em termos práticos, quase um monopólio da atuação do Ministério Público no tocante ao ajuizamento de ações coletivas. O ideal seria, por certo, que, ao lado do *Parquet* – e mesmo dos demais entes públicos legitimados –, as associações assumissem, se não o papel de principal protagonista, ao menos um papel mais ativo, o que, sem dúvida, ampliaria a legitimidade política da atuação judicial em questões ambientais, impulsionando, por meio de um maior controle social, a efetivação da legislação ambiental.

Esse cenário histórico-legislativo também deve ser compreendido à luz dos denominados **direitos ambientais de participação ou procedimentais**,[13] tratados ao longo dos capítulos anteriores. Não obstante outros precedentes normativos mais remotos também pudessem ser destacados (como a própria Declaração de Estocolmo sobre Meio Ambiente Humano de 1972),[14] a gênese normativa de tais direitos pode ser atribuída ao **Princípio 10 da Declaração do Rio (1992)**. Posteriormente, a **Convenção de Aarhus (1998)**, muito embora o seu espectro limitado inicialmente ao âmbito europeu (mas posteriormente ampliado para o plano global), tratou de forma ampla sobre o tema, consagrando a chamada "tríade" dos direitos ambientais procedimentais: **acesso à informação, participação pública na tomada de decisão** e **acesso à justiça**.[15] Mais recentemente, os direitos ambientais de participação foram objeto, de forma paradigmática, do **Acordo Regional de Escazú (2018)**, conforme já tratado anteriormente. O marco normativo internacional revela, por assim dizer, a preocupação do legislador em estabelecer um parâmetro normativo em que o direito humano a viver em um meio ambiente sadio, equilibrado e seguro, para além da sua consagração em termos materiais, também possa dispor de instrumentos (extrajudiciais e judiciais) aptos a lhe assegurar a devida proteção em situações de violação, além de possibilitar um maior **controle e participação social** em prol da **efetivação da legislação ambiental**.

---

[12] Sobre a nova roupagem institucional atribuída ao Ministério Público, de modo a despontar para a atuação coletiva e mesmo no tocante ao seu papel de guardião da sociedade e dos direitos de cidadania, v., pelo prisma de uma análise jurídico-política, SADEK, Maria Tereza. *Cidadania e Ministério Público...*, p. 11-37.

[13] Na doutrina, acerca dos direitos ambientais de participação ou procedimentais, v. capítulo específico dedicado ao tema na obra SARLET, Ingo; FENSTERSEIFER, Tiago. *Direito constitucional ecológico...*, p. 463-512.

[14] COMISSÃO MUNDIAL SOBRE MEIO AMBIENTE E DESENVOLVIMENTO. *Nosso Futuro Comum...*, p. 365.

[15] Para uma breve introdução à Convenção de Aarhus, v. EBBESSON, Jonas. *Acesso à informação, participação pública e acesso à justiça em matéria ambiental...*, p. 35 e ss.

1.1 O Código de Defesa do Consumidor (Lei 8.078/90), o Direito Processual Coletivo e a conformação progressiva de um "microssistema legislativo de direitos coletivos" (material e processual)

O Código de Defesa do Consumidor – CDC (Lei 8.078/90), de forma complementar à Lei de Ação Civil Pública (Lei 7.347/85), reforçou e conferiu maior grau de sistematização ao **Direito Processual Coletivo brasileiro**, o que tem relevância também para a proteção jurídica do meio ambiente. A regulamentação infraconstitucional do art. 5º, XXXII, da CF/1988, por intermédio do CDC, consolida a superação de um **modelo marcadamente liberal-individualista** do Direito brasileiro, inserindo novos valores, princípios e direitos que se colocam em sintonia com a defesa ecológica. A caracterização dos direitos e interesses difusos emerge em tal cenário, o que é fundamental para a compreensão do fenômeno jusambiental. Os conceitos dos **interesses e direitos coletivos em sentido amplo** (individual homogêneo, coletivo em sentido estrito e difuso) são tratados de forma específica no **art. 81 do CDC**, o que não havia sido feito no âmbito da LACP.

Da mesma forma, no seu Título III ("Da Defesa do Consumidor em Juízo"), do art. 81 ao art. 104, o diploma legislativo consumerista traz regramento amplo sobre a ação coletiva em matéria de consumo, que se aplica às ações coletivas em geral. Não por outra razão, o **art. 21 da LACP**, por força de inserção legislativa levada a efeito pela própria Lei 8.078/90, dispõe: "aplicam-se à defesa dos direitos e interesses difusos, coletivos e individuais, no que for cabível, os dispositivos do Título III da lei que instituiu o Código de Defesa do Consumidor". Tal dispositivo deixa expressa a vontade do legislador no sentido de conferir maior sistematização e uniformidade ao sistema processual coletivo, inclusive pela perspectiva do diálogo de tais fontes normativas. Há, por certo, outras legislações específicas ou microssistemas legislativos que também dispõem sobre a matéria processual coletiva – como é o caso do Estatuto da Criança e do Adolescente (arts. 208 a 224 da Lei 8.069/90) –, mas, sem dúvida, os dois diplomas legislativos mais importantes na matéria e que centralizam o sistema processual coletivo são o CDC e a LACP.

Muito embora a legislação ambiental tenha antecedido a legislação consumerista, se tomarmos como parâmetro para a consagração legislativa das disciplinas, respectivamente, a Lei 6.938/81 e o CDC, a evolução legislativa, teórica e jurisprudencial de ambas as disciplinas sempre caminhou de forma conjunta. A LACP, que data de 1985 – e, portanto, é anterior ao CDC –, exemplifica bem essa relação, ao consagrar tais direitos no seu art. 1º, em que traz **o rol exemplificativo dos direitos coletivos em sentido amplo**. Não por acaso, a proteção ambiental e a defesa do consumidor são comumente lembradas como os exemplos mais significativos e paradigmáticos para caracterizar os novos direitos de natureza coletiva. Por mais que o rol dos direitos coletivos em sentido amplo tenha se ampliado significativamente ao longo dos anos, a contar da edição da LACP, inclusive de modo a inserir também os direitos fundamentais sociais (educação, saúde, moradia etc.), as duas matérias ora em análise capitanearam a "revolução" tanto de ordem material quanto processual que se operou no sistema jurídico brasileiro, como expressão da superação de um paradigma liberal-individualista do Direito, como referido anteriormente.

Os instrumentos extrajudiciais e judiciais de proteção dos direitos em análise são, em grande medida, os mesmos (por exemplo, inquérito civil, termo de ajustamento de conduta, ação civil pública), bem como há uma **interpretação sistemática** e "**diálogo de fontes normativas**" entre os diplomas legislativos que regulamentam ambas as matérias. Talvez o melhor exemplo para demonstrar isso seja a questão da **inversão do ônus da prova** em matéria coletiva.[16] Sobre o tema, o STJ, em decisão sob a relatoria da Ministra Eliana Calmon, admitiu a inversão do ônus

---

[16] De modo similar ao verificado na hipótese da inversão do ônus probatório, a doutrina tem se utilizado do conteúdo no art. 6º, VI, do CDC para fundamentar a viabilidade jurídica do dano moral coletivo em matéria ambiental, articulando o diálogo normativo entre o microssistema normativo de proteção ambiental e o microssistema normativo de proteção do consumidor. Dispõe o artigo suscitado: "Art. 6º São direitos bási-

probatório em ação civil pública de natureza ambiental, considerando a relação interdisciplinar entre as normas de proteção ao consumidor e as de proteção ambiental.[17] A interpretação formulada pelo STJ determinou, ao admitir a extensão das regras de proteção do consumidor para a tutela ecológica, a integração de ambos os sistemas de proteção jurídica, aproveitando para a tutela ecológica instituto jurídico consagrado de forma expressa apenas no âmbito da legislação consumerista, ou seja, a inversão do ônus da prova (art. 6º, VIII, do CDC).[18] Mais recentemente, o **STJ** consolidou tal entendimento por meio da **Súmula 618**: "A inversão do ônus da prova aplica-se às ações de degradação ambiental". Também merece referência o dispositivo que trata da publicidade abusiva no âmbito das relações de consumo, que reconhece como caracterização da mesma a publicidade que "desrespeita os valores ecológicos" (art. 37, § 2º, do CDC[19]), bem como o dispositivo que assevera serem nulas as cláusulas contratuais relativas ao fornecimento de produtos e serviços que "infrinjam ou possibilitem a violação de normas ambientais" (art. 51, XIV, do CDC).

Ambas as disciplinas refletem a necessidade de **adaptação do Direito ao processo de massificação das relações sociais**, bem como da crescente industrialização e novas práticas econômicas levadas a efeito especialmente a partir do período pós-Segunda Guerra Mundial. A violação aos direitos do consumidor e a degradação ambiental são **"externalidades"** de uma nova realidade socioeconômica e o Direito respondeu a isso, com o propósito de proteger os direitos fundamentais do indivíduo e da coletividade, por intermédio do reconhecimento de "novos" direitos. Nesse contexto, registra-se que tanto o Direito Ambiental como o Direito do Consumidor são matérias revestidas pelo **interesse público** e contam com a atuação do Estado na sua defesa e promoção.[20] Tal situação encontra-se consagrada no próprio texto da CF/1988 (art. 5º, XXXII,[21] e art. 225, *caput* e § 1º), inclusive reconhecendo a **natureza de direito fundamental** de tais matérias. A reforçar esse entendimento, conforme dispõe o art. 4º, *caput*, do CDC, a "**Política Nacional das Relações de Consumo** tem por objetivo o atendimento das necessidades dos consumidores, o respeito à sua **dignidade**, saúde e segurança, a proteção de seus interesses econômicos, a melhoria da sua qualidade de vida, bem como a transparência e harmonia das relações de consumo", o que somente pode ser assegurado num contexto de equilíbrio, qualidade e segurança ambiental. A ideia de **consumo sustentável** também está amparada em tal perspectiva integrada das disciplinas em questão.

O Direito Ambiental, o Direito do Consumidor e o Direito Processual Civil também estão fortemente conectados desde as suas origens e ao longo de todo o desenvolvimento do Direito Ambiental brasileiro até os dias atuais. Muito da evolução do Direito Ambiental, especialmente no que diz respeito aos **mecanismos de tutela processual do meio ambiente**, é fruto de uma revolução que se deu a partir da década de 1980 no âmbito do **Direito Processual Civil**, tendo como mote a ruptura com o paradigma liberal-individualista até então regente das relações

---

cos do consumidor: (...) VI – a efetiva prevenção e reparação de danos patrimoniais e morais, individuais, coletivos e difusos".

[17] STJ, REsp 1.060.753/SP, 2ª T., Rel. Min. Eliana Calmon, j. 01.12.2009. Precedente citado: REsp 1.049.822/RS.

[18] "Art. 6º (...) VIII – a facilitação da defesa de seus direitos, inclusive com a inversão do ônus da prova, a seu favor, no processo civil, quando, a critério do juiz, for verossímil a alegação ou quando for ele hipossuficiente, segundo as regras ordinárias de experiências."

[19] "Art. 37. É proibida toda publicidade enganosa ou abusiva (...) § 2º É abusiva, dentre outras a publicidade discriminatória de qualquer natureza, a que incite à violência, explore o medo ou a superstição, se aproveite da deficiência de julgamento e experiência da criança, *desrespeita valores ambientais*, ou que seja capaz de induzir o consumidor a se comportar de forma prejudicial ou perigosa à sua saúde ou segurança."

[20] O art. 1º do CDC destaca, nesse sentido, que o diploma consumerista estabelece normas "de ordem pública e interesse social, nos termos dos arts. 5º, inciso XXXII, 170, inciso V, da Constituição Federal e art. 48 de suas Disposições Transitórias".

[21] "Art. 5º (...) XXXII – o Estado promoverá, na forma da lei, a defesa do consumidor."

jurídicas processuais. Tal fenômeno jurídico, como referido anteriormente, é resultado das mudanças significativas ocorridas no âmbito social na segunda metade do século XX, com a vertiginosa massificação das relações sociais, legitimação de novos valores comunitários etc., conduzindo, assim, à reforma processual que estabeleceu a consolidação do designado **Direito Processual Coletivo**. Mais recentemente, outro passo importante dado no desenvolvimento da disciplina processual, com grandes implicações para a tutela processual ecológica (e climática), é o surgimento e desenvolvimento recente do denominado **Direito Processual Estrutural**.

O reconhecimento normativo – tanto em sede constitucional quanto infraconstitucional – dos direitos coletivos em sentido amplo (individuais homogêneos, coletivos em sentido estrito e difusos), especialmente no caso dos direitos difusos, representou inovação jurídica que extrapolou a perspectiva processual propriamente dita, alcançando a esfera material dos direitos. A LACP, rompendo com o marco liberal-individualista, inaugurou o Direito Processual Coletivo brasileiro. O que aparentemente representava um diploma de índole processual carregava, na verdade, verdadeiro conteúdo de natureza material, consagrando "novos" direitos de matriz coletiva, como é o caso dos direitos ecológicos e dos direitos dos consumidores. Tudo isso também seguiu forte tendência de assegurar a **primazia do direito material** em detrimento do instrumento, sob a matriz normativa do **princípio da instrumentalidade das formas**. Não se pode olvidar, da mesma forma, a relevância dos instrumentos processuais coletivos, em especial a ação popular (que, a partir da CF/1988, passou a ter como seu objeto também a proteção ambiental) e a ação civil pública (em vista da legitimidade das associações ambientalistas prevista no art. 5º, V, da Lei 7.347/85), para **potencializar a participação da sociedade** na tutela e promoção da qualidade ambiental, ampliando as **bases democráticas** da proteção jurídica do meio ambiente.[22]

Mais recentemente, esse novo cenário processual edificado, como visto anteriormente, desde a década de 1980 no Brasil, também ganhou assento no **CPC/2015**, não obstante a nova legislação processual não tenha regulamentado no seu corpo o sistema processual coletivo em si. A título de exemplo, estabelece o art. 139 do diploma processual que o juiz dirigirá o processo conforme as disposições deste Código, incumbindo-lhe: "(...) X – quando se deparar com diversas **demandas individuais repetitivas, oficiar o Ministério Público, a Defensoria Pública** e, na medida do possível, outros legitimados a que se referem o art. 5º da Lei nº 7.347/85, e o art. 82 da Lei nº 8.078/90, para, se for o caso, promover a **propositura da ação coletiva** respectiva". Esse dispositivo ilustra bem a permanência do sistema processual coletivo brasileiro centrado na LACP e no CDC.

O CPC/2015, no mesmo sentido, enalteceu os institutos jurídicos da **audiência pública** no âmbito judicial e do *amicus curiae*, inclusive no âmbito do instituto do **incidente de resolução de demandas repetitivas**.

CAPÍTULO VIII
DO INCIDENTE DE RESOLUÇÃO DE DEMANDAS REPETITIVAS

Art. 976. É cabível a instauração do **incidente de resolução de demandas repetitivas** quando houver, simultaneamente:

I – efetiva **repetição de processos** que contenham controvérsia sobre a mesma questão **unicamente de direito**;

II – risco de ofensa à isonomia e à segurança jurídica.

§ 1º A desistência ou o abandono do processo não impede o exame de mérito do incidente.

---

[22] No sentido de reconhecer a legitimidade de todos os entes arrolados no art. 5º da Lei 7.347/85 para a propositura de ação civil pública ambiental, v. RODRIGUES, Marcelo Abelha. *Processo civil ambiental*. São Paulo: RT, 2008. p. 85.

§ 2º Se não for o requerente, o **Ministério Público intervirá obrigatoriamente** no incidente e deverá assumir sua titularidade em caso de desistência ou de abandono.

§ 3º A inadmissão do incidente de resolução de demandas repetitivas por ausência de qualquer de seus pressupostos de admissibilidade não impede que, uma vez satisfeito o requisito, seja o incidente novamente suscitado.

§ 4º É incabível o incidente de resolução de demandas repetitivas quando um dos tribunais superiores, no âmbito de sua respectiva competência, já tiver afetado recurso para definição de tese sobre questão de direito material ou processual repetitiva.

§ 5º **Não serão exigidas custas processuais** no incidente de resolução de demandas repetitivas.

Art. 977. O **pedido de instauração** do incidente será dirigido ao presidente de tribunal:

I – **pelo juiz ou relator**, por ofício;

II – **pelas partes**, por petição;

III – pelo **Ministério Público ou pela Defensoria Pública**, por petição.

Parágrafo único. O ofício ou a petição será instruído com os documentos necessários à demonstração do preenchimento dos pressupostos para a instauração do incidente.

"**Art. 983.** O relator ouvirá as partes e os demais interessados, inclusive pessoas, órgãos e entidades com interesse na controvérsia, que, no prazo comum de 15 (quinze) dias, poderão requerer a juntada de documentos, bem como as diligências necessárias para a elucidação da questão de direito controvertida, e, em seguida, manifestar-se-á o Ministério Público, no mesmo prazo.

§ 1º Para instruir o incidente, o relator poderá designar data para, em **audiência pública**, ouvir depoimentos de pessoas com experiência e conhecimento na matéria. (...)

DO JULGAMENTO DOS RECURSOS EXTRAORDINÁRIO E ESPECIAL REPETITIVOS (...)

Art. 1.038. O relator poderá: I – **solicitar ou admitir manifestação de pessoas, órgãos ou entidades com interesse na controvérsia**, considerando a relevância da matéria e consoante dispuser o regimento interno; II – fixar data para, em **audiência pública**, ouvir depoimentos de pessoas com experiência e conhecimento na matéria, com a finalidade de instruir o procedimento."

2. ACESSO À JUSTIÇA, PROTEÇÃO ECOLÓGICA E SISTEMA DE JUSTIÇA

"(...) A titularidade de direitos é destituída de sentido na ausência de mecanismos para sua efetiva reivindicação. O acesso à justiça pode, portanto, ser encarado como o requisito fundamental – **o mais básico dos direitos humanos** – de um sistema jurídico moderno e igualitário que pretenda garantir, e não apenas proclamar os direitos de todos" (**Mauro Cappelletti e Bryant Garth**).[23]

"A **participação judicial ambiental** configura uma modalidade participativa que se soma à **participação legislativa** e à **participação administrativa** a fim de reduzir o distanciamento entre o povo e os agentes que exercem o poder na área do meio ambiente. De importância indiscutível, tem ela por escopo fortalecer a **implementação do Direito Ambiental**, propiciar o controle pela sociedade da legalidade e da legitimidade das ações e omissões públicas e privadas relacionadas com o meio ambiente, garantir o **acesso participativo**

---

[23] CAPPELLETTI, Mauro; GARTH, Bryant. *Acesso à justiça...*, p. 11-12.

à justiça para a preservação da qualidade ambiental e assegurar a própria **participação pública ambiental**" (Álvaro L. Valery Mirra).[24]

"Art. 8. Acesso à justiça em questões ambientais. 1. Cada Parte garantirá o **direito de acesso à justiça em questões ambientais** de acordo com as garantias do devido processo. 2. Cada Parte assegurará, no âmbito de sua legislação nacional, o acesso a instâncias judiciais e administrativas para impugnar e recorrer, quanto ao mérito e procedimento: a) qualquer decisão, ação ou omissão relacionada com o acesso à informação ambiental; b) qualquer decisão, ação ou omissão relacionada com a participação pública em processos de tomada de decisões ambientais; e c) qualquer outra decisão, ação ou omissão que afete ou possa afetar de maneira adversa o meio ambiente ou infringir normas jurídicas relacionadas ao meio ambiente" (**Acordo de Escazú de 2018**).

Na década de 1970, como mencionado na abertura deste capítulo, o jurista italiano **Mauro Cappelletti** capitaneou profunda pesquisa de âmbito comparado, denominada de "**Projeto Florença**", sobre a questão do acesso à justiça.[25] Os estudos em questão influenciaram de forma muito expressiva o cenário jurídico brasileiro, inclusive nas múltiplas dimensões exemplificadas nas ondas renovatórias do acesso à justiça propostas por Cappelletti. Além da questão do **acesso dos pobres** à justiça (**1ª onda renovatória**) contemplado de forma paradigmática na Constituição Federal de 1988 (arts. 5º, LXXIV, e 134), a edição da LACP (1985) também é expressão da influência exercida pelo movimento de acesso à justiça em âmbito nacional, vinculando-se neste último caso à **defesa dos direitos difusos e coletivos** (**2ª onda renovatória**), como bem exemplificam a proteção ecológica e a dos consumidores. No tocante à **3ª onda renovatória**, pode-se dizer que ela ainda está em curso no nosso país, notadamente no campo das **técnicas voltadas à efetivação dos direitos e à resolução extrajudicial dos conflitos**, como pode ser verificado na base principiológica do CPC/2015.

ONDAS RENOVATÓRIAS DO ACESSO À JUSTIÇA	
1ª Onda	– Assistência jurídica/judiciária aos pobres – Superação dos óbices econômicos e culturais (assistência jurídica aos pobres)
2ª Onda	– Direitos metaindividuais (difusos e coletivos)
3ª Onda	– Técnicas processuais voltadas à efetivação dos direitos, mecanismos extrajudiciais de resolução de conflitos, educação em direitos etc.
4ª Onda (?)	– Técnicas adequadas de representação processual dos interesses e direitos das futuras gerações, dos animais e da Natureza, inclusive com o reconhecimento da sua vulnerabilidade, legitimidade e capacidade de ser parte na relação jurídica processual;

---

[24] MIRRA, Álvaro Luiz Valery. *Participação, processo civil e defesa do meio ambiente...*, p. 31.
[25] Como resultado do estudo científico empreendido, destaca-se a sua obra clássica *Acesso à justiça...*, escrita em coautoria com Bryant Garth e traduzida para o português.

O acesso à justiça ou mesmo o acesso aos Juízes e Tribunais configura-se como elemento central de um regime jurídico-constitucional de índole democrática e republicana.[26] Não por outra razão, a **Declaração Universal dos Direitos Humanos (1948)**[27] consagrou, no seu Artigo VIII, que "toda pessoa tem direito de receber dos Tribunais nacionais competentes **recurso efetivo para os atos que violem os direitos fundamentais** que lhe sejam reconhecidos pela Constituição ou pela lei", bem como, no seu Artigo X, que "toda pessoa tem direito, **em plena igualdade**, a uma audiência justa e pública por parte de um **Tribunal independente e imparcial**, para decidir sobre seus direitos e deveres ou do fundamento de qualquer acusação criminal".

Os dispositivos citados da DUDH dispõem sobre o **direito humano de acesso à justiça**,[28] como componente central num sistema político-jurídico que objetiva a tutela e promoção dos direitos humanos. O acesso à justiça deve dar-se em condições de **"plena igualdade"**, o que já direciona a questão para a **obrigação do Estado** de assegurar, além do **acesso ao Sistema de Justiça** propriamente dito, o efetivo exercício de tal direito **em condições de igualdade**, já considerando a necessidade de superação de eventuais óbices de natureza socioeconômica que possam inviabilizá-lo em determinados cenários político-comunitários pela ótica dos indivíduos e grupos sociais necessitados.

O acesso à justiça, no âmbito dos **direitos ambientais procedimentais** – também denominados **direitos de acesso ou direitos de participação** –, é aquele que detém o desenvolvimento mais recente, na medida em que tanto o acesso à informação ambiental quanto a participação pública na tomada de decisão já possuíam mecanismos normativos mais desenvolvidos até mesmo antes da **Convenção de Aarhus (1998)**.[29] O acesso à justiça, é importante destacar, não é sinônimo de acesso ao Poder Judiciário. Trata-se de conceito mais amplo, tanto que o **Princípio 10 da Declaração do Rio (1992)** faz questão de deixar claro isso, ao dispor que será assegurado "acesso efetivo a **mecanismos *judiciais e administrativos***". Quando trata dos mecanismos administrativos, o dispositivo em questão abre o seu leque normativo para além do espectro judicial. De certa forma, o acesso à justiça em questões ambientais cumpre um papel que se pode denominar de "subsidiário", pois somente quando a "participação pública bem informada" não tiver força suficiente para afastar situações de lesão ou ameaça de lesão ao bem jurídico ecológico no âmbito "extrajudicial" é que a via "judicial" deverá ser acionada para corrigir essa situação ou mesmo para fazer valer os demais direitos ambientais procedimentais (no caso, o acesso à informação e a participação pública na tomada de decisão).

A conexão entre **direitos fundamentais e procedimentos processuais**, como pontua Alexy, objetiva unir o aspecto material e o aspecto procedimental num modelo que garanta o **primado do direito material**,[30] o que deve ser a tônica no acesso à justiça em matéria ambiental. O direito ao procedimento, judicial e administrativo, opera como projeção do próprio direito material, já que objetiva conferir a ele uma tutela integral na busca pela sua efetividade. De tal sorte, conforme tratamos anteriormente, reconhece-se a dimensão procedimental (ou processual) como essencial para contemplar um sistema de tutela efetiva do direito fundamental ao meio ambiente, inclusive assegurando, como sustenta Patryck de Araújo Ayala, um **devido processo ambien-**

---

[26] O art. 6º do *Bill of Rights* norte-americano (VI Emenda à Constituição dos EUA), de 1791, prevê: "Em todo processo criminal, o acusado terá direito a um julgamento célere e público, por um júri imparcial (...), de ser acareado com as testemunhas de acusação, de obter o comparecimento compulsório de testemunhas de defesa e *contar com a assistência de um advogado para a sua defesa*".

[27] A Declaração Universal dos Direitos Humanos (1948) será referida doravante apenas como DUDH.

[28] Na doutrina, v. RAMOS, *Curso de direitos humanos...*, p. 455.

[29] KRÄMER, Ludwig. The Aarhus Convention and EU law. *In*: GOMES, Carla Amado; ANTUNES, Tiago (coord.). *A Trilogia de Aarhus*. Lisboa: Instituto de Ciências Jurídico-Políticas/Universidade de Lisboa, 2015. p. 3-4.

[30] ALEXY, Robert. *Teoria dos direitos fundamentais...*, p. 473-474.

tal,[31] o qual deverá ser necessariamente participativo. Cabe ao processo civil, nesse sentido, criar técnicas capazes de dar conta de uma tutela adequada e efetiva dos direitos, especialmente dos direitos fundamentais, sem nunca perder de vista a sua natureza de instrumento e o primado do direito material.

O acesso à justiça, de acordo com Ebbesson, é um elemento essencial da **participação pública**, como instrumento para aplicação da legislação ambiental, correção de decisões administrativas errôneas e enquadramento das autoridades competentes no seu devido papel.[32] É nesse mesmo sentido a lição de Luiz G. Marinoni que, amparado numa leitura do **Direito Processual Civil** com base na **Teoria dos Direitos Fundamentais**, afirma que a participação por meio da ação judicial justifica-se também numa perspectiva democrática, já que essa "não mais se funda ou pode se fundar no sistema representativo tradicional".[33] As ações judiciais conformam, em alguma medida, o **direito à participação** inerente aos direitos fundamentais, permitindo a democratização do poder por intermédio da participação popular, que, conforme pontua Marinoni, se dá, no caso da ação judicial, de forma direta.[34]

O autor colaciona o exemplo da **ação popular** como um "instrumento pelo qual o indivíduo exerce o seu direito de tomar parte na gestão dos negócios públicos", espelhando o exercício de um direito político.[35] Em sintonia com tal entendimento, Herman Benjamin refere que, como benefício substantivo da "constitucionalização" da proteção do meio ambiente, devem-se "ampliar os canais de participação pública, sejam os administrativos, sejam os judiciais", por meio do afrouxamento do formalismo individualista, especialmente para os procedimentos judiciais, que é a marca da legitimação para agir tradicional.[36]

A respeito do tema, Gomes atribui **natureza instrumental** ao **acesso à justiça** em vista dos direitos de acesso à informação e de participação pública na tomada de decisão, na medida em que permite ultrapassar restrições indevidas ao exercício de tais direitos. Segundo a autora, o acesso à justiça serviria como mecanismo de salvaguarda para a hipótese de violação aos demais direitos ambientais procedimentais.[37] Não é diferente, em linhas gerais, o entendimento de Luís F. Colaço Antunes, para quem "a tutela procedimental é a antecâmara da tutela processual do **interesse difuso ambiental**".[38]

Portanto, a via judicial só passa a ser legitimada se a instância administrativa ou extrajudicial não for capaz de assegurar o devido exercício dos direitos ambientais procedimentais (e, numa perspectiva mais ampla, a efetiva proteção ao direito fundamental ao meio ambiente), tanto no âmbito do acesso à informação quanto da participação na tomada de decisão. Esse raciocínio está de acordo com certa tendência contemporânea verificada no cenário jurídico brasileiro, com o propósito de **priorizar a resolução extrajudicial dos conflitos**, como resultou evidenciado recentemente por meio do CPC/2015.[39] A utilização do Poder Judiciário para solucionar **conflitos**

---

[31] AYALA, Patryck de Araújo. *Devido processo ambiental...*, especialmente p. 325 e ss.
[32] EBBESSON, Jonas. *Public participation...*, p. 701.
[33] MARINONI, Luiz Guilherme. *Teoria geral do processo...*, p. 196.
[34] MARINONI, Luiz Guilherme. *Teoria geral do processo...*, p. 198.
[35] MARINONI, Luiz Guilherme. *Teoria geral do processo...*, p. 198.
[36] BENJAMIN, Antonio Herman. Constitucionalização do ambiente e ecologização da Constituição brasileira..., p. 76.
[37] GOMES, Carla Amado. Legitimidade processual popular, litispendência e caso julgado. *In*: GOMES, Carla Amado; ANTUNES, Tiago (coord.). *A Trilogia de Aarhus*. Lisboa: Instituto de Ciências Jurídico-Políticas/Universidade de Lisboa, 2015. p. 78. Disponível em: http://icjp.pt/sites/default/files/publicacoes/files/ebook_trilogia_aarhus.pdf.
[38] ANTUNES, Luís Filipe Colaço. *Direito público do ambiente*. Lisboa: Almedina, 2008. p. 91.
[39] "Art. 1º O processo civil será ordenado, disciplinado e interpretado conforme os valores e as normas fundamentais estabelecidos na Constituição da República Federativa do Brasil, observando-se as disposições

ambientais (em especial no tocante ao manuseio dos instrumentos processuais coletivos) deve ser utilizada apenas como última salvaguarda, ou seja, somente quando as demais instâncias tenham fracassado em assegurar a proteção e efetivação do marco jurídico constitucional e infraconstitucional ecológico.

Tanto no plano judicial quanto extrajudicial deve-se assegurar o **caráter democrático-participativo da norma constitucional-ecológica**, possibilitando aos atores sociais (associações ambientalistas, cidadãos, associações de bairro, movimentos populares, entidades científicas etc.) uma participação qualificada (portanto, necessariamente bem informada) e ativa na formação da vontade e tomada de decisão do Estado-Juiz, especialmente em ações de natureza coletiva, dados o impacto e repercussão social destas. No ordenamento jurídico brasileiro, há inúmeros instrumentos processuais que potencializam e podem ser utilizados com esse viés participativo-ambiental. Até mesmo as ações que tutelam direitos de vizinhança, em alguma medida, permitem ao cidadão, de forma individual, promover a tutela ecológica[40] e foram, de certa maneira, o embrião das ações processuais voltadas à tutela ecológica consagradas na legislação processual posteriormente. Nesse sentido, as duas principais ações processuais que tradicionalmente veiculam a proteção do ambiente são a ação civil pública (Lei 7.347/85) e a ação popular (art. 5º, LXXIII, da CF/1988 e Lei 4.717/65).

Há inúmeros **instrumentos processuais** que também podem ser acionados para o mesmo propósito, a depender das peculiaridades do caso concreto. Esse é o caso do **mandado de segurança individual e coletivo** (art. 5º, LXIX e LXX, da CF/1988), das ações voltadas ao **controle concentrado de constitucionalidade**, como a ação direta de inconstitucionalidade – ADI – e a ação declaratória de constitucionalidade – ADC (Lei 9.868/99) –, do mandado de injunção (art. 5º, LXXI, da CF/1988), da ação direta de inconstitucionalidade por omissão (art. 103, § 2º, da CF/1988 e Lei 9.868/99) e da arguição de descumprimento de preceito fundamental – ADPF (Lei 9.882/99). Com relação ao mandado de injunção, destaca-se o **mandado de injunção coletivo**, regulamentado por meio da Lei 13.300/2016, com especial potencial de manuseio em prol da defesa ambiental.[41] Mais recentemente, registra-se a crescente utilização de instrumentos participativos no campo judicial como a **audiência pública judicial** e o instituto do *amicus curiae* (art. 7º, § 2º, da Lei 9.868/99 e art. 138 do CPC/2015). No caso das audiências públicas judiciais, registra-se o protagonismo do STF, tendo realizado inumeráveis audiências que versaram sobre a temática ecológica, oportunizando a participação de vários atores (entidades ambientalistas, entidades científicas etc.).

A ampliação dos atores legitimados a atuar na tutela processual dos direitos coletivos no âmbito do Sistema de Justiça reflete o "estado da arte" do pensamento jurídico-processual con-

---

deste Código. (...) Art. 3º Não se excluirá da apreciação jurisdicional ameaça ou lesão a direito. (...) § 2º O Estado promoverá, sempre que possível, a solução consensual dos conflitos. § 3º A conciliação, a mediação e outros métodos de solução consensual de conflitos deverão ser estimulados por juízes, advogados, Defensores Públicos e membros do Ministério Público, inclusive no curso do processo judicial."

[40] FIGUEIREDO, Guilherme José Purvin de. *A propriedade no direito ambiental...*, p. 107 e ss.

[41] "Art. 1º Esta Lei disciplina o processo e o julgamento dos *mandados de injunção* individual e *coletivo*, nos termos do inciso LXXI do art. 5º da Constituição Federal. Art. 2º Conceder-se-á mandado de injunção sempre que a falta total ou parcial de norma regulamentadora torne inviável o exercício dos *direitos e liberdades constitucionais* e das prerrogativas inerentes à nacionalidade, à soberania e à cidadania. (...) Art. 12. O mandado de injunção coletivo pode ser promovido: I – pelo *Ministério Público*, quando a tutela requerida for especialmente relevante para a defesa da ordem jurídica, do regime democrático ou *dos interesses sociais ou individuais indisponíveis*; (...) IV – pela *Defensoria Pública*, quando a tutela requerida for especialmente relevante para a *promoção dos direitos humanos e a defesa dos direitos individuais e coletivos dos necessitados*, na forma do inciso LXXIV do art. 5º da Constituição Federal. Parágrafo único. Os direitos, as liberdades e as prerrogativas protegidos por mandado de injunção coletivo são os pertencentes, indistintamente, a uma *coletividade indeterminada de pessoas* ou determinada por grupo, classe ou categoria."

temporâneo. O alargamento das vias de acesso ao Poder Judiciário, alinhado com as garantias constitucionais da **assistência jurídica integral e gratuita** (art. 5º, LXXIV) e da **inafastabilidade do controle jurisdicional** (art. 5º, XXXV), toma o rumo traçado pelo espírito democrático-participativo da CF/1988, impactando também a esfera da tutela ecológica. Essa "abertura de portas", ampliando, em especial, o acesso das **pessoas necessitadas** e dos **grupos sociais vulneráveis** (incluídos aí até mesmo as **futuras gerações**, como grupo vulnerável,[42] bem como os animais não humanos e a Natureza em si) que antes não ingressavam nas nossas Cortes de Justiça por impossibilidade econômica e técnica, está diretamente relacionada à legitimidade para a propositura de ações judiciais, além, é claro, de outras questões estruturais e organizacionais do nosso Sistema de Justiça.

A partir do enfoque da instrumentalidade do processo, Cândido Rangel Dinamarco defende a modificação do sistema processual de modo a torná-lo aberto ao maior número possível de pessoas. De acordo com o **paradigma instrumentalista**, o sistema processual deve adotar técnicas capazes de "dotar o processo de maior carga de utilidade social e política".[43] Por meio de instrumentos como a ação civil pública, conforme pontua o autor, ampliam-se a via de admissão em juízo e, consequentemente, o acesso à justiça, permitindo a abertura do Sistema de Justiça, de modo a proporcionar benefícios a indivíduos e grupos sociais.[44]

Os direitos ambientais de participação, contextualizados nesse cenário jurídico-processual, refletem e concretizam a **dimensão ou perspectiva procedimental do direito-dever fundamental ao meio ambiente**. Os procedimentos e instrumentos administrativos e judiciais de que dispõem os titulares do direito fundamental ao meio ambiente (toda a coletividade, nos termos do *caput* do art. 225 da CF/1988) são cruciais para assegurar a **efetivação da legislação ambiental** e salvaguardar o direito em si na hipótese de sua violação ou ameaça de violação, tanto em face do poder público quanto de particulares, considerando-se, ainda, que a defesa de tais direitos pode ser exercida por meio dos entes públicos autônomos encarregados de salvaguardar o interesse da coletividade e de grupos sociais vulneráveis (no caso, respectivamente, o Ministério Público e a Defensoria Pública), bem como por agentes privados (indivíduos, organizações não governamentais (ONGs) de defesa ecológica, movimentos populares etc.) legitimados pela legislação processual para promover a tutela e promoção do direito fundamental a viver em um meio ambiente sadio, equilibrado e seguro, tal como consagrado de forma paradigmática, neste último caso, na LACP (art. 5º, IV, da Lei 7.347/85) e no art. 5º, LXXIII, da CF/1988 (ação popular ambiental).

A **ampliação da legitimidade** para a propositura de ações judiciais, especialmente daquelas que veiculam a tutela de direitos difusos e coletivos, como é o caso, por exemplo, da ação civil pública, está em sintonia com a concretização do princípio democrático e da garantia do acesso à justiça. Como assevera Marinoni, "quanto mais se alarga a legitimidade para a propositura dessas ações, mais se intensifica a participação do cidadão – ainda que representado por entidades – e dos grupos no poder e na vida social".[45] Seguindo a mesma leitura constitucional-processual, o Ministro Herman Benjamin do STJ defende o entendimento de que, em alguns casos, conforme a dicção utilizada pelo legislador constitucional, "essa legitimação ampliada pode vir a ser automaticamente aceita pelo Poder Judiciário, sem necessidade de intervenção legislativa".[46]

---

[42] V. HIPPEL, Eike von. *Der Schutz des Schwächeren...*, p. 140 e ss.
[43] DINAMARCO, Cândido Rangel. *A instrumentalidade do processo*. 13. ed. São Paulo: Malheiros, 2008. p. 362.
[44] DINAMARCO, Cândido Rangel. *A instrumentalidade do processo...*, p. 331.
[45] MARINONI, Luiz Guilherme. *Teoria geral do processo...*, p. 199.
[46] MARINONI, Luiz Guilherme. *Teoria geral do processo...*, p. 76.

Também Marcelo Abelha Rodrigues assinala que, "quanto mais se abrirem portas de acesso, mais se terão a **proteção e a efetivação** deste direito sagrado a todos os seres que habitam este Planeta. Por isso, toda interpretação a ser feita em relação à utilização das **técnicas ambientais relativas ao acesso à justiça**, especialmente as relacionadas com o poder de agir e de requerer a tutela jurisdicional ao longo da cadeia processual, deve ser vista sob o postulado de que, nas lides ambientais, o acesso à justiça deve ser alargado e jamais restringido".[47]

De modo a romper com uma concepção democrática tradicional, espelhada basicamente em uma abordagem representativa e indireta, deve-se estimular a abertura cada vez maior das portas do Poder Judiciário e o reconhecimento de tal poder como instância estatal legitimada constitucionalmente a atuar na proteção dos direitos fundamentais e, portanto, do direito fundamental ao meio ambiente, por meio da aqui designada **governança judicial ecológica**.[48] A atuação judicial crescente no campo ecológico, somada à ampliação do rol de entes legitimados para a propositura de ações coletivas ambientais, tem encontrado guarida no **Poder Judiciário** e transformado tal poder em importante **"arena" de luta pelos direitos ecológicos**.[49]

Tanto individualmente por meio de ações que tutelam os direitos de vizinhança ou da ação popular quanto mediante a atuação processual de entes coletivos (associações civis, Ordem dos Advogados do Brasil[50] etc.) ou mesmo estatais (Ministério Público, Defensoria Pública,[51] IBAMA[52] etc.), o Poder Judiciário brasileiro tem decidido favoravelmente à ampliação do rol de legitimados para as ações coletivas ambientais, em sintonia, aliás, com o que dispõe expressamente o art. 8, 3, c, do **Acordo de Escazú (2018)** ao tratar do acesso à justiça em matéria ambiental. O entendimento das Cortes brasileiras reconhece, em certa medida, a utilização das ações ambientais como uma legítima forma de atuação em defesa da ordem constitucional-ecológica e do direito fundamental ao meio ambiente, compatível com os ditames de uma **democracia participativa**, a qual, inclusive, possui natureza constitucional de direito fundamental.[53]

---

[47] RODRIGUES, Marcelo Abelha. *Processo civil ambiental...*, p. 143-144.

[48] Sobre governança judicial ecológica, ver capítulo específico acerca do tema em SARLET, Ingo; FENSTERSEIFER, Tiago. *Direito constitucional ecológico...*, p. 513-558.

[49] A título de exemplo, vale destacar decisão do Órgão Especial do TJRS em mandado de segurança impetrado por diversos Deputados Estaduais gaúchos contra ato do Governador do Estado que imprimiu regime de urgência para a Assembleia Legislativa apreciar o Projeto de Lei 431/2019, originário do Poder Executivo, que institui o "Código Estadual do Meio Ambiente do Estado do Rio Grande do Sul". Além dos argumentos levantados pelos parlamentares acerca da vedação de apreciação de "códigos" em regime de urgência (art. 64, § 4º, da CF/1988) e da violação à garantia e ao direito constitucional do "devido processo legislativo", o Desembargador-Relator Francisco J. Moesch destacou, na fundamentação do seu voto, a violação aos direitos ambientais de participação, ao citar como parâmetro normativo de tais direitos a Convenção de Aarhus (1998). Ao fazer referência à Convenção de Aarhus, o Desembargador Moesch assinalou que, "apesar de a referida legislação ainda não ter sido ratificada pelo Brasil, considerando a situação narrada nestes autos, tenho que a ponderação sobre os pilares por ela trazidos – direito de acesso à informação, à participação pública no processo de decisão e o acesso à justiça – em matéria ambiental, se mostra extremamente pertinente, pois a manutenção do regime de urgência para a tramitação do projeto de lei que institui novo Código Ambiental Estadual, vai de encontro a tais premissas e, por consequência, da preocupação de proteção do meio ambiente, inclusive prevista no âmbito constitucional" (TJRS, MS 0285622-92.2019.8.21.7000, Órgão Especial, Rel. Des. Francisco José Moesch, j. 30.10.2019).

[50] STJ, REsp 1.351.760/PE, 2ª T., Rel. Min. Humberto Martins, j. 26.11.2013.

[51] STF, ADI 3.943/DF, Tribunal Pleno, Rel. Min. Cármen Lúcia, j. 07.05.2015; REsp 1.264.116/RS, Rel. Min. Herman Benjamin, 2ª T., j. 18.10.2011; STJ, EREsp 1.192.577/RS, Corte Especial, Rel. Min. Laurita Vaz, j. 21.10.2015. Na doutrina, v. FENSTERSEIFER, Tiago. *Defensoria Pública, direitos fundamentais e ação civil pública*. São Paulo: Saraiva, 2015.

[52] STJ, REsp 789.640/PB, 2ª T., Rel. Min. Mauro Campbell Marques, j. 27.10.2009.

[53] No sentido de conferir à democracia o *status* de um direito fundamental de quarta dimensão, v. BONAVIDES, Paulo. *Curso de direito constitucional...*, p. 525.

ACORDO DE ESCAZÚ (2018)

Artigo 8 – Acesso à justiça em questões ambientais

1. Cada Parte garantirá o **direito de acesso à justiça em questões ambientais** de acordo com as **garantias do devido processo**.

2. Cada Parte assegurará, no âmbito de sua **legislação nacional**, o **acesso a instâncias judiciais e administrativas** para impugnar e recorrer, **quanto ao mérito e procedimento**:

a) qualquer decisão, ação ou omissão relacionada com o acesso à informação ambiental;

b) qualquer decisão, ação ou omissão relacionada com a participação pública em processos de tomada de decisões ambientais; e

c) qualquer outra decisão, ação ou omissão que afete ou possa afetar de maneira adversa o meio ambiente ou infringir normas jurídicas relacionadas ao meio ambiente.

3. Para garantir o direito de acesso à justiça em questões ambientais, cada Parte, considerando suas circunstâncias, contará com:

a) órgãos estatais competentes com acesso a conhecimentos **especializados em matéria ambiental**;

b) **procedimentos** efetivos, oportunos, públicos, transparentes, imparciais e **sem custos proibitivos**;

c) **legitimação ativa ampla** em defesa do meio ambiente, em conformidade com a legislação nacional;

d) a possibilidade de dispor **medidas cautelares e provisórias** para, entre outros fins, prevenir, fazer cessar, mitigar ou recompor danos ao meio ambiente;

e) medidas para **facilitar a produção da prova do dano ambiental**, conforme o caso e se for aplicável, como a **inversão do ônus da prova e a carga dinâmica da prova**;

f) mecanismos de execução e de cumprimento oportunos das decisões judiciais e administrativas correspondentes; e

g) **mecanismos de reparação**, conforme o caso, tais como a restituição ao estado anterior ao dano, a restauração, a compensação ou a imposição de uma sanção econômica, a satisfação, as garantias de não repetição, a atenção às pessoas afetadas e os instrumentos financeiros para apoiar a reparação.

4. Para **facilitar o acesso do público à justiça em questões ambientais**, cada Parte estabelecerá:

a) medidas para **reduzir ou eliminar as barreiras ao exercício do direito de acesso à justiça**;

b) meios de **divulgação** do direito de acesso à justiça e os procedimentos para torná-lo efetivo;

c) mecanismos de sistematização e **difusão das decisões judiciais e administrativas** correspondentes; e

d) o uso da **interpretação ou tradução de idiomas** distintos dos oficiais quando for necessário para o exercício desse direito.

5. Para tornar efetivo o direito de acesso à justiça, cada Parte atenderá as **necessidades das pessoas ou grupos em situação de vulnerabilidade** mediante o estabelecimento de mecanismos de apoio, inclusive **assistência técnica e jurídica gratuita**, conforme o caso.

6. Cada Parte assegurará que as decisões judiciais e administrativas adotadas em questões ambientais, bem como sua **fundamentação**, sejam consignadas **por escrito**.

7. Cada Parte promoverá **mecanismos alternativos de solução de controvérsias** em questões ambientais, quando cabível, tais como a mediação, a conciliação e outros mecanismos que permitam prevenir ou solucionar essas controvérsias.

2.1 Acesso à justiça, proteção ecológica e sujeitos "hipervulneráveis"

A categoria jurídica dos indivíduos e grupos sociais "hipervulneráveis" foi reconhecida no voto proferido pelo Ministro Benjamin, do STJ, no julgamento do REsp 931.513.[54] No caso em questão, tratava-se de discussão acerca da legitimidade do Ministério Público para propor ação civil pública em prol de direito individual de pessoa com deficiência para obtenção de prótese auditiva. No seu voto, o Ministro destacou que "a **categoria ético-política**, e também jurídica, dos sujeitos vulneráveis inclui um subgrupo de **sujeitos hipervulneráveis**, entre os quais se destacam, por razões óbvias as pessoas com deficiência física, sensorial ou mental". Essa compreensão, segundo Herman Benjamin, conduz ao entendimento de que, "na Ação Civil Pública, em caso de dúvida sobre a legitimação para agir de sujeito intermediário – Ministério Público, Defensoria Pública e associações, p. ex. –, sobretudo se estiver em jogo a dignidade da pessoa humana, o juiz deve optar por reconhecê-la e, assim, abrir as portas para a solução judicial de litígios que, a ser diferente, jamais veriam seu dia na Corte".

Ainda de acordo com Benjamin no voto em destaque, "ao se proteger o hipervulnerável, a rigor quem verdadeiramente acaba beneficiada é a própria sociedade, porquanto espera o respeito ao **pacto coletivo de inclusão social imperativa**, que lhe é caro, não por faceta patrimonial, mas precisamente por abraçar a dimensão intangível e humanista dos princípios da dignidade da pessoa humana e da solidariedade. Assegurar a inclusão judicial (isto é, reconhecer a legitimação para agir) dessas pessoas hipervulneráveis, inclusive dos sujeitos intermediários a quem incumbe representá-las, corresponde a não deixar nenhuma ao relento da Justiça por falta de porta-voz de seus direitos ofendidos". Muito embora o caso concreto ora analisado verse sobre pessoa com deficiência, sem dúvida inserida em grupo social vulnerável detentor de especial proteção jurídica, as reflexões tecidas dão cabo de inúmeras outras situações em que a mesma vulnerabilidade se faz presente. Afinal de contas, a defesa de tais pessoas (e os valores morais e jurídicos que lhe dão fundamento) representa a defesa da própria sociedade e dos valores constitucionais que informam a nossa comunidade política.[55]

A categoria jurídica dos sujeitos ou mesmo grupos sociais "hipervulneráveis" tem encontrado assento nos últimos anos tanto em sede doutrinária[56] quanto jurisprudencial.[57] Retomando o que se sustentou anteriormente a respeito dos indivíduos e grupos sociais vulneráveis, pode-se afirmar que determinados indivíduos ou grupos sociais, por sua peculiar condição existencial, apresentam não apenas um fator de vulnerabilidade (por exemplo, ser criança, pobre ou idoso), mas sim um somatório de dois ou mais fatores agravadores da sua vulnerabilidade (ex. criança pobre com grave problema de saúde ou pessoa idosa com deficiência[58]), ensejando um **regime**

---

[54] STJ, REsp 931.513/RS, 1ª Seção, Rel. Min. Herman Benjamin, j. 25.11.2009.

[55] A natureza pública e o interesse social que permeiam a proteção jurídica de determinados grupos vulneráveis estão consagrados, de modo exemplar, no art. 1º do CDC: "Art. 1º O presente código estabelece normas de proteção e defesa do consumidor, de *ordem pública e interesse social*, nos termos dos arts. 5º, inciso XXXII, 170, inciso V, da Constituição Federal e art. 48 de suas Disposições Transitórias". A mesma abordagem jurídica vale para os demais grupos vulneráveis destacados anteriormente. Na doutrina, v. MARQUES, Claudia Lima; MIRAGEM, Bruno. *O novo direito privado e a proteção dos vulneráveis*. São Paulo: RT, 2012.

[56] MARQUES, Claudia Lima; MIRAGEM, Bruno. *O novo direito privado...*, p. 188 e ss.; SCHMIDT, Cristiano H. *Consumidores hipervulneráveis*: a proteção do idoso no mercado de consumo. São Paulo: Atlas, 2013; e NISHIYAMA, Adolfo M.; DENSA, Roberta. A proteção dos consumidores hipervulneráveis: os portadores de deficiência, os idosos, as crianças e os adolescentes. *Revista de Direito do Consumidor*, n. 76, p. 13-45, out.-dez. 2010.

[57] STJ, REsp 931.513/RS, 1ª Seção, Rel. Min. Herman Benjamin, j. 25.11.2009.

[58] Na doutrina, também a título ilustrativo da condição de hipervulnerabilidade de determinados grupos sociais, vale destacar o exemplo apontado por José Alcebíades de Oliveira Júnior do "índio em situação de rua" (OLIVEIRA JÚNIOR, J. A. Direitos fundamentais dos índios em situação de rua. *In*: GRINOVER, Ada Pellegrini; ALMEIDA Gregório Assagra de; GUSTIN, Miracy; LIMA, Paulo Cesar Valente de; IENNACO, Rodrigo (org.). *Direitos fundamentais das pessoas em situação de rua*. Belo Horizonte: D'Plácido Editora, 2014. p. 343-357).

jurídico ainda mais reforçado na sua proteção. Essa **vulnerabilidade "agravada"**, por assim dizer, é relevante para o Direito, cabendo ao ordenamento jurídico e ao próprio Sistema de Justiça ampliar os mecanismos voltados à proteção de tais pessoas.

Não obstante feita à luz da temática da proteção jurídica dos consumidores, é precisa a análise de Miragem e Marques acerca do conceito de hipervulnerabilidade, o qual, conforme se verá adiante, extrapola a matéria em questão e insere-se no marco maior da Teoria Geral do Direito (ou mesmo, de modo mais específico, da **Teoria Geral dos Direitos Fundamentais**):

> "(...) a hipervulnerabilidade seria a situação social fática e objetiva de agravamento da vulnerabilidade da pessoa física consumidora (...). Em outras palavras, enquanto a vulnerabilidade 'geral' do art. 4º, I, se presume e é inerente a todos os consumidores (...), a **hipervulnerabilidade** seria inerente e 'especial' à situação pessoal de um consumidor, seja **permanente** (prodigalidade, incapacidade, deficiência física ou mental) ou **temporária** (doença, gravidez, analfabetismo, idade). Concorde-se que com a doutrina quando defende que a hiper ou (alta) vulnerabilidade tem garantia constitucional, e atinge, assim, especialmente os vulneráveis mencionados na Constituição, os portadores de deficiência, idosos, crianças e adolescentes. Parece-me, porém, que a vulnerabilidade agravada é assim como a vulnerabilidade um estado subjetivo multiforme e pluridimensional, e que, com base no **princípio da igualdade** (*aequitas*) e da equidade, pode se incluir outros 'fracos', como as minorias mais frágeis e os doentes, por exemplo".[59]

A natureza pública e o interesse social que permeiam a proteção jurídica de determinados grupos vulneráveis está consagrada, de modo exemplar, no art. 1º do **Código de Defesa do Consumidor**. No mesmo diploma, é possível identificar de forma paradigmática o "**somatório de vulnerabilidades**" caracterizador da condição de hipervulnerável, ao prever, no parágrafo único do seu art. 6º, que o **direito básico à informação** titularizado pelo consumidor em geral, previsto do inciso III do *caput* do mesmo artigo,[60] "deve ser **acessível à pessoa com deficiência**, observado o disposto em regulamento". No dispositivo em questão, incorporado recentemente ao CDC pelo **Estatuto da Pessoa com Deficiência** (Lei 13.146/2015), fica bem caracterizado que existe a vulnerabilidade inerente à condição de consumidor somada àquela de que é detentora a pessoa com deficiência. Para além do tratamento diferenciado ao consumidor no que diz respeito ao acesso à informação, tal direito básico deve contemplar as exigências necessárias a que as pessoas com deficiência também possam gozar dele de forma plena.

Tomando por base o entendimento suscitado anteriormente, não se coloca em discussão – e nisso a redação do **art. 4º, XI, da LC 80/94** é esclarecedora – exclusivamente a condição econômica das pessoas que integram **grupos sociais vulneráveis** para legitimar a atuação da Defensoria Pública, especialmente quando estiverem em causa questões (judiciais e extrajudiciais) de natureza coletiva. Há, por assim dizer, a presunção de vulnerabilidade de tais grupos sociais estabelecida pelo ordenamento jurídico (vide o dispositivo citado da LC 80/94), cabendo a atuação da Defensoria Pública, notadamente quando caracterizada violação a direitos fundamentais de pessoas integrantes de tais coletividades. Ademais, é imperativa a adoção de uma **interpretação em conformidade com o maior acesso à justiça** possível de tais pessoas (até por força do art. 5º, § 1º, da CF/1988, quando estiverem em discussão os seus direitos fundamentais), tendo em vista o interesse de ordem pública e indisponível que está em jogo. Ao fim e ao cabo, tanto a **necessidade em sentido estrito** quanto a **necessidade em sentido amplo** conduzem

---

[59] MARQUES, Claudia Lima; MIRAGEM, Bruno. *O novo direito privado...*, p. 188-190.
[60] "Art. 6º São direitos básicos do consumidor: (...) III – a informação adequada e clara sobre os diferentes produtos e serviços, com especificação correta de quantidade, características, composição, qualidade, tributos incidentes e preço, bem como sobre os riscos que apresentem (redação dada pela Lei nº 12.741/2012)."

à legitimidade da atuação, tanto individual quanto coletiva, de Defensoria Pública na tutela e promoção dos direitos das pessoas que se enquadrarem em tais situações de privação de direitos e fragilidade existencial.

Pelo prisma do acesso à justiça ambiental, pode-se destacar a (hiper)vulnerabilidade dos indivíduos e grupos sociais **"vítimas" de desastres ecológicos**, como testemunhamos, de forma trágica, nos casos de **Mariana (2015)** e **Brumadinho (2019)**, bem como do **vazamento de óleo no litoral do Nordeste (2019)** – fato até hoje não esclarecido. Não há dúvida de que há um evidente **somatório de vulnerabilidades** relativamente ao qual também se agrega o elemento ecológico, podendo-se falar de uma situação de **(hiper)vulnerabilidade ecológica** de indivíduos e grupos sociais necessitados. Os **refugiados e deslocados ambientais (e climáticos)** ilustram bem tal situação de vulnerabilidade ecológica.

É justamente nesse sentido, ou seja, de proteger a **"vítima ambiental ou ecológica"** que o STJ tem firmado entendimento no sentido de aplicar o **princípio *favor debilis*** em matéria ambiental, inclusive como forma de assegurar a inversão do ônus probatório e assegurar seu **acesso efetivo ao Sistema de Justiça**. Segundo assinala o Ministro Benjamin, "(...) qualquer que seja a qualificação jurídica do degradador, público ou privado, no Direito brasileiro a responsabilidade civil pelo dano ambiental é de natureza objetiva, solidária e ilimitada, sendo regida pelos **princípios do poluidor-pagador, da reparação *in integrum*, da prioridade da reparação *in natura*, e do *favor debilis***, este último a legitimar uma série de **técnicas de facilitação do acesso à Justiça, entre as quais se inclui a inversão do ônus da prova em favor da vítima ambiental** (...)".[61]

Outra abordagem possível para identificar o marco da vulnerabilidade ecológica diz respeito aos **interesses e direitos das futuras gerações**,[62] bem como das **gerações mais jovens (crianças e adolescentes)**, notadamente no âmbito da **justiça climática**, como temos testemunhado nos últimos anos em vista do **movimento estudantil "Fridays for Future"**, capitaneado pela estudante sueca **Greta Thunberg**. Numa **perspectiva jurídica ecocêntrica**, também é possível reconhecer a **vulnerabilidade dos animais não humanos e a Natureza em si** e da necessidade de assegurar o seu **acesso à justiça** e efetiva **representação dos seus interesses e direitos** perante o Sistema de Justiça, tal como assegurado, há séculos, em favor das corporações (pessoas jurídicas), atribuindo-lhes, assim, **personalidade jurídica**, bem como, no âmbito processual, a **capacidade de ser parte em juízo**.[63]

2.2 Processo civil, acesso à justiça e direitos dos animais: o reconhecimento da capacidade processual de ser parte em juízo dos animais (não humanos)

> "(...) Solta-me ao vento e ao sol!
> Com que direito à escravidão me obrigas?
> Quero saudar as pombas do arrebol!
> Quero, ao cair da tarde,
> Entoar minhas tristíssimas cantigas!
> Por que me prendes? Solta-me, covarde!

---

[61] STJ, REsp 1.071.741/SP, 2ª T., Rel. Min. Herman Benjamin, j. 24.03.2009.

[62] Na doutrina, reconhecendo a vulnerabilidade das futuras gerações, v. MARQUES, Claudia Lima; MIRAGEM, Bruno. *O novo direito privado...*, p. 166 e ss.; e HIPPEL, Eike von. *Der Schutz des Schwächeren...*, p. 140 e ss.

[63] No sentido de defender uma interpretação "inclusiva em termos ecológicos" da expressão "pessoa" para se atribuir personalidade jurídica e possibilidade de acionamento judicial na defesa de direitos próprios dos animais não humanos e da Natureza em si, tanto à luz de exemplos de direito comparado quanto internacional – sobretudo pela ótica do Sistema Internacional (Global e Regionais) de Proteção dos Direitos Humanos –, v. FISCHER-LESCANO, Andreas. Natur als Rechtsperson: Konstellationen der Stellvertretung im Recht. *Zeitschrift für Umweltrecht (ZUR)*, vol. 4, Nomos, p. 205-217, 2018.

> Deus me deu por gaiola a imensidade!
> Não me roubes a minha liberdade...
> Quero voar! Voar!
>
> Estas cousas o pássaro diria,
> Se pudesse falar,
> E a tua alma, criança, tremeria,
> Vendo tanta aflição,
> E a tua mão tremendo lhe abriria
> A porta da prisão...
> (Passagem do poema "O Pássaro Cativo", de **Olavo Bilac**, de 1904)

O poema "O Pássaro Cativo" de Olavo Bilac foi citado em *habeas corpus* impetrado por cidadão conjuntamente com a Sociedade Protetora dos Animais em 1972 perante a Justiça Federal do antigo Estado da Guanabara (que existiu entre 1960 e 1975 no território hoje correspondente à Cidade do Rio de Janeiro) em favor de todos os pássaros que se achassem na iminência de serem aprisionados ou já aprisionados em gaiolas em virtude de comercialização, de utilização, perseguição, caça ou apanha ilegal, tendo como coatora toda e qualquer pessoa física ou jurídica que, sem justificativa legal, viesse a privar ou tentar privar os pássaros da sua liberdade de voo.[64] De acordo com a ementa da decisão do STF: "O remédio jurídico-constitucional do *habeas corpus* visa à proteção da liberdade física do ser humano. A toda evidência não alcança os animais, eis que estes **não se apresentam no mundo jurídico como sujeito de direito**". Um dos fundamentos da ação constitucional foi o Decreto 24.645/34, tendo por premissa que todos os animais seriam tutelados pelo Estado, de sorte que seria cabível o *habeas corpus* para a proteção da liberdade dos animais, inclusive contra particulares, e não somente contra autoridades públicas.

O **Decreto 24.645, de 10 julho de 1934**, editado por Getúlio Vargas, então chefe do Governo Provisório, estabeleceu "medidas de proteção aos animais", tanto na esfera civil quanto na penal. De acordo com o diploma legislativo, que tinha força de lei ordinária, "**todos os animais** existentes no País são **tutelados do Estado**" (art. 1º), bem como, conforme já referido na passagem citada na abertura deste tópico, "os animais serão **assistidos em juízo** pelos representantes do **Ministério Público**, seus substitutos legais e pelos membros da **Sociedade Protetora de Animais**" (art. 1º, § 3º). Tamanhas as suas relevância e inovação trazidas à época pelo seu conteúdo e pelo reconhecimento de um **novo *status* jurídico dos animais (não humanos)**, o Decreto 24.645/34 é inclusive referido pela doutrina como algo equivalente a um **Código dos Direitos dos Animais**.[65]

O diploma, é importante registrar, consagrou um **conceito amplo de animal**, não se limitando, por exemplo, aos animais domésticos, como se pode observar do seu art. 17: "a palavra animal, da presente lei, compreende todo ser irracional, quadrúpede ou bípede, **doméstico ou selvagem**, exceto os daninhos". O diploma, ademais, além de reconhecer o *status* processual dos animais, inclusive mediante a sua representação e substituição processual a cargo do Ministério Público e de entidades protetoras de animais (art. 1º, § 3º), também consagrou nos inúmeros incisos do art. 3º, no âmbito material dos **direitos dos animais**, nada menos do que 31 hipóteses de **práticas de maus-tratos** vedadas pela legislação, sendo a primeira delas "praticar ato de abuso ou crueldade em qualquer animal (inciso I)".

---

[64] STF, RHC 50343/RJ, Rel. Min. Djaci Falcão, j. 03.10.1972.
[65] ATAIDE JUNIOR, Vicente de Paula; MENDES, Thiago Brizola Paula. Decreto 24.645/1934: breve história da "Lei Áurea" dos Animais. *Revista Brasileira de Direito Animal*, Salvador, v. 15, n. 2, p. 47-73, maio-ago. 2020.

A respeito da vigência do diploma em questão – que, diga-se de passagem, encontra-se em perfeita sintonia do ponto de vista material e, por tal razão, deve ser considerado como recepcionado pelo art. 225, VII, da CF/1988 –, o Ministro Antonio Herman Benjamin destaca em artigo doutrinário que "o Presidente Collor de Mello, numa só penada, revogou, via Decreto, dezenas de atos regulamentares, promulgados pelos governos anteriores, entre os quais incluiu o Decreto n. 24.645/34. Sucede que, na época em que foi editado, o **Decreto n. 24.645/34** tinha **força de lei**. Logo, só lei aprovada pelo Congresso Nacional poderia revogá-lo. **Está em vigor, portanto**".[66] Ademais, não há legislação infraconstitucional posterior que tenha preenchido ou substituído, notadamente nas esferas civil e processual civil, o conteúdo do Decreto 24.645/34. Nas esferas penal e administrativa, sim, pode-se dizer que a Lei dos Crimes e Infrações Administrativas Ambientais (Lei 9.605/98) e o Decreto 6.514/2008, mediante a delimitação das infrações administrativas, encarregaram-se de tal função. Nesse sentido, assinalam Ataide Junior e Mendes: "foram revogados, tacitamente, os artigos 2º (*caput* e §§ 1º e 2º), 8º e 15 do Decreto, permanecendo em vigor os demais artigos, inclusive o § 3º, do artigo 2º, como parte do atual *estatuto jurídico geral dos animais*".[67]

O reconhecimento da vigência do Decreto 24.645/34 encontra respaldo na jurisprudência tanto do STJ quanto do STF. A título de exemplo, o diploma foi utilizado na fundamentação do voto-relator do Ministro Carlos Velloso no julgamento da ADI 1.856/RJ, a fim de subsidiar a declaração de inconstitucionalidade pelo **STF** da legislação do Estado do Rio de Janeiro que regulamentava a "briga de galos".[68] **No STJ**, por sua vez, o Decreto 24.645/34 apareceu na fundamentação do voto-relator do Ministro Humberto Martins (e na ementa do respectivo acórdão) no REsp 1.115.916/MG, pelo qual foi mantido acórdão do TJMG, que impedia o uso de gás asfixiante no abate de cães, considerado prática cruel. Conforme assinalado na emenda da decisão, "é defeso a utilização de métodos cruéis, sob pena de violação do art. 225 da CF, do art. 3º da Declaração Universal dos Direitos dos Animais, dos **arts. 1º e 3º, I e VI do Decreto Federal n. 24.645** e do art. 32 da Lei n. 9.605/1998".[69]

No âmbito do novo estatuto jurídico dos animais não humanos consagrado pelo Decreto 24.645/34, está o reconhecimento da sua **capacidade de ser parte** no âmbito processual, decorrente da disposição expressa do já referido art. 1º, § 3º, do diploma animal. A respeito do tema, destaca-se o recente **Projeto de Lei 145/2021**, do Deputado Federal Eduardo Costa, com o objetivo de disciplinar a capacidade de ser parte dos animais não humanos em processos judiciais, mediante a inclusão de novo inciso ao **art. 75 do CPC/2015**, a fim de determinar **quem poderá representar animais em juízo**, mediante a seguinte redação: "Art. 75 (...) XII – **os animais não humanos**, pelo Ministério Público, pela Defensoria Pública, pelas associações de proteção dos animais ou por aqueles que detenham sua tutela ou guarda". Igualmente, o art. 1º do Projeto de

---

[66] BENJAMIN, Antonio Herman. A Natureza no direito brasileiro: coisa, sujeito ou nada disso. **Revista do Programa de Pós-Graduação em Direito da UFC**, 2011/1, p. 84 (nota 20). Também no sentido de afirmar a vigência do Decreto 24.645/34 e ineficácia da sua suposta revogação pelo Decreto Presidencial 11/91, v. ATAIDE JUNIOR; MENDES, *Decreto 24.645/1934...*, p. 61-63.
[67] ATAIDE JUNIOR; MENDES, *Decreto 24.645/1934...*, p. 63.
[68] STF, MC na ADI 1.856/RJ, Tribunal Pleno, Rel. Min. Carlos Velloso, j. 03.09.1998.
[69] STJ, REsp 1.115.916/MG, 2ª T., Rel. Min. Humberto Martins, j. 01.09.2009. No mesmo sentido, v. STJ, REsp 1.701.686, Decisão Monocrática, Rel. Min. Regina Helena da Costa, j. 16.10.2017. Segundo assinalado pela Ministra do referido julgado, "o Decreto nº 24.645/34, ao instituir medidas de proteção aos animais, já há muito estabelecia que 'todos os animais existentes no país são tutelados do Estado', responsabilidade pública que foi mantida pela nossa atual Constituição. Dizer que os animais são tutelados do Estado ou que a proteção da fauna é incumbência do Poder Público significa afirmar que o exercício delegado desta atividade, notadamente quando exercida sem qualquer finalidade lucrativa, nada mais é do que o exercício de uma atividade de natureza eminentemente pública, de responsabilidade estatal, mesmo quando prestada em parceria pela sociedade civil".

Lei estabelece que: "Art. 1º. Os animais não humanos têm **capacidade de ser parte** em **processos judiciais** para a tutela jurisdicional de **seus direitos**. Parágrafo único. A tutela jurisdicional individual dos animais prevista no *caput* deste artigo não exclui a sua tutela jurisdicional coletiva".

Várias legislações estaduais, em sintonia com o art. 225, § 1º, VII, da CF/1988, têm avançado no sentido de reconhecer os animais como **sujeitos de direitos**, por exemplo, o art. 216 da Lei 15.434/2020 (Código Estadual do Meio Ambiente), do Estado do Rio Grande do Sul, o art. 34-A da Lei 12.854/2003 (Código Estadual de Proteção aos Animais), com redação dada pela Lei 17.485/2018, do Estado de Santa Catarina, o art. 5º da Lei 11.140/2018 (Código de Direito e Bem-Estar Animal), do Estado da Paraíba, e art. 1º, parágrafo único, da Lei Estadual 22.231/2016 (que dispõe sobre a definição de maus-tratos contra animais), do Estado de Minas Gerais, atualizada pela Lei 23.724/2020. O mesmo entendimento também se identifica no **Projeto de Lei 6.054/2019** (anterior Projeto de Lei 6.799/2013), já aprovado em ambas as casas do Congresso Nacional, o qual estabelece, em seu art. 3º, que "os **animais não humanos** possuem **natureza jurídica** *sui generis* e são **sujeitos com direitos despersonificados**, dos quais devem gozar e obter tutela jurisdicional em caso de violação, **vedado o seu tratamento como coisa**".

Há um número cada vez maior de ações judiciais pleiteando o reconhecimento do *status* jurídico-processual e a capacidade de ser parte de animais não humanos, como ilustra bem caso recente do TJRS, em que o *Cão Boss* reivindicou em seu nome a reparação de danos sofridos por ele, conforme se pode observar da ementa em destaque. Na decisão, o TJRS reconheceu o *status* de sujeito de direitos dos animais não humanos – inclusive fazendo jus a uma **existência digna** –, como consagrado pela legislação estadual gaúcha antes referida, mas, por outro lado, negou ao Cão Boss o seu *status activus processualis* ou, em outros termos, a capacidade de ser parte. Na decisão do TJRS, há, ao nosso ver, uma subversão do primado do direito material em relação ao direito processual.

> **JURISPRUDÊNCIA TJRS. Animais não humanos reconhecidos como sujeitos de direitos e ausência de capacidade de ser parte:** "AGRAVO DE INSTRUMENTO. RESPONSABILIDADE CIVIL. AÇÃO INDENIZATÓRIA. LEGITIMIDADE ATIVA DE **CACHORRO DE ESTIMAÇÃO**. INEXISTÊNCIA. **AUSÊNCIA DE CAPACIDADE DE SER PARTE**. GRATUIDADE JUDICIÁRIA AOS AUTORES HUMANOS. NECESSIDADE EVIDENCIADA. 1. Ainda que a legislação constitucional e infraconstitucional, inclusive a estadual, garanta aos animais uma **existência digna**, sem crueldade, maus-tratos e abandono no caso dos de estimação, ela não lhes confere a **condição de pessoa ou personalidade judiciária**. O Novo CPC apenas reconhece a **capacidade de ser parte** às pessoas e entes despersonalizados que elenca em seus arts. 70 e 75, não incluindo em qualquer deles os animais. Assim, ainda que **sujeito de direitos, o Cão Boss não possui capacidade de ser parte**, devendo ser mantida a sua **exclusão do polo ativo da lide** (...) Agravo de instrumento parcialmente provido." (TJRS, AI 5041295-24.2020.8.21.7000, 9ª Câmara Cível, Rel. Des. Carlos Eduardo Richinitti, j. 07.12.2020)

A garantia constitucional da **inafastabilidade do controle jurisdicional** em situações de lesão ou ameaça de lesão a direito, consagrada expressamente no art. 5º, XXXV, da CF/1988, e, mais recentemente, no art. 3º do CPC/2015, conduz ao entendimento de que o reconhecimento da condição de sujeito de direitos aos animais não humanos e da titularidade de direitos deve inevitavelmente ser acompanhada de uma **dimensão procedimental ou processual**, sob pena de tornar inócua sua previsão normativa tanto no âmbito constitucional quanto no infraconstitucional. Retomando aqui a lição de Alexy a respeito do **primado do direito material**[70] e da **função instrumental das normas processuais**, nos parece razoável, à luz do atual desenvolvimento e

---

[70] ALEXY, Robert. *Teoria dos direitos fundamentais...*, p. 473-474.

dos avanços normativos na matéria, atribuir aos animais a **capacidade de ser parte** nas relações jurídicas processuais e, assim, possibilitar a defesa dos seus direitos na hipótese de violação, mediante a devida **representação processual** nas demandas individuais, bem como por meio de **substituição processual** nas demandas de natureza coletiva. Isso, a nosso ver, independentemente de qualquer alteração legislativa que venha a ocorrer futuramente, já se encontra consubstanciado normativamente nos dispositivos citados do Decreto 24.645/34 e no art. 225 da CF/1988.

Mais recentemente, de acordo com o entendimento por nós sustentado, destaca-se decisão do **TJPR**, a qual reconheceu a capacidade processual de ser parte dos animais e, por conta disso, a possibilidade de dois cães (Rambo e Spike) figurarem no polo ativo de ação indenizatória por dano animal por eles sofrido. Na decisão, a 7ª Câmara Cível decidiu, de forma unânime, de acordo com o voto-relator do Juiz de Direito (Convocado) Marcel Guimarães Rotoli de Macedo, que, "em observância ao disposto nos artigos 5º, XXXV, e 225, § 1º, VII, ambos da Constituição da República de 1988, c/c art. 2º, § 3º, do Decreto-Lei nº 24.645/1934, o qual, como visto, permanece vigente em nosso ordenamento, entendo como cabível o **pleno acesso à justiça aos animais não humanos**, inclusive podendo constar no polo ativo da demanda, porquanto **detentores da capacidade de estar em juízo (personalidade judiciária)**, desde que, obviamente, **devidamente representados**".

> **JURISPRUDÊNCIA TJPR. Reconhecimento da capacidade processual de ser parte dos animais e de figurar no polo ativo de ação indenizatória por dano animal:** "RECURSO DE AGRAVO DE INSTRUMENTO. AÇÃO DE REPARAÇÃO DE DANOS. DECISÃO QUE JULGOU EXTINTA A AÇÃO, SEM RESOLUÇÃO DE MÉRITO, EM RELAÇÃO AOS CÃES RAMBO E SPIKE, AO FUNDAMENTO DE QUE ESTES NÃO DETÊM CAPACIDADE PARA FIGURAREM NO POLO ATIVO DA DEMANDA. PLEITO DE MANUTENÇÃO DOS LITISCONSORTES NO POLO ATIVO DA AÇÃO. ACOLHIDO. **ANIMAIS QUE, PELA NATUREZA DE SERES SENCIENTES, OSTENTAM CAPACIDADE DE SER PARTE (PERSONALIDADE JUDICIÁRIA). INTELIGÊNCIA DOS ARTIGOS 5º, XXXV, E 225, § 1º, VII, AMBOS DA CONSTITUIÇÃO FEDERAL DE 1988, C/C ART. 2º, § 3º, DO DECRETO-LEI Nº 24.645/1934.** PRECEDENTES DO DIREITO COMPARADO (ARGENTINA E COLÔMBIA). DECISÕES NO SISTEMA JURÍDICO BRASILEIRO RECONHECENDO A **POSSIBILIDADE DE OS ANIMAIS CONSTAREM NO POLO ATIVO DAS DEMANDAS, DESDE QUE DEVIDAMENTE REPRESENTADOS.** VIGÊNCIA DO DECRETO-LEI Nº 24.645/1934. APLICABILIDADE RECENTE DAS DISPOSIÇÕES PREVISTAS NO REFERIDO DECRETO PELOS TRIBUNAIS SUPERIORES (STJ E STF). DECISÃO REFORMADA. RECURSO CONHECIDO E PROVIDO" (TJPR, AI 0059204-56.2020.8.16.0000, 7ª Câmara Cível, Rel. Juiz Subst. 2º Grau Marcel Guimarães Rotoli de Macedo, j. 14.09.2021).

No caso da **representação processual em juízo** dos animais não humanos, no âmbito dos pleitos de natureza individual, seguindo a lógica da **legitimação ordinária** prevista do art. 18, *caput*, do CPC/2015,[71] como nos casos envolvendo a reparação de **danos animais**, conforme tratado no capítulo sobre a responsabilidade civil ambiental, nos parece razoável que tal se dê por meio dos entes arrolados no Projeto de Lei 145/2021, com a inclusão de novo inciso ao art. 75 do CPC/2015, ou seja, o Ministério Público, a Defensoria Pública, as associações de proteção dos animais ou aqueles que detenham sua tutela ou guarda. Assim, no caso das ações de natureza individual, o polo ativo seria integrado pelo próprio animal (ex.: Cão Boss), mediante o instituto da representação processual. E, em relação aos litígios coletivos envolvendo a proteção dos animais, por meio da sua **substituição processual** em juízo, a sua defesa se dará mediante a

---

[71] "Art. 18. Ninguém poderá pleitear direito alheio em nome próprio, salvo quando autorizado pelo ordenamento jurídico. Parágrafo único. Havendo substituição processual, o substituído poderá intervir como assistente litisconsorcial".

atribuição de **legitimação extraordinária** em favor dos entes arrolados no art. 5º da Lei da Ação Civil Pública (Lei 7.347/85), ressalvando-se, ainda, a possibilidade também do ajuizamento de ação popular pelo cidadão para a tutela coletiva dos direitos dos animais. Aqui, diferentemente das ações individuais, o polo ativo não será ocupado pelos animais, mas pelos seus substitutos processuais (ex.: Ministério Público, associação civil de proteção aos animais etc.), que defenderão em nome próprio direito alheio (de titularidade dos animais).

2.3   O reconhecimento da capacidade processual de ser parte em juízo da Natureza e dos entes naturais (rios, florestas, lagoas etc.)?

> "Suena raro, ¿no? Esto de que la Naturaleza tenga derechos... Una locura. ¡Como si la Naturaleza fuera persona! En cambio, suena de lo más normal que las grandes empresas de los Estados Unidos disfruten de derechos humanos. En 1886, la Suprema Corte de los Estados Unidos, modelo de la justicia universal, extendió los derechos humanos a las corporaciones privadas. La ley les reconoció los mismos derechos que a las personas, derecho a la vida, a la libre expresión, a la privacidad y a todo lo demás, como si las empresas respiraran. Más de ciento veinte años han pasado y así sigue siendo. A nadie le llama la atención." (**Eduardo Galeano**)[72]

O princípio da ***integridade ecológica***, como *Grundnorm*[73] do Direito Ecológico e do paradigma jurídico ecocêntrico, também se coloca como fundamento para o reconhecimento dos **Direitos da Natureza**. Para além da clássica **Teoria da Vontade**, amparada na racionalidade humana e na capacidade de manifestar vontade, a doutrina tem hoje concebido uma **Teoria Jurídica ou Legal dos Direitos dos Animais** com base na **Teoria do Interesse (ou Benefício)**.[74] Por essa ótica, reconhece-se, por exemplo, o "interesse ou benefício" (e, num segundo passo, os "direitos") dos animais não humanos de não sofrerem maus-tratos ou serem submetidos a práticas cruéis. Também é possível alinhar nesse mesmo sentido a ideia de dever de respeito à **integridade animal**, como expressão da proteção dos seus interesses e direitos (entre eles, os seus direitos à vida, à liberdade de locomoção e à integridade física e psíquica, ao *habitat* natural etc.).

A mesma discussão, a nosso ver, também pode ser amplificada para o campo de uma **Teoria Jurídica ou Legal dos Direitos da Natureza**.[75] O conceito de integridade ecológica traduz para o universo jurídico um parâmetro científico aferível na esfera das ciências naturais. Há, por assim dizer, o **"interesse (ou benefício)" da Natureza** em manter e ampliar a sua integridade ecológica, com a manutenção de um ecossistema ecologicamente equilibrado, o florescimento da vida (animal, vegetal etc.) e da biodiversidade. Ações e omissões humanas contrárias ao equilíbrio ecológico (poluição, desmatamento etc.), comprometendo as **funções e os processos ecológicos essenciais**, afetam negativamente e violam o referido interesse (ou direito?) juridicamente protegido.

A discussão em torno da atribuição de direitos à Natureza e aos entes naturais (rios, florestas, lagoas, ecossistemas, mares etc.) também é travada no campo processual, da mesma forma, aliás,

---

[72] Texto escrito por Eduardo Galeano pouco antes da promulgação da Constituição Equatoriana de 2008 e da consagração constitucional inédita dos Direitos da Natureza (Pachamama) no seu texto. Disponível em: https://www.pagina12.com.ar/diario/contratapa/13-103148-2008-04-27.html.

[73] BRIDGEWATER, Peter; KIM, Rakhyun E.; BOSSELMANN, Klaus. Ecological integrity: a relevant concept for international environmental law in the Anthropocene? *Yearbook of International Environmental Law*, v. 25, n. 1, p. 75-76, 2015.

[74] STUCKI, Saskia. Towards a Theory of Legal Animal Rights: Simple and Fundamental Rights In: *Oxford Journal of Legal Studies*, 2020, vol. 0, n. 0, p. 1-28.

[75] De acordo com tal entendimento, v. GUTMANN, Andreas. *Hybride Rechtssubjektivität*: Die Rechte der Natur oder Pacha Mama in der ecuadorianischen Verfassung von 2008. Baden-Baden: Nomos, 2021, p. 161-162.

como vimos em relação aos direitos dos animais no tópico anterior. Há, nesse sentido, diversos pontos em comum às duas temáticas, aproveitando-se parte da fundamentação sobre o *status processual* dos animais também para o reconhecimento da **capacidade processual de ser parte em juízo da Natureza e dos entes naturais**. Como referido anteriormente, é impensável atribuir direitos a quem quer que seja – ser humano, empresa, cachorro, baleia, rio, floresta etc. – e não reconhecer mecanismos para a sua salvaguarda e acesso à justiça em termos processuais na hipótese de violação ao respectivo direito (material).

O sistema jurídico (brasileiro e comparado), por sua vez, já construiu soluções materiais e processuais no passado para viabilizar a proteção e defesa de direitos em favor de entes não naturais (ou seja, puramente ficcionais) como corporações, igrejas, entes estatais (Municípios, Estados etc.), massa falida, espólio, condomínio, entre outros. Não é nenhuma novidade para o Direito desenvolver tais técnicas como bem lembrado por Galeano na epígrafe em destaque. Isso foi feito, por exemplo, no caso das **formas de representação** e **manifestação de vontade** de entes ficcionais (por exemplo, pessoas jurídicas), como ilustra o **art. 75 do CPC/2015**.[76] As pessoas jurídicas são inclusive reconhecidas como titulares de certos "direitos fundamentais".[77]

E se nós utilizássemos técnicas jurídicas semelhantes para promover a **recuperação (natural ou ecológica)** de um rio contaminado da mesma forma como promovemos a **recuperação (financeira)** de uma empresa em desequilíbrio nas suas contas, viabilizada pelo instituto da recuperação empresarial consagrado na Lei 11.101/2005, que regula a recuperação judicial, a extrajudicial e a falência do empresário e da sociedade empresária? O **capital ecológico ou natural** não é (pelo menos) tão relevante para a sociedade, por se tratar de um direito fundamental de titularidade difusa e bem comum do povo (*caput* do art. 225 da CF/1988), quanto o **capital financeiro**, a ponto de merecer o devido tratamento jurídico material e processual no tocante a sua salvaguarda numa situação de desequilíbrio e riscos à sua integridade? Alguns dirão que recuperar (despoluir) um recurso hídrico degradado é uma tarefa muito difícil e complexa. Mais do que salvar uma empresa em processo de recuperação judicial?

Para ilustrar o debate à luz de um caso concreto, destaca-se o emblemático **Caso da Lagoa da Conceição** – ente natural e ecossistema localizado em Florianópolis, no Estado de Santa Catarina.[78] A **Lagoa da Conceição** – como verificado no Caso do Rio Atrato, já referido anteriormente – constitui-se de um **ente natural individualizável e delimitado territorialmente**, ainda

---

[76] "Art. 75. Serão representados em juízo, ativa e passivamente: I – a União, pela Advocacia-Geral da União, diretamente ou mediante órgão vinculado; II – o Estado e o Distrito Federal, por seus procuradores; III – o Município, por seu prefeito, procurador ou Associação de Representação de Municípios, quando expressamente autorizada; IV – a autarquia e a fundação de direito público, por quem a lei do ente federado designar; V – a massa falida, pelo administrador judicial; VI – a herança jacente ou vacante, por seu curador; VII – o espólio, pelo inventariante; VIII – a pessoa jurídica, por quem os respectivos atos constitutivos designarem ou, não havendo essa designação, por seus diretores; IX – a sociedade e a associação irregulares e outros entes organizados sem personalidade jurídica, pela pessoa a quem couber a administração de seus bens; X – a pessoa jurídica estrangeira, pelo gerente, representante ou administrador de sua filial, agência ou sucursal aberta ou instalada no Brasil; XI – o condomínio, pelo administrador ou síndico."

[77] SARLET, Ingo W. *A eficácia dos direitos fundamentais...*, p. 230 e ss.

[78] Diversas entidades ambientalistas, em colaboração com o Grupo de Pesquisa em Direito Ambiental e Ecológica Política na Sociedade de Risco da Faculdade de Direito da Universidade Federal do Estado de Santa Catarina, coordenado pelo Professor José Rubens Morato Leite, ajuizaram ação civil pública perante a Justiça Federal de Florianópolis (Proc. 5012843-56.2021.4.04.7200) em defesa da integridade do ecossistema da Lagoa da Conceição diante da omissão reiterada dos órgãos públicos responsáveis por assegurar a sua proteção ao longo de décadas, como ilustra o desastre provocado pelo rompimento da Barragem de Evapotranspiração da Companhia Catarinense de Águas e Saneamento (CASAN), ocorrido no dia 25 de janeiro de 2021. Não obstante a Lagoa da Conceição não tenha figurado no polo ativo da referida ação, a petição inicial centrou-se, entre outros fundamentos, no reconhecimento dos direitos da Natureza à luz de um novo paradigma jurídico ecocêntrico e do denominado "Direito Ecológico".

que, do ponto de vista ecológico, represente um ser vivo complexo integrado por um conjunto de elementos bióticos e abióticos. E, na medida em que se reconhece a sua **condição ou *status* de sujeito de direitos** dotado de **valor intrínseco**, deve necessariamente ser salvaguardado jurídica e judicialmente o **interesse legítimo do ente natural** (Lagoa da Conceição) no **reestabelecimento e na manutenção da sua integridade ecológica**, o que, é importante frisar, não se trata de um conceito vago, mas sim algo perfeitamente apurável e dimensionado do ponto de vista científico. A morte da fauna e da floral local e o aumento dos índices de poluição, como verificados pelas equipes técnicas no episódio do rompimento da Barragem de Evapotranspiração da CASAN no ano de 2021, ilustram esse cenário violador da integridade do ecossistema da Lagoa da Conceição.

As razões e circunstâncias referidas anteriormente, no sentido da individualização do ente natural, reforçam, a nosso ver, a tese a favor da possibilidade do reconhecimento da sua **legitimação ordinária ou autônoma**, figurando, assim, a "Lagoa da Conceição" como **"autora"** de ação judicial que tenha por objeto o resguardo dos seus interesses e direitos autônomos – entre os quais a restauração e a manutenção da integridade ecológica do seu ecossistema. No caso da **representação processual em juízo da Natureza** (e de entes naturais em geral, como no exemplo da Lagoa da Conceição), seguindo a lógica da legitimação ordinária prevista do art. 18, *caput*, do CPC/2015, nos parece razoável que tal se dê, a título de exemplo, por intermédio dos mesmos entes arrolados no Projeto de Lei 145/2021 – com a inclusão do novo inciso ao art. 75 do CPC/2015 –, ou seja, o Ministério Público, a Defensoria Pública, as associações de proteção da Natureza etc. Tal entendimento, independentemente da alteração legislativa referida, também pode ser reconhecido com base no rol de entes legitimados para a propositura de ação civil pública em defesa da Natureza, previstos expressamente no art. 5º da Lei 7.347/85.

Igualmente como verificado de modo emblemático no **Caso do Rio Atrato**, decidido no ano de 2016 pela **Corte Constitucional Colombiana**, parece-nos perfeitamente possível a nomeação e instauração de uma **comissão ou comitê no âmbito jurisdicional**[79] – extrajudicialmente ou após instaurada ação judicial –, com o objetivo de **representar os interesses e direitos do ente natural**, o que, em linhas gerais, corresponde a um mecanismo de representação processual adequado à salvaguarda da sua integridade ecológica. A composição do referido órgão representativo seria integrada de forma plural, por exemplo, por órgãos estatais ambientais, universidades e instituições científicas, entidades ambientalistas e afins, povos indígenas, comunidades tradicionais, entre outros, a depender do caso concreto e da pluralidade de interesses legítimos verificados.

O Caso da Lagoa da Conceição, dadas as características do caso concreto – e o mesmo ocorre no caso desmatamento da Amazônia, tendo inclusive sido suscitado na **ADPF 708 (Caso Fundo Clima)** o reconhecimento de um **estado de coisas inconstitucional ambiental ou climático** –, assume a feição de **litígio e processo estrutural**. O caso da Lagoa da Conceição, a nosso ver, enquadra-se nesse contexto, tornando imperiosa a criação de **comitê ou comissão de emergência ou crise ambiental** (ou sala de situação ambiental) apto a representar os interesses e os direitos autônomos do ente natural, bem como **monitorar o cumprimento das medidas judiciais estruturais** adotadas em perspectiva presente e futura. O Poder Judiciário, diante de

---

[79] No caso de entes naturais diretamente relacionados à proteção de recursos hídricos, como é o caso da Lagoa da Conceição, os **Comitês de Bacia Hidrográfica** nos parecem um bom exemplo de órgão coletivo criado pela legislação com o propósito de gerir interesses em torno (também) da proteção e da promoção da integridade ecológica de entes naturais, podendo, a nosso ver, tal fórmula organizacional-procedimental servir de parâmetro normativo para a criação de comitê judicial. Conforme a previsão do art. 39 da Lei 9.433/97, "os Comitês de Bacia Hidrográfica são compostos por representantes: I – da União; II – dos Estados e do Distrito Federal cujos territórios se situem, ainda que parcialmente, em suas respectivas áreas de atuação; III – dos Municípios situados, no todo ou em parte, em sua área de atuação; IV – dos usuários das águas de sua área de atuação; V – das entidades civis de recursos hídricos com atuação comprovada na bacia". Há, inclusive, uma importante dimensão democrático-participativa consagrada pela Lei 9.433/97, com a inclusão tanto de usuários quanto de entidades civis na composição dos comitês.

tal cenário institucional omissivo e violador de direitos fundamentais em escala massiva, deve assumir o papel de guardião da Constituição e dos direitos fundamentais – entre eles o direito fundamental a viver em um meio ambiente íntegro, de qualidade e seguro e os direitos da Natureza –, exercendo a **coordenação das políticas públicas**[80] necessárias à correção de tal cenário violador de direitos, por meio, inclusive, do que se poderia denominar de uma **governança judicial ecológica**.

A legitimação ordinária ou autônoma do ente natural mediante o reconhecimento da sua capacidade de ser parte, no sentido de figurar no polo ativo da ação judicial, como sustentado nos parágrafos antecedentes, não exclui, a nosso ver, a legitimação extraordinária para a defesa dos direitos da Natureza. Em litígios coletivos envolvendo a proteção dos direitos da Natureza, sobretudo em situações em que não se mostrar possível a individualização do ente natural, a legitimação pode ocorrer também por meio da sua **substituição processual** em juízo, mediante a atribuição de **legitimação extraordinária** em favor dos entes arrolados no art. 5º da Lei da Ação Civil Pública (Lei 7.347/85), ressalvando-se, ainda, a possibilidade também do ajuizamento de ação popular pelo cidadão para a tutela coletiva dos direitos da Natureza.

Parece-nos perfeitamente possível a coexistência dos sistemas processuais de legitimação ordinária e legitimação extraordinária para a defesa extrajudicial e judicial dos direitos da Natureza. A ênfase dada na legitimação ordinária no presente tópico justifica-se em razão de uma **viragem jurídica paradigmática de matriz ecocêntrica**, como um esforço teórico de reposicionar o *status* jurídico da Natureza. De "coisa" para "sujeito de direitos". Por mais radical que tal entendimento possa parecer aos olhos de alguns, o reconhecimento do *"status* **processual" da Natureza** é um corolário lógico do processo em curso de atribuição de direitos e reconhecimento da sua personalidade jurídica, como igualmente feito, há mais de dois séculos, em relação às corporações (pessoas jurídicas).

As respostas e as soluções do ponto de vista da técnica jurídico-processual, como se pode observar, estão presentes há muito tempo nos nossos ordenamentos jurídicos – como ilustra bem o caso das corporações etc. –, tornando necessário apenas uma interpretação conforme o atual paradigma e marco jurídico-constitucional ecológico dos direitos da Natureza. Novas técnicas e formas de representação de interesses e direitos também precisam ser aprimoradas em relação às **futuras gerações**, atribuindo-lhes, assim, **personalidade jurídica**, bem como, no âmbito processual, a **capacidade de ser parte em juízo**.[81]

3. TUTELA PROCESSUAL, DEVERES DE PROTEÇÃO ECOLÓGICA DO ESTADO-JUIZ E GOVERNANÇA JUDICIAL ECOLÓGICA (E CLIMÁTICA)

"Um Poder Judiciário independente e o processo judicial são vitais para a implementação, o desenvolvimento e a execução (*enforcement*) do Direito Ambiental, e os membros do Poder Judiciário, assim como aqueles que contribuem para o processo judicial nos níveis nacional, regional e global, são parceiros cruciais para promover o cumprimento (*compliance*), a aplicação e a execução do Direito Ambiental internacional e nacional". (Preâmbulo da

---

[80] STF, MC na ADPF 347/DF, Tribunal Pleno, Rel. Min. Marco Aurélio, j. 09.09.2015.

[81] No sentido de defender uma interpretação "inclusiva em termos ecológicos" da expressão "pessoa" para se atribuir personalidade jurídica e possibilidade de acionamento judicial na defesa de direitos próprios dos animais não humanos e da Natureza em si, tanto à luz de exemplos de direito comparado quanto internacional – sobretudo pela ótica do Sistema Internacional (Global e Regionais) de Proteção dos Direitos Humanos –, v. FISCHER-LESCANO, Andreas. Natur als Rechtsperson: Konstellationen der Stellvertretung im Recht. *Zeitschrift für Umweltrecht (ZUR)*, vol. 4, Nomos, 2018, p. 205-217.

Declaração de Johanesburgo "Princípios sobre o Papel do Direito e Desenvolvimento Sustentável, de 2002)"[82]

"No Brasil, ao contrário de outros países, o juiz não cria obrigações de proteção do meio ambiente. Elas jorram da lei, após terem passado pelo crivo do Poder Legislativo. Daí não precisarmos de juízes ativistas, pois o ativismo é da lei e do texto constitucional. Felizmente nosso Judiciário não é assombrado por um oceano de lacunas ou um festival de meias-palavras legislativas. Se lacuna existe, não é por falta de lei, nem mesmo por defeito na lei; é por ausência ou deficiência de implementação administrativa e judicial dos inequívocos deveres ambientais estabelecidos pelo legislador" (**Ministro Antonio Herman Benjamin**).[83]

O modelo de um *Estado* (**Democrático, Social e**) *Ecológico de Direito*, tal como edificado pela Lei Fundamental brasileira de 1988, aponta de forma vinculante e dirigente para um Estado "guardião" dos direitos fundamentais, não somente das gerações humanas presentes, como também das futuras gerações, conforme consignado expressamente no *caput* do art. 225. Todos os poderes e órgãos estatais, na linha do que já tratamos anteriormente, encontram-se vinculados, sob a forma de **deveres estatais de proteção ecológica**, à concretização do direito fundamental a viver em um ambiente sadio, seguro e equilibrado, sem prejuízo da responsabilidade dos particulares, inclusive mediante a imposição também de **deveres fundamentais ecológicos** (desenvolvidos no Capítulo 4). Tal tarefa constitucional coloca para o Estado brasileiro, além da proibição de interferir no âmbito de proteção do direito fundamental a ponto de violá-lo, a missão constitucional de promover e garantir, inclusive em âmbito prestacional, o desfrute do direito ao meio ambiente, quando tal se fizer necessário.

Em maior ou menor medida, todos os Poderes Estatais (Executivo, Legislativo e Judiciário) estão constitucionalmente obrigados a atuar, no âmbito da sua esfera constitucional de competências, sempre no sentido de obter a maior eficácia e efetividade possível dos direitos e deveres fundamentais ecológicos. O Poder Judiciário, muito embora o **caráter subsidiário** da sua atuação em comparação com os demais poderes, também exerce um papel extremamente importante na consecução do objetivo estatal de tutela ecológica, notadamente como instância revisora das ações e omissões dos Poderes Legislativo e Executivo. Há conteúdos protegidos pela ordem constitucional que não estão na esfera de discricionariedade dos poderes e entes estatais, incidindo sobre eles, o que se poderia designar como uma **eficácia protetiva de natureza até mesmo "contramajoritária"**. Portanto, não cabe, sobretudo ao Estado-Legislador (constitucional e infraconstitucional), dispor sobre o regime de proteção de tais bens jurídicos e direitos fundamentais a ponto de torná-lo vulnerável, sob pena de violar o **núcleo normativo mínimo protetivo da vida** e da **dignidade da pessoa humana** estabelecido na ordem constitucional da CF/1988 pelo poder constituinte originário.

O **princípio da separação de poderes,** não obstante seja um dos pilares constitucionais do Estado de Direito concebido pela CF/1988 (art. 2º), inclusive como *cláusula pétrea* (art. 60, § 4º, III), não se coloca de forma absoluta no sistema constitucional, como, aliás, ocorre com relação a todo e qualquer princípio constitucional. A sua blindagem normativa, com o objetivo legítimo de assegurar a independência entre os poderes republicanos e o livre exercício das suas competências constitucionais, não liberta nenhum dos Poderes de agir de acordo com o programa

---

[82] O papel do Poder Judiciário em matéria ambiental foi objeto da Declaração de Johanesburgo sobre "Princípios sobre o Papel do Direito e Desenvolvimento Sustentável" (*Principles on the Role of Law and Sustainable Development*), adotada no Simpósio Internacional de Juízes, ocorrido em Johanesburgo, África do Sul, 2002. Disponível em: https://www.eufje.org/images/DocDivers/Johannesburg%20Principles.pdf.

[83] STJ, REsp 650.728/SC, 2ª T., Rel. Min. Herman Benjamin, j. 23.10.2007.

normativo-constitucional estabelecido pela CF/1988. O desvio e o descumprimento, por parte de qualquer dos poderes, das diretrizes constitucionais não encontram guarida no princípio da separação dos poderes. O descumprimento da norma constitucional constitui prática – tanto por ação quanto por omissão – inconstitucional violadora dos bens jurídicos elementares da nossa **comunidade político-estatal**, como é o caso do direito fundamental a viver em um meio ambiente sadio e equilibrado, sendo, portanto, plenamente passível de correção de eventual agir desviante tanto do Poder Legislativo quanto do Poder Executivo pelo Poder Judiciário.

De acordo com Álvaro L. V. Mirra, inspirado no Princípio 10 da Declaração do Rio (1992),

> "(...) sem desconsiderar a relevância da atividade desempenhada pela **representação político-eleitoral** e sem minimizar o papel do Estado nesse domínio, tem-se por imprescindível uma maior aproximação entre o povo e a **formação da vontade governamental em assuntos de meio ambiente**, no intuito de abrir à sociedade civil a possibilidade de exercer influência mais direta e efetiva na tomada de decisões e no controle das ações e omissões públicas e privadas suscetíveis de repercutir sobre a qualidade ambiental".[84]

A degradação ambiental coloca para o Estado uma série de deveres estatais a serem adotados no sentido do enfrentamento das suas causas e consequências, inclusive por força dos princípios tanto da **prevenção** quanto da **precaução**, neste último caso até mesmo impondo cautela em face da incerteza científica de novas tecnologias. A não adoção de medidas protetivas – legislativas e executivas – por parte do Estado, no sentido de assegurar a eficácia e efetividade do direito fundamental em questão, resulta em prática inconstitucional, passível, portanto, de controle judicial, tanto sob a via abstrata quanto difusa. De acordo com Odete Medauar, "cabe ao Judiciário apreciar o cumprimento, por parte do Legislativo ou por parte do Executivo, das diretrizes constitucionais ou legais relativas à proteção ambiental, para que tornem efetivas e não sejam desrespeitadas ou ignoradas. Resta claro, assim, que, no caso das omissões do Executivo, há muito consideradas pelo Judiciário na esfera da responsabilidade civil, hão de ser apreciadas em matéria de defesa do meio ambiente, para que as autoridades sejam obrigadas a adotar as medidas permanentes, com fundamento sobretudo na Constituição Federal".[85] No escopo das competências constitucionais do Poder Judiciário, encontra-se, assim, sob a forma de uma imposição normativo-constitucional, a salvaguarda da Natureza no âmbito do exercício da jurisdição, o que se poderia denominar de **governança judicial ecológica (e climática)**.

O marco político-jurídico da *governança ambiental*[86] assume especial relevância com a discussão sobre qual a medida da participação do Poder Judiciário no cenário do cumprimento e efetivação do **regime constitucional ecológico**, em vista do progressivo acionamento de Juízes e Tribunais para a resolução de conflitos ambientais, notadamente nas três décadas que se seguiram à CF/1988. A despeito da recente evolução do Sistema de Justiça brasileiro no sentido da "desjudicialização" dos conflitos e da cada vez maior difusão de alternativas extrajudiciais de resolução de conflitos (individuais e coletivos), inclusive à luz da ordem principiológica que informa o CPC/2015, bem como de instrumentos jurídico-processuais como o inquérito civil e o termo de ajustamento de conduta,[87] o Poder Judiciário continua a atuar como um agente privilegiado na esfera da proteção ecológica. A governança judicial ecológica é legitimada constitucionalmente pela própria garantia da inafastabilidade do controle jurisdicional de qualquer

---

[84] MIRRA, Álvaro Luiz Valery. *Participação, processo civil e defesa do meio ambiente...*, p. 30.
[85] MEDAUAR, Odete. *Alcance da proteção do meio ambiente pela via jurisdicional...*, p. 230.
[86] Sobre o tema da governança ambiental, inclusive sob a ótica da atuação do Poder Judiciário, v. KOTZÉ, Louis J.; PATERSON, Alexander R. (ed.). *The Role of the Judiciary in Environmental Governance*: Comparative Perspectives. The Nederlands: Wolters Kluwer, 2009.
[87] V., respectivamente, art. 8º, § 1º, e art. 5º, § 6º, da LACP.

lesão ou ameaça de lesão a direito, arrolada no rol dos direitos e garantias fundamentais consagrados no art. 5º, XXXV, da CF/1988, sem que se esteja aqui a desconsiderar toda a controvérsia que cerca a intervenção judicial na esfera das políticas públicas e o controle dos atos dos demais órgãos estatais, que evidentemente também se reflete em matéria ambiental.

Não se trata aqui de subverter o **princípio do legislador democrático** (e o **princípio da separação de poderes**) e defender a concepção de um *Estado "Judicial" de Direito*, em vez de um *Estado Democrático de Direito*, como consagrado expressamente no *caput* do art. 1º da CF/1988, com a intenção de conferir "superpoderes" a Juízes e Tribunais. Nesse sentido, J. B. Gomes Moreira destaca justamente que as questões ambientais desafiam a atuação de Juízes e Tribunais, os quais se situam entre um "paradigma liberal" e conservador, de matriz individualista e positivista, privilegiando a preservação da independência das funções estatais e da presunção de legitimidade dos atos administrativos, em que o órgão jurisdicional reservaria para si apenas um lugar de neutralidade e inércia processual; e, de outro, que o autor denomina de "paradigma sistêmico", o qual reconhece a legitimidade constitucional do controle judicial da discricionariedade administrativa, em matéria de políticas públicas,[88] privilegiando a força normativa dos princípios constitucionais, bem como a atuação do Juiz como agente político vinculado à realização da ordem de princípios e valores constitucionais fundamentais.

Há, sim, a necessidade de **"autocontenção judicial"** (*judicial self-restraint*) num regime democrático e o respeito à distribuição constitucional de competências entre os três poderes republicanos, sendo a atuação de Juízes e Tribunais (e mesmo da nossa Corte Constitucional), como dito anteriormente, apenas *subsidiária* (e por *provocação* ou *acionamento* de terceiros). No entanto, há limites constitucionais que não podem ser "degradados" pela atuação dos demais Poderes, sob pena de legitimar sim o acionamento do Poder Judiciário para salvaguardar o regime constitucional ecológico. A defesa da Constituição e dos direitos fundamentais, especialmente contra movimentos legislativos constitucionais e infraconstitucionais refratários de maiorias políticas ocasionais que pretendem a sua fragilização para impor interesses que muitas vezes não coadunam com o **espírito democrático-republicano** da CF/1988, também encontra amparo no Estado Democrático de Direito edificado por ela. E os Juízes e Tribunais não podem silenciar a voz que a Constituição lhes conferiu para atuar como seu guardião. Na seara ecológica, como a questão climática e a perda massiva da diversidade biológica bem elucidam, chegamos a um ponto em que não é mais possível retroceder. A luta está, em grande parte, sendo perdida – se considerarmos as quatro décadas de existência do Direito Ambiental e o progressivo agravamento da crise ecológica –, de modo que os deveres estatais devem movimentar-se para o horizonte de "mais proteção", e, portanto, não para "menos proteção" (ou retrocesso).

Outro aspecto a ser considerado, pela ótica da atuação do Poder Judiciário, diz respeito à **amplitude dos interesses** em jogo nas ações judiciais em matéria ambiental. A título de exemplo, a extinção de uma espécie biológica representa violação a um bem jurídico que transcende fronteiras nacionais e gerações humanas, caracterizando verdadeiro **crime de lesa-humanidade**. Nos *litígios judiciais ecológicos*, como ocorre hoje de forma paradigmática na denominada **litigância climática**, os interesses em jogo transcendem os interesses das partes que compõem os polos ativo e passivo da relação processual em si. Para além dos interesses representados processualmente, dada a natureza difusa do bem jurídico ecológico e a depender da magnitude de eventual dano ambiental em causa, os interesses podem alcançar **escala planetária ou global**. A proteção da Floresta Amazônica, por exemplo, é um tema que traduz simbolicamente tal panorama. Ademais, não são apenas interesses e conflitos que envolvem pessoas que habitam outras regiões e países e mesmo de diferentes gerações (presentes e futuras), mas também interesses (e direitos?) de **animais não humanos, entes naturais** (rios, florestas, paisagens etc.) e da **Natureza** como um todo,

---

[88] MOREIRA, João Batista Gomes. Poder Judiciário e meio ambiente: um balanço..., p. 27.

na medida em que os sistemas jurídicos têm gradualmente reconhecido a sua proteção jurídica autônoma, ou seja, atribuindo a tais entes não humanos *valor intrínseco* e independentemente dos propósitos humanos. Isso, por sua vez, torna o Poder Judiciário uma espécie de "guardião" também dos interesses (e direitos?) "não representados pelas partes processuais", por exemplo, as futuras gerações, os animais não humanos e a Natureza em si.

Para ilustrar esse novo panorama judicial, registra-se a decisão da Suprema Corte de Justiça do México, proferida em sessão do dia 14.11.2018, no julgamento do Recurso de Amparo de Revisão 307/2016, em caso envolvendo danos ecológicos irreversíveis a ecossistemas de zonas úmidas costeiras e manguezais e a espécies terrestres e aquáticas de tais biomas, verificados na região da Cidade de Tampico, em razão de projeto de construção de parque temático ("Parque Temático Ecológico Laguna del Carpintero"). A decisão da Corte mexicana, de forma pioneira, serviu-se, na sua fundamentação, tanto da **Opinião Consultiva 23/2017 da Corte IDH** quanto do Acordo Regional de Escazú para América Latina e Caribe sobre Acesso à Informação, Participação Pública e Acesso à Justiça em Matéria Ambiental (2018). Além de atribuir expressamente ao direito a viver em um meio ambiente adequado e sadio a natureza de direito fundamental plenamente justiciável e, portanto, passível de ser exigido e reivindicado perante o Poder Judiciário, a decisão da Corte mexicana colocou em prática verdadeiro "diálogo de fontes normativas" e também "diálogo de Cortes", reconhecendo a característica normativa pluridimensional do regime jurídico ecológico contemporâneo (nacional, comparado, regional, internacional).

No tocante ao **papel do Juiz e das Cortes de Justiça** em matéria ambiental e da governança judicial ecológica, sobretudo em vista dos **interesses não representados diretamente pelas partes processuais**, assinalou a Corte mexicana que, "diante do risco de dano ambiental, o juiz adquire um **papel mais ativo**, do qual tem o poder de coletar de ofício as provas que julgar pertinentes para dispor de elementos que lhe permitam conhecer, com maior precisão, o risco de dano ambiental, suas causas, bem como as possíveis repercussões no ecossistema considerado violado. (...) Em relação a esta figura, cabe ressaltar que ela tampouco rompe com o princípio da igualdade processual, pois *não busca apenas o equilíbrio da relação assimétrica entre as partes, mas também, reitera-se, o eixo central na proteção do meio ambiente gira em torno de sua salvaguarda como bem jurídico em si, e não apenas em relação à proteção das partes, o que justifica este trabalho ativo do juiz*". Na parte final da passagem citada, emerge um sólido e inovador argumento de cunho ecocêntrico, ou seja, na medida em que se atribui à Natureza e aos elementos naturais (animais, plantas, rios, florestas, paisagens, mares etc.) um **valor em si mesmo** (portanto, **intrínseco**) ou mesmo "direitos", independente e autonomamente em relação aos interesses humanos, os Juízes e Tribunais, em casos em que tais bens jurídicos ecológicos encontram-se em situação de risco de dano ou de dano, assumem o papel de "guardião" da Natureza e das futuras gerações, para além dos interesses unicamente das partes litigantes e constantes dos polos processuais ativo e passivo. Não por outra razão, fala-se hoje em **litígio estrutural** e **processo estrutural** em temas ambientais.

O **controle judicial de políticas públicas ambientais**, por sua vez, pode ser visto como um mecanismo conferido inclusive ao cidadão, individual ou coletivamente considerado,[89] de controle sobre a atividade política tanto do legislador quanto do administrador, o que encontra fundamento constitucional no próprio *caput* do art. 225, ao estabelecer o dever não apenas do poder público, mas também dos atores privados, no sentido de proteger o meio ambiente para as presentes e futuras gerações, dando uma feição nitidamente democrático-participativa para o

---

[89] Por força do postulado da atipicidade da tutela jurisdicional e da primazia do direito material, Ada Pellegrini Grinover registra que "qualquer tipo ação – coletiva, individual com efeitos coletivos ou meramente individual – pode ser utilizada para provocar o Poder Judiciário a exercer o controle e a possível intervenção em políticas públicas" (GRINOVER, Ada Pellegrini. Controle de políticas públicas pelo Poder Judiciário. *Revista de Processo*, São Paulo, n. 164, p. 27, out. 2008).

papel do indivíduo e da sociedade na consecução de tal objetivo constitucional. Isso se faz possível de modo marcante no Sistema Jurídico brasileiro, notadamente campo da tutela ecológica, em razão da existência de diversos instrumentos processuais (ou procedimentais), como é o caso, por exemplo, da ação civil pública, da ação popular e das ações decorrentes dos direitos de vizinhança, conferidos ao indivíduo (nos dois últimos casos) e às associações civis de proteção ambiental (no primeiro caso), aptos a canalizar tal fiscalização das ações poluidoras de agentes públicos e privados e **defesa cidadã da Natureza**.[90] A utilização da ação judicial (e também dos instrumentos extrajudiciais) deve ser vista em certo sentido também como um instrumento de atuação política e **exercício da cidadania ativa** no contexto de uma democracia direta e participativa. As omissões ou ações predadoras da Natureza impetradas pelo Poder Público e por particulares não podem esquivar-se de tal controle do cidadão, perfeitamente legítimo no marco jurídico-constitucional de um Estado Democrático de (e, portanto, subordinado ao) Direito.

No âmbito das ações civis públicas ambientais, como pontua Vera L. R. S. Jucovsky, o Juiz assume uma "tarefa de participação ativa e mais singular quanto **ao princípio do impulso oficial**", em virtude da relevância social do tema, bem como de se tratar de direito indisponível,[91] o que repercute, inclusive, na produção de provas, haja vista até mesmo a possibilidade de inversão do ônus probatório em tais pleitos, de modo a privilegiar a "**paridade de armas**" e uma **relação equânime entre as partes**, já que muitas vezes se verifica um grande desequilíbrio técnico e econômico. Para cumprir com o seu novo papel em face da configuração constitucional do Estado Democrático de Direito, o Poder Judiciário, como assinala Ada P. Grinover, "deve estar alinhado com os escopos do próprio Estado, não se podendo mais falar numa *neutralização da sua atividade*. Ao contrário, o Poder Judiciário encontra-se constitucionalmente vinculado à política estatal".[92] A **intervenção judicial** constitui, em verdade, tanto um poder quanto um **dever constitucional do agente político investido no papel de prestar a jurisdição**, haja vista o seu compromisso com a efetividade do processo e a tutela dos direitos materiais, enfatizando-se o dever dos órgãos judiciais no sentido de interpretar o processo e as técnicas processuais no sentido de sua adequação à tutela ambiental eficaz e constitucionalmente exigida.[93]

A **governança judicial ecológica (e climática)** se coaduna com esse novo paradigma jurídico de ruptura com a tradição liberal-individualista do Direito e, em particular, do **Sistema de Justiça**. Dos conflitos entre indivíduos e pleitos que versavam preponderantemente sobre direitos de titularidade individual, o Sistema de Justiça passou a lidar cada vez mais com **conflitos de massa** (por exemplo, no campo do Direito do Consumidor) e novos direitos de natureza e titularidade coletiva, como é o caso do direito fundamental ao meio ambiente. Não bastasse tal "revolução" jurídica na esfera dos novos direitos cuja titularidade pode ser atribuída à coletividade no seu conjunto, como bem ilustra o *caput* do art. 225, ao consagrar o meio ambiente como um "bem de uso comum do povo", o Poder Judiciário também deve assumir o papel de guardião dos **interesses (e direitos?) das futuras gerações,** por disposição expressamente do mesmo dispositivo constitucional, cujos interesses, é bom destacar, encontram-se, em grande medida, "**sub-representados**" nos nossos atuais parlamentos, mais preocupados com as questões

---

[90] V. GOMES, Luís Roberto. *O Ministério Público e o controle da omissão administrativa...*, p. 265.
[91] JUCOVSKY, Vera Lucia R. S. O papel do Judiciário na proteção do ambiente..., p. 579-580. Conforme destaca a autora, "o Judiciário tem missão peculiar nessa seara, eis que a sociedade nele deposita grande expectativa na solução dos conflitos ambientais, por meio do acesso cada dia mais alargado a essa função estatal, para pleitear a almejada tutela jurisdicional, que necessita ser efetiva e célere, de forma preventiva e/ou reparatória, principalmente para evitar a realização de danos ambientais muitas vezes irreparáveis (JUCOVSKY, Vera Lucia R. S. O papel do Judiciário na proteção do ambiente..., p. 589)".
[92] GRINOVER, Ada Pellegrini. Controle de políticas públicas..., p. 12.
[93] MARINONI, Luiz Guilherme. *Teoria geral do processo...*, p. 414-416.

prementes das gerações que hoje habitam o Planeta Terra, na linha do que referimos anteriormente e da decisão citada da Suprema Corte de Justiça do México.

No plano normativo internacional, a tendência em questão de uma governança judicial ambiental ou ecológica, também inspirada nos **direitos ambientais de participação ou procedimentais** assinalados originariamente no **Princípio 10 da Declaração do Rio (1992)**, foi consagrada de forma paradigmática na **Convenção de Aarhus (1998)**. A Convenção traz, entre os seus objetivos, garantir ao público em geral, bem como às organizações não governamentais, o acesso a mecanismos judiciais eficazes de forma a proteger os seus interesses legítimos e a garantir a aplicação da lei em questões ambientais. De acordo com o teor da Convenção, o Estado "além e sem prejuízo dos procedimentos de revisão referidos nos §§ 1º e 2º acima, assegurará aos membros da comunidade que satisfaçam os critérios estabelecidos no direito interno, o *acesso aos processos administrativos ou judiciais* destinados a *impugnar os atos e as omissões de particulares e de autoridades públicas* que infrinjam o disposto no respectivo direito interno em relação ao meio ambiente (art. 9º, 3)". Há, portanto, clara intenção de encarregar Juízes e Tribunais da função de instância "revisora" (controladora e fiscalizadora) de ações ou omissões perpetradas em prejuízo ao meio ambiente, não somente por particulares, mas também pelos poderes públicos.

Em outra passagem relacionada ao tema, a Convenção estabelece que o Estado, notadamente o Poder Judiciário, deve proporcionar que os mecanismos e os procedimentos disponibilizados sejam "**adequados e eficazes**, bem como **justos, equitativos, céleres e não exageradamente dispendiosos**, considerando, ainda, a reparação do direito quando necessária. As decisões adotadas em aplicação do presente artigo devem ser apresentadas ou registradas por escrito. As decisões dos tribunais e, quando possível, também de outras instâncias deverão ser acessíveis ao público (art. 9º, 4)". No dispositivo em questão, verifica-se clara preocupação com a celeridade, equidade, publicidade e efetividade das decisões judiciais. Ainda quanto ao papel do Poder Judiciário, a Convenção destaca que, com o objetivo de aumentar a eficácia dos seus dispositivos, o Estado "assegurará a disponibilização ao público das informações relativas ao acesso aos processos de recursos administrativos e judiciais e considerará a possibilidade de estabelecer **mecanismos de assistência adequados para eliminar ou reduzir os óbices financeiros e outros ao acesso à justiça** (art. 9º, 5)". A leitura da parte final do último dispositivo analisado deixa clara a vontade do legislador de criar mecanismo ou mesmo instituição pública – no caso brasileiro, podemos citar os exemplos do Ministério Público e da Defensoria Pública – capaz de representar e assistir juridicamente indivíduos, grupos sociais e também organizações não governamentais na tutela de seus interesses de natureza ecológica, a fim de tutelar seu direito de todos a viver em um meio ambiente sadio, equilibrado e seguro, tal como reconhecido no art. 225 da CF/1988.

Mais recentemente, seguindo a mesma diretriz do Princípio 10 da Declaração do Rio e da Convenção de Aarhus (1998), como referido em passagem anterior, destaca-se a celebração do **Acordo Regional de Escazú (2018)**. Outro capítulo importante relativo ao tema dos *direitos ambientais de participação* e com reflexo na governança judicial ambiental diz respeito à Opinião Consultiva 23/2017 da Corte IDH, sob o título "Meio Ambiente e Direitos Humanos", representando o ápice até aqui do denominado **"greening" do Sistema Interamericano de Direitos Humanos**. No documento em questão, a Corte tratou de modo específico sobre os direitos ambientais procedimentais, bem como apontando para a importância (e dever dos Estados-Membros) de garantirem a segurança e proteção das pessoas da sociedade civil, coletiva e individualmente, envolvidas na tutela ecológica.[94]

Ambos os documentos internacionais referidos, além de conectarem de forma definitiva a relação entre direitos humanos e proteção ambiental, reconhecendo, em última instância, o "direito humano a viver em um meio ambiente sadio", tal como consagrado há mais de três

---

[94] Disponível em: http://www.corteidh.or.cr/docs/opiniones/seriea_23_esp.pdf.

décadas no art. 11 (11.1 e 11.2) do **Protocolo de San Salvador em Matéria de Direitos Econômicos, Sociais e Culturais (1988)**, tratam dos denominados direitos ambientais procedimentais, também denominados como *direitos ambientais de acesso ou de participação*, os quais se configuram como peça fundamental para a efetivação da legislação ambiental, tanto no plano doméstico, constitucional e infraconstitucional, quanto internacional (regional e global), alavancando e legitimando, como tido anteriormente, a *governança judicial ecológica* (até mesmo em escala planetária). Há, nesse sentido, conforme tratamos anteriormente, verdadeiro **dever ex officio de Juízes e Tribunais** exercerem o **controle de convencionalidade ecológico**, na linha do entendimento citado da Corte IDH e tomando como parâmetro o reconhecimento da **hierarquia supralegal da normativa internacional em matéria ambiental**, da mesma forma como verificado com relação aos tratados internacionais de direitos humanos em geral, como, aliás, resultou expressamente consagrado em decisão recente do STF.[95]

Os nossos Tribunais Superiores (STF e STJ) têm atuado concretamente em prol da efetivação da legislação ambiental no Brasil, inclusive no sentido do exercício de uma *governança judicial ecológica*, como imposição de um **dever de defesa da ordem constitucional** estabelecido pela **aplicabilidade imediata** e **força normativa** do disposto no **art. 225 da CF/1988**. Ainda no contexto da governança judicial ecológica, assume, também para o caso brasileiro, cada vez mais relevância a controvérsia em torno da existência de **precedentes jurisdicionais vinculativos**, no sentido de uma hierarquização a partir dos precedentes dos Tribunais Superiores. Para além do efeito vinculante já praticado em sede de controle de constitucionalidade, do instituto da repercussão geral e das súmulas vinculantes, o **CPC/2015** consagrou, na nossa estrutura judiciária e processual, um amplo **sistema de precedentes vinculantes**, prevendo, como regra, a obrigatoriedade de Juízes e Tribunais observarem as teses firmadas pelos Tribunais Superiores, conforme se pode apreender, a título de exemplo, da disposição dos arts. 489, § 1º, V e VI, 926, 927 e 928 do diploma processual de 2015.

> **OBSERVATÓRIO DO MEIO AMBIENTE DO PODER JUDICIÁRIO (CNJ)**
>
> Para além da jurisprudência ambiental e climática dos Tribunais (em especial, do STJ e do STF), destaca-se a criação no ano de 2020, no âmbito do Conselho Nacional de Justiça, do *Observatório do Meio Ambiente do Poder Judiciário*, o qual consiste em espaço ao estudo, monitoramento, pesquisa, programas, projetos e ações para a construção de diagnósticos das boas práticas, formulação de políticas e implementação de projetos e iniciativas para a tutela do meio ambiente natural da Amazônia Legal através da atuação do Poder Judiciário e do Sistema de Justiça.[96] O CNJ, em reforço à governança judicial ecológica, editou a Resolução 433, de 27 de outubro de 2021, instituindo a Política Nacional do Poder Judiciário para o Meio Ambiente, bem como a Resolução Conjunta CNJ/CNMP 8/2021, que instituiu o painel interativo nacional de dados ambiental e interinstitucional (SIRENEJUD).

3.1 Processo estrutural ambiental (e climático)

A discussão em torno da governança judicial ecológica e do papel dos Juízes e Tribunais também está relacionada a desenvolvimentos recentes no campo do Direito Processual na nova temática dos litígios e processos estruturais, disciplina que tem ganhado cada vez maior desenvolvimento teórico no Brasil,[97] inclusive a ponto de se falar de uma **Teoria Geral do Processo**

---

[95] STF, ADI 4.066/DF, Tribunal Pleno, Rel. Min. Rosa Weber, j. 24.08.2017.
[96] Disponível em: https://www.cnj.jus.br/observatorio/observatorio-meio-ambiente/.
[97] ARENHART, Sérgio C.; JOBIM, Marco F. (Org.). *Processos estruturais*. 3. ed. Salvador: JusPodivm, 2021.

Estrutural, como o fazem, entre outros, Marco Felix Jobim,[98] Sérgio C. Arenhart, Fredie Didier Jr., Hermes Zaneti Jr.[99] E Edilson Vitorelli.[100] O desenvolvimento teórico em questão reconhece, em certa medida, a inadequação de uma abordagem tradicional do processo civil – e dos instrumentos processuais – formatada para conflitos individuais. E o mesmo ocorre em alguma medida em relação aos instrumentos de tutela processual coletiva, compreendidos muito mais como mecanismos de **reparação de danos** do que de **prevenção de litígios**, demandando o seu aperfeiçoamento para o devido enfrentamento extrajudicial e judicial de litígios estruturais e complexos, como ocorre, por exemplo, no âmbito do **controle de políticas públicas ambientais**, notadamente em casos em que o Estado atua de forma omissiva ou mesmo insuficiente ou deficitária.[101]

O Direito Ambiental, por exemplo, não pode se resumir a um mero "**Direito dos Desastres ou Direito dos Danos**", ou seja, apenas como um instrumento acionado posteriormente à ocorrência de tragédias ecológicas para remediar os danos causados, muitos dos quais irreversíveis ou de dificílima reversão. Para além da reparação dos danos já perpetuados, o Direito Ambiental deve também atuar de modo **preventivo e prognóstico**, ajustando condutas de agentes públicos e privados em vista do presente e do futuro e, assim, salvaguardando interesses e direitos também das **futuras gerações**, como imposto normativamente pelo *caput* do art. 225 da CF/1988. Para isso, a abordagem do processo estrutural mostra-se extremamente promissora, voltando o olhar dos atores do Sistema de Justiça para a prevenção e solução de modo prognóstico dos conflitos. O manuseio do processo estrutural, é importante frisar, não se limita ao âmbito judicial e à atuação de Juízes e Tribunais[102], na medida em que cabe também a instituições como o **Minis-**

---

[98] JOBIM, Marco F. Reflexões sobre a necessidade de uma teoria geral do processo estrutural aplicada ao processo civil brasileiro. *In*: ARENHART, Sérgio C.; JOBIM, Marco F. (Org.). *Processos estruturais*. 3. ed. Salvador: JusPodivm, 2021. p. 815-834.

[99] DIDIER JR., Fredie; ZANETI JR., Hermes; OLIVEIRA, Rafael A. de. Elementos para uma teoria geral dos processos estruturais. *In*: ARENHART, Sérgio C.; JOBIM, Marco F. (Org.). *Processos estruturais*. 3. ed. Salvador: JusPodivm, 2021. p. 423-461.

[100] VITORELLI, Edilson. *Processo civil estrutural*: teoria e prática. 2. ed. Salvador: JusPodivm, 2021.

[101] O processo estrutural tem ganhado cada vez mais espaço na jurisprudência do STF, conforme se pode observar do trecho que segue da ementa da ADPF 347 (Caso do Sistema Carcerário): "DIREITOS FUNDAMENTAIS DOS PRESOS. ADPF. SISTEMA CARCERÁRIO. **VIOLAÇÃO MASSIVA DE DIREITOS. FALHAS ESTRUTURAIS**. NECESSIDADE DE REFORMULAÇÃO DE POLÍTICAS PÚBLICAS PENAIS E PRISIONAIS. PROCEDÊNCIA PARCIAL DOS PEDIDOS. (...) III. Características dos processos estruturais 3. Os **processos estruturais** têm por objeto uma **falha crônica no funcionamento das instituições estatais**, que **causa ou perpetua a violação a direitos fundamentais**. A sua solução geralmente envolve a necessidade de **reformulação de políticas públicas**. 4. Tais processos comportam solução bifásica, dialógica e flexível, envolvendo: uma primeira etapa, de **reconhecimento do estado de desconformidade constitucional** e dos fins a serem buscados; e uma segunda etapa, de **detalhamento das medidas**, homologação e **monitoramento da execução da decisão**. 5. A promoção do **diálogo interinstitucional e social** legitima a intervenção judicial em matéria de política pública, incorporando a **participação dos demais Poderes, de especialistas e da comunidade** na construção da solução, em atenção às distintas capacidades institucionais de cada um. (...) VII. Conclusão 12. Pedido julgado parcialmente procedente. Tese: '1. Há um **estado de coisas inconstitucional** no sistema carcerário brasileiro, responsável pela violação massiva de direitos fundamentais dos presos. Tal estado de coisas demanda a **atuação cooperativa das diversas autoridades, instituições e comunidade** para a construção de uma solução satisfatória. 2. Diante disso, União, Estados e Distrito Federal, em conjunto com o Departamento de Monitoramento e Fiscalização do Conselho Nacional de Justiça (DMF/CNJ), deverão elaborar planos a serem submetidos à homologação do Supremo Tribunal Federal, nos prazos e observadas as diretrizes e finalidades expostas no presente voto (...)'". (STF, ADPF 347, Tribunal Pleno, Rel. Min. Marco Aurélio, Rel. p/ Acórd. Luís Roberto Barroso, j. 04-10-2023) O STF criou o **Núcleo de Processos Estruturais Complexos (NUPEC)**, vinculado à Presidência da Corte.

[102] No tocante ao **papel do Poder Judiciário** no processo estrutural, destaca-se passagem do voto-relator do Ministro Barroso no julgamento do **RE 684.612 (Tema 698 de Repercussão Geral)**, a respeito do controle judicial de políticas públicas na área da saúde: "o órgão julgador deve privilegiar medidas estruturais de

tério Público, a **Defensoria Pública** etc. todo um espectro potencial de operacionalização das **técnicas processuais estruturais** na **esfera extrajudicial**, por exemplo, por meio da celebração de termos de ajustamento de conduta.

Os desastres de Mariana e Brumadinho – e igual se pode dizer em relação ao desmatamento da Floresta Amazônica, às enchentes de maio de 2024 no Estado do Rio Grande do Sul e às queimadas na Amazônia, no Pantanal e no interior de São Paulo no mês de setembro/2024 –, em razão da sua magnitude e por demandarem soluções de natureza estrutural e prognóstica, ensejam uma aproximação entre o Direito Ambiental e o tema dos **litígios estruturais** e do **processo estrutural**, desenvolvido recentemente de forma pioneira pela doutrina processual brasileira. A nosso ver, é possível suscitar o reconhecimento de uma vertente ecológica do processo estrutural: **processo estrutural ambiental, ecológico ou climático**. A própria prática judicial já tem dado conta de ilustrar tal cenário em inúmeros exemplos. No âmbito do STF, destacam-se os seguintes casos, entre outros: **Fundo Clima** (ADPF 708), **Caso Fundo Amazônia** (ADO 59), **Incêndios e Queimadas no Pantanal e na Amazônia** (ADPF 743) e **Plano de Ação para Prevenção e Controle do Desmatamento na Amazônia Legal – PPCDAm** (ADPF 760). Outro exemplo emblemático é o **Caso Lagoa da Conceição**, o qual diz respeito à ação civil pública ajuizada por entidades da sociedade civil perante Justiça Federal de Santa Catarina, objetivando o tratamento do litígio como "processo estrutural ambiental (puro)", já que não envolve pedidos indenizatórios, mas tão somente a correção e a adequação de condutas presentes e futuras em termos de gestão e políticas públicas de descontaminação e prevenção de danos ao ecossistema da Lagoa da Conceição etc.

A natureza dos litígios e dos danos ecológicos, comumente relacionados à **omissão** ou à **atuação insuficiente ou deficitária do Estado** no âmbito das políticas públicas ambientais, demanda **soluções estruturais e de médio e longo alcance do ponto de vista temporal** que transcendem o espectro limitado das demandas individuais. A despoluição de um rio, a limitação de emissões de gases do efeito estufa ou o combate ao desmatamento sistêmico da Floresta Amazônica ilustram bem esse cenário, demandando **soluções estruturais complexas** que envolvem diversos atores (públicos e privados) e demandam tempo para serem implementadas. Tal aproximação temática também se relaciona em alguma medida com a discussão em torno do denominado **estado de coisas inconstitucional ambiental ou climático**, como suscitado na ADPF 708 (Caso Fundo Clima), notadamente em relação às políticas públicas de combate ao desmatamento na Amazônia Legal. O processo estrutural ambiental (e climático) é um campo extremamente promissor de desenvolvimento, oferecendo instrumentos processuais adequados para a defesa e promoção do direito e bem jurídico ambiental, dadas as suas peculiaridades e ênfase que se deve dar na prevenção de danos, operando também à luz do paradigma da sociedade do risco e do princípio da prevenção.

Mais recentemente, a discussão em torno do **processo estrutural ambiental** e, em particular, **climático** tomou assento no STF no âmbito do cumprimento da decisão proferida pela Corte nas **ADPFs 743/DF, 746/DF e 857/DF**, a qual impôs ao governo federal, entre outras medidas, apresentar um "plano de prevenção e combate aos incêndios no Pantanal e na Amazônia, que abarque medidas efetivas e concretas para controlar ou mitigar os incêndios que já estão ocorrendo e para prevenir que outras devastações dessa proporção não sejam mais vistas. Diante do

---

resolução do conflito. Para atingir o 'estado de coisas ideal' – o resultado a ser alcançado –, o Judiciário deverá identificar o problema estrutural. Caberá à Administração Pública apresentar um plano adequado que estabeleça o programa ou projeto de reestruturação a ser seguido, com o respectivo cronograma. A avaliação e fiscalização das providências a serem adotadas podem ser realizadas diretamente pelo Judiciário ou por órgão delegado. Deve-se prestigiar a resolução consensual da demanda e o diálogo institucional com as autoridades públicas responsáveis" (STF, Tribunal Pleno, Rel. Min. Ricardo Lewandowski, Rel. p./ Acórd. Min. Roberto Barroso, j. 30.06.2023).

cenário trágico e descontrolado de incêndios florestais verificados no segundo semestre de 2024 nos referidos biomas e em outras regiões do Brasil, quadro esse associado à seca recorde por conta mudanças climáticas em curso, o Ministro Flávio Dino, ao assegurar o devido cumprimento da decisão da Corte nas referidas ações, destacou expressamente, em decisão monocrática proferida após a realização de audiência com as partes interessadas, estar diante de um processo estrutural ambiental (e climático), dada a natureza do litígio em causa.[103]

4. AÇÃO CIVIL PÚBLICA AMBIENTAL

4.1 A prioridade da resolução extrajudicial dos conflitos ecológicos coletivos

> "Art. 8 (...) 7. Cada Parte promoverá **mecanismos alternativos de solução de controvérsias em questões ambientais**, quando cabível, tais como a **mediação**, a **conciliação** e outros mecanismos que permitam prevenir ou solucionar essas controvérsias" (Art. 8.7. do **Acordo Regional de Escazú de 2018**).

A resolução de conflitos ambientais não está circunscrita apenas à "arena judicial", colocando-se, muitas vezes, na esfera extrajudicial. A "judicialização" das situações de lesão ou ameaça de lesão a direitos ecológicos deve ser tomada como a *ultima ratio* (aproveitando-se da expressão cunhada pelo Direito Penal) para a resolução dos conflitos (individuais e coletivos). Por essa ótica, tanto melhor se o caminho para a resolução dos conflitos puder ser "encurtado", como geralmente ocorre na esfera extrajudicial, notadamente por conta da sobrecarga do nosso Poder Judiciário e, consequentemente, da demora na prestação jurisdicional que se verifica muitas vezes. Esse verdadeiro **"dever estatal"** de priorização da resolução extrajudicial de conflitos coloca-se em sintonia fina com a base principiológica ("normas fundamentais") que assentou o **CPC/2015**, como se pode apreender do conteúdo do seu art. 3º, § 2º, ao assinalar que "o **Estado promoverá**, sempre que possível, a **solução consensual dos conflitos**", bem como, no § 3º do mesmo dispositivo, "a **conciliação**, a **mediação** e outros **métodos de solução consensual de conflitos** deverão ser estimulados por juízes, advogados, defensores públicos e membros do Ministério Público, inclusive no curso do processo judicial". Para além do "dever" de **boa-fé** (art. 5º) e **cooperação** (art. 6º) no campo processual, o CPC/2015 estabeleceu a resolução consensual dos conflitos como novo paradigma processual a ser perseguido tanto em sede extrajudicial quanto judicial.

A resolução extrajudicial de conflitos exerce um papel muito importante na **democratização dos processos de tomada de decisão** (*Entscheidungsprozessen*).[104] Isso se mostra bastante claro na medida em que a decisão final sobre determinado conflito não é estabelecida por uma "autoridade" externa aos conflitos, mas sim construída de forma democrática, dialética e consensual pelas partes diretamente envolvidas no conflito. Se a pacificação social é um dos objetivos básicos do

---

[103] STF, ADPF 743/DF, Decisão Monocrática, Rel. Min. Flávio Dino, j. 15.09.2024.

[104] IBROM, Sandra. *Die Rolle der Mediation in demokratischen Entscheidungsprozessen*: Optimierung und Demokratisierung von Entscheidungsprozessen durch Mediation. Baden-Baden: Nomos, 2015. No âmbito do direito comparado, merece registro a Lei de Mediação alemã (*Mediationsgesetz – MediationsG*) de 2012, que trata tanto da mediação (e, portanto, resolução extrajudicial de conflitos) entre atores privados e também entre atores privados e públicos. Paralelamente à legislação alemã referida, destaca-se a existência da Diretiva 2008/52/EC da União Europeia sobre Mediação de 2008, o que também possui o mesmo propósito e serviu de importante parâmetro normativo para a elaboração da legislação alemã referida. A nova Lei de Mediação alemã, é importante consignar, aplica-se no âmbito do direito público e, particularmente, dos direitos sociais, inclusive em situações envolvendo conflitos entre indivíduos e o Estado. O mesmo raciocínio também pode ser empregado no âmbito de conflitos de natureza coletiva, tanto quando envolvendo particulares tão somente quanto entre particulares e Estado, como habitualmente ocorre em conflitos ecológicos.

Direito (e do Direito Processo Civil) e, numa perspectiva mais concreta, do próprio Sistema de Justiça e das instituições públicas que lhe dão corpo e forma (Poder Judiciário, Ministério Público, Defensoria Pública etc.) por meio da resolução dos conflitos que lhe são submetidos, tanto melhor que a solução final para eles conte com a participação e a manifestação de vontade das partes que vão se submeter a ela. O entendimento em questão alinha-se com o novo paradigma dos **direitos ambientais de participação ou procedimentais** consagrados paradigmaticamente no **Acordo de Escazú (2018)**.

Com base no atual cenário político-jurídico vigente (desde a CF/1988 e aprimorado posteriormente por inúmeras reformas constitucionais), o **Sistema de Justiça** deve ser identificado não como um simples "**Sistema de Acesso ao Poder Judiciário**", mas como algo muito mais amplo, envolvendo a própria condição jurídica da cidadania no Brasil. As instituições que integram o Sistema de Justiça, em que pese isso possa ser tema novo para muitos operados jurídicos (formados à luz do paradigma dominante da "judicialização"),[105] devem trilhar, sempre que possível, o caminho da resolução extrajudicial dos conflitos e igualmente da facilitação do acesso à informação (e, em alguns casos, da própria educação em direitos) aos cidadãos. É passado (ou deveria ser) o tempo que o Estado (Estado-Legislador, Estado-Administrador e Estado-Juiz) era tomado como "inimigo" dos direitos dos indivíduos. O Estado não é um fim em si mesmo e só se justifica (e legitima) se a sua finalidade estiver a serviço da promoção dos direitos dos indivíduos. A **Lei de Acesso à Informação – LAI (Lei 12.527/2011)**, muito embora a sua efetividade ainda esteja muito longe do desejável, é um bom exemplo de medida voltada à compreensão de um novo papel (em termos de transparência e salvaguarda de direitos) que cabe ao Estado.

A título ilustrativo, o CPC/2015 não deixou qualquer margem de dúvida acerca do dever a cargo dos atores do Sistema de Justiça de empenhar esforços na tentativa de resolução extrajudicial, reservando o campo judicial um caráter subsidiário, conforme destacado anteriormente. No mesmo sentido, a legislação institucional da Defensoria Pública (**Lei Orgânica Nacional da Defensoria Pública** – Lei Complementar Federal 80/94) estabelece que a instituição deve priorizar a resolução extrajudicial dos conflitos (**art. 4º, II**). Isso também deve ser considerado na perspectiva da atuação do Ministério Público, sobretudo no campo da sua atuação coletiva, dispondo de instrumentos, como é o caso do **inquérito civil** (IC) e do **termo de ajustamento de conduta (TAC)**, manuseados em prol da resolução extrajudicial de conflitos ecológicos. O ajuizamento de ações civis públicas ambientais, por parte dos entes legitimados no art. 5º da LACP, somente deve prevalecer uma vez esgotado o esforço de resolução extrajudicial do conflito ecológico em questão e verificada a perpetuação da situação de privação e violação de direitos, ou seja, o acionamento do Poder Judiciário deve ser encarado como a última alternativa para a efetivação dos direitos ecológicos.

O TAC, nesse sentido, é um dos mais importantes instrumentos de resolução de conflitos coletivos ambientais. O TAC pode ser celebrado tanto no **plano extrajudicial**, anteriormente à propositura de uma ação civil pública, quanto no **plano judicial**, ou seja, após a propositura de ação civil pública, quando então é submetido à homologação judicial, pondo termo à ação civil pública ajuizada. É comum, quando o TAC é firmado pelo Ministério Público, que ele se dê no âmbito do processamento do inquérito civil, ainda no plano extrajudicial, após a realização da investigação e levantamento de dados e informação sobre a questão coletiva envolvida (por exemplo, dano ambiental etc.).

No entanto, muito embora a LACP tenha atribuído legitimidade para a instauração de inquérito civil apenas ao Ministério Público (art. 8º, § 1º), e não aos demais entes legitimados para a propositura de ação civil pública, o mesmo não ocorreu no que toca à legitimidade para

---

[105] A respeito do "demandismo judicial" diagnosticado no âmbito do nosso Sistema de Justiça contemporâneo, v. MANCUSO, Rodolfo de Camargo. *Acesso à justiça*. São Paulo: RT, 2011. p. 139 e ss.

firmar o TAC. Dispõe o art. 5º, § 6º, da LACP, incluído pela Lei 8.078/90, que "*os órgãos públicos legitimados* poderão **tomar dos interessados compromisso de ajustamento de sua conduta** às exigências legais, mediante cominações, que terá **eficácia de título executivo extrajudicial**". A legitimidade para a celebração de TAC, conforme está consignado de forma expressa no dispositivo citado, está restrita apenas aos entes públicos legitimados, excluindo-se, de tal sorte, as associações civis.

O **inquérito civil** (art. 8º, § 1º, da Lei 7.347/85), titularizado pelo Ministério Público, também se configura como importante mecanismo de resolução extrajudicial de conflitos ambientais, inclusive oportunizando a celebração de termos de ajustamento de conduta, como referido anteriormente, ou mesmo os atos preparatórios ao ajuizamento de ação civil pública pelo *Parquet*. No trâmite do inquérito civil, muitas vezes até mesmo aberto em decorrência de representação formulada por representantes da sociedade civil, deve-se oportunizar a **participação pública**, autorizando os interessados (cidadãos individualmente, entidades ambientalistas, entidades científicas etc.) a acompanhar o seu trâmite e colaborar com o *Parquet* na apuração dos fatos e adoção das medidas administrativas e judiciais pertinentes.

A **Resolução 23 do CNMP, de 17 de setembro de 2007**, dá as diretrizes gerais no tocante à regulamentação do inquérito civil, estabelecendo, no seu art. 6º, § 5º, que "qualquer pessoa poderá, durante a tramitação do inquérito civil, apresentar ao Ministério Público documentos ou subsídios para melhor apuração dos fatos". De modo complementar, o art. 7º, *caput*, determina que se aplique "ao inquérito civil o princípio da publicidade dos atos, com exceção dos casos em que haja sigilo legal ou em que a publicidade possa acarretar prejuízo às investigações, casos em que a decretação do sigilo legal deverá ser motivada".

Na linha dos demais instrumentos destacados, o **poder de requisição** é outro mecanismo fundamental para possibilitar a resolução extrajudicial de conflitos coletivos ambientais, além, é claro, de oportunizar a devida **instrução probatória preparatória** para a propositura de ações coletivas por parte dos entes públicos legitimados. Muitas vezes, a partir da obtenção de informações por requisição das autoridades públicas e melhor compreensão das questões envolvidas em determinado caso de violação a direitos coletivos, torna-se viável a negociação e celebração de TAC, evitando-se a judicialização. No entanto, por óbvio, quando não se fizer possível a resolução extrajudicial, o poder de requisição também é elemento-chave para a obtenção de dados e informações de órgãos públicos para viabilizar a propositura de ação judicial.

A gênese do poder de requisição está contida no próprio **art. 5º, XXXIII, da CF/1988**, o qual assegura a todos o direito de receber dos órgãos públicos informações de seu interesse particular. A respeito do tema, vale frisar que, na absoluta maioria das vezes, o uso do poder de requisição no âmbito da tutela ecológica estará vinculado à tutela e promoção de direitos fundamentais, sendo, de tal sorte, expressão do direito de petição. Mais recentemente, a **Lei 12.527/2011** também veio reforçar normativamente o poder de requisição para a obtenção de informações em poder dos órgãos públicos, ao assinalar, no seu art. 21, que "não poderá ser negado **acesso à informação** necessária à tutela judicial ou administrativa de **direitos fundamentais**".

4.1.1 Litigância estratégica coletiva (extrajudicial e judicial) em matéria ambiental (e climática)

A existência de órgãos especializados em matéria ambiental e climática na estrutura organizacional-administrativa das instituições do Sistema de Justiça – por exemplo, Varas e Câmaras especializadas no Poder Judiciário, as Promotorias, Coordenadorias, Câmaras e Centros de Apoio especializados no Ministério Público e os Núcleos ou Câmaras Especializadas na Defensoria Pública etc. – oportuniza o que se tem designado hoje em dia de **litigância estratégica** tanto extrajudicial quanto judicial. Notadamente no campo da tutela coletiva e para o enfrentamento dos conflitos de massa, a litigância estratégica é fundamental inclusive para prevenir litígios ou mesmo solucioná-los de forma extrajudicial e consensual. É uma atribuição institucional que visa reunir **alta *expertise* temática** e capacitação dos membros das instituições que terão sua atribuição temática delimitada especificamente para atuar em determinada área estratégica do ponto de vista institucional. Isso se justifica, na prática, em razão de que, por exemplo, o Promotor de Justiça ou Defensor Público que atue com grande volume de ações individuais ou de matérias distintas dificilmente terá condições reais para **pensar os conflitos a partir de uma visão mais abrangente**, o que demanda, além de tempo, toda uma capacitação temática e **articulação** com órgãos públicos, instituições da **sociedade civil organizada, instituições acadêmicas e científicas** etc.

A **litigância estratégica ecológica e climática**, tanto pela ótica das instituições públicas encarregadas de tutelar o meio ambiente (Ministérios Públicos, órgãos públicos ambientais nas três esferas federativas, Defensoria Pública, instituições científicas, entre outros) quanto da sociedade civil em geral (associações ambientalistas, cidadãos etc.), é fundamental para, por meio do acionamento do Sistema de Justiça, tanto em sede extrajudicial quanto judicial, estabelecer uma **postura propositiva**, e não apenas reativa ante o dano ambiental já consolidado. A litigância estratégica, amparada nos **princípios da prevenção e da precaução**, permite antever a potencial ocorrência do dano ecológico ou climático diante de alguma situação fática, evitando a sua concretização, uma vez que, como referido em passagens anteriores, na maioria dos casos, estar-se-á diante de caso de irreversibilidade ou de extrema dificuldade de retorno ao *status quo ante* da Natureza.

A litigância estratégica é igualmente fundamental para a resolução de **litígios complexos e estruturais**, como verificado em cenários de **desastres ambientais e climáticos**, a exemplo de Mariana (2015), Maceió (2018 e final de 2023), Brumadinho (2019) e Rio Grande do Sul (maio de 2024). Em tais situações complexas, a litigância estratégica é essencial tanto para **prevenção** de tais episódios (ex.: adoção de medidas de adaptação climática) quanto para a **resposta e reparação** aos danos ocasionados às vítimas (ex.: deslocados ambientais e climáticos), demandando, inclusive, uma atuação cooperativa entre as diferentes instituições do Sistema de Justiça.

4.1.2 *Educação em direitos ecológicos (e climáticos)*

A partir do momento que a **Defensoria Pública** é identificada no âmbito do Sistema de Justiça como "expressão e instrumento do regime democrático", incumbindo-lhe "a orientação e promoção dos direitos humanos" (art. 1º da **LC 80/94** e, mais recentemente, art. 134, *caput*, da CF/1988, com base na nova a redação dada pela EC 80/2014) em prol dos necessitados, bem como "promover a **difusão e a conscientização dos direitos humanos, da cidadania e do ordenamento jurídico**" (art. 4º, III, da LC 80/94), está consolidado o marco normativo da **educação em direitos** na perspectiva da sua atuação institucional.[106] É importante assinalar que, de acordo com o atual cenário político-jurídico vigente (desde a CF/1988 e aprimorado posteriormente por inúmeras reformas constitucionais), o Sistema de Justiça é identificado não como um simples "Sistema de Acesso ao Poder Judiciário", mas como algo muito mais amplo, envolvendo a própria **condição jurídica da cidadania** no Brasil.

As instituições que integram o Sistema de Justiça, em que pese isso possa ser tema novo para muitos operados jurídicos (formados à luz do paradigma dominante da "judicialização"), devem trilhar, sempre que possível, o caminho da resolução extrajudicial dos conflitos e igualmente

---

[106] Na doutrina, v. ALVES, Cleber Francisco. Defensoria Pública e educação em direitos humanos. *In*: SOUSA, José Augusto Garcia de (coord.). *Uma nova Defensoria Pública pede passagem*: reflexões sobre a Lei Complementar 132/09. Rio de Janeiro: Lumen Juris, 2011. p. 199-216; e REIS, Gustavo Augusto Soares dos. A importância da Defensoria Pública em um Estado Democrático e Social de Direito. *Revista Brasileira de Ciências Criminais*, São Paulo, n. 72, especialmente p. 267-268, maio-jun. 2008.

da facilitação do acesso à informação (e, em alguns casos, da própria educação em direitos) aos cidadãos. De acordo com o Item 7.16 das **Regras de Brasília sobre Acesso à Justiça das Pessoas em Condições de Vulnerabilidade (2008)**, "promover-se-á a cultura ou **alfabetização jurídica** das pessoas em situação de pobreza, assim como as condições para melhorar o seu efetivo acesso ao Sistema de Justiça". A educação em direitos promovida pelos diferentes atores do Sistema de Justiça (e do Estado em termos gerais) segue o mesmo paradigma renovatório, estimulando a **participação direta dos indivíduos** na reivindicação dos seus direitos, tanto diante dos órgãos públicos (o Estado) quanto dos particulares (sociedade em geral). É preciso ampliar a visão (distorcida em termos de cidadania) de que a única arena para a defesa dos direitos esteja situada no campo judicial.

O Poder Judiciário, pelo contrário, deve ser visto como a última instância para buscar a resolução de conflitos. Segundo Cleber F. Alves, "a educação em direitos consiste, pois, num processo de aquisição de determinados conhecimentos, habilidades e valores que são necessários para conhecer, compreender, afirmar e reivindicar os próprios direitos (aí compreendidos os direitos civis, políticos, econômicos, sociais e culturais), sejam aqueles fixados no ordenamento jurídico interno, sejam os que emanam de instrumentos jurídicos da ordem internacional. Contribui para a igualdade social e se torna, assim, instrumento eficaz para a construção da democracia. Como se vê, a educação em direitos, tal como toda e qualquer educação, deve visar à ação, à transformação social".[107]

Todas as **instituições do Sistema de Justiça** têm um papel central, para além da defesa judicial dos direitos propriamente dita, no sentido de informar e educar as pessoas a respeito dos seus direitos. Por meio dessa atuação, as instituições alinham à premissa republicana e estarão cumprindo seu papel constitucional de assegurar ao conjunto da coletividade o exercício do seu *status* **político-jurídico de cidadão**, ou seja, de membro ativo e participativo da nossa comunidade política, de modo, inclusive, que tais pessoas, em determinadas circunstâncias, tenham condições de fazer valer e reivindicar os seus direitos por conta própria (em face de outros particulares ou mesmo dos entes públicos), independentemente da intervenção do Poder Judiciário. Até porque, conforme pontua Carlos Weis, "indo além de simplesmente prover a paridade de armas no processo, é hoje dever do Estado fazer ver à população que esta possui direitos e instrumentalizar sua realização".[108]

A **educação em direitos** (ou **alfabetização jurídica**) deve também ser compreendida como a facilitação na comunicação entre os atores do Sistema de Justiça e as pessoas que integram e atuam na sua esfera institucional, com o propósito de **romper barreiras de comunicação e acesso à informação** que possam obstar a defesa e a reivindicação de direitos.[109] A realização de campanhas, de cursos de formação e educação em direitos e cidadania pelos membros e servidores das instituições do Sistema de Justiça, com palestras temáticas, elaboração de material informativo (cartilhas, vídeos etc.) para a formação de lideranças comunitárias e informação dos usuários dos serviços da instituição traduz e concretiza tal ideário normativo, com nítido **caráter democrático-participativo**. O **Código de Defesa do Consumidor** (Lei 8.078/90), a título de exemplo, passou a prever como **princípio** da Política Nacional das Relações de Consumo, em razão de alteração legislativa recente levada a efeito pela **Lei 14.181/2021** no seu art. 4º, inciso IX, o "fomento de ações direcionadas à **educação** financeira e **ambiental dos consumidores**".

---

[107] ALVES, Cleber Francisco. Defensoria Pública e educação em direitos humanos..., p. 202.
[108] WEIS, Carlos. Direitos humanos e Defensoria Pública. *Boletim do IBCCRIM*, São Paulo, v. 10, n. 115, p. 5-6, jun. 2002.
[109] A respeito da questão, v. ANDREU-GUZMÁN, Federico; COURTIS, Christian. Comentarios sobre las 100 Reglas de Brasilia sobre Acceso a la Justicia de las Personas en Condición de Vulnerabilidad. *Reglas de Brasilia sobre Acceso a la Justicia de las Personas en Condición de Vulnerabilidad*. Buenos Aires: Ministerio Público de la Defensa, 2008. p. 28.

Mais recentemente, para além da educação em direitos ambientais ou ecológicos, deve ser considerada igualmente a **educação em direitos climáticos**, destacando-se, nesse sentido, a recente alteração legislativa levada a efeito pela **Lei 14.926/2024** na **Lei da Política Nacional de Educação Ambiental** – PNEA (Lei 9.795/99), para assegurar atenção às mudanças do clima, à proteção da biodiversidade e aos riscos e vulnerabilidades a desastres socioambientais no âmbito da PNEA.

As instituições do Sistema de Justiça, por meio de tais práticas, colaboram para o "empoderamento" político-jurídico da sociedade, o que reflete nas relações que tais indivíduos travarão com os demais particulares e especialmente com os entes públicos, permitindo maior poder de diálogo e mesmo de resolução e reivindicação em situações de desrespeito aos seus direitos, independentemente da intermediação do Poder Judiciário. Esse seria o maior objetivo das práticas institucionais relacionadas à educação em direitos, ou seja, informar e educar cidadãos para saberem fazer valer a sua cidadania e os seus direitos por meio da sua própria atuação ou mesmo acionando os órgãos públicos responsáveis diretamente, pois, conforme lição de Cláudia Maria da Costa Gonçalves, "a democratização da sociedade passa inevitável e irremediavelmente pela democratização dos canais que tornem efetivo o acesso aos direitos".[110] A democracia impõe a criação de condições políticas, econômicas, educacionais, culturais etc. que permitam a participação de todos na vida pública em **condições de igualdade**, o que é sobremaneira relevante no campo do exercício dos direitos, sobretudo dos **direitos fundamentais** (e humanos, pelo prisma internacional).

4.2 Inquérito civil

O art. 8º, § 1º, da LACP dispõe expressamente que "o **Ministério Público** poderá instaurar, sob sua presidência, **inquérito civil**, ou **requisitar**, de qualquer **organismo público** ou **particular**, certidões, informações, exames ou perícias, no prazo que assinalar, o qual não poderá ser inferior a 10 (dez) dias úteis".[111] O **inquérito civil** trata-se de procedimento administrativo, inspirado no modelo do **inquérito policial**,[112] para a devida apuração de fatos relativos a conflito de natureza coletiva, coleta de informações, documentos etc. A relevância tanto do inquérito civil quanto do poder de requisição correlato é atestada pela sua consagração em sede constitucional.

Conforme prevê o **art. 129 da CF/1988**, configuram-se como atribuições institucionais do *Parquet*: "promover o inquérito civil e a ação civil pública, para a proteção do patrimônio público e social, do **meio ambiente** e de outros interesses difusos e coletivos" (III); e "**expedir notificações** nos procedimentos administrativos de sua competência, **requisitando informações** e documentos para instruí-los, na forma da lei complementar respectiva" (VI). O procedimento administrativo do inquérito civil potencializa, no âmbito da atuação do Ministério Público, que as questões coletivas sejam, muitas vezes, resolvidas sem a necessidade de utilização da via judicial, notadamente por meio da celebração de TAC na esfera extrajudicial diretamente entre a instituição e o agente público ou privado poluidor. Trata-se de instrumento fundamental para a prevenção de litígios judiciais e atuação estratégica do Ministério Público para a resolução extrajudicial de conflitos, além, é claro, de procedimento crucial para a preparação de ações civis públicas ambientais, quando não houver outra forma de solução do litígio.

O **valor probatório** das provas colhidas no âmbito do inquérito civil é **relativo**, devendo ser posteriormente submetidas ao crivo do devido processo legal e do contraditório na esfera

---

[110] ALVES, Cleber Francisco. *Defensoria Pública e educação em direitos humanos...*, p. 23.
[111] O inquérito civil foi devidamente regulamentado por meio da Resolução 23, de 17 de setembro de 2007, do CNMP (com alterações adotadas pelas Resoluções 35, de 23 de março de 2009, e 59, de 27 de julho de 2010).
[112] AKAOUI, Fernando Reverendo Vidal. *Compromisso de ajustamento de conduta ambiental*. 3. ed. São Paulo: RT, 2010. p. 54.

judicial, com a propositura de ação civil pública ou outra ação judicial pertinente. Isso se justifica em razão da própria natureza inquisitorial inerente ao procedimento do inquérito civil, de modo similar ao verificado no âmbito do inquérito policial ou criminal.

> **JURISPRUDÊNCIA STJ. Inquérito civil e valor probatório:** "Processo civil. Ação civil pública. Inquérito civil: valor probatório. 1. O inquérito civil público é procedimento facultativo que visa colher elementos probatórios e informações para o ajuizamento de ação civil pública. 2. As provas colhidas no inquérito têm **valor probatório relativo**, porque colhidas **sem a observância do contraditório**, mas só devem ser afastadas quando há contraprova de hierarquia superior, ou seja, produzida sob a vigilância do contraditório. 3. A prova colhida inquisitorialmente não se afasta por mera negativa, cabendo ao juiz, no seu livre convencimento, sopesá-las, observando as regras processuais pertinentes à distribuição do ônus da prova. 4. Recurso especial provido" (STJ, REsp 849.841/MG, 2ª T., Rel. Min. Eliana Calmon, j. 28.08.2007).

O Ministério Público, por sua vez, **não terá que justificar a necessidade da informação** pretendida. Os "dados técnicos" podem envolver qualidade e quantidade de substâncias emitidas por uma indústria, tipos, sistemas, localização etc., acerca do controle da poluição, amostragens de produtos fabricados ou utilizados como matéria-prima, mapas e localização de depósitos, cópias de licenciamento, informações sobre reformas pretendidas ou em execução no prédio tombado, informações sobre plantios efetuados, desmatamentos projetados, sistemas de aplicação de pesticidas, importação e exportação de produtos da fauna e da flora. A requisição de dados técnicos pode abranger a elaboração de exames de laboratório.[113] A **dispensa de justificação da necessidade** de eventual informação ou documento requisitado justifica-se em razão da **autonomia constitucional** assegurada ao Ministério Público e da **independência funcional** assegurada aos seus membros, neste último caso aplicando-se no âmbito institucional interno, de modo que, por exemplo, o Promotor de Justiça não necessita justificar qualquer requisição de documentos realizada no inquérito civil para o Procurador-Geral de Justiça.

> **JURISPRUDÊNCIA STJ. Poder de requisição do Ministério Público:** "Constitucional, administrativo e processual civil. Recurso ordinário em mandado de segurança. Requisição feita pelo Ministério Público com a finalidade de instruir procedimento de investigação preliminar preparatório de inquérito civil. Prerrogativa constitucional assegurada ao *parquet*. Art. 129 da Constituição Federal. Informações e documentos cuja aferição da relevância só compete ao Ministério Público. Autonomia e independência funcional. (...) 2. A requisição de informações e documentos para a instrução de procedimentos administrativos da competência do Ministério Público, nos termos do art. 129 da Constituição Federal de 1988, é prerrogativa constitucional dessa instituição, à qual compete a defesa da ordem jurídica, do regime democrático e dos interesses sociais e individuais indisponíveis. (...) 4. A 'análise prévia' (conforme referiu a Corte de origem) a respeito da necessidade das informações requisitadas pelo Ministério Público é da **competência exclusiva dessa instituição**, que tem **autonomia funcional** garantida constitucionalmente, **não sendo permitido ao Poder Judiciário ingressar no mérito a respeito do ato de requisição**, sob pena de subtrair do *parquet* uma das prerrogativas que lhe foi assegurada pela Constituição Federal de 1988. 5. Recurso ordinário provido para conceder o mandado de segurança" (grifos nossos) (STJ, RMS 33.392/PE, 1ª T., Rel. Min. Benedito Gonçalves, j. 07.06.2011).

---

[113] MACHADO, *Ação civil pública e tombamento...*, p. 22-23.

No âmbito do exercício do poder de requisição, a "**regra**" é o **acesso irrestrito à informação** em poder do Estado ou de particulares, haja vista a defesa dos direitos transindividuais, como é o caso da proteção ecológica, estar amparada em **normas jurídicas revestidas do interesse público** e que expressam a tutela da toda a sociedade no seu conjunto. A "**exceção**", por sua vez, é o **sigilo** de determinada informação, estando somente autorizado nos casos expressamente previstos em lei. Tal entendimento pode ser facilmente deduzido pela disposição do art. 8º, § 2º, da LACP, ao dispor que, "somente nos casos em que a **lei impuser sigilo**, poderá ser negada certidão ou informação, hipótese em que a ação poderá ser proposta desacompanhada daqueles documentos, cabendo ao juiz requisitá-los". E, mesmo que seja imposto sigilo sobre determinada informação, esta poderá ser acessada na esfera judicial, não estando acessível apenas no âmbito do exercício do poder extrajudicial de requisição. Especialmente pela ótica do acesso à informação ambiental em face do Estado, o poder de requisição, para além da previsão da LACP, também é robustecido em matéria legislativa pela **Lei de Acesso à Informação Ambiental** (Lei 10.650/2003), que estabelece sobre o acesso público aos dados e informações existentes nos órgãos e entidades integrantes do SISNAMA, e pela **Lei de Acesso à Informação** (Lei 12.527/2011).

Por fim, cumpre assinalar que a LACP prevê **tipo penal** com o propósito de assegurar a efetividade do poder de requisição do Ministério Publico assinalado no art. 8º, § 1º. Segundo dispõe o art. 10 do diploma, "constitui crime, punido com pena de reclusão de 1 (um) a 3 (três) anos, mais multa de 10 (dez) a 1.000 (mil) Obrigações Reajustáveis do Tesouro Nacional – ORTN, a **recusa, o retardamento ou a omissão de dados técnicos indispensáveis à propositura da ação civil**, quando requisitados pelo Ministério Público". Ademais, a recusa na prestação das informações requisitadas pelo Ministério Público caracteriza **crime de desobediência** ("Código Penal: Art. 330. Desobedecer a ordem legal de funcionário público: Pena – detenção, de quinze dias a seis meses, e multa"). O dispositivo em questão sinaliza para os deveres de informação a cargo de agentes públicos e privados, revelando o interesse público e social que permeia a matéria, notadamente quando estiver em causa conflito ecológico por se revestir do interesse de toda a coletividade, como estabelece o comando normativo do *caput* do art. 225 da CF/1988.

4.2.1 Arquivamento do inquérito civil

O art. 9º da LACP prevê a possibilidade de arquivamento do inquérito civil. Prevê o *caput* do dispositivo citado que, "se o órgão do Ministério Público, esgotadas todas as diligências, se convencer da **inexistência de fundamento** para a propositura da ação civil, promoverá o **arquivamento** dos autos do inquérito civil ou das peças informativas, fazendo-o **fundamentadamente**". Os autos do inquérito civil ou das peças de informação arquivadas, conforme prevê o § 1º do art. 9º, serão remetidos, sob pena de incorrer em falta grave, no prazo de 3 (três) dias, ao **Conselho Superior do Ministério Público (CSMP)**.

Em razão do **interesse público inerente ao inquérito civil**, dada a dimensão coletiva dos conflitos apurados por tal procedimento administrativo investigatório, prevê o § 2º do art. 9º que, "até que, em sessão do Conselho Superior do Ministério Público, seja homologada ou rejeitada a promoção de arquivamento, poderão as associações legitimadas apresentar razões escritas ou documentos, que serão juntados aos autos do inquérito ou anexados às peças de informação". A previsão legislativa em comento releva-se como importante mecanismo de **participação e controle social**, oportunizando-se, por exemplo, que entidades ambientalistas possam formalizar pedido, inclusive com documentos, para influenciar a decisão do Conselho Superior acerca do arquivamento do inquérito civil.

A promoção de arquivamento do inquérito civil, conforme estabelece o § 3º do art. 9º, será submetida a exame e deliberação do Conselho Superior do Ministério Público, conforme dispuser o seu regimento. Na hipótese de o Conselho Superior, deixar de homologar a promoção de arquivamento, conforme estabelece o § 4º do mesmo dispositivo, ele designará, desde logo, **outro órgão do Ministério Público** para o ajuizamento da ação. Tal medida, por sua vez, preserva a **independência funcional** do membro do Ministério Público que propôs o arquivamento, mas, ao mesmo tempo, assegura o cumprimento da decisão da instância revisora (no caso, o CSMP).

4.3 Poder de requisição

A LACP reconhece o **poder geral de requisição** dos entes legitimados para a propositura de ação civil pública no art. 5º. O *caput* de seu art. 8º assevera, nesse sentido, que, "para instruir a inicial, o **interessado** poderá **requerer às autoridades competentes** as **certidões e informações** que julgar necessárias, a serem fornecidas no prazo de 15 (quinze) dias". O dispositivo em questão aplica-se, a nosso ver, a todos os legitimados, inclusive às associações, considerando-se, nesse sentido, ser o poder de requisição expressão do **direito de acesso à informação ambiental** e dos **deveres de transparência** (ativa, passiva e reativa) dos órgãos públicos ambientais, conforme assentado na jurisprudência do STJ (**IAC 13**[114]). O poder de requisição em matéria ambiental igualmente encontra suporte normativo na **Lei de Acesso à Informação Ambiental** (Lei 10.650/2003) e na **Lei de Acesso à informação** (Lei 12.527/2011).

No entanto, quando trata do inquérito civil, no § 1º, do art. 8º, a LACP prevê que o "Ministério Público poderá instaurar, sob sua presidência, inquérito civil, ou requisitar, de qualquer organismo público ou particular, certidões, informações, exames ou perícias, no prazo que assinalar, o qual não poderá ser inferior a 10 (dez) dias úteis". Destaca-se que, no tocante ao Ministério Público, além de o dispositivo citado também permitir a requisição em face de **particulares**, o art. 10 da LACP, conforme referido anteriormente, caracteriza como crime, punido com pena de reclusão de 1 (um) a 3 (três) anos, além de multa, "a recusa, o retardamento ou a omissão de dados técnicos indispensáveis à propositura da ação civil, quando requisitados pelo Ministério Público". O espectro de "poderes", por assim dizer, atribuídos ao Ministério Público pela LACP, no âmbito do poder de requisição, é mais amplo do que aquele conferido aos demais legitimados pelo *caput* do art. 8º, muito embora tais poderes também sejam significativos.

De modo complementar, destaca-se a previsão do art. 55, § 4º, do **Código de Defesa do Consumidor**, ao estabelecer que "os órgãos oficiais poderão **expedir notificações aos fornecedores** para que, **sob pena de desobediência**, prestem **informações sobre questões de interesse do consumidor**, resguardado o segredo industrial". O dispositivo citado, diante do diálogo de fontes inerente ao regime jurídico do microssistema processual coletivo brasileiro, conforme previsão expressa do art. 21 da LACP, deve ter a sua aplicação ampliada para possibilitar que os entes públicos e privados titulares da ação civil pública, conforme previsão do art. 5º do mesmo diploma, possam requisitar informações ambientais também de **entes privados**. A ampliação do poder de requisição também às associações deriva da normativa citada, mas também do reconhecimento da **eficácia particular (horizontal) do direito fundamental ao meio ambiente**, inclusive na linha da adoção pela vertente teórica da sua aplicação direta, conforme já se pronunciou favoravelmente o STF no *leading case* do RE 201.819/RJ, sob a relatoria do Ministro Gilmar Mendes.[115] As razões para tal entendimento alinham-se com o esforço jurídico de superar

---

[114] STJ, REsp 1.857.098/MS, Incidente de Assunção de Competência – IAC n. 13, 1ª Seção, Rel. Min. Og Fernandes, j. 11.05.2022.

[115] No julgamento do RE 201.819/RJ, a 2ª Turma do STF, sob a relatoria para o acórdão do Ministro Gilmar Mendes, decidiu acerca da impossibilidade de exclusão de sócio, por parte da União Brasileira de Compositores, sem garantia da ampla defesa e do contraditório. O caso em questão representa um *leading case* da nossa Corte Constitucional notadamente com relação ao reconhecimento da **eficácia dos direitos fundamentais nas relações privadas** (também denominada de **eficácia horizontal** dos direitos fundamentais). (STF, RE 201.819/RJ, 2ª T., Rel. Min. Ellen Gracie, Rel. p/ acórdão Min. Gilmar Mendes, j. 11.10.2005).

a desigualdade de poder (econômico, técnico etc.) verificado, na grande maioria das vezes, nos litígios ecólogos entre entidades da sociedade civil e empresas de grande porte econômico ou mesmo multinacionais, o que também justifica, por exemplo, a inversão do ônus probatório nas ações coletivas ambientais.

4.3.1 Requisição de informação ambiental, ação civil pública e a Lei de Acesso à Informação (Lei 12.527/2011)

A Lei de Acesso à Informação (Lei 12.527/2011), ao regulamentar o acesso a informações previsto no inciso XXXIII do art. 5º, no inciso II do § 3º do art. 37 e no § 2º do art. 216, todos da CF/1988, estabeleceu um novo cenário jurídico para a obtenção de informações nos órgãos públicos. Conforme dispõe o art. 1º, parágrafo único, do diploma em questão, subordinam-se ao seu regime jurídico: "I – os órgãos públicos integrantes da administração direta dos Poderes Executivo, Legislativo, incluindo as Cortes de Contas, e Judiciário e do Ministério Público; II – as autarquias, as fundações públicas, as empresas públicas, as sociedades de economia mista e demais entidades controladas direta ou indiretamente pela União, Estados, Distrito Federal e Municípios". Portanto, a legislação em comento reflete e fortalece o instituto do poder de requisição, de modo a facilitar o acesso a informações existentes em tais entidades listadas pela lei. O espectro de informações a serem prestadas pelos órgãos públicos é extremamente amplo, amparando-se na **transparência** que deve regrar a **gestão pública** (ambiental). Ainda, conforme se pode apreender do rol contido no seu art. 7º, há inúmeras informações voltadas à perspectiva da defesa do interesse público (e, nessa ótica, inclusive pelo prisma da tutela coletiva de direitos), por exemplo, estabelece o inciso VI do dispositivo em questão, ao destacar a obrigação de prestar "informação pertinente à administração do patrimônio público, utilização de recursos públicos, licitação, contratos administrativos".

Ademais, não há amparo jurídico para a negativa de informações ao cidadão, fora das hipóteses específicas contidas na legislação em comento (art. 23 e ss.). Nesse sentido, também não se justifica que tal negativa de acesso à informação seja feita em face de requisição formulada pelos legitimados do art. 5º da LACP. Para reforçar esse entendimento, o art. 21 do diploma ora em análise é sobremaneira elucidativo, ao dispor que "**não poderá ser negado acesso à informação** necessária à tutela judicial ou administrativa de **direitos fundamentais**". Esse dispositivo, por si só, já seria suficiente para amparar a absoluta maioria das requisições de informações em face de entidades públicas formuladas por qualquer dos colegitimados, haja vista o objetivo sempre presente de promover a tutela e promoção do direito fundamental ao meio ambiente. A Lei de Acesso à Informação representa um passo normativo e institucional robusto rumo ao horizonte democrático e republicano delineado na nossa Lei Fundamental de 1988, reforçando, em especial, os instrumentos de proteção dos direitos não apenas individuais, mas também coletivo, entre eles a proteção ecológica.

4.3.2 Requisição de informação ambiental, deveres de informação ambiental dos particulares (pessoas físicas e jurídicas) e eficácia (direta) do direito-dever fundamental ao meio ambiente nas relações privadas (ou eficácia horizontal)

Outra questão de alta relevância e impacto diz com a assim chamada **eficácia do direito à informação ambiental (e do direito-dever fundamental ao meio ambiente) nas relações entre particulares**, conforme já desenvolvido em tópico específico no Capítulo sobre a proteção constitucional do meio ambiente. Dito de outro modo, é necessário responder se os atores privados (e não apenas os entes públicos) também estão obrigados a fornecer informações que detenham em seu poder, quando tais informações sejam essenciais a informar grupos sociais ou mesmo indivíduos a respeito de questões relevantes atinentes à proteção ecológica. O reconhecimento de uma *eficácia entre particulares* (ou *horizontal*) *do direito fundamental ao meio ambiente*[116] implica, por exemplo, o **dever de informação ambiental dos particulares (pessoas físicas e jurídicas)** e, conforme veremos mais adiante, a possibilidade de inversão do ônus da prova nos processos judiciais e administrativos que versem sobre a tutela ecológica. Como fundamento legislativo dos deveres de informação ambiental (ainda que não criem obrigações expressas de informação), na esfera do **ordenamento jurídico-privado**, é possível invocar o **princípio da boa-fé objetiva** (art. 422 do CC/2002), o **princípio da função social e ecológica da propriedade** (art. 1.228, § 1º, do CC/2002), o **princípio da função social do contrato** (art. 421 do CC/2002) e o **princípio da função social da empresa**, bem como do instituto do **abuso de direito** (art. 187 do CC/2002), todos reguladores das relações jurídicas de direito privado e que, ademais, dão concretude aos princípios, direitos e deveres de matriz constitucional supracolacionados.

Os institutos jurídicos citados atuam no sentido de determinar **deveres conexos** a direitos em geral, fazendo com que o exercício de determinado direito esteja alinhado ao **seu fim social**, especialmente relevante quando estiver em causa direito de natureza *fundamental*, como é o caso do direito ao meio ambiente. Aqui se manifesta como particularmente relevante a relação entre a **inversão do ônus da prova** e o **acesso à informação ambiental**, uma vez que, à luz dos **princípios da prevenção e da precaução**, deve-se exigir do suposto poluidor (empreendedor de prática ou atividade lesiva ou potencialmente lesiva ao meio ambiente) que forneça as informações (estudos, laudos etc.) que detém em seu poder, inclusive com o propósito de demonstrar a segurança e as consequências em matéria ecológica do empreendimento. Isso, por sua vez, aplica-se tanto no âmbito **administrativo** quanto **judicial**, recaindo esse dever (e a correspondente inversão do ônus probatório) sobre quem pretenda desenvolver uma determinada atividade cuja lesividade para o meio ambiente já seja conhecida, bem como quando não esteja cientificamente comprovada.[117]

No âmbito das relações privadas, também se opera a proteção dos **indivíduos e grupos vulneráveis**, reconhecendo-se, entre eles, também as **futuras gerações**, conforme a lição de Claudia Lima Marques e Bruno Miragem.[118] Portanto, o acesso à informação em poder de particulares, quando imprescindível para apurar a existência ou mesmo potencial ocorrência de dano ambiental, deve ser vislumbrada, a depender por óbvio da situação concreta, como mecanismo de **equalização de forças privadas** e, ao mesmo tempo, como instrumento para a proteção de grupos sociais vulneráveis (neles incluídas as futuras gerações), aqui não apenas na perspectiva ambiental em sentido estrito. A inversão do ônus probatório em ações judiciais ilustra bem a posição por nós defendida.

O acesso à informação ambiental também é extremamente relevante pela ótica do indivíduo (e da coletividade) na sua **condição jurídica de consumidor** de produtos e serviços, considerando, inclusive, a presunção jurídica da sua vulnerabilidade, conforme dispõe expressamente o **art. 4º, I, do CDC**. O **consumo sustentável**, regulamentado recentemente por meio da **Lei 13.186/2015** (Política Nacional de Educação para o Consumo Sustentável), pressupõe a existência, por parte do consumidor, de informação fidedigna sobre os produtos e serviços existentes no mercado, possibilitando a escolha daqueles "amigos do meio ambiente", inclusive por intermédio de **certificação** (ex.: FSC) etc. O consumidor, ao fazer escolhas "ecológicas" e evitar produtos e serviços de origem suspeita ou duvidosa, influencia as práticas produtivas dos fornecedores.

---

[116] No tocante à eficácia do direito fundamental ao meio ambiente nas relações entre particulares, v. FENSTERSEIFER, *Direitos fundamentais e proteção do ambiente*..., p. 245-258; e BELLO FILHO, Ney de Barros. *Direito ao ambiente*: da compreensão dogmática do direito fundamental na pós-modernidade. Porto Alegre: Livraria do Advogado, 2012. p. 68-73.

[117] Sobre o tema, v. GOMES, Carla Amado. *A prevenção à prova*..., p. 35-39.

[118] MARQUES, Claudia Lima; MIRAGEM, Bruno. *O novo direito privado*..., p. 166 e ss. Na doutrina alemã, defendendo o mesmo entendimento, v. HIPPEL, Eike von. *Der Schutz des Schwächeren*..., p. 140 e ss.

O consumo sustentável revela-se, assim, como importante mecanismo de pressão política e econômica em face de fornecedores de produtos e serviços, forçando a sua adequação ecológica ou, como assinala a Lei 13.186/2015 no seu art. 1º, "estimular a adoção de **práticas de consumo e de técnicas de produção ecologicamente sustentáveis**". A título de exemplo, a indústria pesqueira tem o dever de informar a espécie, a origem e todos os demais dados dos pescados comercializados, a fim de possibilitar ao consumidor evitar o consumo de peixes ameaçados, inclusive como medida de proteção da biodiversidade.[119] O regime jurídico do acesso à informação ambiental, na perspectiva das relações entre particulares – por exemplo, entre consumidores e fornecedores –, apresenta dupla dimensão ou faceta, revelando-se tanto como um **direito** do titular do direito fundamental ao meio ambiente como um **dever fundamental** daquele detentor ou em condições de fornecer a informação ambiental.

Por fim, é importante reiterar a relevância do Poder Judiciário – que, de resto, encontra-se igualmente vinculado pelo dever de proteção ecológica – no sentido de assegurar o cumprimento, por parte do Estado e de particulares (com destaque para atores detentores de poder social e econômico), dos seus respectivos **deveres de informação ambiental**, bem como, da parte dos titulares do direito ao meio ambiente (ou seja, toda a coletividade), salvaguardar o **direito à informação ambiental**. Para superar eventuais óbices criados, tanto por agentes públicos quanto privados, no tocante ao acesso à informação ambiental (e até mesmo com relação à sua divulgação), torna-se perfeitamente passível a sua **reivindicação judicial** (a título de exemplo, tratando-se de agente público, a negativa do acesso à informação pode ser combatida judicialmente por meio do ajuizamento de mandado de segurança, tanto individual quanto coletivo, a depender das circunstâncias). Há, portanto, a possibilidade de acionamento do Poder Judiciário para a obtenção de acesso à informação ambiental, haja vista que estará sempre em causa interesse público, em razão da natureza preponderantemente difusa do **bem jurídico ecológico**.

> **JURISPRUDÊNCIA STJ. O direito à informação, rotulagem de alimentos e relações de consumo:** "Direito do consumidor. Administrativo. Normas de proteção e defesa do consumidor. Ordem pública e interesse social. Princípio da vulnerabilidade do consumidor. Princípio da transparência. Princípio da boa-fé objetiva. Princípio da confiança. Obrigação de segurança. **Direito à informação. Dever positivo do fornecedor de informar**, adequada e claramente, sobre riscos de produtos e serviços. Distinção entre **informação-conteúdo** e **informação-advertência. Rotulagem**. Proteção de consumidores **hipervulneráveis**. Campo de aplicação da Lei do Glúten (Lei 8.543/92 ab-rogada pela Lei 10.674/2003) e eventual antinomia com o art. 31 do Código de Defesa do Consumidor. Mandado de segurança preventivo. Justo receio da impetrante de ofensa à sua livre-iniciativa e à comercialização de seus produtos. Sanções administrativas por deixar de advertir sobre os riscos do glúten aos doentes celíacos. (...) 5. O **direito à informação**, abrigado expressamente pelo art. 5º, XIV, da Constituição Federal, é uma das formas de expressão concreta do **Princípio da Transparência**, sendo também corolário do **Princípio da Boa-fé Objetiva** e do **Princípio da Confiança**, todos abraçados pelo CDC. 6. No âmbito da proteção à vida e saúde do consumidor, o **direito à informação é manifestação autônoma da obrigação de segurança**. 7. Entre os direitos básicos do consumidor, previstos no CDC, inclui-se exatamente a 'informação adequada e clara sobre os diferentes produtos e serviços, com especificação correta de quantidade, características, composição, qualidade e preço, bem como sobre os riscos que apresentem' (art. 6º, III). 8. **Informação adequada**, nos termos do art. 6º, III, do CDC, é aquela que se apresenta simultaneamente completa, gratuita e útil, vedada, neste último caso, a diluição da comunicação efetivamente relevante pelo uso de informações soltas, redundantes ou destituídas de qualquer serventia para o consumidor. (...)"(STJ, REsp 586.316/MG, 2ª T., Rel. Min. Herman Benjamin, j. 17.04.2007).

---

[119] O exemplo citado foi extraído de decisão paradigmática do TRF 4: TRF4, AC 5026579-05.2011.4.04.7100, 4ª T., Relator para acórdão Cândido Alfredo Silva Leal Junior, j. 16.10.2018.

> **JURISPRUDÊNCIA TRF4. Dever de informação ambiental, identificação da espécie de peixe comercializada e proteção da biodiversidade:** "Apelação. Ação civil pública. Direito do consumidor. **Informações em embalagens e rótulos. Nome da espécie comercializada. Proteção da biodiversidade.** 1. **O consumidor tem direito de saber qual a espécie que consome**, mormente quando esse conhecimento pode permitir identificar se consiste ou não em uma espécie passível de extinção. Em outros tipos de produtos, talvez não fosse preciso um maior detalhamento, quando não estamos diante de produtos provenientes de espécimes ameaçadas de extinção. No caso do pescado a situação é bem distinta, porque o produto é distinto, inclusive existindo previsão constitucional específica para o cuidado com o **risco de extinção de espécies** (artigo 225, § 1º, VII, da CF), que deve ser compatibilizado com os **deveres de informação do consumidor** (artigos 5º, XXXII, e 170, V, da CF) e a proteção do meio ambiente frente à função social da propriedade (artigos 5º, XXIII, e 170, III, da CF). 2. Apelações improvidas" (TRF4, AC 5026579-05.2011.4.04.7100, 4ª T., Rel. p/ acórdão Cândido Alfredo Silva Leal Junior, j. 16.10.2018).

4.4 Audiência pública extrajudicial

De acordo com a atual tendência democrático-participativa do nosso Sistema de Justiça, capitaneado pela nossa Corte Constitucional (por meio das audiências judiciais que vem realizando desde o ano de 2007) e do novo sistema processual civil instaurado pelo CPC/2015, estariam os entes legitimados pelo art. 5º da LACP autorizados a convocar audiência pública, no plano extrajudicial, para buscar subsídios ou mesmo informar a população a respeito de determinado procedimento administrativo em trâmite perante eles (no casos dos entes públicos). A medida é especialmente salutar em sede de tutela coletiva em matéria ambiental, dada a gama de interesses que podem ser afetados, bem como de modo a possibilitar a **participação e controle social** na construção das medidas judiciais e extrajudiciais adotadas. No caso da Defensoria Pública, destaca-se, conforme previsão legal estabelecida pelo art. 4º, XXII, da LC 80/94, a possibilidade de o Defensor Público "convocar audiências públicas para discutir matérias relacionadas às suas funções institucionais", entre as quais está a tutela ecológica (art. 4º, X).

4.5 Recomendação

O instituto da recomendação pode ser compreendido à luz da concepção de **diálogo institucional**, ou seja, como um esforço de resolução de eventual conflito jurídico ou de prática e desacordo com a legislação de forma colaborativa entre diferentes instituições ou entre instituições públicas e agentes privados. Tomando por premissa a prioridade que deve ser conferida à **resolução extrajudicial dos conflitos coletivos ecológicos**, a expedição de recomendação por parte dos entes legitimados à propositura de ação civil pública no art. 5º da LACP é uma medida salutar, inclusive como a formalização de última tentativa de resolução consensual do conflito antes da sua judicialização. Adotadas as medidas descritas na recomendação pelo poluidor, resolvido estará o conflito.

A **Resolução 23/2007**, do Conselho Nacional do Ministério Público (CNMP), regulamenta os arts. 6º, VII, e 7º, I, da Lei Complementar 75/93 e os arts. 25, IV, e 26, I, da Lei 8.625/93, disciplinando, no âmbito do Ministério Público, a instauração e tramitação do inquérito civil. Mais recentemente, o art. 15 da Resolução 23/2007, que previa o instituto da recomendação, foi revogado pela **Resolução CNMP 164/2017**, a qual passou a disciplinar a expedição de recomendações pelo Ministério Público brasileiro. Segundo prevê o seu art. 1º:

> "Art. 1º A recomendação é instrumento de atuação extrajudicial do Ministério Público por intermédio do qual este expõe, em ato formal, razões fáticas e jurídicas sobre determinada

questão, com o objetivo de persuadir o destinatário a praticar ou deixar de praticar determinados atos em benefício da melhoria dos serviços públicos e de relevância pública ou do respeito aos interesses, direitos e bens defendidos pela instituição, atuando, assim, como instrumento de prevenção de responsabilidades ou correção de condutas.

Parágrafo único. Por depender do convencimento decorrente de sua fundamentação para ser atendida e, assim, alcançar sua plena eficácia, a recomendação não tem caráter coercitivo."

A nosso ver, também os demais entes legitimados no art. 5º da LACP podem se servir do referido instrumento extrajudicial, privilegiando a **prevenção de litígio judicial**. Não há razão para limitar tal procedimento ao Ministério Público. Ademais, pela **teoria dos poderes implícitos**, quem pode o mais pode o menos. Se as entidades do art. 5º podem propor ação civil pública e, ainda, no caso das **entidades públicas**, também firmar termos de ajustamento de conduta, não há razão para entender que não possam emitir uma recomendação de medidas ao poluidor ambiental para corrigir e adequar seu comportamento.

Na prática, do ponto de vista jurídico, trata-se de uma **medida facultativa**, apenas como uma recomendação a que determinadas medidas sejam adotadas pelo poluidor, sob pena de o proponente judicializar futuramente a questão. Em outras palavras, trata-se de uma espécie de **notificação extrajudicial**, como utilizada habitualmente em diversas áreas jurídicas, tanto para a resolução de questões individuais quanto de coletivas. Por tal razão, parece-nos razoável que também a recomendação seja possibilitada às **entidades privadas**, como as associações ambientalistas.

4.6 Termo de Ajustamento de Conduta (TAC)

Todos os **entes públicos** legitimados à propositura de ação civil pública encontram-se legitimados a firmar **termo de ajustamento de conduta** (TAC)[120] em matérias relativas à proteção ambiental. Segundo dispõe o § 6º do art. 8º, "os órgãos públicos legitimados poderão tomar dos interessados compromisso de ajustamento de sua conduta às exigências legais, mediante cominações, que terá **eficácia de título executivo extrajudicial**". Entre os legitimados do art. 5º da LACP, somente as **associações não estariam autorizadas** pela legislação para firmar TAC, muito embora detenham a legitimidade para propor ação civil pública, conforme referimos anteriormente. De acordo com o art. 14 da Resolução 23 do Conselho Nacional do Ministério Público (CNMP), que regulamenta o inquérito civil, "o Ministério Público poderá firmar compromisso de ajustamento de conduta, nos casos previstos em lei, com o responsável pela ameaça ou lesão aos interesses ou direitos mencionados no artigo 1º desta Resolução, visando à reparação do dano, à adequação da conduta às exigências legais ou normativas e, ainda, à compensação e/ou à indenização pelos danos que não possam ser recuperados".

> **CÓDIGO DE PROCESSO CIVIL DE 2015**
>
> **Art. 784.** São **títulos executivos extrajudiciais**: (...)
>
> **IV – o instrumento de transação referendado** pelo Ministério Público, **pela Defensoria Pública**, pela Advocacia Pública, pelos advogados dos transatores ou por conciliador ou mediador credenciado por tribunal.

---

[120] A título de exemplo, destaca-se TAC firmado entre a Defensoria Pública do Estado de Minas Gerais e a Vale S.A., em relação aos direitos das vítimas do rompimento da barragem em Brumadinho (2019). V. sobre o tema: STJ, REsp n. 2.059.781/RJ, 3ª T., Rel. Min. Nancy Andrighi, j. 12.12.2023.

JURISPRUDÊNCIA STJ. Termo de ajustamento de conduta (TAC):

1) TAC e inexistência de direito subjetivo do particular: "Processual civil. Recurso especial. Ação civil pública. Termo de Ajustamento de Conduta. Não obrigatoriedade de o Ministério Público aceitá-lo ou de negociar suas cláusulas. Inexistência de direito subjetivo do particular. 1. Tanto o art. 5º, § 6º, da LACP quanto o art. 211 do ECA dispõem que os legitimados para a propositura da ação civil pública 'poderão tomar dos interessados compromisso de ajustamento de sua conduta às exigências legais'. 2. Do mesmo modo que o MP não pode obrigar qualquer pessoa física ou jurídica a assinar termo de cessação de conduta, **o *Parquet* também não é obrigado a aceitar a proposta de ajustamento formulada pelo particular**. Precedente. 3. O compromisso de ajustamento de conduta é um acordo **semelhante ao instituto da conciliação** e, como tal, **depende da convergência de vontades entre as partes**. 4. Recurso especial a que se nega provimento" (STJ, REsp 596.764/MG, 4ª T., Rel. Min. Antonio Carlos Ferreira, j. 17.05.2012).

2) TAC e admissibilidade de transação envolvendo direitos difusos: "Processo civil. Ação civil pública por dano ambiental. **Ajustamento de conduta. Transação do Ministério Público** – Possibilidade. 1. A regra geral é de não serem passíveis de transação os direitos difusos. 2. Quando se tratar de direitos difusos que importem obrigação de fazer ou não fazer deve-se dar tratamento distinto, possibilitando dar à controvérsia a melhor solução na composição do dano, quando impossível o retorno ao *status quo ante*. 3. **A admissibilidade de transação de direitos difusos é exceção à regra**. 4. Recurso especial improvido" (REsp 299.400/RJ, 2ª T., Rel. Min. Francisco Peçanha Martins, Rel. p/ acórdão Min. Eliana Calmon, j. 01.06.2006).

3) Legitimidade do IBAMA para firmar TAC: "Ação civil pública. Compromisso de ajustamento. Execução. Título executivo. O compromisso firmado perante o IBAMA e o Ministério Público constitui título executivo, nos termos do art. 5º, § 6º, da Lei 7347/85, que está em vigor. Recurso conhecido e provido" (STJ, REsp 213.947/MG, 4ª T., Rel. Min. Ruy Rosado de Aguiar, j. 06.12.1999).

4.6.1 Averbação do TAC ambiental no registro imobiliário

O STJ, no julgamento do IAC 13, além de estabelecer os deveres de transparência do Estado em matéria ambiental, igualmente reconheceu a possibilidade de averbação de informações facultativas de interesse público – entre elas, as de natureza ambiental – sobre o imóvel junto ao registro imobiliário.[121] Entre as informações ambientais relevantes, destacam-se a existência de ação judicial, TAC, auto de infração administrativa etc. que recaiam sobre o imóvel. A decisão do STJ igualmente reconhece a possibilidade de o Ministério Público – e não apenas a autoridade judicial – requisitar diretamente ao oficial de registro competente a averbação de informações ambientais relacionadas à sua atuação institucional.

IAC 13 DO STJ

(...)
3. O regime registral brasileiro admite a averbação de informações facultativas sobre o imóvel, de interesse público, inclusive as ambientais;
4. O Ministério Público pode requisitar diretamente ao oficial de registro competente a averbação de informações alusivas as suas funções institucionais.

---

[121] STJ, REsp 1.857.098/MS, Incidente de Assunção de Competência – IAC n. 13, 1ª Seção, Rel. Min. Og Fernandes, j. 11.05.2022.

4.6.2 Possibilidade de execução individual de termo de ajustamento de conduta (TAC) celebrado extrajudicialmente

No julgamento do REsp 2.059.781/RJ, o STJ reconheceu **legitimidade do indivíduo (vítima de tragédia ambiental)** para executar individualmente **Termo de Ajustamento de Conduta** firmado por ente público que verse sobre direitos individuais homogêneos. O caso em questão envolve a tragédia do rompimento da Barragem do Córrego do Feijão, ocorrida em 2019 no **Município de Brumadinho/MG**, acarretando inúmeras mortes e múltiplas violações a direitos dos indivíduos e grupos sociais atingidos – de ordem material e moral –, bem como devastador e irreparável dano ambiental na região.

A Defensoria Pública do Estado de Minas Gerais, posteriormente ao desastre, firmou Termo de Ajustamento de Conduta com a empresa Vale S/A, a qual se comprometeu a indenizar extrajudicialmente as vítimas do acidente. O STJ, nesse sentido, entendeu que "a interpretação recente e consentânea com a finalidade das normas protetivas do microssistema de demandas coletivas correlaciona a legitimidade para executar o Termo de Ajustamento de Conduta à natureza do direito tutelado. Isto é, versando o ato negocial sobre direitos difusos e coletivos *stricto sensu*, são legitimados os órgãos públicos. Por outro lado, tratando-se de **direitos individuais homogêneos**, nada impede que **os próprios lesados executem o título extrajudicial individualmente**".

JURISPRUDÊNCIA STJ. Tragédia de Brumadinho e possibilidade de execução individual de termo de ajustamento de conduta (TAC) celebrado extrajudicialmente pela Defensoria Pública e a empresa poluidora: "RECURSO ESPECIAL. RECURSO ESPECIAL. EXECUÇÃO DE TÍTULO EXTRAJUDICIAL. LITISPENDÊNCIA. INOVAÇÃO RECURSAL. AUSÊNCIA DE PREQUESTIONAMENTO. **ROMPIMENTO DA BARRAGEM DO CÓRREGO DO FEIJÃO. TERMO DE AJUSTAMENTO DE CONDUTA FIRMADO ENTRE A VALE S.A. E A DEFENSORIA PÚBLICA DO ESTADO DE MINAS GERAIS.** EXECUÇÃO. LEGITIMIDADE DO INDIVÍDUO. DIREITO INDIVIDUAL HOMOGÊNEO. POSSIBILIDADE. PECULIARIDADES DO TÍTULO. OBRIGAÇÃO DE FAZER E DE PAGAR. QUANTIAS LÍQUIDAS E ILÍQUIDAS. EXECUÇÃO DE MONTANTE ESPECÍFICO. VIABILIDADE DA EXECUÇÃO. MANUTENÇÃO DO ACÓRDÃO RECORRIDO. RECURSO ESPECIAL PARCIALMENTE CONHECIDO E, NO MÉRITO, DESPROVIDO. 1. Execução de título extrajudicial, ajuizada em 17/8/2021, da qual foi extraído o presente recurso especial, interposto em 9/11/2022 e concluso ao gabinete em 20/4/2023. 2. O propósito recursal consiste em decidir (I) se há litispendência, (II) se o indivíduo é legítimo para executar o **Termo de Ajustamento de Conduta firmado entre a Defensoria Pública do Estado de Minas Gerais e a VALE S.A**, e (III) se o referido TAC goza de certeza, liquidez e exigibilidade. (...) 4. A tragédia do rompimento da Barragem do Córrego do Feijão, ocorrida em 25 de janeiro de 2019 no Município de Brumadinho/MG, acarretou inúmeras mortes e incomensuráveis prejuízos na vida dos indivíduos atingidos – de ordem material e moral –, bem como devastador e irreparável dano ambiental na região. Ou seja, a partir de um único evento danoso, foram violados, simultaneamente, direitos difusos, direitos coletivos *stricto sensu* e direitos individuais homogêneos. Nesse contexto, a Defensoria Pública do Estado de Minas Gerais firmou Termo de Ajustamento de Conduta com a empresa VALE S/A, por meio do qual esta se comprometeu a indenizar extrajudicialmente as vítimas do acidente ocorrido na cidade de Brumadinho/MG. 5. **Interpretação consentânea com a finalidade protetiva das normas do microssistema dos processos coletivos** relaciona a **legitimidade para executar o Termo de Ajustamento de Conduta** à natureza do direito tutelado. Assim, há **legitimidade dos indivíduos** para executar individualmente o **Termo firmado por ente público que verse sobre direitos individuais homogêneos**. 6. O Termo de Ajustamento de Conduta ora examinado apresenta características peculiares, pois alberga tanto obrigação de fazer, consistente em viabilizar a realização de **acordos extrajudiciais entre a VALE S.A e as vítimas do evento danoso**, quanto obrigação de pagar, consistente no pagamento de indenização aos referidos indivíduos. No que diz respeito à obrigação de pagar, existem duas formas de quantificação dos danos: (I) danos

> que precisam de liquidação e (II) danos que já estão quantificados e, portanto, líquidos. 7. Hipótese em que o recorrido ajuizou a execução do instrumento extrajudicial com fundamento na obrigação de pagar advinda da cláusula 15.7 do Termo de Ajustamento de Conduta, que estabelece o montante de R$ 100.000,00 a título de indenização por dano ocasionado à saúde mental e emocional do indivíduo. Trata-se, portanto, de obrigação líquida e que pode ser reivindicada por meio de execução de título extrajudicial. Com o retorno dos autos à origem, após a comprovação de que o recorrido é, de fato, vítima do evento danoso, fará jus à indenização no quantum previsto no TAC. 8. Recurso especial conhecido em parte e, nessa extensão, desprovido" (STJ, REsp n. 2.059.781/RJ, 3ª T., Rel. Min. Nancy Andrighi, j. 12.12.2023).

4.7 Ação civil pública ambiental

4.7.1 Legitimidade ativa

A legitimidade processual, em linhas gerais, define "quem" pode atuar em juízo na tutela de determinado direito material. Por vezes, como ocorre comumente nas ações coletivas, não há identidade entre "**quem atua em juízo**" na defesa de determinado direito e o "**titular do direito**" em si. Em que pese a divergência doutrinária a respeito da natureza de tal legitimidade (conforme desenvolvemos no tópico subsequente), há a chamada por alguns de **legitimação extraordinária por substituição processual**,[122] diferentemente da **legitimação ordinária** (prevista no art. 6º do antigo CPC de 1973 e no art. 18 do CPC/2015[123]), que é a regra nas ações individuais e caracteriza-se pela identidade entre o autor da ação e o titular do direito.

A nosso ver, quanto maiores e em maior número forem os canais de acesso ao Sistema de Justiça, especialmente para o caso das demandas coletivas, com a descentralização de tal "poder" e a atribuição de tal função a um maior número de instituições públicas (como é o caso, por exemplo, do Ministério Público e da Defensoria Pública) e de entidades privadas (como as associações civis), bem como ao próprio cidadão individualmente, como ocorre no caso da ação popular, maiores serão as chances de que as violações a direitos transindividuais (e também individuais homogêneos), como é o caso da proteção ambiental, alcancem o Poder Judiciário, e, consequentemente, melhores serão as condições para a sua efetividade nas hipóteses de lesão ou ameaça de lesão.

Há três correntes doutrinárias predominantes a respeito da natureza da legitimação *ad causam* nas ações coletivas. A primeira corrente defende a tese da **substituição processual (legitimação extraordinária)**, de modo que a parte legitimada para a propositura da ação não se sub-roga na condição de titular do direito material defendido, mas apenas representa os interesses do titular do direito em juízo. A segunda corrente, por sua vez, adotada, entre outros, por Rodolfo de Camargo Mancuso,[124] faz uma leitura ampla do art. 6º do CPC/1973 (art. 18 do CPC/2015), defendendo a **legitimação ordinária** da parte em razão de que estaria agindo não por substituição processual, mas em defesa própria de seus objetivos institucionais. Por fim, há o entendimento formatado por Nelson Nery Jr. e Rosa Maria Andrade Nery, com base na doutrina

---

[122] V. ZAVASCKI, Teori A. *Processo coletivo...*, p. 138.
[123] "Art. 18. **Ninguém poderá pleitear direito alheio em nome próprio, salvo quando autorizado pelo ordenamento jurídico**. Parágrafo único. Havendo **substituição processual**, o substituído poderá intervir como assistente litisconsorcial."
[124] MANCUSO, Rodolfo de Camargo. *Interesses difusos*: conceitos e legitimação para agir. 6. ed. São Paulo: RT, 2004. p. 262.

alemã (*Prozessführungrecht*), a respeito da legitimação autônoma, ou seja, o "direito de conduzir o processo" conferido ao ente legitimado.¹²⁵

A LACP, por sua vez, estabelece o rol dos entes legitimados à propositura de ação civil pública no seu **art. 5º**. De acordo com o dispositivo citado, têm legitimidade para propor a ação principal e a ação cautelar, conforme redação dada pela Lei 11.448/2007.

> **Art. 5º Têm legitimidade para propor a ação principal e a ação cautelar:**
> **I – o Ministério Público;**
> **II – a Defensoria Pública;**
> **III – a União, os Estados, o Distrito Federal e os Municípios;**
> **IV – a autarquia, empresa pública, fundação ou sociedade de economia mista;**
> **V – a associação** que, concomitantemente:
> a) esteja constituída há pelo menos 1 (um) ano nos termos da lei civil;
> b) inclua, entre suas finalidades institucionais, a proteção ao patrimônio público e social, ao meio ambiente, ao consumidor, à ordem econômica, à livre concorrência, aos direitos de grupos raciais, étnicos ou religiosos ou ao patrimônio artístico, estético, histórico, turístico e paisagístico. (Redação dada pela Lei nº 13.004, de 2014)

4.7.1.1 Ministério Público

A legitimidade do Ministério Público para a propositura de ação coletiva em matéria ambiental, notadamente em vista da responsabilização do poluidor pelo dano ambiental, já havia sido reconhecida antes mesmo da LACP, por meio da previsão pioneira expressa no art. 14, § 1º, da Lei da Política Nacional do Meio Ambiente (Lei 6.938/81),¹²⁶ conforme tratamos anteriormente. O *Parquet*, cabe destacar, exerce uma posição central na defesa extrajudicial e judicial do meio ambiente no nosso Sistema de Justiça. O seu papel protagonista é fundamental, de modo que a própria CF/1988 registrou isso de forma clara no seu art. 129, III, ao assinalar, como funções institucionais do Ministério Público, "promover o **inquérito civil** e a **ação civil pública**, para a proteção do patrimônio público e social, do **meio ambiente** e de outros interesses difusos e coletivos".

A própria CF/1988 também consignou de forma expressa, no § 1º do art. 129, que "a legitimação do Ministério Público para as ações civis previstas neste artigo **não impede a de**

---

¹²⁵ NERY JR., Nelson; NERY, Rosa Maria Andrade. *Código de Processo Civil anotado*. 2. ed. São Paulo: RT, 1996. p. 1.414.

¹²⁶ A Lei de Proteção aos Animais (Decreto 24.645, de 10 de julho de 1934) trouxe grande inovação normativa para a questão da proteção jurídica dos animais, especialmente se considerarmos o período histórico da sua edição, pois à época não existia o debate sobre os direitos e o bem-estar dos animais tal como se verifica de modo crescente hoje no Brasil. O Decreto 24.645/34, logo no seu art. 1º, dispunha que "todos os animais existentes no País são tutelados do Estado", estabelecendo o papel que incumbe ao Estado no sentido de tutelar e promover políticas públicas que evitem práticas de maus-tratos aos animais. Tal entendimento era reforçado pelo § 3º do seu art. 2º ao assinalar que "**os animais serão assistidos em juízo pelos representantes do Ministério Público, seus substitutos legais, e pelos membros das sociedades protetoras de animais**". A "substituição legal e processual" dos animais pelo Ministério Público previsto no artigo em questão talvez seja um dos primeiros dispositivos legais que amparam a atuação do *Parquet* em matéria ambiental – como a origem "primitiva" da sua legitimidade verificada hoje para a propositura da ação civil pública ambiental –, o que, sem dúvida, era uma inovação para a época, uma vez que a consagração jurídica da legitimidade do Ministério Público para a proteção ambiental só teria sido consagrada na Lei 6.938/81 (art. 14, § 1º), e, posteriormente, reforçada pela Lei 7.347/85 (art. 5, I). Isso sem falar da legitimidade das associações protetoras dos animais para promoverem a defesa judicial dos animais prevista no diploma, que também só veio a ser assegurado pela Lei 7.347/85 (art. 5º, V).

terceiros, nas mesmas hipóteses, segundo o disposto nesta Constituição e na lei". O papel destacado do Ministério Público na tutela ecológica no âmbito do nosso Sistema de Justiça, por certo, não retira, mas, pelo contrário, soma-se de forma colaborativa à atuação de inúmeros agentes públicos e privados com o mesmo objetivo de promover a proteção da integridade ecológica, entre os quais se destacam os demais entes arrolados no art. 5º da LACP, conforme veremos individualmente na sequência.

4.7.1.1.1 Obrigatoriedade da intervenção do Ministério Público como fiscal da lei na ação civil pública ambiental

O protagonismo do *Parquet* na tutela extrajudicial e judicial do meio ambiente também é revelado por meio da previsão do art. 5º, § 1º, da LACP, ao estabelecer que "o Ministério Público, se não intervier no processo como parte, atuará obrigatoriamente como **fiscal da lei**". O dispositivo torna **obrigatória a participação do *Parquet*** em todas as ações civis públicas. Naquelas em que não for o autor da ação, o Ministério Público atuará necessariamente como fiscal da lei (***custos legis***). O dispositivo em análise reforça, por assim dizer, o protagonismo da instituição no processo coletivo brasileiro, o que é justificado pela natureza plural do processo coletivo (quase sempre revestido de forte litigiosidade de espectro comunitário e social) e da identidade constitucional da instituição como "**guardiã**" **dos interesses de toda a coletividade**.

4.7.1.1.2 Desistência ou abandono pelo autor e assunção da ação civil pública pelo Ministério Público

A LACP, pelas mesmas razões referidas no tópico anterior, assinalou no § 3º do art. 5º que, "em caso de desistência infundada ou abandono da ação por associação legitimada, o Ministério Público ou outro legitimado assumirá a titularidade ativa". O zelo do legislador em assegurar a continuidade de ação civil pública proposta por associação justifica-se justamente pela própria natureza inerente a tais ações, revestidas que são, na maioria das vezes, pelo **interesse público indisponível da coletividade**, como bem exemplifica a temática ecológica. Ademais, a desistência ou abandono de eventual ação civil pública ambiental proposta por associação pode ocorrer em razão de alguma dificuldade financeira ou técnico-jurídica, de modo a justificar a assunção do polo ativo da ação por outro ente colegitimado.

Ressalva-se aqui que, muito embora o § 1º do art. 5º da LACP tenha atribuído apenas ao *Parquet* a atuação como ***custos legis***, a mesma exclusividade não se verifica no § 3º do art. 5º, de modo que, como dispõe expressamente o dispositivo legal citado, "o **Ministério Público ou outro legitimado**" assumirá a titularidade ativa. De tal sorte, os outros legitimados arrolados no art. 5º da LACP, inclusive outra associação, não estariam vedados a assumir o polo ativo da ação civil pública. Na prática, é bem verdade, a intimação para se manifestar sobre a continuidade ou não da ação será dirigida ao *Parquet*, como uma decorrência lógica da sua atuação como *custos legis*. Feita tal intimação, o Ministério Público não será obrigado a seguir com a ação, podendo, dadas as circunstâncias concretas, exarar manifestação no sentido, por exemplo, da **manifesta improcedência da ação** ou de se tratar de **lide temerária**. A **obrigatoriedade**, sim, reside no procedimento judicial de ser o Ministério Público intimado a se manifestar sobre a assunção ou não da ação.

> **JURISPRUDÊNCIA STJ. Vício de representação da associação autora e ingresso do Ministério Público no polo ativo:**
>
> **1)** "Processual civil. Direito do consumidor. Ação civil pública. Vício na representação processual. Extinção do feito. Impossibilidade. **Princípio da indisponibilidade da demanda coletiva. Instrumentalidade das formas.** Legitimidade do Ministério Público. Direitos individuais homogêneos. Repercussão social. Controle incidental da constitucionalidade.

Possibilidade. 1. Cuida-se de ação civil pública ajuizada por associações de defesa dos consumidores para discutir a fixação do prazo de validade para a utilização dos créditos adquiridos pelos usuários do serviço de telefonia celular (...) 5. A norma inserta no art. 13 do CPC deve ser interpretada em consonância com o § 3º do art. 5º da Lei 7.347/85, que determina a continuidade da ação coletiva. Prevalecem, na hipótese, os **princípios da indisponibilidade da demanda coletiva e da obrigatoriedade**, em detrimento da **necessidade de manifestação expressa do *Parquet* para a assunção do polo ativo da demanda**. Em outras palavras, deve-se dar continuidade às ações coletivas, a não ser que o *Parquet* demonstre fundamentadamente a **manifesta improcedência da ação** ou que **a lide é temerária**. 6. A extinção do processo sem resolução do mérito, na forma dos arts. 267, IV, e 369 do CPC apenas seria admissível, caso o Tribunal *a quo* procedesse à **prévia intimação do órgão ministerial** para a específica finalidade de prosseguir com a ação e houvesse justificada manifestação do *Parquet* em sentido contrário à continuidade da demanda, dada a atribuição legal deste último em prosseguir com o feito. 7. No caso, o Ministério Público, intimado para ofertar parecer sobre o recurso, posicionou-se pelo provimento da apelação, o que, consoante o **princípio da instrumentalidade das formas**, demonstra a **viabilidade processual da demanda** posta em juízo e reforça a **necessidade da sua continuidade**. 8. A legitimidade do Ministério Público para a defesa dos direitos individuais homogêneos está evidenciada, dada a **repercussão social da matéria** em exame, que se refere à prestação de serviço de telefonia, atingindo milhares de pessoas. (...). 11. Recursos conhecidos em parte e, no mérito, não providos" (STJ, REsp 855.181/SC, 2ª T., Rel. Min. Castro Meira, j. 01.09.2009).

2) "Direito processual civil. Ingresso do MP em ação civil pública na hipótese de vício de representação da associação autora. Na ação civil pública, reconhecido o vício na representação processual da associação autora, deve-se, antes de proceder à extinção do processo, conferir oportunidade ao Ministério Público para que assuma a titularidade ativa da demanda. Isso porque as ações coletivas trazem em seu bojo a ideia de **indisponibilidade do interesse público**, de modo que o art. 13 do CPC deve ser interpretado em consonância com o art. 5º, § 3º, da Lei 7.347/1985. Precedente citado: REsp 855.181/SC" (STJ, REsp 1.372.593/SP, 2ª T., Rel. Min. Humberto Martins, j. 07.05.2013).

4.7.1.2 Defensoria Pública

"Parece-me equivocado o argumento, impertinente à **nova processualística das sociedades de massa, supercomplexas**, surgida no Brasil e no mundo como reação à insuficiência dos modelos judiciários convencionais. De se indagar a quem interessaria o alijamento da Defensoria Pública do **espaço constitucional-democrático do processo coletivo**. A quem aproveitaria a inação da Defensoria Pública, negando-se-lhe a legitimidade para o ajuizamento de ação civil pública? A quem interessaria restringir ou limitar, aos parcos instrumentos da processualística civil, a tutela dos hipossuficientes (tônica dos direitos difusos e individuais homogêneos do consumidor, portadores de necessidades especiais e dos idosos)? A quem interessaria limitar os instrumentos e as vias assecuratórias de direitos reconhecidos na própria Constituição em favor dos desassistidos que padecem tantas limitações? Por que apenas a Defensoria Pública deveria ser excluída do rol do art. 5º da Lei n. 7.347/1985? A ninguém comprometido com a construção e densificação das normas que compõem o sistema constitucional de Estado Democrático de Direito" (**Ministra Cármen Lúcia**).[127]

---

[127] Passagem do voto-relator da Min. Cármen Lúcia no julgamento da ADI 3.943/DF.

O **paradigma solidarista** sobre o qual opera o sistema jurídico atual e, consequentemente, os atores públicos e privados do nosso **Sistema de Justiça**, superando a tradição liberal individualista antes vigente (pelo menos, até a promulgação da CF/1988), conforme destacamos anteriormente, também impactou significativamente as atribuições e objetivos institucionais da Defensoria Pública. Ela é, pode-se afirmar, um dos principais agentes reformadores e renovadores do nosso Sistema de Justiça brasileiro. Sem recuar qualquer espaço na sua atuação rotineira de casos individuais, a Defensoria Pública é chamada (pela própria ordem jurídica que a disciplina) a atuar também por meio dos instrumentos processuais (extrajudiciais e judiciais) coletivos, sendo um deles (o de mais destaque) a ação civil pública.[128] A doutrina brasileira do Direito Processual Coletivo é praticamente unânime em reconhecer a legitimidade da Defensoria Pública para a propositura de ação civil pública em prol de direitos coletivos em sentido amplo (individuais homogêneos, coletivos em sentido estrito e difusos), ressalvada, é claro, a **pertinência temática** que deve existir entre o objeto de tais demandas e os seus **objetivos institucionais** delineados no **art. 134 da CF/1988** (em especial, após a **EC 80/2014**) e na **LC 80/94** (após a reforma da **LC 132/2009**).

Essa compreensão, em termos gerais favoráveis à ampliação dos atores processuais que atuam na seara coletiva, reflete, por assim dizer, o "estado da arte" do pensamento jurídico-processual contemporâneo. O alargamento do acesso ao Poder Judiciário, alinhado com as garantias constitucionais da **assistência jurídica integral e gratuita aos necessitados (art. 5º, LXXIV)** e da **inafastabilidade do controle jurisdicional (art. 5º, XXXV)**, toma o rumo traçado pelo espírito democrático-participativo da CF/1988 na perspectiva do nosso Sistema de Justiça. Essa "abertura de portas", ampliando, em especial, o acesso das pessoas necessitadas (ou vulneráveis) que antes não ingressavam nas nossas Cortes de Justiça por impossibilidade econômica e técnica, está diretamente relacionada à legitimidade para a propositura de ações judiciais, além, é claro, de outras questões estruturais e organizacionais do Sistema de Justiça. A partir do enfoque da instrumentalidade do processo, Cândido Rangel Dinamarco defende a modificação do sistema processual de modo a torná-lo aberto ao maior número possível de pessoas. De acordo com o **paradigma instrumentalista**, o sistema processual deve adotar técnicas capazes de "dotar o processo de maior carga de **utilidade social e política**".[129]

Por meio de instrumentos como a ação civil pública, conforme pontua o autor, ampliam-se a via de admissão em juízo e, consequentemente, o acesso à justiça, permitindo a abertura do sistema, de modo a proporcionar benefícios a indivíduos e grupos sociais.[130] O reconhecimento da legitimidade da Defensoria para a propositura da ação civil pública ruma nessa direção. Favoráveis a esse entendimento, Fredie Didier Jr. e Hermes Zaneti Jr. assinalam que a nova redação conferida ao art. 5º da LACP pela **Lei 11.448/2007**, prevendo expressamente a legitimidade ativa da Defensoria Pública (art. 5º, II) para a propositura da ação civil pública, atende à evolução da matéria, de modo a democratizar a legitimação, bem como revelar a tendência jurisprudencial que já se anunciava.[131] Conforme apontado em passagem anterior, o dispositivo da LACP que confere legitimidade à Defensoria para a propositura de ação civil pública foi reforçado também pela **LC 80/94 (art. 4º, VII)**, com redação dada pela **LC 132/2009**.[132] O dispositivo em questão foi ainda mais longe, ao estabelecer a possibilidade de a Defensoria Pública promover, além da ação civil pública,

---

[128] FENSTERSEIFER, Tiago. *Defensoria Pública, direitos fundamentais e ação civil pública...*
[129] DINAMARCO, Cândido Rangel. *A instrumentalidade do processo...*, p. 362.
[130] DINAMARCO, Cândido Rangel. *A instrumentalidade do processo...*, p. 331.
[131] DIDIER JR., Fredie; ZANETI JR., Hermes. *Curso de direito processual...*, p. 199.
[132] O Estatuto da Pessoa com Deficiência (Lei 13.146/2015) passou a prever a legitimidade da Defensoria Pública, alterando a redação do art. 3º da Lei 7.853/89.

"(...) todas as espécies de ações capazes de propiciar a adequada tutela dos *direitos difusos, coletivos ou individuais homogêneos* quando o resultado da demanda puder **beneficiar grupo de pessoas hipossuficientes**".

Na mesma linha processual-constitucional, Aluísio G. de Castro Mendes, ao referir o "espírito" subjacente à inclusão da Defensoria Pública como legitimado ativo para a propositura da ação civil pública no **Anteprojeto do Código Brasileiro de Processos Coletivos**, destaca que o caminho trilhado foi no sentido de democratizar o acesso à justiça, fortalecendo as ações coletivas a partir da ampliação do rol de legitimados, de modo a romper com os sistemas tradicionais que procuram atribuir com certa exclusividade tal legitimidade no âmbito das ações coletivas.[133] Do contrário, restringir a legitimidade em matéria coletiva e privar a Defensoria Pública do uso de tal instrumento processual representaria o mesmo que, em termos caricaturais (retomando a imagem do personagem de Charles Chaplin em *Tempos Modernos*, de 1936, no qual ele tenta sobreviver em meio ao mundo moderno e industrializado, operando uma máquina com movimentos repetitivos), não disponibilizar a determinado operário de uma fábrica máquinas e técnicas hoje existentes e capazes de aperfeiçoar e trazer maior economia e produtividade ao seu trabalho.

Quando voltamos o olhar para os **"operadores" do Sistema de Justiça** – e o Defensor Público se coloca entre eles, assim como o Promotor de Justiça –, o uso de tais "**técnicas processuais**" implica **economia e celeridade processual**, bem como maior efetividade no tocante à tutela de direitos, dado o alcance social dos instrumentos de tutela coletiva, como é o caso da ação civil pública. Quem ganha, em última instância, com o aperfeiçoamento técnico proporcionado pelos instrumentos processuais coletivos são justamente os **indivíduos e os grupos sociais necessitados** assistidos pela Defensoria Pública, ou seja, aquelas pessoas com maior grau de **vulnerabilidade existencial** e que mais precisam de tutela jurisdicional para resguardarem e efetivarem seus direitos.

Não foi outro o entendimento adotado pelo STF,[134] conforme se pode apreender da passagem do voto-relator da Ministra Cármen Lúcia, alinhando-se à jurisprudência já consolidada no âmbito do STJ,[135] ao julgar improcedente, à unanimidade, a ADI 3.943/DF ajuizada pela CONAMP (Associação Nacional dos Membros do Ministério Público) com o propósito de impugnar o dispositivo que inseriu a Defensoria Pública no rol (inciso II) do art. 5º da Lei 7.347/85. Por derradeiro, resta destacar que a EC 80/2014 consagrou, além do reforço da identidade constitucional para a Defensoria Pública, importante suporte normativo para a sua legitimidade

---

[133] MENDES, Aluisio Gonçalves de Castro. O Anteprojeto de Código Brasileiro de Processos Coletivos: visão geral e pontos sensíveis. *In*: GRINOVER, Ada Pellegrini; MENDES, Aluisio Gonçalves de Castro; WATANABE, Kazuo (coord.). *Direito processual coletivo e o Anteprojeto de Código Brasileiro de Processos Coletivos*. São Paulo: RT, 2007. p. 23. No mesmo sentido, v. MIRRA, Álvaro Luiz Valery. Associações civis e a defesa dos interesses difusos em juízo: do direito vigente ao direito projetado. *In*: GRINOVER, Ada Pellegrini; MENDES, Aluisio Gonçalves de Castro; WATANABE, Kazuo (coord.). *Direito processual coletivo e o Anteprojeto de Código Brasileiro de Processos Coletivos*. São Paulo: RT, 2007. p. 116.

[134] STF, ADI 3.943/DF, Tribunal Pleno, Rel. Min. Cármen Lúcia, j. 07.05.2015.

[135] "A **Lei 11.448/2007** alterou o art. 5º da Lei 7.347/85 para incluir a Defensoria Pública como legitimada ativa para a propositura da ação civil pública. Essa e outras alterações processuais fazem parte de uma série de mudanças no arcabouço jurídico-adjetivo com o objetivo de, ampliando o acesso à tutela jurisdicional e tornando-a efetiva, concretizar o direito fundamental disposto no art. 5º, XXXV, da CF. *In casu*, para afirmar a legitimidade da Defensoria Pública bastaria o comando constitucional estatuído no art. 5º, XXXV, da CF. É imperioso reiterar, conforme precedentes do STJ, que a *legitimatio ad causam* da Defensoria Pública para intentar ação civil pública na defesa de interesses transindividuais de hipossuficientes é reconhecida antes mesmo do advento da Lei 11.448/2007, dada a relevância social (e jurídica) do direito que se pretende tutelar e do próprio fim do ordenamento jurídico brasileiro: assegurar a dignidade da pessoa humana, entendida como núcleo central dos direitos fundamentais" (STJ, REsp 1.106.515/MG, 1ª T., Rel. Min. Arnaldo Esteves Lima, j. 02.02.2011).

para o ajuizamento de ação civil pública, entre outras medidas processuais e extraprocessuais de natureza coletiva. A **EC 80/2014** segue, conforme tratado anteriormente, no caminho de fortalecimento do regime constitucional da Defensoria Pública brasileira inaugurado pela EC 45/2004 (Reforma do Judiciário). A nova redação do *caput* **do art. 134 da CF/1988** não deixa margem para dúvidas a respeito da amplitude de atribuições da Defensoria Pública, ao assinalar que lhe incumbe, "como expressão e instrumento do regime democrático, fundamentalmente, a orientação jurídica, a promoção dos **direitos humanos** e a defesa, em todos os graus, judicial e extrajudicial, dos **direitos individuais e coletivos**, de forma integral e gratuita, aos necessitados, na forma do inciso LXXIV do art. 5º desta Constituição Federal" (grifos do autor).

Mais recentemente, o **CPC/2015**, além de incluir de forma inédita título próprio para a Defensoria Pública (arts. 185 a 187), tal como ocorria outrora na normativa processual anterior com relação, por exemplo, ao Ministério Público e à Advocacia Pública, reproduziu, no seu **art. 185**,[136] o conteúdo do art. 134, *caput*, da CF/1988 (e também do art. 1º da LC 80/94), reforçando tanto a atuação da Defensoria Pública na tutela e promoção dos direitos fundamentais (e direitos humanos) quanto a sua possibilidade de atuação no campo dos direitos coletivos (individuais homogêneos, coletivos em sentido estrito e difusos).

Também é digna de registro a atribuição de legitimidade à Defensoria Pública para a propositura de mandado de injunção coletivo. Segundo o art. 12, IV, da **Lei 13.300/2016**, que disciplina o processo e o julgamento dos mandados de injunção individual e coletivo, o **mandado de injunção coletivo** pode ser promovido "pela Defensoria Pública, quando a tutela requerida for especialmente relevante para a promoção dos direitos humanos e a defesa dos direitos individuais e coletivos dos necessitados, na forma do inciso LXXIV do art. 5º da Constituição Federal". Ao incumbir à Defensoria Pública a defesa e promoção dos *direitos coletivos* **dos necessitados**, o legislador está assegurando automaticamente à instituição o manuseio dos instrumentos jurídicos necessários a tal propósito constitucional, como é o caso, entre inúmeros outros (a exemplo do mandado de injunção coletivo), da ação civil pública.

> **JURISPRUDÊNCIA STF. Legitimidade da Defensoria Pública para propor ação civil pública (ADI 3.943/DF):** "Ação direta de inconstitucionalidade. Legitimidade ativa da Defensoria Pública para ajuizar ação civil pública (art. 5º, inc. II, da Lei n. 7.347/1985, alterado pelo art. 2º da Lei n. 11.448/2007). Tutela de interesses transindividuais (coletivos *stricto sensu* e difusos) e individuais homogêneos. Defensoria Pública: instituição essencial à função jurisdicional. Acesso à Justiça. Necessitado: definição segundo princípios hermenêuticos garantidores da força normativa da Constituição e da máxima efetividade das normas constitucionais: art. 5º, incs. XXXV, LXXIV, LXXVIII, da Constituição da República. Inexistência de norma de exclusividade do Ministério Público para ajuizamento de ação civil pública. Ausência de prejuízo institucional do Ministério Público pelo reconhecimento da legitimidade da Defensoria Pública. Ação julgada improcedente" (STF, ADI 3.943/DF, Tribunal Pleno, Rel. Min. Cármen Lúcia, j. 07.05.2015).

> **JURISPRUDÊNCIA STJ. Legitimidade da Defensoria Pública para propor ação civil pública:** "Embargos de divergência no recurso especial nos embargos infringentes. Processual civil. **Legitimidade da Defensoria Pública para a propositura de ação civil pública** em favor de idosos. Plano de saúde. Reajuste em razão da idade tido por abusivo. Tutela de interesses individuais homogêneos. Defesa de necessitados, não só os **carentes de recursos econômicos**, mas também os **hipossuficientes jurídicos**. Embargos de divergência acolhidos. (...) 4. 'A **expressão 'necessitados'** (art. 134, *caput*, da Constituição), que qualifica,

---

[136] "Art. 185. A Defensoria Pública exercerá a orientação jurídica, a promoção dos *direitos humanos* e a defesa dos *direitos* individuais e *coletivos* dos necessitados, em todos os graus, de forma integral e gratuita."

orienta e enobrece a atuação da Defensoria Pública, **deve ser entendida, no campo da Ação Civil Pública, em sentido amplo, de modo a incluir, ao lado dos estritamente carentes de recursos financeiros – os miseráveis e pobres –, os hipervulneráveis** (isto é, os **socialmente estigmatizados ou excluídos, as crianças, os idosos, as gerações futuras**), enfim **todos aqueles que, como indivíduo ou classe, por conta de sua real debilidade perante abusos ou arbítrio dos detentores de poder econômico ou político, 'necessitem' da mão benevolente e solidarista do Estado para sua proteção, mesmo que contra o próprio Estado**. Vê-se, então, que a partir da ideia tradicional da instituição forma-se, no *Welfare State*, um novo e mais abrangente círculo de sujeitos salvaguardados processualmente, isto é, adota-se uma compreensão de *minus habentes* impregnada de significado social, organizacional e de dignificação da pessoa humana'(REsp 1.264.116/RS, Rel. Ministro Herman Benjamin, Segunda Turma, julgado em 18/10/2011, *DJe* 13/04/2012). 5. O Supremo Tribunal Federal, a propósito, recentemente, ao julgar a ADI 3.943/DF, em acórdão ainda pendente de publicação, concluiu que a Defensoria Pública tem legitimidade para propor ação civil pública, na defesa de interesses difusos, coletivos ou individuais homogêneos, julgando improcedente o pedido de declaração de inconstitucionalidade formulado contra o art. 5º, inciso II, da Lei nº 7.347/1985, alterada pela Lei nº 11.448/2007 ('Art. 5º Têm legitimidade para propor a ação principal e a ação cautelar: ... II – a Defensoria Pública'). 6. Embargos de divergência acolhidos para, reformando o acórdão embargado, restabelecer o julgamento dos embargos infringentes prolatado pelo Terceiro Grupo Cível do Tribunal de Justiça do Estado do Rio Grande do Sul, que reconhecera a legitimidade da Defensoria Pública para ajuizar a ação civil pública em questão" (STJ, EREsp 1.192.577/RS, Corte Especial, Rel. Min. Laurita Vaz, j. 21.10.2015).

JURISPRUDÊNCIA STJ. Legitimidade da Defensoria Pública para propositura de ação civil pública ambiental:

1) "Processual civil. **Ação coletiva. Defensoria Pública. Legitimidade ativa. Art. 5º, II, da Lei nº 7.347/1985** (redação da Lei nº 11.448/2007). Precedente. 1. Recursos especiais contra acórdão que entendeu pela legitimidade ativa da Defensoria Pública para propor ação civil coletiva de interesse coletivo dos consumidores. 2. Este Superior Tribunal de Justiça vem se posicionando no sentido de que, nos termos do art. 5º, II, da Lei nº 7.347/85 (com a redação dada pela Lei nº 11.448/2007), a Defensoria Pública tem legitimidade para propor a ação principal e a ação cautelar em ações civis coletivas que buscam auferir responsabilidade por **danos causados ao meio ambiente**, ao consumidor, a bens e direitos de valor artístico, estético, histórico, turístico e paisagístico e dá outras providências. 3. Recursos especiais não providos" (STJ, REsp 912.849/RS, 1ª T., Rel. Min. José Delgado, j. 26.02.2008).

2) "(...) Quanto ao mais, a insurgência merece acolhida. Isso porque, conforme assentou o *Parquet*, o Superior Tribunal de Justiça tem reiteradamente se posicionado no sentido de que, 'nos termos do art. 5º, II, da Lei nº 7.347/85 (com a redação dada pela Lei nº 11.448/07), a **Defensoria Pública tem legitimidade para propor a ação principal e a ação cautelar em ações civis coletivas** que buscam auferir **responsabilidade por danos causados ao meio ambiente**, ao consumidor, a bens e direitos de valor artístico, estético, histórico, turístico e paisagístico e dá outras providências' (REsp 912.849/RS, Rel. Min. José Delgado, Primeira Turma, *DJe* 28.04.2008. (...) Ante o exposto, nos termos do art. 557, § 1º-A, do CPC, dou parcial provimento ao recurso especial para que, afastada a ilegitimidade da Defensoria Pública do Estado de Minas Gerais, o Tribunal de origem retome o julgamento do feito, como entender de direito" (STJ, REsp 1.372.253/MG, Rel. Min. Sérgio Kukina, j. 10.09.2013).

3) "PROCESSUAL CIVIL. ADMINISTRATIVO. AÇÃO CIVIL PÚBLICA. RECURSO ESPECIAL. **DEFENSORIA PÚBLICA. LEGITIMIDADE ATIVA. PEQUENO AGRICULTOR FAMILIAR.** REGISTRO DE RESERVA LEGAL NO CADASTRO AMBIENTAL RURAL. IMPOSIÇÃO DE FAZER. APOIO TÉCNICO E JURÍDICO. **HIPOSSUFICIÊNCIA. PRESUNÇÃO LEGAL EXPRESSA.** CARÊNCIA DO ASSISTIDO. COMPROVAÇÃO PRÉVIA. INEXIGIBILIDADE. 1. **A legitimidade ativa**

da Defensoria Pública nas ações coletivas não se verifica mediante comprovação prévia e concreta da carência dos assistidos. Ainda que o provimento beneficie públicos diversos daqueles necessitados, a hipótese não veda a atuação da Defensoria. Essa se justifica pela **mera presença teórica de potenciais assistidos entre os beneficiados**. Precedentes do Supremo Tribunal Federal em julgamentos vinculantes (ADI e Repercussão Geral). 2. O Código Florestal previu expressamente especial apoio do Estado aos pequenos agricultores familiares e equiparados para registro da reserva legal no Cadastro Ambiental Rural (CAR). Nos termos da lei, o apoio ocorre pela isenção de custos e de auxílio técnico e jurídico. Trata-se de presunção normativa de hipossuficiência que não pode ser afastada. 3. A **Defensoria Pública possui legitimidade ativa para propor ação civil pública** com vista a impor ao Estado o cumprimento de obrigações legais na tutela de pequenos agricultores familiares. 4. Recurso especial a que se dá provimento" (REsp n. 1.847.991/RS, Rel. Min. Og Fernandes, 2a T. j. 16.08.2022, *DJe* de 19.12.2022).

JURISPRUDÊNCIA TJSP. Defensoria Pública, ACP e exigência de licenciamento ambiental: "Agravo de instrumento. Ação civil pública. Grandes plantações de eucalipto e devastação ambiental. Necessidade de EIA/RIMA. Decisão que indeferiu a liminar. Legitimidade da Defensoria Pública Estadual para propor ação civil pública (Lei 7.347/85, artigo 5°, II). Presença dos requisitos para a concessão da liminar. Suspensão de toda e qualquer ampliação da área de plantio até realização de EIA/RIMA. Áreas já cultivadas, com ciclos previstos, a exigência do estudo será necessário para os replantios que vierem a ser feitos a partir de um ano. Preliminar de ilegitimidade afastada, recurso parcialmente provido" (TJSP, AI 759.170-5/3-00, Seção de Direito Público, Câmara Especial de Meio Ambiente, Rel. Des. Samuel Júnior, j. 28.08.2008).

4.7.1.2.1 A legitimidade da Defensoria Pública para a atuação coletiva em defesa do direito fundamental ao meio ambiente (art. 4°, X, da LC 80/94)

"Existem problemas novos convivendo com antigos – a persistência da pobreza e de necessidades essenciais não satisfeitas, fomes coletivas (...) e ameaças cada vez mais graves ao nosso meio ambiente e à sustentabilidade de nossa vida econômica e social" (**Amartya Sen**).[137]

"Art. 4° São funções institucionais da Defensoria Pública, dentre outras: (...) promover a mais ampla defesa dos *direitos fundamentais dos necessitados*, abrangendo seus direitos individuais, coletivos, sociais, econômicos, culturais e *ambientais*, sendo admissíveis todas as espécies de ações capazes de propiciar sua adequada e efetiva tutela" (grifos nossos) (**art. 4°, X, da LC 80/94**, com redação dada pela LC 132/2009).

O direito a viver em um meio ambiente sadio, equilibrado e seguro – elevado ao *status* de direito fundamental pela CF/1988 (arts. 5°, § 2°, e 225) – é, por assim dizer, o exemplo "clássico" de direito e interesse difuso, tendo em vista que se trata de bem jurídico catalisador de interesses de toda a coletividade (inclusive em âmbito internacional). E, por esse prisma, é a matéria que enseja maior polêmica e resistência por parte de alguns autores[138] para reconhecer a legitimi-

---

[137] SEN, Amartya. *Desenvolvimento como liberdade*..., p. 9.

[138] Para Édis Milaré, a legitimidade da Defensoria Pública para a tutela ambiental estaria circunscrita à tutela dos danos ambientais individuais sofridos por terceiros em decorrência da atividade poluidora, mas não autorizaria a defesa do ambiente em si mesmo, como bem de todos (dano ambiental coletivo). MILARÉ, Édis. *Direito do ambiente*. 5. ed. São Paulo: RT, 2007. p. 1014. Com posicionamento intermediário, Álvaro Luiz Valery Mirra assinala que a legitimação da Defensoria Pública para a proteção do ambiente somente estaria contemplada "nas hipóteses em que interesses e direitos dos necessitados estiverem entrelaçados com a preservação da qualidade ambiental, sem possibilidade de dissociação". MIRRA, Álvaro Luiz Valery. *Participação, processo civil e defesa do meio ambiente*..., p. 140.

dade da Defensoria Pública para promover ação civil pública, já que os **titulares do direito são indeterminados**.[139] Não há dúvida de que a discussão suscitada é potencializada pelo fato de a proteção do meio ambiente ser uma das áreas de maior destaque na atuação coletiva do Ministério Público brasileiro, o que, sem dúvida, motivou a CONAMP a mover a ADI 3.943 no STF contra a legitimidade da Defensoria Pública.

No plano normativo, o **art. 4º, X, da LC 80/94**, a partir da alteração levada a cargo pela LC 132/2009, passou a regrar como atribuição da Defensoria Pública "promover a mais ampla defesa dos **direitos fundamentais dos necessitados**, abrangendo seus direitos individuais, coletivos, sociais, econômicos, culturais e **ambientais**, sendo admissíveis todas as espécies de ações capazes de propiciar sua adequada e efetiva tutela".[140] Portanto, há **previsão normativa expressa** autorizando a atuação da Defensoria Pública na defesa ambiental, inclusive, conforme enunciado no mesmo dispositivo de lei, "sendo admissíveis todas as espécies de ações capazes de propiciar sua adequada e efetiva tutela". E, como já referimos em passagem anterior, conferir interpretação restritiva à proteção de direitos fundamentais – contra dispositivo expresso de lei – viola de forma cabal o princípio da máxima eficácia possível a ser conferida aos direitos fundamentais (art. 5º, § 1º, da CF/1988), não encontrando, portanto, qualquer amparo para tal entendimento no nosso ordenamento jurídico. Além do mais, tratando-se do direito fundamental ao meio ambiente, e ele se verifica sempre que estiverem em causa os demais direitos fundamentais, independentemente da sua dimensão ou geração, é imperativo que os canais de acesso ao Poder Judiciário sejam amplos, com o propósito de conferir-lhe uma tutela efetiva.

A corroborar esse entendimento, o Ministro Antonio H. Benjamin refere que, como benefício substantivo da "constitucionalização" da proteção ecológica, devem-se "ampliar os canais de participação pública, sejam os administrativos, sejam os judiciais, nesse último caso, com o afrouxamento do formalismo individualista, que é a marca da legitimação para agir tradicional", de tal sorte que, "em alguns casos, conforme a dicção utilizada pelo legislador constitucional, essa legitimação ampliada pode vir a ser automaticamente aceita pelo Poder Judiciário, sem necessidade de intervenção legislativa".[141] Se ao indivíduo, por meio da ação popular e das ações que tutelam direitos de vizinhança, é possibilitada a defesa em juízo do meio ambiente – e é salutar à democracia e à cidadania que assim o seja –, com idêntica razão tal legitimidade deve ser conferida à Defensoria Pública, em virtude, inclusive, da sua maior aptidão técnica e institucional para o ajuizamento e acompanhamento processual das ações coletivas, além, é claro, da sua legitimidade jurídico-constitucional para a tutela do direito fundamental ao meio ambiente de indivíduos e grupos sociais necessitados.

A legitimidade da Defensoria Pública, para Marcelo B. Dantas, deve ser compreendida pelo prisma do preceito constitucional do **acesso à justiça (art. 5º, XXXV, da CF/1988)**, o qual, conforme afirma, será facilitado com a ampliação da legitimidade ativa nas ações civis públicas, de modo que não lhe parece razoável negar a legitimidade da Defensoria Pública para a propositura de ação coletiva para a tutela ecológica.[142] É certo que, conforme pontuamos anteriormente, a legitimidade

---

[139] V. FENSTERSEIFER, Tiago. A legitimidade da Defensoria Pública para a propositura da ação civil pública ambiental e a caracterização de pessoas necessitadas em termos (socio)ambientais: uma questão de acesso à justiça (socio)ambiental. *Revista de Processo*, São Paulo, v. 193, p. 53 e ss., mar. 2011.

[140] No âmbito estadual, registra-se dispositivo (art. 5º, VI, "e") da Lei Orgânica da Defensoria Pública do Estado de São Paulo (LCE 988/2006) que também consagra a atuação da Defensoria Pública na seara ecológica: "Art. 5º São atribuições institucionais da Defensoria Pública do Estado, dentre outras: (...) VI – promover: (...) e) a tutela do meio ambiente, no âmbito de suas finalidades institucionais".

[141] BENJAMIN, Antonio Herman. Constitucionalização do ambiente e ecologização da Constituição brasileira..., p. 76.

[142] DANTAS, Marcelo Buzaglo. *Ação civil pública e meio ambiente*. São Paulo: Saraiva, 2009. p. 101. Defendendo a legitimidade de todos os entes arrolados no art. 5º da Lei 7.347/85 para a propositura de ação civil pública ambiental, v. RODRIGUES, Marcelo Abelha. *Processo civil ambiental*..., p. 85.

da Defensoria Pública para a propositura de ação civil pública em matéria ambiental deverá ter como lastro a conexão com a proteção de direitos e interesses de pessoas necessitadas, até mesmo para a atuação institucional não fugir do seu escopo constitucional. No entanto, a existência de dúvida sobre a verificação ou não de interesses de pessoas necessitadas por intermédio de ação civil pública proposta pela Defensoria Pública deve **privilegiar o reconhecimento da legitimidade**. A título de exemplo, a existência de dúvida científica (como sói acontecer em questões ambientais) sobre se a poluição de um rio provocada por determinada indústria local afeta negativamente ou não a população ribeirinha, composta majoritariamente por pessoas necessitadas, não nos parece razão suficiente para afastar a legitimidade da Defensoria Pública. Havendo fundamento legítimo de que determinada fonte de poluição ambiental acarreta dano (mesmo que potencial) a indivíduos e grupos sociais necessitados, a legitimidade da Defensoria Pública deve ser assegurada, **mesmo que a questão afete um espectro muito mais amplo de interesses**.

Ademais, qualquer tentativa de classificação rigorosa dos direitos coletivos (em sentido amplo) contradiz com a complexidade das relações sociais que marcam a nossa época. Nesse particular, Aluisio G. de Castro Mendes afirma, com propriedade, que nas questões relacionadas à proteção ecológica vislumbram-se exemplos incontroversos da "existência de uma faixa cinzenta entre o público e o individual, que deve merecer uma proteção ampla e não restrita, sob pena de serem maculados valores juridicamente amparados".[143] Compartimentar a classificação entre interesses difusos e individuais homogêneos para os casos de lesão ao meio ambiente e, a partir de tal raciocínio, identificar a legitimidade do Ministério Público, para o primeiro caso, e da Defensoria Pública, na segunda hipótese,[144] é fechar os olhos para a complexidade dos problemas sociais, de modo a enfraquecer, sob o pretexto de um "purismo conceitual", os mecanismos dispostos no sistema jurídico-processual para a sua tutela, em frontal violação ao **comando constitucional de proteção e máxima eficácia possível dos direitos fundamentais** (e mesmo dos deveres estatais de proteção ambiental dispostos no art. 225, *caput* e § 1º, da CF/1988).

A **indeterminabilidade dos beneficiários** da proteção jurídica ecológica, dada a natureza difusa do direito fundamental ao meio ambiente, também não se presta para justificar a recusa à legitimidade da Defensoria Pública para a propositura de ação civil pública ambiental, reiterando o entendimento que sinalizamos quando tratamos dos direitos sociais. Não há qualquer fundamento jurídico plausível para que eventual medida judicial coletiva adotada pela Defensoria Pública em matéria ambiental, amarrada à **proteção de interesses e direitos de pessoas necessitadas**, não possa produzir efeitos em favor de toda a coletividade. De acordo com esse entendimento, Marcelo B. Dantas assinala que "é praticamente impossível separar os beneficiados por uma prestação jurisdicional de procedência de uma ação civil pública ambiental promovida pela Defensoria Pública (como de resto, por qualquer legitimado), de modo que somente os necessitados pudessem ser atingidos pelos efeitos da sentença. Basta pensar em hipótese como a proibição de emitir poluentes na atmosfera ou dejetos no leito de um rio ou no mar territorial. Em todos esses casos, ganha a coletividade como um todo – repita-se, necessitados e não necessitados".[145] Apenas quando não puder ser vislumbrada a presença de direitos e interesses de indivíduos e grupos sociais necessitados é que a legitimidade estaria afastada, o que, a nosso ver, dada a **natureza difusa do bem jurídico ecológico**, seria impossível.

Cabe ressaltar, por fim, que não se trata de uma legitimidade subsidiária diante da omissão do Ministério Público e dos demais órgãos legitimados, como poderiam sustentar alguns, mas sim de **legitimidade autônoma e própria da Defensoria Pública**, consubstanciada no seu

---

[143] MENDES, Aluisio Gonçalves de Castro. O Anteprojeto de Código Brasileiro de Processos Coletivos..., p. 24.
[144] Como defensor de tal entendimento, conforme destacamos anteriormente, v. MILARÉ, Édis. *Direito do ambiente*, 5. ed., p. 1014.
[145] DANTAS, Marcelo Buzaglo. *Ação civil pública e meio ambiente*..., p. 100.

dever constitucional (e objetivo institucional) de tutelar os direitos fundamentais e a dignidade de indivíduos e grupos sociais necessitados, o que conduz necessariamente à tutela ecológica e da qualidade de vida.[146] Num contexto socioeconômico como o brasileiro, de profunda exclusão social, a agressão ecológica, de modo recorrente, trará consequências (ao menos indiretas) para o âmbito de proteção do direito fundamental ao meio ambiente de pessoas necessitadas, legitimando, de tal sorte, a atuação da Defensoria Pública. Em última instância, trata-se de reconhecer, como o fez o art. 225, *caput*, da CF/1988, o direito – de todos, ricos e pobres – a viver em um meio ambiente sadio, equilibrado e seguro.

4.7.1.2.2 Conceito "amplo" de necessitado e os "necessitados em termos ecológicos e climáticos"

Para além do espectro estritamente econômico, ao tratar da amplitude do conceito de "necessitado", é importante trazer essa discussão para a dimensão "concreta" de tais sujeitos de direito – e não apenas "formal", portanto, rejeitando a ideia abstrata de que são pessoas livres e iguais para exercerem os seus direitos perante o Sistema de Justiça –, com o propósito de identificar as diferentes categorias de grupos sociais detentores dessa especial condição jurídica. Rompendo, assim, com a tradição liberal-individualista, o Direito contemporâneo objetiva cada vez mais identificar as diferentes situações de fato e especiais necessidades da pessoa concreta, colocando o ordenamento jurídico a serviço da sua proteção. Não por outra razão, testemunhamos, sobretudo a partir da segunda metade do século XX – no caso brasileiro, um pouco depois disso, ou seja, somente a partir da CF/1988, na linha do que sustentamos em passagem anterior – a edição, tanto no âmbito internacional (global e regional) quanto doméstico, de legislações que se encarregaram de proteger diferentes categorias (e trata-se de rol apenas exemplificativo) de indivíduos e grupos sociais necessitados (ou vulneráveis). Esse novo arranjo normativo reflete, por sua vez, diretamente no conceito de necessitado estabelecido pelo ordenamento jurídico brasileiro, extrapolando, portanto, a perspectiva apenas econômica.

No âmbito internacional, registra-se, de forma paradigmática, a edição das **Regras de Brasília sobre Acesso à Justiça das Pessoas em Condições de Vulnerabilidade**, aprovadas no âmbito da XIV Conferência Judicial Ibero-Americana, realizada em Brasília, no ano de 2008. O documento em questão, muito embora não se trate de tratado ou mesmo possua força vinculante, representa um referencial conceitual bastante preciso para a compreensão da temática do acesso à justiça dos indivíduos e grupos sociais necessitados (ou vulneráveis). Ademais, o documento citado guarda perfeita simetria com o cenário normativo traçado pelo Direito Internacional dos Direitos Humanos, já que este último, tanto no plano global quanto regional, tem se ocupado de estabelecer cada vez mais, para além do marco normativo geral determinado pela Declaração Universal dos Direitos Humanos (1948), diplomas específicos voltados à **proteção de grupos sociais vulneráveis**, assegurando especial regime de proteção para eles, conforme tratamos anteriormente.

A respeito desse movimento normativo expansivo verificado no âmbito do Direito Internacional dos Direitos Humanos, destaca-se a lição de Federico Andreu-Guzmán e Christian Courtis:

---

[146] No tocante ao reconhecimento da legitimidade da Defensoria Pública para a propositura de ação civil pública em matéria ambiental, em questão envolvendo a exigência prévia de estudo de impacto ambiental (e, inclusive, de audiência pública) para o plantio comercial de eucalipto, v. decisões do TJSP: AI 759.170-5/3-00, Seção de Direito Público, Câmara Especial de Meio Ambiente, Rel. Des. Samuel Júnior, j. 28.08.2008; e AI 0086748-55, Seção de Direito Público, Câmara Especial de Meio Ambiente, Rel. Des. Renato Nalini, j. 02.06.2011. Mais recentemente, registra-se decisão do STJ que, ao reconhecer a legitimidade da Defensoria Pública para o ajuizamento de ação civil pública em matéria ambiental, reformou acórdão do TJMG em sentido contrário: STJ, REsp 1.372.253/MG, Rel. Min. Sérgio Kukina, j. 10.09.2013.

"(...) las dificultades experimentadas por las personas para acceder a la justicia y para ejercer sus derechos se deben en parte a su pertenencia a grupos sociales en situación de vulnerabilidad. Parte de la evolución contemporánea del derecho internacional de los derechos humanos ha seguido esta línea de interpretación: la adopción de instrumentos tales como la Convención para la Eliminación de Todas las Formas de Discriminación contra la Mujer, la Convención sobre los Derechos del Niño, el Convenio 169 de la Organización Internacional del Trabajo y la reciente Convención sobre los Derechos de las Personas con Discapacidad constituyen buenos ejemplos de este proceso. En todos estos instrumentos, los Estados partes se obligan a tomar medidas especiales respecto de los diferentes grupos tutelados respectivamente por cada instrumento, para asegurar el pleno reconocimiento y ejercicio de los derechos de sus miembros".[147]

Para além da perspectiva estritamente econômica, é fundamental para atender aos ditames constitucionais de forma plena a proteção especial de determinados indivíduos e grupos sociais em razão da presunção da sua vulnerabilidade existencial por se enquadrarem em determinada situação de fato que não lhes permite **exercerem os seus direitos com plenitude perante o Sistema de Justiça**, o que faz com que sejam atribuídas à Defensoria Pública a tutela e a promoção dos seus direitos. É bem verdade que, muitas vezes, sobretudo diante da desigual realidade social brasileira, a vulnerabilidade econômica se somará a outras formas de vulnerabilidade existencial, potencializando ainda mais o **grau de privação de direitos** de certos indivíduos e grupos sociais.

De acordo com as *Regras de Brasília sobre Acesso à Justiça das Pessoas em Condições de Vulnerabilidade*, consideram-se "**pessoas em condição de vulnerabilidade**" aquelas

"(...) que, por razão da sua idade, gênero, estado físico ou mental, ou por circunstâncias sociais, econômicas, étnicas e/ou culturais, encontram **especiais dificuldades em exercitar com plenitude perante o Sistema de Justiça os direitos reconhecidos pelo ordenamento jurídico**".

Também no mesmo documento está assinalado que poderão constituir causas de vulnerabilidade, entre outras, as seguintes: a **idade**, a **incapacidade**, a **pertença a comunidades indígenas ou a minorias**, a **vitimização**, a **migração** e o **deslocamento interno**, a **pobreza**, o **gênero** e a **privação de liberdade**. O conceito de **pessoas em condição de vulnerabilidade** não difere substancialmente do conceito de **pessoas necessitadas**, especialmente se tomarmos o seu **sentido mais amplo**, de acordo com o entendimento sustentado por nós, não se restringindo estas últimas, portanto, apenas à perspectiva econômica. É certo que, muitas vezes, repetindo o que afirmamos antes, a carência econômica estará acompanhada de outras causas de vulnerabilidade, tornando ainda maior a responsabilidade do Estado – e, portanto, da Defensoria Pública – de atuar no sentido de atender e tutelar os direitos de tais pessoas, assegurando a sua inserção no nosso pacto político-jurídico.

No ordenamento jurídico brasileiro, o conceito de necessidade (ou pessoa necessitada) "em sentido amplo" resultou consagrado no **art. 4º, XI, da LC 80/94**, com as alterações trazidas pela LC 132/2009, ao determinar que cabe à Defensoria Pública

"(...) exercer a defesa dos interesses individuais e coletivos da *criança e do adolescente*, do *idoso*, da *pessoa portadora de necessidades especiais*, da *mulher vítima de violência doméstica e familiar* **e de outros *grupos sociais vulneráveis* que mereçam proteção especial do Estado**" (grifos do autor).[148]

---

[147] ANDREU-GUZMÁN, Federico; COURTIS, Christian. Comentarios sobre las 100 Reglas de Brasilia..., p. 24.

[148] No mesmo artigo da LC 80/94 há outros incisos que conformam a ideia de proteção jurídica especial a ser conferida a determinados grupos sociais vulneráveis, por exemplo: "exercer a defesa dos direitos e interesses

Os *grupos sociais vulneráveis*, para além da pobreza e consequente falta de acesso aos bens materiais básicos, podem ser identificados nos seguintes grupos, ressalvando-se, novamente, que se trata de listagem apenas exemplificativa: *criança e adolescente*,[149] *pessoa idosa*,[150] *pessoas com deficiência*,[151] *mulher vítima de violência doméstica*,[152] *pessoas privadas de liberdade*,[153] usuários de serviços públicos essenciais (saúde, educação, assistência social, transporte público, saneamento básico, assistência jurídica, entre outros), *indígena*[154] e *consumidor*.[155] Até mesmo as **futuras gerações** são consideradas por alguns autores[156] como categoria jurídica detentora de vulnerabilidade, haja vista que os seus interesses (e direitos?) somente podem ser resguardados e reivindicados por terceiros (no caso, a geração presente). Tais categorias ou coletivos são integrados por indivíduos e grupos de pessoas que detêm uma proteção jurídica especial a cargo do Estado e da sociedade, independentemente da configuração da sua carência econômica. O "rol" de grupos sociais vulneráveis, por certo, é apenas **exemplificativo**,[157] como, inclusive, sugere o inciso XI do art. 4º da LC 132/2009, ao enunciar no seu final: "*e de outros grupos sociais vulneráveis que mereçam proteção especial do Estado*".

De acordo com tal entendimento, registra-se a lição do Ministro Antonio H. Benjamin do STJ, em julgamento que versava sobre a legitimidade da Defensoria Pública para a propositura de ação civil pública na defesa de direitos dos consumidores, para quem

> "(...) a **expressão 'necessitados'** deve ser interpretada de maneira mais ampla, não se restringindo, exclusivamente, às pessoas economicamente hipossuficientes, que não possuem recursos para litigar em juízo sem prejuízo do sustento pessoal e familiar, *mas sim a* **todos os socialmente vulneráveis**" (grifos do autor).[158]

---

individuais, difusos, coletivos e individuais homogêneos e dos direitos do *consumidor*, na forma do inciso LXXIV do art. 5º da Constituição Federal (VIII)"; "atuar nos estabelecimentos policiais, penitenciários e de internação de *adolescentes*, visando a assegurar às pessoas, sob quaisquer circunstâncias, o exercício pleno de seus direitos e garantias fundamentais (XVII)"; "atuar na preservação e reparação dos direitos de *pessoas vítimas de tortura, abusos sexuais, discriminação ou qualquer outra forma de opressão ou violência*, propiciando o acompanhamento e o atendimento interdisciplinar das vítimas (XVIII)" (grifos do autor).

[149] Art. 227 da CF/1988 e Estatuto da Criança e do Adolescente – ECA (Lei 8.069/90).
[150] Art. 230 da CF/1988 e Estatuto da Pessoa Idosa (Lei 10.741/2003).
[151] Art. 27 da CF/1988 e Estatuto da Pessoa com Deficiência (Lei 13.146/2015).
[152] Art. 226, § 8º, da CF/1988 e Lei Maria da Penha (Lei 11.340/2006).
[153] Lei de Execução Penal – LEP (Lei 7.210/84, com destaque para as alterações trazidas pela Lei 12.313/2010).
[154] Art. 231 da CF/1988 e Estatuto do Índio (Lei 6.001/73).
[155] O art. 5º, XXXII, da CF/1988 dispõe que "o Estado promoverá, na forma da lei, a defesa do consumidor". No plano infraconstitucional, v. Lei 8.078/90 (Código de Defesa do Consumidor).
[156] HIPPEL, Eike von. *Der Schutz des Schwächeren*..., p. 140 e ss.; e MARQUES, Claudia Lima; MIRAGEM, Bruno. *O novo direito privado*..., p. 166 e ss. Além da vulnerabilidade das futuras gerações, na seara ecológica, também pode ser aventada a ideia de vulnerabilidade dos animais (não humanos), com os correspondentes deveres fundamentais (dos particulares) e deveres estatais no tocante à sua proteção. Na doutrina, sobre este último ponto, v. MEDEIROS, Fernanda L. Fontoura de. *Direito dos animais*..., especialmente p. 117 e ss.
[157] Igual entendimento, ou seja, de um rol não exaustivo dos grupos vulneráveis, no âmbito das *Regras de Brasília sobre Acesso à Justiça das Pessoas em Condições de Vulnerabilidade*, inclusive citando o exemplo dos membros das comunidades afrodescendentes, é sustentado por ANDREU-GUZMÁN, Federico; COURTIS, Christian. *Comentarios sobre las 100 Reglas de Brasilia*..., p. 25. Outro exemplo passível de ser incluído no rol dos grupos sociais vulneráveis, pelas razões óbvias, diz respeito às "pessoas em situação de rua". Na doutrina, acerca da proteção jurídica das pessoas em situação de rua, v. GRINOVER, Ada Pellegrini; ALMEIDA Gregório Assagra de; GUSTIN, Miracy; LIMA, Paulo Cesar Valente de; IENNACO, Rodrigo (org.). *Direitos fundamentais das pessoas em situação de rua*. Belo Horizonte: D'Plácido Editora, 2014.
[158] STJ, AgREsp 50.212/RS, Rel. Min. Herman Benjamin, j. 10.10.2011.

Ao defender tal entendimento, não se está, como muitos poderiam pensar, ampliando de tal maneira o conceito de necessidade ou necessitado a ponto de acobertar "toda a sociedade" nele. Não é o caso. Está-se, tão somente, alinhando o conceito ao novo cenário jurídico e normativo (constitucional e infraconstitucional) edificado desde a CF/1988, de modo a superar o paradigma liberal individualista e o conceito restritivo (vale destacar, de assistência apenas "judiciária") estabelecido à luz da Lei de Assistência Judiciária (Lei 1.060/50). Essa compreensão está de acordo com o entendimento de Ada Pellegrini Grinover, ao defender que

"(...) existem os que são *necessitados no plano econômico*, mas também existem os *necessitados do ponto de vista organizacional*. Ou seja, todos aqueles que são socialmente vulneráveis: os consumidores, os usuários de serviços públicos, os usuários de planos de saúde, os que queiram implementar ou contestar políticas públicas, como as atinentes à saúde, à moradia, ao saneamento básico, ao **meio ambiente** etc." (grifos do autor).[159]

O **CPC/2015**, além de consolidar expressamente a atuação da Defensoria Pública na defesa dos direitos coletivos das pessoas necessitadas no *caput* do art. 185, amparando essa atuação de índole objetiva ou institucional referida, também consagrou um dos exemplos normativo-processuais mais significativos nesse sentido, ou seja, o art. 554, § 1º, ao determinar que, "no caso de ação possessória em que figure no polo passivo grande número de pessoas, serão feitas a citação pessoal dos ocupantes que forem encontrados no local e a citação por edital dos demais, determinando-se, ainda, a intimação do Ministério Público e, se envolver pessoas em situação de hipossuficiência econômica, da Defensoria Pública". A **intimação obrigatória da Defensoria Pública** em **conflitos possessórios coletivos (ou multitudinários)**, independentemente de a própria instituição ser acionada diretamente por eventuais pessoas necessitadas interessadas no pleito, ilustra bem a natureza objetiva da atuação institucional.

Na doutrina, há referência para tal intervenção processual da Defensoria Pública como ***custos vulnerabilis***, de modo a equipará-la em alguns aspectos à atuação *custos legis* do Ministério Público, prevista em algumas hipóteses legais,[160] tese, aliás, recentemente acolhida pelo **STJ** nos Embargos Declaratórios no **REsp 1.712.163/SP**. Muito embora a novidade do instituto jurídico-processual em questão, não há como negar que ele está totalmente alinhado com um regime jurídico-processual participativo e coaduna com um maior acesso à justiça e abertura do Sistema de Justiça para os pleitos dos indivíduos e grupos sociais necessitados, podendo até mesmo ser cogitada uma espécie de *custos vulnerabilis* **ecológico** para aquelas hipóteses de ações judiciais coletivas ambientais não propostas pela Defensoria Pública, em que a privação de direitos ecológicos impacta de forma mais sensível pessoas necessitadas.

---

[159] GRINOVER, Ada Pellegrini. Parecer a respeito da constitucionalidade da Lei 11.448/07, que conferiu legitimidade ampla à Defensoria Pública para a ação civil pública. *In*: SOUSA, José Augusto Garcia de (coord.). *Uma nova Defensoria Pública pede passagem*: reflexões sobre a Lei Complementar 132/09. Rio de Janeiro: Lumen Juris, 2011. p. 483.

[160] A atuação processual da Defensoria Pública por força da vulnerabilidade de determinado grupo social (*custos vulnerabilis*), independentemente da análise subjetiva individualizada da condição econômica de possíveis beneficiários, foi desenvolvida de forma pioneira por MAIA, Maurílio Casas. A legitimidade da Defensoria Pública para a tutela de segmentos sociais vulneráveis. *Revista de Direito do Consumidor*, São Paulo, v. 100, p. 351-383, set.-out. 2015. Especificamente sobre a atuação da Defensoria Pública em face do art. 554, § 1º, do CPC/2015, v. MAIA, Maurílio Casas. A intervenção de terceiro da Defensoria Pública nas ações possessórias multitudinárias do NCPC: colisão de interesses (art. 4º-A, V, LC n. 80/1994) e posições processuais dinâmicas. *In*: DIDIER JR, Fredie (coord.). *Novo CPC – doutrina selecionada*. Parte geral. Salvador: JusPodivm, 2016; v. 1, p. 1253-1288. Mais recentemente, v. SANTANA, Edilson; BHERON, Jorge; MAIA, Maurilio Casas. *Custos vulnerabilis*: a Defensoria Pública e o equilíbrio nas relações político-jurídicas dos vulneráveis. Belo Horizonte: CEI, 2019.

> **JURISPRUDÊNCIA STJ. Defensoria Pública e atuação como *custos vulnerabilis*:** "Processual civil. Embargos de declaração no recurso especial. Recurso manejado sob a égide do NCPC. Rito dos recursos especiais repetitivos. Plano de saúde. Controvérsia acerca da obrigatoriedade de fornecimento de medicamento não registrado pela Anvisa. Omissão. Existência. Contradição. Não ocorrência. Integrativo acolhido em parte. (...). 2. Na espécie, após análise acurada dos autos, verificou-se que o acórdão embargado deixou de analisar a **possibilidade de admissão da Defensoria Pública da União como *custos vulnerabilis***. 3. Em virtude de esta Corte buscar a essência da discussão, tendo em conta que a tese proposta neste recurso especial repetitivo irá, possivelmente, afetar outros recorrentes que não participaram diretamente da discussão da questão de direito, bem como em razão da **vulnerabilidade do grupo de consumidores** potencialmente lesado e da necessidade da **defesa do direito fundamental à saúde**, a **DPU está legitimada para atuar como quer no feito**. (...). 7. Embargos de declaração acolhidos, em parte, apenas para **admitir a DPU como *custos vulnerabilis***" (STJ, EDcl no REsp 1.712.163/SP, 2ª Seção, Rel. Min. Moura Ribeiro, j. 25.09.2019).

Igual entendimento, pelas mesmas razões, permite o reconhecimento da figura processual do *custos vulnerabilis* **climático**, tomando em conta, por exemplo, situações envolvendo **episódios climáticos extremos** – cada vez mais recorrentes e intensos, conforme reconhecido no último relatório do IPCC (AR6) –, como ocorrido no Estado do Rio Grande do Sul nas enchentes de maio de 2024, com a caracterização de um contingente de mais de 600.000 **deslocados climáticos**, ou seja, indivíduos e grupos sociais em contundente estado de vulnerabilidade e necessidade. O conceito de necessitados ou vulneráveis climáticos tem encontrado cada vez mais guarida na jurisprudência dos nossos Tribunais, notadamente em vista dos desastres climáticos cada vez mais frequentes no Brasil e no mundo. O STJ, em decisão recente proferida no REsp 1.993.143/SC, reconheceu, com fundamento na Lei 12.608/2012, que instituiu a **Política Nacional de Proteção e Defesa Civil**, a possibilidade de **controle judicial** e **obrigação do poder público de elaborar diagnóstico socioambiental e identificação de áreas de riscos ambientais e climáticos,** a fim de salvaguardar a **população em situação de vulnerabilidade ambiental**.[161]

Diante da disputa doutrinária e judicial (vide o caso da **ADI 3.943/DF**, referido anteriormente) a respeito da amplitude do conceito de necessitado no ordenamento jurídico brasileiro, é oportuno destacar que a questão se coloca em terreno jurídico ocupado pelos direitos fundamentais. Não há como desvincular a proteção dos necessitados (ou vulneráveis) e a tutela dos direitos fundamentais, entre os quais também se situa a proteção ecológica. São temas ligados visceralmente tanto do ponto de vista teórico-dogmático quanto prático. Dito isso, vale ressaltar que qualquer interpretação restritiva, no sentido de limitar direitos e proteção jurídica com relação aos necessitados, deve ser vista com cautela. Foi esse o raciocínio empregado pela Ministra Cármen Lúcia no julgamento da ADI 3.943/DF ao pronunciar no final do seu voto que (o que foi determinante para o STJ sedimentar o mesmo entendimento em decisão da sua Corte Especial em julgamento subsequente[162]):

> "(...) o custo social decorrente da negativa de atendimento de determinada coletividade ao argumento de hipoteticamente estar-se também a proteger direitos e interesses de cidadãos abastados é infinitamente maior que todos os custos financeiros inerentes à pronta

---

[161] STJ, REsp 1.993.143/SC, 2ª T., Rel. Min. Herman Benjamin, j. 06.08.2024.
[162] STF, ADI 3.943/DF, Tribunal Pleno, Rel. Min. Cármen Lúcia, j. 07.05.2015. O STJ, por sua vez, alinhou-se ao mesmo entendimento firmado pelo STF, conforme se pode apreender da recente decisão abaixo tomada por sua Corte Especial: STJ, EREsp 1.192.577/RS, Corte Especial, Rel. Min. Laurita Vaz, j. 21.10.2015.

atuação da Defensoria Pública nas situações concretas que autorizam o manejo da ação civil pública, conforme previsto no ordenamento jurídico".

Havendo dúvida a respeito do enquadramento ou não de determinado indivíduo ou grupo social em tal categoria jurídica (o que, a título ilustrativo, não haveria na hipótese de sócios do Iate Clube ou dos titulares de contas do Itaú Personnalité, como bem frisou o Ministro Luís Roberto Barroso no julgamento da ADI 3.943/DF),[163] deve ser conferida **interpretação que favoreça a máxima eficácia dos direitos fundamentais** e, consequentemente, a **proteção dos indivíduos e grupos sociais necessitados (ou vulneráveis).**

4.7.1.3   União, Estados, Distrito Federal e Municípios

Os entes federativos (União, Estados, Distrito Federal e Municípios) também são legitimados à propositura de ação civil pública, conforme previsão expressa do inciso III do art. 5º da LACP, não obstante, na prática, também integrarem, muitas vezes, o polo passivo de tais demandas em matéria ambiental, inclusive como corresponsáveis com particulares pela ocorrência de dano ambiental.

> **ADVOCACIA-GERAL DA UNIÃO (AGU) E PROCURADORIA NACIONAL DE DEFESA DO CLIMA E DO MEIO AMBIENTE (PRONACLIMA)**
>
> Desde 2023, a AGU conta com a PRONACLIMA, unidade ligada diretamente ao gabinete do Advogado-Geral da União, com atribuições como promover a articulação institucional para assegurar a segurança jurídica das políticas públicas de desenvolvimento sustentável; assessorar o AGU e os demais dirigentes da AGU em assuntos climáticos e ambientais; **acompanhar demandas judiciais**, extrajudiciais e consultivas relacionadas ao meio ambiente e clima; propor a uniformização de entendimentos jurídicos para prevenir e solucionar controvérsias relacionadas ao tema. Além da PRONACLIMA, a AGU conta com a equipe especializada da AGU-RECUPERA, com a atribuição de adotar medidas jurídicas de proteção aos biomas brasileiros, mediante a propositura de **ações civis públicas** e medidas administrativas para a **responsabilização e cobrança de valores de infratores ambientais**, com destaque para a região amazônica e a reparação de danos climáticos (vide ACP 1037196-19.2023.4.01.3200, em trâmite perante a 7ª Vara Federal Ambiental e Agrária da Seção Judiciária do Amazonas).

4.7.1.4   Autarquia, empresa pública, fundação ou sociedade de economia mista

As autarquias, empresas públicas, fundações ou sociedades de economia mista também se encontram legitimadas à propositura de ação civil pública ambiental, conforme disposição expressa do inciso IV do art. 5º da LACP. Diversos órgãos ambientais estatais, inclusive responsáveis pelo exercício do poder de polícia ambiental, procedimento de licenciamento ambiental, assumem a configuração jurídica de autarquias e fundações públicas. Esse é o exemplo, como vimos anteriormente, do **IBAMA** e do **ICMBio** (Instituto Chico Mendes de Conservação da Biodiversidade), que possuem natureza jurídica de autarquias federais. Tais entes, por sua vez, têm plena legitimidade para promover ações civis públicas ambientais em face de agentes poluidores privados e públicos.

---

[163] STF, ADI 3.943/DF, Tribunal Pleno, Rel. Min. Cármen Lúcia, j. 07.05.2015.

> **JURISPRUDÊNCIA STJ. Legitimidade do IBAMA para a propositura de ação civil pública:** "Ambiental e administrativo. Infração administrativa. Demolição de edifício irregular. Autoexecutoriedade da medida. Art. 72, inc. VIII, da Lei n. 9.605/98 (demolição de obra). Peculiaridades do caso concreto. Interesse de agir configurado. 1. Trata-se de recurso especial em que se discute a existência de interesse, por parte do IBAMA, em ajuizar ação civil pública na qual se busca a demolição de edifício reputado irregular à luz de leis ambientais vigentes. 2. A origem entendeu que a demolição de obras é sanção administrativa dotada de autoexecutoriedade, razão pela qual despicienda a ação judicial que busque sua incidência. O **IBAMA** recorre pontuando não ser atribuível a autoexecutoriedade à referida sanção. (...) 4. Em verdade, revestida ou não a sanção do referido atributo, a **qualquer das partes (Poder Público e particular) é dado recorrer à tutela jurisdicional, porque assim lhe garante a Constituição da República (art. 5º, inc. XXXV)** – notoriamente quando há forte discussão, pelo menos em nível doutrinário, acerca da possibilidade de a Administração Pública executar *manu militari* a medida. (...) 6. Por fim, não custa pontuar que a **presente ação civil pública tem como objetivo, mais do que a demolição do edifício, também a recuperação da área degradada**. 7. Não se pode falar, portanto, em falta de interesse de agir. 8. Recurso especial provido" (STJ, REsp 789.640/PB, 2ª T., Rel. Min. Mauro Campbell Marques, j. 27.10.2009).

A **Ordem dos Advogados do Brasil (OAB)**, ainda que a sua natureza jurídica seja um tanto *sui generis*, apresenta características semelhantes em alguma medida às autarquias federais, de sorte que pode ser reconhecida a sua legitimidade para a propositura de ação civil pública ambiental, inclusive dos seus **Conselhos Seccionais**, conforme, aliás, entendimento já formulado pelo STJ em caso relacionado à **defesa do patrimônio urbanístico, cultural e histórico (REsp 1.351.760/PE)**. O art. 103, VII, da CF/1988 prevê, inclusive, a legitimidade do **Conselho Federal da OAB** para propor a ação direta de inconstitucionalidade e a ação declaratória de constitucionalidade no STF, de modo que seria um tanto contraditório inadmitir a legitimidade da OAB para o ajuizamento de ação civil pública, inclusive na **seara ecológica**.

> **JURISPRUDÊNCIA STJ. Legitimidade de Conselho Seccional da Ordem dos Advogados do Brasil (OAB) para a propositura de ação civil pública em defesa do patrimônio urbanístico, cultural e histórico:** "Processual civil. Administrativo. Ação civil pública. Ordem dos Advogados do Brasil. Conselho Seccional. Proteção do patrimônio urbanístico, cultural e histórico. Limitação por pertinência temática. Incabível. Leitura sistemática do art. 54, XIV, com o art. 44, I, da Lei 8.906/94. Defesa da Constituição Federal, do Estado de Direito e da Justiça Social. (...) 2. Os conselhos seccionais da Ordem dos Advogados do Brasil podem ajuizar as ações previstas – inclusive as ações civis públicas – no art. 54, XIV, em relação aos temas que afetem a sua esfera local, restringidos territorialmente pelo art. 45, § 2º, da Lei n. 8.906/84. 3. A legitimidade ativa – fixada no art. 54, XIV, da Lei n. 8.906/94 – para propositura de ações civis públicas por parte da Ordem dos Advogados do Brasil, seja pelo Conselho Federal, seja pelos conselhos seccionais, deve ser lida de forma abrangente, em razão das **finalidades outorgadas pelo legislador à entidade** – que possui **caráter peculiar no mundo jurídico** – por meio do art. 44, I, da mesma norma; **não é possível limitar a atuação da OAB em razão de pertinência temática**, uma vez que a ela corresponde a defesa, inclusive judicial, da Constituição Federal, do Estado de Direito e da justiça social, o que, inexoravelmente, inclui **todos os direitos coletivos e difusos**. Recurso especial provido" (STJ, REsp 1.351.760/PE, 2ª T., Rel. Min. Humberto Martins, j. 26.11.2013).

Outro ponto diz respeito à legitimidade de **sindicato** para a propositura de ação **civil pública ambiental**. Aqui, diferentemente da legitimidade, por exemplo, da OAB, exige-se, necessariamente, a demonstração da pertinência temática, nos mesmos moldes, aliás, da previsão existente para as associações. No entanto, diante de uma hipótese, por exemplo, de **defesa dos** trabalhadores em face de determinada indústria por violação aos seus direitos relacionados às condições existentes no **meio ambiente do trabalho**, parece-nos perfeitamente possível reconhecer tal legitimidade para a propositura de ação civil pública. Na sequência, destaca-se decisão do STJ que tratou de tema correlato, ainda que o espectro tivesse voltado a interesses econômicos dos trabalhadores.

> **JURISPRUDÊNCIA STJ. Legitimidade de sindicato para a propositura de ação civil pública ambiental:** "Processo civil. Recurso especial. Ação coletiva ajuizada por sindicato. **Soja transgênica. Cobrança de *royalties*.** Liminar revogada no julgamento de agravo de instrumento. Cabimento da ação coletiva. **Legitimidade do sindicato. Pertinência temática.** Eficácia da decisão. Limitação à circunscrição do órgão prolator. 1. O alegado **direito à utilização, por agricultores, de sementes geneticamente modificadas de soja**, nos termos da Lei de Cultivares, e a discussão acerca da inaplicabilidade da Lei de Patentes à espécie, consubstancia causa transindividual, com pedidos que buscam tutela de direitos coletivos em sentido estrito, e de direitos individuais homogêneos, de modo que nada se pode opor à discussão da matéria pela via da ação coletiva. 2. Há relevância social na discussão dos *royalties* cobrados pela venda de soja geneticamente modificada, uma vez que o respectivo pagamento necessariamente gera impacto no preço final do produto ao mercado. 3. A **exigência de pertinência temática** para que se admita a **legitimidade de sindicatos na propositura de ações coletivas é mitigada pelo conteúdo do art. 8º, II, da CF, consoante a jurisprudência do STF.** Para a Corte Suprema, o objeto do mandado de segurança coletivo será um direito dos associados, independentemente de guardar vínculo com os fins próprios da entidade impetrante do 'writ', exigindo-se, entretanto, que o direito esteja compreendido nas atividades exercidas pelos associados, mas não se exigindo que o direito seja peculiar, próprio, da classe. Precedente. (...) 6. O art. 2º-A da Lei 9.494/94 restringe territorialmente a substituição processual nas hipóteses de ações propostas por entidades associativas, na defesa de interesses e direitos dos seus associados. A presente ação não foi proposta exclusivamente para a defesa dos interesses trabalhistas dos associados da entidade. Ela foi ajuizada objetivando tutelar, de maneira ampla, os direitos de todos os produtores rurais que laboram com sementes transgênicas de Soja RR, ou seja, foi ajuizada no interesse de toda a categoria profissional. Referida atuação é possível e vem sendo corroborada pela jurisprudência do STF. A limitação do art. 2º-A, da Lei nº 9.494/97, portanto, não se aplica. 7. Recursos especiais conhecidos. Recurso da Monsanto improvido. Recurso dos Sindicatos provido" (STJ, REsp 1.243.386/RS, 3ª T., Rel. Min. Nancy Andrighi, 12.06.2012).

4.7.1.5 Associações civis

> "O juízo de verificação da pertinência temática há de ser responsavelmente flexível e amplo, em contemplação ao princípio constitucional do acesso à justiça, mormente a considerar-se a máxima efetividade dos direitos fundamentais." (**Ministro Luís Felipe Salomão**)[164]

A legitimidade das associações para a propositura de ação civil pública em matéria ambiental representa a concretização dos **direitos ambientais de participação ou procedimentais**, notadamente pela ótica do **acesso à justiça**, como expressão do **marco constitucional democrático-participativo** consagrado pela CF/1988, conforme tratado anteriormente. De acordo com Mancuso, "a legitimação conferida às associações para a propositura de ações coletivas em prol de interesses metaindividuais (...) pode ser vista no contexto mais geral da **participação**

---

[164] STJ, AgInt nos EDcl no REsp 1.788.290/MS, 4ª T., Rel. Min. Luís Felipe Salomão, j. 24.05.2022.

popular na boa gestão da coisa pública, sob a égide da **democracia participativa e pluralista**, encampada pela Constituição Federal (art. 1º, parágrafo único), como se dá com a defesa do meio ambiente (art. 225, *caput*) e do patrimônio cultural (art. 216, § 1º)".[165]

No caso da LACP, muito embora sua promulgação date de 1985, o ajuizamento de ações civis públicas pelas associações é muito escasso.[166] Há, por assim dizer, um **déficit de atuação processual da sociedade civil organizada** em matéria ambiental. As razões certamente são muitas, mas não há dúvida de que a carência econômica e o fato de não disporem de advogados contratados para lhes assessorar juridicamente estão entre as principais causas. O cenário descrito reflete o déficit democrático que permeia o nosso Sistema de Justiça. Afinal de contas, conforme assinala Antonio Gidi, "se aspirarmos a ser uma sociedade democrática estável e forte, precisamos rejeitar qualquer forma de paternalismo estatal e investir na capacitação da própria sociedade em defender-se por si mesma. Por esse motivo, sempre consideramos que os legitimados coletivos mais importantes são as associações: o papel do MP deve ser considerado como excepcional, suplementar e temporário".[167]

Mais recentemente, o **Acordo de Escazú (2018)**, seguindo os passos da Convenção de Aarhus (1998), consagrou expressamente, no seu art. 8.3, item "c", que, para garantir o direito de acesso à justiça em questões ambientais, cada Parte, considerando suas circunstâncias, contará com "legitimação ativa ampla". A legitimação das associações civis para a propositura de ação civil pública ambiental é um dos pontos mais importantes na conformação dos direitos ambientais de participação, representando um dos mecanismos mais efetivos para a sociedade civil organizada exercer o controle social e levar ao Sistema de Justiça situações de violação aos direitos ecológicos, tanto quando praticadas por agentes públicos quanto por particulares.

A análise da pertinência temática das associações, tal como previsto no art. 5º, V, "b", deve privilegiar uma exegese relativizadora, de modo a não restringir o acesso à justiça da sociedade civil. O entendimento suscitado, ou seja, a interpretação ampliativa do art. 5º, V, da LACP tem guiado a jurisprudência, em especial do STJ, conforme se pode observar nas jurisprudências arroladas na sequência.[168] De tal sorte, tem-se admitido que, havendo qualquer limiar de conexão entre o objeto de eventual ação civil pública e os propósitos associativos, estará caracterizada a

---

[165] MANCUSO, Rodolfo de Camargo. *Ação civil pública*. 14. ed. São Paulo: RT, 2016. p. 182.

[166] Na doutrina, a respeito do "monopólio" do Ministério Público na propositura de ações civis públicas – mais de 90% das ações propostas – e da tímida atuação judicial da sociedade civil organizada, inclusive apontando razões para tal "estado de coisas", v. LENZA, Pedro. *Teoria geral da ação civil pública*. 2. ed. São Paulo: RT, 2005. p. 193-198. Como alternativa à concentração da autoria das ações coletivas no Ministério Público, em detrimento de uma participação mais expressiva da sociedade civil organizada, Antonio Gidi sugere a adoção de instituto existente no âmbito da *class action* norte-americana, com o propósito de estabelecer a "gratificação financeira do representante" (GIDI, *Rumo a um Código*..., p. 144-150).

[167] GIDI, *Rumo a um Código*..., p. 407.

[168] "AGRAVO INTERNO NOS EMBARGOS DE DECLARAÇÃO NO RECURSO ESPECIAL. AÇÃO CIVIL PÚBLICA. PRODUTOS ALIMENTÍCIOS. OBRIGAÇÃO DE INFORMAR A PRESENÇA OU NÃO DE GLÚTEN. LEGITIMIDADE ATIVA DE ASSOCIAÇÃO. REQUISITO TEMPORAL. CONSTITUIÇÃO HÁ, PELO MENOS, UM ANO. FLEXIBILIZAÇÃO. INTERESSE SOCIAL E RELEVÂNCIA DO BEM JURÍDICO TUTELADO. DIREITO HUMANO À ALIMENTAÇÃO ADEQUADA. PERTINÊNCIA TEMÁTICA DEMONSTRADA. DEFESA DOS CONSUMIDORES. PROMOÇÃO DA SEGURANÇA ALIMENTAR E NUTRICIONAL. (...) 2. As associações civis, para ajuizar ações civis públicas ou coletivas, precisam deter representatividade adequada do grupo que pretendam defender em juízo, aferida à vista do preenchimento de dois requisitos: a) pré-constituição há pelo menos um ano nos termos da lei civil – dispensável, quando evidente interesse social; e b) pertinência temática – indispensável e correspondente à finalidade institucional compatível com a defesa judicial do interesse. 3. Quanto ao requisito temporal, a jurisprudência do Superior Tribunal de Justiça é firme quanto à possibilidade de **dispensa do requisito de um ano de pré-constituição da associação**, nos casos de interesse social evidenciado pela dimensão do dano e pela relevância do bem jurídico a ser protegido. 4. O **juízo de verificação da pertinência temática** há de ser responsavelmente **flexível e amplo**, em contemplação ao **princípio constitucional do acesso à**

pertinência temática. No campo ambiental, por exemplo, qualquer associação de bairro, dado inclusive o **conceito amplo de meio ambiente** adotado pelo nosso legislador, estará autorizada a promover a tutela judicial do meio ambiente por meio do ajuizamento de ação civil pública. A legislação ambiental, em última instância, está imbuída do **espírito "democrático-participativo"**, estimulando a participação da sociedade na proteção ecológica em sintonia com o comando normativo consagrado no *caput* do art. 225 da CF/1988, ao atribuir também à **sociedade** o **dever de proteger a Natureza**.

> **JURISPRUDÊNCIA STJ. Associação de moradores, pertinência temática e legitimidade para ação civil pública ambiental:**
>
> **1)** "Ambiental e processual civil. Preservação arquitetônica do Parque Lage (RJ). **Associação de moradores. Legitimidade ativa. Pertinência temática caracterizada. Conceito legal de 'meio ambiente' que abrange ideais de estética e paisagismo** (arts. 225, *caput*, da CR/88 e 3º, inc. III, alíneas 'a' e 'd' da Lei n. 6.938/81). 1. O estatuto da associação recorrente prevê, em seu art. 4º (1), que um de seus objetivos é '[z]elar pela manutenção e melhoria da qualidade de vida do bairro, buscando manter sua ocupação e seu desenvolvimento em ritmo e grau compatíveis com suas características de zona residencial'. 2. Desta cláusula, é perfeitamente possível extrair sua legitimidade para ação civil pública em que se pretende o sequestro do conjunto arquitetônico 'Mansão dos Lage', a cessação imediata de toda atividade predadora e poluidora no conjunto arquitetônico e a proibição de construção de anexos e de obras internas e externas no referido conjunto arquitetônico. Dois são os motivos que levam a tal compreensão. 3. Em primeiro lugar, a Constituição da República vigente expressamente vincula o meio ambiente à sadia qualidade de vida (art. 225, *caput*), daí por que é válido concluir que a proteção ambiental tem correlação direta com a manutenção e melhoria da qualidade de vida dos moradores do Jardim Botânico (RJ). 4. Em segundo lugar, a legislação federal brasileira que trata da problemática da preservação do meio ambiente é expressa, clara e precisa quanto à relação de continência existente entre os conceitos de loteamento, paisagismo e estética urbana e o conceito de meio ambiente, sendo que este último abrange os primeiros. 5. Neste sentido, importante citar o que dispõe o art. 3º, inc. III, alíneas 'a' e 'd', da Lei n. 6.938/81, que **considera como poluição qualquer degradação ambiental resultante de atividades que direta ou indiretamente prejudiquem a saúde e o bem-estar da população e afetem condições estéticas do meio ambiente**. 6. Assim sendo, **não há como sustentar, à luz da legislação vigente, que inexiste pertinência temática entre o objeto social da parte recorrente e a pretensão desenvolvida na presente demanda, na forma do art. 5º, inc. V, alínea 'b', da Lei n. 7.347/85**. 7. Recurso especial provido" (STJ, 876.931/RJ, 2ª T., Rel. Min. Mauro Campbell Marques, j. 10.08.2010).
>
> **2)** "Processo civil. Ação civil pública. **Legitimidade ativa. Associação de bairro**. A ação civil pública pode ser ajuizada tanto pelas **associações exclusivamente constituídas para a defesa do meio ambiente**, quanto por aquelas que, **formadas por moradores de bairro**, visam ao **bem-estar coletivo**, incluída evidentemente nessa cláusula a qualidade de vida, só preservada enquanto favorecida pelo meio ambiente. Recurso especial não conhecido" (STJ, REsp 31.150/SP, 2ª T., Rel. Min. Ari Pargendler, j. 20.05.1996).

4.7.1.5.1 Possibilidade de dispensa do requisito de pré-constituição (de um ano)

O § 4º do art. 5º da LACP prevê expressamente que "o requisito da pré-constituição poderá ser dispensado pelo juiz, quando haja **manifesto interesse social** evidenciado pela **dimensão**

---

justiça, mormente a considerar-se a **máxima efetividade dos direitos fundamentais**. (...)" (STJ, AgInt nos EDcl no REsp 1.788.290/MS, 4ª T., Rel. Min. Luís Felipe Salomão, j. 24.05.2022).

ou característica do dano, ou pela relevância do bem jurídico a ser protegido". O art. 82, § 1º, do CDC prevê idêntica situação, autorizando a dispensa, pelo juiz, do requisito da pré-constituição: "§ 1º O requisito da pré-constituição pode ser dispensado pelo juiz, nas ações previstas nos arts. 91 e seguintes, quando haja manifesto interesse social evidenciado pela dimensão ou característica do dano, ou pela relevância do bem jurídico a ser protegido". A razão para a dispensa reside justamente no interesse e relevância social das ações, de modo a justificar que a regra de pré-constituição de um ano seja afastada, privilegiando a tutela do direito material, notadamente quando veicule direito de natureza e titularidade difusa, como é o caso do direito fundamental ao meio ambiente ecologicamente equilibrado.

> **JURISPRUDÊNCIA STJ. Dispensa da exigência de pré-constituição de um ano da associação:** "Ação civil pública. Conjunto residencial. Mutuários. Sistema Financeiro da Habitação. Mudança dos moradores diante do risco de desabamento. Requisito da pré-constituição há um ano dispensado. Presente o interesse social evidenciado pela dimensão do dano e apresentando-se como relevante o bem jurídico a ser protegido, pode o juiz dispensar o requisito da pré-constituição superior a um ano da associação autora da ação. Recurso especial não conhecido" (STJ, REsp 520.454/PE, 4ª T., Rel. Min. Barros Monteiro, j. 15.04.2004).

4.7.1.5.2 A (des)necessidade de autorização assemblear ou dos associados individualmente para a propositura de ação civil pública ambiental por associação de defesa do meio ambiente

Outro ponto importante a ser destacado sobre a legitimidade ativa das associações diz respeito à exigência ou não de autorização ou deliberação assemblear ou dos associados individualmente prévia à propositura de ação civil pública ambiental por associação de defesa do meio ambiente. Após alguma divergência doutrinária e jurisprudencial, é possível afirmar que tal exigência foi afastada para a hipótese de ação civil pública que tenha por objeto **interesses ou direitos coletivos em sentido amplo (difusos, coletivos em sentido estrito e individuais homogêneos)**, na medida em que em tais hipóteses a entidade associativa atua por "**substituição processual**" na defesa de tais direitos e interesses, de acordo com a sua **pertinência temática**, já previamente eleitos e definidos no seu ato de criação. A título de exemplo, tratando-se o objeto de eventual ação civil pública promovida por associação ambientalista a própria defesa da Natureza, ou seja, bem jurídico difuso, não haveria o menor sentido qualquer exigência de autorização assemblear, dado que o objeto da ação coletiva se confunde com a razão precípua de existência do ente associativo.

Situação diferente, no entanto, ocorre quando a associação atua, por meio de ação civil pública, na defesa e promoção de direitos individuais dos seus associados, por meio não de "substituição", mas por **"representação" processual**. Em tal hipótese, restringida às **ações coletivas de rito ordinário**, as quais tratam de **interesses meramente individuais, sem índole coletiva** a associação estará defendendo **direito alheio em nome alheio**, como já sinalizou o STJ em caso envolvendo direitos do consumidor, conforme destacado na sequência. Portanto, na hipótese de ação coletiva que tenha por objeto direitos individuais, haveria, em tal situação, a exigência de autorização assemblear, diferentemente da hipótese de substituição processual e defesa de direitos coletivos em sentido amplo.

> **JURISPRUDÊNCIA DO STJ. ACP proposta por associação, direitos ou interesses coletivos em sentido amplo (difusos, coletivos em sentido estrito e individuais homogêneos) e dispensa de autorização assemblear:** "Processual civil. Direito do consumidor.

> Recurso especial. (...). **Ação coletiva de consumo. Interesses individuais homogêneos.** Legitimidade das associações. **Regime de substituição processual. Autorização assemblear.** Desnecessidade. Estatuto. Reexame de cláusulas contratuais. Súmula 5/STJ. Comissão de permanência. Cumulação. Outros encargos. Repetição do indébito. Prova do erro. Relação de consumo. Teses repetitivas. (...) 8. Por se tratar do **regime de substituição processual**, a autorização para a defesa do **interesse coletivo em sentido amplo** é estabelecida na definição dos objetivos institucionais, no próprio **ato de criação da associação**, sendo **desnecessária nova autorização ou deliberação assemblear**. 9. As teses de repercussão geral resultadas do julgamento do RE 612.043/PR e do RE 573.232/SC têm seu alcance expressamente restringido às **ações coletivas de rito ordinário**, as quais tratam de **interesses meramente individuais, sem índole coletiva**, pois, nessas situações, o **autor se limita a representar os titulares do direito controvertido, atuando na defesa de interesses alheios e em nome alheio**. 10. Verificar se o estatuto da autora somente previa a possibilidade de defesa de seus associados e demandaria a interpretação de cláusulas contratuais, vedada pela Súmula 5/STJ. (...) 13. Recurso especial parcialmente conhecido e, nessa parte, desprovido" (STJ, REsp 1.649.087/RS, 3ª T., Rel. Min. Nancy Andrighi, j. 02.10.2018).

> **JURISPRUDÊNCIA DO STJ. ACP proposta por associação de moradores, poluição sonora, direitos ou interesses difusos e desnecessidade de autorização específica dos associados:** "PROCESSUAL CIVIL E ADMINISTRATIVO. AGRAVO INTERNO NO AGRAVO EM RECURSO ESPECIAL. AÇÃO CIVIL PÚBLICA. ASSOCIAÇÃO DE MORADORES. POLUIÇÃO SONORA. AEROPORTO. EMBARGOS DECLARATÓRIOS. OMISSÃO. INEXISTÊNCIA. INTERESSES DIFUSOS. DESNECESSIDADE DE AUTORIZAÇÃO ESPECÍFICA DOS ASSOCIADOS. ENTENDIMENTO DA CORTE LOCAL EM HARMONIA COM A JURISPRUDÊNCIA DO STJ. DECISÃO MANTIDA. 1 (...) 2. A jurisprudência do Superior Tribunal de Justiça firmou orientação no sentido de que a defesa de direitos relacionados ao direito ambiental, dentre eles os que tratam de **poluição sonora**, se enquadram no conceito de **interesses difusos**, transindividuais, sendo **desnecessária a autorização específica dos associados para o ajuizamento da ação civil pública por parte de associação**. 3. Agravo interno não provido. (STJ, AREsp 1.745.798/SP, 2ª T., Rel. Min. Campbell Marques, j. 11.04.2022)

4.7.1.5.3 Assistência jurídica às associações civis (ONGs) para a propositura de ação civil pública ambiental

> "Art. 8. (...) 4. Para facilitar o acesso do público à justiça em questões ambientais, cada Parte estabelecerá: a) medidas para **reduzir ou eliminar as barreiras ao exercício do direito de acesso** à justiça; (...) 5. Para tornar efetivo o **direito de acesso** à justiça, cada Parte atenderá as necessidades das pessoas ou grupos em situação de vulnerabilidade mediante o estabelecimento de **mecanismos de apoio, inclusive assistência técnica e jurídica gratuita**, conforme o caso" (**Acordo de Escazú de 2018**).

Outro tema relevante pelo prisma do acesso à justiça em matéria ambiental, conforme reconhecido expressamente pelo **Acordo de Escazú (2018)** na passagem citada, diz respeito à assistência jurídica, tanto aos cidadãos do ponto de vista individual quanto às entidades ambientalistas em âmbito coletivo. A razão principal para a concessão de assistência jurídica diz respeito à transposição de barreiras, especialmente as de **natureza econômica e técnica**, que impedem que os indivíduos e as entidades ambientalistas possam valer-se dos instrumentos jurídicos, extrajudiciais e judiciais, com o propósito de promoverem a proteção ecológica. Conforme a lição de Álvaro L. Valery Mirra, "só dessa maneira, com a assistência jurídica e judiciária integral e gratuita aos indivíduos e entes representativos dos interesses da coletividade na proteção do meio ambiente, associada a um regime financeiro que lhes seja favorável no processo coletivo, ter-se-á condições de assegurar, na sua inteireza, o acesso participativo à justiça na área ambiental, sem os obstáculos jurídicos e econômicos que tradicionalmente inibem iniciativas judiciais e extrajudiciais da sociedade civil".[169]

A **Convenção de Aarhus (1998)**, ainda antes do Acordo de Escazú, sensível a tal questão limitadora do acesso à justiça em matéria ambiental, estabeleceu que o Estado "assegurará a disponibilização ao público das informações relativas ao acesso aos processos de recursos administrativos e judiciais e *considerará a possibilidade de estabelecer* **mecanismos de assistência adequados para eliminar ou reduzir os óbices financeiros e outros ao acesso à justiça** (art. 9º, 5)". No cenário legislativo brasileiro, a assistência jurídica às entidades ambientalistas pode ser compreendida com base no art. 4º da LC 80/94 (**Lei Orgânica Nacional da Defensoria Pública**),[170] com redação dada pela LC 132/2009, ao dispor que se trata de função institucional da Defensoria Pública "exercer, mediante o recebimento dos autos com vista, a ampla defesa e o contraditório em favor de **pessoas naturais e jurídicas, em processos administrativos e judiciais**, perante todos os órgãos e em todas as instâncias, ordinárias ou extraordinárias, utilizando todas as medidas capazes de propiciar a adequada e efetiva **defesa de seus interesses**" (inciso V),[171] bem como "promover a mais ampla defesa dos **direitos fundamentais dos necessitados, abrangendo seus direitos** individuais, coletivos, sociais, econômicos, culturais e **ambientais**, sendo admissíveis todas as espécies de ações capazes de propiciar sua adequada e efetiva tutela" (inciso X).

Assim, também as **pessoas jurídicas** (e, particularmente, as **associações ambientalistas**), com fins lucrativos ou não, podem fazer jus ao serviço público da assistência jurídica prestada pela Defensoria Pública, desde que, é claro, conforme entendimento do STJ,[172] comprovada efetivamente a **insuficiência de recursos financeiros**. O STF também já se manifestou a respeito da questão, no âmbito da ADI 558 MC/RJ, quando afastou a inconstitucionalidade de dispositivo da Constituição do Estado do Rio de Janeiro que estabelece, como atribuição da Defensoria Pública, a orientação jurídica, a postulação e a defesa em juízo dos direitos e interesses "coletivos" dos necessitados (art. 176, *caput*), bem como o **patrocínio de ação civil em favor de associações destinadas à proteção de interesses "difusos"** (art. 176, § 2º, V, *e*, 1) e em favor de associações de defesa de interesses "coletivos" (art. 176, § 2º, V, *e*, 2), isso "**desde que se cuide de entidade civil desprovida de meios para o custeio do processo**".[173]

A prestação de assistência jurídica pela Defensoria Pública em prol de determinadas pessoas jurídicas (organizações não governamentais ambientais, associações de bairro voltadas à proteção do patrimônio histórico e cultural, movimentos populares de base que têm entre as suas bandeiras a proteção ecológica etc.) parece-nos coadunar perfeitamente com os seus **objetivos institucionais**, desde que, é claro, haja pertinência temática e a verificação de insuficiência de recursos da pessoa jurídica assistida. Até por força do ideário da **democracia participativa** que inspira a sua atuação, a Defensoria Pública deve estimular (e prover os meios técnicos jurídicos necessários) a

---

[169] MIRRA, Álvaro Luiz Valery. *Participação, processo civil e defesa do meio ambiente...*, p. 579.

[170] A respeito da questão, merece destaque a ADI 4.636 interposta pelo Conselho Federal da OAB no STF, impugnando o inciso V do art. 4º da LC 80/94, por força da redação que lhe foi conferida pela LC 132/2009, com o propósito de vedar que as pessoas jurídicas sejam assistidas judicialmente pela Defensoria Pública. A ADI 4.636, ainda pendente de julgamento, inclusive no tocante à medida cautelar, está sob a relatoria do Min. Gilmar Mendes. Já há parecer da PGR no sentido da sua improcedência.

[171] A Lei Orgânica da Defensoria Pública do Estado de São Paulo (LCE 988/2006) foi ainda mais elucidativa a respeito da questão, assegurando, de forma expressa, no seu art. 5º, VI, alínea *h*, como atribuição institucional, promover "*a orientação e a representação judicial das entidades civis que tenham dentre as suas finalidades a tutela de interesses dos necessitados, desde que não disponham de recursos financeiros para a atuação em juízo*".

[172] STJ, REsp 554.840/MG, 4ª T., Rel. Min. Aldir Passarinho Junior, j. 16.09.2004.

[173] STF, ADI 558 MC/RJ, Tribunal Pleno, Rel. Min. Sepúlveda Pertence, j. 16.08.1991.

sociedade civil organizada a reivindicar, por conta da própria atuação de tais entidades, a tutela e promoção dos direitos que defendem, considerando o amplo leque temático das associações civis. Em sintonia com esse entendimento, José A. Garcia de Sousa pontua que "a posse da legitimidade para as ações coletivas não deve degradar-se no âmbito estreito das disputas corporativas; deve, sim, homenagear o **interesse público**, em especial no que diz aos escopos sociais e políticos aqui realçados. Para tanto, a atuação da Defensoria Pública no setor coletivo há de se abrir a parcerias. Entre os parceiros bem-vindos, mencionem-se primeiramente a **sociedade civil** e os **movimentos populares**, fontes não só de legitimidade substancial para as iniciativas da Defensoria, mas também de conhecimento especializado acerca das matérias postas em juízo".[174]

No tocante à atuação da Defensoria Pública na prestação de assistência jurídica às entidades ambientalistas e aos movimentos populares, é recomendável, a nosso ver, que, a depender do caso concreto e da amplitude dos interesses em jogo, não se retire o **protagonismo da sociedade civil**, limitando-se a Defensoria Pública apenas a instrumentalizar e agregar o elemento técnico-jurídico aos seus pleitos. Com isso, preserva-se a **autonomia** de tais entidades e estimula-se o seu protagonismo, em detrimento de uma situação, a nosso ver, indesejada de "tutela estatal" destas, como comumente ocorre quando o Ministério Público ou a Defensoria Pública assumem de modo exclusivo o polo ativo das demandas que lhes são trazidas pela sociedade civil organizada e assumem tais pleitos, deixando para tais entidades participação secundária.

A sociedade civil organizada e os movimentos populares devem identificar na assistência jurídica prestada pela Defensoria Pública um instrumento para levar a cabo as suas reivindicações. A consagração da legitimidade das associações civis para a propositura de ação civil pública (art. 5º, V, da LACP) e do cidadão para o ajuizamento da ação popular (art. 5º, LXXIII, da CF/1988 e Lei 4.717/65) expressam essa vontade do nosso legislador. No caso da LACP, muito embora sua promulgação date de 1985, o ajuizamento de ações civis públicas pelas associações é muito escasso.[175] As razões certamente são muitas, mas não há dúvida de que a carência econômica e o fato de não disporem de advogados contratados para lhes assessorar juridicamente estão entre as principais causas. O cenário descrito reflete ainda o **déficit democrático** (e, conforme lição de Mauro Cappelletti e Bryant Garth, também a existência de "**litigiosidade contida**")[176] que permeia o nosso **Sistema de Justiça** e contra o qual a Defensoria Pública deve se colocar, muitas vezes por meio da sua atuação institucional direta em pleitos coletivos, mas também abrindo canais para que a sociedade civil organizada possa potencializar a sua atuação e acessar o Poder Judiciário de forma independente e autônoma.

Igual situação se verifica no caso do cidadão para o ajuizamento de **ação popular ambiental**. De modo complementar ao reconhecimento normativo da legitimidade ativa atribuída ao cidadão pela legislação constitucional e infraconstitucional, há a necessidade de **assistência técnico-jurídica** (inclusive em termos de capacidade postulatória) para o ajuizamento da ação popular, tornando essencial a assistência jurídica para viabilizar a efetividade de tal instrumento processual coletivo, notadamente para a hipótese de o cidadão legitimado não possuir condições econômicas de contratar um advogado particular. É nesse contexto que entra em cena a importância da Defensoria Pública para assegurar a assistência jurídica ao cidadão necessitado para

---

[174] SOUSA, José Augusto Garcia de. A Nova Lei 11.448/07, os escopos extrajurídicos do processo e a velha legitimidade da Defensoria Pública para ações coletivas. *In*: SOUSA, José Augusto Garcia de (coord.). *A Defensoria Pública e os processos coletivos*: comemorando a Lei Federal 11.448, de 15 de janeiro de 2007. Rio de Janeiro: Lumen Juris, 2008. p. 249.

[175] A respeito do "monopólio" do Ministério Público na propositura de ações civis públicas – mais de 90% das ações propostas – e da tímida atuação judicial da sociedade civil organizada, inclusive apontando razões para tal "estado de coisas", v. LENZA, Pedro. *Teoria geral da ação civil pública*..., p. 193-198.

[176] CAPPELLETTI, Mauro; GARTH, Bryant. *Acesso à justiça*..., p. 67-73.

a propositura de ação popular no campo ambiental.[177] A assistência jurídica estatal na hipótese de ação civil pública ou ação popular em matéria ambiental concretiza os denominados **direitos ambientais de participação ou procedimentais**, tal como consagrados de forma emblemática no **Acordo de Escazú (2018)**, notadamente na sua vertente dos **direitos de acesso à justiça**, colocando-se em sintonia com o próprio regime jurídico constitucional e infraconstitucional do **direito fundamental à assistência jurídica integral e gratuita**.[178]

4.7.2 Litisconsórcio

4.7.2.1 Litisconsórcio ativo (facultativo)

O § 2º do art. 5º da LACP assinala expressamente que "fica facultado ao **Poder Público** e a outras **associações legitimadas** nos termos deste artigo habilitar-se como litisconsortes de qualquer das partes". Os entes legitimados no rol do *caput* do art. 5º podem atuar de forma colaborativa como litisconsortes ativos na propositura da ação civil pública ou mesmo passar a integrar o polo ativo posteriormente. Como o próprio dispositivo enuncia expressamente, trata-se de um **litisconsórcio ativo facultativo**. De modo complementar, o § 5º do art. 5º também assinala que será admitido o "**litisconsórcio facultativo entre os Ministérios Públicos** da União, do Distrito Federal e dos Estados na defesa dos interesses e direitos de que cuida esta lei".

4.7.2.2 Litisconsórcio passivo (facultativo)

Outro aspecto importante na abordagem do litisconsórcio em ação civil pública ambiental diz respeito à **responsabilidade solidária** existente entre toda a cadeia de poluidores diretos e indiretos responsáveis pela ocorrência do dano ecológico, conforme pacífica jurisprudência do STJ na matéria e já tratado no capítulo anterior sobre a responsabilidade civil ambiental. Tal entendimento, por sua vez, acarreta a possibilidade de acionamento de qualquer dos poluidores a critério do autor da ação, formando, quando for o caso, **litisconsórcio passivo facultativo** entre os corresponsáveis. Dada a natureza solidária da responsabilidade pelo dano ambiental e por se tratar de litisconsórcio passivo facultativo, **não se admite o chamamento ao processo ou denunciação à lide de terceiro**, assegurando-se, tão somente, o **direito de regresso** da parte acionada em face dos demais corresponsáveis em ação própria.

> **JURISPRUDÊNCIA STJ. Responsabilidade solidária entre os poluidores (direto e indireto), litisconsórcio passivo facultativo e impossibilidade de chamamento ao processo ou denunciação à lide de terceiro (assegurado o direito de regresso):** "Processual civil e ambiental. Ação civil pública. **Litisconsórcio passivo facultativo**. (...) 3. A tese recursal não prospera, tendo em vista que a **responsabilidade por danos ambientais é solidária entre o poluidor direto e o indireto**, o que permite que a ação seja ajuizada contra qualquer um deles, sendo **facultativo o litisconsórcio**. Precedentes do STJ. 4. No caso, figuram no **polo passivo da lide o ente municipal e os particulares responsáveis pelo empreendimento**. Embora a fundação estatal que concedeu indevida licença de instalação também pudesse ter sido acionada, a sua ausência não conduz à nulidade processual. (...) 7. Recurso especial parcialmente conhecido e não provido" (STJ, REsp 1079713/SC, 2ª T., Rel. Min. Herman Benjamin, j. 18.08.2009).

---

[177] De modo a reconhecer a possibilidade de a Defensoria Pública interpor ação popular ambiental conjuntamente com o cidadão, v. MIRRA, Álvaro Luiz Valery. *Participação, processo civil e defesa do meio ambiente...*, p. 330-331.

[178] O regime jurídico constitucional e infraconstitucional do direito fundamental à assistência jurídica integral e gratuita é desenvolvido por FENSTERSEIFER, Tiago. *A defensoria pública na Constituição*. Rio de Janeiro: Forense, 2017.

"Processual civil e administrativo. Ação civil pública proposta contra município visando a recuperação do meio ambiente danificado por ocupação irregular. Litisconsórcio necessário com a União e entidades autárquicas federais. Inocorrência. 1. Ação civil pública proposta pelo Ministério Público estadual contra o Município do Rio de Janeiro visando a recuperação do meio ambiente danificado por ocupação irregular, bem como a condenação do agente público municipal por ato de improbidade administrativa. 2. **A obrigatoriedade de se formar litisconsórcio é determinada pela lei ou pela natureza da relação jurídica**. 3. Não se identificam os requisitos para formação do pretendido litisconsórcio, pois a ação civil pública foi proposta com o único objetivo de impor ao Município uma série de providências pelas quais é responsável em razão de suas atribuições constitucionais, sendo indiferente a discussão acerca da propriedade da área em que supostamente ocorreu o dano ambiental e, portanto, descabida a pretensão de que a sentença atinja a esfera jurídica da União ou de qualquer entidade autárquica federal. 4. Recurso especial não provido" (STJ, REsp 1.132.744/RJ, 2ª T., Rel. Min. Eliana Calmon, j. 03.11.2009).

"Ambiental. Drenagem de brejo. Dano ao meio ambiente. Atividade degradante iniciada pelo Poder Público e continuada pela parte recorrida. Nulidade da sentença. Parte dos agentes poluidores que não participaram do feito. Inocorrência de vícios. **Litisconsórcio passivo facultativo**. Solidariedade pela reparação do dano ambiental. Impossibilidade de separação da responsabilidade dos agentes no tempo para fins de condenação em obrigação de fazer (reparação do nicho). Abrangência do conceito de 'poluidor' adotado pela Lei n. 6.938/81. **Divisão dos custos entre os poluidores que deve ser apurado em outra sede**. (...) 2. Preliminar levantada pelo MPF em seu parecer – nulidade da sentença em razão da necessidade de integração da lide pelo Departamento Nacional de Obras e Saneamento – DNOS, extinto órgão federal, ou por quem lhe faça as vezes –, rejeitada, pois é pacífica a jurisprudência desta Corte Superior no sentido de que, mesmo na existência de **múltiplos agentes poluidores, não existe obrigatoriedade na formação do litisconsórcio**, uma vez que a **responsabilidade entre eles é solidária** pela reparação integral do dano ambiental (**possibilidade se demandar de qualquer um deles, isoladamente ou em conjunto, pelo todo**). Precedente. 3. Também é remansosa a jurisprudência do Superior Tribunal de Justiça pela **impossibilidade de que qualquer dos envolvidos alegue, como forma de se isentar do dever de reparação, a não contribuição direta e própria para o dano ambiental**, considerando justamente que a degradação ambiental impõe, entre aqueles que para ela concorrem, a solidariedade da reparação integral do dano. (...) 7. Óbvio, portanto, que, sendo demandada pela integralidade de um dano que não lhe é totalmente atribuível, a **parte recorrida poderá, em outra sede, cobrar de quem considere cabível a parte das despesas com a recuperação que lhe serão atribuídas nestes autos**. 8. Recurso especial provido" (STJ, REsp 880.160/RJ, 2ª T., Rel. Min. Mauro Campbell Marques, j. 04.05.2010).

"Processual civil. Ação civil pública. Dano ambiental. 1. É parte legítima para figurar no polo passivo da ação civil pública a pessoa jurídica ou física apontada como tendo praticado o dano ambiental. 2. A ação civil pública deve discutir, unicamente, a relação jurídica referente à proteção do meio ambiente e das suas consequências pela violação a ele praticada. 3. **Incabível, por essa afirmação, a denunciação da lide**. 4. Direito de regresso, se decorrente do fenômeno de violação ao meio ambiente, **deve ser discutido em ação própria**. 5. As questões de ordem pública decididas no saneador não são atingidas pela preclusão. 6. Recurso especial improvido" (STJ, REsp 232.187/SP, 1ª T., Rel. Min. José Delgado, j. 23.03.2000).

4.7.3 Objeto (pedido e causa de pedir)

A LACP disciplina a ação civil pública de responsabilidade por danos causados ao **meio ambiente**, ao consumidor, a bens e direitos de valor artístico, estético, histórico, turístico e paisagístico, entre outros direitos coletivos em sentido amplo. O **art. 1º da Lei 7.347/85** assinala expressamente que são regidas pelas suas disposições, sem prejuízo da ação popular, as ações de responsabilidade por danos morais e patrimoniais causados aos **bens jurídicos coletivos** arrolados no referido dispositivo, entre os quais o **meio ambiente**.

> **Art. 1º** Regem-se pelas disposições desta Lei, sem prejuízo da ação popular, as ações de responsabilidade por danos morais e patrimoniais causados: (Redação dada pela Lei 12.529/2011).
> **I – ao meio ambiente;**
> **II –** ao consumidor;
> **III – a bens e direitos de valor artístico, estético, histórico, turístico e paisagístico;**
> **IV –** a qualquer outro interesse difuso ou coletivo; (Incluído pela Lei 8.078/1990.)
> **V –** por infração da ordem econômica; (Redação dada pela Lei 12.529/2011.)
> **VI – à ordem urbanística;** (Incluído pela Medida Provisória 2.180-35/2001.)
> **VII –** à honra e à dignidade de grupos raciais, étnicos ou religiosos; (Incluído pela Lei 12.966/2014.)
> **VIII –** ao patrimônio público e social. (Incluído pela Lei 13.004/2014)

Quanto ao objeto da ação civil pública, cumpre assinalar que, para além dos danos materiais, o *caput* do art. 1º referido enuncia expressamente a responsabilidade pelo **dano moral** eventualmente verificado em determinada situação de violação aos direitos coletivos em sentido amplo sob o espectro da proteção processual fornecida pela Lei 7.347/85. Como referidos anteriormente no capítulo sobre a responsabilidade civil ambiental, no campo ecológico, o dispositivo citado dá suporte normativo para o reconhecimento do **dano moral ambiental coletivo**. O mesmo se pode dizer com relação ao **art. 6º, VI, do CDC**, ao assegurar, como direitos básicos do consumidor, "a efetiva prevenção e reparação de **danos patrimoniais e morais**, individuais, *coletivos e difusos*". Isso por conta da unidade (e "diálogo de fontes") do sistema de proteção dos direitos coletivos (em sentido amplo), conforme enuncia de forma expressa o art. 21 da LACP. O dispositivo em questão, integrador do sistema normativo, não se aplica apenas aos mecanismos processuais, mas também no que diz respeito ao conteúdo material do diploma consumerista.

A LACP teve um papel fundamental na consagração do direito ao meio ambiente no ordenamento jurídico brasileiro. Isso porque, muito embora já tivéssemos à época a Lei 6.938/81 e a emergência de um microssistema legislativo voltado à proteção ecológica, a LACP estabeleceu um novo marco normativo em relação aos "novos" direitos de natureza coletiva, reconhecendo entre eles o direito ao meio ambiente (art. 1º, I). Não obstante se tratar de uma lei sobre um instrumento processual – ação civil pública –, o seu conteúdo extrapolou o âmbito processual, apresentando conteúdo também de ordem material, como referimos anteriormente. Além de consagrar **direitos processuais**, inclusive na linha do que se tem denominado hoje de **direitos ambientais procedimentais**, especialmente pela ótica do **acesso à justiça**, a legislação em questão também foi determinante para consagrar "novos" **direitos materiais**, como exemplificam de forma emblemática dos casos do direito ao meio ambiente do direito do consumidor. No caso particular do direito do consumidor, cumpre assinalar a inovação trazida pela LACP, uma vez que, muito embora a CF/1988 tenha consagrado a proteção do consumidor e atribuído ao Ministério Público a legitimidade para a sua defesa processual, o Código de Defesa do Consumidor somente foi editado em 1990.

De modo complementar, pela ótica da proteção ecológica conferida pela LACP, o inc. III do art. 1º também estabeleceu os "**bens e direitos de valor artístico, estético, histórico, turístico e paisagístico**". O dispositivo citado, por sua vez, alinha-se com o conceito amplo de meio ambiente consagrado pela legislação ambiental brasileira, notadamente pela Lei 6.838/81, em que se encontra incluído o **meio ambiente cultural**, como tratamos anteriormente.[179] Igualmente se pode afirmar no tocante à ordem urbanística prevista no inciso VI, incluído pela Medida Provisória 2.180/2001, contemplando, assim, a proteção do **meio ambiente urbano**.

Outro aspecto extremamente importante trazido pelo art. 1º da LACP diz respeito à previsão do seu inciso IV, ao estabelecer que pode ser objeto da ação civil pública "**qualquer outro interesse difuso ou coletivo**" (incluído pela Lei 8.078/1990). O dispositivo estabelece uma cláusula de abertura ou **rol (apenas) exemplificativo do catálogo de direitos coletivos em sentido amplo** passíveis de ser tutelados por meio da ação civil pública, tornando perfeitamente admissível o reconhecimento de outros direitos de natureza coletiva, ainda que não listados expressamente no rol do art. 1º.[180] A título de exemplo, podemos destacar os **direitos sociais** (saúde, educação, alimentação, moradia, saneamento básico, entre outros), os quais, por sinal, guardam uma relação muito próxima com a proteção ambiental, especialmente em vista do marco constitucional socioambiental.

A LACP deve ser lida com base no microssistema legislativo de tutela coletiva como um todo, tomando-se por premissa o diálogo das diferentes fontes normativas que o integram. Por essa ótica, é importante assinalar o aprimoramento do referido microssistema levado a cabo pelo CDC, inclusive trazendo maior precisão conceitual em alguns pontos, como se verifica na classificação dos **direitos e interesses coletivos em sentido amplo** (individual homogêneo, coletivo em sentido estrito e difuso). Os diferentes conceitos dos direitos e interesses coletivos em sentido amplo são tratados de forma específica no art. 81 do CDC, o que não havia sido feito no âmbito da LACP: "Art. 81. A defesa dos interesses e direitos dos consumidores e das vítimas poderá ser exercida em juízo individualmente, ou a título coletivo. Parágrafo único. A defesa coletiva será exercida quando se tratar de: I – **interesses ou direitos difusos**, assim entendidos, para efeitos deste código, os transindividuais, de natureza indivisível, de que sejam titulares pessoas indeterminadas e ligadas por circunstâncias de fato; II – **interesses ou direitos coletivos (em sentido estrito)**, assim entendidos, para efeitos deste código, os transindividuais, de natureza indivisível de que seja titular grupo, categoria ou classe de pessoas ligadas entre si ou com a parte contrária por uma relação jurídica base; III – **interesses ou direitos individuais homogêneos**, assim entendidos os decorrentes de origem comum".

O conceito de **direitos transindividuais**, por sua vez, abarcaria apenas os direitos coletivos em sentido estrito e os direitos difusos, mas não os direitos individuais homogêneos, os quais teriam natureza de direito individual, muito embora a possibilidade de sua tutela por meio de instrumentos processuais coletivos.[181] Já o conceito de **direitos coletivos em sentido amplo** acobertaria no seu bojo as três categorias.

---

[179] A Lei não exigiu que os "bens e direitos" aqui mencionados sejam "memoráveis", de "excepcional valor" ou tenham "feição notável", como é exigido para o tombamento no âmbito federal, conforme o Decreto-lei 25/37. O conceito de arte, de estética, de história, de turismo e de paisagem deve ser somado ao conceito de valor desses bens e direitos. Essa junção e conceituação, muitas vezes, não será tarefa fácil, mas, nem por isso, o juiz poderá furtar-se a fazê-las. A prova documental, pericial e mesmo a prova testemunhal ajudarão para o fornecimento da devida prestação jurisdicional (MACHADO, *Ação civil pública e tombamento...*, p. 16).

[180] Ressalta, nesse ponto, apenas a previsão do parágrafo único do art. 1º da LACP, que prevê que "**não será cabível ação civil pública** para veicular pretensões que envolvam **tributos, contribuições previdenciárias**, o Fundo de Garantia do Tempo de Serviço – **FGTS** ou outros fundos de natureza institucional cujos beneficiários podem ser individualmente determinados. (Incluído pela Medida Provisória nº 2.180-35, de 2001.)"

[181] ZAVASCKI, Teori A. *Processo coletivo...*, p. 34.

ART. 81 DO CÓDIGO DE DEFESA DO CONSUMIDOR (LEI 8.078/90)	
Direitos ou interesses	Conceito
Difusos	I – os transindividuais, de natureza indivisível, de que sejam titulares pessoas indeterminadas e ligadas por circunstâncias de fato (art. 81, I);
Coletivos em sentido estrito	II – os transindividuais, de natureza indivisível de que seja titular grupo, categoria ou classe de pessoas ligadas entre si ou com a parte contrária por uma relação jurídica base (art. 81, II);
Individuais homogêneos	III – os decorrentes de origem comum (art. 81, III).

4.7.3.1 A possibilidade de cumulação de obrigações de fazer, não fazer e pagar quantia em dinheiro

O art. 3º da LACP assinala que "a ação civil poderá ter por objeto a **condenação em dinheiro** ou o cumprimento de **obrigação de fazer** ou **não fazer**". O dispositivo é elucidativo a respeito da abrangência do objeto da ação civil pública, inclusive de modo a autorizar a cumulação de obrigações de fazer, não fazer e pagar quantia em dinheiro. O pedido pode envolver, por exemplo, a proibição (obrigação de não fazer) da continuidade ou instalação de determinada atividade ou empreendimento, a adoção de medidas (obrigação de fazer), inclusive em sede de tutela de urgência, para evitar a ocorrência de algum tipo de poluição, por exemplo, a instalação de filtros em fábrica para frear a liberação de gases poluentes.

Numa ação civil pública ambiental, tem-se por premissa a busca da **reparação integral do dano** causado, **priorizando a sua restauração natural** (*in natura*), como ocorreria na hipótese de recuperação de área de preservação permanente degradada ou mesmo da despoluição de um rio. No entanto, a depender do caso concreto, a reparação *in natura* nem sempre será possível, como ocorre na destruição de uma paisagem natural, na extinção de espécie da fauna e da flora etc. Nos casos em que a recuperação do meio ambiente degradado não for possível na sua totalidade, em vista do princípio da reparação integral do dano ambiental, torna-se imperiosa a condenação do poluidor a pagar indenização, tanto a título de danos materiais quanto danos morais coletivos. De modo complementar, ver comentários ao art. 14, § 1º, da Lei 6.938/81 e jurisprudências arroladas. Mais recentemente, o tema foi objeto da **Súmula n. 629 do STJ**, conforme segue.

SÚMULA 629 DO STJ

"Quanto ao dano ambiental, é admitida a condenação do réu à obrigação de fazer ou à de não fazer cumulada com a de indenizar".

O CPC/2015, por sua vez, consagrou no **art. 497, parágrafo único**, o instituto processual da **remoção de ilícito**, o qual é um mecanismo de tutela processual específica extremamente importante nas ações coletivas ambientais, haja vista que, muitas vezes, o resguardo do direito violado dependerá justamente da interrupção de determinadas atividades (ex.: lançamento de dejetos industriais sem tratamento em determinado recurso hídrico).

> **Seção IV**
> **Do Julgamento das Ações Relativas às**
> **Prestações de Fazer, de Não Fazer e de Entregar Coisa**
>
> **Art. 497.** Na ação que tenha por objeto a prestação de fazer ou de não fazer, o juiz, se procedente o pedido, concederá a tutela específica ou determinará providências que assegurem a obtenção de tutela pelo resultado prático equivalente.
>
> **Parágrafo único.** Para a concessão da **tutela específica destinada a inibir a prática, a reiteração ou a continuação de um ilícito, ou a sua remoção**, é irrelevante a demonstração da ocorrência de dano ou da existência de culpa ou dolo.
>
> **Art. 498.** Na ação que tenha por objeto a entrega de coisa, o juiz, ao conceder a tutela específica, fixará o prazo para o cumprimento da obrigação.
>
> **Parágrafo único.** Tratando-se de entrega de coisa determinada pelo gênero e pela quantidade, o autor individualizá-la-á na petição inicial, se lhe couber a escolha, ou, se a escolha couber ao réu, este a entregará individualizada, no prazo fixado pelo juiz.
>
> **Art. 499.** A obrigação somente será convertida em perdas e danos se o autor o requerer ou se impossível a tutela específica ou a obtenção de tutela pelo resultado prático equivalente.
>
> **Art. 500.** A indenização por perdas e danos dar-se-á sem prejuízo da multa fixada periodicamente para compelir o réu ao cumprimento específico da obrigação.

4.7.3.2 Tutela processual provisória na ação civil pública ambiental

O art. 4º da LACP prevê expressamente que "poderá ser ajuizada **ação cautelar** para os fins desta Lei, objetivando, inclusive, **evitar o dano ao meio ambiente**, ao consumidor, à honra e à dignidade de grupos raciais, étnicos ou religiosos, à ordem urbanística ou aos bens e direitos de valor artístico, estético, histórico, turístico e paisagístico", conforme redação nova conferida ao dispositivo pela Lei 12.966/2014. Igualmente, o **art. 12 da LACP** estabelece que "**poderá o juiz conceder mandado liminar, com ou sem justificação prévia, em decisão sujeita a agravo.** § 1º A requerimento de pessoa jurídica de direito público interessada, e para evitar grave lesão à ordem, à saúde, à segurança e à economia pública, poderá o Presidente do Tribunal a que competir o conhecimento do respectivo recurso suspender a execução da liminar, em decisão fundamentada, da qual caberá agravo para uma das turmas julgadoras, no prazo de 5 (cinco) dias a partir da publicação do ato. § 2º A multa cominada liminarmente só será exigível do réu após o trânsito em julgado da decisão favorável ao autor, mas será devida desde o dia em que se houver configurado o descumprimento".

A tutela provisória possui relevância ímpar no âmbito do processo coletivo ambiental, notadamente em razão da **irreversibilidade** ou **dificuldade de reversão do dano ecológico**. A derrubada de área florestal por meio do desmatamento ilegal pode significar a destruição de um processo natural consolidado ao longo de séculos ou mesmo milênios, incapaz de ser recuperado, por exemplo, ao longo do tempo de uma vida humana. Em casos mais extremos, podemos cogitar a extinção de espécies da fauna e da flora, o que representa um dano ecológico absolutamente irreversível. Os exemplos citados são apenas para ilustrar como é fundamental a **atuação antecipada dos Juízes e Tribunais** no sentido de evitar a ocorrência do dano ecológico, amparada inclusive nos **princípios da prevenção e da precaução**, haja vista a dificuldade de retornar ao "*status quo ante* natural".

O **tempo**, ou seja, a **urgência** na adoção de medidas, é fundamental para evitar a ocorrência ou a amplitude do dano ecológico. Como destacado pelo Ministro Herman Benjamin, a **governança judicial ecológica** deve ter por paradigma o modelo de "**Juiz de Riscos**" (ou "**Juiz de Prevenção ou Precaução**"), ou seja, um Juiz ou Tribunal apto a evitar a ocorrência de danos ecológicos – muitos deles, irreversíveis, como a destruição de um *habitat* e a extinção de espécie da fauna ou da flora – e "proteger o futuro", em contraposição a um modelo tradicional de "**Juiz de Danos**" ("constrangido a somente olhar para trás").[182]

O CPC/2015, por sua vez, inovou no tema da **tutela provisória**, ao prever que ela pode ter por fundamento tanto a **urgência** quanto a **evidência**, conforme disposição expressa do art. 294.

> **LIVRO V**
> **DA TUTELA PROVISÓRIA**
>
> **TÍTULO I**
> **DISPOSIÇÕES GERAIS**
>
> **Art. 294.** A **tutela provisória** pode fundamentar-se em **urgência** ou **evidência**.
> Parágrafo único. A tutela provisória de urgência, cautelar ou antecipada, pode ser concedida em caráter antecedente ou incidental.
>
> **Art. 295.** A tutela provisória requerida em caráter incidental independe do pagamento de custas.
>
> **Art. 296.** A tutela provisória conserva sua eficácia na pendência do processo, mas pode, a qualquer tempo, ser revogada ou modificada.
> Parágrafo único. Salvo decisão judicial em contrário, a tutela provisória conservará a eficácia durante o período de suspensão do processo.
>
> **Art. 297.** O **juiz poderá determinar as medidas** que considerar **adequadas para efetivação da tutela provisória**.
> Parágrafo único. A efetivação da tutela provisória observará as normas referentes ao **cumprimento provisório da sentença**, no que couber.
>
> **Art. 298.** Na decisão que conceder, negar, modificar ou revogar a tutela provisória, o juiz motivará seu convencimento de modo claro e preciso.
>
> **Art. 299.** A tutela provisória será requerida ao juízo da causa e, quando antecedente, ao juízo competente para conhecer do pedido principal.
> **Parágrafo único.** Ressalvada disposição especial, na ação de competência originária de tribunal e nos recursos a tutela provisória será requerida ao órgão jurisdicional competente para apreciar o mérito.

A tutela provisória de urgência, segundo a lição de Rodrigues, "é **funcional em relação à tutela final** e serve para imunizar os efeitos deletérios que o tempo causa ao **processo (instrumento)** ou ao seu **conteúdo (direito material)**, e por isso constitui um arcabouço de técnicas processuais que devem ser prontas e rápidas, sob pena de se tornarem inúteis. Essas formas de tutela são realizadas por intermédio das medidas cautelares e das antecipações de tutela de mérito, tal como denomina o CPC. O signo comum entre ambas é, sempre, a urgência, e o seu traço diferenciador – que teria sido desnecessário manter ante a intenção simplificadora do Código – é o objeto que será precipuamente protegido dos desgastes provocados pelo fenômeno temporal".[183]

---

[182] STJ, REsp 1.616.027/SP, 2ª T., Rel. Min. Herman Benjamin, j. 14.03.2017.
[183] RODRIGUES, Marcelo Abelha. *Processo civil ambiental...*, p. 196.

4.7.3.3   Controle judicial, ação civil pública e discricionariedade administrativa em matéria ambiental

A discricionariedade administrativa e a liberdade de conformação legislativa, assim como a própria atividade jurisdicional, encontram-se sujeitas sempre a um controle com base nos princípios e regras constitucionais, o que, embora – pelo menos no caso do Brasil – corresponda atualmente à posição dominante, não elide controvérsias importantes e não afasta a necessidade de cuidadosa contextualização e diferenciação. Nesse sentido, embora o **princípio da separação de poderes** represente uma garantia destinada a assegurar a proteção dos direitos fundamentais contra o arbítrio do Estado, ao mesmo tempo revelar-se-ia como, no mínimo em parte, contraditório que tal princípio viesse a ser invocado pelo governante justamente para negar a concretização de um direito fundamental (no caso, do direito ao meio ambiente), de modo a impedir o controle judicial da **omissão** ou mesmo da **atuação estatal insuficiente** no cumprimento de um **dever constitucional de proteção**, ou na **efetivação de um direito fundamental** na perspectiva subjetiva, quando for o caso, conforme tratado com detalhes no tópico específico sobre o **direito-garantia ao mínimo existencial ecológico**.

> **JURISPRUDÊNCIA STF. Ação civil pública e controle judicial de políticas públicas ambientais:** "Ação civil pública. Meio ambiente. Esgoto. Lançamento em rio. Viabilidade. Mostra-se consentâneo com a ordem jurídica vir o Ministério Público a ajuizar ação civil pública visando ao tratamento de esgoto a ser jogado em rio. Nesse caso, não cabe cogitar da impossibilidade jurídica do pedido e da extinção do processo sem julgamento do mérito" (STF, RE 254.764/SP, 1ª T., Rel. Min. Marco Aurélio, j. 24.08.2010).

4.7.3.4   Ação civil pública e controle de constitucionalidade

O STF, conforme ementas de julgados que seguem, consolidou entendimento no sentido de admitir o controle difuso de constitucionalidade no âmbito de ação civil pública de quaisquer leis ou atos do Poder Público, desde que se trate de **simples questão prejudicial indispensável à resolução do litígio principal**, ou seja, não se trata do objeto central do pedido formulado na ação civil pública.

> **JURISPRUDÊNCIA STF. Ação civil pública e controle de constitucionalidade:**
> 1) "Ação civil pública. Controle incidental de constitucionalidade. Questão prejudicial. Possibilidade. Inocorrência de usurpação da competência do Supremo Tribunal Federal. Reclamação improcedente. O **Supremo Tribunal Federal tem reconhecido a legitimidade da utilização da ação civil pública como instrumento idôneo de fiscalização incidental de constitucionalidade, pela via difusa**, de quaisquer leis ou atos do Poder Público, mesmo quando contestados em face da Constituição da República, desde que, nesse processo coletivo, a controvérsia constitucional, longe de identificar-se como objeto único da demanda, qualifique-se como **simples questão prejudicial, indispensável à resolução do litígio principal**. Precedentes. Doutrina" (STF, Rcl 1.898 ED/DF, 2ª T., Rel. Min. Celso de Mello, j. 10.06.2014).
> 2) "Agravo regimental em agravo de instrumento. Declaração incidental de inconstitucionalidade de lei distrital. Ação civil pública. Alegada usurpação da competência do Supremo Tribunal Federal. Improcedência. Precedentes. 1. **Não usurpa a competência desta nossa Corte a declaração incidental de inconstitucionalidade de lei distrital, proferida em ação civil pública**. Especialmente quando não demonstrado que o objeto do pedido era tão somente a inconstitucionalidade da lei. 2. Agravo regimental desprovido" (STF, RE 633.195 ED-AgR/SP, 1ª T., Rel. Min. Dias Toffoli, j. 12.06.2012).

4.7.4 Competência (e a prevalência do critério do local do dano)

O art. 2º da LACP assinala expressamente que "as ações previstas nesta Lei serão propostas no **foro do local onde ocorrer o dano**, cujo juízo terá **competência funcional** para processar e julgar a causa". O dispositivo em questão foge à regra processual, uma vez que estabelece que a competência territorial ("local onde ocorrer o dano"), comumente tida como relativa, passe a ter natureza funcional, a qual, por sua vez, é **absoluta**. Muito embora a confusão conceitual que o dispositivo em análise possa aparentar, a intenção do legislador foi privilegiar a **proximidade física do órgão julgador** em relação ao **local da ocorrência (ou potencial ocorrência) do dano**. Há evidente preocupação do legislador em estabelecer a competência em favor do Juízo em melhores condições fáticas de bem exercer a prestação judicial de direitos titularizados pela sociedade, como ocorre na questão ecológica.

Igual entendimento é sustentado por Rodrigues: "a competência do 'local do dano' deve ser compreendida como a competência firmada pelo **critério geográfico (territorial)**, inderrogável pelas partes, cujo fator determinante para a sua fixação deve ser, propriamente, o **local onde a obtenção da prova seja mais eficiente** para a futura revelação da norma jurídica concreta".[184] Isso permite, por parte do Juízo, uma análise mais fidedigna dos fatos concretos postos em determinada ação civil pública ambiental. Entre outras medidas, tal interpretação do dispositivo facilita a realização de **inspeção judicial**, prática deveras relevante em certos casos de degradação ambiental.

Ao tratar das ações coletivas para a defesa de **interesses individuais homogêneos**, o **art. 93 do CDC** assevera que, ressalvada a competência da Justiça Federal, é competente para a causa a justiça local: I – no foro do lugar onde ocorreu ou deva ocorrer o dano, quando de **âmbito local**; II – no foro da Capital do Estado ou no do Distrito Federal, para os danos de **âmbito nacional ou regional**, aplicando-se as regras do Código de Processo Civil aos casos de competência concorrente. No entanto, o seu conteúdo (até mesmo por estar adstrito às ações coletivas para a defesa de interesses individuais homogêneos, **e não difusos**, como é o caso do meio ambiente) não tem sido aplicado pela doutrina e jurisprudência (parcialmente) pelas razões postas anteriormente, conforme julgados arrolados na sequência, **prevalecendo o art. 2º da LACP**. Ainda, de acordo com a jurisprudência dominante, ficaria a critério do autor da ação (por exemplo, Ministério Público ou associação) a eleição do foro.

De modo complementar, o parágrafo único do art. 2º da LACP assinala expressamente que "a propositura da ação **prevenirá a jurisdição do juízo** para todas as ações posteriormente intentadas que possuam a mesma causa de pedir ou o mesmo objeto".

> **JURISPRUDÊNCIA STJ. Competência em matéria ambiental, local de ocorrência do dano e princípio da efetividade:** "Conflito positivo de competência. Suscitação pelo órgão do Ministério Público Federal que atua na primeira instância. Ações civis públicas. Dano ambiental. **Rios federais. Conexão.** Competência da Justiça Federal. 1. O Ministério Público Federal tem atribuição para suscitar conflito de competência entre Juízos que atuam em ações civis públicas decorrentes do mesmo fato ilícito gerador. Com efeito, consoante os Princípios da Unidade e Indivisibilidade do Ministério Público, as manifestações de seus representantes constituem pronunciamento do próprio órgão, e não de seus agentes, muito embora haja divisão de atribuições entre os Procuradores e os Subprocuradores--Gerais da República (art. 66 da Lei Complementar nº 75/93). 2. Deveras, informado que é o sistema processual pelo **princípio da instrumentalidade das formas**, somente a nulidade que sacrifica os fins de justiça do processo deve ser declarada (*pas des nullité sans grief*). 3. Consectariamente, à luz dos Princípios da Unidade e Indivisibilidade do Mi-

---

[184] RODRIGUES, Marcelo Abelha. *Direito ambiental esquematizado*. São Paulo: Saraiva, 2013. p. 491.

nistério Público e do Princípio do Prejuízo (*pas des nullité sans grief*), e, uma vez suscitado o conflito de competência pelo Procurador da República, afasta-se a alegada ilegitimidade ativa do mesmo para atuar perante este Tribunal, uma vez que é o autor de uma das ações civis públicas objeto do conflito. 4. Tutelas antecipatórias deferidas, proferidas por Juízos Estadual e Federal, em ações civis públicas. Notória conexão informada pela necessidade de se evitar a sobrevivência de decisões inconciliáveis. 5. A **regra mater em termos de dano ambiental** é a do **local do ilícito em prol da efetividade jurisdicional.** Deveras, proposta a ação civil pública pelo Ministério Público Federal e caracterizando-se o dano como interestadual, impõe-se a competência da Justiça Federal (Súmula 183 do STJ), que coincidentemente tem sede no **local do dano**. Destarte, a competência da Justiça Federal impor-se-ia até pela regra do art. 219 do CPC. 6. Não obstante, é assente nesta Corte que **dano ambiental causado em rios da União indica o interesse desta** nas demandas em curso, a arrastar a competência para o julgamento das ações para a Justiça Federal. Precedentes da Primeira Seção: CC 33.061/RJ, Rel. Min. Laurita Vaz, *DJ* 08.04.2002; CC 16.863/SP, Rel. Min. Demócrito Reinaldo, *DJ* 19.08.1996. 7. Ainda que assim não fosse, **a *ratio essendi* da competência para a ação civil pública ambiental calca-se no princípio da efetividade, por isso que o juízo federal do local do dano habilita-se, funcionalmente, na percepção da degradação ao meio ambiente posto em condições ideais para a obtenção dos elementos de convicção conducentes ao desate da lide**. 8. O teor da Súmula 183 do E. STJ, ainda que revogado, *a contrario sensu* determinava que, em sendo sede da Justiça Federal o local do dano, neste deveria ser aforada a ação civil pública, máxime quando o ilícito transcendesse a área atingida, para alcançar o mar territorial e rios que banham mais de um Estado, o que está consoante o art. 93 do CDC. 9. Nesse sentido, é a jurisprudência do E. STF ao assentar que: 'Ação civil pública promovida pelo Ministério Público Federal. Competência da Justiça Federal. Art. 109, I e § 3º, da Constituição. Art. 2º da Lei 7.347/85. O dispositivo contido na parte final do § 3º do art. 109 da Constituição é dirigido ao legislador ordinário, autorizando-o a atribuir competência (*rectius*, jurisdição) ao Juízo Estadual do foro do domicílio da outra parte ou do lugar do ato ou fato que deu origem à demanda, desde que não seja sede de Vara da Justiça Federal, para causas específicas dentre as previstas no inciso I do referido artigo 109. No caso em tela, a permissão não foi utilizada pelo legislador que, ao revés, se limitou, no art. 2º da Lei 7.347/85, a estabelecer que as ações nele previstas 'serão propostas no foro do local onde ocorrer o dano, cujo juízo terá competência funcional para processar e julgar a causa'. Considerando que o juiz federal também tem competência territorial e funcional sobre o local de qualquer dano, impõe-se a conclusão de que o afastamento da jurisdição federal, no caso, somente poderia dar-se por meio de referência expressa à Justiça Estadual, como a que fez o constituinte na primeira parte do mencionado § 3º em relação às causas de natureza previdenciária, o que no caso não ocorreu (...)" (STJ, CC 39.111/RJ, 1ª Seção, Rel. Min. Luiz Fux, j. 13.12.2004).

JURISPRUDÊNCIA STJ. Competência em matéria ambiental e não incidência do art. 93 do CDC: "Ambiental e processual civil. Agravo regimental no conflito negativo de competência. Ação civil pública movida pelo Ministério Público Federal contra a União e autarquias federais, objetivando impedir degradação ambiental na bacia hidrográfica do Rio Paraíba do Sul. Eventuais **danos ambientais que atingem mais de um Estado-membro**. Art. 109, § 2º, da Constituição Federal. **Local do dano.** 1. Conflito de competência suscitado em ação civil pública, pelo juízo federal da 4ª Vara da Seção Judiciária do Distrito Federal, no qual se discute a competência para o processamento e julgamento dessa ação, que visa obstar degradação ambiental na Bacia do Rio Paraíba do Sul, que banha mais de um Estado da Federação. 2. **O Superior Tribunal de Justiça tem o pacífico entendimento de que o art. 93, II, da Lei n. 8.078/1990 – Código de Defesa do Consumidor não atrai a competência exclusiva da justiça federal da Seção Judiciária do Distrito Federal, quando o dano for de âmbito regional ou nacional.** Conforme a jurisprudência do STJ, nos casos de danos de âmbito regional ou nacional, **cumpre ao autor optar pela Seção**

Judiciária que deverá ingressar com ação. Precedentes: CC 26842/DF, Rel. Min. Waldemar Zveiter, Rel. p/ Acórdão Min. Cesar Asfor Rocha, Segunda Seção, *DJ* 05.08.2002; CC 112.235/DF, Rel. Min. Maria Isabel Gallotti, Segunda Seção, *DJe* 16.02.2011. 3. Isso considerado e verificando-se que o Ministério Público Federal optou por ajuizar a ação civil pública na Subseção Judiciária de Campos dos Goytacazes/RJ, situada em **localidade que também é passível de sofrer as consequências dos danos ambientais que se querem evitados**, é nela que deverá tramitar a ação. A isso deve-se somar o entendimento de que 'a *ratio essendi* da competência para a ação civil pública ambiental calca-se no princípio da efetividade, por isso que o juízo federal do local do dano habilita-se, funcionalmente, na percepção da degradação ao meio ambiente posto em condições ideais para a obtenção dos elementos de convicção conducentes ao desate da lide' (CC 39.111/RJ, Rel. Min. Luiz Fux, Primeira Seção, *DJ* 28.02.2005). A respeito, ainda: AgRg no REsp 1043307/RN, Rel. Min. Herman Benjamin, Segunda Turma, *DJe* 20.04.2009; CC 60.643/BA, Rel. Min. Castro Meira, Primeira Seção, *DJ* 08.10.2007; CC 47.950/DF, Rel. Min. Denise Arruda, Primeira Seção, *DJ* 07.05.2007. 4. Agravo regimental não provido" (STJ, AgRg no CC 118.023/DF, 1ª Seção, Rel. Min. Benedito Gonçalves, j. 28.03.2012).

JURISPRUDÊNCIA STJ. Competência do local do dano e ação de improbidade administrativa ambiental: "Processual civil e administrativo. Ação civil pública. **Improbidade administrativa. Competência do local do dano**. 1. A jurisprudência do STJ é firme no sentido de que o foro do local do dano é competente para processar e julgar Ação Civil Pública, mesmo nos casos de improbidade administrativa. 2. À luz do art. 109, § 2º, da Constituição Federal, a União pode ser processada no foro do local do dano, o que, na hipótese de Ação Civil Pública, convola em obrigatoriedade, conforme estatuído no art. 2º da Lei 7.347/1985. 3. Agravo regimental não provido" (STJ, AgRg no REsp 1.043.307/RN, 2ª T., Rel. Min. Herman Benjamin, j. 24.03.2009).

O critério do local do fato, no entanto, deve ser sempre compreendido à luz da **complexidade (multiplicidade de danos)** e da **abrangência (geográfica) do caso concreto**. A respeito da fixação da competência em matéria ambiental, destaca-se ementa da decisão do STJ envolvendo o caso trágico do **rompimento da Barragem do Fundão em Mariana (MG)**. De plano, cabe destacar o desafio para a fixação da competência das ações envolvendo o referido caso como decorrência do ajuizamento simultâneo de inúmeras ações judiciais e da complexidade das relações jurídicas envolvidas por conta da violação massiva de direitos de diversas dimensões (coletiva e individual; material e moral). Como se pode observar, o STJ procurou contemplar o **princípio da efetividade** (e da prevenção) no tocante ao **dano ambiental propriamente dito** e ao **macrolitígio ecológico** envolvido no caso, centrando a tramitação na Justiça Federal de Belo Horizonte e, assim, objetivando o "julgamento conjunto das ações, para que se obtenha uniformidade e coerência na prestação jurisdicional, corolário da segurança jurídica". Mas, excepcionalmente, a fim de não obstaculizar o **acesso à justiça das vítimas** em relação à reivindicação de **direitos individuais** (patrimoniais e morais), autorizou a fixação da competência do local de residência das mesmas ou do dano em tais hipóteses.

JURISPRUDÊNCIA STJ. Competência em matéria ambiental: "PROCESSUAL CIVIL. **CONFLITO POSITIVO DE COMPETÊNCIA**. AÇÕES CIVIS PÚBLICAS AFORADAS NO JUÍZO ESTADUAL E NA JUSTIÇA FEDERAL DE GOVERNADOR VALADARES/MG. **ROMPIMENTO DA BARRAGEM DE FUNDÃO EM MARIANA/MG**. FORNECIMENTO DE ÁGUA POTÁVEL. DANOS SOCIOAMBIENTAIS. **RIO DOCE. BEM PÚBLICO PERTENCENTE À UNIÃO. COMPETÊNCIA DA JUSTIÇA FEDERAL**. FORO COMPETENTE. **SITUAÇÃO DE MULTICONFLITUOSIDADE. IMPACTOS REGIONAIS E NACIONAL**. CONEXÃO ENTRE AS AÇÕES CIVIS PÚBLICAS OBJETO DO CONFLITO E OUTRAS QUE TRAMITAM NA 12ª VARA FEDERAL DE BELO HORIZONTE/MG. **PREVENÇÃO. APLICAÇÃO DA REGRA ESTABELECIDA NA LEI DE AÇÃO CIVIL PÚBLICA**. 1. Conflito de competência suscitado pela empresa Samarco

Mineração S.A. em decorrência da tramitação de ações civis públicas aforadas na Justiça Estadual e na Justiça Federal de Governador Valadares/MG, com o objetivo de determinar a distribuição de água mineral à população valadarense, em virtude da poluição do Rio Doce ocasionada com o rompimento da barragem de Fundão, em Mariana/MG. AÇÕES CIVIS PÚBLICAS NA JUSTIÇA FEDERAL E ESTADUAL DE GOVERNADOR VALADARES/MG. 2. **Conexão entre as ações civis públicas objeto do presente conflito**, uma vez que em ambas se pretende suprir a população valadarense com a distribuição de água potável, além de determinar o monitoramento da água do Rio Doce na localidade. 3. Existentes decisões conflitantes relativas à mesma causa de pedir e mesmo pedido, já proferidas na Justiça Estadual e na Justiça Federal de Governador Valadares/MG, mostra-se imperioso o **julgamento conjunto das ações**, para que se obtenha uniformidade e coerência na prestação jurisdicional, corolário da segurança jurídica. Precedentes. 4. A **competência cível da Justiça Federal** é definida *ratione personae*, sendo pois de **caráter absoluto**. 5. Nos termos da **Súmula 150/STJ**, 'compete à Justiça Federal decidir sobre a existência de interesse jurídico que justifique a presença no processo, da União, suas autarquias ou empresas públicas'. 6. Interesse da União na causa, na medida em que toda a questão perpassa pela **degradação de bem público federal, qual seja, o Rio Doce, e suas consequências sociais e ambientais**, além de que o acidente decorreu da exploração de atividade minerária, cuja outorga cabe à União. 7. A Justiça Federal é, pois, competente para conhecer e julgar demandas relacionadas aos impactos ambientais ocorridos e aos que ainda venham a ocorrer sobre o ecossistema do Rio Doce, sua foz e sobre a área costeira. 8. Reconhecida a competência da Justiça Federal para o processamento das ações civis públicas referidas no presente conflito, cabe definir o foro competente para o seu julgamento. FORO COMPETENTE (BELO HORIZONTE). 9. A problemática trazida nos autos deve ser analisada à luz do microssistema do processo coletivo, notadamente no que diz respeito à tutela de interesses difusos e metaindividuais, decorrentes todos eles de um único evento, qual seja, o desastre ambiental consistente no rompimento da barragem de Fundão, no dia 5 de novembro de 2015, ocorrido na unidade industrial de Germano, entre os distritos de Mariana e Ouro Preto (cerca de 100 km de Belo Horizonte). 10. Nos termos do **art. 2º da Lei 7.347/85**, o legislador atrelou dois critérios fixadores ou determinativos de competência, sendo o primeiro o **local do fato** – que conduz à chamada competência 'relativa', prorrogável, porque fundada no **critério território**, estabelecida, geralmente, em função do interesse das partes; o outro – **competência funcional** – que leva à **competência 'absoluta', improrrogável e inderrogável, porque firmada em razões de ordem pública, em que se prioriza a higidez do próprio processo**. 11. A questão que se coloca como premente na hipótese, decorrente da **tutela dos interesses difusos**, caracterizados pela indeterminação dos sujeitos e indivisibilidade do objeto, é como se dará a fixação do foro competente quando o dano vai além de uma circunscrição judiciária. Outra resposta não há, senão pela prevenção. 12. Muito embora o conflito positivo de competência aqui erigido tenha se instaurado entre o Juízo estadual e o Juízo federal de Governador Valadares, há outras questões mais amplas a serem consideradas para que se possa definir, com a maior precisão possível, o foro federal em que devem ser julgadas as ações em comento. 13. Existente **ação civil pública com escopo mais amplo** (danos ambientais *strito sensu* e danos pessoais e patrimoniais), já em curso na 12ª Vara Federal de Belo Horizonte-MG, na qual o Ministério Público Federal se habilitou, inclusive, como litisconsorte ativo (Processo n. 60017-58.2015.4.01.3800). Além dessa, tramitam na 12ª Vara Federal de Belo Horizonte-MG a Ação Popular n. 0060441-03.2015.04.01.3800 e a Ação Civil Pública n. 0069758-61.2015.4.01.3400, sendo partes nesta última a União Federal e outros em face da Samarco Mineração S.A. e outros. 14. Na Ação Civil Pública n. 0069758-61.2014.4.01.3400, observa-se que entre os pedidos formulados na inicial está a garantia de fornecimento de água à população dos Municípios que estão com abastecimento de água interrompido em função do rompimento da barragem, além da garantia de fornecimento de água para dessedentação dos animais nas áreas dos Municípios atingidos pelo rompimento das barragens. 15. Mostra-se caracterizada a relação de pertinência entre as ações civis públicas manejadas em Governador Valadares/MG, com vistas ao abastecimento de água potável à população local, com essa outra ação civil (n. 0069758-61.2014.4.01.3400) que tramita na 12ª Vara Federal de Belo Horizonte, **cujo objeto é mais abrangente, englobando as primeiras**, pois busca a garantia de fornecimento de água potável à população de todos os Municípios que tiveram o abastecimento interrompido em função da poluição do Rio Doce com a lama advinda do rompimento da barragem de Fundão. 16. Termo de transação e de ajustamento de conduta firmado entre a União, Samarco e outros, expressamente prevendo que as divergências de interpretação decorrentes do acordo serão submetidas ao Juízo da 12ª Vara Federal da Seção Judiciária de Minas Gerais. 17. Dessas circunstâncias, observa-se que a 12ª Vara Federal da Secção Judiciária de Minas Gerais possui **melhores condições de dirimir as controvérsias aqui postas, decorrentes do acidente ambiental de Mariana, pois além de ser a Capital de um dos Estados mais atingidos pela tragédia**, já tem sob sua análise processos outros, visando não só a reparação ambiental *stricto sensu*, mas também a distribuição de água à população dos Municípios atingidos, entre outras providências, o que lhe propiciará, diante de uma **visão macroscópica dos danos ocasionados pelo desastre ambiental do rompimento da barragem de Fundão e do conjunto de imposições judiciais já direcionadas à empresa Samarco, tomar medidas dotadas de mais efetividade, que não corram o risco de ser neutralizadas por outras decisões judiciais provenientes de juízos distintos, além de contemplar o maior número de atingidos**. EXCEÇÕES À REGRA GERAL. 18. Há que se ressalvar, no entanto, as situações que envolvam aspectos estritamente humanos e econômicos da tragédia (tais como o ressarcimento patrimonial e moral de vítimas e familiares, combate a abuso de preços etc.) ou mesmo abastecimento de água potável que exija soluções peculiares ou locais, as quais **poderão ser objeto de ações individuais ou coletivas, intentadas cada qual no foro de residência dos autores ou do dano**. Nesses casos, devem ser levadas em conta as **circunstâncias particulares e individualizadas, decorrentes do acidente ambiental, sempre com base na garantia de acesso facilitado ao Poder Judiciário e da tutela mais ampla e irrestrita possível. Em tais situações, o foro de Belo Horizonte não deverá prevalecer, pois significaria óbice à facilitação do acesso à justiça, marco fundante do microssistema da ação civil pública**. 19. Saliento que em outras ocasiões esta Corte de Justiça, valendo-se do microssistema do processo coletivo, aplicou a regra específica de prevenção estabelecida na Lei de Ação Civil Pública para definir o foro em que deveriam ser julgadas as ações coletivas. Precedentes. DISPOSITIVO. 20. Conflito de competência a que se julga procedente para ratificar a liminar proferida pela Ministra Laurita Vaz, no exercício da Presidência, e determinar a competência definitiva do Juízo da **12ª Vara Federal da Seção Judiciária de Minas Gerais, em Belo Horizonte**, para apreciar e julgar a causa, determinando a remessa da Ação Cautelar n. 0395595-67.2015.8.13.0105 e da Ação Civil Pública n. 0426085-72.2015, ambas em tramitação no Juízo de Direito da 7ª Vara Cível da Comarca de Governador Valadares/MG, e da Ação Civil Pública n. 9362-43.2015.4.01.3813, em curso no Juízo da 2ª Vara Federal da Subseção Judiciária de Governador Valadares/MG, ficando a critério do Juízo da 12ª Vara Federal da Seção Judiciária de Minas Gerais a convalidação dos atos até então praticados" (STJ, CC 144.922/MG, 1ª Seção, Rel. Des. Diva Malerbi (convocada do TRF3), j. 22.06.2016).

4.7.5 Inversão do ônus da prova nas ações civis públicas ambientais (Súmula 618 do STJ)

A inversão do ônus da prova tem sido defendida pela doutrina como uma "função" do **princípio da precaução**, ressaltando um forte conteúdo de **justiça distributiva** consubstanciada no seu conteúdo normativo. Especialmente quando em causa a tutela ambiental, a inversão do ônus probatório permite um **equilíbrio de fato**, tanto nas relações entre particular e Estado como também nas relações entre particulares, tendo em vista que, muitas vezes, estar-se-á diante de uma **relação jurídico-processual desigual** em termos de poder social, econômico, técnico, político etc., geralmente exercido pelo ator privado ou ente estatal empreendedor de atividades lesivas ou potencialmente lesivas ao meio ambiente. A inversão do ônus probatório, como ensina Gomes, contribui para um **equilíbrio de fato entre as partes nos processos judiciais** (e também nos procedimentos extrajudiciais) que envolvam questões ambientais, já que normalmente é quem dispõe de maiores condições de realização da prova que fica isento de produzi-la, condenando ao insucesso um grande número de processos, por óbvia carência de meios econômicos das partes que são obrigadas a provar o risco de lesão.[185]

No mesmo sentido, Marchesan e Steigleder destacam que "o empreendedor tem o ônus de demonstrar a segurança do empreendimento não apenas quando do licenciamento, mas também – e principalmente – quando já existem indícios de que o dano ocorreu ou está na iminência de se manifestar. Por conseguinte, o empreendedor possui o **dever de provar que sua atividade não tem potencialidade de causar danos ambientais**, de sorte que, se ajuizada ação civil pública contra ele, terá o ônus de provar que sua atividade não produziu o dano e sequer tinha a possibilidade de causá-lo, porquanto todas as medidas preventivas haviam sido adotadas".[186] E mais, aplicado tal entendimento à hipótese de **controle judicial de políticas públicas**, conforme pontua Grinover, "não será suficiente a alegação, pelo Poder Público, de falta de recursos. Esta deverá ser provada, pela própria Administração, vigorando nesse campo quer a regra da inversão do ônus da prova (art. 6º, VIII, do CDC), aplicável por analogia, quer a regra da distribuição dinâmica do ônus da prova, que flexibiliza o art. 33 do CPC, para atribuir a carga da prova à parte que estiver mais próxima dos fatos e tiver mais facilidade de prová-los".[187]

O **CPC/2015** também inova no tema, ao permitir expressamente tal possibilidade no seu art. 373, § 1º, conforme segue.

> **Art. 373.** O ônus da prova incumbe:
>
> I – ao autor, quanto ao fato constitutivo de seu direito;
>
> II – ao réu, quanto à existência de fato impeditivo, modificativo ou extintivo do direito do autor.
>
> § 1º Nos **casos previstos em lei** ou diante de **peculiaridades da causa** relacionadas à impossibilidade ou à excessiva dificuldade de cumprir o encargo nos termos do *caput* ou à maior facilidade de obtenção da prova do fato contrário, **poderá o juiz atribuir o ônus da prova de modo diverso, desde que o faça por decisão fundamentada, caso em que deverá dar à parte a oportunidade de se desincumbir do ônus que lhe foi atribuído.**
>
> § 2º A decisão prevista no § 1º deste artigo não pode gerar situação em que a desincumbência do encargo pela parte seja impossível ou excessivamente difícil.
>
> § 3º A **distribuição diversa do ônus da prova** também pode ocorrer por convenção das partes, salvo quando:
>
> I – recair sobre direito indisponível da parte;
>
> II – tornar excessivamente difícil a uma parte o exercício do direito.
>
> § 4º A convenção de que trata o § 3º pode ser celebrada antes ou durante o processo.

---

[185] GOMES, Carla Amado. *A prevenção à prova...*, p. 38.
[186] MARCHESAN, Ana Maria Moreira; STEIGLEDER, Annelise Monteiro. Fundamentos jurídicos para a inversão do ônus da prova nas ações civis públicas por danos ambientais. *In*: BENJAMIN, Antonio Herman (org.). *Anais do 6º Congresso Internacional de Direito Ambiental*. São Paulo: IMESP, 2002. p. 332.
[187] GRINOVER, Ada Pellegrini. *Controle de políticas públicas...*, p. 20.

O **STJ** consolidou entendimento **favorável** à *inversão do ônus da prova* nas ações civis públicas ambientais.[188] A Corte, por decisão da sua Corte Especial, em 24.10.2018, aprovou a **Súmula 618**.

> **SÚMULA 618 DO STJ**
> A inversão do ônus da prova aplica-se às ações de degradação ambiental.

A postura do STJ estabelece um panorama processual igualitário e participativo afinado com ampliação do acesso à justiça em matéria ambiental, como preceituam, por exemplo, o **Princípio 10 da Declaração do Rio (1992)** e o **Acordo de Escazú (2018)**. A medida em questão também contribui para assegurar a efetividade do direito à informação ambiental, estimulando uma participação mais ativa da sociedade civil organizada (ONGs) no âmbito do Sistema de Justiça. A inversão do ônus da prova, notadamente em temas de natureza difusa e relevante interesse social, como é inerente à proteção ecológica, também demonstra um olhar mais atento do Direito Processual, como também verificado mais recentemente no regime jurídico da responsabilidade civil, à "**vítima ambiental**", ou seja, a **sociedade** no seu conjunto (ou mesmo, para aqueles que defendem um paradigma jurídico biocêntrico ou ecocêntrico, também a própria Natureza em si), muitas vezes em situação de vulnerabilidade (como nos casos de ações civis públicas propostas por associações ou mesmo de ação popular proposta pelo cidadão) e condições econômicas e técnico-jurídicas exercer de forma adequada a defesa ecológica em face de empresas de grande poder econômico ou mesmo do próprio Estado.

Antes de sumular o seu entendimento sobre o tema, o STJ estabeleceu, em julgados anteriores, a **interpretação sistemática** e o "**diálogo de fontes normativas**", considerando a relação entre as legislações de proteção ao consumidor e as de proteção ambiental, bem como o caráter público e coletivo do bem jurídico ecológico. Ao aplicar a extensão das regras de proteção do consumidor (**art. 6º, VIII, do CDC**)[189] para a tutela ecológica e o *princípio da precaução*, o STJ, em passagem do voto-relator da Ministra Eliana Calmon, assinalou que "compete a quem se imputa a pecha de ser, supostamente, o promotor do dano ambiental a comprovação de que não o causou ou de que não é potencialmente lesiva a substância lançada no ambiente". Resultou consignado também na decisão que "a perícia é sempre necessária quando a prova do fato depender de conhecimento técnico e se recomenda ainda mais na seara ambiental, visto a complexidade do bioma".

Ao aplicar a inversão do ônus da prova em matéria ambiental, por meio da extensão de regra existente na legislação consumerista, o STJ exerceu importante medida de **governança judicial ecológica**, consolidando, inclusive por meio da nova Súmula 618, entendimento extremamente relevante para a resolução de tais pleitos de natureza coletiva. A postura do STF pode ser traduzida até mesmo como um incentivo a que atores privados, notadamente indivíduos e organizações não governamentais que atuam em prol da defesa ecológica, que, muitas vezes, não ingressam com ações judiciais por falta de recursos técnicos, econômicos e jurídicos, compareçam com maior frequência e de forma direta ao Poder Judiciário, independentemente da intermediação e defesa dos seus interesses por meio de entes públicos,

---

[188] STJ, REsp 1.060.753/SP, 2ª T., Rel. Min. Eliana Calmon, j. 01.12.2009. Precedente citado: REsp 1.049.822/RS. No mesmo sentido, inclusive com referência expressa à incidência do princípio da precaução, v. STJ, REsp 972.902/RS, 2ª T., Rel. Min. Eliana Calmon, j. 25.08.2009.

[189] "Art. 6º São direitos básicos do consumidor: (...) VIII – a facilitação da defesa de seus direitos, inclusive com a inversão do ônus da prova, a seu favor, no processo civil, quando, a critério do juiz, for verossímil a alegação ou quando for ele hipossuficiente, segundo as regras ordinárias de experiências."

como ocorre, muitas vezes, recorrendo por meio de representações ao Ministério Público e à Defensoria Pública. O **fortalecimento da atuação da sociedade civil** seria de todo desejável do ponto de vista democrático e de efetividade da legislação ambiental. Há, por esse prisma, um campo judicial fértil para potencializar ao máximo a participação democrática dos indivíduos e organizações da sociedade civil no âmbito judicial, bem como lhes assegurar o **acesso à informação em matéria ambiental** em poder dos entes públicos e, por vezes, também dos particulares, em vista, sobretudo, da **eficácia dos direitos fundamentais nas relações entre particulares,** inclusive quanto ao efeito de estabelecer a inversão do ônus da prova em ações judiciais ambientais.

O **Acordo de Escazú (2018)** dispôs expressamente sobre o tema no seu art. 8, 3, "e", como medida para garantir o **direito de acesso à justiça em matéria ambiental**, ao estabelecer que **cabe aos Estados-Partes** contar com "medidas para **facilitar a produção da prova do dano ambiental,** quando corresponda e seja aplicável, como a **inversão do ônus da prova e a carga dinâmica da prova**". A inversão do ônus da prova coloca-se, nesse sentido, como peça-chave na efetivação dos direitos ambientais de participação ou procedimentais e da legislação ambiental como um todo.

Nas ações civis públicas ambientais, os Juízes e os Tribunais devem assumir postura mais participativa, de modo a relativizar o **princípio do impulso oficial**, em virtude da relevância social do tema, bem como por se tratar, na grande maioria das vezes, de pleito que envolve **direito indisponível**, o que repercute, inclusive, na produção de provas, justificando a possibilidade de inversão do ônus probatório em tais pleitos, de modo a privilegiar a "**paridade de armas**" e uma relação equânime entre as partes, já que muitas vezes se verifica um grande **desequilíbrio técnico e econômico.**[190] Tal intervenção judicial trata-se, em verdade, não de um "poder", mas sim de um "dever" constitucional do agente político investido do papel de prestar a jurisdição, haja vista o seu compromisso com a **efetividade do processo e a tutela ecológica.**

É precisa a lição sobre o tema proferida pelo Ministro Herman Benjamin no julgamento do REsp 883.656/RS, conforme passagem que segue:

> "(...) O legislador, diretamente na lei (= *ope legis*), ou por meio de poderes que atribui, específica ou genericamente, ao **juiz** (= *ope judicis*), modifica a incidência do *onus probandi*, **transferindo-o para a parte em melhores condições de suportá-lo ou cumpri-lo eficaz e eficientemente**, tanto mais em relações jurídicas nas quais ora claudiquem direitos indisponíveis ou intergeracionais, ora as vítimas transitem no universo movediço em que convergem incertezas tecnológicas, informações cobertas por sigilo industrial, conhecimento especializado, redes de causalidade complexa, bem como danos futuros, de manifestação diferida, protraída ou prolongada".

Tendo em conta que entre os meios de o Estado cumprir com os seus deveres de proteção está o de criar procedimentos e técnicas adequadas à tutela eficiente dos direitos, cabendo ao Poder Judiciário o papel de interpretar a legislação processual de modo compatível com as exigências da proteção suficiente, mediante o recurso, entre outros, à técnica da interpretação conforme a Constituição, ou mesmo declarando a inconstitucionalidade da legislação processual, crescem, nesse contexto, os poderes (mas também a responsabilidade) dos Juízes e Tribunais, inclusive no contexto de uma **governança judicial ecológica.**

---

[190] Sobre a distribuição equânime do ônus da prova na perspectiva processual-ambiental, v. SARAIVA NETO, Pery. *A prova na jurisdição ambiental...*, especialmente p. 135 e ss.

JURISPRUDÊNCIA STJ. Inversão do ônus da prova na ação civil pública ambiental (e princípio da precaução):

1) "Processual civil e ambiental. Ação civil pública. Responsabilidade civil ambiental. Contaminação com mercúrio. Art. 333 do Código de Processo Civil. Ônus dinâmico da prova. Campo de aplicação dos arts. 6º, VIII, e 117 do Código de Defesa do Consumidor. **Princípio da precaução.** Possibilidade de **inversão do *onus probandi*** no **direito ambiental. Princípio *in dubio pro natura*.** 1. Em ação civil pública proposta com o fito de reparar alegado dano ambiental causado por grave contaminação com mercúrio, o Juízo de 1º grau, em acréscimo à imputação objetiva estatuída no art. 14, § 1º, da Lei 6.938/81, determinou a inversão do ônus da prova quanto a outros elementos da responsabilidade civil, decisão mantida pelo Tribunal *a quo*. 2. O regime geral, ou comum, de distribuição da carga probatória assenta-se no art. 333, *caput*, do Código de Processo Civil. Trata-se de modelo abstrato, apriorístico e estático, mas não absoluto, que, por isso mesmo, sofre abrandamento pelo próprio legislador, sob o influxo do ônus dinâmico da prova, com o duplo objetivo de corrigir eventuais iniquidades práticas (a *probatio* diabólica, p. ex., a inviabilizar legítimas pretensões, mormente dos **sujeitos vulneráveis**) e instituir um **ambiente ético-processual virtuoso**, em cumprimento ao espírito e letra da Constituição de 1988 e das máximas do Estado Social de Direito. 3. No processo civil, a **técnica do ônus dinâmico da prova** concretiza e aglutina os cânones da **solidariedade**, da **facilitação do acesso à Justiça**, da **efetividade da prestação jurisdicional** e do **combate às desigualdades**, bem como expressa um **renovado *due process*,** tudo a exigir uma genuína e sincera **cooperação entre os sujeitos na demanda**. 4. O legislador, diretamente na **lei (= *ope legis*)**, ou por meio de poderes que atribui, específica ou genericamente, ao **juiz (= *ope judicis*)**, modifica a incidência do *onus probandi*, **transferindo-o para a parte em melhores condições de suportá-lo ou cumpri-lo eficaz e eficientemente, tanto mais em relações jurídicas nas quais ora claudiquem direitos indisponíveis ou intergeracionais, ora as vítimas transitem no universo movediço em que convergem incertezas tecnológicas, informações cobertas por sigilo industrial, conhecimento especializado, redes de causalidade complexa, bem como danos futuros, de manifestação diferida, protraída ou prolongada.** 5. No **Direito Ambiental** brasileiro, **a inversão do ônus da prova é de ordem substantiva e *ope legis*, direta ou indireta (esta última se manifesta, p. ex., na derivação inevitável do princípio da precaução), como também de cunho estritamente processual e *ope judicis* (assim no caso de hipossuficiência da vítima, verossimilhança da alegação ou outras hipóteses inseridas nos poderes genéricos do juiz, emanação natural do seu ofício de condutor e administrador do processo).** 6. Como corolário do **princípio *in dubio pro natura*,** 'Justifica-se a inversão do ônus da prova, transferindo para o empreendedor da atividade potencialmente perigosa o ônus de demonstrar a segurança do empreendimento, a partir da interpretação do art. 6º, VIII, da Lei 8.078/1990 c/c o art. 21 da Lei 7.347/1985, conjugado ao Princípio Ambiental da Precaução' (REsp 972.902/RS, Rel. Min. Eliana Calmon, Segunda Turma, *DJe* 14.09.2009), técnica que sujeita aquele que supostamente gerou o dano ambiental a comprovar 'que não o causou ou que a substância lançada ao meio ambiente não lhe é potencialmente lesiva' (REsp 1.060.753/SP, Rel. Min. Eliana Calmon, Segunda Turma, *DJe* 14.12.2009). 7. A inversão do ônus da prova, prevista no **art. 6º, VIII, do Código de Defesa do Consumidor**, contém comando normativo estritamente processual, o que a põe sob o campo de aplicação do art. 117 do mesmo estatuto, fazendo-a valer, universalmente, em todos os domínios da ação civil pública, e não só nas relações de consumo (REsp 1049822/RS, Rel. Min. Francisco Falcão, Primeira Turma, *DJe* 18.05.2009). 8. Destinatário da inversão do ônus da prova por hipossuficiência – juízo perfeitamente compatível com a natureza coletiva ou difusa das **vítimas** – não é apenas a parte em juízo (ou **substituto processual**), mas, com maior razão, o **sujeito-titular do bem jurídico primário a ser protegido**. (...)' (REsp 888.385/RJ, Segunda Turma, Rel. Min. Castro Meira, *DJ* de 27.11.2006. No mesmo sentido, REsp

927.727/MG, Primeira Turma, Rel. Min. José Delgado, *DJe* 04.06.2008). 10. Recurso especial não provido" (STJ, REsp 883.656/RS, 2ª T., Rel. Min. Herman Benjamin, j. 09.03.2010).

2) "Processual civil e ambiental. Ação civil pública. Dano ambiental. Adiantamento de honorários periciais pelo *parquet*. Matéria prejudicada. Inversão do ônus da prova. Art. 6º, VIII, da Lei 8.078/1990 c/c o art. 21 da Lei 7.347/1985. Princípio da precaução. 1. Fica prejudicado o recurso especial fundado na violação do art. 18 da Lei 7.347/1985 (adiantamento de honorários periciais), em razão de o juízo de 1º grau ter tornado sem efeito a decisão que determinou a perícia. 2. O ônus probatório não se confunde com o dever de o Ministério Público arcar com os honorários periciais nas provas por ele requeridas, em ação civil pública. São questões distintas e juridicamente independentes. 3. Justifica-se a **inversão do ônus da prova**, transferindo para o **empreendedor** da atividade potencialmente perigosa o ônus de demonstrar a segurança do empreendimento, a partir da interpretação do art. 6º, VIII, da Lei 8.078/1990 c/c o art. 21 da Lei 7.347/1985, conjugado ao Princípio Ambiental da Precaução. 4. Recurso especial parcialmente provido" (STJ, REsp 972.902/RS, 2ª T., Rel. Min. Eliana Calmon, j. 25.08.2009).

3) "Recurso especial. Processual civil. Negativa de prestação jurisdicional. Ausência. Direito Civil e Direito Ambiental. Construção de usina hidrelétrica. **Redução da produção pesqueira.** Súmula nº 7/STJ. Não cabimento. Dissídio notório. Responsabilidade objetiva. Dano inconteste. Nexo causal. Princípio da precaução. Inversão do ônus da prova. Cabimento. Precedentes. (...) 5. O **princípio da precaução**, aplicável à hipótese, pressupõe a **inversão do ônus probatório, transferindo para a concessionária o encargo de provar que sua conduta não ensejou riscos para o meio ambiente e, por consequência, aos pescadores da região**. 6. Recurso especial parcialmente conhecido e nesta parte provido para determinar o retorno dos autos à origem para que, promovendo-se a inversão do ônus da prova, proceda-se a novo julgamento" (STJ, REsp 1330027/ SP, 3ª T., Ricardo Villas Bôas Cueva, j. 06.11.2012).

4) "Ação civil pública. Dano ambiental. Agravo de instrumento. Prova pericial. Inversão do ônus. Adiantamento pelo demandado. Descabimento. Precedentes. I – Em autos de ação civil pública ajuizada pelo Ministério Público Estadual visando apurar dano ambiental, foram deferidos a perícia e o pedido de inversão do ônus e das custas respectivas, tendo a parte interposto agravo de instrumento contra tal decisão. II – **Aquele que cria ou assume o risco de danos ambientais tem o dever de reparar os danos causados e, em tal contexto, transfere-se a ele todo o encargo de provar que sua conduta não foi lesiva.** III – Cabível, na hipótese, a **inversão do ônus da prova** que, em verdade, se dá **em prol da sociedade**, que detém o direito de ver reparada ou compensada a eventual prática lesiva ao meio ambiente – artigo 6º, VIII, do CDC c/c o artigo 18 da Lei nº 7.347/85. IV – Recurso improvido" (STJ, REsp 1.049.822/RS, 1ª T., Rel. Min. Francisco Falcão, j. 23.04.2009).

RECOMENDAÇÃO N. 99/2021 DO CNJ, SISTEMAS DE INFORMAÇÃO GEOGRÁFICA (SIG) E INSTRUÇÃO PROBATÓRIA EM AÇÕES JUDICIAIS AMBIENTAIS

O **Conselho Nacional de Justiça** editou a **Recomendação 99/2021**, no sentido de recomendar aos magistrados a utilização de dados de sensoriamento remoto e de informações obtidas por satélite na instrução probatória de ações ambientais, conforme se pode observar do dispositivo que segue: "Art. 1º Recomendar a utilização, pelos magistrados, de dados de sensoriamento remoto e de informações obtidas por satélite em conjunto com os demais elementos do contexto probatório, quando for necessário para a instrução probatória de ações ambientais cíveis e criminais". De modo complementar, destaca-se a Resolução Conjunta CNJ/CNMP 8/2021, que instituiu o painel interativo nacional de dados ambiental e interinstitucional (SIRENEJUD).

4.7.6 Ação civil pública e audiências públicas judiciais em matéria ambiental e climática

O **STF** tem estabelecido um novo paradigma democrático-participativo no âmbito do Sistema de Justiça brasileiro, capitaneando (desde 2007) a realização de **audiências públicas judiciais**. O procedimento judicial em questão permite a participação das diversas partes interessadas, notadamente em questões de grande **relevância social**, como comumente ocorre com as questões ecológicas, já que veiculam o interesse de toda a coletividade. Sobre temas que direta ou indiretamente estão relacionados à **proteção ambiental,** destacam-se as seguintes audiências públicas já realizadas pela nossa Corte Constitucional: 1) **Pesquisas com células-tronco embrionárias**, em 20 de abril de 2007, referente à ADI 3.510;[191] 2) **Importação de pneus usados**, em 27 de junho de 2008, referente à ADPF 101;[192] 3) **Proibição do uso de amianto**, em 24 e 31 de agosto de 2012, referente à ADI 3.937;[193] 4) **Campo Eletromagnético de Linhas de Transmissão de Energia**, em 6, 7 e 8 de março de 2013, referente ao RE 627.189;[194] 5) **Queima da palha da cana-de-açúcar**, 22 de abril de 2013, referente ao RE 586.224;[195] 6) **Novo Código Florestal**, em 18 de abril de 2016, referente às ADI 4.901, ADI 4.902, ADI 4.903 e ADI 4.937; 7) **Fundo Clima**, em 21 e 22 de setembro de 2020, referente à ADPF n. 708; 8) **Fundo Amazônia**, em 23 e 26 de outubro de 2020, referente à ADO 59; e 9) Subsídios fiscais aos agrotóxicos, em 06 de novembro de 2024, referente à ADI 5.553.[196]

O **STJ**, em 25.08.2014, seguindo o exemplo da nossa Corte Constitucional, promoveu, no processamento do Recurso Especial (REsp) 1.419.697, proveniente do Rio Grande do Sul, sua **primeira audiência pública** a fim de ouvir especialistas em sistemas de crédito, que informarão o julgamento de recurso repetitivo (art. 1.036 do CPC/2015) sobre a natureza dos **sistemas de *scoring* (pontuação) de crédito** e a possibilidade do reconhecimento de dano moral por violação aos direitos do consumidor. A audiência foi solicitada, de forma pioneira, pelo Ministro Relator Paulo de Tarso Sanseverino. Com base em tais exemplos dos nossos Tribunais Superiores, verifica-se a "institucionalização", no âmbito do Sistema de Justiça, das audiências públicas judiciais. A participação oportunizada pelas audiências públicas fortalece o **marco democrático-participativo** que também deve guiar as relações travadas no âmbito do nosso Sistema de Justiça. O mesmo raciocínio parece-nos adequado ao **processo judicial coletivo**, tornando possível ao Juiz ou mesmo ao Tribunal, a depender das circunstâncias, a convocação de audiência pública no curso de uma ação civil pública ambiental, com o propósito de colher informações e ouvir todas as partes interessadas na questão.[197]

---

[191] STF, ADI 3.510/DF, Tribunal Pleno, Rel. Min. Ayres Britto, j. 29.05.2008.
[192] STF, ADPF 101/DF, Tribunal Pleno, Rel. Min. Cármen Lúcia, j. 24.06.2009.
[193] STF, ADI 3.937/SP, Tribunal Pleno, Rel. Min. Marco Aurélio.
[194] STF, RE 627.189/SP, Tribunal Pleno, Rel. Min. Dias Toffoli, j. 08.06.2016.
[195] STF, RE 586.224/SP, Tribunal Pleno, Rel. Min. Luiz Fux, j. 05.03.2015.
[196] STF, ADI 4.901/DF (ADI 4.902, ADI 4.903 e ADI 4.937), Tribunal Pleno, Rel. Min. Luiz Fux, j. 28.02.2018.
[197] De acordo o espírito democrático-participativo que deve permear os processos coletivos em matéria ambiental, destaca-se decisão emblemática do Ex-Juiz Federal Zenildo Bodnar, à época na Vara Federal Ambiental, Agrária e Residual da Circunscrição Judiciária de Florianópolis, no sentido de convocar **audiência judicial participativa**, no âmbito de **ação civil pública ambiental**, sob a alegação, na fundamentação da decisão, de que "é fundamental que o cidadão tenha oportunidade de participar, como sujeito ativo e protagonista das decisões ambientais, por intermédio das audiências públicas judiciais, contribuindo para o tratamento adequado das lides ambientais. A democratização do acesso à justiça ambiental, com ampla participação popular, é a melhor forma de legitimar a atuação do Poder Judiciário na tutela do ambiente e também servirá como mecanismo estratégico de conscientização e educação ambiental" (*Revista de Direito Ambiental*, São Paulo, n. 46, p. 357-363, abr.-jun. 2007) (Vara Federal Ambiental, Agrária e Residual da Circunscrição Judiciária de Florianópolis, decisão liminar, Proc. 2004.72.00.013.781-9/SC, Ação Civil Pública, Juiz Federal Zenildo Bodnar, j. 11.06.2007).

A realização de audiências públicas judiciais pelo STF é um exemplo paradigmático para o nosso Sistema de Justiça, abrindo importantíssimo instrumento de participação pública e também de acesso à informação na seara judicial, inclusive em sintonia com o novo regime dos **direitos ambientais de participação ou procedimentais** consagrado recentemente pela **Opinião Consultiva 23/2017 da Corte IDH** e do **Acordo de Escazú (2018)**. A temática ecológica, conforme se pode verificar dos exemplos trazidos, tem suscitado temas de grande relevância social e ocupado grande espaço no nosso Poder Judiciário, sendo fundamental que a condução de tais ações judiciais permita a participação pública na tomada de decisões em sede judicial, em respeito aos direitos ambientais procedimentais.

O **CPC/2015** também ampliou o espectro das audiências públicas prevendo tal possibilidade, por exemplo, no âmbito do incidente de resolução de demandas repetitivas, conforme se pode observar dos dispositivos que seguem:

> **DO INCIDENTE DE RESOLUÇÃO DE DEMANDAS REPETITIVAS**
>
> Art. 983. O **relator ouvirá** as partes e os demais interessados, inclusive **pessoas, órgãos e entidades com interesse na controvérsia**, que, no prazo comum de 15 (quinze) dias, poderão requerer a juntada de documentos, bem como as diligências necessárias para a elucidação da questão de direito controvertida, e, em seguida, manifestar-se-á o Ministério Público, no mesmo prazo. § 1º Para instruir o incidente, o relator poderá designar data para, em **audiência pública**, ouvir depoimentos de pessoas com experiência e conhecimento na matéria. (...)

> **DO JULGAMENTO DOS RECURSOS EXTRAORDINÁRIO E ESPECIAL REPETITIVOS**
>
> Art. 1.038. O relator poderá: I – **solicitar ou admitir manifestação de pessoas, órgãos ou entidades com interesse na controvérsia**, considerando a relevância da matéria e consoante dispuser o regimento interno; II – fixar data para, em **audiência pública**, ouvir depoimentos de pessoas com experiência e conhecimento na matéria, com a finalidade de instruir o procedimento.

Espera-se, por certo, que outras instâncias judiciais também se sintam estimuladas a seguir o exemplo do STF e do STJ e promover audiências públicas judiciais, especialmente no curso de ações civis públicas[198] e ações voltadas ao controle concentrado de constitucionalidade que versem sobre a temática ecológica, inclusive em vista da renovação processual capitaneada pelo CPC/2015, amparando, assim, a **governança judicial ecológica** e como estímulo a uma "**sociedade aberta os intérpretes da Constituição**", em alusão à obra do jurista alemão Peter Häberle. A **Corte IDH**, imbuída desse escopo, realizou **audiência pública** emblemática IDH no Brasil para subsidiar a futura Opinião Consultiva n. 32 sobre "Emergência Climática e Direitos Humanos", entre os dias 20 e 29 de maio de 2024 (parte dela no Teatro Amazonas, em Manaus), com a oitiva de uma pluralidade expressiva de atores (de populações indígenas e acadêmicos) interessados na temática. Rumo à sociedade aberta dos intérpretes da Convenção Interamericana de Direitos Humanos ou Constituição Interamericana!

---

[198] No mês de setembro de 2024, o CNJ aprovou recomendação que incentiva juízes e tribunais brasileiros a realizarem consultas e audiências públicas em processos judiciais que podem impactar um grande número de pessoas, aplicando-se, assim, a ações coletivas que visam proteger direitos e interesses difusos. Segundo a recomendação, o magistrado responsável pelo caso poderá convocar audiências públicas para coletar informações de indivíduos ou entidades potencialmente afetadas pela decisão, além de ouvir especialistas na área temática do processo.

> **JURISPRUDÊNCIA TJSP. Ação civil pública e audiência pública judicial no segundo grau de jurisdição:** "Processo civil. Recursos. Apelação. Ação civil pública. Direito à educação infantil. Demanda de vagas em escolas públicas. Sentença de improcedência. (...) Necessidade de *audiência pública* para estudo e análise da real situação antes da tentativa de conciliação. Reconsideração da decisão anterior para ordenar a realização de audiência pública" (TJSP, AC 0150735-64.2008.8.26.0002, Seção de Direito Público, Rel. Des. Samuel Júnior, j. 29.07.2013).

4.7.7 O amicus curiae ("amigo da Corte") nas ações civis públicas ambientais e a ampliação do instituto trazida pelo Código de Processo Civil de 2015 (Lei 13.105/2015)

O instituto jurídico-processual do ***amicus curiae*** (ou **"amigo da Corte"**), de modo similar ao que tem ocorrido nas audiências públicas judiciais promovidas pelo STF, também tem tido a sua utilização crescente no plano judicial brasileiro, permitindo que um terceiro interessado (por exemplo, uma entidade ambientalista ou entidade de cunho acadêmico ou científico) **intervenha no processo de tomada de decisão judicial**, frequentemente, em defesa dos interesses de grupos por ele representados, lançando informações por meio de parecer e sustentação oral sobre a questão jurídica controvertida. O fundamento legal do instituto é o art. 7º, § 2º, da **Lei 9.868/99** (e, mais recentemente, também o **art. 138 do CPC/2015**), ao prever que: "o relator, considerando a relevância da matéria e a representatividade dos postulantes, poderá, por despacho irrecorrível, admitir, observado o prazo fixado no parágrafo anterior, a manifestação de outros órgãos ou entidades". A função da figura do *amicus curiae*, de acordo com a lição de Ingo Wolfgang Sarlet, Luiz Guilherme Marinoni e Daniel Mitidiero, "é contribuir para a elucidação da questão constitucional por meio de informes e argumentos, favorecendo a pluralização do debate e a adequada e racional discussão entre os membros da Corte, com a consequente legitimação social da decisão".[199]

O CPC/2015 inovou de forma significativa na matéria ao consagrar expressamente o instituto do *amicus curiae*, possibilitando sua aplicação para todo o espectro de ações processuais, não mais restrito, portanto, ao plano das ações constitucionais, desde que, é claro, preenchidos os requisitos trazidos pelo diploma processual. De acordo com o art. 138 do CPC/2015, "o juiz ou o relator, considerando a **relevância da matéria**, a especificidade do tema objeto da demanda ou a **repercussão social** da controvérsia, poderá, por decisão irrecorrível, de ofício ou a requerimento das partes ou de quem pretenda manifestar-se, solicitar ou admitir a **participação de pessoa natural ou jurídica, órgão ou entidade especializada, com representatividade adequada**, no prazo de 15 (quinze) dias de sua intimação".[200] Trata-se de **figura *sui generis* de intervenção processual de terceiro** trazida pelo CPC/2015, mas que, pela relevância e repercussão social inerente às ações que versam sobre a proteção ecológica, é perfeitamente aplicável à matéria ambiental (por exemplo, em ações constitucionais, ações civis públicas ambientais, ações populares etc.).

A respeito do tema, destacam-se passagens de decisões do STF sobre a **natureza democrático-participativa** do instituto do *amicus curiae* no âmbito do controle abstrato de constitu-

---

[199] SARLET, Ingo Wolfgang; MARINONI, Luiz G.; MITIDIERO, Daniel. 5. ed. *Curso de direito constitucional*. São Paulo: Saraiva, 2016. p. 1.110.

[200] De modo complementar, regulamenta o art. 138 do CPC/2015 nos seus parágrafos que: "§ 1º A intervenção de que trata o *caput* não implica alteração de competência nem autoriza a interposição de recursos, ressalvadas a oposição de embargos de declaração e a hipótese do § 3º. § 2º Caberá ao juiz ou ao relator, na decisão que solicitar ou admitir a intervenção, definir os poderes do *amicus curiae*. § 3º O *amicus curiae* pode recorrer da decisão que julgar o incidente de resolução de demandas repetitivas".

cionalidade, em sintonia com a tese da **sociedade aberta dos intérpretes da Constituição**, tal como preconizado por Peter Häberle:

> "O *amicus curiae* revela-se como importante instrumento de **abertura do Supremo Tribunal Federal à participação na atividade de interpretação e aplicação da Constituição da República**, o que é especialmente marcante nos processos de feição objetiva. Como é sabido, a **interação dialogal entre o Supremo Tribunal e pessoas naturais ou jurídicas, órgãos ou entidades especializadas**, que se apresentem como amigos da Corte, tem um **potencial epistêmico** de apresentar diferentes **pontos de vista, interesses, aspectos e elementos nem sempre alcançados, vistos ou ouvidos** pelo Tribunal diretamente da controvérsia entre as partes em sentido formal, possibilitando, assim, **decisões melhores e também mais legítimas** do ponto de vista do **Estado Democrático de Direito**." (**Ministro Edson Fachin**)[201]

> "A despeito de sua tradicional qualificação como processo objetivo, o **controle abstrato de constitucionalidade** não deve cingir-se apenas ao mero cotejo de diplomas normativos, mas também considerar o cenário fático sobre o qual incide a norma objurgada, **ampliando o acesso à jurisdição constitucional a novos atores que, em alguma medida, sejam afetados em sua esfera jurídica**. Com efeito, o *telos* precípuo da intervenção do *amicus curiae* consiste na **pluralização do debate constitucional**, com vistas a **municiar a Suprema Corte dos elementos informativos necessários ou mesmo trazer novos argumentos para o deslinde da controvérsia**. Assim, a habilitação de entidades representativas se legitima sempre que restar efetivamente demonstrado o nexo de pertinência entre as finalidades institucionais da entidade e o objeto da ação direta." (**Ministro Luiz Fux**)[202]

> "Na medida em que tendente a **pluralizar e incrementar a deliberação** com o aporte de argumentos e pontos de vista diferenciados, bem como de informações e dados técnicos relevantes à solução da controvérsia jurídica e, inclusive, de novas alternativas de interpretação da Carta Constitucional, **a intervenção do *amicus curiae* acentua o respaldo social e democrático da jurisdição constitucional** exercida por este Supremo Tribunal Federal." (**Ministra Rosa Weber**)[203]

O instituto do *amicus curiae* em ações coletivas ambientais abre importante "**espaço democrático**" **no Sistema de Justiça** para a participação de atores, em especial de **entidades ambientalistas** e **entidades científicas**, que podem contribuir para o esclarecimento de fatos e informações técnicas, influenciando significativamente na **formação do convencimento do Estado-Juiz** (tanto no primeiro grau quanto em instâncias recursais). É notório o **conhecimento técnico** ou *expertise* de algumas entidades da sociedade civil organizada ou mesmo de entidades públicas ou privadas que trabalham nas mais diversas áreas ambientais, de modo que a sua abertura propiciada pelo instituto do *amicus curiae* para trazer tal informação – muitas vezes, de natureza não jurídica – para a discussão processual travada é importante mecanismo de participação no campo processual, reforçando a própria legitimidade da decisão judicial a ser tomada posteriormente.

---

[201] STF, ADPF 635, Decisão Monocrática de Admissão de *Amicus Curiae*, Rel. Min. Edson Fachin, j. 23.06.2020.
[202] STF, ADI 6.298, Decisão Monocrática de Admissão de *Amicus Curiae*, Rel. Min. Luiz Fux, j. 03.02.2020.
[203] STF, ADO 59/DF, Decisão Monocrática de Admissão de *Amicus Curiae*, Rel. Min. Rosa Weber, j. 21.02.2021.

Ademais, há interesses e direitos de determinados grupos sociais que se possuem um grau maior de **sub-representação no cenário político** e, em particular, nos parlamentos, como se verifica na hipótese de determinados **grupos sociais minoritários** (ex.: povos indígenas, quilombolas etc.). Isso torna fundamental a oportunidade de assegurarem participação e voz processual para os seus interesses e direitos por meio do *amicus curiae*. Também **crianças e adolescentes** vivem situação de sub-representação política em relação aos seus interesses e direitos, notadamente por não votarem (pelo menos até atingirem 16 anos, quando seus votos passam a ser facultativos) e, assim, não elegerem diretamente seus representantes políticos.

Na seara ambiental e climática, isso é ainda mais problemático, na medida em que recairá no futuro sobre as gerações mais jovens (em forma de restrição e violação aos seus direitos) o descaso e a omissão das atuais lideranças políticas, ao não adotarem as medidas necessárias ao enfrentamento das crises ambiental e climática. Por isso, é tão importante assegurar formas de participação e representação processual aos seus interesses e direitos no presente. E o *amicus curiae* (***amicus curiae pueri***) é um instrumento importante para viabilizar isso, como se viu, por exemplo, por meio da atuação do Instituto Alana – organização da sociedade civil, sem fins lucrativos, dedicada à defesa e proteção com absoluta prioridade dos direitos e melhor interesse de crianças e adolescentes – como *amicus curiae* na ADPF 708/DF (Fundo Clima).

> **JURISPRUDÊNCIA STF.** *Amicus curiae*, **respaldo social e democrático da jurisdição constitucional e litigância ecológica e climática:** (...) 2. Conforme o art. 7º, § 2º, da Lei nº 9.868/1999 e o art. 6º, § 2º, da Lei 9.882/99, admite-se, no processo de controle concentrado de constitucionalidade, o ingresso de outros órgãos ou entidades, na qualidade de *amicus curiae*, sempre que a matéria seja de significativa relevância e os requerentes ostentem representatividade adequada. Na medida em que tendente a pluralizar e incrementar a deliberação com o aporte de argumentos e pontos de vista diferenciados, bem como de **informações e dados técnicos relevantes à solução da controvérsia jurídica** e, inclusive, de **novas alternativas de interpretação da Carta Constitucional**, a intervenção do *amicus curiae* acentua o **respaldo social e democrático da jurisdição constitucional exercida por este Supremo Tribunal Federal**. 3. A utilidade e a conveniência da intervenção do *amicus curiae* na **fase pré-decisória de coleta das informações técnicas e jurídicas**, bem como de **formação do amplo quadro argumentativo do problema jurídico-constitucional posto** hão de ser examinadas quando do pleito de ingresso. É o que se infere da interpretação dos citados arts. 7º, § 2º, da Lei nº 9.868/1999 e 6º, § 2º, da Lei nº 9.882/1999 ao conferirem poder discricionário ao relator, em ordem a autorizar a **juntada de memoriais** e a **realização de sustentação oral**. Tais requisitos dizem com a efetiva contribuição que a intervenção possa trazer para a solução da lide jurídico-constitucional. A regência normativa do instituto desautoriza falar, nessa linha, em direito subjetivo à habilitação nessa qualidade de sujeito processual. 4. No caso, em deliberação alegada omissão inconstitucional por parte da União Federal no funcionamento do **Fundo Amazônia**, cujo principal objetivo consiste em servir de instrumento de política pública de captação de recursos e financiamento dos projetos voltados ao combate do desmatamento no quadro da Amazônia Legal (conforme marco normativo do art. 225 da Constituição Federal). O requerente '**Observatório do Clima**' constitui uma '**rede organizações da sociedade civil** que tem por objetivo promover a discussão sobre a questão das **mudanças climáticas** no contexto brasileiro'. O fato de ser integrado por mais de 52 organizações representativas de defesa do meio ambiente no cenário brasileiro evidencia sua **representatividade e capacidade técnica** para contribuir com a discussão pública instaurada na presente ação constitucional. 5. Tenho por presentes os requisitos legais, na forma do art. 7º, § 2º, da Lei n. 9.868/1999 e do art. 6º, § 2º, da Lei n. 9.882/1999, diante das justificativas apresentadas e da representatividade do requerente. Defiro, pois, o pedido, facultadas a apresentação de informações e de memoriais bem como a sustentação oral por ocasião do julgamento." (STF, ADO 59/DF, Decisão Monocrática de Admissão de *Amicus Curiae*, Rel. Min. Rosa Weber, j. 03.08.2020).

> **JURISPRUDÊNCIA STF.** *Amicus curiae*, **saúde pública e proteção ecológica:** "(...) EQUACIONAMENTO. LIVRE-INICIATIVA. **DIGNIDADE DA PESSOA HUMANA.** VALOR SOCIAL DO TRABALHO. **DIREITO À SAÚDE. DIREITO AO MEIO AMBIENTE ECOLOGICAMENTE EQUILIBRADO.** DESENVOLVIMENTO ECONÔMICO, PROGRESSO SOCIAL E BEM-ESTAR COLETIVO. LIMITES DOS **DIREITOS FUNDAMENTAIS.** COMPATIBILIZAÇÃO. **ARTS. 1º, IV, 170,** *CAPUT***, 196 E 225,** *CAPUT* **E § 1º, V, DA CF. AUDIÊNCIA PÚBLICA (ADI 3.937/SP) E** *AMICI CURIAE.* CONTRIBUIÇÕES AO DEBATE. JURISPRUDÊNCIA DO ÓRGÃO DE APELAÇÃO DA ORGANIZAÇÃO INTERNACIONAL DO COMÉRCIO – OMC. PROIBIÇÃO À IMPORTAÇÃO DE ASBESTO. MEDIDA JUSTIFICADA. ART. XX DO ACORDO GERAL SOBRE TARIFAS E COMÉRCIO – GATT. PROTEÇÃO DA VIDA E DA SAÚDE HUMANA. (...) 10. Contribuições ao debate trazidas em audiência pública (ADI 3.937/SP) e por *amici curiae.* **Estado da arte da pesquisa médico-científica.** Dados e subsídios técnicos a referendar, no seu conjunto, a conclusão de que, no estágio atual, o conhecimento científico acumulado permite afirmar, para além da dúvida razoável, a **nocividade do amianto crisotila à saúde humana e ao meio ambiente. Consenso técnico e científico hoje estabelecido,** no tocante às premissas fáticas de que (i) todos os tipos de amianto provocam câncer, não tendo sido identificado nenhum limite para o risco carcinogênico do crisotila, e (ii) a sua substituição, para os usos regulados pela Lei nº 9.055/1995, se mostra absolutamente viável sob o aspecto econômico. (...) 15. Ação direta de inconstitucionalidade conhecida e, no mérito, não atingido o quórum exigido pelo art. 97 da Constituição da República para a pronúncia da inconstitucionalidade do art. 2º da Lei nº 9.055/1995" (STF, ADI 4.066, Tribunal Pleno, Rel. Min. Rosa Weber, j. 24-8-2017).

4.7.7.1 *Amicus curiae posterus, animalis* e *naturalis* ou *oecologicus*

> "El problema central es que las políticas públicas no tienen en cuenta una perspectiva de mediano y largo plazo, y las generaciones futuras no están presentes para defenderse de las conductas actuales que los van a perjudicar. Por ello es tan importante dar una legitimación a las generaciones futuras en los procesos judiciales e incorporar la visión de largo plazo en las decisiones." (**Ricardo Lorenzetti**)[204]

O instituto do *amicus curiae*, como tratado anteriormente, é um importante instrumento de **participação** e **representação de interesse e direitos,** muitas vezes, sub-representados e defendidos de forma deficiente no âmbito das relações jurídicas processuais e perante o Sistema de Justiça. A renovação do instituto promovida pelo CPC/2015, como vimos no tópico anterior, ampliou significativamente o seu potencial de aplicação nos mais diversos litígios e processos judiciais (antes limitado ao processo constitucional), notadamente em temas afetos à proteção de interesse e direitos de feição coletiva e difusa, como é o caso dos conflitos ecológicos. Para além da defesa da capacidade de ser parte em juízo das futuras gerações, dos animais (não humanos) e da Natureza e dos entes naturais (rios, florestas etc.), como formulado em tópico específico precedente, entendemos que o instituto do *amicus curae* pode também ser manuseado com o específico propósito de **"dar voz processual"** a tais sujeitos de direito, salvaguardando os seus interesse e direitos.

Da mesma forma como abordamos no tópico sobre a capacidade processual de ser parte dos entes não humanos (e o mesmo se pode afirmar em relação às futuras gerações), parece-nos perfeitamente possível, de acordo com a atual sistemática processual cooperativa e participativa assentada no CPC/2015, a participação processual, por meio do instituto do *amicus curiae,*

---

[204] LORENZETTI, Ricardo. *El nuevo inimigo*: el colapso ambiental. 3. ed. Buenos Aires: Sudamericana, 2022. p. 41.

conforme previsão do art. 138 do diploma processual, de "pessoa natural ou jurídica, órgão ou **entidade especializada, com representatividade adequada**", com o objetivo de se manifestar em nome e na defesa de interesses e direitos das **futuras gerações (*posterus*)**, dos **animais não humanos (*animalis*)** e da **Natureza em si ou de entes naturais (*naturalis ou oecologicus*)**.

A **participação processual em questão** – *amicus curiae posterus*, *amicus curiae animalis* e *amicus curiae naturalis* ou *oecologicus* – teria por função esclarecer fatos, prestar informações técnicas etc., ou seja, em nada diferente do que habitualmente já verificamos hoje na atuação do *amicus curiae* perante o nosso Sistema de Justiça. A única diferença é que a referida "representação adequada" teria como "representados" sujeitos de direito – **futuras gerações, animais não humanos e Natureza ou entes naturais** – até hoje negligenciados em grande medida na abordagem tradicional do Direito Processual. Ocorre que a mudança verificada no campo do direito material (como ilustra o art. 225 da CF/1988), com o reconhecimento e a atribuição de personalidade jurídica e direitos a esses **novos sujeitos de direito**, reforçam a necessidade de que tal mudança de paradigma também se verifique na esfera processual, a fim de que os seus interesse e direitos tenham vez e voz nas relações jurídicas processuais, influenciando e legitimando do ponto de vista democrático a formação do convencimento e as decisões de Juízes e Tribunais.

4.7.8 Coisa julgada nas ações civis públicas ambientais

O art. 16 da LACP assinala expressamente que "a sentença civil fará **coisa julgada *erga omnes*, nos limites da competência territorial do órgão prolator**, exceto se o pedido for julgado improcedente por insuficiência de provas, hipótese em que qualquer legitimado poderá intentar outra ação com idêntico fundamento, valendo-se de nova prova". A vinculação estabelecida pelo dispositivo em análise dos efeitos da coisa julgada aos limites territórios do órgão prolator da sentença é fortemente criticada pela doutrina especializada. A razão é bastante evidente. O bem jurídico ambiental, tanto pelo prisma do "**microbem ambiental**" (ex.: elementos da natureza individualmente considerados) quanto do "**macrobem ambiental**" (ex.: qualidade da água ou do ar), não pode ser dissociado da sua dimensão holística e complexa, o que é inerente a qualquer ecossistema. Por exemplo, não há o menor sentido que eventual proibição judicial de lançamento de dejetos industriais em determinado recurso hídrico degradado alcance tão somente os limites territoriais do Município do órgão judicial prolator da decisão, deixando de valer também para os municípios vizinhos banhados pelo mesmo recurso hídrico e onde também se verifica a mesma prática poluidora.

O **bem jurídico ambiental** é **indivisível**, não admitindo a limitação espacial pretendida pelo dispositivo. Em outras palavras, a lei humana pretende romper com as leis imutáveis da Natureza, compartimentando o bem jurídico ecológico, o que é de todo descabido. Servindo-nos da lição de Marcelo Abelha Rodrigues, "quando se trata de proteção jurisdicional do meio ambiente, apesar do texto do art. 16 da Lei de Ação Civil Pública, insta dizer que, pelo fato de os bens ambientais serem **ubíquos e indivisíveis**, a decisão judicial – independentemente da competência territorial do órgão prolator – afetará, inexoravelmente, **toda a extensão do objeto tutelado**, esteja ele onde estiver. Quanto a isso, nada poderá fazer o ser humano porque, como se disse, o bem ambiental não encontra limites ou fronteiras".[205] Tomando por base as considerações alinhavadas, é oportuno afirmar a incidência do art. 103 do **CDC**, isso por força do art. 21 da Lei 7.347/85, haja vista a integração normativa permitida pelo dispositivo e que reconhece o (micro)sistema legislativo processual coletivo brasileiro.

---

[205] RODRIGUES, Marcelo Abelha. *Direito ambiental esquematizado...*, p. 568.

ART. 103 DO CÓDIGO DE DEFESA DO CONSUMIDOR (LEI 8.078/90)		
Direitos e interesses	**Limites subjetivos da coisa julgada**	**Produção da coisa julgada**
Difusos	I – *erga omnes*, exceto se o pedido for julgado improcedente por insuficiência de provas, hipótese em que qualquer legitimado poderá intentar outra ação, com idêntico fundamento valendo-se de nova prova (art. 103, I);	Os efeitos da coisa julgada não prejudicarão interesses e direitos individuais dos integrantes da coletividade, do grupo, categoria ou classe (art. 103, § 1º) (*Secundum eventum probationis*).
Coletivos em sentido estrito	II – *ultra partes*, mas limitadamente ao grupo, categoria ou classe, salvo improcedência por insuficiência de provas, nos termos do inciso anterior (art. 103, II);	Os efeitos da coisa julgada não prejudicarão interesses e direitos individuais dos integrantes da coletividade, do grupo, categoria ou classe (art. 103, § 1º) (*Secundum eventum probationis*).
Individuais homogêneos	III – *erga omnes*, apenas no caso de procedência do pedido, para beneficiar todas as vítimas e seus sucessores (art. 103, III).	Em caso de improcedência do pedido, os interessados que não tiverem intervindo no processo como litisconsortes poderão propor ação de indenização a título individual (art. 103, § 2º) (*Secundum eventum litis*).

O **STF**, no tocante à discussão, firmou maioria no julgamento do **RE 1.101.937/SP** para declarar a **inconstitucionalidade do art. 16 da LACP**, com sete Ministros votando, na sessão plenária do dia 04.03.2021, para negar o recurso extraordinário. O julgamento, por sua vez, foi interrompido por pedido de vista do Ministro Gilmar Mendes. O caso tem origem em ação coletiva ajuizada pelo Instituto Brasileiro de Defesa do Consumidor (IDEC) contra os principais bancos do país, pleiteando a revisão de contratos de financiamento habitacional firmados por seus associados. O STJ, em decisão prévia, entendeu ser indevido limitar a eficácia de decisões em ações civis públicas coletivas ao território da competência do órgão judicante. No STF, os bancos tentaram reverter o entendimento firmado pelo STJ. O Ministro Alexandre de Moraes, relator do caso, afirmou que, a partir da Lei da Ação Popular (Lei 4.717/65), começou um processo de construção legislativa e jurisprudencial, intensificado pela Constituição de 1988, para garantir maior efetividade ao sistema protetivo de direitos difusos e coletivos. Ainda segundo o Ministro, a alteração de 1997 na redação do art. 16 da LACP ocorreu na contramão dos avanços na proteção de direitos metaindividuais, o que, segundo ele, "teve grave defeito de técnica legislativa ao confundir os efeitos da abrangência e territorialidade da decisão com a imutabilidade e indiscutibilidade da coisa julgada".

O Ministro votou por declarar a inconstitucionalidade do art. 16, com redação dada pela Lei 9.494/1997, bem como no sentido do restabelecimento do texto original do dispositivo, que é o seguinte: "A sentença civil fará coisa **julgada *erga omnes***, exceto se a ação for julgada improcedente por deficiência de provas, hipótese em que qualquer legitimado poderá intentar outra ação com idêntico fundamento, valendo-se de nova prova". O segundo item da tese proposta pelo Ministro estabelece que, "em se tratando de ação civil pública de efeitos nacionais ou regionais, a **competência deve observar o artigo 93, II, do Código de Defesa do Consumidor**". Por fim, o terceiro ponto da tese apresentada diz que, "ajuizadas **múltiplas ações**, firma-se a **prevenção de juízo competente que primeiro conhecer de uma delas** para o julgamento de todas as **ações conexas**". O entendimento do relator foi seguido pelos Ministros Cármen Lúcia, Nunes Marques, Edson Fachin, Rosa Weber e Ricardo Lewandowski. De modo complementar, o Ministro Lewandowski destacou que a reforma de 1997 na LACP restringiu indevidamente o alcance do processo coletivo, contrariando o princípio do acesso à justiça, ao destacar o conteúdo do art. 5º, XXXV, da CF/1988, o qual prevê que "a lei não excluirá da apreciação do Poder Judiciário lesão ou ameaça a direito".

4.7.8.1 Coisa julgada ambiental *in utilibus*

O efeito da **coisa julgada** *in utilibus* foi reconhecido normativamente pelo § 3º do art. 103 do CDC ao firmar que "os efeitos da coisa julgada de que cuida o art. 16, combinado com o art. 13 da Lei 7.347, de 24 de julho de 1985, (...) **se procedente** o pedido, **beneficiarão as vítimas e seus sucessores, que poderão proceder à liquidação e à execução**, nos termos dos arts. 96 a 99". Conforme o magistério de Rodrigues, "o legislador criou a coisa julgada *in utilibus*, que nada mais é do que um **efeito secundário da decisão que transitou em julgado**. Esse efeito secundário permite que **qualquer pessoa lesada reflexamente (individual ou coletivamente)**, pela mesma agressão ambiental já decidida, possa ajuizar uma demanda **sem a necessidade de provar aquele fato** (poluição e nexo com poluente) que deu origem e foi suporte da demanda coletiva ambiental".[206]

Na doutrina, utiliza-se como exemplo de coisa julgada *in utilibus* a **situação de pescadores** (que tiveram prejuízos econômicos) ou mesmo moradores ribeirinhos (que tiveram danos individuais à sua saúde) decorrentes da **poluição de determinado rio**, tendo a degradação do bem ambiental em questão sido objeto de ação civil pública promovida pelo Ministério Público, a qual logrou êxito em condenar indústrias que lançavam dejetos industriais sem tratamento diretamente no recurso hídrico suscitado. Nessa linha de raciocínio, tanto os pescadores quanto os moradores ribeirinhos poderiam servir-se da coisa julgada *in utilibus* para promoverem diretamente a liquidação e execução da decisão judicial proferida na ação civil pública ambiental.

4.7.9 Gratuidade das despesas processuais na ação civil pública ambiental

O **art. 18 da LACP** assinala que, "nas ações de que trata esta lei, **não haverá adiantamento de custas, emolumentos, honorários periciais e quaisquer outras despesas**, nem condenação da associação autora, salvo comprovada má-fé, em honorários de advogado, custas e despesas processuais". Até como uma forma de incentivo, sobretudo em vista da atuação de associações – que, na maioria das vezes, dispõem de recursos financeiros escassos e, por isso, deixam de ingressar com ações judiciais – a LACP assegura que não haverá adiantamento de custas, emolumentos, honorários periciais e quaisquer outras despesas, nem condenação da associação autora, a menos que comprovada a má-fé, em honorários de advogado, custas e despesas processuais. Muito embora o dispositivo em análise não tenha, por si só (e somado à legitimidade das associações prevista no art. 5º, V), sido suficiente para alavancar a participação da sociedade civil no campo judicial, trata-se de previsão normativa importante para alcançar o propósito democrático-participativo inerente à legislação processual coletiva brasileira, devendo ser reforçada por outras iniciativas, por exemplo, a assistência jurídica às entidades da sociedade civil.

---

[206] RODRIGUES, Marcelo Abelha. *Direito ambiental esquematizado...*, p. 570.

O **art. 87 do CDC** reproduz o conteúdo do dispositivo em análise, reforçando a gratuidade do processo coletivo, inclusive como forma de estimular o acesso à justiça e a utilização dos instrumentos processuais coletivos pela sociedade civil organizada. De acordo com referido dispositivo do CDC: "Art. 87. Nas ações coletivas de que trata este código não haverá adiantamento de custas, emolumentos, honorários periciais e quaisquer outras despesas, nem condenação da associação autora, salvo comprovada má-fé, em honorários de advogados, custas e despesas processuais. Parágrafo único. Em caso de litigância de má-fé, a associação autora e os diretores responsáveis pela propositura da ação serão solidariamente condenados em honorários advocatícios e ao décuplo das custas, sem prejuízo da responsabilidade por perdas e danos".

JURISPRUDÊNCIA STJ. Isenção de adiantamento de honorários periciais como garantia processual exclusiva da parte autora: "Processual civil. Ação civil pública. Adiantamento de honorários de perito. Art. 18 da Lei 7.347/85. Isenção. Privilégio da parte autora que não se alcança ao polo passivo. 1. A jurisprudência deste Sodalício tem oferecido interpretação restritiva ao privilégio processual, limitando-o ao autor da ação, tal como ocorre na ação popular. Precedentes de ambas as Turmas de Direito Público. 2. Não se mostraria razoável estender o benefício àqueles que se encontram no polo passivo da relação processual, porquanto, o legislador objetivou, em verdade, facilitar a proteção dos interesses transindividuais em juízo, por meio da ação civil pública. O réu dessa modalidade de ação deve, pois, custear antecipadamente as despesas processuais a que der causa. 3. Recurso especial provido" (STJ, REsp 858.498/SP, 2ª T., Rel. Min. Castro Meira, j. 26.09.2006).

Ação civil pública e ônus pericial da Fazenda Pública: "Processual civil. Ação civil pública. Honorários periciais. Adiantamento. Perícia requerida por ambas as partes. Isenção do Ministério Público. Ônus da Fazenda Pública. 1. A Primeira Seção desta Corte firmou o entendimento de que o encargo financeiro para a realização da prova pericial deve recair sobre a Fazenda Pública a que o Ministério Público estiver vinculado, por meio da aplicação analógica da Súmula 232/STJ. 2. Requerida a perícia por ambas as partes, cabe ao autor (Fazenda Pública) o pagamento dos honorários do perito, na dicção do art. 33 do Código de Processo Civil. 3. Agravo regimental não provido" (STJ, AgRg no REsp 1.280.441/MG, 2ª T., Rel. Min. Castro Meira, j. 11.06.2013).

JURISPRUDÊNCIA STJ. Inaplicabilidade do princípio da simetria ação civil pública e não cabimento da condenação em honorários advocatícios quando inexistente má-fé: "PROCESSUAL CIVIL. RECURSO ESPECIAL. AÇÃO CIVIL PÚBLICA. AJUIZAMENTO POR ASSOCIAÇÃO PRIVADA. ART. 18 DA LEI 7.347/1985. HONORÁRIOS ADVOCATÍCIOS. PRINCÍPIO DA SIMETRIA APLICADO EM FAVOR DO RÉU. IMPOSSIBILIDADE. 1. Ação civil pública ajuizada em 26/03/2019, da qual foi extraído o presente recurso especial interposto em 13/12/2021 e concluso ao gabinete em 18/04/2022. 2. O propósito recursal consiste em dizer se, ante o **princípio da simetria**, o réu, em ação civil pública ajuizada por associação privada, pode ser condenado ao pagamento de honorários advocatícios. 3. A jurisprudência desta Corte é no sentido de que não cabe a condenação em honorários advocatícios do requerido em ação civil pública, quando inexistente má-fé, assim como ocorre com a parte autora, por força da norma contida no **artigo 18 da Lei nº 7.345/1985** (EAREsp 962.250/SP). 4. Tal orientação não se aplica, todavia, às ações civis públicas propostas por associações e fundações privadas, pois, do contrário, barrado estaria um dos objetivos mais nobres e festejados da Lei 7.347/1985, qual seja, de **viabilizar e ampliar o acesso à justiça para a sociedade civil organizada**. Ademais, não seria razoável, sob o enfoque ético e político, equiparar grandes grupos econômicos ou instituições do Estado com organizações não governamentais sem fins lucrativos** (de moradores, de consumidores, de pessoas com necessidades especiais, de idosos, **ambientais**, entre outras). 5. Recurso especial conhecido e provido" (STJ, REsp 1.986.814 – PR, 3ª T., Rel. Min. Nancy Andrighi, j. 04.10.2022).

4.7.10 Perícia na ação civil pública ambiental

O tema do ônus financeiro da perícia em ação civil pública tem sido objeto de polêmica acerca da interpretação do **art. 18 da LACP**, notadamente com relação a caber ou não ao Ministério Público a antecipação dos honorários periciais. O **STJ**, pela **2ª Turma**, firmou entendimento no sentido de **impor ao *Parquet* a obrigação de antecipar honorários de perito, quando figure como autor na ação civil pública**, conforme ementa que segue.

> "**Processo civil. Ação civil pública. Honorários periciais. Ministério Público. Art. 18 da Lei 7.347/85.** 1. Na ação civil pública, a questão do adiantamento dos honorários periciais, como estabelecido nas normas próprias da Lei 7.347/85, com a redação dada ao art. 18 da Lei 8.078/90, foge inteiramente das regras gerais do CPC. 2. Posiciona-se o STJ no sentido de não impor ao Ministério Público condenação em honorários advocatícios, seguindo a regra de que na ação civil pública somente há condenação em honorários quando o autor for considerado litigante de má-fé. 3. **Em relação ao adiantamento das despesas com a prova pericial, a isenção inicial do MP não é aceita pela jurisprudência de ambas as turmas, diante da dificuldade gerada pela adoção da tese.** 4. **Abandono da interpretação literal para impor ao *Parquet* a obrigação de antecipar honorários de perito, quando figure como autor na ação civil pública.** 5. Recurso especial provido" (STJ, REsp 933.079/SC, 2ª T., Rel. Min. Herman Benjamin, Rel. (a) p/ Acórdão Min. Eliana Calmon, j. 12.02.2008).

O entendimento formulado pelo STJ no julgamento do **REsp 933.079/SC** não foi unânime, destacando-se **voto vencido do Min. Herman Benjamin** com a seguinte ementa:

> "Processual civil e ambiental. Ação civil pública. **Perícia/auditoria no EPIA/RIMA. Determinação de que os honorários de perito sejam custeados pela empresa-ré. Violação do art. 18 da Lei 7.347/85 não configurada.** 1. A exigência de Estudo Prévio de Impacto Ambiental por quem desenvolve 'atividade potencialmente causadora de significativa degradação do meio ambiente' está expressamente prevista no art. 225, § 1º, IV, da Constituição de 1988, no art. 9º, III, da Lei 6.938/81 (Lei da Política Nacional do Meio Ambiente), e no art. 17, § 2º, do Decreto Federal 99.274/1990. 2. Nos termos do Decreto Federal 99.274/1990, as despesas para a confecção do Estudo de Impacto Ambiental (EPIA) e do Relatório de Impacto Ambiental (RIMA) correm 'à conta do proponente do projeto' (art. 17, § 2º). 3. Consignando o Tribunal de origem que 'pairam inúmeras evidências no sentido da perpetração do dano ambiental investigado', é devida a realização de complementação do EPIA/RIMA, pouco importando o nome que as partes e o juízo a ela atribuíram, seja 'auditoria', seja 'perícia'. 4. **A realização e o custeio do EPIA/RIMA não seguem a sistemática processual. É a legislação ambiental de caráter material (art. 17, § 2º, do Decreto 99.274/90, art. 8º da Resolução CONAMA 001/86 e art. 11 da Resolução CONAMA 237/97) que disciplina sua obrigatoriedade para o empreendedor, impondo-lhe todos os custos para sua elaboração.** 5. Inaplicabilidade, na hipótese, dos arts. 19, 33 e 332, I, todos do Código de Processo Civil, já que a 'perícia' determinada pelo juízo de Tubarão nada mais é do que complementação e atualização de EPIA/RIMA antes elaborado e custeado pela empresa geradora de energia, no âmbito do procedimento de licenciamento. Aqui, na esteira de outros campos do Direito, impera o princípio de que o acessório (a complementação e atualização) segue o principal (o EPIA/RIMA original). 6. **Não fere o disposto no art. 18 da Lei 7.347/85 a decisão que determina que a empresa, ré na ação civil pública, arque com as despesas de auditoria que visa a suprir as deficiências do Estudo Prévio de Impacto Ambiental, tendo em vista que a ela competia custear o estudo inicial, que levou à licença ambiental.** 7. Como bem indica a parte em que veda a 'condenação da associação autora, salvo comprovada má-fé, em honorários de advogado, custas e despesas processuais', o art. 18 da Lei 7.347/85 é norma de mão única, destinada à facilitação do acesso coletivo à justiça das entidades e instituições de defesa de

interesses supraindividuais, não podendo ser utilizada contra elas e em favor da empresa-ré. 8. Recurso especial não provido".

Posteriormente, a **1ª Seção do STJ**, que reúne a 1ª e a 2ª Turmas, no julgamento dos **Embargos de Divergência no REsp 733.456/SP**, manteve o entendimento da 2ª Turma, conforme ementa que segue.

"Processual civil. Dano ao meio ambiente. Ministério Público autor da ação civil pública. Adiantamento de honorários periciais. Responsabilidade do requerente. 1. Em recente julgado, a divergência existente quanto à responsabilidade do Ministério Público, enquanto autor da ação civil pública em relação ao adiantamento dos honorários periciais, foi superada. A Segunda Turma, no julgamento do REsp 933.079/SC, posicionou-se no mesmo sentido que a Primeira Turma (REsp 933.079/SC, Rel. Min. Herman Benjamin, Rel. p/ Acórdão Ministra Eliana Calmon, Segunda Turma, julgado em 12.02.2008, DJe 24.11.2008). 2. **Não deve o Ministério Público, enquanto autor da ação civil pública, adiantar as despesas relativas a honorários periciais, por ele requeridas. Contudo, isso não permite que o juízo obrigue a outra parte a fazê-lo.** Embargos de divergência parcialmente providos" (STJ, EREsp 733.456/SP, 1ª Seção, Rel. Min. Humberto Martins, j. 24.02.2010).

O **CPC/2015**, por sua vez, reacendeu a discussão em razão da previsão estabelecida no seu art. 91, conforme se pode observar na sequência.

"Art. 91. As **despesas dos atos processuais** praticados a requerimento da Fazenda Pública, do Ministério Público ou da Defensoria Pública serão pagas ao final pelo vencido.

§ 1º As **perícias requeridas pela Fazenda Pública, pelo Ministério Público ou pela Defensoria Pública poderão ser realizadas por entidade pública ou, havendo previsão orçamentária, ter os valores adiantados por aquele que requerer a prova.**

§ 2º Não havendo previsão orçamentária no exercício financeiro para adiantamento dos honorários periciais, eles serão pagos no exercício seguinte ou ao final, pelo vencido, caso o processo se encerre antes do adiantamento a ser feito pelo ente público".

A questão objeto de decisão pelo **STF** na **Ação Cível Originária (ACO) 1.560/MS**.[207] No caso, relatado pelo Ministro Lewandowski, foi decidido que o **Ministério Público Federal é responsável por pagar os honorários nas perícias por ele requeridas em ações coletivas**, aplicando-se o disposto no **art. 91 do CPC/2015**. A decisão da nossa Corte Constitucional, por sua vez, **contraria o entendimento do STJ**, que, em recurso repetitivo, conforme antes referido, definiu que o adiantamento dos honorários periciais na ação civil pública deve ficar a cargo da Fazenda Pública a que estiver vinculado o Ministério Público, uma vez que não é razoável obrigar o perito a exercer seu ofício gratuitamente nem transferir ao réu o encargo de financiar ações movidas contra ele.

---

[207] "AGRAVO REGIMENTAL EM AÇÃO CÍVEL ORIGINÁRIA. PLOTAGEM DE ÁREA POR PERITO PARTICULAR OU POR ÓRGÃO PÚBLICO CAPACITADO. CUSTEIO DA PROVA PERICIAL PELA UNIÃO. AGRAVO A QUE SE NEGA PROVIMENTO. I – A União, em nenhum momento, se opôs ao custeio da prova pericial por ela requerida. Desse modo, a realização da plotagem da área em questão por perito particular ou por órgão público capacitado, seja estadual ou federal, não configurá prejuízo ao deslinde da questão posta nos autos. III – Agravo regimental a que se nega provimento" (STF, ACO 1560 AgR, Tribunal Pleno, Rel. Min. Ricardo Lewandowski, j. 27-10-2017).

Segundo o Ministro, o entendimento do STJ deve ser repensado, pois, para ele, existem interpretações mais condizentes com o atual arcabouço legislativo processual e que calibram melhor os incentivos para a atuação das partes no processo. Na decisão, o Ministro explica que antes havia compatibilidade dos dispositivos do CPC/1973 com o art. 18 da Lei 7.347/85, pois não concebiam o adiantamento dos honorários periciais pelo Ministério Público. No entanto, o CPC/2015, ao tratar da questão no art. 91, trouxe dispositivo condizente com os **ditames econômicos** da vida contemporânea.

O § 1º do art. 91, nesse sentido, estabelece que as perícias requeridas pela Fazenda Pública, pelo Ministério Público ou pela Defensoria Pública poderão ser realizadas por entidade pública ou, havendo previsão orçamentária, ter os valores adiantados por aquele que requerer a prova. O § 2º determina que, se não houver previsão orçamentária no exercício financeiro para adiantamento dos honorários periciais, eles serão pagos no exercício seguinte ou ao final, pelo vencido, caso o processo se encerre antes do adiantamento a ser feito pelo ente público. Segundo o Ministro Lewandowski, "o novo CPC disciplinou o tema de forma minudente, tendo instituído regime legal específico e observado que o Ministério Público ostenta capacidade orçamentária própria, tendo, ainda, fixado prazo razoável para o planejamento financeiro do órgão".

Para o Ministro, essa interpretação não enfraquece o processo coletivo, mas, "pelo contrário, o que se pretende é, de fato, fortalecê-lo, desenvolvendo-se incentivos para que apenas ações coletivas efetivamente meritórias sejam ajuizadas", enfatizando que as perícias poderão ser realizadas por entidades públicas ou mesmo por universidades públicas, fazendo com que os custos sejam menores ou até inexistentes. Por fim, o Ministro Lewandowski determinou que o MPF arque com o pagamento dos honorários relativos à perícia que havia requerido em ação proposta pelo órgão que discute o desmembramento de terras em faixa de fronteira.

4.7.11 Litigância de má-fé

O art. 17, na linha do conteúdo citado no tópico anterior, acerca da gratuidade do processo coletivo, estabelece que, "em caso de **litigância de má-fé**, a **associação autora** e os **diretores responsáveis** pela propositura da ação serão **solidariamente condenados em honorários advocatícios e ao décuplo das custas**, sem prejuízo da responsabilidade por perdas e danos". Ao apenar os diretores das associações, além da própria associação – pessoa jurídica, a Lei foi extremamente severa. Conforme pontua Machado, a discrepância de tratamento com as pessoas jurídicas poluidoras e predadoras é manifesta e, dessa forma, há de se ter muita prudência ao caracterizar uma associação como litigante de má-fé, sob pena de o art. 17 retirar o que foi concedido pelo art. 5º, ou seja, negar-se o próprio direito de ação.[208]

4.7.12 Fundo de Defesa dos Direitos Difusos (Decreto 1.306/94 e Lei 9.008/95)

O art. 13 da LACP estabeleceu que, "havendo condenação em dinheiro, a indenização pelo dano causado reverterá a um fundo **gerido por um Conselho Federal** ou por Conselhos Estaduais de que **participarão necessariamente** o **Ministério Público** e **representantes da comunidade**, sendo seus recursos destinados à reconstituição dos bens lesados".[209] O **Decreto 1.306/94** regu-

---

[208] MACHADO, Ação civil pública e tombamento..., p. 33-34.
[209] Mais recentemente, merece registro a previsão do § 2º do art. 13 da LACP, incluído pela Lei 12.288/2010 (**Estatuto da Igualdade Racial**), no sentido de que, "havendo acordo ou condenação com fundamento em dano causado por ato de discriminação étnica nos termos do disposto no art. 1º desta Lei, a prestação em dinheiro reverterá diretamente ao fundo de que trata o *caput* e será utilizada para **ações de promoção da igualdade étnica**, conforme definição do Conselho Nacional de Promoção da Igualdade Racial, na hipótese de extensão nacional, ou dos Conselhos de Promoção de Igualdade Racial estaduais ou locais, nas hipóteses de danos com extensão regional ou local, respectivamente".

lamentou o Fundo de Defesa de Direitos Difusos (FDDD), criado pela Lei 7.347/85, tendo por finalidade a reparação dos danos causados ao meio ambiente, ao consumidor, a bens e direitos de valor artístico, estético, histórico, turístico, paisagístico, por infração à ordem econômica e a outros interesses difusos e coletivos.

No âmbito federal, o **Fundo de Defesa Direitos Difusos (FDDD)**[210] e o **Conselho Federal Gestor do Fundo de Defesa de Direitos Difusos (CFDDD)** estão regulamentados pela Lei 9.008/95, a qual também prevê que constituem recursos do FDD o produto da arrecadação: I – das **condenações judiciais** de que tratam os arts. 11 e 13 da Lei 7.347/85; II – das **multas e indenizações** decorrentes da aplicação da Lei 7.853/89, desde que não destinadas à reparação de danos a interesses individuais; III – dos valores destinados à União em virtude da aplicação da multa prevista no art. 57 e seu parágrafo único e do produto da indenização prevista no art. 100, parágrafo único, da Lei 8.078/90; IV – das condenações judiciais de que trata o § 2º do art. 2º da Lei 7.913/89; V – das multas referidas no art. 84 da Lei 8.884/94; VI – dos rendimentos auferidos com a aplicação dos recursos do Fundo; VII – de outras receitas que vierem a ser destinadas ao Fundo; VIII – de doações de pessoas físicas ou jurídicas, nacionais ou estrangeiras.

O FDDD está vinculado ao **Ministério da Justiça**, sendo composto por **conselheiros** indicados pelos Ministérios do Meio Ambiente, da Saúde, da Fazenda, da Cultura, da Secretaria de Direito Econômico, do Conselho Administrativo de Defesa Econômica (CADE) e do Ministério Público Federal, além de três representantes de entidades civis. O FDD tem a importante missão de escolher projetos sociais e ambientais, custeados por seus recursos em benefício da sociedade na forma de **reparação do meio ambiente** e do patrimônio histórico e cultural e de investimentos na educação para o consumo, na defesa do consumidor e da ordem econômica e no combate à corrupção, além de outros direitos difusos ou coletivos.

Compete ao CFDD, conforme dispõe o art. 3º da Lei 9.008/95: I – zelar pela aplicação dos recursos na consecução dos objetivos previstos nas Leis nºs 7.347/85, 7.853/89, 7.913/89, 8.078/90, e 8.884/94, no âmbito do disposto no § 1º do art. 1º desta Lei; II – aprovar e firmar convênios e contratos objetivando atender ao disposto no inciso I deste artigo; III – examinar e aprovar projetos de reconstituição de bens lesados, inclusive os de caráter científico e de pesquisa; IV – promover, por meio de órgãos da administração pública e de entidades civis interessadas, eventos educativos ou científicos; V – fazer editar, inclusive em colaboração com órgãos oficiais, material informativo sobre as matérias mencionadas no § 1º do art. 1º desta Lei; VI – promover atividades e eventos que contribuam para a difusão da cultura, da proteção ao meio ambiente,

---

[210] No STF, tramita a ADPF 944/DF ajuizada pela Confederação Nacional da Indústria (CNI) contra decisões da Justiça do Trabalho que, nas condenações por danos morais coletivos em ações civis públicas, deram aos valores recolhidos destinação diversa da prevista no artigo 13 da LCAP (ou seja, do FDDD). A CNI defende que as condenações devem ser revertidas ao FDDD, cujo conselho gestor decidirá sua forma de utilização, e que tal medida não é discricionária, mas obrigatória. De acordo com a decisão proferida pelo STF em 13.09.2024: "As condenações em ações civis públicas trabalhistas, por danos transindividuais, devem ser direcionadas para: I) o FDD (Fundo dos Direitos Difusos) ou para o FAT (Fundo de Amparo ao Trabalhador); ou II) Alternativamente, devem observar os procedimentos e medidas, inclusive de transparência na prestação de contas, regulados na Resolução Conjunta nº 10 do CNJ e do CNMP. Esta determinação também se aplica aos acordos em ações ou inquéritos civis públicos relacionados a direitos trabalhistas; Os fundos mencionados devem individualizar (com transparência e rastreabilidade) os valores recebidos a partir de decisões em ações civis públicas trabalhistas (ou em acordos) e esses valores devem ser aplicados exclusivamente em programas e projetos relacionados à proteção de direitos dos trabalhadores; Todos os recursos atualmente existentes no FDD (Fundo dos Direitos Difusos) ou no FAT (Fundo de Amparo ao Trabalhador), que tenham tido a origem concernente ao objeto desta ADPF, ou os futuros aportes, não poderão ser alvo de qualquer espécie de contingenciamento, tendo esta decisão efeito *ex tunc*; Os Conselhos dos Fundos citados devem, obrigatoriamente, quando da aplicação dos recursos objeto da presente ADPF, ouvir o Tribunal Superior do Trabalho, o Ministério do Trabalho e Emprego e a Procuradoria Geral do Trabalho".

do consumidor, da livre concorrência, do patrimônio histórico, artístico, estético, turístico, paisagístico e de outros interesses difusos e coletivos; VII – examinar e aprovar os projetos de modernização administrativa a que se refere o § 3º do art. 1º desta Lei.

O FDD constitui fundo especial com recurso próprio. Embora sejam depositadas na **conta única do Tesouro Nacional**, suas verbas têm **destinação específica e determinada por lei**, de sorte que a aplicação dos seus recursos não está na esfera da discricionariedade da Administração Pública.

> **JURISPRUDÊNCIA TJSP. Custeio de perícia em ação civil pública ambiental e utilização de recursos do Fundo Especial de Reparação dos Interesses Difusos:**
>
> **1)** "Agravo de instrumento. Ação civil pública ambiental. Produção de prova pericial. Requerimento por ambas as partes, autor e corréu. Honorários do perito. Utilização do fundo especial de despesa de reparação de interesses difusos lesados. Cabimento. Entendimento consolidado na Câmara. Decisão reformada. Recurso parcialmente provido" (TJSP, AI 2042194-30.2013.8.26.0000, 1ª Câmara Reservada ao Meio Ambiente, Rel. Des. João Negrini Filho, j. 27.03.2014).
>
> **2)** "Agravo de instrumento. Ação civil pública ambiental. Deferimento, pelo juízo, de realização de prova pericial. Determinação, ao Gestor do Fundo Especial de Despesa de Reparação de Interesses Difusos, que adiante os honorários periciais provisórios. Admissibilidade. Aplicação do art. 18 da Lei nº 7.347/85. Recurso não provido" (TJSP, AI 0098270-11.2013.8.26.0000, 1ª Câmara Reservada ao Meio Ambiente, Rel. Des. Zélia Maria Antunes Alves, j. 27.03.2014).
>
> **Custeio de perícia em ação civil pública ambiental e inversão do ônus da prova:** "Ação ambiental. Cubatão. Licenciamento e operação de posto de combustíveis. Perícia. Inversão do ônus da prova e custeio da perícia. 1. Inversão do ônus da prova. A inversão do ônus da prova pressupõe que o autor tenha trazido aos autos indícios suficientes do dano e do nexo com a conduta ou atividade do réu; implica dar o ônus da prova por cumprido pelo autor, ainda que por presunção. Nesses termos, a inversão não implica o réu produzir a prova do autor, mas produzir prova própria que contrarie aquela dada por suficiente pelo juiz, em aplicação flexível do art. 333, inciso II, do CPC. **A inversão do ônus de provar não se confunde com inversão do ônus de pagar.** 2. Perícia. Custeio. A remuneração do perito será paga pelo autor, quando a prova é requerida por ambas as partes ou determinada de ofício pelo juiz. A determinação de que os réus antecipem os honorários do perito, se a prova foi requerida pelo autor, ofende o disposto nos arts. 19 e 33 do CPC, disposição válida também na ação civil pública: REsp 846.529/MS, STJ, 1ª Turma, 19.04.2007, Rel. Teori Albino Zavascki, inclusive quando movida pelo Ministério Público: AgRg no REsp 1.091.843/RJ, 2ª Turma, 12.05.2009, Rel. Humberto Martins. 3. Carga dinâmica das provas. A teoria da distribuição dinâmica da carga das provas, oriunda da Argentina e do Uruguai, visa a uma nova interpretação do art. 333 do CPC; tem aplicação restrita a casos especiais e cuida de quem deve produzir determinada prova. Cuida da produção, não do pagamento da prova. A teoria não altera a aplicação do art. 33, pois custeia a prova quem tem o ônus de produzi-la. Inexistente demonstração de que a ré tenha melhor condição para produzir a prova, a teoria não tem aplicação. Cabe ao autor custear a prova que requereu. 4. **Perícia. Custeio.** O **art. 18 da LF nº 7.347/85 dispensa o autor da antecipação das despesas processuais, mas não as transfere para o réu.** Entendimento pacificado no EREsp 733.456/SP, STJ, 1ª Seção. As partes têm iguais direitos e obrigações. Normas sobre a distribuição dos ônus da prova e distribuição das despesas que não se confundem nem estão em conflito. 6. **Honorários periciais. Requisição ao Fundo de Reparação dos Interesses Difusos.** 'Inexistência de circunstância capaz de qualificar a decisão impugnada como manifestamente ilegal ou teratológica, pois a Primeira Seção desta Corte, no julgamento dos EREsps 733.456/SP e 981.949/RS, ocorrido na assentada do dia 24 de fevereiro de 2010, decidiu que, conquanto não se possa obrigar o Ministério Público a adiantar os honorários do perito nas ações civis públicas em que figura como parte autora, diante da norma contida no art. 18 da Lei

7.347/85, também não se pode impor tal obrigação ao particular, tampouco exigir que o trabalho do perito seja prestado gratuitamente. Diante desse impasse, afigura-se plausível a solução adotada no caso, de se determinar a **utilização de recursos do Fundo Estadual de Reparação de Interesses Difusos Lesados**, criado pela Lei Estadual 6.536/89, considerando que a ação civil pública objetiva interromper o parcelamento irregular de solo em área de Mata Atlântica, ou seja, sua finalidade última é a **proteção ao meio ambiente** e a busca pela reparação de eventuais danos que tenham sido causados, coincidentemente com a destinação para a qual o Fundo foi criado'. Ministério Público vs. Município do Guarujá e outros, RMS 30.812/SP, STJ, 2ª Turma, 04.03.2010, Rel. Eliana Calmon, unânime. Agravo desprovido" (TJSP, AI 0131152-60.2012.8.26.0000, Câmara Reservada ao Meio Ambiente, Rel. Des. Torres de Carvalho, j. 24.07.2012).

4.7.13 Recursos

O art. 14 da LACP prevê expressamente que "o juiz poderá conferir **efeito suspensivo aos recursos**, para evitar **dano irreparável** à parte". No entanto, como regra, aplica-se a sistemática processual recursal estabelecida pelo **CPC/2015**, prevista nos arts. 926 e ss.

4.7.14 Execução

O **art. 11 da LACP** estabelece que, "na ação que tenha por objeto o cumprimento de **obrigação de fazer ou não fazer**, o juiz determinará o cumprimento da prestação da atividade devida ou a **cessação da atividade nociva**, pena de **execução específica**, ou de **cominação de multa diária**, se esta for suficiente ou compatível, independentemente de requerimento do auto".

O **CDC** também traz dispositivos que integram o microssistema processual coletivo e são aplicados em matéria ambiental na execução do processo civil coletivo ambiental.

> **Art. 84.** Na ação que tenha por objeto o cumprimento da obrigação de fazer ou não fazer, o **juiz concederá a tutela específica da obrigação ou determinará providências que assegurem o resultado prático equivalente ao do adimplemento.**
>
> § 1º A conversão da obrigação em perdas e danos somente será admissível se por elas optar o autor ou se impossível a tutela específica ou a obtenção do resultado prático correspondente.
>
> § 2º A **indenização por perdas e danos** se fará sem prejuízo da multa (art. 287 do Código de Processo Civil).
>
> § 3º Sendo relevante o fundamento da demanda e havendo justificado receio de ineficácia do provimento final, é lícito ao juiz conceder a **tutela liminarmente ou após justificação prévia**, citado o réu.
>
> § 4º O juiz poderá, na hipótese do § 3º ou na sentença, impor **multa diária** ao réu, independentemente de pedido do autor, se for suficiente ou compatível com a obrigação, fixando prazo razoável para o cumprimento do preceito.
>
> § 5º Para a tutela específica ou para a obtenção do resultado prático equivalente, poderá o juiz determinar as **medidas necessárias**, tais como busca e apreensão, remoção de coisas e pessoas, desfazimento de obra, impedimento de atividade nociva, além de requisição de força policial.

A nova sistemática processual executiva consagrada pelo **CPC/2015** aplica-se subsidiariamente em matéria processual coletiva, conforme previsão expressa do art. 90 do CDC, sempre respaldado pelos princípios reitores do Direito Processual Coletivo e facilitação do acesso à justiça e salvaguarda das vítimas (sociedade e individuais) de danos ao meio ambiente.

Por fim, registra-se a previsão do **art. 15 da LACP**, ao estabelecer que, "**decorridos sessenta dias do trânsito em julgado da sentença condenatória**, sem que a associação autora lhe promova a execução, deverá fazê-lo o **Ministério Público, facultada igual iniciativa aos demais legitimados**. (Redação dada pela Lei nº 8.078/90.)"

4.7.14.1 Execução da ação civil pública ambiental e medidas coercitivas atípicas

O **CPC/2015** consagrou as denominadas **medidas coercitivas atípicas** no art. 139, ao prever que: "O **juiz dirigirá o processo** conforme as disposições deste Código, incumbindo-lhe: (...) II – velar pela **duração razoável do processo**; (...) IV – **determinar todas as medidas indutivas, coercitivas, mandamentais ou sub-rogatórias necessárias para assegurar o cumprimento de ordem judicial**, inclusive nas ações que tenham por objeto prestação pecuniária".

Sobre o tema registra-se passagem do voto-relator do Ministro Francisco Falcão, no julgamento do HC 478.963/RS:

> "Com efeito, ponderados os direitos fundamentais em colisão – direito à tutela ambiental efetiva e direito a livremente ir e vir – segundo a máxima da proporcionalidade, a tutela aos **direitos** ao **meio ambiente sadio** e ao **processo efetivo e probo** realmente justifica a **restrição a uma fração da liberdade de locomoção dos pacientes**, os quais continuam livres para transitar no território nacional. Entre promover o **direito metaindividual** ao meio ambiente ecologicamente equilibrado e preservar a plena liberdade de trânsito dos pacientes, é preciso **atribuir maior peso ao direito fundamental que exorbita o interesse particular do indivíduo e se ocupa da preservação da sadia qualidade de vida de todos**. Até mesmo porque é conveniente registrar que os pacientes dispõem de patrimônio de sobra para depositar o numerário devido nos autos do cumprimento de sentença e, com isso, tornarem desnecessária a medida coercitiva pendente. Ou seja, a persistência da restrição e a reticência na violação andam juntas. Portanto, somadas (i) a conduta processualmente temerária dos pacientes, a dispensar o prévio exaurimento das medidas executivas típicas, (ii) a consistente fundamentação da decisão e a (iii) observância do contraditório prévio, conclui-se que não houve constrangimento 'ilegal' à liberdade de ir e vir dos pacientes".

A utilização de medidas coercitivas atípicas, sobretudo no âmbito do **processo coletivo ambiental**, pode representar a técnica processual necessária para assegurar a **efetividade do direito material** violado, lembrando-se, como feito na passagem citada, que está em jogo **direito transindividual** de titularidade de toda a coletividade e revestido de interesse público primário. Por fim, cumpre assinalar que o STF, no julgamento da **ADI 5941/DF**, declarou a **constitucionalidade do art. 139, inciso IV**, do CPC/2015, a fim de autorizar o juiz a determinar medidas coercitivas necessárias para o cumprimento de ordem judicial, como a apreensão da Carteira Nacional de Habilitação (CNH) e de passaporte, a suspensão do direito de dirigir e a proibição de participação em concurso e licitação pública.[211] A maioria dos Ministros acompanhou o voto-relator do Ministro Fux, segundo o qual a aplicação concreta das medidas atípicas é válida, desde que não avance sobre direitos fundamentais e observe os princípios da proporcionalidade e razoabilidade.

JURISPRUDÊNCIA STJ. Inscrição do poluidor ambiental devedor em cadastro de inadimplentes: "Administrativo e ambiental. **Infração ambiental. Inscrição do devedor em cadastros restritivos de crédito.** Possibilidade. Acórdão em confronto com a jurisprudência da Corte. I – Na origem, trata-se de ação de execução fiscal para a cobrança de débito do executado junto à autarquia ora recorrente. Após tentativas de localização de bens do

---

[211] STF, ADI 5941/DF, Tribunal Pleno, Rel. Min. Luiz Fux, j. 09.02.2023.

devedor sem sucesso, a exequente requereu a inscrição da parte executada no cadastro de inadimplentes, SERASA, mediante a utilização do SERASAJUD ou a expedição de ofício. Indeferido o pedido e interposto agravo de instrumento pelo IBAMA, negou-se provimento ao recurso no Tribunal *a quo*. II – A requerimento da parte, o juiz pode determinar a inclusão do nome do executado em cadastros de inadimplentes (art. 782, *caput* e § 3º do CPC/2015). Essa tendência que se verifica com as novas regras do CPC/2015 foi importante para que o STJ decidisse, ainda sem que houvesse previsão expressa na lei, no sentido de autorizar tanto o protesto da dívida alimentar, por exemplo, como a inscrição do nome do devedor de alimentos nos cadastros de inadimplentes (STJ, REsp 1.533.206/MG, 4ª T., j. 17.11.2015). No caso dos autos, trata-se de **dívida ativa decorrente de infração ambiental**. III – **Os §§ 3º, 4º e 5º do art. 782 do Código de Processo Civil de 2015 estabelecem o cabimento e o procedimento para a inclusão do executado no cadastro de inadimplentes**. Esta conduta dependerá de requerimento da parte e poderá gerar responsabilidade civil por danos morais em caso de inscrição indevida (STJ, AgRg no REsp 748.474/RS, 3ª T., j. 10.06.2014, Rel. Min. Ricardo Villas Bôas Cueva, *DJe* 17.06.2014; e AgRg 456.331/RS, 4ª T., j. 18.03.2014, Rel. Min. Luis Felipe Salomão). IV – O acórdão recorrido contraria a **jurisprudência desta Corte, que admite a inscrição do devedor de débito fiscal em cadastros de inadimplentes (SERASA, SPC, CADIN)**. Nesse sentido: REsp 1.762.254/PE, Rel. Min. Herman Benjamin, Segunda Turma, j. 17.10.2018, *DJe* 16.11.2018; AgRg no AREsp 800.895/RS, Rel. Min. Humberto Martins, Segunda Turma, j. 17.12.2015, *DJe* 05.02.2016; RMS 31.859/GO, Rel. Min. Herman Benjamin, Segunda Turma, *DJe* 01.07.2010; REsp 229.278/PR, Rel. Min. Aldir Passarinho Júnior, Quarta Turma, j. 03.08.2000, *DJ* 07.10.2002, p. 260. V – **Considerando que houve a tentativa de localização de bens do devedor, sem sucesso, é legítimo o pedido de inclusão do nome do devedor em cadastros de inadimplentes, com fundamento no art. 782, § 3º, do CPC/2015**. VI – A negativa judicial, com fundamento em indisponibilidade do sistema, viola o dispositivo legal, que admite, por exemplo, a expedição pelo magistrado cadastrado de ofício ao banco de dados restritivo do crédito. VII – Assim, deve ser provido o recurso determinando que a Corte *a quo* expeça ofício ao cadastro restritivo de créditos solicitado pela parte exequente. VIII – Agravo em recurso especial conhecido para dar provimento ao recurso especial, nos termos da fundamentação" (STJ, AREsp 1.339.480/RJ, 2ª T., Rel. Min. Francisco Falcão, j. 07.02.2019).

JURISPRUDÊNCIA STJ. Retenção de passaporte de poluidor ambiental devedor como medida coercitiva atípica em execução por quantia certa: "Ambiental. Processo civil. Cumprimento de sentença. Indenização por **dano ambiental. Medida coercitiva atípica em execução por quantia certa. Restrição ao uso de passaporte**. Injusta violação do direito fundamental de ir e vir. Não ocorrência. Decisão adequadamente fundamentada. Observância do contraditório. Ponderação dos valores em colisão. **Preponderância,** *in concreto*, **do direito fundamental à tutela do meio ambiente**. Denegação do *habeas corpus*. I – Na origem, trata-se de cumprimento de sentença que persegue o pagamento de indenização por danos ambientais fixada por sentença. Indeferida a medida coercitiva atípica de restrição ao passaporte em primeira instância, o Tribunal de Justiça do Rio Grande do Sul deu provimento ao agravo interposto pelo Ministério Público, determinando a apreensão do passaporte dos pacientes. (...) III – A despeito do cabimento do *habeas corpus*, é preciso aferir, *in concreto*, se a restrição ao uso do passaporte pelos pacientes foi ilegal ou abusiva. IV – Os elementos do caso descortinam que os pacientes, pessoas públicas, adotaram, ao longo da fase de conhecimento do processo e também na fase executiva, **comportamento desleal e evasivo, embaraçando a tramitação processual e deixando de cumprir provimentos jurisdicionais, em conduta sintomática da ineficiência dos meios ordinários de penhora e expropriação de bens**. V – A decisão que aplicou a restrição aos pacientes contou com fundamentação adequada e analítica. Ademais, observou o contraditório. Ao final do processo ponderativo, demonstrou a **necessidade de restrição ao direito de ir e vir dos pacientes em favor da tutela do meio ambiente**. VI – Ordem de *habeas corpus* denegada" (STJ, HC 478.963/RS, 2ª T., Rel. Min. Francisco Falcão, j. 14.05.2019).

JURISPRUDÊNCIA STJ. Medidas executivas atípicas, restrição do direito de dirigir e suspensão da Carteira Nacional de Habilitação (CNH): "Processual civil. Recurso em *habeas corpus*. Cumprimento de sentença. **Medidas executivas atípicas**. Cabimento. **Restrição do direito de dirigir. Suspensão da CNH**. Liberdade de locomoção. Violação direta. Inocorrência. **Princípios da resolução integral do litígio, da boa-fé processual e da cooperação**. Arts. 4º, 5º e 6º do CPC/2015. **Inovação do novo CPC**. Medidas executivas atípicas. **Art. 139, IV, do CPC/2015. Coerção indireta ao pagamento**. Possibilidade. Sanção. Princípio da patrimonialidade. Distinção. Contraditório prévio. Art. 9º do CPC/2015. Dever de fundamentação. Art. 489, § 1º, do CPC/2015. Cooperação concreta. Dever. Violação. Princípio da menor onerosidade. Art. 805, parágrafo único, do CPC/2015. Ordem. Denegação. 1. Cuida-se de *habeas corpus* por meio do qual se impugna ato supostamente coator praticado pelo juízo do primeiro grau de jurisdição que suspendeu a carteira nacional de habilitação e condicionou o direito do paciente de deixar o país ao oferecimento de garantia, como meios de coerção indireta ao pagamento de dívida executada nos autos de cumprimento de sentença. (...). 4. A **suspensão da Carteira Nacional de Habilitação** não configura dano ou risco potencial direto e imediato à liberdade de locomoção do paciente, devendo a questão ser, pois, enfrentada pelas vias recursais próprias. Precedentes. 5. A medida de restrição de saída do país sem prévia garantia da execução tem o condão, por outro lado – ainda que de forma potencial –, de ameaçar de forma direta e imediata o direito de ir e vir do paciente, pois lhe impede, durante o tempo em que vigente, de se locomover para onde bem entender. 6. O processo civil moderno é informado pelo **princípio da instrumentalidade das formas**, sendo o processo considerado um meio para a **realização de direitos** que deve ser capaz de entregar às partes resultados idênticos aos que decorreriam do cumprimento natural e espontâneo das normas jurídicas. 7. O CPC/2015 emprestou novas cores ao princípio da instrumentalidade, ao prever o direito das partes de obterem, em **prazo razoável**, a **resolução integral do litígio**, inclusive com a atividade satisfativa, o que foi instrumentalizado por meio dos **princípios da boa-fé processual e da cooperação (arts. 4º, 5º e 6º do CPC)**, que também atuam **na tutela executiva**. 8. O princípio da boa-fé processual impõe aos envolvidos na relação jurídica processual deveres de conduta, relacionados à noção de ordem pública e à de função social de qualquer bem ou atividade jurídica. 9. O princípio da cooperação é desdobramento do princípio da boa-fé processual, que consagrou a **superação do modelo adversarial** vigente no modelo do anterior CPC, impondo aos litigantes e ao juiz a busca da solução integral, harmônica, pacífica e que melhor atenda aos interesses dos litigantes. 10. Uma das materializações expressas do dever de cooperação está no **art. 805, parágrafo único, do CPC/2015**, a exigir do executado que alegue violação ao **princípio da menor onerosidade** a proposta de meio executivo menos gravoso e mais eficaz à satisfação do direito do exequente. 11. O juiz também tem atribuições ativas para a concretização da **razoável duração do processo**, a **entrega do direito executado àquela parte cuja titularidade é reconhecida no título executivo** e a garantia do devido processo legal para exequente e o executado, pois deve resolver de forma plena o conflito de interesses. 12. Pode o magistrado, assim, em vista do **princípio da atipicidade dos meios executivos**, adotar medidas coercitivas indiretas para induzir o executado a, de forma voluntária, ainda que não espontânea, cumprir com o direito que lhe é exigido. 13. Não se deve confundir a natureza jurídica das medidas de coerção psicológica, que são apenas medidas executivas indiretas, com sanções civis de natureza material, essas sim capazes de ofender a garantia da patrimonialidade da execução por configurarem punições ao não pagamento da dívida. 14. Como forma de resolução plena do conflito de interesses e do resguardo do devido processo legal, cabe ao juiz, antes de adotar medidas atípicas, oferecer a oportunidade de contraditório prévio ao executado, justificando, na sequência, se for o caso, a eleição da medida adotada de acordo com os **princípios da proporcionalidade e da razoabilidade**. 15. Na hipótese em exame, embora ausente o contraditório prévio e a fundamentação para a adoção da medida impugnada, nem o impetrante nem o paciente cumpriram com o dever que lhes cabia de indicar meios executivos menos onerosos e mais eficazes para a satisfação do direito executado, atraindo, assim, a consequência prevista no art. 805, parágrafo único, do CPC/2015, de manutenção da medida questionada, ressalvada alteração posterior. 16. Recurso em *habeas corpus* desprovido" (STJ, RHC 99.606/SP, Rel. Min. Nancy Andrighi, 3ª T., j. 13.11.2018, *DJe* 20.11.2018).

JURISPRUDÊNCIA STF. Medidas coercitivas, indutivas ou sub-rogatórias, atipicidade dos meios executivos e constitucionalidade do art. 139, IV, DO CPC/2015: "AÇÃO DIRETA DE INCONSTITUCIONALIDADE. OS ARTIGOS 139, IV; 380, PARÁGRAFO ÚNICO; 400, PARÁGRAFO ÚNICO; 403, PARÁGRAFO ÚNICO; 536, *CAPUT* E § 1º E 773, TODOS DO CÓDIGO DE PROCESSO CIVIL. MEDIDAS COERCITIVAS, INDUTIVAS OU SUB-ROGATÓRIAS. ATIPICIDADE DOS MEIOS EXECUTIVOS. PEDIDO DE DECLARAÇÃO DE INCONSTITUCIONALIDADE, SEM REDUÇÃO DE TEXTO, PARA AFASTAR, EM QUALQUER HIPÓTESE, A POSSIBILIDADE DE IMPOSIÇÃO JUDICIAL DE MEDIDAS COERCITIVAS, INDUTIVAS OU SUB-ROGATÓRIAS CONSISTENTES EM **SUSPENSÃO DO DIREITO DE DIRIGIR, APREENSÃO DE PASSAPORTE** E **PROIBIÇÃO DE PARTICIPAÇÃO EM CONCURSOS PÚBLICOS OU EM LICITAÇÕES. AUSÊNCIA DE VIOLAÇÃO À PROPORCIONALIDADE.** MEDIDAS QUE VISAM A **TUTELAR AS GARANTIAS DE ACESSO À JUSTIÇA E DE EFETIVIDADE E RAZOÁVEL DURAÇÃO DO PROCESSO.** INEXISTÊNCIA DE VIOLAÇÃO ABSTRATA E APRIORÍSTICA DA DIGNIDADE DO DEVEDOR. AÇÃO CONHECIDA E JULGADA IMPROCEDENTE. 1. O **acesso à justiça reclama tutela judicial tempestiva, específica e efetiva sob o ângulo da sua realização prática.** 2. A morosidade e inefetividade das decisões judiciais são lesivas à toda a sociedade, porquanto, para além dos efeitos diretos sobre as partes do processo, são repartidos pela coletividade os custos decorrentes da manutenção da estrutura institucional do Poder Judiciário, da movimentação da sua máquina e da prestação de assistência jurídica integral e gratuita aos que comprovarem insuficiência de recursos. 3. A **efetividade e celeridade das decisões judiciais** constitui uma das linhas mestras do processo civil contemporâneo, como se infere da inclusão, no texto constitucional, da garantia expressa da razoável duração do processo (artigo 5º, LXXVIII, após a Emenda Constitucional nº 45/2004) e da positivação, pelo Novo Código de Processo Civil, do direito das partes 'de obter em prazo razoável a solução integral do mérito, incluída a atividade satisfativa' (grifei). 4. A execução ou satisfação daquilo que é devido representa verdadeiro gargalo na prestação jurisdicional brasileira, mercê de os estímulos gerados pela legislação não terem logrado suplantar o cenário prevalente, marcado pela desconformidade geral e pela busca por medidas protelatórias e subterfúgios que permitem ao devedor se evadir de suas obrigações. 5. Os **poderes do juiz no processo**, por conseguinte, incluem 'determinar todas as medidas indutivas, coercitivas, mandamentais ou sub-rogatórias necessárias para assegurar o cumprimento de ordem judicial, inclusive nas ações que tenham por objeto prestação pecuniária' (artigo 139, IV), obedecidos o devido processo legal, a proporcionalidade, a eficiência, e, notadamente, a sistemática positivada no próprio NCPC, cuja leitura deve ser contextualizada e razoável à luz do texto legal. 6. A amplitude semântica das cláusulas gerais permite ao intérprete/aplicador maior liberdade na concretização da *fattispecie* – o que, evidentemente, não o isenta do dever de motivação e de observar os direitos fundamentais e as demais normas do ordenamento jurídico e, em especial, o princípio da proporcionalidade. 7. A significação de um mandamento normativo é alcançada quando se agrega, à filtragem constitucional, a **interpretação sistemática da legislação infraconstitucional** – do contrário, de nada aproveitaria a edição de códigos, microssistemas, leis interpretativas, meta-normas e cláusulas gerais. Essa assertiva assume ainda maior relevância diante do Direito codificado: **o intérprete não pode permanecer indiferente ao esforço sistematizador inerente à elaboração de um código**, mercê de se exigir do Legislador a repetição, *ad nauseam*, de preceitos normativos já explanados em títulos, capítulos e seções anteriores. 8. **A correção da proporcionalidade das medidas executivas impostas pelo Poder Judiciário reside no sistema recursal consagrado pelo NCPC.** 9. A flexibilização da tipicidade dos meios executivos visa a dar concreção à dimensão dialética do processo, porquanto o dever de buscar efetividade e razoável duração do processo é imputável não apenas ao Estado-juiz, mas, igualmente, às partes. 10. O **Poder Judiciário deve gozar de instrumentos de** *enforcement* **e** *accountability* **do comportamento esperado das partes, evitando que situações antijurídicas sejam perpetuadas a despeito da existência de ordens judiciais e em razão da violação dos deveres de cooperação e boa-fé das partes – o que não se confunde com a punição a devedores que não detêm meios de adimplir suas obrigações**. 11. A variabilidade e dinamicidade dos cenários com os quais as Cortes podem se deparar (*e.g.* **tutelas ao meio ambiente**, à probidade administrativa, à **dignidade do credor que demanda prestação essencial à sua subsistência, ao erário e patrimônio públicos**), torna impossível dizer, *a priori*, qual o valor jurídico a ter precedência, de modo que se impõe estabelecer o emprego do raciocínio ponderativo para verificar, no caso concreto, o escopo e a **proporcionalidade da medida executiva**, *vis-à-vis* a liberdade e autonomia da parte devedora. 12. *In casu*, o argumento da eventual possibilidade teórica de restrição irrazoável da liberdade do cidadão, por meio da aplicação das medidas de apreensão de carteira nacional de habilitação e/ou suspensão do direito de dirigir, apreensão de passaporte, proibição de participação em concurso público e proibição de participação em licitação pública, é imprestável a sustentar, só por si, a inconstitucionalidade desses meios executivos, máxime porque a sua adequação, necessidade e proporcionalidade em sentido estrito apenas ficará clara à luz das peculiaridades e provas existentes nos autos. 13. A excessiva demora e ineficiência do cumprimento das decisões judiciais, sob a perspectiva da análise econômica do direito, é um dos fatores integrantes do processo decisório de escolha racional realizado pelo agente quando deparado com os incentivos atinentes à propositura de uma ação, à interposição de um recurso, à celebração de um acordo e à resistência a uma execução. Num cenário de **inefetividade generalizada das decisões judiciais**, é possível que o devedor não tenha incentivos para colaborar na relação processual, mas, ao contrário, seja motivado a adotar medidas protelatórias, contexto em que, longe de apresentar estímulos para a **atuação proba, célere e cooperativa das partes no processo**, a legislação (e sua respectiva aplicação pelos julgadores) estará promovendo incentivos perversos, com maiores *payoffs* apontando para o descumprimento das determinações exaradas pelo Poder Judiciário. 14. A **efetividade no cumprimento das ordens judiciais**, destarte, não serve apenas para beneficiar o credor que logra obter seu pagamento ao fim do processo, mas incentiva, adicionalmente, uma **postura cooperativa dos litigantes durante todas as fases processuais**, contribuindo, inclusive, para a redução da quantidade e duração dos litígios. 15. *In casu*, não se pode concluir pela inconstitucionalidade de toda e qualquer hipótese de aplicação dos meios atípicos indicados na inicial, mercê de este entendimento, levado ao extremo, rechaçar quaisquer espaços de discricionariedade judicial e inviabilizar, inclusive, o exercício da jurisdição, enquanto atividade eminentemente criativa que é. Inviável, pois, pretender, apriorística e abstratamente, retirar determinadas medidas do leque de ferramentas disponíveis ao magistrado para fazer valer o provimento jurisdicional. 16. Ação direta de inconstitucionalidade conhecida e, no mérito, julgada improcedente"(STF, ADI 5941/DF, Tribunal Pleno, Rel. Min. Luiz Fux, j. 09-02-2023).

4.7.14.2 Ação civil pública ambiental e o instituto da reparação fluida (*Fluid Recovery*)

O **STJ**, no julgamento do **REsp 1.927.098/RJ**, sob a relatoria da Ministra Nancy Andrighi admitiu a aplicação do instituto da **reparação fluida** (*Fluid Recovery*), com base no art. 100 do Código de Defesa do Consumidor (Lei 8.078/90), o qual estabelece a possibilidade de os legitimados do rol do art. 82 do CDC, entre eles o Ministério Público, liquidarem e executarem as **indenizações não reclamadas pelos titulares do direito material**. O caso julgado pelo STJ tratava de relação jurídica de consumo, mas é perfeitamente possível a sua aplicação também em **ações civis públicas ambientais (e climáticas)**, dada a **natureza multidimensional do dano ecológico**. Em diversas situações, para além da lesão ao dano difuso, verificam-se os denominados **danos ambientais privados** (correlatos ou por ricochete), que atingem indivíduos na sua esfera privada de direitos.

Em grandes **desastres ambientais** – ex.: Mariana, Brumadinho etc. – as ações judiciais coletivas costumam veicular no seu objeto tanto a reparação de danos difusos quanto a reparação de danos provocados a **direitos individuais e individuais homogêneos de terceiros** (as vítimas individuais). Na hipótese de os titulares dos direitos individuais e individuais homogêneos não reclamarem as suas indenizações devidas, é possível, inclusive por força do **princípio da reparação integral**, que os entes legitimados pelo art. 5º da LACP promovam a reparação fluida (*fluid recovery*) e, consequentemente, a reversão da indenização fixada para o FDDD estabelecido pela LACP, com base no art. 100, parágrafo único, do CDC, a fim de impedir o enriquecimento sem causa do poluidor ambiental.

> **JURISPRUDÊNCIA STJ. Reparação fluida (*fluid recovery*) e reversão da indenização fixada para o Fundo da LACP (art. 100, parágrafo único, do CDC):** "RECURSO ESPECIAL. AÇÃO CIVIL PÚBLICA. RESCISÃO CONTRATUAL A PEDIDO DO CONSUMIDOR DURANTE O PERÍODO DE FIDELIDADE. FURTO OU ROUBO DO APARELHO TELEFÔNICO. MULTA. ABUSIVIDADE RECONHECIDA. LIMITAÇÃO DOS EFEITOS DA SENTENÇA À COMPETÊNCIA TERRITORIAL DO ÓRGÃO PROLATOR. IMPOSSIBILIDADE. **REPARAÇÃO FLUIDA (*FLUID RECOVERY*). PROVA DO DANO INDIVIDUAL EFETIVAMENTE SOFRIDO PELOS BENEFICIÁRIOS. DESNECESSIDADE. QUANTIFICAÇÃO POR ESTIMATIVA.** POSSIBILIDADE.
> 1. Recurso especial interposto em 02/01/2019 e concluso ao gabinete em 29/09/2022.
> 2. O propósito recursal consiste em definir se os efeitos da sentença proferida em ação civil pública se restringem aos lindes geográficos da competência territorial do órgão prolator e se a reparação fluida (*fluid recovery*) exige, necessariamente, prova dos prejuízos individuais efetivamente experimentados pelos beneficiários da sentença coletiva. 3. O art. 16 da Lei nº 7.347/1985, que restringe os efeitos da sentença coletiva aos limites da competência territorial do órgão prolator, foi declarado inconstitucional pelo **STF (RExt 1.101.937/SP**, DJe de 14/06/2021). Assim, e conforme definido pelo STJ no julgamento do **Tema 480**, os efeitos da sentença proferida em **ação civil coletiva não se restringem aos lindes geográficos**, mas aos **limites objetivos e subjetivos** do que foi decidido.
> 4. A lesão a interesses individuais homogêneos reconhecida em sentença pode não ser liquidada e executada pelos interessados diretos, pois essas lesões podem não ser individualmente significantes ou pode haver dificuldade na identificação dos beneficiários da decisão. Em vista dessa situação, o **CDC** previu, em seu **art. 100**, a possibilidade de os legitimados do rol do art. 82 do CDC, entre eles o **Ministério Público, liquidarem e executarem as indenizações não reclamadas pelos titulares do direito material, por meio da denominada reparação fluida (*fluid recovery*)**, hipótese na qual o produto da indenização reverterá para o Fundo de que trata a Lei de Ação Civil Pública (art. 100, parágrafo único, do CDC). O seu objetivo consiste, sobretudo, em **impedir o enriquecimento sem causa daquele que praticou o ato ilícito**. 5. Não é possível definir, a priori, a natureza jurídica desse instituto, que poderá variar a depender das circunstâncias da hipótese concreta. Se for viável definir a quantidade de beneficiários da sentença coletiva, bem como o montante exato do prejuízo sofrido individualmente por cada um deles, a *fluid recovery* terá caráter residual. De outro lado, se esses dados forem inacessíveis, a **reparação fluida assumirá natureza sancionatória, evitando-se, com isso, a ineficácia da sentença e a impunidade do autor do ilícito**. 6. A ausência das informações necessárias para a constatação dos prejuízos efetivos experimentados pelos beneficiários individuais da sentença coletiva não deve inviabilizar a utilização da reparação fluida. Nessa hipótese, a **indenização poderá ser fixada por estimativa**, podendo o juiz valer-se do princípio da cooperação insculpido no art. 6º do CPC/2015 e determinar que o executado forneça elementos para que seja possível o arbitramento

de **indenização adequada e proporcional**. 7. Não se pode permitir que o executado – autor do ato ilícito – se insurja contra a execução iniciada pelo legitimado coletivo, nos termos no art. 100 do CDC, com base no simples argumento de que não houve prova concreta dos prejuízos individuais, sob pena de a reparação fluida tornar-se inócua. 8. Recurso especial conhecido e provido. (STJ, REsp 1.927.098/RJ, Rel. Min. Nancy Andrighi, j. 22.11.2022).

4.8 Ação popular ambiental

4.8.1 A ação popular como expressão do marco democrático-participativo no nosso sistema processual

A ação popular é um dos instrumentos processuais com maior amplitude democrática. Diferentemente de outras figuras, notadamente no âmbito do processo civil coletivo (como se verifica na hipótese da ação civil pública), a legitimidade para a propositura da ação popular é conferida ao **cidadão**. Portanto, não há a necessidade de "mediação", ou seja, substituição processual por parte de outras entidades (por exemplo, Ministério Público e Defensoria Pública), para a propositura da referida ação. Aí – e no seu objeto – reside o seu caráter extremamente **democrático-participativo**.[212] Como assinalado pelo Ministro Celso de Mello, "a ação popular somente pode ser promovida por cidadão (CF, art. 5º, LXXIII), vale dizer, por qualquer pessoa física que possua o '*status activae civitatis*', eis que se trata de prerrogativa constitucional inerente à condição político-jurídica de quem é **eleitor**".[213]

4.8.2 Objeto da ação popular (e a inclusão da proteção ambiental)

A ação popular foi consagrada no ordenamento jurídico brasileiro por meio da **Lei de Ação Popular** – LAP (Lei 4.717/65). No entanto, a ampliação do seu objeto para abarcar também a proteção ecológica, antes circunscrito à proteção do erário público, somente ocorreu em 1988, por meio da sua consagração expressa no **inciso LXXIII do art. 5º da CF/1988**. A ação popular, em grande medida, conforma o conteúdo do próprio *caput* do art. 225 da CF/1988, no sentido de atribuir ao cidadão o dever de proteger o meio ambiente para a geração presente e para as gerações futuras. Todavia, embora a ação popular tenha por objeto também a proteção ecológica, tal função tem sido praticamente assumida pela ação civil pública.

> Art. 5º (...) LXXIII – qualquer cidadão é parte legítima para propor ação popular que vise a **anular ato lesivo ao** patrimônio público ou de entidade de que o Estado participe, à moralidade administrativa, ao **meio ambiente** e ao patrimônio histórico e cultural, ficando o autor, salvo comprovada má-fé, isento de custas judiciais e do ônus da sucumbência.

---

[212] Acerca da ação popular na doutrina brasileira, em termos gerais, v. MEIRELLES, Hely Lopes. *Mandado de segurança*. 27. ed. atual. por Arnoldo Wald e Gilmar Ferreira Mendes. São Paulo: Malheiros, 2004. p. 125-162; MANCUSO, Rodolfo de Camargo. *Ação popular*. 8. ed. São Paulo: RT, 2015; e, especificamente com enfoque ambiental, v. LEITE, José Rubens Morato. Ação popular: um exercício da cidadania ambiental? *Revista de Direito Ambiental*, n. 17, p. 123-140, jan.-mar. 2000; e JUCOVSKY, Vera Lucia R. S. Meios de defesa do meio ambiente: ação popular e participação pública. *Revista de Direito Ambiental*, n. 17, p. 65-122, jan.-mar. 2000.

[213] STF, CC 7.123/DF, Decisão Monocrática, Rel. Min. Celso de Mello, j. 14.05.2002.

LEI DE AÇÃO POPULAR – LAP (4.717/65)

Art. 1º Qualquer **cidadão** será parte legítima para **pleitear a anulação ou a declaração de nulidade de atos lesivos ao patrimônio** da União, do Distrito Federal, dos Estados, dos Municípios, de entidades autárquicas, de sociedades de economia mista (Constituição, art. 141, § 38), de sociedades mútuas de seguro nas quais a União represente os segurados ausentes, de empresas públicas, de serviços sociais autônomos, de instituições ou fundações para cuja criação ou custeio o tesouro público haja concorrido ou concorra com mais de cinquenta por cento do patrimônio ou da receita ânua, de empresas incorporadas ao patrimônio da União, do Distrito Federal, dos Estados e dos Municípios, e de quaisquer pessoas jurídicas ou entidades subvencionadas pelos cofres públicos.

§ 1º Consideram-se **patrimônio público** para os fins referidos neste artigo, os bens e direitos de valor econômico, **artístico, estético, histórico ou turístico**. (Redação dada pela Lei nº 6.513, de 1977.)

§ 2º Em se tratando de instituições ou fundações, para cuja criação ou custeio o tesouro público concorra com menos de cinquenta por cento do patrimônio ou da receita ânua, bem como de pessoas jurídicas ou entidades subvencionadas, as consequências patrimoniais da invalidez dos atos lesivos terão por limite a repercussão deles sobre a contribuição dos cofres públicos. (...)

Art. 2º São nulos os atos lesivos ao patrimônio das entidades mencionadas no artigo anterior, nos casos de: a) incompetência; b) vício de forma; c) ilegalidade do objeto; d) inexistência dos motivos; e) desvio de finalidade. Parágrafo único. Para a conceituação dos casos de nulidade observar-se-ão as seguintes normas: a) a incompetência fica caracterizada quando o ato não se incluir nas atribuições legais do agente que o praticou;

b) o vício de forma consiste na omissão ou na observância incompleta ou irregular de formalidades indispensáveis à existência ou seriedade do ato; c) a ilegalidade do objeto ocorre quando o resultado do ato importa em violação de lei, regulamento ou outro ato normativo; d) a inexistência dos motivos se verifica quando a matéria de fato ou de direito, em que se fundamenta o ato, é materialmente inexistente ou juridicamente inadequada ao resultado obtido; e) o desvio de finalidade se verifica quando o agente pratica o ato visando a fim diverso daquele previsto, explícita ou implicitamente, na regra de competência.

Art. 3º Os atos lesivos ao patrimônio das pessoas de direito público ou privado, ou das entidades mencionadas no art. 1º, cujos vícios não se compreendam nas especificações do artigo anterior, serão anuláveis, segundo as prescrições legais, enquanto compatíveis com a natureza deles.

Art. 4º São também nulos os seguintes atos ou contratos, praticados ou celebrados por quaisquer das pessoas ou entidades referidas no art. 1º.

I – A admissão ao serviço público remunerado, com desobediência, quanto às condições de habilitação, das normas legais, regulamentares ou constantes de instruções gerais.

II – A operação bancária ou de crédito real, quando:

a) for realizada com desobediência a normas legais, regulamentares, estatutárias, regimentais ou internas;

b) o valor real do bem dado em hipoteca ou penhor for inferior ao constante de escritura, contrato ou avaliação.

III – A empreitada, a tarefa e a concessão do serviço público, quando:

a) o respectivo contrato houver sido celebrado sem prévia concorrência pública ou administrativa, sem que essa condição seja estabelecida em lei, regulamento ou norma geral;

b) no edital de concorrência forem incluídas cláusulas ou condições, que comprometam o seu caráter competitivo;

c) a concorrência administrativa for processada em condições que impliquem na limitação das possibilidades normais de competição.

IV – As modificações ou vantagens, inclusive prorrogações que forem admitidas, em favor do adjudicatário, durante a execução dos contratos de empreitada, tarefa e concessão de serviço público, sem que estejam previstas em lei ou nos respectivos instrumentos.

V – A compra e venda de bens móveis ou imóveis, nos casos em que não cabível concorrência pública ou administrativa, quando:

a) for realizada com desobediência a normas legais, regulamentares, ou constantes de instruções gerais;

b) o preço de compra dos bens for superior ao corrente no mercado, na época da operação;

c) o preço de venda dos bens for inferior ao corrente no mercado, na época da operação.

VI – A concessão de licença de exportação ou importação, qualquer que seja a sua modalidade, quando:

a) houver sido praticada com violação das normas legais e regulamentares ou de instruções e ordens de serviço;

b) resultar em exceção ou privilégio, em favor de exportador ou importador.

VII – A operação de redesconto quando sob qualquer aspecto, inclusive o limite de valor, desobedecer a normas legais, regulamentares ou constantes de instruções gerais.

VIII – O empréstimo concedido pelo Banco Central da República, quando:

a) concedido com desobediência de quaisquer normas legais, regulamentares, regimentais ou constantes de instruções gerais:

b) o valor dos bens dados em garantia, na época da operação, for inferior ao da avaliação.

IX – A emissão, quando efetuada sem observância das normas constitucionais, legais e regulamentadoras que regem a espécie.

JURISPRUDÊNCIA STJ. Ação popular ambiental:

1) "Administrativo. Ação popular. Interesse de agir. Prova pericial. Desnecessidade. Matéria constitucional (...) 3. A ação popular pode ser ajuizada por qualquer cidadão que tenha por objetivo anular judicialmente atos lesivos ou ilegais aos interesses garantidos constitucionalmente, quais sejam, ao patrimônio público ou de entidade de que o Estado participe, à moralidade administrativa, ao **meio ambiente** e ao patrimônio histórico e cultural. 4. **A ação popular é o instrumento jurídico que deve ser utilizado para impugnar atos administrativos omissivos ou comissivos que possam causar danos ao meio ambiente**. 5. Pode ser proposta ação popular ante a **omissão do Estado em promover condições de melhoria na coleta do esgoto** da Penitenciária Presidente Bernardes, de modo a que cesse o **despejo de elementos poluentes** no Córrego Guarucaia (obrigação de não fazer), a fim de **evitar danos ao meio ambiente** (...)" (STJ, REsp 889.766/SP, Rel. Min. Castro Meira, j. 04.10.2007).

2) "Processual civil e administrativo. (...) Ação popular. Itaipu binacional. **Defesa do patrimônio público**. Cabimento. (...) 7. O art. 5º, LXXIII, da Constituição da República estabelece que 'qualquer cidadão é parte legítima para propor ação popular que vise a anular ato lesivo ao patrimônio público ou de entidade de que o Estado participe'. 8. A Lei 4.717/1965 deve ser interpretada de forma a possibilitar, por meio de ação popular, a mais ampla proteção aos bens e direitos associados ao patrimônio público, em suas várias dimensões (cofres públicos, **meio ambiente**, moralidade administrativa, patrimônio artístico, estético, histórico e turístico). 9. **Ao juiz não é lícito nem legítimo amesquinhar o conteúdo, o campo de aplicação ou a extensão dos remédios da Ação Popular, que deve ser prestigiada**, sobretudo em época de decadência da textura ética em que se inserem os agentes políticos e servidores públicos do Estado. 10. Evidenciada a utilização de dinheiro público na criação, custeio ou manutenção de empresa, ou em qualquer outra forma de apoio, cabe Ação Popular, pouco importando a natureza da pessoa jurídica em questão. 11. Recurso especial não provido" (STJ, REsp 453.136/PR, 2ª T., Rel. Min. Herman Benjamin, j. 03.09.2009).

4.8.3 Legitimidade

4.8.3.1 Legitimidade ativa (do cidadão eleitor)

Qualquer cidadão – leia-se, **pessoa física no gozo dos seus direitos políticos** –, conforme disposição expressa do art. 5º, LXXIII, da CF/1988, em sintonia com o **art. 1º da LAP**,[214] "é parte legítima para propor ação popular que vise a anular ato lesivo ao patrimônio público ou de entidade de que o Estado participe, à moralidade administrativa, ao meio ambiente e ao patrimônio histórico e cultural, ficando o autor, salvo comprovada má-fé, isento de custas judiciais e do ônus da sucumbência". A prova da cidadania para ingresso em juízo, por sua vez, conforme assinala o § 3º do art. 1º da LACP, "será feita com o **título eleitoral**, ou com documento que a ele corresponda". Isso, por certo, leva à conclusão de que todas as pessoas em condições de votar (**cidadão-eleitor**), ou seja, **maiores de 16 anos de idade**, conforme prevê o art. 14, § 1º, I e II, da CF/1988,[215] estão legitimados a propositura de ação popular (ambiental). No caso de menor de 18 anos, no entanto, será necessária a assistência do seu representante legal, a menos que ele tiver sido emancipado.[216]

O § 5º do art. 6º da LAP estabelece expressamente que "é facultado a qualquer **cidadão se habilitar como litisconsorte ou assistente do autor da ação popular**", de modo a formar **litisconsórcio ativo facultativo**.

Destaca-se, ainda, a **Súmula 365 do STF**, ao rejeitar a legitimidade de pessoa jurídica para a propositura de ação popular.

Súmula 365 DO STJ

Pessoa jurídica não tem legitimidade para propor ação popular.

JURISPRUDÊNCIA STF. Ilegitimidade da pessoa jurídica para propor ação popular.
"De início, não me parece que seja inerente ao regime democrático, em geral, e à cidadania, em particular, a participação política por pessoas jurídicas. É que o exercício da cidadania, em seu sentido mais estrito, pressupõe três **modalidades de atuação cívica**: o *ius suffragii* (i.e., direito de votar), o *jus honorum* (i.e., direito de ser votado) e o direito de influir na formação da vontade política através de instrumentos de democracia direta, como o plebiscito, o referendo e a iniciativa popular de leis (...). Por suas próprias características, tais modalidades são **inerentes às pessoas naturais**, afigurando-se um disparate cogitar a sua extensão às pessoas jurídicas. Nesse particular, esta Suprema Corte sumulou entendimento segundo o qual as 'pessoas jurídicas não têm legitimidade para propor ação popular' (Enunciado da Súmula 365 do STF), por essas não ostentarem o *status* de cidadãs. (...) Deveras, o exercício de direitos políticos é incompatível com a essência das pessoas jurídicas." (STF, ADI 4.650/DF, Tribunal Pleno, Rel. Min. Luiz Fux, j. 17.09.2015)

---

[214] "Art. 1º **Qualquer cidadão será parte legítima** para pleitear a anulação ou a declaração de nulidade de atos lesivos ao patrimônio da União, do Distrito Federal, dos Estados, dos Municípios, de entidades autárquicas, de sociedades de economia mista (Constituição, art. 141, § 38), de sociedades mútuas de seguro nas quais a União represente os segurados ausentes, de empresas públicas, de serviços sociais autônomos, de instituições ou fundações para cuja criação ou custeio o tesouro público haja concorrido ou concorra com mais de cinquenta por cento do patrimônio ou da receita ânua, de empresas incorporadas ao patrimônio da União, do Distrito Federal, dos Estados e dos Municípios, e de quaisquer pessoas jurídicas ou entidades subvencionadas pelos cofres públicos."

[215] "Art. 14 (...) § 1º O alistamento eleitoral e o voto são: I – obrigatórios para os maiores de dezoito anos; II – facultativos para: (...) c) os maiores de dezesseis e menores de dezoito anos." Na jurisprudência do STF, v. STF, CC 7.123/DF, Decisão Monocrática, Rel. Min. Celso de Mello, j. 14.05.2002.

[216] MANCUSO, *Ação popular*..., p. 195-198.

Não obstante a discussão doutrinária e as posições divergentes (entre legitimação ordinária, legitimação extraordinária e legitimação autônoma para a condução do processo), no caso em particular da ação popular ambiental, tendo em vista a **natureza difusa** do bem jurídico tutelado, o mais correto, a nosso ver, é sustentar a **legitimação extraordinária por substituição processual**, na medida em que o autor popular atua em nome próprio na defesa de direito alheio. Ainda que o autor também seja titular do direito fundamental ao meio ambiente, é razoável que se dê ênfase à dimensão difusa e coletiva do **bem jurídico ecológico**, como bem de uso comum do povo e titularizado por todo o conjunto da sociedade (*caput* do art. 225 da CF/1988).

4.8.3.1.1 A assistência jurídica ao cidadão necessitado para a propositura de ação popular

A fim de evitar repetição, reportamo-nos ao conteúdo desenvolvido anteriormente acerca da assistência jurídica às entidades ambientalistas para a propositura de ação civil pública ambiental, ocasião em que também abordamos o exemplo da ação popular ambiental.

4.8.3.1.2 Poder de requisição do cidadão

O § 4º art. 1º da LAP, de modo similar ao poder de requisição atribuído às entidades legitimadas à propositura de ação civil pública pelo art. 5º da LACP, conforme tratamos anteriormente, estabelece que, "para instruir a inicial, o **cidadão** poderá **requerer às entidades**, a que se refere este artigo, as **certidões e informações que julgar necessárias**, bastando para isso **indicar a finalidade das mesmas**". Uma ressalva a ser feita, no entanto, diz respeito à indicação pelo dispositivo citado de o cidadão indicar a "finalidade" da informação pleiteada. Ocorre que tal dispositivo contraria a previsão estabelecida pela **Lei de Acesso a Informação Pública** (Lei 12.527/2011), de modo que tal disposto da LAP deve ser interpretado de modo a não se fazer necessária a justificação da necessidade da informação.

O § 5º do art. 1º da LAP, de modo complementar, estabelece que "as certidões e informações, a que se refere o parágrafo anterior, deverão ser fornecidas dentro de **15 (quinze) dias da entrega, sob recibo, dos respectivos requerimentos**, e só poderão ser utilizadas para a instrução de ação popular". Aqui também a restrição imposta pelo dispositivo de que os documentos requeridos pelo cidadão "só poderão ser utilizados para a instrução de ação popular" também nos parece descabida. A título de exemplo, se, porventura, o cidadão integrar entidade ambientalista e, após a verificação da documentação, optar por manusear ação civil pública, em vez de ação popular para o enfrentamento de determinada situação de dano ecológico, não se vislumbra razão plausível para que os documentos obtidos não possam ser aproveitados para outra ação judicial, inclusive pela ótica do microssistema processual coletivo.

O § 6º do art. 1º assinala, ainda, que "somente nos casos em que o interesse público, devidamente justificado, impuser sigilo, poderá ser negada certidão ou informação". E, de modo similar à previsão existente no âmbito da ação civil pública, como tratado anteriormente, o § 7º do art. 1º estabelece que, "ocorrendo a hipótese do parágrafo anterior, a ação poderá ser proposta desacompanhada das certidões ou informações negadas, **cabendo ao juiz**, após apreciar os motivos do indeferimento, e salvo em se tratando de razão de segurança nacional, requisitar umas e outras; feita a requisição, o processo correrá em segredo de justiça, que cessará com o trânsito em julgado de sentença condenatória".

O art. 8º da LAP, por sua vez, assinala que "ficará sujeita à **pena de desobediência**, salvo motivo justo devidamente comprovado, a autoridade, o administrador ou o dirigente, que **deixar de fornecer**, no prazo fixado no art. 1º, § 5º, ou naquele que tiver sido estipulado pelo juiz (art. 7º, n. I, letra 'b'), **informações** e certidão ou fotocópia de documento necessários à instrução da causa. Parágrafo único. O prazo contar-se-á do dia em que entregue, sob recibo, o requerimento do interessado ou o ofício de requisição (art. 1º, § 5º, e art. 7º, n. I, letra 'b')".

4.8.3.1.3 Legitimidade passiva

O art. 6º da LAP estabelece que "a ação será proposta **contra** as **pessoas públicas ou privadas** e as entidades referidas no art. 1º, contra as **autoridades, funcionários** ou **administradores** que houverem autorizado, aprovado, ratificado ou praticado o ato impugnado, ou que, por omissas, tiverem dado oportunidade à lesão, e contra os **beneficiários diretos** do mesmo". Segundo o § 1º do art. 6º, "se não houver benefício direto do ato lesivo, ou se for ele indeterminado ou desconhecido, a ação será proposta somente contra as outras pessoas indicadas neste artigo". De modo complementar, o § 2º do mesmo dispositivo assevera que, "no caso de que trata o inciso II, item 'b', do art. 4º, quando o valor real do bem for inferior ao da avaliação, citar-se-ão como réus, além das pessoas públicas ou privadas e entidades referidas no art. 1º, apenas os responsáveis pela avaliação inexata e os beneficiários da mesma".

O § 3º do art. 6º, por sua vez, possui uma **previsão legal** *sui generis*, ao estabelecer que "as pessoas jurídicas de direito público ou de direito privado, cujo ato seja objeto de impugnação, poderá **abster-se de contestar o pedido**, ou poderá **atuar ao lado do autor**, desde que isso se afigure útil ao interesse público, a juízo do respectivo representante legal ou dirigente". De acordo com tal dispositivo, as pessoas jurídicas cujo ato seja objeto de impugnação estariam autorizadas a **migrar de polo processual**, ou seja, integrar o polo ativo da ação com o autor da ação popular.

4.8.4 *Competência*

O art. 5º da LAP estabelece que, "conforme a origem do ato impugnado, é competente para conhecer da ação, processá-la e julgá-la o **juiz que**, de acordo com a organização judiciária de cada Estado, **o for para as causas que interessem à União, ao Distrito Federal, ao Estado ou ao Município**". A previsão do *caput* do art. 5º é complementada pelo § 1º, ao assinalar que, "para fins de competência, equiparam-se atos da União, do Distrito Federal, do Estado ou dos Municípios os atos das pessoas criadas ou mantidas por essas pessoas jurídicas de direito público, bem como os atos das sociedades de que elas sejam acionistas e os das pessoas ou entidades por elas subvencionadas ou em relação às quais tenham interesse patrimonial", e, ainda, pelo § 2º, no sentido de que, "quando o pleito interessar simultaneamente à União e a qualquer outra pessoa ou entidade, será competente o juiz das causas da União, se houver; quando interessar simultaneamente ao Estado e ao Município, será competente o juiz das causas do Estado, se houver".

O § 3º do art. 5º, de modo complementar, estabelece que "a propositura da ação **prevenirá a jurisdição** do juízo para todas as ações, que forem **posteriormente intentadas** contra as mesmas partes e sob os mesmos fundamentos".

JURISPRUDÊNCIA STJ. Conflito de competência entre ação popular ambiental e ação civil pública e aplicação subsidiária da LACP (art. 2º).
"CONFLITO NEGATIVO DE COMPETÊNCIA. **DIREITO AMBIENTAL. DESASTRE DE BRUMADINHO**. ROMPIMENTO DE BARRAGEM DA EMPRESA VALE DO RIO DOCE. **AÇÃO POPULAR**. LEI 4.717/1965. COMPETÊNCIA PARA JULGAR A AÇÃO POPULAR QUANDO JÁ EM ANDAMENTO AÇÃO CIVIL PÚBLICA COM OBJETO ASSEMELHADO. *DISTINGUISHING*. TEMA AMBIENTAL. **FORO DO LOCAL DO FATO. APLICAÇÃO SUBSIDIÁRIA DA LEI DE AÇÃO CIVIL PÚBLICA**. HISTÓRICO DA DEMANDA 1. Trata-se, na origem, de Ação Popular proposta por FTT, advogado qualificado nos autos, contra a União, o Distrito Federal, o Estado de Minas Gerais e a Vale S.A., objetivando liminarmente o bloqueio de ativos financeiros dos réus, no valor de R$ 4.000.000.000,00 (quatro bilhões de reais) e, ao final, a confirmação da tutela liminar, cumulada com a declaração de nulidade dos atos comissivos da Vale S.A. e omissivos da União, do Distrito Federal e do Estado de Minas Gerais, bem como a condenação dos réus a: a) recuperar o meio ambiente degradado pelo rompimento da barragem da Vale S.A. no Município de Brumadinho – MG; b) pagar indenização pelos danos materiais e morais

decorrentes do desastre, no valor de R$ 4.000.000.000,00 (quatro bilhões de reais); c) pagar multa civil por dano ambiental, em montante a ser arbitrado por este Juízo. Neste momento, o STJ aprecia apenas o Conflito de Competência. 2. O juiz suscitado entendeu que o foro competente, na situação específica dos autos, não se enquadraria na regra geral do domicílio do autor, haja vista que, em virtude da defesa do interesse coletivo, o processamento da ação seria mais bem realizado no local da ocorrência do ato que o cidadão pretende ver anulado. O juiz suscitante, por sua vez, defende que o julgamento poderá ser atribuído à Vara Federal do domicílio do peticionante.

A JURISPRUDÊNCIA DO STJ À LUZ DAS CIRCUNSTÂNCIAS PECULIARES DO CASO CONCRETO 3. Não se desconhece a jurisprudência do STJ favorável a que, sendo igualmente competentes o juízo do domicílio do autor popular e o do local onde houver ocorrido o dano (local do fato), a competência para examinar o feito é daquele em que menor dificuldade haja para o exercício da Ação Popular. A propósito: CC 47.950/DF, Rel. Ministra Denise Arruda, Primeira Seção, *DJ* 7/5/2007, p. 252; CC 107.109/RJ, Rel. Ministro Castro Meira, Primeira Seção, *DJe* 18/3/2010. 4. Malgrado isso, as circunstâncias do caso concreto devem ser analisadas de forma que se ajuste o Direito à realidade. Para tanto, mister recordar os percalços que envolveram a definição da competência jurisdicional no **desastre de Mariana/MG**, o que levou o STJ a **eleger um único juízo para todas as ações, de maneira a evitar decisões conflitantes e possibilitar que a Justiça se realize de maneira mais objetiva, célere e harmônica**. 5. A hipótese dos autos apresenta inegáveis peculiaridades que a distinguem dos casos anteriormente enfrentados pelo STJ, o que impõe adoção de solução mais consentânea com a imprescindibilidade de se evitar tumulto processual em demanda de tamanha magnitude social, econômica e ambiental. Assim, necessário superar, excepcionalmente, a regra geral contida nos precedentes invocados, nos moldes do que dispõe o art. 489, § 1º, VI, do CPC/2015. De fato, a tragédia ocorrida em Brumadinho/MG invoca solução prática diversa, a fim de entregar, da melhor forma possível, a prestação jurisdicional à população atingida. Impõe-se, pois, ao STJ adotar saída pragmática que viabilize resposta do Poder Judiciário aos que sofrem os efeitos da inominável tragédia.

DISTINGUISHING: AÇÃO POPULAR ISOLADA E AÇÃO POPULAR EM COMPETIÇÃO COM AÇÃO CIVIL PÚBLICA COM OBJETO ASSEMELHADO 6. A solução encontrada é de *distinguishing* **à luz de peculiaridades do caso concreto e não de revogação universal do entendimento do STJ sobre a competência para a ação popular**, precedentes que devem ser mantidos, já que lastreados em sólidos e atuais fundamentos legais e justificáveis argumentos políticos, éticos e processuais. 9. Assim, a regra geral do STJ não será aplicada aqui, porque deve ser usada quando a Ação Popular for isolada. Contudo, na atual hipótese, tem-se que a Ação Popular estará competindo e concorrendo com várias outras Ações Populares e Ações Civis Públicas, bem como com centenas, talvez milhares, de ações individuais, razão pela qual, em se tratando de competência concorrente, deve ser eleito o foro do local do fato.

AÇÃO POPULAR EM TEMAS AMBIENTAIS 8. Deveras a Lei de Ação Popular (Lei 4.717/1965) não contém regras de definição do foro competente. À época de sua edição, ainda não vigorava a Lei da Ação Civil Pública (Lei 7.347/1985); portanto se utilizava, até então, o CPC, subsidiariamente. Todavia, com a promulgação da retromencionada Lei 7.347/1985, a aplicação subsidiária do CPC passou a ser reservada àqueles casos para os quais as regras próprias do processo coletivo também não se revelassem suficientes. 9. Nesse contexto, a **definição do foro competente para a apreciação da Ação Popular, máxime em temas como o de direito ambiental, reclama a aplicação, por analogia, da regra pertinente contida no artigo 2º da Lei da Ação Civil Pública.** Tal medida se mostra **consentânea com os princípios do Direito Ambiental, por assegurar a apuração dos fatos pelo órgão judicante que detém maior proximidade com o local do dano e, portanto, revela melhor capacidade de colher as provas de maneira célere e de examiná-las no contexto de sua produção**. 10. É verdade que, ao instituir a Ação Popular, o legislador constituinte buscou **privilegiar o exercício da fiscalização e da própria democracia pelo cidadão**. Disso não decorre, contudo, que as Ações Populares devam ser sempre distribuídas no foro mais conveniente a ele; neste caso, o de seu domicílio. Isso porque, casos haverá, como o

destes autos, em que a **defesa do interesse coletivo será mais bem realizada no local do ato que, por meio da ação, o cidadão pretenda ver anulado.** Nessas hipóteses, **a sobreposição do foro do domicílio do autor ao foro onde ocorreu o dano ambiental acarretará prejuízo ao próprio interesse material coletivo tutelado por intermédio desta ação, em benefício do interesse processual individual do cidadão, em manifesta afronta à finalidade mesma da demanda por ele ajuizada.**
AUSÊNCIA DE PREJUÍZO PARA O AUTOR DA AÇÃO POPULAR 11. Cumpre destacar que, devido ao processamento eletrônico, as dificuldades decorrentes da redistribuição para local distante do domicílio do autor são significativamente minimizadas, se não totalmente afastadas, em decorrência da possibilidade de acesso integral aos autos por meio do sistema de movimentação processual.
COMPETÊNCIA DO LOCAL DO FATO 12. Na presente hipótese, é mais razoável determinar que o foro competente para julgamento desta Ação Popular seja o do local do fato. Logo, como medida para assegurar a efetividade da prestação jurisdicional e a defesa do meio ambiente, entende-se que a competência para processamento e julgamento do presente feito é da 17ª Vara Federal da Seção Judiciária do Estado de Minas Gerais. CONCLUSÃO 13. Conflito de Competência conhecido para declarar competente o Juízo suscitante." (STJ, CC 164.362/MG, 1ª Seção, Rel. Min. Herman Benjamin, j. 12.06.2019)

4.8.5 Medidas cautelares, antecipatórias e de urgência

O art. 5º, § 4º, da LAP prevê que "na defesa do patrimônio público caberá a **suspensão liminar do ato lesivo impugnado**". Como regra, no plano da tutela provisória, aplica-se à ação popular ambiental a mesma sistemática do microssistema processual coletivo, já tratado com mais detalhes no tópico equivalente da ação civil pública ambiental.

4.8.6 A atuação do Ministério Público na ação popular ambiental

O Ministério Público **não** é parte legítima para propor a ação popular ambiental. A sua atuação é semelhante àquela verificada na ação civil pública ambiental quando proposta pelos demais colegitimados do art. 5º da LACP, ou seja, atua apenas como *custos legis*. O § 4º do art. 6º da LAP assinala expressamente nesse sentido: "o Ministério Público **acompanhará a ação**, cabendo-lhe apressar a produção da prova e promover a responsabilidade, civil ou criminal, dos que nela incidirem, **sendo-lhe vedado, em qualquer hipótese, assumir a defesa do ato impugnado ou dos seus autores**". É pertinente, nesse sentido, destacar o conteúdo final do dispositivo citado, na medida em que procura estabelecer a autonomia do Ministério Público em face do Poder Executivo, de modo que a defesa do ato impugnado na ação popular ou de seus autores jamais poderá ser feita pelo *Parquet*.

Cabe destacar que, especialmente antes da CF/1988, época da edição da LAP, a autonomia institucional do Ministério Público não se encontrava consolidada, de modo que, muitas vezes, o *Parquet* assumia a defesa da administração pública. Isso, contudo, foi absolutamente superado com a autonomia constitucional assegurada ao Parquet pela CF/1988 (art. 127, § 2º),[217] com a sua independência com relação ao Poder Executivo, de modo que o dispositivo citado deve ser interpretado com base no novo regime jurídico institucional.

---

[217] "Art. 127 (...) § 2º Ao Ministério Público é assegurada **autonomia funcional e administrativa**, podendo, observado o disposto no art. 169, propor ao Poder Legislativo a criação e extinção de seus cargos e serviços auxiliares, provendo-os por concurso público de provas ou de provas e títulos, a política remuneratória e os planos de carreira; a lei disporá sobre sua organização e funcionamento."

Somente na hipótese de **desistência do autor** da ação é que o *Parquet* tem dever legal de assumir a posição de sujeito ativo e dar seguimento ao processo. Tal previsão legal é semelhante ao § 3º do art. 5º da LACP. Dispõe, nesse sentido, o art. 9º da LAP: "se o autor desistir da ação ou der motivo à absolvição da instância, serão publicados editais nos prazos e condições previstos no art. 7º, inciso II, ficando assegurado a **qualquer cidadão**, bem como ao representante do **Ministério Público**, dentro do prazo de 90 (noventa) dias da última publicação feita, promover o prosseguimento da ação". O dispositivo citado inclusive possibilita a qualquer cidadão também assumir o polo ativo da ação popular, a fim de dar andamento à ação.

4.8.7 Custas processuais e ônus de sucumbência

O fato de o objeto da ação popular transportar conteúdo de expressão coletiva e pública justifica a isenção de custas e honorários sucumbenciais pelo autor da ação, ainda que a ação seja, ao final, julgada improcedente. A ação popular é, como referido anteriormente, expressão da cidadania e de uma democracia participativa, revelando-se como instrumento de afirmação dos valores republicanos, ou seja, de defesa da **coisa pública** (*res publica*). Não obstante o art. 10 da LAP estabelecer que "as partes só pagarão custas e preparo a final", a própria previsão constitucional da ação popular no art. 5º, LXXIII, da CF/1988 assinalou expressamente que o autor, salvo comprovada má-fé, está **isento de custas judiciais e do ônus da sucumbência**.

A previsão de isenção de custas e ônus de sucumbência para a ação popular alinha-se à regulação da ação civil pública, conforme previsão do art. 18 da LACP, já tratado anteriormente. Somente na hipótese de **má-fé do autor da ação**, por meio da promoção de lide temerária, é que tal previsão legal poderá ser afastada, conforme prevê o art. 13 da LAP, ao estabelecer que a "sentença que, apreciando o fundamento de direito do pedido, julgar a **lide manifestamente temerária**, condenará o autor ao pagamento do **décuplo das custas**".

4.8.8 Rito processual

O art. 7º da LAP determina o **rito processual da ação popular**, seguindo, com alguns ajustes pontuais, o rito ordinário estabelecido pelo CPC/2015, conforme segue:

> **Art. 7º** A ação obedecerá ao procedimento ordinário, previsto no Código de Processo Civil, observadas as seguintes normas modificativas:
>
> I – Ao despachar a inicial, o juiz ordenará:
>
> a) além da citação dos réus, a intimação do representante do Ministério Público;
>
> b) a requisição, às entidades indicadas na petição inicial, dos documentos que tiverem sido referidos pelo autor (art. 1º, § 6º), bem como a de outros que se lhe afigurem necessários ao esclarecimento dos fatos, ficando prazos de 15 (quinze) a 30 (trinta) dias para o atendimento.
>
> § 1º O representante do Ministério Público providenciará para que as requisições, a que se refere o inciso anterior, sejam atendidas dentro dos prazos fixados pelo juiz.
>
> § 2º Se os documentos e informações não puderem ser oferecidos nos prazos assinalados, o juiz poderá autorizar prorrogação dos mesmos, por prazo razoável.
>
> II – Quando o autor o preferir, a citação dos beneficiários far-se-á por edital com o prazo de 30 (trinta) dias, afixado na sede do juízo e publicado três vezes no jornal oficial do Distrito Federal, ou da Capital do Estado ou Território em que seja ajuizada a ação. A publicação será gratuita e deverá iniciar-se no máximo 3 (três) dias após a entrega, na repartição competente, sob protocolo, de uma via autenticada do mandado.
>
> III – Qualquer pessoa, beneficiada ou responsável pelo ato impugnado, cuja existência ou identidade se torne conhecida no curso do processo e antes de proferida a sentença final de primeira instância, deverá ser citada para a integração do contraditório, sendo-lhe

restituído o prazo para contestação e produção de provas, Salvo, quanto a beneficiário, se a citação se houver feito na forma do inciso anterior.

IV – O **prazo de contestação** é de 20 (vinte) dias, prorrogáveis por mais 20 (vinte), a requerimento do interessado, se particularmente difícil a produção de prova documental, e será comum a todos os interessados, correndo da entrega em cartório do mandado cumprido, ou, quando for o caso, do decurso do prazo assinado em edital.

V – Caso não requerida, até o despacho saneador, a produção de prova testemunhal ou pericial, o juiz ordenará vista às partes por 10 (dez) dias, para alegações, sendo-lhe os autos conclusos, para sentença, 48 (quarenta e oito) horas após a expiração desse prazo; havendo requerimento de prova, o processo tomará o rito ordinário.

VI – A sentença, quando não prolatada em audiência de instrução e julgamento, deverá ser proferida dentro de 15 (quinze) dias do recebimento dos autos pelo juiz.

Parágrafo único. O proferimento da sentença além do prazo estabelecido privará o juiz da inclusão em lista de merecimento para promoção, durante 2 (dois) anos, e acarretará a perda, para efeito de promoção por antiguidade, de tantos dias quantos forem os do retardamento, salvo motivo justo, declinado nos autos e comprovado perante o órgão disciplinar competente.

4.8.9 Amicus curiae

O CPC/2015, ao consagrar e ampliar a aplicação do instituto do *amicus curiae* no processo civil de um modo geral, impacta também o processo coletivo, inclusive no âmbito da ação popular, notadamente na temática ambiental. Como assinala Mancuso, "no caso da ação popular, seria pensável, de *lege ferenda* (ou quiçá numa interpretação aberta e teleológica do § 5º do art. 6º da LAP) uma semelhante intervenção, sobretudo quando o conflito envolvesse matéria ambiental, caso em que especialistas poderiam trazer o aporte de seus conhecimentos técnicos, por exemplo, quanto a saber da intensidade e da reparabilidade do impacto causado na cobertura vegetal por conta de construção de hidrelétrica, ou ainda, qual seria o melhor manejo para a fauna ameaçada de extinção em certo sítio".[218] A figura do *amicus curiae* alinha-se, nesse sentido, com o **fundamento democrático-participativa** que está por trás do reconhecimento constitucional da ação popular, inclusive como garantia individual prevista no art. 5º da CF/1988.

4.8.10 *Eficácia da sentença na ação popular ambiental*

No tocante à eficácia da sentença na ação popular ambiental, assinala o art. 11 da LAP que "a sentença que, julgando procedente a ação popular, decretar a **invalidade do ato impugnado**, condenará ao pagamento de **perdas e danos** os responsáveis pela sua prática e os beneficiários dele, ressalvada a ação regressiva contra os funcionários causadores de dano, quando incorrerem em culpa". A sentença de procedência na ação popular é marcada por sua eficácia desconstitutiva e condenatória. O juiz, nesse sentido, decreta a invalidade do ato impugnado e condena os responsáveis pela ação ou omissão lesiva ao ambiente, ou beneficiários diretos, ao pagamento por perdas e danos, bem como a reparação *in natura* e recomposição do bem ecológico lesado.

De modo complementar, o art. 12 da LAP também estabelece que "a sentença incluirá sempre, na condenação dos réus, o pagamento, ao autor, das custas e demais despesas, judiciais e extrajudiciais, diretamente relacionadas com a ação e comprovadas, bem como o dos honorários de advogado". Ademais, segundo estabelece o art. 14 do diploma, "se o valor da lesão ficar provado no curso da causa, será indicado na sentença; se depender de avaliação ou perícia, será apurado na execução. § 1º Quando a lesão resultar da falta ou isenção de qualquer pagamento,

---

[218] MANCUSO, *Ação popular*..., p. 201.

a condenação imporá o pagamento devido, com acréscimo de juros de mora e multa legal ou contratual, se houver. § 2º Quando a lesão resultar da execução fraudulenta, simulada ou irreal de contratos, a condenação versará sobre a reposição do débito, com juros de mora. § 3º Quando o réu condenado perceber dos cofres públicos, a execução far-se-á por desconto em folha até o integral ressarcimento do dano causado, se assim mais convier ao interesse público. § 4º A parte condenada a restituir bens ou valores ficará sujeita a sequestro e penhora, desde a prolação da sentença condenatória".

Por fim, assinala o art. 15 da LAP que, "se, no curso da ação, ficar provada a infringência da lei penal ou a prática de falta disciplinar a que a lei comine a pena de demissão ou a de rescisão de contrato de trabalho, o juiz, 'ex-officio', determinará a remessa de cópia autenticada das peças necessárias às autoridades ou aos administradores a quem competir aplicar a sanção".

4.8.11 Coisa julgada e eficácia erga omnes

O art. 18 da LAP estabelece que "a sentença terá eficácia de **coisa julgada oponível 'erga omnes'**, **exceto** no caso de haver sido a ação **julgada improcedente por deficiência de prova**; neste caso, qualquer cidadão poderá intentar outra ação com idêntico fundamento, valendo-se de nova prova". De tal sorte, pode-se afirmar que, caso a sentença seja julgada improcedente por ausência de provas de dano ecológico impugnado, não transitará em julgado materialmente e poderá ser ajuizada novamente por qualquer cidadão com idêntico fundamento de lesão ou ameaça de dano ao meio ambiente, valendo-se de nova prova (art. 18). O regime jurídico da **coisa julgada** *secundum eventum litis*, tal como preconizado no art. 18, estabelece um regime jurídico de maior proteção ao bem jurídico ecológico, notadamente diante de atuação deficiente do substituto processual.

Por outro lado, se a ação popular ambiental for julgada procedente ou improcedente com **apreciação de provas**, a sentença terá eficácia de **coisa julgada oponível** *erga omnes*, o que está de acordo com a **natureza transindividual** do direito em causa, ou seja, o patrimônio ecológico, titularizado por toda a coletividade (art. 225 da CF/1988), mas defendido na ação popular, igualmente como ocorre na hipótese de ação civil pública, por um **substituto processual**.

4.8.12 Recursos

O art. 19 da LAP assinala que "a sentença que concluir pela **carência** ou pela **improcedência da ação** está sujeita ao **duplo grau de jurisdição**, não produzindo efeito senão depois de confirmada pelo tribunal; da que **julgar a ação procedente** caberá **apelação, com efeito suspensivo**", bem como, no seu § 1º, que "das decisões interlocutórias cabe **agravo de instrumento**".

Por fim, de modo complementar, o § 2º do art. 19 disciplina que "das sentenças e decisões proferidas contra o autor da ação e suscetíveis de recurso, **poderá recorrer qualquer cidadão** e também o **Ministério Público**".

4.8.13 Cumprimento de sentença e execução

O cumprimento da sentença deverá seguir o rito comum do CPC/2015, com base nos princípios regentes da responsabilidade civil ambiental e reparação integral do dano ecológico causado. No polo ativo, poderá figurar o autor da ação popular ou mesmo qualquer outro cidadão. Apenas na hipótese de o autor ou mesmo outro cidadão-eleitor não se habilitar no prazo de 60 dias a contar da publicação da sentença para impulsionar o seu cumprimento, o representante do Ministério Público deverá promover a execução da sentença. A LAP estabelece, no seu art. 16 que, "caso decorridos 60 (sessenta) dias da publicação da sentença condenatória de segunda instância, sem que o autor ou terceiro promova a respectiva execução, o representante do **Ministério Público** a promoverá nos 30 (trinta) dias seguintes, sob pena de falta grave".

A LAP estabelece uma previsão peculiar no art. 17, ao estabelecer que "é sempre permitida às pessoas ou entidades referidas no art. 1º, ainda que hajam contestado a ação, promover, em qualquer tempo, e no que as beneficiar a execução da sentença contra os demais réus". Portanto, o dispositivo citado autoriza as pessoas e entidades responsáveis pelo dano ecológico, mesmo que hajam contestado a ação, a promover a execução em face dos demais corréus. Ainda que não seja usual tal previsão, tal entendimento coaduna com a temática ecológica, especialmente pela ótica do regime jurídico da responsabilidade civil ambiental e dos deveres dos entes estatais de promoverem a tutela ecológica (art. 225, *caput* e § 1º, da CF/1988). Se, de alguma forma, a atuação dos réus pode contribuir para a execução da sentença e restauração do bem ecológico lesado, tal medida é salutar e está de acordo com os interesses da coletividade, como titulares do direito a viver em um meio ambiente sadio, seguro e equilibrado.

4.8.14 Prescrição e decadência

O art. 21 da LAP estabelece que a ação na lei prescreve em cinco anos. No caso da ação popular ambiental, tratando-se de dano ecológico de natureza difusa ou transindividual, tal dispositivo deve ser afastado, notadamente em razão do entendimento consolidado no âmbito doutrinário e jurisprudencial (STJ), conforme desenvolvido no capítulo relativo à responsabilidade civil ambiental. Correta, portanto, a nosso ver, a posição doutrinária adotada por Gabriel Wedy no sentido de que "O melhor entendimento, de fato, é que a ação popular por danos causados ao meio ambiente é imprescritível. A melhor forma de tutelar o meio ambiente para as presentes e futuras gerações, com respeito à biodiversidade e, em especial, para evitar o aquecimento global, as emissões de carbono irresponsáveis e a ampliação do buraco na camada de ozônio é a existência de institutos jurídicos sólidos que sejam eficazes para a reparação, restauração e estancamento de atividades prejudiciais ao meio ambiente, que permitam um desenvolvimento atento ao princípio da sustentabilidade".[219]

---

[219] WEDY, Gabriel. A ação popular ambiental. *Revista da AJUFE*, p. 101-102. Disponível em: https://www.ajufe.org.br/images/bkp/ajufe/arquivos/downloads/gabriel-wedy-a-ao-popular-ambiental-14615610.pdf.

PARTE II

LEGISLAÇÃO AMBIENTAL ESPECIAL

Capítulo 15
SISTEMA NACIONAL DE UNIDADES DE CONSERVAÇÃO

1. CONSIDERAÇÕES GERAIS: A IMPORTÂNCIA DAS ÁREAS ESPECIALMENTE PROTEGIDAS PARA A PROTEÇÃO DA BIODIVERSIDADE

"Cada flor deveria ser polinizada com o minúsculo pincel de pena (...). Aqui as abelhas tinham desaparecido já na década de 1980, muito antes do Colapso, por efeito dos pesticidas. (...) O número de pássaros também tinha diminuído, fazia dias que eu não via um. Eles caçavam os poucos insetos existentes e passavam fome, assim como o resto do mundo." (*A história das abelhas*, **Maja Lunde**)[1]

"(...) não basta pensar nas diferentes espécies apenas como eventuais 'recursos' exploráveis, esquecendo que possuem um *valor em si mesmas*. Anualmente, desaparecem milhares de espécies vegetais e animais, que já não poderemos conhecer, que os nossos filhos não poderão ver, perdidas para sempre. A grande maioria delas extingue-se por razões que têm a ver com alguma atividade humana. Por nossa causa, milhares de espécies já não darão glória a Deus com a sua existência, nem poderão comunicar-nos a sua própria mensagem. Não temos direito de o fazer." (**Encíclica *Laudato Si* de 2015 do Papa Francisco**)[2]

"A Terra é o único planeta no universo conhecido que suporta a vida. Nesse único e milagroso planeta verde-azul, a evolução produziu uma incrível diversidade de vida, com milhões de espécies, desde elefantes, árvores de madeira vermelha e baleias azuis até axolotes, borboletas e cactos. *Os humanos compartilham o DNA com todas as espécies, fornecendo evidências convincentes de que a Natureza deve ser entendida como uma comunidade à qual pertencemos* e não simplesmente uma mercadoria a ser explorada por nós." (**David R. Boyd**)[3]

---

[1] Passagem da obra *A história das abelhas* da escritora norueguesa Maja Lunde, ao narrar uma distopia sobre o desaparecimento das abelhas, num mundo em que a polinização das flores passou a ser uma atividade manual realizada pelos seres humanos. LUNDE, Maja. *A história das abelhas*. Lisboa: Minotauro/Almedina, 2019, p. 10-11.

[2] Disponível em: https://www.vatican.va/content/francesco/pt/encyclicals/documents/papa-francesco_20150524_enciclica-laudato-si.html.

[3] Passagem do **Informe sobre Direitos Humanos e Biodiversidade de 2020** (A/75/161), elaborado por David R. Boyd, na condição de Relator Especial sobre Diretos Humanos e Meio Ambiente do Alto Comissariado de Direitos Humanos da ONU. Disponível em: https://undocs.org/en/A/75/161.

"A **Ecologia**, em suas várias vertentes, reconhece como diretriz principal a urgência no enfrentamento de problemas ambientais reais, que já logram pôr **em perigo a própria vida na Terra**, no paradigma da sociedade de risco. É que a **crise ambiental** traduz especial dramaticidade nos problemas que suscita, porquanto **ameaçam a viabilidade do '*continuum* das espécies'**. Já, a interdependência das matrizes que unem as diferentes formas de vida, aliada à constatação de que a alteração de apenas um dos fatores nelas presentes pode produzir consequências significativas em todo o conjunto, reclamam uma linha de coordenação de políticas, segundo a lógica da responsabilidade compartilhada, expressa em regulação internacional centrada no multilateralismo." **(Ministro Luiz Fux)**[4]

1.1 Convenção-Quadro sobre Diversidade Biológica (1992), o valor intrínseco da biodiversidade e a importância das "áreas protegidas"

A **Convenção-Quadro sobre Diversidade Biológica (CDB)**, firmada durante a Conferência da ONU sobre Meio Ambiente e Desenvolvimento (ECO-92), realizada no Rio de Janeiro no ano de 1992, estabelece, no seu art. 1º, que "os objetivos desta Convenção, a serem cumpridos de acordo com as disposições pertinentes, são a **conservação da diversidade biológica**, a utilização sustentável de seus componentes e a repartição justa e equitativa dos benefícios derivados da utilização dos recursos genéticos, mediante, inclusive, o acesso adequado aos recursos genéticos e a transferência adequada de tecnologias pertinentes, levando em conta todos os direitos sobre tais recursos e tecnologias, e mediante financiamento adequado". A CDB foi incorporada ao ordenamento jurídico brasileiro por meio do **Decreto Legislativo 2/94**. A **Lei do Sistema Nacional de Unidades de Conservação da Natureza – SNUC (Lei 9.985/2000)**, por sua vez, encontra-se em sintonia com o referido diploma internacional, incorporando diversos dos seus conceitos e instrumentos, haja vista ser a proteção da diversidade biológica um dos principais objetivos do ordenamento jurídico-ambiental brasileiro.

A doutrina, por sua vez, reconhece na CDB a consagração de um **novo paradigma holístico, sistêmico ou integral de proteção da biodiversidade**,[5] na medida em que não se limita a proteger "fragmentos" da Natureza (espécies, *habitats* etc.), como se via no passado. O objetivo é assegurar a salvaguarda da biodiversidade em escala global, compreendendo a interdependência existente entre os processos ecológicos essenciais que regem a vida em todas as suas formas. Tudo está interconectado e é fundamental uma abordagem integral da Natureza como a única forma de conter o processo da sexta extinção em massa da biodiversidade em pleno curso no Antropoceno.

O **princípio da integridade ecológica**, por essa ótica, coloca-se como fundamento do novo **Direito da Biodiversidade** – tal como se verifica já há algum tempo no desenvolvimento do **Direito das Mudanças Climáticas**. A perda da biodiversidade é um dos temas mais importantes e urgentes no contexto da crise ecológica global, sendo, inclusive, como já tratado *Capítulo 1*, um dos **limites planetários** em que já ultrapassamos a margem de segurança em relação ao equilíbrio do sistema planetário. O **Relatório de Avaliação Global sobre Biodiversidade e Serviços Ecossistêmicos (2019)** do IPBES ressaltou, nesse sentido, o perigoso declínio "sem precedentes" da Natureza na história da humanidade, com a "aceleração" das taxas de extinção de espécies, a tal ponto que **1.000.000 de espécies encontram-se hoje ameaçadas de extinção** no Planeta.

---

[4] STF, RE 835.558/SP, Tribunal Pleno, Rel. Min. Luiz Fux, j. 09.02.2017.

[5] A respeito do novo paradigma jurídico inaugurado pela CDB no sentido da atribuição de valor intrínseco e proteção da biodiversidade "como um todo (*as a whole*)", v. BEYERLIN, Ulrich; MARAUHN, Thilo. *International environmental law*. Londres: Hart Publishing/C.H.Beck, 2011, p. 192.

A CF/1988, seguindo tal premissa, consagrou a **biodiversidade** como um **bem jurídico autônomo de estatura constitucional**, ao estabelecer expressamente no art. 225, § 1º, o dever do Estado de, a fim de assegurar a efetividade do direito fundamental ao meio ambiente: "I – preservar e restaurar os **processos ecológicos essenciais** e prover o **manejo ecológico das espécies e ecossistemas**; II – preservar a **diversidade e a integridade do patrimônio genético do País** e fiscalizar as entidades dedicadas à pesquisa e manipulação de material genético; III – definir, em todas as unidades da Federação, **espaços territoriais e seus componentes a serem especialmente protegidos**, sendo a alteração e a supressão permitidas somente através de lei, vedada qualquer utilização que comprometa a **integridade dos atributos** que justifiquem sua proteção; VII – **proteger a fauna e a flora**, vedadas, na forma da lei, as práticas que coloquem em risco sua **função ecológica**, provoquem a **extinção de espécies** ou submetam os animais a crueldade". Igualmente, merece registro o § 4º do mesmo dispositivo constitucional, ao reconhecer a riqueza de determinados biomas e ecossistemas brasileiros para a proteção da biodiversidade nacional, ao sinalizar que "a Floresta Amazônica brasileira, a Mata Atlântica, a Serra do Mar, o Pantanal Mato-Grossense e a Zona Costeira são patrimônio nacional, e sua utilização far-se-á, na forma da lei, dentro de condições que assegurem a preservação do meio ambiente, inclusive quanto ao uso dos recursos naturais".

A proteção jurídica da biodiversidade (e da Natureza em si numa perspectiva integrada e sistemática), por sua vez, é um tema que reforça a **ruptura com o paradigma jurídico antropocêntrico clássico**, justamente por visar, em grande medida, à tutela de bens jurídicos de forma autônoma e independentemente da sua utilidade e instrumentalidade para o ser humano. Como afirma Benjamin, "em todo o mundo, os vários ordenamentos jurídicos adotam um conjunto de instrumentos de tutela ambiental que mescla objetivos de **conservação** (como a Reserva Legal, a Reserva de Desenvolvimento Sustentável e a APA – Área de Proteção Ambiental) com outros, mais rígidos, de **preservação** (como as APPs – Áreas de Proteção Ambiental, Reservas Biológicas e Estações Ecológicas). Uns mais antropocêntricos (Florestas Nacionais, p. ex.), outros de **índole claramente ecocêntrica** (Estações Ecológicas ou Reservas Biológicas, p. ex.)".[6]

De acordo com tal entendimento, o Preâmbulo da Convenção sobre Diversidade Biológica (1992), reconhece expressamente o "**valor intrínseco da diversidade biológica** e dos valores ecológico, genético, social, econômico, científico, educacional, cultural, recreativo e estético da diversidade biológica e de seus componentes". Segundo a CDB, conforme disposto no seu art. 2º, "**ecossistema** significa um complexo dinâmico de comunidades vegetais, animais e de micro-organismos e o seu meio inorgânico que interagem como uma unidade funcional". A CDB também estabelece o **conceito** de "**área protegida**" no seu art. 2º, ao consignar que ela "significa uma área definida geograficamente que é destinada, ou regulamentada, e administrada para alcançar objetivos específicos de conservação". Como se pode observar, são conceitos nucleares para compreender o regime jurídico das unidades de conservação e da proteção da biodiversidade. O conceito de área protegida referida pela CDB nada mais é do que o conceito genérico de unidade de conservação trazido pela Lei 9.985/2000.

O Brasil é o quarto país no mundo em quantidade de área continental de Unidades de Conservação, atrás apenas dos Estados Unidos, Rússia e China. Atualmente, existem **2.376 Unidades de Conservação** no País, sendo **761** da **categoria de Proteção Integral**, com uma área total de 663.083 km², e **1.615** da **categoria de Uso Sustentável**, com uma área total de 1.886.247 km² de acordo com o Cadastro Nacional de Unidades de Conservação da Natureza,[7] que mantém os números atualizados constantemente, conforme estabelecido no art. 50 da Lei 9.985/2000. A primeira a ser criada foi o **Parque Nacional de Itatiaia**, em **1937**, localizado na divisa entre

---

6 BENJAMIN, A natureza no direito brasileiro..., p. 91.
7 Disponível em: https://www.mma.gov.br/areas-protegidas/cadastro-nacional-de-ucs.

Rio de Janeiro e Minas Gerais. O **Parque Nacional de Abrolhos**, criado pelo Governo Federal em 1983, é, por sua vez, a primeira unidade de conservação marinha do País e abriga ilhas do Arquipélago de Abrolhos[8]. Todas as Unidades de Conservação são demarcadas e passam a ser protegidas e administradas pelos entes federativos – nas esferas municipal, estadual, distrital ou federal – com base na Lei do SNUC.

1.1.1 Biodiversidade e direitos humanos (e direitos fundamentais)

> "(...) Talvez reconhecer a mistura que une todos os seres do planeta cujos mundos se interpenetram todo o tempo, pode ser um primeiro passo. Mais uma vez, aqui, o vírus teria seu papel, representaria a interpenetração de mundos de uma forma palpável, crua e até mesmo violenta. (...) Se uma pandemia global dessas proporções não foi gatilho suficiente, o que poderá ser? Como transformar esse pensamento que se instila na cabeça de alguns humanos em algo que modifique nossas relações com o mundo e com os seres que o compartilham conosco?" (*Cartas ao morcego*, **Nurit Bensusan**)[9]

A pandemia da covid-19 deu visibilidade a um tema que há muito já se discute, mas que ainda não havia ganhado a devida atenção. A absoluta interdependência entre a proteção dos **direitos humanos** (e **direitos fundamentais**) e a **biodiversidade**. A **pandemia da covid-19** – e uma maior frequência de epidemias e pandemias, tal como verificado nas últimas décadas – está diretamente associada à perda da biodiversidade e de *habitat* natural, colocando em risco de extinção um número cada vez maior de espécies naturais e tornando os ecossistemas cada vez mais vulneráveis, conforme apontado pelo **Relatório sobre Biodiversidade e Pandemias (2020)** do **IPBES**.[10] A pandemia da covid-19 nos revelou, da forma mais dramática e trágica possível, a relação indissociável entre a proteção dos direitos humanos e a biodiversidade.

Os temas direitos humanos e biodiversidade foram objeto do recente **Informe A/75/161 (2020)**, elaborado por **David R. Boyd**, na condição de Relator Especial sobre Diretos Humanos e Meio Ambiente do Alto Comissariado de Direitos Humanos da ONU.

> "**Todos os direitos humanos dependem, em última análise, de uma biosfera saudável**. Sem ecossistemas saudáveis e funcionais, que dependem de uma biodiversidade saudável, não haveria ar limpo para respirar, água segura para beber ou alimentos nutritivos para comer. As plantas, na terra e na água, produzem oxigênio através da fotossíntese. Um tipo de fitoplâncton, *Prochlorococcus*, é tão pequeno que milhões podem caber em uma gota de água, mas os minúsculos organismos geram incontáveis toneladas de oxigênio. Uma colher de chá de solo saudável contém bilhões de microrganismos – algas, bactérias, fungos, nematódeos e protozoários – que transformam matéria orgânica em matéria rica e escura húmus para alimentar as plantas e ajudá-las a protegê-las de pragas e patógenos."[11]

O desfrute da vida humana em patamares dignos e o gozo dos direitos humanos (e fundamentais), como se pode apreender da passagem transcrita do Informe A/75/161, tem como pré-requisito ou *conditio sine qua non* a **saúde e a integridade da biosfera**. A integridade ecológica e os **serviços ecológicos ecossistêmicos**, para além também da sua relevância para

---

[8] Para um panorama geral – não jurídico – sobre o histórico e as principais unidades de conservação criadas nos diferentes biomas brasileiros, v. COSTA, Zé Pedro de Oliveira. *Uma história das florestas brasileiras*. Belo Horizonte: Autêntica, 2022.

[9] BENSUSAN, Nurit. *Cartas ao morcego*. Brasília: IEB/Instituto Socioambiental (ISA), 2021. p. 44-45.

[10] Disponível em: https://ipbes.net/pandemics.

[11] Disponível em: https://undocs.org/en/A/75/161.

a atividade econômica, são fundamentais para o bem-estar e as necessidades existenciais mais básicas do ser humano. Nós **somos uma espécie da Natureza** e estamos numa **posição existencial de total dependência da integridade ecológica** do ambiente em que a nossa vida está situada e se desenvolve.

1.2 Panorama histórico-evolutivo da legislação ambiental brasileira sobre áreas especialmente protegidas

Do ponto de vista histórico-evolutivo da legislação ambiental brasileira, não se pode olvidar que a Lei do SNUC (Lei 9.985/2000) é tributária de diversos diplomas legislativos que a antecederam e que versavam direta ou indiretamente sobre a matéria, como é o caso, por exemplo, do Código Florestal de 1965 (revogado recentemente pela Lei 12.651/2012), da Lei das Estações Ecológicas e Áreas de Proteção Ambiental (Lei 6.902/81). Conforme assinala José Eduardo R. Rodrigues, o conceito de **unidade de conservação**, muito embora não fosse ainda utilizada tal expressão, já estava consagrado no Código Florestal de 1965, ao determinar que "cumpriria ao Poder Público criar parques nacionais, estaduais e municipais, além de reservas biológicas com a finalidade de resguardar atributos excepcionais da Natureza e florestas nacionais, estaduais e municipais com fins econômicos, técnicos ou sociais (art. 5º, *a* e *b*)".[12]

A **Lei 6.938/81** já previa, no seu art. 9º, VI, como instrumento da Política Nacional do Meio Ambiente, "a criação de **espaços territoriais especialmente protegidos** pelo Poder Público federal, estadual e municipal, tais como áreas de proteção ambiental, de relevante interesse ecológico e reservas extrativistas". No mesmo sentido, a **CF/1988** tratou de consagrar como dever do Estado (art. 225, § 1º) "definir, em todas as unidades da Federação, **espaços territoriais e seus componentes a serem especialmente protegidos**, sendo a alteração e a supressão permitidas somente através de lei, vedada qualquer utilização que comprometa a integridade dos atributos que justifiquem sua proteção (inciso III)", bem como "**proteger a fauna e a flora**, vedadas, na forma da lei, as práticas que coloquem em risco sua função ecológica, provoquem a extinção de espécies ou submetam os animais a crueldade (inciso VII)".

Nesse cenário histórico-evolutivo da legislação ambiental brasileira, a Lei 9.985/2000, ao regulamentar os **incisos I, II, III e VII do § 1º do art. 225** da CF/1988, representa o aprimoramento e a sistematização do regime jurídico de proteção de áreas ambientais. Mantendo forte relação com outros institutos jurídico-ambientais, como é o caso das áreas de preservação permanente (APP) e da **reserva legal** (RL), regulamentados no âmbito do Código Florestal de 2012 (Lei 12.651/2012), as **unidades de conservação** (UCs) constituem um dos mais importantes instrumentos de proteção dos nossos recursos naturais, em especial de fragmentos dos biomas tidos como **patrimônio nacional** pelo art. 225, § 4º, da CF/1988, notadamente a **Floresta Amazônica** brasileira, a **Mata Atlântica**, a **Serra do Mar**, o **Pantanal Mato-Grossense** e a **Zona Costeira**, os quais, conforme prevê a norma constitucional, terão a sua utilização "dentro de condições que assegurem a preservação do meio ambiente, inclusive quanto ao uso dos recursos naturais".

A limitação ou mesmo proibição da utilização dos recursos naturais existentes nas áreas circunscritas pelas unidades de conservação, considerando as diferentes categorias trazidas pela Lei 9.985/2000, configura mecanismo sobremaneira relevante para a proteção ecológica. Conforme pontua Herman Benjamin, além de buscar conferir sistematicidade à matéria, a principal característica da Lei 9.985/2000, "é a adoção de um **modelo ecossistêmico de conservação da natureza**, isto é, a rejeição da tutela isolada e individual de espécies ou reinos em favor de uma visão mais ampla, que leva em consideração a dimensão e complexidade do ecossistema

---

[12] RODRIGUES, José Eduardo Ramos. *Sistema nacional de unidades de conservação*. São Paulo: RT, 2005. p. 23-24.

e, eventualmente, de todo um bioma".[13] O diploma em análise, dada a relevância do seu objeto, é certamente um dos mais importantes e modernos da legislação ambiental brasileira. Por fim, ressalta-se que diversos dispositivos da Lei 9.985/2000 foram regulamentados por meio do **Decreto 4.340/2002** (arts. 22, 24, 25, 26, 27, 29, 30, 33, 36, 41, 42, 47, 48 e 55, bem como os arts. 15, 17, 18 e 20, no que concerne aos conselhos das unidades de conservação).[14]

QUADRO COM EXEMPLOS DE UNIDADES DE CONSERVAÇÃO DAS DIFERENTES CATEGORIAS NO TERRITÓRIO BRASILEIRO

I – Unidade de Proteção Integral	1. **Estação Ecológica**: Carijós (SC); Pau-Brasil (BA) e Serra das Araras (MT).
	2. **Reserva Biológica**: Pantanal Arenoso (MS), Serra Negra (PE) e Poço das Antas (RJ).
	3. **Parque Nacional**: Pico da Neblina (AM), Araguaia (Tocantins) e Serra do Divisor (AC).
	4. **Monumento Natural**: Várzea da Lapa (MG), Rio São Francisco (SE) e Gruta do Lago Azul (MS).
	5. **Refúgio da Vida Silvestre**: Mata do Urucu (PE), Mata dos Muriquis (BA/MG) e Ilha dos Lobos (RS).
II – Unidade de Uso Sustentável	1. **Área de Proteção Ambiental:** Triunfo do Xingu (PA), Tietê (SP) e Fernando de Noronha (PE).
	2. **Área de Relevante Interesse Ecológico:** Mata de Santa Genebra (SP), Granja do Ipê (DF) e Águas de São João (GO).
	3. **Floresta Nacional**: Floresta Estadual do Amapá (AP), Canela (RS) e Ipanema (SP).
	4. **Reserva Extrativista**: Castanheira (RO), Chico Mendes (AC) e Rio Xingu (PA).
	5. **Reserva de Fauna**: Baía da Babitonga (SC).
	6. **Reserva de Desenvolvimento Sustentável**: Rio Negro (AM), Ponta do Tubarão (RN) e Rio Madeira (AM).
	7. **Reserva Particular do Patrimônio Natural**: Água Bonita (TO), Alegrete (PR) e Agulhas Negras (RJ).

1.3 O dever estatal de ampliação progressiva das áreas ambientais especialmente protegidas

O Relatório de Avaliação Global sobre Biodiversidade e Serviços Ecossistêmicos do IPBES da ONU constatou a "aceleração" das taxas de extinção de espécies, a tal ponto que "1.000.000 (um milhão) de espécies encontram-se hoje ameaçadas de extinção no Planeta".[15] No mesmo sentido, Edward O. Wilson, um dos maiores biólogos vivos, professor da Universi-

---

[13] BENJAMIN, Antonio Herman. Introdução à Lei do Sistema Nacional de Unidades de Conservação. In: BENJAMIN, Antonio Herman (coord.). *Direito ambiental das áreas protegidas*: o regime jurídico das unidades de conservação. Rio de Janeiro: Forense Universitária, 2001. p. 296-297.

[14] O Decreto 10.623/2021 instituiu o "Programa Adote um Parque", com a finalidade de promover a conservação, a recuperação e a melhoria das unidades de conservação federais por pessoas físicas e jurídicas privadas, nacionais e estrangeiras.

[15] Disponível em: https://www.ipbes.net.

dade de Harvard, a quem é atribuída a criação da expressão "biodiversidade", prefere conferir a nomenclatura Eremoceno ou Era da Solidão (*Age of Loneliness*) para conceituar a atual Época Geológica, em vez de **Antropoceno**, definindo-o, basicamente, como a "era das pessoas, nossas plantas e animais domesticados, bem como das nossas plantações agrícolas em todo o mundo, até onde os olhos podem ver".[16] No livro **Metade da Terra** (*Half-Earth*), publicado em 2015, Wilson destaca a necessária e urgente preservação de pelo menos **50% do território do Planeta Terra**, notadamente de ecossistemas localizados em **regiões estratégicas**, em razão da sua relevância para a proteção da biodiversidade planetária (como é o caso, por exemplo, da **Amazônia**), a fim de conter a **6ª extinção em massa** de espécies em pleno curso no Antropoceno. O **Brasil**, por sua vez, tem, entre 25% e 30% do seu território incluído em áreas especialmente protegidas. Durante a **COP 15** da Convenção-Quadro, realizada em Montreal no ano de 2022, foi celebrado acordo histórico entre os seus mais de 190 países-membros para deter a destruição da biodiversidade e da Natureza. Chamado **Acordo Kunming-Montreal (2022)**, o seu objetivo principal é assegurar a **proteção de 30% do planeta até 2030**, entre áreas continentais e marinhas, a fim de salvaguardar a biodiversidade e as espécies (em especial, as já ameaçadas de extinção) da poluição, da degradação ecológica e da crise climática. A decisão em questão estabelece um **imperativo de progressividade**, a fim de que os Estados-Membros adotem medidas para ampliar as suas áreas ambientalmente protegidas, inclusive com a ressalva do status de supralegalidade conferido a tais tratados internacionais climáticos pelo nosso ordenamento jurídico nacional (ADPF 708/DF).[17]

Nesse contexto, o conteúdo dos princípios da **proibição de retrocesso** e da **progressividade** assume a forma normativa de **deveres ou obrigações estatais vinculantes** para todos os poderes republicanos (Legislativo, Executivo e Judiciário), notadamente no sentido de ampliação das áreas ambientais especialmente protegidas, no sentido de frear o desmatamento, a degradação ecológica e a extinção massiva de espécies. O tema em questão é particularmente relevante pela ótica da vedação da extinção ou redução de áreas ambientais especialmente protegidas (**unidades de conservação, área de preservação permanente, reserva legal e territórios indígenas**). Da mesma forma como estabelecido pela Convenção-Quadro sobre Diversidade Biológica (1992), na condição de tratado internacional ratificando pelo Brasil – inclusive com *status* **supralegal**, conforme tendência jurisprudencial já referida do STF –, a CF/1988 reconhece expressamente que **incumbe ao Estado** (ou seja, por meio de **deveres estatais de proteção**), definir, em todas as unidades da Federação, **espaços territoriais e seus componentes a serem especialmente protegidos** com o propósito de efetivar o direito fundamental ao meio ambiente ecologicamente equilibrado, tal como consagrado no *caput* e § 1º, III, do art. 225.

O dever constitucional atribuído ao Estado no sentido de **criar áreas ambientais especialmente protegidas de forma progressiva** está diretamente relacionado a outros objetivos ou deveres estatais também previstos no § 1º do art. 225, tal como referido anteriormente e no sentido de avançar na direção apontada pela ciência como medida necessária para conter a extinção massiva da biodiversidade em pleno curso na atualidade. As áreas ambientais especialmente protegidas são um mecanismo essencial para assegurar, por exemplo, a proteção da **biodiversidade** e do **regime climático**, ou seja, dois dos temas centrais e mais preocupantes da crise ecológica sem precedentes que vivenciamos hoje e que decorre direta e exclusivamente da magnitude da intervenção do ser humano na Natureza, notadamente em razão da destruição da cobertura florestal (e consequente liberação de gases do efeito estufa) e alteração dos *habitats* naturais das espécies da fauna e da flora em todos os cantos do Planeta. No caso do Poder Judiciário, tanto o

---

[16] WILSON, Edward O. *Half-Earth*..., p. 20.
[17] Em junho de 2024, o Conselho da União Europeia aprovou a **Lei de Restauração da Natureza**, impondo aos Estados-membros a restauração de ao menos 20% dos ecossistemas terrestres e marinhos degradados da UE até 2030. O **Pacto Ecológico Europeu**, adotado em 2020, inclui um conjunto de iniciativas políticas e jurídicas para fazer com que a UE atinja a neutralidade climática até 2050, em alinhamento com o Acordo de Paris.

princípio da proibição de retrocesso quanto o princípio da progressividade (e o dever estatal vinculante aos mesmos) configuram-se como um importante **parâmetro hermenêutico**, capaz de guiar nossos Juízes e Tribunais na resolução de conflitos na seara ecológica, notadamente quando diante de um cenário de redução do patamar normativo ou administrativo já consolidado em matéria ambiental, tanto em sede de controle difuso quanto em sede de controle concentrado de constitucionalidade de medidas legislativas e administrativas.

> **JURISPRUDÊNCIA TJRO. Unidades de Conservação, princípio da proibição de retrocesso e dever estatal de ampliação da progressividade das áreas ambientais especialmente protegidas:** "AÇÃO DIRETA DE INCONSTITUCIONALIDADE. DIREITO CONSTITUCIONAL E AMBIENTAL. DESAFETAÇÃO DE UNIDADES DE CONSERVAÇÃO NO BIOMA AMAZÔNICO. LEI COMPLEMENTAR ESTADUAL QUE DISPÕE SOBRE A EXTINÇÃO DE 11 UNIDADES DE CONSERVAÇÃO AMBIENTAL (LC N. 999/2018). DIREITO AO MEIO AMBIENTE ECOLOGICAMENTE EQUILIBRADO. DIREITO FUNDAMENTAL DE TERCEIRA GERAÇÃO (OU DE NOVÍSSIMA DIMENSÃO). **DIGNIDADE DA PESSOA HUMANA EM SUA DIMENSÃO ECOLÓGICA**. PRINCÍPIO DA UBIQUIDADE. **DEVER BIFRONTE DO PODER PÚBLICO E DA COLETIVIDADE – PROTEGER E RECUPERAR O MEIO AMBIENTE. VINCULAÇÃO DOS PODERES PÚBLICOS (ESTADO-LEGISLADOR, ESTADO-ADMINISTRADOR/EXECUTIVO E ESTADO-JUIZ) À PROTEÇÃO ECOLÓGICA** E À **FUNÇÃO DE 'GUARDIÃO' DO DIREITO FUNDAMENTAL AO MEIO AMBIENTE. PACTO FEDERATIVO ECOLÓGICO. ESTADO SOCIOAMBIENTAL**. PRINCÍPIO DA MÁXIMA EFETIVIDADE. GRAVE AFRONTA AOS PRINCÍPIOS DA PREVENÇÃO E PRECAUÇÃO. EXIGÊNCIA DE ESTUDOS TÉCNICOS E CONSULTA LIVRE, PRÉVIA E INFORMADA DAS POPULAÇÕES TRADICIONAIS DIRETA E INDIRETAMENTE AFETADAS. AUSÊNCIA. VALOR DAS INDENIZAÇÕES DE SUPOSTAS POSSES E PROPRIEDADES. ÚNICO MOTIVO PARA NÃO IMPLANTAÇÃO DA ESTAÇÃO ECOLÓGICA SOLDADO DA BORRACHA. **EXISTÊNCIA DE ESPECULAÇÃO E PRESSÃO NO SENTIDO DE CONVERTER FLORESTAS PARA USO AGROPECUÁRIO**. LOCAL COM **ESPÉCIES AMEAÇADAS DE EXTINÇÃO** E NECESSIDADE DE AÇÕES PARA COMBATE DE EXPLORAÇÃO ILEGAL. GARANTIA DE **NÃO COMPROMETER A INTEGRIDADE** DOS ATRIBUTOS QUE JUSTIFICARAM A CRIAÇÃO DAS UNIDADES. UNIDADES ESSENCIAIS AO PATRIMÔNIO NACIONAL QUE SE CONSTITUI O BIOMA AMAZÔNICO. **PRINCÍPIO DA VEDAÇÃO DO RETROCESSO AMBIENTAL**. ZONEAMENTO AMBIENTAL. DIREITO À PROPRIEDADE QUE NÃO É ABSOLUTO. (...). 1. A Constituição Federal dispõe que todos têm direito ao meio ambiente ecologicamente equilibrado, bem de uso comum do povo e essencial à sadia qualidade de vida, impondo-se ao Poder Público e à coletividade o dever de defendê-lo e preservá-lo para as presentes e futuras gerações (art. 225, CF/88). Trata-se de um direito fundamental de todos, imprescritível e inalienável. 2. Nossa Carta estabeleceu a conformação de um modelo de **Estado Socioambiental de direito**, superando os modelos de Estado Liberal e de Estado Social, e, assim, consagrou, dentre outros, o princípio da ubiquidade, onde **o meio ambiente sadio deve estar no epicentro das ações e decisões do Poder Público em seus três poderes: Executivo, Legislativo e Judiciário**. 3. Houve a consagração formal constitucional desse direito fundamental, subjetivo e objetivo ao meio ambiente equilibrado, que produz vários efeitos específicos que devem ser observados pelo Poder público, pela coletividade e por cada cidadão, usufrutuário e cuidador, para assegurar o **mínimo existencial ecológico** que está ligado umbilicalmente à **dimensão ecológica da dignidade humana**, matriz axiológica da Constituição Federal. 4. Há um dever bifronte imposto ao Poder Público de preservar e restaurar os processos ecológicos essenciais, ou seja, um **olhar para o passado** no sentido de **recuperar o que foi destruído**, assim como, um **olhar para o futuro** e **preservar o que ainda existe** de salubridade ambiental (art. 225, § 1º, I, CF/88). 5. Ao Estado-Legislador impõe-se **deveres gerais de proteção ambiental do Estado**, consistente em elaborar a legislação ambiental tendo como premissa o regime constitucional e infraconstitucional de tutela ecológica, com **dever de progressividade, proibição de retrocesso e vedação de proteção insuficiente** na regulação normativa em matéria ambiental. 6. No cenário jurídico-político do Estado Ecológico de Direito, deve-se observar, ainda, o **mínimo existencial ecológico**. Ademais, o STF já

consignou que: "Além de constituir um direito fundamental em si, o direito ao meio ambiente saudável é internacionalmente reconhecido como pressuposto para o desfrute de outros direitos que integram o mínimo existencial de todo ser humano, como a vida, a saúde, a segurança alimentar e o acesso à água" (STF, ADPF 708/DF). 7. Há um **dever constitucional atribuído ao Estado no sentido de criar áreas ambientais especialmente protegidas de forma progressiva (§ 1º do art. 225, CF/88)**, o que se impõe como medida necessária para **conter a extinção massiva da biodiversidade em pleno curso na atualidade**. As áreas ambientais especialmente protegidas identificam-se como um mecanismo essencial para assegurar, por exemplo, a **proteção da biodiversidade e do regime climático**, ou seja, dois dos temas centrais e mais preocupantes da crise ecológica sem precedentes que vivenciamos hoje e que decorre direta e exclusivamente da magnitude da intervenção do ser humano na Natureza, notadamente em razão da destruição da cobertura florestal (e consequente liberação de gases do efeito estufa) e alteração dos *habitats* naturais das espécies da fauna e da flora em todos os cantos do Planeta. 8. A **Unidade de Conservação** representa **expressão legítima e legal dos poderes que foram conferidos constitucionalmente ao legislador** que as criou, de forma que a extinção causaria inegável prejuízo ao meio ambiente, notadamente por conter espécies ameaçadas de extinção e por ter a criação da UC representado lídimo **exercício do poder/dever de combate ao desmatamento pelo Poder Público. 9. O zoneamento ambiental** (Instituto previsto na Lei da Política Nacional do Meio Ambiente desde 1981 como instrumento do poder de polícia administrativa e recepcionado pela Constituição Federal do Estado brasileiro – art. 9º, II, da Lei n. 6.938/81), atua com a finalidade de garantir a salubridade, a tranquilidade, a paz, a saúde e o bem-estar do povo, de forma que, ao discriminar usos, o zoneamento representa uma limitação do direito dos cidadãos e a propriedade não poderá ser utilizada de forma indiscriminada pelo proprietário. Assim, a conservação da cobertura vegetal, sobretudo a florestal no bioma Amazônico, não diz respeito somente à vontade do proprietário. 10. A ideia de sustentabilidade encontra-se vinculada à proteção ecológica, já que manter e, em alguns casos, recuperar o equilíbrio ambiental implica o uso racional e harmônico dos recursos naturais, de modo a, por meio de sua degradação, também não os levar ao seu esgotamento. **O conceito de desenvolvimento econômico transcende, substancialmente, a ideia limitada de crescimento econômico**. 11. A lei em referência não traz desenvolvimento sustentável, mas prevalência de interesses econômicos de uma maioria ocasional, que causa desequilíbrio ao meio ambiente e prejuízo à coletividade beneficiada com um **direito fundamental das presentes e futuras gerações**. 12. Na forma do entendimento já referendado por esta Corte, **pretensos interesses econômicos determinados não podem se sobrepor ao direito de todo cidadão, presentes e futuros, a terem um meio ambiente sadio** (ADI 0800913-33.2018.822.0000). 13. É inerente ao regime constitucional dos direitos fundamentais a **eficácia contramajoritária**, notadamente na hipótese em que tais direitos são **titularizados pelas presentes e futuras gerações**, como é o caso do meio ambiente equilibrado, elevando, dessa forma, o seu *status* jurídico em termos de proteção e **blindagem normativa contra retrocessos**. Não cabe, sobretudo ao Estado-Legislador (constitucional e infraconstitucional), dispor sobre o regime de proteção de tais bens jurídicos e direitos fundamentais a ponto de torná-lo vulnerável, sob pena de violar o núcleo normativo mínimo protetivo da vida e da dignidade da pessoa humana estabelecido na ordem constitucional da CF/1988 pelo poder constituinte originário. 14. A partir da proposição de critérios materiais da tutela jurisdicional de direitos prestacionais (inseridas na sistemática pós-positivista), como é o caso do direito fundamental ao meio ambiente equilibrado, admite-se a adoção de decisões estruturantes pela jurisdição constitucional brasileira, eis que estas buscam a reestruturação de determinada organização social ou política pública, com o objetivo de concretizar direitos ou interesses socialmente relevantes, sobretudo quando afirmadas pelo próprio órgão auxiliar do Poder Legislativo (TCE) e pelo órgão técnico científico do Poder Executivo (SEDAM). 15. As determinações dos Tribunais de Contas, órgão auxiliar do Poder Legislativo, são marcadas por força coercitiva tal que retira do agente destinatário qualquer juízo de conveniência ou oportunidade, obrigando-o ao pronto cumprimento do comando, sob pena de responsabilização (STJ, RMS 37.657/PE). 16. A **ausência de estudo técnico que permita aferir os impactos ambientais negativos da desafetação pretendida** provoca grave afronta aos deveres de prevenção e precaução, emanados do artigo 225, § 1º, IV, da Constituição Federal, reproduzido nos artigos 218 e 219, VI, da Constituição Estadual. 17. Após a criação de uma Unidade de Conservação, fica vedada qualquer utilização que comprometa a integridade dos atributos que justificaram sua proteção, sob pena de afronta ao artigo 225, § 1º, III, da Constituição Federal e dos artigos 218 e 219, I e VII, da Constituição Estadual. 18. A atuação normativa estadual flexibilizadora caracteriza violação do direito fundamental ao meio ambiente ecologicamente equilibrado e afronta a obrigatoriedade da intervenção do Poder Público em matéria ambiental. **Inobservância do princípio da proibição de retrocesso em matéria socioambiental e dos princípios da prevenção e da precaução** (STF, ADI 6288). 19. Apesar das diversas investidas legislativas contra Unidades de Conservação no Estado de Rondônia, há um **déficit de proteção ambiental**, que pode ser melhorado com a implantação da Estação Ecológica Soldado da Borracha, notadamente considerando que a criação proveio de estudos, sendo apontado pela equipe técnica da SEDAM a crescente pressão, principalmente por **madeireiros ilegais em busca de árvores de corte proibido**, inclusive algumas ameaçadas de extinção, bem como a localização privilegiada da UC, que criaria, junto com outras UC, bloco de proteção da flora e fauna naturais. O único motivo apontado pela Coordenadoria de Unidades de Conservação de Rondônia para não efetivar a UC foi o financeiro. 20. Existe vício formal e material na Lei Complementar Estadual n. 999/2018, pois não foi precedida do regular estudo técnico e consulta pública, viola o sistema constitucional que impõe **dever de proteção progressiva**, já que desconsidera as peculiaridades do bioma e referenda interesses econômicos e ilegalidades, além de descumprir determinações da Corte de Contas. Logo, **torna-se imperioso impor política pública de gestão socioambiental, com o objetivo de concretizar direitos e interesses ao meio ambiente equilibrado das presentes e futuras gerações, impedindo-se a extinção de unidades de conservação**. 21. Ação julgada integralmente procedente" (TJRO, ADI 0800922-58.2019.8.22.0000, Tribunal Pleno, Rel. p/ Acórdão Desembargador Miguel Monico Neto, j. 29.09.2021).

2. CONCEITO DE UNIDADE DE CONSERVAÇÃO E DEMAIS CONCEITOS GERAIS TRAZIDOS PELA LEI 9.985/2000

O conceito de **unidade de conservação** previsto no art. 2º, I, da Lei 9.985/2000 é elucidativo a respeito da questão, ao prever que ela se trata de

> "(...) **espaço territorial e seus recursos ambientais**, incluindo as águas jurisdicionais, com características naturais relevantes, **legalmente instituído pelo Poder Público**, com **objetivos de conservação e limites definidos, sob regime especial de administração, ao qual se aplicam garantias adequadas de proteção**".

Além do conceito nuclear de unidade de conservação, a Lei 9.985/2000 traz inúmeros **conceitos** fundamentais para a compreensão da matéria nos diversos incisos do art. 2º.

Conservação da natureza	"o manejo do uso humano da natureza, compreendendo a preservação, a manutenção, a utilização sustentável, a restauração e a recuperação do ambiente natural, para que possa produzir o maior benefício, em bases sustentáveis, às atuais gerações, mantendo seu potencial de satisfazer as necessidades e aspirações das gerações futuras, e garantindo a sobrevivência dos seres vivos em geral" (II).

Diversidade biológica	"a variabilidade de organismos vivos de todas as origens, compreendendo, dentre outros, os ecossistemas terrestres, marinhos e outros ecossistemas aquáticos e os complexos ecológicos de que fazem parte; compreendendo ainda a diversidade dentro de espécies, entre espécies e de ecossistemas" (III). Obs. Reproduz o conceito de diversidade biológica estabelecido no art. 2º da Convenção sobre Diversidade Biológica (1992).
Recurso ambiental	"a atmosfera, as águas interiores, superficiais e subterrâneas, os estuários, o mar territorial, o solo, o subsolo, os elementos da biosfera, a fauna e a flora" (IV). Obs.: Dispositivo similar ao art. 3º, V, da Lei 6.938/81.
Preservação	"conjunto de métodos, procedimentos e políticas que visem a proteção a longo prazo das espécies, *habitats* e ecossistemas, além da manutenção dos processos ecológicos, prevenindo a simplificação dos sistemas naturais" (V). Obs.: Utiliza o conceito de "processos ecológicos essenciais" consagrado no art. 225, § 1º, I, da CF/1988.
Proteção integral	"manutenção dos ecossistemas livres de alterações causadas por interferência humana, admitido apenas o uso indireto dos seus atributos naturais" (VI).
Conservação *in situ*	"conservação de ecossistemas e *habitats* naturais e a manutenção e recuperação de populações viáveis de espécies em seus meios naturais e, no caso de espécies domesticadas ou cultivadas, nos meios onde tenham desenvolvido suas propriedades características" (VII). Obs.: O dispositivo em análise reproduz integralmente o conceito trazido no art. 2º da Convenção sobre Diversidade Biológica (1992). **1. Condições *in situ*:** "condições *in situ* significa as condições em que recursos genéticos existem em ecossistemas e hábitats naturais e, no caso de espécies domesticadas ou cultivadas, nos meios onde tenham desenvolvido suas propriedades características" (art. 2º da Convenção sobre Diversidade Biológica). **2. Conservação *ex situ*:** "conservação *ex situ* significa a conservação de componentes da diversidade biológica fora de seus hábitats naturais" (art. 2º da Convenção sobre Diversidade Biológica).
Manejo	"todo e qualquer procedimento que vise assegurar a conservação da diversidade biológica e dos ecossistemas" (VIII).
Uso indireto	"aquele que não envolve consumo, coleta, dano ou destruição dos recursos naturais" (IX).
Uso direto	"aquele que envolve coleta e uso, comercial ou não, dos recursos naturais" (X).

Uso sustentável	"exploração do ambiente de maneira a garantir a perenidade dos recursos ambientais renováveis e dos processos ecológicos, mantendo a biodiversidade e os demais atributos ecológicos, de forma socialmente justa e economicamente viável" (XI).
Extrativismo	"sistema de exploração baseado na coleta e extração, de modo sustentável, de recursos naturais renováveis" (XII).
Recuperação	"restituição de um ecossistema ou de uma população silvestre degradada a uma condição não degradada, que pode ser diferente de sua condição original" (XIII).
Restauração	"restituição de um ecossistema ou de uma população silvestre degradada o mais próximo possível da sua condição original" (XIV).
Zoneamento	"definição de setores ou zonas em uma unidade de conservação com objetivos de manejo e normas específicos, com o propósito de proporcionar os meios e as condições para que todos os objetivos da unidade possam ser alcançados de forma harmônica e eficaz" (XVI).
Plano de manejo	"documento técnico mediante o qual, com fundamento nos objetivos gerais de uma unidade de conservação, se estabelece o seu zoneamento e as normas que devem presidir o uso da área e o manejo dos recursos naturais, inclusive a implantação das estruturas físicas necessárias à gestão da unidade" (XVII).
Zona de amortecimento	"o entorno de uma unidade de conservação, onde as atividades humanas estão sujeitas a normas e restrições específicas, com o propósito de minimizar os impactos negativos sobre a unidade" (XVIII).
Corredores ecológicos	"porções de ecossistemas naturais ou seminaturais, ligando unidades de conservação, que possibilitam entre elas o fluxo de genes e o movimento da biota, facilitando a dispersão de espécies e a recolonização de áreas degradadas, bem como a manutenção de populações que demandam para sua sobrevivência áreas com extensão maior do que aquela das unidades individuais" (XIX).

3. OBJETIVOS, PRINCÍPIOS E DIRETRIZES DO SISTEMA NACIONAL DE UNIDADES DE CONSERVAÇÃO (SNUC)

A Lei 9.985/2000 estabelece, no seu art. 3º, a criação do Sistema Nacional de Unidades de Conservação da Natureza (SNUC), o qual é constituído pelo **conjunto das unidades de conservação *federais, estaduais, distritais* e *municipais*.**

Objetivos do SNUC (art. 4º)	– contribuir para a manutenção da **diversidade biológica** e dos **recursos genéticos** no território nacional e nas águas jurisdicionais (I);

Objetivos do SNUC (art. 4º)	– proteger as **espécies ameaçadas de extinção** no âmbito regional e nacional (II); – contribuir para a preservação e a restauração da **diversidade de ecossistemas naturais** (III); – promover o **desenvolvimento sustentável** a partir dos recursos naturais (IV); – promover a utilização dos **princípios e práticas de conservação da natureza** no processo de desenvolvimento (V); – proteger **paisagens naturais** e pouco alteradas de notável beleza cênica (VI); – proteger as características relevantes de natureza **geológica, geomorfológica, espeleológica, arqueológica, paleontológica e cultural** (VII); – proteger e recuperar **recursos hídricos e edáficos** (VIII); – recuperar ou restaurar **ecossistemas degradados** (IX); – proporcionar meios e incentivos para atividades de **pesquisa científica, estudos e monitoramento ambiental** (X); – **valorizar econômica e socialmente a diversidade biológica** (XI); – favorecer condições e promover a **educação e interpretação ambiental**, a **recreação em contato com a natureza** e o **turismo ecológico** (XII); e – proteger os recursos naturais necessários à subsistência de **populações tradicionais**, respeitando e valorizando seu conhecimento e sua cultura e promovendo-as social e economicamente (XIII).

3.1 Objetivos do SNUC e serviços ecológicos

Em diversos dos incisos arrolados no dispositivo em análise, verificam-se exemplos de **serviços ecológicos** prestados pelas unidades de conservação, por exemplo, a manutenção da diversidade biológica e dos recursos genéticos, a proteção de espécies, a proteção e restauração de ecossistemas degradados, proteção de características relevantes de natureza geológica, geomorfológica, espeleológica, arqueológica, paleontológica e cultural, proteção e recuperação de recursos hídricos e edáficos, entre outros. Como se pode observar, os serviços ecológicos prestados pelas unidades de conservação têm **valor inestimável**, justificando-se, inclusive, o seu **pagamento**, na linha do que preceitua o **art. 41, I, do Código Florestal de 2012** (Lei 12.651/2012). Mais recentemente, foi aprovada a **Lei 14.119/2021**, que instituiu a **Política Nacional de Pagamento por Serviços Ambientais**, conforme abordado mais à frente.

3.2 Diretrizes do SNUC

Além dos objetivos delineados no art. 4º, a Lei 9.985/2000 elenca as diretrizes que regem o SNUC no seu art. 5º:

Diretrizes do SNUC (art. 5º)	**I** – assegurem que no conjunto das unidades de conservação estejam representadas amostras significativas e ecologicamente viáveis das diferentes populações, *habitats* e ecossistemas do território nacional e das águas jurisdicionais, **salvaguardando o patrimônio biológico existente;**

Diretrizes do SNUC (art. 5º)

II – assegurem os mecanismos e procedimentos necessários ao envolvimento da sociedade no estabelecimento e na revisão da política nacional de unidades de conservação;

III – assegurem a participação efetiva das populações locais na criação, implantação e gestão das unidades de conservação;

Obs.: De acordo com os preceitos fundamentais que orientam a proteção jurídica do ambiente, a criação e gestão das unidades de conservação devem sempre atender ao postulado da participação pública de todos os indivíduos e grupos da sociedade civil interessados na proteção de determinado ecossistema e área protegida. Isso é salutar, sobretudo, para assegurar um maior controle perante eventuais práticas atentatórias ao patrimônio ecológico.

IV – busquem o apoio e a **cooperação de organizações não governamentais, de organizações privadas e pessoas físicas** para o desenvolvimento de estudos, pesquisas científicas, práticas de educação ambiental, atividades de lazer e de turismo ecológico, monitoramento, manutenção e outras atividades de gestão das unidades de conservação;

Obs.: Na linha do dispositivo antecedente, deve-se sempre buscar o maior envolvimento possível e cooperação das organizações não governamentais de proteção ambiental nas diversas questões atreladas à gestão das unidades de conservação.

V – incentivem as populações locais e as organizações privadas a estabelecerem e administrarem unidades de conservação dentro do sistema nacional;

VI – assegurem, nos casos possíveis, a **sustentabilidade econômica das unidades de conservação;**

VII – permitam o uso das unidades de conservação para a **conservação *in situ* de populações das variantes genéticas selvagens dos animais e plantas domesticados e recursos genéticos silvestres;**

VIII – assegurem que o processo de criação e a gestão das unidades de conservação sejam feitos de forma **integrada com as políticas de administração das terras e águas circundantes, considerando as condições e necessidades sociais e econômicas locais;**

IX – considerem as condições e necessidades das populações locais no desenvolvimento e adaptação de métodos e técnicas de uso sustentável dos recursos naturais;

X – garantam às populações tradicionais cuja subsistência dependa da utilização de recursos naturais existentes no interior das unidades de conservação meios de subsistência alternativos ou a justa indenização pelos recursos perdidos;

Obs.: De acordo com uma premissa socioambiental, a proteção ecológica no âmbito das unidades de conservação não deve olvidar a proteção das populações tradicionais, sendo respeitados os seus direitos básicos, inclusive no tocante à utilização de recursos naturais voltados à sua subsistência.

XI – garantam uma **alocação adequada dos recursos financeiros** necessários para que, uma vez criadas, **as unidades de conservação possam ser geridas de forma eficaz e atender aos seus objetivos;**

Diretrizes do SNUC (art. 5º)

XII – busquem conferir às unidades de conservação, nos casos possíveis e respeitadas as conveniências da administração, **autonomia administrativa e financeira;** e

XIII – **busquem proteger grandes áreas por meio de um conjunto integrado de unidades de conservação de diferentes categorias,** próximas ou contíguas, e suas respectivas **zonas de amortecimento e corredores ecológicos,** integrando as diferentes atividades de preservação da natureza, uso sustentável dos recursos naturais e restauração e recuperação dos ecossistemas.

3.3 Unidades de conservação e proteção da biodiversidade

A proteção da biodiversidade é um dos objetivos mais importantes traçados pelo art. 3º da Lei 9.985/2000, aparecendo, inclusive, em mais de um dos seus incisos. A título de exemplo, destacam-se os objetivos de "contribuir para a **manutenção da diversidade biológica** e dos recursos genéticos no território nacional e nas águas jurisdicionais" (inciso I), "**proteger as espécies ameaçadas de extinção** no âmbito regional e nacional" (inciso II) e contribuir para a **preservação e a restauração da diversidade de ecossistemas naturais** (inciso III), ou seja, os três primeiros incisos do art. 3º tratam justamente do tema.

A destruição das florestas e de outros ecossistemas implica diretamente risco de extinção de espécies da fauna e da flora. Conforme consignado no *Relatório Nosso Futuro Comum* (1987), "as espécies do Planeta estão em risco. Há consenso científico cada vez mais generalizado no sentido de que certas espécies desapareçam do planeta a um ritmo sem precedentes (...). Mas ainda está em tempo de se deter este processo".[18] Entre as espécies da fauna brasileira ameaçadas de extinção, incluídas na Lista Vermelha elaborada pelo IBAMA, destacam-se: a arara azul (*Anodorhynchus hyacinthinus*), a ariranha (*Pteronura brasiliensis*), o peixe-boi marinho (*Trichechus manatus*), a onça-parda (*Puma concolor*) e a jaguatirica (*Leopardus pardalis*).

A riqueza da biodiversidade brasileira encontra-se ameaçada, para além da degradação e **poluição ambiental**, por práticas relacionadas à **biopirataria**, inclusive no tocante ao tráfico de animais e plantas silvestres. De acordo com *1º Relatório Nacional sobre o Tráfico de Animais Silvestres*, elaborado pela Rede Nacional de Combate ao Tráfico de Animais Silvestres (RENCTAS), no ano de 2001, o **tráfico de vida silvestre,** no qual se incluem a flora, a fauna e seus produtos e subprodutos, é considerado a **terceira maior atividade ilegal do mundo,** apenas atrás do tráfico de armas e do tráfico de drogas.[19]

4. ESTRUTURA DO SNUC

A Lei 9.985/2000 prevê um sistema integrado, inclusive mediante a **cooperação dos entes federativos,** com a criação de uma **política nacional de unidades de conservação.** O art. 3º do diploma, nesse sentido, estabelece que o SNUC "**é constituído pelo conjunto das unidades de conservação federais, estaduais e municipais".** Em outras palavras, o dispositivo opera na perspectiva de um pacto federativo capaz de integrar políticas públicas de natureza ecológica entre todos os entes federativos, inclusive por força do que dispõe, por exemplo, o art. 23 da CF/1988, ao estabelecer a competência administrativa comum em matéria ambiental de todos os entes

---

[18] COMISSÃO MUNDIAL SOBRE MEIO AMBIENTE E DESENVOLVIMENTO. *Relatório Nosso Futuro Comum...*, p. 14-15.

[19] O Relatório Final, divulgado no ano de 2003, está disponível em: http://www.renctas.org.br/pt/trafico/rel_cpi.asp.

federativos, e a LC 140/2011. No tema das unidades de conservação, resulta ainda mais evidente a importância dessa integração entre as políticas federais, estaduais e municipais, especialmente para contemplar o trânsito (por exemplo, corredores ecológicos e zonas de amortecimento), em termos de diversidade biológica, entre as diferentes unidades de conservação, assegurando a **integridade e equilíbrio dos ecossistemas** protegidos.

O art. 6º da Lei 9.985/2000 estabelece os órgãos administrativos encarregados de gerir e executar a Política Nacional de Unidades de Conservação, tomando como premissa, de acordo com que assinalamos anteriormente, a cooperação entre todos os entes federativos.

Órgãos do SNUC (art. 6º)	**I – ÓRGÃO CONSULTIVO E DELIBERATIVO:** – Conselho Nacional do Meio Ambiente (CONAMA), com as atribuições de acompanhar a implementação do Sistema; **II – ÓRGÃO CENTRAL:** – Ministério do Meio Ambiente (MMA), com a finalidade de coordenar o Sistema; e **III – ÓRGÃOS EXECUTORES:** – o Instituto Chico Mendes (ICMBio) e o IBAMA, em caráter supletivo, os órgãos estaduais e municipais, com a função de implementar o SNUC, subsidiar as propostas de criação e administrar as unidades de conservação federais, estaduais e municipais, nas respectivas esferas de atuação. (Redação dada pela Lei 11.516/2007.)

Como tivemos oportunidade de tratar anteriormente, a atribuição do **IBAMA**, como órgão executor do SNUC, ocorre **apenas em caráter supletivo**, sendo, como regra, o **Instituto Chico Mendes (ICMBio) o órgão executor do SNUC no âmbito federal**.

Por fim, ressalta-se apenas a previsão do parágrafo único do art. 6º, ao prever que "podem integrar o SNUC, excepcionalmente e a critério do CONAMA, unidades de conservação estaduais e municipais que, concebidas para atender a peculiaridades regionais ou locais, possuam objetivos de manejo que não possam ser satisfatoriamente atendidos por nenhuma categoria prevista nesta Lei e cujas características permitam, em relação a estas, uma clara distinção".

5. CATEGORIAS DE UNIDADES DE CONSERVAÇÃO

A Lei 9.985/2000 regulamentou as diferentes categorias de unidades de conservação, buscando conferir sistematicidade à matéria, de modo a suprimir a imprecisão conceitual que vigorava nos diplomas anteriores. A legislação, quanto a esse espectro, prevê **dois grandes grupos de unidades de conservação**, subdivididas em diversas categorias diferenciadas e com regimes jurídicos próprios: a) **unidades de proteção integral** (art. 7º, I); b) **unidades de uso sustentável** (art. 7º, II). De acordo com o disposto no art. 7º, § 1º, "o objetivo básico das *unidades de proteção integral* é preservar a natureza, sendo admitido apenas o uso indireto dos seus recursos naturais, com exceção dos casos previstos nesta Lei", ao passo que, conforme dispõe o § 2º do mesmo dispositivo, "objetivo básico das *unidades de uso sustentável* é compatibilizar a conservação da natureza com o uso sustentável de parcela dos seus recursos naturais". A diferença, em termos gerais, reside no maior rigor protetivo do regime jurídico dado às unidades de proteção integral.

No grupo das unidades de conservação de proteção integral (art. 8º), são previstas as seguintes categorias: a) estação ecológica; b) reserva biológica; c) parque nacional; d) monumento natural; e e) refúgio de vida silvestre. Já no grupo das unidades de uso sustentável (art. 14), prevê o diploma as seguintes categorias de unidade de conservação: a) área de proteção ambiental; b) área de relevante interesse ecológico; c) floresta nacional; d) reserva extrativista; e) reserva de fauna; f) reserva de desenvolvimento sustentável; e g) reserva particular do patrimônio natural.

Conquanto não possamos aqui enfrentar as diferentes questões suscitadas, apenas realçamos a importância da Lei 9.985/2000 como um dos diplomas legislativos basilares do Direito Ambiental brasileiro, especialmente em tempos de retrocesso legislativo e invasão das fronteiras agrícolas e pecuárias sobre as áreas que integram os biomas tidos como patrimônio nacional pelo art. 225, § 4º, da CF/1988, o que é particularmente atual e preocupante com relação à Floresta Amazônica brasileira, ao Pantanal Mato-Grossense e à Zona Costeira.

CATEGORIAS DE UNIDADES DE CONSERVAÇÃO

Grupos de Unidades de Conservação	Objetivo	Categorias
Proteção integral (art. 8º)	"preservar a natureza, sendo admitido **apenas o uso indireto dos seus recursos naturais**, com exceção dos casos previstos na lei" (art. 7º, § 1º).	a) estação ecológica b) reserva biológica c) parque nacional d) monumento natural e) refúgio de vida silvestre
Uso sustentável (art. 14)	"compatibilizar a conservação da natureza com o **uso sustentável de parcela dos seus recursos naturais**" (art. 7º, § 2º).	a) área de proteção ambiental b) área de relevante interesse ecológico c) floresta nacional d) reserva extrativista e) reserva de fauna f) reserva de desenvolvimento sustentável g) reserva particular do patrimônio natural

5.1 Unidades de conservação de proteção integral

A categoria de unidades de conservação de proteção integral revela a necessidade de manter determinadas áreas protegidas alijadas da intervenção humana, caso contrário não seria possível assegurar o equilíbrio de determinados ecossistemas e a diversidade biológica que lhes é inerente. É isso, em linhas grais, o que diz o art. 2º, VI, da Lei 9.985/2000, como vimos anteriormente, ao assinalar que **proteção integral** significa "**manutenção dos ecossistemas livres de alterações causadas por interferência humana**, admitido **apenas o uso indireto** dos seus atributos naturais". O conceito de proteção integral é reforçado, por sua vez, pelo conceito de **uso indireto**, o qual não admite "consumo, coleta, dano ou destruição dos recursos naturais" (art. 2º, IX).

A diferença conceitual entre uso direto e uso indireto dos recursos naturais é relevante para compreender, conforme como referimos anteriormente, as diferentes categorias de unidades de conservação, tomando por premissa a distinção entre as de *proteção integral* (art. 7º, § 1) e as de *uso sustentável* (art. 7º, § 2º), e apenas nestas últimas é admitido o uso direto dos recursos naturais. Muito embora as diferentes categorias que integram o grupo das unidades de conservação de proteção integral, todas apresentam um **regime jurídico mais rígido de proteção**, já que, diferentemente do grupo das unidades de conservação de uso sustentável, o seu objetivo principal é a preservação do ambiente natural, sendo admitido apenas o **uso indireto** dos seus recursos naturais, com forte **limitação à intervenção antrópica**.

> **JURISPRUDÊNCIA TJSP. Unidade de conservação de proteção integral e limitação à intervenção antrópica:** "Agravo de instrumento. Ação de reintegração de posse. Parque Estadual do Jurupará. Tutela antecipada indeferida. Área incorporada ao patrimônio do Estado de São Paulo. Ocupação pelo agravado que não induz posse, mas ato de mera detenção. **Unidade de conservação de proteção integral que não se presta a intervenções antrópicas** na forma pretendida pelo agravado. Urgência da tutela jurisdicional. Aplicação dos princípios do **meio ambiente como direito humano fundamental, da prevenção e da precaução**. Direito da parte contrária à reintegração liminar. Decisão reformada. Recurso provido" (TJSP, AI 0257929-27.2011.8.26.0000, 1ª Câmara Reservada ao Meio Ambiente, Rel. Des. Paulo Alcides, j. 21.03.2013).

5.1.1 Estação Ecológica

O art. 9º da Lei 9.985/2000 estabelece como **objetivo** da Estação Ecológica "**a preservação da natureza e a realização de pesquisas científicas**". A sua **posse e domínio são públicos**, devendo as áreas particulares incluídas em seus limites ser desapropriadas, de acordo com o que dispõe a lei (§ 1º). É **proibida a visitação pública**, exceto quando com objetivo educacional, de acordo com o que dispuser o Plano de Manejo da unidade ou regulamento específico. (§ 2º). No tocante à **pesquisa científica**, que é um dos seus objetivos, com a preservação da natureza, tal depende de **autorização prévia do órgão responsável** pela administração da unidade e está sujeita às condições e restrições por este estabelecidas, bem como àquelas previstas em regulamento (§ 3º).

Nos limites da Estação Ecológica, segundo dispõe § 4º do art. 9º, só podem ser **permitidas alterações dos ecossistemas** no caso de: I – medidas que visem a **restauração de ecossistemas modificados**; II – **manejo de espécies** com o fim de preservar a diversidade biológica; III – coleta de componentes dos ecossistemas com **finalidades científicas**; IV – pesquisas científicas cujo impacto sobre o ambiente seja maior do que aquele causado pela simples observação ou pela coleta controlada de componentes dos ecossistemas, em uma área correspondente a no máximo três por cento da extensão total da unidade e até o limite de um mil e quinhentos hectares.

5.1.2 Reserva Biológica

A Reserva Biológica, conforme dispõe o art. 10 da Lei 9.985/2000, tem como **objetivo** a **preservação integral da biota** e demais atributos naturais existentes em seus limites, sem **interferência humana direta ou modificações ambientais**, excetuando-se as medidas de recuperação de seus ecossistemas alterados e as ações de manejo necessárias para recuperar e preservar o equilíbrio natural, a diversidade biológica e os processos ecológicos naturais. A sua **posse e domínio são públicos**, e as áreas particulares incluídas em seus limites serão desapropriadas, de acordo com o que dispõe a lei (§ 1º). Da mesma forma como verificado no caso da Estação Ecológica, a **visitação pública é proibida**, exceto com objetivo educacional, de acordo com regulamento específico (§ 2º). Também a **pesquisa científica depende de autorização prévia do órgão responsável** pela administração da unidade e está sujeita às condições e restrições por este estabelecidas, bem como àquelas previstas em regulamento (§ 3º).

5.1.3 Parque Nacional

O Parque Nacional, conforme dispõe o art. 11 da Lei 9.985/2000, tem como **objetivo** básico a **preservação de ecossistemas naturais de grande relevância ecológica e beleza cênica**, possibilitando a realização de pesquisas científicas e o desenvolvimento de atividades de educação e interpretação ambiental, de **recreação em contato com a natureza e de turismo ecológico**. A sua **posse e domínio são públicos**, igualmente como verificado no tocante à Estação Ecológica e à Reserva Biológica, e as áreas particulares incluídas em seus limites serão desapropriadas, de acordo com o que dispõe a lei (§ 1º).

A **visitação** do Parque Nacional, no entanto, **não é proibida**, como é a regra para a Estação Ecológica e a Reserva Biológica. Isso, por óbvio, coaduna com os objetivos de recreação em contato com a natureza e de turismo ecológico. Entretanto, a **visitação pública está sujeita às normas e restrições estabelecidas no Plano de Manejo da unidade**, às normas fixadas pelo órgão responsável por sua administração, e àquelas previstas em regulamento (§ 2º). A **pesquisa científica**, por sua vez, depende de autorização prévia do órgão responsável pela administração da unidade e está sujeita às condições e restrições por este determinadas, bem como àquelas dispostas em regulamento (§ 3º). Por fim, cabe apenas registrar que as unidades dessa categoria, quando criadas pelo Estado ou Município, serão denominadas, respectivamente, **Parque Estadual** e **Parque Natural Municipal** (§ 4º).

5.1.4 Monumento Natural

O Monumento Natural, de acordo com o disposto no art. 12 da Lei 9.985/2000, tem como **objetivo** básico **preservar sítios naturais raros, singulares ou de grande beleza cênica**. Diferentemente da *Estação Ecológica, da Reserva Biológica e do Parque Nacional*, o Monumento Natural **pode ser constituído por áreas particulares**, desde que seja possível compatibilizar os objetivos da unidade com a utilização da terra e dos recursos naturais do local pelos proprietários (§ 1º). No entanto, segundo dispõe o diploma, "havendo incompatibilidade entre os objetivos da área e as atividades privadas ou não havendo aquiescência do proprietário às condições propostas pelo órgão responsável pela administração da unidade para a coexistência do Monumento Natural com o uso da propriedade, a área deve ser desapropriada, de acordo com o que dispõe a lei" (§ 2º). Por fim, a **visitação pública também é permitida**, mas está sujeita às condições e restrições estabelecidas no Plano de Manejo da unidade, às normas fixadas pelo órgão responsável por sua administração e àquelas previstas em regulamento (§ 3º).

5.1.5 Refúgio de Vida Silvestre

O Refúgio de Vida Silvestre, conforme dispõe o art. 13 da Lei 9.985/2000, tem como **objetivo** proteger ambientes naturais onde se asseguram condições para a existência ou reprodução de **espécies ou comunidades da flora local e da fauna residente ou migratória**. Assim como o Parque Nacional, o Refúgio de Vida Silvestre **pode ser constituído por áreas particulares**, desde que seja possível compatibilizar os objetivos da unidade com a utilização da terra e dos recursos naturais do local pelos proprietários (§ 1º). Entretanto, no caso de incompatibilidade entre os objetivos da área e as atividades privadas ou não havendo aquiescência do proprietário às condições propostas pelo órgão responsável pela administração da unidade para a coexistência do Refúgio de Vida Silvestre com o uso da propriedade, a área deve ser desapropriada, de acordo com o que dispõe a lei (§ 2º).

A **visitação pública é permitida**, estando, no entanto, sujeita às normas e restrições estabelecidas no Plano de Manejo da unidade, às normas fixadas pelo órgão responsável por sua administração, e àquelas previstas em regulamento (§ 3º). Da mesma forma, a **pesquisa científica é permitida**, apenas depende de autorização prévia do órgão responsável pela administração da unidade e está sujeita às condições e restrições por este determinadas, bem como àquelas dispostas em regulamento (§ 4º).

> **JURISPRUDÊNCIA TJSP. Propriedade em Unidade de Proteção Integral de Refúgio da Vida Silvestre, limitações administrativas que impedem o exercício dos direitos inerentes à propriedade e inadmissibilidade de cobrança de IPTU:**
> "Apelação. Ação declaratória de inexistência de relação jurídico-tributária com pedido cumulado de repetição de indébito. Imposto predial e territorial urbano. Imóvel sito em loteamento cancelado. Unidade de proteção integral de refúgio da vida silvestre. Impossibilidade de supressão de vegetação e de uso do imóvel para construção de moradia ou exploração econômica. Esvaziamento dos poderes inerentes ao direito de propriedade. Cobrança do tributo inadmissível. Recurso denegado. (...)" (TJSP, AC 0003813-60.2015.8.26.0244, 14ª Câmara de Direito Público, Rel. Des. Geraldo Xavier, j. 09.09.2020).

UNIDADES DE CONSERVAÇÃO DE PROTEÇÃO INTEGRAL (ART. 6º)	
Estação Ecológica	1) posse e domínio públicos 2) visitação pública proibida
Reserva Biológica	1) posse e domínio públicos 2) visitação pública proibida
Parque Nacional	1) posse e domínio públicos 2) visitação pública permitida
Monumento Natural	1) pode ser constituído por áreas particulares 2) visitação pública permitida
Refúgio de Vida Silvestre	1) pode ser constituído por áreas particulares 2) visitação pública permitida

5.2 Unidades de conservação de uso sustentável

O grupo das unidades de conservação de uso sustentável, diferentemente das unidades de conservação de proteção integral, como o próprio nome diz, objetiva **conciliar a proteção da natureza com o uso sustentável de parcela dos seus recursos naturais**, possuindo, portanto, um **regime menos rígido de proteção ambiental**. O seu objetivo básico, conforme assinala expressamente o art. art. 7º, § 2º, da Lei 9.985/2000, é "compatibilizar a conservação da natureza com o uso sustentável de parcela dos seus recursos naturais".

5.2.1 Área de Proteção Ambiental (APA)

A Área de Proteção Ambiental (APA) – que, é bom frisar, não se confunde com a Área de Preservação Permanente (APP) regulamentada no âmbito do Novo Código Florestal (Lei 12.651/2012) – configura-se, segundo dispõe o art. 15 da Lei 9.985/2000, como "uma área em geral extensa, com um **certo grau de ocupação humana**, dotada de atributos abióticos, bióticos, estéticos ou culturais especialmente importantes para a qualidade de vida e o bem-estar das populações humanas", tendo como **objetivos básicos** "proteger a diversidade biológica, disciplinar o processo de ocupação e assegurar a sustentabilidade do uso dos recursos naturais".

A Área de Proteção Ambiental é constituída por **terras públicas ou privadas** (§ 1º). Assim, respeitados os limites constitucionais, podem ser estabelecidas normas e restrições para a utilização de uma propriedade privada localizada em uma APA (§ 2º). As condições para a realização de pesquisa científica e visitação pública nas áreas sob domínio público, por sua vez, serão estabelecidas pelo órgão gestor da unidade (§ 3º). Nas áreas sob propriedade privada, cabe ao proprietário estabelecer as condições para pesquisa e visitação pelo público, observadas as exigências e as restrições legais (§ 4º).

Outro aspecto importante sobre a APA diz respeito à criação de um **Conselho** presidido pelo órgão responsável por sua administração e constituído por **representantes dos órgãos públicos**, de **organizações da sociedade civil** e da **população residente**, conforme se dispuser no regulamento desta Lei (§ 5º).

> **JURISPRUDÊNCIA STJ. Deveres de proteção ambiental do Estado, Área de Proteção Ambiental (APA) e plano de manejo:** "DIREITO AMBIENTAL E PROCESSUAL CIVIL. AUSÊNCIA DE VIOLAÇÃO DO ART. 535 DO CPC. ÁREA DE PROTEÇÃO AMBIENTAL DA BALEIA FRANCA. ELABORAÇÃO DO PLANO DE MANEJO E GESTÃO. ASPECTO POSITIVO DO DEVER FUNDAMENTAL DE PROTEÇÃO. DETERMINAÇÃO PARA QUE A UNIÃO TOME PROVIDÊNCIAS NO ÂMBITO DE SUA COMPETÊNCIA. LEGITIMIDADE PASSIVA. *ASTREINTES*. POSSIBILIDADE DE COMINAÇÃO CONTRA A FAZENDA PÚBLICA. VALOR FIXADO. (...) 2. Nos termos do art. 225 da CF, o Poder Público tem o dever de preservar o meio ambiente. Trata-se de um dever fundamental, que não se resume apenas em um mandamento de ordem negativa, consistente na não degradação, mas possui também uma disposição de cunho positivo que impõe a todos – Poder Público e coletividade – a prática de atos tendentes a recuperar, restaurar e defender o ambiente ecologicamente equilibrado. 3. Nesse sentido, a elaboração do plano de manejo é essencial para a preservação da Unidade de Conservação, pois é nele que se estabelecem as normas que devem presidir o uso da área e o manejo dos recursos naturais, inclusive a implantação das estruturas físicas necessárias à gestão da unidade (art. 2º, XVII, da Lei n. 9.985/2000). 4. Portanto, **a omissão do Poder Público na elaboração do plano de manejo e gestão da APA da Baleia Franca coloca em risco a própria integridade da unidade de conservação, e constitui-se em violação do dever fundamental de proteção do meio ambiente**. 5. Ademais, a instância ordinária determinou apenas que a União tome providência no âmbito de sua competência, mais precisamente, no repasse de verbas, para que o IBAMA/ICMBio realize todos os procedimentos administrativos necessários à elaboração do plano de gestão da APA da Baleia Franca, criada em área que integra o patrimônio público federal (art. 20, inciso VII, da CF). Portanto, não há que se falar em ilegitimidade da União para figurar no polo passivo da presente demanda. 6. (...). Recurso especial do IBAMA e o da União improvidos" (STJ, REsp 1.163.524/SC, 2ª T., Rel. Min. Humberto Martins, j. 05.05.2011).

> **JURISPRUDÊNCIA TRF4. Área de Proteção Ambiental (APA) Baleia Franca, atividade turística de observação embarcada de baleias e exigência de plano de manejo, estudo de impacto e licenciamento ambiental e fiscalização adequada do órgão ambiental (ICMBio):** "DIREITO AMBIENTAL. AÇÃO CIVIL PÚBLICA. ICMBIO. INSTITUTO SEA SHEPHERD BRASIL – ISSB (INSTITUTO GUARDIÃES DO MAR). **APA BALEIA FRANCA**. ATIVIDADE TURÍSTICA DE **OBSERVAÇÃO DE BALEIAS FRANCAS** COM O USO DE EMBARCAÇÕES. FISCALIZAÇÃO. ESTUDOS DE IMPACTO AMBIENTAL E LICENCIAMENTO AMBIENTAL. 1. Ação civil pública objetivando a proteção da espécie *Eubalaena Australis*, popularmente conhecida como Baleia Franca, nos limites da APA da Baleia Franca, **administrada pelo ICMBio**, nos Municípios catarinenses de Garopaba, Imbituba e Laguna, em face da exploração da atividade de turismo de observação com o uso de embarcações. 2. Hipótese em que comprovados nos autos os malefícios da atividade turística de observação das baleias francas, assim como a **falta de proteção ambiental da espécie**, em razão da **ausência de plano de manejo** e de **condições da Autarquia exercer a fiscalização** adequada. 3. Determinação de **suspensão imediata da atividade de turismo de observação de**

baleias com embarcação, com ou sem motor, na região da APA Baleia Franca, bem como a realização de **estudos de impacto ambiental**, implementação de medidas de controle de riscos, identificação da atividade antrópica e exigência do **licenciamento da atividade**, mantida apenas a atividade de observação de baleias por terra, a qual se dá de forma sustentável" (TRF4, AC 5002236-48.2012.4.04.7216, 3ª T., Rel. Des. Fed. Fernando Quadros da Silva, j. 30.08.2016).

JURISPRUDÊNCIA TRF4. Área de Proteção Ambiental (APA), dano ambiental e construção irregular: "AÇÃO CIVIL PÚBLICA. CONSTRUÇÃO NO INTERIOR DE UNIDADE DE CONSERVAÇÃO FEDERAL – APA BALEIA FRANCA. PROVA DA OCORRÊNCIA DO DANO AMBIENTAL. EXISTÊNCIA. Constatada pelo ICMBIO a existência de **construção em área de dunas, solo não edificável, no interior da Unidade de Conservação Federal – APA Baleia Franca, em área localizada entre a faixa de marinha e o mar**, e não tendo o infrator se desincumbido do ônus de afastar a presunção de legitimidade da atuação do órgão ambiental, resta comprovado o dano ambiental e caracterizada a **obrigação do infrator de desfazer a construção e de reparar o dano** (art. 225 da CF). Ainda que se trate de reforma e ampliação de imóvel, isso não afasta a responsabilidade do infrator porque **sua permanência e intervenções no local significaram perpetuação do dano e empecilho à regeneração daquele meio ambiente**. O fato de existirem outras residências nas proximidades não autoriza a permanência desta construção, primeiro porque não se sabe qual a situação de cada uma das outras construções, se são regulares ou irregulares, e, por isso, não servem de parâmetro para o presente julgamento; segundo porque não é razoável considerar consolidada uma construção irregular, em área de preservação permanente, somente com base na existência de outras construções, como se a pluralidade de infratores tornasse lícito aquilo que a lei prevê como ilícito" (TRF4, AC 5002856-24.2011.404.7207, 4ª T., Rel. Des. Fed. Cândido Alfredo Silva Leal Junior, j. 05.06.2014).

5.2.2 Área de relevante interesse ecológico

A Área de Relevante Interesse Ecológico, segundo dispõe o art. 16 da Lei 9.985/2000, diferentemente da APA, é uma área em geral de pequena extensão, com **pouca ou nenhuma ocupação humana**, com características naturais extraordinárias ou que abriga exemplares raros da biota regional", tendo como **objetivo** "manter os ecossistemas naturais de importância regional ou local e regular o uso admissível dessas áreas, de modo a compatibilizá-lo com os objetivos de conservação da natureza".

A Área de Relevante Interesse Ecológico pode ser constituída por **terras públicas ou privadas** (§ 1º). E, respeitados os limites constitucionais, podem ser estabelecidas normas e restrições para a utilização de uma propriedade privada localizada em uma Área de Relevante Interesse Ecológico (§ 2º).

5.2.3 Floresta nacional

A Floresta Nacional, conforme assinala o art. 17 da Lei 9.985/2000, é uma área com cobertura florestal de espécies predominantemente nativas, tendo como **objetivo** básico o **uso múltiplo sustentável dos recursos florestais** e a pesquisa científica, com ênfase em métodos para exploração sustentável de florestas nativas.

A Floresta Nacional, por sua vez, é de **posse e domínio públicos**, e as áreas particulares incluídas em seus limites devem ser desapropriadas de acordo com o que dispõe a lei (§ 1º). É **admitida a permanência de populações tradicionais** que habitam as Florestas Nacionais quando de sua criação, em conformidade com o disposto em regulamento e no Plano de Manejo da unidade (§ 2º). O **ato de criação** da Floresta Nacional – e a mesma exigência vale para as Florestas

Estaduais e Florestas Municipais –, conforme dispõe o art. 2º, III, do Decreto 4.340/2002, deve **indicar a população tradicional residente**.

A **visitação pública é permitida**, condicionada às normas estabelecidas para o manejo da unidade pelo órgão responsável por sua administração (§ 3º). Também a pesquisa é permitida e incentivada, sujeitando-se à prévia autorização do órgão responsável pela administração da unidade, às condições e restrições por este estabelecidas e àquelas previstas em regulamento (§ 4º).

A Floresta Nacional disporá de um **Conselho Consultivo**, presidido pelo órgão responsável por sua administração e constituído por representantes de órgãos públicos, de **organizações da sociedade civil** e, quando for o caso, das **populações tradicionais residentes**. Por fim, destaca-se que a unidade desta categoria, quando criada pelo **Estado** ou **Município**, será denominada, respectivamente, Floresta Estadual e Floresta Municipal (§ 6º).

5.2.4 Reserva extrativista

A partir do final da década de 1970 e início da década de 1980, o tema da defesa da Amazônia começa a ocupar o debate público, inclusive com projeção internacional. Talvez o exemplo mais marcante de luta em defesa da **Floresta Amazônica** seja a história do seringueiro **Chico Mendes** (1944-1988), sem dúvida um dos maiores ambientalistas brasileiros de todos os tempos. No Estado do Acre, onde, a partir da década de 1970, iniciou-se um processo acelerado de desmatamento da floresta para dar lugar a grandes pastagens de gado, Chico Mendes, com o **movimento local dos seringueiros**, desenvolveu práticas pacíficas de resistência para defender a floresta. Como exemplo simbólico de luta do **povo da floresta**, destaca-se o chamado "empate", inclusive como típico exemplo de ação direta promovida pelo movimento popular dos seringueiros, consistente em prática de desobediência civil.

A sua luta contra a devastação das florestas chamou a atenção do mundo, notadamente com a sua morte violenta, ocorrida em 22 de dezembro de 1988, que se deu após inúmeras ameaças de morte recebidas e ignoradas pelas autoridades brasileiras. O movimento seringueiro por ele liderado objetivava a consolidação de práticas sustentáveis de uso dos recursos naturais amazônicos, por exemplo, **criação de reservas extrativistas**, de modo a **combater o avanço das fronteiras agrícolas e pecuárias sobre a área florestal**, o que, consequentemente, conduzia ao **desmatamento da floresta** e destruição dos recursos naturais.

A Reserva Extrativista, de acordo com o art. 18 da Lei 9.985/2000, é uma área utilizada por populações extrativistas tradicionais, cuja **subsistência** baseia-se no extrativismo e, complementarmente, na **agricultura de subsistência** e na **criação de animais de pequeno porte**, tendo como **objetivos básicos** "proteger os meios de vida e a cultura dessas populações, e assegurar o uso sustentável dos recursos naturais da unidade". Da mesma forma como ocorre em relação à população tradicional residente no âmbito da Floresta Nacional, o ato de criação da Reserva Extrativista deve indicar a população tradicional beneficiária, conforme assevera o art. 2º, II, do Decreto 4.340/2002.

A Reserva Extrativista é de **domínio público**, com **uso concedido às populações extrativistas tradicionais** conforme o disposto no art. 23 desta Lei e em regulamentação específica, e as áreas particulares incluídas em seus limites devem ser desapropriadas, de acordo com o que dispõe a lei (§ 1º).

A Reserva Extrativista será gerida por um **Conselho Deliberativo**, presidido pelo órgão responsável por sua administração e constituído por representantes de órgãos públicos, de organizações da sociedade civil e das populações tradicionais residentes na área, conforme se dispuser em regulamento e no ato de criação da unidade (§ 2º).

A **visitação pública é permitida**, desde que compatível com os interesses locais e de acordo com o disposto no Plano de Manejo da área (§ 3º), bem como a pesquisa científica é permitida e incentivada, sujeitando-se à prévia autorização do órgão responsável pela administração da unidade, às condições e restrições por este estabelecidas e às normas previstas em regulamento (§ 4º).

O **Plano de Manejo** da unidade será aprovado pelo seu Conselho Deliberativo (§ 5º), sendo expressamente **proibidas a exploração de recursos minerais e a caça amadorística ou profissional** (§ 6º). A **exploração comercial de recursos madeireiros** só será admitida em **bases sustentáveis** e em situações especiais e complementares às demais atividades desenvolvidas na Reserva Extrativista, conforme o disposto em regulamento e no Plano de Manejo da unidade (§ 7º).

> **JURISPRUDÊNCIA TRF 1. Ação civil pública e desocupação de reserva extrativista:** "Ambiental e processual civil. Ação civil pública para desocupação de unidade de conservação (Reserva Extrativista Auatí-Paraná) e reparação de dano ambiental. Liminar satisfativa deferida e desocupação extintiva do processo por falta de interesse superveniente de agir. Natureza provisória da liminar. Persistência do interesse de agir. Provimento da apelação. Exame do mérito (art. 515, § 3º, do CPC). Invasão de reserva extrativista por grupo que não constitui a sociedade tradicional local. Possibilidade de arbitragem do dano ambiental (pesca predatória do pirarucu). Espécie em extinção. Parcial procedência dos pedidos. 1. Os réus invadiram reserva extrativista (Auatí-Paraná) legalmente instituída para manejo de espécies da fauna aquática em extinção sob orientação do IBAMA. 2. (...) 5. É incontroverso que os **réus invadiram a reserva extrativista** visando **pesca do pirarucu, espécie da fauna aquática em extinção.** 6. A reserva era ocupada por mais de quarenta famílias em três comunidades e faziam manejo de lagos e do pirarucu por mais de dois anos. A invasão (21.01.2005 a 03.08.2006) significou prejuízo para a população tradicional local (ribeirinhos) que respeitavam as regras do IBAMA, de manejo sustentável de pesca de pirarucu visando a não extinção de espécie aquática e a própria sobrevivência. 7. Nos termos do art.14, 1º, da Lei 6.938/81 é objetiva a responsabilidade por danos causados ao meio ambiente, tendo o agente obrigação de indenizar, independentemente de culpa. É a teoria do risco integral adequada a proteção do meio ambiente como bem de todos. 8. Pedido de condenação em obrigação de não fazer parcialmente procedente para que os réus se abstenham de entrar ou permanecer ou instigar terceiros a invadirem a área da reserva extrativista Auatí-Paraná, sob pena de prisão por desobediência, pagamento de multa diária individual no valor de hum mil reais, perda de eventual linha de financiamento oficial de crédito e incentivos da Administração Pública até a restituição do *status quo ante*. 9. A apuração do dano ambiental pela pesca predatória do pirarucu será procedida em liquidação pós-arbitramento levando-se em conta o período da atividade predatória (dezoito meses) e o número de réus (sete). A responsabilidade pela prática de ato ilícito é solidária. 10. Ação civil pública parcialmente procedente" (TRF1, AC 0000157-32.2005.4.01.3201/AM, 5ª T., Rel. Des. Federal Selene Maria de Almeida, j. 08.10.2012).

> **JURISPRUDÊNCIA STF. Reserva extrativista, proteção ambiental e prevalência do interesse coletivo.** "Meio ambiente. Reserva extrativista. Conflito de interesse. Coletivo *versus* individual. Ante o estabelecido no artigo 225 da Constituição Federal, conflito entre os interesses individual e coletivo resolve-se a favor deste último. Propriedade – Mitigação. O direito de propriedade não se revela absoluto. Está relativizado pela Carta da República – artigos 5º, incisos XXII, XXIII e XXIV, e 184. Ato administrativo – Presunção. Os atos administrativos gozam da presunção de merecimento. Reserva de proteção ambiental – Criação – Alteração – Supressão. A criação de reserva ambiental faz-se mediante ato administrativo, surgindo a lei como exigência formal para a alteração ou a supressão – artigo 225, inciso III, do Diploma Maior. **Reserva ambiental** – Consulta pública e estudos técnicos. O disposto no § 2º do artigo 22 da Lei nº 9.985/2000 objetiva identificar a localização, a dimensão e os limites da área da reserva ambiental. Reserva extrativista – Conselho deliberativo gestor – Oportunidade. A implementação do conselho deliberativo gestor de reserva extrativista ocorre após a edição do decreto versando-a. Reserva extrativista – Reforma agrária – Incompatibilidade. Não coabitam o mesmo teto, sob o ângulo constitucional, reserva extrativista e reforma agrária. Reserva extrativista – Desapropriação – Orçamento. A criação de reserva extrativista prescinde de previsão orçamentária visando satisfazer indenizações" (STF, MS 25284/DF, Tribunal Pleno, Rel. Min. Marco Aurélio, j. 17.06.2010).

5.2.5 Reserva de Fauna

A Reserva de Fauna, conforme dispõe o art. 19 da Lei 9.985/2000, "é uma área natural com **populações animais de espécies nativas, terrestres ou aquáticas**, residentes ou migratórias, adequadas para estudos técnico-científicos sobre o manejo econômico sustentável de recursos faunísticos".

A Reserva de Fauna é de **posse e domínio públicos**, e as áreas **particulares incluídas em seus limites devem ser desapropriadas** de acordo com o que dispõe a lei (§ 1º). A **visitação pública pode ser permitida**, desde que compatível com o manejo da unidade e de acordo com as normas estabelecidas pelo órgão responsável por sua administração (§ 2º). Aqui cabe destacar que, diferentemente de outras unidades de conservação, a visitação em que a legislação assinala expressamente a proibição ou permissão da visitação pública, no caso da Reserva da Fauna ela "**pode**" ser permitida, exigindo-se, no entanto, a compatibilidade da visitação pública com o adequado manejo da unidade e os seus objetivos.

Da mesma forma como verificado no caso da Reserva Extrativista no tópico anterior, a legislação é taxativa ao **proibir o exercício da caça amadorística ou profissional** na área da Reserva da Fauna (§ 3º). A comercialização dos produtos e subprodutos resultantes das pesquisas realizadas na Reserva da Fauna obedecerá, por sua vez, ao disposto nas leis sobre fauna e regulamentos (§ 4º).

5.2.6 Reserva de Desenvolvimento Sustentável

A Reserva de Desenvolvimento Sustentável, como assinala o *caput* do art. 20 da Lei 9.985/2000, "é uma área natural que abriga populações tradicionais, cuja existência baseia-se em **sistemas sustentáveis de exploração dos recursos naturais**, desenvolvidos ao longo de gerações e adaptados às condições ecológicas locais e que desempenham um **papel fundamental na proteção da natureza e na manutenção da diversidade biológica**". O objetivo básico da Reserva de Desenvolvimento Sustentável é "**preservar a natureza** e, ao mesmo tempo, assegurar as condições e os meios necessários para a reprodução e a melhoria dos modos e da qualidade de vida e exploração dos recursos naturais das **populações tradicionais**, bem como valorizar, conservar e aperfeiçoar o conhecimento e as técnicas de manejo do ambiente, desenvolvido por estas populações" (§ 1º). Igualmente como verificado no caso da Reserva Extrativista, o **ato de criação** da Reserva de Desenvolvimento Sustentável deve **indicar a população tradicional beneficiária**, conforme assinala expressamente o art. 2º, II, do Decreto 4.340/2002.

A Reserva de Desenvolvimento Sustentável é de **domínio público**, e as áreas particulares incluídas em seus limites devem ser, quando necessário, **desapropriadas**, de acordo com o que dispõe a lei (§ 2º). O uso das áreas ocupadas pelas populações tradicionais será regulado de acordo com o disposto no **art. 23 desta Lei** e em regulamentação específica (§ 3º)

A Reserva de Desenvolvimento Sustentável será gerida por um **Conselho Deliberativo**, presidido pelo órgão responsável por sua administração e constituído por representantes de órgãos públicos, de organizações da sociedade civil e das populações tradicionais residentes na área, conforme se dispuser em regulamento e no ato de criação da unidade (§ 4º).

As **atividades desenvolvidas** na Reserva de Desenvolvimento Sustentável obedecerão às seguintes condições (§ 5º):

> I – é permitida e incentivada a visitação pública, desde que compatível com os interesses locais e de acordo com o disposto no Plano de Manejo da área;
> II – é permitida e incentivada a pesquisa científica voltada à conservação da natureza, à melhor relação das populações residentes com seu meio e à educação ambiental, sujeitando--se à prévia autorização do órgão responsável pela administração da unidade, às condições e restrições por este estabelecidas e às normas previstas em regulamento;

III – deve ser sempre considerado o **equilíbrio dinâmico entre o tamanho da população e a conservação**; e

IV – é admitida a exploração de componentes dos ecossistemas naturais em regime de manejo sustentável e a substituição da cobertura vegetal por espécies cultiváveis, desde que sujeitas ao zoneamento, às limitações legais e ao Plano de Manejo da área.

Por fim, destaca-se que o **Plano de Manejo** da Reserva de Desenvolvimento Sustentável definirá as **zonas de proteção integral, de uso sustentável e de amortecimento e corredores ecológicos**, e será aprovado pelo Conselho Deliberativo da unidade (§ 6º).

5.2.7   Reserva Particular do Patrimônio Natural

A Reserva Particular do Patrimônio Natural (RPPN), conforme assinala o *caput* do art. 21 da Lei 9.985/2000, é uma área privada, gravada com **perpetuidade**, cujo **objetivo é conservar a diversidade biológica**. O gravame de perpetuidade constará de **termo de compromisso assinado perante o órgão ambiental**, que verificará a existência de interesse público, e **será averbado à margem da inscrição no Registro Público de Imóveis** (§ 1º).

Na Reserva Particular do Patrimônio Natural, só poderá ser permitida, conforme se dispuser em regulamento (§ 2º): I – a **pesquisa científica**; e II – a **visitação** com objetivos turísticos, recreativos e educacionais. Os órgãos integrantes do SNUC, sempre que possível e oportuno, prestarão orientação técnica e científica ao proprietário de Reserva Particular do Patrimônio Natural para a elaboração de um Plano de Manejo ou de Proteção e de Gestão da unidade (§ 3º).

O Decreto 5.746/2006, ao regulamentar o art. 21 da Lei nº 9.985/2000, notadamente em relação ao regime da RPPN, assinala no seu art. 2º que elas poderão ser criadas pelos órgãos integrantes do SNUC, e, no âmbito federal, serão declaradas **instituídas mediante portaria do IBAMA**.

JURISPRUDÊNCIA STJ. Reserva Particular de Patrimônio Natural e interesse público: "Criminal. Conflito de competência. Caça e venda de animais silvestres, sem permissão legal. Possível crime ambiental. **Reserva particular de patrimônio natural**. Área de interesse público. Lei nº 9.985/2000. Áreas particulares **gravadas com perpetuidade**. Unidade de uso sustentável. Determinação legal de que deve ser verificada a existência de **interesse público**. Responsabilidade do CONAMA, do Ministério do Meio Ambiente e do IBAMA, a justificar o interesse da União. **Competência da Justiça Federal**. De regra, compete à Justiça Estadual o processo e julgamento de feitos que visam à apuração de crimes ambientais. Contudo, tratando-se de possível venda de animais silvestres, caçados em Reserva Particular de Patrimônio Natural – declarada área de interesse público, segundo a Lei nº 9.985/2000 – evidencia-se situação excepcional indicativa da existência de interesse da União, a ensejar a competência da Justiça Federal. De acordo com a Lei que instituiu o Sistema Nacional de Unidades de Conservação da Natureza, as Reservas Particulares de Patrimônio Natural são áreas privadas, gravadas com perpetuidade, que representam um tipo de Unidade de Uso Sustentável e têm por objetivo a conservação da diversidade biológica de determinada Região. A Lei nº 9.985/00 determina que só será transformada em Reserva Particular de Patrimônio Natural, a área em que se verificar a **'existência de interesse público'**. Ressalva de que os responsáveis pelas orientações técnicas e científicas ao proprietário da reserva, incluindo-se aí a elaboração dos Planos de Manejo, Proteção e Gestão da unidade são o CONAMA, o Ministério do Meio Ambiente e o IBAMA, sendo que este ainda detém a administração das unidades de conservação – tudo a justificar o interesse da União. Conflito conhecido para declarar a competência do Juízo Federal da 6ª Vara da Seção Judiciária da Paraíba/PB, o Suscitante" (STJ, CC 35.476/PB, 3ª Seção, Rel. Min. Gilson Dipp, j. 11.09.2002).

UNIDADES DE CONSERVAÇÃO DE USO SUSTENTÁVEL (ART. 14)	
Área de Proteção Ambiental	– terras públicas ou privadas
Área de Relevante Interesse Ecológico	– terras públicas ou privadas
Floresta Nacional	– posse e domínio públicos, admitindo-se a permanência de populações tradicionais
Reserva Extrativista	– área de domínio público, com uso concedido às populações extrativistas tradicionais
Reserva de Fauna	– posse e domínio públicos
Reserva de Desenvolvimento Sustentável	– área de domínio público, com ocupação de populações tradicionais
Reserva Particular do Patrimônio Natural	– área privada, gravada com perpetuidade

5.3 Reserva da biosfera

O **Programa "O Homem e a Biosfera"** (*The Man and the Biosphere Programme – MaB*) da **Unesco**, criado em 1971, objetiva a cooperação científica internacional sobre as interações entre o homem e seu meio. As Reservas da Biosfera (RBs) são a principal linha de ação do Programa e sua concepção é um inovador instrumental de planejamento para combater os efeitos dos processos de degradação ambiental. A Reserva de Biosfera favorece a descoberta de soluções para problemas como o desmatamento das florestas tropicais, a desertificação, a poluição atmosférica, o efeito estufa etc. A Unesco mantém uma rede de informações que busca o equacionamento de problemas das RBs, segundo a melhor tecnologia disponível. O Brasil aderiu ao Programa MaB/Unesco em 1974, mesmo ano em que foi criada a Comissão Brasileira do Programa Homem e Biosfera (COBRAMAB). Das 482 Reservas da Biosfera existentes no mundo, o **Brasil atualmente possui seis**, com pelo menos **uma grande Reserva da Biosfera em cada um de seus biomas**.

A Reserva da Biosfera, conforme dispõe o art. 41 da Lei do SNUC, é um **modelo, adotado internacionalmente, de gestão integrada, participativa e sustentável dos recursos naturais**, com os objetivos básicos de preservação da diversidade biológica, o desenvolvimento de atividades de pesquisa, o monitoramento ambiental, a educação ambiental, o desenvolvimento sustentável e a melhoria da qualidade de vida das populações. A Reserva da Biosfera é constituída por (§ 1º): I – uma ou várias áreas-núcleo, destinadas à proteção integral da natureza; II – uma ou várias zonas de amortecimento, onde só são admitidas atividades que não resultem em dano para as áreas-núcleo; e III – uma ou várias zonas de transição, sem limites rígidos, onde o processo de ocupação e o manejo dos recursos naturais são planejados e conduzidos de modo participativo e em bases sustentáveis.

A Reserva da Biosfera é constituída por áreas de domínio público ou privado (§ 2º). A Reserva da Biosfera **pode ser integrada por unidades de conservação já criadas pelo Poder Público**, respeitadas as normas legais que disciplinam o manejo de cada categoria específica (§ 3º). É gerida por um **Conselho Deliberativo**, formado por representantes de instituições públicas, de organizações da sociedade civil e da população residente, conforme se dispuser em regulamento e no ato de constituição da unidade (§ 4º). Por fim, como referido anteriormente, a Reserva da Biosfera é reconhecida pelo **Programa Intergovernamental "O Homem e a Biosfera – MAB"**, estabelecido pela **Unesco**, organização da qual o Brasil é membro (§ 5º).

> **DECRETO REGULAMENTADOR:** o Decreto 4.340/2002, entre os seus arts. 41 e 45, regulamenta o art. 41 da Lei do SNUC.
>
> "DAS RESERVAS DA BIOSFERA
>
> **Art. 41.** A Reserva da Biosfera é um modelo de gestão integrada, participativa e sustentável dos recursos naturais, que tem por objetivos básicos a preservação da biodiversidade e o desenvolvimento das atividades de pesquisa científica, para aprofundar o conhecimento dessa diversidade biológica, o monitoramento ambiental, a educação ambiental, o desenvolvimento sustentável e a melhoria da qualidade de vida das populações.
>
> **Art. 42.** O gerenciamento das Reservas da Biosfera será coordenado pela Comissão Brasileira para o Programa 'O Homem e a Biosfera' – COBRAMAB, de que trata o Decreto de 21 de setembro de 1999, com a finalidade de planejar, coordenar e supervisionar as atividades relativas ao Programa.
>
> **Art. 43.** Cabe à COBRAMAB, além do estabelecido no Decreto de 21 de setembro de 1999, apoiar a criação e instalar o sistema de gestão de cada uma das Reservas da Biosfera reconhecidas no Brasil.
>
> § 1º Quando a Reserva da Biosfera abranger o território de apenas um Estado, o sistema de gestão será composto por um conselho deliberativo e por comitês regionais.
>
> § 2º Quando a Reserva da Biosfera abranger o território de mais de um Estado, o sistema de gestão será composto por um conselho deliberativo e por comitês estaduais.
>
> § 3º À COBRAMAB compete criar e coordenar a Rede Nacional de Reservas da Biosfera.
>
> **Art. 44.** Compete aos conselhos deliberativos das Reservas da Biosfera:
>
> I – aprovar a estrutura do sistema de gestão de sua Reserva e coordená-lo;
>
> II – propor à COBRAMAB macrodiretrizes para a implantação das Reservas da Biosfera;
>
> III – elaborar planos de ação da Reserva da Biosfera, propondo prioridades, metodologias, cronogramas, parcerias e áreas temáticas de atuação, de acordo como os objetivos básicos enumerados no art. 41 da Lei nº 9.985, de 2000;
>
> IV – reforçar a implantação da Reserva da Biosfera pela proposição de projetos pilotos em pontos estratégicos de sua área de domínio; e
>
> V – implantar, nas áreas de domínio da Reserva da Biosfera, os princípios básicos constantes do art. 41 da Lei nº 9.985, de 2000.
>
> **Art. 45.** Compete aos comitês regionais e estaduais:
>
> I – apoiar os governos locais no estabelecimento de políticas públicas relativas às Reservas da Biosfera; e
>
> II – apontar áreas prioritárias e propor estratégias para a implantação das Reservas da Biosfera, bem como para a difusão de seus conceitos e funções".

6. CRIAÇÃO, IMPLANTAÇÃO E GESTÃO DAS UNIDADES DE CONSERVAÇÃO

6.1 Criação de unidades de conservação

As unidades de conservação, conforme assinala o art. 22 da Lei 9.985/2000, são criadas por ato do Poder Público. A respeito da criação de unidades de conservação, estabelece o art. 2º do Decreto 4.340/2002 que "o ato de criação de uma unidade de conservação deve indicar: I – a denominação, a categoria de manejo, os objetivos, os limites, a área da unidade e o órgão responsável por sua administração; II – a população tradicional beneficiária, no caso das Reservas Extrativistas e das Reservas de Desenvolvimento Sustentável; III – a população tradicional residente, quando couber, no caso das Florestas Nacionais, Florestas Estaduais ou Florestas Municipais; e IV – as atividades econômicas, de segurança e de defesa nacional envolvidas". O art. 3º do referido diploma, por sua vez, assinala que "a denominação de cada unidade de conservação deverá basear-se, preferencialmente, na sua característica natural mais significativa, ou na sua denominação mais antiga, dando-se prioridade, neste último caso, às designações indígenas ancestrais".

Por fim, ressalta-se que "**o subsolo e o espaço aéreo**, sempre que influírem na estabilidade do ecossistema, **integram os limites das unidades de conservação**" (art. 24).

6.1.1 Exigência prévia de estudos técnicos e consulta pública

A criação de uma unidade de conservação deve ser **precedida de estudos técnicos e de consulta pública** que permitam identificar a localização, a dimensão e os limites mais adequados para a unidade, conforme se dispuser em regulamento (art. 22, § 2º). No processo de consulta, conforme dispõe o § 3º do mesmo dispositivo, "**o Poder Público é obrigado a fornecer informações adequadas e inteligíveis à população local e a outras partes interessadas**".

De acordo com o art. 4º do Decreto 4.340/2002, "compete ao órgão executor proponente de nova unidade de conservação elaborar os **estudos técnicos preliminares** e realizar, quando for o caso, a **consulta pública** e os demais procedimentos administrativos necessários à criação da unidade". O art. 5º do diploma assevera que a consulta pública para a criação de unidade de conservação tem a finalidade de subsidiar a definição da localização, da dimensão e dos limites mais adequados para a unidade, consistindo a consulta pública em "**reuniões públicas** ou, a critério do órgão ambiental competente, outras formas de **oitiva da população local e de outras partes interessadas**" (§ 1º).

Ademais, conforme prevê o diploma, "no processo de consulta pública, o **órgão executor competente deve indicar, de modo claro e em linguagem acessível, as implicações para a população residente no interior e no entorno da unidade proposta**" (art. 5º, § 2º). Além da realização de estudos prévios, a consulta pública deve, obrigatoriamente, possibilitar a participação dos interessados, inclusive fornecendo informações adequadas e inteligíveis à população local e a outras partes interessadas, sob pena, inclusive, conforme decidiu o STF no julgamento do MS 24.665/DF, de nulidade do ato. Trata-se de **instrumento administrativo de caráter democrático-participativo**, ampliando o controle social sobre a criação de unidades de conservação.

Ressalta-se, por fim, a previsão do § 4º do art. 22, ao prever que, "na criação de **Estação Ecológica** ou **Reserva Biológica** não é obrigatória a consulta de que trata o § 2º deste artigo". Ocorre que, conforme julgado STF que segue, tal dispositivo legal resultou afastado, exigindo-se, mesmo para a hipótese de Estação Ecológica, tanto **estudos técnicos** quanto **consulta pública**, sob pena de nulidade.

> **JURISPRUDÊNCIA STF. Unidade de conservação e exigência de consulta pública sob pena de nulidade:** "Meio ambiente. Unidade de conservação. Estação ecológica. Ampliação dos limites originais na medida do acréscimo, mediante decreto do Presidente da República. Inadmissibilidade. **Falta de estudos técnicos e de consulta pública. Requisitos prévios não satisfeitos. Nulidade do ato pronunciada.** Ofensa a direito líquido e certo. Concessão do mandado de segurança. Inteligência do art. 66, §§ 2º e 6º, da Lei nº 9.985/2000. Votos vencidos. A ampliação dos limites de estação ecológica, sem alteração dos limites originais, exceto pelo acréscimo proposto, não pode ser feita sem observância dos **requisitos prévios de estudos técnicos e consulta pública**" (STF, MS 24.665/DF, Tribunal Pleno, Rel. Min. Marco Aurélio, j. 01.12.2004).

O **Poder Público poderá**, segundo assevera o art. 22-A, ressalvadas as atividades agropecuárias e outras atividades econômicas em andamento e obras públicas licenciadas, na forma da lei, **decretar limitações administrativas provisórias ao exercício de atividades e empreendimentos efetiva ou potencialmente causadores de degradação ambiental**, para a realização de estudos com vistas na criação de Unidade de Conservação, quando, a critério do órgão ambiental competente, houver risco de dano grave aos recursos naturais ali existentes. Além daquelas previstas na lei, o poder público poderá criar limitações administrativas provisórias ao exercício de atividades e empreendimentos efetiva ou potencialmente causadores de degradação ambiental. É natural que assim o seja, dado o regime especial de proteção jurídica inerente às unidades de conservação. Qualquer atividade realizada no interior e entorno de unidades de conservação deve estar perfeitamente ajustada aos objetivos do regime especial de proteção, caso contrário estará em desacordo com a legislação em análise. Sem prejuízo da restrição e observada a ressalva constante do *caput*, na área submetida a limitações administrativas, não serão permitidas atividades que importem em exploração a corte raso da floresta e demais formas de vegetação nativa (§ 1º). A destinação final da área submetida ao disposto neste artigo será definida no prazo de 7 (sete) meses, improrrogáveis, findo o qual fica extinta a limitação administrativa (§ 2º).

6.1.2 Transformação de unidade de conservação do grupo de Uso Sustentável em unidades do grupo de Proteção Integral

O art. 22, § 5º, prevê expressamente a possibilidade de as unidades de conservação do grupo de Uso Sustentável serem transformadas total ou parcialmente em unidades do grupo de Proteção Integral, **por instrumento normativo do mesmo nível hierárquico do que criou a unidade**, desde que obedecidos os procedimentos de consulta estabelecidos no § 2º do artigo. O dispositivo estabelece a possibilidade de conservação do regime de proteção de unidade de conservação, mas apenas para o regime mais rígido, ou seja, de proteção integral, desde que, é claro, por instrumento normativo do mesmo nível hierárquico do que criou a unidade e respeitada a exigência dos procedimentos de estudos técnicos e consulta pública.

6.1.3 Ampliação dos limites de unidade de conservação

O art. 22, § 6º, dispõe que "a ampliação dos limites de uma unidade de conservação, **sem modificação dos seus limites originais**, exceto pelo acréscimo proposto, pode ser feita por **instrumento normativo do mesmo nível hierárquico do que criou a unidade**, desde que obedecidos os procedimentos de consulta estabelecidos no § 2º do artigo". De modo similar ao determinado no dispositivo anterior que prevê a transformação de unidade de conservação do grupo de Uso Sustentável em unidades do grupo de Proteção Integral, a ampliação dos limites de unidade de conservação pode ser feita por instrumento normativo do mesmo nível hierárquico do que criou a unidade, também precedido de estudos técnicos e de consulta pública.

6.1.4 Desafetação e redução dos limites de unidade de conservação

O art. 22, § 7º, estabelece que a **desafetação ou redução dos limites** de uma unidade de conservação só pode ser feita mediante lei específica. Trata-se de medida que visa restringir tal prática, desautorizando, de forma evidente, a utilização de meros atos administrativos para atingir tal propósito. A adoção de medidas administrativas, sem respaldo de lei específica, tornará a desafetação ou redução dos limites de uma unidade de conservação eivada de **ilegalidade e inconstitucionalidade**. A expressão "redução dos limites" apequena a regra constitucional. Não só a diminuição de limites da unidade de conservação necessita de lei específica, como também a alteração das finalidades dessa unidade.

Nem a lei ordinária pode alterar as normas que protejam a "a integridade dos atributos que justifiquem a proteção" da unidade protegida, conforme assinala o art. 225, § 1º, III, da CF/1988: "III – definir, em todas as unidades da Federação, espaços territoriais e seus componentes a serem especialmente protegidos, **sendo a alteração e a supressão permitidas somente através de lei, vedada qualquer utilização que comprometa a integridade dos atributos que justifiquem sua proteção**". Ademais, a própria Lei 9.985/2000 proíbe alterações, atividades ou modalidades de utilização em desacordo com os objetivos, o Plano de Manejo e os regulamentos da unidade de conservação (art. 28).[20]

> **JURISPRUDÊNCIA STF. Exigência de lei apenas para a alteração e supressão de espaços territoriais especialmente protegidos:**
>
> **1)** "Agravo regimental. Ação direta de inconstitucionalidade. Direitos constitucional, administrativo e ambiental. Poder regulamentar (art. 84, IV, da Constituição). Decreto que estabelece parâmetros e critérios para o licenciamento ambiental de empreendimentos potencialmente nocivos ao patrimônio espeleológico brasileiro. Farta disciplina legal. Eventual ofensa constitucional meramente reflexa ou indireta. Inaplicabilidade ao caso do art. 225, § 1º, III, da Carta Magna. **Exigência de lei apenas para a alteração e supressão de espaços territoriais especialmente protegidos**, situação diversa do caso *sub judice*. Agravo conhecido e desprovido. 1. O **patrimônio espeleológico** nacional goza de proteção legal, assim como encontra farta regulamentação em Lei o licenciamento ambiental de atividades potencialmente nocivas às cavidades naturais subterrâneas. Artigos 3º, 16, 17 e 19 da Lei nº 7.805/89. Lei nº 8.876/94. Artigos 2º, II e IX, 3º, V, 4º, III, e 10 da Lei nº 6.938/81. Art. 36 da Lei nº 9.985/2000. Artigos 2º, IV, 3º, V, 4º, VII, 9º, IV, 10, 11, 12 e 17-L da Lei nº 6.938/81. 2. (...) 3. O art. 225, § 1º, III, da Constituição somente exige a edição de lei para a alteração ou supressão de um espaço territorial delimitado de especial proteção ambiental, previamente criado por ato do poder público, este precedido de estudos técnicos e de consulta pública que permitam identificar a localização, a dimensão e os limites mais adequados para a unidade. 4. O *thema iudicandum sub judice* revela: (i) a Ação Direta de Inconstitucionalidade tem por fito a impugnação de Decreto Presidencial que determina a classificação das cavidades naturais subterrâneas brasileiras de acordo com o seu grau de relevância, definindo parâmetros para o licenciamento ambiental de empreendimentos que possam afetar tais recursos naturais; (ii) o próprio Decreto nº 99.556/90, nos seus considerandos, registra ser editado tendo em vista o disposto na Lei nº 6.938/81, a qual define que são recursos ambientais o subsolo e o solo, tratando do licenciamento ambiental para a proteção desses recursos nos artigos 9º, IV, 10, 11, 12 e 17-L; (iii) nenhum dispositivo do Decreto atacado realiza a alteração ou supressão de um espaço territorial especialmente protegido, bem como não se determina que as Unidades de Conservação existentes devem ser desprezadas no bojo do licenciamento ambiental de que trata o mencionado regulamento; (iv) conforme dispõe o art. 28 da Lei nº 9.985/2000, 'São proibidas, nas unidades de conservação, quaisquer alterações, atividades ou modalidades de utilização em desacordo com os seus objetivos, o seu Plano de Manejo e seus regulamentos', sendo que eventual descumprimento dessa proibição no caso concreto deverá ser combatido pelas vias ordinárias, e não em sede abstrata. 5. A alegação de que o Executivo desbordou dos lindes da sua competência regulamentar resolve-se no plano da legalidade, não avançando à seara constitucional senão reflexa ou indiretamente. Precedentes (ADI 2.243, Rel. Min. Marco Aurélio, Tribunal Pleno, j. 16.08.2000, *DJ* 06.06.2003, p. 00029, *Ement*. 02113-02/00255; ADI 1.900 MC, Rel. Min. Moreira Alves, Tribunal Pleno, j. 05.05.1999, *DJ* 25.02.2000, p. 00050, *Ement*. 01980-01/00157; ADI 2.626, Rel. Min. Sydney Sanches, Rel. p/ Acórdão Min. Ellen Gracie, Tribunal Pleno, j. 18.04.2004, *DJ* 05.03.2004, p. 00013, *Ement*. 02142-03/00354; ADI 1.670, Rel. Min. Ellen Gracie, Tribunal Pleno, j. 10.10.2002, *DJ* 08.11.2002, p. 00021, *Ement*. 02090-02/00315). 6. Agravo conhecido e desprovido" (STF, ADI 4218, AgR/DF, Tribunal Pleno, Rel. Min. Luiz Fux, j. 13.12.2012).
>
> **2)** "Mandado de segurança. Meio ambiente. Defesa. Atribuição conferida ao Poder Público. Art. 225, § 1º, III, CB/1988. Delimitação dos espaços territoriais protegidos. Validade do

---

[20] MACHADO, Paulo Affonso Leme. *Direito ambiental brasileiro*..., p. 976.

> decreto. Segurança denegada. 1. A Constituição do Brasil atribui ao Poder Público e à coletividade o dever de defender um meio ambiente ecologicamente equilibrado. [CB/1988, art. 225, § 1º, III]. 2. A delimitação dos espaços territoriais protegidos pode ser feita por decreto ou **por lei, sendo esta imprescindível apenas quando se trate de alteração ou supressão desses espaços**. Precedentes. Segurança denegada para manter os efeitos do decreto do Presidente da República, de 23 de março de 2006" (STF, MS 26064/DF, Tribunal Pleno, Rel. Min. Eros Grau, j. 17.06.2010).

6.1.5 Mosaico de unidades de conservação

Conforme dispõe o art. 26 da Lei 9.985/2000, "quando existir um **conjunto de unidades de conservação de categorias diferentes ou não, próximas, justapostas ou sobrepostas**, e outras áreas protegidas públicas ou privadas, constituindo um mosaico, a **gestão do conjunto deverá ser feita de forma integrada e participativa**, considerando-se os seus distintos objetivos de conservação, de forma a compatibilizar a presença da biodiversidade, a valorização da sociodiversidade e o desenvolvimento sustentável no **contexto regional**.

O Decreto 4.340/2002 estabelece, nos termos do dispositivo ora comentado, a possibilidade de integração de diferentes unidades de conservação com o propósito de criar o denominado "mosaico de unidades de conservação". De acordo com o art. 8º do referido diploma, "o mosaico de unidades de conservação será reconhecido em **ato do Ministério do Meio Ambiente**, a pedido dos órgãos gestores das unidades de conservação". O mosaico, por sua vez, conforme assinala o seu art. 9º, "deverá dispor de um **conselho de mosaico, com caráter consultivo** e a função de atuar como instância de gestão integrada das unidades de conservação que o compõem".

6.2 Plano de manejo, zona de amortecimento e corredores ecológicos

6.2.1 Plano de manejo

As unidades de conservação devem dispor de um **Plano de Manejo**, conforme dispõe o art. 27 da Lei 9.985/2000, o qual deve abranger a área da unidade de conservação, sua **zona de amortecimento** e os **corredores ecológicos**, incluindo medidas com o fim de promover sua integração à vida econômica e social das comunidades vizinhas (§ 1º). O Plano de Manejo, conforme dispõe o art. 2º, XVII, da Lei do SNUC, configura-se "documento técnico mediante o qual, com fundamento nos objetivos gerais de uma unidade de conservação, se estabelece o seu zoneamento e as normas que devem presidir o uso da área e o manejo dos recursos naturais, inclusive a implantação das estruturas físicas necessárias à gestão da unidade".

O Plano de Manejo de uma unidade de conservação deve ser elaborado **no prazo de cinco anos a partir da data de sua criação** (§ 3º). Na elaboração, atualização e implementação do Plano de Manejo das Reservas Extrativistas, das Reservas de Desenvolvimento Sustentável, das Áreas de Proteção Ambiental e, quando couber, das Florestas Nacionais e das Áreas de Relevante Interesse Ecológico, será assegurada a **ampla participação da população residente** (§ 2º).

O mesmo dispositivo ainda prevê, no seu § 4º, conforme redação que lhe foi conferida pela Lei nº 11.460/2007, que o Plano de Manejo poderá dispor sobre as atividades de liberação planejada e cultivo de **organismos geneticamente modificados** nas Áreas de Proteção Ambiental e nas zonas de amortecimento das demais categorias de unidade de conservação, observadas as informações contidas na decisão técnica da Comissão Técnica Nacional de Biossegurança – CTNBio sobre: I – o registro de ocorrência de ancestrais diretos e parentes silvestres; II – as características de reprodução, dispersão e sobrevivência do organismo geneticamente modificado; III – o isolamento reprodutivo do organismo geneticamente modificado em relação aos seus ancestrais diretos e parentes silvestres; e IV – situações de risco do organismo geneticamente modificado à biodiversidade.

6.2.1.1 Proibições e permissões

São proibidas, nas unidades de conservação, conforme disposição do art. 28, quaisquer alterações, atividades ou modalidades de utilização em desacordo com os seus objetivos, o seu Plano de Manejo e seus regulamentos. E, até que seja elaborado o Plano de Manejo, conforme prevê o parágrafo único do mesmo dispositivo, "todas as atividades e obras desenvolvidas nas unidades de conservação de proteção integral devem se limitar àquelas destinadas a garantir a **integridade dos recursos que a unidade objetiva proteger**, assegurando-se às populações tradicionais porventura residentes na área as condições e os meios necessários para a satisfação de suas necessidades materiais, sociais e culturais".

Retomando o que sinalizamos anteriormente, no sentido da limitação administrativa de eventuais direitos, o dispositivo reforça tal perspectiva estabelecendo que são proibidas, nas unidades de conservação, quaisquer alterações, atividades ou modalidades de utilização em desacordo com os seus objetivos, o seu Plano de Manejo e seus regulamentos. No caso das unidades de conservação de proteção integral, dado o maior rigor do seu regime jurídico, eventuais atividades e intervenções antrópicas devem se limitar àquelas destinadas a garantir a integridade dos recursos que a unidade objetiva proteger, assegurando-se às populações tradicionais porventura residentes na área as condições e os meios necessários para a satisfação de suas necessidades materiais, sociais e culturais.

A **posse e o uso das áreas** ocupadas pelas **populações tradicionais** nas Reservas Extrativistas e Reservas de Desenvolvimento Sustentável serão regulados por **contrato (de concessão de direito real de uso)**, conforme se dispuser no regulamento da Lei 9.985/2000 (art. 23). As populações tradicionais, por sua vez, estão obrigadas "a participar da preservação, recuperação, defesa e manutenção da unidade de conservação" (§ 1º). O uso dos recursos naturais pelas populações tradicionais obedecerá às seguintes **normas** (§ 2º):

I – proibição do uso de **espécies localmente ameaçadas de extinção** ou de práticas que danifiquem os seus *habitats*;

II – proibição de práticas ou atividades que **impeçam a regeneração natural dos ecossistemas**;

III – demais normas estabelecidas na legislação, no Plano de Manejo da unidade de conservação e no contrato de concessão de direito real de uso.

É proibida a introdução nas unidades de conservação de **espécies não autóctones**, conforme disposição expressa do art. 31. Em linhas gerais, o dispositivo estabelece a proibição da introdução de espécies que não são originárias do local onde se encontra situada determinada unidade de conservação. Há fortes razões ecológicas para se evitar tal prática, sobretudo em razão do potencial desequilíbrio do ecossistema e espécies naturais a ser provocado por espécies não autóctones. No entanto, segundo o próprio dispositivo citado, no seu § 1º, "**excetuam-se** do disposto neste artigo as **Áreas de Proteção Ambiental**, as **Florestas Nacionais**, as **Reservas Extrativistas** e as **Reservas de Desenvolvimento Sustentável**, bem como os animais e plantas necessários à administração e às atividades das demais categorias de unidades de conservação, de acordo com o que se dispuser em regulamento e no Plano de Manejo da unidade". Da mesma forma, por força do § 2º do mesmo dispositivo, "nas **áreas particulares** localizadas em **Refúgios de Vida Silvestre** e **Monumentos Naturais** podem ser criados **animais domésticos** e cultivadas **plantas considerados compatíveis com as finalidades da unidade**, de acordo com o que dispuser o seu Plano de Manejo".

6.2.1.2 Conselho Consultivo

Toda **unidade de conservação do grupo de Proteção Integral**, conforme assinala o art. 29, disporá de um **Conselho Consultivo**, presidido pelo órgão responsável por sua administração e constituído por representantes de órgãos públicos, de **organizações da sociedade civil**, por proprietários de terras localizadas em Refúgio de Vida Silvestre ou Monumento Natural, quando for o caso, e, na hipótese prevista no § 2º do art. 42, das **populações tradicionais residentes**, conforme se dispuser em regulamento e no ato de criação da unidade.

> O **DECRETO 4.340/2002** regulamenta o **conselho consultivo** nos seus arts. de 17 a 20:
>
> "**Art. 17.** As categorias de unidade de conservação poderão ter, conforme a Lei nº 9.985/2000, **conselho consultivo ou deliberativo**, que serão **presididos pelo chefe da unidade de conservação**, o qual designará os demais conselheiros indicados pelos setores a serem representados.
>
> § 1º A representação dos órgãos públicos deve contemplar, quando couber, os órgãos ambientais dos três níveis da Federação e órgãos de áreas afins, tais como pesquisa científica, educação, defesa nacional, cultura, turismo, paisagem, arquitetura, arqueologia e povos indígenas e assentamentos agrícolas.
>
> § 2º A representação da sociedade civil deve contemplar, quando couber, a comunidade científica e organizações não governamentais ambientalistas com atuação comprovada na região da unidade, população residente e do entorno, população tradicional, proprietários de imóveis no interior da unidade, trabalhadores e setor privado atuantes na região e representantes dos Comitês de Bacia Hidrográfica.
>
> § 3º A representação dos órgãos públicos e da sociedade civil nos conselhos deve ser, sempre que possível, paritária, considerando as peculiaridades regionais.
>
> § 4º A Organização da Sociedade Civil de Interesse Público – OSCIP com representação no conselho de unidade de conservação não pode se candidatar à gestão de que trata o Capítulo VI deste Decreto.
>
> § 5º O mandato do conselheiro é de dois anos, renovável por igual período, não remunerado e considerado atividade de relevante interesse público.
>
> § 6º No caso de unidade de conservação municipal, o Conselho Municipal de Defesa do Meio Ambiente, ou órgão equivalente, cuja composição obedeça ao disposto neste artigo, e com competências que incluam aquelas especificadas no art. 20 deste Decreto, pode ser designado como conselho da unidade de conservação.
>
> **Art. 18.** A **reunião do conselho da unidade de conservação deve ser pública**, com **pauta preestabelecida no ato da convocação** e realizada em **local de fácil acesso**.
>
> **Art. 19. Compete ao órgão executor**:
>
> I – convocar o conselho com antecedência mínima de sete dias;
>
> II – prestar apoio à participação dos conselheiros nas reuniões, sempre que solicitado e devidamente justificado. Parágrafo único. O apoio do órgão executor indicado no inciso II não restringe aquele que possa ser prestado por outras organizações.
>
> **Art. 20. Compete ao conselho de unidade de conservação**:
>
> I – elaborar o seu regimento interno, no prazo de noventa dias, contados da sua instalação;
>
> II – acompanhar a elaboração, implementação e revisão do Plano de Manejo da unidade de conservação, quando couber, garantindo o seu caráter participativo;
>
> III – buscar a integração da unidade de conservação com as demais unidades e espaços territoriais especialmente protegidos e com o seu entorno;
>
> IV – esforçar-se para compatibilizar os interesses dos diversos segmentos sociais relacionados com a unidade;
>
> V – avaliar o orçamento da unidade e o relatório financeiro anual elaborado pelo órgão executor em relação aos objetivos da unidade de conservação;

VI – opinar, no caso de conselho consultivo, ou ratificar, no caso de conselho deliberativo, a contratação e os dispositivos do termo de parceria com OSCIP, na hipótese de gestão compartilhada da unidade;

VII – acompanhar a gestão por OSCIP e recomendar a rescisão do termo de parceria, quando constatada irregularidade;

VIII – manifestar-se sobre obra ou atividade potencialmente causadora de impacto na unidade de conservação, em sua zona de amortecimento, mosaicos ou corredores ecológicos; e

IX – propor diretrizes e ações para compatibilizar, integrar e otimizar a relação com a população do entorno ou do interior da unidade, conforme o caso".

As **unidades de conservação**, conforme prevê a legislação, **podem ser geridas por organizações da sociedade civil de interesse público** com objetivos afins aos da unidade, mediante instrumento a ser firmado com o órgão responsável por sua gestão (art. 30). O dispositivo estabelece a possibilidade de a gestão de unidades de conservação ser realizada por organizações não governamentais. Essa abertura é salutar à participação da sociedade civil na proteção ecológica, inclusive de modo a concretizar o comando normativo do *caput* do art. 225 da CF/1988. A OSCIP não se confunde com a associação. Esta está prevista no art. 5º, XVII, XVIII, XIX, XX e XXI, da CF/1988. A associação ambiental não precisa de nenhuma autorização governamental para ser criada, para ser extinta ou para propor ação civil pública.

O **Decreto 4.340/2002** regulamenta a gestão compartilhada com OSCIP ao estabelecer:

"Art. 21. A **gestão compartilhada de unidade de conservação por OSCIP** é regulada por **termo de parceria firmado com o órgão executor**, nos termos da Lei nº 9.790/99.

Art. 22. Poderá gerir unidade de conservação a **OSCIP que preencha os seguintes requisitos**:

I – tenha dentre seus objetivos institucionais a proteção do meio ambiente ou a promoção do desenvolvimento sustentável; e

II – comprove a realização de atividades de proteção do meio ambiente ou desenvolvimento sustentável, preferencialmente na unidade de conservação ou no mesmo bioma.

Art. 23. O **edital para seleção de OSCIP**, visando a gestão compartilhada, deve ser publicado com no mínimo sessenta dias de antecedência, em jornal de grande circulação na região da unidade de conservação e no Diário Oficial, nos termos da Lei nº 8.666, de 21 de junho de 1993. Parágrafo único. Os termos de referência para a apresentação de proposta pelas OSCIP serão definidos pelo órgão executor, ouvido o conselho da unidade.

Art. 24. A OSCIP deve **encaminhar anualmente relatórios** de suas atividades para apreciação do órgão executor e do conselho da unidade".

6.2.1.3 Pesquisa científica

Os órgãos executores do SNUC devem se articular e cooperar com a comunidade científica com "o propósito de incentivar o **desenvolvimento de pesquisas sobre a fauna, a flora e a ecologia das unidades de conservação** e sobre **formas de uso sustentável dos recursos naturais, valorizando-se o conhecimento das populações tradicionais**" (art. 32). O dispositivo ressalta a importância da articulação da pesquisa científica nas unidades de conservação, a fim de incentivar o desenvolvimento de pesquisas sobre a fauna, a flora e os ecossistemas. O desenvolvimento científico deve ser encarado como um aliado na proteção ecológica, notadamente com relação à nossa biodiversidade. A produção de conhecimento científico, sobretudo acerca dos nossos recursos naturais (e, em especial, formas sustentáveis para a sua utilização), deve ser encarado como um forte aliado no processo de conscientização pública a respeito da importância da proteção ecológica.

As pesquisas científicas nas unidades de conservação, por sua vez, não podem colocar em risco a sobrevivência das espécies integrantes dos ecossistemas protegidos (§ 1º). A realização de pesquisas científicas nas unidades de conservação, exceto Área de Proteção Ambiental e Reserva Particular do Patrimônio Natural, **depende de aprovação prévia** e está sujeita à **fiscalização do órgão responsável por sua administração** (§ 2º). Os órgãos competentes podem transferir para as **instituições de pesquisa nacionais**, mediante acordo, a atribuição de aprovar a realização de pesquisas científicas e de credenciar pesquisadores para trabalharem nas unidades de conservação (§ 3º).

6.2.1.4   Exploração comercial, doações e demais recursos

A **exploração comercial de produtos, subprodutos ou serviços obtidos ou desenvolvidos a partir dos recursos naturais, biológicos, cênicos ou culturais ou da exploração da imagem de unidade de conservação**, exceto Área de Proteção Ambiental e Reserva Particular do Patrimônio Natural, dependerá, conforme prevê o art. 33, de **prévia autorização** e sujeitará o explorador a pagamento, conforme disposto em regulamento. A exploração comercial de recursos naturais em unidade de conservação deve, portanto, ser sempre precedida de prévia autorização do seu órgão gestor.

Os órgãos responsáveis pela administração das unidades de conservação **podem receber recursos ou doações de qualquer natureza**, nacionais ou internacionais, com ou sem encargos, provenientes de organizações privadas ou públicas ou de pessoas físicas que desejarem colaborar com a sua conservação (art. 34). A administração dos recursos obtidos cabe ao órgão gestor da unidade, e estes serão utilizados exclusivamente na sua implantação, gestão e manutenção (parágrafo único, art. 34).

Os recursos obtidos pelas **unidades de conservação do Grupo de Proteção Integral** mediante a cobrança de **taxa de visitação e outras rendas decorrentes de arrecadação, serviços e atividades da própria unidade** serão aplicados de acordo com os seguintes critérios (art. 35): I – até cinquenta por cento, e não menos que vinte e cinco por cento, na implementação, manutenção e gestão da própria unidade; II – até cinquenta por cento, e não menos que vinte e cinco por cento, na regularização fundiária das unidades de conservação do Grupo; III – até cinquenta por cento, e não menos que quinze por cento, na implementação, manutenção e gestão de outras unidades de conservação do Grupo de Proteção Integral.

6.2.2   *Zona de amortecimento e corredores ecológicos*

As **unidades de conservação**, exceto Área de Proteção Ambiental e Reserva Particular do Patrimônio Natural, **devem possuir uma zona de amortecimento e, quando conveniente, corredores ecológicos** (art. 25). Recapitulando os seus conceitos trazidos no art. 2º da Lei do SNUC, **zona de amortecimento** é "o entorno de uma unidade de conservação, onde as atividades humanas estão sujeitas a normas e restrições específicas, com o propósito de minimizar os impactos negativos sobre a unidade" (XVIII), ao passo que **corredores ecológicos** são "porções de ecossistemas naturais ou seminaturais, ligando unidades de conservação, que possibilitam entre elas o **fluxo de genes e o movimento da biota**, facilitando a dispersão de espécies e a recolonização de áreas degradadas, bem como a manutenção de populações que demandam para sua sobrevivência áreas com extensão maior do que aquela das unidades individuais" (XIX). Tanto a zona de amortecimento quanto os corredores ecológicos revelam a **abordagem ecossistêmica e integral – e, portanto, não fragmentária – de proteção da biodiversidade e da Natureza** adotada pelo legislador nacional, na medida em que objetiva conectar e possibilitar o **trânsito de genes e dos processos ecológicos essenciais** para a salvaguarda da integridade ecológica.

O órgão responsável pela administração da unidade de conservação estabelecerá normas específicas regulamentando a ocupação e o uso dos recursos da zona de amortecimento e dos corredores ecológicos de uma unidade de conservação (art. 25, § 1º), bem como os limites da zona de amortecimento e dos corredores ecológicos e as respectivas normas de que trata o § 1º **poderão ser definidas no ato de criação da unidade ou posteriormente** (§ 2º).

6.3 Desconstituição e redução de unidades de conservação

6.3.1 Princípios da, proibição de retrocesso e da inalterabilidade administrativa das unidades de conservação

O Plenário do STF, em importante julgamento, conheceu em parte da **ADI 4.717/DF**[21] e, nesse ponto, julgou procedente o pedido para, sem pronunciamento de nulidade, declarar a inconstitucionalidade da Medida Provisória 558/2012, convertida na Lei 12.678/2012. A ADI 4.717/DF foi conhecida apenas na parte em que aponta violação dos arts. 62 e 225, § 1º, III, da CF/1988, relativamente às alterações de limites de parques e florestas nacionais, de área de proteção ambiental e de unidades de conservação, as quais foram promovidas com o objetivo de construção de usinas hidrelétricas. Quanto ao aspecto formal, o Tribunal reafirmou a possibilidade, ainda que em caráter excepcional, de declaração de inconstitucionalidade de medidas provisórias quando se afigure evidente o abuso do poder de legislar pelo Chefe do Executivo, em razão da indubitável ausência dos requisitos constitucionais de relevância e urgência. O STF asseverou que, no caso, não ficou demonstrado, de forma satisfatória, a presença dos mencionados requisitos. À época da edição da medida provisória, os empreendimentos hidrelétricos que justificariam a desafetação das áreas protegidas ainda dependiam de licenciamentos ambientais, nos quais deveriam ser analisados os impactos e avaliada a conveniência e escolha dos sítios a serem efetivamente alagados.

Todavia, o aspecto mais importante da decisão do STF pela ótica ecológica diz respeito ao reconhecimento, de forma categórica, no voto-relator da Ministra Cármen Lúcia, da **impossibilidade de diminuição ou supressão de espaços territoriais especialmente protegidos por meio de medida provisória**. A questão sobre os limites constitucionais à edição de medida provisória em matéria ambiental é particularmente relevante num cenário político em que o atual Governo Federal, seja por intermédio do próprio presidente da República, seja por seu ministro do Meio Ambiente, tem reiteradamente emitido declarações no sentido de que irá implementar medidas no sentido de reduzir o regime de proteção de unidades de conservação.[22]

A **proteção ecológica**, no entanto, é um **limite constitucional material implícito** à edição de medida provisória, ainda que não conste expressamente do elenco das limitações previstas no art. 62, § 1º, da CF/1988, conforme assinalado na decisão do STF. Além disso, segundo a nossa Corte Constitucional, as normas que importem diminuição da proteção ecológica só podem ser editadas por meio de "**lei formal**, com **amplo debate parlamentar e participação da sociedade civil** e dos órgãos e instituições de proteção ambiental, como forma de assegurar o direito de todos ao meio ambiente ecologicamente equilibrado". A adoção de Medida Provisória nessas hipóteses, conforme entendimento do STF, "possui evidente potencial de causar prejuízos irreversíveis ao meio ambiente na eventualidade de não ser convertida em lei".

Segundo a Corte, a norma impugnada também "contrariou o **princípio da proibição de retrocesso socioambiental**. Isso porque as alterações legislativas atingiram o núcleo essencial do direito fundamental ao meio ambiente ecologicamente equilibrado (artigo 225 da CF/1988)". O STF enfatizou, ainda, que "a aplicação do princípio da proibição do retrocesso socioambiental não pode engessar a ação legislativa e administrativa, sendo forçoso admitir certa margem de discricionariedade às autoridades públicas em matéria ambiental (ADI 4.350/DF)". Contudo, segundo a Corte Constitucional, o que se consumou foi a **indevida alteração de reservas florestais com**

---

[21] STF, ADI 4.717/DF, rel. Min. Cármen Lúcia, j. 05.04.2018, Informativo n. 898. Muito embora o julgamento da ADI 4.717/DF tenha ocorrido em 05.04.2018, a sua publicação e divulgação do voto-relator da Ministra Cármen Lúcia ocorreu somente em 15.02.2019.

[22] Disponível em: https://sustentabilidade.estadao.com.br/noticias/geral,confira-a-lista-das-unidades-de--conservacao-que-o-governo-quer-reduzir,70002868340.

gravosa diminuição da proteção de ecossistemas, à revelia do **devido processo legislativo**, por **ato discricionário do Poder Executivo**, e em prejuízo da proteção ambiental de parques nacionais. O Plenário do STF julgou procedente a ação, sem pronunciamento de nulidade, sob o fundamento de que o irreversível alagamento das áreas desafetadas e a execução dos empreendimentos hidrelétricos já não permite a invalidação dos efeitos produzidos, dada a impossibilidade material de reversão ao *status quo ante*. Por fim, concluiu Ministra Cármen Lúcia no seu voto que: "as alterações promovidas pela Lei 12.678/2012, à exceção do acréscimo à área do Parque Nacional dos Campos Amazônicos, importaram em gravosa diminuição da proteção dos ecossistemas abrangidos pelas unidades de conservação acima referidas, acarretando ofensa ao princípio da proibição de retrocesso socioambiental, ao atingirem o **núcleo essencial do direito fundamental ao meio ambiente** ecologicamente equilibrado previsto no art. 225 da Constituição da República". Para assegurar a efetividade do direito fundamental em questão, incumbe ao Poder Público, conforme assinala expressamente o inciso III do § 1º do art. 225, "III – definir, em todas as unidades da Federação, espaços territoriais e seus componentes a serem especialmente protegidos, sendo a **alteração e a supressão permitidas somente através de lei**, vedada qualquer utilização que comprometa a integridade dos atributos que justifiquem sua proteção". O critério formal de "alteração e a supressão permitidas somente através de lei", segundo entendimento do STF, não seria atendido por meio de medida provisória, ensejando a sua inconstitucionalidade formal.

A decisão do STF, ao aplicar o princípio da proibição de retrocesso em matéria ambiental, utilizou como parâmetro o critério da violação ao núcleo essencial do direito fundamental ao meio ambiente. Da mesma forma, a Corte deixou claro não se tratar de princípio absoluto com o propósito de "engessar" a ação legislativa e administrativa, reconhecendo-se, assim, a existência de margem de discricionariedade das autoridades públicas em matéria ambiental. No entanto, a margem de discricionariedade está fortemente amarrada tanto a aspectos **"formais"** (como disposto no art. 225, § 1º, III) quanto **"materiais"** (como o núcleo essencial do direito fundamental ao ambiente) ditados pela própria CF/1988 e que limitam a atuação dos Poderes Legislativo e Executivo na seara ecológica. É importante pontuar sobre o tema que a abrangência dada ao princípio da proibição de retrocesso pelo STF não se limita à sua tradicional vertente social, como alguns poderiam pressupor na leitura apenas da ementa do julgado. Da mesma forma, a compreensão do referido princípio pela nossa Corte Constitucional também implica o reconhecimento do correlato **dever de progressividade em matéria ambiental**.

A decisão do STF[23], assim, coloca-se em perfeito alinhamento com a recente consagração tanto do princípio da vedação de retrocesso quanto do dever de progressividade em matéria ambiental consagrados expressamente no artigo 3, "c", do **Acordo de Escazú (2018)**, revelando, por assim dizer, o necessário "**diálogo de fontes normativas**" na temática ecológica.

> **JURISPRUDÊNCIA STJ. Princípios da proibição de retrocesso ambiental e da inalterabilidade administrativa das unidades de conservação.** "Processual civil. **Área de Proteção Ambiental – APA** de Maricá. Lei 9.985/2000. Princípios da proibição de retrocesso e da inalterabilidade administrativa das unidades de conservação. Afronta à coisa julgada. Ofensa ao art. 535 do CPC não demonstrada. Deficiência na fundamentação. Súmula 284/STF. Reexame do contexto fático-probatório. Súmula 7/STJ. 1. Na origem, trata-se de ação civil pública proposta por Associação com o propósito de garantir a Área de Proteção Ambiental – APA de Maricá, espaço territorial em que se encontram **rica biodiversidade, do**

---

[23] Também aplicado o princípio da proibição de retrocesso à matéria ambiental: STF, ADI 5016/BA, Tribunal Pleno, Rel. Min. Alexandre de Moraes, j. 11.10.2018. De acordo com passagem do voto-relator do Min. Alexandre de Moraes: "a lei atacada resultou em afronta ao princípio da vedação do retrocesso, que impossibilita qualquer supressão ou limitação de direitos fundamentais já adquiridos. Tal garantia se coaduna com os princípios da dignidade da pessoa humana e da segurança jurídica, estabelecendo um dever de progressividade em matérias sociais, econômicas, culturais e ambientais".

pouco que ainda resta da Mata Atlântica, paisagens paradisíacas de dunas, vegetação de restinga e sistema lagunar, além de sítios arqueológicos e sambaquis. Ao que consta, norma posterior (Decreto Estadual 41.048/2007) à que criou a Unidade de Conservação (Decreto Estadual 7.230/1984) teria – a pretexto de instituir, à luz da Lei Federal 9.985/2000, seu Plano de Manejo – reduzido, por via transversa, o grau de **salvaguarda dos patrimônios ambiental, histórico e cultural da região**. A rigor, o que essencialmente se discute na lide, em tese, é a questão de haver ou não o Estado do Rio de Janeiro afrontado o **princípio da proibição de retrocesso ambiental e o princípio da inalterabilidade administrativa das Unidades de Conservação**, este último estampado no **art. 225, § 1º, III, *in fine*, da Constituição de 1988**, pois a) teria enfraquecido, por meio de exigências menos restritivas, os mecanismos de controle de atividades e empreendimentos econômicos que pretendam instalar-se na área e possam comprometer o espaço territorial e seus componentes especialmente protegidos e, b) ao assim proceder, não o fez por lei em sentido formal, como constitucionalmente exigido, e sim por decreto. (...) 6. Recurso especial de que não se conhece" (STJ, REsp 1662799/RJ, 2ª T., Rel. Min. Herman Benjamin, j. 25.04.2017).

6.4 Compensação ambiental

Nos casos de licenciamento ambiental de empreendimentos de significativo impacto ambiental, assim considerado pelo órgão ambiental competente, com fundamento em estudo de impacto ambiental e respectivo relatório – EIA/RIMA, o **empreendedor**, conforme disposição expressa da Lei do SNUC (art. 36), é obrigado a apoiar a implantação e manutenção de unidade de conservação do Grupo de Proteção Integral. O dispositivo em questão prevê **medida compensatória** para os casos de licenciamento ambiental de empreendimentos de significativo impacto ambiental, obrigando o empreendedor a apoiar a implantação e manutenção de unidade de conservação do grupo de proteção integral. É, em linhas gerais, um mecanismo que visa a aplicação do **princípio do poluidor-pagador** e **responsabilização do empreendedor** pelo dano ambiental causado.

O DECRETO 4.340/2002 estabelece que:

"**Art. 31**. Para os fins de fixação da compensação ambiental de que trata o art. 36 da Lei nº 9.985, de 2000, **o IBAMA estabelecerá o grau de impacto** a partir de estudo prévio de impacto ambiental e respectivo relatório – EIA/RIMA, ocasião em que considerará, exclusivamente, os impactos ambientais negativos sobre o meio ambiente.

§ 1º O impacto causado será levado em conta apenas uma vez no cálculo.

§ 2º O cálculo deverá conter os indicadores do impacto gerado pelo empreendimento e das características do ambiente a ser impactado.

§ 3º Não serão incluídos no cálculo da compensação ambiental os investimentos referentes aos planos, projetos e programas exigidos no procedimento de licenciamento ambiental para mitigação de impactos, bem como os encargos e custos incidentes sobre o financiamento do empreendimento, inclusive os relativos às garantias, e os custos com apólices e prêmios de seguros pessoais e reais.

§ 4º A compensação ambiental poderá incidir sobre cada trecho, naqueles empreendimentos em que for emitida a licença de instalação por trecho. (Nova redação e inclusão pelo Decreto nº 6.848/2009.)"

Resolução CONAMA n. 371/2006: "Estabelece diretrizes aos órgãos ambientais para o cálculo, cobrança, aplicação, aprovação e controle de gastos de recursos advindos de compensação ambiental, conforme a Lei nº 9.985, de 18 de julho de 2000, que institui o Sistema Nacional de Unidades de Conservação da Natureza-SNUC e dá outras providências".

O **montante de recursos a ser destinado pelo empreendedor** para essa finalidade, conforme prevê o § 1º do art. 36, **não pode ser inferior a meio por cento dos custos totais** previstos para a implantação do empreendimento, sendo o percentual fixado pelo órgão ambiental licenciador, de acordo com o grau de impacto ambiental causado pelo empreendimento. O § 1º do art. 36 teve a sua inconstitucionalidade parcial atribuída em decisão do STF na ADI 3.378/DF, no tocante ao valor não ser inferior a meio por cento dos custos totais previstos para a implantação do empreendimento. Segundo a nossa Corte Constitucional, "o valor da compensação-compartilhamento é de ser fixado proporcionalmente ao impacto ambiental, após estudo em que se assegurem o contraditório e a ampla defesa", com a "prescindibilidade da fixação de percentual sobre os custos do empreendimento", conforme ementa que segue.

> **JURISPRUDÊNCIA DO STF.** "Ação direta de inconstitucionalidade. Art. 36 e seus §§ 1º, 2º e 3º da Lei nº 9.985, de 18 de julho de 2000. Constitucionalidade da compensação devida pela implantação de empreendimentos de significativo impacto ambiental. Inconstitucionalidade parcial do § 1º do art. 36. 1. O compartilhamento-compensação ambiental de que trata o art. 36 da Lei nº 9.985/2000 não ofende o princípio da legalidade, dado haver sido a própria lei que previu o modo de financiamento dos gastos com as unidades de conservação da natureza. De igual forma, não há violação ao princípio da separação dos Poderes, por não se tratar de delegação do Poder Legislativo para o Executivo impor deveres aos administrados. 2. Compete ao órgão licenciador fixar o *quantum* da compensação, de acordo com a compostura do impacto ambiental a ser dimensionado no relatório – EIA/RIMA. 3. O art. 36 da Lei nº 9.985/2000 **densifica o princípio usuário-pagador**, este a significar um mecanismo de **assunção partilhada da responsabilidade social pelos custos ambientais derivados da atividade econômica**. 4. **Inexistente desrespeito ao postulado da razoabilidade**. Compensação ambiental que se revela como instrumento adequado à **defesa e preservação do meio ambiente para as presentes e futuras gerações**, não havendo outro meio eficaz para atingir essa finalidade constitucional. Medida amplamente compensada pelos benefícios que sempre resultam de um meio ambiente ecologicamente garantido em sua higidez. 5. **Inconstitucionalidade da expressão 'não pode ser inferior a meio por cento dos custos totais previstos para a implantação do empreendimento', no § 1º do art. 36 da Lei nº 9.985/2000. O valor da compensação--compartilhamento é de ser fixado proporcionalmente ao impacto ambiental, após estudo em que se assegurem o contraditório e a ampla defesa. Prescindibilidade da fixação de percentual sobre os custos do empreendimento.** 6. Ação parcialmente procedente" (STF, ADI 3378/DF, Tribunal Pleno, Rel. Min. Ayres Britto, 09.04.2008).

> **JURISPRUDÊNCIA DO TRF4. Compensação ambiental e quantificação.** "Direito administrativo e ambiental. Ação civil pública. Usina hidrelétrica. Foz do Chapecó. Compensação ambiental. Lei nº 9.985/2000, artigo 36. Termo de compromisso. Invalidação. Possibilidade. Preceito normativo. Constitucionalidade. Quantificação. Percentual. Manutenção. Base de cálculo. Hipóteses de exclusão. Modificação. 1. Ação civil pública proposta pelo Ministério Público Federal em face do IBAMA e do Consórcio Energético Foz do Chapecó, versando temas relacionados à compensação ambiental prevista no artigo 36 da Lei nº 9.985/2000, a propósito da Usina Hidrelétrica Foz do Chapecó. 2. No Juízo de origem foi reconhecida a invalidade do termo de compromisso firmado entre o IBAMA e o Consórcio Energético Foz do Chapecó acerca do objeto da compensação ambiental. O Juízo de primeiro grau fixou o montante da compensação ambiental em R$ 39.081.897,63. 3. Prevaleceu nesta Corte o entendimento de que a invalidação judicial do termo de compromisso firmado entre o IBAMA e o Consórcio Energético Foz do Chapecó não desborda dos limites da demanda, uma vez que o referido ajuste figura na qualidade de negócio jurídico superveniente ao ajuizamento desta ação civil pública, com direta vinculação ao seu objeto litigioso, cuja cognição é imperativa por obra do artigo 462 do CPC. Ademais, o Ministério Público Federal deixou de tomar parte na formulação do mencionado termo de compromisso, com o que o ajuste a ele é inoponível. 4. A **Lei nº 9.985/2000**, ao regulamentar o disposto no artigo 225, § 1º, incisos I, II, III e VII da Constituição Federal, instituiu o Sistema Nacional de Unidades de Conservação da Natureza,

tendo preceituado no seu artigo 36 que nos casos de licenciamento ambiental de empreendimentos de significativo impacto ambiental, o empreendedor é obrigado a apoiar a implantação e manutenção de unidade de conservação, medida representativa de compensação ambiental. 5. Na sede da ADI nº 3.378 apenas foi reconhecida a inconstitucionalidade do percentual mínimo para fins de quantificação da compensação ambiental, consoante previsão do § 1º do artigo 36 da Lei nº 9.985/2000, não assim da obrigatoriedade da compensação ambiental e da sua apuração com base no custo do empreendimento. Robora tal conclusão a edição sucessiva à decisão na mencionada ADI do Decreto nº 6.848/2009, o qual alterou a redação do Decreto nº 4.340/2002, remodelando o instituto da compensação ambiental ao decidido pelo STF. 6. Manutenção por este Regional do percentual fixado administrativamente para o cálculo do valor da compensação ambiental, com observação ao devido processo legal, entre o IBAMA e o Consórcio Energético Foz do Chapecó, indicado em 1,9% à vista do significativo impacto ambiental evidenciado. Além do mais, o tópico concernente ao aludido percentual deixou de ser impugnado em contestação. 7. A propósito da base de cálculo para a compensação ambiental, embora de edição sucessiva ao licenciamento ambiental em comento, restou admitida, com suporte no princípio da razoabilidade, a aplicação do previsto no § 3º do artigo 31 do Decreto nº 4.340/2002, com a redação atribuída pelo Decreto nº 6.848/2009. Assim, para a apuração da base de cálculo da compensação ambiental, excetuam-se dos investimentos necessários para a implantação do empreendimento os valores referentes aos planos, projetos e programas exigidos no procedimento de licenciamento ambiental para mitigação de impactos, bem como os encargos e custos incidentes sobre o financiamento do empreendimento, inclusive os relativos às garantias, e os custos com apólices e prêmios de seguros pessoais e reais'. 8. Juros de mora mantidos consoante fixados na sentença" (TRF4, AC 5005791-81.2013.404.7202/SC, 3ª T., Rel. Des. Federal Marga Inge Barth Tessler, j. 10.09.2014).

Compete ao órgão ambiental licenciador definir as **unidades de conservação** a serem **beneficiadas** com a compensação, considerando as propostas apresentadas no EIA/RIMA e ouvido o empreendedor, podendo inclusive ser contemplada a **criação de novas unidades de conservação** (art. 36, § 2º). Quando o empreendimento afetar unidade de conservação específica ou sua zona de amortecimento, o licenciamento a que se refere o *caput* deste artigo só poderá ser concedido mediante autorização do órgão responsável por sua administração, e a **unidade afetada**, mesmo que não pertencente ao Grupo de Proteção Integral, **deverá ser uma das beneficiárias da compensação** definida neste § 3º.

A Lei 13.668/2018 acrescentou o § 4º ao art. 36 da Lei 9.985/2000, estabelecendo que "a obrigação de que trata o *caput* deste artigo poderá, em virtude do interesse público, ser cumprida em unidades de conservação de posse e domínio públicos do **grupo de Uso Sustentável**, especialmente as localizadas na **Amazônia Legal**". A Lei 13.668/2018 também tratou das atribuições do **ICMBio** envolvendo a criação de **fundo privado** a ser integralizado com os recursos oriundos da compensação ambiental, conforme segue, inclusive no tocante à seleção da instituição financeira oficial que vai administrá-lo, inclusive com dispensa de licitação.

6.5 Responsabilidade (administrativa, civil e penal) do poluidor e unidades de conservação

O dano ambiental à unidade de conservação enseja a responsabilidade civil, administrativa e penal do poluidor, na linha do que dispõe o art. 225, § 3º, da CF/1988, bem como o art. 14, § 1º, da Lei 6.938/81. De modo complementar, o art. 38 da Lei 9.985/2000 assinala que "a ação ou omissão das pessoas físicas ou jurídicas que importem inobservância aos preceitos desta Lei e a seus regulamentos ou resultem em dano à flora, à fauna e aos demais atributos naturais das unidades de conservação, bem como às suas instalações e às zonas de amortecimento e corredores ecológicos, sujeitam os infratores às sanções previstas em lei".

A título de exemplo, a Lei do SNUC estabeleceu algumas alterações na **Lei dos Crimes e Infrações Administrativas Ambientais (Lei 9.605/98)**, por exemplo, ao estabelecer no seu art. 40 que: "§ 1º Entende-se por Unidades de Conservação de Proteção Integral as Estações Ecológicas, as Reservas Biológicas, os Parques Nacionais, os Monumentos Naturais e os Refúgios de Vida Silvestre", bem como que "§ 2º A **ocorrência de dano afetando espécies ameaçadas de extinção no interior das Unidades de Conservação de Proteção Integral** será considerada **circunstância agravante** para a fixação da pena".

Também no art. 40-A, não obstante o seu *caput* tenha sido vetado, passou a constar que: "Art. 40-A. (*Vetado.*) § 1º Entende-se por **Unidades de Conservação de Uso Sustentável** as Áreas de Proteção Ambiental, as Áreas de Relevante Interesse Ecológico, as Florestas Nacionais, as Reservas Extrativistas, as Reservas de Fauna, as Reservas de Desenvolvimento Sustentável e as Reservas Particulares do Patrimônio Natural. § 2º A ocorrência de dano afetando espécies ameaçadas de extinção no interior das Unidades de Conservação de Uso Sustentável será considerada **circunstância agravante** para a fixação da pena. § 3º Se o **crime for culposo**, a pena será reduzida à metade".

6.6 Populações tradicionais

Quanto às populações tradicionais, o art. 42 estabelece que aquelas "residentes em unidades de conservação nas quais sua permanência não seja permitida serão indenizadas ou compensadas pelas benfeitorias existentes e devidamente realocadas pelo Poder Público, em local e condições acordados entre as partes". O Poder Público, conforme assinala o § 1º do mesmo dispositivo, por meio do órgão competente, deverá **priorizar o reassentamento das populações tradicionais** a serem realocadas.

Até que seja possível efetuar o reassentamento de que trata este artigo, conforme pontua o § 2º do art. 42, "serão estabelecidas normas e ações específicas destinadas a **compatibilizar a presença das populações tradicionais residentes com os objetivos da unidade**, sem prejuízo dos modos de vida, das fontes de subsistência e dos locais de moradia destas populações, assegurando-se a sua participação na elaboração das referidas normas e ações". Na hipótese prevista no § 2º, as normas regulando o prazo de permanência e suas condições serão estabelecidas em regulamento (art. 42, § 3º).

6.7 Indenização e regularização fundiária de unidades de conservação

O art. 45 da Lei do SNUC estabelece que "**excluem-se das indenizações referentes à regularização fundiária das unidades de conservação**, derivadas ou não de desapropriação: (...) III – as espécies arbóreas declaradas imunes de corte pelo Poder Público; IV – expectativas de ganhos e lucro cessante; V – o resultado de cálculo efetuado mediante a operação de juros compostos; VI – as áreas que não tenham prova de domínio inequívoco e anterior à criação da unidade".

6.8 Ilhas oceânicas

O art. 44 da Lei do SNUC enuncia a destinação **prioritária de proteção ambiental** que deve ser conferida às ilhas oceânicas, limitando a sua utilização para outros fins. Tal medida, por sua vez, reconhece a riqueza da biodiversidade dos ecossistemas existentes nas ilhas oceânicas. Segundo disposição expressa do dispositivo: "Art. 44. As ilhas oceânicas e costeiras destinam-se prioritariamente à proteção da natureza e sua destinação para fins diversos deve ser precedida de autorização do órgão ambiental competente. Parágrafo único. Estão dispensados da autorização citada no *caput* os órgãos que se utilizam das citadas ilhas por força de dispositivos legais ou quando decorrente de compromissos legais assumidos".

6.9 Cadastro Nacional de Unidades de Conservação

A Lei do SNUC estabelece, no seu art. 50, que o **Ministério do Meio Ambiente** organizará e manterá um **Cadastro Nacional de Unidades de Conservação**, com a colaboração do IBAMA e dos órgãos estaduais e municipais competentes. Esse cadastro nacional, cabe frisar, deverá compreender todas as unidades de conservação, ou seja, de todos os entes federativos: União, Estados, Distrito Federal e Municípios.

A criação do Cadastro Nacional de Unidades de Conservação estabelece importante instrumento voltado à **informação ambiental** a respeito das unidades de conservação, possibilitando um maior **controle social** sobre o gerenciamento delas e efetivo cumprimento do regime de proteção e categoria a que estiver vinculada. Tal cadastro, por sua vez, deve ser integrado ao **Sistema Nacional de Informações sobre o Meio Ambiente** – SINIMA, conforme previsto no art. 9º, VII, da Lei 6.938/81.

O Cadastro a que se refere o art. 50 conterá os dados principais de cada unidade de conservação, incluindo, entre outras características relevantes, informações sobre espécies ameaçadas de extinção, situação fundiária, recursos hídricos, clima, solos e aspectos socioculturais e antropológicos. O § 2º do art. 50 estabelece a obrigação do Ministério do Meio Ambiente de divulgar e colocar à disposição do público interessado os dados constantes do Cadastro Nacional de Unidades de Conservação.

6.9.1 Relatório de avaliação global da situação das unidades de conservação federais do País

O art. 51 da Lei do SNUC estabelece como dever da União, ou seja, do Poder Executivo Federal a submissão à apreciação do Congresso Nacional, **a cada dois anos**, de um **relatório de avaliação global da situação das unidades de conservação federais do País**. O relatório referido, além de representar importante instrumento para a elaboração de políticas públicas ambientais nas diferentes áreas temáticas.

De modo complementar, o art. 52 estabelece que **os mapas e cartas oficiais devem indicar as áreas que compõem o SNUC**. Há, por assim, dizer, a **imposição legal** de aos órgãos públicos competentes de informar a sociedade em geral, inclusive no âmbito do sistema formal de educação acerca da localização e dados relevantes sobre todas as unidades de conservação que integram o SNUC, independentemente do ente federativo a que pertençam.

6.9.2 Lista das espécies da flora e da fauna ameaçadas de extinção no território brasileiro

A Lei do SNUC estabelece, no art. 53, o dever do **IBAMA** de elaborar e divulgar **periodicamente** uma relação revista e atualizada das espécies da flora e da fauna ameaçadas de extinção no território brasileiro. Há, de tal sorte, o dever imposto pela legislação a elaboração de **lista das espécies ameaçadas de extinção** em todo o território nacional. A lista de espécies ameaçadas de extinção atende aos **objetivos** da Lei do SNUC estabelecidos no art. 4º do diploma, notadamente com relação a: O SNUC tem os seguintes objetivos: I – contribuir para a manutenção da diversidade biológica e dos recursos genéticos no território nacional e nas águas jurisdicionais; II – **proteger as espécies ameaçadas de extinção no âmbito regional e nacional**; III – contribuir para a preservação e a restauração da diversidade de ecossistemas naturais.

A atribuição de elaborar e divulgar periodicamente a lista das espécies da flora e da fauna ameaçadas de extinção no território brasileiro tem sido exercida pelo Instituto Chico Mendes de Conservação da Biodiversidade (ICMBio), dada a sua criação no ano de 2007 e especialização temática. A título de exemplo, o ICMBio publicou no ano de 2018 o *Livro Vermelho da Fauna Brasileira Ameaçada de Extinção* (2018), dividido em 7 volumes, abarcando a lista de Mamíferos, Aves, Répteis, Anfíbios, Peixes e Invertebrados. Ao todo, 1.270 cientistas se reuniram sob a coordenação do ICMBio para avaliação de 12.254 espécies. Na versão anterior, divulgada em 2003, 816 espécies foram avaliadas. O livro, por sua vez, aponta um incremento em relação à quantidade de espécies ameaçadas de extinção, alcançando em 2018 o número de 1.173 – um incremento de 716 espécies –, as quais estão distribuídas em três categorias: 1) Criticamente em Perigo (CR), 2) Em Perigo (EN) e 3) Vulnerável (VU).[24]

O parágrafo único do art. 53 da Lei do SNUC também assinala que o IBAMA incentivará os competentes órgãos estaduais e municipais a estabelecer relações equivalentes, abrangendo suas respectivas áreas de jurisdição. Em outras palavras, o dispositivo determina o dever dos **Estados, Distrito Federal e Municípios** de também elaborarem as respectivas **listas de espécies ameaçadas de extinção nos seus âmbitos territoriais**, inclusive como forma de se integrarem nas políticas públicas voltadas à proteção das espécies ameaçadas de extinção nos âmbitos local, regional e nacional. Por fim, ainda sobre o tema da proteção das espécies ameaçadas de extinção, o art. 54 da Lei do SNUC assinala que o **IBAMA, excepcionalmente, pode permitir a captura de exemplares de espécies ameaçadas de extinção** destinadas a programas de criação em cativeiro ou formação de coleções científicas, de acordo com o disposto no diploma e em regulamentação específica.

6.10 Disposições gerais da Lei do SNUC

Segundo assinala o art. 46 da Lei do SNUC, "a **instalação de redes de abastecimento de água, esgoto, energia e infraestrutura urbana em geral, em unidades de conservação** onde estes equipamentos são admitidos depende de **prévia aprovação do órgão responsável** por sua administração, sem prejuízo da necessidade de elaboração de estudos de impacto ambiental e outras exigências legais. Parágrafo único. Esta mesma condição se aplica à zona de amortecimento das unidades do Grupo de Proteção Integral, bem como às áreas de propriedade privada inseridas nos limites dessas unidades e ainda não indenizadas".

O órgão ou empresa, público ou privado, responsável pelo **abastecimento de água ou que faça uso de recursos hídricos**, beneficiário da proteção proporcionada por uma unidade de conservação, conforme pontua o art. 47 da Lei do SNUC, deve **contribuir financeiramente** para a proteção e implementação da unidade, de acordo com o disposto em regulamentação específica.

No mesmo sentido, o art. 48 da Lei do SNUC assinala que "o órgão ou empresa, público ou privado, responsável pela **geração e distribuição de energia elétrica**, beneficiário da proteção oferecida por uma unidade de conservação, deve contribuir financeiramente para a proteção e implementação da unidade, de acordo com o disposto em regulamentação específica".

A Lei do SNUC ainda estabelece, no seu art. 49, que a área de uma unidade de conservação do Grupo de Proteção Integral é considerada **zona rural, para os efeitos legais**. De modo complementar, o parágrafo único do mesmo dispositivo estabelece que "a zona de amortecimento das unidades de conservação de que trata este artigo, uma vez definida formalmente, não pode ser transformada em zona urbana".

Por fim, o art. 57-A da Lei do SNUC, conforme redação dada pela Lei 11.460/2007, dispõe que: "O Poder Executivo estabelecerá os **limites para o plantio de organismos geneticamente modificados** nas áreas que circundam as unidades de conservação até que seja fixada sua zona de amortecimento e aprovado o seu respectivo Plano de Manejo". O parágrafo único do dispositivo, por sua vez, determina que tal previsão legal **não se aplica às Áreas de Proteção Ambiental** (APA) e Reservas de Particulares do Patrimônio Nacional (RPPN). O **Decreto 5.950/2006** regulamenta o art. 57-A da Lei 9.985/2000, para estabelecer os limites para o plantio de organismos geneticamente modificados nas áreas que circundam as unidades de conservação.

---

[24] Disponível em: https://www.icmbio.gov.br/portal/component/content/article/10187.

INFRAÇÕES ADMINISTRATIVAS COMETIDAS EXCLUSIVAMENTE EM UNIDADES DE CONSERVAÇÃO (DECRETO 6.514/2008)

Art. 84. Introduzir em unidade de conservação espécies alóctones:

Multa de R$ 2.000,00 (dois mil reais) a R$ 100.000,00 (cem mil reais).

§ 1º Excetuam-se do disposto neste artigo as áreas de proteção ambiental, as florestas nacionais, as reservas extrativistas e as reservas de desenvolvimento sustentável, bem como os animais e plantas necessários à administração e às atividades das demais categorias de unidades de conservação, de acordo com o que se dispuser em regulamento e no plano de manejo da unidade.

INFRAÇÕES ADMINISTRATIVAS COMETIDAS EXCLUSIVAMENTE EM UNIDADES

§ 2º Nas áreas particulares localizadas em refúgios de vida silvestre, monumentos naturais e reservas particulares do patrimônio natural podem ser criados animais domésticos e cultivadas plantas considerados compatíveis com as finalidades da unidade, de acordo com o que dispuser o seu plano de manejo.

Art. 85. Violar as limitações administrativas provisórias impostas às atividades efetiva ou potencialmente causadoras de degradação ambiental nas áreas delimitadas para realização de estudos com vistas à criação de unidade de conservação:

Multa de R$ 1.500,00 (mil e quinhentos reais) a R$ 1.000.000,00 (um milhão de reais).

Parágrafo único. Incorre nas mesmas multas quem explora a corte raso a floresta ou outras formas de vegetação nativa nas áreas definidas no *caput*.

Art. 86. Realizar pesquisa científica, envolvendo ou não coleta de material biológico, em unidade de conservação sem a devida autorização, quando esta for exigível:

Multa de R$ 500,00 (quinhentos reais) a R$ 10.000,00 (dez mil reais).

§ 1º A multa será aplicada em dobro caso as atividades de pesquisa coloquem em risco demográfico as espécies integrantes dos ecossistemas protegidos.

§ 2º Excetuam-se do disposto neste artigo as áreas de proteção ambiental e reservas particulares do patrimônio natural, quando as atividades de pesquisa científica não envolverem a coleta de material biológico.

Art. 87. Explorar comercialmente produtos ou subprodutos não madeireiros, ou ainda serviços obtidos ou desenvolvidos a partir de recursos naturais, biológicos, cênicos ou culturais em unidade de conservação sem autorização ou permissão do órgão gestor da unidade ou em desacordo com a obtida, quando esta for exigível:

Multa de R$ 1.500,00 (mil e quinhentos reais) a R$ 100.000,00 (cem mil reais).

Parágrafo único. Excetuam-se do disposto neste artigo as áreas de proteção ambiental e reservas particulares do patrimônio natural.

Art. 88. Explorar ou fazer uso comercial de imagem de unidade de conservação sem autorização do órgão gestor da unidade ou em desacordo com a recebida:

Multa de R$ 5.000,00 (cinco mil reais) a R$ 2.000.000,00 (dois milhões de reais).

Parágrafo único. Excetuam-se do disposto neste artigo as áreas de proteção ambiental e reservas particulares do patrimônio natural.

Art. 89. Realizar liberação planejada ou cultivo de organismos geneticamente modificados em áreas de proteção ambiental, ou zonas de amortecimento das demais categorias de unidades de conservação, em desacordo com o estabelecido em seus respectivos planos de manejo, regulamentos ou recomendações da Comissão Técnica Nacional de Biossegurança – CTNBio:

§ 1º A multa será aumentada ao triplo se o ato ocorrer no interior de unidade de conservação de proteção integral.

Multa de R$ 1.500,00 (mil e quinhentos reais) a R$ 1.000.000,00 (um milhão de reais).

§ 2º A multa será aumentada ao quádruplo se o organismo geneticamente modificado, liberado ou cultivado irregularmente em unidade de conservação, possuir na área ancestral direto ou parente silvestre ou se representar risco à biodiversidade.

§ 3º O Poder Executivo estabelecerá os limites para o plantio de organismos geneticamente modificados nas áreas que circundam as unidades de conservação até que seja fixada sua zona de amortecimento e aprovado o seu respectivo plano de manejo.

Art. 90. Realizar quaisquer atividades ou adotar conduta em desacordo com os objetivos da unidade de conservação, o seu plano de manejo e regulamentos:

Multa de R$ 500,00 (quinhentos reais) a R$ 10.000,00 (dez mil reais).

Art. 91. Causar dano à unidade de conservação:

Multa de R$ 200,00 (duzentos reais) a R$ 100.000,00 (cem mil reais).

Art. 92. Penetrar em unidade de conservação conduzindo substâncias ou instrumentos próprios para caça, pesca ou para exploração de produtos ou subprodutos florestais e minerais, sem licença da autoridade competente, quando esta for exigível:

Multa de R$ 1.000,00 (mil reais) a R$ 10.000,00 (dez mil reais).

Parágrafo único. Incorre nas mesmas multas quem penetrar em unidade de conservação cuja visitação pública ou permanência sejam vedadas pelas normas aplicáveis ou ocorram em desacordo com a licença da autoridade competente.

Art. 93. As infrações previstas neste Decreto, quando afetarem ou forem cometidas em unidade de conservação ou em sua zona de amortecimento, terão os valores de suas respectivas multas aplicados em dobro, ressalvados os casos em que a determinação de aumento do valor da multa seja superior a este ou as hipóteses em que a unidade de conservação configure elementar do tipo.

Capítulo 16
CÓDIGO FLORESTAL (LEI 12.651/2012)

1. CONSIDERAÇÕES GERAIS

"Todos os tipos de florestas incorporam processos ecológicos complexos e únicos que são a base de sua capacidade atual e potencial de fornecer recursos para satisfazer as necessidades humanas, bem como os valores ambientais, e como tal sua boa gestão e conservação preocupam os governos dos países aos quais pertencem e são de valor para as comunidades locais e para o meio ambiente como um todo". (Preâmbulo, item da "f", da **Declaração de Princípios sobre Florestas de 1992**)[1]

O **Código Florestal de 2012 (Lei 12.651/2012)**, no âmbito da sua tramitação legislativa, foi marcado, talvez, por um dos maiores embates políticos dos últimos tempos envolvendo a temática ecológica.[2] A discussão política, por sua vez, não envolveu apenas setores do agronegócio e grupos ambientalistas, mas também instituições acadêmicas e de pesquisa, sindicatos de diversos setores, movimentos populares, diferentes pastas do governo federal (defendendo posições divergentes) e de outras instâncias administrativas federativas etc. A razão para tamanha disputa política pode ser traduzida, de forma simplificada, no enfrentamento entre grandes interesses econômicos (basta mirar a relevância do agronegócio na economia nacional), tendentes a desonerar as suas atividades dos entraves legais e mais rígidos do **Código Florestal de 1965 (Lei 4.771/65)**, e, do outro lado, aqueles representantes de entidades da sociedade civil organizada, além de alguns setores públicos e instituições acadêmicas empenhadas em não abrir mão dos níveis de proteção florestal estabelecidos pela legislação anterior.

A discussão envolvendo o **princípio (e garantia) da proibição de retrocesso ecológico** encontrou um cenário bastante rico com o embate político travado, e serviu de importante bandeira para os defensores da manutenção do bloco normativo consagrado até então em matéria florestal (sobretudo no âmbito do Código Florestal de 1965 e suas alterações posteriores). Após muitas polêmicas, a nova legislação florestal brasileira foi aprovada, mas logo em seguida alterada pela medida provisória editada pela Presidência da República que resultou na Lei 12.727/2012, trazendo efetivamente vários pontos que podem ser qualificados de retrocessivos, sobretudo no

---

[1] A **Declaração de Princípios sobre Florestas (1992)** foi, juntamente com as Convenções-Quadro sobre Mudanças Climáticas e sobre Biodiversidade, um dos documentos celebrados durante a Conferência Rio-92 da ONU. A Declaração possui natureza de *soft law*, delineando, em linhas gerais, os princípios norteadores de um consenso global quanto à gestão, a conservação e o desenvolvimento sustentável de florestas de todos os tipos.

[2] No âmbito jurídico, a respeito das polêmicas envolvendo o então ainda projeto de lei do Novo Diploma Florestal Brasileiro, inclusive com artigo dos autores, v. FIGUEIREDO, Guilherme Purvin de; SILVA, Lindamir Monteiro da; RODRIGUES, Marcelo Abelha; LEUZINGER, Márcia Dieguez (org.). *Código Florestal (45 anos)*: estudos e reflexões. Curitiba: Letra da Lei/IBAP, 2010.

que diz com institutos ambientais sensíveis, como é o caso das áreas de preservação permanente e das reservas legais, além da questão envolvendo a anistia aos desmatadores. Não por outra razão, a nova legislação não tardou a ser objeto de várias ações diretas de inconstitucionalidade. Três foram as ações impetradas pela **Procuradoria-Geral da República** (PGR) foram três: **ADIs 4.901, 4.902 e 4.903**. Também foram ajuizadas em face do Código Florestal de 2012 a **ADC 42** e a **ADI 4.937**. Por outro lado, o diploma também trouxe pontos positivos e modernizou a legislação florestal em alguns aspectos.

Apenas para citar alguns exemplos, houve a consagração do instituto do **pagamento por serviços ambientais,** bem como o reconhecimento expresso da **natureza real (*propter rem*) das obrigações derivadas dos institutos das áreas de preservação permanente e da reserva legal,** que antes só estava consagrada na jurisprudência, em especial do STJ. O nosso propósito aqui não é explorar eventuais "inconstitucionalidades" decorrentes da violação aos princípios da proporcionalidade e da proibição de retrocesso ecológico apontadas nas referidas ADIs propostas pela PGR e já julgados pelo STF, em 28.02.2018,[3] mas sim tecer comentários à lei em si tal como ela se apresenta hoje vigente, independentemente dos seus avanços ou retrocessos.

O *caput* do art. 1º-A do Código Florestal de 2012 (inserido pela Lei 12.727/2012) traça o **escopo geral** do diploma, ao assinalar que o seu propósito é estabelecer

> "(...) normas gerais sobre a proteção da vegetação, áreas de preservação permanente e as áreas de reserva legal; a exploração florestal, o suprimento de matéria-prima florestal, o controle da origem dos produtos florestais e o controle e prevenção dos incêndios florestais, e prevê instrumentos econômicos e financeiros para o alcance de seus objetivos".

De acordo com o parágrafo único do mesmo dispositivo, o conjunto regulatório trazido pela legislação florestal estaria centrado no **objetivo** de promover o **desenvolvimento sustentável**, tendo como **princípios** da legislação florestal brasileira:[4]

> "I – afirmação do **compromisso soberano do Brasil com a preservação das suas florestas** e demais formas de vegetação nativa, bem como da **biodiversidade**, do solo, dos **recursos hídricos** e da **integridade do sistema climático**, para o **bem-estar das gerações presentes e futuras;**
>
> II – reafirmação da importância da função estratégica da atividade agropecuária e do papel das florestas e demais formas de vegetação nativa na **sustentabilidade**, no **crescimento econômico**, na melhoria da qualidade de vida da população brasileira e na presença do País nos mercados nacional e internacional de alimentos e bioenergia;
>
> III – ação governamental de **proteção e uso sustentável de florestas**, consagrando o compromisso do País com a compatibilização e harmonização entre o uso produtivo da terra e a preservação da água, do solo e da vegetação;
>
> IV – responsabilidade comum da União, Estados, Distrito Federal e Municípios, em **colaboração com a sociedade civil**, na criação de **políticas para a preservação e restauração da vegetação nativa e de suas funções ecológicas e sociais nas áreas urbanas e rurais;**

---

[3] Não obstante o julgamento em 28.02.2018, o inteiro teor dos votos dos Ministros somente foi divulgado no início do mês de setembro de 2019.

[4] Muito embora o dispositivo suscitado pretenda estabelecer um rol de princípios norteadores na matéria florestal, estamos de acordo com Bessa Antunes, ao afirmar que "os 'princípios' contidos no artigo, na verdade, não são princípios, antes expressam uma linha de ação a ser adotada pela Administração" (ANTUNES, Paulo de Bessa. *Comentários ao Novo Código Florestal*. São Paulo: Atlas, 2013. p. 36).

V – **fomento à pesquisa científica e tecnológica** na busca da inovação para o uso sustentável do solo e da água, a recuperação e a preservação das florestas e demais formas de vegetação nativa;

VI – criação e mobilização de **incentivos econômicos** para fomentar a preservação e a recuperação da vegetação nativa e para promover o desenvolvimento de atividades produtivas sustentáveis".

Na mesma linha da legislação florestal que o antecedeu e que caracteriza a legislação ambiental brasileira de modo geral, o art. 2º do novo diploma florestal reconhece o **interesse público** (de natureza primária) que caracteriza a questão da manutenção do equilíbrio das florestas brasileiras, assinalando que "as florestas existentes no território nacional e as demais formas de vegetação nativa, reconhecidas de utilidade às terras que revestem, são **bens de interesse comum a todos os habitantes do País**, exercendo-se os direitos de propriedade com as limitações que a legislação em geral e especialmente esta Lei estabelecem". Apesar da importância desse panorama geral trazido pelo *caput* do art. 2º, um dos aspectos mais relevantes do dispositivo está nos seus §§ 1º e 2º.

No primeiro deles, há o reconhecimento da **tríplice responsabilidade pelo dano ambiental florestal**, consagrada no art. 225, § 4º, da CF/1988, ao declarar que, "na utilização e exploração da vegetação, as ações ou omissões contrárias às disposições desta Lei são consideradas uso irregular da propriedade, aplicando-se o procedimento sumário previsto no inciso II do art. 275 da Lei nº 5.869, de 11 de janeiro de 1973 – Código de Processo Civil, sem prejuízo da **responsabilidade civil**, nos termos do § 1º do art. 14 da Lei nº 6.938, de 31 de agosto de 1981, e das **sanções administrativas, civis e penais**".

Contudo, a maior inovação trazida pelo dispositivo diz justamente respeito ao conteúdo do seu § 2º, segundo o qual "**as obrigações previstas nesta Lei têm natureza real e são transmitidas ao sucessor**, de qualquer natureza, no caso de transferência de domínio ou posse do imóvel rural". O mesmo conteúdo aparece reproduzido no art. 7º, §§ 1º e 2º, do diploma florestal, especificamente no tocante às áreas de preservação permanente (APPs). Com isso, transpõe-se para o plano legislativo a tendência já consolidada na jurisprudência do **STJ**, no sentido de que o proprietário ou possuidor de imóvel sobre o qual incida o regime de área de preservação permanente (e o mesmo raciocínio se aplica à reserva legal) estará obrigado (**obrigação real ou *propter rem***) a repará-la, mesmo que a degradação tenha tido origem em momento anterior e o seu antecessor tenha sido o responsável.[5]

Conforme assinala Bessa Antunes, ao comentar o dispositivo, "o § 2º reconheceu o que já vem sendo sustentado doutrinária e judicialmente, que o **caráter *propter rem* das obrigações relativas à propriedade rural ou florestal**, no que se refere à manutenção das **áreas de preservação permanente** e da **reserva legal**".[6] Isso, por óbvio, não obsta a possibilidade de ação regressiva do titular ou possuidor do imóvel degradado contra aquele que realizou a supressão da vegetação, mas, em termos gerais, trata-se de medida normativa que visa salvaguardar o interesse coletivo de toda a sociedade inerente à proteção florestal, como **interesse difuso e bem jurídico de uso comum do povo** (*caput* do art. 225 da CF/1988).

Os dispositivos citados também estão de acordo com a **função ambiental ou ecológica** (e, mais recentemente, também **climática**) **da propriedade (e da posse) florestal**, o que implica a imposição ao proprietário ou possuidor do imóvel florestal de **obrigações** tanto **negativas** quanto **positivas de natureza real** (*propter rem*). Os institutos da área de preservação permanente

---

[5] Entre inúmeros outros precedentes equivalentes, v. STJ, REsp 650.728/SC, 2ª T., Rel. Min. Herman Benjamin, j. 23.10.2007; STJ, REsp 1.237.071/PR, 2ª T., Rel. Min. Humberto Martins, j. 03.05.2011.

[6] ANTUNES, Paulo de Bessa. *Comentários ao Novo Código Florestal...*, p. 44-45.

e reserva legal, notadamente em razão da natureza real (*propter rem*) que lhes é atribuída e a responsabilidade objetiva do proprietário ou possuidor do imóvel, concretizam o princípio da função ecológica da propriedade e da posse, vinculando inúmeros deveres de proteção ambiental ao exercício e fruição do direito pelo seu titular (ou possuidor).

> **JURISPRUDÊNCIA STJ. Função ecológica da propriedade florestal, limitação administrativa decorrente do interesse público e área de preservação permanente (APP):** "Ambiental. **Limitação administrativa. Função ecológica da propriedade. Área de preservação permanente.** Mínimo ecológico. Dever de reflorestamento. **Obrigação *propter rem*.** Art. 18, § 1º, do Código Florestal de 1965. Regra de transição. 1. **Inexiste direito ilimitado ou absoluto de utilização das potencialidades econômicas de imóvel**, pois antes até 'da promulgação da Constituição vigente, o legislador já cuidava de impor algumas **restrições ao uso da propriedade com o escopo de preservar o meio ambiente'** (EREsp 628.588/SP, Rel. Min. Eliana Calmon, Primeira Seção, *DJe* 09.02.2009), tarefa essa que, no regime constitucional de 1988, fundamenta-se na **função ecológica do domínio e posse**. 2. **Pressupostos internos do direito de propriedade** no Brasil, as Áreas de Preservação Permanente e a Reserva Legal visam a assegurar o **mínimo ecológico do imóvel**, sob o manto da inafastável garantia constitucional dos '**processos ecológicos essenciais**' e da '**diversidade biológica**'. Componentes genéticos e inafastáveis, por se fundirem com o texto da Constituição, exteriorizam-se na forma de **limitação administrativa, técnica jurídica de intervenção estatal, em favor do interesse público, nas atividades humanas, na propriedade e na ordem econômica, com o intuito de discipliná-las, organizá-las, circunscrevê-las, adequá-las, condicioná-las, controlá-las e fiscalizá-las**. Sem configurar desapossamento ou desapropriação indireta, a limitação administrativa opera por meio da imposição de obrigações de não fazer (*non facere*), de fazer (*facere*) e de suportar (*pati*), e caracteriza-se, normalmente, pela generalidade da previsão primária, interesse público, imperatividade, unilateralidade e gratuidade. Precedentes do STJ. 3. '**A obrigação de reparação dos danos ambientais é *propter rem***' (REsp 1.090.968/SP, Rel. Min. Luiz Fux, Primeira Turma, *DJe* 03.08.2010), sem prejuízo da **solidariedade entre os vários causadores do dano, descabendo falar em direito adquirido à degradação**. O 'novo proprietário assume o ônus de manter a preservação, tornando-se responsável pela reposição, mesmo que não tenha contribuído para o desmatamento.** Precedentes' (REsp 926.750/MG, Rel. Min. Castro Meira, Segunda Turma, *DJ* 04.10.2007; em igual sentido, entre outros, REsp 343.741/PR, Rel. Min. Franciulli Netto, Segunda Turma, *DJ* 07.10.2002; REsp 843.036/PR, Rel. Min. José Delgado, Primeira Turma, *DJ* 09.11.2006; EDcl no Ag 1.224.056/SP, Rel. Min. Mauro Campbell Marques, Segunda Turma, *DJe* 06.08.2010; AgRg no REsp 1.206.484/SP, Rel. Min. Humberto Martins, Segunda Turma, *DJe* 29.03.2011; AgRg nos EDcl no REsp 1.203.101/SP, Rel. Min. Hamilton Carvalhido, Primeira Turma, *DJe* 18.02.2011). Logo, **a obrigação de reflorestamento com espécies nativas pode 'ser imediatamente exigível do proprietário atual, independentemente de qualquer indagação a respeito de boa-fé do adquirente ou de outro nexo causal que não o que se estabelece pela titularidade do domínio'** (REsp 1.179.316/SP, Rel. Min. Teori Albino Zavascki, Primeira Turma, *DJe* 29.06.2010). 4. 'O § 1º do art. 18 do Código Florestal quando dispôs que, 'se tais áreas estiverem sendo utilizadas com culturas, de seu valor deverá ser indenizado o proprietário', apenas criou uma regra de transição para proprietários ou possuidores que, à época da criação da limitação administrativa, ainda possuíam culturas nessas áreas' (REsp 1237071/PR, Rel. Min. Humberto Martins, Segunda Turma, *DJe* 11.05.2011). 5. Recurso especial não provido" (STJ, REsp 1.240.122/PR, 2ª T., Rel. Min. Herman Benjamin, j. 28.06.2011).

O Código Florestal de 2012 não é o único diploma legislativo a tratar da matéria florestal. É sim aquele que estabelece a regulamentação mais abrangente, sistemática e relevante sobre a questão, centralizando, em termos normativos, o "**microssistema legislativo florestal**". No entanto, há outros diplomas importantes que também tratam da proteção florestal, como é o caso da **Lei 9.985/2000 (Lei sobre o Sistema Nacional de Unidades de Conservação)**, da **Lei 11.284/2006 (Lei sobre Gestão de Florestas Públicas)** e da **Lei 11.428/2006 (Lei da Mata Atlântica)**. O mesmo se pode dizer acerca da própria **Lei dos Crimes e Infrações Administrativas Ambientais (Lei 9.605/98)**, notadamente com relação aos **crimes contra a flora (arts. 38 a 53)**.

O conjunto de tais diplomas conforma o que poderíamos designar de **(micro)sistema legislativo florestal brasileiro**, devendo a sua interpretação se dar de forma sistemática e em sintonia com o marco jurídico-constitucional de 1988, tomando-se por premissa de que se está a tratar de um direito fundamental (art. 225). O objetivo central do bloco legislativo florestal brasileiro é promover o **desenvolvimento sustentável**, buscando compatibilizar os seus **três eixos (social, econômico e ecológico)**, mais especificamente a compatibilização entre proteção de direitos sociais (por exemplo, dos produtores rurais de baixa renda, como no exemplo da agricultura familiar), o desenvolvimento econômico veiculado pela produção rural e a proteção das florestas brasileiras e da sua biodiversidade. O diploma florestal está alicerçado sobre o marco de uma *economia ecológica ou verde* e do *Estado Democrático, Social e Ecológico de Direito*. Com o propósito de estabelecer políticas públicas florestais alinhadas com o novo paradigma de uma economia ecológica, destaca-se a recém-aprovada **Lei 14.119/2021**, que institui a **Política Nacional de Pagamento por Serviços Ambientais**. Igualmente, o diploma florestal é fundamental para alcançar progressivamente as metas nacionais e internacionais do Brasil de **mitigação e neutralidade climática**, notadamente em relação ao controle do **desmatamento florestal** e redução das emissões de gases do efeito estufa correlacionadas à destruição das nossas florestas (como, por exemplo, no bioma amazônico).

O Código Florestal de 2012, por sua vez, incide em todo o território nacional, abarcando a proteção de todos os diferentes biomas. Apenas no caso do bioma da Mata Atlântica existe um diploma legislativo específico (Lei 11.428/2006), o qual, dada a sua especialidade, deve ditar o seu regime jurídico, aplicando-se subsidiariamente o diploma florestal. **Bioma**, na definição do **Instituto Brasileiro de Geografia e Estatística (IBGE)**, é o "conjunto de vida (vegetal e animal) definida pelo agrupamento de tipos de vegetação contíguos e identificáveis em escala regional, com condições geoclimáticas similares e história compartilhada de mudanças, resultando em uma diversidade biológica própria".[7] No Brasil, conforme classificação estabelecida pelo IBGE, existem seis **biomas continentes: Amazônia, Cerrado, Mata Atlântica, Caatinga, Pampa e Pantanal**.

Fonte: https://agenciadenoticias.ibge.gov.br/agencia-sala-de-imprensa/2013-agencia-de-noticias/releases/12789-asi-ibge-lanca-o-mapa-de-biomas-do-brasil-e-o-mapa-de-vegetacao-do-brasil-em-comemoracao-ao-dia-mundial-da-biodiversidade.

Biomas Continentais Brasileiros	Área Aprox. (Km^2)	Área/Total Brasil (Km^2)
Amazônia	4.196.943	49,3%
Cerrado	2.036.448	23,9%
Mata Atlântica	1.110.182	13,0%
Caatinga	844.453	9,9%

---

[7] Disponível em: https://cnae.ibge.gov.br/en/component/content/article.html?catid=0&id=1465.

Biomas Continentais Brasileiros	Área Aprox. (Km²)	Área/Total Brasil (Km²)
Pampa	176.496	2,1%
Pantanal	150.355	1,8%
TOTAL	8.514.877	100%

Fonte: IBGE/MMA, Mapa de Biomas do Brasil – Primeira Aproximação, 2004

A proteção das florestas no Brasil, notadamente da Floresta Amazônica, reflete na questão da **soberania nacional**. Não há dúvida de que existe forte pressão da comunidade internacional com relação às florestas brasileiras. O art. 1º-A, § 1º, I, do Código Florestal de 2012, como destacado anteriormente, ressalta como princípio do regime jurídico florestal a "afirmação do **compromisso soberano do Brasil com a preservação das suas florestas** e demais formas de vegetação nativa, bem como da biodiversidade, do solo, dos recursos hídricos e da **integridade do sistema climático**, para o bem-estar das gerações presentes e futuras". No campo do Direito Ambiental, a questão da **relativização da soberania dos Estados Nacionais** trata-se de questão cada vez mais polêmica, haja vista o caráter transfronteiriço de determinadas práticas predatórias e a repercussão internacional de tais questões. O desmatamento de áreas florestais na região amazônica, por exemplo, implica significativa liberação de dióxido de carbono e, consequentemente, traz efeitos negativos para a questão das mudanças climáticas, como, aliás, fez menção expressa o dispositivo citado ao tratar do **compromisso do Brasil na proteção da integridade do sistema climático** (local, regional, nacional e internacional).

Em 2004, no ano em que o desmatamento da Amazônia Legal alcançou a sua segunda maior taxa histórica de 27.772 km² – perdendo apenas para o ano de 1995, quando atingiu 29,059 km² –, conforme registro do **Sistema PRODES** do **Instituto Nacional de Pesquisas Espaciais (INPE)**, foi criado o **Plano de Ação para Prevenção e Controle do Desmatamento na Amazônia Legal (PPCDAm)**, com o objetivo de reduzir de forma contínua e consistente o desmatamento e criar as condições para se estabelecer um modelo de desenvolvimento sustentável na Amazônia Legal. Para ilustrar, destacam-se os dados oficiais do governo brasileiro produzidos pelo Sistema PRODES do INPE, que opera desde o ano de 1988, os quais demonstram a política bem-sucedida do PPCDAm no combate e na redução progressiva do desmatamento na Amazônia Legal desde a sua implementação em 2004, com a taxa mínima histórica verificada no ano de 2012, conforme se pode observar na tabela que segue.

ANO TAXA DE DESMATAMENTO (POR KM2/ANO) – DADOS OFICIAIS DO INPE[8]	
2012	4.571
2013	5.891

---

[8] Disponível em: https://terrabrasilis.dpi.inpe.br/app/dashboard/deforestation/biomes/legal_amazon/rates.

2014	5.012
2015	6.207
2016	7.893
2017	6.947
2018	7.536
2019	10.129
2020	11.088
2021	13.235
2022	11.568
2023	9.064
2024	6.288

O Sistema PRODES tem por função disponibilizar o **inventário anual de perda de floresta primária (desmatamento)**, a partir da captação de imagens de satélites de observação da terra. O sistema provê informações de desmatamento da totalidade do bioma Amazônia Legal brasileira, desde 1988. Com os dados do inventário calculam-se as taxas anuais que correspondem à área desmatada entre o **período de agosto de um ano e julho do próximo**. Os resultados do Sistema PRODES são os dados oficiais do governo brasileiro para reportar o desmatamento na Amazônia brasileira, e ficam publicizados no portal da **Plataforma TerraBrasilis**,[9] conforme estabelecido na **Lei 12.521/2011**. O **Sistema DETER**, por sua vez, que opera desde o ano de 2004, funciona com o propósito de **emitir alertas de desmatamento**, como instrumento de suporte necessário para as ações de fiscalização e controle da degradação florestal. O DETER produz **diariamente** avisos de alteração na cobertura florestal para **áreas maiores que 3 hectares**, alteração esta que consiste tanto em **desmatamento** como em processo de **degradação** (cujos fatos geradores podem ser a exploração de madeira, mineração, queimadas e outras espécies de degradação). Os avisos são **direcionados automaticamente ao IBAMA**, que tem esses dados como elemento nuclear para o planejamento estratégico das **ações de controle e fiscalização**. A **transparência do sistema** permite o **acompanhamento em tempo real por toda a sociedade** e a construção de tendências de desmatamento em escala temporal quase diária.

---

[9] Disponível em: http://terrabrasilis.dpi.inpe.br. O portal TerraBrasilis é uma plataforma web desenvolvida pelo INPE para acesso, consulta, análise e disseminação de dados geográficos gerados pelos projetos de monitoramento da vegetação nativa do instituto produzidos pelos Sistemas PRODES e DETER. Igualmente, destaca-se o **MapBiomas** – como uma iniciativa do Sistema de Estimativas de Emissões de Gases de Efeito Estufa do Observatório do Clima –, o qual, por uma rede colaborativa formada por ONGs, universidades e empresas de tecnologia organizadas por biomas e temas transversais, tem, entre os objetivos do MapBiomas, o mapeamento anual da cobertura e uso do solo e monitoramento da superfície de água e cicatrizes de fogo mensalmente (com dados a partir de 1985), bem como a validação e elaboração de relatórios para cada evento de desmatamento detectado no Brasil desde janeiro de 2019, por meio do **MapBiomas Alerta**. Disponível em: https://mapbiomas.org/.

Diante do aumento significativo do desmatamento verificado nos últimos anos, notadamente a partir de 2019, diversos partidos políticos ajuizaram a **ADPF 769/DF** no STF, sob a relatoria da Ministra Rosa Weber, com o objetivo de determinar à União e aos órgãos e entidades federais competentes que executem, de maneira efetiva, o PPCDAm. Além dos partidos políticos autores, diversas entidades especializadas na matéria ambiental requereram sua admissão como *amicus curiae*: Instituto Socioambiental (ISA), Articulação dos Povos Indígenas do Brasil (APIB), Conselho Nacional das Populações Extrativistas (CNS), Laboratório do Observatório do Clima (OC), Greenpeace Brasil, Conectas Direitos Humanos, Instituto Alana, Associação de Jovens Engajamundo, Artigo 19 Brasil e Associação Civil Alternativa Terrazul. Os autores fundamentaram o pedido na configuração de atos comissivos e omissivos da União e dos órgãos públicos federais que impedem a execução de medidas previstas na referida política, com a redução significativa da fiscalização e do controle do desmatamento na Amazônia.

Um dos argumentos dos partidos é que, apesar do aumento de 34% nas taxas de desmatamento em 2019 e de estimados outros 34% em 2020, verifica-se queda no número de autuações nesse período. Segundo eles, em 2019, o IBAMA autuou 31% menos do que em 2018. Em 2020, a queda é ainda maior, de 43%. Diante da proliferação da ilegalidade ambiental na Amazônia, sustentam que incumbiria à União atuar de maneira efetiva, com a ampliação das ações de poder de polícia ambiental. Por fim, as siglas alegam que há um esforço da União para inviabilizar a atuação do IBAMA, do ICMBio e da FUNAI, por meio da fragilização orçamentária, da execução do orçamento disponível muito abaixo do que praticam historicamente e do déficit significativo de servidores. Os autores pleiteiam que, até 2021, haja a **redução efetiva dos índices de desmatamento na Amazônia Legal e em terras indígenas e unidades de conservação**, conforme dados oficiais disponibilizados pelo INPE, entre outros pontos.

Por fim, destaca-se passagem do *Relatório Nosso Futuro Comum* (1987) a respeito da necessária conciliação entre as atividades produtivas e a proteção ecológica, notadamente em vista do suposto conflito entre proteção das florestas e as atividades agrícolas: "as preocupações econômicas e as ecológicas não se opõem necessariamente. As políticas que conservam a qualidade das terras agriculturáveis e protegem **as florestas melhoram as perspectivas em longo prazo de desenvolvimento agrícola**".[10]

2. PRECEDENTES LEGISLATIVOS E DEMAIS DIPLOMAS RELEVANTES NA MATÉRIA

2.1 O Código Florestal de 1934 e as primeiras limitações "conservacionistas" ao direito de propriedade (em prol do interesse comum)

O Código Florestal de 1934 (Decreto 23.793/34), como o primeiro dos diplomas legislativos protetivos dos recursos naturais desse período, abria o seu texto no art. 1º dispondo que "as **florestas** existentes no território nacional, **consideradas em conjunto**, constituem **bem de interesse comum a todos os habitantes do país**, exercendo-se os **direitos de propriedade** com as **limitações** que as leis em geral, e especialmente este código, estabelecem". O conteúdo de tal dispositivo e do diploma florestal em si, somado à criação do **Serviço Florestal do Brasil** no ano **1921** (Decreto 4.421/1921), trouxe referência regulatória importante na perspectiva dos mecanismos de proteção dos recursos naturais no âmbito florestal.[11] Talvez o mais importante deles seja a caracterização do "interesse comum" (nem público em sentido secundário, nem privado)

---

[10] COMISSÃO MUNDIAL SOBRE MEIO AMBIENTE E DESENVOLVIMENTO. *Relatório Nosso Futuro Comum...*, p. 67.

[11] A principal obra, sob o ponto de vista jurídico, a respeito do tema florestal relativo a tal período histórico é o livro de Osny Pereira Duarte (*Direito florestal brasileiro*. Rio de Janeiro: Borsoi, 1950).

que justificava a proteção das florestas, inclusive devendo ser consideradas em seu conjunto (ecossistema). Merece destaque também a questão da "limitação" do direito de propriedade tratada no diploma sob o fundamento da proteção das florestas, questão importantíssima para a proteção ecológica e que, desde então, tem ocupado o debate jurídico. Conforme pontua Juraci P. Magalhães, "a imposição de limitações ao exercício do direito de propriedade pelo Código Florestal de 1934, por exemplo, foi uma medida de grande significado, pois até essa data essas limitações se restringiam ao Código Civil, na área privada, entre vizinhos".[12]

Entre os mais de 100 dispositivos do diploma florestal, pode-se destacar a classificação das florestas no art. 3º (protetoras, remanescentes, modelo e de rendimento), criando-se, no caso das **"florestas protetoras"** (alínea "a"), ou seja, um mecanismo importantíssimo para a proteção do ecossistema em si. Mais tarde, o instituto jurídico em questão sofreria mutações e se desenvolveria sob a classificação de "áreas de preservação permanente" no **Código Florestal de 1965** e, posteriormente ainda, também no **Código Florestal de 2012**. Entre os "fins" perseguidos pelas "florestas protetoras", elencava o art. 4º: "a) conservar o regime das águas; b) evitar a erosão das terras pela ação dos agentes naturais; c) fixar dunas; d) auxiliar a defesa das fronteiras, de modo julgado necessário pelas autoridades militares; e) assegurar condições de salubridade pública; f) proteger sítios que por sua beleza mereçam ser conservados; g) asilar espécimes raros de fauna indígena". As "florestas protetoras" revelavam, em certa medida, a ideia de função ecológica e até mesmo de serviços ecológicos proporcionados pela preservação de certas áreas ecológicas em razão do seu valor para o equilíbrio ecossistêmico da Natureza.

Outro ponto relevante do diploma é o conteúdo disposto no seu art. 9º, conformando a ideia de áreas ambientais especialmente protegidas (hoje, destacam-se as **"unidades de conservação"**, consagradas pela **Lei 9.985/2000**), de acordo com o que referimos anteriormente, ao assinalar que "os parques nacionais, estaduais ou municipais, constituem monumentos públicos naturais, que perpetuam em sua composição florística primitiva, trechos do país, que, por circunstâncias peculiares, o merecem". Sobre o tema das "florestas protetoras", dispunha ainda o art. 11 que "as florestas de propriedade privada, nos casos do art. 4º, poderão ser, no todo ou em parte, declaradas protetoras, por decreto do governo federal, em virtude de representação da repartição competente, ou do conselho florestal, ficando, desde logo, sujeitas ao regime deste código e à observância das determinações das autoridades competentes, especialmente quanto ao replantio, à extensão, à oportunidade e à intensidade da exploração. Parágrafo único. Caberá ao proprietário, em tais casos, a indenização das perdas e danos comprovados, decorrentes do regime especial a que ficar subordinado".

Além da possibilidade de "indenização" por prejuízos causados pela **limitação no uso da propriedade**, conforme dispunha a parte final do artigo comentado, ou mesmo, em casos mais extremos (por exemplo, na caracterização de floresta remanescente), de desapropriação (art. 12), foram consagrados no diploma também alguns mecanismos de **isenção fiscal**, de modo a compensar os proprietários privados em razão da limitação do uso de suas propriedades. Tal é o caso do disposto no art. 13, § 1º, ao consagrar que, "caso o proprietário faça o florestamento, terá direito às compensações autorizadas pelas leis vigentes", bem como do art. 17, em que está reconhecido que "**as florestas são isentas de qualquer imposto**, e não determinam, para efeito tributário aumento de valor da terra, de propriedade privada, em que se encontram. Parágrafo único. As florestas protetoras determinam a isenção de qualquer tributação, mesmo sobre a terra que ocupam". Há, nesse sentido, a nítida caracterização de uma política pública de índole florestal, inclusive com o aporte de **mecanismo de estímulo fiscal para a promoção da proteção das florestas**.

---

[12] MAGALHÃES, *A evolução do direito ambiental...*, p. 40.

Outro dispositivo interessante (em sintonia com o "Regimento do Pau-Brasil", de 1605) é o que assegurava que "**qualquer árvore poderá ser**, por motivo de sua posição, espécie ou beleza, declarada, por ato do poder público municipal, estadual ou federal, **imune de corte**, cabendo ao proprietário a indenização de perdas e danos, arbitrada em juízo, ou acordada administrativamente, quando as circunstâncias a tornarem devida (art. 14)". Também havia no diploma a previsão de criação, no âmbito de todos os entes federativos, de uma "**Polícia Florestal**" (arts. 56 a 69), bem como a caracterização de "**infrações florestais**" (de natureza penal) e de um "**processo das infrações**" (arts. 70 a 97), específico para a matéria. A legislação florestal também criou um **Fundo Florestal** (art. 98) e um **Conselho Florestal** (art. 101). Por fim, sem tirar a sua importância e inovação para a época em diversos aspectos, em especial no tocante às limitações de ordem pública ao direito de propriedade, o "título" do Capítulo III ("**Da Exploração das Florestas**") do Código Florestal de 1934 é bem "simbólico" no tocante às razões de cunho exploratório por trás da regulação do uso das florestas vigentes à época, muito embora os aspectos positivos que sinalizamos e a consagração, ainda em estágios embrionários, de alguns dos mais relevantes institutos jurídicos de proteção florestal (como é o caso, das áreas de preservação permanente e das unidades de conservação), além, é claro, de revestir a matéria da proteção florestal do interesse comum de todos os habitantes do País. O Código Florestal de 1934 foi posteriormente revogado pelo **Código Florestal de 1965 (Lei 4.771/65)**, conforme disposição expressa do seu art. 50.

2.2 O Código Florestal de 1965: o principal marco normativo do "conservacionismo" jurídico-ambiental brasileiro

O diploma mais importante de todos que surgiram ao longo da década de 1960 foi sem dúvida o Código Florestal (Lei 4.771, de 15 de setembro de 1965), que veio a ser revogado apenas em 2012, por meio da Lei 12.651/2012, perdurando, portanto, por quase meio século. Isso, por si só, já reflete a sua importância. Pouco anos depois da edição do Código Florestal, também foi criado, em 1967, por meio do Decreto-lei 289/67, o Instituto Brasileiro de Desenvolvimento Florestal (IBDF), subordinado ao Ministério da Agricultura. O ente administrativo em questão, conforme tratamos na análise da Lei 6.938/81, acabou fusionando posteriormente com outros órgãos federais para a criação do IBAMA. Voltando ao Código Florestal de 1965, trata-se de legislação que sofreu várias modificações ao longo da sua vigência. Contudo, desde a sua edição, sempre possuiu forte conteúdo conservacionista no tocante à proteção das nossas florestas, demarcando o interesse público que permeava tal proteção e avançando significativamente em comparação ao Código Florestal de 1934.

Na redação original do seu art. 1º,[13] idêntica, por sinal, ao dispositivo do Código Florestal de 1934, dispunha que "as florestas existentes no território nacional e as demais formas de vegetação, reconhecidas de utilidade às terras que revestem, são **bens de interesse comum** a todos os habitantes do País, exercendo-se os **direitos de propriedade**, com as **limitações** que a legislação em geral e especialmente esta Lei estabelecem", bem como, no seu parágrafo único, que "as ações ou omissões contrárias às disposições deste Código na utilização e exploração das florestas são consideradas uso nocivo da propriedade". Numa cultura político-jurídica, especialmente à época, extremamente marcada por uma perspectiva liberal-individualista do Direito (em especial por força do Código Civil de 1916), certamente tal dispositivo caminhava num rumo jurídico diverso, justificando limitações de ordem pública ao direito de propriedade.

---

[13] O art. 1º do Código Florestal de 1965, assim como diversos outros dos seus dispositivos, foi alterado por meio da Medida Provisória 2.166-67/2001. Antes disso, também a Lei 5.868/72, a Lei 7.511/86, a Lei 7.803/89 e a Lei 9.985/2000 (Lei do Sistema Nacional de Unidades de Conservação) trouxeram alterações significativas ao diploma florestal. Posteriormente, a Lei 11.284/2006 (Lei da Mata Atlântica) também o fez.

A ideia, neste tópico, é apenas situar o leitor quanto aos pontos mais importantes do diploma florestal, e não proceder a um exame minucioso, o que desbordaria do propósito da presente obra. Entre as questões mais destacadas trazidas pela legislação em questão, podemos apontar os institutos jurídicos da **área de preservação permanente** (APP) e da **reserva legal** (RL). De acordo com a redação dada pela **Medida Provisória 2.166-67/2001** ao art. 1º, II, tinha-se por área de preservação permanente a "área protegida nos termos dos arts. 2º e 3º desta Lei, coberta ou não por vegetação nativa, com a função ambiental de preservar os recursos hídricos, a paisagem, a estabilidade geológica, a biodiversidade, o fluxo gênico de fauna e flora, proteger o solo e assegurar o bem-estar das populações humanas". No seu inciso III, a reserva legal era tida como a "área localizada no interior de uma propriedade ou posse rural, excetuada a de preservação permanente, necessária ao uso sustentável dos recursos naturais, à conservação e reabilitação dos processos ecológicos, à conservação da biodiversidade e ao abrigo e proteção de fauna e flora nativas". No art. 2º do diploma, verifica-se amplo rol de áreas (ou florestas) de preservação permanente, de acordo com a redação dada pela Lei 7.803/89 ao dispositivo.

O diploma florestal, por sua vez, já dispunha também, no seu art. 5º, sobre o dever do Poder Público no tocante à criação de unidades de conservação, por exemplo, "Parques Nacionais, Estaduais e Municipais e Reservas Biológicas, com a finalidade de resguardar atributos excepcionais da natureza, conciliando a proteção integral da flora, da fauna e das belezas naturais com a utilização para objetivos educacionais, recreativos e científicos" (alínea "a") e "Florestas Nacionais, Estaduais e Municipais, com fins econômicos, técnicos ou sociais, inclusive reservando áreas ainda não florestadas e destinadas a atingir aquele fim" (alínea "b"). De modo complementar, o parágrafo único do dispositivo em questão asseverava que "fica proibida qualquer forma de exploração dos recursos naturais nos Parques Nacionais, Estaduais e Municipais". Por fim, o diploma florestal estabelece uma série de hipóteses de contravenções penais e infrações administrativas com o propósito de estabelecer a proteção das áreas florestais (art. 24 e ss.).

Os institutos jurídicos referidos – e que, no caso das **áreas de preservação permanente**, também se aplicavam às **áreas urbanas**, o que foi, inclusive, reforçado por dispositivo do atual Diploma Florestal de 2012 (art. 4º, *caput*) –, com as unidades de conservação (o que foi analisado quando tratamos da Lei 9.985/2000), representam (até hoje) grandes marcos normativos da proteção florestal, de modo a combater, por exemplo, o desmatamento impulsionado pelo avanço das fronteiras agrícola e pecuária, o que se vê de forma bastante preocupante hoje nas áreas da Amazônia e do Pantanal Mato-Grossense. As inovações trazidas pelo Código Florestal de 1965 representam verdadeiro "patrimônio" do Direito Ambiental brasileiro, assegurados no Código Florestal de 2012, muito embora o novo diploma florestal tenha flexibilizado tal proteção e estabelecido algum retrocesso legislativo no tocante ao patamar normativo de proteção antes existente. O Código Florestal de 1965, por sua vez, foi revogado apenas em 2012, por meio da Lei 12.651/2012, perdurando a sua vigência por quase meio século.

2.3 A Lei da Mata Atlântica (Lei 11.428/2006)

A Mata Atlântica, que abrange aproximadamente **13% do território nacional** e está presente em 17 Estados brasileiros, é o **bioma mais degradado e devastado de todos**, estimando-se que resta somente algo em torno de 12,4% da sua cobertura vegetal original, se tomarmos como parâmetro a cobertura existente à época da chegada dos portugueses ao Brasil. No tocante à ocupação humana, cabe registrar que aproximadamente **72% da população brasileira** reside no bioma da Mata Atlântica, concentrando **70% do PIB nacional**,[14] o que, como se pode inferir, por um lado, reforça a pressão em relação à sua ocupação e à utilização de seus recursos naturais,

---

14 Disponível em: https://www.sosma.org.br/conheca/mata-atlantica/.

por outro, contudo, exige um marco jurídico rígido de proteção para salvaguardar o pouco que ainda resta do estado original (*status quo ante*) do bioma.

A Lei da Mata Atlântica (Lei 11.428/2006) atende ao comando constitucional do art. 225, o qual estabelece que a Mata Atlântica – com a Floresta Amazônica brasileira, a Serra do Mar, o Pantanal Mato-Grossense e a Zona Costeira – constitui-se de "**patrimônio nacional**, e sua utilização far-se-á, na forma da lei, dentro de condições que assegurem a **preservação do meio ambiente**, inclusive quanto ao uso dos recursos naturais".[15] Nesse contexto, não há dúvidas de que a Mata Atlântica é o bioma mais degradado e devastado de todos eles, estimando-se que resta algo em torno de 7% da sua cobertura vegetal original, se tomarmos como parâmetro a cobertura existente à época da chegada dos portugueses ao Brasil. Com tal cenário em vista, dispõe seu art. 1º que o objetivo do diploma em questão é o de promover "a conservação, a proteção, a regeneração e a utilização do Bioma Mata Atlântica, patrimônio nacional".

De acordo com o que estabelece seu art. 2º da Lei 11.428/2006, consideram-se integrantes do Bioma Mata Atlântica as seguintes formações florestais nativas e ecossistemas associados, com as respectivas delimitações estabelecidas em mapa do Instituto Brasileiro de Geografia e Estatística (IBGE), conforme regulamento: **Floresta Ombrófila Densa**; **Floresta Ombrófila Mista**, também denominada de Mata de Araucárias; **Floresta Ombrófila Aberta**; **Floresta Estacional Semidecidual**; e **Floresta Estacional Decidual**, bem como os **manguezais**, as vegetações de **restingas**, **campos de altitude**, **brejos interioranos** e **encraves florestais do Nordeste**". Trata-se, portanto, de bioma que percorre grande parte do território brasileiro, estando presente em diversos Estados, o que fortalece o interesse "nacional" na sua proteção.

Conforme se apreende do seu art. 6º, o diploma da Mata Atlântica traz, ainda, como **objetivo maior** a proteção do bioma em si com vistas ao desenvolvimento sustentável "e, por objetivos específicos, a salvaguarda da biodiversidade, da saúde humana, dos valores paisagísticos, estéticos e turísticos, do regime hídrico e da estabilidade social".

O parágrafo único do dispositivo o **rol de princípios** condutores do regime jurídico de proteção da Mata Atlântica: a **função socioambiental da propriedade**, a **equidade intergeracional**, a **prevenção**, a **precaução**, o **usuário-pagador**, a **transparência das informações e atos**, a **gestão democrática**, a **celeridade procedimental** e a **gratuidade dos serviços administrativos** prestados ao pequeno produtor rural e às populações tradicionais. Trata-se, sem dúvida, de um parâmetro normativo-axiológico extremamente relevante.

No seu art. 7º, seguindo tal referencial legislativo, tem-se que a **proteção e a utilização do Bioma Mata Atlântica** far-se-ão dentro de condições que assegurem:

> "I – a manutenção e a recuperação da **biodiversidade**, vegetação, fauna e regime hídrico do Bioma Mata Atlântica para as presentes e futuras gerações;
>
> II – o estímulo à pesquisa, à difusão de tecnologias de manejo sustentável da vegetação e à formação de uma **consciência pública** sobre a necessidade de recuperação e manutenção dos ecossistemas;
>
> III – o fomento de atividades públicas e privadas compatíveis com a manutenção do equilíbrio ecológico; e
>
> IV – o disciplinamento da ocupação rural e urbana, de forma a **harmonizar o crescimento econômico com a manutenção do equilíbrio ecológico**".

O diploma legislativo em análise, a partir de tais premissas normativas, estabelece todo um regime jurídico geral de proteção da Mata Atlântica, regulamentando as atividades e usos possíveis a serem desenvolvidos em tais áreas, com especial destaque para a proteção da vegetação

---

[15] Na doutrina, v. GAIO, Alexandre. *Lei da mata atlântica comentada*. 2.ed. Coimbra: Almedida, 2018.

primária, a proteção da vegetação secundária em estágio avançado de regeneração, a proteção da vegetação secundária em estágio inicial de regeneração, a exploração seletiva de vegetação secundária em estágios avançado, médio e inicial de regeneração, a proteção do bioma Mata Atlântica nas áreas urbanas e regiões metropolitanas, as atividades minerárias em áreas de vegetação secundária em estágio avançado e médio de regeneração.

Além disso, há o estabelecimento de **incentivos econômicos** com vistas à proteção da Mata Atlântica (arts. 33 a 35), bem como a criação de um **Fundo de Restauração do Bioma Mata Atlântica** (arts. 36 a 38) e o acréscimo de um **tipo penal** à Lei 9.605/98 com o propósito reforçar a proteção à Mata Atlântica (arts. 42 e 43).[16] A legislação da Mata Atlântica expressa a modernização da legislação ambiental brasileira, com o objetivo maior de frear e, quem sabe, até mesmo reverter a trágica história de devastação da Mata Atlântica, conforme bem descreveu o historiador norte-americano Warren Dean.[17]

2.4 A Lei sobre Gestão de Florestas Públicas (Lei 11.284/2006)

A Lei 11.284/2006[18] dispõe sobre a gestão de florestas públicas para a **produção sustentável**, instituindo, na estrutura do Ministério do Meio Ambiente, o **Serviço Florestal Brasileiro (SFB)** e criando o **Fundo Nacional de Desenvolvimento Florestal (FNDF)**, além de outras providências.

De acordo com o art. 2º, constituem **princípios da gestão de florestas públicas:**

"I – a **proteção dos ecossistemas**, do solo, da água, da **biodiversidade** e valores culturais associados, bem como do patrimônio público;

II – o estabelecimento de atividades que promovam o **uso eficiente e racional das florestas** e que contribuam para o cumprimento das metas do **desenvolvimento sustentável** local, regional e de todo o País;

III – o respeito ao direito da população, em especial das comunidades locais, de **acesso às florestas públicas** e aos benefícios decorrentes de seu uso e conservação;

IV – a promoção do processamento local e o incentivo ao incremento da **agregação de valor aos produtos e serviços da floresta**, bem como à diversificação industrial, ao desenvolvimento tecnológico, à utilização e à capacitação de empreendedores locais e da mão de obra regional;

V – o **acesso livre de qualquer indivíduo às informações** referentes à gestão de florestas públicas, nos termos da Lei nº 10.650/2003;

VI – a **promoção e difusão da pesquisa florestal**, faunística e edáfica, relacionada à conservação, à recuperação e ao uso sustentável das florestas;

VII – o fomento ao conhecimento e a promoção da **conscientização da população** sobre a importância da conservação, da recuperação e do manejo sustentável dos recursos florestais; e

VIII – a garantia de condições estáveis e seguras que estimulem investimentos de longo prazo no **manejo**, na **conservação** e na **recuperação das florestas**".

---

[16] "Art. 38-A. Destruir ou danificar vegetação primária ou secundária, em estágio avançado ou médio de regeneração, do Bioma Mata Atlântica, ou utilizá-la com infringência das normas de proteção: Pena – detenção, de 1 (um) a 3 (três) anos, ou multa, ou ambas as penas cumulativamente. Parágrafo único. Se o crime for culposo, a pena será reduzida à metade."

[17] DEAN, Warren. *A ferro e fogo...*

[18] Na data de fechamento desta edição, a MP 1.151/2022 havia sido encaminhada para sanção presidencial.

A Lei 11.284/2006 está, como se pode observar, não apenas relacionada ao Código Florestal de 2012, mas também à Lei do Sistema Nacional de Unidades de Conservação, guardando sintonia e integrando o **microssistema legislativo florestal** no seu conjunto. Não vamos aqui explorar todo o conteúdo do diploma, mas somente os seus aspectos gerais e relação com legislação florestal.

3. CONCEITOS GERAIS

A Lei 12.651/2012 consagrou, no seu **art. 3º**, um amplo **rol de conceitos fundamentais** extremamente relevantes tanto para a compreensão da legislação florestal quanto para a sua efetiva aplicação e cumprimento.

I – AMAZÔNIA LEGAL: os Estados do Acre, Pará, Amazonas, Roraima, Rondônia, Amapá e Mato Grosso e as regiões situadas ao norte do paralelo 13º S, dos Estados de Tocantins e Goiás, e ao oeste do meridiano de 44º W, do Estado do Maranhão;

II – ÁREA DE PRESERVAÇÃO PERMANENTE (APP): área protegida, coberta ou não por vegetação nativa, com a função ambiental de preservar os recursos hídricos, a paisagem, a estabilidade geológica e a biodiversidade, facilitar o fluxo gênico de fauna e flora, proteger o solo e assegurar o bem-estar das populações humanas;

III – RESERVA LEGAL (RL): área localizada no interior de uma propriedade ou posse rural, delimitada nos termos do art. 12, com a função de assegurar o uso econômico de modo sustentável dos recursos naturais do imóvel rural, auxiliar a conservação e a reabilitação dos processos ecológicos e promover a conservação da biodiversidade, bem como o abrigo e a proteção de fauna silvestre e da flora nativa;

IV – ÁREA RURAL CONSOLIDADA: área de imóvel rural com **ocupação antrópica preexistente a 22 de julho de 2008**, com edificações, benfeitorias ou atividades agrossilvipastoris, admitida, neste último caso, a adoção do regime de pousio;

Obs.: Anistia aos desmatadores. O dispositivo trata de questão que envolveu forte polêmica ao longo da tramitação do projeto de lei que resultou no presente diploma. Há, no dispositivo em análise, a tentativa de estabilizar o "fato consumado". Por exemplo, o legislador autoriza, de forma excepcional, que, na área de preservação permanente do imóvel rural, se perpetue a ocupação antrópica preexistente a 22 de julho de 2008, com edificações, benfeitorias ou atividades agrossilvipastoris, estabelecendo metragens inferiores (art. 61-A) em relação àquelas fixadas no art. 4º do diploma. A data de 22 de julho de 2008 é dada como referência em razão do Decreto 6.514/2008.

V – PEQUENA PROPRIEDADE OU POSSE RURAL FAMILIAR: aquela explorada mediante o trabalho pessoal do agricultor familiar e empreendedor familiar rural, incluindo os assentamentos e projetos de reforma agrária, e que atenda ao disposto no art. 3º da Lei nº 11.326/2006;

Obs.: Pequena propriedade rural e proteção socioambiental: o dispositivo traz o conceito de pequena propriedade ou posse rural familiar, privilegiando a proteção social das famílias que exploram, mediante o seu trabalho pessoal, o labor voltado a práticas de agricultura familiar ou de empreendedorismo familiar rural, incluindo os assentamentos e projetos de reforma agrária. A proteção florestal deve, necessariamente, ser conciliada com a proteção social, tomando por base o marco jurídico-constitucional socioambiental e o princípio do desenvolvimento sustentável.

VI – USO ALTERNATIVO DO SOLO: substituição de vegetação nativa e formações sucessoras por outras coberturas do solo, como atividades agropecuárias, industriais, de geração e transmissão de energia, de mineração e de transporte, assentamentos urbanos ou outras formas de ocupação humana;

VII – MANEJO SUSTENTÁVEL: administração da vegetação natural para a obtenção de benefícios econômicos, sociais e ambientais, respeitando-se os mecanismos de sustentação do ecossistema objeto do manejo e considerando-se, cumulativa ou alternativamente, a utilização de múltiplas espécies madeireiras ou não, de múltiplos produtos e subprodutos da flora, bem como a utilização de outros bens e serviços;

Obs. 1: Manejo sustentável florestal: as práticas de manejo sustentável operam na lógica do desenvolvimento sustentável, conectando os seus três eixos (econômico, social e ecológico), conforme expresso no dispositivo em análise, notadamente em relação ao uso dos recursos madeireiros.

Obs. 2: Lei sobre Gestão de Florestas Públicas (Lei 11.284/2006): a Lei 11.284/2006 estabelece, no seu art. 3º, VI, o conceito de *manejo florestal sustentável* como a "administração da floresta para a obtenção de benefícios econômicos, sociais e ambientais, respeitando-se os mecanismos de sustentação do ecossistema objeto do manejo e considerando-se, cumulativa ou alternativamente, a utilização de múltiplas espécies madeireiras, de múltiplos produtos e subprodutos não madeireiros, bem como a utilização de outros bens e serviços de natureza florestal".

VIII – UTILIDADE PÚBLICA:

a) as atividades de **segurança nacional e proteção sanitária**;

b) as **obras de infraestrutura** destinadas às concessões e aos serviços públicos de transporte, sistema viário, inclusive aquele necessário aos parcelamentos de solo urbano aprovados pelos Municípios, saneamento, gestão de resíduos, energia, telecomunicações, radiodifusão, instalações necessárias à realização de competições esportivas estaduais, nacionais ou internacionais, bem como mineração, exceto, neste último caso, a extração de areia, argila, saibro e cascalho;

c) atividades e obras de **defesa civil**;

d) atividades que comprovadamente proporcionem **melhorias na proteção das funções ambientais** referidas no inciso II deste artigo;

e) outras atividades similares devidamente caracterizadas e motivadas em procedimento administrativo próprio, quando inexistir alternativa técnica e locacional ao empreendimento proposto, definidas em ato do Chefe do Poder Executivo federal;

Obs. 1: O **STF** declarou a inconstitucionalidade das expressões "gestão de resíduos" e "instalações necessárias à realização de competições esportivas estaduais, nacionais ou internacionais" do art. 3º, VIII, *b*, no julgamento, em 28.02.3018, das ADIs 4.901, 4.902, 4.903 e 4.937 e da ADC 42. A declaração de inconstitucionalidade implica que as duas situações destacas não poderão mais ser consideradas como de "utilidade pública" para justificar a intervenção ou a supressão de vegetação nativa em áreas de preservação permanente.

Obs. 2: Conceitos de utilidade pública e interesse social: o dispositivo traz extenso rol de atividades enquadradas como de utilidade pública, conceito este fundamental para a devida aplicação da legislação florestal, sobretudo em relação ao regime jurídico mais ou menos protetivo a se dar em determinada área. É oportuno frisar que o instituto da desapropriação se utiliza dos requisitos da utilidade pública (além da necessidade pública) e do interesse social para sua justificação, conforme preceitua o art. 5º, XXIV, da CF/1988. Em linhas gerais, trata-se de institutos do direito administrativo que pautam as limitações ao direito de propriedade sob a égide da supremacia do interesse público e, por sua vez, no campo jurídico ambiental, também justificam a imposição de limites ao próprio regime jurídico florestal de proteção ecológica (por exemplo, em face das áreas de preservação permanente e da reserva legal).[19]

IX – INTERESSE SOCIAL:

a) as atividades imprescindíveis à proteção da integridade da vegetação nativa, tais como prevenção, combate e controle do fogo, controle da erosão, erradicação de invasoras e proteção de plantios com espécies nativas;

b) a exploração agroflorestal sustentável praticada na pequena propriedade ou posse rural familiar ou por povos e comunidades tradicionais, desde que não descaracterize a cobertura vegetal existente e não prejudique a função ambiental da área;

---

[19] Na doutrina administrativista, a respeito da questão, v. BANDEIRA DE MELLO, Celso Antônio. *Curso de direito administrativo*..., p. 889 e ss.

c) a implantação de infraestrutura pública destinada a esportes, lazer e atividades educacionais e culturais ao ar livre em áreas urbanas e rurais consolidadas, observadas as condições estabelecidas nesta Lei;

d) a regularização fundiária de assentamentos humanos ocupados predominantemente por população de baixa renda em áreas urbanas consolidadas, observadas as condições estabelecidas na Lei 11.977/2009;

e) implantação de instalações necessárias à captação e condução de água e de efluentes tratados para projetos cujos recursos hídricos são partes integrantes e essenciais da atividade;

f) as atividades de pesquisa e extração de areia, argila, saibro e cascalho, outorgadas pela autoridade competente;

g) outras atividades similares devidamente caracterizadas e motivadas em procedimento administrativo próprio, quando inexistir alternativa técnica e locacional à atividade proposta, definidas em ato do Chefe do Poder Executivo federal.

Obs.: O STF deu interpretação conforme a Constituição Federal ao art. 3º, VIII e IX, no julgamento, em 28.02.2018, das ADIs 4.901, 4.902, 4.903 e 4.937 e da ADC 42, condicionando a intervenção excepcional em APP, por interesse social ou utilidade pública, à **inexistência de alternativa técnica e/ou locacional à atividade proposta**.

X – ATIVIDADES EVENTUAIS OU DE BAIXO IMPACTO AMBIENTAL:

a) abertura de pequenas vias de acesso interno e suas pontes e pontilhões, quando necessárias à travessia de um curso d'água, ao acesso de pessoas e animais para a obtenção de água ou à retirada de produtos oriundos das atividades de manejo agroflorestal sustentável;

b) implantação de instalações necessárias à captação e condução de água e efluentes tratados, desde que comprovada a outorga do direito de uso da água, quando couber;

c) implantação de trilhas para o desenvolvimento do ecoturismo;

d) construção de rampa de lançamento de barcos e pequeno ancoradouro;

e) construção de moradia de agricultores familiares, remanescentes de comunidades quilombolas e outras populações extrativistas e tradicionais em áreas rurais, onde o abastecimento de água se dê pelo esforço próprio dos moradores;

f) construção e manutenção de cercas na propriedade;

g) pesquisa científica relativa a recursos ambientais, respeitados outros requisitos previstos na legislação aplicável;

h) coleta de produtos não madeireiros para fins de subsistência e produção de mudas, como sementes, castanhas e frutos, respeitada a legislação específica de acesso a recursos genéticos;

i) plantio de espécies nativas produtoras de frutos, sementes, castanhas e outros produtos vegetais, desde que não implique supressão da vegetação existente nem prejudique a função ambiental da área;

j) exploração agroflorestal e manejo florestal sustentável, comunitário e familiar, incluindo a extração de produtos florestais não madeireiros, desde que não descaracterizem a cobertura vegetal nativa existente nem prejudiquem a função ambiental da área;

k) outras ações ou atividades similares, reconhecidas como eventuais e de baixo impacto ambiental em ato do Conselho Nacional do Meio Ambiente – CONAMA ou dos Conselhos Estaduais de Meio Ambiente;

Obs. 1: Atividades de baixo impacto ambiental: o conceito trazido pelo novo diploma florestal, com a listagem que segue detalhando as hipóteses de atividades eventuais ou de baixo impacto ambiental, é extremamente importante para a compreensão da nova legislação, já que somente em tais situações, além das hipóteses de utilidade pública e interesse social, é que será autorizada intervenção ou supressão de vegetação nativa em área de preservação permanente, conforme dispõe o art. seu 8º.

Obs. 2: Resolução 369/2006 do Conama: "dispõe sobre os casos excepcionais, de utilidade pública, interesse social ou baixo impacto ambiental, que possibilitam a intervenção ou supressão de vegetação em Área de Preservação Permanente-APP".

XI – (*Vetado.*);

XII – VEREDA: fitofisionomia de savana, encontrada em solos hidromórficos, usualmente com a palmeira arbórea Mauritia flexuosa – buriti emergente, sem formar dossel, em meio a agrupamentos de espécies arbustivo-herbáceas; (Redação pela Lei 12.727/ 2012)

XIII – MANGUEZAL: ecossistema litorâneo que ocorre em terrenos baixos, sujeitos à ação das marés, formado por vasas lodosas recentes ou arenosas, às quais se associa, predominantemente, a vegetação natural conhecida como mangue, com influência fluviomarinha, típica de solos limosos de regiões estuarinas e com dispersão descontínua ao longo da costa brasileira, entre os Estados do Amapá e de Santa Catarina;

XIV – SALGADO OU MARISMAS TROPICAIS HIPERSALINOS: áreas situadas em regiões com frequências de inundações intermediárias entre marés de sizígias e de quadratura, com solos cuja salinidade varia entre 100 (cem) e 150 (cento e cinquenta) partes por 1.000 (mil), onde pode ocorrer a presença de vegetação herbácea específica;

XV – APICUM: áreas de solos hipersalinos situadas nas regiões entremarés superiores, inundadas apenas pelas marés de sizígias, que apresentam salinidade superior a 150 (cento e cinquenta) partes por 1.000 (mil), desprovidas de vegetação vascular;

XVI – RESTINGA: depósito arenoso paralelo à linha da costa, de forma geralmente alongada, produzido por processos de sedimentação, onde se encontram diferentes comunidades que recebem influência marinha, com cobertura vegetal em mosaico, encontrada em praias, cordões arenosos, dunas e depressões, apresentando, de acordo com o estágio sucessional, estrato herbáceo, arbustivo e arbóreo, este último mais interiorizado;

XVII – NASCENTE: afloramento natural do lençol freático que apresenta perenidade e dá início a um curso d'água;

XVIII – OLHO D'ÁGUA: afloramento natural do lençol freático, mesmo que intermitente;

XIX – LEITO REGULAR: a calha por onde correm regularmente as águas do curso d'água durante o ano;

Obs.: O **STF** declarou a constitucionalidade do dispositivo no julgamento, em 28.02.3018, das ADIs 4.901, 4.902, 4.903 e 4.937 e da ADC 42.

XX – ÁREA VERDE URBANA: espaços, públicos ou privados, com predomínio de vegetação, preferencialmente nativa, natural ou recuperada, previstos no Plano Diretor, nas Leis de Zoneamento Urbano e Uso do Solo do Município, indisponíveis para construção de moradias, destinados aos propósitos de recreação, lazer, melhoria da qualidade ambiental urbana, proteção dos recursos hídricos, manutenção ou melhoria paisagística, proteção de bens e manifestações culturais;

XXI – VÁRZEA DE INUNDAÇÃO OU PLANÍCIE DE INUNDAÇÃO: áreas marginais a cursos d'água sujeitas a enchentes e inundações periódicas;

XXII – FAIXA DE PASSAGEM DE INUNDAÇÃO: área de várzea ou planície de inundação adjacente a cursos d'água que permite o escoamento da enchente;

XXIII – RELEVO ONDULADO: expressão geomorfológica usada para designar área caracterizada por movimentações do terreno que geram depressões, cuja intensidade permite sua classificação como relevo suave ondulado, ondulado, fortemente ondulado e montanhoso;

XXIV – POUSIO: prática de interrupção temporária de atividades ou usos agrícolas, pecuários ou silviculturais, por no máximo 5 (cinco) anos, para possibilitar a recuperação da capacidade de uso ou da estrutura física do solo; (Incluído pela Lei 12.727/2012)

XXV – ÁREAS ÚMIDAS: pantanais e superfícies terrestres cobertas de forma periódica por águas, cobertas originalmente por florestas ou outras formas de vegetação adaptadas à inundação; (Incluído pela Lei 12.727/2012)

Obs.: A Convenção de Ramsar (1971) e proteção das áreas úmidas: a Convenção de Ramsar sobre as Zonas Húmidas de Importância Internacional, firmada em 1971, na cidade iraniana de Ramsar, entrou em vigor em 1975. Trata-se primeiro tratado intergovernamental a fornecer uma base estrutural para a cooperação internacional e ação no sentido da conservação e uso sustentável dos recursos naturais, no tocante às zonas úmidas e seus recursos, especialmente como *habitat* de aves aquáticas.

XXVI – ÁREA URBANA CONSOLIDADA: aquela que atende os seguintes critérios: (Redação dada pela Lei 14.285/2021) a) estar incluída no perímetro urbano ou em zona urbana pelo plano diretor ou por lei municipal específica; b) dispor de sistema viário implantado; c) estar organizada em quadras e lotes predominantemente edificados; d) apresentar uso predominantemente urbano, caracterizado pela existência de edificações residenciais, comerciais, industriais, institucionais, mistas ou direcionadas à prestação de serviços; e) dispor de, no mínimo, 2 (dois) dos seguintes equipamentos de infraestrutura urbana implantados: 1. drenagem de águas pluviais; 2. esgotamento sanitário; 3. abastecimento de água potável; 4. distribuição de energia elétrica e iluminação pública; e 5. limpeza urbana, coleta e manejo de resíduos sólidos;

Obs.: A alteração legislativa promovida pela Lei 14.285/2021 é objeto da **ADI 7146/DF**, em trâmite perante o STF, sob a alegação de inconstitucionalidade, entre outros fundamentos, por violação ao princípio da proibição de retrocesso ambiental e ao princípio da proibição de proteção deficiente ou insuficiente, ao conferir competência aos municípios e ao Distrito Federal para definir a metragem de áreas de preservação permanente (APPs) em torno de cursos d'água em áreas urbanas, bem como permitir a definição de faixas de APPs inferiores às estabelecidas no Código Florestal.

XXVII – CRÉDITO DE CARBONO: ativo transacionável, autônomo, com natureza jurídica de fruto civil no caso de créditos de carbono florestais de preservação ou de reflorestamento, exceto os oriundos de programas jurisdicionais, desde que respeitadas todas as limitações impostas a tais programas por esta Lei, representativo de efetiva retenção, redução de emissões ou remoção de 1 tCO_2e (uma tonelada de dióxido de carbono equivalente), obtido a partir de projetos ou programas de redução ou remoção de GEE, realizados por entidade pública ou privada, submetidos a metodologias nacionais ou internacionais que adotem critérios e regras para mensuração, relato e verificação de emissões, externos ao Sistema Brasileiro de Comércio de Emissões de Gases de Efeito Estufa (SBCE). (Redação dada pela Lei 15.042, de 2024)

Parágrafo único. Para os fins desta Lei, estende-se o tratamento dispensado aos imóveis a que se refere o inciso V deste artigo às propriedades e posses rurais com até **4 (quatro) módulos fiscais** que desenvolvam atividades agrossilvipastoris, bem como às terras indígenas demarcadas e às demais áreas tituladas de povos e comunidades tradicionais que façam uso coletivo do seu território.

Obs.: O STF declarou a inconstitucionalidade das expressões "demarcadas" e "tituladas" do dispositivo no julgamento, em 28.02.3018, das ADIs 4.901, 4.902, 4.903 e 4.937 e da ADC 42. O STF acolheu o argumento da PGR no sentido de que a titulação do território das comunidades tradicionais e dos povos indígenas consubstancia formalidade de caráter declaratório – e, portanto, não constitutivo – para o reconhecimento dos seus territórios. Não pode haver, de tal sorte, distinção entre as comunidades tradicionais e os povos indígenas que já obtiveram a titulação e os que não a obtiveram.

4. ÁREAS DE PRESERVAÇÃO PERMANENTE (APP)

4.1 Conceito e função ecológica das APP

A área de preservação permanente (APP), com a reserva legal (RL), é um dos institutos jurídico-ambientais mais importantes regulamentados pelo diploma florestal, reproduzindo, na sua essência, conteúdo que já havia sido consagrado na legislação brasileira anteriormente pelo Código Florestal de 1965. De acordo com o art. 3º, II, conceitua-se área de preservação permanente como a

"(...) área protegida, coberta ou não por vegetação nativa, com a **função ambiental** de preservar os recursos hídricos, a paisagem, a estabilidade geológica e a biodiversidade, facilitar o fluxo gênico de fauna e flora, proteger o solo e assegurar o bem-estar das populações humanas".

A regulamentação detalhada das APPs, com os seus diferentes tipos (matas ciliares, encostas, restingas, manguezais, topo de morros, entre outros), metragens etc., está prevista no art. 4º do diploma, nos seus diversos incisos, alíneas e parágrafos, conforme trataremos na sequência.

Entre as **funções ou finalidades ecológicas** das APPs, além daquelas enunciadas anteriormente no seu conceito geral, prevê o art. 6º:

"I – **conter a erosão do solo** e **mitigar riscos de enchentes e deslizamentos de terra e de rocha**;
II – proteger as **restingas ou veredas**;
III – proteger **várzeas**;
IV – abrigar exemplares da **fauna ou da flora ameaçados de extinção**;
V – proteger **sítios de excepcional beleza ou de valor científico, cultural ou histórico**;
VI – formar **faixas de proteção** ao longo de rodovias e ferrovias;
VII – assegurar condições de **bem-estar público**;
VIII – auxiliar a **defesa do território nacional**, a critério das autoridades militares;
IX – proteger áreas úmidas, especialmente as de importância internacional".

DISTINÇÃO ENTRE APP, RESERVA LEGAL E UNIDADE DE CONSERVAÇÃO

Área de preservação permanente (art. 3º, II, da Lei 12.651/2012)	"área protegida, coberta ou não por vegetação nativa, com a **função ambiental** de preservar os recursos hídricos, a paisagem, a estabilidade geológica e a biodiversidade, facilitar o fluxo gênico de fauna e flora, proteger o solo e assegurar o bem-estar das populações humanas". **Ex.:** os manguezais, as áreas no entorno das nascentes e dos olhos d'água perenes, as áreas em altitude superior a 1.800 (mil e oitocentos) metros.
Reserva legal (art. 3º, II, da Lei 12.651/2012)	"área localizada no interior de uma propriedade ou posse rural, delimitada nos termos do art. 12, com a função de assegurar o uso econômico de modo sustentável dos recursos naturais do imóvel rural, auxiliar a conservação e a reabilitação dos processos ecológicos e promover a conservação da biodiversidade, bem como o abrigo e a proteção de fauna silvestre e da flora nativa". **Ex.:** Percentual mínimo de 80% (oitenta por cento) no imóvel situado em área de floresta localizado na Amazônia Legal.
Unidade de conservação (art. 2º, I, da Lei 9.985/2000)	"**espaço territorial e seus recursos ambientais**, incluindo as águas jurisdicionais, com características naturais relevantes, **legalmente instituído pelo Poder Público**, com objetivos de conservação e limites definidos, sob regime especial de administração, ao qual se aplicam garantias adequadas de proteção". **Ex.:** Parque Nacional do Jaú (AM), Parque Nacional Montanhas de Tumucumaque (AP), Arquipélago de Fernando de Noronha é dividido em Parque Nacional Marinho e Área de Proteção Ambiental; Refúgio da Vida Silvestre Ilha dos Lobos (RS), Reserva Extrativista Chico Mendes (AC), Monumento Natural Gruta do Lago Azul (MS).

4.2 Natureza jurídica e regime de proteção

No tocante ao regime de proteção das áreas de preservação permanente, o *caput* do art. 7º da 12.651/2012 que "a **vegetação situada em área de preservação permanente deverá ser mantida** pelo proprietário da área, possuidor ou ocupante a qualquer título, pessoa física ou jurídica, de direito público ou privado". **Tendo ocorrido supressão de vegetação** situada em área de preservação permanente, assinala o § 1º do dispositivo, o proprietário da área, possuidor ou ocupante a qualquer título é **obrigado a promover a recomposição da vegetação**, ressalvados os usos autorizados previstos na Lei 12.651/2012. A obrigação prevista no § 1º tem **natureza real e é transmitida ao sucessor** no caso de transferência de domínio ou posse do imóvel rural (§ 2º). A natureza real ou *propter rem* da obrigação de recomposição da vegetação, conforme tratamos anteriormente, vincula-se à coisa, ou seja, ao imóvel, incidindo tanto sobre seu atual proprietário ou possuidor, independentemente de ter sido o responsável pela supressão da vegetação.

A **natureza difusa do *macrobem* ambiental** estabelece um tratamento diferenciado para o bem jurídico ecológico (ex.: a integridade ecológica de determinado ecossistema), de modo que o mesmo não pode ser individualizado, mas compreendido a partir de uma **abordagem integral, sistêmica e interdependência** das relações e processos ecológicos presentes na Natureza e que asseguram as bases naturais da vida humana e não humana. Por mais que seja possível a individualização dos bens ambientais (florestas, rios, espécies da fauna e da flora etc.), o ambiente, como ecossistema, não permite a sua concepção sem a integralidade dos bens ambientais, constituindo um único bem imaterial (e sistêmico). Os universos público e privado se tocam e as fronteiras entre ambos são postos à prova, pois o exercício empregado pelo titular do **microbem ambiental** encontra limites no interesse público e social ("de toda a coletividade") e no equilíbrio do **macrobem ambiental**, contemplando uma visão integrada do espaço natural. As áreas de preservação permanente inserem-se nesse contexto dada à sua **função especial para a proteção do equilíbrio ecológico**, assumindo um caráter rigoroso no tocante à sua proteção jurídica e limitação dos direitos do titular ou possuidor do imóvel, seja ele público ou privado. Com relação ao macrobem ambiental, a sua natureza será sempre pública,[20] como preceitua a CF/1988 em seu art. 225, *caput*, ao dispor que o ambiente se trata de um "bem de uso comum do povo".[21]

O art. 7º (e seus parágrafos) do Código Florestal de 2012 é autoaplicável e autoriza, independentemente de qualquer outro ato normativo ou regulamentar, a possibilidade de se exigir do proprietário ou possuidor do imóvel em área florestal (e, em algumas situações também em área urbana), inclusive por intermédio do Poder Judiciário, o cumprimento da obrigação de recomposição da vegetação nativa. A título de exemplo, tanto o Ministério Público quanto o IBAMA poderiam valer-se da legitimidade que lhes foi atribuída pela Lei da Ação Civil Pública (art. 5º da Lei 7.347/85) para propor **ação civil pública** contra atual proprietário ou possuidor do imóvel para exigir as medidas pertinentes à recomposição da vegetação da área de preservação permanente suprimida ilegalmente, inclusive à luz do **princípio da reparação *in natura***.

> **JURISPRUDÊNCIA STJ.** Área de preservação permanente, obrigação de natureza *propter rem* e dedução do passivo ambiental do valor da indenização na desapropriação: "Administrativo. Desapropriação. Interesse social. Reforma agrária. (...). Passivo ambiental. Obrigação *propter rem*. Dedução do valor da indenização. Cabimento. (...) 6. A **jurisprudência do STJ está firmada, pelo menos desde 2002, no sentido de que a recuperação da Área de Preservação Permanente e da Reserva Legal**, assim como outras incumbências incidentes sobre o imóvel e decorrentes da **função ecológica da propriedade**, constitui

---

[20] BENJAMIN, Antonio Herman. *Função ambiental...*, p. 75.
[21] O art. 99, I, do Novo Código Civil dispõe serem bens públicos "os de uso comum do povo, tais como rios, mares, estradas, ruas e praças".

obrigação *propter rem*; portanto, parte inseparável do título imobiliário, inexistindo, no ordenamento jurídico brasileiro, direito adquirido a degradar ou poluir, ou a desmatamento realizado. Precedentes: REsp 1.251.697/PR, Rel. Min. Mauro Campbell Marques, Segunda Turma, DJe 17.04.2012; EDcl nos EDcl no Ag 1.323.337/SP, Rel. Min. Mauro Campbell Marques, Segunda Turma, DJe 1º.12.2011; EDcl no Ag 1.224.056/SP, Rel. Min. Mauro Campbell Marques, Segunda Turma, DJe 06.08.2010; REsp 1.247.140/PR, Rel. Min. Mauro Campbell Marques, Segunda Turma, DJe 1º.12.2011; EREsp 218.781/PR, Rel. Min. Herman Benjamin, Primeira Seção, DJe 23.02.2012; AgRg no REsp 1.367.968/SP, Rel. Min. Humberto Martins, Segunda Turma, DJe 12.03.2014; AgRg no AREsp 327.687/SP, Rel. Min. Humberto Martins, Segunda Turma, DJe 26.08.2013; AgRg no REsp 1.137.478/SP, Rel. Min. Arnaldo Esteves Lima, Primeira Turma, DJe 21.10.2011; REsp 1.240.122/PR, Rel. Min. Herman Benjamin, Segunda Turma, DJe 11.09.2012; REsp 343.741/PR, Rel. Min. Franciulli Netto, Segunda Turma, DJ 07.10.2002; REsp 843.036/PR, Rel. Min. José Delgado, Primeira Turma, DJ 09.11.2006; REsp 926.750/MG, Rel. Min. Castro Meira, Segunda Turma, DJ 04.10.2007; REsp 1.179.316/SP, Rel. Min. Teori Albino Zavascki, Primeira Turma, DJe 29.6.2010; AgRg nos EDcl no REsp 1.203.101/SP, Rel. Min. Hamilton Carvalhido, Primeira Turma, DJe 18.2.2011; AgRg no REsp 1.206.484/SP, Rel. Min. Humberto Martins, Segunda Turma, DJe 29.03.2011. Sendo assim, nada mais justo do que **realizar o desconto decorrente de passivos ambientais do valor da indenização**. 7. Recurso especial parcialmente provido" (STJ, REsp 1.307.026/BA, 2ª T., Rel. Min. Herman Benjamin, j. 16.06.2015).

JURISPRUDÊNCIA STJ. Inaplicabilidade da teoria do fato consumado (Súmula 613 do STJ) e obrigação de recuperar APP: "Ambiental. Processual civil. Recurso especial. Irretroatividade do novo Código Florestal. **Área de preservação permanente**. Maior proteção ambiental. Provimento. Respeito ao limite imposto pelo Código Florestal. Teoria do fato consumado. Inaceitável. Dissídio jurisprudencial. 1. A jurisprudência do Superior Tribunal de Justiça preceitua que 'o novo Código Florestal não pode retroagir para atingir o ato jurídico perfeito, os direitos ambientais adquiridos e a coisa julgada, tampouco para reduzir de tal modo e sem as necessárias compensações ambientais o patamar de proteção de ecossistemas frágeis ou espécies ameaçadas de extinção, a ponto de transgredir o limite constitucional intocável e intransponível da 'incumbência' do Estado de garantir a preservação e a restauração dos processos ecológicos essenciais (art. 225, § 1º, I)' (AgRg no REsp 1.434.797/PR, Rel. Min. Humberto Martins, Segunda Turma, DJe 07.06.2016). 2. A violação de área de preservação permanente só era permitida quando o empreendedor comprovasse que a obra, empreendimento ou atividade seria de 'utilidade pública' ou 'interesse social' e, ainda assim, obtivesse a necessária e regular autorização do Poder Público, o que não é o caso dos autos. 3. A jurisprudência desta Corte entende que a **teoria do fato consumado em matéria ambiental** equivale a perpetuar, a perenizar um suposto direito de poluir que vai de encontro, no entanto, ao postulado do meio ambiente equilibrado como bem de uso comum do povo essencial à sadia qualidade de vida. Dessa forma, tal teoria é repelida pela incidência da **Súmula 613 do STJ**, que preceitua: Não se admite a aplicação da teoria do fato consumado em tema de Direito Ambiental. 4. Recurso especial provido" (STJ, REsp 1.510.485/MS, 2ª T., Rel. Min. Og Fernandes, j. 07.02.2019).

4.3 Delimitação das áreas de preservação permanente

No tocante à sua delimitação, estabelece o art. 4º do diploma florestal que se considera área de preservação permanente, **em zonas rurais ou urbanas**, para os efeitos da Lei 12.651/2012:

I – as faixas marginais de qualquer curso d'água natural perene e intermitente, excluídos os efêmeros, desde a borda da calha do leito regular, em largura mínima de: (Incluído pela Lei nº 12.727/2012)

a) **30 (trinta) metros**, para os cursos d'água de menos de 10 (dez) metros de largura;

b) **50 (cinquenta) metros**, para os cursos d'água que tenham de 10 (dez) a 50 (cinquenta) metros de largura;

c) **100 (cem) metros**, para os cursos d'água que tenham de 50 (cinquenta) a 200 (duzentos) metros de largura;

d) **200 (duzentos) metros**, para os cursos d'água que tenham de 200 (duzentos) a 600 (seiscentos) metros de largura;

e) **500 (quinhentos) metros**, para os cursos d'água que tenham largura superior a 600 (seiscentos) metros;

II – as áreas no entorno dos lagos e lagoas naturais, em faixa com largura mínima de:

a) **100 (cem) metros, em zonas rurais**, exceto para o corpo d'água com até 20 (vinte) hectares de superfície, cuja faixa marginal será de 50 (cinquenta) metros;

b) **30 (trinta) metros, em zonas urbanas**;

III – as áreas no entorno dos reservatórios d'água artificiais, decorrentes de barramento ou represamento de cursos d'água naturais, na faixa definida na licença ambiental do empreendimento; (Incluído pela Lei nº 12.727/2012)

IV – as áreas no entorno das nascentes e dos olhos d'água perenes, qualquer que seja sua situação topográfica, no raio mínimo de 50 (cinquenta) metros; (Redação dada pela Lei nº 12.727/2012)

V – as encostas ou partes destas com declividade superior a 45°, equivalente a 100% (cem por cento) na linha de maior declive;

VI – as restingas, como fixadoras de dunas ou estabilizadoras de mangues;

VII – os manguezais, em toda a sua extensão;

VIII – as bordas dos tabuleiros ou chapadas, até a linha de ruptura do relevo, em faixa nunca inferior a 100 (cem) metros em projeções horizontais;

IX – no topo de morros, montes, montanhas e serras, com altura mínima de 100 (cem) metros e inclinação média maior que 25°, as áreas delimitadas a partir da curva de nível correspondente a 2/3 (dois terços) da altura mínima da elevação sempre em relação à base, sendo esta definida pelo plano horizontal determinado por planície ou espelho d'água adjacente ou, nos relevos ondulados, pela cota do ponto de sela mais próximo da elevação;

X – as áreas em altitude superior a 1.800 (mil e oitocentos) metros, qualquer que seja a vegetação;

XI – em veredas, a faixa marginal, em projeção horizontal, com largura mínima de 50 (cinquenta) metros, a partir do espaço permanentemente brejoso e encharcado. (Redação dada pela Lei nº 12.727/2012)

De acordo com o art. 4º, § 1º, não será exigida área de preservação permanente no **entorno de reservatórios artificiais de água que não decorram de barramento ou represamento de cursos d'água naturais**, conforme redação dada ao dispositivo pela Lei nº 12.727/2012. Ainda, segundo o § 4º do mesmo dispositivo, nas acumulações naturais ou artificiais de água com superfície inferior a 1 (um) hectare, fica dispensada a reserva da faixa de proteção prevista nos incisos II e III do *caput*, vedada nova supressão de áreas de vegetação nativa, salvo autorização do órgão ambiental competente do Sistema Nacional do Meio Ambiente (SISNAMA), conforme redação conferida pela Lei 12.727/2012. O **STF**, é importante frisar, **declarou a constitucionalidade dos §§ 1º e 2º** no julgamento, em 28.02.3018, das ADIs 4.901, 4.902, 4.903 e 4.937 e da ADC 42. A PGR argumentou na ADI que teria havido a extinção de APP no caso, a qual era prevista na legislação anterior (Lei 4.771/65, art. 2º, "b", e Resolução Conama 303/02, art. 3º, I), mas tal entendimento foi afastado pelo STF.

Segundo o § 5º do art. 4º, "é admitido, para a **pequena propriedade ou posse rural familiar**, de que trata o inciso V do art. 3º desta Lei, o plantio de culturas temporárias e sazonais de vazante de ciclo curto na faixa de terra que fica exposta no período de vazante dos rios ou lagos, desde que não implique supressão de novas áreas de vegetação nativa, seja conservada a qualidade da água e do solo e seja protegida a fauna silvestre". E, de acordo com o § 6º do art. 4º, "nos **imóveis rurais com até 15 (quinze) módulos fiscais**, é admitida, nas áreas de que tratam os incisos I e II do *caput* deste artigo, a prática da aquicultura e a infraestrutura física diretamente a ela associada, **desde que**: I – sejam adotadas práticas sustentáveis de manejo de solo e água e de recursos hídricos, garantindo sua qualidade e quantidade, de acordo com norma dos Conselhos Estaduais de Meio Ambiente; II – esteja de acordo com os respectivos planos de bacia ou planos de gestão de recursos hídricos; III – seja realizado o licenciamento pelo órgão ambiental competente; IV – o imóvel esteja inscrito no Cadastro Ambiental Rural – CAR; V – não implique novas supressões de vegetação nativa".

Mais recentemente, cumpre assinalar o novo regramento estabelecido pela **Lei 14.285/2021**, ao inserir novo § 10 ao art. 4º do diploma florestal e dispor sobre as **áreas de preservação permanente no entorno de cursos d'água em áreas urbanas consolidadas** nos seguintes termos:

> Art. 4º (...) § 10. Em áreas urbanas consolidadas, ouvidos os conselhos estaduais, municipais ou distrital de meio ambiente, lei municipal ou distrital poderá definir faixas marginais distintas daquelas estabelecidas no inciso I do *caput* deste artigo, com regras que estabeleçam:
>
> I – a não ocupação de áreas com risco de desastres;
>
> II – a observância das diretrizes do plano de recursos hídricos, do plano de bacia, do plano de drenagem ou do plano de saneamento básico, se houver; e
>
> III – a previsão de que as atividades ou os empreendimentos a serem instalados nas áreas de preservação permanente urbanas devem observar os casos de utilidade pública, de interesse social ou de baixo impacto ambiental fixados nesta Lei.

Na implantação de **reservatório d'água artificial destinado a geração de energia ou abastecimento público**, conforme dispõe o art. 5º, é obrigatória a aquisição, desapropriação ou instituição de **servidão administrativa** pelo empreendedor das áreas de preservação permanente criadas em seu entorno, conforme estabelecido no licenciamento ambiental, observando-se a faixa mínima de 30 metros e máxima de 100 metros em área rural, e a faixa mínima de 15 metros e máxima de 30 metros em área urbana. Ademais, segundo assinala o § 1º do mesmo dispositivo, "na implantação de reservatórios d'água artificiais de que trata o *caput*, o empreendedor, no âmbito do licenciamento ambiental, elaborará Plano Ambiental de Conservação e Uso do Entorno do Reservatório, em conformidade com termo de referência expedido pelo órgão competente do Sistema Nacional do Meio Ambiente – SISNAMA, não podendo o uso exceder a 10% (dez por cento) do total da Área de Preservação Permanente". O **Plano Ambiental de Conservação e Uso do Entorno de Reservatório Artificial**, para os empreendimentos licitados a partir da vigência do Código Florestal de 2012, deverá ser apresentado ao órgão ambiental concomitantemente com o Plano Básico Ambiental e aprovado até o início da operação do empreendimento, **não constituindo a sua ausência impedimento para a expedição da licença de instalação** (art. 5º, § 2º).

> **JURISPRUDÊNCIA DO STJ – TEMA REPETITIVO 1010 – TESE FIRMADA**
>
> "Na vigência do novo Código Florestal (Lei n. 12.651/2012), a extensão não edificável nas **Áreas de Preservação Permanente** de qualquer curso d'água, perene ou intermitente, em trechos caracterizados como **área urbana consolidada**, deve respeitar o que disciplinado pelo seu **art. 4º**, *caput*, **inciso I**, *alíneas a, b, c, d e e*, a fim de assegurar a mais

ampla garantia ambiental a esses espaços territoriais especialmente protegidos e, por conseguinte, à coletividade."

"RECURSO ESPECIAL REPETITIVO. AMBIENTAL. CONTROVÉRSIA A RESPEITO DA INCIDÊNCIA DO **ART. 4º, I, DA LEI N. 12.651/2012 (NOVO CÓDIGO FLORESTAL)** OU DO ART. 4º, *CAPUT*, III, DA LEI N. 6.766/1979 (LEI DE PARCELAMENTO DO SOLO URBANO). **DELIMITAÇÃO DA EXTENSÃO DA FAIXA NÃO EDIFICÁVEL A PARTIR DAS MARGENS DE CURSOS D'ÁGUA NATURAIS EM TRECHOS CARACTERIZADOS COMO ÁREA URBANA CONSOLIDADA**. 1. (...) 2. Discussão dos autos: Trata-se de mandado de segurança impetrado contra ato de Secretário Municipal questionando o indeferimento de pedido de reforma de imóvel derrubada de casa para construção de outra que dista menos de 30 (trinta) metros do Rio Itajaí-Açu, encontrando-se em Área de Preservação Permanente urbana. O acórdão recorrido negou provimento ao reexame necessário e manteve a concessão da ordem a fim de que seja observado no pedido administrativo a Lei de Parcelamento do Solo Urbano (Lei n. 6.766/1979), que prevê o recuo de 15 (quinze) metros da margem do curso d'água. 3. Delimitação da controvérsia: Extensão da faixa não edificável a partir das margens de cursos d'água naturais em trechos caracterizados como área urbana consolidada: se corresponde à área de preservação permanente prevista no art. 4º, I, da Lei n. 12.651/2012 (equivalente ao art. 2º, alínea 'a', da revogada Lei n. 4.771/1965), cuja largura varia de 30 (trinta) a 500 (quinhentos) metros, ou ao recuo de 15 (quinze) metros determinado no art. 4º, *caput*, III, da Lei n. 6.766/1979. 4. A definição da norma a incidir sobre o caso deve garantir a melhor e mais eficaz proteção ao meio ambiente natural e ao meio ambiente artificial, em cumprimento ao disposto no art. 225 da CF/1988, sempre com os olhos também voltados ao **princípio do desenvolvimento sustentável** (art. 170, VI,) e às **funções social e ecológica da propriedade**. 5. O art. 4º, *caput*, inciso I, da Lei n. 12.651/2012 mantém-se hígido no sistema normativo federal, após os julgamentos da ADC n. 42 e das ADIs ns. 4.901, 4.902, 4.903 e 4.937. 6. A disciplina da extensão das faixas marginais a cursos d'água no meio urbano foi apreciada inicialmente nesta Corte Superior no julgamento do REsp 1.518.490/SC, Relator Ministro Og Fernandes, Segunda Turma, *DJe* de 15.10.2019, precedente esse que solucionou, especificamente, a antinomia entre a norma do antigo Código Florestal (art. 2º da Lei n. 4.771/1965) e a norma da Lei de Parcelamento do Solo Urbano (art. 4º, III, da Lei n. 6.766/1976), com a afirmação de que o normativo do antigo Código Florestal é o que deve disciplinar a largura mínima das faixas marginais ao longo dos cursos d'água no meio urbano. Nesse sentido: Resp 1.505.083/SC, Rel. Min. Napoleão Nunes Maia Filho, Primeira Turma, *DJe* 10.12.2018; AgInt no REsp 1.484.153/SC, Rel. Min. Gurgel de Faria, Primeira Turma, *DJe* 19.12.2018; REsp 1.546.415/SC, Rel. Min. Og Fernandes, Segunda Turma, *DJe* 28.02.2019; e AgInt no REsp 1.542.756/SC, Rel. Min. Mauro Campbell Marques, *DJe* 02.04.2019. 7. Exsurge inarredável que a norma inserta no novo Código Florestal (art. 4º, *caput*, inciso I), ao prever medidas mínimas superiores para as faixas marginais de qualquer curso d'água natural perene e intermitente, sendo especial e específica para o caso em face do previsto no art. 4º, III, da Lei n. 6.766/1976, é a que **deve reger a proteção das APPs ciliares ou ripárias em áreas urbanas consolidadas, espaços territoriais especialmente protegidos (art. 225, III, da CF/1988), que não se condicionam a fronteiras entre o meio rural e o urbano**. 8. A superveniência da Lei n. 13.913, de 25 de novembro de 2019, que suprimiu a expressão "[...] salvo maiores exigências da legislação específica." do inciso III do art. 4º da Lei n. 6.766/1976, não afasta a aplicação do art. 4º, *caput*, e I, da Lei n. 12.651/2012 às áreas urbanas de ocupação consolidada, pois, pelo **critério da especialidade, esse normativo do novo Código Florestal é o que garante a mais ampla proteção ao meio ambiente, em áreas urbana e rural, e à coletividade**. 9. Tese fixada – **Tema 1010/STJ**: Na vigência do novo Código Florestal (Lei n. 12.651/2012), a extensão não edificável nas Áreas de Preservação Permanente de qualquer curso d'água, perene ou intermitente, em trechos caracterizados como **área urbana consolidada,** deve respeitar o que disciplinado pelo seu art. 4º, *caput*, inciso I, alíneas *a*, *b*, *c*, *d* e *e*, a fim de assegurar a mais ampla garantia ambiental a esses espaços territoriais especialmente protegidos e,

> por conseguinte, à coletividade. 10. Recurso especial conhecido e provido. 11. Acórdão sujeito ao regime previsto no art. 1.036 e seguintes do CPC/2015" (STJ, REsp 1.770.760/SC, 1ª Seção, Rel. Min. Benedito Gonçalves, j. 28.04.2021).

4.3.1 Funções protetoras das áreas de preservação permanente

O art. 6º, nos seus diversos incisos, arrola uma série de **funções ecológicas** (em outras palavras, **serviços ambientais**) realizadas pelas áreas de preservação permanente no sentido de promover o **equilíbrio ecológico dos ecossistemas florestais**.

> "I – **conter a erosão do solo** e mitigar riscos de enchentes e deslizamentos de terra e de rocha;
> II – proteger as **restingas ou veredas**;
> III – proteger **várzeas**;
> IV – abrigar exemplares da **fauna ou da flora ameaçados de extinção**;
> V – proteger sítios de excepcional beleza ou de valor científico, cultural ou histórico;
> VI – formar faixas de proteção ao longo de rodovias e ferrovias;
> VII – assegurar condições de **bem-estar público**;
> VIII – auxiliar a **defesa do território nacional**, a critério das autoridades militares;
> IX – proteger **áreas úmidas**, especialmente as de importância internacional".

Trata-se, conforme assinala o CF/1988, no seu art. 225, § 1º, I, de "preservar e restaurar os **processos ecológicos essenciais**". Os "processos ecológicos essenciais" alinham-se com as funções ou serviços ambientais prestados pelas áreas de preservação permanente. É essa, em outras palavras, a razão fundamental para que a legislação florestal brasileira tenha adotado um regime de proteção especial para as áreas de preservação permanente. O mesmo raciocínio vale para reconhecer os serviços ambientais prestados em razão da sua devida proteção, inclusive justificando seu pagamento em algumas circunstâncias, na medida em que o proprietário preserve de forma adequada tais áreas. De modo complementar, o **art. 41, I**, do diploma florestal, ao estabelecer o **pagamento ou incentivo a serviços ambientais**, arrola listagem exemplificativa de "serviços ambientais", os quais estão diretamente relacionados à função protetora das áreas de preservação permanente:

   a) o sequestro, a conservação, a manutenção e o aumento do estoque e a diminuição do fluxo de **carbono**;
   b) a conservação da **beleza cênica natural**;
   c) a conservação da **biodiversidade**;
   d) a conservação das águas e dos **serviços hídricos**;
   e) a regulação do **clima**;
   f) a valorização cultural e do **conhecimento tradicional** ecossistêmico;
   g) a conservação e o melhoramento do **solo**;
   h) a manutenção de áreas de preservação permanente, de reserva legal e de uso restrito.

Por fim, cabe destacar que, dada a sua função protetora do ecossistema como um todo, as áreas de preservação permanente cumprem um papel importantíssimo na manutenção do equilíbrio ambiental do ecossistema (e dos "processos ecológicos essenciais") onde estão inseridas e, consequentemente, promovem a proteção da sua biodiversidade, o que é particularmente relevante no que tange às **espécies da fauna e da flora ameaçadas de extinção**, conforme assinalado nos dispositivos citados.

APP E RESERVA LEGAL NA LEI DA POLÍTICA NACIONAL DE PAGAMENTO POR SERVIÇOS AMBIENTAIS (LEI 14.119/2021)

A nova **Lei da Política Nacional de Pagamento por Serviços Ambientais (14.119/2021)**, para além de inúmeros avanços numa temática importantíssima para atribuir o devido valor econômico à Natureza e estimular políticas para "manter a floresta em pé", consagrou dispositivo, a nosso ver, de flagrante inconstitucionalidade, ao prever que **Áreas de Preservação Permanente e a Reserva Legal possam ser elegíveis para pagamento por serviços ambientais**, conforme previsão do seu art. 9º, parágrafo único, que segue.

Art. 9º Em relação aos imóveis privados, são elegíveis para provimento de serviços ambientais: (...) **Parágrafo único. As Áreas de Preservação Permanente, Reserva Legal** e outras sob limitação administrativa nos termos da legislação ambiental serão **elegíveis para pagamento por serviços ambientais com uso de recursos públicos**, conforme regulamento, com preferência para aquelas localizadas em bacias hidrográficas consideradas críticas para o abastecimento público de água, assim definidas pelo órgão competente, ou em áreas prioritárias para conservação da diversidade biológica em processo de desertificação ou avançada fragmentação.

Como já apontado anteriormente e consagrado expressamente no Código Florestal de 2012, a Área de Preservação Permanente e a Reserva Legal possuem a natureza jurídica de **obrigação *propter rem***, como **imposição que deriva diretamente da lei e limita os direitos de propriedade e posse dos seus titulares, a fim de atender ao princípio da função ambiental ou ecológica**. De tal sorte, tal previsão legislativa é ilógica e subverte a razão e a natureza jurídica do instituto do pagamento por serviços ambientais, fundamentado no **princípio da adicionalidade**. O cumprimento estrito da lei não enseja a caracterização da "adicionalidade" indispensável para justificar o **"prêmio"** a que faz jus o provedor de serviços ambientais decorrentes das medidas de proteção ecológica que adota **"a mais" – para além do que impõe a legislação ambiental a todos** indistintamente – em favor da sociedade. Aliás, tal previsão legislativa é extremamente temerária por **desestimular o cumprimento da legislação ambiental florestal**, ao transmitir equivocadamente a ideia de que quem cumpre a lei em relação à APP e RL é merecedor de alguma prestação ou benefício financeiro. Sem a referida adicionalidade nas medidas de proteção ecológica, não há fundamento para o pagamento por serviços ambientais. Não há substrato jurídico para "remunerar" alguém para cumprir a lei. A previsão legislativa em comento representa, na prática, uma tentativa absolutamente inconstitucional de **transferência para a sociedade de obrigações legais** que recaem exclusivamente sobre o proprietário (ou possuidor) do imóvel, onerando, assim, duplamente, a sociedade, ao estabelecer o uso de recursos públicos para "premiar e compensar o proprietário por cumprir a lei".

4.4 Criação de APP por ato do poder público (art. 6º)

Retomando, em parte, o conteúdo tratado no tópico anterior, notadamente com relação às funções protetoras das áreas de preservação permanente, o *caput* do art. 6º, dispõe que se consideram, ainda, área de preservação permanente, **quando declaradas de interesse social por ato do Chefe do Poder Executivo**, as áreas cobertas com florestas ou outras formas de vegetação destinadas a uma ou mais das seguintes finalidades: I – conter a erosão do solo e mitigar riscos de enchentes e deslizamentos de terra e de rocha; II – proteger as restingas ou veredas; III – proteger várzeas; IV – abrigar exemplares da fauna ou da flora ameaçados de extinção; V – proteger sítios de excepcional beleza ou de valor científico, cultural ou histórico; VI – formar faixas de proteção ao longo de rodovias e ferrovias; VII – assegurar condições de bem-estar público; VIII – auxiliar a defesa do território nacional, a critério das autoridades militares; IX – proteger áreas úmidas, especialmente as de importância internacional. De tal sorte, **para além das hipóteses já previamente estabelecidas pelos incisos do art. 4º, a Lei 12.651/2012** também prevê a possibilidade de **criação de área de preservação permanente por declaração ou ato do poder público**.

4.5 Intervenção ou supressão de vegetação em APP (art. 8º)

O art. 8º da 12.651/2012 estabelece que a **intervenção ou a supressão de vegetação nativa** em área de preservação permanente **somente** ocorrerá nas hipóteses de **utilidade pública**, de **interesse social** ou de **baixo impacto ambiental** previstas no diploma. O dispositivo suscitado é assertivo no que toca a limitar as hipóteses autorizadoras de intervenção ou supressão de vegetação nativa em área de preservação permanente apenas para os casos de utilidade pública (art. 3º, VII), de interesse social (art. 3º, IX) ou de baixo impacto ambiental (art. 3º, X). Fora das hipóteses arroladas nos dispositivos referidos, que devem ser compreendidas como **excepcionais e *numerus clausus***, conforme entendimento do STJ,[22] não há possibilidade de intervenção ou supressão de vegetação nativa em área de preservação permanente, incidindo o titular ou possuidor da área florestal em **prática ilícita** e sujeitando-se, portanto, à **responsabilização administrativa, cível e penal**, inclusive como instâncias autônomas e, portanto, passíveis de ser impostas cumulativamente e acionadas simultaneamente.

O § 1º art. 8º assinala que "a supressão de vegetação nativa protetora de nascentes, dunas e restingas somente poderá ser autorizada em caso de utilidade pública", bem como, segundo o § 2º do mesmo dispositivo, "a intervenção ou a supressão de vegetação nativa em área de preservação permanente de que tratam os incisos VI e VII do *caput* do art. 4º poderá ser autorizada, **excepcionalmente**, em locais onde a função ecológica do manguezal esteja comprometida, para execução de obras habitacionais e de urbanização, inseridas em **projetos de regularização fundiária de interesse social, em** áreas urbanas consolidadas ocupadas por população de baixa renda". O § 2º do art. 8º, cabe destacar, foi **declarado constitucional pelo STF** no julgamento, em 28.02.3018, das ADIs 4.901, 4.902, 4.903 e 4.937 e da ADC 42, não obstante a alegação formulada pela PGR de que o dispositivo implicaria a descaracterização ou fragilização do regime jurídico de especial proteção dos manguezais.

O § 3º do art. 8º, por sua vez, dispõe que "é dispensada a autorização do órgão ambiental competente para a execução, em caráter de urgência, de atividades de segurança nacional e obras de interesse da defesa civil destinadas à prevenção e mitigação de acidentes em áreas urbanas". Por fim, o § 4º pontua que "não haverá, em qualquer hipótese, direito à regularização de futuras intervenções ou supressões de vegetação nativa, além das previstas nesta Lei".

O art. 7º, § 3º, assevera que, no caso de **supressão não autorizada de vegetação realizada após 22 de julho de 2008**, é vedada a **concessão de novas autorizações de supressão de vegetação** enquanto não cumpridas as obrigações previstas no § 1º do mesmo dispositivo, ou seja, tendo ocorrido supressão de vegetação situada em APP, o proprietário, possuidor ou ocupante a qualquer título é obrigado a promover a recomposição da vegetação, ressalvados os usos autorizados previstos na legislação florestal. O dispositivo, cabe pontuar, foi **declarado constitucional pelo STF** no julgamento, em 28.02.3018, das ADIs 4.901, 4.902, 4.903 e 4.937 e da ADC 42. A PGR pleiteou a declaração de inconstitucionalidade da expressão "após 22 de julho de 2008", para que os degradadores não fossem isentados da obrigação de reparar o dano, bem como que o impedimento de obter novas autorizações para supressão de vegetação alcança-se, sem exceção, todos aqueles que praticaram danos ambientais e ficaram inertes quanto ao dever de recuperação da área de preservação permanente.

O art. 9º estabelece que "é permitido o acesso de pessoas e animais às áreas de preservação permanente para obtenção de água e para realização de **atividades de baixo impacto ambiental**". Em razão do regime jurídico de proteção das áreas de preservação permanente, o acesso de pessoas e animais somente poderá se dar para a obtenção de água e para a realização de atividades de baixo impacto ambiental, conforme arroladas no art. 3º, X, do Diploma Florestal de 2012. A título de exemplo, o uso de tais áreas para pastagem de animais está absolutamente

---

[22] STJ, REsp 1.245.149/MS, 2ª T., Rel. Min. Herman Benjamin, j. 09.10.2012.

vedado pela legislação. Há, nesse sentido, **vedação de exploração econômica direta** das áreas de preservação permanente, configurando-se inclusive como **território *non aedificandi*,** conforme entendimento já consolidado pelo STJ.[23]

> **JURISPRUDÊNCIA STJ. Ocupação e edificação em área de preservação permanente (APP), proibição de supressão de vegetação fora das hipóteses legais do art. 8º e não ocorrência de direito adquirido de poluir:** "Ambiental e processual civil. Ação civil pública. **Ocupação e edificação em Área de Preservação Permanente – APP. Casas de veraneio.** Margens do Rio Ivinhema/MS. **Supressão de mata ciliar.** Descabimento. **Art. 8º da Lei 12.651/2012.** Não enquadramento. Direito adquirido ao poluidor. Fato consumado. Descabimento. Desapropriação não configurada. Limitação administrativa. Dano ambiental e nexo de causalidade configurados. Ausência de prequestionamento. Súmula 211/STJ. 1. **Descabida a supressão de vegetação em Área de Preservação Permanente – APP que não se enquadra nas hipóteses previstas no art. 8º do Código Florestal (utilidade pública, interesse social e baixo impacto ambiental).** 2. Conquanto não se possa conferir ao **direito fundamental do meio ambiente equilibrado** a característica de direito absoluto, certo é que ele se insere entre os **direitos indisponíveis,** devendo-se acentuar a imprescritibilidade de sua reparação, e a sua inalienabilidade, já que se trata de bem de uso comum do povo (art. 225, *caput*, da CF/1988). 3. Em tema de Direito Ambiental, **não se cogita em direito adquirido à devastação, nem se admite a incidência da teoria do fato consumado.** Precedentes do STJ e STF. 4. **A proteção legal às áreas de preservação permanente não importa em vedação absoluta ao direito de propriedade e, por consequência, não resulta em hipótese de desapropriação, mas configura mera limitação administrativa.** Precedente do STJ. 5. Violado o art. 14, § 1º, da Lei 6.938/1981, pois o Tribunal de origem reconheceu a ocorrência do dano ambiental e o nexo causal (ligação entre a sua ocorrência e a fonte poluidora), mas afastou o dever de promover a recuperação da área afetada e indenizar eventuais danos remanescentes. 6. Em que pese ao loteamento em questão haver sido concedido licenciamento ambiental, tal fato, por si só, não elide a responsabilidade pela reparação do dano causado ao meio ambiente, uma vez afastada a legalidade da autorização administrativa. (...) 8. Recurso especial parcialmente conhecido e provido" (STJ, REsp 1.394.025/MS, 2ª T., Rel. Min. Eliana Calmon, j. 08.10.2013).

> **JURISPRUDÊNCIA STJ. Área de preservação permanente, mata ciliar, território *non aedificandi*, vedação de exploração econômica direta, desmatamento ou ocupação humana e caráter totalmente excepcional e em *numerus clausus* das hipóteses legais (utilidade pública, interesse social, intervenção de baixo impacto):** "Administrativo. Processual civil. Ação civil pública. Ocupação e edificação em área de preservação permanente. Casas de veraneio ('ranchos'). Leis 4.771/65 (Código Florestal de 1965), 6.766/79 (Lei do Parcelamento do Solo Urbano) e 6.938/81 (Lei da Política Nacional do Meio Ambiente). Desmembramento e loteamento irregular. Vegetação ciliar ou ripária. Corredores ecológicos. Rio Ivinhema. (...). 1. Trata-se, originariamente, de Ação Civil Pública ambiental movida pelo Ministério Público do Estado de Mato Grosso do Sul contra proprietários de 54 casas de veraneio ('ranchos'), bar e restaurante construídos em Área de Preservação Permanente – APP, um conjunto de aproximadamente 60 lotes e com extensão de quase um quilômetro e meio de ocupação da margem esquerda do Rio Ivinhema, curso de água com mais de 200 metros de largura. Pediu-se a desocupação da APP, a demolição das construções, o reflorestamento da região afetada e o pagamento de indenização, além da emissão de ordem cominatória de proibição de novas intervenções. A sentença de procedência parcial foi reformada pelo Tribunal de Justiça, com decretação de improcedência do pedido. **Área de preservação permanente**

---

[23] STJ, REsp 1.245.149/MS, 2ª T., Rel. Min. Herman Benjamin, j. 09.10.2012.

ciliar. 2. **Primigênio e mais categórico instrumento de expressão e densificação da 'efetividade' do 'direito ao meio ambiente ecologicamente equilibrado', a Área de Preservação Permanente ciliar (= APP ripária, ripícola ou ribeirinha), pelo seu prestígio ético e indubitável mérito ecológico, corporifica verdadeira trincheira inicial e última – a bandeira mais reluzente, por assim dizer – do comando maior de 'preservar e restaurar as funções ecológicas essenciais'**, prescrito no art. 225, *caput* e § 1º, I, da Constituição Federal. 3. Aferrada às margens de rios, córregos, riachos, nascentes, charcos, lagos, lagoas e estuários, **intenta a APP ciliar assegurar, a um só tempo, a integridade físico-química da água, a estabilização do leito hídrico e do solo da bacia, a mitigação dos efeitos nocivos das enchentes, a barragem e filtragem de detritos, sedimentos e poluentes, a absorção de nutrientes pelo sistema radicular, o esplendor da paisagem e a própria sobrevivência da flora ribeirinha e fauna.** Essas funções multifacetárias e insubstituíveis elevam-na ao *status* de peça fundamental na formação de corredores ecológicos, elos de conexão da biodiversidade, genuínas veias bióticas do meio ambiente. Objetivamente falando, a vegetação ripária exerce tarefas de proteção assemelhadas às da pele em relação ao corpo humano: faltando uma ou outra, a vida até pode continuar por algum tempo, mas, no cerne, muito além de trivial mutilação do sentimento de plenitude e do belo do organismo, o que sobra não passa de um ser majestoso em estado de agonia terminal. 4. **Compreensível que, com base nessa *ratio* ético-ambiental, o legislador caucione a APP ripária de maneira quase absoluta, colocando-a no ápice do complexo e numeroso panteão dos espaços protegidos, ao prevê-la na forma de superfície intocável, elemento cardeal e estruturante no esquema maior do meio ambiente ecologicamente equilibrado**. Por tudo isso, a APP ciliar qualifica-se como **território *non aedificandi*.** Não poderia ser diferente, **hostil que se acha à exploração econômica direta, desmatamento ou ocupação humana (com as ressalvas previstas em lei, de caráter totalmente excepcional e em *numerus clausus*, *v.g.*, utilidade pública, interesse social, intervenção de baixo impacto)**. 5. Causa **dano ecológico *in re ipsa***, presunção legal definitiva que dispensa produção de prova técnica de lesividade específica, quem, fora das exceções legais, desmata, ocupa ou explora APP, ou impede sua regeneração, comportamento de que emerge obrigação *propter rem* de restaurar na sua plenitude e indenizar o meio ambiente degradado e terceiros afetados, sob regime de responsabilidade civil objetiva. Precedentes do STJ. (...) 10. Recurso especial parcialmente provido para anular o acórdão dos embargos de declaração" (STJ, REsp 1.245.149/MS, 2ª T., Rel. Min. Herman Benjamin, j. 09.10.2012).

4.5.1 *Supressão de vegetação para uso alternativo*

O art. 26 do diploma florestal estabelece que a **"supressão de vegetação nativa para uso alternativo do solo**, tanto de domínio público como de domínio privado, **dependerá do cadastramento do imóvel no CAR**, de que trata o art. 29, e de **prévia autorização do órgão estadual competente do SISNAMA"**. Trata-se, por certo, de medida importante para o controle e fiscalização do cumprimento, por parte dos proprietários e possuidores, do regime jurídico de proteção florestal. De modo complementar, o § 3º do art. 26 assinala que, "no caso de **reposição florestal**, deverão ser priorizados projetos que contemplem a utilização de espécies nativas do mesmo bioma onde ocorreu a supressão".

O **requerimento de autorização de supressão** de que trata o *caput* conterá, no mínimo, as seguintes informações, conforme disposição expressa do § 4º do art. 26:

> "I – a localização do imóvel, das Áreas de Preservação Permanente, da Reserva Legal e das áreas de uso restrito, por coordenada geográfica, com pelo menos um ponto de amarração do perímetro do imóvel;
> II – a reposição ou compensação florestal, nos termos do § 4º do art. 33;
> III – a utilização efetiva e sustentável das áreas já convertidas;
> IV – o uso alternativo da área a ser desmatada".

Nas áreas passíveis de uso alternativo do solo, de acordo com o art. 27 do diploma, a supressão de vegetação que abrigue **espécie da flora ou da fauna ameaçada de extinção**, segundo lista oficial publicada pelos órgãos federal ou estadual ou municipal do SISNAMA, ou espécies migratórias, **dependerá da adoção de medidas compensatórias e mitigadoras que assegurem a conservação da espécie**". Por fim, assinala o art. 28 que "não é permitida a conversão de vegetação nativa para uso alternativo do solo no imóvel rural que possuir área abandonada".

4.6 Áreas consolidadas em APP

O art. 61-A do diploma florestal, incluído pela Lei 12.727/2012, tratou das "áreas consolidadas em áreas de preservação permanente", ao prever que, nas áreas de preservação permanente, é **autorizada, exclusivamente, a continuidade das atividades agrossilvipastoris, de ecoturismo e de turismo rural em áreas rurais consolidadas até 22 de julho de 2008**.

A autorização legal de atividades (agrossilvipastoris, ecoturismo e turismo rural) em APP, em áreas rurais consolidadas até 22 de julho de 2008, deve ser compreendida de forma excepcional e restrita. De acordo com a lição de Paulo Affonso Leme Machado, "a Constituição da República quis conceder uma conservação integral, e não parcial, aos espaços protegidos, como a Área de Preservação Permanente (art. 225, § 1º, III). Esse espaço protegido tem funções importantíssimas para cumprir (proteção das águas, das montanhas e da diversidade biológica, entre outras). Por isso, **não se pode 'consolidar' ou anistiar procedimentos totalmente errados ecologicamente** que degradam a qualidade de vida das gerações presentes e das gerações futuras (art. 225, *caput*, da CF/1988)".[24]

O art. 61-A do diploma florestal, incluído pela Lei 12.727/2012, estabeleceu regramento de acordo com a área (em módulos rurais) do imóvel rural, conforme segue.

> **Art. 61-A. (...) (Incluído pela Lei nº 12.727/2012.)**
>
> § 1º Para os **imóveis rurais com área de até 1 (um) módulo fiscal** que possuam áreas consolidadas em Áreas de Preservação Permanente ao longo de cursos d'água naturais, será obrigatória a recomposição das respectivas faixas marginais em 5 (cinco) metros, contados da borda da calha do leito regular, independentemente da largura do curso d'água.
>
> § 2º Para os **imóveis rurais com área superior a 1 (um) módulo fiscal e de até 2 (dois) módulos fiscais** que possuam áreas consolidadas em Áreas de Preservação Permanente ao longo de cursos d'água naturais, será obrigatória a recomposição das respectivas faixas marginais em 8 (oito) metros, contados da borda da calha do leito regular, independentemente da largura do curso d'água.
>
> § 3º Para os **imóveis rurais com área superior a 2 (dois) módulos fiscais e de até 4 (quatro) módulos fiscais** que possuam áreas consolidadas em Áreas de Preservação Permanente ao longo de cursos d'água naturais, será obrigatória a recomposição das respectivas faixas marginais em 15 (quinze) metros, contados da borda da calha do leito regular, independentemente da largura do curso d'água.
>
> § 4º Para os **imóveis rurais com área superior a 4 (quatro) módulos fiscais** que possuam áreas consolidadas em Áreas de Preservação Permanente ao longo de cursos d'água naturais, será obrigatória a recomposição das respectivas faixas marginais:
>
> I – (*Vetado.*); e
>
> II – **nos demais casos**, conforme determinação do PRA, observado o mínimo de 20 (vinte) e o máximo de 100 (cem) metros, contados da borda da calha do leito regular.

---

[24] MACHADO, Paulo Affonso Leme. *Legislação florestal (Lei 12.651/2012)*: competência e licenciamento ambiental. São Paulo: Malheiros, 2012. p. 23.

§ 5º Nos casos de áreas rurais consolidadas em Áreas de Preservação Permanente no **entorno de nascentes e olhos d'água perenes,** será admitida a manutenção de atividades agrossilvipastoris, de ecoturismo ou de turismo rural, sendo obrigatória a recomposição do raio mínimo de 15 (quinze) metros.

§ 6º Para os imóveis rurais que possuam áreas consolidadas em Áreas de Preservação Permanente no **entorno de lagos e lagoas naturais,** será admitida a manutenção de atividades agrossilvipastoris, de ecoturismo ou de turismo rural, sendo obrigatória a recomposição de faixa marginal com largura mínima de:

I – 5 (cinco) metros, para imóveis rurais com área de até 1 (um) módulo fiscal;

II – 8 (oito) metros, para imóveis rurais com área superior a 1 (um) módulo fiscal e de até 2 (dois) módulos fiscais;

III – 15 (quinze) metros, para imóveis rurais com área superior a 2 (dois) módulos fiscais e de até 4 (quatro) módulos fiscais; e

IV – 30 (trinta) metros, para imóveis rurais com área superior a 4 (quatro) módulos fiscais.

§ 7º Nos casos de áreas rurais consolidadas em **veredas,** será obrigatória a recomposição das faixas marginais, em projeção horizontal, delimitadas a partir do espaço brejoso e encharcado, de largura mínima de:

I – 30 (trinta) metros, para imóveis rurais com área de **até 4 (quatro) módulos fiscais;** e

II – 50 (cinquenta) metros, para imóveis rurais com área **superior a 4 (quatro) módulos fiscais.**

§ 8º Será considerada, para os fins do disposto no *caput* e nos §§ 1º a 7º, a área detida pelo imóvel rural em 22 de julho de 2008.

§ 9º A existência das situações previstas no *caput* **deverá ser informada no CAR** para fins de monitoramento, sendo exigida, nesses casos, a adoção de técnicas de conservação do solo e da água que visem à mitigação dos eventuais impactos.

§ 10. Antes mesmo da disponibilização do CAR, no caso das intervenções já existentes, é o proprietário ou possuidor rural responsável pela **conservação do solo e da água**, por meio de adoção de **boas práticas agronômicas**.

§ 11. A realização das atividades previstas no *caput* observará critérios técnicos de conservação do solo e da água indicados no PRA previsto nesta Lei, sendo **vedada a conversão de novas áreas para uso alternativo do solo nesses locais.**

§ 12. **Será admitida a manutenção de residências e da infraestrutura associada às atividades agrossilvipastoris, de ecoturismo e de turismo rural**, inclusive o acesso a essas atividades, independentemente das determinações contidas no *caput* e nos §§ 1º a 7º, desde que não estejam em área que ofereça risco à vida ou à integridade física das pessoas.

§ 13. A **recomposição** de que trata este artigo poderá ser feita, isolada ou conjuntamente, pelos seguintes métodos:

I – condução de regeneração natural de espécies nativas;

II – plantio de espécies nativas;

III – plantio de espécies nativas conjugado com a condução da regeneração natural de espécies nativas;

IV – plantio intercalado de espécies lenhosas, perenes ou de ciclo longo, exóticas com nativas de ocorrência regional, em até 50% (cinquenta por cento) da área total a ser recomposta, no caso dos imóveis a que se refere o inciso V do *caput* do art. 3º.

§ 14. Em todos os casos previstos neste artigo, o poder público, verificada a existência de risco de agravamento de processos erosivos ou de inundações, determinará a **adoção de medidas mitigadoras que garantam a estabilidade das margens e a qualidade da água**, após deliberação do Conselho Estadual de Meio Ambiente ou de órgão colegiado estadual equivalente.

§ 15. A partir da data da publicação desta Lei e até o término do prazo de adesão ao PRA de que trata o § 2º do art. 59, é autorizada a continuidade das atividades desenvolvidas nas áreas de que trata o *caput*, as quais deverão ser informadas no CAR para fins de monitoramento, sendo exigida a adoção de medidas de conservação do solo e da água.

§ 16. As Áreas de Preservação Permanente localizadas em imóveis inseridos nos limites de Unidades de Conservação de Proteção Integral criadas por ato do poder público até a data de publicação desta Lei não são passíveis de ter quaisquer atividades consideradas como consolidadas nos termos do *caput* e dos §§ 1º a 15, ressalvado o que dispuser **o Plano de Manejo** elaborado e aprovado de acordo com as orientações emitidas pelo órgão competente do SISNAMA, nos termos do que dispuser regulamento do Chefe do Poder Executivo, devendo o proprietário, possuidor rural ou ocupante a qualquer título adotar todas as medidas indicadas.

§ 17. Em **bacias hidrográficas consideradas críticas**, conforme previsto em legislação específica, **o Chefe do Poder Executivo poderá, em ato próprio, estabelecer metas e diretrizes de recuperação ou conservação da vegetação nativa superiores às definidas no *caput* e nos §§ 1º a 7º**, como projeto prioritário, ouvidos o Comitê de Bacia Hidrográfica e o Conselho Estadual de Meio Ambiente.

O diploma florestal estabelece, no art. 61-B, que:

> "Aos proprietários e possuidores dos imóveis rurais que, em 22 de julho de 2008, detinham **até 10 (dez) módulos fiscais** e desenvolviam atividades agrossilvipastoris nas áreas consolidadas em Áreas de Preservação Permanente é garantido que a **exigência de recomposição, nos termos desta Lei, somadas todas as Áreas de Preservação Permanente do imóvel, não ultrapassará**:
>
> I – 10% (dez por cento) da área total do imóvel, para imóveis rurais com área de até 2 (dois) módulos fiscais;
>
> II – 20% (vinte por cento) da área total do imóvel, para imóveis rurais com área superior a 2 (dois) e de até 4 (quatro) módulos fiscais".

Para os **assentamentos do Programa de Reforma Agrária**, estabelece o art. 61-C do diploma florestal que "a recomposição de áreas consolidadas em Áreas de Preservação Permanente ao longo ou no entorno de cursos d'água, lagos e lagoas naturais observará as exigências estabelecidas no art. 61-A, observados os limites de cada área demarcada individualmente, objeto de contrato de concessão de uso, até a titulação por parte do Instituto Nacional de Colonização e Reforma Agrária – INCRA".

No tocante aos **reservatórios artificiais de água destinados a geração de energia ou abastecimento público** que foram registrados ou tiveram seus contratos de concessão ou autorização assinados anteriormente à Medida Provisória 2.166-67, de 24 de agosto de 2001, conforme dispõe o art. 62 do diploma florestal, "a faixa da Área de Preservação Permanente será a distância entre o nível máximo operativo normal e a cota máxima *maximorum*".

> **JURISPRUDÊNCIA TJSP. Conflito entre Código Florestal de 1965 e o Diploma Florestal de 2012 à luz do princípio da proibição de retrocesso:** "Agravo de instrumento. Ação civil pública em fase de execução de sentença. Condenação imposta sob a vigência da Lei nº 4.771/65. Termo de compromisso de recuperação ambiental firmado sob a égide de tal texto normativo. Edição do Código Florestal atual. Lei nº 12.651/12. Aplicação de seus ditames com o intuito de se preservar o princípio da isonomia. Descabimento. Artigos 4º, § 1º, e 62. Sensível redução do grau de proteção do meio ambiente. Coisa julgada. Preservação. **Princípio da vedação do retrocesso.** Decisão reformada. Recurso provido" (TJSP, AI 2012816-29.2013.8.26.0000, 1ª Câmara Reservada ao Meio Ambiente, Rel. Des. João Negrini Filho, j. 07.11.2013).

Nas áreas rurais consolidadas nos locais de que tratam os **incisos V, VIII, IX e X do art. 4º do diploma florestal**, será admitida a manutenção de atividades florestais, culturas de espécies lenhosas, perenes ou de ciclo longo, bem como da infraestrutura física associada ao desenvolvimento de atividades agrossilvipastoris, vedada a conversão de novas áreas para uso alternativo do solo, conforme estabelece o art. 63. O **pastoreio extensivo** nos locais referidos no *caput* do art. 63 deverá ficar restrito às áreas de vegetação campestre natural ou já convertidas para vegetação campestre, admitindo-se o consórcio com vegetação lenhosa perene ou de ciclo longo (§ 1º). A **manutenção das culturas e da infraestrutura** de que trata o *caput* do art. 63 é condicionada à adoção de práticas conservacionistas do solo e da água indicadas pelos órgãos de assistência técnica rural (§ 2º). Admite-se, nas Áreas de Preservação Permanente, previstas no inciso VIII do art. 4º, dos imóveis rurais de até 4 (quatro) módulos fiscais, no âmbito do PRA, a partir de **boas práticas agronômicas e de conservação do solo e da água**, mediante deliberação dos Conselhos Estaduais de Meio Ambiente ou órgãos colegiados estaduais equivalentes, a **consolidação de outras atividades agrossilvipastoris, ressalvadas as situações de risco de vida** (§ 3º).

Na **regularização fundiária de interesse social dos assentamentos** inseridos em área urbana de ocupação consolidada e que ocupam Áreas de Preservação Permanente, conforme prevê o art. 64 do diploma florestal, a regularização ambiental será admitida por meio da aprovação do projeto de regularização fundiária, na forma da Lei 11.977, de 7 de julho de 2009. O projeto de regularização fundiária de interesse social, conforme assinala ao § 1º do art. 64, deverá incluir estudo técnico que demonstre a melhoria das condições ambientais em relação à situação anterior com a adoção das medidas nele preconizadas.

O **estudo técnico** mencionado no § 1º deverá conter, segundo determina o § 2º do mesmo dispositivo, **no mínimo, os seguintes elementos:**

"I – caracterização da situação ambiental da área a ser regularizada;

II – especificação dos sistemas de saneamento básico;

III – proposição de intervenções para a prevenção e o controle de riscos geotécnicos e de inundações;

IV – recuperação de áreas degradadas e daquelas não passíveis de regularização;

V – comprovação da melhoria das condições de sustentabilidade urbano-ambiental, considerados o uso adequado dos recursos hídricos, a não ocupação das áreas de risco e a proteção das unidades de conservação, quando for o caso;

VI – comprovação da melhoria da habitabilidade dos moradores propiciada pela regularização proposta; e

VII – garantia de acesso público às praias e aos corpos d'água".[25]

Segundo assevera o art. 65 do diploma florestal, "na Reurb-E dos núcleos urbanos informais que ocupam Áreas de Preservação Permanente não identificadas como áreas de risco, a regularização fundiária será admitida por meio da aprovação do projeto de regularização fundiária, na forma da lei específica de regularização fundiária urbana". O **processo de regularização ambiental**, para fins de prévia autorização pelo órgão ambiental competente, conforme determina o § 1º do art. 65, deverá ser instruído com os seguintes elementos:

"I – a caracterização físico-ambiental, social, cultural e econômica da área;

II – a identificação dos recursos ambientais, dos passivos e fragilidades ambientais e das restrições e potencialidades da área;

---

[25] O Decreto 10.576/2020 dispõe sobre a cessão de uso de espaços físicos em corpos d'água de domínio da União para a prática da aquicultura.

III – a especificação e a avaliação dos sistemas de infraestrutura urbana e de saneamento básico implantados, outros serviços e equipamentos públicos;

IV – a identificação das unidades de conservação e das áreas de proteção de mananciais na área de influência direta da ocupação, sejam elas águas superficiais ou subterrâneas;

V – a especificação da ocupação consolidada existente na área;

VI – a identificação das áreas consideradas de risco de inundações e de movimentos de massa rochosa, tais como deslizamento, queda e rolamento de blocos, corrida de lama e outras definidas como de risco geotécnico;

VII – a indicação das faixas ou áreas em que devem ser resguardadas as características típicas da Área de Preservação Permanente com a devida proposta de recuperação de áreas degradadas e daquelas não passíveis de regularização;

VIII – a avaliação dos riscos ambientais;

IX – a comprovação da melhoria das condições de sustentabilidade urbano-ambiental e de habitabilidade dos moradores a partir da regularização; e

X – a demonstração de garantia de acesso livre e gratuito pela população às praias e aos corpos d'água, quando couber".

Para fins da regularização ambiental prevista no *caput* do art. 65, o § 2º do mesmo dispositivo assinala que, ao longo dos rios ou de qualquer curso d'água, será mantida faixa não edificável com largura mínima de 15 (quinze) metros de cada lado, bem como que, de acordo com o § 3º do art. 65, em áreas urbanas tombadas como **patrimônio histórico e cultural**, a faixa não edificável de que trata o § 2º poderá ser redefinida de maneira a atender aos parâmetros do ato do tombamento.

4.6.1 A prevalência da Lei da Mata Atlântica (Lei 11.428/2006) em face dos arts. 61-A e 61-B da Lei 12.651/2012 (ADI 6.446/DF)

Ao propor a ADI 6.446/DF, o Governo Federal pretende que o STF se manifeste sobre o que entende ser hipótese de conflito entre normas infraconstitucionais, no caso, entre o Código Florestal (Lei 12.651/2012) e a Lei da Mata Atlântica (Lei 11.428/2006). O **Código Florestal de 2012**, por sua vez, exerce a função de "**lei geral**", na medida em que se trata de uma espécie de subsistema normativo que se aplica de modo genérico à proteção florestal de todos os biomas brasileiros. Essa compreensão foi consagrada expressamente no **art. 1º-A da Lei 12.651/2012**, ao prever que: "Art. 1º-A. Esta Lei **estabelece normas gerais** sobre a proteção da vegetação, áreas de Preservação Permanente e as áreas de Reserva Legal; a exploração florestal, o suprimento de matéria-prima florestal, o controle da origem dos produtos florestais e o controle e prevenção dos incêndios florestais, e prevê instrumentos econômicos e financeiros para o alcance de seus objetivos".

A **Lei da Mata Atlântica**, por sua vez, possui a natureza de uma "**lei especial**", na medida em que tem por objeto a proteção florestal de um bioma específico, aplicando-se de forma restritiva (e não genérica).[26] É uma legislação editada com um objetivo especial e delimitado, ou seja, a proteção do bioma da Mata Atlântica. Como referido antes, entre todos os biomas continentais e regiões brasileiras listadas como "patrimônio nacional", a Mata Atlântica é a única detentora de uma legislação especial, o que reforça a natureza particular e *sui generis* do diploma em questão. A Lei 11.428/2006 revela a preocupação do legislador brasileiro em proteger o bioma

---

[26] "Art. 1º A conservação, a proteção, a regeneração e a utilização do Bioma Mata Atlântica, patrimônio nacional, observarão o que estabelece esta Lei, bem como a legislação ambiental vigente, em especial a Lei nº 4.771, de 15 de setembro de 1965".

mais impactado de todos e com uma área remanescente de apenas 12,4% da sua cobertura original, cumprindo, assim, com o **dever constitucional** a cargo do Estado de proteger um bioma classificado como **patrimônio nacional** (art. 225, § 4º, da CF/1988).

O **critério hermenêutico da especialidade**, por essa ótica, revela-se como o método mais adequado para a solução do conflito entre o Código Florestal (Lei 12.651/2012) e a Lei da Mata Atlântica (Lei 11.428/2006), preservando, na maior medida possível, a vontade do legislador ordinário, ao estabelecer um regime jurídico especial de proteção para o bioma da Mata Atlântica. Dada a "**natureza protetiva**" **da Lei da Mata Atlântica**, criada com o objetivo de resguardar o pouco que ainda existe da sua cobertura original, seria até possível suscitar a aplicação de algum dispositivo do Código Florestal ou mesmo de outro diploma ambiental que estabelecesse um **patamar jurídico mais rígido** de proteção para o bioma da Mata Atlântica. Mas esse não é o caso dos dispositivos do Código Florestal (arts. 61-A e 61-B) que a Presidência da República pretende ver aplicados ao regime jurídico da Mata Atlântica. Pelo contrário, a intenção do (revogado) Despacho 4.410/2020 do Ministro do Meio Ambiente era (ao fim e ao cabo, segue sendo) justamente estabelecer um **marco legislativo mais permissivo e flexível** para a utilização de recursos naturais no bioma da Mata Atlântica, o que conflita com as premissas básicas e razão de ser da Lei 11.428/2006.

Ademais, o fato de a **lei especial (Lei 11.428/2006)** ter sido editada **antes da lei geral (Lei 12.651/2012)**, como suscitado pela Advocacia-Geral da União na inicial da ADI para justificar a prevalência do Código Florestal sobre a Lei da Mata Atlântica, em nada modifica o entendimento exposto no parágrafo anterior. A lei especial (Lei da Mata Atlântica) não foi revogada pela lei geral (Código Florestal)! Os dispositivos da "lei especial" continuam – como antes, ao tempo da vigência do Código Florestal de 1965 – plenamente em vigor e aplicados ao regime de proteção do bioma da Mata Atlântica, justamente em razão de a Lei 11.428/2006 ter estabelecido um regime especial e diferenciado de proteção. Esse entendimento é reforçado inclusive pela própria Lei 12.651/2012, na medida em que, quando houve a intenção do legislador ordinário de revogar ou alterar algum dispositivo da Lei 11.428/2006, isso foi feito expressamente, como se vislumbra no caso do art. 35.[27] A **"lei especial" (Lei 11.428/2006) prevalece, portanto, em face da "lei geral" (Lei 12.651/2012)**, notadamente no sentido de **afastar a incidência dos arts. 61-A e 61-B** do Código Florestal em relação ao regime jurídico da Mata Atlântica.

O fato de o STF ter julgado "constitucionais" os **arts. 61-A e 61-B** do Código Florestal na ADI 4.902/DF proposta pela PGR, ao contrário do que foi alegado pela AGU na inicial da ADI para justificar a prevalência do Código Florestal sobre a Lei da Mata Atlântica, não impacta ou altera o regime jurídico de proteção do bioma da Mata Atlântica, justamente em razão da natureza de "lei especial" inerente à Lei 11.428/2006, como já sinalizado anteriormente. Ademais, os dispositivos em questão, além de possuírem a **natureza de "normas de transição e temporárias"**, possuem **conteúdo extremamente permissivo, incompatível com o regime jurídico da Lei 11.428/2006**, notadamente por conta do disposto nos seus **arts. 2º, parágrafo único, 5º e 17**.

Não por outra razão, os arts. 61-A e 61-B estiveram entre os mais criticados do Código Florestal durante e após o seu trâmite legislativo e tiveram a sua constitucionalidade questionada pela PGR na ADI 4.902/DF, justamente por estabelecer uma espécie de **"anistia" aos desmatadores**, na medida em que tais dispositivos buscam **consolidar situações irregulares** (em desacordo com a legislação ambiental) em áreas de preservação permanente (APP), conflitando claramente com

---

[27] "Art. 35. A conservação, em imóvel rural ou urbano, da vegetação primária ou da vegetação secundária em qualquer estágio de regeneração do Bioma Mata Atlântica cumpre função social e é de interesse público, podendo, a critério do proprietário, as áreas sujeitas à restrição de que trata esta Lei ser computadas para efeito da Reserva Legal e seu excedente utilizado para fins de compensação ambiental ou instituição de Cota de Reserva Ambiental – CRA (**Redação dada pela Lei 12.651, de 2012**). Parágrafo único. Ressalvadas as hipóteses previstas em lei, as áreas de preservação permanente não integrarão a reserva legal."

o espírito e os dispositivos Lei da Mata Atlântica. De tal sorte, **toda e qualquer área integrante do bioma da Mata Atlântica deve ser excluída do regime das áreas consolidadas previsto no Código Florestal (arts. 61-A e 61-B)**. Outro fundamento complementar à especialidade diz respeito ao **critério hermenêutico da prevalência da norma mais protetiva**.[28]

4.6.2 Conflito entre o regime jurídico das áreas consolidadas no Código Florestal de 2012 e a Súmula 613 do STJ?

"Não se admite a aplicação da teoria do fato consumado em tema de Direito Ambiental." (**Súmula 613 do STJ**)[29]

O regime das áreas consolidadas previsto nos arts. 61-A e 61-B do Código Florestal de 2012 representa, na prática, a **aplicação da teoria do fato consumado em matéria ambiental**, na medida em que os dispositivos em questão estabelecem a **consolidação de degradação em área de preservação permanente**, o que **não é admitido**, tanto em termos doutrinários quanto jurisprudencial, conforme estabelece a Súmula 613 do STJ. A "teoria do fato consumado" sempre foi articulada na defesa dos poluidores para justificar a manutenção de uma **situação de dano ecológico já concretizada e consolidada ao longo do tempo**.

Admitir a tese do fato consumado no Direito Ambiental representa a negação do Estado (Democrático e Ecológico) de Direito – bem como do Sistema de Justiça –, aceitando o seu fracasso e omissão no cumprimento dos **deveres de proteção ecológica** que lhe são impostos pela CF/1988 (art. 225). Um exemplo clássico de situação que envolve fato consumado em matéria ambiental é a edificação – por exemplo, de uma casa de veraneio – em área de preservação permanente, como é o caso de área de dunas e restinga (art. 4º, VI, da Lei 12.651/2012). No caso citado a título ilustrativo, a casa já foi construída e, em alguns casos, pode estar lá há décadas, inclusive com o aval ou a omissão da autoridade administrativa ambiental responsável pela fiscalização. Para alguns, haveria até mesmo a caracterização de um suposto "**direto adquirido de poluir**", na medida em que se trata de uma situação consolidada no campo fático. Ocorre que tal entendimento subverte os fundamentos mais sensíveis do regime jurídico-constitucional de proteção ecológica.

De acordo com decisão do STJ sobre o tema, "(...) não prospera também a alegação de aplicação da teoria do fato consumado, em razão de os moradores já ocuparem a área, com tolerância do Estado por anos, uma vez que tratando-se de construção irregular em Área de Proteção Ambiental-APA, **a situação não se consolida no tempo. Isso porque, a aceitação da teoria equivaleria a perpetuar o suposto direito de poluir, de degradar, indo de encontro ao postulado do meio ambiente equilibrado, bem de uso comum do povo essencial à qualidade sadia de vida**".[30] A **imprescritibilidade do dever de reparação do dano ecológico** (dada a sua natureza difusa), conforme também assentado de forma pacífica na jurisprudência do STJ e, mais recentemente, pelo STF,[31] também reforça tal entendimento.

---

[28] O parecer jurídico elaborado pelos autores a respeito da questão a pedido das organizações não governamentais Fundação SOS Mata Atlântica, WWF-Brasil, Instituto Socioambiental (ISA), Rede de Organizações Não Governamentais da Mata Atlântica (RMA), Associação Mineira de Defesa do Ambiente (AMDA) e Associação de Preservação do Meio Ambiente e da Vida (APREMAVI) encontra-se encartado aos autos da ADI 6.446/DF e também disponível na plataforma do GEN Jurídico: http://genjuridico.com.br/2020/10/08/parecer-juridico-adi-6446-mata-atlantica/.

[29] STJ, Súmula 613, Primeira Seção, j. 09.05.2018, *DJe* 14.05.2018.

[30] STJ, AgRg no RMS 28.220/DF, 1ª T., Rel. Min. Napoleão Nunes Maia Filho, j. 18.04.2017.

[31] O STF, no julgamento do RE 654.833, em 18.04.2020, por maioria, apreciando o **Tema 999** da repercussão geral, extinguiu o processo, com julgamento de mérito, fixando a seguinte tese: "**É imprescritível a pretensão de reparação civil de dano ambiental**".

A fundamentação e os exemplos jurisprudenciais citados revelam, a nosso ver, a ilegalidade e a inconstitucionalidade inerente aos arts. 61-A e 61-B do Código Florestal – muito embora assim não o tenha entendido o STF ao julgar as ações constitucionais que impugnaram tais dispositivos –, na medida em que representam justamente a aplicação da teoria do fato consumado em matéria ambiental, por consolidar a degradação em área de preservação permanente. Os dispositivos tratam de questão que envolveu forte polêmica ao longo da tramitação do projeto de lei que resultou na Lei 12.651/2012, justamente por representar espécie de **anistia aos desmatadores**. Há, nos dispositivos em análise, a tentativa de **legalizar o "fato (ilegal) consumado" em matéria ambiental**, na medida em que o legislador autoriza, de forma excepcional, que, na área de preservação permanente do imóvel rural, se perpetue a **ocupação antrópica preexistente a 22 de julho de 2008** (em razão do Decreto 6.514/2008), com edificações, benfeitorias ou atividades agrossilvipastoris, inclusive estabelecendo metragens inferiores (art. 61-A) em relação àquelas fixadas no art. 4º do diploma florestal.

4.7 APP em área urbana

O *caput* do art. 4º do Código Florestal de 2012 eliminou qualquer controvérsia a respeito da incidência do regime jurídico em área urbana, ao prever expressamente que se considera "área de preservação permanente, em **zonas rurais** ou **urbanas**, para os efeitos desta Lei". O dispositivo suscitado representa a ampliação do conceito de área de preservação permanente e sua incidência também em zonas urbanas. Em linhas gerais, é menos relevante, do ponto de vista jurídico, a localização da área florestal em relação ao perímetro urbano (se dentro ou fora deste), mas sim a **natureza da área em si** (por exemplo, se a finalidade é voltada a atividades rurais). Igual se pode dizer sobre o ecossistema envolvido e a dimensão da área. Não há razão para excluir o regime das áreas de preservação permanente de eventual área rural localizada dentro do perímetro urbano de determinado Município.

4.8 Áreas de uso restrito

O art. 10 do diploma florestal estabelece que "nos **pantanais e planícies pantaneiras**, é permitida a exploração ecologicamente sustentável, devendo-se considerar as recomendações técnicas dos órgãos oficiais de pesquisa, ficando novas supressões de vegetação nativa para uso alternativo do solo condicionadas à autorização do órgão estadual do meio ambiente, com base nas recomendações mencionadas neste artigo". A previsão legal em questão envolve a proteção das denominadas "áreas úmidas", conforme tratado nos comentários prévios ao art. 3º, XXV, do diploma florestal.

De modo complementar, o art. 11 enuncia que, "em **áreas de inclinação entre 25º e 45º**, serão permitidos o manejo florestal sustentável e o exercício de atividades agrossilvipastoris, bem como a manutenção da infraestrutura física associada ao desenvolvimento das atividades, observadas boas práticas agronômicas, sendo vedada a conversão de novas áreas, excetuadas as hipóteses de utilidade pública e interesse social".

4.9 Apicuns e salgados

Os apicuns e salgados não foram incluídos nas categorias das APPs, o diploma florestal encarregou-se de assegurar regime jurídico voltado ao seu uso sustentável. Nesse sentido, o *caput* do art. 11-A do diploma florestal tratou de assinalar que a "**Zona Costeira é patrimônio nacional, nos termos do § 4º do art. 225 da Constituição Federal, devendo sua ocupação e exploração dar-se de modo ecologicamente sustentável**".

LEI 7.661/88 SOBRE O PLANO NACIONAL DE GERENCIAMENTO COSTEIRO

A Lei 7.661, de 16 de maio de 1988, estabeleceu o Plano Nacional de Gerenciamento Costeiro, como parte integrante da Política Nacional para os Recursos do Mar e da Política Nacional do Meio Ambiente. Conforme pontua Mariana Almeida Passos de Freitas, "o princípio das ações referentes ao gerenciamento da costa brasileira deu-se em 1982, quando a Comissão Interministerial dos Recursos do Mar (CIRM) criou a Subcomissão de Gerenciamento Costeiro dentro de sua secretaria. Esta Subcomissão organizou no Rio de Janeiro, em 1983, o Seminário Internacional sobre Gerenciamento Costeiro".[32] Tal movimentação político-administrativa conduziu à edição da Lei 7.661/88. Em vários dispositivos, há remissão a dispositivos, princípios, objetivos e institutos jurídicos da Lei 6.938/81. De acordo com o art. 2º do diploma em questão, o Plano Nacional de Gerenciamento Costeiro "visará especificamente a orientar a utilização nacional dos recursos na Zona Costeira, de forma a contribuir para elevar a qualidade da vida de sua população, e a proteção do seu patrimônio natural, histórico, étnico e cultural". O parágrafo único do dispositivo conceitua *zona costeira* como "o espaço geográfico de interação do ar, do mar e da terra, incluindo seus recursos renováveis ou não, abrangendo uma faixa marítima e outra terrestre, que serão definidas pelo Plano". A legislação costeira antecipou, em certa medida, o dispositivo constitucional (art. 225, § 4º, da CF/1988) que estabeleceu ser a Zona Costeira *patrimônio nacional*, com a Floresta Amazônica brasileira, a Mata Atlântica, a Serra do Mar, o Pantanal Mato-Grossense, devendo a sua utilização dar-se dentro de condições que assegurem a preservação ambiental, inclusive quanto ao uso dos recursos naturais. Essa previsão legislativa reconhece a importância fundamental dos ecossistemas costeiros para o equilíbrio ecológico, o que é particularmente importante em razão do alto índice de ocupação populacional e desenvolvimento urbano e industrial verificado nas nossas zonas costeiras (em praticamente todo o território nacional). No seu art. 3º, estabelece-se que o Plano Nacional de Gerenciamento Costeiro "deverá prever o zoneamento de usos e atividades na Zona Costeira e dar prioridade à conservação e proteção, entre outros, dos seguintes bens: I – recursos naturais, renováveis e não renováveis; recifes, parcéis e bancos de algas; ilhas costeiras e oceânicas; sistemas fluviais, estuarinos e lagunares, baías e enseadas; praias; promontórios, costões e grutas marinhas; restingas e dunas; florestas litorâneas, manguezais e pradarias submersas; II – sítios ecológicos de relevância cultural e demais unidades naturais de preservação permanente; III – monumentos que integrem o patrimônio natural, histórico, paleontológico, espeleológico, arqueológico, étnico, cultural e paisagístico". Como instrumento administrativo para dar efetividade à proteção dos bens listados anteriormente, a Lei 7.661/88, em sintonia com a Lei 6.938/81, estabelece, no seu art. 6º, a exigência de "licenciamento para parcelamento e remembramento do solo, construção, instalação, funcionamento e ampliação de atividades, com alterações das características naturais da Zona Costeira", bem como que, segundo o § 2º do mesmo dispositivo, para o licenciamento, "o órgão competente solicitará ao responsável pela atividade a elaboração do estudo de impacto ambiental e a apresentação do respectivo Relatório de Impacto Ambiental – RIMA, devidamente aprovado". Outro dispositivo importante trazido pela legislação costeira diz respeito ao caráter de "bem de uso comum do povo" das praias, consignando, no seu art. 10, ao prever que "*as praias são bens públicos de uso comum do povo*, sendo assegurado, sempre, *livre e franco acesso a elas e ao mar*, em qualquer direção e sentido, ressalvados os trechos considerados de interesse de segurança nacional ou incluídos em áreas protegidas por legislação específica". Em outras palavras, a legislação prevê a vedação legal à "privatização" das nossas praias, prática essa que, infelizmente, se verifica de forma frequente ao longo do litoral brasileiro, contrariando a natureza difusa e o interesse público (primário) do bem jurídico ambiental, expresso, entre outros dispositivos, no próprio art. 225, *caput*, da CF/1988. No § 3º do diploma

---

[32] FREITAS, Mariana Almeida Passos de. *Zona costeira e meio ambiente*: aspectos jurídicos. Curitiba: Juruá, 2005. p. 45.

costeiro, há o conceito legal de praia como "a área coberta e descoberta periodicamente pelas águas, acrescida da faixa subsequente de material detrítico, tal como areias, cascalhos, seixos e pedregulhos, até o limite onde se inicie a vegetação natural, ou, em sua ausência, onde comece um outro ecossistema". Por fim, cumpre reiterar a fundamental importância da proteção das zonas costeiras, tendo em vista a grande vulnerabilidade de tais ecossistemas, constantemente objetos de degradação e alto nível de poluição.

Os apicuns e salgados, segundo prevê o § 1º do art. 11-A, podem ser utilizados em **atividades de carcinicultura e salinas**, desde que observados os seguintes requisitos:

"**I – área total ocupada em cada Estado não superior a 10% (dez por cento) dessa modalidade de fitofisionomia no bioma amazônico e a 35% (trinta e cinco por cento) no restante do País, excluídas as ocupações consolidadas que atendam ao disposto no § 6º deste artigo;**

II – salvaguarda da absoluta integridade dos manguezais arbustivos e dos processos ecológicos essenciais a eles associados, bem como da sua produtividade biológica e condição de berçário de recursos pesqueiros;

III – licenciamento da atividade e das instalações pelo órgão ambiental estadual, cientificado o Instituto Brasileiro do Meio Ambiente e dos Recursos Naturais Renováveis – IBAMA e, no caso de uso de terrenos de marinha ou outros bens da União, realizada regularização prévia da titulação perante a União;

IV – recolhimento, tratamento e disposição adequados dos efluentes e resíduos;

V – garantia da manutenção da qualidade da água e do solo, respeitadas as Áreas de Preservação Permanente; e

VI – respeito às atividades tradicionais de sobrevivência das comunidades locais".

O diploma estabelece, no seu art. 11-A, o regime jurídico de proteção dos apicuns e salgados, sendo autorizado o seu uso apenas dentro das situações estabelecidas e desde que devidamente licenciada a atividade. A **licença ambiental**, na hipótese do art. 11-A, será de **cinco anos**, renovável apenas se o empreendedor cumprir as exigências da legislação ambiental e do próprio licenciamento, mediante comprovação anual, inclusive por mídia fotográfica (§ 2º). O dispositivo estabelece que a licença ambiental será de cinco anos. No entanto, esta somente será renovável se o empreendedor cumprir as exigências da legislação ambiental e do próprio licenciamento, mediante comprovação anual, inclusive por mídia fotográfica. Trata-se de dispositivo importante, pois estabelece mecanismos de controle periódico sobre a atividade empreendida na área, tomando em conta, em especial, a fragilidade dos ecossistemas em questão.

São sujeitos à apresentação de **Estudo Prévio de Impacto Ambiental (EPIA) e Relatório de Impacto Ambiental (RIMA)** os novos empreendimentos, segundo dispõe o § 3º do art. 11-A:

"**I – com área superior a 50 (cinquenta) hectares**, vedada a fragmentação do projeto para ocultar ou camuflar seu porte;

II – com área de até 50 (cinquenta) hectares, se potencialmente causadores de significativa degradação do meio ambiente; ou

III – localizados em região com adensamento de empreendimentos de carcinicultura ou salinas cujo impacto afete áreas comuns".

O órgão licenciador competente, de acordo com o § 4º do art. 11-A, mediante decisão motivada, poderá, sem prejuízo das sanções administrativas, cíveis e penais cabíveis, bem como do dever de recuperar os danos ambientais causados, **alterar as condicionantes e as medidas de controle e adequação, quando ocorrer:**

"**I – descumprimento ou cumprimento inadequado das condicionantes ou medidas de controle previstas no licenciamento**, ou desobediência às normas aplicáveis;

II – fornecimento de informação falsa, dúbia ou enganosa, inclusive por omissão, em qualquer fase do licenciamento ou período de validade da licença; ou

III – superveniência de informações sobre riscos ao meio ambiente ou à saúde pública".

A **ampliação da ocupação de apicuns e salgados** respeitará o Zoneamento Ecológico-Econômico da Zona Costeira (ZEEZOC), com a individualização das áreas ainda passíveis de uso, em escala mínima de 1:10.000, que deverá ser concluído por cada Estado no prazo máximo de 1 (um) ano a partir da data da publicação do diploma florestal (§ 5º). É assegurada a regularização das atividades e empreendimentos de carcinicultura e salinas cuja ocupação e implantação tenham ocorrido **antes de 22 de julho de 2008**, desde que o empreendedor, pessoa física ou jurídica, comprove sua localização em apicum ou salgado e se obrigue, por termo de compromisso, a proteger a integridade dos manguezais arbustivos adjacentes (§ 6º). É vedada a manutenção, licenciamento ou regularização, em qualquer hipótese ou forma, de ocupação ou exploração irregular em apicum ou salgado, ressalvadas as exceções previstas neste artigo (§ 7º).

5. RESERVA LEGAL (RL)

5.1 Conceito e função ecológica

No tocante à **reserva legal (RL)**, conforme dispõe o art. 3º, III, do diploma florestal, ela está conceituada, diferentemente da área de preservação permanente, como a

"(...) área localizada no interior de uma propriedade ou posse rural, delimitada nos termos do art. 12, com a função de assegurar o **uso econômico de modo sustentável dos recursos naturais do imóvel rural**, auxiliar a conservação e a reabilitação dos **processos ecológicos** e promover a conservação da **biodiversidade**, bem como o abrigo e a proteção de fauna silvestre e da flora nativa".

5.2 Natureza jurídica e regime de proteção

O art. 17 do diploma florestal, ao estabelecer o regime de proteção da reserva legal, assinala que ela "deve ser **conservada com cobertura de vegetação nativa** pelo proprietário do imóvel rural, possuidor ou ocupante a qualquer título, pessoa física ou jurídica, de direito público ou privado". O dispositivo, entre outras coisas, estabelece que não é qualquer vegetação que poderá ser plantada na área de reserva legal. Há razões ecológicas por trás do referido instituto jurídico, o que está relacionado justamente com a **manutenção do equilíbrio ecológico** daquele ecossistema onde está situada a propriedade. É importante ressaltar que, tal como verificado na hipótese da área de preservação permanente, também a reserva legal se configura como **obrigação real ou propter rem**, recaindo a conservação do percentual estabelecido por lei da cobertura de vegetação nativa sobre o atual proprietário ou possuidor do imóvel, independentemente de ter sido ele ou não o responsável por sua degradação. Isso, por certo, dá forma a **obrigações jurídicas** imputadas ao proprietário ou possuidor do imóvel, tanto de cunho proibitivo ou negativo (ex.: não desmatar, não poluir etc.) quanto prestacional ou positivo (replantar a cobertura florestal nativa suprimida etc.), por força inclusive do princípio da **função ecológica da propriedade e da posse florestal**, como, aliás, há muito já pacificou a jurisprudência do STJ.

JURISPRUDÊNCIA STJ. Deveres de proteção ambiental do proprietário, mínimo ecológico e reserva legal: "Processual civil e ambiental. Código Florestal (Lei 4.771, de 15 de setembro de 1965). Reserva legal. Mínimo ecológico. **Obrigação *propter rem* que incide sobre o novo proprietário**. Dever de medir, demarcar, especializar, isolar, recuperar com espécies nativas e conservar a reserva legal. Responsabilidade civil ambiental. Art. 3º, incisos II, III, IV e V, e art. 14, § 1º, da Lei da Política Nacional do Meio Ambiente (Lei 6.938/81). 1. Hipótese em que há dissídio jurisprudencial entre o acórdão embargado, que afasta o **dever legal do adquirente de imóvel de recuperar a área de Reserva Legal** (art. 16, 'a', da Lei 4.771/1965) desmatada pelo antigo proprietário, e os paradigmas, que o reconhecem e, portanto, atribuem-lhe legitimidade passiva para a correspondente ação civil pública. 2. **O Código Florestal, ao ser promulgado em 1965, incidiu, de forma imediata e universal, sobre todos os imóveis, públicos ou privados, que integram o território brasileiro**. Tal lei, ao estabelecer **deveres legais que garantem um mínimo ecológico na exploração da terra – patamar básico esse que confere efetividade à preservação e à restauração dos 'processos ecológicos essenciais' e da 'diversidade e integridade do patrimônio genético do País'** (Constituição Federal, art. 225, § 1º, I e II) –, tem na Reserva Legal e nas Áreas de Preservação Permanente dois de seus principais instrumentos de realização, pois, nos termos de tranquila jurisprudência do Superior Tribunal de Justiça, cumprem a meritória função de propiciar que os recursos naturais sejam 'utilizados com equilíbrio' e conservados em favor da 'boa qualidade de vida' das gerações presentes e vindouras (RMS 18.301/MG, Rel. Min. João Otávio de Noronha, *DJ* 03.10.2005. No mesmo sentido, REsp 927.979/MG, Rel. Min. Francisco Falcão, *DJ* 31.05.2007; RMS 21.830/MG, Rel. Min. Castro Meira, *DJ* 1º.12.2008). 3. As **obrigações ambientais ostentam caráter *propter rem*, isto é, são de natureza ambulante, ao aderirem ao bem, e não a seu eventual titular. Daí a irrelevância da identidade do dono – ontem, hoje ou amanhã –, exceto para fins de imposição de sanção administrativa e penal**. 'Ao adquirir a área, o novo proprietário assume o ônus de manter a preservação, tornando-se responsável pela reposição, mesmo que não tenha contribuído para o desmatamento' (REsp 926.750/MG, Rel. Min. Castro Meira, *DJ* 04.10.2007. No mesmo sentido, REsp 343.741/PR, Rel. Min. Franciulli Netto, *DJ* 07.10.2002; REsp 264.173/PR, Rel. Min. José Delgado, *DJ* 02.04.2001; REsp 282.781/PR, Rel. Min. Eliana Calmon, *DJ* 27.05.2002). 4. **A especialização da Reserva Legal configura-se 'como dever do proprietário ou adquirente do imóvel rural, independentemente da existência de florestas ou outras formas de vegetação nativa na gleba**' (REsp 821.083/MG, Rel. Min. Luiz Fux, *DJe* 09.04.2008. No mesmo sentido, RMS 21.830/MG, Rel. Min. Castro Meira, *DJ* 1º.12.2008; RMS 22.391/MG, Rel. Min. Denise Arruda, *DJe* 03.12.2008; REsp 973.225/MG, Rel. Min. Eliana Calmon, *DJe* 03.09.2009). 5. Embargos de divergência conhecidos e providos" (STJ, EREsp 218.781/PR, 1ª Seção, Rel. Min. Herman Benjamin, j. 09.12.2009).

A **exploração econômica da reserva legal** é admitida pela legislação florestal (§ 1º do art. 17), exigindo-se, no entanto, o **manejo sustentável**, previamente aprovado pelo órgão competente do SISNAMA, de acordo com as modalidades previstas no art. 20 da Lei 12.651/2012. Conforme o art. 3º do diploma florestal, tem-se por manejo sustentável a "**administração da vegetação natural** para a obtenção de **benefícios econômicos, sociais e ambientais**, respeitando-se os mecanismos de sustentação do ecossistema objeto do manejo e considerando-se, cumulativa ou alternativamente, a utilização de múltiplas espécies madeireiras ou não, de múltiplos produtos e subprodutos da flora, bem como a utilização de outros bens e serviços". É importante atentar para a própria dicção do texto legal ao utilizar a expressão "administração da vegetação natural" para conceituar o manejo florestal, o que, vale frisar, difere frontalmente de medidas que visem a supressão ou alteração da vegetação nativa da reserva legal.

Segundo a doutrina de Leme Machado, "a reserva legal pode ser explorada para dar **tríplice benefício**: econômico, social e ambiental. Assim, não visa a dar benefício único ou somente vantagem econômica. A exploração da terra e da vegetação tem que observar um critério indispensável: respeito aos mecanismos de sustentação do ecossistema objeto do manejo – isto é, no caso da reserva legal, respeito ao mecanismo ou método que torne duradouro ou permanente o ecossistema vegetal ali existente ou a existir".[33] Em outras palavras, todo o manejo florestal incapaz de assegurar o **equilíbrio e integridade ecológica** e, portanto, retirada sustentável de recursos florestais a médio e longo prazo estará em desacordo com o regime jurídico da reserva legal, violando frontalmente os preceitos do diploma florestal. Aqui é importante vislumbrar a presença do **princípio do desenvolvimento sustentável** por meio dos seus três eixos de sustentação (**econômico, social e ecológico**), impondo-se **igual peso e hierarquia** a eles e, portanto, inadmitindo-se qualquer sobreposição dos eixos econômico e social sobre o ecológico.

O art. 17 ainda prevê, no seu § 2º, que "para fins de manejo de reserva legal na **pequena propriedade ou posse rural familiar**, os órgãos integrantes do SISNAMA deverão estabelecer **procedimentos simplificados** de elaboração, análise e aprovação de tais planos de manejo". Ademais, conforme imposição do § 3º do mesmo dispositivo, "é obrigatória a **suspensão imediata das atividades** em área de **reserva legal desmatada irregularmente após 22 de julho de 2008**". O § 4º do art. 17, por sua vez, assinala que sem prejuízo das **sanções administrativas, cíveis e penais** cabíveis, deverá ser iniciado, nas áreas de que trata o § 3º deste artigo, o **processo de recomposição da reserva legal** em até 2 (dois) anos contados a partir da data da publicação da Lei 12.651/2012, devendo tal processo ser concluído nos prazos estabelecidos pelo Programa de Regularização Ambiental (PRA), de que trata o art. 59 do diploma.

> **JURISPRUDÊNCIA TJSP. Dever de constituição da reserva legal:**
> "Agravo de instrumento. Tutela antecipada para proteção de área de preservação permanente e demarcação de reserva legal. Liminar deferida para determinar a retirada de eventual gado e cultivo existentes na APP, bem como para apresentar projeto e promover a demarcação da reserva legal. Determinações impostas para evitar impactos negativos e não autorizados. **Dever de constituição da reserva legal, nos termos do art. 15 da Lei nº 12.651/2012 autorizado o cômputo da área de APP na reserva legal**, desde que preenchidos os requisitos do art. 15 da aludida lei – prazo para o cumprimento do *decisum* mantida, inexistência de prova para aplicação do prazo estipulado no art. 17 da lei 12.651/12. *Astreintes* fixadas em patamar razoável. Recurso não conhecido em parte e na parte conhecida dá-se parcial provimento" (TJSP, AI 0130240-29.2013.8.26.0000, 1ª Câmara Reservada ao Meio Ambiente, Rel. Des. Moreira Viegas, j. 23.01.2014).

A área de reserva legal, conforme dispõe o art. 18 do diploma florestal, deverá ser **registrada no órgão ambiental competente** por meio de **inscrição no Cadastro Ambiental Rural (CAR)** de que trata o art. 29 da Lei 12.651/2012, sendo vedada a alteração de sua destinação, nos casos de transmissão, a qualquer título, ou de desmembramento, com as exceções previstas no diploma. O dispositivo determina a **obrigação de registro** da reserva legal no CAR, estabelecido no art. 29 do diploma. Trata-se de mecanismo importante no sentido de permitir **maior controle por parte dos órgãos públicos ambientais** a respeito da regularidade ou não da área constituída a título de reserva legal, bem como de facilitar o **acesso à informação ambiental**.

A inscrição da reserva legal no CAR será feita mediante a apresentação de **planta e memorial descritivo**, contendo a indicação das coordenadas geográficas com pelo menos um ponto de amarração, conforme ato do chefe do Poder Executivo (art. 18, § 1º). Na hipótese de **posse**, a área de reserva legal é assegurada por **termo de compromisso firmado pelo possuidor com o órgão competente do SISNAMA**, com força de **título executivo extrajudicial**, que explicite, no

---

[33] MACHADO, Paulo Affonso Leme. *Legislação florestal (Lei 12.651/2012)*..., p. 50.

mínimo, a localização da área de reserva legal e as obrigações assumidas pelo possuidor por força do previsto no diploma florestal (art. 18, § 2º). A transferência da posse, por sua vez, conforme dispõe o § 3º do mesmo dispositivo, implica a sub-rogação das obrigações assumidas no termo de compromisso de que trata o § 2º.

O **registro da reserva legal no CAR**, conforme assinala o § 4º do art. 18, **desobriga a averbação no Cartório de Registro de Imóveis**, e, no período entre a data da publicação desta Lei e o registro no CAR, o proprietário ou possuidor rural que desejar fazer a averbação terá direito à gratuidade deste ato. O dispositivo em comento estabelece a dispensa de averbação no cartório de Registro de Imóveis, caso o proprietário ou possuidor do imóvel tenha efetivado o registro da reserva legal no CAR. Há, do ponto de vista do titular ou possuidor do imóvel florestal, a facilitação da regularização da área de reserva legal, desde que cumprido devidamente o CAR. Nesse sentido, vale destacar a alteração da jurisprudência do STJ que, antes do novo diploma florestal e com base no Código Florestal de 1965, entendia obrigatória a averbação da reserva legal no Cartório de Registro de Imóveis.[34] Com a criação do CAR e previsão expressa do art. 18 no sentido de não tornar mais obrigatória a averbação, a jurisprudência do STJ passou a admitir como válido o registro da reserva legal no CAR.

JURISPRUDÊNCIA STJ. Obrigação de delimitação do perímetro da reserva legal e possibilidade tanto de registro na matrícula do imóvel quanto da adoção do procedimento do art. 18 da Lei 12.651/2012). "Tributário. Embargos de divergência no recurso especial. ITR. Isenção. Art. 10, § 1º, II, *a*, da Lei 9.393/96. Averbação da área da Reserva Legal no registro de imóveis. Necessidade. Art. 16, § 8º, da Lei 4.771/65. 1. Discute-se nestes embargos de divergência se a isenção do Imposto Territorial Rural (ITR) concernente à Reserva Legal, prevista no art. 10, § 1º, II, *a*, da Lei 9.393/96, está, ou não, condicionada à prévia averbação de tal espaço no registro do imóvel. O acórdão embargado, da Segunda Turma e relatoria do Ministro Mauro Campbell Marques, entendeu pela imprescindibilidade da averbação. 2. **Nos termos da Lei de Registros Públicos, é obrigatória a averbação 'da reserva legal' (Lei 6.015/73, art. 167, inciso II, nº 22).** 3. A isenção do ITR, na hipótese, apresenta inequívoca e louvável finalidade de estímulo à proteção do meio ambiente, tanto no sentido de premiar os proprietários que contam com Reserva Legal devidamente identificada e conservada, como de incentivar a regularização por parte daqueles que estão em situação irregular. 4. Diversamente do que ocorre com as Áreas de Preservação Permanente, cuja localização se dá mediante referências topográficas e a olho nu (margens de rios, terrenos com inclinação acima de quarenta e cinco graus ou com altitude superior a 1.800 metros), **a fixação do perímetro da Reserva Legal carece de prévia delimitação pelo proprietário, pois, em tese, pode ser situada em qualquer ponto do imóvel. O ato de especificação faz-se tanto à margem da inscrição da matrícula do imóvel, como administrativamente, nos termos da sistemática instituída pelo novo Código Florestal (Lei 12.651/2012, art. 18).**

---

[34] "Processual civil. Embargos de declaração. (...). 1. Hipótese em que o Tribunal *a quo* manteve a sentença que julgou procedente o pedido deduzido em ação civil pública para condenar os réus, ora embargantes, a cessarem o desmatamento e a repararem o dano ambiental causado, além de providenciarem a averbação da reserva legal de, no mínimo, 20% da área. 2. Ao desprover o Recurso especial, a Segunda Turma asseverou que **a condenação dos recorrentes a averbarem a Reserva Legal da sua propriedade à margem na matrícula do imóvel atende aos preceitos da Lei 4.771/1965, em vez de contrariá-los.** 3. Ficou consignado, com base em precedentes jurisprudenciais, que a averbação da Reserva Legal não é faculdade, e sim obrigação legal, e que, caso o imóvel não possua vegetação nativa no percentual estabelecido pela lei, é do proprietário atual o dever de adotar as medidas legais de recomposição. Precedentes: AgRg no REsp 1.206.484/SP, Rel. Min. Humberto Martins, j. 17.03.2011; AgRg no EDcl no REsp 1.203.101/SP, Rel. Min. Hamilton Carvalhido, j. 08.02.2011; EDcl no Ag 1.224.056/SP, Rel. Min. Mauro Campbell Marques, j. 22.06.2010; REsp 1.179.316/SP, Rel. Min. Teori Albino Zavascki, j. 15.06.2010; REsp 865.309/MG, Rel. Min. Castro Meira, j. 23.09.2008; REsp 821.083/MG, Rel. Min. Luiz Fux, j. 25.03.2008; REsp 327.254/PR, Rel. Min. Eliana Calmon, j. 03.12.2002. (...)" (STJ, EDcl no REsp 1.058.222/SP, 2ª T., Rel. Min. Herman Benjamin, j. 22.11.2011).

5. Inexistindo o registro, que tem por escopo a identificação do perímetro da Reserva Legal, não se pode cogitar de regularidade da área protegida e, por conseguinte, de direito à isenção tributária correspondente. Precedentes: REsp 1027051/SC, Rel. Min. Mauro Campbell Marques, Segunda Turma, DJe 17.5.2011; REsp 1125632/PR, Rel. Min. Benedito Gonçalves, Primeira Turma, DJe 31.08.2009; AgRg no REsp 1.310.871/PR, Rel. Min. Humberto Martins, Segunda Turma, DJe 14.09.2012. 6. Embargos de divergência não providos" (STJ, EREsp 1027051/SC, 1ª Seção, Rel. Min. Benedito Gonçalves, j. 28.08.2013).

"Processual civil e administrativo. Desapropriação para fins de reforma agrária. Ação declaratória de produtividade. (...). Área de Reserva Legal. Inexistência de averbação antes da vistoria. Cálculo da produtividade do imóvel. (...). 3. A área de reserva legal, para ser excluída do cálculo da produtividade do imóvel, deve ter sido averbada no registro imobiliário antes da vistoria. Precedentes do STF e STJ. 4. Com a promulgação do Novo Código Florestal, manteve-se inalterada a **intenção do legislador de exigir a perfeita identificação da área de reserva legal, modificando apenas o órgão responsável pelo registro e manutenção desses dados**, não se justificando a alteração do entendimento jurisprudencial desta Corte a respeito da matéria. 5. Necessidade de retorno dos autos à origem para que as instâncias ordinárias, soberanas na análise das provas, procedam ao reexame do laudo pericial levando em conta a área de reserva legal, à míngua de averbação no registro imobiliário antes da vistoria. 6. Recurso especial parcialmente provido" (STJ, REsp 1.297.128/BA, 2ª T., Rel. Min. Eliana Calmon, j. 06.06.2013).

JURISPRUDÊNCIA STJ. Registro da Reserva Legal e princípio *tempus regit actum*: "PROCESSUAL CIVIL E AMBIENTAL. RESERVA LEGAL EM PROPRIEDADE RURAL. INCIDÊNCIA DA LEI N. 4.771/1965. REGULARIZAÇÃO. **APLICAÇÃO DO ART. 66 DA LEI N. 12.651/2012**. POSSIBILIDADE. COMANDO RETROATIVO EXPRESSO. PRECEDENTE. **AVERBAÇÃO. CARTÓRIO DE REGISTRO DE IMÓVEIS.** *TEMPUS REGIT ACTUM*. RECURSO ESPECIAL PARCIALMENTE PROVIDO, COM AS DEVIDAS VÊNIAS AO RELATOR. 1. Trata-se de recurso especial interposto pelo Ministério Público do Estado de São Paulo contra acórdão que determinou fosse a Reserva Legal delimitada por meio da aplicação da Lei n. 12.651/2012; todavia a controvérsia foi instaurada antes da entrada em vigor do novo Código Florestal. 2. O **caso dos autos deve ser regido pela Lei n. 4.771/1965**, à exceção da possibilidade de as rés regularizarem a Reserva Legal, nos termos do art. 66 da Lei n. 12.651/2012, que contém comando retroativo expresso. Precedente: REsp 1.646.193/SP, Rel. Min. Napoleão Nunes Maia Filho, Rel. p/ acórdão Min. Gurgel de Faria, Primeira Turma, DJe 04.06.2020. 3. A Corte de origem autorizou o **registro da Reserva Legal apenas no Cadastro Ambiental Rural – CAR**. Ocorre que o caso deve ser regido pela lei vigente ao tempo do fato, com respaldo no **princípio *tempus regit actum***, razão por que o **registro da Reserva Legal deve ser feito por meio de sua averbação no competente Cartório de Imóveis**. 4. Recurso especial parcialmente provido" (STJ, REsp 1681074/SP, 1ª T., Rel. Min. Napoleão Nunes Maia Filho, j. 25.05.2021).

Outro ponto importante regulamentado pelo diploma florestal diz respeito à localização do imóvel rural em perímetro urbano e à exigência ou não de reserva legal em tal situação. O art. 19 da Lei 12.651/2012 foi taxativo nesse sentido, ao assinalar que "**a inserção do imóvel rural em perímetro urbano definido mediante lei municipal não desobriga o proprietário ou possuidor da manutenção da área de reserva legal**, que só será extinta concomitantemente ao registro do parcelamento do solo para fins urbanos aprovado segundo a legislação específica e consoante as diretrizes do plano diretor de que trata o § 1º do art. 182 da Constituição Federal". O dispositivo, portanto, é expresso ao assinalar que inserção do imóvel rural em perímetro urbano definido mediante lei municipal não desobriga o proprietário ou possuidor da manutenção da área de reserva legal, mantendo-se incólume o regime jurídico de especial proteção estabelecido pela legislação florestal em tais situações, só resultando na extinção dela o registro do parcelamento do solo para fins urbanos, segundo a legislação específica.

No **manejo sustentável** da vegetação florestal da reserva legal, segundo dispõe o art. 20 do diploma florestal, serão adotadas práticas de **exploração seletiva** nas modalidades de manejo sustentável **sem propósito comercial** para consumo na propriedade e **manejo sustentável** para exploração florestal **com propósito comercial**. É livre, segundo assinala o art. 21, a **coleta de produtos florestais não madeireiros**, tais como frutos, cipós, folhas e sementes, devendo-se observar: I – os períodos de coleta e volumes fixados em regulamentos específicos, quando houver; II – a época de maturação dos frutos e sementes; III – técnicas que não coloquem em risco a sobrevivência de indivíduos e da espécie coletada no caso de coleta de flores, folhas, cascas, óleos, resinas, cipós, bulbos, bambus e raízes.

O **manejo florestal sustentável** da vegetação da reserva legal **com propósito comercial**, conforme prevê o art. 22 do diploma florestal, depende de **autorização do órgão competente** e deverá atender as seguintes diretrizes e orientações:

> I – **não descaracterizar a cobertura vegetal** e não prejudicar a **conservação da vegetação nativa** da área;
>
> II – assegurar a **manutenção da diversidade das espécies**;
>
> III – conduzir o manejo de espécies exóticas com a adoção de medidas que favoreçam a **regeneração de espécies nativas**.

O manejo florestal sustentável da vegetação da reserva legal com propósito comercial depende de prévia autorização do órgão competente, bem como deverá necessariamente atender as diretrizes e orientações estabelecidas no dispositivo. Como referido anteriormente (e, aliás, a própria nomenclatura do instituto disciplina), o manejo sustentável dos recursos florestais só estará de acordo com o regime jurídico de proteção florestal instituído pelo novo diploma florestal na medida em que não descaracterizar o equilíbrio ecológico da área em questão e, portanto, se der em respeito aos três incisos (somados) do dispositivo em análise.

Já o **manejo sustentável** para exploração florestal eventual **sem propósito comercial**, para consumo no próprio imóvel, conforme dispõe o art. 23, **independe de autorização dos órgãos competentes**, devendo apenas ser declarados previamente ao órgão ambiental a motivação da exploração e o volume explorado, limitada a exploração anual a 20 metros cúbicos. Por fim, ressalta-se que, no manejo florestal nas áreas fora de reserva legal, aplica-se igualmente o disposto nos arts. 21, 22 e 23, conforme disposição expressa do art. 24 do diploma florestal nesse sentido.

5.3 Delimitação da área de reserva legal

A delimitação da área da reserva legal é estabelecida pelo art. 12 do Código Florestal de 2012. De acordo com o seu *caput*, todo imóvel rural deve manter área com cobertura de vegetação nativa, a título de Reserva Legal, **sem prejuízo da aplicação das normas sobre as Áreas de Preservação Permanente**, observados os seguintes **percentuais mínimos** em relação à área do imóvel, excetuados os casos previstos no art. 68 desta Lei:

I – localizado na **Amazônia Legal**:	a) **80%** (oitenta por cento), no imóvel situado em área de **florestas**;
	b) **35%** (trinta e cinco por cento), no imóvel situado em área de **cerrado**;
	c) **20%** (vinte por cento), no imóvel situado em área de **campos gerais**;
I – localizado nas **demais regiões do País**:	**20%** (vinte por cento).

O **percentual mínimo mais rigoroso** de reserva legal é verificado no imóvel localizado na Amazônia Legal, estabelecendo a legislação o percentual de 80% no imóvel situado em área de floresta. A razão para tal percentual é decorrente da importância da proteção da Floresta Amazônica para o equilíbrio e integridade ecossistêmica não apenas nos âmbitos local, regional e nacional, mas também global ou planetário, como se vislumbra, por exemplo, na proteção do regime climático e enfrentamento do aquecimento global e das mudanças climáticas, o que, aliás, é um dos princípios gerais da legislação florestal, consagrado expressamente no art. 1º-A, § 1º, I ("integridade do sistema climático"). O art. 3º, I, do diploma florestal estabelece que a **Amazônia Legal** se configura pela área territorial acobertada entre "os Estados do Acre, Pará, Amazonas, Roraima, Rondônia, Amapá e Mato Grosso e as regiões situadas ao norte do paralelo 13º S, dos Estados de Tocantins e Goiás, e ao oeste do meridiano de 44º W, do Estado do Maranhão".

O diploma florestal, no entanto, no § 4º do art. 12, excepciona a regra geral do percentual mínimo de 80% de reserva legal do imóvel em área de floresta localizada na Amazônia Legal, ao estabelecer que, "nos casos da alínea *a* do inciso I, o poder público poderá **reduzir a reserva legal para até 50%** (cinquenta por cento), para fins de recomposição, quando o **Município** tiver **mais de 50% (cinquenta por cento) da área ocupada por unidades de conservação da natureza** de domínio público e por **terras indígenas** homologadas". Também o § 5º do art. 12 prevê que, "nos casos da alínea *a* do inciso I, o poder público estadual, ouvido o Conselho Estadual de Meio Ambiente, poderá **reduzir a reserva legal para até 50%** (cinquenta por cento), quando o **Estado** tiver **Zoneamento Ecológico-Econômico aprovado** e **mais de 65% (sessenta e cinco por cento) do seu território ocupado por unidades de conservação** da natureza de domínio público, devidamente regularizadas, e por **terras indígenas** homologadas".

No tocante à área de cerrado localizada na **Amazônia Legal**,[35] ela também encontra regime diferenciado de proteção, com a exigência de um percentual mínimo de reserva legal de 35% do imóvel. Nas demais regiões do País, bem como a área de campos gerais localizado na Amazônia Legal, o percentual mínimo de reserva legal é de 20%. Conforme assinala o § 2º do art. 12, o "percentual de reserva legal em imóvel situado em área de formações florestais, de cerrado ou de campos gerais na Amazônia Legal será definido considerando separadamente os índices contidos nas alíneas *a*, *b* e *c* do inciso I do *caput*". Em caso de **fracionamento do imóvel rural**, a qualquer título, inclusive para assentamentos pelo Programa de Reforma Agrária, será considerada, para fins do disposto do *caput*, a área do imóvel antes do fracionamento (§ 1º do art. 12).

Após a **implantação do Cadastro Ambiental Rural (CAR)**, a supressão de novas áreas de floresta ou outras formas de vegetação nativa apenas será autorizada pelo órgão ambiental estadual integrante do SISNAMA se o imóvel estiver inserido no mencionado cadastro, ressalvado o previsto no art. 30, conforme dispõe o § 3º do art. 12 do Código Florestal de 2012.

Quando indicado pelo **Zoneamento Ecológico-Econômico (ZEE)** estadual, realizado segundo **metodologia unificada**, conforme assinala o art. 13 do diploma florestal, o **poder público federal poderá:**

"I – **reduzir**, exclusivamente para fins de regularização, mediante recomposição, regeneração ou compensação da reserva legal de imóveis com área rural consolidada, situados em área de floresta localizada na Amazônia Legal, **para até 50%** (cinquenta por cento) da propriedade, excluídas as áreas prioritárias para conservação da biodiversidade e dos recursos hídricos e os corredores ecológicos;

---

[35] O Decreto 10.451/2020 instituiu o Comitê Gestor do Projeto de Cooperação Brasil-Alemanha para Regularização Ambiental de Imóveis Rurais na Amazônia e em Áreas de Transição para o Cerrado.

II - **ampliar** as áreas de reserva legal **em até 50%** (cinquenta por cento) dos percentuais previstos no diploma florestal, para cumprimento de **metas nacionais** de **proteção à biodiversidade** ou de **redução de emissão de gases de efeito estufa**".

No caso previsto no inciso I do *caput*, conforme dispõe o § 1º do art. 13, o proprietário ou possuidor de imóvel rural que mantiver reserva legal conservada e averbada em área superior aos percentuais exigidos no referido inciso poderá instituir **servidão ambiental** sobre a área excedente, nos termos da Lei 6.938/81, e **Cota de Reserva Ambiental**. Por sua vez, os Estados que não possuem seus Zoneamentos Ecológico-Econômicos (ZEEs) segundo a metodologia unificada, estabelecida em norma federal, terão o **prazo de cinco anos**, a partir da data da publicação desta Lei, para a sua elaboração e aprovação (art. 13, § 2º).

A **localização da área de reserva legal** no imóvel rural, segundo dispõe o art. 14 do diploma florestal, deverá levar em consideração os seguintes estudos e critérios:

"I - o **plano de bacia hidrográfica**;

II - o **Zoneamento Ecológico-Econômico**;

III - a **formação de corredores ecológicos** com outra reserva legal, com área de preservação permanente, com unidade de conservação ou com outra área legalmente protegida;

IV - as áreas de maior importância para a conservação da **biodiversidade**; e

V - as áreas de maior **fragilidade ambiental**".

Os **corredores ecológicos**, de acordo com o art. 2º, XIX, da Lei do SNUC (Lei 9.985/2000), são "porções de ecossistemas naturais ou seminaturais, **ligando unidades de conservação**, que possibilitam entre elas o fluxo de genes e o movimento da biota, facilitando a dispersão de espécies e a recolonização de áreas degradadas, bem como a manutenção de populações que demandam para sua sobrevivência áreas com extensão maior do que aquela das unidades individuais". A relevância de localização da área de reserva legal com base na formação de corredores justifica-se em razão da maior proteção da fauna, da flora e da biodiversidade em geral, **conectando diferentes áreas ambientais especialmente protegidas (APPs, RLs e UCs)** em prol da **integridade ecológica** em termos mais amplos.

O órgão estadual integrante do SISNAMA ou instituição por ele habilitada deverá aprovar a localização da reserva legal após a **inclusão do imóvel no CAR**, conforme o art. 29 do diploma florestal (art. 14, § 1º). **Protocolada a documentação** exigida para a análise da localização da área de reserva legal, ao proprietário ou possuidor rural **não poderá ser imputada sanção administrativa**, inclusive restrição a direitos, por qualquer órgão ambiental competente integrante do SISNAMA, em razão da não formalização da área de reserva legal" (art. 14, § 2º).

O diploma florestal, conforme dispõe o art. 16, estabelece que "poderá ser instituído **reserva legal em regime de condomínio ou coletiva entre propriedades rurais**, respeitado o percentual previsto no art. 12 em relação a cada imóvel". Também na hipótese de **parcelamento de imóveis rurais**, a área de reserva legal poderá ser agrupada em regime de condomínio entre os adquirentes (art. 16, parágrafo único).

O dispositivo em questão cria nova feição para o instituto da reserva legal, possibilitando que ela se constitua na forma de condomínio ou coletivamente entre diferentes propriedades rurais, **desde que respeitado o percentual previsto no art. 12** com relação a cada imóvel. Em algumas situações, a adoção de tal instituto, uma vez que integrará uma área maior de forma conjunta, agregando a área de diversas reservas legais (de diferentes propriedades e posses florestais), permitirá maior equilíbrio ecológico do ecossistema local, aumentando o fluxo de biodiversidade e espécies da flora e da fauna, sob o mesmo fundamento da formação de corredores ecológicos.

Por fim, ressalta-se o entendimento do STJ no sentido de admitir a dedução da base de cálculo do **Imposto Territorial Rural (ITR)** o percentual relativo à reserva legal, inclusive como importante **função extrafiscal** voltada à tutela ecológica.

> **JURISPRUDÊNCIA STJ. Função extrafiscal, reserva legal e proteção ao meio ambiente.**
> "**Tributário. Ambiental.** Processo civil. ITR. Reserva Legal. Percentual maior que o mínimo legal. Art. 16 do Código Florestal. Ato voluntário. Dedução da base de cálculo. Possibilidade. Prestação jurisdicional. Suficiência. 1. Não ocorre ofensa ao art. 535, II, do CPC, se o Tribunal de origem decide, fundamentadamente, as questões essenciais ao julgamento da lide. 2. O **ITR possui função extrafiscal de proteção ao meio ambiente**, razão pela qual a legislação pertinente prevê, no art. 10, II, *a*, da Lei 9.393/96, a possibilidade de **dedução da base de cálculo do imposto o percentual relativo à reserva legal**, conceituada como a área localizada no interior de uma propriedade ou posse rural, excetuada a de preservação permanente, necessária ao uso sustentável dos recursos naturais, à conservação e reabilitação dos processos ecológicos, à conservação da biodiversidade e ao abrigo e proteção de fauna e flora nativas. 3. É possível aumentar o limite mínimo de reserva legal imposto pela legislação, por ato voluntário, após confirmação da destinação da área ao fim ambiental por órgão estadual competente e atendidos os demais requisitos legais. 4. Recurso especial não provido" (STJ, REsp 1.158.999/SC, 2ª T., Rel. Min. Eliana Calmon, j. 05.08.2010).

5.4 Compensação de reserva legal em APP (art. 15)

O art. 15 da Lei 12.651/2012 estabeleceu a possibilidade do **cômputo da área de preservação permanente** no **cálculo do percentual da reserva legal**. O dispositivo citado possibilita que eventuais áreas de preservação permanente existentes no imóvel florestal sejam computadas no cálculo do percentual da reserva florestal, desde que cumpridas as exigências previstas na legislação florestal. De acordo com Paulo Affonso Leme Machado, ao comentar o dispositivo em questão, "a APP continuará com o mesmo regime legal de proteção, isto é, não há influência do regime jurídico da reserva legal sobre a APP. A área da APP não fica diminuída, havendo, sim, diminuição da área territorial da reserva legal. O imóvel rural que tiver mais APPs poderá possibilitar maior diminuição de reserva legal sempre que as **condições dos três incisos do art. 15 forem conjuntamente respeitadas**".[36]

No tocante às condições para que seja admitido o cômputo da(s) APP(s) no cálculo do percentual da reserva legal, o art. 15 estabelece que tal será admitido, desde que:

"I – o benefício previsto neste artigo **não implique a conversão de novas áreas para o uso alternativo do solo**;

II – a área a ser computada esteja conservada ou em processo de recuperação, conforme comprovação do proprietário ao órgão estadual integrante do SISNAMA; e

III – o proprietário ou possuidor tenha requerido **inclusão do imóvel no Cadastro Ambiental Rural – CAR**, nos termos desta Lei".

Um ponto extremamente relevante trazido pela legislação florestal na matéria, inclusive na linha defendida por Leme Machado na passagem citada anteriormente, diz respeito à previsão do § 1º do art. 15, ao assinalar expressamente que "**o regime de proteção da área de preservação permanente não se altera** na hipótese prevista neste artigo". Em outras palavras, a APP, independentemente da sua utilização ou não no cômputo do percentual da reserva legal, mantém o seu regime jurídico de proteção absolutamente intacto. O regime jurídico da APP é, em regra, mais

---

[36] MACHADO, Paulo Affonso Leme. *Legislação florestal (Lei 12.651/2012)*..., p. 49.

rígido do que o da reserva legal, de modo que não há, como poderiam sustentar alguns, que o cômputo da APP no percentual da reserva legal poderia estabelecer alteração do regime de proteção daquela. Isso, como deixa claro o dispositivo citado, não ocorre, inclusive pelas razões que estão na base normativa da legislação florestal destacada anteriormente, notadamente acerca da relevância fundamental das APPs para a integridade ecológica dos ecossistemas em que estão presentes.

O proprietário ou possuidor de imóvel com reserva legal conservada e inscrita no Cadastro Ambiental Rural (CAR) de que trata o art. 29, cuja área ultrapasse o mínimo exigido pelo diploma florestal, poderá, conforme assinala o § 2º do art. 15, utilizar a área excedente para fins de constituição de servidão ambiental, cota de reserva ambiental e outros instrumentos congêneres previstos nesta Lei.

O **cômputo** de que trata o *caput* do art. 15 aplica-se a **todas as modalidades de cumprimento da reserva legal**, abrangendo a regeneração, a recomposição e a compensação (art. 15, § 3º). O § 4º do art. 15 estabelece, por sua vez, que "é dispensada a aplicação do inciso I do *caput* deste artigo, quando as Áreas de Preservação Permanente conservadas ou em processo de recuperação, somadas às demais florestas e outras formas de vegetação nativa existentes em imóvel, ultrapassarem: I – 80% do imóvel rural localizado em áreas de floresta na Amazônia Legal.

> **JURISPRUDÊNCIA STJ. Irretroatividade do Código Florestal de 2012, art. 15 da Lei 12.651/2012 e direitos ambientais adquiridos:** "Administrativo. Ambiental. Ação civil pública. Área de preservação permanente. Formação da área de Reserva Legal. Obrigação *propter rem*. (...) **Superveniência da Lei 12.651/2012. Impossibilidade de aplicação imediata. Irretroatividade. Proteção aos ecossistemas frágeis. Incumbência do Estado.** Indeferimento. 1. A jurisprudência desta Corte está firmada no sentido de que os deveres associados às APPs e à Reserva Legal têm natureza de obrigação *propter rem*, isto é, aderem ao título de domínio ou posse, independente do fato de ter sido ou não o proprietário o autor da degradação ambiental. Casos em que não há falar em culpa ou nexo causal como determinantes do dever de recuperar a área de preservação permanente. 2. Prejudicada a análise da divergência jurisprudencial apresentada, porquanto a negatória de seguimento do recurso pela alínea 'a' do permissivo constitucional baseou-se em jurisprudência recente e consolidada desta Corte, aplicável ao caso dos autos. 3. **Indefiro o pedido de aplicação imediata da Lei 12.651/2012, notadamente o disposto no art. 15 do citado regramento**. Recentemente, esta Turma, por relatoria do Ministro Herman Benjamin, firmou o entendimento de que 'o novo Código Florestal **não pode retroagir** para atingir o ato jurídico perfeito, **direitos ambientais adquiridos** e a coisa julgada, tampouco **para reduzir de tal modo e sem as necessárias compensações ambientais o patamar de proteção de ecossistemas frágeis ou espécies ameaçadas de extinção, a ponto de transgredir o limite constitucional intocável e intransponível da 'incumbência' do Estado de garantir a preservação e restauração dos processos ecológicos essenciais (art. 225, § 1º, I)'**. Agravo regimental improvido" (STJ, AgRg no AREsp 327.687/SP, 2ª T., Rel. Min. Humberto Martins, j. 15.08.2013).

5.5 Hipóteses excepcionais de não exigência de RL (art. 12, §§ 6º, 7º e 8º)

O Código Florestal de 2012 faz a ressalva de que "os **empreendimentos de abastecimento público de água e tratamento de esgoto** não estão sujeitos à constituição de reserva legal" (art. 12, § 6º). A **exclusão da reserva legal para os empreendimentos de abastecimento público de água e tratamento de esgoto** justifica-se em razão da utilidade pública inerente a tais empreendimentos, conforme assinala o art. 3º, III, da legislação florestal.

De modo similar, o § 7º do art. 12 assinala que "**não será exigido reserva legal** relativa às áreas adquiridas ou desapropriadas por detentor de concessão, permissão ou autorização para exploração de potencial de energia hidráulica, nas quais funcionem **empreendimentos de geração de energia elétrica**, subestações, ou sejam instaladas linhas de transmissão e de distribuição de energia elétrica". Também não será exigida reserva legal relativa às áreas adquiridas ou desapropriadas com o objetivo de **implantação e ampliação de capacidade de rodovias e ferrovias** (art. 12, § 8º).

5.6 Áreas consolidadas em áreas de reserva legal

O diploma florestal, no seu art. 66, tratou do tema das "Áreas Consolidadas em Áreas de Reserva Legal", ao prever que "proprietário ou possuidor de imóvel rural que detinha, em 22 de julho de 2008, área de Reserva Legal em extensão inferior ao estabelecido no art. 12, poderá regularizar sua situação, independentemente da adesão ao PRA, adotando as seguintes alternativas, isolada ou conjuntamente:

I – **recompor** a Reserva Legal;

II – **permitir a regeneração natural da vegetação** na área de Reserva Legal;

III – **compensar** a Reserva Legal.

A **obrigação** prevista no *caput* do art. 66 tem **natureza real** e é transmitida ao sucessor no caso de transferência de domínio ou posse do imóvel rural, conforme previsão expressa do § 1º do mesmo dispositivo legal. A recomposição de que trata o inciso I do *caput* deverá atender aos **critérios estipulados pelo órgão competente do SISNAMA** e ser concluída em até 20 anos, abrangendo, a cada dois anos, no mínimo um décimo da área total necessária à sua complementação (§ 2º).

A **recomposição** de que trata o inciso I do *caput* poderá ser realizada mediante o plantio intercalado de espécies nativas com exóticas ou frutíferas, em sistema agroflorestal, observados os seguintes parâmetros, segundo disposição do § 3º do art. 66: I – o plantio de espécies exóticas deverá ser combinado com as espécies nativas de ocorrência regional; II – a área recomposta com espécies exóticas não poderá exceder a 50% da área total a ser recuperada. Os proprietários ou possuidores do imóvel que optarem por recompor a Reserva Legal na forma dos §§ 2º e 3º terão **direito à sua exploração econômica**, nos termos do § 4º do mesmo dispositivo legal.

A **compensação** de que trata o inciso III do *caput* deverá ser precedida pela inscrição da propriedade no CAR e poderá ser feita mediante, segundo previsão do § 5º do art. 66:

"I – **aquisição de Cota de Reserva Ambiental – CRA**;

II – arrendamento de área sob regime de **servidão ambiental ou Reserva Legal**;

III – **doação ao poder público** de área localizada no interior de Unidade de Conservação de domínio público pendente de regularização fundiária;

IV – **cadastramento de outra área equivalente e excedente à Reserva Legal**, em imóvel de mesma titularidade ou adquirida em imóvel de terceiro, com vegetação nativa estabelecida, em regeneração ou recomposição, desde que localizada no mesmo bioma".

As áreas a serem utilizadas para **compensação** na forma do § 5º deverão, conforme estabelece o § 6º do art. 66: I – ser **equivalentes em extensão** à área da Reserva Legal a ser compensada; II – estar **localizadas no mesmo bioma** da área de Reserva Legal a ser compensada; III – se fora do Estado, estar localizadas em áreas identificadas como prioritárias pela União ou pelos Estados.

A definição de áreas prioritárias de que trata o § 6º buscará favorecer, entre outros, a recuperação de **bacias hidrográficas excessivamente desmatadas**, a criação de **corredores ecológicos**, a conservação de grandes áreas protegidas e a conservação ou recuperação de **ecossistemas ou espécies ameaçadas** (§ 7º). Quando se tratar de imóveis públicos, a compensação de que trata o inciso III do *caput* poderá ser feita mediante concessão de direito real de uso ou doação, por parte da pessoa jurídica de direito público proprietária de imóvel rural que não detém Reserva Legal em extensão suficiente, ao órgão público responsável pela Unidade de Conservação de área localizada no interior de Unidade de Conservação de domínio público, a ser criada ou pendente de regularização fundiária (§ 8º). As medidas de compensação previstas neste artigo não poderão ser utilizadas como forma de viabilizar a conversão de novas áreas para uso alternativo do solo (§ 9º).

Nos imóveis rurais que detinham, **em 22 de julho de 2008, área de até quatro módulos fiscais** e que possuam remanescente de **vegetação nativa** em percentuais inferiores ao previsto no art. 12, a Reserva Legal, de acordo com disposição do art. 67 do diploma florestal, será constituída com a área ocupada com a vegetação nativa existente em 22 de julho de 2008, vedadas novas conversões para uso alternativo do solo.

Os proprietários ou possuidores de imóveis rurais que realizaram supressão de vegetação nativa respeitando os percentuais de Reserva Legal previstos pela legislação em vigor à época em que ocorreu a supressão são dispensados de promover a recomposição, compensação ou regeneração para os percentuais exigidos no diploma florestal, segundo assevera o art. 68. Os proprietários ou possuidores de imóveis rurais poderão provar essas situações consolidadas por documentos tais como a descrição de fatos históricos de ocupação da região, registros de comercialização, dados agropecuários da atividade, contratos e documentos bancários relativos à produção, e por todos os outros meios de prova em direito admitidos (§ 1º).

Os proprietários ou possuidores de imóveis rurais, na Amazônia Legal, e seus herdeiros necessários que possuam índice de Reserva Legal maior que 50% de cobertura florestal e não realizaram a supressão da vegetação nos percentuais previstos pela legislação em vigor à época poderão utilizar a área excedente de Reserva Legal também para fins de constituição de servidão ambiental, Cota de Reserva Ambiental (CRA) e outros instrumentos congêneres previstos no diploma florestal (§ 2º).

JURISPRUDÊNCIA STJ. Obrigação *propter rem*, aplicação do art. 68 e desrespeito aos percentuais exigidos para a área de reserva legal: "Ambiental. Processual civil. Omissão inexistente. Instituição de área de reserva legal. Obrigação *propter rem* e *ex lege*. Súmula 83/STJ. Aplicação do art. 68 do novo Código Florestal. Impossibilidade. Desrespeito aos percentuais exigidos para a área de reserva legal. Verificação. Impossibilidade. Súmula 7/STJ. Dever de averbação da reserva legal. Imposição. Provas suficientes. Desnecessidade de realização de perícia. Conjunto probatório. Súmula 7/STJ. Prejudicada a análise da divergência jurisprudencial. Ausência de similitude fática. 1. Não há violação do art. 535 do CPC quando a prestação jurisdicional é dada na medida da pretensão deduzida, com enfrentamento e resolução das questões abordadas no recurso. 2. A jurisprudência desta Corte está firmada no sentido de que os deveres associados às APPs e à Reserva Legal têm natureza de obrigação *propter rem*, isto é, aderem ao título de domínio ou posse, independente do fato de ter sido ou não o proprietário o autor da degradação ambiental. Casos em que não há falar em culpa ou nexo causal como determinantes do dever de recuperar a área de preservação permanente. 3. Este Tribunal tem entendido que a obrigação de demarcar, averbar e restaurar a área de reserva legal nas propriedades rurais configura dever jurídico (obrigação *ex lege*) que se transfere automaticamente com a mudança do domínio, podendo, em consequência, ser imediatamente exigível do proprietário atual. 4. A Segunda Turma desta Corte firmou a orientação de inaplicabilidade de norma ambiental superveniente de cunho material aos processos em curso, seja para proteger o ato jurídico perfeito, os direitos ambientais adquiridos e a coisa julgada, seja para evitar a redução do patamar de proteção de ecossistemas frágeis sem as necessárias compensações ambientais. 5. Ademais, o art. 68 da Lei 12.651/2012 prevê a dispensa da recomposição, da compensação ou da regeneração, nos percentuais exigidos nesta Lei, nos casos em que a supressão de vegetação nativa tenha respeitado os percentuais de reserva legal previstos na legislação vigente à época dos fatos, o que não ocorreu na hipótese, uma vez a determinação do Tribunal de origem consistiu na apresentação de projeto de demarcação da área de reserva legal, com especificação de plantio, observadas as disposições do Decreto n. 6514/08 e do Decreto n. 7029/09 (fl. 696, e-STJ). Rever o decidido pela Corte estadual encontra óbice na Súmula 7 do STJ. 6. A jurisprudência do STJ é firme no sentido de que o art. 16, c/c o art. 44 da Lei 4.771/65, impõe a averbação da reserva legal, independentemente de haver área florestal ou vegetação nativa na propriedade. 7. A Corte estadual consignou que a falta de reserva legal por si só acarreta degradação ambiental e asseverou que as provas produzidas seriam suficientes para a composição do conflito, sendo desnecessária a realização de perícia técnica. Nesse aspecto, não há como aferir eventual violação dos dispositivos infraconstitucionais invocados sem que se proceda ao reexame do conjunto probatório dos presentes autos (Súmula 7/STJ). 8. (...) Agravo regimental improvido" (STJ, AgRg no REsp 1367968/SP, 2ª T., Rel. Min. Humberto Martins, j. 17.12.2013).

Reserva legal e obrigação de averbação: "Administrativo. Desapropriação. Reserva legal. Falta de averbação. A averbação da reserva legal no Ofício Imobiliário é indispensável à subtração da respectiva área no cálculo de produtividade do imóvel, nada importando exista ela de fato. Recurso especial conhecido, mas desprovido" (STJ, REsp 1.376.203/GO, 1ª T., Rel. Min. Ari Pargendler, j. 01.10.2013).

5.7 Áreas verdes urbanas

O diploma florestal, no seu art. 25, estabeleceu expressamente que o **poder público municipal contará, para o estabelecimento de áreas verdes urbanas, com os seguintes instrumentos:**

"I – o **exercício do direito de preempção para aquisição de remanescentes florestais relevantes**, conforme dispõe a Lei nº 10.257/2001;

II – a transformação das Reservas Legais em áreas verdes nas expansões urbanas;

III – o estabelecimento de exigência de áreas verdes nos loteamentos, empreendimentos comerciais e na implantação de infraestrutura; e

IV – aplicação em áreas verdes de recursos oriundos da compensação ambiental".

Há correspondência entre os institutos da reserva legal e das áreas verdes urbanas, dado que se trata de instrumentos jurídicos com propósitos similares, ou seja, a proteção da vegetação nativa. Não por outra razão, o dispositivo prevê, por exemplo, a transformação das reservas legais em áreas verdes nas expansões urbanas, bem como o estabelecimento de exigência de áreas verdes nos loteamentos, empreendimentos comerciais e na implantação de infraestrutura. As "áreas verdes" não deixam de ser, em alguma medida, as "**reservas legais urbanas**", merecendo, inclusive, maior destaque e regulamentação na nossa legislação urbano-ambiental, inclusive em face do Estatuto da Cidade (Lei 10.257/2001), que tem por escopo o estabelecimento de um marco normativo voltado para as **cidades sustentáveis**.

6. CADASTRAMENTO AMBIENTAL RURAL (CAR)

Outro ponto importante trazido pelo diploma florestal de 2012 diz respeito à criação do Cadastro Ambiental Rural (CAR), de modo integrado ao SINIMA.[37] Segundo seu art. 29:

"É criado o Cadastro Ambiental Rural – CAR, no âmbito do Sistema Nacional de Informação sobre Meio Ambiente – SINIMA, registro público eletrônico de âmbito nacional,

---

[37] Não obstante ter representado uma grande inovação à época, passados mais de 10 anos da sua criação, o CAR teve até agora adesão muito aquém do esperado, carecendo muito de implementação, com reiteradas e injustificadas prorrogações de prazos para a devida regularização pelos proprietários e possuidores de imóveis florestais etc.

obrigatório para todos os imóveis rurais, com a finalidade de integrar as informações ambientais das propriedades e posses rurais, compondo base de dados para **controle, monitoramento, planejamento ambiental e econômico e combate ao desmatamento**".

A criação do CAR, compartilhando tais informações no âmbito do SINIMA, representa instrumento importante para a regularização dos imóveis florestais e a obtenção de informações ambientais relativas às áreas florestais, possibilitando maior controle das práticas degradadoras, tanto por parte do Estado (por seus diversos órgãos ambientais nos diferentes planos federativos) quanto da sociedade em geral. Por meio do CAR, o diploma cria mecanismos de controle, monitoramento, planejamento ambiental e econômico e combate ao desmatamento, colocando tais informações à disposição dos entes públicos responsáveis pela proteção florestal (órgãos públicos ambientais, Ministério Público, entre outros), bem como da sociedade (em âmbito individual ou mesmo coletivo, como no caso das associações civis de proteção ambiental), tornando acessível ao público interessado a **informação ambiental florestal**.

De modo complementar, o § 1º do dispositivo estabelece que a inscrição do imóvel rural no CAR deverá ser feita, **preferencialmente, no órgão ambiental municipal ou estadual**, que, nos termos do regulamento, exigirá do proprietário ou possuidor rural:

"I – identificação do **proprietário ou possuidor rural**;

II – **comprovação da propriedade ou posse**;

III – **identificação do imóvel** por meio de planta e memorial descritivo, contendo a indicação das coordenadas geográficas com pelo menos um ponto de amarração do perímetro do imóvel, informando a **localização dos remanescentes de vegetação nativa**, das áreas de preservação permanente, das áreas de uso restrito, das áreas consolidadas e, caso existente, também da localização da **reserva legal**".

O cadastramento, segundo assinala o § 2º do art. 29, **não será considerado título para fins de reconhecimento do direito de propriedade ou posse**, tampouco elimina a necessidade de cumprimento do disposto no art. 2º da Lei 10.267, de 28 de agosto de 2001, ou seja, o cadastramento do imóvel no Sistema Nacional de Cadastro Rural (Lei 5.868/72).

A inscrição no CAR, conforme dispõe expressamente o § 3º do art. 29, será **obrigatória para todas as propriedades e posses rurais**, devendo ser requerida no prazo de um ano contado da sua implantação, prorrogável, uma única vez, por igual período por ato do Chefe do Poder Executivo. A obrigatoriedade da inscrição no CAR para todas as propriedades e posses rurais é fundamental para o devido controle a respeito da normativa ambiental florestal, sobretudo no tocante à **reserva legal** e às áreas de preservação permanente. Além disso, a obrigatoriedade do CAR também atua em favor do acesso à informação ambiental por parte da sociedade no âmbito do SINIMA, conforme referimos anteriormente.

Nos casos em que a **reserva legal** já tenha sido **averbada na matrícula do imóvel** e em que essa averbação identifique o seu **perímetro e localização**, o proprietário não será obrigado a fornecer ao órgão ambiental as informações relativas à reserva legal previstas no inciso III do § 1º do art. 29, conforme estabelece expressamente o art. 30 do diploma florestal. Para que o proprietário se desobrigue nos termos do *caput* do art. 30, prevê o seu parágrafo único que ele deverá apresentar ao órgão ambiental competente a certidão de registro de imóveis onde conste a averbação da reserva legal ou termo de compromisso já firmado nos casos de posse.

Por fim, o CAR é instrumento importante para a regularização dos imóveis florestais e a obtenção de informações ambientais relativas às áreas florestais, possibilitando maior controle das práticas degradadoras, tanto por parte do Estado (órgãos ambientais federais, estaduais e municipais, Ministério Público etc.) quanto da sociedade em geral.

7. EXPLORAÇÃO DOS RECURSOS FLORESTAIS

O diploma florestal de 2012, ao tratar da exploração florestal, destaca, no seu art. 31, *caput*, que "a exploração de florestas nativas e formações sucessoras, de domínio público ou privado, ressalvados os casos previstos nos arts. 21, 23 e 24, **dependerá de licenciamento pelo órgão competente do SISNAMA**, mediante **aprovação prévia de Plano de Manejo Florestal Sustentável (PMFS)** que contemple técnicas de condução, exploração, reposição florestal e manejo compatíveis com os variados ecossistemas que a cobertura arbórea forme". O legislador estabeleceu a obrigatoriedade de licenciamento ambiental pelo órgão ambiental competente, com aprovação prévia do Plano de Manejo Florestal Sustentável (PMFS), para a exploração de florestas nativas e formações sucessoras, ressalvados os casos previstos nos arts. 21, 23 e 24. O PMFS, por sua vez, deverá atender rigorosamente a uma série de fundamentos técnicos e científicos, conforme arrolados no dispositivo subsequente.

O PMFS, conforme dispõe o § 1º do art. 31 do diploma florestal, atenderá aos seguintes **fundamentos técnicos e científicos**:

"I – caracterização dos meios físico e biológico;

II – determinação do estoque existente;

III – intensidade de exploração compatível com a capacidade de suporte ambiental da floresta;

IV – ciclo de corte compatível com o tempo de restabelecimento do volume de produto extraído da floresta;

V – promoção da regeneração natural da floresta;

VI – adoção de sistema silvicultural adequado;

VII – adoção de sistema de exploração adequado;

VIII – monitoramento do desenvolvimento da floresta remanescente;

IX – adoção de medidas mitigadoras dos impactos ambientais e sociais".

Os demais parágrafos do art. 31 regulamentam diversos aspectos do CAR. A **aprovação do PMFS** pelo órgão competente do SISNAMA **confere ao seu detentor a licença ambiental** para a prática do manejo florestal sustentável, não se aplicando outras etapas de licenciamento ambiental (§ 2º). O detentor do PMFS encaminhará **relatório anual** ao órgão ambiental competente com as informações sobre toda a área de manejo florestal sustentável e a descrição das atividades realizadas (§ 3º). O PMFS será submetido a vistorias técnicas para fiscalizar as operações e atividades desenvolvidas na área de manejo (§ 4º). Respeitado o disposto no art. 31, serão estabelecidas em ato do chefe do Poder Executivo disposições diferenciadas sobre os PMFS em **escala empresarial**, de **pequena escala** e **comunitário** (§ 5º). Para fins de manejo florestal na **pequena propriedade ou posse rural familiar**, os órgãos do SISNAMA deverão estabelecer **procedimentos simplificados** de elaboração, análise e aprovação dos referidos PMFS (§ 6º). Compete ao órgão federal de meio ambiente a aprovação de PMFS incidentes em **florestas públicas de domínio da União** (§ 7º).

São isentos, por sua vez, de PMFS, conforme assinala o art. 32 do diploma:

"I – a supressão de florestas e formações sucessoras para **uso alternativo do solo**;

II – o manejo e a exploração de florestas plantadas localizadas **fora das áreas de preservação permanente e de reserva legal**;

III – a **exploração florestal não comercial** realizada nas propriedades rurais a que se refere o inciso V do art. 3º ou por populações tradicionais".

O art. 33 da legislação florestal que as **pessoas físicas ou jurídicas que utilizam matéria-prima florestal** em suas atividades devem suprir-se de recursos oriundos de:

"I – **florestas plantadas;**

II – **PMFS** de floresta nativa **aprovado pelo órgão competente do SISNAMA;**

III – supressão de vegetação nativa **autorizada pelo órgão competente do SISNAMA;**

IV – outras formas de biomassa florestal definidas pelo órgão competente do SISNAMA".

Há a regulamentação a respeito da **origem da matéria-prima florestal** utilizada pelas pessoas físicas e jurídicas que utilizem tais recursos nas suas atividades (por exemplo, a indústria moveleira), inclusive como uma forma de controle e deveres jurídicos relacionados ao tema, proibindo-se, em última instância, a utilização de recursos florestais obtidos de modo ilícito. O § 1º o art. 33, por sua vez, assevera que "são **obrigadas à reposição florestal** as pessoas físicas ou jurídicas que utilizam matéria-prima florestal oriunda de supressão de **vegetação nativa** ou que detenham autorização para supressão de vegetação nativa".

É **isento da obrigatoriedade da reposição florestal**, conforme assinala o § 2º do art. 33, aquele que utilize:

"I – costaneiras, aparas, cavacos ou outros **resíduos provenientes da atividade industrial;**

II – **matéria-prima florestal:**

a) oriunda de **PMFS;**

b) oriunda de **floresta plantada;**

c) **não madeireira**".

A isenção da obrigatoriedade da reposição florestal **não desobriga** o interessado da **comprovação** perante a autoridade competente da **origem do recurso florestal** utilizado (art. 33, § 3º). A reposição florestal será efetivada no **Estado de origem da matéria-prima** utilizada, mediante o plantio de espécies preferencialmente nativas, conforme determinações do órgão competente do SISNAMA (art. 33, § 4º). O dispositivo privilegia a proteção do ecossistema que sofreu diretamente o impacto ambiental, ao estabelecer que a reposição florestal será efetivada no Estado de origem da matéria-prima utilizada. Tal entendimento está de acordo, inclusive, com os fundamentos que norteiam o regime da responsabilidade civil ambiental, priorizando-se sempre que possível a **reparação integral e *in natura*.** Se há condições para assegurar a proteção do ecossistema diretamente atingido pela extração de recursos florestais, com toda a razão que tal prática deve ser privilegiada em detrimento de outras medidas compensatórias (em outras localidades).

As **empresas industriais** que utilizam grande quantidade de matéria-prima florestal são obrigadas a elaborar e implementar **Plano de Suprimento Sustentável (PSS)**, a ser submetido à aprovação do órgão competente do SISNAMA, conforme disposição expressa do art. 34 do diploma florestal. O PSS trata-se de instrumento destinado às empresas industriais de grande porte, ou seja, que fazem uso de grande quantidade de matéria-prima florestal, como forma de estabelecer maior **controle sobre a sua origem**. Dado o forte impacto ambiental de tais atividades, o legislador preocupou-se em estabelecer mecanismos de controle mais eficaz sobre as empresas que atuam em tais setores econômicos.

O PSS assegurará produção equivalente ao consumo de matéria-prima florestal pela atividade industrial (art. 34, § 1º). O PSS incluirá, **no mínimo** (art. 34, § 2º):

"I – programação de suprimento de matéria-prima florestal

II – **indicação das áreas de origem** da matéria-prima florestal georreferenciadas;

III – cópia do contrato entre os particulares envolvidos, quando o PSS incluir suprimento de matéria-prima florestal oriunda de terras pertencentes a terceiros".

Admite-se o suprimento mediante matéria-prima em oferta no mercado (art. 34, § 3º):

"I – **na fase inicial de instalação da atividade industrial**, nas condições e durante o período, não superior a 10 (dez) anos, previstos no PSS, ressalvados os contratos de suprimento mencionados no inciso III do § 2º;

II – no caso de **aquisição de produtos provenientes do plantio de florestas exóticas**, licenciadas por órgão competente do Sisnama, o suprimento será comprovado posteriormente mediante relatório anual em que conste a localização da floresta e as quantidades produzidas".

O PSS de **empresas siderúrgicas, metalúrgicas** ou outras que consumam grandes quantidades de **carvão vegetal ou lenha** estabelecerá a **utilização exclusiva de matéria-prima oriunda de florestas plantadas ou de PMFS** e será parte integrante do processo de licenciamento ambiental do empreendimento (art. 34, § 4º). Por fim, ressalta o § 5º do mesmo dispositivo que serão estabelecidos, em ato do chefe do Poder Executivo, os parâmetros de utilização de matéria-prima florestal para fins de enquadramento das empresas industriais no disposto no *caput* do art. 34.

7.1 Dever dos entes públicos de adoção de produtos e serviços florestais certificados

Os dispositivos do diploma florestal tratados no tópico anterior enunciam, além de uma obrigação dos particulares, o **dever dos entes públicos** (em todas as esferas federativas e no âmbito de todos os Poderes Republicanos) de **compra de produtos e contratação de serviços**, inclusive como item obrigatório nas licitações públicas, devidamente **certificados com relação à sua origem florestal**. A título de exemplo, podem-se destacar o papel e o mobiliário utilizados nas repartições públicas, como produtos oriundos de matéria-prima florestal, devendo o poder público assegurar, por meio da exigência de certificação, a origem sustentável dos recursos florestais de que faz uso nas diversas repartições públicas (em todos os planos federativos).

O Decreto 7.746/2012, ao regulamentar o disposto no art. 3º da Lei 8.666/93, que cuida das normas para **licitações e contratos da Administração Pública**, tratou de estabelecer critérios, práticas e diretrizes para a promoção do desenvolvimento nacional sustentável nas contratações realizadas pela administração pública federal, e institui a **Comissão Interministerial de Sustentabilidade na Administração Pública (CISAP)**. Vale ressaltar que a recente **Lei 14.133/2021 (Nova Lei de Licitações)** dispôs, nos seus arts 5º e 11, IV, respectivamente, o desenvolvimento nacional sustentável como um dos princípios/objetivos do processo licitatório. Como diretrizes de sustentabilidade, entre outras, estabelece o art. 4º do Decreto 7.746/2012:

"I – baixo impacto sobre recursos naturais como flora, fauna, ar, solo e água;

II – preferência para materiais, tecnologias e matérias-primas de **origem local**;

III – **maior eficiência** na utilização de recursos naturais como água e energia;

IV – maior geração de empregos, preferencialmente com **mão de obra local**;

V – **maior vida útil** e menor custo de manutenção do bem e da obra;

VI – uso de inovações que reduzam a pressão sobre recursos naturais;

VII – origem sustentável dos recursos naturais utilizados nos bens, nos serviços e nas obras; e

VIII – utilização de produtos florestais madeireiros e não madeireiros originários de manejo florestal sustentável ou de reflorestamento." (Incluído pelo Decreto 9.178, de 2017)

No mesmo sentido, merecem relevo os modelos de boas práticas de gestão sustentável do Poder Executivo, constantes das Instruções Normativas 01, de 19 de janeiro de 2010, 10, de 12 de novembro de 2012, que estabelecem regras para elaboração dos **Planos de Gestão de Logística Sustentável** de que trata o art. 16 do Decreto 7.746/2012, e 2, de 4 de junho de 2014, que dispõe sobre a economia de energia nas edificações públicas. Ademais, destacam-se as recomendações do **Tribunal de Contas da União**, dispostas no Acórdão 1.752, de 5 de julho de 2011, que trata das medidas de eficiência e sustentabilidade por meio do uso racional de energia, água e papel adotadas pela Administração Pública.[38]

7.2 Controle da origem dos produtos florestais

O art. 35 da legislação florestal estabelece mecanismos voltados ao controle da origem dos produtos florestais. De acordo com o enunciado do seu *caput*, "o **controle da origem da madeira, do carvão e de outros produtos ou subprodutos florestais** incluirá **sistema nacional que integre os dados** dos diferentes entes federativos, coordenado, fiscalizado e regulamentado pelo órgão federal competente do SISNAMA". O dispositivo estabelece, em linhas gerais, um sistema nacional integrado de informação sobre a origem da matéria-prima florestal. Um instrumento muito importante nesse contexto é a **certificação ambiental florestal**, inclusive como expressão do direito à informação ambiental. Ela possibilita conhecer a origem dos produtos florestais e, consequentemente, se atendem ou não a padrões de **proteção ambiental e climática**, estabelecendo um maior **controle social** acerca de sua procedência. Além disso, possibilita ao consumidor "participar" em tal processo, escolhendo produtos e serviços certificados e, portanto, assegurar sua origem lícita (e sustentável).

No ano de 2022, o **Parlamento Europeu** aprovou uma nova **legislação antidesmatamento**, com o objetivo de proibir a entrada na União Europeia de produtos provenientes de cadeias produtivas ligadas ao desmatamento florestal (*deforestation-free products*) e violações dos direitos humanos em áreas de floresta ao redor do mundo. A legislação em questão impacta positivamente a proteção das florestas brasileiras ao fechar as portas do mercado internacional para desmatadores (em especial, no bioma amazônico), enquanto traz mais segurança para as empresas que respeitam a legislação ambiental e produzem de forma sustentável.[39]

Para além dos produtos florestais típicos (ex.: madeira, minério etc.), é importante ter em conta que outros produtos igualmente são produzidos em área florestal e devem ter assegurada a sua **origem livre de desmatamento**. É o caso da produção de **carne bovina**, considerando que 43% do rebanho nacional (93 milhões de cabeças de gado) está na **região amazônica**.[40] A respeito do tema, Miriam Leitão destaca a prática da "**lavagem de boi**", ou seja, os produtores registravam a criação de gado em áreas legalizadas, não obstante, na prática, ele fosse criado, por exemplo, em Terras Indígenas, Unidades de Conservação, áreas públicas griladas etc., impulsionado o desmatamento ilegal na região amazônica. O **Ministério Público Federal**, para enfrentar esse cenário de ilegalidade, promoveu o **Programa "Carne Legal"** e celebrou **Termos de Ajustamento de Conduta** com diversos **frigoríficos** com o compromisso deles de que só comprariam de produtores de gado proveniente de áreas legais e não vinculados ao desmatamento ilegal (ex.:

---

[38] No âmbito do Poder Judiciário, o Conselho Nacional de Justiça (CNJ) objetiva editar (inclusive com prévia consulta pública) resolução específica para dispor sobre o estabelecimento de ações e políticas públicas voltadas à sustentabilidade ambiental, social e econômica, bem como a instituição de unidades ou núcleos socioambientais nos órgãos do Poder Judiciário, disciplinando as diretrizes, os princípios, conceitos e normas técnicas para o planejamento, elaboração, implementação, monitoramento de metas anuais, e indicadores de desempenho para o cumprimento da referida normativa.

[39] Disponível em: https://ec.europa.eu/commission/presscorner/detail/en/IP_22_7444.

[40] LEITÃO, Míriam. *Amazônia na encruzilhada*: o poder da destruição e o tempo das possibilidades. Rio de Janeiro: Intrínseca, 2023. p. 371.

grilagem).⁴¹ A atuação do MPF objetiva a regularização da **cadeia produtiva da carne** na Amazônia, considerando, ademais, se tratar de uma das principais causas de desmatamento na região.

A condição de **consumidor** deve ser pensada para além de uma perspectiva estritamente econômica, mas sim de acordo com uma **condição político-jurídica de cidadão**, o que tem especial relevância na temática da certificação florestal. Há um espaço de diálogo fundamental entre a proteção do consumidor e a proteção ambiental. Não se deve elidir o consumidor da responsabilidade de agir, ou seja, consumir produtos e serviços de acordo com práticas ecologicamente equilibradas. Além do mais, com base no *caput* do art. 225 da CF/1988, há também como se considerar o dever fundamental dos cidadãos-consumidores de ajustarem as suas práticas de consumo de modo a proteger o ambiente para as gerações presentes e futuras. A título de exemplo, com relação à certificação ambiental, destaca-se o **Conselho Brasileiro de Manejo Florestal**, representante da **FSC** (*Forest Stewardship Council*), criada à época da Conferência do Rio sobre Meio Ambiente e Desenvolvimento (1992), a qual é uma organização independente, não governamental e sem fins lucrativos. O seu objetivo principal é promover o manejo e a certificação florestal, atestando a origem lícita e, portanto, de acordo com as normas ambientais dos recursos florestais consumidos.

Seguindo a análise do diploma florestal, o § 1º do art. 35 estabelece que "o plantio ou reflorestamento com espécies florestais nativas ou exóticas independem de autorização prévia, desde que observadas as limitações e condições previstas nesta Lei, devendo ser informados ao órgão competente, no prazo de até 1 (um) ano, para fins de controle de origem". Na sequência, o § 2º do mesmo dispositivo assinala que "é livre a extração de lenha e demais produtos de florestas plantadas nas áreas não consideradas áreas de preservação permanente e reserva legal". O corte ou a exploração de espécies nativas plantadas em área de uso alternativo do solo serão permitidos independentemente de autorização prévia, devendo o plantio ou reflorestamento estar previamente cadastrado no órgão ambiental competente e a exploração ser previamente declarada nele para fins de controle de origem (§ 3º).

O § 4º do art. 35, por sua vez, assinala que "os dados do sistema referido no *caput* serão disponibilizados para **acesso público por meio da rede mundial de computadores**, cabendo ao órgão federal coordenador do sistema fornecer os programas de informática a serem utilizados e definir o prazo para integração dos **dados e as informações** que deverão ser aportadas ao sistema nacional". Além da exigência do PMFS e atribuições do Estado no controle das práticas florestais, o diploma também cria mecanismos que proporcionam o controle por parte da sociedade, tornando acessível ao público interessado a **informação ambiental florestal**. Um aspecto importante do dispositivo estabelece que as informações a respeito da origem dos recursos florestais serão disponibilizadas para acesso público por meio da rede mundial de computadores. À luz do marco democrático-participativo que estrutura o nosso sistema jurídico-ecológico, é evidente a importância de se tornar acessível em meio eletrônico todas as informações em poder de órgãos públicos ambientais, possibilitando não só a atuação do próprio Estado (e seus órgãos de proteção ambiental, como o Ministério Público, o IBAMA etc.), mas da sociedade em geral. A internet tem se prestado, cada vez mais, para articular a sociedade civil (tanto em termos individuais quanto coletivos) em ações e campanhas ecológicas (por exemplo, por meio de abaixo-assinados encaminhados a autoridades públicas e parlamentares etc.).

O diploma florestal ainda prevê, no § 5º do art. 35, que "o órgão federal coordenador do sistema nacional poderá **bloquear a emissão de Documento de Origem Florestal – DOF** dos entes federativos não integrados ao sistema e fiscalizar os dados e relatórios respectivos". Trata-se, como se pode presumir, de medida para compelir os entes federativos a integrar os seus dados no sistema nacional previsto na legislação florestal.

---

⁴¹ Disponível em: https://www.mpf.mp.br/am/carne-legal.

O art. 36 da legislação florestal, por sua vez, estabelece que "o **transporte**, por qualquer meio, e o **armazenamento** de madeira, lenha, carvão e outros produtos ou subprodutos florestais oriundos de florestas de espécies nativas, para fins comerciais ou industriais, **requerem licença do órgão competente do SISNAMA**, observado o disposto no art. 35". O dispositivo é expresso ao exigir licença do órgão competente do SISNAMA para o transporte e o armazenamento de madeira, lenha, carvão e outros produtos ou subprodutos florestais oriundos de florestas de espécies nativas, para fins comerciais ou industriais. A medida em questão é extremamente importante para **combater o desmatamento e uso ilegal de matéria-prima florestal**, estabelecendo mecanismo para controlar o transporte e armazenamento de tais produtos.

A licença prevista no *caput* do art. 36 será formalizada por meio da **emissão do DOF**, que deverá acompanhar o material até o beneficiamento final (§ 1º). Para a emissão do DOF, a pessoa física ou jurídica responsável deverá estar registrada no Cadastro Técnico Federal de Atividades Potencialmente Poluidoras ou Utilizadoras de Recursos Ambientais, previsto no art. 17 da Lei 6.938/81 (§ 2º). Todo aquele que recebe ou adquire, para fins comerciais ou industriais, madeira, lenha, carvão e outros produtos ou subprodutos de florestas de espécies nativas é obrigado a exigir a apresentação do DOF e munir-se da via que deverá acompanhar o material até o beneficiamento final (§ 3º). No DOF deverão constar a especificação do material, sua volumetria e dados sobre sua origem e destino (§ 4º). Por fim, dispõe o diploma florestal que o órgão ambiental federal do SISNAMA regulamentará os casos de dispensa da licença prevista no *caput* (§ 5º).

O **comércio de plantas vivas e outros produtos oriundos da flora nativa**, conforme prevê o art. 37 do diploma florestal, dependerá de **licença do órgão estadual** competente do SISNAMA e de **registro** no Cadastro Técnico Federal de Atividades Potencialmente Poluidoras ou Utilizadoras de Recursos Ambientais, previsto no art. 17 da Lei 6.938/81, sem prejuízo de outras exigências cabíveis. De modo similar ao dispositivo comentado anteriormente (e com o propósito de elidir o comércio e tráfico ilegal de espécies da flora), a legislação torna obrigatória a licença do órgão estadual ambiental competente, somado ainda ao registro no Cadastro Técnico Federal de Atividades Potencialmente Poluidoras ou Utilizadoras de Recursos Ambientais. Por fim, o parágrafo único do art. 37 assinala que a **exportação** de plantas vivas e outros produtos da flora dependerá de licença do órgão federal competente do SISNAMA, observadas as condições estabelecidas no *caput*.

> **JURISPRUDÊNCIA STJ. Atividades madeireiras, cadastro em sistema de controle de origem florestal e licença ambiental:** "Ambiental. Atividades madeireiras. Cadastro em sistema próprio de controle e proteção. Requisitos para o cadastramento. Descumprimento. Eventual ocorrência de fraude na operação do sistema. Suspensão do cadastro e da licença ambiental sem manifestação da empresa afetada. Contraditório e ampla defesa diferidos. Possibilidade. Busca pela preservação ambiental. 1. Trata-se de recurso ordinário em mandado de segurança interposto por Indústria e Comércio de madeiras Ferrazzo Ltda., com fundamento na alínea 'b' do inciso II do artigo 105 da Constituição da República vigente, contra acórdão do Tribunal de Justiça do Mato Grosso que reconheceu a legalidade das Portarias n. 72/2006 e 105/2006, a quais são responsáveis pela instalação sindicância para a operação de fatos supostamente fraudulentos e pela suspensão do cadastro da empresa recorrente junto ao CC-Sema por descumprimento de requisitos legais. 2. Nas razões recursais, sustenta a recorrente, em síntese, que 'as restrições [a ela] impostas (suspensão de suas atividades), proveniente das aludidas portarias, configuram flagrante sanção administrativa, sem, contudo, ter-lhe possibilitado o exercício de seu direito constitucional de defesa, em total desrespeito ao devido processo legal' (fl. 281). Alega, ainda, que tais medidas são desprovidas de razoabilidade. 3. A empresa impetrante (ora recorrente) teve seu cadastro junto ao CC-Sema – Cadastro de Consumidores de Produtos Florestais – suspenso em razão de suposta **divergência entre os estoques de madeira declarados pela recorrente e os efetivamente comercializados**. 4. O CC-Sema tem por

objetivo o controle dos empreendimentos destinados a extração, coleta, beneficiamento, transformação, industrialização, armazenagem e consumo de produtos, subprodutos ou matéria-prima originária de qualquer formação florestal. 5. O cadastramento junto ao CC-Sema permite que as empresas consumidoras tenham acesso ao Sisflora – Sistema de Comercialização e Transporte de Produtos Florestais, que é o sistema responsável pela organização operacional das atividades de cadastro, licenciamento, transporte, comercialização e reposição florestal, com a maioria das atividades realizadas por meios virtuais (internet). 6. Para se cadastrar no CC-Sema, o usuário deve apresentar uma série de documentos, dentre eles a Declaração de Estoque de Toras de Origem Florestal Nativa e a Declaração de Estoque de Produtos Madeireiros. Os estoques declarados podem ser homologados após a apresentação de certidão ou declaração do Ibama, facultando-se a realização de vistorias quando haja indícios de inexatidão de dados. 7. A confirmação da regularidade dos dados da empresa e da sua declaração de estoque são condições suficientes para habilitar a empresa a emitir as Guias Florestais e efetuar normalmente suas transações comerciais. 8. Ocorre que algumas empresas vieram a ser suspensas por suspeitas de fraude na inserção de créditos de madeira. Ficou provado, no âmbito administrativo, que um estagiário do órgão competente estava inserindo créditos para madeireiras que não correspondiam a situação real de estoque (tendo sido descumprido, portanto, requisito de cadastramento – compatibilidade entre estoque declarado e estoque existente). 9. Entre as empresas que tiveram o acesso ao CC-Sema suspenso está a recorrente – suspensa, consequentemente, também a licença ambiental. 10. **A suspensão do cadastro,** no caso, encontra amparo não só na necessidade genérica de preservação do meio ambiente (art. 225 da Constituição da República vigente) – na medida em que **as atividades que envolvem a extração e comercialização de madeira são potencialmente lesivas ao patrimônio ambiental** –, mas também na norma específica do **art. 19 da Resolução Conama n. 237/97** – pela qual '[o] **órgão ambiental competente,** mediante decisão motivada, poderá **modificar os condicionantes e as medidas de controle e adequação, suspender ou cancelar uma licença expedida,** quando ocorrer: I – violação ou inadequação de quaisquer condicionantes ou normas legais; II – omissão ou falsa descrição de informações relevantes que subsidiaram a expedição da licença; III – superveniência de graves riscos ambientais e de saúde'. No caso em tela, há enquadramento nos três incisos. 11. Não há ofensa ao princípio do devido processo legal porque, embora a suspensão da licença tenha se dado em caráter inicial, sem a possibilidade de manifestação da recorrente, o contraditório e a ampla defesa serão (ou deverão ser) respeitados durante a sindicância aberta para averiguar as fraudes (Portarias n. 72/2006 e 105/2006). Trata-se, portanto, de contraditório e ampla defesa diferidos, e não inexistentes. 12. Recurso ordinário não provido" (STJ, RMS 25.488/MT, 2ª T., Rel. Min. Mauro Campbell Marques, j. 01.09.2009).

8. PROIBIÇÃO DO USO DE FOGO E DO CONTROLE DOS INCÊNDIOS FLORESTAIS

O uso do fogo e o controle de incêndios florestais é tema cada vez mais relevante no contexto do **aquecimento global e das mudanças climáticas,** haja vista um cenário cada vez mais severo de secas em algumas regiões, como se tem visto, em particular, na **Amazônia e no Pantanal** nos últimos anos, com impactos que vão de norte ao sul do Brasil. Por exemplo, a fumaça dos incêndios ocorridos na Amazonia em agosto de 2024 alcançou inclusive capitais da região sul, como Florianópolis e Porto Alegre. Igual cenário de incêndios foi registrado no interior do Estado de São Paulo também no mês de agosto de 2024. Ao invés dos **"rios voadores"**, o que se viu foram **"nuvens de fumaça tóxica"** espalhando-se de norte a sul do Brasil. A respeito do tema, tramita no **STF** as **ADPFs 743, 746 e 857**. O Plenário da Corte, por unanimidade, determinou, em decisão de 20.03.2024, à União a apresentação, em 90 dias, de **plano de prevenção e combate a incêndios no Pantanal e na Amazônia, com monitoramento, metas e estatísticas.**

O STF, no entanto, negou pedido de reconhecimento de violação massiva de direitos fundamentais (estado de coisas inconstitucional) na política de combate a incêndios e queimadas no Pantanal e na região amazônica, mas reconheceu a necessidade de providências a serem adotadas para o cumprimento do direito fundamental ao meio ambiente ecologicamente equilibrado. Entre as providências determinadas pela Corte, estão a elaboração, pela União, de um plano de recuperação da capacidade operacional do **Sistema Nacional de Prevenção e Combate aos Incêndios Florestais (PREVFOGO)** e de um plano de ação com medidas concretas para processamento das informações prestadas ao Cadastro Ambiental Rural (CAR).

> **JURISPRUDÊNCIA STF. CONSTITUCIONAL. Dever do Estado de prevenção e combate a incêndios no Pantanal e na Amazônia:** "AMBIENTAL. ARGUIÇÃO DE DESCUMPRIMENTO DE PRECEITO FUNDAMENTAL. **MODIFICAÇÃO FÁTICA DOS ELEMENTOS CARACTERIZADORES DO ESTADO DE COISAS EXISTENTE NO MOMENTO DA PROPOSITURA DAS AÇÕES.** PAULATINA **RETOMADA DA NORMALIDADE DAS POLÍTICAS PÚBLICAS AMBIENTAIS.** DESCARACTERIZAÇÃO DO **ESTADO DE COISAS INCONSTITUCIONAL.** NECESSIDADE DE ADOÇÃO DE MEDIDAS PARA O COMPLETO RESTABELECIMENTO DA NORMALIDADE CONSTITUCIONAL. PROCEDÊNCIA EM PARTE. 1. O reconhecimento do estado de coisas inconstitucional é uma técnica que deve ser vista *cum grano salis* e com a devida preocupação de ser manuseada como um 'soldado de reserva', a ser convocado quando resta manifesta situação patológica de falência estrutural da política pública de proteção e efetivação de direitos fundamentais. 2. Houve evolução nas políticas públicas voltadas à proteção do meio ambiente, consubstanciadas na implementação de **medidas de combate ao desmatamento ilegal, desde a implementação de ações de fiscalização ambiental, até operações contra o corte e a comercialização de madeira ilegal, contra a invasão, desmatamento e garimpo ilegal em terras indígenas, bem como o reforço de outras medidas atinentes à promoção do meio ambiente ecologicamente equilibrado da Amazônia e do Pantanal.** 3. A despeito do esforço para retomada das políticas públicas de proteção ao meio ambiente, o reduzido tempo de implementação das novas medidas ainda não foi suficiente para alcançar a plena normalidade constitucional, mas se percebe processo de constitucionalização ainda em curso. 4. Tratando-se da concretização de política pública transversal, a proteção ao meio ambiente ecologicamente equilibrado reclama a atuação coordenada de diversos órgãos e entidades da Administração Pública, na medida em que somente mediante atuação concertada de todo o Poder Público será alcançada a plena conformidade constitucional em matéria ambiental na Amazônia e Pantanal, inclusive com previsões orçamentárias e abertura de créditos extraordinários. 5. Julgamento conjunto das **Arguições de Descumprimento de Preceito Fundamental 743, 746 e 857.** 6. Pedidos julgados parcialmente procedentes para determinar que: i) o Governo Federal apresente, no prazo de 90 dias, um **plano de prevenção e combate aos incêndios no Pantanal e na Amazônia, que abarque medidas efetivas e concretas para controlar ou mitigar os incêndios e para prevenir que novas devastações.** Referido plano deverá ser apresentado ao Conselho Nacional de Justiça, que centralizará as atividades de coordenação e supervisão das ações decorrentes da execução da presente decisão; ii) o Governo federal apresente **plano de recuperação da capacidade operacional do Sistema Nacional de Prevenção e Combate aos Incêndios Florestais – PREVFOGO,** a ser apresentado ao CNJ, também no prazo de 90 dias; iii) o Governo Federal e Estaduais divulguem detalhadamente os dados relacionados ao orçamento e à execução orçamentária das ações relacionadas à defesa do meio ambiente relativos aos anos de 2019 e 2020; iv) o Ibama e os Governos Estaduais, por meio de suas secretarias de meio ambiente ou afins, tornem públicos, em até 60 dias, os dados referentes às autorizações de supressão de vegetação e que a publicidade passe a ser, doravante, a regra de referidos dados; v) o Governo Federal, em articulação com os demais entes e entidades competentes, apresente, no prazo de 90 dias, a complementação do Plano de Ação para Prevenção e Controle do Desmatamento da Amazônia Legal – PPCDAm, com propostas de medidas concretas, para: a) processar,

de acordo com cronograma e planejamento a serem desenhados pelos atores envolvidos, as informações prestadas até a presente data ao Cadastro Ambiental Rural e aprimorar o processamento de informações a serem coletadas no futuro, preferencialmente com o uso de análise dinamizada; e b) integrar os **sistemas de monitoramento do desmatamento, de titularidade da propriedade fundiária e de autorização de supressão de vegetação, ampliando o controle automatizado do desmatamento ilegal e a aplicação de sanções**; vi) o Governo Federal elabore **relatórios semestrais** sobre as ações e resultados das **medidas adotadas na execução do PPCDAm**, a serem disponibilizados publicamente em formato aberto; vii) o **Observatório do Meio Ambiente do Poder Judiciário**, integrante do CNJ, monitore os processos com grande impacto sobre o desmatamento, em conjunto com este Tribunal" (STF, ADPF 743/DF, Tribunal Pleno, Rel. André Mendonça, Rel. p/ Acórd. Flávio Dino, j. 20.03.2024).

O **uso de fogo na vegetação** é **proibido pelo Código Florestal de 2012**, **exceto** nas seguintes situações, conforme assinala o art. 38 do diploma:

"I – em **locais ou regiões cujas peculiaridades justifiquem** o emprego do fogo em práticas agropastoris ou florestais, mediante **prévia aprovação do órgão estadual ambiental competente** do SISNAMA, para cada imóvel rural ou de forma regionalizada, que estabelecerá os critérios de monitoramento e controle;

II – **emprego da queima controlada em Unidades de Conservação**, em conformidade com o respectivo plano de manejo e mediante prévia aprovação do órgão gestor da Unidade de Conservação, visando ao manejo conservacionista da vegetação nativa, cujas características ecológicas estejam associadas evolutivamente à ocorrência do fogo;[42]

III – **atividades de pesquisa científica** vinculada a projeto de pesquisa devidamente aprovado pelos órgãos competentes e realizada por instituição de pesquisa reconhecida, mediante prévia aprovação do órgão ambiental competente do SISNAMA"

A **proibição das queimadas em áreas florestais** no território nacional como a "**regra geral**", admitindo o uso de fogo na vegetação florestal apenas de modo **excepcional** nas hipóteses dos incisos I, II e III.[43] A legislação florestal visa, em linhas gerais, estabelecer **políticas públicas voltadas à prevenção e combate aos incêndios florestais**. A queimada florestal é, com o próprio desmatamento, uma das práticas predatórias que, além de comprometer a biodiversidade e o equilíbrio dos ecossistemas florestais, mais acarreta **liberação de gases do efeito estufa** e, consequentemente, potencializa o aquecimento global e as mudanças climáticas. Portanto, nada mais pertinente do que estabelecer o dever dos entes públicos ambientais, em todas as esferas federativas, de promover políticas públicas com o propósito de prevenir e combater tais situações, além de promover campanhas de conscientização (em especial, nas regiões onde tais práticas são costumeiras) da sociedade em geral a respeito da degradação ecológica e prejuízo à saúde pública acarretados pelas queimadas.

Na situação prevista no inciso I, segundo dispõe o § 1º do art. 38, o órgão estadual ambiental competente do SISNAMA exigirá que os estudos demandados para o **licenciamento da atividade** rural contenham **planejamento específico sobre o emprego do fogo** e o controle dos incêndios. O § 2º do dispositivo, por sua vez, estabelece que se **excetuam da proibição** constante no *caput* as práticas de prevenção e combate aos incêndios e as de **agricultura de subsistência** exercidas pelas **populações tradicionais e indígenas**. Tomando por base aspectos de natureza

---

[42] A **Resolução Conama 011/1988** dispõe sobre as queimadas nas Unidades de Conservação.
[43] A Lei 14.944/2024 instituiu a Política Nacional de Manejo Integrado do Fogo, conforme abordado em tópico subsequente.

socioambiental e cultural, inclusive por força da **proteção constitucional conferida às populações tradicionais e indígenas**, o dispositivo abre exceção à regra geral estabelecida no *caput*, autorizando o uso de fogo na vegetação limitado aos objetivos assinalados na própria norma.

Na apuração da **responsabilidade pelo uso irregular do fogo** em terras públicas ou particulares, a autoridade competente para fiscalização e autuação deverá **comprovar o nexo de causalidade** entre a ação do proprietário ou qualquer preposto e o dano efetivamente causado (§ 3º). De modo complementar, repetindo o conteúdo, o § 4º do mesmo dispositivo assinala que é necessário o estabelecimento de nexo causal na verificação das responsabilidades por infração pelo uso irregular do fogo em terras públicas ou particulares.

> **JURISPRUDÊNCIA STJ. Proibição de queimada como regra geral e princípio da precaução:** "Direito ambiental. Ação civil pública. **Cana-de-açúcar. Queimadas.** Art. 21, parágrafo único, da Lei n. 4.771/65. Dano ao meio ambiente. Princípio da precaução. **Queima da palha de cana. Existência de regra expressa proibitiva.** Exceção existente somente para preservar peculiaridades locais ou regionais relacionadas à identidade cultural. **Inaplicabilidade às atividades agrícolas industriais.** 1. O **princípio da precaução**, consagrado formalmente pela Conferência das Nações Unidas sobre o Meio Ambiente e o Desenvolvimento – Rio 92 (ratificada pelo Brasil), a ausência de certezas científicas não pode ser argumento utilizado para postergar a adoção de medidas eficazes para a proteção ambiental. **Na dúvida, prevalece a defesa do meio ambiente.** 2. A situação de tensão entre princípios deve ser resolvida pela ponderação, fundamentada e racional, entre os valores conflitantes. Em face dos princípios democráticos e da Separação dos Poderes, é o Poder Legislativo quem possui a primazia no processo de ponderação, de modo que o Judiciário deve intervir apenas no caso de ausência ou desproporcionalidade da opção adotada pelo legislador. 3. O legislador brasileiro, atento a essa questão, **disciplinou o uso do fogo no processo produtivo agrícola, quando prescreveu no art. 27, parágrafo único, da Lei n. 4.771/65** que o Poder Público poderia autorizá-lo em práticas agropastoris ou florestais desde que em razão de peculiaridades locais ou regionais. 4. Buscou-se, com isso, compatibilizar dois valores protegidos na Constituição Federal de 1988, quais sejam, o meio ambiente e a cultura ou o modo de fazer, este quando necessário à sobrevivência dos pequenos produtores que retiram seu sustento da atividade agrícola e que não dispõem de outros métodos para o exercício desta, que não o uso do fogo. 5. A interpretação do art. 27, parágrafo único do Código Florestal **não pode conduzir ao entendimento de que estão por ele abrangidas as atividades agroindustriais ou agrícolas organizadas, ou seja, exercidas empresarialmente, pois dispõe de condições financeiras para implantar outros métodos menos ofensivos ao meio ambiente**. Precedente: (AgRg nos EDcl no REsp 1094873/SP, Rel. Min. Humberto Martins, Segunda Turma, julgado em 04.08.2009, *DJe* 17.08.2009). 6. Ademais, ainda que se entenda que é possível à administração pública autorizar a queima da palha da cana-de-açúcar em atividades agrícolas industriais, **a permissão deve ser específica, precedida de estudo de impacto ambiental e licenciamento**, com a implementação de medidas que viabilizem amenizar os danos e a recuperar o ambiente, Tudo isso em respeito ao art. 10 da Lei n. 6.938/81. Precedente: (EREsp 418.565/SP, Rel. Min. Teori Albino Zavascki, Primeira Seção, julgado em 29.09.2010, *DJe* 13.10.2010). Recurso especial provido" (STJ, REsp 1.285.463/SP, 2ª T., Rel. Min. Humberto Martins, 28.02.2012).

> **JURISPRUDÊNCIA TJSP. Queima da cana-de-açúcar.**
> "Ação direta de inconstitucionalidade. Lei municipal que proíbe a queima de palha de cana-de-açúcar e o uso do fogo em atividades agrícolas. Competência municipal reconhecida após a ênfase conferida ao município pela Constituição de 1988. Interesse local do município que não difere do peculiar interesse consagrado na ordem jurídica. Ação improcedente. Queima de palha de cana-de-açúcar. Método rudimentar e primitivo, que

pode ser vantajosamente substituído pela mecanização. Evolução jurisprudencial do Órgão Especial do Tribunal de Justiça. Precedentes que evidenciam essa evolução. Ação direta de inconstitucionalidade improcedente. Queima de palha de cana-de-açúcar. Avanço decorrente de nova postura do órgão especial do TJSP que levou o setor a admitir redução do prazo previsto para eliminação das queimadas. Constatação de que métodos arcaicos e antiambientais constituirão barreiras ao ingresso do etanol no Primeiro Mundo. Mudança de rumo inspirada por reação do estado-juiz e por opção pragmática. De qualquer forma, a benefício do meio ambiente. Os usineiros lúcidos e conscientes não desconhecem de que o método rudimentar, primitivo e nefasto da queima da palha de cana-de-açúcar é fator dissuasivo da aceitação do etanol no Primeiro Mundo. As barreiras ambientais poderão conseguir aquilo que a educação ecológica e uma Constituição pioneira no trato do meio ambiente ainda não obteve em termos de efetiva tutela à natureza na pátria brasileira. Não basta produzir etanol, combustível verde e obtido a partir de fontes renováveis, se ele chegar ao mercado do mundo civilizado eticamente contaminado pela fuligem das queimadas ou obscurecido pela acusação de que o setor sucroalcooleiro dos países emergentes ainda se utiliza de mão de obra análoga à de patamares inferiores aos das conquistas laborais do século XX" (TJSP, ADi 126.780-0/8-00, Órgão Especial, Rel. Des. Renato Nalini, j. 24.12.2007).

Outro aspecto importante trazido pelo diploma florestal diz respeito à exigência de **plano de contingência para o combate aos incêndios florestais** e **planos de manejo integrado do fogo**, tanto do poder público quanto de particulares responsáveis pela gestão de áreas de áreas florestais. Assim, os órgãos ambientais do SISNAMA, bem como todo e qualquer órgão público ou privado responsável pela gestão de áreas com vegetação nativa ou plantios florestais, deverão elaborar, atualizar e implementar **planos de manejo integrado do fogo**, conforme redação dada ao art. 39 do Código Florestal de 2012 pela Lei 14.944/2024. Em decorrência de inserção feita pela Lei 14.406/2022, os novos § 1º e § 2º do art. 39 passaram a prever: "§ 1º Os **planos de contingência para o combate aos incêndios florestais** dos órgãos do SISNAMA conterão diretrizes para o **uso da aviação agrícola no combate a incêndios** em todos os tipos de vegetação. § 2º As aeronaves utilizadas para combate a incêndios deverão atender às normas técnicas definidas pelas autoridades competentes do poder público e ser pilotadas por profissionais devidamente qualificados para o desempenho dessa atividade, na forma do regulamento".

Nesse sentido, o Governo Federal, conforme dispõe o art. 40 do diploma florestal, deverá estabelecer uma **Política Nacional de Manejo e Controle de Queimadas, Prevenção e Combate aos Incêndios Florestais**, que promova a articulação institucional visando a substituição do uso do fogo no meio rural, no controle de queimadas, na prevenção e no combate aos incêndios florestais e no manejo do fogo em áreas naturais protegidas. A política pública em questão deverá prever **instrumentos para a análise dos impactos das queimadas** sobre mudanças climáticas e mudanças no uso da terra, conservação dos ecossistemas, saúde pública e fauna, para subsidiar planos estratégicos de prevenção de incêndios florestais (§ 1º), bem como deverá **observar cenários de mudanças climáticas** e potenciais aumentos de **risco de ocorrência de incêndios florestais** (§ 2º). A inserção do § 3º ao dispositivo levado a efeito pela Lei nº 14.406/2022 incluiu a previsão de que: "§ 3º A Política de que trata o *caput* deste artigo contemplará programa de uso da aviação agrícola no combate a incêndios em todos os tipos de vegetação."

8.1. A Lei da Política Nacional de Manejo Integrado do Fogo (Lei 14.944/2024)

A Lei 14.944/2024 instituiu a Política Nacional de Manejo Integrado do Fogo, estabelecendo importante marco regulamentar na matéria, com o objetivo, conforme previsão do seu art. 1º, de disciplinar e promover a articulação interinstitucional relativa: "I – ao manejo integrado do fogo; II – à redução da incidência e dos danos dos incêndios florestais no território nacional; III – ao reconhecimento do papel ecológico do fogo nos ecossistemas e ao respeito aos saberes e às práticas de uso tradicional do fogo." Além disso, o diploma estabelece conceitos, princípios e objetivos aplicados à matéria.

Os **conceitos** são previstos no art. 2º do diploma, como, por exemplo, o próprio conceito de **manejo integrado do fogo**, o qual assim dispõe: "modelo de planejamento e gestão que associa **aspectos ecológicos, culturais, socioeconômicos e técnicos** na execução, na integração, no monitoramento, na avaliação e na adaptação de ações relacionadas com o uso de queimas prescritas e controladas e a prevenção e o combate aos incêndios florestais, com vistas à **redução de emissões de material particulado e gases de efeito estufa**, à **conservação da biodiversidade** e à redução da severidade dos incêndios florestais, respeitado o uso tradicional e adaptativo do fogo" (XI).

> "**Art. 2º** Para fins do disposto nesta Lei, considera-se:
>
> I – **incêndio florestal**: qualquer fogo não controlado e não planejado que incida sobre florestas e demais formas de vegetação, nativa ou plantada, em áreas rurais e que, independentemente da fonte de ignição, exija resposta;
>
> II – **queima controlada**: uso planejado, monitorado e controlado do fogo, realizado para fins agrossilvipastoris em áreas determinadas e sob condições específicas;
>
> III – **queima prescrita**: uso planejado, monitorado e controlado do fogo, realizado para fins de conservação, de pesquisa ou de manejo em áreas determinadas e sob condições específicas, com objetivos predefinidos em plano de manejo integrado do fogo;
>
> IV – **uso tradicional e adaptativo do fogo**: prática ancestral adaptada às condições territoriais, ambientais e climáticas atuais, empregada por povos indígenas, comunidades quilombolas e outras comunidades tradicionais em suas atividades de reprodução física e cultural, relacionada com a agricultura, a caça, o extrativismo, a cultura e a cosmovisão, próprias de sua gestão territorial e ambiental;
>
> V – **uso do fogo de forma solidária**: ação realizada em conjunto por agricultores familiares, por meio de mutirão ou de outra modalidade de interação, que abranja, simultaneamente, 2 (duas) ou mais pequenas propriedades ou posses rurais familiares contíguas;
>
> VI – **regime do fogo**: frequência, época, tamanho da área queimada, intensidade, severidade e tipo de queima em determinada área ou ecossistema;
>
> VII – **ecossistema associado ao fogo**: aquele em que o fogo, natural ou provocado, cumpra papel ecológico em suas funções e seus processos;
>
> VIII – **prevenção de incêndios florestais**: medidas contínuas realizadas no manejo integrado do fogo com o objetivo de reduzir a ocorrência e a propagação de incêndios florestais e seus impactos negativos;
>
> IX – **combate aos incêndios florestais**: conjunto de atividades relacionadas com o controle e a extinção de incêndios desde a sua detecção até a sua extinção completa;
>
> X – **plano operativo de prevenção e combate aos incêndios florestais**: documento de ordem prático-operacional para gestão de recursos humanos, materiais e de apoio para a tomada de decisão no desenvolvimento de ações de prevenção e de combate aos incêndios florestais, que tem como propósito definir, objetivamente, estratégias e medidas eficientes, aplicáveis anualmente, que minimizem o risco de ocorrência de incêndios florestais e seus impactos em uma área definida;
>
> XI – **manejo integrado do fogo**: modelo de planejamento e gestão que associa aspectos ecológicos, culturais, socioeconômicos e técnicos na execução, na integração, no monitoramento, na avaliação e na adaptação de ações relacionadas com o uso de queimas prescritas e controladas e a prevenção e o combate aos incêndios florestais, com vistas à redução de emissões de material particulado e gases de efeito estufa, à conservação da biodiversidade e à redução da severidade dos incêndios florestais, respeitado o uso tradicional e adaptativo do fogo;

XII – **autorização por adesão e compromisso**: autorização para queima controlada mediante declaração de adesão e compromisso com os requisitos preestabelecidos pelo órgão competente."

Os **princípios** da Política Nacional de Manejo Integrado do Fogo são estabelecidos no art. 3º do diploma, com destaque para a correlação entre o manejo integrado do fogo e a **proteção ambiental e climática**, conforme se pode apreender da base principiológica aplicada à matéria referida na sequência.

CAPÍTULO II
DOS PRINCÍPIOS E DAS DIRETRIZES

Art. 3º São princípios da Política Nacional de Manejo Integrado do Fogo:
I – a **responsabilidade comum** da União, dos Estados, do Distrito Federal e dos Municípios, em articulação com a sociedade civil organizada e com representantes dos setores produtivos, na criação de políticas, programas e planos que promovam o manejo integrado do fogo;
II – a **função social da propriedade**;
III – a promoção da **sustentabilidade dos recursos naturais**;
IV – a **proteção da biodiversidade e dos serviços ecossistêmicos**;
V – a promoção da abordagem integrada, intercultural e adaptativa do uso do fogo;
VI – a percepção do fogo como parte integrante de **sistemas ecológicos, econômicos e socioculturais**;
VII – a **substituição do uso do fogo em ambientes sensíveis** a esse tipo de ação, sempre que possível;
VIII – a substituição do uso do fogo como prática agrossilvipastoril por práticas sustentáveis, sempre que possível;
IX – a **redução das ameaças** à vida e à saúde humana e à propriedade;
X – o reconhecimento e o respeito à **autonomia sociocultural, à valorização do protagonismo, à proteção e ao fortalecimento dos saberes, das práticas, dos conhecimentos e dos sistemas de uso sagrado, tradicional e adaptativo do fogo** e às formas próprias de conservação dos recursos naturais por **povos indígenas, comunidades quilombolas e outras comunidades tradicionais**;
XI – a promoção de ações para o **enfrentamento das mudanças climáticas**.

A Lei 14.944/2024 igualmente contempla os **objetivos** do diploma no seu art. 5º, conforme segue.

CAPÍTULO III
DOS OBJETIVOS

Art. 5º São **objetivos** da Política Nacional de Manejo Integrado do Fogo:
I – **prevenir a ocorrência e reduzir os impactos** dos incêndios florestais e do uso não autorizado e indevido do fogo, por meio do estabelecimento do manejo integrado do fogo;
II – promover a **utilização do fogo de forma controlada, prescrita ou tradicional**, de maneira a respeitar a **diversidade ambiental e sociocultural** e a sazonalidade em ecossistemas associados ao fogo;

III – reduzir a incidência, a intensidade e a severidade de incêndios florestais;

IV – promover a diversificação das práticas agrossilvipastoris de maneira a incluir, quando viável, a **substituição gradativa do uso do fogo** ou a integração de práticas de manejo do fogo, por meio de assistência técnica e extensão rural;

V – aumentar a capacidade de **enfrentamento dos incêndios florestais** no momento dos incidentes, de maneira a melhorar o planejamento e a **eficácia do combate ao fogo**;

VI – promover o processo de **educação ambiental**, com foco na prevenção, nas causas e nas consequências ambientais e socioeconômicas dos incêndios florestais e nas alternativas para a **redução da vulnerabilidade socioambiental**;

VII – promover a **conservação e a recuperação da vegetação nativa** e das suas **funções ecológicas e sociais** nas áreas urbanas e rurais atingidas pelo fogo;

VIII – promover ações de **responsabilização sobre o uso não autorizado e indevido do fogo**, em conformidade com a legislação;

IX – considerar a queima prescrita como ferramenta para o controle de espécies exóticas ou invasoras, sempre observados os aspectos técnicos e científicos;

X – contribuir para a implementação de diretrizes de manejo integrado do fogo nas ações de gestão ambiental e territorial;

XI – reconhecer, respeitar e fomentar o uso tradicional e adaptativo do fogo por **povos indígenas, comunidades quilombolas e outras comunidades tradicionais** e definir, de forma participativa e de acordo com as especificidades de cada povo e comunidade tradicional, as estratégias de prevenção e de combate aos incêndios florestais em seus territórios.

A Política Nacional de Manejo Integrado do Fogo, instituída pela Lei 14.944/2024, reforça tanto a natureza excepcional do uso no fogo – a regra é a sua proibição, conforme previsão expressa do art. 38 do Código Florestal de 2012 – quanto a exigência estrita de um manejo integrado do fogo compatível com a proteção ambiental e climática. É notória a maior suscetibilidade da vegetação florestal a incêndios diante de **episódios climáticos extremos**, como secas severas. A piora progressiva da **seca na Amazônia e no Pantanal Mato-grossense**, acompanhada de um número maior de focos de incêndio nos últimos anos, ilustra bem esse cenário. A maior severidade dos incêndios florestais verificada no Brasil nos últimos anos – vide o caso do interior de São Paulo em agosto de 2024 – tem correlação direta com o **desmatamento e mudanças climáticas**. Ademais, o diploma evidencia o **dever de substituição progressiva** (art. 44) do uso do fogo por práticas mais sustentáveis de manejo do solo e da vegetação no meio rural.

Por fim, destaca-se a aplicação da **tríplice responsabilidade (administrativa, civil e criminal) do poluidor** pelo **uso irregular do fogo**, conforme previsão dos arts. 45 e 46 do diploma.

CAPÍTULO IX
DA RESPONSABILIZAÇÃO PELO USO IRREGULAR DO FOGO

Art. 45. O **uso irregular do fogo** será passível de **responsabilização administrativa, civil e criminal**, conforme definido na Lei nº 12.651, de 25 de maio de 2012 (Código Florestal).

§ 1º O **responsável pelo imóvel rural** implementará **ações de prevenção e de combate aos incêndios florestais** em sua propriedade de acordo com as normas estabelecidas pelo Comitê Nacional de Manejo Integrado do Fogo e pelos órgãos competentes do Sisnama.

§ 2º Qualquer cidadão poderá ser responsabilizado na esfera civil pelos **custos públicos ou privados** das ações de combate aos incêndios florestais e dos **danos materiais, sociais**

> **e ambientais** causados por sua **ação ou omissão**, desde que a responsabilidade seja tecnicamente estabelecida por meio de comprovação de nexo causal.
>
> Art. 46. O **descumprimento das atividades estabelecidas nos planos de manejo integrado do fogo** que resultar em incêndios florestais e causar **prejuízos ambientais, socioculturais ou econômicos** sujeita os responsáveis às penalidades previstas nos arts. 14 e 15 da Lei nº 6.938, de 31 de agosto de 1981, e na Lei nº 9.605, de 12 de fevereiro de 1998 (Lei dos Crimes Ambientais).

9. PROGRAMA DE APOIO E INCENTIVO À PRESERVAÇÃO E RECUPERAÇÃO DO MEIO AMBIENTE

9.1 Considerações gerais: o reconhecimento dos serviços ambientais prestados pela Natureza (Lei 14.119/2021) à luz de um novo paradigma econômico ecológico

A nova legislação florestal também se ocupou de estabelecer um "programa de apoio e incentivo à preservação e recuperação do meio ambiente". Conforme dispõe o seu art. 41, *caput*, "é o **Poder Executivo federal** autorizado a instituir, sem prejuízo do cumprimento da legislação ambiental, **programa de apoio e incentivo à conservação do meio ambiente**, bem como para adoção de tecnologias e boas práticas que conciliem a produtividade agropecuária e florestal, com redução dos impactos ambientais, como forma de promoção do desenvolvimento ecologicamente sustentável, observados sempre os critérios de progressividade", abrangendo as seguintes categorias e linhas de ação:

> "I – **pagamento ou incentivo a serviços ambientais** como retribuição, monetária ou não, às atividades de conservação e melhoria dos ecossistemas e que gerem serviços ambientais, tais como, isolada ou cumulativamente:
>
> a) o sequestro, a conservação, a manutenção e o aumento do estoque e a diminuição do fluxo de **carbono**;
>
> b) a conservação da **beleza cênica natural**;
>
> c) a conservação da **biodiversidade**;
>
> d) a conservação das águas e dos **serviços hídricos**;
>
> e) a regulação do **clima**;
>
> f) a valorização cultural e do **conhecimento tradicional** ecossistêmico;
>
> g) a conservação e o melhoramento do **solo**;
>
> h) a manutenção de áreas de preservação permanente, de **reserva legal** e de uso restrito".

O reconhecimento, nos âmbitos jurídicos e econômicos, do **instituto do pagamento pelos serviços ambientais**[44] é, sem dúvida, um ponto extremamente positivo trazido pela legislação florestal. A sua relevância está justamente na valorização dos **"serviços" prestados pela Natureza**, no sentido de que a conservação e manutenção do equilíbrio ecológico implica consideráveis benefícios econômicos às atividades humanas. Isso, por sua vez, é fundamental para a concepção do modelo de **desenvolvimento sustentável** almejado pela legislação florestal em vista de um **novo paradigma econômico ecológico ou verde**. É o que se pode denominar de uma "economia da floresta em pé".

---

[44] NUSDEO, Ana Maria de Oliveira. *Pagamento por serviços ambientais*. São Paulo, Atlas, 2012. Mais recentemente, v. GONÇALVES, Ana Paula Rengel. *Agroecologia e pagamento por serviços ambientais*: lições e perspectivas. São Paulo: Instituto O Direito por um Planeta Verde, 2017.

O instituto do pagamento por serviços ambientais reconhece o valor econômico da manutenção do equilíbrio e integridade ecológica. A título de exemplo, a Floresta Amazônica é responsável por inúmeros *serviços ambientais*, com forte repercussão de ordem social e econômica, cumprindo destacar, a título de exemplo e diante da questão fundamental do aquecimento global, que a mata estoca quantidade significativa de carbono em sua biomassa (madeira, raízes, folhas, microrganismos do solo), que de outro modo – por exemplo, queimada ou substituída por vegetação menos densa – terminaria sendo liberada de volta para a atmosfera, na forma de dióxido de carbono e outros gases do efeito estufa. Os diversos tipos de serviços ambientais podem ser exemplificados no rol (apenas exemplificativo) que segue nos incisos do dispositivo em análise.

O diploma florestal de 2012 trilhou, em vários aspectos, as diretrizes do que se designa hoje de **economia verde**. Isso diz respeito, entre outras questões, aos mecanismos econômicos voltados ao desenvolvimento sustentável. A concretização das bases do desenvolvimento sustentável passa por um ajuste na ordem econômica e incorporação de mecanismos econômicos para promover a proteção ambiental. Um dos melhores exemplos disso é o instituto do pagamento por serviços ambientais consagrado no novo diploma florestal (conforme tratado nos comentários ao inciso I do art. 41), além, é claro, de instrumentos tributários (em especial, daqueles com função extrafiscal) que estimulem o comportamento de agente públicos e privados a promover práticas amigas do ambiente.

O **Decreto 4.339/2002**, ao instituir os princípios e diretrizes para a implementação da **Política Nacional da Biodiversidade**, tratou do **pagamento por serviços ambientais**. Entre os objetivos trazidos pelo referido documento, a título de exemplo, destacam-se: "apoiar estudos sobre o valor dos componentes da **biodiversidade** e dos **serviços ambientais associados**" (item 10.3.7), "criar e consolidar legislação específica relativa ao **uso de instrumentos econômicos** que visem ao **estímulo à conservação da biodiversidade**, associado ao processo de **reforma tributária**" (11.5.2) e "criar e implantar mecanismos tributários, creditícios e de facilitação administrativa específicos para proprietários rurais que mantêm reservas legais e áreas de preservação permanente protegidas" (item 11.5.7).

Mais recentemente, com o propósito de estabelecer políticas públicas ambientais alinhadas com o novo paradigma de uma economia ecológica, destaca-se a **Lei 14.119/2021**, que institui a **Política Nacional de Pagamento por Serviços Ambientais**. A Lei 14.119/2021 estabeleceu, no seu art. 2º, vários conceitos legais importantes na temática, como, por exemplo: serviços ecossistêmicos, serviços ambientais, pagamento por serviços ambientais, entre outros.

Art. 2º Para os fins desta Lei, consideram-se:
I – ecossistema: complexo dinâmico de comunidades vegetais, animais e de microrganismos e o seu meio inorgânico que interagem como uma unidade funcional;
II – serviços ecossistêmicos: benefícios relevantes para a sociedade gerados pelos ecossistemas, em termos de manutenção, recuperação ou melhoria das condições ambientais, nas seguintes modalidades:
a) **serviços de provisão:** os que fornecem bens ou produtos ambientais utilizados pelo ser humano para consumo ou comercialização, tais como água, alimentos, madeira, fibras e extratos, entre outros;
b) **serviços de suporte:** os que mantêm a perenidade da vida na Terra, tais como a ciclagem de nutrientes, a decomposição de resíduos, a produção, a manutenção ou a renovação da fertilidade do solo, a polinização, a dispersão de sementes, o controle de populações de potenciais pragas e de vetores potenciais de doenças humanas, a proteção contra a radiação solar ultravioleta e a manutenção da biodiversidade e do patrimônio genético;
c) **serviços de regulação:** os que concorrem para a manutenção da estabilidade dos processos ecossistêmicos, tais como o sequestro de carbono, a purificação do ar, a mode-

ração de eventos climáticos extremos, a manutenção do equilíbrio do ciclo hidrológico, a minimização de enchentes e secas e o controle dos processos críticos de erosão e de deslizamento de encostas;

d) **serviços culturais:** os que constituem benefícios não materiais providos pelos ecossistemas, por meio da recreação, do turismo, da identidade cultural, de experiências espirituais e estéticas e do desenvolvimento intelectual, entre outros;

III – **serviços ambientais:** atividades individuais ou coletivas que favorecem a manutenção, a recuperação ou a melhoria dos serviços ecossistêmicos;

IV – **pagamento por serviços ambientais:** transação de natureza voluntária, mediante a qual um pagador de serviços ambientais transfere a um provedor desses serviços recursos financeiros ou outra forma de remuneração, nas condições acertadas, respeitadas as disposições legais e regulamentares pertinentes;

V – **pagador de serviços ambientais:** poder público, organização da sociedade civil ou agente privado, pessoa física ou jurídica, de âmbito nacional ou internacional, que provê o pagamento dos serviços ambientais nos termos do inciso IV deste *caput*;

VI – **provedor de serviços ambientais:** pessoa física ou jurídica, de direito público ou privado, ou grupo familiar ou comunitário que, preenchidos os critérios de elegibilidade, mantém, recupera ou melhora as condições ambientais dos ecossistemas.

Os **objetivos da PNPSA** encontram-se consagrados no art. 4º da Lei 14.119/2021, de modo a ilustrar as razões políticas, econômicas, jurídicas e sociais por trás do instituto do pagamento por serviços ambientais e o seu alinhamento ao novo paradigma econômico ecológico ou verde.

Art. 4º Fica instituída a Política Nacional de Pagamento por Serviços Ambientais (PNPSA), cujos objetivos são:

I – orientar a atuação do poder público, das organizações da sociedade civil e dos agentes privados em relação ao pagamento por serviços ambientais, de forma a **manter, recuperar ou melhorar os serviços ecossistêmicos** em todo o território nacional;

II – **estimular a conservação dos ecossistemas**, dos recursos hídricos, do solo, da biodiversidade, do patrimônio genético e do conhecimento tradicional associado;

III – **valorizar econômica, social e culturalmente os serviços ecossistêmicos**;

IV – **evitar a perda de vegetação nativa**, a fragmentação de *habitats*, a desertificação e outros processos de degradação dos ecossistemas nativos e fomentar a conservação sistêmica da paisagem;

V – incentivar medidas para garantir a **segurança hídrica** em regiões submetidas a escassez de água para consumo humano e a processos de desertificação;

VI – contribuir para a **regulação do clima** e a **redução de emissões** advindas de **desmatamento e degradação florestal**;

VII – **reconhecer as iniciativas individuais ou coletivas** que favoreçam a manutenção, a recuperação ou a melhoria dos serviços ecossistêmicos, por meio de retribuição monetária ou não monetária, prestação de serviços ou outra forma de recompensa, como o fornecimento de produtos ou equipamentos;

VIII – **estimular a elaboração e a execução de projetos privados voluntários** de provimento e pagamento por serviços ambientais, que envolvam iniciativas de empresas, de Organizações da Sociedade Civil de Interesse Público (OSCIP) e de outras organizações não governamentais;

IX – **estimular a pesquisa científica** relativa à valoração dos serviços ecossistêmicos e ao desenvolvimento de metodologias de execução, de monitoramento, de verificação e de certificação de projetos de pagamento por serviços ambientais;

X – assegurar a **transparência das informações** relativas à prestação de serviços ambientais, permitindo a participação da sociedade;

XI – estabelecer **mecanismos de gestão de dados e informações** necessários à implantação e ao **monitoramento** de ações para a plena execução dos serviços ambientais;

XII – **incentivar o setor privado** a incorporar a medição das perdas ou ganhos dos serviços ecossistêmicos nas cadeias produtivas vinculadas aos seus negócios;

XIII – incentivar a criação de um **mercado de serviços ambientais**;

XIV – fomentar o **desenvolvimento sustentável**.

§ 1º A PNPSA deverá **integrar-se às demais políticas setoriais e ambientais**, em especial à Política Nacional do Meio Ambiente, à Política Nacional da Biodiversidade, à Política Nacional de Recursos Hídricos, à Política Nacional sobre Mudança do Clima, à Política Nacional de Educação Ambiental, às normas sobre acesso ao patrimônio genético, sobre a proteção e o acesso ao conhecimento tradicional associado e sobre a repartição de benefícios para conservação e uso sustentável da biodiversidade e, ainda, ao Sistema Nacional de Unidades de Conservação da Natureza e aos serviços de assistência técnica e extensão rural.

§ 2º A PNPSA será gerida pelo **órgão central do Sistema Nacional do Meio Ambiente** (SISNAMA).

As **diretrizes da PNPSA** encontram-se consagradas no art. 5º do diploma, conforme segue.

Art. 5º São **diretrizes** da PNPSA:

I – o atendimento aos **princípios do provedor-recebedor e do usuário-pagador**;

II – o reconhecimento de que a manutenção, a recuperação e a melhoria dos **serviços ecossistêmicos contribuem para a qualidade de vida da população**;

III – a utilização do pagamento por serviços ambientais como **instrumento de promoção do desenvolvimento social, ambiental, econômico e cultural das populações** em área rural e urbana e dos produtores rurais, em especial das comunidades tradicionais, dos povos indígenas e dos agricultores familiares;

IV – a **complementaridade** do pagamento por serviços ambientais em relação aos **instrumentos de comando e controle** relacionados à conservação do meio ambiente;

V – a **integração e a coordenação das políticas de meio ambiente**, de recursos hídricos, de agricultura, de energia, de transporte, de pesca, de aquicultura e de desenvolvimento urbano, entre outras, com vistas à manutenção, à recuperação ou à melhoria dos serviços ecossistêmicos;

VI – a **complementaridade** e a **coordenação** entre programas e projetos de pagamentos por serviços ambientais implantados pela União, pelos Estados, pelo Distrito Federal, pelos Municípios, pelos Comitês de Bacia Hidrográfica, pela iniciativa privada, por Oscip e por outras organizações não governamentais, consideradas as especificidades ambientais e socioeconômicas dos diferentes biomas, regiões e bacias hidrográficas, e observados os princípios estabelecidos nesta Lei;

VII – o **reconhecimento do setor privado, das OSCIP e de outras organizações não governamentais** como organizadores, financiadores e gestores de projetos de pagamento por serviços ambientais, paralelamente ao setor público, e como indutores de mercados voluntários;

VIII – a publicidade, a transparência e o controle social nas relações entre o pagador e o provedor dos serviços ambientais prestados;

IX – a **adequação do imóvel rural e urbano à legislação ambiental**;

X – o **aprimoramento dos métodos de monitoramento**, de verificação, de avaliação e de certificação dos serviços ambientais prestados;

> XI – o resguardo da **proporcionalidade** no pagamento por serviços ambientais prestados;
>
> XII – a **inclusão socioeconômica** e a regularização ambiental de **populações rurais em situação de vulnerabilidade**, em consonância com as disposições da Lei nº 12.512, de 14 de outubro de 2011.

O art. 41 do diploma florestal ainda destaca as seguintes categorias e linhas de ação no âmbito do programa de apoio e incentivo à conservação do meio ambiente:

> II – **compensação pelas medidas de conservação ambiental** necessárias para o cumprimento dos objetivos desta Lei, utilizando-se dos seguintes instrumentos, dentre outros:
>
> a) **obtenção de crédito agrícola**, em todas as suas modalidades, com taxas de juros menores, bem como limites e prazos maiores que os praticados no mercado;
>
> b) **contratação do seguro agrícola** em condições melhores que as praticadas no mercado;
>
> c) **dedução das áreas de preservação permanente, de reserva legal e de uso restrito** da base de cálculo do **Imposto sobre a Propriedade Territorial Rural – ITR**, gerando créditos tributários;
>
> d) destinação de parte dos recursos arrecadados com a **cobrança pelo uso da água**, na forma da Lei nº 9.433, de 8 de janeiro de 1997, para a manutenção, recuperação ou recomposição das áreas de preservação permanente, de reserva legal e de uso restrito na bacia de geração da receita;
>
> e) **linhas de financiamento** para atender iniciativas de preservação voluntária de vegetação nativa, proteção de espécies da flora nativa ameaçadas de extinção, manejo florestal e agroflorestal sustentável realizados na propriedade ou posse rural, ou recuperação de áreas degradadas;
>
> f) **isenção de impostos** para os principais insumos e equipamentos, tais como: fios de arame, postes de madeira tratada, bombas d'água, trado de perfuração de solo, dentre outros utilizados para os processos de recuperação e manutenção das áreas de preservação permanente, de reserva legal e de uso restrito;
>
> III – **incentivos para comercialização**, inovação e aceleração das ações de recuperação, conservação e uso sustentável das florestas e demais formas de vegetação nativa, tais como:
>
> a) **participação preferencial** nos programas de apoio à comercialização da produção agrícola;
>
> b) **destinação de recursos para a pesquisa científica e tecnológica** e a extensão rural relacionadas à melhoria da qualidade ambiental.

Para financiar as atividades necessárias à regularização ambiental das propriedades rurais, o programa poderá prever, conforme dispõe o § 1º do art. 41: I – destinação de recursos para a pesquisa científica e tecnológica e a extensão rural relacionadas à melhoria da qualidade ambiental; II – dedução da base de cálculo do imposto de renda do proprietário ou possuidor de imóvel rural, pessoa física ou jurídica, de parte dos gastos efetuados com a recomposição das Áreas de Preservação Permanente, de Reserva Legal e de uso restrito cujo desmatamento seja anterior a 22 de julho de 2008; III – utilização de fundos públicos para concessão de créditos reembolsáveis e não reembolsáveis destinados à compensação, recuperação ou recomposição das Áreas de Preservação Permanente, de Reserva Legal e de uso restrito cujo desmatamento seja anterior a 22 de julho de 2008.

O programa previsto no *caput* do art. 41 poderá, ainda, estabelecer, conforme prevê o § 2º do dispositivo, **diferenciação tributária** para empresas que industrializem ou comercializem produtos originários de propriedades ou posses rurais que cumpram os padrões e limites estabelecidos nos arts. 4º, 6º, 11 e 12 do diploma florestal, ou que estejam em processo de cumpri-

-los. O dispositivo em questão dispõe sobre a **função tributária extrafiscal** com o objetivo de promover a proteção florestal.

> **JURISPRUDÊNCIA STJ. Função tributária extrafiscal e proteção florestal.** "Tributário. Ambiental. Processo civil. ITR. Reserva legal. Percentual maior que o mínimo legal. Art. 16 do Código Florestal. Ato voluntário. Dedução da base de cálculo. Possibilidade. Prestação jurisdicional. Suficiência. 1. (...). 2. O ITR possui função extrafiscal de proteção ao meio ambiente, razão pela qual a legislação pertinente prevê, no art. 10, II, a da Lei 9.393/96, a possibilidade de dedução da base de cálculo do imposto o percentual relativo à reserva legal, conceituada como a área localizada no interior de uma propriedade ou posse rural, excetuada a de preservação permanente, necessária ao uso sustentável dos recursos naturais, à conservação e reabilitação dos processos ecológicos, à conservação da biodiversidade e ao abrigo e proteção de fauna e flora nativas. 3. É possível aumentar o limite mínimo de reserva legal imposto pela legislação, por ato voluntário, após confirmação da destinação da área ao fim ambiental por órgão estadual competente e atendidos os demais requisitos legais. 4. Recurso especial não provido" (STJ, REsp 1.158.999/SC, 2ª T., Rel. Min. Eliana Calmon, j. 05.08.2010).

Os proprietários ou possuidores de imóveis rurais inscritos no CAR, **inadimplentes** com relação ao cumprimento do termo de compromisso ou PRA ou que estejam sujeitos a sanções por infrações ao disposto nesta Lei, exceto aquelas suspensas em virtude do disposto no Capítulo XIII, **não são elegíveis para os incentivos** previstos nas alíneas *a* a *e* do inciso II do *caput* deste artigo até que as referidas sanções sejam extintas, conforme estabelece o § 3º do art. 41.

As atividades de manutenção das **áreas de preservação permanente**, de **reserva legal** e de **uso restrito**, conforme assinala o § 4º do art. 41 do diploma florestal, **são elegíveis para quaisquer pagamentos ou incentivos por serviços ambientais**, configurando adicionalidade para fins de **mercados nacionais e internacionais de reduções de emissões certificadas de gases de efeito estufa**. No mesmo sentido, o § 5º do art. 41 prevê que o programa relativo a serviços ambientais previsto no inciso I do *caput* do artigo deverá integrar os sistemas em âmbito nacional e estadual, objetivando a criação de um **mercado de serviços ambientais**. O presente dispositivo conjuga esforços no sentido de estabelecer um "**mercado de serviços ambientais**", tornando operacional e efetivo o pagamento por serviços ambientais e demais instrumentos econômicos voltados à proteção florestal previstos na legislação.

De modo complementar, a **Lei 14.119/2021** estabeleceu, no seu art. 3º, as **modalidades de pagamento por serviços ambientais**, ressalvando, no entanto, que se trata de um **rol meramente exemplificativo**, de modo a permitir outras modalidades, conforme expressamente consignado no § 1º do dispositivo em questão.

> Art. 3º São modalidades de pagamento por serviços ambientais, entre outras:
>
> I – **pagamento direto**, monetário ou não monetário;
>
> II – **prestação de melhorias sociais** a comunidades rurais e urbanas;
>
> III – **compensação** vinculada a certificado de redução de emissões por desmatamento e degradação;
>
> IV – **títulos verdes** (*green bonds*);
>
> V – **comodato**;
>
> VI – **Cota de Reserva Ambiental (CRA)**, instituída pela Lei nº 12.651, de 25 de maio de 2012.
>
> § 1º Outras modalidades de pagamento por serviços ambientais poderão ser estabelecidas por atos normativos do órgão gestor da PNPSA.
>
> § 2º As modalidades de pagamento deverão ser previamente pactuadas entre pagadores e provedores de serviços ambientais.

Os proprietários localizados nas zonas de amortecimento de Unidades de Conservação de Proteção Integral são elegíveis para receber apoio técnico-financeiro da compensação prevista no art. 36 da Lei nº 9.985/2000, com a finalidade de recuperação e manutenção de áreas prioritárias para a gestão da unidade, conforme dispõe o § 6º do art. 41. O pagamento ou incentivo a serviços ambientais a que se refere o inciso I deste artigo serão **prioritariamente destinados aos agricultores familiares** como definidos no inciso V do art. 3º do diploma florestal, conforme previsão expressa do § 7º do art. 41. Forte na **premissa socioambiental** inerente à legislação ambiental brasileira de modo geral (e replicado no diploma florestal), o dispositivo confere tratamento privilegiado para os agricultores familiares, conforme definidos no seu art. 3º, V, no que tange à obtenção de pagamento por serviços ambientais.

Por fim, o art. 42 do diploma florestal estabelece que o Governo Federal implantará **programa para conversão da multa prevista no art. 50 do Decreto nº 6.514/2008**, destinado a imóveis rurais, referente a autuações vinculadas a desmatamentos em áreas onde não era vedada a supressão, que foram promovidos sem autorização ou licença, em data anterior a 22 de julho de 2008.

9.2 Cota de Reserva Ambiental (CRA)

O art. 44 do diploma florestal estabelece, como forma de operacionalizar o programa de apoio e incentivo à conservação do meio ambiente e o funcionamento de um "mercado de serviços ambientais" – por exemplo, com o **pagamento por serviços ambientais** –, a legislação estabelece o instituto da **Cota de Reserva Ambiental (CRA), título nominativo representativo de área com vegetação nativa**, existente ou em processo de recuperação. É, em linhas gerais, a concretização do **princípio do protetor-recebedor**. A CRA destina-se, em especial, à atuação voluntária do proprietário ou possuidor de imóvel rural que estabelece, para além das imposições legais mínimas com relação à APP e RL, uma proteção da vegetação nativa existente no imóvel, por exemplo, por meio da instituição de servidão ambiental (art. 9º-A da Lei 6.938/81). O Código Florestal de 1965, de modo similar, já havia estabelecido a **Cota de Reserva Florestal** (CRF), emitida nos termos do art. 44-B da Lei 4.771/65.

> **Art. 44.** É instituída a **Cota de Reserva Ambiental – CRA**, título nominativo representativo de área com vegetação nativa, existente ou em processo de recuperação:
>
> **I – sob regime de servidão ambiental**, instituída na forma do art. 9º-A da Lei nº 6.938, de 31 de agosto de 1981;
>
> **II – correspondente à área de Reserva Legal instituída voluntariamente** sobre a vegetação que exceder os percentuais exigidos no art. 12 desta Lei;
>
> **III – protegida na forma de Reserva Particular do Patrimônio Natural – RPPN**, nos termos do art. 21 da Lei nº 9.985, de 18 de julho de 2000;
>
> **IV – existente em propriedade rural localizada no interior de Unidade de Conservação** de domínio público que ainda não tenha sido desapropriada.

A emissão da CRA, conforme dispõe o § 1º do art. 44, "será feita mediante requerimento do proprietário, após inclusão do imóvel no CAR e laudo comprobatório emitido pelo próprio órgão ambiental ou por entidade credenciada, assegurado o controle do órgão federal competente do SISNAMA, na forma de ato do Chefe do Poder Executivo". A CRA, de acordo com o § 2º do mesmo dispositivo, "não pode ser emitida com base em vegetação nativa localizada em área de RPPN instituída em sobreposição à Reserva Legal do imóvel". A **Cota de Reserva Florestal** (CRF) emitida nos termos do art. 44-B da Lei 4.771, de 15 de setembro de 1965, passa a ser considerada, pelo efeito do novo diploma florestal, como Cota de Reserva Ambiental (§ 3º). Poderá ser instituída CRA da vegetação nativa que integra a Reserva Legal dos imóveis a que se refere o inciso V do art. 3º do diploma florestal (§ 4º).

A CRA, segundo dispõe o art. 45, será emitida pelo órgão competente do SISNAMA em favor de proprietário de imóvel incluído no CAR que mantenha área nas condições previstas no art. 44. O proprietário interessado na emissão da CRA, conforme assinala o § 1º do art. 45, deve apresentar ao órgão referido no *caput* proposta acompanhada de:

"I – **certidão atualizada da matrícula do imóvel** expedida pelo registro de imóveis competente;
II – **cédula de identidade do proprietário**, quando se tratar de pessoa física;
III – **ato de designação de responsável**, quando se tratar de pessoa jurídica;
IV – **certidão negativa de débitos** do Imposto sobre a Propriedade Territorial Rural – ITR;
V – **memorial descritivo do imóvel**, com a indicação da área a ser vinculada ao título, contendo pelo menos um ponto de amarração georreferenciado relativo ao perímetro do imóvel e um ponto de amarração georreferenciado relativo à Reserva Legal".

Aprovada a proposta, na linha do que assevera o § 2º do art. 45, o órgão referido no *caput* emitirá a CRA correspondente, identificando: I – o número da CRA no sistema único de controle; II – o nome do proprietário rural da área vinculada ao título; III – a dimensão e a localização exata da área vinculada ao título, com memorial descritivo contendo pelo menos um ponto de amarração georreferenciado; IV – o bioma correspondente à área vinculada ao título; V – a classificação da área em uma das condições previstas no art. 46 do diploma florestal. Ademais, o vínculo de área à CRA será **averbado na matrícula do respectivo imóvel no registro de imóveis competente**, conforme previsão do § 3º do mesmo dispositivo. O dispositivo exige a averbação da CRA na matrícula do respectivo imóvel no registro de imóveis competente, assegurando, portanto, a regularização do referido instituto.

O órgão federal referido no *caput* do art. 45, no entanto, segundo estabelece o § 4º do mesmo dispositivo, pode **delegar ao órgão estadual competente** atribuições para emissão, cancelamento e transferência da CRA, assegurada a implementação de **sistema único de controle**.

Cada CRA, segundo prevê o art. 46, **corresponderá a 1 (um) hectare**: I – de área com vegetação nativa primária ou com vegetação secundária em qualquer estágio de regeneração ou recomposição; II – de áreas de recomposição mediante reflorestamento com espécies nativas. O estágio sucessional ou o tempo de recomposição ou regeneração da vegetação nativa será avaliado pelo órgão ambiental estadual competente com base em declaração do proprietário e vistoria de campo (§ 1º). Ademais, a CRA não poderá ser emitida pelo órgão ambiental competente quando a regeneração ou recomposição da área forem improváveis ou inviáveis (§ 2º).

Segundo imposição do art. 47 do diploma florestal, "é **obrigatório o registro da CRA pelo órgão emitente, no prazo de 30 (trinta) dias**, contado da data da sua emissão, em bolsas de mercadorias de âmbito nacional ou em sistemas de registro e de liquidação financeira de ativos autorizados pelo Banco Central do Brasil".

A CRA, segundo prevê o art. 48 do diploma florestal, **pode ser transferida, onerosa ou gratuitamente, a pessoa física ou a pessoa jurídica de direito público ou privado**, mediante termo assinado pelo titular da CRA e pelo adquirente. A transferência da CRA só produz efeito uma vez registrado o termo previsto no *caput* no sistema único de controle (§ 1º). A CRA só pode ser usada para **compensar Reserva Legal** de imóvel rural **situado no mesmo bioma** da área à qual o título está vinculado (§ 2º) e para fins de compensação de Reserva Legal, se respeitados os requisitos estabelecidos no § 6º do art. 66 do diploma florestal (§ 3º). A utilização de CRA para compensação da Reserva Legal será averbada na matrícula do imóvel no qual se situa a área vinculada ao título e na do imóvel beneficiário da compensação (§ 4º).

Cabe ao proprietário do imóvel rural em que se situa a área vinculada à CRA, conforme estabelece o art. 49, a **responsabilidade plena pela manutenção das condições de conservação**

da vegetação nativa da área que deu origem ao título. A área vinculada à emissão da CRA com base nos incisos I, II e III do art. 44 do diploma florestal poderá ser utilizada conforme PMFS (§ 1º). A **transmissão *inter vivos* ou *causa mortis*** do imóvel **não elimina nem altera o vínculo de área** contida no imóvel à CRA (§ 2º).

A CRA, segundo assinala o art. 50 do diploma florestal, somente poderá ser **cancelada** nos seguintes casos:

"I – **por solicitação do proprietário rural**, em caso de desistência de manter áreas nas condições previstas nos incisos I e II do art. 44;

II – **automaticamente,** em razão de término do prazo da servidão ambiental;

III – **por decisão do órgão competente do SISNAMA**, no caso de degradação da vegetação nativa da área vinculada à CRA cujos custos e prazo de recuperação ambiental inviabilizem a continuidade do vínculo entre a área e o título".

O cancelamento da CRA utilizada para fins de compensação de Reserva Legal só pode ser efetivado se assegurada Reserva Legal para o imóvel no qual a compensação foi aplicada (§ 1º). O cancelamento da CRA nos termos do inciso III do *caput* independe da aplicação das devidas sanções administrativas e penais decorrentes de infração à legislação ambiental, nos termos da Lei nº 9.605/98 (§ 2º). O cancelamento da CRA **deve ser averbado na matrícula do imóvel** no qual se situa a área vinculada ao título e do imóvel no qual a compensação foi aplicada (§ 3º).

10. CONTROLE DO DESMATAMENTO

O controle do desmatamento é tema crucial para a proteção das áreas florestais, haja vista o avanço desenfreado das fronteiras agrícola e pecuária sobre áreas florestais, como se verifica nas regiões da Amazônia e do Pantanal Mato-Grossense. O art. 51, ao tratar da questão, assinala que "o órgão ambiental competente, ao tomar conhecimento do desmatamento em desacordo com o disposto nesta Lei, deverá **embargar a obra ou atividade** que deu causa ao uso alternativo do solo, como medida administrativa voltada a impedir a continuidade do dano ambiental, propiciar a regeneração do meio ambiente e dar viabilidade à recuperação da área degradada". Em vista prejuízo ecológico decorrente do desmatamento, o legislador fez questão de consignar o dever dos órgãos ambientais competentes de embargar a obra ou atividade. O desmatamento é, sem dúvida, uma das causas principais da degradação do nosso patrimônio florestal, sendo, inclusive, uma das fontes centrais de liberação de gases do efeito estufa na atmosfera, ocasionando as **mudanças climáticas**, além da **perda da biodiversidade**.

Além disso, de forma complementar, o § 1º do art. 51 assevera que "o embargo restringe-se **aos locais onde efetivamente ocorreu o desmatamento ilegal**, não alcançando as atividades de subsistência ou as demais atividades realizadas no imóvel não relacionadas com a infração", bem como que, segundo o § 2º do mesmo dispositivo, o "órgão ambiental responsável **deverá disponibilizar publicamente as informações sobre o imóvel embargado**, inclusive por meio da rede mundial de computadores, resguardados os dados protegidos por legislação específica, caracterizando o exato local da área embargada e informando em que estágio se encontra o respectivo procedimento administrativo". A previsão de divulgação dos dados relativos ao imóvel embargado estimula (e viabiliza) maior **controle social** sobre as práticas de desmatamento, possibilitando maior participação da sociedade civil na matéria, conforme afirmamos anteriormente.

O dispositivo estabelece a obrigação dos órgãos ambientais competentes de proceder à **publicização de informações** sobre o imóvel embargado em razão de desmatamento irregular, inclusive por meio da **rede mundial de computadores,** oportunizando um maior controle por parte do Estado e da sociedade a respeito da referida prática predatória. A nosso ver, o constrangimento público e os possíveis efeitos econômicos dele decorrentes constituem forte componente pedagógico e, ao mesmo tempo, de **modelação comportamental do poluidor**.

No início de 2023, a fim de interromper o ciclo de aumento do desmatamento na Amazônia verificado nos últimos anos, o novo Governo Federal eleito em 2022 reativou o Plano de Ação para Prevenção e Controle ao Desmatamento na Amazônia Legal (**PPCDAm**), por meio do **Decreto 11.367/2023**, o qual instituiu a Comissão Interministerial Permanente de Prevenção e Controle do Desmatamento, restabelecendo o PPCDAm e criando os Planos de Ação para a Prevenção e Controle do Desmatamento no **Cerrado**, na **Mata Atlântica**, na **Caatinga**, no **Pampa** e no **Pantanal**.

JURISPRUDÊNCIA STF. Amazônia, Caso PPCDAm (ADPF 760/DF) e dever estatal de combater o desmatamento: "Direito Constitucional Ambiental. Arguição de descumprimento de preceito fundamental. Ação direta de inconstitucionalidade por omissão. Política de combate ao desmatamento. Falhas estruturais na atuação governamental sobre política de preservação do bioma amazônico, terras indígenas e unidades de conservação. Inexecução do Plano de Ação para Prevenção e Controle do Desmatamento na Amazônia Legal – PPCDAM. Princípio da prevenção e precaução ambiental. Estado de coisas inconstitucional não caracterizado. Assunção, pelo Governo Federal, de um 'compromisso significativo' (*meaningful engagement*) referente ao desmatamento ilegal da Floresta Amazônica. Ação julgada parcialmente procedente. (...) 7. Exame do Mérito. A análise dos dados e literatura técnica disponível atestam que o problema do **desmatamento na Floresta Amazônica começa a emergir na década de 1970**. Trata-se, de fato, de significativa violação de direitos fundamentais individuais e coletivos de índole ambiental, com duração superior a meio século, a demandar esforços vultosos e coordenados de União, Estados e Municípios, assim como de todos os poderes republicanos e órgãos autônomos. A adequada solução exige olhar eminentemente prospectivo e estruturante. 8. O dever constitucional de proteção ao meio ambiente reduz a esfera de discricionariedade do Poder Público em matéria ambiental, pois há uma imposição de agir a fim de afastar a proteção estatal deficiente e a proibição do retrocesso. A **inércia do administrador ou sua atuação insuficiente** configura inconstitucionalidade, autorizando a intervenção judicial. 9. Demonstração de quadro de insegurança jurídica e **risco de dano irreparável ao meio ambiente, à saúde humana, à riqueza da biodiversidade da flora e da fauna na Amazônia** e consequente enfraquecimento do solo pela manutenção do estado atual da situação. Alta relevância constitucional e internacional de defesa do bioma da Amazônia e das populações indígenas. Indicadores oficiais comprobatórios de aumento significativo nos focos de incêndio e desmatamento da vegetação amazônica, aproximando-se do **ponto de não retorno (*tipping point*), com irreversível 'savanização' de boa parte da região**. 10. O cenário formado pela conjugação (i) da diminuição dos níveis de performance dos órgãos responsáveis pela fiscalização ambiental; (ii) da inexecução orçamentária e da redução de recursos em projetos ambientais; (iii) do abandono do Plano de Ação para Prevenção e Controle do Desmatamento na Amazônia Legal – PPCDAm, desacompanhado de medida substitutiva dotada de igual ou superior grau de eficácia, eficiência e efetividade; (iv) da desregulamentação em matéria ambiental; (v) da incompletude no fornecimento de informações relativas a metas, objetivos e resultados da 'nova' política ambiental; inserido na situação de crescente desmatamento na região da Amazônia caracterizam retrocesso ambiental inadmissível na implementação das políticas ambientais. 11. As políticas públicas ambientais atualmente adotadas revelam-se insuficientes e ineficazes para atender ao comando constitucional de preservação do meio ambiente e do direito ao meio ambiente ecologicamente equilibrado, caracterizando um quadro estrutural de violação massiva, generalizada e sistemática dos direitos fundamentais ao meio ambiente ecologicamente equilibrado, direito à saúde e direito à vida. 12. A complexidade do problema, associada a razões de interesse social, segurança jurídica, repercussão internacional e outras externalidades negativas orientam, contudo, para o não reconhecimento de um **estado de coisas inconstitucional** em relação à política pública de proteção ambiental atualmente adotada pelos poderes públicos, nos diversos níveis federativos e instâncias governamentais nacionais. 13. Assunção, como alternativa, de um '**compromisso significativo'** (*meaningful engagement*) **referente ao desmatamento ilegal da Floresta Amazônica**, com a determinação de (i) **elaboração de plano de ação voltado à efetiva execução do PPCDAm** ou outro instrumento de planejamento e formatação da política pública ambiental para a região amazônica atualmente em vigor; (ii) elaboração de plano específico de **fortalecimento institucional do Ibama, do ICMBio, da Funai** e outros órgãos envolvidos na defesa e proteção do meio ambiente; (iii) apresentação, em sítio eletrônico a ser indicado pela União, de **relatórios objetivos, transparentes, claros e em linguagem de fácil compreensão ao cidadão brasileiro**, contendo as ações e os resultados das medidas adotadas em cumprimento aos comandos determinados por este Supremo Tribunal Federal; (iv) abertura de **créditos extraordinários, com vedação de contingenciamento orçamentário, em relação às rubricas ambientais**; e, (v) expedição de notificação ao Congresso Nacional acerca do contido na presente decisão. IV. Dispositivo e tese 14. Pedido parcialmente procedente. Princípios da prevenção, da precaução e da proibição do retrocesso descumpridos. Estado de coisas inconstitucional não caracterizado. Alternativamente, reconhecimento da necessidade de assunção, pelo Governo Federal, de um "compromisso significativo" (*meaningful engagement*) referente ao desmatamento ilegal da Floresta Amazônica. Tese de julgamento: "Resguardada a liberdade de conformação do legislador infraconstitucional e dos órgãos do Poder Executivo de todas as esferas governamentais envolvidas no planejamento e estabelecimento de metas, diretrizes e ações relacionadas à preservação do meio ambiente em geral e da região amazônica em particular, afigura-se inconstitucional a adoção de postura estatal omissiva, deficiente, ou em níveis insuficientes para garantir o grau de eficácia, efetividade e eficiência mínimo necessário à substancial redução do cenário de desmatamento e degradação atualmente verificado" (STF, ADPF 760/DF, Tribunal Pleno, Rel. Min. Cármen Lúcia, Rel. p/ Acórd. André Mendonça, j. 14.03.2024).

JURISPRUDÊNCIA STJ. Lista dos maiores desmatadores e direito à informação ambiental: "Mandado de segurança. Pedido de exclusão da '**Lista dos 100 maiores desmatadores da Floresta Amazônica' publicada na internet em página oficial do Ministério do Meio Ambiente**. Alegação de falsidade das informações. Falta de prova pré-constituída. Precedentes da 1ª Seção (MS 13.921/DF, MS 13.934/DF). Divulgação fundada em auto de infração não definitivamente julgado. Possibilidade assentada na Lei 10.650/2003 (art. 4º), devendo ser observado o parágrafo único do art. 149 do Decreto Federal 6.514/2008. Ordem parcialmente concedida" (STJ, MS 13.935/DF, 1ª Seção, Rel. Min. Teori Albino Zavascki, j. 10.03.2010).

"Administrativo. Mandado de segurança. Meio ambiente. **Inclusão na lista dos 100 maiores desmatadores.** Alegações de erros e deficiências técnicas na lista do Ministério do Meio Ambiente. Impossibilidade de exame superficial. 1. Mandado de segurança que tem por objeto a exclusão do nome do impetrante da lista divulgada pelo Ministério do Meio Ambiente sobre as 100 pessoas naturais e jurídicas que mais provocaram desmatamento no Brasil. 2. Inviabilidade da discussão em sede estreita do mandado de segurança, na medida em que o ato se louvou em procedimento administrativo advindo de auto infracional aplicado ao autor. Há no processo a necessidade de exame de dados, fatores científicos, elementos suscetíveis de apuração em perícia e exames técnicos. É notável a complexidade da causa, até porque se antevê a presunção de validade do auto de infração que determinou a presença do nome do impetrante no rol de desmatadores. Remanescerá ao impetrante a busca de tutela jurisdicional nas vias ordinárias. 3. 'Descabe a impetração do mandado de segurança se, para a configuração do direito alegado, impõe-se a verificação de circunstâncias não apuráveis na via estreita do mandado de segurança' (RMS 23.079/

TO, Rel. Min. Eliana Calmon, Segunda Turma, julgado em 15.5.2007, *DJ* 28.5.2007 p. 308). Mandado de segurança extinto sem resolução do mérito" (STJ, MS 13.921/DF, 1ª Seção, Rel. Min. Humberto Martins, j. 25.03.2009).

Por fim, segundo dispõe o § 3º do art. 51, "a pedido do interessado, o órgão ambiental responsável emitirá certidão em que conste a atividade, a obra e a parte da área do imóvel que são objetos do embargo, conforme o caso".

11. AGRICULTURA FAMILIAR

O Código Florestal estabeleceu um regime jurídico mais flexível para o pequeno proprietário ou possuidor rural, privilegiando a proteção da **agricultura familiar**. É importante pontuar, nesse sentido, a importância fundamental da agricultura familiar para a **produção de alimentos**, especialmente para o abastecimento do **mercado interno** brasileiro[45]. A título de exemplo, prevê o **art. 52 do diploma florestal que** "a intervenção e a supressão de vegetação em Áreas de Preservação Permanente e de Reserva Legal para as **atividades eventuais ou de baixo impacto ambiental**, previstas no inciso X do art. 3º, excetuadas as alíneas b e g, quando desenvolvidas nos imóveis a que se refere o inciso V do art. 3º, dependerão de **simples declaração ao órgão ambiental competente**, desde que esteja o imóvel devidamente inscrito no CAR".

O dispositivo procura alinhar proteção social e tutela ecológica, com o propósito de autorizar a intervenção e a supressão de vegetação em áreas de preservação permanente e de reserva legal para as atividades eventuais ou de baixo impacto ambiental realizadas no âmbito da agricultura familiar. Na doutrina, no entanto, destaca-se a crítica de Leme Machado **com relação à "simples declaração"** prevista no dispositivo citado. Segundo o autor, a possibilidade de uma intervenção do órgão ambiental ficou reduzidíssima, principalmente, diante do número de propriedades rurais com APPs e que se intitulem "agricultura familiar". O procedimento da *declaração*, da forma como está apresentado pelo art. 52, conduz à ineficiência da Administração Pública, o que atenta contra a Constituição da República.[46]

Para o **registro no CAR da Reserva Legal**, nos imóveis a que se refere o inciso V do art. 3º, segundo assevera o art. 53 do diploma florestal, "o proprietário ou possuidor apresentará os dados identificando a área proposta de Reserva Legal, cabendo aos órgãos competentes integrantes do SISNAMA, ou instituição por ele habilitada, realizar a captação das respectivas coordenadas geográficas". O registro da Reserva Legal nos imóveis a que se refere o inciso V do art. 3º é **gratuito**, devendo o poder público prestar apoio técnico e jurídico, conforme prevê expressamente o parágrafo único do art. 53.

Ainda, para cumprimento da manutenção da área de reserva legal nos imóveis a que se refere o inciso V do art. 3º, "poderão ser computados os plantios de árvores frutíferas, ornamentais ou industriais, compostos por espécies exóticas, cultivadas em sistema intercalar ou em consórcio com espécies nativas da região em sistemas agroflorestais" (art. 54). O poder público estadual deverá prestar apoio técnico para a recomposição da vegetação da Reserva Legal nos imóveis a que se refere o inciso V do art. 3º.

A **inscrição no CAR** dos imóveis a que se refere o inciso V do art. 3º observará **procedimento simplificado** no qual será obrigatória apenas a apresentação dos documentos mencionados nos incisos I e II do § 1º do art. 29 e de croqui indicando o perímetro do imóvel, as Áreas de Preservação Permanente e os remanescentes que formam a Reserva Legal (art. 55). Conforme

---

[45] Para dados sobre a agricultura familiar no Brasil, v. a página eletrônica da EMBRAPA: https://www.embrapa.br/tema-agricultura-familiar.

[46] MACHADO, Paulo Affonso Leme. *Direito ambiental brasileiro...*, p. 892.

assinala o dispositivo, a pequena propriedade ou posse rural familiar, ou seja, aquela explorada mediante o trabalho pessoal do agricultor familiar e empreendedor familiar rural, incluindo os assentamentos e projetos de reforma agrária, e que atenda ao disposto no art. 3º da Lei 11.326/2006, poderá se beneficiar de procedimento simplificado de licenciamento ambiental.

O **licenciamento ambiental de PMFS comercial** nos imóveis a que se refere o inciso V do art. 3º se beneficiará de procedimento simplificado de licenciamento ambiental, conforme dispõe o art. 56. **O manejo sustentável da Reserva Legal para exploração florestal eventual**, sem propósito comercial direto ou indireto, para consumo no próprio imóvel a que se diz respeito o inciso V do art. 3º, independe de autorização dos órgãos ambientais competentes, limitada a retirada anual de material lenhoso a dois metros cúbicos por hectare (§ 1º).

O manejo previsto no § 1º não poderá comprometer mais de 15% da biomassa da Reserva Legal nem ser superior a 15 metros cúbicos de lenha para uso doméstico e uso energético, por propriedade ou posse rural, por ano (§ 2º). Para os fins do diploma florestal, entende-se por **manejo eventual, sem propósito comercial**, o suprimento, para uso no próprio imóvel, de lenha ou madeira serrada destinada a benfeitorias e uso energético nas propriedades e posses rurais, em quantidade não superior ao estipulado no § 1º do art. 56, conforme previsão do § 3º do dispositivo.

Os **limites para utilização** previstos no § 1º do art. 56 no caso de posse coletiva de populações tradicionais ou de agricultura familiar serão adotados por **unidade familiar (§ 4º)**. Ademais, as propriedades a que se refere o inciso V do art. 3º são **desobrigadas da reposição florestal, se a matéria-prima florestal** for utilizada para **consumo próprio (§ 5º)**.

Nos imóveis a que se refere o inciso V do art. 3º, de acordo com o art. 57 do diploma florestal, o **manejo florestal** madeireiro sustentável da Reserva Legal **com propósito comercial direto ou indireto** depende de **autorização simplificada do órgão ambiental competente**, devendo o interessado apresentar, no mínimo, as seguintes informações:

"I – **dados do proprietário ou possuidor rural**;

II – **dados da propriedade ou posse rural**, incluindo cópia da matrícula do imóvel no Registro Geral do Cartório de Registro de Imóveis ou comprovante de posse;

III – **croqui da área do imóvel** com indicação da área a ser objeto do manejo seletivo, estimativa do volume de produtos e subprodutos florestais a serem obtidos com o manejo seletivo, indicação da sua destinação e cronograma de execução previsto".

Assegurados o controle e a fiscalização dos órgãos ambientais competentes dos respectivos planos ou projetos, assim como as obrigações do detentor do imóvel, o poder público, segundo dispõe o art. 58 do diploma florestal, poderá instituir **programa de apoio técnico e incentivos financeiros**, podendo incluir medidas indutoras e linhas de financiamento para atender, **prioritariamente**, os imóveis a que se refere o inciso V do *caput* do art. 3º, nas iniciativas de:

"I – **preservação voluntária de vegetação nativa acima dos limites estabelecidos no art. 12**;

II – **proteção de espécies da flora nativa ameaçadas de extinção**;

III – **implantação de sistemas agroflorestal e agrossilvipastoril**;

IV – **recuperação ambiental de Áreas de Preservação Permanente e de Reserva Legal**;

V – **recuperação de áreas degradadas**;

VI – **promoção de assistência técnica para regularização ambiental e recuperação de áreas degradadas**;

VII – **produção de mudas e sementes**;

VIII – **pagamento por serviços ambientais**".

12. DISPOSIÇÕES GERAIS DO CÓDIGO FLORESTAL

O art. 59 do diploma florestal, com nova redação conferida recentemente pela Lei 13.887/2019, estabelece que "a União, os Estados e o Distrito Federal deverão implantar **Programas de Regularização Ambiental (PRAs)** de posses e propriedades rurais, com o objetivo de adequá-las aos termos deste Capítulo". De modo complementar, o § 1º do mesmo dispositivo assinala que "1º Na regulamentação dos PRAs, a União estabelecerá normas de caráter geral, e os Estados e o Distrito Federal ficarão incumbidos do seu detalhamento por meio da edição de normas de caráter específico, em razão de suas peculiaridades territoriais, climáticas, históricas, culturais, econômicas e sociais, conforme preceitua o art. 24 da Constituição Federal".

A inscrição do imóvel rural no CAR, conforme disposição expressa do § 2º do art. 59, é **condição obrigatória** para a **adesão ao PRA**, devendo esta adesão ser requerida pelo proprietário ou possuidor do imóvel rural no prazo de 180 (cento e oitenta) dias, contado da convocação pelo órgão competente, observado o disposto no § 4º do art. 29 do diploma florestal, conforme nova redação conferida ao dispositivo pela Medida Provisória nº 1.150/2022. Com base no requerimento de adesão ao PRA, segundo assinala o 3º do art. 59, o órgão competente integrante do SISNAMA convocará o proprietário ou possuidor para assinar o **termo de compromisso**, que **constituirá título executivo extrajudicial**.

Conforme prevê o § 4º do art. 59, "no período entre a publicação desta Lei e a implantação do PRA em cada Estado e no Distrito Federal, bem como após a adesão do interessado ao PRA e enquanto estiver sendo cumprido o termo de compromisso, **o proprietário ou possuidor não poderá ser autuado por infrações cometidas antes de 22 de julho de 2008, relativas à supressão irregular de vegetação** em Áreas de Preservação Permanente, de Reserva Legal e de uso restrito". Ademais, complementa o § 5º que "**a partir da assinatura do termo de compromisso, serão suspensas as sanções decorrentes das infrações** mencionadas no § 4º deste artigo e, cumpridas as obrigações estabelecidas no PRA ou no termo de compromisso para a regularização ambiental das exigências desta Lei, nos prazos e condições neles estabelecidos, as multas referidas neste artigo serão consideradas como convertidas em serviços de preservação, melhoria e recuperação da qualidade do meio ambiente, regularizando o uso de áreas rurais consolidadas conforme definido no PRA".

Tal previsão normativa (em especial, os §§ 4º e 5º), entre outros dispositivos do diploma florestal, foi objeto de impugnação por meio da ADI 4.901, proposta pela Procuradoria-Geral da República, forte no argumento de que se estaria por estabelecer uma espécie de **anistia aos desmatadores ilegais**. Segundo entendimento do Ministério Público Federal, ao isentar os causadores de danos ambientais da obrigação de reparar o dano, por infrações cometidas antes de 22 de julho de 2008, caracterizou flagrante violação ao art. 225, bem como ao princípio da isonomia. De acordo com a peça do Parquet, já a partir da publicação da lei, estaria impedida a atuação fiscalizatória do Estado sobre passivos ambientais decorrentes de infrações cometidas antes de 22 de julho de 2008: o § 4º do art. 59 suspende indefinidamente a aplicação dos instrumentos de controle ambiental (multas, embargos e outras sanções) por desmatamento ilegal ocorrido até a data mencionada. Ademais, consideradas as dificuldades em se precisar as datas de eventuais degradações ambientais, a previsão constante do § 4º, segundo a qual não deverão ser realizadas autuações por **supressão ilegal de vegetação** em áreas de preservação permanente e reservas legais ocorridas antes de 22 de julho de 2008, pode dar insegurança jurídica à atuação fiscalizatória do Estado sobre todos os passivos ambientais. O § 5º do art. 59 **perdoa as multas já cominadas** em favor daqueles desmatadores que cumprirem as cláusulas do termo de adesão ao programa.

Por fim, por meio de novo dispositivo incluído pela Lei 13.887/2019, estabelece o § 7º do art. 59 que "caso os Estados e o Distrito Federal não implantem o PRA até 31 de dezembro de 2020, o proprietário ou possuidor de imóvel rural poderá aderir ao PRA implantado pela União, observado o disposto no § 2º deste artigo".

JURISPRUDÊNCIA STJ. Irretroatividade do Código Florestal de 2012:

1) "Processual civil e administrativo. Novo Código Florestal (Lei 12.651/2012). Requerimento. Pedido de reconsideração contra acórdão. Inviabilidade. (...). Auto de infração. Irretroatividade da lei nova. Ato jurídico perfeito. Direito adquirido. Art. 6º, *caput*, da Lei de Introdução às Normas do Direito Brasileiro. 1. Trata-se de requerimento apresentado pelo recorrente, proprietário rural, no bojo de 'ação de anulação de ato c/c indenizatória', com intuito de ver reconhecida a falta de interesse de agir superveniente do Ibama, em razão da entrada em vigor da Lei 12.651/2012 (novo Código Florestal), que revogou o Código Florestal de 1965 (Lei 4.771) e a Lei 7.754/1989. Argumenta que a nova legislação 'o isentou da punição que o afligia', e que 'seu ato não representa mais ilícito algum', estando, pois, 'livre das punições impostas'. Numa palavra, afirma que a Lei 12.651/2012 procedera à anistia dos infratores do Código Florestal de 1965, daí sem valor o auto de infração ambiental lavrado contra si e a imposição de multa de R$ 1.500, por ocupação e exploração irregulares, anteriores a julho de 2008, de Área de Preservação Permanente nas margens do rio Santo Antônio. (...) 3. Precedente do STJ que faz valer, no campo ambiental-urbanístico, a norma mais rigorosa vigente à época dos fatos, e não a contemporânea ao julgamento da causa, menos protetora da Natureza: O 'direito material aplicável à espécie é o então vigente à época dos fatos. *In casu*, Lei 6.766/79, art. 4º, III, que determinava, em sua redação original, a 'faixa *non aedificandi* de 15 (quinze) metros de cada lado' do arroio' (REsp 980.709/RS, Rel. Min. Humberto Martins, Segunda Turma, DJe 02.12.2008). 4. **Ademais, como deixa claro o novo Código Florestal (art. 59), o legislador não anistiou geral e irrestritamente as infrações ou extinguiu a ilicitude de condutas anteriores a 22 de julho de 2008, de modo a implicar perda superveniente de interesse de agir. Ao contrário, a recuperação do meio ambiente degradado nas chamadas áreas rurais consolidadas continua de rigor, agora por meio de procedimento administrativo, no âmbito de Programa de Regularização Ambiental – PRA, após a inscrição do imóvel no Cadastro Ambiental Rural – CAR (§ 2º) e a assinatura de Termo de Compromisso (TC), valendo este como título extrajudicial (§ 3º). Apenas a partir daí 'serão suspensas' as sanções aplicadas ou aplicáveis (§ 5º, grifo acrescentado). Com o cumprimento das obrigações previstas no PRA ou no TC, 'as multas' (e só elas) 'serão consideradas convertidas em serviços de preservação, melhoria e recuperação da qualidade do meio ambiente'. 5. Ora, se os autos de infração e multas lavrados tivessem sido invalidados pelo novo Código ou houvesse sido decretada anistia geral e irrestrita das violações que lhe deram origem, configuraria patente contradição e ofensa à lógica jurídica a mesma lei referir-se a 'suspensão' e 'conversão' daquilo que não mais existiria: o legislador não suspende, nem converte o nada jurídico. Vale dizer, os autos de infração já constituídos permanecem válidos e blindados como atos jurídicos perfeitos que são – apenas a sua exigibilidade monetária fica suspensa na esfera administrativa, no aguardo do cumprimento integral das obrigações estabelecidas no PRA ou no TC. Tal basta para bem demonstrar que se mantém incólume o interesse de agir nas demandas judiciais em curso, não ocorrendo perda de objeto e extinção do processo sem resolução de mérito** (CPC, art. 267, VI). 6. Pedido de reconsideração não conhecido" (STJ, PET no REsp 1.240.122/PR, 2ª T., Rel. Min. Herman Benjamin, j. 02.10.2012).

2) "Administrativo e ambiental. Agravo regimental no agravo em recurso especial. Transporte de carvão vegetal sem ATPF. Auto de infração. Legalidade. Autonomia das esferas penal e administrativa. 1. A entrada em vigor da Lei n. 12.651/2012 revogou o Código Florestal de 1965 (Lei n. 4.771), contudo **não concedeu anistia aos infratores das normas ambientais**. Em vez disso, **manteve a ilicitude das violações da natureza, sujeitando os agentes aos competentes procedimentos administrativos, com vistas à recomposição do dano ou à indenização**. Inteligência do **art. 59 do novo Código Florestal**. 2. Ademais, o transporte de carvão vegetal sem cobertura de ATPF constitui, a um só tempo, crime e infração administrativa, podendo, neste último caso, ser objeto de autuação pela autoridade administrativa competente, conforme a jurisprudência. Precedente: REsp 1.245.094/MG, Rel. Min. Herman Benjamin, Segunda Turma, DJe 13.04.2012. 3. Agravo regimental a que se dá provimento" (STJ, AgRg no REsp 1.313.443/MG, 2ª T., Rel. Min. Og Fernandes, j. 18.02.2014).

JURISPRUDÊNCIA STF. Termo de ajustamento de conduta, irretroatividade do Código Florestal de 2012 e respeito à coisa julgada: "AGRAVO REGIMENTAL EM RECURSO EXTRAORDINÁRIO COM AGRAVO. DIREITO AMBIENTAL. AÇÃO CIVIL PÚBLICA. EXECUÇÃO DE SENTENÇA. CUMPRIMENTO DE TÍTULO JUDICIAL. TERMO DE COMPROMISSO FIRMADO E HOMOLOGADO EM TRANSAÇÃO PENAL NO JUIZADO ESPECIAL CRIMINAL. DISCUSSÃO SOBRE A RETROATIVIDADE, NA HIPÓTESE, DO NOVO CÓDIGO FLORESTAL. LEI 12.651/2012. *TEMPUS REGIT ACTUM*. MATÉRIA INFRACONSTITUCIONAL. OFENSA REFLEXA. ALEGADA AFRONTA AO ART. 97 DA CF E À SUMULA VINCULANTE 10. IMPROCEDÊNCIA. 1. Esta Corte, no julgamento conjunto da ADC 42 e das ADIs 4.901, 4.902, 4.903 e 4.937, apreciou a constitucionalidade de dispositivos da Lei nº 12.651/2012 concluindo pela aplicação imediata do Novo Código Florestal, considerando que **a não aplicação do seu art. 15 acaba por esvaziar a força normativa do dispositivo legal, recusando-se eficácia vinculante às decisões proferidas pelo STF em referidas ações de controle concentrado**. 2. Entretanto, no caso, versa-se sobre o cumprimento de título judicial referente a termo de compromisso firmado e homologado em transação penal formalizado no Juizado Especial Criminal, questão não decidida nas mencionadas ações. Precedente: Rcl 51.725. 3. Desse modo, as razões do agravo regimental são insuficientes para demonstrar a alegada violação à cláusula de reserva de plenário, tendo em vista que não foi enfrentada no recurso e tampouco nas mencionadas ações (ADC 42, ADIs 4.901, 4.902, 4.903 e 4.937), a controvérsia relativa à existência, no caso, de **termo de compromisso firmado e homologado no juizado especial, fundamento utilizado pelo STJ, com apoio no princípio *tempus regit actum*, para afastar a aplicabilidade retroativa do novo Código Florestal**. 3. Para caracterizar afronta à cláusula de reserva de plenário (art. 97 da CF) e à Sumula Vinculante 10, a jurisprudência do STF é firme no sentido de que é necessário que a decisão de órgão fracionário fundamente-se na incompatibilidade entre a norma legal e o Texto Constitucional, o que não se verificou na hipótese dos autos. 4. O Superior Tribunal de Justiça, ao analisar o caso concreto, não declarou inconstitucional a legislação aplicada, nem a afastou por julgá-la inconstitucional, mas apenas interpretou a norma legal de acordo com o entendimento jurisprudencial prevalecente no âmbito daquele Tribunal, concernente ao **respeito à coisa julgada**, tendo em vista cuidar-se de execução de sentença, envolvendo transação penal nos juizados especiais. 5. Agravo regimental a que se nega provimento. Inaplicável o art. 85, § 11, do CPC, por se tratar de recurso oriundo de ação civil pública" (STF, ARE 1.287.076/SP, 2ª T., Rel. Min. Edson Fachin, j. 20.06.2023).

De modo complementar, o art. 60 do diploma florestal estabeleceu que "a **assinatura de termo de compromisso para regularização de imóvel ou posse rural** perante o órgão ambiental competente, mencionado no art. 59, **suspenderá a punibilidade dos crimes** previstos nos arts. 38, 39 e 48 da Lei nº 9.605, de 12 de fevereiro de 1998, **enquanto o termo estiver sendo cumprido**". A **prescrição ficará interrompida** durante o período de suspensão da pretensão punitiva (§ 1º), **extinguindo-se a punibilidade** com a efetiva regularização prevista do diploma florestal (§ 2º). De acordo com o dispositivo, o proprietário ou possuidor que cumprir de forma adequada a regularização do imóvel ou posse rural fará jus à suspensão da punibilidade enquanto o termo estiver sendo cumprido e, ao final, com a efetiva regularização da área, fará jus à extinção da punibilidade (§ 2º).

Nas disposições complementares e finais, o diploma florestal também estabelece, precisamente no art. 69, que são **obrigados a registro** no órgão federal competente do SISNAMA os **estabelecimentos comerciais responsáveis pela comercialização de motosserras, bem como aqueles que as adquirirem**". O § 1º do mesmo dispositivo estabelece, de modo complementar, que "a licença para o porte e uso de motosserras será renovada a cada 2 (dois) anos", bem como, no § 2º, que "os fabricantes de motosserras são obrigados a imprimir, em local visível do equipamento, **numeração** cuja sequência será encaminhada ao órgão federal competente do SISNAMA e constará nas correspondentes notas fiscais".

Trata-se de medida voltada a estabelecer um maior controle sobre as **práticas de desmatamento e corte ilegal de árvores**, o dispositivo coloca regramento para o uso de motosserras, como o registro delas e identificação do proprietário no âmbito do SISNAMA, além da necessidade de renovação das licenças de porte a cada dois anos. Fazendo uma analogia ao porte de arma (apenas para ilustrar a questão), o dispositivo torna mais rígida a regulamentação (e, portanto, o controle por parte do Estado) no tocante à licença para o porte e uso de motosserra, reconhecendo o "poder de desmatamento" (e, consequentemente, de degradação ambiental) de tais aparatos no cenário florestal brasileiro.

O art. 70 do diploma florestal enuncia a possibilidade de o poder público, em todas as esferas federativas (municipal, estadual e federal), adotar **medidas rígidas de proteção de espécies** da flora raras, endêmicas, em perigo ou ameaçadas de extinção ou mesmo que por outra razão se justifique tal proteção. Entre as medidas passíveis de ser adotadas, está a proibição do seu corte, inclusive de modo a ensejar a responsabilização dos degradadores. Segundo dispõe o **art. 70**, além do disposto nessa Lei e sem prejuízo da criação de unidades de conservação da natureza, na forma da Lei 9.985/2000, e de outras ações cabíveis voltadas à proteção das florestas e outras formas de vegetação, o **poder público federal, estadual ou municipal poderá**:

> "I – **proibir ou limitar o corte das espécies da flora raras, endêmicas, em perigo ou ameaçadas de extinção, bem como das espécies necessárias à subsistência das populações tradicionais**, delimitando as áreas compreendidas no ato, fazendo depender de autorização prévia, nessas áreas, o corte de outras espécies;
>
> II – **declarar qualquer árvore imune de corte**, por motivo de sua localização, raridade, beleza ou condição de porta-sementes;
>
> III – **estabelecer exigências administrativas** sobre o registro e outras formas de controle de pessoas físicas ou jurídicas que se dedicam à extração, indústria ou comércio de produtos ou subprodutos florestais".

O art. 71 estabelece, por sua vez, que a União, com os Estados, o Distrito Federal e os Municípios, realizará o **Inventário Florestal Nacional**, para subsidiar a análise da existência e qualidade das florestas do País, em imóveis privados e terras públicas, cabendo, segundo prevê o parágrafo único do dispositivo, à União estabelecer critérios e mecanismos para uniformizar a coleta, a manutenção e a atualização das informações do Inventário Florestal Nacional. O art. 72 determina que, para efeitos do diploma florestal, a atividade de silvicultura, quando realizada em área apta ao uso alternativo do solo, é equiparada à atividade agrícola, nos termos da Lei 8.171/91, que "dispõe sobre a política agrícola".

Os órgãos centrais e executores do SISNAMA, de acordo com o que estabelece o art. 73 do diploma florestal, criarão e implementarão, com a participação dos órgãos estaduais, **indicadores de sustentabilidade, a serem publicados semestralmente**, visando aferir a evolução dos componentes do sistema abrangidos por disposições desta Lei.

O art. 74 do diploma florestal estabelece que a "**Câmara de Comércio Exterior – CAMEX**, de que trata o art. 20-B da Lei nº 9.649, de 27 de maio de 1998, com a redação dada pela Medida Provisória nº 2.216-37, de 31 de agosto de 2001, é autorizada a adotar medidas de restrição às importações de bens de origem agropecuária ou florestal produzidos em países que não observem normas e padrões de proteção do meio ambiente compatíveis com as estabelecidas pela legislação brasileira".

O art. 75 por sua vez, assinala que "os PRAs instituídos pela União, Estados e Distrito Federal deverão incluir mecanismo que permita o acompanhamento de sua implementação, considerando os objetivos e metas nacionais para florestas, especialmente a implementação dos instrumentos previstos nesta Lei, a adesão cadastral dos proprietários e possuidores de imóvel rural, a evolução da regularização das propriedades e posses rurais, o grau de regularidade do uso de matéria-prima florestal e o controle e prevenção de incêndios florestais".

Já o art. 78-A dispõe que, "Após 31 de dezembro de 2017, as instituições financeiras só concederão crédito agrícola, em qualquer de suas modalidades, para proprietários de imóveis rurais que estejam inscritos no CAR."

PRINCIPAIS RESOLUÇÕES DO CONAMA SOBRE PROTEÇÃO FLORESTAL

Resolução Conama 507/2024 – Estabelece parâmetros técnicos a serem adotados na elaboração, apresentação, avaliação técnica e execução de Plano de Manejo Florestal Sustentável – PMFS com fins madeireiros, para florestas nativas e suas formas de sucessão no bioma Caatinga. (Esta Resolução entra em vigor em primeiro de março de 2025)

Resolução Conama 505/2023 – Dispõe sobre a definição de vegetação primária e secundária de regeneração de Mata Atlântica no estado de Goiás.

Resolução Conama 429/2011 – "Dispõe sobre a metodologia de recuperação das Áreas de Preservação Permanente – APPs".

Resolução Conama 425/2010 – "Dispõe sobre critérios para a caracterização de atividades e empreendimentos agropecuários sustentáveis do agricultor familiar, empreendedor rural familiar, e dos povos e comunidades tradicionais como de interesse social para fins de produção, intervenção e recuperação de Áreas de Preservação Permanente e outras de uso limitado".

Resolução Conama 423/2010 – "Dispõe sobre parâmetros básicos para identificação e análise da vegetação primária e dos estágios sucessionais da vegetação secundária nos Campos de Altitude associados ou abrangidos pela Mata Atlântica".

Resolução Conama 417/2009 – "Dispõe sobre parâmetros básicos para definição de vegetação primária e dos estágios sucessionais secundários da vegetação de Restinga na Mata Atlântica e dá outras providências" (Complementada pelas Resoluções nº 437, nº 438, nº 439, nº 440, nº 441, nº 442, nº 443, nº 444, nº 445, nº 446, nº 447 e nº 453, de 2012).

Resolução Conama 411/2009 – "Dispõe sobre procedimentos para inspeção de indústrias consumidoras ou transformadoras de produtos e subprodutos florestais madeireirosde origem nativa, bem como os respectivos padrões de nomenclatura e coeficientes de rendimento volumétricos, inclusive carvão vegetal e resíduos de serraria" (Complementa a Resolução nº 379/2006. Resolução alterada pela 474/2016 em seus arts. 6º e 9º e anexos II, III e VII e alterada pela Resolução nº 497/2020).

Resolução Conama 406/2009 – "Estabelece parâmetros técnicos a serem adotados na elaboração, apresentação, avaliação técnica e execução de Plano de Manejo Florestal Sustentável – PMFS com fins madeireiros, para florestas nativas e suas formas de sucessão no bioma Amazônia" (Alterada pela Resolução nº 495/2020).

Resolução Conama 369/2006 – "Dispõe sobre os casos excepcionais, de utilidade pública, interesse social ou baixo impacto ambiental, que possibilitam a intervenção ou supressão de vegetação em Área de Preservação Permanente – APP".

Resolução Conama 347/2004 – "Dispõe sobre a proteção do patrimônio espeleológico" (Revoga a Resolução nº 05, de 1987; alterada pela Resolução nº 428, de 2010).

Resolução Conama 339/2003 – "Dispõe sobre a criação, normatização e o funcionamento dos jardins botânicos, e dá outras providências".

Resolução Conama 317/2002 – "Regulamentação da Resolução nº 278, de 24 de maio de 2001, que dispõe sobre o corte e exploração de espécies ameaçadas de extinção da flora da Mata Atlântica".

Resolução Conama 303/2002 – "Dispõe sobre parâmetros, definições e limites de Áreas de Preservação Permanente" (Revoga a Resolução nº 04, de 1985.

Resolução Conama 302/2002 – "Dispõe sobre os parâmetros, definições e limites de Áreas de Preservação Permanente de reservatórios artificiais e o regime de uso do entorno".

Resolução Conama 278/2001 – "Dispõe contra corte e exploração de espécies ameaçadas de extinção da flora da Mata Atlântica" (Alterada pela Resolução nº 300, de 2002).

Resolução Conama 249/1999 – "Diretrizes para a Política de Conservação e Desenvolvimento Sustentável da Mata Atlântica".

Resolução Conama 238/1997 – "Aprova Política Nacional de Controle da Desertificação".

Resolução Conama 009/1996 – "Estabelece corredor de vegetação área de trânsito a fauna".

Resolução Conama 003/1996 – "Esclarece que vegetação remanescente de Mata Atlântica abrange a totalidade de vegetação primária e secundária em estágio inicial, médio e avançado de regeneração, com vistas à aplicação do Decreto nº 750, de 10/2/93".

Resolução Conama 004/1993 – "Considera de caráter emergencial, para fins de zoneamento e proteção, todas as áreas de formações nativas de restinga".

Resolução Conama 016/1989 – "Dispõe sobre o Programa de Avaliação e Controle da Amazônia Legal".

Resolução Conama 012/1989 – "Dispõe sobre a proibição de atividades em Área de Relevante Interesse Ecológico que afete o ecossistema".

Resolução Conama 011/1988 – "Dispõe sobre as queimadas nas Unidades de Conservação".

QUADRO-RESUMO DA DECISÃO DO STF NAS ADIS 4901, 4902, 4903 E 4937 E ADC 42 SOBRE O CÓDIGO FLORESTAL DE 2012	
Art. 3º, VIII, *b*	Inconstitucionalidade das expressões "gestão de resíduos" e "instalações necessárias à realização de competições esportivas estaduais, nacionais ou internacionais".
Art. 3º, VIII e IX	Interpretação conforme a Constituição para condicionar a intervenção excepcional em APP, por interesse social ou utilidade pública, à inexistência de alternativa técnica e/ou locacional à atividade.
Art. 3º, XIX	Constitucionalidade.
Art. 3º, parágrafo único	Inconstitucionalidade das expressões "demarcadas" e "tituladas".
Art. 4º, III	Constitucionalidade.
Art. 4º, IV	Interpretação conforme a Constituição ao para fixar o entendimento de que os entornos das nascentes e dos olhos d'água intermitentes configuram APP.
Art. 4º, §§ 1º e 4º	Constitucionalidade.
Art. 4º, § 5º	Constitucionalidade.

QUADRO-RESUMO DA DECISÃO DO STF NAS ADIS 4901, 4902, 4903 E 4937 E ADC 42 SOBRE O CÓDIGO FLORESTAL DE 2012

Art. 4º, § 6º	Constitucionalidade.
Art. 5º	Constitucionalidade.
Art. 7º, § 3º	Constitucionalidade.
Art. 8º, § 2º	Constitucionalidade.
Art. 11	Constitucionalidade.
Art. 12	Constitucionalidade.
Art. 13, § 1º	Constitucionalidade.
Art. 15	Constitucionalidade.
Art. 17, § 3º	Constitucionalidade.
Art. 28	Constitucionalidade.
Art. 44	Constitucionalidade.
Art. 48, § 2º	Interpretação conforme a Constituição para permitir compensação apenas entre áreas com identidade ecológica.
Art. 59, §§ 4º e 5º	Interpretação conforme a Constituição para afastar, no decurso da execução dos termos de compromissos subscritos nos programas de regularização ambiental, o risco de decadência ou prescrição, seja dos ilícitos ambientais praticados antes de 22.07.2008, seja das sanções deles decorrentes, aplicando-se extensivamente o disposto no § 1º do art. 60 da Lei 12.651/2012, segundo o qual "a prescrição ficará interrompida durante o período de suspensão da pretensão punitiva".
Art. 60	Constitucionalidade.
Arts. 61-A, 61-B e 61-C	Constitucionalidade.
Art. 62	Constitucionalidade.
Art. 63	Constitucionalidade.

QUADRO-RESUMO DA DECISÃO DO STF NAS ADIS 4901, 4902, 4903 E 4937 E ADC 42 SOBRE O CÓDIGO FLORESTAL DE 2012

Art. 66, § 3º	Constitucionalidade.
Art. 66, § 6º	Constitucionalidade.
Art. 68	Constitucionalidade.
Art. 78-A	Constitucionalidade.

Capítulo 17
DIREITO CLIMÁTICO E LEI DA POLÍTICA NACIONAL SOBRE MUDANÇA DO CLIMA (LEI 12.187/2009)

1. INTRODUÇÃO

"Uma em cada três moléculas de CO_2 presentes no ar hoje foi colocada lá pelo ser humano".
(Elizabeth Kolbert)[1]

O aquecimento global e as mudanças climáticas ocupam hoje a centralidade do debate político, econômico e jurídico, tanto nacional quanto internacional. Muito embora já pautado na agenda internacional pelo menos desde a década de 1980,[2] o agravamento progressivo da situação global, conforme expressam os altos índices de poluição atmosférica que se verificam em praticamente todos os cantos do mundo, tem levado alguns países e órgãos internacionais a reconhecer um **"estado de emergência climática"**, como o fez o **Parlamento Europeu** no final de 2019, inclusive com o estabelecimento da meta de atingir a neutralidade climática até o ano de 2050.[3]

No Brasil, o **Projeto de Lei 3.961/2020**, em trâmite no Congresso Nacional, propõe o reconhecimento de um **"estado de emergência climática"**, prevendo a meta de neutralização das emissões de gases de efeito estufa no Brasil até 2050 e a criação de políticas para a transição sustentável, nos estritos termos do Acordo de Paris. No mesmo sentido, o STF, no julgamento da ADPF 708/DF (Cao Fundo Clima), conforme consignado expressamente no voto-vogal do Ministro Fachin, reconheceu o "estado de emergência climática" vivenciado na atualidade, o que implica deveres constitucionais de mitigação e adaptação climática, a cargo tanto do Estado quanto de particulares (pessoas físicas e jurídicas). Em sua obra *A vingança de Gaia*, James Lovelock destaca a "situação-limite" a que chegamos, ou que talvez até mesmo já tenhamos ultrapassado, em matéria de mudança climática, desencadeada especialmente pela emissão de **gases geradores do efeito estufa** (*greenhouse effect*), como o **dióxido de carbono (CO_2)** e o **metano**, que são liberados na atmosfera, especialmente pela **queima de combustíveis fósseis** e pela **destruição de florestas tropicais**.[4]

A **Convenção-Quadro sobre Mudança do Clima da ONU – UNFCCC (1992)**, celebrada por ocasião da Conferência do Rio sobre "Meio Ambiente e Desenvolvimento" de 1992 (Eco-92),

---

[1] KOLBERT, Elizabeth. *Sob um céu branco*: a Natureza no futuro. Rio de Janeiro: Intrínseca, 2021. p. 151.
[2] A respeito do tema, resultou consignado no **Relatório Nosso Futuro Comum (1987)** que "a poluição atmosférica – antes considerada apenas um problema urbano-industrial localizado relativo à saúde das pessoas – agora é vista como uma questão muito mais complexa, que engloba construções, ecossistemas e talvez até mesmo a saúde pública em vastas regiões" (p. 198).
[3] Disponível em: https://www.europarl.europa.eu/news/en/press-room/20191121IPR67110/the-european--parliament-declares-climate-emergency.
[4] LOVELOCK, James. *A vingança de Gaia...*, p. 24.

deu o passo inicial nos esforços da comunidade internacional na matéria, seguida do **Protocolo de Quioto (1997)**.

> **CONVENÇÃO-QUADRO SOBRE MUDANÇA DO CLIMA (1992)**
>
> (OBJETIVO) "Art. 2º Objetivo final desta Convenção e de quaisquer instrumentos jurídicos com ela relacionados que adote a Conferência das Partes é o de alcançar, em conformidade com as disposições pertinentes desta Convenção, a **estabilização das concentrações de gases de efeito estufa na atmosfera num nível que impeça uma interferência antrópica perigosa no sistema climático**. Esse nível deverá ser alcançado num prazo suficiente que permita aos **ecossistemas adaptarem-se naturalmente à mudança do clima**, que assegure que a **produção de alimentos não seja ameaçada** e que permita ao **desenvolvimento econômico prosseguir de maneira sustentável**".

O fenômeno das mudanças climáticas foi identificado como **resultado da intervenção humana na Natureza** pela comunidade científica no âmbito do **Painel Intergovernamental sobre Mudança do Clima (IPCC)** da ONU. O IPCC foi criado no ano de 1988, com seu primeiro relatório publicado no ano de 1990, ou seja, na antessala da Conferência da ONU do Rio de Janeiro sobre Meio Ambiente e Desenvolvimento de 1992, de modo a amparar cientificamente os debates políticos que conduziram à celebração durante o evento da Convenção-Quadro sobre Mudança do Clima. No início de fevereiro de 2007, foi divulgado o **4º Relatório de Avaliação da Saúde da Atmosfera (AR4)** feito pelo quadro de cientistas do IPCC, em que resultou diagnosticado que o aquecimento global é sim causado por atividades humanas, bem como que as temperaturas poderão subir de 1,8 a 4 °C até o final deste século.[5] O trabalho dos cientistas do IPCC foi inclusive agraciado com o **Prêmio Nobel da Paz** no ano de 2007. O quinto relatório (AR5) do IPCC foi divulgado no ano de 2014 e o sexto relatório (AR6) nos anos de 2021 (Grupo de Trabalho 1 – A Base das Ciências Físicas) e 2022 (respectivamente, Grupo de Trabalho 2 – Impactos, Adaptação e Vulnerabilidade e Grupo de Trabalho 3 – Mitigação das Mudanças Climáticas).

Após a Convenção-Quadro sobre Mudança do Clima e o Protocolo de Quito, uma **nova fase** do regime normativo internacional climático foi inaugurada pelo **Acordo de Paris (2015)**.[6] Em Paris, durante a **COP 21**, em 12 de dezembro de 2015, as Partes da Convenção-Quadro chegaram um acordo histórico para combater as alterações climáticas e acelerar e intensificar as ações e os investimentos necessários para um futuro sustentável com a redução das emissões de carbono. O Acordo de Paris – pela primeira vez – traz **todos os Estados-Membros** para empreenderem **progressivamente** esforços ambiciosos – e amparados no melhor conhecimento científico disponível – por meio das **Contribuições Nacionalmente Determinadas (NDCs)** no enfrentamento ao aquecimento global e às mudanças climáticas, por meio de **medidas de mitigação e adaptação**, inclusive com maior apoio para ajudar os países em desenvolvimento a fazê-lo.

O objetivo central do Acordo de Paris é manter o aumento da temperatura global neste século bem **abaixo dos 2º C acima dos níveis pré-industriais** (<1750[7]) e prosseguir os esforços para limitar ainda mais o aumento da temperatura a **1,5º C**. Além disso, o Acordo de Paris estabelece a meta de alcançar a **neutralidade climática** – ou seja, o equilíbrio entre emissões e compensações – **até o ano 2050** (meados do século XXI). O Acordo de Paris foi aberto à assinatura em 22 de abril de 2016 (Dia

---

[5] Para maiores informações sobre o IPCC, recomenda-se a consulta ao seu sítio eletrônico oficial. Disponível em: http://www.ipcc.ch/.

[6] Promulgado pelo Decreto Executivo 9.073/2017.

[7] A referência histórica para a identificação do **período pré-industrial** é período anterior ao ano 1750, quando, posteriormente, teve início o **período industrial**, especialmente nos países europeus.

da Terra) na sede da ONU, em Nova Iorque, entrando em vigor em 4 de novembro de 2016, 30 dias após ter sido atingido o chamado "duplo limiar" (ratificação por 55 países que representam pelo menos 55% das emissões mundiais). Desde então, mais países ratificaram e continuam a ratificar o Acordo, atingindo o número de **195 Partes** (de um total de 195 assinaturas) no início de 2024.

O Acordo de Paris é igualmente inovador ao inaugurar, no contexto dos tratados internacionais ambientais e climáticos, uma **abordagem de direitos humanos**, conforme consagrado expressamente no seu preâmbulo, ao enfatizar o seu compromisso com a proteção de **grupos sociais vulneráveis** e a **justiça climática**.

"Enfatizando a relação intrínseca entre as ações, as respostas e os impactos da mudança do clima e o acesso equitativo ao desenvolvimento sustentável e à **erradicação da pobreza**; (...)

Reconhecendo que a mudança do clima é uma preocupação comum da humanidade, as Partes deverão, ao adotar medidas para enfrentar a mudança do clima, respeitar, promover e considerar suas respectivas obrigações em matéria de **direitos humanos**, direito à saúde, direitos dos povos indígenas, comunidades locais, migrantes, crianças, pessoas com deficiência e **pessoas em situação de vulnerabilidade** e o direito ao desenvolvimento, bem como a **igualdade de gênero**, o empoderamento das mulheres e a equidade intergeracional; (...)

Observando a importância de assegurar a integridade de todos os ecossistemas, incluindo os oceanos, e a proteção da biodiversidade, reconhecida por algumas culturas como Mãe Terra, e observando a importância para alguns do conceito de '**justiça climática**', ao adotar medidas para enfrentar a mudança do clima."

Após o Acordo de Paris, verificou-se um avanço sem precedentes no reconhecimento da **autonomia** do **direito humano ao meio ambiente** (limpo, saudável e sustentável) nos Sistemas Global e Regionais de Proteção de Direitos Humanos (vide o caso da virada ecológica na jurisprudência da **Corte IDH** a partir da **OC 23/2017**), conforme Resolução A/76/L.75, adotada pela **Assembleia Geral da ONU** no ano de 2022, já abordada anteriormente.

O Direito Ambiental brasileiro, desde a sua gênese, por meio da **Lei da Política Nacional do Meio Ambiente** (Lei 6.938/81) ocupou-se da proteção da qualidade do ar, de modo a lançar a base normativa que posteriormente daria forma ao Direito Climático. A título de exemplo, a Lei 6.938/81 elencou como um dos seus princípios a "racionalização do uso do solo, do subsolo, da água e do **ar** (art. 2º, II)", bem como destacou a **atmosfera** como um dos elementos naturais a ser protegido (art. 3º, V).[8] Outro exemplo legislativo ilustrativo na questão da poluição atmosférica é a Lei 8.723/1993, ao dispor sobre a redução de emissão de poluentes por veículos automotores.[9] No entanto, não obstante inúmeras iniciativas legislativas relacionadas ao controle da poluição atmosférica, o Direito Climático tardou um pouco mais a se consolidar na legislação infraconstitucional brasileira, o que somente ocorreu no final dos anos 2000.

---

[8] Na Década de 1970, destaca-se o Decreto-Lei 1.413/75, que dispôs sobre o controle da poluição do meio ambiente provocada por atividades industriais: "Art. 1º As indústrias instaladas ou a se instalarem em território nacional são obrigadas a promover as medidas necessárias a prevenir ou corrigir os inconvenientes e prejuízos da poluição e da contaminação do meio ambiente. Parágrafo único. As medidas a que se refere este artigo serão definidas pelos órgãos federais competentes, no interesse do bem-estar, da saúde e da segurança das populações."

[9] "Art. 1º Como parte integrante da Política Nacional de Meio Ambiente, os fabricantes de motores e veículos automotores e os fabricantes de combustíveis ficam obrigados a tomar as providências necessárias para reduzir os níveis de emissão de monóxido de carbono, óxido de nitrogênio, hidrocarbonetos, álcoois, aldeídos, fuligem, material particulado e outros compostos poluentes nos veículos comercializados no País, enquadrando-se aos limites fixados nesta lei e respeitando, ainda, os prazos nela estabelecidos." Muito embora o diploma em questão ser posterior à Conferência do Rio de 1992 e Convenção-Quadro sobre Mudança do Clima (1992), não há qualquer menção ao tema das mudanças climáticas no seu texto.

O marco inicial do **Direito Climático**[10] no Brasil pode ser identificado por meio da **Lei da Política Nacional sobre Mudança do Clima – LPNMC (Lei 12.187/2009), a qual, é importante frisar,** insere-se no contexto mais amplo e multinível estabelecido pelo marco normativo internacional climático (Convenção-Quadro sobre Mudança do Clima, Protocolo de Quioto e Acordo de Paris, jurisprudência da Corte IDH etc.) e constitucional, inclusive à luz de um **sistema normativo multinível na área climática**, conforme já tratado anteriormente. A Lei 12.187/2009, alinhada com o cenário normativo internacional, lança as bases legislativas, em termos de especialização temática, para a identificação de um ramo jurídico-ambiental denominado Direito Climático ou Direito das Mudanças Climáticas no contexto do Direito Nacional.[11]

Somada às diversas legislações estaduais e municipais que versam sobre a matéria climática[12] e de acordo com o "condomínio legislativo climático" – à luz da competência legislativa concorrente e da competência material comum a todos os entes federativos em matéria climática –, a Lei 12.187/2009 estabelece o marco normativo inaugural de um **microssistema legislativo climático**, não obstante a sua interface com diversos outros diplomas ambientais (ex. Código Florestal de 2012, Lei dos Crimes e Infrações Administrativas Ambientais, Lei da Política Nacional de Pagamento por Serviços Ambientais etc.). A Lei 12.187/2009, por certo, traz **conceitos fundamentais** para a compreensão do fenômeno das mudanças climáticas e o seu devido enquadramento jurídico, acompanhando, em grande medida, o paradigma conceitual e normativo estabelecido pela Convenção-Quadro sobre Mudança do Clima e, mais recentemente, pelo Acordo de Paris (2015), entre outros diplomas internacionais e estrangeiros (ex. a Lei de Bases do Clima portuguesa, de 2021).

Mais recentemente, novos diplomas legislativos foram incorporados e reforçaram substancialmente, sobretudo no plano infraconstitucional, o (micro)sistema legislativo climático brasileiro, como ilustram, por exemplo, a **Lei de Adaptação Climática** (Lei 14.904/2024), a **Lei de Educação Climática/Desastres** (Lei 14.926/2024) e a **Lei do Mercado de Carbono** ou Sistema Brasileiro de Comércio de Emissões de Gases de Efeito Estufa (Lei 15.042/2024).

---

[10] Na doutrina, sobre a nova disciplina do Direito Climático, v. SARLET, Ingo W.; WEDY, Gabriel; FENSTERSEIFER, Tiago. *Curso de direito climático.* São Paulo: Revista dos Tribunais, 2023.

[11] Na doutrina brasileira, v. WEDY, Gabriel. *Desenvolvimento sustentável na era das mudanças climáticas*: um direito fundamental. São Paulo: Saraiva 2018. (Série IDP.)

[12] No âmbito dos demais entes federativos (estaduais e municipais), verifica-se a edição de legislação voltada especificamente à questão das mudanças climáticas, entre as quais se destacam: a Lei da Política Estadual de Mudanças Climáticas do Estado de São Paulo (Lei 13.798/2009), a Lei sobre Mudanças Climáticas, Conservação Ambiental e Desenvolvimento Sustentável do Estado do Amazonas (Lei 3.135/2007), a Política Estadual sobre Mudanças Climáticas e Desenvolvimento Sustentável do Estado de Santa Catarina (Lei 14.829/2009), a Lei da Política Estadual sobre Mudanças Climáticas do Estado de Goiás (Lei 16.497/2009), a Lei da Política Estadual sobre Mudanças Climáticas, Conservação Ambiental e Desenvolvimento Sustentável do Estado de Tocantins (Lei 1.917/2008), a Lei da Política de Mudança do Clima do Município de São Paulo (Lei 14.933/2009).

	– Tratados Internacionais Climáticos (ex. Convenção-Quadro sobre Mudança do Clima e Acordo de Paris);
(Micro)Sistema legislativo climático brasileiro	– Constituição Federal (inciso VIII do § 1º do art. 225, inserido pela EC 123/2022 e alterado pela EC 132/2023);
	– Lei da Política Nacional sobre Mudança do Clima (Lei 12.187/2009);
	– Lei do Fundo Nacional sobre Mudança do Clima (Lei 12.114/2009);
	– Lei da Política Nacional de Proteção e Defesa Civil (Lei 12.608/2012, com reforma da Lei 14.750/2023);
	– Lei de Adaptação Climática (Lei 14.904/2024);
	– Lei de Educação Climática/Desastres (Lei 14.926/2024);
	– Lei do Mercado de Carbono ou Sistema Brasileiro de Comércio de Emissões de Gases de Efeito Estufa (Lei 15.042/2024).

O cenário internacional caminha no sentido de edificar uma **economia verde** alinhada com a meta da **neutralidade climática** e centrada no que se pode designar de **"descarbonização"** das atividades econômicas, ou seja, uma nova economia limpa e não mais baseada e dependente da **queima de combustíveis fósseis** (ex.: carvão, petróleo etc.). A legislação climática federal alinha-se a esse cenário internacional, conforme desenvolveremos na sequência, trazendo grande inovação para a legislação ambiental brasileira de modo geral, inclusive impulsionando a edição de inúmeros diplomas nas esferas estadual e municipal com o mesmo propósito de proteção climática.

A legislação climática também objetiva, somando-se ao marco normativo já consolidado pela legislação ambiental (ex.: Lei 6.938/81, Lei 9.605/98 etc.), reforçar a esfera dos **deveres e responsabilidades jurídicas** de agentes públicos e privados, inclusive no âmbito do **controle judicial de omissões e ações** que se fizerem em desacordo com o sistema jurídico de proteção climática. O **poluidor climático** encontra-se, nesse sentido, sujeito às três esferas de responsabilização (administrativa, criminal e civil) pelos danos que venha a causar ao **bem jurídico climático**. A título de exemplo, o tema da responsabilidade civil climática tem sido objeto de progressivo desenvolvimento pela doutrina nacional e estrangeira, lastreada pelo princípio da reparação integral dos **danos climáticos** perpetrados tanto pelo Estado – e seus agentes – quanto por particulares.

O diploma climático igualmente apresenta forte conteúdo de natureza socioambiental, ou seja, no sentido de priorizar a proteção e salvaguardar os interesses e direitos dos **grupos sociais vulneráveis**, como se verifica, por exemplo, no caso dos **refugiados e deslocados climáticos**, sobretudo no contexto brasileiro, em que temos testemunhado reiterados desastres naturais decorrentes de **episódios climáticos extremos** (enchentes, incêndios, secas etc.) com gravíssimas consequências de ordem social (mortes, desalojamento de grande número de famílias, danos pessoais e patrimoniais e extrapatrimoniais etc.).

1.1 O clima (ou sistema climático) como bem jurídico autônomo?

A **Corte Internacional de Justiça**, na *Opinião Consultiva sobre a Legalidade da Ameaça ou Uso de Armas Nucleares (1996)*, reconheceu, em documento histórico, que a **proteção do meio ambiente** integra o **corpus do direito internacional**, por meio da obrigação geral dos Estados de garantir que as atividades dentro de sua jurisdição e controle respeitem o meio ambiente de outros Estados ou de áreas fora do controle nacional. Igualmente, a Corte reconheceu que "o meio ambiente não é uma abstração, mas representa o espaço de vida, a qualidade de vida e a própria saúde dos seres humanos, incluindo as gerações por nascer".[13] Da mesma forma como o meio ambiente não se trata de uma "abstração", também o clima ou sistema climático é algo concreto e está diretamente relacionado à salvaguarda dos interesses e direitos mais básicos do ser humano (gerações presentes e futuras), como a vida, a saúde, a integridade física e psíquica, entre outros. O clima, nesse sentido, deve ser reconhecido como um **bem jurídico dotado de autonomia e especial proteção**, justamente por constituir um bem comum e essencial à sadia qualidade de vida de todos nós, inclusive das gerações futuras.

A **Declaração do Rio (1992)** estabelece, na primeira parte do seu Princípio 7, que "os Estados devem cooperar num espírito de parceria global para conservar, proteger e restaurar a saúde e a **integridade do ecossistema da Terra**". Também a **Carta da Terra** (*Earth Charter*), adotada na sede da UNESCO, em Paris, no ano 2000, reconhece a integridade ecológica como um dos seus princípios centrais (Princípio 5): "Proteger e restaurar a **integridade dos sistemas ecológicos da Terra**, com especial preocupação com a diversidade biológica e os processos naturais que sustentam a vida". No âmbito constitucional, o conceito de integridade ecológica pode ser facilmente identificado em várias Constituições. A **Lei Fundamental alemã (1949)**, por exemplo, utiliza, no seu **art. 20a**, ao dispor sobre a tutela ecológica como dever e tarefa estatal, a expressão **"fundamentos naturais da vida"** (*die natürlichen Lebensgrundlagen*), cujo conteúdo normativo determina a salvaguarda do equilíbrio ecológico numa perspectiva ecossistêmica.

No sistema constitucional brasileiro (art. 225), as expressões **"processos ecológicos essenciais"**[14] e **"função ecológica"**,[15] inclusive com vedação expressa a práticas que provoquem a extinção de espécies da biodiversidade, também refletem o conteúdo do conceito e princípio da integridade ecológica. Ao tratar, por exemplo, da proteção constitucional dos processos ecológicos essenciais (art. 225, § 1º, inciso I), a CF/1988 passa a reconhecer o clima (e o sistema climático) como **bem jurídico autônomo de estatura constitucional**. Igual entendimento pode ser compreendido por meio da adesão do Estado brasileiro aos principais tratados internacionais em matéria climática, como é o caso da Convenção-Quadro sobre Mudança do Clima (1992) e o Acordo de Paris (2015), inclusive atribuindo-se aos diplomas suscitados o **status jurídico-normativo de supralegalidade** no plano jurídico doméstico.[16]

No plano infraconstitucional, a **Lei da Política Nacional sobre Mudança do Clima** (Lei 12.187/2009) consagra, no seu art. 4º, I, como objetivo da PNMC, a "proteção do **sistema climático**",[17] bem como destaca, no seu art. 3º, I, que "todos têm o dever de atuar, em benefício das presentes e futuras gerações, para a **redução dos impactos** decorrentes das interferências antrópicas sobre o **sistema climático**". Ao estabelecer o conceito de impacto no seu art. 2º, VI, a Lei 12.187/2009 assinala ser esse "os efeitos da mudança do clima nos **sistemas** humanos e **naturais**". Igualmente, o art. 5º, III, do diploma climático estabelece como diretriz da Política

---

[13] CORTE INTERNACIONAL DE JUSTIÇA. *Opinião Consultiva sobre a Legalidade da Ameaça ou Uso de Armas Nucleares (1996)*, p. 241-242, par. 29. Disponível em: https://www.icj-cij.org/public/files/case-related/95/095-19960708-ADV-01-00-EN.pdf.

[14] "Art. 225 (...) § 1º Para assegurar a efetividade desse direito (ou seja, o direito fundamental ao ambiente), incumbe ao Poder Público: I – preservar e restaurar os *processos ecológicos essenciais* e prover o manejo ecológico das espécies e ecossistemas".

[15] "Art. 225, § 1º, (...) VII – proteger a fauna e a flora, vedadas, na forma da lei, as práticas que coloquem em risco sua *função ecológica*, provoquem a extinção de espécies ou submetam os animais a crueldade."

[16] Vide STF, ADPF 708/DF, Tribunal Pleno, Rel. Min. Barroso, j. 01.07.2022.

[17] "Art. 4º A Política Nacional sobre Mudança do Clima – PNMC visará: I – à compatibilização do desenvolvimento econômico-social com a proteção do sistema climático."

Nacional sobre Mudança do Clima "as medidas de adaptação para reduzir os efeitos adversos da mudança do clima e a **vulnerabilidade dos sistemas ambiental**, social e econômico". Como se pode identificar facilmente no conteúdo dos dispositivos citados, a compreensão do **regime climático** como um "**sistema (natural)**" permeia todo o diploma, reforçando o entendimento científico consolidado pela "Ciência do Clima ou Climática", tal como consagrado nos sucessivos Relatórios do Painel Intergovernamental sobre Mudanças Climáticas (IPCC) da ONU.

O **Código Florestal** (Lei 12.651/2012) é ainda mais preciso em termos conceituais ao utilizar a expressão "**integridade do sistema climático**" ao estabelecer os princípios norteadores do diploma.[18] O conceito de "sistema climático" consagrado tanto na legislação climática quanto na legislação florestal, antes referidas, revela justamente tal entendimento. É a integridade – estabilidade, equilíbrio, manutenção plena das funções ecológicas e dos processos ecológicos essenciais – dos sistemas naturais (ex.: climático, biodiversidade etc.) que a legislação ambiental almeja em última instância, ao estabelecer **deveres de proteção** a cargo tanto do **Estado** quanto de **particulares** (pessoas físicas e jurídicas).[19] De tal sorte, o clima (ou sistema climático) deve ser necessariamente reconhecido como um novo **bem jurídico autônomo**, o que se verifica consagrado inclusive numa **perspectiva normativa multinível** (convencional, constitucional e infraconstitucional).

1.2 O Direito Climático como nova disciplina jurídica autônoma?

O Direito Climático configura-se como uma nova disciplina jurídica autônoma, por exemplo, separada do Direito Ambiental ou Ecológico?[20] A resposta a essa pergunta não é tão simples. A nosso ver, a disciplina do Direito Climático – igualmente como ocorre com o Direito da Biodiversidade, o Direito das Águas, o Direito Florestal, o Direito dos Animais, o Direito dos Resíduos etc. – possui uma relação de interdependência e complementariedade com o Direito Ambiental (ou, para quem preferir a sua versão "não antropocêntrica", o Direito Ecológico). Muito embora a origem comum no Direito Ambiental, são todas disciplinas que – em razão da sua especialização cada vez mais desenvolvida, com objetivos, princípios, legislações, doutrina, jurisprudência etc. próprios – têm alcançado um nível cada vez maior de autonomia científica.

A **Lei 12.187/2009** exerce, em certa medida – como se verifica no caso da Lei 6.938/81 em relação ao Direito Ambiental –, a função de "**Código Climático**" brasileiro,[21] estabelecendo as diretrizes gerais do **(micro)sistema legislativo climático**, não obstante a sua interface e complementação normativa com diversos outros diplomas legislativos ambientais (ex. Lei da Política Nacional do Meio Ambiente, Código Florestal, Lei do SNUC etc.). Ainda que a Lei 12.187/2009 seja anterior ao Acordo de Paris, o diploma deve ser considerado à luz de uma interpretação

---

[18] "Art. 1º-A (...) Parágrafo único. Tendo como objetivo o desenvolvimento sustentável, esta Lei atenderá aos seguintes princípios: I – afirmação do compromisso soberano do Brasil com a preservação das suas florestas e demais formas de vegetação nativa, bem como da biodiversidade, do solo, dos recursos hídricos e da **integridade do sistema climático**, para o **bem-estar das gerações presentes e futuras**; (Incluído pela Lei 12.727/2012)." O conceito de área de preservação permanente (APP), previsto no art. 3º, III, do diploma florestal também está em sintonia com tal perspectiva, especialmente ao estabelecer as suas "funções ambientais" em vista da integridade do ecossistema: "área protegida, coberta ou não por vegetação nativa, com a **função ambiental de preservar os recursos hídricos, a paisagem, a estabilidade geológica e a biodiversidade, facilitar o fluxo gênico de fauna e flora, proteger o solo** e assegurar o bem-estar das populações humanas".

[19] Na jurisprudência do STJ, a respeito do reconhecimento do princípio da integridade do sistema climático, v. STJ, REsp 1.782.692/PB, 2ª T. Rel. Min. Herman Benjamin, j. 13.08.2019.

[20] A Teoria Geral do Direito Climático é desenvolvida por nós em: SARLET, Ingo W.; WEDY, Gabriel; FENSTERSEIFER, Tiago. *Curso de direito climático*. São Paulo: Revista dos Tribunais, 2023. p. 62-140.

[21] No direito estrangeiro, a Lei de Bases do Clima (Lei 98/2021) da República Portuguesa é, até o momento, o exemplo legislativo mais destacado no estabelecimento de um sistema especializado para regulamentar a matéria climática, ao consagrar conceitos, objetivos, princípios, direitos, deveres específicos etc.

sistemática, multinível e evolutiva, compatibilizando, assim, os seus dispositivos com a nova narrativa e normativa climática.

Igualmente, merece destaque o próprio regime constitucional de proteção climática estabelecido pela CF/1988 (art. 225) para a conformação da especialização da matéria, tanto no sentido da caracterização de um **novo direito fundamental ao clima**, quanto diante da consagração de **deveres estatais (constitucionais e convencionais)** e **deveres fundamentais (dos particulares) de proteção climática**. Hoje é possível falar de um **Direito Constitucional Climático** ancorado na CF/1988 (art. 225) e de processo progressivo de **"constitucionalização" do Direito Climático**, tomando como fundamento a **jurisprudência climática** consolidada pelo STF (ex.: ADPF 708/DF, ADO 59/DF e ADPF 760/DF). A título de exemplo, o Ministro Fux reconheceu expressamente no seu voto proferido na **ADPF 760/DF (Caso PPCDAm)**, não apenas deveres estatais de proteção climática, mas igualmente **direitos e deveres fundamentais climáticos**.[22]

O **bloco normativo climático multinível** também é integrado pela legislação internacional, ou seja, os **tratados internacionais climáticos** ratificados pelo Brasil, como é o caso da Convenção-Quadro sobre Mudanças Climáticas (1992), o Protocolo de Quioto (1997) e o Acordo de Paris (2015), inclusive diante do reconhecimento do **status e hierarquia normativa supralegal** de tais diplomas, ao serem equiparados aos tratados internacionais de direitos humanos, conforme jurisprudência recente do **STF (ADPF 708 – Caso Fundo Clima**[23]**)**. No entanto, muito embora o sólido regime jurídico de especialização na matéria, como se pode apreender dos diplomas citados, a defesa da autonomia científica do Direito Climático não deve jamais conduzir à fragmentação do Direito Ambiental, dado que a sua base epistemológica está alicerçada numa **compreensão sistêmica, interdependente e holística da proteção ecológica (e climática)**.

Todas as (sub)áreas do Direito Ambiental devem continuar a sua jornada progressiva de desenvolvimento e especialização científica, mas sem nunca perder de vista o *Leitmotiv* ou a finalidade última de uma proteção integral da Natureza, forte no **princípio da integridade ecológica**. Sem essa perspectiva tudo perde o sentido e a especialização da disciplina se torna contraproducente. O atual paradigma científico da Ciência da Terra, como já abordado anteriormente, reforça tal premissa teórica. A superação do paradigma jurídico antropocêntrico caminha igualmente na mesma direção. Muito embora a importância salutar da especialização do Direito Climático para o seu desenvolvimento teórico, legislativo e jurisprudencial, não podemos nunca perder a visão do "quadro ou fotografia maior" – ou *Weltbild*, como dizem os alemães – em que todas essas subdisciplinas Direito Ambiental estão inseridas, conformando uma teia científica e normativa interdependente e complementar de proteção da Natureza como um todo!

1.3 Mudanças climáticas, justiça intergeracional e litigância climática

A discussão em torno da **"justiça entre gerações ou intergeracional"** tem sido colocada no contexto político contemporâneo de forma emblemática, por meio de amplos e progressivos protestos de jovens mundo afora sobre a questão climática, como bem simbolizam a estudante sueca **Greta Thunberg**,[24] com seus protestos na frente do parlamento sueco, o **movimento estudantil** *Fridays for Future* (em português, "Sextas-Feiras pelo Futuro"), que surgiu na Europa no ano de 2018 impulsionado por Greta na Suécia e se espalhou pelo mundo, e o grupo de jovens que promovem ação judicial sobre a questão climática contra o Governo dos Estados Unidos da

---

[22] STF, ADPF 760/DF, Tribunal Pleno, Rel. Min. Cármen Lúcia, Redator p/ acórdão Min. André Mendonça, j. 14.03.2024.
[23] STF, ADPF 708/DF, Tribunal Pleno, Rel. Min. Barroso, j. 01.07.2022.
[24] O discurso proferido por Greta Thunberg na COP 24 da Convenção-Quadro sobre Mudança do Clima da ONU, em Katowice, na Polônia, ocorrida no mês de dezembro de 2018, pode ser acessado em: https://www.youtube.com/watch?v=EpvuS0EbywI.

América, inclusive, neste último caso, com decisão favorável da Suprema Corte norte-americana sobre a sua legitimidade para tal pleito.[25]

Em 20.09.2019, realizou-se aquele que teria sido o maior protesto ecológico global (*Global Climate Strike*) de todos os tempos, reunindo aproximadamente mais de 4 milhões de pessoas ao redor do mundo, cuja pauta central foi a questão climática. Na sequência de tal movimento global, em 23.09.2019, dezesseis crianças e adolescentes de doze Países diferentes, incluindo Greta Thunberg, registram uma **petição** no **Comitê dos Direitos da Criança da ONU** contra a falta de ação dos governos do **Brasil, Argentina, França, Alemanha e Turquia** com relação ao enfrentamento da crise climática.[26] A ação alega que os cinco países citados estão se omitindo ou deliberadamente agindo de modo contrário ao que se comprometeram a fazer no Acordo de Paris (2015), violando, assim dispositivos da Convenção sobre os Direitos das Crianças relacionados, por exemplo, ao direito à vida, à saúde e à cultura. A petição foi apresentada com base no **Terceiro Protocolo Facultativo** da Convenção sobre os Direitos da Criança, como um mecanismo voluntário que permite que crianças ou adultos em nome delas acionem diretamente o Comitê na hipótese de os Estados responsáveis pela violação de direitos tenham ratificado o referido o Protocolo Facultativo (como é o caso do Brasil). O caso em questão é um dos mais emblemáticos sobre o tema da litigância climática.

No cenário estrangeiro, um dos casos mais emblemáticos de litigância climática diz respeito ao **Caso Massachusetts v. EPA**. Tido como o mais importante já decidido pela Suprema Corte dos EUA no campo do Direito Ambiental, o Caso Massachusetts v. EPA, julgado em 2007, foi o primeiro em que a Corte enfrentou o tema das mudanças climáticas. Na decisão histórica, a Corte admitiu, por 5-4 votos, que uma parte prejudicada pelas mudanças climáticas pode litigar perante um Corte Federal para obter a reparação pelos danos sofridos, bem como que os **gases de efeito estufa** são **poluentes atmosféricos** cobertos pela **Lei Federal de Ar Limpo** (*Clean Air Act*) de 1970. Com base na decisão, a Agência de Proteção Ambiental (EPA) dos EUA teve reconhecida a sua autoridade (e competência) para restringir emissões de gases do efeito estufa conforme se fizer necessário para o enfrentamento das ameaças decorrentes das mudanças climáticas.[27]

Igualmente paradigmático é o **Caso Urgenda**. No final do ano de 2019, a Suprema Corte da Holanda emitiu decisão de cunho mandamental para que o governo holandês cortasse as emissões de gases de efeito estufa no país em 25% em relação aos níveis de 1990, até o final do ano de 2020. Conforme aponta Gabriel Wedy, foi a primeira vez que um **Estado foi obrigado por um Tribunal** a **adotar medidas efetivas contra a mudança climática**. De acordo com o *Chief Justice* da Suprema Corte holandesa, Kees Streefkerg, "por causa do aquecimento global, a vida, o bem-estar e as condições de vida de muitas pessoas ao redor do mundo, incluindo na Holanda, estão sendo ameaçados".[28]

Mais recentemente, merece registro o **Caso Neubauer e Outros v. Alemanha** julgado pelo Tribunal Constitucional Federal da Alemanha no primeiro semestre do ano de 2021. As reclamações constitucionais que provocaram a decisão foram ajuizadas por um grupo de nove pessoas, na sua maioria jovens – entre os quais a ativista Luisa Neubauer do movimento estudantil *Frydays*

---

[25] Disponível em: https://www.washingtonpost.com/politics/courts_law/supreme-court-refuses-to-block--kids-climate-lawsuit-against-us-government/2018/11/02/34bd7ee6-d7af-11e8-83a2-d1c3da28d6b6_story.html?noredirect=on&utm_term=.7512b404d040.

[26] Disponível em: https://www.unicef.org/brazil/comunicados-de-imprensa/16-criancas-e-adolescentes--incluindo-greta-thunberg-registram-uma-queixa.

[27] A história do Caso Massachusetts v. EPA é narrada em detalhes em: LAZARUS, Richard J. *The rule of five*: making climate history at the supreme court. Cambridge: Harvard University Press, 2020.

[28] Para maiores desenvolvimentos sobre o Caso Urgenda, v. WEDY, Gabriel. O "caso Urgenda" e as lições para os litígios climáticos no Brasil. *Consultor Jurídico*, Coluna Ambiente Jurídico, 2 jan. 2021. Disponível em: https://www.conjur.com.br.

for Future –, os quais foram apoiados por diversas entidades ambientalistas. Entre os autores, há inclusive alguns residentes em outros países, como Nepal e Bangladesh, este último um dos países mais vulneráveis ao aumento do nível do mar derivado das mudanças climáticas. Entre diversos argumentos suscitados na petição dos autores, destacam-se as violações ao **direito fundamental a um futuro em conformidade com a dignidade humana** (*menschenwürdige Zukunft*) e ao **direito fundamental ao mínimo existencial ecológico** (*ökologisches Existenzminimum*).

Na ocasião, o Tribunal reconheceu a violação aos deveres estatais de proteção ambiental e climática no âmbito da Lei Federal sobre Proteção Climática (*Klimaschutzgesetz – KSG*) de 2019, a qual, segundo a Corte, teria distribuído de modo desproporcional – entre as gerações presentes e as gerações mais jovens e futuras – o ônus derivado das restrições a direitos fundamentais – em especial do direito à liberdade – decorrentes da regulamentação das emissões de gases do efeito estufa, ao prever metas de redução tão somente até o ano de 2030. Ao fazer isso, o legislador alemão omitiu-se em relação ao período subsequente, ou seja, relativamente às metas de redução até 2050, ano em que o diploma climático objetiva atingir a **neutralidade climática**. Na fundamentação da decisão, o Tribunal reconheceu que o **direito fundamental à liberdade** possui uma **dimensão inter ou transgeracional**, a qual deve ser protegida pelo Estado e se expressa por meio de **garantias intertemporais de liberdade** (*intertemporale Freiheitssicherung*).

Ao reconhecer a inconstitucionalidade de dispositivos da legislação climática alemã, o Tribunal consignou que **o legislador violou seu dever**, decorrente do **princípio da proporcionalidade**, de assegurar que a **redução das emissões de CO_2** ao ponto da neutralidade climática – que é constitucionalmente necessária nos termos do art. 20a da Lei Fundamental alemã – "seja distribuída ao longo do tempo de uma forma prospectiva que respeite os direitos fundamentais (...)". Ainda de acordo com o Tribunal, "(...) **respeitar a liberdade futura** exige que a transição para a **neutralidade climática seja iniciada em tempo hábil**. Em todas as áreas da vida – produção, serviços, infraestrutura, administração, cultura, consumo, basicamente todas as atividades que atualmente ainda são relevantes para o CO_2 – os desenvolvimentos precisam ser iniciados para **garantir que, no futuro, ainda se possa fazer uso significativo da liberdade protegida pelos direitos fundamentais**". Por fim, cabe apenas ressaltar que, tanto o art. 20a da Lei Fundamental de Bonn quanto o art. 225 da CF/1988 consagraram expressamente a proteção e salvaguarda dos **interesses e direitos das futuras gerações**, reforçando, assim, o regime jurídico de proteção ecológica e a caracterização de **deveres estatais climáticos**.

É o **direito ao futuro** que está em jogo, como resultou consignado na decisão referida do Tribunal Constitucional Federal alemão, podendo-se até mesmo falar de certa sub-representação político-democrática dos interesses das gerações mais jovens no Estado Constitucional contemporâneo, assim como das futuras gerações que ainda estão por nascer, protegidas, por exemplo, pelo *caput* do art. 225 da CF/1988. Os exemplos citados dizem respeito ao fenômeno recente da **litigância climática**,[29] inclusive com inserções políticas e jurídicas cada vez mais importantes, tanto no plano nacional quanto internacional, relacionado à exigência de medidas governamentais para o enfrentamento ao aquecimento global, inclusive com o crescente acionamento do Poder Judiciário diante da omissão ou atuação insuficiente dos entes públicos.[30]

No Brasil, a litigância climática tomou assento definitivo no STF no ano de 2020, com o ajuizamento de (pelo menos) três ações que pautaram essa temática de forma direta, tendo sido duas delas objeto de audiências públicas realizadas pela nossa Corte Constitucional. Além das

---

[29] Na doutrina, v. FABBRI, Amália Botter; SETZER, Joana; CUNHA, Kamyla. *Litigância climática*: novas fronteiras para o direito ambiental no Brasil. São Paulo: RT, 2019; e WEDY, Gabriel. *Litígios climáticos*: de acordo com o direito brasileiro, norte-americano e alemão. São Paulo: JusPodivm, 2019.

[30] A respeito da litigância climática pelo Ministério Público, v. FERREIRA, Vivian M. *et al*. *Manual de litigância climática*: estratégias de defesa do clima estável para o Ministério Público. Belo Horizonte: ABRAMPA, 2022. Disponível em: https://abrampa.org.br/abrampa/uploads/images/conteudo/Manual.pdf.

ADPF 708/DF (Caso Fundo Clima) e ADO/DF 59 (Caso Fundo Amazônia), que tiveram audiências realizadas, respectivamente, nos meses de setembro e outubro de 2020, destaca-se também a última e mais abrangente das ações ajuizadas (**ADPF 760/DF**),[31] em que diversos partidos políticos, conjuntamente com a atuação a título de *amicus curiae* de diversas entidades ambientalistas, apontam "graves e irreparáveis" lesões a preceitos fundamentais, decorrentes de atos comissivos e omissivos da União e dos órgãos públicos federais que impedem a execução de medidas voltadas à redução significativa da fiscalização e do controle do desmatamento na Amazônia.

JURISPRUDÊNCIA STJ. Direito ecológico e poluição atmosférica: "ECOLOGIA – TRÂNSITO – **EMISSÃO ABUSIVA DE FUMAÇA POR VEÍCULO AUTOMOTOR** – O FATO, COMO ACONTECIMENTO DA EXPERIÊNCIA JURÍDICA, ENSEJA, EVENTUALMENTE, **REPERCUSSÃO PLURAL NO DIREITO**. TRANSITAR COM VEÍCULO, PRODUZINDO **FUMAÇA EM NÍVEIS PROIBIDOS**, INTERESSA TANTO AO **DIREITO ECOLÓGICO** COMO AO DIREITO DA CIRCULAÇÃO. OS RESPECTIVOS OBJETOS SÃO DIFERENTES. O PRIMEIRO BUSCA **CONSERVAR AS CONDIÇÕES RAZOÁVEIS MÍNIMAS DO AMBIENTE**. O SEGUNDO POLICIA AS CONDIÇÕES DE USO E FUNCIONAMENTO DE VEÍCULOS. DESSA FORMA, AINDA QUE, FISICAMENTE UNO O FATO, JURIDICAMENTE, HÁ PLURALIDADE DE ILÍCITOS. DAÍ A LEGITIMIDADE DE O DEPARTAMENTO DE ÁGUAS E ENERGIA ELÉTRICA, COMO DO DETRAN, PARA APLICAR SANÇÕES" (STJ, REsp 4608/SP, 2ª T., Rel. Min. Luiz Vicente Cernicchiaro, j. 19.09.1990).

JURISPRUDÊNCIA STJ. Mudanças climáticas e ação antrópica: "Processual civil. Ação reivindicatória. Praia. Propriedade da União. Arts. 3º, 6º, § 2º, e 10 da Lei 7.661/88. Arts. 5º, 10 e 11, § 4º, da Lei 9.636/88. Barraca. Ausência de autorização da Secretaria do Patrimônio da União. **Proteção da paisagem. Mudanças climáticas. Federalismo cooperativo ambiental.** Art. 4º da Lei Complementar 140/2011. Licença urbanístico-ambiental. Princípio da moralidade administrativa. Detenção ilícita e não posse. Precariedade. Demolição. Súmula 7/STJ. Histórico da demanda. 1. O Tribunal *a quo*, em ação reivindicatória e com suporte em elementos fático-probatórios, consignou que o particular edificou barraca, com finalidade comercial, na Praia de Cacimbinhas, Município de Tibau do Sul-RN, sem autorização da Secretaria do Patrimônio da União (SPU), tendo sido verificada ainda a precariedade das condições sanitárias do empreendimento, razões pelas quais manteve a ordem de demolição. Zona costeira. 2. Com especial ênfase, **nosso Direito protege a Zona Costeira, território que alberga ecossistemas acossados por atividades antrópicas diretas e, mais recentemente, por efeitos deletérios e implacáveis das mudanças climáticas.** Trata-se de espaço em que *habitat* de inúmeras espécies da flora e da fauna ameaçadas de extinção – muitas delas endêmicas, por se encontrarem aqui e em nenhum outro lugar do Planeta – coexiste com ricos sítios históricos e paisagens naturais extraordinárias, exaltadas por brasileiros e estrangeiros. Um inestimável patrimônio nacional e

---

[31] No caso da ADPF 760, um dos argumentos dos autores é que, apesar do aumento de 34% nas taxas de desmatamento em 2019 e de estimados outros 34% em 2020, verifica-se queda no número de autuações nesse período. Segundo eles, em 2019, o IBAMA autuou 31% menos do que em 2018. Em 2020, a queda é ainda maior, de 43%. Diante da proliferação da ilegalidade ambiental na Amazônia, sustentam que incumbiria à União atuar de maneira efetiva, com a ampliação das ações de poder de polícia ambiental. Outros pontos questionados são a inexecução do orçamento disponível e o congelamento do financiamento da política pública. Os autores também alegam que há um esforço da União para inviabilizar a atuação do IBAMA, do ICMBio e da FUNAI, por meio da fragilização orçamentária, da execução do orçamento disponível muito abaixo do que praticam historicamente e do déficit significativo de servidores. Por fim, requerem a redução efetiva dos índices de desmatamento na Amazônia Legal e em terras indígenas e unidades de conservação, conforme dados oficiais disponibilizados pelo Instituto Nacional de Pesquisas Espaciais (INPE), entre outros pontos.

da humanidade que vem sofrendo constante e irrefreável degradação desde o primeiro momento da colonização portuguesa, acentuada nas últimas décadas por conta de **desmatamento e especulação imobiliária**, além de insensibilidade, desídia e cumplicidade do Poder Público. 3. Atento ao valor transcendental e à gravidade das agressões à Zona Costeira, o legislador prescreveu, em vasto conjunto de normas constitucionais e infraconstitucionais, um intrincado microssistema jurídico próprio e peculiar que, apesar de pouco conhecido e aplicado de modo errático, deve ser observado pelo administrador e pelo juiz, em tudo que se refira a ações ou omissões que ameacem praias, recifes, parcéis e bancos de algas, ilhas costeiras e oceânicas, sistemas fluviais, estuarinos e lagunares, baías e enseadas, promontórios, costões e grutas marinhas, restingas, dunas, cordões arenosos, florestas litorâneas, manguezais, pradarias submersas, além de outras Áreas de Preservação Permanente, como falésias, e monumentos do patrimônio natural, histórico, paleontológico, espeleológico, arqueológico, étnico, cultural e paisagístico (art. 3º da Lei 7.661/88). 4. Acima de tudo em casos de empreendimento de larga escala (como estrada e avenida, loteamento, porto, marina ou *resort*), ou daqueles que, por qualquer razão, possam colocar em risco processos ecológicos protegidos ou a paisagem (hipótese de espigões e multiplicidade de barracas), a ocupação e a exploração de áreas de praia e ecossistemas da Zona Costeira demandam elaboração de Estudo Prévio de Impacto Ambiental (art. 6º, § 2º, da Lei 7.661/88). Impõe-se tal medida inclusive quando o motivo para a ação governamental for, retirando uns, deixando outros, organizar o caos urbanístico caracterizado pela privatização ilícita de espaços que, pela Constituição e por lei, são públicos. (...) 13. Recurso especial não provido" (STJ, REsp 1.410.732/RN, 2ª T., Rel. Min. Herman Benjamin, j. 17.10.2013).

JURISPRUDÊNCIA STJ. Mudanças climáticas, negacionismo climático, avanço do mar e erosão costeira: AMBIENTAL E PROCESSUAL CIVIL. AGRAVO EM RECURSO ESPECIAL. **MUDANÇAS CLIMÁTICAS**. BARES. **AVANÇO DO MAR. EROSÃO COSTEIRA**. RISCO DE DESABAMENTO. AMEAÇA À SEGURANÇA DOS CONSUMIDORES, FUNCIONÁRIOS E BANHISTAS. INTERDIÇÃO ADMINISTRATIVA. ESTADO DE DIREITO AMBIENTAL. AUSÊNCIA DE IMPUGNAÇÃO DOS FUNDAMENTOS DA DECISÃO AGRAVADA. APLICAÇÃO DA SÚMULA 182 DO STJ. (...) 4. No mais, importa lembrar que, atualmente, **as mudanças climáticas representam um fenômeno incontestável**: suas consequências estão por toda parte e a ninguém poupam. Atingem diretamente e arruínam milhões de pessoas, sobretudo **as mais pobres**; ameaçam centenas de milhões de outras tantas; incitam o espírito de investigação de pesquisadores; desafiam a antevisão de políticos e legisladores; e, **cada vez mais, se fazem presentes no cotidiano dos Tribunais**. Ou seja, já não pairam incertezas sobre a realidade, **causas antrópicas** e efeitos avassaladores das mudanças climáticas na comunidade da vida planetária e no cotidiano da humanidade. Embora ainda exista muito a descobrir e estudar, nem mesmo quem acredita em Papai Noel consegue negar os dados acumulados nas últimas décadas. Diante de tamanho **consenso científico**, os juízes precisam ficar vigilantes para não serem usados como caixa de ressonância de ideias irracionais – **negacionistas dos fatos e do saber** –, posições que, frequentemente, não passam de biombo para ocultar poderosos e insustentáveis interesses econômicos esposados por adversários dos valores capitais do **Estado de Direito Ambiental**. 5. Agravo Interno não provido" (STJ, AgInt no AREsp 2.188.380/SE, 2ª T. Rel. Min. Herman Benjamin, j.06.03.2023).

JURISPRUDÊNCIA STJ. Queimadas e mudanças climáticas:
"Ambiental. Multa prevista no art. 14 da Lei 6.938/1981. Aplicação. Recurso especial. Alínea 'c'. Não demonstração da divergência. 1. Hipótese em que o Tribunal de origem asseverou a legalidade da autuação do recorrido, com base no art. 14, I, da Lei 6.938/1981, por ter realizado queimada de pastagem em área correspondente a 600 hectares, sem a devida autorização. 2. O dispositivo em tela prevê a aplicação de multa pelo 'não cumprimento das medidas necessárias à preservação ou correção dos inconvenientes e danos causados

pela degradação da qualidade ambiental', constituindo base legal suficiente para a autuação. 3. As **queimadas**, sobretudo nas atividades agroindustriais ou agrícolas organizadas ou empresariais, são **incompatíveis com os objetivos de proteção do meio ambiente estabelecidos na Constituição Federal** e nas normas ambientais infraconstitucionais. **Em época de mudanças climáticas, qualquer exceção a essa proibição geral, além de prevista expressamente em lei federal, deve ser interpretada restritivamente pelo administrador e juiz.** (...)" (STJ, REsp 1.000.731/RO, 2ª T., Rel. Min. Herman Benjamin, j. 25.08.2009).

JURISPRUDÊNCIA TJSP. Litigância climática, episódios climáticos extremos, omissão estatal e responsabilidade do Estado: "APELAÇÃO. AÇÃO DE INDENIZAÇÃO. ENCHENTES E INUNDAÇÕES EM SEQUÊNCIA. *CÓRREGO CANALIZADO*. CHUVAS FORTES E CONTÍNUAS. INUNDAÇÃO DE IMÓVEL RESIDENCIAL. RESPONSABILIDADE CIVIL DA ADMINISTRAÇÃO PÚBLICA. CARACTERIZADA (...) Ainda que se reconheça a possível incidência pluviométrica excessiva e em breve trato de tempo, daí não se pode extrair, no caso, fortuito capaz de excluir a responsabilidade da Administração Pública, quebrando o nexo causal, porque estamos em ambiente urbano residencial, de forte adensamento, carente de espaços verdes e de solos permeáveis, beirando córrego coletor das águas pluviais da região, e, portanto, sabidamente de potencial de enchentes. Ademais, as **mudanças climáticas** dos últimos anos têm revelado que chuvas fortes, intensas e contínuas, em ambiente urbanos desta cidade, não mais são novidades inesperadas ou imprevisíveis, qualificáveis como episódicas, extraordinárias, surpreendentes, a ponto de se afirmar a inexigibilidade de conduta diversa da Administração Pública, ou seja, que, ante tais fenômenos climáticos, nada poderia ter sido feito, preventivamente, em prol da requalificação do espaço urbano vulnerável (...)" (TJSP, Apelação 0023553-68.2010, 1ª Câmara de Direito Público, Rel. Des. Vicente de Abreu Amadei, j. 23.10.2012).

O CASO DA "LEI DE PRESERVAÇÃO DOS GLACIARES/GELEIRAS" (LEI 26.639/2010)[32] DECIDIDO PELA SUPREMA CORTE DE JUSTIÇA DA ARGENTINA (2019) COMO *LEADING CASE* LATINO-AMERICANO DO DIREITO AMBIENTAL DAS MUDANÇAS CLIMÁTICAS:
A Suprema Corte de Justiça da Argentina, na decisão, declarou a constitucionalidade da Lei de Preservação dos Glaciares (26.639/2010), rejeitando a alegação de inconstitucionalidade apresentada pelas empresas mineradoras Barrick Exploraciones Argentinas S.A. e Exploraciones Mineras Argentinas S.A., concessionárias do projeto binacional Pascua Lama. A mesma solução foi adotada com relação à ação movida pela Minera Argentina Gold S.A., concessionária do projeto "Veladero". De acordo com a Corte, quando existem **direitos de incidência coletiva relacionados à proteção do meio ambiente** – que envolvem, no caso das geleiras, a possibilidade de afetar o acesso de grandes grupos populacionais ao recurso estratégico da água – **a proteção dos ecossistemas e da biodiversidade deve ser considerada de forma sistêmica**. Nessa perspectiva, a Corte alertou que a Lei 26.639/2010 destaca a função das geleiras e do meio ambiente periglacial como reserva de água. Ao aprovar a legislação em questão, o Congresso, conforme afirmou a Corte, relacionou os efeitos de certos processos extrativos – mais especificamente, o possível impacto da mineração em larga escala em certas regiões do país – com a preservação e conservação das geleiras como "reservas estratégicas" que fornecem água para o Planeta,

---

[32] Ley 26.639/2010 – Régimen de Presupuestos Mínimos para la Preservación de los Glaciares y del Ambiente Periglacial. Íntegra do texto disponível em: http://servicios.infoleg.gob.ar/infolegInternet/anexos/170000-174999/174117/norma.htm.

de acordo com o artigo 1º[33] do diploma. Igualmente, a Corte destacou a emergência de um **Direito das Mudanças Climáticas** de âmbito global e relevância da proteção dos glaciares para o enfrentamento do **aquecimento global** e das **mudanças climáticas**, bem como a responsabilidade do Estado Argentino assumido no âmbito do **Acordo de Paris (2015)**. Por fim, feitas algumas considerações gerais, destaca-se na sequência passagem ilustrativa da decisão.

"(...) 19) Que los múltiples objetivos que la **Ley de Glaciares** identifica para establecer **la protección de las zonas de glaciares y periglaciares** – entre las cuales vale nuevamente resaltar su función de reserva de agua para el consumo humano y el respeto de la biodiversidad (artículo 1°) – dan cuenta del alcance de la novedosa problemática ambiental que sus previsiones procuran afrontar. En efecto, el legislador conectó los efectos de ciertos procesos extractivos – más específicamente, la posible incidencia de la minería a gran escala en ciertas regiones del país – sobre la preservación y conservación de los glaciares como 'reservas estratégicas' proveedoras de agua para el planeta (artículo 10 de la ley citada). Ante este tipo de mandas legislativas – y en la medida en que **los derechos colectivos ambientales han de ser tomados en serio** – forzosamente su operatividad abre novedosos ámbitos de deliberación política y responsabilidad jurídica insospechada pocas décadas atrás. De ahí la utilidad del diálogo constructivo al que alude – entre Nación y provincias – el **concepto de federalismo concertado acuñado en la cláusula ambiental de la Constitución Nacional**.

20) Que esta lectura se inscribe en el consenso internacional que aprobó el **Acuerdo de París en 2015, ratificado por la República Argentina en 2016**, sobre **calentamiento climático**. En su texto se tuvo presente que para dar una respuesta '**progresiva y eficaz a la amenaza apremiante del cambio climático**' debía reconocerse la 'importancia de evitar, reducir al mínimo y afrontar las pérdidas y los daños relacionados con los efectos adversos del cambio climático, incluidos los fenómenos meteorológicos extremos y los fenómenos de evolución lenta, y la contribución del desarrollo sostenible a' la reducción del riesgo de pérdidas y daños' (artículo 8º del Acuerdo de París, 12 de diciembre de 2015, 21ª Conferencia de las Partes (COP) de la Convención Marco de Naciones Unidas sobre Cambio Climático).

21) Que, así, la perspectiva global emergente del **derecho del cambio climático** invita a reforzar la visión policéntrica propuesta para los derechos colectivos al tiempo que evidencia la dificultad del proceso bilateral tradicional para responder a la problemática ambiental. En ese sentido el Acuerdo de París también señala en sus considerandos la utilidad que puede revestir el concepto de '**justicia climática**' entendida como la perspectiva que intenta integrar una multiplicidad de actores para **abordar de manera más sistémica la protección de los ecosistemas y la biodiversidad**. Es por ello que frente a las previsiones de **la Ley de Glaciares** que apuntan a **proteger derechos de incidencia colectiva** – y de un carácter especialmente novedoso –, los jueces deben ponderar que las personas físicas y jurídicas pueden ciertamente ser titulares de derechos subjetivos que integran el concepto constitucional de propiedad, amparados en los términos y con la extensión que les reconoce el ordenamiento jurídico y la jurisprudencia de este Tribunal. Mas también deben considerar que **ese derecho individual debe ser armonizado con los derechos de incidencia colectiva (artículos 14 y 240 del Código Civil y Comercial de la Nación)** para asegurar que **el ejercicio de la industria lícita sea sustentable (artículos 1°, 2° y 4° de la Ley General del Ambiente 25.675)**. Todo ello en consideración de los **objetivos generales de bien común**, como aquel que la comunidad internacional ha trazado para garantizar '**modalidades de consumo y**

---

[33] "ARTICULO 1º – Objeto. La presente ley establece los presupuestos mínimos para la protección de los glaciares y del ambiente periglacial con el objeto de preservarlos como reservas estratégicas de recursos hídricos para el consumo humano; para la agricultura y como proveedores de agua para la recarga de cuencas hidrográficas; para la protección de la biodiversidad; como fuente de información científica y como atractivo turístico. Los glaciares constituyen bienes de carácter público."

producción sostenibles' en la **Agenda 2030 sobre Desarrollo Sostenible** aprobado por la Organización de Naciones Unidas el 25 de septiembre de 2015 (A/RES/70/1 de la Asamblea General de las Naciones Unidas, objetivo 12). En suma, el juicio de constitucionalidad de un posible acto lesivo derivado de la ley 26.639 – acreditada que fuera la existencia de una causa judicial – debe ser analizado en el contexto de ponderación de los diversos derechos y bienes involucrados."[34]

BASE DE DADOS PARA PESQUISA SOBRE CASOS DE LITIGÂNCIA CLIMÁTICA NO BRASIL E NO MUNDO

- *Climate Change Litigation Databases* – Sabin Center for Climate Change Law da Universidade de Columbia[35]
- *Climate Law Accelerator (CLX)* – Faculdade de Direito da Universidade de Nova York[36]
- *Plataforma de Litigância Climática no Brasil* do Grupo de Pesquisa Direito, Ambiente e Justiça no Antropoceno (JUMA) da PUC/Rio[37]

---

2. LEI DA POLÍTICA NACIONAL SOBRE MUDANÇA DO CLIMA (LEI 12.187/2009)

2.1 Considerações gerais

A **Lei 12.187/2009** institui a Política Nacional sobre Mudança do Clima (PNMC), estabelecendo seus **princípios, objetivos, diretrizes e instrumentos** (art. 1º). Diversas **legislações estaduais e municipais**, como referido anteriormente, seguiram o mesmo caminho, tomando o parâmetro de **"norma geral"** determinado pela Lei 12.187/2009, limitando-se, assim, a suplementar a legislação federal de acordo respectivamente com as **realidades e peculiaridades regional e local**. No entanto, nada impede, como já referido anteriormente, que Estados e Municípios adotem **padrões normativos mais rígidos e protetivos** em matéria climática.

O **Brasil** ocupa a **5ª posição** entre os **maiores emissores mundiais de gases do efeito estufa**. No entanto, a contribuição brasileira para o fenômeno das mudanças climáticas não está associada, como ocorre com os demais países no topo da lista – respectivamente, China, Estados Unidos, União Europeia e Índia, com emissões decorrentes do alto nível de desenvolvimento da sua atividade industrial –, mas sim em razão de duas práticas, particularmente sensíveis na região da Floresta Amazônica: a) **desmatamento**; e b) **queimadas**.

A **Floresta Amazônica** é um dos **maiores "estoques ou sumidouros" mundiais de CO_2**. O desmatamento e as queimadas – nesse caso, especialmente como decorrência direta ou indireta da ação humana – representam grande fonte de emissões de CO_2, aumentando a sua concentração na atmosfera e agravando o quadro do aquecimento global. Da mesma forma que o plantio de árvores representa prática que retira CO_2 da atmosfera, por meio do processo de fotossíntese, depositando-o, por exemplo, no tronco das árvores, o inverso disso, ou seja, o desmatamento e a queimada das florestas, provoca justamente o efeito contrário. O exemplo em questão reforça a importância de compreender a interface do regime jurídico constitucional e infraconstitucional

---

[34] Íntegra da decisão disponível em: https://www.cij.gov.ar/nota-34763-La-Corte-Suprema-convalid--la--constitucionalidad-de-la-ley-de-preservaci-n-de-los-glaciares-rechazando-el-pedido-de-Barrick-Gold--Minera-Argentina-Gold-y-provincia-de-San-Juan.html.
[35] https://climatecasechart.com/.
[36] https://clxtoolkit.com/.
[37] https://www.juma.nima.puc-rio.br/base-dados-litigancia-climatica-no-brasil.

de proteção climática com os demais diplomas ambientais – como, por exemplo, a legislação florestal –, inclusive à luz de uma interpretação sistemática.

A interface entre a legislação climática e o **Código Florestal (Lei 12.651/2012)** resulta evidente nos dispositivos que seguem:

> **Art. 1º-A.** Esta Lei estabelece normas gerais sobre a **proteção da vegetação, áreas de Preservação Permanente e as áreas de Reserva Legal**; a exploração florestal, o suprimento de matéria-prima florestal, o controle da origem dos produtos florestais e o **controle e prevenção dos incêndios florestais**, e prevê instrumentos econômicos e financeiros para o alcance de seus objetivos. (Incluído pela Lei 12.727/2012).
>
> Parágrafo único. Tendo como objetivo o **desenvolvimento sustentável**, esta Lei atenderá aos seguintes **princípios**: (Incluído pela Lei 12.727/2012).
>
> I – afirmação do compromisso soberano do Brasil com a **preservação das suas florestas** e demais formas de vegetação nativa, bem como da **biodiversidade** do solo, dos recursos hídricos e da **integridade do sistema climático**, para o bem-estar das **gerações presentes e futuras**; (Incluído pela Lei 12.727/2012). (...)
>
> **Art. 40.** O Governo Federal deverá estabelecer uma **Política Nacional de Manejo e Controle de Queimadas, Prevenção e Combate aos Incêndios Florestais**, que promova a articulação institucional com vistas na substituição do uso do fogo no meio rural, no controle de queimadas, na prevenção e no combate aos incêndios florestais e no manejo do fogo em áreas naturais protegidas.
>
> § 1º A Política mencionada neste artigo deverá prever instrumentos para a análise dos impactos das queimadas sobre **mudanças climáticas** e mudanças no uso da terra, conservação dos ecossistemas, saúde pública e fauna, para subsidiar planos estratégicos de prevenção de incêndios florestais.
>
> § 2º A Política mencionada neste artigo deverá observar cenários de **mudanças climáticas** e potenciais aumentos de risco de ocorrência de incêndios florestais.
>
> § 3º A Política de que trata o *caput* deste artigo contemplará programa de uso da aviação agrícola no combate a incêndios em todos os tipos de vegetação. (Incluído pela Lei 14.406/2022).

Por essa ótica, é importante destacar que, muito embora o art. 225 da CF/1988 não tenha consagrado expressamente um dever de combate às mudanças climáticas, notadamente no rol dos deveres estatais de proteção ecológica elencado no seu § 1º, deve-se compreender tal rol de deveres estatais apenas "exemplificativo" (e, portanto, não taxativo), estando necessariamente aberto a recepcionar os novos desafios existenciais (à dignidade humana e aos direitos fundamentais) que se colocam no horizonte civilizatório, como é o caso da crise ecológica relacionada às mudanças climáticas.

Mais recentemente e como já exposto anteriormente, o novo inciso VIII inserido no § 1º do art. 225 da CF/1998 pela **EC 123/2022** encarregou-se de contemplar os **deveres de proteção climática do Estado**, promovendo a **descarbonização da matriz energética e economia** e **neutralização climática**, relativamente às emissões de gases do efeito estufa decorrente da queima de combustíveis fósseis, ao "manter regime fiscal favorecido para os biocombustíveis e para o hidrogênio de baixa emissão de carbono, na forma de lei complementar, a fim de assegurar-lhes tributação inferior à incidente sobre os combustíveis fósseis, capaz de garantir diferencial competitivo em relação a estes, especialmente em relação às contribuições de que tratam o art. 195, I, "b", IV e V, e o art. 239 e aos impostos a que se referem os arts. 155, II, e 156-A[38]". A medida em questão expressa os deveres estatais de mitigação, no sentido da redução da emissão de gases

---

[38] A EC 132/2023 acrescentou também ao inciso VIII a seguinte passagem: "e para o hidrogênio de baixa emissão de carbono".

do efeito estufa derivada da queima de combustíveis fósseis, inclusive estimulando mudanças e inovações tecnológicas na nossa matriz energética rumo ao **uso progressivo de energia limpa** e à **neutralidade climática**. Há, por certo, a conjunção de esforços públicos e privados na consecução dos objetivos constitucionais voltados à proteção climática, tanto em termos de mitigação quanto de adaptação.

2.2 Conceitos da Lei 12.187/2009 (art. 2º)

Como é peculiar a diversos diplomas legislativos ambientais, a Lei 12.187/2009 traz um amplo rol de conceitos relacionados ao tema das mudanças climáticas, de modo muito similar, aliás, aos conceitos e definições consagrados na Convenção-Quadro sobre Mudanças Climáticas (1992), precisamente no seu art. 1º. Na sequência, destaca-se a relação de conceitos e definições consagrada no art. 2º da Lei 12.187/2009.

> **Art. 2º Para os fins previstos nesta Lei, entende-se por:**
> **I – ADAPTAÇÃO:** iniciativas e medidas para **reduzir a vulnerabilidade dos sistemas naturais e humanos** frente aos efeitos atuais e esperados da mudança do clima;
> **II – EFEITOS ADVERSOS DA MUDANÇA DO CLIMA:** mudanças no meio físico ou biota resultantes da mudança do clima que tenham efeitos deletérios significativos sobre a composição, resiliência ou produtividade de **ecossistemas naturais** e manejados, sobre o funcionamento de **sistemas socioeconômicos** ou sobre a saúde e o bem-estar humanos;
> **III – EMISSÕES:** liberação de gases de efeito estufa ou seus precursores na atmosfera numa área específica e num período determinado;
> **IV – FONTE:** processo ou atividade que libere na atmosfera gás de efeito estufa, aerossol ou precursor de gás de efeito estufa;
> **V – GASES DE EFEITO ESTUFA:** constituintes gasosos, naturais ou antrópicos, que, na atmosfera, absorvem e reemitem radiação infravermelha;
> **VI – IMPACTO:** os efeitos da mudança do clima nos sistemas humanos e naturais;
> **VII – MITIGAÇÃO:** mudanças e substituições tecnológicas que **reduzam o uso de recursos e as emissões** por unidade de produção, bem como a implementação de medidas que reduzam as emissões de gases de efeito estufa e aumentem os sumidouros;
> **VIII – MUDANÇA DO CLIMA:** mudança de clima que possa ser **direta ou indiretamente atribuída à atividade humana** que altere a composição da atmosfera mundial e que se some àquela provocada pela variabilidade climática natural observada ao longo de períodos comparáveis;
> **IX – SUMIDOURO:** processo, atividade ou mecanismo que **remova da atmosfera gás de efeito estufa**, aerossol ou precursor de gás de efeito estufa; e
> **X – VULNERABILIDADE:** grau de suscetibilidade e incapacidade de um sistema, em função de sua sensibilidade, capacidade de adaptação, e do caráter, magnitude e taxa de mudança e variação do clima a que está exposto, de lidar com os **efeitos adversos da mudança do clima**, entre os quais a variabilidade climática e os **eventos extremos**.

2.3 Princípios da PNMC (art. 3º, *caput*)

O art. 3º da Lei 12.187/2009 estabelece que a Política Nacional sobre Mudança do Clima e as ações dela decorrentes, executadas sob a responsabilidade dos entes políticos e dos órgãos da administração pública, observarão os **princípios da precaução, da prevenção, da participação cidadã, do desenvolvimento sustentável e o das responsabilidades comuns, porém diferenciadas**, este último no âmbito internacional.

Além de consagrar princípios gerais do Direito Ambiental – precaução, prevenção, participação cidadã e desenvolvimento sustentável, a Lei 12.187/2009 também consagrou o **princípio das responsabilidades comuns, porém diferenciadas**, o qual se pode considerar, em certa medida, como um princípio especial do denominado **Direito das Mudanças Climáticas**, como subárea especializada dentro do Direito Ambiental.

O princípio das responsabilidades comuns, porém diferenciadas, foi consagrado na **Declaração do Rio sobre Meio Ambiente e Desenvolvimento (1992)**.

> **Princípio 7.** "Os **Estados irão cooperar**, em espírito de parceria global, para a conservação, proteção e restauração da saúde e da integridade do ecossistema terrestre. **Considerando as diversas contribuições para a degradação do meio ambiente global, os Estados têm responsabilidades comuns, porém diferenciadas.** Os **países desenvolvidos** reconhecem a responsabilidade que lhes cabe na busca internacional do desenvolvimento sustentável, tendo em vista as pressões exercidas por suas sociedades sobre o meio ambiente global e as tecnologias e recursos financeiros que controlam".

Para além da responsabilidade na esfera moral, verifica-se também a necessidade de imposição de responsabilidades (deveres e obrigações) no campo jurídico para frear o "ímpeto destrutivo" do ser humano na sua relação com a Natureza. No entanto, é fundamental uma **distribuição equânime e justa dos ônus e encargos** (sobretudo econômicos) decorrentes da proteção ambiental, tal como propõe o princípio em análise, reconhecendo que "alguns" países (e também seus cidadãos), por consumirem quantidade maior de recursos naturais como decorrência do seu estágio mais avançado de desenvolvimento (e industrialização) e, consequentemente, degradarem a Natureza em maior medida, devem assumir maiores encargos (sobretudo econômicos) no sentido de implementarem medidas (econômicas, políticas etc.) voltadas à proteção ecológica.

2.4 Deveres do Estado e medidas de execução da PNMC (art. 3º, I, II, III, IV e V)

O art. 3º da Lei 12.187/2009 estabelece que, quanto às medidas a serem adotadas na sua execução, será considerado o seguinte:

> **I – todos têm o dever** de atuar, em benefício das presentes e **futuras gerações**, para a **redução dos impactos decorrentes das interferências antrópicas sobre o sistema climático**;
>
> **II** – serão tomadas medidas para **prever, evitar ou minimizar as causas identificadas da mudança climática com origem antrópica** no território nacional, sobre as quais haja razoável consenso por parte dos meios científicos e técnicos ocupados no estudo dos fenômenos envolvidos;
>
> **III** – as medidas tomadas devem levar em consideração os diferentes **contextos socioeconômicos** de sua aplicação, **distribuir os ônus e encargos decorrentes entre os setores econômicos e as populações e comunidades interessadas de modo equitativo** e equilibrado e sopesar as responsabilidades individuais quanto à origem das fontes emissoras e dos efeitos ocasionados sobre o clima;
>
> **IV** – o **desenvolvimento sustentável é a condição para enfrentar as alterações climáticas** e conciliar o atendimento às necessidades comuns e particulares das populações e comunidades que vivem no território nacional;
>
> **V** – as **ações de âmbito nacional** para o enfrentamento das alterações climáticas, atuais, presentes e futuras, devem considerar e integrar as ações promovidas **no âmbito estadual e municipal por entidades públicas e privadas**.

As premissas que devem pautar as medidas a serem adotadas na sua execução da PNMC estabelecem, entre outros pontos que podem ser observados no dispositivo transcrito anteriormente, a aplicação do **princípio do poluidor pagador e repartição justa e equitativa de responsabilidades**. Nesse sentido, o art. 3º, III, trata da distribuição dos ônus ecológicos (e também econômicos) decorrentes das mudanças climáticas de que deve ser adotado tratamento da matéria, tomando como premissa de que sobre aqueles com maior responsabilidade (por exemplo, países desenvolvidos e com grande consumo de recursos naturais) também recaiam maiores ônus para a adoção de medidas voltadas a reverter o atual (e, repita-se, preocupante) quadro climático. Esse entendimento está alinhado com o princípio do poluidor-pagador, como pilar do nosso sistema jurídico de proteção ambiental (desde a Lei 6.938/81) no tocante à fixação da cadeia normativa de responsabilização (civil, administrativa e penal) pelo dano ecológico.

Outro ponto que pode ser destacado diz respeito à vinculação entre as mudanças climáticas e o **interesse (e direitos?) das futuras gerações**. Não há dúvida de que as mudanças climáticas afetam interesses das futuras gerações, tal como assinalado no dispositivo, considerando, inclusive, que são hoje parcialmente desconhecidas as consequências futuras da degradação ecológica ocasionada pelo fenômeno das mudanças climáticas. Em outras palavras, não há domínio científico sobre as consequências futuras, muito embora diversos prognósticos elaborados no campo científico (por sinal, na sua grande maioria, extremamente graves e preocupantes). De tal sorte, sobre as atuais gerações humanas recai a responsabilidade de não deixar para as futuras gerações condições ambientais climáticas em pior estado do que as enfrentadas hoje (e, portanto, herdadas das gerações passadas), inclusive por força dos **princípios da equidade e da justiça intergeracional**.

2.5 Objetivos da PNMC (art. 4º)

> **Art. 4º A Política Nacional sobre Mudança do Clima – PNMC visará:**
>
> **I** – à **compatibilização do desenvolvimento** econômico-social com a **proteção do sistema climático**;
>
> **II** – à **redução das emissões antrópicas de gases de efeito estufa** em relação às suas diferentes fontes;
>
> **III** – (*Vetado.*);
>
> **IV** – ao fortalecimento das **remoções antrópicas por sumidouros** de gases de efeito estufa no território nacional;
>
> **V** – à implementação de medidas para promover a **adaptação à mudança do clima** pelas 3 **(três) esferas da Federação**, com a participação e a colaboração dos agentes econômicos e sociais interessados ou beneficiários, em particular aqueles especialmente vulneráveis aos seus efeitos adversos;
>
> **VI** – à **preservação, à conservação e à recuperação dos recursos ambientais**, com particular atenção aos **grandes biomas naturais tidos como Patrimônio Nacional**;
>
> **VII** – à consolidação e à expansão das áreas legalmente protegidas e ao **incentivo aos reflorestamentos e à recomposição da cobertura vegetal** em áreas degradadas;
>
> **VIII** – ao estímulo ao desenvolvimento do Sistema Brasileiro de Comércio de Emissões de Gases de Efeito Estufa (SBCE). (Redação dada pela Lei 15.042, de 2024)
>
> **Parágrafo único. Os objetivos da Política Nacional sobre Mudança do Clima** deverão estar em consonância com o **desenvolvimento sustentável** a fim de buscar o **crescimento econômico**, a **erradicação da pobreza** e a **redução das desigualdades sociais**.

Como uma das consequências negativas mais preocupantes das mudanças climáticas, dada a sua irreversibilidade, destaca-se a **perda da biodiversidade nacional e global**.[39] Revelando a

---

[39] A perda da biodiversidade acarretada pelo aquecimento global é tratada por WILSON, Edward O. *A criação*: como salvar a vida na Terra. São Paulo: Companhia das Letras, 2008. p. 134.

preocupação do legislador com a proteção da biodiversidade, o inciso VI do art. 4º ressalta como objetivo da PNMC a preservação, a conservação e a recuperação dos recursos ambientais, com particular atenção aos **grandes biomas naturais tidos como patrimônio nacional**. Segundo assinala o art. 225, § 4º, da CF/1988: "A Floresta Amazônica brasileira, a Mata Atlântica, a Serra do Mar, o Pantanal Mato-Grossense e a Zona Costeira são **patrimônio nacional**, e sua utilização far-se-á, na forma da lei, dentro de condições que assegurem a preservação do meio ambiente, inclusive quanto ao uso dos recursos naturais".

2.6 Diretrizes da PNMC (art. 5º)

> Art. 5º São **diretrizes** da Política Nacional sobre Mudança do Clima:
> I – os **compromissos assumidos pelo Brasil** na Convenção-Quadro das Nações Unidas sobre Mudança do Clima, no Protocolo de Quioto e nos demais documentos sobre mudança do clima dos quais vier a ser signatário;
> II – as **ações de mitigação da mudança do clima** em consonância com o desenvolvimento sustentável, que sejam, sempre que possível, mensuráveis para sua adequada quantificação e verificação *a posteriori*;
> III – as **medidas de adaptação** para reduzir os efeitos adversos da mudança do clima e a **vulnerabilidade dos sistemas ambiental, social e econômico**;
> IV – as estratégias integradas de mitigação e adaptação à mudança do clima nos **âmbitos local, regional e nacional**;
> V – o estímulo e o apoio à **participação dos governos federal, estadual, distrital e municipal**, assim como do **setor produtivo, do meio acadêmico e da sociedade civil organizada**, no desenvolvimento e na execução de políticas, planos, programas e ações relacionados à mudança do clima;
> VI – a promoção e o **desenvolvimento de pesquisas científico-tecnológicas, e a difusão de tecnologias, processos e práticas** orientados a:
> a) mitigar a mudança do clima por meio da redução de emissões antrópicas por fontes e do fortalecimento das remoções antrópicas por sumidouros de gases de efeito estufa;
> b) reduzir as incertezas nas projeções nacionais e regionais futuras da mudança do clima;
> c) identificar vulnerabilidades e adotar medidas de adaptação adequadas;
> VII – a **utilização de instrumentos financeiros e econômicos** para promover ações de mitigação e adaptação à mudança do clima, observado o disposto no art. 6º;
> VIII – a identificação, e sua articulação com a Política prevista nesta Lei, de instrumentos de ação governamental já estabelecidos aptos a contribuir para proteger o sistema climático;
> IX – o apoio e o fomento às atividades que efetivamente reduzam as emissões ou **promovam as remoções por sumidouros de gases de efeito estufa**;
> X – a **promoção da cooperação internacional** no âmbito bilateral, regional e multilateral para o financiamento, a capacitação, o desenvolvimento, a transferência e a difusão de tecnologias e processos para a implementação de ações de mitigação e adaptação, incluindo a pesquisa científica, a observação sistemática e o intercâmbio de informações;
> XI – o **aperfeiçoamento da observação sistemática e precisa do clima** e suas manifestações no território nacional e nas áreas oceânicas contíguas;
> XII – a promoção da disseminação de **informações, a educação, a capacitação e a conscientização pública sobre mudança do clima**;
> XIII – o estímulo e o apoio à manutenção e à promoção:
> a) de práticas, atividades e tecnologias de **baixas emissões de gases de efeito estufa**;
> b) de **padrões sustentáveis de produção e consumo.**

A Lei da PNMC reconhece expressamente a **responsabilidade internacional do Estado brasileiro**, como bem sinaliza o inciso I do dispositivo. Em razão das riquezas naturais abrigadas no território brasileiro (por exemplo, na Amazônia e no Pantanal Mato-Grossense), somadas ao efeito direto que as queimadas e desmatamento de áreas florestais têm na liberação de gases do efeito estufa, coloca-se grande responsabilidade para o Estado brasileiro no tocante à proteção dos seus recursos naturais perante a ordem internacional. Até mesmo para legitimar a **soberania nacional** em relação às nossas riquezas naturais, é imperioso que o Estado brasileiro cumpra a contento com as suas responsabilidades de proteção ambiental para com a comunidade internacional, como estabelecidas, por exemplo, no **Acordo de Paris (2015)**.

As diretrizes da PNMC, previstas no art. 5º da Lei 12.187/2009, alinham o enfrentamento das mudanças climáticas aos três eixos do **princípio do desenvolvimento sustentável**, ao reconhecer a integração dos **sistemas ambiental, social e econômico** para o enfrentamento das mudanças climáticas, como previsto no inciso III do dispositivo. O **acesso à informação ambiental sobre as mudanças climáticas** é igualmente fundamental nesse cenário, com a disseminação de informações, a educação, a capacitação e a conscientização pública sobre mudança do clima, como estabelecido no inciso XII do diploma, inclusive no contexto da adaptação e prevenção de danos decorrentes de episódios climáticos extremos.

Outro ponto a ser destacado sobre as diretrizes da PNMC diz respeito à utilização de **instrumentos financeiros e econômicos** para promover ações de mitigação e adaptação à mudança do clima, conforme preceitua o inciso VII do dispositivo, na linha do que se pode denominar de uma **economia verde**. No âmbito da Convenção-Quadro sobre Mudanças Climáticas, destaca-se o instituto da **Redução de Emissões por Desmatamento e Degradação (REED)**, na linha do que a Lei 12.187/2009 estabelece na implementação dos denominados "**sumidouros de carbono**", por exemplo, o processo químico da fotossíntese, que absorve carbono nos troncos das árvores e libera oxigênio.

Na legislação brasileira, pode-se destacar o **pagamento por serviços ambientais** (tal como previsto no art. 41, I, do Novo Diploma Florestal de 2012), voltado, por exemplo, à preservação de áreas florestais, dada a importância de tal prática para a manutenção do equilíbrio climático.

> **Art. 41.** É o Poder Executivo federal autorizado a instituir (...) programa de apoio e incentivo à conservação do meio ambiente, bem como para adoção de tecnologias e boas práticas que conciliem a produtividade agropecuária e florestal, com redução dos impactos ambientais, como forma de promoção do desenvolvimento ecologicamente sustentável, observados sempre os critérios de progressividade, abrangendo as seguintes categorias e linhas de ação:
>
> I – pagamento ou incentivo a serviços ambientais como retribuição, monetária ou não, às atividades de conservação e melhoria dos ecossistemas e que gerem serviços ambientais, tais como, isolada ou cumulativamente:
>
> a) **o sequestro, a conservação, a manutenção e o aumento do estoque e a diminuição do fluxo de carbono;**
>
> b) a conservação da beleza cênica natural;
>
> c) a conservação da biodiversidade;
>
> d) a conservação das águas e dos serviços hídricos;
>
> e) a regulação do clima;
>
> f) a valorização cultural e do conhecimento tradicional ecossistêmico;
>
> g) a conservação e o melhoramento do solo;
>
> h) a manutenção de Áreas de Preservação Permanente, de Reserva Legal e de uso restrito.

Mais recentemente, a matéria foi regulamentada de modo específico pela **Lei da Política Nacional sobre Pagamento por Serviços Ambientais (Lei 14.119/2021)**, com previsão expressa para os **"serviços climáticos"**, com especial destaque para a previsão dos **"serviços ecossistêmicos de regulação"** (art. 2º, II, "c").

2.7 Instrumentos da PNMC (art. 6º)

A Lei 12.187/2009 estabeleceu um **amplo rol de instrumentos** da PNMC no seu art. 6º, os quais são complementados por diversos outros identificados na legislação ambiental, como, por exemplo, a Lei 6.938/81 (art. 9º) e o Código Florestal de 2012. A título de exemplo, como referido anteriormente, um instrumento extremamente atual e relevante da PNMC diz respeito ao instituto do **pagamento por serviços climáticos**, consagrado no art. 41, I, do Código Florestal de 2012 e, mais recentemente, pela **Lei 14.119/2021**. O pagamento por serviços climáticos, embora não tenha aparecido expressamente no rol do art. 6º da Lei 12.187/2009, pode muito bem ser deduzido do inciso X do dispositivo, ao mencionar os "instrumentos econômicos" voltados à proteção climática.

> Art. 6º São instrumentos da Política Nacional sobre Mudança do Clima:
>
> I – o **Plano Nacional** sobre Mudança do Clima;
>
> II – o **Fundo Nacional** sobre Mudança do Clima;
>
> III – os **Planos de Ação para a Prevenção e Controle do Desmatamento** nos biomas;
>
> IV – a **Comunicação Nacional do Brasil à Convenção-Quadro das Nações Unidas sobre Mudança do Clima**, de acordo com os critérios estabelecidos por essa Convenção e por suas Conferências das Partes;
>
> V – as **resoluções da Comissão Interministerial de Mudança Global do Clima**;
>
> VI – as **medidas fiscais e tributárias destinadas** a estimular a redução das emissões e remoção de gases de efeito estufa, incluindo alíquotas diferenciadas, isenções, compensações e incentivos, a serem estabelecidos em lei específica;
>
> VII – as **linhas de crédito e financiamento** específicas de agentes financeiros públicos e privados;
>
> VIII – o desenvolvimento de **linhas de pesquisa** por agências de fomento;
>
> IX – as **dotações específicas** para ações em mudança do clima no orçamento da União;
>
> X – os **mecanismos financeiros e econômicos** referentes à mitigação da mudança do clima e à adaptação aos efeitos da mudança do clima que existam no âmbito da Convenção-Quadro das Nações Unidas sobre Mudança do Clima e do Protocolo de Quioto;
>
> XI – os **mecanismos financeiros e econômicos, no âmbito nacional**, referentes à mitigação e à adaptação à mudança do clima;
>
> XII – as medidas existentes, ou a serem criadas, que estimulem o **desenvolvimento de processos e tecnologias**, que contribuam para a redução de emissões e remoções de gases de efeito estufa, bem como para a adaptação, dentre as quais o estabelecimento de **critérios de preferência nas licitações e concorrências públicas**, compreendidas aí as parcerias público-privadas e a autorização, permissão, outorga e concessão para exploração de serviços públicos e recursos naturais, para as propostas que propiciem **maior economia de energia, água e outros recursos naturais e redução da emissão de gases de efeito estufa e de resíduos**;
>
> XIII – os registros, inventários, estimativas, avaliações e quaisquer outros **estudos de emissões de gases de efeito estufa e de suas fontes**, elaborados com base em informações e dados fornecidos por entidades públicas e privadas;
>
> XIV – as medidas de divulgação, **educação e conscientização**;
>
> XV – o **monitoramento climático nacional**;
>
> XVI – os **indicadores de sustentabilidade**;

> **XVII – o estabelecimento de padrões ambientais e de metas, quantificáveis e verificáveis,** para a redução de emissões antrópicas por fontes e para as remoções antrópicas por sumidouros de gases de efeito estufa;
>
> **XVIII –** a **avaliação de impactos ambientais** sobre o microclima e o macroclima.

Os instrumentos da PNMC, é importante registrar, são **complementares** e podem ser aplicados de forma simultânea nas políticas públicas ambientais e climáticas. Igualmente, cabe destacar que a relação do art. 6º da Lei 12.187/2009 apresenta um **rol apenas exemplificativo** (e, portanto, não taxativo) de instrumentos da PNMA.

2.7.1 Os Planos de Ação para a Prevenção e Controle do Desmatamento na Amazônia (PPCDAm), no Cerrado, na Mata Atlântica, na Caatinga, no Pampa e no Pantanal (Decreto 11.367/2023)

No tocante ao item III do art. 6º da Lei 12.187/2009, referente aos "**Planos de Ação para a Prevenção e Controle do Desmatamento nos biomas**", destaca-se o **Decreto 11.367**, de 1º de janeiro de 2023, que institui a Comissão Interministerial Permanente de Prevenção e Controle do Desmatamento, bem como restabeleceu o Plano de Ação para a Prevenção e Controle do Desmatamento na Amazônia Legal (**PPCDAm**) e dispôs sobre os **Planos de Ação para a Prevenção e Controle do Desmatamento** no **Cerrado**, na **Mata Atlântica**, na **Caatinga**, no **Pampa** e no **Pantanal**.

O Decreto 11.367/2023 estabelece, no seu art. 9º, os **eixos** dos Planos de Ação para a Prevenção e Controle do Desmatamento:

EIXOS DOS PLANOS DE AÇÃO PARA A PREVENÇÃO E CONTROLE DO DESMATAMENTO (Art. 9º)	
	I – atividades produtivas sustentáveis;
	II – monitoramento e controle ambiental;
	III – ordenamento fundiário e territorial; e
	IV – instrumentos normativos e econômicos, dirigidos à redução do desmatamento e à concretização das ações abrangidas pelos demais eixos dos planos.

A respeito das **diretrizes** do Planos de Ação para a Prevenção e Controle do Desmatamento, destaca-se a previsão do art. 10 do Decreto 11.367/2023.

> **Art. 10.** São diretrizes para os Planos de Ação para a Prevenção e Controle do Desmatamento, dispostos nos incisos II e III do art. 1º:
>
> **I – prevenção e combate:**
> a) do **desmatamento** e da degradação da vegetação;
> b) da ocorrência de **queimadas**;
>
> **II –** promoção da regularização fundiária e ambiental;
>
> **III –** desenvolvimento do ordenamento territorial, com fortalecimento das áreas protegidas e do combate à grilagem de terras públicas;
>
> **IV –** eficácia e eficiência na **responsabilização pelos crimes e pelas infrações ambientais;**

V – promoção, aprimoramento e fortalecimento do **monitoramento da cobertura vegetal**;

VI – promoção do **manejo florestal sustentável**;

VII – apoio ao uso sustentável dos recursos naturais, principalmente para os **povos e as comunidades tradicionais e para agricultores familiares**;

VIII – proposição e implementação de **instrumentos normativos e econômicos** para controle do desmatamento, conservação dos recursos naturais e restauração das áreas degradadas;

IX – intensificação da atuação conjunta entre os entes federativos contra os crimes e as infrações ambientais;

X – garantia de medidas que contribuam para o **cumprimento das metas nacionais**:

a) de **mitigação** e **adaptação** às mudanças climáticas estabelecidas no âmbito do **Acordo de Paris**; e

b) assumidas junto à **Convenção das Nações Unidas sobre a Diversidade Biológica**.

Por fim, o art. 11 do Decreto 11.367/2023 prevê que os Planos de Ação para a Prevenção e Controle do Desmatamento nos biomas serão elaborados, monitorados e avaliados com **transparência e participação social**, por meio de **consulta pública** e seminários técnico-científicos, com periodicidade anual (*caput*), bem como que "Será publicado relatório anual de monitoramento de cada Plano" (§ 1º) e que "os **relatórios de acompanhamento da implementação** observarão, sempre que possível, as diretrizes metodológicas de **quantificação e verificação de emissões de dióxido de carbono equivalente (CO_2eq)** da Convenção-Quadro das Nações Unidas sobre Mudança do Clima" (§ 2º).

2.7.2 Fundo Clima ou Fundo Nacional sobre Mudança do Clima (FNMC)

O Fundo Clima ou Fundo Nacional sobre Mudança do Clima (FNMC) é um instrumento da Política Nacional sobre Mudança do Clima estabelecido pela Lei 12.187/2009, o qual é vinculado ao **Ministério de Meio Ambiente e Mudança do Clima** e tem por finalidade financiar projetos, estudos e empreendimentos que visem à redução de emissões de gases de efeito estufa e à adaptação aos efeitos das mudanças climáticas. O Fundo Clima foi, inclusive, objeto de discussão perante o STF no âmbito da ADPF 708/DF, conforme já bordado anteriormente. O Fundo Clima foi criado pela **Lei 12.114/2009** e tem sua regulamentação definida pelo **Decreto 9.578/2018**, o qual foi alterado pelo Decreto 11.549/2023.

2.8 Instrumentos institucionais da PNMC (art. 7º)

O art. 7º do diploma climático estabelece os denominados instrumentos institucionais da PNMC, conforme descritos a seguir.

Art. 7º Os instrumentos institucionais para a atuação da Política Nacional de Mudança do Clima incluem:

I – o Comitê Interministerial sobre Mudança do Clima;

II – a Comissão Interministerial de Mudança Global do Clima;

III – o Fórum Brasileiro de Mudança do Clima;

IV – a Rede Brasileira de Pesquisas sobre Mudanças Climáticas Globais – Rede Clima;

V – a **Comissão de Coordenação das Atividades de Meteorologia, Climatologia e Hidrologia.**

Segundo assinala o art. 8º do diploma, "**as instituições financeiras oficiais** disponibilizarão **linhas de crédito e financiamento específicas** para desenvolver ações e atividades que atendam aos objetivos desta Lei e voltadas para induzir a conduta dos agentes privados à observância e execução da PNMC, no âmbito de suas **ações e responsabilidades sociais**.

O art. 11 do diploma climático estabelece, em linhas gerais, que "os princípios, objetivos, diretrizes e instrumentos das políticas públicas e programas governamentais deverão compatibilizar-se com os princípios, objetivos, diretrizes e instrumentos desta Política Nacional sobre Mudança do Clima".

O parágrafo único do art. 11, de modo complementar, assinala que "Decreto do Poder Executivo estabelecerá, em consonância com a Política Nacional sobre Mudança do Clima, os Planos setoriais de mitigação e de adaptação às mudanças climáticas visando à consolidação de uma **economia de baixo consumo de carbono**, na geração e distribuição de energia elétrica, no transporte público urbano e nos sistemas modais de transporte interestadual de cargas e passageiros, na indústria de transformação e na de bens de consumo duráveis, nas indústrias químicas fina e de base, na indústria de papel e celulose, na mineração, na indústria da construção civil, nos serviços de saúde e na agropecuária, com vistas em atender metas gradativas de redução de emissões antrópicas quantificáveis e verificáveis, considerando as especificidades de cada setor, inclusive por meio do Mecanismo de Desenvolvimento Limpo – MDL e das Ações de Mitigação Nacionalmente Apropriadas – NAMAs". A respeito do tema, o **Decreto 11.075/2022** estabeleceu os procedimentos para a elaboração dos Planos Setoriais de Mitigação das Mudanças Climáticas, bem como instituiu o Sistema Nacional de Redução de Emissões de Gases de Efeito Estufa.

O dispositivo enuncia de forma clara a **transversalidade** que deve caracterizar a Política Nacional sobre Mudança do Clima, fazendo migrar os seus princípios, objetivos, diretrizes e instrumentos para outros setores e políticas governamentais, por exemplo, nas áreas econômica (com base na premissa de uma economia de baixa liberação de carbono), de energia, de transporte, da agricultura etc., inclusive pela adoção de uma economia e práticas estatais de baixo consumo de carbono. Pelas razões expostas anteriormente, ou seja, a adoção de práticas ecológicas capazes de reduzir as emissões dos gases geradores dos efeitos estufa (entre eles, o CO_2), a política governamental (em todas as esferas federativas) no campo econômico deve adotar medidas capazes de introduzir tais premissas que alicerçam uma economia de baixa liberação de carbono, impulsionando a substituição do atual sistema energético (centrado no uso de combustíveis fósseis) por "energias limpas e renováveis".

Por fim, cumpre ressaltar as metas de redução de emissões estabelecidas expressamente pelo diploma climático. Segundo dispõe o art. 12, "para alcançar os objetivos da PNMC, o País adotará, como compromisso nacional voluntário, **ações de mitigação das emissões de gases de efeito estufa, com vistas em reduzir entre 36,1% (trinta e seis inteiros e um décimo por cento) e 38,9% (trinta e oito inteiros e nove décimos por cento) suas emissões projetadas até 2020**. Parágrafo único. A projeção das emissões para 2020 assim como o detalhamento das ações para alcançar o objetivo expresso no *caput* serão dispostos por decreto, tendo por base o segundo Inventário Brasileiro de Emissões e Remoções Antrópicas de Gases de Efeito Estufa não Controlados pelo Protocolo de Montreal, a ser concluído em 2010".

JURISPRUDÊNCIA STF. Resolução CONAMA 491/2018, padrões de qualidade do ar da OMS e prazo de 24 meses para adequação: "AÇÃO DIRETA DE INCONSTITUCIONALIDADE. CONSTITUCIONAL, ADMINISTRATIVO E AMBIENTAL. **PADRÕES DE QUALIDADE DO AR.** CONSELHO NACIONAL DO MEIO AMBIENTE (CONAMA): COMPETÊNCIA PARA EXERCER JUÍZO TÉCNICO DISCRICIONÁRIO DE NORMATIZAÇÃO DA MATÉRIA. PRINCÍPIO DEMOCRÁTICO. AUTOCONTENÇÃO JUDICIAL. **RESOLUÇÃO CONAMA Nº 491, DE 2018: NORMA CONSTITUCIONAL EM VIAS DE SE TORNAR INCONSTITUCIONAL. CONCESSÃO DO PRAZO DE 24 (VINTE E QUATRO) MESES PARA EDIÇÃO DE NOVA RESOLUÇÃO:** OBSERVÂNCIA DA ATUAL

REALIDADE FÁTICA. 1. O Conselho Nacional do Meio Ambiente (CONAMA) é órgão colegiado criado pela Lei nº 6.938, de 1981, dotado de capacidade institucional e responsabilidade, para, a partir de estudos e debate colegiado, dispor sobre "normas e padrões compatíveis com o meio ambiente ecologicamente equilibrado e essencial à sadia qualidade de vida". 2. Diante das múltiplas vicissitudes e peculiaridades do caso, cabe, prioritariamente, ao CONAMA, como órgão regulador e no exercício da sua capacidade institucional, aquilatar, com devida atenção e aprofundado **rigor técnico**, qual o melhor conjunto de medidas apto a **orientar a política de controle da qualidade do ar**. 3. Impropriedade do Poder Judiciário em adentrar, ou mesmo substituir, o juízo técnico discricionário realizado na elaboração e no aprimoramento da política pública em foco. 4. Não se afigura salutar a conduta judicial de permanente e minudente escrutínio incidente sobre a condução das políticas públicas selecionadas pelo Administrador. 5. Em se tratando de tema de complexa e controvertida natureza técnico-científica, cabe ao Poder Judiciário atuar com ainda maior deferência em relação às decisões de natureza técnica tomadas pelos órgãos públicos com maior capacidade institucional para o tratamento e solução da questão. 6. Eventual atuação desta Suprema Corte no sentido de rever os critérios que redundaram na opção empreendida pelo CONAMA dependeria de manifesta falta de razoabilidade, de ausência de justificação ou de evidente abusividade na escolha empreendida pelo Administrador, não sendo este o caso dos autos. 7. A **Organização Mundial da Saúde (OMS)** indica que as diretrizes por ela traçadas não devem ser aplicadas automática e indistintamente, devendo cada país levar em conta os riscos à saúde, sua viabilidade tecnológica, questões econômicas e fatores políticos e sociais peculiares, além do nível de desenvolvimento e da capacidade de cada ente competente para atuar na gestão da qualidade do ar. 8. Sob a ótica do desenvolvimento sustentável, é necessário que sejam consideradas, pelo órgão regulador, o estágio mais atual da realidade nacional, das peculiaridades locais, bem como as possibilidades momentâneas de melhor aplicação dos primados da livre iniciativa, do desenvolvimento social, da redução da pobreza e da promoção da saúde pública, como elementos de indispensável consideração para construção e progressiva evolução da norma, de forma a otimizar a proteção ambiental, dentro da lógica da maior medida possível. 9. Reconhecimento de que a **Resolução CONAMA 491**, de 2018, afigura-se "**ainda constitucional**". Determinação ao CONAMA de edição de nova resolução sobre a matéria que considere (i) as **atuais orientações da Organização Mundial de Saúde sobre os padrões adequados da qualidade do ar**; (ii) a realidade nacional e as peculiaridades locais; e (iii) os primados da livre iniciativa, do desenvolvimento social, da redução da pobreza e da promoção da saúde pública. 10. **Se decorrido o prazo de 24 (vinte e quatro) meses, sem a edição de novo ato que represente avanço material na política pública relacionada à qualidade do ar, passarão a vigorar os parâmetros estabelecidos pela Organização Mundial de Saúde enquanto perdurar a omissão administrativa na edição da nova Resolução**. 11. Ação Direta de Inconstitucionalidade julgada improcedente". (STF, ADI 6.148/DF, Tribunal Pleno, Rel. Min. Cármen Lúcia, red. acórd. Min. André Mendonça, j. 05.05.2022).

3. LEI DO MERCADO DE CARBONO OU SISTEMA BRASILEIRO DE COMÉRCIO DE EMISSÕES DE GASES DE EFEITO ESTUFA – SBCE (LEI 15.042/2024)

3.1 Considerações gerais

A **Lei 15.042/2024** estabeleceu o **Mercado de Carbono** ou **Sistema Brasileiro de Comércio de Emissões de Gases de Efeito Estufa (SBCE)** no Brasil. O novo diploma passa a integrar a legislação ambiental e climática brasileira a menos de um ano de o Brasil sediar a **COP30 do Clima**, a ser realizada no mês de novembro de 2025, na Cidade de Belém, no Estado do Pará, o que simboliza a centralidade que a proteção das florestas tropicais passou a ocupar na agenda climática global. A escolha da **Amazônia** para sediar a COP 30 não foi por acaso. Esse cenário político, econômico e jurídico global (e com grandes impactos no cenário doméstico) revela a importância do diploma legislativo ora em análise, de modo a reconhecer a relevância e permitir a **precificação dos serviços climáticos** por meio da **regulação de um Mercado de Carbono** no âmbito nacional, ou seja, do Sistema Brasileiro de Comércio de Emissões de Gases de Efeito Estufa (SBCE).

A Lei 15.042/2024 aplica-se, conforme dispõe o § 1º do seu art. 1º "às **atividades**, às **fontes** e às **instalações** localizadas no território nacional que **emitam ou possam emitir gases de efeito estufa** (GEE), sob responsabilidade de **operadores**, pessoas físicas ou jurídicas". A legislação, no entanto, excluiu a sua incidência em relação à atividade agropecuária, conforme dispõe o § 2º do dispositivo citado, ao prever que "a **produção primária agropecuária**, bem como os bens, as benfeitorias e a infraestrutura no interior de imóveis rurais a ela diretamente associados, não são considerados atividades, fontes ou instalações reguladas e não se submetem a obrigações impostas no âmbito do SBCE".

3.2 Conceitos

A Lei 15.042/2024 consagrou, no seu art. 2º, um rol bastante amplo de conceitos, os quais são fundamentais para a compreensão e aplicação no novo marco normativo, como, por exemplo, o próprio **conceito de crédito de carbono**, previsto no inciso VII. Entre os conceitos mais importantes estabelecidos pelo diploma, destacam-se:

> **Art. 2º Para os efeitos desta Lei, considera-se:**
>
> **I – ATIVIDADE:** qualquer ação, processo de transformação ou operação que emita ou possa emitir GEE;
>
> **II – CANCELAMENTO:** anulação de Cota Brasileira de Emissões (CBE) ou de Certificado de Redução ou Remoção Verificada de Emissões (CRVE) detido por operador para fins de comprovação dos compromissos ambientais definidos no âmbito do SBCE;
>
> **III – CERTIFICADO DE REDUÇÃO OU REMOÇÃO VERIFICADA DE EMISSÕES (CRVE):** ativo fungível, transacionável, representativo da efetiva redução de emissões ou remoção de GEE de 1 tCO_2e (uma tonelada de dióxido de carbono equivalente), seguindo metodologia credenciada e com registro efetuado no âmbito do SBCE, nos termos de ato específico do órgão gestor do SBCE;
>
> **IV – CERTIFICADOR DE PROJETOS OU PROGRAMAS DE CRÉDITO DE CARBONO:** entidade detentora de metodologias de certificação de crédito de carbono que verifica a aplicação dessas metodologias, dispondo de critérios de monitoramento, relato e verificação para projetos ou programas de redução de emissões ou remoção de GEE;
>
> **V – CONCILIAÇÃO PERIÓDICA DE OBRIGAÇÕES:** verificação do cumprimento dos compromissos ambientais definidos por operador no Plano Nacional de Alocação, por meio da titularidade de ativos integrantes do SBCE em quantidade igual às emissões líquidas incorridas;
>
> **VI – COTA BRASILEIRA DE EMISSÕES (CBE):** ativo fungível, transacionável, representativo do direito de emissão de 1 tCO_2e (uma tonelada de dióxido de carbono equivalente), outorgado pelo órgão gestor do SBCE, de forma gratuita ou onerosa, para as instalações ou as fontes reguladas;
>
> **VII – CRÉDITO DE CARBONO:** ativo transacionável, autônomo, com natureza jurídica de fruto civil no caso de créditos de carbono florestais de preservação ou de reflorestamento – exceto os oriundos de programas jurisdicionais, desde que respeitadas todas as limitações impostas a tais programas por esta Lei –, representativo de efetiva retenção, redução de emissões ou de remoção, nos termos dos incisos XXX e XXXI deste artigo, de

1 tCO$_2$e (uma tonelada de dióxido de carbono equivalente), obtido a partir de projetos ou programas de retenção, redução ou remoção de GEE, realizados por entidade pública ou privada, submetidos a metodologias nacionais ou internacionais que adotem critérios e regras para mensuração, relato e verificação de emissões, externos ao SBCE;

VIII – **DESENVOLVEDOR DE PROJETO DE CRÉDITO DE CARBONO OU DE CRVE**: pessoa jurídica, admitida a pluralidade, que implementa, com base em uma metodologia, por meio de custeio, prestação de assistência técnica ou de outra maneira, projeto de geração de crédito de carbono ou CRVE, em associação com seu gerador nos casos em que o desenvolvedor e o gerador sejam distintos;

IX – **DUPLA CONTAGEM**: utilização da mesma CBE ou CRVE ou crédito de carbono para fins de cumprimento de mais de um compromisso de mitigação;

X – **EMISSÕES**: liberações antrópicas de GEE ou seus precursores na atmosfera em uma área específica e em um período determinado;

XI – **EMISSÕES LÍQUIDAS**: saldo das emissões brutas por fontes, subtraídas as remoções por sumidouros de carbono;

XII – **FONTE**: processo ou atividade, móvel ou estacionário, de propriedade direta ou cedidos por meio de instrumento jurídico ao operador, cuja operação libere na atmosfera GEE, aerossol ou precursor de GEE;

XIII – **GASES DE EFEITO ESTUFA (GEE)**: constituintes gasosos, naturais ou antrópicos, que, na atmosfera, absorvem e reemitem radiação infravermelha, incluindo dióxido de carbono (CO2), metano (CH4), óxido nitroso (N2O), hexafluoreto de enxofre (SF6), hidrofluorcarbonos (HFCs) e perfluorocarbonetos (PFCs), sem prejuízo de outros que venham a ser incluídos nessa categoria pela Convenção-Quadro das Nações Unidas sobre Mudança do Clima, promulgada pelo Decreto nº 2.652, de 1º de julho de 1998;

XIV – **GERADOR DE PROJETO DE CRÉDITO DE CARBONO OU DE CRVE**: pessoa física ou jurídica, povos indígenas ou povos e comunidades tradicionais que têm a concessão, a propriedade ou o usufruto legítimo de bem ou atividade que se constitui como base para projetos de redução de emissões ou remoção de GEE;

XV – **INSTALAÇÃO**: qualquer propriedade física ou área onde se localiza uma ou mais fontes estacionárias associadas a alguma atividade emissora de GEE;

XVI – **LIMITE MÁXIMO DE EMISSÕES**: limite quantitativo, expresso em toneladas de dióxido de carbono equivalente (tCO$_2$e), definido por período de compromisso, aplicável ao SBCE como um todo, e que contribui para o cumprimento de objetivos de redução ou remoção de GEE, definidos na Política Nacional sobre Mudança do Clima (PNMC), instituída pela Lei nº 12.187, de 29 de dezembro de 2009;

XVII – **MECANISMO DE ESTABILIZAÇÃO DE PREÇOS**: mecanismo pelo qual o órgão gestor do SBCE intervém no mercado de negociação de ativos integrantes do SBCE, de modo a reduzir a volatilidade dos seus preços;

XVIII – **MENSURAÇÃO, RELATO E VERIFICAÇÃO**: conjunto de diretrizes e regras utilizado no âmbito do SBCE para mensurar, relatar e verificar de forma padronizada as emissões por fontes ou remoções por sumidouros, bem como as reduções e remoções de GEE decorrentes da implementação de atividades, projetos ou programas;

XIX – **MERCADO VOLUNTÁRIO**: ambiente caracterizado por transações de créditos de carbono ou de ativos integrantes do SBCE voluntariamente estabelecidas entre as partes, para fins de compensação voluntária de emissões de GEE, e que não geram ajustes correspondentes na contabilidade nacional de emissões, ressalvado o disposto no art. 51;

XX – **METODOLOGIAS**: conjunto de diretrizes e regras que definem critérios e orientações para mensuração, relato e verificação de emissões de atividades, projetos ou programas de redução de emissões ou remoção de GEE por fontes não cobertas pelo SBCE;

XXI – **OPERADOR**: agente regulado no SBCE, pessoa física ou jurídica, brasileira ou constituída de acordo com as leis do País, detentora direta, ou por meio de algum instrumento jurídico, de instalação ou fonte associada a alguma atividade emissora de GEE;

XXII – **PERÍODO DE COMPROMISSO**: período estabelecido no Plano Nacional de Alocação para o cumprimento de metas de redução de emissões de GEE definidas de acordo com o teto máximo de emissões;

XXIII – **PLANO DE MONITORAMENTO**: documento elaborado pelo operador com detalhamento da forma de implementação de sua sistemática de mensuração, relato e verificação de emissões de GEE;

XXIV – **POVOS INDÍGENAS E POVOS E COMUNIDADES TRADICIONAIS**: grupos culturalmente diferenciados que se reconhecem como tal, possuem forma de organização social e ocupam e usam territórios e recursos naturais como condição para sua reprodução cultural, social, religiosa, ancestral e econômica, com utilização de conhecimentos, inovações e práticas geradas e transmitidas pela tradição;

XXV – **PROGRAMAS ESTATAIS "REDD+ ABORDAGEM DE NÃO MERCADO"**: políticas e incentivos positivos para atividades relacionadas à redução de emissões por desmatamento e degradação florestal e ao aumento de estoques de carbono por regeneração natural em vegetação nativa, em escala nacional ou estadual, amplamente divulgados, passíveis de recebimento de pagamentos por resultados passados por meio de abordagem de não mercado, observada a alocação de resultados entre a União e as unidades da Federação, de acordo com norma nacional pertinente, resguardado o direito dos proprietários, usufrutuários legítimos e concessionários privados de requerer, a qualquer tempo e de maneira incondicionada, a exclusão de suas áreas de tais programas para evitar dupla contagem na geração de créditos de carbono com base em projetos, nos termos do art. 43 desta Lei;

XXVI – **PROGRAMAS JURISDICIONAIS "REDD+ ABORDAGEM DE MERCADO"**: políticas e incentivos positivos para atividades relacionadas à redução de emissões por desmatamento e degradação florestal e ao aumento de estoques de carbono por regeneração natural da vegetação nativa, em escala nacional ou estadual, amplamente divulgados, passíveis de recebimento de pagamentos por meio de abordagem de mercado, incluindo captação no mercado voluntário, observada a alocação de resultados entre a União e as unidades da Federação de acordo com norma nacional pertinente, resguardado o direito dos proprietários, usufrutuários legítimos e concessionários de requerer, a qualquer tempo e de maneira incondicionada, a exclusão de suas áreas de tais programas para evitar dupla contagem na geração de créditos de carbono com base em projetos, nos termos do art. 43 desta Lei, sendo proibida, em qualquer caso, para evitar a dupla contagem, qualquer espécie de venda antecipada referente a período futuro;

XXVII – **PROJETOS PRIVADOS DE CRÉDITOS DE CARBONO**: projetos de redução ou remoção de GEE, com abordagem de mercado e finalidade de geração de créditos de carbono, incluindo atividades de REDD+, desenvolvidos por entes privados, diretamente por gerador ou em parceria com desenvolvedor, realizados nas áreas em que o gerador seja concessionário ou tenha propriedade ou usufruto legítimos, nos termos do art. 43 desta Lei;

XXVIII – **PROJETOS PÚBLICOS DE CRÉDITOS DE CARBONO**: projetos de redução ou remoção de GEE, com abordagem de mercado e finalidade de geração de créditos de carbono, incluindo atividades de REDD+, desenvolvidos por entes públicos nas áreas em que tenham, cumulativamente, propriedade e usufruto, desde que não haja sobreposição com área de propriedade ou usufruto legítimos de terceiros, nos termos do art. 43 desta Lei;

XXIX – **REDD+** (REDUÇÃO DAS EMISSÕES DE GASES DE EFEITO ESTUFA PROVENIENTES DO DESMATAMENTO E DA DEGRADAÇÃO FLORESTAL, CONSERVAÇÃO DOS ESTOQUES DE CARBONO FLORESTAL, MANEJO SUSTENTÁVEL DE FLORESTAS E AUMENTO DE ESTOQUES DE CARBONO FLORESTAL): abordagens de políticas, incentivos positivos, projetos ou programas voltados à redução de emissões por desmatamento e degradação florestal e ao papel da conservação, do manejo sustentável de florestas e do aumento dos estoques de carbono florestal;

XXX – **REDUÇÃO DAS EMISSÕES DE GEE**: diminuição mensurável da quantidade de GEE lançados na atmosfera por atividades em determinado período de tempo, em relação a um nível de referência, por meio de intervenções direcionadas à eficiência energética, a energias renováveis, a sistemas agrícolas e pecuários mais eficientes, à preservação florestal, ao manejo sustentável de florestas, à mobilidade sustentável, ao tratamento e à destinação final ambientalmente adequada de resíduos e à reciclagem, entre outros;

XXXI – **REMOÇÃO DE GEE**: absorção ou sequestro de GEE da atmosfera por meio de recuperação da vegetação nativa, restauração ecológica, reflorestamento, incremento de estoques de carbono em solos agrícolas e pastagens ou tecnologias de captura direta e armazenamento de GEE, entre outras atividades e tecnologias, conforme metodologias aplicáveis;

XXXII – **REVERSÃO DE REMOÇÕES**: liberação na atmosfera de GEE previamente removidos ou capturados, anulando o efeito benéfico da remoção;

XXXIII – **TONELADA DE DIÓXIDO DE CARBONO EQUIVALENTE (TCO2E)**: medida de conversão métrica de emissões ou remoções de todos os GEE em termos de equivalência de potencial de aquecimento global, expressos em dióxido de carbono e medidos conforme os relatórios do Painel Intergovernamental sobre Mudanças Climáticas (*Intergovernmental Panel on Climate Change* – IPCC);

XXXIV – **TRANSFERÊNCIA INTERNACIONAL DE RESULTADOS DE MITIGAÇÃO** (*INTERNATIONALLY TRANSFERRED MITIGATION OUTCOMES* – ITMOS): transferência de resultados de mitigação para fins de cumprimento de compromissos de outras partes sob o Acordo de Paris sob a Convenção-Quadro das Nações Unidas sobre Mudança do Clima, promulgado pelo Decreto nº 9.073, de 5 de junho de 2017, ou de outros propósitos internacionais, conforme definições estabelecidas nas decisões sobre o art. 6º do referido Acordo, sujeita à autorização formal e expressa do órgão competente designado pelo Estado brasileiro perante a Convenção-Quadro e a ajuste correspondente;

XXXV – **VAZAMENTO DE EMISSÕES**: aumento de emissões de GEE em uma localidade como consequência do alcance de resultados de redução de emissões em outra localidade.

3.3 Sistema Brasileiro de Comércio de Emissões de Gases de Efeito Estufa (SBCE)

O Sistema Brasileiro de Comércio de Emissões de Gases de Efeito Estufa (SBCE) foi instituído, conforme disposição do art. 3º do diploma, com a finalidade de estabelecer "ambiente regulado submetido ao regime de **limitação das emissões de GEE** e de **comercialização de ativos representativos de emissão, redução de emissão** ou **remoção de GEE** no País" (*caput*), bem como "dar cumprimento à PNMC e aos compromissos assumidos sob a Convenção-Quadro das Nações Unidas sobre Mudança do Clima, mediante definição de compromissos ambientais e disciplina financeira de negociação de ativos" (parágrafo único).

Como se pode compreender dos dispositivos citados, o SBCE é incorporado no ordenamento jurídico brasileiro em sintonia com o **sistema normativo multinível** consolidado em matéria climática a partir dos **tratados internacionais climáticos**, os quais são inclusive dotados de *status* normativo supralegal (*vide* decisão do STF na ADPF 708/DF), como são os casos da Convenção-Quadro sobre Mudança do Clima (1992) e do Acordo de Paris (2015). O art. 4º, II, da Lei 15.042/2024 evidencia esse cenário, ao referir, como princípio nuclear do SBCE, a "compatibilidade e articulação entre o SBCE e a Convenção-Quadro das Nações Unidas sobre Mudança do Clima e seus instrumentos, com particular atenção aos **compromissos assumidos pelo Brasil** nos **regimes multilaterais sobre mudança do clima**".

A Lei do SBCE opera a concretização dos **deveres constitucionais (públicos e privados) de mitigação e adaptação climática** emanados do art. 225 da CF/1988, com especial destaque para a inserção recente do novo inciso VIII ao seu § 1º por meio das **Emendas Constitucionais nºs 123/2022 e 132/2023**. Para além de deveres climáticos implícitos consubstanciados no art. 225 e no regime constitucional de proteção ambiental e climática estabelecido na CF/1988, conforme reconhecido de forma emblemática nos últimos anos pelo STF (ex.: ADPFs 708/DF e 760/DF e ADO 59/DF), há hoje **mandato constitucional expresso de descarbonização da matriz energética e da economia brasileira**, ao privilegiar, em termos fiscais e tributários, os biocombustíveis e energias limpas em detrimento de combustíveis fósseis, tal como consagrado pelo inciso VIII antes referido.

A Lei do SBCE soma forças nesse mesmo propósito constitucional, por meio da regulamentação do mercado de carbono e precificação dos serviços climáticos, favorecendo a descarbonização da nossa matriz energética e economia, além de desestimular práticas prejudiciais à **integridade e segurança do sistema climático**, como o desmatamento florestal.

3.3.1 Princípio do SBCE

O art. 4º da Lei 15.042/2024 estabelece os princípios norteadores do Sistema Brasileiro de Comércio de Emissões de Gases de Efeito Estufa (SBCE), os quais, por certo, devem guardar sintonia e ser interpretados de forma sistemática à luz da legislação ambiental e climática em geral.

> **Art. 4º O SBCE observará os seguintes princípios:**
>
> I – **harmonização e coordenação** entre os instrumentos disponíveis para alcançar os objetivos e as metas da PNMC, inclusive mecanismos de **precificação setoriais de carbono**;
>
> II – compatibilidade e articulação entre o SBCE e a Convenção-Quadro das Nações Unidas sobre Mudança do Clima e seus instrumentos, com particular atenção aos **compromissos assumidos pelo Brasil** nos **regimes multilaterais sobre mudança do clima**;
>
> III – **participação e cooperação** entre a União, os Estados, os Municípios, o Distrito Federal, os setores regulados, outros setores da iniciativa privada e a sociedade civil;
>
> IV – **transparência**, previsibilidade e segurança jurídica;
>
> V – promoção da competitividade da economia brasileira;
>
> VI – redução de emissões e remoção de GEE nacionais de forma justa e custo-efetiva, com vistas a promover o **desenvolvimento sustentável** e a **equidade climática**;
>
> VII – promoção da **conservação e da restauração da vegetação nativa** e dos ecossistemas aquáticos como meio de **fortalecimento dos sumidouros naturais de carbono**;
>
> VIII – respeito e garantia dos **direitos** e da **autonomia dos povos indígenas e dos povos e comunidades tradicionais**;
>
> IX – respeito ao direito de **propriedade privada** e de **usufruto dos povos indígenas** e dos povos e comunidades tradicionais.

No rol exemplificativo previsto no seu art. 4º, a Lei 15.042/2024 concretiza a **dimensão climática** do **princípio do desenvolvimento sustentável** (inciso VI), ao estimular práticas econômicas voltadas à **equidade climática** – sinônimo para justiça climática e justiça trans e intergeracional –, bem como aptas a promover a proteção, a conservação e a restauração da vegetação nativa (ex.: Amazônia, Cerrado etc.), fortalecendo, assim, os nossos sumidouros naturais e promovendo a retirada do carbono (e demais GEE) da atmosfera terrestre na maior (e mais rápida) medida possível.

Entre os princípios do art. 4º, também merece destaque a salvaguarda dos interesses, direitos e autonomia dos "guardiões das florestas", ou seja, **povos indígenas, quilombolas e comunidades tradicionais** (incisos VIII e IX), inclusive no sentido de lhes assegurar, no âmbito do SBCE, "o consentimento resultante de **consulta livre, prévia e informada**, prevista na Convenção 169 da Organização Internacional do Trabalho (OIT) sobre Povos Indígenas e Tribais" (art. 47, I, *a*, da Lei 15.042/2024).

Por fim, ressalta-se que os demais princípios do Direito Ambiental e do Direito Climático – ex.: responsabilidades comuns mas diferenciadas, proibição de retrocesso e progressividade –, ainda que não expressamente arrolados na diploma, também devem ser considerados para fins de compreensão, interpretação e aplicação da Lei do SBCE.

3.3.2 Características da SBCE

O art. 5º da Lei 15.042/2024 estabelece as **características do SBCE**, no intuito de assegurar as bases para a sua implementação gradual, por meio de **estrutura e mecanismos aptos, confiáveis e transparentes**, como, por exemplo, para fins de mensuração, relato e verificação de emissões e remoções de GEE.

> **Art. 5º O SBCE observará as seguintes características:**
>
> I – promoção da **redução dos custos de mitigação** de GEE para o conjunto da sociedade;
>
> II – estabelecimento de **critérios transparentes** para definição das **atividades emissoras de GEE** associadas a fontes reguladas;
>
> III – conciliação periódica de obrigações entre as quantidades de CBEs e de CRVEs entregues e o nível de emissões líquidas relatado pelos operadores;
>
> IV – **implementação gradual do Sistema**, com o estabelecimento de períodos de compromisso sequenciais e de **limites máximos de emissões** em conformidade com as metas definidas na PNMC;
>
> V – estrutura confiável, consistente e transparente para **mensuração, relato e verificação de emissões e remoções de GEE** das fontes ou das instalações reguladas, de forma a garantir a integridade e a comparabilidade das informações geradas;
>
> VI – **abrangência geográfica nacional**, com possibilidade de interoperabilidade com outros sistemas internacionais de comércio de emissões compatíveis com o SBCE;
>
> VII – **incentivo econômico** à redução ou à remoção das emissões de GEE;
>
> VIII – garantia da **rastreabilidade eletrônic**a da emissão, da detenção, da transferência e do cancelamento das CBEs e dos CRVEs.

3.3.3 Estrutura, governança e competências no âmbito do SBCE

A governança do SBCE terá a seguinte composição, conforme dispõe o art. 6º do diploma:

Órgãos de Governança do SBCE (art. 6º)[40]	I – **Comitê Interministerial sobre Mudança do Clima (CIM)**, previsto no art. 7º da Lei nº 12.187, de 29 de dezembro de 2009; II – **Órgão gestor**; III – **Comitê Técnico Consultivo Permanente**.

O **Comitê Interministerial sobre Mudança do Clima (CIM)** é o órgão deliberativo e terá a seguinte competência:

---

[40] De acordo com o parágrafo único do art. 6º: "Ato do Poder Executivo federal estabelecerá as regras de funcionamento dos órgãos que compõem a governança do SBCE".

Art. 7º (...)

I – estabelecer as diretrizes gerais do SBCE;

II – aprovar o Plano Nacional de Alocação;

III – instituir grupos técnicos para fornecimento de subsídios e apresentação de recomendações para aprimoramento do SBCE;

IV – aprovar o plano anual de aplicação dos recursos oriundos da arrecadação do SBCE, conforme prioridades estabelecidas nesta Lei.

Parágrafo único. Regulamento definirá a sistemática de consulta ao Comitê Técnico Consultivo Permanente e à Câmara de Assuntos Regulatórios.

Quanto ao **Órgão Gestor**, com **caráter normativo, regulatório, executivo, sancionatório e recursal**, o seu **rol de competências** está expresso no art. 8º do diploma.

Art. 8º (...):

I – regular o mercado de ativos do SBCE e a implementação de seus instrumentos, observado o disposto nesta Lei e nas diretrizes do CIM;

II – definir as metodologias de monitoramento e regular a apresentação de informações sobre emissões, redução de emissões e remoção de GEE, observado o disposto nesta Lei e nas diretrizes do CIM;

III – definir as atividades, as instalações, as fontes e os gases a serem regulados no âmbito do SBCE a cada período de compromisso;

IV – estabelecer, observadas as regras definidas no art. 30 desta Lei, os patamares anuais de emissão de GEE acima dos quais os operadores das respectivas instalações ou fontes passam a sujeitar-se ao dever de submeter plano de monitoramento e ao de apresentar relato de emissões e remoções de GEE;

V – definir, observadas as regras constantes do art. 30 desta Lei, o patamar anual de emissão de GEE acima do qual os operadores das respectivas instalações ou fontes passam a submeter-se ao dever de conciliação periódica de obrigações;

VI – definir os requisitos e os procedimentos de mensuração, relato e verificação das emissões das fontes e das instalações reguladas;

VII – estabelecer os requisitos e os procedimentos para conciliação periódica de obrigações;

VIII – elaborar e submeter ao CIM proposta de Plano Nacional de Alocação;

IX – implementar o Plano Nacional de Alocação em cada período de compromisso;

X – criar, manter e gerir o Registro Central do SBCE;

XI – emitir as CBEs;

XII – realizar os leilões e gerir a plataforma de leilões de CBEs;

XIII – avaliar os planos de monitoramento apresentados pelos operadores;

XIV – receber e avaliar os relatos de emissões e remoções de GEE;

XV – receber os relatos e realizar a conciliação periódica de obrigações;

XVI – definir e implementar os mecanismos de estabilização de preços de CBEs;

XVII – estabelecer os requisitos e os procedimentos de credenciamento e descredenciamento de metodologias de geração de CRVE;

XVIII – credenciar e descredenciar metodologias de geração de CRVE, ouvida a Câmara de Assuntos Regulatórios;

XIX – estabelecer as metodologias para definição dos valores de referência para os leilões de ativos do SBCE;

XX – disponibilizar, de forma acessível e interoperável, em ambiente digital, informações sobre as metodologias credenciadas e sobre os projetos validados nos respectivos padrões de certificação;

XXI – estabelecer regras e gerir eventuais processos para interligação do SBCE com sistemas de comércio de emissões de outros países ou organismos internacionais, garantidos o funcionamento, o custo-efetividade e a integridade ambiental;

XXII – apurar infrações e aplicar sanções decorrentes do descumprimento das regras aplicáveis ao SBCE, garantido o direito à ampla defesa e ao contraditório, bem como ao duplo grau recursal, nos termos do art. 35 desta Lei;

XXIII – julgar os recursos apresentados nos termos do § 1º do art. 56 da Lei nº 9.784, de 29 de janeiro de 1999 (Lei do Processo Administrativo Federal), com recursos das decisões à autoridade superior do órgão gestor, nos termos de regulamento;

XXIV – estabelecer as regras e os parâmetros para a definição dos limites de CRVEs a serem aceitos para fins do processo de conciliação periódica de obrigações;

XXV – estabelecer as regras, os limites e os parâmetros para a outorga onerosa de CBEs associadas aos limites estabelecidos no Plano Nacional de Alocação;

XXVI – propor, no seu escopo de atuação, medidas para a defesa da competitividade dos setores regulados em face da competição externa, inclusive, por meio de mecanismo de ajuste de carbono nas fronteiras; e

XXVII – elaborar e editar as normas associadas ao exercício das competências normativas do órgão gestor, que, nos casos dos incisos VIII e XVIII do *caput* deste artigo, serão precedidas de oitivas formais à Câmara de Assuntos Regulatórios do SBCE e, nos demais, poderão ser precedidas dessas oitivas.

§ 1º Serão submetidas a consulta pública as propostas de atos normativos e parâmetros técnicos referentes aos incisos VI a VIII do *caput* deste artigo.

§ 2º No cumprimento de sua competência normativa, o órgão gestor observará o disposto no art. 5º da Lei nº 13.874, de 20 de setembro de 2019 (Lei da Liberdade Econômica).

§ 3º O regulamento, que terá como referência o Capítulo I da Lei nº 13.848, de 25 de junho de 2019, disporá sobre os mecanismos de governança, de transparência e de tomada de decisões do órgão gestor.

O **Comitê Técnico Consultivo Permanente** é o **órgão consultivo** do SBCE, ao qual compete apresentar subsídios e recomendações para aprimoramento do SBCE, tais como (art. 9º):

Art. 9º (...):

I – critérios para credenciamento e descredenciamento de metodologias para geração de CRVEs;

II – critérios a serem observados para elaboração da proposta do Plano Nacional de Alocação;

III – subsídios técnicos para o plano anual de aplicação de recursos de que trata o inciso IV do *caput* do art. 7º desta Lei;

IV – outros temas a ele submetidos.

§ 1º O Comitê Técnico Consultivo Permanente será formado por representantes da União, dos Estados, do Distrito Federal e de entidades setoriais representativas dos operadores, da academia e da sociedade civil com notório conhecimento sobre a matéria.

§ 2º O Comitê Técnico Consultivo Permanente contará com uma Câmara de Assuntos Regulatórios composta por entidades representativas dos setores regulados.

§ 3º A elaboração e a edição das normas associadas ao exercício das competências normativas do órgão gestor serão precedidas de oitivas formais à Câmara de Assuntos Regulatórios do SBCE em relação às competências de que tratam os incisos II, III, V, VI, VII, VIII, XVI, XVIII e XXI do art. 8º, sendo facultativa essa oitiva nos demais casos.

3.3.4 Ativos integrantes do SBCE

No âmbito do SBCE, conforme previsão do art. 10 (I e II), serão instituídos e negociados os seguintes ativos, os quais somente serão reconhecidos por meio de sua inscrição no Registro Central do SBCE.

COTA BRASILEIRA DE EMISSÕES (CBE)	Ativo fungível, transacionável, representativo do direito de emissão de 1 tCO_2e (uma tonelada de dióxido de carbono equivalente), outorgado pelo órgão gestor do SBCE, de forma gratuita ou onerosa, para as instalações ou as fontes reguladas (art. 2º, VI).
CERTIFICADO DE REDUÇÃO OU REMOÇÃO VERIFICADA DE EMISSÕES (CRVEs)	Ativo fungível, transacionável, representativo da efetiva redução de emissões ou remoção de GEE de 1 tCO_2e (uma tonelada de dióxido de carbono equivalente), seguindo metodologia credenciada e com registro efetuado no âmbito do SBCE, nos termos de ato específico do órgão gestor do SBCE (art. 2º, III).

Os ativos integrantes do SBCE e os créditos de carbono, quando **negociados no mercado financeiro e de capitais**, são **valores mobiliários** sujeitos ao regime da Lei 6.385/76 (Lei da Comissão de Valores Mobiliários), seguindo previsão do art. 14. No entanto, conforme dispõe o parágrafo único do mesmo dispositivo, "será admitida a colocação privada dos ativos mencionados no *caput* deste artigo fora do âmbito do mercado financeiro e de capitais, caso em que tais colocações não estarão sujeitas à regulamentação da Comissão de Valores Mobiliários".

3.4 Agentes regulados e obrigações

A Lei 15.042/2024 estabelece, no seu art. 30, como **agentes sujeitos à regulação do SBCE** os **operadores responsáveis** pelas **instalações** e pelas **fontes** que emitam:

AGENTES SUJEITOS À REGULAÇÃO DO SBCE	Operadores responsáveis pelas instalações e pelas fontes que emitam: I – **acima de 10.000 tCO_2e** (dez mil toneladas de dióxido de carbono equivalente) por ano, para fins do disposto nos incisos I, II e IV do *caput* do art. 29 desta Lei (inciso I); II – **acima de 25.000 tCO_2e** (vinte e cinco mil toneladas de dióxido de carbono equivalente) por ano, para fins do disposto nos incisos I, II, III e IV do *caput* do art. 29 desta Lei (inciso II).

O art. 29 da Lei 15.042/2024 estabelece as seguintes **obrigações** para os **operadores das instalações e das fontes reguladas** no âmbito do SBCE obrigados:

> **Art. 29 (...)**
> I – submeter **plano de monitoramento** à apreciação do órgão gestor do SBCE (*vide* art. 31);
> II – enviar **relato de emissões e remoções de GEE**, conforme plano de monitoramento aprovado (^(vide) art. 32);
> III – enviar **relato de conciliação periódica de obrigações** (*vide* art. 34);
> IV – atender outras obrigações previstas em decreto ou em ato específico do órgão gestor do SBCE.

Os patamares previstos nos incisos I e II do *caput* art. 30 poderão ser majorados por ato específico do órgão gestor do SBCE, considerados: "I – o custo-efetividade da regulação; II – o cumprimento da PNMC e dos compromissos assumidos sob a Convenção-Quadro das Nações Unidas sobre Mudança do Clima; III – outros critérios previstos em ato específico do órgão gestor do SBCE" (§ 1º). Ainda, de acordo com o § 3º do art. 30, excetuam-se dos limites previstos nos incisos I e II do *caput* as **unidades de tratamento e destinação final ambientalmente adequada de resíduos sólidos e efluentes líquidos**, quando, comprovadamente, adotarem sistemas e tecnologias para neutralizar tais emissões.

A Lei 15.042/2024 também estabelece **infrações e penalidades administrativas** (arts. 35 a 41), o que não afasta a incidência da legislação ambiental e climática em geral para fins da responsabilização administrativa, penal e cível do infrator, a depender do caso.

3.5 Oferta voluntária de créditos de carbono

Os **créditos de carbono** gerados a partir de projetos ou programas que impliquem redução de emissão ou remoção de GEE, conforme estabelece o art. 42 da Lei 15.042/2024, "poderão ser ofertados, originariamente, no **mercado voluntário**, por qualquer gerador ou desenvolvedor de projeto de crédito de carbono que seja **titular dos créditos**, nos termos do art. 43, ou por ente público desenvolvedor de programas jurisdicionais e projetos públicos de crédito de carbono, respeitadas as condições dos arts. 12 e 43 desta Lei".

De acordo com o § 1º do art. 42, os **incentivos financeiros do programa estatal de REDD+ de não mercado** "não geram créditos de carbono ou CRVEs que possam ser comercializados ou transferidos e não podem impedir direitos de terceiros a gerarem créditos de carbono ou CRVEs em seus imóveis, sendo o acesso aos recursos decorrentes desses incentivos de abordagem de não mercado regulamentado em âmbito nacional pela CONAREDD+". Ainda, segundo disposição do § 2º do mesmo dispositivo, "é expressamente **vedada a conversão em CRVE de créditos de carbono do mercado voluntário** decorrentes de **atividades de manutenção ou de manejo florestal sustentável**, salvo se metodologia credenciada pelo SBCE reconhecer a efetiva redução de emissão ou remoção de GEE em créditos com essa origem".

3.5.1 Titularidade dos créditos

A **titularidade originária dos créditos de carbono**, de acordo com a previsão do art. 43, cabe ao **gerador de projeto de crédito de carbono ou de CRVE**. De acordo com o dispositivo, é válida, como forma de exercício dessa titularidade, a previsão contratual de compartilhamento ou cessão desses créditos em projetos realizados por meio de parceria com desenvolvedores de projetos de crédito de carbono ou de CRVE, que, neste caso, também passam a ser titulares, reconhecendo-se:

Art. 43 (...):

I – a **titularidade originária da União** sobre os créditos de carbono gerados em terras devolutas e unidades de conservação federais, ressalvado o disposto no inciso VI deste *caput*, e nos demais imóveis federais que sejam, cumulativamente, de propriedade e usufruto da União, desde que não haja sobreposição com área de propriedade ou usufruto de terceiros, ressalvado o disposto no § 9º deste artigo;

II – a **titularidade originária dos Estados e do Distrito Federal** sobre os créditos de carbono gerados em unidades de conservação estaduais e distritais, ressalvado o disposto no inciso VI deste *caput*, e nos demais imóveis estaduais e distritais que sejam, cumulativamente, de propriedade e usufruto dos Estados ou do Distrito Federal, desde que não haja sobreposição com área de propriedade ou usufruto de terceiros, ressalvado o disposto no § 9º deste artigo;

III – a **titularidade originária dos Municípios** sobre os créditos de carbono gerados em unidades de conservação municipais, ressalvado o disposto no inciso VI deste *caput*, e nos demais imóveis municipais que sejam, cumulativamente, de propriedade e usufruto dos Municípios, desde que não haja sobreposição com área de propriedade ou usufruto de terceiros, ressalvado o disposto no § 9º deste artigo;

IV – a **titularidade originária dos proprietários ou usufrutuários privados** sobre os créditos de carbono gerados em imóveis de usufruto privado;

V – a **titularidade originária das comunidades indígenas** sobre os créditos de carbono gerados nas respectivas terras indígenas descritas no art. 231 da Constituição Federal;

VI – a **titularidade originária das comunidades extrativistas e tradicionais** sobre os créditos de carbono gerados nas respectivas unidades de conservação de uso sustentável que admitem sua presença, previstas nos incisos III, IV e VI do *caput* do art. 14 da Lei nº 9.985, de 18 de julho de 2000;

VII – a **titularidade originária das comunidades quilombolas** sobre os créditos de carbono gerados nas respectivas terras remanescentes das comunidades dos quilombos, previstas no art. 68 do Ato das Disposições Constitucionais Transitórias;

VIII – a **titularidade originária dos assentados beneficiários de programa de reforma agrária** residentes em projetos de assentamento sobre os créditos de carbono gerados nos lotes de projetos de assentamento dos quais tenham usufruto, independentemente de já possuírem ou não título de domínio;

IX – a **titularidade originária dos demais usufrutuários** sobre os créditos de carbono gerados nos demais imóveis de domínio público não mencionados nos incisos I a VIII deste *caput*, desde que o usufruto não seja do ente público que tem a propriedade do imóvel.

3.5.2 Certificados de Redução ou Remoção Verificada de Emissões e Créditos de Carbono em Áreas Tradicionalmente Ocupadas por Povos Indígenas e Povos e Comunidades Tradicionais

A Lei 15.042/2024 prevê, no seu art. 47, que: "é assegurado aos povos indígenas e aos povos e comunidades tradicionais, por meio das suas entidades representativas no respectivo território, e aos assentados em projetos de reforma agrária o **direito à comercialização de CRVEs e de créditos de carbono** gerados com base no desenvolvimento de **projetos nos territórios que tradicionalmente ocupam**, condicionado ao cumprimento das **salvaguardas socioambientais**, nos termos das respectivas metodologias de certificação. Além disso, o dispositivo citado estabelece as seguintes condições":

I – No caso de **comunidades de povos indígenas e de povos e comunidades tradicionais:** (inc. I)	a) o **consentimento resultante de consulta livre, prévia e informada**, prevista na Convenção nº 169 da Organização Internacional do Trabalho (OIT) sobre Povos Indígenas e Tribais, nos termos do protocolo ou plano de consulta, quando houver, da comunidade consultada, não podendo a comunidade arcar com os custos do processo, sendo todo o processo de consulta custeado pelo desenvolvedor interessado, garantidas a participação e a supervisão do Ministério dos Povos Indígenas, da Fundação Nacional dos Povos Indígenas (Funai) e da Câmara Temática Populações Indígenas e Comunidades Tradicionais (6ª Câmara de Coordenação e Revisão) do Ministério Público Federal, órgãos responsáveis pela política indigenista e pela garantia dos direitos dos povos indígenas;
	b) a **inclusão de cláusula contratual que garanta a repartição justa e equitativa e a gestão participativa dos benefícios monetários** derivados da comercialização dos créditos de carbono e de CRVEs provenientes do desenvolvimento de projetos nas terras que tradicionalmente ocupam, depositados em conta específica, assegurados o **direito sobre pelo menos 50% (cinquenta por cento) dos créditos de carbono ou CRVEs decorrentes de projetos de remoção de GEE** e o **direito sobre pelo menos 70% (setenta por cento) dos créditos de carbono ou CRVEs decorrentes de projetos de "REDD+ abordagem de mercado"**;
II – No caso de **comunidades de povos indígenas, de povos e comunidades tradicionais e de assentados da reforma agrária:** (inc. II)	a) o **apoio às atividades produtivas sustentáveis, à proteção social, à valorização da cultura e à gestão territorial e ambiental**, nos termos da Política Nacional de Gestão Territorial e Ambiental de Terras Indígenas, da Política Nacional de Desenvolvimento Sustentável dos Povos e Comunidades Tradicionais e da Política Nacional de Reforma Agrária;
	b) a **inclusão de cláusula contratual que preveja indenização** a comunidades de povos indígenas, a povos e comunidades tradicionais e aos assentados em projetos de reforma agrária, por danos coletivos, materiais e imateriais, decorrentes de projetos e programas de geração de CRVEs e de créditos de carbono.
	Obs.: O **processo de consulta** de que trata o inciso I do *caput* deste artigo será **custeado pelo desenvolvedor de projeto** de crédito de carbono ou de CRVE interessado, não cabendo tal ônus aos povos indígenas e aos povos e comunidades tradicionais (art. 47, parágrafo único)

Consideram-se áreas aptas ao desenvolvimento de projetos e programas de geração de créditos de carbono e de CRVE, conforme assinala o art. 48 do diploma e observados os princípios do art. 4º da Lei 15.042/2024 e os demais requisitos estabelecidos neste tópico:

> **Art. 48 (...)**
> I – as **terras indígenas**, os **territórios quilombolas** e outras **áreas tradicionalmente ocupadas por povos e comunidades tradicionais**;
> II – as **unidades de conservação** previstas nos arts. 8º e 14 da Lei nº 9.985, de 18 de julho de 2000, desde que não vedado pelo plano de manejo da unidade;
> III – os **projetos de assentamentos**;
> IV – as **florestas públicas não destinadas**;
> V – **outras áreas**, desde que não haja expressa vedação legal.

Os dispositivos abordados sobre os Certificados de Redução ou Remoção Verificada de Emissões e Créditos de Carbono em Áreas Tradicionalmente Ocupadas por Povos Indígenas e Povos e Comunidades Tradicionais objetivam proteger a **autonomia, os interesses e direitos** dos referidos **grupos sociais (vulneráveis)**, reforçando, ademais, o seu papel de **guardiões da Natureza** e, em particular, das nossas florestas. Nada mais justo serem devidamente remunerados pelos **serviços ambientais e climáticos** que prestam em benefício de toda a sociedade, muitas vezes às custas da sua própria vida, como testemunhamos, a longo da nossa história e de forma trágica, a morte (até hoje) de tantos indígenas no Brasil por defenderem os seus territórios e a Natureza que neles habita.

4. LEI DE ADAPTAÇÃO CLIMÁTICA (LEI 14.904/2024)

A recente **Lei de Adaptação Climática** (Lei 14.904/2024), ao complementar o **(micro) sistema legislativo climático** inaugurado pela Lei da Política Nacional sobre Mudança do Clima, estabelece as diretrizes para a elaboração de **planos de adaptação à mudança do clima**, inclusive alterando alguns pontos da Lei 12.114/2009, que regulamenta o Fundo Nacional sobre Mudança do Clima (FNMC). A Lei 14.904/2024 tem por **objetivo**, conforme consignado no seu art. 1º, "implementar medidas para **reduzir a vulnerabilidade** e a **exposição a riscos** dos **sistemas ambiental, social, econômico e de infraestrutura** diante dos **efeitos adversos atuais e esperados da mudança do clima**, com fundamento na Lei nº 12.187, de 29 de dezembro de 2009, que institui a Política Nacional sobre Mudança do Clima (PNMC)".

As **diretrizes** dos planos de adaptação à mudança do clima são estabelecidas no art. 2º do diploma, conforme segue:

> **Art. 2º** São **diretrizes dos planos de adaptação à mudança do clima**:
> I – a identificação, a avaliação e a priorização de medidas para enfrentar os **desastres naturais** recorrentes e diminuir a **vulnerabilidade** e a exposição dos **sistemas ambiental, social, econômico e de infraestrutura**, em áreas rurais e urbanas, bem como os efeitos adversos atuais e esperados das mudanças do clima nos **âmbitos local, municipal, estadual, regional e nacional**;
> II – a **gestão e a redução do risco climático** diante dos efeitos adversos da mudança do clima, de modo a estimar, minimizar ou evitar perdas e danos e planejar e priorizar a gestão coordenada de investimentos, com base no grau de vulnerabilidade, conforme definido pela PNMC;
> III – o estabelecimento de **instrumentos de políticas públicas econômicos, financeiros e socioambientais** que assegurem a viabilidade e a eficácia da **adaptação dos sistemas ambiental, social, econômico e de infraestruturas críticas**;
> IV – a integração entre as estratégias de **mitigação** e **adaptação** nos âmbitos local, municipal, estadual, regional e nacional, em alinhamento com os **compromissos assumidos**

no **Acordo de Paris** sob a **Convenção-Quadro das Nações Unidas sobre Mudança do Clima**, por meio da **Contribuição Nacionalmente Determinada**;

V – o estabelecimento de **prioridades** com base em **setores e regiões mais vulneráveis**, a partir da identificação de vulnerabilidades, por meio da **elaboração de estudos de análise de riscos e vulnerabilidades climáticas**;

VI – a sinergia entre a **Política Nacional de Proteção e Defesa Civil (PNPDEC)**, instituída pela Lei nº 12.608, de 10 de abril de 2012, o Plano Nacional de Proteção e Defesa Civil, os planos estaduais, distrital e municipais de proteção e defesa civil e a Estratégia Nacional de Segurança de Infraestruturas Críticas;

VII – o estímulo à **adaptação do setor agropecuário** ao Plano Setorial de Mitigação e de Adaptação às Mudanças Climáticas para a Consolidação de uma **Economia de Baixa Emissão de Carbono na Agricultura** (Plano ABC), vinculado ao investimento em pesquisa, desenvolvimento e inovação ou em práticas, processos e tecnologias ambientalmente adequadas e economicamente sustentáveis;

VIII – a **adoção de soluções baseadas na natureza** como parte das estratégias de adaptação, considerando seus benefícios adicionais e sua capacidade de integrar resultados para **adaptação e mitigação**, simultaneamente;

IX – o monitoramento e a avaliação das ações previstas, bem como a adoção de **processos de governança inclusivos** para a revisão dos planos de que trata esta Lei a cada **4 (quatro) anos**, orientada pelo ciclo dos **planos plurianuais**;

X – a promoção de pesquisa, desenvolvimento e inovação orientados:

a) à **redução da vulnerabilidade dos sistemas naturais, humanos, produtivos e de infraestrutura** e à busca de novas tecnologias que contribuam para sua adaptação;

b) ao **monitoramento dos impactos das adaptações** adotadas nos âmbitos local, municipal, estadual, regional e nacional;

c) **à divulgação e à difusão de dados, informações, conhecimentos e tecnologias**, de forma a promover o intercâmbio entre cientistas e técnicos;

d) à **promoção da informação, da educação, da capacitação e da conscientização públicas** sobre as medidas de adaptação e sobre seus benefícios para promover a **resiliência dos ambientes vulneráveis à mudança do clima**.

Os planos de adaptação às mudanças climáticas, conforme disposição do seu art. 3º, serão implementados prioritariamente nas áreas de infraestrutura urbana e direito à cidade, infraestrutura nacional e infraestrutura baseada na natureza:

Art. 3º Os planos de adaptação à mudança do clima assegurarão a adequada implementação das estratégias traçadas, prioritariamente nas áreas de:

I – **infraestrutura urbana e direito à cidade**, incluídos habitação, áreas verdes, transportes, equipamentos de saúde e educação, saneamento, segurança alimentar e nutricional, segurança hídrica e transição energética justa, entre outros elementos com vistas ao desenvolvimento socioeconômico resiliente à mudança do clima e alinhados à redução das desigualdades sociais;

II – **infraestrutura nacional**, incluídos infraestruturas de comunicações, energia, transportes, finanças e águas, entre outras que tenham dimensão estratégica e sejam essenciais à segurança e à resiliência dos setores vitais para o funcionamento do País;

III – **infraestrutura baseada na Natureza**, que utiliza elementos da Natureza para fornecer **serviços relevantes para adaptação às consequências da mudança do clima**, com vistas a **criar resiliência** e proteção da população, de bens e do meio ambiente ecologicamente equilibrado, de forma sustentável, com a possibilidade de **integrar simultaneamente ações de adaptação e mitigação da mudança do clima**.

> Parágrafo único. Os planos referidos no *caput* deste artigo estabelecerão indicadores para monitoramento e avaliação da sua implementação.

O **arranjo institucional** para formulação e implementação dos planos de adaptação, conforme dispõe o art. 4º do diploma, fundamenta-se nos órgãos do Sistema Nacional de Meio Ambiente (SISNAMA) e nos instrumentos previstos na PNMC, ressalvando-se a conformação de um **federalismo cooperativo climático** e a competência administrativa comum e legislativa concorrente de todos os entes federativos (União, Estados, Distrito Federal e Municípios) na matéria climática. O art. 6º do diploma estabelece, nesse sentido, que "o **plano nacional** de adaptação à mudança do clima estabelecerá diretrizes para os **planos estaduais e municipais** e assegurará **prioridade de apoio aos Municípios mais vulneráveis e expostos às ameaças climáticas**, bem como fomentará consórcios intermunicipais e arranjos regionais para a consecução das medidas por ele previstas".

O entendimento suscitado é reforçado pela previsão do art. 5ë, ao que prever que: "As medidas previstas no plano nacional de adaptação à mudança do clima, a ser **elaborado pelo órgão federal competente**, serão formuladas em **articulação com as 3 (três) esferas da Federação** e os **setores socioeconômicos**, garantida a **participação social dos mais vulneráveis** aos efeitos adversos dessa mudança e dos **representantes do setor privado**, com vistas a fortalecer e estimular a produção de resultados tangíveis de adaptação que garantam a mitigação dos efeitos atuais e esperados das mudanças do clima, compatibilizando a proteção do meio ambiente com o desenvolvimento econômico".

O plano nacional de adaptação à mudança do clima é parte integrante do Plano Nacional sobre Mudança do Clima, nos termos da Lei 12.187/2009, devendo prever, conforme previsão do § 2º do art. 5º da Lei 14.904/2024, que a coordenação e a governança federativa do plano nacional deve garantir: "I – representação da sociedade civil e ampla cooperação entre os entes federados; II – harmonização das **metodologias de identificação de impactos, avaliação e gestão do risco climático**, análise das vulnerabilidades e das ameaças climáticas e identificação, avaliação e priorização de medidas de adaptação; III – fornecimento de subsídios à elaboração, à implementação, ao monitoramento e à revisão do plano nacional de adaptação à mudança do clima."

O plano nacional de adaptação à mudança do clima e suas ações e estratégias, conforme previsão do § 3º do art. 5º do diploma "serão fundamentados em evidências científicas, análises modeladas e previsões de cenários, considerando os relatórios científicos do Painel Intergovernamental sobre Mudanças Climáticas (IPCC), com o propósito de estabelecer e priorizar as ações a serem incluídas".

5. LEI DOS CRIMES E INFRAÇÕES ADMINISTRATIVAS AMBIENTAIS (LEI 9.605/98) E A TIPIFICAÇÃO DE CRIMES E INFRAÇÕES ADMINISTRATIVAS RELACIONADAS À POLUIÇÃO ATMOSFÉRICA E CLIMÁTICA

O Estado está "obrigado" (poder-dever) a normatizar condutas e atividades lesivas ao meio ambiente com a **tipificação de crimes ou de infrações administrativas ambientais (e climáticas)**, bem como por meio da regulamentação da responsabilidade civil do poluidor – entre os quais, o poluidor atmosférico, emissor de gases do efeito estufa, desmatador florestal, madeireiro ilegal etc. – pelos danos causados ao meio ambiente e ao sistema climático. A Lei dos Crimes e Infrações Administrativas Ambientais (Lei 9.605/98) tratou de prever sanções penais e administrativas derivadas de condutas e atividades lesivas ao meio ambiente, inclusive com a caracterização da responsabilidade penal da pessoa jurídica (art. 3.º), de modo a regulamentar dispositivo constitucional (art.

225, § 3.º).[41] Tal medida legislativa, acompanhada de todo o conjunto de leis ambientais brasileiras, que não cabe aqui relacionar, dão cumprimento e transpõem para o plano infraconstitucional os deveres de proteção ecológica e climática atribuídos ao Estado pela CF/1988, devendo, portanto, guardar correspondência com o regime protetivo ditado pela norma constitucional.

A Lei 9.605/98 contemplou **tipos penais climáticos**. A título de exemplo, o tipo penal do crime de poluição, previsto no art. 54 do diploma, contempla expressamente a conduta de "**causar poluição atmosférica**" (§ 2º, II), e de, no mesmo contexto, "deixar de adotar, quando assim o exigir a autoridade competente, **medidas de precaução** em caso de **risco de dano ambiental grave ou irreversível**" (§ 3º).

> Seção III
> Da poluição e outros crimes ambientais
>
> **Art. 54.** Causar poluição de qualquer natureza em níveis tais que resultem ou possam resultar em danos à saúde humana, ou que provoquem a mortandade de animais ou a destruição significativa da flora: Pena – reclusão, de um a quatro anos, e multa.
>
> § 1º Se o crime é culposo: Pena – detenção, de seis meses a um ano, e multa.
>
> § 2º Se o crime: (...)
>
> II – causar **poluição atmosférica** que provoque a retirada, ainda que momentânea, dos habitantes das áreas afetadas, ou que cause danos diretos à saúde da população; (...)
>
> V – ocorrer por lançamento de resíduos sólidos, líquidos ou **gasosos**, ou detritos, óleos ou substâncias oleosas, em desacordo com as exigências estabelecidas em leis ou regulamentos:
>
> Pena – reclusão, de um a cinco anos.
>
> § 3º Incorre nas mesmas penas previstas no parágrafo anterior quem deixar de adotar, quando assim o exigir a autoridade competente, **medidas de precaução** em caso de risco de dano ambiental grave ou irreversível.

Outro tipo penal relevante para a proteção climática diz respeito à previsão do art. 50-A, na Seção dos Crimes contra a Flora, consistente em "desmatar, explorar economicamente ou degradar floresta, plantada ou nativa, em terras de domínio público ou devolutas, sem autorização do órgão competente", o qual terá a sua **pena aumentada** se do fato resulta "a **modificação do regime climático**" (art. 53, I).

> Seção II
> Dos crimes contra a flora
>
> **Art. 50-A. Desmatar, explorar economicamente ou degradar floresta**, plantada ou nativa, em terras de domínio público ou devolutas, sem autorização do órgão competente: (Incluído pela Lei nº 11.284/2006) Pena – reclusão de 2 (dois) a 4 (quatro) anos e multa. (Incluído pela Lei nº 11.284/2006) (...)
>
> **Art. 53.** Nos crimes previstos nesta Seção, a **pena é aumentada** de um sexto a um terço se:
>
> I – do fato resulta a diminuição de águas naturais, a erosão do solo ou a **modificação do regime climático**.

---

[41] A Lei das Contravenções Penais (Decreto-Lei 3.688/41) possui um tipo a respeito da poluição atmosférica: "Art. 38. Provocar, abusivamente, emissão de fumaça, vapor ou gás, que possa ofender ou molestar alguém: Pena – multa, de duzentos mil réis a dois contos de réis."

É indiscutível, do ponto de vista científico, que o desmatamento na Floresta Amazônica compromete o regime climático não apenas em escala local, mas também regional, nacional e mesmo global ou planetário. A título de exemplo, as queimadas e o desmatamento florestal na região amazônica tem implicações no regime de chuvas do Sudeste do Brasil, com o comprometimento dos denominados "rios voadores".

No caso das **infrações administrativas climáticas**, de modo complementar à Lei 9.605/98, destaca-se o **Decreto 6.514/2008**, ao dispor sobre as infrações e sanções administrativas ao meio ambiente e estabelecer o processo administrativo federal para sua apuração. Ao reproduzir os tipos penais climáticos referidos anteriormente, como no caso do crime de poluição atmosférica, o Decreto 6.514/2008, tipifica como infração administrativa as mesmas condutas nos art. 61 e 62.

> **Art. 61.** Causar poluição de qualquer natureza em níveis tais que resultem ou possam resultar em danos à saúde humana, ou que provoquem a mortandade de animais ou a destruição significativa da biodiversidade: Multa de R$ 5.000,00 (cinco mil reais) a R$ 50.000.000,00 (cinquenta milhões de reais). Parágrafo único. As multas e demais penalidades de que trata o *caput* serão aplicadas após laudo técnico elaborado pelo órgão ambiental competente, identificando a dimensão do dano decorrente da infração e em conformidade com a gradação do impacto. Art. 62. Incorre nas mesmas multas do art. 61 quem: (...) II – causar poluição atmosférica que provoque a retirada, ainda que momentânea, dos habitantes das áreas afetadas ou que provoque, de forma recorrente, significativo desconforto respiratório ou olfativo devidamente atestado pelo agente autuante; (Redação dada pelo Decreto nº 6.686/2008).

Outro tipo administrativo importante para a proteção climática diz respeito à conduta descrita no art. 65 do diploma, consistente em "deixar, o fabricante de veículos ou motores, de cumprir os requisitos de garantia ao atendimento dos **limites vigentes de emissão de poluentes atmosféricos** e de ruído, durante os prazos e quilometragens previstos na legislação".

> **Art. 65.** Deixar, o fabricante de veículos ou motores, de cumprir os requisitos de garantia ao atendimento dos limites vigentes de emissão de poluentes atmosféricos e de ruído, durante os prazos e quilometragens previstos na legislação: Multa de R$ 100.000,00 (cem mil reais) a R$ 1.000.000,00 (um milhão de reais).

Por fim, destaca-se a previsão do artigo 140 do diploma, ao prever que "são considerados serviços de preservação, melhoria e recuperação da qualidade do meio ambiente, as ações, as atividades e as obras incluídas em projetos com, no mínimo, um dos seguintes objetivos: (...) IV – **mitigação ou adaptação às mudanças do clima** (redação dada pelo Decreto 9.179/2017).

6. A LEI DA POLÍTICA NACIONAL DE PROTEÇÃO E DEFESA CIVIL (LEI 12.608/2012) E DOS DESLOCADOS, REFUGIADOS E NECESSITADOS EM TERMOS CLIMÁTICOS

A **Lei da Política Nacional de Proteção e Defesa Civil (Lei 12.608/2012)**, especialmente em vista da reforma substancial do seu texto levada a efeito pela **Lei 14.750/2023**, centraliza o que se pode denominar de um (**micro**)**sistema legislativo do Direito dos Desastres**, consagrando tanto **deveres estatais de prevenção e resposta a desastres** quanto **direitos das vítimas de desastres (ambientais e climáticos)** as quais se configuram em um **grupo social vulnerável**.

As vítimas dos desastres de Mariana (2015) e Brumadinho (2019) e o contingente de mais de 600.000 **deslocados climáticos** das enchentes de maio de 2024 no Estado do Rio Grande do Sul ilustram essa situação. A alteração levada a efeito pela Lei 14.750/2023, no diploma, no final do ano de 2023, reflete a necessidade de aprimoramento legislativo impulsionado pelos desastres ambientais e climáticos vivenciados na última década – e cada vez mais recorrentes e intensos no caso dos desastres climáticos –, inclusive em razão da articulação social, política e jurídica das vítimas e instituições públicas e privadas que representam os seus interesses e direitos, muitas ainda carentes da devida e integral reparação dos danos sofridos.

A Lei 12.608/2012, de acordo com nova redação estabelecida pela Lei 14.750/2023, consagrou, no seu art. 1º, parágrafo único, inúmeros conceitos e categorias jurídicas importantes para a compreensão não apenas do regime legislativo dos desastres ambientais em geral, mas igualmente em relação aos desastres climáticos, notadamente em vista da caracterização de deveres estatais de prevenção e resposta a desastres quanto a direitos das vítimas, conforme transcrito na sequência.

> Art. 1º (...) Parágrafo único. Para os fins desta Lei, considera-se: (Redação dada pela Lei 14.750/2023)
> I – **acidente**: evento definido ou sequência de eventos fortuitos e não planejados que dão origem a uma consequência específica e indesejada de danos humanos, materiais ou ambientais;
> II – (VETADO);
> III – **desabrigado**: pessoa que foi obrigada a abandonar sua habitação de forma temporária ou definitiva em razão de evacuações preventivas, de destruição ou de avaria grave decorrentes de acidente ou desastre e que necessita de abrigo provido pelo Sinpdec ou pelo empreendedor cuja atividade deu causa ao acidente ou desastre;
> IV – **desalojado**: pessoa que foi obrigada a abandonar sua habitação de forma temporária ou definitiva em razão de evacuações preventivas, de destruição ou de avaria grave decorrentes de acidente ou desastre e que não necessariamente carece de abrigo provido pelo Sinpdec ou pelo empreendedor cuja atividade deu causa ao acidente ou desastre;
> V – **desastre**: resultado de evento adverso, **de origem natural ou induzido pela ação humana**, sobre ecossistemas e populações vulneráveis que causa significativos danos humanos, materiais ou ambientais e prejuízos econômicos e sociais;
> VI – **estado de calamidade pública**: situação anormal provocada por desastre causadora de danos e prejuízos que implicam o comprometimento substancial da capacidade de resposta do poder público do ente atingido, de tal forma que a situação somente pode ser superada com o auxílio dos demais entes da Federação;
> VII – **plano de contingência**: conjunto de procedimentos e de ações previsto para prevenir acidente ou desastre específico ou para atender emergência dele decorrente, incluída a definição dos recursos humanos e materiais para prevenção, preparação, resposta e recuperação, elaborado com base em hipóteses de acidente ou desastre, com o objetivo de reduzir o risco de sua ocorrência ou de minimizar seus efeitos;
> VIII – **prevenção**: ações de planejamento, de ordenamento territorial e de investimento destinadas a reduzir a vulnerabilidade dos ecossistemas e das populações e a evitar a ocorrência de acidentes ou de desastres ou a minimizar sua intensidade, por meio da identificação, do mapeamento e do monitoramento de riscos e da capacitação da sociedade em atividades de proteção e defesa civil, entre outras estabelecidas pelos órgãos do SINPDEC;
> IX – **preparação**: ações destinadas a preparar os órgãos do SINPDEC, a comunidade e o setor privado, incluídas, entre outras ações, a capacitação, o monitoramento e a implantação

de sistemas de alerta e da infraestrutura necessária para garantir resposta adequada aos acidentes ou desastres e para minimizar danos e prejuízos deles decorrentes;

X – **proteção e defesa civil**: conjunto de ações de prevenção, de preparação, de resposta e de recuperação destinado a evitar ou a reduzir os riscos de acidentes ou desastres, a minimizar seus impactos socioeconômicos e ambientais e a restabelecer a normalidade social, incluída a geração de conhecimentos sobre acidentes ou desastres;

XI – **recuperação**: conjunto de ações de caráter definitivo tomadas após a ocorrência de acidente ou desastre, destinado a restaurar os ecossistemas, a restabelecer o cenário destruído e as condições de vida da comunidade afetada, a impulsionar o desenvolvimento socioeconômico local, a recuperar as áreas degradadas e a evitar a reprodução das condições de vulnerabilidade, incluídas a reconstrução de unidades habitacionais e da infraestrutura pública e a recuperação dos serviços e das atividades econômicas, entre outras ações definidas pelos órgãos do SINPDEC;

XII – **resposta a desastres**: ações imediatas com o objetivo de socorrer a população atingida e restabelecer as condições de segurança das áreas atingidas, incluídas ações de busca e salvamento de vítimas, de primeiros-socorros, atendimento pré-hospitalar, hospitalar, médico e cirúrgico de urgência, sem prejuízo da atenção aos problemas crônicos e agudos da população, de provisão de alimentos e meios para sua preparação, de abrigamento, de suprimento de vestuário e produtos de limpeza e higiene pessoal, de suprimento e distribuição de energia elétrica e água potável, de esgotamento sanitário, limpeza urbana, drenagem das águas pluviais, transporte coletivo, trafegabilidade e comunicações, de remoção de escombros e desobstrução das calhas dos rios, de manejo dos mortos e outras estabelecidas pelos órgãos do SINPDEC;

XIII – **risco de desastre**: probabilidade de ocorrência de significativos danos sociais, econômicos, materiais ou ambientais decorrentes de evento adverso, de origem natural ou induzido pela ação humana, sobre ecossistemas e populações vulneráveis;

XIV – **situação de emergência**: situação anormal provocada por desastre causadora de danos e prejuízos que implicam o comprometimento parcial da capacidade de resposta do poder público do ente atingido e da qual decorre a necessidade de recursos complementares dos demais entes da Federação para o enfrentamento da situação; e

XV – **vulnerabilidade**: fragilidade física, social, econômica ou ambiental de população ou ecossistema ante evento adverso de origem natural ou induzido pela ação humana.

A Lei 12.608/2012[42] estabelece um marco normativo para a questão dos desastres climáticos, tão recorrentes atualmente no contexto brasileiro em razão de **episódios climáticos extremos** (desabamentos de terra, enchentes, secas, incêndios etc.). Conforme dispõe o art. 2º do diploma em análise, "é **dever da União, dos Estados, do Distrito Federal e dos Municípios** adotar as medidas necessárias à **redução dos riscos de acidentes ou desastres**" (redação dada pela Lei 14.750/2023)", as quais, conforme prevê o § 1º do mesmo dispositivo, "poderão ser adotadas com a colaboração de entidades públicas ou privadas e da sociedade em geral".

O diploma, por sua vez, opera com base no **princípio da precaução** (e não apenas da prevenção), dispondo no § 2º do mesmo dispositivo que a "**incerteza quanto ao risco de desastre** não constituirá óbice para a adoção das medidas preventivas e mitigadoras da situação de risco". Trata-se, sem dúvida, de questão fundamental pela ótica do Direito Ambiental e do Direito Climático, mesclando a adoção do princípio da precaução com a abordagem socioambiental da

---

[42] O Decreto 10.593/2020 dispõe sobre a organização e o funcionamento do Sistema Nacional de Proteção e Defesa Civil e do Conselho Nacional de Proteção e Defesa Civil e sobre o Plano Nacional de Proteção e Defesa Civil e o Sistema Nacional de Informações sobre Desastres.

matéria, que é inerente à temática dos *refugiados, deslocados e necessitados ambientais (e climáticos)*, como já tivemos oportunidade de tratar em tópico precedente.

No tocante às **diretrizes** e **objetivos** da Política Nacional de Proteção e Defesa Civil, dispõe o art. 3º do diploma que "a PNPDEC abrange as ações de prevenção, mitigação, preparação, resposta e recuperação voltadas à proteção e defesa civil", devendo, conforme sinaliza o parágrafo único do mesmo dispositivo, "integrar-se às políticas de ordenamento territorial, desenvolvimento urbano, saúde, **meio ambiente, mudanças climáticas**, gestão de recursos hídricos, geologia, infraestrutura, educação, ciência e tecnologia e às demais políticas setoriais, tendo em vista a promoção do desenvolvimento sustentável".

> **Art. 4º São diretrizes da PNPDEC:**
>
> I – atuação articulada entre a União, os Estados, o Distrito Federal e os Municípios para **redução de desastres** e **apoio às comunidades atingidas**;
>
> II – **abordagem sistêmica** das ações de **prevenção, mitigação, preparação, resposta** e **recuperação**;
>
> III – a **prioridade às ações preventivas** relacionadas à minimização de desastres;
>
> IV – adoção da bacia hidrográfica como unidade de análise das ações de prevenção de desastres relacionados a corpos d'água;
>
> V – planejamento com base em pesquisas e estudos sobre **áreas de risco e incidência de desastres** no território nacional;
>
> VI – **participação da sociedade civil**.

Entre os **objetivos** traçados no art. 5º da legislação, destacam-se, sob a ótica ambiental:

> **Art. 5º São objetivos da PNPDEC:**
>
> I – **reduzir os riscos** de desastres;
>
> II – **prestar socorro e assistência** às populações atingidas por desastres;
>
> III – **recuperar as áreas afetadas por desastres**, de forma a reduzir riscos e a prevenir a reincidência; (Redação dada pela Lei 14.750/2023)
>
> IV – incorporar a **redução do risco de desastre** e as ações de proteção e defesa civil entre os elementos da gestão territorial e do planejamento das políticas setoriais;
>
> V – promover a continuidade das ações de proteção e defesa civil;
>
> VI – estimular o desenvolvimento de **cidades resilientes** e os **processos sustentáveis de urbanização**;
>
> VII – promover a **identificação e avaliação das ameaças, suscetibilidades e vulnerabilidades a desastres**, de modo a evitar ou reduzir sua ocorrência;
>
> VIII – **monitorar os eventos** meteorológicos, hidrológicos, geológicos, biológicos, nucleares, químicos e outros potencialmente causadores de desastres;
>
> IX – **produzir alertas antecipados** em razão de possibilidade de ocorrência de desastres; (Redação dada pela Lei 14.750/2023)
>
> X – estimular o **ordenamento da ocupação do solo urbano e rural**, tendo em vista sua conservação e a **proteção da vegetação nativa**, dos recursos hídricos e da vida humana;
>
> XI – combater a ocupação de **áreas ambientalmente vulneráveis e de risco** e promover a **realocação da população** residente nessas áreas;
>
> XII – estimular iniciativas que resultem na destinação de **moradia em local seguro**;

XIII – **desenvolver consciência** nacional acerca dos riscos de desastre;

XIV – orientar as comunidades a adotar comportamentos adequados de prevenção e de resposta em situação de desastre e promover a autoproteção; e

XV – integrar **informações** em sistema capaz de subsidiar os órgãos do SINPDEC na previsão e no controle dos efeitos negativos de eventos adversos sobre a população, os bens e serviços e o meio ambiente.

XVI – incluir a análise de riscos e a prevenção a desastres no processo de **licenciamento ambiental dos empreendimentos**, nas hipóteses definidas pelo poder público; e (incluído pela Lei 14.750/2023)

XVII – promover a **responsabilização do setor privado** na adoção de medidas preventivas de desastres e na elaboração e implantação de plano de contingência ou de documento correlato. (Incluído pela Lei 14.750/2023)

O diploma também estabelece as competências dos entes federativos – União (art. 6º), Estados (art. 7º) e Municípios (art. 8º) –, inclusive pela ótica dos deveres de proteção que lhe são atribuídos. Nessa perspectiva, tem-se a criação do Sistema Nacional de Proteção e Defesa Civil (SINPDEC), o qual é constituído "pelos órgãos e entidades da administração pública federal, dos Estados, do Distrito Federal e dos Municípios e pelas entidades públicas e privadas de atuação significativa na área de proteção e defesa civil" (art. 10), tendo como finalidade "contribuir no processo de planejamento, articulação, coordenação e execução dos programas, projetos e ações de proteção e defesa civil" (art. 10, parágrafo único).

A Lei 12.608/2012 deve ser lida, em especial, em sintonia com a Lei da Política Nacional sobre Mudança do Clima (Lei 12.187/2009), já que o tema dos *deslocados, refugiados e necessitados climáticos* estabelece uma ponte normativa entre ambas as legislações, consolidando um regime jurídico fundamental para a proteçãodos **indivíduos e grupos sociais vulneráveis**, como, mais uma vez testemunhamos na tragédia provocada pelas chuvas decorrentes de **episódio climático extremo** no Estado do Rio Grande do Sul, no fatídico mês de maio de 2024. Essa temática é uma das novas fronteiras a ser desbravada pelo Direito Ambiental (e pelo Direito Climático) brasileiro, inclusive no contexto dos **deveres estatais de adaptação** (e não apenas **mitigação**), notadamente no sentido de adotar **medidas prestacionais** para a salvaguardar as pessoas mais vulneráveis e expostas aos episódios climáticos estremos.[43]

COMITÊ DE DIREITOS ECONÔMICOS, SOCIAIS E CULTURAIS DA ONU

O Comitê de DESC da ONU, no **Comentário Geral nº 26 (2022) sobre a Terra e os Direitos Econômicos, Sociais e Culturais (E/C.12/GC/26)**, destacou tópico específico sobre mudanças climáticas, notadamente em vista da proteção dos DESC dos grupos sociais vulneráveis no contexto dos **episódios climáticos extremos**. Como testemunhamos de forma trágica recentemente no Litoral Norte do Estado de São Paulo, no mês de fevereiro de 2023, o **acesso precário à terra e à moradia**, em locais de **risco de desabamentos**, representa flagrante violação a direitos humanos de grupos sociais vulneráveis, o que se agrava cada vez mais no contexto de episódios climáticos extremos cada vez mais frequentes e intensos, como apontado pelo IPCC no seu 6º Relatório (AR6). Registra-se, a seguir, passagem do comentário:

"D. MUDANÇA CLIMÁTICA

---

[43] V. CARVALHO, Délton W.; DAMACENA Fernanda D. L. *Direito dos desastres*. Porto Alegre: Livraria do Advogado, 2013.

> 56. O impacto da mudança climática no acesso à terra, afetando os direitos dos usuários, é severo em muitos países. Nas zonas costeiras, a elevação do nível do mar tem um impacto na habitação, na agricullura e no acesso à pesca. A **mudança climática** também contribui para a **degradação da terra e a desertificação**. O aumento das temperaturas, a mudança dos padrões de precipitação e a **crescente frequência de eventos climáticos extremos**, como secas e inundações, estão afetando cada vez mais o acesso à terra.70 Os Estados devem cooperar a nível internacional e cumprir com seu dever de mitigar as emissões e seus respectivos compromissos assumidos no contexto da implementação do Acordo de Paris. Os Estados têm esses deveres também sob a legislação de **direitos humanos**, como o Comitê destacou anteriormente." (...)
>
> 57. Os **Estados têm a obrigação de elaborar políticas de adaptação** à mudança climática em nível nacional que levem em consideração todas as formas de mudança no uso da terra induzida pela mudança climática, de registrar todas as pessoas afetadas e de utilizar o máximo de recursos disponíveis para enfrentar o impacto da mudança climática, **particularmente em grupos desfavorecidos**. (...)"

7. RESPONSABILIDADE CIVIL E MUDANÇAS CLIMÁTICAS

Para além de um diagnóstico cada vez mais preciso sobre a realidade climática global e os riscos presentes e futuros inerentes ao aquecimento global, a ciência climática e, em particular, a denominada "**ciência da atribuição**", conforme apontam Michael Burger, Jessica Wentz e Radley Horton, "têm desenvolvido metodologias para vincular os impactos nocivos que foram causados ou exacerbados pela mudança climática a **emissores específicos**, com vistas a **responsabilizar** os emissores e outras partes responsáveis no Tribunal **por sua contribuição para os danos**. À medida que a ciência evolui, o mesmo acontecerá com seu papel no Tribunal e na formulação de políticas públicas."[44]

A crescente litigância climática, tanto no Brasil quanto no estrangeiro, é reflexo, entre outros fatores, da consolidação de um regime jurídico cada vez mais robusto e altamente especializado no campo da responsabilidade civil climática. Paralelamente à responsabilização do Estado por ações e omissões que contribuam para a emissão de gases do efeito estufa – como, por exemplo, políticas públicas deficitárias no combate ao desmatamento da Amazônia e de outros biomas continentais brasileiros (ADPF 708, ADO 59, ADPF 760), verifica-se igualmente o aprimoramento do regime jurídico da responsabilidade civil para alcançar a responsabilização de poluidores privados, notadamente empresas privadas responsáveis por emissões substanciais de gases do efeito estufa, como se verifica, por exemplo, no campo da energia, transporte etc.

Na Alemanha, a respeito do tema, destaca-se o famoso **Caso Lliuya v. RWE AG,** em que o agricultor peruano Luciano Lliuya ajuizou, no ano de 2015, ação judicial contra a empresa alemã concessionária de energia RWE, pleiteando indenização por danos associados ao **derretimento do Glaciar Palcaraju**, o que o agricultor alega ser **em parte atribuível às emissões diretas de gases do efeito estufa por parte da empresa ré**. De acordo com as alegações do agricultor, a sua casa encontra-se ameaçada por enchentes e deslizamentos de terra como resultado do recente aumento do volume do lago glacial localizado nas proximidades e as emissões da RWE contribuem para esse risco. Em 30 de novembro de 2017, o Tribunal de Apelação – o Tribunal Regional Superior de Hamm – reconheceu a reclamação como sendo bem fundamentada e admissível, permitindo que o caso passasse para a fase probatória. Não obstante o caso ainda aguardar julgamento,

---

[44] BURGER, Michael; WENTZ, Jessica; HORTON, Radley. The Law and Science of Climate Change Attribution. *Columbia Journal of Environmental Law*, Vol. 45:1, 2020, p. 63.

o reconhecimento pelo Tribunal alemão de que uma empresa privada possa ser considerada potencialmente responsável pelos danos relacionados às mudanças climáticas de suas emissões de gases de efeito estufa marca um avanço importantíssimo no tema da **responsabilidade civil ambiental e climática**.[45]

O Direito brasileiro, por essa ótica, tem muito a contribuir para o avanço no campo da responsabilidade civil climática, justamente por termos um dos regimes jurídicos mais sofisticados de responsabilidade civil ambiental, a contar da Lei da Política Nacional do Meio Ambiente (Lei 6.938/81), ao consagrar expressamente a responsabilidade civil de **natureza objetiva**, ou seja, independentemente da verificação da culpa do agente poluidor (art. 14, § 1º). Basta a presença dos elementos: **autoria, nexo causal** e **dano**. Igualmente, a Lei 6.938/81 consagrou um **conceito amplo de poluidor ambiental** no art. 3º, IV: "a pessoa física ou jurídica, de direito público ou privado, responsável, direta ou indiretamente, por atividade causadora de degradação ambiental".

Ademais, a doutrina e a jurisprudência foram igualmente importantes no avanço da matéria, ao consagrar a **natureza solidária** entre todos os poluidores, diretos e indireto) que, por meio da sua ação ou omissão, contribuam (mais ou menos) para os danos ambientais. Outro aspecto importante diz respeito à adoção da **teoria do risco integral** no campo da responsabilidade civil ambiental (e climática), de modo a não admitir a alegação de qualquer **excludente de ilicitude** (caso fortuito, força maior, culpa exclusiva de terceiros, culpa exclusiva da vítima etc.) para isentar o poluidor ambiental de sua responsabilização.

O reconhecimento da **natureza objetiva** da responsabilidade civil ambiental, inclusive no tocante à adoção da teoria do risco integral, reflete entendimento absolutamente pacífico na **doutrina** e na **jurisprudência** brasileira, notadamente no **STJ**, conforme decisão proferida pela 2ª Seção no Recurso Especial n. 1.374.284/MG, sob a relatoria do Ministro Luis Felipe Salomão, em 27 de agosto de 2014, no julgamento de **Recurso Repetitivo (Tema 707)** submetido à sistemática dos processos representativos de controvérsia (arts. 543-C do CPC/1973 e 1.036 e 1.037 do CPC/2015):

"RESPONSABILIDADE CIVIL POR DANO AMBIENTAL. RECURSO ESPECIAL REPRESENTATIVO DE CONTROVÉRSIA. ART. 543-C DO CPC. **DANOS DECORRENTES DO ROMPIMENTO DE BARRAGEM**. Acidente ambiental ocorrido, em janeiro de 2007, nos municípios de Miraí e Muriaé, estado de Minas Gerais. Teoria do risco integral. Nexo de causalidade.

1. Para fins do **art. 543-C** do Código de Processo Civil:

a) a **responsabilidade por dano ambiental é objetiva**, informada pela **teoria do risco integral**, sendo o nexo de causalidade o fator aglutinante que permite que o risco se integre na unidade do ato, sendo **descabida a invocação, pela empresa responsável** pelo dano ambiental, de **excludentes de responsabilidade civil** para afastar sua obrigação de indenizar;

b) em decorrência do acidente, a **empresa deve recompor** os **danos materiais** e **morais** causados; e

c) na fixação da **indenização por danos morais**, recomendável que o arbitramento seja feito caso a caso e com moderação, **proporcionalmente ao grau de culpa**, ao **nível socioeconômico do autor**, e, ainda, ao **porte da empresa**, orientando-se o juiz pelos critérios sugeridos pela doutrina e jurisprudência, com razoabilidade, valendo-se de sua experiência e bom senso, atento à realidade da vida e às peculiaridades de cada caso, de modo que, de

---

[45] Mais informações atualizadas sobre o *Caso Lliuya v. RWE AG* e outros disponível em: http://climatecasechart.com/.

um lado, não haja enriquecimento sem causa de quem recebe a indenização e, de outro, haja **efetiva compensação pelos danos morais experimentados por aquele que fora lesado**.

Na verificação do **nexo causal**, é importante destacar que, para além da discussão e avanços científicos promovidos pela ciência climática e, em particular, pela ciência da atribuição, como referido anteriormente, aplica-se a **inversão do ônus probatório**, conforme expressamente consagrado na **Súmula 618 do STJ**, ao prever que "a inversão do ônus da prova aplica-se às ações de degradação ambiental". De modo complementar, assinala o Ministro Herman Benjamin no seu voto-relator no Recurso Especial 1.071.741/SP:

> "(...) qualquer que seja a qualificação jurídica do degradador, público ou privado, no Direito brasileiro a responsabilidade civil pelo dano ambiental é de natureza objetiva, solidária e ilimitada, sendo regida pelos **princípios** do poluidor-pagador, da reparação *in integrum*, da prioridade da reparação *in natura*, e do *favor debilis*, este último a legitimar uma série de **técnicas de facilitação do acesso à Justiça, entre as quais se inclui a inversão do ônus da prova em favor da vítima ambiental** (...)".[46]

Se tomarmos como parâmetro que, na absoluta maioria das vezes, figuraram entes públicos e empresas privadas de grande porte (inclusive multinacionais, como é a praxe no campo das empresas de energia), a inversão do ônus probatório é essencial para equalizar a relação jurídica processual, tendo em conta a brutal desigualdade em termos econômicos, técnicos, informacional, jurídico etc. que comumente se apresentam nos litígios ambientais e climáticos, como, por exemplo, em ações civis públicas ajuizadas por organizações não governamentais ou mesmo ações populares ajuizadas por indivíduos. A inversão do ônus da prova é condição *sine qua non* para assegurar a **paridade de armas** na relação jurídica processual e salvaguardar de forma adequada os direitos fundamentais (ao meio ambiente e ao clima) em jogo.

Por fim, cumpre assinalar que o regime jurídico da **responsabilidade civil ambiental** é transposto na sua íntegra para a esfera da **responsabilidade civil climática**.

8. PRINCIPAIS RESOLUÇÕES DO CONAMA SOBRE POLUIÇÃO ATMOSFÉRICA

> **Resolução Conama 506/2024** – Estabelece padrões nacionais de qualidade do ar e fornece diretrizes para sua aplicação. (Revoga os arts. 1º ao 8º, os arts. 12 a 14 e o Anexo I da Resolução Conama nº 491, de 19 de novembro de 2018; e os itens 2.2.1 e 2.3 da Resolução Conama nº 5, de 15 de junho de 1989).
>
> **Resolução Conama 493/2019** – "Estabelece a Fase PROMOT M5 de exigências do Programa de Controle da Poluição do Ar por Motociclos e Veículos similares – PROMOT para controle de emissões de gases poluentes e de ruído por ciclomotores, motociclos e veículos similares novos, altera as Resoluções CONAMA nos 297/2002 e 432/2011, e dá outras providências".
>
> **Resolução Conama 492/2018** – Estabelece as Fases PROCONVE L7 e PROCONVE L8 de exigências do Programa de Controle da Poluição do Ar por Veículos Automotores – PROCONVE para veículos automotores leves novos de uso rodoviário, altera a Resolução CONAMA nº 15/1995 e dá outras providências.
>
> **Resolução Conama 491/2018** – "Dispõe sobre padrões de qualidade do ar". (Os arts. 1º ao 8º, os arts. 12 a 14 e o Anexo I da Resolução Conama nº 491, de 19 de novembro de 2018

---

[46] STJ, REsp 1.071.741/SP, 2ª T., Rel. Min. Herman Benjamin, j. 24.03.2009.

ficam revogados pela Resolução CONAMA 506/2024. Esta Resolução revoga a Resolução Conama nº 03/1990 e os itens 2.2.1 e 2.3 da Resolução Conama nº 05/1989).[47]

Resolução Conama 490/2018 – Estabelece a Fase PROCONVE P8 de exigências do Programa de Controle da Poluição do Ar por Veículos Automotores – PROCONVE para o controle das emissões de gases poluentes e de ruído para veículos automotores pesados novos de uso rodoviário e dá outras providências.

Resolução Conama 451/2012 – Altera os limites de emissão da tabela 3 do Anexo I da Resolução nº 418, de 25 de novembro de 2009, que dispõe sobre critérios para a elaboração de Planos de Controle de Poluição Veicular-PCPV e para a implantação de Programas de Inspeção e Manutenção de Veículos em Uso-I/M pelos órgãos estaduais e municipais de meio ambiente.

Resolução Conama 436/2011 – "Estabelece os limites máximos de emissão de poluentes atmosféricos para fontes fixas instaladas ou com pedido de licença de instalação anteriores a 2 de janeiro de 2007" (Complementa as Resoluções nº 05, de 1989 e nº 382, de 2006).

Resolução Conama 433/2011 – "Dispõe sobre a inclusão no Programa de Controle da Poluição do Ar por Veículos Automotores – PROCONVE e estabelece limites máximos de emissão de ruídos para máquinas agrícolas e rodoviárias novas" (Complementa a Resolução nº 297, de 2002).

Resolução Conama 432/2011 – "Estabelece novas fases de controle de emissões de gases poluentes por ciclomotores, motociclos e veículos similares novos, e dá outras providências" (Complementa a Resolução nº 297, de 2002. Alterada pela Resolução nº 493, de 2019).

Resolução Conama 418/2009 – "Dispõe sobre critérios para a elaboração de Planos de Controle de Poluição Veicular – PCPV e para a implantação de Programas de Inspeção e Manutenção de Veículos em Uso – I/M pelos órgãos estaduais e municipais de meio ambiente e determina novos limites de emissão e procedimentos para a avaliação do estado de manutenção de veículos em uso" (Revoga as Resoluções nº 07, de 1993, nº 15, de 1994, nº 18, de 1995, nº 227, de 1997, nº 251, de 1999, nº 252, de 1999, e nº 256, de 1999; alterada pelas Resoluções nº 426, de 2010, nº 435, de 2011, e nº 451, de 2012).

Resolução Conama 415/2009 – "Dispõe sobre nova fase (PROCONVE L6) de exigências do Programa de Controle da Poluição do Ar por Veículos Automotores – PROCONVE para veículos automotores leves novos de uso rodoviário e dá outras providências" (Altera a Resolução nº 299, de 2001; revoga, a partir de 1º de janeiro de 2013, o § 2º do art. 15 da Resolução nº 8, de 1993, e o art. 23 da Resolução nº 315, de 2002; complementa a Resolução nº 403/2008).

Resolução Conama 403/2008 – "Dispõe sobre a nova fase de exigência do Programa de Controle da Poluição do Ar por Veículos Automotores-PROCONVE para veículos pesados novos (Fase P-7) e dá outras providências" (Complementada pela Resolução nº 415, de 2009).

Resolução Conama 382/2006 – "Estabelece os limites máximos de emissão de poluentes atmosféricos para fontes fixas" (Complementada pela Resolução nº 436, de 2011 e alterada pela Resolução nº 501/2021).

Resolução Conama 373/2006 – "Define critérios de seleção de áreas para recebimento do Óleo Diesel com o Menor Teor de Enxofre – DMTE, e dá outras providências".

Resolução Conama 354/2004 – "Dispõe sobre os requisitos para adoção de sistemas de diagnose de bordo – OBD nos veículos automotores leves objetivando preservar a funcionalidade dos sistemas de controle de emissão".

Resolução Conama 342/2003 – "Estabelece novos limites para emissões de gases poluentes por ciclomotores, motociclos e veículos similares novos, em observância à Resolução n. 297, de 26 de fevereiro de 2002, e dá outras providências".

---

[47] STF, ADI 6.148/DF, Tribunal Pleno, Rel. Min. Cármen Lúcia, red. acórd. Min. André Mendonça, j. 05.05.2022.

Resolução Conama 340/2003 – "Dispõe sobre a utilização de cilindros para o envasamento de gases que destroem a Camada de Ozônio, e dá outras providências".

Resolução Conama 299/2001 – "Estabelece procedimentos para elaboração de relatório de valores para o controle das emissões dos veículos novos produzidos e/ou importados" (Alterada pela Resolução 415, de 2009).

Resolução Conama 291/2001 – "Regulamenta os conjuntos para conversão de veículos para o uso do gás natural e dá outras providências".

Resolução Conama 282/2001 – "Estabelece os requisitos para os conversores catalíticos destinados a reposição, e dá outras providências".

Resolução Conama 267/2000 – "Proibição de substâncias que destroem a camada de ozônio"(Revoga as Resoluções nº 13, de 1995, e nº 229, de 1997; e alterada pela Resolução nº 340, de 2003).

Resolução Conama 241/1998 – "Estabelece limites máximos de emissão de poluentes".

Resolução Conama 226/1997 – "Estabelece limites máximos de emissão de fuligem de veículos automotores" (Alterada pelas Resoluções nº 241, de 1998, e nº 321, de 2003; e complementa a Resolução nº 08, de 1993).

Resolução Conama 016/1993 – "Ratifica os limites de emissão, os prazos e demais exigências contidas na Resolução Conama nº 018/86, que institui o Programa Nacional de Controle da Poluição por Veículos Automotores – PROCONVE, complementada pelas Resoluções Conama nº 03/89, nº 004/89, nº 06/93, nº 07/93, nº 008/93 e pela Portaria IBAMA nº 1.937/90; torna obrigatório o licenciamento ambiental junto ao IBAMA para as especificações, fabricação, comercialização e distribuição de novos combustíveis e sua formulação final para uso em todo o país".

Resolução Conama 006/1993 – "Estabelece prazo para os fabricantes e empresas de importação de veículos automotores disporem de procedimentos e infraestrutura para a divulgação sistemática, ao público em geral, das recomendações e especificações de calibração, regulagem e manutenção do motor, dos sistemas de alimentação de combustível, de ignição, de carga elétrica, de partida, de arrefecimento, de escapamento e, sempre que aplicável, dos componentes de sistemas de controle de emissão de gases, partículas e ruído".

Resolução Conama 005/1989 – "Dispõe sobre o Programa Nacional de Controle da Poluição do Ar – PRONAR"(Complementada pelas Resoluções nº 03, de 1990, nº 08, de 1990, nº 436, de 2011, e nº 491, de 2018, revoga os itens 2.2.1 e 2.3).

Resolução Conama 004/1989 – "Dispõe sobre níveis de Emissão de Hidrocarbonetos por veículos com motor a álcool".

Resolução Conama 003/1989 – "Dispõe sobre níveis de Emissão de aldeídos no gás e escapamento de veículos automotores" (Alterada pela Resolução nº 15, de 1995).

Resolução Conama 018/1986 – "Dispõe sobre a criação do Programa de Controle de Poluição do Ar por Veículos Automotores – PROCONVE" (Alterada pelas Resoluções nº 15, de 1995, nº 315, de 2002, e nº 414, de 2009 e complementada pelas Resoluções nº 08, de 1993, e nº 282, de 2001).

Resolução Conama 010/1984 – "Dispõe sobre medidas destinadas ao controle da Poluição causada por Veículos Automotores". (Finalidade cumprida).

Capítulo 18
LEI DA POLÍTICA NACIONAL DE EDUCAÇÃO AMBIENTAL (LEI 9.795/99)

1. INTRODUÇÃO: A LEI DA POLÍTICA NACIONAL DE EDUCAÇÃO AMBIENTAL (LEI 9.795/99) E O PAPEL DO ESTADO E DA SOCIEDADE NA PROMOÇÃO DA CONSCIÊNCIA ECOLÓGICA E DE UMA DEMOCRACIA PARTICIPATIVA AMBIENTAL

"É indispensável um esforço para a *educação em questões ambientais*, dirigida tanto às gerações jovens como aos adultos e que preste a devida atenção ao setor da população menos privilegiado, para fundamentar as bases de uma opinião pública bem informada, e de uma conduta dos indivíduos, das empresas e das coletividades inspirada no sentido de sua responsabilidade sobre a proteção e melhoramento do meio ambiente em toda sua dimensão humana. É igualmente essencial que os meios de comunicação de massas evitem contribuir para a deterioração do meio ambiente humano e, ao contrário, difundam informação de caráter educativo sobre a necessidade de protegê-lo e melhorá-lo, a fim de que o homem possa desenvolver-se em todos os aspectos" (**Princípio 19 da Declaração de Estocolmo de 1972**).

A **educação ambiental** apresenta relação direta com o **princípio da participação pública** em matéria ambiental, bem como com os elementos-chave que conformam tal conceito (participação na tomada de decisão, acesso à informação e acesso à justiça). O constituinte brasileiro, ciente da sua importância, incluiu norma específica sobre o tema no **art. 225, § 1º, VI, da CF/1988**, a qual estabelece o **dever estatal** de "**promover a educação ambiental** em todos os níveis de ensino e a **conscientização pública para a preservação do meio ambiente**".

Ainda antes da CF/1988, a própria **Lei da Política Nacional do Meio Ambiente** (Lei 6.938/81), como vimos em capítulo específico, também foi edificada à luz da ideia de **cidadania ecológica**, como se pode observar do princípio insculpido no seu art. 2º, X, ao consagrar que incumbe ao Estado promover, sob a forma de política pública, a "**educação ambiental** a todos os níveis do ensino, inclusive a **educação da comunidade**, objetivando capacitá-la para **participação ativa na defesa do meio ambiente**".

Portanto, a educação ambiental é colocada como a "chave" para uma participação ativa da sociedade no seu conjunto, individual e coletivamente considerada, para a defesa ecológica, tanto em face de agentes poluidores particulares quanto públicos. A consagração da **legitimidade das associações** para a propositura de ação civil pública ambiental no art. 5º da **Lei da Ação Civil Pública** (Lei 7.347/85) também caminha na mesma direção.

Trata-se a educação ambiental, em verdade, de um mecanismo basilar para dar **efetividade social ao direito fundamental ao ambiente e à legislação ambiental no seu conjunto**, pois só com a consciência político-ambiental ampliada no espectro comunitário é que a proteção ambiental tomará a forma desejada pelo constituinte. Também é uma maneira de assegurar autonomia e proporcionar a tomada de consciência aos indivíduos e aos grupos da sociedade civil organizada para agirem no plano político e também no âmbito do Sistema de Justiça.

De modo a contemplar uma perspectiva integrada dos princípios que conformam o conteúdo da **democracia participativa ambiental**, José R. Morato Leite e Patryck de A. Ayala destacam que a informação e consequente participação só se complementam com a educação ambiental, de forma a ampliar a consciência popular no que diz respeito aos valores ambientais. Salientam os autores ainda que, em uma rede interligada de informação, participação e educação, a última é a base das demais, pois só munido de educação pertinente é que o cidadão exerce o seu papel ativo, com plenitude.[1] É a **cidadania ecológica ativa**, ou seja, o protagonismo dos indivíduos na tutela ecológica que é colocada como meta da educação ambiental como política pública inserida no nosso sistema educacional.

De forma emblemática, o *caput* do art. 3º chega a caracterizar um **direito (fundamental) à educação ambiental**. A educação ambiental é, sem dúvida, a chave para um futuro sustentável. O mesmo raciocínio, aliás, deve ser empregado no sentido da inclusão obrigatória da disciplina de Direito Ambiental nos currículos dos cursos jurídicos.[2]

A educação ambiental coloca-se como premissa para a participação pública, tanto no âmbito individual quanto coletivo, na tomada de decisão (legislativa e administrativa) em questões atinentes à proteção ambiental (para além do acesso à informação ambiental, já que se trata de conceito mais abrangente). A consciência pública a respeito da atual **crise ecológica**, tomando o espectro de toda a sociedade brasileira (e até mesmo mundial), passa necessariamente pela educação ambiental, e se torna **política pública de feição transversal em todas as esferas do nosso sistema educacional** (no âmbito de todos os entes federativos).

1.1 Ética ecológica e educação ambiental

O progresso científico por si só, ou seja, a criação ou mesmo aprimoramento técnico-científico não transporta automaticamente para um novo estágio de evolução moral e bem-estar existencial (individual, social e ecológico). Essa é a questão central posta pela ética ecológica e que se apresenta como um desafio para a educação ambiental. Precisamos de um "novo" parâmetro ético para as práticas humanas levadas a efeito pelo novel instrumental tecnológico desenvolvido, notadamente em vista da crise ecológica desencadeada pelo ser humano e seu crescente (e quase absoluto) poder de intervenção na (e destruição da) Natureza.

Uma ética capaz de romper com o paradigma antropocêntrico clássico, muito embora também a própria sobrevivência do ser humano esteja ameaçada pela crise ecológica e, portanto, a "salvação" da humanidade está em jogo. Romper no sentido de "ampliar fronteiras morais", ou seja, incluir a Natureza na mesma comunidade moral integrada pelo ser humano, de modo a atribuir valor intrínseco aos elementos naturais (fauna, flora etc.). A ética ambiental, por tal prisma, possui várias dimensões, entre as quais podemos destacar a ética intrageracional, no sentido de estabelecer uma relação de respeito e consideração pelos diversos povos que hoje habitam o Planeta e sofrem as consequências da crise ecológica.

Outra dimensão da ética ambiental é a ética intergeracional (ou intertemporal), de modo a pautar as nossas ações presentes em respeito e solidariedade para com as gerações humanas futuras. Ainda, na caracterização das dimensões da ética ambiental, merece destaque a ética interespécies, que tem como foco as ações humanas em face das demais espécies (animais e não

---

[1] LEITE, José Rubens Morato; AYALA, Patryck de Araújo. *Dano ambiental...*, p. 45.

[2] A Ordem dos Advogados do Brasil (OAB), a partir do seu 138º Exame de Ordem, em 2009, pela primeira vez unificado em todo o território nacional, passou a incluir no seu programa a disciplina de Direito Ambiental, além das disciplinas de Direito do Consumidor e Estatuto da Criança e do Adolescente.

animais). Tais concepções estão conectadas, sob o ponto de vista filosófico, até mesmo com a ideia de *justiça ambiental*, enfatizando o respeito e os deveres (morais e jurídicos) que o ser humano deve observar quando da sua interação com o meio natural e as formas de vida não humanas.

2. LEI DA POLÍTICA NACIONAL DE EDUCAÇÃO AMBIENTAL

A Lei 9.795/99 representa a regulamentação, no plano infraconstitucional, da norma constitucional do art. 225, § 1º, VI, da CF/1988, referida anteriormente. Antes da CF/1988, a Lei 6.938/81, com redação similar à conferida no dispositivo constitucional citado anteriormente, já dispunha a respeito da educação ambiental como **princípio da PNMA** (art. 2º, X), **como mencionado em passagem anterior**. Pode-se dizer, assim, que o estabelecimento de uma política pública nacional, vinculando e estabelecendo deveres a todos os entes federativos, já existia, de certa forma, muito antes da Lei 9.795/99, não obstante a sua relevância no sentido de regulamentar de forma mais detalhada a matéria. A Lei 9.795/99, por sua vez, foi regulamentada pelo **Decreto 4.281/2002**.

A educação ambiental cumpre a missão de **conscientização da sociedade** sobre os problemas ambientais contemporâneos, apontando caminhos políticos e jurídicos para a superação de tais desafios e mesmo para o resguardo dos seus direitos. Em verdade, trata-se de uma **educação para um futuro sustentável**, ou seja, para construir um futuro de plenitude e concretização do espírito humano, o que, necessariamente, passa pela conscientização de todos acerca da necessidade de uma reconciliação entre o ser humano e a Natureza.

Uma existência humana digna, segura e saudável coloca-se no horizonte almejado pela educação, ou seja, deve-se educar para uma vida comum plena, em que todos sejam portadores de condições existenciais capazes de potencializar ao máximo o **bem-estar existencial (social e ecológico)** e a **dignidade humana** (também para além da esfera humana). Conforme a lição de Moacir Gadotti, a partir do paradigma de uma "pedagogia da Terra", "reorientar a educação a partir do **princípio da sustentabilidade** significa retomar nossa educação em sua totalidade, implicando uma revisão de currículos e programas, sistemas educacionais, do papel da escola e dos professores, da organização do trabalho escolar (...)"[3].

2.1 Conceito de educação ambiental

A **educação ambiental**, conforme estabelece o art. 1º da Lei 9.795/99, representa "os processos por meio dos quais o indivíduo e a coletividade constroem valores sociais, conhecimentos, habilidades, atitudes e competências voltadas para a conservação do meio ambiente, bem de uso comum do povo, essencial à sadia qualidade de vida e sua sustentabilidade".

A educação ambiental, por sua vez, possui um **conceito mais abrangente do que o simples acesso à informação ambiental**, operando no espectro da conscientização das pessoas (de toda a coletividade) a respeito da relevância e das implicações (sociais, políticas, econômicas etc.) da atual crise ecológica que vivenciamos, inclusive, como referido antes, a ponto de possibilitar o seu **papel ativo na defesa ecológica**.

2.1.1 *Educação climática*

O agravamento da crise climática, impactando sobremaneira indivíduos e grupos sociais vulneráveis – por exemplo, em razão de eventos e episódios climáticos extremos, como enchentes, desabamentos etc. –, igualmente reforça a importância da **educação climática**.

A Lei de Bases do Clima de Portugal (Lei 98/2021) consagrou dispositivo específico sobre educação climática, promovendo importante inovação na matéria.

---

[3] GADOTTI, Moacir. *Pedagogia da terra*..., p. 42.

> Secção VI
> Educação climática
>
> Artigo 60º – Política de educação climática
>
> 1 – O Governo incorpora nos currículos do ensino básico e secundário a educação em matéria climática.
>
> 2 – O Governo promove o desenvolvimento de conteúdos letivos sobre as alterações climáticas no ensino superior, respeitando a autonomia das instituições que o integram.
>
> 3 – O Governo, em articulação com as regiões autónomas, as autarquias locais e outras entidades, promove ações de educação climática destinadas à sensibilização da população em geral.
>
> 4 – São disponibilizadas ferramentas de conhecimento na área das alterações climáticas a museus, centros de ciência, bibliotecas e outros meios de comunicação e divulgação, quando tal se revele adequado.

2.2 Política pública de inserção da disciplina de educação ambiental no sistema educacional

Na perspectiva da criação de mecanismos para a sua efetivação e inserção da disciplina no sistema educacional, estabelece o art. 2º que a "educação ambiental é um componente **essencial e permanente da educação nacional**, devendo estar presente, de forma articulada, **em todos os níveis e modalidades do processo educativo**, em caráter **formal e não formal**".

Para além do papel da sociedade e das instituições de ensino privadas na matéria, o art. 3º, I, da Lei 9.795/99 estabelece que cumpre "ao Poder Público, nos termos dos arts. 205 e 225 da Constituição Federal, definir **políticas públicas que incorporem a dimensão ambiental**, promover a educação ambiental em **todos os níveis de ensino** e o **engajamento da sociedade** na conservação, recuperação e melhoria do meio ambiente".

2.2.1 A transversalidade da educação ambiental (e do Direito Ambiental)

O art. 2º da Lei 9.795/99 consagra a forma **transversal** como deve ser incorporada a educação ambiental em todos os níveis e processos educativos, de modo a propiciar plena consciência dos cidadãos a respeito dos problemas ecológicos vivenciados hoje em face da crise ecológica. Na mesma trilha da educação ambiental de maneira geral, o Direito Ambiental possui uma **natureza transdisciplinar**, interagindo de modo transversal no cenário científico, tanto do ponto de vista interno (no âmbito do sistema jurídico) quanto externo (no tocante à sua interação com as demais áreas do conhecimento humano, por exemplo, a filosofia, a sociologia, a economia, a ecologia e as ciências naturais em geral etc.).

De acordo com Paulo de Bessa Antunes, a *transversalidade* inerente ao Direito Ambiental significa que ele "penetra os diferentes ramos do direito positivo fazendo com que todos, indiferentemente de suas bases teleológicas, assumam a preocupação com a proteção do meio ambiente".[4] A nosso ver, o Direito Ambiental não apenas atua de modo transversal em relação às demais disciplinas jurídicas, mas também estabelece um canal de diálogo aberto afora o espectro jurídico, dilatando as fronteiras do saber jurídico para além dos seus marcos tradicionais.

Em vista principalmente da natureza complexa do objeto que lhe cumpre estudar, o Direito Ambiental apresenta-se como um marco de ruptura do Direito e do ensino jurídico tradicionais, reconhecendo a insuficiência e a limitação do "saber jurídico" vigente para compreender as relações

---

[4] ANTUNES, Paulo de Bessa. *Direito ambiental...*, p. 54.

jurídicas de matriz ambiental que marcam o nosso tempo. A predisposição científica de dialogar com outras áreas do conhecimento humano traduz-se na busca e complementação de conhecimentos (que lhe faltam) necessários a uma compreensão transdisciplinar e adequada do *fenômeno jusambiental*.

2.3 A caracterização de um direito à educação ambiental

O *caput* do art. 3º da Lei 9.795/1999, como mencionado na introdução do capítulo, chega a estabelecer expressamente um **direito "fundamental" à educação ambiental**, na condição de parte do processo educativo mais amplo. O qualificativo "fundamental" pode ser agregado, não obstante a Lei 9.795/99 não o faça expressamente, em virtude da natureza de direito fundamental inerente ao direito à educação (art. 6º, *caput*, da CF/1988), somado ainda à previsão constitucional do art. 225.

2.3.1 Educação em direitos ecológicos (e climáticos)

O Direito Ambiental, alinhado com essa perspectiva de **transformação social por meio da educação ambiental**, também é um instrumento importante de conscientização político-ambiental da sociedade, já que é, na sua essência, um direito de luta. Em razão do seu objeto e da dimensão dos interesses que visa proteger, o "Direito Verde", conforme lição de Michel Prieur,[5] difere dos demais ramos jurídicos em virtude de seu caráter finalístico, qual seja, a proteção e a promoção da defesa da vida em sentido amplo (humana e não humana). É nesse contexto, tendo como premissa a **natureza "militante" (em prol da vida) do Direito Ambiental**, que se insere a discussão a respeito da **educação em direitos ecológicos**.

Assim, cabe ao Estado assumir a educação especialmente das **pessoas vulneráveis**, carentes de especial proteção jurídica no que diz com o exercício dos seus direitos. A título de exemplo, a **Lei Orgânica Nacional da Defensoria Pública (LC 80/94)**, por meio das alterações trazidas pelas LC 132/2009, reconhece a Defensoria Pública como "expressão e instrumento do regime democrático", incumbindo-lhe "**a orientação e promoção dos direitos humanos**" (art. 1º da LC 80/94) em prol dos necessitados, bem como "**a difusão e a conscientização dos direitos humanos, da cidadania e do ordenamento jurídico**" (art. 4º, III, da LC 80/94).

Em outras palavras, os dispositivos em questão, lidos de forma conjugada, consolidam o marco normativo da assim designada **educação em direitos** na perspectiva da atuação institucional da Defensoria Pública. A nosso sentir, contudo, o alcance dessa regulamentação jurídica é mais amplo, envolvendo todas as esferas do poder público e, em especial, as **instituições que integram o Sistema de Justiça** na tarefa de promover a educação em direitos da nossa população, particularmente dos grupos sociais vulneráveis e no que diz com a questão ambiental. As **Regras de Brasília** sobre Acesso à Justiça das Pessoas em Condição de Vulnerabilidade (2008) consagram, nesse sentido, a ideia de **alfabetização jurídica** (item 7.16).

Por força do dever geral de proteção ambiental do Estado, previsto no *caput* do art. 225, e do seu **dever específico de promover a educação ambiental e conscientização pública para a preservação do ambiente**, inscrito no § 1º, IV, do mesmo dispositivo, a Defensoria Pública, assim como os demais entes públicos, sobretudo aqueles que atuam no âmbito do nosso Sistema de Justiça, deveriam exercer um papel, para além da atuação propriamente judicial, também no sentido de **informar e educar as pessoas a respeito dos seus direitos ecológicos**.[6]

Por meio de tal atuação, o Estado cumpre seu papel de assegurar a tais pessoas o exercício do seu *status* **político-jurídico de cidadão**, ou seja, de membro ativo e participativo da nossa

---

[5] PRIEUR, Michel. *Droit de l'environnement...*, p. 8.
[6] Na doutrina, sobre o tema da *educação em direitos*, v. REIS, Gustavo Augusto Soares dos. A importância da Defensoria Pública..., especialmente p. 267-268.

comunidade política, de modo, inclusive, a que tais pessoas, em determinadas circunstâncias, tenham condições de fazer valer e reivindicar os seus direitos por conta própria (em face de outros particulares ou mesmo dos entes públicos), independentemente da intervenção de outros entes intermediários (públicos ou privados). A respeito do tema, registra-se a recente alteração do CDC, levada a efeito pela **Lei 14.181/2021**, ao estabelecer no IX do art. 3º, como princípio da Política Nacional das Relações de Consumo: "fomento de ações direcionadas à **educação financeira e ambiental dos consumidores**".

> **EDUCAÇÃO CLIMÁTICA E PREVENÇÃO DE DESASTRES (LEI 14.926/2024)**
>
> A Lei 14.926/2024 promoveu a alteração da Lei nº 9.795/99, a fim de assegurar atenção às mudanças do clima, à proteção da biodiversidade e aos riscos e vulnerabilidades a desastres socioambientais no âmbito da Política Nacional de Educação Ambiental.

A realização de **cursos de formação e educação em direitos e cidadania** pelos entes públicos, com palestras temáticas, elaboração de material informativo (cartilhas, vídeos etc.) para a formação de lideranças comunitárias e informação dos cidadãos, entre outras práticas similares, traduz e concretiza o ideário normativo de **caráter democrático-participativo**. As práticas de educação em direitos permitem o "empoderamento" político-jurídico de tais pessoas. A adequada compreensão dos seus direitos e dos deveres dos órgãos públicos permite maior poder de diálogo e mesmo de resolução e reivindicação em situações de desrespeito aos seus direitos ecológicos. Esse seria o maior objetivo das práticas institucionais relacionadas à educação em direitos, ou seja, **informar e educar cidadãos para saber fazer valer a sua cidadania e os seus direitos por meio da sua própria atuação** ou mesmo acionando os órgãos públicos responsáveis.

Assim, conforme lição de Cláudia Maria da Costa Gonçalves, "a democratização da sociedade passa inevitável e irremediavelmente pela democratização dos canais que tornem efetivo o acesso aos direitos".[7] A democracia impõe a criação de condições políticas, econômicas, educacionais, culturais etc. que permitam a participação de todos na vida pública em condições de igualdade, o que é fundamental para conferir efetividade às normas ambientais.

2.4 Os deveres correlatos ao direito à educação ambiental e os atores (em especial, o Estado) responsáveis pela implementação da política nacional de educação ambiental

A educação ambiental pode ser colocada tanto pelo prisma do direito de os cidadãos serem educados e informados, em todos os níveis escolares, a respeito das questões ecológicas, quanto pelo espectro dos **deveres do Estado** de, por intermédio de políticas públicas, promover a efetivação do referido direito. O art. 3º da Lei 9.795/99, por certo, não deixa margem para dúvidas a respeito do reconhecimento de um *direito à educação ambiental*, bem como no tocante aos deveres estatais e de outros **atores que integram o sistema educacional nacional** dele decorrentes.

> **Art. 3º Como parte do processo educativo mais amplo, todos têm direito à educação ambiental, incumbindo:**
>
> **I –** ao **Poder Público**, nos termos dos arts. 205 e 225 da Constituição Federal, definir políticas públicas que incorporem a dimensão ambiental, promover a educação ambiental

---

[7] GONÇALVES, Cláudia Maria da Costa. *Assistência jurídica pública*: direitos humanos e políticas sociais. 2. ed. Curitiba: Juruá, 2010. p. 23.

em todos os níveis de ensino e o engajamento da sociedade na conservação, recuperação e melhoria do meio ambiente;

II – às **instituições educativas**, promover a educação ambiental de maneira integrada aos programas educacionais que desenvolvem;

III – aos **órgãos integrantes do Sistema Nacional de Meio Ambiente (SISNAMA)**, promover ações de educação ambiental integradas aos programas de conservação, recuperação e melhoria do meio ambiente;

IV – aos **meios de comunicação de massa**, colaborar de maneira ativa e permanente na disseminação de informações e práticas educativas sobre meio ambiente e incorporar a dimensão ambiental em sua programação;

V – às **empresas, entidades de classe, instituições públicas e privadas**, promover programas destinados à capacitação dos trabalhadores, visando à melhoria e ao controle efetivo sobre o ambiente de trabalho, bem como sobre as repercussões do processo produtivo no meio ambiente;

VI – à **sociedade como um todo**, manter atenção permanente à formação de valores, atitudes e habilidades que propiciem a atuação individual e coletiva voltada para a prevenção, a identificação e a solução de problemas ambientais.

O dispositivo em questão expressa de forma clara a obrigação do Estado, em todos os níveis federativos, de promover políticas públicas voltadas à educação e conscientização ambiental. No entanto, não fica somente nisso. A norma também assinala deveres a **agentes não estatais**, por exemplo, as instituições educativas privadas, os meios de comunicação de massa empresas, as entidades de classe, as instituições privadas, bem como a sociedade como um todo. Isso demonstra a amplitude e a relevância da política nacional de educação ambiental.

JURISPRUDÊNCIA TRF4. Dever de proteção ambiental do Estado, colocação de placa alertando proibição de construção e educação ambiental: "Constitucional. Direito ambiental. Administrativo. Processo civil. Obrigação de fazer. Colocação de placa avisando proibição de construção. Publicidade. Função social. Caráter educativo ao punido e à sociedade. Suspensão do serviço essencial de luz. Medida de efetividade. 1. A medida acautelatória de colocação de placa em frente ao imóvel se mostra útil à proteção do meio ambiente como forma de evitar novas intervenções que lhe sejam prejudiciais. 2. Comprovada ser a residência de veraneio, a suspensão do fornecimento de energia elétrica, a princípio, não implica dano direto a moradores" (TRF4, AI 5019613-49.2012.404.0000, 4ª T., Rel. Des. Federal Luís Alberto D'Azevedo Aurvalle, j. 30.01.2013).

2.5 Princípios básicos da educação ambiental

A Lei 9.795/99 estabelece, no seu art. 4º, os **princípios reitores da educação ambiental**. O rol de princípios coloca a educação ambiental em sintonia com o pensamento de vanguarda do Direito Ambiental, trazendo alguns dos principais pilares normativos, como é o caso, por exemplo, da democracia participativa ecológica, da abordagem transdisciplinar e da cooperação (entre os planos local, regional e global). No processo de conscientização pública a respeito da crise ecológica, a educação ambiental é posta como instrumento de formação para a cidadania ambiental, tornando possível a participação pública dos indivíduos e atores sociais nos diversos espaços políticos (legislativo e administrativo), assim como na esfera judicial.

Art. 4º São princípios básicos da educação ambiental:

I – o enfoque **humanista, holístico, democrático e participativo**;

II – a **concepção do meio ambiente em sua totalidade**, considerando a **interdependência entre o meio natural, o socioeconômico e o cultural**, sob o enfoque da sustentabilidade; (Obs. Adota **conceito "amplo" de meio ambiente!**)

III – o **pluralismo** de ideias e concepções pedagógicas, na perspectiva da **inter, multi e transdisciplinaridade**;

IV – a vinculação entre a ética, a educação, o trabalho e as práticas sociais;

V – a garantia de continuidade e permanência do processo educativo;

VI – a permanente avaliação crítica do processo educativo;

VII – a abordagem articulada das **questões ambientais locais, regionais, nacionais e globais**;

VIII – o reconhecimento e o respeito à pluralidade e à diversidade individual e cultural.

2.6 Objetivos fundamentais da educação ambiental

O art. 5º da Lei 9.795/99 enumera os objetivos fundamentais da educação ambiental, conforme segue.

Art. 5º São **objetivos fundamentais** da educação ambiental:

I – o desenvolvimento de uma **compreensão integrada do meio ambiente** em suas múltiplas e complexas relações, envolvendo aspectos ecológicos, psicológicos, legais, políticos, sociais, econômicos, científicos, culturais e éticos;

II – a garantia de **democratização das informações ambientais**;

III – o estímulo e o fortalecimento de uma **consciência crítica sobre a problemática ambiental e social**;

IV – o incentivo à **participação individual e coletiva**, permanente e responsável, na preservação do equilíbrio do meio ambiente, entendendo-se a **defesa da qualidade ambiental como um valor inseparável do exercício da cidadania**;

V – o estímulo à cooperação entre as diversas regiões do País, em níveis micro e macrorregionais, com vistas à construção de uma sociedade ambientalmente equilibrada, fundada nos **princípios da liberdade, igualdade, solidariedade, democracia, justiça social, responsabilidade e sustentabilidade**;

VI – o fomento e o fortalecimento da **integração com a ciência e a tecnologia**;

VII – o fortalecimento da cidadania, autodeterminação dos povos e solidariedade como fundamentos para o **futuro da humanidade**

VIII – o estímulo à participação individual e coletiva, inclusive das escolas de todos os níveis de ensino, nas **ações de prevenção, de mitigação e de adaptação** relacionadas às **mudanças do clima** e no estancamento da **perda de biodiversidade,** bem como na educação direcionada à percepção de riscos e de vulnerabilidades a **desastres socioambientais;** (incluído pela Lei 14.926/2024)

IX – o auxílio à consecução dos objetivos da Política Nacional do Meio Ambiente, da Política Nacional sobre Mudança do Clima, da Política Nacional da Biodiversidade, da Política Nacional de Proteção e Defesa Civil, do Programa Nacional de Educação Ambiental e das Diretrizes Curriculares Nacionais para a Educação Ambiental, entre outros direcionados à melhoria das condições de vida e da qualidade ambiental (incluído pela Lei 14.926/2024)."

2.7 Política Nacional de Educação Ambiental

A instituição de uma Política Nacional de Educação Ambiental (art. 6º da Lei 9.795/99) opera como concretização dos deveres de proteção ambiental estabelecidos pelo art. 225 da

CF/1988 (*caput* e § 1º). O formato de Estado moldado na CF/1988 (**Estado Democrático, Social e Ecológico de Direito**) impõe aos entes estatais medidas positivas ou prestacionais (e não apenas posturas negativas ou defensivas), sendo a promoção de políticas públicas voltadas à educação ambiental e à conscientização pública (por exemplo, por meio de campanhas públicas) expressão de tais deveres constitucionais.

Segundo disposição expressa do art. 7º da Lei 9.795/99, "a Política Nacional de Educação Ambiental envolve em sua esfera de ação, além dos órgãos e entidades integrantes do Sistema Nacional de Meio Ambiente – SISNAMA, instituições educacionais públicas e privadas dos sistemas de ensino, os órgãos públicos da União, dos Estados, do Distrito Federal e dos Municípios, e organizações não governamentais com atuação em educação ambiental".

As **atividades vinculadas à Política Nacional de Educação Ambiental,** conforme assinala o art. 8º do diploma, "devem ser desenvolvidas na educação em geral e na educação escolar, por meio das seguintes linhas de atuação inter-relacionadas: I – capacitação de recursos humanos; II – desenvolvimento de estudos, pesquisas e experimentações; III – produção e divulgação de material educativo; e IV – acompanhamento e avaliação", respeitando-se os princípios e os objetivos fixados pelo diploma.

Quanto à **capacitação de recursos humanos**, ela se voltará, conforme dispõe o § 2º do art. 8º, para: I – a incorporação da dimensão ambiental na formação, especialização e atualização dos educadores de todos os níveis e modalidades de ensino; II – a incorporação da dimensão ambiental na formação, especialização e atualização dos profissionais de todas as áreas; III – a preparação de profissionais orientados para as atividades de gestão ambiental; IV – a formação, especialização e atualização de profissionais na área de meio ambiente; V – o atendimento da demanda dos diversos segmentos da sociedade no que diz respeito à problemática ambiental".

Já as ações de estudos, pesquisas e experimentações, de acordo com o § 3º do art. 8º, voltar-se-ão para: "I – o desenvolvimento de instrumentos e metodologias, visando à incorporação da dimensão ambiental, de forma interdisciplinar, nos diferentes níveis e modalidades de ensino; II – a difusão de conhecimentos, tecnologias e informações sobre a questão ambiental; II-A – o desenvolvimento de instrumentos e de metodologias com vistas a assegurar a efetividade das ações educadoras de prevenção, de mitigação e de adaptação relacionadas às mudanças do clima e aos desastres socioambientais, bem como ao estancamento da perda de biodiversidade (incluído pela Lei 14.926/2024); III – o desenvolvimento de instrumentos e metodologias, visando à participação dos interessados na formulação e execução de pesquisas relacionadas à problemática ambiental; IV – a busca de alternativas curriculares e metodológicas de capacitação na área ambiental; V – o apoio a iniciativas e experiências locais e regionais, incluindo a produção de material educativo; VI – a montagem de uma rede de banco de dados e imagens, para apoio às ações enumeradas nos incisos I a V".

2.7.1 *A educação ambiental no ensino formal*

A Lei 9.795/99, no seu art. 9º, estabelece que se entende por **educação ambiental na educação escolar** a desenvolvida no âmbito dos currículos das **instituições de ensino públicas e privadas,** englobando:

    I – educação básica
        a) educação infantil;
        b) ensino fundamental e
        c) ensino médio;
    II – educação superior;
    III – educação especial;

IV – **educação profissional;**
V – **educação de jovens e adultos.**

No âmbito da educação superior, pode-se considerar a inclusão – até mesmo obrigatória – da **disciplina de Direito Ambiental** no currículo obrigatório dos cursos de ciências jurídicas e sociais. O dispositivo evidencia a importância de tornar obrigatória a disciplina de Direito Ambiental no currículo da graduação dos nossos cursos de direito, tanto em instituições públicas quanto privadas. Muitos cursos têm (alguns há bastante tempo), incorporado, gradualmente e de forma obrigatória, a disciplina nos seus currículos, o que foi também impulsionado também pela inclusão da disciplina de Direito Ambiental no Exame de Ordem, por parte da Ordem dos Advogados do Brasil (OAB), no ano de 2009.

A educação ambiental, conforme assinala o art. 10 do diploma, "será desenvolvida como uma **prática educativa integrada, contínua e permanente em todos os níveis e modalidades do ensino formal**". Tal **compreensão integrativa** conduz ao entendimento formulado pelo legislador no § 1º do art. 10 no sentido de que "a educação ambiental não deve ser implantada como disciplina específica no currículo de ensino". Apenas nos cursos de pós-graduação, extensão e nas áreas voltadas ao aspecto metodológico da educação ambiental, quando se fizer necessário, é facultada a criação de disciplina específica, de acordo com o § 2º do mesmo dispositivo legal. A **regra**, portanto, é que não deve ser implantada como disciplina específica de educação ambiental, admitindo-se tal possibilidade apenas **excepcionalmente**.

O § 3º do art. 10 ainda prevê que "nos cursos de formação e especialização técnico-profissional, em todos os níveis, deve ser incorporado conteúdo que trate da ética ambiental das atividades profissionais a serem desenvolvidas". A Lei 14.926/2024 inclui os §§ 4º e 5º ao dispositivo, passando a prever, de forma complementar que: "§ 4º Será assegurada a inserção de temas relacionados às **mudanças do clima**, à **proteção da biodiversidade**, aos **riscos e emergências socioambientais** e a outros aspectos referentes à questão ambiental nos projetos institucionais e pedagógicos da **educação básica e da educação superior**, conforme diretrizes estabelecidas pelo Conselho Nacional de Educação, no uso de suas atribuições legais. § 5º Para fins do disposto no *caput* deste artigo, as autoridades competentes supervisionarão o teor e a execução dos projetos institucionais e pedagógicos dos estabelecimentos de educação básica e superior."

Da mesma forma, "a dimensão ambiental deve constar dos **currículos de formação de professores**, em todos os níveis e em todas as disciplinas" (art. 11). Os **professores em atividade**, por sua vez, "devem receber **formação complementar** em suas áreas de atuação, com o propósito de atender adequadamente ao cumprimento dos princípios e objetivos da Política Nacional de Educação Ambiental" (art. 11, parágrafo único).

A autorização e a supervisão do funcionamento de instituições de ensino e de seus cursos, nas redes pública e privada, devem observar o cumprimento do disposto nos arts. 10 e 11 Lei 9.795/99, conforme prevê expressamente o art. 12 do diploma.

2.7.2 *A educação ambiental não formal*

De acordo com o art. 13 da Lei 9.795/99, "entendem-se por **educação ambiental não formal as ações e práticas educativas voltadas à sensibilização da coletividade sobre as questões ambientais e à sua organização e participação na defesa da qualidade do meio ambiente**".

No âmbito da educação não formal, o Poder Público, nos níveis federal, estadual e municipal, conforme assevera o parágrafo único do art. 13, incentivará:

I – a **difusão**, por intermédio dos **meios de comunicação de massa**, em espaços nobres, de programas e campanhas educativas, e de **informações acerca de temas relacionados ao meio ambiente;**

II – a **ampla participação da escola, da universidade e de organizações não governamentais** na formulação e execução de programas e atividades vinculadas à educação ambiental não formal;
III – a **participação de empresas públicas e privadas** no desenvolvimento de programas de educação ambiental em parceria com a escola, a **universidade** e as **organizações não governamentais**;
IV – a **sensibilização da sociedade** para a importância das unidades de conservação;
V – a sensibilização ambiental das populações tradicionais ligadas às unidades de conservação;
VI – a sensibilização ambiental dos agricultores;
VII – o **ecoturismo**;
VIII – a **sensibilização da sociedade** para a relevância das ações de prevenção, de mitigação e de adaptação relacionadas às **mudanças do clima** e aos **desastres socioambientais**, bem como ao estancamento da **perda de biodiversidade** (incluído pela Lei 14.926/2024)".

A **Lei 14.393/2022**, por meio da inclusão do art. 13-A no diploma, instituiu a **Campanha Junho Verde**, a ser celebrada anualmente como parte das atividades da educação ambiental não formal, como **objetivo** "desenvolver o entendimento da população acerca da importância da conservação dos ecossistemas naturais e de todos os seres vivos e do controle da poluição e da degradação dos recursos naturais, para as presentes e futuras gerações" (§ 1º).

2.7.3 Execução da Política Nacional de Educação Ambiental

A coordenação da Política Nacional de Educação Ambiental ficará a cargo de um órgão gestor, na forma definida pela regulamentação da Lei 9.795/99, sendo **atribuições do órgão gestor**, conforme disposição do art. 15 do diploma: I – definição de diretrizes para implementação em âmbito nacional; II – articulação, coordenação e supervisão de planos, programas e projetos na área de educação ambiental, em âmbito nacional; III – participação na negociação de financiamentos a planos, programas e projetos na área de educação ambiental.

Os **Estados, o Distrito Federal e os Municípios**, na esfera de sua competência e nas áreas de sua jurisdição, definirão diretrizes, normas e critérios para a educação ambiental, respeitados os princípios e objetivos da Política Nacional de Educação Ambiental, conforme assinala o art. 16 do diploma.

A **eleição de planos e programas**, para fins de alocação de recursos públicos vinculados à Política Nacional de Educação Ambiental, de acordo com o art. 17 do diploma, deve ser realizada levando-se em conta os seguintes **critérios**: I – conformidade com os princípios, objetivos e diretrizes da Política Nacional de Educação Ambiental; II – prioridade dos órgãos integrantes do SISNAMA e do Sistema Nacional de Educação; III – economicidade, medida pela relação entre a magnitude dos recursos a alocar e o retorno social propiciado pelo plano ou programa proposto. Na eleição a que se refere o *caput* do art. 17, devem ser contemplados, de forma equitativa, os planos, programas e projetos das diferentes regiões do País (art. 17, parágrafo único).

Por fim, assinala o art. 19 que os programas de assistência técnica e financeira relativos a meio ambiente e educação, em níveis federal, estadual e municipal, devem alocar recursos às ações de educação ambiental.

Capítulo 19
LEI DE ACESSO À INFORMAÇÃO AMBIENTAL (LEI 10.650/2003)

1. INTRODUÇÃO

A **Lei 10.650/2003** (**Lei de Acesso à Informação Ambiental**) dispõe sobre o acesso público aos dados e informações existentes nos órgãos e entidades integrantes do SISNAMA (Sistema Nacional do Meio Ambiente). Trata-se de diploma legislativo extremamente relevante, seguindo a diretriz de outros marcos legislativos importantes no plano internacional, como é o caso do **Princípio 10 da Declaração do Rio (1992)**, da **Convenção de Aarhus** sobre Acesso à Informação, Participação Pública na Tomada de Decisões e Acesso à Justiça em Matéria Ambiental (1998)[1] e, mais recentemente, o **Acordo de Escazú** para América Latina e Caribe sobre Acesso à Informação, Participação Pública e Acesso à Justiça em Matéria Ambiental (2018). No âmbito do direito comparado, registram-se a legislação argentina sobre o regime de livre acesso à informação pública em matéria ambiental (Lei 25.831/2003), bem como a Lei de Informação Ambiental (*Umweltinformationsgesetz* – UIG) alemã, de 2004. É com base nesse espírito democrático-participativo que a Lei 10.650/2003 deve ser compreendida, fortalecendo o acesso à informação ambiental e estimulando a participação cada vez ativa dos indivíduos e grupos sociais na tomada de decisões públicas em matéria ambiental.

O Acordo de Escazú (2018) estabelece o **conceito de informação ambiental** no seu art. 2º, alínea "c", ao assinalar que, por "informação ambiental", "entende-se qualquer informação escrita, visual, sonora, eletrônica ou registrada em qualquer outro formato, relativa ao meio ambiente e seus elementos e aos recursos naturais, incluindo as informações relacionadas com os riscos ambientais e os possíveis impactos adversos associados que afetem ou possam afetar o meio ambiente e a saúde, bem como as relacionadas com a proteção e a gestão ambientais".

O **acesso à informação ambiental** constitui componente essencial do exercício pleno da **democracia participativa ecológica** e, portanto, além de um dos pilares do princípio da participação pública, assume o *status* **de direito fundamental**, que, ademais de assegurado em caráter geral pelo art. 5º, XIV, da CF/1988, apresenta uma dimensão particularmente relevante na esfera da proteção ecológica. Somente o cidadão devidamente informado e consciente da realidade e da crise ambiental é capaz de atuar de forma qualificada no processo político, ensejando a autonomia e autodeterminação da sua condição político-participativa. Isso se pode perceber especialmente na relação entre participação pública na tomada de decisões e acesso à informação, sendo este último pré-requisito para que a participação pública se dê de modo efetivo, o que só se faz possível com o acesso à informação ambiental existente no âmbito dos

---

[1] Na doutrina e em caráter introdutório sobre a Convenção de Aarhus, v. EBBESSON, Jonas. Acesso à informação, participação pública e acesso à justiça em matéria ambiental..., p. 35 e ss.

órgãos públicos tomadores da decisão (e, em algumas circunstâncias, também as informações ambientais em poder de particulares).

Especialmente num mundo como o de hoje, onde a informação é extremamente complexa (sobretudo no campo ambiental e climático) e circula de forma desordenada (somado ainda ao fenômeno das *fake news*), somente o efetivo acesso à informação de qualidade possibilitará ao indivíduo e à coletividade como um todo (as entidades ambientalistas, movimentos populares, entidades científicas etc.) tomarem partido no jogo político ambiental. O acesso à informação, nesse plano, atua como mecanismo de equalização das relações jurídicas, possibilitando ao cidadão, de forma individual ou coletiva, reivindicar, em um patamar mais igualitário, o respeito ao seu direito fundamental ao meio ambiente (e ao clima). O marco constitucional delineado pela CF/1988 atribui deveres ao Estado que repercutem na esfera da informação ambiental, assumindo a condição de verdadeiros **deveres estatais de informação ambiental**.

1.1 A Lei de Acesso à Informação (Lei 12.527/2011)

A **Lei do Acesso à Informação (Lei 12.527/2011)** representa, de modo complementar à Lei 10.650/2003, um marco extremamente significativo na edificação de um sistema político-institucional de índole democrático-participativa, alcançando também o regime jurídico do acesso à informação ambiental. Muito embora não tenhamos no Brasil uma lei mais ampla e detalhada sobre acesso à informação ambiental, como ocorre em alguns países (por exemplo, Alemanha, Portugal e Argentina), a Lei 10.650/2003, somada à Lei 12.527/2011, cumpre esse papel. O diploma em análise regulamenta o inciso XXXIII do art. 5º, o inciso II do § 3º do art. 37 e o § 2º do art. 216 da CF/1988. À luz de tal quadro normativo-constitucional, a Lei 12.527/2011 estabelece, no seu art. 1º, § 1º, que "subordinam-se ao regime desta Lei: I – os órgãos públicos integrantes da **administração direta** dos Poderes Executivo, Legislativo, incluindo as Cortes de Contas, e Judiciário e do Ministério Público; II – as autarquias, as fundações públicas, as empresas públicas, as sociedades de economia mista e demais entidades controladas direta ou indiretamente pela União, Estados, Distrito Federal e Municípios".

Portanto, nenhuma entidade pública está isenta de fornecer franco acesso à informação por ela detida. Nessa ótica, conforme dispõe o art. 3º, "os procedimentos previstos nesta Lei destinam-se a assegurar o **direito fundamental de acesso à informação** e devem ser executados em conformidade com os princípios básicos da administração pública e com as seguintes diretrizes: I – observância da **publicidade como preceito geral** e do **sigilo como exceção**; II – divulgação de **informações de interesse público, independentemente de solicitações**; III – utilização de meios de comunicação viabilizados pela tecnologia da informação; IV – fomento ao desenvolvimento da cultura de transparência na administração pública; V – desenvolvimento do **controle social da administração pública**". O vínculo entre a questão ambiental e a lei de acesso à informação está demonstrado pelo fato de a proteção do ambiente transportar a natureza de interesse público, portanto qualquer informação ambiental de posse de entidade pública passa a ser acionável com amparo na Lei 12.527/2011.

Pelo prisma do **dever de informação** (e **transparência**) do Estado, sobretudo em questões relacionadas ao exercício de direitos fundamentais, o art. 6º da legislação comentada estabelece que "cabe aos órgãos e entidades do poder público, observadas as normas e procedimentos específicos aplicáveis, assegurar a: I – **gestão transparente da informação**, propiciando **amplo acesso** a ela e sua divulgação; II – proteção da informação, garantindo-se sua disponibilidade, autenticidade e integridade; e III – proteção da informação sigilosa e da informação pessoal, observada a sua disponibilidade, autenticidade, integridade e eventual restrição de acesso. Ainda, conforme dispõe o art. 7º, "o acesso à informação de que trata esta Lei compreende, entre outros, os direitos de obter: I – orientação sobre os procedimentos para a consecução de acesso, bem como sobre o local onde poderá ser encontrada ou obtida a informação almejada; II – informação contida em registros ou documentos, produzidos ou acumulados por seus órgãos ou entidades, recolhidos ou não a arquivos públicos; III – informação produzida ou custodiada por pessoa física ou entidade privada decorrente de qualquer vínculo com seus órgãos ou entidades, mesmo que esse vínculo já tenha cessado; IV – informação primária, íntegra, autêntica e atualizada; V – informação sobre atividades exercidas pelos órgãos e entidades, inclusive as relativas à sua política, organização e serviços; VI – informação pertinente à administração do patrimônio público, utilização de recursos públicos, licitação, contratos administrativos; e VII – informação relativa: a) à implementação, acompanhamento e resultados dos programas, projetos e ações dos órgãos e entidades públicas, bem como metas e indicadores propostos; b) ao resultado de inspeções, auditorias, prestações e tomadas de contas realizadas pelos órgãos de controle interno e externo, incluindo prestações de contas relativas a exercícios anteriores".

Vários dos dispositivos citados, à evidência, são aplicáveis à informação ambiental, por exemplo, a informação sobre as atividades exercidas pelos órgãos ambientais, a implementação de projetos e obras realizadas pelo poder público etc. Em todos os casos, o interesse coletivo que caracteriza o acesso à informação ambiental será o fundamento legitimador de tais pedidos. Nessa ótica, dispõe o art. 8º do diploma que "é dever dos órgãos e entidades públicas promover, independentemente de requerimentos, a divulgação em local de fácil acesso, no âmbito de suas competências, de **informações de interesse coletivo** ou geral por eles produzidas ou custodiadas". Merece registro, ainda, a forma como será assegurado o acesso às informações públicas, o que se depreende do disposto no art. 9º, de acordo com o qual "o acesso a informações públicas será assegurado mediante: I – **criação de serviço de informações ao cidadão**, nos órgãos e entidades do poder público, em local com condições apropriadas para: a) atender e orientar o público quanto ao acesso a informações; b) informar sobre a tramitação de documentos nas suas respectivas unidades; c) protocolizar documentos e requerimentos de acesso a informações; e II – realização de audiências ou consultas públicas, incentivo à participação popular ou a outras formas de divulgação".

No último item, verifica-se a intenção do legislador de estabelecer um parâmetro democrático-participativo no contexto do acesso à informação, inclusive por meio de audiência e consultas públicas, incentivando a participação popular, o que corrobora os princípios norteadores de uma cidadania ambiental. Sem avançar mais na análise da lei em questão, cumpre apenas enfatizar a existência de um procedimento de acesso à informação, inclusive com recurso para ser manuseado em hipótese de negativa (arts. 10 a 19), sendo "**vedadas quaisquer exigências relativas aos motivos determinantes da solicitação de informações de interesse público**" (art. 10, § 3º), bem como restrições de acesso à informação (arts. 21 a 31), com destaque para o art. 21, o qual determina que "**não poderá ser negado acesso à informação necessária à tutela judicial ou administrativa de direitos fundamentais**", incluindo, portanto, o direito fundamental ao ambiente. Por fim, há também a caracterização de responsabilidades (arts. 32 a 34) para os casos de violação aos comandos legais estabelecidos no diploma comentado. Não restam dúvidas, portanto, do potencial de utilização da Lei do Acesso à Informação para a obtenção de informação de natureza ambiental em poder de entidades públicas.

2. LEI DE ACESSO À INFORMAÇÃO AMBIENTAL (LEI 10.650/2003)

2.1 Direito fundamental de acesso à informação ambiental

O acesso à informação ambiental configura-se como um dos três elementos-chave do conceito de participação pública em matéria ambiental. Trata-se, sem dúvida, de componente essencial ao exercício pleno da *democracia participativa ecológica*. Somente o cidadão devidamente informado e consciente da realidade e da problemática ambiental é capaz de atuar de maneira qualificada no processo político, ensejando a autonomia e a autodeterminação da sua condição política. O acesso à informação está diretamente relacionado à própria esfera de liberdade do indivíduo. Especialmente num mundo como o de hoje, onde a informação circula de forma desordenada e complexa, somente o acesso à informação possibilitará ao indivíduo e à coletividade como um todo (as entidades ambientalistas, movimentos populares etc.) tomar partido no jogo político ambiental e promover a tutela ecológica de modo efetivo. A **Lei 10.650/2003**, nesse sentido, conforme disposição do seu art. 1º, "dispõe sobre o acesso público aos dados e informações ambientais existentes nos órgãos e entidades integrantes do Sistema Nacional do Meio Ambiente (SISNAMA), instituído pela Lei nº 6.938/1981".

O constituinte brasileiro de 1988 mostrou-se preocupado com a questão do acesso à informação de modo geral, ao consagrar duas garantias individuais: primeiramente, no inciso XIV do art. 5º da CF/1988, ao estabelecer que "é assegurado a todos o *acesso à informação* e resguardado o sigilo da fonte, quando necessário ao exercício profissional", assim como no inciso XXXIV do mesmo dispositivo constitucional, ao dispor que "são a todos assegurados, independentemente de taxas: a) o *direito de petição* aos poderes públicos em defesa de direito ou contra ilegalidade ou abuso de poder, e b) a obtenção de certidões em repartições públicas, para a defesa de direitos e esclarecimento de situações de interesse pessoal". Os dispositivos citados, conforme referido anteriormente, foram regulamentados no plano infraconstitucional pela Lei de Acesso à Informação (Lei 12.527/2011). O art. 3º do diploma referido consagra expressamente o entendimento acerca da natureza jusfundamental do direito à informação, em perfeita harmonia com o sistema constitucional correlato, ao assinalar que "os procedimentos previstos nesta Lei destinam-se a assegurar o **direito fundamental de acesso à informação**.[2]

2.2 Deveres estatais de informação ambiental

O art. 225, § 1º, estabelece o **dever do Poder Público**, como forma de assegurar efetividade do direito fundamental ao ambiente: "exigir, na forma da lei, para a instalação de obra ou atividade potencialmente causadora de significativa degradação do meio ambiente, estudo prévio de impacto ambiental, a que se dará **publicidade**" (inciso IV); e "promover a **educação ambiental** em todos os níveis de ensino e a **conscientização pública** para a preservação do meio ambiente" (inciso VI). O dispositivo em análise também está em sintonia a Lei 6.938/81 (art. 4º, V,[3] e art. 6º, § 3º), atribuindo deveres ao Estado que repercutem na esfera da informação ambiental, como verdadeiros **deveres estatais de informação ambiental**. O *caput* do art. 2º da Lei 10.650/2003 é taxativo na caracterização da obrigação estatal de assegurar o acesso às informações ambientais, conforme se pode observar a seguir.

---

[2] "Direito do consumidor. Administrativo. Normas de proteção e defesa do consumidor. Ordem pública e interesse social. Princípio da vulnerabilidade do consumidor. Princípio da transparência. Princípio da boa-fé objetiva. Princípio da confiança. Obrigação de segurança. **Direito à informação. Dever positivo do fornecedor de informar**, adequada e claramente, sobre riscos de produtos e serviços. Distinção entre informação-conteúdo e informação-advertência. Rotulagem. Proteção de consumidores hipervulneráveis. Campo de aplicação da Lei do Glúten (Lei 8.543/92 ab-rogada pela Lei 10.674/2003) e eventual antinomia com o art. 31 do Código de Defesa do Consumidor. (...) 5. O *direito à informação*, abrigado expressamente pelo art. 5º, XIV, da Constituição Federal, é uma das formas de expressão concreta do Princípio da Transparência, sendo também corolário do Princípio da Boa-fé Objetiva e do Princípio da Confiança, todos abraçados pelo CDC. 6. No âmbito da proteção à vida e saúde do consumidor, o direito à informação é manifestação autônoma da obrigação de segurança. 7. Entre os direitos básicos do consumidor, previstos no CDC, inclui-se exatamente a 'informação adequada e clara sobre os diferentes produtos e serviços, com especificação correta de quantidade, características, composição, qualidade e preço, bem como sobre os riscos que apresentem' (art. 6º, III). 8. Informação adequada, nos termos do art. 6º, III, do CDC, é aquela que se apresenta simultaneamente completa, gratuita e útil, vedada, neste último caso, a diluição da comunicação efetivamente relevante pelo uso de informações soltas, redundantes ou destituídas de qualquer serventia para o consumidor. (...)" (STJ, REsp 586.316/MG, 2ª T., Rel. Min. Herman Benjamin, j. 17.04.2007).

[3] "Art. 4º A Política Nacional do Meio Ambiente visará: (...) V – à difusão de tecnologias de manejo do meio ambiente, à **divulgação de dados e informações ambientais** e a formação de uma consciência pública sobre a necessidade de preservação da qualidade ambiental e do equilíbrio ecológico."

Art. 2º Os órgãos e entidades da Administração Pública, direta, indireta e fundacional, integrantes do SISNAMA, **ficam obrigados** a permitir o acesso público aos documentos, expedientes e processos administrativos que tratem de matéria ambiental e **a fornecer todas as informações ambientais** que estejam sob sua guarda, em meio escrito, visual, sonoro ou eletrônico, especialmente as relativas a:

I – qualidade do meio ambiente;

II – políticas, planos e programas potencialmente causadores de impacto ambiental;

III – resultados de monitoramento e auditoria nos sistemas de controle de poluição e de atividades potencialmente poluidoras, bem como de planos e ações de recuperação de áreas degradadas;

IV – acidentes, situações de risco ou de emergência ambientais;

V – emissões de efluentes líquidos e gasosos, e produção de resíduos sólidos;

VI – substâncias tóxicas e perigosas;

VII – diversidade biológica;

VIII – organismos geneticamente modificados.

ACESSO À INFORMAÇÃO AMBIENTAL/CLIMÁTICA E SISTEMA DE JUSTIÇA

RESOLUÇÃO N. 433, DE 27 DE OUTUBRO DE 2021.
Institui a Política Nacional do Poder Judiciário para o Meio Ambiente.
(...)
CONSIDERANDO a **Resolução Conjunta CNJ/CNMP no 8/2021**, que instituiu o painel interativo nacional de dados ambiental e interinstitucional (**SIRENEJUD**);

CONSIDERANDO a **Portaria CNJ no 241/2020**, que instituiu o Grupo de Trabalho "**Observatório do Meio Ambiente do Poder Judiciário**" (...)

CAPÍTULO II – DAS ATRIBUIÇÕES DO CONSELHO NACIONAL DE JUSTIÇA

Art. 2º Compete ao Conselho Nacional de Justiça estabelecer diretrizes e criar instrumentos técnicos de âmbito nacional para auxiliar tribunais, magistrados(as) e servidores(as) que atuam em ações ambientais.

Art. 3º O CNJ fornecerá periodicamente, por meio do SireneJud, relatórios de inteligência ambiental para auxiliar a **identificação do tempo de tramitação das ações judiciais ambientais**, das unidades judiciárias com maior número dessas ações e as regiões de atenção prioritária para a Política Nacional do Poder Judiciário para o Meio Ambiente.

§ 1º O Departamento de Pesquisas Judiciárias do CNJ poderá incluir outros **indicadores de atuação relevantes** para a atividade jurisdicional por meio do SireneJud.

§ 2º A identificação de **regiões de atenção prioritária** previstas no *caput* deste artigo engloba as **terras e florestas públicas**, as **reservas indígenas**, as **terras quilombolas** e os territórios ocupados por **povos extrativistas** e **comunidades tradicionais**.

§ 3º Serão adotadas medidas de **identificação dos maiores litigantes na área ambiental** através do SireneJud, observada a Lei Geral de Proteção de Dados (LGPD).

§ 4º Será criado nas Tabelas Processuais Unificadas, no assunto sobre **Direito Ambiental**, o subassunto **litigância climática**. (...)

> **CAPÍTULO III – DAS ATRIBUIÇÕES DOS TRIBUNAIS BRASILEIROS**
>
> Art. 6º Os tribunais brasileiros implementarão a Política Nacional do Poder Judiciário para o Meio Ambiente observando as seguintes medidas:
>
> I – **criação de núcleos especializados na temática ambiental** nos centros judiciários de solução consensual de conflitos;
>
> II – **promoção de capacitação contínua e periódica** aos(às) magistrados(as), servidores(as), conciliadores(as) e mediadores(as) **sobre Direito Ambiental**, com **uso de ferramentas tecnológicas** e/ou inovadoras na temática;
>
> III – inclusão da temática ambiental no plano de ensino dos **programas de formação e aperfeiçoamento de magistrados(as) e servidores(as)**;
>
> IV – **utilização de ferramentas eletrônicas de informação geográfica** com vistas ao planejamento e à atuação estratégica para a execução da política judiciária para o meio ambiente, em âmbito local;
>
> V – fomento à criação de redes para a articulação interinstitucional com o objetivo de permitir o **compartilhamento de dados geográficos de interesse à temática ambiental** entre o Poder Judiciário, os órgãos do Sistema de Justiça, as secretarias estaduais e municipais e as entidades do terceiro setor.

> ***RANKING* DE TRANSPARÊNCIA AMBIENTAL DO MINISTÉRIO PÚBLICO FEDERAL (MPF)**[4]
>
> O Ministério Público Federal desenvolveu o projeto denominado "*Ranking* da Transparência Ambiental", por meio do qual mensurou o desempenho de **104 órgãos federais e estaduais** na divulgação de 47 informações prioritárias na área ambiental. Os dados dizem respeito a cinco agendas: **exploração florestal, hidrelétrica, pecuária, regularização ambiental e situação fundiária**. Além da disponibilização, foram verificados itens de qualidade da informação (detalhamento, atualização e formato). O resultado é um **índice de transparência ativa** para cada órgão, com *ranking* geral de órgãos e *rankings* organizados por agenda.
>
> O projeto também mediu a **transparência passiva** dos órgãos. As instituições foram procuradas via Serviço de Atendimento ao Cidadão ou via ofício, com pedido de informação. As que atenderam de forma adequada e dentro dos prazos previstos na Lei de Acesso à Informação (Lei n. 12.527/2011) receberam menção "Atende". Os demais foram avaliados como "Não atende". A partir dos dados mapeado pelo projeto, o **MPF enviou recomendação aos órgãos para correção dos problemas**, tendo como foco a **ampliação do nível de transparência ambiental no Brasil**. Já foram divulgados os resultados de duas avaliações: 2017/2018 e 2018/2019.

2.2.1 Deveres estatais de transparência (passiva, ativa e reativa) em matéria ambiental à luz da decisão do STJ no Incidente de Assunção de Competência n. 13

O dever de transparência do Estado em matéria ambiental (e climática) tem também um forte componente prestacional, demandando uma postura ativa dos entes estatais no sentido de promover a conscientização pública e estimular a **cidadania ecológica**. Para além de um dever estatal, calcado em norma constitucional (art. 225) e na legislação infraconstitucional, tal prática

---

[4] Disponível em: https://transparenciaambiental.mpf.mp.br/.

representa a expressão do direito à informação ambiental titularizado por toda a sociedade, individual e coletivamente considerada. A natureza difusa do **bem jurídico ecológico**, justamente por transportar interesses e direitos do conjunto da sociedade, reforça o dever de transparência ativa dos órgãos ambientais no sentido de informar a sociedade para o exercício de uma cidadania ecológica plena e o desfrute do direito fundamental ao meio ambiente titularizado por todos.

À luz de tais premissas, destaca-se o recente julgamento do STJ relativamente ao **Incidente de Assunção de Competência (IAC) n. 13**[5], em voto-relator magistral do Ministro Og Fernandes, ao consagrar expressamente os **deveres estatais** de **transparência passiva, ativa e reativa** em matéria ambiental, com fundamento no **princípio da máxima publicidade** na esfera ambiental e a **inversão do ônus da prova** em desfavor do Estado, conforme segue.

> **INCIDENTE DE ASSUNÇÃO DE COMPETÊNCIA (IAC) N. 13- STJ**
>
> 1. O **direito de acesso à informação** no direito ambiental brasileiro compreende: i) o dever de publicação, na internet, dos documentos ambientais detidos pela administração não sujeitos a sigilo (**transparência ativa**); ii) o direito de qualquer pessoa e entidade de requerer acesso a informações ambientais específicas não publicadas (**transparência passiva**); e iii) o direito a requerer a produção de informação ambiental não disponível para a administração (**transparência reativa**);
>
> 2. Presume-se a obrigação do Estado em favor da transparência ambiental, sendo **ônus da administração** justificar seu descumprimento, sempre **sujeita a controle judicial**, nos seguintes termos: i) na **transparência ativa**, demonstrando razões administrativas adequadas para a opção de não publicar; ii) na **transparência passiva**, de enquadramento da informação nas razões legais e taxativas de sigilo; e iii) na **transparência ambiental reativa**, da irrazoabilidade da pretensão de produção da informação inexistente;
>
> 3. O regime registral brasileiro admite a **averbação de informações** facultativas sobre o imóvel, de interesse público, inclusive as ambientais;
>
> 4. O **Ministério Público** pode requisitar diretamente ao oficial de registro competente a averbação de informações alusivas a suas funções institucionais.

No voto-vogal proferido pelo Ministro Luiz Edson Fachin no julgamento da ADPF 708/DF (Caso Fundo Clima), ainda que vencido neste particular, foi acolhido o pedido formulado pelos autores da ação para que a União "publique relatório estatístico trimestral elaborado pelo IBGE/MCTI que evidencie o percentual de gastos do Fundo Clima nos cinco segmentos (energia, indústria, agropecuária, LULUCF e resíduos)", bem como "formule com periodicidade razoável o Inventário Nacional de Emissões e Remoções de Gases de Efeito Estufa, com obrigatória segmentação por Estados e Municípios, dando ampla publicidade aos dados e estatísticas consolidados no documento".

Nas razões lançadas pelo Ministro Fachin, resultou consignado que "os **inventários** são instrumentos utilizados pelo Painel de Mudanças Climáticas das Nações Unidas para **contabilizar as emissões de gases**. Eles são utilizados para acompanhar e monitorar as tendências de emissão e sem eles é praticamente impossível desenvolver estratégias adequadas de **mitigação**. Em consulta ao site do Painel de Mudanças Climáticas, que, por decisão da Conferência dos Estados Parte, publica os inventários nacionais a cada ano, não se verifica que o Estado brasileiro

---

[5] STJ, REsp 1.857.098/MS, Incidente de Assunção de Competência – IAC n. 13, 1ª Seção, Rel. Min. Og Fernandes, j. 11.05.2022. Nos termos do artigo 947 do CPC/2015, o IAC é admissível quando o julgamento de recurso envolver relevante questão de direito, com grande repercussão social, sem repetição em múltiplos processos. O IAC está entre os precedentes qualificados de **observância obrigatória pelos juízes e tribunais**, conforme o artigo 927, inciso IIII, do CPC/2015.

tenha submetido essas informações. Ou seja, a ordem, necessária, de liberação de recursos para o Fundo Clima corre o risco de se tornar ineficaz, por não haver instrumentos que permitam acompanhar a efetividade das medidas tomadas." Como se pode observar, o estrito cumprimento dos **deveres estatais (ativos) de transparência climática** são imprescindíveis, tanto para que o próprio Estado – em todos os planos federativos – disponha das informações necessárias para a elaboração de políticas climáticas adequadas (de mitigação e de adaptação) quanto para que a sociedade e os órgãos de controle – por exemplo, o Ministério Público – possam exercer a devida fiscalização administrativa e, se necessário, também o controle judicial sobre ações e omissões estatais na matéria climática.

A respeito do tema, merece destaque a previsão da Lei de Bases dos Clima (Lei 98/2021) de Portugal sobre os **deveres estatais de transparência em matéria climática**.

ARTIGO 10º
PORTAL DA AÇÃO CLIMÁTICA

1 – O Governo cria e disponibiliza uma ferramenta digital pública, gratuita e acessível através da Internet para, seguindo o **princípio da transparência**, permitir aos cidadãos e à sociedade civil **participar na ação climática** e monitorizar informação sistemática e nacional sobre:

a) As **emissões de gases de efeito de estufa** e os setores que mais contribuem para essas emissões;

b) O progresso das metas referidas na secção II do capítulo IV;

c) As fontes de financiamento disponíveis, a nível nacional, europeu e internacional, para ações de mitigação e adaptação às alterações climáticas, para os setores público e privado, e respetivo estado de execução;

d) As metas e compromissos internacionais a que o Estado Português está vinculado;

e) Estudos e projetos de investigação e desenvolvimento elaborados no âmbito das alterações climáticas; e

f) Projetos de cooperação internacional no âmbito das alterações climáticas.

2 – O portal e as bases de dados referidas no presente artigo são aprovados por portaria e devem estar disponíveis ao público e operacionais no prazo de um ano após a entrada em vigor da presente lei.

2.2.2 Deveres estatais de informação ambiental e Sistemas de Informação Geográfica (SIG)

O Estado deve franquear acesso à informação ambiental precisa e de qualidade à sociedade, a fim de assegurar a sua participação efetiva na proteção ecológica, inclusive no sentido de controlar as práticas ilícitas perpetradas tanto por agentes públicos quanto privados em desacordo com a legislação ambiental. Os **Sistemas de Informação Geográfica (SIG)**, por sua vez, têm revolucionado o acesso à informação ambiental, como se verifica de modo ilustrativo nos dados fornecidos pelos **Sistemas DETER e PRODES** do INPE,[6] possibilitando o monitoramento – inclusive em tempo real – do desmatamento na Amazônia. Os órgãos públicos ambientais, por essa ótica, devem assegurar o aprimoramento do acesso à informação ambiental por meio dos Sistemas de Informação Geográfica (SIG), tanto nas áreas rurais quanto urbanas.

---

[6] Disponível em: http://terrabrasilis.dpi.inpe.br/.

O **Conselho Nacional de Justiça** editou recentemente a **Recomendação 99/2021**, no sentido de recomendar aos magistrados a utilização de dados de sensoriamento remoto e de informações obtidas por satélite na instrução probatória de ações ambientais, conforme se pode observar do dispositivo que segue: "Art. 1º Recomendar a utilização, pelos magistrados, de dados de sensoriamento remoto e de informações obtidas por satélite em conjunto com os demais elementos do contexto probatório, quando for necessário para a instrução probatória de ações ambientais cíveis e criminais".

2.3 Dispensa de comprovação de comprovação de qualquer interesse específico para pleitear o acesso à informação ambiental

O § 1º do art. 2º assinala expressamente que "**qualquer indivíduo, independentemente da comprovação de interesse específico, terá acesso às informações** de que trata esta Lei, mediante requerimento escrito, no qual assumirá a obrigação de não utilizar as informações colhidas para fins comerciais, sob as penas da lei civil, penal, de direito autoral e de propriedade industrial, assim como de citar as fontes, caso, por qualquer meio, venha a divulgar os aludidos dados". O dispositivo enuncia que, dado o caráter público da informação relacionada à qualidade ambiental, não se faz necessária qualquer comprovação de interesse específico para obtenção de informação ambiental por parte do cidadão. Nesse ponto específico, a Lei 10.650/2003 altera, para melhor, a Lei 6.938/81, em seu art. 6º, § 3º,[7] alinhando-se, como tratado anteriormente, com a previsão do art. 10, § 3º, da **Lei 12.527/2011**, ao assinalar expressamente que são "**vedadas quaisquer exigências relativas aos motivos determinantes da solicitação de informações de interesse público**".

O acesso à informação ambiental diz respeito ao acesso à informação sobre determinados dados e fatos relativos a alguma atividade ou empreendimento. Por exemplo, na hipótese da construção de uma hidrelétrica, o estudo de impacto ambiental deverá trazer os respectivos dados sociológicos, antropológicos, econômicos, ambientais pertinentes, apontando os efeitos negativos e possíveis danos ocasionados pelo empreendimento. Há que se ter sempre em pauta a vulnerabilidade (técnica, econômica e jurídica etc.) do cidadão tanto diante dos poderes econômicos privados quanto do Poder Público. O acesso à informação, nesse plano, atua como mecanismo de **equalização das relações jurídicas**, possibilitando ao cidadão, de forma individual ou coletiva (por exemplo, por meio de organizações não governamentais ambientais), reivindicar, em um patamar mais igualitário, o respeito ao seu direito fundamental ao meio ambiente.

2.4 Sigilo profissional e acesso à informação ambiental

O § 2º do art. 2º da Lei 10.650/2003 estabelece que "**é assegurado o sigilo comercial, industrial, financeiro ou qualquer outro sigilo protegido por lei**, bem como o relativo às comunicações internas dos órgãos e entidades governamentais". De modo complementar, o § 3º do mesmo dispositivo assinala que, "a fim de que seja **resguardado o sigilo** a que se refere o § 2º, as pessoas físicas ou jurídicas que fornecerem informações de caráter sigiloso à Administração Pública deverão indicar essa circunstância, de forma expressa e fundamentada".

Ainda que a lei preveja a proteção do sigilo (comercial, industrial e financeiro), tal sigilo, conforme assinala expressamente a **Lei 12.527/2011** (art. 3º, I), a **publicidade e o livre acesso à informação** devem ser considerados a **regra geral**, ao passo que o sigilo deve ser tratado como **exceção**.

---

[7] "Art. 6º (...) § 3º Os órgãos central, setoriais, seccionais e locais mencionados neste artigo deverão fornecer os resultados das análises efetuadas e sua fundamentação, quando solicitados por pessoa legitimamente interessada."

2.5 Vista do processo administrativo ambiental e prazo para o órgão público prestar a informação ambiental

O art. 2º do § 4º estabelece que, "em caso de **pedido de vista de processo administrativo**, a consulta será feita, **no horário de expediente, no próprio órgão ou entidade e na presença do servidor público** responsável pela guarda dos autos". No tocante ao prazo para o órgão público prestar a informação ambiental, o § 5º do mesmo dispositivo assevera que "no **prazo de trinta dias, contado da data do pedido**, deverá ser prestada a informação ou facultada a consulta, nos termos deste artigo".

2.6 Dever de informação ambiental de particulares

O art. 3º da Lei 10.650/2003 estabelece que, "para o atendimento do disposto nesta Lei, **as autoridades públicas poderão exigir a prestação periódica de qualquer tipo de informação por parte das entidades privadas**, mediante sistema específico a ser implementado por todos os órgãos do SISNAMA, sobre os impactos ambientais potenciais e efetivos de suas atividades, independentemente da existência ou necessidade de instauração de qualquer processo administrativo".

A **eficácia do direito fundamental à informação (e de modo geral dos direitos fundamentais) na esfera das relações entre particulares** estabelece que os atores privados (e, portanto, não apenas os entes públicos) também estão obrigados a fornecer informações que detenham em seu poder, quando tais informações sejam essenciais a informar grupos sociais ou mesmo indivíduos a respeito de questões relevantes atinentes à proteção do ambiente. A partir do reconhecimento de uma eficácia entre particulares (ou eficácia horizontal) do direito fundamental ao meio ambiente, implicando, por exemplo, o dever de informação ambiental dos particulares e a possibilidade de inversão do ônus da prova nos processos judiciais e administrativos.

O exercício de determinado direito deve estar alinhado ao seu fim social, especialmente relevante quando estiver em causa direito de natureza *fundamental*, como é o caso do direito ao ambiente. O acesso à informação em poder de particulares, quando imprescindível para apurar a existência ou mesmo potencial ocorrência de dano ambiental, deve ser vislumbrada, a depender por óbvio da situação concreta, como mecanismo de **equalização de forças privadas** e, ao mesmo tempo, como instrumento para a **proteção de grupos sociais vulneráveis** (neles incluídas as **futuras gerações**), aqui não apenas na perspectiva ambiental em sentido estrito.

2.7 Dever de publicidade dos atos e procedimentos administrativos ambientais

O **Acordo de Escazú (2018)** consagrou expressamente no art. 3º, *h*, entre os seus princípios fundantes, o **princípio de máxima publicidade**. Esse é o espírito que deve guiar normativamente o Estado ao franquear amplo acesso à informação ambiental, inclusive por meio do reconhecimento de **deveres estatais de transparência ativa**. O art. 225, § 1º, IV, da CF/1988 estabelece expressamente, como dever estatal, "exigir, na forma da lei, para instalação de obra ou atividade potencialmente causadora de significativa degradação do meio ambiente, estudo prévio de impacto ambiental, a que se dará **publicidade**". Seguindo tal diretriz normativa, o art. 4º da Lei 10.650/2003 estabelece rol de atos administrativos que deverão ser publicados pelos respectivos órgãos administrativos responsáveis, conforme se pode observar na sequência.

> **Art. 4º Deverão ser publicados em Diário Oficial e ficar disponíveis**, no respectivo órgão, em local de **fácil acesso ao público**, listagens e relações contendo os dados referentes aos seguintes assuntos:
>
> I – **pedidos de licenciamento**, sua renovação e a respectiva concessão;
>
> II – pedidos e licenças para supressão de vegetação;

III – **autos de infrações** e respectivas penalidades impostas pelos órgãos ambientais;
IV – lavratura de **termos de compromisso de ajustamento de conduta**;
V – reincidências em **infrações ambientais**;
VI – **recursos** interpostos em processo administrativo ambiental e respectivas decisões;
VII – registro de apresentação de **estudos de impacto ambiental** e sua aprovação ou rejeição.
Parágrafo único. As relações contendo os dados referidos neste artigo deverão estar disponíveis para o público **trinta dias após a publicação dos atos** a que se referem.

2.7.1 *"Transparência ativa" e o dever estatal de tornar pública a identificação dos maiores poluidores ambientais (a "lista suja dos poluidores")*

O dever de publicidade do Estado em matéria ambiental tem também um forte componente prestacional, demandando uma postura ativa dos entes estatais no sentido de promover a conscientização pública e estimular a cidadania ecológica. Para além de um dever estatal, calcado em norma constitucional (art. 225) e na legislação infraconstitucional, tal prática representa a expressão do direito à informação ambiental titularizado por toda a sociedade, individual e coletivamente considerada. Com base em tal premissa, impõe-se aos órgãos públicos ambientais (ex.: IBAMA, ICMBio etc.) a publicação regular das chamadas "listas sujas dos maiores poluidores ambientais", a fim de possibilitar a conscientização da sociedade e o devido constrangimento público dos infratores da legislação ambiental. O Ministério do Meio Ambiente, nesse sentido, estabeleceu em determinada ocasião a lista dos 100 maiores desmatadores (pessoas físicas e pessoas jurídicas) no Brasil.

Para além do fundamento constitucional já referido, a elaboração das denominadas **listas de infratores ambientais** a serem divulgadas periodicamente no **Sistema Nacional de Informações Ambientais (SISNIMA)** coaduna-se com o **dever de transparência ativa do Estado** em matéria ambiental, encontrando fundamento, entre diversos outros dispositivos que poderiam ser referidos, no art. 4º da Lei 10.650/2003 e no **art. 149 do Decreto 6.514/2008** (Infrações Administrativas Ambientais).

Art. 149. Os **órgãos ambientais** integrantes do Sistema Nacional do Meio Ambiente – **SISNAMA** ficam obrigados a dar, trimestralmente, **publicidade das sanções administrativas** aplicadas com fundamento neste Decreto: (Redação dada pelo Decreto nº 6.686/2008.)
I – no **Sistema Nacional de Informações Ambientais – SISNIMA**, de que trata o art. 9º, inciso VII, da Lei nº 6.938, de 1981; e
II – em seu sítio na **rede mundial de computadores**.
Parágrafo único. Quando da **publicação das listas**, nos termos do *caput*, o órgão ambiental deverá, obrigatoriamente, informar se os processos estão julgados em definitivo ou encontram-se pendentes de julgamento ou recurso. (Incluído pelo Decreto nº 6.686/2008.)

No Direito Ambiental português, a Lei-Quadro das Contra-Ordenações Ambientais (Lei nº 50, de 29 de Agosto 2006) estabelece a **publicidade da condenação** como **sanção acessória da infração ambiental** (art. 30, 1, l).

Artigo 38º – Publicidade da condenação
1 – A lei determina os casos em que a prática de infrações graves e muito graves é objeto de publicidade.

> 2 – A publicidade da condenação referida no número anterior pode consistir na publicação de um extrato com a caracterização da infração e a norma violada, a identificação do infrator e a sanção aplicada:
>
> a) Num jornal diário de âmbito nacional e numa **publicação periódica local ou regional**, da área da sede do infrator, a expensas deste;
>
> b) Na 2ª série do Diário da República, no último dia útil de cada trimestre, em relação aos infratores condenados no trimestre anterior, a expensas destes.
>
> 3 – As publicações referidas no número anterior são promovidas pelo tribunal competente, em relação às infrações objeto de decisão judicial, e pela autoridade administrativa, nos restantes casos.

A natureza difusa do bem jurídico ecológico, justamente por transportar interesses e direitos do conjunto da sociedade, reforça o dever de transparência ativa dos órgãos ambientais no sentido de informarem e identificarem por meio de listas periódicas **"quem" são os maiores infratores ambientais**, por exemplo, os maiores desmatadores florestais, os maiores emissores de gases poluentes, os maiores poluidores de recursos hídricos etc. A sociedade tem o **direito à informação ambiental**, notadamente no sentido de saber a respeito da autoria dos danos ambientais significativos, o que, em grande medida, influenciará positivamente na tomada de decisões conscientes em torno de **práticas de consumo sustentável**, inclusive no sentido de evitar fornecedores de produtos ou serviços ligados a eventuais infratores ambientais, como o consumo de carne proveniente de cadeias de produção envolvidas com desmatamento ilegal no Bioma Amazônico, a aquisição de móveis produzidos a partir de madeira extraída de forma ilegal de Territórios Indígenas ou Unidades de Conservação etc.

O STJ, por sua vez, no julgamento do MS 13.935/DF, entendeu que a divulgação da lista de desmatadores, ainda que fundada em auto de infração não definitivamente julgado, é possível com base no art. 4º da Lei 10.650/2003, devendo apenas ser observado o parágrafo único do art. 149 do Decreto Federal 6.514/2008.

> **JURISPRUDÊNCIA STJ. Dever de informação ambiental do Estado e lista dos maiores desmatadores.**
>
> **1)** "Administrativo. Mandado de segurança. Meio ambiente. Inclusão na lista dos 100 maiores desmatadores. Alegações de erros e deficiências técnicas na lista do Ministério do Meio Ambiente. Impossibilidade de exame superficial. 1. Mandado de segurança que tem por objeto a exclusão do nome do impetrante da lista divulgada pelo Ministério do Meio Ambiente sobre as 100 pessoas naturais e jurídicas que mais provocaram desmatamento no Brasil. 2. Inviabilidade da discussão em sede estreita do mandado de segurança, na medida em que o ato se louvou em procedimento administrativo advindo de auto infracional aplicado ao autor. Há no processo a necessidade de exame de dados, fatores científicos, elementos suscetíveis de apuração em perícia e exames técnicos. É notável a complexidade da causa, até porque se antevê a presunção de validade do auto de infração que determinou a presença do nome do impetrante no rol de desmatadores. Remanescerá ao impetrante a busca de tutela jurisdicional nas vias ordinárias. 3. 'Descabe a impetração do mandado de segurança se, para a configuração do direito alegado, impõe-se a verificação de circunstâncias não apuráveis na via estreita do mandado de segurança (RMS 23.079/TO, Rel. Min. Eliana Calmon, Segunda Turma, j. 15.05.2007, DJ 28.05.2007, p. 308). Mandado de segurança extinto sem resolução do mérito" (STJ, MS 13.921/DF, 1ª Seção, Rel. Min. Humberto Martins, j. 25.03.2009).
>
> **2)** "Mandado de segurança. Pedido de exclusão da "Lista dos 100 maiores desmatadores da Floresta Amazônica' publicada na internet em página oficial do Ministério do Meio Ambiente. Alegação de falsidade das informações. Falta de prova pré-constituída. Precedentes da 1ª Seção (MS 13.921/DF, MS 13.934/DF). Divulgação fundada em auto de infração não

definitivamente julgado. Possibilidade assentada na Lei 10.650/03 (art. 4º), devendo ser observado o parágrafo único do art. 149 do Decreto Federal 6.514/08. Ordem parcialmente concedida" (STJ, MS 13.935/DF, 1ª Seção, Rel. Min. Teori Albino Zavascki, j. 10.03.2010).

Em caso semelhante, o STF concluiu, no julgamento da **ADPF 509/DF**,[8] pela **constitucionalidade** da denominada "**lista suja do trabalho escravo**", estabelecida por meio da **Portaria Interministerial MTPS/MMIRDH 4/2016**, que tratava do cadastro de empregadores que tenham submetido trabalhadores à condição análoga à de escravo. Na condição de relator do processo, o Ministro Marco Aurélio concluiu que o ato normativo impugnado encontra fundamento legal na **Lei de Acesso à Informação (12.527/2011)**, de modo que apenas permite, com o cadastro, conferir **publicidade** aos empregadores devidamente autuados por manter empregados em condição análoga à de escravo. Segundo o Ministro, "descabe enquadrar, como sancionador, mediante publicização de política de combate ao trabalho escravo, considerado resultado de procedimento administrativo de **interesse público**". No julgamento da ação, o Ministro Fachin, acompanhado neste ponto pelo Ministro Barroso, seguiu o relator com a ressalva de que há um conjunto de **normas, incluindo tratados internacionais**, que dão sustentação à portaria.

Tal entendimento, como colocado pelo Ministro Marco Aurélio, representa a por ele denominada "**transparência ativa**" atribuída ao Estado pela Lei de Acesso à Informação: "Com o intuito de garantir efetividade ao direito fundamental à informação – artigos 5º, inciso XXXIII, 37, inciso II, § 3º, e 216, § 2º, da Constituição Federal –, a referida Lei é aplicável a toda a Administração Pública, tendo por diretrizes, entre outras, a **publicidade como regra** e o sigilo como exceção. O diploma tem por princípio a chamada 'transparência ativa', incumbindo aos órgãos e entidades o **dever de promover a divulgação de informações de interesse público, independentemente de solicitação**. Não é suficiente atender a pedidos de acesso, fazendo-se **imperativo que a Administração, por iniciativa própria, avalie e disponibilize, sem embaraço, documentos e dados de interesse coletivo, por si produzidos ou custodiados** – artigos 3º, inciso II, e 8º". Esse entendimento, igualmente, reforça não apenas a constitucionalidade de tal prática administrativa, como também se alinha ao dever do Estado de atuar de forma promocional em temas afetos aos direitos fundamentais, como ocorre também no exemplo citado da "**lista suja dos desmatadores**", dado o **interesse público primário** expresso em tais medidas.

2.7.2 Transparência ativa e dever estatal de disponibilização da informação ambiental nos seus sítios oficiais na rede mundial de computadores (internet)

Como corolário do regime jurídico do direito de acesso à informação ambiental e do paradigma do **dever de transparência ativa do Estado**, caracteriza-se o **dever dos entes estatais de disponibilização da informação na rede mundial de computadores**, a fim de assegurar o mais pleno acesso possível e a máxima publicidade a tal informação que consubstancia interesse legítimo da sociedade no seu conjunto. O art. 8º da **Lei 12.527/2011** dispõe expressamente nesse sentido, conforme transcrição que segue.

Art. 8º É dever dos órgãos e entidades públicas promover, **independentemente de requerimentos**, a divulgação em **local de fácil acesso**, no âmbito de suas competências, de **informações de interesse coletivo ou geral** por eles produzidas ou custodiadas. (...)
§ 2º Para cumprimento do disposto no *caput*, os órgãos e entidades públicas deverão utilizar todos os meios e instrumentos legítimos de que dispuserem, **sendo obrigatória a divulgação em sítios oficiais da rede mundial de computadores (internet)**.

---

[8] STF, ADPF 509/DF, Tribunal Pleno, Rel. Min. Marco Aurélio, j. 16.09.2020.

O mesmo entendimento também está consagrado no **art. 149 do Decreto 6.514/2008**, ao prever expressamente que os **órgãos ambientais** integrantes do Sistema Nacional do Meio Ambiente – **SISNAMA ficam obrigados a dar**, trimestralmente, **publicidade das sanções administrativas aplicadas** com "em seu sítio na rede mundial de computadores" (inciso II). A internet é hoje um espaço público fundamental para o exercício da cidadania ativa em matéria ambiental, de modo que o acesso à informação ambiental deve ser facilitado ao máximo pelos Estado, o que implica a sua desmobilização nas páginas oficiais dos órgãos públicos ambientais da rede mundial de computadores.

2.8 Recurso contra o indeferimento de pedido de informações ambientais

O art. 5º da Lei 10.650/2003 estabeleceu que "o indeferimento de pedido de informações ou consulta a processos administrativos **deverá ser motivado**, sujeitando-se a **recurso hierárquico**, no **prazo de quinze dias**, contado da **ciência da decisão**, dada diretamente nos autos ou por meio de carta com aviso de recebimento, ou em caso de devolução pelo Correio, por publicação em Diário Oficial". O dispositivo estabelece o dever de motivação do órgão administrativo ambiental para a hipótese de indeferimento de pedido de informações ou consulta a processos administrativos. Dada a natureza pública do interesse que está em jogo na temática ambiental, rememorando que se trata de direito ou interesse difuso e, portanto, de toda a sociedade, como, aliás, está expresso no *caput* do art. 225 da CF/1988, a negativa de acesso à informação ambiental é medida extremamente excepcional, se é que em alguma situação ela realmente poderá ser legitimada, tomando por premissa a natureza de direito fundamental inerente aos direitos ecológicos.

2.8.1 Controle judicial do indeferimento administrativo de acesso à informação ambiental

O controle judicial do ato administrativo que indeferiu o pedido de informações ou consulta a processos administrativos ambientais é plenamente possível, haja vista que eventual recusa deve ser vista como medida extremamente excepcional, dado que está em jogo a proteção do direito fundamental ao meio ambiente, revestido que é pelo **interesse público primário**, ou seja, de titularidade de toda a **coletividade**. O Poder Judiciário atua, nesse sentido, de forma subsidiária, exercendo o controle sobre a atuação dos órgãos administrativos ambientais sempre que agirem em desacordo com o marco legislativo estabelecido para assegurar o acesso à informação ambiental.

2.9 Dever dos órgãos públicos ambientais de elaborar relatórios informativos a respeito do "estado do ambiente"

O art. 8º da Lei 10.650/2003 estabelece que "os órgãos ambientais competentes integrantes do SISNAMA **deverão elaborar e divulgar relatórios anuais relativos à qualidade do ar e da água** e, na forma da regulamentação, outros elementos ambientais. O dispositivo enuncia o **dever dos órgãos públicos ambientais** de divulgar relatórios periódicos a respeito do **estado da qualidade ambiental** com relação a diversos elementos naturais. Trata-se, sem dúvida, de medida extremamente importante, não apenas para os órgãos públicos (ex. Ministério Público) e privados (ex. entidades ambientalistas) que atuam diretamente na temática ecológica, mas também para a sociedade em geral, como forma de conscientização a respeito dos problemas ecológicos vivenciados na atualidade.

2.10 Gratuidade do serviço público de acesso à informação ambiental

O art. 9º da 10.650/2003, direcionada, em especial, aos entes do SISNAMA, assinala que "**as informações de que trata esta Lei serão prestadas mediante o recolhimento de** valor correspondente ao ressarcimento dos recursos despendidos para o seu fornecimento, observadas as normas e tabelas específicas, fixadas pelo órgão competente em nível federal, estadual ou municipal". O dispositivo dá muita margem para a regulação de taxas etc., o que o coloca em desacordo com os fundamentos normativos que informam o Direito Ambiental, sobretudo pelo prisma da facilitação da participação pública. A fim de reforçar tal perspectiva, o art. 12 da Lei 12.527/2011 dispõe que "**o serviço de busca e fornecimento da informação é gratuito**" (redação dada pela Lei 14.129/2021).". A taxação e cobrança de qualquer valor para a obtenção de acesso à informação ambiental, portanto, estará eivada de ilegalidade.

Outro fundamento importante a considerar diz respeito à previsão do art. 18 da Lei 7.347/85 (Lei da Ação Civil Pública), ao prever que, "nas ações de que trata esta lei, não haverá adiantamento de custas, emolumentos, honorários periciais e quaisquer outras despesas, nem condenação da associação autora, salvo comprovada má-fé, em honorários de advogado, custas e despesas processuais". Se no plano judicial já há previsão legal no sentido de facilitar o acesso à justiça por meio da **gratuidade do processo coletivo (ambiental)**, sobretudo no tocante às associações civis, o mesmo raciocínio deve ser empregado com ainda maior força no âmbito administrativo-ambiental, o que envolve a gratuidade do acesso às informações ambientais que detêm os órgãos públicos (e, em algumas situações, até mesmo particulares).

E, complementando, vejam que interessante a previsão da Lei da Mata Atlântica (Lei 11.428/2006) no seu art. 6º, parágrafo único, ao estabelecer, como princípios norteadores, a "**transparência** das informações e atos, a **gestão democrática**, a **celeridade procedimental** e a **gratuidade** dos serviços administrativos prestados ao pequeno produtor rural e às populações tradicionais". Tal previsão, por óbvio, deve contemplar a sociedade como um todo, tanto no espectro individual quanto coletivo (por exemplo, entidades civis ambientalistas, científicas etc.).

Ainda, o art. 21 da Lei 12.527/2011 assinala que "não poderá ser negado acesso à informação necessária à tutela judicial ou administrativa de direitos fundamentais", incluindo, portanto, o direito fundamental ao ambiente. Até a dimensão negativa ou defensiva do direito ao mínimo existencial pode ser manejada, caso o Estado se recuse a fornecer gratuitamente informações ambientais, tanto em razão de o direito à informação ambiental se revestir da natureza de um direito fundamental por si quanto em virtude de se colocar como condição *sine qua non* para o exercício do direito fundamental ao meio ambiente.

A interpretação sistemática dos diplomas citados, inclusive pela ótica da conformação de um microssistema legislativo ambiental, estabelece de forma clara o dever do Estado de assegurar a gratuidade do serviço público de acesso à informação ambiental.

3. ACORDO REGIONAL DE ESCAZÚ PARA AMÉRICA LATINA E CARIBE SOBRE ACESSO À INFORMAÇÃO, PARTICIPAÇÃO PÚBLICA E ACESSO À JUSTIÇA EM ASSUNTOS AMBIENTAIS (2018)

> **Artigo 2**
> **Definições**
>
> c) por "**informação ambiental**" entende-se qualquer informação escrita, visual, sonora, eletrônica ou registrada em qualquer outro formato, relativa ao meio ambiente e seus elementos e aos recursos naturais, incluindo as informações relacionadas com os riscos ambientais e os possíveis impactos adversos associados que afetem ou possam afetar o meio ambiente e a saúde, bem como as relacionadas com a proteção e a gestão ambientais;

Artigo 3
Princípios

Na implementação do presente Acordo, cada Parte será guiada pelos seguintes princípios: (...)

b) **princípio de transparência e princípio de prestação de contas**; (...)

h) **princípio de máxima publicidade**; (...)

Artigo 5
Acesso à informação ambiental

Acessibilidade da informação ambiental

1. Cada Parte deverá garantir o direito do público de acessar a informação ambiental que esteja em seu poder, sob seu controle ou custódia, de acordo com o princípio de máxima publicidade.

2. O exercício do **direito de acesso à informação ambiental** compreende:

a) solicitar e receber informação das autoridades competentes sem necessidade de mencionar um interesse especial nem justificar as razões pelas quais se solicita;

b) ser informado de maneira expedita se a informação solicitada está ou não em poder da autoridade competente que receber o pedido;

c) ser informado do direito de impugnar e recorrer se a informação não for fornecida e dos requisitos para exercer esse direito.

Cada Parte facilitará o acesso das pessoas ou grupos em situação de vulnerabilidade à informação ambiental, estabelecendo procedimentos de assistência desde a formulação de pedidos até o fornecimento da informação, considerando suas condições e especificidades, com a finalidade de incentivar o acesso e a participação em igualdade de condições.

4. Cada Parte garantirá que tais pessoas ou grupos em situação de vulnerabilidade, inclusive os povos indígenas e grupos étnicos, recebam assistência para formular seus pedidos e obter resposta.

Denegação do acesso à informação ambiental

5. Quando a informação solicitada ou parte dela não for fornecida ao solicitante por estar sob o regime de exceções estabelecido na legislação nacional, a autoridade competente deverá comunicar por escrito a denegação, incluindo as disposições jurídicas e as razões que justificarem essa decisão em cada caso, e informar ao solicitante sobre seu direito de impugná-la e recorrer. (...)

Condições aplicáveis ao fornecimento de informação ambiental

11. As autoridades competentes garantirão que a informação ambiental seja fornecida no formato requerido pelo solicitante sempre que estiver disponível. Se a informação ambiental não estiver disponível nesse formato, será fornecida no formato disponível.

12. As autoridades competentes deverão responder a um pedido de informação ambiental com a máxima brevidade possível, num **prazo não superior a 30 dias úteis** contados a partir da data de recebimento do pedido, ou num prazo menor, se assim estiver previsto expressamente na norma interna. (...)

17. A informação ambiental deverá ser **fornecida sem custo**, desde que não se requeira sua reprodução ou envio. Os custos de reprodução e envio serão aplicados de acordo com os procedimentos estabelecidos pela autoridade competente. Esses custos deverão ser razoáveis e divulgados antecipadamente e poderão estar **isentos de pagamento se for considerado que o solicitante se encontra em situação de vulnerabilidade** ou em circunstâncias especiais que justifiquem essa isenção.

Mecanismos de revisão independentes

18. Cada Parte estabelecerá ou designará um ou mais órgãos ou **instituições imparciais** que tenham **autonomia e independência**, com o objetivo de promover a transparência no acesso à informação ambiental, fiscalizar o cumprimento das normas e vigiar, avaliar e garantir o direito de acesso à informação. Cada Parte poderá incluir ou fortalecer, conforme o caso, o poder sancionador dos órgãos ou instituições mencionados no âmbito de suas competências.

Artigo 6
Geração e divulgação de informação ambiental

1. Cada Parte garantirá, na medida dos recursos disponíveis, que as autoridades competentes gerem, coletem, ponham à disposição do público e difundam a informação ambiental relevante para suas funções de maneira **sistemática, proativa, oportuna, regular, acessível e compreensível**, bem como **atualizem periodicamente** esta informação e incentivem a desagregação e descentralização da informação ambiental no âmbito subnacional e local. Cada Parte deverá fortalecer a coordenação entre as diferentes autoridades do Estado.

2. As autoridades competentes deverão fazer com que, na medida do possível, a informação ambiental seja reutilizável e processável e esteja disponível em formatos acessíveis, e que não existam restrições à sua reprodução ou uso, em conformidade com a legislação nacional.

3. Cada Parte contará com um ou mais sistemas de informação ambiental atualizados, que poderão incluir, entre outros:

a) os textos de tratados e acordos internacionais, bem como as leis, regulamentos e atos administrativos sobre meio ambiente;

b) relatórios sobre a situação do meio ambiente;

c) uma lista das entidades públicas com competência em matéria ambiental e, se possível, suas respectivas áreas de atuação;

d) a lista de zonas contaminadas, por tipo de contaminante e localização;

e) informações sobre o uso e a conservação dos recursos naturais e serviços dos ecossistemas;

f) relatórios, estudos e informações científicos, técnicos e tecnológicos em questões ambientais elaborados por instituições acadêmicas e de pesquisa, públicas ou privadas, nacionais ou estrangeiras;

g) fontes relativas à mudança climática que contribuam para fortalecer as capacidades nacionais nesta matéria;

h) **informações sobre os processos de avaliação do impacto ambiental** e de outros instrumentos de gestão ambiental, conforme o caso, e as licenças ou permissões ambientais concedidas pelas autoridades públicas;

i) uma lista estimada de resíduos por tipo e, se possível, separada por volume, localização e ano;

j) **informações sobre a imposição de sanções administrativas em questões ambientais**.

Cada Parte deverá garantir que os sistemas de informação ambiental se encontrem devidamente organizados, sejam acessíveis a todas as pessoas e estejam disponíveis de forma progressiva por meios informáticos e georreferenciados, conforme o caso.

4. Cada Parte tomará medidas para estabelecer um **registro de emissões e lançamento de contaminantes** no ar, na água, no solo e no subsolo, bem como de materiais e resíduos sob sua jurisdição, o qual será estabelecido progressivamente e atualizado periodicamente.

5. Cada Parte garantirá, em **caso de ameaça iminente à saúde pública ou ao meio ambiente**, que a autoridade competente divulgará e disseminará de forma imediata e pelos meios mais efetivos toda informação relevante que se encontre em seu poder e que permita ao público tomar medidas para prevenir ou limitar potenciais danos. Cada

Parte deverá desenvolver e implementar um **sistema de alerta precoce** utilizando os mecanismos disponíveis.

6. A fim de facilitar que **pessoas ou grupos em situação de vulnerabilidade** tenham acesso à informação que os afete particularmente, cada Parte deverá fazer com que, conforme o caso, as autoridades competentes divulguem a informação ambiental nos diversos idiomas usados no país e elaborem formatos alternativos compreensíveis para esses grupos, por meio de canais de comunicação adequados.

7. Cada Parte envidará todos os esforços para publicar e difundir em intervalos regulares, que não superem cinco anos, um **relatório nacional sobre o meio ambiente**, que poderá conter:

a) informações sobre o meio ambiente e os recursos naturais, incluídos os dados quantitativos, quando isso for possível;

b) as ações nacionais para o cumprimento das obrigações legais em matéria ambiental;

c) os avanços na implementação dos direitos de acesso;

d) os convênios de colaboração entre os setores público e privado e a sociedade civil.

Esses relatórios deverão ser redigidos de maneira que sejam de fácil compreensão, estar acessíveis ao público em diferentes formatos e ser difundidos através de meios apropriados considerando as realidades culturais. Cada Parte poderá convidar o público a contribuir para esses relatórios.

8. Cada Parte incentivará a realização de avaliações independentes de desempenho ambiental que levem em conta critérios e guias acordados nacional ou internacionalmente e indicadores comuns, a fim de avaliar a eficácia, a efetividade e o progresso das políticas nacionais ambientais no cumprimento de seus compromissos nacionais e internacionais. As avaliações deverão contemplar a participação dos diversos atores.

9. Cada Parte promoverá o acesso à informação ambiental contida nas **concessões, contratos, convênios e autorizações** que tenham sido concedidas e que envolvam o **uso de bens, serviços ou recursos públicos**, de acordo com a legislação nacional.

10. Cada Parte assegurará que os **consumidores e usuários** contem com informação oficial, pertinente e clara sobre as qualidades ambientais de bens e serviços e seus efeitos sobre a saúde, favorecendo padrões de consumo e produção sustentáveis.

11. Cada Parte estabelecerá e atualizará periodicamente os sistemas de arquivamento e gestão documental em matéria ambiental em conformidade com as normas aplicáveis, procurando fazer com que essa gestão facilite o acesso à informação.

12. Cada Parte adotará as medidas necessárias, através de marcos legais e administrativos, entre outros, para **promover o acesso à informação ambiental que esteja em mãos de entidades privadas**, em particular a relativa às suas operações e aos possíveis **riscos e efeitos sobre a saúde humana e o meio ambiente**.

13. Cada Parte incentivará, de acordo com suas capacidades, a elaboração de **relatórios de sustentabilidade de empresas públicas e privadas**, em particular de grandes empresas, que reflitam seu desempenho social e ambiental.

4. OPINIÃO CONSULTIVA 23/2017 DA CORTE INTERAMERICANA DE DIREITOS HUMANOS

B.4 Obligaciones de procedimiento para garantizar los derechos a la vida y a la integridad personal en el contexto de la proteción del medio ambiente

211. Como se mencionó previamente, existe un grupo de obligaciones que, en materia ambiental, se identifican como de procedimiento, en la medida en que respaldan una

mejor formulación de las políticas ambientales (supra párr. 64). En el mismo sentido, la jurisprudencia interamericana ha reconocido el **carácter instrumental de ciertos derechos** de la Convención Americana, tales como el **derecho de acceso a la información**, en la medida en que permiten la satisfacción de otros derechos en la Convención, incluidos el derecho a la salud, la vida o la integridad personal. A continuación se detallan las obligaciones estatales de carácter instrumental o de procedimiento que se derivan de ciertos derechos de la Convención Americana, a efectos de garantizar los derechos a la vida y a la integridad personal de las personas en el marco de posibles daños al medio ambiente, como parte de la respuesta a la segunda y a la tercera preguntas de Colombia sobre las obligaciones ambientales que se derivan de esos derechos.

212. En particular, se detallan obligaciones en relación con: (1) el acceso a la información; (2) la participación pública, y (3) el acceso a la justicia, todo en relación con las obligaciones estatales para la protección del medio ambiente.

B.4.a Acceso a la información

213. Esta Corte ha señalado que el artículo 13 de la Convención, al estipular expresamente los derechos a buscar y a recibir informaciones, protege el derecho que tiene toda persona a solicitar el acceso a la información bajo el control del Estado, con las salvedades permitidas bajo el régimen de restricciones de la Convención. El actuar del Estado debe regirse por los **principios de publicidad y transparencia en la gestión pública**, lo que hace posible que las personas que se encuentran bajo su jurisdicción ejerzan el **control democrático de las gestiones** estatales, de forma tal que puedan cuestionar, indagar y considerar si se está dando un adecuado cumplimiento de las funciones públicas. El **acceso a la información de interés público**, bajo el control del Estado, permite la participación en la gestión pública, a través del control social que se puede ejercer con dicho acceso y, a su vez, fomenta la **transparencia de las actividades estatales** y promueve la responsabilidad de los funcionarios sobre su gestión pública. 214. En relación con actividades que podrían afectar el medio ambiente, esta Corte ha resaltado que constituyen asuntos de evidente interés público el acceso a la información sobre **actividades y proyectos que podrían tener impacto ambiental**. En este sentido, la Corte ha considerado de interés público información sobre actividades de **exploración y explotación de los recursos naturales** en el territorio de las comunidades indígenas y el desarrollo de un proyecto de industrialización forestal.

215. Por su parte, el **Tribunal Europeo de Derechos Humanos** ha señalado que las autoridades que realizan actividades peligrosas que puedan implicar riesgos para la salud de las personas, tienen la obligación positiva de establecer un procedimiento efectivo y accesible para que los individuos puedan acceder a toda la información relevante y apropiada para que puedan evaluar los riesgos a los cuales pueden enfrentarse. Por su parte, la Comisión Africana de Derechos Humanos y de los Pueblos también ha reconocido la obligación de dar acceso a la información con respecto a actividades peligrosas para la salud y el medio ambiente, en el entendido que ello otorga a las comunidades, expuestas a un particular riesgo, la oportunidad de participar en la toma de decisiones que las afecten.

216. En el derecho internacional ambiental, la obligación específica de dar acceso a la información en asuntos relacionados con el medio ambiente se consagró en el **principio 10 de la Declaración de Río**. Además, existen múltiples tratados universales y regionales que incluyen la obligación de acceso a la información en asuntos del medio ambiente.

217. Adicionalmente, este Tribunal observa que el acceso a la información también forma la base para el ejercicio de otros derechos. En particular, **el acceso a la información tiene una relación intrínseca con la participación pública con respecto al desarrollo sostenible y la protección ambiental**. El derecho al acceso a la información ha sido incorporado en numerosos proyectos y agendas de desarrollo sostenible, tales como la **Agenda 21** adoptada por la Conferencia de las Naciones Unidas sobre el Medio Ambiente y el Desarrollo.

En el ámbito interamericano, se ha incorporado en la **Estrategia Interamericana para la Promoción de la Participación Pública en la Toma de Decisiones sobre Desarrollo Sostenible de 2000**, la Declaración sobre la Aplicación del Principio 10 de la Declaración de Río sobre el Medio Ambiente y el Desarrollo durante la Conferencia de las Naciones Unidas sobre el Desarrollo Sostenible en 2012 y su Plan de Acción hasta 2014.

218. En el marco de estos planes y declaraciones, la Corte toma nota que actualmente los Estados de América Latina y el Caribe han iniciado un proceso con el propósito de adoptar un **instrumento regional** sobre el acceso a la información, participación y el acceso a la justicia en asuntos ambientales. De acuerdo a la información públicamente disponible, dicho proceso actualmente se encuentra en la fase de negociación y revisión. La Corte saluda esta iniciativa como una medida positiva para garantizar el derecho de acceso a la información en esta materia.

i) Alcance y contenido de la obligación en relación con el medio ambiente

219. Esta Corte ha señalado que, en el marco de esta obligación, la información debe ser entregada **sin necesidad de acreditar un interés directo** para su obtención o una afectación personal, salvo en los casos en que se aplique una legítima restricción.

220. Por otra parte, respecto a las características de esta obligación, las **Directrices de Bali** y distintos instrumentos internacionales establecen que el acceso a la información ambiental debe ser asequible, efectivo y oportuno.

221. Adicionalmente, conforme lo ha reconocido esta Corte, el derecho de las personas a obtener información se ve complementado con una correlativa **obligación positiva del Estado** de suministrarla, de forma tal que la persona pueda tener acceso a conocerla y valorarla. En este sentido, la **obligación del Estado de suministrar información de oficio**, conocida como la **"obligación de transparencia activa"**, impone el deber a los Estados de suministrar información que resulte necesaria para que las personas puedan ejercer otros derechos, lo cual es particularmente relevante en materia del derecho a la vida, integridad personal y salud. Asimismo, este Tribunal ha indicado que la obligación de transparencia activa en estos supuestos, **impone a los Estados la obligación de suministrar al público la máxima cantidad de información en forma oficiosa**. Dicha información debe ser completa, comprensible, brindarse en un lenguaje accesible, encontrarse actualizada y brindarse de forma que sea efectiva para los distintos sectores de la población.

222. En el ámbito específico del derecho ambiental, múltiples instrumentos internacionales establecen un deber estatal de preparar y difundir, distribuir o publicar, en algunos casos de forma periódica, **información actualizada sobre el estado del medio ambiente en general** o sobre el área específica que cubre el tratado en cuestión.

223. La Corte entiende que la **obligación de transparencia activa** frente a actividades que podrían afectar otros derechos (supra párr. 221), abarca el deber de los Estados de publicar de manera oficiosa la información pertinente y necesaria sobre el medio ambiente, a efectos de garantizar los derechos humanos bajo la Convención, tales como **información sobre la calidad ambiental, el impacto ambiental en la salud** y los factores que lo influencian, además de información sobre la legislación y las políticas y asesoramiento sobre cómo obtener esa información. Además, este Tribunal advierte que dicha obligación de transparencia activa cobra particular importancia en casos de **emergencias ambientales** que requieren la difusión inmediata y sin demora de la información relevante y necesaria para cumplir con el **deber de prevención**.

ii) Restricciones al acceso a la información

224. Esta Corte reitera que el derecho de acceso a la información bajo el control del Estado **admite restricciones**, siempre y cuando estén **previamente fijadas por ley**, responden a un objetivo permitido por la Convención Americana ("el respeto a los derechos o a la reputación de los demás" o "la protección de la seguridad nacional, el orden público o la salud

o la moral públicas"), y sean necesarias y proporcionales en una **sociedad democrática**, lo que depende de que estén orientadas a satisfacer un **interés público imperativo**. En consecuencia, aplica un **principio de máxima divulgación** con una presunción de que toda información es accesible, sujeta a un **sistema restringido de excepciones**, por lo que resulta necesario que la **carga de la prueba para justificar cualquier negativa de acceso a la información recaiga en el órgano al cual la información fue solicitada**. En caso de que proceda la negativa de entrega, el Estado deberá dar una **respuesta fundamentada** que permita conocer cuáles son los motivos y normas en que se basa para no entregar la información. **La falta de respuesta del Estado constituye una decisión arbitraria.**

iii) Conclusión con respecto al acceso a la información

225. Por tanto, esta Corte considera que los Estados tienen la obligación de respetar y garantizar el acceso a la información relacionada con posibles afectaciones al medio ambiente. Esta obligación debe ser garantizada a toda persona bajo su jurisdicción, de manera accesible, efectiva y oportuna, sin que el individuo solicitando la información tenga que demostrar un interés específico. Además, en el marco de la de protección del medio ambiente, esta obligación implica tanto la provisión de mecanismos y procedimientos para que las personas individuales soliciten la información, como la recopilación y difusión activa de información por parte del Estado. Este derecho no es absoluto, por lo que admite restricciones, siempre y cuando estén previamente fijadas por ley, responden a un objetivo permitido por la Convención Americana y sean necesarias y proporcionales para responder a un interés general en una sociedad democrática.

5. PRINCIPAIS RESOLUÇÕES DO CONAMA SOBRE PARTICIPAÇÃO PÚBLICA, EDUCAÇÃO AMBIENTAL E ACESSO À INFORMAÇÃO AMBIENTAL

Resolução Conama 422/2010 – "Estabelece diretrizes para as campanhas, ações e projetos de Educação Ambiental, conforme Lei nº 9.795, de 27 de abril de 1999, e dá outras providências".

Resolução Conama 379/2006 – "Cria e regulamenta sistema de dados e informações sobre a gestão florestal no âmbito do Sistema Nacional do Meio Ambiente – SISNAMA"(- Complementada pela Resolução nº 411, de 2009).

Resolução Conama 306/2002 – "Estabelece os requisitos mínimos e o termo de referência para realização de auditorias ambientais" (Alterada pela Resolução nº 381, de 2006).

Resolução Conama 292/2002 – "Disciplina o cadastramento e recadastramento das Entidades Ambientalistas no CNEA"(Altera a Resolução nº 06, de 1989 e revoga as Resoluções nº 22, de 1994, e nº 234, de 1997. Revogada pela Resolução n° 502/21. Repristinada pela Resolução n° 504/23).

Resolução Conama 275/2001 – "Estabelece código de cores para diferentes tipos de resíduos na coleta seletiva".

Resolução Conama 019/1996 – "Regulamenta critérios de impressão de legenda em peças que contém amianto (asbestos)".

Resolução Conama 006/1989 – "Dispõe sobre o Cadastro Nacional de Entidades Ambientalistas – CNEA" (Alterada pela Resolução nº 292, de 2002. Revogada pela Resolução n° 502/21. Repristinada pela Resolução n° 504/23).

Resolução Conama 03/1988 – "Dispõe sobre a constituição de mutirões ambientais".

Resolução Conama 001/1988 – "Dispõe sobre o Cadastro Técnico Federal de atividades e instrumentos de defesa ambiental".

Resolução Conama 009/1987 – "Dispõe sobre a questão de audiências públicas" (Vigente (em processo de revisão); Alterada pela Resolução nº 494/2020).

Capítulo 20
POLÍTICA NACIONAL DE RECURSOS HÍDRICOS (LEI 9.433/97)

1. CONSIDERAÇÕES GERAIS

A **poluição dos recursos hídricos** é uma das questões ambientais mais graves como decorrência direta das "pegadas humanas", ou seja, da intervenção do ser humano na Natureza.[1] No caso dos rios e águas subterrâneas, a sua degradação caminha com a destruição das florestas, uma vez que o desequilíbrio de um implica o do outro, e vice-versa. A degradação do solo provocada pelo desmatamento da vegetação próxima dos rios (por exemplo, das matas ciliares) resulta na **destruição das suas margens** e o **assoreamento**, afetando a vida de toda a fauna e a flora que habitam o ecossistema. No entanto, também é certo que a poluição dos rios está, muitas vezes, atrelada às práticas industriais (além daquelas de feição agropastoril), especialmente pelo uso insustentável e esgotamento dos recursos hídricos seguido ainda do despejo de dejetos sem o adequado tratamento, causando, inclusive, a poluição química daqueles. A contaminação dos rios, entre diversos outros efeitos negativos, enseja a mortandade de peixes, além de prejudicar o abastecimento de água.

O mesmo se pode dizer do despejo sem tratamento de **rejeitos industriais** (e também do **esgoto doméstico**) e o **uso abusivo de agrotóxicos**, que, em regra, ocasionam a **contaminação química** dos **rios e águas subterrâneas** (ex.: lençóis freáticos), uma vez que as chuvas tratam de conduzir os poluentes químicos existentes no solo das áreas agrícolas para os diversos recursos hídricos (rios, águas subterrâneas, mares etc.), onde eles chegam a ser transportados por milhares de quilômetros de distância.[2] De modo complementar, assinala Anthony Giddens que "a poluição da água pode ser compreendida amplamente em referência à contaminação do suprimento de água com elementos como substâncias químicas e minerais tóxicos, pesticidas ou esgoto bruto. Ela representa a maior ameaça às pessoas no mundo em desenvolvimento".[3] O **Estado**, por sua vez, está obrigado – sob a forma de **deveres de proteção**, tanto em sede constitucional quanto em sede infraconstitucional –, a atuar no sentido de assegurar a **integridade do(s) sistema(s) hídrico(s)**. O imperativo constitucional de proteção das águas vincula todos os entes federativos, conformando, inclusive, como referido pelo Ministro Herman Benjamin, o que se pode denominar de um "**federalismo hídrico-ambiental**".[4]

À luz desse contexto, a **Lei 9.433/97**, regulamentando o **inciso XIX do art. 21 da CF/1988**, estabeleceu a Política Nacional de Recursos Hídricos, criando o **Sistema Nacional de Gerencia-**

---

[1] Em defesa de um contrato mundial para a proteção dos (e acesso equânime aos) recursos hídricos, v. PETRELLA, Ricardo. *O manifesto da água...*

[2] COMISSÃO MUNDIAL SOBRE MEIO AMBIENTE E DESENVOLVIMENTO. *Relatório Nosso Futuro Comum...*, p. 235.

[3] GIDDENS, Anthony. *Sociologia...*, p. 128.

[4] STJ, EREsp 1.335.535/RJ, 1ª Seção, Rel. Min. Herman Benjamin, j. 26.09.2018.

mento de Recursos Hídricos. Entre os seus **fundamentos**, conforme consagração expressa do art. 1º, destacam-se: "I – a água é um bem de domínio público; II – a água é um recurso natural limitado, dotado de valor econômico; III – em situações de escassez, o uso prioritário dos recursos hídricos é o consumo humano e a dessedentação de animais; IV – a gestão dos recursos hídricos deve sempre proporcionar o uso múltiplo das águas; V – a bacia hidrográfica é a unidade territorial para implementação da Política Nacional de Recursos Hídricos e atuação do Sistema Nacional de Gerenciamento de Recursos Hídricos; VI – a gestão dos recursos hídricos deve ser descentralizada e contar com a participação do Poder Público, dos usuários e das comunidades". Ainda, entre os seus objetivos da Política Nacional de Recursos Hídricos, dispõe o seu art. 2º: "I – assegurar à atual e às futuras gerações a necessária disponibilidade de água, em padrões de qualidade adequados aos respectivos usos; II – a utilização racional e integrada dos recursos hídricos, incluindo o transporte aquaviário, com vistas ao desenvolvimento sustentável; III – a prevenção e a defesa contra eventos hidrológicos críticos de origem natural ou decorrentes do uso inadequado dos recursos naturais; e IV – incentivar e promover a captação, a preservação e o aproveitamento de águas pluviais".

A preocupação do legislador com os interesses das futuras gerações e também o delineamento de um desenvolvimento sustentável assegura os contornos ecológicos de tal diploma legislativo, além, é claro, da preocupação com a qualidade ambiental e o combate à poluição dos recursos hídricos. Destaca-se, nesse sentido, passagem de decisão do STJ de lavra do Ministro Herman Benjamin acerca dos princípios que norteiam o marco jurídico de proteção dos recursos hídricos estabelecido pela Lei 9.433/97: "a Lei da Política Nacional de Recursos Hídricos apoia-se em uma série de princípios fundamentais, cabendo citar, entre os que incidem diretamente no litígio, o **princípio da dominialidade pública** (a água, dispõe a lei expressamente, é bem de domínio público), o **princípio da finitude** (a água é recurso natural limitado) e o **princípio da gestão descentralizada e democrática**. 11. As águas subterrâneas são 'recurso ambiental', nos exatos termos do art. 3º, V, da Lei da Política Nacional do Meio Ambiente (Lei 6.938/81), o que obriga o intérprete, na solução de litígios associados à gestão de recursos hídricos, a fazer uma leitura conjunta dos dois textos legais, em **genuíno exercício de diálogo das fontes**".[5]

Nos arts. 29 e 30 do diploma, estão caracterizados os **deveres atribuídos aos entes federativos** para efeitos da implementação da Política Nacional de Recursos Hídricos, inclusive pela perspectiva de uma ação coordenada entre as diferentes esferas administrativas (art. 4º), destacando-se, entre eles, no tocante à proteção ecológica, a tarefa de promover a integração da gestão de recursos hídricos com a gestão ambiental. No caso dos Municípios e do Distrito Federal, registra o art. 31 que compete a estes promover "a integração das políticas locais de saneamento básico, de uso, ocupação e conservação do solo e de meio ambiente com as políticas federal e estaduais de recursos hídricos".

Outro aspecto importante do diploma em questão diz respeito à **criação do Sistema Nacional de Gerenciamento de Recursos Hídricos**, o qual possui, entre os seus objetivos, segundo o art. 32: "planejar, regular e controlar o uso, a preservação e a recuperação dos recursos hídricos" (inciso IV). Integram o Sistema Nacional de Gerenciamento de Recursos Hídricos, por força da redação ao art. 33 pela Lei 9.984/2000: "I – o Conselho Nacional de Recursos Hídricos; I-A – a Agência Nacional de Águas; II – os Conselhos de Recursos Hídricos dos Estados e do Distrito Federal; III – os Comitês de Bacia Hidrográfica; IV – os órgãos dos poderes públicos federal, estaduais, do Distrito Federal e municipais cujas competências se relacionem com a gestão de recursos hídricos; V – as Agências de Água".

Conforme se pode apreender dos dispositivos citados, foi clara a intenção do legislador de estabelecer uma gestão descentralizada e participativa no tocante à Política Nacional de Recursos

---

[5] STJ, REsp 994.120/RS, 2ª T., Rel. Min. Herman Benjamin, j. 25.08.2009.

Hídricos. O estabelecimento da "bacia hidrográfica", assim como a unidade territorial para a sua implementação reflete justamente isso, permitindo uma estrutura descentralizada e, por meio da criação dos Comitês da Bacia Hidrográfica (art. 32, III), alcançar tal gestão democrática. Ainda no que toca à "**gestão democrático-participativa**" almejada pelo diploma em comento, este trata em tópico específico sobre as "**organizações civis de recursos hídricos**", as quais, conforme estabelece o art. 47, são assim consideradas: "I – consórcios e associações intermunicipais de bacias hidrográficas; II – associações regionais, locais ou setoriais de usuários de recursos hídricos; III – organizações técnicas e de ensino e pesquisa com interesse na área de recursos hídricos; IV – organizações não governamentais com objetivos de defesa de interesses difusos e coletivos da sociedade; V – outras organizações reconhecidas pelo Conselho Nacional ou pelos Conselhos Estaduais de Recursos Hídricos".

O diploma também estabelece, a partir do seu art. 49, as **infrações e penalidades** para o descumprimento dos seus preceitos legais. Após a edição da Lei 9.433/97, foi editada também, de forma a complementar a Política Nacional de Recursos Hídricos, a Lei 9.984/2000, criando a **Agência Nacional de Águas (ANA)**. Por meio da Lei da Política Nacional dos Recursos Hídricos, de acordo com a análise de Édis Milaré, consagra-se, no ordenamento jurídico brasileiro, a **natureza de Direito Público dada à matéria**, em detrimento do seu tratamento como matéria inerente ao Direito Privado. Altera-se, de tal sorte, as práticas no manejo dos recursos hídricos que antes tendia a favorecer interesses individuais e particulares, em detrimento do bem coletivo.[6]

O Decreto Executivo 05, de 22 de março de 2005, inspirado na Resolução aprovada pela Assembleia Geral ONU, que trata do **Decênio Internacional para a Ação 2005-2015** "Água, fonte e vida", instituiu a "Década Brasileira da Água", cujos objetivos são promover e intensificar a formulação e implementação de políticas, programas e projetos relativos ao gerenciamento e uso sustentável da água, em todos os níveis, assim como assegurar a ampla participação e cooperação das comunidades voltadas ao alcance dos objetivos contemplados na Política Nacional de Recursos Hídricos ou estabelecidos em convenções, acordos e resoluções a que o Brasil tenha aderido.

1.1 Precedentes legislativos

1.1.1 *O Código das Águas de 1934 e os primeiros "indícios" de uma preocupação com a poluição hídrica (em prol da saúde pública)*

O **Código das Águas (Decreto 24.643/34)**, como precursor da legislação brasileira sobre recursos hídricos, tinha por objetivo, conforme consta do seu preâmbulo, regulamentar o uso das águas no Brasil em termos gerais, com forte propósito de assegurar o seu **aproveitamento industrial** e também a **produção de energia hidráulica** (e aproveitamento racional de tais recursos). Entretanto, isso tudo com o escopo de atender às necessidades e ao **"interesse da coletividade nacional"**, ampliando os mecanismos de controle do poder público na matéria. A execução da legislação em questão estava a cargo do **Ministério da Agricultura**, o que, em certa medida, evidencia o cunho "instrumental" e "**exploratório**" na regulação das águas levado a cabo pelo diploma. Entre os seus mais de 200 dispositivos, pode-se identificar, em alguns deles, algum conteúdo de natureza protetiva, inclusive no sentido de **evitar a sua poluição dos recursos hídricos**. De acordo com Édis Milaré, o Código de Águas de 1934 foi "o primeiro diploma legal que possibilitou ao Poder Público disciplinar o aproveitamento industrial das águas e, de modo especial, o aproveitamento e exploração da energia hidráulica".[7]

O seu art. 68, por exemplo, que tratava das "águas comuns", estabelecia a possibilidade de inspeção e autorização administrativa, com relação a águas comuns e particulares, fundadas "no

---

[6] MILARÉ, Édis. *Direito do ambiente...*, p. 928.
[7] MILARÉ, Édis. *Direito do ambiente...*, p. 885.

interesse da saúde e da segurança pública" (alínea *a*), bem como, no tocante às águas comuns, "no interesse dos direitos de terceiros ou da qualidade, curso ou altura das águas públicas" (alínea *b*). Em outro dispositivo (art. 98), relativo às águas subterrâneas, constava que "são expressamente **proibidas construções capazes de poluir ou inutilizar para o uso ordinário a água** do poço ou nascente alheia, a elas preexistentes". Outros dispositivos interessantes são o art. 109, ao dispor que "**a ninguém é lícito conspurcar ou contaminar as águas que não consome, com prejuízo de terceiros**", bem como o art. 110, ao determinar que "os **trabalhos para a salubridade das águas serão executados à custa dos infratores**, que, além da responsabilidade criminal, se houver, responderão pelas perdas e danos que causarem e pelas multas que lhes forem impostas nos regulamentos administrativos". O dispositivo citado operacionaliza, em alguma medida, o próprio **princípio do poluidor pagador** muitas décadas antes da sua consagração no Direito Ambiental, ao assinalar que "os trabalhos para a salubridade das águas serão executados à custa dos infratores".

Ainda, o art. 111 dispunha que, "se os interesses relevantes da **agricultura** ou da **indústria** o exigirem, e mediante expressa autorização administrativa, as águas poderão ser inquinadas, mas os agricultores ou industriais deverão providenciar para que as se **purifiquem, por qualquer processo, ou sigam o seu esgoto natural**". Tais dispositivos, inclusive sob a perspectiva da responsabilização civil e criminal em razão da **contaminação das águas**, traziam conteúdo importante sob a ótica da proteção da qualidade das águas, notadamente em vista do consumo humano. É óbvio que a razão para tal proteção é a saúde pública[8] (ou mesmo o interesse econômico com o propósito do uso industrial ou agropecuário), mas já se tratava de elemento normativo relevante para a proteção dos recursos hídricos, na medida em que já despontava à época a poluição e degradação dos recursos naturais. Assim como verificado no Código Florestal de 1934, também o Código de Águas, em alguma medida, carregava a ideia de "**publicização**" **dos recursos naturais**, evidenciando o **interesse comum (interesse público primário) da população brasileira** na proteção dos recursos hídricos.

1.1.2 O Decreto 50.877/61 e a primeira definição legal de poluição

Na evolução da proteção legislativa dispensada aos recursos hídricos, merece destaque o **Decreto 50.877/61**, editado ao tempo do governo do Presidente Jânio Quadros, inclusive com o propósito de regulamentar a disposição do art. 16 do **Código de Pesca (Decreto-lei 794/38)** sobre o **combate à poluição das águas interiores e litorâneas**, dispondo sobre o lançamento de resíduos tóxicos ou oleosos nas águas interiores ou litorâneas do País. No seu art. 1º, o diploma previa a questão envolvendo a poluição dos recursos hídricos, ao dispor que "os **resíduos líquidos, sólidos ou gasosos, domiciliares ou industriais, somente poderão ser lançados às águas, 'in natura' ou depois de tratado, quando essa operação não implique na poluição das águas receptoras**". Particularmente no tocante à poluição provocada por resíduos oleosos de navios, estabeleceu, no seu art. 2º, que "fica proibida terminantemente, a limpeza de motores dos navios e o lançamento dos resíduos oleosos dela provenientes nas águas litorâneas do País".

O dispositivo mais importante do diploma, a partir da perspectiva da evolução histórica (do progresso) do Direito Ambiental, é o seu art. 3º, ao estabelecer, pela primeira vez na legislação brasileira, o conceito legal de poluição. Dispunha o art. 3º que "**considera-se '*poluição*'** qualquer

---

[8] De modo a reforçar tal compreensão, ou seja, de que o grande mote por trás dos dispositivos que buscam a proteção dos recursos hídricos é ou a saúde pública ou o seu aproveitamento industrial, assevera o art. 143 do Código de águas que "em todos os aproveitamentos de energia hidráulica serão satisfeitas exigências acauteladoras dos interesses gerais: a) da alimentação e das necessidades das populações ribeirinhas; b) da salubridade pública; c) da navegação; d) da irrigação; e) da proteção contra as inundações; f) da conservação e livre circulação do peixe; g) do escoamento e rejeição das águas".

alteração das propriedades físicas, químicas e biológicas das águas, que possa importar em prejuízo à saúde, à segurança e ao bem-estar das populações e ainda comprometer a sua utilização para fins agrícolas, industriais, comerciais, recreativos e, principalmente, a existência normal da fauna aquática". É certo que o conceito trazido pelo diploma carrega forte caráter instrumental ou utilitário no tratamento dos recursos naturais – especialmente se comparado ao **conceito de poluição trazido pelo art. 3º, III, da Lei 6.938/81** –, mas já se tratava de importante avanço legislativo, no sentido de reconhecer o agravamento da poluição dos recursos naturais e de estabelecer um parâmetro legal para o conceito de poluição ambiental, inclusive com "*standards* técnicos" para a sua definição.[9]

Por fim, a legislação em questão estabelecia, no seu art. 8º, que "as pessoas físicas ou jurídicas, que lancem resíduos poluidores nas águas interiores, terão um prazo de 180 (cento e oitenta) dias, contados da data da expedição do presente decreto, para tomarem as providências tendentes a retê-los ou tratá-los, observadas as normas técnicas e científicas aplicáveis ao caso". Havia, inclusive, a consagração de um marco sancionatório de natureza administrativa para o descumprimento de tal medida,[10] estabelecendo um "enquadramento" de condutas poluidoras, o que, sem dúvida, abriu caminho, mais à frente, para a responsabilização jurídica (cível, administrativa e criminal) dos poluidores.

1.2 A Lei 7.661/88 sobre o Plano Nacional de Gerenciamento Costeiro

A Lei 7.661/88 estabeleceu o **Plano Nacional de Gerenciamento Costeiro**, como parte integrante da Política Nacional para os Recursos do Mar e da Política Nacional do Meio Ambiente. Conforme pontua Mariana Almeida Passos de Freitas, "o princípio das ações referentes ao gerenciamento da costa brasileira deu-se em 1982, quando a Comissão Interministerial dos Recursos do Mar (CIRM) criou a Subcomissão de Gerenciamento Costeiro dentro de sua secretaria. Essa Subcomissão organizou no Rio de Janeiro, em 1983, o Seminário Internacional sobre Gerenciamento Costeiro".[11] Tal movimentação político-administrativa conduziu à edição da Lei 7.661/88. Em vários dispositivos, há remissão a dispositivos, princípios, objetivos e institutos jurídicos da Lei 6.938/81. De acordo com o art. 2º do diploma em questão, o Plano Nacional de Gerenciamento Costeiro "visará especificamente a orientar a **utilização nacional dos recursos na Zona Costeira**, de forma a contribuir para **elevar a qualidade da vida de sua população**, e a **proteção do seu patrimônio natural, histórico, étnico e cultural**".

O parágrafo único do art. 2º determina o **conceito de zona costeira** como "o espaço geográfico de interação do ar, do mar e da terra, incluindo seus recursos renováveis ou não, abrangendo uma faixa marítima e outra terrestre, que serão definidas pelo Plano". A legislação costeira antecipou, em certa medida, o dispositivo constitucional (**art. 225, § 4º, da CF/1988**) que estabeleceu ser a **Zona Costeira** como **patrimônio nacional**, com a Floresta Amazônica brasileira, a Mata Atlântica, a Serra do Mar, o Pantanal Mato-Grossense, devendo a sua utilização dar-se dentro de condições que assegurem a preservação ambiental, inclusive quanto ao

---

[9] "Art. 4º Serão consideradas poluídas as águas que não satisfaçam os seguintes padrões: a) o índice coliforme não poderá ser superior a 200 (duzentos) por cm^3 (centímetro cúbico) com predominância sobre, pelo menos 5% (cinco por cento) das contagens; b) a média mensal de oxigênio dissolvido não será inferior a 4 (quatro) partes por milhão, nem a média diária será inferior a 3 (três) partes por milhão; c) a média mensal de demanda bioquímica de oxigênio não será superior a 5 (cinco) partes por milhão (B.O.D.) – 5 (cinco) dias a 20°C; d) o ph não será inferior a 5 (cinco) e nem superior a 9 1/2 (nove e meio)."

[10] "Art. 7º Os infratores das disposições do presente decreto estarão sujeitos às seguintes penalidades: a) multa de Cr$ 5.000,00 (cinco mil cruzeiros) elevada em dobro em caso de reincidência, sem prejuízo das demais cominações da legislação penal; b) retenção da embarcação infratora da proibição do art. 2º, por prazo que não excederá de 5 (cinco) dias, sem prejuízo das cominações previstas no inciso anterior."

[11] FREITAS, Mariana Almeida Passos de. *Zona costeira e meio ambiente*..., p. 45.

uso dos recursos naturais. Essa previsão legislativa reconhece a importância fundamental dos **ecossistemas costeiros** para o equilíbrio ecológico, o que é particularmente importante em razão do **alto índice de ocupação populacional** e desenvolvimento urbano e industrial verificado nas nossas zonas costeiras (em praticamente todo o território nacional).

No seu art. 3º, estabelece-se que o Plano Nacional de Gerenciamento Costeiro "deverá prever o zoneamento de usos e atividades na Zona Costeira e dar prioridade à conservação e proteção, entre outros, dos seguintes bens: I – recursos naturais, renováveis e não renováveis; recifes, parcéis e bancos de algas; ilhas costeiras e oceânicas; sistemas fluviais, estuarinos e lagunares, baías e enseadas; praias; promontórios, costões e grutas marinhas; restingas e dunas; florestas litorâneas, manguezais e pradarias submersas; II – sítios ecológicos de relevância cultural e demais unidades naturais de preservação permanente; III – monumentos que integrem o patrimônio natural, histórico, paleontológico, espeleológico, arqueológico, étnico, cultural e paisagístico".

Como instrumento administrativo para dar efetividade à proteção dos bens listados anteriormente, a Lei 7.661/88, em sintonia com a Lei 6.938/81, estabelece, no seu art. 6º, a exigência de "**licenciamento** para parcelamento e remembramento do solo, construção, instalação, funcionamento e ampliação de atividades, com alterações das características naturais da Zona Costeira", bem como que, segundo o § 2º do mesmo dispositivo, para o licenciamento, "o órgão competente solicitará ao responsável pela atividade a elaboração do **estudo de impacto ambiental** e a apresentação do respectivo **Relatório de Impacto Ambiental – RIMA**, devidamente aprovado".

Outro dispositivo importante trazido pela legislação costeira diz respeito ao caráter de "bem de uso comum do povo" das praias, consignando, no seu art. 10, ao prever que "as **praias são bens públicos de uso comum do povo**, sendo assegurado, sempre, **livre e franco acesso a elas e ao mar**, em qualquer direção e sentido, ressalvados os trechos considerados de interesse de segurança nacional ou incluídos em áreas protegidas por legislação específica". Em outras palavras, a legislação prevê a **vedação legal à "privatização" das nossas praias**, prática essa que, infelizmente, se verifica de forma frequente ao longo do litoral brasileiro, contrariando a **natureza difusa e o interesse público (primário) do bem jurídico ambiental**, expresso, entre outros dispositivos, no próprio art. 225, *caput*, da CF19/88. No § 3º do diploma costeiro, há o **conceito legal de praia** como "a área coberta e descoberta periodicamente pelas águas, acrescida da faixa subsequente de material detrítico, tal como areias, cascalhos, seixos e pedregulhos, até o limite onde se inicie a vegetação natural, ou, em sua ausência, onde comece um outro ecossistema". Por fim, cumpre reiterar a importância da proteção das zonas costeiras, tendo em vista a grande vulnerabilidade de tais ecossistemas, constantemente objetos de degradação e alto nível de poluição.

1.3 A Lei da Política Nacional de Saneamento Básico (Lei 11.445/2007)

A relação entre saneamento básico e proteção ecológica resulta sobremaneira evidenciada, uma vez que da ausência de, por exemplo, redes de **tratamento de esgoto** em determinada localidade decorre não apenas violação ao **direito à água potável** e ao saneamento básico do indivíduo e da comunidade como um todo, mas também reflete de forma direta no direito a viver em um ambiente sadio, equilibrado e seguro, dada a poluição ambiental que estará subjacente a tal omissão e violação perpetrada pelo ente estatal, especialmente perceptível no cenário urbano. Sensível a tal contexto e influenciado pela **abordagem socioambiental da crise ecológica**, o legislador nacional editou a **Lei da Política Nacional de Saneamento Básico (Lei 11.445/2007)**.[12] O **saneamento básico**, conforme preceitua o art. 3º, da referida legislação, diz respeito ao serviço de água e saneamento prestado pelo Estado ou empresa concessionária do serviço público aos

---

[12] A Lei 14.456/2023 alterou a Lei 11.445/2007, a fim de estabelecer medidas de prevenção a desperdícios, de aproveitamento das águas pluviais e de reuso das águas servidas.

integrantes de determinada comunidade, especialmente no que tange ao "**abastecimento de água potável**", ao "**esgotamento sanitário**", à "**limpeza urbana e manejo de resíduos sólidos**" e à "**drenagem e manejo das águas pluviais urbanas**".

Além disso, a legislação comentada estabelece as diretrizes nacionais para o saneamento básico, enunciando, entre os princípios fundamentais dos serviços públicos de saneamento básico, a "articulação com as políticas de desenvolvimento urbano e regional, de habitação, de combate à pobreza e de sua erradicação, de proteção ambiental, de promoção da saúde, de recursos hídricos e outras de interesse social relevante, destinadas à melhoria da qualidade de vida, para as quais o saneamento básico seja fator determinante" (art. 2º, VI), o que acaba por revelar justamente uma visão integrada da tutela e promoção dos **direitos socioambientais**. De modo a reforçar a importância de uma articulação entre saneamento básico e proteção ambiental, também à luz de uma abordagem socioambiental, o **Estatuto da Cidade (Lei 10.257/2001)** veicula o direito ao *saneamento ambiental*, quando estabelece o conteúdo do **direito à cidade sustentável**, que também inclui os direitos à moradia, à infraestrutura urbana, ao transporte e aos serviços públicos, ao trabalho, ao lazer, para as presentes e **futuras gerações** (art. 2º, I).

2. POLÍTICA NACIONAL DE RECURSOS HÍDRICOS (PNRH)

2.1 Fundamentos da PNRH

A Lei 9.433/97 estabelece, no seu art. 1º, como **fundamentos** da Política Nacional de Recursos Hídricos:

"I – a água é um **bem de domínio público;**

II – a água é um **recurso natural limitado**, dotado de **valor econômico;**

III – em situações de escassez, o **uso prioritário dos recursos hídricos é o consumo humano e a dessedentação de animais;**

IV – a gestão dos recursos hídricos deve sempre proporcionar o **uso múltiplo das águas;**

V – **a bacia hidrográfica é a unidade territorial para implementação da Política Nacional de Recursos Hídricos** e atuação do Sistema Nacional de Gerenciamento de Recursos Hídricos;

VI – **a gestão dos recursos hídricos deve ser descentralizada e contar com a participação do Poder Público, dos usuários e das comunidades**".

2.1.1 A natureza pública (bem público) e o interesse público primário inerente à proteção jurídica dos recursos hídricos

O art. 1º, I, da Lei 9.433/97, ao prever como fundamentos da Política Nacional de Recursos Hídrico que "a água é um **bem de domínio público**", é elucidativo a respeito da natureza pública do **bem jurídico "água"**. A água, por ser um componente fundamental na conformação do meio ambiente natural, deve ser considerada um "**bem de uso comum do povo**", nos estritos termos do *caput* **do art. 225 da CF/1988**. Também é reforçado pela **natureza difusa do bem jurídico ecológico**, bem como pelo próprio reconhecimento levado a efeito pela CF/1988, no seu art. 20, que são **bens da União** "os lagos, rios e quaisquer correntes de água em terrenos de seu domínio, ou que banhem mais de um Estado, sirvam de limites com outros países, ou se estendam a território estrangeiro ou dele provenham, bem como os terrenos marginais e as praias fluviais" (inciso III), "as ilhas fluviais e lacustres nas zonas limítrofes com outros países; as praias marítimas; as ilhas oceânicas e as costeiras, excluídas, destas, as que contenham a sede de Municípios, exceto aquelas áreas afetadas ao serviço público e a unidade ambiental federal, e as referidas no art. 26, II" (inciso IV), além dos "potenciais de energia hidráulica" (inciso VIII).

Na doutrina, Machado destaca as **consequências jurídicas** do tratamento da água como "bem de uso comum do povo":

- o uso da água não pode ser apropriado por uma só pessoa física ou jurídica, com exclusão absoluta dos outros usuários potenciais;
- o uso da água não pode significar a poluição ou a agressão desse bem;
- o uso da água não pode esgotar o próprio bem utilizado e a concessão ou a autorização (ou qualquer tipo de outorga) do uso da água deve ser motivada ou fundamentada pelo gestor público.[13]

Com relação aos **bens atribuídos aos Estados**, dispõe o art. 26 da CF/1988 que se incluem entre eles: "as águas superficiais ou subterrâneas, fluentes, emergentes e em depósito, ressalvadas, neste caso, na forma da lei, as decorrentes de obras da União" (inciso I); "as áreas, nas ilhas oceânicas e costeiras, que estiverem no seu domínio, excluídas aquelas sob domínio da União, Municípios ou terceiros" (inciso II); e "as ilhas fluviais e lacustres não pertencentes à União (inciso III). Em que pese em algumas circunstâncias os recursos hídricos estarem situados sob o domínio privado, a sua natureza pública sempre estará presente, inclusive no sentido de **impor limites ao seu titular (proprietário ou possuidor)** em vista da proteção ecológica.

JURISPRUDÊNCIA STJ. Interpretação do Código de Águas (Decreto 24.643/34) à luz do sistema da CF/1988 e da Lei 9.433/97 e natureza pública dos recursos hídricos: "Administrativo. Desapropriação. Terrenos situados na margem dos rios. Faixa de reserva. Domínio particular. Impossibilidade. 1. Hipótese em que se discute ocupação privada do antigo leito do Rio Tietê, no Município de São Paulo, referente ao curso das águas anterior à retificação, e do respectivo terreno marginal (reservado ou faixa de reserva). 2. O particular 'confessa a ocupação da área pública, contudo afirma que a área referente à faixa de reserva é de sua propriedade, não pertencendo ao Município' (trecho do acórdão). Inexiste discussão em relação ao álveo (leito) do rio, pois houve concordância da recorrida com o domínio municipal. 3. O TJSP acolheu o pleito, decidindo que 'a área de reserva é de propriedade dos réus que sobre ela exercem posse'. 4. **O Código de Águas (Decreto 24.643/1934) deve ser interpretado à luz do sistema da Constituição Federal de 1988 e da Lei 9.433/1997 (Lei da Política Nacional de Recursos Hídricos), que só admitem domínio público sobre os recursos hídricos.** 5. Na forma dos arts. 20, III, e 26, I, da Constituição, **não mais existe propriedade privada de lagos, rios, águas superficiais ou subterrâneas, fluentes, emergentes ou em depósito, e quaisquer correntes de água.** 6. Nesse sentido, a interpretação do art. 31 do Código de Águas, segundo o qual 'pertencem aos Estados os terrenos reservados às margens das correntes e lagos navegáveis, se, por algum título, não forem do domínio federal, municipal ou particular', implica a propriedade do Estado sobre todas as margens dos rios estaduais, tais como definidos pelo art. 26 da CF, excluídos os federais (art. 20 da CF), tendo em vista que já não existem, repito, rios municipais ou particulares. 7. O título legítimo em favor de particular, previsto nos arts. 11 e 31 do Código de Águas, que poderia, em tese, subsidiar pleito do particular, é apenas o decorrente de enfiteuse ou concessão, jamais dominial, pois juridicamente impossível. Precedentes da Segunda Turma (REsp 508.377/MS, Rel. Min. João Otávio de Noronha, j. 23.10.2007; REsp 995.290/SP, Rel. Min. Castro Meira, j. 11.11.2008). 8. Considerando a **premissa incontroversa de que a legislação paulista transferiu para o Município de São Paulo o trecho do Rio Tietê, que cruza a cidade e suas margens**, conclui-se pelo acolhimento da pretensão recursal. 9. Recurso especial provido" (STJ, REsp 1.184.624/SP, 2ª T., Herman Benjamin, j. 02.12.2010).

---

[13] MACHADO, Paulo Affonso Leme. *Direito de acesso à água*. São Paulo: Malheiros, 2018. p. 15.

2.1.2 Uso sustentável dos recursos hídricos e os princípios do poluidor-pagador e do usuário-pagador

O art. 1º, II, da Lei 9.433/97, ao prever como fundamentos da Política Nacional de Recursos Hídricos que "II – a água é um recurso natural limitado, dotado de **valor econômico**", enuncia o risco de **esgotamento dos recursos hídricos** e, por conta disso, forte no **princípio do desenvolvimento sustentável**, a necessidade de fixar parâmetros normativos (e econômicos) para o uso sustentável dos recursos hídricos, tomando como premissa os interesses das futuras gerações. O reconhecimento do valor econômico dos recursos hídricos segue a mesma diretriz traçada pelo **pagamento pelos serviços ecológicos** (art. 41, I, do Novo Código Florestal), sobretudo como uma forma de estimular a proteção ambiental, estabelecendo a devida responsabilização jurídica e **internalização dos custos ecológicos** (e também sociais) derivados da utilização dos recursos naturais.

2.1.3 O reconhecimento de um direito humano (e fundamental) à água (e à integridade dos sistemas hídricos)

O art. 1º, II, da Lei 9.433/97, ao prever como fundamentos da Política Nacional de Recursos Hídrico que, "III – em situações de escassez, **o uso prioritário dos recursos hídricos é o consumo humano** e a dessedentação de animais", enaltece a **natureza de direito humano** (e, pela ótica constitucional, direito fundamental) do **direito de acesso** à água potável. A **Assembleia Geral da ONU**, em 26 de julho de 2010, por meio da Resolução 64/292, declarou o reconhecimento do "**direito à água potável e ao saneamento como um direito humano essencial para o pleno desfrute da vida e de todos os direitos humanos**". Na mesma linha, a **Carta Social das Américas**, no Capítulo III, art. 9, afirma que "os Estados [...] reconhecem que a água é fundamental para a vida e básica para o desenvolvimento socioeconômico e a **sustentabilidade ambiental**" e que "comprometem-se a continuar trabalhando para garantir o **acesso à água potável e aos serviços de saneamento para as gerações presentes e futuras**". No conteúdo dos documentos internacionais citados, resultam de fácil apreensão a interdependência e a indivisibilidade que devem permear o tratamento dos direitos humanos – e o mesmo vale para os direitos fundamentais no plano constitucional.

O **Comitê dos Direitos Econômicos Sociais e Culturais** (DESC) da ONU, por meio do seu **Comentário Geral n. 15 sobre o Direito à Água**, consignou que "[o] direito à água implica tanto liberdades quanto direitos". O primeiro implica poder "manter o acesso a um abastecimento de água" e "não estar sujeito a interferência", o que pode incluir "contaminação de recursos hídricos". Os direitos, por outro lado, estão ligados a "um sistema de abastecimento e gestão da água que proporciona à população oportunidades iguais de desfrutar do direito". Ele também enfatizou que "devemos ser tratados como um **bem social e cultural**, e não principalmente como um bem econômico", e que os seguintes fatores se aplicam em todas as circunstâncias:

"(a) **Disponibilidade**. O abastecimento de água de cada pessoa deve ser contínuo e suficiente para uso pessoal e doméstico [...].

(b) **Qualidade**. A água necessária para cada uso pessoal ou doméstico deve ser segura [...]. Além disso, a água deve ser de cor, odor e sabor aceitáveis.

(c) **Acessibilidade**. As instalações e serviços de água e água devem ser acessíveis a todos, sem discriminação, dentro da jurisdição do Estado parte".[14]

---

[14] COMITÊ DE DIREITOS ECONÔMICOS, SOCIAIS E CULTURAIS (DESC) da ONU. *Comentário Geral n. 15 sobre o Direito à Água* (arts. 11 e 12 do Pacto Internacional sobre os Direitos Econômicos, Sociais e Culturais), parágrafos 10, 11 e 12. Disponível em: https://www.ohchr.org/en/hrbodies/cescr/pages/cescrindex.aspx.

O direito humano – e fundamental, pela ótica constitucional – à água potável e ao saneamento básico cumpre papel elementar não apenas para o resguardo do seu próprio âmbito de proteção e conteúdo, mas também para o gozo e o desfrute dos demais direitos humanos (liberais, sociais e ecológicos). Tal entendimento encontra assento em sede jurisprudencial, conforme se pode observar da passagem que segue do Ministro Herman Benjamin a respeito das águas subterrâneas: "por constituírem recurso natural, público, limitado, não visível a olho nu (ao contrário das águas de superfície), e **indispensável à concretização dos direitos fundamentais** à vida, à saúde e ao meio ambiente ecologicamente equilibrado".[15]

Na decisão do *Caso Comunidades Indígenas Miembros de la Asociación Lhaka Honhat (Tierra Nuestra) vs. Argentina (2020)*, a **Corte IDH** reconheceu a *interdependência entre os direitos humanos ao meio ambiente e à água*, inclusive como **direitos autônomos** no contexto do Sistema Interamericano de Proteção dos Direitos Humanos. A Corte declarou que a Argentina violava um **direito autônomo a um meio ambiente saudável**, à propriedade da comunidade indígena, à identidade cultural, à alimentação e à **água**. Pela primeira vez em um caso contencioso, a Corte analisou os direitos acima autonomamente, com base no art. 26 da Convenção Americana, e ordenou medidas específicas de reparação de sua restituição, incluindo ações de acesso à alimentação e à água adequadas, para a recuperação de recursos florestais e da cultura indígena.[16]

Mais recentemente, destaca-se o reforço a tal entendimento na decisão da Corte IDH no ***Caso Habitantes da La Oroya vs. Peru (2023)***, ao enfatizar a inter-relação entre a **dimensão ecológica ou ecocêntrica** (valor em si mesmo e importância para o conjunto dos seres vivos) e a **dimensão antropocêntrica** (importância para o ser humano) do direito à água:

> "(...) existe una estrecha relación entre el **derecho al agua como faceta sustantiva del derecho al medio ambiente sano** y el **derecho al agua como derecho autónomo**. La primera faceta protege los cuerpos de agua como elementos del medio ambiente que tienen un **valor en sí mismo**, en tanto interés universal, y por su importancia para los demás organismos vivos incluidos los seres humanos. La segunda faceta reconoce el rol determinante que el agua tiene en los seres humanos y su sobrevivencia, y, por lo tanto, protege su acceso, uso y aprovechamiento por los seres humanos. De este modo, la Corte entiende que la faceta sustantiva del derecho al medio ambiente sano que protege este componente parte de una **premisa ecocéntrica**, mientras que – por ejemplo – el derecho al agua potable y su saneamiento se fundamenta en una **visión antropocéntrica**. Ambas **facetas se interrelacionan**, pero, no en todos los casos, la vulneración de uno implica necesariamente la violación del otro". (par. 124)[17]

> **JURISPRUDÊNCIA STJ. Direito à água, direito à vida, mínimo existencial e controle judicial de políticas públicas:** "Administrativo e processual civil. Agravo regimental no recurso especial. Ação civil pública. **Recuperação de barragem provedora de água.** Art. 2º da Lei 4.229/1963, que estabelece a competência do Departamento Nacional de Obras contra as Secas – DNOCS. Tribunal de origem que, ponderando a respeito da observância aos princípios constitucionais da separação de poderes e do **direito à vida**, determinou a recuperação da barragem. Fundamentação exclusivamente constitucional. Incompetência do Superior Tribunal de Justiça para revisão do acórdão *a quo*. Art. 105, III, da Constituição Federal de 1988. 1. Trata-se de agravo regimental em que se discute o conhecimento de recurso especial interposto contra acórdão do TRF da 5ª Região, proferido em sede de ação

---

[15] STJ, EREsp 1.335.535/RJ, 1ª Seção, Rel. Min. Herman Benjamin, j. 26.09.2018.
[16] CORTE INTERAMERICANA DE DIRETOS HUMANOS. *Caso Comunidades Indígenas Miembros de la Asociación Lhaka Honhat (Tierra Nuestra)* vs. *Argentina*, sentença de 02.02.2020, especialmente par. 77-81.
[17] CORTE INTERAMERICANA DE DIRETOS HUMANOS. *Caso Habitantes de La Oroya* vs. *Peru*, sentença de 27.11.2023, par. 124.

civil pública, o qual determinou ao Departamento Nacional de Obras Contra as Secas – DNOCS a recuperação de barragem provedora de água. 2. No caso, o Tribunal de origem externou seu entendimento apoiado em fundamentação constitucional, consignando que:'O controle de políticas públicas pelo Judiciário é de caráter excepcional e não poderá ser levado a cabo quando se estiver diante de possível ofensa à separação de poderes. O maltrato ao princípio da separação de poderes se dá no instante no qual é desprestigiada a discricionariedade da Administração, existente quando esta possui possibilidade de escolher entre o atuar e o não atuar. No caso, não vislumbro essa liberdade de agir por dois motivos. O primeiro deles está na Lei 4.229/63, com alteração da Lei 10.204/2001, cujo art. 2º, III, dispõe:'elaborar projetos de engenharia e executar obras públicas de captação, acumulação, condução, distribuição, proteção e utilização de recursos hídricos, em conformidade com a Política e o Sistema Nacional de Gerenciamento de Recursos Hídricos, de que trata a **Lei 9.433, de 1997**'. Trata-se, então, de lei que, no que concerne, objeto da causa, impõe ao demandado competência de atuar. Em segundo lugar, a hipótese versa sobre **mínimo existencial**, porquanto água é substância imprescindível à subsistência da humanidade, sendo de importância inexcedível no semiárido nordestino. Está-se aqui diante do **mínimo vital**, a gravitar em torno do **direito à vida** (art. 5º, *caput*, CF), a justificar a **intervenção do Judiciário na seara das políticas públicas**'. 3. Percebe-se do acórdão recorrido que a determinação judicial de recuperação da 'Barragem de Poço Branco' foi necessária em razão de omissão da autarquia estadual em exercer sua competência, o que poderia resultar em violação ao direito à vida assegurado no art. 5º, *caput*, da Constituição Federal de 1988. O aparente conflito entre as normas constitucionais analisadas pelo Tribunal de origem (separação de poderes e direito à vida) foi, claramente, resolvido com a ponderação dos interesses e princípios pertinentes ao caso concreto. Essa fundamentação não pode ser revisada em sede de recurso especial sem que haja interpretação do alcance das normas constitucionais aplicáveis à solução da controvérsia, daí por que o recurso especial não deve ser conhecido. 4. Agravo regimental não provido" (STJ, AgRg no REsp 1.211.989/RN, 1ª T., Rel. Min. Benedito Gonçalves, j. 04.08.2011).

JURISPRUDÊNCIA STJ. Saneamento básico e poluição dos recursos hídricos. "**Direito ambiental**. Ação civil pública. **Saneamento básico. Poluição de recursos hídricos** de município. Legitimidade passiva *ad causam* da Fundação Nacional de Saúde – FUNASA. Decreto 3.450/2000. (...). 1. No caso concreto, e com vistas no fixado pelo art. 2º, IV, do Decreto 3.450/2000, concluiu o aresto recorrido ser da Fundação Nacional de Saúde – FUNASA a responsabilidade para fomentar soluções de saneamento para prevenção e controle de doenças, sendo legítima a sua permanência no polo passivo da ação civil pública. Esse fundamento, norteador da conclusão do julgamento de segundo grau, não foi infirmado pelo recurso especial em nenhum momento. 2. Ausência de prequestionamento dos preceitos legais apontados no apelo especial. Apesar da oposição de embargos de declaração frente ao acórdão de segundo grau, a recorrente não solicitou manifestação sobre os dispositivos invocados no apelo excepcional, mas somente sobre os arts. 2º, 30, V, 34 e 36 da CF/1988 e 68 da Portaria 410/20/2000. Súmula 282/STF. 3. É insuficiente que a parte recorrente, no afã de anular o aresto recorrido, apresente apenas afirmações genéricas de violação do art. 535 do CPC, como vislumbrado na espécie. Incidência da Súmula 284/STF. 4. Recurso especial não conhecido" (STJ REsp 1.052.855/SC, 2ª T., Rel. Min. Campbell Marques, j. 12.08.2008).

JURISPRUDÊNCIA STJ. Controle judicial de políticas públicas e saneamento básico. "Processual civil e administrativo. **Coleta de lixo. Serviço essencial. Prestação descontinuada. Prejuízo à saúde pública. Direito fundamental**. Norma de natureza programática. Autoexecutoriedade. Proteção por via da ação civil pública. Possibilidade. Esfera de discricionariedade do administrador. Ingerência do Poder Judiciário. 1. Resta estreme de dúvidas que a coleta de lixo constitui serviço essencial, imprescindível à manutenção da saúde pública, o que torna submisso à regra da continuidade. Sua interrupção, ou, ainda, a sua prestação de forma descontinuada, extrapola os limites da legalidade e afronta a cláusula pétrea de respeito à dignidade humana, porquanto o cidadão necessita utilizar-se desse serviço público, indispensável à sua vida em comunidade. 2. Releva notar que uma Constituição Federal é fruto da vontade política nacional, erigida mediante consulta das expectativas e das possibilidades do que se vai consagrar, por isso cogentes e eficazes suas promessas, sob pena de restarem vãs e frias enquanto letras mortas no papel. Ressoa inconcebível que direitos consagrados em normas menores como Circulares, Portarias, Medidas Provisórias, Leis Ordinárias tenham eficácia imediata e os direitos consagrados constitucionalmente, inspirados nos mais altos valores éticos e morais da nação sejam relegados a segundo plano. Trata-se de direito com normatividade mais do que suficiente, porquanto se define pelo dever, indicando o sujeito passivo, *in casu*, o Estado. 3. Em função do princípio da inafastabilidade consagrado constitucionalmente, a todo direito corresponde uma ação que o assegura, sendo certo que todos os cidadãos residentes em Cambuquira encartam-se na esfera desse direito, por isso a homogeneidade e transindividualidade do mesmo a ensejar a bem manejada ação civil pública. 4. A determinação judicial desse dever pelo Estado, não encerra suposta ingerência do Judiciário na esfera da administração. Deveras, não há discricionariedade do administrador frente aos direitos consagrados constitucionalmente. Nesse campo a atividade é vinculada sem admissão de qualquer exegese que vise afastar a garantia pétrea. 5. Um país cujo preâmbulo constitucional promete a disseminação das desigualdades e a proteção à dignidade humana, alçadas ao mesmo patamar da defesa da Federação e a República, não pode relegar a saúde pública a um plano diverso daquele que o coloca, como uma das mais belas e justas garantias constitucionais. 6. Afastada a tese descabida da discricionariedade, a única dúvida que se poderia suscitar resvalaria na natureza da norma ora sob enfoque, se programática ou definidora de direitos. 7. As meras diretrizes traçadas pelas políticas públicas não são ainda direitos senão promessas *de lege ferenda*, encartando-se na esfera insindicável pelo Poder Judiciário, qual a da oportunidade de sua implementação. 8. Diversa é a hipótese segundo a qual a Constituição Federal consagra um direito e a norma infraconstitucional o explicita, impondo-se ao Judiciário torná-lo realidade, ainda que para isso, resulte obrigação de fazer, com repercussão na esfera orçamentária. 9. Ressoa evidente que toda imposição jurisdicional à Fazenda Pública implica dispêndio e atuar, sem que isso infrinja a harmonia dos poderes, porquanto no regime democrático e no estado de direito o Estado soberano submete-se à própria justiça que instituiu. Afastada, assim, a ingerência entre os poderes, o judiciário, alegado o malferimento da lei, nada mais fez do que cumpri-la ao determinar a realização prática da promessa constitucional. 10. '**A questão do lixo é prioritária, porque estão em jogo a saúde pública e o meio ambiente**'. Ademais, '**A coleta do lixo e a limpeza dos logradouros públicos são classificados como serviços públicos essenciais e necessários à sobrevivência do grupo social e do próprio Estado, porque visam a atender as necessidades inadiáveis da comunidade**, conforme estabelecem os arts. 10 e 11 da Lei 7.783/89. Por tais razões, os serviços públicos desta natureza são regidos pelo princípio da continuidade. 11. Recurso especial provido" (STJ, REsp 575.998-MG, 1ª T., Rel. Min. Luiz Fux, j. 07.10.2004).

2.1.4 Participação pública na gestão dos recursos hídricos

O art. 1º, II, da Lei 9.433/97, ao prever como fundamentos da Política Nacional de Recursos Hídrico que "VI – a gestão dos recursos hídricos deve ser **descentralizada e contar com a participação do Poder Público, dos usuários e das comunidades**", estabelece um **marco democrático-participativo** para a gestão dos recursos hídricos. A legislação evidencia, nos seus fundamentos, a concepção de um regime jurídico descentralizado e participativo. Além de buscar um panorama cooperativo entre os próprios entes federativos (União, Estados, Distrito Federal e Municípios) na gestão dos recursos hídricos, o diploma estabelece, em diversos dispositivos, mecanismos voltados à **participação pública dos usuários e da sociedade civil** organizada (ex.: ONGs), como pode ser exemplificado na composição dos **Comitês de Bacias Hidrográficas** (art. 39, V).

A gestão hídrica deve ser feita a partir dessa unidade geográfica, que é a **bacia hidrográfica**, composta do curso de água principal e de seus tributários ou afluentes, águas que se destinarão à mesma foz. As áreas territorial, hídrica e aérea da bacia hidrográfica serão objeto do plano de recursos hídricos, indispensável para o uso equitativo e razoável dos cursos de água.

> **JURISPRUDÊNCIA STF. Princípio democrático e gestão de recursos hídricos.** "Constitucional. Federalismo e respeito às regras de distribuição de competência. Violação à competência administrativa exclusiva da União (CF, art. 21, XIX). Afronta ao art. 225, § 1º, V, da Constituição Federal e ao **princípio democrático**. Confirmação da medida cautelar. Procedência. 1. As regras de distribuição de competências legislativas são alicerces do federalismo e consagram a fórmula de divisão de centros de poder em um Estado de Direito. *Princípio da predominância do interesse*. 2. Ao disciplinar regra de dispensa de **outorga de direito de uso de recursos hídricos**, o art. 18, § 5º, da Lei 11.612/2009 do Estado da Bahia, com a redação dada pela Lei 12.377/2011, usurpa a competência da União, prevista no art. 21, XIX, da Constituição Federal, para definir critérios na matéria. 3. A **dispensa de outorga de direito de uso de recursos hídricos para perfuração de poços tubulares afronta a incumbência do poder público de controlar o emprego de técnicas, métodos e substâncias que comportem risco para a vida, a qualidade de vida e o meio ambiente** (CF, art. 225, § 1º, V). 4. Os arts. 19, VI, e 46, XI, XVIII e XXI, da lei atacada dispensam a manifestação prévia dos **Comitês de Bacia Hidrográfica** para a atuação do Conselho Estadual de Recursos Hídricos – CONERH, o que **reduz a participação da coletividade na gestão dos recursos hídricos, contrariando o princípio democrático** (CF, art. 1º). Da mesma maneira, o art. 21 da lei impugnada suprime condicionantes à outorga preventiva de uso de recursos hídricos, resultantes de participação popular. **Ferimento ao princípio democrático e ao princípio da vedação do retrocesso social**. 5. Medida cautelar confirmada. Ação direta de inconstitucionalidade julgada procedente" (STF, ADI 5.016/BA, Tribunal Pleno, Rel. Min. Alexandre de Moraes, j. 11.10.2018).

2.2 Objetivos da PNRH

A Lei 9.433/97 estabelece, no seu art. 2º, como **objetivos** da Política Nacional de Recursos Hídricos:

> "I – assegurar à atual e às **futuras gerações a necessária disponibilidade de água**, em padrões de qualidade adequados aos respectivos usos;
> II – **a utilização racional e integrada dos recursos hídricos**, incluindo o transporte aquaviário, com vistas ao **desenvolvimento sustentável**;
> III – **a prevenção** e a defesa contra eventos hidrológicos críticos de origem natural ou decorrentes do uso inadequado dos recursos naturais;
> IV – incentivar e promover a captação, a preservação e o aproveitamento de águas pluviais. (Incluído pela Lei 13.501/2017.)"

Entre os objetivos da PNRH, destaca-se a proteção dos recursos hídricos em vista dos direitos e interesses das futuras gerações. O diploma estabelece a proteção jurídica dos interesses das futuras gerações, com o propósito de, por meio do uso sustentável dos recursos hídricos, evitar o seu esgotamento e poluição, bem como assegurar a sua disponibilidade para o futuro. Está em jogo o próprio princípio da equidade intergeracional, sinalizando para os deveres jurídico-ambientais das gerações humanas presentes em face das gerações futuras. Não há dúvida de que a utilização dos recursos hídricos, por exemplo, as reservas de água doce, dado o seu potencial de esgotamento e imprescindibilidade para a vida humana, coloca "em xeque" a sobrevivência das futuras gerações.

Da mesma forma, a Lei 9.433 estabelece a aplicação do **princípio da prevenção** na gestão dos riscos ecológicos no uso dos recursos hídricos. Inciso III do art. 2º suscitado estabelece, como objetivo da PNRH, a adoção de práticas de gestão guiadas pelo princípio da prevenção (e também da precaução), procurando evitar a ocorrência de danos ambientais, independentemente da sua origem natural ou humana (neste último caso, decorrente de riscos criados pelo ser humano).

2.3 Diretrizes gerais de ação para a implementação da PNRH

A Lei 9.433/97 estabelece, no seu art. 3º, como **diretrizes gerais** de ação para implementação da Política Nacional de Recursos Hídricos:

> **Art. 3º** Constituem **diretrizes gerais** de ação para implementação da Política Nacional de Recursos Hídricos:
> **I** – a **gestão sistemática dos recursos hídricos**, sem dissociação dos aspectos de **quantidade** e **qualidade**;
> **II** – a adequação da gestão de recursos hídricos às **diversidades físicas, bióticas, demográficas, econômicas, sociais e culturais** das diversas regiões do País;
> **III** – a integração da gestão de **recursos hídricos** com a **gestão ambiental**;
> **IV** – a articulação do planejamento de recursos hídricos com o dos **setores usuários** e com os **planejamentos regional, estadual e nacional**;
> **V** – a articulação da gestão de **recursos hídricos** com a do **uso do solo**;
> **VI** – a **integração** da gestão das **bacias hidrográficas** com a dos **sistemas estuarinos e zonas costeiras**.
> **Art. 4º A União articular-se-á com os Estados tendo em vista o gerenciamento dos recursos hídricos de interesse comum.**

No âmbito das diretrizes gerais de ação para a implementação da PNRH, a Lei 9.433/97 busca **integrar todas as políticas públicas setoriais**. Trata-se, por assim dizer, da inserção da pauta ecológica em todas as demais pautas políticas. A **transversalidade** que se pretende estabelecer para a política ambiental é inerente à própria natureza transdisciplinar da proteção ambiental, fazendo-se presente em todas as áreas (economia, ciência e tecnologia, transporte, energia etc.).

Igualmente, além da equidade entre gerações humanas, a legislação determina o acesso equitativo à água entre as gerações presentes e viventes. Em outras palavras, o dispositivo estabelece a necessidade assegurar a todos acesso à água, tomando em consideração o atendimento às necessidades básicas dos indivíduos e grupos sociais vulneráveis. O acesso à água é essencial ao desfrute de todos os direitos fundamentais (liberais, sociais e ecológicos) e, por conta disso, a sua privação implica violação à dignidade, colocando em risco a própria vida humana.

2.4 Instrumentos da PNRH

A Lei 9.433/97 estabelece, no seu art. 5º, como **instrumentos** da Política Nacional de Recursos Hídricos:

> **Art. 5º** São **instrumentos** da Política Nacional de Recursos Hídricos:
> **I** – os **Planos de Recursos Hídricos**;

II – o **enquadramento dos corpos de água em classes**, segundo os usos preponderantes da água;
III – **a outorga dos direitos de uso** de recursos hídricos;
IV – **a cobrança pelo uso** de recursos hídricos;
V – **a compensação a municípios;**
VI – **o Sistema de Informações sobre Recursos Hídricos.**

2.4.1 Planos de Recursos Hídricos

Segundo assinala o art. 6º da Lei 9.433/97, "os Planos de Recursos Hídricos são planos diretores que visam a fundamentar e orientar a implementação da Política Nacional de Recursos Hídricos e o **gerenciamento dos recursos hídricos**". Os Planos de Recursos Hídricos, de acordo com a previsão do art. 7º do diploma, são planos de longo prazo, com horizonte de planejamento compatível com o período de implantação de seus programas e projetos e terão o seguinte **conteúdo mínimo:**

"I – diagnóstico da situação atual dos recursos hídricos;
II – análise de alternativas de crescimento demográfico, de evolução de atividades produtivas e de modificações dos padrões de ocupação do solo;
III – balanço entre disponibilidades e demandas futuras dos recursos hídricos, em quantidade e qualidade, com identificação de conflitos potenciais;
IV – metas de racionalização de uso, aumento da quantidade e melhoria da qualidade dos recursos hídricos disponíveis;
V – medidas a serem tomadas, programas a serem desenvolvidos e projetos a serem implantados, para o atendimento das metas previstas;
VI – (*Vetado*.)
VII – (*Vetado*.)
VIII – prioridades para outorga de direitos de uso de recursos hídricos;
IX – diretrizes e critérios para a cobrança pelo uso dos recursos hídricos;
X – propostas para a criação de áreas sujeitas a restrição de uso, com vistas à proteção dos recursos hídricos".

A expressão "utilização equitativa e razoável dos recursos hídricos" é encontrada na Convenção sobre o Direito relativo à utilização dos cursos de água internacionais não destinados à navegação" (Assembleia Geral das Nações Unidas, de 21 de maio de 1997). O conteúdo dos Planos de Recursos Hídricos deve conduzir à gestão e à partilha das águas de forma equitativa e razoável. Na elaboração dos Planos deve haver permanente possibilidade de **participação do público**, em consultas públicas e audiências públicas, conforme a Resolução 17/2001, do Conselho Nacional de Recursos Hídricos.[18]

Por fim, cabe destacar que, conforme previsão expressa do art. 8º, "os Planos de Recursos Hídricos serão elaborados **por bacia hidrográfica, por Estado** e **para o País**".

---

[18] Na doutrina, v. MACHADO, Paulo Affonso Leme. *Recursos hídricos*: direito brasileiro e internacional. São Paulo: Malheiros, 2002. p. 52-53 e 138-143.

2.4.2 Do enquadramento dos corpos de água em classes, segundo os usos preponderantes da água

O art. 9º da Lei 9.433/97 estabelece que o "enquadramento dos corpos de água em classes, segundo os usos preponderantes da água, visa a: I – assegurar às águas qualidade compatível com os usos mais exigentes a que forem destinadas; II – diminuir os custos de combate à poluição das águas, mediante ações preventivas permanentes". As classes de corpos de água, por sua vez, serão estabelecidas pela legislação ambiental (art. 10).

2.4.3 Outorga de direitos de uso de recursos hídricos

O art. 9º da Lei 9.433/97 enuncia que o "regime de outorga de direitos de uso de recursos hídricos tem como **objetivos** assegurar o **controle quantitativo e qualitativo dos usos da água** e o **efetivo exercício dos direitos de acesso à água**". De acordo com o art. 1º da Resolução 16/2001 do Conselho Nacional de Recursos Hídricos,[19] tem-se por outorga de direitos de uso de recursos hídricos "o ato administrativo mediante o qual a autoridade outorgante faculta ao outorgado previamente ou mediante o direito de uso de recurso hídrico, por prazo determinado, nos termos e nas condições expressas no respectivo ato, consideradas as legislações específicas vigentes".

Ademais, ressalta o art. 1º da Resolução 16/2001 que: "a outorga não implica alienação total ou parcial das águas, que são inalienáveis, mas o simples direito de uso" (§ 1º); "a outorga confere o direito de uso de recursos hídricos condicionado à disponibilidade hídrica e ao regime de racionamento, sujeitando o outorgado à suspensão da outorga" (§ 2º); "o outorgado é obrigado a respeitar direitos de terceiros" (§ 3º); e "a análise dos pleitos de outorga deverá considerar a interdependência das águas superficiais e subterrâneas e as interações observadas no ciclo hidrológico visando a gestão integrada dos recursos hídricos" (§ 4º). Com base em tais comandos normativos, resulta evidente que a outorga de direitos de uso de recursos hídricos não desobriga o outorgado de utilizar dos recursos hídricos de forma sustentável, tomando por premissa a "inalienabilidade" dos recursos hídricos, dada a sua natureza pública de bem de uso comum do povo.

O outorgante – poder público federal ou estadual – não pode agir arbitrariamente na concessão da outorga de direitos de uso, mas tem o dever de fazer a interação motivada das três finalidades da outorga – quantidade, qualidade e direito de acesso à água.

> **JURISPRUDÊNCIA STJ. Outorga de direitos de uso de recursos hídricos:** "Processual. Administrativo. **Outorga para utilização de água subterrânea.** Acórdão embasado em fatos e provas e direito local. Revisão. Súmulas 7/STF e 280/STF. 1. O agravante defende o direito à outorga de recursos hídricos, no caso, **obtenção de água subterrânea por meio de poço artesiano**, nos termos da legislação que regula a matéria. Entende que a negativa do seu pedido se deu com base em legislação ilegal, os artigos 87 e 96 do Decreto Estadual, pois ferem a hierarquia das leis. 2. O acórdão recorrido considerou irrefutável a negativa de outorga do Departamento de Recursos Hídricos – DRH da Secretaria Estadual do Meio Ambiente, considerando: a finalidade de uso do poço – limpeza de máquinas frigoríficas; a localização do poço em área abastecida por rede pública; os artigos 83, 87 e 96 do Decreto Estadual 23.430/74, que regulam a matéria e o **dever do Departamento de zelar pela preservação e uso sustentável dos recursos hídricos do Estado.** 3. A revisão do acórdão, para acolher-se a pretensão do recorrente de que o poço do qual se pretende outorga atende aos requisitos legais, exige análise de provas e fatos e da legislação estadual, o

---

[19] A Resolução 16/2001 do CNRH estabelece os critérios gerais para a outorga de direito de uso de recursos hídricos. Já a Resolução 141/2012 do CNRH fixa critérios e diretrizes para implementação dos instrumentos de outorga de direito de uso de recursos hídricos e de enquadramento dos corpos de água em classes, segundo os usos preponderantes, em rios intermitentes e efêmeros, além de outras providências.

que inviabiliza a realização de tal procedimento pelo STJ, no recurso especial, nos termos das Súmulas 7/STJ e 280/STF, respectivamente. 4. Após a edição da EC nº 45/04, não cabe a análise de tese jurídica em que se confrontem leis locais com normas de direito federal. 5. Agravo regimental não provido" (STJ, AgRg no AREsp 293.764/RS, 2ª T., Rel. Min. Castro Meira j. 02.04.2013).

> **JURISPRUDÊNCIA STJ. Vedação de captação de água subterrânea para uso de núcleos residenciais sem que haja prévia outorga e autorização ambiental do Poder Público.**
> "AMBIENTAL E PROCESSUAL CIVIL. RECURSOS HÍDRICOS. EMBARGOS DE DIVERGÊNCIA. CONDOMÍNIO RESIDENCIAL. POÇO ARTESIANO. **FEDERALISMO HÍDRICO-AMBIENTAL.** REGIME JURÍDICO DAS **ÁGUAS SUBTERRÂNEAS.** ART. 12, II, DA LEI 9.433/1997 E ART. 45, § 2º, DA LEI 11.445/2007. **NECESSIDADE DE OUTORGA E AUTORIZAÇÃO AMBIENTAL.** PRECEDENTES. HISTÓRICO DA DEMANDA 1. Trata-se, na origem, de Ação de Obrigação de Fazer proposta pelo Condomínio do Parque Residencial Ypiranga que, sob o argumento de haver insuficiência do abastecimento público de água, realizou perfuração de poço artesiano para uso dos condôminos, sem outorga e autorização ambiental. 2. A sentença julgou procedentes os pedidos. O Tribunal de origem negou provimento à Apelação, entendendo, em síntese, que inexiste na legislação federal ou estadual obrigação de outorga ou autorização do órgão público competente para uso de água extraída de poços artesianos. 3. O INEA interpôs Recurso Especial alegando violação do **art. 45, § 2º, da Lei federal 11.445/2007** (Lei do Saneamento Básico) que **veda a quem possui instalação hidráulica predial ligada à rede pública abastecer-se de fontes alternativas. REGIME JURÍDICO DAS ÁGUAS SUBTERRÂNEAS.** 4. Qualquer que seja o ângulo pelo qual se examine a questão, justifica-se a **disciplina normativa, pela União, das águas subterrâneas – reputadas ora federais, ora estaduais –, por constituírem recurso natural, público, limitado, não visível a olho nu (ao contrário das águas de superfície), e indispensável à concretização dos direitos fundamentais à vida, à saúde e ao meio ambiente ecologicamente equilibrado.** 5. Na disciplina dos recursos hídricos, dois **diplomas federais são de observância obrigatória para Estados, Distrito Federal e Municípios**: a Lei 9.433/1997 (Lei da Política Nacional de Recursos Hídricos) e a Lei 11.445/2007 (Lei do Saneamento Básico). A **Lei 9.433/1997 condiciona a extração de água subterrânea** – quer para "consumo final", quer como "insumo de processo produtivo" – **à prévia e válida outorga pelo Poder Público**, o que se explica pela notória escassez desse **precioso bem, literalmente vital, de enorme e crescente valor econômico**, mormente diante das **mudanças climáticas** (art. 12, II). Já o art. 45, § 2º, da Lei 11.445/2007 prevê categoricamente que "a instalação hidráulica predial ligada à rede pública de abastecimento de água não poderá ser também alimentada por outras fontes". 6. Assim, patente a existência de disciplina normativa expressa, categórica e inafastável de lei geral federal, que **veda captação de água subterrânea para uso de núcleos residenciais, sem que haja prévia outorga e autorização ambiental do Poder Público. As normas locais devem seguir as premissas básicas definidas pela legislação federal**. Estatuto editado por Estado, Distrito Federal ou Município que contrarie as diretrizes gerais fixadas nacionalmente padece da mácula de inconstitucionalidade e ilegalidade, por afrontar a distribuição de competência feita pelo constituinte de 1988: "Compete privativamente à União legislar sobre ... águas" (art. 22, IV, da Constituição Federal, grifo acrescentado). Precedentes do STJ. CONCLUSÃO 7. Embargos de Divergência conhecidos e providos." (STJ, EREsp 1.335.535/RJ, 1ª Seção, Rel. Min. Herman Benjamin, j. 26.09.2018).

Segundo prevê o art. 12 da Lei 9.433/97, **estão sujeitos** à **outorga** pelo Poder Público os direitos dos seguintes usos de recursos hídricos:

"**I – derivação ou captação de parcela da água existente em um corpo de água** para consumo final, inclusive abastecimento público, ou insumo de processo produtivo;

II – **extração de água de aquífero** subterrâneo para consumo final ou insumo de processo produtivo;

III – **lançamento em corpo de água de esgotos e demais resíduos líquidos ou gasosos**, tratados ou não, com o fim de sua diluição, transporte ou disposição final;

IV – **aproveitamento dos potenciais hidrelétricos**;

V – **outros usos que alterem o regime**, a quantidade ou a qualidade da água existente em um corpo de água".

> **JURISPRUDÊNCIA STJ. Exploração das águas subterrâneas e autorização do Poder Público:** "Administrativo. Desapropriação. Indenização. Obra realizada por terceira pessoa em área desapropriada. Benfeitoria. Não caracterização. **Propriedade. Solo e subsolo**. Distinção. Águas **subterrâneas**. Titularidade. Evolução legislativa. **Bem público de uso comum de titularidade dos Estados-membros**. Código de Águas. Lei nº 9.433/97. Constituição Federal, arts. 176, 176 e 26, I. 1. Benfeitorias são as obras ou despesas realizadas no bem, para o fim de conservá-lo, melhorá-lo ou embelezá-lo, engendradas, necessariamente, pelo proprietário ou legítimo possuidor, não se caracterizando como tal a interferência alheia. 2. A **propriedade do solo não se confunde com a do subsolo** (art. 526 do Código Civil de 1916), motivo pelo qual **o fato de serem encontradas jazidas ou recursos hídricos em propriedade particular não torna o proprietário titular do domínio de referidos recursos** (arts. 176 da Constituição Federal) 3. Somente os bens públicos dominiais são passíveis de alienação e, portanto, de desapropriação. 4. **A água é bem público de uso comum (art. 1º da Lei nº 9.433/97), motivo pelo qual é insuscetível de apropriação pelo particular. 5. O particular tem, apenas, o direito à exploração das águas subterrâneas mediante autorização do Poder Público cobrada a devida contraprestação (arts. 12, II, e 20 da Lei nº 9.433/97).** 6. Ausente a autorização para exploração a que o alude o art. 12 da Lei nº 9.443/97, atentando-se para o princípio da justa indenização, revela-se ausente o direito à indenização pelo desapossamento de aquífero. 7. A *ratio* deste entendimento deve-se ao fato de a indenização por desapropriação estar condicionada à inutilidade ou aos prejuízos causados ao bem expropriado, por isso que, em **não tendo o proprietário o direito de exploração de lavra ou dos recursos hídricos, afasta-se o direito à indenização respectiva**. 8. Recurso especial provido para afastar da condenação imposta ao INCRA o *quantum* indenizatório fixado a título de benfeitoria" (STJ, REsp 518.744/RN, 1ª T., Rel. Min. Luiz Fux, j. 03.02.2004).

O § 1º do art. 12, por sua vez, estabelece que **independem de outorga pelo Poder Público**, conforme definido em regulamento, as seguintes hipóteses:

"I – o uso de recursos hídricos para a **satisfação das necessidades de pequenos núcleos populacionais**, distribuídos no meio rural;

II – as **derivações, captações e lançamentos** considerados **insignificantes**;

III – as **acumulações de volumes de água** consideradas **insignificantes**".

A outorga e a utilização de recursos hídricos para fins de **geração de energia elétrica** estarão subordinadas ao Plano Nacional de Recursos Hídricos, aprovado na forma do disposto no inciso VIII do art. 35 da 9.433/97, obedecida a disciplina da legislação setorial específica, conforme prevê o § 2º do art. 12.

Toda outorga, conforme determina expressamente o art. 13 do diploma hídrico, "**estará condicionada às prioridades de uso estabelecidas nos Planos de Recursos Hídricos** e deverá respeitar a classe em que o corpo de água estiver enquadrado e a manutenção de condições adequadas ao transporte aquaviário, quando for o caso". Se a outorga não cumprir a prioridade de uso estabelecida no Plano, essa outorga não tem validade e é nula de pleno direito. A nulidade deverá ser declarada em ato administrativo ou por meio de decisão judicial. Ademais, complementa o parágrafo único do art. 13 que "a outorga de uso dos recursos hídricos deverá preservar o uso múltiplo destes".

A outorga, por sua vez, efetivar-se-á por **ato da autoridade competente do Poder Executivo Federal, dos Estados ou do Distrito Federal**, conforme assinala o art. 14. O **Poder Executivo Federal**, no entanto, conforme prevê o § 1º do mesmo dispositivo, "**poderá delegar** aos Estados e ao Distrito Federal competência para conceder outorga de direito de uso de recurso hídrico de domínio da União.

> **JURISPRUDÊNCIA STJ. Concessão de outorga atribuída exclusivamente à autoridade do Poder Executivo Federal, Estadual ou Distrital:** "Processual civil. Administrativo. Mandado de segurança. **Captação de recursos hídricos**. Outorga. Não comprovação. Falta de prova pré-constituída. **Atribuição do Poder Executivo**. Dilação probatória. Descabimento. 1. A **Lei 9.433/97**, que institui a Política Nacional de Recursos Hídricos, estipula que **a exploração de recursos hídricos está sujeita a outorga pelo Poder Público (art. 12), de modo que somente se legitima a questionar judicialmente, em mandado de segurança, ato da autoridade pública que visa impedir a captação de água, quem é detentor de outorga do Poder Público para a referida exploração**. 2. A inexistência de comprovação, no ato da impetração, da referida outorga impede o exame de eventual direito líquido e certo do impetrante à captação de recursos hídricos, uma vez que o mandado de segurança pressupõe a juntada aos autos de prova pré-constituída do direito alegado, não podendo haver dilação probatória, nessa via. 3. A **concessão da outorga não pode ser conferida pelo Poder Judiciário**, em sede de mandado de segurança, pois, nos termos do art. 14 da citada Lei, a competência de tal ato é atribuída exclusivamente a autoridade do Poder Executivo Federal, Estadual ou Distrital. Ademais, os requisitos para essa concessão não podem ser aferidos nesta seara processual, que sequer admite dilação probatória. 4. Recurso especial improvido" (STJ, RMS 20.765/MG, 2ª T., Rel. Min. Eliana Calmon, j. 27.02.2007).

A outorga de direito de uso de recursos hídricos **poderá ser suspensa parcial ou totalmente, em definitivo ou por prazo determinado**, nas seguintes circunstâncias, conforme prevê o art. 15 do diploma:

"I – não cumprimento pelo outorgado dos termos da outorga;

II – ausência de uso por três anos consecutivos;

III – necessidade premente de água para atender a **situações de calamidade**, inclusive as decorrentes de **condições climáticas adversas**;

IV – necessidade de se **prevenir ou reverter grave degradação ambiental**;

V – necessidade de se atender a **usos prioritários, de interesse coletivo**, para os quais não se disponha de fontes alternativas;

VI – necessidade de serem mantidas as características de **navegabilidade do corpo de água**".

Como medida de **proteção ecológica**, o dispositivo prevê a suspensão da outorga do direito de uso dos recursos hídricos como decorrência da degradação ambiental ocasionada. Isso, por óbvio, é apenas uma medida administrativa, estando o poluidor também sujeito à responsabilização nas áreas criminal e cível. O dispositivo reforça, igualmente, a natureza pública (e o interesse difuso) inerente ao acesso à água, ao estabelecer a suspensão da outorga em razão de usos prioritários de interesse coletivo. Dito de outra forma, está prevista a prevalência do interesse público (primário) em face do interesse particular no uso dos recursos hídricos.

Toda outorga de direitos de uso de recursos hídricos far-se-á por **prazo não excedente a trinta e cinco anos, renovável**, conforme previsão do art. 16 do diploma.

A outorga não implica a alienação parcial das águas, que são **inalienáveis**, mas tão somente o **simples direito de seu uso** (art. 18). O art. 18 evidencia a **natureza pública inerente ao patrimônio ecológico**.

A outorga, por sua vez, não descaracteriza essa natureza, assegurando tão somente o direito de uso dos recursos hídricos. Mas não qualquer uso. O uso assegurado pela outorga deve estar alinhado com a **proteção e a sustentabilidade dos recursos hídricos**, caso contrário ele deverá ser suspenso ou revogado. Outro não poderia ser o entendimento, haja vista o interesse de toda a coletividade sempre presente na utilização dos recursos naturais, o que é particularmente destacado no campo dos recursos hídricos, dada a natureza vital destes para a nossa sobrevivência e equilíbrio ecológico.

2.4.4 Cobrança do uso de recursos hídricos

A cobrança pelo uso de recursos hídricos tem por **objetivo, segundo estabelece o art. 19 do diploma hídrico:**

"I – **reconhecer a água como bem econômico** e dar ao usuário uma indicação de seu **real valor;**

II – incentivar a **racionalização do uso da água;**

III – **obter recursos financeiros** para o financiamento dos programas e intervenções contemplados nos planos de recursos hídricos".

O dispositivo enuncia o reconhecimento da água como **bem jurídico dotado de valor econômico**. Isso, por sua vez, está atrelado também à internalização dos custos ecológicos decorrentes do uso dos recursos hídricos. Assim, quem utiliza a água, por força dos **princípios do poluidor-pagador e do usuário-pagador**, deve ressarcir à coletividade, não se admitindo que sobre esta última recaia o ônus da degradação ambiental. É uma forma de responsabilizar o poluidor pela utilização dos recursos naturais, desestimulando práticas antiecológicas e insustentáveis. Ademais, o mesmo raciocínio também pode ser empregado para reconhecer os serviços ecológicos proporcionados pelos recursos hídricos (equilíbrio climático, reprodução da fauna aquática etc.), sendo devido o pagamento por eles, tal como preconizado em outras matérias ambientais (por exemplo, na proteção das florestas).

Serão cobrados os usos de recursos hídricos sujeitos a outorga, nos termos do art. 12 da Lei 9.433/97, conforme prevê o art. 20. Na **fixação dos valores** a serem cobrados pelo uso dos recursos hídricos, prevê o art. 21 do diploma, devem ser observados, entre outros: I – nas derivações, captações e extrações de água, o **volume retirado e seu regime de variação**; II – nos lançamentos de esgotos e demais resíduos líquidos ou gasosos, o **volume lançado e seu regime de variação e as características físico-químicas, biológicas e de toxidade do afluente**.

Os **valores arrecadados** com a cobrança pelo uso de recursos hídricos, conforme disposição do art. 22 do diploma, serão **aplicados prioritariamente na bacia hidrográfica em que foram gerados** e serão utilizados: I – **no financiamento de estudos, programas, projetos e obras** incluídos nos Planos de Recursos Hídricos; e II – **no pagamento de despesas de implantação e custeio administrativo** dos órgãos e entidades integrantes do Sistema Nacional de Gerenciamento de Recursos Hídricos. A aplicação nas despesas previstas no inciso II do art. 19 é limitada a sete e meio por cento do total arrecadado (§ 1º), bem como "os valores previstos no *caput* deste artigo poderão ser aplicados a fundo perdido em projetos e obras que alterem, de modo considerado benéfico à coletividade, a qualidade, a quantidade e o regime de vazão de um corpo de água" (§ 2º).

2.4.5 Compensação a municípios

Não obstante a previsão da compensação a municípios entre os instrumentos da Política Nacional de Recursos Hídricos, o art. 24, que dispunha sobre o tema, foi vetado.

2.4.6 Sistema de Informações sobre Recursos Hídricos

O art. 25 enuncia que o Sistema de Informações sobre Recursos Hídricos é um **sistema de coleta, tratamento, armazenamento e recuperação de informações sobre recursos hídricos** e fatores intervenientes em sua gestão. Os **dados gerados pelos órgãos integrantes do Sistema Nacional de Gerenciamento de Recursos Hídricos** serão incorporados ao Sistema Nacional de Informações sobre Recursos Hídricos, conforme prevê, de forma complementar, o parágrafo único do dispositivo.

A criação do Sistema de Informações sobre Recursos Hídricos, em sintonia com o próprio marco legal edificado pela **Lei de Acesso à Informação Ambiental (Lei 10.650/2003)**, estabelece mecanismo extremamente relevante para assegurar o acesso à informação ambiental no campo dos recursos hídricos. Somente a partir da posse de tal informação que os usuários e entidades civis poderão participar de forma qualificada na tomada de decisões e gestão dos recursos hídricos.

> **RESOLUÇÃO 13/2000 DO CONSELHO NACIONAL DE RECURSOS HÍDRICOS:** a Resolução 13/2000 do CNRH estabelece diretrizes para a **implementação do Sistema Nacional de Informações sobre Recursos Hídricos**. De acordo com o seu art. 1º, "a Agência Nacional de Águas – ANA coordenará os órgãos e entidades federais, cujas atribuições ou competências estejam relacionadas com a gestão de recursos hídricos, mediante acordos e convênios, visando promover a gestão integrada das águas e em especial a produção, consolidação, organização e disponibilização à sociedade das informações e ações referentes: a) à rede hidrométrica nacional e às atividades de hidrologia relacionadas com o aproveitamento de recursos hídricos; b) aos sistemas de avaliação e outorga dos recursos hídricos superficiais e subterrâneos, em todo território nacional; c) aos sistemas de avaliação e concessão das águas minerais; d) aos sistemas de coleta de dados da Rede Nacional de Meteorologia; e) aos sistemas de informações dos setores usuários; f) ao sistema nacional de informações sobre meio ambiente; g) ao sistema de informações sobre gerenciamento costeiro; h) aos sistemas de informações sobre saúde; i) a projetos e pesquisas relacionados com recursos hídricos; e j) a outros sistemas de informações relacionados à gestão de recursos hídricos".

O art. 26 do diploma hídrico estabelece como **princípios básicos** para o funcionamento do Sistema de Informações sobre Recursos Hídricos:

"I – **descentralização** da obtenção e produção de dados e informações;
II – **coordenação unificada do sistema**;
III – **acesso aos dados e informações garantido a toda a sociedade**".

Já o art. 27 da legislação enuncia como **objetivos** do Sistema Nacional de Informações sobre Recursos Hídricos:

"I – reunir, dar consistência e divulgar os dados e informações sobre a **situação qualitativa e quantitativa dos recursos hídricos no Brasil**;
II – **atualizar permanentemente as informações** sobre disponibilidade e demanda de recursos hídricos em todo o território nacional;
III – **fornecer subsídios para a elaboração dos Planos de Recursos Hídricos**".

Por fim, cumpre apenas ressaltar a relevância do Sistema de Informações sobre Recursos Hídricos, inclusive no bojo do Sistema Nacional de Informação Ambiental (SINIMA), como forma de oportunizar um acesso qualificado à informação ambiental, permitindo, assim, maior **controle social** e o exercício dos **direitos ambientais de participação** em face de práticas públicas e privadas predatórias dos recursos hídricos.

2.5 Ação do poder público no âmbito da PNRH

Na implementação da Política Nacional de Recursos Hídricos, verifica-se a normatização de **deveres estatais de proteção dos recursos hídricos**, acarretando a cooperação de todos os entes federativos (União, Estados, Distrito Federal e Municípios) na conformação de uma política pública integrada de projeção nacional para os recursos hídricos. Há, por assim dizer, a firmação de um "**pacto federativo de proteção dos recursos hídricos**".

Na implementação da Política Nacional de Recursos Hídricos, conforme pontua o art. 29 do diploma hídrico, **compete ao Poder Executivo Federal:**

"I – tomar as providências necessárias à **implementação e ao funcionamento do Sistema Nacional de Gerenciamento de Recursos Hídricos**;

II – outorgar os direitos de uso de recursos hídricos, e regulamentar e fiscalizar os usos, na sua esfera de competência;

II – implantar e gerir o **Sistema de Informações sobre Recursos Hídricos**, em âmbito nacional;

IV – promover a **integração da gestão de recursos hídricos com a gestão ambiental**".

O **Poder Executivo Federal** indicará, por decreto, a **autoridade responsável pela efetivação de outorgas de direito de uso** dos recursos hídricos sob domínio da União, conforme assevera o parágrafo único do art. 29.

Na implementação da Política Nacional de Recursos Hídricos, **cabe aos Poderes Executivos Estaduais e do Distrito Federal**, na sua esfera de competência, conforme assinala o art. 30 do diploma hídrico:

"I – outorgar os direitos de uso de recursos hídricos e regulamentar e fiscalizar os seus usos;

II – realizar o controle técnico das **obras de oferta hídrica**;

III – implantar e gerir o **Sistema de Informações sobre Recursos Hídricos, em âmbito estadual e do Distrito Federal**;

IV – promover a **integração da gestão de recursos hídricos com a gestão ambiental**".

Por fim, cumpre destacar que, na implementação da Política Nacional de Recursos Hídricos, conforme assevera o art. 31 do diploma hídrico, os **Poderes Executivos do Distrito Federal e dos municípios** promoverão a integração das políticas locais de saneamento básico, de uso, ocupação e conservação do solo e de meio ambiente com as políticas federal e estaduais de recursos hídricos.

> **JURISPRUDÊNCIA STJ. Competência do Município para fiscalização de poço artesiano irregular:** "Administrativo. Poço artesiano irregular. Fiscalização. Objetivos e princípios da Lei da **Política Nacional de Recursos Hídricos (Lei 9.433/97). Competência comum do município.** 1. Hipótese em que se discutem os limites da competência fiscalizatória municipal relacionada à perfuração de poço artesiano e sua exploração por particular. 2. O Município autuou o recorrido e lacrou seu poço artesiano, por inexistência de autorização

e descumprimento da legislação estadual que veda a exploração dos recursos hídricos, pelo particular, naquela área. 3. O Tribunal de origem entendeu que a competência do Município para fiscalizar refere-se, exclusivamente, à proteção da saúde pública. Ocorre que a lacração do poço não decorreu dessa competência (a água é comprovadamente potável, sem risco para a saúde), mas sim por conta de descumprimento das normas que regem a exploração dos recursos hídricos, editadas pelo Estado. 4. Não há controvérsia quanto à legislação local, que, segundo o Ministério Público Estadual, veda a perfuração e a exploração de poço artesiano da área. 5. O acórdão recorrido fundamenta-se nas competências fixadas pela Lei da Política Nacional de Recursos Hídricos (Lei 9.433/97), ainda que interpretada à luz dos arts. 21, XIX, e 26, I, da Constituição Federal, o que atrai a competência do STJ. 6. A Lei 9.433/97, adotada pelo Tribunal de Justiça em suas razões de decidir, aponta claramente a competência dos Municípios para a gestão dos recursos hídricos (art. 1º, VI) e para a 'integração das políticas locais de saneamento básico, de uso, ocupação e conservação do solo e de meio ambiente com as políticas federais e estaduais de recursos hídricos' (art. 31). 7. Os arts. 1º, VI, e 31 da Lei da Política Nacional de Recursos Hídricos devem ser interpretados sob o prisma constitucional, que fixa a competência comum dos Municípios, relativa à proteção do meio ambiente e à fiscalização da exploração dos recursos hídricos (art. 23, VI e XI, da Constituição). 8. A Lei da Política Nacional de Recursos Hídricos significou notável avanço na proteção das águas no Brasil e deve ser interpretada segundo seus objetivos e princípios. 9. Três são os objetivos dorsais da Lei 9.4433/97, todos eles com repercussão na solução da presente demanda: a **preservação da disponibilidade quantitativa e qualitativa de água, para as presentes e futuras gerações; a sustentabilidade dos usos da água, admitidos somente os de cunho racional; e a proteção das pessoas e do meio ambiente contra os eventos hidrológicos críticos, desiderato que ganha maior dimensão em época de mudanças climáticas**. 10. Além disso, a Lei da Política Nacional de Recursos Hídricos apoia-se em uma série de princípios fundamentais, cabendo citar, entre os que incidem diretamente no litígio, o **princípio da dominialidade pública** (a água, dispõe a lei expressamente, é bem de domínio público), o **princípio da finitude** (a água é recurso natural limitado) e o **princípio da gestão descentralizada e democrática**. 11. As águas subterrâneas são 'recurso ambiental', nos exatos termos do art. 3º, V, da Lei da Política Nacional do Meio Ambiente (Lei 6.938/81), o que obriga o intérprete, na solução de litígios associados à gestão de recursos hídricos, a fazer uma leitura conjunta dos dois textos legais, em **genuíno exercício de diálogo das fontes**. 12. É evidente que a **perfuração indiscriminada e desordenada de poços artesianos** tem impacto direto no meio ambiente e na disponibilidade de recursos hídricos para o restante da população, de hoje e de amanhã. Feita sem controle, também põe em risco a saúde pública, por ausência de tratamento, quando for de rigor. 13. Em síntese, **o Município tem competência para fiscalizar a exploração de recursos hídricos, superficiais e subterrâneos, em seu território, o que lhe permite, por certo, também coibir a perfuração e exploração de poços artesianos, no exercício legítimo de seu poder de polícia urbanístico, ambiental, sanitário e de consumo**. 14. Recurso especial provido" (STJ, REsp 994.120/RS, 2ª T., Rel. Min. Herman Benjamin, j. 25.08.2009).

2.6 Sistema Nacional de Gerenciamento de Recursos Hídricos

O Sistema Nacional de Gerenciamento de Recursos Hídricos, de acordo com o art. 32, possui os seguintes **objetivos**:

"I – coordenar a gestão integrada das águas;

II – **arbitrar administrativamente os conflitos** relacionados com os recursos hídricos;

III – implementar a Política Nacional de Recursos Hídricos;

IV – **planejar, regular e controlar o uso, a preservação e a recuperação dos recursos hídricos**;

V – **promover a cobrança** pelo uso de recursos hídricos".

De acordo com o art. 33, **integram o Sistema Nacional de Gerenciamento de Recursos Hídricos** os seguintes **órgãos**, conforme redação dada pela Lei 9.984/2000:

"I – o **Conselho Nacional de Recursos Hídricos**;
I-A – a **Agência Nacional de Águas (ANA)**;
II – os **Conselhos de Recursos Hídricos dos Estados e do Distrito Federal**;
III – os **Comitês de Bacia Hidrográfica**;
IV – os **órgãos dos poderes públicos federal, estaduais, do Distrito Federal e municipais** cujas competências se relacionem com a gestão de recursos hídricos;
V – as **Agências de Água**".

2.6.1 Conselho Nacional de Recursos Hídricos

O Conselho Nacional de Recursos Hídricos, de acordo com o disposto no art. 34 do diploma hídrico, é **composto por**:

"I – representantes dos **Ministérios e Secretarias da Presidência da República com atuação no gerenciamento ou no uso de recursos hídricos**;
II – representantes indicados pelos **Conselhos Estaduais de Recursos Hídricos**;
III – representantes dos **usuários dos recursos hídricos**;
IV – representantes das **organizações civis de recursos hídricos**".[20]

O número de representantes do **Poder Executivo Federal**, conforme assinala o parágrafo único do art. 34, **não poderá exceder à metade mais um do total dos membros** do Conselho Nacional de Recursos Hídricos.

O art. 35, por sua vez, dispõe acerca da competência do Conselho Nacional de Recursos Hídricos, conforme segue:

> **Art. 35. Compete ao Conselho Nacional de Recursos Hídricos:**
> **I** – promover a articulação do planejamento de recursos hídricos com os planejamentos nacional, regional, estaduais e dos setores usuários;
> **II** – arbitrar, em última instância administrativa, os conflitos existentes entre Conselhos Estaduais de Recursos Hídricos;
> **III** – deliberar sobre os projetos de aproveitamento de recursos hídricos cujas repercussões extrapolem o âmbito dos Estados em que serão implantados;
> **IV** – deliberar sobre as questões que lhe tenham sido encaminhadas pelos Conselhos Estaduais de Recursos Hídricos ou pelos Comitês de Bacia Hidrográfica;
> **V** – analisar propostas de alteração da legislação pertinente a recursos hídricos e à Política Nacional de Recursos Hídricos;

---

[20] Mais recentemente, a regulamentação e composição do Conselho Nacional de Recursos Hídricos foram estabelecidas por meio do Decreto 10.000, de 3 de setembro de 2019.

VI – estabelecer diretrizes complementares para implementação da **Política Nacional de Recursos Hídricos**, aplicação de seus instrumentos e atuação do Sistema Nacional de Gerenciamento de Recursos Hídricos;

VII – aprovar propostas de instituição dos **Comitês de Bacia Hidrográfica** e estabelecer critérios gerais para a elaboração de seus regimentos;

VIII – (*Vetado*.);

IX – **acompanhar a execução e aprovar o Plano Nacional de Recursos Hídricos** e determinar as providências necessárias ao cumprimento de suas metas; (Redação dada pela Lei 9.984/2000.)

X – estabelecer critérios gerais para a outorga de direitos de uso de recursos hídricos e para a cobrança por seu uso;

XI – zelar pela implementação da **Política Nacional de Segurança de Barragens (PNSB)**; (Incluído pela Lei nº 12.334/2010.)

XII – estabelecer diretrizes para implementação da PNSB, aplicação de seus instrumentos e atuação do **Sistema Nacional de Informações sobre Segurança de Barragens (SNISB)**; (Incluído pela Lei nº 12.334/2010.)

XIII – apreciar o **Relatório de Segurança de Barragens**, fazendo, se necessário, recomendações para melhoria da segurança das obras, bem como encaminhá-lo ao Congresso Nacional. (Incluído pela Lei nº 12.334/2010.)

LEI DA POLÍTICA NACIONAL DE SEGURANÇA DE BARRAGENS (LEI 12.334/2010): a Lei 12.334, de 20 de setembro de 2010, estabeleceu a Política Nacional de Segurança de Barragens destinadas à acumulação de água para quaisquer usos, à disposição final ou temporária de rejeitos e à acumulação de resíduos industriais, além de criar o Sistema Nacional de Informações sobre Segurança de Barragens. De acordo com o art. 3º do referido diploma, "são **objetivos** da Política Nacional de Segurança de Barragens (PNSB): I – garantir a observância de padrões de segurança de barragens de maneira a fomentar a prevenção e a reduzir a possibilidade de acidente ou desastre e suas consequências; (Redação dada pela Lei 14.066, de 2020); II – regulamentar as ações de segurança a serem adotadas nas fases de planejamento, projeto, construção, primeiro enchimento e primeiro vertimento, operação, desativação, descaracterização e usos futuros de barragens; (Redação dada pela Lei 14.066, de 2020); III – promover o monitoramento e o acompanhamento das **ações de segurança** empregadas pelos responsáveis por barragens; IV – criar condições para que se amplie o universo de **controle de barragens pelo poder público**, com base na fiscalização, orientação e correção das ações de segurança; V – coligir **informações** que subsidiem o gerenciamento da segurança de barragens pelos governos; VI – estabelecer conformidades de natureza técnica que permitam a avaliação da adequação aos parâmetros estabelecidos pelo poder público; VII – **fomentar a cultura de segurança de barragens e gestão de riscos;** VIII – definir procedimentos emergenciais e fomentar a atuação conjunta de empreendedores, fiscalizadores e órgãos de proteção e defesa civil em caso de incidente, acidente ou desastre. (Incluído pela Lei 14.066, de 2020)".

O Conselho Nacional de Recursos Hídricos, de acordo com a previsão do art. 36, **será gerido por:**

I – um **Presidente**, que será o Ministro de Estado do Meio Ambiente e Mudança do Clima; II – um **Secretário-Executivo**, que será o titular do órgão integrante da estrutura do Ministério do Meio Ambiente e Mudança do Clima responsável pela gestão dos recursos hídricos. (Redação dada pela MP 1.154/2023/2023.)"

2.6.2 Agência Nacional de Águas (ANA)

A **Lei 9.984/2000** estabeleceu a criação da Agência Nacional de Águas (ANA), entidade federal de implementação da Política Nacional de Recursos Hídricos e de coordenação do Sistema Nacional de Gerenciamento de Recursos Hídricos, vinculada ao Ministro de Estado do Meio Ambiente e Mudança do Clima (vide MP 1.154/2023).

O art. 4º da Lei 9.984/2000, por sua vez, dispõe acerca das **atribuições da ANA**, conforme segue:

> **Art. 4º** A atuação da ANA obedecerá aos fundamentos, objetivos, diretrizes e instrumentos da Política Nacional de Recursos Hídricos e será desenvolvida em articulação com órgãos e entidades públicas e privadas integrantes do Sistema Nacional de Gerenciamento de Recursos Hídricos, **cabendo-lhe**:
>
> **I** – supervisionar, controlar e avaliar as ações e atividades decorrentes do cumprimento da legislação federal pertinente aos recursos hídricos;
>
> **II** – disciplinar, em caráter normativo, a implementação, a operacionalização, o controle e a avaliação dos instrumentos da Política Nacional de Recursos Hídricos;
>
> **III** – (Vetado.);
>
> **IV** – outorgar, por intermédio de autorização, o direito de uso de recursos hídricos em corpos de água de domínio da União, observado o disposto nos arts. 5º, 6º, 7º e 8º;
>
> **V** – fiscalizar os usos de recursos hídricos nos corpos de água de domínio da União;
>
> **VI** – elaborar estudos técnicos para subsidiar a definição, pelo Conselho Nacional de Recursos Hídricos, dos valores a serem cobrados pelo uso de recursos hídricos de domínio da União, com base nos mecanismos e quantitativos sugeridos pelos Comitês de Bacia Hidrográfica, na forma do inciso VI do art. 38 da Lei nº 9.433, de 1997;
>
> **VII** – estimular e apoiar as iniciativas voltadas para a criação de Comitês de Bacia Hidrográfica;
>
> **VIII** – implementar, em articulação com os Comitês de Bacia Hidrográfica, a cobrança pelo uso de recursos hídricos de domínio da União;
>
> **IX** – arrecadar, distribuir e aplicar receitas auferidas por intermédio da cobrança pelo uso de recursos hídricos de domínio da União, na forma do disposto no art. 22 da Lei nº 9.433, de 1997;
>
> **X** – planejar e promover ações destinadas a prevenir ou minimizar os efeitos de secas e inundações, no âmbito do Sistema Nacional de Gerenciamento de Recursos Hídricos, em articulação com o órgão central do Sistema Nacional de Defesa Civil, em apoio aos Estados e Municípios;
>
> **XI** – promover a elaboração de estudos para subsidiar a aplicação de recursos financeiros da União em obras e serviços de regularização de cursos de água, de alocação e distribuição de água, e de controle da poluição hídrica, em consonância com o estabelecido nos planos de recursos hídricos;
>
> **XII** – definir e fiscalizar as condições de operação de reservatórios por agentes públicos e privados, visando a garantir o uso múltiplo dos recursos hídricos, conforme estabelecido nos planos de recursos hídricos das respectivas bacias hidrográficas;
>
> **XIII** – promover a coordenação das atividades desenvolvidas no âmbito da rede hidrometeorológica nacional, em articulação com órgãos e entidades públicas ou privadas que a integram, ou que dela sejam usuárias;
>
> **XIV** – organizar, implantar e gerir o Sistema Nacional de Informações sobre Recursos Hídricos;
>
> **XV** – estimular a pesquisa e a capacitação de recursos humanos para a gestão de recursos hídricos;

XVI – prestar apoio aos Estados na criação de órgãos gestores de recursos hídricos;

XVII – propor ao Conselho Nacional de Recursos Hídricos o estabelecimento de incentivos, inclusive financeiros, à conservação qualitativa e quantitativa de recursos hídricos;

XVIII – participar da elaboração do Plano Nacional de Recursos Hídricos e supervisionar a sua implementação; (Incluído pela Medida Provisória nº 2.216-37/2001.)

XIX – regular e fiscalizar, quando envolverem corpos d'água de domínio da União, a prestação dos serviços públicos de irrigação, se em regime de concessão, e adução de água bruta, cabendo-lhe, inclusive, a disciplina, em caráter normativo, da prestação desses serviços, bem como a fixação de padrões de eficiência e o estabelecimento de tarifa, quando cabíveis, e a gestão e auditagem de todos os aspectos dos respectivos contratos de concessão, quando existentes; (Redação dada pela Lei nº 12.058/2009.)

XX – organizar, implantar e gerir o Sistema Nacional de Informações sobre Segurança de Barragens (SNISB); (Incluído pela Lei nº 12.334/2010.)

XXI – promover a articulação entre os órgãos fiscalizadores de barragens; (Incluído pela Lei nº 12.334, de 2010.)

XXII – coordenar a elaboração do Relatório de Segurança de Barragens e encaminhá-lo, anualmente, ao Conselho Nacional de Recursos Hídricos (CNRH), de forma consolidada. (Incluído pela Lei nº 12.334/2010.)

XXIII – declarar a situação crítica de escassez quantitativa ou qualitativa de recursos hídricos nos corpos hídricos que impacte o atendimento aos usos múltiplos localizados em rios de domínio da União, por prazo determinado, com base em estudos e dados de monitoramento, observados os critérios estabelecidos pelo Conselho Nacional de Recursos Hídricos, quando houver; e (Incluído pela Lei nº 14.026, de 2020)

XXIV – estabelecer e fiscalizar o cumprimento de regras de uso da água, a fim de assegurar os usos múltiplos durante a vigência da declaração de situação crítica de escassez de recursos hídricos a que se refere o inciso XXIII do *caput* deste artigo. (Incluído pela Lei nº 14.026, de 2020)

2.6.3 Comitês de Bacia Hidrográfica

O art. 37 do diploma hídrico estabelece que os Comitês de Bacia Hidrográfica terão como área de atuação: I – a totalidade de uma bacia hidrográfica; II – sub-bacia hidrográfica de tributário do curso de água principal da bacia, ou de tributário desse tributário; ou III – grupo de bacias ou sub-bacias hidrográficas contíguas. A **instituição** de Comitês de Bacia Hidrográfica em rios de domínio da União, conforme pontua o parágrafo único do art. 37, será efetivada por **ato do Presidente da República**.

No tocante à **competência** dos Comitês de Bacia Hidrográfica, estabelece o art. 38 que compete a eles, no âmbito de sua área de atuação:

> "**I – promover o debate das questões relacionadas a recursos hídricos e articular a atuação das entidades intervenientes;**
>
> **II – arbitrar, em primeira instância administrativa, os conflitos relacionados aos recursos hídricos;**
>
> **III – aprovar o Plano de Recursos Hídricos da bacia;**
>
> **IV – acompanhar a execução do Plano de Recursos Hídricos da bacia e** sugerir as providências necessárias ao cumprimento de suas metas;
>
> **V – propor ao Conselho Nacional e aos Conselhos Estaduais de Recursos Hídricos** as acumulações, derivações, captações e lançamentos de pouca expressão, para efeito de isenção da obrigatoriedade de outorga de direitos de uso de recursos hídricos, de acordo com os domínios destes;

VI – **estabelecer os mecanismos de cobrança** pelo uso de recursos hídricos e sugerir os valores a serem cobrados;

VII – (*Vetado.*);

VIII – (*Vetado.*);

IX – estabelecer critérios e promover o **rateio de custo das obras de uso múltiplo, de interesse comum ou coletivo**".

Das **decisões dos Comitês de Bacia Hidrográfica**, conforme estipula o parágrafo único do art. 38, **caberá recurso ao Conselho Nacional ou aos Conselhos Estaduais de Recursos Hídricos**, de acordo com sua esfera de competência.

Os Comitês de Bacia Hidrográfica, segundo dispõe o art. 39, são **compostos por representantes**:

"I – da **União**;

II – dos **Estados e do Distrito Federal** cujos territórios se situem, ainda que parcialmente, em suas respectivas áreas de atuação;

III – dos **Municípios situados**, no todo ou em parte, em sua área de atuação;

IV – dos **usuários das águas de sua área de atuação**;

V – das **entidades civis de recursos hídricos com atuação comprovada na bacia**".

O número de representantes de cada setor mencionado no art. 39, bem como os critérios para sua indicação, serão estabelecidos nos regimentos dos comitês, limitada a representação dos poderes executivos da União, Estados, Distrito Federal e Municípios à metade do total de membros, conforme prevê o § 1º do dispositivo. A Lei 9.433/97 foi clara ao **limitar a representação do Poder Executivo** da União, Estados, Distrito Federal e Municípios à **metade do total de membros** do Comitê de Bacia Hidrográfica. Essa é a prática salutar e necessária da **democracia participativa** na gestão de direitos difusos e coletivos como o das águas. Em nenhuma hipótese os poderes públicos poderão ter a maioria de membros.

O § 2º do art. 39 prevê que, nos Comitês de Bacia Hidrográfica de **bacias de rios fronteiriços e transfronteiriços** de gestão compartilhada, a representação da União deverá incluir um **representante do Ministério das Relações Exteriores**, bem como no § 3º do mesmo dispositivo que, nos Comitês de Bacia Hidrográfica de **bacias cujos territórios abranjam terras indígenas** devem ser incluídos representantes: I – **da Fundação Nacional do Índio – FUNAI**, como parte da representação da União; e II – **das comunidades indígenas** ali residentes ou com interesses na bacia.

A participação da União nos Comitês de Bacia Hidrográfica com área de atuação restrita a bacias de rios sob domínio estadual dar-se-á na forma estabelecida nos respectivos regimentos, conforme prevê o § 4º do art. 39.

Por fim, destaca-se que, conforme previsão do art. 40, os Comitês de Bacia Hidrográfica serão dirigidos por **um Presidente e um Secretário, eleitos dentre seus membros**.

2.6.4 Agências de Água

As Agências de Água, de acordo com o disposto no art. 41 do diploma hídrico, exercem a **função de secretaria executiva** do respectivo ou respectivos **Comitês de Bacia Hidrográfica**. De tal sorte, as Agências de Água terão a mesma área de atuação de um ou mais Comitês de Bacia Hidrográfica (art. 42).

A **criação** das Agências de Água, conforme previsão do parágrafo único do art. 42, será **autorizada pelo Conselho Nacional de Recursos Hídricos ou pelos Conselhos Estaduais de Recursos Hídricos** mediante **solicitação de um ou mais Comitês de Bacia Hidrográfica**.

A criação de uma Agência de Água é condicionada ao atendimento dos seguintes **requisitos**, conforme prevê o art. 43: **I – prévia existência do respectivo ou respectivos Comitês de Bacia Hidrográfica**; e **II – viabilidade financeira** assegurada pela cobrança do uso dos recursos hídricos em sua área de atuação.

No tocante à **competência** das Agências de Água, o art. 44 estabelece que compete a elas:

> **Art. 44. Compete às Agências de Água**, no âmbito de sua área de atuação:
> **I** – manter **balanço atualizado da disponibilidade de recursos hídricos** em sua área de atuação;
> **II** – manter o **cadastro de usuários de recursos hídricos**;
> **III** – efetuar, mediante delegação do outorgante, a **cobrança pelo uso de recursos hídricos**;
> **IV – analisar e emitir pareceres sobre os projetos e obras a serem financiados com recursos gerados pela cobrança pelo uso de Recursos Hídricos** e encaminhá-los à instituição financeira responsável pela administração desses recursos;
> **V – acompanhar a administração financeira dos recursos arrecadados** com a cobrança pelo uso de recursos hídricos em sua área de atuação;
> **VI** – gerir o **Sistema de Informações sobre Recursos Hídricos em sua área de atuação**;
> **VII – celebrar convênios e contratar financiamentos e serviços** para a execução de suas competências;
> **VIII – elaborar a sua proposta orçamentária** e submetê-la à apreciação do respectivo ou respectivos Comitês de Bacia Hidrográfica;
> **IX – promover os estudos** necessários para a gestão dos recursos hídricos em sua área de atuação;
> **X – elaborar o Plano de Recursos Hídricos** para apreciação do respectivo Comitê de Bacia Hidrográfica;
> **XI – propor ao respectivo ou respectivos Comitês de Bacia Hidrográfica:**
> **a) o enquadramento dos corpos de água nas classes de uso**, para encaminhamento ao respectivo Conselho Nacional ou Conselhos Estaduais de Recursos Hídricos, de acordo com o domínio destes;
> **b) os valores a serem cobrados** pelo uso de recursos hídricos;
> **c) o plano de aplicação dos recursos arrecadados** com a cobrança pelo uso de recursos hídricos;
> **d) o rateio de custo das obras de uso múltiplo**, de interesse comum ou coletivo.

2.6.5 Secretaria Executiva do Conselho Nacional de Recursos Hídricos

A **Secretaria Executiva** do Conselho Nacional de Recursos Hídricos, segundo nova redação conferida ao art. 45 da Lei 9.433/97 pela Lei 13.844/2019, será exercida pelo órgão integrante da estrutura do Ministério do Meio Ambiente e Mudança do Clima responsável pela gestão dos recursos hídricos, conforme redação conferida ao dispositivo pela MP 1.154/2023.

À **Secretaria Executiva do Conselho Nacional de Recursos Hídricos** compete (art. 46, conforme redação dada pela Lei 9.984/2000):

> "**I – prestar apoio administrativo, técnico e financeiro** ao Conselho Nacional de Recursos Hídricos;
> **II** – (*Revogado.*);
> **III – instruir os expedientes** provenientes dos Conselhos Estaduais de Recursos Hídricos e dos Comitês de Bacia Hidrográfica;

IV – (*Revogado.*);

V – **elaborar seu programa de trabalho e respectiva proposta orçamentária anual e submetê-los à aprovação do Conselho Nacional de Recursos Hídricos**".

2.6.6 Organizações Civis de Recursos Hídricos

A Lei 9.433/97 enalteceu o **papel democrático-participativo das ONGs na gestão dos recursos hídricos**. O fato de o diploma estabelecer tal previsão, somado a inúmeros outros dispositivos (entre eles, a criação dos Comitês de Bacia Hidrográfica e a inclusão da sociedade civil na sua composição), revela a intenção do legislador de estabelecer mecanismos de participação e controle social na gestão dos recursos hídricos.

De acordo com o art. 47 do diploma hídrico, são consideradas, para os efeitos da legislação, **organizações civis de recursos hídricos**:

"I – **consórcios e associações intermunicipais de bacias hidrográficas**;

II – **associações** regionais, locais ou setoriais **de usuários de recursos hídricos**;

III – **organizações técnicas e de ensino e pesquisa** com interesse na área de recursos hídricos;

IV – **organizações não governamentais com objetivos de defesa de interesses difusos e coletivos da sociedade**;

V – **outras organizações** reconhecidas pelo Conselho Nacional ou pelos Conselhos Estaduais de Recursos Hídricos".

Por fim, ressalta o art. 48 que, para integrar o Sistema Nacional de Recursos Hídricos, as organizações civis de recursos hídricos devem ser **legalmente constituídas**.

2.7 Infrações e penalidades

A Lei 9.433/97 consagrou infrações e penalidades administrativas nos seus arts. 49 e 50, conforme segue:

> **DAS INFRAÇÕES E PENALIDADES ADMINISTRATIVAS**
>
> **Art. 49. Constitui infração das normas de utilização de recursos hídricos superficiais ou subterrâneos:**
>
> **I – derivar ou utilizar recursos hídricos para qualquer finalidade, sem a respectiva outorga de direito de uso;**
>
> **II – iniciar a implantação ou implantar empreendimento relacionado com a derivação ou a utilização de recursos hídricos, superficiais ou subterrâneos, que implique alterações no regime, quantidade ou qualidade dos mesmos, sem autorização dos órgãos ou entidades competentes;**
>
> **III –** (*Vetado.*);
>
> **IV – utilizar-se dos recursos hídricos ou executar obras ou serviços relacionados com os mesmos em desacordo com as condições estabelecidas na outorga;**
>
> **V – perfurar poços para extração de água subterrânea ou operá-los sem a devida autorização;**
>
> **VI – fraudar as medições dos volumes de água utilizados ou declarar valores diferentes dos medidos;**

VII – infringir normas estabelecidas no regulamento desta Lei e nos regulamentos administrativos, compreendendo instruções e procedimentos fixados pelos órgãos ou entidades competentes;

VIII – obstar ou dificultar a ação fiscalizadora das autoridades competentes no exercício de suas funções.

Art. 50. Por infração de qualquer disposição legal ou regulamentar referente à execução de obras e serviços hidráulicos, derivação ou utilização de recursos hídricos, ou pelo não atendimento das solicitações feitas, o infrator, a critério da autoridade competente, ficará sujeito às seguintes penalidades, independentemente de sua ordem de enumeração: (Redação dada pela Lei 14.066, de 2020)

I – advertência por escrito, na qual serão estabelecidos prazos para correção das irregularidades;

II – multa, simples ou diária, proporcional à gravidade da infração, de R$ 100,00 (cem reais) a R$ 50.000.000,00 (cinquenta milhões de reais); (Redação dada pela Lei 14.066, de 2020);

III – embargo provisório, por prazo determinado, para execução de serviços e obras necessárias ao efetivo cumprimento das condições de outorga ou para o cumprimento de normas referentes ao uso, controle, conservação e proteção dos recursos hídricos;

IV – embargo definitivo, com revogação da outorga, se for o caso, para repor incontinenti, no seu antigo estado, os recursos hídricos, leitos e margens, nos termos dos arts. 58 e 59 do Código de Águas ou tamponar os poços de extração de água subterrânea.

§ 1º Sempre que da infração cometida resultar prejuízo a serviço público de abastecimento de água, riscos à saúde ou à vida, perecimento de bens ou animais, ou prejuízos de qualquer natureza a terceiros, a multa a ser aplicada nunca será inferior à metade do valor máximo cominado em abstrato.

§ 2º No caso dos incisos III e IV, independentemente da pena de multa, serão cobradas do infrator as despesas em que incorrer a Administração para tornar efetivas as medidas previstas nos citados incisos, na forma dos arts. 36, 53, 56 e 58 do Código de Águas, sem prejuízo de responder pela indenização dos danos a que der causa.

§ 3º Da aplicação das sanções previstas neste título caberá recurso à autoridade administrativa competente, nos termos do regulamento.

§ 4º Em caso de reincidência, a multa será aplicada em dobro.

2.8 Disposições gerais

O Conselho Nacional de Recursos Hídricos e os Conselhos Estaduais de Recursos Hídricos, de acordo com previsão expressa do art. 51 do diploma hídrico, conforme redação dada ao dispositivo pela Lei 10.881/2004, poderão **delegar a organizações sem fins lucrativos** relacionadas no art. 47, por prazo determinado, **o exercício de funções de competência das Agências de Água**, enquanto esses organismos não estiverem constituídos.

Igualmente, destaca o art. 52 do diploma que, enquanto não estiver aprovado e regulamentado o Plano Nacional de Recursos Hídricos, a utilização dos potenciais hidráulicos para fins de geração de energia elétrica continuará subordinada à disciplina da legislação setorial específica.

JURISPRUDÊNCIA DO STJ. Interpretação sistemática do art. 52 da Lei 9.433/97: "Administrativo. Processual civil. Ambiental. Ação civil pública. Licitação de concessão de uso para exploração de aproveitamento hidrelétrico no Rio Uruguai. Declaração de reserva de disponibilidade hídrica. Imprescindibilidade. Interpretação sistemática do art. 52 da Lei nº 9.433/1997, bem como dos arts. 7º e 26 da Lei 9.984/2000. Alegação de litispendência. Necessidade de revolvimento do conjunto fático e probatório constante dos autos.

Inviabilidade na via recursal eleita. Incidência da Súmula 7/STJ. 1. No que tange à prescindibilidade ou não da declaração de disponibilidade de recursos hídricos como requisito para a concessão de uso para exploração de aproveitamento hidrelétrico, é certo que, da interpretação sistemática das Leis 9.433/1997 e 9.984/2000 é possível obter as seguintes conclusões: (a) até a aprovação do Plano Nacional de Recursos Hídricos: a utilização dos potenciais hidráulicos para fins de geração de energia elétrica ficou subordinada à disciplina da legislação setorial específica (inteligência do art. 52 da Lei 9.433/1997); (b) após a aprovação do Plano Nacional de Recursos Hídricos no âmbito da Lei 9.984/2000 e até a estruturação da Agência Nacional de Águas: atribuição à Agência Nacional de Energia Elétrica para a emissão de tais declarações enquanto vigorasse a fase de implementação das atividades da ANA (inteligência dos arts. 7º e 26 da Lei 9.984/2000); e (c) após a efetiva estruturação da Agência Nacional de Águas: atribuição a esta agência reguladora para a expedição do referido documento. 2. Do recurso especial interposto pela Agência Nacional de Energia Elétrica: esta Agência Reguladora, nas razões de seu recurso especial, alega, em síntese, pela prescindibilidade da declaração de disponibilidade hídrica no referido período de transição previsto no art. 26 da Lei 9.984/2000. 3. Não obstante, a interpretação da cronologia acima exposta aponta no sentido de que, após a edição da Lei 9.984, em 17 de julho de 2000, a expedição do ato administrativo tornou etapa obrigatória do processo de outorga de concessão ou de autorização do direito de uso dos recursos hidráulicos pertencentes à União para fins de produção de energia hidroelétrica. De forma transitória foi conferida à Agência Nacional de Energia Elétrica a atribuição para expedi-la, apenas e tão somente enquanto ainda não fosse estruturada efetivamente a Agência Nacional de Águas. Vale dizer, a inteligência do referido art. 26 da Lei 9.984/2000 não dispensou a ANEEL de outorgar a referida declaração, que se tornou obrigatória a partir da edição do referido diploma normativo. 4. No caso em concreto, consta do acórdão recorrido que o empreendimento da Usina Hidroelétrica Foz do Chapecó foi construído sem que houvesse a prévia emissão do referido ato administrativo, sob o argumento de que, no referido período de transição, a Agência Nacional de Águas, por meio de sua Resolução 131/2003 indiretamente homologou todas as concessões e autorizações de uso de energia hidráulica expedidas antes de sua data, desde o advento da Lei 9.984/2000. 5. Cumpre observar que, ainda que seja impossível a análise do conteúdo de resoluções e atos infralegais na via recursal eleita (categoria na qual se integra a referida Resolução 131/2003), não me afigura ser possível que, por meio da edição de tais atos, possa o Poder Público – aqui entendido em acepção ampla, abrangendo não só os órgãos públicos, mas também as demais pessoas jurídicas que integram o conceito de Fazenda Pública – se eximir da obrigação que lhe é legalmente imposta. Entendimento em sentido diverso implicaria o desvirtuamento das características do próprio poder regulamentar que assiste à Administração Pública no exercício de suas atribuições, dentre as quais a sua subordinação ao comando normativo legal que lhe deu ensejo. 6. Destaco, outrossim, que este Sodalício possui jurisprudência no sentido da inadmissibilidade dos regulamentos autônomos no ordenamento jurídico brasileiro, fora das hipóteses constitucionalmente admitidas, por subverter a própria estrutura hierárquico normativa que rege a ordem jurídica nacional. Precedentes. (...) 10. Recurso especial da ANEEL conhecido e conhecido parcialmente o da União para, tão somente na parte conhecida, negar provimento a ambas as insurgências" (STJ, REsp 1.068.612/SC, 2ª T., Rel. Min. Campbell Marques, j. 11.04.2013).

3. PRINCIPAIS RESOLUÇÕES DO CONAMA SOBRE RECURSOS HÍDRICOS

Resolução Conama 482/2017 – Dispõe sobre a utilização da técnica de queima controlada emergencial como ação de resposta a incidentes de poluição por óleo no mar.

Resolução Conama 472/2015 – Dispõe sobre o uso de dispersantes químicos em incidentes de poluição por óleo no mar. (Revoga a Resolução CONAMA nº 269, de 14 de setembro de 2000).

Resolução Conama 467/2015 – Dispõe sobre critérios para a autorização de uso de produtos ou de agentes de processos físicos, químicos ou biológicos para o controle de organismos ou contaminantes em corpos hídricos superficiais e dá outras providências.

Resolução Conama 429/2013 – Altera a Resolução no 413, de 26 de junho de 2009, do Conselho Nacional do Meio Ambiente-CONAMA, que dispõe sobre o licenciamento ambiental da aquicultura, e dá outras providências. (Altera Resolução 413/2009).

Resolução Conama 454/2012 – "Estabelece as diretrizes gerais e os procedimentos referenciais para o gerenciamento do material a ser dragado em águas sob jurisdição nacional" (Revoga as Resoluções nº 344 de 2004 e nº 421 de 2010).

Resolução Conama 430/2011 – "Dispõe sobre condições e padrões de lançamento de efluentes, complementa e altera a Resolução nº 357, de 17 de março de 2005, do Conselho Nacional do Meio Ambiente – CONAMA".

Resolução Conama 398/2008 – "Dispõe sobre o conteúdo mínimo do Plano de Emergência Individual para incidentes de poluição por óleo em águas sob jurisdição nacional, originados em portos organizados, instalações portuárias, terminais, dutos, sondas terrestres, plataformas e suas instalações de apoio, refinarias, estaleiros, marinas, clubes náuticos e instalações similares, e orienta a sua elaboração".

Resolução Conama 396/2008 – "Dispõe sobre a classificação e diretrizes ambientais para o enquadramento das águas subterrâneas e dá outras providências".

Resolução Conama 393/2007 – "Dispõe sobre o descarte contínuo de água de processo ou de produção em plataformas marítimas de petróleo e gás natural, e dá outras providências".

Resolução Conama 362/2005 – "Dispõe sobre o recolhimento, coleta e destinação final de óleo lubrificante usado ou contaminado" (Revoga a Resolução nº 09, de 1993; alterada pela Resolução nº 450, de 2012).

Resolução Conama 359/2005 – "Dispõe sobre a regulamentação do teor de fósforo em detergentes em pó para uso em todo o território nacional e dá outras providências".

Resolução Conama 357/2005 – "Dispõe sobre a classificação dos corpos de água e diretrizes ambientais para o seu enquadramento, bem como estabelece as condições e padrões de lançamento de efluentes, e dá outras providências" (Alterada pelas Resoluções nº 370, de 2006, nº 397, de 2008, nº 410, de 2009, e nº 430, de 2011; complementada pela Resolução nº 393, de 2007).

Resolução Conama 274/2000 – "Revisa os critérios de Balneabilidade em Águas Brasileiras".

Resolução Conama 273/2000 – "Dispõe sobre prevenção e controle da poluição em postos de combustíveis e serviços" (Alterada pelas Resoluções nº 276, de 2001, e nº 319, de 2002).

Anexo I

TABELA CRONOLÓGICA DA LEGISLAÇÃO AMBIENTAL INTERNACIONAL E COMPARADA E DOS PRINCIPAIS FATOS HISTÓRICOS RELACIONADOS À MATÉRIA

1228
- "Cântico das Criaturas" (*Cantico delle creature; Laudes Creaturarum*), também conhecido como "Cântico do Irmão Sol" (*Cantico di Frate Sole*) de São Francisco de Assis.

1735
- Karl von Linnée (ou Carolus Linnaeus) publica a sua obra *Systema Naturae*, estabelecendo o sistema moderno de classificação científica das espécies naturais (ex. *Homo sapiens*).

1845-1862
- Alexander von Humboldt publica *Kosmos: Entwurf einer physischen Weltbeschreibung* (*Cosmos: esboço de uma descrição física do mundo*), descrevendo em cinco volumes todos os conhecimentos da época sobre os fenômenos terrestres e celestes.

1859
- Charles Darwin publica *A Origem das Espécies*, consagrando cientificamente a teoria da evolução pela seleção natural.

1864
- Criação do *Yosemite National Park* (1864), localizado nas montanhas da Serra Nevada, no Estado da Califórnia, e do *Yellowstone National Park* (1872), localizado nos Estados de Wyoming, Montana e Idaho, como consequência direta do movimento conservacionista norte-americano.

1866
- O termo "ecologia" (*Oecologie*) foi cunhado pelo zoólogo e naturalista alemão Ernst Haeckel no ano de 1866, com a publicação da sua obra *Generelle Morphologie der Organismen* (*Morfologia geral dos organismos*).

1892
- Henry S. Salt publica o livro *Direitos dos Animais: Considerados em Relação ao Progresso Social* (*Animals' Rights: Considered in Relation to Social Progress*).
- Fundação da Sierra Club, em São Francisco, na Califórnia, por John Muir.

1919
- Constituição Alemã de Weimar e a consagração da proteção dos monumentos artísticos, históricos, culturais e paisagísticos por parte do Estado (art. 150).

1942
- Decisão do Caso do *Trail Smelter* pelo Tribunal de Arbitragem constituído para o caso, em que, pela primeira vez, se decide sobre poluição transfronteiriça envolvendo os governos federais do Canadá e dos Estados Unidos.

1945
- Lançamento pelos Estados Unidos das bombas nucleares sobre Hiroshima e Nagasaki, no Japão, ao final da Segunda Guerra Mundial
- Carta da Organização das Nações Unidas

1946
- Criação da Comissão Baleeira Internacional (*International Whaling Commission – IWC*), instituída pela Convenção Internacional para a Regulação da Atividade Baleeira (1946), firmada em Washington, para controlar a caça às baleias

1948
- Declaração Universal dos Direitos Humanos
- Declaração Americana dos Direitos e Deveres do Homem
- Fundação da União Internacional para Conservação da Natureza (IUCN) por Julian Huxley

1949
- Publicação da obra *Sand County Almanac* de Aldo Leopold

1959
- Instalação da Comissão Interamericana de Direitos Humanos, como órgão autônomo da Organização dos Estados Americanos (OEA)

1962
- Publicação do livro *Primavera silenciosa* (*Silent Spring*), de Rachel Carson

1964
- Publicação da obra *Antes que a natureza morra*: por uma ecologia política (*Avant que Nature Meure*: por une Écologie Politique), de Jean Dorst

1966
- Pacto Internacional dos Direitos Civis e Políticos
- Pacto Internacional dos Direitos Econômicos, Sociais e Culturais
- Primeira Lista de Espécies Ameaçadas (*Red List*) da IUCN
- Lei do Bem-Estar Animal (*Animal Welfare Act*) nos EUA

1968
- Movimento de Maio de 1968
- Garrett J. Hardin publicou o artigo "A Tragédia dos comuns" (*The Tragedy of the Commons*), na Revista *Science*, apontando os impactos da população humana sobre o Planeta Terra

1969
- Convenção Americana de Direitos Humanos (Pacto de San José da Costa Rica)

1970
- Lei da Política Nacional do Meio Ambiente (*National Environmental Policy Act – NEPA*) nos EUA
- Lei do Ar Limpo (*Clean Air Act*) nos EUA

- Criação da Agência de Proteção Ambiental (*Environmental Protection Agency – EPA*) nos EUA
- Celebração pela primeira vez do "Dia da Terra" (*Earth Day*) nos EUA

1971
- Lei do Programa de Meio Ambiente do Governo Federal (*Umweltprogramm der Bundesregierung*) na Alemanha

1972
- Lei da Água Limpa (*Clean Water Act*) nos EUA
- Lei de Resíduos (*Abfallgesetz*) na Alemanha
- Conferência e Declaração de Estocolmo sobre o Meio Ambiente Humano da ONU
- Instituição do Programa das Nações Unidas para o Meio Ambiente (PNUMA)
- Convenção da UNESCO sobre Proteção do Patrimônio Mundial Cultural e Natural
- Publicação do relatório *Os limites do crescimento*, do Clube de Roma
- Publicação do artigo "Should trees have standing?" sobre os "direitos dos entes naturais", do Professor norte-americano Christopher D. Stone
- The *Blue Marble* ("O Mármore Azul") – em 7 de dezembro de 1972, a tripulação da missão Apollo 17 tirou a mais famosa fotografia da Terra, a uma distância de aproximadamente 45.000 km, quando estava a caminho da Lua.
- Primeira imagem de satélite do território brasileiro feita pela NASA, o que, posteriormente, resultou em parceria com o INPE e oportunizou, anos mais tarde, o uso de imagens de satélite na fiscalização do desmatamento na Amazônia.[1]

1973
- Convenção sobre o Comércio Internacional das Espécies da Fauna e da Flora Selvagens em Perigo de Extinção (CITES)
- Crise do Petróleo
- Lei das Espécies Ameaçadas (*Endangered Species Act*) e Lei de Proteção dos Mamíferos Marinhos (*Marine Mammals Act*) nos EUA
- Arne Naees publica seu primeiro estudo sobre a concepção da *Deep Ecology* (Ecologia Profunda)

1974
- Lei Federal de Controle de Emissões (*Bundes-Immissionsschutzgesetz*) da Alemanha

1975
- Publicação da obra *Libertação animal* (*Animal Liberation*), de Peter Singer
- James Lovelock publica, juntamente com S. Epton, artigo sobre a sua "Teoria ou Hipótese Gaia" ("The Quest for Gaia", na *Revista New Scientist*)
- Fim da Guerra do Vietnã (que havia iniciado em 1959)

1976
- Lei Federal de Proteção da Natureza (*Bunde-Naturschutzgesetz*) na Alemanha
- Lei de Revisão da Lei de Recursos Hídricos (*Neufassung des Wasserhaushaltgesetz*) na Alemanha

---

[1] V. ANGELO, Claudio; AZEVEDO, Tasso. *O silencio da motosserra*: quando o Brasil decidiu salvar a Amazônia. São Paulo: Companhia das Letras, 2024, p. 23 e ss.

- Constituição portuguesa de 1976 e a consagração pioneira da proteção constitucional do ambiente como direito fundamental de todos os cidadãos (art. 66º) e dever de proteção do Estado (art. 9º, "d" e "e")

1977
- Conferência Internacional da ONU para o Combate à Desertificação, realizada em Nairobi (Quênia)

1978
- Declaração Universal dos Direitos dos Animais da UNESCO
- Constituição Espanhola de 1978 e a incorporação da proteção ambiental (art. 45)
- Decisão da Suprema Corte dos EUA no Caso *Snail Darter* com a aplicação da Lei de Espécies Ameaçadas (1973)

1979
- Publicação da obra *O princípio da responsabilidade* (*Das Prinzip Verantwortung*), de Hans Jonas
- Conferência Mundial sobre o Clima, realizada em Genebra (Suíça)
- Instalação da Corte Interamericana de Direitos Humanos (Corte IDH) em San José, na Costa Rica

1980
- Criação do Partido Verde alemão (*Die Grünen*), em Karlsruhe, no Estado de Baden-Württemberg
- Publicação do *Relatório Global 2000*, nos Estados Unidos
- Lei Alemã sobre Substâncias Químicas (*Chemikaliengesetz*)

1981
- Carta Africana dos Direitos Humanos e dos Povos

1982
- Criação da Comissão de Meio Ambiente e Desenvolvimento da ONU, presidida por Gro Harlem Brundtland
- Convenção da ONU sobre o Direito do Mar
- Carta Mundial da Natureza (adotada pela Assembleia Geral da ONU)

1983
- Criado Comitê de Ciência do Sistema Terra pela NASA, nos EUA, com a implementação de um sistema de observação por satélites com o objetivo de monitorar as condições planetárias

1984
- International Guiding Principles for Biomedical Research Involving Animals
- Acidente químico industrial de Bophal, na Índia, maior acidente industrial da história

1985
- Convenção de Viena para a Proteção da Camada de Ozônio
- Lei do Bem-Estar Animal (*Animal Welfare Act*) EUA

1986
- Desastre nuclear da Usina de Chernobyl, na Ucrânia
- Declaração sobre Direito ao Desenvolvimento

- Comissão Baleeira Internacional impõe moratória sobre a caça comercial de baleias
- Criação do Ministério do Meio Ambiente, da Proteção da Natureza e da Segurança Nuclear (*Bundesministerium für Umwelt, Naturschutz und Reaktorsicherheit*) na Alemanha
- Publicação da obra *Sociedade de risco*: a caminho de uma nova modernidade (*Risikogesellschaft*: auf dem Weg in eine andere Moderne), de Ulrich Beck

1987
- Protocolo de Montreal sobre Substâncias que Destroem a Camada de Ozônio
- Publicação do *Relatório Nosso Futuro Comum* (elaborado pela Comissão Mundial sobre Meio Ambiente e Desenvolvimento)
- Lei de Bases do Ambiente portuguesa (Lei 11, de 4 de abril de 1987)
- Criação do Programa Internacional Geosfera-Biosfera (*International Geosphere-Biosphere Programme – IGBP*), que funcionou de 1987 a 2015, dedicado ao estudo e pesquisa do fenômeno das mudanças globais.

1988
- Protocolo de San Salvador Adicional à Convenção Americana sobre Direitos Humanos em Matéria de Direitos Econômicos, Sociais e Culturais e a consagração do "direito humano" a viver em um ambiente sadio (art. 11.1) e do correspondente dever estatal (11.2)
- James E. Hansen testemunhou perante o Comitê de Energia e Recursos Naturais do Senado dos Estados Unidos, atestando a relação de causa e efeito entre o efeito estufa e o aquecimento global em curso
- Criação do Painel Intergovernamental sobre Mudanças Climáticas (IPCC) da ONU

1989
- Convenção sobre os Direitos da Criança
- Queda do Muro de Berlim
- Desastre do Petroleiro Exxon Valdez, no Alasca
- Convenção da Basileia para o Controle de Movimentos Transfronteiriços de Resíduos Perigosos e sua Eliminação
- Instituição do Painel Intergovernamental de Mudanças Climáticas (IPCC)
- Convenção da Basileia sobre Movimentos Transfronteiriços de Resíduos Perigosos e seu Depósito
- Publicação do livro de Bill McKibben *The End of Nature* sobre mudanças climáticas, impulsionando a articulação do movimento ambientalista norte-americano e global em torno da temática

1990
- Publicação do 1º Relatório de Avaliação da Saúde da Atmosfera (AR1) do IPCC
- Lei Alemã de Engenharia Genética (*Gentechnikgesetz*)
- Código Civil alemão (*Burgerlichesbuch – BGB*) passou a diferenciar os animais de "coisas", com a inserção do § 90a, na Seção 2 – Coisas e Animais (renomeada na mesma ocasião, especificamente para diferenciar os conceitos e regimes jurídicos): "§ 90a – Animais – Animais não são coisas. Eles são protegidos por leis especiais. (...)"

1992
- Conferência e Declaração do Rio sobre Meio Ambiente e Desenvolvimento
- Convenção-Quadro das Nações Unidas sobre Mudança do Clima
- Convenção sobre Diversidade Biológica

1993
- Declaração e Programa de Ação de Viena

1994
- Inserção do art. 20a na Constituição alemã (1949) e a consagração do objetivo e tarefa estatal de proteção ambiental
- Publicação do Relatório Ksentini sobre Direitos Humanos e Meio Ambiente e Esboço da Declaração de Princípios sobre Direitos Humanos e Meio Ambiente (*Draft Principles on Human Rights and the Environment*)
- Decisão do *Caso López Ostra v. Espanha* pela Corte Europeia de Direitos Humanos

1995
- Publicação do 2º Relatório de Avaliação da Saúde da Atmosfera (AR2) do IPCC
- Lei Portuguesa sobre Direito de Participação Procedimental e Acção Popular (Lei 83/95)

1996
- Constituição Sul-Africana de 1996 consagra o direito fundamental ao meio ambiente (Seção 24)
- Opinião Consultiva da Corte Internacional de Justiça sobre a Legalidade da Ameaça ou Uso de Armas Nucleares

1997
- Protocolo de Quioto (1997)
- Declaração sobre as Responsabilidades das Gerações Presentes em Relação às Gerações Futuras (adotada em 12 de novembro de 1997, pela Conferência Geral da UNESCO em sua 29ª sessão)

1998
-
Convenção de Roterdã sobre o Procedimento de Consentimento Prévio Informado para o Comércio Internacional de Certas Substâncias Químicas e Agrotóxicos
- Convenção de Aarhus sobre Acesso à Informação, Participação Pública no Processo de Tomada de Decisão e Acesso à Justiça em Matéria de Ambiente
- Lei Portuguesa das Organizações Não Governamentais de Ambiente (Lei 35/98)
- Michael E. Mann, Raymond S. Bradley e Malcolm K. Hughes publicam o artigo do "gráfico do taco de hóquei" na Revista Nature, sobre os padrões de temperatura e clima em escala global nos séculos passados (até o presente)

1999
- População mundial chega a 6 bilhões
- Hans J. Schellnhuber publica o artigo "'Earth system' analysis and the second Copernican revolution", na Revista Nature, consagrando o paradigma científico da "Ciência da Terra ou Panetária"

2000
- Carta da Terra (*Earth Charter*), de 2000 (Resolução da Assembleia Geral da ONU)
- Protocolo de Cartagena sobre Biossegurança
- Carta dos Direitos Fundamentais da União Europeia e a consagração do objetivo comunitário-estatal de estabelecer um nível elevado de proteção do ambiente (art. 37)
- Constituição Suíça de 2000 e o reconhecimento da "dignidade da criatura" (art. 120, 2)
- Artigo pioneiro de Paul J. Crutzen e Eugene F. Stoermer sobre o conceito de Antropoceno (The "Anthropocene". Global Change Newsletter, 41, 2000)

2001
- Publicação do 3º Relatório de Avaliação da Saúde da Atmosfera (AR3) do IPCC
- Convenção de Estocolmo sobre Poluentes Orgânicos Persistentes

2002
- Alteração do art. 20a da Constituição alemã para a inserção da proteção dos animais (*die Tiere*)
- Cúpula Mundial sobre Desenvolvimento Sustentável (Rio+10), realizada em Johanesburgo (África do Sul)
- Declaração de Johanesburgo sobre "Principles on the Rule of Law and Sustainable Development"
- Paul J. Crutzen publica o artigo "*Geology of Mankind: the Anthropocene*" na Revista *Nature*, abordando a "Nova Época Geológica do Antropoceno"

2004
- Carta do Meio Ambiente (*Charte de L'Environnement*) francesa
- Lei Alemã de Informação Ambiental (*Umweltinformationsgesetz*)

2006
- Lei Portuguesa sobre Informação Ambiental (Lei 19/2006)
- O filme *Uma verdade Inconveniente* (*An Inconvenient Truth*) de Al Gore sobre as mudanças climáticas vence o Oscar de melhor documentário
- Publicação do *Relatório Stern*, elaborado por Sir Nicholas Stern, ex-economista-chefe do Banco Mundial), encomendado pelo governo Britânico sobre os efeitos das alterações climáticas na economia mundial numa projeção de 50 anos

2007
- Publicação do 4º Relatório de Avaliação da Saúde da Atmosfera (AR4) do IPCC
- Lei Espanhola sobre Responsabilidade Ambiental (Lei 26/2007)
- Prêmio Nobel da Paz é atribuído a Al Gore e aos cientistas do Painel Intergovernamental da ONU sobre Mudanças Climáticas (IPCC)
- Fundação da entidade ambientalista internacional 350.org por Bill McKibben, para atuar na agenda das mudanças climáticas
- *Caso Massachusetts v. EPA* foi julgado pela Suprema Corte dos EUA, o primeiro sobre o tema das mudanças climáticas e tido como o mais importante já decidido pela Corte no campo ambiental. Entre outros pontos, a Corte reconheceu que os gases de efeito estufa são poluentes atmosféricos cobertos pela Lei Federal do Ar Limpo (*Clean Air Act*)

2008
- Constituição Equatoriana de 2008 e o reconhecimento dos Direitos da Natureza ("Pachamama") (arts. 71 a 74)
- Lei Portuguesa sobre Regime de Prevenção e Reparação do Dano Ecológico (Decreto-lei 147/2008)

2009
- Publicação do artigo de Johan Rockström e outros cientistas na *Revista Nature* sobre os "limites planetários" (*planetary boundaries*) e a Ciência da Terra (*Earth Science*)
- Elinor Ostrom é a primeira mulher a ganhar o Prêmio Nobel de Economia pelo seu trabalho desenvolvido no campo da governança dos bens comuns (*Commons*), em contraste com a proposição da "tragédia dos comuns" formulada Garrett J. Hardin (1968)

2010
- Lei Boliviana sobre os Direitos da "Madre Tierra" de 2010: o reconhecimento dos direitos da Natureza ("Pachamama") no cenário jurídico sul-americano e seu viés ecocêntrico
- Criação da Comissão Mundial de Direito Ambiental da IUCN
- Protocolo sobre Acesso a Recursos Genéticos e a Justa e Equitativa Repartição dos Benefícios Oriundos da sua Utilização (Protocolo de Nagoya), adotado na 10ª Conferência das Partes (COP-10) da Convenção sobre a Biodiversidade, realizada em Nagoya, no Japão

2011
- Desastre da Usina Nuclear de Fukushima, no Japão
- Aprovação dos Princípios Orientadores sobre Empresas e Direitos Humanos da ONU, conhecidos como Princípios Ruggie, pelo Conselho de Direitos Humanos

2012
- Carta de Limoges ou Apelo dos Juristas e das Associações de Direito Ambiental (elaborada na 38ª Reunião Mundial das Associações de Direito Ambiental – CIDCE)
- Conferência da ONU sobre o Desenvolvimento Sustentável (Rio+20), na Cidade do Rio de Janeiro
- Criação do Painel sobre Biodiversidade e Serviços Ecossistêmicos (IPBES) da ONU

2013
- O Cardeal Jorge Mario Bergoglio adota o nome "Francisco" pela primeira vez na história em homenagem a São Francisco de Assis para o seu nome como o 266º Papa, revelando a importância da temática ecológica para a Igreja Católica

2014
- Publicação do 5º Relatório de Avaliação da Saúde da Atmosfera (AR5) do IPCC

2015
- Encíclica "*Laudato Si* – Sobre o Cuidado da Casa Comum", do Papa Francisco
- Acordo de Paris celebrado no âmbito da Convenção-Quadro da ONU sobre Mudança do Clima durante a COP-21
- Agenda 2030 da ONU e os 17 ODS
- Alteração do Código Civil francês para reconhecer os animais como seres vivos dotados de sensibilidade (sencientes)

2016
- Estatuto Jurídico dos Animais de Portugal passa a reconhecer os animais como seres vivos dotados de sensibilidade (sencientes)
- Manifesto de Oslo pelo Direito e Governança Ecológica (do Direito Ambiental para o Direito Ecológico) da Comissão Mundial de Direito Ambiental da IUCN
- Declaração sobre o Estado de Direito Ambiental da Comissão Mundial de Direito Ambiental da IUCN
- Decisão da Corte Constitucional Colombiana que reconheceu e atribuiu *direitos* e *personalidade jurídica* ao Rio Atrato[2]

2017
- Declaração dos Oceanos da ONU

---

[2] Corte Constitucional Colombiana, T-622/16, j. 10.11.2016.

- Opinião Consultiva OC-23/17 da Corte Interamericana de Direitos Humanos sobre "Meio Ambiente e Direitos Humanos"
- Projeto do Pacto Global pelo Meio Ambiente elaborado pela Comissão de Meio Ambiente do Clube de Juristas (*Club des Juristes*)

2018
- Acordo Regional de Escazú para América Latina e Caribe sobre Acesso à Informação, Participação Pública e Acesso à Justiça em Matéria Ambiental
- Relatório especial do IPCC sobre os impactos do aquecimento global de 1,5 ºC acima dos níveis pré-industriais
- Decisão da Corte Suprema da Colômbia que reconheceu o *status* jurídico de "entidade sujeito de direitos" e atribuiu *direitos* à Floresta Amazônica[3]
- Surgimento do movimento de jovens estudantes (crianças e adolescentes) do *Fridays for Future*, inicialmente com os protestos da estudante sueca Greta Thunberg na frente do Parlamento sueco em Estocolmo.
- Artigo de Thomas E. Lovejoy e Carlos Nobre publicado na Revista *Science Advances* sobre o ponto de não retorno e "savanização" da Amazônia (*Amazon Tipping Point*)

2019
- Sínodo da Amazônia no Vaticano
- COP25 do Clima em Madrid (obs. Depois de o Governo Federal brasileiro ter desistido de sediar o evento)
- Relatório de Avaliação Global sobre Biodiversidade e Serviços Ecossistêmicos do IPBES

2020
- Pandemia de covid-19
- Relatório sobre Biodiversidade e Pandemias do IPBES

2021
- Joe Biden toma posse como Presidente dos EUA com uma plataforma política ambiciosa de transição para uma economia de baixo carbono e o enfrentamento do aquecimento global e das mudanças climáticas, inclusive com o retorno do País ao Acordo de Paris (2015), revertendo a decisão do seu antecessor (Donald Trump)
- Decisão do *Caso Neubauer e Outros v. Alemanha* pelo Tribunal Constitucional Federal da Alemanha
- Divulgação do Relatório AR6 (do Grupo 1) do IPCC
- Conselho de Direitos Humanos da ONU adota a Resolução A/HRC/48/L.23/Rev.1 e reconhece direito ao meio ambiente seguro, limpo, saudável e sustentável como um direito humano, bem como cria uma Relatoria Especial sobre Direitos Humanos e Mudanças Climáticas
- Artigo de Luciana Gatti e outros cientistas publicado na Revista *Nature* sobre a Amazônia como (mais) fonte de emissão de carbono (do que que estoque ou sumidouro) em razão do desmatamento e das mudanças climáticas
- COP 26 do Clima em Glasgow
- Lei de Bases do Clima de Portugal

2022
- Divulgação do 6º Relatório de Avaliação da Saúde da Atmosfera (AR6) dos Grupos 2 e 3 do IPCC

---

[3] Corte Suprema colombiana, STC4360-2018 (Radicacion 1100-22.03-000-2018-00319-01), j. 05.11.2018.

- Assassinato (em 5 de junho) do indigenista brasileiro Bruno Pereira e do jornalista britânico Dom Phillips durante viagem de barco pela Terra Indígena do Vale do Javari (segunda maior do Brasil), no extremo-oeste do Estado do Amazonas
- Resolução A/76/L.75 da Assembleia Geral da ONU reconhecendo o direito humano ao meio ambiente limpo, saudável e sustentável
- Guerra da Ucrânia e crise energética na Europa
- COP 1 do Acordo de Escazú realizada em Santiago do Chile
- Publicação do Primeiro Informe da Relatoria Especial sobre Direitos Humanos e Mudanças Climáticas do Conselho de Direitos Humanos da ONU
- Decisão do Comitê de Direitos Humanos da ONU no Caso Daniel Billy *et al*. v. Austrália ("Caso das Ilhas do Estreito de Torres")
- COP 27 do Clima em Sharm El Sheikh, no Egito
- Criação de um fundo compensatório para danos relacionados às mudanças climáticas em países particularmente vulneráveis (aprovado na COP 27)
- População mundial atinge 8 bilhões (em novembro de 2022)
- Acordo Kunming-Montreal, celebrado durante a COP 15 da Convenção-Quadro sobre Biodiversidade, realizada em Montreal, com o objetivo de assegurar a proteção de 30% do planeta, entre áreas continentais e marinhas, até 2030

2023
- Requerimento formulado conjuntamente pelo Chile e pela Colômbia perante a Corte IDH para a elaboração de uma opinião consultiva com o objetivo de "esclarecer o alcance das obrigações dos Estados para responder à emergência climática no âmbito do direito internacional dos direitos humanos"
- Aprovação por consenso pela Assembleia Geral da ONU da iniciativa liderada pela República de Vanuatu, juntamente com 105 Estados-Membros, para a elaboração de opinião consultiva pela Corte Internacional de Justiça (CIJ) a respeito das obrigações dos Estados em relação às mudanças climáticas
- Comentário Geral nº 26 (2023) sobre os Direitos da Criança e o Meio Ambiente com Foco Especial nas Mudanças Climáticas do Comitê de Direitos das Crianças da ONU

2024
- Opinião Consultiva sobre "Mudanças Climáticas e Direito Internacional" de 2024 do Tribunal Internacional sobre o Direito do Mar (ITLOS)
- Decisão da Corte Europeia de Direitos Humanos (CEDH) no *Caso Verein KlimaSeniorinnen Schweiz e outros* v. *Suíça* (2024), envolvendo, pela primeira vez, a temática das mudanças climáticas
- Audiência pública da Corte IDH no Brasil para subsidiar a futura Opinião Consultiva n. 32 sobre "Emergência Climática e Direitos Humanos", entre os dias 20 e 29 de maio de 2024
- Publicação da sentença do Caso Habitantes de La Oroya vs. Peru (2023) da Corte IDH e o reconhecimento da proteção ambiental como norma de "jus cogens"
- Aprovação da Diretiva de Devida Diligência (*Due Diligence*) em Sustentabilidade Corporativa ("CS3D") da União Europeia
- Celebração do Tratado de Livre Comércio entre Mercosul e União Europeia, com a previsão de cláusulas de proteção ambiental e climática, inclusive dispositivo que permite a sua suspensão parcial ou total caso alguma das partes abandone o Acordo de Paris

Anexo II

TABELA CRONOLÓGICA DA LEGISLAÇÃO AMBIENTAL BRASILEIRA E DOS PRINCIPAIS FATOS HISTÓRICOS NACIONAIS RELACIONADOS À MATÉRIA

1) Fase Legislativa "Fragmentária-Instrumental" da Proteção Ambiental (antes da Lei da Política Nacional do Meio Ambiente – Lei 6.938/81)

1816 – Fundação do Museu Nacional, vinculado à Universidade Federal do Rio de Janeiro, mais antiga instituição científica do Brasil

1866 – Fundação do Museu Emilio Goeldi, em Belém/PA

1916 – Código Civil de 1916 e a proteção dos direitos de vizinhança (segurança, sossego e saúde)

1921 – Criação do Serviço Florestal do Brasil (Decreto Legislativo 4.421/1921)

1934

- Constituição de 1934 – Atribuição de competência legislativa exclusiva à União para legislar sobre os bens do domínio federal, riquezas do subsolo, mineração, águas, energia hidrelétrica, florestas, caça e pesca e a sua exploração (art. 5º, XIX, "j") e competência concorrente da União e dos Estados para proteger as belezas naturais e os monumentos de valor histórico ou artístico, podendo impedir a evasão de obras de arte (art. 10, III)
- Código Florestal de 1934 e as primeiras limitações "conservacionistas" ao direito de propriedade (em prol do interesse comum)
- Código das Águas de 1934 e os primeiros "indícios" de uma preocupação com a poluição hídrica (em defesa da saúde pública)
- Lei de Proteção aos Animais de 1934 e o novo *status* jurídico dos animais (e correlatos deveres do Estado e da sociedade na sua tutela e promoção de bem-estar)

1937

- Constituição de 1937 – Atribui competência legislativa privativa à União para dispor sobre os bens do domínio federal, minas, metalurgia, energia hidráulica, águas, florestas, caça e pesca e sua exploração (art. 16, XIV) e estabelece que os monumentos históricos, artísticos e naturais, assim como as paisagens ou os locais particularmente dotados pela Natureza, gozam da proteção e dos cuidados especiais da Nação, dos Estados e dos Municípios. Os atentados contra eles cometidos serão equiparados aos cometidos contra o patrimônio nacional (art. 134)
- Lei sobre a Proteção do Patrimônio Histórico e Artístico Nacional de 1937 e os primeiros contornos normativos de um conceito jurídico "amplo" de ambiente

1938 – Código de Pesca de 1938 e a preponderância de um caráter exploratório dos recursos pesqueiros (com algumas considerações sobre a poluição hídrica)

1946 – Constituição de 1946 – Atribui competência à União para legislar sobre as riquezas do subsolo, mineração, águas, floresta, caça e pesca (art. 5º, XV, "l") e estabelece que as obras, monumentos e documentos de valor histórico e artístico, bem como os monumentos naturais, as paisagens e os locais dotados de particular beleza ficam sob a proteção do Poder Público (art. 175)

1948 – Criação da Fundação Brasileira para a Conservação da Natureza (FBCN)

1951 – Criação do Conselho Nacional de Pesquisas – CNPq (à época, CNP) e da Coordenação de Aperfeiçoamento de Pessoal de Nível Superior (CAPES), como marco fundamental para o desenvolvimento de políticas públicas no campo da ciência e da pesquisa cientifica no Brasil

1952 – Fundação do Instituto Nacional de Pesquisas da Amazônia (INPA), em Manaus/AM

1959 – Criação do Parque Nacional do Araguaia, na Ilha do Bananal, em Tocantins, considerada a primeira Unidade de Conservação estabelecida na Amazônia

1961
- Decreto 50.877/61 e a primeira definição legal de poluição
- Criação do Instituto Nacional de Pesquisas Espaciais (INPE)

1964
- Golpe militar em 31 de março de 1964 (regime militar perdurou até 1985)
- Estatuto da Terra de 1964 e os primeiros contornos ecológicos da função social da propriedade

1965 – Código Florestal de 1965 como o principal marco normativo do "conservacionismo" jurídico-ambiental brasileiro

1967
- Constituição de 1967 – Atribui competência à União para legislar sobre jazidas, minas e outros recursos minerais; metalurgia; florestas, caça e pesca e águas (art. 8º, XVII, "h" e "i") e o dever do Poder Público de proteção especial dos documentos, as obras e os locais de valor histórico ou artístico, os monumentos e as paisagens naturais notáveis, bem como as jazidas arqueológicas (art. 170, parágrafo único)
- Código de Caça de 1967 e seu viés "antiecológico"
- Código de Pesca de 1967 e a perpetuação de um modelo predatório da fauna aquática (**e a crescente preocupação com a poluição hídrica**)
- Código de Mineração de 1967 e seu propósito estritamente econômico-exploratório

1971
- Criação da Associação Gaúcha de Proteção ao Ambiente Natural (AGAPAN): reconhecida como a primeira associação ecológica fundada no Brasil
- Publicação do artigo intitulado "Direito ecológico: perspectivas e sugestões", de Sérgio Ferraz

1972 – Decisão do STF sobre *Habeas Corpus* (RHC 50343/RJ) impetrado em favor da liberdade de todos os pássaros enjaulados

1973
- Criação da Secretaria Especial do Meio Ambiente (SEMA) no âmbito federal (Decreto 73.030/73) como o primeiro marco da "institucionalização" de uma política pública voltada à proteção ambiental
- Criação do Movimento Arte e Pensamento Ecológico (MAPE), liderado pelo artista plástico espanhol Emilio Miguel Abellá, no Estado de São Paulo
- Criação, no âmbito do Estado de São Paulo, da Companhia Estadual de Tecnologia de Saneamento Básico e de Controle da Poluição das Águas – CETESB (Lei Estadual 118/73) e da Companhia de Saneamento Básico do Estado de São Paulo – SABESP (Lei Estadual 119/73)

1975
- Decreto-lei 1.413/75 e o controle da poluição ambiental provocada pela atividade industrial

- Publicação da obra *Introdução ao direito ecológico e ao direito urbanístico*, de Diogo de Figueiredo Moreira Neto

1976
- Criação da primeira Secretaria Municipal do Meio Ambiente (SMAM), no Município de Porto Alegre (Lei Municipal 4.235/76)
- Publicação do *Manifesto Ecológico Brasileiro* (escrito por José Lutzenberger)

1977
- Decreto 79.437/77 e a incorporação no ordenamento nacional da Convenção Internacional sobre Responsabilidade Civil em Danos Causados por Poluição por Óleo (1969), com o estabelecimento dos primeiros parâmetros legais para a caracterização da responsabilidade civil por danos ambientais
- Lei 6.453/77 e a consagração da responsabilidade civil "objetiva" na hipótese de danos nucleares

1978 – Início do levantamento de imagens via satélite para o monitoramento do desmatamento na Amazônia pelo INPE

1980 - Lei 6.803/80 e a consagração do estudo de impacto ambiental na legislação brasileira

1981
- Lei 6.902/81 e a criação de Estações Ecológicas e Áreas de Proteção Ambiental e os primeiros passos na consolidação do regime jurídico das unidades de conservação
- A Cidade de Cubatão (SP) foi considerada uma das cidades mais poluídas do mundo no início da década de 1980 e representou um símbolo da poluição industrial no Brasil

2) Fase Legislativa "Sistemático-Valorativa" da Proteção Ambiental (período compreendido entre a Lei 6.938/81 e a CF/1988)

1981 – Lei da Política Nacional do Meio Ambiente (Lei 6.938/81) como o marco normativo inaugural do Direito Ambiental brasileiro

1982
- Destruição das Sete Quedas do Rio Paraná, cobertas pelas águas do reservatório da Hidrelétrica de Itaipu
- Publicação da obra *Direito ambiental brasileiro*, de Paulo Affonso Leme Machado

1984
- Acidente em Cubatão, em razão da explosão em tubulação na Vila Parisi ocasionada pelo vazamento de gasolina, com a morte imediata de aproximadamente 200 pessoas. No ano seguinte, durante enchente verificada na região, outro acidente decorrente do rompimento de tubulação da empresa Ultrafértil ocasionou o vazamento de aproximadamente 40 toneladas de amônia
- 2ª Conferência Brasileira sobre Proteção da Natureza realizada pela Fundação Brasileira para a Conservação da Natureza (FBCN, entidade conveniada à IUCN), cinquenta anos após a primeira (1934)

1985
- Decreto 91.145/85 e a criação do Ministério do Desenvolvimento Urbano e Meio Ambiente
- Lei da Ação Civil Pública (Lei 7.347/85) e a consagração do direito ao meio ambiente como direito ou interesse difuso e sua tutela processual coletiva

1986
- Criação do Partido Verde no Brasil
- Fundação da SOS Mata Atlântica

1987
- Lei 7.643/87 e a proibição da pesca de cetáceo em águas brasileiras
- Acidente com o Césio-137, na Cidade de Goiânia, no Estado de Goiás, com a contaminação de centenas de pessoas por radioatividade
- Criação de Promotoria Especializada em Meio Ambiente no Ministério Público do Estado de São Paulo

1988 – Lei 7.661/88 sobre o Plano Nacional de Gerenciamento Costeiro

3) Fase Legislativa da "Constitucionalização" da Proteção Ambiental
1988
- Promulgação da Constituição de 1988 e a consagração da proteção do meio ambiente como "objetivo e dever do Estado" e como "direito-dever fundamental de titularidade do indivíduo e da coletividade" (art. 225), bem como princípio da ordem econômica (art. 170, VI)
- A ampliação do objeto da ação popular (Lei 4.717/65) e a consagração da "ação popular ambiental" pelo art. 5º, LXXIII, da CF/1988
- Assassinato do líder seringueiro e ambientalista Chico Mendes (ocorrida em 22 de dezembro de 1988)
- Criação do "Programa Nossa Natureza" pelo Presidente José Sarney
- Criação do Sistema PRODES do INPE

1989
- Lei 7.735/89 e a criação do Instituto Brasileiro do Meio Ambiente e dos Recursos Renováveis (IBAMA)
- Lei sobre Agrotóxicos (Lei 7.802/89) e o combate à poluição química

1990
- Código de Defesa do Consumidor (Lei 8.078/90) e o fortalecimento (e maior grau de sistematização) do Direito Processual Coletivo brasileiro com reflexos na legislação ambiental
- Lei do Sistema Único de Saúde – SUS (Lei 8.080/90) e a tutela e promoção da "sadia qualidade de vida"

1992 – Realização da Conferência da ONU sobre Meio Ambiente e Desenvolvimento (Rio-92 ou Eco-92), na Cidade do Rio de Janeiro

1994 – Publicação da obra *Direito ambiental constitucional*, de José Afonso da Silva

1995 – O desmatamento na Amazônia atinge o maior índice da história, com mais de 29.000 km2 devastados no período de 12 meses, segundo dados do INPE

1996
- Publicação da obra *A ferro e fogo: a história da devastação da Mata Atlântica brasileira*, do historiador norte-americano Warren Dean
- Edição da Medida Provisória 1.511/96 pelo Presidente Fernando Henrique Cardoso, alterando o Código Florestal de 1965 (Lei 4.771/65) e elevando os porcentuais da Reserva Legal na Amazônia para 80%

1997
- Lei da Política Nacional de Recursos Hídricos (Lei 9.433/97) e a gestão pública democrática dos recursos hídricos

1997 – Fundação da Associação Brasileira dos Membros do Ministério Público de Meio Ambiente (ABRAMPA)

1998 – Lei dos Crimes e Infrações Administrativas Ambientais (Lei 9.605/98): a "criminalização" e repressão estatal às condutas lesivas ou potencialmente lesivas ao ambiente

1999 – Lei da Política Nacional de Educação Ambiental (Lei 9.795/99)

2000 – Lei do Sistema Nacional de Unidades de Conservação da Natureza (Lei 9.985/2000) e a sistematização do regime jurídico das áreas ambientais especialmente protegidas

2001 – Estatuto da Cidade (Lei 10.257/2001) e a proteção do ambiente urbano rumo às "cidades sustentáveis"

2002 – Código Civil de 2002 (art. 1.228, § 1º) e a consagração da "função ecológica" da propriedade (e da posse)

2003
- Lei sobre o acesso público aos dados e informações existentes nos órgãos e entidades integrantes do SISNAMA (Lei 10.650/2003)
- Criação da Delegacia Especializada em Meio Ambiente na Polícia Federal
- Os dados do INPE sobre o desmatamento na Amazônia são tornados públicos e divulgados na internet

2004 – Criação do Plano de Ação para Prevenção e Controle do Desmatamento na Amazônia Legal (PPCDAm) pelo Governo Federal

2005
- Lei de Biossegurança (Lei 11.105/2005) e a consagração expressa do princípio da precaução na legislação ambiental brasileira
- Assassinato da missionária norte-americana (naturalizada brasileira) Dorothy Stang, no Município de Anapu, no Estado do Pará

2006
- Lei do Serviço Florestal Brasileiro (Lei 11.284/2006) e a gestão das florestas públicas para a produção sustentável
- Lei da Mata Atlântica (Lei 11.428/2006): a proteção das últimas áreas remanescentes do bioma da Mata Atlântica no território nacional

2007
- Lei da Política Nacional de Saneamento Básico (Lei 11.445/2007)
- Lei 11.516/2007 e a criação do Instituto Chico Mendes de Conservação da Biodiversidade (ICMBio)

2008
- Criação do Fundo Amazônia (Decreto 6.527/2008), com a sua gestão feita pelo Banco Nacional de Desenvolvimento Econômico e Social (BNDES)
- Lei 11.794/2008 sobre o Uso Científico de Animais

2009
- Lei 11.934/2009 e os limites à exposição humana a campos elétricos, magnéticos e eletromagnéticos
- Lei 11.959/2009 sobre a Política Nacional de Desenvolvimento Sustentável da Aquicultura e da Pesca
- Criação do Fundo Clima ou Fundo Nacional sobre Mudança do Clima (Lei 12.114/2009)
- Lei da Política Nacional sobre Mudança do Clima (Lei 12.187/2009)
- Criação do Museu da Amazônia (MUSA), dentro do INPA, em Manaus/AM

2010 – Lei da Política Nacional de Resíduos Sólidos (Lei 12.305/2010)

2011
- Lei do Acesso à Informação (Lei 12.527/2011) e o acesso à informação ambiental
- Lei sobre Competência Administrativa em Matéria Ambiental (Lei Complementar 140/2011)

2012
- Lei da Política Nacional de Proteção e Defesa Civil (Lei 12.608/2012) e a questão dos deslocados ou necessitados ecológicos (e climáticos)
- Realização da Conferência da ONU sobre o Desenvolvimento Sustentável (Rio+20), na Cidade do Rio de Janeiro
- Novo Código Florestal Brasileiro (Lei 12.651/2012, com alterações da Lei 12.727/2012)

2013 – Protestos de ativistas contra o uso de animais em testes científicos e libertação de 178 cães da raça *beagle* do Instituto Royal, na Cidade de São Roque (SP)

2015
- Lei sobre Acesso ao Patrimônio Genético (Lei 13.123/2015)
- Lei da Política Nacional de Combate à Desertificação e Mitigação dos Efeitos da Seca (Lei 13.153/2015)
- Lei da Política de Educação para o Consumo Sustentável (Lei 13.186/2015)
- Rompimento da barragem de rejeitos de mineração no Município de Mariana (MG)

2016 – Decisão do STF na ADI 4.983/CE (Vaquejada) que, na fundamentação do voto da Ministra Rosa Weber, reconheceu e atribuiu *dignidade própria* e *valor intrínseco* aos animais não humanos, inclusive com base em uma interpretação biocêntrica do art. 225 da CF/1988[4]

2017 – Emenda Constitucional 96/2017 (Vaquejada)[5]

2018 – Desastre nas minas de sal gema da Braskem em Maceió (AL), com o afundamento de bairros e deslocamento de milhares de pessoas, tendo a área afetada sido ampliada em razão de novos afundamentos no final de 2023

2019
- Rompimento da barragem de rejeitos de mineração em Brumadinho (MG)
- Decisão do STJ no REsp 1.797.175/SP, sob a relatoria do Ministro Og Fernandes, que reconheceu a *dignidade* e atribuiu *direitos* aos animais não humanos e à Natureza em si[6]
- Derramamento de óleo do litoral do Nordeste
- Assassinato do líder indígena Paulo Paulino Guajajara por madeireiros ilegais, no interior da Terra Indígena Arariboia (MA)

2020
- Pandemia do coronavírus – covid-19
- Audiências Públicas no STF nos Casos Fundo Clima (ADPF 708) e Fundo Amazônia ADO 59)
- Referência (pela primeira vez na história) aos "direitos autônomos da Natureza" no STF, em fundamentação de decisão monocrática do Ministro Barroso na ADPF 708
- Lei 14.066/2020, que alterou a Lei 12.334/2010 (Política Nacional de Segurança de Barragens – PNSBa), consagrando o conceito de desastre
- Criação do Observatório do Meio Ambiente do Poder Judiciário, no âmbito do Conselho Nacional de Justiça

2021
- Lei da Política Nacional de Pagamento por Serviços Ambientais (Lei 14.119/2021)

---

[4] STF, ADI 4.983/CE, Tribunal Pleno, Rel. Min. Marco Aurelio, j. 06.10.2016.

[5] O Ministério do Meio Ambiente disponibiliza relação da legislação ambiental brasileira em: <https://app.powerbi.com/view?r=eyJrIjoiNjBmNzU5MzktY2RjMS00OTEzLThlM2MtODc3NmM5YTM1OWUzIiwidCI6IjJiMjY2ZmE5LTNmOTMtNGJiMS05ODMwLTYzNDY3NTJmMDNlNCIsImMiOjF9>.

[6] STJ, REsp 1.797.175/SP, 2ª Turma, Rel. Min. Og Fernandes, j. 21.03.2019.

- Edição da Resolução 433/2021 pelo CNJ, instituindo a Política Nacional do Poder Judiciário para o Meio Ambiente, bem como da Resolução Conjunta CNJ/CNMP 8/2021, que instituiu o painel interativo nacional de dados ambiental e interinstitucional (SIRENEJUD)

2022
- Assassinato (em 5 de junho) do indigenista brasileiro Bruno Pereira e do jornalista britânico Dom Phillips durante viagem de barco pela Terra Indígena do Vale do Javari (segunda maior do Brasil), no extremo-oeste do Estado do Amazonas
- Decisão do Caso Fundo Clima (ADPF 708) pelo STF e reconhecimento dos deveres convencionais, constitucionais e legais do Estado de combater as mudanças climáticas, bem como a equiparação dos tratados internacionais ambientais – ex. a Convenção-Quadro sobre Mudança Climática e o Acordo de Paris de 2015 – aos tratados internacionais de direitos humanos, com o reconhecimento do seu status normativo "supralegal"
- Decisão do STJ no IAC 13, reconhecendo os deveres de transparência (passiva, ativa e reativa) do Estado em matéria ambiental
- Emenda Constitucional 123/2022 e inserção de deveres de proteção climática no art. 225 (§ 1º, VIII) da CF/1988 (regime fiscal favorecido para biocombustíveis em detrimento dos combustíveis fósseis), inaugurando um novo regime constitucional em prol da descarbonização progressiva da economia e da matriz energética brasileira

2023
- Alteração do nome Ministério do Meio Ambiente para "Ministério do Meio Ambiente e da Mudança do Clima", por meio da Medida Provisória 1.154, de 1º de janeiro de 2023 (art. 17, XVIII).
- Criação do (até então inédito) Ministério dos Povos Indígenas (Medida Provisória 1.154/2023, art. 17, XXIV) na estrutura do Governo Federal, regulamentado pelo Decreto 11.355/2023, o qual passou a contar com Departamento de Justiça Climática no âmbito da Secretaria de Gestão Ambiental e Territorial Indígena (art. 2º, b, item 2).
- Reativação do Plano de Ação para Prevenção e Controle ao Desmatamento na Amazônia Legal (PPCDAm), por meio do Decreto 11.367/2023, o qual instituiu a Comissão Interministerial Permanente de Prevenção e Controle do Desmatamento, restabelecendo o PPCDAm e criando os Planos de Ação para a Prevenção e Controle do Desmatamento no Cerrado, na Mata Atlântica, na Caatinga, no Pampa e no Pantanal
- Publicação dos Enunciados sobre Direito do Patrimônio Cultural e Natural do Conselho da Justiça Federal
- Reforma da Lei da Política Nacional de Proteção e Defesa Civil (Lei 12.608/2012) pela Lei 14.750/2023 e consolidação do (micro)sistema legislativo do Direito dos Desastres
- Lei da Política Nacional de Direitos das Populações Atingidas por Barragens (Lei 14.755/2023)
- O ano de 2023 foi, conforme dados da Organização Meteorológica Mundial, o mais quente de todos os tempos de que se tem registro histórico, a contar da Revolução Industrial iniciada na metade do século XVIII (de 1750 para cá)
- Nova Lei de Agrotóxicos (Lei 14.785/2023)
- Emenda Constitucional 132/2023 (Tributação Ecológica/Climática)

2024
- Maior seca na região amazônica de acordo com os registros históricos (de mais de 120 anos), com o episódio, por exemplo, de incêndios e poluição atmosférica em Manaus e morte de mais de 150 botos cor-de-rosa e macuxis no Lago Tefé no Estado do Amazonas
- O ambientalista, escritor, poeta e filósofo Ailton Krenak toma posse na Cadeira 5 da Academia Brasileira de Letras, como o primeiro indígena a ocupar uma cadeira na ABL

- Maior desastre climático da história do Estado do Rio Grande do Sul (e provavelmente do Brasil) decorrente das chuvas e enchentes que atingiram mais de 90% dos municípios gaúchos e resultaram em um contingente de mais de 600.000 deslocados climáticos
- Decisão do STF na ADPF 760/DF (Caso PPCDAm), com destaque para o voto do Ministro Luiz Fux, o qual reconheceu expressamente "direitos e os deveres fundamentais climáticos"
- Lei de Adaptação Climática (Lei 14.904/2024)
- Lei de Educação para Mudanças Climáticas, Biodiversidade e Desastres Socioambientais (Lei 14.926/2024)
- Incêndios e secas recordes no Pantanal Mato-grossense e na Amazônia, com as nuvens tóxicas dos incêndios da Amazônia alcançando o Sul do Brasil (ex.: Porto Alegre e Florianópolis), bem como o interior de São Paulo ardeu em chamas nos piores incêndios já registrados nas últimas décadas
- Lei do Mercado de Carbono ou Sistema Brasileiro de Comércio de Emissões de Gases de Efeito Estufa (Lei 15.042/2024)
- Lei de Bioinsumos (Lei 15.070/2024)

2025
- Realização da COP30 da Convenção-Quadro sobre Mudança do Clima em Belém/PA

Anexo III
ENUNCIADOS DA I JORNADA JURÍDICA DE PREVENÇÃO E GERENCIAMENTO DE CRISES AMBIENTAIS

Acesse o QR Code e veja o conteúdo desse material.
> https://uqr.to/1ytgo

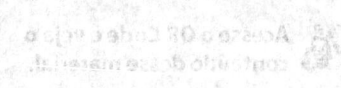

SÚMULAS DO STJ EM MATÉRIA AMBIENTAL[1]

Súmula 467	"Prescreve em cinco anos, contados do término do processo administrativo, a pretensão da Administração Pública de promover a execução da multa por infração ambiental."
Súmula 613	"Não se admite a aplicação da teoria do fato consumado em tema de Direito Ambiental."
Súmula 618	"A inversão do ônus da prova aplica-se às ações de degradação ambiental."
Súmula 623	"As obrigações ambientais possuem natureza *propter rem*, sendo admissível cobrá-las do proprietário ou possuidor atual e/ou dos anteriores, à escolha do credor."
Súmula 629	"Quanto ao dano ambiental, é admitida a condenação do réu à obrigação de fazer ou à de não fazer cumulada com a de indenizar."
Súmula 652	"A responsabilidade civil da Administração Pública por danos ao meio ambiente, decorrente de sua omissão no dever de fiscalização, é de caráter solidário, mas de execução subsidiária".

---

[1] Na doutrina, especificamente sobre as súmulas do STJ em matéria ambiental, v. JACCOUD, Cristiane et al. (org.). *Súmulas do STJ em matéria ambiental comentadas*: um olhar contemporâneo do direito ambiental no judiciário. Rio de Janeiro: Toth, 2019.

TESES DE RECURSOS ESPECIAIS REPETITIVOS E INCIDENTES DE ASSUNÇÃO DE COMPETÊNCIA – IAC (STJ)[2]

Tema 834	"O dano material somente é indenizável mediante prova efetiva de sua ocorrência, não havendo falar em indenização por lucros cessantes dissociada do dano efetivamente demonstrado nos autos; assim, se durante o interregno em que foram experimentados os efeitos do dano ambiental houve o período de 'defeso' – incidindo a proibição sobre toda atividade de pesca do lesado –, não há cogitar em indenização por lucros cessantes durante essa vedação." (STJ, REsp 1.354.536/SE, 2ª Seção, Rel. Min. Luis Felipe Salomão, j. 26.03.2014).
Tema 707	"A) A responsabilidade por dano ambiental é objetiva, informada pela teoria do risco integral, sendo o nexo de causalidade o fator aglutinante que permite que o risco se integre na unidade do ato, sendo descabida a invocação, pela empresa responsável pelo dano ambiental, de excludentes de responsabilidade civil para afastar sua obrigação de indenizar; B) em decorrência do acidente, a empresa deve recompor os danos materiais e morais causados; C) na fixação da indenização por danos morais, recomendável que o arbitramento seja feito caso a caso e com moderação, proporcionalmente ao grau de culpa, ao nível socioeconômico do autor, e, ainda, ao porte da empresa, orientando-se o juiz pelos critérios sugeridos pela doutrina e jurisprudência, com razoabilidade, valendo-se de sua experiência e bom senso, atento à realidade da vida e às peculiaridades de cada caso, de modo a que, de um lado, não haja enriquecimento sem causa de quem recebe a indenização e, de outro, haja efetiva compensação pelos danos morais experimentados por aquele que fora lesado." STJ, REsp 1.374.284/MG, 2a Seção, Rel. Min. Luis Felipe Salomão, j. 27.08.2014.
Tema 957	"As empresas adquirentes da carga transportada pelo navio Vicuña no momento de sua explosão, no Porto de Paranaguá/PR, em 15/11/2004, não respondem pela reparação dos danos alegadamente suportados por pescadores da região atingida, haja vista a ausência de nexo causal a ligar tais prejuízos (decorrentes da proibição temporária da pesca) à conduta por elas perpetrada (mera aquisição pretérita do metanol transportado)." STJ, REsp 1602106/PR, 2a Seção, Rel. Min. Ricardo Villas Bôas Cueva, j. 25.10.2017.

---

[2] Disponível em: https://scon.stj.jus.br/SCON/recrep/toc.jsp?materia=%27AMBIENTAL%27.MAT.; e https://scon.stj.jus.br/SCON/jt/doc.jsp?livre=%2730%27.tit.

Tema 1010	"Na vigência do novo Código Florestal (Lei n. 12.651/2012), a extensão não edificável nas Áreas de Preservação Permanente de qualquer curso d'água, perene ou intermitente, em trechos caracterizados como área urbana consolidada, deve respeitar o que disciplinado pelo seu art. 4o, *caput*, inciso I, alíneas *a*, *b*, *c*, *d* e *e*, a fim de assegurar a mais ampla garantia ambiental a esses espaços territoriais especialmente protegidos e, por conseguinte, à coletividade". STJ, REsp 1.770.760/SC, 1a Seção, Rel. Min. Benedito Gonçalves, j. 28.04.2021.
Tema 1043	"O proprietário do veículo apreendido em razão de infração de transporte irregular de madeira não titulariza direito público subjetivo de ser nomeado fiel depositário do bem, as providências dos arts. 105 e 106 do Decreto Federal n. 6.514/2008 competindo ao alvedrio da Administração Pública, em fundamentado juízo de oportunidade e de conveniência." STJ, REsp 1.805.706/CE, 1a Seção, Rel. Min. Mauro Campbell Marques, j. 10.02.2021.
IAC 13	"A) O direito de acesso à informação ambiental brasileiro compreende: i) o dever de publicação, na internet, dos documentos ambientais detidos pela Administração não sujeitos a sigilo (transparência ativa); ii) o direito de qualquer pessoa e entidade de requerer acesso a informações ambientais específicas não publicadas (transparência passiva); e iii) direito a requerer a produção de informação ambiental não disponível para a Administração (transparência reativa); B) Presume-se a obrigação do Estado em favor da transparência ambiental, sendo ônus da Administração justificar seu descumprimento, sempre sujeita a controle judicial, nos seguintes termos: i) na transparência ativa, demonstrando razões administrativas adequadas para a opção de não publicar; ii) na transparência passiva, de enquadramento da informação nas razões legais e taxativas de sigilo; e iii) na transparência ambiental reativa, da irrazoabilidade da pretensão de produção da informação inexistente; C) O regime registral brasileiro admite a averbação de informações facultativas de interesse ao imóvel, inclusive ambientais. D) O Ministério Público pode requerer diretamente ao oficial de registro competente a averbação de informações alusivas a suas funções institucionais." STJ, REsp 1.857.098/MS, 1a Seção, Rel. Min. Og Fernandes, j. 11.05.2022.

Tema 1204

"As obrigações ambientais possuem natureza *propter rem*, sendo possível exigi-las, à escolha do credor, do proprietário ou possuidor atual, de qualquer dos anteriores, ou de ambos, ficando isento de responsabilidade o alienante cujo direito real tenha cessado antes da causação do dano, desde que para ele não tenha concorrido, direta ou indiretamente."

STJ, REsp 1.962.089/MS, 1a Seção, Rel. Min. Assusete Magalhães, j. 13.09.2023.

Tema 1159

"A validade das multas administrativas por infração ambiental, previstas na Lei n. 9.605/1998, independe da prévia aplicação da penalidade de advertência."

(STJ, REsp 1.984.746/AL, 1a Seção, Rel. Min. Regina Helena Costa, j. 13.09.2023.

TESES DE REPERCUSSÃO GERAL (STF)

Tema 999

"É imprescritível a pretensão de reparação civil de dano ambiental".

STF, RE 654.833/AC, Tribunal Pleno, Rel. Min. Alexandre de Moraes, j. 20/04/2020.

Tema 970

"É constitucional – formal e materialmente – lei municipal que obriga à substituição de sacos e sacolas plásticos por sacos e sacolas biodegradáveis."

STF, RE 732.686/SP, Tribunal Pleno, Rel. Min. Luiz Fux, j. 19.10.2022.

Tema 1268

"É imprescritível a pretensão de ressarcimento ao erário decorrente da exploração irregular do patrimônio mineral da União, porquanto indissociável do dano ambiental causado."

STF, RE 1.427.694/SC, Tribunal Pleno, Rel. Min. Rosa Weber, j. 24.08.2023.

REFERÊNCIAS BIBLIOGRÁFICAS

REVISTAS NACIONAIS ESPECIALIZADAS

Ambiente e Sociedade (Unicamp)
Hileia – Revista Eletrônica de Direito Ambiental da Amazônia (Universidade do Estado do Amazonas)
RePro – Revista de Processo (Editora Revista dos Tribunais)
Revista Ambiente e Direito (MP Editora)
Revista Brasileira de Direito Ambiental (Editora Fiuza)
Revista Brasileira de Direito Animal (Instituto Abolicionista Animal/UFBA)
Revista de Direito Ambiental (Editora Revista dos Tribunais)
Revista de Direito Ambiental e Urbanístico (Editora Magister)
Revista de Direito Sanitário (USP)
Revista de Direitos Difusos (Instituto Brasileiro de Advocacia Pública – IBAP)
Revista Desenvolvimento e Meio Ambiente (UFPR)
Revista Direito Ambiental e Sociedade (Universidade de Caxias do Sul – UCS)
Revista Direitos Fundamentais e Justiça (Programa de Pós-Graduação em Direito da PUC/RS)
Revista Interesse Público (Editora Fórum)
Revista Internacional de Direito Ambiental e Políticas Públicas (Universidade Federal do Amapá)
Revista Latino-Americana de Direitos da Natureza e dos Animais (Universidade Católica de Salvador)
Revista Veredas do Direito: Direito Ambiental e Desenvolvimento Sustentável (Escola Superior Dom Helder Câmara)

REVISTAS ESTRANGEIRAS ESPECIALIZADAS

Ecologia Política (Icaria Editorial)Environmental Law Journal (New York)
Environmental Law Journal (Stanford)
Environmental Law Review (Harvard)[1]
Environmental Law Review (Pace)
Environmental Police and Law (IOS-Press)
Environmental Politics (Routledge)[2]
European Energy and Environmental Law Review (Wolters Kluwer)
International Environmental Law Review (Georgetown)
Journal for European Environmental Law & Planning Law

---

[1] Disponível em: www.law.harvard.edu/students/orgs/elr.
[2] Disponível em: https://www.tandfonline.com/toc/fenp20/current.

Journal of Environmental Law (Columbia)
Journal of Environmental Law (Oxford)[3]
Journal of Human Rights and the Environment (Edward Elgar Publishing)
Klima und Recht (C.H. Beck)
Natur und Recht (Zeitschrift für das gesamte Recht zum Schutze der natürlichen Lebensgrundlagen und der Umwelt)
New Zealand Journal of Environmental Law (University of Auckland)
Revista Direito e Ambiente (ILDA – Instituto Lusíada para o Direito do Ambiente)
Revista do Centro de Estudos de Direito do Ordenamento, do Urbanismo e do Ambiente (CEDOUA)
Revista E-Pública (Universidade de Lisboa)
Revista Iberoamericana de Derecho Ambiental y Recursos Naturales (Argentina)
Transnational Environmental Law (Cambridge)[4]
Zeitschrift für Europäisches Umwelt- und Planungsrecht – EurUP (Lexxion) Zeitschrift für Umweltpolitik und Umweltrecht – ZfU (Deutscher Fachverlag GmbH)
Zeitschrift für Umweltrecht – ZUR (Nomos)[5]

BASE DE DADOS PARA PESQUISA SOBRE LITIGÂNCIA CLIMÁTICA NO BRASIL E NO MUNDO

– *Climate Change Litigation Databases* – Sabin Center for Climate Change Law da Universidade de Columbia[6]
– *Climate Law Accelerator (CLX)* – Faculdade de Direito da Universidade de Nova York[7]
– *Plataforma de Litigância Climática no Brasil* – Grupo de Pesquisa Direito, Ambiente e Justiça no Antropoceno (JUMA) da PUC/Rio[8]

---

[3] Disponível em: http://jel.oxfordjournals.org.
[4] Disponível em: https://www.cambridge.org/core/journals/transnational-environmental-law.
[5] Disponível em: http://www.zur.nomos.de.
[6] Disponível em: https://climatecasechart.com/.
[7] Disponível em: https://clxtoolkit.com/.
[8] Disponível em: https://www.juma.nima.puc-rio.br/base-dados-litigancia-climatica-no-brasil.

REFERÊNCIAS GERAIS

ABRAMOVICH, Víctor; COURTIS, Christian. *Los derechos sociales como derechos exigibles*. 2. ed. Madrid: Trotta, 2004.

AB'SABER, Aziz Nacib. *Amazônia*: do discurso à práxis. 2. ed. São Paulo: Edusp, 2004.

ACHURY, Liliana Estupiñan *et al.* (ed.). *La naturaleza como sujeto de derechos en el constitucionalismo democrático*. Bogotá: Universidad Libre, 2019.

ACOSTA, Alberto. *O bem viver*: uma oportunidade para imaginar outros mundos. São Paulo: Autonomia Literária/Elefante, 2016.

ACSELRAD, Henri; HERCULANO, Selene; PÁDUA, José Augusto (org.). *Justiça ambiental e cidadania*. 2. ed. Rio de Janeiro: Relume Dumará, 2004.

AKAOUI, Fernando Reverendo Vidal. *Compromisso de ajustamento de conduta ambiental*. 3. ed. São Paulo: RT, 2010.

ALBUQUERQUE, Letícia. *Poluentes orgânicos persistentes*: uma análise da Convenção de Estocolmo. Curitiba: Juruá, 2006.

ALEKSIÉVITCH, Svetlana. *Vozes de Tchernóbil*: crônica do futuro (a história oral do desastre nuclear). São Paulo: Companhia das Letras, 2016.

ALEXY, Robert. *Teoría de los derechos fundamentales*. 2. ed. Madrid: Centro de Estudios Políticos y Constitucionales, 2007.

ALEXY, Robert. *Teoria dos direitos fundamentais*. Tradução Virgílio Afonso da Silva. São Paulo: Malheiros, 2008.

ALEXY, Robert. *Theorie der Grundrechte*. 8. ed. Baden-Baden: Suhrkamp, 2018.

ALMEIDA, Fernanda Dias de Menezes. *Competências na Constituição de 1988*. São Paulo: Atlas, 2007.

ALONSO JR., Hamilton. *Direito fundamental ao ambiente e ações coletivas*. São Paulo: RT, 2006.

ALVES, Cleber Francisco. Defensoria Pública e educação em direitos humanos. *In*: SOUSA, José Augusto Garcia de (coord.). *Uma nova Defensoria Pública pede passagem*: reflexões sobre a Lei Complementar 132/09. Rio de Janeiro: Lumen Juris, 2011.

ALVES, Rubem. *Filosofia da ciência*: introdução ao jogo e suas regras. 3. ed. São Paulo: Loyola, 2001.

AMARAL, Diogo Freitas do. Acesso à justiça em matéria de ambiente e de consumo. *Textos "Ambiente e Consumo"*. Lisboa: Centro de Estudos Jurídicos, 1996. v. I.

ANDRADE, Adriano. *Proibição de proteção insuficiente e responsabilidade civil ambiental*. Belo Horizonte: Editora Plácido, 2021.

ANDREU-GUZMÁN, Federico; COURTIS, Christian. Comentarios sobre las 100 Reglas de Brasilia sobre Acceso a la Justicia de las Personas en Condición de Vulnerabilidad. *Reglas de Brasilia sobre Acceso a la Justicia de las Personas en Condición de Vulnerabilidad*. Buenos Aires: Ministerio Público de la Defensa, 2008.

ANGELO, Claudio; AZEVEDO, Tasso. *O silencio da motosserra*: quando o Brasil decidiu salvar a Amazônia. São Paulo: Companhia das Letras, 2024.

ANTON, Donald K.; SHELTON, Dinah L. *Environmental protection and human rights*. Cambridge: Cambridge University Press, 2011.

ANTUNES ROCHA, Cármen Lúcia. Constituição e ordem econômica. *In*: FIOCCA, Demian; GRAU, Eros Roberto (org.). *Debate sobre a Constituição de 1988*. São Paulo: Paz e Terra, 2001.

ANTUNES ROCHA, Cármen Lúcia. Vida digna: direitos, ética e ciência. *In*: ROCHA, Cármen Lúcia Antunes (coord.). *O direito à vida digna*. Belo Horizonte: Fórum, 2004.

ANTUNES, Luís Filipe Colaço. *Direito público do ambiente*. Lisboa: Almedina, 2008.

ANTUNES, Luís Filipe Colaço. *O procedimento administrativo de avaliação de impacto ambiental*: para uma tutela preventiva do ambiente. Coimbra: Almedina, 1998.

ANTUNES, Paulo de Bessa. *Comentários ao Novo Código Florestal*. São Paulo: Atlas, 2013.

ANTUNES, Paulo de Bessa. *Direito ambiental*. 7. ed. Rio de Janeiro: Lumen Juris, 2005.

ANTUNES, Paulo de Bessa. *Direito ambiental*. 11. ed. Rio de Janeiro: Lumen Juris, 2008.

ANTUNES, Paulo de Bessa. *Direito ambiental*. 20. ed. Rio de Janeiro: Lumen Juris, 2019.

ANTUNES, Paulo de Bessa. *Federalismo e competências ambientais no Brasil*. Rio de Janeiro: Lumen Juris, 2007.

ARAGÃO, Alexandra. A proibição de retrocesso como garantia da evolução sustentável do direito ambiental. *In*: CHACON, Mario Pena (ed.). *El principio de no regresión ambiental en Iberoamérica*. Gland (Suíça): IUCN/Programa de Derecho Ambiental, 2015.

ARAÚJO, Fernando. *A hora dos direitos dos animais*. Coimbra: Almedina, 2003.

ARAÚJO, Suely Mara Vaz Guimarães de; GANEM, Roseli Senna; VIANA, Maurício Boratto; PEREIRA JÚNIOR, José de Sena; JURAS, Ilidia da Ascenção Garrido Martins. A questão ambiental e a Constituição de 1988: reflexões sobre alguns aspectos importantes. In: ARAÚJO, José Cordeiro de; PEREIRA JÚNIOR, José de Sena; PEREIRA, Lúcio Soares; RODRIGUES, Ricardo José Pereira (Org.). *Ensaios sobre impactos da Constituição Federal de 1988 na sociedade brasileira*. Brasília: Câmara dos Deputados, Edições Câmara, 2008. v. 2, p. 599-620.

ARBEX, Daniela. *Arrastados*: os bastidores do rompimento da barragem de Brumadinho, o maior desastre humanitário do Brasil. Rio de Janeiro: Intrínseca, 2022.

ARENHARDT, Sério C.; JOBIM, Marco F. (Org.). *Processos estruturais*. 3. ed. Salvador: JusPodivm, 2021.

ATAIDE JUNIOR, Vicente de Paula; MENDES, Thiago Brizola Paula. Decreto 24.645/1934: breve história da "Lei Áurea" dos Animais. *Revista Brasileira de Direito Animal*, Salvador, v. 15, n. 2, p. 47-73, maio-ago. 2020.

ATAIDE JUNIOR, Vicente de Paula. *Capacidade processual dos animais*: a judicialização do direito animal no Brasil. São Paulo: Revista dos Tribunais, 2022.

AVZARADEL, Pedro Curvello Saavedra. *Novo Código Florestal*: enchentes e crise hídrica no Brasil. Rio de janeiro: Lumen Juris, 2016.

AYALA, Patryck de Araújo. A proteção jurídica das futuras gerações na sociedade do risco global: o direito ao futuro na ordem constitucional brasileira. *In*: FERREIRA, Heline Sivini; LEITE, José Rubens Morato (org.). *Estado de direito ambiental*: tendências. Rio de Janeiro: Forense Universitária, 2004.

AYALA, Patryck de Araújo. *Devido processo ambiental e o direito fundamental ao meio ambiente*. Rio de Janeiro: Lumen Juris, 2011.

AYALA, Patryck de Araújo. O direito ambiental das mudanças climáticas: mínimo existencial ecológico e proibição de retrocesso na ordem constitucional brasileira. *In*: BENJAMIN, Antonio Herman; IRIGARAY, Carlos T.; LECEY, Eladio; CAPPELLI, Sílvia (org.). *Anais do 14º Congresso Internacional de Direito Ambiental (Florestas, mudanças climáticas e serviços ecológicos)*. São Paulo: Instituto O Direito por um Planeta Verde/Imprensa Oficial, 2010.

AYALA, Patryck de Araújo; LEITE, José Rubens Morato. *Direito ambiental na sociedade de risco*. Rio de Janeiro: Forense Universitária, 2002.

AYALA, Patryck de Araújo (org.). *Direito das mudanças climáticas*: normatividade e princípios para a justiça ecológica no direito nacional e internacional. Curitiba: Editora CRV, 2020.

AZEVEDO, Plauto Faraco de. *Ecocivilização*: o ambiente e o direito no limiar da vida. São Paulo: RT, 2005.

BAGGIO, Roberta Camineiro. Democracia, republicanismo e princípio da subsidiariedade: em busca de um federalismo social. *Revista Direito e Democracia da ULBRA*, v. 5, n. 2, p. 319-340, 2004.

BAHIA, Carolina Medeiros. O caso da farra do boi no Estado de Santa Catarina: colisão de direitos fundamentais. *In*: MOLINARO, Carlos A.; MEDEIROS, Fernanda L. F.; SARLET, Ingo W.; FENSTERSEIFER, Tiago (org.). *A dignidade da vida e os direitos fundamentais para além dos humanos*: uma discussão necessária. Belo Horizonte: Fórum, 2008.

BAKAN, Joel. *A corporação*: a busca patológica por lucro e poder. Tradução Camila Werner. São Paulo: Novo Conceito, 2008.

BALDASSARRE, Antonio. *Los derechos sociales*. Tradução Santiago Perea Latorre. Bogotá: Universidad Externado de Colômbia, 2001.

BANDEIRA DE MELLO, Celso Antônio. *Curso de direito administrativo*. 30. ed. São Paulo: Malheiros, 2013.

BANDEIRA DE MELLO, Celso Antônio. *Discricionariedade e controle jurisdicional*. 2. ed. São Paulo: Malheiros, 2007.

BARACHO JÚNIOR, José Alfredo de Oliveira. *Proteção do ambiente na Constituição da República*. Belo Horizonte: Fórum, 2008.

BARCELLOS, Ana Paula de. *A eficácia jurídica dos princípios constitucionais*: o princípio da dignidade da pessoa humana. 2. ed. Rio de Janeiro/São Paulo: Renovar, 2008.

BARREIRA, Luciana. *Fato consumado e integridade ecológica*: governança judicial à luz da súmula nº 613 do STJ. Porto Alegre: Fundação Fênix, 2021. Disponível em: https://www.fundarfenix.com.br/ebook/116integridadeecologica.

BARROSO, Luís Roberto. A doutrina brasileira da efetividade. *In*: BARROSO, Luís Roberto. *Temas de direito constitucional*. Rio de Janeiro/São Paulo/Recife: Renovar, 2005. v. III.

BARROSO, Luís Roberto. *Curso de direito constitucional contemporâneo*: os conceitos fundamentais e a construção do novo modelo. São Paulo: Saraiva, 2009.

BARROSO, Luís Roberto. *Interpretação e aplicação da Constituição*: fundamentos de uma dogmática constitucional transformadora. 5. ed. São Paulo: Saraiva, 2003.

BARROSO, Luís Roberto. *O direito constitucional e a efetividade de suas normas*. 5. ed. Rio de Janeiro: Renovar, 2001.

BARROSO, Luís Roberto. Proteção do meio ambiente na Constituição brasileira. *Revista Trimestral de Direito Público*, São Paulo: Malheiros, n. 2, p. 58-79, 1993.

BARROSO, Luís Roberto. *Sem data vênia*: um olhar sobre o Brasil e o mundo. Rio de Janeiro: História Real, 2020.

BARTH, Maria Leticia B. G *et al*. *Guia nacional de contratações sustentáveis*. 5. ed. Brasília: AGU, julho 2022. Disponível em: https://www.gov.br/agu/pt-br/composicao/cgu/cgu/guias/gncs_082022.pdf.

BECK, Ulrich. *La sociedad del riesgo*: hacia una nueva modernidad. Barcelona: Paidós, 1998.

BECK, Ulrich. *La sociedad del riesgo*: hacia una nueva modernidad. Tradução Jorge Navarro, Daniel Jiménez e Maria Rosa Borras. Barcelona: Paidós, 2001.

BECK, Ulrich. *Risokogesellschaft*: auf dem Weg in eine andere Moderne. Frankfurt am Main: Suhrkamp, 1986.

BECK, Ulrich. *Weltrisokogesellschaft*: auf der Suche nach der verloren Sicherheit. Frankfurt am Main: Suhrkamp, 2008.

BELCHIOR, Germana Parente Neiva. *Hermenêutica jurídica ambiental*. São Paulo: Saraiva, 2011.

BELLO FILHO, Ney de Barros. A eficácia horizontal do direito fundamental ao ambiente. *In*: SCHÄFER, Jairo (org.). *Temas polêmicos do constitucionalismo contemporâneo*. Florianópolis: Conceito Editorial, 2007.

BELLO FILHO, Ney de Barros. *Direito ao ambiente*: da compreensão dogmática do direito fundamental na pós-modernidade. Porto Alegre: Livraria do Advogado, 2012.

BENJAMIN, Antonio Herman. A insurreição da aldeia global contra o processo civil clássico: apontamentos sobre a opressão e a libertação judiciais do ambiente e do consumidor. *Textos "Ambiente e Consumo"*. Lisboa: Centro de Estudos Jurídicos, 1996. v. I.

BENJAMIN, Antonio Herman. A natureza no direito brasileiro: coisa, sujeito ou nada disso. *Nomos (Revista do Programa de Pós-Graduação em Direito da UFC)*, v. 31, n. 1, p. 79-96, jan.-jun. 2011. Disponível em: http://www.periodicos.ufc.br/nomos/article/view/398/380.

BENJAMIN, Antonio Herman. Constitucionalização do ambiente e ecologização da Constituição brasileira. *In*: CANOTILHO, José Joaquim Gomes; LEITE, José Rubens Morato (org.). *Direito constitucional ambiental brasileiro*. São Paulo: Saraiva, 2007.

BENJAMIN, Antonio Herman. Função ambiental. *In*: BENJAMIN, Antonio Herman (coord.). *Dano ambiental*: prevenção, reparação e repressão. São Paulo: RT, 1993.

BENJAMIN, Antonio Herman. O Estado teatral e a implementação do direito ambiental. In: BENJAMIN, Antonio Herman (Org.). *Direito, água e vida*. Anais do Congresso Internacional de Direito Ambiental. São Paulo: Imprensa Oficial do Estado de São Paulo, 2003, v. 1. p. 335-366. Disponível em: https://bdjur.stj.jus.br/jspui/bitstream/2011/30604/Estado_Teatral_Implementa%C3%A7%C3%A3o.pdf.

BENJAMIN, Antonio Herman. Introdução à Lei do Sistema Nacional de Unidades de Conservação. *In*: BENJAMIN, Antonio Herman (coord.). *Direito ambiental das áreas protegidas*: o regime jurídico das unidades de conservação. Rio de Janeiro: Forense Universitária, 2001.

BENJAMIN, Antonio Herman. Introdução ao direito ambiental brasileiro. *In*: SOARES JÚNIOR, Jarbas; GALVÃO, Fernando (coord.). *Direito ambiental*: na visão da Magistratura e do Ministério Público. Belo Horizonte: Del Rey, 2003.

BENJAMIN, Antonio Herman. Introdução ao direito ambiental brasileiro. *Revista de Direito Ambiental*, São Paulo, n. 14, p. 48-82, abr.-jun. 1999.

BENJAMIN, Antonio Herman (coord.). *Manual da promotoria de justiça do meio ambiente*. 2. ed. São Paulo: Imesp/MP-SP, 1999.

BENJAMIN, Antonio Herman. Meio ambiente e Constituição: uma primeira abordagem. *In*: BENJAMIN, Antonio Herman (org.). *Anais do 6º Congresso Internacional de Direito Ambiental*. São Paulo: Imesp, 2002.

BENJAMIN, Antonio Herman. Princípio da proibição de retrocesso ambiental. *In*: COMISSÃO DE MEIO AMBIENTE, DEFESA DO CONSUMIDOR E FISCALIZAÇÃO E CONTROLE DO SENADO FEDERAL (org.). *O princípio da proibição de retrocesso ambiental*. Brasília: Senado Federal/CMA, 2012.

BENJAMIN, Antonio Herman. Reflexões sobre a hipertrofia do direito de propriedade na tutela da reserva legal e das áreas de preservação permanente. *Anais do 2º Congresso Internacional de Direito Ambiental*. São Paulo: Imesp, 1997.

BENJAMIN, Antonio Herman. Responsabilidade civil pelo dano ambiental. *Revista de Direito Ambiental*, São Paulo, v. 9, p. 5-52, jan.-mar. 1998.

BENJAMIN, Antonio Herman. Um novo modelo para o Ministério Público na proteção do meio ambiente. *Revista de Direito Ambiental*, São Paulo, ano 3, n. 10, abr.-jul. 1998.

BENJAMIN, Antonio H. Reflexões sobre a qualidade da legislação ambiental brasileira. FAVRETO, Fabia-na; LIMA, Fernando de Oliveira e Paula; RODRIGUES; Juliana Deléo; GRESTA, Roberta Maia; BUR-GOS, Rodrigo de Macedo e (coord.). *Direito público e democracia*: estudos em homenagem aos 15 anos do Ministro Benedito Gonçalves no STJ. Belo Horizonte: Fórum, 2023. p. 175-194.

BENJAMIN, Antonio Herman; FIGUEIREDO, Guilherme Purvin de (coord.). *Direito ambiental e as funções essenciais à Justiça*: o papel da Advocacia de Estado e da Defensoria Pública na proteção do meio ambiente. São Paulo: RT, 2011.

BENJAMIN, Antonio Herman; LEITE, José Rubens Morato; CAPELLI, Silvia (org.). *Revista do Superior Tribunal de Justiça* (Temática sobre Direito Ambiental), Brasília: Superior Tribunal de Justiça, n. 237, jan.-fev.-mar. 2015.

BENJAMIN, Antonio Herman; LEITE, José Rubens Morato; CAPELLI, Silvia (org.). *Revista do Superior Tribunal de Justiça* (Temática sobre Direito Ambiental), Brasília: Superior Tribunal de Justiça, n. 238, abr.-maio-jun. 2015.

BENJAMIN, Antonio Herman; LEITE, José Rubens Morato; CAPELLI, Silvia (org.). *Revista do Superior Tribunal de Justiça* (Temática sobre Direito Ambiental), Brasília: Superior Tribunal de Justiça, n. 239, t. 1, jul.-ago.-set. 2015.

BENJAMIN, Antonio Herman; LEITE, José Rubens Morato; CAPELLI, Silvia (org.). *Revista do Superior Tribunal de Justiça* (Temática sobre Direito Ambiental), Brasília: Superior Tribunal de Justiça, n. 239, t. 2, jul.-ago.-set. 2015.

BENSUSAN, Nurit. *Meio ambiente*: e eu com isso? São Paulo: Peirópolis, 2009.

BENSUSAN, Nurit. *Cartas ao morcego*. Brasília: IEB/Instituto Socioambiental (ISA), 2021.

BENTHAM, Jeremy. *Uma introdução aos princípios da moral e da legislação*. São Paulo: Nova Cultural, 1989. (Coleção Os Pensadores.)

BERCOVICI, Gilberto. *Constituição econômica e desenvolvimento*: uma leitura a partir da Constituição de 1988. São Paulo: Malheiros, 2005.

BERTHIER, A.; KRÄMER. *The Aarhus Convention*: Implementation and Compliance in European Union Law. Bruxelas: ClientEarth, 2014.

BEYERLIN, Ulrich. *Umweltvölkerrecht*. Baden-Baden: C. F. Beck, 2000.

BEYERLIN, Ulrich. *Umweltschutz und Menschenrechte. Zeitschrift für ausländisches öffentliches Recht und Völkerrecht (ZaöRV)*, 2005. Disponível em: http://www.zaoerv.de/65_2005/65_2005_3_a_525_542.pdf.

BEYERLIN, Ulrich; MARAUHN, Thilo. *International environmental law*. Londres: Hart Publishing/C.H.Beck, 2011.

BIANCHI, Patrícia. *Eficácia das normas ambientais*. São Paulo: Saraiva, 2010.

BIM, Eduardo Fortunato. *Audiências públicas*. São Paulo: RT, 2014.

BIRNBACHER, Dieter. *Verantwortung für zukünftige Generation*. Stuttgart: Reclam, 1988.

BIRNBACHER, Dieter; BRUDERMÜLLER, Gerd (ed.). *Zukunftverantwortung und Generationensolidarität*. Würzburg: Königshausen & Neumann, 2001.

BIRNIE, Patrícia; BOYLE, Alan. *International law and the environment*. 2. ed. Oxford/New York: Oxford University Press, 2002.

BITTENCOURT NETO, Eurico. *Mandado de injunção na tutela de direitos sociais*. Salvador: JusPodivm, 2009.

BITTENCOURT NETO, Eurico. *O direito ao mínimo para uma existência digna*. Porto Alegre: Livraria do Advogado, 2010.

BIRNIE, Patricia; BOYLE, Alan; REDGWELL, Catherine. *International law and the environment*. 4.ed. Londres: Oxford University Press, 2021.

BOBBIO, Norberto. *A era dos direitos*. Tradução Carlos Nelson Coutinho. 10. ed. Rio de Janeiro: Campus, 1992.

BODANSKY, Daniel. *The art and craft of international environmental law*. Cambridge: Harvard University Press, 2010.

BOMBARDI, Larissa Mies. *Agrotóxicos e colonialismo químico*. São Paulo: Elefante, 2023.

BONAVIDES, Paulo. *Curso de direito constitucional*. São Paulo: Malheiros, 2002.

BONAVIDES, Paulo. O direito à paz como direito fundamental de quinta geração. *Revista Interesse Público*, Porto Alegre, n. 40, p. 15-22, nov.-dez. 2006.

BONAVIDES, Paulo. *Teoria constitucional da democracia participativa*: por um direito constitucional de luta e resistência, por uma nova hermenêutica, por uma repolitização da legitimidade. São Paulo: Malheiros, 2001.

BONES, Elmar; HASSE, Geraldo. *Pioneiros da ecologia*: breve história do movimento ambientalista no Rio Grande do Sul. Porto Alegre: Já Editores, 2002.

BORATTI, Larissa Verri; CAVEDON-CAPDEVILLE, Fernanda Salles; LEITE, José Rubens Morato (Org.). *Direito ambiental e geografia*: relação entre geoinformação, marcos legais, políticas públicas e processos decisórios. Rio de Janeiro: Lumen Juris, 2020.

BORATTI, Larissa Verri. Licenciamento ambiental, espacialidade e geoinformação. *In*: BORATTI, Larissa Verri; CAVEDON-CAPDEVILLE, Fernanda Salles; LEITE, José Rubens Morato (Org.). *Direito ambiental e geografia*: relação entre geoinformação, marcos legais, políticas públicas e processos decisórios. Rio de Janeiro: Lumen Juris, 2020. p. 237-278.

BOROWSKI, Martin. *La estructura de los derechos fundamentales*. Bogotá: Universidad Externado de Colômbia, 2003.

BOSSELMANN, Klaus. Direitos humanos, meio ambiente e sustentabilidade. *In*: SARLET, Ingo W. (org.). *Estado socioambiental e direitos fundamentais*. Porto Alegre: Livraria do Advogado, 2010.

BOSSELMANN, Klaus. *Earth Governance*: Trusteeship of the Global Commons. Massachusetts: Edward Elgar Publishing, 2015.

BOSSELMANN, Klaus. Environmental rights and duties: the concept of ecological human rights. *In*: 10º CONGRESSO INTERNACIONAL DE DIREITO AMBIENTAL. *Anais*... São Paulo, 5-8 de junho de 2006.

BOSSELMANN, Klaus. Human rights and the environment: the search for common ground. *Revista de Direito Ambiental*, São Paulo: RT, n. 23, p. 35-52, jul.-set. 2001.

BOSSELMANN, Klaus. *Im Namen der Natur*: der Weg zum Ökologischen Rechtsstaat. Munique: Scherz, 1992.

BOSSELMANN, Klaus. *Ökologische Grundrechte*: zum Verhältnis zwischen individueller Freiheit und Natur. Baden-Baden: Nomos Verlagsgesellschaft, 1998.

BOSSELMANN, Klaus. *O princípio da sustentabilidade*: transformando direito e governança. Tradução Phillip Gil França. São Paulo: RT, 2015.

BOSSELMANN, Klaus. *The principle of sustainability*: transforming law and governance. Hampshire: Ashgate, 2008.

BOSSELMANN, Klaus; KIM, Rakhyun E. International Environmental Law in the Anthropocene: Towards a Purposive System of Multilateral Environmental Agreements. *Transnational Environmental Law (Cambridge University Press)*, v. 2 (2), p. 285-309, 2013.

BOYD, David R. *The environmental rights revolution*: a global study of constitutions, human rights, and the environment. Vancouver: University of British Columbia Press, 2012.

BOYD, David R. *The rights of nature*: a legal revolution that could save the world. Toronto: ECW Press, 2017.

BRANDÃO, Rodrigo. *Direitos fundamentais, democracia e cláusulas pétreas*. Rio de Janeiro: Renovar, 2008.

BRENNER, Andreas. *Umweltethik*: ein Lehr- und Lesebuch. Fribourg: Academic Press, 2008.

BRIDGEWATER, Peter; KIM, Rakhyun E.; BOSSELMANN, Klaus. Ecological integrity: a relevant concept for international environmental law in the Anthropocene? *Yearbook of International Environmental Law*, v. 25, n. 1, p. 75-76, 2015.

BRITO, Felipe Pires M. de. *Contratações públicas sustentáveis*: (re)leitura verde da atuação do Estado brasileiro. Rio de Janeiro: Lumen Juris, 2020.

BRUGGER, Winfried. Georg Jellineks Statuslehre: national und international: Eine Würdigung und Aktualisierung anlässlich seines 100. Todestages im Jahr 2011. *AöR*, vol. 136, n. 1, p. 1-43, mar. 2011.

BRUM, Eliane. *Banzeiro òkòtò*: uma viagem à Amazônia centro do mundo. São Paulo: Companhia das Letras, 2021.

BURGER, Michael; WENTZ, Jessica; HORTON, Radley. The Law and Science of Climate Change Attribution. *Columbia Journal of Environmental Law*, vol. 45, 1, 2020.

CAFFERATTA, Néstor A. Del diálogo de fuentes como método de aplicación del Derecho Ambiental. *Revista de Derecho Ambiental (RDAmb)*, v. 63, p. 23-44, jul.-sept. 2020.

CALLEJÓN, Francisco Balaguer (coord.). *Manual de derecho constitucional*. 5. ed. Madrid: Tecnos, 2010. v. I.

CALLEJÓN, Francisco Balaguer (coord.). *Manual de derecho constitucional*. 5. ed. Madrid: Editorial Tecnos, 2010. vol. II.

CALLIESS, Christian. *Die grundrechliche Schutzpflicht im mehrpoligen Verfassungsrechtsverhältnis*. JZ (Juristen Zeitung) 2006.

CALLIESS, Christian. *Rechtsstaat und Umweltstaat*: Zugleich ein Beitrag zur Grundrechtsdogmatik im Rahmen mehrpoliger Verfassung: Tübingen: Mohr Siebeck, 2001.

CALZADILLA, Paola Villavicencio; KOTZÉ, Louis. Living in harmony with nature? A critical appraisal of the rights of mother earth in Bolivia. *Transnational Environmental Law*, Cambridge, p. 1-28, 2018.

CÂMARA, Guilherme Costa. *O direito penal do ambiente e a tutela das gerações futuras*. Rio de Janeiro: Lumen Juris, 2016.

CANARIS, Claus-Wilhelm. *Direitos fundamentais e direito privado*. Tradução Ingo Wolfgang Sarlet e Paulo Mota Pinto. Coimbra: Almedina, 2003.

CANÇADO TRINDADE, Antônio Augusto. *A proteção internacional dos direitos humanos e o Brasil (1948-1997)*: as primeiras cinco décadas. 2. ed. Brasília: Editora Universidade de Brasília, 2000.

CANÇADO TRINDADE, Antônio Augusto. *Direitos humanos e meio ambiente*: paralelo dos sistemas de proteção internacional. Porto Alegre: Fabris, 1993.

CANÇADO TRINDADE, Antônio Augusto. *Tratado de direito internacional dos direitos humanos*. 2. ed. Porto Alegre: Fabris, 2003. v. I.

CANOTILHO, José Joaquim Gomes. *"Brancosos" e interconstitucionalidade*: itinerários dos discursos sobre a historicidade constitucional. 2. ed. Lisboa: Almedina, 2017.

CANOTILHO, José Joaquim Gomes. Direito constitucional ambiental português e da União Europeia. *In*: CANOTILHO, José Joaquim Gomes; LEITE, José Rubens Morato (org.). *Direito constitucional ambiental brasileiro*. São Paulo: Saraiva, 2007.

CANOTILHO, José Joaquim Gomes. *Direito constitucional e teoria da Constituição*. 5. ed. Coimbra: Almedina, 2002.

CANOTILHO, José Joaquim Gomes. Estado Constitucional Ecológico e democracia sustentada. *In*: SARLET, Ingo Wolfgang (org.). *Direitos fundamentais sociais*: estudos de direito constitucional, internacional e comparado. Rio de Janeiro/São Paulo: Renovar, 2003.

CANOTILHO, José Joaquim Gomes. *Estado de Direito*. *Cadernos Democráticos*, Lisboa: Gradiva, n. 7, 1998.

CANOTILHO, José Joaquim Gomes (Coord.). *Introdução ao direito do ambiente*. Lisboa: Universidade Aberta, 1998.

CANOTILHO, José Joaquim Gomes. O direito ao ambiente como direito subjetivo. *In*: CANOTILHO, José Joaquim Gomes. *Estudos sobre direitos fundamentais*. Coimbra: Coimbra Editora, 2004.

CANOTILHO, José Joaquim Gomes. O direito constitucional como ciência de direcção – o núcleo essencial de prestações sociais ou a localização incerta da socialidade (contributo para a reabilitação da força normativa da 'constituição social'). *In*: CANOTILHO, José Joaquim Gomes; CORREIA, Marcus Orione Gonçalves; CORREIA, Érica Paula Barcha (coord.). *Direitos fundamentais sociais*. São Paulo: Saraiva, 2010.

CANOTILHO, José Joaquim Gomes. Privatismo, associacionismo e publicismo no direito do ambiente: ou o rio da minha terra e as incertezas do direito público. *Textos "Ambiente e Consumo"*. Lisboa: Centro de Estudos Jurídicos, 1996. v. I.

CANOTILHO, José Joaquim Gomes. *Protecção do ambiente e direito de propriedade* (Crítica de jurisprudência ambiental). Coimbra: Coimbra Editora, 1995.

CANOTILHO, José Joaquim Gomes; MENDES, Gilmar Ferreira; SARLET, Ingo Wolfgang; STRECK, Lenio Luiz (org.). *Comentários à Constituição do Brasil*. 2. ed. São Paulo: Saraiva, 2018.

CANOTILHO, José Joaquim Gomes; LEITE, José Rubens Morato (org.). *Direito constitucional ambiental brasileiro*. São Paulo: Saraiva, 2007.

CANOTILHO, José Joaquim Gomes; MOREIRA, Vital. *Fundamentos da Constituição*. Coimbra: Coimbra Editora, 1991.

CAPPELLETTI, Mauro (org.). *Acess to Justice and Welfare State*. Florença: European University Institute, 1981.

CAPPELLETTI, Mauro. Formações sociais e interesses coletivos diante da justiça civil. *Revista de Processo*, São Paulo, ano II, n. 5, jan.-mar. 1977.

CAPPELLETTI, Mauro; GARTH, Bryant. *Acesso à justiça*. Porto Alegre: Fabris, 1988.

CAPPELLETTI, Mauro; GORDLEY, James; JOHNSON, Earl. *Toward equal Justice*: a comparative study of legal aid in modern societies. Milano: Giuffrè, 1975.

CAPPELLI, Sílvia. In dubio pro natura. *Revista de Direito Ambiental*, v. 98, p. 197-223, abr.-jun. 2020.

CAPPELLI, Sílvia; MARCHESAN, Ana Maria Moreira; STEIGLEDER, Annelise Monteiro. *Direito ambiental*. 7. ed. Porto Alegre: Verbo Jurídico, 2013.

CAPRA, Fritof; MATTEI, Ugo. *A revolução ecojurídica*: o direito sistêmico em sintonia com a natureza e a comunidade. Tradução Jeferson Luiz Camargo. São Paulo: Cultrix, 2018.

CAPRA, Fritof; MATTEI, Ugo. *A teia da vida*: uma nova compreensão científica dos sistemas vivos. Tradução Newton Roberval Eichemberg. São Paulo: Cultrix, 1996.

CARDIM, Ricardo Henrique. *Paisagismo sustentável para o Brasil*: integrando Natureza e humanidade no século XXI. São Paulo: Olhares, 2022. p. 9-10.

CARSON, Rachel. *Silent spring*. Fortieth Anniversary Edition. Boston/New York: Mariner Book, 2002.

CARVALHO, Délton Winter de. *Dano ambiental futuro*: a responsabilização civil pelo risco ambiental. 2. ed. Porto Alegre: Livraria do Advogado, 2013.

CARVALHO, Délton Winter de; DAMACENA Fernanda D. L. *Direito dos desastres*. Porto Alegre: Livraria do Advogado, 2013.

CASPAR, Johannes; GEISSEN, Martin. O art. 20° da Lei Fundamental da Alemanha e o novo objetivo estatal de proteção dos animais. *In*: MOLINARO, Carlos Alberto; MEDEIROS, Fernanda L. F.; SARLET, Ingo Wolfgang; FENSTERSEIFER, Tiago (org.) *A dignidade da vida e os direitos fundamentais para além dos humanos*: uma discussão necessária. Belo Horizonte: Fórum, 2008.

CAÚLA, Bleine Queiroz; RODRIGUES Francisco Lisboa. O estado de coisas inconstitucional ambiental. *Revista de Direito Público Contemporânea*, ano 2, v. 1, n. 2, p. 137-151, jul.-dez. 2018.

CEBALLOS, Gerardo et al. Accelerated modern human–induced species losses: entering the sixth mass extinction. *Science Advances*, v. 1, n. 5, jun. 2015. Disponível em: http://advances.sciencemag.org/content/1/5/e1400253.full.

CHACÓN, Mario Peña. *Derecho ambiental del siglo XXI*. San José (Costa Rica): Editorial Isolma, 2019.

CHACÓN, Mario Peña (ed.). *El principio de no regresión ambiental en Iberoamérica*. Gland (Suíça): UICN – Unión Internacional para la Conservación de la Naturaleza/Programa de Derecho Ambiental, 2015. Disponível em: https://portals.iucn.org/library/sites/library/files/documents/EPLP-084.pdf.

CHACÓN, Mario Peña. Enverdecimiento de las cortes latinoamericanas: últimos avances jurisprudenciales. *Revista Novos Estudos Jurídicos*, v. 25, n. 3, p. 587-594, sept.-dic. 2020.

CHAGAS PINTO, Bibiana Graeff. Saneamento básico e direitos fundamentais: questões referentes aos serviços públicos de água e esgotamento sanitário no direito brasileiro e no direito francês. *In*: BENJAMIN, Antonio Herman (org.). *Anais do 10° Congresso Internacional de Direito Ambiental* (Direitos humanos e meio ambiente). São Paulo: Imprensa Oficial do Estado de São Paulo, 2006.

COLBORN, Theo; DUMANOSKI, Dianne; MYERS, John Petersen. *O futuro roubado*. Porto Alegre: L&PM, 2002.

COMISSÃO MUNDIAL SOBRE MEIO AMBIENTE E DESENVOLVIMENTO. *Relatório Nosso Futuro Comum*. 2. ed. São Paulo: Editora da Fundação Getulio Vargas, 1991.

COMPARATO, Fábio Konder. *A afirmação histórica dos direitos humanos*. 3. ed. São Paulo: Saraiva, 2003.

COMPARATO, Fábio Konder. Direitos e deveres fundamentais em matéria de propriedade. *In*: STROZAKE, Juvelino José (org.). *A questão agrária e a justiça*. São Paulo: Ed. RT, 2000.

CONFERÊNCIA DAS NAÇÕES UNIDAS SOBRE MEIO AMBIENTE E DESENVOLVIMENTO. 3. ed. Brasília: Senado Federal, Subsecretaria de Edições Técnicas, 2001.

CONTO, Mario de. *Princípio da proibição de retrocesso social*. Porto Alegre: Livraria do Advogado, 2008.

CONWAY, Erik M. *Atmospheric Science at NASA*: a History. Johns Hopkins University Press, 2008.

COOMANS, Fons. The Ogoni Case Before The African Commission on Human and Peoples' Rights. *International and Comparative Law Quarterly*, 52, 3, 2003, p. 749-760.

CORTE INTERAMERICANA DE DIREITOS HUMANOS. Opinião Consultiva n. 23/2017 sobre "Meio Ambiente e Direitos Humanos". Disponível em: http://www.corteidh.or.cr/docs/opiniones/seriea_23_esp.pdf.

CORTE INTERNACIONAL DE JUSTIÇA. Opinião Consultiva sobre a Legalidade da Ameaça ou Uso de Armas Nucleares (1996), p. 241-242, par. 29. Disponível em: https://www.icj-cij.org/public/files/case-related/95/095-19960708-ADV-01-00-EN.pdf.

COSTA, Beatriz Souza. *Meio ambiente como direito à vida*: Brasil, Portugal e Espanha. Belo Horizonte: O Lutador, 2010.

COSTA, Helena Regina Lobo da. *Proteção penal ambiental*. São Paulo: Saraiva, 2010.

COSTA, Zé Pedro de Oliveira. *Uma história das florestas brasileiras*. Belo Horizonte: Autêntica, 2022.

COSTA JR., Paulo José da; GREGORI, Giorgio. *Direito penal ecológico*. São Paulo: Cetesb, 1981.

COURTIS, Christian. La eficacia de los derechos humanos en las relaciones entre particulares. *In*: SARLET, Ingo Wolfgang (org.). *Constituição, direitos fundamentais e direito privado*. 2. ed. Porto Alegre: Livraria do Advogado, 2006.

COURTIS, Christian. La prohibición de regresividad en materia de derechos sociales: apuntes introductorios. *In*: COURTIS, Christian (comp.). *Ni un paso atrás*: la prohibición de regresividad en materia de derechos sociales. Buenos Aires: Editores del Puerto, 2006.

CRETELLA NETO, José. *Curso de direito internacional do meio ambiente*. São Paulo: Saraiva, 2012.

CRUTZEN, Paul J. Geology of Mankind: the Anthropocene. *Nature*, v. 415, p. 23, jan. 2002.

CRUTZEN, P.J.; STOERMER, E.F. The "Anthropocene". *Global Change Newsletter*, 41, 2000, 17.

CUNHA, Manuela Carneiro da; BARBOSA, Samuel Rodrigues. *Direitos dos povos indígenas em disputa*. São Paulo: UNESP, 2018.

CUNHA JUNIOR, Dirley da. *Controle judicial das omissões do poder público*. 2. ed. São Paulo: Saraiva, 2008.

CUNHAL SENDIN, José de Souza. *Responsabilidade civil por danos ecológicos*: da reparação do dano através de restauração natural. Coimbra: Coimbra Editora, 1998.

CUSTÓDIO, Helita Barreira. *Competência concorrente em defesa da saúde e do meio ambiente*: incompatibilidades constitucionais do uso do amianto. Disponível em: http://www1.jus.com.br/doutrina/texto.asp?id=6895.

CUSTÓDIO, Helita Barreira. Legislação ambiental no Brasil. *In*: MILARÉ, Édis; MACHADO, Paulo Afonso Leme. *Direito ambiental*: doutrinas essenciais. São Paulo: RT, 2011. (Fundamentos do direito ambiental, v. I.)

DALTON, Russel J. *The Green Rainbow*: Environmental Groups in Western Europe. New Haven/London: Yale University Press, 1994.

DALY, Erin; KOTZE, Louis; MAY, James; SOYAPI, Caiphas. *New frontiers in environmental constitutionalism*. Nairobi (Kenya): UN Environment Programme, 2017. Disponível em: https://wedocs.unep.org/bitstream/handle/20.500.11822/20819/Frontiers-Environmental-Constitutionalism.pdf?sequence=1&isAllowed=y.

DANTAS, Marcelo Buzaglo. *Ação civil pública e meio ambiente*. São Paulo: Saraiva, 2009.

DANOWSKI, Déborah; CASTRO, Eduardo Viveiros de; SALDANHA, Rafael (orgs.). *Os mil nomes de Gaia*: do Antropoceno à Idade da Terra. (Vol. I). Rio de Janeiro: Editora Machado, 2022.

DEAN, Warren. *A ferro e fogo*: a história e a devastação da Mata Atlântica brasileira. São Paulo: Companhia das Letras, 1996.

DEMOLINER, Karine. *Água e saneamento básico*: regimes jurídicos e marcos regulatórios no ordenamento brasileiro. Porto Alegre: Livraria do Advogado, 2008.

DEPARTMENT OF ECONOMIC AND SOCIAL AFFAIRS. *World Population Prospects 2019*, p. 1. Disponível em: https://population.un.org/wpp/Publications/Files/WPP2019_Highlights.pdf.

DERANI, Cristiane. *Direito ambiental econômico*. São Paulo: Saraiva, 2008.

DERBLI, Felipe. *O princípio da proibição de retrocesso social na Constituição de 1988*. Rio de Janeiro: Renovar, 2007.

DESCARTES, René. *Discurso do método; meditações; objeções e respostas; as paixões da alma; cartas*. Tradução J. Guinsburg e Bento Prado Júnior. 2. ed. São Paulo: Abril Cultural, 1979.

DESCARTES, René. *Discurso do método; meditações; objeções e respostas; as paixões da alma; cartas*. 3. ed. São Paulo: Abril Cultural, 1983.

DIAMOND, Jared. *Collapse*: how societies choose to fail or succeed. New York: Penguin Books, 2005.

DIAMOND, Jared. *Guns, germs and steel*: a short history of everybody for the last 13.000 years. London: Vintage/Rendom House, 2017.

DIAMOND, Jared. *The Third Chimpanzee*: the evolution and future of the human animal. New York: Harper Collins Publishers, 1992.

DIAS, Inês de Souza; CAPOBIANCO, João Paulo. As organizações não governamentais e a legislação ambiental: a experiência da Fundação SOS Mata Atlântica. *In*: BENJAMIN, Antônio Herman (coord.). *Dano ambiental*: prevenção, reparação e repressão. São Paulo: Ed. RT, 1993.

DIAS, José Eduardo Figueiredo. *Direito constitucional e administrativo do ambiente* (Cadernos do Centro de Estudos de Direito do Ordenamento, do Urbanismo e do Ambiente). Coimbra: Almedina, 2002.

DIAS, Maria Clara. *Os direitos sociais básicos*: uma investigação filosófica da questão dos direitos humanos. Porto Alegre: EDIPUCRS, 2004. (Coleção Filosofia, n. 177.)

DIDIER JR., Fredie; ZANETI JR., Hermes. *Curso de direito processual civil*. 6. ed. Salvador: JusPodivm, 2011. (Processo Coletivo, v. 4.)

DIDIER JR., Fredie; ZANETI JR., Hermes; OLIVEIRA, Rafael A. de. Elementos para uma teoria geral dos processos estruturais. In: ARENHARDT, Sério C.; JOBIM, Marco F. (Org.). *Processos estruturais*. 3. ed. Salvador: Juspodivm, 2021, p. 423-461.

DIMOULIS, Dimitri; MARTINS, Leonardo. *Teoria geral dos direitos fundamentais*. São Paulo: RT, 2007.

DINAMARCO, Cândido Rangel. *A instrumentalidade do processo*. 13. ed. São Paulo: Malheiros, 2008.

DINNEBIER, Flávia França. *Sociedade de hiperconsumo*: redução de embalagens no foco do direito ambiental brasileiro. São Paulo: Instituto O Direito por um Planeta Verde, 2015.

DINNEBIER, Flávia França; LEITE, José Rubens Morato (org.) *Estado de direito ecológico*: conceito, conteúdo e novas dimensões para a proteção da Natureza. São Paulo: Instituto O Direito por um Planeta Verde, 2017.

DORST, Jean. *Antes que a natureza morra*: por uma ecologia política. São Paulo: Edgard Blücher, 1973.

DREYER, Lilian. *Sinfonia inacabada*: a vida de José Lutzenberger. Porto Alegre: Vidicom Audiovisuais Edições, 2004.

DUARTE, Marise Costa de Souza. *Meio ambiente e moradia*: direitos fundamentais e espaços especiais na cidade. Curitiba: Juruá, 2012.

DUARTE, Marise Costa de Souza. *Meio ambiente sadio*: direito fundamental em crise. Curitiba: Juruá, 2003.

EBBESSON, Jonas. Acesso à informação, participação pública e acesso à Justiça em matéria ambiental: uma breve introdução à Convenção de Aarhus. Tradução Tiago Fensterseifer. *Revista de Direito Ambiental*, São Paulo, v. 64, p. 35 e ss., out.-dez. 2011.

EBBESSON, Jonas. Public participation. *In*: BODANSKY, Daniel; BRUNNÉE, Jutta; HEY, Ellen (ed.). *The Oxford Handbook of International Environmental Law*. New York: Oxford University Press, 2007.

ECHAVARRÍA, Juan José Solozábal. El derecho al medio ambiente como derecho público subjetivo. *A tutela jurídica do meio ambiente (presente e futuro) – Boletim da Faculdade de Direito da Universidade de Coimbra, Stvdia Ivridica*, Coimbra, n. 81, p. 31-45, 2005.

ERBGUTH, Wilfried; SCHLACKE, Sabine. *Umweltrecht*. 5. ed. Baden-Baden: Nomos, 2014.

FABBRI, Amália Botter; SETZER, Joana; CUNHA, Kamyla. *Litigância climática*: novas fronteiras para o direito ambiental no Brasil. São Paulo: RT, 2019.

FACHIN, Luiz Edson. *Virada de Copérnico*: um convite à reflexão sobre o direito civil brasileiro contemporâneo. *In*: FACHIN, Luiz Edson (coord.). *Repensando os fundamentos do direito civil brasileiro contemporâneo*. Rio de Janeiro: Renovar, 2000.

FARBER, Daniel A.; FINDLEY, Roger W. *Environmental law*. 8. ed. St. Paul: Thomson Reuters, 2010.

FARIAS, Cristiano Chaves de; ROSENWALD, Nelson. *Direitos reais*. 5. ed. Rio de Janeiro: Lumen Juris, 2008.

FARIAS, Paulo José Leite. *Competência federativa e proteção ambiental*. Porto Alegre: Fabris, 1999.

FARIAS, Talden. *Competência administrativa ambiental*: fiscalização, sanções e licenciamento ambiental na Lei Complementar 140/2011. Rio de Janeiro: Lumen Juris, 2020.

FARIAS, Talden. *Introdução ao direito ambiental*. Belo Horizonte: Del Rey, 2009.

FARIAS, Talden. *Licenciamento ambiental*: aspectos teóricos e práticos. 4. ed. Belo Horizonte: Fórum, 2013.

FATHEUER, Thomas. *Buen vivir*: a brief introduction to Latin America's new concepts for the good life and the rights of nature. Berlin: Fundação Heinrich Böll, 2011. Disponível em: https://www.boell.de/sites/default/files/Buen_Vivir_engl.pdf.

FEIJÓ, Anamaria. *A utilização de animais na investigação e docência*: uma reflexão ética necessária. Porto Alegre: EDIPUCRS, 2005.

FELDENS, Luciano. *A Constituição Penal*: a dupla face da proporcionalidade no controle de normas penais. Porto Alegre: Livraria do Advogado, 2005.

FELDENS, Luciano. *Direitos fundamentais e direito penal*. Porto Alegre: Livraria do Advogado, 2008.

FELICIANO, Guilherme Guimarães; SARLET, Ingo W.; MARANHÃO; Ney; FENSTERSEIFER, Tiago. *Direito ambiental do trabalho*: apontamentos para uma teoria geral. São Paulo: LTr, 2020.

FENSTERSEIFER, Tiago. *A Defensoria Pública na Constituição*. Rio de Janeiro: Forense, 2017.

FENSTERSEIFER, Tiago. A legitimidade da Defensoria Pública para a propositura da ação civil pública ambiental e a caracterização de pessoas necessitadas em termos (socio)ambientais: uma questão de acesso à justiça socioambiental. *Revista de Processo*, São Paulo, v. 193, p. 53 e ss., mar. 2011.

FENSTERSEIFER, Tiago. A responsabilidade do Estado pelos danos causados às pessoas atingidas pelos desastres ambientais associados às mudanças climáticas: uma análise à luz dos deveres de proteção ambiental do Estado e da correspondente proibição de insuficiência na tutela do direito fundamental ao ambiente. *In*: LAVRATTI, Paula; PRESTES, Vanêsca Buzelato (org.). *Direito e mudanças climáticas (n. 2)*: responsabilidade civil e mudanças climáticas (Instituto O Direito por um Planeta Verde). Disponível em: www.planetaverde.org/mudancasclimaticas/index.php?ling=por&cont=publicacoes.

FENSTERSEIFER, Tiago. *Direitos fundamentais e proteção do ambiente*: a dimensão ecológica da dignidade humana no marco jurídico-constitucional do Estado Socioambiental de Direito. Porto Alegre: Livraria do Advogado, 2008.

FENSTERSEIFER, Tiago. *Defensoria pública, direitos fundamentais e ação civil pública*. São Paulo: Saraiva, 2015.

FENSTERSEIFER, Tiago; MACHADO, Paulo Affonso Leme; SARLET, Ingo Wolfgang. *Constituição e legislação ambiental comentadas*. São Paulo: Saraiva, 2015.

FENSTERSEIFER, Tiago; SARLET, Ingo Wolfgang. *Direito ambiental*: introdução, fundamentos e teoria geral. São Paulo: Saraiva, 2014.

FENSTERSEIFER, Tiago; SARLET, Ingo Wolfgang. *Direito constitucional ecológico*: Constituição, direitos fundamentais e proteção da Natureza. 6. ed. São Paulo: Ed. RT, 2019.

FENSTERSEIFER, Tiago; SARLET, Ingo Wolfgang. *Princípios do direito ambiental*. 2. ed. São Paulo: Saraiva, 2017.FERRAJOLI, Luigi. Derechos fundamentales. *In*: CABO, Antonio de; PISARELLO, Gerardo (ed.). *Los fundamentos de los derechos fundamentales*. 3. ed. Madrid: Trotta, 2007.

FERRAJOLI, Luigi. *Por una constitución de la Tierra*: la humanidad en la encrucijada. Madrid: Editorial Trotta, 2022.

FERRAZ, Antonio Augusto Mello de Camargo; MILARÉ, Édis; MAZZILLI, Hugo Nigro. O Ministério Público e a questão ambiental na Constituição. *Revista Forense*, Rio de Janeiro, v. 294, p. 157 e ss., 1986.

FERREIRA FILHO, Manoel Gonçalves. *Direitos humanos fundamentais*. 6. ed. São Paulo: Saraiva, 2004.

FERREIRA, Leila da Costa; VIOLA, Eduardo. *Incertezas de sustentabilidade na globalização*. Campinas: Editora da Unicamp, 1996.

FERREIRA, Leila da Costa; VIOLA, Eduardo (org.). Os ambientalismos, os direitos sociais e o universo da cidadania. *In*: FERREIRA, Leila da Costa; VIOLA, Eduardo (org.). *Incertezas de sustentabilidade na globalização*. Campinas: Editora da UNiCAMP, 1996.

FERREIRA, Vivian M. et al. *Manual de litigância climática*: estratégias de defesa do clima estável para o Ministério Público. Belo Horizonte: ABRAMPA, 2022. Disponível em: https://abrampa.org.br/abrampa/uploads/images/conteudo/Manual.pdf.

FERRY, Luc. *A nova ordem ecológica*: a árvore, o animal, o homem. Tradução Álvaro Cabral. São Paulo: Ensaio, 1994.

FIGUEIREDO DIAS, José Eduardo. *Direito constitucional e administrativo do ambiente*. Coimbra: Almedina, 2002. (Cadernos do Centro de Estudos de Direito do Ordenamento, do Urbanismo e do Ambiente)

FIGUEIREDO DIAS, José Eduardo; MENDES, Joana Maria Pereira. *Legislação ambiental*: sistematizada e comentada. 5. ed. Coimbra: Coimbra Editora, 2006.

FIGUEIREDO, Guilherme José Purvin de. *A propriedade no direito ambiental*. 3. ed. São Paulo: RT, 2008.

FIGUEIREDO, Guilherme José Purvin de. *Curso de direito ambiental*. 4. ed. São Paulo: RT, 2011.

FIGUEIREDO, Guilherme José Purvin de. *Direito ambiental e a saúde do trabalhador*. 2. ed. São Paulo: LTr, 2007.

FIGUEIREDO, Guilherme Purvin de; SILVA, Lindamir Monteiro da; RODRIGUES, Marcelo Abelha; LEUZINGER. Márcia Dieguez (org.). *Código Florestal (45 anos)*: estudos e reflexões. Curitiba: Letra da Lei/IBAP, 2010.

FIGUEIREDO, Mariana Filchtiner. *Direito fundamental à saúde*: parâmetros para sua eficácia e efetividade. Porto Alegre: Livraria do Advogado, 2007.

FILETI, Narbal Antônio Mendonça. *A fundamentalidade dos direitos sociais e o princípio da proibição de retrocesso social*. São José: Conceito Editorial, 2009.

FIORILLO, Celso Antônio Pacheco. *Curso de direito ambiental brasileiro*. 10. ed. São Paulo: Saraiva, 2009.

FISCHER-LESCANO, Andreas. Natur als Rechtsperson: Konstellationen der Stellvertretung im Recht. *Zeitschrift für Umweltrecht (ZUR)*, v. 4, Nomos, 2018.

FONSÊCA, Vitor. *Processo civil e direitos humanos*. São Paulo: RT, 2018.

FRANÇA, Phillip Gil. *O controle da Administração Pública*: tutela jurisdicional, regulação econômica e desenvolvimento. São Paulo: RT, 2008.

FRANZIUS, Claudio. Auf dem Weg zum transnationalen Klimaschutzrecht? *ZUR (Zeitschrift für Umweltrecht)*, 2018, Heft 12, p. 641-642.

FREITAS, Gilberto Passos de (org.). *A jurisprudência do Tribunal de Justiça de São Paulo em matéria ambiental*. Campinas: Millennium, 2005.

FREITAS, Gilberto Passos de; FREITAS, Vladimir Passos de. *Crimes contra a natureza* (de acordo com a Lei 9.605/98). 8. ed. São Paulo: RT, 2006.

FREITAS, Juarez. *A interpretação sistemática do direito*. 4. ed. São Paulo: Malheiros, 2004.

FREITAS, Juarez. Princípio da precaução: vedação de excesso e de inoperância. *Separata Especial de Direito Ambiental da Revista Interesse Público*, n. 35, p. 33-48, 2006.

FREITAS, Juarez. *Sustentabilidade*: o direito ao futuro. Belo Horizonte: Fórum, 2011.

FREITAS, Juarez. *Direito fundamental à boa administração pública*. 3.ed. São Paulo: Malheiros Editores. 2014.

FREITAS, Luiz Fernando Calil de. *Direitos fundamentais*: limites e restrições. Porto Alegre: Livraria do Advogado, 2006.

FREITAS, Mariana Almeida Passos de. *Zona costeira e meio ambiente*: aspectos jurídicos. Curitiba: Juruá, 2005.

FREITAS, Vladimir Passos de. *A Constituição Federal e a efetividade das normas ambientais*. 3. ed. São Paulo: RT, 2005.

FREITAS, Vladimir Passos de (coord.). *Julgamentos históricos do direito ambiental*. Campinas: Millennium, 2010.

GABEIRA, Fernando *et al*. *Partido Verde*: propostas de ecologia política. Rio de Janeiro: Editora Anima, 1986.

GADOTTI, Moacir. *Pedagogia da terra*. 6. ed. São Paulo: Peirópolis, 2009.

GAIO, Alexandre. *Lei da mata atlântica comentada*. 2. ed. Coimbra: Almedida, 2018.GARCIA, Maria da Glória F. P. D. *O lugar do direito na proteção do ambiente*. Coimbra: Almedina, 2007.

GATTI, L.V., BASSO, L.S., MILLER, J.B. et al. Amazonia as a carbon source linked to deforestation and climate change. *Nature*, 595, 388–393 (2021). Disponível em: https://www.nature.com/articles/s41586-021-03629-6.

GAVIÃO FILHO, Anízio Pires. *Direito fundamental ao ambiente*. Porto Alegre: Livraria do Advogado, 2005.

GHOSH, Amitav. *O grande desatino*: mudanças climáticas e o impensável. Tradução: Renato Prelorentzou. São Paulo: Quina Editora, 2022.

GIDDENS, Anthony. *A política da mudança climática*. Rio de Janeiro: Zahar, 2010.

GIDDENS, Anthony. *Sociologia*. 6. ed. Porto Alegre: Penso, 2012.

GIDI, Antonio. *Rumo a um Código de Processo Civil Coletivo*: a codificação das ações coletivas no Brasil. Rio de Janeiro: GZ Editora, 2008.

GOLDBLAT, David. *Teoria social e ambiente*. Tradução: Ana Maria André. Lisboa: Instituto Piaget, 1996.

GOMES, Carla Amado. *A prevenção à prova no direito do ambiente*. Coimbra: Coimbra Editora, 2000.

GOMES, Carla Amado. *Direito ambiental*: o ambiente como objeto e os objetos do direito do ambiente. Curitiba: Juruá, 2010.

GOMES, Carla Amado. *Follow the Green Brick Road*: apontamentos sobre a evolução da jurisprudência do Tribunal de Justiça da União Europeia em matéria ambiental. *In*: GOMES, Carla Amado. *Direito ambiental*: o ambiente como objeto e os objetos do direito do ambiente. Curitiba: Juruá, 2010.

GOMES, Carla Amado. Legitimidade processual popular, litispendência e caso julgado. *In*: GOMES, Carla Amado; ANTUNES, Tiago (coord.). *A Trilogia de Aarhus*. Lisboa: Instituto de Ciências Jurídico Políticas/Universidade de Lisboa, 2015. p. 78 e ss. Disponível em: http://icjp.pt/sites/default/files/publicacoes/files/ebook_trilogia_aarhus.pdf.

GOMES, Carla Amado. *Risco e modificação do acto autorizativo concretizador de deveres de protecção do ambiente*. Coimbra: Coimbra Editora, 2007. Disponível em: <http://www.fd.unl.pt/docentes_docs/ma/cg_MA_17157.pdf>.

GOMES, Carla Amado; OLIVEIRA, Heloísa (Edits.). *Tratado de direito do ambiente*. Vol. I. 2.ed. Lisboa: Centro de Investigação de Direito Público/Instituto de Ciências Jurídico-Políticas, 2022. Disponível em: https://lisbonpubliclaw.pt/pt/publicacoes/tratado-de-direito-do-ambiente-vol-i-2.

GOMES, Carla Amado; ANTUNES, Tiago (org.). *Actas do Colóquio "A responsabilidade Civil por Dano Ambiental"*. Lisboa: Instituto de Ciências Jurídico-Políticas (Faculdade de Direito de Lisboa)/Associação Portuguesa para o Direito do Ambiente/Instituto Lusíada para o Direito do Ambiente, 2009. Disponível em: https://www.icjp.pt/publicacoes/pub/1.

GOMES, Luís Roberto. *O Ministério Público e o controle da omissão administrativa*: o controle da omissão estatal no direito ambiental. Rio de Janeiro: Forense Universitária, 2003.

GONÇALVES, Ana Paula Rengel. *Agroecologia e pagamento por serviços ambientais*: lições e perspectivas. São Paulo: Instituto O Direito por um Planeta Verde, 2017.

GONÇALVES, Cláudia Maria da Costa. *Assistência jurídica pública*: direitos humanos e políticas sociais. 2. ed. Curitiba: Juruá, 2010.

GONÇALVES, Monique Mosca. *Dano animal*. Rio de Janeiro: Lumen Juris, 2020.

GORE, Al. *An inconvenient truth*: the planetary emergency of global warming and what we can do about it. New York: Rodale Books, 2006.

GORE, Al. *Earth in the balance*: ecology and the human spirit. Boston/New York/London: Houghton Mifflin Company, 1992.

GRAF, Ana Cláudia Bento. O direito à informação ambiental. *In*: FREITAS, Vladimir Passos de (org.). *Direito ambiental em evolução*. 2. ed. Curitiba: Juruá, 2002. v. I.

GRAU, Eros Roberto. *A ordem econômica na Constituição de 1988*: interpretação e crítica. 3. ed. São Paulo: Malheiros, 1997.

GRAU, Eros Roberto. *A ordem econômica na Constituição de 1988*: interpretação e crítica. São Paulo: Malheiros, 2003.

GRINOVER, Ada Pellegrini. Controle de políticas públicas pelo Poder Judiciário. *Revista de Processo*, São Paulo, n. 164, p. 9-29, out. 2008.

GRINOVER, Ada Pellegrini. Parecer a respeito da constitucionalidade da Lei 11.448/07, que conferiu legitimidade ampla à Defensoria Pública para a ação civil pública. *In*: SOUSA, José Augusto Garcia de (coord.). *Uma nova Defensoria Pública pede passagem*: reflexões sobre a Lei Complementar 132/09. Rio de Janeiro: Lumen Juris, 2011.

GRINOVER, Ada Pellegrini. *Parecer sobre a legitimidade da Defensoria Pública para a propositura de ação civil pública formulado no âmbito da Ação Direta de Inconstitucionalidade n. 3.943 (STF)*. Disponível em: www.sbdp.org.br/arquivos/material/542_ADI3943_pareceradapellegrini.pdf.

GRINOVER, Ada Pellegrini; ALMEIDA Gregório Assagra de; GUSTIN, Miracy; LIMA, Paulo Cesar Valente de; IENNACO, Rodrigo (org.). *Direitos fundamentais das pessoas em situação de rua*. Belo Horizonte: D'Plácido Editora, 2014.

GRINOVER, Ada Pellegrini; MENDES, Aluisio Gonçalves de Castro; WATANABE Kazuo (coord.). *Direito processual coletivo e o anteprojeto de Código Brasileiro de Processos Coletivos*. São Paulo: RT, 2007.

GROß, Thomas. Welche Klimaschutzpflichten ergeben sich aus Art. 20a GG. *ZUR*, Heft 7-8, p. 364-368, 2009.

GUTMANN, Andreas. *Hybride Rechtssubjektivität*: Die Rechte der „Natur oder Pacha Mama" in der ecuadorianischen Verfassung von 2008. Baden-Baden: Nomos, 2021.

HÄBERLE, Peter. A dignidade humana como fundamento da comunidade estatal. Tradução Ingo Wolfgang Sarlet e Pedro Scherer de Mello Aleixo. *In*: SARLET, Ingo Wolfgang (org.). *Dimensões da dignidade*: ensaios de filosofia do direito e direito constitucional. 2. ed. Porto Alegre: Livraria do Advogado, 2009.

HÄBERLE, Peter. Die *"Kultur des Friedens"* – *Thema der universalen Verfassungslehre* (oder: das Prinzip Frieden). Berlim: Duncker & Humblot, 2017.

HÄBERLE, Peter. Grundrechte im Leistungsstaat. *VVDStRL*, p. 81 e ss., 1972.

HÄBERLE, Peter. *Hermenêutica constitucional*: a sociedade aberta dos intérpretes da Constituição (contribuição para a interpretação pluralista e "procedimental" da Constituição). Tradução de Gilmar Ferreira Mendes. Porto Alegre: SAFE, 1997.

HÄBERLE, Peter. *La garantía del contenido esencial de los derechos fundamentales en la Ley Fundamental de Bonn*: una contribución a la concepción institucional de los derechos fundamentales y a la teoría de la reserva de la ley. Madrid: Dykinson, 2003.

HÄBERLE, Peter. *Libertad, igualdad, fraternidad*: 1789 como historia, actualidad y futuro del Estado constitucional. Tradução Ignacio Gutiérrez Gutiérrez. Madrid: Trotta, 1998.

HANSEN, James. *Tempestades dos nossos netos*: mudanças climáticas e as chances de salvar a humanidade. Tradução de Renata Lucia Bottini. São Paulo: SENAC, 2013.

HARDIN, Garrett J. The Tragedy of the Commons. *Science*, 13 Dez. 1968, Vol. 162, Issue 3859, p. 1243-1248.

HARTMANN, Ivar Alberto Martins. *E-codemocracia*: a proteção do meio ambiente no ciberespaço. Porto Alegre: Livraria do Advogado, 2010.

HASELHAUS, Sebastian. Verfassungsrechtliche Grundlagen des Umweltschutzes. *In*: REHBINDER, Eckard; SCHINK, Alexander (org.). *Grundzüge des Umweltrechts*. 5. ed. Berlim: Erich Schmidt Verlag, 2018.

HAYWARD, Tim. *Constitutional environmental rights*. Oxford: Oxford University Press, 2005 (reimpressão 2012).

HECKENBERGER, Michael J. *et al*. Amazonia 1492: Pristine Forest or Cultural Parkland? *Science*, Vol 301, Issue 5640, Sep 2003, p. 1710-1714.

HEINZ, Kersten. Eigenrecht der Natur. *Der Staat* 29 "3", p. 415-439, 1990.

HESSE, Konrad. *A força normativa da Constituição*. Tradução: Gilmar Ferreira Mendes. Porto Alegre: Fabris, 1991.

HESSE, Konrad. *Elementos de direito constitucional da República Federal da Alemanha*. Tradução da 20. ed. alemã. Porto Alegre: Fabris, 1998.

HIGGINS, Polly. *Eradicating ecocide*. 2. ed. London: Shepheard-Walwyn Publishers, 2012.

HIPPEL, Eike von. *Der Schutz des Schwächeren*. Tübingen: J.C.B.Mooh, 1982.

HIPPEL, Eike von. *Kampfplätze der Gerechtigkeit*: Studien zu aktuellen rechtspolitischen Problemen. Berlim: Berliner Wissenschafts Verlag, 2009.

HISKES, Richard P. *The human right to a green future*: environmental rights and intergenerational justice. Cambridge: Cambridge University Press, 2009.

HOBSBAWM, Eric J. *A Revolução Francesa*. Rio de Janeiro: Paz e Terra, 1996.

HOFFMANN, Hasso. Grundpflichten und Grundrechte. *In*: ISENSEE, Josef; KIRCHHOF, Paul (ed.). *Handbuch des Staatsrechts der Bundesrepublik Deutschland*. Heidelberg: C. F. Müller, 1992. v. V.

HOGAN, Daniel Joseph; VIEIRA, Paulo Freire (org.). *Dilemas socioambientais e desenvolvimento sustentável*. 2. ed. Campinas: Editora da Unicamp, 1995.

HOLMES, Stephen; SUNSTEIN, Cass R. *The cost of rights*: why liberty depends on taxes. New York-London: W. W. Norton & Company, 1999.

HÖSLE, Vittorio. *Philosophie der ökologischen Krise*. München: C. H. Beck, 1991
HUFEN, Friedhelm. *Staatsrecht II*: Grundrechte. 4. ed. Munique: C.H. Beck, 2014.
IBROM, Sandra. *Die Rolle der Mediation in demokratischen Entscheidungsprozessen*: Optimierung und Demokratisierung von Entscheidungsprozessen durch Mediation. Baden-Baden: Nomos, 2015.
JACCOUD, Cristiane *et al.* (org.). *Súmulas do STJ em matéria ambiental comentadas*: um olhar contemporâneo do direito ambiental no judiciário. Rio de Janeiro: Toth Editora, 2019.
JARASS, Hans D.; PIEROTH, Bodo. *Grundgesetz für die Bundesrepublik Deutschland* (Kommentar). 9. ed. München: C. H. Beck, 2007.
JELLINEK, Georg. *System der subjektiven öffentlichen Recht*. 2. ed. Tübingen: Scientia Verlag Aalen, 1979 (originalmente publicada em 1905).
JOBIM, Marco F. Reflexões sobre a necessidade de uma teoria geral do processo estrutural aplicada ao processo civil brasileiro. *In*: ARENHARDT, Sério C.; JOBIM, Marco F. (Org.). *Processos estruturais*. 3. ed. Salvador: Juspodivm, 2021, p. 815-834.
JODAS, Natália. *Pagamento por serviços ambientais*: diretrizes de sustentabilidade para os projetos de PSA no Brasil. Rio de Janeiro: Lumen Juris, 2021.
JONAS, Hans. *Das Prinzip Verantwortung*: Versuch einer Ethik für die technologische Zivilisation. Frankfurt am Main: Suhrkamp, 2003.
JONAS, Hans. *El principio de responsabilidad*: ensayo de una ética para la civilización tecnológica. Tradução Javier M.ª Fernández Retenaga. Barcelona: Herder, 1995.
JONAS, Hans. *O princípio da vida*. Tradução Carlos Almeida Pereira. Petrópolis: Vozes, 2004.
JONAS, Hans. *O princípio responsabilidade*: ensaio de uma ética para a civilização tecnológica. Rio de Janeiro: Contraponto Editora PUC/Rio, 2006.
JUCOVSKY, Vera Lucia R. S. O papel do Judiciário na proteção do ambiente. *In*: MILARÉ, Édis (coord.). *A ação civil pública após 20 anos*: efetividade e desafios. São Paulo: RT, 2005.
JUCOVSKY, Vera Lucia R. S. Meios de defesa do meio ambiente: ação popular e participação pública. *Revista de Direito Ambiental*, n. 17, p. 65-122, jan.-mar. 2000.
JURAS, Ilidia da Ascenção Garrido Martins; ARAÚJO, Suely Mara Vaz Guimarães de. (Org.). *Legislação concorrente em meio ambiente*. Brasília: Câmara dos Deputados, Edições Câmara, 2009.
KANT, Immanuel. *A paz perpétua e outros opúsculos*. Lisboa: Edições 70, 2008.
KANT, Immanuel. *Crítica da razão pura e outros textos filosóficos*. Tradução Paulo Quintela. São Paulo: Abril Cultural, 1974. (Coleção Os Pensadores).
KELSEN, Hans. *Teoria pura do direito*. Tradução João Baptista Machado. São Paulo: Martins Fontes, 2000.
KERSTEN, Jens. *Das Antropozän-Konzept*: Kontrakt-Komposition-Konflikt. Baden-Baden: Nomos, 2014.
KERSTEN, Jens. *Das ökologische Grundgesetz*. Munique: C.H.Beck, 2022.
KERSTEN, Jens. Who Needs Rights of Nature? *In*: HILLEBRECHT, Anna Leah Tabios; BERROS María Valeria (org.). *Can Nature have rights?* Legal and political insights. RCC Perspectives – Transformations in Environment and Society, 2017/6. Munique: Rachel Carson Center/LMU, 2017. Disponível em: https://static1.squarespace.com/static/55914fd1e4b01fb0b851a814/t/5a6a132c085229bc85004ba5/1516901169664/Rachel+Carson+Center_Publication_Can+Nature+Have+Rights+Legal+and+Political+Insights_Hillebrecht+%26+Berros+2017.pdf.
KISS, Alexandre Os direitos e interesses das futuras gerações e o princípio da precaução. *In*: VARELLA, Marcelo Dias; PLATIAU, Ana Flávia Barros (org.). *Princípio da precaução*. Belo Horizonte: Del Rey, 2004.

KISS, Alexandre; SHELTON, Dinah. *Guide to international environmental law*. Leiden/Boston: Martinus Hijhoff Publishers, 2007.

KLOEPFER, Michael. A caminho do Estado Ambiental? A transformação do sistema político e econômico da República Federal da Alemanha através da proteção ambiental especialmente desde a perspectiva da ciência jurídica. *In*: SARLET, Ingo Wolfgang (org.). *Estado socioambiental e direitos fundamentais*. Porto Alegre. Livraria do Advogado, 2010.

KLOEPFER, Michael. Art. 20a. *In*: KAHL, Wolfgang; WALDHOFF, Christian; WALTER, Christian. *Bonner Kommentar zum Grundgesetz*. Heidelberg: C. F. Muller, 2005.

KLOEPFER, Michael. *Handbuch des Katastrophenrechts*. Baden-Baden:Nomos, 2015. (Schriften zum Katastrophenrecht, v. 9).

KLOEPFER, Michael. *Umweltrecht*. 3. ed. München: Verlag C. H. Beck, 2004.

KLOEPFER, Michael. *Umweltschutzrecht*. München: Verlag C. H. Beck, 2008.

KLOEPFER, Michael. Umweltschutz und Verfassungsrecht. *DVBL*, 1988.

KOLBERT, Elizabeth. *A sexta extinção*: uma história não natural. Rio de Janeiro: Intrínseca, 2015.

KOLBERT, Elizabeth. *The Sixth Extinction*: an Unnatural History. New York: Henry Holt, 2014.

KOLBERT, Elizabeth. *Sob um céu branco*: a Natureza no futuro. Tradução de Maria de Fátima Oliva do Couto. Rio de Janeiro: Intrínseca, 2021.

KOPENAWA, Davi; ALBERT, Bruce. *A queda do céu*: palavras de um xamã yanomami. São Paulo: Companhia das Letras, 2015.

KOTULLA, Michael. *Umweltrecht*. 7. ed. Stuttgart: Boorberg Verlag, 2018.

KOTZÉ, Louis; CALZADILLA, Villavicencio, Paola. Somewhere between rhetoric and reality: environmental constitutionalism and the rights of nature in Ecuador. *Transnational Environmental Law*, Cambridge, v. 6, n. 3, p. 401-433, 2017.

KOTZÉ, Louis; CALZADILLA, Villavicencio, Paola. Somewhere between Rhetoric and Reality: Environmental Constitutionalism and the Rights of Nature in Ecuador. *Transnational Environmental Law*, Cambridge University Press, v. 6 (3), p. 401-433, 2017.

KOTZÉ, Louis J. Earth system law for the Anthropocene: rethinking environmental law alongside the Earth system metaphor. *Transnational Legal Theory*, v. 11, Issue 1-2 (Transnational Environmental Law in the Anthropocene), p. 75-104, 2020.

KOTZÉ, Louis; PATERSON, Alexander R. (ed.). *The Role of the Judiciary in Environmental Governance*: comparative perspectives. The Nederlands: Wolters Kluwer, 2009.

KOTZÉ, Louis J. *The South African Environment and the 1996 Constitution*: some reflections on a decade of democracy and constitutional protection of the environment, no prelo.

KRÄMER, Ludwig. The Aarhus Convention and EU law. *In*: GOMES, Carla Amado; ANTUNES, Tiago (coord.). *A Trilogia de Aarhus*. Lisboa: Instituto de Ciências Jurídico Políticas/ Universidade de Lisboa, 2015. Disponível em: http://icjp.pt/sites/default/files/publicacoes/files/ebook_trilogia_aarhus.pdf.

KREBS, Angellika. Naturethik im Überblick. *In*: KREBS, Angelika (org.). *Naturethik*: Grundtexte der gegenwärtigen tier-und ökologischen Diskussion. Frankfurt am Main: Suhrkamp, 1997.

KRELL, Andréas J. A relação entre proteção ambiental e função social da propriedade nos sistemas jurídicos brasileiro e alemão. *In*: SARLET, Ingo Wolfgang (org.). *Estado socioambiental e direitos fundamentais*. Livraria do Advogado, 2010.

KRELL, Andréas J. Autonomia municipal e proteção ambiental: critérios para definição das competências legislativas e das políticas locais. *In*: KRELL, Andreas J. (org.) *A aplicação do direito ambiental no Estado federativo*. Rio de Janeiro: Lumen Juris, 2005.

KRELL, Andréas J. *Discricionariedade administrativa e proteção ambiental*. Porto Alegre: Livraria do Advogado, 2004.

KRENAK, Ailton. *A vida não é útil*. São Paulo: Companhia das Letras, 2020.

KREPPER, Peter. *Zur Würde der Kreatur in Gentechnik und Recht*. Basel; Frankfurt am Main: Helbing und Lichtenhahn, 1998.

LAFER, Celso. *A reconstrução dos direitos humanos*: um diálogo com o pensamento de Hannah Arendt. São Paulo: Companhia das Letras, 2001.

LAGO, Laone. *Estado de coisas inconstitucional ambiental brasileiro*. São Paulo: Dialética, 2023.

LATOUR, Bruno. *Facing Gaia*: eight lectures on the new climate regime. Tradução Catherine Porter. Cambridge: Polity, 2017.

LATOUR, Bruno. *Politics of nature*: how to bring the sciences into democracy. Cambridge: Harvard University Press, 2004.

LAVRATTI, Paula; PRESTES, Vanêsca Buzelato (org.) *Direito e mudanças climáticas (n. 2)*: responsabilidade civil e mudanças climáticas (Instituto O Direito por um Planeta Verde). Disponível em: www.planetaverde.org/mudancasclimaticas/index.php?ling=por&cont=publicacoes.

LAZARUS, Richard J. *The making of environmental law*. 2. ed. Chicago: The University of Chicago Press, 2023.

LAZARUS, Richard J. *The making of environmental law*. Chicago: The University of Chicago Press, 2004.

LAZARUS, Richard J. *The rule of five*: making climate history at the supreme court. Cambridge: Harvard University Press, 2020.

LAZARUS, Richard J., "Human Nature, the Laws of Nature, and the Nature of Environmental Law" (2005). *Virginia Environmental Law Journal*, 24, 2005, p. 231-261. Disponível em: https://scholarship.law.georgetown.edu/facpub/163.

LEAL, Rogério Gesta. O controle jurisdicional de políticas públicas no Brasil: possibilidades materiais. *In*: SARLET, Ingo Wolfgang (org.). *Jurisdição e direitos fundamentais*. Porto Alegre: Livraria do Advogado/AJURIS, 2005. vol. I.

LEÃO, Márcia Brandão Carneiro. *Direitos humanos e meio ambiente*: mudanças climáticas, "refugiados" ambientais e direito internacional. Disponível em: www.nima.puc-rio.br/aprodab/artigos/clima_e_refugiados_ambientais_marcia_brandao_carneiro_leao.pdf.

LEES, Emma; VIÑUALES, Jorge E. *Comparative environmental law*. New York: Oxford University Press, 2019.

LEIS, Héctor Ricardo. *A modernidade insustentável*: as críticas do ambientalismo à sociedade contemporânea. Florianópolis/Petrópolis: UFSC/Vozes, 1999.

LEITÃO, Míriam. *Amazônia na encruzilhada*: o poder da destruição e o tempo das possibilidades. Rio de Janeiro: Intrínseca, 2023.

LEITE FARIAS, Paulo José. *Competência federativa e proteção ambiental*. Porto Alegre: Safe, 1999.

LEITE, José Rubens Morato. Ação popular: um exercício da cidadania ambiental? *Revista de Direito Ambiental*, n. 17, p. 123-140, jan.-mar. 2000.

LEITE, José Rubens Morato (Coord.). *A ecologização do direito ambiental vigente*: rupturas necessárias. 2. ed. Rio de Janeiro: Lumen Juris, 2020.

LEITE, José Rubens Morato. Estado de Direito do Ambiente: uma difícil tarefa. *In*: LEITE, José Rubens Morato (org.). *Inovações em direito ambiental*. Florianópolis: Fundação Boiteux, 2000.

LEITE, José Rubens Morato. Sociedade de risco e Estado. *In*: CANOTILHO, José Joaquim Gomes; LEITE, José Rubens Morato (org.). *Direito constitucional ambiental brasileiro*. São Paulo: Saraiva, 2007.

LEITE, José Rubens Morato; AYALA, Patryck de Araújo (coord.). *A ecologização do direito ambiental vigente*: rupturas necessárias. Rio de Janeiro: Lumen Juris, 2018.

LEITE, José Rubens Morato; AYALA, Patryck de Araújo. *Dano ambiental*: do individual ao coletivo extrapatrimonial (teoria e prática). 3. ed. São Paulo: RT, 2010.

LEITE, José Rubens Morato; MELO, Melissa Ely RIBEIRO, Heidi Michalski (org.). *Innovations in the Ecological Rule of Law*. São Paulo: Instituto O Direito por um Planeta Verde, 2018. Disponível em: http://www.planetaverde.org/arquivos/biblioteca/arquivo_20180807153924_7633.pdf.

LEITE, Marcelo. *A Floresta Amazônica*. São Paulo: Publifolha, 2001.

LEIVAS, Paulo Gilberto Cogo. *Teoria dos direitos fundamentais sociais*. Porto Alegre: Livraria do Advogado, 2006.

LEMOS, Patrícia Faga Iglecias. *Resíduos sólidos e responsabilidade civil pós-consumo*. São Paulo: Ed. RT, 2011.

LENZA, Pedro. *Teoria geral da ação civil pública*. 2. ed. São Paulo: Ed. RT, 2005.

LEONARD, Annie. *A história das coisas*: da natureza ao lixo, o que acontece com tudo que consumimos. Rio de Janeiro: Zahar, 2011.

LEOPOLD, Aldo. *A Sand County Almanac*: with essays on conservation from Round River. New York: Ballantine Books, 1970.

LEUZINGER, Márcia Dieguez; SILVA, Lindamir Monteiro da; FIGUEIREDO, Guilherme José Purvin de; RODRIGUES, Marcelo Abelha (org.). *Código Florestal 45 anos*: estudos e reflexões. São Paulo: IBAP, 2010.

LEWANDOWSKI, Enrique Ricardo. Considerações sobre o federalismo brasileiro. *Revista de Justiça e Cidadania*, Rio de Janeiro, n. 157, p. 17, 2013. Disponível em: https://www.editorajc.com.br/consideracoes-federalismo-brasileiro/.

LEWINSOHN, Thomas M.; PRADO, Paulo Inácio. *Biodiversidade brasileira*: síntese do estado atual do conhecimento. 3. ed. São Paulo: Contexto, 2014.

LISBOA, Marijane. *Ética e cidadania planetárias na era tecnológica*: o caso da Proibição da Basiléia. Rio de Janeiro: Civilização Brasileira, 2009.

LOCATELLI, Paulo Antonio. A atuação do Ministério Público na tutela do meio ambiente por meio dos sistemas de informação geográfica. *In*: BORATTI, Larissa Verri; CAVEDON-CAPDEVILLE, Fernanda Salles; LEITE, José Rubens Morato (Org.). *Direito ambiental e geografia*: relação entre geoinformação, marcos legais, políticas públicas e processos decisórios. Rio de Janeiro: Lumen Juris, 2020. p. 409-444.

LORENZETTI, Ricardo L.; LORENZETTI, Pablo. *Derecho ambiental*. Santa Fe: Rubinzal-Culzoni Editores, 2018.

LORENZETTI, Ricardo Luis. *Teoria geral do direito ambiental*. Tradução Fábio Costa Morosini e Fernanda Nunes Barbosa. São Paulo: RT, 2010.

LORENZETTI, Ricardo. *El nuevo inimigo*: el colapso ambiental. 3. ed. Buenos Aires: Sudamericana, 2022.

LOURENÇO, Daniel Braga. *Direito dos animais*: fundamentação e novas perspectivas. Porto Alegre: Fabris, 2008.

LOURENÇO, Daniel Braga. *Qual o valor da natureza?* Uma introdução à ética ambiental. São Paulo: Elefante, 2019.

LOVEJOY, Thomas E.; NOBRE Carlos. Amazon Tipping Point. *Science Advances*, 4, eaat2340, 2018. Disponível em: https://advances.sciencemag.org/content/4/2/eaat2340.

LOVELOCK, James. *A vingança de Gaia*. Tradução Ivo Korytowski. Rio de Janeiro: Intrínseca, 2006.

LOVELOCK, James. *Gaia*: a new look at life on earth. London: Oxford University Press, 2016.

LUTZENBERGER, José A. *Fim do futuro?* (Manifesto ecológico brasileiro). 4. ed. Porto Alegre: Movimento/UFRGS, 1980.
LUTZENBERGER, José. *Manual de ecologia*: do jardim ao poder. Porto Alegre: L&PM, 2006. v. 1.
LUTZENBERGER, José. *Pesadelo atômico*. Porto Alegre: Ched Editorial, 1980.
LUTZENBERGER, José. Por uma ética ecológica. *In*: BONES, Elmar; HASSE, Geraldo. *Pioneiros da ecologia*: breve história do movimento ambientalista no Rio Grande do Sul. Porto Alegre: Já Editores, 2002.
LYNAS, Mark. *Seis graus*: o aquecimento global e o que você pode fazer para evitar uma catástrofe. Tradução Roberto Franco Valente. Rio de Janeiro: Jorge Zahar, 2008.
MACEDO, Humberto Gomes. *A dimensão civil da sustentabilidade e a função ecológica do princípio as boa-fé*. Belo Horizonte/São Paulo: D'Plácido, 2023.
MACHADO, Paulo Affonso Leme. *Ação Civil Pública e Tombamento*. 2. ed. São Paulo: RT, 1987.
MACHADO, Paulo Affonso Leme. *Direito à informação e meio ambiente*. São Paulo: Malheiros, 2006.
MACHADO, Paulo Affonso Leme. *Direito ambiental brasileiro*. São Paulo: RT, 1982.
MACHADO, Paulo Afonso Leme. *Direito ambiental brasileiro*. 16. ed. São Paulo: Malheiros, 2008.
MACHADO, Paulo Afonso Leme. *Direito ambiental brasileiro*. 24. ed. São Paulo: Malheiros, 2016.
MACHADO, Paulo Affonso Leme. *Direito ambiental brasileiro*. 26. ed. São Paulo: Malheiros, 2018.
MACHADO, Paulo Affonso Leme. *Direito de acesso à água*. São Paulo: Malheiros, 2018.
MACHADO, Paulo Affonso Leme. *Estudos de direitos ambiental*. São Paulo: Malheiros, 2019. v. 3.
MACHADO, Paulo Afonso Leme. Federalismo, amianto e meio ambiente: julgado sobre competência. *In*: CANOTILHO, José Joaquim Gomes; LEITE, José Rubens Morato (org.). *Direito constitucional ambiental brasileiro*. São Paulo: Saraiva, 2007.
MACHADO, Paulo Affonso Leme. *Legislação florestal (Lei 12.651/2012)*: competência e licenciamento ambiental. São Paulo: Malheiros, 2012.
MACHADO, Paulo Affonso Leme. *Recursos hídricos*: direito brasileiro e internacional. São Paulo: Malheiros, 2002.
MAGALHÃES, Juraci Perez. *A evolução do direito ambiental no Brasil*. São Paulo: Editora Oliveira Mendes, 1998.
MAGALHÃES, Vladimir Garcia. Competência concorrente em matéria ambiental: proteção ao ambiente e justiça. *Revista Brasileira de Direito Constitucional*, n. 2, p. 141-163, jul.-dez. 2003.
MAIA, Maurílio Casas. A intervenção de terceiro da Defensoria Pública nas ações possessórias multitudinárias do NCPC: colisão de interesses (art. 4º-A, V, LC n. 80/1994) e posições processuais dinâmicas. *In*: DIDIER JR., Fredie (coord.). *Novo CPC – doutrina selecionada*. Parte geral. Salvador: JusPodivm, 2016; v. 1.
MAIA, Maurílio Casas. A legitimidade da Defensoria Pública para a tutela de segmentos sociais vulneráveis. *Revista de Direito do Consumidor*, São Paulo, v. 100, set.-out. 2015.
MANCUSO, Rodolfo de Camargo. *Ação civil pública*. 14. ed. São Paulo: RT, 2016.
MANCUSO, Rodolfo de Camargo. *Ação popular*. 8. ed. São Paulo: RT, 2015.
MANCUSO, Rodolfo de Camargo. *Acesso à justiça*. São Paulo: RT, 2011.
MANCUSO, Rodolfo de Camargo. *Interesses difusos*: conceitos e legitimação para agir. 6. ed. São Paulo: RT, 2004.
MANGOLDT/KLEIN/STARCK. *Bonner Grundgesetz Kommentar*. 4. ed. Auflage: München, 2000. v. 2.
MANN, Michael E. *The new climate war*: the fight to take back our planet. Londres: Scribe, 2021.
MANN, Thomas. *A montanha mágica*. Tradução Herbert Caro. Rio de Janeiro: Nova Fronteira, 2000.

MARANHÃO, Ney. *Poluição labor-ambiental*. Rio de Janeiro: Lumen Juris, 2017.

MARCHESAN, Ana Maria Moreira. *A tutela do patrimônio cultural sob o enfoque do direito ambiental*. Porto Alegre: Livraria do Advogado, 2007.

MARCHESAN, Ana Maria Moreira. *O fato consumado em matéria ambiental*. Salvador: JusPodivm, 2019.

MARCHESAN, Ana Maria Moreira; STEIGLEDER, Annelise Monteiro. Fundamentos jurídicos para a inversão do ônus da prova nas ações civis públicas por danos ambientais. *In*: BENJAMIN, Antonio Herman (org.). *Anais do 6º Congresso Internacional de Direito Ambiental*. São Paulo: IMESP, 2002.

MARGULIS, Lynn. *Symbiotic planet*: a new look at evolution. Nova Iorque: Basic Books, 1998.

MARINONI, Luiz Guilherme. *A legitimidade da atuação do juiz a partir do direito fundamental à tutela jurisdicional efetiva*. Disponível em: http://bdjur.stj.jus.br/jspui/bitstream/2011/21005/legitimidade_atuacao_juiz.pdf.

MARINONI, Luiz Guilherme. *Teoria geral do processo*. São Paulo: RT, 2006.

MARINONI, Luiz Guilherme. *Tutela inibitória*: individual e coletiva. 3. ed. São Paulo: RT, 2003.

MARINONI, Luiz Guilherme; MAZZUOLI, Valério de Oliveira (coord.). *Controle de convencionalidade*: um panorama latino-americano. Brasília: Gazeta Jurídica, 2013.

MARKUS, Till; SILVA-SÁNCHEZ, Pedro Pablo. Zum Schutz der Umwelt durch die Amerikanische Menschenrechtskonvention: Das Gutachten des IAGMR OC-23/2017. *ZUR (Zeitschrift für Umweltrecht)*, 2019, Heft 3, p. 150-157.

MARQUES, Antonio Silveira. *Der Rechtstaat der Risikovorsorge*. Berlin: Duncker & Humblot, 2018. (Schriften zum Öffentlichen Recht, v. 1381.)

MARQUES, Claudia Lima (coord.). *Diálogo das fontes*: do conflito à coordenação de normas do direito brasileiro. São Paulo: RT, 2012.

MARQUES, Claudia Lima; MIRAGEM, Bruno. *O novo direito privado e a proteção dos vulneráveis*. São Paulo: RT, 2012.

MARQUES, Luiz. *Capitalismo e colapso ambiental*. 3. ed. Campinas: Editora da Unicamp, 2018.

MARTINS, Ana Gouveia e Freitas. *O princípio da precaução no direito do ambiente*. Lisboa: Associação Acadêmica da Faculdade de Direito de Lisboa, 2002.

MATEO, Ramón Martín. *Manual de derecho ambiental*. 3. ed. Navarra: Thomson/Aranzadi, 2003.

MAUCH, Christof. *Mensch und Umwelt*: Nachhaltigkeit aus historischer Perspektive. Munique: Oekom Verlag, 2014.

MAZZILLI, Hugo Nigro. *A defesa dos interesses difusos em juízo*. 15. ed. São Paulo: Saraiva, 2002.

MAZZUOLI, Valério de Oliveira. *Curso de direito internacional público*. São Paulo: RT, 2013.

MAZZUOLI, Valério de Oliveira. *Curso de direito internacional público*. 10. ed. São Paulo: RT, 2016.

MEADOWS, Donell H.; MEADOWS, Dennis L.; RANDERS, Jorgen; BEHRENS III, William W. *Limites do crescimento*: um relatório para o Projeto do Clube de Roma sobre o Dilema da Humanidade. 2. ed. São Paulo: Perspectiva, 1978. (1. ed. brasileira de 1973).

MEDAUAR, Odete. Alcance da proteção do meio ambiente pela via jurisdicional: controle das políticas públicas ambientais? *In*: D'ISEP, Clarissa Ferreira M.; NERY JUNIOR, Nelson; MEDAUAR, Odete (coord.). *Políticas públicas ambientais*: estudos em homenagem ao Professor Michel Prieur. São Paulo: RT, 2009.

MEDEIROS, Fernanda Luiza Fontoura. *Direito dos animais*. Porto Alegre: Livraria do Advogado, 2013.

MEDEIROS, Fernanda Luiza Fontoura. *Meio ambiente*: direito e dever fundamental. Porto Alegre: Livraria do Advogado, 2004.

MEIRELLES, Hely Lopes. *Mandado de segurança*. 27. ed. atual. por Arnoldo Wald e Gilmar Ferreira Mendes. São Paulo: Malheiros, 2004.

MELLO, Paula S. Amaral. *Direito ao meio ambiente e proibição de retrocesso*. São Paulo: Atlas, 2014.

MENDES, Aluisio Gonçalves de Castro. O Anteprojeto de Código Brasileiro de Processos Coletivos: visão geral e pontos sensíveis. *In*: GRINOVER, Ada Pellegrini; MENDES, Aluisio Gonçalves de Castro; WATANABE, Kazuo (coord.). *Direito processual coletivo e o Anteprojeto de Código Brasileiro de Processos Coletivos*. São Paulo: RT, 2007.

MENDES, Gilmar Ferreira. *Direitos fundamentais e controle de constitucionalidade*. 3. ed. São Paulo: Saraiva, 2004.

MENDES, Gilmar Ferreira; BRANCO, Paulo Gustavo Gonet. *Curso de direito constitucional*. 7. ed. São Paulo: Saraiva, 2012.

MENDES, Gilmar F. *Homenagem à doutrina de Peter Häberle e sua influência no Brasil*. Disponível em: http://www.stf.jus.br/repositorio/cms/portalstfinternacional/portalstfagenda_pt_br/anexo/homenagem_a_peter_haberle__pronunciamento__3_1.pdf.

MEYER-ABICH, Klaus Michael. *Aufstand für die Natur*: von der Umwelt zur Mitwelt. München: Carl Hanser Verlag, 1990.

MEYER-ABICH, Matthias. Der Schutz der Natur – eine Aufgabe des Zivilrechts? *Zeitschrift für Rechtspolitik*, 32. Jahrg., H. 10 (Oktober 1999), p. 428-431.

MILARÉ, Édis. *Direito do ambiente*. 4. ed. São Paulo: RT, 2005.

MILARÉ, Édis. *Direito do ambiente*. 5. ed. São Paulo: RT, 2007.

MILARÉ, Édis. *Direito do ambiente*. 8. ed. São Paulo: RT, 2013.

MIOZZO, Pablo Castro. *A dupla face do princípio da proibição do retrocesso social e os direitos fundamentais no Brasil*. Porto Alegre: Verbo Jurídico, 2010.

MIRAGEM, Bruno. O artigo 1.228 do Código Civil e os deveres do proprietário em matéria de preservação do meio ambiente. *Cadernos do Programa de Pós-Graduação em Direito – PPGDir./UFRGS*, Reflexões Jurídicas sobre Meio Ambiente/Edição Especial, v. III, n. VI, p. 21-44, maio 2005.

MIRAGEM, Bruno; MARQUES, Claudia Lima. *O novo direito privado e a proteção dos vulneráveis*. São Paulo: RT, 2012.

MIRANDA, Jorge. A Constituição portuguesa e a dignidade da pessoa humana. *Revista de Direito Constitucional e Internacional*, São Paulo, ano 11, v. 45, p. 81-91, out.-dez. 2003.

MIRANDA, Jorge. *Manual de direito constitucional*. Direitos fundamentais. 3. ed. Coimbra: Coimbra Editora, 2000. t. IV.

MIRRA, Álvaro Luiz Valery. *Ação civil pública e a reparação do dano ao meio ambiente*. São Paulo: Juarez de Oliveira, 2002.

MIRRA, Álvaro Luiz Valery. Associações civis e a defesa dos interesses difusos em juízo: do direito vigente ao direito projetado. *In*: GRINOVER, Ada Pellegrini; MENDES, Aluisio Gonçalves de Castro; WATANABE, Kazuo (coord.). *Direito processual coletivo e o Anteprojeto de Código Brasileiro de Processos Coletivos*. São Paulo: RT, 2007.

MIRRA, Álvaro Luiz Valery. *Impacto ambiental*: aspectos da legislação brasileira. 2. ed. São Paulo: Juarez de Oliveira, 2002.

MIRRA, Álvaro Luiz Valery. *Participação, processo civil e defesa do meio ambiente*. São Paulo: Letras Jurídicas, 2011.

MIRRA, Álvaro Luiz Valery; MIRRA, Ana Beatriz Ribeiro David Valery. Responsabilidade civil ambiental e a imprescritibilidade das pretensões à reparação dos danos ambientais individuais à luz da Lei 6.938/1981. MILARÉ. Édis (Coord.) *40 anos da Lei da Política Nacional do Meio Ambiente*: reminiscências, realidade perspectivas. São Paulo: Editora D'Plácido, 2021, p. 193-234.

MODÉ, Fernando Magalhães. *Tributação ambiental*: a função do tributo na proteção do meio ambiente. Curitiba: Juruá, 2004.

MOKHIBER, Russel. *Crimes corporativos*: o poder das grandes empresas e o abuso da confiança pública. São Paulo: Scritta, 1995.

MOLINARO, Carlos Alberto. *Direito ambiental*: proibição de retrocesso. Porto Alegre: Livraria do Advogado, 2007.

MOLINARO, Carlos Alberto. Têm os animais direitos? Um breve percurso sobre a proteção dos animais no direito alemão. *In*: SARLET, Ingo Wolfgang (org.). *Estado socioambiental e direitos fundamentais*. Porto Alegre: Livraria do Advogado, 2010.

MOLINARO, Carlos Alberto; MEDEIROS, Fernanda Luiza Fontoura de; SARLET, Ingo Wolfgang; FENSTERSEIFER, Tiago (org.). *Dignidade da vida*: os direitos fundamentais para além da pessoa humana. Belo Horizonte: Fórum, 2008.

MONTERO, Carlos Eduardo Peralta. *Tributação ambiental*: reflexões sobre a introdução da variável ambiental no sistema tributário. São Paulo: Saraiva, 2014.

MORAES, Maria Celina Bodin de. *Danos à pessoa humana*: uma leitura civil-constitucional dos danos morais. Rio de Janeiro/São Paulo: Renovar, 2003.

MORAES, Kamila Guimarães de. *Obsolescência planejada e direito*: (in)sustentabilidade do consumo à produção de resíduos. Porto Alegre: Livraria do Advogado, 2015.

MORAIS, José Luis Bolzan de. *Do direito social aos interesses transindividuais*: o Estado e o Direito na ordem contemporânea. Porto Alegre: Livraria do Advogado, 1996.

MORAIS, José Luis Bolzan de. O surgimento dos interesses transindividuais. *Revista Ciência e Ambiente*, Universidade Federal de Santa Maria, n. 17, jul.-dez. 1988.

MOREIRA, João Batista Gomes. Poder Judiciário e meio ambiente: um balanço. *Revista Interesse Público*, Belo Horizonte, n. 45, p. 15-28, set.-out. 2007.

MOREIRA NETO, Diogo de Figueiredo. Competência concorrente limitada: o problema da conceituação das normas gerais. *Revista de Informação Legislativa*, Brasília, ano 25, n. 100, p. 159 e ss., out.-dez. 1988.

MOREIRA NETO, Diogo de Figueiredo. *Introdução ao direito ecológico e ao direito urbanístico*. 2. ed. Rio de Janeiro: Forense, 1977.

MORIN, Edgar. *Introdução ao pensamento complexo*. Porto Alegre: Sulina, 2006.

MORIN, Edgar; KERN, Anne Brigitte. *Terra-Pátria*. 3. ed. Porto Alegre: Sulina, 2002.

MORRIS, Desmond. *The naked ape*. New York: Dell Publishing Co., 1969.

MÜLLER, Marcos Lutz. Vittorio Hösle: uma filosofia da crise ecológica. *Cadernos de História e Filosofia da Ciência* [Revista do Centro de Lógica, Epistemologia e História da Ciência da Unicamp], Campinas, série 3, v. 6, n. 2, p. 9-62, jul.-dez. 1996.

NABAIS, José Casalta. A face oculta dos direitos fundamentais: os deveres e os custos dos direitos. *In*: NABAIS, José Casalta. *Por uma liberdade com responsabilidade*: estudos sobre direitos e deveres fundamentais. Coimbra: Coimbra Editora, 2007.

NABAIS, José Casalta. *O dever fundamental de pagar impostos*: contributo para a compreensão constitucional do estado fiscal contemporâneo. Coimbra: Almedina, 1998.

NABAIS, José Casalta. *Por uma liberdade com responsabilidade*: estudos sobre direitos e deveres fundamentais. Coimbra: Coimbra Editora, 2007.

NACONECY, Carlos. *Ética e animais*: um guia de argumentação filosófica. 2. ed. Porto Alegre: EDIPUCRS, 2014.

NAESS, Arne. *Ecology, community and lifestyle*: outline of an ecosophy. Tradução para o inglês e edição de David Rothenberg. Cambridge: Cambridge University Press, 1989.

NAESS, Arne. The shallow and the deep, long-range ecology movement: a summary. *Inquiry*, n. 16, p. 95-100, 1973.

NASH, Roderick Frazier. *The rights of Nature*: a history of environmental ethics. Madison: University of Wisconsin Press, 1989.

NERY JR., Nelson. Autonomia do direito ambiental. *In*: D'ISEP, Clarissa Ferreira Macedo; NERY JR., Nelson; MEDAUAR, Odete. *Políticas públicas ambientais*: estudos em homenagem ao Professor Michel Prieur. São Paulo: RT, 2009.

NERY JR., Nelson; NERY, Rosa Maria Andrade. *Código de Processo Civil anotado*. 2. ed. São Paulo: RT, 1996.

NETZER, Hans-Joachim (org.). *Crimes contra a natureza*. São Paulo: Melhoramentos, 1967.

NEUNER, Jörg. Die ökologisch orientierte Auslegung und Fortbildung des Privatrechts. *ZfPW* 2024, p. 127-158.

NEVES, Eduardo Góes. *Arqueologia da Amazônia*. Rio de Janeiro: Zahar, 2006.

NIDA-RÜMELIN, Julian; PFORDTEN, Dietmar v. d. (org.). *Ökologische Ethik und Rechtstheorie*. Baden-Baden: Nomos, 1995.

NIERBUHR Pedro. *Processo administrativo ambiental*. 4. ed. Belo Horizonte: Fórum, 2023.

NISHIYAMA, Adolfo M.; DENSA, Roberta. A proteção dos consumidores hipervulneráveis: os portadores de deficiência, os idosos, as crianças e os adolescentes. *Revista de Direito do Consumidor*, n. 76, out.-dez. 2010.

NOBRE, Carlos et al. Land-use and climate change risks in the Amazon and the need of a novel sustainable development paradigm. *Proceedings of the National Academy of Sciences (PNAS)*, 113 (39), p. 10.759-10.768, Sept. 2016.

NOGUEIRA-NETO, Paulo. *Uma trajetória ambientalista*: diário de Paulo Nogueira-Neto. São Paulo: Empresa das Artes, 2010.

NOVAIS, Jorge Reis. *Direitos fundamentais*: trunfos contra a maioria. Coimbra: Coimbra Editora, 2006.

NUSDEO, Ana Maria de Oliveira. *Pagamento por serviços ambientais*. São Paulo, Atlas, 2012.

NUSDEO, Fábio. *Desenvolvimento e ecologia*. São Paulo: Saraiva, 1975.

NUSSBAUM, Martha C. Beyond "Compassion and Humanity": Justice for Nonhuman Animals. *In*: SUNSTEIN, Cass R.; NUSSBAUM, Martha C. (org.). *Animal rights*: current debates and new directions. Nova York: Oxford University Press, 2004.

NUSSBAUM, Martha C. *Frontiers of justice*. Cambridge: Harvard University Press, 2007.

NUSSBAUM, Martha C. Para além de "compaixão e humanidade": justiça para animais não-humanos. Tradução Marcelo Fensterseifer e Ivar Hartmann. *In*: MOLINARO, Carlos A.; MEDEIROS, Fernanda L. F.; SARLET, Ingo W.; FENSTERSEIFER, Tiago (org.). *A dignidade da vida e os direitos fundamentais para além dos humanos*: uma discussão necessária. Belo Horizonte: Fórum, 2008.

OKUBO, Noriko. Climate change litigation: a global tendency. *In*: RUPPEL, Oliver C.; ROSCHMANN, Christian; RUPPEL-SCHLICHTING, Katharina (ed.). *Climate Change*: International Law and Global Governance. Legal Responses and Global Responsibility. Baden-Baden: Nomos, 2013. v. I.

OLIVEIRA JÚNIOR, J. A. Direitos fundamentais dos índios em situação de rua. *In*: GRINOVER, Ada Pellegrini; ALMEIDA Gregório Assagra de; GUSTIN, Miracy; LIMA, Paulo Cesar Valente de; IENNACO, Rodrigo (org.). *Direitos fundamentais das pessoas em situação de rua*. Belo Horizonte: D'Plácido Editora, 2014.

OLIVEIRA, Vanessa Hasson de. *Direitos da natureza*. Rio de Janeiro: Lumen Juris, 2016.

OST, François. *A natureza à margem da lei*. Tradução Joana Chaves. Lisboa: Instituto Piaget, 1997.

OST, François. *O tempo do direito*. Tradução Maria Fernanda Oliveira. Lisboa: Instituto Piaget, 1999.

OSTROM, Elinor. *Governing the commons*: the evolution of institutions for collective action. Cambridge: Cambridge University Press, 2021 (1.ed., 1990).

PADILHA, Norma Sueli. *Fundamentos constitucionais do direito ambiental brasileiro*. São Paulo: Campos/Elsevier, 2010.

PÁDUA, José Augusto (org.). *Desenvolvimento, justiça e meio ambiente*. Belo Horizonte/São Paulo: Editora UFMG/Peirópolis, 2009.

PAINEL INTERGOVERNAMENTAL SOBRE MUDANÇA DO CLIMA DA ONU. *Relatório Especial sobre o Oceano e a Criosfera em um Clima em Mudança* (2019). Disponível em: <https://www.ipcc.ch/site/assets/uploads/sites/3/2019/09/SROCC_PressRelease_EN.pdf>.

PAIVA, Caio; FENSTERSEIFER, Tiago. *Comentários à Lei Nacional da Defensoria Pública*. Belo Horizonte: CEI, 2019.

PALLEMAERTS, Marc. Proceduralizing environmental rights: the Aarhus Convention on Access to Information, Public Participation in Decision-Making and Access to Justice in Environmental Matters in a Human Rights Context. *Human Rights and the Environment*: Proceedings of a Geneva Environment Network roundtable. Genebra: UNEP, 2004. Disponível em: http://www.genevaenvironmentnetwork.org/?q="en/publications.

PAPIER, Hans-Jürgen. Grundgesetz und Wirtschaftsordnung. *In*: BENDA, Ernst; MAIHOFER, Werner; VOGEL, Hans-Jochen (ed.). *Handbuch des Verfassungsrechts*. Berlin-New York: Walter de Gruyter, 1984. v. I.

PASCUAL, Gabriel Domenéch. *Derechos fundamentales y riesgos tecnológicos*. Madrid: Centro de Estudios Políticos y Constitucionales, 2006.

PEREIRA, Felipe Pires. *Meios alternativos de resolução de conflitos urbanos e justiciabilidade do direito fundamental social à moradia*. 2011. Dissertação (Mestrado) – Programa de Pós-Graduação em Direito da PUC/SP, São Paulo, 2011.

PEREIRA, Jane Reis Gonçalves. *Interpretação constitucional e direitos fundamentais*: uma contribuição ao estudo das restrições aos direitos fundamentais na perspectiva da teoria dos princípios. Rio de Janeiro: Renovar, 2006.

PEREIRA, Osny Duarte. *Direito florestal brasileiro*. Rio de Janeiro: Borsoi, 1950.

PÉREZ LUÑO, Antonio Enrique. *Derechos humanos, Estado de Derecho y Constitución*. 5. ed. Madrid: Tecnos, 1995.

PÉREZ LUÑO, Antonio Enrique. *Los derechos fundamentales*. 8. ed. Madrid: Tecnos: 2005.

PETRELLA, Ricardo. *O manifesto da água*: argumentos para um contrato mundial. Tradução Vera Lúcia Mello Joscelyne. Petrópolis: Vozes, 2002.

PETTER, Lafayete Josué. *Princípios constitucionais da ordem econômica*: o significado e o alcance do art. 170 da Constituição Federal. São Paulo: RT, 2005.

PFORDTEN, Dietmar von der. Zur Würde des Menschen bei Kant. *Jahrbuch für Recht und Ethik* (Recht und Sittlichkeit bei Kant), vol. 14, p. 501-517, 2006.

PICQ, Pascal. *A diversidade em perigo*: de Darwin a Lévi-Strauss. Tradução Maria Alice A. de Sampaio Dória. Rio de Janeiro: Valentina, 2016.

PIEROTH, Bodo; SCHLINK, Bernhard. *Grundrechte Staatsrecht II*. 24. ed. Heidelberg: C. F. Müller, 2007.

PINHEIRO, Sebastião; SALDANHA, Jacques. *O amor à arma e a química ao próximo*. Porto Alegre: Colmeia & Travessão, 1991. (Coleção Existência/Cooperativa Colmeia.)

PINHO E NETO, Luísa C. *O princípio de proibição de retrocesso social*. Porto Alegre: Livraria do Advogado, 2010.

PIOVESAN, Flávia. *Direitos humanos e o direito constitucional internacional*. 8. ed. São Paulo: Saraiva, 2007.

PIOVESAN, Flávia. *Proteção judicial contra omissões legislativas*. 2. ed. São Paulo: RT, 2003.

PIOVESAN, Flávia. Social rights: a theoretical perspective on South America. *In*: BINDER, Christina; EBERHARD Harald; LACHMAYER Konrad; RIBAROV, Gregor; THALLINGER, Gerhard (org.). *Corporate Social Responsibility and Social Rights* (Proceedings of the 5th Vienna Workshop on International Constitutional Law). Baden-Baden: Nomos, 2010.

PISARELLO, Gerardo. *Los derechos sociales y sus garantías*. Madrid: Trotta, 2007.

POLIDO, Walter Antonio. *Seguro para riscos ambientais no Brasil*. 5. ed. Curitiba: Juruá Editora, 2021.

PORTANOVA, Rogério. Direitos humanos e meio ambiente: uma revolução de paradigma para o século XXI. *In*: BENJAMIN, Antonio Herman (org.). *Anais do 6º Congresso Internacional de Direito Ambiental* – 10 anos da ECO-92: o Direito e o desenvolvimento sustentável. São Paulo: Instituto "O Direito por um Planeta Verde"/Imprensa Oficial, 2002.

PORTO-GONÇALVES, Carlos Walter. *A globalização da natureza e a natureza da globalização*. Rio de Janeiro: Civilização Brasileira, 2006.

POWERS, Richard. *The Overstory*. New York: W. W. Norton Company, 2018.

PRESTES, Vanêsca Buzelato. *Dimensão constitucional do direito à cidade e formas de densificação no Brasil*. Dissertação de Mestrado junto ao Programa de Pós-Graduação em Direito da PUC/RS, 2008.

PRIEUR, Michel. *Droit de l'environnement*. 6. ed. Paris: Dalloz, 2011.

PRIEUR, Michel. O princípio da "não regressão" no coração do direito do homem e do meio ambiente. *Revista Novos Estudos Jurídicos*, v. 17, n. 1 (Edição Especial Rio +20), p. 6-17, jan.-abr. 2012. Disponível em: https://siaiap32.univali.br/seer/index.php/nej/article/view/3634/2177.

PRIEUR, Michel. Princípio da proibição de retrocesso ambiental. *In*: COMISSÃO DE MEIO AMBIENTE, DEFESA DO CONSUMIDOR E FISCALIZAÇÃO E CONTROLE DO SENADO FEDERAL (org.). *O princípio da proibição de retrocesso ambiental*. Brasília: Senado Federal, 2012.

PROCHNOW, Miriam (org.). *Barra Grande*: a hidrelétrica que não viu a floresta. Rio do Sul/SC: APREMAVI, 2005.

PROGRAMA DAS NAÇÕES UNIDAS PARA O MEIO AMBIENTE. *Environmental Rule of Law*: First Global Report. Nairobi: PNUMA, 2019. Disponível em: https://wedocs.unep.org/bitstream/handle/20.500.11822/27279/Environmental_rule_of_law.pdf?sequence=1&isAllowed=y.

PROGRAMA DAS NAÇÕES UNIDAS PARA O MEIO AMBIENTE. *5º Panorama Ambiental Global* (GEO 5), p. 69 e ss. Disponível em: http://www.unep.org/geo/pdfs/Keeping_Track_es.pdf.

PSCHERA, Alexander. *Das Internet der Tiere*: der neue Dialog zwischen Mensch und Natur. Berlim: Matthes Seitz, 2014.

PUREZA, José Manuel. *Tribunais, natureza e sociedade*: o direito do ambiente em Portugal. Lisboa: Cadernos do Centro de Estudos Judiciários, 1996.

QUEIROZ, Cristina. *Direitos fundamentais sociais*. Coimbra: Coimbra Editora, 2006.

QUEIROZ, Cristina. *O princípio da não reversibilidade dos direitos fundamentais sociais*. Coimbra: Coimbra Editora, 2006.

RADKAU, Joachim. *The age of ecology*: a global history. Cambridge: Polity, 2014.

RAMOS, André de Carvalho. O diálogo das cortes: O Supremo Tribunal Federal e a Corte Interamericana de Direitos Humanos. *In*: AMARAL JUNIOR, Alberto do; JUBILUT, Liliana Lyra (org.). *O STF e o direito internacional dos direitos humanos*. São Paulo: Quartier Latin, 2009. v. 1.

RAMOS, Erasmo Marcos. *Direito ambiental comparado Brasil-Alemanha-EUA*: uma análise exemplificada dos instrumentos ambientais brasileiros à luz do direito comparado. Maringá: Midiograf II, 2009.

RAMOS, André de Carvalho. *Curso de direitos humanos*. 5. ed. Saraiva: São Paulo, 2018.

RAMOS JR., Dempsey Pereira. *Meio ambiente e conceito jurídico de futuras gerações*. Curitiba: Juruá, 2012.

RAWLS, John. *A Theory of Justice* (Revised Edition). Cambridge: Harvard University Press, 1999.

RAWORTH, Kate. *Economia donut*: uma alternativa ao crescimento a qualquer custo. Tradução de George Schlesinger. Rio de Janeiro: Zahar, 2019.

REALE, Miguel. Visão geral do projeto de Código Civil. *Revista dos Tribunais*, v. 752, p. 22-30, jun. 1998.

REGAN, Tom. *Jaulas vazias*: encarando o desafio dos direitos dos animais. Tradução: Regina Rheda. Porto Alegre: Lugano, 2006.

REGAN, Tom. *The case for animal rights*. Berkeley: University of California Press, 1983.

REHBINDER, Eckard. Grundfragen des Umweltrechts. *Zeitschrift für Rechtspolitik*, H. 11, p. 250-256, nov. 1970.

REICHHOLF, Josef H. *Evolution*: eine kurze Geschichte von Mensch und Natur. Munique: Carl Hanser Verlag, 2016.

REIS, Gustavo Augusto Soares dos. A importância da Defensoria Pública em um Estado Democrático e Social de Direito. *Revista Brasileira de Ciências Criminais*, São Paulo, n. 72, maio-jun. 2008.

RICCI, Sergio M. Diaz. *Teoria de la reforma constitucional*. Buenos Aires: Ediar, 2004.

ROBINSON, Kim Stanley. *The ministry for the future*. Nova Iorque: Orbit, 2021.

ROCA, Guillermo Escobar. *La ordenación constitucional del medio ambiente*. Madrid: Dykinson, 1995.

ROCHA, Ana Flávia (org.). *A defesa dos direitos socioambientais no judiciário*. São Paulo: Instituto Socioambiental, 2003.

ROCHA, Cármen Lúcia Antunes. Vida digna: direito, ética e ciência. *In*: ROCHA, Cármen Lúcia Antunes (coord.). *O direito à vida digna*. Belo Horizonte: Fórum, 2004.

ROCKSTRÖM, Johan et al. Planetary Boundaries: Exploring the Safe Operating Space for Humanity. *Nature*, v. 461, p. 472-475, set. 2009. Disponível em: https://www.nature.com/articles/461472a.

ROCKSTRÖM, Johan; GAFFNEY, Owen. *Breaking Boundaries*: The Science of Our Planet. New York: DK (Penguin Random House), 2021.

RODOTÀ, Stefano. *El terrible derecho*: estudios sobre la propiedad privada. Madrid: Civitas, 1986.

RODRIGUES, José Eduardo Ramos. *Sistema nacional de unidades de conservação*. São Paulo: RT, 2005.

RODRIGUES, Lucas de Faria. *A concretização da constituição ecológica*. Rio de janeiro: Lumen Juris, 2015.

RODRIGUES, Marcelo Abelha. *Direito ambiental esquematizado*. São Paulo: Saraiva, 2013.

RODRIGUES, Marcelo Abelha. O direito ambiental no século 21. *In*: MILARÉ, Édis; MACHADO, Paulo Afonso Leme. *Direito ambiental*: doutrinas essenciais. São Paulo: RT, 2011. (Fundamentos do direito ambiental, v. I).

RODRIGUES, Marcelo Abelha. *Processo civil ambiental*. São Paulo: RT, 2008.

RODRÍGUEZ-GARAVITO, César (org.). *Litigar a emergência climática*: a mobilização cidadã perante os tribunais para enfrentar a crise ambiental e assegurar direitos básicos. Tradução de Gabriel Mantelli. Rio de Janeiro: FGV Editora, 2022.

RODRÍGUEZ-GARAVITO, César (ed.). *More than human rights*. New York: New York University 2024. Disponível em: https://mothrights.org/more-than-human-rights-an-ecology-of-law-thought-and-narrative-for-earthly-flourishing/#book-access.

RODRÍGUEZ-GARAVITO, César; BOYD David R. A rights turn in biodiversity litigation? *Transnational Environmental Law (Cambridge University)*. V. 12(3), 2023, p. 498-536.

ROIG, Rafael de Assis. *Deberes y derechos en la Constitución*. Madrid: Centro de Estudios Constitucionales, 1991.

ROQUE, Tatiana. *O dia em que voltamos de marte*: uma história da ciência e do poder com pistas para um novo presente. São Paulo: Planete/Crítica, 2021.

ROTHENBURG, Walter Claudius. *Inconstitucionalidade por omissão e troca de sujeito*: a perda de competência como sanção à inconstitucionalidade por omissão. São Paulo: Ed. RT, 2005.

ROUSSEAU, Jean-Jacques. Discurso sobre a origem e os fundamentos da desigualdade entre os homens. *Rousseau*. São Paulo: Nova Cultual, 1999. (Coleção Pensadores, v. 2.)

RUPPEL, Oliver C.; ROSCHMANN, Christian; RUPPEL-SCHLICHTING, Katharina (ed.). *Climate Change*: International Law and Global Governance. Legal Responses and Global Responsibility. Baden-Baden: Nomos, 2013. v. I.

RUSCHEL, Caroline Vieira. *Parceria ambiental*: o dever fundamental de proteção ambiental como pressuposto para a concretização do Estado de Direito Ambiental. Curitiba: Juruá, 2010.

SACHS, Jeffrey D. *The Ages of Globalization*: Geography, Technology, and Institutions. New York: Columbia University Press, 2020.

SACHS, Michael (org.). *Grundgesetz Kommentar*. 4. ed. München: C.H. Beck, 2007.

SADEK, Maria Tereza. Cidadania e Ministério Público. *In*: SADEK, Maria Tereza (org.). *Justiça e cidadania no Brasil*. São Paulo: Sumaré/Idesp, 2000.

SAGAN, Carl. *Cosmos*. Tradução de Paul Geiger. São Paulo: Companhia das Letras, 2017 (1ª edição de 1980).

SAGAN, Carl. *The Dragons of Eden*: Speculations on the Evolution of Human Intelligence. New York: Ballantine Book (Ran-dom House), 1978 (1ª edição de 1977).

SALADIN, Peter. *Die Würde der Kreatur*. Schriftenreihe Umwelt Nr. 260 (1994).

SALADIN, Peter. Probleme des langfristigen Umweltschutzes. *Kritische Vierteljahresschrift für Gesetzgebung und Rechtswissenschaft (KritV)*, Neue Folge, v. 4 [72], n. 1, p. 27-55, 1989.

SALATI, Eneas et all. Recycling of water in the Amazon Basin: An isotopic study. *Water Resources Research*, Vol. 15, Tema 5, Out. 1979, p. 1250-1258.

SALATI, E. & VOSE, P. B. Amazon Basin: A system in equilibrium. *Science*. v. 225, n. 4658, 13 jul. 1984, p. 129-138.

SALLES, João Moreira. *Arrabalde*: em busca da Amazônia. São Paulo: Companhia das Letras, 2022.

SALZMAN, James. Um campo de verde? O passado e o presente de serviços ecossistêmicos. *In*: SARLET, Ingo Wolfgang (org.). *Estado socioambiental e direitos fundamentais*. Porto Alegre: Livraria do Advogado, 2010.

SALZMAN, James; THOMPSON Jr., Barton H. *Environmental Law and Policy*. 3. ed. New York: Thomson Reuters/Foundation Press, 2010.

SAMPAIO, José Adércio Leite. Constituição e meio ambiente na perspectiva do direito constitucional comparado. *In*: SAMPAIO, José Adércio Leite; WOLD, Chris; NARDY, Afrânio. *Princípios de direito ambiental na dimensão internacional e comparada*. Belo Horizonte: Del Rey, 2003.

SAMPAIO, Rômulo Silveira da Rocha. *Direito ambiental*: doutrina e casos práticos. Rio de Janeiro: Elsevier/FGV, 2011.

SANTANA, Edilson; BHERON, Jorge; MAIA, Maurilio Casas. *Custos vulnerabilis*: a Defensoria Pública e o equilíbrio nas relações político-jurídicas dos vulneráveis. Belo Horizonte: CEI, 2019.

SANTOS, Milton. *Por uma outra globalização*: do pensamento único à consciência universal. 6. ed. Rio de Janeiro: Record, 2001.

SARAIVA NETO, Pery. *A prova na jurisdição ambiental*. Porto Alegre: Livraria do Advogado, 2010.

SARAIVA NETO, Pery. *Seguros ambientais*. Porto Alegre: Livraria do Advogado, 2019.

SARLET, Ingo Wolfgang. *A eficácia dos direitos fundamentais*: uma teoria geral dos direitos fundamentais na perspectiva constitucional. 12. ed. Porto Alegre: Livraria do Advogado, 2015.

SARLET, Ingo Wolfgang. *Dignidade da pessoa humana e direitos fundamentais na Constituição Federal de 1988*. 10. ed. Porto Alegre: Livraria do Advogado, 2015.

SARLET, Ingo Wolfgang (org.). *Constituição, direitos fundamentais e direito privado*. 3. ed. Porto Alegre: Livraria do Advogado, 2010.

SARLET, Ingo Wolfgang. Constituição e proporcionalidade: o direito penal e os direitos fundamentais entre proibição de excesso e proibição de insuficiência. *Revista Brasileira de Ciências Criminais*, n. 47, p. 60-122, mar.-abr. 2004.

SARLET, Ingo Wolfgang. A assim designada proibição de retrocesso social e a construção de um direito constitucional comum latino-americano. *Revista Brasileira de Estudos Constitucionais – RBEC*, n. 11, p. 167-206, jul.-set. 2009.

SARLET, Ingo Wolfgang. Direitos fundamentais e direito privado: algumas considerações em torno da vinculação dos particulares aos direitos fundamentais. *In*: SARLET, Ingo Wolfgang (org.). *A Constituição concretizada*: construindo pontes entre o público e o privado. Porto Alegre: Livraria do Advogado, 2000.

SARLET, Ingo Wolfgang. Direitos fundamentais sociais e proibição de retrocesso: algumas notas sobre o desafio da sobrevivência dos direitos sociais num contexto de crise. *Revista do Instituto de Hermenêutica Jurídica*, Porto Alegre: Instituto de Hermenêutica Jurídica, v. 2, p. 121-168, 2004.

SARLET, Ingo Wolfgang. Direitos fundamentais sociais, "mínimo existencial" e direito privado: breves notas sobre alguns aspectos da possível eficácia dos direitos sociais nas relações entre particulares. *In*: GALDINO, Flávio; SARMENTO, Daniel (org.). *Direitos fundamentais*: estudos em homenagem a Ricardo Lobo Torres. Rio de Janeiro: Renovar, 2006.

SARLET, Ingo Wolfgang (org.). *Estado socioambiental e direitos fundamentais*. Porto Alegre: Livraria do Advogado, 2010.

SARLET, Ingo Wolfgang. O Estado Social de Direito, a proibição de retrocesso e a garantia fundamental da propriedade. *Revista da Ajuris*, n. 73, p. 210-236, jul. 1998.

SARLET, Ingo W.; FENSTERSEIFER, Tiago. Fundamental rights theory and climate protection through the lens of the Brazilian constitution, 9 *E-Publica* 26 (2022). Disponível em: https://e-publica.pt/article/57628-fundamental-rights-theory-and-climate-protection-through-the-lens-of-the-brazilian-constitution.

SARLET, Ingo Wolfgang; FENSTERSEIFER, Tiago. Algumas notas sobre a dignidade da pessoa humana e a dignidade da vida em geral: uma convivência possível e necessária. *In*: MOLINARO, Carlos Alberto; MEDEIROS, Fernanda L. F.; SARLET, Ingo Wolfgang; FENSTERSEIFER, Tiago (org.). *A dignidade da vida e os direitos fundamentais para além dos humanos*: uma discussão necessária. Belo Horizonte: Fórum, 2008.

SARLET, Ingo Wolfgang; FENSTERSEIFER, Tiago. *Direito ambiental*: introdução, fundamentos e teoria geral. São Paulo: Saraiva, 2014.

SARLET, Ingo Wolfgang; FENSTERSEIFER, Tiago. *Direito constitucional ecológico*: Constituição, direitos fundamentais e proteção da natureza. 6. ed. São Paulo: RT, 2019.

SARLET, Ingo Wolfgang; FENSTERSEIFER, Tiago. Fontes do direito ambiental: uma leitura contemporânea à luz do marco constitucional de 1988 e da "teoria do diálogo das fontes". *Revista de Direito Ambiental*, v. 78, p. 215-244, 2015.

SARLET, Ingo Wolfgang; FENSTERSEIFER, Tiago. O papel do Poder Judiciário brasileiro na tutela e efetivação dos direitos e deveres socioambientais. *Revista de Direito Ambiental*, São Paulo, n. 52, p. 73-100, out.-dez. 2008.

SARLET, Ingo Wolfgang; FENSTERSEIFER, Tiago. *Princípios do direito ambiental*. 2. ed. São Paulo: Saraiva, 2017.

SARLET, Ingo Wolfgang; MACHADO, Paulo Affonso Leme; FENSTERSEIFER, Tiago. *Constituição e legislação ambiental comentadas*. São Paulo: Saraiva, 2015.

SARLET, Ingo W.; WEDY, Gabriel; FENSTERSEIFER, Tiago. *Curso de direito climático*. São Paulo: Revista dos Tribunais, 2023.

SARLET, Ingo Wolfgang; MARINONI, Luiz Guilherme; MITIDIERO, Daniel. 5. ed. *Curso de direito constitucional*. São Paulo: Saraiva, 2016.

SARLET, Ingo Wolfgang; TIMM, Luciano B. (org.). *Direitos fundamentais, orçamento e reserva do possível*. Porto Alegre: Livraria do Advogado, 2008.

SARMENTO, Daniel. *Dignidade da pessoa humana*: conteúdo, trajetórias e metodologia. Belo Horizonte: Fórum, 2016.

SARMENTO, Daniel. *Direitos fundamentais e relações privadas*. 2. ed. Rio de Janeiro: Lumen Juris, 2008.

SARMENTO, Daniel. Os direitos fundamentais nos paradigmas liberal, social e pós-social (pós-modernidade constitucional?). *In*: SAMPAIO, José Adércio Leite (coord.). *Crise e desafios da Constituição*: perspectivas críticas da teoria e das práticas constitucionais brasileiras. Belo Horizonte: Del Rey, 2003.

SCHÄFER, Jairo. *Classificação dos direitos fundamentais*: do sistema geracional ao sistema unitário. Porto Alegre: Livraria do Advogado, 2005.

SCHELLNHUBER, H. 'Earth system' analysis and the second Copernican revolution. *Nature*, 402, C19–C23, 1999.

SCHELLNHUBER, Hans J. Geoengineering: the good, the MAD, and the sensible. *Proceedings of the National Academy of Sciences of the United States of America (PNAS)*, v. 108, n. 51, p. 20277-20278, dez. 2011.

SCHLACKE, Sabine. *Umweltrecht*. 7. ed. Baden-Baden: Nomos, 2019.

SCHLACKE, Sabine; SCHRADER, Christian; BUNGE, Thomas. *Informationsrechte, Öffentlichkeitsbeteiligung und Rechtsschutz im Umweltrecht (Aarhus-Handbuch)*. Berlin: Erich Schmidt Verlag, 2010.

SCHMIDT, Cristiano H. *Consumidores hipervulneráveis*: a proteção do idoso no mercado de consumo. São Paulo: Atlas, 2013.

SCHMIDT-PREUß, Matthias. Die Entwicklung des deutschen Umweltrechts als verfassungsgeleitete Umsetzung der Maßgaben supra-und internationaler Umweltpolitik. *Juristen Zeitung*, n. 12, jun. 2000.

SCHMIDT, Reiner; KAHL, Wolfgang. *Umweltrecht*. 7. ed. München: C. H. Beck, 2006.

SCHWEITZER, Albert. *Filosofia da civilização*. São Paulo: Editora Unesp, 2013.

SCHWEITZER, Albert. *Minha vida e minhas ideias*. Tradução Otto Schneider. São Paulo: Melhoramentos, 1959.

SCWARTMANN, Rolf. *Umweltrecht*. Heidelberg: C. F. Müller, 2006.

SÉGUIN, Elida. Defensoria Pública e tutela do meio ambiente. *In*: SOUSA, José Augusto Garcia de (coord.). *A Defensoria Pública e os processos coletivos*: comemorando a Lei Federal 11.448, de 15 de janeiro de 2007. Rio de Janeiro: Lumen Juris, 2008.

SÉGUIN, Elida. *O direito ambiental*: nossa casa planetária. 3. ed. Rio de Janeiro: Forense, 2006.

SEN, Amartya. *Desenvolvimento como liberdade*. Tradução: Laura Teixeira Motta. São Paulo: Companhia das Letras, 2000.

SENDIM, José de Sousa Cunhal. *Responsabilidade civil por danos ecológicos*: da reparação do dano através de restauração natural. Coimbra: Coimbra Editora, 1998.

SERRES, Michel. *O contrato natural*. Tradução Serafim Ferreira. Lisboa: Instituto Piaget, 1990.

SHELTON, Dinah. Derechos ambientales y obligaciones en el Sistema Interamericano de Derechos Humanos. *Anuario de Derechos Humanos*, n. 6, Centro de Derechos humanos, Facultad de Derecho, Universidad de Chile, 2010. Disponível em: http://www.anuariocdh.uchile.cl/index.php/ADH/article/viewArticle/11486/11847.

SHELTON, Dinah. Equity. *In*: BODANSKY, Daniel; BRUNNÉE, Jutta; HEY, Ellen (ed.). *The Oxford Handbook of International Environmental Law*. New York: Oxford University Press, 2007.

SHELTON, Dinah. Human rights, health and environmental protection: linkages in law and practice. *In*: LEÃO, Renato Zerbini Ribeiro (coord.). *Os rumos do direito internacional dos direitos humanos*: estudos em homenagem ao Professor Antônio Augusto Cançado Trindade. Porto Alegre: Fabris, 2005.

SHIVA, Vandana. *Biopirataria*: a pilhagem da natureza e do conhecimento. Petrópolis: Vozes, 2001.

SHULTE, Bernd. Direitos fundamentais, segurança social e proibição de retrocesso. *In*: SARLET, Ingo Wolfgang (org.). *Direitos fundamentais sociais*: estudos de direito constitucional, internacional e comparado. Rio de Janeiro/São Paulo: Renovar, 2003.

SILVA, José Afonso da. *Aplicabilidade das normas constitucionais*. 7. ed. São Paulo: Malheiros, 2007.

SILVA, José Afonso da. *Comentário contextual à Constituição*. 2. ed. São Paulo: Malheiros, 2006.

SILVA, José Afonso da. *Curso de direito constitucional positivo*. 32. ed. São Paulo: Malheiros, 2009.

SILVA, José Afonso da. *Direito ambiental constitucional*. 4. ed. São Paulo: Malheiros, 2003.

SILVA, José Afonso da. Fundamentos constitucionais da proteção do meio ambiente. *Revista de Direito Ambiental*, n. 27, p. 51-57, jul.-set. 2002.

SILVA, José Robson da. *Paradigma biocêntrico*: do patrimônio privado ao patrimônio ambiental. Rio de Janeiro: Renovar, 2002.

SILVA, Vasco Pereira da. *A cultura a que tenho direito*: direitos fundamentais e cultura. Coimbra: Almedina, 2007.

SILVA, Vasco Pereira da. *Direito constitucional e administrativo sem fronteiras*. Coimbra: Almedina, 2019.

SILVA, Vasco Pereira da. *Verde cor de direito*: lições de direito do ambiente. Coimbra: Almedina, 2002.

SILVA, Vasco Pereira da. Verdes são também os direitos do homem. *Revista Portugal-Brasil*, 2000.

SILVA, Virgílio Afonso da. *Direitos fundamentais*: conteúdo essencial, restrições e eficácia. São Paulo: Malheiros, 2009.

SILVEIRA, Patrícia Azevedo da. *Competência ambiental*. Curitiba: Juruá, 2002.

SILVEIRA, Paula Galbiatti. *Melhor tecnologia disponível*: redução de risco e direito. São Paulo: Instituto O Direito por um Planeta Verde, 2016.

SINGER, Peter. *Libertação animal*. Tradução Maria de Fátima St. Aubyn. Porto: Via Optima, 2000.

SINGER, Peter; MASON, Jim. *The way we eat*: why our food choices matter. New York: Rodale, 2006.

SIRVINSKAS, Luís Paulo. *Tutela constitucional do meio ambiente*. São Paulo: Saraiva, 2008.

SIRKIS, Alfredo. *Descarbonário*. Rio de Janeiro: Ubook Editora, 2020.

SIVINI FERREIRA, Heline; LEITE, José Rubens Morato; BORATTI, Larissa Verri (org.). *Estado de direito ambiental*: tendências. 2. ed. Rio de Janeiro: Forense Universitária, 2010.

SOARES, Guido Fernando Silva. *Direito internacional do meio ambiente*. 2. ed. São Paulo: Atlas, 2003.

SOARES JÚNIOR, Jarbas; ALVARENGA, Luciano José (coord.). *Direito ambiental no STJ*. Belo Horizonte: Del Rey, 2010.

SOUSA, José Augusto Garcia de. A Nova Lei 11.448/07, os escopos extrajurídicos do processo e a velha legitimidade da Defensoria Pública para ações coletivas. *In*: SOUSA, José Augusto Garcia de (coord.). *A Defensoria Pública e os processos coletivos*: comemorando a Lei Federal 11.448, de 15 de janeiro de 2007. Rio de Janeiro: Lumen Juris, 2008.

SOUSA SANTOS, Boaventura de. *A crítica da razão indolente*: contra o desperdício da experiência. 3. ed. São Paulo: Cortez, 2001.

SOUZA FILHO, Carlos Frederico Marés de. *Bens culturais e proteção jurídica*. 2. ed. Porto Alegre: UE/Porto Alegre, 1999.

SOUZA, Paulo Vinícius Sporleder de. O meio ambiente (natural) como sujeito passivo dos crimes ambientais. *Revista Brasileira de Ciências Criminais*, São Paulo, n. 50, p. 57-90, set.-out. 2004.

SOUZA, Paulo Vinícius Sporleder de; TEIXEIRA NETO, João Alves; CIGERZA, Juliana. Experimentação em animais e Direito Penal: comentários dogmáticos sobre o art. 32, § 1º, da Lei n. 9.6045/98 e o bem jurídico "dignidade animal". In: MOLINARO, Carlos A.; MEDEIROS, Fernanda L. F.; SARLET, Ingo W.; FENSTERSEIFER, Tiago (org.). *A dignidade da vida e os direitos fundamentais para além dos humanos*: uma discussão necessária. Belo Horizonte: Fórum, 2008.

SOZZO, Gonzalo. *Derecho privado ambiental*: el giro ecológico del derecho privado. Buenos Aires: Rubinzal–Culzoni Editores, 2019.

STEFFEN, Will et al. The Anthropocene: from Global Change to Planetary Stewardship. *Ambio (Royal Swedish Academy of Sciences)*, v. 40, n. 7, p. 739-761, nov. 2011.

STEFFEN, Will et al. The Anthropoceno: conceptual and historical perspectives. *Philosophical Transactions: Mathematical, Physical and Engineering Sciences (Royal Society)*, v. 369 (The Antropocene: a new epoch of geological time?), n. 1938, p. 842-867, mar. 2011.

STEFFEN W, et al. Planetary boundaries: guiding human development on a changing planet. Science. 2015 Feb 13; Vol. 347(6223), p. 1259855.

STEIGLEDER, Annelise Monteiro. Discricionariedade administrativa e dever de proteção do ambiente. *Revista do Ministério Público do Estado do Rio Grande do Sul*, n. 48, p. 271-301, 2002.

STEIGLEDER, Annelise Monteiro. *Responsabilidade civil ambiental*: as dimensões do dano ambiental no direito brasileiro. Porto Alegre: Livraria do Advogado, 2004.

STEINBERG, Rudolf. *Der ökologische Verfassungsstaat*. Frankfurt am Main: Suhrkamp, 1998.

STEINMETZ, Wilson. *Vinculação dos particulares a direitos fundamentais*. São Paulo: Malheiros, 2004.

STEINMETZ, Wilson. "Farra do Boi", fauna e manifestação cultural: uma colisão de princípios constitucionais? *Direitos Fundamentais & Justiça*, n. 9, p. 260-273, out.-dez. 2009.

STERN, Nicholas. Managing Climate Change. Climate, Growth and Equitable Development. *Leçons inaugurales du Collège de France*. Paris: Collège de France, 2010. n. 212. Disponível em: https://www.college-de-france.fr/site/en-nicholas-stern/inaugural-lecture-2010-02-04-18h00.htm.

STIFELMAN, Anelise Grehs. Áreas de preservação permanente em zona urbana. In: BENJAMIN, Antonio Herman (org.). *Anais do 11º Congresso Internacional de Direito Ambiental (Meio ambiente e acesso à justiça)*. São Paulo: Instituto "O Direito por um Planeta Verde"/Imprensa Oficial, 2007.

STONE, Chistopher D. *Should trees have standing?* Law, morality, and the environment. 3. ed. New York: Oxford University Press, 2010.

STRECK, Lenio Luiz. A dupla face do princípio da proporcionalidade e o cabimento de mandado de segurança em matéria criminal: superando o ideário liberal-individualista-clássico. *Revista do Ministério Público do Estado do Rio Grande do Sul*, n. 53, p. 223-251, maio-set. 2004.

STRECK, Lenio Luiz. *Hermenêutica jurídica e(m) crise*: uma exploração hermenêutica do Direito. 8. ed. Porto Alegre: Livraria do Advogado, 2009.

STRECK, Lenio Luiz. *Jurisdição constitucional e hermenêutica*: uma nova crítica do Direito. 2. ed. Rio de Janeiro: Forense, 2003.

STRECKEL, Siegmar. *Umweltschutz und sozialen Rechtstaat: Recht als Instrumen zur Bewältigung der Umweltkrise. In*: REHBINDER, Manfred (org.). *Recht im sozialen Rechtstaat*. Opladen: Westdeutscher, 1973.

STUCKI, Saskia. *Grundrechte für Tiere*: eine Kritik des geltenden Tierschutzrechts und rechtstheoretische Grundlegung von Tierrechten im Rahmen einer Neupositionierung des Tieres als Rechtssubjekt. Baden-Baden: Nomos, 2016.

STUCKI, Saskia. Towards a Theory of Legal Animal Rights: Simple and Fundamental Rights. *Oxford Journal of Legal Studies*, v. 0, n. 0, p. 1-28, 2020.

STUCKI, Saskia. *One Rights*: Human and Animal Rights in the Anthropocene. Cham/Heidelberg: Springer/Max Planck Geselschaft, 2023. Disponível em: https://link.springer.com/book/10.1007/978-3-031-19201-2.

SUNSTEIN, Cass; NUSSBAUM, Martha (ed.). *Animal rights*: current debates and new directions. New York: Oxford University Press, 2004.

TAVOLARO, Sergio Barreira de Faria. *Movimento ambientalista e modernidade*: sociabilidade, risco e moral. São Paulo: Annablume/Fapesp, 2001.

TAYLOR, Paul W. *Respect for Nature*: a Theory of Environmental Ethics. Princeton: Princeton University Press, 2011 (1ª edição em 1986).

TEIXEIRA, Gustavo de Faria. *O "greening" no sistema interamericano de direitos humanos*. Curitiba: Juruá, 2011.

TEIXEIRA, Orci Paulino Bretanha. *O direito ao meio ambiente ecologicamente equilibrado como direito fundamental*. Porto Alegre: Livraria do Advogado, 2006.

TEIXEIRA, L.; DEUD, C.; ARAÚJO, Suely Mara Vaz Guimarães de. Subcomissão de Saúde, Seguridade e Meio Ambiente. *In*: BACKES, Ana Luíza; AZEVEDO, Débora Bithiah de; ARAÚJO, José Cordeiro de (Org.). *Audiências públicas na Assembleia Nacional Constituinte*: a sociedade na tribuna. Brasília: Câmara dos Deputados, Edições Câmara, 2009. p. 459-504.

TERENA, Eloy. *Vukápanavo*: o despertar do Povo Te-rena para os seus direitos. Rio de Janeiro: E-Papers, 2020.

THOMÉ, Romeu. *O princípio da vedação de retrocesso socioambiental*: no contexto da sociedade de risco. Salvador: JusPodivm, 2014.

THOREAU, Henry D. *Walden*. Porto Alegre: L&PM, 2011.

TORRES, Ricardo Lobo. A metamorfose dos direitos sociais em mínimo existencial. *In*: SARLET, Ingo Wolfgang (org.). *Direitos fundamentais sociais*: estudos de direito constitucional, internacional e comparado. Rio de Janeiro: Renovar, 2003.

TORRES, Ricardo Lobo. *O direito ao mínimo existencial*. Rio de Janeiro: Renovar, 2009.

TORRES, Ricardo Lobo. O mínimo existencial e os direitos fundamentais. *Revista de Direito Administrativo*, n. 177, p. 29 e ss., 1989.

TORRES, Ricardo Lobo. Princípios e teoria geral do direito tributário ambiental. *In*: TORRES, Heleno Taveira (org.). *Direito tributário ambiental*. São Paulo: Malheiros, 2005.

TORRES, Ricardo Lobo. *Tratado de direito constitucional, financeiro e tributário*: valores e princípios constitucionais tributários. Rio de Janeiro/São Paulo/Recife, 2005. v. II.

TORRES, Ricardo Lobo. Valores e princípios no direito tributário ambiental. *In*: TORRES, Heleno Taveira (org.). *Direito tributário ambiental*. São Paulo: Malheiros, 2005.

TRENNEPOHL, Terence. *Manual de direito ambiental*. 7. ed. São Paulo: Saraiva, 2019.

TRIBE, Lawrence H. Ways Not To Think About Plastic Trees: New Foundations for Environmental Law. *Yale Law Journal*, v. 83, n. 7, p. 1.315-1.348, June 1974.

TRINDADE, José Damião de Lima. *História social dos direitos humanos*. 2. ed. São Paulo: Peirópolis, 2002.

UBILLOS, Juan María Bilbao. *La eficacia de los derechos fundamentales frente a particulares*. Madrid: Centro de Estudios Políticos y Constitucionales, 1997.

UEKÖTTER, Frank. *The Greenest Nation?* A New History of German Environmentalism. Cambridge: MIT Press, 2014.

UNGER, Nancy Mangabeira. *O encantamento do humano*: ecologia e espiritualidade. 2. ed. São Paulo: Loyola, 2000.

VALLS, Mario F. *Manual de derecho ambiental*. Buenos Aires: Ugerman Editor, 2001.

VASAK, Karl. Pour une troisième génération des droits del'homme. *In*: SWINARSKI, Christophe (Edit.). *Etudes et essais sur le droit international humanitaire et sur les principes de la Croix-Rouge*. Haia: Martinus Nijhoff Publishers, 1984. p. 838-845.

VEIGA, José Eli da. *O Antropoceno e a Ciência do Sistema Terra*. São Paulo: Editara 34, 2019.

VERÍSSIMO, Adalberto. Amazônia brasileira: desenvolvimento e conservação. *In*: TRIGUEIRO, André. *Mundo sustentável 2*: novos rumos para um planeta em crise. São Paulo: Globo, 2012.

VIANA, Maurício Boratto; ARAÚJO, Suely Mara Vaz Guimarães de. Conservação da biodiversidade e repartição de competências governamentais. In: GANEM, Roseli Senna (Org.). Conservação da biodiversidade: legislação e políticas públicas. Brasília: Câmara dos Deputados, Edições Câmara, 2011. p. 139-176.

VIEIRA DE ANDRADE, José Carlos. *Os direitos fundamentais na Constituição portuguesa de 1976*. 2. ed. Coimbra: Almedina, 2001.

VILLAC, Teresa. *Licitações sustentáveis no Brasil*. 2. ed. Belo Horizonte: Fórum, 2020.

VIOLA, Eduardo J. *O movimento ecológico no Brasil (1974-1986): do ambientalismo à ecopolítica*, p. 13. Disponível em: http://www.anpocs.org.br/portal/publicacoes/rbcs_00_03/rbcs03_01.htm.

VIOLA, Eduardo J.; LEIS, Hector R. A evolução das políticas ambientais no Brasil, 1971-1991: do bissetorialismo preservacionista para o multissetorialismo orientado para o desenvolvimento sustentável. *In*: HOGAN, Daniel Joseph; VIEIRA, Paulo Freire (org.). *Dilemas socioambientais e desenvolvimento sustentável*. 2. ed. Campinas: Editora da Unicamp, 1995.

VITORELLI, Edilson. *Processo civil estrutural*: teoria e prática. 2. ed. Salvador: Juspodivm, 2021.

VOIGT, Christina (ed.). *Rule of law for nature*: new dimensions and ideas in environmental law. Cambridge: Cambridge University Press, 2013.

WAINER, Ann Helen. Legislação ambiental brasileira: evolução histórica do direito ambiental. *In*: MILARÉ, Édis; MACHADO, Paulo Afonso Leme. *Direito ambiental*: doutrinas essenciais. São Paulo: RT, 2011. (Fundamentos do direito ambiental, v. I.)

WAINER, Ann Helen. *Legislação ambiental brasileira*: subsídios para a história do direito ambiental. Rio de Janeiro: Forense, 1991.

WAAL, Frans de. *Are we smart enough to know how smart animals are?* Nova Iorque: W. W. Norton&Company, 2016.

WEDY, Gabriel. A ação popular ambiental. *Revista da AJUFE*, p. 101-102. Disponível em: https://www.ajufe.org.br/images/bkp/ajufe/arquivos/downloads/gabriel-wedy-a-ao-popular-ambiental-14615610.pdf.

WEDY, Gabriel. *Desenvolvimento sustentável na era das mudanças climáticas*: um direito fundamental. São Paulo: Saraiva, 2018. (Série IDP.)

WEDY, Gabriel. *Litígios climáticos*: de acordo com o direito brasileiro, norte-americano e alemão. São Paulo: JusPodivm, 2019.

WEDY, Gabriel. *O princípio constitucional da precaução*: como instrumentos de tutela do meio ambiente e da saúde pública. Belo Horizonte: Fórum, 2009.

WEDY, Gabriel; MOREIRA, Rafael Martins Costa. *Manual de direito ambiental*. Belo Horizonte: Fórum, 2019.

WEIS, Carlos. *Direitos humanos contemporâneos*. 2. ed. São Paulo: Malheiros, 2010.

WEIS, Carlos. Direitos humanos e Defensoria Pública. *Boletim do IBCCRIM*, São Paulo, v. 10, n. 115, jun. 2002.

WESTRA Laura; BOSSELMANN Klaus; WESTRA, Richard (ed.). *Reconciling Human Existence with Ecological Integrity*: Science, Ethics, Economics and Law. London: Earthscan, 2008.

WILSON, Edward O. *A conquista social da Terra*. São Paulo: Companhia das Letras, 2013.

WILSON, Edward O. *A criação*: como salvar a vida na Terra. Tradução Isa Mara Lando. São Paulo: Companhia das Letras, 2008.

WILSON, Edward. O. A situação atual da diversidade biológica. *In*: WILSON, Edward O. (org.). *Biodiversidade*. Rio de Janeiro: Nova Fronteira, 1997.

WILSON, Edward O. *Consilience*: the unity of knowledge. Vintage Books/Random House, 1999.

WILSON, Edward O. *Half-Earth*: our Planet's Fight for Life. New York: Liveright, 2016.

WINTER, Gerd. *Desenvolvimento sustentável, OGM e responsabilidade civil na União Europeia*. Campinas: Millennium, 2009.

WOHLLEBEN, Peter. *A vida secreta das árvores*. Tradução Petê Rossatti. Rio de Janeiro: Sextante, 2017.

WOLF, Ursula (org.). *Texte zur Tierethik*. Stuttgart: Reclam, 2008.

WULF, Andrea. *A invenção da natureza*: a vida e as descobertas de Alexander von Humboldt. 2. ed. São Paulo: Planeta, 2016.

ZAFFARONI, Eugênio Raul. *La Pachamama y el humano*. Buenos Aires: Ediciones Colihue, 2012.

ZALASIEWICZ, Jan et al. When did the Anthropocene begin? A mid-twentieth century boundary level is stratigraphically optimal. *Quaternary International*, Vol. 383, 2015, p. 196-203.

ZANETI, Graziela Argenta. *Jurisdição adequada para os processos coletivos transnacionais*. São Paulo: RT, 2020.

ZANETI JUNIOR, Hermes. *A constitucionalização do processo*. 3. ed. São Paulo: Revista dos Tribunais, 2022.

ZANETI JUNIOR, Hermes; PEREIRA, Diego. Entre jalecos e togas: um ensaio sobre Ciências, Desastres e Processo. O que o jurista tem a ver com isso? *Revista Brasileira de Direito Animal*, 18, 2023, jan./dez, p. 1-32.

ZAVASCKI, Teori A. *Processo coletivo*: tutela de direitos coletivos e tutela coletiva de direitos. 5. ed. São Paulo: RT, 2011.

ZIMMERMANN, Augusto. *Teoria geral do federalismo democrático*. 2. ed. Rio de Janeiro: Lumen Juris, 2005.